Larousse

DICCIONARIO ESCOLAR **PLUS**

SECUNDARIA

LAROUSSE

México Barcelona Buenos Aires París

Dirección editorial
Tomás García Cerezo

Compilación
Luis Ignacio de la Peña

Anexos
Francisco Petrecca
Liliana T. Díaz
Marina A. Durañona
Estela O. Hilaire
Irma Murguía Zatarain
Martha Elena Murguía Zatarain
Gilda Rocha Romero

Portada
EDICIONES LAROUSSE, S. A. de C. V.,
con la colaboración de Cuauhtémoc Victoria

Formación
Visión Tipográfica

Ilustraciones
QA International

Revisión técnica
Jesús Garduño Lamadrid
Alfredo Rivera Ayala

Esta obra se terminó de imprimir en marzo de 2018, en los talleres de Litográfica Ingramex, S.A. de C.V. Centeno 162-1, Col. Granjas Esmeralda, C.P. 09810, Ciudad de México.

ISBN 978-607-4-00110-5

PRIMERA EDICIÓN - Séptima reimpresión

Presentación

Los diccionarios son algo más que la útil herramienta que nos ayuda a ajustar los mensajes que enviamos y a entender mejor los que recibimos. No sólo nos aclaran dudas, pulen aristas, precisan sentidos y muestran alternativas de las palabras que empleamos, tanto las de uso diario como las provenientes de la ciencia y la tecnología. Los diccionarios son además una caja que reúne, guarda y muestra a quien quiera conocerla la riqueza de la lengua.

Y esa riqueza, en el caso del español, muestra una serie de vetas que constituyen un espectro muy amplio. Es la lengua principal en 20 países: Argentina, Bolivia, Chile, Colombia, Costa Rica, Cuba, Ecuador, El Salvador, España, Guatemala, Honduras, México, Nicaragua, Panamá, Paraguay, Perú, Puerto Rico, República Dominicana, Uruguay y Venezuela. También se escucha en Andorra, Angola, Argelia, Belice, Camboya, Camerún, Costa de Marfil, Filipinas, Gabón, Guinea Ecuatorial, Laos, Marruecos, Nigeria, Togo, Túnez, Vietnam y, de manera muy notable, en los Estados Unidos. Junto al chino y al inglés, es una de las lenguas más habladas del mundo, así como uno de los seis idiomas que la ONU emplea de manera oficial.

Para crear el diccionario que el lector tiene ahora en sus manos se seleccionó un repertorio de palabras que estuviera acorde con los programas escolares y, además, reflejara algunos de los usos dados de los diferentes países donde se habla español. El propósito general fue armar una imagen de nuestra lengua en la que se percibiera su vitalidad, al mismo tiempo que su carácter polifacético y unitario.

Se incluyeron por supuesto todos los datos pertinentes de las palabras: categoría gramatical, modelo verbal, forma de uso, zona de uso, locuciones y frases hechas, sinónimos y antónimos. Una de las mejores formas de reforzar el sentido de una palabra consiste en mostrar su uso en un contexto, y por ello se han agregado numerosos ejemplos con frases que reflejan situaciones y contribuyen a una mejor comprensión de los significados.

Con un repertorio de 30 000 palabras y cerca de 75 000 definiciones, el *Diccionario Escolar Plus Secundaria* representa una fuente de consulta que busca capturar la esencia multifacética del español. Contiene además una sección con 72 modelos de conjugación y un anexo con los conceptos básicos de sintaxis.

Abreviaturas usadas en este diccionario

adj.	adjetivo
adv.	adverbio
Amér.	América
Amér. C.	América Central
Amér. Merid.	América Meridional
Ant.	Antónimo
Antill.	Antillas
Argent.	Argentina
art.	artículo
Bol.	Bolivia
C. Rica	Costa Rica
Colomb.	Colombia
conj.	conjunción
Desp.	despectivo
Ecuad.	Ecuador
Esp.	España
f.	sustantivo femenino
Fam.	familiar
Guat.	Guatemala
Hond.	Honduras
impers.	impersonal
interj.	interjección
intr.	intransitivo
loc.	locución
m.	sustantivo masculino
Méx.	México
m. y f.	masculino y femenino
Nicar.	Nicaragua
P. Rico	Puerto Rico
Pan.	Panamá
Par.	Paraguay
pl.	plural
prep.	preposición
prnl.	pronominal
pron.	pronombre
R. de la P.	Río de la Plata
R. Dom.	República Dominicana
Salv.	El Salvador
Sin.	Sinónimo
tr.	transitivo
Urug.	Uruguay
vb. irreg.	verbo irregular
vb.	verbo
Venez.	Venezuela
Vulg.	Vulgar

Símbolos

1, 2, ...	Diferentes significados de la palabra
~	Símbolo que sustituye la palabra de la entrada en locuciones y frases hechas

Modelos

Modelo 1, 2, 3, ... Remite a las tablas de conjugación de los verbos

Cómo usar el diccionario

boneteria 86

boneteria ***f.*** **1** Mercería. **2** ***Méx.*** Tienda de lencería: *Tengo que pasar a la **boneteria** para comprar unas medias de nailon.*

bongó ***m.*** Tambor doble que se toca con la palma de las manos, usado en la música caribeña.

bongosero, ra ***m.*** y ***f.*** Persona que toca el bongó.

boniato ***m.*** Batata. Sin. **camote.**

bonificación ***f.*** **1** Cantidad previamente pagada que se añade al costo total. **2** Cantidad que se añade como premio: *A fin de año, además de mi salario, recibí una **bonificación** en efectivo de mi jefe, dijo que me la gané por mi responsabilidad.*

bonificar ***vb. irreg.*** {tr.} **Modelo 17.** Añadir una cantidad a otra: *Tu pago se **bonificó** al dinero que me debes, por eso ahora me tienes que pagar menos que antes.*

bonito ***m.*** Pez marino comestible, de carne oscura, parecido al atún.

bonito, ta ***adj.*** Bello, agraciado: *En la tienda vi unos zapatos muy **bonitos** y no pude resistir la tentación de comprarlos.* Ant. **feo.**

bono ***m.*** **1** Vale canjeable por algún artículo: *Ayer compré una televisión en la tienda, y me dieron de regalo un **bono** que voy a cambiar por un radio.* **2** Documento que avala una deuda o el pago de un servicio: *El **bono** de transporte que compré me da derecho a viajar en autobús durante un mes.*

bonsái ***m.*** **1** Técnica japonesa de cultivo, por la que se reduce al mínimo el tamaño normal de un árbol. **2** Árbol cultivado con esta técnica: *Un **bonsái** es como un árbol normal, pero en miniatura.*

bonzo ***m.*** Sacerdote budista.

boñiga ***f.*** Excremento del ganado vacuno o caballar: *Llegué tarde a la escuela porque pisé por accidente una **boñiga** y me tuve que limpiar mi zapato.*

boom ***m.*** **Palabra de origen inglés.** Prosperidad, auge o éxito súbito e inesperado: *Es increíble que ese tipo de pantalones holgados tan feos se convirtieran en un **boom** de la moda para jóvenes.*

boomerang ***m. Ver*** **bumerang.**

boquear ***vb.*** {intr.} Abrir y cerrar la boca de manera repetida, como lo hacen los peces.

boquera ***f.*** Inflamación superficial que molesta en las comisuras o bordes de los labios.

boquerón ***m.*** Pez comestible, más pequeño que la sardina: *Los **boquerones** preparados en salmuera se llaman anchoas.*

boquete ***m.*** Agujero: *Mira qué **boquete** le hiciste a ese calcetín con las tijeras.*

boquetear ***vb.*** {tr.} Hacer un boquete: *Unos ladrones **boquetearon** la pared de un comercio y se llevaron todo el dinero.*

boquiabierto, ta ***adj.*** **1** Que tiene la boca abierta. **2** Pasmado, asombrado: *Cuando me invitaste a tu boda me quedé **boquiabierto**, porque decías que nunca ibas a casarte.*

boquiflojo, ja ***adj. Méx.*** Hablador, chismoso: *No le confíes nada a Marta, es una **boquifloja** que se lo cuenta a todos.*

boquilla ***f.*** **1** Pieza hueca de los instrumentos de viento por donde se sopla. **2** Filtro pequeño para fumar cigarrillos: *La **boquilla** de los cigarrillos detiene una mínima parte de las sustancias peligrosas del tabaco.*

boquirroto, ta ***adj. Fam.*** Hablador: *Mi primo es tan **boquirroto** que a veces me resulta impertinente.*

bórax ***m.*** Sal blanca compuesta de ácido bórico, sosa y agua. *El **bórax** es ingrediente de muchos productos para la limpieza del hogar.*

borbollante ***adj.*** Que borbotea: *El agua del manantial sale **borbollante** de la de la roca donde nace.*

borbollar ***vb.*** {intr.} Borbotar.

borbolleo ***m.*** Borboteo: *El **borbolleo** del agua tiene un efecto relajante para mi padre, por eso ha puesto una pequeña fuente en el jardín.*

borbollón ***m.*** Borbotón.

borborigmo ***m.*** Ruido producido por el movimiento de líquidos y gases en el intestino: *Me puse tan nervioso durante el examen, que mis **borborigmos** se oían en todo el salón.*

borbotar o **borbotear** ***vb.*** {intr.} Manar o hervir el agua de manera impetuosa.

borboteo ***m.*** Sonido y movimiento del agua al hervir: *Por el **borboteo** que se oye, puedo decirte que el agua ya está hirviendo.*

borbotón ***m.*** Emanación o burbujeo del agua: *En una fuente, el agua sale a **borbotones**.* Sin. **borbollón.**

borceguí ***m. Esp.*** Bota con cintas.

borda ***f.*** **1** Borde superior del costado de un buque: *Caer por la **borda** significa caer al agua desde un barco.* **2** ***loc.*** **Echar por la ~,** arruinar: *Juan **echó por la borda** su carrera profesional cuando cometió el fraude a la empresa, y ahora no podrá conseguir un buen empleo.*

bordado ***m.*** Labor decorativa hecha con hilo y aguja sobre una tela.

bordador, ra ***m.*** y ***f.*** **1** Persona que tiene por oficio bordar: *Daniela trabaja con **bordadoras** indígenas y las ayuda a vender a un precio justo sus productos.* **2** Máquina de bordar: *Con la nueva **bordadora** mi tía realiza decoraciones de muy buena calidad.*

bordar ***vb.*** {tr.} Hacer bordados.

borde ***m.*** Extremo, orilla: *"No dejes los vasos en el **borde** de la mesa porque se pueden caer", le dije a Luis.*

bordear ***vb.*** {tr.} Recorrer una superficie por la orilla: *"Si quieres cruzar este lago, puedes hacerlo nadando; pero si no sabes nadar, deberás **bordearlo**", me dijo Juan.* Sin. **rodear.**

bordillo ***m. Esp.*** Borde de una acera o de un andén.

bordo ***m.*** **1** Costado exterior de un barco. **2** ***Méx.*** y ***Amér. C.*** Relieve hecho en el terreno para encauzar el agua. **3** ***loc.*** **A ~,** en un barco o en un avión: *Salí tan tarde de mi casa que llegué al aeropuerto cuando ya todos los pasajeros estaban **a bordo** del avión en que yo iba a viajar.*

bordón ***m.*** **1** Bastón más alto que una persona. **2** Muletilla, palabra o expresión repetitiva: *Ese locutor habla con **bordón**, se la pasa diciendo "déjeme decirle que…".*

bordona ***f. R. de la P.*** Cualquiera de las tres cuerdas de sonido más grave de la guitarra, sobre todo la sexta.

boreal ***adj.*** **1** Perteneciente o relativo al polo Norte. Ant. **austral.** **2** ***loc.*** **Aurora ~,** fenómeno atmosférico en el que las partículas solares causan una luminosidad de muchos colores en el cielo polar.

bórico, ca ***adj.*** Dícese de un ácido oxigenado derivado del boro.

boricua ***adj./m.*** y ***f.*** Originario de Puerto Rico, isla de las Antillas. Sin. **puertorriqueño, borinqueño.**

borinqueño, ña ***adj./m.*** y ***f.*** Puertorriqueño, originario de Puerto Rico, isla de las Antillas. Sin. **boricua.**

borla ***f.*** **1** Conjunto de hilos o cordones, sujetos por un extremo, que se emplea de adorno: *Mi mamá le puso **borlas** al mantel de la mesa y mi hermanita siempre los jala.* **2** Utensilio para empolvarse la cara: *Mi abuela utilizaba una **borla** para ponerse polvos de arroz en la cara.*

A

a ***f.*** Primera letra del alfabeto español y primera de sus vocales.

a ***prep.*** **1** Expresa idea de movimiento y dirección: *Alejandro fue **a** la fiesta que organizaron sus amigos.* **2** Introduce complementos del adjetivo: *Tu hermano es muy parecido **a** ti.* **3** Introduce complementos del verbo (directo, indirecto y distintos circunstanciales): *Escribí una carta **a** mi amiga que vive en el extranjero.*

a capella *loc.* Se dice de la obra coral que se ejecuta sin acompañamiento musical: *Todas las piezas que cantó el coro en el concierto fueron **a capella.***

a posteriori *loc.* Después, con posterioridad: *En el laboratorio es posible confirmar, **a posteriori**, tus hipótesis sobre el experimento que hiciste.*

a priori *loc.* Antes, con anterioridad: *El detective Sherlock Holmes, personaje inventado por el escritor inglés Conan Doyle, siempre hace juicios **a priori** que resultan acertados.*

abacial ***adj.*** Relativo al abad, a la abadesa o a la abadía: *En el museo, vimos unos documentos **abaciales** que datan del siglo XV.*

ábaco ***m.*** Instrumento para hacer cálculos, formado por un marco pequeño con barrotes o alambres paralelos por los que corren esferitas móviles: *Los niños orientales suman y restan con **ábacos.***

abad, desa ***m.*** y ***f.*** Persona que hace de director o directora en una abadía o monasterio: *El **abad** fue elegido entre todos los monjes del monasterio.*

abadía ***f.*** Convento donde viven frailes o monjas: *En Londres, la **abadía** de Westminster es un monumento espectacular que alguna vez fue habitado por monjes.*

abajamiento ***m.*** Desplazamiento del terreno debido a movimientos tectónicos o fuerzas externas: *Ese desnivel se debe a un **abajamiento** que hubo cuando el temblor de hace diez años.*

abajeño, ña ***adj., m.*** y ***f.*** **1** De El Bajío, región del centro de México. **2** ***Amér.*** De las costas y tierras bajas.

abajo ***adv.*** En la parte inferior o en posición baja: *"¡No vayas a atropellar al perro que se escondió **abajo** del automóvil!", grité a mi madre.* Ant. **arriba.**

abalanzarse ***vb. irreg.*** {prnl.} **Modelo 16.** Lanzarse o impulsarse de manera violenta hacia alguien o algo: *El águila **se abalanzó** sobre su presa.*

abalear ***vb.*** {tr.} ***Amér.*** Disparar contra alguien: *El hombre **abaleó** al asaltante, pero fue en defensa propia.*

abalear ***vb.*** {tr.} Separar con escoba la paja de los cereales, después de aventados: *Los campesinos **abalean** la cebada.*

abalizar ***vb.*** {tr.} Señalar con balizas: ***Abalizaron** la nueva desviación en la carretera para prevenir accidentes.*

abalorio ***m.*** **1** Cuenta pequeña de vidrio para hacer collares y otros adornos: *Encontré tirado un bonito **abalorio** de colores, lo usaré para hacerme una pulsera.* **2** Collar o adorno de poco valor, sobre todo el hecho con estas cuentas: *Su vestido habría sido más elegante si no lo hubiera recargado de **abalorios.***

abanderado, da ***m.*** y ***f.*** Persona que lleva la bandera en desfiles y procesiones: *El **abanderado** siempre va adelante de todos en los desfiles de mi escuela.*

abanderar ***vb.*** {tr. y prnl.} **1** Representar y defender a una causa o una organización: *El cantante de rock decidió **abanderar** la ayuda a los niños víctimas de la guerra.* **2** Matricular un barco de nacionalidad extranjera bajo la bandera de un Estado.

abandonar ***vb.*** {tr. y prnl.} **1** Dejar solo o desamparar: *Sería incorrecto **abandonar** a ese hombre herido, ¡debemos ayudarlo!* **2** Dejar de hacer algo: *Pedro **abandonó** sus estudios porque debe trabajar para ayudar a su madre.* **3** Alejarse de un lugar: *Jesús **abandonó** el salón de clases porque se sentía enfermo.* **4** Descuidar la apariencia personal: *Luis Mario **se ha abandonado** tanto que ya ni se afeita.*

abandono ***m.*** Hecho de dejar o desamparar a una persona, animal o cosa de la cual se tiene la obligación de cuidar o atender: *Los canarios se murieron por el **abandono** de Rocío: se fue a la playa y los dejó cinco días sin comida ni agua.*

abanicar ***vb. irreg.*** {tr. y prnl.} **Modelo 17.** Echar aire con el abanico o con un objeto similar: *Hacía tanto calor que Elena **se abanicaba** con la revista.*

abanico ***m.*** **1** Objeto formado por varillas y una banda de tela o de papel plegado que sirve para echarse aire. **2** Conjunto o gama de opciones: *El profesor nos ofreció un **abanico** de posibilidades, ya que podemos escoger cualquier animal de la selva para hacer nuestro trabajo final.*

abañeeme ***m.*** Guaraní moderno que se habla en la actualidad en Paraguay y regiones vecinas.

abarajar ***vb.*** {tr.} **1** ***Argent., Par.*** y ***Urug.*** Parar los golpes de un adversario con un cuchillo. **2** ***Argent.*** Adivinar las intenciones de otro.

abaratar ***vb.*** {tr.} Bajar el precio de una cosa: *Las tiendas **abaratan** los precios para vender más.*

abarca ***f.*** Calzado rústico de cuero que se ata con cuerdas o correas: *Para ir a la playa llevaré unas **abarcas**, son frescas y cómodas.*

abarcar ***vb. irreg.*** {tr.} **Modelo 17.** **1** Ceñir, rodear: *Ese árbol es tan grueso que no puedo **abarcarlo** con los brazos.* **2** Encerrar, comprender o implicar: *La clase de español **abarca** el estudio de la gramática y de la ortografía.*

3 Alcanzar con la vista: *Desde lo alto de esa torre se **abarca** gran parte del valle.*

abarquillar ***vb.*** {tr. y prnl.} Encorvar un cuerpo ancho y delgado, dándole forma de barquillo: *El hombre estaba tan nervioso, que **abarquilló** la revista que traía.*

abarrotar ***vb.*** {tr.} Ocupar totalmente un espacio o lugar: *La gente **abarrotaba** el estadio para ver el partido.*

abarrotería ***f. Amér. C.*** Ferretería. SIN. **tlapalería.**

abarrotes ***m. pl. Amér.*** Artículos de comercio como conservas alimenticias, especias, papel higiénico, etc.: *Compré una lata de atún en la tienda de **abarrotes** de la esquina.*

abastecer ***vb. irreg.*** {tr. y prnl.} **Modelo 39.** Proporcionar alimentos u otros productos: *El río **abastece** de agua a la ciudad.*

abastecimiento ***m.*** **1** Acción de abastecer o abastecerse: *El **abastecimiento** de combustible de algunos aviones se hace en el aire.* **2** Cosa que se abastece a una persona o población: *El **abastecimiento** de aceite no llegó a tiempo.*

abasto ***m.*** **1** Provisión de víveres. **2** ***Amér. Merid.*** Matadero. **3** ***Venez.*** Tienda de comestibles. **4** ***loc.*** **Dar ~,** ser suficiente: *Una sola empleada no se **da abasto** para atender a todos los clientes de la tienda: ¡son demasiados!*

abatanar ***vb.*** {tr.} Golpear el paño en el batán.

abatelenguas ***m.*** Instrumento de madera utilizado para detener la lengua y revisar la boca y garganta: *El médico usó un **abatelenguas** para ver mis amígdalas inflamadas.*

abatido, da ***adj.*** Falto de fuerzas o de ánimo: *Luego de su derrota, el deportista se sentía **abatido.***

abatimiento ***m.*** Decaimiento físico o moral: *Juan sufre un gran **abatimiento** desde la muerte de su abuelo.* SIN. **desánimo, desaliento, depresión.**

abatir ***vb.*** {tr. y prnl.} **1** Derribar, echar por tierra: *El huracán **ha abatido** varios árboles.* **2** Desanimar, entristecer: *La derrota **abatió** a los futbolistas.* **3** Descender en su vuelo las aves, sobre todo las de rapiña: *El halcón **se abatió** sobre el conejo.*

abdicación ***f.*** **1** Acción de abdicar: *Se anunció para mañana la **abdicación** de la reina.* **2** Documento en que consta la abdicación.

abdicar ***vb. irreg.*** {intr.} **Modelo 17.** Renunciar un rey, soberano o persona con autoridad, a un trono o a otros cargos: *Por su edad avanzada ya se le dificultaba gobernar y el rey **abdicó** el trono a favor de su hijo, quien ahora será el nuevo rey.*

abdomen ***m.*** **1** Vientre, parte del cuerpo donde se encuentran el estómago, los intestinos y otros órganos: *El médico palpó el **abdomen** de Luisa para ver si tenía apendicitis.* **2** Parte posterior del cuerpo de los artrópodos.

abdominal ***adj.*** Relativo al abdomen.

abdominales ***m. pl.*** Ejercicios de gimnasia para fortalecer el abdomen: *Durante un mes hice **abdominales** y ahora siento fuerte mi abdomen.*

abducción ***f.*** **1** Acción de abducir: *Este libro narra la **abducción** de toda una familia, dice que los alienígenas los llevaron a otro planeta.* **2** Movimiento de separación de un miembro del plano de simetría del cuerpo: *Si levanto el brazo por un lado, estoy realizando una **abducción.***

abducir ***vb.*** {tr.} **Modelo 57.** Secuestrar extraterrestres o espíritus a alguien: *El hombre que entrevistaron en el noticiero afirmó que lo **abdujo** un platillo volador.*

abductor ***adj.*** y ***m.*** Músculo que realiza la abducción.

abecé ***m.*** **1** Abecedario. **2** Conjunto de principios básicos de una ciencia o actividad: *En el curso aprendimos el **abecé** de la navegación por Internet.*

abecedario ***m.*** Serie ordenada de las letras de un idioma. SIN. **alfabeto.**

abedul ***m.*** Árbol que crece en los países fríos, puede alcanzar los 30 m de altura, su madera es blanca y se usa para elaborar papel.

abeja ***f.*** Insecto que vive en colmenas, tiene aguijón y produce miel y cera: *Las **abejas** utilizan el néctar de las flores para fabricar la miel.*

abejorro ***m.*** Insecto de cuerpo velloso y trompa, parecido a la abeja pero de mayor tamaño, que zumba al volar.

abencerraje ***m.*** **1** Se refiere a los miembros de una familia del reino musulmán granadino: *Después de aquella boda, la hermosa doncella se integró al **abencerraje** de su marido.*

aberración ***f.*** Contrario a lo que es o parece natural y lógico: *Maltratar a un niño es una **aberración.***

aberrante ***adj.*** Que se desvía de lo que se considera natural, normal o lícito: *Poner música a todo volumen, sabiendo que eso contamina, es una acción **aberrante.***

abertura ***f.*** **1** Acción y efecto de abrir o abrirse: *La **abertura** de tu boca cambia según la letra que pronuncies, por ejemplo: al decir a la abres mucho.* **2** Agujero o rendija: *La puerta no estaba bien cerrada y dejaba una **abertura** por la que se colaba el frío.* SIN. **fisura.**

abeto ***m.*** Árbol resinoso, de gran tamaño, su madera se aprovecha para la carpintería.

abicharse ***vb.*** {prnl.} ***Argent., Chile, Par.*** y ***Urug.*** Agusanarse una planta o la herida de un animal.

abierto, ta ***adj.*** **1** Comunicado con el exterior. **2** Separado o extendido: *El primer ejercicio que hicimos consistía en saltar con los brazos **abiertos** y las piernas juntas.* **3** Respecto a un lugar, despejado, sin obstáculos: *En campo **abierto** se tiene una visión muy amplia del paisaje.* **4** Franco, espontáneo, dispuesto a aceptar otras ideas: *Juan hace nuevos amigos con facilidad gracias a su carácter **abierto.***

abigarrado, da ***adj.*** **1** De varios colores mal combinados: *Luisa llegó a la fiesta con un vestido de tela **abigarrada,** que tenía unas enormes flores rosas, amarillas, moradas y azules.* **2** Heterogéneo, diverso, mezclado: *El discurso del escritor era tan **abigarrado** que fue difícil entender lo que decía.*

abigarrar ***vb.*** {tr.} Llenar algo con elementos combinados de manera desordenada: *Quiso poner muy moderno su cuarto y lo **abigarró,** está lleno de carteles y pegotes de colores en las paredes.*

abiótico, ca ***adj.*** Se aplica al lugar y condición impropios para la vida y de la reacción química que no requiere la intervención de seres vivos.

abisal ***adj.*** Relativo a las profundidades oceánicas adonde no llega la luz solar: *El* benthosaurus *es un pez **abisal.***

abismal ***adj.*** **1** Relativo al abismo: *Entre la fauna **abismal** de los océanos se encuentran peces muy raros.* **2** Muy profundo, insondable: *El álgebra me parece algo **abismal,** no le entiendo nada.*

abismar ***vb.*** {tr. y prnl.} **1** Meter en un abismo o lugar muy profundo: *Tras el naufragio se **abismaron** en la inmensidad del mar los tesoros del barco pirata.* **2** Causar confusión o abatimiento: *La muerte del padre **abismó** a los niños en su dolor.* **3** Caer en un estado de abstracción o desesperación: *Las malas noticias hicieron que me **abismara** en mis preocupaciones.*

abismo ***m.*** **1** Profundidad muy grande y peligrosa: *La escena más emocionante fue cuando el personaje estaba a punto de caer en un **abismo.*** **2** Oposición grande: *Entre lo que dice y hace Gerardo hay un **abismo,** ya que presume de ser honesto pero muchas veces miente.*

abjuración ***f.*** Acción y efecto de abjurar.
abjurar ***vb.*** {tr. e intr.} Renunciar solemnemente a una opinión o creencia: *Cuando le demostraron que estaba equivocado, el científico **abjuró** de su teoría.*
ablación ***f.*** Extirpación quirúrgica de un tumor o un órgano: *Ayer me hicieron la **ablación** de una bola de grasa que tenía en el cuello, por eso traigo este parche.*
ablandar ***vb.*** {tr. y prnl.} **1** Poner blando: *Josefina **ablandó** la carne dejándola cocer durante una hora.* **2** Disminuir el enojo, enternecer: *Su papá **se ablandó** después de que Ana, llorosa, se disculpó.*
ablución ***f.*** **1** Acción de lavarse. **2** En algunas religiones, ceremonia de purificación mediante el agua.
abnegación ***f.*** Sacrificio o renuncia del interés propio en beneficio de los demás: *Se necesita **abnegación** para ser una buena enfermera.*
abnegado, da ***adj., m.*** y ***f.*** Se dice de la persona que actúa con abnegación: *Los **abnegados** rescatistas pasaron tres noches en vela para salvar a las víctimas de la inundación.*
abocado, da **1** ***adj.*** Predestinado: *Yo creo que esa mujer estaba **abocada** a ser científica, todas las circunstancias de su vida la fueron llevando a ello.* **2** ***adj.*** y ***m.*** Vino que contiene mezcla de seco y dulce.
abocar ***vb.*** {tr.} **1** Acercar las bocas de dos recipientes para verter el contenido de uno en el otro. **2** {tr. e intr.} Llevar o conducir a un lugar o situación: *Las autoridades **abocaron** veterinarios a vacunar a todos los perros y gatos, y ahora ya no hay casos de rabia en esa ciudad.*
abocardar ***vb.*** {tr.} Hacer más ancha la boca de un tubo o un agujero: *Podemos **abocardar** la tierra para plantar mejor los nuevos árboles.*
abocarse ***vb. irreg.*** {prnl.} **Modelo 17.** ***Méx.*** y ***R. de la P.*** Dedicarse plenamente a algo: *Luis **se ha abocado** a su profesión de médico.*
abochornado, da ***adj.*** **1** Persona que sufre por un calor excesivo: *Fuimos a la playa este verano y quedé **abochornado.*** **2** Avergonzado: *Su falta de respeto fue tan grave que cuando la profesora lo regañó se sintió **abochornado.***
abochornar ***vb.*** {tr. y prnl.} **1** Causar molestia el exceso de calor: *El calor del verano nos **abochorna** y a veces no tenemos ganas de jugar.* **2** Avergonzar: ***Me abochorné** cuando el viento me levantó el vestido.*
abofetear ***vb.*** {tr.} Dar bofetadas a una persona: ***Pedro abofeteó** con tanta fuerza al hombre que ofendió a su madre, que le dejó la cara roja.*
abogacía ***f.*** Profesión y ejercicio del abogado: *Efrén ha decidido que se dedicará a la **abogacía.***
abogado, da ***m.*** y ***f.*** Persona que ha estudiado Derecho o Leyes y que alega en un juicio a favor de otra.
abogar ***vb. irreg.*** {intr.} **Modelo 17.** **1** Defender en un juicio. **2** Interceder, hablar en favor de alguien: *Liliana **abogó** por Pedro para que su madre no lo castigara injustamente.*
abolengo ***m.*** Ascendencia ilustre de una persona: *Esa familia es de **abolengo,** sus orígenes se remontan al siglo XVII.*
abolición ***f.*** Acción y efecto de suprimir una costumbre o ley: *En muchos países se ha votado por la **abolición** de la pena de muerte.*
abolicionismo ***m.*** Doctrina que defendía la desaparición de la esclavitud.
abolir ***vb. irreg.*** {tr.} **Modelo 71.** Suprimir, dejar sin efecto una ley, precepto o costumbre: *Muchos gobiernos del mundo **abolieron** la esclavitud durante los últimos dos siglos.* ANT. **restaurar, restablecer.**
abollado, da ***adj.*** Que presenta una abolladura: *La camioneta del director del colegio es nueva y ya tiene una puerta **abollada.***
abolladura ***f.*** Pequeño hundimiento de una superficie, especialmente metálica, producido por un golpe o presión ejercida sobre ella: *En el taller automotriz dijeron que el costo de reparación de esa **abolladura** será muy alto.*
abollar ***vb.*** {tr.} Hundir, deformar una superficie con un golpe: *Julio golpeó el auto contra un poste y lo **abolló.***
abolsar ***vb.*** {tr. y prnl.} Hacer que algo tome forma de bolsa: *Con tanto granizo, **se abolsó** el toldo de la terraza.*
abombar ***vb.*** {tr. y prnl.} **1** Aturdir: *El ruido de la motocicleta me **abombó** la cabeza y ya no pude trabajar.* **2** Empezar a descomponerse: *"Quita esa carne del sol para que no **se abombe**", me dijo mi madre.* **3** ***R. de la P.*** Aturdirse por la bebida, la comida o el cansancio. **4** ***Chile, Ecuad.*** y ***Nicar.*** Embriagarse.
abombar ***vb.*** {tr. y prnl.} **1** Dar forma curva. **2** Adoptar una superficie una forma curva: *Con la humedad, la madera **se abombó** y ahora la puerta no cierra.*
abominable ***adj.*** Que merece ser condenado, detestado o temido: *Anoche vi un filme donde salía el **abominable** hombre de las nieves, ¡era horrible!*
abominar ***vb.*** {tr. e intr.} **1** Condenar, maldecir: *La sociedad **abomina** el asesinato.* **2** Aborrecer, detestar: *Esteban **abomina** la violencia, así que dudo que acepte pelear con Ricardo.*
abonado, da ***m.*** y ***f.*** Persona que ha adquirido un abono para asistir a un espectáculo o recibir un servicio: *Muchos oficinistas de la zona están **abonados** a ese restaurante.*
abonar ***vb.*** {tr.} **1** Dar pagos parciales por un préstamo o por algo que no se compró al contado: *Mi padre **abonó** cien pesos al carpintero por la mesa que le pidió hacer.* **2** Poner en la tierra sustancias para mejorar su estado y hacer que produzca más: ***Abonamos** la tierra y mejoró la producción de manzanas.*
abono ***m.*** **1** Cada uno de los pagos parciales que se hacen por un préstamo o por alguna compra: *Le di otro **abono** a Sara por el dinero que me prestó.* **2** Fertilizante, sustancia que se pone en la tierra para que produzca más. **3** Pase o billete que permite entrar cierto número de veces a un lugar de espectáculos o utilizar un servicio por tiempo determinado: *Compré un **abono** para toda la temporada de danza.*
abordaje ***m.*** Acción de abordar, en particular cuando la tripulación de un barco ocupa otro barco enemigo.
abordar ***vb.*** {tr. e intr.} **1** Comenzar o emprender algún negocio o asunto: *Por fin se decidió José a **abordar** ese problema y pudo resolverlo fácilmente.* **2** Acercarse a alguien para tratar algún asunto o hacer una petición: *Eloísa **abordó** a un hombre en la calle y le preguntó la hora.* **3** Llegar una embarcación a un lugar. **4** Subir a una embarcación.
aborigen ***adj./m.*** y ***f.*** Originario o natural de un lugar: *Los quechuas son los **aborígenes** de Perú.* ANT. **extranjero.**
aborrecer ***vb. irreg.*** {tr.} **Modelo 39.** Tener aversión o rechazar algo que no gusta: *Laura **aborrece** la carne de cerdo porque tiene cisticercos, prefiere la de pollo.* SIN. **despreciar, detestar, odiar.** ANT. **gustar, querer, amar.**
aborrecido, da ***adj.*** **1** Acción o efecto de aborrecer. **2** Que es despreciado, odiado, detestado: *Decir mentiras es una acción **aborrecida** por los defensores de la verdad.*
abortar ***vb.*** {tr. e intr.} **1** Expulsar a un hijo del vientre de la madre embarazada, voluntaria o accidentalmente, antes de tiempo: *Susana **abortó** a consecuencia de una caída.* **2** Fracasar, malograrse: *Es muy posible que el plan de viajar **aborte** por la enfermedad de mi madre.*

a b c d e f g h i j k l m n o p q r s t u v w x y z

abortivo, va ***adj., m.*** y ***f.*** Que provoca el aborto: *Algunas plantas medicinales pueden ser* ***abortivas,*** *por eso las mujeres embarazadas no deben usarlas.*

aborto ***m.*** Expulsión antes de tiempo, de manera voluntaria o accidental, de un hijo del vientre de la madre embarazada.

abotagado, da ***adj.*** **1** Acción o efecto de embotarse: *La falta de sueño lo dejó* ***abotagado.*** **2** Cuerpo que está hinchado por la enfermedad o el calor.

abotagarse o **abotargarse** ***vb. irreg.*** {prnl.} **Modelo 17. 1** Hincharse el cuerpo, generalmente por enfermedad. **2** *Fam.* Atontarse: *El calor* ***me abotagó*** *tanto que hice mal todas las cuentas.*

abotonado, da ***adj.*** Se aplica a una prenda de vestir cerrada o ajustada por medio de botones: *Salió de la casa con su suéter* ***abotonado*** *hasta el cuello.*

abotonar ***vb.*** {tr.} Cerrar o ajustar una prenda de vestir por medio de botones.

abovedado, da ***adj.*** Sitio que tiene forma de comba: *La sala de conciertos es* ***abovedada*** *para mejorar la acústica.*

abovedar ***vb.*** {tr.} **1** Cubrir un lugar con bóveda. **2** Dar forma de bóveda: *Para mejorar la acústica,* ***abovedaron*** *el techo del teatro.*

abra ***f.*** **1** *Amér. C.* y *Amér. Merid.* Campo abierto y amplio situado entre bosques. **2** *Colomb.* Hoja de una ventana o de una puerta.

abracadabra ***m.*** Palabra a la que se le atribuyen propiedades mágicas y suele usarse en fórmulas de encantamiento: *El hada dijo:* ***"abracadabra"*** *y convirtió el vestido viejo en uno nuevo y hermoso.*

abracadabrante ***adj.*** Que tiene elementos sorprendentes o aterradores: *El personaje del cuento vivió momentos* ***abracadabrantes*** *en su vida.*

abrasar ***vb.*** {tr. y prnl.} **1** Quemar, reducir algo hasta las cenizas: *El incendio* ***abrasó*** *gran parte de los árboles del bosque.* **2** Sentir mucho calor o ardor: *Ayer me corté y hoy siento que la herida* ***me abrasa.***

abrasión ***f.*** Acción de desgastar o arrancar por fricción: *La* ***abrasión*** *que hicimos con lija dejó la madera muy lisa.*

abrasivo, va ***adj., m.*** y ***f.*** **1** Relativo a la abrasión o que la produce. **2** Sustancia dura capaz de desgastar y pulir una superficie por frotamiento: *El polvo de piedra pómez es* ***abrasivo.***

abrazadera ***f.*** Pieza de metal, madera u otro material que sirve para sujetar algo ciñéndolo.

abrazar ***vb. irreg.*** {tr. y prnl.} **Modelo 16. 1** Rodear o ceñir con los brazos: *Roberto* ***abrazó*** *a sus padres antes de salir de viaje.* **2** Aceptar y seguir una idea o convicción: *El pueblo entero decidió* ***abrazar*** *el cristianismo y ahora todos creen en Jesucristo.*

abrazo ***m.*** Acción de estrechar entre los brazos: *En mi cumpleaños, el abuelo me dio un gran y fuerte* ***abrazo.***

abrecartas ***m.*** Instrumento con forma de cuchillo que se usa para abrir cartas o cortar papel. Sin. **plegadera.**

ábrego ***m.*** Viento del suroeste.

abrelatas ***m.*** Utensilio que sirve para abrir latas.

abreojos ***m.*** **1** Planta con tallos ramosos, delgados, casi tendidos, duros y espinosos, hojas compuestas de tres hojuelas pequeñas y dentadas, flores solitarias, axilares, rojizas o blancas, y fruto en vainillas ovales, con pocas semillas. **2** Suceso que permite que alguien perciba la verdad oculta de algo.

abrevadero ***m.*** Lugar donde el ganado toma agua: *El vaquero se encargó de llenar de agua el* ***abrevadero.***

abrevar ***vb.*** {tr.} Tomar agua el ganado y los animales en general.

abreviar ***vb.*** {tr. e intr.} Reducir, acortar, resumir: *Para que cupiera en una página,* ***abrevié*** *la redacción de mi trabajo, pues era muy largo.* Ant. **alargar, ampliar, extender.**

abreviatura ***f.*** Representación abreviada de una palabra en la escritura: *La* ***abreviatura*** Sr. *se usa en lugar de la palabra* señor.

abridor ***m.*** Utensilio para destapar botellas. Sin. **destapador.**

abrigado, da ***adj.*** Que resguarda del frío y el viento: *Mi hogar es un lugar* ***abrigado*** *que me resguarda del invierno.*

abrigar ***vb. irreg.*** {tr. y prnl.} **Modelo 17. 1** Resguardar de las inclemencias del tiempo. **2** Tener ideas, afectos o deseos: ***Abrigo*** *la esperanza de llegar a ser un gran médico, por eso estudio mucho.*

abrigo ***m.*** **1** Prenda de vestir larga que se pone sobre la demás ropa y sirve para protegerse del frío. **2** Lugar para resguardar o protegerse del ambiente: *Una cueva nos sirvió de* ***abrigo*** *contra la nieve.*

abril ***m.*** Cuarto mes del año: *En México, el Día del Niño se celebra el 30 de* ***abril.***

abrillantado, da ***adj.*** **1** Que muestra brillo: *Con este nuevo esmalte mis uñas quedaron muy* ***abrillantadas.*** **2** *Amér.* Confitar o cubrir con un baño de azúcar: *Los higos* ***abrillantados*** *se dejan reposar en azúcar.*

abrillantado, da ***m.*** y ***f.*** Trabajo de pulido y facetado de una piedra preciosa o un metal: *El* ***abrillantado*** *convierte al diamante en bruto en joya espectacular.*

abrillantar ***vb.*** {tr.} Hacer que algo brille: *Lograron* ***abrillantar*** *el piso con la cera que le pusieron.*

abrir ***vb. irreg.*** {tr. y prnl.} **Modelo 45. 1** Descubrir o destapar lo que está cerrado u oculto: *Ya quiero* ***abrir*** *el regalo de cumpleaños que me dio Rogelio.* **2** Mover el mecanismo que cierra un conducto: *No sale agua aunque* ***abra*** *totalmente la llave del grifo.* **3** Extender o desplegar: *"Si no* ***abres*** *el paraguas pronto, nos vamos a mojar", dije a Mariana.* **4** Separar las hojas de una puerta, descorrer un cerrojo, jalar parcialmente un cajón. **5** Rasgar, dividir: ***Abriré*** *el sobre para poder leer la carta que está dentro.* **6** Ir adelante en una formación: *El abanderado* ***abre*** *el desfile y luego vienen los músicos de la banda.* **7** Inaugurar: *Después de muchos preparativos, por fin mis padres* ***abrirán*** *mañana la cafetería.* **8** *Amér.* Hacerse a un lado en un asunto, desentenderse: *Romualdo había prometido ayudarme, pero* ***se abrió*** *y tuve que pintar la casa yo sola.*

abrochadora ***f.*** *Argent.* y *Urug.* Engrapadora, engrampadora. Sin. **grapadora.**

abrochar ***vb.*** {tr. y prnl.} Cerrar o sujetar una prenda de vestir con broches o botones: *Hacía frío, así que* ***me abroché*** *el abrigo hasta el cuello.* Ant. **desabrochar.**

abrogar ***vb.*** {tr.} Abolir o revocar una ley, un decreto, etcétera: *El Congreso* ***abrogó*** *esa ley, pues ya resultaba obsoleta.*

abrojo ***m.*** Nombre que se da a varias plantas espinosas, perjudiciales para los sembrados, y a sus frutos: *Cuando fui al campo, mis pantalones quedaron llenos de* ***abrojos.***

abrumar ***vb.*** {tr.} **1** Agobiar, oprimir: *El jefe nos* ***abruma*** *con tanto trabajo.* **2** Avergonzar o molestar: *A ese pintor le* ***abruman*** *los elogios excesivos, pues dice que son falsos.*

abrupto, ta ***adj.*** Terreno escarpado, con pendientes y dificultades para recorrerlo: *El camino era muy* ***abrupto*** *y el automóvil avanzaba con dificultad.*

absceso ***m.*** Acumulación de pus: *La uña que me corté mal se me infectó y me salió un* ***absceso.***

abscisa ***f.*** En matemáticas, primera de las dos coordenadas con que se fija la posición de un punto en un plano.

abscisión ***f.*** En medicina, corte o separación de un miembro: *Tendrán que hacerle la **abscisión** del pulgar, pues se le gangrenó.*
absentismo ***m. Esp.*** Hecho de ausentarse reiteradamente y sin causa justificada de algún lugar al que se tiene obligación de asistir. SIN. **ausentismo.**
ábside ***m.*** y ***f.*** En arquitectura, parte posterior de una iglesia, semicircular, que sobresale del resto del edificio.
absolución ***f.*** **1** Declaración de inocencia de una persona y su consecuente libertad incondicional: *Cuando el tribunal dio la **absolución** a Javier, se confirmó que él no cometió el robo.* **2** Terminación de un juicio a favor del acusado. **3** Perdón que otorga el sacerdote católico al penitente al confesarse, o bien, a quienes se encuentran en peligro o trance de muerte.
absolutismo ***m.*** Sistema político en que el gobernante tiene poder ilimitado sobre todas las personas y las cosas: *En los siglos XVII y XVIII reinó el **absolutismo** en Europa.*
absoluto, ta ***adj.*** **1** Total, sin restricción, limitación ni condición: *Tengo confianza **absoluta** en el juicio de Germán, ya que es una persona muy honesta.* **2** *loc.* **En ~**, de ninguna manera: *"**En absoluto** pienso contestar tus groserías", dije a Roberto.*
absolutorio, ria ***adj.*** Que absuelve: *Dictaron sentencia **absolutoria** en ese caso, pues no pudieron probar el delito.*
absolver ***vb. irreg.*** {tr.} **Modelo 29. 1** Liberar de algún cargo u obligación: *El juez **absolvió** al acusado por falta de pruebas.* **2** Perdonar los pecados un sacerdote: *Durante la confesión, el cura **absuelve** a los fieles de sus pecados.*
absorbente ***adj.*** **1** Que absorbe bien y con rapidez: *Las servilletas se hacen con un papel **absorbente.*** **2** Persona que quiere imponerse a los demás y que exige mucha atención: *Muchas personas son **absorbentes** durante la adolescencia.*
absorber ***vb.*** {tr.} **1** Atraer y retener una sustancia: *Las aspiradoras **absorben** el polvo y la basura.* **2** Hacer que una empresa forme parte de otra: *La empresa extranjera **absorbió** a las empresas nacionales.* **3** Atrapar la atención: *Cuando Ana está leyendo la **absorbe** tanto la lectura que no hace caso a nadie.*
absorción ***f.*** Acción de absorber: *A través de la digestión se realiza la **absorción** de los alimentos.*
absorto, ta ***adj.*** Concentrado, aislado de la realidad: *Rafael estaba **absorto** oyendo el disco y no se dio cuenta de que ya eran las dos de la madrugada.*
abstemio, mia ***adj./m.*** y ***f.*** Que no bebe alcohol.
abstención ***f.*** Acción y efecto de abstenerse, renunciar a algo por decisión propia.
abstencionismo ***m.*** Postura o actitud de quien se abstiene o promueve la abstención en una votación, sobre todo en unas elecciones.
abstencionista ***adj./m.*** y ***f.*** **1** Relativo al abstencionismo. **2** Partidario de esta postura: *Juan es **abstencionista,** nunca en su vida ha querido votar, dice que desconfía de los políticos.*
abstenerse ***vb. irreg.*** {prnl.} **Modelo 26. 1** Privarse de algo por decisión propia: *Como estoy a dieta, **me abstuve** de comer una segunda rebanada de tarta durante la cena.* **2** No participar en una votación.
abstinencia ***f.*** **1** Acción de abstenerse, de renunciar a algo por decisión propia. **2** Privación de comer carne por motivos religiosos.
abstracción ***f.*** **1** Estado de meditación, distracción, embelesamiento. **2** Resultado de una operación mental consistente en separar elementos: *Gracias a la **abstracción** se deducen la leyes naturales.*
abstraccionismo ***m.*** Arte abstracto.
abstracto, ta ***adj.*** **1** Que señala ideas y cosas no materiales: *Bondad, alegría, amor, son palabras **abstractas.*** **2** Relacionado al arte que se caracteriza por no representar de manera exacta la forma de las cosas reales.
abstraer ***vb. irreg.*** {tr. y prnl.} **Modelo 38. 1** Aislar mentalmente o considerar por separado las cualidades de un objeto: *"Debes **abstraer** la idea más importante del cuento para que puedas analizarlo correctamente."* **2** Concentrarse en sí mismo: *Cuando Ana trabaja **se abstrae** y no oye nada ni a nadie.*
abstraído, da ***adj.*** **1** Ensimismado, absorto. **2** Estar muy concentrado en algo, de manera que no se percibe lo que sucede alrededor: *María está tan **abstraída** en la lectura que no escucha que tocan a su puerta.*
absuelto, ta ***adj.*** Que se ha declarado libre de culpa: *Los culpables aparentes se pasean **absueltos** por falta de pruebas.*
absurdo, da ***adj.*** Contrario a la razón, que no tiene sentido: *"Es **absurdo** esperar un regalo de él, ya sabes que no gasta su dinero en obsequios."*
abuchear ***vb.*** {tr.} Dar muestras ruidosas de desagrado o protesta: *El público **abucheó** a los jugadores del equipo favorito por no haber intentado meter otro gol.*
abucheo ***m.*** Acción o efecto de abuchear: *Cuando falló el tiro penal, la porra lo castigó con un fuerte **abucheo.***
abuelo, la ***m.*** y ***f.*** Padre o madre del padre o de la madre.
abulia ***f.*** Falta de voluntad o ánimo. ANT. **entusiasmo.**
abúlico, ca ***adj./m.*** y ***f.*** **1** Relativo a la abulia. **2** Que padece abulia: *Laura está **abúlica,** pasa el tiempo sentada sin hacer nada.*
abullonado, da ***adj.*** Que presenta bultos o ahuecamientos: *El tapiz **abullonado** del sillón nuevo se ve cómodo, pero es áspero.*
abullonar ***vb.*** {tr.} Formar bultos o ahuecamientos redondeados en alguna cosa, a manera de adorno.
abulón ***m.*** Animal marino comestible, de caparazón con reflejos de distintos colores, que abunda en las costas mexicanas de Baja California: *Comí rebanadas de **abulón** con cebolla, salsa de tomate, limón y cilantro.*
abultado, da ***adj.*** Se dice de algo que es grande, grueso, y voluminoso.
abultamiento ***m.*** **1** Bulto. **2** Aumento de las proporciones o dimensiones de un objeto. **3** Proceso de hinchazón en una parte del cuerpo: *A causa de la caída que tuvo en la bicicleta, Alma tiene un **abultamiento** en la frente.* **4** Aglomeración o cúmulo de cosas o personas.
abultar ***vb.*** {tr. e intr.} **1** Aumentar el volumen de una cosa: *Esa blusa tan gruesa dentro del pantalón te **abulta** mucho la cintura y te ves gorda.* **2** Exagerar: *Mi primo **abultó** tanto sus aventuras en vacaciones, que al final nadie le creyó.* **3** Ocupar mucho espacio: *Este vestido **abulta** mucho mi equipaje, creo que es mejor dejarlo.*
abundancia ***f.*** Gran cantidad. ANT. **escasez, pobreza.**
abundante ***adj.*** En gran cantidad: *Como tenía mucha hambre, me serví un **abundante** plato de guiso.*
abundar ***vb.*** {intr.} **1** Haber gran cantidad de una cosa: *Durante la primavera **abundan** las mariposas.* **2** Agregar información sobre un tema: *Después de que el maestro **abundó** sobre la raíz cuadrada, entendí cómo se resolvía.*
aburguesado, da ***adj.*** Se aplica al que tomó costumbres, características o comodidades de burgués.
aburguesamiento ***m.*** Acción o efecto de aburguesarse.

aburguesarse ***vb.*** {prnl.} **1** Hacerse burgués. **2** Acomodarse en un puesto o en una situación estable: *Desde que mis tíos se* ***aburguesaron,*** *todos los fines de semana comen en los restaurantes más caros de la ciudad.*

aburrición ***f. Amér.*** Aburrimiento: *La clase de álgebra es una* ***aburrición.***

aburrido, da ***adj.*** Que aburre o cansa, que no es divertido: *El fútbol me parece* ***aburrido,*** *no me gusta jugarlo; en cambio, el baloncesto me parece más divertido.*

aburrimiento ***m.*** Sensación molesta de cansancio: *Para evitar el* ***aburrimiento,*** *Ana lee un cuento, luego ve televisión, después recorta sus muñecas de papel y por último juega con su vecinita.*

aburrir ***vb.*** {tr. y prnl.} **1** Molestar, cansar: *El cuento les* ***aburrió*** *tanto que prefirieron ir a jugar.* **2** Sufrir un estado de ánimo producido por falta de estímulo o distracción: *Los niños* ***se aburren*** *cuando no tienen nada que hacer.* ANT. **distraer, divertir.**

abusado, da ***adj. Guat.*** y ***Méx. Fam.*** Listo, despierto: *Hay que ser muy* ***abusado*** *para resolver el acertijo.*

abusar ***vb.*** {intr.} **1** Utilizar algo con exceso: *Los borrachos* ***abusan*** *de la bebida.* **2** Aprovecharse de otra persona: *Julio se queja porque su hermano mayor* ***abusa*** *de él cuando lo manda a lavar su automóvil.*

abusivo, va ***adj.*** Que sobrepasa lo que se considera justo o adecuado: *Lourdes es una* ***abusiva,*** *se llevó unos discos de mi casa sin pedírmelos.*

abuso ***m.*** **1** Utilización de algo con exceso o de manera indebida: *Mi madre dice: "Tomar una copa de vino no está mal, lo malo es el* ***abuso."*** **2** Hecho de aprovecharse de una persona o de tratarla de manera injusta: *Es un* ***abuso*** *que Jorge coma más que sus hermanos sólo porque él quiere.*

abyección ***f.*** Acción, actitud o condición vil y despreciable: *Fue una* ***abyección*** *que, a cambio de conseguir un puesto mejor, Cristina calumniara a su compañera.*

abyecto, ta ***adj.*** Despreciable, bajo: *El* ***abyecto*** *subgerente es un servil con su jefe y un déspota con los empleados.*

acá ***adv.*** **1** Denota un lugar cercano, como *aquí*, pero más indeterminado: *"Por* ***acá*** *todo está bien. ¿Y allá?", pregunté a mi hermana que vive en París.* **2** Denota el presente: *La situación económica de la familia ha mejorado de tres años para* ***acá.***

acabado ***m.*** Último retoque que se da a algo para mejorar su aspecto: *El barniz le dio un* ***acabado*** *impecable a ese mueble.*

acabado, da ***adj.*** **1** Terminado con perfección. **2** Que ha perdido vigor, fuerza o importancia: *Raúl está muy* ***acabado,*** *parece veinte años mayor que su verdadera edad.*

acabar ***vb.*** {tr. y prnl.} **1** Dar fin, terminar: *Cuando* ***acabe*** *el trabajo de la escuela, voy a ver la televisión.* **2** Consumir, extinguir o extinguirse algo por completo: ***Me acabé*** *toda la leche, ahora tendré que ir a comprar más para que tomen mis hermanos.*

acacia ***f.*** Árbol propio de climas templados, que tiene espinas largas y flores blancas de olor agradable.

academia ***f.*** **1** Sociedad o institución científica, literaria o artística: *La Real* ***Academia*** *Española hace un diccionario de nuestra lengua.* **2** Centro docente de carácter privado: *Luisa va dos veces por semana a la* ***academia*** *de danza.*

academicismo ***m.*** **1** Conjunto de elementos que dan calidad de académico: *La presentación de su tesis siguió un riguroso* ***academicismo.***

académico, ca ***m.*** y ***f.*** Miembro de una academia.

acaecer ***vb. irreg.*** {intr.} **Modelo 39.** Suceder, acontecer, pasar: *El accidente* ***acaeció*** *al anochecer.*

acalambrarse ***vb.*** {prnl.} Contraerse los músculos de manera brusca y dolorosa.

acallar ***vb.*** {tr.} **1** Hacer callar: *María* ***acalló*** *el llanto del niño con una canción de cuna.* **2** Aplacar, calmar, tranquilizar: *Pedro creyó que podía* ***acallar*** *su conciencia dando una limosna.*

acalorado, da ***adj.*** Se dice de las discusiones y disputas donde afloran el arrebato y la pasión: *Lo que empezó como una charla entre amigos terminó en una* ***acalorada*** *discusión.*

acaloramiento ***m.*** **1** Ardor, arrebato de calor: *Estar tanto tiempo bajo el sol le produjo* ***acaloramiento.*** **2** Apasionamiento, enardecimiento: *El* ***acaloramiento*** *de la discusión impidió llegar a algún acuerdo.*

acalorar ***vb.*** {tr. y prnl.} **1** Ocasionar calor: *Este vestido me* ***acalora*** *porque está hecho de tela muy gruesa.* **2** Exaltarse durante una discusión: *Cuando una persona discute con otra y* ***se acalora,*** *no razona con claridad.* SIN. **enojarse, enfadarse.**

acamaya ***f.*** Langostino de agua dulce que crece en los ríos de la zona del Golfo de México.

acampar ***vb.*** {intr.} Detenerse e instalarse temporalmente en un lugar al aire libre: *Durante las vacaciones* ***acampamos*** *en la playa.*

acanaladura ***f.*** Adorno en forma de ranura o canal: *La* ***acanaladura*** *embellece el diseño de las nuevas piezas de cerámica.*

acanalar ***vb.*** {tr.} **1** Dar forma de canal o teja. **2** Hacer canales o estrías.

acantilado ***m.*** Costa rocosa cortada casi verticalmente: *El mar se veía precioso desde el* ***acantilado.***

acanto ***m.*** Planta de hojas largas, rizadas, espinosas, y de flores blancas que se usan como adorno.

acantonar ***vb.*** {tr. y prnl.} Alojar tropas en varios lugares o cantones, generalmente en espera de una intervención: *Un batallón enemigo* ***se acantonó*** *en las afueras de la población, esperando la orden de tomarla.*

acantopterigio, gia ***adj./m.*** y ***f.*** Relativo a un grupo de peces óseos con aleta dorsal espinosa, como el atún.

acaparador, ra ***adj.*** Que acapara.

acaparar ***vb.*** {tr.} **1** Adquirir o tomar el total o la mayor parte de algo: *¡No pude comer pan, porque Raúl* ***acaparó*** *todo el que quedaba!* **2** Absorber la atención o el tiempo: *Cuando el famoso actor de cine entró al restaurante,* ***acaparó*** *la atención de toda la gente.*

acápite ***m. Amér. C.*** y ***Amér. Merid.*** Párrafo.

acaramelado, da ***adj.*** **1** Cubierto de caramelo: *Me encantan las manzanas* ***acarameladas.*** **2** Muy cariñoso: *Los enamorados intercambiaban besos* ***acaramelados.***

acaramelar ***vb.*** {tr. y prnl.} **1** Bañar de caramelo: *Voy a* ***acaramelar*** *estas manzanas para comerlas como postre.* **2** Mostrarse muy cariñoso.

acariciante ***adj.*** Se aplica a lo que transmite una sensación de suavidad.

acariciar ***vb.*** {tr.} **1** Pasar la mano con suavidad, hacer caricias: *A mi gato le encanta que lo* ***acaricie.*** SIN. **chiquear, mimar.** **2** Complacerse en pensar algo con la esperanza de conseguirlo: ***Acaricio*** *la idea de obtener el primer premio en el concurso.*

ácaro ***m.*** Se dice de ciertos arácnidos muy pequeños, que pueden transmitir enfermedades.

acarrear ***vb.*** {tr.} **1** Transportar algo pesado en algún vehículo: ***Acarrearon*** *al ganado en el tren de carga.* **2** Causar: *La gran mentira que dijiste te* ***acarreará*** *problemas.*

acarreo ***m.*** Acción o efecto de acarrear.

acartonarse ***vb.*** {prnl.} Ponerse rígido y seco como el cartón: *Ese bistec* ***se acartonó,*** *está reseco y correoso.*
acaso ***adv.*** **1** Quizá, tal vez: *"****Acaso*** *venga mañana, pero no estoy segura",* me dijo mi amiga. **2** ***loc.*** **Por si ~,** en previsión: *"Lleva un poco más de dinero al viaje* ***por si acaso*** *lo necesitas", me aconsejó Rosalía.*
acatamiento ***m.*** Actitud, acción o efecto de acatar: *El* ***acatamiento*** *de la ley nos permite vivir en paz.*
acatar ***vb.*** {tr.} Obedecer una orden o regla: *"Para poder jugar fútbol, tienes que* ***acatar*** *las reglas", me dijo el instructor.*
acatarrado, da ***adj.*** Que tiene catarro, gripa o resfriado.
acatarrarse ***vb.*** {prnl.} Contraer catarro. SIN. **resfriarse.**
acaudalado, da ***adj.*** Rico, adinerado. ANT. **pobre, necesitado.**
acaudalar ***vb.*** {tr.} Reunir, acumular.
acaudillar ***vb.*** {tr.} Ponerse al frente de un ejército, un partido, etc.
acceder ***vb.*** {intr.} **1** Consentir en lo que otro quiere: *Insistí para ir a la fiesta y al final mis papás* ***accedieron*** *y me dieron permiso.* **2** Tener paso o entrada a un lugar: *"Si quieres* ***acceder*** *a la universidad, debes estudiar mucho", me dijo mi maestro.* **3** Conseguir un puesto o categoría superior: *Ramiro ha* ***accedido*** *al puesto de subgerente porque trabaja mucho.*
accesible ***adj.*** **1** Lugar al que se puede llegar: *La cima de la montaña sólo es* ***accesible*** *caminando.* **2** De fácil trato: *Mi maestro es* ***accesible,*** *así que se puede hablar con él.* **3** Que se entiende con facilidad: *Este libro se lee rápidamente porque es muy* ***accesible.***
acceso ***m.*** **1** Acción de llegar o acercarse: *El* ***acceso*** *a ese manantial en lo más profundo del bosque resulta difícil.* **2** Entrada o paso: *La casa tiene dos* ***accesos,*** *uno por la fachada principal y otro por la parte de atrás.* **3** Ataque, arrebato: *Al profesor le dio un* ***acceso*** *de tos y ya no pudo continuar dando la clase.*
accesorio ***m.*** Utensilio auxiliar: *El martillo es un* ***accesorio*** *de la construcción y la carpintería.*
accesorio, ria ***adj.*** Lo que no es necesario o principal: *En mi resumen quité todas las ideas* ***accesorias*** *y sólo dejé lo más importante.*
accidentado, da ***adj.*** **1** Que presenta muchos incidentes: *Nuestras últimas vacaciones a la playa fueron muy* ***accidentadas.*** **2** Se dice del terreno cuya superficie tiene desniveles y desigualdades: *La carretera a Acapulco es muy* ***accidentada.*** **3** Que sufrió un accidente: *Atendieron de inmediato al* ***accidentado*** *para tratar de salvar su vida.*
accidentarse ***vb.*** {prnl.} Sufrir un accidente.
accidente ***m.*** **1** Suceso inesperado y por lo general infeliz: *Juan tuvo un* ***accidente*** *y se rompió la pierna.* **2** Lo que altera la uniformidad: *Bahías, golfos, montañas y valles son* ***accidentes*** *geográficos.* **3** Variación que pueden sufrir algunas palabras: *Género (niño-niña) y número (niño-niños) son* ***accidentes*** *gramaticales de las palabras.*
acción ***f.*** **1** Efecto de hacer: *"Dejemos de hablar y pasemos a la* ***acción,*** *vamos a reparar el automóvil", propuso Esteban.* **2** Efecto que algo produce sobre otra cosa: *El metal se funde por la* ***acción*** *del calor.* **3** Hechos que ocurren en narraciones, representaciones, etc.: *La* ***acción*** *del filme tiene lugar en la selva.* **4** Batalla, combate. **5** En economía, cada una de las partes en que se divide el capital de una sociedad o empresa: *Pablo es dueño de una parte de la empresa de su padre desde que compró algunas* ***acciones*** *de dicha empresa.*
accionado, da ***adj.*** Que muestra cierta forma de poner en actividad o marcha: *El mecanismo de la rueda de la fortuna,* ***accionado*** *por un motor, se activa con sólo oprimir un botón.*
accionar ***vb.*** {tr.} Hacer funcionar un mecanismo o parte de él: *"Para* ***accionar*** *el freno tienes que tirar de esta palanca."*
accionariado ***m.*** Conjunto de accionistas de una sociedad: *Importantes hombres de negocios conforman el* ***accionariado*** *de esa gran empresa.*
accionista ***m.*** y ***f.*** Dueño de acciones de una empresa: *Pablo es* ***accionista*** *de la tienda y por eso cada año obtiene ganancias según lo que se haya vendido.*
acebo ***m.*** Arbusto de sotobosque, de hojas persistentes brillantes y espinosas: *Las hojas de* ***acebo*** *se usan como adorno navideño.*
acechante ***adj.*** **1** Que observa, vigila o espía con detenimiento y cautela: *Escondido, el león se mantuvo* ***acechante*** *hasta que atacó a la cebra para devorarla.*
acechanza ***f.*** Maquinación, vigilancia establecida para aprovechar el momento propicio.
acechar ***vb.*** {tr.} Observar, aguardar con cautela y con alguna finalidad: *El gato* ***acecha*** *al ratón porque quiere comérselo.* SIN. **espiar, vigilar, vichar, pispiar.**
acecho ***m.*** Acción de acechar.
acecinar ***vb.*** {tr. y prnl.} Salar las carnes y secarlas al aire y al humo para que se conserven.
acedar ***vb.*** {tr. y prnl.} **1** Poner una cosa ácida, agriar: *El calor acedó el jugo de naranja.* **2** Causar disgusto o preocupación.
acedera ***f.*** Hierba de hojas comestibles de sabor ácido, que tiene usos alimenticios y medicinales: *Prefiero comer espinacas, las* ***acederas*** *saben muy agrio.*
acedo, da ***adj.*** Ácido.
acéfalo, la ***adj.*** Que no tiene cabeza: *En el filme que vimos el sábado salía un monstruo* ***acéfalo*** *que se veía muy raro, porque tenía los ojos en el pecho.*
aceitado, da ***adj.*** Lubricado con aceite: *El mecánico les explicó que, bien* ***aceitado,*** *el motor del viejo automóvil del abuelo funcionaría mejor.*
aceitar ***vb.*** {tr.} **1** Untar o engrasar con aceite. **2** Poner aceite como condimento.
aceite ***m.*** Sustancia fluida y grasosa de origen mineral, animal o vegetal: *Hay que cuidar que el motor tenga suficiente* ***aceite,*** *porque si no puede descomponerse.*
aceitera ***f.*** Frasco o recipiente destinado a contener aceite.
aceitero, ra ***adj./m.*** y ***f.*** **1** Relacionado con el aceite: *En la cena de gala conocí a un ejecutivo de la industria* ***aceitera.*** **2** Persona que fabrica o vende aceite: *Desde niño, Agustín aprendió de su padre cómo ser un buen* ***aceitero.***
aceitoso, sa ***adj.*** **1** Parecido al aceite o que tiene aceite: *"¡No bebas de esa agua! ¿No ves que está* ***aceitosa?"****, advertí a mi hermanito.* **2** Con demasiado aceite, grasoso: *Me gusta ese tipo de comida, pero como poca, porque es muy* ***aceitosa.***
aceituna ***f.*** Fruto del olivo, de color verde o negro, redondo y pequeño: *De las* ***aceitunas*** *se obtiene el aceite de oliva.*
aceleración ***f.*** **1** Acción y efecto de acelerar o acelerarse. **2** Variación de la velocidad, por unidad de tiempo, de un cuerpo en movimiento.
acelerada ***f. Amér.*** Aceleración súbita e intensa a que se somete la actividad de un motor.
acelerado, da ***adj.*** **1** Acción o efecto de acelerarse. **2** Impaciente, nervioso, precipitado.
acelerador ***m.*** Mecanismo del motor de un vehículo que sirve para variar la velocidad: *"No pises tanto el* ***acelerador*** *que ya vamos muy rápido", dije a mi hermano.*

acelerar ***vb.*** {tr. y prnl.} **1** Aumentar la velocidad. **2** Dar prontitud o rapidez: *"Si quieres hacer ese viaje debes **acelerar** los trámites", me aconsejó mi madre.*

aceleratriz ***f.*** Se dice de la fuerza que aumenta la velocidad de un movimiento.

acelga ***f.*** Planta de hojas grandes y comestibles.

acémila ***f.*** Mula o mulo de carga: *Los arrieros cargaron sus **acémilas** con leña y se dirigieron al poblado para venderla.*

acendrado, da ***adj.*** Que es puro, sin defecto ni mancha: *Con su **acendrado** amor cautivó el corazón de su amada.*

acendrar ***vb.*** {tr.} **1** Purificar un metal por la acción del fuego. **2** Purificar una cualidad o sentimiento: *Las dificultades por las que pasó no lo desviaron del camino; antes bien, **acendraron** su honestidad y su valor.*

acento ***m.*** **1** Intensificación de la voz en una sílaba de una palabra. **2** Signo gráfico con que se indica esta intensificación. **3** Manera particular de hablar y pronunciar un idioma: *Los costeños tienen un **acento** inconfundible, hablan como si estuvieran cantando.* **4** Importancia que se da a alguna cosa, énfasis: *Quiero poner el **acento** en la honestidad de Ricardo, porque lo conozco desde que éramos niños.*

acentuación ***f.*** **1** Acción de dar énfasis, resaltar, recalcar o intensificar una cosa. **2** Colocación del acento ortográfico de una palabra.

acentuar ***vb. irreg.*** {tr.} **Modelo 10. 1** Dar o poner acento a las palabras. **2** Aumentar: *El gobierno **acentuó** las medidas de seguridad.* **3** Resaltar, hacer que algo se destaque: *Los labios rojos de Blancanieves **acentuaban** su palidez.*

acepción ***f.*** Significado o sentido que tiene una palabra o frase: *La palabra "gato" tiene varias **acepciones:** no es lo mismo el gato que levanta el automóvil para cambiar el neumático, que el gato que me araña.*

aceptación ***f.*** **1** Hecho de aceptar o admitir: *Mis padres dieron su **aceptación** para que mi hermana se case con su novio.* **2** Aprobación, aplauso: *La **aceptación** del público al pianista fue emocionante, no paraban de aplaudir.*

aceptar ***vb.*** {tr.} Recibir uno voluntariamente lo que se le da, ofrece o encarga: *Juan **aceptó** hacer el trabajo que le pidió mi padre.*

aceptor ***adj./m.*** Se dice del átomo que puede recibir electrones.

acequia ***f.*** Canal o zanja que sirve para conducir el agua: *El agua de esta **acequia** llega a la huerta.*

acera ***f.*** Parte a ambos lados de una calle, que está reservada a los peatones: *Por precaución hay que caminar sobre la **acera** y no debajo de ella.* SIN. **banqueta, vereda.**

acerbo, ba ***adj.*** **1** Áspero al gusto: *Muchos medicamentos tienen sabor **acerbo,** pero curan.* **2** Cruel, riguroso: *Después de esa crítica **acerba** es posible que el libro se venda menos.*

acerca de *loc.* Expresa el asunto de que se trata: *El cuento es **acerca de** una niña que visita a su abuelita.*

acercar ***vb. irreg.*** {tr. y prnl.} **Modelo 17.** Poner cerca o estar a menor distancia: *Conforme pasan las semanas **ise acercan** las vacaciones!*

acería ***f.*** Establecimiento industrial especializado en la fabricación de acero.

acero ***m.*** Hierro que ha sido aleado o mezclado con una pequeña proporción de carbono.

acerolo ***m.*** Arbusto espinoso que se cultiva por sus frutos, parecidos a pequeñas cerezas amarillas: *El fruto del **acerolo** se llama acerola y se usa para fabricar complementos dietéticos.*

acérrimo, ma ***adj.*** Muy fuerte, decidido o tenaz: *Alejandro pertenece a un grupo ecologista que es defensor **acérrimo** de la naturaleza, por eso siempre lucha por evitar la caza de animales en peligro de extinción.*

acertar ***vb.*** {tr.} **Modelo 3. 1** Dar en el punto previsto o propuesto. SIN. **atinar. 2** Hacer lo conveniente. **3** Dar con la solución o el resultado de algo: *La policía **acertó** cuando dijo que el mayordomo era el asesino de la anciana millonaria, y así se resolvió el caso.*

acertijo ***m.*** Juego que consiste en un enigma cuyo resultado hay que descubrir.

acervo ***m.*** **1** Montón de cosas menudas. **2** Patrimonio, riqueza, posesiones de una institución o comunidad: *El **acervo** de la biblioteca se compone de treinta mil libros.*

acetato ***m.*** **1** Sal del ácido acético. **2** Fibra artificial obtenida por acción del anhídrido y el ácido acético sobre la celulosa.

acético, ca ***adj.*** Relativo al ácido que da al vinagre su sabor agrio inconfundible.

acetileno ***m.*** Hidrocarburo gaseoso, empleado para el alumbrado, la soldadura, etc.

acetona ***f.*** Líquido incoloro, volátil e inflamable, que se utiliza como disolvente: *Me quité la pintura de uñas con **acetona.***

achacable ***adj.*** **1** Susceptible de ser achacado a algo. **2** Imputable, atribuible.

achacar ***vb. irreg.*** {tr.} **Modelo 17.** Atribuir, imputar, en especial una acción mala: *El testigo **achacó** el robo de la joyería a un hombre vestido de negro y con una cicatriz grande en la cara.*

achacoso, sa ***adj.*** Que padece achaques o indisposición habitual: *Mirta es una **achacosa,** cuando no le duele la cabeza, tiene cólicos, o si no, está mareada; debería ir al médico.*

achaflanar ***vb.*** {tr.} Biselar, dar forma de chaflán: *El carpintero **achaflanó** la esquina de ese mueble, pues siempre que pasábamos, nos pegábamos con ella.*

achaparrado, da ***adj.*** De forma o figura baja: *Mi casa se ve **achaparrada** al lado de ese rascacielos.*

achaque ***m.*** Malestar o indisposición habitual: *Los **achaques** que tiene Gerardo son propios de la vejez, pero en realidad es bastante joven.*

achaquiento, ta ***adj.*** Achacoso, que padece achaques.

achatar ***vb.*** {tr. y prnl.} Poner chato: *Choqué contra un poste y **achaté** el frente del automóvil.*

achicar ***vb. irreg.*** {tr. y prnl.} **Modelo 17. 1** Disminuir el tamaño: *El pantalón se **achicó** cuando lo lavé.* **2** *Fam.* Humillar, acobardar: *Pedro siempre **se achica** ante los problemas.* **3** Sacar el agua de un bote, etc.

achicharrado, da ***adj.*** Quemado.

achicharrar ***vb.*** {tr. y prnl.} Freír o tostar en exceso: *La carne se **achicharró** porque la dejé sobre el fuego mucho tiempo.*

achichincle ***m.*** *Méx. Fam.* Ayudante, empleado cercano al jefe.

achicopalado, da ***m.*** y ***f.*** *Méx.* Que muestra ánimos muy reducidos: *Anda **achicopalado** porque la enfermedad lo deja muy cansado.*

achicopalarse ***vb.*** {prnl.} *Méx.* Desanimarse: *No hay que **achicopalarse** frente a la adversidad.*

achicoria ***f.*** Planta herbácea de cuya raíz se prepara una bebida parecida al café.

achinado, da ***adj.*** **1** De rasgos faciales semejantes a los naturales de China. **2** Semejante a los usos, caracteres y rasgos chinos. **3** Descendiente de negro y mulata o de negra y mulato. **4** *Amér.* Con facciones que denotan ascendencia india.

achinar ***vb.*** {tr. y prnl.} Otorgar o proporcionar características como las de los chinos.

achiote ***m.*** **1** ***Amér. C., Bol.*** y ***Méx.*** **1** Árbol de pequeño tamaño de cuyo fruto se extrae la pulpa para utilizarla como condimento. **2** ***Amér. C., Bol.*** y ***Méx.*** Condimento que se extrae del árbol del achiote: *Mi mamá nos preparó para la cena un delicioso pollo en* ***achiote*** *y todos nos manchamos la ropa.*

achira ***f. Amér. Merid.*** Planta herbácea cuya raíz se utiliza en medicina popular.

achispar ***vb.*** {tr. y prnl.} Poner ligeramente borracho: *La cerveza* ***achispó*** *a mi hermana, pues no está acostumbrada a beber.*

achuchar ***vb.*** {tr. y prnl.} **1** Azuzar, irritar a una persona o a un animal, en especial a un perro. **2** ***Fam.*** Aplastar, estrujar. **3** ***Argent., Par.*** y ***Urug.*** Tener escalofríos.

achunchar ***vb.*** {tr.} ***Bol., Chile, Ecuad.*** y ***Perú.*** Avergonzar o atemorizar a alguien.

achura ***f. Amér. Merid.*** Intestino o menudo de res, cabra o borrego.

aciago, ga ***adj.*** Desafortunado, de mal agüero: *Aquel* ***aciago*** *día en que hubo una devaluación de la moneda marcó el principio de la crisis económica.*

acíbar ***m.*** **1** Sustancia amarga obtenida del áloe. **2** Amargura, disgusto: *Su actitud egoísta fue* ***acíbar*** *para mí.*

acicalado ***m.*** Limpieza y arreglo del cuerpo: *El* ***acicalado*** *de mi gato puede durar toda la mañana.*

acicalado, da ***adj.*** Pulcro, limpio en exceso: *La directora llegó al salón de clases con un niño muy* ***acicalado*** *y dijo que era el nuevo alumno.*

acicalar ***vb.*** {tr. y prnl.} Adornar: *Marta* ***se acicaló*** *toda la tarde para ir muy guapa a la cita con su novio.*

acicate ***m.*** **1** Espuela con una sola punta de hierro. **2** Estímulo: *La promesa del premio al mejor estudiante le sirvió como* ***acicate*** *para mejorar sus calificaciones.*

acicatear ***vb.*** {tr.} Animar, estimular, incitar: ***Acicatea*** *a sus trabajadores con incentivos económicos mensuales.*

acíclico, ca ***adj.*** **1** Que se produce sin ciclo. **2** Se dice de los compuestos orgánicos de cadena abierta.

acicular ***adj.*** **1** Que tiene forma de aguja: *Las hojas de algunos pinos son* ***aciculares.*** **2** Que termina en punta.

acidez ***f.*** **1** Cualidad de ácido. **2** Cantidad de ácido que contiene una sustancia.

acidimetría ***f.*** Medida de la concentración de un ácido.

ácido ***m.*** **1** Droga que provoca alucinaciones. **2** Compuesto químico hidrogenado que actúa sobre las bases y sobre numerosos metales formando calor: *Me quemé el dedo con el* ***ácido*** *que usamos en el laboratorio.*

ácido, da ***adj.*** **1** Agrio: *El limón es una de las frutas más* ***ácidas*** *que conozco.* **2** De carácter o humor áspero.

acidulado, da ***adj.*** Ligeramente ácido: *Los caramelos* ***acidulados*** *son mis preferidos.*

acidular ***vb.*** {tr. y prnl.} Agregar una sustancia ligeramente ácida a otra.

acientífico, ca ***adj.*** **1** Contrario a lo científico o a los principios científicos. **2** Que no toma en cuenta los conceptos de la ciencia.

acierto ***m.*** **1** Acción y efecto de obtener un buen resultado: *Fue un* ***acierto*** *reservar las entradas; de otra manera no hubiéramos entrado al teatro.* **2** Destreza, habilidad. **3** Solución correcta: *Daniel jugó a la quiniela y sólo tuvo dos* ***aciertos.***

ácimo ***adj./m.*** Se dice del pan sin levadura. Sin. **ázimo.**

acitrón ***m.*** **1** ***Méx.*** Nombre que se le da al tallo de la biznaga. **2** Dulce confitado que se hace con ese tallo.

acitronar ***vb.*** {tr. y prnl.} ***Amér.*** Freír con una sustancia grasa como aceite, manteca, mantequilla o margarina un alimento para potenciar su sabor: ***Acitrone*** *la cebolla y el jitomate antes de agregar la carne al guiso.*

aclamado, da ***adj.*** Vitoreado, ovacionado, reconocido: *Es un cineasta* ***aclamado*** *por los críticos y el público debido a la fuerza y profundidad de los temas que aborda.*

aclamar ***vb.*** {tr.} Aplaudir, gritar, lanzar exclamaciones en honor de alguien: *Los espectadores* ***aclamaron*** *al vencedor.*

aclarar ***vb.*** {tr., intr. y prnl.} **1** Hacer menos oscuro o menos espeso. **2** Poner en claro, explicar: *Rubén y Emma* ***aclararon*** *sus malos entendidos y otra vez son amigos.* **3** Amanecer. **4** Mejorar el clima: *El día* ***aclaró*** *cuando dejó de llover.*

aclimatación ***f.*** **1** Acción o efecto de aclimatarse: *La* ***aclimatación*** *de Juan al nuevo equipo de trabajo duró meses, pero rindió buenos frutos.* **2** Conjunto de cambios que permiten a un ser vivo subsistir y reproducirse en un medio nuevo.

aclimatado, da ***adj.*** Se aplica a quien se acostumbró en forma gradual: *María ya está* ***aclimatada*** *a su nueva vida de casada.*

aclimatar ***vb.*** {tr. y prnl.} Acostumbrar a un ser orgánico a un ambiente que no le es habitual: *Siento más frío que tú porque yo vengo de la costa y todavía no* ***me aclimato*** *a este lugar en las montañas.*

acné ***f.*** Enfermedad de la piel que provoca la aparición de barros y espinillas.

acobardado, da ***adj.*** Que denota cobardía, pusilánime, temeroso.

acobardar ***vb.*** {tr. y prnl.} Amedrentar, causar miedo: ***Me acobarde*** *cuando vi a ese perro bravo tan cerca.*

acocil ***m.*** Crustáceo comestible parecido al camarón, muy común en ríos y lagos mexicanos.

acocote ***m.*** Calabaza larga y hueca, agujereada por ambos extremos, que en México se usa para extraer el aguamiel de los magueyes.

acodar ***vb.*** {tr.} **1** Doblar en forma de codo. **2** Doblar la rama de una planta hasta introducirla en la tierra para que arraigue: ***Acodamos*** *las begonias y pronto tendremos plantas nuevas para trasplantar.*

acogedor, ra ***adj.*** Hospitalario, cómodo, agradable: *Uno se siente bien en tu casa porque es muy* ***acogedora.***

acoger ***vb. irreg.*** {tr.} **Modelo 41.** **1** Admitir uno en su casa o compañía a otra persona. **2** Proteger, amparar: *El asilo* ***acoge*** *a los ancianos que ya no viven con su familia.* **3** Aceptar, aprobar: *El gobierno* ***acogió*** *la propuesta del diputado.*

acogida ***f.*** **1** Recibimiento u hospitalidad ofrecida a una persona o colectividad **2** Refugio o lugar seguro **3** Aprobación de una cosa o persona: *La noticia tuvo una mala* ***acogida.***

acogotar ***vb.*** {tr.} **1** Matar con una herida o golpe en el cogote: *El predador* ***acogotó*** *a su presa.* **2** Tener a una persona intimidada. **3** Dominar, vencer.

acojinado, da ***adj.*** Acolchado: *El edredón que compré en las tiendas del centro está* ***acojinado.***

acojinar ***vb.*** {tr.} Poner lana, algodón, guata u otros tejidos entre dos telas y coserlas por todos sus lados: *Los nuevos asientos para mi coche son más cómodos porque el tapicero los* ***acojinó.***

acolchado, da ***m.*** Acojinado: *Con el* ***acolchado*** *de las suelas de mis tenis puedo correr sin sufrir lastimaduras.*

acolchar ***vb.*** {tr.} **1** Poner guata. **2** Acojinar. **3** Cubrir algo con un tejido acolchado u otro material mullido o blando.

acolchonar ***vb.*** {tr.} ***Amér.*** Poner lana o algodón entre dos telas e hilvanarlas: *Cosimos y* ***acolchonamos*** *dos telas para hacer una almohada.*

acólito ***m.*** **1** Monaguillo. **2** Persona que acompaña y sirve a otra.

acomedirse ***vb. irreg.*** {prnl.} **Modelo 47.** ***Amér.*** Prestarse espontáneamente a hacer un servicio: *Luisa* ***se acomidió*** *a regar mis plantas porque vio que yo no tenía tiempo.* SIN. **comedirse.**

acometer ***vb.*** {tr.} **1** Embestir, arremeter, atacar: *En el filme español que vi, el toro* ***acometió*** *al torero por la espalda.* **2** Emprender, intentar: ***Acometió*** *el nuevo trabajo con entusiasmo.*

acomodadizo, za ***adj.*** **1** Acomodaticio. **2** Que se aviene a todo con facilidad: *Tiene una* ***acomodaticia*** *forma de pensar.*

acomodado, da ***adj.*** De buena posición económica: *Como eres* ***acomodado*** *puedes darte ciertos lujos.*

acomodar ***vb.*** {tr. y prnl.} **1** Ajustar una cosa con otra, adaptar: *El carpintero cortó un poco la puerta para* ***acomodarla*** *en el marco pequeño.* **2** Poner en sitio conveniente o cómodo: ***Me acomodé*** *en el sillón grande para ver el filme de manera cómoda.*

acomodaticio, cia ***adj.*** Que se acomoda fácilmente a todo: *El jardinero es* ***acomodaticio:*** *lo mismo le da dormir en su cama, en una hamaca, en el piso o sobre un árbol.*

acomodo ***m.*** **1** Empleo, colocación, trabajo desempeñado por una persona por el que cobra un salario. **2** Lugar que sirve de vivienda o para alojamiento.

acompañado, da ***adj.*** Que tiene compañía.

acompañamiento ***m.*** **1** Acción y efecto de acompañar: *Las papas son un buen* ***acompañamiento*** *para la carne.* **2** Gente que acompaña. SIN. **séquito, cortejo, comitiva.** **3** En música, parte instrumental o vocal que da soporte a una principal: *El cantante tuvo* ***acompañamiento*** *de guitarra.*

acompañante ***adj./m.*** y ***f.*** Persona que está o va en compañía de otro: *Sara fue en el barco con una* ***acompañante,*** *porque todavía es muy joven para viajar sola.*

acompañar ***vb.*** {tr. y prnl.} **1** Estar o ir en compañía de otro: *Teresa me pidió que la* ***acompañara*** *al médico porque le da miedo ir sola.* **2** Juntar, añadir: *"Tienes que* ***acompañar*** *la solicitud de empleo con tus datos personales", me dijo la secretaria.* **3** Poner música para apoyar la voz o instrumentos principales: *Un pianista lo* ***acompañó*** *en su recital de flauta.*

acompasar ***vb.*** {tr.} En música, poner al mismo ritmo o compás: *Por fin los músicos lograron* ***acompasarse,*** *porque al principio cada uno iba por su lado y las canciones se oían muy mal.*

acomplejado, da ***adj.*** Que sufre complejos: *Está* ***acomplejado*** *por tener una nariz tan grande.*

acomplejar ***vb.*** {tr. y prnl.} Causar sentimiento de inferioridad o incomodidad: *Tanto se burlaron de ella que la* ***acomplejaron*** *con su gordura y ahora no quiere usar pantalones.*

acondicionado, da ***adj.*** Que se le han dado las condiciones adecuadas para algo: *El salón donde se realizó la fiesta estuvo muy mal* ***acondicionado.***

acondicionador ***m.*** **1** Aparato para acondicionar o climatizar al gusto un espacio limitado. **2** ***Méx.*** Sustancia cosmética que facilita el peinado del cabello después de lavarlo: *Mi estilista me recomendó un nuevo* ***acondicionador*** *con nutrientes de frutas y flores.*

acondicionador, ra ***adj.*** Que acondiciona.

acondicionar ***vb.*** {tr.} Disponer una cosa a un determinado fin: ***Acondicionamos*** *la sala empujando la mesa hasta una esquina para que se pudiera bailar en la fiesta.* SIN. **adaptar.**

acongojado, da ***adj.*** Que sufre angustia o aflicción: *Está* ***acongojado*** *porque no aprobó el examen para ingresar a preparatoria.*

acongojar ***vb.*** {tr. y prnl.} Afligir, preocupar: ***Se acongojó*** *cuando vio que había sacado una mala calificación.*

acónito ***m.*** Planta venenosa de hojas verde oscuro y flores violáceas, que suele cultivarse en jardines.

aconsejar ***vb.*** {tr.} Dar consejo: *Debido a la tormenta que se acercaba, me* ***aconsejaron*** *viajar en tren y no por carretera.* SIN. **sugerir.**

acontecer ***vb. irreg.*** {intr.} **Modelo 39.** Suceder, ocurrir un hecho.

acontecido, da ***adj.*** Ocurrido, sucedido, acaecido.

acontecimiento ***m.*** Suceso importante: *Las Olimpiadas son un* ***acontecimiento*** *deportivo internacional.*

acopiamiento ***m.*** **1** Acopio. **2** Almacenamiento, acumulación.

acopiar ***vb.*** {tr.} Juntar, reunir en gran cantidad.

acoplado ***m. Amér.*** **1** Remolque **2** Vehículo sin motor que se mueve por la tracción de otro.

acoplamiento ***m.*** Acción de acoplar, unir, ajustar: *El* ***acoplamiento*** *de las naves espaciales fue un éxito.*

acoplar ***vb.*** {tr. y prnl.} **1** Unir o encajar dos piezas de modo que ajusten. **2** ***Amér. Merid.*** Unir un vehículo a otro para que lo remolque. **3** Llevarse bien, congeniar: *"Mi hermano y el tuyo* ***se acoplan*** *tan bien que son grandes amigos", comentaron las amigas.* **4** Unirse una persona a otras para hacer algo juntas.

acoquinar ***vb.*** {tr. y prnl.} **1** Acobardar. **2** ***Méx. Fam.*** Molestar a alguien insistiendo mucho sobre algo: *"Deja de* ***acoquinarme*** *con ir al cine, ya te dije que no puedo."*

acorazado ***m.*** Buque de guerra blindado, de gran tamaño y con poderosos cañones.

acorazado, da ***adj.*** Que tiene coraza.

acorazarse ***vb.*** {prnl.} **1** Defenderse o escudarse contra algo. **2** Hacerse insensible, con un esfuerzo de voluntad, para no padecer por cierta cosa, en particular, por el sufrimiento ajeno: *Se* ***acorazó*** *ante sus súplicas y no le brindó ayuda.* **3** Hacerse fuerte.

acordado, da ***adj.*** Logrado a través de un acuerdo: *Es una decisión* ***acordada*** *por la junta de padres de familia de la escuela.*

acordar ***vb. irreg.*** {tr. y prnl.} **Modelo 5.** **1** Resolver algo varias personas de común acuerdo: *Los dirigentes de la empresa* ***acordaron*** *aumentar el sueldo de los trabajadores.* SIN. **convenir, determinar.** **2** Recordar: *"****Me acuerdo*** *mucho de tu hermano aunque no lo vea", dije a Rosalba.*

acorde ***adj.*** Conforme con alguien o algo.

acorde ***m.*** En música, notas que se tocan de manera simultánea.

acordeón ***m.*** **1** Instrumento musical portátil de viento, con fuelle y teclado. **2** ***Méx.*** Entre estudiantes, papel que se lleva oculto para copiar en los exámenes: *El maestro me sorprendió con un* ***acordeón*** *y ahora me pondrá una mala nota.* SIN. **machete.**

acordonar ***vb.*** {tr.} **1** Ceñir o sujetar con un cordón. **2** Rodear un sitio para aislarlo: *Los policías* ***acordonaron*** *la zona del incendio para evitar que pasara la gente.*

acorralar ***vb.*** {tr.} **1** Tener rodeada a una persona o animal para que no pueda escaparse: ***Acorralaron*** *al conejo para poder meterlo en una jaula.* **2** Dejar confundido y sin respuesta: *Rogelio se quedó mudo después de que el maestro lo* ***acorraló*** *con preguntas sobre ecuaciones muy difíciles.*

acortar ***vb.*** {tr., intr. y prnl.} Disminuir la longitud, duración o cantidad de algo: ***Acortaron*** *el periodo de vacaciones de tres a dos semanas.* ANT. **alargar.**

acosado, da ***adj.*** Que sufre acoso, persecución, asediado.

acosador, ra ***adj.*** Que acosa: *Mujeres viajan en autobuses especiales para evitar que las molesten los* ***acosadores.***

acosar ***vb.*** {tr.} **1** Perseguir sin descanso: *Los lobos* ***acosaron*** *a la oveja hasta atraparla.* **2** Importunar, molestar. *Cada vez que compro dulces, mi hermanito me* ***acosa*** *para que le dé algunos.*

acoso ***m.*** Acción y efecto de acosar, perseguir o asediar: *Ante el* ***acoso*** *de su jefe, Úrsula decidió renunciar a la empresa.*

acostar ***vb. irreg.*** {tr. y prnl.} **Modelo 5. 1** Tender a una persona para que descanse, especialmente en la cama: *Mi madre* ***acostó*** *a mi hermanito tan pronto dieron las nueve.* **2** Tener relaciones sexuales.

acostumbrado, da ***adj.*** **1** Que posee costumbres determinadas: *Sus hijos están* ***acostumbrados*** *a dormir temprano.* **2** Usual, habitual: *Mi novia terminó de arreglarse con su* ***acostumbrado*** *retraso.*

acostumbrar ***vb.*** {tr., intr. y prnl.} **1** Hacer que alguien o algo adquiera una costumbre: ***Acostumbré*** *a mi gato a dormir en mi cama y ahora no quiere dormir en ningún otro lugar.* **2** Tener un hábito o costumbre: ***Acostumbro*** *tomar un café al levantarme.* **3** Familiarizarse: *El perro* ***se ha acostumbrado*** *a nosotros y todos lo queremos mucho.*

acotación ***f.*** Nota o señal al margen de un escrito: *El maestro escribió que debo cuidar la ortografía en la* ***acotación*** *que puso a mi examen.*

acotamiento ***m. Méx.*** Espacio que hay entre el canal y la carretera: *Paramos en el* ***acotamiento*** *para ponerle agua al automóvil.* Sin. **berma.**

acotar ***vb.*** {tr. y prnl.} **1** Limitar un terreno con cotos para reservar su uso. **2** Marcar límites en algo o limitar su uso: ***Acotó*** *el uso de la computadora a sólo dos horas por la tarde.* **3** Afirmar algo con el apoyo de testimonios, libros o documentos.

acracia ***f.*** Doctrina que niega la necesidad de un poder y de una autoridad política.

acre ***adj.*** Áspero y picante al gusto y al olfato: *El olor del cloro o lejía es tan* ***acre*** *que produce lagrimeo.*

acre ***m.*** Medida inglesa de superficie equivalente a 4046 metros cuadrados.

acrecentar ***vb. irreg.*** {tr. y prnl.} **Modelo 3.** Aumentar: *La lectura es un modo de* ***acrecentar*** *tus conocimientos.* Ant. **disminuir.**

acreditar ***vb.*** {tr. y prnl.} **1** Hacer digno de crédito: *Este certificado me* ***acredita*** *como dueño de la casa.* **2** Afamar, dar reputación: *La medalla de oro lo* ***acredita*** *como un buen deportista.*

acreedor, ra ***adj./m.*** y ***f.*** Que tiene derecho a pedir el cumplimiento de una deuda: *Los* ***acreedores*** *de Lorenzo lo perseguían hasta los domingos porque les debía mucho dinero.*

acribillar ***vb.*** {tr.} **1** Llenar de agujeros. **2** Hacer muchas heridas o picaduras: *Los zancudos me* ***acribillaron*** *durante las vacaciones en la playa.* **3** ***Fam.*** Hacer algo en gran cantidad y frecuencia: *Los periodistas* ***acribillaron*** *al artista con tantas preguntas que tuvo que huir de ellos.*

acrílico, ca ***adj.*** **1** Se dice de la fibra textil sintética. **2** Tipo de pintura soluble en agua: *Voy a poner pintura* ***acrílica*** *de color verde en las paredes de la cocina para poder limpiarlas cuando quiera.*

acriollado, da ***adj.*** **1** Se dice de quien, siendo extranjero, adoptó los usos y las costumbres de un país: *Aunque nació en Suecia, Beatriz es una mujer* ***acriollada*** *porque desde hace 37 años vive en Argentina.* **2** Propio del criollo o semejante a él.

acrisolar ***vb.*** {tr.} **1** Depurar un metal en el crisol. **2** Pasar pruebas para fortalecer una cualidad moral: *La muerte de sus padres en un accidente* ***acrisoló*** *su valor y entereza.*

acritud ***f.*** **1** Calidad de acre o agrio. **2** Aspereza en el carácter.

acrobacia ***f.*** Maniobra o movimiento difícil realizado con habilidad: *El público aplaudió emocionado las* ***acrobacias*** *de los trapecistas.*

acróbata ***m.*** y ***f.*** Persona que realiza suertes en el trapecio, la cuerda, etc.

acromático, ca ***adj.*** **1** En física, que deja pasar la luz blanca sin descomponerla en sus partes. **2** Relativo a los componentes celulares que no se pintan con los colorantes.

acrónimo ***m.*** Palabra formada por las iniciales o siglas de otras palabras: *Ovni es un* ***acrónimo*** *que significa* ***O****bjeto* ***V****olador* ***N****o* ***I****dentificado.*

acrópolis ***f.*** Parte más elevada en las antiguas ciudades griegas que estaba fortificada y servía como ciudadela: *La* ***acrópolis*** *de Atenas es uno de los monumentos de la Antigüedad más famosos del mundo.*

acróstico, ca ***adj./m.*** Se dice de la composición poética en que las letras iniciales, medias o finales de los versos forman, leídas verticalmente, una palabra o frase.

acta ***f.*** **1** Relación escrita de lo tratado o acordado en una junta: *Todos los asistentes a la reunión firmaron el* ***acta*** *en la que acordaban vender la casa.* **2** Certificado en que se hace constar un hecho. **3** ***loc. Méx.*** **~ de nacimiento,** documento en el que se asienta el lugar y la fecha en que nació una persona, así como el nombre de sus padres.

actinio ***m.*** Elemento químico radiactivo, de símbolo Ac y número atómico 89.

actitud ***f.*** **1** Postura del cuerpo humano que normalmente expresa algo: *Hay una escultura muy famosa que representa a un hombre en* ***actitud*** *de estar pensando, se llama "El pensador".* **2** Disposición de ánimo: *"Con esa* ***actitud*** *negativa no vas a resolver el problema que tienes con tus padres", aconsejé a Sebastián.*

activar ***vb.*** {tr. y prnl.} **1** Hacer funcionar un mecanismo: *Los ladrones no pensaron que las alarmas iban a* ***activarse*** *en el momento que entraran al banco.* **2** Acelerar, avivar. Ant. **aplazar, atrasar**

actividad ***f.*** **1** Calidad de lo que trabaja o está en acción: *La construcción de ese edificio se logró por la gran* ***actividad*** *de todos los trabajadores.* **2** Conjunto de tareas propias de una persona o entidad: *Mi abuela siempre se dedicó a las* ***actividades*** *propias del hogar como lavar ropa, cocinar, etc.*

activismo ***m.*** Propaganda activa al servicio de una doctrina.

activo ***m.*** Conjunto de bienes: *El banco tiene un* ***activo*** *muy elevado.*

activo, va ***adj.*** **1** Que realiza cierta acción o actividad: *En este país hay volcanes* ***activos*** *que a veces arrojan vapor.* **2** Diligente: *Maruja es muy* ***activa*** *y no para de trabajar desde la mañana hasta la noche.* **3** Eficaz: *Me curé en seguida porque el medicamento que me recetó el doctor era muy* ***activo.***

acto ***m.*** **1** Hecho o acción: *"Te tienes que responsabilizar de tus* ***actos,*** *ya que si no estudias, reprobarás el examen", me regañó el maestro.* **2** Hecho público o solemne: *Asistieron muchas autoridades al* ***acto*** *de inauguración.* **3** Cada una de las partes en que se dividen las obras teatrales. **4** ***loc.*** **~ seguido,** a continuación: *Le dijo que se iba y,* ***acto seguido,*** *empacó sus cosas.* **5** ***loc.*** **En el ~,** en seguida, en el momento: *Llamamos al doctor de urgencias y llegó* ***en el acto.***

actor, triz ***m.*** y ***f.*** Persona que representa personajes en obras de teatro y cine. Sin. **artista.**

a b c d e f g h i j k l m n o p q r s t u v w x y z

actuación ***f.*** **1** Hecho de realizar alguien acciones propias de su naturaleza o trabajo: *La* ***actuación*** *oportuna de la policía impidió el asalto del banco.* **2** Hecho de representar un personaje en el teatro, cine o televisión: *La* ***actuación*** *de la estrella fue malísima, no sé por qué es tan famosa si hay otras que actúan mejor que ella.*

actual ***adj.*** **1** Presente, que ocurre o sucede ahora: *Las noticias de la televisión informan todos los días sobre los sucesos* ***actuales.*** **2** Que se usa en el presente, que está de moda. ANT. **anticuado.**

actualidad ***f.*** **1** Tiempo presente: *En la* ***actualidad*** *muchísima gente tiene televisión.* **2** Lo que atrae la atención y el interés en un momento determinado: *"Es un filme de gran* ***actualidad,*** *así que hay que llegar temprano para evitar las filas largas", dije a mis amigos.*

actualización ***f.*** Resultado de poner al día algo: *La* ***actualización*** *es de vital importancia para quienes se dedican a la enseñanza universitaria.*

actualizar ***vb. irreg.*** {tr.} **Modelo 16.** Convertir una cosa pasada en actual: *Tengo que* ***actualizar*** *mis apuntes de matemáticas, porque no he asistido a la escuela durante dos semanas.*

actuar ***vb. irreg.*** {intr.} **Modelo 10. 1** Hacer una persona o cosa acciones propias de su naturaleza u oficio: *Los bomberos* ***actuaron*** *con rapidez y apagaron pronto el incendio.* **2** Representar un papel en obras de teatro y cine: *En el filme que quiero ver* ***actúa*** *mi artista favorito.*

acuacultura ***f.*** **1** Acuicultura **2** Cultivo o cría de especies vegetales y animales acuáticas: *Sinaloa es uno de los estados de México con el mayor número de granjas dedicadas a la* ***acuacultura*** *de camarón y mojarra tilapia.*

acuarela ***f.*** Pintura sobre papel, con colores diluidos en agua.

acuario ***adj./m.*** y ***f.*** Uno de los doce signos del zodiaco, comprendido entre el 21 de enero y el 18 de febrero, su símbolo es un hombre con un cántaro de agua.

acuario ***m.*** Lugar o recipiente donde se colocan, cuidan y exhiben plantas y animales acuáticos.

acuartelar ***vb.*** {tr.} Reunir o mantener a la tropa en el cuartel: *El coronel* ***acuarteló*** *a los soldados para hacerles un examen.*

acuático, ca ***adj.*** **1** Que vive en el agua: *Los peces son animales* ***acuáticos.*** **2** Relativo al agua: *El esquí* ***acuático*** *parece más fácil que el esquí de nieve, pero para los dos hay que ser muy cuidadosos.*

acuatizaje ***m.*** Acción de acuatizar: *El* ***acuatizaje*** *de la nave fue forzoso debido a la escasez de combustible.*

acuatizar ***vb.*** {intr.} Posarse un vehículo aéreo en el agua.

acuchillar ***vb.*** {tr. y prnl.} Cortar o matar con cuchillo o con otras armas cortantes.

acuciante ***adj.*** **1** Urgente o apremiante: *Es* ***acuciante*** *mi necesidad de un nuevo trabajo, lo que gano aquí no me alcanza para nada.* **2** Que constituye una amenaza, inquieta y requiere urgente solución.

acuciar ***vb.*** {tr.} Estimular, dar prisa: ***Acucia*** *al caballo si quieres que vaya más rápido.*

acucioso, sa ***adj.*** **1** Urgente, apresurado, ansioso, anhelante. **2** Movido por un deseo vehemente. **3** Diligente, dispuesto.

acuclillarse ***vb.*** {prnl.} Ponerse en cuclillas: *Los niños* ***se acuclillaron*** *para recoger las canicas que habían tirado.*

acudir ***vb.*** {intr.} **1** Ir a un sitio: *Jacinto* ***acudió*** *a su cita con el dentista.* **2** Ir en ayuda de alguien: *Los bomberos* ***acudieron*** *rápidamente a la llamada de auxilio y lograron apagar el incendio.*

acueducto ***m.*** Construcción en forma de puente que contiene un canal para transportar agua.

acuerdo ***m.*** **1** Unión, armonía: *María y Chela estuvieron de* ***acuerdo*** *en jugar después de terminar la tarea escolar.* **2** Resolución tomada en común por varias personas. SIN. **pacto. 3** *Argent.* Reunión de ministros organizada por el presidente. **4** *Colomb.* y *Méx.* Reunión de una autoridad con sus colaboradores para tomar una decisión.

acuicultor, ra ***m.*** y ***f.*** Persona que se dedica a la acuicultura.

acuicultura ***f.*** Cría y cultivo de animales y plantas acuáticos: *Visitamos una estación de* ***acuicultura*** *donde cultivan truchas y algas medicinales.*

acuífero, ra ***adj.*** Que contiene agua: *El manto* ***acuífero*** *proporciona parte del agua que utilizamos en las ciudades.*

acullá ***adv.*** En alguna parte alejada del que habla: *El paisaje que podía contemplar era magnífico: allá se extendía el bosque;* ***acullá,*** *una montaña nevada.*

aculturación ***f.*** Adaptación de un grupo social, forzada o voluntaria, a una nueva cultura, creencia o comportamiento: *La modernidad ha promovido la* ***aculturación*** *forzada de los grupos indígenas a la vida urbana.*

acumulable ***adj.*** Que se puede acumular o amontonar.

acumulador ***m.*** Batería, fuente de energía: *El* ***acumulador*** *le da energía al auto para encender.*

acumular ***vb.*** {tr.} Juntar o amontonar cosas: *Las hormigas* ***acumulan*** *comida durante el verano y se la comen en invierno.*

acumulativo, va ***adj.*** Originado por acumulación: *Los premios que se otorgan en los concursos por televisión cada semana son* ***acumulativos.***

acunar ***vb.*** {tr.} Mecer al niño en la cuna: *Como el niño no dejaba de llorar, lo* ***acuné*** *para que se durmiera.*

acuñación ***f.*** **1** Acción y efecto de acuñar. **2** Parte del proceso de la fabricación de monedas que consiste en troquelar sobre los dos lados de la pieza las impresiones que se desean.

acuñar ***vb.*** {tr.} **1** Imprimir o fabricar monedas: *El banco nacional* ***acuñó*** *monedas especiales para conmemorar las olimpiadas.* **2** Crear frases o conceptos con una forma específica: *Algunos escritores* ***acuñan*** *expresiones o frases célebres que se conservan a lo largo de los años.*

acuoso, sa ***adj.*** **1** Que tiene mucha agua. **2** Parecido al agua: *Me quemé el dedo con aceite hirviendo y me salió una ampolla llena de un líquido* ***acuoso.***

acupuntura ***f.*** Método de la medicina tradicional de las culturas orientales que consiste en clavar agujas en determinados puntos del cuerpo: *Los chinos llevan muchos siglos curándose por medio de la* ***acupuntura.***

acupunturista ***m.*** Persona dedicada a la acupuntura.

acurrucarse ***vb. irreg.*** {prnl.} **Modelo 17.** Encogerse sobre uno mismo: ***Me acurruqué*** *en el sillón porque tenía frío.*

acusación ***f.*** **1** Acción de acusar. **2** Imputación, determinar un cargo o inculpación. **3** Escrito o palabras con que se acusa. **4** Persona o personas que intentan demostrar la culpabilidad de un procesado.

acusado, da ***adj.*** Destacado, evidente: *Los rasgos de la cara de mi abuelo son* ***acusados,*** *su nariz es grande y ancha y su barbilla es puntiaguda.*

acusado, da ***m.*** y ***f.*** Persona a quien se acusa: *El* ***acusado*** *respondió a las preguntas del juez.*

acusador, ra ***adj.*** Que acusa.

acusar ***vb.*** {tr. y prnl.} **1** Culpar o denunciar a alguien de un delito o culpa: *Lo* ***acusaron*** *de haber robado el banco.* **2** Reflejar, manifestar: *Lleva tres días durmiendo mal; su cara* ***acusa*** *el cansancio.*

acusativo *m.* Caso de la declinación del complemento que es directamente afectado por la acción del verbo.
acuse *m.* Fórmula usada para notificar el recibo de una carta o mercancía: *Firmó el **acuse** después de recibir la notificación de embargo.*
acústica *f.* **1** Conjunto de características de un local relativas a la propagación, la reflexión y la difusión del sonido: *Uno de los problemas de las antiguas salas cinematográficas era la **acústica.*** **2** Estudio de la formación y propagación de los sonidos.
acústico, ca *adj.* **1** Relacionado con el sentido del oído. **2** Referido al sonido o la acústica. **3** Que facilita la propagación o generación del sonido. **4** Se refiere a la música pop con escasa participación de instrumentos eléctricos: *Su nueva producción discográfica incluirá versiones **acústicas** de sus éxitos.*
acutángulo *adj.* Dícese del triángulo que tiene los tres ángulos agudos: *El triángulo equilátero es un **acutángulo.***
ad hoc *loc.* A propósito, destinado para aquello de lo que se trata: *Ese vestido tan elegante resulta **ad hoc** para la ceremonia de graduación.*
ad libitum *loc.* A voluntad, según se desee: *El profesor dijo que desarrolláramos **ad libitum** el tema del ensayo que nos dejó de tarea.*
adagio *m.* **1** Dicho o refrán breve, por lo general con un contenido moral. **2** En música, parte lenta de una composición más amplia.
adalid *m.* Caudillo militar.
adaptación *f.* Resultado de adaptarse.
adaptado, da *adj.* Que adapta sufrido el proceso de adaptación.
adaptador *m.* Dispositivo o aparato para acoplar elementos de distinto uso, forma o tamaño: *Esa clavija no entra en el contacto de la pared, necesita un **adaptador.***
adaptar *vb.* {tr. y prnl.} **1** Acomodar, acoplar una cosa a otra: ***Adaptamos** la cortina vieja a la nueva ventana.* **2** Acostumbrarse, aceptar nuevas condiciones: *Al niño le ha costado trabajo **adaptarse** a su nueva recámara.*
adaptativo, va *adj.* Perteneciente o relativo a la adaptación o la capacidad de adaptación.
adecentar *vb.* {tr. y prnl.} Arreglar algo o a alguien: *Estaba muy mal vestido, pero terminó por **adecentarse** para ir a la fiesta.*
adecuación *f.* Acción y efecto de adecuar.
adecuado, da *adj.* Conveniente, apropiado: *Alquilamos una camioneta, porque era el vehículo **adecuado** para ir al paseo por la montaña.*
adecuar *vb. irreg.* {tr. y prnl.} **Modelo 11.** Acomodar, adaptar una cosa a otra: *Hay que **adecuar** el mantel al tamaño de la mesa, porque lo compramos muy grande.*
adefesio *m.* Persona o cosa que puede parecer muy fea o extravagante: *La niña se veía como un **adefesio** con tanta pintura en los labios.* Sin. **mamarracho.**
adelantar *vb.* {tr., intr. y prnl.} **1** Mover o llevar hacia delante: ***Adelanté** mi silla para ver mejor el pizarrón.* **2** Anticipar: *El reloj de la cocina se atrasa, así que hay que **adelantarlo** de vez en cuando.* **3** Progresar: ***He adelantado** mucho en mis conocimientos de ortografía después de tomar el curso de verano.* **4** Llegar antes de lo esperado o convenido: ***Nos adelantamos** para ayudar en los preparativos de la fiesta.*
adelante *adv.* **1** Más allá, enfrente: *"Debes mirar hacia **adelante** para que no te caigas", me aconsejó mi abuelo.* **2** Marcar un tiempo futuro: *"Primero prepara el examen y deja la diversión para más **adelante**", me dijo mi padre.* **3** *loc.* **En ~,** a partir de este momento: *"De hoy **en adelante** debes estudiar más si no quieres volver a obtener mala calificación", dijo el maestro.*
adelanto *m.* **1** Anticipo, dinero pagado antes de tiempo: *Mi papá pidió un **adelanto** de su sueldo porque tenía que hacer un pago urgente.* **2** Progreso: *Los **adelantos** de la medicina han hecho que desaparezcan algunas enfermedades.* **3** Lo que sucede antes del momento señalado: *El avión llegó a las 11:20 en vez de a las 11:30, es decir, con diez minutos de **adelanto.***
adelfa *f.* Arbusto parecido al laurel, de grandes flores rosadas, blancas o amarillas.
adelgazamiento *m.* Acción y efecto de adelgazar.
adelgazante *adj./m.* y *f.* Que adelgaza o sirve para adelgazar.
adelgazar *vb. irreg.* {tr. e intr.} **Modelo 16.** **1** Perder kilos y volumen: ***Adelgazó** tres kilos con la dieta que hizo.* **2** *Méx.* Diluir una sustancia: *"Pueden **adelgazar** la pintura con este disolvente", dijo el maestro.*
ademán *m.* **1** Gesto, movimiento con que se manifiesta una actitud: *Después de pensar un poco, el profesor me hizo un **ademán** de que mi respuesta era correcta.* **2** *pl.* Modales: *Sus **ademanes** al saludar son prueba de buena educación.*
además *adv.* Aparte de, también: *Lucero es lista y **además,** guapa, por eso todos los chicos de la escuela la persiguen.*
adenda *f.* Conjunto de notas adicionales que se ponen al final de un escrito.
adenoides *f.* Excesivo crecimiento o desarrollo del volumen del tejido ganglionar que se ubica en la porción de la faringe contigua a las fosas nasales.
adentrarse *vb.* {prnl.} Ir hacia la parte más interna u oculta de un lugar o asunto: *Durante la excursión **nos adentramos** en el bosque.*
adentro *adv.* **1** Al interior o en el interior: *El dinero está **adentro** de mi cartera.* **2** En dirección hacia el interior: *"Vamos **adentro** de la casa, que tengo mucho frío aquí en el jardín", dije a mis amigos.* **3** *pl.* Lo interior del ánimo o pensamiento de una persona: *Julián piensa para sus **adentros** que su amigo le miente.*
adepto, ta *adj./m.* y *f.* Seguidor de una persona o idea, miembro de una asociación o movimiento: *El futbol es tan popular, que cada vez tiene más **adeptos** que van a los estadios y lo ven por televisión.*
aderezar *vb.* {tr. y prnl.} **1** Embellecer con adornos: ***Aderezaron** el plato con frutas y jarabe de chocolate.* **2** Arreglar una vivienda, habitación, salón, local: ***Aderezó** su departamento con artesanía tradicional.* **3** Agregar a los alimentos sustancias que benefician su sabor: *Me gustan las ensaladas **aderezadas** con vinagreta.* **4** Reparar una cosa estropeada o rota. **5** Acompañar una acción con algo que le añada gracia y adorno: ***Aderezó** el baile con una sonrisa.*
aderezo *m.* **1** Acción de aderezar. **2** Condimento: *Comimos ensalada de lechuga con **aderezo** de vinagreta.*
adeudar *vb.* {tr.} Deber dinero por algo que se recibió: *Pedro todavía **adeuda** cien pesos de los quinientos que le prestaron.*
adeudo *m.* **1** Deuda: *Su **adeudo** con el banco es de varios miles de pesos.* **2** Obligación de pagar, devolver o dar una cantidad de dinero u otra cosa. **3** Cantidad que debe ser pagada en las aduanas por una mercancía.
adherencia *f.* **1** Unión de cosas que se pegan unas con otras. **2** Capacidad de adherirse. **3** Enlace, conexión o parentesco. **4** Parte que se añade a una cosa. **5** Resistencia que se produce en la superficie de contacto de dos cuerpos cuando se intenta que uno se deslice sobre el otro. **6** Unión produ-

cida entre las partes del organismo que deberían estar separadas.

adherido, da ***adj.*** **1** Unido: *Las instrucciones* ***adheridas*** *en el respaldo no deben desprenderse.* **2** Agregado: ***Adherido*** *con otros que buscan la misma meta, emprendieron el camino.* **3** Que forma parte de un grupo: *El sindicato,* ***adherido*** *a la gran confederación nacional, puso sus puntos en claro.*

adherir ***vb. irreg.*** {tr., intr. y prnl.} **Modelo 50. 1** Pegar, unir: *"Si no* ***adhieres*** *bien la estampilla, podría desprenderse y la carta no llegará a su destino", recomendé a Eliseo.* **2** Unirse a una doctrina, partido, asociación: *René* ***se adherirá*** *al partido político en el que está Pablo.*

adhesión ***f.*** Acción y efecto de unirse a una doctrina, partido, asociación.

adhesivo, va ***adj.*** Que puede pegarse: *"Hay que cerrar la caja con cinta* ***adhesiva*** *para evitar que se abra."*

adicción ***f.*** Necesidad que se crea en el organismo por el consumo constante de ciertas sustancias, como las drogas y el alcohol: *Perico ya tiene* ***adicción*** *al alcohol y se siente mal si no lo toma.*

adición ***f.*** Acción de sumar.

adicional ***adj.*** Que se suma o adiciona.

adictivo ***adj.*** Que produce adicción.

adicto, ta ***adj.*** Dominado por el uso de ciertas drogas tóxicas.

adicto, ta ***m.*** y ***f.*** Apegado o aficionado a algo: *Juanjo es un* ***adicto*** *a la música clásica, le gusta tanto que tiene una gran colección de discos.*

adiestrado ***adj.*** Que ha recibido adiestramiento.

adiestramiento ***m.*** Acción o efecto de adiestrar: *Se dedica al* ***adiestramiento*** *de perros.*

adiestrar ***vb.*** {tr. y prnl.} **1** Enseñar, instruir a una persona o animal para que realice ciertas tareas: ***Adiestraron*** *a esos perros para la caza.* **2** Ejercitarse en alguna actividad o en el manejo de algún aparato: *Elena* ***se adiestró*** *en el manejo de la computadora y ya lo hace muy bien.*

adinerado, da ***adj.*** Rico, que posee gran cantidad de dinero. Sin. **acaudalado.**

adiós ***m.*** Acto de despedirse: *¿Por qué será tan triste el momento del* ***adiós?***

¡adiós! ***interj.*** Expresión que se usa para despedir o despedirse de alguien: *René se despidió de todos diciendo* ***"¡adiós!"*** Sin. **¡chao!, ¡chau!**

adiposidad ***f.*** Acumulación de grasa en los tejidos: *El tocino se hace con* ***adiposidades*** *del cerdo.*

adiposo, sa ***adj.*** Lleno de grasa: *"Tienes que hacer una dieta, porque tu figura se ve* ***adiposa"****, aconsejé a mi amiga.*

aditamento ***m.*** Cosa que se agrega a otra: *Este micrófono es un* ***aditamento*** *para mi grabadora.*

aditivo ***m.*** Sustancia que se añade a otras para mejorar sus cualidades: *Hay que ponerle un* ***aditivo*** *al aceite del automóvil para que el motor dure más tiempo.*

adivinanza ***f.*** Pasatiempo que consiste en encontrar la respuesta a un acertijo: *Juan nos dijo una* ***adivinanza:*** *¿qué animal es dos animales en uno? Y la respuesta era "El gato, porque araña."*

adivinar ***vb.*** {tr.} **1** Predecir el futuro o descubrir lo desconocido por medios sobrenaturales o por conjeturas: *A María le gusta que le lean las cartas para que le* ***adivinen*** *su futuro.* **2** Acertar, descubrir, descifrar: ***"Adivina*** *quién viene a cenar... ¡Sí, tu tía Amelia!", dijo mi madre con gusto.*

adivino, na ***m.*** y ***f.*** Persona que predice el futuro o descubre lo desconocido: *El* ***adivino*** *se puso frente a su bola de cristal y le dijo a Esperanza lo que iba a pasar en su vida.*

adjetivado, da ***adj.*** Que tiene adjetivos.

adjetivar ***vb.*** {tr. y prnl.} **1** Aplicar adjetivos a sustantivos. **2** Dar valor de adjetivo a una palabra o expresión pertenecientes a otra categoría gramatical.

adjetivo ***m.*** Parte variable de la oración que sirve para calificar o determinar al sustantivo: *En la oración "Me gusta esa casa grande y bonita", esa, grande y bonita son* ***adjetivos.***

adjetivo, va ***adj.*** Que se refiere a una cualidad o accidente: *Una frase* ***adjetiva*** *es la que tiene la misma función que un adjetivo.*

adjudicable ***adj.*** Se refiere a lo que es susceptible de ser adjudicado.

adjudicar ***vb. irreg.*** {tr. y prnl.} **Modelo 17. 1** Declarar que algo pertenece a alguien, cuando hay varias personas que quieren ese algo: *De entre todos los competidores, le* ***adjudicaron*** *el primer premio a Miguel.* **2** Apropiarse de una cosa: *El abusivo de Juan* ***se adjudicó*** *la rebanada más grande de pan.*

adjuntar ***vb.*** {tr.} Enviar o acompañar una cosa junto a otra: ***Adjunté*** *mi fotografía a la solicitud de trabajo.* Sin. **añadir, anexar.**

adjunto, ta ***adj.*** Unido o añadido a otra cosa: *Este catálogo de ropa lleva* ***adjunta*** *una lista de precios, para saber el precio de cada prenda.*

adminículo ***m.*** Objeto pequeño con finalidad práctica: *Este cordón para mis lentes es un* ***adminículo*** *muy útil, así no los pierdo.*

administración ***f.*** **1** Control y organización que generalmente incluye lo económico: *Hasta hace un mes mi hermana llevaba la* ***administración*** *del edificio donde vivimos.* **2** Acción y efecto de dar: *El médico recomendó la* ***administración*** *de un medicamento para aliviar la enfermedad de mi tío.* **3** Acción y efecto de gobernar: *La* ***administración*** *del presidente ha resultado buena.*

administrador, ra ***m.*** y ***f.*** Persona que maneja el dinero, las propiedades y los negocios de otra persona: *La mamá de Ramón tiene un rancho, pero es el* ***administrador*** *quien se encarga de manejarlo mientras ella trabaja en la ciudad.*

administrar ***vb.*** {tr.} **1** Racionar una cosa para que resulte suficiente: *Si* ***administramos*** *bien nuestro sueldo, quizá no tengamos que pedir prestado.* **2** Suministrar, dar: *El doctor le* ***administró*** *a Manuel un medicamento para la tos.* **3** Gobernar.

administrativo, va ***adj.*** Relativo al control y a la organización: *El personal* ***administrativo*** *del club se reunió para decidir los aumentos de las cuotas.*

admirable ***adj.*** Que merece admiración: *Su empeño por superarse lo hace un hombre* ***admirable.***

admiración ***f.*** **1** Reconocimiento del alto valor de algo o alguien: *Siento gran* ***admiración*** *por la gente que ayuda a los enfermos de sida.* **2** Signo ortográfico que se coloca al principio (¡) y final (!) de una palabra o frase exclamativa.

admirado, da ***adj.*** Que se admira: *Los futbolistas,* ***admirados*** *por chicos y grandes, dieron un gran juego.*

admirador, ra ***m.*** y ***f.*** Se dice de quien admira: *Soy* ***admiradora*** *de los atletas de alto rendimiento.*

admirar ***vb.*** {tr. y prnl.} **1** Tener en gran estima a una persona o cosa que sobresale: ***Admiro*** *el buen corazón de Elena, es una persona muy noble.* **2** Ver o contemplar con sorpresa y placer: *Durante toda la fiesta, Gerardo se dedicó a* ***admirar*** *a la guapa muchacha del vestido rojo.*

admirativo, va ***adj.*** Que expresa, causa o implica admiración.

admisible ***adj.*** Que puede admitirse.

admisión ***f.*** Acción y efecto de admitir: *Para entrar a ese colegio debes presentar un examen de* ***admisión.***
admitancia ***f.*** En electricidad, relación entre la corriente y la tensión en magnitud inversa a la impedancia.
admitir ***vb.*** {tr.} **1** Dar entrada, acoger: *Arturo* ***fue admitido*** *en la universidad.* **2** Aceptar, consentir, decir que sí: *Después de mucho insistirle, María* ***admitió*** *que le gustaba Pedro.* **3** Permitir, tolerar: *"No* ***admito*** *que me contestes de esa manera tan grosera", me dijo mi madre.*
admonición ***f.*** **1** Amonestación. *El entrenador hizo al equipo una* ***admonición*** *fuerte por haber perdido el partido.* **2** Reconvención.
admonitorio ***adj.*** Que exhorta, amonesta o aconseja.
ADN ***m.*** Abreviatura de *ácido desoxirribonucleico*, sustancia presente en las células de todos los seres vivos y por la que se transmite la herencia.
adobado ***m.*** **1** Plato de carne con adobo: *Mi abuela prepara un* ***adobado*** *de carne de cerdo sensacional.*
adobado, da ***adj.*** Con adobo: *Mi esposa cocinó el cordero* ***adobado*** *que tanto me gusta.*
adobar ***vb.*** {tr.} **1** Poner salsa para sazonar y conservar carnes y pescados: ***Adobé*** *el pollo antes de meterlo al horno para que tomara mejor sabor.* **2** Curtir pieles.
adobe ***m.*** Masa de barro mezclado con paja, que se moldea en forma de ladrillo y se pone a secar al sol hasta que endurece: *El* ***adobe*** *es un material de construcción típico de las poblaciones rurales.*
adobo ***m.*** **1** Acción y efecto de poner salsa para sazonar y conservar carnes y pescados. **2** Salsa utilizada para adobar.
adocenado, da ***adj.*** Que es vulgar, mediocre y de muy escaso mérito: *Nunca consiguió la fama por ser un artista* ***adocenado.***
adocenarse ***vb.*** {prnl.} Caer o permanecer en la mediocridad: *El problema actual de los medios de comunicación electrónica es que se han* ***adocenado*** *en aras de lo comercial.*
adoctrinamiento ***m.*** Acción y efecto de adoctrinar o enseñar: *Usted será responsable del* ***adoctrinamiento*** *de los nuevos alumnos.*
adoctrinar ***vb.*** {tr.} Instruir, impartir una doctrina.
adolecer ***vb. irreg.*** {intr.} **Modelo 39.** Tener alguna enfermedad, defecto o vicio: *Rocío* ***adolece*** *de asma desde su infancia.*
adolescencia ***f.*** Etapa que va del final de la niñez al inicio de la edad adulta: *La* ***adolescencia*** *se acaba aproximadamente a los 18 años.*
adolescente ***adj./m.*** y ***f.*** Persona que pasa por el periodo comprendido entre los 12 y los 18 años aproximadamente. Sin. **joven.**
adolorido, da ***adj.*** Que sufre un dolor moral o físico.
adonde ***adv.*** Lugar al que alguien va o se dirige: *La playa* ***adonde*** *iremos en vacaciones es muy bonita.*
adónde ***adv.*** A qué parte: *"¿****Adónde*** *vas? No te levantes, que todavía no has terminado de comer", me dijo mi madre.*
adopción ***f.*** Hecho de tomar legalmente como hijo al que no lo es naturalmente: *Renata y Sergio se decidieron por la* ***adopción*** *cuando el médico les dijo que no podrían tener hijos propios.*
adoptante ***adj./m.*** y ***f.*** Se aplica al que adopta.
adoptar ***vb.*** {tr.} **1** Tomar legalmente como hijo al que no lo es naturalmente: *Como Isabel no puede tener hijos,* ***adoptará*** *un niño.* **2** Admitir algo ajeno como si fuera propio: *Durante la expansión del Imperio Romano muchos pueblos* ***adoptaron*** *el latín como su idioma.* **3** Adquirir o empezar a tener, sobre todo una actitud: *Maricela* ***adoptó*** *una conducta tan grosera cuando le dije que su hijo era un desobediente, que decidí alejarme de ella.*
adoptivo, va ***adj.*** **1** Se dice de la persona adoptada o de la que adopta a alguien como hijo. **2** Se dice de lo que se toma como propio: *Aunque soy mexicano, considero a Brasil mi patria* ***adoptiva.***
adoquín ***m.*** Bloques pequeños de piedra que se usan para pavimentar las calles: *Los* ***adoquines*** *son bonitos, pero se rompen más fácilmente que el hormigón o concreto.*
adoquinado ***m.*** **1** Suelo empedrado con adoquines. **2** Operación de adoquinar.
adoquinar ***vb.*** {tr.} Pavimentar el piso con adoquines.
adorable ***adj.*** Que inspira simpatía y cariño: *Este bebé es* ***adorable,*** *tiene una sonrisa angelical.*
adoración ***f.*** Sentimiento de amor, respeto y admiración.
adorador, ra ***adj.*** **1** Se aplica al que adora. **2** Persona que se muestra enamorada de otra: *Soy su* ***adorador*** *desde niño.*
adorar ***vb.*** {tr.} **1** Rendir culto y respeto a un dios o a un ser: *Los mexicas* ***adoraban*** *a Tláloc.* **2** Amar o gustar profundamente: *Ana* ***adora*** *tanto la música, que cada semana compra un disco.*
adormecer ***vb. irreg.*** {tr. y prnl.} **Modelo 39. 1** Causar sueño: *Este programa es tan aburrido que* ***adormece*** *a cualquiera.* **2** Calmar, sosegar: *El medicamento que le dio el doctor* ***adormeció*** *su dolor de espalda.* **3** Empezar a dormirse: ***Me adormecí*** *en el teatro y no vi el final de la obra.*
adormidera ***f.*** Planta de cuyo fruto se extrae el opio.
adormilarse ***vb.*** {prnl.} Quedarse medio dormido: *Después de comer, mi abuelo* ***se adormila*** *un rato en su sillón preferido.*
adornar ***vb.*** {tr.} **1** Embellecer con adornos: ***Adornamos*** *la casa con guirnaldas de papel y con flores para la fiesta.* Sin. **ataviar. 2** Tener virtudes una persona: *A Celia la* ***adornan*** *muchas cualidades: inteligencia, belleza, sensatez.*
adorno ***m.*** **1** Cosa que sirve para embellecer: *Compré* ***adornos*** *para el árbol de Navidad.* **2** ***loc.*** **De ~,** que no tiene utilidad: *"Yo creo que tienes los patines* ***de adorno,*** *porque nunca los usas", dijo mi abuelo.*
adosar ***vb.*** {tr.} Arrimar una cosa a otra por su espalda o envés: *"****Adosa*** *el sillón a la pared para que ocupe menos espacio", me pidió Ricardo.*
adquirir ***vb. irreg.*** {tr.} **Modelo 62. 1** Ganar, conseguir: *Con el tiempo* ***he adquirido*** *más experiencia en este trabajo.* **2** Comprar: *Al* ***adquirir*** *una prenda de ropa, se obsequia una muestra de perfume.*
adquisición ***f.*** Acción y efecto de comprar o adquirir: *Habrá que pensar en la* ***adquisición*** *de una cama más grande para los niños.*
adrede ***adv.*** Con intención, a propósito: *Gerardo rompió un vidrio con el balón, pero no lo hizo* ***adrede,*** *sólo estaba jugando y el balón se le escapó.*
adrenalina ***f.*** Hormona que acelera el ritmo cardiaco y estimula el sistema nervioso central: *Cuando alguien se asusta, la* ***adrenalina*** *corre por su cuerpo y hace que el corazón lata más rápido.*
adscribir ***vb.*** {tr.} Asignar algo a una persona o cosa: ***Adscribieron*** *a los vecinos de mi edificio el cuidado de la limpieza en la cuadra donde vivo.*
aduana ***f.*** Oficina pública que controla a personas y mercancías que pasan la frontera entre países: *Cuando se viaja al extranjero se tiene que pasar por la* ***aduana.***
aducción ***f.*** Movimiento que acerca un miembro al plano medio del cuerpo: *Cuando junto mis brazos a mi tronco, hago un movimiento de* ***aducción.***

aducir ***vb. irreg.*** {tr.} **Modelo 57.** Presentar pruebas y razones: *Adujo su inocencia de manera tan contundente que el juez le dio la libertad.*
adueñarse ***vb.*** {prnl.} Apoderarse de una cosa: *Fernando* ***se adueñó*** *del automóvil de mi mamá y ahora sólo lo usa él.*
adulación ***f.*** Halago excesivo hecho con el fin de conseguir algo: *Es dado a la* ***adulación*** *y las personas desconfían de él porque no creen que sea sincero.*
adular ***vb.*** {tr.} Halagar en exceso con un fin determinado: *Ese niño no para de* ***adular*** *a su maestra porque quiere que le suba la calificación.*
adulterar ***vb.*** {tr.} Alterar la pureza de una cosa, mezclándola con una sustancia extraña: *Se nota que esta leche está* ***adulterada*** *con agua, porque está muy aguada.*
adulterio ***m.*** Acción de tener alguien relaciones sexuales con otra persona que no es su esposo o esposa: *El* ***adulterio*** *es una de las razones por las que hay divorcios.*
adúltero, ra ***adj./m.*** y ***f.*** Se dice de la persona casada que comete adulterio.
adulto, ta ***adj./m.*** y ***f.*** Que ha llegado al término de la adolescencia: *Mis padres y mis tíos son* ***adultos,*** *pues ya tienen más de veinte años.*
adusto, ta ***adj.*** **1** Seco, yermo, quemado: *Es una tontería pensar en la compra de ese terreno* ***adusto*** *para sembrar flores.* **2** Relacionado a la persona de carácter huraño, rígido, seco: *El tío de Ramón tiene el ceño tan* ***adusto*** *que me da miedo saludarlo.*
advenedizo, za ***adj./m.*** y ***f.*** Que busca a toda costa figurar entre gente de mayor posición social.
adventista ***adj./m.*** y ***f.*** Miembro de un movimiento evangélico que espera un segundo advenimiento del Mesías.
adverbio ***m.*** Parte invariable de la oración que modifica al verbo, al adjetivo, a otro adverbio o a una oración completa: *Las palabras terminadas en* -mente, *como "lentamente", son* ***adverbios*** *de modo.*
adversario, ria ***m.*** y ***f.*** Persona contraria o enemiga: *Nuestros* ***adversarios*** *de juego pelearon fuerte, pero no pudieron vencernos.*
adversidad ***f.*** Infortunio, desgracia, mala suerte: *La* ***adversidad*** *quiso que se quedara huérfano desde muy chico.*
adverso, sa ***adj.*** Contrario, desfavorable: *Navegar con viento* ***adverso*** *fue una irresponsabilidad, ya que pudimos accidentarnos.*
advertencia ***f.*** Llamada de atención sobre algo: *La* ***advertencia*** *de la maestra fue clara: no debemos llegar tarde a su clase.*
advertir ***vb. irreg.*** {tr.} **Modelo 50. 1** Percibir, darse cuenta de algo: *De pronto* ***advertimos*** *que en el árbol había un nido.* Sin. **hallar. 2** Llamar la atención sobre algo, avisar: *"Te* ***advertí*** *que para aprobar el curso tenías que estudiar", me dijo mi padre.*
adviento ***m.*** Tiempo litúrgico de cuatro semanas antes de la Navidad: *Las coronas de* ***adviento*** *llevan cuatro velas, para prender una cada semana.*
advocación ***f.*** Título que se da a algunas imágenes religiosas para su culto: *De Guadalupe, De los Remedios y Del Pilar son* ***advocaciones*** *de la Virgen María.*
adyacente ***adj.*** Colocado junto a otra cosa, próximo: *En geometría, los ángulos* ***adyacentes*** *son los que tienen un lado común.*
aéreo, a ***adj.*** Relativo al aire: *Los aviones son un medio de transporte* ***aéreo.*** Ant. **terrestre.**
aeróbico, ca ***adj.*** Se dice del esfuerzo muscular o ejercicio físico que consume oxígeno: *Saltar y correr son ejercicios* ***aeróbicos.***
aerobio, bia ***adj./m.*** Relativo a los seres vivos cuya existencia depende de la presencia de oxígeno.
aerodinámica ***f.*** Parte de la mecánica que estudia el movimiento entre los cuerpos y el aire que los rodea.
aerodinámico, ca ***adj.*** Relativo a la forma que tiene o se da a un objeto para reducir al mínimo la resistencia del aire: *Los constructores de aviones se ocupan en mejorar sus diseños* ***aerodinámicos*** *para que puedan desplazarse a mayor velocidad.*
aeródromo ***m.*** Terreno preparado para el despegue y aterrizaje de aviones.
aerógrafo ***m.*** Pulverizador que proyecta pintura sobre una superficie mediante aire a presión.
aeromodelismo ***m.*** Actividad consistente en la construcción de aviones de tamaño reducido que reproducen de manera fiel las características de los modelos reales.
aeromoza ***f. Amér. Merid.*** y ***Méx.*** Azafata: *Cuando subí al avión, una* ***aeromoza*** *me llevó hasta mi asiento y me ofreció una bebida.* Sin. **cabinera.**
aeronáutica ***f.*** Ciencia de la navegación aérea: *La* ***aeronáutica*** *es una área de estudio obligada para quien quiere ser piloto.*
aeronave ***f.*** Nombre dado a todos los aparatos capaces de volar: *Los aviones y helicópteros son* ***aeronaves.***
aeroplano ***m.*** Avión.
aeropuerto ***m.*** Conjunto de instalaciones destinadas al tráfico regular de aviones: *Era el último día de vacaciones y el* ***aeropuerto*** *estaba lleno de gente que quería regresar a su ciudad de origen.*
aerosol ***m.*** Líquido envasado en un recipiente que se proyecta en el aire en forma de partículas muy pequeñas: *En los* ***aerosoles,*** *el líquido sale impulsado por gases a presión.* Sin. **spray.**
aerostática ***f.*** Parte de la física que estudia el equilibrio de los gases en estado de reposo.
aeróstato o **aerostato** ***m.*** Aeronave que navega utilizando un gas más ligero que el aire: *Los globos y zepelines son* ***aeróstatos.***
afable ***adj.*** Amable, cordial: *Esa cajera tiene un carácter tan* ***afable*** *que da gusto tratar con ella.*
afamado, da ***adj.*** Ilustre, famoso: *Van a presentar un libro del* ***afamado*** *escritor que ganó el premio Nobel de literatura el año pasado.*
afán ***m.*** **1** Esfuerzo con que se hace algo: *Obtuvo muy buenas calificaciones porque ha estudiado con* ***afán.*** **2** Anhelo muy grande: *Su* ***afán*** *es llegar a ser un gran futbolista, por eso entrena todos los días.*
afanador, ra ***m.*** y ***f.*** Persona que hace la limpieza de un edificio público.
afanarse ***vb.*** {prnl.} Esforzarse por conseguir algo: *Joaquín necesitaba aprobar el curso y* ***se afanó*** *para lograrlo.*
afear ***vb.*** {tr. y prnl.} Hacer o poner feo: *"Tanto maquillaje* ***te afea,*** *porque no deja ver tu verdadero rostro que es bello", dije a Maruja.*
afección ***f.*** **1** Enfermedad: *No puede hacer mucho ejercicio porque tiene una* ***afección*** *cardiaca.* **2** Afición, inclinación.
afectar ***vb.*** {tr. y prnl.} **1** Perjudicar: *El terremoto* ***afectó*** *los muros de la casa, están agrietados.* **2** Atañer, tener relación algo con alguien: *El alza de la cuota escolar* ***va a afectar*** *a todos los padres de los alumnos.* **3** Poner un cuidado excesivo en las palabras o movimientos: *Juan* ***afecta*** *la voz al hablar; se cree locutor de radio.* **4** Impresionar: *La noticia del accidente* ***me afectó*** *mucho y tuve que hacer un esfuerzo para tranquilizarme.*

afectividad ***f.*** Conjunto de fenómenos afectivos, como las emociones o las pasiones: *La* ***afectividad*** *de los niños debe ser bien conducida para evitarles trastornos emocionales.*
afectivo, va ***adj.*** Relativo al afecto.
afecto ***m.*** Cariño: *Siento mucho* ***afecto*** *por Esteban, pero no estoy enamorada de él.*
afecto, ta ***adj.*** Aficionado a algo o a alguien: *Pablo es muy* ***afecto*** *a los juegos electrónicos.*
afectuoso, sa ***adj.*** Amoroso, cariñoso: *Mi vecina es muy* ***afectuosa*** *con los niños y puede pasarse toda la tarde contándoles cuentos y haciéndoles postres.*
afeitar ***vb.*** {tr. y prnl.} Cortar el pelo, sobre todo de la barba y el bigote: *Saúl* ***se afeita*** *todos los días.*
afelio ***m.*** En astronomía, punto más alejado del Sol en la órbita de un planeta.
afeminado, da ***adj.*** Que tiene ademanes o características que se consideran propios de una mujer.
aféresis ***f.*** Supresión de algún sonido al principio de una palabra: *Cuando se dice "ora" en vez de "ahora" se está haciendo una* ***aféresis.***
aferrar ***vb.*** {tr. y prnl.} **1** Agarrar fuertemente: ***Aferró*** *las riendas del caballo para evitar caerse.* **2** Obstinarse en una idea u opinión: ***Se aferró*** *a la idea de ir a esa fiesta y no hubo poder humano que la hiciera cambiar de opinión.*
afianzar ***vb. irreg.*** {tr. y prnl.} **Modelo 16. 1** Asegurar, poner fijo: ***Afianzaron*** *la cerca que se estaba cayendo y ahora está firme.* **2** Consolidar: *Después de estudiar mucho, ya* ***estoy afianzando*** *mis conocimientos de geografía.*
afiche ***m.*** Escrito o ilustración en que se anuncia algún espectáculo y que se coloca a la vista del público. SIN. **cartel, póster.**
afición ***f.*** **1** Inclinación, gusto o apego hacia una persona o cosa: *Pedro tiene* ***afición*** *por la música clásica y cada vez que puede se compra un disco de este tipo de música.* **2** Grupo de personas que comparten gusto e interés por una actividad: *La* ***afición*** *del fútbol estará contenta con el próximo encuentro entre los dos equipos favoritos.*
aficionado, da ***adj.*** Que cultiva algún arte, profesión o deporte sin tenerlo por oficio: *Enrique es médico, pero toca como violinista* ***aficionado*** *en una orquesta.*
aficionado, da ***m.*** y ***f.*** Persona que está muy interesada en algo o que gusta mucho de algo: *¿Crees que en América Latina haya más* ***aficionados*** *al fútbol que a otro deporte?* SIN. **barra, hincha, seguidor.**
aficionar ***vb.*** {tr. y prnl.} Hacer que a alguien le guste una persona o cosa: *A Gloria le gustan tanto las mariposas que ya* ***aficionó*** *también a Saúl.*
afilar ***vb.*** {tr.} Sacar filo o punta a un arma o instrumento: *Antes de rebanar la carne, el carnicero* ***afila*** *el cuchillo para que corte mejor.*
afiliar ***vb.*** {tr. y prnl.} Hacer entrar a una persona como miembro de una sociedad, grupo o partido.
afín ***adj.*** Que se parece o tiene semejanza con otra persona o cosa: *"Tú y yo somos* ***afines*** *porque nos gustan los mismos filmes y comidas", dije a Reyna.*
afinar ***vb.*** {tr., intr. y prnl.} **1** Hacer fino o delgado: *La cuerda es muy vieja y se ha ido* ***afinando*** *con el uso.* **2** Perfeccionar: *"Si quieres ganar en el concurso de tiro, tienes que* ***afinar*** *tu puntería", me aconsejó Daniel.* **3** Poner los instrumentos musicales en el tono justo: *El piano sonaba mal, pero el músico lo* ***afinó*** *y ahora suena muy bien.*
afincarse ***vb. irreg.*** {prnl.} **Modelo 17.** Fijar la residencia en un lugar.
afinidad ***f.*** Analogía o semejanza de una cosa con otra: *Las ranas y los sapos tienen* ***afinidades*** *biológicas.*
afirmación ***f.*** Hecho de afirmar, de asegurar algo: *"Me gusta jugar baloncesto" es una* ***afirmación.***
afirmar ***vb.*** {tr. y prnl.} **1** Dar firmeza, asegurar: *Pedro* ***afirmó*** *la mesa vieja con clavos porque se balanceaba.* **2** Asentir, decir que sí: *Mi hermana* ***afirmó*** *cuando mi madre le preguntó si quería casarse con Gerónimo y ahora ya están preparando la boda.* **3** Dar por cierta una cosa: *La señora* ***afirma*** *que el hombre tuerto le robó su cartera.*
afirmativo, va ***adj.*** **1** Que afirma: *Le pregunté a Rocío si quería un helado y su respuesta fue* ***afirmativa,*** *dijo que sí.* **2** Oración, proposición o juicio que establece la conformidad del sujeto con el predicado.
aflicción ***f.*** Pena o preocupación fuerte: *Tiene una gran* ***aflicción*** *por la muerte de su abuelo.*
aflictivo, va ***adj.*** Que causa aflicción: *Una mala situación económica es muy* ***aflictiva.***
afligir ***vb. irreg.*** {tr. y prnl.} **Modelo 61.** Poner o ponerse triste o preocupado: ***Me aflige*** *que tengas tantos problemas en el trabajo.*
aflojar ***vb.*** {tr., intr. y prnl.} **1** Disminuir la presión o la fuerza: *Voy a* ***aflojar*** *las cuerdas de la guitarra para que no vayan a romperse.* **2** ***Fam.*** Perder algo su fuerza o intensidad: *"No salgan a jugar a la calle mientras no* ***afloje*** *la lluvia", nos dijo mi madre.* **3** ***Fam.*** Dar dinero: *Para hacer la fiesta hay que* ***aflojar*** *veinte pesos por cabeza.*
aflorar ***vb.*** {intr.} Aparecer algo que estaba oculto: *Las raíces de ese árbol* ***están aflorando*** *a la superficie.*
afluente ***m.*** Corriente de agua que desemboca en otra: *Los ríos Trombetas y Paru son* ***afluentes*** *del Amazonas, y éste es el río más caudaloso del mundo.*
afluir ***vb. irreg.*** {intr.} **Modelo 59. 1** Acudir en abundancia: *Los manifestantes* ***afluyeron*** *a la plaza.* **2** Desembocar, llegar: *La sangre* ***afluye*** *al cerebro.* **3** Verter un río o arroyo sus aguas en las de otro o en las de un lago o mar.
afonía ***f.*** Pérdida total o parcial de la voz, debida a alguna enfermedad.
afónico, ca ***adj.*** Que ha perdido la voz temporalmente o que apenas se le oye cuando habla: *De tanto gritar y cantar me quedé* ***afónico.***
aforismo ***m.*** Sentencia breve que presenta una norma o enseñanza.
aforo ***m.*** Número de localidades de un recinto público: *El* ***aforo*** *de ese estadio es de cinco mil personas.*
afortunado, da ***adj.*** **1** Que tiene buena suerte: *"Les advierto que soy muy* ***afortunado*** *en el juego, así que seguro les gano", advirtió Sebastián.* **2** Feliz: *Se siente muy* ***afortunado*** *por haber conocido a la mujer que ahora es su esposa.*
afrancesar ***vb.*** {tr. y prnl.} Hacer que alguien o algo parezca francés.
afrenta ***f.*** Agravio, deshonor que resulta de algo que se dijo o hizo: *En la novela, él le hace una* ***afrenta*** *a su esposa cuando afirma que el bebé es hijo de otro hombre.*
africano, na ***adj./m.*** y ***f.*** Originario de África: *Egipto es un país* ***africano.***
afroantillano, na ***adj./m.*** y ***f.*** Relativo a lo que es de origen africano, combinado con las características desarrolladas por la gente de raza negra del archipiélago de las Antillas: *Me gusta la música* ***afroantillana*** *porque su mezcla de ritmos africano y tropical invita a bailar.*
afrodisiaco, ca o **afrodisíaco, ca** ***adj./m.*** Que excita el deseo sexual.
afrontar ***vb.*** {tr.} Desafiar a un enemigo, enfrentar un peligro o dificultad: *El explorador* ***afrontó*** *las dificultades de la travesía.*

afta ***f.*** Lesión superficial de la mucosa labial o genital: *Me lastimé al comer caramelos y me salieron* ***aftas*** *en el paladar.*

afuera ***adv.*** **1** Hacia el exterior: *"Vamos* ***afuera,*** *al jardín", propuse a mi amiga.* **2** En el exterior: *Hay gente* ***afuera*** *del cine que espera para entrar.* **3** ***pl.*** Zona de los alrededores de una población: *Casi todas las industrias están en las* ***afueras*** *de la ciudad.*

agachada ***f.*** **1** ***Chile.*** Inclinación, adulación. **2** ***Argent.*** y ***Urug.*** Pretexto que se da para evitar una responsabilidad o compromiso.

agachado, da ***adj.*** **1** Tímido, cobarde. **2** ***Argent.*** Evasivo, desleal o cobarde.

agachar ***vb.*** {tr. y prnl.} **1** Inclinar o bajar alguna parte del cuerpo o todo el cuerpo: *Hay que* ***agacharse*** *para levantar cosas del suelo.* **2** ***Amér.*** Aceptar algo, disminuir la resistencia a algo, someterse.

agalla ***f.*** **1** Órgano de los peces que les permite respirar: *Las* ***agallas*** *están a ambos lados de la cabeza de los peces.* **2** ***loc. pl.*** **Tener ~,** ser valiente: *Se necesita* ***tener agallas*** *para meterse en la jaula del león.*

ágape ***m.*** Banquete, comida con muchos invitados que se ofrece para festejar algo.

agar agar ***m.*** Mucílago proveniente de un alga que tiene usos en bacteriología, industria, farmacia y alimentación.

agarradera ***f.*** Asa o mango de algunos objetos: *"Para que no te quemes, toma la cacerola por las* ***agarraderas",*** *aconsejó mi madre.*

agarrado, da ***adj. Fam.*** Mezquino, avaro.

agarrar ***vb.*** {tr. y prnl.} **1** Tomar con la mano: ***"Agarra*** *fuertemente al niño al cruzar la calle, ya que es muy pequeño y podría tropezar", dijo Ricardo.* **2** Sujetar con fuerza: *El águila* ***agarró*** *a su presa para que no se le escapara.* **3** Contraer una enfermedad: *"¡Cuánto estornudo!, seguro ya* ***te agarró*** *un resfriado".*

agarrón ***m. Amér.*** Riña, altercado: *Las niñas se dieron tal* ***agarrón*** *que terminaron tirándose de los cabellos.*

agarrotarse ***vb.*** {prnl.} Ponerse rígida alguna parte del cuerpo, en particular las extremidades: *El corredor no pudo llegar a la meta porque* ***se le agarrotó*** *la pierna.*

agasajar ***vb.*** {tr.} Festejar o halagar a alguien por alguna razón: *El día de mi cumpleaños me* ***agasajaron*** *con una fiesta y con muchos regalos.*

ágata ***f.*** Tipo de cuarzo que se considera piedra semipreciosa y que tiene franjas de colores.

agave ***m.*** Planta de gran tamaño y hojas carnosas que florece una sola vez en su vida y de la que se obtienen tequila y pulque, bebidas alcohólicas originarias de México. SIN. **maguey, pita.**

agazaparse ***vb.*** {prnl.} Agacharse, encogerse con intención de esconderse: *El gato* ***se agazapó*** *tras la cortina y de pronto saltó sobre el ratón.*

agencia ***f.*** Empresa comercial que ofrece servicios a sus clientes: *Fuimos a una* ***agencia*** *de viajes para que nos organizaran las vacaciones.*

agenciar ***vb.*** {tr. y prnl.} **1** Conseguir con esmero o maña: *No sé cómo lo hizo, pero en menos de una hora* ***se agenció*** *el libro que necesitaba.* **2** Arreglarse con los propios medios: ***"Agénciatelas*** *como puedas, porque ya me cansé de ayudarte", dije a Georgina.*

agenda ***f.*** Cuaderno donde se apunta lo que conviene recordar: *Perdí mi* ***agenda*** *y ahora ya no me acuerdo si mi cita era a las 2 o a las 3.*

agente ***m.*** y ***f.*** **1** Persona que está autorizada para actuar en representación de otra: *Muchos actores tienen* ***agentes*** *que se ocupan de sus contratos y sueldos.* **2** Trabajador del gobierno que se ocupa del orden y la seguridad pública: *Hay un* ***agente*** *de tránsito a la salida de la escuela para controlar el tráfico.* **3** Aquello que produce un efecto: *El agua y el viento son* ***agentes*** *que logran la erosión de las rocas.*

ágil ***adj.*** Ligero, que se mueve con rapidez y facilidad: *El mago es muy* ***ágil*** *con las manos, por eso no descubrimos cómo hace sus trucos.*

agilidad ***f.*** Calidad que permite hacer las cosas con ligereza y facilidad: *La* ***agilidad*** *de las gacelas les permite dar saltos muy largos.*

agio ***m.*** Beneficio obtenido de un cambio de moneda o del descuento de letras y pagarés.

agitar ***vb.*** {tr. y prnl.} **1** Mover con frecuencia y fuerza: *Antes de tomar el jarabe hay que* ***agitarlo*** *para que se mezcle bien.* **2** ***Fam.*** Inquietar, promover disturbios: *Cuando el árbitro marcó la falta,* ***se agitaron*** *los seguidores del equipo.*

aglomeración ***f.*** Reunión desordenada de cosas o personas: *La llegada de los ciclistas ganadores a la meta produjo una gran* ***aglomeración*** *de gente.*

aglomerar ***vb.*** {tr. y prnl.} Reunir, amontonar: *Los curiosos* ***se aglomeraron*** *a la salida del edificio en llamas.*

aglutinar ***vb.*** {tr. y prnl.} Unir fuertemente dos o más cosas: *Para hacer esta figura,* ***aglutiné*** *papel recortado con engrudo y luego le di forma.*

agobiar ***vb.*** {tr. y prnl.} Causar fatiga, preocupación o abatimiento: *La maestra* ***nos agobia*** *con tantos trabajos escolares.* ANT. **aliviar.**

agolparse ***vb.*** {prnl.} Juntarse de golpe: *Cuando te sonrojas, es porque la sangre se* ***te agolpa*** *en la cara.*

agonía ***f.*** **1** Momento de la vida anterior a la muerte: *Tuvo una* ***agonía*** *tranquila y cuando murió parecía que estaba dormido.* **2** Gran sufrimiento: *Esta espera es una verdadera* ***agonía:*** *ya quiero saber el resultado de mis exámenes finales.*

agonizar ***vb. irreg.*** {intr.} **Modelo 16. 1** Estar a punto de morir: *El herido* ***está agonizando*** *y ya no hay esperanza de que se salve.* **2** Estar por acabarse: *El partido político* ***agonizaba*** *y otros surgían con fuerza para sustituirlo.*

ágora ***f.*** Plaza pública en las antiguas ciudades griegas, centro de la vida política, religiosa y económica.

agorafobia ***f.*** Temor a los espacios abiertos.

agorero, ra ***adj./m.*** y ***f.*** **1** Que adivina por señales o agüeros, o cree en ellos. **2** Que predice males: *Algunas personas supersticiosas piensan que los cuervos son animales* ***agoreros.***

agosto ***m.*** Octavo mes del año: *Antiguamente, en Europa* ***agosto*** *era el mes de las cosechas.*

agotador, ra ***adj.*** Que agota, que causa fatiga: *Este niño no se queda quieto ni un segundo, es* ***agotador*** *cuidarlo.*

agotamiento ***m.*** Gran cansancio, falta de energía: *El* ***agotamiento*** *de los maratonistas era evidente, después de tres horas de competencia algunos apenas podían caminar.*

agotar ***vb.*** {tr. y prnl.} **1** Gastar totalmente: *Ya* ***agotamos*** *todos los dulces, hay que ir a comprar más.* **2** Cansar demasiado: ***Me agoté*** *en esa carrera y necesito descansar para recuperarme.*

agraciado, da ***adj.*** **1** Que es hermoso o lindo: *Sofía es muy* ***agraciada*** *y nunca le faltan enamorados.* **2** Que ha ganado o ha sido elegido: *Los* ***agraciados*** *con el premio de la lotería están muy contentos, pues ahora tienen mucho dinero.*

agraciar ***vb.*** {tr.} **1** Dar gracia y belleza: *Ese lunar que tiene junto al labio la* ***agracia.*** **2** Conceder una gracia: *El* *hada **agració** a la princesa con belleza, simpatía e inteligencia.*

agradable ***adj.*** **1** Que complace o brinda bienestar: *Este lugar tranquilo y con un bello paisaje es muy **agradable.*** **2** Se dice de la persona simpática y amable: *Mi tío es una persona muy **agradable** que siempre está de buen humor y me ayuda cuando tengo problemas.*

agradar ***vb.*** {intr.} Complacer, gustar: *El concierto **agradó** tanto a los espectadores, que éstos aplaudieron de pie durante varios minutos.*

agradecer ***vb. irreg.*** {tr.} **Modelo 39.** Expresar o mostrar gratitud: *Cenicienta **agradeció** a su hada madrina por ayudarla a ir al baile del castillo.*

agradecido, da ***adj.*** Que agradece los favores que se le hacen o la atención que se le presta: *Se despidió de su maestra muy **agradecida** por sus consejos.*

agradecimiento ***m.*** Demostración de gratitud: *Como **agradecimiento** a sus cuidados, mandó un ramo de flores a la doctora que la atendió.*

agrado ***m.*** **1** Afabilidad, buen modo: *El portero respondió con **agrado** a mis preguntas.* **2** Gusto o satisfacción: *"Si comes sólo lo que sea de tu **agrado,** puede que no te estés alimentando bien", comentó el médico.*

agrandar ***vb.*** {tr. y prnl.} Hacer más amplio: *Decidieron **agrandar** la casa construyendo un nuevo cuarto.*

agrario, ria ***adj.*** Relativo al campo: *La agricultura es una actividad **agraria.***

agrarismo ***m.*** Tendencia política que defiende el sector agrícola y los intereses de los agricultores: *Una de las banderas de la causa de Emiliano Zapata fue el **agrarismo.***

agravar ***vb.*** {tr. y prnl.} Empeorar, hacer más grave o peligroso: *Durante el juicio, la declaración de un testigo que había visto el robo **agravó** la situación del ladrón acusado.*

agravio ***m.*** **1** Ofensa al honor o dignidad: *Esos insultos fueron un **agravio** para él, ya que sin ninguna causa le dijeron que era un ladrón.* **2** Perjuicio: *"Le causaste un **agravio** a Manuel al no ayudarlo", dije a Roberto.* Sin. **daño.**

agredir ***vb.*** {tr.} Lanzarse sobre alguien o atacarlo con palabras para hacerle daño.

agregar ***vb. irreg.*** {tr. y prnl.} **Modelo 17. 1** Añadir algo a lo ya dicho o escrito: *El escritor **agregó** una nota al final de su novela.* **2** Unir personas o cosas a otras: *No los habían invitado pero de todas formas **se agregaron** a la fiesta.*

agremiado, da ***adj./m.*** y ***f.*** Trabajador que pertenece a un gremio: *Las **agremiadas** del sindicato de costureras organizaron un baile para recabar fondos.*

agremiar ***vb.*** {tr. y prnl.} Reunir en gremio: *Los pescadores de la región **se agremiaron** para obtener mejoras en su trabajo.*

agresión ***f.*** Acción y efecto de agredir: *Mi hermana fue víctima de una **agresión** callejera y llegó muy asustada a la casa.*

agresivo, va ***adj.*** Que actúa de manera violenta: *Entiendo que se haya enojado, pero no justifico que se haya portado tan **agresivo** con su secretaria.*

agresor, ra ***adj./m.*** y ***f.*** Que comete agresión: *El **agresor** del chofer asaltado resultó ser su vecino.*

agreste ***adj.*** **1** Relativo al campo. **2** Lleno de maleza o abrupto: *Antes de llegar al arroyo hay un paraje **agreste,** difícil de atravesar.*

agriar ***vb.*** {tr. y prnl.} **1** Poner agrio: *La leche **se agrió,** así que hay que tirarla.* **2** Descomponer el humor: *El divorcio le **agrió** el carácter y ya nunca ríe.*

agricultor, ra ***m.*** y ***f.*** Persona dedicada al cultivo de la tierra para obtener alimentos: *Comemos frutas y verduras gracias al trabajo de los **agricultores.***

agricultura ***f.*** Actividad de cultivar la tierra para obtener frutos útiles al hombre.

agridulce ***adj.*** Que tiene combinación de sabores agrio y dulce: *Algunos guisos de la comida china se condimentan con salsas **agridulces.***

agrietar ***vb.*** {tr. y prnl.} Abrir o abrirse aberturas largas y estrechas: *Con el temblor, algunas paredes del edificio **se agrietaron.***

agrimensor, ra ***m.*** y ***f.*** Persona que mide con gran precisión los terrenos: *Llamaron al **agrimensor** para hacer el mapa de mi pueblo y sus alrededores.*

agrimensura ***f.*** Técnica para medir los terrenos.

agrio, gria ***adj.*** **1** De sabor parecido al del limón o el vinagre. **2** Poco amable: *Roxana tiene una expresión tan **agria** que ni ganas dan de saludarla.*

agro ***m.*** Campo de cultivo: *El **agro** produce abundantes frutas y cereales.*

agroindustria ***f.*** Explotación agraria organizada como una empresa industrial: *Esa **agroindustria** aprovecha parte de la fruta que los campesinos cosechan, para hacer conservas y mermelada.*

agronomía ***f.*** Ciencia del cultivo de la tierra.

agrónomo, ma ***adj./m.*** y ***f.*** Especialista en agronomía.

agropecuario, ria ***adj.*** Que tiene relación con la agricultura y la ganadería.

agroquímica ***adj.*** y ***f.*** Se aplica a la industria química enfocada hacia la agricultura: *La de los insecticidas y la de los fertilizantes son industrias **agroquímicas.***

agrupación ***f.*** Grupo de personas que se juntan para algún fin: *Los vecinos de mi barrio formaron una **agrupación** para mantener limpias nuestras calles.*

agrupar ***vb.*** {tr. y prnl.} Reunir en grupo: *Para jugar por equipos, **agrupamos** las bolitas o canicas según sus colores.*

agua ***f.*** **1** Líquido transparente sin color, olor ni sabor, compuesto de oxígeno e hidrógeno. **2** Lluvia: *Esta temporada es de mucha **agua** y por eso las calles se inundan.* **3** ***pl.*** Zona del mar no muy lejana de la costa: *Se celebraron las regatas en **aguas** del Uruguay.* **4** ***loc. Argent.*** y ***Urug.*** **~ viva,** medusa. **5** *loc.* **Con el ~ al cuello,** en una situación muy difícil: *Espero que me preste el dinero que le pedí, porque con tantas deudas, ahora sí estoy **con el agua al cuello.*** **6** *loc.* **Hacerse ~ la boca,** antojarse: *Me gustan tanto las ensaladas de frutas, que cuando pienso en alguna **se me hace agua la boca.*** **7** *loc.* **~ oxigenada,** solución líquida compuesta por dos moléculas de oxígeno y dos de hidrógeno, que sirve para desinfectar heridas y decolorar.

aguacate ***m.*** Fruto comestible, de corteza verde o negra y pulpa espesa, dado por un árbol tropical del mismo nombre: *El guacamole es una ensalada mexicana que se prepara con cebolla, tomate, **aguacate** y ají o chile.* Sin. **palta.**

aguacero ***m.*** Lluvia abundante, intensa y de poca duración: *Regresamos empapados del paseo porque nos cayó un **aguacero.*** Sin. **chubasco, chaparrón.**

aguachento, ta ***adj. Amér. C.*** y ***Amér. Merid.*** Lo que pierde sustancia por estar impregnado de agua: *Me gusta el café con sabor fuerte; no me lo vayas a dar **aguachento.***

aguada ***f. Amér. Merid.*** Abrevadero, lugar donde se toma agua potable: *No sé si las **aguadas** que hay serán suficientes para que beba todo el ganado.*

aguafiestas ***m.*** y ***f.*** Persona que echa a perder una diversión: *La estábamos pasando muy bien hasta que llegó el **aguafiestas** de Fernando con sus bromas pesadas.*

aguafuerte ***m.*** o ***f.*** **1** Disolución de ácido nítrico que se emplea para atacar el cobre. **2** Grabado y estampa obtenidos de una plancha atacada por esta disolución.

aguamanil ***m.*** Palangana o pila en la que se lavan las manos: *Los* ***aguamaniles*** *suelen ser de peltre y tienen una jarra que sirve para vaciar el agua en la palangana.*
aguamarina ***f.*** Variedad de berilo transparente, de color azul claro, muy apreciada en joyería: *Estos aretes de* ***aguamarina*** *eran de mi abuela.*
aguamiel ***f.*** **1** *Amér.* Bebida hecha con agua endulzada. **2** *Méx.* Jugo dulce del maguey: *El* ***aguamiel*** *fermentado se convierte en pulque.*
aguanieve ***f.*** Lluvia mezclada con nieve: *El* ***aguanieve*** *congeló las plantas tiernas, quedaron muy maltratadas.*
aguantar ***vb.*** {tr. y prnl.} **1** Sostener: *"Ven a ayudarme porque esta caja pesa mucho y ya no la* ***aguanto****", pedí a mi hermano.* **2** Tolerar o sufrir algo molesto o desagradable: *Ahora tengo que* ***aguantar*** *el regaño de mi mamá, porque me comporté de manera grosera.* **3** Contenerse, reprimirse: ***Me aguanté*** *las ganas de ir al baño por no perderme el final del filme.*
aguar ***vb. irreg.*** {tr. y prnl.} **Modelo 11.** **1** Mezclar agua con vino u otro licor: *Si el vino sabe muy fuerte, lo podemos* ***aguar.*** **2** Estropear una fiesta o diversión: *Por el mal tiempo se nos* ***aguó*** *el paseo a la playa.*
aguará ***m.*** *R. de la P.* Animal parecido a un perro grande rojizo y de crin negra.
aguardar ***vb.*** {tr.} Esperar: ***Aguardamos*** *con impaciencia las vacaciones de fin de año.*
aguardiente ***m.*** Bebida alcohólica muy fuerte que se obtiene por destilación del vino o de otras sustancias.
aguaribay ***m.*** *Amér. C.* y *Amér. Merid.* Árbol de tronco torcido y corteza rugosa, cuyo fruto es una baya de color rojizo.
aguarrás ***m.*** Líquido que sirve para disolver la pintura: *Después de pintar la casa, lavamos las brochas con* ***aguarrás.***
agudeza ***f.*** **1** Ingenio, inteligencia: *Su* ***agudeza*** *le permitió resolver el acertijo muy rápidamente.* **2** Intensidad de un dolor: *La* ***agudeza*** *del dolor de oídos que padecía lo hizo llorar.* **3** Intensidad y penetración de los sentidos: *El águila tiene una* ***agudeza*** *visual fuera de lo común, por eso puede ver cosas muy pequeñas en el suelo aunque vaya volando muy alto.*
agudizar ***vb. irreg.*** {tr. y prnl.} **Modelo 16.** **1** Hacer agudo: *Se le* ***ha agudizado*** *el ingenio y nos hace reír a todos con sus bromas.* **2** Agravarse, empeorar: *El doctor dijo que la enfermedad de Román* ***se ha agudizado*** *y tendrán que hospitalizarlo.*
agudo, da ***adj.*** **1** Que tiene filo o punta: *Me gusta escribir con lápices de punta muy* ***aguda.*** **2** Sutil, perspicaz: *Para ser buen detective hay que ser muy* ***agudo.*** **3** Gracioso. Sin. **salado.** **4** Dícese del sonido de tono alto: *Los niños tienen la voz más* ***aguda*** *que los adultos.* **5** En matemáticas, el ángulo de menos de 90°: *Cuando son las doce y diez, las manecillas del reloj forman un ángulo* ***agudo.*** **6** Relacionado con la palabra que tiene su acento en la última sílaba: *"Ratón" y "matiz" son palabras* ***agudas.***
agüero ***m.*** **1** Presagio, señal, pronóstico. **2** *loc.* **Mal ~,** mala suerte: *Mi tía cree que los gatos negros son de* ***mal agüero*** *y por eso les tiene miedo.*
aguerrido, da ***adj.*** Valiente y hábil en el combate: *Los príncipes de los cuentos siempre son* ***aguerridos*** *y luchan sin temor.*
aguijón ***m.*** Órgano puntiagudo con que pican algunos insectos: *Cuando me picó una abeja, me dejó enterrado su* ***aguijón*** *y tuvieron que sacármelo con unas pinzas.*
águila ***f.*** Ave de presa de gran tamaño, que vuela muy alto y tiene muy buena vista: *Las* ***águilas*** *cazan para comer otras aves, así como animales del tamaño de los conejos.*
aguileño, ña ***adj.*** Que tiene la nariz curva y delgada, como pico de águila: *No sé cuál me gusta más, una nariz* ***aguileña*** *o una chata.*
aguilucho ***m.*** **1** Ave rapaz parecida al halcón, de cuerpo alargado, delgado y fuerte. Sin. **ñanco.** **2** Pollo del águila: *En el nido había dos* ***aguiluchos*** *que abrían el pico para que su madre les diera comida.*
aguinaldo ***m.*** **1** Regalo que se da con motivo de una fiesta, por lo general en Navidad: *Muchos niños cantan villancicos en la calle para recibir su* ***aguinaldo.*** **2** *Amér.* Sueldo extra o gratificación que reciben los empleados a fin de año: *Con el* ***aguinaldo*** *que me den en el trabajo voy a mandar tapizar el sofá.*
aguja ***f.*** **1** Barrita de metal, puntiaguda y con un ojo por donde se pasa el hilo con que se cose: *Mi mamá se pinchó el dedo con la* ***aguja*** *y le salió una gotita de sangre.* **2** Barrita de metal, puntiaguda y hueca, que sirve para introducir medicamentos en el cuerpo: *Me da miedo que me inyecten, aunque la* ***aguja*** *sea delgada.* **3** Manecilla de reloj: *Cuando salí del trabajo, las* ***agujas*** *marcaban las cinco y media de la tarde.* **4** Riel móvil que sirve para realizar los cambios de las vías de los trenes. **5** *pl.* Barras de metal, puntiagudas, que sirven para tejer: *No puedo seguir tejiendo porque no encuentro una de las* ***agujas.***
agujerear ***vb.*** {tr.} Hacer uno o más agujeros a una cosa: *Hay que coser los calcetines porque el niño ya los* ***agujereó.***
agujero ***m.*** **1** Abertura más o menos redonda: *Mi papá quemó su camisa con un cigarrillo y ahora tiene un* ***agujero.*** Sin. **hoyo.** **2** *loc.* ~ u **hoyo negro,** en astronomía, astro con un campo de gravitación tan poderoso que impide que cualquier radiación salga de él.
agujeta ***f.*** **1** *Méx.* Cordel para atarse los zapatos: *"Amárrate las* ***agujetas*** *de los zapatos para que no te caigas al caminar."* **2** *pl. Esp.* Dolor muscular a consecuencia de un ejercicio físico intenso: *Ayer hice ejercicios de gimnasia y hoy tengo* ***agujetas.***
agutí ***m.*** Roedor de cuerpo delgado, coloración amarillento verdosa y cola corta, propio de América Central y Meridional.
aguzar ***vb. irreg.*** {tr.} **Modelo 16.** **1** Sacar punta: *Es lo mismo sacarle punta al lápiz que* ***aguzar*** *el lápiz.* **2** Forzar o estimular el entendimiento o los sentidos: *Por más que* ***aguzo*** *la vista no alcanzo a ver el castillo que está entre los árboles del bosque.*
¡ah! ***interj.*** Se utiliza para expresar sorpresa, admiración o pena: *¡Ah!, me asustaste, no te oí llegar.*
aherrojar ***vb.*** {tr.} Aprisionar con esposas, cadenas o grillos: *En la película vi cómo* ***aherrojaban*** *las manos y los pies de un prisionero peligroso.*
ahí ***adv.*** **1** En o a ese lugar: *"Deja el dinero* ***ahí,*** *sobre la mesa", me dijo Adriana.* **2** Lugar indeterminado: *"Estuve por* ***ahí,*** *dando un paseo", contesté a mi madre.*
ahijado, da ***m.*** y ***f.*** Cualquier persona respecto a sus padrinos: *Es mi* ***ahijada,*** *porque soy su madrina de bautismo.*
ahínco ***m.*** Esfuerzo, empeño grande: *Pablo estudió con* ***ahínco*** *y consiguió mejorar su calificación en la escuela.*
ahíto, ta ***adj.*** **1** Que padece indigestión. **2** Repleto, lleno: *A las horas pico, las calles de la ciudad están* ***ahítas*** *de gente.* **3** Cansado o fastidiado.
ahogar ***vb. irreg.*** {tr. y prnl.} **Modelo 17.** **1** Matar o morir por asfixia: *La anaconda* ***ahogó*** *a su presa enrollándose alrededor de su cuerpo.* **2** Extinguir, apagarse por falta de oxígeno: *Los niños* ***ahogaron*** *el fuego de la hoguera por poner muchos troncos a la vez.* **3** Sofocarse: *Sentí que* ***me ahogaba*** *cuando entró tanta gente al autobús.*

ahondar ***vb.*** {tr., intr. y prnl.} **1** Hacer más hondo: *Necesitamos **ahondar** más el pozo para conseguir agua.* **2** Penetrar: *Las raíces de los árboles **ahondan** en la tierra.* **3** Estudiar un asunto a fondo: *Hay que **ahondar** en el problema para saber por qué se dio esa guerra.*

ahora ***adv.*** **1** En el momento presente: *"**Ahora** mismo me voy a conseguir lo que me pediste", dije a mi tía.* **2** *loc.* **~ bien,** sin embargo. **3** *loc.* **Por ~,** por el momento: *No quiero hacer natación **por ahora;** prefiero terminar primero con las clases de tenis.*

ahorcar ***vb. irreg.*** {tr. y prnl.} **Modelo 17. 1** Matar a alguien colgándolo por el cuello hasta que se asfixia: *En el filme que vimos el martes, **ahorcaron** al ladrón que asaltaba los ferrocarriles colgándolo de un árbol.* **2** Apretar el cuello una prenda de vestir: *No puedo ajustarme más la corbata porque siento que **me ahorca.***

ahorita ***adv. Amér.*** Inmediatamente, ahora mismo: ***Ahorita** voy a comer, luego plancharé la ropa.*

ahorrador, dora ***adj.*** Que guarda dinero o que no gasta más de lo necesario: *Salvador es muy **ahorrador,** y como es muy amable, siempre está dispuesto a prestarme dinero.*

ahorrar ***vb.*** {tr. y prnl.} **1** Reservar dinero separándolo del gasto ordinario: *Abrí una cuenta en el banco y **ahorraré** un poco de dinero cada mes.* **2** No gastar más de lo necesario: *Tenemos que **ahorrar** el papel, porque ya nos queda poco y hasta la semana próxima nos darán más.* Sin. **economizar.**

ahorro ***m.*** Lo que no se gasta: *Con mis **ahorros** voy a comprar el regalo de cumpleaños de mi mamá.*

ahuecar ***vb. irreg.*** {tr.} **Modelo 17. 1** Poner hueco: *Los indios **ahuecaban** los troncos de los árboles para hacer sus canoas.* **2** *loc. Fam.* **~ el ala,** marcharse, irse: *Hay que **ahuecar el ala** antes de que se haga de noche.*

ahuehuete ***m.*** Árbol conífero, de madera elástica muy apreciada: *Algunos **ahuehuetes** alcanzan dimensiones gigantescas, como el de Santa María del Tule, en Oaxaca.*

ahumado, da ***adj.*** **1** Relativo al alimento que se ha puesto a conservar por la acción del humo. **2** De color oscuro: *Como la luz le molesta mucho, el doctor le dijo que usara anteojos con cristales **ahumados.***

ahumar ***vb. irreg.*** {tr. y prnl.} **Modelo 13.** Llenar de humo: *Decir que una chimenea **se ahúma** quiere decir que se pone negra y tiene hollín.*

ahuyentar ***vb.*** {tr.} **1** Hacer huir a personas o animales: *Los gatos **ahuyentan** a los ratones.* Sin. **espantar. 2** Desechar lo que molesta o asusta: *Hay que **ahuyentar** los malos pensamientos.*

aikido ***m.*** Deporte de combate de origen japonés, parecido al judo y al jiujitsu.

aimara o **aimará** ***adj./m.*** y ***f.*** De un pueblo indígena que habita en Perú y Bolivia: *Ésta es una tela **aimara** que me trajeron de regalo.*

aimara o **aimará** ***m.*** Lengua que habla este pueblo: *La maestra nos pidió que investigáramos alguna palabra en **aimara.***

airado, da ***adj.*** Que habla mostrando enojo: *La maestra nos habló con tono **airado** por habernos burlado de nuestro compañero.*

aire ***m.*** **1** Mezcla de gases de la atmósfera terrestre que respiran los seres vivos: *El **aire** del campo es más puro que el de las grandes ciudades.* **2** Viento: *Voy a cerrar la ventana porque hay mucho **aire** y se van a caer los papeles.* **3** Aspecto, apariencia: *Ese señor tiene **aire** de buena persona.* **4** En música, melodía, canción. **5** *loc.* **~ acondicionado,** aparato que permite templar la temperatura de una habitación: *En el hotel había **aire acondicionado,** así que nos salvamos del terrible calor que había en la calle.* **6** *loc. Fam.* **Darse ~,** presumir: *Desde que ganó la carrera, Pedro **se da aires** de gran deportista y no hay quien lo aguante.* **7** *loc.* **Quedar en el ~,** sin respuesta: *Mi pregunta al maestro se **quedó en el aire,** así que sigo con la duda.*

airear ***vb.*** {tr.} **1** Ventilar: *Cuando se levanten de la cama por la mañana, **aireen** la habitación para que no acumule malos olores.* **2** Divulgar una noticia: *Le conté un secreto y se dedicó a **airearlo** por toda la escuela.*

airoso, sa ***adj.*** **1** Que tiene garbo, gracia: *Es tan **airosa** para caminar que se ve bien aunque esté mal vestida.* **2** Que realiza algo con éxito: *El clavadista salió **airoso** de esa competencia tan difícil y obtuvo el primer premio.*

aislado, da ***adj.*** **1** Solo, sin compañía: *Un ermitaño vive **aislado,** lejos de cualquier otra persona.* **2** Poco frecuente, excepcional: *La enfermedad de ese niño fue un caso **aislado,** dudo que se repita en otra persona.*

aislante ***m.*** Cuerpo que no es conductor del calor o la electricidad: *El hule y la madera son **aislantes.***

aislar ***vb. irreg.*** {tr. y prnl.} **Modelo 15.** Dejar o quedar solo y separado: *David **se aisló** durante una semana para preparar su examen de química.*

¡ajá! ***interj. Fam.*** Se usa para mostrar aprobación, sorpresa o disgusto: *¡**Ajá,** te agarré con las manos en la masa!*

ajar ***vb.*** {tr. y prnl.} Maltratar, deslucir: *La piel de la cara **se aja** con el paso de los años.*

ajedrea ***f.*** Planta aromática de hojas estrechas que se usa como condimento.

ajedrez ***m.*** Juego entre dos personas para el que se utiliza un tablero de 64 cuadros blancos y negros, con 32 piezas que se mueven según ciertas reglas: *Para jugar **ajedrez** se necesita mucha concentración.*

ajedrezado, da ***adj.*** Que forma cuadros de dos colores, dispuestos como los escaques del ajedrez: *Después de mucho pensarlo, Liliana se decidió por un piso **ajedrezado** para su sala.*

ajenjo ***m.*** Planta aromática que contiene una esencia amarga y tóxica.

ajeno, na ***adj.*** **1** Que pertenece a otra persona: *La ley castiga a los que se apropian de las cosas **ajenas.*** **2** Extraño: *No entiendo la astronomía, porque es un tema totalmente **ajeno** para mí.*

ajetreado, da ***adj.*** Que tiene muchas ocupaciones: *En la época de fin de cursos, los maestros andan muy **ajetreados** preparando y calificando exámenes.*

ajetreo ***m.*** Trabajo o actividad muy intensos: *No había podido llamarte porque tuve unos días de mucho **ajetreo** con los preparativos de la boda.* Ant. **sosiego, tranquilidad.**

ají ***m. Amér. Merid.*** y ***Antill.*** Pimiento pequeño y picante. Sin. **chile.**

ajo ***m.*** **1** Planta con bulbo blanco redondeado que se utiliza como condimento: *Le puse un diente de **ajo** al arroz que cociné, para darle mejor sabor.* **2** *loc. Fam.* **Estar en el ~,** estar al tanto o al corriente de algo: *Mi tío **está en el ajo** de los manejos de la bolsa de valores.*

ajolote ***m.*** **1** Animal anfibio, vertebrado, que rara vez llega a la edad adulta, capaz de reproducirse cuando todavía es una larva: *Los **ajolotes** son originarios de los lagos de México y de Estados Unidos.* **2** Renacuajo, rana en su etapa infantil.

ajonjolí ***m.*** **1** Planta de flores blancas o rosadas, que florece una vez al año y tiene semillas oleaginosas comestibles. Sin. **sésamo. 2** *loc. Méx.* **Ser ~ de todos los moles,** se dice de la persona que siempre asiste a todos los eventos: *"Cómo* *crees que Mayra iba a faltar a la fiesta si* ***es ajonjolí de todos los moles."***

ajuar ***m.*** Conjunto de muebles, ropas y enseres que aporta la mujer al matrimonio.

ajustadores ***m. pl. Cuba.*** Prenda interior femenina para el busto. SIN. **brasier, corpiño, sostén, sujetador.**

ajustar ***vb.*** {tr. y prnl.} **1** Adaptar una cosa de modo que quede bien con otra: *Mi mamá* ***ajustó*** *mis pantalones porque me quedaban un poco anchos.* **2** Conformar, hacer que las cosas funcionen simultáneamente: *Tenemos que* ***ajustar*** *nuestros horarios para coincidir a la hora de salida de la escuela.* **3** Concertar los distintos intereses: *"Si quieres jugar fútbol, tienes que* ***ajustarte*** *a las reglas", dijo el maestro.*

ajusticiado, da ***m.*** y ***f.*** Persona a quien se ha aplicado la pena de muerte: *El cuerpo del* ***ajusticiado*** *pendía de la horca.*

ajusticiar ***vb.*** {tr.} Aplicar la pena de muerte a un reo: *En la obra de teatro,* ***ajusticiaron*** *al asesino inyectándole un veneno.* SIN. **ejecutar.**

al Contracción de la preposición *a* y el artículo *el*: *"Fui* ***al*** *parque a dar un paseo", dije a mi madre.*

ala ***f.*** **1** Miembro de las aves e insectos que les sirve para volar: *El cazador hirió al pato en un* ***ala*** *y éste cayó al suelo.* **2** Cada una de las partes planas que permiten sostenerse a un avión en vuelo. **3** Cada una de las partes o secciones de un edificio: *La señorita dice que la oficina del director está en el* ***ala*** *este.* **4** Parte de los sombreros que rodea la copa y protege del sol: *Este sombrero está bien para la playa, porque tiene el* ***ala*** *muy ancha.* **5** ***loc. Fam.*** **Traer de un ~,** tener a alguien embobado o muy enamorado: *Mónica pone en ridículo a Hugo, porque sabe que lo* ***trae de un ala.***

alabanza ***f.*** Palabras que se dicen a favor de una persona o cosa: *El equipo de fútbol obtuvo grandes* ***alabanzas*** *en la escuela porque ganó un importante torneo.* SIN. **elogio.** ANT. **ofensa.**

alabar ***vb.*** {tr.} Celebrar con palabras a una persona o hecho: *El maestro* ***alabó*** *nuestro trabajo, dijo que estaba muy bien hecho.*

alabarda ***f.*** Arma enastada de hierro puntiagudo por un lado y cortante por el otro: *Como parte de su uniforme tradicional, algunos guardias suizos del Vaticano llevan* ***alabardas.***

alabardero ***m.*** Soldado armado con una alabarda.

alabastro ***m.*** Piedra blanca y traslúcida: *En el museo vimos una escultura de* ***alabastro.***

alacena ***f.*** Hueco hecho en la pared, con puertas y estantes, en el que se guardan alimentos: *"Pon las latas de atún en la* ***alacena",*** *me pidió mi madre.*

alacrán ***m.*** Arácnido cuya cola termina en un aguijón venenoso: *"Tienes que cuidarte de los* ***alacranes,*** *porque su picadura es dolorosa y puede ser mortal."*

alado, da ***adj.*** Con alas: *La mosca es un insecto* ***alado.***

alamar ***m.*** **1** Presilla y botón que se pone en una prenda de vestir: *Las casacas militares antiguas se cerraban con* ***alamares.*** **2** Adorno de pasamanería.

alambique ***m.*** Aparato que sirve para destilar o depurar: *En las industrias de licores se usan* ***alambiques*** *para producir el alcohol que tienen estas bebidas.*

alambrada ***f.*** Cerca de alambres afianzada en postes: *Los ganaderos pusieron una* ***alambrada*** *para que las vacas no se metieran al otro terreno.*

alambre ***m.*** Hilo de metal.

alámbrico, ca ***adj.*** Se dice del medio de transmisión que utiliza alambre para conducir las señales que se transmiten.

alameda ***f.*** Camino o paseo en el que hay álamos o árboles de cualquier otro tipo: *El domingo fuimos a pasear a la* ***alameda*** *que lleva al río.*

álamo ***m.*** Árbol de gran tamaño, de madera blanca y ligera, que por lo general crece en terrenos muy húmedos.

alantoína ***f.*** Sustancia de eliminación de los desechos nitrogenados de casi todos los mamíferos, proveniente de la transformación del ácido úrico: *La* ***alantoína*** *se utiliza para hacer cosméticos.*

alarde ***m.*** Ostentación que se hace de una cosa: *Me cae mal Gerónimo porque no para de hacer* ***alarde*** *de su gran inteligencia.*

alargado, da ***adj.*** Que es más largo que ancho: *El cuello de la jirafa es* ***alargado*** *para que pueda alcanzar su alimento en lo alto de los árboles.*

alargar ***vb. irreg.*** {tr. y prnl.} **Modelo 17.** Dar más longitud o duración: ***Alargamos*** *el cable porque no llegaba al enchufe.* ANT. **acortar.**

alargue ***m. Argent.*** Cable que se añade a un aparato eléctrico para que pueda conectarse desde más lejos. SIN. **extensión.**

alarido ***m.*** Grito, en especial el de dolor o espanto: *María daba de* ***alaridos*** *cuando se cayó del árbol porque se había roto un brazo y le dolía mucho.*

alarma ***f.*** **1** Señal con que se avisa que hay un peligro o algo anormal: *Cuando los ladrones entraron a la tienda empezó a sonar la* ***alarma.*** **2** Inquietud, temor: *Cuando se rompió la presa, se extendió la* ***alarma*** *por todo el pueblo.*

alarmante ***adj.*** Que asusta o preocupa: *El estado del enfermo es* ***alarmante*** *pues no quiere beber, comer ni dormir.*

alarmar ***vb.*** {tr. y prnl.} Inquietar, asustar, poner o ponerse alguien alerta: *Juan* ***se alarmó*** *cuando se dio cuenta de que los frenos de su automóvil no funcionaban.*

alazán, zana ***adj./m.*** y ***f.*** Dícese del caballo o yegua de pelo color rojizo, parecido al de la canela.

alba ***f.*** Primera luz del día: *Viajaron durante toda la noche y llegaron a la ciudad al* ***alba.*** SIN. **aurora.**

albacea ***m.*** y ***f.*** Persona a la que el testador confía el cumplimiento de su testamento: *El licenciado Rodríguez quedó como* ***albacea*** *de mi abuela.*

albahaca ***f.*** Planta aromática de flores blancas que se usa en medicina y como condimento: *Patricia preparó una ensalada con queso, tomate y la condimentó con* ***albahaca.***

albanés, nesa ***adj./m.*** y ***f.*** Originario de Albania, país de Europa Oriental.

albañil ***m.*** Persona que se dedica a realizar obras de construcción: *Los* ***albañiles*** *están pegando ladrillos para levantar los muros de la casa.*

albañilería ***f.*** Actividad que consiste en la construcción y reparación de casas y edificios: *Están haciendo trabajos de* ***albañilería*** *en la casa de mi abuela.*

albardilla ***f.*** **1** Silla ligera utilizada en la doma de potros. **2** Tejadillo que corona una pared para facilitar la evacuación del agua.

albardón ***m. Argent., Par.*** y ***Urug.*** Loma o elevación situada en terrenos bajos y que se convierte en islote cuando suben las aguas.

albaricoque ***m.*** Fruta parecida al durazno pero más pequeña, de piel color anaranjado, pulpa amarillenta o rosada y con un hueso grande en el centro. SIN. **chabacano.**

albaricoquero ***m.*** Árbol frutal de flores blancas, su madera es utilizada en la fabricación de muebles y su fruto se llama albaricoque. SIN. **chabacano.**

albatros ***m.*** Ave marina de gran tamaño que tiene plumas blancas, pico más largo que la cabeza y alas largas y estrechas: *Los* ***albatros*** *son excelentes voladores.*

albedrío ***m.*** Facultad para decidir y obrar por voluntad propia.
alberca ***f.*** **1** ***Méx.*** Piscina: *Fuimos de vacaciones y nadé en el mar y en la* ***alberca*** *del hotel.* SIN. **pileta de natación.** **2** Depósito artificial de agua.
albergar ***vb. irreg.*** {tr. y prnl.} **Modelo 17.** **1** Tener ciertos sentimientos, ideas o intenciones: ***Albergo*** *la esperanza de hacer ese viaje para fin de año.* **2** Dar o tomar albergue: ***Nos albergamos*** *en el hotel de la costa.*
albergue ***m.*** Lugar o edificio donde uno puede alojarse: *Durante las vacaciones se quedaron en un* ***albergue*** *para jóvenes.*
albino, na ***adj./m.*** y ***f.*** Que padece falta de pigmento en la piel, ojos y pelo: *A las personas* ***albinas*** *les molesta mucho la luz del sol.*
albo, ba ***adj.*** Blanco: *En la obra de teatro sobre la época del Imperio Romano, los actores vestían* ***albas*** *túnicas y sandalias doradas.*
albóndiga ***f.*** Bola de carne o pescado picada, frita y guisada de diferentes maneras: *Me encantan las* ***albóndigas*** *rellenas de huevo y en salsa de tomate.*
albor ***m.*** **1** Luz del alba. **2** Comienzo: *El maestro de historia nos habló de los* ***albores*** *de la civilización griega.*
alborada ***f.*** Tiempo del amanecer: *La tenue luz de la* ***alborada*** *comenzó a alejar las tinieblas nocturnas.*
alborear ***vb.*** {intr.} Amanecer, apuntar el alba: *Ya* ***alboreaba*** *cuando al fin pudo quedarse dormido.*
albornoz ***m.*** Bata de tejido de toalla que se usa para salir del baño: *Cuando termina de bañarse, Laura se pone su* ***albornoz*** *y se enrolla una toalla en la cabeza.*
alborotador, ra ***adj.*** Que altera el orden y hace ruido: *La maestra lo sacó de la clase por* ***alborotador.***
alborotar ***vb.*** {tr., intr. y prnl.} **1** Alterar, desordenar: *Estuve buscando mis llaves y* ***alboroté*** *todo mi cuarto.* **2** Causar alboroto o ruido: *En el hospital no se debe* ***alborotar,*** *pues los enfermos necesitan tranquilidad para aliviarse.*
alboroto ***m.*** Griterío o estrépito y desorden: *Cuando terminó la clase, los niños salieron del salón con gran* ***alboroto.*** SIN. **bulla, algazara.**
alborozo ***m.*** Gran regocijo, placer o júbilo: *Mis padres recibieron con* ***alborozo*** *la noticia de mi casamiento.*
albricias ***f. pl.*** Felicitación o alegría por una buena noticia.
albufera ***f.*** Extensión de agua salada separada del mar por un trozo largo y estrecho de tierra o de arena: *Fuimos a pescar a la* ***albufera*** *y encontramos muchos cangrejos.*
álbum ***m.*** **1** Libro en blanco cuyas hojas se llenan con firmas, fotografías u otras cosas: *Ignacio clasifica sus estampillas en un* ***álbum.*** **2** Disco o discos que forman un conjunto: *Mi primo compró un* ***álbum*** *de cinco discos con toda la música de su compositor preferido.*
albumen ***m.*** **1** Tejido rico en reservas nutritivas que envuelve el embrión de ciertas semillas: *Los cereales tienen* ***albumen.*** **2** Clara de huevo.
albúmina ***f.*** Proteína contenida en la clara del huevo, en la leche y en otros productos.
albur ***m.*** **1** Azar al que se deja el resultado de algo: *"Si dejas al* ***albur*** *las respuestas del examen, no vas a aprobarlo, mejor estudia", recomendó mi maestro.* **2** ***Méx.*** y ***R. Dom.*** Juego de palabras con doble sentido. **3** ***P. Rico.*** Mentira.
alcachofa ***f.*** Planta comestible cultivada en huertas, de hojas carnosas que se agrupan de manera apretada: *Lo más sabroso de la* ***alcachofa*** *es su corazón.*
alcahuete, ta ***m.*** y ***f.*** Persona que encubre o facilita un amor: *Juan es un* ***alcahuete:*** *siempre me anda buscando novio.*
alcalde, desa ***m.*** y ***f.*** Jefe del ayuntamiento, persona que gobierna una ciudad o pueblo.
álcali ***m.*** Hidróxido de un metal alcalino.
alcaloide ***m.*** Sustancia orgánica similar a los álcalis: *La morfina, la atropina y otras sustancias tóxicas son* ***alcaloides.***
alcance ***m.*** **1** Distancia a que llega el brazo o mano de una persona: *Yo te puedo pasar la flor que está a mi* ***alcance,*** *pero no la que está más lejos.* **2** Capacidad o talento: *Es una persona de pocos* ***alcances,*** *así que hay que explicarle varias veces las cosas.* **3** Trascendencia, importancia: *Cuando crezcas te darás cuenta del* ***alcance*** *que tiene formarse hábitos de disciplina desde la infancia.*
alcancía ***f.*** Recipiente con una ranura, donde se guarda el dinero que quiere ahorrarse: *Me regaló una* ***alcancía*** *con forma de cerdo.* SIN. **guaca, hucha.**
alcanfor ***m.*** Sustancia blanca, volátil, de olor fuerte.
alcantarilla ***f.*** Conducto subterráneo de las ciudades, que sirve para recoger las aguas sucias y las de lluvia: *Se le cayó una moneda a la* ***alcantarilla*** *y ya no pudo recuperarla.* SIN. **cloaca.**
alcantarillado ***m.*** Red de tubos que van por debajo de muchas poblaciones y que sirven para recoger las aguas sucias y las de lluvia: *Sin* ***alcantarillado*** *sería muy difícil mantener limpia una ciudad.*
alcanzar ***vb. irreg.*** {tr. e intr.} **Modelo 16.** **1** Llegar a juntarse con una persona o cosa que va delante: *El atleta iba retrasado, pero aceleró el paso y* ***alcanzó*** *al que iba a la cabeza.* **2** Dar o acercar algo a alguien: *Por favor,* ***alcánzame*** *la sal, pues está lejos de mí y no puedo tomarla.* **3** Lograr, conseguir: *Marta* ***alcanza*** *todas las metas que se propone.* **4** Bastar: *Con la tela que tenía* ***alcanzó*** *para que mi mamá me hiciera una blusa.*
alcaparra ***f.*** **1** Arbusto espinoso de flores blancas y fruto pequeño. **2** Yema o botón de la flor de este arbusto, que se usa como condimento: *Las* ***alcaparras*** *se combinan con aceitunas en muchos guisos españoles.*
alcaravea ***f.*** Hierba cuyas pequeñas semillas aromáticas se usan como condimento y en medicina.
alcatraz ***m.*** **1** Ave de gran tamaño, plumaje pardo con tonos amarillos en el dorso y blanco en el pecho, que anida en las costas rocosas: *Me pasé horas viendo cómo los* ***alcatraces*** *se metían al mar para atrapar peces.* **2** ***Méx.*** Flor blanca en forma de cono, que tiene un pistilo largo y amarillo: *El pintor mexicano Diego Rivera hizo varios cuadros de indígenas con* ***alcatraces.***
alcayata ***f.*** Clavo grande con la cabeza doblada en forma de codo. SIN. **escarpia**
alcázar ***m.*** **1** Palacio fortificado construido en un lugar estratégico para la seguridad y defensa del gobernador de una ciudad. **2** Casa o palacio real.
alce ***m.*** Mamífero parecido al ciervo, de cornamenta aplanada, que vive en Escandinavia, Siberia y Canadá.
alcista ***adj.*** Se dice de la tendencia al alza en los precios: *La política económica este año ha sido* ***alcista,*** *todo ha subido de precio.*
alcoba ***f.*** Dormitorio: *En el museo de historia estaba reproducida la* ***alcoba*** *del emperador, con su cama y los otros muebles.*
alcohol ***m.*** **1** Líquido incoloro, de olor fuerte, que arde fácilmente: *Le limpiaron la herida con* ***alcohol,*** *ya que así podía evitarse una infección.* **2** Bebida que contiene alcohol: *Como tomó un poco de* ***alcohol,*** *estaba mareado y prefirió no manejar.*
alcohólico, ca ***adj./m.*** y ***f.*** **1** Que contiene alcohol: *El vino y la cerveza son bebidas* ***alcohólicas.*** **2** Que toma

alcohol en exceso: *Ya aceptó que es **alcohólico** y decidió buscar ayuda médica.*

alcoholificación ***f.*** Transformación en alcohol de una sustancia por fermentación: *Por la **alcoholificación,** el jugo de manzana se transforma en sidra.*

alcoholímetro ***m.*** Aparato para medir la cantidad de alcohol presente en el aire espirado por una persona.

alcoholismo ***m.*** Enfermedad causada por el abuso de bebidas alcohólicas: *Estuvo en una clínica especial para curar su **alcoholismo.***

alcornoque ***m.*** **1** Árbol de tronco áspero y color muy oscuro, de su corteza se extrae el corcho: *Esta silla es de madera de **alcornoque.*** **2** Persona necia y de poca inteligencia: *Es un **alcornoque** y por más que le explico, no entiende nada.*

alcurnia ***f.*** Conjunto de los antepasados de una persona, sobre todo si pertenecen a la nobleza: *Esa hacienda que hoy es hotel perteneció a un familia de gran **alcurnia,** sus retratos al óleo están en el comedor.*

aldaba ***f.*** Pieza metálica, a veces en forma de puño cerrado, para llamar a las puertas: *Donde vive mi amigo es una casa antigua y en lugar de timbre hay una **aldaba.***

aldea ***f.*** Pueblo pequeño, con pocos habitantes.

aldeano, na ***adj./m.*** y ***f.*** Habitante u originario de una aldea: *Aquellos **aldeanos** conocían muy bien el bosque, porque vivían muy cerca de él.*

aldehído ***m.*** Compuesto químico que se obtiene al oxidar o retirar, de manera controlada, el oxígeno de un alcohol.

aleación ***f.*** Sustancia de características metálicas obtenida por la incorporación de uno o varios elementos a un metal: *El bronce es una **aleación** de cobre y estaño.*

aleatorio, ria ***adj.*** Que depende de la suerte o del azar: *El maestro escogió de manera **aleatoria** a los alumnos que iban a jugar fútbol.*

aleccionar ***vb.*** {tr. y prnl.} Instruir, enseñar: *El empleado nos **aleccionó** sobre la manera de consultar los ficheros de una biblioteca.*

aledaño, ña ***adj.*** Zona localizada en las cercanías de un lugar: *Los niños juegan en el parque **aledaño** a la casa.*

alegar ***vb. irreg.*** {tr.} **Modelo 17.** Exponer y aportar pruebas o disculpas: *El abogado **alegó** tener pruebas de la inocencia de su cliente.*

alegato ***m.*** **1** Razonamiento escrito o discurso que hace un abogado para defender a su cliente. **2** *Amér.* Disputa, pelea, altercado: *Estaban metidos en un **alegato** sin fin, así que mejor me fui de la fiesta.*

alegoría ***f.*** Representación simbólica de ideas, fenómenos naturales, atributos del ser humano, ciencias o artes: *Para muchos artistas, los vestidos blancos y las azucenas son **alegoría** de la pureza.*

alegórico, ca ***adj.*** Relacionado con la alegoría: *En el desfile vi un carro **alegórico** adornado con flores, que representaba la naturaleza.*

alegrar ***vb.*** {tr. y prnl.} **1** Causar alegría: *Las calificaciones de Juan **alegraron** a sus padres, porque logró obtener las mejores de su clase.* **2** Ponerse contento, alegre: *Mi hermana se **alegrará** cuando sepa que muy pronto va a ser tía.*

alegre ***adj.*** **1** Que siente, manifiesta o causa alegría: *María está muy **alegre** porque se sacó un premio.* **2** Vivo, con mucha luz: *A María le gusta la ropa de colores **alegres,** como rojo o verde y no los oscuros como marrón y negro.* **3** *Fam.* Un poco bebido: *Alberto se pone **alegre** con un par de copas.*

alegría ***f.*** Sentimiento de placer originado por una satisfacción: *Daba saltos de **alegría** cuando se enteró de que había sido seleccionada en el concurso.*

alejamiento ***m.*** Acción de colocar algo más lejos, de distanciar: *Mi amiga y yo tuvimos un problema y, como dejó de hablarme por un tiempo, hubo un **alejamiento** entre nosotras.*

alejandrino ***m.*** Verso de catorce sílabas, compuesto de dos partes de siete sílabas.

alejandrino, na ***adj./m.*** y ***f.*** Originario de Alejandría, Egipto.

alejar ***vb.*** {tr. y prnl.} Poner o irse lejos o más lejos de donde se estaba antes, poner distancia: *Juan **alejó** su plato de sopa y, frunciendo la nariz, dijo que olía horrible y que no estaba dispuesto a comérsela.*

alelado, da ***adj.*** Atontado, embobado, lelo: *Lucía se quedó **alelada** cuando vio aparecer sobre el escenario a su cantante favorito.*

alelomorfo ***adj.*** En biología, se dice de un carácter hereditario opuesto a otro.

aleluya ***m.*** y ***f.*** **1** Canto litúrgico: *En muchas ceremonias religiosas, se entona el **aleluya** en los templos para manifestar gozo.* **2** Expresión de alegría o gusto: ***"¡Aleluya,** mañana empiezan las vacaciones!"*

alemán ***m.*** Lengua germánica hablada en Alemania y Austria: *Antonio estudia **alemán** en una escuela de idiomas.*

alemán, mana ***adj./m.*** y ***f.*** Originario de Alemania, país de Europa: *La cerveza **alemana** tiene fama mundial.*

alentar ***vb. irreg.*** {tr. y prnl.} **Modelo 3.** Animar, infundir aliento: *El buen recibimiento del público lo **alentó** a seguir estudiando piano.*

alergénico, ca ***adj.*** Que es capaz de provocar una alergia: *Algunos cosméticos y embutidos contienen sustancias **alergénicas.***

alergia ***f.*** Sensibilidad anormal a determinadas sustancias, que produce ciertas reacciones físicas: *Tiene **alergia** al polvo y no paró de estornudar mientras estuvimos en esa vieja casona.*

alergólogo, ga ***m.*** y ***f.*** Médico especialista en afecciones alérgicas: *Iré al **alergólogo** para descubrir por qué cuando como queso me salen granos.*

alero ***m.*** Parte del tejado que sale de la pared: *Las golondrinas anidan en los **aleros.***

alerón ***m.*** Pieza articulada de las alas de un avión, que permite variar la inclinación del aparato.

alerta ***adv.*** Con cuidado y atención: *Hay que andar **alerta** con los ladrones.*

alerta ***f.*** Señal que previene de algún peligro: *Cuando oímos la señal de **alerta** de incendio en la escuela, todos corrimos hacia el patio.*

aleta ***f.*** **1** Cada uno de los miembros que permiten nadar a muchos animales acuáticos: *Supimos que por ahí andaba un tiburón cuando vimos que su **aleta** sobresalía del mar.* **2** ***pl.*** Piezas de plástico con forma de este miembro, que se ponen en los pies para nadar mejor: *Cuando nado con **aletas,** avanzo mucho más rápido.* **3** Parte de la nariz que se encuentra a los lados inferiores: *En la calle vi a un muchacho que usaba un aro en la **aleta** de la nariz.*

aletargar ***vb. irreg.*** {tr. y prnl.} **Modelo 17.** Causar o sentir una especie de sueño: *Los medicamentos **aletargaron** al paciente mientras conversaba con su visita y después no se acordaba de lo que había dicho.*

aletear ***vb.*** {intr.} Mover un ave las alas, sin echar a volar: *Al ruiseñor de mi abuela se le cayeron algunas plumas después de que **aleteó** en su jaula.*

alevín ***m.*** Cría de pez, en especial la destinada a repoblar ríos y estanques.

alevosía ***f.*** Cautela de la persona que quiere asegurar la ejecución de un delito: *Los ladrones actuaron con **alevosía** para que nadie descubriera su robo.*

alfa ***f.*** **1** Nombre de la primera letra del alfabeto griego **2** *loc.* **radiación ~,** radiación formada por corpúsculos que emiten los cuerpos radiactivos, compuesta de dos neutrones y dos protones.

alfabetizar ***vb. irreg.*** {tr.} **Modelo 16. 1** Poner en orden alfabético: *El maestro **alfabetizó** la lista de alumnos según sus apellidos.* **2** Enseñar a leer y escribir: *Hay personas encargadas de **alfabetizar** a los adultos que no pudieron ir a la escuela cuando eran niños.*

alfabeto ***m.*** **1** Abecedario. **2** Conjunto de signos empleados en un sistema de comunicación: *El **alfabeto** Morse, compuesto de puntos y rayas, sirve para enviar telegramas.*

alfabeto, ta ***adj.*** Que sabe leer y escribir.

alfalfa ***f.*** Hierba cultivada como alimento para animales: *Las vacas, los asnos y los conejos comen **alfalfa.***

alfanje ***m.*** Sable ancho y curvo con filo en un lado y doble filo en la punta: *En mi libro de* Las Mil y una Noches, *hay un grabado de soldados peleando con **alfanjes.***

alfarería ***f.*** Técnica para fabricar vasijas de barro con las manos: *Como trabajo para su clase de **alfarería,** Manuel moldeó unas tazas de arcilla.*

alfarero, ra ***m.*** y ***f.*** Persona que se dedica a fabricar objetos de barro con las manos: *Fui a un taller y vi cómo el **alfarero** hizo un florero de arcilla.*

alfeñique **1** Pasta de azúcar cocida en aceite de almendras: *Me encanta comer borreguitos de **alfeñique.*** **2** Persona de complexión débil.

alférez ***m. Esp.*** Oficial del ejército español con grado inmediatamente inferior al de teniente.

alfil ***m.*** Pieza de ajedrez que se mueve en diagonal.

alfiler ***m.*** **1** Clavo metálico delgado: *La costurera usa los **alfileres** para marcar el lugar por donde después debe coser la ropa.* **2** Joya que se prende en la ropa como adorno. **3** *loc.* **~ de seguridad,** tipo de alfiler, doblado, que tiene en uno de los extremos un mecanismo, llamado caperuza, donde se mete el otro extremo: *Se me cayó en la calle el botón del pantalón y en su lugar me puse un **alfiler de seguridad.*** Sin. **imperdible. 4** *loc.* **No caber ni un ~,** estar muy lleno: *Tuve que traer una bolsa de ropa en la mano, porque en mi equipaje ya **no cabía ni un alfiler.***

alfombra ***f.*** Pieza de tejido grueso con que se cubre el piso para decorar o para proteger del frío: *Mi mamá puso una **alfombra** de lana en la sala.* Sin. **moqueta.**

alforja ***f.*** Tira de material resistente con dos bolsas en los extremos, que se cuelga sobre el hombro o en el lomo de las caballerías: *El burro llevaba las **alforjas** llenas de melones.*

alga ***f.*** Planta sin raíces, que vive en el agua o en ambientes húmedos: *Muchos peces se alimentan de **algas.***

algarabía ***f.*** Griterío confuso: *Se armó una **algarabía** de gusto cuando el maestro nos dijo que al día siguiente no habría clases.* Ant. **silencio.**

algarrobo ***m.*** Árbol mediterráneo que da fruto en vaina, llamado algarroba.

algazara ***f.*** Ruido de voces, por lo general alegres. Sin. **alboroto, bulla.**

álgebra ***f.*** Rama de las matemáticas: *En la clase de **álgebra** nos enseñaron a despejar incógnitas.*

algidez ***f.*** Estado de lo muy frío: *La **algidez** del clima era tal, que el agua se congeló en las cañerías.*

álgido, da ***adj.*** **1** Muy frío. **2** Culminante, decisivo: *Estaban en el momento **álgido** de la discusión cuando entró el maestro y ya no pudieron seguir.*

algo ***adv.*** Un poco, no del todo, hasta cierto punto: *Mi tío entiende **algo** de francés.*

algo ***pron.*** **1** Pronombre indefinido que indica una cosa, sin decir cuál con exactitud: *Me comería **algo,** porque empiezo a tener hambre.* **2** Cantidad indeterminada: *Me queda **algo** de dinero para comprar el regalo de mi hermano.*

algodón ***m.*** **1** Planta de semillas envueltas en una borra blanca: *El **algodón** se cultiva en ambientes húmedos y calurosos.* **2** Hilo o tela que se fabrica con la borra llamada algodón: *Para el calor, Andrés se compró una camisa de **algodón** de manga corta.*

algol ***m.*** En informática, lenguaje utilizado para programar problemas científicos o técnicos en las computadoras.

algonquino ***m.*** Lengua hablada por los algonquinos, la cual presenta gran cantidad de dialectos.

algonquino, na ***adj./m.*** y ***f.*** Pueblo amerindio de América del Norte que se extendió por Canadá y Estados Unidos de América y comprendía numerosas tribus: *Los mohicanos, delaware, cheyenes y pies negros, son tribus **algonquinas.***

algoritmo ***m.*** Conjunto de reglas operatorias cuya aplicación permite resolver un problema matemático o a través de un número finito de operaciones.

alguacil ***m.*** **1** Oficial inferior de justicia que ejecuta las órdenes de un tribunal: *El **alguacil** fue con dos agentes de la policía para aprehender al defraudador.* **2** Funcionario subalterno de un ayuntamiento.

alguien ***pron.*** Pronombre indefinido que indica alguna persona: *Me dijeron que **alguien** había venido a buscarme, pero no dijo su nombre.*

algún ***adj.*** Apócope del adjetivo indefinido *alguno: ¿Tienes **algún** libro de Historia Universal que puedas prestarme?*

alguno, na ***adj./pron.*** Adjetivo y pronombre indefinido que se aplica a personas, animales o cosas indeterminadas: ***Alguna** de mis amigas debe haber visto ese filme… Voy a preguntarles.*

alhaja ***f.*** Pieza hecha de metales y piedras preciosas que se usa como adorno: *Cuando Angélica no usa su sortija de esmeraldas, la guarda con las demás **alhajas.*** Sin. **joya.**

alhajero ***m. Amér.*** Cofre en que se guardan las alhajas.

alharaca ***f.*** Demostración ruidosa y excesiva por algún motivo de poca importancia: *No es que el partido esté muy emocionante, lo que pasa es que a mis hermanos les gusta hacer **alharaca** por todo.*

alhelí ***m.*** Planta de jardín de flores aromáticas que se cultiva como adorno: *Me encantan los **alhelíes** por sus distintos colores y sobre todo por su olor.*

alhóndiga ***f.*** Casa pública destinada a la compra y venta de granos.

aliado, da ***adj./m.*** y ***f.*** Dícese de la persona o país que se ha unido a otro u otros para conseguir algo: *María y Gracie la son **aliadas** de travesuras y nunca se delatan entre ellas.*

alianza ***f.*** **1** Acuerdo que se hace entre personas o naciones: *Esos dos países tienen una **alianza** que los compromete a ayudarse en caso de guerra.* **2** Parentesco por casamiento. **3** Anillo de boda: *En la ceremonia de su boda, los novios se dieron **alianzas** de plata.*

aliarse ***vb. irreg.*** {prnl.} **Modelo 9.** Unirse una persona o país a otra u otro para conseguir algo: *En la Segunda Guerra Mundial, Inglaterra, Francia y Estados Unidos **se aliaron** para luchar contra Alemania, Italia y Japón.*

alias ***adv.*** Por otro nombre: *Jean Baptiste Poquelin, **alías** Molière, fue un escritor francés muy importante.*

alias ***m.*** Apodo: *Al desaparecido actor mexicano Mario Moreno se le conoce más por su **alias,** "Cantinflas".*

alicaído, da ***adj.*** Triste y desanimado: *Anda* ***alicaído*** *desde que lo dejó su novia.*

alicates ***m. pl.*** Tenaza de acero de puntas fuertes que sirve para sujetar, torcer o cortar: *Utilizamos unos* ***alicates*** *para doblar el alambre.*

aliciente ***m.*** Estímulo que lleva a hacer algo: *Su proyecto de viajar a Italia ha sido un* ***aliciente*** *para aprender italiano.*

alienación ***f.*** **1** Enajenación: *El bombardeo publicitario llega a producir* ***alienación*** *en algunas personas, ya sólo viven para imitar lo que dicen los anuncios.* **2** Pérdida o limitación de la personalidad o de la identidad de una persona o de un grupo.

alienar ***vb.*** {tr. y prnl.} **1** Enajenar. **2** Causar o provocar la pérdida o limitación de la libertad o identidad de una persona o grupo.

alienígena ***adj./m.*** y ***f.*** **1** Extraterrestre: *Algunos imaginan a los* ***alienígenas*** *con grandes ojos, sin nariz y de color verde.* **2** Extranjero.

aliento ***m.*** **1** Respiración: *Subí corriendo la escalera y llegué sin* ***aliento.*** **2** Aire que se expulsa de la boca al respirar: *Como se lavó los dientes con pasta dental, su* ***aliento*** *olía a menta.* **3** Apoyo que se da para animar a alguien: *Su padre le dijo unas palabras de* ***aliento*** *para que siguiera estudiando igual que como lo había hecho hasta ese momento.*

aligerar ***vb.*** {tr. y prnl.} **1** Hacer menos pesado: *Quitamos algunos libros para* ***aligerar*** *el peso, porque el mueble se estaba inclinando peligrosamente.* **2** Acelerar: *O* ***aligeramos*** *el paso, o llegamos tarde.*

alimaña ***f.*** **1** Animal que se alimenta de ganado y de caza menor: *La zorra y el lince son* ***alimañas*** *porque se comen al ganado.* **2** ***Fam.*** Cualquier insecto o bicho, sobre todo los feos y dañinos.

alimentación ***f.*** Cantidad de comida que se necesita para mantenerse con vida, o cantidad de sustancias para el funcionamiento de una máquina: *Una* ***alimentación*** *balanceada ayuda al crecimiento y a la salud de los niños.*

alimentar ***vb.*** {tr. y prnl.} **1** Dar alimentos: *Las aves* ***alimentan*** *a sus crías hasta que éstas pueden comer solas.* **2** Renovar las fuerzas: *Esa fogata se apagará si no la* ***alimentas*** *con más leña.*

alimentario, ria ***adj.*** Relativo a la alimentación: *La industria* ***alimentaria*** *es una de las más grandes del mundo.*

alimenticio, cia ***adj.*** Que tiene propiedades nutritivas: *La leche es un producto* ***alimenticio*** *necesario para el crecimiento de los niños.*

alimento ***m.*** **1** Sustancia que proporciona al organismo la energía necesaria para mantenerse con vida: *Existen pueblos tan pobres, que la gente muere por falta de* ***alimento.*** Sin. **comida.** **2** Sustento, motivación: *Para muchos alumnos, las buenas calificaciones son el* ***alimento*** *del estudio.*

alimón. Al ~, ***loc. Fam.*** Conjuntamente, en colaboración: *Decir que dos autores hicieron un libro* ***al alimón*** *significa que lo escribieron entre los dos.*

alinear ***vb.*** {tr. y prnl.} **1** Situar en línea recta o en fila: *Los niños* ***se alinearon*** *según sus estaturas.* **2** Incluir a un jugador en un equipo deportivo: *Hace tiempo que el entrenador no me* ***alinea*** *en los partidos y yo también quiero jugar.*

aliñar ***vb.*** {tr.} **1** Condimentar, aderezar: *Me gusta* ***aliñar*** *la ensalada con sal y limón.* **2** ***Chile.*** Colocar en su sitio los huesos dislocados o zafados.

alioli ***m.*** Salsa de huevo, ajo y aceite.

alisadora ***f.*** Máquina para alisar pieles, telas, cartón y otros materiales.

alisar ***vb.*** {tr.} Dejar plano: *"****Alísate*** *el vestido, porque se arrugó cuando te sentaste", dijo la madre a su hija.*

alistarse ***vb.*** {prnl.} Inscribirse en el ejército.

aliteración ***f.*** Repetición de uno o varios sonidos en una palabra u oración: *En "vagaba la alada maga a través de la terraza" hay una* ***aliteración.***

aliviar ***vb.*** {tr. y prnl.} Disminuir un mal físico o moral: *El medicamento* ***aliviará*** *tu dolor y te sentirás mejor.*

alivio ***m.*** Disminución de un mal físico o moral: *Es un* ***alivio*** *saber que no reprobé matemáticas.*

aljibe ***m.*** Depósito de agua: *Algunas casas tienen* ***aljibes*** *para aprovechar el agua de la lluvia.*

allá ***adv.*** **1** En un lugar lejano: ***Allá,*** *a lo lejos, puede verse una cabaña entre las montañas.* **2** En un tiempo lejano: *Este libro se escribió* ***allá*** *por el año de 1850.* **3** ***loc.*** **El más ~,** lo que hay después de la muerte.

allanar ***vb.*** {tr.} **1** Poner plano: ***Allanaron*** *el terreno porque van a construir una carretera.* **2** Vencer una dificultad. **3** Entrar por la fuerza y sin permiso en casa ajena: *Los ladrones* ***allanaron*** *nuestra casa y se llevaron muchas cosas.*

allegado, da ***m.*** y ***f.*** Pariente o amigo: *Los* ***allegados*** *a los novios que asistieron a la boda les lanzaron arroz al salir del templo.*

allegro ***adv.*** **Palabra de origen italiano.** Modo de ejecutar una composición musical vivamente, con rapidez.

allende ***adv.*** De la parte de allá, más allá de: *Si estás en América, Europa está* ***allende*** *el mar.*

allí ***adv.*** **1** En aquel lugar determinado: *"Pon ese libro* ***allí,*** *sobre la mesa", le dije a Rodrigo.* **2** Entonces, en tal ocasión: *El guapo de la historia se roba a la princesa, a partir de* ***allí,*** *el filme mejora.*

alma ***f.*** **1** Parte espiritual de una persona: *Las religiones se ocupan de los asuntos del* ***alma.*** Sin. **espíritu.** **2** Persona o cosa que da vida y fuerza: *Juan sabe muchos chistes, por eso siempre es el* ***alma*** *de las fiestas.* **3** Persona: *Hacía tanto frío que no había un* ***alma*** *en la calle.* **4** ***loc.*** **Como un ~ en pena,** solo y triste: *Desde que terminó con su novia anda* ***como un alma en pena.*** **5** ***loc.*** **En el ~,** de manera honda, de manera profunda: *Su burla me dolió* ***en el alma.***

almacén ***m.*** **1** Depósito para guardar cosas: *El agricultor guardó su cosecha de trigo en el* ***almacén*** *de granos.* **2** ***Amér. Merid.*** Tienda de comestibles.

almacenar ***vb.*** {tr.} **1** Guardar en almacén: *Los dueños de esa tienda* ***almacenan*** *sus productos en una bodega cercana.* **2** Reunir muchas cosas: *Las ardillas* ***almacenan*** *alimentos para el invierno, así no sufren hambre en caso de que no hubiera comida fresca.*

almácigo ***m.*** Lugar donde se siembran las semillas de las plantas para trasplantarlas después.

almanaque ***m.*** Calendario en el que están incluidos todos los días del año, las semanas y los meses, y que contiene indicaciones sobre las fases de la Luna, fechas importantes, etc.: *Colgué un* ***almanaque*** *en la pared para ir marcando el paso de los días.*

almeja ***f.*** Molusco comestible con dos valvas: *A mi tío le gustan mucho los mariscos, por eso cocinó arroz con* ***almejas.***

almena ***f.*** Cada una de las partes que coronan los muros de una fortaleza o castillo: *Los soldados del rey disparaban sus flechas colocados entre las* ***almenas*** *del castillo.*

almendra ***f.*** Fruto ovalado de cáscara dura que nace en los almendros: *Me encantan las* ***almendras*** *bañadas con dulce.*

almendro ***m.*** Árbol de flores blancas o rosadas, cuyo fruto es la almendra.

almíbar ***m.*** Azúcar disuelta en agua y espesada a fuego lento: *Compré una lata de duraznos en* ***almíbar*** *para comerlos como postre.*

almidón ***m.*** Sustancia blanca extraída de los cereales, que se utiliza para que la ropa tome rigidez: *Le puse mucho* ***almidón*** *a la camisa y ahora está muy tiesa.*

almidonar ***vb.*** {tr.} Impregnar la ropa con almidón para que se ponga rígida: *La maestra nos dijo que* ***almidonáramos*** *el vestido para el festival.*

almirante ***m.*** Persona que desempeña el cargo más importante en la marina.

almizcle ***m.*** Sustancia grasosa, de origen animal y olor muy fuerte, que se utiliza en perfumería.

almohada ***f.*** Especie de cojín que sirve para apoyar la cabeza cuando se está en la cama: *No puedo dormir con* ***almohadas*** *muy altas porque me duele el cuello.*

almohadilla ***f.*** Cojín pequeño que se coloca sobre asientos duros: *Se llevó una* ***almohadilla*** *para usarla en el estadio, porque se cansa de estar sentado sobre el cemento.*

almohadón ***m.*** Cojín grande utilizado para sentarse, recostarse o apoyar los pies en él: *Al enfermo de la cama 23 le pusieron un* ***almohadón*** *en la espalda para que pudiera comer de manera cómoda.*

almorrana ***f.*** Inflamación de las venas del ano. Sin. **hemorroide.**

almorzar ***vb. irreg.*** {tr. e intr.} **Modelo 6.** Comer el almuerzo: *Todos los días* ***almorzamos*** *a las once, pero hoy lo hicimos a las diez.*

almuerzo ***m.*** **1** Comida que se hace a media mañana: *En la escuela, todos los días nos dan un descanso entre la clase para el* ***almuerzo.*** **2** Comida del mediodía o de las primeras horas de la tarde: *En mi familia, el* ***almuerzo*** *es fuerte y en cambio, cenamos ligero por la noche.*

¡alo! ***interj. Amér.*** Se emplea para contestar por teléfono: *¡Alo! ¿Quién habla?*

alocución ***f.*** Discurso breve que pronuncia una autoridad o que dirige un superior a sus subordinados: *En su* ***alocución,*** *el director habló de valores como la disciplina y la organización.*

aloe ***m.*** Planta de hojas carnosas cuyo jugo amargo y resinoso se utiliza como purgante y colorante.

aloja ***f. Argent., Bol.*** y ***Chile.*** Bebida refrescante hecha generalmente con semillas machacadas y fermentadas.

alojado, da ***m.*** y ***f. Chile*** y ***Ecuad.*** Huésped.

alojamiento ***m.*** **1** Lugar para pasar la noche: *Voy a buscar* ***alojamiento*** *en un hotel mientras encuentro una casa donde pueda vivir de manera permanente.* **2** Hospitalidad, espacio que se brinda a alguien para que lo habite por un tiempo: *Le ofrecí* ***alojamiento*** *en mi casa mientras tuviera que quedarse en la ciudad.*

alojar ***vb.*** {tr. y prnl.} **1** Dar o tomar un lugar para quedarse ahí: *Cuando vamos de vacaciones, nos* ***alojamos*** *en un hotel.* Sin. **hospedar.** **2** Introducirse una cosa dentro de otra: *La bala* ***se alojó*** *en la pierna del hombre.*

alondra ***f.*** Ave de dorso pardo y vientre blanco que se alimenta de insectos, anida en campos de cereales y tiene un canto muy agradable.

alopecia ***f.*** Caída o ausencia, parcial o general, del cabello o del pelo: *La* ***alopecia*** *dejó completamente calvo a mi tío en sólo dos años.*

alotropía ***f.*** Propiedad química de ciertos cuerpos, como el carbono y el fósforo, de presentarse en diversos estados con propiedades físicas diferentes.

alpaca ***f.*** **1** Mamífero rumiante de América del Sur, parecido a la llama. **2** Pelo de este animal y tejido hecho con él: *Mi hermana me trajo de Perú un abrigo de* ***alpaca*** *que es muy caliente.* **3** Aleación de estaño y otros metales, de aspecto parecido al de la plata, utilizada en la elaboración de cubiertos: *Mis papás compraron unos cubiertos de* ***alpaca*** *que se ven como si estuvieran hechos de plata.*

alpargata ***f.*** Calzado de tela resistente con suela de esparto trenzado: *"Si quieres unos zapatos cómodos para el viaje, llévate unas* ***alpargatas."***

alpinismo ***m.*** Deporte que consiste en ascender a las cumbres de las montañas altas.

alpinista ***m.*** y ***f.*** Persona que practica el ascenso a las montañas altas: *La tempestad de nieve sorprendió a los* ***alpinistas*** *a mitad de la montaña.*

alpino, na ***adj.*** Relativo a los Alpes o a las altas montañas: *El paisaje* ***alpino*** *es maravilloso por la gran altura y belleza de sus montañas, muchas de ellas siempre están nevadas.*

alpiste ***m.*** Planta de semillas que sirven de alimento a los pájaros: *"Ya puse agua y* ***alpiste*** *en la jaula del canario", dije a Ricardo.*

alquilar ***vb.*** {tr.} Dar o tomar una cosa para su uso temporal por un precio convenido: *Este verano* ***alquilaremos*** *una casa en la playa durante quince días.*

alquiler ***m.*** Precio por el que se alquila alguna cosa: *Pago el* ***alquiler*** *de mi departamento durante los primeros días de cada mes, porque así lo acordé con el dueño de la casa.* Sin. **renta, inquilinaje, inquilinato.**

alquimia ***f.*** Rama de la filosofía natural que buscaba el remedio para todos los males e intentaba convertir los metales en oro.

alquitrán ***m.*** Sustancia oscura y viscosa que se obtiene al destilar la hulla y el petróleo.

alrededor ***adv.*** **1** Denota la situación de lo que rodea alguna cosa: *La Tierra gira* ***alrededor*** *del Sol.* **2** Cerca, poco más o menos: *Estuvo estudiando inglés* ***alrededor*** *de tres años y ahora lo habla bastante bien.*

alrededores ***m. pl.*** Periferia, zona que rodea a una población: *El aeropuerto está en los* ***alrededores*** *de la ciudad.*

alta ***f.*** Orden de salida del hospital, que se da al que está restablecido: *El médico me dio de* ***alta*** *y ya puedo dejar el hospital e irme a mi casa.*

altanería ***f.*** Orgullo, soberbia: *No soporto la* ***altanería*** *de Gabriela: no sé por qué se siente superior a los demás.* Ant. **humildad.**

altanero, ra ***adj.*** Relativo a la muestra de orgullo y vanidad: *Ese modo* ***altanero*** *no te va a llevar a ninguna parte, tienes que aprender a ser más sencillo y humilde.*

altar ***m.*** Mesa sobre la que el sacerdote u oficiante celebra el ritual religioso.

altavoz ***m.*** Aparato que reproduce los sonidos en un volumen fuerte: *El* ***altavoz*** *de la estación anunciaba la llegada y salida de los trenes.*

alteración ***f.*** **1** Cambio que se hace a alguna cosa: *Hubo una* ***alteración*** *en los planes y salimos de viaje un día después de lo que habíamos pensado.* Sin. **variación.** **2** Sobresalto por malas noticias: *Julieta demostró gran* ***alteración*** *cuando supo que su hermano había sufrido un accidente.*

alterar ***vb.*** {tr. y prnl.} **1** Cambiar una cosa: *Si* ***alteras*** *la cantidad de pintura azul en esa mezcla con pintura blanca, el color final será diferente al que tienes ahora.* **2** Perturbar, inquietar: ***Me alteró*** *mucho saber que tenían que operar a mi abuela.* **3** Enojarse mucho: *No* ***te alteres,*** *mamá, que ahora te explico cómo se rompió tu jarrón nuevo.*

altercado ***m.*** Disputa o discusión violenta: *Mi hermano y yo tuvimos un* ***altercado*** *porque no nos poníamos de acuerdo, pero ya aclaramos nuestras diferencias.*

alternador ***m.*** Aparato que produce corriente eléctrica: *Se descompuso el* ***alternador*** *y nos quedamos sin luz.*

alternar ***vb.*** {tr. e intr.} **1** Hacer diferentes cosas por turno y sucesivamente: *Pedro* ***alternó*** *muy bien su tiempo de estudio con el de juego y pudo hacer bien ambas cosas.* **2** Tener trato las personas entre sí: *Ella sólo quiere* ***alternar*** *con la alta sociedad, lo cual demuestra su soberbia.*

alternativa ***f.*** Opción entre dos cosas: *Mi mamá tiene la* ***alternativa*** *de aceptar o no esa propuesta de trabajo.*

alternativo, va ***adj.*** Que va uno y después otro, en un orden que se repite.

alterno, na ***adj.*** **1** Alternativo. **2** En física, corriente eléctrica que cambia periódicamente de sentido.

alteza ***f.*** Tratamiento que se da a los príncipes: *Cuando el súbdito se dirigió al hijo del rey, lo llamó* ***"alteza".***

altibajos ***m. pl.*** **1** Desigualdad de un terreno: *La aplanadora eliminó los* ***altibajos*** *de la carretera.* **2** ***Fam.*** Conjunto de cambios bruscos en el estado de ánimo: *Todavía no se repone totalmente de su pena, por eso tiene tantos* ***altibajos,*** *a veces está muy contento y otras veces muy triste.*

altillo ***m.*** Armario pequeño que se hace rebajando el techo o encima de otro armario: *En el* ***altillo*** *guardamos las cobijas gruesas y otras cosas de poco uso.*

altímetro ***m.*** Aparato para medir la altura de diferentes puntos de la superficie terrestre.

altiplanicie ***f.*** Meseta de gran extensión y altitud: *México es una ciudad erigida en una* ***altiplanicie.***

altiplano ***m.*** Meseta de gran extensión y altitud: *La Paz, capital de Bolivia, está construida sobre un* ***altiplano.*** SIN. **puna.**

altisonante ***adj.*** Enfático, muy sonoro: *Con lenguaje* ***altisonante,*** *el hombre exigió al burócrata que lo atendiera.*

altitud ***f.*** Altura de un punto con relación al nivel del mar: *La montaña tiene 3 000 metros de* ***altitud.***

altivez ***f.*** Orgullo excesivo que muestra alguien que se cree superior: *Juan trata a la gente con tanta* ***altivez*** *que nadie lo aprecia.*

altivo, va ***adj.*** Se dice de quien se cree superior a las demás personas y las trata mal: *Es muy bonita, pero también muy* ***altiva,*** *por eso ningún muchacho la busca.* SIN. **orgulloso, arrogante.**

alto ***adv.*** **1** En lugar o parte superior: *La mesa de mi casa mide un metro de* ***alto*** *y dos de ancho.* **2** Con voz fuerte: *Cree que con hablar* ***alto*** *la van a obedecer, yo no lo creo.* **3** *loc.* **Pasar por ~,** omitir, callar: *Le contó toda la travesura a su mamá, pero* ***pasó por alto*** *un detalle: él fue quien tuvo la idea.*

alto ***m.*** **1** Altura: *Esta mesa mide un metro de* ***alto.*** **2** Detención o parada: *Hicimos un* ***alto*** *en el camino para descansar un poco.* **3** ***Amér. C.*** y ***Amér. Merid.*** Montón: *María tenía un* ***alto*** *de ropa sin lavar.* **4** ***pl.*** Piso o conjunto de pisos altos de una casa: *En los* ***altos*** *están los dormitorios de la casa.* **5** Luz roja del semáforo que indica que hay que detenerse.

alto, ta ***adj.*** **1** De tamaño vertical considerable: *Hay un árbol muy* ***alto*** *en el jardín, sus ramas alcanzan el cuarto piso de los edificios.* ANT. **bajo. 2** De categoría, calidad o condición superior: *César tiene mucha influencia porque ocupa un* ***alto*** *puesto en la compañía.* **3** De valor o fuerza superiores a lo normal: *Mi vecina pone el volumen de la televisión muy* ***alto*** *y nos molesta a todos.* **4** Muy bueno: *Consiguió un promedio de calificaciones muy* ***alto,*** *así que no será difícil que le den la beca.*

altoparlante ***m. Amér. C.*** y ***Amér. Merid.*** Altavoz: *Los* ***altoparlantes*** *que usaron en esa fiesta eran muy fuertes, así que la música se oía en todo el barrio.*

altozano ***m.*** Monte de poca altura en terreno llano: *Subimos a un* ***altozano*** *para ver el pueblo desde arriba.*

altruismo ***m.*** Cuidado que una persona da desinteresadamente a otras: *Por* ***altruismo,*** *el escritor donó el premio que se ganó para que construyeran un asilo de ancianos.* ANT. **egoísmo.**

altura ***f.*** **1** Elevación que tiene un cuerpo sobre la superficie de la tierra: *Ese pino tiene quince metros de* ***altura.*** **2** Dimensión de los cuerpos, perpendicular a su base: *¿Puedes calcular la* ***altura*** *de este triángulo?* **3** Mérito, valor: *Entraron al concurso artistas de gran* ***altura.*** **4** ***pl.*** Cielo: *El avión despegó y se remontó a las* ***alturas.*** **5** ***loc. pl.*** **A estas ~,** cuando han llegado las cosas a este punto: *La semana próxima terminará el curso y* ***a estas alturas*** *todavía no logro entender un problema de matemáticas.*

alubia ***f.*** Hortaliza de fruto verde y alargado. SIN. **judía, habichuela.**

alucinación ***f.*** Visión o percepción de cosas irreales, con la idea de que son reales: *Llevaba muchos días en el desierto y ya veía* ***alucinaciones*** *porque no había comido ni bebido nada.*

alucinar ***vb.*** {tr.} **1** Producir o sufrir alucinaciones: *La fiebre lo hacía* ***alucinar*** *y decía que estaba volando.* **2** ***Fam.*** Sentir molestia o desagrado: *Ya* ***alucino*** *la sopa de fideos que nos dan cada tercer día.*

alucinatorio, ria ***adj.*** Relativo a la alucinación: *Tiene un trastorno* ***alucinatorio,*** *dice que se le aparecen leones color coral.*

alucinógeno, na ***adj./m.*** Dícese de la sustancia natural o artificial que produce alucinaciones: *Hay grupos indígenas que toman* ***alucinógenos*** *durante sus ceremonias rituales.*

alud ***m.*** **1** Gran masa de nieve que se desprende de los montes: *Por suerte, los alpinistas no quedaron atrapados por el* ***alud.*** SIN. **avalancha. 2** Lo que se desborda y precipita con ímpetu: *Un* ***alud*** *de gente entró en el local para ver a su actor favorito.*

aludir ***vb.*** {intr.} Hacer referencia, pero sin mayor especificación: *Cuando nos regañó, el jefe* ***aludió*** *al personal que siempre llega tarde, pero no dijo nombres.*

alumbrado ***m.*** Conjunto de luces que ilumina un lugar: *El* ***alumbrado*** *de esta calle es insuficiente. Deberían poner más lámparas.*

alumbrar ***vb.*** {tr. e intr.} **1** Iluminar, dar luz: *Como anoche no había luz en la casa, tuvimos que* ***alumbrarnos*** *con una vela.* **2** Parir la mujer: *Rosalía* ***alumbró*** *un niño sano y robusto.*

alumbre ***m.*** Sulfato doble de aluminio y potasio, tiene propiedades astringentes y se usa para fijar tintes.

alumínico, ca ***adj.*** De aluminio: *Los productos* ***alumínicos*** *son mejores para cocinar porque distribuyen el calor de manera uniforme y rápida.*

aluminio ***m.*** Metal ligero e inoxidable, de símbolo Al y número atómico 13, es el metal más abundante en la Tierra y se usa en la fabricación de automóviles y aviones, en la industria eléctrica, la construcción, etc.: *Pusieron ventanas de* ***aluminio*** *en toda la casa porque es un material ligero y resistente.*

alumno, na ***m.*** y ***f.*** Cualquier discípulo respecto de su maestro, de la materia que aprende o de la escuela donde estudia: *Los* ***alumnos*** *entregaron el trabajo de investigación a su profesor.*

alunizaje ***m.*** Momento en el que una nave espacial se posa sobre la Luna: *La nave llegó a la órbita de la Luna sin problemas, pero el* ***alunizaje*** *fue difícil.*
alunizar ***vb. irreg.*** {intr.} **Modelo 16.** Posarse una nave espacial en la superficie de la Luna: *Los astronautas* ***alunizaron*** *y después salieron de su nave para recoger muestras del suelo lunar.*
alusión ***f.*** Referencia a alguien o algo sin mayor especificación: *El maestro hizo* ***alusión*** *a hechos de la Segunda Guerra Mundial para explicarnos una situación actual.*
alusivo, va ***adj.*** Que alude o implica alusión: *Nadie hizo comentarios* ***alusivos*** *a la nueva integrante del equipo.*
aluvial ***adj.*** Perteneciente o alusivo al aluvión: *Es un terreno* ***aluvial.***
aluvión ***m.*** Abundancia repentina de algo: *El deportista se desconcertó ante el* ***aluvión*** *de preguntas de los reporteros.*
alveolar ***adj.*** De los alveolos.
alveolo o **alvéolo** ***m.*** **1** Especie de saquitos en los que terminan las últimas ramificaciones de los bronquios. **2** Cavidad en que está metido cada uno de los dientes. **3** Celdilla del panal.
alza ***f.*** Elevación, aumento, subida: *Hubo un* ***alza*** *en el precio del litro de leche, antes costaba tres pesos y ahora cuesta cuatro.*
alzado, da ***adj./m.*** y ***f.*** **1** ***Amér.*** Dícese del animal en celo. **2** ***Amér. Merid.*** Dícese del animal doméstico que se vuelve bravo. **3** Engreído e insolente: *Vicente es un* ***alzado*** *a quien nadie soporta.* **4** Persona que protesta contra la autoridad.
alzamiento ***m.*** **1** Acción y efecto de alzar o alzarse. **2** Movimiento de protesta contra la autoridad: *Con el* ***alzamiento*** *militar dio inicio la Guerra Civil Española.*
alzar ***vb. irreg.*** {tr. y prnl.} **Modelo 16. 1** Mover de abajo hacia arriba, levantar: *El ganador* ***alzó*** *los brazos en señal de triunfo.* **2** Aumentar, subir: *Cuando estás en un lugar ruidoso, tienes que* ***alzar*** *la voz para que te oigan.* **3** Rebelar, sublevar: *El movimiento campesino* ***se alzó*** *contra el gobierno para que se hiciera una justa distribución de la tierra.* **4** Construir, edificar: ***Alzaron*** *un edificio de cinco pisos donde antes había un parque.*
Alzheimer, mal de. ***loc.*** Demencia presenil caracterizada por un notable deterioro intelectual acompañado de desorientación espaciotemporal.
amabilidad ***f.*** Trato cortés y educado con los demás: *¡Qué* ***amabilidad!*** *Da gusto arreglar los asuntos con ese empleado público.*
amable ***adj.*** Atento, cordial: *"Tu tía fue muy* ***amable*** *al ofrecerme su ayuda", dije a Rosa.*
amado, da ***adj./m.*** y ***f.*** Persona a la que se ama: *Después de terminar su tarea escolar, Beto pasa toda la tarde escribiendo poemas a su* ***amada.***
amadrinar ***vb.*** {tr.} **1** Convertirse en madrina: ***Amadrinó*** *a su nieta.* **2** Proteger o ayudar una mujer a alguien. **3** Unir dos cosas para que se refuercen mutuamente.
amaestrado, da ***adj.*** **1** Adiestrado. **2** Se refiere al animal que ha sido domado y que sabe desempeñar habilidades que no le son naturales: *En el circo, mi acto preferido es el de los elefantes* ***amaestrados.***
amaestrar ***vb.*** {tr.} Enseñar, adiestrar o domar a los animales para que obedezcan órdenes: *El cazador* ***amaestra*** *a su perro para que le traiga los animales que ha cazado.*
amagar ***vb.*** {tr. e intr.} **1** Mostrar la intención o disposición de iniciar una acción o movimiento que después no se realizará: ***Amagó*** *con pasar el día limpiando la casa, pero finalmente se puso a ver la televisión.* **2** Amenazar con hacer algo, generalmente negativo.
amago ***m.*** **1** Señal o indicio de alguna cosa: *Tuvo un* ***amago*** *de infarto, pero no pasó a mayores.* **2** Ataque simulado. **3** Engaño o finta: *Hizo un* ***amago*** *y convenció al conserje de permitirle el acceso.*
amainar ***vb.*** {intr.} Aflojar, perder su fuerza el viento, la lluvia, la nieve, etc.: *Cuando la tormenta* ***amainó,*** *los pescadores salieron a pescar.*
amalgama ***f.*** **1** Aleación de mercurio con otro metal: *Para cubrir los orificios que quedan en las muelas después de quitar las caries, los dentistas usan* ***amalgama.*** **2** Mezcla.
amalgamar ***vb.*** {tr. y prnl.} **1** Unir o mezclar cosas de naturaleza distinta: ***Amalgamó*** *sus conocimientos de distintas materias.* **2** Mezclar mercurio con otro metal para formar una aleación.
amamantar ***vb.*** {tr.} Dar de mamar, alimentar la madre con su propia leche a su hijo: *Los mamíferos* ***amamantan*** *a sus crías.*
amancebamiento ***m.*** Vida de pareja de un hombre y una mujer sin estar casados.
amanecer ***m.*** Tiempo en que amanece: *Durante las vacaciones pasadas vi un* ***amanecer*** *a la orilla del mar.*
amanecer ***vb. irreg.*** {impers.} **Modelo 39.** Comenzar a haber luz de día o salir el sol por la mañana: *En invierno* ***amanece*** *más tarde que en verano.*
amanerado, da ***adj.*** Que tiene movimientos propios de las mujeres.
amaneramiento ***m.*** **1** Falta de naturalidad en la manera de hablar o comportarse: *Al que da el reporte del tiempo le sobra* ***amaneramiento.*** **2** Tendencia del hombre a imitar los modales que se consideran propios de las mujeres: *Alberto tiene un* ***amaneramiento*** *que todos perciben.* **3** Sujeción de un artista o escritor a un estilo determinado, sin evolución ni creatividad.
amanita ***f.*** Hongo de diversos colores, con un anillo bajo el sombrero, que puede ser comestible o venenoso.
amansado, da ***adj.*** Domado, que ya se volvió obediente: *Este caballo era muy salvaje pero ya está* ***amansado,*** *así que ahora puedes montarlo.*
amansar ***vb.*** {tr. y prnl.} **1** Domar, hacer o volver tranquilo y obediente. *Mientras no* ***amansen*** *a ese perro no hay que quitarle el bozal, porque puede morder a alguien.* **2** Sosegar, apaciguar: *Después de la tormenta, el tiempo* ***se amansó.***
amante ***m.*** y ***f.*** **1** Persona que tiene relaciones amorosas con otra, sin estar casados: *Dicen las malas lenguas que Raquel es* ***amante*** *de Lucio.* **2** Persona que siente pasión por algo: *Luis es* ***amante*** *de la pintura.*
amanuense ***m.*** y ***f.*** **1** Persona que escribe lo que le dictan o copia lo que le encargan: *El* ***amanuense*** *utiliza varios tipos de letra en sus escritos.* **2** Escribano, secretario.
amañar ***vb.*** {tr. y prnl.} **1** Arreglar, planear algo con astucia: *Juan es muy tramposo,* ***amañó*** *los papeles para que a él le tocara el mejor premio.* **2** Darse maña: *Le faltaba una pieza especial para arreglar el motor, pero se las* ***amañó*** *para que funcionara con un pedazo de metal.*
amapola ***f.*** Planta herbácea de flores rojas: *Las* ***amapolas*** *nacen en los campos de cereales.*
amar ***vb.*** {tr.} Sentir amor hacia personas o cosas: *Ramón y Sara se* ***aman*** *al grado de querer estar juntos todo el día.*
amaraje ***m.*** Acción de posarse en el agua una nave aérea o espacial: *Tuvieron un* ***amaraje*** *complicado y difícil.* SIN. **amarizaje.**
amaranto ***adj./m.*** Relativo al color rojo o carmesí: *Se compró un vestido largo, de fino lino color* ***amaranto.***

amaranto ***m.*** Nombre de una planta con diversas variedades, algunas de ellas apreciadas por sus flores rojas y otras por sus semillas alimenticias.

amargar ***vb. irreg.*** {tr., intr. y prnl.} **Modelo 17. 1** Tener o dejar alguna cosa sabor amargo: *Me gusta el té negro ligero, porque si está fuerte, me* ***amarga*** *la boca.* **2** Causar disgusto: *La mala noticia nos* ***amargó*** *la tarde.* **3** Entristecerse o permanecer disgustado: *Ya saldrá otra oportunidad de trabajo, así que no* ***te amargues*** *por no haber conseguido ése.*

amargo, ga ***adj.*** **1** Que tiene sabor áspero y desagradable: *De las cinco almendras que me comí, una estaba muy* ***amarga*** *y las demás muy sabrosas.* **2** Que causa o denota tristeza y disgusto: *La muerte de mi abuelo fue un momento muy* ***amargo*** *para mí porque lo quería mucho.*

amargor ***m.*** **1** Cualidad de lo que sabe amargo: *Algunas pastillas tienen un* ***amargor*** *desagradable al paladar.* **2** Sabor parecido al de la quinina o al de la hiel. **3** Sentimiento de disgusto, amargura o aflicción.

amargoso, sa ***adj.*** Amargo: *Es un ingrediente* ***amargoso,*** *por eso no me gusta usarlo cuando cocino.*

amargura ***f.*** **1** Sentimiento de tristeza, frustración o resentimiento: *Con* ***amargura,*** *el artista se refirió a la falta de oportunidades para desarrollarse.* **2** Sabor amargo: *La* ***amargura*** *de ese té hace difícil beberlo.*

amarillento, ta ***adj.*** Se aplica a lo que tiende a amarillo: *Las camisas se percudieron en la lavadora y ahora tienen un color* ***amarillento.***

amarillismo ***m.*** Periodismo sensacionalista: *El* ***amarillismo*** *de las notas en la primera plana aumenta el volumen de venta de los periódicos.*

amarillista ***adj.*** Se aplica a la prensa de carácter sensacionalista y al periodista que la practica: *Predominan las informaciones* ***amarillistas*** *en los programas de espectáculos.*

amarillo, lla ***adj./m.*** Uno de los tres colores básicos: *Cuando los pollitos de las gallinas son pequeños, su plumaje es de color* ***amarillo.***

amarizaje ***m.*** Amaraje, acción de amarar.

amarra ***f.*** Cuerda gruesa que sirve para asegurar las embarcaciones en los puertos: *"Ata bien las* ***amarras*** *para que no se vaya el bote con el movimiento de las olas", me pidió mi abuelo.*

amarrado, da ***adj.*** **1** ***Antill.*** y ***Chile.*** Dícese de la persona de acciones y movimientos lentos. **2** ***Cuba*** y ***Méx.*** Persona a la que no le gusta gastar ni regalar nada. SIN. **mezquino, tacaño, codo.**

amarradura ***f.*** **1** Amarre, operación de amarrar un barco. **2** Cada vuelta que da una cosa enrollada alrededor de otra. **3** Acción de amarrar o atar.

amarrar ***vb.*** {tr.} Atar, asegurar algo con cuerdas o cadenas: *Él deja la bicicleta en la calle, pero la* ***amarra*** *al poste con un cordel grueso.* SIN. **atar.** ANT. **desatar.**

amarre ***m.*** **1** Atadura: *El* ***amarre*** *era tan firme que tardaron varias horas en deshacerlo.* **2** Operación de amarrar un barco. **3** Acción de amarrar con cuerdas. **4** Amarradero o lugar del puerto donde se amarran los barcos.

amarrete, ta ***adj. Argent.*** y ***Urug.*** Que es tacaño o avaro: *Preferimos no invitarlo a salir porque es un* ***amarrete.***

amasandería ***f. Chile, Colomb.*** y ***Venez.*** Panadería.

amasar ***vb.*** {tr.} **1** Hacer masa al mezclar diferentes ingredientes: *Para hacer pan dulce hay que* ***amasar*** *primero la harina con leche, huevos y azúcar.* **2** Reunir, juntar: *Don Carlos* ***amasó*** *una gran fortuna gracias a su negocio.*

amasiato ***m. C. Rica, Méx.*** y ***Perú.*** Amancebamiento.

amasijo ***m.*** Conjunto de muchas cosas distintas amontonadas: *Creo que se mueve mucho cuando duerme, porque su cama siempre es un* ***amasijo*** *de sábanas y mantas.*

amate ***m.*** **1** Árbol que crece en las regiones cálidas de México. **2** Papel hecho con la corteza del árbol llamado amate: *Rodolfo tiene un* ***amate*** *en el que está pintado un pueblito: la iglesia, el parque, las calles, todo en colores muy vivos.*

amateur ***adj./m.*** y ***f.*** **Palabra de origen francés.** Que no es profesional: *Siempre ha sido un fotógrafo* ***amateur,*** *pero ya decidió volverse profesional.*

amatista ***f.*** Piedra fina, de color violeta, muy apreciada en joyería: *En la Antigüedad, los griegos creían que la* ***amatista*** *hacía que la gente no se emborrachara cuando tomaba alcohol.*

amazona ***f.*** Mujer que monta a caballo: *Aunque es muy buena* ***amazona,*** *el caballo la tiró.* SIN. **jinete.**

amazónico, ca ***adj.*** Se refiere al río Amazonas y su cuenca: *La selva* ***amazónica*** *está en riesgo de desaparecer debido a la acción irracional del hombre.*

ambages ***m. pl.*** Rodeos de palabras: *Martha le pidió a su médico que le dijera sin* ***ambages*** *cómo había salido la operación.*

ámbar ***m.*** **1** Resina fósil amarillenta, muy utilizada para adornos y joyería. **2** Color amarillo anaranjado: *El conductor sabe que cuando el semáforo se pone en* ***ámbar*** *debe detenerse, ya que significa que viene la luz roja.*

ambición ***f.*** Pasión por conseguir fama, dinero u otros bienes: *La mayor* ***ambición*** *de Jesús es obtener el puesto más alto en la empresa.*

ambicionar ***vb.*** {tr.} Desear, tener ambición por una cosa: *Felipe* ***ambiciona*** *ser director de cine.*

ambicioso, sa ***adj./m.*** y ***f.*** **1** Que es muy importante y de largo alcance: *Rebeca tiene proyectos* ***ambiciosos*** *para su nueva empresa.* **2** Que tiene ansias por conseguir algo: *Los* ***ambiciosos*** *sólo piensan en obtener lo que se proponen, así que por lo general son unos egoístas.*

ambidiestro, tra ***adj./m.*** y ***f.*** Que emplea con la misma habilidad cualquiera de las dos manos: *Mariana es* ***ambidiestra,*** *así que cuando se cansa de escribir con la mano derecha, escribe con la izquierda.*

ambiental ***adj.*** Que tiene relación con el ambiente: *La contaminación* ***ambiental*** *alcanzó índices altos.*

ambientalismo ***m.*** Ecologismo: *El* ***ambientalismo*** *es prioritario para los gobiernos de todo el mundo.*

ambientalista ***m.*** y ***f.*** Partidario del ambientalismo o ecologismo: *Los* ***ambientalistas*** *realizan acciones a favor de la naturaleza.*

ambientar ***vb.*** {tr. y prnl.} **1** Poner un ambiente o medio determinado: *El escritor* ***ambientó*** *su novela en el siglo XIII, por eso escribió acerca de un castillo feudal y batallas de caballeros.* **2** Acostumbrarse a nuevas condiciones: *Los atletas se fueron a la montaña para* ***ambientarse*** *a la altura del lugar donde será la competencia.*

ambiente ***m.*** **1** Aire que nos rodea: *En primavera, el* ***ambiente*** *es tibio y agradable.* **2** Circunstancias que rodean a una persona o cosa: *Creció en un* ***ambiente*** *de músicos, así que no resultó extraño que se dedicara a tocar el piano.* **3** Situación animada y agradable: *Nadie quería irse de la fiesta, porque había mucho* ***ambiente*** *y todos estábamos muy contentos.* **4** ***Argent., Chile, Par., Perú*** y ***Urug.*** Habitación de una casa.

ambiguo, gua ***adj.*** **1** Que se puede interpretar de distintas maneras: *Me dio una respuesta tan* ***ambigua*** *que no sé si me dio o no permiso de ir a la fiesta.* **2** ***loc.*** **Género ~,** en lingüística, género dado a los sustantivos que pueden

usarse en masculino o en femenino: *La palabra "mar" es de **género ambiguo:** se puede decir "el mar" o "la mar".*
ámbito ***m.*** Espacio entre límites determinados: *El estudio de las plantas corresponde al **ámbito** de la botánica, no al de la medicina.*
ambivalencia ***f.*** Posibilidad de que algo tenga dos aspectos o interpretaciones distintos o contradictorios: *Para evitar **ambivalencias,** debemos ser muy claros cuando expresemos una opinión.*
ambo ***m. Argent., Chile*** y ***Urug.*** Conjunto de chaleco y pantalón cortados de la misma tela.
ambos, bas ***pron.*** El uno y el otro, los dos: *Uno de los dos niños terminó la carrera antes, pero **ambos** lo hicieron muy bien.*
ambrosía ***f.*** Según algunas mitologías, manjar o alimento de los dioses que hacía inmortal a quien lo ingería.
ambulancia ***f.*** Vehículo que sirve para transportar enfermos o heridos y que tiene una sirena para abrirse paso: *La **ambulancia** llegó a tiempo para socorrer a los heridos.*
ambulantaje ***m.*** Actividad de quienes ejercen el comercio ambulante: *El **ambulantaje** es un serio problema de la capital del país.*
ambulante ***adj.*** Que va de un lugar a otro sin tener sitio fijo: *Mi mamá compró un mantel a un vendedor **ambulante** que tocó a la puerta.*
ambulatorio ***m.*** **1** Establecimiento médico con diferentes especialidades donde se atiende a enfermos que no precisan hospitalización. **2** Dispensario.
ambulatorio, ria ***adj.*** **1** Se aplica a la enfermedad o tratamiento que no obliga al paciente a estar en cama: *Se le practicó una cirugía **ambulatoria** y hoy mismo podrá irse a casa.* **2** Se aplica al órgano que sirve para andar: *Algunos animales tienen apéndices **ambulatorios.***
ameba ***f.*** Amiba.
amedrentado, da ***adj.*** Bajo el influjo del miedo: *Un **amedrentado** empleado vino a quejarse de los abusos en esa oficina.*
amedrentar ***vb.*** {tr. y prnl.} Infundir o sentir miedo o susto: *Las duras palabras del maestro **amedrentaron** a los alumnos y ahora nadie quiere hablarle.* Sin. **acobardar.**
amén ***m.*** Voz que significa *así sea,* con la que terminan algunas oraciones religiosas: *Todos los fieles dijeron **"amén"** al mismo tiempo cuando terminaron de rezar.*
amenaza ***f.*** Aviso o advertencia de que hay un peligro: *La bomba atómica es una **amenaza** para el mundo, pues si explotara una, a todos nos causaría un enorme daño.*
amenazador, ra ***adj.*** Que indica que puede pasar algo malo: *El león lanzó un rugido **amenazador** al domador y éste decidió salir de la jaula antes de que el león se enojara más.*
amenazante ***adj.*** Que constituye una amenaza: *De pronto, unas nubes **amenazantes** cubrieron el cielo.*
amenazar ***vb. irreg.*** {tr. e intr.} **Modelo 16. 1** Avisar que se quiere o puede hacer algún mal a otro: *El jefe lo **amenazó** con despedirlo si seguía llegando tarde.* **2** Presagiar la proximidad de algún peligro o inconveniente: *Cuando el cielo está muy oscuro, casi siempre se debe a que **amenaza** una tormenta.*
ameno, na ***adj.*** Grato, entretenido, divertido: *Es un programa muy **ameno,** por eso me gusta verlo.*
amenorrea ***f.*** Ausencia de la menstruación, cualquiera que sea su causa.
americanismo ***m.*** Palabra o giro propio de los hablantes del español que habitan en América Latina.
americano, na ***adj./m.*** y ***f.*** Originario del continente llamado América: *Un **americano** es cualquiera que nazca en el continente, de Canadá hasta la Patagonia.*
americio ***m.*** Elemento químico artificial y radiactivo, de símbolo Am y número atómico 95.
amerindio, dia ***adj.*** Se refiere a los indios nativos de América.
ameritar ***vb.*** {intr.} ***Amér. C.*** y ***Méx.*** Merecer: *Esta lección **amerita** mayor estudio porque es complicada.*
amerizar ***vb. irreg.*** {intr.} **Modelo 16.** Posarse en el agua una nave que vuela: *El hidroavión **amerizó** cerca de la costa.*
ametralladora ***f.*** Arma de fuego que dispara muchas balas continuas a gran velocidad: *"¡Era de esperarse que en el filme de guerra el hombre de la **ametralladora** venciera al que tenía un cuchillo!"*
ametrallar ***vb.*** {tr.} Disparar una ametralladora: *El recluta **ametralló** las dianas en el campo de entrenamiento.*
amianto ***m.*** Mineral fibroso resistente al fuego y al calor: *Los trajes de los bomberos son de **amianto.***
amiba ***f.*** Ser unicelular que vive en el agua y que, según la especie, puede ser un parásito de los seres humanos: *"El médico me dijo que Joaquín tiene **amibas** y me dio un tratamiento para desparasitarlo", le dijo mi madre a mi padre refiriéndose a mí.*
amigable ***adj.*** Que es afable o amistoso: *La nueva compañera es muy **amigable.***
amígdala ***f.*** **1** Cada uno de los dos órganos situados a ambos lados de la entrada de la faringe: *A mi hermano lo operaron para quitarle las **amígdalas.*** **2** ***Méx.*** Angina.
amigdalitis ***f.*** Inflamación de las amígdalas: *Si los antibióticos no le quitan la **amigdalitis,** esa niña tendrá que ser sometida a una cirugía.*
amigo, ga ***adj./m.*** y ***f.*** Que tiene relación amistosa con otra u otras personas: *Raquel hizo una reunión en su casa, pero invitó sólo a sus **amigos** cercanos y no a todos los compañeros del salón.* Sin. **camarada, compañero, cuate.**
amigote ***m. Fam.*** Compañero de juergas: *No me gusta que traigas a tus **amigotes** a mi casa.*
amiguero, ra ***adj. Amér.*** Se aplica a la persona que hace amigos con facilidad: *De nuestro grupo, ella es la persona más **amiguera.***
amiguismo ***m.*** Práctica de favorecer a los amigos en la concesión de cargos, privilegios, salarios, en perjuicio de otras personas: *Obtuvo el puesto por **amiguismo,** no por su preparación.*
amilanar ***vb.*** {tr. y prnl.} **1** Causar miedo: *Los ladridos del perro **amilanaron** al cartero, por eso no se acercó a dejar el paquete.* **2** Abatirse, acobardarse: *Cuando supe las difíciles condiciones para concursar **me amilané** y ya no me inscribí.*
aminoácido ***m.*** Sustancia orgánica que constituye la base de las proteínas.
aminorar ***vb.*** {tr.} Disminuir: *Le pedí al taxista que **aminorara** la velocidad porque me daba miedo ir tan rápido.*
amistad ***f.*** **1** Afecto personal, desinteresado y recíproco: *Entre Ricardo y yo hay una **amistad** sincera.* **2** ***pl.*** Personas por las que se siente este afecto: *A la fiesta llegaron familiares y **amistades.***
amistoso, sa ***adj.*** **1** Con amistad, amable: *Tenemos un trato **amistoso** con los nuevos vecinos, aunque todavía no nos conocemos bien.* **2** Competencia deportiva no oficial: *Jugamos un partido **amistoso** de fútbol antes de enfrentarnos en la competencia.*

amnesia ***f.*** Disminución o pérdida total de la memoria: *Después del accidente, el conductor sufrió* ***amnesia*** *y no se acordaba ni de su nombre.*

amniótico, ca ***adj.*** Dícese del líquido que rodea al feto: *Para cuidar de su embarazo, los médicos tuvieron que hacerle un análisis del líquido* ***amniótico*** *a mi prima.*

amnistía ***f.*** Perdón que el gobierno concede a presos políticos.

amo ***m.*** Poseedor o propietario de alguna cosa: *El perro sigue a su* ***amo*** *por todas partes.*

amodorrado, da ***adj.*** Que tiene modorra o somnolencia: *Luego de horas de manejar en carretera, se bajó del coche* ***amodorrada.***

amodorrante ***adj.*** Que provoca modorra o somnolencia.

amodorrar ***vb.*** {tr. y prnl.} Causar o sentir modorra, es decir, mucho sueño.

amolado, da ***adj.*** **1** *Méx. Fam.* Que tiene problemas, sobre todo económicos: *Está muy* ***amolado*** *porque le pagan poco en su trabajo.* **2** *Méx. Fam.* Enfermo: *He andado un poco* ***amolada*** *últimamente por la infección que tengo en el estómago.*

amolar ***vb. irreg.*** {tr. e intr.} **Modelo 5. 1** Afilar un arma o instrumento con la muela. **2** *Méx. Fam.* Hacer que a alguien no le vaya muy bien: *El aumento de precio del kilo de tortilla nos* ***amoló,*** *porque también subió el precio de la harina, del pan, etc.*

amoldable ***adj.*** Susceptible de amoldarse: *La plata es un metal* ***amoldable*** *propio para labores de joyería.*

amoldar ***vb.*** {tr. y prnl.} **1** Ajustar una cosa a otra: *Si no* ***amoldas*** *tus diversiones a tu horario de trabajo, te van a correr.* **2** Ajustarse a normas o pautas: *Aunque vino de otro país,* ***se amoldó*** *rápidamente a las costumbres de aquí.*

amonestación ***f.*** **1** Acción de amonestar. **2** Advertencia, prevención: *Antes de una boda, se acostumbra correr las* ***amonestaciones*** *para que la gente se entere.*

amonestar ***vb.*** {tr.} Llamar la atención, castigar por haber cometido alguna falta: *El árbitro* ***amonestó*** *al jugador por haber golpeado al portero del equipo contrario.*

amoníaco o **amoniaco** ***m.*** Gas de olor muy penetrante, formado por nitrógeno e hidrógeno combinados.

amonio ***m.*** En química, radical compuesto de un átomo de nitrógeno y cuatro de hidrógeno que al combinarse con los ácidos forma sales.

amonita ***f.*** Molusco cefalópodo fósil, de concha espiral externa.

amontonar ***vb.*** {tr. y prnl.} **1** Poner en montón: ***Amontoné*** *la ropa sucia en ese rincón.* **2** Acumularse: *Por hacer cosas sin importancia,* ***se me amontonó*** *el trabajo y no sé cuándo me voy a poner al corriente.*

amor ***m.*** **1** Sentimiento de atracción y afecto hacia una persona: *Supe lo que es el* ***amor*** *cuando conocí a mi novio.* **2** Persona amada: *Ya sabes que quiero casarme contigo porque eres mi único* ***amor.*** **3** Gusto profundo por algo: *Su* ***amor*** *por la música lo llevó a estudiar piano, guitarra y batería.* **4** Esmero y gusto con que se hace algo: *Te hice este postre con mucho* ***amor.*** **5** *loc.* **~ platónico,** el que idealiza a una persona amada sin establecer con ella una relación real: *Se casó con Claudia, pero Aidé fue su* ***amor platónico*** *de toda la vida.*

amoral ***adj./m.*** y ***f.*** Que no tiene valores morales.

amoratado, da ***adj.*** De color o tono morado: *El golpe le dejó la pierna* ***amoratada.***

amoratar ***vb.*** {tr. y prnl.} Poner de color morado.

amordazar ***vb. irreg.*** {tr.} **Modelo 16.** Poner un objeto en la boca para impedir que la persona hable o grite: *Los ladrones* ***amordazaron*** *al cajero de la tienda con un pañuelo para que no gritara.*

amorfo, fa ***adj.*** Sin forma regular o bien determinada: *Los gases y los líquidos son sustancias* ***amorfas.***

amoroso, sa ***adj.*** **1** Relativo al amor. **2** Que siente amor y que lo demuestra: *Es un nieto* ***amoroso,*** *a pesar de tener mucho trabajo, visita a sus abuelos con frecuencia para hacerles compañía.*

amortajar ***vb.*** {tr.} Envolver a un difunto con una tela: ***Amortajaron*** *el cuerpo y después lo metieron al ataúd.*

amortiguado, da ***adj.*** Que tiene amortiguación: *Mi automóvil está bien* ***amortiguado.***

amortiguador ***m.*** Dispositivo que sirve para disminuir la violencia de un choque, la intensidad de un sonido o la vibración de una máquina: *El automóvil brincaba mucho al pasar por los baches porque tenía roto un* ***amortiguador.***

amortiguar ***vb. irreg.*** {tr.} **Modelo 11.** Disminuir la fuerza: *Pusieron paredes de corcho para* ***amortiguar*** *el ruido de la maquinaria.*

amortizar ***vb.*** {tr.} Pagar el total o parte de una deuda: *Con el pago que hicieron al banco, los dueños de la panadería* ***amortizaron*** *buena parte de su deuda.*

amotinar ***vb.*** {prnl.} Rebelarse o sublevarse una multitud: *En el filme que vimos el sábado, los marineros, después de varias semanas de viaje,* ***se amotinaron*** *contra el capitán por la desesperación.*

amparado, da ***adj.*** Protegido o apoyado por cierta cosa que se expresa: ***Amparado*** *por la oscuridad de la noche, el ladrón penetró en la joyería del centro comercial.*

amparar ***vb.*** {tr. y prnl.} Proteger o ayudar: *El asilo* ***amparó*** *al anciano que no tenía ningún familiar.*

amparo ***m.*** **1** Protección, defensa: *Todos tienen la garantía de vivir bajo el* ***amparo*** *de las leyes.* **2** Trámite ante un alto tribunal de justicia cuando los derechos asegurados por la Constitución no son respetados por otros tribunales o autoridades: *Obtuvo un* ***amparo*** *para evitar ir a la cárcel.*

amperímetro ***f.*** Aparato que mide la intensidad de la corriente eléctrica.

amperio ***m.*** Unidad de intensidad de la corriente eléctrica en el Sistema Internacional.

ampicilina ***f.*** Penicilina semisintética que se usa para el tratamiento de infecciones de las vías respiratorias, urinarias e intestinales.

ampliación ***f.*** **1** Acción y resultado de ampliar: *Con la compra del terreno anexo podrán hacer una* ***ampliación*** *a su restaurante.* **2** Fotografía o texto ampliados: *La* ***ampliación*** *de la imagen permite ver cada detalle de su rostro.*

ampliado, da ***adj.*** Que ha recibido ampliación: *Es una versión* ***ampliada*** *de la película original.*

ampliar ***vb. irreg.*** {tr.} **Modelo 9. 1** Hacer más extenso: ***Ampliaron*** *el plazo para inscribirse al concurso, ahora es de dos semanas en vez de dos días.* **2** Reproducir en tamaño mayor: *Voy a* ***ampliar*** *esta fotografía de mi novio porque me gusta mucho.*

amplificación ***f.*** **1** Acción y efecto de amplificar: *Para los conciertos se recurrirá a la* ***amplificación*** *del sonido.* **2** Figura retórica que consiste en desarrollar una idea, explicándola de varias maneras o mediante otros procedimientos, para hacerla más eficaz y conmover o persuadir.

amplificado, da ***adj.*** Que presenta amplificación: *El sonido* ***amplificado*** *del piano se distorsionaba en las bocinas.*

amplificador ***m.*** Aparato que permite aumentar la intensidad de una magnitud física, sonido, etc.: *Con este* ***amplificador*** *vamos a poder oír muy bien los discos.*

amplio, plia ***adj.*** **1** Extenso, espacioso: *Se cambiaron a una casa más* ***amplia,*** *porque ya no cabían en la otra.* **2** Abierto, comprensivo: *Da gusto platicar con él, porque es alguien de criterio* ***amplio*** *y siempre respeta las ideas de los demás.*

amplitud ***f.*** Extensión: *La* ***amplitud*** *de esta sala nos permite hacer aquí una fiesta.*

ampolla ***f.*** Vejiga llena de líquido que se forma en la piel: *Me quemé el dedo y me salió una* ***ampolla.***

ampollar ***vb.*** {tr. y prnl.} **1** Hacer que se formen ampollas en la piel o cualquier otra superficie: *Se me* ***ampolla*** *la planta del pie por el roce del zapato.* **2** Ahuecarse un material: *La cubierta de plástico se* ***ampolló*** *con el calor.*

ampolleta ***f.*** **1** Recipiente de vidrio que contiene un medicamento: *El instructivo dice que hay que abrir la* ***ampolleta*** *y disolver su contenido en agua.* **2** ***Chile.*** Bombilla eléctrica. SIN. **bombilla, foco.**

ampulosidad ***f.*** Actitud exageradamente enfática y grandilocuente: *El discurso del pretendiente fue de una* ***ampulosidad*** *insoportable.*

ampuloso, sa ***adj.*** Solemne y redundante: *No soporto el estilo* ***ampuloso*** *que tiene al hablar; él cree que expresarse de manera rebuscada lo hace parecer inteligente.*

amputado, da ***adj.*** Acción y efecto de amputar: *Tiene una pierna* ***amputada.***

amputar ***vb.*** {tr.} Cortar y separar un miembro del cuerpo: *Tuvieron que* ***amputarle*** *el brazo derecho y ahora tiene que aprender a hacer todo con el izquierdo.*

amueblar ***vb.*** {tr.} Poner muebles en algún lugar: *Los novios están* ***amueblando*** *la casa donde van a vivir.*

amuleto ***m.*** Objeto al que se atribuye alguna virtud: *Como tiene una racha de mala suerte, dijo que iba a conseguir un* ***amuleto*** *para ver si le va mejor.* SIN. **talismán.**

amurallado, da ***adj.*** Cercado por una muralla o muro grueso.

amurallar ***vb.*** {tr.} Cercar con muro o muralla: *Antes se* ***amurallaban*** *las ciudades para protegerlas contra cualquier ataque.*

anabolismo ***m.*** Conjunto de síntesis moleculares en un organismo vivo que conducen la asimilación.

anabolizante ***adj.*** Se aplica a la sustancia que favorece las síntesis moleculares.

anabolizante ***m.*** Producto químico que estimula el anabolismo, como las vitaminas o esteroides.

anaconda ***f.*** Serpiente de gran tamaño, no venenosa, que vive en lagunas y ríos tropicales de América: *Las* ***anacondas*** *se alimentan de aves y mamíferos.*

anacoreta ***m.*** y ***f.*** Religioso que vive en lugar solitario y se dedica a la contemplación espiritual y a la penitencia.

anacronismo ***m.*** Error de cronología que consiste en atribuir a una época elementos pertenecientes a otra: *En ese filme había un* ***anacronismo,*** *porque el automóvil del protagonista era modelo 1980 y la acción trataba de la época de la Primera Guerra Mundial.*

ánade ***m.*** y ***f.*** Pato o cualquier ave que tenga parecido con él.

anaeróbico, ca ***adj.*** Se dice del ejercicio físico o esfuerzo muscular que se desarrolla con escaso consumo de oxígeno o sin él.

anaerobio, bia ***adj./m.*** En biología, microorganismo que no necesita oxígeno para vivir.

anafre ***m. Méx.*** Utensilio portátil en el que se pone leña o carbón para preparar o calentar alimentos: *Me gusta mucho el sabor especial que toma la carne asada en el* ***anafre.***

anagrama ***m.*** Palabra formada con las letras de otra palabra colocadas en orden distinto: *Roma es* ***anagrama*** *de amor.*

anal ***adj.*** Relativo al ano: *Los supositorios son medicamentos de aplicación* ***anal.***

anales ***m. pl.*** Obra que refiere lo sucedido a lo largo del año.

analfabetismo ***m.*** Condición en la que no se sabe leer ni escribir: *El* ***analfabetismo*** *de ese país es muy alto pues 30 por ciento de la gente no sabe leer ni escribir.*

analfabeto, ta ***adj./m.*** y ***f.*** Persona que no sabe leer ni escribir: *Jaime da cursos nocturnos a jóvenes* ***analfabetos*** *y algunos ya aprendieron a leer y escribir.*

analgesia ***f.*** Supresión o ausencia de toda sensación dolorosa: *Gracias a la* ***analgesia*** *provocada por el medicamento, soportó los efectos del duro golpe que sufrió en la pierna.*

analgésico ***m.*** Medicamento que quita o disminuye el dolor: *Tomé un* ***analgésico*** *contra la migraña.*

analgésico, ca ***adj.*** Se aplica al calmante del dolor: *Contiene sustancias* ***analgésicas*** *y antiespasmódicas.*

análisis ***m.*** **1** Estudio de una cosa en sus partes para entender en qué consiste: *El maestro hizo el* ***análisis*** *gramatical de una oración y la separó en sujeto y predicado.* **2** Examen detallado de una cosa: *El médico me mandó hacer un* ***análisis*** *de sangre para saber si tengo o no anemia.*

analista ***m.*** y ***f.*** **1** Especialista que realiza análisis clínicos o químicos. **2** Matemático especializado en análisis. **3** Persona que se dedica al psicoanálisis o investigación del significado inconsciente de la conducta: *Mi* ***analista*** *me ayuda a superar la depresión.* **4** Persona especializada en identificar los pasos lógicos de los que está constituido un problema informático, con el fin de elaborar un modelo que se traducirá en un programa.

analítico, ca ***adj.*** Que examina alguna cosa o fenómeno en sus partes para comprenderlo mejor.

analizar ***vb. irreg.*** {tr.} **Modelo 16.** Estudiar con cuidado las partes que componen algo para entenderlo o para saber cómo está hecho: *Quiero* ***analizar*** *la manera en que se juega el béisbol, porque me gusta mucho.* SIN. **examinar.**

analogía ***f.*** Relación de semejanza entre dos o más cosas distintas: *Existen* ***analogías*** *entre el perro y el gato porque ambos son mamíferos y ambos pueden ser mascotas.* SIN. **semejanza.**

analógico, ca ***adj.*** **1** Análogo. **2** Que procede de la analogía. **3** Aplicado a un instrumento de medida, que expresa una magnitud por medios continuos y similares al origen, no por sistema digital: *Me compré un reloj* ***analógico.***

análogo, ga ***adj.*** **1** Semejante, parecido. **2** Se refiere a aquello que tiene semejanza con otra cosa: *En circunstancias* ***análogas*** *habría hecho lo mismo.* **3** Se aplica al órgano que tiene la misma función que otro pero no el mismo origen: *Las ojos de insectos, aves y mamíferos son* ***análogos.***

ananá o **ananás** ***m.*** **1** Planta de hojas rígidas, de bordes espinosos, con flores de color morado y fruto grande carnoso. **2** Fruto de la planta ananá, carnoso, de color amarillo y con una corona de hojas. SIN. **piña.**

anaquel ***m.*** Parte de un armario en la que se colocan cosas: *En el* ***anaquel*** *de la cocina se guardan los platos.*

anaranjado, da ***adj./m.*** Color comprendido entre el rojo y el amarillo y que se forma al mezclarlos.

anarquía ***f.*** **1** Falta de gobierno en un Estado. **2** Situación en la que se pierde el control de los acontecimientos: *El equipo jugaba con* ***anarquía*** *porque el entrenador no daba ninguna instrucción y cada jugador hacía lo que quería.* SIN. **confusión, descontrol.**

anárquico, ca ***adj.*** **1** Que tiene relación con la anarquía: *Siempre que habla en público desliza fragmentos de su pensamiento* ***anárquico.*** **2** Desorganizado o no sometido a la autoridad.

anarquismo ***m.*** Movimiento político que rechaza toda autoridad y basa sus ideas en la libertad absoluta del individuo.

anarquista ***adj.*** Del anarquismo o la anarquía.

anarquista ***m.*** y ***f.*** **1** Persona partidaria del anarquismo: *Los* ***anarquistas*** *están contra lo establecido por la ley y la sociedad.* **2** Libertario. **3** Persona que lleva cabo atentados políticos por seguir las ideas anarquistas.

anatema ***m.*** o ***f.*** Frase o expresión de rechazo o reprobación: *En su discurso, el ecologista lanzó* ***anatemas*** *contra quienes contaminan el ambiente.*

anatematizar ***vb.*** {tr.} **1** Cazar. **2** Pronunciar un anatema contra una persona. **3** Expresar una opinión desfavorable sobre una persona o cosa: ***Anatematizó*** *la conducta de los jóvenes.*

anatomía ***f.*** **1** Estudio de la estructura y forma del organismo de los seres vivos: *Genaro analiza la* ***anatomía*** *de las ranas en la materia de biología.* **2** Disposición y tamaño de las partes externas del cuerpo humano y del cuerpo de los animales: *La* ***anatomía*** *de la mujer es diferente a la del hombre.*

anatómico, ca ***adj.*** **1** De la anatomía. **2** Se aplica a aquellos objetos que se adaptan al cuerpo humano o de una de sus partes: *Los asientos de mi nuevo automóvil tienen diseño* ***anatómico.***

anatomista ***m.*** y ***f.*** Persona que se dedica a la anatomía.

anca ***f.*** Mitad en que se divide la parte posterior de algunos animales: *Las* ***ancas*** *de la rana son comestibles.*

ancestral ***adj.*** Relativo a los antepasados más antiguos: *El descubrimiento del fuego es* ***ancestral,*** *aunque nadie sabe exactamente cuando ocurrió.* Sin. **antiguo, viejo.**

ancestro ***m.*** Antepasado: *La sabiduría de los* ***ancestros*** *es la base de muchas culturas indígenas.*

ancho, cha ***adj.*** Que es amplio: *El puente es tan* ***ancho*** *que pueden pasar por él cuatro automóviles al mismo tiempo.* Sin. **holgado, guango.**

anchoa ***f.*** Pescado pequeño, comestible, que se conserva con sal y aceite.

anchura ***f.*** Espacio que existe entre dos lados paralelos: *He medido la* ***anchura*** *de la mesa.*

ancianidad ***f.*** Último periodo de la vida de una persona: *Mi madrina ya tiene 89 años, está en la* ***ancianidad*** *y sin embargo se mantiene activa.* Sin. **vejez, senectud.**

anciano, na ***adj./m.*** y ***f.*** Persona de muchos años: *Don Ernesto es un* ***anciano*** *con cuatro hijos y ocho nietos, ya tiene 85 años.* Sin. **viejo.** Ant. **joven.**

ancla ***f.*** Instrumento que inmoviliza las embarcaciones en el mar: *El capitán ordenó echar el* ***ancla*** *cuando el barco llegó al puerto.*

anclado, da ***adj.*** Acción y efecto de anclar: *La embarcación que estaba* ***anclada*** *en el muelle terminó a media calle después del maremoto.*

áncora ***f.*** **1** Ancla para sujetar una nave. **2** Pieza de relojería que regula el movimiento del péndulo.

andamiaje ***m.*** Conjunto de andamios: *Retiraron el* ***andamiaje*** *de la antigua catedral después de que acabaron su remodelación.*

andamio ***m.*** Plataforma de madera o metal para trabajar en sitios altos: *Los albañiles prepararon un* ***andamio*** *para subir a pintar el décimo piso del edificio.*

andanada ***f.*** **1** Localidad cubierta y con gradas en la parte más alta de las plazas de toros. **2** Forma de dirigirse a alguien de manera grosera o severa: *Ernesto recibió una* ***andanada*** *del vecino después de que rompió sus flores con el balón.*

andante ***m.*** Parte de una composición musical que se interpreta de manera lenta: *El guitarrista tocó un* ***andante*** *que emocionó al público.*

andanza ***f.*** Aventura, suceso: *El abuelo cuenta sus* ***andanzas*** *por el mundo con gran entusiasmo.*

andar ***m.*** Modo de caminar de las personas.

andar ***vb. irreg.*** {tr., intr. y prnl.} **Modelo 12. 1** Recorrer un lugar: ***Anduvimos*** *toda la tarde por la calle sin encontrar un hotel donde dormir.* **2** Funcionar un mecanismo: *El reloj no* ***anda*** *porque le faltan pilas.* **3** Ir de un lugar a otro dando pasos.

andariego, ga ***m.*** y ***f.*** Viajero: *El* ***andariego*** *pocas veces se apega a objetos materiales: es desprendido por convicción propia.*

andarín, rina ***adj.*** Se aplica a la persona que anda mucho, o a quien lleva avisos y recados.

andén ***m.*** En estaciones de tren, acera que se extiende a lo largo de las vías: *Los* ***andenes*** *de la estación están llenos de gente que abordará los trenes.*

andino, na ***adj./m.*** y ***f.*** Originario de la región de los Andes, en América Latina: *La quena es un instrumento musical típico de la música* ***andina.***

andrajo ***m.*** Trozo de ropa muy usada: *"No te vistas con esos* ***andrajos*** *que te dan mala apariencia", me aconsejó mi madre.* Sin. **harapo, guiñapo.**

andrajoso, sa ***adj.*** **1** Se aplica a la prenda de vestir hecha andrajos: *Evita usar ese pantalón viejo y* ***andrajoso.*** **2** Que está cubierto de andrajos: *Era una pordiosera* ***andrajosa,*** *de melena rala, ojos opacos y manos huesudas.*

androceo ***m.*** Conjunto de órganos masculinos de la flor.

andrógino, na ***adj.*** Ser vivo que presenta caracteres de ambos sexos.

androide ***m.*** Robot de figura humana.

anécdota ***f.*** Relato breve de algún suceso curioso: *El anciano nos contó algunas* ***anécdotas*** *que nos tuvieron entretenidos toda la tarde, por ejemplo, de cuando abordó el avión equivocado y llegó a Sudáfrica en vez de Argentina.*

anecdotario ***m.*** Colección de anécdotas: *El abuelo posee un amplio* ***anecdotario*** *de sus viajes por el mundo.*

anecdótico, ca ***adj.*** **1** Que contiene anécdotas: *Es un relato* ***anecdótico.*** **2** Que tiene poca importancia: *En la junta también se trataron temas* ***anecdóticos.***

anegar ***vb. irreg.*** {tr. y prnl.} **Modelo 17.** Inundar, cubrir con agua u otro líquido: *La casa de Hugo* ***se anegó*** *con la fuerte lluvia de ayer.* Sin. **inundar.**

anélido, da ***adj./m.*** Tipo de gusanos anillados, sin patas, como la lombriz.

anemia ***f.*** Disminución de glóbulos rojos en la sangre, lo que causa debilidad y fatiga: *El doctor le recetó unas inyecciones para combatir la* ***anemia.***

anémico, ca ***adj.*** Que tiene relación con la anemia: *Presenta síntomas propios de un cuadro* ***anémico.***

anémico, ca ***m.*** y ***f.*** Persona que padece anemia: *Los* ***anémicos*** *requieren una atención médica inmediata y permanente.*

anemómetro ***m.*** Instrumento que indica la velocidad del viento.

anémona o **anemona** ***f.*** **1** Planta herbácea de flores grandes. **2** Animal marino que vive fijo en el suelo, con muchos tentáculos que le dan aspecto de flor.

anestesia ***f.*** Sustancia que elimina la sensibilidad del cuerpo o que produce sueño: *El médico me puso una* ***anestesia*** *ligera cuando me operó de las amígdalas.*

anestesiar ***vb.*** {tr.} Poner anestesia para una operación médica o dental.
anestésico ***m.*** Sustancia que produce anestesia: *Le aplicaron un* ***anestésico*** *antes de la operación quirúrgica.*
anestésico, ca ***adj.*** Que tiene relación con la anestesia: *Respiró una sustancia* ***anestésica*** *para no sentir el dolor.*
anestesista ***adj./m.*** y ***f.*** Médico especialista encargado de poner la anestesia al paciente durante la operación.
aneurisma ***m.*** Dilatación anormal del corazón, de las paredes de una arteria o de una vena.
anexar ***vb.*** {tr. y prnl.} Unir una cosa a otra y depender de ella: *El ingeniero* ***anexó*** *a su proyecto una lista de los honorarios que cobra por su trabajo.*
anexionar ***vb.*** {tr. y prnl.} **1** Anexar, agregar. **2** Unir una cosa a otra para depender de ella, en especial un territorio o un Estado.
anexo, xa ***adj./m.*** Unido a otra cosa: *El conserje vive en una casa* ***anexa*** *al edificio.*
anfetamina ***f.*** Droga estimulante del sistema nervioso central.
anfibio, bia ***adj./m.*** y ***f.*** Que puede vivir dentro y fuera del agua: *Las ranas y las salamandras son animales* ***anfibios.***
anfibología ***f.*** **1** Defecto de construcción por el que las palabras o las frases pueden tener más de un sentido o más de una interpretación. **2** Figura que consiste en usar conscientemente palabras, expresiones o frases de doble sentido.
anfiteatro ***m.*** **1** Conjunto de asientos instalados en la parte alta de cines, teatros y auditorios: *Vimos la función de circo sentados en el* ***anfiteatro*** *porque no había lugares en la planta baja.* **2** Edificio circular con asientos alrededor para que el público vea un espectáculo: *En Grecia existen* ***anfiteatros*** *muy antiguos donde se representaban tragedias de autores clásicos.*
anfitrión, triona ***m.*** y ***f.*** Persona que recibe invitados: *La* ***anfitriona*** *organizó una recepción para su amiga que llegó de Europa a visitarla y preparó una sabrosa cena para ella.*
ánfora ***f.*** Vasija alta y estrecha, a veces con asas, usada por griegos y romanos.
anfractuoso, sa ***adj.*** Sinuoso, desigual, tortuoso: *Ese pedregal tiene una parte muy* ***anfractuosa*** *por lo que no cualquiera puede caminar.*
angarillas ***f.*** **1** Andas para llevar a mano personas o cosas. **2** Armazón que se coloca en las caballerías para transportar diversas cosas: *Pusieron unas* ***angarillas*** *al burro para poder transportar los toneles.*
ángel ***m.*** **1** En algunas religiones, enviado, nuncio o mensajero de Dios que auxilia a la gente. **2** Persona buena, bondadosa: *Elena es un* ***ángel,*** *me ayudó en mi trabajo de matemáticas que estaba muy difícil.* **3** Gracia, atractivo, simpatía: *Gloria tiene mucho* ***ángel,*** *por eso le cae bien a toda la gente.*
angelical ***adj.*** **1** De los ángeles: *Coros* ***angelicales.*** **2** Que es parecido a los ángeles o presenta rasgos propios de ellos, como la hermosura, el candor o la inocencia: *La niña tiene un rostro* ***angelical.***
angina ***f.*** **1** Inflamación de las amígdalas: *"Parece que Petronio tiene* ***anginas",*** *dijo el médico al ver dentro de la boca abierta del niño.* **2** ***loc.*** ~ **de pecho,** afección del corazón que se presenta con crisis dolorosas. **3** ***Méx.*** Amígdala, cada uno de los dos órganos situados a ambos lados de la entrada de la faringe.
angiografía ***f.*** Radiografía de los vasos sanguíneos que se realiza después de la inyección de una sustancia opaca a los rayos X.
angiospermo, ma ***adj./m.*** y ***f.*** En botánica, planta fanerógama cuyas semillas están encerradas en un fruto.
anglicanismo ***m.*** Doctrina de la iglesia oficial de Inglaterra.
anglicismo ***m.*** Término de origen inglés, usado en otra lengua: *La palabra* chutar *es un* ***anglicismo;*** *en español se dice* patear.
anglosajón ***m.*** Lengua germánica de la cual procede el inglés.
anglosajón, jona ***adj./m.*** y ***f.*** Procedente de los pueblos germánicos que invadieron Inglaterra.
angora ***f.*** Fibra textil de origen animal con la que se elaboran prendas de vestir: *Como este suéter es de* ***angora,*** *se llena de pelo el resto de mi ropa.*
angostar ***vb.*** {tr. y prnl.} Estrechar: *Logró* ***angostar*** *las medidas de la falda.*
angosto, ta ***adj.*** Estrecho, con poca distancia de un lado a otro: *El puente que cruzamos era muy* ***angosto*** *y tuvimos que pasar uno por uno.* Ant. **ancho.**
angostura ***f.*** **1** Cualidad de angosto. **2** Paso o paraje estrecho: *En esa* ***angostura,*** *hace siglos, quedó atrapado un ejército.*
angström ***m.*** Unidad de medida de longitud de onda y dimensión atómica, equivalente a una diezmillonésima de milímetro.
anguila ***f.*** Pez de cuerpo alargado de 1 m de longitud, vive en los ríos.
angula ***f.*** Cría de la anguila.
angular ***adj.*** **1** Del ángulo: *El tamaño* ***angular*** *es un método para medir y comparar objetos en la bóveda celeste.* **2** Que tiene forma de ángulo: *Tiene un rostro* ***angular*** *de pómulos altos.*
angular ***m.*** **1** Pieza de construcción cuya sección transversal tiene forma de ángulo. **2** En fotografía es el objetivo de corta distancia focal con capacidad de cubrir un ángulo visual mayor del normal: *Las fotos hechas con gran* ***angular*** *muestran una perspectiva más amplia.*
ángulo ***m.*** **1** Porción de plano comprendida entre dos líneas rectas con el mismo origen: *Mi madre colocó una planta en un* ***ángulo*** *de la sala.* **2** Cada una de las perspectivas desde las que se puede observar alguna cosa: *Yo veo el problema desde un* ***ángulo*** *distinto porque tengo más experiencia en el asunto.*
angulosidad ***f.*** Forma angulosa de alguna cosa o existencia de ángulos y aristas: *La luz resaltó la* ***angulosidad*** *de los objetos que decoran la habitación.*
angurria ***f. Amér.*** Hambre que no puede controlarse: *La* ***angurria*** *de Horacio hace que cada día esté más gordo.*
angustia ***f.*** Sensación de inquietud o tristeza profunda. Sin. **ansiedad, desconsuelo.** Ant. **serenidad.**
angustiante ***adj.*** Que causa angustia: *El explorador vivió horas* ***angustiantes*** *mientras estuvo perdido en el bosque.*
anhelante ***adj.*** **1** Que denota deseo vehemente: *Sus palabras* ***anhelantes*** *buscan quizá una solución milagrosa.* **2** Que tiene respiración fatigosa.
anhelar ***vb.*** {tr.} Desear algo con intensidad: ***Anhelo*** *hacer un viaje a Europa.*
anhelo ***m.*** Deseo intenso de algo: *El* ***anhelo*** *de triunfar de ese escritor lo hace desvelarse trabajando para terminar su novela.*
anhídrido ***m.*** En química, antigua denominación de los óxidos no metálicos.
anhidro, dra ***adj.*** En química, sustancia que no contiene agua.

anidar ***vb.*** {intr.} Preparar las aves un nido para vivir: *Afuera de mi casa hay un árbol donde* ***anidan*** *muchos pájaros.*
anilina ***f.*** Sustancia química usada para elaborar colorantes.
anilla ***f.*** **1** Aro de metal o de madera para sujetar cosas. **2** *pl.* Aros metálicos que penden de cuerdas: *En el gimnasio hay unas* ***anillas*** *que sirven para hacer ejercicios.*
anillo ***m.*** **1** Pieza que se lleva en los dedos de la mano como adorno: *Mercedes usa muchos* ***anillos,*** *se pone uno en cada dedo.* **2** Aquello que tiene forma circular: *El planeta Saturno tiene varios* ***anillos*** *a su alrededor.* **3** *loc.* **Como ~ al dedo,** muy bien, oportunamente: *El florero que trajiste me viene* ***como anillo al dedo,*** *porque me acaban de regalar unas flores.*
ánima ***f.*** Alma: *Muchos cuentos de horror tratan de* ***ánimas*** *en pena, o sea fantasmas.*
animación ***f.*** **1** Viveza y expresión en acciones y movimiento: *Hubo una gran* ***animación*** *por parte del público durante todo el partido, todos gritaban y aplaudían.* **2** Técnica para diseñar los movimientos de los dibujos en televisión, cine o computación: *Algunos juegos de video tienen excelente* ***animación*** *que los hace verse muy reales.*
animado, da ***adj.*** **1** Con deseos de hacer algo: *Roberto está muy* ***animado*** *con el juego del próximo domingo.* **2** Estar alegre o divertido: *Estuvimos en una fiesta muy* ***animada.*** **3** Dotado de movimiento: *Los dibujos* ***animados*** *que veo en la televisión me gustan mucho.*
animador, ra ***adj.*** Que anima o dinamiza.
animador, ra ***m.*** y ***f.*** **1** Persona que, dentro de un grupo, se ocupa de proponer actividades o facilitar la relación entre sus miembros: *En el verano Matías trabaja como* ***animador*** *social.* **2** ***Amér.*** Persona que presenta y dirige un espectáculo: *La* ***animadora*** *del programa de televisión invitó al público a cantar a coro.*
animadversión ***f.*** Situación de enemistad o enfrentamiento entre dos o más personas: *Algunos adolescentes manifiestan una fuerte* ***animadversión*** *contra los profesores muy exigentes.*
animal ***adj.*** Relacionado con los seres vivos: *Los humanos, las mariposas y los tigres pertenecen al reino* ***animal.***
animal ***adj./m.*** y ***f.*** **1** Ser vivo dotado de movimiento y sensibilidad: *El lobo es un* ***animal*** *en peligro de extinción.* **2** *Fam.* Persona grosera y sin educación: *"No seas* ***animal*** *y trata a tu hijo con delicadeza", dijo mi padre a mi tío.*
animalero ***m. Amér.*** Conjunto de animales: *Al entrar en la casa abandonada descubrimos una* ***animalero*** *tremendo que iba de ratas hasta cucarachas minúsculas.*
animar ***vb.*** {tr. y prnl.} Despertar el interés de alguien sobre algún asunto: *Debemos* ***animar*** *a Pablo para que siga en la escuela.* SIN. **alentar, confortar, estimular.**
anímico, ca ***adj.*** Relacionado con la forma de sentirse en lo emocional: *Su estado* ***anímico*** *no era muy bueno porque se había muerto su perro.*
animismo ***m.*** Creencia que atribuye alma a todos los seres, objetos y fenómenos naturales.
ánimo ***m.*** **1** Estado emocional que le permite al ser humano realizar cosas: *Hay que tener* ***ánimo*** *para subir hasta la cima de la montaña.* **2** Querer hacer algo: *Hay buen* ***ánimo*** *en la oficina para empezar el nuevo proyecto.*
animosidad ***f.*** **1** Enemistad, antipatía. **2** Valor, energía que se pone al hacer algún trabajo.
animoso, sa ***adj.*** Se dice de alguien que realiza algo con ánimo y valor: *Daniel es un muchacho muy* ***animoso,*** *así que fue de gran ayuda en la mudanza.*
aniquilar ***vb.*** {tr. y prnl.} Destruir por completo: *La plaga de langostas* ***aniquiló*** *la cosecha de avena.*
anís ***m.*** **1** Planta aromática: *El* ***anís*** *sirve para quitar la inflamación de los intestinos y también para perfumar postres.* **2** Bebida alcohólica que se elabora de esa planta: *Después de comer, algunos adultos beben una copa de* ***anís.***
aniversario ***m.*** Día en que se cumplen años de algún suceso: *Mañana es el décimo* ***aniversario*** *de boda de mis padres.*
ano ***m.*** **1** Orificio externo del recto: *Los excrementos salen por el* ***ano.*** **2** ***Vulg.*** Culo.
anoche ***adv.*** La noche que pasó ayer: ***Anoche*** *tuve un sueño desagradable.*
anochecer ***m.*** Tiempo en que la luz del día disminuye poco a poco: *Cuando llega el* ***anochecer*** *hay que encender la luz para ver bien.*
anochecer ***vb. irreg.*** {impers.} **Modelo 39.** Ocultarse el Sol al finalizar el día: *En invierno* ***anochece*** *más temprano que en verano.*
anochecida ***f.*** **1** Anochecer. **2** Tiempo durante el cual se empieza a hacer de noche: *La* ***anochecida*** *me impidió ver su rostro con claridad.*
anodino, na ***adj.*** **1** Persona incapaz de hacer las cosas por ella misma. **2** Persona o cosa insignificante, sin gracia: *Ese perro, encima de feo, es* ***anodino.***
ánodo ***m.*** Electrodo de carga positiva.
anofeles ***adj./m.*** Tipo de mosquito cuya hembra transmite el paludismo.
anomalía ***f.*** Irregularidad, situación que rompe con lo habitual: *Ramiro cometió una* ***anomalía*** *al salirse de la fila antes de tiempo, creo que debió esperar a que nos permitieran entrar al cine.*
anómalo, la ***adj.*** Algo que está fuera de lo normal: *Es un caso* ***anómalo*** *encontrar un recién nacido que tenga dientes.* SIN. **extraño, irregular.**
anonadado, da ***adj.*** Asombrado por algo: *Se quedó* ***anonadado*** *cuando le dije que me iba a vivir a otra ciudad, porque no sabía nada sobre mi proyecto.* SIN. **maravillado, sorprendido.**
anonadante ***adj.*** Que anonada o reduce a la nada.
anonadar ***vb.*** {tr. y prnl.} Desconcertar, sorprender a alguien: ***Me anonadé*** *cuando me dijo que a pesar de todos los preparativos no iba a casarse.*
anonimato ***m.*** Carácter o condición de anónimo: *El donante pidió el* ***anonimato.***
anónimo, ma ***adj./m.*** **1** Obra o escrito que no lleva el nombre de su autor: *Hay novelas* ***anónimas*** *que tienen un gran valor literario.* **2** Escrito no firmado en el que se dice algo ofensivo o amenazador contra alguien: *Al licenciado le enviaron un* ***anónimo*** *donde lo amenazaban de muerte.*
anorexia ***f.*** Enfermedad que consiste en la pérdida del apetito debida a causas psicológicas.
anoréxico, ca ***adj./m.*** y ***f.*** Que padece anorexia: *Muchas jóvenes son* ***anoréxicas*** *porque desean ser muy delgadas.*
anormal ***adj.*** Dícese de lo que se halla fuera de lo común: *El ascensor no se detiene cuando uno se lo pide, por lo que tiene un funcionamiento* ***anormal.***
anormal ***m.*** y ***f.*** Persona o animal que tiene algún defecto mental o corporal: *En una sala de la feria vimos a los* ***anormales:*** *una vaca con dos cabezas, un camello con tres jorobas y un gato sin orejas.*
anormalidad ***f.*** **1** Falta de normalidad en cosas, personas o situaciones: *Una situación política inestable puede considerarse una* ***anormalidad.*** **2** Deficiencia mental de una persona: *Actúa así por la* ***anormalidad*** *que padece.*
anotación ***f.*** Nota o inscripción en una lista: *Hizo varias* ***anotaciones*** *en su cuaderno.*

anotado, da ***adj.*** Con anotaciones: *Es una edición* ***anotada*** *por el propio autor.*
anotar ***vb.*** {tr.} **1** Poner notas en un escrito, cuenta, libro etc. **2** Conseguir puntos en un partido: *El delantero del equipo ganador* ***anotó*** *dos goles.*
anquilosado, da ***adj.*** Atrofiado.
anquilosamiento ***m.*** Falta de desarrollo o de movimiento: *La permanencia forzada en cama le produjo un* ***anquilosamiento*** *en las piernas.*
anquilosarse ***vb.*** {prnl.} **1** Disminuir el movimiento de una articulación: *La rodilla* ***se me ha anquilosado*** *y ahora camino con un poco de dificultad.* **2** Envejecer, inmovilizarse.
ansia ***f.*** Anhelo, deseo: *Su* ***ansia*** *de triunfo hace que Rebeca duerma poco, pues pasa muchas horas estudiando.*
ansiar ***vb. irreg.*** {tr.} **Modelo 9.** Anhelar, desear.
ansiedad ***f.*** **1** Estado de ánimo de inquietud, agitación o zozobra: *Sintió una fuerte* ***ansiedad*** *al hacer el examen.* **2** Angustia patológica que acompaña a muchas enfermedades y en particular a ciertas neurosis: *Le recetó medicamentos para controlar su* ***ansiedad.***
ansiolítico ***adj./m.*** Se dice del medicamento que calma los síntomas de la ansiedad.
ansioso, sa ***adj.*** Que está muy inquieto: *Está* ***ansioso*** *por conocer sus calificaciones, creo que reprobó el curso.*
antagónico, ca ***adj.*** Que es contrario a algo: *Algunos partidos políticos tienen ideas* ***antagónicas.***
antagonismo ***m.*** Oposición entre dos partes: *Hay mucho* ***antagonismo*** *entre estas dos hermanas, porque una quiere pintar la cocina de rosa, y la otra de azul.*
antagonista ***m.*** y ***f.*** Persona o cosa contraria a otra: *En el teatro y en el cine, el actor que hace de malo es el* ***antagonista*** *del héroe.*
antaño ***adv.*** Que pasó en tiempo antiguo: ***Antaño,*** *las mujeres no usaban pantalones, en la actualidad esta prenda se considera una de las más prácticas.*
antártico, ca ***adj.*** Relativo al polo sur y a las regiones que lo rodean.
ante ***m.*** **1** Mamífero rumiante parecido al ciervo. **2** Piel curtida de textura aterciopelada: *Mi hermana compró unos zapatos de* ***ante.***
ante ***prep.*** En presencia de, delante de: *Los vasallos se inclinaron* ***ante*** *su majestad.*
anteanoche ***adv.*** Durante la noche de anteayer.
anteayer ***adv.*** El día inmediatamente anterior a ayer.
antebrazo ***m.*** Parte del brazo entre el codo y la muñeca.
antecedente ***m.*** **1** Circunstancia anterior que sirve para fundamentar asuntos presentes o futuros: *El accidente del avión no tiene ningún* ***antecedente*** *que pueda explicarlo, ya que nunca había pasado algo así.* **2** Información sobre algún asunto.
anteceder ***vb.*** {tr.} Suceder antes: *Durante la inauguración de las olimpiadas, la participación de la banda musical* ***antecedió*** *a la de los atletas.* Sɪɴ. **preceder.**
antecesor, ra ***m.*** y ***f.*** **1** Persona que precedió a otra en un empleo o cargo: *El nuevo director de la escuela elogió a su* ***antecesor.*** **2** Antepasado: *Los* ***antecesores*** *del hombre moderno vivían en cuevas.*
antecopretérito ***m.*** Tiempo del verbo que expresa una acción pasada que es anterior a otra también pasada.
antedicho, cha ***adj.*** Dicho con anterioridad.
antefuturo ***m.*** Tiempo verbal que indica una acción acabada en relación con otra futura.
antelación ***f.*** Anticipación de una cosa respecto a otra: *La cosecha de este año ha madurado con cierta* ***antelación*** *respecto a la del año pasado.*
antemano. De ~, ***loc.*** Anticipadamente: ***De antemano*** *le doy las gracias por el favor que va a hacerme.*
antena ***f.*** **1** Aparato metálico que sirve para difundir o recibir las emisiones de radio o televisión: *La* ***antena*** *de la televisión está rota y no puedo ver el filme que me gusta.* **2** Prolongaciones articuladas y móviles en la cabeza de algunos animales: *Los grillos tienen unas* ***antenas*** *muy largas.*
anteojos ***m. pl.*** Instrumento óptico que sirve para ver bien los objetos: *Ese hombre necesita* ***anteojos*** *porque no ve bien de lejos.* Sɪɴ. **gafas, lentes.**
antepasado, da ***m.*** y ***f.*** Persona más o menos lejana de quien se desciende: *Mis* ***antepasados*** *por parte de mi papá eran indígenas.* Sɪɴ. **ascendiente.** Aɴᴛ. **descendiente.**
antepecho ***m.*** **1** Barandilla o pequeño muro que se coloca en lugares altos para poder asomarse con seguridad. **2** Barandilla de una ventana para apoyarse, que no sobresale de la pared del edificio.
antepenúltimo, ma ***adj./m.*** y ***f.*** Que es inmediatamente anterior al penúltimo.
anteponer ***vb. irreg.*** {tr. y prnl.} **Modelo 27. 1** Poner delante. **2** Dar importancia: *Manuel es un egoísta que siempre* ***antepone*** *sus intereses a los de los demás.*
antepospretérito ***m.*** Tiempo del modo indicativo que indica la posibilidad de una acción en el presente o pasado.
antepresente ***m.*** Tiempo del verbo que expresa una acción acaba en un periodo de tiempo que todavía no ha terminado.
antepretérito ***m.*** Tiempo verbal que expresa una acción pasada anterior a otra también pasada.
anteproyecto ***m.*** **1** Estudio previo al proyecto de una obra, sobre todo de arquitectura o ingeniería. **2** Propuesta provisional de una ley.
antera ***f.*** Parte del estambre de las flores que contiene el polen.
anterior ***adj.*** Que precede en lugar o tiempo: *Enero es* ***anterior*** *a febrero.* Aɴᴛ. **posterior.**
antes ***adv.*** **1** En un espacio y tiempo que ya han pasado: *El atleta que ganó la competencia llegó a la meta cinco segundos* ***antes*** *que los demás.* **2** Implica preferencia: *Mi deseo,* ***antes*** *que nada, es hacer ese viaje, ya que llevo seis meses preparándolo.*
antesala ***f.*** Pieza o habitación que se encuentra antes de la sala principal.
antiácido, da ***adj./m.*** Se aplica al fármaco que neutraliza por reacción química, o elimina por adsorción, la acidez gástrica: *La leche de magnesia suele usarse como* ***antiácido.***
antiaéreo, a ***adj.*** Que defiende o se defiende de los ataques de aviones.
antibalas ***adj.*** Se aplica a cualquier objeto o lugar construido con un material que detiene o frena el impacto de una o varias balas: *Los policías utilizan chalecos* ***antibalas*** *para enfrentarse a los delincuentes.*
antibelicista ***adj.*** Contrario al belicismo: *En la protesta, el orador principal pronunció ante la multitud un discurso* ***antibelicista.***
antibelicista ***m.*** y ***f.*** Persona contraria a tomar parte en conflictos armados: *El candidato se declaró* ***antibelicista*** *convencido.*
antibélico, ca ***adj.*** Contrario a la guerra: *Vimos una película* ***antibélica.***
antibiótico ***m.*** Sustancia capaz de destruir bacterias: *El médico me recetó un* ***antibiótico*** *para combatir la infección estomacal.*
anticiclón ***m.*** Centro de altas presiones atmosféricas que produce buen tiempo.

a b c d e f g h i j k l m n o p q r s t u v w x y z

anticipar ***vb.*** {tr. y prnl.} Hacer que ocurra u ocurrir algo antes del tiempo señalado: ***Anticipé*** *mi viaje de regreso cuando me dijeron que mi nieto ya iba a nacer.*

anticipo ***m.*** Cantidad de dinero que se paga antes de la fecha prevista o convenida: *El albañil pidió un* ***anticipo*** *para comprar material y comenzar el trabajo.*

anticonceptivo, va ***adj./m.*** Relativo a los métodos y productos que evitan el embarazo: *Algunas mujeres toman pastillas* ***anticonceptivas*** *porque no desean tener hijos.*

anticongelante ***m.*** Producto que se añade al agua del radiador de un motor para impedir que se forme hielo.

anticonstitucional ***adj.*** Aplicado a actos o disposiciones del gobierno que son contrarios a lo establecido por la Constitución: *Rechazaron aprobar una nueva ley porque parte de su contenido es* ***anticonstitucional.***

anticorrosivo, va ***adj.*** Que impide la corrosión: *La parte de la maquinaria que permanece a la intemperie necesita una capa de pintura* ***anticorrosiva.***

anticuado, da ***adj.*** Que no está de moda o no se usa ya: *Aún se escucha música* ***anticuada*** *en algunas estaciones de radio.* Ant. **actual.**

anticuario, ria ***m.*** y ***f.*** Persona que comercia con objetos antiguos.

anticucho ***m. Bol., Chile*** y ***Perú.*** Pedazo pequeño de carne asada o frita que se vende ensartada en un palillo de madera o de metal.

anticuerpo ***m.*** Sustancia de defensa que aparece en el organismo por la introducción de algo agresivo y dañino al cuerpo: *Si hubiera tenido más* ***anticuerpos*** *no me habría dado esa infección.*

antideportivo, va ***adj.*** Se aplica a la actitud o al comportamiento que son impropios de la corrección y el espíritu que deben observarse en el deporte: *En una actitud* ***antideportiva*** *el atleta insultó al juez de campo.*

antidepresivo ***m.*** Sustancia para combatir los estados depresivos patológicos: *Consume* ***antidepresivos*** *recetados por el psiquiatra.*

antidepresivo, va ***adj.*** Que inhibe la depresión: *Jugar con sus hijos tiene efectos* ***antidepresivos*** *para él.*

antídoto ***m.*** Sustancia que actúa en contra de un tóxico determinado: *Afortunadamente hay un* ***antídoto*** *contra el veneno de serpiente, gracias a eso se salvan muchas vidas.* Sin. **contraveneno.**

antier ***adv. Amér.*** En el día inmediatamente anterior a ayer: *El accidente ocurrió* ***antier.***

antiestético, ca ***adj.*** Que va en contra de los cánones estéticos o impresiona en forma desagradable a la vista: *Esa forma de maquillarse es* ***antiestética*** *y exagerada.*

antifaz ***m.*** Objeto de cartón, tela o papel con agujeros para los ojos, que cubre la parte superior del rostro: *En carnaval, la gente lleva* ***antifaces*** *de muchos diseños y colores.* Sin. **mascarilla.**

antígeno ***m.*** Sustancia que puede provocar la formación de anticuerpos en el organismo.

antigripal ***adj.*** Que combate o previene la gripe: *Los cítricos poseen elementos* ***antigripales*** *y deben consumirse más en la época de invierno.*

antigripal ***m.*** Sustancia o fármaco que actúa contra la gripe: *Tomé un* ***antigripal*** *para aliviar las molestias que siento.*

antigüedad ***f.*** **1** Se refiere a lo que es antiguo, de mucho tiempo atrás. **2** Tiempo que lleva trabajando una persona: *Mi padre tiene diez años de* ***antigüedad*** *en la empresa donde trabaja.* **3** ***pl.*** Objetos artísticos de hace mucho tiempo que tienen gran valor: *Los museos poseen* ***antigüedades*** *valiosas.*

antiguo, gua ***adj.*** **1** Que existe desde hace mucho tiempo: *Ese edificio es* ***antiguo,*** *creo que lo construyeron en el siglo* xviii. **2** Que sucedió hace mucho: *El problema de su vista se debe a un* ***antiguo*** *golpe que se dio cuando era niño.* **3** Se dice de la persona que lleva mucho tiempo en un empleo, profesión, comunidad, etc.: *Ayer conocí al empleado más* ***antiguo*** *de la empresa, lleva treinta y dos años trabajando aquí.*

antihéroe ***m.*** Personaje de una obra literaria cuyas características son contrarias a las del héroe tradicional.

antihistamínico ***adj.*** Se aplica a la sustancia que combate la reacción a la histamina: *Los alérgicos consumen medicamentos* ***antihistamínicos.***

antihistamínico ***m.*** Medicamento o tratamiento para el control de los efectos de la histamina.

antillano, na ***adj./m.*** y ***f.*** Originario de las Antillas, islas localizadas al noroeste de América Central.

antilogaritmo ***m.*** En matemáticas, número al que corresponde un logaritmo dado.

antílope ***m.*** Animal rumiante parecido al ciervo.

antimonio ***m.*** Cuerpo simple, de color blanco con tonos azules, quebradizo, parecido al arsénico, de símbolo Sb y número atómico 51.

antinatural ***adj.*** Que está en contra de las leyes de la naturaleza: *Algunos consideran que el suicidio es* ***antinatural.***

antioxidante ***adj./m.*** Se dice del producto que protege ciertos materiales o compuestos orgánicos de la oxidación: *Esta pintura es* ***antioxidante,*** *pintaré con ella las rejas de mi casa.*

antiparras ***f. pl.*** Anteojos.

antipartícula ***f.*** Partícula elemental que tiene propiedades contrarias a las de los átomos de los elementos físicos.

antipatía ***f.*** Sentimiento de rechazo hacia algo que no gusta: *Los fumadores me inspiran cierta* ***antipatía*** *porque me molesta el humo del cigarrillo.*

antipático, ca ***adj.*** Persona poco agradable: *Ese muchacho anda siempre solo porque es muy* ***antipático,*** *por eso nadie lo quiere.* Sin. **desagradable, infumable.** Ant. **simpático.**

antipirético, ca ***adj./m.*** Que reduce la fiebre.

antípoda ***adj./m.*** y ***f.*** Habitante de la Tierra que vive en un lugar opuesto con respecto a otro.

antisemitismo ***m.*** Hostilidad hacia los judíos.

antisepsia ***f.*** Conjunto de métodos que se aplican en la prevención de las enfermedades infecciosas.

antiséptico, ca ***adj./m.*** Sustancia que previene las infecciones.

antisocial ***adj.*** Se dice de las conductas que atentan contra el orden social: *Escandalizar con ruido en las calles es una conducta* ***antisocial.***

antítesis ***f.*** En retórica, figura de pensamiento que consiste en la contraposición de palabras o expresiones con significados opuestos: *"La blancura de su piel disfrazaba la negrura de su alma" es una oración con* ***antítesis.***

antitetánico, ca ***adj./m.*** y ***f.*** Medicamento utilizado contra el tétanos: *Cuando alguien sufre una herida grande, se le aplica suero* ***antitetánico*** *como medida preventiva.*

antivirus ***adj./m.*** **1** Se dice de la sustancia que se opone al desarrollo de los virus. **2** Se dice del programa informático que detecta la presencia de virus.

antojarse ***vb.*** {prnl.} Desear algo repentinamente: ***Se me antojó*** *un chocolate con almendras y salí a comprarlo rápidamente.*

antojito ***m. Méx.*** Platillo muy sazonado y fácil de comer que suele tomarse como almuerzo o merienda: *Entre los*

***antojitos** que más le gustan a Ofelia, están las quesadillas de huitlacoche y las tostadas de pata de res.*

antojo ***m.*** Deseo momentáneo, pasajero: *Tengo **antojo** de comer helado, pero si espero un poco se me van a pasar las ganas.*

antología ***f.*** **1** Reunión en un solo volumen de obras literarias, musicales, pictóricas, etc.: *La **antología** de poemas que leí me pareció muy hermosa.* **2** *loc. Fam.* **De ~,** que es extraordinario o se admira: *"La fiesta del sábado estuvo **de antología**", opinamos todos los amigos que asistimos.*

antológico, ca ***adj.*** **1** Que pertenece o merece estar en una antología: *Realizó un compendio **antológico** de poetas del siglo* XIX. **2** De gran relevancia: *Presenciamos una puesta en escena **antológica**.*

antónimo, ma ***adj./m.*** Palabras de significados opuestos: *Las palabras* amable *y* grosero *son **antónimos**.*

antonomasia ***f.*** **1** En retórica, sustitución del nombre común por el propio, o viceversa: *Sus crueles acciones demuestran que es un Nerón.* **2** *loc.* **Por ~,** por excelencia: *Manolete es el torero **por antonomasia**.*

antorcha ***f.*** Objeto para alumbrar, por lo general de madera, que se lleva en la mano y tiene una flama en uno de sus extremos.

antracita ***f.*** Tipo de carbón que arde con dificultad.

antro ***m.*** Lugar de mal ambiente o mala reputación.

antropocentrismo ***m.*** Doctrina que sitúa al hombre como centro del Universo.

antropófago, ga ***adj./m.*** y ***f.*** Que come carne humana.

antropoide ***adj./m.*** y ***f.*** Se aplica a lo que tiene forma o apariencia humana: *Algunos monos como los chimpancés se consideran **antropoides**.*

antropología ***f.*** Ciencia que estudia al hombre como un ser animal y social.

antropólogo, ga ***m.*** y ***f.*** Persona dedicada al estudio del hombre y su evolución cultural.

antropometría ***f.*** Parte de la antropología que estudia las proporciones y medidas del cuerpo humano.

antropomórfico, ca ***adj.*** **1** Antropomorfo. **2** Se aplica a las religiones que atribuyen a Dios forma y cualidades humanas.

antropomorfo, fa ***adj.*** Que es de figura humana: *Algunas esculturas prehistóricas presentan figuras **antropomorfas**.*

anual ***adj.*** Que sucede cada año: *El carnaval es una fiesta **anual** que siempre se realiza antes de la celebración cristiana de la cuaresma.*

anuario ***m.*** Publicación que aparece una vez por año: *A mi papá le ofrecieron un **anuario** sobre política.*

anudar ***vb.*** {tr. y prnl.} Unir con nudos o hacer nudos: *A los niños pequeños les cuesta trabajo **anudar** sus zapatos.*

anuencia ***f.*** Autorización para llevar a cabo algo: *Se casaron con la **anuencia** de sus padres.*

anuente ***adj.*** Que consiente o está conforme: *Es un empleado **anuente** con sus labores.*

anulabilidad ***f.*** Susceptible de anulación.

anulación ***f.*** Acción o resultado de anular o dejar sin validez: *Solicitó la **anulación** de su matrimonio.*

anular ***adj.*** Todo lo que tiene que ver con la forma de los anillos: *El estadio de fútbol tiene forma **anular**.*

anular ***m.*** Cuarto dedo de la mano, empezando a contar desde el dedo pulgar: *Hay gente que, cuando se casa, se pone un anillo en el dedo **anular** de la mano izquierda.*

anular ***vb.*** {tr.} Suprimir alguna cosa: *Espero que algún día **anulen** la pena de muerte en todos los países del mundo.*

anunciador, ra ***adj.*** Se aplica al que o lo que anuncia: *El delegado leyó un mensaje **anunciador** de buenas nuevas.*

anunciador, ra ***m.*** y ***f.*** Quien anuncia: *Joaquín es un excelente **anunciador** en las ceremonias de presentación.*

anunciante ***adj.*** Se aplica al que publica anuncios comerciales.

anunciante ***m.*** y ***f.*** Quien anuncia: *Ese programa de radio tiene muchos **anunciantes**.*

anunciar ***vb.*** {tr. y prnl.} **1** Dar la noticia de una cosa para que la gente se entere: *Sergio y Ana **anunciaron** la fecha de su boda.* **2** Poner un anuncio comercial: *Los dueños del almacén **se anunciaron** en el diario para aumentar su clientela.*

anuncio ***m.*** Mensaje usado para comunicar algo: *Leo los **anuncios** de los diarios para encontrar un empleo.*

anuro, ra ***adj./m.*** y ***f.*** Relativo a un orden de anfibios que, en estado adulto, no presentan cola: *Las ranas y los sapos son batracios **anuros**.*

anverso ***m.*** Lado principal de una moneda o medalla. Ant. **reverso.**

anzuelo ***m.*** **1** Ganchito puntiagudo puesto al final del hilo de pescar para atrapar a los peces. **2** Maña que se usa para atraer la atención de alguien: *Las ofertas que anuncian las tiendas de ropa son un buen **anzuelo** para que la gente compre.*

añadido ***m.*** Cosa agregada: *Lleva un **añadido** en la manga del vestido.*

añadido, da ***adj.*** Aplicado a la cosa que se junta con otra, o a ésta: *Les mostró el ala **añadida** del edificio.*

añadidura ***f.*** **1** Cosa que se agrega a otra. **2** Lo que el vendedor da además del peso justo o lo que agrega para completarlo. **3** *loc.* **Por ~,** además: *Obtuvo fama y, **por añadidura**, consiguió fortuna.*

añadir ***vb.*** {tr.} Agregar una cosa a otra: *Me gustaría **añadir** unas líneas al final de mi trabajo.*

añejo, ja ***adj.*** Que es de hace mucho tiempo: *Este licor es muy **añejo:** la etiqueta dice 1898.*

añicos ***m. pl.*** Trozos pequeños de algo que se rompió: *Se me cayó un vaso al suelo y se hizo **añicos**.*

añil ***m.*** **1** Color azul oscuro: *El sexto color del arco iris es el **añil**.* **2** Arbusto leguminoso de cuyas hojas y tallos se obtiene un colorante azul.

añil ***adj.*** Parecido al color azul oscuro.

año ***m.*** **1** Periodo que tarda la Tierra en dar la vuelta al Sol. **2** *loc.* **~ bisiesto,** periodo de tiempo de 366 días. **3** *loc. Méx. Fam.* **del ~ de la canica,** de hace mucho tiempo: *Ese pantalón ya no me gusta: se nota que es del **año de la canica** y está fuera de moda.*

añoranza ***f.*** Melancolía por la ausencia o la pérdida de algo.

añorar ***vb.*** {tr.} Extrañar con nostalgia algo que ya pasó: ***Añoro** mis últimas vacaciones.*

añoso, sa ***adj.*** Que tiene muchos años: *Un **añoso** roble de más de dos siglos da sombra en ese jardín.*

aorta ***f.*** Arteria principal del sistema circulatorio animal que permite repartir la sangre a todo el cuerpo.

apabullante ***adj.*** Que produce desconcierto, asombro o admiración: *La suya fue una victoria **apabullante**.*

apabullar ***vb.*** {tr.} Dejar confuso o turbado: *El profesor lo **apabulló** con tantas preguntas sobre geografía, que ya no sabía si Perú estaba en América o en Europa.*

apacentar ***vb. irreg.*** {tr.} **Modelo 3.** Llevar al ganado por el campo a comer hierba: *El granjero **apacienta** a sus vacas una vez al día.*

apache ***adj./m.*** y ***f.*** Individuo de un antiguo pueblo de América del Norte: *Los **apaches** eran excelentes guerreros.*

apachurrar ***vb.*** {tr. y prnl.} Aplastar: ***Apachurró** las latas antes de tirarlas a la basura.*

apachurrón ***m.*** Aplastón: *Con tanta gente dentro del autobús todo se resolvía con **apachurrones.***

apacible ***adj.*** Persona agradable y tranquila: *Es un bebé tan **apacible** que a veces ni parece que está aquí.*

apaciguado, da ***adj.*** Que está tranquilo, calmado, pacífico: *Después de tantos enojos, por fin está **apaciguado.***

apaciguante ***adj.*** Que apacigua, tranquiliza, calma, modera: *Su voz **apaciguante** siempre calma a los niños cuando se ponen inquietos.*

apaciguar ***vb. irreg.*** {tr. y prnl.} **Modelo 11.** Controlar el temperamento de alguien: *Intenté **apaciguar** la cólera de Ernesto para que no gritara más.*

apadrinar ***vb.*** {tr.} Dar apoyo o protección a una persona o empresa: *Un jugador famoso **apadrinó** esta asociación y ahora, como reconocimiento a su apoyo, lleva su nombre.*

apagado, da ***adj.*** **1** De carácter poco alegre: *Mi amiga tiene un carácter muy **apagado** y por eso casi nadie habla con ella.* **2** Se dice cuando un color es opaco, que refleja poca luz: *Hemos pintado la casa con un color un poco **apagado** que la hace ver oscura.*

apagador ***m. Méx.*** Interruptor: *Apretó el **apagador** de luz al entrar a su casa.*

apagador, ra ***adj.*** Se aplica a cualquier cosa que apaga o sirve para apagar.

apagar ***vb. irreg.*** {tr. y prnl.} **Modelo 17. 1** Extinguir el fuego o interrumpir la corriente de luz: *Por la noche debo **apagar** la luz antes de acostarme, porque si no lo hago no puedo dormir.* **2** Desconectar un aparato para que deje de funcionar: ***Apagué** el televisor porque me dio sueño.* **3** Hacer que disminuya o termine una sensación: ***Apagó** su sed tomando mucha agua.* **4** Terminar con el fuego: *Los bomberos **apagaron** el incendio.*

apagón ***m.*** Corte súbito de la energía eléctrica: *Hubo un **apagón** en mi casa y estuvimos en tinieblas durante una hora.*

apaisado, da ***adj.*** Que es más ancho que alto: *Mi cuaderno de dibujo es de forma **apaisada** y así es más fácil dibujar paisajes.*

apalabrar ***vb.*** {tr.} Ponerse de acuerdo con alguien sólo de palabra: ***He apalabrado** con un amigo la compra de su casa, pero ahora vamos a firmar un contrato.*

apalear ***vb.*** {tr.} Sacudir o golpear, en especial con un palo: *Un hombre cruel **apaleó** a un perro porque dijo que le molestaban los ladridos.*

apantallar ***vb.*** {tr.} ***Méx.*** Impresionar a alguien, causar asombro: *Pedro llegó en un auto deportivo y **apantalló** a todos sus amigos.*

apañar ***vb.*** {tr.} **1** ***Fam.*** Apoderarse de algo sin derecho: *El muchacho **apañó** los lápices de su compañero de clase.* **2** ***Argent., Bol., Nicar., Perú*** y ***Urug.*** Ocultar a alguien.

apapachar ***vb.*** {tr.} ***Méx.*** Acariciar, mimar: *A Toribio le encanta que lo **apapachen** cuando está enfermo.* Sin. **papachar.**

apapacho ***m. Méx.*** Mimo, demostración de cariño: *Después de varios **apapachos,** al fin Jaime me deseó feliz cumpleaños.* Sin. **papacho.**

aparador ***m.*** **1** Mueble para guardar la vajilla y todo lo necesario para el servicio del comedor: *En el **aparador** están la vajilla y los vasos que mi abuela le dio a mi mamá.* **2** Lugar de las tiendas donde se colocan productos para que sean vistos desde la calle: *En el centro de la ciudad hay tiendas con **aparadores** muy llamativos.* Sin. **vidriera, vitrina, escaparate.**

aparato ***m.*** **1** Máquina o instrumento que realiza trabajos o tareas específicas: *En casa compraron un nuevo **aparato** de sonido que suena muy bien.* **2** Grupo de órganos del cuerpo humano que se combinan para realizar la misma función: *El corazón, las arterias y las venas forman el **aparato** circulatorio.* **3** Utilización de muchos recursos para festejar algún evento: *Se usó todo un **aparato** decorativo para la obra de teatro.*

aparatoso, sa ***adj.*** Objeto o suceso espectacular: *Llevaba un sombrero tan **aparatoso** que no podíamos dejar de verlo, era muy grande y con círculos morados y rojos.*

aparcar ***vb. irreg.*** {tr.} **Modelo 17.** ***Esp.*** Situar en un lugar un vehículo: *Mi tío **aparcó** su automóvil nuevo cerca de su oficina.* Sin. **estacionar, parquear.**

apareamiento ***m.*** **1** Unión de dos animales de distinto sexo para que críen: *Pusieron en marcha una campaña para el **apareamiento** de pandas en cautiverio.* **2** Emparejamiento o disposición de cosas en parejas.

aparear ***vb.*** {tr. y prnl.} **1** Unir una cosa con otra para que formen un par. **2** Juntar dos animales para procrear: *El domingo llevamos a mi perra a que se **apareara** con un perro de su misma raza, ya que quiero que tenga cachorros.*

aparecer ***vb. irreg.*** {intr. y prnl.} **Modelo 39. 1** Presentarse de repente: *Dimos un gran salto porque el monstruo **apareció** cuando menos lo esperábamos.* **2** Hallarse algo: *Después de haberla buscado por toda la casa, al fin **apareció** una fotografía que estaba perdida.*

aparecido ***m.*** Espectro de un difunto: *En el cuento que leímos salía un **aparecido** que tenía una sonrisa horrible.*

aparejado, da ***adj.*** Que acompaña a algo: *Una consecuencia **aparejada** a las inundaciones en esa zona es la pérdida de las cosechas.*

aparejador, ra ***m.*** y ***f.*** Persona que ayuda al arquitecto a construir edificios.

aparejar ***vb.*** {tr. y prnl.} **1** Preparar o disponer una cosa: ***Aparejó** el equipo de pesca y salió en su barca.* **2** Adornar o vestir a una persona cuidadosamente: *Se **aparejó** para la fiesta de gala.*

aparejo ***m.*** **1** Conjunto de instrumentos propios de una actividad: *Hay que preparar los **aparejos** de pesca.* **2** Arreo para montar o cargar las caballerías. **3** Preparación para realizar una tarea o cualquier otra cosa. **4** Sistema de poleas que multiplica la fuerza ejercida sobre una cuerda y compuesto de un elemento móvil y otro fijo. **5** Forma en que quedan colocados los materiales en una construcción. **6** Conjunto de palos y velas de una embarcación.

aparejos ***m. pl.*** **1** Conjunto de objetos necesarios de una profesión u oficio: *El albañil llevó los **aparejos** para la construcción de la casa.* **2** Modo en que aparecen colocados los ladrillos en una construcción.

aparentar ***vb.*** {tr.} Hacer creer algo que no es: *Carlota **aparentó** estar feliz durante su fiesta, pero la verdad es que estaba enojada porque no llegó toda la gente que esperaba.*

aparente ***adj.*** **1** Que parece cierto pero no lo es: *Su entusiasmo es sólo **aparente;** en realidad está aburrido.* **2** Que se muestra a la vista: *El rasgo más **aparente** de su carácter es la simpatía.*

apareo ***m.*** Apareamiento.

aparición ***f.*** Hecho de presentarse algo o alguien de manera repentina: *La **aparición** de Carlos en la reunión fue muy comentada porque nadie esperaba verlo ahí.*

apariencia ***f.*** **1** Aspecto exterior de algo o alguien: *La **apariencia** verdosa de esa carne indica que ya no podemos comerla.* **2** Algo que no es del todo cierto: *Rodolfo es simpático en **apariencia,** porque si lo conoces más a fondo en realidad es antipático.*

apartado, da ***adj.*** **1** Que se encuentra lejos: *No venimos mucho a la ciudad porque vivimos en un pueblo **apartado.*** **2** Parte de un todo: *El decreto que leyó el juez tenía tres **apartados.*** **3** *loc.* ~ **postal,** sección de una oficina de correos donde se recoge la correspondencia particular.

apartamento ***m.*** Vivienda situada en un edificio: *Donde vivo es un edificio de tres pisos, hay doce **apartamentos,** cuatro por cada nivel.* SIN. **departamento, piso.**

apartar ***vb.*** {tr. y prnl.} **1** Poner lejos de algo o alguien: *"**Aparta** de mí esa horrible araña que dices que es tu mascota", dije a Germán.* **2** Reservar las cosas: ***Apartamos** los regalos de Navidad con anticipación para no tener que hacer compras de última hora.* **3** Separar una cosa de otra: *Mi primo **se apartó** de la familia hace muchos años y desde entonces no lo he visto.*

aparte ***adv.*** **1** En otro lugar, separado: *Pondré este libro **aparte** para que no se confunda con los demás.* **2** Con distinción, de forma separada: *Joel es un caso **aparte** para las matemáticas, resuelve los problemas rápido y bien, sin necesidad de escribir las operaciones.*

apartheid ***m.*** **Palabra de origen afrikaans.** Política de segregación racial contra las razas no blancas en la República Sudafricana: *El **apartheid** terminó con la constitución sudafricana del año 1996.*

apasionado, da ***adj.*** Se dice de la persona que siente pasión por algo o alguien o que es propensa a apasionarse: *Martín es tan **apasionado** del fútbol, que comienza platicando y termina discutiendo.*

apasionante ***adj.*** Que provoca un vivo interés: *Es una novela **apasionante.***

apasionar ***vb.*** {tr. y prnl.} **1** Emocionar, entusiasmar: *La obra de teatro **apasionó** a los espectadores, quienes aplaudieron y lanzaron flores al escenario.* **2** Interesarse mucho por las cosas: *José Luis **se apasiona** viendo el fútbol.*

apatia ***f.*** Desinterés de una persona por las cosas: *Óscar hace el trabajo escolar con **apatía** y por eso no obtiene buenas calificaciones.* SIN. **desinterés, indiferencia.** ANT. **entusiasmo, interés.**

apático, ca ***adj./m.*** y ***f.*** Se aplica a la persona que padece apatía: *Es un hombre **apático** ante los problemas de sus hijos*

apátrida ***m.*** y ***f.*** Persona que no tiene patria.

apeadero ***m.*** En los viajes por tren, punto de parada en el que únicamente suben y bajan viajeros: *El tren se detiene muy poco tiempo en el **apeadero,** pero pasa más tiempo en la estación.*

apear ***vb.*** {tr. y prnl.} Desmontar o bajar de un vehículo o caballo: *Ayudé a Cecilia a **apearse** del automóvil porque todavía tiene la pierna lastimada.*

apechugar ***vb.*** {intr.} *Fam.* Aceptar algo o a alguien que desagrada: *El jefe que me tocó en mi nuevo empleo es un antipático pero tendré que **apechugar,** porque necesito el dinero.*

apedrear ***vb.*** {tr.} Lanzar piedras a algo: *Los muchachos **apedrearon** la ventana y rompieron el vidrio.*

apegado, da ***adj.*** **1** Se aplica a quien tiene apego, afecto o cariño hacia algo o alguien: *Es una niña **apegada** a su madre.* **2** Adicto a una tradición o costumbre: *Mi tía era muy **apegada** a las festividades religiosas.*

apegar ***vb.*** {prnl.} Tomar afecto a una persona o cosa: *El anciano se **apegó** a sus recuerdos y se la pasaba rememorando.*

apego ***m.*** Cariño hacia alguien o algo: *Le tengo **apego** a esta casa y no quisiera tener que mudarme.*

apelar ***vb.*** {intr.} Acudir a algo o alguien que ayude a solucionar situaciones: ***Apelé** a su amistad para que me ayudara a sacar adelante el trabajo.*

apelativo ***m.*** Nombre que se usa para designar a una persona en vez de hacerlo con su propio nombre: *El **apelativo** con que llamamos a mi hermano pequeño es "enano".* SIN. **apodo.**

apellido ***m.*** Palabra con que se distinguen las personas de diferente familia: *El **apellido** de Gonzalo es Ramírez y el mío, Hernández.*

apelmazar ***vb.*** {tr. y prnl.} Hacer compacto, apretar algo que debe ser esponjoso o mullido. *Como no enjuagó bien su suéter de lana, el tejido **se apelmazó.***

apenado, da ***adj.*** **1** Acongojado, apesadumbrado, consternado. **2** *Amér.* Avergonzado: *Está **apenado** por su falta de respeto.*

apenar ***vb.*** {tr. y prnl.} **1** Causar o sentir pena hacia alguien o algo: *El accidente que sufrió mi prima **apenó** a quienes la conocen.* **2** *Méx.* Avergonzarse: *El niño **se apena** mucho cuando lo ponen a cantar en público.*

apenas ***adv.*** **1** Muy poco, solamente: *De mi casa al colegio hay **apenas** cien metros.* **2** Inmediata sucesión de dos acciones: ***Apenas** terminé de comer, llegaste tú.*

apéndice ***m.*** **1** Lo que se añade a un todo: *Al final del libro de biología hay un **apéndice** sobre insectos.* **2** En anatomía, prolongación delgada y hueca del intestino ciego que forma parte del cuerpo de una persona o un animal: *Me operaron para quitarme el **apéndice,** porque se me infectó.*

apendicitis ***f.*** Inflamación del apéndice del intestino ciego.

apercibir ***vb.*** {tr. y prnl.} **1** Preparar lo necesario para realizar alguna cosa: *Ayer **apercibí** unas verduras cocidas para llevar a la excursión.* **2** Observar cosas: El maestro ***se apercibió** de que Laura trataba de copiar en el examen.*

aperitivo ***m.*** Bebida alcohólica que se toma antes de la comida.

apero ***m.*** ***Amér. Merid.*** y ***P. Rico.*** Pieza que se utiliza para ensillar el caballo: *Hay que asegurarse de que el **apero** esté bien ajustado.*

aperos ***m. pl.*** Instrumentos que son útiles para el trabajo de campo: *El agricultor tiene listos los **aperos** de labranza.*

apersonarse ***vb.*** {prnl.} **1** Presentarse en un lugar: *Debe **apersonarse** en la oficina para cobrar sus honorarios.* **2** Comparecer en un juicio o acto legal.

apertura ***f.*** **1** Acto de descubrir o abrir lo que está cerrado u oculto: *La multitud esperaba la **apertura** del estadio para entrar a ver el partido.* **2** Dar inicio a una actividad: *La **apertura** del congreso es mañana temprano.*

apesadumbrado, da ***adj.*** Triste: *Luego del regaño, se alejó con gesto **apesadumbrado.***

apesadumbrar ***vb.*** {tr. y prnl.} Estar preocupado por algún motivo: *Raúl está **apesadumbrado** porque desde ayer su perro no ha regresado.*

apestar ***vb.*** {tr. e intr.} Tener mal olor: *Ese bote de basura **apesta** muchísimo, por favor ya lávalo.*

apestoso, sa ***adj.*** Que despide mal olor: *Esa camisa **apestosa** necesita una lavada urgente.*

apétalo, la ***adj.*** Que carece de pétalos.

apetecer ***vb. irreg.*** {tr.} **Modelo 39.** Desear alguna cosa: ***Apetezco** un helado de vainilla como postre.*

a b c d e f g h i j k l m n o p q r s t u v w x y z

apetecible ***adj.*** **1** Deseable. **2** Que despierta el apetito: *Es un pastel* ***apetecible.***

apetencia ***f.*** Apetito, deseo: *Cuando estoy nervioso me asalta una gran* ***apetencia*** *de dulces.*

apetente ***adj.*** Que despierta el apetito o el deseo: *A Matías le ofrecieron un* ***apetente*** *aumento de sueldo.*

apetito ***m.*** Tendencia a satisfacer las necesidades del cuerpo, especialmente la de comer: *Después de jugar tengo un* ***apetito*** *feroz.*

apetitoso, sa ***adj.*** Se aplica a las cosas que despiertan el deseo de comerlas: *Cocinó una carne* ***apetitosa.***

apiadarse ***vb.*** {prnl.} Sentir piedad por alguien o algo: *Debemos* ***apiadarnos*** *de los niños que no tienen dónde vivir y ayudarlos para que tengan un hogar y se alimenten bien.*

ápice ***m.*** **1** Extremo superior o punta de alguna cosa: *Me ha salido un grano en el* ***ápice*** *de la lengua.* **2** Parte demasiado pequeña, casi nada: *No entendí un* ***ápice*** *de lo que ha dicho el profesor, voy a pedirle que repita la lección.*

apícola ***adj.*** De la apicultura: *La miel es un producto generado por la industria* ***apícola.***

apicultor, ra ***adj./m.*** y ***f.*** Persona que se dedica a la apicultura.

apicultura ***f.*** Cría y cuidado de las abejas: *Mi tía tiene cinco colmenas porque se dedica a la* ***apicultura.***

apilado, da ***adj.*** Agrupado en pilas o montones: *Los periódicos viejos están* ***apilados*** *en un rincón.*

apilar ***vb.*** {tr.} Poner varias cosas una sobre otra: ***Apilamos*** *las cajas en un rincón del cuarto para tener más espacio.*

apiñar ***vb.*** {tr. y prnl.} Juntar o agrupar estrechamente: *Nos tuvimos que* ***apiñar*** *en el autobús porque había poco lugar.*

apiñonado, da ***adj. Méx.*** Se dice de la persona ligeramente morena: *Mi novio es* ***apiñonado*** *con cabello negro.*

apio ***m.*** Planta comestible de tallo grueso y jugoso con la que se preparan ensaladas y bebidas.

apisonadora ***f.*** Máquina con rodillos muy pesados que se usa para prensar y nivelar terrenos y carreteras. SIN. **aplanadora.**

apisonar ***vb.*** {tr.} Aplanar: ***Apisonaron*** *el pavimento de la calle y ahora sí está nivelada.*

aplacar ***vb. irreg.*** {tr. y prnl.} **Modelo 17.** Suavizar, tranquilizar o mitigar: *Los vecinos* ***aplacaron*** *a los niños que se estaban peleando.*

aplanado ***m. Méx.*** Operación de colocar un recubrimiento compacto en las paredes: *El albañil hizo un* ***aplanado*** *y después lo pintó de color azul.*

aplanadora ***f.*** Máquina de enormes y pesados rodillos que sirve para hacer más planas las superficies: *Usaron una* ***aplanadora*** *para nivelar la tierra del camino.*

aplanar ***vb.*** {tr.} **1** Poner en forma plana: *"****Aplana*** *bien el pliego de papel antes de empezar a dibujar", me aconsejó el maestro.* **2** Perder el vigor, desalentarse: *La noticia de la catástrofe nos* ***aplanó*** *tanto que ya no quisimos ir a la fiesta.*

aplastar ***vb.*** {tr.} **1** Deformar una cosa aplanándola o disminuyendo su grueso: *Un automóvil* ***aplastó*** *mi bicicleta y quedó torcida e inservible.* **2** Vencer por completo a alguien: *El ejército* ***aplastará*** *al enemigo para que ya no cause más problemas.*

aplaudir ***vb.*** {tr.} Dar palmadas en señal de aprobación y entusiasmo: *El público no paraba de* ***aplaudir*** *a los cantantes.*

aplauso ***m.*** Muestra de entusiasmo que se produce al golpear las palmas de las manos una contra la otra para aplaudir: *Las excelentes bromas del payaso provocaron grandes* ***aplausos.***

aplazamiento ***m.*** Acción y efecto de aplazar: *Carlos expuso su situación económica y logró un* ***aplazamiento*** *del primer pago.*

aplazar ***vb. irreg.*** {tr.} **Modelo 16.** **1** Retrasar la ejecución de algo: ***Aplazamos*** *el viaje a la playa por el mal tiempo, pero iremos en cuanto mejore.* **2** ***Amér.*** Suspender a alguien en un examen. SIN. **reprobar.**

aplicación ***f.*** **1** Dedicación y asiduidad con que se hace alguna cosa: *Cumplía sus deberes con* ***aplicación*** *y constancia.* **2** Incrustación o detalle de ornamentación sobrepuesto: *Es un arcón con* ***aplicaciones*** *de marfil.*

aplicado, da ***adj.*** Que estudia o trabaja con interés: *Laura es* ***aplicada*** *y por eso lleva unas excelentes calificaciones en la escuela.*

aplicar ***vb. irreg.*** {tr. y prnl.} **Modelo 17.** **1** Poner una cosa sobre o en contacto con otra: *"Dejemos secar un poco la base y después* ***aplicamos*** *la pintura", propuso Ricardo.* **2** Utilizar lo que se sabe para conseguir algo: *Pablo* ***aplicó*** *todos sus conocimientos para resolver el problema de matemáticas.* **3** ***Fam.*** Dedicarse con esmero a un asunto: *María* ***se aplicó*** *en la costura y ahora tiene un vestido precioso.*

aplomo ***m.*** Serenidad para salir de situaciones difíciles: *Raúl demostró* ***aplomo*** *cuando la maestra le llamó la atención de manera injusta, ya que no se alteró ni lloró.*

apocado, da ***adj.*** Relativo a una persona que es tímida: *Este niño no se atreve a hacer nada solo porque es muy* ***apocado.***

apocalipsis ***m.*** **1** Fin del mundo, catástrofe espantosa: *Aquel terremoto fue un* ***apocalipsis,*** *causó mucha destrucción y víctimas.* **2** Libro de la Biblia que habla del fin de los tiempos.

apocalíptico, ca ***adj.*** **1** Relativo al libro de Apocalipsis. **2** Espantoso, terrorífico.

apocar ***vb.*** {tr. y prnl.} Hacer que una persona se sienta intimidada o humillada: *La actitud despótica de su jefa* ***apocó*** *a Luisa y ya no pidió el aumento de sueldo.*

apócope ***f.*** Supresión de uno o más sonidos al final de una palabra: *Mi maestra me dijo que la palabra "primer" es un* ***apócope*** *de "primero".*

apócrifo, fa ***adj./m.*** Se dice de un escrito o documento que es supuesto, falso o fingido.

apoderado, da ***adj./m.*** y ***f.*** Persona que legalmente representa a otra y tiene poder para actuar en su nombre: *El licenciado Pérez es mi* ***apoderado*** *legal y firmará los papeles en mi nombre.*

apoderar ***vb.*** {tr. y prnl.} **1** Otorgar permiso a una persona para que represente a otra: *Si la directora no puede llegar a la junta,* ***apoderará*** *alguna maestra para que hable con los padres de familia.* **2** Tomar una cosa ajena como si fuera propia: *Los ladrones* ***se apoderaron*** *de todo el dinero del banco.*

apodo ***m.*** Sobrenombre que se da a una persona: *El* ***apodo*** *de Francisco es "El huesito", porque está muy flaco.* SIN. **alias, apelativo.**

ápodo, da ***adj.*** En zoología, animal sin pies.

apogeo ***m.*** Momento cuando se alcanza el grado máximo en el proceso de una cosa: *Ese futbolista está en el* ***apogeo*** *de su carrera deportiva, ya que nunca había jugado tan bien.* SIN. **auge, esplendor.** ANT. **decadencia.**

apolillado, da ***adj.*** **1** Que está comido o deteriorado por la polilla: *Los muebles* ***apolillados*** *se pusieron de moda hace unos años.* **2** Que es anticuado o que carece de actualidad: *Ramiro no entiende razones y siempre sale con sus ideas* ***apolilladas.***

apolillar ***vb.*** {tr.} Roer la polilla la ropa u otra cosa: *Estos bichos* ***apolillaron*** *el mueble, mira todos los agujeritos que tiene.*

apolítico, ca ***adj.*** Ajeno a la política: *El hermano de Ignacio dice que es* ***apolítico*** *y que por eso nunca vota por ningún partido político.*

apología ***f.*** Defensa o elogio a alguien o algo: *"Tu* ***apología*** *del tabaco no convenció a nadie, porque seguimos pensando que fumar es malo", aseguré a Daniela.*

apoltronarse ***vb.*** {prnl.} Sentarse cómodamente en un sofá o sillón: *Cuando regresó del trabajo,* ***se apoltronó*** *en su sillón favorito para leer una revista.*

apoplejía ***f.*** Conjunto de síntomas que tiene una persona después de que ha sufrido una hemorragia cerebral.

apoquinar ***vb.*** {tr.} ***Fam.*** Pagar uno, por lo general sin ganas, lo que le corresponde: *Por fin Raúl* ***apoquinó*** *el dinero que les debía a sus amigos de la escuela desde hace tres meses.*

aporrear ***vb.*** {tr. y prnl.} Golpear a una persona o una cosa: *Elena dice que toca el piano; yo diría que más bien* ***aporrea*** *las teclas, porque no es muy musical que digamos.*

aportar ***vb.*** {tr.} Dar algo para obtener un beneficio a cambio, ya sea material o espiritual: *Mi familia* ***aportó*** *una cantidad de dinero para que terminaran la construcción del asilo.* Sin. **proporcionar.**

aporte ***m.*** **1** Contribución, ayuda. **2** Materiales depositados por un río, glaciar, viento u otros agentes atmosféricos.

aposentar ***vb.*** {tr. y prnl.} Alojar a una persona en un lugar determinado: *El dueño de la casa* ***aposentó*** *a los cansados viajeros en unas cómodas habitaciones.* Sin. **hospedar.**

aposento ***m.*** Cuarto o habitación de una casa.

aposición ***f.*** Construcción gramatical que especifica características de una palabra: *En la oración "París, la capital de Francia, es una bella ciudad",* la capital de Francia *es una* ***aposición.***

apósito ***m.*** Material de curación que se aplica sobre una herida: *La enfermera puso un* ***apósito*** *de gasa en el codo raspado del niño.*

apostar ***vb. irreg.*** {tr.} **Modelo 5. 1** Arriesgar dinero u otra cosa en un pronóstico: ***Aposté*** *un libro a que Juan ganaba el concurso, y* ***ganó.*** **2** Confiar en alguien o algo: *Mi padre* ***ha apostado*** *todo para que yo salga adelante en la escuela y no quiero desilusionarlo.*

apostasía ***f.*** Abandono público y voluntario de las creencias religiosas o políticas.

apóstata ***m.*** y ***f.*** Persona que comete apostasía.

apostilla ***f.*** Nota que interpreta, aclara o completa un texto.

apóstol ***m.*** **1** Persona que defiende una doctrina: *Gandhi, el líder de la India, fue* ***apóstol*** *de la no violencia.* **2** En el cristianismo, nombre dado a cada uno de los doce discípulos de Jesucristo, que se dedicaron a enseñar el Evangelio: *Pedro fue uno de los doce* ***apóstoles*** *de Jesucristo.*

apostolado ***m.*** **1** Misión de los apóstoles y tiempo que dura. **2** Predicación de una doctrina.

apostólico, ca ***adj.*** **1** De los apóstoles o que tiene relación con ellos: *La doctrina* ***apostólica*** *se halla en los Evangelios.* **2** Del Papa o que proviene de su autoridad: *Los nuncios* ***apostólicos*** *son representantes del Papa en otros países.*

apóstrofe ***m.*** y ***f.*** **1** Interpelación brusca. **2** Figura de estilo consistente en dirigirse a personas o cosas personificadas.

apóstrofo ***m.*** Signo gráfico que indica la supresión de una vocal: *En español no se usan los* ***apóstrofos,*** *pero hay idiomas como el francés, en que son comunes; por ejemplo, en* l'homme, *que quiere decir* el hombre.

apostura ***f.*** **1** Cualidad de apuesto: *Los actores suelen resaltar la* ***apostura*** *de sus gestos.* **2** Apariencia, aspecto: *Presentaron una edecán con* ***apostura*** *agradable.*

apotegma ***m.*** Sentencia breve e instructiva, normalmente atribuida a una persona ilustre.

apotema ***f.*** En matemáticas, perpendicular trazada desde el centro de un polígono regular a uno de sus lados.

apoteosis ***f.*** **1** Gran alabanza a alguien o algo. **2** Final espectacular de un evento público: *El encuentro de fútbol llegó a su* ***apoteosis*** *cuando el equipo de casa anotó un gol en el último momento.*

apoyar ***vb.*** {tr. y prnl.} **1** Hacer que una cosa descanse sobre otra: *El carpintero* ***apoyó*** *la madera en la pared.* **2** Favorecer, ayudar a alguien para que consiga lo que desea: ***Apoyamos*** *a mi amigo en la elaboración de su trabajo escolar, ya que estaba muy difícil.* **3** Servirse de una persona o cosa como sostén, soporte, protección o fundamento: *Mi abuelo dice que mi padre debe* ***apoyarse*** *en la tradición de la familia para educarnos.* Sin. **animar, alentar.**

apoyo ***m.*** **1** Lo que sirve para sostener: *Las vigas sirven de* ***apoyo*** *al techo de la casa.* **2** Lo que hace más segura una idea u opinión: *Tengo pruebas como* ***apoyo*** *de lo que estoy diciendo.* **3** Que protege y ayuda: *Salí adelante gracias al* ***apoyo*** *de un amigo.*

apreciable ***adj.*** **1** Que puede ser apreciado o percibido: *Existen* ***apreciables*** *diferencias entre ambas corrientes políticas.* **2** Que puede ser valorado o tasado: *Los beneficios de este año son* ***apreciables.*** **3** Digno. **4** Que merece ser estimado.

apreciación ***f.*** **1** Juicio hecho para valorar algo: *Las* ***apreciaciones*** *de la profesora sobre el pintor italiano Leonardo da Vinci me parecieron muy interesantes.* **2** Aumento del valor de una moneda. Ant. **depreciación.**

apreciado, da ***adj.*** Que es sujeto de aprecio: *Un compañero de escuela es mi más* ***apreciado*** *amigo.*

apreciar ***vb.*** {tr.} **1** Sentir afecto o cariño: *Yo* ***aprecio*** *mucho a mis amigos.* Sin. **estimar, querer. 2** Reconocer el mérito o la importancia de algo: *Todos* ***apreciamos*** *el valor de los bomberos.* Sin. **valorar.** Ant. **despreciar. 3** Percibir algo: ***Aprecié*** *cierta picardía en sus ojos, como si estuviera pensando hacer una travesura.*

aprecio ***m.*** Acción y efecto de apreciar: *El* ***aprecio*** *de la gente que me rodea es algo invaluable.*

aprehender ***vb.*** {tr.} Prender, detener a alguien: *Ayer* ***aprehendieron*** *a unos ladrones de bancos.*

aprehensión ***f.*** Acción y efecto de aprehender: *La* ***aprehensión*** *se efectuó cuando el ladrón intentaba forzar la puerta del comercio.*

apremiante ***adj.*** **1** Que urge: *Es* ***apremiante*** *la entrega de este trabajo.* **2** Que ejerce presión sobre la voluntad: *Tenía una* ***apremiante*** *necesidad de encontrar a sus padres.*

apremiar ***vb.*** {tr.} Dar prisa en algún asunto: *El profesor* ***apremió*** *a Elena para que entregara el examen, porque ya se había terminado el tiempo.* Sin. **apresurar.**

apremio ***m.*** Acción de dar prisa, de hacer que alguien realice algo lo más pronto posible.

aprender ***vb.*** {tr.} Adquirir el conocimiento de algo, ya sea a través del estudio o de la práctica constante: *Voy a la escuela para* ***aprender*** *matemáticas, español, gramática, historia, biología, etcétera.*

aprendiz ***m.*** y ***f.*** Persona que inicia el aprendizaje de un arte u oficio: *Pablo es* ***aprendiz*** *en un taller que repara vehículos y después será un verdadero mecánico.*

aprendizaje ***m.*** Tiempo durante el que se aprende algo: *"Todavía estás en la etapa de* ***aprendizaje,*** *así que es normal que cometas errores", me dijo el maestro.*

aprensión ***f.*** Temor o desconfianza hacia lo que pueda ocurrir o por las acciones de otras personas: *Sufre de* ***aprensión*** *porque en su casa todos tienen varicela y él no quiere enfermarse.*

aprensivo, va ***adj.*** Que se preocupa en demasía y sin razón: *Raquel es una madre tan* ***aprensiva*** *que se angustia si su hijo va a la tienda de la esquina.*

apresamiento ***m.*** Acción de apresar.

apresar ***vb.*** {tr.} **1** Sujetar a alguien con garras o colmillos impidiendo sus movimientos: *La leona* ***apresó*** *al ciervo.* **2** Privar a alguien de su libertad por cometer ciertos delitos: *El estafador* ***ha sido apresado*** *por la policía.* SIN. **atrapar, capturar, detener.** ANT. **liberar, soltar.**

aprestar ***vb.*** {tr. y prnl.} Preparar, disponer lo necesario: *Eric* ***se aprestó*** *para su viaje por carretera: preparó su equipaje y revisó que su automóvil estuviera en buen estado.*

apresurado, da ***adj.*** Que se hizo con prisa: *Nuestro viaje fue tan* ***apresurado*** *que ni maletas llevamos.*

apresurado, da ***m.*** y ***f.*** Persona que hace las cosas con apresuramiento: *Martín es un hombre* ***apresurado*** *e impaciente.*

apresurar ***vb.*** {tr. y prnl.} Realizar algo con prisa: ***Apresuré*** *mis pasos para llegar a la parada del autobús.* SIN. **acelerar, apurar.** ANT. **retrasar, frenar.**

apretado, da ***adj.*** **1** Ajustado: *Le gusta usar ropa* ***apretada.*** **2** Atiborrado: *Tenemos una bodega* ***apretada*** *de mercancía y ya no cabe nada.* **3** Que es difícil de soltar o aflojar: *La cuerda tiene un nudo muy* ***apretado.*** **4** Que está escaso de dinero circunstancialmente: *Estos meses los pasaré* ***apretado*** *en mis gastos.* **5** Que es peligroso o difícil: *Vivimos una situación muy* ***apretada*** *durante la sequía.* **6** ***Méx. Fam.*** Ñoño, escrupuloso: *Hay gente* ***apretada*** *que no va ninguna fiesta.*

apretar ***vb. irreg.*** {tr.} **Modelo 3. 1** Estrechar con fuerza: *Luis* ***apretó*** *la mano de Carlos para saludarlo.* SIN. **estrechar. 2** Quedar justo y sin espacio para moverse: *A Lalo le* ***apretaban*** *los pantalones.* **3** Hacer un esfuerzo: *Al final de la carrera, el atleta* ***apretó*** *el paso para llegar en primer lugar.* **4** Obrar con mayor fuerza de lo normal: *En otoño las lluvias* ***aprietan*** *y hay que utilizar paraguas.* ANT. **aflojar.**

apretón ***m.*** **1** Presión fuerte y rápida: *Exprimió el limón con un firme* ***apretón.*** **2** Opresión causada por la excesiva aglomeración o concurrencia de gente en un lugar: *Sufro* ***apretones*** *todos los días en el transporte público.* **3** ***loc.*** **~ de manos,** acción de dar o darse la mano con energía y efusión: *Cerraron el trato con un* ***apretón de manos.***

apretujar ***vb.*** {tr. y prnl.} **1** Oprimir mucho: *Si quieres meter más ropa en tu equipaje, tendrás que* ***apretujarla*** *para hacerla caber.* **2** Apretarse varias personas en un recinto reducido: *En las ciudades grandes, la gente* ***se apretuja*** *en los autobuses para llegar a tiempo a su trabajo.*

apretujón ***m.*** Acción y resultado de apretujar: *Con tanta gente en el estadio de fútbol, los* ***apretujones*** *son inevitables.*

apretura ***f.*** **1** Aglomeración de personas en un espacio reducido. **2** Apuro, conflicto: *Las* ***apreturas*** *económicas por las que está pasando le han quitado el buen humor.*

aprieto ***m.*** Conflicto, apuro: *Mi familia está en un* ***aprieto*** *económico y no sabe cómo resolverlo.*

aprisa ***adv.*** Con rapidez: *"No puedo ir a tu lado, porque tú vas caminando muy* ***aprisa",*** *dije a mi padre.*

aprisco ***m.*** Lugar donde se recoge el ganado.

aprisionar ***vb.*** {tr.} Sujetar alguna cosa de manera que le resulta imposible o muy difícil moverse: *Las puertas del autobús* ***aprisionaron*** *a ese hombre y ya no pudo bajar.*

aprobación ***f.*** Hecho de aprobar, de aceptar o de consentir en algo: *Cuando la mamá de René dio su* ***aprobación,*** *él aceptó la invitación de su amigo para pasar las vacaciones en la montaña.*

aprobado, da ***adj.*** Que ha recibido el visto bueno, que ha superado con éxito las calificaciones escolares: *Todos los alumnos* ***aprobados*** *irán a la fiesta de fin de cursos.*

aprobar ***vb. irreg.*** {tr.} **Modelo 5. 1** Estar de acuerdo y aceptar la opinión o acción de otro u otros: *El director* ***aprobó*** *las decisiones del subdirector.* **2** Alcanzar en un examen la calificación suficiente: ***Aprobé*** *el examen de matemáticas con calificación de 10.*

aprobatorio, ria ***adj.*** Que implica una aprobación: *Tuvo un gesto* ***aprobatorio.***

apropiación ***f.*** Acción y resultado de apropiar o apropiarse de una cosa que no es suya: *Incurrió en el delito de* ***apropiación*** *indebida de bienes.*

apropiado, da ***adj.*** Que es adecuado para algo: *El compás es el instrumento* ***apropiado*** *para trazar círculos.*

apropiarse ***vb.*** {prnl.} Hacerse dueño de una cosa: *Noé* ***se apropió*** *del último pedazo de tarta sin preguntar si alguien más quería otro poco.*

aprovechado, da ***adj./m.*** y ***f.*** Que saca beneficio de cualquier cosa o situación: *Tu nuevo amigo no me cae bien: me da la impresión de que es un* ***aprovechado*** *y de que todo lo hace pensando en lo que puede obtener a cambio.*

aprovechar ***vb.*** {tr. y prnl.} **1** Emplear útilmente una cosa: *Mi padre* ***aprovechó*** *la oferta para comprar el espejo que necesitábamos.* ANT. **desperdiciar. 2** Sacar utilidad de alguien o algo, con astucia o abuso: *Los dos hermanos mayores* ***se aprovecharon*** *de los más pequeños y los mandaron a comprar algo de comer.*

aprovisionar ***vb.*** {tr.} Conseguir lo necesario, abastecer, proveer: *Mi madre* ***aprovisiona*** *la despensa cada semana con los productos de primera necesidad, como leche, huevo, carne, etcétera.*

aproximado, da ***adj.*** Que se acerca bastante a lo exacto: *El peso* ***aproximado*** *de ese paquete de cereal es de medio kilo.*

aproximar ***vb.*** {tr. y prnl.} Poner algo cerca de otra cosa, arrimar: ***"Aproxima*** *tu silla a la mía para que también puedas leer la carta de la tía", dijo mi madre.* SIN. **acercar.** ANT. **alejar.**

áptero, ra ***adj.*** Que no tiene alas: *La pulga es un insecto* ***áptero.***

aptitud ***f.*** Disposición y capacidad para realizar bien alguna actividad: *Mi* ***aptitud*** *para nadar me ha hecho ganar tres premios.*

apto, ta ***adj.*** Que es capaz o adecuado: *Ese juego de mesa es* ***apto*** *para niños de 5 a 8 años, así que lo voy a comprar para mi hija que tiene 7.*

apuesta ***f.*** Acuerdo al que llegan varias personas por medio del cual se compromete a pagar quien se equivoque: *Fabiola y yo hicimos una* ***apuesta*** *y como yo perdí, tuve que darle mi blusa preferida, tal como habíamos quedado.*

apuesto, ta ***adj.*** Persona atractiva, elegante: *Todas las chicas miraban al muchacho más* ***apuesto*** *de la fiesta.*

apunarse ***vb.*** {prnl.} ***Amér. Merid.*** Indisponerse por la falta de oxígeno que hay en las grandes alturas.

apuntado, da ***adj.*** Que termina en punta.

apuntador, ra ***m.*** y ***f.*** En el teatro, persona que dicta al actor lo que debe decir cuando a éste se le olvida parte del diálogo en una representación teatral.

apuntalar ***vb.*** {tr. y prnl.} Poner madera para sostener la pared o alguna otra cosa: *Los albañiles* ***apuntalaron*** *las paredes del viejo edificio para evitar que se derrumbaran.*

apuntar ***vb.*** {tr., intr. y prnl.} **1** Señalar hacia algún lugar: ***Apunté*** *con el dedo hacia la tienda de ropa para indicar a la señora dónde queda.* **2** Tomar nota por escrito: *Todos* ***apuntamos*** *lo dicho por el profesor, pues no debemos olvidarlo.* **3** Dirigir un arma hacia algo o alguien: ***Apuntó*** *al blanco y disparó exactamente al centro.* **4** Dictar a alguien lo que debe decir. **5** Empezar a manifestarse alguna cosa: ***Apuntaba*** *el día cuando aterrizó el avión en el aeropuerto y poco después, el sol brilló.* **6** Anotar en una lista o en un grupo a una o varias personas: ***Me apunté*** *en el equipo de fútbol de la escuela.*

apunte ***m.*** **1** Nota que se toma por escrito. **2** Resumen de las explicaciones de un profesor: *"¿Podrías prestarme tus* ***apuntes*** *de la clase de historia?", le pedí a Estela.*

apuntillar ***vb.*** {tr.} Rematar al toro con la puntilla.

apuñalar ***vb.*** {tr.} Herir a una persona con un cuchillo o puñal: *En el filme de ayer, el asesino siempre* ***apuñalaba*** *a sus víctimas.*

apurado, da ***adj.*** **1** Que se halla en una situación difícil: *Está en un momento* ***apurado*** *por la acusación en su contra.* **2** Que está agobiado o con mucho trabajo: *Se le ve muy* ***apurado*** *preparando la oferta para los nuevos clientes.* **3** Escaso de dinero circunstancialmente: *La empresa está muy* ***apurada*** *por la falta de liquidez.* **4** Con prisa: *Realizó un* ***apurado*** *resumen antes de dar su conferencia.*

apurar ***vb.*** {tr. y prnl.} **1** Acabar con algo, sin que quede nada: *Mi amigo* ***apuró*** *el vaso de limonada y luego ya no tuvo más para beber.* **2** Realizar las cosas con prisa: ***"Apurémonos*** *para llegar antes que los demás", dije a mis compañeros de equipo.* **3** Sentir preocupación por algún evento: *"No* ***te apures,*** *no va a pasar nada si no terminas hoy de leer el libro", me aconsejó Rogelio.*

apuro ***m.*** **1** Dificultad, escasez grande: *Hay familias que tienen* ***apuros*** *económicos y pierden sus casas.* **2** Vergüenza o situación incómoda provocada por algo: *"Me da* ***apuro*** *que mis amigos me vean así, en pijama y sin peinar", dijo la vanidosa de mi hermana.*

aquejado, da ***adj.*** Afectado por una enfermedad, dolor, aflicción o angustia: *Es un anciano* ***aquejado*** *por la artritis.*

aquejar ***vb.*** {tr.} Sufrir alguien un padecimiento o una enfermedad: *Hace algunos años le* ***aquejaron*** *las reumas, pero con un estricto tratamiento sanó por completo.*

aquel, lla ***adj.*** Adjetivo demostrativo que designa lo que está más lejos de la persona que habla y de la persona con quien se habla: *No me gusta esta bicicleta, prefiero* ***aquella*** *motocicleta de color negro.*

aquél, lla ***pron.*** Pronombre demostrativo que se utiliza en lugar del nombre que designa lo que está más lejos de la persona que habla y de la persona con quien se habla: *No quiero este libro, sino* ***aquél*** *de atrás.*

aquelarre ***m.*** Fiesta ritual hecha por brujos: *El pintor español Francisco de Goya realizó unas tintas de* ***aquelarres*** *en las que se ven brujos y brujas danzando a mitad del bosque.*

aquello ***pron.*** Pronombre demostrativo neutro que significa aquella cosa.

aquenio ***m.*** Fruto seco con una sola semilla: *La bellota es un* ***aquenio.***

aqueo, a ***adj./m.*** y ***f.*** Perteneciente a un pueblo de la Antigua Grecia.

aquí ***adv.*** **1** En este lugar: *Estamos* ***aquí*** *desde que llegó el tren por la mañana.* **2** Ahora, en este momento: *Espero poder regresar a mi casa de* ***aquí*** *a tres días.*

aquiescencia ***f.*** Conformidad, que se hace con consentimiento o autorización: *Gracias a la* ***aquiescencia*** *del director pudimos salir adelante en el proyecto.*

aquietar ***vb.*** {tr. y prnl.} Ponerse o poner a otros en un estado de tranquilidad: *Los niños andaban gritando por todo el salón hasta que llegó el director y los* ***aquietó.***

aquilatar ***vb.*** {tr.} **1** Medir los quilates de una piedra o metal preciosos: *Le pedí al joyero que* ***aquilatara*** *mi anillo de oro para saber cuánto vale.* **2** Apreciar el valor o mérito de una persona o cosa: *Decidió tomar el trabajo después de que* ***aquilató*** *todas las ventajas.*

aquilino, na ***adj.*** De rostro aguileño, largo y afilado: *Sus facciones* ***aquilinas*** *evidenciaron su ascendencia.*

ara ***f.*** **1** Altar. **2** ***loc. pl.*** **En ~ de,** en honor de, por: *Casi todos los héroes de la televisión luchan* ***en aras de*** *la justicia.*

árabe ***adj./m.*** y ***f.*** **1** Originario de Arabia. **2** Relativo a los pueblos islámicos.

árabe ***m.*** Lengua hablada por los pueblos árabes: *Mi hermano habla bien el* ***árabe*** *porque vivió muchos años en Arabia.*

arabesco ***m.*** Decoración pintada o esculpida, a base de figuras geométricas entrelazadas, que se usa en la arquitectura árabe.

arábigo, ga ***adj.*** Perteneciente o relativo a Arabia o a los países islámicos del Cercano Oriente o norte de África: *En la clase nos enseñaron los números* ***arábigos.***

arabismo ***m.*** Palabra o giro árabe incorporado a otra lengua: *Las palabras "noria" y "ojalá" son* ***arabismos*** *del idioma español.*

arácnido, da ***adj./m.*** Relativo a los artrópodos sin antenas, con cuatro pares de patas y con cefalotórax: *La araña y el escorpión son* ***arácnidos.***

arado ***m.*** Instrumento que sirve para hacer surcos en la tierra.

aralia ***f.*** Arbusto de hojas gruesas, grandes y recortadas, con flores blancas y pequeñas.

arameo ***m.*** Lengua que en la Antigüedad tuvo gran difusión en el oeste de Asia.

arameo, a ***adj./m.*** y ***f.*** De un antiguo pueblo nómada semita.

arancel ***m.*** Impuesto que se exige en las aduanas.

arándano ***m.*** **1** Arbusto de fruto comestible. **2** Fruto de este arbusto.

arandela ***f.*** Pieza plana y redonda, con un agujero en el centro.

araña ***f.*** **1** Arácnido de ocho patas, con un par de uñas en la boca y órganos que producen hilos de seda con los que hace una especie de red para atrapar a sus presas. **2** Lámpara de techo con varios brazos.

arañar ***vb.*** {tr.} Rasgar ligeramente la piel con las uñas o con algún objeto con filo: *El gato me* ***arañó*** *el brazo.*

arañazo ***m.*** **1** Acción y efecto de arañar. **2** Señal que queda en la piel al arañar o raspar: *Me dejó un* ***arañazo*** *en la espalda.*

arar ***vb.*** {tr.} Abrir surcos en la tierra con el arado: *Los campesinos* ***aran*** *antes de sembrar las semillas.*

arauaco, ca ***adj./m.*** y ***f.*** Pueblo amerindio que se extendió por toda la costa norte de América del Sur, hasta el río Paraguay, y que ocupó también parte de las Antillas: *Los* ***arauacos*** *aún visten con taparrabos; son un pueblo que ya casi desaparece.*

araucano, na ***adj./m.*** **y** ***f.*** De un pueblo amerindio que habita en Chile y Argentina.

arawak ***m.*** Familia lingüística de América del Sur que comprende más de cien dialectos, aunque es hablada por muy pocas personas pertenecientes a las tribus de arauacos.

arazá ***m. Argent., Par.*** y ***Urug.*** Árbol originario de Uruguay que mide hasta 7 metros de alto, de copa ancha y de madera dura y flexible, de sus frutos se hacen dulces.

arbitral ***adj.*** De o del árbitro: *Los peritos manifestaron una sentencia **arbitral.***

arbitrar ***vb.*** {tr.} Juzgar algo como árbritro: *Teresa **arbitró** en la discusión sobre literatura que sostuvieron sus primos.*

arbitrariedad ***f.*** Acto regido por la voluntad o el capricho: *"Considero que fue una **arbitrariedad** haber castigado tan duro a los niños, porque en realidad no se lo merecían", dijo el director de la escuela a un profesor.*

arbitrario, ria ***adj.*** **1** Que depende del arbitrio. **2** Que procede con arbitrariedad.

arbitrio ***m.*** Facultad de decidir por cuenta propia: *"Tú puedes usar tu **arbitrio** para decidir si quieres usar la blusa blanca o la azul", dije a mi hermana.*

árbitro ***m.*** **1** Persona que dirige un encuentro deportivo: *El **árbitro** amonestó por segunda ocasión al mejor delantero del equipo.* SIN. **réferi. 2** Persona elegida para solucionar un conflicto: *El abogado se convirtió en el **árbitro** del divorcio.*

árbol ***m.*** **1** Planta que puede alcanzar gran altura, con tallo grueso que se ramifica: *Creo que los robles son mis **árboles** favoritos.* **2** Representación convencional o cuadro descriptivo de una estructura: *Pedro elaboró un **árbol** de los componentes químicos más importantes y sus derivados.* **3** *loc.* **~ genealógico,** descripción que indica la ascendencia o descendencia de los miembros de una familia: *Mis padres, mis tíos, mis abuelos, mis hermanos y yo formamos un **árbol genealógico.***

arbolado, da ***adj.*** **1** Se aplica al lugar que está poblado de árboles: *Las casas se ubican en una zona **arbolada.*** **2** Conjunto de árboles.

arbolar ***vb.*** {tr. y prnl.} Plantar árboles en un terreno: *El gobierno **arboló** miles de hectáreas de las regiones norteñas.*

arboleda ***f.*** Sitio poblado de árboles: *La carretera cruza una **arboleda** y poco después hay un claro donde está nuestra cabaña.*

arbóreo, rea ***adj.*** Que es semejante al árbol o relativo a él.

arborescencia ***f.*** **1** Propiedad que hace que una cosa se desarrolle en forma de árbol. **2** Semejanza de ciertos minerales o cristalizaciones con la ramificación de un árbol.

arborescente ***adj.*** Que tiene forma o aspecto de árbol: *Adornó un rincón del jardín con helechos **arborescentes.***

arborícola ***adj.*** Se dice de los animales que viven en los árboles: *Los monos, aves, ardillas y otros animales **arborícolas** corren serio peligro por la destrucción de los bosques.*

arboricultor, ra ***m.*** y ***f.*** Persona que se dedica a la arboricultura.

arboricultura ***f.*** Disciplina que trata sobre el cultivo de los árboles.

arbotante ***m.*** En arquitectura, arco exterior que se ve sobre todo en las iglesias y monasterios góticos.

arbustivo, va ***adj.*** Que tiene la naturaleza o las características del arbusto: *El tomillo es una planta **arbustiva.***

arbusto ***m.*** Planta más pequeña que un árbol, cuyas ramas crecen desde el suelo: *Como no hay suficiente espacio en el jardín, decidieron plantar **arbustos** en vez de árboles.*

arca ***f.*** Caja grande de madera, con tapa plana: *Mi mamá guarda los manteles en un **arca** porque no caben en un cajón, que es más pequeño.*

arcabuz ***m.*** Antigua arma de fuego: *Los **arcabuces** se usaron entre los siglos XIV y XVI.*

arcabuzazo ***m.*** Tiro de arcabuz: *Dice la leyenda que al héroe lo mató un **arcabuzazo** certero.*

arcada ***f.*** **1** Serie de arcos: *Hay plazas que tienen una bella **arcada** de piedra.* **2** Contracción del estómago que precede al vómito: *Oler huevo podrido me produce **arcadas.*** SIN. **asco, náusea.**

arcaico, ca ***adj.*** Que es muy antiguo: *En tiempos **arcaicos** el hombre primitivo habitaba en cuevas.*

arcaísmo ***m.*** Voz o frase que ya no está en uso.

arcángel ***m.*** Ángel de un orden superior: *La Iglesia Catolica reconoce a los **arcángeles** Gabriel, Miguel y Rafael.*

arcano, na ***adj./m.*** y ***f.*** Cosa oculta y difícil de conocer. SIN. **secreto.**

arce ***m.*** Árbol de gran altura y madera muy dura, que crece en las regiones templadas y tiene frutos secos.

archiduque, quesa ***m.*** y ***f.*** Título que se le da a los príncipes y princesas de la casa de Austria: *El **archiduque** Maximiliano, emperador de México de 1864 a 1867, era hermano del emperador Francisco José.*

archimandrita ***m.*** Superior de ciertos monasterios ortodoxos.

archipiélago ***m.*** Conjunto de islas cercanas entre sí, por lo que forman un grupo: *Cuba, Jamaica, Puerto Rico y Santo Domingo pertenecen al **archipiélago** de las Antillas.*

archivar ***vb.*** {tr.} Guardar papeles clasificados de manera debida en un lugar específico: *La maestra **archivó** en un cajón de su escritorio los exámenes del mes pasado, después de haberlos calificado.*

archivero, ra ***m.*** y ***f.*** **1** Archivista o persona encargada de un archivo. **2** ***m. Méx.*** Mueble o caja que sirve para guardar documentos o fichas.

archivista ***m.*** y ***f.*** Persona encargada de un archivo: *El **archivista** conoce bien la ubicación del expediente que necesitas.*

archivo ***m.*** **1** Mueble o local en que se guardan documentos: *En muchos países hay **archivos** donde se guardan papeles importantes para la historia.* **2** Conjunto de documentos que se guardan en un local o mueble llamado archivo: *Ese dentista lleva un **archivo** de la situación en que están todos sus pacientes, y así controla mejor su salud dental.* **3** En informática, conjunto de datos a los que se pone un título: *En mi computadora tengo un **archivo** con todos mis datos personales.*

arcilla ***f.*** Roca sedimentaria impermeable que mezclada con agua sirve para hacer vasijas y adornos: *Mi hermanito rompió el jarrón de **arcilla** que le regalé a mi mamá el día de su cumpleaños.*

arcipreste ***m.*** En la Iglesia católica, párroco que, por nombramiento del obispo, tiene autoridad sobre los otros párrocos de su circunscripción: *En la clase de literatura estudiamos la obra del **arcipreste** de Hita.*

arco ***m.*** **1** Parte de curva comprendida entre dos puntos: *Esa ventana está construida en forma de **arco,** no de cuadrado.* **2** Arma para lanzar flechas: *Muchos pueblos primitivos cazaban con **arco** y flecha.* **3** En arquitectura, construcción en forma de curva. **4** En música, varilla con la que se hace vibrar las cuerdas de un instrumento: *Para tocar el violín se utiliza un **arco** que hace sonar las cuerdas.* **5** *loc.* **~ iris,** líneas curvas de varios colores que aparecen en el cielo cuando hay lluvia y sol al mismo tiempo: *El cuento dice que al final del **arco iris** hay una olla llena de monedas de oro.*

arcón ***m.*** Arca grande.
arder ***vb.*** {intr.} **1** Estar encendido o quemándose algo: *La leña seca **arde** bien.* **2** Estar muy agitado por una pasión o estado de ánimo: *Pablo está que **arde** de coraje porque lo han despedido injustamente.*
ardid ***m.*** Artimaña para lograr algún fin: *Antonio utilizó un **ardid** para poder ir a la fiesta, porque sus padres no querían darle permiso.* SIN. **triquiñuela.**
ardiente ***adj.*** **1** Que es o está muy caliente: *En verano, la arena de la playa se pone tan **ardiente** que nos quema los pies.* **2** Relativo a la pasión.
ardilla ***f.*** Mamífero roedor de cola larga y tupida, muy inquieto y ágil: *Me pasé un buen rato viendo las **ardillas** que subían y bajaban del árbol.*
ardor ***m.*** **1** Energía con la que se realiza algo: *Trabajamos con **ardor** en el experimento que nos dejó el maestro de biología.* **2** Sensación de calor tan fuerte que molesta: *No me gusta estar mucho tiempo en la playa por el **ardor** que me producen los rayos del sol.* **3** Encendimiento de las pasiones: *En la obra de Shakespeare, Romeo y Julieta se amaron con **ardor** hasta que tuvieron una muerte inesperada.*
arduo, dua ***adj.*** Muy difícil: *Subir una cuesta en bicicleta es un esfuerzo **arduo.***
área ***f.*** **1** Terreno comprendido entre unos límites concretos: *El avión acaba de llegar al **área** de aterrizaje.* **2** Medida de superficie que equivale a cien metros cuadrados. **3** Conjunto de asignaturas o ideas vinculadas con un tema: *En el **área** de medicina también se enseñan biología, química y anatomía.* **4** En el fútbol, zona del terreno de juego situada junto a la portería.
arena ***f.*** **1** Grupo de partículas que se forma cuando se rompe un mineral: *Hay playas donde la **arena** es tan fina que parece talco.* **2** Lugar de combate o lucha: *En la **arena** "Los dos de tres" se enfrentaron ayer dos luchadores muy famosos.* **3** Ruedo de las plazas de toros.
arenal ***m.*** Extensión grande de terreno arenoso.
arenga ***f.*** Discurso solemne y que enciende los ánimos: *El entrenador dirigió una **arenga** a sus jugadores para animarlos a obtener el triunfo.*
arengar ***vb.*** {tr. e intr.} Decir una arenga públicamente: *El entrenador **arengó** a los deportistas para que mejoraran su rendimiento.*
arenisca ***f.*** Roca formada por pequeños granos de cuarzo.
arenoso, sa ***adj.*** Que está cubierto o lleno de arena: *Acampamos en un terreno **arenoso,** porque era la única manera de no alejarnos demasiado del mar.*
arenque ***m.*** Pez semejante a la sardina, de 20 a 30 centímetros de largo, apreciado por su carne.
areola o **aréola** ***f.*** En anatomía, círculo rojizo que rodea el pezón.
areómetro ***m.*** Instrumento para determinar la densidad de los líquidos. SIN. **densímetro.**
areópago ***m.*** Tribunal supremo de la antigua Atenas.
arepa ***f. Amér. C.*** y ***Amér. Merid.*** Pan de maíz, amasado con huevos y manteca.
arequipe ***f. Colomb.*** y ***Perú.*** Postre de leche.
arete ***m.*** Pendiente que se usa en las orejas: *Después de arreglarse cuidadosamente, la joven se puso unos **aretes** de plata que destacaban en sus orejas pequeñas: ya estaba lista para su cita.*
argamasa ***f.*** Mezcla de cal, arena y agua, que se utiliza en construcciones: *Los albañiles prepararon la **argamasa** para ponerla entre los ladrillos y así poder pegarlos.*
argelino, na ***adj./m.*** y ***f.*** Originario de Argelia, país del noroeste de África.
argentífero, ra ***adj.*** Mineral o roca que contiene plata.
argentino, na ***adj./m.*** y ***f.*** Originario de Argentina, país de América del Sur.
argolla ***f.*** Aro grueso que sirve para sujetar algo a él: *La vaca está atada a la **argolla** del establo.*
argón ***m.*** Elemento químico gaseoso e incoloro que se halla en el aire, de símbolo Ar y número atómico 18.
argonauta ***m.*** Cada uno de los héroes de la mitología griega que, a bordo de la nave Argos, acompañaron a Jasón en sus aventuras: *Los **argonautas** pasaron grandes peligros para conquistar el vellocino de oro.*
argot ***m.*** **Palabra de origen francés.** Lenguaje específico de un grupo social o profesional: *Cuando mi primo empieza a hablar de química no entiendo el **argot** que utiliza.*
argucia ***f.*** Argumento falso presentado con agudeza: *Con una **argucia** inteligente, Manuel se salvó de que lo sacaran del salón de clases.*
argüende ***m. Méx.*** **1** Disputa. **2** Chismorreo.
argüendear ***vb.*** {tr. y prnl.} ***Méx.*** Chismorrear.
argüendero, ra ***adj. Méx.*** Chismoso, alborotador.
argüir ***vb. irreg.*** {tr.} **Modelo 59.** Dar razones a favor o en contra de algo: *Rogelio **arguyó** en su propia defensa que el otro conductor era culpable del choque porque estaba ebrio.* SIN. **argumentar.**
argumentación ***f.*** Conjunto de razonamientos y explicaciones que apoyan o niegan una afirmación: *Con hábiles **argumentaciones,** el abogado echó por tierra la versión del acusador.*
argumental ***adj.*** Relativo al argumento: *Por necesidades **argumentales,** la actriz tuvo que cortar su pelo a rape.*
argumentar ***vb.*** {tr.} Presentar argumentos o pruebas.
argumento ***m.*** **1** Asunto de una obra: *El **argumento** de la novela Robinson Crusoe trata de un náufrago que sobrevive durante mucho tiempo en una isla deshabitada.* SIN. **guión, trama.** **2** Razonamiento empleado para apoyar o negar una afirmación: *Damián dio un **argumento** para convencer a su madre de que lo dejara ir a la fiesta y al final la convenció.*
aria ***f.*** En música, composición escrita para la voz, que se acompaña con uno o más instrumentos: *El tenor interpretó un **aria** que conmovió a los espectadores.*
aridez ***f.*** Condición de árido, seco o falto de humedad: *La **aridez** del norte de Chile es una de las más extremas del mundo.*
árido, da ***adj.*** **1** Lugar seco y estéril: *Los desiertos son zonas **áridas.*** **2** Que es difícil, complicado: *Ese filme resultó muy **árido** y entonces decidí ver otro más entretenido.*
aries ***adj./m.*** y ***f.*** Uno de los doce signos del zodiaco, comprendido entre el 21 de marzo y el 19 de abril, su símbolo es un carnero.
ariete ***m.*** **1** Antigua máquina de guerra que se usaba para romper murallas o puertas. **2** En fútbol, delantero centro de un equipo.
ario, ria ***adj./m.*** y ***f.*** **1** De un pueblo primitivo originario del centro de Asia. **2** En las doctrinas racistas, de raza blanca: *Los nazis consideraban que los alemanes eran de raza **aria** y, por lo tanto, superiores.*
arisco, ca ***adj.*** Persona o animal huidizo y malhumorado: *El nuevo empleado es muy **arisco,** por eso no tiene amigos.* SIN. **huraño, insociable.** ANT. **sociable, agradable.**
arista ***f.*** En matemáticas, línea de intersección de dos planos que se cortan.
aristocracia ***f.*** Grupo de personas que poseen títulos nobiliarios: *Los condes y los duques forman parte de la **aristocracia.*** SIN. **nobleza.**

aristócrata ***m.*** y ***f.*** Persona que posee título de nobleza: *En la clase de historia el maestro nos habló de los **aristócratas** del siglo XVIII, y nos dijo que vivían en grandes palacios y vestían lujosamente.* SIN. **noble.**
aristocrático, ca ***adj.*** **1** De la aristocracia: *Algunas playas se han convertido en sitios **aristocráticos** donde todo es carísimo.* **2** Que es fino y distinguido: *Sus gestos son **aristocráticos** y discretos.*
aritmética ***f.*** Ciencia que estudia las propiedades de los números y las operaciones numéricas: *Las sumas, restas, multiplicaciones y divisiones son operaciones de la **aritmética.***
aritmético, ca ***adj.*** Que tiene relación con la aritmética: *Como tarea debo resolver varias operaciones **aritméticas.***
arlequín ***m.*** Bufón que lleva traje con rombos de distintos colores: *En la fiesta del otro día había payasos y **arlequines** que nos hacían reír.*
arma ***f.*** **1** Instrumento o medio para atacar o defenderse: *Las **armas** de algunos animales son sus dientes y sus garras.* **2** *loc.* **~ de dos filos,** aquello que puede ser muy bueno, pero que también puede volverse contra uno: *Correr para llegar antes a un lugar es un **arma de dos filos,** ya que puedes ser el primero en llegar, o puedes caerte y llegar al último.* **3** *loc. pl.* **De ~ tomar,** persona decidida: *Elena es **de armas tomar** y no dudó en aceptar el empleo aunque nunca ha trabajado en ese ramo.* **4** *loc. pl.* **Pasar por las ~,** fusilar a una persona: *Durante las guerras, los ejércitos **pasan por las armas** a mucha gente.*
armada ***f.*** Fuerzas navales de un Estado: *La **armada** de mi país cuida las fronteras marítimas.*
armado, da ***adj.*** **1** Se aplica a quien lleva consigo un arma: *Los policías son hombres **armados** con metralletas y toletes.* **2** Se aplica al hormigón que llevan en su interior un armazón metálico.
armadillo ***m.*** Mamífero con el cuerpo cubierto por un caparazón: *Los **armadillos** se enroscan cuando se sienten amenazados.*
armador, ra ***m.*** y ***f.*** Persona que equipa un barco con fines comerciales.
armadura ***f.*** Traje metálico que se usaba antes para proteger el cuerpo de los soldados: *En la Edad Media, los guerreros se cubrían con fuertes **armaduras** que sólo dejaban los ojos descubiertos.*
armamentismo ***m.*** Acumulación de armamento como medio de disuasión: *El **armamentismo** de algunas potencias es una constante amenaza para el mundo.*
armamentista ***adj.*** De la industria de armas de guerra.
armamentista ***m.*** y ***f.*** Adepto al armamentismo.
armamento ***m.*** Armas y material bélico utilizado por los ejércitos: *Las granadas forman parte del **armamento** que un soldado usa para combatir al enemigo.*
armar ***vb.*** {tr., intr. y prnl.} **1** Proveer de armas: *El general decidió **armar** a sus soldados para la batalla.* **2** *Fam.* Provocar algún suceso: *Un hombre violento **armó** un escándalo al final de la fiesta.* **3** Montar las diferentes partes que forman un objeto: *Mis hermanos **armaron** el rompecabezas que les regalaron.* **4** Disponer el ánimo para lograr o soportar algo: *"**Ármate** de valor y pasarás la prueba sin problemas", dije a mi sobrino.*
armario ***m.*** Mueble grande que tiene estantes, cajones y perchas para guardar ropa: *"Guarda tu saco en el **armario**", me dijo el anfitrión de la fiesta.*
armatoste ***m.*** Cosa grande, tosca, pesada y poco útil: *Mi viejo televisor es un **armatoste,** porque es grandísimo y no se ve bien.* SIN. **mamotreto.**
armazón ***m.*** Conjunto de piezas sobre las que se arma o sostiene algo: *Los pintores instalaron un **armazón** de madera para alcanzar a pintar la fachada de la casa.*
armella ***f.*** Anillo de metal con una espiga o tornillo para clavarlo: *Pusimos dos **armellas** en la puerta para poder cerrarla con candado.*
armería ***f.*** **1** Tienda en que se venden armas y municiones. **2** Museo de armas. **3** Arte de fabricar armas: *Se dedica a la **armería** y cada pieza que fabrica es única.*
armero ***m.*** El que fabrica, vende o custodia armas.
armiño ***m.*** Mamífero pequeño, parecido a la comadreja, de piel parda en verano y muy blanca en invierno: *La piel blanca del **armiño** se ha utilizado para hacer prendas de vestir, pero ya está prohibida su caza.*
armisticio ***m.*** Suspensión de las hostilidades entre dos bandos enemigos: *Cuando se declaró el **armisticio,** los soldados dejaron de pelear.* SIN. **tregua.**
armonía o **harmonía** ***f.*** **1** Arte de formar los acordes musicales: *Durante el concierto, los instrumentos sonaron con **armonía** y la sinfonía se escuchó preciosa.* **2** Proporción y concordancia de unas cosas con otras: *El maestro de arte me dijo que faltaba **armonía** en mi trabajo, ya que hice los gatos más grandes que los árboles.*
armónica ***f.*** Instrumento musical de viento, con lengüetas que vibran al soplar y al aspirar: *"No debes soplar muy fuerte a la **armónica** para que no se distorsione el sonido", me dijo el maestro.*
armónico, ca ***adj.*** De sonido agradable: *Muchas aves tienen canto **armónico.***
armonioso, sa ***adj.*** **1** Que suena agradablemente: *Los cantantes de ópera poseen una voz **armoniosa.*** **2** Que tiene equilibrio: *En la danza clásica, los movimientos de los bailarines son **armoniosos.***
armonizar ***vb.*** {tr.} **1** Poner en armonía: *Juan **armonizó** muy bien la decoración de su casa, todas las cosas hacen juego entre sí.* **2** En música, apoyar una melodía con un acompañamiento, en general con acordes.
ARN ***m.*** Abreviatura de "ácido ribonucleico", agente fundamental en la síntesis de las proteínas.
arnés ***m.*** Armadura de guerra: *El guerrero se ponía el **arnés** cuando iba a luchar, para protegerse.*
árnica ***f.*** Planta medicinal, de unos cincuenta centímetros de altura, de flores y raíces muy olorosas, que se usa para aliviar inflamaciones producidas por golpes o torceduras.
aro ***m.*** **1** Pieza en forma de circunferencia: *Alrededor de los barriles se ponen **aros** metálicos.* **2** *loc.* **Entrar al ~,** dejar de resistirse a hacer algo, disciplinarse: *"Tendrás que hacerme caso y **entrar al aro** para que podamos vencer al otro equipo", me exigió el entrenador.*
aroma ***m.*** Perfume, olor muy agradable: *Me gustan los jazmines porque tienen un **aroma** maravilloso.*
aromar ***vb.*** {tr.} Aromatizar: *Le gusta **aromar** su casa con olores de copal o lavanda.*
aromático, ca ***adj.*** **1** Se aplica a las cosas que despiden aroma, perfume, fragancia u olor. **2** Se aplica a las plantas que desprenden un olor penetrante y característico: *La hierbabuena es muy **aromática.*** **3** Se refiere a los compuestos en cuya molécula hay, como mínimo, un núcleo bencénico: *El benceno y el tolueno son **aromáticos.***
aromatizar ***vb.*** {tr.} Dar aroma: *El ramo de flores **aromatizó** la habitación con su perfume.*
arpa ***f.*** Instrumento musical de cuerda, de forma triangular, que se toca con las dos manos: *Anoche escuchamos a un músico que tocó un concierto de **arpa.***
arpegio ***m.*** En música, ejecución sucesiva de las notas de un acorde: *A Macaria le gusta estudiar piano y disfruta*

particularmente los ejercicios de ***arpegios*** *que le deja su maestro.*

arpía ***f.*** **1** Ser fantástico de la mitología griega, con cabeza de mujer y cuerpo de ave. **2** ***Fam.*** Mujer perversa.

arpillera ***f.*** Tejido tosco de estopa que se utiliza para hacer sacos. SIN. **guangoche.**

arpista ***m.*** y ***f.*** Persona que toca el arpa.

arpón ***m.*** Instrumento con mango y punta de hierro, usado para la pesca: *Antes se usaba el* ***arpón*** *para pescar ballenas.*

arponero, ra ***m.*** y ***f.*** **1** Persona que caza o pesca con arpón: *Muchos* ***arponeros*** *son especialistas en cazar tiburones y ballenas.*

arquear ***vb.*** {tr. y prnl.} Dar o tomar la forma de arco: *La gimnasta* ***arqueó*** *la espalda y se mantuvo con las manos y los pies en el piso.*

arqueolítico, ca ***adj.*** Relativo a la Edad de Piedra.

arqueología ***f.*** Ciencia que analiza los restos de actividad humana para estudiar las civilizaciones antiguas: *Mi hermano estudió* ***arqueología*** *y ahora trabaja en un lugar donde descubrieron una pirámide maya.*

arqueólogo, ga ***m.*** y ***f.*** Persona que se dedica a buscar y estudiar restos de las antiguas civilizaciones.

arquero, ra ***m.*** y ***f.*** **1** Persona que utiliza arco y flechas para disparar: *El héroe legendario inglés Robin Hood fue un* ***arquero*** *muy famoso.* **2** Jugador de fútbol que cuida que no anote el equipo contrario; es el único jugador que puede tocar el balón con las manos: *En los últimos minutos del partido, el* ***arquero*** *detuvo el veloz remate del delantero.* SIN. **portero, guardameta, guardavalla.**

arquetipo ***m.*** Modelo ideal de personas o cosas: *Las estatuas griegas y romanas son el* ***arquetipo*** *de la belleza física.*

arquitecto, ta ***m.*** y ***f.*** Persona encargada de dibujar los planos de una construcción y de dirigir su realización: *El* ***arquitecto*** *nos dijo que la construcción de la casa se llevará alrededor de seis meses.*

arquitectura ***f.*** **1** Arte de proyectar y construir edificios: *Yo creo que ese niño va a estudiar* ***arquitectura,*** *porque siempre está haciendo planos e ideando construcciones.* **2** Grupo de edificios de una época que representan un mismo estilo: *La antigua ciudad de Chichén Itzá, en Yucatán, México, es un ejemplo de la* ***arquitectura*** *que desarrollaron los antiguos mayas.*

arquitrabe ***m.*** En arquitectura, parte inferior del techo o parte superior de una construcción.

arrabal ***m.*** Barrio situado en las afueras de una población.

arrabalero, ra ***adj.*** **1** Propio de los arrabales: *A Marcelo le gusta adoptar un tono* ***arrabalero*** *cuando habla.*

arracada ***f.*** Arete, por lo general en forma circular: *Su mamá perforó las orejas a la niña recién nacida y le puso unas pequeñas* ***arracadas*** *de oro.* SIN. **zarcillo.**

arraigado, da ***adj.*** Que ha echado raíces, muy firme: *María tiene la* ***arraigada*** *costumbre de tomar café a todas horas.*

arraigar ***vb. irreg.*** {intr. y prnl.} **Modelo 17. 1** Echar raíces una planta: *El árbol* ***ha arraigado*** *en el jardín.* **2** Establecerse en un lugar: *Cuando mis abuelos llegaron de España a América, vivieron en diferentes países durante algunos años y luego* ***se arraigaron*** *en México.*

arraigo ***m.*** Acción y resultado de arraigar o arraigarse: *Se encuentra en* ***arraigo*** *domiciliario.*

arrancar ***vb. irreg.*** {tr. e intr.} **Modelo 17. 1** Sacar con violencia una cosa del lugar al que está adherida o sujeta: *El campesino* ***arranca*** *de la tierra las hierbas dañinas para su cosecha.* **2** Iniciar el funcionamiento de una máquina: *El automóvil no* ***arrancaba*** *porque falló la batería.* **3** Obtener algo con violencia, esfuerzo o astucia: *El ladrón le* ***arrancó*** *el collar a la señora que iba caminando por la calle.*

arranciar ***vb.*** {prnl.} Poner rancio: *Las galletas se* ***arranciaron*** *por quedarse guardadas en la alacena.*

arrancón ***m. Méx.*** Echar a andar bruscamente un automóvil o vehículo: *Hay jóvenes que juegan* ***arrancones*** *clandestinos en los suburbios de la ciudad.*

arranque ***m.*** **1** Parte o mecanismo que permite poner en movimiento algo, en particular una máquina o motor: *No pudimos llegar a tiempo porque el* ***arranque*** *del auto tuvo problemas.* **2** Ímpetu de un sentimiento o una acción: *Evita esos* ***arranques*** *de gritos violentos que no te llevan a ningún lado.*

arras ***f. pl.*** En algunos lugares, donación que el novio hace a la novia cuando contraen matrimonio religioso.

arrasado, da ***adj.*** **1** Que ha sufrido arrasamiento: *La playa* ***arrasada*** *atestigua los estragos del huracán.* **2** Se aplica al tejido parecido al raso.

arrasador, ra ***adj.*** Capaz de arrasar: *Tiene un temperamento* ***arrasador.***

arrasar ***vb.*** {tr. y prnl.} **1** Echar por tierra, destruir: *El huracán* ***arrasó*** *el pueblo y ahora van a tener que reconstruirlo.* **2** Llenarse los ojos de lágrimas: *Cuando supo la mala noticia,* ***se*** *le* ***arrasaron*** *los ojos de lágrimas.*

arrastrar ***vb.*** {tr. y prnl.} **1** Mover a una persona o cosa por el suelo, tirando de ella: *Mis amigos y yo* ***arrastramos*** *el armario para cambiarlo de lugar.* **2** Humillarse indignamente para conseguir algo: *"No debes* ***arrastrarte*** *ante tu jefe para conseguir el aumento de salario, mejor actúa con dignidad", aconsejé a mi hermana.*

arrayán ***m.*** Árbol de unos tres metros de altura con follaje siempre verde, de pequeñas flores blancas y olorosas, con su fruto, que es ácido y perfumado, se preparan dulces. SIN. **mirto.**

¡arre! ***interj.*** Se usa para arrear a las bestias: *El caballo no quería avanzar por más que tiraba de las riendas y le decía* ***"¡arre!"***

arrear ***vb.*** {tr.} **1** Estimular a las bestias para que anden. **2** ***Fam.*** Apresurar a una persona: *Hay que* ***arrear*** *a tu hermano para que termine de comer porque siempre se tarda mucho.*

arrebatador, ra ***adj.*** Que llama mucho la atención: *La forma de mirar de esa mujer es* ***arrebatadora.***

arrebatar ***vb.*** {tr.} Tomar, quitar o llevarse con violencia, fuerza o precipitación: *Un ladrón* ***arrebató*** *el bolso a una señora.*

arrebato ***m.*** Sentimiento repentino que provoca que se haga algo sin pensarlo: *Tuvo un* ***arrebato*** *de cólera y golpeó a uno de nuestros amigos.*

arrebolar ***vb.*** {tr. y prnl.} Poner rojo: *Las mejillas de la muchacha* ***se arrebolaron*** *al escuchar el piropo.*

arrebujar ***vb.*** {tr. y prnl.} **1** Arrugar cosas, especialmente las prendas de vestir: *Como no tuve tiempo de guardarlo,* ***arrebujé*** *en la cama el pantalón que me puse ayer.* **2** Cubrir y envolver bien con ropa: *Era tal el frío que mi tío* ***se arrebujó*** *con una colcha enorme.*

arreciar ***vb.*** {tr. e intr.} Aumentar en fuerza o intensidad: *La lluvia* ***arrecia*** *en las tardes de otoño.*

arrecife ***m.*** Grupo de rocas que se encuentra bajo el mar a muy poca profundidad.

arreglado, da ***adj. Méx.*** Ordenado: *Dejó la casa* ***arreglada*** *antes de salir al mercado.*

arreglar ***vb.*** {tr. y prnl.} **1** Reparar lo estropeado: *Mis primos* ***arreglaron*** *mi bicicleta y ahora ya puedo usarla otra vez.* **2** Poner algo en la forma necesaria o con aspecto agradable: *Mi madre **se arregló** para ir a la reunión poniéndose un vestido elegante y unos bonitos aretes.*

arreglo ***m.*** **1** Acción y efecto de arreglar o arreglarse: *El **arreglo** de flores que compramos para el cumpleaños de mi mamá tenía claveles, rosas y crisantemos, acomodados con mucha armonía.* **2** Acuerdo o trato: *Todos llegamos a un **arreglo** con el maestro sobre las fechas para entregar los trabajos.* **3** Transformación de una obra musical: *El **arreglo** moderno que Rubén le hizo a una canción tradicional entusiasmó a los oyentes.*

arrellanarse ***vb.*** {prnl.} Sentarse cómodamente en un sillón o sofá: *Nos **arrellanamos** en el sofá grande para ver esa película.*

arremangar ***vb. irreg.*** {tr. y prnl.} **Modelo 17.** Recoger hacia arriba las mangas o la ropa: ***Se arremangó** la camisa para no ensuciarla y, diciendo "manos a la obra", se puso a arreglar el motor.*

arremedar ***vb.*** {tr.} **1** Remedar. **2** Imitar una cosa: ***Arremeda** sonidos de animales muy bien.* **3** Parodiar o imitar con burla las acciones y los ademanes de una persona: *Es un cómico que **arremeda** a personajes políticos.*

arremeter ***vb.*** {intr.} Acometer con violencia: *El toro **arremetió** contra el torero y lo dejó tirado en la arena.*

arremetida ***f.*** **1** Acción de arremeter: *De una **arremetida** lo tumbó.* **2** Acometida.

arremolinarse ***vb.*** {prnl.} Amontonarse con desorden: *La gente **se arremolinaba** a la salida del hotel donde estaba el famoso actor de cine, pues todos querían verlo en persona.*

arrendador, ra ***m.*** y ***f.*** Persona que da o toma en arrendamiento alguna cosa.

arrendamiento ***m.*** Pago por usar temporalmente una cosa: *El **arrendamiento** de la oficina ha subido tanto que tal vez el próximo mes tengamos que buscar una más barata.* Sin. **inquilinaje, inquilinato.**

arrendar ***vb. irreg.*** {tr.} **Modelo 3.** Ceder o disfrutar del uso temporal de una cosa, por un precio determinado: *Los vecinos ya se van de aquí porque **arrendaron** una casa que queda más cerca de su trabajo.*

arrendatario, ria ***adj.*** Se aplica a lo que tiene o toma en arriendo una cosa: *La compañía **arrendataria** no pagó los alquileres.*

arrendatario, ria ***m.*** y ***f.*** Persona que tiene algo en arriendo: *El **arrendatario** es cumplido en sus pagos.*

arreo ***m.*** **1** *Amér. Merid.* Conjunto de animales que se trasladan de un campo a otro. **2** ***pl.*** Correas y demás objetos que se utilizan para montar caballerías.

arrepentimiento ***m.*** Sentimiento de pesar por una acción o una omisión pasadas: *Tuvo un **arrepentimiento** efímero.*

arrepentirse ***vb. irreg.*** {prnl.} **Modelo 50.** Lamentar haber hecho o dejado de hacer alguna cosa: ***Me arrepiento** de haberle hablado groseramente a mi amiga.*

arrestar ***vb.*** {tr.} Detener a alguien que se supone que cometió un delito, privándolo de su libertad. Sin. **apresar, capturar.** Ant. **liberar, soltar.**

arresto ***m.*** **1** Detención provisional de un presunto culpable: *El policía realizó el **arresto** del supuesto ladrón.* **2** Reclusión por un tiempo breve, como castigo: *Julián no puede salir del cuartel porque está bajo **arresto,** pero mañana podrá irse a su casa.*

arriar ***vb. irreg.*** {tr.} **Modelo 9.** Bajar una vela o bandera que estaba izada: *Después de la ceremonia, **arriaron** la bandera para doblarla y guardarla.*

arriba ***adv.*** **1** En lugar superior o más alto: *Mi oficina está **arriba,** en el segundo piso.* Sin. **encima.** Ant. **abajo.** **2** *loc.* **De ~ abajo,** con detalle: *He estudiado la lección de español **de arriba abajo** para poder contestar el examen.* **3** *loc.* **Patas ~,** en desorden: *La vecina tiene la casa **patas arriba,** los platos en la cama y la ropa en la cocina.*

arribar ***vb.*** {intr.} Llegar una nave al puerto: *El barco **arribó** a las seis de la tarde.*

arribeño, ña ***adj./m.*** y ***f.*** ***Amér.*** Se dice de los habitantes de las tierras altas.

arribismo ***m.*** Modo de actuar en el que se pretende progresar rápidamente a cualquier precio: *Se mantiene como jefe por su **arribismo.***

arribista ***adj.*** Que muestra arribismo: *La actitud **arribista** y cínica de Miguel molesta a sus compañeros de trabajo.*

arribista ***m.*** y ***f.*** Persona que práctica el arribismo.

arribo ***m.*** Llegada, en especial la de una nave a un puerto: *El **arribo** de ese vuelo está previsto para las siete de la noche.*

arriendo ***m.*** Alquiler.

arriero, ra ***m.*** y ***f.*** El que tiene por oficio movilizar bestias de carga.

arriesgado, da ***adj.*** Que se atreve a enfrentar situaciones riesgosas o complicadas.

arriesgar ***vb.*** {tr. y prnl.} Poner en peligro: *Ángel **arriesgó** su vida para sacarme del mar cuando me estaba ahogando.*

arrimar ***vb.*** {tr. y prnl.} Acercar una cosa o persona a otra para entrar en contacto: *Anoche **arrimé** mi cama a la de mi hermana porque tenía miedo.* Sin. **aproximar.** Ant. **alejar.**

arrinconar ***vb.*** {tr.} **1** Dejar a un lado algo que no se va a utilizar: *Mi abuela **arrinconó** los muebles viejos en el desván.* **2** Perseguir a alguien hasta atraparlo: *Los policías **arrinconaron** al ladrón a dos calles del lugar del asalto y así pudieron atraparlo.*

arritmia ***f.*** Falta de ritmo regular en los latidos del corazón: *A mi abuela le detectaron una **arritmia,** así que debe estar bajo control médico.*

arroba ***f.*** **1** Unidad de peso, utilizada en España y en América del Sur, que equivale aproximadamente a 11 kilos: *En el mercado compré una **arroba** de naranjas.* **2** Signo tipográfico (@) usado en las direcciones de correo electrónico para separar el nombre del usuario y del servidor.

arrobado, da ***adj.*** Cautivado: *El artista quedó **arrobado** por la belleza de la modelo.*

arrobador, ra ***adj.*** Que arroba o embelesa: *Según las leyendas, el canto de las sirenas es **arrobador** e indescriptible.*

arrobar ***vb.*** {tr. y prnl.} Quedar sorprendido frente a alguien o algo: *La gran belleza de las rosas **me arrobó** y decidí pintar un cuadro de ellas.*

arrobo ***m.*** **1** Éxtasis. **2** Arrobamiento.

arrodillarse ***vb.*** {prnl.} Hincarse, ponerse de rodillas: *El príncipe y la princesa **se arrodillaron** ante el rey y éste los declaró marido y mujer.*

arrogancia ***f.*** **1** Orgullo o insolencia. **2** Actitud soberbia del que se cree superior y menosprecia a los demás: *Dirigió una mirada cargada de **arrogancia** al resto de los invitados.* **3** Actitud de la persona valiente o airosa.

arrogante ***adj.*** Persona que se cree superior a quienes le rodean: *Paco es un **arrogante** que piensa que todas las mujeres se mueren por él.* Sin. **orgulloso, altivo, sobrado.** Ant. **humilde.**

arrogarse ***vb. irreg.*** {prnl.} **Modelo 17.** Apropiarse indebidamente de algo: *Ricardo **se arrogó** el derecho de hablar por mí, cuando en realidad yo no se lo había dado.*

arrojadizo, za ***adj.*** Que puede arrojarse: *Los dardos son armas* ***arrojadizas.***

arrojar ***vb.*** {tr. y prnl.} **1** Lanzar con violencia: *El deportista* ***arrojó*** *la jabalina a muchos metros de distancia.* **2** Echar a alguien de algún lugar: *El empleado de seguridad* ***arrojó*** *al borracho del bar, porque éste no quería dejar de beber.* **3** Lanzarse sobre algo: ***Me arrojé*** *sobre el balón para evitar que entrara a la portería.* **4** Tirar algo o a alguien: ***Arrojé*** *al cesto de basura los papeles que no servían.*

arrojo ***m.*** Valor para realizar algo: *Manuel se lanzó a la piscina con* ***arrojo*** *y rescató al niño que se ahogaba.*

arrollador, ra ***adj.*** **1** Irresistible: *Su personalidad es* ***arrolladora.*** **2** Se dice de lo que arrolla o es capaz de arrollar: *La fuerza* ***arrolladora*** *de la inundación arrastró a los animales que estaban en el corral.*

arrollar ***vb.*** {tr.} **1** Pasar una cosa por encima de algo o alguien: *Un motociclista circulaba sin precaución y* ***arrolló*** *a mi perro.* Sin. **atropellar. 2** Derrotar o vencer con gran éxito: *Mi equipo favorito* ***arrolló*** *a todos los demás durante el torneo.* Sin. **derrotar.**

arropar ***vb.*** {tr. y prnl.} Abrigar, cubrir con ropa: ***"Arrópate*** *bien cuando salgas a la calle porque hace frío."*

arrostrar ***vb.*** {tr.} Resistir cualquier situación: *El equipo de fútbol de la escuela* ***arrostró*** *con valor el difícil partido del sábado.*

arroyo ***m.*** Corriente de agua de escaso caudal: *Cerca de la escuela hay un* ***arroyo*** *donde los niños nadan en verano, y no corren peligro porque no es profundo.*

arroz ***m.*** Planta cultivada en terrenos muy húmedos de la que surge un grano que se come: *Mi abuela prepara un delicioso pollo con* ***arroz.***

arrozal ***m.*** Terreno destinado al cultivo del arroz: *Los* ***arrozales*** *son lugares muy húmedos.*

arruga ***f.*** **1** Pliegue de la piel, generalmente por efecto de la edad: *Mi tía tiene* ***arrugas*** *en la cara porque ya cumplió 65 años.* **2** Forma irregular que se hace en cualquier cosa que se dobla o frunce: *Plancha la camisa, por favor, para quitarle esas* ***arrugas.***

arrugado, da ***adj.*** Que tiene arrugas: *Se presentó a la fiesta con un vestido* ***arrugado*** *que desentonaba en ese ambiente.*

arrugar ***vb. irreg.*** {tr. y prnl.} **Modelo 17. 1** Hacer arrugas: *"Ya* ***arrugaste*** *el papel que iba a utilizar para envolver el regalo, ahora necesito comprar otro", dijo mi abuelo.* **2** *Fam.* Acobardarse.

arruinar ***vb.*** {tr. y prnl.} **1** Destruir o hacer daño: *El mal carácter de Pablo* ***arruinó*** *la armonía que había en su familia.* **2** Perder su dinero: *El dueño de la tienda* ***se ha arruinado*** *por no saber organizar sus gastos, ya que gasta más de lo que gana.*

arrullar ***vb.*** {tr.} **1** Adormecer a un niño cantándole suavemente: *Como el bebé estaba inquieto, Mara lo* ***arrulló*** *durante un rato y por fin se durmió.* **2** Atraer el palomo a la hembra por medio de su canto.

arrumaco ***m. Fam.*** Demostración exagerada de cariño: *La parejita de novios pasó toda la fiesta haciéndose* ***arrumacos.***

arrumar ***vb.*** {tr.} ***Colomb.*** y ***Venez.*** Amontonar.

arrume ***m.*** Montón, conjunto de cosas desordenadas.

arsenal ***m.*** Almacén de armas y objetos de guerra.

arsénico ***m.*** Elemento químico, de símbolo As y número atómico 33, de color gris y brillo metálico, que tiene componentes tóxicos.

arte ***m.*** **1** Actividad creativa del ser humano, que requiere la aplicación de sus facultades sensoriales, estéticas e intelectuales: *El cocinero de ese restaurante hace de la cocina un* ***arte,*** *sus guisos son originales y muy sabrosos.* **2** Conjunto de obras artísticas de un país, una región o una época: *El* ***arte*** *barroco europeo se desarrolló en el siglo* XVII. **3** Conjunto de reglas que rigen en una profesión: *Dominar el* ***arte*** *de tocar el violín exige muchas horas de entrenamiento.* **4** Habilidad para realizar algo: *El profesor posee el* ***arte*** *de hacer amena la clase.*

artefacto ***m.*** **1** Máquina, aparato: *Ese* ***artefacto*** *salió defectuoso, a veces enciende y a veces no.* **2** Cualquier carga explosiva: *Los soldados prepararon un* ***artefacto*** *para dinamitar el puente.*

artejo ***m.*** En zoología, pieza articulada que forma los apéndices de los artrópodos.

arteria ***f.*** **1** Conducto que lleva la sangre del corazón al resto de los órganos del cuerpo. **2** Calle de una ciudad, con más tránsito que las demás: *Esta avenida es la principal* ***arteria*** *de la ciudad.*

arterializar ***vb.*** {tr. y prnl.} Convertir la sangre venosa en sangre arterial.

arteriola ***f.*** Arteria fina.

arteriosclerosis ***f.*** Enfermedad que consiste en el endurecimiento progresivo de las paredes de las arterias.

artero, ra ***adj.*** Se aplica al que causa daño a otros con engaño e hipocresía: *Su conducta* ***artera*** *ya fue desenmascarada.*

artesa ***f.*** Recipiente de madera que sirve para preparar el pan: *Ya no quedaba masa en la* ***artesa,*** *así que el panadero dio por terminada su labor.*

artesanal ***adj.*** Relativo a la artesanía: *Compré un mantel* ***artesanal*** *que estaba cosido y bordado a mano.*

artesanía ***f.*** Trabajo artístico que se hace con las manos: *En algunos países, como Perú y México, se pueden encontrar* ***artesanías*** *de cerámica muy hermosas.*

artesano, na ***m.*** y ***f.*** Persona que elabora objetos a mano: *Ayer llegaron unos* ***artesanos*** *a la ciudad para vender su mercancía.*

ártico, ca ***adj.*** Relativo al polo norte y a las regiones que lo rodean: *Las tierras* ***árticas*** *son en realidad una enorme masa de hielo.* Sin. **boreal.**

articulación ***f.*** **1** Acción y efecto de articular: *Unimos las* ***articulaciones*** *del robot para que funcionara.* **2** Punto de unión entre las partes de un mecanismo: *El agua se escapa por una* ***articulación*** *de la tubería que está mal sellada.* **3** En anatomía, zona de unión entre dos o más huesos: *Me duele la* ***articulación*** *del codo porque jugué tenis sin hacer un poco de ejercicio antes.* **4** En lingüística, posición y movimientos de los órganos de la voz para la pronunciación de un sonido: *El punto de* ***articulación*** *de la b son los labios.*

articulado, da ***adj.*** Que tiene una o varias articulaciones: *Si los huesos no estuvieran* ***articulados,*** *no podríamos movernos y estaríamos como estatuas.*

articular ***vb.*** {tr.} **1** Producir los sonidos de una lengua: *La maestra de inglés nos dice cómo* ***articular*** *las palabras, es decir, cómo pronunciarlas.* **2** Unir las partes de un todo en forma funcional: *Para que funcione mi reloj de manera adecuada, el relojero* ***articuló*** *bien todas las piezas.*

articulista ***m.*** y ***f.*** Autor de un artículo o escritor de artículos de periódico: *Trabaja como* ***articulista*** *en varios periódicos de circulación nacional.*

artículo ***m.*** **1** Escrito publicado en un diario o revista: *El* ***artículo*** *que leí en el diario sobre protección del ambiente me sirvió para elaborar mi trabajo.* **2** Mercancía o producto que se compra o se vende: *Los* ***artículos*** *para el hogar se encuentran en el segundo piso de la tienda.* **3** Disposición numerada que aparece dentro de un texto legal: *Respetar cada* ***artículo*** *de la Constitución nacional* *asegura la paz.* **4** En lingüística, palabra que indica el género y número del sustantivo que le sigue: *Existen los **artículos** definidos (el, la, los, las) y los indefinidos (un, una, uno, unas, unos).*

artífice ***m.*** y ***f.*** **1** Autor o causante de alguna cosa: *Javier es el **artífice** de la escenografía de esta obra de teatro.* **2** Persona que hace un trabajo manual artístico: *Los **artífices** zapotecos produjeron bellas piezas de oro.*

artificial ***adj.*** **1** Hecho por la mano del hombre: *En el parque que está cerca de mi casa hicieron un lago **artificial**.* Ant. **natural.** **2** Falso, falto de naturalidad: *En el escenario apareció un actor **artificial** que no convenció a nadie con su mala actuación.*

artificialidad ***f.*** Cualidad de artificialidad: *La **artificialidad** con la que habla es notoria.*

artificio ***m.*** **1** Habilidad para hacer algo: *Este aparato está hecho con gran **artificio**, se nota que fue complicado armarlo.* **2** *loc.* **Fuegos de ~,** preparación química detonante y luminosa empleada en festejos: *Los **fuegos de artificio** dieron brillantez a la fiesta del pueblo.*

artillería ***f.*** **1** Arte de construir armas de guerra: *Mi hermano lee con entusiasmo un libro sobre **artillería**, creo que quiere ser soldado.* **2** Conjunto de armas de tierra: *La **artillería** fue fundamental en las guerras antes de que inventaran el avión.* **3** Cuerpo militar destinado a usar armas de artillería.

artillero, ra ***m.*** y ***f.*** Soldado que maneja cañones u otras armas de artillería.

artilugio ***m.*** Trampa, maña o enredo: *En realidad no hubo ningún incendio, nosotros lo inventamos como **artilugio** para salir temprano de la escuela, por eso mi madre nos castigó.*

artimaña ***f.*** Astucia, disimulo para engañar a alguien: *Juegan tan mal que sólo con **artimañas** podrían vencernos.* Sin. **ardid, triquiñuela.**

artista ***m.*** y ***f.*** **1** Persona que ejercita algún arte: *Mi abuela era una **artista** para bordar.* **2** Persona que actúa frente al público presentando un espectáculo: *El famoso **artista** salió disfrazado al escenario para iniciar la obra de teatro.* Sin. **actor.**

artístico, ca ***adj.*** Que se relaciona con el arte: *En un museo hay obras **artísticas** muy antiguas y valiosas.*

artrítico, ca ***adj./m.*** y ***f.*** Relativo a la inflamación de las articulaciones.

artritis ***f.*** Inflamación de una articulación: *A mi papá le duelen las manos porque tiene **artritis**.*

artrópodo ***adj./m.*** Animal invertebrado de cuerpo dividido en partes articuladas: *Los insectos como la hormiga son **artrópodos**.*

artrosis ***f.*** Afección de las articulaciones: *La artritis es una forma de **artrosis**.*

arveja ***f. Argent., Chile, Colomb.*** y ***Urug.*** Semilla leguminosa comestible, verde y redonda. Sin. **guisante, chícharo.**

arzobispo ***m.*** En la jerarquía de la Iglesia Católica, sacerdote de alto rango encargado de una provincia eclesiástica, superior al obispo.

as ***m.*** **1** Naipe que representa el número uno. **2** Persona que sobresale en algo: *Pablo es un **as** en el manejo de la bicicleta, la hace saltar sobre un solo neumático.*

asa ***m.*** Parte que sobresale de un objeto y que sirve para sujetarlo: *A la cacerola le falta el **asa**, por eso es muy difícil sujetarla.* Sin. **asidero.**

asadero, ra ***adj.*** Se aplica particularmente a algunas clases de queso, carne, frutas y verduras hechas a propósito para ser asadas: *Puso en la parrilla un corte **asadero** de carne de res.*

asado ***m.*** Plato o guiso a base de carne preparada al horno o a la parrilla: *Después de la sopa, comimos un delicioso **asado**.*

asado, da ***adj.*** Que ha estado en el fuego: *Esta carne **asada** tomó el sabor del carbón con que la cociné.*

asador ***m.*** Instrumento de hierro que sirve para asar carne: *El domingo pasado preparamos carne con unas cebollas en el **asador** nuevo que compraron mis padres.*

asalariado, da ***adj./m.*** y ***f.*** Persona que percibe un pago por su trabajo. Sin. **empleado.**

asaltante ***m.*** y ***f.*** Persona que asalta: *Los **asaltantes** se llevaron todo el dinero de la tienda.*

asaltar ***vb.*** {tr.} **1** Tomar un lugar o atacar a una persona, en especial para efectuar un robo: *Dos individuos que traían máscaras **han asaltado** a ese hombre.* **2** Llegar una idea de repente: *Lo **asaltó** una duda en la clase de física y por eso preguntó al maestro.*

asalto ***m.*** **1** Hecho en que se toma por sorpresa un lugar o a una persona con el fin de robar: *El **asalto** al banco resultó un fracaso para los ladrones porque la policía los atrapó.* Sin. **robo.** **2** Parte de un combate de boxeo: *En el cuarto **asalto**, el campeón cayó inconsciente.*

asamblea ***f.*** Reunión de personas convocadas para algún fin: *En la **asamblea** de maestros de la escuela, todos votaron a favor de Ernesto para elegirlo como representante.*

asana ***f.*** Postura de yoga: *En mi clase de yoga pusieron una **asana** tan difícil, que pensé que iba a quedar hecha nudo para siempre.*

asar ***vb.*** {tr. y prnl.} **1** Preparar un alimento directamente en el fuego: *La cocinera **asó** un delicioso pollo a las brasas.* **2** Sentir mucho calor: *Siento que **me aso** en esta habitación tan pequeña y sin ventilación.*

asaz ***adv.*** Bastante, muy: *Elena luce **asaz** delicada de salud, ya que se ve pálida y delgada.*

asbesto ***m.*** Sustancia mineral fibrosa, inalterable al fuego.

ascáride ***f.*** Lombriz parásita del intestino delgado del ser humano y los caballos: *Cada **ascáride** mide entre 10 y 25 centímetros de largo.*

ascendencia ***f.*** Antecedentes familiares de una persona: *Mi abuelo tiene **ascendencia** francesa aunque él nació en Bolivia.*

ascendente ***adj.*** Se dice de lo que asciende: *El precio **ascendente** de los libros hace difícil comprar alguno.*

ascender ***vb. irreg.*** {intr.} **Modelo 24.** **1** Pasar a un lugar más alto o a una categoría superior: *Los jugadores de fútbol de la escuela **ascendieron** del segundo al primer lugar de la tabla general.* Sin. **subir.** **2** Aumentar una cantidad: *Con los intereses, el préstamo **ascendió** de 800 mil pesos a un millón.*

ascendiente ***m.*** y ***f.*** Dentro de una familia, parientes como el padre y la madre de los que se nace, y otros de los que se desciende: *Mis **ascendientes** por parte de mi papá son indígenas.* Sin. **antepasado.** Ant. **descendiente.**

ascensión ***f.*** Acción de subir: *La **ascensión** a la pirámide les tomó diez minutos.*

ascenso ***m.*** **1** Subida, acción y efecto de subir: *El **ascenso** a la cumbre de la montaña fue difícil.* Ant. **descenso.** **2** Cambio de puesto a un nivel superior: *Cristóbal obtuvo un **ascenso** por su empeño en el trabajo y ahora ya es jefe.* Sin. **promoción.**

ascensor ***m.*** Aparato para transportar personas de un piso a otro de un edificio: *Debes subir por las escaleras porque no hay **ascensor**.* Sin. **elevador.**

asceta ***m.*** y ***f.*** Persona que practica una vida austera con fines espirituales o religiosos. Sin. **anacoreta, ermitaño.**

ASCII ***m.*** Acrónimo de las palabras en inglés *__A__merican __S__tandard __C__ode for __I__nformation __I__nterchange*. Código utilizado para el intercambio de datos informáticos, que define las representaciones de un juego de caracteres a través de la combinación de siete elementos binarios.

asco ***m.*** **1** Alteración física producida por repugnancia: *Me da tanto* ***asco*** *la carne cruda que siento ganas de vomitar nada más de imaginármela.* **2** Impresión desagradable causada por algo que repugna: *El filme resultó un* ***asco*** *por las malas actuaciones de los actores principales.*

ascua ***f.*** **1** Pedazo de materia que arde sin dar llama. **2** ***loc. pl.*** **En ~,** estar intranquilo por no saber nada: *"Como te fuiste sin llegar a un acuerdo conmigo me quedé* ***en ascuas.*** *¿Me vas a pagar o no?", le exigí a Genaro.*

aseado, da ***adj.*** Que es o está limpio y arreglado: *"Guarda tus juguetes para que tu habitación luzca* ***aseada",*** *me pidió mi madre.*

asear ***vb.*** {tr. y prnl.} Limpiar lo que está sucio y desarreglado: *Antes de salir al parque, debes* ***asear*** *la cocina y lavar tu ropa.* SIN. **ordenar.** ANT. **ensuciar, desordenar.**

asechanza ***f.*** Engaño para dañar a otro. SIN. **emboscada.**

asediar ***vb.*** {tr.} **1** Cercar un lugar enemigo para atacarlo o impedir que salgan los que están en él: *Los soldados* ***asediaron*** *la ciudad para tomar por sorpresa a sus enemigos.* SIN. **sitiar. 2** Importunar continuamente a alguien: *Los periodistas* ***asediaron*** *con preguntas a la nueva actriz y no la dejaban hablar.*

asedio ***m.*** Acción y efecto de asediar: *Ya estoy cansado del* ***asedio*** *de Paulina, le he dicho mil veces que no quiero ser su novio y ella no deja de insistir.*

asegurador, ra ***adj./m.*** y ***f.*** Se dice de la persona o empresa que asegura bienes ajenos mediante contrato.

asegurar ***vb.*** {tr. y prnl.} **1** Fijar sólidamente: ***Aseguré*** *el retrato a la pared con un clavo.* **2** Garantizar que se va a llevar a efecto una cosa: *El arquitecto nos* ***aseguró*** *que la casa estaría lista en dos meses, ya que sólo faltaban algunos arreglos.* **3** Elaborar un contrato que proteja algo de valor: *Manuel* ***aseguró*** *su automóvil contra robo y daños. Ahora, si se lo roban, la compañía aseguradora le pagará el daño.*

asemejar ***vb.*** {tr. y prnl.} Parecerse o hacer semejante una cosa a otra: *Las dos hermanas* ***se asemejan*** *mucho: se peinan, se visten igual y se parecen físicamente.*

asentaderas ***f. pl. Fam.*** Nalgas: *Por sentarse sin fijarse, mi primo puso sus gordas* ***asentaderas*** *en mi juguete y lo rompió.*

asentar ***vb. irreg.*** {tr. y prnl.} **Modelo 3. 1** Colocar una cosa firmemente: *Los albañiles* ***asentaron*** *la viga para que no se cayera el andamio.* **2** Anotar algo en un libro: *La maestra* ***asentó*** *la calificación que Germán merecía por su mal comportamiento.* **3** Establecerse un pueblo en un sitio: *Los primeros pueblos de la historia* ***se asentaron*** *en lugares cercanos a ríos.* **4** Establecerse en un lugar: *Los exploradores* ***se asentaron*** *en la colina para pasar la noche.* **5** Posarse al fondo de un líquido: *Le faltó sabor al caldo porque los condimentos* ***se asentaron*** *en la cacerola.*

asentimiento ***m.*** **1** Acción de asentir. **2** Palabra con que se asiente. **3** Consentimiento o permiso: *Nos dio el* ***asentimiento*** *para realizar la boda.*

asentir ***vb. irreg.*** {intr.} **Modelo 50. 1** Mover la cabeza de manera afirmativa. **2** Admitir como cierta una cosa o aceptarla como buena: *Héctor nos propuso ir a la playa y todos* ***asentimos*** *porque nos pareció una buena idea.* SIN. **aceptar, aprobar.**

aseo ***m.*** Limpieza de algo o alguien para quedar presentable: *Roberto me hizo notar el mal* ***aseo*** *de mis zapatos, ya que estaban llenos de tierra.*

asepsia ***f.*** **1** Ausencia de microorganismos patógenos: *Una sala de operaciones requiere una excelente* ***asepsia.*** **2** Método para proteger al organismo de gérmenes dañinos.

aséptico, ca ***adj.*** Sin gérmenes infecciosos.

asequible ***adj.*** Que se puede conseguir o alcanzar: *El precio de la bicicleta es* ***asequible*** *para mi economía.* SIN. **accesible.**

aserción ***f.*** Proposición en que se afirma alguna cosa: *La* ***aserción*** *del científico convenció a quienes asistieron a la conferencia y todos coincidieron en que era verdad lo que decía.* SIN. **afirmación.**

aserradero ***m.*** Lugar donde se hacen tablas de madera.

aserrín ***m.*** *Ver* **serrín.**

aserto ***m.*** Aserción, afirmación. ANT. **negativa.**

asesinar ***vb.*** {tr.} Matar intencionalmente a una persona: *El dictador mandó* ***asesinar*** *a sus adversarios.*

asesinato ***m.*** Acción y efecto de quitar la vida a una persona: *Durante el robo al banco, los ladrones cometieron un* ***asesinato.*** SIN. **crimen.**

asesino, na ***adj.*** Que mata, condena o reprueba: *Maruca le dirigió a Lauro una mirada* ***asesina*** *después de que éste dijo que estaba bien copiar en los exámenes.*

asesino, na ***m.*** y ***f.*** Persona que mata voluntariamente: *No era la primera víctima de ese* ***asesino,*** *ya que antes había matado a otras dos personas.* SIN. **criminal.**

asesor, ra ***m.*** y ***f.*** Persona que da consejos o información sobre algún tema o asunto: *Consultó a un* ***asesor*** *legal antes de abrir el negocio, para no cometer errores en los trámites.*

asesorar ***vb.*** {tr. y prnl.} Dar consejo para llevar una acción a buen fin: *La maestra nos* ***asesoró*** *en el examen final.*

asestar ***vb.*** {tr.} Descargar contra alguien o algo un proyectil o un golpe: *El niño mayor* ***asestó*** *tal golpe a su compañero que éste empezó a sangrar de la nariz.*

aseveración ***f.*** **1** Acción de aseverar: *Los expertos respaldaron la* ***aseveración*** *de los datos históricos aportados.* **2** Aserción.

aseverar ***vb.*** {tr.} Asegurar lo que se dice: *El locutor de la radio* ***aseveró*** *que este filme era el mejor del año.*

aseverativo, va ***adj.*** Que asevera o afirma. SIN. **afirmativo.**

asexuado, da ***adj.*** Que carece de sexo o parece que no lo tiene: *En la obra de teatro, los artistas tenían apariencia* ***asexuada,*** *y no se distinguían hombres de mujeres.*

asexual ***adj.*** Sin sexo: *En algunas plantas se da la reproducción* ***asexual,*** *la cual se realiza sin intervención de las células reproductoras.*

asfaltado ***m.*** **1** Operación de asfaltar: *El* ***asfaltado*** *de la carretera se realizará por la mañana.* **2** Pavimento hecho con asfalto.

asfaltar ***vb.*** {tr.} Cubrir una calle o una carretera con asfalto: ***Asfaltaron*** *con rapidez toda la colonia.*

asfalto ***m.*** Sustancia derivada del petróleo, que se utiliza para cubrir calzadas y carreteras: *Pusieron nuevo* ***asfalto*** *en la avenida después de que se lo pedimos a las autoridades.*

asfixia ***f.*** Resultado de suspender o de hacer difícil la entrada de aire oxigenado al cuerpo: *Dos buzos murieron por* ***asfixia*** *cuando se les acabó el oxígeno y no pudieron salir a la superficie.*

asfixiante ***adj.*** Que impide la entrada de aire para respirar: *El cine estaba tan lleno que era* ***asfixiante*** *permanecer allí.*

asfixiar ***vb.*** {tr. y prnl.} Provocar que alguien muera por falta de oxígeno o hacer que sea difícil respirar: *Había tanto humo de cigarrillo dentro del restaurante que sentí que me* ***asfixiaba.***

así ***adv.*** **1** De esta o esa manera: *El ingeniero dijo que la casa estaba bien* ***así,*** *pero ayer se cayó.* **2** Precedido de la conjunción *y*, introduce una consecuencia: *Se casaron y* ***así*** *vivieron juntos muchos años.*

asiático, ca ***adj./m.*** y ***f.*** Originario de Asia.

asidero, ra ***m.*** y ***f.*** Parte por donde se agarra algo: *Toma la taza por el* ***asidero*** *para que no te quemes.*

asiduo, dua ***adj./m.*** y ***f.*** Que se hace constantemente, con frecuencia: *Julián es un* ***asiduo*** *colaborador del diario de la escuela, cada semana escribe un artículo.*

asiento ***m.*** **1** Cualquier mueble destinado para sentarse en él: *El* ***asiento*** *favorito de papá es el sofá verde.* **2** Parte de un mueble que sirve para sentarse: *Los* ***asientos*** *del carro son muy cómodos.* **3** Anotación o registro en un libro: *El* ***asiento*** *de los gastos del año pasado está archivado en su libreta correspondiente.* **4** Sólido que se puede separar de un líquido: *El vinagre de alcohol o de frutas deja un* ***asiento*** *en el fondo de las botellas.*

asignación ***f.*** Dinero que se da como compensación a una labor hecha: *Por limpiar el patio, mis padres me dan una pequeña* ***asignación*** *para mis gastos.*

asignar ***vb.*** {tr.} Señalar lo que corresponde a una persona o cosa: ***Asigné*** *lugares a los compañeros del salón de clases para que todos pudieran ver la función cómodamente: los más bajos adelante y los altos atrás.*

asignatura ***f.*** Materia que forma parte de un plan de estudios: *La* ***asignatura*** *de anatomía es mi favorita.*

asilo ***m.*** **1** Casa donde se ayuda a personas sin recursos económicos: *Cerca de la escuela hay un* ***asilo*** *de ancianos.* **2** Protección que se ofrece a alguien: *El gobierno de mi país dio* ***asilo*** *a varias personas que tenían problemas en otros lugares.*

asimetría ***f.*** Posición de los elementos de un conjunto en la que varían las alturas, las distancias, etc.: *René buscó la* ***asimetría*** *al colgar sus cuadros, es decir, no puso las mismas distancias entre ellos.*

asimétrico, ca ***adj.*** Que no tiene simetría: *Las figuras* ***asimétricas*** *se ven muy raras.*

asimilación ***f.*** **1** Capacidad de comprender lo que se nos explica: *Los alumnos tuvieron una muy buena* ***asimilación*** *de lo que enseñó la maestra de matemáticas.* **2** En biología, propiedad de los organismos vivos de aprovechar las sustancias o alimentos.

asimilar ***vb.*** {tr. y prnl.} **1** Comprender lo que se dice sobre algún tema: *Juan* ***asimiló*** *lo que dijo el profesor de geografía sobre las zonas boscosas y ahora hace un trabajo sobre ello.* Sin. **entender.** **2** Transformar el cuerpo una sustancia para poder aprovecharla: *El organismo humano* ***asimila*** *todos los alimentos para mantenerse en forma.* **3** Aceptar y adaptarse a una situación: *Mi mamá no* ***ha asimilado*** *la muerte de mi papá, ya que está muy deprimida y llora a diario.*

asimismo o **así mismo** ***adv.*** De este o del mismo modo: *Para aprobar la materia deben participar en clase.* ***Asimismo,*** *es requisito elaborar todos sus trabajos y entregarlos a tiempo.*

asincronía ***f.*** Falta de sincronía.

asincrónico, ca ***adj.*** Falto de sincronía.

asíndeton ***m.*** Eliminación de los términos de enlace en una frase o entre dos frases: *Si en una enumeración no pongo una "y" entre los dos últimos términos, estoy utilizando un* ***asíndeton.*** *Por ejemplo: "un perro, un gato, un loro, un elefante".*

asíntota ***f.*** Línea recta que se aproxima a una curva sin tocarla nunca.

asir ***vb. irreg.*** {tr. y prnl.} **Modelo 70.** **1** Tomar algo con la mano: *Pedro* ***asió*** *a su hermana antes de que ella cayera al piso.* Sin. **coger.** **2** Sujetarse a algo con mucha fuerza: *Me* ***así*** *a una rama para no caerme del árbol.* Sin. **agarrarse.**

asistencia ***f.*** **1** Ayuda que se le proporciona a alguien: *Después del accidente, los heridos necesitaban* ***asistencia*** *médica.* Sin. **auxilio, cuidado.** **2** Cantidad de personas que asisten a un evento: *En el partido de fútbol hubo una gran* ***asistencia,*** *ya que el estadio estaba repleto.* Sin. **concurrencia.**

asistente ***m.*** y ***f.*** Persona que ayuda a otra o cuida de ella: *El* ***asistente*** *de mi jefe es muy trabajador y responsable, siempre cumple con lo que le piden.*

asistir ***vb.*** {tr.} **1** Estar presente en algún lugar: *Todos mis amigos* ***asistieron*** *a mi graduación.* Sin. **acudir.** **2** Ocuparse de una persona o de varias personas: *La Cruz Roja* ***asiste*** *a los heridos en los accidentes.* Sin. **atender.**

asma ***m.*** Problema respiratorio que se manifiesta por sofocación, ahogo o tos: *Manuel tiene* ***asma*** *y a veces le cuesta mucho trabajo respirar.*

asmático, ca ***adj.*** Que tiene problemas respiratorios: *Roberto es* ***asmático*** *y por eso le afecta mucho la contaminación.*

asno, na ***m.*** y ***f.*** **1** Mamífero más pequeño que el caballo, que se utiliza como animal de carga: *El* ***asno*** *es uno de los animales de carga que más ayudan al hombre.* Sin. **burro.** **2** *Fam.* Persona ruda o sin educación: *Raúl a veces se comporta como un* ***asno*** *y empieza a dar manotazos a los compañeros del salón.*

asociación ***f.*** **1** Relación que existe entre varias cosas para alcanzar un fin. **2** Gente unida para lograr un fin: *La* ***asociación*** *de padres de familia de la escuela organiza eventos importantes para juntar dinero y así mejorar la escuela.* Sin. **agrupación, sociedad.**

asociado, da ***adj.*** **1** Se aplica a la persona que acompaña a otra en una comisión o encargo: *El consultor* ***asociado*** *explicará los detalles del contrato.* **2** Relacionado: *El cáncer es una enfermedad* ***asociada*** *a la depresión.*

asociado, da ***m.*** y ***f.*** Persona que pertenece a una asociación o compañía: *Los* ***asociados*** *del canal de televisión verán el partido de fútbol desde su propio palco.*

asocial ***adj.*** Que no se ajusta a las normas de la sociedad: *Las actitudes* ***asociales*** *de los delincuentes reincidentes influyeron en el fallo del juez.*

asociar ***vb.*** {tr. y prnl.} **1** Juntar personas o cosas para que lleguen a un mismo fin: *Mi padre* ***se ha asociado*** *con unos amigos para formar un club de ajedrez.* **2** Relacionar ideas, sentimientos, recuerdos, etc.: *Siempre* ***asocio*** *las vacaciones de verano con la playa.*

asolar ***vb. irreg.*** {tr.} **Modelo 5.** Destruir completamente algo: *El terremoto* ***asoló*** *la ciudad y dejó muchos muertos.* Sin. **arrasar, devastar.**

asoleada ***f. Chile, Colomb., Guat.*** y ***Méx.*** Insolación.

asolear ***vb.*** {tr. y prnl.} **1** Poner al sol una cosa por algún tiempo: *Mi mamá puso a* ***asolear*** *los pantalones en el patio de la casa.* **2** Acalorarse tomando el sol: *Durante las vacaciones* ***nos asoleamos*** *todo el día en la playa.* **3** *Fam.* Fastidiar a alguien: *El policía nos traía* ***asoleados*** *con tantas preguntas, pues insistía en que nosotros conocíamos a unos ladrones.*

asomar ***vb.*** {tr., intr. y prnl.} **1** Empezar a mostrarse: *Detrás de la colina, el Sol empieza a* ***asomarse*** *con sus grandes* *rayos.* SIN. **aparecer, surgir.** **2** Sacar una cosa por una abertura: *Mi vecino **asomó** la mano por la ventana para saludar a los amigos.* SIN. **sacar.** ANT. **ocultar, esconder.**

asombrar ***vb.*** {tr. y prnl.} Crear sorpresa o admiración por algo: *La espectacular voz de la cantante **asombró** a todo el público.* SIN. **sorprender, maravillar.**

asombro ***m.*** Espanto, sorpresa o admiración que produce algo inesperado: *Todos miraron con **asombro** el truco que realizó el mago: ¡desapareció un automóvil!* SIN. **admiración, sorpresa.**

asombroso, sa ***adj.*** Que es desconcertante y produce sorpresa: *Este edificio tiene una altura **asombrosa,** nunca había visto uno tan alto.* SIN. **extraordinario, sorprendente.**

asomo ***m.*** Señal que permite percibir un suceso que va a pasar: *Julián muestra un **asomo** de mejoría de la enfermedad que padece, pues ya no tiene fiebre.*

asonada ***f.*** Disturbio realizado por un grupo numeroso de personas, generalmente con fines políticos.

asonancia ***f.*** En dos o más versos, igualdad de los sonidos de las vocales a partir de la última vocal acentuada.

asonante ***adj.*** Relativo a la rima en que sólo son iguales las vocales.

aspa ***f.*** Figura en forma de X o de cruz que gira impulsada por un motor o a causa del viento: *Las **aspas** del ventilador de aire estaban funcionando a su máxima potencia.*

aspaviento ***m.*** Demostración excesiva de un sentimiento a través de gestos: *Elena hizo tanto **aspaviento** por el filme de horror, que mejor decidimos ver un programa musical.*

aspecto ***m.*** Manera en la que se perciben las cosas por medio de la mirada: *El murciélago es un mamífero, aunque tiene **aspecto** de ave.* SIN. **apariencia.**

aspereza ***f.*** **1** Cualidad de una superficie que no es suave: *La **aspereza** de la piel de tus manos se debe a que no las cuidas.* **2** Cualidad de algo que no es agradable: *La **aspereza** de su carácter hizo que terminara peleándose con su mejor amigo.* **3** Característica de una superficie que no es lisa: *La principal cualidad del papel de lija es su **aspereza.***

asperjar ***vb.*** {tr.} Esparcir un líquido en gotas pequeñas: *El cocinero **asperjó** aceite de oliva en la ensalada.*

áspero, ra ***adj.*** **1** Falto de suavidad al tacto: *Este árbol tiene la corteza **áspera.*** ANT. **liso, suave.** **2** Que no es amable en el trato hacia los demás: *Mi compañero de trabajo tiene un trato **áspero,** y por eso los clientes lo evitan.*

aspersión ***f.*** Forma de lanzar un líquido en pequeñas gotas.

aspersor ***m.*** Dispositivo que esparce agua u otros líquidos a presión y en gotas muy finas: *Los prados del campo de golf son regados con **aspersores.***

áspid ***m.*** Víbora muy venenosa, parecida a la culebra común, que vive en Europa y en el norte de África.

aspiración ***f.*** **1** Hecho de meter aire en los pulmones. ANT. **espiración.** **2** Hecho de intentar algo que se desea: *Jorge tiene la **aspiración** de ser un actor famoso, por eso toma cursos de actuación.* SIN. **ambición, deseo, pretensión.** **3** En lingüística, acción de emitir un sonido acompañándolo de un soplo que se puede percibir.

aspiradora ***f.*** Aparato eléctrico que recoge el polvo: *Se me regó la harina en el suelo, pero con la **aspiradora** limpié todo en un minuto.*

aspirante ***m.*** y ***f.*** Individuo que busca obtener algo de un suceso importante: *"Tu participación en clase ha sido muy brillante, por lo que eres **aspirante** a ser el mejor alumno de la escuela",* me dijo el director. SIN. **candidato.**

aspirar ***vb.*** {tr. e intr.} **1** Meter aire en los pulmones: *Necesito **aspirar** aire puro, porque siento que me asfixio con tanta contaminación.* **2** Pretender una cosa: *Mi vecino **aspira** a ser diputado y por eso nos pide nuestro apoyo en las elecciones.* **3** Quitar el polvo de un tapete o del piso con una máquina que aspira.

aspirina ***f.*** Nombre comercial del derivado del ácido salicílico, usado para combatir la fiebre y como analgésico: *Como me dolía la cabeza, tomé una **aspirina.***

asquear ***vb.*** {tr. y prnl.} **1** Causar o sentir asco: *El olor a pescado podrido **asquea** a cualquiera.* SIN. **desagradar, repugnar.** **2** Sentir rechazo hacia algo o alguien: *El filme era tan violento, que **me asqueó** ver tanta sangre y me salí antes de que terminara.* SIN. **fastidiar.**

asquerosidad ***f.*** Suciedad, cosa que causa asco: *Las vísceras de animales son una **asquerosidad** que me niego a comer.*

asqueroso, sa ***adj.*** Que produce asco, que no es agradable: *Me parece **asqueroso** el sabor de ese postre.* SIN. **desagradable, repugnante.** ANT. **limpio.**

asta ***f.*** **1** Palo de lanza o flecha. **2** Palo que sirve para poner una bandera: *Construyeron una **asta** muy alta para que la bandera pueda verse desde lejos.* **3** Partes duras que salen de la cabeza de algunos animales: *Los ciervos poseen unas **astas** enormes que les permiten defenderse de sus enemigos.* SIN. **cuerno.**

astato ***m.*** Elemento químico artificial y radiactivo de símbolo At y número atómico 85.

astenia ***f.*** Estado de agotamiento sin causa física.

astenosfera ***f.*** En geografía, capa viscosa situada en el interior de la Tierra, sobre la cual se encuentra la litosfera.

asterisco ***m.*** Signo ortográfico en forma de estrella (*).

asteroide ***m.*** En astronomía, especie de planeta pequeño que circula entre las órbitas de Marte y Júpiter.

astigmatismo ***m.*** Defecto del ojo: *Necesito anteojos para evitar que aumente el **astigmatismo** que tengo.*

astil ***m.*** Mango del hacha o azada: *Mi tío construyó un **astil** de madera que resistiera el peso de la nueva hacha para cortar troncos.*

astilla ***f.*** Fragmento que se desprende de la madera y de los minerales al romperse: *A Mario se le clavó una **astilla** mientras cortaba madera.*

astillar ***vb.*** {tr. y prnl.} Hacer una cosa astillas: *El palo de la escoba se **astilló** por el uso.*

astillero ***m.*** Lugar donde se construyen y reparan barcos: *Los barcos que salieron dañados por el huracán fueron llevados al **astillero** más cercano.*

astracán ***m.*** Piel de cordero recién nacido, muy fina y con el pelo rizado.

astrágalo ***m.*** **1** En anatomía, hueso del tarso articulado con la tibia y el peroné. **2** En arquitectura, moldura entre el capitel y el fuste.

astringente ***adj./m.*** **1** Que contrae los tejidos: *Ángeles se compró una loción **astringente** para cerrar los poros de la piel de su cara.* **2** Que produce estreñimiento.

astro ***m.*** **1** Cuerpo celeste que existe en el Universo: *Las estrellas y los planetas del Universo son **astros** que aún encierran muchos enigmas para nosotros.* **2** Persona excelente en su actividad, que por lo mismo es muy conocida: *Raúl es un **astro** en el manejo de la pelota, ya que ninguno de nosotros juega mejor que él.*

astrobiología ***f.*** Rama de las ciencias aplicadas que estudia la posibilidad de que exista vida en otros planetas distintos de la Tierra.

astrofísica ***f.*** Parte de la astronomía que estudia los cuerpos celestes.

astrolabio ***m.*** Instrumento antiguo que se utilizaba para observar la posición de los astros.
astrología ***f.*** Estudio de la influencia de los astros en las personas.
astrólogo, ga ***m.*** y ***f.*** Persona que estudia la influencia de las posiciones de los astros en la vida de las personas: *El* ***astrólogo*** *le hizo un estudio sobre cómo estaban colocados los planetas el día en que nació.*
astronauta ***m.*** y ***f.*** Piloto o pasajero de una astronave: *Los* ***astronautas*** *caminaron por primera vez sobre la Luna en 1969.*
astronáutica ***f.*** Navegación por el exterior de la atmósfera.
astronave ***f.*** Vehículo espacial: *En los libros de ciencia ficción se describen extraordinarias* ***astronaves*** *que son capaces de ir a planetas que están a años luz de la Tierra.*
astronomía ***f.*** Ciencia que estudia los astros.
astronómico, ca ***adj.*** **1** Relativo al estudio de los astros: *Los cálculos* ***astronómicos*** *sirvieron para calcular la distancia que existe entre el Sol y la Tierra.* **2** Que implica aumento exagerado de algo: *El precio del carro resultó* ***astronómico*** *y no lo compré. ¡Cuesta el doble que hace tres meses!* SIN. **enorme.**
astrónomo, ma ***m.*** y ***f.*** Persona que estudia y analiza a los astros.
astroso, sa ***adj.*** Sucio y descuidado: *Arturo se presentó todo* ***astroso*** *al examen, parecía un mendigo.*
astucia ***f.*** Habilidad para engañar o evitar ser engañado: *Con* ***astucia,*** *hice que Tomás creyera que mi papá es extraterrestre.* SIN. **sagacidad.**
astuto, ta ***adj.*** Hábil para engañar o evitar el engaño: *Laura fue más* ***astuta*** *que Ricardo y no se dejó engañar por él.* SIN. **sagaz.** ANT. **ingenuo.**
asueto ***m.*** Descanso breve: *El dueño de la fábrica les dio tres días de* ***asueto*** *a los trabajadores como premio a su labor.*
asumir ***vb.*** {tr.} Hacerse cargo de una cosa, aceptando la responsabilidad: *Con una gran emoción,* ***asumió*** *la dirección de la empresa.*
asunción ***f.*** Hecho de aceptar algo que requiere responsabilidad o trabajo: *Ayer se efectuó la* ***asunción*** *del nuevo ministro.*
asunto ***m.*** **1** Materia de la cual se habla: *El* ***asunto*** *del que trató la conferencia nos entusiasmó y todos asistimos, ya que deseábamos saber más sobre el nuevo grupo de rock.* SIN. **tema. 2** Situación de la que se ocupa una persona: *Mis primos trataron el* ***asunto*** *del préstamo con el gerente del banco.* SIN. **negocio.**
asustado, da ***adj.*** Se aplica a quien tiene miedo, susto, temor: *Se sintió* ***asustada*** *durante la película porque era de terror.*
asustar ***vb.*** {tr. y prnl.} Causar o sentir miedo: *La explosión de gas* ***asustó*** *a todos los transeúntes que caminaban por la calle.* SIN. **espantar, sobresaltar.** ANT. **calmar, tranquilizar.**
atabal ***m.*** Timbal semiesférico de un solo parche o piel.
atacar ***vb. irreg.*** {tr.} **Modelo 17. 1** Lanzarse contra alguien o algo para causarle daño: *El ladrón* ***atacó*** *a dos mujeres que miraban los regalos de la tienda y les robó su dinero.* SIN. **agredir.** ANT. **defender. 2** Destruir o dañar algo: *Una plaga* ***atacó*** *la cosecha y pudimos salvar muy poco trigo.* **3** Criticar algo o a alguien: *El candidato* ***atacó*** *los argumentos de su contrincante con palabras justas y precisas.*
atadijo ***m. Fam.*** Paquete pequeño y mal hecho: *Traía sus libros en un* ***atadijo*** *que hizo con su suéter.*
atado ***m. Amér.*** Cajetilla de cigarrillos.
atadura ***f.*** **1** Acción y efecto de mantener sujeto a alguien o algo: *El prisionero rompió las* ***ataduras*** *y se escapó.* **2** Forma de unión, cosa con que se une o ata.
atajar ***vb.*** {tr.} **1** Impedir el curso de una cosa: *El médico* ***atajó*** *la enfermedad de manera radical y es imposible que el paciente vuelva a caer enfermo.* **2** Ir por el camino más corto: ***Atajamos*** *por el parque para llegar más pronto a la reunión.*
atajo ***m.*** Senda que acorta el camino: *Tomamos un* ***atajo*** *para no tener que caminar tanto.* SIN. **trocha.**
atalaya ***f.*** Lugar alto desde el que se observa a lo lejos: *Desde la* ***atalaya*** *miraron el avance del enemigo y se prepararon para luchar.* SIN. **vigía.**
atañer ***vb. irreg.*** {intr.} **Modelo 42.** Concernir algún asunto a alguien: *Lo que estamos platicando te* ***atañe,*** *así que pon atención.* SIN. **importar, concernir.**
atapasco ***m.*** Familia de lenguas habladas por las tribus atapasco.
atapasco, ca ***adj./m.*** y ***f.*** Grupo de pueblos amerindios distribuidos a lo largo de la costa occidental de América del Norte, desde Alaska hasta la parte norte de México: *Algunas tribus pertenecientes al grupo* ***atapasco*** *son los apaches, los jicarilla y los navajos.*
ataque ***m.*** **1** Acción ofensiva para conseguir un objetivo: *El ejército lanzó un* ***ataque*** *por sorpresa.* **2** Acceso repentino de una enfermedad o de un sentimiento: *Este muchacho a veces sufre* ***ataques*** *de nervios cuando se acercan los días de exámenes.*
atar ***vb.*** {tr.} **1** Sujetar con ligaduras o nudos: ***Atamos*** *el paquete con una cuerda para asegurarlo bien.* SIN. **amarrar.** ANT. **desatar. 2** Relacionar cosas o ideas: *Los policías* ***ataron*** *los cabos de las pistas dejadas por los ladrones y así pudieron atrapar a la banda de malhechores.*
atarantar ***vb.*** {tr. y prnl.} Confundirse y no saber cómo reaccionar ante un hecho: *El niño* ***se atarantó*** *con el golpe de balón que recibió durante el partido.*
ataraxia ***f.*** Quietud absoluta del alma que es, según algunas corrientes filosóficas, el principio de la felicidad.
atarazana ***f.*** Astillero.
atardecer ***m.*** Tiempo en que atardece: *Cuando salgo de vacaciones, me gusta caminar por la playa durante el* ***atardecer.***
atardecer ***vb. irreg.*** {impers.} **Modelo 39.** Comenzar a caer la tarde: *En invierno* ***atardece*** *más temprano que en verano.*
atareado, da ***adj.*** Con mucho trabajo: *Estuvimos muy* ***atareados*** *con la mudanza, pero ya casi todo está listo.*
atarear ***vb.*** {tr. y prnl.} **1** Hacer trabajar mucho a alguien. **2** Entregarse mucho al trabajo: ***Nos atareamos*** *con todas las tareas de biología y todavía no terminamos el trabajo de matemáticas.*
atarjea ***f.*** Caja de ladrillos con la que se protege una cañería o conducto.
atascar ***vb. irreg.*** {tr. y prnl.} **Modelo 17. 1** Obstruir el paso algún objeto: *Un pedazo de madera* ***atascó*** *el tubo de agua y por eso no salía agua por el grifo.* **2** Quedarse detenido sin posibilidad de movimiento: *Muchos automóviles* ***se atascaron*** *a la mitad del camino por la tormenta de nieve que cayó.*
ataúd ***m.*** Caja donde se coloca un cadáver para enterrarlo: *Los parientes eligieron un* ***ataúd*** *de metal para el difunto.*
ataviar ***vb. irreg.*** {tr. y prnl.} **Modelo 9.** Vestir o arreglar a una persona o cosa: *En algunas fiestas populares, la población* ***se atavía*** *con trajes típicos.* SIN. **adornar.**
atávico, ca ***adj.*** **1** Que procede de antepasados lejanos: *Mantiene costumbres* ***atávicas.*** SIN. **ancestral.**

atavío *m.* Vestido o adorno usado para las grandes ocasiones: *Me vestí con mis mejores* ***atavíos*** *para ir a la fiesta.*

atavismo *m.* Reaparición de caracteres de un antepasado, no manifestados en generaciones intermedias.

ateísmo *m.* Manera de pensar de las personas que no creen en la existencia de Dios.

atemorizado, da *adj.* Que se halla sujeto al temor: *Se acercaron al animal desconocido con movimientos* ***atemorizados.***

atemorizante *adj.* Que atemoriza: *Sus gritos* ***atemorizantes*** *nos dejaron helados.*

atemorizar *vb. irreg.* {tr. y prnl.} **Modelo 16.** Causar o sentir temor: *El disfraz de monstruo* ***atemorizó*** *a los niños.* SIN. **asustar, espantar.**

atemperar *vb.* {tr. y prnl.} Moderar o calmar alguna acción: *La aparición del director de la escuela* ***atemperó*** *los ánimos de los compañeros que estaban listos para pelearse.*

atemporal *adj.* Ajeno al tiempo: *En su conferencia abordó temas* ***atemporales*** *y de gran interés.*

atenazar *vb. irreg.* {tr.} **Modelo 16.** Sujetar fuertemente: *El águila* ***atenazó*** *a su presa sin darle posibilidad de escapar.*

atención *f.* **1** Cuidado que se pone a alguien o algo: *Pusimos* ***atención*** *a las explicaciones del guía de turistas durante el recorrido.* **2** Demostración de cortesía: *El gerente tuvo muchas* ***atenciones*** *con nosotros y nos regaló café con galletas aunque no nos conocía.*

atender *vb. irreg.* {tr. e intr.} **Modelo 24. 1** Satisfacer un deseo o mandato: *Las autoridades* ***atendieron*** *la petición que hicimos sobre la construcción del puente.* SIN. **aceptar. 2** Aplicar el entendimiento a algo: *Los alumnos* ***atendieron*** *las explicaciones del maestro para poder aprobar la materia.* **3** Cuidar de una persona o cosa: *El médico de la familia* ***atiende*** *con mucho cuidado la enfermedad del abuelo.* SIN. **cuidar.**

ateneo *m.* Asociación que se forma con fines culturales: *En la universidad a la que asiste, la generación de mi hermano fundó un* ***ateneo*** *de filósofos para dar a conocer sus trabajos e inquietudes.*

atenerse *vb. irreg.* {prnl.} **Modelo 26.** Ajustarse a lo pensado con anterioridad: *La decisión la tomé yo y* ***me atengo*** *a las consecuencias, sean buenas o malas.*

ateniense *adj./m.* y *f.* Originario de Atenas, capital de Grecia.

atentado *m.* Agresión contra una persona o una autoridad: *Hubo un* ***atentado*** *contra el presidente de mi país, del que salió herido.* SIN. **ataque.**

atentar *vb.* {tr. e intr.} **1** Realizar acciones que dañan a otras personas, a la naturaleza o a uno mismo: *Contaminar el ambiente es* ***atentar*** *contra nuestra propia vida.* SIN. **agredir. 2** Ejecutar o realizar una cosa ilegal: *Los terroristas* ***atentaron*** *contra la vida de mucha gente al poner una bomba en el aeropuerto internacional.*

atentatorio, ria *adj.* Que va en contra de algo o alguien: *Cazar ballenas es* ***atentatorio*** *del equilibrio ecológico.*

atento, ta *adj.* **1** Que tiene fija la atención en algo: *Julio siempre está* ***atento*** *a las explicaciones de sus maestros.* SIN. **aplicado.** ANT. **distraído, malcriado. 2** Que tiene buenos modales: *Claudia es muy* ***atenta*** *con los adultos, siempre les habla de manera educada.* SIN. **cortés, educado.** ANT. **grosero.**

atenuación *f.* Acción y efecto de atenuar: *El director de escena reforzó la efectividad del monólogo con la* ***atenuación*** *de la luz sobre el escenario.*

atenuado, da *adj.* Se aplica a lo que presenta atenuación: *Los colores de la copia se ven* ***atenuados*** *en comparación con los del cuadro original.*

atenuante *adj.* Se aplica a lo que atenúa, rebaja o reduce: *El abogado usó un argumento* ***atenuante*** *a favor del acusado.*

atenuante *f.* En derecho, circunstancia que aminora la gravedad de la responsabilidad penal derivada de un delito: *La legítima defensa es un* ***atenuante*** *que el abogado utilizará a su favor.*

atenuar *vb. irreg.* {tr.} **Modelo 10.** Disminuir una cosa: ***Atenuamos*** *el color con que vamos a pintar la casa porque nos pareció demasiado fuerte.* SIN. **suavizar, mitigar.** ANT. **aumentar.**

ateo, a *adj./m.* y *f.* Persona que niega la existencia de Dios.

aterciopelado, da *adj.* Semejante al terciopelo: *Mi padre compró un sillón* ***aterciopelado*** *de color negro.*

aterir *vb. irreg.* {tr. y prnl.} **Modelo 71.** Enfriar en exceso.

aterrador, ra *adj.* Que causa terror: *Las víctimas del atentado vivieron una escena* ***aterradora.***

aterrar *vb.* {tr. y prnl.} Producir o sentir mucho miedo: *A Lauro le* ***aterran*** *los insectos, en especial las avispas.* SIN. **asustar, atemorizar.**

aterrizaje *m.* Momento en el que descienden y tocan tierra los aviones y otras aeronaves que van volando: *Fue un* ***aterrizaje*** *forzoso, porque el avión tenía una falla.*

aterrizar *vb. irreg.* {intr.} **Modelo 16.** Posarse sobre el suelo una aeronave que iba volando: *El avión* ***aterrizó*** *en la pista del aeropuerto.* ANT. **despegar.**

aterrorizar *vb. irreg.* {tr. y prnl.} **Modelo 16.** Provocar o sentir terror: *El perro que ladraba* ***aterrorizó*** *al niño que caminaba por la calle.* SIN. **asustar, atemorizar, espantar.**

atesorar *vb.* {tr.} Reunir y guardar dinero o cosas de valor: *La familia de mi padre* ***atesora*** *una enorme fortuna en objetos antiguos.* SIN. **guardar, acumular.** ANT. **derrochar, malgastar.**

atestación *f.* Testificación de un testigo: *En su* ***atestación,*** *la testigo afirmó haber visto al acusado entrar a la casa robada saltando por la ventana.*

atestado *m.* Documento oficial en que se relata algo, en especial, investigaciones judiciales o testimonios.

atestado, da *adj.* Que está totalmente lleno: *El circo estaba* ***atestado*** *porque mucha gente quería ver el nuevo espectáculo.*

atestar *vb.* {tr.} Llenar una cosa al máximo: *Manuel* ***atestó*** *su equipaje con objetos inservibles.*

atestiguar *vb. irreg.* {tr.} **Modelo 11.** Declarar como testigo de algún asunto: *Cuatro personas* ***atestiguaron*** *sobre el asalto al banco, porque pudieron ver todo desde el edificio de enfrente.*

atezar *vb.* {tr. y prnl.} Poner la piel morena.

atiborrar *vb.* {tr. y prnl.} **1** Llenar al máximo: *Los maestros* ***atiborraron*** *el salón de juegos de mi escuela con alumnos de otro colegio cuando organizamos un festival.* **2** *Fam.* Hartar de comida: *Los niños* ***se atiborraron*** *de dulces y después ya no quisieron cenar.*

ático *m.* Último piso de un edificio.

ático, ca *adj./m.* y *f.* Originario del Ática o Atenas, Grecia.

atigrado, da *adj.* Que tiene dibujos o manchas que asemejan a las de la piel del tigre: *La tela de su nueva blusa es de estilo* ***atigrado.***

atildado, da *adj.* **1** Se aplica a la persona que se arregla con minuciosidad y, a veces, con afectación. **2** Pulcro, elegante: *Impactó en la reunión al presentarse* ***atildada*** *y desenvuelta.*

a b c d e f g h i j k l m n o p q r s t u v w x y z

atildar ***vb.*** {tr. y prnl.} Asear con esmero minucioso: *Elena **atilda** sus uñas porque le gusta tenerlas muy bonitas.*
atinado, da ***adj.*** Acertado: *El representante sindical hizo un comentario **atinado** sobre el conflicto laboral.*
atinar ***vb.*** {intr.} **1** Localizar lo que se busca: *Después de revisar la guía **atiné** con la dirección que buscaba.* SIN. **encontrar. 2** Dar en el punto exacto: *Con el rifle de municiones **atiné** a dos muñecos y me gané un premio en la feria.* SIN. **acertar.** ANT. **fallar.**
atingencia ***f. Amér.*** Conexión, relación.
atípico, ca ***adj.*** Que se sale de la normalidad: *En el laboratorio estudiamos una rana **atípica** que tenía tres patas traseras en vez de dos.*
atisbar ***vb.*** {tr.} **1** Observar disimuladamente: *A Roque le encanta enterarse de la vida ajena y no deja de **atisbar** a los vecinos por la ventana.* **2** Ver débilmente, con dificultad: *A lo lejos, el marinero **atisbó** una isla.*
atisbo ***m.*** Sospecha o indicio de algo: *La respuesta correcta del alumno fue un **atisbo** de inteligencia que el maestro aplaudió de inmediato.*
atizar ***vb. irreg.*** {tr.} **Modelo 16. 1** Remover el fuego: ***Atizamos** el fuego de la hoguera para que no se apagara.* **2** *Fam.* Golpear: *Jugando fútbol **me atizaron** una patada que me hizo doblarme de dolor.*
atlante ***m.*** Estatua en forma de hombre que sirve de columna.
atlántico, ca ***adj.*** Relativo al Océano Atlántico o a los países o regiones que lo bordean.
atlas ***m.*** Colección de mapas en forma de libro: *En la asignatura de geografía utilizamos el **atlas** para localizar todas las regiones del planeta.*
atleta ***m.*** y ***f.*** Persona que practica el atletismo u otro deporte: *Los Juegos Olímpicos se inauguran con un desfile de **atletas.***
atlético, ca ***adj.*** Que posee buena figura corporal: *Mi primo tiene una constitución **atlética** por el ejercicio que hace diariamente.*
atletismo ***m.*** Conjunto de deportes individuales que comprende carreras, saltos y lanzamientos: *En la escuela practicamos **atletismo** y lo que más me gusta es la carrera de cien metros.*
atmósfera ***f.*** **1** Capa gaseosa que envuelve la Tierra. **2** Unidad de medida de presión.
atmosférico, ca ***adj.*** **1** De la atmósfera: *Habló acerca de la presión **atmosférica.*** **2** Se dice de los aparatos que recogen datos de la atmósfera.
atoar ***vb.*** {tr.} Remolcar una embarcación a otra: *El guardacostas **atoó** al pesquero y lo condujo al puerto.*
atol o **atole** ***m. Guat.*** y ***Méx.*** Bebida caliente de harina de maíz disuelta en agua o leche: *Tomamos **atole** antes de ir a la escuela, porque nos da energía.*
atolladero ***m.*** Situación difícil o comprometida: *Estoy metido en un **atolladero,** porque choqué en el carro de mi papá y todavía no se lo digo.* SIN. **apuro, dificultad.**
atollo ***m.*** Apuro: *Se encuentra en un grave **atollo.***
atolón ***m.*** Isla de coral.
atolondrado, da ***adj.*** Que actúa sin serenidad ni reflexión: *Mi perro es muy **atolondrado,** siempre anda tropezándose solo.* SIN. **despistado.**
atolondramiento ***m.*** Aturdimiento, falta de reflexión: *Fui a la escuela a inscribirme y mi **atolondramiento** hizo que se me olvidaran los papeles que debía llevar.*
atolondrar ***vb.*** {tr. y prnl.} Causar aturdimiento o perturbación de los sentidos: *El accidente los **atolondró.***
atómico, ca ***adj.*** **1** Relativo al átomo. **2** Que utiliza la energía almacenada en los átomos: *Las bombas **atómicas** utilizan la enorme energía que liberan algunos átomos cuando se dividen.*
atomización ***f.*** Acción y resultado de atomizar, fraccionar un todo: *Hubo una **atomización** excesiva de funciones.*
atomizador ***m.*** Aparato que sirve para la pulverización de líquidos: *Es mejor usar el perfume con **atomizador** que en aerosol, así no destruyes la capa de ozono.*
atomizar ***vb.*** {tr.} **1** Dividir en partes muy pequeñas. **2** Pulverizar una sustancia líquida: *Esa lata tiene un dispositivo ideal para **atomizar** la laca para el cabello.*
atomizar ***vb. irreg.*** {tr.} **Modelo 16.** Dividir en partes muy pequeñas.
átomo ***m.*** Partícula mínima con las características de un elemento químico simple.
atonal ***adj.*** En música, que no está sujeto a una tonalidad determinada.
atonía ***f.*** Falta de ánimo o energía.
atónito, ta ***adj.*** Pasmado o estupefacto frente a un suceso: *El espectáculo de luz y sonido me dejó **atónito** y sólo pude aplaudir ante tanta belleza.* SIN. **estupefacto.**
átono, na ***adj.*** Dícese de la palabra, sílaba o vocal que carece de acento: *En la palabra "casa", sa es la sílaba **átona.***
atontado, da ***adj.*** Que queda aturdido y sin ganas de nada: *Me sentí **atontado** después de responder tantas preguntas del examen.*
atontar ***vb.*** {tr. y prnl.} **1** Aturdir por una sensación que no se esperaba: *Los juegos de la feria me **atontan** con tantas vueltas.* **2** Volver o volverse tonto: *Si continúas viendo la tele tantas horas al día **te vas a atontar.***
atorado, da ***adj.*** **1** Que obstruye: La pastilla se *quedó **atorada** en mi garganta por unos segundos.* **2** Atascado: *Con el acelerador **atorado** no puedo echar a andar el coche.*
atorar ***vb.*** {tr., intr. y prnl.} **1** Obstruir, atascar: *Las piedras **atoraron** el paso de la corriente de agua del arroyo.* **2** Trabarse al hablar: *Estaba tan nervioso cuando vio a su enamorada, que **se atoró** y no supo qué decirle.* **3** Atragantarse: *¡**Se me atoró** una espina del pescado en la garganta!*
atormentado, da ***adj.*** **1** Se aplica a quien padece dolor físico o psíquico: *Vive **atormentado** por sus recuerdos.* **2** Torturado: *Los verdugos llevaron al reo **atormentado** a su celda.*
atormentar ***vb.*** {tr. y prnl.} Causar gran molestia física o moral: *El dolor de muelas me **atormenta** y no me deja dormir.* SIN. **molestar.** ANT. **aliviar.**
atornillar ***vb.*** {tr.} Introducir un tornillo y sujetar con él algún material: *Con mucho cuidado **atornillamos** las sillas nuevas al suelo para que nadie las mueva.*
atorrante, ta ***m.*** y ***f.*** **1** ***Argent., Bol., Chile, Par.*** y ***Urug.*** Vagabundo, holgazán. **2** ***Argent., Par.*** y ***Urug.*** Persona desvergonzada.
atosigante ***adj.*** Que atosiga: *Los sabores dulces me resultan **atosigantes.***
atosigar ***vb. irreg.*** {tr. y prnl.} **Modelo 17.** Molestar a alguien con prisas y exigencias: *Tanto nos **atosigó** Raúl para que le compráramos ese juguete, que decidimos no darle nada.* SIN. **molestar.**
atrabancado, da ***adj.*** Se aplica a quien atrabanca o se atrabanca.
atrabancar ***vb.*** {tr., intr. y prnl.} **1** Vencer obstáculos rápidamente. **2** Hacer algo precipitadamente: *Siempre le pedimos paciencia pero se **atrabanca** y hace todo de inmediato.*
atrabiliario, ria ***adj.*** Que tiene mal genio, malhumorado: *Con ese proceder **atrabiliario** no vas a llegar muy lejos.*

atracadero ***m.*** Sitio donde se detienen las embarcaciones menores: *Después del paseo por el río, la lancha se dirigió al* ***atracadero*** *en el que nos esperaba mi padre.*

atracar ***vb. irreg.*** {tr. y prnl.} **Modelo 17. 1** Asaltar con armas para robar: *Los asaltantes* ***atracaron*** *el banco y se llevaron todo el dinero.* SIN. **robar. 2** Arrimarse una embarcación a otra o a tierra: *Los marineros* ***atracaron*** *los barcos en el muelle.* **3** Comer y beber en exceso: *"Si* ***te atracas*** *de chocolates, te dolerá el estómago", me advirtió mi madre.* SIN. **hartarse.**

atracción ***f.*** **1** Gusto o deseo que provoca algo: *El circo es de gran* ***atracción*** *para los niños.* **2** Fuerza con que se puede atraer una cosa: *La Tierra ejerce una* ***atracción*** *sobre la Luna que no le permite alejarse más a nuestro satélite.* **3** ***pl.*** Conjunto de espectáculos o diversiones: *El domingo iremos al parque de* ***atracciones*** *para divertirnos un rato.*

atraco ***m.*** Acción que se realiza para robar: *Unos ladrones realizaron un* ***atraco*** *y se llevaron miles de dólares del banco.*

atracón ***m. Fam.*** Hecho de comer y beber en abundancia: *Pepe se dio un* ***atracón*** *de papas fritas y ya no quiso comer nada más en todo el día.*

atractivo, va ***adj.*** **1** Que atrae y despierta interés: *Esta lectura es* ***atractiva*** *para nosotros, porque nos habla de lo que hicieron nuestros antepasados.* SIN. **ameno, interesante.** ANT. **pesado, aburrido. 2** Cualidad de una persona que produce gusto a los demás: *En la escuela hay varios muchachos que son* ***atractivos*** *y simpáticos.* SIN. **guapo.**

atraer ***vb. irreg.*** {tr.} **Modelo 38. 1** Traer o hacer venir algo hacia uno: *Con su belleza, la reina* ***atrajo*** *las miradas de todo el mundo.* **2** Atrapar la atención de algo o alguien: *A Carlos le* ***atrae*** *la música romántica.* SIN. **cautivar, encantar. 3** Hacer venir una persona o cosa hacia otra: *El imán* ***atrae*** *cosas de metal.*

atragantarse ***vb.*** {prnl.} No poder tragar algo: *Mi hermano come tan rápido que* ***se atraganta*** *a cada momento.*

atrancar ***vb. irreg.*** {tr.} **Modelo 17.** Asegurar una puerta o ventana con una tranca: *Todas las noches* ***atrancamos*** *la puerta de entrada con una gran vara de metal para que ningún ladrón pueda entrar.*

atranco ***m.*** Estorbo, escollo: *Quiso hablar en público, pero un* ***atranco*** *repentino lo dejó mudo.*

atrapar ***vb.*** {tr.} **1** Prender o apresar algo que huye: *Los perros* ***atraparon*** *al conejo.* SIN. **capturar, detener.** ANT. **dejar, liberar, soltar. 2** Conseguir con habilidad o suerte algo: *Felipe* ***atrapó*** *el balón sin dificultad.*

atrás ***adv.*** **1** Hacia la parte posterior: *Tuvimos que dar unos pasos* ***atrás,*** *porque había un hoyo que no dejaba pasar.* **2** Detrás: *En la fila de la escuela, Emiliano se quedó* ***atrás*** *de nosotros porque era el más alto de todos.* **3** En un tiempo pasado: *Pocos días* ***atrás*** *le habían comunicado la mala noticia y todavía se sentía muy triste.*

atrasado, da ***adj.*** **1** Que tiene deudas: *Está* ***atrasado*** *en su tarjeta de crédito.* **2** Que está menos desarrollado de lo que le corresponde por su edad o por la época: *Es el más* ***atrasado*** *de la clase.* **3** Que no es reciente: *Guardo los recibos* ***atrasados*** *por seguridad.* **4** Dicho de un reloj, que marca una hora anterior.

atrasar ***vb.*** {tr. y prnl.} **1** Hacer algo más tarde del tiempo previsto: ***Hemos atrasado*** *nuestras vacaciones porque mi tía no se siente bien, tal vez nos vayamos la semana próxima.* **2** Poner el reloj a una hora que ya pasó: *Mi abuela* ***ha atrasado*** *diez minutos el reloj del comedor: aunque son las 10:10, ella lo puso a las 10 en punto.* **3** Quedarse atrás en el desarrollo de un objetivo: *El maestro dijo que* ***nos atrasaríamos*** *en el tema si no poníamos atención.*

atraso ***m.*** **1** Algo que se hace más tarde del tiempo previsto: *La ceremonia de boda tuvo un* ***atraso*** *de media hora porque no llegaba el cura.* **2** Dinero que no ha sido cobrado: *Le dije a Manuel que tenía dos* ***atrasos*** *conmigo.*

atravesado, da ***adj.*** **1** Que ha sido penetrado por algo: *Cuando llegaron a socorrer al accidentado, vieron que tenía un bazo* ***atravesado*** *por una varilla.* **2** ***Méx.*** Que obstruye el camino, que estorba: *Dejó la camioneta* ***atravesada*** *a mitad de la calle.*

atravesar ***vb. irreg.*** {tr. y prnl.} **Modelo 3. 1** Cruzar un lugar: ***Atravesé*** *la calle con mucha precaución.* **2** Colocar algo de modo que cruce otra cosa: ***Atravesamos*** *una viga en la puerta de la casa para impedir que el perro entre.* **3** Poner algo que entre por una parte y salga por otra: *Hay aretes que lastiman cuando* ***atraviesan*** *los lóbulos de las orejas.*

atrayente ***adj.*** Que atrae o despierta afecto o simpatía: *Es una mujer* ***atrayente*** *para muchos hombres.*

atreverse ***vb.*** {prnl.} Tener valor para hacer algo: *El nuevo maestro de matemáticas* ***se atrevió*** *a cuestionar las reglas del director.* SIN. **arriesgarse, osar.**

atrevido, da ***adj.*** **1** Que no tiene miedo a nada: *Rafael es muy* ***atrevido*** *cuando se trata de trepar a los árboles.* SIN. **arriesgado.** ANT. **cobarde, miedoso. 2** Que falta al respeto: *Marco fue* ***atrevido*** *con Rosa y ésta le dio una bofetada.* SIN. **irrespetuoso.**

atrevimiento ***m.*** Audacia para hacer cosas sin pensar en las consecuencias: *Fue un* ***atrevimiento*** *de Jacobo hablarle de esa manera tan grosera al jefe y por eso lo despidieron.*

atribución ***f.*** Hecho de señalar una cosa como propia de alguien: *Mi hermana se tomó una* ***atribución*** *que no le correspondía cuando me dijo que no me daba permiso de ir a la fiesta.*

atribuible ***adj.*** Susceptible de ser atribuido: *Estas novelas son* ***atribuibles*** *al mismo autor.*

atribuir ***vb. irreg.*** {tr. y prnl.} **Modelo 59.** Aplicar cualidades u obras a una persona o cosa: *La pintura que se encuentra en la oficina del director* ***se atribuye*** *a un pintor español del siglo XVII.*

atribulado, da ***adj.*** Apenado, apesadumbrado: *La mala racha económica está creando hombres* ***atribulados,*** *llenos de preocupaciones.*

atribular ***vb.*** {tr. y prnl.} Causar pena, pesadumbre o padecimiento moral a alguien.

atributo ***m.*** **1** Cualidad de las personas que las distingue de los demás: *El mayor* ***atributo*** *de los seres humanos es su inteligencia.* **2** Insignias o condecoraciones que realzan la figura de una persona: *La corona es el* ***atributo*** *del rey.*

atril ***m.*** Objeto para sostener libros o papeles, que permite leer con mayor comodidad: *Compré un* ***atril*** *de madera en el que puedo colocar mis libros más grandes.*

atrincherar ***vb.*** {tr. y prnl.} **1** Fortificar con trincheras: *El ejército* ***atrincheró*** *el pueblo para que el enemigo no pudiera entrar.* **2** Ponerse en trincheras a salvo del enemigo: *Durante las guerras, la gente se* ***atrinchera*** *en sótanos o guaridas.*

atrio ***m.*** Espacio que sirve de acceso a algunos templos, palacios o casas: *En el* ***atrio*** *de la iglesia hicieron un pequeño festival en homenaje al santo del pueblo.*

atrocidad ***f.*** **1** Brutalidad muy grande: *Matar a una persona es una* ***atrocidad.*** SIN. **crueldad. 2** Grosería, insolencia que se expresa en estado de exaltación: *Las* ***atrocidades*** *que le dijeron al árbitro los jugadores que perdieron se oyeron por televisión.* SIN. **insulto.**

a b c d e f g h i j k l m n o p q r s t u v w x y z

atrofia ***f.*** Incapacidad que impide el desarrollo de una parte del cuerpo: *Jorge sufre de* ***atrofia*** *en el brazo derecho y por eso lo tiene más corto que el izquierdo.*

atrofiar ***vb.*** {tr. y prnl.} Causar o sufrir atrofia: *La lesión en el pie hizo que se le* ***atrofiara*** *la pierna.*

atronador, ra ***adj.*** Ensordecedor: *La nueva bocina del auto tiene un timbre* ***atronador.***

atronar ***vb. irreg.*** {tr.} **Modelo 5.** Producir ruido que perturba: *Los juegos pirotécnicos* ***atronaron*** *en la festividad del pueblo.*

atropellado, da ***adj.*** **1** Que habla de manera precipitada: *Con palabras* ***atropelladas*** *nos explicó lo que había sucedido.* **2** Que va de prisa: *En su* ***atropellada*** *huida el ladrón tiró el botín.* **3** Se aplica a quien le ha pasado por encima un vehículo: *Hubo varias personas* ***atropelladas*** *por el camión.*

atropellar ***vb.*** {tr. e intr.} **1** Pasar con violencia por encima de algo o alguien: *Un carro que iba a gran velocidad* ***atropelló*** *a un perro y le rompió una pata.* SIN. **arrollar.** **2** Actuar sin miramiento o respeto.

atropello ***m.*** Hecho de proceder o actuar abusando: *Al quitarle sus bienes a mi abuelo, ese mal abogado cometió un* ***atropello*** *terrible.*

atroz ***adj.*** **1** Inhumano, cruel: *Cerca de mi casa cometieron un asesinato* ***atroz*** *que salió en las noticias.* **2** Muy grande o fuerte: *Ponte una camisa muy ligera, porque hace un calor* ***atroz.*** **3** Muy malo: *Anoche vimos un filme* ***atroz*** *en el que nunca sucedió algo interesante.* SIN. **pésimo.**

atuendo ***m.*** Ropa con la que se viste una persona: *El actor se quitó el* ***atuendo*** *medieval cuando terminó la obra de teatro.* SIN. **indumentaria, vestido.**

atufar ***vb.*** {tr. y prnl.} Producir un olor desagradable y molesto las cosas que se queman o descomponen.

atún ***m.*** Pez de mar apreciado por su carne, que se come fresca o en conserva: *Compré tres latas de* ***atún*** *para hacer una ensalada.*

atunero, ra ***adj.*** Relativo al atún: *El barco* ***atunero*** *regresó al mediodía y desembarcó muchos pescados.*

aturdimiento ***m.*** **1** Perturbación de los sentidos causada por un golpe o una mala noticia. **2** Falta de serenidad: *Hacer las tareas escolares con prisa me produce* ***aturdimiento*** *y por eso me equivoco.*

aturdir ***vb.*** {tr. y prnl.} **1** Provocar, un golpe o una mala noticia, incapacidad para darse cuenta de lo que pasa alrededor: *El fuerte golpe en la cabeza me* ***aturdió*** *y ya no me di cuenta de nada más.* SIN. **atontarse.** **2** Confundirse sin saber qué hacer: *Los gritos muy altos* ***me aturden*** *y no puedo leer.* SIN. **molestar, turbar.**

atusar ***vb.*** {tr.} Arreglar o alisar el pelo con la mano o el peine.

audacia ***f.*** Osadía, valor para hacer cosas a las que otras personas no se atreven: *El alpinista mostró una gran* ***audacia*** *al subir la montaña más alta del mundo.* SIN. **atrevimiento, coraje, osadía.** ANT. **cobardía, prudencia.**

audaz ***adj.*** Capaz de lograr algo novedoso o arriesgado: *Un piloto de carros de carreras debe ser* ***audaz*** *para mantener el control de su automóvil.* SIN. **atrevido, valiente.** ANT. **cauteloso, prudente.**

audible ***adj.*** Que se puede oír: *La música que tocaron en la escuela era poco* ***audible,*** *porque estaban fallando los aparatos de sonido.*

audición ***f.*** **1** Facultad de oír: *Bruno tiene problemas de* ***audición,*** *por eso el médico le recetó un aparato que lo ayude a oír mejor.* **2** Sesión musical: *El flautista dio una* ***audición*** *musical que fue ampliamente comentada por televisión.* **3** Sesión de prueba de un artista: *Para la obra de teatro hicieron muchas* ***audiciones,*** *porque necesitaban escoger buenos actores y bailarines.*

audiencia ***f.*** **1** Acto de oír una autoridad a quienes solicitan algo: *Pedimos una* ***audiencia*** *con el juez para hablar sobre nuestro caso.* **2** Público que sigue las emisiones de los medios de comunicación: *Los programas de concursos en televisión tienen mucha* ***audiencia*** *porque a la gente le gusta obtener regalos.* **3** Tribunal de justicia: *El abogado fue a la* ***Audiencia*** *para conseguir la libertad de sus clientes.*

audífono ***m.*** **1** Artefacto para sordos, que amplifica los sonidos: *Mi abuelo está sordo y usa un* ***audífono*** *en el oído izquierdo.* **2** ***pl.*** Aparato que sirve para oír la radio o la televisión sin que el sonido salga al aire.

audio ***adj.*** Técnica que permite la transmisión de los sonidos.

audiovisual ***adj./m.*** Que combina sonido e imagen: *El maestro de biología nos pasó un* ***audiovisual*** *de las células del cuerpo humano. Me gustaron las fotografías y la explicación que se daba de ellas.*

auditar ***vb.*** {tr.} Realizar una auditoría en una empresa u organización.

auditivo, va ***adj.*** Relativo al oído: *El nervio* ***auditivo*** *se encarga de transmitir los sonidos al cerebro.*

auditor, ra ***adj.*** Se aplica a la persona, entidad o autoridad encargada de realizar auditorías: *Contrató a una empresa* ***auditora*** *para verificar los ingresos y egresos económicos de este año.*

auditor, ra ***m.*** y ***f.*** **1** Persona encargada de realizar auditorías: *Los* ***auditores*** *comprobaron que son sanas las finanzas de la empresa.* **2** Funcionario que interpreta las leyes y propone las resoluciones en los tribunales militares.

auditoría ***f.*** Revisión de la contabilidad de una empresa: *En la* ***auditoría*** *realizada en la empresa donde trabajo, los auditores encontraron errores en unas compras hechas el año pasado.*

auditorio ***m.*** **1** Conjunto de oyentes que van a un espectáculo: *Todo el* ***auditorio*** *escuchaba en silencio el concierto de guitarra.* SIN. **espectadores, público.** **2** Local acondicionado para celebrar eventos importantes: *El* ***auditorio*** *de la escuela sirvió para realizar la fiesta de fin de cursos.*

auge ***m.*** Momento de mayor intensidad o esplendor: *La fama de este escritor llegó a su* ***auge*** *con su libro más reciente.* SIN. **apogeo.** ANT. **decadencia, ocaso.**

augurar ***vb.*** {tr.} Intuir lo que va a pasar antes de que suceda: *Estas nubes tan negras* ***auguran*** *una tormenta.* SIN. **predecir, presagiar.**

augurio ***m.*** Señal que anuncia lo que puede suceder en el futuro: *El* ***augurio*** *del brujo era que no llovería durante todo el año y así fue.*

augusto, ta ***adj.*** Digno de respeto y veneración: *La figura* ***augusta*** *del rey dio realce a la ceremonia.*

aula ***f.*** Sala destinada a dar clases en un centro de enseñanza: *En la nueva* ***aula*** *de la escuela caben 50 alumnos.* SIN. **salón.**

aullar ***vb. irreg.*** {intr.} **Modelo 13.** Dar aullidos: *El perro y el lobo* ***aúllan*** *cuando algo les produce tristeza o dolor.*

aullido ***m.*** Grito agudo y prolongado del lobo, el perro, etc.: *Cuando estábamos en el bosque, oímos el* ***aullido*** *de los lobos y nos dio miedo.*

aumentar ***vb.*** {tr., intr. y prnl.} Hacer más grande, numeroso o intenso: *Las autoridades anunciaron que va a* ***aumentar*** *el precio de la leche.* SIN. **subir.**

aumentativo, va ***adj.*** Que implica aumento: *El* ***aumentativo*** *de la palabra* perro *es "perrote" o "perrazo".*

aumento ***m.*** **1** Hecho de crecer en cantidad o cualidad: *El **aumento** al precio del transporte público afecta a toda la población.* Ant. **disminución, reducción. 2** Potencia de ciertos cristales para ver más grandes las cosas: *La lupa tiene **aumento** y así sí puedo leer estos libros de letra pequeña.*

aun ***adv.*** Incluso, hasta, también: *Todos nos asustamos con la tormenta, **aun** mi hermano mayor.*

aún ***adv.*** Todavía: *Comí bastante ensalada, pero **aún** tengo hambre.*

aunar ***vb. irreg.*** {tr. y prnl.} **Modelo 13.** Unir cosas distintas para lograr un fin: ***Aunemos** nuestras fuerzas para levantar este pesado mueble.* Sin. **unir.**

aunque ***conj.*** Introduce una objeción u oposición: ***Aunque** estoy enfermo, no faltaré al trabajo.*

aura ***f.*** **1** Viento suave y apacible: *El **aura** entró por la ventana dando frescura a la habitación.* **2** Irradiación luminosa que algunas personas dicen percibir alrededor de los cuerpos.

áureo, a ***adj.*** De oro o parecido a él: *El atleta ganó la medalla **áurea** en la competencia de caminata.*

aureola ***f.*** **1** Círculo que los artistas suelen poner detrás de la cabeza de las imágenes sagradas. Sin. **nimbo. 2** Fama o admiración que rodea a alguien. **3** Círculo luminoso que rodea un astro o un objeto. **4** Marca que deja un anillo o la base de un objeto cilíndrico sobre una superficie porosa.

aurícula ***f.*** Cavidad del corazón que recibe sangre de las venas.

auricular ***adj.*** Perteneciente o relativo al oído o a las aurículas.

auricular ***m.*** Parte del teléfono que se pone en el oído para escuchar a la persona que está llamando: *Al oír el teléfono, tomé el **auricular** con entusiasmo porque pensé que era mi mejor amigo quien llamaba.*

aurífero, ra ***adj.*** Que lleva o contiene oro: *Las arenas de ese río son **auríferas,** varias personas han encontrado en ellas pepitas de oro.*

auriga ***m.*** Conductor de carruajes de la Antigüedad griega y romana: *Vi la película* Ben Hur *y me emocioné mucho con la competencia de **aurigas** en el circo.*

aurora ***f.*** Luz difusa que se da antes de la salida del Sol: *Nos despertamos con la **aurora** para salir temprano de campamento.* Sin. **alba, amanecer, madrugada.** Ant. **anochecer, atardecer, ocaso.**

auscultación ***f.*** Acción de revisar los sonidos que producen los órganos del cuerpo humano: *La **auscultación** del médico fue muy detallada, pues quería conocer todos los padecimientos del enfermo.*

auscultar ***vb.*** {tr.} Explorar los sonidos que se producen en el cuerpo: *El médico **ausculta** el corazón del enfermo porque le ayuda a conocer su estado de salud.*

ausencia ***f.*** **1** Tiempo en que alguien está lejos: *Estaba triste por la larga **ausencia** de mis amigos que salieron de viaje tres meses.* **2** Falta de algo: *El sabor de esta ensalada está muy simple por la **ausencia** de cebolla y condimentos.* Sin. **falta.** Ant. **abundancia.**

ausentarse ***vb.*** {prnl.} Alejarse o separarse de una persona o lugar: *Durante las vacaciones **nos ausentamos** por dos semanas de la ciudad.*

ausente ***adj./m.*** y ***f.*** Separado o alejado de alguna persona o lugar: *Los alumnos que estén **ausentes** la próxima clase tendrán menos posibilidades de aprobar la materia.*

ausentismo ***m.*** Hecho de ausentarse frecuentemente, sin justificación, de algún sitio donde se tiene obligación de asistir. Sin. **absentismo.**

auspiciar ***vb.*** {tr.} Favorecer el desarrollo de alguna cosa con fines no lucrativos: *El gobierno municipal **auspicia** el festival de primavera.* Sin. **patrocinar, sostener.**

auspicio ***m.*** **1** Agüero, pronóstico: *Inició su empresa con los mejores **auspicios** ya que es inteligente, trabajador y muy organizado.* **2** Apoyo para lograr ciertos fines: *El proyecto para ayudar a los indígenas se pudo realizar gracias al **auspicio** de mucha gente.* Sin. **ayuda, patrocinio, protección.**

austeridad ***f.*** Calidad de austero, reducido a lo necesario: *En algunos países se vive una gran **austeridad** por las crisis económicas y la gente no puede comprar cosas de lujo.*

austero, ra ***adj.*** Que se reduce a lo necesario y deja de lado lo que no lo es.

austral ***adj.*** Perteneciente o relativo al polo o al hemisferio sur. Ant. **boreal.**

australiano, na ***adj./m.*** y ***f.*** Originario de Australia, continente del hemisferio austral.

austriaco, ca o **austríaco, ca** ***adj./m.*** y ***f.*** De Austria, país de Europa.

autarquía ***f.*** Autosuficiencia económica de un Estado.

autenticación o **autentificación** ***f.*** Acción de confirmar la autenticidad: *Otorgó el sello de **autenticación** a la pieza.*

autenticidad ***f.*** Hecho de no ser falso: *La **autenticidad** del contrato está basada en la firma de las autoridades.*

auténtico, ca ***adj.*** Que es cierto y positivo: *Estos cuadros son **auténticos** y han sido valuados en gran cantidad de dinero, no son falsos, como los de ese hombre.* Ant. **falso.**

autentificación ***f. Ver* Autenticación.**

autentificar ***vb.*** {tr.} **1** Confirmar la autenticidad de algo: *Llevó las alhajas a **autentificar** con en joyero.* **2** Legitimar o legalizar.

autillo ***m.*** Ave nocturna de tamaño pequeño, alas y patas largas, pico corto muy curvo hacia la base y plumaje de color gris claro.

autismo ***m.*** Aislamiento del que se encierra en sí mismo a causa de una enfermedad mental.

autista ***adj./m.*** y ***f.*** Persona que se encierra en sí misma, a causa de una enfermedad mental, sin importarle lo que sucede alrededor: *El niño **autista** nunca hablaba ni siquiera con sus papás y nada parecía interesarle.*

auto ***m.*** **1** Composición dramática breve de carácter religioso o simbólico, que se representaba en las plazas públicas durante la Edad Media. **2** Automóvil: *El **auto** nuevo tuvo una falla mecánica a los tres días de haberlo comprado.* **3** En derecho, proceso judicial contra alguien: *Al ladrón le dictaron **auto** de formal prisión y ahora empieza el juicio.*

autoadhesivo o **autoadherente** ***adj.*** Se aplica a lo que tiene una sustancia que le permite pegarse sobre algo haciendo una ligera presión o por simple contacto: *Los números para la fachada de tu casa son **autoadherentes.***

autoanálisis ***m.*** Análisis efectuado sobre la misma persona que lo realiza.

autoaprendizaje ***m.*** Aprendizaje llevado a cabo por uno mismo, sin la ayuda de un maestro o profesor.

autobiografía ***f.*** Vida de una persona escrita por ella misma: *Ya terminé mi **autobiografía** que comencé a escribir desde que tenía quince años.*

autobiográfico, ca ***adj.*** Relativo a la propia vida de una persona: *Ayer conté a mis amigos un hecho **autobiográfico** que me ocurrió cuando era niño.*

autobús ***m.*** Vehículo que sirve para transportar gran cantidad de gente de un lugar a otro: *Cada hora pasa un **autobús** por la esquina de mi casa.*

autocar ***m.*** Automóvil de transporte colectivo.

a b c d e f g h i j k l m n o p q r s t u v w x y z

autocarril ***m. Bol., Chile*** y ***Nicar.*** Carro de ferrocarril propulsado por un motor.

autocensura ***f.*** Censura que efectúa alguien sobre su propia obra: *Marco es muy dado a la* ***autocensura*** *y elimina gran parte de sus escritos cuando los revisa.*

autoclave ***m.*** **1** Aparato para la esterilización por vapor, bajo presión y a temperaturas elevadas: *Introdujeron los instrumentos médicos en el* ***autoclave.*** **2** Cámara de paredes gruesas para llevar a cabo en su interior reacciones químicas a presión y temperatura altas.

autoconservación ***f.*** Conservarse por sí mismo: *Los animales silvestres tienen un agudo sentido de la* ***autoconservación.***

autoconstrucción ***f. Méx.*** Conjunto de labores que realiza quien construye su vivienda sin ayuda de ingenieros o arquitectos.

autoconsumo ***m.*** Consumo de la producción propia, sobre todo en lo que respecta a los agricultores.

autocontrol ***m.*** Control que uno aplica sobre sí mismo: *Mantuvo el* ***autocontrol*** *ante el regaño de su jefe.*

autocracia ***f.*** Sistema político en el que el gobernante dispone de poder absoluto.

autócrata ***m.*** y ***f.*** Persona que ejerce toda la autoridad: *El rey resultó ser un* ***autócrata*** *que no defendía los derechos del pueblo.*

autocrítica ***f.*** Juicio que alguien realiza sobre su propia persona u obra: *La* ***autocrítica*** *es saludable para ir corrigiendo nuestros errores.*

autocrítico ***m.*** Crítico de sí mismo: *Es demasiado* ***autocrítico*** *y nunca está conforme con él mismo.*

autóctono, na ***adj./m.*** y ***f.*** Originario del país que habita: *Mis primos son* ***autóctonos*** *de España y vamos a visitarlos durante las vacaciones.*

autodefensa ***f.*** Defensa de uno mismo frente a un posible daño: *Encabezó su* ***autodefensa*** *ante el jurado.*

autodenominarse ***vb.*** {prnl.} Denominarse a sí mismo: *Se* ***autodenomina*** *el "Rey del Barrio".*

autodestrucción ***f.*** Destrucción de uno mismo: *El consumo de drogas lo está llevando a la* ***autodestrucción.***

autodeterminación ***f.*** Derecho de un pueblo a decidir por sí mismo el régimen político que le conviene.

autodiagnóstico ***m.*** Diagnosticarse a sí mismo: *El* ***autodiagnóstico*** *no es bueno, sólo un médico puede recetar los medicamentos adecuados.*

autodidacto, ta ***adj./m.*** y ***f.*** Que se instruye por sí mismo: *Mi madre fue* ***autodidacta,*** *porque sus padres no pudieron mandarla a la escuela y aprendió ella sola a leer y escribir.*

autodisciplina ***f.*** Disciplina que una persona o un grupo se impone voluntariamente, y en la que no hay control exterior: *En esa asociación se practica la* ***autodisciplina.***

autodominio ***m.*** Dominio de sí mismo, facultad de someter a la propia voluntad los deseos impulsivos: *Carlos tiene un gran* ***autodominio*** *de sus emociones negativas.*

autódromo ***m.*** Lugar de esparcimiento en el que hay competencias de automóviles: *La carrera comenzó tarde en el* ***autódromo,*** *pero el público no se desanimó.*

autoedición ***f.*** Conjunto de procesos electrónicos e informáticos que permiten editar libros u otras obras impresas.

autoempleo ***m.*** Empleo autónomo, por cuenta propia: *El* ***autoempleo*** *es un recurso para sobrevivir en épocas de crisis económica.*

autoencendido ***m.*** Dispositivo programable que hace que algunos aparatos se enciendan automáticamente: *Mi cafetera tiene* ***autoencendido,*** *así que cuando me levanto el café ya está listo.*

autoescuela ***f.*** Escuela donde se enseña a conducir automóviles.

autoestima ***f.*** Aprecio o consideración que tiene una persona por sí misma: *Mantener alta la* ***autoestima*** *es fundamental para lograr cosas en la vida.*

autoexamen ***m.*** Examen de uno mismo: *Beatriz hace un* ***autoexamen*** *periódico de sus senos.*

autoexclusión ***f.*** Acción de autoexcluirse o excluirse a sí mismo: *La* ***autoexclusión*** *del capitán del equipo fue injustificada.*

autoexigencia ***f.*** Exigencia sobre uno mismo: *La clave de su éxito es la* ***autoexigencia*** *en el rendimiento escolar.*

autoexilio ***m.*** Exilio voluntario: *Hay artistas que buscan el* ***autoexilio.***

autofagia ***f.*** Alimentación de un organismo por el consumo de sus propias sustancias.

autofecundación ***f.*** Proceso de fecundación en que se unen los gametos masculino y femenino de un organismo hermafrodita.

autofinanciación ***f.*** Financiación de una empresa con parte de sus propios recursos económicos o beneficios: *Los expertos han sugerido la* ***autofinanciación*** *como estrategia económica prioritaria.*

autógeno, na ***adj.*** Se dice de la soldadura de dos piezas del mismo metal, sin la utilización de un metal extraño.

autogestión ***f.*** En economía, gestión u organización interna de una empresa en la que participan sus trabajadores: *La* ***autogestión*** *ayuda a que los empleados se sientan más relacionados con la empresa en la que trabajan.*

autogobierno ***m.*** Sistema de administración de los territorios que tienen autonomía: *Diversos pueblos ejercen el* ***autogobierno.***

autogol ***m.*** Gol marcado por un jugador en su propia portería: *El* ***autogol*** *determinó el resultado final.*

autogolpe ***m.*** Golpe de Estado dado por quien ostenta el poder para afianzarse en él: *Se mantiene como presidente por un* ***autogolpe.***

autógrafo ***m.*** Firma de una persona famosa: *Después del concierto le pedí su* ***autógrafo*** *a mi cantante favorito.*

autómata ***m.*** Máquina que imita la figura y los movimientos de un ser vivo: *En un filme vimos a unos* ***autómatas*** *que controlaban la Tierra porque todos pensaban que eran humanos.*

automático, ca ***adj.*** **1** Que trabaja o se regula por sí mismo: *Mi madre tiene una lavadora de ropa* ***automática*** *que es una maravilla, sólo oprimes un botón y trabaja ella sola.* **2** Movimiento que se realiza de manera involuntaria o inconsciente: *De manera* ***automática*** *se colocó los anteojos y no se dio cuenta que no eran los suyos.*

automatización ***f.*** Tarea o actividad que funciona sin la intervención directa del hombre: *La* ***automatización*** *de la fábrica se debió al avance de la tecnología.*

automatizar ***vb.*** {tr.} **1** Aplicar a la industria procedimientos automáticos, suministrados especialmente por la técnica electrónica, para realizar operaciones como cálculos y ordenación, selección y búsqueda de datos: ***Automatizó*** *su fábrica para disminuir la nómina.* **2** Convertir en automáticos ciertos movimientos o reacciones humanas: *Se necesita* ***automatizar*** *los movimientos para conducir bien un auto.*

automedicación ***f.*** Uso de medicamentos que realiza un enfermo sin la prescripción médica respectiva: *A causa de la* ***automedicación,*** *se dan muchos casos de intoxicación.*

automodelismo ***m.*** Reproducción de automóviles a escala reducida: *En sus tiempos libres le gusta practicar el **automodelismo**.*
automotor, ra ***adj./m.*** y ***f.*** Se dice de un vehículo capaz de desplazarse por sus propios medios.
automotriz ***adj.*** Automotora: *Trabaja como mecánico en una sucursal **automotriz**.*
automóvil ***m.*** Vehículo provisto de un motor y destinado al transporte de pocas personas. SIN. **auto, carro.**
automovilismo ***m.*** Deporte que consiste en correr automóviles: *A José le encanta el **automovilismo** y no se pierde ninguna carrera.*
automovilista ***m.*** y ***f.*** Persona que conduce un automóvil: *Jorge es un **automovilista** cuidadoso y por eso casi nunca tiene accidentes.*
autonomía ***f.*** Hecho de no depender de nadie, más que de sí mismo, para lograr sus objetivos. SIN. **independencia, libertad.**
autónomo, ma ***adj.*** Que funciona sin depender de factores externos.
autopista ***f.*** Carretera para la circulación rápida de automóviles: *La nueva **autopista** nos permite llegar a otras ciudades en menos tiempo.* SIN. **autovía.**
autoproclamarse ***vb.*** {prnl.} Proclamarse a sí mismo: *Luego de su triunfo en el campo de batalla, se **autoproclamó** emperador.*
autopropulsado, da ***adj.*** Que se mueve por autopropulsión.
autopropulsión ***f.*** Acción de desplazarse una máquina por su propia fuerza motriz: *Compró varios juguetes de **autopropulsión**.*
autopsia ***f.*** Examen de un cadáver para determinar las causas de su muerte: *Con la **autopsia**, los médicos descubren por qué murió el paciente.*
autor, ra ***m.*** y ***f.*** **1** Persona que realiza algo: *La policía ha detenido al **autor** del robo.* SIN. **responsable. 2** Persona que realiza una obra artística: *El **autor** favorito de Óscar es Jorge Luis Borges, quien escribió muchos cuentos y poemas.*
autoría ***f.*** Condición de ser el autor de cierta cosa: *El grupo terrorista se adjudicó la **autoría** del atentado.*
autoridad ***f.*** Persona que tiene algún poder o mando: *El director de la escuela tiene la **autoridad** para cancelar las inscripciones de los alumnos.*
autoritario, ria ***adj.*** Que impone su poder: *Este año nos ha tocado un maestro de educación física **autoritario** que nos ofende cuando no lo obedecemos.*
autoritarismo ***m.*** Ejercicio absoluto del poder: *El **autoritarismo** no permite que haya democracia en un país.*
autorización ***f.*** Hecho de permitir, de aprobar que se haga alguna cosa: *Voy a la fiesta porque tengo la **autorización** de mis papás.*
autorizar ***vb. irreg.*** {tr.} **Modelo 16.** Dejar que se hagan las cosas: *El médico **autorizó** al enfermo a que se levantara porque consideró que ya estaba sano.*
autorretrato ***m.*** Retrato que uno mismo se hace: *El **autorretrato** de Beatriz es una obra de arte. Supo captar muy bien la expresión de sus propios ojos.*
autoservicio ***m.*** Establecimiento donde el cliente se sirve a sí mismo.
autostop ***m.*** **Palabra de origen inglés.** Modo de viajar por carretera que consiste en parar un vehículo particular y pedir que lo lleve a uno gratuitamente. SIN. **aventón.**
autosuficiencia ***f.*** **1** Estado o condición del que es capaz de satisfacer sus necesidades valiéndose de sus propios medios: *Son pocos lo países con **autosuficiencia** de alimentos.* **2** Modo de ser o de comportarse de la persona que, con aires de superioridad, está convencida de su valía o de su belleza: *Se ufana ante todos de su **autosuficiencia**.* **3** Engreimiento, presunción.
autosuficiente ***adj.*** Que se basta a sí mismo: *En lo económico mi hermano siempre ha sido **autosuficiente**, porque desde que vive solo, no depende de nadie más.*
autosugestión ***f.*** Influencia sobre una persona de una idea o pensamiento dominantes, creados por ella misma: *Eloísa cree que es muy fea, pero es sólo **autosugestión**: en realidad es muy guapa.*
autótrofo, fa ***adj./m.*** y ***f.*** En biología, dícese de los vegetales capaces de elaborar su alimento a partir de elementos minerales.
autovía ***f. Esp.*** Carretera con accesos laterales y cruces a nivel. SIN. **autopista.**
auxiliar ***adj.*** En lingüística, verbos que sirven para formar los tiempos compuestos de otros verbos o para expresar diversos matices del pensamiento: *En español, los verbos **auxiliares** son* haber *y* ser. *Por ejemplo, en "yo he comido",* he *es el verbo **auxiliar**.*
auxiliar ***m.*** y ***f.*** Funcionario subordinado: *El **auxiliar** dio la clase en ausencia del profesor.*
auxiliar ***vb.*** {tr.} Dar ayuda a alguien: *El barco **auxilió** a los náufragos del bote que se hundió por la tormenta.*
auxilio ***m.*** Ayuda que se da a quien está en peligro: *Hay que prestar **auxilio** a los heridos.* SIN. **asistencia, socorro, ayuda.**
auyama ***f. Antill., C. Rica*** y ***Venez.*** Calabaza.
aval ***m.*** Documento o firma con que se garantiza el pago de un crédito o préstamo: *El banco le pidió a mis padres el **aval** de alguien que garantizara que van a devolver el dinero que les presten.*
avalancha ***f.*** Masa de nieve o de alguna otra materia que se desprende y cae con fuerza: *Una **avalancha** de nieve cayó sobre los alpinistas.* SIN. **alud.**
avalar ***vb.*** {tr.} **1** Dar garantía de un documento de crédito por medio de un aval: *Para el nuevo contrato, mi padre me **avala**.* **2** Respaldar, dar crédito: *Ante el descrédito generalizado, sus amigos lo **avalan**.*
avance ***m.*** **1** Hecho de moverse hacia delante de la posición que se ocupaba antes. **2** Progreso: *Ramiro está contento con el **avance** de su novela y cree terminarla en un par de meses.*
avante ***adv.*** Adelante: *Con voluntad y esfuerzo saldremos **avante** de las dificultades.*
avanzada ***f.*** Grupo de soldados que se envía por delante de la demás tropa para observar de cerca al enemigo: *Los militares escogieron a su grupo de **avanzada**.*
avanzado, da ***adj.*** Que se encuentra adelante de otros: *Mi trabajo de inglés está más **avanzado** que el de matemáticas, por eso creo que lo terminaré antes.*
avanzar ***vb. irreg.*** {tr. e intr.} **Modelo 16. 1** Mover o prolongar hacia delante: *Si **avanzo** un lugar más en el juego de mesa, voy a llegar a la meta.* **2** Progresar: ***Avanzo** rápidamente en el aprendizaje del portugués, creo que pronto voy a hablarlo muy bien.* **3** Ir hacia delante: *El chofer hizo **avanzar** el automóvil con mucho cuidado por el camino resbaloso.*
avaricia ***f.*** Afán excesivo por poseer riquezas: *La **avaricia** de los vecinos los ha llevado a robar y abusar de la gente.* SIN. **avidez, codicia.** ANT. **generosidad.**
avariciar ***vb.*** {tr.} Desear con avaricia.
avaricioso, sa ***adj./m.*** y ***f.*** Se dice de la persona afanosa por tener o acumular cosas para sí misma o para su prove-

a b c d e f g h i j k l m n o p q r s t u v w x y z

cho: *Las tres son mujeres **avariciosas** y esperan cobran pronto la herencia de su madre.*

avarientamente ***adj.*** Con avaricia.

avaro, ra ***adj./m.*** y ***f.*** Que lo guarda todo sin gastar nada: *El dueño de la tienda de dulces es un **avaro:** es rico, pero nunca ayuda a las personas pobres.*

avasallador, ra ***adj.*** **1** Se aplica a la persona que subyuga a otras: *Su inteligencia la convierte en una niña **avasalladora.*** **2** Se refiere a lo que se impone por su fuerza o eficacia: *El ímpetu **avasallador** de nuestro equipo nos dio la victoria.*

avasallante ***adj.*** Que avasalla.

avasallar ***vb.*** {tr. y prnl.} **1** Someter a obediencia a una persona contra su voluntad y por la fuerza. **2** Someterse una persona a otra.

avasallar ***vb.*** {tr.} **1** Someter a obediencia, dominar: *Los triunfadores en la batalla **avasallaron** al ejército derrotado.* **2** Atropellar, actuar sin consideración con el otro: *"Deja de **avasallar** a tu hermano con tantas preguntas, que vas a provocar que llore."* SIN. **dominar, oprimir, someter.**

avatar ***m.*** **1** Suceso inesperado que produce un cambio brusco en la marcha de una cosa: *Los **avatares** de la vida.* **2** Representación gráfica que proporciona una identidad visual a los usuarios de un chat: *Su **avatar** tiene forma de guerrero galáctico.*

ave ***f.*** **1** Animal cubierto de plumas, con pico, dos patas y alas que le sirven para volar: *El canario, la gallina y el águila son **aves.*** **2** *loc.* ~ **rapaz** o **de rapiña,** la que tiene garras grandes y potentes y pico fuerte: *El halcón es un **ave rapaz** que atrapa a sus presas con sus garras.*

avecinar ***vb.*** {tr. y prnl.} Estar muy cerca o aproximarse algo: *El campesino nos dijo que **se avecinaba** una tormenta porque las nubes se veían oscuras.* ANT. **alejar.**

avecindarse ***vb.*** {prnl.} Establecerse en algún lugar para vivir.

avejentar ***vb.*** {tr. y prnl.} Hacerse, parecer o hacer que alguien parezca más viejo: *El pelo canoso **avejenta** el aspecto de mi hermano aunque sólo tiene 30 años.*

avellana ***f.*** Fruto del avellano, casi esférico, que suele comerse tostado: *Compré una barra de chocolate con **avellanas,** pero no puedo darte porque ya me la comí.*

avellano ***m.*** Arbusto de hojas anchas que crece en los bosques, alcanza una altura máxima de 7 m, se cultiva tanto por su fruto como por su madera.

avena ***f.*** Cereal con granos que se llaman del mismo nombre y se utilizan para la alimentación: *Desayuné un jugo de naranja y un plato de **avena** con leche.*

avenamiento ***m.*** Acción y efecto de avenar.

avenar ***vb.*** {tr.} Desaguar.

avenencia ***f.*** Acuerdo entre dos o más personas.

avenida ***f.*** Vía o calle ancha rodeada de árboles: *Fuimos a pasear por una **avenida** cerca del centro de la ciudad.*

avenirse ***vb. irreg.*** {prnl.} **Modelo 49. 1** Entenderse bien dos o más personas: *Madre e hija **se avienen** y es raro que se enojen una con otra.* **2** Ponerse de acuerdo, amoldarse: *El jefe y los empleados **se avinieron** a las condiciones que establecía el contrato, por eso casi nunca tienen problemas laborales.*

aventado, da ***adj.*** **1** *Amér.* Que actúa sin reflexión: *Hay jóvenes muy **aventados.*** **2** *Amér.* Valiente, atrevido: *Logró la hazaña porque es muy **aventado.***

aventajado, da ***adj.*** **1** Se aplica a la persona que sobresale, destaca o es notable en su clase: *Es el alumno más **aventajado** del salón.* **2** Se aplica al desarrollo de la altura.

aventajar ***vb.*** {tr. y prnl.} Adelantar sobre los demás: *El caballo que venía al último corrió muy rápido y logró **aventajar** a los demás.* SIN. **adelantar, superar.**

aventar ***vb. irreg.*** {tr. y prnl.} **Modelo 3. 1** Echar algo lejos, lanzar: ***Aventé** una piedra al lago.* **2** Echar el grano trillado al aire para limpiarlo. **3** *Cuba.* Exponer el azúcar al sol y al aire. **4** *Méx.* Arrojar, tirar: *Cuando estábamos cerca de la piscina se nos ocurrió **aventar** a Joaquín con todo y pantalones.* **5** *Colomb.* y *Méx.* Arrojarse sobre algo o alguien: *Los jugadores **se aventaron** sobre el balón para tratar de tomarlo.* **6** *P. Rico.* Comenzar la carne a corromperse.

aventón ***m.*** *Méx. Fam.* Manera de viajar sin pagar, pidiendo a un vehículo que lo lleve a uno: *Mi hermano nos dio un **aventón** y llegamos temprano a la fiesta, porque ya no tuvimos que viajar en autobús.* SIN. **autostop.**

aventura ***f.*** **1** Suceso extraordinario o peligroso: *Soñé que vivía una **aventura** por el Amazonas y yo era el héroe porque vencía a las serpientes y salvaba a la princesa.* **2** Relación amorosa pasajera: *Cuentan que mi abuelo tuvo una **aventura** con una artista de su época, pero luego conoció a quien es ahora mi abuela y se casó con ella.*

aventurado, da ***adj.*** **1** Que es arriesgado, atrevido: *Es **aventurado** viajar sin reservaciones de hotel.* **2** Que no tiene suficiente fundamento: *Utilizó en su tesis afirmaciones **aventuradas** sobre la historia del país.*

aventurar ***vb.*** {tr. y prnl.} Arriesgar o arriesgarse a hacer o decir algo: ***Aventuré** una hipótesis que resultó cierta después de los experimentos en el laboratorio.*

aventurero, ra ***adj.*** Que es aficionado a correr aventuras y riesgos: *Siempre he sido un **aventurero** y por eso conozco muchos lugares.*

avergonzar ***vb. irreg.*** {tr. y prnl.} **Modelo 6.** Sentir vergüenza o hacer que alguien la sienta: *Durante la fiesta, Luciana **se avergonzó** frente a los invitados y ya no pudo seguir diciendo la poesía.*

avería ***f.*** Desperfecto que impide el funcionamiento de un aparato, vehículo, etc.: *El televisor tiene una **avería** y no podemos oírlo.* SIN. **daño, desperfecto.**

averiado, da ***adj.*** Que sufre avería: *Esa sierra eléctrica no puede usarse porque es una herramienta **averiada.***

averiarse ***vb. irreg.*** {prnl.} **Modelo 9.** Descomponerse, estropearse: ***Se averió** el motor de la lavadora de ropa y no sé si todavía tendrá arreglo.*

averiguación ***f.*** Investigación de algún suceso: *Antes de detener al supuesto asesino hicieron una **averiguación** para ver si realmente era el culpable.*

averiguar ***vb. irreg.*** {tr.} **Modelo 11.** Indagar la verdad de una cosa: *Los policías tratan de **averiguar** quién cometió el asalto al banco y por qué no sonó la alarma.*

averno ***m.*** Infierno: *En una parte de* La Divina Comedia, *Dante Alighieri describe cómo imaginó los horrores del **averno.***

aversión ***f.*** Odio, repugnancia: *Siento **aversión** hacia las arañas porque cuando era niña me mordió una.* SIN. **asco.**

avestruz ***m.*** Ave corredora de gran tamaño, con patas y cuello largos y cabeza pequeña, que vive en África y está incapacitada para volar: *El **avestruz** pone unos huevos enormes porque es el ave más grande que existe.*

avezado, da ***adj.*** Experimentado en algo: *Ese electricista es muy **avezado** en la reparación de cortocircuitos.*

avezar ***vb.*** {tr. y prnl.} Acostumbrar a algo: *Los nadadores **se avezaron** a moverse entre las olas, por eso ya no les temen.*

aviación ***f.*** Transportación que utiliza aviones: *La industria de la **aviación** comenzó a principios del siglo XX.*

aviador, ra ***adj./m.*** y ***f.*** Se dice de la persona que pilotea un avión.
aviario ***m.*** Colección de aves, vivas o disecadas, para su exhibición o estudio: *Visitamos el* ***aviario*** *y recorrimos los jardines del mismo parque.*
aviario, ria ***adj.*** Aviar o de las aves: *Se alertó de la bronquitis* ***aviaria*** *en diversas granjas.*
avícola ***adj.*** Relativo a las aves: *Pascual tiene una empresa* ***avícola*** *y se dedica a vender huevos.*
avicultor, ra ***m.*** y ***f.*** Persona que se dedica a criar y vender aves: *Este año el* ***avicultor*** *no tuvo mucho éxito con la venta de sus aves.*
avicultura ***f.*** Actividad que consiste en criar y reproducir aves para aprovechar sus productos.
avidez ***f.*** Deseo muy intenso de hacer o tener algo: *La* ***avidez*** *de Franco por la comida es insaciable, todo el día tiene algo dentro de la boca.*
ávido, da ***adj.*** Que desea algo con ansia: *Esta niña está* ***ávida*** *de conocimientos y por eso hace tantas preguntas.* SIN. **ansioso.**
avieso, sa ***adj.*** **1** Torcido, irregular. **2** Perverso o mal intencionado.
avinagrado, da ***adj.*** **1** Se aplica a la persona o al carácter que es agrio: *Las desventuras le volvieron* ***avinagrado.*** **2** Hecho vinagre: *El vino está* ***avinagrado.***
avinagrar ***vb.*** {tr. y prnl.} **1** Poner agrio con respecto al sabor: *El vino de la botella que abrí la otra noche ya* ***se avinagró,*** *así que no podemos beberlo.* **2** ***Fam.*** Volverse áspera y malhumorada una persona: *Ojalá Claudia entienda que es tonto* ***avinagrarse*** *porque las cosas no resultan como ella quiere.*
avío ***m.*** Preparación de lo necesario para realizar algo: *Anoche realizamos los* ***avíos*** *para pintar la casa: movimos muebles, protegimos los pisos con papel...*
avión ***m.*** Vehículo con alas y motor, que sirve para viajar por aire: *Los* ***aviones*** *vuelan muy rápido, por eso recorren grandes distancias en poco tiempo.*
avioneta ***f.*** Avión pequeño y con motor de poca potencia: *Alquilaron una* ***avioneta*** *para llegar a la isla.*
avisar ***vb.*** {tr.} **1** Anunciar: *En la estación había un cartel que* ***avisaba*** *sobre el cambio de horario del tren.* **2** Advertir sobre algún asunto: *El médico me* ***avisó*** *que si sigo fumando, mi salud va a empeorar cada vez más.*
aviso ***m.*** **1** Noticia que se da a otras personas: *El* ***aviso*** *en la puerta indicaba la cancelación de las inscripciones.* **2** Indicio o señal de algo: *La prolongada tos era un* ***aviso*** *de que estaba enfermo y que necesitaba ir al médico.*
avispa ***f.*** Insecto de cuerpo amarillo con bandas negras y que posee aguijón.
avispado, da ***adj. Fam.*** Que es vivaz y activo. *El nuevo compañero de clase resultó bastante* ***avispado*** *y pronto se convirtió en el líder del grupo.*
avispón ***m.*** Avispa de gran tamaño de picadura muy dolorosa.
avistamiento ***m.*** Acción de avistar: *Por la tarde ocurrió el* ***avistamiento*** *de la costa.*
avistar ***vb.*** {tr.} Alcanzar algo con la vista: *El capitán del barco* ***avistó*** *otra nave a lo lejos.*
avitaminosis ***f.*** Falta de vitaminas en el organismo.
avituallamiento ***m.*** Abastecimiento: *Hicieron el* ***avituallamiento*** *de parque a los soldados de todas las trincheras.*
avituallar ***vb.*** {tr.} Proveer de víveres o alimentos: *Poco antes de salir* ***avituallamos*** *la canasta para la excursión con quesos, ensalada, pan y una botella de vino.*
avivar ***vb.*** {tr.} Dar viveza, animar: *Sus bromas* ***avivaron*** *la reunión.*
avizorar ***vb.*** {tr.} Vigilar buscando algo, acechar: *Después de escuchar el aullido, los campesinos* ***avizoraron*** *los alrededores del rancho para ver si rondaba algún coyote.*
avutarda ***f.*** Ave zancuda de vuelo corto y pesado, carrera rápida, y apreciada por su sabrosa carne.
axial o **axil** ***adj.*** Relativo al eje.
axila ***f.*** Parte del cuerpo que se halla debajo del brazo, donde éste se une al tronco. SIN. **sobaco.**
axiología ***f.*** Teoría o ciencia de los valores morales.
axiológico, ca ***adj.*** De la axiología o de los valores: *En la clase de filosofía analizamos el significado de los conceptos* ***axiológicos.***
axioma ***m.*** Proposición que se toma como verdadera sin necesidad de demostración.
axis ***m.*** Segunda vértebra cervical.
¡ay! ***interj.*** Expresa aflicción o dolor: *"¡Ay!, me pisaste", me gritó Genoveva.*
ayate ***m. Méx.*** Tela de hilo de maguey que se utiliza para fabricar objetos: *Con el* ***ayate,*** *los indígenas hacen hermosas artesanías.*
ayatolá o **ayatollah** ***m.*** Jefe religioso del islam chiíta.
ayer ***adv.*** Día que ocurrió inmediatamente antes al de hoy: ***Ayer*** *fui al cine, hoy al teatro y mañana iré al circo.*
ayo, ya ***m.*** y ***f.*** Persona encargada de criar o educar a un niño: *El* ***aya*** *enseñó a Ruperto a usar los cubiertos.*
ayote ***m. Amér. C.*** Calabaza.
ayuda ***f.*** Auxilio, asistencia o cooperación que una persona da a otra: *Manuel me pidió* ***ayuda*** *porque su trabajo escolar estaba muy difícil.*
ayudante ***m.*** y ***f.*** Persona que ayuda a otra para realizar alguna actividad: *El* ***ayudante*** *de Ramiro se encarga de hacer todos sus pagos a tiempo.*
ayudar ***vb.*** {tr. y prnl.} **1** Prestar cooperación para conseguir algo: *Todos* ***ayudaron*** *a pintar el salón de clases y quedó muy bonito.* **2** Valerse de algo: *El mecánico* ***se ayudó*** *con un destornillador para reparar el motor del automóvil.*
ayunar ***vb.*** {intr.} Abstenerse de comer o beber: *Mi madre* ***ayuna*** *cada vez que tiene que ir al hospital o que le hagan análisis.*
ayunas. En ~, ***loc.*** **1** Sin haber comido todavía nada desde que empezó el día: *Para el análisis clínico debe presentarse* ***en ayunas.*** **2** Completamente ignorante de cierta cosa: *Estoy* ***en ayunas*** *de lo que ha ocurrido.*
ayuno ***m.*** Periodo en el cual no se come ni se bebe durante la mañana, todo el día o, incluso, varios días.
ayuntamiento ***m.*** Corporación que gobierna un municipio, y el edificio donde realiza sus labores: *El* ***ayuntamiento*** *del pueblo se encuentra cerca de la plaza principal.* SIN. **comuna.**
azabache ***adj.*** Color negro brillante: *Me gustan más los caballos con pelaje* ***azabache*** *que los de color claro.*
azabache ***m.*** Piedra muy negra y dura que se utiliza en joyería: *Liliana tiene un collar de* ***azabache.***
azada ***f.*** Instrumento de hierro, de forma alargada y plana, que sirve para trabajar la tierra.
azadón ***m.*** Instrumento de hierro parecido a la azada, pero de mayor tamaño: *Los campesinos usan el* ***azadón*** *para quitar las hierbas que podrían dañar el sembradío.*
azafata ***f.*** Empleada que atiende a los pasajeros en los aviones: *Las* ***azafatas*** *nos explicaron cómo abrocharnos los cinturones de seguridad.* SIN. **aeromoza.**

azafate ***m. Perú.*** Pieza plana para servir, llevar o poner cosas. SIN. **bandeja, charola.**
azafrán ***m.*** Planta que se emplea como condimento en la comida: *A la paella se le pone **azafrán;** por eso el arroz toma su típico color amarillo.*
azahar ***m.*** Flor blanca y muy perfumada del naranjo, del limonero y del cidro.
azalea ***f.*** Arbusto originario de Asia que se cultiva por la belleza de sus flores: *En el jardín había **azaleas** blancas y rosas rojas.*
azar ***m.*** Casualidad: *Mi amigo y yo nos encontramos por **azar** en el restaurante y nos fuimos juntos de compras.*
azarearse ***vb.*** {prnl.} ***Chile, Guat., Hond., Nicar.*** y ***Perú.*** Avergonzarse.
azaroso, za ***adj.*** Abundante en peligros o percances: *Me gustan las novelas de aventuras porque presentan muchas situaciones **azarosas** que me emocionan.*
azerbaijanés, nesa ***adj./m.*** y ***f.*** De Azerbaiján.
ázimo ***adj./m.*** Relativo al pan sin levadura. SIN. **ácimo.**
azogado, da ***adj.*** **1** Con azogue. **2** Se aplica a la persona que se mueve incesantemente.
azogar ***vb.*** {tr. y prnl.} **1** Cubrir una cosa con azogue: *Esparcen el **azogue** en el vidrio para crear espejos.* **2** Intoxicarse con vapores de mercurio. **3** Aturdirse o turbarse.
azogue ***m.*** Mercurio.
azolvar ***vb.*** {tr. y prnl.} Tapar un conducto: *La cañería se **azolvó** con residuos de alimentos y basura.*
azolve ***m. Méx.*** Basura o lodo que tapa un conducto de agua.
azoospermia ***f.*** Ausencia de espermatozoides: *Después de unos análisis médicos le avisaron a Alejandro que padecía **azoospermia** y que por lo tanto no podía tener hijos.*
azor ***m.*** Ave rapaz diurna de gran tamaño, cabeza pequeña y pico muy curvado.
azorar ***vb.*** {tr. y prnl.} Turbar por algún hecho inesperado: *El grupo **se azoró** cuando se enteró de la muerte del joven profesor.*
azotador ***m. Méx.*** Nombre que se da a las orugas que están cubiertas de pelillos urticantes.
azotaina ***f. Esp. Fam.*** Zurra, paliza: *El perro recibió una **azotaina** por defecar sobre la cama.*
azotar ***vb.*** {tr. y prnl.} **1** Golpear a alguien: *En algunas prisiones **azotan** a los presos que tienen mala conducta.* **2** Golpear repetida y violentamente una cosa: *Las olas **azotaban** con fuerza las rocas que estaban en la orilla del mar durante la tormenta.*
azote ***m.*** **1** Golpe dado con algún instrumento que lastima: *El caballo rebelde recibió varios **azotes** con el látigo.* **2** Golpe que se repite constantemente.
azotea ***f.*** Parte plana y espaciosa en lo alto de un edificio o casa: *Desde la **azotea** de mi casa puedo ver las montañas.*
azteca ***adj./m.*** y ***f.*** Relativo al antiguo pueblo que habitaba en el centro del actual México: *Los **aztecas** construyeron una gran ciudad llamada Tenochtitlan.*
azúcar ***m.*** y ***f.*** Sustancia granulada dulce, que se extrae de la caña de azúcar o remolacha y se usa en algunos alimentos y bebidas: *Le puse **azúcar** a los duraznos con crema y ahora están más dulces.*
azucarera ***f.*** Recipiente en el que se guarda el azúcar: *Puso en la mesa una charola con las tazas de té, la **azucarera** y la cremera.*
azucena ***f.*** Planta herbácea de flores grandes, blancas y olorosas.
azuela ***f.*** Hacha pequeña de hoja curva, perpendicular al mango, que usan los carpinteros para labrar la madera.
azufre ***m.*** Elemento químico no metálico, sólido, insípido, inodoro, de color amarillo, símbolo S y número atómico 16.
azufrera ***f.*** Lugar de donde se extrae azufre: *Cerca de los volcanes suele haber **azufreras.***
azul ***adj./m.*** Uno de los tres colores básicos: *El mar se ve **azul** por el reflejo del cielo.*
azulejo ***m.*** **1** Pájaro de unos 17 cm de longitud, de color azul celeste. **2** Pieza de cerámica lisa y vidriada que se usa para cubrir suelos y paredes: *El **azulejo** del baño es verde con flores amarillas.*
azulejo, ja ***adj. Amér.*** Que tiende al azul.
azuzar ***vb. irreg.*** {tr.} **Modelo 16. 1** Incitar o provocar a los animales para que ataquen: *El hombre **azuzó** al perro para que atacara al ladrón.* **2** Irritar, estimular.

B

b ***f.*** Segunda letra del abecedario español, también llamada ***b grande*** o ***b labial***. Su nombre es ***be***.

baba ***f.*** **1** Saliva de los animales. **2** Jugo viscoso de algunas plantas. **3** ***Fam.*** Saliva: *Dejé la almohada mojada de* ***baba*** *porque dormí con la boca abierta.*

babeante ***adj.*** Que babea: *Aunque ya tiene tres años, el hermano de Pedro es un niño* ***babeante.***

babear ***vb.*** {intr.} Echar baba por la boca: *Los bebés* ***babean*** *cuando les empiezan a salir los dientes.*

babel ***f. Fam.*** Desorden, confusión: *Esa junta fue una* ***babel,*** *todos hablaban al mismo tiempo y nadie entendió nada.*

babeo ***m.*** Acción de babear: *Algunos niños tienen problemas de* ***babeo*** *y no pueden mantener la saliva dentro de la boca después de que les han salido los dientes.*

babero ***m.*** Prenda infantil usada en el pecho: *"Ponle el* ***babero*** *al bebé antes de darle de comer para que no se ensucie", me dijo mi mamá.*

babia. En ~, ***loc. Fam.*** Se usa para decir que alguien está muy distraído, como ido: *Se la pasó* ***en babia*** *toda la clase y luego andaba desesperado pidiendo los apuntes.*

babilla ***f.*** En los cuadrúpedos, región formada por los músculos y tendones que articulan el fémur con la tibia y la rótula.

babilonio, nia ***adj./m.*** y ***f.*** Originario de Babilonia, antigua ciudad de Irak.

babor ***m.*** Costado izquierdo de un barco, si se lo mira de popa a proa. Ant. **estribor.**

babosa ***f.*** Molusco terrestre parecido al caracol, pero sin caparazón.

babosada ***f. Amér. C., Colomb., Méx.*** y ***Pan. Fam.*** Tontería, cuestión de escasa importancia. *Elías y Marcelo se pelearon por una* ***babosada*** *y después estaban arrepentidos.*

babosear ***vb.*** {tr. e intr.} **1** Llenar de baba: *El hijo de Carla* ***babosea*** *todos los juguetes.* **2** ***Fam.*** Excederse en las demostraciones de cariño hacia alguien: *Cuando a Daniel le gusta una chica, siempre* ***babosea.*** **3** ***Amér. C., Colomb., Méx.*** y ***Pan. Fam.*** Hacer o decir tonterías: *En clase de matemáticas, Alberto* ***babosea*** *y no me deja atender al maestro.* **4** Estar distraído: *Deja de* ***babosear*** *y escucha lo que te estoy diciendo.* **5** ***Urug.*** Humillar.

baboseo ***m. Fam.*** Acción de babosear. *Con su* ***baboseo*** *va a conseguir que Paula se canse y le deje de hacer de caso.*

babosería ***f. P. Rico.*** Chisme. *Nuestra vecina nos cuenta las* ***baboserías*** *del pueblo.*

baboso, sa ***adj. Desp.*** Persona tonta.

babucha ***f.*** Zapatillas de cuero, sin tacón: *Llegué de la escuela, me puse mis* ***babuchas*** *para descansar los pies, y me senté a mirar televisión.*

babuino ***m.*** Simio africano de gran tamaño y cara alargada como la del perro.

bacalao ***m.*** Pez marino de los mares árticos, es comestible: *Mi mamá me da perlas de hígado de* ***bacalao*** *porque ayudan a mejorar la vitalidad de mi cuerpo.*

bacanal ***adj./f.*** Antigua fiesta dedicada a Baco, dios romano del vino. Sin. **orgía.**

bacante ***f.*** **1** Sacerdotisa del dios Baco. **2** Mujer libertina.

bache ***m.*** **1** Hoyo en una calzada o camino. **2** ***Fam.*** Dificultad: *"Debemos esforzarnos por mejorar en los estudios y no desanimarnos por los* ***baches*** *que encontremos."*

bachiller ***m.*** y ***f.*** **1** ***Esp.*** Estudiante que ha obtenido el grado de enseñanza media. **2** ***Esp.*** Grado así obtenido. **3** ***Amér.*** Estudiante que cursa la enseñanza media superior.

bachillerato ***m.*** **1** Estudios de enseñanza media o media superior. **2** Grado alcanzado por un bachiller.

bacía ***f.*** **1** Recipiente redondo para líquidos y alimentos. **2** Vasija con una escotadura semicircular en el borde, que usaban los barberos para remojar la barba: *Don Quijote de la Mancha usaba una* ***bacía*** *a manera de casco.*

bacilo ***m.*** Microbio en forma de bastoncillo: *La tuberculosis es producida por* ***bacilos.***

bacín ***m.*** Recipiente metálico profundo comúnmente usado para orinar. Sin. **orinal.**

bacinica o **bacinilla** ***f.*** Recipiente profundo, por lo general de metal o plástico, usado para orinar y defecar: *El niño todavía usa pañales, pero ya está aprendiendo a orinar en la* ***bacinica.*** Sin. **bacín.**

bacteria ***f.*** Microorganismo unicelular que no tiene núcleo: *Cuando algunas* ***bacterias*** *entran en el cuerpo, pueden causar enfermedades graves.* Sin. **microbio, germen.**

bacterial ***adj.*** Relativo a las bacterias: *La meningitis* ***bacterial*** *se contagia cuando se intercambia saliva.*

bacteriano, na ***adj.*** Que pertenece a las bacterias: *La salmonelosis es una enfermedad de origen* ***bacteriano.***

bactericida ***adj.*** Que tiene un efecto antibiótico.

bactericida ***m.*** Cualquier agente o sustancia capaz de eliminar bacterias: *La penicilina es el* ***bactericida*** *más conocido.* Sin. **antibiótico.**

bacteriología ***f.*** Parte de la microbiología que estudia las bacterias.

bacteriológico, ca ***adj.*** **1** Que tiene relación con las bacterias. **2** Que utiliza gérmenes patógenos: *Arrojar una bomba* ***bacteriológica*** *causa terribles enfermedades a la población sobre la que cae.*

bacteriólogo, ga ***m.*** y ***f.*** Especialista en bacteriología.

báculo ***m.*** Bastón ritual: *En la Biblia se narra cómo Moisés usó su* ***báculo*** *para abrir las aguas del mar Rojo.*

badajo ***m.*** Pieza que cuelga dentro de una campana para golpearla y hacerla sonar.
badana ***f.*** Piel curtida de oveja o carnero que se utiliza para encuadernación, para hacer guarniciones, etc.
badián ***m.*** Arbusto cuyo fruto, llamado badiana o anís estrella, se utiliza en medicina y en licorería.
bádminton ***m.*** **Palabra de origen inglés.** Juego de origen inglés en que se confrontan dos adversarios con raquetas ligeras golpeando un proyectil de corcho o goma para pasarlo sobre una red sin que caiga al piso.
badulaque ***adj./m.*** y ***f.*** ***Fam.*** Persona necia e informal: *El novio de Cristina es un **badulaque**, siempre la deja plantada y si ella le reclama, se molesta.*
bafle ***m.*** **Palabra de origen inglés.** Soporte rígido de un altavoz o bocina.
bagaje ***m.*** **Palabra de origen francés.** **1** Equipaje. **2** Conjunto de conocimientos de que dispone una persona: *El profesor tiene un extenso **bagaje** histórico, por eso puede hablar de las civilizaciones antiguas, de los inventos importantes, de diferentes reinados, etcétera.*
bagatela ***f.*** Cosa de poco valor o insignificante: *"Deja de perder tiempo con **bagatelas,** mejor ocúpalo en cosas importantes como tus estudios."*
bagazo ***m.*** Fibra de la caña de azúcar después de ser exprimida: *El **bagazo** de la caña puede aprovecharse como alimento para el ganado.*
bagre ***m.*** **1** Pez comestible de ríos cálidos, con una especie de bigotes y de carne amarillenta. **2** ***Méx.*** Pez bandera.
bagual ***adj.*** ***Amér. Merid.*** Indócil, salvaje.
bagual ***m.*** ***Amér. Merid.*** Caballo o potro no domado.
baguette ***f.*** **Palabra de origen francés.** Pieza de pan blanco larga y delgada: *Un almuerzo que me parece delicioso es un pedazo de **baguette** con queso manchego y jamón.*
¡bah! ***interj.*** Se usa para expresar incredulidad o desdén: ***¡Bah!,*** *pensé que la película era algo mejor, de haber sabido ni me gasto lo del cine.*
bahía ***f.*** Parte de la costa donde el mar entra en la tierra: *Los barcos se refugian de las tormentas en la **bahía.***
bailable ***adj./m.*** **1** Música para bailar: *El último disco que me compré es de música **bailable.*** **2** Danza que forma parte de algunas óperas y otras composiciones dramáticas: *Este año participaré en el **bailable** de la obra de la escuela.*
bailada ***adj./f.*** **1** Que se baila: *Un musical es una obra de teatro **bailada** y cantada.* **2** ***Méx.*** Baile: *En la **bailada** de ayer me divertí mucho.*
bailar ***vb.*** {tr. e intr.} Mover el cuerpo al compás de la música: *Mi novio y yo fuimos a **bailar** a un salón donde tocaban música moderna.*
bailarín, rina ***adj./m.*** y ***f.*** Persona que baila, en especial si se dedica profesionalmente al baile: *La **bailarina** se paró de puntas y se desplazó por todo el escenario con mucha gracia.*
baile ***m.*** **1** Pieza musical que se baila. **2** Fiesta en la que la gente baila: *Los muchachos se fueron al **baile** para celebrar el fin de cursos.*
bailotear ***vb.*** {intr.} Bailar sin gracia ni arte: *Los niños **bailotearon** al escuchar la canción de moda.*
bailoteo ***m.*** **1** Acción y efecto de bailotear: *Su **bailoteo** me hace reír porque parece un payaso.* **2** Baile animado e informal: *Ayer fui a una discoteca y aprendí el **bailoteo** de moda.*
bait ***m.*** **Palabra de origen inglés.** Unidad de medida de la memoria de una computadora, equivalente a 8 bits.
baja ***f.*** **1** Disminución de un monto o valor: *La **baja** en el precio del petróleo afecta la economía del país.* **2** Pérdida, muerte: *El ejército sufrió muchas **bajas** en esa batalla porque el enemigo era más poderoso.* **3** Cese, suspensión: *El alumno fue dado de **baja** de la escuela por su mal comportamiento.*
bajada ***f.*** **1** Hecho de bajar. Sin. **descenso.** **2** Camino o lugar por donde se baja: *En los autobuses, normalmente la **bajada** es por la puerta de atrás.* Ant. **subida.**
bajamar ***f.*** Tiempo en el que baja la marea: *Durante la **bajamar,** se puede caminar entre el arrecife rocoso.* Ant. **pleamar.**
bajar ***vb.*** {tr., intr. y prnl.} **1** Ir desde un lugar a otro que esté más bajo: *Cuando hay un terremoto, lo mejor es **bajar** de los edificios por la escalera de emergencia.* **2** Disminuirse alguna cosa: *El pan no está esponjado, **se bajó** porque abrí el horno antes de que terminara de cocerse.* **3** Poner alguna cosa en lugar más bajo: *Le pedí a Roberto que **bajara** el frasco de la alacena, porque yo no lo alcanzaba.* **4** Apearse: *Hay que tener precaución al **bajar** de un automóvil.*
bajel ***m.*** Barco: *Los **bajeles** se veían a lo lejos desde la playa.*
bajez ***f.*** ***Méx. Fam.*** y ***Vulg.*** Bajeza: *Es una **bajez** vivir del robo.*
bajeza ***f.*** Acción despreciable: *Traicionar a otra persona es una **bajeza.***
bajío ***m.*** **1** Elevación del fondo en los mares, ríos y lagos. **2** ***Amér.*** Terreno de poca altura: *En el **bajío** hay un tipo de vegetación que no se encuentra en la montaña.*
bajista ***adj.*** Se dice de la tendencia a la baja de precios en el mercado o en la bolsa de valores.
bajista ***m.*** y ***f.*** Persona que toca el bajo en un conjunto musical.
bajo ***adv.*** **1** Abajo. **2** En tono que apenas se oiga: *En las bibliotecas se debe hablar **bajo** para no molestar a las personas que estudian.*
bajo ***m.*** **1** Instrumento de cuerdas que emite sonidos graves. Sin. **contrabajo, violón.** **2** Instrumento de aliento de gran tamaño y sonido grave. **3** Cantante masculino que tiene el registro de voz más grave de todos.
bajo ***prep.*** Debajo de, dominado o sometido: *La Colonia (aproximadamente del año 1500 al 1800) es el periodo histórico en que los hispanoamericanos vivieron **bajo** el control europeo.*
bajo, ja ***adj.*** **1** De poca altura: *El edificio donde vivo es **bajo** porque sólo tiene dos niveles, pero Pedro vive en uno muy alto que tiene veinte niveles.* Sin. **chaparro, retaco, petizo.** Ant. **alto.** **2** Situado a poca distancia del suelo: *Yo vivo en la planta **baja** del edificio, pero me gustaría cambiarme a un piso de arriba para recibir más luz.* **3** Inferior: *La camisa que compré era de tan **baja** calidad, que se despintó a la primera lavada.* **4** Sonido grave.
bajorrelieve ***m.*** Escultura sobre un plano en la que el relieve tiene menor altura que la figura.
bala ***f.*** Cualquier proyectil de arma de fuego: *El cazador puso las **balas** a su rifle y le disparó al conejo.*
balacear ***vb.*** {tr.} ***Amér.*** Tirotear, disparar reiteradamente: *El héroe de la película de vaqueros **balaceó** a los villanos y los hizo huir.*
balacera ***f.*** ***Amér.*** Tiroteo: *Después de una **balacera,** los policías lograron capturar a los que asaltaron el banco.*
balada ***f.*** **1** Composición poética que desarrolla un tema legendario. **2** Género musical, generalmente de armonías simples que acompañan a la voz: *El cantante interpretó una **balada** que gusta mucho al público.*
baladí ***adj.*** Poco importante. Sin. **fútil.**

baladista ***m.*** y ***f.*** Persona que canta baladas: *Mi primo es muy buen* ***baladista*** *aunque sólo canta en las reuniones familiares.*

baladrón, drona ***adj./m.*** y ***f.*** Fanfarrón.

baladronada ***f.*** Acción o dicho del que baladronea: *Sus amenazas me parecen simples* ***baladronadas*** *pues ya demostró ser un cobarde en otras ocasiones.* SIN. **bravata, bravuconada, jactancia, alarde.**

baladronear ***vb.*** {intr.} Presumir del valor o poder que no se tiene: *Por mucho que* ***baladronea,*** *todos sabemos que no es capaz ni de matar una mosca.* SIN. **jactarse.**

balalaica ***f.*** Instrumento parecido a un laúd triangular con tres cuerdas, usado en la música popular rusa.

balance ***m.*** **1** Equilibrio. **2** Cuenta que se hace de los gastos y las ganancias de un negocio para determinar su situación económica. **3** Valoración: *Antes de continuar con el proyecto, debemos hacer un* ***balance*** *de nuestros logros.*

balanceado, da ***adj.*** **1** Equilibrado. **2** Se aplica al tipo de alimento para animales que contiene todos los nutrientes que necesita su organismo: *El primer alimento* ***balanceado*** *fue una galleta para los perros que viajaban en barco.*

balancear ***vb.*** {tr., intr. y prnl.} **1** Mover un objeto de un lado a otro. **2** Poner en equilibrio.

balanceo ***m.*** **1** Acción y efecto de balancear. **2** *Méx.* y *R. de la P.* Igualación del peso de las ruedas de un automóvil.

balancín ***m.*** **1** Barra movible que se usa para estabilizar o balancear diferentes objetos: *El equilibrista utiliza un* ***balancín*** *para poder caminar sobre la cuerda sin caerse.* **2** Silla para mecerse. SIN. **mecedora.** **3** Asiento colgante: *Puso un* ***balancín*** *en el patio para mecerse y disfrutar de sus momentos de descanso.* SIN. **columpio.**

balandro, dra ***m.*** y ***f.*** Embarcación pequeña con cubierta y un solo mástil.

balanza ***f.*** **1** Instrumento que se usa para pesar: *El vendedor puso las naranjas en la* ***balanza*** *para ver si eran los tres kilos que yo quería.* **2** Situación comparativa de intercambio entre dos países: *La* ***balanza*** *comercial de un país es favorable cuando se vende más de lo que se compra.*

balar ***vb.*** {intr.} Emitir balidos: *Las ovejas asustadas por el fuego* ***balaban*** *muy fuerte.*

balasto ***m.*** Piedras machacadas sobre las que se asientan y sujetan las traviesas de una vía férrea.

balata ***f.*** *Chile* y *Méx.* Parte del mecanismo de freno de algunos vehículos motorizados.

balaustrada ***m.*** Barandal, barandilla: *La terraza del castillo estaba separada de los jardines por una* ***balaustrada*** *de mármol.*

balaustre o **balaústre** ***m.*** Cada una de las columnas que forman una balaustrada.

balazo ***m.*** **1** Resultado de disparar un arma de fuego: *Anoche escuché un* ***balazo*** *en la calle, espero que no haya resultado algún herido.* **2** Herida causada por una bala: *Durante el asalto, uno de los policías recibió un* ***balazo*** *que le quebró un hueso del hombro.* **3** En los diarios, la oración que aparece sobre el encabezado en letras de menor tamaño y que lo complementa.

balboa ***m.*** Moneda de Panamá.

balbuceante o **balbuciente** ***adj.*** **1** Que balbucea: *Ricardo tiene una pronunciación* ***balbuceante*** *en inglés.* **2** Que asoma por primera vez: *En clase, hemos estudiado el* ***balbuciente*** *periodismo en América.*

balbucear ***vb.*** {tr. e intr.} o **balbucir** ***vb. irreg.*** {tr. e intr.} **Modelo 58.** Hablar de manera vacilante y confusa: *El bebé todavía no sabe hablar bien, pero se pasa el día* ***balbuceando.***

balbuceo ***m.*** **1** Acción de balbucear: *Durante los dos primeros años de vida, el* ***balbuceo*** *de los bebés es muy importante porque asienta las bases del habla.* **2** ***pl.*** Las primeras manifestaciones que se conocen de un proceso: *Algunos dicen que ya se ven* ***balbuceos*** *democráticos en China.*

balcón ***m.*** Apertura o saliente de una habitación, que da al exterior y está rodeada por una ventana o barandal: *Puse flores en el* ***balcón*** *de la casa y se ven muy bonitas.*

balda ***f.*** Tabla horizontal de un armario o alacena.

baldado, da ***adj.*** **1** Imposibilitado de mover algún miembro, tullido: *El accidente de tráfico dejó a mi tío* ***baldado*** *de un brazo.* SIN. **impedido, inválido, paralítico, tullido.** **2** *Esp.* Muy cansado: *Después de la carrera, los participantes quedaron* ***baldados.*** SIN. **cansado, destrozado.**

baldadura ***f.*** Incapacidad física del baldado: *Debido a la fuerte* ***baldadura*** *que le causó la enfermedad ya no podrá seguir compitiendo.*

baldaquín o **baldaquino** ***m.*** Pieza cuadrada o rectangular de tela lujosa y adornada que se cuelga formando dosel sobre un trono, lecho, imagen, catafalco, etc.

baldar ***vb.*** {tr. y prnl.} **1** Impedir una enfermedad o accidente el uso de un miembro: *No puede caminar, porque se* ***baldó*** *las piernas cuando chocó el tren en el que viajaba.* **2** *Esp.* Fatigarse en exceso.

balde ***m.*** **1** Cubo para sacar y transportar agua. **2** *loc.* **De ~,** de forma gratuita. **3** *loc.* **En ~,** en vano, sin resultado: *Fuimos a visitar a Jose y como no estaba en su casa, hicimos el viaje* ***en balde.***

baldear ***vb.*** {tr.} Regar con baldes, especialmente las cubiertas de los buques.

baldío, a ***adj.*** **1** Vano, sin fundamento. **2** Terreno abandonado, sin labrar. **3** *Amér.* Terreno urbano sin edificar. SIN. **solar.**

baldón ***m.*** **1** Ofensa, injuria. **2** Oprobio, afrenta: *La mala conducta de ese hombre fue un* ***baldón*** *para su familia.*

baldosa ***f.*** Ladrillo fino que sirve para recubrir suelos: *Elegimos* ***baldosas*** *blancas para ponerlas en la cocina.*

balear ***vb.*** {tr.} *Amér.* Disparar balas a alguien: *Ayer* ***balearon*** *a dos personas implicadas en el narcotráfico.* SIN. **balacear, disparar, tirotear.**

balero ***m.*** **1** *Argent., Colomb., Ecuad., Méx., P. Rico* y *Urug.* Juguete compuesto por una esfera de madera con un orificio y atada a un palo; el juego consiste en introducir el palo en la esfera. **2** *Argent.* y *Urug. Fig.* y *Fam.* Cabeza humana. **3** *Méx.* Parte mecánica de un vehículo que une al eje con la rueda.

balido ***m.*** Voz que emiten algunos animales como el borrego, el ciervo y la cabra.

balín ***m.*** Bala cuyo calibre es inferior a 735 milímetros.

balística ***f.*** Estudio de las armas de fuego y sus efectos.

baliza ***f.*** Señal fija o móvil que indica un peligro o delimita vías de circulación marítima, aérea y terrestre.

ballena ***f.*** Una de las distintas especies marinas de mamíferos cetáceos: *La* ***ballena*** *azul puede llegar a medir 30 m de largo.*

ballenato ***m.*** Cría de ballena: *Las ballenas migran a mares tropicales para parir a sus* ***ballenatos.***

ballenero ***m.*** Barco grande que se utiliza para pescar ballenas y está equipado para procesar su carne en alta mar.

ballenero, ra ***adj.*** Relativo a la pesca de la ballena: *Muchos países del mundo están preocupados por controlar la actividad* ***ballenera,*** *pues hay mucha pesca ilegal.*

ballesta ***f.*** **1** Arma portátil para lanzar flechas. **2** Muelle en forma de arco utilizado en la suspensión de algunos vehículos.

ballestero ***m.*** **1** Persona que fabrica ballestas. **2** Hombre que usaba la ballesta: *Los* ***ballesteros*** *fueron muy popula-*

res en el pasado pero dejaron de existir cuando reemplazaron las ballestas por fusiles y otro tipo de armas de fuego.

ballet *m.* **Palabra de origen francés. 1** Danza clásica de origen europeo: *La niña quiso tomar clases de **ballet** porque le encanta bailar.* **2** Música compuesta para este tipo de danza. **3** Compañía que interpreta danzas: *Anoche fui a ver el **ballet** francés que se presentó en el Teatro Nacional.*

balneario *m.* Establecimiento público para tomar baños, en especial medicinales.

balompié *m. Esp.* Juego entre dos equipos de once participantes cada uno, que consiste en introducir un balón en la portería del contrario, impulsándolo con los pies o la cabeza. SIN. **fútbol.**

balón *m.* **1** Pelota grande, casi siempre redonda, formada por una esfera hinchada de aire y recubierta de cuero: *Ve por el **balón** para que juguemos fútbol un rato.* **2** *Chile, Colomb.* y *Perú.* Recipiente metálico utilizado para contener gas combustible.

balonazo *m.* **1** Golpe recibido con un balón: *Mi hermano recibió un **balonazo** tan fuerte que perdió el sentido y no pudo terminar el partido.* **2** Tiro de balón: *En el fútbol, a veces son muy efectivos los **balonazos** hacia delante.*

baloncesto *m.* Juego de equipos que consiste en introducir un balón en un aro elevado sujeto a un tablero, valiéndose de las manos. SIN. **basquetbol.**

balonmano *m.* Juego de equipos que consiste en introducir un balón en la portería contraria, valiéndose de las manos.

balonvolea *m. Esp.* Deporte que se juega entre dos equipos, lanzando un balón que se golpea con la mano, por encima de una red. SIN. **voleibol** o **volibol.**

balotaje *m.* **Palabra de origen francés. 1** *Amér.* Recuento de votos, escrutinio: *El **balotaje** de las elecciones ha dado como ganador al candidato nacionalista.* **2** *Argent., Bol., Par.* y *Urug.* Segunda ronda de votación que se realiza entre los dos candidatos más votados cuando ninguno ha alcanzado la mayoría necesaria para ganar las elecciones: *Algunos países tienen el sistema de **balotaje** para asegurar mayorías en las elecciones.*

balsa *f.* **1** Depresión del terreno que se llena de agua. **2** Embarcación formada por una plataforma de maderos unidos: *Para salir de la isla solitaria, el hombre construyó una **balsa** con maderos y lianas.* **3** Madera tropical muy ligera: *Algunos modelos de avión a escala se hacen de la madera conocida con el nombre de **balsa**.*

balsámico, ca *adj.* **1** Que tiene bálsamo o sus propiedades: *Para que te deje de doler la pierna, es mejor que uses esta pomada **balsámica**.* **2** Que alivia y reconforta: *He comprado unos caramelos **balsámicos** muy buenos para la garganta.* SIN. **suavizante.**

bálsamo *m.* **1** Resina aromática que segregan ciertos árboles. **2** Consuelo, alivio: *Tener la oportunidad de verte nuevamente es un **bálsamo** para mis ojos.* **3** Medicamento de uso externo: *"Úntate este **bálsamo** para el dolor muscular de la espalda."* SIN. **ungüento.**

balsero, ra *m.* y *f.* **1** Persona que maneja una balsa: *Cuado fuimos a la playa, el **balsero** nos llevó a unos lugares prácticamente desconocidos.* **2** *Antill.* Cubano que trata de llegar a otro país de forma ilegal en embarcaciones precarias: *Los **balseros** han llegado moribundos a las costas de Florida.*

báltico, ca *adj./m.* y *f.* Perteneciente o relativo al mar Báltico.

baluarte *m.* **1** Saliente pentagonal de las fortificaciones. **2** Amparo, defensa.

baluma o **balumba** *f. Ecuad.* Tumulto, alboroto.

bambalina *f.* **1** Lienzo que cuelga del telar de un foro y que oculta a los actores cuando no están en escena. **2** *loc. pl.* **Tras ~,** que no se ve, bajo la mesa: *La decisión final del jurado se discutió **tras bambalinas**, y nadie sabía quién iba a ganar el concurso.*

bamboleante *adj.* Que se bambolea: *Ana no sabe llevar tacones, su caminar es tan **bamboleante** que temo que se caiga y se rompa un tobillo.*

bambolear *vb.* {tr. y prnl.} Balancear de un lado a otro sin cambiar de sitio: *Durante el examen, ella estaba tan nerviosa que no dejaba de **bambolear** las piernas.*

bamboleo *m.* Vaivén sin cambiar de sitio: *Con tanto **bamboleo** al final el niño se va a marear.* SIN. **balanceo, oscilación.**

bambú *m.* Planta gramínea, originaria de la India, de tallo hueco, leñoso, flexible y resistente: *El panda se alimenta exclusivamente de hojas de **bambú**.*

banal *adj.* Trivial, vulgar: *No vale la pena pelear por cosas **banales** que se pueden arreglar fácilmente.*

banalidad *f.* Trivialidad, insustancialidad: *Esa estrella de la televisión habla puras **banalidades**.*

banalización *f.* Transformación progresiva de algo sustancial en banal: *Mi padre dice que en estos años hemos asistido a la **banalización** del mundo del espectáculo.*

banalizar *vb.* {tr.} Quitar importancia a algo: *Felipe **banaliza** mis problemas, siempre que le cuento alguno dice que es trivial y no me hace caso.*

bananero, ra *adj.* **1** Relativo al cultivo de bananas o plátanos. **2** *Desp.* Se dice de los regímenes políticos inestables o sometidos a intereses extranjeros.

banano, na *m.* y *f.* **1** Planta de hojas largas y fruto comestible. **2** Fruto comestible de la planta del banano, de forma alargada y color amarillo. SIN. **plátano.**

banasta *f. Esp.* Cesto grande.

banca *f.* **1** Actividad mercantil que comercia con el dinero de sus clientes. **2** Conjunto de empresas de banca: *La **banca** suiza es una de las más fuertes del mundo.* **3** Asiento sin respaldo. **4** *Méx.* Asiento largo para varias personas, generalmente con respaldo: *Las **bancas** de ese parque son de hierro forjado.*

bancada *f.* **1** *Méx.* y *R. de la P.* Conjunto de legisladores de un mismo partido político. **2** Partidarios de un equipo. SIN. **hinchada.**

bancario, ria *adj.* Relativo a las actividades de la banca: *Mi hijo me mandó dinero del extranjero por medio de un giro **bancario**.*

bancarrota *f.* Quiebra de una empresa o negocio: *Una persona que está en **bancarrota** no puede pagar sus deudas.*

banco *m.* **1** Grupo de peces. SIN. **cardumen. 2** *loc.* **~ de datos,** conjunto de informaciones accesibles por medio de una computadora.

banco, ca *m.* y *f.* **1** Asiento de madera: *Voy a traer el **banco** de la cocina para sentarme con ustedes alrededor de la mesa.* **2** Entidad financiera donde se realizan operaciones de crédito, préstamos, cambio, etc.: *Fui al **banco** para cobrar el cheque con el que me pagaron mi sueldo.*

banda *f.* **1** Listón o cinta ancha: *Me puse una **banda** en la cabeza porque me dolía mucho.* **2** *Fam.* Grupo de personas relacionadas: *Fui a la playa con mi **banda** de amigos.* SIN. **pandilla, patota, palomilla. 3** Lado: *El jugador pasó por la **banda** izquierda de la cancha y anotó un gol.* **4** Conjunto o grupo musical. **5** *loc.* **~ sonora,** parte del filme en la que se registra el sonido.

bandada *f.* Grupo de aves. SIN. **parvada.**

bandazo ***m.*** **1** Golpe brusco de un barco hacia babor o estribor. **2** *Fam.* Cambio inesperado de dirección: *El nuevo presidente del partido se la pasa dando* ***bandazos:*** *primero dice una cosa y luego lo contrario.*
bandeado, da ***adj.*** **1** Que tiene bandas o listas: *Mi tía me ha regalado un collar precioso de plata con un ágata* ***bandeada.*** SIN. **listado.**
bandear ***vb.*** {tr. y prnl.} **1** *Amér.* Atravesar de una parte a otra: Los técnicos tuvieron que bandear la pared para pasar el cable. SIN. **taladrar. 2** *Amér.* Cruzar un río: *Para llegar al pueblo de mi abuela tuvimos que* ***bandear*** *el río y me mojé los pantalones.* **3** Saberse administrar e ingeniar para vivir: *A pesar de quedar viudo muy joven y con hijos,* ***se ha bandeado*** *muy bien toda su vida.* **4** *Argent.* Columpiarse.
bandeja ***f.*** **1** Pieza plana con borde para servir, llevar o poner cosas. SIN. **charola, azafate. 2** *loc.* **Servir en ~,** dar grandes facilidades para conseguir algo.
bandeo ***m.*** Acción y efecto de bandear.
bandera ***f.*** Tela decorada que representa generalmente a una nación. SIN. **lábaro.**
banderilla ***f.*** En los toros, palo adornado que se clava en la cruz o parte alta del lomo del toro durante el segundo tiempo.
banderillero ***m.*** Torero que clava las banderillas.
banderín ***m.*** Bandera de tamaño pequeño: *Durante el partido de fútbol, los niños ondeaban* ***banderines*** *con los colores de su escuela.* SIN. **banderola.**
banderola ***f.*** **1** Bandera pequeña. SIN. **banderín. 2** *R. de la P.* Ventana que se encuentra en la parte superior de una puerta.
bandidaje ***m.*** **1** Comportamiento propio de bandidos: *El* ***bandidaje*** *supuso graves pérdidas en Estados Unidos durante gran parte del siglo XIX.* **2** Existencia prolongada de bandidos en una región: *En el Quijote se cuenta lo difícil que era atravesar ciertas zonas de España debido al* ***bandidaje*** *y a la falta de control de esos territorios.*
bandido, da ***m.*** y ***f.*** Fugitivo de la justicia: *En el filme del viejo oeste los* ***bandidos*** *asaltaron la diligencia y huyeron en sus caballos.* SIN. **bandolero.**
bando ***m.*** **1** Edicto o mandato solemne: *El gobernador emitió un* ***bando*** *contra la delincuencia.* **2** Facción o partido: *Su forma de pensar ha cambiado mucho desde que se pasó al* ***bando*** *contrario.*
bandolera ***f.*** Cinta de cuero que cruza el pecho para portar armas o municiones.
bandolero, ra ***m.*** y ***f.*** Bandido.
bandoneón ***m.*** Instrumento musical parecido al acordeón: *El tango es un tipo de música tradicional del Río de la Plata que suele tocarse con* ***bandoneón.***
bandurria ***f.*** Instrumento musical de doce cuerdas, semejante a la guitarra.
banjo ***m.*** Instrumento musical de cuerda, con caja de resonancia circular, cubierta por una piel tensada: *El* ***banjo*** *es usado en la música tradicional del sureste de los Estados Unidos de América.*
banner ***m.*** **Palabra de origen inglés.** Espacio publicitario insertado en una página de Internet.
banquero, ra ***m.*** y ***f.*** Persona que posee, dirige o trabaja en un banco.
banqueta ***f.*** **1** Asiento o banco pequeño. **2** *Guat.* y *Méx.* Acera: *Mi mamá me dijo que siempre debía caminar por la* ***banqueta,*** *y no entre los automóviles.* Sin. **vereda.**
banquete ***m.*** Comida abundante y deliciosa: *La Navidad pasada disfrutamos de un verdadero* ***banquete,*** *comimos pavo, ensalada y muchos postres.*
banquillo ***m.*** **1** Asiento que se ocupa cuando se declara frente a un tribunal: *El juez pidió al testigo que pasara al* ***banquillo*** *para interrogarlo.* **2** Lugar que ocupan los jugadores suplentes y el entrenador durante un partido.
banquisa ***f.*** Capa de hielo que se forma en las regiones polares por la congelación del agua del mar.
bañadera ***f.*** **1** *Amér. C.* y *Amér. Merid.* Pila para bañarse. SIN. **tina, bañera. 2** *Urug.* Autobús por lo común viejo que se alquila para transportar a un grupo de personas.
bañado ***m.*** *Amér. C.* y *Amér. Merid.* Terreno húmedo y cenagoso.
bañado, da ***adj.*** **1** Que ha tomado un baño: *El niño ya está* ***bañado,*** *así que podemos acostarlo en su cuna para que se duerma.* SIN. **limpio. 2** Que está cubierto de agua.
bañador ***m.*** *Esp.* Prenda de vestir que se usa para nadar.
bañar ***vb.*** {tr. y prnl.} **1** Meter el cuerpo o sumergir una cosa en un líquido. **2** Lavar: *Ya es hora de* ***bañar*** *al bebé.* **3** Tocar algún paraje el agua del mar o de un río: *El océano Pacífico* ***baña*** *las costas de la parte occidental de América.* **4** Cubrir una cosa con una capa de otra sustancia: *El joyero* ***bañó*** *en oro la sortija de plata.*
bañera ***f.*** *Esp.* Pila para bañarse. SIN. **tina, bañadera.**
bañero, ra ***m.*** y ***f.*** Persona que cuida de los baños públicos y sirve a los bañistas.
baño ***m.*** **1** Acción y efecto de bañar o bañarse: *Llegué muy acalorado del partido de fútbol y decidí darme un* ***baño.*** **2** Cuarto para el aseo personal: *El* ***baño*** *de mi casa tiene un mueble donde guardamos las toallas y los jabones.* **3** Bañera, pila para bañarse. **4** Capa con que queda cubierta la cosa bañada: *Llevé mi pulsera de plata al joyero para que le diera un* ***baño*** *de oro.*
baobab ***m.*** Árbol de gran diámetro y altura, propio de regiones tropicales de África.
baptismal o **bautismal** ***adj.*** Relativo al bautismo: *La capilla* ***baptismal*** *de la iglesia que visitamos era del siglo XVI.*
baptisterio ***m.*** Pila bautismal y lugar donde se encuentra.
baqueano, na ***adj./m.*** y ***f.*** *Amér. C.* y *Amér. Merid.* Dícese de la persona conocedora de un terreno y sus caminos.
baquelita ***f.*** Resina sintética con la que pueden hacerse imitaciones de ámbar o carey.
baqueta ***f.*** **1** Varilla para limpiar las armas de fuego. **2** Nombre que se da a cada uno de los palos con que se golpea un tambor. SIN. **palillo.**
baquetazo ***m.*** **1** Golpe con la baqueta: *No des esos* ***baquetazos*** *que vas a romper el tambor.* **2** Caída: *Mi hermano se ha dado un buen* ***baquetazo*** *en la puerta de la escuela.* **3** *loc.* **Tratar a ~s,** tratar a alguien con dureza y desconsideración.
baqueteo ***m.*** Molestia causada por las exigencias de otra persona. SIN. **ajetreo.**
baquiano ***adj./m.*** Ver **baqueano.**
bar ***m.*** **Palabra de origen inglés.** Lugar público donde se sirven bebidas alcohólicas que la gente puede tomar sentada en bancos altos alrededor de una barra, o en sillas alrededor de mesas: *Los amigos quedaron de encontrarse en el* ***bar*** *de la esquina.*
bar ***m.*** Unidad de medida de la presión atmosférica.
bar mitzvah ***m.*** Ritual judío de iniciación que celebran los niños a los 13 años para pasar a formar parte de la comunidad religiosa.
barahúnda o **baraúnda** ***f.*** Ruido y confusión: *Había una gran* ***barahúnda*** *en la calle con motivo del carnaval.*
baraja ***f.*** Conjunto de naipes o cartas: *La* ***baraja*** *española tiene 48 cartas.*
barajar ***vb.*** {tr.} Revolver los naipes o cartas: *Para jugar póquer, primero se* ***barajan*** *todos los naipes y después se reparten cinco a cada jugador.*

barandal ***m.*** Especie de valla que sirve de protección y apoyo en balcones y escaleras: *Mi hermanito se sujeta del **barandal** para no caerse cuando baja por la escalera.* SIN. **barandilla.**

barandilla ***f.*** ***Esp.*** Barandal. SIN. **barandal.**

barata ***f.*** ***Méx.*** Venta a bajo precio: *Aproveché la **barata** de la tienda de ropa para comprar un pantalón que me hacía falta.* SIN. **oferta.**

baratija ***f.*** Cosa de poco valor: *Entré a una tienda de **baratijas** donde compré juguetitos para los niños.* SIN. **chuchería, guarandinga.**

baratillo ***m.*** ***Argent.*** y ***Esp.*** Tienda de mercancías de poco valor.

barato ***adv.*** Por poco precio: *En esa tienda venden muy **barato,** pagué por la leche la mitad del precio que en las demás tiendas.*

barato, ta ***adj.*** De bajo precio: *Conseguí un carrito **barato,** así que se lo compré al niño.*

baratón, tona ***adj.*** ***Méx.*** Se aplica a mercancías de poco valor: *Conseguí unos zapatos **baratones** en el mercado.*

barba ***f.*** **1** Parte de la cara debajo de la boca: *La niña tiene un hoyuelo en la **barba.*** SIN. **mentón, barbilla.** **2** Pelo de la cara: *Carlos se está dejando crecer la **barba,** así que ya no se afeita.*

barbacoa ***f.*** **1** Parrilla para asar carne o pescado al aire libre. **2** ***Méx.*** Guiso de carne de cordero o chivo, cocido en horno de tierra.

barbada ***f.*** ***Bol.*** y ***Perú.*** Barbiquejo.

barbado, da ***adj.*** Que tiene pelo en la cara. SIN. **barbudo.**

barbaján, jana ***adj./m.*** y ***f.*** ***Cuba*** y ***Méx.*** Tosco, grosero, maleducado.

barbaridad ***f.*** **1** Calidad de bárbaro. **2** Dicho o hecho tonto, necio o temerario: *Cuando Rosalía se dio cuenta de la **barbaridad** que había dicho, enrojeció de vergüenza.* SIN. **disparate.** **3** ***Fam.*** Mucho, en exceso: *En la fiesta había una **barbaridad** de comida, todos cenamos mucho y sólo se terminaron la mitad de los guisos.*

barbarie ***f.*** **1** Según los evolucionistas, segunda etapa del desarrollo humano entre el salvajismo y la civilización. **2** ***Desp.*** Atraso en un pueblo o falta de cultura. ANT. **civilización.** **3** Crueldad.

barbarismo ***m.*** Error del lenguaje que consiste en faltas de pronunciación, ortografía y acentuación, o en emplear vocablos arcaicos o extranjeros innecesarios.

bárbaro, ra ***adj./m.*** y ***f.*** **1** Relativo a los pueblos germánicos que en el siglo v invadieron el Imperio Romano. **2** Bruto, cruel: *Cuando su marido bebe alcohol, se comporta como un **bárbaro,** es grosero y violento.* **3** Temerario. **4** Inculto, tosco.

barbechar ***vb.*** {tr.} Arar la tierra como preparación para la siembra, o ararla antes de dejarla sin sembrar.

barbecho ***m.*** **1** Periodo en que un campo se deja sin cultivar uno o más años: *Durante el **barbecho,** la tierra recupera sus nutrientes.* **2** Campo que se deja sin cultivar uno o más años.

barbería ***f.*** Establecimiento en el que se corta y arregla el pelo, la barba y el bigote a los hombres. SIN. **peluquería.**

barbero ***m.*** **1** Persona que tiene por oficio afeitar y cortar el pelo. SIN. **peluquero.** **2** ***Méx.*** ***Fam.*** Persona que adula, que halaga, y que sólo busca agradar: *No lo han despedido de la empresa porque es un **barbero** con los jefes y siempre les da regalos.* SIN. **zalamero.**

barbijo ***m.*** **1** ***Argent.*** y ***Bol.*** Herida en la cara hecha por un cuchillo u otro objeto cortante. **2** ***Bol.*** y ***R. de la P.*** Barbiquejo.

barbilampiño, ña ***adj.*** Sin pelo en la cara.

barbilindo ***adj./m.*** Hombre joven que se cree lindo y bien parecido: *Le regañó porque era un **barbilindo** que se pasaba horas acicalándose frente al espejo y por ello siempre llegaban tarde.*

barbilla ***f.*** Punta de la barba. SIN. **mentón.**

barbiquejo ***m.*** **1** Cinta para sujetar el sombrero por debajo de la barbilla. SIN. **barbada, barbijo.** **2** ***Perú.*** Pañuelo que se ata rodeando la cara.

barbitúrico, ca ***adj./m.*** Dícese de un medicamento que provoca efectos sedantes o hipnóticos: *A Juliana le recetaron unos **barbitúricos,** porque no podía dormir.*

barbotear o **barbotar** ***vb.*** {intr. y tr.} **1** Mascullar, hablar entre dientes: *Después de que lo regañaron, Óscar se retiró **barboteando.*** **2** En química, hacer pasar un gas a través de un líquido.

barbudo, da ***adj.*** Que tiene pelo en la cara. SIN. **barbado.**

barca ***f.*** Embarcación pequeña: *Cuando estuvimos en el puerto, salimos a dar un paseo en **barca.*** SIN. **lancha.**

barcarola ***f.*** Tipo de canción popular veneciana cantada por los gondoleros.

barcaza ***f.*** Barca grande para carga y descarga.

barco ***m.*** Construcción flotante destinada al transporte de personas o mercancías: *Mis tíos viajaron en **barco** de América a Europa y visitaron muchos puertos.*

barda ***f.*** **1** ***Argent.*** Ladera acantilada. **2** ***Méx.*** Tapia que rodea o separa un terreno o construcción de otro. SIN. **muro.**

bardo ***m.*** Poeta: *En esa historieta aparece un **bardo** que canta sus poesías con una voz muy fea.*

baremo ***m.*** **1** Libro o cuaderno de cuentas ajustadas. **2** Lista de tarifas: *La empleada me mostró el **baremo** donde viene cuánto cuestan los diferentes servicios que ofrece la empresa de comunicaciones.*

baricentro ***m.*** **1** Centro de gravedad de los cuerpos. **2** En un triángulo, punto en el que se cruzan las medianas.

bario ***m.*** Elemento químico de símbolo Ba, metal alcalino blanco amarillento, dúctil, difícil de fundir, de número atómico 57.

barisfera ***f.*** Núcleo de la Tierra.

barita ***f.*** Mineral cristalino de sulfato de bario de donde se suele obtener el bario.

barítono ***m.*** Voz masculina de tono medio entre la de tenor y la de bajo: *El domingo pasado se presentó un **barítono** italiano con la compañía de ópera de Roma.*

barlovento ***m.*** En navegación, dirección de donde viene el viento. ANT. **sotavento.**

barniz ***m.*** Disolución de una resina en un líquido volátil que se extiende sobre pinturas o maderas para protegerlas: *Le puse **barniz** a la puerta de la casa para evitar que el sol y la humedad la perjudiquen.*

barnizado ***m.*** Baño de barniz que se da a una superficie: *En el curso de artesanías que hice el mes pasado, me enseñaron las técnicas del **barnizado** de madera.*

barnizador, ra ***adj./m.*** y ***f.*** **1** Que da barniz: *Mi padre es operario de una máquina **barnizadora.*** **2** Persona cuyo oficio es el barnizado: *He llamado al **barnizador** para que dé un baño de barniz a los muebles viejos.*

barómetro ***m.*** Instrumento para medir la presión atmosférica.

barón, nesa ***m.*** y ***f.*** Título nobiliario originado en la Edad Media europea que en España sigue al de vizconde.

barquero, ra ***m.*** y ***f.*** Persona que conduce la barca: *Caronte era el **barquero** encargado de llevar las almas de los muertos en la mitología griega.*

barquilla ***f.*** Cesto de un globo aerostático: *Cuando el globo empezó a elevarse por el aire, Camila, que iba en la **barquilla,** agitó la mano para saludarnos.*

barquillo *m.* Hoja de pasta de harina con azúcar y canela, de forma triangular o de tubo: *Cuando fuimos al circo, comimos **barquillos** con helado encima.*

barra *f.* **1** Cualquier objeto rígido o semirrígido, mucho más largo que ancho: *Después de subir al autobús me sujeté a una **barra** de metal para no caerme a causa del movimiento.* **2** Mostrador de un bar o cafetería: *Podemos esperar a que nos den una mesa o podemos sentarnos en la **barra**.* **3** Banco de arena en la boca de un río. **4** Tubo fijo para hacer ejercicio, especialmente de ballet. **5** Signo gráfico que sirve para separar: *En ese diccionario, las marcas gramaticales de una palabra se separan con una **barra** inclinada (/).* **6** Agrupación de profesionales: *Fernando pertenece a una **barra** de abogados.* SIN. **colegio.** **7** *Amér. Merid.* Público que asiste a las sesiones de un tribunal. **8** *Amér. Merid.* Grupo de amigos. **9** *Amér. Merid.* Conjunto de seguidores de un equipo. SIN. **hincha.**

barrabasada *f.* **1** Acción perversa, con mala intención. **2** Tontería, burrada: *Luis es una persona que habla sin pensar y dice **barrabasadas**, como que la capital de Argentina es Montevideo.*

barraca *f.* **1** Caseta construida con materiales ligeros o de desecho. **2** *Amér. C.* y *Amér. Merid.* Almacén de productos. **3** *Chile.* Maderería. **4** *Urug.* Edificio destinado al depósito y venta de materiales de construcción.

barracón *m.* Construcción simple de una sola habitación, usualmente destinada a albergar soldados.

barracuda *f.* Pez voraz de forma alargada y dientes prominentes que se encuentra en los mares tropicales.

barranco, ca *m.* y *f.* **1** Depresión abrupta en la superficie de un terreno. SIN. **despeñadero, precipicio.** **2** Surco profundo que hacen en la tierra las corrientes de agua.

barredor, ra *adj./m.* y *f.* **1** Que barre. **2** Máquina de limpieza que sirve para barrer suelos: *Con la **barredora** automática limpio toda la casa en menos tiempo.*

barredura *f.* **1** Acción de barrer. **2** *pl.* Conjunto de basura que se arrastra al barrer: *Tira esas **barreduras** a la papelera antes de que las pise alguien.* **3** Residuos que dejan ciertas cosas pequeñas, como los granos: *Al echar el arroz, dejé la cocina llena de **barreduras**.*

barrendero, ra *m.* y *f.* Persona que tiene por oficio barrer: *El **barrendero** recogió las hojas de los árboles que se habían juntado en el suelo.*

barreno *m.* Agujero que resulta al perforar.

barreno, na *m.* y *f.* Herramienta de acero para perforar.

barrer *vb.* {tr.} **1** Limpiar el suelo con una escoba: *Antes de lavar el piso con agua y jabón, es necesario **barrerlo** para quitar la basura.* **2** Vencer, llevarse todo: *Vamos a prepararnos muy bien, para que cuando vayamos a las olimpiadas podamos **barrer** con las medallas.*

barrera *f.* **1** Cualquier objeto que obstaculiza el paso: *El tronco atravesado en la carretera era una **barrera** que impedía el paso de los automóviles.* **2** Valla de madera que circunda el ruedo en las plazas de toros. **3** Impedimento: *Mi tía dijo que la edad no es **barrera** para seguir estudiando y regresó a la escuela cuando tenía 50 años.*

barreta *f.* **1** Barra pequeña. **2** Herramienta en forma de barra larga de fierro sólido que se utiliza como pico o palanca.

barriada *f.* **1** Barrio. **2** Zona habitacional de bajo nivel económico: *Con el poco dinero que gano sólo puedo vivir en una **barriada**, por eso estoy buscando un mejor empleo.*

barrica *f.* Barril: *Fui a una bodega donde había muchas **barricas** de vino.*

barricada *f.* Barrera improvisada que se levanta en un camino para entorpecer el paso al enemigo.

barriga *f. Fam.* Vientre, estómago: *¡Me duele la **barriga** porque comí muchos dulces!* SIN. **panza.**

barrigón, gona *adj./m. Fam.* **1** Que tiene mucha barriga: *En estos últimos años mi tío se ha puesto muy **barrigón**.* **2** Barriga muy grande: *Con ese **barrigón** no alcanza a verse los pies y se ha puesto un zapato diferente en cada uno.* SIN. **barrigudo.**

barrigudo, da *adj.* Que tiene barriga abultada: *Mi amiga Susana se queja de lo **barriguda** que está, pero no hace nada para remediarlo.* SIN. **barrigón.**

barril *m.* **1** Depósito cilíndrico de madera para transportar y conservar líquidos. SIN. **tonel.** **2** Unidad de medida inglesa usada para el petróleo, equivalente a 36 galones o 16366 litros.

barrilete *m.* **1** Prensa de carpintero para asegurar la madera al banco. **2** *Argent.* y *Urug.* Juguete volador formado por una estructura de madera que sostiene un papel o tela y con un cordel para sujetarlo. SIN. **cometa, papalote.**

barrio *m.* **1** Cada una de las partes en que se divide un pueblo o ciudad: *Cada **barrio** de mi pueblo tiene su propia fiesta.* **2** Zona marginada de una ciudad. **3** Zona específica de una ciudad: *En esta ciudad hay un **barrio** turístico donde se agrupan restaurantes, centros comerciales, hoteles, etc.*

barritar *vb.* {intr.} Emitir su voz un elefante.

barrizal *m.* Sitio lleno de barro.

barro *m.* **1** Masa que se forma cuando se mezclan tierra y agua. SIN. **fango, lodo.** **2** Arcilla: *Los alfareros usan **barro** para hacer jarrones y otras artesanías.* **3** Grano de sebo en la piel: *Me salió un **barro** en la punta de la nariz; eso me pasa por comer tantos chocolates.*

barroco *m.* Estilo artístico dominante en Europa e Hispanoamérica entre finales del siglo XVI y principios del XVII caracterizado por la abundancia de elementos.

barroco, ca *adj.* Excesivamente saturado, rebuscado o complejo: *Mi amigo es muy **barroco** al hablar, usa palabras extrañas y forma oraciones muy complicadas.*

barroquismo *m.* Tendencia o empleo de lo excesivo, complicado y recargado: *La lírica de Sor Juana parte del **barroquismo** español, con construcciones intrincadas y palabras muy rebuscadas que reflejan un fuerte sentimiento.*

barrote *m.* Barra gruesa de fierro o madera: *Las jaulas del zoológico tienen **barrotes** para que no escapen los animales.*

barruntar *vb.* {tr.} Prever, sospechar o presentir algo a partir de una señal o indicio: *Su actitud misteriosa me hizo **barruntar** que algo traía entre manos.*

barrunto *m.* **1** Sospecha o presentimiento. **2** Indicio de algo. *Esas nubes negras son un **barrunto** de tormenta.*

bartolina *f. Méx.* Calabozo oscuro y estrecho: *Los presos que se indisciplinaron fueron enviados tres días a la **bartolina**.*

bártulos *m. pl.* Grupo de objetos o enseres necesarios para hacer algo. SIN. **cacharpas, trebejos.**

barullo *m.* **1** Confusión, desorden. **2** Ruido: *El **barullo** que están haciendo todos en la fiesta no me permite oír lo que me dices.*

barzón *m. Méx.* Aro de cuero u otro material, que tiene el yugo, por el que pasa el timón del arado.

basa *f.* Cuerpo que sostiene una columna, estatua, etc. SIN. **pedestal.**

basal *f.* Lo que se toma como punto de partida o referencia: *La temperatura **basal** del cuerpo humano es de 37 °C. Si se eleva, quiere decir que tenemos fiebre.*

basáltico, ca *adj.* Que es de basalto: *Algunas playas del Pacífico son de origen **basáltico**.*

basalto *m.* Roca volcánica sólida de color negro vidrioso.

basamento ***m.*** Parte que soporta una estructura. SIN. **cimiento.**
basar ***vb.*** {tr. y prnl.} **1** Asentar sobre una base. **2** Fundar, apoyar: *El abogado ganó el juicio porque se **basó** en pruebas que convencieron al jurado.*
basca ***f.*** **1** Náusea, asco: *El olor de la leche agria me produce **basca.*** **2** *Esp. Fam.* Pandilla.
bascosidad ***f.*** Inmundicia, suciedad: *¡Mira qué **bascosidad,** ya llenaste el piso de lodo!*
báscula ***f.*** Aparato para medir peso: *Pon esas zanahorias en la **báscula** para ver si ya son dos kilos.*
basculante ***adj./m.*** Que bascula: *Mi hermano rompió la puerta **basculante** del horno porque se subió en ella.*
bascular ***vb.*** {intr.} **1** Moverse un cuerpo de un lado a otro cuanto está unido a un eje: *Tengo una campanilla de viento colgada en el jardín y cuando **bascula** produce un bonito sonido metálico.* SIN. **oscilar. 2** Inclinarse hacia una posición o alternar de estado: *María **bascula** entre la alegría y la tristeza después de conocer los resultados de la prueba de embarazo.* **3** En algunos vehículos de carga, inclinarse la caja para que el contenido caiga: *La caja del camión **basculó** y depositó toda la arena en el suelo.*
base ***f.*** **1** Fundamento o apoyo principal de una cosa. **2** Línea o cara de las figuras geométricas sobre la que se supone descansan: *El triángulo isósceles tiene dos lados iguales y su **base** es desigual.* **3** Cantidad que ha de elevarse a una potencia dada: *En 4^2, el número 4 es la **base,** y está elevado a la potencia 2.* **4** Compuesto químico de sabor amargo que forma sales al ser combinado con un ácido. **5** Lugar donde se concentra un grupo de trabajo: *El equipo de fútbol al que pertenece mi hermano tiene su **base** en el jardín de mi casa.* **6** *loc.* **~ de datos,** programa que almacena información en una computadora.
basenji ***m.*** Raza de perros originaria del sur de África, de pelo corto color marrón y blanco, conocida por no ser capaz de ladrar.
basicidad ***f.*** En química, propiedad que posee un cuerpo de actuar como base.
básico, ca ***adj.*** Fundamental, necesario: *Los chocolates no son **básicos** para conservar la salud, pero los vegetales sí.*
basílica ***f.*** Iglesia católica de gran tamaño o importancia.
basilisco ***m.*** **1** Animal fabuloso con rasgos de reptil que mataba con la mirada o el aliento. **2** Reptil parecido a la iguana de las zonas tropicales de América que se caracteriza por tener una cresta sobre el lomo. **3** *Fam.* Persona furiosa: *Le retrasaron por tercera vez su pago y llegó a la casa hecha un **basilisco.***
básquetbol ***m.*** **Palabra de origen inglés.** Juego entre dos equipos que consiste en introducir un balón en un aro elevado que está sujeto a un tablero, valiéndose de las manos. SIN. **baloncesto.**
basset ***adj./m.*** y ***f.*** Raza de perro sabueso de cuerpo alargado, orejas largas y colgantes y patas cortas.
basta ***f.*** Hilván: *Antes de coser definitivamente la blusa, une todos los trozos de la tela con **bastas** para que puedas probártela.*
bastante ***adv.*** Suficiente: *Creo que ella es lo **bastante** capaz para dar clases, ya que tiene conocimientos y experiencia como maestra.*
bastar ***vb.*** {intr. y prnl.} Tener o ser suficiente: *Para sentirme mejor, **me bastaría** con que se disculpara por la grosería que hizo.*
bastardilla ***adj./f.*** Se dice de la letra de imprenta cursiva: *Los ejemplos de este diccionario aparecen escritos en **bastardilla.***
bastardo, da ***adj.*** *Desp.* Relativo al hijo no reconocido o nacido fuera del matrimonio.
bastidor ***m.*** **1** Armazón en el que se sostiene un lienzo para pintar o una tela para bordar. **2** Decorado lateral de un escenario. **3** *Amér. C.* Soporte para colchón hecho de tela metálica. **4** *Chile.* Protección hecha de madera o de metal que se pone en las ventanas y que tiene una serie de tiras horizontales que se mueven para dar paso a la luz. SIN. **celosía.**
bastilla ***f.*** Dobladillo hilvanado que se hace a una tela para que no se deshile: *Si te quedan largos los pantalones, súbeles la **bastilla.*** SIN. **dobladillo.**
bastimento ***m.*** Conjunto de víveres o provisiones para el abastecimiento: *Una camioneta trae el **bastimento** para el restaurante cada semana.*
bastión ***m.*** Fuerte, baluarte.
basto, ta ***adj.*** **1** Tosco, sin pulimento: *Esta tela es muy **basta** como para hacer un vestido con ella.* **2** Inculto, grosero.
bastón ***m.*** Vara o palo que sirve para apoyarse al andar.
bastonera ***f.*** Mueble donde se guardan bastones y paraguas.
bastonero, ra ***m.*** y ***f.*** Quien porta o maneja un bastón en los desfiles.
bastos ***m. pl.*** Palo de la baraja española: *La baraja española tiene cuatro palos: los **bastos,** los oros, las copas y las espadas.*
basura ***f.*** **1** Lo que se desecha o desperdicia: *Todos debemos separar la **basura** para que sea más fácil reciclar materiales que podemos volver a usar.* **2** Cosa despreciable, inmunda o sucia: *"¡Ese trabajo es una **basura,** la redacción es mala y los datos son falsos!", me dijo la maestra.*
basural ***m.*** *Amér. C.* y *Amér. Merid.* Basurero.
basurero ***m.*** Lugar donde se arroja la basura: *Si tapamos el **basurero,** no se acercan las moscas.*
basurero, ra ***m.*** y ***f.*** Persona que tiene por oficio recoger la basura.
basurilla ***adj./m.*** y ***f.*** *Fam.* Desperdicio: *Quita toda esa **basurilla** de la mesa antes de poner los platos.*
bat ***m.*** **Palabra de origen inglés.** Palo con que se golpea la pelota en el béisbol.
bata ***f.*** **1** Prenda holgada, por lo general de tela ligera que se usa para estar en casa. **2** Prenda abierta de tela resistente que usan las personas para desempeñar sus trabajos. **3** *Perú.* Vestido que se pone al niño para bautizarlo.
batacazo ***m.*** **1** Golpe fuerte que se da al caer. SIN. **porrazo, guamazo. 2** *Argent., Par., Perú* y *Urug.* Triunfo que no se esperaba o triunfo en carreras de caballos.
batahola o **bataola** ***f.*** *Fam.* Bulla, ruido grande: *Durante la reunión familiar, todos mis primos se pusieron a jugar y armaron una **batahola.***
batalla ***f.*** Combate entre dos fuerzas militares: *Dentro de una guerra, a veces se llevan a cabo muchas **batallas.***
batallar ***vb.*** {intr.} **1** Luchar con armas. **2** Disputar, debatir. **3** Realizar una acción con dificultad: *Los niños **batallaron** mucho con ese ejercicio porque las operaciones de matemáticas eran complicadas.* SIN. **afanarse.**
batallón ***m.*** **1** Unidad de infantería compuesta de varias compañías. **2** Grupo numeroso de personas.
batalloso, sa ***adj.*** **1** Que pertenece a la batalla. **2** Que es difícil o complicado: *Nadie quiere cuidar al hijo de Mónica porque es un niño tan **batalloso** que siempre causa problemas.* **3** Muy peleado o reñido: *Después de un largo y **batalloso** debate, no quedó un claro ganador.*
batán ***m.*** Máquina preparatoria de la hilatura del algodón.

batanado ***m.*** Operación consistente en tratar las telas en el batán.
batata ***f.*** **1** Planta de tallo rastrero, cultivada por sus tubérculos comestibles. **2** Tubérculo de esta planta. SIN. **boniato, camote.**
batazo ***m.*** **1** Golpe con un bate: *Los **batazos** de Fernando nos hicieron ganar el partido.* **2** *C. Rica.* Suerte. **3** *Pan.* Mentira que se dice para presumir de algo.
bate ***m.*** **Palabra de origen inglés.** Palo con que se golpea la pelota en el béisbol.
batea ***f.*** *Amér.* Bandeja o artesa para lavar.
bateador, ra ***m.*** y ***f.*** Jugador que golpea la pelota con el bate en el béisbol: *Mi **bateador** favorito se ha lesionado el hombro y estará toda la temporada sin poder jugar.*
batear ***vb.*** {tr.} Golpear la pelota con un bate: *Ese jugador de béisbol **bateó** con tanta fuerza la pelota, que la sacó de la cancha.*
batel ***m.*** Barco pequeño, bote.
batería ***f.*** **1** Aparato que almacena energía eléctrica: *Los automóviles suelen usar una **batería** de seis celdas que les da la energía eléctrica que necesitan para andar.* SIN. **acumulador.** **2** En la milicia, conjunto de piezas de artillería. **3** Conjunto de utensilios de cocina para guisar: *Con motivo de su boda, les regalé a los novios una **batería** de aluminio.* **4** Conjunto de instrumentos de percusión en algunas bandas musicales: *Mi hermano tocaba la **batería** en un grupo musical que formó con sus amigos.* **5** *loc.* **En ~,** se dice de los automóviles estacionados uno al costado de otro en vez de formar fila.
baterista ***m.*** y ***f.*** Persona que toca la batería en un grupo musical: *El año pasado conocí a una chica holandesa que es **baterista** de un grupo de música que ya ha sacado dos discos.*
batey ***m.*** *Cuba.* Lugar donde se ubica la maquinaria de un ingenio de azúcar.
batiburrillo ***m.*** *Esp.* Mezcla de cosas que no guardan relación entre ellas.
batida ***f.*** Grupo de personas coordinado para encontrar algo perdido o escondido: *La policía organizó una **batida** para alcanzar a los asaltantes que habían escapado.*
batido ***m.*** Bebida que se obtiene al batir leche y frutas. SIN. **licuado.**
batido, da ***adj.*** Dícese del camino muy andado.
batidora ***f.*** Aparato electrodoméstico que sirve para batir o mezclar alimentos.
batiente ***m.*** **1** Parte del marco en que se detienen las puertas o ventanas al cerrarse. **2** Hoja de una puerta o ventana: *Hace mucho calor, abre al menos un **batiente** de la ventana para que entre un poco de aire fresco.*
batik ***m.*** Procedimiento de teñido de telas luego de cubrir algunas partes de éstas con cera, a fin de impedir que penetre el tinte en las partes cubiertas.
batimetría ***f.*** Estudio y medida de las profundidades de mares y lagos.
batímetro ***m.*** Instrumento para medir la profundidad de lagos, mares o ríos.
batir ***vb.*** {tr. y prnl.} **1** Remover una cosa para hacerla más fluida o para condensarla: *Para preparar una tarta, es necesario **batir** la pasta antes de hornearla.* **2** Mover con fuerza y rapidez algo. **3** Golpear con fuerza. **4** Derrotar: *Al final del partido logramos **batir** al equipo contrario por 3 goles a 1.* **5** Superar: *Nuestro atleta **batió** la marca mundial.* **6** Enfrentar: *En la obra de teatro, los dos caballeros decidieron **batirse** en un duelo a muerte.* **7** Registrar un lugar en busca de algo oculto o perdido: *Los cazadores **batieron** el bosque en busca de la zorra.* **8** *Méx. Fam.* Ensuciar, derramar algo sobre una superficie.
batiscafo ***m.*** Antiguo aparato sumergible para explorar el fondo del mar.
batista ***f.*** Tela muy fina de lino o algodón.
batracio ***adj./m.*** Clase de animales anfibios: *El sapo y la rana son **batracios.***
batuta ***f.*** **1** Varilla con la que el director de una orquesta marca el compás. **2** *loc.* **Llevar la ~,** coordinar o dirigir algo: *Cuando un grupo va de campamento, la persona que conoce el lugar es quien debe **llevar la batuta.***
baúl ***m.*** **1** Cofre, arca: *El pirata guardó las joyas que robó en un gran **baúl** de madera.* **2** *Argent.* y *Urug.* Lugar de un vehículo donde se lleva el equipaje. SIN. **maletero, cajuela.**
bautismo ***m.*** En el cristianismo, ceremonia en la que se borra el pecado original por el contacto con agua bendita.
bautista o **baptista** ***adj./m.*** y ***f.*** **1** Iglesia protestante que realiza el bautismo en adultos, por inmersión total en el agua. **2** Persona que pertenece a esta iglesia.
bautizar ***vb. irreg.*** {tr.} **Modelo 17.** **1** Administrar el bautismo: *El sacerdote **bautizó** al hijo de mi hermana con agua bendita.* **2** Poner nombre: *Al bebé lo **bautizaron** con el nombre de mi abuelo.* **3** *Méx. Fam.* Adulterar con agua: *Su vaca le da 10 litros de leche y él vende 12 porque la **bautiza.***
bautizo ***m.*** Fiesta que se ofrece cuando se realiza un bautismo.
bauxita ***f.*** Roca sedimentaria de color rojizo, que se emplea como mineral de aluminio: *En Jamaica hay importantes yacimientos de **bauxita.***
baya ***f.*** Fruto pequeño y carnoso, sin hueso y con semillas: *Hay muchos tipos de **bayas** como la uva, el tomate, la manzana, etc.*
bayeta ***f.*** Paño de tejido absorbente usado para la limpieza.
bayo, ya ***adj./m.*** y ***f.*** **1** De color blanco amarillento. **2** Caballo de este color: *Ensillaron la yegua **baya** para ir a galopar.*
bayoneta ***f.*** Arma blanca, parecida a una navaja, que se adaptaba al cañón del fusil para el combate cuerpo a cuerpo.
bayonetazo ***m.*** Golpe o herida de bayoneta: *En la película bélica que hemos visto, el protagonista cae en manos de los enemigos y se defiende a **bayonetazos.***
baza ***f.*** Número de cartas de la baraja que recoge el que gana la mano o el turno. SIN. **pozo, monte.**
bazar ***m.*** **1** Mercado oriental de productos no comestibles: *Mis vecinos fueron a Persia y compraron en un **bazar** la alfombra que tienen en la sala de su casa.* **2** Tienda de productos varios: *Por fin conseguí en un **bazar** el aparato de radio y el vestido que necesitaba.*
bazo ***m.*** Víscera que poseen los vertebrados a la izquierda del estómago: *Una de las funciones del **bazo** es producir glóbulos blancos.*
bazofia ***f.*** **1** Desperdicios de comida. **2** Comida muy mala: *Esta hamburguesa es una **bazofia:** la carne es de color verde, el pan está duro y el tomate seco.* **3** Cosa despreciable: *"Tus poemas me parecen pura **bazofia** porque no tienes talento y están muy mal escritos", dije a Liliana.*
bazuca ***m.*** Arma portátil en forma de tubo para lanzar cohetes contra tanques.
beagle ***m.*** **Palabra de origen inglés.** Perro de caza originario de Gran Bretaña, pequeño, de cuerpo compacto, orejas largas y pelo corto de color blanco, negro y marrón.
beatería ***f.*** **1** Comportamiento demasiado devoto o de falsa virtud: *No sé qué le pasa últimamente a Daniela pero me tiene cansado con su **beatería.*** **2** Reunión de beatos y beatas.

beatificar ***vb. irreg.*** {tr.} **Modelo 17.** Declarar el Vaticano que un muerto es digno de culto: *Pidieron al Papa que* ***beatificara*** *al obispo de esa ciudad porque durante su vida, además de su bondad, mostró que podía hacer milagros.*

beatífico, ca ***adj.*** **1** Tranquilo, sereno: *Aunque tiene una sonrisa* ***beatífica,*** *es un niño muy travieso.* **2** Que hace bienaventurado a alguien: *Santa Teresa de Ávila escribió sobre su éxtasis y su visión* ***beatífica.***

beatitud ***f.*** Dicha o felicidad completa: *Traes un aire de* ***beatitud,*** *¿te pasó algo maravilloso?*

beato, ta ***adj.*** **1** Difunto declarado digno de culto por el Vaticano. **2** *Fam.* Demasiado devoto: *Esa señora es una* ***beata;*** *va a la iglesia todos los días.*

beato, ta ***m.*** y ***f.*** Bienaventurado.

bebé o **bebe** ***m.*** Niño muy pequeño, recién nacido o de algunos meses: *Los* ***bebés*** *se pasan la mayor parte del tiempo durmiendo.* SIN. **crío, guagua, nene.**

bebedero ***m.*** **1** Lugar donde el ganado toma agua. **2** Fuente para tomar agua en escuelas y parques.

bebedizo ***m.*** **1** Bebida mágica que provoca enamoramiento: *Ramiro quiere tanto a su novia, que hasta parece como si ella le hubiera dado algún* ***bebedizo.*** **2** Bebida venenosa: *La gente rumora que un famoso pintor se murió después de que le dieron un* ***bebedizo.***

bebedor, ra ***adj./m.*** y ***f.*** Que consume bebidas alcohólicas: *Al bar de la esquina no le faltan* ***bebedores,*** *siempre tiene tres o cuatro habituales.*

beber ***vb.*** {tr.} **1** Ingerir un líquido: *Es recomendable hervir el agua antes de* ***beberla.*** **2** Consumir bebidas alcohólicas. SIN. **tomar.**

bebida ***f.*** Líquido para beber, en especial el que contiene alcohol: *Si quieres, te invito una* ***bebida*** *en algún lugar del centro.*

bebido, da ***adj.*** Ebrio, borracho: *Como llegó* ***bebido*** *a su casa, su esposa se enojó con él.*

beca ***f.*** Ayuda económica que percibe un estudiante, un investigador o un artista: *Como Efraín tiene muy buenas calificaciones, le dieron una* ***beca*** *para estudiar en Brasil.*

becario, ria ***m.*** y ***f.*** Estudiante, investigador o artista que tiene una beca: *Rubén no trabaja porque es* ***becario*** *en la Universidad, es decir, recibe dinero para sus estudios.*

becerro, rra ***m.*** y ***f.*** Novillo o ternera que no ha cumplido tres años de edad.

bechamel ***f.*** Salsa blanca hecha con harina, leche y mantequilla.

bedel, la ***m.*** y ***f.*** ***Esp.*** y ***Urug.*** Empleado subalterno de los centros oficiales de enseñanza.

beduino, na ***adj./m.*** y ***f.*** Árabe nómada del desierto: *Mi tío me contó un cuento sobre* ***beduinos*** *que recorrían el desierto del Sahara en sus camellos.*

befa ***f.*** Burla grosera e insultante: *El populacho hizo* ***befa*** *del luchador que se cayó.*

begonia ***f.*** Planta perenne, de hojas grandes y flores de diversas formas pero siempre de color blanco, rojo o rosado.

beige ***adj./m.*** **Palabra de origen francés.** Color castaño claro o blanco amarillento: *El color natural de la lana es* ***beige.***

béisbol o **beisbol** ***m.*** Juego entre dos equipos en el que los jugadores recorren cuatro bases de un circuito luego de golpear una pelota con un bat o palo especial de madera.

beisbolista ***m.*** y ***f.*** Jugador de béisbol: *En el equipo de la ciudad están los mejores* ***beisbolistas*** *del país.*

bejucal ***m.*** Lugar donde crece el bejuco.

bejuco ***m.*** Nombre de diversas plantas tropicales, de tallos largos, delgados y flexibles.

bejuquear ***vb.*** {tr.} *Amér. C., Ecuad.* y *P. Rico.* Golpear con un bejuco: *Lo* ***bejuquearon*** *por andar haciendo travesuras y ahora está llorando.* SIN. **apalear.**

bel canto ***m.*** **Palabras de origen italiano.** Estilo operístico de canto en que se resalta la belleza del sonido y el virtuosismo al interpretar.

bel ***m.*** Unidad de medida de la intensidad del sonido: *Un* ***bel*** *es igual a diez decibelios.*

beldad ***f.*** Mujer de gran belleza: *La heroína del filme era una* ***beldad*** *que fascinaba a todos los galanes.*

beldar ***vb.*** {tr.} Aventar las mieses, legumbres, etc., para separar con el bieldo la paja del grano.

belén ***m.*** Representación del nacimiento de Jesús por medio de figuras.

belermo ***m.*** *Ecuad.* Muñeco de papel o tela, objeto con forma extraña o grotesca.

belfo ***m.*** Cada uno de los labios de los animales: *A los perros se les ven los colmillos detrás de los* ***belfos.***

belga ***adj./m.*** y ***f.*** Originario de Bélgica, país de Europa.

beliceño, ña ***adj./m.*** y ***f.*** Originario de Belice, país de Centroamérica.

belicismo ***m.*** Tendencia a solucionar los conflictos internacionales mediante acciones bélicas.

bélico, ca ***adj.*** Perteneciente o relativo a la guerra: *Una pistola, un cañón y un misil son armas* ***bélicas.***

belicoso, sa ***adj.*** **1** Que incita a la guerra o al empleo de la violencia. **2** Que tiene tendencia a pelearse o actuar con agresividad: *Por* ***belicoso,*** *mi vecino siempre trae alguno de los ojos morado.*

beligerancia ***f.*** **1** Participación en una guerra: *La* ***beligerancia*** *de Estados Unidos en los países árabes ha complicado la situación.* SIN. **guerra, conflicto. 2** *loc.* **Dar** o **conceder ~,** dar la importancia suficiente como para entrar en disputa.

beligerante ***adj./m.*** y ***f.*** Que está en pie de guerra: *Las fuerzas de paz de las Naciones Unidas se establecieron entre las dos partes* ***beligerantes*** *para ayudar a su reconciliación.*

belio ***m.*** Bel.

bellaco, ca ***adj./m.*** y ***f.*** **1** Persona que engaña: *El muy* ***bellaco*** *le robó dinero al anciano pobre.* **2** *Amér. C.* y *Amér. Merid.* Dícese de un caballo difícil de gobernar.

belladona ***f.*** Planta herbácea venenosa, utilizada en medicina.

bellaquería ***f.*** Mentira o engaño vil: *En el juicio, el marido dijo toda clase de* ***bellaquerías*** *contra la mujer maltratada.*

belleza ***f.*** Conjunto de cualidades que son agradables a los sentidos. ANT. **fealdad.**

bello, lla ***adj.*** **1** Que tiene belleza: *David ha pintado un* ***bello*** *retrato de su madre.* ANT. **feo. 2** Bondadoso, amable, considerado: *Qué* ***bella*** *persona es Romualdo: siempre está dispuesto a ayudar a los demás.* ANT. **desgraciado.**

bellota ***f.*** Fruto del encino y del roble, de cáscara dura.

beluario ***m.*** Domador de fieras.

bembo, ba ***m.*** y ***f.*** **1** ***Antill.*** Labio grueso. **2** ***Antill.*** Boca.

bembón, bona ***adj. Antill.*** y ***Méx.*** De labios o boca grande: *Mi prima es* ***bembona*** *y cuando se pinta los labios parecen un gran corazón rojo.*

bemol ***adj./m.*** Nota musical cuya entonación es medio tono más baja que su sonido natural: *En la escala musical, entre el do y el re está el re* ***bemol.***

benceno ***m.*** Hidrocarburo transparente, volátil e inflamable, usado como solvente y que se utiliza también en productos como detergentes o insecticidas.

bencina ***f.*** **1** Mezcla de hidrocarburos empleada como combustible en los motores. **2** ***Chile.*** Nafta o gasolina.

bendecir ***vb. irreg.*** {tr.} **Modelo 55. 1** Invocar la protección divina sobre alguien o algo: *Muchas personas acostumbran* ***bendecir*** *sus alimentos antes de tomarlos.* **2** ***Esp.*** Alabar, ensalzar.

bendición ***f.*** Acción y efecto de bendecir: *Antes de salir de la casa mi mamá siempre me da su* ***bendición.***

bendito, ta ***adj./m.*** y ***f.*** **1** Que es sagrado o está relacionado con lo divino. **2** Dichoso, bienaventurado: *Los bebés duermen como* ***benditos*** *cuando están sanos.*

benefactor, ra ***adj./m.*** y ***f.*** Bienhechor, persona que ayuda y protege: *La Asociación de Amigos del Museo es la principal* ***benefactora*** *de esa institución.*

beneficencia ***f.*** **1** Virtud de hacer bien. **2** Institución del gobierno o privada que se dedica a la asistencia social.

beneficiar ***vb.*** {tr. y prnl.} **1** Brindar o recibir una ayuda o provecho: *Mi tío* ***se benefició*** *cuando nombraron como nuevo director de la empresa a su mejor amigo.* Sin. **favorecer. 2** Transformar los minerales en metal puro.

beneficiario, ria ***m.*** y ***f.*** **1** Que recibe un bien o ayuda. **2** Quien está señalado como receptor de una herencia, póliza o seguro: *Se reunieron los* ***beneficiarios*** *para escuchar la lectura del testamento del abuelo.*

beneficio ***m.*** **1** Bien que se hace o se recibe. **2** Utilidad, provecho: *Limpiar el río de toda la basura fue un* ***beneficio*** *para todos.* **3** Ganancia económica que se obtiene de un negocio: *Los* ***beneficios*** *de este año fueron menores que los del año pasado.*

beneficioso, sa ***adj.*** Que es positivo, provechoso o útil: *Hacer ejercicio es* ***beneficioso,*** *nos mantiene en buena condición física.*

benéfico, ca ***adj.*** Que hace bien: *Comer fruta tiene resultados* ***benéficos*** *para la salud.*

benemérito, ta ***adj.*** Que se aprueba y admira por sus méritos.

beneplácito ***m.*** Aprobación, permiso: *Los enamorados se casaron con el* ***beneplácito*** *de sus padres.*

benevolente ***adj.*** Que es indulgente y afable con las personas: *La maestra fue* ***benevolente*** *y no castigó a toda la clase, sólo a los que confesaron haber roto la ventana.* Sin. **benévolo.**

benévolo, la ***adj.*** Que es bueno y tolerante: *Me gusta visitar a la abuela porque tiene carácter* ***benévolo*** *y es muy cariñosa.* Sin. **chévere.**

bengala ***f.*** Fuego artificial que despide luces muy brillantes de diferentes colores.

benigno, na ***adj.*** **1** Afable, apacible, suave: *Este invierno fue* ***benigno,*** *así que no pasamos demasiados fríos.* **2** Enfermedad o afección que no es grave: *Un resfrío es una afección* ***benigna*** *que se cura pronto.*

benjamín ***m.*** Hijo menor: *Luis es el* ***benjamín*** *de una familia con cinco hijos.* Sin. **puchusco.**

benjui ***m.*** Pomada o ungüento aromático medicinal obtenido de la resina que produce un árbol de la India.

bentos ***m.*** Conjunto de seres que viven fijos sobre el fondo del mar, los ríos o los lagos.

benzoico, ca ***adj./m.*** Ácido blanco cristalino que se utiliza en perfumería.

beodo, da ***adj./m.*** y ***f.*** Ebrio, borracho: *Se quedó sin trabajo porque llegó* ***beodo*** *a la oficina y su jefe lo despidió.*

berberecho ***m.*** Molusco comestible con dos valvas, que vive en la arena de las playas.

berbiquí ***m.*** Instrumento mecánico usado para taladrar.

beréber o **bereber** ***adj./m.*** y ***f.*** Perteneciente a uno de los pueblos musulmanes del norte de África.

berenjena ***f.*** **1** Planta cultivable de flores moradas. **2** Fruto comestible de esta planta, de forma alargada, sabor un poco amargo y color morado por fuera y blanquecino por dentro.

berenjenal ***m.*** **1** Terreno plantado de berenjenas. **2** ***Fam.*** Enredo o lío: *Jaime se metió en un* ***berenjenal*** *porque el maestro lo sorprendió copiando durante el examen.*

bergamota ***f.*** Árbol de frutos agrios parecidos a la lima, de los que se obtiene un aceite para perfumería.

bergante ***m.*** y ***f.*** Persona pícara, sinvergüenza.

bergantín ***m.*** Velero de dos palos, trinquete y vela mayor: *Los piratas usaban* ***bergantines*** *para asaltar otros barcos.*

beriberi ***m.*** Enfermedad debida a la carencia de vitamina B, caracterizada por trastornos intestinales, edemas y desórdenes nerviosos.

berilio ***m.*** Elemento químico de símbolo Be, metal alcalino ligero, de color blanco y sabor dulce, de número atómico 4. Sin. **glucinio.**

berilo ***m.*** Silicato de aluminio y berilio, que presenta diversos colores: *El* ***berilo*** *verde es la esmeralda, el* ***berilo*** *azul claro es la aguamarina.*

berkelio ***m.*** Elemento químico artificial de símbolo Bk, de la serie del actinio, de número atómico 97.

berlina ***f.*** Coche grande y cerrado, de cuatro ruedas y tirado por caballos.

berma ***f. Chile.*** Franja lateral exterior de una carretera. Sin. **acotamiento.**

bermejo, ja ***adj.*** De color rojizo.

bermellón ***m.*** Polvo de cinabrio usado para obtener color rojo vivo.

bermudas ***m.*** y ***f. pl.*** Pantalón holgado que llega hasta las rodillas: *Para las vacaciones en la playa sólo llevé* ***bermudas*** *y camisas ligeras, ya que hacía mucho calor.*

berrear ***vb.*** {intr.} **1** Emitir o pronunciar berridos: *Justo a la mitad del bosque, escuché* ***berrear*** *a un venado.* **2** Gritar de forma escandalosa.

berrendo ***m.*** Mamífero rumiante de color castaño y pecho blanco, originario de México y parecido al ciervo: *Algunos investigadores consideran que el* ***berrendo*** *ya es un animal extinto.*

berreo ***m.*** Acción de berrear: *¡Qué* ***berreos*** *se escucharon ayer durante la matanza en todo el pueblo!*

berrido ***m.*** **1** Sonido que producen el becerro, el ciervo y otros animales. **2** Grito o chillido demasiado fuerte: *El bebé despertó a toda la familia cuando se cayó de la cama y comenzó a dar* ***berridos*** *de llanto.*

berrinche ***m. Fam.*** Rabieta, enfado o llanto violento y corto: *Mi hermano hace un* ***berrinche*** *cuando no le dan lo que pide, pero se le olvida pronto y deja de llorar.*

berrinchudo, da ***adj. Amér.*** Que se enfada frecuentemente por motivos de poca importancia: *Ese niño necesita cambiar de actitud, en la escuela es el más* ***berrinchudo*** *y sus compañeros ya no quieren jugar con él.*

berro ***m.*** Planta herbácea comestible, de hojas verdes y sabor fuerte.

berza ***f. Esp.*** Repollo o col.

besamanos ***m.*** Recepción oficial en la que los reyes o dignatarios reciben el saludo de los concurrentes: *Ayer hubo* ***besamanos*** *en la embajada, pues presentaron al nuevo embajador.*

besar ***vb.*** {tr. y prnl.} Tocar con los labios en señal de amor, amistad o reverencia: *El filme de amor se acaba cuando él y ella* ***se besan.***

beso ***m.*** **1** Acción de besar: *En muchos países las personas se dan un* ***beso*** *como forma de saludarse.* **2** ***loc.*** **~ de Judas,** traición.

bestia ***adj. Desp.*** Rudo e ignorante: *El muy* ***bestia*** *de René creía que Francia y París eran dos países diferentes, no sabía que París es la capital de Francia.*

bestia ***f.*** Cualquier animal cuadrúpedo, en especial el animal doméstico de carga: *Después de que las* ***bestias*** *terminaron de arar la tierra, el hombre les dio agua.*

bestial ***adj.*** Irracional, brutal: *El cuento que leí anoche trata de un delincuente que cometía asesinatos* ***bestiales****, como despedazar a sus víctimas.*

bestialidad ***f.*** **1** Acción exagerada, brutal o irracional: *Lo que has hecho con tu amigo es una* ***bestialidad****, deberías pedirle perdón.* SIN. **brutalidad.** **2** ***Fam.*** Gran cantidad: *Lo que has comprado para la fiesta es una* ***bestialidad****, no van a venir tantos invitados.*

bestiario ***m.*** Libro que trata sobre animales imaginarios.

best-seller ***m.*** **Palabras de origen inglés.** Libro de gran tirada que constituye un éxito editorial: *Ese* ***best-seller*** *ha vendido un millón de ejemplares en sólo tres meses.*

besugo ***m.*** Pez comestible de mar, de carne blanca y ojos grandes, común en la península Ibérica.

besuquear ***vb.*** {tr.} Llenar de besos: *Le dio tanto gusto encontrar a su perro perdido que no podía parar de* ***besuquearlo.***

beta ***f.*** **1** Segunda letra del alfabeto griego. **2** ***loc.*** **Ondas ~,** frecuencia detectada en un encefalograma y que predomina durante los periodos en que los humanos están despiertos.

beta ***m.*** Pez tropical de pelea.

betabel ***m. Méx.*** Bulbo comestible de color rojo oscuro, parecido a la remolacha: *Comí una ensalada de lechuga con* ***betabeles*** *y la boca me quedó pintada de rojo.* SIN. **betervava, beterraga, remolacha.**

beterraga ***f.*** **1** ***Chile.*** Remolacha, planta herbácea con raíz carnosa de color rojo oscuro que es comestible. **2** ***Chile.*** Raíz comestible de la planta beterraga, de color rojo oscuro. SIN. **betabel, betervava, remolacha.**

betervava ***f.*** **1** ***Argent.*** Remolacha, planta herbácea con raíz carnosa de color rojo oscuro que es comestible. **2** ***Argent.*** Raíz comestible de la planta betervava, de color rojo oscuro. SIN. **betabel, beterraga, remolacha.**

betún ***m.*** **1** Materia mineral natural, rica en carbono e hidrógeno. **2** Sustancia pastosa con la que se lustra el calzado. **3** Cualquier sustancia cremosa: *En mi fiesta comimos una tarta cubierta con* ***betún*** *de manzana.*

bezote ***m.*** Joya metálica prehispánica usada como adorno en el labio inferior.

biberón ***m.*** Botella usada para la lactancia artificial: *Mi mamá le da a mi hermanito leche en* ***biberón*** *desde que no lo amamanta.* SIN. **tetero, mamila, mamadera.**

biblia ***f.*** **1** Se escribe con "B" mayúscula, es una palabra proveniente del griego, que significa "libro" y designa las escrituras sagradas compuestas por el Antiguo y el Nuevo Testamentos. **2** ***Fam.*** Cualquier libro considerado fundamental en un tema o campo.

bíblico, ca ***adj.*** Relacionado con la Biblia: *Moisés es un personaje* ***bíblico****, y su vida se narra en el Antiguo Testamento.*

bibliófilo, la ***m.*** y ***f.*** Persona aficionada a los libros.

bibliografía ***f.*** Relación de libros sobre un determinado tema o autor: *Para investigar acerca de la vida de los elefantes, debes consultar* ***bibliografía*** *sobre animales.*

bibliomancia ***f.*** Técnica adivinatoria que consiste en abrir un libro al azar.

bibliorato ***m. Argent., Par.*** y ***Urug.*** Carpeta de anillos.

biblioteca ***f.*** **1** Local donde se tienen libros ordenados para su consulta. **2** Conjunto de estos libros: *Con este volumen voy a completar mi* ***biblioteca*** *de novelistas españoles.*

bibliotecario, ria ***m.*** y ***f.*** Persona que cuida, ordena y presta los libros de una biblioteca: *Si no sabes dónde encontrar un libro, pregúntale al* ***bibliotecario.***

biblioteconomía ***f.*** Disciplina que se ocupa de la organización y administración de bibliotecas.

bicameral ***adj.*** Se dice del sistema político estructurado en dos asambleas o cámaras legislativas: *Un sistema* ***bicameral*** *tiene cámara de diputados y de senadores.*

bicameralismo ***m.*** Sistema parlamentario de dos cámaras o asambleas legislativas: *El* ***bicameralismo*** *mexicano comenzó en el siglo* XIX.

bicampeón, peona ***adj.*** Que ha sido dos veces campeón: *Nuestro equipo ha sido* ***bicampeón*** *por primera vez en torneos cortos.*

bicarbonato ***m.*** Carbonato ácido y en particular, sal de sodio: *Tomar* ***bicarbonato*** *de sodio alivia el dolor de estómago.*

bicéfalo, la ***adj.*** Que tiene dos cabezas: *El príncipe tenía que luchar con un dragón* ***bicéfalo*** *al que le salía fuego por las dos fauces y lo vigilaba con sus cuatro enormes ojos.*

bicentenario, ria ***adj./m.*** y ***f.*** **1** Que ha durado doscientos años. **2** Aniversario número doscientos de algún suceso: *Para el* ***bicentenario*** *de la independencia de ese país habrá muchos eventos cívicos y culturales.*

bíceps ***m.*** Músculo doble situado en los brazos: *Se me desarrolló el* ***bíceps*** *por hacer ejercicio y ahora tengo los brazos muy gruesos y fuertes.*

bicho ***m.*** **1** Insecto o animal pequeño: *Durante la noche, la luz de las bombillas o focos atrae a* ***bichos*** *voladores.* **2** ***Fam.*** Persona de mala intención.

bicicleta ***f.*** Vehículo mecánico de dos ruedas movido por medio de pedales.

bicoca ***f. Fam.*** Cosa que cuesta poco. SIN. **ganga.**

bicolor ***m.*** Que tiene dos colores: *Uno de los disfraces de arlequín es* ***bicolor****, mitad blanco y mitad negro.*

bicóncavo, va ***adj.*** Que presenta dos caras cóncavas opuestas.

biconvexo, xa ***adj.*** Que presenta dos caras convexas opuestas.

bicultural ***adj.*** Que participa de dos culturas: *El año que viene voy a ir a un colegio alemán porque quiero hacer el bachillerato* ***bicultural.***

biculturalidad ***f.*** Participación de dos culturas: *La* ***biculturalidad*** *supone el conocimiento de dos culturas, no de dos idiomas.*

biculturalismo ***m.*** Conocimiento de dos culturas: *En las zonas fronterizas se desarrolla el* ***biculturalismo.***

bicúspide ***adj.*** Que tiene dos puntas o cimas: *Algunas muelas son* ***bicúspides*** *porque tienen dos raíces.*

bidé ***m.*** Mueble de baño usado para la higiene íntima.

bidimensional ***adj.*** Que sólo tiene dos dimensiones, la altura y la anchura: *La pintura europea anterior al Renacimiento no conocía la perspectiva, era* ***bidimensional.***

bidireccional ***adj.*** Que va en dos direcciones: *Gran parte de la comunicación actual es* ***bidireccional****, va del emisor al receptor y del receptor al emisor.*

bidón ***m.*** Recipiente hermético para el transporte de líquidos: *Cuando un* ***bidón*** *contiene líquidos peligrosos, como productos químicos, debe mantenerse bien cerrado y marcarse con la palabra "peligro".*

biela ***f.*** Barra que en las máquinas sirve para transformar el movimiento de vaivén en otro de rotación, o viceversa.

bieldo ***m.*** Apero de labranza para beldar; consiste en un palo largo en uno de cuyos extremos hay un travesaño con tres o cuatro púas de madera.

bien ***adv.*** **1** Como es debido, de manera acertada: *Tienes que portarte* ***bien*** *en la escuela obedeciendo a tus profesores.* **2** Sin inconveniente o dificultad: *Todo salió* ***bien*** *en la operación y el enfermo pudo salir pronto del hospital.* **3** *loc.* **Tener a ~,** considerar justo o conveniente: *Esperamos* ***tengan a bien*** *mandar los medicamentos que solicitamos, ya que aquí mucha gente está enferma.*

bien ***m.*** **1** Lo que es bueno, correcto o favorable: *La paz es un* ***bien*** *que la humanidad debe cuidar.* **2** ***pl.*** Riquezas: *El presidente debe proteger los* ***bienes*** *de la nación.* **3** ***pl.*** Mercancías.

bienal ***adj.*** Que sucede cada dos años: *El concurso de poesía de mi escuela es* ***bienal:*** *cada dos años organizan uno.*

bienal ***f.*** Festival artístico que tiene lugar cada dos años: *Mi amiga mandó uno de sus cuadros a la* ***bienal*** *de pintura organizada por ese museo.*

bienaventurado, da ***adj.*** Se dice de la persona que tiene buena suerte, que vive de manera feliz. Sin. **afortunado, dichoso.**

bienaventuranza ***f.*** **1** Según las religiones, estado de felicidad espiritual absoluta. **2** Dicha, prosperidad.

bienestar ***m.*** **1** Conjunto de elementos necesarios para vivir cómodamente: *Mi papá trabaja mucho porque busca el* ***bienestar*** *para nosotros, por ejemplo, quiere comprar una casa más grande.* **2** Tranquilidad de espíritu: *"Si dejas de pelear con tu hermanito, darás un gran* ***bienestar*** *a tu mamá", dije a Luis.*

bienhechor, ra ***adj./m.*** y ***f.*** Que hace bien a otro: *Los tíos de Luis son sus* ***bienhechores,*** *ellos compran los libros que necesita en la escuela y lo ayudan para que siga estudiando.*

bienio ***m.*** Periodo de dos años: *Me gusta tanto el fútbol, que me gustaría que el campeonato mundial fuera cada* ***bienio.***

bienquistar ***vb.*** {tr. y prnl.} Conciliar, congraciar: *Su amabilidad y buenos modales* ***bienquistaron*** *al recién llegado con todos los demás.*

bienvenida ***f.*** Recibimiento con buenos deseos que se da a alguien por haber llegado: *El primer día de clases el director nos dio la* ***bienvenida*** *al colegio.*

bienvenido, da ***adj.*** Recibido con alegría: *La familia de Roberto es muy amable, por eso los amigos siempre son* ***bienvenidos*** *en su casa.*

bienvivir ***vb.*** {intr.} Vivir con comodidad: *Mis padres me han dicho que tengo que conseguir un buen trabajo en el futuro para* ***bienvivir.***

bies ***m.*** Tira de tela que se coloca en los bordes de las prendas de vestir: *Ya le pegué el* ***bies*** *al vestido, así que ya puedo hacer el dobladillo.*

bifásico, ca ***adj.*** Sistema de dos corrientes eléctricas alternas que proceden del mismo generador.

bife ***m.*** **1** ***Argent.*** Trozo grueso de carne de res. **2** ***Argent., Par., Perú*** y ***Urug. Fam.*** Bofetada. Sin. **cachetada.**

bífido, da ***adj.*** Dividido en dos: *La lengua de muchas serpientes es* ***bífida,*** *y parece que tienen dos lenguas muy delgadas en vez de una sola.*

bifidus ***m.*** Bacteria utilizada como aditivo en la elaboración de algunos productos lácteos.

bifocal ***adj.*** Que tiene dos enfoques: *Las gafas del abuelo tienen lentes* ***bifocales:*** *con la parte de abajo lee y con la de arriba mira a lo lejos.*

bifurcarse ***vb. irreg.*** {prnl.} **Modelo 17.** Dividirse en dos ramales, brazos o puntas: *Cuando una carretera* ***se bifurca,*** *debes decidir si sigues por la izquierda o por la derecha.*

bigamia ***f.*** Condición de estar formalmente casado con dos personas a la vez.

bígamo, ma ***adj.*** Persona que se casa por segunda vez sin haberse divorciado o haber enviudado de la primera pareja.

bígaro ***m.*** Animal marino comestible de caparazón oscuro.

Big Bang ***m.*** **Palabras de origen inglés.** Gran explosión que, según algunas teorías, dio origen a la expansión del universo. *Algunos científicos afirman que el* ***Big Bang*** *ocurrió hace alrededor de 15 millones de años.*

bigote ***m.*** Pelo que crece arriba del labio superior.

bigotudo, da ***adj./m.*** **1** Que tiene bigote: *Mi tío es muy* ***bigotudo,*** *pero nunca ha pensado en rasurarse.*

bikini ***m.*** Prenda de vestir de dos piezas usada por las mujeres para nadar.

bilabial ***adj.*** Dícese del sonido que se pronuncia con los dos labios: *La* b, *la* m *y la* p *son sonidos* ***bilabiales.***

bilateral ***adj.*** **1** Que tiene dos lados o partes. **2** Que obliga o atañe a dos partes o lados: *Los dos países firmaron un tratado* ***bilateral*** *de paz en el que se comprometieron a no pelear entre sí.*

bilateralidad ***f.*** Situación en la que dos partes participan de las mismas normas: *La* ***bilateralidad*** *se caracteriza por conceder las mismas facultades y obligaciones a las dos partes actuantes.*

bilateralismo ***m.*** Intercambio de bienes y servicios que se realiza entre dos países: *El* ***bilateralismo*** *controla el comercio entre las naciones implicadas.*

bilé ***f. Méx.*** Lápiz de labios: *Pregúntale a Susana si tomó el* ***bilé*** *color rojo de mi bolso, porque no lo encuentro y quiero pintarme la boca.*

biliar ***adj.*** Relativo a la bilis.

bilingüe ***adj.*** **1** Que habla dos lenguas: *Paraguay es un país* ***bilingüe*** *que reconoce al español y al guaraní como lenguas nacionales.* **2** Que está escrito en dos lenguas.

bilingüismo ***m.*** Uso habitual de dos lenguas: *En las comunidades indígenas se da el* ***bilingüismo*** *porque la gente habla español con los mestizos y su propia lengua entre ellos.*

bilioso, sa ***adj.*** **1** Que tiene exceso de bilis: *El maestro no ha venido esta semana porque tiene un cólico* ***bilioso.*** **2** Se aplica a la persona con mal genio: *Ya no aguanto los comentarios de ese señor* ***bilioso.*** Sin. **malhumorado.**

bilirrubina ***f.*** Pigmento amarillento de la bilis: *La* ***bilirrubina*** *se forma por degradación de la hemoglobina.*

bilis ***f.*** Líquido verde amarillento y amargo que segrega el hígado y se acumula en la vesícula biliar.

billar ***m.*** **1** Juego en que se impulsan bolas sólidas de marfil con la punta de un palo, llamado taco, sobre un paño verde en una mesa rectangular, que tiene en las esquinas depósitos para que caigan esas bolas. **2** Lugar donde se practica dicho juego: *Renato fue al* ***billar*** *y ahí se pasó toda la tarde.*

billarista ***m.*** y ***f.*** Persona que juega al billar: *No quiere jugar conmigo porque soy muy buena* ***billarista*** *y siempre le gano.*

billete ***m.*** **1** Documento que da derecho a entrar en un local o a viajar en un vehículo. Sin. **boleto, entrada. 2** Documento que acredita la participación en una lotería o rifa. **3** Dinero en forma de papel: *Una moneda se maltrata menos que un* ***billete.***

billetera ***f.*** Artículo de tela o cuero donde se guardan los billetes. Sin. **cartera.**

billón ***m.*** Un millón de millones.

billonario, ria ***adj./m.*** y ***f.*** Más rico que un millonario, que posee una fortuna de al menos un billón: *"Si fueras* ***billonario,*** *¿qué harías?", me preguntó Irene.*

billonésimo, ma ***adj.*** **1** Cada una de las partes iguales de un todo dividido en un billón de partes. **2** En números ordinales, un billón.
bilobulado, da ***adj.*** Que está dividido en dos lóbulos: *Mira, cada hojita de este trébol es* ***bilobulada.***
bilocarse ***vb.*** {prnl.} Hallarse al mismo tiempo en dos lugares distintos: *Se cree que algunas personas tienen la capacidad de* ***bilocarse.***
bimembre ***adj.*** Que consta de dos miembros o partes: *Tenemos que analizar para mañana tres oraciones* ***bimembres.***
bimestral ***adj.*** **1** Que ocurre cada dos meses: *Esa revista es* ***bimestral,*** *así que se publican seis números durante todo el año.* **2** Que dura dos meses.
bimestre ***m.*** Periodo de dos meses: *El primer* ***bimestre*** *del año comprende los meses de enero y febrero.*
bimotor ***adj.*** Que tiene dos motores.
bimotor ***m.*** Avión impulsado por dos motores.
binario, ria ***adj.*** **1** Compuesto de dos partes o elementos: *Una estrella* ***binaria*** *es, en realidad, un conjunto de dos estrellas que actúan juntas.* **2** *loc.* **Sistema ~,** que pertenece a una numeración cuya base es el número dos.
bingo ***m.*** Juego de azar parecido a la lotería.
binocular ***m.*** Aparato para mirar con ambos ojos, sobre todo cosas que se encuentran lejanas. SIN. **gemelos, prismáticos.**
binomio ***m.*** **1** Expresión algebraica formada por la suma o la diferencia de dos términos. **2** *Fam.* Par, pareja: *En la equitación, el jinete y el caballo forman un* ***binomio.***
biobibliografía ***f.*** Estudio de la vida y las obras de un escritor: *Al hacer la* ***biobibliografía*** *de ese escritor, descubrí que todas sus novelas fueron inspiradas por un amor imposible.*
biocarburante ***m.*** Carburante obtenido por conversión de biomasa vegetal, que se utiliza como sustituto de los hidrocarburos: *El gas que sale de las plantas en descomposición es un* ***biocarburante.***
biocenosis ***f.*** Asociación equilibrada de seres vivos en un mismo biotopo.
bioclimatología ***f.*** Estudio de la influencia de los factores climáticos sobre el desarrollo de los organismos vivientes.
biocombustible ***m.*** Es el tipo de combustible que proviene de la biomasa obtenido de manera renovable: *Los* ***biocombustibles*** *son respetuosos con el medio ambiente.*
biocompatibilidad ***f.*** Compatibilidad entre el organismo humano y algunos materiales con total ausencia de reacciones adversas: *En odontología, la* ***biocompatibilidad*** *es la propiedad más importante de los materiales que se utilizan.*
biocompatible ***adj.*** Que tiene biocompatibilidad: *Las nuevas investigaciones tratan de hacer implantes más* ***biocompatibles.***
bioconversión ***f.*** Transformación de una forma de energía en otra, o de una sustancia en otra, por acción de los seres vivos.
biodegradable ***adj.*** Que puede ser reintegrado al ecosistema: *Los desechos de comida son* ***biodegradables,*** *pero los plásticos no lo son.*
biodegradación ***f.*** Proceso de descomposición de una sustancia en elementos más simples que no echan a perder el ecosistema.
biodegradante ***adj.*** Que biodegrada: *Los hongos son importantes por su acción* ***biodegradante*** *de toda materia orgánica.*
biodegradar ***vb.*** {tr.} Separar y descomponer los componentes de una sustancia mediante bacterias, sin dañar el ecosistema: *Han traído a la ciudad la mejor tecnología para* ***biodegradar*** *plásticos.*
biodiversidad ***f.*** Variedad de las especies vivientes y sus características genéticas: *Proteger selvas y bosques de la tala inmoderada significa proteger la* ***biodiversidad*** *que existe en ellos.*
bioética ***f.*** Conjunto de principios y normas que regulan la actuación humana respecto a los seres vivos: *El futuro de nuestro planeta depende de que todo el mundo, sobre todo los grandes industriales, actúe de acuerdo a la* ***bioética.***
biofísica ***f.*** Estudio de los fenómenos físicos observables en los seres vivos.
biogás ***m.*** Gas combustible producido por la descomposición de la materia orgánica: *A veces, el* ***biogás*** *produce luminiscencia, los llamados "fuegos fatuos".*
biogeografía ***f.*** Estudio que se ocupa de la distribución geográfica de los animales y las plantas: *La* ***biogeografía*** *ayuda a entender mejor el proceso evolutivo de los seres vivos y las condiciones en las que se desenvuelven.*
biografía ***f.*** Historia de la vida de alguien o estudio sobre la vida de una persona: *En la* ***biografía*** *de un pintor encontramos cuándo y cómo pintaba sus cuadros, entre otros datos.*
biográfico, ca ***adj.*** Relativo a la biografía: *La novela* ***biográfica*** *que nos ha recomendado el maestro aporta datos muy interesantes sobre las costumbres y el modo de vida del escritor que estamos estudiando.*
biógrafo, fa ***m.*** y ***f.*** Persona que se dedica a hacer biografías: *Ese cantante tiene varios* ***biógrafos*** *aunque sólo uno es el autorizado.*
bioindicador ***m.*** Organismo vivo que se utiliza para determinar el índice de contaminación del aire o el agua.
bioindustria ***f.*** Aplicación industrial y comercial de la biotecnología: *La* ***bioindustria*** *persigue una rentabilidad económica, social y ecológica.*
bioingeniería ***f.*** Disciplina en la que los principios y las herramientas de la ingeniería, la ciencia y la tecnología se aplican a los problemas presentados por la biología y la medicina: *La* ***bioingeniería*** *se ha desarrollado mucho en los últimos años.*
biología ***f.*** Ciencia que estudia la vida y sus procesos.
biológico, ca ***adj.*** **1** Relacionado con la biología: *El ciclo* ***biológico*** *implica nacimiento, crecimiento, reproducción y muerte.* **2** Que respeta al medio ambiente: *Los aerosoles* ***biológicos*** *no dañan la capa superior de ozono.*
biólogo, ga ***m.*** y ***f.*** Persona que se dedica a la biología de manera profesional: *Mi tío Martín es* ***biólogo*** *y trabaja analizando alimentos para el consumo.*
bioluminiscencia ***f.*** Emisión de luz por parte de un ser vivo: *Las luciérnagas y algunas medusas poseen* ***bioluminiscencia,*** *brillan en la oscuridad.*
bioma ***m.*** Unidad ecológica que se extiende por una superficie de gran amplitud que presenta iguales condiciones de clima: *El bosque o el desierto son* ***biomas.***
biomasa ***f.*** Masa total de los seres vivos que viven en un ecosistema.
biombo ***m.*** Especie de pared plegable formada por la unión de paneles, que se usa para dividir espacios: *En su consultorio, el doctor tiene un* ***biombo*** *para que te cambies de ropa detrás de éste.* SIN. **mampara.**
biomecánica ***f.*** Ciencia que aplica las leyes de la mecánica a los seres vivos y fundamentalmente al cuerpo humano: *La* ***biomecánica*** *utiliza los conocimientos de distintas tecnologías para estudiar el movimiento del cuerpo humano y resolver los problemas que pueda tener.*

biomecánico, ca ***adj./m.*** y ***f.*** **1** Relacionado con la biomecánica: *Después de su caída, se ha tenido que hacer varios análisis* ***biomecánicos*** *en el antebrazo.* **2** Persona que se dedica a la biomecánica: *Al finalizar sus estudios, encontró trabajo de* ***biomecánico*** *en un centro de investigaciones.*

biometría ***f.*** Análisis estadístico de datos vitales de los seres vivos.

biónica ***f.*** Ciencia que estudia la construcción de mecanismos cibernéticos artificiales inspirados en el funcionamiento de los procesos biológicos.

biónico, ca ***adj.*** Que pertenece a la biónica: *Le implantaron un brazo* ***biónico*** *porque había perdido el suyo en un accidente laboral.*

biopsia ***f.*** Examen general y microscópico de un trozo de tejido tomado de un ser vivo: *Le salió una bolita en el brazo y los doctores le hicieron una* ***biopsia*** *para analizarla.*

biópsico, ca ***adj.*** Que pertenece a la biopsia: *Le realizaron una punción* ***biópsica*** *en el páncreas para detectar si tenía cáncer.*

bioquímica ***f.*** Estudio de la composición y las reacciones químicas de los seres vivos.

bioquímico, ca ***adj./m.*** y ***f.*** **1** Relativo a la bioquímica. **2** Persona que se dedica a la bioquímica.

biorritmo ***m.*** Variación cíclica de un fenómeno biológico sujeta a factores físicos externos: *Cuando nos baja el* ***biorritmo,*** *andamos con menos energía.*

biosfera ***f.*** Capa atmosférica de la Tierra donde se desarrollan los seres vivos.

biosíntesis ***f.*** Producción de sustancias orgánicas complejas en un ser vivo.

biosistema ***f.*** La totalidad de los organismos vivos: *En la Tierra, el equilibrio de la naturaleza mantiene el equilibrio del* ***biosistema.***

biota ***f.*** Conjunto de la flora y la fauna de un lugar determinado.

biotecnología ***f.*** Estudio y manejo de células vivas para obtener de ellas productos útiles al hombre.

biótico, ca ***adj.*** Se dice del factor ecológico ligado a la actividad de los seres vivos.

biotipo ***m.*** Forma propia que caracteriza a cada especie de planta o animal. SIN. **nicho ecológico.**

biotopo ***m.*** Zona geográfica que tiene las condiciones ambientales que permiten desarrollarse a un tipo específico de seres vivos.

bióxido ***m.*** Molécula formada por un radical y dos átomos de oxígeno.

bip ***m.*** **Palabra de origen inglés. 1** Sonido agudo. **2** Formato de grabación de la imagen de bandas intercaladas por pixel.

bipartición ***f.*** División en dos partes o secciones: *Cuando una célula se divide en dos partes iguales y cada parte se convierte en otra célula, quiere decir que se reprodujo por* ***bipartición.***

bipartidismo ***m.*** Sistema formado por dos partidos políticos alternantes en el poder.

bipartidista ***adj.*** Relacionado con el bipartidismo: *El sistema* ***bipartidista*** *tradicional nació después de la Revolución francesa.*

bipartito, ta ***adj.*** Que está formado por dos partes o grupos.

bipedalismo ***m.*** Andar sobre dos extremidades: *El* ***bipedalismo*** *es un rasgo característico de los humanos.*

bípedo, da ***adj./m.*** **1** Que se desplaza utilizando dos pies. **2** Que tiene dos pies: *Los seres humanos somos animales* ***bípedos.***

biplano ***m.*** Avión cuyas alas forman dos planos paralelos: *Los* ***biplanos*** *fueron muy comunes hasta la Segunda Guerra Mundial.*

bipolar ***adj.*** **1** Que tiene dos polos. **2** Se aplica al que sufre de bipolaridad: *Las personas* ***bipolares*** *necesitan ser tratadas por especialistas.*

bipolaridad ***f.*** **1** Propiedad de un cuerpo que tiene dos polos eléctricos o magnéticos opuestos. **2** Desorden mental en el que alternan de manera extrema e inconsistente dos estados de ánimo: *Lo extremos de la* ***bipolaridad*** *son la euforia y la depresión.*

biquini ***m.*** *Ver* **bikini.**

birimbao ***m.*** Instrumento musical de una cuerda metálica tensada por un arco, común en la música brasileña.

birlar ***vb.*** {tr.} Hurtar, quitar algo sin violencia y valiéndose de intrigas: *Ese hombre me entretuvo con su plática y, mientras, su amigo me* ***birló*** *la billetera.*

birlibirloque ***m.*** *Fam.* **1** Magia sencilla. **2** Mago. **3** *loc.* **Por arte de ~,** sin saber cómo ha ocurrido, por arte de magia.

birmano, na ***adj./m.*** y ***f.*** Originario de Birmania, país de Indochina.

birome ***f.*** *R. de la P.* Bolígrafo, instrumento para escribir que tiene en su interior una carga de tinta y en la punta una esfera metálica. SIN. **bolígrafo, pluma, estilográfica.**

birrete ***m.*** Gorro ceremonial, sin ala y con borla, distintivo de catedráticos, magistrados o jueces.

birria ***f.*** **1** *Esp.* Persona o cosa de poco valor, fea o ridícula. **2** *Méx.* Guiso de carne de borrego o chivo en un caldo picante.

bis ***adj.*** Que está repetido o debe repetirse: *Al final de la canción está escrita la palabra* ***bis,*** *eso quiere decir que debe cantarse dos veces.*

bisabuelo, la ***m.*** y ***f.*** Padre o madre del abuelo o de la abuela de una persona.

bisagra ***f.*** Instrumento formado por dos láminas metálicas unidas por un eje, que permite girar una puerta o tapa: *La puerta hace ruido al cerrarla porque sus* ***bisagras*** *necesitan aceite.* SIN. **gozne.**

bisbisear ***vb.*** {tr.} *Fam.* Hablar entre dientes. SIN. **musitar.**

biscocho ***m.*** Bizcocho.

bisectriz ***f.*** Línea que parte del vértice de un ángulo y divide de una figura geométrica en dos partes iguales.

bisel ***m.*** Corte oblicuo, es decir inclinado, en el borde de una lámina o filo de un vidrio.

biselar ***vb.*** {tr.} Cortar oblicuamente la orilla de un objeto plano: *"Después de* ***biselar*** *un vidrio ya no te cortas al tocarlo, porque ya no tiene filo la orilla."*

bisemanal ***adj.*** **1** Que ocurre cada dos semanas. **2** Que dura dos semanas. SIN. **quincenal.**

bisexual ***adj.*** Que tiene caracteres de los dos sexos: *Algunas plantas* ***bisexuales*** *pueden fecundarse a sí mismas porque tienen órganos reproductores femeninos y masculinos.* SIN. **hermafrodita.**

bisexual ***m.*** y ***f.*** Persona que mantiene relaciones sexuales con personas de los dos sexos.

bisiesto ***adj./m.*** Se dice del año de 366 días: *Cuando un año es* ***bisiesto,*** *el mes de febrero tiene 29 días.*

bisílabo, ba ***adj.*** Que tiene dos sílabas: *Cor-cho, ga-to y ro-jo son palabras* ***bisílabas.***

bismuto ***m.*** Elemento químico de símbolo Bi, metal pesado, de color gris con tonos rojos, muy frágil y que se funde fácilmente, de número atómico 83.

bisnieto, ta ***m.*** y ***f.*** Hijo o hija del nieto o de la nieta.

bisojo, ja ***adj./m.*** y ***f.*** Bizco.

bisonte ***m.*** Mamífero de gran tamaño, originario de las planicies norteamericanas, semejante al toro. SIN. **búfalo.**

bisoñé ***m.*** Peluca masculina que cubre parte de la cabeza.
bisoño, ña ***adj./m.*** y ***f.*** Novato, falto de experiencia: *Los alumnos le hacen bromas al nuevo maestro porque es **bisoño** y tiene poca autoridad.*
bisté o **bistec** ***m.*** Corte delgado de carne de res, para asar o freír.
bisturí ***m.*** Instrumento cortante, semejante a una navaja, empleado en cirugía.
bisutería ***f.*** Joyería de imitación.
bit ***m.*** **Palabra de origen inglés.** La más pequeña unidad de información que se emplea para medir la capacidad de memoria de una computadora: *Un bait equivale a ocho **bits**.*
bitácora ***f.*** **1** Soporte o mueble de un barco donde se coloca la brújula. **2** Libro donde se anotan los incidentes o sucesos de un viaje.
bitoque ***m.*** **1** *Chile* y *Colomb.* Caña de la jeringa. **2** *Colomb.* Llave de agua, grifo.
bituminoso, sa ***adj.*** Que contiene betún o alquitrán o que lo produce por destilación.
bivalencia ***f.*** Característica de lo que tiene valor en dos sentidos o que se puede dar en dos direcciones: *Lo malo de la **bivalencia** son las contradicciones.*
bivalente ***adj.*** Que tiene dos valencias, dos funciones o dos significados.
bivalvo, va ***adj.*** Que tiene dos valvas o caparazones: *Las ostras y las almejas son moluscos **bivalvos**, por eso, para comerlos hay que abrir sus valvas.*
bizantina. Discusión ~, *loc.* Discusión sin sentido o confusa: *Llevan rato con una **discusión bizantina** que ya ni ellos entienden de qué se trata.*
bizantino, na ***adj./m.*** y ***f.*** Originario de Bizancio, hoy Constantinopla.
bizarro, rra ***adj.*** **1** Valiente, esforzado. **2** Espléndido, generoso.
bizco, ca ***adj./m.*** y ***f.*** Que tiene los ojos o la mirada mal alineados: *A Isabel, como es **bizca**, le van a operar los ojos para hacer que mire en la misma dirección.* Sin. **bisojo, estrábico.**
bizcochería ***f.*** Lugar donde se hacen y venden bizcochos y otros productos de panadería: *Han abierto una nueva **bizcochería** buenísima en nuestra calle.*
bizcochero, ra ***adj./m.*** y ***f.*** **1** Relativo a los bizcochos: *Mi abuela tenía una regla **bizcochera** secreta que nunca nos ha querido decir.* **2** Persona que hace y vende bizcochos: *El **bizcochero** conoce muchas recetas.* **3** Recipiente para hacer bizcochos: *Ten cuidado con la **bizcochera** de porcelana, es una herencia de la familia de mi padre.*
bizcocho ***m.*** Panecillo horneado hecho con harina, huevos y azúcar.
bizcochuelo ***m.*** *Argent.* y *Urug.* Torta horneada y esponjosa de harina, huevos y azúcar.
biznaga ***f.*** **1** *Esp.* Ramillete de jazmines. **2** *Méx.* Planta cactácea comestible, de gran tamaño y forma cilíndrica o redonda.
bizquear ***vb.*** {intr.} *Fam.* Padecer o fingir estrabismo.
bizqueo ***m.*** Acción de bizquear: *He llevado al médico a mi hijo porque tiene un pequeño **bizqueo** al cerrar los ojos.*
bizquera ***f.*** Estrabismo: *Mi padre tiene **bizquera** y cuando me mira fijamente parece que está mirando lo que tengo al lado.*
blanca ***f.*** Figura musical que equivale a la mitad de una redonda.
blanco ***m.*** **1** Hueco entre dos cosas: *Al escribir, debe dejarse un espacio en **blanco** entre palabra y palabra.* **2** Objeto sobre el que se dispara: *Compré un **blanco** de madera para tirar dardos y practicar mi puntería.*
blanco, ca ***adj./m.*** y ***f.*** **1** Color que resulta de la combinación de todos los colores del espectro luminoso. Sin. **níveo.** Ant. **negro. 2** Persona de origen europeo.
blancura ***f.*** Que tiene la calidad del color blanco.
blancuzco, ca ***adj.*** Que tiene un color que tira a blanco o que es de color blanco sucio: *La funda de mi sofá está **blancuzca**, pero por más que la lavo no queda bien.*
blandengue ***adj.*** *Fam.* **1** Cosa que tiene una blandura desagradable: *Esas zanahorias están muy **blandengues**, se cocieron demasiado.* **2** Se dice de la persona débil física o anímicamente. **3** *Urug.* Soldado de la guardia presidencial.
blandenguería ***f.*** Cualidad o actitud blandengue: *Con esa **blandenguería** no conseguirá que sus alumnos dejen de molestar en clase.*
blandir ***vb. irreg.*** {tr.} **Modelo 71.** Mover un arma u otra cosa de forma amenazadora: *El ciclista **blandió** un palo que traía para hacer huir al perro que siempre lo perseguía.*
blando, da ***adj.*** **1** Que cede fácilmente al tacto: *La gelatina tiene consistencia **blanda** y si la tocas, tu dedo se hunde.* **2** *Fam.* Que cede ante la presión: *En esa clase los niños gritan mucho porque su profesor es demasiado **blando** y no los controla.* **3** De genio y trato suaves. **4** *loc.* **Crédito ~,** crédito a largo plazo y con bajos intereses.
blanducho, cha ***adj.*** Que es blando en exceso o desagradable: *No te comas esa manzana tan **blanducha**, es mejor asarla.*
blanduzco, ca ***adj.*** Que tira a blando: *Pisé algo **blanduzco** y me resbalé en plena calle, pero tuve suerte y no me pasó nada.*
blanqueado ***m.*** **1** Técnica dental para obtener dientes más blancos y brillantes: *El método más eficaz y seguro de **blanqueado** es el que está supervisado por un dentista.* **2** Forma de precocinar las verduras, hirviéndolas unos minutos y enfriándolas después con agua helada: *Para el **blanqueado** de verduras es preferible usar un colador.*
blanqueador, ra ***adj.*** Que blanquea: *He comprado una pasta de dientes **blanqueadora**.*
blanquear ***vb.*** {tr.} **1** Poner blanco: *La lejía y el cloro sirven para **blanquear** la ropa.* **2** Poner cal o yeso diluido en agua a las paredes o techos.
blanquecino, na ***adj.*** Se aplica a lo que tiene un color que tira a blanco: *Tienes la cara **blanquecina**, sería bueno que tomaras más el sol.*
blanquillo ***m.*** **1** *Chile* y *Perú.* Durazno de cáscara blanca. **2** *Guat.* y *Méx.* Huevo: *"Ve a la tienda a comprar un kilo de **blanquillos** para preparar el desayuno."*
blasfemar ***vb.*** {intr.} **1** Decir blasfemias. **2** Hablar mal de algo o alguien que merece respeto y consideración.
blasfemia ***f.*** **1** Palabra ofensiva contra seres o cosas que se consideran sagradas. **2** *Fam.* Insulto grave contra alguien.
blasfemo, ma ***adj.*** **1** Que contiene blasfemia: *Las ideas **blasfemas** de tu abuelo han enojado al párroco del pueblo.* **2** Se aplica a la persona que blasfema: *Un amigo de la escuela es tan **blasfemo** que la maestra ya le ha tenido que llamar la atención en varias ocasiones.*
blasón ***m.*** Cada una de las figuras que forman un escudo de armas.
blástula ***f.*** Fase de desarrollo del embrión en la que se forma una esfera hueca constituida por una sola capa de células.
blazer ***m.*** **Palabra de origen inglés.** Saco de vestir con doble botonadura y bolsillos pegados, generalmente de franela y de color oscuro: *Un **blazer** azul marino, por su elegancia, es pieza clave en todo guardarropa.*

bledo *m.* **1** Planta comestible de tallo rastrero. **2** *loc.* **Importar un ~,** tener sin cuidado, desinteresar: *Laura es una egoísta, sólo se preocupa por ella y los demás le **importan un bledo.***

blenda *f.* Sulfuro natural de cinc.

blenorragia *f.* Enfermedad venérea que se caracteriza por un flujo mucoso y por la inflamación de la uretra.

blindado, da *adj.* Que resiste el impacto de los proyectiles: *Los vehículos que transportan el dinero son **blindados** para evitar que los ladrones puedan robárselo.*

blindaje *m.* **1** Revestimiento que cubre una cosa, generalmente un vehículo militar, de los efectos de los proyectiles. **2** Conjunto de dispositivos que impide el acceso de personas no autorizadas a un lugar.

blindar *vb.* {tr.} **1** Reforzar con chapas metálicas. **2** Proteger contra los efectos de los proyectiles.

blíster *m.* **Palabra de origen inglés.** Empaque que consiste en una hoja de cartón sobre la cual se pega una lámina de plástico transparente que cubre el producto que se presenta: *Las pilas, muchos medicamentos y algunas herramientas, vienen empacados en **blíster.***

bloc *m.* **Palabra de origen inglés.** Cuaderno. SIN. **libreta.**

blofear o **blufear** *vb.* {intr.} *Amér.* Engañar con falsas apariencias, fanfarronear: *Ernesto **blofeó** al decir que él es amigo de ese ministro, la verdad es que ni lo conoce.*

blonda *f.* Encaje de seda fina, que puede hacerse con bolillos o con aguja: *Mi maestra lucía una fina blusa con adornos de **blonda** en el cuello y puños.*

blondo, da *adj.* Rubio. Se usa más en lenguaje poético: *La bella miraba al horizonte mientras su **blonda** cabellera conversaba con el viento.*

bloque *m.* **1** Trozo grande de piedra sin labrar: *El escultor llevó un **bloque** de mármol a su casa y elaboró una hermosa figura con él.* **2** Conjunto de casas. SIN. **manzana, cuadra.**

bloqueado, da *adj.* Relativo al bloqueo: *Las carreteras **bloqueadas** por los huelguistas han causado retrasos de más de tres horas para salir de la ciudad.*

bloquear *vb.* {tr.} Interrumpir un movimiento o proceso: *El árbol se cayó por la tormenta y **bloqueó** el paso de los automóviles por la carretera.*

bloqueo *m.* **1** Acción de bloquear. **2** Prohibición impuesta por un Estado sobre el comercio o libre tráfico de otro: *Cuando un país impone un **bloqueo** económico a otro, le impide vender y comprar libremente productos a otros países.*

blues *m.* **Palabra de origen inglés.** Estilo musical del folklore negro estadounidense.

blusa *f.* Prenda exterior femenina, holgada y generalmente con mangas: *La **blusa** de mi uniforme escolar es blanca y en las mangas tiene unas franjas azules y rojas.*

boa *f.* Serpiente de gran tamaño, vivípara y no venenosa, originaria de zonas selváticas de América Central y Meridional.

boato *m.* Ostentación en el lujo y la riqueza: *La fiesta del rey se realizó con un **boato** derrochador y exagerado, las mesas tenían muchos adornos y los platos eran de oro y plata.*

bobada *f. Desp.* Tontería, necedad: *Me parece una **bobada** que los vecinos del edificio quieran pintarlo en vez de arreglar el techo dañado.*

bobalicón, cona *adj. Fam.* Tonto: *El **bobalicón** de mi hermano se cree todas las bromas que le digo.*

bobear *vb.* {intr.} *Desp.* **1** Hacer o decir bobadas **2** Perder el tiempo: *Deja de **bobear** y ponte a hacer la tarea para mañana.*

bobera o **bobería** *f. Desp.* Tontería, cosa de poca importancia: *Lo que me contó era una auténtica **bobería,** sólo me hizo perder el tiempo.*

bobina *f.* **1** Pieza cilíndrica en donde se enreda un hilo o cinta. SIN. **carrete. 2** Componente de un generador eléctrico.

bobinar *vb.* {tr.} Enrollar alrededor de la bobina el hilo, cinta o alambre: *Ayúdame a **bobinar** la manguera del jardín.*

bobo, ba *adj./m.* y *f. Desp.* De poca inteligencia: *Mi vecino es tan **bobo** que sembró unas monedas pensando que nacerá un árbol de dinero.*

boca *f.* **1** Órgano donde da inicio la ingestión de los alimentos y que articula la emisión de sonidos. **2** Entrada o salida: *Debemos reunirnos en la **boca** de la cueva antes de comenzar el recorrido.* **3** Abertura, agujero: *Limpia la **boca** de la botella para que no se contamine el vino cuando lo sirvas.* **4** *loc.* **A pedir de ~,** a la medida de las expectativas.

bocabajo *adv.* Con la cara o la boca hacia abajo: *"Deja los vasos **bocabajo** después de lavarlos para que no les caiga polvo dentro", me dijo Ana.* SIN. **de bruces.**

bocacalle *f.* Entrada de una calle.

bocadillo *m.* Alimento ligero y salado que se come antes o en sustitución de la comida principal.

bocado *m.* **1** Porción de comida que cabe en la boca. **2** Pieza metálica que entra en el hocico del caballo y que sirve de freno.

bocajarro. A ~, *loc.* **1** Desde muy cerca: *El jugador delantero disparó **a bocajarro** a la portería y así fue más fácil meter el gol.* **2** De improviso: *"No le des la mala noticia **a bocajarro,** prepáralo antes para que no se asombre tanto", le dije a Rubén.*

bocamanga *f.* Puño de camisa.

bocana *f.* Paso estrecho de mar, por el que se llega a un puerto.

bocanada *f.* Porción de humo o aire que se toma o se echa de una sola vez por la boca: *Se le quedó mirando, echó una **bocanada** de humo y entonces le contestó.*

bocarriba *adv.* Con la cara o boca hacia arriba: *Cuando mi padre duerme **bocarriba** ronca tanto que me despierta.*

bocatero, ra *adj./m.* y *f. Cuba* y *Venez.* Fanfarrón, presumido.

bocazas *m.* y *f. Esp.* Persona que habla más de lo debido: *"No comentes nuestro secreto con Gonzalo, porque es un **bocazas** y lo va a decir a todos", me dijo Noé.*

bocetar *vb.* {tr.} Realizar bocetos: *Es preferible **bocetar** el dibujo antes de pintarlo en el lienzo.*

boceto *m.* Dibujo a carbón del proyecto de una obra artística: *Antes de pintar el cuadro final, el alumno le presentó el **boceto** al profesor para saber si le agradaba.* SIN. **bosquejo.**

bochinche *m.* Jaleo, barullo: *Hubo tanta gente bailando y hablando durante la fiesta, que se produjo un gran **bochinche.*** SIN. **alboroto.**

bochinchera *f. Amér. C.* Persona escandalosa a quien le gusta estar pendiente de todo y entrometerse.

bochinchero, ra *adj.* Que toma parte en el bochinche o lo provoca: *Ese amigo nuevo que tienes es un **bochinchero,** no me gusta que salgas con él.* SIN. **pendenciero.**

bochorno *m.* **1** Calor sofocante: *Con el **bochorno** del verano me dan ganas de dormir durante el día.* **2** Vergüenza, rubor: *El mal comportamiento de mi hijo delante de los invitados me produjo un gran **bochorno** y me puse roja de vergüenza.*

bochornoso, sa *adj.* Que causa o da bochorno: *"¡Qué rato más **bochornoso** me has hecho pasar! Quiero que* *sea la última vez que tomas algo que no es tuyo", me dijo mi madre.*

bocina ***f.*** **1** Instrumento cónico de metal con que se amplifica un sonido. **2** Aparato sonoro de los automóviles: *El sonido de las **bocinas** de los automóviles es una fuente de contaminación ambiental: la contaminación por ruido.* SIN. **claxon.** **3** Altavoz, amplificador: *Aunque estábamos lejos, pudimos escuchar el discurso del profesor porque las **bocinas** permitieron que su voz llegara hasta nosotros.*

bocinazo ***m.*** Sonido fuerte que produce la bocina: *"Sube las ventanillas del coche que ya no soporto tantos **bocinazos**", dijo mi abuela.*

bocio ***m.*** Enfermedad que produce un aumento en el tamaño de la glándula tiroides: *El **bocio** es común en las regiones montañosas.*

bocón, cona ***adj./m.*** y ***f.*** **1** Persona de boca grande. **2** Que habla mucho, difamador, murmurador: *Es un **bocón** y estoy seguro de que pronto va a contar todos los secretos que le has dicho.*

boda ***f.*** Casamiento y fiesta con que se legitima una unión matrimonial.

bodega ***f.*** **1** Lugar donde se guarda el vino. **2** Almacén: *Ve por una botella de aceite a la **bodega,** porque ya se terminó el que había en la cocina.* **3** ***Esp.*** Tienda de vinos. SIN. **vinatería.**

bodegón ***m.*** Pintura en que se representan objetos de cocina, frutos y jarrones: *Cecilia se inspiró en la cocina de su casa y pintó **bodegones** para su primera exposición.*

bodeguero, ra ***m.*** y ***f.*** Persona encargada de una bodega.

bodoque ***m.*** **1** Relieve de un bordado. **2** Persona torpe o inexperta. **3** ***Méx. Fam.*** Bebé.

bodrio ***m.*** Cosa mal hecha: *Este filme es un **bodrio,** prefiero irme a dormir.*

bofe ***m.*** **1** Pulmón, en especial el de la res cortada en canal. **2** ***loc. Fam.*** **Echar el ~,** trabajar o ejercitarse hasta el límite de las fuerzas: *Corrí tres kilómetros y vengo **echando el bofe.** ¡Estoy muy cansado!*

bofetada ***f.*** Golpe que se da en la mejilla con la mano abierta. SIN. **cachetada, bife, gaznatada, hostia.**

bofetón ***m.*** **1** Bofetada fuerte: *Los payasos se pegan **bofetones** fingidos, nunca se lastiman.* **2** ***Amér. C.*** Envoltura de papel que cubre los puros en las cajas.

bofo, fa ***adj. Méx.*** y ***Amér. C.*** Se dice de las cosas blandas, sin consistencia.

boga ***f.*** **1** Acción de bogar. **2** ***loc.*** **Estar en ~,** estar de moda: *El ciclismo **está** muy **en boga** entre mis amigos y todas las tardes salimos a pasear juntos en bicicleta.*

bogar ***vb. irreg.*** {intr.} **Modelo 17.** Remar: *Los remeros **bogaban** al mismo tiempo y con ritmo durante la competencia.*

bogavante ***m.*** Crustáceo marino muy parecido a la langosta.

bogotano, na ***adj./m.*** y ***f.*** Originario de Bogotá, Colombia.

bohemio, mia ***adj./m.*** y ***f.*** **1** Persona que gusta de la vida urbana nocturna, sin apego a las convenciones sociales: *Mi tío era un solterón **bohemio** que vivía de noche y dormía de día.* **2** Forma de vida de esta persona: *El abuelo de Román fue un músico que siempre llevó una vida muy **bohemia.***

bohío ***m. Amér.*** Cabaña de madera cubierta de cañas, ramas o paja.

boicot ***m.*** **Palabra de origen inglés.** Acuerdo tácito o explícito que se hace en contra de un individuo o país para obligarlo a ceder en algo: *Como Raúl no quería que fuéramos a su fiesta, decidimos hacerle un **boicot** y así conseguimos que nos invitara a todos.*

boicotear ***vb.*** {tr.} **1** Realizar un boicot. **2** Entorpecer o abstenerse de participar en un acto o proceso: *Los consumidores **boicotearon** esa fábrica al dejar de comprar sus jabones, porque eran muy caros y de mala calidad.*

bóiler ***m.*** **Palabra de origen inglés.** ***Méx.*** Calentador de agua. SIN. **calefón.**

boina ***f.*** Gorra redonda, plana y con visera corta o sin ella: *Mucha gente usa **boinas** de lana durante el invierno para no sentir frío en la cabeza.*

bojote ***m. Colomb., Ecuad., Hond., P. Rico.*** y ***Venez.*** Paquete, bulto.

bol ***m.*** **Palabra de origen inglés.** Tazón grande y sin asas: *Los chinos suelen comer arroz en un **bol.***

bola ***f.*** **1** Cualquier cuerpo esférico o redondo. **2** ***Esp. Fam.*** Mentira. **3** ***Méx.*** Grupo indeterminado de personas: *No pude entrar al cine porque había una **bola** de gente que no me dejó llegar a la taquilla.* **4** ***Méx.*** Conjunto grande de cosas: *En el armario encontré una **bola** de ropa que mi hermana dejó en desorden.* **5** ***pl. Argent., Chile, Méx., Par.*** y ***Urug. Vulg.*** Testículo. **6** ***loc.*** **No dar pie con ~,** no acertar: *Cuando llegó su novia, se puso tan nervioso que ya **no dio pie con bola** y se dedicó a hacer pura tontería en el partido de fútbol.*

bolchevique ***adj./m.*** y ***f.*** Miembro del sector radical del partido obrero socialdemócrata ruso: *Los **bolcheviques** apoyaron a Lenin en 1903 y tomaron el poder en 1917.*

bolchevismo ***m.*** Doctrina de la revolución rusa que defendía la dictadura del proletariado.

boldo ***m.*** Arbusto originario de Chile, con cuyas hojas se prepara una infusión para el tratamiento de algunas enfermedades del hígado.

boleadoras ***f. R. de la P.*** Arma para arrojar, que se utiliza para cazar animales, formada por dos o tres bolas unidas por una cuerda.

bolear ***vb.*** {tr. y prnl.} **1** Jugar, sin entrar en competencia, un deporte que requiera bola o pelota: *Antes de empezar el partido podemos **bolear** un rato para calentar los músculos.* **2** ***R. de la P.*** Arrojar las boleadoras a un animal. **3** ***Méx.*** Lustrar los zapatos: *Ya tengo que **bolear** mis botas, porque están muy sucias.*

bolera ***f. Esp.*** Lugar donde se practica el juego de bolos.

bolero ***m.*** **1** Género musical cantado, originario de Cuba y muy desarrollado en México. **2** ***Guat.*** y ***Hond.*** Sombrero. **3** ***Méx.*** Limpiabotas, persona que limpia zapatos.

boleta ***f.*** **1** Papeleta donde se registran datos. SIN. **cédula.** **2** Factura, recibo: *Mi mamá fue a pagar la **boleta** de empeño para que nos devolvieran la televisión.*

boletaje ***m. Amér.*** Conjunto de boletos: *Las compañías aéreas sólo cuentan con sistema de **boletaje** electrónico.*

boletería ***f. Amér. C.*** y ***Amér. Merid.*** Taquilla.

boletero, ra ***m.*** y ***f. Amér.*** Persona que vende boletos: *El **boletero** de la esquina lleva quince años metido en la taquilla.*

boletín ***m.*** **1** Publicación periódica sobre una materia. **2** Informe breve de noticias transmitido por televisión o radio.

boleto ***m.*** **1** Papel que comprueba el derecho de participar en una rifa o lotería: *Tienes que llevar tu **boleto** al canal de televisión para que te entreguen la bicicleta que te ganaste.* **2** Billete, entrada: *Ya compré los **boletos** para la función del cine de mañana, así que no tenemos que llegar mucho tiempo antes.* **3** ***Argent.*** y ***Urug. Fam.*** Mentira, embuste. **4** ***loc. Méx. Fam.*** **De ~,** de manera fácil y rápida.

boletus ***m.*** Nombre que recibe un género de hongos, en su mayoría comestibles.

boliche ***m.*** **1** *Chile* y *R. de la P.* Establecimiento comercial modesto dedicado a la venta de bebidas y comestibles. **2** ***Argent.*** y ***Urug. Fam.*** Local público de ambiente popular, donde se sirven bebidas alcohólicas y alimentos; también se pueden practicar algunos juegos como el dominó. SIN. **cantina. 3** *Argent.* y *Urug. Fam.* Local público donde los jóvenes bailan y escuchan música. SIN. **discoteca. 4** Juego de bolos y lugar donde se juega.

bólido ***m.*** **1** Meteorito visible al momento de entrar en la atmósfera. **2** *Fam.* Vehículo que se desplaza a gran velocidad.

bolígrafo ***m.*** Utensilio para escribir que tiene en su interior una carga de tinta espesa y en la punta una bolita metálica. SIN. **pluma, estilográfica, birome.**

bolilla ***f.*** **1** *R. de la P.* Bola pequeña usada en los sorteos. **2** *R. de la P.* Parte del programa de una asignatura escolar.

bolillo ***m.*** **1** Palito para hacer encajes: *Compré un maravilloso encaje hecho con* ***bolillo,*** *para adornar esta sábana.* **2** ***Méx.*** Pan blanco: *Una comida tradicional de México se prepara con un* ***bolillo*** *relleno de jamón y queso o de otros alimentos.*

bolina ***f.*** **1** Cuerda de una vela de barco que permite recibir mejor el viento. **2** *loc. Cuba.* **A ~,** se dice de la cometa a la que se le rompe la cuerda.

bolita ***f. Argent.*** y ***Urug.*** Canica.

bolívar ***m.*** Moneda de Venezuela.

boliviano, na ***adj./m.*** y ***f.*** Originario de Bolivia, país de América del Sur.

bollo ***m.*** **1** Panecillo de harina amasada y horneada. **2** Golpe y el abultamiento que produce: *Al caer me hice un* ***bollo*** *en la frente.* SIN. **chichón. 3** ***Chile.*** Cantidad de barro necesaria para hacer una teja. **4** ***Colomb.*** Empanada de maíz con carne, que se cuece envuelta en hojas de maíz.

bolo ***m.*** **1** Pieza de madera torneada, con base plana para que pueda tenerse en pie, usada en el juego del mismo nombre: *Se llama "chuza" al tiro en que caen todos los* ***bolos*** *al mismo tiempo.* **2** ***Cuba*** y ***Méx.*** Dinero que da el padrino en los bautizos como obsequio a los invitados. **3** *pl.* Juego que consiste en lanzar una bola hacia un grupo de bolos, con el fin de derribarlos. **4** *loc.* **~ alimenticio,** masa de alimento masticado y ensalivado.

boloñesa ***f.*** Salsa de tomate con carne molida y especias que generalmente acompaña la pasta: *Mi amiga italiana prepara los mejores espaguetis a la* ***boloñesa*** *que he comido.*

bolsa ***f.*** **1** Saco pequeño o depósito flexible, para llevar o guardar cosas: *No se te olvide llevar la* ***bolsa*** *cuando vayamos al mercado, para poder cargar todas las verduras que compremos.* **2** *loc.* **~ de valores,** lugar donde se negocia el valor de productos, acciones o títulos de empresas. **3** *loc.* **~ de trabajo,** lugar donde se concentran las ofertas de empleo.

bolsillo ***m.*** **1** Bolsa hecha en la ropa para llevar alguna cosa: *Perdí mi dinero porque lo guardé en el* ***bolsillo*** *roto de mi pantalón.* **2** *loc.* **De ~,** de tamaño pequeño: *Compré un libro* ***de bolsillo*** *para poder llevarlo a todos lados.*

bolsista ***m.*** y ***f.*** Persona cuyo oficio es realizar operaciones en la bolsa de valores: *Los* ***bolsistas*** *procuran estar muy bien enterados del movimiento de las acciones.*

bolso ***m.*** Bolsa femenina en la que se llevan objetos de uso personal. SIN. **cartera.**

boludo, da ***adj.*** *R. de la P. Desp.* Persona torpe o inútil.

bomba ***f.*** **1** Aparato para aspirar o comprimir gases o fluidos. **2** Cualquier artefacto explosivo: *Leí en el diario que había estallado una* ***bomba*** *en una tienda de Londres.* **3** ***Chile.*** Estación de nafta o gasolina. **4** ***Colomb., Hond.*** y ***R. Dom.*** Burbuja. SIN. **pompa. 5** ***Cuba.*** Chistera.

bombachas ***f. pl. Amér. C.*** y ***Amér. Merid.*** Calzones femeninos holgados. SIN. **bragas, pantaletas.**

bombacho ***adj./m.*** Se dice del pantalón muy ancho de arriba y pegado en la parte inferior: *Los pantalones* ***bombachos*** *son muy cómodos pero me hacen ver muy gorda.*

bombardear ***vb.*** {tr.} **1** Arrojar proyectiles sobre un objetivo. **2** Aplicar radiación a un cuerpo.

bombardero ***m.*** Avión diseñado para arrojar bombas.

bombástico, ca ***adj.*** **Palabra de origen inglés.** Se aplica al lenguaje grandilocuente o a la persona que habla con él: *Ese político es demasiado* ***bombástico*** *y me hace dudar de sus palabras.*

bombazo ***m.*** **1** Explosión e impacto de una bomba. **2** *Fam.* Noticia inesperada que causa una gran sorpresa: *La súbita renuncia de Gonzalo, luego de veinte años trabajando en la empresa, fue un* ***bombazo.***

bombear ***vb.*** {tr.} **1** Mover agua u otro líquido por medio de una bomba: *Si no* ***bombeas*** *con fuerza nunca va a salir agua del pozo.* **2** Dar al balón una dirección elevada: *En voleibol,* ***bombear*** *la pelota es pasarla muy por encima de la red.*

bombeo ***m.*** Operación que consiste en extraer un fluido con una bomba: *El agua es tan escasa en esta ciudad que, si no fuera por los sistemas de* ***bombeo,*** *no llegaría a nuestras casas.*

bombero, ra ***m.*** y ***f.*** Persona encargada de apagar incendios.

bombilla, llo ***m.*** y ***f.*** **1** Globo de vidrio con un filamento que, al paso de la corriente eléctrica, se pone incandescente e ilumina. SIN. **foco. 2** ***Amér. Merid.*** Caña o tubo delgado que se usa para sorber el mate.

bombín ***m.*** Sombrero hecho por lo general de fieltro, con la copa baja y redondeada. SIN. **hongo.**

bombo ***m.*** **1** Tambor grande que se toca con una sola baqueta. **2** Caja redonda y giratoria, destinada a contener las bolas de un sorteo.

bombón ***m.*** **1** Dulce esponjado de azúcar y color blanco o rosado. **2** Confite o chocolate relleno, especialmente de malvavisco, licor o crema.

bombona ***f.*** Vasija metálica con tapa hermética usada para contener gases o líquidos. SIN. **tanque.**

bombonera ***f.*** Caja o recipiente con tapa en la que se guardan los dulces: *Regalé a mi mamá una* ***bombonera*** *llena de chocolates.*

bombonería ***f.*** Tienda de bombones, dulces y chocolates: *"Si te gusta tanto el chocolate, deberías ir la* ***bombonería*** *de la plaza a probar sus nuevos productos",* me recomendó Patricia.

bonachón, chona ***adj./m.*** y ***f.*** Persona amable, de buen carácter y disposición: *La mamá de Ricardo es muy* ***bonachona,*** *siempre está de buen humor y nos regala fruta cuando la visitamos.*

bonaerense ***adj./m.*** y ***f.*** De Buenos Aires, Argentina.

bonanza ***f.*** **1** Tiempo de prosperidad: *Hay que aprovechar la* ***bonanza*** *en el negocio para construir otro piso a la casa con el dinero que estamos ganando.* **2** Clima tranquilo en el mar.

bondad ***f.*** **1** Calidad de bueno. **2** Inclinación a hacer el bien: *Javier se distingue por su* ***bondad*** *hacia la gente porque siempre ayuda a quien lo necesita.* ANT. **maldad. 3** Amabilidad: *Cuando llegué al consultorio del médico, su secretaria me dijo: "Tenga la* ***bondad*** *de esperar".*

bondadoso, sa ***adj.*** Que está dispuesto a ayudar y servir a la gente.

bonete ***m.*** Birrete.

bonetería ***f.*** **1** Mercería. **2** ***Méx.*** Tienda de lencería: *Tengo que pasar a la* ***bonetería*** *para comprar unas medias de nailon.*

bongó ***m.*** Tambor doble que se toca con la palma de las manos, usado en la música caribeña.

bongosero, ra ***m.*** y ***f.*** Persona que toca el bongó.

boniato ***m.*** Batata. SIN. **camote.**

bonificación ***f.*** **1** Cantidad previamente pagada que se añade al costo total. **2** Cantidad que se añade como premio: *A fin de año, además de mi salario, recibí una* ***bonificación*** *en efectivo de mi jefe, dijo que me la gané por mi responsabilidad.*

bonificar ***vb. irreg.*** {tr.} **Modelo 17.** Añadir una cantidad a otra: *Tu pago se* ***bonificó*** *al dinero que me debes, por eso ahora me tienes que pagar menos que antes.*

bonito ***m.*** Pez marino comestible, de carne oscura, parecido al atún.

bonito, ta ***adj.*** Bello, agraciado: *En la tienda vi unos zapatos muy* ***bonitos*** *y no pude resistir la tentación de comprarlos.* ANT. **feo.**

bono ***m.*** **1** Vale canjeable por algún artículo: *Ayer compré una televisión en la tienda, y me dieron de regalo un* ***bono*** *que voy a cambiar por un radio.* **2** Documento que avala una deuda o el pago de un servicio: *El* ***bono*** *de transporte que compré me da derecho a viajar en autobús durante un mes.*

bonsái ***m.*** **1** Técnica japonesa de cultivo, por la que se reduce al mínimo el tamaño normal de un árbol. **2** Árbol cultivado con esta técnica: *Un* ***bonsái*** *es como un árbol normal, pero en miniatura.*

bonzo ***m.*** Sacerdote budista.

boñiga ***f.*** Excremento del ganado vacuno o caballar: *Llegué tarde a la escuela porque pisé por accidente una* ***boñiga*** *y me tuve que limpiar mi zapato.*

boom ***m.*** **Palabra de origen inglés.** Prosperidad, auge o éxito súbito e inesperado: *Es increíble que ese tipo de pantalones holgados tan feos se convirtieran en un* ***boom*** *de la moda para jóvenes.*

boomerang ***m. Ver*** **bumerang.**

boquear ***vb.*** {intr.} Abrir y cerrar la boca de manera repetida, como lo hacen los peces.

boquera ***f.*** Inflamación superficial que molesta en las comisuras o bordes de los labios.

boquerón ***m.*** Pez comestible, más pequeño que la sardina: *Los* ***boquerones*** *preparados en salmuera se llaman anchoas.*

boquete ***m.*** Agujero: *Mira qué* ***boquete*** *le hiciste a ese calcetín con las tijeras.*

boquetear ***vb.*** {tr.} Hacer un boquete: *Unos ladrones* ***boquetearon*** *la pared de un comercio y se llevaron todo el dinero.*

boquiabierto, ta ***adj.*** **1** Que tiene la boca abierta. **2** Pasmado, asombrado: *Cuando me invitaste a tu boda me quedé* ***boquiabierto,*** *porque decías que nunca ibas a casarte.*

boquiflojo, ja ***adj. Méx.*** Hablador, chismoso: *No le confíes nada a Marta, es una* ***boquifloja*** *que se lo cuenta a todos.*

boquilla ***f.*** **1** Pieza hueca de los instrumentos de viento por donde se sopla. **2** Filtro pequeño para fumar cigarrillos: *La* ***boquilla*** *de los cigarrillos detiene una mínima parte de las sustancias peligrosas del tabaco.*

boquirroto, ta ***adj. Fam.*** Hablador: *Mi primo es tan* ***boquirroto*** *que a veces me resulta impertinente.*

bórax ***m.*** Sal blanca compuesta de ácido bórico, sosa y agua: *El* ***bórax*** *es ingrediente de muchos productos para la limpieza del hogar.*

borbollante ***adj.*** Que borbotea: *El agua del manantial sale* ***borbollante*** *de la de la roca donde nace.*

borbollar ***vb.*** {intr.} Borbotar.

borbolleo ***m.*** Borboteo: *El* ***borbolleo*** *del agua tiene un efecto relajante para mi padre, por eso ha puesto una pequeña fuente en el jardín.*

borbollón ***m.*** Borbotón.

borborigmo ***m.*** Ruido producido por el movimiento de líquidos y gases en el intestino: *Me puse tan nervioso durante el examen, que mis* ***borborigmos*** *se oían en todo el salón.*

borbotar o **borbotear** ***vb.*** {intr.} Manar o hervir el agua de manera impetuosa.

borboteo ***m.*** Sonido y movimiento del agua al hervir: *Por el* ***borboteo*** *que se oye, puedo decirte que el agua ya está hirviendo.*

borbotón ***m.*** Emanación o burbujeo del agua: *En una fuente, el agua sale a* ***borbotones.*** SIN. **borbollón.**

borceguí ***m. Esp.*** Bota con cintas.

borda ***f.*** **1** Borde superior del costado de un buque: *Caer por la* ***borda*** *significa caer al agua desde un barco.* **2** ***loc.*** **Echar por la ~,** arruinar: *Juan* ***echó por la borda*** *su carrera profesional cuando cometió el fraude a la empresa, y ahora no podrá conseguir un buen empleo.*

bordado ***m.*** Labor decorativa hecha con hilo y aguja sobre una tela.

bordador, ra ***m.*** y ***f.*** **1** Persona que tiene por oficio bordar: *Daniela trabaja con* ***bordadoras*** *indígenas y las ayuda a vender a un precio justo sus productos.* **2** Máquina de bordar: *Con la nueva* ***bordadora*** *mi tía realiza decoraciones de muy buena calidad.*

bordar ***vb.*** {tr.} Hacer bordados.

borde ***m.*** Extremo, orilla: *"No dejes los vasos en el* ***borde*** *de la mesa porque se pueden caer", le dije a Luis.*

bordear ***vb.*** {tr.} Recorrer una superficie por la orilla: *"Si quieres cruzar este lago, puedes hacerlo nadando; pero si no sabes nadar, deberás* ***bordearlo",*** *me dijo Juan.* SIN. **rodear.**

bordillo ***m. Esp.*** Borde de una acera o de un andén.

bordo ***m.*** **1** Costado exterior de un barco. **2** ***Méx.*** y ***Amér. C.*** Relieve hecho en el terreno para encauzar el agua. **3** ***loc.*** **A ~,** en un barco o en un avión: *Salí tan tarde de mi casa que llegué al aeropuerto cuando ya todos los pasajeros estaban* ***a bordo*** *del avión en que yo iba a viajar.*

bordón ***m.*** **1** Bastón más alto que una persona. **2** Muletilla, palabra o expresión repetitiva: *Ese locutor habla con* ***bordón,*** *se la pasa diciendo "déjeme decirle que…".*

bordona ***f. R. de la P.*** Cualquiera de las tres cuerdas de sonido más grave de la guitarra, sobre todo la sexta.

boreal ***adj.*** **1** Perteneciente o relativo al polo Norte. ANT. **austral. 2** ***loc.*** **Aurora ~,** fenómeno atmosférico en el que las partículas solares causan una luminosidad de muchos colores en el cielo polar.

bórico, ca ***adj.*** Dícese de un ácido oxigenado derivado del boro.

boricua ***adj./m.*** y ***f.*** Originario de Puerto Rico, isla de las Antillas. SIN. **puertorriqueño, borinqueño.**

borinqueño, ña ***adj./m.*** y ***f.*** Puertorriqueño, originario de Puerto Rico, isla de las Antillas. SIN. **boricua.**

borla ***f.*** **1** Conjunto de hilos o cordones, sujetos por un extremo, que se emplea de adorno: *Mi mamá le puso* ***borlas*** *al mantel de la mesa y mi hermanito siempre las jala.* **2** Utensilio para empolvarse la cara: *Mi abuela utilizaba una* ***borla*** *para ponerse polvos de arroz en la cara.*

borlote ***m. Fam.*** Escándalo, alboroto: *Los muchachos armaron un gran* ***borlote*** *para festejar la victoria de su equipo.*

boro ***m.*** Elemento químico no metálico de símbolo B, de color oscuro, sólido y duro, de número atómico 5.

borona ***f.*** Migaja de pan: *"Te he dicho que no comas pan en el sofá porque lo dejas lleno de* ***boronas"****, me dijo mi madre.* SIN. **morona.**

borra ***f.*** **1** Lana sin hilar o sin tratar. **2** Pelusa.

borrachera ***f.*** Alteración de la conciencia por beber alcohol: *Le dimos varias tazas de café para que se le bajara la* ***borrachera****, pero no dejaba de hacer locuras.*

borrachín, china ***adj.*** Ebrio: *En la boda de mis amigos un* ***borrachín*** *se puso a cantar con la orquesta.*

borracho, cha ***adj.*** Se dice de quien está trastornado por beber alcohol: *Dice muchas tonterías porque está* ***borracho.***

borracho, cha ***m.*** y ***f.*** Persona que se embriaga habitualmente: *Su esposa y sus hijos lo abandonaron, porque cuando se volvió un* ***borracho*** *dejó de trabajar y se comportaba muy violento.* SIN. **alcohólico.**

borrador ***m.*** **1** Escrito que se hace y se corrige para sacar de él un texto definitivo: *Le pedí a mi maestro que leyera el* ***borrador*** *de mi cuento para que me ayudara a corregirlo.* **2** Utensilio que se emplea para borrar. SIN. **goma.**

borraja ***f.*** Planta anual de hojas grandes, tallo espinoso y flores azules, que se utiliza con fines medicinales.

borrar ***vb.*** {tr. y prnl.} **1** Desaparecer lo escrito o dibujado con un borrador: *Es mejor* ***borrar*** *los errores ortográficos que escribir sobre ellos.* **2** Quitar, desvanecer: ***Borramos*** *nuestras huellas en la arena para que no pudieran seguirnos los demás niños.*

borrasca ***f.*** **1** Región atmosférica de bajas presiones. **2** Tempestad: *Los marineros que estaban en el barco se protegieron en la playa cuando vieron venir la* ***borrasca.***

borrascoso, sa ***adj.*** Agitado, discontinuo: *Ahora él es muy tranquilo, pero cuando era joven su vida fue muy* ***borrascosa.*** SIN. **tempestuoso.**

borregada ***f.*** **1** Rebaño o conjunto de borregos o corderos: *El toro se escapó y arremetió contra la* ***borregada*** *dejando heridos a bastantes corderitos.* **2** ***Fam.*** Grupo de personas sin iniciativa y que se deja llevar sin reflexionar: *Me ha tocado hacer un trabajo para la clase de física con una* ***borregada*** *y tengo que tomar yo solo todas las decisiones del equipo.*

borrego, ga ***m.*** y ***f.*** **1** Mamífero rumiante del que se aprovecha su lana y carne. SIN. **oveja. 2** ***Fam.*** Persona que permite que otros tomen decisiones por ella: *No puedes confiar en él, porque es un* ***borrego*** *y hará todo lo que diga su jefe aunque no esté de acuerdo.* **3** ***Cuba*** y ***Méx.*** Noticia engañosa y falsa.

borreguil ***adj.*** Se dice de las actitudes de quien acata todo sin chistar: *En un desplante* ***borreguil*** *alabó hasta el menor gesto del jefe.*

borrico, ca ***m.*** y ***f.*** Asno, burro. SIN. **jumento.**

borrón ***m.*** Mancha en el papel hecha al intentar borrar algo: *Vas a tener que repetir el trabajo escolar porque se ve muy feo ese* ***borrón.***

borroso, sa ***adj.*** Confuso, impreciso: *Aunque tengo un recuerdo* ***borroso*** *de mi infancia, todavía me acuerdo de los juegos y los paseos con mi abuelo.*

boruca ***f. Méx.*** Ruido, alboroto: *Mis hermanitos han hecho* ***boruca*** *toda la tarde y los vecinos ya se quejaron con mi mamá.*

boruquiento, ta ***adj. Méx.*** Alborotador, bullicioso: *No me gusta ese bar tan* ***boruquiento,*** *prefiero ir a otro más tranquilo donde podamos hablar sin gritar.*

boscaje ***m.*** Espesura, conjunto de árboles y matas muy espesos: *Entre el* ***boscaje*** *puedes encontrar una enorme variedad de insectos.*

boscoso, sa ***adj.*** Se dice del lugar donde abundan o se concentran los árboles: *El cuento dice que la bruja se llevó a los niños a una cabaña que estaba en un lugar* ***boscoso.***

bosnio, nia ***adj./m.*** y ***f.*** Originario de Bosnia, país de Europa Oriental.

bosque ***m.*** Extensión de terreno cubierto de árboles: *El* ***bosque*** *produce el oxígeno que necesitamos para vivir.*

bosquejar ***vb.*** {tr.} Trazar de manera tentativa un dibujo o una idea: *El pintor* ***bosquejó*** *mi cara antes de pintar mi retrato.* SIN. **esbozar.**

bosquejo ***m.*** Primeros trazos de un dibujo o idea: *Luis hizo un* ***bosquejo*** *del trabajo y se lo mostró al profesor para que lo ayudara a completarlo.* SIN. **boceto.**

bosta ***f.*** Boñiga, estiércol: *La* ***bosta*** *de las reses se usa como abono.*

bostezar ***vb. irreg.*** {intr.} **Modelo 17.** Abrir la boca de manera involuntaria, por sueño o aburrimiento, e inhalar aire para exhalarlo después en forma lenta y prolongada: *La conferencia fue larga, y como Gabriel estaba muy aburrido no paraba de* ***bostezar.***

bostezo ***m.*** Acto de abrir la boca de manera involuntaria, por sueño o aburrimiento: *Mario estaba tan aburrido durante la fiesta que se la pasó* ***bostezo*** *tras* ***bostezo.***

bota ***f.*** **1** Calzado que cubre el pie por arriba del tobillo: *El soldado usa* ***botas*** *de cuero, y el bombero las usa de caucho o hule.* **2** Recipiente de cuero, con forma de pera, usado para poner vino.

botador, ra ***m.*** y ***f.*** **1** ***Amér. C.*** y ***Ecuad.*** Persona que no mide sus gastos, que despilfarra el dinero. **2** ***Méx.*** Persona que cuida la puerta en los centros nocturnos.

botadura ***f.*** Acción de echar o lanzar un barco al agua.

botamanga ***f. Amér. Merid.*** Pernera de un pantalón.

botana ***f.*** **1** ***Guat.*** y ***Méx.*** Pequeña cantidad de comida que suele tomarse antes o en sustitución de la comida principal: *Nos dieron nueces y aceitunas como* ***botana*** *y después sirvieron la sopa.* SIN. **tapa. 2** ***Cuba*** y ***Méx.*** Vaina de cuero que se pone a los gallos de pelea en los espolones.

botánica ***f.*** Ciencia que estudia el reino vegetal: *Andrés recoge y examina muchas plantas diferentes porque estudia* ***botánica.***

botánico, ca ***adj.*** Relativo a la rama de la biología que estudia el reino vegetal: *En el jardín* ***botánico*** *puedes conocer muchos tipos de plantas.*

botánico, ca ***m.*** y ***f.*** Persona dedicada al estudio del reino vegetal: *Como mi tía es* ***botánica,*** *conoce muchas plantas.*

botar ***vb.*** {tr. e intr.} **1** Echar, arrojar: ***Botar*** *la basura en la calle es malo porque contamina el medio ambiente.* **2** Echar al agua una embarcación. **3** Saltar o levantarse una pelota u otra cosa al chocar contra una superficie: *Deja de* ***botar*** *la pelota dentro de la casa, porque podrías romper algo.* SIN. **rebotar. 4** Malgastar, derrochar: *Deberías ahorrar tu dinero y dejar de* ***botarlo*** *en cosas que no necesitas.*

botarate ***adj./m.*** y ***f.*** **1** Derrochador: *El tío Osvaldo trabaja mucho, pero es un* ***botarate*** *que se acaba su dinero comprando todo lo que puede.* **2** ***Esp. Fam.*** Que tiene poco juicio.

bote ***m.*** **1** Acción de botar o saltar: *En el juego de tenis, la pelota sólo puede dar un* ***bote*** *en el suelo, porque si da más, es punto malo para el jugador que la arroja.* **2** Recipiente pequeño, generalmente cilíndrico. SIN. **tarro, lata.** **3** Barco pequeño, sin cubierta, movido por remos: *Fuimos al lago a remar en **bote**.* SIN. **lancha, barca.**

botella ***f.*** Recipiente de cuello estrecho para guardar líquidos: *En las **botellas** de vidrio se conserva mejor el vino que en los recipientes de plástico.*

botellero, ra ***adj./m.*** y ***f.*** **1** Persona que hace o vende botellas: *El **botellero** de Venecia nos enseñó cómo soplar vidrio para hacer botellas.* **2** Mueble donde se colocan las botellas: *Pablo tiene un **botellero** de madera muy antiguo que heredó de su abuelo.*

botellín ***m.*** Botella pequeña: *Me gustan los **botellines** de cerveza acompañados de aceitunas.*

botellón ***m. Méx.*** Botella de gran tamaño: *Para la excursión, cargo con un **botellón** de agua de veinte litros.*

botica ***f.*** Local donde se venden medicamentos: *Ve a la **botica** a comprar estos medicamentos para tu hermano que está enfermo.* SIN. **farmacia, droguería.**

boticario, ria ***m.*** y ***f.*** Persona que atiende o posee una botica o farmacia. SIN. **farmacéutico.**

botijo, ja ***m.*** y ***f.*** **1** Vasija de vientre abultado, con asa, boca y un pitón para beber. **2** ***Urug.*** Niño. SIN. **pibe.**

botín ***m.*** **1** Producto de un robo o, en una batalla, armas y propiedades que el vencedor quita al vencido: *En el filme, los piratas asaltaron el barco y enterraron el **botín** en una isla desierta.* **2** Calzado que cubre el pie y el tobillo.

botiquín ***m.*** Mueble o maleta pequeña en la que se guardan medicamentos: *Por seguridad, siempre debe haber en casa un **botiquín** de primeros auxilios.*

botocudo, da ***adj./m.*** y ***f.*** Pueblo amerindio que se ubica en los alrededores de la cuenca del río Doce, en el estado de Minas Gerais, Brasil.

botón ***m.*** **1** Flor sin abrir: *"¡Mira cuántos **botones** tiene el ramo de rosas que me regalaron! Espero que mañana se abran los pétalos".* SIN. **capullo.** **2** Pieza pequeña que, al introducirla en un orificio, sirve para cerrar la ropa: *A mi blusa le falta un **botón**, por eso no puedo cerrarla bien.* **3** Pieza que se oprime en ciertos aparatos para hacerlos funcionar: *Si aprietas el **botón** para encender la radio y no la conectas antes, no puedes esperar que funcione.* **4** Broche redondo con publicidad: *El candidato a diputado repartió **botones** con su fotografía.*

botonadura ***f.*** Juego de botones: *La **botonadura** del traje de torero es muy fina y elegante.*

botones ***m.*** Mozo de hotel que hace encargos y lleva las maletas: *Cuando llegamos al hotel, le pedí al **botones** que subiera las maletas a la habitación y me comprara un diario.*

botulismo ***m.*** Enfermedad producida por la ingestión de alimentos contaminados que se envasaron en malas condiciones.

boulevard ***m.*** **Palabra de origen francés.** Avenida.

bouquet ***m.*** **Palabra de origen francés.** **1** Ramillete: *Mi novio me regaló un hermoso **bouquet** de flores blancas por mi cumpleaños.* **2** Aroma del vino: *El **bouquet** del vino tinto se aprecia mejor a temperatura ambiente.*

boutique ***f.*** **Palabra de origen francés.** **1** Tienda de ropa. **2** Tienda especializada en vender artículos selectos: *Compré café de Indonesia en una **boutique** en la que venden alimentos exóticos de Oriente.*

bóveda ***f.*** **1** Tipo de techo arqueado o curvo que se construye entre dos muros o varios pilares. **2** Habitación con este tipo de techo.

bóvido ***m.*** Género de mamíferos rumiantes con cuernos: *La cabra y el búfalo pertenecen a la familia de los **bóvidos**.*

bovino, na ***adj.*** **1** Relativo al toro, al buey o a la vaca. SIN. **vacuno.** **2** Ganado formado por toros.

box ***m.*** **Palabra de origen inglés.** **1** Boxeo. **2** ***Méx.*** Parte baja de la cama que sostiene al colchón.

boxeador, ra ***m.*** y ***f.*** **Palabra de origen inglés.** Persona que practica el boxeo.

boxeo ***m.*** **Palabra de origen inglés.** Actividad física que se practica entre dos personas, que consiste en golpearse mutuamente con los puños envueltos en unos guantes especiales: *La cancha donde se practica el **boxeo** se llama ring o cuadrilátero.*

bóxer ***m.*** **Palabra de origen inglés.** **1** Raza de perros medianos de origen alemán, de pelo corto color marrón claro y pecho blanco. **2** ***pl.*** Calzoncillos largos.

boxístico, ca ***adj.*** Relativo al boxeo: *Habrá un encuentro **boxístico** juvenil el próximo sábado.*

boya ***f.*** **1** Objeto flotante que indica por dónde deben circular los barcos: *La entrada del puerto marítimo está indicada por unas **boyas**.* **2** Corcho que se pone en las redes de pescar para que floten.

boyada ***f.*** Manada de bueyes.

boyante ***adj.*** Próspero: *El dueño de la tienda se siente muy contento, porque dice que su negocio está **boyante**.*

boyar ***vb.*** {intr.} Flotar.

boyardo ***m.*** Señor feudal de los países eslavos, especialmente de Rusia.

boyero ***m.*** **1** El que tiene o cuida bueyes. **2** Raza de perros grandes de pelo grueso y largo, originaria de Flandes, Bélgica, de pelo grueso y largo, usada para el cuidado de bovinos.

boy-scout ***m.*** **Palabra de origen inglés.** Joven que forma parte de una asociación de escultismo: *Durante sus campamentos, los **boy-scouts** aprenden muchas técnicas de supervivencia.*

boyuno, na ***adj.*** Relativo al buey: *Ese caballo tiene mirada **boyuna**, muy mansa y apacible.*

bozal ***m.*** Pieza que se pone en el hocico a algunos animales para evitar que lo abran y hagan daño a alguien: *El veterinario le puso un **bozal** a mi perro para poder inyectarlo.* SIN. **hociquera.**

bozo ***m.*** Vello sobre el labio superior: *Mi hermano Daniel todavía no se rasura, pero ya tiene un **bozo** muy fino.*

bracear ***vb.*** {intr.} Mover los brazos, especialmente al nadar.

braceo ***m.*** Acción de bracear: *Mi profesor de natación me dijo que tengo que mejorar mi **braceo** si quiero participar en competencias.*

bracero, ra ***m.*** **1** ***Amér. Merid.*** Jornalero agrícola o trabajador no calificado. **2** ***Méx.*** Persona que va a trabajar ilegalmente a Estados Unidos. SIN. **mojado.**

bráctea ***f.*** Hoja que nace del pedúnculo floral de una planta, que se diferencia del resto de las hojas por su color, forma y consistencia: *Lo que parecen flores de las bugambilias son sus **brácteas**, la verdadera flor está dentro, es pequeña y amarilla o blanca.*

bradicardia ***f.*** Ritmo muy lento del corazón.

bragado, da ***adj. Fam.*** Se dice de la persona de carácter firme y enérgico.

bragado, da ***adj.*** **1** Se aplica a los animales de carga que tienen la entrepierna de un color diferente al resto del cuerpo: *En el rancho de mi abuelo hay caballos blancos y bueyes **bragados**.* **2** Se dice de una persona malintencionada.

bragas ***f. Esp.*** Calzones femeninos. SIN. **bombachas, pantaletas.**

braguero ***m.*** Aparato o vendaje para contener las hernias.

bragueta ***f.*** Abertura delantera del pantalón: *Olvidaste cerrar la **bragueta** del pantalón y se te ven los calzoncillos.*

braguetazo ***m. Desp.*** Matrimonio por conveniencia que forma un hombre pobre con una mujer rica.
brahmanismo ***m.*** Prácticas y creencias religiosas surgidas en la India y basadas en unos himnos sagrados llamados Vedas: *Según el **brahmanismo,** el mundo está compuesto por tres principios: Brahma el creador, Visnú el conservador y Siva el destructor.*
braille ***m.*** Sistema de escritura en relieve que permite leer a los ciegos a través del tacto: *Un hombre francés apellidado Braille, que era ciego desde los tres años, inventó la escritura **Braille** para poder leer con las yemas de los dedos.*
brama ***f.*** Época de celo de algunos animales.
bramadero ***m. Amér. C.*** y ***Amér. Merid.*** Poste al cual se ata a los animales para herrarlos, domesticarlos o matarlos.
bramar ***vb.*** {intr.} Dar gritos, bramidos o hacer ruido estrepitoso: *El mar estaba tan agitado durante la tormenta, que se oía cómo **bramaba** cuando las olas chocaban contra las rocas.*
bramido ***m.*** **1** Mugido: *En mi pueblo todavía pueden escucharse en la mañana los **bramidos** de los animales salvajes.* **2** Ruido fuerte y continuo: *Cuando fuimos al bosque, se escuchaba el fuerte **bramido** del viento al golpear contra los árboles.*
brandy ***m.*** **Palabra de origen inglés.** Bebida alcohólica destilada de uva. Sin. **coñac.**
branquia ***f.*** Órgano respiratorio de los peces y otros animales acuáticos.
branquial ***adj.*** Relativo a las branquias: *Los filamentos **branquiales** son los encargados de captar el oxígeno e introducirlo en la sangre.*
braquial ***adj.*** Que pertenece al brazo: *El músculo **braquial** anterior, ancho y plano, está debajo del bíceps.*
brasa ***f.*** **1** Resto incandescente de cualquier materia combustible: *Después del incendio, sólo quedaron **brasas** de la casa quemada.* **2** *pl. loc.* **A las ~,** forma de asar la comida con carbón: *La carne asada **a las brasas** tiene un sabor a carbón que me gusta mucho.*
brasero ***m.*** Instrumento de metal o arcilla en el que se hace lumbre para calentar el ambiente o para cocinar: *En invierno nos gusta sentarnos alrededor de un **brasero** para no sentir frío.*
brasier ***m.*** **Palabra de origen francés.** Prenda femenina que sostiene y da forma a los senos. Sin. **ajustadores, sostén, sujetador, corpiño.**
brasilense ***adj./m.*** y ***f.*** Originario de Brasilia, capital de Brasil.
brasileño, ña ***adj./m.*** y ***f.*** Originario de Brasil, país de América del Sur.
bravata ***f.*** Amenaza, reto: *Juan es una persona muy agresiva que siempre sale con sus **bravatas** cuando no quiero hacer lo que me pide.*
bravear ***vb.*** {intr.} Desafiar o retar: *El nuevo jugador de nuestro equipo se descontrola cuando le **bravean.***
braveza ***f.*** **1** Bravura. **2** Ímpetu de los elementos de la naturaleza: *El mar tiene tal **braveza** que impidió a los pescadores salir.*
bravío, via ***adj.*** Feroz, indómito, rebelde: *Ése es un caballo **bravío,** así que no intentes montarlo.*
¡bravo! ***interj.*** Señala entusiasmo: *La función de teatro fue tan buena, que cuando terminó los asistentes aplaudieron y gritaron: **"¡Bravo, bravo!"***
bravo, va ***adj.*** **1** Valiente: *El **bravo** jinete logró domar al caballo salvaje.* **2** Referido a animales, feroz, agresivo: *El perro de Dante es muy **bravo,** por eso lo mantienen encadenado.* Ant. **manso.** **3** Violento: *Jorge se pone muy **bravo** cuando toma vino y quiere pelear con todo el mundo.*
bravucón, cona ***adj./m.*** y ***f. Fam.*** Que presume de ser valiente sin serlo: *Antonio es un **bravucón** porque grita mucho, pero se acobarda cuando tiene que enfrentar un problema.*
bravuconada ***f.*** Simulación de valentía: *En la película, la amenaza de guerra fue una **bravuconada** de los enemigos, los cuales salieron huyendo en cuanto percibieron un poco de peligro.*
bravuconear ***vb.*** {intr.} Echar amenazas: *Ese jugador siempre **bravuconea,** pero nunca logra anotar un solo tanto.*
bravuconería ***f.*** **1** Calidad de bravucón. **2** Bravata: *Rodrigo se ha dado cuenta de que no conseguiría nada con esas **bravuconerías** y ahora es más honesto.*
bravura ***f.*** **1** Valentía: *En el filme, los soldados demostraron su **bravura** durante la batalla y ninguno se acobardó ante el poder del enemigo.* **2** Fiereza de los animales.
braza ***f.*** **1** Medida de longitud que equivale a 167 m. **2** *Esp.* Nado de pecho.
brazada ***f.*** **1** Movimiento del brazo, sobre todo al nadar: *El maestro de natación me dijo que debía hacer mejor la **brazada** si quería avanzar más rápido en el agua.* **2** *Colomb.* y *Venez.* Braza, medida de longitud.
brazalete ***m.*** Aro de adorno que se lleva en la muñeca. Sin. **pulsera.**
brazo ***m.*** **1** Miembro del cuerpo humano que comprende desde el hombro hasta la extremidad de la mano: *Cuando el policía atrapó al ladrón, le ordenó que arrojara la pistola al suelo y levantara los **brazos.*** **2** Cada una de las partes en que se ramifica algo: *El candelabro que compramos tiene cinco **brazos,** por eso puede sostener cinco velas.* **3** *loc.* **Dar su ~ a torcer,** cambiar de opinión, ceder: *Mi madre no quería darme permiso de ir a la fiesta, pero se lo pedí tantas veces que al final **dio su brazo a torcer.*** **4** *loc.* **Ser el ~ derecho,** ser la persona de mayor confianza: *Susana es **el brazo derecho** de su jefe, por eso se queda en su lugar cuando él viaja.*
brea ***f.*** **1** Sustancia viscosa obtenida por destilación de ciertas maderas, que tiene usos medicinales. **2** Alquitrán.
brebaje ***m.*** Bebida de aspecto o sabor extraño.
brecha ***f.*** **1** Abertura en una pared o muro. **2** *Méx.* Camino estrecho y sin pavimentar: *Para llegar al pueblo donde vivo hay que salir de la carretera y tomar una **brecha.*** **3** *loc. Méx.* **Abrir ~,** crear una nueva posibilidad: *Las investigaciones científicas sobre el cáncer están **abriendo brecha** para descubrir la vacuna contra esta enfermedad.*
brechar ***vb.*** {tr.} **1** *Méx.* Hacer o recorrer brechas: *En el rancho tenemos un auto en muy buenas condiciones para **brechar.*** **2** *R. Dom.* Espiar, mirar indiscretamente sin ser visto: *Detuvieron al hombre que **brechaba** a la vecina.*
brécol ***m. Esp.*** y ***Méx.*** Brócoli.
brega ***f.*** **1** *Esp.* Pelea, riña: *A Daniel le gusta la **brega** pero un día va a acabar mal.* **2** *loc.* **Andar a la ~,** trabajar afanosamente.
bregar ***vb. irreg.*** {intr.} **Modelo 17.** **1** *Esp.* Reñir, pelear. **2** *Esp.* Trabajar con mucho afán.
brent ***m.*** Petróleo de alta calidad que se extrae del yacimiento británico de Brent, al cual debe su nombre: *El **brent** marca el precio del crudo europeo.*
breñal ***m.*** Terreno irregular y pedregoso lleno de maleza.
brete ***m.*** **1** Brazalete metálico con que se sujetaba la cadena de los esclavos o reos. **2** Aprieto, dificultad: *Rodrigo está metido en un **brete** terrible porque debe mucho dinero y no puede pagarlo.* **3** *R. de la P.* Pasadizo para conducir el ganado.

bretel ***m. Amér.*** Tira de tela generalmente elástica que sostiene desde los hombros una prenda femenina: *Tengo que arreglar ese vestido porque los* ***breteles*** *se me caen continuamente y me resulta muy incómodo.*

breva ***f.*** **1** Primeros frutos de la higuera. **2** *loc. Esp.* **No caerá esa ~,** será difícil conseguir algo que se desea con fuerza: *Me dijo que va a devolverme el dinero que le presté, pero creo que* ***no caerá esa breva.***

breve ***adj.*** **1** De corta extensión o duración: *El director de la escuela nos dio un* ***breve*** *mensaje de un minuto con motivo del fin de cursos.* **2** *loc.* **En ~,** muy pronto: ***En breve*** *conoceremos los resultados del examen final que acabamos de hacer, es decir, dentro de sólo diez minutos.*

brevedad ***f.*** Corta extensión o duración de algo: *La* ***brevedad*** *de la vida del músico austriaco Mozart no impidió que realizara bellísimas obras musicales. ¡Sólo vivió 35 años!*

breviario ***m.*** **1** Libro poco extenso sobre un tema. **2** Libro que contiene el rezo eclesiástico de todo el año.

brezo ***m.*** Arbusto con muchas ramas y de madera muy dura: *Con la madera del* ***brezo*** *se pueden hacer pipas.*

briaga ***f. Méx. Fam.*** Borrachera.

briago, ga ***m.*** y ***f. Méx. Fam.*** Borracho.

bribón, bona ***adj./m.*** y ***f.*** Persona que abusa, engaña o estafa: *Javier es un* ***bribón,*** *engañó a la anciana para pagarle menos dinero por los dulces que le compró.* Sin. **sinvergüenza.**

bribonada ***f.*** Estafa, picardía: *Lo que hizo Javier fue una* ***bribonada,*** *engañó a sus compañeros para conseguir el puesto.*

bribonear ***vb.*** {intr.} Efectuar bribonadas, hacer vida de bribón.

bribonería ***f.*** **1** Cualidad de bribón. **2** Bribonada.

bribonzuelo, la ***adj./m.*** y ***f.*** Pillo, rufián: *Mi tía dice que soy una* ***bribonzuela*** *porque siempre consigo engañarla para que me dé más dulces.*

bricolaje ***m.*** **Palabra de origen francés.** Conjunto de trabajos manuales realizados por uno mismo para el arreglo o decoración de la casa.

brida ***f.*** Conjunto de fierros y correas que permiten conducir y frenar un caballo.

bridge ***m.*** **Palabra de origen inglés.** Juego de naipes para cuatro personas, dos contra dos, con baraja de 52 cartas o naipes.

bridón ***m.*** Caballo ensillado y con brida.

brigada ***f.*** **1** Unidad militar integrada por dos regimientos. **2** Conjunto de personas organizadas para alguna actividad: *En mi vecindario se organizó una* ***brigada*** *que se encarga de evitar el desperdicio de agua.*

brigadier ***m.*** General de brigada.

brigadista ***m.*** y ***f.*** Miembro de una brigada: *Los* ***brigadistas*** *forestales trabajan para proteger de incendios el bosque.*

brillante ***adj.*** **1** Que tiene brillo. Sin. **reluciente. 2** Digno de admiración: *Gustavo siempre obtuvo premios y diplomas en la escuela porque fue un alumno* ***brillante*** *que estudiaba mucho.*

brillante ***m.*** Diamante tallado.

brillantez ***f.*** **1** Efecto luminoso sobre materiales transparentes o superficies que tienen brillo: *Los cristales han quedado muy limpios, se nota por su* ***brillantez.*** **2** Cualidad de las personas brillantes: *La* ***brillantez*** *de ese alumno se refleja en sus buenas calificaciones.*

brillantina ***f.*** Cosmético usado para dar brillo al cabello.

brillar ***vb.*** {intr.} **1** Emitir o reflejar luz un cuerpo: *Las estrellas* ***brillan*** *porque tienen luz propia, y los planetas porque la reflejan.* **2** Sobresalir por alguna cualidad: *Miguel* ***brilla*** *en las fiestas porque tiene un gran sentido del humor y siempre nos hace reír a todos.* **3** *loc. Fam.* **~ por su ausencia,** se dice de lo que, debiendo estar presente, no se encuentra: *Joaquín prometió traer flores el día de mi cumpleaños, pero no cumplió su promesa y las flores* ***brillaron por su ausencia.***

brillo ***m.*** Luz reflejada o emitida por un cuerpo: *El* ***brillo*** *que nos llega de la Luna es el reflejo de la luz solar.*

brilloso, sa ***adj. Amér.*** Que brilla: *No me gusta la piel* ***brillosa,*** *he ido al médico para que me recete una crema.* Sin. **brillante.**

brincar ***vb. irreg.*** {intr.} **Modelo 17. 1** Saltar, dar brincos: *El jugador de baloncesto* ***brincó*** *muy alto para meter el balón en la canasta.* **2** Pasar por alto: *La maestra* ***brincó*** *mi nombre cuando leyó los nombres de todos los alumnos y por eso creía que yo no estaba en el salón de clases.*

brinco ***m.*** Salto, hecho de despegar los pies del piso con impulso: *Di un* ***brinco*** *para ver si tocaba el techo, pero como soy bajo no lo alcancé.*

brincoteo ***m. Amér.*** Acción de dar brincos constantemente: *El* ***brincoteo*** *del automóvil me está mareando.*

brindar ***vb.*** {tr. e intr.} **1** Ofrecer: *En este hotel deseamos* ***brindar*** *la mejor atención a todos los clientes.* **2** Beber a la salud de alguien: *Todos* ***brindamos*** *por mi hermana en su fiesta de cumpleaños.*

brindis ***m.*** **1** Acción de brindar: *Al final de la boda hubo un* ***brindis*** *a la salud de los novios y todos les deseamos un feliz matrimonio.* **2** Lo que se dice al brindar.

brío ***m.*** Fuerza, energía, resolución: *No tengo* ***bríos*** *para pedirle perdón a mi novio por la grosería que le hice ayer.*

briófito, ta ***adj./m.*** Dícese de la planta criptógama sin raíces ni vasos, pero provista de hojas, como el musgo.

brioso, sa ***adj.*** Que tiene energía: *El cachorro que compró mi padre es muy* ***brioso,*** *pasa el día jugando y haciendo travesuras.*

briozoo ***adj./m.*** Relativo a una clase de invertebrados, generalmente marinos, que viven en colonias fijadas sobre algas, conchas o rocas.

brisa ***f.*** **1** Viento suave y agradable: *Hace mucho calor, pero en la tarde corre una* ***brisa*** *que viene del mar y nos refresca.* **2** *Esp.* Viento del noreste.

brisca ***f.*** Juego de naipes en el que se dan tres cartas por jugador.

británico, ca ***adj./m.*** y ***f.*** Originario de Gran Bretaña, conjunto de países de Europa.

brizna ***f.*** Filamento o parte muy fina de una cosa: *Este año la sequía ha dejado apenas una* ***brizna*** *de hierba en los campos de esta zona.*

broca ***f.*** Pieza metálica en espiral usada para perforar: *Al taladro puedes ponerle* ***brocas*** *de diferente grosor, dependiendo del tamaño del agujero que quieras hacer.* Sin. **barreno** o **barrena.**

brocado ***m.*** **1** Tela fina entretejida con hilo de oro o plata. **2** Paño de seda con dibujos de color y textura distintos a los del paño sobre el que se dibujan.

brocal ***m.*** Pretil o borde alrededor de la boca de un pozo: *Desde el* ***brocal*** *podíamos ver el agua en el fondo del pozo.*

brocha ***f.*** Instrumento para pintar, parecido a un pincel muy grueso: *Compré una* ***brocha*** *y una lata de pintura para pintar mi habitación.* Sin. **hisopo.**

brochazo ***m.*** Mancha de pintura hecha con una brocha: *Luis dijo que me ayudaría a pintar la casa, pero sólo dio algunos* ***brochazos*** *a la pared y se cansó.*

broche ***m.*** **1** Conjunto de dos piezas que encajan una en otra para cerrar algo: *El* ***broche*** *de mi collar no funciona y cuando trato de ponérmelo se cae.* **2** Joya o adorno que se lleva prendido en la ropa. SIN. **prendedor, imperdible.** **3** Tenaza metálica que se utiliza para mantener unidos pliegos u hojas de papel. **4** *loc.* **Cerrar con ~ de oro,** terminar de la mejor manera: ***Cerró con broche de oro*** *el curso porque obtuvo muy buenas calificaciones en sus exámenes finales.*

brocheta ***f.*** Aguja de metal o madera donde se ensartan alimentos para asarlos o freírlos: *Preparamos las* ***brochetas*** *poniendo un trozo de carne, luego un pedazo de cebolla y uno de pimiento.*

brocol o **brócoli** ***m.*** Vegetal comestible parecido a la coliflor pero de color verde. SIN. **brécol.**

broma ***f.*** Burla sin mala intención: *Gustavo es tan gruñón que no acepta ni una* ***broma.***

bromear ***vb.*** {intr.} Actuar de manera informal y graciosa para divertirse o hacer reír: *Me encanta visitar a mi tío porque siempre está de buen humor y le gusta* ***bromear*** *conmigo.* SIN. **chancear.**

bromista ***m.*** y ***f.*** Persona aficionada a hacer bromas: *No se puede hablar de un asunto serio con Rubén porque es muy* ***bromista*** *y se ríe de cualquier cosa.*

bromo ***m.*** Elemento químico líquido no metálico de símbolo Br, tóxico y corrosivo, de número atómico 35.

bromuro ***m.*** En química, combinación del bromo con un radical simple o con uno compuesto.

bronca ***adj. Méx.*** Se dice de la leche que no ha sido limpiada de gérmenes: *La leche* ***bronca*** *no ha sido hervida ni pasteurizada.*

bronca ***f.*** **1** Pelea: *Durante el partido de fútbol hubo una* ***bronca*** *entre los dos equipos y un jugador resultó herido.* **2** *Amér. Fam.* Enfado, rabia: *Me da mucha* ***bronca*** *que mis hijos no obedezcan cuando les pido que limpien su habitación.*

bronce ***m.*** Aleación de cobre con cinc y estaño, de color amarillo oscuro: *En las competencias deportivas, se da medalla de* ***bronce*** *al ganador del tercer lugar.*

bronceado ***adj./m.*** **1** De color del bronce. **2** Moreno, quemado: *Ana siempre está muy* ***bronceada*** *porque toma el sol diariamente.* **3** Acción de oscurecerse la piel por la exposición al sol: *Mi hermana siempre consigue un bonito* ***bronceado*** *cuando vamos a la playa porque protege su piel con los productos adecuados.*

bronceador ***m.*** Aceite o crema para broncear la piel que evita las quemaduras por el sol: *"Asegúrate de usar* ***bronceador*** *cuando te expongas al sol por periodos largos", me dijo el médico.*

broncear ***vb.*** {tr. y prnl.} **1** Recubrir con bronce. **2** Tomar la piel color moreno por la acción del sol: ***Broncearse*** *demasiado puede provocar enfermedades en la piel.*

broncíneo, a ***adj.*** De color semejante al del bronce.

bronco, ca ***adj.*** De genio y trato áspero: *Ese joven es muy* ***bronco,*** *se enoja por cualquier cosa.*

broncodilatador ***adj./m.*** Medicamento que sirve para dilatar los bronquios: *Las personas asmáticas usan* ***broncodilatadores*** *para tratar sus problemas respiratorios.*

broncoespasmo ***m.*** Contracción de los bronquios que causa dificultades respiratorias: *Cuando hacíamos deporte, David no podía respirar bien, tenía tos, dolor y presión en el pecho, el médico le dijo que tenía* ***broncoespasmo*** *inducido por el ejercicio.*

bronconeumonía ***f.*** Inflamación que afecta a bronquios y pulmones: *Mi hermano se sentía débil, tenía fiebre y tos, y cuando fue al hospital le dijeron que tenía* ***bronconeumonía.***

broncopulmonar ***adj.*** Se aplica a la especialidad médica y a las enfermedades relacionadas con los pulmones y los bronquios: *El hijo de Mónica tiene una enfermedad* ***broncopulmonar*** *y debe ir con un especialista.*

bronquear ***vb.*** {tr. y prnl.} Pelear, reprender.

bronquio ***m.*** Cada uno de los dos conductos en que se divide la tráquea antes de llegar a los pulmones.

bronquiolo o **bronquíolo** ***m.*** Cada una de las ramificaciones en las cuales se dividen los bronquios.

bronquitis ***f.*** Inflamación de los bronquios.

broquel ***m.*** **1** Escudo pequeño de madera: *Los romanos llevaban* ***broqueles*** *para defenderse.* **2** Protección. **3** *Méx.* Nombre de un tipo de arete: *Me regalaron unos* ***broqueles*** *de oro muy bonitos.*

broqueta ***f.*** *Esp.* y *Argent. Ver* **brocheta.**

brotar ***vb.*** {tr. e intr.} **1** Surgir, comenzar: *A mi hermanita le* ***brotó*** *ayer el primer diente y apenas se ve una punta blanca en su encía.* **2** Comenzar a salir la planta de la tierra: *En mayo deberá* ***brotar*** *el trigo que sembramos ahora.* **3** Comenzar a salir en la planta hojas, flores o ramas nuevas: *Después de podar el rosal, le* ***brotaron*** *ramas nuevas rápidamente.* **4** Salir el agua del manantial: *En la montaña el agua* ***brota*** *de entre las rocas.* SIN. **manar.**

brote ***m.*** **1** Acción de surgir, de comenzar. **2** Botón que aparece en una planta antes de que salga un tallo, hoja o rama: *Es muy interesante ver cómo sale un pequeño* ***brote*** *de un grueso tronco de árbol.* **3** Principio de una enfermedad infecciosa: *Hace mucho tiempo que no se detectan* ***brotes*** *de viruela en el mundo.*

broza ***f.*** **1** Restos de las plantas: *Mi madre recoge la* ***broza*** *del jardín y la ocupa para abonar los árboles.* **2** Desecho de alguna cosa.

bruces. De ~, *loc.* Bocabajo: *Gabriel estaba jugando, se cayó* ***de bruces*** *contra el suelo y se lastimó la nariz.*

bruja ***adj./m.*** y ***f. Antill.*** y ***Méx. Fam.*** Pobre, miserable: *Ayer me robaron todo mi sueldo, por eso ando bien* ***bruja*** *y no tengo dinero para comer.*

brujería ***f.*** **1** Conjunto de artes y conocimientos ocultos que, gracias a un pacto con fuerzas sobrenaturales, permiten actuar a distancia sobre la realidad: *Romualdo tiene un libro de* ***brujería*** *que dice cómo obtener dinero, salud y amor.* SIN. **hechicería, magia.** **2** Efecto de dichas artes y saberes. *Mi hermana dice que su novio le hizo* ***brujería*** *y que por eso no puede dejar de pensar en él.* SIN. **embrujo, hechizo, sortilegio.**

brujo, ja ***m.*** y ***f.*** **1** Persona que se cree que causa diferentes efectos a distancia por manejar fuerzas ocultas: *En el cuento, el* ***brujo*** *le dio un amuleto a la princesa para protegerla de cualquier daño.* SIN. **hechicero.** **2** *Desp.* Mujer malhumorada, fea y vieja: *Esa secretaria es una* ***bruja*** *que me regaña cada vez que le pregunto algo.*

brújula ***f.*** Instrumento para orientarse, en el que una aguja imantada señala siempre la dirección norte-sur: *La aguja de una* ***brújula*** *es atraída por los polos magnéticos de la Tierra.*

brulote ***m.*** *Argent.* Crítica fuerte hecha en público.

bruma ***f.*** Niebla espesa, en particular la del mar: *Cuando hay* ***bruma*** *en el mar, los barcos no se ven entre sí y por eso suenan sus sirenas.*

brumosidad ***f.*** **1** Formación de neblina: *Durante la noche, en los páramos aumenta la* ***brumosidad.*** **2** Poca claridad: *La* ***brumosidad*** *de su pensamiento lo convirtieron en un artista incomprendido en su época.*

brumoso, sa ***adj.*** Poco claro o visible: *Mi papá maneja con especial cuidado en una noche* ***brumosa*** *porque es muy peligroso y podríamos sufrir un accidente.*

bruñido ***m.*** Acción de bruñir o abrillantar: *Hice una escultura y sólo me falta el* ***bruñido*** *y estará lista para la exposición.*

bruñir ***vb. irreg.*** {tr.} **Modelo 69.** Sacar brillo a un metal o piedra. SIN. **pulir.**

brusco, ca ***adj.*** **1** Poco considerado o delicado: *El maestro de matemáticas es muy* ***brusco*** *con todos los alumnos y sólo se comporta amable con las maestras.* **2** Rápido, repentino: *El vehículo perdió los frenos y dio un giro muy* ***brusco*** *antes de pegar contra el muro.*

brusquedad ***f.*** **1** Hecho de ser poco considerado o delicado: *"Aunque tú tenías la razón, no debiste contestar con esa* ***brusquedad,*** *la amabilidad nunca sale sobrando."* **2** Acción o procedimiento brusco: *La madre tomó con* ***brusquedad*** *a su hijo para evitar que se golpeara con un poste que el niño no había visto.*

brutal ***adj.*** De gran magnitud y violencia: *La fuerza del huracán era tan* ***brutal*** *que arrancó muchos árboles y dañó edificios cuando cruzó por la ciudad.*

brutalidad ***f.*** Acción desproporcionada y sin sentido: *Usar armas atómicas es una* ***brutalidad*** *que mata a mucha gente y perjudica al mundo entero.*

brutalizar ***vb.*** {tr. y prnl.} **1** Tratar mal: *Las personas que* ***brutalizan*** *a los niños deberían ir a la cárcel.* **2** Actuar irracionalmente, embrutecerse: *Durante los últimos meses, siento que mi jefe* ***se ha brutalizado,*** *hace demasiadas cosas absurdas que están poniendo en peligro la empresa.*

brutedad ***f.*** Acción propia de un bruto: *Lo que hizo Estela fue una* ***brutedad,*** *salió a patinar cuando el médico le había recomendado reposo y ahora tienen que operarla de la rodilla.*

bruto, ta ***adj.*** **1** *Desp.* Necio, torpe, ignorante: *Felipe es un niño muy* ***bruto*** *que comete errores y nunca los reconoce.* **2** Tosco, sin pulimento. **3** Sin considerar pérdidas o deducciones: *El salario* ***bruto*** *de un empleado no toma en cuenta los impuestos que debe pagar ni las gratificaciones que le da su patrón.* **4** Que considera envase y líquido: *El peso* ***bruto*** *de una lata de sardinas cocinadas incluye las sardinas, el recipiente, el aceite y la salsa.*

buba ***f.*** Bubón: *Las crónicas de la Conquista relatan que los soldados españoles se enfermaban de* ***bubas.***

bubón ***m.*** Inflamación de un ganglio linfático, especialmente los de las extremidades.

bubónica. Peste ~, *loc.* Enfermedad infecciosa producida por bacterias y transmitida por pulgas, que se caracteriza por fiebre, vómito, diarrea y bubones.

bubónico, ca ***adj.*** **1** Relacionado con el bubón: *Las enfermedades bubónicas se erradicaron hace un siglo.*

bucal ***adj.*** Relativo a la boca: *Para cuidar tu limpieza* ***bucal,*** *debes cepillar tus dientes tres veces al día.*

bucanero ***m.*** Pirata del siglo XVII: *Los* ***bucaneros*** *asaltaban a barcos españoles en las islas del mar Caribe.*

búcaro ***m.*** Jarrón.

bucear ***vb.*** {intr.} Nadar o mantenerse bajo el agua, en especial con tanques de oxígeno.

buceo ***m.*** **1** Acción de nadar por debajo del agua. **2** Deporte en que se nada bajo el agua: *Para practicar el* ***buceo*** *se necesita mucho entrenamiento, porque hay que aprender a respirar con tanques de oxígeno.*

buchaca ***f. Colomb., Cuba*** y ***Méx.*** Receptáculo de una mesa de billar donde deben caer las bolas.

buche ***m.*** **1** Órgano en que las aves guardan la comida antes de pasarla al estómago. **2** Bocanada de líquido: *Después de cepillar los dientes hay que hacer* ***buches*** *con agua limpia para desechar los restos de comida.*

bucle ***m.*** Rizo de cabello.

bucodental ***adj.*** Relacionado con la boca y los dientes: *Es bueno cepillarse los dientes tres veces al día para mantener la salud* ***bucodental.***

bucofaríngeo, a ***adj.*** Que pertenece a la boca y la faringe: *El padre de Gabriela tiene cáncer* ***bucofaríngeo.***

bucolabial ***adj.*** De la boca y los labios: *Me ha salido un herpes* ***bucolabial,*** *tengo que ir al médico mañana.*

bucólico, ca ***adj.*** En la poesía, lo que pertenece o caracteriza al campo y a los pastores.

bucolismo ***m.*** **1** Carácter bucólico: *Es representativo el* ***bucolismo*** *de la poesía de Garcilaso de la Vega.* **2** Gusto por la vida idealizadaza en ambientes campestres: *El* ***bucolismo*** *se desarrolló en el Renacimiento al recuperar la tradición clásica.*

buda ***m.*** **1** Según la religión budista, persona que logra alcanzar el conocimiento perfecto de la verdad: *La palabra* ***buda*** *viene del sánscrito y significa "iluminado".* **2** Estatua que representa a Siddhartha Gautama, fundador del budismo; se escribe con "B" mayúscula: *En ese restaurante chino hay un gran* ***Buda.***

budín ***m.*** Postre elaborado con pan, leche, azúcar y frutas secas. SIN. **pudin.**

budismo ***m.*** Prácticas y creencias religiosas fundadas por Sidarta Gautama en la India: *El* ***budismo*** *surgió en la India en el año 500 a. de C.*

budista ***adj./m.*** y ***f.*** Relativo al budismo y a las personas que lo profesan.

buen ***adj.*** Apócope de bueno: *Éste será un* ***buen*** *año para la agricultura porque no ha habido sequía y la tierra es fértil.* ANT. **mal.**

buenaventura ***f.*** **1** Buena suerte, fortuna. **2** Adivinación: *Las gitanas dicen la* ***buenaventura*** *leyendo la mano a los crédulos.*

bueno ***adv.*** Se emplea para expresar conformidad: *Le pregunté a Laura si quería un poco de tarta y ella me contestó:* ***Bueno,*** *dame una rebanada pequeña.*

bueno, na ***adj.*** **1** Que tiene bondad: *Mi mamá es muy* ***buena*** *porque nos cuida y le gusta ayudar a la gente.* **2** Útil, conveniente: *La luz solar es* ***buena*** *para las plantas porque les ayuda a crecer.* **3** Gustoso, agradable: *Qué* ***bueno*** *que las clases van a terminar pronto, porque en las vacaciones iré a la playa con mi familia.* **4** Sano: *El aire del bosque es muy* ***bueno*** *porque no está contaminado y ayuda a que me sienta mejor.* **5** *loc. pl.* **De ~ a primeras,** de repente: *Rosalía me visitaba todos los días, pero* ***de buenas a primeras*** *se fue a otra ciudad y dejó de venir a mi casa.* **7** *loc. pl.* **Por las ~,** de manera voluntaria.

buey ***m.*** **1** Macho bovino al cual se le extirpan los órganos genitales: *El* ***buey*** *es usado como animal de tiro, porque es muy manso y fuerte.* **2** *Méx. Fam.* Persona torpe o tonta.

búfalo ***m.*** **1** Mamífero bovino africano, de cuernos rugosos, curvos y bajos. **2** Bisonte.

bufanda ***f.*** Prenda larga y angosta con que se abriga el cuello: *Debes ponerte una* ***bufanda*** *para cubrir el cuello porque hace frío y podrías enfermarte.*

bufar ***vb.*** {intr.} Expulsar aire con fuerza, por la boca y nariz, sobre todo para expresar ira.

bufete ***m.*** **1** Escritorio. **2** Despacho de abogados: *Mi hermano ya terminó de estudiar en la universidad y lo contrataron como abogado en un* ***bufete*** *jurídico.*

buffet ***m.*** **Palabra de origen francés.** Forma en que se pone la comida para autoservicio: *En el restaurante había un* ***buffet*** *y comí un poco de cada uno de los guisos.*

bufido ***m.*** Acción de expulsar aire con fuerza por la boca y la nariz: *Escuchamos un* ***bufido*** *atrás de los arbustos y salimos corriendo porque creímos que había un oso.*

bufo, fa ***adj.*** Que es cómico y grotesco: *La ópera* ***bufa*** *nació en el siglo* XVIII *en Italia.*

bufón, fona ***m.*** y ***f.*** Antiguamente, persona que vivía en los palacios y que se ocupaba de hacer reír a la gente de la corte. SIN. **payaso.**

bufonada ***f.*** Acción o dicho cómicos: *Las* ***bufonadas*** *del payaso divirtieron a los niños.*

bufonear ***vb.*** {intr.} Decir bufonadas: *Mario* ***bufoneaba*** *en todas las reuniones.*

bufonesco, ca ***adj.*** Grotesco, bufo: *El comportamiento* ***bufonesco*** *de ese actor le dio mucha fama.*

buganvilla o **bugambilia** ***f.*** Arbusto gigante de origen sudamericano, propio de clima caliente, con hojas ovales y numerosas flores de colores que van del blanco al morado. SIN. **santarrita.**

buhardilla ***f.*** Pequeña habitación en el tejado de una casa: *En Europa, muchos estudiantes rentan una* ***buhardilla*** *para vivir, porque es más barato que alquilar un departamento.* SIN. **desván.**

búho ***m.*** Ave cazadora nocturna, de ojos grandes y pico en forma de gancho. SIN. **tecolote.**

buhonero, ra ***m.*** y ***f.*** Persona que vende artículos de cocina, mercería y ropa femenina en una tienda ambulante.

buitre ***m.*** **1** Ave de rapiña de gran tamaño y hábitos diurnos que se alimenta de animales muertos. SIN. **zopilote. 2** *Desp.* Persona interesada y oportunista: *Ernesto y Carlos son unos* ***buitres*** *que buscan alguna oportunidad para ganar dinero de manera fácil.*

buje ***m.*** **1** En las ruedas de los vehículos, pieza central atravesada por el eje. **2** *Argent.* Cojinete de una sola pieza.

bujía ***f.*** **1** Pieza del motor de explosión que produce la chispa en los cilindros: *Tengo que cambiar las* ***bujías*** *del automóvil porque ya no arranca.* **2** Vela de cera o de parafina: *En los bautizos, el padrino lleva una* ***bujía*** *encendida.*

bula ***f.*** **1** Documento que lleva el sello del Papa. **2** Decreto hecho por el Papa.

bulbo ***m.*** **1** Tallo subterráneo, ancho o redondo, de algunas plantas: *El puerro, el ajo y la cebolla son* ***bulbos.*** **2** Parte abultada y blanda de algunos órganos: *El* ***bulbo*** *raquídeo se encuentra en la nuca, justo abajo del cerebelo.*

bulboso, sa ***adj.*** **1** Que tiene bulbos: *Las plantas* ***bulbosas*** *florecen en primavera.* **2** Que tiene apariencia de bulbo: *Ángel tiene la nariz muy roja, grande y de aspecto* ***bulboso*** *debido a una enfermedad en la piel.*

bule ***m. Méx.*** Calabaza.

bulevar ***m. Ver*** **boulevard.**

búlgaro ***m.*** **1** Lengua eslava hablada en Bulgaria. **2** Microorganismo con el que se produce yogur.

búlgaro, ra ***adj./m.*** y ***f.*** Originario de Bulgaria, país de Europa Oriental.

bulimia ***f.*** Enfermedad psicológica caracterizada por comer en exceso y sin control.

bulla ***f.*** Ruido, griterío: *Anoche no pude dormir porque los vecinos hicieron una fiesta y la* ***bulla*** *duró hasta la madrugada.* SIN. **alboroto, algazara.**

bullanguero, ra ***adj./m.*** y ***f.*** Alborotador, fiestero: *Sofía es tan* ***bullanguera*** *que busca cualquier oportunidad para irse de fiesta.*

bulldog ***adj./m.*** **Palabra de origen inglés.** Raza de perros de tamaño pequeño, cara ancha y chata, cuerpo robusto y pelo corto.

bulldozer ***m.*** **Palabra de origen inglés.** Máquina para nivelar el terreno que consiste en un tractor oruga muy potente, con una fuerte pala de acero en la parte delantera.

bullicio ***m.*** Ruido que causa mucha gente reunida: *Los domingos hay un gran* ***bullicio*** *en la plaza porque todo el pueblo se reúne para bailar y cantar.*

bullicioso, sa ***adj.*** **1** Que tiene o causa alboroto: *Mi calle es muy* ***bulliciosa*** *porque todos los días hay mercado y se llena de gente.* **2** Se aplica a la persona que alborota o hace ruido: *"¡Qué niño más* ***bullicioso,*** *en tu casa nunca hay paz!", dijo mi tía a Jaime.* SIN. **inquieto, intranquilo, travieso, revoltoso.**

bullir ***vb. irreg.*** {intr.} **Modelo 69. 1** Hervir: *Las instrucciones dicen que hay que poner la pasta en la olla cuando el agua empieza a* ***bullir.*** **2** Moverse, agitarse: *La gente* ***bullía*** *en la tienda porque todos querían aprovechar las ofertas y comprar ropa barata.*

bulón ***m. Argent.*** y ***Urug.*** Tornillo grande con cabeza de forma redonda.

bulto ***m.*** **1** Volumen: *Tu pañuelo hace mucho* ***bulto*** *en tu bolsillo y parece una pelota de golf.* **2** Objeto que se percibe de forma imprecisa: *A lo lejos se veía un* ***bulto*** *sobre la carretera, y al acercarnos a él notamos que era una piedra.* **3** Fardo, maleta: *Fui al mercado y compré cuatro* ***bultos*** *de tierra para que mis plantas crezcan mejor.* **4** *loc. Fam.* **Escurrir el ~,** no enfrentar un problema: *Terminó de estudiar hace dos años y cuando le pregunto sobre su tesis,* ***escurre el bulto*** *para no confesarme que no la ha hecho.*

bumerang ***m.*** **Palabra de origen inglés.** Arma de madera, de origen australiano, en forma de V: *Un* ***bumerang*** *regresa al mismo lugar del que salió si lo arrojas de manera correcta.*

bungalow ***m.*** **Palabra de origen inglés.** Cabaña, casa pequeña de descanso en el campo o la playa: *Cuando fuimos a la playa, en vez de ir a un hotel, alquilamos un* ***bungalow*** *que estaba muy cerca del mar.*

búnker ***m.*** Refugio subterráneo que sirve para protegerse de ataques armados.

buñuelo ***m.*** Especie de pan, hecho de harina batida y frita, que se cubre con azúcar o miel.

buque ***m.*** Embarcación de gran tamaño: *Los* ***buques*** *deben atracar en alta mar o en puertos muy grandes, porque en los pequeños no caben.*

burbuja ***f.*** **1** Bolsa de aire u otro gas que se forma en un líquido. SIN. **pompa. 2** Esfera.

burbujeante ***adj.*** Que forma burbujas: *La lava volcánica es* ***burbujeante*** *por el calor con que sale del interior de la Tierra.*

burbujear ***vb.*** {intr.} Formar burbujas: *El agua* ***burbujea*** *cuando hierve.*

burbujeo ***m.*** Acción de burbujear: *Su tina produce un* ***burbujeo*** *de efecto relajante.*

burdel ***m.*** Casa de prostitución. SIN. **quilombo.**

burdo, da ***adj.*** **1** Tosco, basto: *Compré una tela* ***burda*** *para hacer una maleta resistente.* **2** Mal hecho, sin sutileza: *No pienso aceptar una mentira tan* ***burda,*** *me dijiste que estabas enfermo y te vi bailando en una fiesta.*

bureta ***f.*** Tubo de vidrio graduado usado en química.

burgo ***m.*** Antiguamente, pueblo pequeño.

burgomaestre ***m.*** Antiguamente, alcalde.

burgués, guesa ***adj./m.*** y ***f.*** **1** Relativo al burgo y a la burguesía. **2** Privilegiado, acomodado. **3** Miembro de la burguesía.

burguesía ***f.*** **1** Antiguamente, sector social que se dedicaba al comercio. **2** Capa social mejor acomodada que los obreros y campesinos.

a b c d e f g h i j k l m n o p q r s t u v w x y z

buril ***m.*** Punzón de acero que sirve para grabar piedras y metales.

burilar ***vb.*** {tr.} Grabar un metal utilizando el buril: *El grabador **buriló** la figura de un águila sobre una plancha de cobre.*

burla ***f.*** Acción o palabra con que se pone en ridículo a una persona: *Las **burlas** de sus compañeros hicieron llorar a la niña.*

burladero ***m.*** Valla en la plaza de toros donde se resguarda el torero: *Cuando el torero vio acercarse a gran velocidad al toro, se metió al **burladero** y la bestia no pudo lastimarlo.*

burlador, ra ***adj./m.*** **1** Que burla. **2** Seductor que presume de conquistar a muchas mujeres y luego abandonarlas: *Don Juan Tenorio fue el **burlador** más famoso de la literatura.*

burlar ***vb.*** {tr., intr. y prnl.} **1** Eludir, esquivar: *Cuando fuimos al concierto logramos **burlar** la vigilancia y entramos gratis.* **2** Poner en ridículo a una persona: *El vestido de Rosalía era tan feo, que cuando llegó a la fiesta todos se **burlaron** de ella.*

burlesco, ca ***adj.*** Que contiene burla: *El boxeador hizo una serie de gestos y brinquitos **burlescos** para provocar a su adversario.*

burlesque ***m.*** **Palabra de origen francés.** Género de comedia musical.

burlón, lona ***adj./m.*** y ***f.*** Que siempre está poniendo en ridículo a otra u otras personas: *Roberto es un **burlón** que humilla a la gente con sus comentarios agresivos.*

buró ***m. Méx.*** Mesa de noche: *Siempre pongo el reloj despertador en el **buró** para poder escucharlo por la mañana.* Sin. **velador, mesa de luz.**

burocracia ***f.*** Conjunto de personas que trabajan en las oficinas de gobierno.

burócrata ***m.*** y ***f.*** Persona que trabaja para el gobierno.

burocratizar ***vb.*** {tr. y prnl.} **1** Someter a un Estado a un conjunto de normas administrativas que implican realizar una serie de trámites dificultosos o lentos. **2** Hacer que una actividad adquiera normas similares a las que rigen el sector administrativo de un Estado: *Desde que **se burocratizó,** esa empresa ha perdido muchos clientes.*

burrada ***f.*** Necedad, tontería, disparate: *Cometí una **burrada** al escribir* baca *en vez de* vaca.

burro ***m.*** **1** Instrumento de gimnasia: *El salto de **burro** es una de las competencias de gimnasia que más me gusta.* **2** ***Méx.*** Tabla de planchar: *Compré un **burro,** porque cuando plancho sobre la mesa, la ropa queda con arrugas.* **3** ***loc. Argent.*** y ***Urug.*** **~ de arranque,** dispositivo eléctrico que sirve para hacer que arranque un automóvil.

burro, rra ***adj. Fam.*** Que es rudo y de poco entendimiento: *Ya le expliqué cinco veces la operación de matemáticas, pero es tan **burro** que no entiende.*

burro, rra ***m.*** y ***f.*** Animal mamífero parecido al caballo pero más pequeño y de orejas largas, usado para cargar. Sin. **asno, borrico, jumento.**

bursátil ***adj.*** En economía, relativo a la bolsa de valores: *Los problemas económicos de un país perjudican a su mercado **bursátil.***

burucuyá ***m.*** **1** *R. de la P.* Planta trepadora de flores blancas y olorosas y fruto comestible. **2** *R. de la P.* Flor y fruto de la planta llamada burucuyá. Sin. **pasionaria, maracuyá.**

burundés, desa ***adj./m.*** y ***f.*** Originario de Burundi, país de África Central.

bus ***m.*** Apócope de autobús.

buscabulla o **buscabullas** ***m.*** y ***f. Méx.*** Pendenciero, buscapleitos: *Ese señor es un **buscabullas** porque siempre insulta a todo el que pasa sin que le hagan nada.*

buscador ***m.*** Programa informático que permite encontrar direcciones o contenidos en Internet: *Usa el **buscador** para encontrar información sobre el director de la película que tanto te ha gustado.*

buscaminas ***m.*** Aparato que se emplea para localizar las minas explosivas.

buscapié ***m.*** **1** Recurso que consiste en hacer un comentario para incitar a alguien a hablar sobre cierto tema y así obtener disimuladamente información: *Cuando Pedro empezó a hablar de dinero, estaba lanzando un **buscapié** a ver a quién podía pedirle un préstamo.* **2** ***Méx.*** Fuego de artificio que se desplaza por el suelo, silbando y haciendo movimientos zigzagueantes.

buscapleitos ***m.*** y ***f.*** Persona pendenciera que tiende a provocar riñas y peleas: *Hoy en el metro había una **buscapleitos** que iba empujando a todas las personas.*

buscar ***vb. irreg.*** {tr. e intr.} **Modelo 17. 1** Actuar para hallar a una persona o cosa: *Sólo puede obtener la felicidad quien la **busca** todo el tiempo.* **2** *Fam.* Provocar: *No me sigas **buscando,** porque te puede costar un golpe.*

buscavida o **buscavidas** ***m.*** y ***f.*** **1** Persona entrometida y chismosa: *"La amiga de Pablo es una **buscavidas,** es mejor que no le cuentes nada o se enterará todo el mundo" me aconsejó Marta.* **2** Persona ocurrente para buscar un modo de vida: *No creo que Alberto tenga problemas en el país donde se ha ido a vivir, es un **buscavidas** que sabe arreglárselas.*

buscón, cona ***m.*** y ***f.*** **1** Ratero o estafador. Sin. **pillo, maleante, delincuente. 2** ***f.*** Prostituta. **3** ***Méx.*** Pendenciero: *Víctor siempre se quiere pelear en todas las fiestas a las que vamos, es un **buscón.***

buseta ***f. Colomb., Ecuad.*** y ***Venez.*** Autobús pequeño. Sin. **microbús.**

búsqueda ***f.*** Acción de buscar: *Cuando supimos que los alpinistas se habían extraviado en la montaña, organizamos un grupo de **búsqueda.***

busto ***m.*** **1** Parte del cuerpo humano entre el cuello y la cintura. **2** Pecho femenino. **3** Escultura que representa la cabeza y parte superior del tórax: *En el museo hay una sala donde exhiben **bustos** de personajes famosos.*

butaca ***f.*** **1** Silla blanda y cómoda, con brazos. **2** Asiento de un teatro: *Cuando dieron la tercera llamada nos sentamos en nuestras **butacas,** porque iba a comenzar la función de teatro.*

butacón ***m.*** Butaca ancha y baja: *No te sientes en ese **butacón,** es muy antiguo y puede romperse.*

butano ***adj./m.*** Hidrocarburo gaseoso empleado como combustible, que se vende envasado a presión: *Recuerda que el gas **butano** es muy tóxico.*

butifarra ***f.*** Embutido español de carne de cerdo.

buzo ***m.*** **1** Persona que trabaja sumergida en el agua: *Los **buzos** rescataron los restos del barco que se hundió en el mar.* **2** ***Chile.*** Overol. **3** ***Argent., Perú*** y ***Urug.*** Prenda de tela afelpada que cubre del frío. Sin. **sudadera.**

buzón ***m.*** Depósito por el que se echan las cartas para el correo y lugar donde las deja el cartero cuando las reparte: *"Revisa el **buzón** para saber si ya llegó la carta que esperamos", me dijo mi padre.*

byte ***m.*** **Palabra de origen inglés.** ***Ver*** **bait.**

C

c *f.* Tercera letra del abecedario español. Su nombre es **ce**.

C **1** Grados centígrados o Celsius. **2** En la numeración romana, letra que representa la cifra que vale 100: *El 110 en números romanos se escribe así:* ***CX.***

cabal ***adj.*** **1** Completo, perfecto, exacto. **2** Sensato, justo: *Sé que puedes confiar en la decisión de Samuel, porque es un hombre* ***cabal*** *que no engaña a los demás.* Sin. **íntegro.**

cábala ***f.*** **1** Interpretación simbólica y mística que hacen los judíos de la Torá o ley, conocida de manera general como Antiguo Testamento. **2** ***Argent.*** y ***Urug. Fam.*** Acción supersticiosa para evitar la mala suerte.

cabalgadura ***f.*** Cualquier animal que sirva para montarlo o para carga: *Las* ***cabalgaduras*** *de la gente del desierto son los camellos.*

cabalgar ***vb. irreg.*** (tr. e intr.) **Modelo 17.** Andar a caballo o en alguna otra bestia. Sin. **montar.**

cabalgata ***f.*** **1** Paseo a caballo. **2** Desfile de caballos y carruajes.

cabalista ***adj.*** Que se dedica a la cábala, que se interesa por la cábala, que vive de acuerdo a la cábala.

cabalístico, ca ***adj.*** **1** Relativo a la cábala. **2** Oculto, misterioso. **3** Que posee significados que sólo pueden entender quienes participan de un conocimiento secreto.

caballa ***f.*** Pequeño pez marino de carne rojiza, parecido a la sardina, que se suele conservar en aceite.

caballar ***adj.*** Relacionado con los caballos.

caballerango ***m. Méx.*** Persona encargada de cuidar a los caballos.

caballeresco, ca ***adj./m.*** y ***f.*** Género literario representativo de la Edad Media, caracterizado por la presencia de héroes que andan a caballo: El Cantar de Roldán *y* El Cantar de mío Cid *son obras* ***caballerescas*** *muy antiguas.*

caballería ***f.*** **1** Parte de un ejército formada por soldados montados a caballo. **2** Cabalgadura, animal que sirve para ser cabalgado.

caballeriza ***f.*** Sitio o cobertizo donde se guardan los caballos. Sin. **cuadra.**

caballero ***m.*** **1** Hombre, sobre todo el bien educado y gentil. **2** Miembro de una orden de caballería.

caballerosidad ***f.*** Actitud galante y amable, especialmente de un caballero a una dama: *Le cedió el asiento con* ***caballerosidad.***

caballeroso, sa ***adj.*** **1** Que actúa con buenos modales y educación. **2** Actitud o comportamiento que indica cortesía hacia otra persona.

caballete ***m.*** **1** Soporte de madera que le sirve al pintor para apoyar el cuadro que está pintando: *El cuadro que pintó Roldán era tan grande que necesitó usar dos* ***caballetes*** *para sostenerlo.* **2** Mueble formado por una barra horizontal apoyada en unas patas. **3** Puente de la nariz: *Mis anteojos me lastiman y tengo una pequeña herida en el* ***caballete.***

caballista ***m.*** y ***f.*** Persona que gusta de montar a caballo.

caballo ***m.*** **1** Animal doméstico de cuatro patas usado como medio de transporte o como bestia para tirar de los carruajes. Sin. **corcel.** **2** Aparato de gimnasia sobre el que se realizan saltos, giros y otros movimientos. **3** Una de las piezas del ajedrez, con forma de caballo. **4** *loc.* **a ~,** entre dos cosas: *Mi abuelo vivió* ***a caballo*** *entre el siglo* XIX *y* XX, *porque nació en 1890 y murió en 1961.* **5** *loc.* **~ de batalla,** cosa o tema sobre la que se vuelve una y otra vez: *Desde que mi padre trabaja en el aeropuerto, los aviones se han vuelto su* ***caballo de batalla*** *y siempre está hablando de ellos.* **6** *loc.* **~ de fuerza,** unidad de medida de la potencia de una máquina, equivalente a 7 457 wats. **7** Carta de la baraja española.

cabaña ***f.*** Casa de campo pequeña, sencilla y rústica. Sin. **choza.**

cabaré o **cabaret** ***m.*** **Palabra de origen francés.** Establecimiento para espectáculos nocturnos donde los asistentes pueden bailar y beber: *En ese* ***cabaré*** *hay un buen cantante como parte del espectáculo.*

cabarga ***f. Bol.*** y ***Perú.*** Envoltura de cuero que se le pone en la pata al ganado en lugar de la herradura.

cabe ***prep.*** Antiguamente se usaba para señalar "cerca de" "junto a": *Me senté* ***cabe*** *la fuente porque quería refrescarme con la brisa del agua.*

cabeceador ***m. Chile*** y ***Méx.*** Correa del caballo.

cabecear ***vb.*** (intr.) **1** Quedar medio dormido con la cabeza inclinada: *La abuela* ***cabecea*** *recostada en su sillón cuando comienza a anochecer.* **2** Mover la cabeza en distintas direcciones: *Los caballos* ***cabecean*** *mirando para todos lados cuando están nerviosos.* **3** En fútbol, golpear el balón con la cabeza.

cabeceo ***m.*** Movimiento de la cabeza, muchas veces involuntario: *Dio* ***cabeceos*** *de sueño.*

cabecera ***f.*** **1** Parte superior de la cama, a veces con adornos, en la que se apoya la cabeza para descansar. **2** Parte principal de alguna cosa: *Los recién casados se sentaron en la* ***cabecera*** *de la mesa y alrededor estaban todos los invitados.*

cabecilla ***m.*** y ***f.*** Líder de un movimiento o grupo: *La policía atrapó al* ***cabecilla*** *de la banda y ahora los demás ladrones ya no organizan más asaltos.* Sin. **jefe.**

cabellera ***f.*** Pelo de la cabeza, especialmente el largo y extendido sobre la espalda: *Todas las marcas de productos para el pelo prometen lo mismo: una maravillosa* ***cabellera.***

cabello *m.* **1** Cada uno de los pelos que nacen en la cabeza de las personas: *La sopa tenía un **cabello** y el niño ya no quiso comérsela.* **2** Conjunto de cabellos: *La bella mujer tiene el **cabello** negro y largo hasta la cintura.*

cabelludo, da *adj.* Referido a lo que tiene pelo o fibras parecidas al pelo: *Hay que masajear el cuero **cabelludo** suavemente.*

caber *vb. irreg.* {intr.} **Modelo 35. 1** Haber espacio para meterse una cosa dentro de otra: *La mesa es tan grande que no **cabe** en el comedor.* **2** Haber espacio para pasar por un lugar: *El hombre era tan gordo que no **cabía** por la puerta.* **3** Ser posible: *Raúl sabe que hizo mal en ofender a su madre, por lo que **cabe** pensar que va a disculparse.*

cabestrillo *m.* Venda que se amarra al cuello para sostener una mano o un brazo lastimado: *Mario se rompió el brazo y lo trae en **cabestrillo** para no moverlo.*

cabestro *m.* **1** Correa que se ata a la cabeza de los caballos para sujetarlos o conducirlos: *Sostuvimos al inquieto caballo con el **cabestro** para evitar que se escapara.* **2** Buey manso que guía al ganado: *El **cabestro** de la manada dirigía a los toros hacia el río.*

cabeza *f.* **1** Parte superior del cuerpo, arriba del cuello, en la que está la cara y que contiene al cerebro. **2** Persona más importante de un grupo o sociedad: *El padre y la madre son la **cabeza** de una familia.* **3** Persona, individuo, ser humano: *Cada niño cooperó para la fiesta con 5 monedas por **cabeza**.* **4** Unidad de medida para contar el ganado: *Miles de **cabezas** de ganado están sufriendo por la sequía en mi pueblo, ya que no tienen qué comer.* **5** *loc.* **A la ~,** que se encuentra hasta adelante: *El caballo número 3 va **a la cabeza** de la competencia, así que es probable que gane.* **6** *loc.* **~ de ajo,** dientes de ajo unidos en un solo bulbo: *"No se te olvide comprar una **cabeza de ajo** para cocinar el pescado", me dijo mi madre.* **7** *loc.* **~ de chorlito**, persona poco lista o que no retiene nada. **8** *loc.* **~ dura**, persona a quien le es difícil entender. **9** *loc.* **Echar de ~,** delatar o culpar a alguien. **10** *loc.* **perder la ~,** perder la razón, enloquecer. **11** *loc.* **Romperse la ~,** pensar mucho un asunto: *Todos nos **rompimos la cabeza** con el problema de matemáticas, hasta que Alberto encontró la solución.*

cabezada *f.* **1** Golpe que se da o se recibe con la cabeza. **2** Cabeceo de quien está por dormirse. **3** Movimiento de una embarcación en el que ésta sube alternativamente de popa a proa y de proa a popa. **4** Arzón.

cabezada *f.* **1** Movimiento involuntario que hace con la cabeza el que se duerme sentado: *Di varias **cabezadas** en el sillón y después decidí que era mejor irme a la cama.* **2** Conjunto de correas que sujetan la cabeza de los caballos, del que sale una cuerda para conducirlos.

cabezal *m.* Pieza del torno.

cabezazo *m.* Tope, golpe fuerte dado con la cabeza: *Un niño derribó a Jorge de un **cabezazo** y comenzó a salirle sangre de la nariz.*

cabezón, zona *adj./m.* y *f.* **1** *Fam.* Necio, que no cambia de manera de pensar. Sin. **terco. 2** *Fam.* De cabeza grande: *A Saúl no le cabe el sombrero porque es muy **cabezón**.*

cabezota *f.* y *m.* **1** Aumentativo de cabeza. **2** En sentido figurado, terco, tozudo: *Es un **cabezotas**, no acepta que le digan que no.*

cabezudo, da *m.* y *f.* Figura con cabeza muy grande que se suele sacar por las calles en las fiestas populares: *Los **cabezudos** desfilaron en el carnaval e impresionaron a toda la gente por su gran tamaño.*

cabida *f.* Capacidad, espacio para que algo quepa: *El nuevo teatro del pueblo tiene **cabida** para mil personas.*

cabildear *vb.* {intr.} Preparar y realizar un plan a fin de convencer a un grupo de personas para que actúen a favor de una causa concreta: *Los empresarios **cabildearon** en la Cámara de Diputados por la eliminación del nuevo impuesto.*

cabildo *m.* **1** Ayuntamiento. **2** Comunidad de sacerdotes de una catedral. **3** Junta que realizan algunos monjes para elegir a sus superiores.

cabina *f.* **1** Lugar pequeño y aislado: *Le hablé a mi amiga desde una **cabina** telefónica cercana a su casa para pedirle que saliera a recibirme.* Sin. **caseta. 2** Espacio donde se encuentran los mandos o controles en aviones, barcos y otros vehículos.

cabinera *f. Colomb.* Azafata. Sin. **aeromoza.**

cabizbajo, ja *adj.* Con la cabeza baja por preocupación o desánimo: *Efraín salió del examen triste y **cabizbajo** porque sabía que iba a reprobar.* Sin. **alicaído.**

cable *m.* **1** Hilo metálico, recubierto de plástico, usado para conducir electricidad. **2** Cuerda muy resistente usada para mover grandes pesos: *Los muchachos subieron el piano hasta el tercer piso con unos **cables**.* **3** Medida inglesa de distancia marina equivalente a 185 m. **4** Mensaje enviado por telégrafo.

cableado *m.* Conjunto de los cables de un aparato o de una instalación eléctrica: *Ayer terminaron de poner el **cableado** para conectar las computadoras en mi oficina.*

cablegrama *m.* Telegrama que se transmite a través de un cable submarino: *A partir de 1851, cuando se tendió un cable submarino que cruzaba el Canal de la Mancha, fue posible enviar y recibir **cablegramas** internacionales.* Sin. **cable.**

cabo *m.* **1** Final o extremo de algo: *"Ata el **cabo** de la cuerda al tronco para que el caballo no se vaya", me pidió mi tío.* **2** Porción de terreno que entra en el mar. **3** Uno de los grados más bajos en el ejército, sólo superior al del soldado raso: *El **cabo** obedeció al sargento sin decir nada.* **4** Cuerda. **5** *loc.* **Al ~ de,** al fin, al último: ***Al cabo de** una hora de ver la televisión, me quedé dormido.* **6** *loc.* **~ suelto**, aspecto o asunto que queda sin resolver: *En este crimen sólo queda un **cabo suelto:** ¿quién compró el arma?* **7** *loc.* **De ~ a rabo,** de principio a fin: *Joaquín sabe las tablas de multiplicar **de cabo a rabo** porque las ha estudiado muy bien.* **8** *loc. pl.* **Atar ~,** relacionar dos cosas diferentes para descubrir o concluir algo: ***Atando cabos** sobre las huellas que dejó el delincuente y un trozo de tela roto, la policía dio con el ladrón.*

cabotaje *m.* **1** Navegación o circulación que se hace sin perder de vista la costa de un país. **2** *loc. Argent.* **de ~,** transporte público aeronáutico entre puntos de un mismo país.

cabra *f.* **1** Mamífero doméstico rumiante con cuernos arqueados hacia atrás y pelo liso. **2** *loc.* **~ montés,** especie silvestre que habita en zonas rocosas y tiene los cuernos más grandes que la cabra doméstica.

cabrear *vb.* {tr. y prnl.} *Vulg.* Enojar, poner de mal humor: *Mi hermano Juan **se cabrea** con mis padres cuando no le prestan el automóvil.* Sin. **irritar.**

cabrero *m.* **1** Pastor de cabras. **2** *Fig.* Que se enoja con facilidad: *Se puso **cabrero** cuando le hicieron esa broma.*

cabrío, a *adj.* Que se relaciona o tiene que ver con las cabras: *A veces se representa al diablo como un macho **cabrío**.*

cabriola *f.* Voltereta o salto que se da en el aire: *El perro del circo hacía **cabriolas** después de pasar a través de un aro.*

cabriolé *m.* Carruaje antiguo de dos ruedas, con techo plegable y tirado por un caballo.

cabritilla ***f.*** Piel curtida de animales jóvenes como cordero o cabrito: *Los guantes de **cabritilla** son muy suaves y flexibles.*
cabrito ***m.*** Cría de la cabra hasta que deja de mamar: *La carne de **cabrito** es muy suave.*
cabro ***m. Bol., Perú, Chile*** y ***Ecuad.*** Chico, niño.
cabrón, brona ***m.*** y ***f.*** **1** Macho de la cabra. **2** ***Vulg.*** Persona malvada o abusiva.
cabronada ***f. Vulg.*** Maldad, acción intencionada que perjudica a otro.
cábula ***adj./f.*** **1** ***Méx.*** Se dice de quien hace bromas pesadas constantemente. **2** ***Argent.*** Cábala, acción supersticiosa para evitar la mala suerte. **3** ***Méx.*** Persona tramposa.
cabús ***m.*** Último vagón de un tren carguero, usado para la tripulación.
caca ***f.*** Restos del alimento digerido que el cuerpo expulsa por el ano: *El niño se hizo **caca** en los calzones porque todavía no sabe avisar.* Sin. **excremento, mierda.**
cacahuate o **cacahuete** ***m.*** **1** Planta originaria de zonas cálidas de América y cuyos frutos, de cáscara seca y quebradiza, maduran bajo tierra. **2** Semilla obtenida del fruto de dicha planta: *Del **cacahuate** se puede obtener aceite.* Sin. **maní.**
cacao ***m.*** **1** Árbol tropical americano de flor amarilla y fruto rojizo del que se obtiene el chocolate. **2** Semillas de dicho fruto.
cacaotal ***m.*** Plantación de árboles de cacao: *Cuando visitamos el **cacaotal** de don José, nos mostró las gordas vainas que contienen las semillas del cacao.*
cacareado, da ***adj.*** Se dice de lo que ya se ha hablado mucho: *La tan **cacareada** novela de Fulano es bastante mala.*
cacarear ***vb.*** {intr.} Emitir su voz característica las aves de corral: *La gallina no dejaba de **cacarear** mientras le arrojábamos el maíz.*
cacareo ***m.*** Sonido que emiten el gallo o la gallina.
cacarizo, za ***adj. Méx.*** Se dice de la persona que tiene pequeñas cicatrices en forma de hoyos o marcas en la piel: *De joven, Mario tuvo muchos barros y espinillas y por eso la piel le quedó **cacariza.***
cacatúa ***f.*** Pájaro originario de Oceanía parecido al loro, de plumas blancas o gris claro, con un gran penacho amarillo o rojo en la cabeza.
cacería ***f.*** Excursión organizada para ir a cazar animales: *En el cuento que leí, un cazador iba todos los días de **cacería** por la mañana y regresaba con algún conejo o pato para la cena.*
cacerola ***f.*** Utensilio de cocina, metálico, redondo, más ancho que hondo y con asas: *Puse en la cocina la **cacerola** con pollo para calentarlo y comérmelo.*
cacerolazo ***m.*** **1** Golpe producido con una cacerola. **2** Tipo de manifestación pacífica que consiste en protestar golpeando cacerolas entre sí: *Hoy va a haber **cacerolazos** en contra de la suba del agua.*
cacha ***f.*** Mango de las navajas, cuchillos y pistolas.
cachaco, ca ***adj.*** **1** ***Colomb.*** Joven elegante, servicial y caballeroso. **2** ***Colomb., Ecuad.*** y ***Venez.*** Joven que presume de elegante y cuida demasiado su apariencia. **3** ***Perú. Desp.*** Policía o soldado uniformado.
cachalote ***m.*** Mamífero parecido a la ballena, pero con dientes, que llega a medir unos 20 metros de largo.
cachar ***vb.*** {tr.} **1** Atrapar o tomar algo con las manos: *Los jugadores de baloncesto saben **cachar** muy bien el balón.* **2** ***Argent., Chile, Méx.*** y ***Urug. Fam.*** Sorprender a alguien cuando está haciendo algo: *Mi hermana **cachó** a su novio besando a otra muchacha y por eso cortó su relación con él.* **3** ***Amér. C., Chile*** y ***Colomb.*** Dar cornadas. **4** ***Amér. C.*** Robar. **5** ***Amér. Merid.*** y ***C. Rica. Fam.*** Hacer bromas o burlarse de alguien.
cacharpas ***f. pl. Amér. Merid.*** Conjunto de trastos. Sin. **bártulos, trebejos.**
cacharro ***m.*** **1** Recipiente pequeño que se usa en la cocina: *Mi abuelo me dijo: "Si no encuentras una taza, sírveme el café aunque sea en ese **cacharro**."* **2** ***Fam.*** Cachivache, máquina vieja que funciona mal: *Este automóvil es un verdadero **cacharro**, se descompone todos los días.*
cachaza ***f.*** **1** Lentitud, calma, sosiego. **2** Aguardiente que se saca de la caña de azúcar.
cachazudo, da ***adj.*** Que se toma las cosas con calma.
cachear ***vb.*** {tr.} **1** Registrar a alguien para ver si lleva algo escondido entre la ropa. **2** ***Chile.*** Dar cornadas.
cacheo ***m.*** Revisión que se hace de la ropa y las pertenencias de una persona para buscar armas: *En el aeropuerto nadie se salva ya del **cacheo.***
cachetada ***f.*** Golpe que se da en la cara con la palma de la mano. Sin. **bofetada, bife.**
cachete ***m.*** Mejilla: *Mi hermano jugó y corrió tanto con sus amigos que traía los **cachetes** rojos.*
cachetear ***vb.*** {tr.} Golpear en la cara con la mano abierta: *Un niño **cacheteó** a Alan y le dejó los dedos marcados en la cara.* Sin. **abofetear.**
cachetón, tona ***adj.*** Que tiene las mejillas muy abultadas: *Hace quince años, Yadira era una bebé **cachetona.** Hoy es una espigada jovencita.*
cachifo ***m. Venez.*** Muchacho del servicio doméstico.
cachifo, fa ***m.*** y ***f. Colomb. Desp.*** Muchacho, niño.
cachimba ***f.*** Pipa para fumar.
cachimbo ***m.*** **1** ***Amér. C.*** y ***Amér. Merid.*** Cachimba. **2** ***Perú.*** Estudiante. **3** ***Perú. Desp.*** Guardia nacional.
cachiporra ***f.*** Palo abultado en un extremo, usado por la policía para golpear.
cachirul ***m. Méx.*** **1** Hijo ilegítimo. **2** Jugador, ya mayor, que se hace pasar por menor de edad: *Descubrieron un **cachirul** en la selección juvenil.*
cachivache ***m.*** Objeto viejo o cosa que ya no se usa: *El desván está lleno de **cachivaches:** un radio viejo, fotografías antiguas y los juguetes que usaba mi abuela.* Sin. **tiliche, cacharro.**
cacho ***m.*** **1** ***Amér. Merid.*** Cuerno de animal. Sin. **guampa.** **2** ***Amér. Merid.*** Cubilete para jugar a los dados. **3** ***Argent., Par.*** y ***Urug.*** Racimo de bananas o plátanos. **4** ***Chile*** y ***Guat.*** Objeto inservible. **5** ***Ecuad.*** Chiste, por lo general grosero.
cacho ***m.*** Parte pequeña de alguna cosa: *"¿Me das un **cacho** de tu chocolate?", me dijo Raúl.* Sin. **pedazo, trozo.**
cachondearse ***vb.*** {prnl.} ***Vulg.*** Burlarse.
cachorro, rra ***m.*** y ***f.*** Cría de gato, perro o de algún otro mamífero: *Mi perra tiene dos **cachorros** muy juguetones que muerden todo lo que encuentran.*
cachucha ***f.*** **1** Gorra con visera para protegerse del sol: *Mi papá me compró una **cachucha** con el escudo de mi equipo favorito de baloncesto.* **2** ***Esp.*** Baile de Andalucía.
cacique ***m.*** **1** Jefe de algunos pueblos indígenas de América. **2** Persona que domina o ejerce violentamente su autoridad en una región o localidad.
caciquil ***adj.*** Se refiere al cacique y al caciquismo: *Antes de la Revolución, en México eran frecuentes los esquemas **caciquiles.***
caciquismo ***m.*** Dominio, o influencia, de un cacique en el sistema social o político de una región o comunidad.
cacle ***m. Méx.*** Especie de sandalia de cuero, de elaboración tosca, que suelen usar los campesinos: *Los rarámuri, aunque suelen andar descalzos, también usan **cacles** que hacen ellos mismos.*

caco ***m.*** Ladrón: *En este barrio viven muchos **cacos** que roban automóviles.* SIN. **ratero, rata.**

cacofonía ***f.*** Repetición de un sonido en una frase o palabra: *En "tres tristes tigres tragaban trigo" hay **cacofonía.***

cacofónico, ca ***adj.*** Que suena mal.

cacomiztle o **cacomixtle** ***m.*** Pequeño mamífero carnívoro originario de Norte y Centroamérica conocido por tener una cola peluda con bandas color negro y marrón o café.

cactáceo, a ***adj./f.*** De la familia de los cactos: *La chumbera o nopal es una **cactácea** comestible.*

cacto o **cactus** ***m.*** Planta de regiones áridas, con espinas y capaz de almacenar mucha agua: *En el desierto vi un **cacto** que varios pájaros ocupaban como nido.*

cacumen ***m.*** *Fam.* Inteligencia, ingenio: *Se nota que Ricardo tiene mucho **cacumen** porque entiende rápidamente todo lo que dice el profesor.* SIN. **materia gris.**

cacuy ***m.*** Ave de canto quejumbroso, que vive en Argentina.

cada ***adj.*** **1** Palabra que distingue uno por uno los elementos de que se compone algo: *La maestra le revisó el trabajo a **cada** uno de los alumnos.* **2** Sirve para intensificar lo que se dice: *"Se te ocurre **cada** cosa... ¡Cómo piensas que voy a regalar a mi hermanito!", le dije a Ramiro.*

cadalso ***m.*** Tablado que se construye para ejecutar a una persona: *Antiguamente, los asesinos eran condenados a morir en el **cadalso.***

cadáver ***m.*** Cuerpo muerto: *Un **cadáver** apareció flotando sobre el río tres días después de que se hundió el barco.*

cadavérico, ca ***adj.*** Que se asemeja a un cuerpo muerto: *Vestirse de negro y pintarse la cara de color blanco le da un aire **cadavérico** a las personas.*

cadena ***f.*** **1** Sucesión de anillos metálicos unidos unos a otros: *Ana recibió como regalo de cumpleaños una bonita **cadena** que luce en el cuello.* **2** Conjunto de establecimientos comerciales. **3** Grupo de canales de televisión que pertenecen a una misma empresa. **4** Conjunto de átomos unidos linealmente. **5** *loc.* ~ **montañosa,** conjunto de montañas: *Los Andes son la mayor **cadena montañosa** de América.* **6** *loc.* ~ **perpetua,** castigo que consiste en pasarse toda la vida preso: *Por matar a su marido, condenaron a Rocío a **cadena perpetua.***

cadencia ***f.*** Ritmo: *Deja que tu cuerpo siga la **cadencia** de la música para que puedas bailar con gracia.*

cadeneta ***f.*** Punto del bordado o del ganchillo en forma de cadena: *En la escuela me enseñaron a bordar en **cadeneta** e hice un mantel para mi madre.*

cadera ***f.*** Cada una de las dos partes salientes de la pelvis de los seres humanos.

cadete ***m.*** Alumno de una academia militar.

cadí ***m.*** Nombre que se da en las comunidades musulmanas al juez encargado de administrar justicia: *Para arreglar sus diferencias, Hassan y Aziz decidieron ir a ver al **cadí** de su barrio.*

cadmio ***m.*** Uno de los elementos metálicos, de símbolo Cd, número atómico 48, de color blanco azulado y consistencia flexible, usado en amalgamas dentales y en baterías eléctricas.

caducar ***vb. irreg.*** {intr.} **Modelo 17. 1** Perder vigencia o utilidad después de cierto tiempo: *"Su seguro por enfermedad **caduca** en marzo, así que tendrá que renovarlo", le dijo el vendedor a mi padre.* **2** Echarse a perder algo después de un tiempo: *Mi madre me dijo que la leche ya había **caducado** y que mejor no la tomara.*

caducidad ***f.*** Pérdida o deterioro del valor de algo por el paso del tiempo: *La fecha de **caducidad** del queso viene escrita en la parte de atrás del empaque.*

caducifolio, lia ***adj.*** **1** Se aplica al árbol o arbusto que pierde sus hojas periódicamente: *Ahora sé por qué el árbol frente a mi casa tira sus hojas cada otoño, es un **caducifolio.*** **2** Se refiere al bosque formado por este tipo de árboles o arbustos.

caduco, ca ***adj.*** **1** Viejo, anticuado, pasado de moda: *Abuelo, pensar que los hombres no deben cocinar es una idea **caduca.*** SIN. **obsoleto. 2** Se dice de las hojas de los árboles que caen al llegar el otoño: *El fresno, a diferencia del pino, es un árbol de hojas **caducas.***

caer ***vb. irreg.*** {intr. y prnl.} **Modelo 37. 1** Irse hacia abajo algo que estaba arriba: *Un meteorito **cayó** en medio del campo de fútbol y todos nos asustamos muchísimo.* **2** Perder el equilibrio: *Raúl **se cayó** por las escaleras porque no vio los escalones al bajar corriendo.* **3** Ser atrapado mediante un engaño: *Los delincuentes engañaron a Mario diciéndole que iban a regresarle su dinero y él **cayó** en la trampa.* **4** Encontrarse de pronto en algún lugar o circunstancia: *Mis primos y yo **caímos** en este pueblo desconocido después de andar tres horas perdidos.* **5** Tener un efecto bueno o malo algo que se come o que se hace: *La comida **me cayó** de maravilla porque tenía mucha hambre.* **6** Decaer algo que estaba en su apogeo o punto más alto: *Cuando **cayó** la tarde comencé a sentir frío porque el sol ya no calentaba.* **7** *loc.* ~ **bajo,** hacer algo vergonzoso. **8** *loc.* ~ **bien** o **mal a alguien,** simpatizarle o no a alguien: *Me **cayó bien** desde que la conocí y ahora somos amigas.* **9** *loc.* ~ **del cielo,** llegarle algo a uno como por milagro y en el momento oportuno: *No tenía empleo y necesitaba dinero, así que este trabajo **me cayó** del cielo.*

café ***adj./m. Méx.*** Color de variados tonos que resulta de la combinación entre el verde y el rojo. SIN. **marrón.**

café ***m.*** **1** Semilla de la planta del café, con la que se prepara una bebida oscura y muy olorosa del mismo nombre. **2** Cafetería: *A mi padre le gusta ir al **café** de la esquina a leer el diario mientras bebe un capuchino.*

cafeína ***f.*** Sustancia de efectos estimulantes contenida en el café: *Si tomo mucho café se me quita el sueño por la **cafeína** que contiene.*

cafetal ***m.*** Lugar donde se siembran las plantas del café.

cafetalero, ra ***adj.*** Que produce café: *Colombia es un país **cafetalero,** ya que produce y exporta mucho café.*

cafetera ***f.*** **1** Máquina o utensilio para hacer o servir café: *Se descompuso la **cafetera** y no puedo preparar café.* **2** *Fam.* Automóvil destartalado. SIN. **carcacha, cacharro.**

cafetería ***f.*** Lugar donde se sirve café y otras bebidas. SIN. **café.**

cafetero, ra ***adj.*** Aficionado a tomar café: *Mi papá es muy **cafetero,** toma hasta cinco tazas en la mañana.*

cafeto ***m.*** Arbusto tropical cuyo fruto es el café: *Dentro de cada cerecita del **cafeto** hay dos semillas, los granos de café.*

cafre ***m.*** y ***f. Méx.*** Persona que conduce sin precaución ni cortesía: *Ese **cafre** se pasó la luz roja y casi provoca un accidente.*

cagada ***f.*** **1** Acción de cagar, producto final de la evacuación. **2** ***Méx.*** y ***Urug. Fig.*** Metedura de pata: *Se mandó una **cagada** enorme: le robó dinero a su esposa.*

cagado, da ***adj.*** **1** Que se ensució de mierda. **2** Miedoso: *No pudo disparar contra el enemigo porque estaba **cagado** de miedo.*

cagar ***vb. irreg.*** {tr., intr. y prnl.} **Modelo 17. 1** Defecar: *Ese perro **se caga** en la alfombra pues aún no le enseñan buenos modales.* SIN. **obrar. 2** ***Vulg.*** Echar a perder algo. **3** ***Vulg.*** Tener miedo. **4** ***Vulg.*** Enojarse.

cagarruta *f.* **1** Excremento de animales pequeños. **2** *Fig.* Cantidad muy pequeña de algo.

cagón, gona *m.* y *f.* **1** Que defeca con frecuencia. **2** *Fam.* Miedoso, cobarde: *Dice ser muy valiente, pero en realidad es un* ***cagón*** *que huye de sus responsabilidades.*

caguama *f.* **1** Especie de tortuga marina de gran tamaño, común en los mares antillanos. **2** *Méx.* Cerveza en envase de un litro.

caída *f.* **1** Irse algo de arriba hacia abajo: *Las autoridades dijeron que habrá una* ***caída*** *en los precios del azúcar y que un kilo costará tres pesos menos.* **2** Pérdida del equilibrio o estabilidad: *El ánimo de Anabel no ha mejorado de la* ***caída*** *que sufrió con la muerte de su esposo.* **3** Derrumbe: *Todos los problemas que tiene Javier podrían causar la* ***caída*** *de sus buenas calificaciones.* **4** Forma en que una tela cae a causa de su peso y/o del tipo de material del que está hecha. **5** *loc.* **~ libre,** es la que experimenta un cuerpo por la acción de la gravedad sobre su masa.

caído, da *adj.* **1** Se dice de la parte del cuerpo que no está en la posición normal, sino más inclinada: *Esther tiene los hombros* ***caídos*** *desde que sufrió un accidente.* **2** Que murió defendiendo una causa o una creencia: *En muchos países hay monumentos en honor a los soldados* ***caídos*** *en combate.*

caimán *m.* Reptil muy parecido al cocodrilo, pero de trompa más ancha y corta, que vive en los ríos de zonas tropicales de América. Sin. **lagarto.**

cairel *m.* Fleco, rizo de pelo.

caja *f.* **1** Objeto hueco y con tapa que sirve para guardar cosas: *Su novio le regaló a Ana una* ***caja*** *llena de chocolates el día de su cumpleaños.* **2** *Fam.* Ataúd: *Metieron al muerto en la* ***caja*** *y lo llevaron a enterrar.* **3** Lugar donde se paga algo: *En la tienda hay 10* ***cajas*** *y solamente una está abierta.* **4** *loc.* **~ de ahorros,** cuenta que se abre en un banco para depositar los ahorros. **5** *loc.* **~ de cambios,** mecanismo para cambiar las velocidades en un vehículo: *Se dañó la* ***caja de cambios*** *del automóvil y no pasa de la primera a la segunda velocidad.* **6** *loc.* **~ de música,** pequeña maquinaria que, al abrirse, reproduce una pieza musical: *Esa* ***caja de música*** *me trae recuerdos de mi infancia porque toca una canción de cuna.* **7** *loc.* **~ negra,** aparato que registra los datos del vuelo de un avión: *Aún no se ha encontrado la* ***caja negra,*** *por lo que no se pueden determinar las causas del accidente.*

cajero, ra *m.* y *f.* **1** Persona que maneja el dinero en un banco o comercio: *"Pídele al* ***cajero*** *que te cambie este billete de diez pesos por dos de a cinco", me dijo mi madre.* **2** *loc.* **~ automático,** cabina bancaria donde hay una máquina que permite sacar o depositar dinero: *Los* ***cajeros automáticos*** *son muy prácticos porque funcionan las 24 horas del día.*

cajeta *f. Amér. C.* y *Méx.* Dulce hecho de leche quemada de cabra, azúcar y vainilla, entre otros ingredientes.

cajete *m. Guat., Méx.* y *Salv.* **1** Cazuela o cuenco de barro más o menos hondo: *Usa ese* ***cajete*** *para llevar el guiso de pollo a la mesa.* **2** *Méx.* Hueco ancho, poco hondo, que se hace en la tierra para plantar: *Hicimos varios* ***cajetes*** *en el jardín y en ellos plantamos matas de petunias.*

cajetilla *f.* Caja pequeña, sobre todo para guardar fósforos y cigarrillos: *El médico le dijo a mi tío que si sigue fumando media* ***cajetilla*** *diaria de cigarrillos, su enfermedad del pulmón será peor.* Sin. **pitillera.**

cajón *m.* **1** Pieza que se mete o se saca de un mueble y que sirve para guardar cosas: *Mis calcetines están en el primer* ***cajón*** *del ropero.* **2** *Fam.* Ataúd. **3** Lugar marcado por líneas en el suelo donde se estaciona un vehículo: *Luisa no pudo estacionar el automóvil porque no había* ***cajones*** *libres.* **4** *Argent.* y *Chile.* Cañada larga por cuyo fondo corre un río o arroyo.

cajonera *f.* Mueble que tiene tres o más cajones: *En la* ***cajonera*** *de mi recámara guardo, clasificados en cada cajón, mis calzones, calcetines, playeras, camisetas, gorras y lentes.*

cajuela *f. Méx.* Parte de un automóvil que sirve para guardar el equipaje: *A la* ***cajuela*** *de tu automóvil le caben muchas maletas y bolsas porque es muy grande.* Sin. **baúl, maletero.**

cal *f.* Óxido de calcio que, mezclado con agua, sirve para argamasa y para blanquear paredes.

cala *f.* Corte o prueba hecha en algo: *"¿Me hace por favor una* ***cala*** *en esta sandía para saber si está madura?", le pedí al vendedor.*

cala *f.* Ensenada de paredes rocosas, escarpada y estrecha.

calabacera *f.* **1** Planta cuyo fruto es la calabaza. **2** Vendedora de calabazas. **3** *Méx.* Terreno cultivado de calabazas.

calabacín o **calabacita** *f.* Calabaza pequeña, verde por fuera y blanca por dentro, que puede tener forma alargada o redonda.

calabaza *f.* **1** Se dice de las distintas hortalizas de cáscara gruesa y centro blando que normalmente se cuecen para ser comidas. Sin. **zapallo. 2** *loc. pl. Fam.* **Dar ~,** rechazar a un enamorado: *La novia de Ricardo le* ***dio calabazas*** *y por eso él está muy triste.*

calabozo *m.* Lugar oscuro y subterráneo donde se encerraba a la gente: *El caballero del filme pasó dos meses encadenado en el* ***calabozo*** *del castillo.*

calado *m.* Profundidad que alcanza el cuerpo de un buque: *El gran* ***calado*** *de ese barco sólo le permite navegar en aguas muy profundas.*

calado, da *adj./m.* y *f.* Que está adornado con agujeritos y aberturas: *Para la fiesta me voy a poner la blusa* ***calada*** *para no sentir mucho calor.*

calafatear *vb.* {tr.} Tapar las junturas o uniones de un barco.

calamar *m.* Molusco marino comestible, parecido al pulpo pero con diez tentáculos y de cabeza alargada: *Los* ***calamares*** *arrojan tinta, como el pulpo.*

calambre *m.* Dolor intenso que se siente cuando un músculo se contrae de manera involuntaria: *El corredor cayó antes de llegar a la meta a causa de un fuerte* ***calambre*** *en la pierna.*

calamidad *f.* **1** Desgracia, mala suerte: *La* ***calamidad*** *persigue a Julio: primero le robaron su automóvil y luego se quedó sin empleo.* **2** Persona torpe o que hace todo mal: *"Otra vez rompió la vajilla esa* ***calamidad*** *de muchacha", gritó mi madre.*

calamitoso, sa *adj.* Se dice de la persona o cosa que causa o trae consigo calamidades: *Esa guerra ha sido* ***calamitosa,*** *apenas terminó se desataron hambruna y epidemias.*

calandria *f.* Ave canora parecida a la alondra.

calandria *f. Méx.* Tipo de carruaje tirado por caballos.

calaña *f. Desp.* Índole, naturaleza: *No puedo ser amigo de gente de esa* ***calaña,*** *ya que son tramposos y mentirosos.*

calar *vb.* {tr.} **1** Hacer una prueba o tomar una muestra de algo: *Pedí al vendedor que* ***calara*** *el mamey para saber si estaba bueno.* **2** Hacer una hendidura o canal: *Debemos* ***calar*** *el borde de los escalones para que no resbalemos.* **3** Trabajar una tela abriendo espacios entre los hilos. Sin. **deshilar.**

calato, ta *adj. Perú. Fam.* Desnudo. Sin. **pilucho.**

calavera ***f.*** **1** Huesos que forman la cabeza: *La bandera de los piratas tiene dibujada una* ***calavera.*** **2** ***Méx.*** Cada una de las luces traseras de un automóvil. **3** ***Méx.*** Versos ingeniosos y satíricos que se hacen con motivo del Día de Muertos: *El 2 de noviembre los diarios mexicanos publican* ***calaveras*** *dedicadas a personas conocidas.*

calavera ***m.*** Hombre vicioso al que le gustan las diversiones libertinas: *José es un* ***calavera*** *que llega casi todos los días a las 3 de la mañana.*

calcañar ***m.*** Parte posterior de la planta del pie, bajo la saliente del talón: *Cuando te bañes tállate bien los* ***calcañares,*** *o se te van a percudir.*

calcar ***vb. irreg.*** {tr.} **Modelo 17. 1** Copiar algo, poniendo encima un papel fino y casi transparente: *La maestra nos dijo que* ***calcáramos*** *un mapa del libro.* **2** Imitar.

calcáreo, a ***adj.*** Que tiene cal: *Las famosas pirámides de Egipto fueron construidas con rocas* ***calcáreas.***

calce ***m. Amér. C.*** y ***Méx.*** Parte inferior de un escrito: *La firma debe ir al* ***calce*** *de la carta.*

calcedonia ***f.*** Piedra traslúcida u opaca de la familia del cuarzo; se presenta en gran variedad de colores y se utiliza en joyería.

calceta ***f.*** Prenda de vestir que cubre el pie y parte de la pantorrilla, más larga que el calcetín: *Mis* ***calcetas*** *me protegen del frío porque son gruesas y me llegan hasta las rodillas.*

calcetín ***m.*** Prenda más corta que la calceta que cubre el pie y parte de la pantorrilla. SIN. **soquete.**

calchaquí ***adj./m.*** y ***f.*** Pueblo y cultura amerindios prehispánicos, que se desarrollaron en las llanuras argentinas.

calcificar ***vb.*** {tr.} Aportar sales de calcio a un tejido orgánico: *Para* ***calcificar*** *nuestro esqueleto, debemos comer productos lácteos, pescado y otros alimentos que contengan calcio.*

calcinado ***adj.*** Completamente quemado: *Después del incendio se veían los restos* ***calcinados*** *del edificio.*

calcinar ***vb.*** {tr. y prnl.} Quemar, abrasar: *El fuego* ***calcinó*** *la carne, es decir, la dejó carbonizada.*

calcio ***m.*** Elemento químico, de símbolo Ca y número atómico 20, importante para el cuerpo humano: *La leche, el queso y el yogur son ricos en* ***calcio.***

calco ***m.*** Imitación de algo: *Rosa compró una blusa que es un* ***calco*** *de una mía que le gusta mucho.*

calcomanía ***f.*** Imagen, por lo general de colores, que se puede pegar encima de cualquier superficie: *Mi amiga me regaló una* ***calcomanía*** *de un cocodrilo y la pegué en el libro de biología.*

calculado, da ***adj.*** Que resulta de calcular.

calculador, ra ***adj./m.*** y ***f.*** Que actúa pensando en la ventaja o el provecho que puede sacar: *Rogelio es una persona* ***calculadora,*** *me visitó cuando estaba enfermo sólo para pedirme dinero.*

calculadora ***f.*** Máquina que hace automáticamente operaciones matemáticas tales como sumas, restas, multiplicaciones y divisiones: *La* ***calculadora*** *es muy útil, pero es mejor aprender a resolver operaciones sin ella.*

calcular ***vb.*** {tr.} **1** Realizar operaciones matemáticas para llegar a un resultado: *Como tarea escolar, la maestra nos pidió que* ***calculemos*** *la superficie de tres figuras geométricas.* **2** Prever algo a partir de la información que se tiene: *Mi padre* ***calculó*** *que los trabajadores tardarán dos semanas en acabar de arreglar la casa porque todavía les falta pintarla.*

calculista ***m.*** y ***f.*** Persona que calcula.

cálculo ***m.*** **1** Operación matemática que se realiza para llegar a un resultado. **2** Nombre de varias ramas de las matemáticas: *El álgebra es un tipo de* ***cálculo*** *matemático que utiliza letras en vez de números para obtener sus resultados.* **3** Piedra que se forma en algunos órganos o conductos del cuerpo: *A mi tío lo operaron para sacarle un* ***cálculo*** *que tenía en el riñón.*

caldear ***vb.*** {tr. y prnl.} **1** Calentar: *"Enciende la chimenea para* ***caldear*** *la habitación", me pidió mi abuelo.* **2** Excitar: *La discusión* ***se caldeó*** *y los invitados a la fiesta acabaron dándose golpes.*

caldera ***f.*** Aparato que calienta el agua y la distribuye a través de tubos por la casa.

calderilla ***f.*** Conjunto de monedas de poco valor.

caldero ***m.*** Recipiente profundo, no muy grande, con fondo semiesférico: *Cuando preparamos pozole, usamos un* ***caldero*** *de ocho litros de capacidad.*

calderón ***m.*** Signo musical que representa una suspensión más o menos larga del compás.

caldillo ***m. Méx.*** Salsa para sazonar guisos, cuyos ingredientes básicos son tomate, cebolla, ajo y especias: *Comimos carne de cerdo en* ***caldillo*** *con hongos, rajas de chile y elote.*

caldo ***m.*** Guiso líquido que se prepara hirviendo carne o verduras en agua: *Julia guisó el pollo en* ***caldo*** *con verduras.*

calefacción ***f.*** Aparatos que se instalan para calentar un lugar: *"Si tienes frío, prende la* ***calefacción*** *para que se caliente el ambiente en la casa", me dijo mi madre.*

calefactor ***m.*** Aparato que sirve para calentar habitaciones: *En invierno ponemos* ***calefactores*** *en las recámaras, pues mi casa es muy fría.* SIN. **calentador, calefón.**

calefón ***m. Argent.*** Calentador. SIN. **bóiler.**

calefón o **cálifon** ***m. Chile.*** Calentador.

caleidoscopio ***m.*** Aparato óptico hecho con un tubo en cuyo interior se ponen vidrios de colores, que al hacerse girar forman diferentes combinaciones de figuras y colores.

calendario ***m.*** **1** Folleto u hoja impresa en que puede verse la división de los días, las semanas y los meses de un año: *Miré en el* ***calendario*** *que mi cumpleaños caerá en lunes este año.* SIN. **almanaque. 2** Ordenamiento de una actividad en un tiempo dado: *Me dieron el* ***calendario*** *de filmes que transmitirán en el cine durante los próximos seis meses.* **3** Manera de dividir los años, los meses y los días: *El* ***calendario*** *maya es diferente al que usamos en la actualidad porque sus meses son de veinte días.*

calendarización ***f.*** Organización de alguna tarea siguiendo un calendario: *Me entregaron la* ***calendarización*** *del año escolar.*

calendarizar ***vb.*** {tr.} Organizar una actividad de acuerdo con un calendario: *Van a* ***calendarizar*** *los exámenes trimestrales.*

caléndula ***f.*** Planta herbácea que tiene usos medicinales: *La pomada de* ***caléndula*** *sirve para aliviar problemas en la piel.*

calentador ***m.*** **1** Aparato para calentar que funciona con gas o electricidad. SIN. **calefactor, calefón. 2** ***pl.*** Medias sin pie hechas de lana que sirven para calentar las piernas: *"Ponte tus* ***calentadores*** *para la clase de ballet y así no sentirás frío en las piernas", me dijo la maestra.*

calentamiento ***m.*** **1** Acción de calentar: *Antes de empezar hay que hacer ejercicios de* ***calentamiento.*** **2** Fenómeno producido por el exceso de calor: *El* ***calentamiento*** *del planeta puede llevar a su destrucción.*

calentar ***vb. irreg.*** {tr. y prnl.} **Modelo 3. 1** Hacer subir la temperatura. **2** Ejercitar los músculos antes de realizar un deporte. **3** ***Fam.*** Enojar, irritar: *José* ***se calentó*** *porque su vecino ofendió a su mamá y por eso lo golpeó.* **4** ***Vulg.*** Excitar o excitarse sexualmente.

calentura ***f.*** Fiebre.

calenturiento, ta ***m.*** y ***f.*** **1** Que tiene fiebre o calentura. **2** ***Vulg.*** Que se excita sexualmente con facilidad.
calesa ***f.*** Vehículo para pasajeros de dos o cuatro ruedas, tirado por caballos, que va abierto por delante y tiene capota: *En algunos grandes parques hay* ***calesas*** *de alquiler para pasear.*
calesita ***f. Argent.*** y ***Urug.*** Carrusel, tiovivo.
caleta ***f.*** Pequeña entrada de mar en la tierra: *En la* ***caleta*** *las olas son menores que en el mar abierto.*
calibrar ***vb.*** {tr.} **1** Calcular la medida diametral de un objeto cilíndrico. **2** Medir o calcular algo: ***Calibré*** *mis posibilidades de ganar y, como son escasas, mejor no entraré al concurso.*
calibre ***m.*** **1** Medida del diámetro exterior de un objeto cilíndrico sólido, o medida del diámetro interior de uno hueco: *El* ***calibre*** *de un arma indica el diámetro de su cañón.* **2** Tamaño o importancia de algo: *El alpinista que escaló la montaña más alta del mundo realizó una hazaña de mucho* ***calibre.***
caliche ***m.*** Costra que se desprende del recubrimiento de las paredes: *Cuando raspamos para pintar, salió todo un costal de* ***caliche*** *tan sólo del baño.*
calidad ***adv.*** Función o carácter: *Mi profesor vino a visitarme en* ***calidad*** *de amigo cuando estuve enfermo.*
calidad ***f.*** **1** Valor propio de un objeto o persona: *La mesa se rompió fácilmente porque era de mala* ***calidad.*** **2** Superioridad en su línea, categoría, importancia: *"Ahora que sí estudiaste, hiciste un examen de* ***calidad****", afirmó mi maestra.*
cálido, da ***adj.*** **1** Caliente. **2** Afectuoso: *Cuando nos vemos Sandra y yo, ella siempre me abraza porque es una persona muy* ***cálida.***
calidoscopio ***m.*** Caleidoscopio.
caliente ***adj.*** **1** Que posee o contiene calor. **2** Que da calor: *Esta cobija es* ***caliente*** *porque es gruesa y está hecha de lana.* **3** Enojado: *Ricardo se quedó* ***caliente*** *con la grosería que le dijiste y por eso ahora no quiere hablar contigo.* **4** ***Fam.*** Grito usado en los juegos cuando un niño se acerca al objeto escondido: *"¡****Caliente, caliente!****, sigue buscando y encontrarás el regalo", le dije a Roberto.* **5** ***loc. Fam.*** **En ~,** en el mismo momento o cuando algo acaba de pasar: *Voy a ducharme* ***en caliente*** *para salir a jugar pronto.*
califa ***m.*** Jefe supremo de la comunidad islámica después de la muerte de Mahoma: *El* ***califa*** *tiene ante todo una función espiritual.*
califal ***adj.*** Se refiere a los califas o el califato: *La corte* ***califal*** *de Harún al Raschid en Bagdad se hizo tan famosa por su esplendor, que quedó inmortalilzada en los cuentos de* Las mil y una noches.
califato ***m.*** **1** Dignidad de califa. **2** Territorio sometido a su autoridad. **3** Duración de su reino.
calificación ***f.*** Resultado de un examen: *La maestra le puso la mejor* ***calificación*** *a Lidia porque acertó todas las preguntas.* Sin. **nota.**
calificado, da ***adj.*** Que es apto para alguna tarea, ya sea por capacidad o por estudio: *Se necesitan obreros* ***calificados*** *para la industria siderúrgica.*
calificador, ra ***adj.*** Que califica: *El juez* ***calificador*** *de Bolivia asignó más puntaje que los demás.*
calificar ***vb. irreg.*** {tr.} **Modelo 17. 1** Juzgar o considerar de manera positiva o negativa algo o a alguien: *Lombardo* ***calificó*** *al hombre de charlatán cuando se dio cuenta de todas las mentiras que le había dicho.* **2** Decidir la nota que corresponde en un examen: *Estudié muy bien, estoy segura de que el profesor me* ***calificará*** *con un diez.*
calificativo, va ***adj./m.*** Adjetivo que le agrega alguna cualidad al sustantivo: *Si digo "mar bello" la palabra* bello *es un adjetivo* ***calificativo*** *porque dice cómo es el mar.*
californio ***m.*** Elemento químico radiactivo de símbolo Cf y número atómico 98, que se obtiene de manera artificial.
caligrafía ***f.*** **1** Arte de escribir con buena letra. **2** Rasgos que caracterizan la forma de escribir de alguien.
caligráfico, ca ***adj.*** Que se relaciona con la caligrafía: *El examen* ***caligráfico*** *detectó quién era el culpable.*
caligrama ***m.*** Poema en el que las letras y las palabras son al mismo tiempo las líneas de un dibujo en la página.
calibrador ***m.*** Instrumento que sirve para calibrar: *Mi papá usó el* ***calibrador*** *para verificar la medida de los tubos que instaló en la cocina.*
cáliz ***m.*** **1** Vaso en el que se consagra el vino en la misa. **2** Envoltura verde de la flor, que se rompe para permitir que la flor se abra.
caliza ***f.*** Roca sedimentaria que está constituida principalmente por carbonato de calcio: *En algunas cavernas, la* ***caliza,*** *por efecto del agua, forma fantásticas figuras.*
calizo, za ***adj.*** Que contiene cal.
callado, da ***adj.*** **1** Que no es dado a hablar. **2** Se dice de lo hecho en silencio y con reserva: *En mi barrio se duerme bien porque es* ***callado*** *de noche.*
callampa ***f. Chile, Ecuad.*** y ***Perú.*** Hongo, seta.
callana ***f. Amér. Merid.*** Vasija tosca para tostar granos.
callar ***vb.*** {tr., intr. y prnl.} **1** No decir lo que se siente o lo que se sabe. **2** Guardar silencio: *Los alumnos* ***se callaron*** *para escuchar a la maestra.*
calle ***f.*** **1** Lugar por donde transitan los vehículos en una ciudad o población: *Vivo donde termina la* ***calle*** *Independencia.* **2** Espacio ubicado fuera de la casa: *Los niños salieron a la* ***calle*** *a jugar futbol.* **3** Espacio de la gente común y corriente: *Los diarios son escritos para el hombre de la* ***calle*** *y no para las personas importantes.* **4** ***loc. Fam.*** **Dejar en la ~,** hacer que alguien quede en la pobreza y sin medios para vivir. **5** ***loc. Fam.*** **Llevarse de ~,** superar a alguien ampliamente, dejarlo atrás: *Julia se* ***llevó de calle*** *a todas las corredoras y llegó cinco minutos antes que las demás.*
callejear ***vb.*** {intr.} Andar paseando por las calles.
callejero, ra ***adj.*** **1** Que vive o suele estar en la calle: *Cada vez hay más perros* ***callejeros*** *que no tienen casa ni dueño.* **2** Que le gusta andar en la calle: *Tengo un amigo muy* ***callejero,*** *casi nunca está en su casa.*
callejón ***m.*** **1** Paso estrecho y largo entre paredes. **2** Corredor situado entre la barrera y el público en una plaza de toros. **3** ***loc.*** **~ sin salida,** situación que parece no tener solución: *Desde que me abandonó mi esposa y me echaron del trabajo me siento en un* ***callejón sin salida*** *y no sé qué hacer.*
callejuela ***f.*** Calle pequeña y estrecha: *La tienda estaba en una* ***callejuela.***
callicida ***adj./m.*** Se aplica a la sustancia que sirve para eliminar los callos de la piel. *Me urge comprar un* ***callicida,*** *o pronto no podré usar zapatos.*
callo ***m.*** **1** Endurecimiento que se forma por fricción en las manos o en los pies. **2** ***loc. Fam.*** **Tener ~,** poseer experiencia en algo: *Mi tío* ***tiene callo*** *para fabricar artesanías porque todos los días elabora muchas.*
callosidad ***f.*** Callo poco abultado y extendido: *Como andan descalzos, los aborígenes australianos tienen gruesas* ***callosidades*** *en la planta de los pies.*
calloso, sa ***adj.*** Que tiene callos: *Las manos del albañil son* ***callosas*** *y fuertes.*
calma ***f.*** **1** Tranquilidad, serenidad: *"Trata de mantener la* ***calma*** *aunque las otras personas estén gritando", me*

aconsejó mi padre. **2** Estado de la atmósfera o del mar cuando no hay viento: *El refrán que dice: "Después de la tempestad, viene la **calma**" quiere decir que las cosas comienzan a arreglarse después de algún problema grave.*

calmante ***adj./m.*** Se aplica al medicamento para calmar el dolor o la excitación nerviosa: *El doctor me recetó unos **calmantes** para el dolor de mi tobillo luxado.*

calmar ***vb.*** {tr. y prnl.} **1** Mantener tranquilo algo o a alguien. **2** Aliviar un dolor o malestar: *La comida me hizo daño, pero mi madre me dio un medicamento y se me **calmó** el dolor.*

calmécac ***m.*** Entre los mexicas, escuela en la que estudiaban los hijos de reyes y nobles.

calmo, ma ***adj.*** Que actúa con tranquilidad, que está tranquilo: *El velero no avanzaba en el mar **calmo.***

calmoso, sa ***adj.*** Que actúa con extrema tranquilidad. SIN. **cachazudo.**

caló ***m.*** Conjunto de los términos provenientes de la lengua de los gitanos.

calor ***m.*** **1** Elevación de la temperatura. **2** Sensación que se produce en el cuerpo cuando se eleva la temperatura. **3** Afecto, cariño: *En esta casa hay **calor** de hogar, pues todos nos queremos y respetamos.*

caloría ***f.*** Unidad de medida de la energía que proporciona la comida: *El chocolate es dulce y grasoso, por eso tiene muchas **calorías.***

calorífero, ra ***adj.*** Que propaga o conduce el calor: *El techo de láminas plásticas que pusiste en la terraza es **calorífero,** por eso se marchitan tus plantas.*

calorífico, ca ***adj.*** Que produce calor: *El chocolate es **calorífico,** por eso nunca falta en las mochilas de los alpinistas.*

calorimetría ***f.*** Parte de la física que se ocupa de medir las cantidades de calor.

calorímetro ***m.*** Aparato para medir cuánto calor suministra o recibe un cuerpo determinado.

calorón ***m.*** Calor muy grande: *Este verano hubo unos **calorones** bárbaros.*

calostro ***m.*** Primera leche de las hembras de los mamíferos y de la mujer después de parir, que contiene anticuerpos.

calpulli ***m.*** En el México anterior a la llegada de los españoles, territorio donde habitaba un clan.

calumnia ***f.*** Acusación falsa: *Asegurar que él robó las monedas sería una **calumnia** si no estás seguro de lo que dices.*

calumniador, ra ***adj.*** Que dice calumnias: *Evangelina es una **calumniadora:** dijo que me había robado los panes.*

calumniar ***vb.*** {tr.} Acusar a alguien de manera falsa para perjudicarlo. SIN. **embarrar.**

calumnioso, sa ***adj.*** Que expresa calumnias: *El periódico fue enjuiciado por publicar artículos **calumniosos.***

caluroso, sa ***adj.*** **1** Se dice de lo que da o proporciona calor. **2** Que da afecto o cariño. SIN. **afectuoso.**

calva ***f.*** Parte de la cabeza que no tiene pelo.

calvario ***m.*** **1** Lugar donde fue crucificado Jesús; se escribe con "C" mayúscula cuando designa este lugar: *El **Calvario** también recibe el nombre de Gólgota, nombre de origen arameo.* **2** *Fam.* Se escribe con "c" minúscula cuando indica sufrimiento que parece no tener fin.

calvicie ***f.*** Pérdida del pelo de la cabeza, o falta de él: *Su **calvicie** estaba muy avanzada, por eso prefirió afeitarse por completo la cabeza.*

calvinismo ***m.*** Doctrina protestante basada en las ideas religiosas de Juan Calvino y de la reforma del siglo XVI.

calvo, va ***adj./m.*** y ***f.*** Que ha perdido el pelo de la cabeza.

calzada ***f.*** Parte de una vía reservada a la circulación de vehículos.

calzado ***m.*** Prenda que sirve para cubrir y resguardar el pie.

calzado, da ***adj.*** Relativo al animal que tiene las patas de color distinto al resto del cuerpo.

calzador ***m.*** Instrumento que ayuda a ponerse los zapatos: *Tuve que usar **calzador** para que mis pies pudieran entrar en los zapatos.*

calzar ***vb. irreg.*** {tr. y prnl.} **Modelo 16. 1** Poner zapatos en los pies: *Daniel **se calzó** unas botas de cuero para montar a caballo.* **2** Impedir que algo se mueva poniéndole un objeto que lo fije: *"Si **calzas** la puerta con una cuña impedirás que la cierre el viento."*

calzas ***f. pl.*** Antigua prenda de vestir masculina, parecida a unas medias pero de tela gruesa, que cubría desde los pies hasta los muslos: *Una moda del Renacimiento italiano fue usar **calzas** con una pierna de color diferente a la otra.*

calzón ***m.*** **1** Prenda interior masculina o femenina que cubre la región del sexo y todo o parte del trasero. **2** Pantalón corto: *Los jugadores del otro equipo de fútbol traen **calzón** negro y el nuestro es blanco.*

calzoncillos ***m. pl.*** Calzones de hombre. SIN. **trusa.**

calzonudo, da ***adj.*** *Fig.* cachazudo.

cama ***f.*** Mueble para dormir.

camada ***f.*** Conjunto de cachorros nacidos en un solo parto: *Mi perra tuvo una **camada** de doce perritos.*

camafeo ***m.*** Piedra usada como alhaja, con una figura en relieve, tallada en su superficie.

camaleón ***m.*** Pequeño reptil que cambia de color para confundirse con lo que lo rodea y que caza insectos con su lengua larga y pegajosa.

camaleónico, ca ***adj.*** *Fig.* Que adopta cambios con mucha frecuencia: *Es un artista **camaleónico,** hoy usa un estilo y mañana recurre a otro.*

camalote ***m.*** ***Amér. Merid., Argent.*** y ***Salv.*** Planta acuática que crece en las orillas de los ríos y lagunas, y tiene hojas y flores que flotan.

camanchaca ***f.*** ***Chile*** y ***Perú.*** Niebla espesa y baja.

cámara ***f.*** **1** Máquina que sirve para captar imágenes: *Compré una **cámara** fotográfica antes de salir de viaje.* **2** Habitación reservada para ocasiones especiales: *Los esposos durmieron en la **cámara** nupcial del hotel la noche después de casarse.* **3** Organismo, asociación: *Mi padre es dueño de una tienda y es miembro de la **cámara** de comercio.* **4** Tubo circular inflable de caucho o hule que se pone adentro de los neumáticos. SIN. **llanta.**

camarada ***m.*** y ***f.*** Compañero. SIN. **amigo, cuate.**

camaradería ***f.*** Relación solidaria que une a los amigos y compañeros.

camarero, ra ***m.*** y ***f.*** Persona que se dedica al servicio de habitación en hoteles o que sirve a los clientes en restaurantes y bares. SIN. **mesero.**

camarilla ***f.*** Grupo de personas que influye en las decisiones de alguien que tiene un puesto en el poder: *Sólo algunos licenciados forman parte de la **camarilla** del director de la empresa.*

camarín ***m.*** **1** Capilla pequeña situada detrás de un altar. **2** Camerino.

camarógrafo, fa ***m.*** y ***f.*** Persona que maneja una cámara de cine o televisión, sobre todo de manera profesional.

camarón ***m.*** Pequeño crustáceo marino comestible: *El **camarón** es un marisco muy apreciado por el rico sabor de su carne.* SIN. ***gamba.***

camaronero, ra ***adj.*** Que atrapa o transporta camarones: *El barco **camaronero** se hundió frente a la costa.*

camarote ***m.*** Dormitorio de un barco: *El niño se mareó tanto, que tuvo que ir a su* ***camarote*** *para acostarse.*
camastro ***m.*** Cama pobre y tosca.
cambado, da ***adj. Colomb., R. de la P.*** y ***Venez.*** Patizambo.
cambalache ***m.*** **1** *Fam.* Intercambio. **2** *Urug.* Tienda donde se compran y venden objetos usados.
cambalachear ***vb.*** {tr.} *Fam.* Intercambiar con otra persona cosas de poco valor: *Patricia y yo* ***cambalacheamos*** *nuestras chamarras, pues a mí me gustaba la de ella y a ella la mía.*
cambiante ***adj.*** Que cambia constantemente.
cambiar ***vb.*** {tr., intr. y prnl.} **1** Dar o tomar una cosa por otra: *"Te* ***cambio*** *mi lápiz por tu caramelo", me propuso Javier.* **2** Modificar una cosa, ponerla de forma diferente a como está: *Muchas personas queremos* ***cambiar*** *el mundo porque hay demasiada violencia y hambre.* Sin. **transformar.** **3** Mudarse de casa o de ropa: *Jaime* ***se cambió*** *el pantalón porque estaba manchado de grasa.*
cambiario, ria ***adj.*** Que se relaciona con el cambio en cuanto al valor de la moneda: *El mercado* ***cambiario*** *amaneció a la baja.*
cambio ***m.*** **1** Proceso a través del cual una cosa se hace distinta a como era: *La ciudad ha sufrido un gran* ***cambio*** *desde hace algunos años, ahora es mucho más grande y ruidosa.* **2** Hecho de sustituir una cosa por otra o una persona por otra. **3** Dinero que se devuelve cuando se paga con una moneda o un billete de más valor que el objeto comprado: *El dulce costaba 3 pesos, pagué con una moneda de 5 pesos y me devolvieron 2 de* ***cambio.*** Sin. **vuelto.** **4** Monedas o billetes de baja denominación: *"No traigo* ***cambio*** *para pagar el autobús", le dijo al chofer.* **5** Mecanismo para acelerar la velocidad de un vehículo: *A este automóvil no le entran bien los* ***cambios*** *y por eso avanza muy lento.* **6** *loc.* **A las primeras de ~,** cuando se empieza a hacer algo o comienza a suceder algo: *Samuel se sintió derrotado* ***a las primeras de cambio*** *y no quiso seguir estudiando.* **7** *loc.* **En ~,** al contrario: *Su esposa es muy alta; Raúl,* ***en cambio,*** *es de baja estatura.*
cambista ***m.*** Persona que se dedica a realizar algunas operaciones bancarias.
camboyano, na ***adj./m.*** y ***f.*** Originario de Camboya, país de Indochina.
cámbrico, ca ***adj./m.*** Primer periodo de la era paleozoica.
cambullón ***m.*** **1** *Chile* y *Perú.* Enredo, trampa, confabulación. **2** *Colomb.* Intercambio, trueque, cambalache.
camelar ***vb.*** {tr.} **1** *Esp. Fam.* Tratar de enamorar o seducir a una mujer. **2** *Fam.* Engañar a alguien elogiándolo exageradamente.
camelero, ra ***adj./m.*** y ***f. Argent. Fam.*** Mentiroso.
camelia ***f.*** Flor sin aroma de color blanco, rojo o rosado que crece de un arbusto del mismo nombre.
camélido ***adj./m.*** Se aplica a los rumiantes sin cuernos de cuello largo y cascos muy anchos: *El dromedario, el camello, la alpaca y la llama son* ***camélidos.***
camellero ***m.*** Persona que tiene el oficio de cuidar o guiar camellos: *Para ser buen* ***camellero*** *hay que saber algunos secretos, pues los camellos son muy tercos y enojones.*
camello, lla ***m.*** y ***f.*** Animal rumiante originario de las zonas desérticas de Medio Oriente, con dos jorobas llenas de grasa, que sirven como reserva de agua.
camellón ***m. Méx.*** Acera en medio de una avenida ancha: *Los* ***camellones*** *suelen estar adornados con árboles y plantas.*
camelo ***m.*** **1** Galanteo. **2** Burla. **3** *Argent.* Mentira.
camembert ***m.*** Tipo de queso de leche de vaca, de olor fuerte, cubierto por una costra blanca, cuya pasta en el interior es suave y cremosa.
camerino ***m.*** Habitación donde se visten los artistas antes de salir a escena: *La cantante recibió a sus admiradores en el* ***camerino*** *al terminar el concierto.*
camilla ***f.*** Cama ligera que se usa para transportar enfermos y heridos: *Los enfermeros llevaron al herido hasta la ambulancia en una* ***camilla*** *y luego lo trasladaron al hospital.*
camillero, ra ***m.*** y ***f.*** Persona encargada de transportar enfermos o heridos en una camilla.
caminante ***adj./m.*** y ***f.*** **1** Que camina. **2** Que camina o se traslada a pie: *El* ***caminante*** *recorrió veinte kilómetros de su pueblo a la ciudad.*
caminar ***vb.*** {tr. e intr.} **1** Recorrer a pie una distancia de un lado a otro. **2** Dirigirse hacia algún lugar: *El cura dijo que todos* ***caminamos*** *hacia la muerte.*
caminata ***f.*** Viaje a pie: *Mis amigos y yo hicimos una* ***caminata*** *de tres horas por el bosque.*
camino ***m.*** **1** Vía de comunicación que lleva de un lugar a otro: *Luisa y Alejandra se encontraron en el* ***camino*** *que va del pueblo al río.* Sin. **vereda.** **2** Proceso que hay que seguir para hacer algo: *Estoy en* ***camino*** *de resolver mis problemas económicos, creo que pronto conseguiré un empleo.*
camión ***m.*** **1** Vehículo grande para transportar carga. **2** *Méx.* Vehículo para transportar carga o pasajeros: *Los niños regresan a su casa en el* ***camión*** *escolar.*
camionero, ra ***adj./m.*** y ***f.*** **1** Que tiene que ver con los camiones. **2** Chofer de un camión: *Mi tío trabaja de* ***camionero*** *y lleva tomates del campo a la ciudad.*
camioneta ***f.*** Vehículo de carga más pequeño que el camión.
camisa ***f.*** **1** Prenda de vestir con cuello, mangas y abotonada por delante. **2** *loc.* **~ de fuerza,** prenda de mangas muy largas que se amarran a la espalda para impedir que se mueva la persona que está amarrada: *Rodolfo sufrió un fuerte ataque de nervios y le pusieron una* ***camisa de fuerza*** *para que no se lastimara a sí mismo.* **3** *loc.* **Meterse en ~ de once varas,** meterse en complicaciones: *"En vez de escoger la solución más fácil,* ***te metiste en camisa de once varas****", aseguró mi madre.*
camisería ***f.*** Lugar donde se venden camisas.
camiseta ***f.*** **1** Prenda interior que se usa debajo de la camisa y no tiene cuello. **2** Prenda que se usa para hacer ejercicio y que cubre de la cintura al cuello. **3** Prenda informal, usualmente de algodón: *Para ir a la playa me pondré una* ***camiseta*** *y unos pantalones cortos.* **4** *loc. Fam.* **Sudar la ~,** hacer todo el esfuerzo posible: *Antonio fue el vendedor del año porque es de los que* ***sudan la camiseta*** *por cumplir con su trabajo.*
camisola ***f.*** **1** Camisa amplia: *La guayabera es una especie de* ***camisola.*** **2** Camiseta de algún club deportivo. **3** *Nicar.* Camiseta como ropa interior.
camisón ***m.*** Prenda suelta que usan las mujeres para dormir y cubre el cuerpo hasta las rodillas o los tobillos: *Me regalaron un* ***camisón*** *de seda y me gusta mucho porque es cómodo para dormir.*
camomila ***f.*** **Palabra de origen francés.** Manzanilla.
camorra ***f.*** **1** *Fam.* Pelea: *A ese muchacho le gusta buscar* ***camorra*** *y por eso su madre se preocupa por él.* **2** Organización de la mafia italiana.
camorrista ***adj./m.*** y ***f.*** Que siempre anda buscando pelea.
camote ***m.*** **1** *Amér.* Tubérculo comestible de una planta del mismo nombre. Sin. **batata, boniato.** **2** *Vulg.* Órgano sexual

masculino. **3** *loc. Méx. Fam.* **Tragar ~,** aguantarse: *Tuve que **tragar camote** cuando me regañó mi madre porque me había comportado mal en la escuela.*

campal ***adj.*** Que sucede a campo abierto: *El partido de fútbol se convirtió en una batalla **campal** sobre la cancha.*

campamento ***m.*** Espacio en terreno abierto donde se instalan, por un tiempo, excursionistas o fuerzas militares.

campana ***f.*** **1** Instrumento semicónico de metal que se hace sonar golpeándolo por dentro con un badajo: *Las **campanas** sonaron en la torre de la iglesia anunciando el comienzo de la misa.* **2** Objeto hueco que sirve para cubrir o proteger algo: *"Tapa esos panes con la **campana** de vidrio para que no se pongan duros", le pedí a Romualdo.* **3** Aparato de cocina que sirve para aspirar el humo que se produce al guisar: *"Prende la **campana** antes de que nos ardan los ojos con el humo de la carne quemada."* **4** *loc. pl.* **Echar las ~ al vuelo,** celebrar algo: *Cuando supimos que mi hermana no estaba enferma, **echamos las campanas al vuelo** y organizamos una fiesta.*

campanada ***f.*** Sonido que produce la campana al ser golpeada por el badajo: *Sonaron cuatro **campanadas** en el reloj de la torre, eran las cuatro de la tarde.*

campanario ***m.*** Torre de las iglesias donde están las campanas.

campanazo ***m.*** **1** Sonido de una campana. **2** *Fig.* Alerta sobre algo, generalmente ilegal: *Le dieron el **campanazo** sobre la devaluación y compró muchos dólares.* **3** Escándalo.

campanero ***m.*** Persona encargada de tocar las campanas.

campanilla ***f.*** **1** Campana pequeña que tiene un mango para agarrarla: *El sacristán de la iglesia tomó la **campanilla** y la hizo sonar.* **2** Músculo pequeño que cuelga al fondo del paladar: *Si abres la boca frente al espejo, puedes ver tu **campanilla** al fondo.* SIN. **úvula.** **3** Planta con flores azules, blancas o rosadas, que tienen figura parecida a la de una campana.

campanillazo ***m.*** **1** Sonido fuerte de una campanilla. **2** Golpe dado con una campanilla.

campanilleo ***m.*** Sonido continuo o suave de una campanilla.

campante ***adj.*** *Fam.* Alegre, satisfecho, sin preocupaciones: *Emiliano es un cínico que reprobó el curso y sigue **campante.***

campanudo ***adj.*** **1** Que tiene forma de campana. **2** *Méx. Fig.* Pomposo, pretencioso, engolado: *Con el tono **campanudo** de siempre, el dirigente prometió el oro y el moro.*

campánula ***f.*** Flor en forma de campana.

campaña ***f.*** **1** Expedición militar: *En el filme de guerra, las tropas de un país salieron en **campaña** al territorio enemigo.* **2** Conjunto de actividades organizadas para conseguir algo: *El candidato inició su **campaña** para intentar ganar las elecciones.*

campeador ***adj.*** Que sobresale en el campo de batalla.

campear ***vb.*** {intr.} Sobresalir en la batalla o en alguna otra actividad: *Los soldados **campearon** sobre sus contrincantes y los vencieron.*

campechana ***f.*** **1** *Cuba* y *Méx.* Bebida que combina varios licores a partes iguales. **2** *Méx.* Plato de diferentes mariscos combinados: *La **campechana** que me comí tenía ostiones, camarones, cebolla y aguacate.*

campechanear ***vb.*** {tr.} *Méx.* Mezclar varias bebidas o combinar comidas.

campechanía ***f.*** **1** Trato amable, bonachón. SIN. **campechano.** **2** *Méx.* Resultado de campechanear comidas o bebidas.

campechano, na ***adj./m.*** y ***f.*** **1** *Méx.* De Campeche. **2** *Méx. Fam.* Franco, cordial: *Las personas originarias de la costa tienen fama de ser **campechanas.***

campeón, peona ***m.*** y ***f.*** Persona o equipo que gana un campeonato.

campeonato ***m.*** **1** Competencia en la que se ofrece un premio al ganador: *Mañana comienza el **campeonato** de fútbol y el equipo que gane obtendrá un balón de oro.* **2** Triunfo obtenido en esa competencia: *Todos los equipos lucharon por el **campeonato** de baloncesto y ganó el mejor.*

campero, ra ***adj./m.*** y ***f.*** **1** *Amér. C.* y *Amér. Merid.* Que es muy hábil en los trabajos del campo o para viajar por caminos peligrosos: *La mula de Gustavo es una **campera** porque anda por la montaña como si fuera su casa.* **2** *Argent., Chile* y *Urug.* Prenda exterior de vestir, de mangas largas, que cubre del cuello a las caderas: *Le dije que se pusiera la **campera** o se iba a resfriar a causa del viento frío.* SIN. **chamarra, chaqueta.**

campesinado ***m.*** Conjunto de campesinos: *Parte del **campesinado** llegó a la ciudad a reclamar sus derechos.*

campesino, na ***m.*** y ***f.*** Persona que vive y trabaja en el campo: *Los **campesinos** siembran las semillas del maíz poco antes de la temporada de lluvias.* SIN. **chagra.**

campestre ***adj.*** Que está en el campo o tiene que ver con él: *Ricardo vive en una zona **campestre,** a treinta kilómetros de distancia de la ciudad.*

camping ***m.*** **Palabra de origen inglés.** Campamento.

campiña ***f.*** Superficie en el campo, muy extensa y cubierta de sembradíos: *Inglaterra es famosa por la belleza de sus **campiñas.***

campirano, na ***adj./m.*** y ***f.*** *Méx.* Que tiene que ver con la vida o con las costumbres del campo: *El corrido es un género musical **campirano** que cantan principalmente los campesinos.*

campo ***m.*** **1** Terreno extenso fuera de las poblaciones: *Ayer salimos a pasear al **campo,** pues queríamos alejarnos del ruido de la ciudad.* **2** Terreno preparado para hacer algo en él: *Era un **campo** muy bueno para el cultivo, pero la basura de la ciudad lo arruinó.* **3** Conjunto de temas que son investigados por una ciencia en especial: *El estudio de los insectos es un **campo** de la biología.* **4** *loc.* **~ de concentración,** lugar donde se encierra a los prisioneros en una guerra: *Seis millones de judíos fueron asesinados en los **campos de concentración** nazis durante la Segunda Guerra Mundial.*

camposanto ***m.*** Lugar donde se entierran los muertos: *Los familiares del muerto acompañaron el ataúd hasta el **camposanto.*** SIN. **cementerio.**

campus ***m.*** Lugar donde están situados los edificios de una universidad: *Durante el día hay muchos estudiantes en el **campus** universitario.*

camuflaje ***m.*** Traje o pintura que sirve para confundirse con el medio ambiente y pasar inadvertido: *El **camuflaje** ayudó a que los soldados se escondieran y huyeran del enemigo.*

camuflar ***vb.*** {tr.} Cubrir algo para que se confunda con lo que lo rodea: *El soldado **camufló** el avión cubriéndolo con ramas y así no lo descubrieron sus enemigos.*

can ***m.*** Perro.

cana ***f.*** **1** Cabello blanco: *A mi papá le salieron **canas** a los cuarenta años.* **2** *Argent., Bol., Colomb., Par.* y *Urug. Fam.* Cárcel.

cana ***m.*** *Argent.* y *Urug. Fam.* Policía: *Un **cana** ayudó a mi padre a encontrar al delincuente que lo había golpeado.*

canadiense ***adj./m.*** y ***f.*** Originario de Canadá, país de América del Norte.

canal *m.* **1** Surco o zanja que se construye para llevar agua de un lugar a otro: *Las autoridades abrieron un **canal** para llevar agua al pequeño pueblo que no tenía.* **2** Paso de agua que une dos mares y que puede ser natural o artificial: *El **canal** de Panamá une al océano Atlántico con el Pacífico.* **3** Banda o frecuencia de las ondas televisivas: *A mi padre le gusta ver el **canal** de programas policiacos.* **4** *loc.* **Abrir en ~,** dividir en dos un cuerpo de arriba abajo: *Los carniceros **abren** las reses **en canal** y después las cortan en pedazos pequeños.*

canalizar *vb. irreg.* {tr.} **Modelo 16. 1** Abrir canales para regar un campo. **2** Hacer que un río corra en una dirección particular y determinada. **3** Hacer que algo vaya hacia donde se quiere: *"**Canaliza** toda tu energía hacia el estudio para que logres aprobar el curso", me aconsejó mi padre.*

canalla *m.* y *f. Fam.* Persona ruin y despreciable: *El muy **canalla** culpó a su amigo del robo que él cometió.*

canallada *f.* Acción ruin y despreciable.

canallesco *adj.* Que tiene actitudes o comete acciones similares a las de un canalla: *El robo de infantes es un delito **canallesco.***

canalón *m.* Tubo que se pone en el techo de las casas para desaguar el agua de la lluvia: *El agua de la lluvia cae sobre el techo de mi casa, se acumula en los **canalones** y luego cae al suelo.*

canana *f.* Cinturón para cargar cartuchos: *En el filme, los soldados que iban a la guerra llevaban su **canana** cruzada sobre el pecho.*

canapé *m.* **1** Sofá. **2** Galleta o rebanada pequeña de pan en la que se pone algún alimento y que se sirve en las fiestas o como comida ligera: *En la reunión sirvieron **canapés** de queso de cabra con aceite de oliva.*

canario *m.* Pequeña ave que canta, tiene plumas por lo general amarillas, anaranjadas o verdes y voz musical: *Colgué la jaula del **canario** en el patio para que se asoleara y comenzara a cantar.*

canastilla *f.* Cesta pequeña: *Georgina guardó las agujas en la **canastilla** de la costura.*

canasto, ta *m.* y *f.* **1** Cesto de mimbre, de boca ancha y con agarraderas: *Llené una **canasta** con las manzanas que recogí en el campo.* **2** En el baloncesto, aro con una red que se coloca en alto y a través del cual se hace pasar el balón. **3** Anotación que se consigue cuando se logra meter el balón por el aro: *En el baloncesto, una **canasta** puede valer 1, 2 o 3 puntos.*

cancán *m.* **Palabra de origen francés.** Baile francés típico de los cabarets, que se bailaba alzando alternativamente la pierna derecha y después la izquierda: *El tango en Buenos Aires y el **cancán** en París son bailes que causaron gran escándalo en su época.*

cancel *m.* **1** Contrapuerta que se pone para evitar ruidos del exterior y corrientes de aire. **2** *Méx.* Panel de madera, aluminio o vidrio, que se utiliza para delimitar espacios: *Su oficina está dividida de la mía por un **cancel.***

cancela *f.* Reja que se pone a la entrada de una casa: *Ana y Fernando platicaban a través de la **cancela** de la casa de ella.*

cancelar *vb.* {tr.} **1** Hacer que algo deje de tener validez: *Mi padre **canceló** su tarjeta de crédito para que los ladrones que se la robaron no pudieran usarla.* **2** Suspender algo que se tenía planeado o que iba a tener lugar: ***Cancelaron** su viaje a Londres debido a problemas familiares.*

cáncer *adj./m.* Uno de los doce signos del zodiaco, comprendido entre el 22 de junio y el 22 de julio; su signo es un cangrejo.

cáncer *m.* Enfermedad que destruye los tejidos del cuerpo y que puede causar la muerte: *Fumar produce enfermedades graves como diferentes tipos de **cáncer,** enfisema pulmonar y tos crónica.*

cancerar *vb.* {tr.} *Méx.* Contagiar, corromper, enfermar: *La corrupción **cancera** la burocracia.*

cancerbero *m.* **1** Perro de tres cabezas que, según los griegos antiguos, cuidaba la entrada de los infiernos. **2** Portero de un equipo de fútbol: *El balón se quedó en las manos del **cancerbero** y no entró en la portería.*

cancerígeno, na *adj.* Que puede producir cáncer: *Es importante usar filtro solar porque se ha comprobado que el exceso de sol en la piel puede ser **cancerígeno.***

cancerólogo, ga *m.* y *f.* Médico especialista en cáncer: *La **canceróloga** diagnosticó el tumor después de ver los análisis.*

canceroso, sa *adj./m.* y *f.* Que está afectado por el cáncer: *El médico le dijo a Ernesto que el tumor que tiene no es **canceroso** sino benigno.*

cancha *f.* **1** Terreno donde se juega algún deporte: *Los jugadores abandonaron la **cancha** al terminar el partido.* **2** *loc. Amér.* **Abrirse ~,** hacerse un espacio: *Todavía queda lugar en esa banca, así que voy a **abrirme cancha** para sentarme ahí.*

canchero, ra *adj./m.* y *f.* **1** *Amér. Merid.* Experto en alguna actividad. **2** *Argent.* y *Chile. Desp.* Astuto, pícaro.

canciller *m.* **1** Embajador de un país en otro: *El **canciller** argentino fue recibido por el presidente de Uruguay en el aeropuerto de Montevideo.* **2** En algunos países de Europa, jefe del gobierno.

cancillería *f.* Oficina de la embajada de un país en otro: *"Para renovar su permiso de entrar a Chile, vaya usted a la **cancillería** que está aquí en el centro de Guatemala", le dijo la empleada a mi padre.*

canción *f.* Composición musical que tiene letra y se canta: *La maestra de música les enseñó muchas rimas y **canciones** a sus alumnos.*

cancionero *m.* Colección de poesías o canciones compuestas por varios autores: *Los boleros y los corridos forman parte del **cancionero** popular mexicano.*

cancionista *m.* y *f.* **1** Escritor de canciones. **2** Cantor: *Nos gusta comprar discos de ese **cancionista.***

canco *m.* **1** *Bol.* y *Chile.* Nalga. **2** *Chile.* Olla de uso doméstico. **3** *Chile.* Maceta. **4** *pl. Chile.* En la mujer, caderas anchas.

candado *m.* Cerradura suelta que asegura puertas, cofres, etc.: *Se fueron de vacaciones y dejaron la casa cerrada con **candado.***

cande o **candi** *adj.* Azúcar que se purifica y cristaliza: *El azúcar **cande** parece vidrio.*

candela *f.* **1** Vela, cilindro largo de cera o parafina que sirve para alumbrar. **2** Energía: *"Ponle **candela** al trabajo escolar y acabarás antes de lo que te imaginas", me aconsejó Rocío.*

candelabro *m.* Objeto que sirve para sostener velas y que se fija a la pared o se apoya en una base: *Los salones del elegante palacio estaban iluminados por **candelabros** de bronce.* Sin. **candelero.**

candelero *m.* **1** Objeto que sirve para sostener una o varias velas: *Como el cuarto estaba oscuro, antes de entrar fui a buscar un **candelero** para alumbrar.* **2** *loc.* **Estar en el ~,** ocupar un lugar muy visible e importante: *Ese actor pasó a **estar en el candelero** cuando participó en un filme muy famoso.* Sin. **candelabro.**

candencia *f.* Lo que es muy caliente.

candente *adj.* **1** Ardiente, enrojecido por el fuego. **2** Que suscita discusiones o escándalos: *La discusión sobre el* *aborto es un asunto* ***candente,*** *porque mucha gente está a favor de practicarlo y mucha gente no.* ANT. **frío.**

candidato, ta ***m.*** y ***f.*** Persona que aspira a ocupar un puesto: *Cada partido político tiene su* ***candidato*** *a la presidencia.*

candidatura ***f.*** Postulación o nombramiento de una persona que aspira a ocupar un puesto: *La* ***candidatura*** *de Irma a la presidencia de alumnos fue apoyada por todos sus amigos.*

candidez ***f.*** Ingenuidad o inocencia: *"Eres una persona con una gran* ***candidez:*** *crees todo lo que te cuentan", le dije a Emilia.*

candidiasis ***f.*** Infección por hongos que afecta las mucosas de la boca, las de los genitales y la piel.

cándido, da ***adj./m.*** y ***f.*** Ingenuo, fácil de engañar: *Luis es* ***cándido*** *y cree que su novia se va a casar con él porque lo ama, pero ella lo que quiere es su dinero.*

candil ***m.*** Lámpara de aceite: *Cuando todavía no inventaban la luz eléctrica, la gente se alumbraba con* ***candiles.***

candilejas ***f. pl.*** Luces de un teatro situadas en hilera entre el escenario y los espectadores: *La obra de teatro comenzó cuando se apagaron las* ***candilejas.***

candombe ***m. Amér. Merid.*** Baile de origen africano que se baila en América del Sur.

candomblé ***m.*** Culto derivado de las religiones indígenas africanas que se practica en Brasil.

candor ***m.*** Ingenuidad, inocencia: *En los ojos de los niños brilla el* ***candor*** *de la infancia.*

candoroso, sa ***adj.*** Ingenuo, simple: *Javier cree todo lo que le dicen sus padres porque es muy* ***candoroso.***

caneca ***f.*** **1** *Colomb.* Bote de basura: *"Tapa siempre la* ***caneca*** *para que no se acerquen las moscas."* **2** *Colomb.* y *Ecuad.* Recipiente grande y cilíndrico de hojalata para guardar petróleo y otros líquidos.

canela ***f.*** Condimento aromático de color marrón o café con tonos rojos: *Al arroz con leche se le pone* ***canela*** *para darle mejor sabor.*

canelo ***m.*** Árbol de cuya corteza se saca la canela.

canelón ***m.*** Comida italiana que consiste en un rollo de pasta relleno de carne o de espinacas.

canesú ***m.*** Parte principal de un vestido o de una camisa, a la que se le cosen después el cuello y las mangas: *El sastre terminó ya el* ***canesú,*** *así que la próxima semana tendrá lista la camisa.*

cangalla ***f.*** **1** *Argent., Bol.* y *Chile.* Desperdicios de una mina. **2** *Bol.* Instrumento que se usa para que los animales transporten carga.

cangallar ***vb.*** {tr.} **1** *Bol.* y *Chile.* Robar en las minas. **2** *Chile.* Cometer un fraude en el pago de los impuestos.

cangrejal ***m.*** *Argent.* y *Urug.* Terreno pantanoso en el que abundan los cangrejos.

cangrejo ***m.*** Animal comestible de mar o de río, que tiene una cubierta dura y grandes pinzas en la parte delantera: *Los* ***cangrejos*** *caminan de lado y viven entre las rocas.*

canguro ***m.*** **1** Animal australiano que avanza dando saltos y cuyas crías crecen en una bolsa que tiene la hembra en el vientre: *Los* ***canguros*** *son marsupiales porque la bolsa que tiene la hembra en el vientre se llama marsupio.* **2** Especie de bolsa con tirantes que sirve para cargar a los bebés: *"Si te llevas al bebé a la calle, no olvides ponerte el* ***canguro*** *para que así tengas las manos libres."*

canguro, ra ***m.*** y ***f.*** *Esp.* Persona que cuida a los niños cuando salen sus padres. SIN. **niñera.**

caníbal ***adj./m.*** y ***f.*** Persona que come carne humana. SIN. **antropófago.**

canibalismo ***m.*** Costumbre de comer carne humana. SIN. **antropofagia.**

canica ***f.*** **1** Pequeña bola de barro o de vidrio de colores usada en un juego infantil. SIN. **bolita. 2** ***pl.*** Juego que se lleva a cabo con la bola llamada canica: *"¿Quieres jugar* ***canicas,*** *o prefieres el balón?", le pregunté a José.* **3** ***loc.*** *Méx. Fam.* **Botársele** a alguien **la ~,** enloquecer, actuar como loco: ***Se le botó la canica*** *a Ernesto y empezó a gritar en el salón de clases.*

canícula ***f.*** Época del año en la que el clima es más caluroso: *Mi abuelo siempre trae una sombrilla cuando llega la* ***canícula*** *porque así se protege del sol.*

cánido, da ***adj./m.*** Perteneciente a la familia de los perros: *El lobo y el coyote son* ***cánidos*** *y se alimentan de carne.*

canijo, ja ***adj./m.*** y ***f.*** **1** Enfermizo, débil. **2** *Méx. Desp.* Malo: *El patrón de Lombardo es un* ***canijo*** *que lo pone a trabajar hasta la madrugada.* **3** *Méx. Fam.* Difícil, complicado: *Está* ***canijo*** *pagar las deudas si no se tiene trabajo.*

canilla ***f.*** **1** Hueso largo de la pierna o del brazo. **2** *Argent.* y *Chile.* Espinilla, parte de enfrente de la pierna. **3** *Argent., Colomb., Par.* y *Urug.* Grifo o llave de agua. **4** *Colomb., Méx.* y *Perú.* Pantorrilla.

canillera ***f.*** **1** *Amér. C.* Temblor de piernas causado por el miedo. **2** *Argent.* y *Chile.* Almohadilla que protege la espinilla en algunos deportes. SIN. **espinillera.**

canillita ***m. Amér. Merid.*** y *R. Dom.* Muchacho que vende diarios o billetes de lotería.

canino ***m.*** Cada uno de los dientes puntiagudos que están entre los incisivos y las muelas. SIN. **colmillo.**

canino, na ***adj./m.*** y ***f.*** Relacionado con los perros: *En la exposición* ***canina*** *había perros de todas las razas y de todas las edades.*

canje ***m.*** Intercambio, trueque entre dos o más personas.

canjear ***vb.*** {tr.} Intercambiar algo: *Dijeron en la televisión que si juntas diez envolturas de chocolate, te las* ***canjean*** *por una pelota.*

cannabis ***m.*** Marihuana.

cano, na ***adj.*** Canoso: *Mi abuelito está completamente* ***cano.***

canoa ***f.*** Bote ligero que se impulsa a remo: *Muchos indígenas de Sudamérica se transportan en* ***canoas*** *a través de los ríos.*

canódromo ***m.*** Lugar donde se efectúan las carreras de perros galgos. SIN. **galgódromo.**

canoero, ra ***adj.*** y ***m.*** Persona que posee o maneja una canoa.

canon ***m.*** **1** Regla o norma, en especial la que se establece por el uso: *Los* ***cánones*** *de la buena educación señalan que no se debe coger la comida con las manos.* **2** Composición musical en que las voces van entrando sucesivamente y cada voz repite el canto de la anterior: *El* ***canon*** *y la fuga fueron dos formas de composición muy usadas en la música religiosa antigua.*

canónico, ca ***adj.*** **1** Conforme a las normas de la Iglesia. **2** Que establece una regla o un conjunto de reglas o que va conforme a ellas: *La obra de ese pintor es* ***canónica,*** *siempre pinta como le enseñaron en la escuela.*

canónigo ***m.*** El que tiene un beneficio dentro de la Iglesia: *Después de muchos años de servicio, el padre Chávez fue nombrado* ***canónigo*** *de la catedral.*

canonizar ***vb. irreg.*** {tr.} **Modelo 16.** Nombrar santo a alguien de manera solemne: *Teresa de Jesús, religiosa y escritora, fue* ***canonizada*** *en 1622.*

canonjía ***f.*** *Fam.* Empleo ventajoso que rinde gran provecho trabajando poco: *Como es recomendada del dueño de la empresa, esa señora tiene una* ***canonjía.***

canope ***m.*** Vaso funerario del antiguo Egipto en el cual se depositaban las vísceras de los cadáveres momificados: *Los **canopes** tienen tapas en forma de cabeza de faraones o de animales, lo vi en un documental.*

canoro, ra ***adj.*** Se aplica a las aves de canto grato y melodioso: *Los canarios, los jilgueros y las calandrias son aves **canoras**.*

canoso, sa ***adj.*** Que tiene el cabello blanco o con canas: *Es común que los ancianos tengan el cabello **canoso**.*

canotaje ***m.*** Deporte que consiste en hacer carreras de canoas: *El equipo de **canotaje** entrena en el río todos los días para la próxima competencia.*

cansado, da ***adj.*** **1** Que siente cansancio, fatigado: *Caminé mucho tiempo bajo el rayo del sol y estoy muy **cansada**.* **2** Que cansa, fatigoso: *Es muy **cansado** limpiar la casa a fondo, pero los resultados son muy agradables.*

cansancio ***m.*** Falta de fuerzas: *Corrimos todo el día y nos entró el **cansancio** por la tarde.* SIN. **fatiga.**

cansar ***vb.*** {tr. y prnl.} **1** Hacer que alguien se quede sin fuerzas: *El bebé tiene tanta energía que ya **cansó** a sus padres y él sigue jugando.* **2** Molestar, aburrir: *Óscar le hablaba a Fabiola tantas veces por teléfono, que la **cansó** y ahora ella no quiere verlo.*

cansino, na ***adj.*** Lento, pesado: *El profesor aburrió a los alumnos con su voz **cansina** y algunos se quedaron dormidos.* SIN. **monótono.**

cantaleta ***f.*** Frase que alguien repite una y otra vez: *Para justificar su flojera, Rodrigo dice todos los días la misma **cantaleta**: "No tuve tiempo para hacer mi trabajo escolar."*

cantante ***m.*** y ***f.*** Persona que se dedica a cantar: *El grupo musical de mi hermano está compuesto por un guitarrista, un baterista y una **cantante**.*

cantaor ***m. Esp.*** Cantante de un tipo de música popular española, el flamenco.

cantar ***m.*** Canción breve y de origen popular: *En los pueblos pequeños se conservan todavía los **cantares** de hace varios siglos.*

cantar ***vb.*** {tr. e intr.} Emitir sonidos musicales con la voz: *En la fiesta se pusieron todos a **cantar** y a bailar al ritmo de la música.*

cantarín, rina ***adj.*** Que le gusta mucho cantar: *Mis canarios son muy **cantarines** y todo el día los escucho.*

cántaro ***m.*** Recipiente de barro con asas que sirve para transportar líquidos: *La mujer iba caminando tan distraída que se le cayó su **cántaro** lleno de agua y se le rompió.* SIN. **múcura.**

cantata ***f.*** Composición musical escrita para una o varias voces: *Las **cantatas** del compositor alemán Juan Sebastián Bach son las más célebres del mundo.*

cantautor, ra ***m.*** y ***f.*** Cantante popular moderno que escribe él mismo sus canciones: *Los **cantautores** venden sus canciones o las interpretan ellos mismos ante el público.*

cante ***m. Esp.*** Canto popular español llamado también flamenco.

cantegril ***m. Urug.*** Barrio de una ciudad habitado por gente pobre que construye sus casas con los materiales que tiene a la mano.

cantera ***f.*** **1** Terreno del que se saca piedra para construir: *El padre de Ana trabajó en las **canteras** cortando y cargando piedra.* **2** Lugar donde se entrenan y de donde salen muchas personas hábiles en algún deporte: *A Jaime le gusta mucho ir al club deportivo porque es **cantera** de gimnastas olímpicos y aprende mucho con ellos.*

cantero ***m.*** **1** Trabajador que saca piedra de las canteras, o que se dedica a labrarla. **2** ***Amér. C.*** y ***Amér. Merid.*** Parte de jardín sembrada de flores o de árboles.

cántico ***m.*** Canto religioso en el que se expresa agradecimiento y alabanza a Dios: *En la misa del domingo, los del coro nos enseñaron un **cántico** que habla sobre Moisés.*

cantidad ***f.*** **1** Calidad de lo que puede ser contado o medido. **2** Porción de alguna cosa: *Necesitamos la **cantidad** de tres kilos de pollo para preparar el guiso que comeremos en la fiesta.* **3** Suma no determinada de dinero: *Mi padre ahorra una **cantidad** de su sueldo porque quiere comprar un automóvil nuevo.* **4** En matemáticas, objetos de la misma clase que pueden ser sumados o comparados con otros: *Sumé 3 + 5 y me dio la **cantidad** correcta: 8.*

cantiga ***f.*** Antiguamente, poema que se cantaba.

cantimplora ***f.*** Recipiente en forma de frasco aplanado, que a veces está cubierto de cuero y sirve para cargar bebidas en viajes y excursiones: *Los viajeros llevaban una **cantimplora** muy grande cuando fueron al desierto.*

cantina ***f.*** Local público de ambiente popular donde se sirven bebidas alcohólicas y alimentos, y pueden practicarse algunos juegos como el dominó: *En el filme que vimos ayer, el vaquero entró a la **cantina** y se emborrachó con sus amigos.* SIN. **boliche.**

cantinela ***f.*** Sonido o dicho que se repite de manera insistente y molesta: *Estoy harta de soportar la misma **cantinela**: apenas me ve Sonia, me pregunta por qué no me corto el pelo.*

cantinero, ra ***m.*** y ***f.*** Dueño o encargado de una cantina: *Ese **cantinero** prepara los cocteles más sabrosos que he probado.*

canto ***m.*** **1** Acción y efecto de cantar: *El **canto** de unos pájaros que estaban en el árbol me despertó esta mañana.* **2** Arte de cantar: *Mariana quiere ser cantante cuando crezca, por eso está estudiando **canto**.* **3** Orilla o borde de algo: *"Si te fijas, verás que el **canto** de algunas monedas tiene rayas."*

cantor, ra ***adj.*** Que canta o que es aficionado al canto: *El ruiseñor es un famoso pájaro **cantor**.*

canturrear ***vb.*** {intr.} Cantar a media voz, tararear: *Cada vez que prende la radio se pone a **canturrear** las canciones que escucha.*

canuto ***m.*** **1** Porción de una caña que se encuentra entre dos nudos de ésta. **2** Tubo cilíndrico de cartón para proteger y transportar planos, diplomas y otros documentos.

caña ***f.*** **1** Tallo de algunas plantas, en particular las gramíneas. **2** Vaso cilíndrico, alto y estrecho: *Mi tío se sirvió una **caña** de cerveza muy fría porque hacía mucho calor.* **3** ***loc.*** **~ de pescar,** vara larga y flexible, que se emplea para pescar: *Maruja se puso muy contenta cuando sintió que su **caña de pescar** se doblaba, porque eso quería decir que había atrapado un pez.*

cañada ***f.*** **1** Paso estrecho entre dos montañas. **2** ***Argent., Par.*** y ***Urug.*** Terreno bajo entre lomas, bañado de agua y con vegetación propia de tierras húmedas: *Fuimos de vacaciones a una casa que está cerca de una **cañada** con muchos árboles y un río muy bonito.*

cañamazo ***m.*** Tela que se emplea para bordar: *Rosario está haciendo un tapiz sobre un **cañamazo**. Cuando lo termine, lo colgaremos en la pared de la sala.*

cáñamo ***m.*** **1** Planta cultivada por su tallo, que proporciona una excelente fibra textil. **2** Fibra textil obtenida de esta planta: *Con el **cáñamo** se fabrican cuerdas y cierto tipo de telas.*

cañaveral ***m.*** Terreno poblado de cañas: *Los patos anidan entre los **cañaverales** que existen en las orillas de los ríos y lagos.*

cañería ***f.*** Conducto de caños o tubos por donde pasa el agua: *Mi padre cambió la **cañería** del baño, porque estaba muy vieja y tenía fugas de agua.*

caño ***m.*** Conducto o tubo de desagüe: *El **caño** de la fuente está tapado; hay que destaparlo para poder vaciar el agua.*

cañón ***m.*** **1** Pieza hueca y larga de diversos objetos: *Esa escopeta tiene dos **cañones,** por eso salen dos balas en vez de una.* **2** Arma de fuego de gran tamaño, que tiene forma de tubo: *Los barcos piratas disparaban sus **cañones** y dejaban una nube de humo.* **3** Valle estrecho y profundo: *Los vaqueros llevaron el ganado por el **cañón,** rodeados por la belleza de las montañas.*

cañonazo ***m.*** **1** Fuerte ruido producido por los disparos de un cañón: *Durante el desfile, nos tapábamos los oídos cada vez que sonaba un **cañonazo.*** **2** En deportes, disparo muy fuerte: *El jugador tiró un **cañonazo** y anotó un gol.*

cañoneo ***m.*** Acción de cañonear: *La batalla comenzó con un **cañoneo** intenso desde la bahía.*

caoba ***f.*** Árbol cuya madera rojiza es muy apreciada para fabricar muebles: *Felipe compró una mesa de **caoba** muy cara y elegante.*

caolín ***m.*** Tipo de roca arcillosa de color blanco que, pulverizada, es uno de los componentes de la porcelana.

caos ***m.*** Confusión, desorden: *Debo arreglar mi habitación, porque es un verdadero **caos** y no encuentro mi ropa.*

caótico, ca ***adj.*** Relativo al caos: *Para hacer ese trámite me enfrenté a una situación **caótica,** nadie sabía de qué se trataba y tuve que visitar cerca de diez oficinas diferentes.*

capa ***f.*** **1** Prenda de vestir larga, sin mangas y abierta por delante: *El superhéroe usaba una **capa** roja sobre un traje azul.* **2** Baño, revestimiento: *Cubrí las manzanas con una **capa** de caramelo para comerlas como postre.* **3** Conjunto de placas puestas una sobre otra: *En los polos de nuestro planeta hay gruesas **capas** de hielo.* **4** Clase social: *Las **capas** bajas de la sociedad son las que tienen menos dinero.*

capacha ***f. Bol.*** y ***Chile.*** Cárcel.

capacidad ***f.*** **1** Espacio de una cosa para contener otra: *La **capacidad** de esa botella es para litro y medio de líquido.* **2** Aptitud, talento o disposición para algo: *Juana tiene gran **capacidad** para la música.*

capacitar ***vb.*** {tr. y prnl.} Hacer que uno aprenda a realizar alguna cosa: ***Capacitaron** a mi hermano en el manejo de esa máquina y ahora la usa con gran habilidad.*

capar ***vb.*** {tr.} Quitar los órganos genitales, castrar: *El veterinario **capó** al gato para que no tuviera más cachorros.*

caparazón ***m.*** Cubierta dura y sólida que protege las partes blandas de diversos animales: *La tortuga escondió patas y cabeza en su **caparazón** cuando vio que se acercaba la víbora.* SIN. **concha.**

capataz ***m.*** **1** Persona que dirige y vigila a un grupo de trabajadores: *El **capataz** pidió a los albañiles que subieran los sacos de cemento al camión.* **2** Persona que está a cargo de vigilar los trabajos y llevar la administración de una hacienda.

capaz ***adj.*** Que tiene capacidad o disposición para una cosa: *"No la ayudes con esas sumas: mi hija es **capaz** de resolverlas", le dijo mi madre a Ricardo.*

capcioso, sa ***adj.*** Engañoso, que induce a error: *La pregunta **capciosa** fue: "¿de qué color era el caballo blanco de Napoleón?", y la respuesta fue "blanco" por supuesto.*

capear ***vb.*** {tr.} **1** Torear con la capa. **2** Entretener con largas o evasivas. **3** ***Méx.*** En cocina, cubrir alimentos con una capa de huevo batido y después freírlos: *Esther **capeó** unos aros de cebolla y los comimos con mayonesa: ¡estaban deliciosos!* **4** ***Chile*** y ***Guat.*** Faltar a clase.

capellán ***m.*** Sacerdote que ejerce sus funciones en una institución religiosa: *En el convento hay un **capellán** que organiza las actividades religiosas.*

capelo ***m.*** **1** Sombrero en forma de media naranja que usan los cardenales. **2** ***Méx.*** Campana de cristal para proteger objetos: *Puse bajo un **capelo** mi escultura de marfil para que no se llene de polvo.*

caperuza ***f.*** Capucha o gorro sujeto al cuello del abrigo: *Como hacía mucho frío, me puse la **caperuza** en la cabeza para cubrirme las orejas.* SIN. **capucha.**

capia ***f. Argent., Colomb.*** y ***Perú.*** Maíz blanco muy dulce que se usa para preparar golosinas.

capicúa ***f.*** Relativo al número que es igual leído de izquierda a derecha que de derecha a izquierda: *El número 2 662 es **capicúa.***

capilar ***adj.*** **1** Relativo al cabello: *Mi papá usa una loción **capilar** que le ayuda a no perder tanto pelo.* **2** Relativo a las últimas ramificaciones de los vasos sanguíneos: *La sangre circula por todo el cuerpo a través de venas, arterias y vasos **capilares.***

capilla ***f.*** Iglesia pequeña que forma parte de una construcción mayor: *Esa **capilla** tiene un altar muy bello, pero es más hermoso el altar de la iglesia principal.*

capirotada ***f. Méx.*** Dulce de pan blanco frito o tostado y trozos de queso, bañado con miel de piloncillo: *La receta de **capirotada** de mi familia incluye cacahuates y pasas.*

capirote ***m.*** **1** Caperuza con que se cubre la cabeza de las aves de caza, como el águila y el halcón. **2** Cucurucho usado en las procesiones religiosas.

capital ***adj.*** Principal, importante: *Ese libro de biología es **capital,** ya que no podré terminar mi trabajo escolar si no lo consigo.*

capital ***f.*** Ciudad donde reside el gobierno de un país: *París es la **capital** de Francia.*

capital ***m.*** **1** Conjunto de los bienes materiales que tiene una persona: *Una casa y un terreno son su **capital.*** **2** Dinero.

capitalino, na ***adj.*** Que se relaciona con la capital: *La policía **capitalina** atrapó a los ladrones.*

capitalino, na ***m.*** y ***f.*** Persona que vive en la capital.

capitalismo ***m.*** Sistema económico y social basado en el dinero y en la propiedad privada.

capitalista ***adj.*** Se aplica al régimen económico en el que prevalecen los dueños del capital.

capitalista ***m.*** y ***f.*** Persona que posee un capital.

capitalización ***f.*** **1** Establecimiento de un tipo de interés. **2** Obtención de recursos para que una empresa salga adelante.

capitalizar ***vb.*** {tr.} **1** Obtener recursos para que una empresa funcione. **2** Obtener frutos de algo: *El actor **capitalizó** la atención de los medios cuando anunció su retiro.*

capitán, tana ***m.*** y ***f.*** **1** Oficial de grado intermedio entre el teniente y el comandante: *El **capitán** le dio una orden al teniente.* **2** Persona que tiene el mando de un buque: *El **capitán** le dijo a los marineros que se prepararan porque se acercaba una tormenta.* **3** Jefe de un equipo deportivo: *La **capitana** del equipo estaba muy enojada por la derrota.*

capitanía ***f.*** Jefatura naval.

capitel ***m.*** En arquitectura, parte superior de una columna: *Las columnas de estilo corintio llevan en el **capitel** adornos en forma de hojas de una planta llamada acanto.*

capitolio ***m.*** Edificio majestuoso y elevado.

capitulación ***f.*** Convenio en el que se señalan las condiciones de una rendición: *El ejército vencido firmó una **capitulación** en la que se comprometía a entregar sus armas y a no luchar más.*

capitular ***vb.*** {intr.} **1** Rendirse uno de los adversarios al otro en una guerra: *El ejército local* ***capituló*** *para evitar que el invasor derramara más sangre.* **2** Ceder en algo: *Quería ver una película pero* ***capitularé*** *por hoy, dejaré que mi hermano vea el fútbol.*
capítulo ***m.*** División que se hace en los libros y otros escritos para ordenar los temas: *Esta novela tiene 30* ***capítulos*** *y cada uno corresponde a un año en la vida del personaje principal.*
capó ***m.*** Cubierta metálica del motor de un vehículo: *El mecánico abrió el* ***capó*** *para revisar si la máquina tenía suficiente aceite.* SIN. **cofre.**
capo ***m.*** Jefe de la mafia: *En el filme, el* ***capo*** *traía siempre un puro en la boca y andaba con guardaespaldas.*
capón ***m.*** Pollo castrado que se engorda para comerlo: *Aunque estaba sabroso, el* ***capón*** *relleno que sirvió mi madrina tenía mucha grasa.*
caporal ***m.*** **1** Persona que se encarga del ganado. **2** ***Amér.*** Capataz de una estancia ganadera.
capota ***f.*** Cubierta plegable de un automóvil: *Como era un día luminoso, quitamos la* ***capota*** *del auto para disfrutar del paisaje de la carretera.*
capote ***m.*** **1** Prenda parecida a la capa, con mangas. **2** Capa corta que usan los toreros.
capotear ***vb.*** {tr.} **1** Torear con la capa. **2** Entretener a alguien con engaños: *David te está* ***capoteando,*** *dice que te devolverá tu disco, pero la verdad es que lo perdió.*
capoteo ***m.*** **1** Uso de la capa para engañar al toro. **2** ***Fig.*** Argucia para sortear una situación.
capricho ***m.*** Deseo, antojo, exigencia: *A José le consienten todos sus* ***caprichos,*** *por eso grita cada vez que no le dan lo que pide.*
caprichoso, sa ***adj.*** Que actúa por capricho o exigencia: *Natalia es una niña* ***caprichosa:*** *si no le das lo que quiere, se tira al piso llorando.*
capricornio ***adj./m.*** Uno de los doce signos del zodiaco, comprendido entre el 23 de diciembre y el 22 de enero; su signo es una cabra.
caprino, na ***adj.*** Relativo a las cabras: *La cría de ganado* ***caprino*** *es la base de la economía de esa población.*
cápsula ***f.*** **1** Envoltura en forma de tubo muy pequeño que contiene un medicamento en polvo: *El médico le dijo que tomara esas* ***cápsulas*** *diariamente hasta que se curara de la diarrea.* **2** Casquillo metálico que cierra ciertas botellas. SIN. **corcholata. 3** Parte de una nave espacial en la que se puede habitar: *Los astronautas pueden permanecer en la* ***cápsula*** *espacial sin tener que usar casco.* **4** ***loc.*** **~ informativa,** breve espacio noticioso en la radio o en la televisión: *Están pasando* ***cápsulas informativas*** *en las que piden ayuda para los damnificados por las inundaciones.*
captar ***vb.*** {tr. y prnl.} **1** Percibir, comprender: *No* ***capté*** *lo que dijo el profesor porque no estaba poniendo atención.* **2** Recibir una emisión de radio: *Javier* ***captó*** *en su radio un mensaje en clave y está muy intrigado porque no sabe qué quiere decir.* **3** Atraer, conseguir: *Ese alumno* ***captaba*** *la atención del maestro por sus comentarios tan inteligentes.*
captura ***f.*** Hecho de detener o cazar: *La* ***captura*** *del león fue muy difícil, ya que después de escapar del zoológico se escondió en un parque muy grande.*
capturar ***vb.*** {tr.} Aprehender o detener a alguien a quien se busca: ***Capturaron*** *al hombre que había asaltado la joyería.* SIN. **apresar, atrapar.**
capturista ***m.*** y ***f.*** Persona que transcribe datos, en especial en una computadora.
capucha ***f.*** Prenda de vestir unida al abrigo o saco que sirve para cubrir la cabeza. SIN. **caperuza.**
capuchino ***m.*** Café con leche caliente que se distingue por su color claro y por la espuma de la leche con que se prepara: *Después de comer, pedí un* ***capuchino*** *y una rebanada de tarta como postre.*
capuchino, na ***adj./m.*** y ***f.*** Relativo al religioso descalzo perteneciente a un grupo salido de la orden de los franciscanos.
capuchón ***m.*** **1** Capucha. **2** Cubierta o tapa de algo: *No le puso el* ***capuchón*** *a la pluma y ésta se secó.*
capulín ***m.*** Árbol americano cuyo fruto comestible es una baya parecida a la cereza, pero de color oscuro, que lleva el mismo nombre: *Luego de cortar capulines, nos sentamos bajo el* ***capulín*** *más frondoso a comerlos.*
capullo ***m.*** **1** Envoltura en la que cierto tipo de insectos se envuelven para hacerse adultos: *Las mariposas salen del* ***capullo*** *que tejen las orugas.* **2** Yema floral a punto de abrirse: *El rosal tiene un nuevo* ***capullo*** *que pronto se convertirá en flor.* SIN. **botón.**
caqui ***adj.*** De color verdoso casi marrón o café: *Me compré una falda* ***caqui;*** *me la pondré con mi blusa negra.*
caqui ***m.*** **1** Árbol japonés de fruto comestible. **2** Fruto color anaranjado de este árbol. SIN. **pérsimo. 3** Color entre el verde y el marrón o café.
cara ***f.*** **1** Parte delantera de la cabeza de las personas: *El payaso se despintó la* ***cara*** *después de la función en el circo.* SIN. **rostro. 2** Parte delantera de una moneda: *Pedro lanzó la moneda al aire y dijo: "Si sale* ***cara,*** *ganas tú; si sale cruz, gano yo."* **3** Expresión en el rostro: *Juliana traía* ***cara*** *de tristeza, yo creo que la regañó su papá.* **4** Descaro: *"Con qué* ***cara*** *vas a pedirle más dinero prestado a tu hermana si todavía no le pagas el que le debes", me dijo mi madre.* **5** En matemáticas, cada una de las superficies planas de un cuerpo geométrico. **6** ***loc.*** **Dar la ~,** responder de los propios actos: *"Si tú rompiste el vidrio, tienes que* ***dar la cara*** *y pagarlo", me aseguró Evaristo.* **7** ***loc.*** **Echar en ~,** reprochar: *Ricardo me* ***echó en cara*** *que no lo ayudé cuando me necesité.*
carabela ***f.*** Antigua embarcación de vela: *Cristóbal Colón llegó a América a bordo de una* ***carabela.***
carabina ***f.*** Arma de fuego de cañón largo, pero más corto que un fusil.
carabinero ***m.*** Soldado armado con una carabina.
caracal ***m.*** Lince africano de pelaje leonado, tiene largas orejas puntiagudas y negras: *Los* ***caracales*** *tienen mechones de pelo en la punta de las orejas.*
caracol ***m.*** **1** Animal de mar o de tierra que guarda su cuerpo en un caparazón en espiral: *Los* ***caracoles*** *se arrastran porque no tienen patas.* **2** Rizo de pelo. **3** Parte del oído interno en forma de espiral.
caracola ***f.*** Concha grande de caracol marino.
caracolear ***vb.*** {intr.} Hacer movimientos en espiral, semejantes a la concha de un caracol: *El caballo aprendió a* ***caracolear.***
caracoleo ***m.*** Movimiento en espiral que realizan los caballos.
carácter ***m.*** **1** Conjunto de características que forman la conducta de cada persona: *Renata tiene buen* ***carácter,*** *siempre es amable y está de buen humor.* **2** Condición, naturaleza: *Mi tío le hizo a mi padre una visita de* ***carácter*** *privado, por eso conversaron en la oficina los dos solos.* **3** Energía, genio, firmeza: *El profesor es una persona de* ***carácter*** *y no le gustan las bromas tontas.*
característica ***f. Argent.*** y ***Urug.*** Conjunto de números que se marcan para hacer llamadas telefónicas de larga distancia.
característico, ca ***adj./f.*** Lo que distingue a alguien o algo de los demás: *El rasgo* ***característico*** *de mi gato es que tiene un ojo azul y otro verde.*

caracterización ***f.*** Actuación de un papel en una obra de teatro.

caracterizar ***vb. irreg.*** {tr. y prnl.} **Modelo 16. 1** Determinar a alguien o algo por sus cualidades: *La franqueza de Rodrigo es una cualidad que lo* ***caracteriza,*** *por eso puedes confiar en él.* **2** Representar un actor su papel: *Ramiro* ***caracterizó*** *al príncipe azul en la obra de teatro de su escuela.*

caracú ***m. Amér.*** Hueso con tuétano usado en guisos.

caradura ***adj./m.*** y ***f.*** Sinvergüenza, descarado: *Luis es un* ***caradura:*** *a sus 30 años sigue sin trabajar y su padre lo mantiene.*

caramanchel ***m.*** **1** *Chile.* Cantina. **2** *Colomb.* Tugurio, lugar miserable. **3** *Ecuad.* Puesto del vendedor ambulante. **4** *Perú.* Sitio que sirve para resguardar hombres o animales. SIN. **cobertizo.**

¡caramba! ***interj.*** Marca extrañeza o enfado: *"¡Caramba!, pensé que su hijo era menor. ¡Cómo ha pasado el tiempo!", le dijo la señora a mi madre.*

carámbano ***m.*** Pedazo de hielo, de forma puntiaguda, que se forma cuando se congela el agua que escurre de algún sitio: *Hizo tanto frío anoche después de la nevada, que amanecieron* ***carámbanos*** *en la orilla del tejado.*

carambola ***f.*** **1** Jugada del billar que consiste en que la pelota con que se juega toque a otras dos. **2** *Méx.* Por extensión, choque de varios objetos o automóviles.

caramelizar ***vb.*** {tr.} Bañar con caramelo alguna preparación alimenticia: *En los parques venden manzanas* ***caramelizadas.***

caramelo ***m.*** **1** Azúcar fundida y tostada: *Comí un flan delicioso que tenía encima una capa de* ***caramelo.*** **2** Golosina compuesta de azúcar cristalizada y distintos sabores.

carancho ***m.*** **1** *Argent.* y *Urug.* Ave de presa, de color pardo, que se alimenta de animales muertos, insectos, etc. **2** *Perú.* Búho.

caraota ***f.*** *Venez.* Judía, alubia.

caraqueño, ña ***adj./m.*** y ***f.*** Originario de Caracas, capital de Venezuela.

carátula ***f.*** **1** Careta, máscara. **2** *Argent.* Cubierta con que se resguardan y presentan documentos administrativos. **3** Portada de un libro o funda de un disco: *Me compré el disco que quería, el que trae un camello en la* ***carátula.*** **4** *Méx.* Esfera del reloj: *Lucía mandó limpiar la* ***carátula*** *del viejo reloj, porque ya casi no se distinguían los números de lo sucia que estaba.*

caravana ***f.*** **1** Hilera de personas, animales o vehículos que viajan juntos. **2** Remolque acondicionado para vivienda. **3** Inclinación de la cabeza y el cuerpo en señal de respeto: *En el filme que vimos ayer, los caballeros hicieron una* ***caravana*** *al saludar al rey.*

¡caray! ***interj.*** Se usa para expresar extrañeza o enojo: *¡Caray!, no creí que este libro estuviera tan caro.*

carayá ***m. Argent., Colomb.*** y ***Par.*** Nombre de dos especies de monos americanos, de cola larga y pelaje espeso.

carbohidrato ***m.*** Sustancia orgánica que aporta energía al organismo: *En una buena alimentación deben balancearse las proteínas, los* ***carbohidratos*** *y las grasas.*

carbón ***m.*** **1** Combustible sólido de color negro, de origen vegetal: *La cabaña tenía una cocina de* ***carbón*** *en la que preparábamos la comida.* **2** Especie de lápiz hecho con el combustible llamado carbón: *En clase de artes plásticas pintamos al* ***carbón.*** SIN. **carboncillo.**

carbonato ***m.*** Sal derivada del ácido carbónico.

carboncillo ***m.*** Barrita de carbón usada para dibujar: *Mi amigo me regaló un* ***carboncillo*** *en la clase de pintura, porque el mío se me acabó antes de terminar un retrato.*

carbonífero, ra ***adj.*** Relativo al quinto periodo de la Era Paleozoica, en el cual aparecieron los anfibios y se dieron las condiciones que permitieron la formación de gas y petróleo.

carbonizado, da ***adj.*** Completamente reducido a carbón.

carbonizar ***vb. irreg.*** {tr. y prnl.} **Modelo 16.** Quemar completamente: *Roberto dejó la carne sobre las brasas para asarla, pero se le olvidó y la carne* ***se carbonizó.***

carbono ***m.*** Elemento químico no metálico, esencial en los carbones naturales y los compuestos orgánicos, de símbolo C y número atómico 6.

carburación ***f.*** Mezcla de gases con el aire para lograr que entren en combustión.

carburador ***m.*** Aparato que prepara la mezcla de nafta o gasolina y aire en ciertos motores: *El automóvil no funcionó y el mecánico me dijo que era por una falla en el* ***carburador.***

carburante ***m.*** Combustible que se utiliza en los motores de combustión interna o de explosión: *La gasolina es un* ***carburante.***

carburar ***vb.*** {tr.} **1** Mezclar diferentes gases con el aire para que entren en combustión. **2** *Fig.* Pensar: *Este tipo no* ***carbura,*** *sólo sabe dar golpes.*

carcacha ***f.*** Automóvil viejo, dañado o en malas condiciones de funcionamiento: *La* ***carcacha*** *de Rodolfo se descompuso otra vez: cuando la llevó al mecánico parecía cafetera de tanto vapor que echaba.*

carcaj ***m.*** Estuche en el que se llevaban las flechas: *El cazador se echó su* ***carcaj*** *al hombro y partió a buscar un venado.*

carcajada ***f.*** Risa ruidosa: *Reímos a* ***carcajadas*** *con los excelentes chistes que contó Lucio.*

carcajearse ***vb.*** {prnl.} Reírse a carcajadas.

carcajeo ***m.*** Conjunto de carcajadas: *Su* ***carcajeo*** *era contagioso.*

carcamal ***adj./m.*** ***Fam.*** Viejo y achacoso: *Sonia no aceptó la propuesta de Fernando: dice que es un* ***carcamal*** *que ya no debería pensar en casamiento.*

cárcel ***f.*** Edificio destinado a encerrar a los presos: *El culpable del asalto al banco ha sido condenado a permanecer cinco años en la* ***cárcel.*** SIN. **cana, tambo.**

carcelario, ria ***adj.*** Relativo a la cárcel: *El marqués de Sade escribió la mayor parte de su obra durante su vida* ***carcelaria.***

carcelero, ra ***m.*** y ***f.*** Persona que trabaja vigilando a los presos que están en la cárcel.

carcinógeno, na ***adj.*** y ***m.*** Sustancia o agente que produce cáncer: *El asbesto es* ***carcinógeno.***

carcinoma ***m.*** Tumor que puede convertirse en cáncer y que empieza como cambios de unas células en otros tipos de células.

carcoma ***f.*** Insecto coleóptero cuyas larvas roen la madera: *Los pequeños surcos en la pata de ese mueble indican que tiene* ***carcoma.***

carcomer ***vb.*** {tr. y prnl.} **1** Roer la madera la carcoma. **2** Corroerse el alma por un sentimiento de culpa o por un dolor: *Aunque tiene mucho dinero, es infeliz porque le* ***carcome*** *el recuerdo de cómo lo obtuvo.*

cardenal ***m.*** **1** Sacerdote de alta jerarquía en la Iglesia católica: *Los* ***cardenales*** *de todos los países eligen al Papa.* **2** Ave de color rojo escarlata, con un penacho característico.

cardenal ***m.*** Mancha morada en la piel producida por un golpe: *Cuando Óscar se cayó de la bicicleta se hizo un* ***cardenal*** *en la pierna.* SIN. **moretón.**

cardenalicio, cia ***adj.*** Relativo a los cardenales, dignatarios de la Iglesia católica: *Uno de los atributos* ***cardenalicios*** *es el cinturón ancho de color púrpura.*

cardiaco, ca o **cardíaco, ca** ***adj./m.*** y ***f.*** Relativo al corazón: *Llevaron a Rubén al hospital porque tuvo un paro **cardiaco.***

cardinal ***adj.*** **1** Principal, fundamental. **2** *loc.* **Puntos ~,** los cuatro puntos de referencia que permiten orientarse: Norte, Sur, Este y Oeste.

cardiógrafo ***m.*** Aparato que registra los movimientos del corazón.

cardiograma ***m.*** Gráfica que se obtiene con un cardiógrafo. SIN. **electrocardiograma.**

cardiología ***f.*** Parte de la medicina que estudia las enfermedades del corazón.

cardiólogo, ga ***m.*** y ***f.*** Doctor especializado en enfermedades del corazón: *El **cardiólogo** dice que mi corazón trabaja perfectamente.*

cardiopatía ***f.*** Enfermedad del corazón: *La taquicardia es una **cardiopatía.***

cardo ***m.*** **1** Planta de hojas grandes y espinosas: *Me hice rasguños en las piernas cuando pasé por un campo en el que había **cardos.*** **2** *Fam.* Persona arisca.

cardumen ***m.*** Grupo de peces de la misma especie: *En el río había un **cardumen** de truchas; llegó el pescador, lanzó su red y pescó muchas truchas que nadaban juntas.*

carear ***vb.*** {tr.} Enfrentar una persona a otra para poner en claro algún asunto: ***Carearon** a ambos choferes para ver quién había sido el responsable del choque.*

carecer ***vb. irreg.*** {intr.} **Modelo 39.** Tener carencia de algo: *Hay personas muy pobres que **carecen** hasta de lo indispensable, como el alimento.*

carencia ***f.*** Falta de alguna cosa: *La **carencia** de alimentos que le den energía al cuerpo ocasiona debilidad.*

carente ***adj.*** Que le falta algo, que carece de ello: *Estaba **carente** de información, por eso no me enteré del concurso.*

carestía ***f.*** **1** Precio elevado de las cosas: *La población protestó contra la **carestía** de la leche y de la carne.* **2** Escasez, carencia: *Durante las guerras hay **carestía** de alimentos y de medicamentos.*

careta ***f.*** **1** Máscara para cubrir la cara: *La gente se pone **caretas** en las fiestas del carnaval.* **2** Mascarilla de alambre usada en esgrima.

carey ***m.*** **1** Tortuga marina de caparazón muy vistoso: *El **carey** entierra sus huevos en la arena de la playa.* **2** Material que se obtiene del caparazón de este animal.

carga ***f.*** **1** Cosa que se transporta: *El camionero puso la **carga** de manzanas en el camión y la llevó a la ciudad.* **2** Peso sostenido: *El panadero traía una **carga** de harina muy grande sobre su espalda.* **3** Repuesto de cierto material: *La **carga** del bolígrafo se está acabando, por eso ya no escribe bien.* **4** Cantidad de materia que asegura una explosión: *Los mineros pusieron una **carga** de dinamita para hacer un hoyo en la montaña.*

cargado, da ***adj.*** **1** Fuerte, espeso, que contiene cosas encima: *Mi padre tomó tres tazas de café muy **cargado** y no pudo dormir en toda la noche.* **2** Relativo al tiempo que amenaza lluvia.

cargador ***m.*** Pieza metálica de las armas de fuego que contiene las balas: *El **cargador** de las ametralladoras es largo para que quepan muchos proyectiles.*

cargador, ra ***m.*** y ***f.*** Persona que transporta cosas: *Cuando nos mudamos, un **cargador** llevó los muebles a la nueva casa.*

cargamento ***m.*** Conjunto de mercancías para ser cargadas: *El barco pesquero transporta un **cargamento** de atún.*

cargar ***vb. irreg.*** {tr., intr. y prnl.} **Modelo 17. 1** Poner peso sobre una persona, un animal o un vehículo para que lo transporte: *Los hombres **cargaron** las mulas con madera y comida y emprendieron el viaje a las montañas.* **2** Culpar de algo a alguien: *Mi madre le **ha cargado** a Rodrigo la culpa de haber roto el jarrón.* **3** Poner balas o cartuchos en las armas de fuego: ***Cargó** el rifle y practicó su puntería disparando sobre latas de cerveza.* **4** Acumular electricidad: *Para que funcione el teléfono celular hay que **cargar** su batería.* **5** Incomodar, molestar: *Me **cargó** que mi hermana me dijera que yo no la amaba, porque ella sabe que no es cierto.* **6** Inclinarse una cosa: *La torre de tu maqueta **se carga** hacia la izquierda, debes hacer algo para mantenerla derecha.* **7** Llegar a tener mucho de algo: ***Se cargó** de deudas y ahora no sabe cómo pagar.*

cargo ***m.*** **1** Empleo o puesto: *Ser director de una escuela es un **cargo** de mucha responsabilidad.* **2** Falta que se atribuye a uno: *Uno de los **cargos** de que acusan a Efraín es haber robado una cartera.*

cargoso, sa ***adj. Argent., Chile*** y ***Urug.*** Se dice de la persona que siempre está molestando: *Maura es una **cargosa,** cuando más ocupada me ve, más le gusta interrumpirme.*

carguero ***m.*** Buque de gran tamaño que se usa para transportar mercancías: *Subieron cerca de cien contenedores llenos de cajas de vino a ese **carguero.***

carguero, ra ***adj.*** Se dice del vehículo que transporta carga: *En algunas ciudades, en las vialidades hay carriles exclusivos para camiones **cargueros.***

cariado, da ***adj.*** Que tiene caries.

cariadura ***f.*** Caries.

cariar ***vb.*** {tr. y prnl.} Producir una caries en los dientes.

caribe ***adj./m.*** y ***f.*** Relativo a un grupo de pueblos del continente americano.

caribeño, ña ***adj./m.*** y ***f.*** Originario del Caribe, región tropical de América que comprende parte de México, las Antillas, América Central, parte de Colombia y parte de Venezuela.

caribú ***m.*** Reno canadiense de carne comestible: *La cacería incontrolada ha puesto a los **caribúes** al borde de la extinción.*

caricatura ***f.*** **1** Dibujo cómico: *Bernardo hizo la **caricatura** de su mejor amigo: lo dibujó con una nariz muy grande, con labios gruesos y con unos cuantos cabellos.* **2** *Méx.* Dibujos animados: *Me gusta ver las **caricaturas** de la televisión porque son muy divertidas.*

caricaturesco, ca ***adj.*** **1** Relacionado con las caricaturas. **2** *Fig.* Exagerado, ridículo: *Sus ademanes **caricaturescos** no convencieron a nadie.*

caricaturista ***m.*** y ***f.*** Persona que dibuja caricaturas.

caricaturización ***f.*** Representación, por medio de una caricatura, de una situación seria.

caricaturizar ***vb.*** {tr.} Representar por medio de una caricatura a un personaje o una situación.

caricia ***f.*** Demostración cariñosa que se hace rozando con la mano: *Laura le hizo una **caricia** a su perro y éste empezó a mover la cola de gusto.* SIN. **chiqueo, mimo.**

caridad ***f.*** **1** Actitud de ayuda para el necesitado: *Es bueno practicar la **caridad** dando comida a los pobres.* **2** Limosna: *El ciego decía: "Déme una **caridad,** por el amor de Dios."*

caries ***f.*** Infección del diente que, si no se atiende, produce su destrucción: *Fui al dentista y me dijo que tenía una **caries** en una muela, me la arregló y me recomendó no comer tantos dulces.*

carillón ***m.*** **1** Grupo de campanas que se sincronizan de tal manera que al tocar produzcan una melodía. **2** Reloj que tiene este tipo de campanas: *El viejo edificio de correos tiene un **carillón** que cada doce horas toca una pieza musical diferente.*

cariño ***m.*** **1** Sentimiento y expresión de amor y afecto: *Mi amiga y yo nos tenemos mucho **cariño.*** **2** Esmero con que se hace algo: *Preparé este postre con mucho **cariño** para regalárselo a mi hermana.*

cariñoso, sa ***adj.*** Que siente o demuestra amor o afecto: *María es una niña muy **cariñosa,** mira cómo besa y acaricia a su hermanito.*

carioca ***adj./m.*** y ***f.*** Originario de Río de Janeiro, Brasil.

carisma ***m.*** Atractivo que ejerce una persona sobre muchas otras.

carismático, ca ***adj.*** Capaz de ejercer carisma sobre los demás: *Fulano es un líder **carismático.***

cariz ***m.*** Aspecto que toma el desarrollo de un asunto: *El **cariz** que ha tomado el noviazgo de Lina y Raúl indica que pronto romperán la relación.*

carmelita ***adj./m.*** y ***f.*** Relativo al religioso o la religiosa de la orden del Carmen.

carmesí ***m.*** Color grana o rojo muy vivo: *Sara se compró un vestido color **carmesí** que la hace ver muy bella.*

carmín ***m.*** **1** Pigmento rojo, que se extrae de un insecto llamado cochinilla. **2** Color rojo intenso. **3** Barra para colorear los labios: *Rosalía se peinó, se puso un poco de **carmín** y salió a la calle a ver a su novio.*

carnada ***f.*** Cebo para pescar o cazar: *Puse una **carnada** en la caña de pescar y lancé el cordón al río en espera de que un pez mordiera el anzuelo.*

carnal ***adj.*** **1** Relativo a la carne, en oposición al espíritu. **2** Dícese de los parientes de primer grado de proximidad: *Pedro es mi tío **carnal** por ser hermano de mi mamá.*

carnaval ***m.*** Periodo de tres días, antes del Miércoles de Ceniza: *La gente se disfraza durante el **carnaval** con máscaras y vestidos multicolores.*

carnavalesco ***adj.*** Relacionado con el carnaval.

carnaza ***f.*** Cara de una piel que ha estado en contacto con la carne del animal del que proviene: *Los obreros de esa fábrica usan guantes de **carnaza** para no lastimarse las manos.*

carne ***f.*** **1** Sustancia fibrosa del cuerpo que está entre la piel y los huesos. **2** Sustancia animal comestible: *En la carnicería venden **carne** de vaca, de cordero y de pavo.* **3** Parte blanda de la fruta: *La **carne** del mango es muy sabrosa, pero la cáscara y el hueso no se comen.* **4** *loc.* **~ de gallina,** piel humana cuando el vello se eriza por frío, miedo, emoción o alguna otra sensación: *Cuando metí los pies en la fría piscina se me puso la **carne de gallina** por el frío.*

carné o **carnet** ***m.*** Documento en forma de libreta pequeña o tarjeta: *Lo detuvieron porque no traía el **carné** de conducir.*

carnero ***m.*** Rumiante doméstico, macho de la oveja, que se cría por su carne y su lana: *El **carnero** se llama cordero cuando es pequeño, y borrego cuando tiene dos años.*

carnero, ra ***adj. Argent., Chile, Par.*** y ***Perú.*** **1** Sin voluntad ni iniciativa. **2** ***m. Argent.*** y ***Urug.*** Esquirol.

carnicería ***f.*** Tienda donde se vende carne: *Fui a la **carnicería** y compré trozos de ternera para cocinarlos.*

carnicero, ra ***adj.*** Relativo al animal que mata para comer: *Los leones son felinos **carniceros.***

carnicero, ra ***m.*** y ***f.*** Persona que vende carne: *El **carnicero** cortó la carne en filetes y se los dio a mi madre.*

carnívoro, ra ***adj./m.*** y ***f.*** Relativo al mamífero que se alimenta de carne: *Los perros y los gatos son **carnívoros.***

carnoso, sa ***adj.*** Se dice de las frutas y vegetales blandos y llenos de jugo: *La sandía y el melón son frutas **carnosas** con las que pueden prepararse refrescantes jugos.*

caro, ra ***adj./adv.*** De precio elevado: *Compré un pantalón en esta tienda porque en aquélla es más **caro:** cuesta 10 pesos más que aquí.* SIN. **salado.**

caroteno ***m.*** Pigmento orgánico, amarillo o rojizo, que se encuentra en vegetales y algunos animales: *La zanahoria es abundante en **caroteno.***

carozo ***m. Amér.*** Hueso de fruta.

carpa ***f.*** **1** Pez de agua dulce, comestible: *Las **carpas** tienen el lomo verdoso y el vientre amarillo.* **2** Lona grande que cubre un lugar: *Los trabajadores del circo estaban montando la **carpa** para la función de esta noche.* **3** ***Amér. C.*** y ***Amér. Merid.*** Tienda de campaña.

carpeta ***f.*** Par de cubiertas de cartón o plástico que sirven para guardar papeles.

carpintería ***f.*** Taller donde se arreglan y fabrican muebles de madera: *Llevé la silla rota a la **carpintería** y la arreglaron muy bien.*

carpintero, ra ***m.*** y ***f.*** Persona que trabaja la madera, arreglando y haciendo muebles: *Le pedí al **carpintero** que hiciera una mesa para la cocina.*

carpo ***m.*** Conjunto de los huesos de la muñeca.

carraspear ***vb.*** {intr.} Toser con la boca cerrada para eliminar la carraspera: *Antes de pronunciar su discurso, el director **carraspeó** y bebió un poco de agua.*

carraspeo ***m.*** Tos breve y suave: *Dejó oír un discreto **carraspeo** para no interrumpir abruptamente la conversación.*

carraspera ***f.*** Aspereza en la garganta que pone ronca la voz: *Ya se le quitó la gripe, pero le quedó **carraspera** y por eso la voz se le oye distinta.*

carrasposo, sa ***adj. Colomb., Ecuad.*** y ***Venez.*** Áspero al tacto, que raspa la mano.

carrera ***f.*** **1** Hecho de correr cierto espacio: *Va a empezar la **carrera** de los cien metros y los corredores están listos.* **2** Competición o competencia de velocidad: *El domingo iré a ver una **carrera** de motocicletas.* **3** Conjunto de estudios que capacitan para ejercer una profesión: *Mi primo estudia la **carrera** de medicina y cuando termine va a trabajar en un hospital.*

carrerilla. De ~, ***loc. Fam.*** De memoria, sin reflexión: *Rubén repitió la lección **de carrerilla** y cuando la maestra le hizo una pregunta sobre lo que acababa de decir, no pudo contestar.* SIN. **de paporreta.**

carreta ***f.*** Vehículo de madera arrastrado por caballos o mulas: *El campesino transporta su cosecha en una **carreta** que avanza lento.*

carrete ***m.*** Cilindro sobre el que se enrolla hilo, películas, etc.: *Se me cayó el **carrete** de hilo y el gato se puso a jugar con él.* SIN. **bobina.**

carretera ***f.*** Vía de transporte que sirve para la circulación de vehículos: *Viajamos en automóvil por una **carretera** entre las montañas.*

carretero ***m.*** Persona que conduce carretas.

carretero, ra ***adj.*** Relacionado con las carreteras: *Los fines de semana el tránsito **carretero** se pone imposible.*

carretilla ***f.*** Carro pequeño con una rueda, que se empuja con las manos: *El albañil transporta el cemento en una **carretilla** y luego lo vacía en el suelo.*

carretillada ***f.*** Carga que cabe en una carretilla.

carril ***m.*** **1** Parte de una vía o camino destinada al tránsito de una sola fila de vehículos: *Esta calle tiene tres **carriles** para que circulen tres filas de automóviles.* **2** Cada una de las dos barras paralelas de hierro por donde circulan trenes y tranvías.

carrillo ***m.*** Parte de la cara, desde la mejilla hasta la mandíbula: *Antes de irme a la escuela, mi madre me da un beso en el **carrillo.*** SIN. **mejilla.**

carriola ***f.*** Cochecito de bebé.

carro ***m.*** **1** Carruaje de dos ruedas, jalado por animales: *El labrador usa un **carro** para transportar el trigo.* **2** ***Amér. C., Colomb., Méx., Perú, P. Rico*** y ***Venez.*** Automóvil: *A Luis se le descompuso el **carro** y tuvo que irse caminando a su casa.*

carrocería ***f.*** Parte exterior de los vehículos que cubre el motor y otras partes, y que sirve para transportar pasajeros o carga: *El golpe abolló la **carrocería** del automóvil y ahora se ve chueco.*

carromato ***m.*** Carro tirado por caballos, que tiene toldo: *Antiguamente, los circos se transportaban en **carromatos.***

carroña ***f.*** Carne descompuesta, podrida: *Los buitres se alimentan de **carroña,** por ejemplo, de vacas muertas.*

carroñero, ra ***adj./m.*** y ***f.*** Relativo al animal que se alimenta de carne podrida: *Las bestias **carroñeras,** como la hiena, comen animales que tienen días de haber muerto.*

carroza ***f.*** **1** Carro lujoso cubierto, tirado por caballos: *El hada madrina le dijo que debía regresar en la **carroza** a las doce en punto.* **2** ***Argent., Chile, Méx., Par.*** y ***Urug.*** Vehículo especial en que se transporta a los muertos al cementerio.

carruaje ***m.*** Vehículo montado sobre ruedas, jalado por caballos: *Visité un museo de **carruajes** antiguos donde había uno negro, con asientos de piel y ruedas enormes.*

carrusel ***m.*** Juego mecánico en forma circular que gira alrededor de un eje, con una serie de figuras en las que uno se monta: *Me subí a un caballito del **carrusel** de la feria y me divertí muchísimo.* Sin. **calesita, tiovivo.**

carta ***f.*** **1** Escrito dirigido a una persona ausente: *Recibí una **carta** de mi amigo Antonio en la que me cuenta sus vacaciones en la montaña.* **2** Lista de alimentos y bebidas de un restaurante, menú: *Después de consultar la **carta**, pedí al camarero que me trajera un filete con papas fritas.* **3** Mapa: *La **carta** de navegación ayudó al capitán a llegar a la costa de Venezuela.* **4** Naipe: *Ayer jugaron a las **cartas** y Raúl les ganó a todos.* **5** ***loc. pl.*** **Tomar ~ en el asunto,** intervenir en un asunto: *Renato tuvo que **tomar cartas en el asunto** y así evitar una pelea entre los dos hermanos.*

cartearse ***vb.*** {prnl.} Escribirse cartas de manera recíproca: *Carlos y Adriana **se cartean** desde que Carlos se fue a vivir a otra ciudad.*

cartel ***m.*** Lámina grande de papel que sirve de anuncio o propaganda: *En el cine colgaron un **cartel** en el que anunciaban que ya no había entradas.* Sin. **póster.**

cartelera ***f.*** **1** Lugar que sirve para fijar carteles: *En el colegio tenemos una **cartelera** en la que podemos pegar noticias y anuncios.* **2** En los diarios, sección donde se anuncian los espectáculos: *En la **cartelera** de este diario dice que la obra de teatro empieza a las ocho de la noche.*

cartera ***f.*** **1** Objeto rectangular que cabe en un bolsillo, y que sirve para llevar dinero y documentos personales: *Tengo una **cartera** de piel negra en la que guardo los billetes y las tarjetas de crédito.* Sin. **billetera. 2** Bolsa con asa, para llevar papeles. Sin. **portafolios.**

carterista ***m.*** y ***f.*** Ladrón de carteras de bolsillo: *Un hábil **carterista** le robó su dinero a José: sacó su cartera del bolsillo sin que él se diera cuenta.*

cartero, ra ***m.*** y ***f.*** Persona que reparte las cartas del correo: *¡El **cartero** me trajo hoy la carta que tanto esperaba!*

cartilaginoso, sa ***adj.*** Relativo al cartílago o de aspecto parecido al de dicho tejido.

cartilaginoso, sa ***adj.*** Se dice de lo que tiene la consistencia de un cartílago.

cartílago ***m.*** Tipo de tejido del esqueleto más elástico que los huesos: *A Fernando le gusta tanto el pollo, que chupa los huesos y los deja limpios: se come hasta los **cartílagos.***

cartilla ***f.*** **1** Libro para aprender las letras del alfabeto. **2** ***Méx.*** Documento de identidad de los individuos que han cumplido el servicio militar obligatorio.

cartografía ***f.*** Técnica de hacer cartas y mapas geográficos: *Miguel se pasa horas revisando mapas de ciudades; tal vez decida estudiar **cartografía.***

cartográfico, ca ***adj.*** Relacionado con los mapas: *Hicieron un análisis **cartográfico** de la zona.*

cartógrafo, fa ***m.*** y ***f.*** Especialista en cartografía.

cartomancia ***f.*** Arte de adivinar el futuro por medio de las cartas o naipes: *Laura toma tan en serio la **cartomancia,** que cuando te va a leer las cartas se concentra muchísimo.*

cartomanciano, na ***m.*** y ***f.*** Persona cuyo oficio es leer los naipes para adivinar: *La **cartomanciana** le dijo a Fátima que sus tres hijos se iban a enfermar, pero Fátima es soltera y no tiene ningún hijo.*

cartomántico, ca ***adj./m.*** y ***f.*** **1** Relativo a la cartomancia. **2** Persona que se dedica a adivinar usando naipes o cartas: *Esa **cartomántica** es una charlatana, me dijo que mi marido me engañaba y yo soy soltera.*

cartón ***m.*** Lámina gruesa hecha de pasta de papel endurecida: *Metí los cuadernos viejos en una caja de **cartón** y la guardé debajo de mi cama.*

cartoncillo ***m. Méx.*** Cartón delgado, fino y liso: *Ángeles hizo un dibujo muy bonito en un **cartoncillo** para regalárselo a su mamá.*

cartuchera ***f.*** **1** Cinturón con relieves cosidos en forma de media circunferencia que sirve para llevar cartuchos. **2** ***Argent.*** y ***Urug.*** Estuche para llevar los lápices.

cartucho ***m.*** **1** Cilindro que contiene la carga para un arma de fuego: *El cazador disparó unos **cartuchos** al aire para probar su arma.* **2** Repuesto de ciertos instrumentos: *Necesito un nuevo **cartucho** de tinta para mi impresora, porque ya se acabó el que tiene.*

cartulina ***f.*** Cartón delgado, fino y liso: *La maestra nos pidió que hiciéramos un dibujo en **cartulina** blanca.*

casa ***f.*** **1** Vivienda, lugar donde habita una persona o grupo de personas: *La **casa** donde vive mi tía es antigua y tiene una escalera de madera.* **2** Grupo de personas que habitan juntas un lugar: *Elena es la hermana mayor de su **casa**: ella tiene 10 años y su hermano [illegible].* **3** Establecimiento comercial, tienda: *Siempre compro telas en esta **casa**, porque tienen mucho surtido.* **4** ***loc.*** **~ de citas,** lugar donde se paga por una habitación para tener relaciones sexuales. **5** ***loc.*** **Como Pedro por su ~,** con mucha confianza: *¡No entres **como Pedro por su casa** y por lo menos salúdame!*

casaca ***f.*** Chaqueta con faldones y manga larga: *Los porteros de los hoteles lujosos visten **casaca** para verse elegantes.*

casadero, ra ***adj.*** Persona que está en edad o disposición de casarse.

casado, da ***m.*** y ***f.*** Persona que ha contraído matrimonio.

casamentero, ra ***adj./m.*** y ***f.*** Persona que se dedica a concertar bodas: *En algunas culturas, los **casamenteros** son figuras importantes de la sociedad.*

casamiento ***m.*** **1** Hecho de casarse: *Los novios anunciaron a la familia que su **casamiento** se llevaría a cabo el 23 de marzo.* **2** Ceremonia en la que se casan dos personas: *El **casamiento** de mi hermano y su novia fue en una iglesia y después hubo una gran fiesta.*

casar ***vb.*** {tr., intr. y prnl.} **1** Contraer matrimonio: *Después de tres años de noviazgo, Héctor y Olga **se casaron.*** **2** Dar o unir en matrimonio: *El señor Romualdo **casó** a su hijo*

Martín con la hija de su jefe. **3** Ordenar cosas para que armonicen: *Estoy tratando de hacer que **casen** estas piezas del rompecabezas.*

cascabel ***m.*** Bola de metal, hueca y agujereada, con algo dentro para que suene al moverla: *El gato de Georgina tiene en el cuello un lazo con un **cascabel,** así que ella siempre sabe dónde encontrarlo.*

cascabeleo ***m.*** Ruido de cascabeles o risas.

cascabelero, ra ***adj.*** Muy alegre y festivo.

cascada ***f.*** Caída de agua desde cierta altura: *Fui a visitar una **cascada** que tiene la forma de una cola de caballo.*

cascado, da ***adj.*** **1** Estropeado. **2** Muy usado, sin fuerza: *Trató de detenerlo con su voz **cascada,** pero él no la oyó.*

cascajo ***m.*** Fragmento de un material: *Los albañiles tiraron la pared y después vino un camión para llevarse el **cascajo** que quedaba.*

cascanueces ***m.*** Utensilio que sirve para romper la cáscara de las nueces: *Los **cascanueces** funcionan bajo el mismo principio que las tenazas.*

cascar ***vb. irreg.*** {tr. y prnl.} **Modelo 17. 1** Romper una cosa quebradiza: *Mi hermana **cascó** cuatro huevos para preparar la masa del pan.* **2** ***Fam.*** Pegar, golpear.

cáscara ***f.*** Corteza o cubierta exterior de algunas cosas: *"¡No te comas la naranja con **cáscara!"**, me dijo mi madre.*

cascarilla ***f.*** **1** Cáscara de algunos granos: *La **cascarilla** de arroz se está usando como sustituto de la madera.* **2** Corteza de un árbol.

cascarita ***f. Méx.*** Práctica informal de algún deporte, generalmente en la calle: *Mientras esperaban a sus mamás, improvisaron una **cascarita** de fútbol.*

cascarón ***m.*** Cáscara de los huevos de ave: *Quebré mal ese huevo y cayeron pedazos de **cascarón** a la sartén.*

cascarrabias ***m.*** y ***f. Fam.*** Persona que se irrita o enoja fácilmente: *"Eres un **cascarrabias,** ¡cada vez que cambio el canal de televisión te enojas muchísimo!", le dije a mi hermano.*

casco ***m.*** **1** Pieza que cubre la cabeza para protegerla: *Antes de subir a una bicicleta o motocicleta, es importante ponerse un **casco.*** **2** Botella para contener líquidos: *Separé los **cascos** vacíos de la basura para darlos a reciclar.* **3** Uña de las caballerías: *Antes de ponerle las herraduras a los caballos, se les liman los **cascos.*** **4** Cuerpo de un buque o avión: *Vimos el **casco** de un barco que se hundió hace muchos años.*

cascote ***m.*** **1** Pedazo de ladrillo. **2** Conjunto de pedazos de ladrillos que se usan en otras obras.

caseína ***f.*** Sustancia derivada de la leche, componente esencial de los quesos.

caserío ***m.*** **1** Conjunto de casas en el campo que no llegan a formar un pueblo: *Alain nació en un **caserío:** es un lugar con ocho casas que está a 20 km del pueblo.* **2** Casa aislada en el campo.

casero, ra ***adj.*** **1** Que se hace en casa: *Esa familia sólo come pan **casero,** ellos lo preparan y es delicioso.* **2** ***Chile*** y ***Perú.*** Relativo al cliente habitual de un establecimiento.

casero, ra ***m.*** y ***f.*** Persona que tiene una casa o departamento y lo alquila a otra: *Vino el **casero** a cobrarle a mi madre el alquiler de la casa.*

caseta ***f.*** **1** Lugar pequeño colocado en la entrada de un edificio para vigilar quién entra y sale: *El portero está en la **caseta;** a él puedes dejarle el libro que te presté.* **2** ***Méx.*** Cabina telefónica. **3** ***loc. Méx.*** **~ de cobro,** construcción levantada en determinados puntos de las carreteras de cuota para que los conductores paguen por el servicio: *Cuando voy a mi ciudad natal, tomo una carretera que tiene tres **casetas de cobro** y en cada una debo pagar.*

casete ***m.*** y ***f.*** **Palabra de origen francés.** Pequeña caja de plástico que contiene una cinta en la que pueden grabarse o reproducirse sonidos.

casi ***adv.*** Cerca de, por poco, aproximadamente: *"Son **casi** las ocho de la mañana, así que apúrate si no quieres llegar tarde a la escuela", me dijo mi madre.*

casilla ***f.*** **1** Cada uno de los compartimentos de un casillero: *El cartero coloca las cartas en la **casilla** correspondiente a cada departamento del edificio.* **2** Cada uno de los cuadros que componen el tablero de algunos juegos: *"¿Por qué saltaste dos **casillas** en el juego? ¡Te tocaba saltar una!", me dijo Roberto.* **3** ***Cuba.*** Trampa para cazar pájaros. **4** ***Ecuad.*** Retrete, excusado. **5** ***loc. pl.*** **Sacar a alguien de sus ~,** hacer que alguien se enoje o se ponga nervioso: *El niño desobedeció tantas veces a su mamá, que la **sacó de sus casillas.***

casillero ***m.*** Mueble con compartimentos o casillas: *Clasifico los papeles en un **casillero:** una casilla para la cuenta de la luz; otra para la del teléfono; otra para la del gas, y así sucesivamente.*

casimir ***m.*** Tela muy fina que se fabrica con lana de cabra de Cachemira: *El **casimir** se usa sobre todo para confeccionar trajes de hombre.*

casino ***m.*** Sitio público donde hay bailes, juegos, recreaciones, diversiones, etc.: *Mis padres fueron al baile de gala que organiza el **casino** de la ciudad.*

caso ***m.*** **1** Suceso, acontecimiento: *"¿Te enteraste del **caso** del niño que se salvó en el incendio?", me preguntó Ana.* **2** Oportunidad, ocasión: *"No te desesperes, llegado el **caso** todos podemos ayudarte con tu trabajo escolar", me dijeron mis hermanos.* **3** Asunto: *El hombre llevó el **caso** de su divorcio a un abogado para que lo aconsejara.*

casona ***f.*** Casa grande o mansión.

caspa ***f.*** Pequeñas escamas blancas que se forman en el cuero cabelludo: *Ricardo se compró un producto especial para lavar su cabello, porque está harto de tener **caspa.***

casquete ***m.*** Gorra para cubrir el casco. **2** ***loc.*** **~ polar** Superficie de nuestro planeta que va del círculo polar al polo.

casquillo ***m.*** **1** Cartucho metálico vacío: *Vi en la televisión unos **casquillos** de bala: son como unos vasitos de metal.* **2** Parte metálica de la bombilla o foco, que permite conectarla con el circuito eléctrico.

casquivano, na ***adj.*** Que actúa con ligereza, sin pensar, sobre todo en el plano sexual.

cassette ***m.*** y ***f.*** **Palabra de origen francés.** ***Ver*** **casete.**

casta ***f.*** Grupo social muy cerrado que constituye una clase especial: *La India está organizada socialmente por **castas** y la gente de una **casta** no puede pasar a otra.*

castaña ***f.*** Fruto comestible del castaño, de piel dura color marrón o café y carne amarillenta dulce en su interior.

castañetear ***vb.*** {intr.} Sonar como castañeta o castañuela: *Los dientes le **castañeteaban** de frío.*

castañeteo ***m.*** Sonido parecido al de la castañeta o castañuela.

castaño ***m.*** Árbol grande, de copa ancha, cuyo fruto es la castaña: *La madera del **castaño** sirve para fabricar muebles, y su fruto para comerlo.*

castaño, ña ***adj.*** Dícese del color pardo oscuro: *Me gusta más cómo se me ve el cabello **castaño,** creo que me va mejor que el rubio.*

castañuela ***f.*** Instrumento musical compuesto de dos piezas de madera, que se hacen chocar entre sí: *Las bailarinas españolas tocan las **castañuelas** cuando bailan.*

castellano ***m.*** Idioma español.

casticismo ***m.*** **1** Gusto por lo que es puro. **2** Repulsión a usar palabras de origen extranjero.

casticista ***m.*** y ***f.*** Persona que practica o defiende el casticismo.

castidad ***f.*** Renuncia o moderación en el placer sexual: *Los miembros de algunas congregaciones religiosas hacen votos de **castidad.***

castigado, da ***adj.*** Que recibe un castigo.

castigar ***vb. irreg.*** {tr.} **Modelo 17. 1** Someter a un castigo o pena al que ha cometido una falta: ***Castigarán** a los ladrones que asaltaron el banco con dos años de cárcel.* **2** Escarmentar, corregir: *Los papás de Bruno lo **castigaron** por decir mentiras, así que durante una semana no podrá salir a jugar en las tardes.*

castigo ***m.*** **1** Pena impuesta al que ha cometido un delito o falta: *El profesor me puso un **castigo** por haber copiado en el examen.* **2** Tormento, daño: *El peor **castigo** del señor Manuel fue ver cómo la enfermedad iba acabando poco a poco con su hijo.*

castillo ***m.*** **1** Edificio de muros muy gruesos y rodeado de murallas para defenderse de los ataques enemigos: *Cuando mi tío fue a Francia, visitó un **castillo** de la Edad Media que fue construido sobre una colina.* **2** ***loc. pl.*** **Hacer ~ en el aire,** hacerse falsas ilusiones: *Salma le dijo a Raúl que ya no lo quiere, pero él **hace castillos en el aire** y cree que van a casarse.*

casting ***m.*** **Palabra de origen inglés.** Selección de los actores que intervendrán en una película o en una producción para televisión.

castizo, za ***adj.*** **1** De buen origen, puro. **2** Se aplica al uso muy cuidado del idioma.

casto, ta ***adj.*** Que practica la castidad o abstinencia sexual: *Las monjas son **castas.***

castor ***m.*** Mamífero roedor pequeño, de patas posteriores palmeadas y cola aplastada, que vive cerca de los ríos: *Los **castores** construyen presas en los ríos con troncos que cortan con sus largos dientes.*

castrar ***vb.*** {tr.} Extirpar o quitar los órganos genitales: *El veterinario dijo que después de que mi perra tenga a sus primeros cachorros, la **castrará** para que nunca más tenga perritos.*

castrense ***adj.*** Relacionado con el ejército y los militares.

casual ***adj.*** Que no se había planeado ni previsto: *Mi hermana conoció en un encuentro **casual** al que ahora es su esposo: los dos iban distraídos en la calle y chocaron.*

casualidad ***f.*** Suceso imprevisto: *Fue una **casualidad** que las dos lleváramos vestidos iguales a la fiesta.*

casulla ***f.*** Vestido que usa el sacerdote católico durante la misa.

catabólico, ca ***adj.*** Relativo al catabolismo: *Esa sustancia hizo una reacción **catabólica.***

catabolismo ***m.*** Conjunto de reacciones bioquímicas de las células del cuerpo que transforman la materia en compuestos más simples y liberan energía.

cataclísmico ***adj.*** Relativo a un cataclismo: *El huracán tuvo efectos cataclísmicos.*

cataclismo ***m.*** Catástrofe o trastorno natural: *Los terremotos son **cataclismos,** es decir, las personas no los provocan y tampoco pueden impedirlos.*

catacumbas ***f. pl.*** Conjunto de galerías subterráneas para uso funerario, en especial en la Antigua Roma.

catador, ra ***m.*** y ***f.*** Persona que se dedica a catar vinos.

catalejo ***m.*** Anteojo de larga vista: *El pirata puso el ojo en el **catalejo** y miró el lejano barco que iba a atacar.*

catalepsia ***f.*** Enfermedad nerviosa que paraliza el cuerpo.

cataléptico ***adj.*** Relacionado con la catalepsia, que padece catalepsia.

catálisis ***f.*** Cambio en la velocidad de una reacción química debido a la intervención de alguna sustancia que, al final del proceso, queda sin alteración.

catalítico ***adj.*** Relativo a la catálisis.

catalizador ***m.*** Sustancia que provoca una catálisis, es decir, que acelera o enlentece una reacción química.

catalizar ***vb.*** {tr.} Acelerar una reacción química.

catalogación ***f.*** Acción de ordenar un conjunto de objetos de la misma especie: *Para la **catalogación** de tanta cantidad de libros se necesita un bibliotecario experto.*

catálogo ***m.*** Lista ordenada de personas, cosas o sucesos: *En el **catálogo** de la ropa que venden en esa tienda hay un vestido que me gustaría comprar.*

cataplasma ***f.*** Pasta o masa medicinal que se aplica sobre una parte del cuerpo para aliviar la inflamación: *El médico naturista me recetó **cataplasmas** de nopal asado para desinflamar mi rodilla lastimada.*

catapulta ***f.*** Máquina antigua de guerra para lanzar piedras: *Con la **catapulta,** los hombres lanzaban grandes piedras a la puerta del castillo para que ésta se cayera y así pudieran entrar.*

catapultar ***vb.*** {tr.} **1** Lanzar un objeto usando una catapulta. **2** ***Fig.*** Lanzar a la fama: *El cantante fue **catapultado** gracias a una gran campaña publicitaria.*

catar ***vb.*** {tr.} Probar algo para examinar su sabor: *El conocedor **cató** el vino después de tenerlo unos segundos en la boca y afirmó que era de excelente calidad.*

catarata ***f.*** **1** Caída de agua en el curso de un río, de mayor altura que la cascada: *Las **cataratas** del Niágara están entre Canadá y Estados Unidos.* **2** Enfermedad de los ojos que opaca el cristalino impidiendo una buena visibilidad: *Operaron a la tía Luisa de la **catarata** que tenía en el ojo izquierdo y ahora ya puede ver bien.*

catarina ***f.*** ***Méx.*** Pequeño insecto de color anaranjado rojizo con siete puntos negros: *Las **catarinas** son útiles porque se alimentan de insectos que dañan las plantas.* Sin. **mariquita.**

catarro ***m.*** Inflamación de las mucosas nasales, acompañada de un aumento en la secreción de mocos: *Salió al frío sin cubrirse y le dio **catarro,** por eso ahora se limpia muchas veces la nariz.* Sin. **resfriado, resfrío.**

catarsis ***f.*** **1** Transformación provocada por una experiencia importante. **2** Eliminación de recuerdos perturbadores: *Al hacer **catarsis** recordó su terrible infancia y entendió su presente.*

catártico ***adj.*** Que provoca catarsis: *Llorar durante horas tuvo un efecto **catártico.***

catastral ***adj.*** Relativo al catastro: *El impuesto **catastral** no ha subido mucho.*

catastrar ***vb.*** {intr.} Llevar a cabo un catastro.

catastro ***m.*** Registro censal para efectos impositivos de todas las propiedades urbanas.

catástrofe ***f.*** Suceso desgraciado, desastre: *Fue una **catástrofe** que se perdieran las cosechas por la sequía, ahora no sabemos qué hacer para conseguir alimento.*

catastrófico, ca ***adj.*** Relativo a una catástrofe.

catatonia ***f.*** Padecimiento psiquiátrico que presenta rigidez muscular y estupor.

catatónico ***adj.*** Relativo a la catatonia: *La noticia de la muerte de su madre lo dejó casi en estado **catatónico.***

catear ***vb.*** {tr.} ***Amér.*** Registrar la policía un lugar cerrado en busca de evidencias: ***Catearon** la oficina y la casa del sospechoso.*

catecismo ***m.*** Enseñanza de la doctrina cristiana: *El niño va a hacer la primera comunión, por eso va al **catecismo** todas las tardes.*

catedral ***f.*** Iglesia muy grande, la más importante de una zona o ciudad: *El obispo celebró misa en la **catedral** de la ciudad.*

catedrático, ca ***m.*** y ***f.*** Profesor que da clases en la universidad.

categoría ***f.*** **1** Cada uno de los grupos en que se pueden clasificar personas o cosas: *Esa señora pertenece a la **categoría** de personas que se dejan llevar por las apariencias.* **2** Nivel, calidad: *Este hotel es de gran **categoría**, por eso es tan caro.*

categórico, ca ***adj.*** Que afirma o niega de una manera terminante o definitiva: *Mi papá fue **categórico:** no me dejará ir a la playa, así que ya no vale la pena insistir.* Sin. **contundente, rotundo.**

categorización ***f.*** Acción de categorizar.

categorizar ***vb.*** {tr.} Establecer categorías.

cateo ***m.*** **1** Búsqueda. **2** ***Amér.*** Allanamiento: *Durante el **cateo**, la policía descubrió armas y drogas.*

caterva ***f.*** Conjunto de personas en desorden o de poca importancia.

catéter ***m.*** Sonda que se introduce en el cuerpo para explorar cavidades o guiar otros instrumentos: *El doctor introdujo el **catéter** por la nariz hasta la boca del estómago.*

cateterismo ***m.*** Procedimiento quirúrgico que consiste en introducir un catéter.

cateto ***m.*** En matemáticas, cada uno de los dos lados que forman el ángulo recto en un triángulo rectángulo.

catire, ra ***adj./m.*** y ***f. Colomb., Cuba, Perú*** y ***Venez.*** Relativo a la persona rubia de ojos verdosos o amarillentos.

catódico ***adj.*** Relativo al cátodo.

cátodo ***m.*** Electrodo de carga negativa.

catolicismo ***m.*** Religión de los cristianos que reconocen la autoridad del Papa en relación al dogma y la moral: *Según la enseñanza del **catolicismo,** Jesucristo dejó como jefe de su Iglesia a san Pedro, y ahora es el Papa.*

católico, ca ***adj.*** Relacionado con el catolicismo: *En México, predomina la religión **católica.***

católico, ca ***m.*** y ***f.*** Persona que practica el catolicismo: *Los **católicos** deben confesar sus pecados al sacerdote periódicamente.*

catre ***m.*** Cama plegadiza y ligera para una persona: *Como vino mi primo de visita, me acosté en un **catre** y él durmió en mi cama.*

catrín, trina ***adj./m.*** y ***f. Guat.*** y ***Nicar.*** Muy rico.

catrín, trina ***m.*** y ***f. Amér. C.*** y ***Méx.*** Persona elegante y presumida: *Rocío andaba muy **catrina**, yo creo que iba a ver a su novio.*

caucásico, ca ***adj./m.*** y ***f.*** Relativo a la raza blanca.

cauce ***m.*** **1** Lecho de ríos y arroyos: *El río se desbordó de su **cauce** por las abundantes lluvias.* **2** Procedimiento, modo: *El abogado siguió los **cauces** legales para liberar al acusado..*

caucho ***m.*** Sustancia elástica y resistente que se halla en ciertos árboles: *Las ruedas de los automóviles son de **caucho**.* Sin. **hule.**

caución ***f.*** **1** Cautela, precaución. **2** ***Der.*** Garantía que da una persona para asegurar el cumplimiento de una obligación.

caucionar ***vb.*** {tr.} Dar caución.

caudal ***adj.*** Relativo a la cola: *El pez movía la aleta **caudal** y se impulsaba con ella para nadar.*

caudal ***m.*** **1** Cantidad de agua de un curso fluvial: *El **caudal** del río se reduce mucho durante la época de sequía.* **2** Dinero y riqueza que se posee: *El **caudal** del señor Martínez es considerable: tiene tres casas, una estancia y un edificio.*

caudaloso, sa ***adj.*** De mucha agua: *Los barcos navegan en ríos muy **caudalosos,** pero no pueden hacerlo en ríos pequeños.*

caudillismo ***m.*** Sistema o gobierno de un caudillo.

caudillo ***m.*** Jefe militar o persona que manda y dirige un grupo: *El **caudillo** guió a sus tropas al encuentro del ejército enemigo.*

caula ***f. Chile, Guat.*** y ***Hond.*** Treta, engaño, trampa.

causa ***f.*** Razón, motivo: *La **causa** del enojo de Roberta es que vio a su novio besando a otra muchacha.*

causante ***adj.*** Que causa.

causante ***m.*** y ***f. Méx.*** Contribuyente: *Los **causantes** menores deberían pagar menos impuestos que los mayores.*

causar ***vb.*** {tr.} Producir un efecto: *Un conductor **causó** el accidente en la carretera por no tener precaución.*

cáustico, ca ***adj.*** Se dice de la sustancia que ataca los tejidos orgánicos: *La sosa es muy **cáustica,** quema la piel.*

cautela ***f.*** Precaución, reserva, cuidado: *"Acércate con **cautela** al animal; como está herido, puede ser agresivo", me advirtió Ricardo.*

cautelar ***adj.*** Que conlleva cautela: *Una acción **cautelar** inmediata es congelar las cuentas bancarias del acusado.*

cauteloso, sa ***adj.*** Que actúa con prudencia, con precaución: *Es un niño **cauteloso** que se fija muy bien antes de atravesar una calle.*

cauterización ***f.*** Acción de cauterizar o quemar una herida.

cauterizante ***adj.*** Relativo a la cauterización.

cauterizar ***vb.*** {tr.} Quemar una herida para cicatrizarla: *Con un aparato, el médico **cauterizó** la úlcera que su paciente tenía en la pierna.*

cautivante ***adj.*** Que cautiva, que encanta: *Frank Sinatra tenía una voz **cautivante.***

cautivar ***vb.*** {tr.} Atraer, seducir, gustar mucho: *El protagonista del filme me **cautivó:** ¡es tan guapo!*

cautiverio ***m.*** Estado de la persona o animal privados de su libertad: *Algunos animales no pueden reproducirse en **cautiverio.***

cautivo, va ***adj./m.*** y ***f.*** Prisionero, persona a quien le han quitado su libertad: *Uno de los más famosos **cautivos** de la literatura ha sido* El Hombre de la Máscara de Hierro.

cauto, ta ***adj.*** Que actúa con cautela, con cuidado: *Hay que ser **cauto** y esperar qué hace el nuevo presidente antes de invertir.*

cava ***f.*** Lugar subterráneo donde se guarda el vino: *El mesero bajó a la **cava** y trajo una botella de vino de una cosecha especial.*

cava ***m.*** Vino español blanco y espumoso, parecido a la champaña.

cavar ***vb.*** {tr. e intr.} Hacer un hoyo o zanja: *El jardinero **cavó** un hoyo para plantar un árbol.*

caverna ***f.*** Gruta o cueva natural, grande y profunda: *Las **cavernas** sirvieron de casa a los primeros hombres que existieron en la Tierra.*

cavernícola ***adj./m.*** y ***f.*** Que vive en las cavernas: *Los **cavernícolas** decoraban las paredes de las cuevas que habitaban con pinturas rupestres.* Sin. **troglodita.**

cavernoso, sa ***adj.*** **1** Relativo a las cavernas o a alguna de sus características: *La oscuridad de esa casa es **cavernosa,** nunca abren las cortinas.* **2** Referido a un sonido, ronco y sordo: *¡Déjame dormir!, me dijo Lalo con voz **cavernosa** cuando fui a levantarlo esta mañana.*

caviar ***m.*** Hueva del esturión que se consume preparada en salmuera: *El **caviar** es muy caro en América, pero en los países del mar Báltico es más barato porque abunda.*

cavidad ***f.*** Espacio hueco dentro de un cuerpo: *Con el tiempo, la fuerza de las olas ha hecho grandes **cavidades** en las rocas y ha formado cuevas.*

cavilar ***vb.*** {tr. e intr.} Pensar mucho sobre algo, reflexionar: *Luego de considerar la situación, el héroe de la película **cavilό** mucho antes de ponerse en acción.*

caviloso, sa ***adj.*** Que cavila o piensa mucho.

cayado ***m.*** Bastón curvo por la parte superior: *El pastor de ovejas es un anciano que se apoya en su **cayado** cuando camina por el monte.*

cayo ***m.*** Tipo de islote plano y arenoso que se encuentra en el mar de las Antillas y el golfo de México.

cayuco ***m. Amér.*** Pequeña embarcación parecida a una canoa, pero más angosta.

cayuco, ca ***adj./m.*** y ***f. Antill.*** y ***Méx.*** Dícese de las personas que tienen la cabeza estrecha y alargada.

caza ***f.*** Hecho de cazar, de matar animales: *La **caza** debería estar prohibida cuando sólo es por diversión, por eso hay especies animales que están en peligro de desaparecer.*

caza ***m.*** Avión de combate de gran velocidad.

cazabe ***m. Amér. C., Antill., Colomb.*** y ***Venez.*** Torta hecha de harina de mandioca.

cazabombardero ***m.*** Avión rápido de combate equipado para realizar bombardeos.

cazador, ra ***adj./m.*** y ***f.*** Dícese de los que se dedican a matar animales: *Los **cazadores** persiguieron a la zorra, pero ésta pudo escapar de los disparos.*

cazadora ***f. Esp.*** Chaqueta o chamarra que llega hasta la cintura: *Como hacía frío, me puse una **cazadora** antes de salir a la calle.*

cazafortunas ***m.*** y ***f.*** Persona que se enriquece casándose con alguien que tiene mucho dinero.

cazaminas ***m.*** Barco equipado con sonar para detectar las minas explosivas de profundidad.

cazar ***vb. irreg.*** {tr.} **Modelo 16. 1** Perseguir animales para apresarlos o matarlos: *Actualmente, en muchos lugares del mundo está prohibido **cazar** y los animales están protegidos.* **2** Sorprender a alguien: *Mi mamá me **cazó** comiendo los chocolates que ella había escondido.*

cazarrecompensas ***m.*** y ***f.*** Persona que persigue y atrapa a un criminal a cambio de una suma de dinero.

cazasubmarino ***m.*** Buque de guerra armado con cargas de profundidad para destruir submarinos.

cazatalentos ***m.*** y ***f.*** **1** Persona cuya profesión es descubrir talentos artísticos y ganar dinero representándolos. **2** Persona que busca personal ejecutivo para empresas.

cazo ***m.*** Vasija con asas o mango que sirve para calentar o preparar alimentos: *Se cayó el **cazo** que tenía leche y ésta se derramó en el suelo.*

cazoleta ***f.*** Cavidad pequeña de algunos objetos: *Mi papá pone tabaco en la **cazoleta** de su pipa y luego lo enciende para fumar.*

cazón ***m.*** Especie de tiburón, de alrededor de 2 m de largo, de carne comestible.

cazuela ***f.*** Vasija redonda hecha de barro, más ancha que honda, usada para guisar: *La cocinera colocó el bacalao en una **cazuela** y lo puso a fuego lento.*

CD-ROM ***m.*** Abreviatura de las palabras en inglés. ***C****ompact* ***D****isc* ***R****ead* ***O****nly* ***M****emory.* Disco compacto de gran memoria para almacenar textos, imágenes y sonido: *Me compraron una enciclopedia en **CD-ROM** y la veo en mi computadora.*

cebada ***f.*** Cereal que se parece al trigo y cuyo grano sirve de alimento a diversos animales: *De la **cebada** se obtienen el whisky y la cerveza.*

cebado, da ***adj.*** Se dice del animal al que se le dio alimentación especial para engordarlo.

cebar ***vb.*** {tr. y prnl.} **1** Alimentar a un animal para engordarlo: *Mis abuelos **cebaron** al pavo durante varios meses para comérselo en Navidad.* **2** ***Amér. Merid.*** Preparar el mate, poniendo agua tibia en una especie de guaje o calabaza con yerba dentro: *Para que el mate sepa bien, hay que saberlo **cebar.*** **3** ***Méx. Fam.*** Echarse a perder o venirse abajo algo: *Jaime pensaba irse de vacaciones, pero el plan **se le cebó** porque le robaron su dinero.*

cebo ***m.*** Porción de alimento que se usa en la cacería o en la pesca para atraer y atrapar a los animales: *El pescador pone lombrices en el anzuelo como **cebo** para atraer a los peces.*

cebolla ***f.*** Bulbo comestible, blanco o morado, de una planta del mismo nombre, de olor fuerte y sabor picante, que sirve para condimentar la comida: *Con la **cebolla** pueden prepararse sopas, salsas, ensaladas y muchos otros guisos.*

cebollín o **cebollino** ***m.*** Planta pequeña de hojas huecas y cilíndricas, de sabor parecido al de la cebolla, muy apreciada en gastronomía.

cebra ***f.*** Animal parecido al burro, con rayas negras y blancas, que vive en África: *En el programa de televisión, una leona perseguía a una manada de **cebras** que corrían por el campo africano.*

cebú ***m.*** Animal parecido al buey, con una o dos jorobas: *En algunos países se come carne de **cebú.***

ceca ***f.*** **1** Lugar donde antiguamente se fabricaban monedas. **2** ***Argent.*** Reverso de la moneda: *Decir "cara o **ceca**" en Argentina es como decir "águila o sol" en México.* **3** ***loc.*** **De la ~ a la Meca,** de una parte a otra, de aquí para allá: *Anduve **de la Ceca a la Meca** para conseguir esos botones porque no los encontraba en ninguna tienda.*

ceceante ***adj.*** Que cecea al hablar: *El trauma no sólo le hacía balbucir, sino que su habla era **ceceante.***

cecear ***vb.*** {intr.} Pronunciar la *s* como los españoles pronuncian la *c* y la *z*.

ceceo ***m.*** Pronunciación de la *s* como la *z* de España.

cecina ***f.*** Carne de res o de cerdo, que se conserva salándola y poniéndola a secar. SIN. **charqui, tasajo.**

cedazo ***m.*** **1** Instrumento que sirve para colar: *Mi mamá pasó la leche por un **cedazo** porque a mi hermana no le gusta la nata.* SIN. **coladera, colador. 2** Red grande para pescar.

cedente ***adj./m.*** y ***f.*** Que entrega o traspasa algo: *El notario informó al **cedente** que debía posponer la entrega del inmueble.*

ceder ***vb.*** {tr. e intr.} **1** Dar, entregar o dejar: *Se veía tan apurada, que le **cedí** mi lugar en la fila para entrar al baño.* **2** Aceptar algo que antes se rechazaba: *"Debemos aprender a **ceder** cuando nos demuestren que estamos equivocados."* **3** Debilitarse la fuerza de algo: *Cuando la lluvia **cedió** pudimos salir a jugar con la pelota.* ANT. **resistir.**

cedilla ***f.*** Letra compuesta de una *c* y una pequeña coma debajo (ç): *En francés es común el uso de la **cedilla,** como en la palabra "ça", que significa "eso".*

cedro ***m.*** Árbol muy alto, de madera fina y olorosa: *Los muebles de **cedro** son más caros que los de pino.*

cedrón ***m.*** Planta americana cuyas semillas se utilizan como antídoto para el veneno de las serpientes.

cédula ***f.*** **1** Documento oficial en el que se informa algo. **2** ***loc. Argent., Chile, Par.*** y ***Urug.*** **~ de identidad,** credencial que le sirve a una persona para identificarse: *El policía le pidió que enseñara su **cédula de identidad** para demostrar que se llamaba Susana García.*

cefalalgia *f.* Dolor de cabeza. SIN. **Cefalea.**
cefalea *f.* Nombre médico del dolor de cabeza: *Si permanezco mucho tiempo bajo el sol, me da **cefalea.***
cefálico *adj.* Relativo a la cabeza.
cefalópodo, da *adj./m.* Clase de moluscos marinos que tienen en la cabeza tentáculos provistos de ventosas: *Los calamares y los pulpos son **cefalópodos.***
céfiro *m.* Viento suave que viene del oeste.
cegado, da *adj.* Que está momentáneamente ciego: *Cuando salió de la curva, quedó **cegado** con la luz de un enorme camión.*
cegador, ra *adj.* Que produce ceguera momentánea: *Un relámpago **cegador** atravesó el cielo.*
cegar *vb. irreg.* {tr. e intr.} **Modelo 18. 1** Dejar ciego por un momento: *La luz de los reflectores me **cegó** y no pude distinguir si mi amigo estaba entre toda le gente del público.* SIN. **deslumbrar. 2** Hacer que se actúe irracionalmente o que no se vea lo que en otras circunstancias se vería con claridad: *La ira lo **cegó** y, sin pensarlo, le dio una patada al árbitro.* SIN. **obstinarse. 3** Tapar algo que estaba abierto: *El pozo **fue cegado** para evitar que los niños cayeran en él.*
cegato, ta *adj.* Que no alcanza a ver bien. SIN. **cegatón.**
cegatón, tona *adj./m.* y *f. Fam.* Que no ve bien: *Me acerqué a él y lo saludé, pero está tan **cegatón** que no me vio.*
ceguera *f.* Imposibilidad de ver: *Julián padeció **ceguera** desde niño, pero una operación le devolvió la vista.*
ceiba *f.* Árbol tropical de madera blanca y blanda, que llega a medir hasta 70 metros.
ceja *f.* **1** Conjunto de pelos que crecen en la parte baja de la frente, arriba de los ojos, y que tienen forma ligeramente arqueada. **2** *loc.* **Tener a alguien entre ~ y ~,** no aguantarlo: *La secretaria tiene a su jefe **entre ceja y ceja** desde que la hace trabajar horas extra.*
cejar *vb.* {intr.} Dejar de hacer un esfuerzo para conseguir algo: *El alpinista no **cejó** hasta alcanzar la cumbre de la montaña.* SIN. **flaquear, desistir.**
cejijunto, ta *adj.* Que tiene las cejas casi juntas: *Mi padre es **cejijunto** y parece que tiene una sola ceja larga en vez de tener dos.*
cejilla *f.* **1** Pieza del mástil de la guitarra que sirve para apoyar las cuerdas. **2** Parte que sobresale de algo: *No podía ver la **cejilla** del fólder que buscaba en el archivo.*
cejudo, da *adj.* Que tiene la ceja muy tupida.
celada *f.* **1** Trampa, emboscada: *Los soldados cayeron en la **celada** del enemigo y fueron hechos prisioneros.* **2** Pieza de la armadura que cubría la cabeza: *El caballero andante protegía su rostro detrás de la **celada** cuando se enfrentaba en luchas.*
celador, ra *m.* y *f.* Persona encargada de vigilar un lugar: *El **celador** de la escuela cierra todas las puertas y ventanas de las aulas después de que terminan las clases.* SIN. **velador.**
celar *vb.* {tr.} Vigilar a alguien del que se sospecha algo: *El viejo **celaba** a su esposa por miedo a que lo abandonara por alguien más joven y apuesto.*
celda *f.* **1** Habitación donde se encierra a una persona: *La **celda** de la cárcel es pequeña, oscura y está aislada por grandes barrotes.* **2** Cada una de las divisiones que las abejas construyen en su panal.
celdilla *f.* **1** Celda pequeña. **2** Cada hueco hexagonal de que está formado un panal.
celebérrimo, ma *adj.* Muy famoso: *Hace cinco años fue un escritor **celebérrimo,** pero hoy nadie lo recuerda.*
celebración *f.* Acto en el que se festeja a alguien o algo: *Hubo cohetes y fuegos artificiales en la **celebración** de la independencia del país.*
celebrante *adj.* Que celebra.
celebrante *m.* y *f.* Sacerdote que oficia o celebra una ceremonia.
celebrar *vb.* {tr.} Festejar algo: *Para **celebrar** el cumpleaños de mi papá compramos un delicioso postre de chocolate.*
célebre *adj.* Que es muy famoso: *Los caballeros andantes se hicieron **célebres** por sus arriesgadas hazañas.*
celebridad *f.* **1** Fama. SIN. **nombradía, nombre. 2** Persona que goza de fama y reconocimiento: *Ese artista es toda una **celebridad,** muchas personas ven sus filmes y van a sus conciertos.*
celentéreos *m. pl.* Grupo de los animales marinos provistos de tentáculos: *La medusa y la hidra son **celentéreos.***
celeridad *f.* Velocidad o prontitud con que se hace algo: *Darío se dirige al cine con **celeridad** porque ya es tarde y el filme pronto comenzará.* SIN. **velocidad, prontitud, rapidez.** ANT. **lentitud.**
celeste *adj.* **1** Relativo al cielo, al firmamento: *Los planetas y las estrellas son cuerpos **celestes.*** SIN. **espacial, cósmico. 2** Aplicado a lo que es de color azul claro: *La niña lleva puesto un vestido color **celeste** que combina con sus ojos azules.*
celeste *m.* Color azul claro: *El **celeste** se obtiene mezclando azul con blanco.*
celestial *adj.* **1** Relativo al cielo como lugar divino: *La expresión Señor **celestial** se refiere a Dios porque se considera que el cielo es su casa.* SIN. **divino. 2** *Fam.* Aplicado a lo que es perfecto o muy agradable: *A mi hermano le gusta tanto el rock, que piensa que es una música **celestial.***
celestina *f.* Persona que facilita o encubre una relación amorosa entre dos personas: *Débora andaba de **celestina** entre Julio y Susana y al final llegaron a ser novios.*
celiaco, ca o **celíaco, ca** *adj.* Relativo al vientre o a los intestinos: *La arteria **celiaca** es una ramificación de otra más grande y riega de sangre una parte del vientre.*
celibato *m.* **1** Estado de una persona que no se ha casado, en especial por motivos religiosos: *Los sacerdotes católicos se obligan a guardar **celibato.*** **2** Estado civil exigido por la Iglesia católica. ANT. **divorcio.**
célibe *adj./m.* y *f.* Persona soltera: *Don Rómulo es un hombre **célibe,** nunca se casó y nadie le conoció jamás una novia.* SIN. **soltero.** ANT. **casado.**
celo *m.* **1** Cuidado y esmero que se pone al hacer algo: *El cajero del banco pone mucho **celo** al hacer las cuentas porque no quiere equivocarse.* SIN. **atención, interés, afán. 2** Época en que aumenta el apetito sexual de algunos animales: *Muchos animales sólo se aparean cuando las hembras entran en **celo,** en cambio el ser humano puede tener relaciones sexuales en cualquier momento del año.* **3** *pl.* Temor de que otra persona pueda ser más querida que uno: *La niña tiene **celos** de su hermano porque piensa que sus papás lo prefieren a él.* **4** *pl.* Sentimiento de incomodidad que se tiene cuando alguien corre con más suerte que uno: *Mauricio sintió **celos** cuando Manuela recibió el primer premio y él tuvo que conformarse con el segundo.* SIN. **envidia, rivalidad.**
celofán *f.* Película transparente y flexible: *Adornamos el regalo con papel **celofán** y un gran moño rojo.*
celoma *m.* Cavidad interna del cuerpo de los animales superiores en la que se encuentran los órganos más importantes: *El corazón, el estómago y los intestinos se encuentran en el **celoma.***
celosía *f.* Protección hecha de madera, plástico o metal, que se pone en las ventanas y que tiene una serie de tiras horizontales que se mueven para que entre la luz: *Las **celo-***

sías permiten ver hacia afuera sin que desde afuera se pueda ver hacia adentro.

celoso, sa ***adj.*** Referido al que pone mucho cuidado y esmero al hacer algo: *Ese empleado es muy* ***celoso*** *de su trabajo y no permite que nadie haga lo que le toca a él.*

celoso, sa ***adj./m.*** y ***f.*** Aplicado al individuo que siente temor de que otra persona pueda ser más querida o tener más suerte que él: *Carlos es tan* ***celoso*** *que encierra a su esposa con llave cuando él se va a trabajar. ¿Puedes creerlo?*

celta ***adj./m.*** y ***f.*** Relativo a lo que es de un antiguo pueblo indogermánico que ocupó el centro y occidente de Europa: *Los pueblos* ***celtas*** *se establecieron en Europa a partir del siglo III a. de C.*

celta ***m.*** Idioma de origen indogermánico de algunos pueblos del centro de Europa y Bretaña, País de Gales, Irlanda y Galicia: *Algunas palabras del* ***celta*** *se incorporaron al idioma latín.*

céltico, ca ***adj.*** Relativo a los celtas: *El arte* ***céltico*** *se conoce gracias a los estudios arqueológicos modernos.*

célula ***f.*** **1** Parte mínima fundamental de los seres vivos que puede verse con la ayuda de un microscopio: *La* ***célula*** *tiene una membrana que encierra una sustancia llamada protoplasma; en esta sustancia se encuentra el núcleo de la célula.* **2** Unidad que forma parte de una organización.

celular ***adj.*** Relativo a lo que está formado por células, celdas o cavidades: *Visto al microscopio, el tejido* ***celular*** *de la cebolla tiene la apariencia de una pared construida con ladrillos y cada uno es una célula.*

celular ***adj./m.*** Teléfono que tiene un sistema electrónico que hace que no necesite cable para poder usarse: *Los* ***celulares*** *son cada vez más pequeños y ligeros, y captan mejor la señal telefónica.*

celulitis ***f.*** En el cuerpo humano, inflamación del tejido bajo la piel: *La* ***celulitis*** *hace que se formen pequeños pozos en la piel, dándole una apariencia de cáscara de naranja.*

celuloide ***m.*** Materia plástica muy inflamable, dura y transparente, que al calentarse puede moldearse de muchas formas: *El* ***celuloide*** *se usa en la fabricación de rollos de película para fotografía y cine, peines, bolas de billar, etc.*

celulosa ***f.*** Sustancia sólida, de origen vegetal, que se usa en la industria: *En la industria del papel se utiliza* ***celulosa*** *como materia prima.*

cementar ***vb.*** {tr.} Calentar un metal y ponerlo en contacto con otro elemento para modificar su composición: *El hierro* ***cementa*** *con el carbón y se convierte en acero.*

cementera ***f. Méx.*** Fábrica de cemento.

cementerio ***m.*** Terreno destinado para enterrar a los muertos: *En el* ***cementerio*** *del pueblo están las tumbas de mis antepasados.* Sin. **camposanto.**

cementero, ra ***adj.*** Relativo al cemento.

cemento ***m.*** **1** Materia en polvo que forma con el agua una pasta capaz de endurecerse y formar bloques cuando se seca: *Los ladrillos de una casa están pegados con* ***cemento.*** **2** *loc.* **~ armado,** el que tiene varillas de hierro en su interior y se usa para dar firmeza a las partes de una construcción que soportan más peso: *En un edificio que todavía no tiene paredes se puede ver la estructura hecha con* ***cemento armado,*** *que sirve para hacerlo más fuerte.*

cemita ***f. Amér.*** Pan hecho con una mezcla de salvado y harina.

cempasúchil ***m.*** **1** ***Méx.*** Planta que da flores de color amarillo o anaranjado, de las que se obtienen colorantes y otros productos industriales. **2** ***Méx.*** Flor de esta planta, muy usada como ofrenda el Día de Muertos.

cena ***f.*** Comida que se hace por la noche: *La* ***cena*** *es la última comida del día.*

cenáculo ***m.*** Reunión de personas que tienen los mismos intereses artísticos o son aficionados a una misma cosa: *Todos los jueves se realiza un* ***cenáculo*** *literario en el que los poetas leen sus más recientes obras.* Sin. **círculo.**

cenaduría ***f. Méx.*** Lugar al que se puede ir a comer alimentos preparados pagando un precio por ellos. Sin. **fonda.**

cenagal ***m.*** Lugar lleno de cieno o lodo: *El automóvil se quedó atascado en el* ***cenagal*** *y ya no pudo moverse.*

cenagoso, sa ***adj.*** Se aplica al lugar que está lleno de cieno o lodo: *Por este camino* ***cenagoso*** *será imposible subir a la montaña porque podemos resbalar.*

cenar ***vb.*** {intr. y tr.} **1** Tomar, por la noche, la última comida del día: *Hoy no quiero* ***cenar,*** *mejor ya me voy a dormir.* **2** Comer algo en la cena: *Hoy* ***cenará*** *toda la familia sopa de pescado.*

cencerro ***m.*** Campanilla tosca que se sujeta al cuello de algunos animales para que suene cuando se muevan: *Gracias al sonido del* ***cencerro,*** *el pastor pudo encontrar a la vaca que se había perdido.* Sin. **campana.**

cenefa ***f.*** Dibujo cuyos elementos se repiten en forma de tira o lista, que adorna los bordes de una superficie: *Esas cortinas tienen una hermosa* ***cenefa*** *bordada a mano en toda la orilla.* Sin. **franja, ribete.**

cenicero ***m.*** Recipiente que sirve para tirar la ceniza y apagar las colillas de los cigarrillos.

ceniciento, ta ***adj.*** Aplicado a lo que es de color gris, parecido al de la ceniza: *Esa blusa negra se destiñó al lavarla y ahora tiene un tono* ***ceniciento.*** Sin. **cenizo.**

cenit ***m.*** **1** Punto en el cielo que corresponde verticalmente al punto en la tierra donde está un observador: *Al mediodía, el Sol se encuentra en el* ***cenit.*** Ant. **nadir.** **2** *Fam.* Momento en que algo alcanza su máximo esplendor: *El director Steven Spielberg alcanzó el* ***cenit*** *de su carrera cuando dirigió el filme* E.T. Sin. **apogeo, cúspide.**

ceniza ***f.*** **1** Polvo mineral que queda luego de que algo se ha quemado por completo: *En la chimenea sólo quedaron las* ***cenizas*** *de la leña que ardió durante la noche.* **2** ***pl.*** Residuos de un cadáver quemado por completo: *Las* ***cenizas*** *del abuelo están en una urna de esa iglesia.*

cenizo, za ***adj.*** Aplicado a lo que es de color gris, parecido al de la ceniza: *Los ancianos tienen el cabello* ***cenizo*** *a causa de las canas.* Sin. **ceniciento.**

cenobio ***m.*** Monasterio.

cenobita ***m.*** y ***f.*** Persona que vive en un monasterio.

cenotafio ***m.*** Monumento funerario en honor de alguien, que no contiene el cuerpo del difunto. *En un mausoleo sí hay cadáver sepultado, en un* ***cenotafio,*** *no.*

cenote ***m. Guat., Hond.*** y ***Méx.*** Pozo natural situado bajo tierra, lleno de agua dulce de manantial.

cenozoico, ca ***adj./m.*** Cuarta y última era geológica de la historia de la Tierra, que se extiende desde finales de la era mesozoica hasta la actualidad. Se divide en los periodos terciario y cuaternario. En esta era se formaron cadenas montañosas como los Andes y el Himalaya.

censal ***adj.*** Relativo al censo.

censar ***vb.*** {tr. e intr.} Hacer una lista de los habitantes o de los bienes y riquezas de un lugar: *Al* ***censar*** *a la población se apunta el nombre, la edad, la profesión y el domicilio de las personas.*

censo ***m.*** Lista de la población o de los bienes y riquezas de un lugar: *Por el* ***censo*** *de población se conoce la cantidad de habitantes de un país, y por el* ***censo*** *económico se conoce su riqueza.* Sin. **padrón, registro, inventario.**

censor, ra ***m.*** y ***f.*** Trabajador público que tiene autoridad legal para examinar, desde el punto de vista moral y político, el contenido de libros, revistas, filmes, etc. y determinar si pueden darse a conocer al público: *El* ***censor*** *prohíbe la distribución de las revistas y libros inmorales.*

censual ***adj.*** Relativo al censo.

censura ***f.*** **1** Juicio o criterio que se hace de algo, especialmente si es negativo: *El actor se expuso a la* ***censura*** *del público al comportarse de esa forma tan agresiva.* SIN. **crítica, reprobación.** ANT. **elogio, aprobación. 2** Organismo oficial que determina, desde el punto de vista moral o político, si una obra puede darse a conocer al público o debe prohibirse: *A principios del siglo XX, la* ***censura*** *ordenaba que se quitaran todos los besos en la boca que aparecían en los filmes, porque los consideraban inmorales.*

censurable ***adj.*** Que merece censura: *Robar es un acto* ***censurable.***

censurar ***vb.*** {tr.} **1** Juzgar o criticar algo negativamente: *Por medio de la comedia, los autores antiguos* ***censuraban*** *los vicios y defectos de la sociedad.* SIN. **reprobar.** ANT. **aprobar. 2** Prohibir la difusión de una obra o de una de sus partes: ***Censuraron*** *algunos párrafos de esta novela porque las autoridades juzgaron que su contenido ofendía la moral y las buenas costumbres.* SIN. **eliminar.**

centauro ***m.*** Ser fabuloso de la mitología griega con el cuerpo mitad hombre y mitad caballo: *Los* ***centauros*** *tienen cuatro patas y lomo como los caballos, y pecho, brazos y cabeza como los hombres.*

centavo ***m.*** Cada una de las cien partes en que se divide la unidad monetaria de algunos países americanos: *En algunos países, dos monedas de 50* ***centavos*** *equivalen a un peso.*

centella ***f.*** **1** Descarga eléctrica que sucede en la atmósfera, entre dos nubes o una nube y la Tierra, y que se ve como una línea de luz que se apaga rápidamente: *Una* ***centella*** *tiene menos intensidad que un rayo y se produce cuando hay tormenta.* SIN. **relámpago. 2** Partícula caliente que emite una luz rojiza: *La madera que arde en la chimenea echa* ***centellas.*** SIN. **chispa. 3** ***Fam.*** Lo que es muy veloz: *Carlos corrió como una* ***centella*** *para alcanzar el autobús que se iba.*

centellante ***adj.*** Que centellea.

centellear ***vb.*** {intr.} Despedir rayos luminosos: *El oro* ***centellea*** *con la luz.* SIN. **brillar, relucir, relumbrar.**

centelleo ***m.*** Hecho de despedir rayos de luz: *Siempre recordaré el* ***centelleo*** *de sus ojos cuando vio el ramo de flores que le regalé.* SIN. **brillo, fulgor.**

centena ***f.*** Conjunto de cien unidades: *Al multiplicar 10 por 10 se obtiene una* ***centena.*** SIN. **ciento, centenar.**

centenar ***m.*** Conjunto de cien unidades: *Los novios alquilaron un* ***centenar*** *de sillas para la boda, porque habían invitado a cien personas.* SIN. **centena.**

centenario ***m.*** Día en que se cumplen una o más centenas de años de algún suceso: *En 1999 se celebró el cuarto* ***centenario*** *del nacimiento de ese pintor que nació en 1599.*

centenario, ria ***adj.*** Referido al que tiene cien años de edad o a lo que tiene cien años de existir: *Es una construcción* ***centenaria*** *y sin embargo está en muy buenas condiciones.*

centenario, ria ***m.*** y ***f.*** **1** Persona que tiene cien años de edad: *Pocos ancianos llegan a* ***centenarios,*** *pues casi todos mueren antes.* **2** Espacio de cien años: *Para que un bosque de robles vuelva a reproducirse es necesario esperar uno o dos* ***centenarios,*** *porque los robles son árboles que crecen muy despacio.* SIN. **siglo.**

centeno ***m.*** Cereal parecido al trigo, cuya harina es más oscura: *Con* ***centeno*** *se hace un tipo de pan de tono oscuro llamado pan negro.*

centésima ***f.*** Unidad que cabe cien veces en un todo: *Con este cronómetro pueden medirse las* ***centésimas*** *de segundo.*

centesimal ***adj.*** Relativo a lo que se subdivide en cien partes iguales: *Los grados centígrados son unidades* ***centesimales.***

centésimo, ma ***adj./m.*** y ***f.*** **1** Referido a lo que ocupa el último lugar en una serie de cien: *En la página* ***centésima*** *de este libro aparece una ilustración.* **2** Se aplica a lo que cabe cien veces en un todo: *Esa sustancia es tan peligrosa, que la* ***centésima*** *parte del frasco alcanza para matar a un elefante.* SIN. **céntimo.**

centígrado, da ***adj.*** Relativo a lo que tiene una escala dividida en cien grados: *Hoy estamos a una temperatura de 28 grados* ***centígrados.***

centigramo ***m.*** Medida de peso equivalente a la centésima parte de un gramo: *En los laboratorios químicos algunas sustancias livianas se pesan por* ***centigramos.***

centilitro ***m.*** Medida de capacidad equivalente a la centésima parte de un litro: *Para poder usar este detergente concentrado es necesario disolver cinco* ***centilitros*** *en dos litros de agua.*

centímetro ***m.*** Medida de longitud que equivale a la centésima parte de un metro: *Esta regla de madera mide treinta* ***centímetros.***

céntimo ***m.*** Cada una de las cien partes en que se divide la unidad monetaria de algunos países: *En Europa, el euro se divide en cien* ***céntimos.***

céntimo, ma ***adj.*** Aplicado a lo que cabe cien veces en un todo: *Los cien ladrones se repartieron el botín y a cada uno le tocó una* ***céntima*** *parte del dinero.* SIN. **centésimo.**

centinela ***m.*** y ***f.*** **1** Soldado que está de vigilancia en un puesto: *En la entrada del cuartel hay un* ***centinela*** *que cuida por las noches.* SIN. **guardia, vigía, vigilante. 2** ***Fam.*** Persona que vigila algo: *La* ***centinela*** *que está en ese balcón es una señora que quiere enterarse de todo lo que sucede en el barrio.* SIN. **observador.**

centolla ***f.*** Animal marino, comestible y de tamaño grande: *La* ***centolla*** *es un crustáceo que tiene un caparazón redondo y unas patas largas con pinzas.*

centrado, da ***adj.*** **1** Se aplica a lo que tiene su centro bien colocado: *La foto está mal* ***centrada,*** *por eso no salieron las cabezas de las personas.* **2** Se refiere a lo que se encuentra entre dos o más cosas y está a la misma distancia de todas: *Ese mueble está* ***centrado*** *con respecto a las dos ventanas de esa pared, hay medio metro de cada lado entre los extremos del mueble y el principio de las ventanas.* ANT. **descentrado. 3** ***Fam.*** Referido a la persona que se comporta con sensatez: *Rogelio es un muchacho* ***centrado*** *que no comete locuras, por eso la gente confía en él.*

central ***adj.*** **1** Relativo al centro o a lo que está en él: *Esa fuente redonda tiene una escultura en la parte* ***central.*** **2** Referido a lo más importante de algo: *"Como no tengo mucho tiempo te contaré el problema* ***central*** *de la historia para que sepas de qué se trata", le dije con rapidez a mi amiga.* SIN. **principal, fundamental, capital. 3** Aplicado a lo que es útil o necesario para todo un conjunto de cosas: *Con la calefacción* ***central,*** *todos los departamentos de ese edificio pueden calentarse y tener agua caliente.*

central ***f.*** **1** Lugar con las instalaciones necesarias para transformar la energía del agua, del viento o nuclear, en energía eléctrica: *La* ***central*** *eléctrica estaba en una zona de-*

sértica por razones de seguridad. **2** Establecimiento en el que se encuentra la oficina principal de una empresa: *Algunos problemas no pueden solucionarse en la sucursal del banco y es necesario acudir a la* ***central*** *para hablar con una persona autorizada.*

centralismo ***m.*** Sistema en que los poderes político y administrativo están concentrados en un gobierno único: *La división política de un país en estados independientes se hace para evitar el* ***centralismo.***

centralita ***f.*** Aparato que conecta todas las líneas telefónicas de una empresa: *La telefonista de la* ***centralita*** *pasó una llamada al director y la otra al encargado de ventas.* SIN. **conmutador.**

centralización ***f.*** Hecho de reunir algo en un lugar o centro: *La* ***centralización*** *de las actividades administrativas en la capital del país hace que algunos trámites sean más difíciles para la gente que vive en provincia.*

centralizado, da ***adj.*** Relativo a la centralización: *La administración pública prefiere organismos* ***centralizados.***

centralizador, ra ***adj.*** Que centraliza.

centralizar ***vb. irreg.*** {tr.} **Modelo 16.** Reunir algo en un lugar o centro: *En ese mercado se* ***centralizan*** *todas las verduras que llegan a la ciudad y los vendedores de los mercados pequeños van ahí para conseguir lo que ellos venderán después.*

centrar ***vb.*** {tr., intr. y prnl.} **1** Determinar en una cosa el punto que se encuentra en el medio o, cuando se trata de muchas cosas, determinar el punto que se encuentra a la misma distancia de todas: *"Si* ***centras*** *el dardo en el tablero, me ganas, porque el mío no pegó exactamente en el centro", dije a Evaristo.* **2** Colocar una cosa de manera que su centro coincida con el centro de otra cosa: *Daniel* ***centró*** *tres círculos de distintos tamaños y el más pequeño quedó adentro de los otros dos.* **3** En algunos deportes, lanzar la pelota hacia la zona de anotación para que otro jugador anote el tanto o punto: *El jugador* ***centró*** *la pelota, su compañero la pateó y... ¡gol!* **4** Orientar las acciones hacia una meta determinada: *"Si quieres aprobar el curso debes* ***centrarte*** *en estudiar para aprobar el examen."*

céntrico, ca ***adj.*** Relativo al centro o a lo que está en el centro: *Las calles* ***céntricas*** *de la ciudad siempre tienen mucho tráfico.*

centrifugación ***f.*** **1** Procedimiento para separar los componentes de una mezcla. **2** Resultado de la separación de los elementos de una mezcla.

centrifugado ***m.*** Resultado de la acción de centrifugar.

centrifugar ***vb. irreg.*** {tr.} **Modelo 17.** Aplicar la fuerza centrífuga para separar los componentes de una mezcla: *Hay un método para secar la ropa que consiste en* ***centrifugarla*** *metiéndola en un recipiente que gira muy rápido, de modo que el agua sale de la tela.*

centrífugo, ga ***adj.*** Relativo a lo que tiende a alejarse del centro: *La fuerza* ***centrífuga*** *hace que un auto tienda a salirse de una curva cuando avanza rápidamente.*

centríolo ***m.*** Cada uno de los dos corpúsculos del centrosoma de las células.

centrípeto, ta ***adj.*** Relativo a lo que tiende a aproximarse al centro: *La fuerza* ***centrípeta*** *hace que las cosas se adhieran a la superficie de la Tierra, por eso cuando sueltas el juguete se cae al piso.*

centro ***m.*** **1** Punto que se encuentra a igual distancia de todos los puntos de una circunferencia: *Todos los rayos de la rueda de la bicicleta se juntan en una pieza que está en el* ***centro.*** ANT. **periferia.** **2** Punto situado a igual distancia de los extremos de una cosa: *El jarrón con flores está en el* ***centro*** *de la mesa.* SIN. **medio, mitad.** **3** Lugar de donde parten o al que se dirigen distintas acciones: *Esa chica es el* ***centro*** *de la atención de todos los muchachos porque es muy inteligente y bonita.* SIN. **foco.** **4** Organismo dedicado a una actividad: *En el* ***centro*** *cultural hay un teatro, un cine y una sala de conciertos.* **5** ***Fam.*** Calles o zona de una ciudad en donde se concentra la mayor actividad: *Mi tía Ofelia prefiere ir al* ***centro*** *a comprar cosas porque allí hay muchas tiendas y es más barato.* **6** Conjunto de tendencias políticas situadas entre la derecha o grupo conservador, y la izquierda o grupo de opiniones avanzadas: *Los partidos de* ***centro*** *no son ni muy conservadores ni muy liberales.* **7** En fútbol, tiro de pelota dirigido a la zona de anotación con la intención de que un jugador la reciba para anotar el gol: *El jugador número once pateó el* ***centro*** *y el jugador ocho anotó un excelente gol.*

centroafricano, na ***adj./m.*** y ***f.*** **1** Originario de África Central. **2** Originario de la República Centroafricana.

centroamericano, na ***adj./m.*** y ***f.*** Originario de Centroamérica: *Honduras y Panamá son dos países* ***centroamericanos.***

centuplicar ***vb.*** {tr. y prnl.} Multiplicar una cantidad por cien: *Para* ***centuplicar*** *la operación es muy fácil, basta agregar dos ceros al final de la cantidad.*

céntuplo, pla ***adj.*** Referido al producto de la multiplicación de una cantidad por cien: *Doscientos es* ***céntuplo*** *de dos.*

centuria ***f.*** **1** Número de cien años: *Este mueble antiguo tiene casi una* ***centuria,*** *ya que estamos en el año 1999 y lo hicieron en 1900.* SIN. **siglo, centena.** **2** En la antigua Roma, grupo militar o político formado por cien hombres: *Las* ***centurias*** *participaban en la administración del Estado.*

centurión ***m.*** Jefe de una centuria en la milicia romana: *El* ***centurión*** *dio órdenes estrictas a sus cien soldados.*

cenzontle ***m. Méx.*** Pájaro de color gris pardo que puede imitar los cantos de otras aves: *Se dice que el* ***cenzontle*** *tiene cuatrocientas maneras de cantar.*

ceñido, da ***adj.*** Alrededor de, apretado.

ceñidor ***m.*** Cordón, faja o banda con que se ciñe la cintura: *Para la obra de teatro de la escuela, llevaré una túnica azul con* ***ceñidor*** *dorado.*

ceñir ***vb. irreg.*** {tr., intr. y prnl.} **Modelo 66.** **1** Rodear una cosa a otra: *La corona* ***ciñe*** *la cabeza de la reina durante las ceremonias elegantes.* SIN. **abarcar, envolver.** ANT. **soltar.** **2** Colocar o colocarse algo de manera que ajuste o apriete: *Mi padre* ***se ciñe*** *el pantalón al cuerpo con su cinturón, para que no se le caiga.* SIN. **apretar, oprimir, estrechar.** ANT. **soltar, aflojar.** **3** Limitarse a una cosa o asunto: *El joven estudiante* ***se ciñó*** *en sus gustos porque tenía poco dinero.*

ceño ***m.*** **1** Lugar de la cara de una persona en que se juntan la nariz y las cejas: *Javier es una persona tranquila que siempre tiene el* ***ceño*** *relajado y está de buen humor.* **2** *loc.* **Fruncir el ~,** gesto de disgusto que consiste en juntar las cejas y arrugar la frente: *Cuando el maestro* ***frunce el ceño,*** *todos los alumnos guardan silencio porque saben que se ha enojado.*

ceñudo, da ***adj.*** Se aplica a la persona que está seria o de mal humor: *Darío debe tener algún problema porque anda* ***ceñudo.***

cepa ***f.*** **1** Parte del tronco de una planta que está unida a las raíces: *La* ***cepa*** *no se puede ver porque está cubierta de tierra.* **2** Tronco y planta de la vid: *De las* ***cepas*** *nacen las uvas con las que se hace el vino.* **3** ***Fam.*** Familia de la que desciende alguien: *Ese joven es de buena* ***cepa*** *porque desciende de una familia de doctores famosos.* SIN. **linaje.**

cepellón ***m.*** Porción de tierra que se deja en las raíces de una planta que se va a trasplantar: *El **cepellón** protege las raíces y ayuda a la planta a adaptarse a su nuevo sitio.*

cepillado ***m.*** Resultado de la acción de cepillar: *En el anuncio muestran un **cepillado** perfecto con un revolucionario cepillo de dientes.*

cepilladora ***f.*** Máquina que sirve para alisar superficies: *El carpintero usó la **cepilladora** antes pulir y barnizar la madera.*

cepilladura ***f.*** **1** Acción de cepillar. **2** Viruta que sale de lo que se cepilla.

cepillar ***vb.*** {tr. y prnl.} **1** Limpiar algo usando un cepillo: *Después de aplicar el betún o grasa, **cepilló** los zapatos para darles brillo.* **2** Peinar o peinarse usando un cepillo: *Las personas que tienen el cabello largo deben **cepillarse** varias veces al día para que su cabello no se enrede.* **3** Alisar la superficie de un trozo de madera usando un cepillo de carpintero: ***Cepillaré** esas tablas para construir una mesa.*

cepillo ***m.*** **1** Cajón pequeño con una ranura para recoger limosnas: *En la iglesia, doña Filomena depositó una moneda en el **cepillo**.* Sin. **alcancía.** **2** Utensilio que está formado por un mango de madera u otro material que tiene uno de sus lados cubierto de cerdas, paja o hilos gruesos de plástico o metal cortados al mismo nivel y que sirve para peinarse o limpiar algo: *No encuentro mi **cepillo** de dientes y no sé cómo los voy a limpiar.* **3** Herramienta de carpintero que consiste en una caja pequeña, de madera o metal, con una cuchilla afilada: *El **cepillo** de carpintería sirve para alisar la madera.*

cepo ***m.*** **1** Dispositivo que inmoviliza o aprisiona: *El **cepo** está hecho con dos vigas de madera con huecos semicirculares que aprisionan las piernas, o las manos y el cuello de los presos cuando se cierran.* **2** Trampa para cazar animales: *El lince logró escapar del **cepo** y huyó hacia el bosque.*

cera ***f.*** **1** Sustancia sólida y grasosa, de color amarillo, elaborada por las abejas: *Las celdillas del panal están construidas con **cera**.* **2** Nombre que se da a algunas sustancias parecidas a la cera de abeja: *Me gusta ver cómo se derrite la **cera** de las velas cuando están encendidas.* **3** Sustancia que producen los oídos para evitar que el polvo y los microbios penetren: *Hay que limpiarse bien los oídos para que no se forme demasiada **cera** que impida oír.* Sin. **cerilla, cerumen.**

cerámica ***f.*** **1** Arte de elaborar objetos de arcilla cocida: *Alfredo aprendió a elaborar jarrones en un curso de **cerámica**.* **2** Cualquier pieza hecha con arcilla cocida: *Las **cerámicas** griegas son de una gran belleza.*

ceramista ***m.*** y ***f.*** Persona que fabrica objetos de arcilla cocida: *Los **ceramistas** tienen un taller al aire libre y un horno para cocer sus piezas.* Sin. **alfarero.**

cerbatana ***f.*** Tubo largo y hueco en el que se introducen piedritas o dardos para lanzarlos soplando con fuerza: *Algunos indios americanos usaban **cerbatanas** para cazar.*

cerca ***adv.*** **1** Denota proximidad inmediata en el espacio: *Luis dejó su auto estacionado **cerca** del de mi madre y desde aquí puedo ver los dos automóviles juntos.* Sin. **junto, próximo, inmediato.** Ant. **lejos.** **2** *loc.* **~ de,** casi: *La clase de música dura **cerca de** una hora.*

cerca ***f.*** Valla con que se rodea algún espacio: *La casa está rodeada por una **cerca** de madera que la protege.* Sin. **tapia, verja.**

cercado ***m.*** **1** Terreno rodeado por una valla: *En el **cercado** han sembrado cebollas y el perro no puede pisarlas porque se lo impide la valla.* **2** Valla con que se rodea algún espacio: *Ese **cercado** está hecho con cactos para evitar que las vacas se acerquen a los árboles frutales.* Sin. **cerca.** **3** *Bol.* y *Perú.* Territorio donde se encuentra la capital de un estado o provincia y los pueblos que dependen de ella.

cercado, da ***adj.*** Referido al espacio rodeado por una valla que lo protege o delimita: *El prado estaba **cercado** para que las vacas no se escaparan.*

cercanía ***f.*** **1** Proximidad en el espacio o en el tiempo: *El comienzo del frío anuncia la **cercanía** del invierno.* Ant. **lejanía.** **2** *pl.* Alrededores de un pueblo o ciudad: *Anastasia vive en una casa con jardín en las **cercanías** de la ciudad.*

cercano, na ***adj.*** **1** Se dice de lo que está a poca distancia: *Flavio vive en un barrio **cercano** al puerto y desde su casa se pueden ver los barcos.* Sin. **próximo, vecino.** Ant. **lejano, remoto.** **2** Aplicado a una relación unida por lazos estrechos o por parentesco directo: *Ramón es un amigo **cercano** de la familia, siempre lo hemos tratado como a un hermano.* Ant. **lejano.**

cercar ***vb. irreg.*** {tr.} **Modelo 17.** **1** Rodear un sitio con una cerca o valla: ***Cercaron** la casa de campo con una valla de piedras.* Sin. **tapiar, vallar.** **2** Rodear mucha gente a una persona o cosa: *Los policías **cercaron** al ladrón antes de atraparlo.* **3** Bloquear un lugar para evitar la entrada o salida de personas y cosas: *El ejército **cercó** la ciudad para impedir que entraran los militares enemigos.* Sin. **sitiar, asediar.**

cercenar ***vb.*** {tr.} Cortar una cosa desde el borde: ***Han cercenado** las ramas de ese árbol porque se enredaban con los cables de electricidad.*

cerciorarse ***vb.*** {prnl.} Asegurarse de la exactitud de algo: *"Antes de acusarlo es necesario **cerciorarse** de que él fue el ladrón", aseguró el juez.* Sin. **confirmar, corroborar.**

cerco ***m.*** **1** Cosa que rodea algo: *El jardinero sembró un **cerco** de rosas alrededor de la fuente.* Sin. **cerca, valla, marco.** **2** Círculo que se forma alrededor de algo: *Se hizo un **cerco** de niños alrededor del payaso porque todos querían verlo.* **3** Asedio de un lugar para impedir la entrada o salida de personas y cosas: *El **cerco** de la ciudad duró muchos meses y se acabaron los alimentos y el agua.* Sin. **sitio, bloqueo.**

cerda ***f.*** Pelo grueso y duro que se saca de la piel del cerdo o de la cola de algunos animales y que se usa para fabricar cepillos y pinceles: *Puedo cepillarme muy bien el cabello con este cepillo porque tiene **cerdas** muy resistentes y flexibles.* Sin. **fibra.**

cerdo, da ***adj.*** *Fam.* Se dice de la persona sucia o grosera, o que tiene mala intención: *Ese hombre es un **cerdo** a quien no le gusta bañarse.* Sin. **sucio.** Ant. **limpio.**

cerdo, da ***m.*** y ***f.*** Animal mamífero de patas cortas y cuerpo gordo, trompa chata y cola corta en forma de tirabuzón, que se cría en granjas: *El jamón se hace con carne de **cerdo**.* Sin. **marrano, puerco, chancho.**

cereal ***m.*** **1** Planta que da granos que sirven para la alimentación, como el trigo: *El trigo, el maíz, el centeno, la cebada, la avena y el arroz son **cereales**.* **2** Grano o semilla de esta planta: *Necesito pegar distintos **cereales** en esta cartulina para ilustrar mi trabajo escolar sobre la agricultura.*

cerebelo ***m.*** Centro nervioso situado debajo y atrás del cerebro: *El **cerebelo** regula y coordina los movimientos del cuerpo.*

cerebral ***adj.*** **1** Relativo al cerebro: *Ese joven tiene una lesión **cerebral**, por eso no puede hablar de forma correcta.* **2** Referido al que actúa de acuerdo a su razón e inteligencia: *Víctor es un hombre **cerebral** que siempre razona antes de actuar.*

cerebro ***m.*** **1** Centro nervioso situado dentro de la cabeza de los animales vertebrados y de las personas: *El* ***cerebro*** *se encuentra protegido por los huesos del cráneo y controla las funciones más importantes del cuerpo.* SIN. **seso. 2** Conjunto de las facultades mentales de una persona: *Guillermo es un* ***cerebro*** *privilegiado, resuelve los problemas de matemáticas con gran rapidez.* SIN. **inteligencia, talento, entendimiento. 3** Persona de inteligencia destacada: *Muchos científicos se van a otros países porque les ofrecen mejores trabajos, a esto se le llama fuga de* ***cerebros.*** SIN. **sabio, especialista. 4** Persona que dirige a otras en una acción: *El* ***cerebro*** *de la banda de música ideó el plan de hacer un disco nuevo.* SIN. **líder. 5** *loc.* **~ electrónico,** máquina que realiza operaciones parecidas a las que hace el cerebro humano: *Una computadora es un* ***cerebro electrónico*** *que puede realizar operaciones y guardar información.* **6** *loc.* **Lavar el ~,** hacer que alguien deje de pensar por sí mismo y acepte determinadas ideas ajenas como si fueran propias: *En el filme de vaqueros, los ladrones intentaron* ***lavarle el cerebro*** *al policía para que no los llevara a la cárcel, pero no lo consiguieron.*

ceremonia ***f.*** **1** Acto solemne que se celebra según ciertas normas establecidas: *La* ***ceremonia*** *de inauguración de los Juegos Olímpicos se realizará en el estadio de fútbol.* SIN. **acto, rito, protocolo. 2** Actitud que resulta muy formal: *Nuestros vecinos nos recibieron con muchas* ***ceremonias*** *cuando llegamos a vivir al barrio, como si fuéramos sus invitados de honor.* SIN. **solemnidad, deferencia.**

ceremonial ***adj.*** Que forma parte de la ceremonia: *Los nuevos iniciados en la religión leyeron textos* ***ceremoniales.***

ceremonial ***m.*** **1** Conjunto de actitudes que acompañan una ceremonia o un acto solemne.

ceremonioso, sa ***adj.*** **1** Relativo a lo que sigue las reglas establecidas al realizar un acto solemne: *Rafael odia los actos* ***ceremoniosos*** *porque no le gusta vestir con traje y corbata.* SIN. **solemne, formal.** ANT. **sencillo, humilde. 2** Aplicado a lo que resulta muy formal: *Osvaldo es tan* ***ceremonioso*** *que sus amigos se aburren cuando platican con él.* ANT. **sencillo, natural.**

cerería ***f.*** Lugar donde se trabaja la cera y tienda en que ésta se vende: *En la* ***cerería*** *del centro compramos unas velas aromáticas con olor a vainilla.*

cereza ***f.*** Fruta pequeña, redonda y roja, de piel lisa y con un hueso duro en su interior, que suele estar unida de dos en dos por un rabito: *La* ***cereza*** *es una fruta de sabor agridulce que se usa mucho para hacer postres.*

cerezo ***m.*** **1** Árbol de tamaño mediano, cuyo fruto es la cereza: *El* ***cerezo*** *de mi casa tiene unas hermosas flores blancas.* **2** Madera de este árbol.

cerilla ***f.*** **1** Sustancia amarillenta que se forma en los oídos para protegerlos del polvo y de los microbios: *Me limpié los oídos con un algodón y quedó manchado por la* ***cerilla.*** SIN. **cera, cerumen. 2** Fósforo: *Siempre es bueno tener velas y* ***cerillas*** *en casa, por si la energía eléctrica falla.* SIN. **cerillo.**

cerillo ***m. Méx.*** Palito de madera o de papel encerado que tiene en un extremo una gota de una sustancia que produce una chispa y se enciende en fuego cuando se raspa: *Mamá usa* ***cerillos*** *para encender las velas.* SIN. **fósforo, cerilla.**

cerio ***m.*** Metal duro y brillante de símbolo Ce y número atómico 58.

cerner ***vb. irreg.*** {tr. y prnl.} **Modelo 67. 1** Separar con el cedazo o colador lo grueso de lo fino: *La señora* ***cierne*** *la harina para quitarle las impurezas y luego preparar la tarta.* SIN. **colar, cribar, harnear.** ANT. **mezclar. 2** *Fam.* Amenazar algún mal: *La desgracia* ***se cernía*** *sobre la vida de Joe, ya que su madre cada día estaba más enferma.* **3** Mantenerse las aves en el aire: *La gaviota* ***se cierne*** *sobre el mar con las alas extendidas cuando busca un pez para comer.* SIN. **sobrevolar, remontarse, planear.** ANT. **bajar, caer.**

cernícalo ***m.*** Ave de rapiña de pequeño tamaño y plumaje rojizo: *El* ***cernícalo*** *es un ave europea.*

cernidor ***m.*** Instrumento formado por un aro que sostiene una tela metálica y que sirve para separar de una sustancia lo grueso de lo fino: *La abuela puso una taza de azúcar en el* ***cernidor*** *y lo movió, entonces el azúcar cayó de forma pareja sobre la tarta.* SIN. **cedazo.**

cernir ***vb. irreg.*** {tr.} **Modelo 67.** *Ver* **cerner.**

cero ***adj.*** Ninguno, nada: *Nuestro equipo ha ganado por dos goles a* ***cero*** *contra el equipo de la otra escuela.*

cero ***m.*** **1** Número cardinal 0, que indica el valor nulo de una cantidad: *El* ***cero*** *colocado a la derecha de un número aumenta diez veces su valor, por ejemplo: 10, 100, 1 000.* **2** En física, punto de partida de la escala de graduación de un instrumento de medida: *Hace mucho frío, estamos a* ***cero*** *grados centígrados.* **3** *loc.* **Ser un ~ a la izquierda,** ser una nulidad o no ser tomado en cuenta: *Junto al nuevo empleado tan trabajador, Ricardo* ***es un cero a la izquierda;*** *inepto y mal preparado.*

cerquillo ***m. Cuba, Ecuad., Perú, Urug.*** Parte de la cabellera que cae en la frente hasta las cejas. SIN. **fleco, flequillo.**

cerrado, da ***adj.*** **1** Se aplica a lo que no está abierto: *El cine está* ***cerrado*** *porque van a repararlo.* **2** Se dice de lo incomprensible: *No comprendo este poema, tiene un sentido* ***cerrado.*** SIN. **oculto.** ANT. **claro, comprensible. 3** *Fam.* Se refiere a lo que tiene mucho de una cosa: *Ese hombre tiene una barba* ***cerrada,*** *con mucho pelo.* SIN. **tupido, nutrido. 4** Aplicado a la persona o grupo de personas que no admite otras ideas o no acepta las costumbres de otras: *Ignacio está dentro de una comunidad* ***cerrada*** *que no se relaciona con la gente que tiene otra religión.* SIN. **intransigente, rígido.** ANT. **abierto. 5** Referido a la vocal pronunciada con un achicamiento de la boca que disminuye el paso del aire: *La* i *y la* u *son vocales* ***cerradas.***

cerradura ***f.*** Mecanismo que cierra con llave: *Los bomberos rompieron la* ***cerradura*** *de la casa para entrar a rescatar a la familia que estaba adentro.* SIN. **chapa.**

cerrajería ***f.*** Oficio y taller del cerrajero: *Lucío fue a la* ***cerrajería*** *a que le hicieran una copia de la llave de su casa.*

cerrajero, ra ***m.*** y ***f.*** Persona que hace o arregla cerraduras: *El* ***cerrajero*** *vino a abrir la puerta del baño porque se quedó cerrada y no tenemos llave.*

cerrar ***vb. irreg.*** {tr., intr. y prnl.} **Modelo 3. 1** Asegurar con cerradura: *Julio* ***cerró*** *con llave la puerta de su casa para que nadie pudiera entrar.* ANT. **abrir. 2** Hacer que el interior de un lugar quede incomunicado del exterior: ***Cerraré*** *la ventana para que los ruidos de la calle no nos molesten.* ANT. **abrir. 3** Concluir una cosa: *La obra de teatro* ***cerró*** *con un final feliz, de modo que a todos nos gustó mucho.* SIN. **terminar, finalizar, acabar.** ANT. **abrir, empezar, comenzar. 4** Tapar una abertura: *Los albañiles hicieron un muro de ladrillos para* ***cerrar*** *el espacio de una antigua ventana.* ANT. **abrir. 5** Encajar en su marco la hoja de una puerta: *"****Cierra*** *la puerta, o se va a meter ese perro", me dijo mi madre.* SIN. **atrancar.** ANT. **abrir. 6** Juntar los extremos que están separados: *El niño* ***cerraba*** *la boca porque no quería tomar el medicamento.* SIN. **unir.** ANT. **abrir. 7** Doblar algo que estaba extendido: ***Cerramos*** *el paraguas, porque ya había dejado de llover.* SIN. **plegar.** ANT. **abrir, desplegar.**

8 Hacer que lo que está abierto deje de estarlo: *Mi hermano **cerró** el cajón después de guardar su ropa en él.* SIN. **atrancar.** ANT. **abrir. 9** Impedir la entrada o el paso: *No podemos avanzar porque un árbol cayó sobre la carretera y la **cerró**.* SIN. **obstruir.** ANT. **abrir. 10** Dejar de funcionar algo: *La vieja fábrica **ha cerrado** y ahora hay muchos obreros sin trabajo.* SIN. **clausurar, suspender. 11** Ir en último lugar de una fila o serie: *En clase de gimnasia Humberto **cerraba** la fila porque era el más alto de todos.* **12** Cicatrizarse las heridas: *Cuando **se cierre** la cortada, le quitaré la venda.* **13** Mostrarse necio en algo: *Durante la discusión **se cerró** en sus ideas y nadie pudo hacerlo cambiar de opinión.*

cerrazón ***f.*** **1** Oscuridad del cielo lleno de nubes cuando está por comenzar una tormenta: *La **cerrazón** del cielo indicaba que pronto se desataría una tormenta.* **2** Incapacidad de comprender algo: *No hemos pintado la casa por la **cerrazón** de Rocío que no acepta que es mejor usar un color claro.*

cerril ***adj.*** **1** Se dice del terreno escabroso. **2** Relativo a reses o caballos no domesticados. **3** Se dice de personas tercas.

cerro ***m.*** Elevación poco extensa de un terreno, que puede ser rocosa o de tierra y no es tan alta como un monte o una montaña: *Las ovejas están pastando en aquel **cerro**.* SIN. **loma, colina.** ANT. **llanura, planicie.**

cerrojo ***m.*** Pieza metálica en forma de barra que se mueve entre las dos partes de una cerradura para asegurarla mejor: *Puse el **cerrojo** porque el viento era muy fuerte y abría la ventana.* SIN. **pasador, pestillo.**

certamen ***m.*** Concurso abierto para estimular el cultivo de determinadas actividades, como las culturales: *Leonardo ha participado en un **certamen** de ciencia.* SIN. **competencia, competición, prueba.**

certero, ra ***adj.*** **1** Aplicado al que es hábil tirando al blanco: *El personaje del filme era un comisario **certero** que no desperdiciaba sus balas ni fallaba sus disparos.* SIN. **seguro, diestro. 2** Referido al tiro o golpe que da en el blanco: *El bombero tumbó la puerta de un golpe **certero** y pudo entrar a apagar el fuego.* **3** Se dice de lo que es verdadero o exacto: *El abogado dio pruebas **certeras** de que su cliente era inocente y lo dejaron libre.* SIN. **cierto, correcto.**

certeza ***f.*** Conocimiento seguro de las cosas: *Tengo la **certeza** de que el perro rompió este libro, porque aquí están las huellas de sus dientes.* SIN. **certidumbre, seguridad, convicción.** ANT. **incertidumbre, inseguridad.**

certidumbre ***f.*** Conocimiento seguro de las cosas: *Yo tengo la **certidumbre** de que voy a aprobar el examen porque estudié muy bien.* SIN. **certeza, seguridad, convicción.** ANT. **incertidumbre, inseguridad.**

certificación ***f.*** **1** Acción de certificar. **2** Documento que certifica algo.

certificado ***m.*** Documento oficial que indica que lo que allí está escrito es verdadero: *Al terminar la escuela primaria se entregan **certificados** de estudios a los alumnos que aprobaron todo el curso.*

certificado, da ***adj.*** Se aplica al envío hecho por correo asegurando que será entregado en la mano de la persona a quien va dirigido: *Llegó una carta **certificada** para Griselda y tiene que firmar un recibo para que se la entreguen.*

certificar ***vb. irreg.*** {tr.} **Modelo 17. 1** Afirmar que una cosa es cierta o verdadera: *Galileo Galilei **certificaba** que la Tierra giraba alrededor del Sol.* SIN. **asegurar, confirmar.** ANT. **negar. 2** Pagar una cantidad suplementaria para que un envío hecho por correo sea entregado en la mano de la persona a quien va dirigido: *Cuando **certificas** una carta te dan un recibo para que reclames en caso de que se pierda.*

cerúleo, a ***adj.*** Referido a un tono de azul claro: *El azul **cerúleo** es como el de un cielo despejado al mediodía.*

cerumen ***m.*** Sustancia amarillenta y pegajosa que se forma en los oídos para protegerlos del polvo y de los microbios: *Mi abuelo no oye bien porque no se quita los tapones de **cerumen** de los oídos.* SIN. **cera, cerilla.**

cervatillo, lla ***m.*** y ***f.*** Ciervo pequeño.

cervato ***m.*** Ciervo recién nacido: *La cierva dejó escondido a su **cervato** entre la hierba, mientras ella distraía a los curiosos que visitaban el parque.*

cervecería ***f.*** **1** Fábrica de cerveza: *En la **cervecería** elaboran cerveza con granos de cebada.* **2** Establecimiento donde se vende cerveza: *El hombre se sentó en la barra de la **cervecería** y pidió una cerveza bien fría porque tenía mucho calor.* SIN. **bar, cantina.**

cervecero, ra ***adj.*** **1** Relativo a la cerveza. **2** Que le gusta la cerveza.

cervecero, ra ***m.*** y ***f.*** **1** Dueño de una fábrica de cerveza. **2** Persona que fabrica cerveza.

cerveza ***f.*** Bebida alcohólica espumosa de color amarillo transparente, hecha con granos de cebada: *La **cerveza** hace espuma blanca al servirla.*

cervical ***adj.*** Relativo a la parte de atrás del cuello: *Un golpe fuerte en la región **cervical** puede matar a una persona porque es una parte del cuerpo muy delicada.*

cervical ***f.*** Vértebra del cuello: *Las **cervicales** del cuerpo humano son siete.*

cerviz ***f.*** Parte posterior del cuello: *No puedo girar la cabeza porque me duele la **cerviz**.* SIN. **nuca.**

cesante ***adj./m.*** y ***f.*** Se aplica a la persona que ha sido despedida de su empleo: *Mario quedó **cesante** debido al recorte de personal de la empresa donde trabajaba.*

cesantear ***vb.*** {tr.} ***Argent.*** Despedir a un empleado.

cesantía ***f.*** Despido o rescisión de un contrato de trabajo: *Le pagaron muy poco por **cesantía**.*

cesar ***vb.*** {intr.} **1** Acabar algo o dejar de hacer una cosa: ***Ha cesado** de llover, ya podemos salir a jugar.* SIN. **suspender, terminar, parar.** ANT. **comenzar, empezar, iniciar. 2** Dejar de desempeñar un empleo o cargo: *El director de la empresa **cesó** en su cargo porque se enfermó.* SIN. **dimitir, renunciar.**

cesárea ***f.*** Operación quirúrgica que se hace cuando un bebé no puede nacer de manera natural: *La **cesárea** es un corte que se hace en el vientre de la madre para sacar al bebé.*

cese ***m.*** **1** Término de una acción o de un suceso: *El capitán ordenó el **cese** al fuego cuando el otro barco se rindió.* SIN. **suspensión, alto. 2** Hecho de dejar alguien de desempeñar su cargo o empleo: *Al empleado le han dado el **cese** y tendrá que buscar otro trabajo.*

cesio ***m.*** Metal alcalino de número atómico 55 y símbolo químico Cs: *El **cesio** es un elemento químico parecido al potasio.*

césped ***m.*** Hierba corta y tupida que cubre el suelo: *Me gusta tumbarme en el **césped** del jardín y mirar las nubes pasar.* SIN. **pasto, gramilla.**

céspol ***m. Méx.*** Pieza inicial de un sistema de drenaje, que consta de dos tubos acoplados en forma de U: *El **céspol** de plástico ha sustituido a los de metal.*

cesta ***f.*** **1** Recipiente portátil, generalmente hecho de mimbre o de bejuco trenzado, que se usa para transportar o guardar cosas: *La señora lleva las verduras que compró en una **cesta**.* SIN. **canasta, cesto. 2** En el baloncesto, aro de metal con una red sin fondo, fijado a un tablero a cierta altura del suelo, por el que hay que pasar la pelota para hacer una anotación: *La pelota rebotó en el tablero y cayó en la **cesta**.* SIN. **canasta.**

cestería ***f.*** **1** Procedimiento para elaborar cestos. **2** Tienda donde se venden o se elaboran cestos.

cesto ***m.*** Recipiente portátil, más ancho que alto, generalmente hecho de mimbre o de bejuco trenzado, que se usa para transportar o guardar cosas: *El panadero lleva el pan en un **cesto** que se pone sobre la cabeza.* SIN. **canasta, cesta.**

cesura ***f.*** **1** En poesía, corte o pausa que se hace después de cada uno de los acentos métricos. **2** En música, pequeña pausa en el tiempo, cuya notación es //.

cetáceo, a ***adj./m. pl.*** Relativo a un orden de mamíferos marinos de gran tamaño, entre los que se encuentran la ballena, el cachalote y el delfín: *Los animales **cetáceos** viven en el mar aunque no son peces.*

cetrería ***f.*** **1** Arte de criar halcones y otras aves para la caza: *La **cetrería** todavía se practica en Inglaterra.* **2** Caza con aves de presa: *La **cetrería** era común en Europa durante la Edad Media.*

cetrino, na ***adj.*** Se dice del color amarillo con tonos verdes: *Julián estaba enfermo de hepatitis, por eso tiene el rostro **cetrino**.*

cetro ***m.*** Bastón de mando que llevan los reyes como símbolo de su autoridad: *El rey tiene en la mano un **cetro** de oro.* SIN. **báculo.**

ceviche o **cebiche** ***m. C. Rica, Ecuad., Méx., Pan.*** y ***Perú.*** Preparación de trocitos de pescado o de marisco crudo con jugo de limón, cebolla, sal, chile o ají y otros ingredientes, que se toma como plato frío.

cevichería ***f.*** Restaurante donde se preparan y sirven ceviches.

chabacanería ***f.*** Falta de gusto, grosería: *Gerardo no dejaba de hacer **chabacanerías** y toda la gente en la fiesta se sintió muy incómoda.* SIN. **vulgaridad.**

chabacano ***m. Méx.*** Fruta redonda de color amarillo, del tamaño de la ciruela pero de piel suave como la franela, carnosa y dulce, con un hueso duro en su interior. SIN. **albaricoque.**

chabacano, na ***adj.*** Se dice de lo que resulta de mal gusto: *Esa señora tiene un gusto **chabacano** para vestirse: usa grandes collares de colores y vestidos con moños por todos lados.* SIN. **vulgar, tosco, ordinario.** ANT. **refinado, elegante.**

chabola ***f. Esp.*** Vivienda pobre en los suburbios de las ciudades. SIN. **barraca, choza.** ANT. **mansión, palacio.**

chacal ***m.*** Mamífero carnívoro, parecido al lobo, que se alimenta de restos de animales muertos: *El **chacal** es un animal de Asia y África.*

chacarera ***f.*** **1** Baile zapateado de Argentina y Uruguay, de ritmo rápido: *El grupo de baile folklórico presentó una **chacarera** que a todos los gustó mucho.* **2** Música y letra de este baile: *La **chacarera** tiene un ritmo alegre.*

chacarero, ra ***m.*** y ***f. Amér. C.*** y ***Amér. Merid.*** Dueño o trabajador de una finca pequeña en la que se cría ganado y se cultivan huertos.

chacha ***f. Fam.*** Empleada doméstica que se dedica al cuidado de los niños: *La **chacha** bañó al niño, lo puso en su cuna y lo arrulló hasta que se durmió.* SIN. **niñera, nana, aya.**

chachachá ***m.*** Baile de origen cubano que combina ritmos de la rumba y el mambo.

chachalaca ***f. Amér. C.*** y ***Méx.*** Animal parecido a la gallina, con las plumas de la cola largas, de color verde con tonos tornasol, cuya carne es comestible.

cháchara ***f.*** **1** ***Fam.*** Conversación sobre asuntos sin importancia: *Las dos abuelas se la pasan en la **cháchara** mientras tejen.* SIN. **charla, plática.** **2** ***Fam.*** Cosa o adorno de poco valor: *Doris compró unas **cháchara**s para regalarle a sus sobrinos.* SIN. **baratija, chuchería.**

chacharear ***vb.*** {intr.} **1** ***Fam.*** Conversar sobre asuntos sin importancia: *Los niños estaban jugando fútbol mientras las niñas **chachareaban**.* SIN. **charlar, platicar.** **2** ***Méx. Fam.*** Ver y a veces comprar algo no indispensable.

chacharero, ra ***m.*** y ***f. Méx.*** Persona que vende objetos usados o de poco valor. SIN. **buhonero.**

chacho, cha ***adj./m.*** y ***f. Amér. C.*** Se dice del hermano que ha nacido en el mismo parto. SIN. **gemelo, cuache, cuate, mellizo.**

chacota ***f.*** **1** Alegría que se expresa haciendo mucho ruido: *"Ya basta de **chacota**, váyanse a dormir porque mañana deben ir a la escuela", nos dijo mi madre a mis hermanos y a mí.* SIN. **bulla, algazara.** ANT. **seriedad.** **2** Burla que se hace sobre algo: *Ricardo y Ernesto estuvieron haciendo **chacota** de los nuevos pantalones de Adrián.* SIN. **broma, chanza.** **3** ***loc.*** **Tomar a ~,** tomar a broma: *"Ya no voy a contarte mis problemas porque **tomas** todo **a chacota**", dije a Rubén.*

chacotear ***vb.*** {intr.} Burlarse, divertirse haciendo mucho ruido: *Los muchachos pasaron la tarde **chacoteando**; se reían tanto y tan fuerte que los oíamos hasta con la puerta cerrada.*

chacoteo ***m.*** Burla, broma. SIN. **chacota.**

chacra ***f. Amér. C.*** y ***Amér. Merid.*** Terreno de extensión reducida destinado al cultivo de hortalizas y a la cría de animales de granja. SIN. **granja, finca, rancho.**

chacuaco ***m.*** **1** ***Méx.*** Chimenea alta de una fábrica o refinería. **2** ***Méx. loc.*** **Fumar como un ~,** fumar mucho.

chafa ***adj. Méx. Fam.*** Se aplica a lo que está mal hecho o es de mala calidad.

chafar ***vb.*** {tr. y prnl.} Aplastar algo de modo que queda roto o estropeado: *"Si sigues brincando sobre el sillón lo vas a **chafar**", me dijo mi madre.* SIN. **reventar.**

chaflán ***m.*** Plano que se obtiene cortando la esquina de un cuerpo sólido: *Le pedí al vidriero que hiciera **chaflanes** en las esquinas del espejo para que en lugar de ser rectangular, sea octagonal.*

chagra ***m.*** y ***f. Ecuad.*** Persona que trabaja en el campo. SIN. **campesino.**

chagüí ***m. Ecuad.*** Pájaro pequeño, parecido al gorrión, que debe su nombre al sonido de su canto.

chahuiztle ***m. Méx.*** **1** Hongo que ataca el maíz y otros granos, echándolos a perder. **2** ***loc.*** **Caerle a alguien el ~,** ocurrirle algo que lo perjudica cuando no lo esperaba.

chaira ***f.*** **1** Cuchilla que usan los zapateros para cortar la suela: *La **chaira** tiene empuñadura y una hoja corta, curva y filosa.* **2** Instrumento formado por un mango y una barra de acero, que usan los carniceros para afilar sus cuchillos: *El carnicero sostiene la **chaira** con una mano y con la otra pasa encima varias veces la hoja del cuchillo para afilarlo.*

chajá ***m. Argent., Par.*** y ***Urug.*** Ave zancuda de color generalmente grisáceo y un copete de plumas en la cabeza, que debe su nombre al sonido de su grito característico.

chal ***m.*** Prenda de vestir, parecida a un pañuelo grande, que se ponen las mujeres sobre los hombros: *Los **chales** pueden ser de lana, de seda o de cualquier otro hilo, y en forma alargada o de triángulo.* SIN. **pañoleta, mantón, manto.**

chala ***f. Amér. Merid.*** Hoja que envuelve la mazorca del maíz y que una vez seca se usa para liar o hacer cigarros. SIN. **farfolla.**

chalado, da ***adj.*** **1** ***Fam.*** Se dice del que está medio loco: *Esa chica está un poco **chalada** y le da por irse a la calle* *sin zapatos.* **2** *Fam.* Se aplica al que se encuentra muy enamorado: *Rogelio está **chalado** por Fernanda, cuando la ve se ruboriza y tiembla de pies a cabeza.*

chaladura ***f.*** **1** Enloquecimiento. **2** Enamoramiento.

chalán ***m.*** **1** Persona que hace tratos de compra y venta de caballos y ganado. **2** ***Colomb.*** y ***Perú.*** Domador de caballos. **3** ***Méx.*** Ayudante de albañil y, por extensión, cualquier ayudante.

chalana ***f.*** Embarcación de fondo plano que se usa para transportar mercancías por ríos y canales: *Los cargadores llenaron la **chalana** con cajas de fruta.* SIN. **embarcación.**

chalar ***vb.*** {tr. y prnl.} **1** Enloquecer: *Comer y dormir poco durante mucho tiempo **chala** a la gente.* SIN. **chiflar. 2** Enamorarse: *Los ojazos de Paola **me han chalado** y ya sólo pienso en ella.*

chalazión ***m.*** Pequeño tumor que suele aparecer en el borde de los párpados.

chalé o **chalet** ***m.*** **Palabra de origen francés.** Casa de madera y ladrillo, estilo suizo, con el techo en forma de triángulo, generalmente rodeada de un jardín: *En ese enorme **chalé** vive una sola mujer que tiene mucho dinero.*

chaleco ***m.*** **1** Prenda de vestir, sin mangas, que se pone encima de la camisa: *El **chaleco** del traje se pone encima de la camisa y debajo del saco.* **2** *loc.* **~ antibalas,** protección que se pone en el pecho y la espalda para evitar que las balas penetren al cuerpo: *Algunos policías usan **chalecos antibalas** para evitar que algún disparo les haga daños graves.* **3** *loc.* **~ salvavidas,** protección que se pone en el pecho y la espalda y sirve para flotar en el agua: *Debajo del asiento del avión hay un **chaleco salvavidas** para cada pasajero.*

chalina ***f. Argent., Colomb., C. Rica*** y ***Méx.*** Prenda de vestir ligera, parecida a un pañuelo grande, que se ponen las mujeres sobre los hombros. SIN. **pañoleta.**

chalupa ***f.*** Embarcación pequeña que puede tener distintas formas según el uso que se le dé: *Esa **chalupa** amarilla transporta pasajeros por el lago de la presa.* SIN. **lancha, bote, canoa.**

chamaco, ca ***m.*** y ***f. Méx.*** Niño o persona joven. SIN. **muchacho, chico, mozalbete, chango, pibe, botija.**

chamagoso, sa ***adj. Méx.*** Se aplica a la persona o cosa que se encuentra sucia.

chamal ***m. Argent., Bol.*** y ***Chile.*** Prenda de vestir que usan los indios araucanos. SIN. **túnica.**

chamán ***m.*** Entre los pueblos indígenas, persona que practica la medicina tradicional. SIN. **curandero.**

chamánico, ca ***adj.*** Relativo al chamán o al chamanismo.

chamanismo ***m.*** Conjunto de prácticas religiosas y mágicas que llevan a cabo los chamanes.

chamarilero, ra ***m.*** y ***f. Esp.*** Persona que se dedica a la compra y venta de cosas usadas. SIN. **ropavejero.**

chamarra ***f.*** **1** ***Amér. C.*** y ***Venez.*** Manta o frazada que tiene una abertura para pasar la cabeza y así usarse como poncho. **2** ***Méx.*** Prenda de vestir que cubre la espalda y el pecho hasta la cintura, con mangas y con botones o cierre por delante para abrir y cerrar. SIN. **cazadora, chaqueta, saco.**

chamba ***f.*** **1** *Fam.* Casualidad favorable, suerte: *Me saqué la lotería de pura **chamba** porque casi nunca juego.* SIN. **chiripa, azar, fortuna.** ANT. **desgracia. 2** ***Méx.*** *Fam.* Trabajo que se hace para lograr algo o para ganar dinero: *En las mañanas estudio y en la tarde tengo una **chamba** como lavaplatos en una cafetería.* **3** ***Méx.*** *Fam.* Lugar donde se trabaja: *Me voy corriendo a la **chamba,** porque ya se me hizo un poco tarde.*

chambear ***vb.*** {intr.} ***Méx.*** Trabajar para lograr algo o para ganar dinero.

chambelán ***m.*** **Palabra de origen francés.** ***Méx.*** Joven que hace de acompañante de la jovencita que celebra sus quince años.

chambergo ***m.*** Sombrero blando que tiene copa en forma de campana y ala ancha levantada por un lado: *Las mujeres se ven raras de **chambergo** porque siempre ha sido un sombrero masculino.*

chambón, bona ***adj./m.*** y ***f.*** *Fam.* Aplicado a la persona que tiene poca habilidad para hacer algo: *El **chambón** de Rubén se pasó el juego corriendo detrás de la pelota para recogerla en vez de jugar.* SIN. **torpe, inepto.**

chambra ***f.*** Prenda de vestir femenina, a modo de camisa, por lo general hecha en casa, que usaban antes las mujeres.

chambrita ***f. Méx.*** Chaquetita tejida para bebé.

chamiza ***f.*** Hierba silvestre que nace en las tierras húmedas: *La **chamiza** tiene uso medicinal y también se usa para techar chozas.*

chamizo ***m.*** **1** Choza que tiene el techo de hierba silvestre o chamiza: *Cuando empezó a llover, los agricultores que estaban en el campo se refugiaron en el **chamizo** para no mojarse.* SIN. **cabaña. 2** Leño medio quemado: *El anciano tomó un **chamizo** de la fogata y encendió con él su cigarrillo.* SIN. **tizón.**

chamorro ***m. Méx.*** Pantorrilla: *Hoy subí muchas escaleras y me duelen los **chamorros.***

champán o **champaña** ***m.*** y ***f.*** **Palabra de origen francés.** Vino blanco espumoso, originario de Champagne, en Francia.

champiñón ***m.*** **Palabra de origen francés.** Hongo comestible que se cultiva en lugares húmedos y oscuros: *Pamela preparó unos **champiñones** con ajo y cebolla para acompañar la carne.*

champú ***m.*** **Palabra de origen inglés.** Jabón líquido para lavarse el cabello: *Este **champú** huele a hierbas y deja el cabello brillante.*

champurrado ***m. Méx.*** Bebida que se toma caliente, hecha de masa de maíz con agua y chocolate.

chamullar ***vb.*** {intr.} *Fam.* Hablar: *Los dos muchachos **chamullaban** en la esquina mientras esperaban el autobús.* SIN. **charlar, decir.**

chamuscado, da ***adj.*** Apenas quemado.

chamuscar ***vb. irreg.*** {tr. y prnl.} **Modelo 17.** Quemar algo o quemarse por encima: *El pan **se ha chamuscado** porque Daniel se distrajo y lo dejó sobre el fuego.* SIN. **tostar, torrar, churruscarse.**

chamusquina ***f.*** **1** Resultado de la acción de chamuscar. **2** Riña, pelea. **3** *loc.* **Huele a ~.** Que va a haber una riña.

chamuyo ***m. Urug.*** Conjunto de palabras que se usan para impresionar o marear a alguien: *Le echó un **chamuyo** de tres horas para que fuera con él al cine.*

chancaca ***f. Amér. C., Chile*** y ***Perú.*** Dulce sólido hecho con melaza de caña de azúcar y maní o cacahuate molido.

chancar ***vb. irreg.*** {tr.} **Modelo 17. 1** ***Amér. C., Argent., Bol., Chile*** y ***Perú.*** Triturar, machacar. **2** ***Chile*** y ***Ecuad.*** Ejecutar una cosa mal o a medias. **3** ***Chile*** y ***Perú.*** Apalear, maltratar. **4** ***Perú.*** Estudiar con empeño.

chance ***m.*** y ***f. Amér.*** **Palabra de origen inglés.** Lo que se hace o sucede en el momento conveniente. SIN. **oportunidad, suerte, fortuna.**

chancear ***vb.*** {intr.} Hacer bromas: *Luis es un bobo que **chancea** por cualquier cosa.* SIN. **bromear.**

chanchada ***f.*** **1** ***Amér. C.*** y ***Amér. Merid.*** *Fam.* Suciedad. **2** ***Amér. C.*** y ***Amér. Merid.*** *Fam.* Asunto feo o cosa que se hace con mala intención.

chanchería ***f. Amér. C.*** y ***Amér. Merid.*** Lugar donde se vende carne de cerdo y embutidos.

chancho, cha ***adj.*** *Amér. C.* y *Amér. Merid. Fam.* Se dice de la persona sucia o grosera. Sin. **sucio, cochino, puerco.** Ant. **limpio, educado.**

chancho, cha ***m.*** y ***f.*** **1** *Amér. C.* y *Amér. Merid.* Animal mamífero que se cría en granjas, de patas cortas y cuerpo gordo, trompa chata y cola corta en forma de tirabuzón. Sin. **marrano, puerco, cerdo. 2** *Argent. loc.* **Querer la ~ y los veinte**, desear tener todo.

chanchullo ***m.*** *Fam.* Asunto o negocio que se realiza fuera de la ley para obtener provecho: *En esa carrera hubo **chanchullo:** el ganador fue adelantado en automóvil sin que nadie lo notara.* Sin. **embrollo, artimaña.**

chancla o **chancleta** ***f.*** Zapato abierto, sin talón, que sólo tiene la parte de abajo y se sujeta por arriba con una tira de cuero o de otro material: *Cuando estoy en casa y quiero descansar los pies me pongo unas **chancletas.*** Sin. **zapatilla, pantufla, chinela.**

chancletazo ***m.*** Golpe dado con una chancla o chancleta: *Maté la cucaracha de un **chancletazo.***

chancletear ***vb.*** {intr.} Andar en chanclas o chancletas: *Cuando Rodrigo **chancletea** por la casa se escuchan los golpes de la suela contra su pie como si fuera un aplauso.*

chancleteo ***m.*** Ruido que se hace al andar en chancletas: *Cuando entró a la casa, se oyó su **chancleteo** apresurado.*

chanclo ***m.*** Zapato de goma o hule que se pone sobre el pie calzado, para proteger al zapato del barro o del agua: *Cuando llueve en mi pueblo, los niños usan **chanclos** para no mojarse los zapatos al ir a la escuela.*

chancro ***m.*** Enfermedad que se transmite por contacto sexual: *Para evitar el **chancro** es necesario mantener la higiene de la región genital.*

chaneque ***m.*** **1** *Salv.* Persona que conoce muy bien un territorio. Sin. **guía. 2** *Méx.* Personaje de la tradición oral maya, descrito como un enano o un hombrecito que se dedica a hacer travesuras, especialmente cambiar cosas de lugar para que uno no las encuentre. Sin. **duende.**

chanfle ***m.*** *Argent., Chile, Méx.* y *Urug.* En algunos deportes, golpe que se da a la pelota para que vaya girando en el aire formando una curva.

changa ***f.*** **1** *Amér. Merid.* Trabajo que no es fijo, sino eventual. **2** *Amér. Merid.* y *Cuba.* Broma, burla.

changador ***m.*** *Argent., Bol.* y *Urug.* Hombre o muchacho que en las estaciones y aeropuertos se ofrece para llevar cargas. Sin. **maletero.**

changarro ***m.*** *Méx.* Tienda pequeña donde se venden algunos artículos para el hogar, bebidas y caramelos.

chango, ga ***adj./m.*** y ***f.*** **1** *Chile.* Se aplica a la persona que molesta porque es muy torpe. **2** *P. Rico, R. Dom.* y *Venez.* Se dice de la persona que hace bromas. Sin. **bromista.**

chango, ga ***m.*** y ***f.*** **1** *Argent.* y *Bol.* Niño o persona joven. Sin. **chico, muchacho, mozalbete. 2** *Méx.* y *Venez.* Mono, en general cualquier simio.

changuito ***m.*** *Argent.* Carrito con ruedas, hecho de metal, que sirve para cargar las compras que se hacen en el mercado.

chantaje ***m.*** **Palabra de origen francés. 1** Amenaza de escándalo o daño que le hace una persona a otra, a fin de obtener de ella dinero u otro provecho: *Ese señor hizo **chantaje:** le dijo a Luis que si no le daba dinero, le diría a su esposa que salía con otra mujer.* Sin. **extorsión, coacción, intimidación. 2** Presión moral que se hace sobre alguien para que sienta la obligación de hacer algo: *"Es un **chantaje** muy feo el dejarme de hablar porque no pude ir a tu fiesta", dije a Manuel.*

chantajear ***vb.*** {tr.} **1** Amenazar alguien a otra persona con hacerle un daño o escándalo, a fin de obtener de ella dinero u otro provecho: *El fotógrafo **chantajeaba** a la artista con mostrar esas fotos vergonzosas, porque quería quitarle dinero.* Sin. **intimidar. 2** Presionar en lo moral a alguien para que se sienta obligado a hacer algo: *Felisa está haciendo el trabajo de Alberto porque la **chantajeó** diciendo que si no lo ayudaba, no jugaría nunca más con ella.*

chantajista ***m.*** y ***f.*** Persona que amenaza a otra con hacerle un daño o un escándalo si ésta no le da dinero: *Los **chantajistas** querían obtener mucho dinero por no asesinar al hombre rico, pero fueron capturados por la policía.*

chantar ***vb.*** {tr.} *Argent., Chile, Ecuad.* y *Perú.* Decirle algo a alguien, cara a cara, sin reparo ni miramiento.

chantillí o **chantilly** ***m.*** y ***f.*** **Palabra de origen francés.** Crema o nata batida con azúcar hasta que se esponja: *A Mariana le encanta comer duraznos en almíbar con crema **chantillí.***

chanza ***f.*** Dicho alegre y gracioso: *Las **chanzas** de Manuel son muy divertidas y siempre nos hacen reír.* Sin. **burla.**

¡chao! ***interj.*** Expresión de origen italiano que se emplea para despedirse: *Cuando me despido de mis amigos les digo **¡chao!*** Sin. **¡adiós!, ¡chau!**

chapa ***f.*** **1** Trozo plano, delgado y de grosor uniforme de cualquier material duro: *El carpintero le puso a la mesa una **chapa** de madera nueva para que la superficie quedara lisa.* Sin. **hoja, lámina, plancha. 2** Parte de metal de un vehículo: *Mi papá llevó el automóvil al taller para que arreglaran la **chapa** y lo pintaran.* **3** Mecanismo hecho de metal que se pone en las puertas y que sirve para abrir, cerrar y echar llave: *En esta puerta han puesto dos **chapas** de seguridad para que ningún ladrón pueda abrirla.* Sin. **cerradura. 4** Rubor que sale en el rostro o que se pinta artificialmente: *Cuando Sandra cantó en público se le hicieron **chapas** porque estaba nerviosa.*

chapado, da. ***adj.*** Hermoso, gentil, gallardo. **~ a la antigua,** ***loc.*** Se aplica al que es muy apegado a las costumbres antiguas: *Dolores es una niña **chapada a la antigua** que nunca usa pantalones.*

chapalear ***vb.*** {intr.} Sonar el agua al moverla con los pies o las manos: *Los niños **chapalean** a la orilla del lago porque están muy contentos.* Sin. **chapotear.**

chapaleo ***m.*** Ruido que hacen los pies o las manos en el agua.

chaparro, rra ***adj./m.*** y ***f.*** *Méx.* Se aplica a la persona de baja estatura. Sin. **bajo, petizo, retaco.**

chaparrón ***m.*** Lluvia fuerte, de corta duración: *Un **chaparrón** echó a perder nuestro día de campo, y cuando estábamos bien mojados, volvió a salir el sol.* Sin. **aguacero, chubasco.**

chapeado, da ***adj.*** *Méx.* Se dice de la persona saludable que tiene las mejillas sonrosadas: *La novia de mi hermano es una muchachita regordeta y está **chapeada** como si se pintara las mejillas de rojo.*

chapisca ***f.*** *Amér. C.* Recolección del maíz.

chapopote ***m.*** *Méx.* Sustancia negra obtenida del petróleo que se usa para cubrir carreteras y para impermeabilizar techos.

chapoteadero ***m.*** *Méx.* Piscina de pequeñas dimensiones y poca profundidad, especial para niños que no saben nadar.

chapotear ***vb.*** {intr.} Sonar el agua y salpicarla al moverla con los pies o las manos: *Mientras los niños **chapoteaban** en la piscina, los adultos preparaban la comida.* Sin. **chapalear, salpicar.**

chapoteo ***m.*** Ruido y salpicaduras que se hacen al mover el agua con los pies o las manos: *Todos se llenan de alegría al escuchar los **chapoteos** que hace el bebé cuando lo están bañando.*

chapucear *vb.* {tr.} **1** Trabajar rápido y mal: *El jefe despidió al empleado que se pasaba el tiempo **chapuceando,** porque podía causar un accidente con su irresponsabilidad.* **2** *Méx.* Actuar fuera de las reglas o hacer que alguien crea algo que no es verdad para sacar provecho propio. SIN. **engañar, trampear.**

chapucería *f.* **1** Objeto mal hecho. **2** Trabajo mal hecho. **3** Mentira. SIN. **chapuza.**

chapucero, ra *adj./m.* y *f.* **1** Se dice de lo que está hecho toscamente: *No voy a comprar esos muebles **chapuceros,** prefiero comprar unos más caros pero bien hechos.* SIN. **tosco. 2** Se aplica a la persona que trabaja rápido y mal: *Ese **chapucero** echa a perder el trabajo que los demás hacen bien.* SIN. **torpe, inepto. 3** *Méx.* Se aplica a la persona que actúa fuera de las reglas o hace creer a otros algo que no es verdad para sacar provecho propio. SIN. **tramposo, mentiroso.**

chapulín *m. Amér. C.* y *Méx.* Insecto de cabeza redonda, que tiene las patas de atrás más grandes que las demás y que salta para moverse. SIN. **langosta, saltamontes.**

chapurrar o **chapurrear** *vb.* {tr.} Hablar con dificultad un idioma.

chapurreo *m.* Dificultad para hablar un idioma.

chapuza *f.* **1** Trabajo que no vale mucho porque está mal hecho: *La casa quedó tan mal pintada, que doña Eugenia no pagará ni un peso por esa **chapuza.*** **2** *Méx.* Trampa, engaño.

chapuzón *m.* Entrada rápida y por poco tiempo al agua: *Mi padre se dio un **chapuzón** en la piscina para refrescarse antes de continuar cortando el césped.* SIN. **zambullida.**

chaqueta *f.* Prenda de vestir con mangas que se usa encima de la ropa y que llega a la altura de las caderas: *"Si vas a salir, usa una **chaqueta** para protegerte del frío", me dijo mi madre.* SIN. **chamarra, saco, cazadora.**

chaquira *f. Amér. C., Amér. Merid.* y *Méx.* Cuentas de vidrio de distintos colores, muy pequeñas, con las que se hacen collares y bordados.

charada *f.* Juego en el que se trata de adivinar una palabra combinando sílabas de otras.

charal *m.* **1** *Méx.* Pez pequeño, comestible, de cuerpo comprimido que abunda en los lagos y lagunas. **2** *Méx. Fam.* Persona muy flaca.

charamusca *f.* **1** Leña pequeña para hacer fuego. **2** *Méx.* Dulce de azúcar no refinada en forma de tirabuzón.

charanga *f.* Banda de música formada únicamente por instrumentos de viento: *Mi tío es trompetista y toca en una **charanga.***

charango *m. Amér. Merid.* Instrumento musical de cuerdas, parecido a una guitarra pequeña, cuya caja de resonancia está hecha con el caparazón de un armadillo.

charca *f.* Lugar donde el agua queda detenida en el terreno de forma natural o artificial: *En esa **charca** hay muchas ranas e insectos.*

charco *m.* Lugar de pequeñas dimensiones donde el agua queda detenida en el terreno de forma natural o artificial: *Un **charco** es más pequeño que una charca.*

charcutería *f.* **Palabra de origen francés.** *Esp.* Establecimiento donde se venden jamones, salchichas y otros embutidos. SIN. **salchichonería, salchichería.**

charcutero, ra *m.* y *f.* Persona que es dueña o empleada de una charcutería.

charla *f.* **1** Conversación entre dos o más personas: *La **charla** entre las amigas duró más de dos horas porque tenían mucho que decirse.* SIN. **plática, coloquio, diálogo. 2** Conferencia sobre un tema que alguien da ante un público: *En la facultad de ciencias un maestro dio una **charla** sobre energía nuclear.* SIN. **discurso, plática, coloquio.**

charlar *vb.* {intr.} *Fam.* Hablar entre dos o más personas: *Hoy vinieron mis hermanos de visita y estuvimos **charlando** toda la tarde.* SIN. **conversar, platicar, dialogar.**

charlatán *m.* Vendedor que engaña a la gente para que le compre su producto: *No compres medicamentos a los **charlatanes** porque podrían engañarte, mejor ve a la farmacia.* SIN. **impostor.**

charlatán, tana *adj./m.* y *f.* Se aplica a la persona que habla mucho: *Esas niñas **charlatanas** no dejan escuchar lo que dice la maestra.* SIN. **parlanchín, hablador, cotorra.** ANT. **callado, reservado.**

charlatanear *vb.* {intr.} Hablar mucho sin decir nada importante.

charlatanería *f.* **1** Capacidad de hablar mucho y no decir nada importante: *Llevamos veinte minutos hablando **charlatanerías,** necesitamos comenzar la clase.* SIN. **verborrea.** ANT. **discreción, reserva. 2** *pl.* Cosas que se dicen por decir y que no son del todo ciertas: *Eso de que mi tía es bruja son **charlatanerías.*** SIN. **habladuría, chisme.**

charlestón *m.* **Palabra de origen inglés.** Baile de ritmo rápido de origen estadounidense: *El **charlestón** estuvo de moda en 1925.*

charlista *m.* y *f.* Persona que da charlas de menor nivel que un conferencista.

charol *m.* Cuero tratado con un barniz que brilla mucho: *Cuando tengo una fiesta uso mis zapatos de **charol.***

charola *f.* **1** *Amér. C., Bol., Colomb., Cuba, Ecuad., Méx.* y *Perú.* Pieza plana, redonda o rectangular, que tiene el borde levantado y que se usa para llevar platos, vasos y otras cosas que se van a servir en la mesa. SIN. **bandeja, azafate. 2** *Méx. Fam.* Documento de identificación, en especial el que tienen los agentes de policía y algunos periodistas.

charolear *vb.* {intr.} *Méx. Fam.* Reflejar brillo una superficie: *El retrato no se ve bien, porque con la luz **charolea** el vidrio.*

charqui o **charque** *m. Amér. Merid.* Carne salada y secada al sol. SIN. **cecina, tasajo.**

charro, rra *adj. Méx.* Se aplica a los elementos de vestuario, fiestas, música y otras cosas propias de los charros.

charro, rra *m.* y *f. Méx.* Jinete que viste un traje de chaqueta corta con bordados, pantalón ajustado, camisa blanca y sombrero cónico de ala ancha.

charrúa *adj./m.* y *f.* Se aplica a lo que pertenece a un grupo indígena originario de lo que hoy es Uruguay y, por extensión, se aplica a lo que es de Uruguay.

chascarrillo *m. Fam.* Cuento pícaro o frase graciosa: *Lo que dijo mi tío sobre mí fue un **chascarrillo,** por eso no me lo tomo en serio.* SIN. **anécdota, chiste, ocurrencia.**

chasco *m.* Decepción que se produce cuando algo no es como esperábamos: *El filme fue un **chasco,** lo anunciaban como muy bueno, pero en realidad es aburridísimo.* SIN. **desilusión.**

chasis *m.* Armazón que sostiene la carrocería del automóvil: *Ese automóvil no tiene arreglo porque al chocar se maltrató el **chasis.***

chasquear *vb.* {tr.} Producir algo un ruido breve y fuerte, parecido a un estallido: *El domador hacía **chasquear** su látigo contra la tierra para hacer que los leones le obedecieran.*

chasquido *m.* **1** Ruido seco y repentino: *Oí un **chasquido** en la cocina y supuse que se había roto algo.* **2** Ruido producido con la lengua al separarla rápidamente del paladar: *Julio hizo un **chasquido** para indicarle a su caballo que se tranquilizara.*

chat ***m.*** **Palabra de origen inglés.** Comunicación en tiempo real a través de un sistema informático conectado a una red: *En Internet hay varios sitios de* ***chat.***
chatarra ***f.*** **1** Hierro viejo: *Este automóvil viejo no tiene arreglo, sólo puede venderse como* ***chatarra.*** **2** *loc.* **Comida ~,** comida que se vende hecha, que no es nutritiva y por lo general son frituras de harina o golosinas: *Ese muchacho come sólo* ***comida chatarra*** *y nunca prueba las verduras ni las frutas, por eso se ve gordo y al mismo tiempo es débil.*
chatarrero, ra ***m.*** y ***f.*** Persona que compra y vende hierro viejo: *El* ***chatarrero*** *va por las calles y la gente lo llama y le vende las cosas de metal que ya no sirven.*
chatear ***vb.*** {intr.} Participar en un chat a través de Internet: *Ayer estuvimos* ***chateando*** *con nuestro amigo de Mozambique.*
chateo ***m.*** Acción de chatear, comunicarse en tiempo real a través de una red informática.
chato, ta ***adj./m.*** y ***f.*** **1** Se aplica al que tiene la nariz pequeña y aplastada: *Ese boxeador tiene la nariz* ***chata*** *por tantos golpes que ha recibido, en cambio yo la tengo* ***chata*** *desde que nací.* SIN. **narigudo. 2** Se dice de lo que es bajo y aplanado: *La montaña de arena está* ***chata*** *porque mi hermanito le dio un manotazo.* SIN. **romo, obtuso.**
¡chau! ***interj.*** *Argent. Fam.* Expresión que se usa para despedirse. SIN. **ichao!, iadiós!**
chaucha ***f.*** **1** *Argent.* Vaina que envuelve algunas semillas, como las de la algarroba. **2** *Argent.* y *Urug.* Vaina comestible del poroto o frijol cuando todavía está verde. SIN. **ejote.**
chaval, la ***adj./m.*** y ***f.*** *Esp. Fam.* Se aplica al que es niño o muy joven. SIN. **muchacho.**
chaveta ***f.*** **1** Clavo que se introduce a presión en una ranura abierta, entre dos piezas que se van a ajustar: *La* ***chaveta*** *que sujeta la pata de la silla está oxidada.* **2** *loc.* **Perder la ~,** perder el juicio: *Raúl* ***perdió la chaveta*** *de alegría cuando supo que iba a ser papá.* SIN. **enloquecer.**
chavo ***m.*** *Méx. Fam.* Niño o persona joven. SIN. **muchacho, chico.**
chayote ***m.*** Fruto comestible de la chayotera: *Los* ***chayotes*** *tienen forma de pera y sabor ligeramente dulce.*
chayotera ***f.*** Enredadera de hojas grandes, su fruto es el chayote: *Si plantas un chayote germinado en febrero, para mayo tendrás una enorme* ***chayotera.***
¡che! ***interj.*** *Argent., Bol., Par.* y *Urug.* Expresión que se usa para llamar a una persona a quien se le habla de tú.
checar ***vb. irreg.*** {tr.} **Modelo 17. Palabra de origen inglés. 1** *Méx.* Asegurarse de que es cierto algo de lo que se dudaba. SIN. **verificar, comprobar. 2** *Méx.* Registrar las horas de entrada y salida del trabajo.
checheno, na ***adj./m.*** y ***f.*** De Chechenia.
checo ***m.*** Idioma que se habla en Bohemia, Moravia y una parte de Silesia: *El* ***checo*** *es una lengua eslava que se habla en Europa Oriental.*
checo, ca ***adj./m.*** y ***f.*** Se aplica a lo que es de la República Checa.
checoeslovaco, ca o **checoslovaco, ca** ***adj./m.*** y ***f.*** Relativo a lo que era de Checoslovaquia, país de Europa Oriental que en la actualidad ya no existe: *Los* ***checoslovacos*** *se dividieron en checos y eslovenios a finales del siglo XX.*
chef ***m.*** y ***f.*** **Palabra de origen francés.** Jefe de cocina en restaurantes y hoteles: *El* ***chef*** *es un hombre experto en cocinar.*
chelín ***m.*** **Palabra de origen inglés. 1** Moneda británica que valía una vigésima parte de la libra esterlina. **2** Antigua unidad monetaria principal de Austria; unidad monetaria de Somalia.
chelo ***m.*** Violonchelo.
chepa ***f.*** *Fam.* Deformidad de la columna vertebral que hace que se forme un bulto en la espalda: *Ese anciano tiene una* ***chepa*** *y como está muy encorvado, tiene que andar con bastón.* SIN. **joroba, giba, corcova.**
cheque ***m.*** Documento en que una persona ordena a un centro bancario el pago de una cantidad de dinero con cargo a su cuenta personal: *Escribe el* ***cheque*** *a mi nombre, porque si lo haces "al portador" cualquiera lo puede cobrar.*
chequeo ***m.*** Examen médico que observa el estado general de la salud del paciente: *Horacio se hizo un* ***chequeo*** *y su doctor le dijo que estaba en perfecto estado de salud.* SIN. **reconocimiento, control.**
chequera ***f.*** *Amér.* Talonario de cheques y especie de billetera donde se guarda dicho talonario: *Cada* ***chequera*** *tiene 25 o 50 cheques y lleva impreso el número de cuenta y el nombre del dueño.*
cheroki, cheroqui o **cherokee** ***adj./m.*** y ***f.*** Pueblo amerindio de América del Norte perteneciente al grupo iroqués: *Actualmente, los* ***cheroki*** *viven en Carolina del Norte y Oklahoma, Estados Unidos de América.*
chévere ***adj.*** **1** *Colomb.* y *Venez.* Se dice de lo que está muy bien. SIN. **excelente, estupendo. 2** *Cuba, Perú* y *Venez.* Se refiere al que es bueno o de buen carácter. SIN. **benévolo, indulgente. 3** *Ecuad., Perú, P. Rico* y *Venez.* Se aplica a lo que es agradable. SIN. **gracioso.**
cheyene o **cheyenne** ***adj./m.*** y ***f.*** Pueblo amerindio de América del Norte que actualmente habita en Montana y Oklahoma, Estados Unidos de América: *Los* ***cheyene*** *hablan una lengua derivada del algonquino.*
chía ***f.*** *Méx.* Semilla muy pequeña y negra que al mojarse se hincha formando una sustancia transparente y espesa, que estimula el funcionamiento de los intestinos cuando se ingiere.
chibcha ***adj./m.*** y ***f.*** Pueblo amerindio precolombino originario de los altiplanos de la cordillera oriental de Colombia: *Los* ***chibchas*** *se llamaban a sí mismos "muiscas" y fueron excelentes orfebres.*
chibcha ***m.*** Familia lingüística amerindia cuyos hablantes en su mayoría pertenecen a tribus ya extintas.
chicano, na ***adj./m.*** y ***f.*** Relativo a la persona de origen mexicano que habita en Estados Unidos de América: *Los* ***chicanos*** *tienen una cultura diferente a la mexicana y a la estadounidense.*
chicha ***f.*** **1** *Amér. Merid.* Bebida que resulta de la fermentación del maíz en agua azucarada. **2** *Chile.* Bebida que se obtiene de la fermentación del jugo de la uva o la manzana. **3** *loc. Fam.* **No ser ni ~ ni limonada,** no valer nada: *Ese filme* ***no era ni chicha ni limonada.*** *De haberlo sabido, me hubiera quedado en la casa.*
chícharo ***m.*** **1** Planta de flores blancas o rojizas que se cultiva por sus semillas comestibles que crecen en vaina: *En esa huerta han sembrado* ***chícharo.*** **2** Semilla redonda y verde de esta planta: *En el interior de cada vaina verde hay cerca de siete* ***chícharos.*** SIN. **guisante, arveja.**
chicharra ***f.*** **1** Insecto de color verde amarillento que produce un sonido intenso al batir sus alas: *En el campo, al atardecer, se escucha el sonido de las* ***chicharras.*** SIN. **cigarra. 2** Timbre eléctrico de sonido sordo: *Enrique fue a buscar a su hermano a la casa de un amigo y tocó la* ***chicharra*** *para que le abrieran la puerta.*
chicharrón ***m.*** *Méx.* Piel de cerdo que se fríe en aceite muy caliente hasta que se esponja y se pone crujiente y entonces se come: *En México es común el guiso de chicharrón en salsa de ají o chile verde.*
chiche ***m.*** **1** *Amér. C.* y *Amér. Merid.* Juguete de los niños pequeños. **2** *Salv.* Pecho de la mujer. SIN. **teta, seno.**

chichi ***f. Méx.*** Pecho de la mujer. SIN. **teta, mama, seno.**

chichicuilote ***m. Méx.*** Ave pequeña, parecida a la paloma, de color gris, de pico delgado y recto, que vive cerca del mar, lagos o pantanos; su carne es comestible.

chichimeca ***adj./m.*** y ***f.*** Relativo a un pueblo indígena originario del norte de México que se asentó en la Meseta Central a finales del siglo XII y principios del siglo XIII.

chichón ***m.*** Bulto que se forma en el lugar de la cabeza donde se ha recibido un golpe. SIN. **chipote, inflamación.**

chicle ***m.*** Golosina hecha de una goma endulzada que se mastica y no se traga: *Hay* ***chicles*** *de muchos sabores y con algunos se puede hacer bombas.*

chicloso ***m. Méx.*** Caramelo de consistencia pegajosa: *El diente que tenía flojo mi hermanito se quedó pegado en uno de los* ***chiclosos*** *que comía.*

chicloso, sa ***adj. Méx.*** Que tiene consistencia pegajosa, como la del chicle: *Esa pintura se resecó y está muy* ***chiclosa,*** *hay que diluirla.*

chico, ca ***adj.*** Se dice de lo que tiene poco tamaño: *Este pantalón me queda* ***chico*** *porque ya crecí.* SIN. **pequeño.** ANT. **grande.**

chico, ca ***m.*** y ***f.*** Niño, muchacho. SIN. **chango.**

chicotazo ***m.*** Golpe dado con un chicote.

chicote ***m. Amér.*** Instrumento formado por un mango y una tira de cuero flexible que se utiliza para golpear. SIN. **látigo.**

chicotear ***vb.*** {tr. e intr.} Dar golpes con un chicote.

chicozapote ***m. Méx.*** Árbol tropical que da un fruto dulce y carnoso, del mismo nombre: *Del tronco del* ***chicozapote*** *se saca goma.*

chiflado, da ***adj./m.*** y ***f.*** **1** Se aplica al que está un poco trastornado de la mente: *Ese hombre habla solo porque está* ***chiflado.*** SIN. **loco.** ANT. **sensato. 2** Se dice del que está muy enamorado de algo o de alguien: *Gregorio está* ***chiflado*** *por esa muchacha y quiere que sea su novia a toda costa.*

chifladura ***f.*** Falta de juicio o del buen uso de la razón: *Mi hermana tiene unas* ***chifladuras*** *increíbles: pasa todo el día oyendo una misma canción de su cantante favorito y ni siquiera se da tiempo para comer.* SIN. **locura.** ANT. **sensatez, cordura.**

chiflar ***vb.*** {intr. y prnl.} **1** Hacer sonar el aire soplando con la lengua doblada o la boca contraída, o emitir una cosa un sonido agudo cuando el aire pasa a través de ella: *La tetera* ***chifla*** *cuando el agua está muy caliente.* SIN. **silbar. 2** *Fam.* Perderse la razón por algo o alguien que nos gusta mucho: *Cuando Rebeca baila tan bonito, todos los muchachos* ***se chiflan*** *por ella.* SIN. **enloquecer.**

chifle ***m. Argent.*** y ***Urug.*** Recipiente hecho de cuerno de animal vacuno, se usa para beber y llevar agua y otros líquidos.

chiflido ***m.*** Sonido agudo que se produce soplando el aire con la lengua doblada o la boca contraída, o cuando el aire pasa a través de algo hueco: *Estos pajaritos de cerámica emiten un* ***chiflido*** *cuando les soplas por el rabo.* SIN. **silbido.**

chiflón ***m. Amér.*** Corriente de aire: *Voy a cerrar la ventana porque está entrando un* ***chiflón*** *que puede hacerme daño.* SIN. **viento.**

chihuahua ***adj./m.*** Raza mexicana de perros pequeños, de patas y hocico finos, con ojos y orejas grandes.

chilacayote ***m. Méx.*** Variedad de calabaza cuyo fruto es comestible y se emplea en la elaboración de diversos guisos y dulces.

chilaquiles ***m. pl. Méx.*** Guiso hecho con tortillas de maíz fritas y sumergidas en salsa de chile picante.

chilar ***m.*** Terreno sembrado de chile: *El* ***chilar*** *tiene muchas flores, eso quiere decir que pronto tendremos chiles.*

chile ***m.*** **1** Planta de flores blancas, violetas o verdosas que da un fruto que produce picor o ardor, generalmente alargado y hueco, de color verde, rojo o amarillo, con semillas aplanadas en su interior: *El* ***chile*** *es una planta muy resistente que se adapta bien a distintos tipos de terreno.* SIN. **ají. 2** Fruto de esta planta: *El* ***chile*** *contiene vitamina C.*

chileno, na ***adj./m.*** y ***f.*** Originario de Chile, país de América del Sur.

chillar ***vb.*** {intr.} **1** Dar chillidos o gritos agudos: *El bebito* ***chillaba*** *porque tenía hambre.* SIN. **llorar. 2** Reñir dando voces: *"Ya no estés* ***chillando*** *por el desorden que hay, mejor ayúdanos a ordenar", dije a Sofía.* SIN. **gritar, vociferar.**

chillido ***m.*** Sonido de la voz agudo, fuerte y desagradable: *Rosa lanzó un* ***chillido*** *cuando vio a la rata.* SIN. **alarido, grito.**

chillón, llona ***adj.*** **1** Se dice de los colores demasiado vivos o mal combinados: *"Con ese vestido color amarillo* ***chillón*** *te van a ver desde lejos."* SIN. **estridente, llamativo.** ANT. **sobrio. 2** Se dice del sonido demasiado agudo y desagradable: *Doña Elsa tiene una voz* ***chillona*** *que es difícil de soportar.* SIN. **estridente.** ANT. **grave. 3** *Fam.* Aplicado al que llora o se queja mucho: *Mi hermanito es un* ***chillón*** *que grita por cualquier cosa.* SIN. **llorón, gritón.** ANT. **callado.**

chillón, llona ***m.*** y ***f. Fam.*** Persona que llora o se queja mucho: *Julieta no quiere jugar con su hermana porque es una* ***chillona*** *que por cualquier cosa hace escándalo.*

chilpayate ***m. Méx. Fam.*** Niño pequeño.

chimenea ***f.*** **1** Conducto de salida de humo: *Las* ***chimeneas*** *de las fábricas son tubos altos y delgados que se ven desde lejos y dejan salir humo.* **2** Lugar preparado para encender el fuego dentro de una casa, que tiene una salida para que el humo se vaya hacia arriba y hacia afuera: *En invierno, mi padre enciende la* ***chimenea*** *para calentar el ambiente de la casa.* SIN. **hogar, fogón. 3** Conducto de un volcán por el que la lava sale al exterior: *La* ***chimenea*** *de ese volcán está tapada con grandes rocas.*

chimichurri ***m.*** Salsa de hierbas aromáticas con ajo y vinagre para condimentar carnes asadas.

chimpancé ***m.*** Mono originario de África, de cabeza grande, nariz chata y brazos largos, que no tiene cola: *En el circo había dos* ***chimpancés*** *vestidos como seres humanos.*

chimuelo, la ***adj. Méx.*** Se aplica a la persona a la que le falta uno o más dientes: *El muchachito* ***chimuelo*** *sonreía y enseñaba los huecos de los dientes que se le acababan de caer.*

china ***f.*** **1** Piedra pequeña y a veces redondeada: *Los niños estuvieron tirando* ***chinas*** *al agua del estanque mientras conversaban.* SIN. **guijarro. 2** ***Amér. C.*** y ***Amér. Merid.*** Mujer indígena que presta servicio como niñera o como sirvienta. **3** ***Argent.*** Mujer del gaucho.

chinampa ***f. Méx.*** Parte de terreno flotante construida sobre carrizos, donde se cultivan verduras y flores.

chinche ***adj./m.*** y ***f.*** Se dice de la persona que siempre está molestando: *Ernesto es un* ***chinche*** *que en vez de hacer sus trabajos escolares viene a visitarme todas las tardes para quitarme el tiempo.*

chinche ***f.*** **1** Insecto de cuerpo aplastado y rojo, que chupa la sangre humana y produce irritación en la piel por sus picaduras: *Las* ***chinches*** *huelen mal y se crían en las camas sucias y en las casas viejas.* **2** Clavo pequeño con la cabeza redonda y aplastada, que se usa para fijar papeles a la pared: *Sujeté el mapa a la pared con cuatro* ***chinches.*** SIN. **chincheta.**

chincheta ***f. Esp.*** Clavo pequeño con la cabeza redonda y aplastada, que se usa para fijar papeles a la pared. SIN. **chinche.**

chinchilla *f.* Animal mamífero roedor originario de América del Sur, parecido al conejo pero de orejas más cortas, con el pelo y la cola más largos de color gris: *Con la suave piel de la* ***chinchilla*** *se hacen abrigos finos y caros.*
chinchón *m. R. de la P.* Juego de baraja en el que se deben formar escaleras con números de un mismo palo y tríos de números iguales.
chinchorro *m.* **1** Red que se usa para pescar: *El* ***chinchorro*** *es una red pequeña que usa mi padre cuando sale a pescar.* **2** *Antill., Colomb., Méx.* y *Venez.* Hamaca hecha de red, que se tiende entre dos palos y sirve para descansar.
chinchudo, da *adj./m.* y *f. Argent. Fam.* Se aplica a la persona que está de mal humor. SIN. **malhumorado, irritable, enojón.**
chinchulín *m. Bol., Ecuad.* y *R. de la P.* Intestino de la oveja o de la vaca que se prepara trenzado y se come asado al carbón. SIN. **tripa.**
chinela *f.* Calzado sin talón, generalmente hecho de tela, que se usa adentro de la casa: *El perro de Mercedes ha escondido una de sus* ***chinelas*** *y ella anda por la casa brincando sobre un pie.* SIN. **chancla, babucha.**
chinesco *m.* Instrumento musical de percusión formado por una placa de cobre con forma de sombrero de la que cuelgan cascabeles o tubitos de metal: *La puerta de la tienda golpea el* ***chinesco*** *cada vez que se abre y así el sonido le avisa al dueño que alguien llega.*
chinesco, ca *adj.* **1** Se aplica a lo que es o parece ser de la China: *Esas letras de aspecto* ***chinesco*** *están hechas con tinta china.* **2** *loc. pl.* **Sombras ~**, figuras de cartón recortado cuyas sombras se proyectan sobre una pantalla.
chinga *f.* **1** *Méx. Vulg.* Trabajo duro que causa mucha fatiga. **2** *Méx. Vulg.* Palabra agresiva que se dice a alguien para llamar la atención sobre su mala conducta. SIN. **regaño.**
chingadazo *m.* Golpe muy fuerte.
chingadera *f.* **1** Cosa mal hecha. **2** Acciones tontas o malas: *Sus intentos por conseguir trabajo eran puras* ***chingaderas.***
chingado *adj. Desp.* Que se ha echado a perder, deteriorado.
chingaquedito *m.* Persona que molesta todo el tiempo, pero no ostensiblemente.
chingar *vb. irreg.* {tr. y prnl.} **Modelo 17. 1** *Méx. Vulg.* Quitarle a otro algo que le pertenece. SIN. **robar. 2** *Méx. Vulg.* Quitarle la vida a una persona. SIN. **matar. 3** *Méx. Vulg.* No dejar que alguien esté tranquilo. SIN. **molestar, fastidiar. 4** *Méx. Vulg.* Consumir o estropear completamente algo. SIN. **terminar, acabar. 5** *Méx. Vulg.* Forzar a alguien a realizar el acto sexual. SIN. **violar. 6** *R. de la P.* Estar un vestido más largo de un lado que del otro.
chingo *m. Méx. Vulg.* Cantidad exagerada de algo. SIN. **mucho.**
chingón, gona *adj. Méx. Fam.* Se aplica a lo que es muy bueno o está muy bien. SIN. **estupendo, genial.**
chingón, gona *m.* y *f. Méx. Fam.* Persona muy hábil para hacer algo. SIN. **diestro, capaz.**
chino *m.* **1** Idioma que se habla en China: *El* ***chino*** *es un idioma que se escribe con un alfabeto distinto del español.* **2** *loc.* **Hablar** o **estar en ~**, se dice del lenguaje difícil de entender: *Cuando el maestro de matemáticas explicó la raíz cuadrada parecía que* ***hablaba en chino,*** *nadie le entendió.*
chino, na *adj.* **1** Relativo a lo que es de China, país de Asia: *La cultura* ***china*** *es la más antigua del mundo.* **2** *Amér. Merid.* Se aplica a la persona con rasgos indígenas. **3** *Méx.* Se dice del pelo rizado y de la persona que así lo tiene. SIN. **crespo.**
chino, na *m.* y *f.* **1** Persona nacida en China: *Los* ***chinos*** *tienen un calendario diferente del occidental.* **2** *Méx.* Rizo del cabello y persona que tiene el pelo rizado. **3** Piedra pequeña: *Durante el paseo por el campo estuve juntando* ***chinas*** *para ponerlas en mi acuario.*
chip *m.* **Palabra de origen inglés.** Placa pequeña hecha de silicio, que sirve de soporte a un circuito integrado, como el de las computadoras: *Pedro compró unos* ***chips*** *para ampliar la memoria de su computadora.*
chipa *f.* **1** *Colomb.* Cesto de paja que se usa para recoger frutas y legumbres. **2** *Colomb.* Rosca de trapo o rodete de pelo que se usa para cargar en la cabeza y mantener en pie una vasija redonda. SIN. **yagual.**
chipá *m. Argent.* y *Par.* Pan de harina de mandioca o maíz.
chipichipi *m. Méx.* Lluvia ligera. SIN. **llovizna.**
chípil *adj. Méx.* Se dice del niño que llora porque siente celos de un hermano que va a nacer.
chípil *m.* y *f. Méx.* Hijo penúltimo de la familia.
chipote *m. Guat.* y *Méx.* Hinchazón que se forma después de haber recibido un golpe en la cabeza. SIN. **chichón.**
chipotle o **chipocle** *m. Méx.* Tipo de chile o ají que se consume seco y ahumado: *Los* ***chipotles*** *tienen buen aroma y sabor, pero también son muy picantes.*
chipriota *adj./m.* y *f.* Originario de Chipre, isla del Mediterráneo: *Los* ***chipriotas*** *declararon su independencia de Gran Bretaña en 1960.*
chiquear *vb.* {tr.} *Cuba* y *Méx.* Tratar a alguien con ternura y cariño: *Me gusta* ***chiquear*** *al gato, porque el sonido de su ronroneo me parece muy agradable.* SIN. **mimar, acariciar.**
chiqueo *m. Cuba* y *Méx.* Hecho de tratar a alguien con ternura y cariño. SIN. **mimo, caricia.**
chiquero *m.* Corral donde se encierran los cerdos: *En el* ***chiquero*** *está la cerda dando de mamar a sus lechones.* SIN. **pocilga.**
chiquigüite o **chiquihuite** *m. Guat., Hond.* y *Méx.* Cesto o canasta sin asas.
chiquilín *m. Fam.* Niño: *Cuando era* ***chiquilín*** *me gustaba perseguir a las gallinas de mi madre, pero nunca las alcanzaba.* SIN. **chico, pibe, chavo.**
chiquillada *f.* Comportamiento propio de niños: *Ponerle a un compañero una cola de papel sin que se dé cuenta es una* ***chiquillada.*** SIN. **niñería, travesura.**
chiquillería *f. Fam.* Multitud de niños: *La* ***chiquillería*** *corre y juega durante el recreo escolar.*
chiquillo, lla *adj./m.* y *f.* Se aplica al que es niño o muy joven: *Julieta quiere usar zapatos altos y pintarse la boca, pero su madre no la deja porque todavía está* ***chiquilla.*** SIN. **chico, niño, muchacho.**
chiquitear *vb.* {tr.} Dar o tomar algo de a poco para que dure más: *Me* ***chiquiteaba*** *todo, hasta las caricias.*
chiquitero, ra *adj.* Que le gusta chiquitear. SIN. **agarrado.**
chiquito, ta *adj./m.* y *f.* Se aplica a lo que es muy pequeño: *Natalia cosió un vestido* ***chiquito*** *para ponérselo a su muñeca.*
chiribita *f.* **1** Partícula encendida que salta de algo que se está quemando: *Al soldar dos metales brincan muchas* ***chiribitas,*** *por eso los trabajadores usan máscaras de hierro como protección.* SIN. **chispa, pavesa. 2** *pl. Fam.* Conjunto de luces que dificultan la visión: *Celia estuvo mirando durante un rato una vela encendida y después dijo que tenía* ***chiribitas*** *en los ojos.*
chirimbolo *m. Fam.* Cosa que puede tener alguna utilidad: *Don Julián ha guardado un montón de* ***chirimbolos*** *a lo largo de toda su vida, porque dice que va a usarlos algún día.* SIN. **trasto, chisme.**

chirimoya *f.* Fruta de color verde por fuera y blanco por dentro, que tiene semillas negras en su interior: *La **chirimoya** es una fruta muy dulce y perfumada.*
chiripa *f.* Acierto en el juego que se gana por casualidad: *Ganamos de **chiripa**, creo que el equipo contrario estaba mejor entrenado que nosotros.* SIN. **suerte, azar.**
chiripá *m. Amér. Merid.* Prenda de vestir del gaucho que consiste en un paño pasado entre las piernas y sujeto a la cintura por la faja.
chiripada *f. Méx. Fam.* Hecho afortunado: *Fue una **chiripada** que se me ocurriera entrar a esa librería donde tenían en oferta el diccionario que me pidieron en la escuela.* SIN. **suerte.**
chirle *adj.* **1** *Fam.* Se dice de lo que no tiene sabor: *Esta sopa está **chirle**, parece pura agua con sal.* SIN. **insípido. 2** *Argent.* y *Urug.* Se aplica a lo que no tiene suficiente consistencia.
chirlo *m. Argent.* y *Urug. Fam.* Golpe dado en el trasero con la mano abierta. SIN. **nalgada.**
chirona *f. Fam.* Edificio donde se encierra a las personas que han cometido algún delito: *"El Flaco" está en **chirona** porque se robó un autobús y lo detuvo la policía.* SIN. **cárcel, prisión, cana, presidio, tambo.**
chirriante *adj.* Que chirría.
chirriar *vb. irreg.* {intr.} **Modelo 9.** Producir un sonido agudo y molesto el roce de un objeto con otro: *Estas ruedas **chirrían**, les pondré aceite para que giren bien.*
chirrido *m.* Voz o sonido agudo y desagradable: *El **chirrido** de la puerta del viejo castillo asustó a los visitantes.*
chirrión *m.* **1** Carro fuerte, de dos ruedas y eje móvil: *Antiguamente, los **chirriones** se usaban para transportar basura.* **2** *loc. Méx.* **¡Ah~!** o **¡Ay ~!**, se usa para expresar sorpresa o asombro: *"¡Ay **chirrión**, no me había dado cuenta de que hoy es el día del examen!"*
chisguetazo *m.* Golpe dado con un chisguete: *Le dieron un **chisguetazo** de agua en la nuca tan fuerte que lo tumbaron.*
chisguete *m.* Chorro delgado de líquido que sale con fuerza: *Con su pistola de agua, Bruno aventó un **chisguete** a una telaraña y la rompió.*
chisguetear *vb.* {tr.} Soltar un chorro.
chisme *m. Fam.* Cosa de poco valor que puede tener alguna utilidad: *Hortensia no sabe qué hacer con tantos **chismes** que ha guardado porque ocupan mucho espacio en su habitación.* SIN. **trasto, chirimbolo, cacharro.**
chisme *m.* Noticia verdadera o falsa sobre la que se murmura o con la que se pretende difamar a alguien: *Se corrió el **chisme** de que un cantante famoso está de vacaciones en esta ciudad.* SIN. **habladuría, rumor.** ANT. **discreción, verdad.**
chismear o **chismorrear** *vb.* {intr.} *Fam.* Dar noticias acerca de los demás sin tener la seguridad de que son verdaderas: *Las amigas **chismeaban** acerca de una compañera nueva, pero ni siquiera la conocían.* SIN. **murmurar, chusmear.**
chismoso, sa *adj./m.* y *f.* Se aplica a la persona que da noticias sobre los demás sin tener la seguridad de que son verdad: *Esas niñas **chismosas** le dijeron a la maestra quién había hecho la travesura de dibujar en la pared.* SIN. **chivato, soplón, indiscreto.** ANT. **discreto, serio, veraz.**
chispa *f.* **1** Partícula encendida que salta de algo que se está quemando: *La chimenea tiene una valla para que las **chispas** que saltan de la madera no caigan en la alfombra y provoquen un accidente.* SIN. **pavesa, chiribita. 2** Luces que se producen a causa de una descarga eléctrica: *El cable de la plancha está roto y arroja **chispas** cuando la conectamos.* SIN. **rayo, centella. 3** Viveza de ingenio: *Filiberto tiene **chispa** para contar historias y hace reír a todos con sus comentarios.* SIN. **ingenio, gracia, agudeza. 4** Gota de lluvia: *Cayeron unas **chispas** y luego comenzó a llover muy fuerte.* **5** *loc. pl. Fam.* **Echar ~,** estar furioso: *El hombre **echaba chispas** porque rompí el cristal de su ventana.*
chispazo *m.* **1** Hecho de saltar una chispa de algo que se está quemando: *Los bomberos creen que un **chispazo** que saltó de una hoguera mal apagada provocó el incendio en el bosque.* **2** Salto violento de una chispa a causa de una descarga eléctrica: *Durante la tormenta se rompió un cable en la calle y la luz de los **chispazos** se veía desde mi casa.* SIN. **centelleo, fulgor, resplandor.**
chispeante *adj. Fam.* Se aplica a lo que tiene muchos detalles de ingenio y agudeza: *Toda la familia está maravillada porque la niña tiene una inteligencia **chispeante**.*
chispear *vb.* {intr. e impers.} **1** Echar partículas encendidas algo que se está quemando: *Aunque afuera hace frío, la casa está caliente porque en la chimenea **chispea** un hermoso fuego.* SIN. **chisporrotear. 2** Brillar: *La corona del rey **chispeaba** bajo el sol.* SIN. **relucir, destellar. 3** Caer unas pocas gotas de lluvia o una lluvia muy fina: *Rosario no abrió su paraguas porque sólo **estaba chispeando**.* SIN. **lloviznar.**
chisporrotear *vb.* {intr.} Producir muchas chispas algo que se está quemando: *Esa leña **chisporrotea** porque usaron alcohol para encenderla.* SIN. **crepitar, chasquear.**
chisporroteo *m.* Hecho de producir muchas chispas algo que se está quemando: *Los niños leyeron cuentos en voz alta junto al alegre **chisporroteo** de la fogata.*
chisquero *m.* Encendedor de bolsillo: *Esteban encendió un cigarrillo con su **chisquero**.* SIN. **mechero, encendedor, yesquero.**
chistar *vb.* {intr.} Se usa en frases negativas, con el significado de no intentar hablar: *Mientras sus padres lo regañaban, el niño los escuchaba sin **chistar**.*
chiste *m.* **1** Anécdota relatada o dibujada que provoca risa: *Mientras su padre ojea las noticias del diario, Eduardo lee la página de **chistes**.* SIN. **historieta. 2** Gracia que tiene algo: *Fue una fiesta sin **chiste**, no nos divertimos.* **3** *Méx.* Asunto importante u objetivo que se persigue al hacer algo: *El **chiste** del juego es averiguar qué significan las palabras que van saliendo en las tarjetas.*
chistera *f. Fam.* Sombrero de copa alta que tiene la parte de arriba plana: *Sólo los hombres usan **chistera**, especialmente los magos, que de allí sacan conejos, flores y pañuelos.* SIN. **galera.**
chistoso, sa *adj.* **1** Se dice de lo que hace reír: *Mauricio hizo una expresión **chistosa** para que su hija dejara de llorar y empezara a reír.* SIN. **gracioso, humorístico. 2** Se aplica a la persona que hace o dice cosas graciosas: *Algunos payasos son **chistosos**.* SIN. **cómico, ocurrente.**
chistoso, sa *m.* y *f.* Persona que hace o dice cosas que hacen reír.
chivar *vb.* {tr. y prnl.} **1** *Amér. C.* y *Amér. Merid.* No dejar tranquilo a alguien. SIN. **fastidiar, molestar. 2** *Amér. Merid.* y *Guat.* Perderse la calma y el buen humor.
chivas *f. pl. Méx. Fam.* Conjunto de objetos personales.
chivatazo *m. Fam.* Aviso que se da en secreto para alertar acerca de un delito que se va a cometer: *Alguien dio el **chivatazo** del asalto a la joyería y la policía pudo atrapar a los ladrones.* SIN. **delación, denuncia.**
chivatear *vb.* {intr.} Delatar, decir algo que perjudica a otro: *El robo habría sido un éxito si no fuera porque uno de la banda los **chivateó**.* SIN. **acusar, soplar.**

chivato, ta ***adj./m.*** y ***f.*** Se aplica a la persona que acusa o denuncia a otros en secreto: *Nadie quiere hablarle porque el muy **chivato** acusó a un amigo.* SIN. **delator, soplón.**

chivear ***vb.*** {tr. y prnl.} **1** *Méx. Fam.* Sentir vergüenza o miedo de algo. **2** *Méx. Fam.* Correr y jugar los niños sin descanso: ***Chivearon** toda la tarde y ahora están sucios y cansados.*

chivo, va ***m.*** y ***f.*** **1** Cría de la cabra desde que deja de mamar hasta que llega a la edad adulta: *Los **chivos** comen hierba.* **2** *loc.* **~ expiatorio,** persona sobre la que recae la culpa de algo que en realidad es culpa de otro u otros: *Como no lograron descubrir al culpable, las autoridades detuvieron a un **chivo expiatorio** y lo encarcelaron.*

chocador, ra ***adj.*** Se aplica a lo que golpea violentamente contra otra cosa.

chocante ***adj.*** **1** Se aplica a lo que disgusta o causa extrañeza: *Las costumbres de ese lugar nos resultan **chocantes** porque fuimos educados de otra manera.* **2** *Argent., Colomb., C. Rica, Ecuad., Méx.* y *Perú.* Se aplica a la persona o a la situación que incomoda o desagrada. SIN. **antipático, presuntuoso.**

chocar ***vb. irreg.*** {intr. y prnl.} **Modelo 17. 1** Encontrarse violentamente una cosa con otra: ***Chocaron** dos automóviles en esa esquina y vino una ambulancia por los heridos.* SIN. **topar. 2** Ser contrarias o enfrentarse dos cosas: *Los dos ejércitos **chocaron** al amanecer y la batalla duró unas horas.* SIN. **pelear. 3** Causar algo disgusto o extrañeza: *A Mariana **le choca** que Alberto la ignore cuando él está con sus amigos.* SIN. **molestar, incomodar, sorprender. 4** *loc. Fam.* **Chocarla,** darse la mano dos personas en señal de amistad: *"**Chócala,** amigo, entre nosotros no hay ningún problema."*

chochear ***vb.*** {intr.} **1** *Fam.* Debilitarse las facultades mentales a causa de la edad avanzada: *Mi abuelita **chochea** y a veces me confunde con mi hermana.* **2** *Fam.* Estar muy enamorado de una persona o de algo: *Alejandro acaba de ser papá y **chochea** por su hija.*

chocho, cha ***adj.*** **1** Se aplica a la persona anciana que ha comenzado a perder algunas de sus capacidades mentales: *El viejo **chocho** ya no se acuerda de muchas cosas.* **2** Se refiere a la persona que está muy contenta por algo o muy enamorada de alguien: *Nicolás está **chocho** porque su hijito ganó el primer lugar en las competencias de velocidad.*

choclo ***m.*** **1** *Amér. Merid.* Mazorca tierna de maíz. SIN. **elote, jojoto. 2** *loc. Argent. Fam.* **Un ~,** mucho, demasiado.

chocolate ***m.*** **1** Pasta dura de color marrón hecha de cacao y azúcar: *Alicia está comiendo una barra de **chocolate** con almendras.* **2** Bebida que se prepara con esta sustancia disuelta en leche o agua: *Hoy cenamos **chocolate** con pan.*

chocolatería ***f.*** Establecimiento donde se hace o se vende de chocolate: *Fueron a la **chocolatería** a comprar una caja de bombones para regalárselos a la maestra.*

chocolatero, ra ***m.*** y ***f.*** **1** Persona a quien le gusta comer o tomar mucho chocolate: *Es increíble que una **chocolatera** como Adela ya no pruebe ni un chocolate porque quiere adelgazar.* **2** Persona que hace o vende chocolates: *El **chocolatero** es muy amable y me regaló un pedazo de chocolate.*

chocolatero, ra ***adj.*** Se aplica al que le gusta comer o tomar mucho chocolate: *En casa somos muy **chocolateros,** siempre tomamos una taza de chocolate caliente por la noche.*

chocolatín ***m.*** Barra pequeña de chocolate o bombón de chocolate: *Doña Eugenia escondió la caja de **chocolatines** para que sus nietos no la encontraran.*

chofer o **chófer** ***m.*** y ***f.*** **Palabra de origen francés.** Conductor de automóvil o de transporte público: *El **chofer** recoge todas las mañanas a los niños y los lleva a la escuela.*

cholla ***f.*** *Fam.* Cabeza: *Rodrigo recibió un golpe en la **cholla** y le salió sangre.*

cholo, la ***adj./m.*** y ***f.*** **1** *Amér. C.* y *Amér. Merid.* Se aplica al que es hijo o hija de un hombre blanco y una mujer indígena. SIN. **mestizo. 2** *Amér. Merid. Desp.* Persona de clase baja y de mal gusto.

chomba o **chompa** ***f.*** *Amér. Merid.* Prenda de vestir para abrigar que se pone sobre la camisa y cubre el pecho, la espalda y los brazos. SIN. **jersey, suéter.**

chompipe ***m.*** *Amér. C.* Ave gallinácea originaria de América del Norte, cuyo macho tiene verrugas rojas en la cabeza y puede enderezar las plumas de la cola. SIN. **pavo, guajolote, pisco.**

chongo ***m.*** **1** *Guat.* Rizo de pelo. **2** *Méx.* Peinado de mujer que se hace enrollando muy bien el cabello y sujetándolo en lo alto de la cabeza. **3** *pl. Méx.* Dulce típico preparado con leche cuajada, azúcar y canela. **4** *loc. Méx.* **Agarrarse del ~,** pelearse dos personas: *Esas dos niñas **se agarraron del chongo** porque querían jugar con la misma muñeca.*

chono ***adj./m.*** y ***f.*** Pueblo amerindio que habitó el archipiélago de los Chonos, en Chile.

chontal ***adj./m.*** y ***f.*** Pueblo amerindio del sureste de México: *Los **chontales** tuvieron sus principales asentamientos en Tabasco, donde en la actualidad siguen siendo un grupo indígena importante.*

chopo ***m.*** Árbol de tronco gris que en invierno pierde sus hojas: *El camino rodeado de **chopos** está cubierto de hojas secas porque es invierno.* SIN. **álamo.**

choque ***m.*** En medicina, estado de confusión mental que se produce por haber recibido un golpe o una impresión fuerte: *Cuando supo que su marido había muerto, Rosario tuvo un **choque** nervioso.* SIN. **conmoción.**

choque ***m.*** Encuentro violento entre dos cosas, personas o ejércitos: *El **choque** de trenes fue una desgracia terrible, mucha gente salió lastimada.* SIN. **colisión, impacto.**

chorcha ***f.*** *Méx.* Reunión alegre de amigos que se juntan para charlar. SIN. **plática.**

chorear ***vb.*** {tr., intr. y prnl.} **1** *Chile.* No dejar que alguien esté tranquilo. SIN. **molestar, fastidiar. 2** *Méx. Fam.* Hablarle mucho a alguien para convencerlo de algo.

chorizo ***m.*** **1** Pedazo de tripa rellena de carne de cerdo picada y adobada: *Los **chorizos** tienen forma alargada y se comen acompañados con pan, mezclados con huevo o en guiso.* **2** *Argent., Par.* y *Urug.* Carne ubicada a cada lado del espinazo de las reses.

chorlito ***m.*** **1** Ave de patas largas y delgadas, con pico recto: *Los **chorlitos** viven en las costas y hacen sus nidos en el suelo.* **2** *loc.* **Cabeza de ~,** persona distraída o de poca inteligencia: *Mi hermano es un **cabeza de chorlito** que siempre se deja engañar por sus amigos.*

choro ***m.*** *Méx. Fam.* Discurso largo que se le dice a una persona para convencerla de algo.

choro, ra ***adj./m.*** y ***f.*** **1** *Chile. Fam.* Se dice de la persona valiente y decidida. **2** *Chile.* Persona que roba. SIN. **ladrón.**

chorote ***m.*** **1** *Colomb.* Vasija de barro. **2** *Cuba.* Chocolate o bebida muy espesa.

chorreado, da ***adj.*** *Amér.* Se aplica a lo que está sucio porque le ha caído encima algún líquido o pasta que se ha escurrido hasta secarse. SIN. **sucio.**

chorrear ***vb.*** {intr.} Caer un líquido formando chorros: *Llegamos tan mojados por la lluvia que nuestras ropas **chorreaban.***

chorrillo *m.* **1** Salida continua de un líquido: *El jardinero dejó la manguera con un* ***chorrillo*** *abierto para que el huerto se mojara bien.* **2** *Méx. Fam.* Salida continua y abundante de excremento líquido debido a un trastorno intestinal. SIN. **diarrea.**

chorro *m.* **1** Líquido o gas que sale o cae con fuerza y continuidad: *Verónica está mirando el* ***chorro*** *de agua que sale de la fuente.* **2** *loc. pl.* **A ~,** de manera abundante: *Mi tío tenía dinero* ***a chorros*** *y vivía en una casa muy grande.* SIN. **mucho.**

choteado, da *adj.* Sin originalidad, común: *Ese pretexto está tan* ***choteado*** *que nadie te lo va a creer.*

chotear *vb.* {tr. y prnl.} *Fam.* Burlarse de alguien: *Sus amigos* ***chotearon*** *a Ignacio porque tenía la marca de un beso en la mejilla.*

choteo *m.* Pitorreo, burla: *La conferencia de prensa estuvo tan mala que se convirtió en un* ***choteo.***

choto, ta *adj. Argent.* y *Urug. Vulg.* Se aplica a lo que es feo o está mal hecho y también a la persona que tiene mala intención. SIN. **chafa.**

choto, ta *m.* y *f.* Cría de la cabra mientras mama: *En el rebaño hay tres* ***chotos,*** *siete chivos y diez cabras.*

choza *f.* Casa pequeña y rústica, con paredes de madera y techo de paja: *En esa isla la gente vive en* ***chozas*** *que construye con los materiales que hay en el lugar.* SIN. **cabaña.**

chozno, na *m.* y *f.* **1** Lo que es respecto a una persona el papá o la mamá de su tatarabuelo o tatarabuela: *Son raras las familias en las que los niños tienen* ***choznos*** *que todavía viven.* **2** Lo que es respecto a una persona el hijo o hija de un tataranieto o tataranieta: *El hijo de mi tataranieto será mi* ***chozno.***

chubasco *m.* Lluvia fuerte, con mucho viento, que dura poco tiempo: *En los países tropicales suelen caer* ***chubascos*** *durante el verano.* SIN. **chaparrón, aguacero.**

chúcaro, ra *adj. Amér.* Se aplica al ganado que no ha sido domado o que es arisco: *Ten cuidado con la yegua colorada, es* ***chúcara*** *y mañosa.*

chuchería *f.* **1** Bocado ligero que se come para calmar el apetito cuando todavía no llega la hora de la comida: *Por comer* ***chucherías,*** *a la hora de la cena Damián ya no tenía apetito.* SIN. **dulce, golosina.** **2** Cosa sin mucho valor pero bonita. SIN. **baratija, bagatela, fruslería.**

chucho *m.* **1** *Amér.* Fiebre intermitente. **2** *Amér. C.* y *Amér. Merid.* Estremecimiento, escalofrío. **3** *Argent.* y *Urug. Fam.* Miedo.

chucho, cha *m.* y *f. Fam.* Perro: *"¡Alguien haga callar a ese* ***chucho*** *que no deja de ladrar!"* SIN. **can.**

chueco, ca *adj.* **1** Se aplica al que tiene las puntas de los pies torcidas hacia adentro: *Daniel es* ***chueco,*** *usa zapatos especiales que le ayudan a pisar mejor.* **2** Se refiere a lo que está torcido: *El niño todavía no sabe cortar con tijeras y cuando lo intenta, el corte le sale* ***chueco.*** **3** *Méx.* Se dice de lo que es injusto o tramposo.

chufa *f.* Planta que crece en los lugares húmedos, de raíz comestible y dulce.

chulada *f. Méx.* Lo que es bonito o agradable. SIN. **belleza.**

chulear *vb.* {tr.} *Méx.* Decir piropos a alguien o elogiar algo. SIN. **piropear, halagar.**

chuleta *f.* Costilla de ternera, carnero o cerdo, cubierta de carne: *"¿Quieres comer* ***chuletas*** *de ternera con puré de papas, o prefieres otra cosa?", me preguntó Maura.*

chuleta *f. Esp.* Entre estudiantes, pequeño papel con información, que se lleva oculto para copiar en los exámenes: *El maestro me sorprendió con una* ***chuleta*** *y ahora me pondrá una mala nota.* SIN. **acordeón.**

chulo, la *adj. Méx., Hond.* y *Guat.* Se aplica a lo que es bonito o agradable. SIN. **lindo, bello, precioso.**

chumacera *f.* **1** Pieza de material duro en la que se apoya y gira una maquinaria **2** Pieza que se coloca en los bordes de un bote para que el remo no los desgaste.

chumbera *f.* Planta de la familia de los cactos, con hojas carnosas cubiertas de espinas que tiene por fruto el higo chumbo o tuna: *El fruto de la* ***chumbera*** *tiene espinas, pero su interior es dulce y jugoso.* SIN. **nopal.**

chunches *m. pl. Amér. C.* y *Méx.* Cosas, cachivaches.

chunga *f. Fam.* Broma, burla: *Ellos se están tomando a* ***chunga*** *todo lo que hace Ramón y por eso ríen tanto.* SIN. **pitorreo, guasa.**

chunguearse *vb.* {prnl.} Burlarse. SIN. **pitorrear.**

chupada *f.* Hecho de sacar el jugo o la sustancia de algo apretando con los labios y la lengua: *El elefantito recién nacido pronto le dio unas cuantas* ***chupadas*** *a la teta de su madre.* SIN. **succión, chupetón.**

chupado, da *adj. Fam.* Se dice de la persona muy flaca o que está muy cansada: *Tiene el rostro* ***chupado*** *porque no ha dormido ni comido bien.*

chupador, ra *adj.* **1** Que chupa. **2** Alcohólico.

chupaflor *m.* Colibrí, chupamirto.

chupamedias *adj./m.* y *f.* Servil, adulador: *El empleado nuevo es un* ***chupamedias*** *del jefe: todos los días se ofrece para traerle café, galletas, etcétera.*

chupamirto *m. Méx.* Ave muy pequeña, generalmente de color verde y azul, de pico largo y redondo como un tubo pequeño, que puede quedarse suspendida en un punto del aire gracias a que agita sus alas a gran velocidad. SIN. **colibrí, picaflor.**

chupar *vb.* {tr., intr. y prnl.} **1** Sacar o atraer con los labios el jugo o la sustancia de una cosa: *Los dos amigos solían pasar las tardes* ***chupando*** *naranjas sentados en lo alto del muro.* SIN. **succionar, sorber, mamar.** **2** Absorber líquido un cuerpo sólido o el aire por un tubo: *La aspiradora* ***chupa*** *toda la tierra que está en la alfombra.* SIN. **absorber, aspirar.** **3** Humedecer o tocar una cosa con la lengua: *Los helados* ***se chupan.*** SIN. **lamer.** **4** Ponerse flaca una persona: *La pobre enferma* ***se fue chupando*** *hasta quedar demasiado delgada.* SIN. **adelgazar.** **5** *Amér. Fam.* Beber bebidas alcohólicas. SIN. **tomar.** **6** *loc.* **Estar** algo **para ~ los dedos,** ser un alimento delicioso. **7** *loc. Méx. Fam.* **~ faros,** morir.

chupasangre *adj.* Que explota a otras personas. SIN. **vampiro.**

chupatintas *m.* Oficinista del montón: *Felipe nunca va a llegar a jefe, es nada más un* ***chupatintas.***

chupe *m.* **1** *Chile* y *Perú.* Guiso hecho a base de papas cocidas con huevo, carne o pescado, queso, ají o chile, tomate y condimentos. **2** *Méx. Fam.* Cualquier bebida alcohólica.

chupetazo *m.* Succión fuerte del chupete.

chupete *m.* Objeto en forma de pezón femenino que se da a chupar a los niños pequeños: *El niño ya tiene cuatro años y todavía usa* ***chupete.*** SIN. **chupón.**

chupetear *vb.* {intr.} Chupar muchas veces algo: *Rosana* ***chupeteaba*** *un dulce mientras miraba un programa de televisión.*

chupetón *m.* Hecho de sacar con mucha fuerza el jugo o la sustancia de algo apretando con los labios y la lengua: *El bebé daba fuertes* ***chupetones*** *al biberón porque no salía la leche.* SIN. **chupada.**

chupón *m.* Objeto en forma de pezón femenino que se da a chupar a los niños pequeños: *Hay madres que creen que si sus bebés usan* ***chupón,*** *después no se chuparán el dedo.* SIN. **chupete.**

churrasco *m. Amér. Merid.* Carne asada al carbón.

churrasquería ***f. Amér. Mer.*** Lugar donde se hacen y sirven churrascos.

churrería ***f.*** Establecimiento donde se hacen y se venden churros: *Hacía mucho que no íbamos a la* ***churrería*** *a tomar chocolate con churros.*

churrero, ra ***m.*** y ***f.*** Persona que hace o vende churros: *El* ***churrero*** *lleva una canasta llena de churros para vender.*

churrete ***m.*** **1** Mancha que ensucia la cara o una prenda. **2** Chorro de algún líquido.

churretear ***vb.*** {tr.} **1** Mancharse la cara o la ropa: *Se* ***churreteó*** *la camisa con helado de chocolate.* **2** ***Nicar.*** Drogarse.

churretón ***m.*** Churrete grande.

churrigueresco, ca ***adj.*** Se refiere a un estilo de arquitectura sobrecargado de adornos que se dio en Europa a principios del siglo XVIII: *El estilo* ***churrigueresco*** *debe su nombre al arquitecto Churriguera.*

churro ***m.*** **1** Masa de harina y agua, de forma alargada, frita en aceite y bañada de azúcar: *David compró una docena de* ***churros*** *y fue a visitar a su novia; esperaba que ella lo invitara a tomarlos con chocolate caliente.* **2** ***Fam.*** Casualidad favorable: *Llegamos tan tarde a la estación, que fue un* ***churro*** *que alcanzáramos el tren.* **3** ***Méx.*** Filme largo y de mala calidad. SIN. **culebrón.**

churruscarse ***vb. irreg.*** {prnl.} **Modelo 17.** Empezar a quemarse una cosa: *Algo* ***se ha churruscado,*** *aquí huele a quemado.* SIN. **chamuscarse.**

churumbel ***m. Esp. Fam.*** Niño.

chusco, ca ***adj.*** Se dice de lo que tiene gracia y picardía: *La obra de teatro tuvo varias escenas* ***chuscas*** *y el público se rió mucho.* SIN. **gracioso.**

chusma ***f. Fam. Desp.*** Conjunto de mucha gente, en especial grosera o vulgar.

chusmear ***vb.*** {intr.} ***Argent.*** y ***Urug. Fam.*** Hablar o curiosear sobre los asuntos de los demás. SIN. **chismorrear, husmear.**

chusmerío ***m.*** Conjunto de chismes. SIN. **chisme, charlatanería, habladuría.**

chutar ***vb.*** {tr., intr. y prnl.} **Palabra de origen inglés.** **1** En el fútbol, golpear con fuerza el balón con el pie: *El entrenador de fútbol ha contratado a ese jugador porque* ***chuta*** *muy bien.* **2** ***Méx. Fam.*** Soportar algo de principio a fin. SIN. **aguantar, soplarse.**

chuza ***f. Chile*** y ***Méx.*** En el juego de los bolos, tiro que derriba todos los pinos de una sola vez.

cian ***adj./m.*** Se refiere a un tono de color azul intenso: *En esta pintura, el mar tiene un color azul* ***cian.***

cianosis ***f.*** Coloración azulada de la piel debida a una insuficiencia respiratoria.

cianuro ***m.*** Sal venenosa que se obtiene del ácido cianhídrico, también conocido como ácido prúsico: *El* ***cianuro*** *es un veneno muy fuerte.*

ciar ***vb.*** {intr.} Remar hacia atrás para que una embarcación vaya en reversa o gire: *En cuanto vieron al caimán, los pescadores* ***ciaron*** *a toda velocidad para alejarse de él.*

ciática ***f.*** Dolor intenso del nervio ciático: *El abuelo tiene* ***ciática*** *y le duele mucho la pierna.*

ciático, ca ***adj.*** **1** Relativo a la cadera: *Por el agujero* ***ciático*** *pasa un nervio desde el hueso sacro hacia las piernas.* **2** Se aplica al nervio que nace en la cadera y recorre los músculos del muslo y de la pierna: *El nervio* ***ciático*** *es uno de los más grandes del cuerpo humano y es casi tan grueso como un dedo pulgar.*

cibercafé ***m.*** Establecimiento donde los clientes, al tiempo que usan computadoras de alquiler, pueden beber café y comer algún bocadillo.

ciberespacio ***m.*** Espacio percibido a partir de un entorno de realidad virtual.

cibernauta ***m.*** y ***f.*** Persona que navega por una red informática, es decir, que la utiliza: *Todos los días, de diez a doce de la noche, me vuelvo* ***cibernauta,*** *pues navego en Internet.*

cibernética ***f.*** Ciencia que estudia los mecanismos de transmisión y control tanto en las máquinas como en los seres vivos.

cibernético, ca ***adj.*** Relativo a la ciencia que estudia los mecanismos de transmisión y control tanto en las máquinas como en los seres vivos: *Los sistemas de computación son productos* ***cibernéticos.***

cibernético, ca ***m.*** y ***f.*** Especialista en cibernética: *En la facultad de ciencias un* ***cibernético*** *dará una conferencia sobre los satélites artificiales.*

cicatear ***vb.*** {intr.} ***Fam.*** Acumular bienes y riquezas sin darles uso ni compartirlas: *Es increíble que en esa casa* ***cicateen*** *la comida cuando todo el mundo sabe que tienen mucho dinero.* ANT. **compartir, dar.**

cicatería ***f.*** Acumulación de bienes y riquezas que no se comparten con los demás: *Ese hombre rico murió debido a su* ***cicatería,*** *porque estaba enfermo y no quiso pagarle a un médico para que lo curara.* SIN. **mezquindad, avaricia.** ANT. **generosidad.**

cicatero, ra ***adj./m.*** y ***f.*** Se aplica a la persona que acumula bienes y riquezas en gran cantidad y no los usa ni las comparte: *"No seas* ***cicatero,*** *ya vi que tienes dinero y no quieres invitarme un helado", le dije a mi hermano.* SIN. **avaro, tacaño, mezquino.** ANT. **generoso.**

cicatriz ***f.*** Señal que queda en la piel después de que se ha curado una herida: *Esa* ***cicatriz*** *me quedó desde que me operaron del apéndice.* SIN. **marca.**

cicatrización ***f.*** Hecho de cerrarse una herida: *La* ***cicatrización*** *fue rápida porque el enfermo mantuvo limpia y ventilada su herida.* SIN. **curación.**

cicatrizante ***adj.*** Se aplica a lo que ayuda a que una herida cierre de forma rápida: *El médico le recetó una pomada* ***cicatrizante*** *para curar la herida.*

cicatrizar ***vb. irreg.*** {tr., intr. y prnl.} **Modelo 16.** Cerrar o curarse una herida o llaga: *No se preocupe, si cosemos esta herida va a* ***cicatrizar*** *en pocos días.* SIN. **sanar, curar, secar.** ANT. **herir, sangrar.**

cicerone ***m.*** y ***f.*** Persona que acompaña y explica a otras las curiosidades de un lugar: *Como Gonzalo ya ha venido muchas veces a las pirámides, anda de* ***cicerone*** *explicándoles a todos lo que sabe.* SIN. **guía, acompañante, intérprete.**

cíclico, ca ***adj.*** Se aplica a lo que comienza de nuevo, en un orden específico, una vez que ha terminado de suceder: *Los planetas siguen una trayectoria* ***cíclica*** *en su movimiento alrededor del Sol.* SIN. **periódico, regular, constante.** ANT. **irregular, variable.**

ciclismo ***m.*** Ejercicio y deporte que se practica con la bicicleta: *Daniel y sus amigos practican* ***ciclismo:*** *todas las mañanas andan en bicicleta durante dos horas.*

ciclista ***adj.*** Relativo al deporte que se practica en bicicleta: *Cerraron las calles porque habrá una carrera* ***ciclista.***

ciclista ***m.*** y ***f.*** Persona que anda en bicicleta o que se dedica al deporte de andar en bicicleta: *Los* ***ciclistas*** *aficionados sólo salen a pedalear poco tiempo durante la semana, mientras que los profesionales entrenan todos los días durante varias horas.*

ciclo ***m.*** **1** Sucesión de periodos o fenómenos que se repiten en un orden determinado: *El* ***ciclo*** *de las estaciones comprende la primavera, el verano, el otoño y el invierno.*

SIN. **lapso, época, etapa. 2** Sucesión de hechos que forman un todo: *El **ciclo** del embarazo dura nueve meses en el ser humano.* **3** Cada una de las partes en que están divididos los planes de estudio escolar: *Todos los años comienza un nuevo **ciclo** escolar y los alumnos pasan a un grado más alto.* **4** Serie de actos culturales relacionados entre sí: *Ha iniciado un **ciclo** de cine latinoamericano en el que habrá filmes de Argentina, Brasil, México, Cuba y otros.*

ciclón ***m.*** Tormenta con vientos y lluvias muy fuertes que gira en grandes círculos: *A cada **ciclón** se le pone un nombre de persona para distinguirlo, y algunos son tan fuertes que destrozan casas, levantan automóviles y tumban árboles.* SIN. **huracán, vendaval, tifón.**

ciclónico, ca ***adj.*** Relativo al ciclón.

cíclope o **ciclope** ***m.*** Gigante que, según la mitología griega, tenía un solo ojo en medio de la frente: *Los **cíclopes** eran herreros que forjaban los rayos del dios Zeus.*

ciclópeo, a ***adj.*** **1** Relativo a los cíclopes. **2** Gigantesco: *Las pirámides de Egipto siempre se han considerado obras **ciclópeas.***

ciclorama ***m.*** En el teatro, pantalla o telón de fondo de forma cóncava en la que se proyectan paisajes.

ciclostil o **ciclostilo** ***m.*** Aparato que sirve para copiar muchas veces un escrito o dibujo.

cicuta ***f.*** Planta venenosa parecida al perejil: *La **cicuta** crece entre los escombros de los edificios abandonados y a los lados de los caminos, tiene pequeñas flores blancas agrupadas en ramilletes.*

cidra ***f.*** Fruto del cidro: *La **cidra** se parece a un limón muy grande, tiene cáscara amarilla y gruesa.*

cidro ***m.*** Árbol que no pierde sus hojas en otoño, de tronco liso y flores encarnadas y olorosas; su fruto es la cidra.

ciego ***m.*** Parte inicial del intestino grueso: *El **ciego** se encuentra entre el íleon y el colon.*

ciego ***adj.*** Aplicado a un tubo que no tiene salida o a un muro que no tiene aberturas o huecos: *En ese edificio abandonado todas las ventanas **ciegas** daban a un jardín.*

ciego, ga ***adj./m.*** y ***f.*** **1** Se refiere a la persona que tiene un defecto en los ojos y no puede ver: *El hombre **ciego** usa un bastón para poder caminar.* SIN. **invidente. 2** Se dice de la persona que no ve algo evidente: *Está **ciego** de amor y no se da cuenta de que ella no lo quiere.*

cielo ***m.*** **1** Espacio infinito que vemos desde la Tierra y que limita el horizonte. SIN. **firmamento.** ANT. **tierra. 2** Lugar donde reside la Divinidad y las almas de los justos después de su muerte. *El **cielo** es un lugar donde no existe el sufrimiento.* SIN. **gloria.** ANT. **infierno. 3** Expresión cariñosa dirigida a una persona: *"**Cielo,** tú eres mi amor, te quiero mucho", le dije a mi novio.*

ciempiés ***m.*** Animal pequeño, de cuerpo alargado formado por anillos, provisto de numerosas patas: *Los **ciempiés** viven en la tierra, bajo las piedras o en lugares oscuros y húmedos.*

cien ***adj.*** Diez veces diez: *Tengo **cien** libros en mi librero.* SIN. **centena, ciento.**

ciénaga ***f.*** Lugar lleno de cieno o lodo: *Para cruzar la **ciénaga** usamos botas de caucho o hule, pero de todas maneras nos llenamos de barro.* SIN. **lodazal, pantano, barrizal.**

ciencia ***f.*** **1** Conocimiento cierto de las cosas por sus principios y causas: *Los avances de la **ciencia** se deben al estudio y la experiencia acumulados a través del tiempo.* **2** Conjunto de conocimientos sobre un tema, organizados de acuerdo a un método: *La biología y la medicina son **ciencias.*** SIN. **disciplina, teoría. 3** Conjunto de conocimientos que alguien tiene: *El investigador es un hombre de **ciencia** que ha descubierto nuevos medicamentos.* SIN. **erudición, cultura, sabiduría.** ANT. **ignorancia, incultura. 4** ***pl.*** Conjunto de disciplinas basadas fundamentalmente en el cálculo matemático y la observación de la naturaleza: *Las matemáticas, la física y la química corresponden al área de **ciencias.*** **5** ***loc.*** **A ~ cierta,** con seguridad: *Felipe no sabe **a ciencia cierta** qué carrera elegir para estudiar.* **6** ***loc.*** **~ ficción**, literatura que habla de supuestos adelantos de la ciencia o de la vida en el futuro: *Con algunas historias de **ciencia ficción** se han hecho filmes entretenidos, por ejemplo con algunos libros de Julio Verne.* **7** ***loc. pl.*** **~ exactas**, matemáticas: *Enrique estudió la carrera de **ciencias exactas** porque le gustan mucho las matemáticas.*

cieno ***m.*** Lodo que se forma en el fondo de los ríos, lagos, etc.: *Cuando el río Nilo se desborda deja una capa de **cieno** que fertiliza la tierra.* SIN. **barro, fango, limo.**

científico, ca ***adj.*** Relativo al conocimiento cierto de las cosas por sus principios y sus causas: *Los avances **científicos** han permitido que el hombre llegue a la Luna.*

científico, ca ***m.*** y ***f.*** Aplicado a la persona que se dedica a la investigación científica: *Andrés es un **científico** que trabaja en el departamento de astronomía de la Universidad.*

ciento ***adj./m.*** **1** Conjunto formado por cien unidades: ***Cientos** de personas hacían fila para entrar al cine a ver un filme muy famoso.* SIN. **centenar. 2** Número 100: *Diez veces diez es un **ciento.***

ciernes. En ~, ***loc.*** En potencia, en el inicio: *La construcción de la casa todavía se encuentra **en ciernes,** el arquitecto dijo que hasta dentro de seis meses podremos mudarnos a ella.*

cierre ***m.*** **1** Hecho de cerrar: *El **cierre** del estadio se debe a que lo están remodelando.* SIN. **clausura.** ANT. **apertura. 2** Lo que sirve para cerrar: *Este frasco tiene un **cierre** hermético para conservar lo que se guarda en su interior.* **3** Accesorio que se cose en las prendas de vestir formado por dos partes de tela con una serie de dientes de metal o de plástico que, al mover una pieza que corre sobre ellos, se encajan o se desencajan para cerrar o abrir: *Ya casi no hay pantalones de hombre que lleven botones, la mayoría llevan **cierres.*** SIN. **cremallera. 4** Unión de las partes de una cosa para que no se vea su interior: *A Pamela se le dificultó el **cierre** del paraguas porque el viento se lo impedía.* **5** Fin de algo que se ha estado haciendo: *Celebramos el **cierre** de cursos con un festival en el patio de la escuela.* SIN. **término, interrupción, cese.** ANT. **apertura, inicio.**

cierto ***adv.*** **1** Sí, con certeza: *¿Papá, verdad que hoy iremos al zoológico? –**Cierto,** hijo.* **2** ***loc.*** **Por ~,** ahora que me acuerdo: ***Por cierto,** tengo que decirte algo importante ahora porque después se me podría olvidar.* **3** ***loc.*** **Saber** algo **de ~,** estar seguro de algo: *"Si no lo **sabes de cierto,** es mejor que no digas nada porque podrías perjudicarte", aconsejó mi madre.*

cierto, ta ***adj.*** **1** Se dice de lo que no se puede poner en duda porque es verdadero o seguro: *"Debes creerle a tu madre cuando te dice que es importante que te cuides, pues es **cierto.**"* SIN. **verídico. 2** Alguno: *Tengo **ciertas** dudas acerca de qué carrera quiero estudiar.* ANT. **ninguno.**

ciervo, va ***m.*** y ***f.*** Animal mamífero de cuerpo esbelto y pelo color pardo rojizo, que se alimenta de hierbas: *Los **ciervos** tienen en la cabeza un par de cuernos largos con forma de ramas; las **ciervas** no tienen cuernos.* SIN. **venado.**

cierzo ***m.*** Viento procedente del norte, frío y fuerte: *El **cierzo** invernal mató a mis rosales.*

cifra ***f.*** **1** Cada uno de los signos con que se representan los números: *Tanto el 1 como el 221 son **cifras.*** **2** Una cantidad: *Era sorprendente la alta **cifra** de accidentes ocurridos durante ese año.* SIN. **número. 3** Escritura secreta: *Ese papel estaba escrito en **cifra**, así que no pudimos entender el mensaje.* SIN. **clave.**

cifrado, da ***adj.*** Escrito en clave.

cifrar ***vb.*** {tr. y prnl.} **1** Escribir en clave: *El experto en claves secretas **cifró** un documento para que sólo su cómplice pudiera entenderlo.* ANT. **descifrar. 2** Reducir a una sola cosa: *El padre **cifraba** todos sus proyectos en su único hijo.* SIN. **resumir.**

cigarra ***f.*** Insecto de color amarillo verdoso o pardo grisáceo que produce un sonido estridente y monótono: *El sonido agudo de las **cigarras** se escucha en las noches de verano.* SIN. **chicharra.**

cigarrera ***f.*** Caja en la que se llevan o se guardan los cigarros o puros: *Emilio tiene una **cigarrera** de plata que compró su abuelo cuando visitó Cuba.* SIN. **pitillera, petaca, cajetilla.**

cigarrería ***f. Amér.*** Tienda en la que se vende tabaco: *En la **cigarrería** venden puros, cigarrillos, cigarreras, pipas y otros artículos para fumadores.*

cigarrillo ***m.*** Cilindro pequeño y delgado de papel de arroz, relleno de tabaco picado: *Fumar muchos **cigarrillos** al día puede causar enfermedades graves.* SIN. **cigarro, pitillo.**

cigarro ***m.*** **1** Rollo grueso y largo de hojas de tabaco para fumar: *En Cuba se elaboran los **cigarros** más famosos del mundo.* SIN. **habano, puro. 2** Cilindro pequeño y delgado de papel de arroz, relleno de tabaco picado: *El humo del **cigarro** hace que se irriten mis ojos.* SIN. **cigarrillo, pitillo.**

cigoto ***m.*** Célula que resulta de la fecundación y de la cual crecerá el nuevo ser vivo: *Cuando el espermatozoide fecunda al óvulo se forma el **cigoto**.* SIN. **huevo.**

cigüeña ***f.*** Ave grande que llega a medir más de dos metros, de cuerpo blanco y alas negras; su pico y sus patas son muy largos: *Las **cigüeñas** migran en invierno hacia las zonas cálidas.*

cigüeñal ***m.*** Pieza del motor que transforma el movimiento recto en circular: *El **cigüeñal** hace que gire la rueda.*

cilantro ***m.*** Hierba aromática, medicinal y comestible, de hoja pequeña y verde oscuro.

ciliado, da ***adj./m.*** Relativo a los microorganismos y células que tienen filamentos o cilios: *Los microorganismos **ciliados** sólo pueden verse a través de un microscopio.*

cilindrada ***f.*** Capacidad de los cilindros de un motor de explosión: *Ese automóvil tiene un motor de gran **cilindrada**, por eso es tan potente.*

cilíndrico, ca ***adj.*** Relativo a lo que tiene forma de tubo o cilindro: *Puse a congelar un vaso de agua y se formó un hielo **cilíndrico**.*

cilindro ***m.*** **1** Cuerpo geométrico que tiene forma de tubo. SIN. **rollo, tubo. 2** Pieza de un motor de explosión en cuyo interior se mueve un pistón que controla el flujo de combustible.

cilio ***m.*** Especie de hilo delgado que tienen ciertos protozoos: *Los **cilios**, vistos al microscopio, parecen pelitos delgados que rodean a los microorganismos que los tienen.*

cima ***f.*** **1** Parte más alta de algunas cosas, especialmente de una montaña: *En la **cima** de esa montaña hay un mirador desde donde se ve toda la ciudad.* SIN. **cúspide, cumbre, pico.** ANT. **base, falda, fondo. 2** Momento o lugar más alto de un proceso: *El médico estaba en la **cima** de su carrera, tenía muchos pacientes y era reconocido por todos sus colegas.* SIN. **apogeo, cumbre.**

cimarrón, rrona ***adj.*** Se aplica al animal doméstico que se vuelve salvaje: *En la llanura había una manada de caballos **cimarrones** y no dejaban que alguien se les acercara.* SIN. **montaraz, montés.**

címbalos ***m. pl.*** Instrumento musical de percusión formado por dos platillos de metal que se tocan golpeándolos entre sí o golpeando uno de ellos con una baqueta: *Los **címbalos** dan un sonido metálico.*

cimbrar o **cimbrear** ***vb.*** {tr. y prnl.} Hacer vibrar un objeto flexible: *Aunque parecen sólidos, el terremoto **cimbró** los edificios de la ciudad.*

cimbreante ***adj.*** Se aplica a lo que vibra con facilidad por ser delgado y flexible: *El caminar **cimbreante** de mi abuela mostraba las consecuencias de su enfermedad.*

cimentación ***f.*** Parte de la estructura de una edificación que recibe la carga de ésta. SIN. **cimiento, base.**

cimentado, da ***adj.*** Relativo a la cimentación. SIN. **apoyado.**

cimentar ***vb. irreg.*** {tr.} **Modelo 3. 1** Construir la base sobre la cual se levantará un edificio o casa: *Ese edificio se cayó porque lo **cimentaron** mal.* SIN. **basar, asentar, apoyar. 2** Establecer los principios sobre los que se desarrollará algo: ***Cimentaremos** nuestra amistad en el respeto mutuo y así evitaremos muchos conflictos.* SIN. **fundar, consolidar, crear.**

cimiento ***m.*** **1** Parte del edificio que está debajo de la tierra y que lo sostiene: *Los albañiles ya construyeron los **cimientos** de la nueva casa, ahora comenzarán a levantar las paredes.* SIN. **basamento, fundamento. 2** Principio y raíz de algo: *La escuela primaria es el **cimiento** de una buena educación posterior.* SIN. **base.**

cimitarra ***f.*** Sable curvo que usan los pueblos orientales: *El jefe árabe tiene una **cimitarra** muy afilada.*

cinc o **zinc** ***m.*** Elemento metálico de número atómico 30 y símbolo Zn: *El **cinc** es un metal de color blanco con tonos azules que se emplea en aleaciones con otros metales.*

cincel ***m.*** Herramienta que consta de un mango con punta de metal rematada en un filo plano y corto, que se usa para labrar piedras y metales: *La punta del **cincel** se apoya en la piedra y con el martillo se le golpea por atrás, de este modo se puede esculpir.*

cincelado, da ***adj.*** Realizado con cincel. SIN. **esculpido, labrado.**

cincelar ***vb.*** {tr.} Darle forma a un material valiéndose de un cincel: *Ese artista **cinceló** una de las esculturas más hermosas de todos los tiempos.* SIN. **esculpir, labrar.**

cincha ***f.*** Faja con que se asegura la silla sobre la cabalgadura: *Se rompió la **cincha** mientras el jinete galopaba y por eso se cayó al suelo.* SIN. **cincho.**

cinchar ***vb.*** {intr.} ***Argent.*** y ***Urug. Fam.*** Trabajar con esfuerzo.

cincho ***m. Chile*** y ***Méx.*** Banda de cuero que se amarra por debajo del vientre del caballo. SIN. **cincha.**

cinco ***adj./m.*** **1** Número que resulta de sumar 4 y 1: *El signo que representa al **cinco** es 5.* **2** ***loc.*** **No tener un ~,** no tener dinero: *No puedo ir de vacaciones porque **no tengo un cinco**.*

cincuenta ***adj./m.*** Número que resulta de sumar 49 y 1: *El signo que representa al **cincuenta** es 50.*

cine ***m.*** **1** Local destinado a la proyección de filmes o películas: *Fui al **cine** que está en la esquina de mi casa y vi un filme de terror.* **2** Técnica y arte de hacer filmes: *Mi hermano estudia **cine** y como examen final tiene que hacer un filme corto.*

cineasta ***m.*** y ***f.*** Realizador o director de cine: *El **cineasta** Luis Buñuel fue de los más importantes de la primera mitad del siglo XX.*

cinefilia ***f.*** Gran afición por el cine: *La **cinefilia** de Marco es tal, que no se pierde ningún estreno.*

cinéfilo, la ***adj./m.*** y ***f.*** Se aplica a la persona que es muy aficionada al cine: *Los* ***cinéfilos*** *hicieron cola durante horas para entrar a la inauguración de la muestra de cine francés.*

cinegética ***f.*** Arte de la caza.

cinegético, ca ***adj.*** Relativo a la cinegética: *El turismo* ***cinegético*** *debe estar regulado para no afectar especies en peligro de extinción.*

cinemateca ***f.*** **1** Conjunto de filmes. **2** Sala donde se proyectan esos filmes: *La antigua* ***cinemateca*** *se incendió y la nueva es mucho más grande y segura.*

cinemática ***f.*** Parte de la mecánica que estudia el movimiento, independientemente de las fuerzas que lo producen.

cinematografía ***f.*** Arte de realizar filmes.

cinescopio ***m.*** Tubo de rayos catódicos utilizado en las pantallas de televisión: *Las pantallas de plasma van a sustituir al* ***cinescopio*** *porque gastan menos electricidad.*

cinestesia ***f.*** Percepción que tiene una persona de la ubicación y el movimiento del cuerpo.

cinestésico, ca ***adj.*** Relativo a la cinestesia.

cinética ***f.*** Parte de la mecánica que trata del movimiento.

cingalés, lesa ***adj./m.*** y ***f.*** De Sri Lanka, país de Asia Meridional.

cíngaro, ra ***adj./m.*** y ***f.*** Gitano.

cínico, ca ***adj./m.*** y ***f.*** Se dice de quien no tiene vergüenza, que es descarado: *Héctor es un* ***cínico*** *y no le importa que se descubran todas sus mentiras.*

cinismo ***m.*** Falta de vergüenza: *Me molesta el* ***cinismo*** *de Ana, ya es la segunda vez que la oigo hacer promesas que después no cumple.*

cinta ***f.*** **1** Tira larga y estrecha de material flexible: *Carolina se recogió el pelo con una* ***cinta*** *porque tenía mucho calor.* **2** Tira flexible de un material que sirve para grabar sonidos o imágenes: *Pusimos la* ***cinta*** *en la grabadora y grabamos los balbuceos del bebé.* SIN. **casete. 3** *loc.* **~ métrica,** tira larga y flexible con los centímetros y milímetros marcados y que sirve para medir: *Renata midió la ventana con la* ***cinta métrica*** *para saber cuánta tela necesitaba para las cortinas.*

cintarazo ***m.*** Golpe dado con un cinto o cinturón.

cintillo ***m.*** **1** *Chile.* Diadema. **2** *Colomb.* Cinta elástica que se usa para sujetar el cabello.

cinto ***m.*** Faja para ceñir la cintura. SIN. **cinturón.**

cintura ***f.*** **1** Parte del cuerpo humano entre el tórax y las caderas: *Andrea tiene una* ***cintura*** *muy delgada, así que siempre tiene que usar cinto para que no se le caigan los pantalones.* **2** Parte de las prendas de vestir que corresponde a la cintura del cuerpo: *Le pedí a la costurera que hiciera un poco más ancha la* ***cintura*** *del pantalón, porque me apretaba.*

cinturón ***m.*** Tira de cuero o de tejido fuerte que sujeta las prendas de vestir en el talle o cintura: *Me compré un* ***cinturón*** *negro de piel, con hebilla plateada.* SIN. **cinto.**

cipe ***adj.*** *C. Rica, Hond.* y *Salv.* Dícese del niño enfermizo.

cipote ***m.*** **1** *Hond., Nicar.* y *Salv.* Muchacho. **2** *Esp. Vulg.* Pene.

circadiano, na ***adj.*** Relativo a un periodo de 24 horas, en especial, a los ritmos biológicos como la alternancia del sueño y la vigilia: *El ciclo* ***circadiano*** *del bebé estaba tan alterado que dormía sólo de día.*

circense ***adj.*** Relativo al circo: *En el espectáculo* ***circense*** *de esta temporada, el número fuerte son unos acróbatas chinos.*

circo ***m.*** **1** Espectáculo en que intervienen acróbatas, payasos y domadores: *Los trapecistas del* ***circo*** *son muy buenos y su participación fue lo más emocionante de todo el espectáculo.* **2** Lugar donde se representa este espectáculo: *Fuimos al* ***circo*** *que se instaló sobre las canchas deportivas que están cerca del parque central.* **3** En la antigua Roma, lugar destinado a espectáculos públicos.

circonio o **zirconio** ***m.*** Metal gris de símbolo Zr, número atómico 40, parecido al titanio y al silicio.

circuito ***m.*** **1** Terreno con curvas, donde se realizan carreras: *En la carrera del próximo domingo, los autos recorrerán un* ***circuito*** *de diez kilómetros.* **2** En física, conjunto de cables por donde circula la corriente eléctrica.

circulación ***f.*** **1** Acción de circular. **2** Tránsito de vehículos. **3** Movimiento de productos y dinero. **4** *loc.* **~ de la sangre,** distribución de la sangre en todo el cuerpo.

circulante ***adj.*** **1** Que circula. **2** *loc.* **Activo ~,** relativo al dinero en efectivo.

circular ***adj.*** De figura en forma de círculo: *Me compré unos platos que, en lugar de tener la clásica forma* ***circular,*** *son cuadrados.*

circular ***f.*** Escrito dirigido a varias personas para notificar algo: *El gerente envió una* ***circular*** *para notificar las fechas de vacaciones oficiales.*

circular ***vb.*** {intr.} **1** Moverse, transitar: *Los autos* ***circulan*** *más rápidamente en la carretera que en la ciudad.* **2** Correr o pasar una cosa de una persona a otra: ***Circuló*** *la noticia del próximo casamiento de los dos actores de teatro.*

circularidad ***f.*** Lo que reúne las características de un círculo.

circulatorio, ria ***adj.*** Relativo a la circulación: *Mi papá fue con el médico porque tiene problemas* ***circulatorios.***

círculo ***m.*** **1** Superficie curva a la que delimita una circunferencia: *Los discos son* ***círculos*** *hechos con materiales en los que se puede grabar música.* **2** Superficie en forma circular: *Un tonel tiene dos* ***círculos,*** *uno en cada una de sus bases.* **3** Casino, asociación: *Pertenezco a un* ***círculo*** *deportivo que se reúne los fines de semana.* **4** *loc.* **~ vicioso,** situación que no puede resolverse porque lo que origina el problema es al mismo tiempo su consecuencia: *Me siento en un* ***círculo vicioso:*** *no me dan trabajo porque me falta experiencia, y no tengo experiencia porque no me dan trabajo.*

circuncisión ***f.*** Operación que consiste en seccionar el prepucio: *Al niño le hicieron la* ***circuncisión*** *porque el médico dijo que era una manera de evitar infecciones.*

circundante ***adj.*** Que rodea o circunda a algo.

circundar ***vb.*** {tr.} Cercar, rodear: *Los policías* ***circundaron*** *la joyería para evitar que se escaparan los ladrones.*

circunferencia ***f.*** Línea curva cerrada, cuyos puntos están a la misma distancia del centro: *Un anillo es una* ***circunferencia.***

circunflejo, ja ***adj.*** Relativo al acento que se representa como un ángulo con el vértice hacia arriba (ˆ): *En el idioma francés se usa el acento* ***circunflejo,*** *por ejemplo en la palabra francesa "fenêtre", que significa* ventana.

circunlocución ***f.*** Rodeo que hace un hablante para expresar algo.

circunloquio ***m.*** Modo de expresar algo por medio de rodeos: *Eliseo habla con puro* ***circunloquio*** *en lugar de hacerlo directamente, y eso me desespera.*

circunnavegación ***f.*** Navegación que se realiza alrededor de un lugar.

circunnavegar ***vb.*** {tr.} **1** Navegar alrededor del mundo. **2** Navegar alrededor de un lugar. *Magallanes fue el primer marino que* ***circunnavegó*** *la Tierra.*

circunscribir ***vb.*** {tr. y prnl.} **1** Reducir a ciertos límites: *"Deben* ***circunscribir*** *su trabajo de historia a la Segunda Guerra Mundial, así que solamente estudien los años*

1939 a 1945", nos dijo el profesor. **2** Trazar una figura de modo que otra quede dentro de ella: *El pintor Leonardo da Vinci hizo una ilustración muy famosa en la que la figura de un hombre **se circunscribe** en un círculo.*

circunscripción ***f.*** División administrativa, militar o religiosa de un territorio: *Las patrullas de policía sólo pueden actuar dentro de la **circunscripción** que les corresponde.*

circunspección ***f.*** Seriedad y prudencia en el comportamiento: *En el velorio del cómico, a todos se les dificultaba comportarse con **circunspección**.*

circunspecto, ta ***adj.*** Prudente: *Lo vi caminar por la sala con las manos enlazadas atrás de la espalda y la actitud **circunspecta**, por eso pensé que debía tener algún problema.*

circunstancia ***f.*** **1** Situación o hecho que puede influir en una persona o cosa: *Creo que haber estudiado y mi gusto por la materia son **circunstancias** que me ayudarán a aprobar el examen.* Sin. **condición.** **2** Situación que acompaña a un hecho.

circunstancial ***adj.*** Que no es esencial, determinante o común: *Es **circunstancial** que la maestra no haya venido hoy, pues nunca falta.*

circunvalar ***vb.*** {tr.} Rodear un lugar: *Para evitar el congestionamiento de tránsito, **circunvalamos** el centro de la ciudad.*

circunvecino, na ***adj.*** Que se encuentra cerca.

circunvolución ***f.*** Vuelta de alguna cosa alargada: *El cerebro humano tiene muchas **circunvoluciones** y por eso se ve como si estuviera enredado.*

cirílico, ca ***adj.*** Dícese del alfabeto usado en el idioma ruso y otras lenguas eslavas

cirio ***m.*** Vela de cera, larga y gruesa: *En la iglesia había **cirios** encendidos delante de la imagen de la Virgen.*

cirquero, ra ***adj.*** **1** Relativo al circo. **2** ***Argent. Fam.*** Extravagante, histriónico.

cirquero, ra ***m.*** y ***f. Amér.*** Persona que trabaja en un circo: *Los **cirqueros** siempre están viajando de una ciudad a otra.*

cirro ***m.*** Nube blanca y alta, que tiene la forma de rizos de cabellos.

cirrocúmulo ***m.*** Nube en forma de copo o de tulo.

cirrostratos ***m.*** Nube en forma de velo.

cirrosis ***f.*** Enfermedad en la que un órgano, en especial el hígado, se va destruyendo poco a poco: *Es común que las personas que toman mucho alcohol se enfermen de **cirrosis***

ciruela ***f.*** Fruta redonda, de color amarillo o rojo, producida por el ciruelo.

ciruelo ***m.*** Árbol frutal, de tamaño pequeño y flor blanca, que produce las ciruelas.

cirugía ***f.*** Parte de la medicina que cura mediante operaciones, en las que el paciente es intervenido con diversos instrumentos, entre ellos el bisturí.

ciruja ***m.*** y ***f. Argent.*** Persona que busca, entre los desperdicios, objetos para vender. Sin. **pepenador.**

cirujano, na ***m.*** y ***f.*** Médico que ejerce la cirugía: *Julia me presentó al **cirujano** que la operó del apéndice.*

ciscar ***vb.*** {tr.} ***Fam.*** Crear inseguridad, confusión o vergüenza en alguien: *Esa mirada tan fea que le echó el profesor a Lorenzo lo **ciscó** y por eso no pudo contestar su pregunta.*

cisma ***m.*** **1** En la Iglesia católica, desacato de un grupo a la autoridad papal: *El **cisma** de Oriente, en 1504, sacudió al mundo de su época y desembocó en la fundación de la Iglesia Ortodoxa Griega.* **2** Ruptura de la unidad en una organización política.

cisne ***m.*** Ave palmípeda blanca o negra, parecida a los patos, pero de cuello largo y flexible: *En el parque vi unos **cisnes** que nadaban en el lago.*

cisterna ***f.*** Depósito en el que se recoge el agua de la lluvia o la que llega de la tubería: *En el edificio donde vivo casi nunca falta el agua porque hay una **cisterna** muy grande.*

cisticerco ***m.*** Larva de la tenia o solitaria que vive en la carne del cerdo y también puede vivir en el hombre: *Para evitar tener **cisticercos** hay que cocer muy bien la carne de res y la de cerdo.*

cisticercosis ***f.*** Invasión de cisticercos en el cuerpo de un mamífero, que produce enfermedad.

cistitis ***f.*** Enfermedad que consiste en la inflamación de la vejiga urinaria.

cisura ***f.*** Rotura o hendidura delgada o fina: *En el piso del baño había siempre agua, y entendí por qué cuando vi una **cisura** en un tubo.* Sin. **fisura.**

cita ***f.*** **1** Asignación de día, hora y lugar para el encuentro de dos o más personas: *Tengo una **cita** con Julio hoy a las ocho de la noche en la entrada del cine.* **2** Texto de otro autor que un escritor u orador utiliza para apoyar lo que escribe o dice: *En mi trabajo sobre la evolución puse **citas** de Darwin.*

citadino, na ***adj./m.*** y ***f. Amér.*** **1** Relativo a la ciudad: *El ruido y el tráfico intenso son características **citadinas**.* **2** Habitante de una ciudad: *Los **citadinos** de las urbes muy saturadas suelen andar siempre de mal humor.*

citar ***vb.*** {tr.} **1** Precisar día, hora y lugar para encontrarse con otra u otras personas: *La maestra me **citó** en su oficina el lunes a las diez de la mañana para platicar sobre mi trabajo escolar.* **2** Mencionar a una persona o cosa: *En la fiesta de ayer hablaron sobre los insectos y **citaron** un libro de biología.*

cítara ***f.*** Instrumento musical antiguo parecido a la lira.

citatorio ***m.*** Documento en el que se pide a una persona que se presente ante alguien: *El juez dictó un **citatorio** muy largo para justificar su demanda.*

citología ***f.*** Parte de la biología que estudia la célula.

citoplasma ***m.*** Parte de la célula que contiene el núcleo.

cítrico ***m.*** Fruta agridulce o ácida: *Los **cítricos** como el limón contienen vitamina C, buena para aumentar las defensas del cuerpo.*

cítrico, ca ***adj.*** Relativo a las frutas que son ácidas: *El limón es una fruta **cítrica**.*

ciudad ***f.*** **1** Población grande en la que hay muchos edificios, casas y avenidas, y donde vive mucha gente: *Hay gente que prefiere la tranquilidad de un pueblo porque no le gusta el ruido y movimiento de las **ciudades**.* **2** Conjunto de edificios que tienen un fin determinado: *Guadalupe va todos los días a la **ciudad** universitaria para tomar sus cursos de medicina.*

ciudadania ***f.*** Estado social y político del ciudadano, que incluye sus derechos y deberes: *Para votar en las elecciones de un país, hay que tener la **ciudadanía**.*

ciudadano, na ***adj.*** Relativo a la ciudad: *La organización **ciudadana** logró que se hicieran nuevas calles para los peatones.*

ciudadano, na ***m.*** y ***f.*** **1** Persona que habita en una ciudad. **2** Persona que tiene ciertos derechos y deberes por pertenecer a un país.

ciudadela ***f.*** Fortaleza en el interior de una ciudad: *En la **ciudadela** de esa ciudad acaban de abrir un museo.*

cívico, ca ***adj.*** **1** Relativo a la ciudad o a los ciudadanos: *Todos los años se organiza un acto **cívico** para celebrar el aniversario de la Independencia.* **2** Que se preocupa por mantener buenas condiciones de vida en la ciudad: *No tirar basura en la calle es muestra de una actitud **cívica**.*

a b c d e f g h i j k l m n o p q r s t u v w x y z

civil ***adj.*** **1** Relacionado con los ciudadanos. **2** Que no es militar ni eclesiástico: *Mis amigos se casaron por la ley* ***civil*** *el sábado en la mañana y la semana próxima se casarán por la ley de la Iglesia.*

civilidad ***f.*** Conducirse con civismo.

civilismo ***f.*** Etapa histórica opuesta al autoritarismo, llamada también cultura de la convivencia.

civilista ***adj.*** Que apoya al civilismo.

civilización ***f.*** Conjunto de conocimientos, cultura y formas de vida de un pueblo: *La maestra nos habló de la* ***civilización*** *griega y nos pidió que leyéramos un fragmento de La Ilíada.*

civilizador, ra ***adj.*** Que civiliza: *El efecto* ***civilizador*** *de la escuela en el siglo* XIX *aún se siente en el comienzo del* XXI.

civilizar ***vb. irreg.*** {tr. y prnl.} **Modelo 16. 1** Sacar del estado salvaje o poco desarrollado. **2** Educar a alguien: *A Luis lo* ***civilizó*** *la escuela, porque era un niño muy huraño y enojón.*

civismo ***m.*** Cualidad de buen ciudadano: *No molestar a nuestros vecinos es una muestra de* ***civismo.***

cizalla ***f.*** Instrumento parecido a las tijeras, que sirve para cortar metales.

cizaña ***f.*** **1** Planta perjudicial para los cultivos: *La* ***cizaña*** *nace entre los cereales y no los deja crecer.* **2** Discordia, enemistad: *Joel me parece mala persona porque siempre está metiendo* ***cizaña*** *entre los amigos.*

clamar ***vb.*** {intr.} **1** Pedir algo con intensidad: *La madre* ***clamó*** *justicia contra el asesino de su hijo.* **2** Quejarse o pedir ayuda.

clamor ***m.*** Grito colectivo: *La gente interrumpía al cantante con* ***clamores*** *de entusiasmo.*

clan ***m.*** Grupo de la misma familia o de personas unidas por un interés común.

clandestinidad ***f.*** Situación en la que una persona tiene que vivir y actuar de manera oculta.

clandestino, na ***adj.*** Secreto, oculto y que se hace contra el orden establecido: *Durante la Segunda Guerra Mundial, en muchos países se organizaron grupos* ***clandestinos*** *para resistir al enemigo.*

clara ***f.*** Materia transparente que rodea la yema del huevo: *Las* ***claras*** *de huevo se ponen blancas al cocerse.*

claraboya ***f.*** Ventana en el techo o en la parte alta de una pared: *El arquitecto dijo que la escalera estará iluminada de forma natural por la luz que entrará desde la* ***claraboya.*** SIN. **tragaluz.**

clarear ***vb.*** {tr., intr. e impers.} **1** Dar claridad: *Esta ventana* ***clarea*** *la habitación.* SIN. **iluminar. 2** Empezar a amanecer: *En la casa nos levantamos cuando el día empieza a* ***clarear.*** **3** Irse disipando las nubes: *Parece que el cielo* ***está clareando*** *poco a poco, así que ya no va a llover otra vez.*

claridad ***f.*** **1** Calidad de iluminado: *Una gran ventana permite que la habitación tenga mucha* ***claridad.*** **2** Orden y sistematicidad en las ideas: *La maestra nos explicó con* ***claridad*** *las reglas del juego, así que todos las entendimos rápidamente.*

clarificante ***adj.*** Que clarifica.

clarificar ***vb.*** {tr.} **1** Poner clara una cosa: *Para* ***clarificar*** *la mantequilla hay que calentarla y luego colarla.* **2** Aclarar: *El maestro* ***clarificó*** *el concepto utilizando ejemplos de la vida cotidiana.*

clarín ***m.*** Instrumento musical de viento, parecido a la trompeta, pero más pequeño: *El sonido del* ***clarín*** *es más agudo que el de la trompeta.*

clarinete ***m.*** Instrumento musical de viento, compuesto por un tubo de madera con agujeros que se cubren con llaves, y por una boquilla con lengüeta: *Los* ***clarinetes*** *y las flautas son instrumentos que suenan gracias al aire que se les sopla.*

clarinetista ***m.*** y ***f.*** Músico que toca el clarinete.

clarividencia ***f.*** Capacidad para percibir algo que otros no perciben.

clarividente ***m.*** y ***f.*** Persona que practica la clarividencia.

claro ***adv.*** Que no deja dudas: *"Lo mejor es que le dejes* ***claro*** *que no te casarás con él o va a seguir ilusionándose", aconsejé a mi hermana.*

claro ***m.*** Espacio que queda entre ciertas cosas: *En aquel bosque hay* ***claros*** *porque han cortado muchos árboles.* ANT. **espesura.**

claro, ra ***adj.*** **1** Que recibe mucha luz: *La habitación es muy* ***clara,*** *por eso creo que es mejor ocuparla como biblioteca y no como dormitorio.* SIN. **iluminado. 2** Que es preciso, que se distingue bien: *Esta fotografía salió muy* ***clara*** *y puedo ver bien todos los detalles del paisaje.* **3** Limpio, transparente: *El agua de esta fuente es* ***clara*** *y fresca.* **4** Se dice del matiz de un color que lleva gran cantidad de blanco en su composición: *Si al azul marino le pones color blanco, te queda un azul* ***claro.*** **5** Poco espeso: *Me gusta el café* ***claro,*** *porque si lo tomo muy cargado me quita el sueño.* **6** Fácil de comprender: *El profesor nos dio una explicación* ***clara*** *y después pudimos hacer los ejercicios sin dificultad.*

claroscuro ***m.*** Contraste de luces y sombras en un cuadro: *Los cuadros de Rembrandt son famosos por el manejo del* ***claroscuro*** *que hacía este pintor.*

clase ***f.*** **1** Cada una de las categorías en que se pueden clasificar las personas o las cosas: *Eladio es de la* ***clase*** *de niños que sólo quiere jugar sin preocuparse de nada más.* **2** Grupo de personas de la misma condición social: *En este barrio elegante todos los habitantes son de* ***clase*** *acomodada.* **3** Conjunto de estudiantes que reciben un mismo grado de enseñanza: *Los niños de la* ***clase*** *de tercero representaron un cuento de hadas para el día de las madres.* **4** Salón de clase, aula: *Los alumnos adornaron la* ***clase*** *con flores porque se acercaba la primavera.* SIN. **aula. 5** En biología, cada una de las grandes divisiones de un tipo de seres vivos. **6** Categoría: *Compré un billete de tren para viajar en segunda* ***clase*** *porque tengo poco dinero.*

clasicismo ***m.*** Estilo que imita a los autores de la Antigüedad griega y romana.

clásico, ca ***adj.*** **1** Relativo a la Antigüedad griega y romana: *El Partenón, en Atenas, es un monumento* ***clásico*** *que todavía se conserva.* **2** Referido a la música culta: *A Jorge le encanta la música* ***clásica*** *y se ha comprado muchos discos con las obras de Mozart, Haendel y otros músicos importantes.*

clásico, ca ***m.*** y ***f.*** **1** Autor u obra que se tiene como modelo digno de imitación: *Si quieres conocer a un autor* ***clásico,*** *podrías buscar un libro de Cervantes y leerlo con mucho cuidado.* **2** Lo que se ha establecido por uso: *Salió con el* ***clásico*** *pretexto de que su mala calificación se debe a que el maestro lo odia.*

clasificación ***f.*** **1** Separación y ordenación de las cosas o personas en grupos a partir de las características de sus componentes: *Hice una* ***clasificación*** *de los libros de la biblioteca y puse juntos todos los de literatura y en otro lugar junté todos los de matemáticas.* **2** En deportes, colocación de los equipos según los resultados de los juegos: *Ya se confirmó la* ***clasificación*** *del equipo de fútbol de mi escuela.*

clasificado ***m.*** Anuncio en los periódicos que se cobra por líneas o por palabras.

clasificado, da ***adj.*** Relativo a la clasificación.

clasificador, ra ***adj.*** Que clasifica.

clasificar ***vb. irreg.*** {tr.} **Modelo 17. 1** Ordenar o colocar cosas o personas por grupos según sus características: *"¿Quieres ayudarme a* ***clasificar*** *esas mariposas según su tamaño?", le pedí a mi hermano.* **2** Obtener determinado puesto en una competencia.

clasismo ***m.*** Actitud que aprueba las diferencias de clase social.

clasista ***adj./m.*** y ***f.*** Que está de acuerdo con las diferencias de clase, o es partidario de ellas: *Arturo es un* ***clasista*** *que trata muy mal a las personas que no tienen dinero. ¡Eso es horrible!*

claudicación ***f.*** Resignación ante una circunstancia en la que se debía luchar: *En la lucha contra la delincuencia, no debería haber* ***claudicación*** *de parte de las autoridades.*

claudicante ***adj.*** Que claudica.

claudicar ***vb. irreg.*** {intr.} **Modelo 17. 1** Faltar a los deberes o principios: *¿Cómo pudo* ***claudicar*** *Juan a su deseo de terminar la carrera, si sus calificaciones eran muy buenas?* **2** Aceptar algo: *Mara le dijo que no a Rogelio durante unas semanas, pero al final* ***claudicó*** *y se van a casar pronto.*

claustro ***m.*** **1** Pasillo o corredor con columnas que rodea el patio principal de un monasterio, templo, universidad: *Los monjes pasean por el* ***claustro*** *del monasterio.* **2** Junta de profesores: *El director habló durante la reunión del* ***claustro*** *de profesores.*

claustrofobia ***f.*** Fuerte temor a los espacios cerrados: *Mi hermana no soporta ir al cine porque padece* ***claustrofobia.***

claustrofóbico, ca ***adj.*** Que produce claustrofobia.

cláusula ***f.*** **1** Conjunto de palabras que expresan un pensamiento completo. **2** Cada una de las disposiciones de un contrato: *En la tercera* ***cláusula*** *del contrato del alquiler dice que se prohíbe poner música a todo volumen después de las diez de la noche.*

clausulado, da ***adj.*** Conjunto de cláusulas.

clausura ***f.*** **1** Acto o ceremonia especial para señalar el fin de una actividad: *Mi papá llegó tarde al festival y sólo pudo ver la* ***clausura.*** Sin. **final. 2** Vida religiosa en el interior de un convento, de donde está prohibido salir: *Las monjas de* ***clausura*** *pasan su vida sin salir a la calle.* **3** Suspensión de las actividades de un local o edificio por orden del gobierno: *Las autoridades decidieron la* ***clausura*** *del edificio porque estaba mal construido y podía caerse.* Sin. **cierre.**

clausurar ***vb.*** {tr.} **1** Cerrar por orden del gobierno: *Las autoridades* ***clausuraron*** *un restaurante porque vendía alimentos en mal estado.* **2** Poner fin solemne a un acto: *La junta directiva de la escuela* ***clausuró*** *los juegos deportivos.*

clavadismo ***m. Méx.*** Deporte que consiste en saltar y zambullirse en el agua. Sin. **salto ornamental.**

clavadista ***m.*** y ***f. Méx.*** Deportista que practica clavados.

clavado ***m.*** Deporte que consiste en arrojarse al agua desde cierta altura: *Los clavadistas compitieron para ver quién hacía los mejores* ***clavados*** *desde 10 metros de altura.*

clavar ***vb.*** {tr. y prnl.} **1** Introducir una cosa puntiaguda en un cuerpo: ***Clavé*** *las agujas en el alfiletero para que no se perdieran.* **2** Asegurar con clavos: ***Clavamos*** *una tabla en la puerta para tapar el agujero.* **3** Fijar, poner: *Enrique* ***clavó*** *la mirada en una estrella que estaba estudiando y así se pasó horas.* **4** *Méx. Fam.* Quedarse con dinero u objetos que pertenecen a otra persona: *Joel* ***se clavó*** *el dinero que habíamos juntado para comprar un balón nuevo, y el cínico dijo que se le perdió.* Sin. **robar. 5** *Méx. Fam.* Enamorarse: *Mauricio* ***se clavó*** *tanto con Luisa que ya no se fija en ninguna otra muchacha.*

clave ***f.*** **1** Información necesaria para entender bien una cosa: *La* ***clave*** *para entender por qué la Luna gira alrededor de la Tierra está en la fuerza de gravedad de nuestro planeta.* **2** Conjunto de signos que se usan para formar mensajes secretos y que conocen sólo determinadas personas: *No pude entender lo que Maruja le escribió a su novio porque estaba en* ***clave.*** **3** En arquitectura, piedra central con que se cierra un arco. **4** En música, signo que se coloca al principio del pentagrama para determinar el nombre de las notas: *Una partitura de piano está normalmente escrita en* ***clave*** *de sol para la mano derecha, y en* ***clave*** *de fa para la izquierda.*

clavecín ***m.*** Instrumento de cuerdas anterior al piano en el que las cuerdas se pellizcaban, no se golpeaban.

clavel ***m.*** Planta de tallos delgados y nudosos, hojas puntiagudas y flores olorosas de borde dentado: *Compré* ***claveles*** *rojos y blancos para el jarrón de la sala.*

clavellina ***f.*** Planta semejante al clavel, pero de tallos más pequeños y flores con menos pétalos: *Pusimos macetas con* ***clavellinas*** *en el balcón.*

claveteado, da ***adj.*** **1** Clavado. **2** Adornado.

clavetear ***vb.*** {tr.} **1** Sujetar con clavos. Sin. **clavar. 2** Adornar un objeto con algún metal precioso.

clavicémbalo ***m.*** Instrumento musical de cuerdas y teclado, parecido al piano, pero más pequeño y de sonido más metálico.

clavicordio ***m.*** Instrumento musical de cuerdas, antepasado del piano.

clavícula ***f.*** Cada uno de los dos huesos largos de la parte superior del pecho, que van del cuello a los hombros: *Me caí de la bicicleta sobre el hombro y se me rompió la* ***clavícula.***

clavija ***f.*** **1** Pieza parecida a un clavo que se encaja en un agujero para sujetar o juntar cosas: *Los alpinistas pasan las cuerdas por las* ***clavijas*** *que han fijado en las rocas para no caerse.* **2** Pieza que se conecta a un tomacorriente o enchufe, y establece el contacto con la corriente eléctrica: *Mi madre tuvo que cambiar la* ***clavija*** *de la plancha porque ya estaba rota.* **3** Pieza pequeña de madera o metal que sirve para tensar las cuerdas de un instrumento musical: *El violinista hizo girar las* ***clavijas*** *hasta que encontró la afinación correcta.*

clavijero ***m.*** Pieza que sirve de base para las clavijas de un instrumento musical.

clavo ***m.*** **1** Pieza metálica, larga y delgada, con cabeza y punta: *Puse un* ***clavo*** *en la pared para colgar el cuadro.* **2** Flor seca muy aromática que sirve de condimento y tiene forma de clavo. **3** *Chile* y *R. de la P.* Artículo de comercio que no se vende. **4** *loc. Fam.* **Dar en el ~,** descubrir una respuesta que parecía inexplicable: *Fabián* ***dio en el clavo*** *del difícil problema de matemáticas después de tratar de resolverlo durante varias horas.* Sin. **acertar. 5** *loc. Fam.* **No tener un ~,** no tener dinero: *No puedo irme de vacaciones porque* ***no tengo un clavo.***

claxon ***m.*** Bocina de los vehículos: *En algunas ciudades está prohibido tocar el* ***claxon.*** Sin. **bocina.**

claxonazo ***m.*** Ruido fuerte que hace un claxon: *Iba tranquilamente cruzando la calle cuando un* ***claxonazo*** *la hizo brincar.*

clemencia ***f.*** Piedad que se siente por el dolor ajeno y que lleva a castigar una culpa de manera más suave: *El juez dio prueba de gran* ***clemencia*** *al perdonar al culpable.*

clemente ***adj.*** Relativo a la clemencia: *Juárez no fue* ***clemente*** *con Maximiliano: lo mandó fusilar.*

a b c d e f g h i j k l m n o p q r s t u v w x y z

clementina ***f.*** Variedad de mandarina, más pequeña y dulce.
clepsidra ***f.*** Aparato para medir el tiempo formado por un vaso con un orificio que deja pasar agua a intervalos regulares: *La guardia del faraón calculó la hora del ataque nocturno con una* ***clepsidra.***
cleptomanía ***f.*** Enfermedad mental que consiste en que la persona afectada no puede evitar cometer robos: *La* ***cleptomanía*** *puede curarse con ayuda de un psicólogo.*
cleptómano, ma ***m.*** y ***f.*** Persona que padece cleptomanía.
clerecía ***f. Ver*** **clero:** *El Mester de* ***clerecía*** *fue un género literario usado por las personas cultas en la Edad Media.*
clerical ***adj.*** Relativo al clero: *Las leyes* ***clericales*** *son diferentes de las civiles.*
clérigo ***m.*** Miembro del clero de una Iglesia.
clero ***m.*** Conjunto de los clérigos de una religión, de un país, de una ciudad, etc.: *Los sacerdotes, los obispos y los monjes forman parte del* ***clero*** *católico.*
clic ***m.*** **1** Onomatopeya del sonido que hace el gatillo de un arma, el interruptor de luz, etc. **2** Pulsación que se hace con el ratón de la computadora: *Haga doble* ***clic*** *con el botón izquierdo para abrir el archivo.*
clicar ***vb.*** {tr.} **1** Hacer clic. **2** Pulsar el cursor de la computadora.
cliché ***m.*** Concepto o expresión que se repite mucho y que por lo común es poco significativo o poco real: *Es un* ***cliché*** *decir que las rubias son más bonitas que las morenas.*
cliente, ta ***m.*** y ***f.*** Persona que utiliza los servicios de un profesional, un establecimiento o una empresa: *Esta tienda tiene muchos* ***clientes*** *porque vende muy barato.*
clientela ***f.*** Conjunto de clientes: *En ese bar hay mucha* ***clientela*** *todos los viernes.*
clientelar ***adj.*** Se dice de un sistema de intercambio de favores.
clientelismo ***m.*** Sistema de intercambio de favores, por lo general un superior con un inferior: *El* ***clientelismo*** *electoral favorece el que los caciques se mantengan en el poder.*
clima ***m.*** **1** Conjunto de condiciones atmosféricas que caracterizan una región: *El* ***clima*** *de Cuba es muy diferente al que hay en Rusia.* Sin. **tiempo. 2** Ambiente, conjunto de circunstancias que existen en un momento dado o que rodean a una persona: *En la escuela se respira un* ***clima*** *de nerviosismo en la época de exámenes.*
climaterio ***m.*** Etapa de la vida humana en la que empieza a disminuir la actividad de las glándulas sexuales.
climatización ***f.*** Acción de climatizar.
climatizado, da ***adj.*** Dicho de un ambiente cerrado, que tiene climatización.
climatizar ***vb. irreg.*** {tr.} **Modelo 16.** Acondicionar la temperatura de un lugar: *En el club deportivo* ***climatizan*** *la piscina durante el invierno, así el agua permanece templada aunque el clima esté frío.*
climatología ***f.*** Ciencia que estudia y describe los climas.
climatológico, ca ***adj.*** Relacionado con el clima.
climatólogo, ga ***m.*** y ***f.*** Especialista en climatología.
clímax ***m.*** Momento culminante de un proceso o una obra: *El* ***clímax*** *de la obra de teatro es cuando el héroe tiene una terrible lucha contra el monstruo.*
clínex ***m.*** Pañuelo desechable hecho de papel muy delgado: *A mi hija le gustan los* ***clínex*** *de todos colores.*
clínica ***f.*** Hospital privado, por lo general pequeño. Sin. **sanatorio.**
clínico, ca ***adj.*** Relativo a la parte práctica de la medicina: *El médico le pidió a mi madre que se hiciera análisis* ***clínicos*** *para confirmar su embarazo.*
clip ***m.*** **1** Pequeño instrumento de metal que sirve para sujetar papeles: *Al trabajo de historia le puse un* ***clip*** *verde y al de geografía, uno azul para no confundirlos.* **2** Broche con resorte que sirve para cerrar a presión: *No me gustan los aretes de* ***clip,*** *porque me lastiman las orejas.*
clisé ***m. Ver*** **cliché.**
clítoris ***m.*** Pequeña porción carnosa saliente y muy sensible, situada en la parte superior de la vulva u órgano sexual femenino.
cloaca ***f.*** **1** Conducto subterráneo para conducir las aguas sucias o las inmundicias: *Las* ***cloacas*** *son lugares donde huele muy mal.* Sin. **alcantarilla. 2** Parte final del intestino de las aves y de los reptiles.
clon ***m.*** Reproducción exacta de un individuo a partir de una célula originaria.
clonación ***f.*** Manipulación biológica para obtener una serie de células o seres idénticos a partir de un mismo material genético.
clonar ***vb.*** {tr.} Producir clones: *No todas las legislaciones permiten que se* ***clonen*** *seres vivos, menos aún humanos.*
clorato ***m.*** Sal de ácido clórico.
clorhidrato ***m.*** Sal de ácido clorhídrico.
clorhídrico, ca ***adj.*** En química, ácido compuesto de cloro e hidrógeno.
cloro ***m.*** Elemento gaseoso verde con tonos amarillos, de olor sofocante, símbolo Cl y número atómico 17: *El* ***cloro*** *se utiliza para desinfectar.*
clorofila ***f.*** Sustancia propia de los vegetales, que les da el color verde: *Para formarse, la* ***clorofila*** *necesita la luz del sol.*
cloroformo ***m.*** Líquido volátil e incoloro: *Hace mucho tiempo, los pacientes eran anestesiados con* ***cloroformo*** *cuando iban a operarlos.*
cloroplasto ***m.*** Corpúsculo de las células vegetales coloreado por la clorofila, que asegura la fotosíntesis.
cloruro ***m.*** En química, combinación del cloro con un cuerpo simple o compuesto que no sea el oxígeno.
clóset ***m.*** **Palabra de origen inglés.** *Amér. C., Colomb., Chile* y *Méx.* Armario empotrado que se utiliza para guardar ropa y otros objetos personales: *Acomodé mi* ***clóset*** *porque la ropa estaba tan desordenada que ya no cabía.* Sin. **placard.**
club ***m.*** **Palabra de origen inglés.** Asociación deportiva, cultural o política: *Ismael se inscribió en un* ***club*** *deportivo y ahora va a nadar todos los fines de semana.*
clueco, ca ***adj./f.*** Se dice del ave cuando empolla o cuando cuida a los polluelos.
clutch ***m. Méx.*** **Palabra de origen inglés.** Pedal de los vehículos que sirve para cambiar de velocidades: *Cuando aprendí a conducir sacaba el* ***clutch*** *muy rápidamente y entonces se apagaba el motor del automóvil.* Sin. **embrague.**
coa ***f.*** **1** *Méx., Pan.* y *Venez.* Especie de pala usada para labrar: *Los indios de América utilizaban la* ***coa*** *para hacer hoyos en los que ponían las semillas.* **2** *Venez.* Siembra.
coacción ***f.*** Violencia con que se obliga a alguien a hacer o decir una cosa: *Si se utiliza la* ***coacción,*** *es posible que una persona confiese un delito que no ha cometido.*
coactivo, va ***adj.*** Que ejerce o recibe presión.
coacusado, da ***adj./m.*** y ***f.*** Acusado en un proceso junto con otra persona: *Los* ***coacusados*** *se defendieron diciendo que todo había sido idea del cabecilla de la banda.*
coadjutor, ra ***m.*** y ***f.*** Persona que ayuda a otra.
coadyuvante ***adj.*** Que coadyuva.
coadyuvante ***m.*** y ***f.*** Persona que testifica a favor de un acusado.

coadyuvar ***vb.*** {tr. e intr.} Ayudar para que algo se consiga: *El alcalde dijo que el nuevo alcantarillado* ***coadyuvará*** *a mejorar el drenaje de la ciudad.*

coagulación ***f.*** Capacidad de coagular de la sangre.

coagulante ***adj.*** Que ayuda a coagular.

coagular ***vb.*** {tr. y prnl.} Cuajar, hacer sólido lo líquido: *La sangre* ***se coagula*** *con el aire.*

coágulo ***m.*** Porción de materia coagulada: *La leche se cortó y formó* ***coágulos*** *nadando en suero.*

coaligar ***vb.*** {prnl.} Unirse varias personas o instituciones para conseguir algún fin.

coarrendar ***vb.*** {tr.} Arrendar una cosa compartiendo los gastos con otra persona.

coartada ***f.*** Prueba que utiliza un acusado para demostrar que no estuvo presente en el momento y lugar del delito: *Como* ***coartada,*** *el acusado dijo que a la hora del asesinato él estaba con su madre.*

coartar ***vb.*** {tr.} Limitar o impedir la libertad de alguien: *Un padre no puede* ***coartar*** *a su hijo la posibilidad de realizar estudios superiores.*

coaseguro ***m.*** **1** Seguro que respalda a otro. **2** Deducible que se debe pagar por un servicio que proporciona un seguro: *El* ***coaseguro*** *era tan alto, que decidió posponer indefinidamente la operación quirúrgica.*

coatí ***m.*** ***Amér. Merid.*** Mamífero carnicero de pelo color pardo rojizo, y cola oscura con anillos blancos: *El* ***coatí*** *habita desde el norte de México hasta el norte de Argentina.*

coautor, ra ***m.*** y ***f.*** Persona que elabora o crea algo junto con otra u otras: *Carlos es* ***coautor*** *de ese libro: su maestro hizo los primeros dos capítulos y él los dos últimos.*

coba ***f.*** ***Fam.*** Halago fingido: *Esa niña le da mucha* ***coba*** *a su maestra porque quiere aprobar el curso.*

cobalto ***m.*** Metal de color blanco rojizo, duro y maleable, de símbolo Co y número atómico 27: *El* ***cobalto*** *se usa para preparar algunos colorantes, en general azules.*

cobarde ***adj.*** Poco valiente: *La gente que no tiene valor adopta una actitud* ***cobarde*** *ante los problemas.*

cobarde ***m.*** y ***f.*** Miedoso y sin valor: *Mauricio es un* ***cobarde:*** *primero tira piedras y después se esconde.*

cobardía ***f.*** **1** Falta de valor: *Beatriz dejó que castigaran a su hermano por* ***cobardía,*** *ya que no se atrevió confesar que ella rompió la lámpara.* **2** Hecho reprobable o vil: *Fue una* ***cobardía*** *golpear a esa anciana.*

cobayo, ya ***m.*** y ***f.*** Pequeño mamífero roedor, parecido al conejo, pero de orejas pequeñas y redondas, muy utilizado en experimentos médicos: *El* ***cobayo*** *se conoce también como conejillo de Indias.*

cobertizo ***m.*** Tejado que sobresale de una pared: *El* ***cobertizo*** *nos resguarda del sol y de la lluvia.* Sin. **porche.**

cobertor ***m.*** **1** Colcha. **2** Tela de lana que sirve para abrigarse cuando se está en la cama. Sin. **manta.**

cobertura ***f.*** **1** Lo que sirve para tapar o resguardar algo: *Esa* ***cobertura*** *de plástico protegerá los muebles del polvo.* Sin. **cubierta. 2** Hecho de cubrir. **3** Apoyo militar.

cobija ***f.*** **1** ***Amér.*** Manta, cobertor: *Cuando llega el invierno, ponemos una* ***cobija*** *gruesa sobre la cama.* **2** ***pl. Amér.*** Ropa de cama.

cobijar ***vb.*** {tr. y prnl.} Dar refugio o protección: *Las aves* ***cobijan*** *a sus polluelos con las alas.*

cobra ***f.*** Serpiente venenosa que puede llegar a medir 4 m de longitud: *Las* ***cobras*** *son originarias de las regiones cálidas de África y Asia.*

cobrador, ra ***m.*** y ***f.*** Persona encargada de recibir los pagos de los demás: *Pagué al* ***cobrador*** *el abono de la televisión que compré.*

cobranza ***f.*** **1** Cantidad que se recibe como pago de algo. Sin. **cobro. 2** Acción de cobrar o recoger una pieza de caza: *Para la* ***cobranza*** *habían entrenado muy bien a sus perros.*

cobrar ***vb.*** {tr.} **1** Recibir una cantidad como pago de algo: *Javier me dijo que me invitaba a comer a un restaurante y al final me* ***cobró*** *lo que me comí.* **2** Adquirir, conseguir: *Angélica ha empezado a* ***cobrar*** *fama como escritora.*

cobre ***m.*** **1** Metal rojizo, dúctil, maleable y brillante, de símbolo Cu y número atómico 29: *El* ***cobre*** *es muy buen conductor de la electricidad.* **2** ***loc.*** **Enseñar** o **mostrar el ~,** poner una persona de manifiesto su falta de cualidades morales: *El novio de Silvia parecía muy buen chico, pero después de casados* ***enseñó el cobre*** *y descubrimos que era egoísta y grosero.*

cobrizo, za ***adj.*** De color como el del cobre: *Soñé con un hermoso jefe cherokee de piel* ***cobriza*** *y ojos grises.*

cobro ***m.*** **1** Cobranza. **2** ***loc.*** **A ~ revertido,** llamada telefónica que paga el que la recibe.

coca ***f.*** **1** Arbusto de cuyas hojas se extrae la cocaína. **2** ***Fam.*** Cocaína.

cocacho ***m.*** **1** ***Amér. Merid.*** Coscorrón. **2** ***Perú.*** Variedad de poroto o frijol que se endurece al cocerse.

cocada ***f.*** **1** ***Bol., Colomb.*** y ***Perú.*** Especie de turrón. **2** ***Chile*** y ***Méx.*** Dulce de coco. **3** ***Perú.*** Provisión de hojas de coca.

cocaína ***f.*** Sustancia extraída de las hojas de coca, utilizada como droga: *La* ***cocaína*** *es un polvillo blanco que crea adicción si se consume.*

cocainómano, na ***adj./m.*** y ***f.*** Adicto a la cocaína: *Los* ***cocainómanos*** *sufren muchos trastornos, entre ellos, taquicardias.*

cocción ***f.*** Tiempo que deben estar los alimentos en el fuego para que dejen de estar crudos. *La* ***cocción*** *de las lentejas tarda alrededor de cuarenta minutos.*

cóccix ***m.*** ***Ver*** **coxis.**

cocear ***vb.*** {intr.} Golpear los caballos y burros violentamente con sus patas traseras: *¡Cuidado! El caballo se puso a* ***cocear*** *y puede golpearte.*

cocer ***vb. irreg.*** {tr.} **Modelo 30. 1** Preparar los alimentos por la acción del fuego: *Voy a* ***cocer*** *unos huevos para el día de campo.* **2** Poner algo al fuego para que se seque y endurezca: *El alfarero* ***coció*** *los floreros y después los pintó.*

cocha ***f.*** ***Ecuad.*** Charco, laguna.

cochambre ***m.*** y ***f.*** ***Fam.*** Suciedad pegajosa: *Hay que lavar muy bien la cocina, para que no se llene de* ***cochambre.***

cochambroso, sa ***adj.*** Lleno de cochambre.

cochayuyo ***m.*** ***Amér. Merid.*** Alga marina comestible, que tiene el tallo en forma de cinta.

coche ***m.*** **1** Vehículo con motor, volante y cuatro ruedas: *Había muchos* ***coches*** *en la autopista y nos tardamos en llegar media hora más de lo acostumbrado.* Sin. **automóvil. 2** Vagón del tren: *Los* ***coches*** *de segunda clase tienen una línea de color para diferenciarlos de los de primera clase.* **3** ***loc.*** **~ cama,** vagón de ferrocarril con camas: *Para un viaje tan largo, te conviene subirte en un* ***coche cama*** *para que puedas dormir.* **4** Vehículo tirado por caballos. **5** ***Amér. C.*** y ***Méx.*** Cerdo, puerco.

cochera ***f.*** Lugar, por lo general cubierto, donde se guardan los automóviles: *Sé cuando mi papá llega, porque oigo cómo abre la* ***cochera.*** Sin. **garaje.**

cochinada ***f.*** **1** Objeto sucio, muy feo o muy viejo: *"Deberías tirar tus zapatos de fútbol porque ya son una* ***cochinada",*** *le propuse a mi hermano.* **2** Tema o asunto que se considera fuera de la moral: *Mis papás nos prohíben ver algunos canales de televisión porque dicen que enseñan puras* ***cochinadas.***

a b c d e f g h i j k l m n o p q r s t u v w x y z

cochinilla ***f. Méx.*** Insecto de color rojo que vive como parásito en los cultivos, sobre todo en los frutales: *Cuando las **cochinillas** se disecan y se hacen polvo, sirven como pintura roja.*

cochinilla ***f.*** Pequeño crustáceo que vive en lugares húmedos y que se hace bolita para protegerse: *Debajo de las piedras del parque encontramos varias **cochinillas.***

cochino, na ***adj./m.*** y ***f.*** Dícese de la persona sucia: *"No seas **cochina** y deja de meterte el dedo en la nariz", me regañó mi tío.* SIN. **chancho, puerco.**

cochino, na ***m.*** y ***f.*** Cerdo. SIN. **chancho, puerco.**

cocho ***m. Chile.*** Mazamorra de harina tostada.

cocho, cha ***m.*** y ***f.*** Cochino, cerdo.

cocido ***m.*** Guiso de carne, tocino y verduras.

cociente ***m.*** En matemáticas, resultado de la división: *El **cociente** de veinte dividido entre cuatro es cinco.*

cocina ***f.*** **1** Habitación de la casa donde se prepara la comida: *Mantenemos muy limpia la **cocina** de mi casa para evitar que la invadan las cucarachas.* **2** Técnica para preparar distintos guisos y platos: *Decidí tomar clases de **cocina** y ahora ya sé preparar guisos complicados y sabrosos.* **3** Guisos distintivos de un lugar: *La pizza y el espagueti son guisos típicos de la **cocina** italiana.*

cocinado, da ***adj.*** **1** Guisado, preparado en la cocina. **2** Tramado a espaldas de los demás: *La destitución se había **cocinado** en la cúpula del partido y nada pudo hacer el ministro.*

cocinar ***vb.*** {tr. e intr.} Preparar alimentos utilizando fuego: *Para la cena, **cocinamos** un pavo relleno según la receta tradicional.* SIN. **guisar.**

cocinería ***f. Chile*** y ***Perú.*** Tienda donde se venden comidas preparadas.

cocinero, ra ***m.*** y ***f.*** Persona que tiene por oficio preparar guisos y postres.

cocker ***adj./m.*** y ***f.*** **Palabra de origen inglés.** Raza de perros cazadores de patas cortas, pelo largo y grandes orejas colgantes.

cóclea ***f.*** Estructura en forma de espiral que se encuentra en el oído interno.

coco ***m.*** **1** Fruto del cocotero, de cáscara dura, interior blanco y carnoso, y agua de agradable sabor: *Cuando estoy en la playa, no me canso de tomar agua de **coco** porque me refresca.* **2** Bacteria de forma redondeada. **3** *Fam.* Cabeza: *"Si te duele el **coco,** tómate una píldora", me aconsejó Germán.* **4** *Fam.* Golpe ligero dado en la cabeza: *Le di un **coco** a mi perro cuando me mordió la pierna.* **5** *Fam.* Fantasma con el que se asusta a los niños: *Los papás le decían al niño que si no se dormía, el **coco** iba a venir a buscarlo.* **6** *loc. Fam.* **Lavar el ~,** convencer a una persona de algo: *Sus amigos le **lavaron el coco** para que se cambiara de escuela.*

cocoa ***f.*** Polvo de cacao endulzado.

cocodrilo ***m.*** Reptil anfibio de gran tamaño, de piel escamosa, que vive en los ríos de países cálidos: *Vi a un **cocodrilo** con su gran hocico lleno de dientes, abierto durante horas.*

cocol ***m.*** **1** *Amér. C.* y *Méx.* Figura en forma de rombo: *El uniforme que usamos en mi escuela está hecho con una tela de **cocoles** azules y amarillos.* **2** *Amér. C.* y *Méx.* Pan dulce en forma de rombo: *A mi hermano le gusta comer **cocoles** con chocolate.*

cocotazo ***m.*** Golpe dado con un coco.

cocotero ***m.*** Palmera tropical cuyo fruto es el coco: *En esa ciudad costera las avenidas están adornadas con **cocoteros.***

cóctel o **coctel** ***m.*** **Palabra de origen inglés.** **1** Mezcla de licores y jugos de frutas con hielo: *En la fiesta preparaban **cocteles** de muchos colores.* **2** Reunión que no dura más de tres horas, en la que los invitados toman alimentos ligeros, por lo general de pie: *El modisto ofreció un **cóctel** cuando terminó el desfile de modas.* **3** Mezcla de cosas iguales o diferentes, como frutas, mariscos, etc.

coctelera ***f.*** Recipiente parecido a un vaso con tapa que se utiliza para mezclar los ingredientes de las bebidas preparadas con licores.

cocuyo ***m. Amér.*** Especie de luciérnaga: *En la noche, el campo estaba lleno de las lucecitas de los **cocuyos.***

codazo ***m.*** Golpe dado con el codo: *Manuel me dio un **codazo** para que me diera cuenta de que Raúl estaba diciendo mentiras.*

codear ***vb.*** {intr. y prnl.} **1** Mover los codos o golpear con ellos: *Estaba tan desesperada porque se me hacía tarde, que para abrirme paso empecé a **codear** a la gente.* **2** Tratarse de igual a igual con otra persona: *Mi maestra **se codea** con los mejores profesores de las universidades latinoamericanas.*

codera ***f.*** Refuerzo que se pone en los codos: *Desde que me lastimé el músculo, tengo que ponerme una **codera** cuando hago deportes.*

códice ***m.*** Libro manuscrito antiguo.

codicia ***f.*** Deseo exagerado de tener cosas o riquezas: *Es tanta su **codicia** que sólo hace favores por dinero.*

codiciable ***adj.*** Que fomenta la codicia.

codiciado, da ***adj.*** Que genera codicia.

codiciar ***vb.*** {tr.} Desear con ansia algo: *El atleta se preparó intensamente porque **codiciaba** el primer lugar.*

codicioso, sa ***adj.*** Que codicia algo.

codificación ***f.*** Transformación realizada mediante la aplicación de un código.

codificar ***vb. irreg.*** {tr.} **Modelo 17.** Formular un mensaje según las reglas de un código: *El pirata **codificó** el mapa para que sólo él supiera dónde estaba enterrado el tesoro.*

código ***m.*** **1** Recopilación ordenada de leyes: *El **código** laboral contiene todas las leyes sobre los trabajadores.* **2** Sistema de signos y reglas que permite formular y comprender un mensaje: *Los signos que señalan curvas, pavimentos resbaladizos, etc., componen un **código** que deben entender los conductores.* **3** *loc.* **~ postal,** serie de números que utiliza la oficina de correos para facilitar la clasificación y el reparto de la correspondencia: *"Antes de que me mandes el paquete, no olvides incluir el **código postal** en la dirección", le dije a mi hermano cuando hablamos por teléfono.*

codillo ***m.*** En los cuadrúpedos, articulación del brazo próxima al pecho.

codo ***m.*** **1** Parte posterior de la articulación que permite doblar el brazo: *Me di un golpe en el **codo** y sentí como un toque eléctrico.* **2** *Méx.* Persona a la que no le gusta gastar ni compartir sus cosas: *Tiene mucho dinero pero es muy **coda** y siempre te ofrece muy poca comida cuando te invita a su casa.* SIN. **amarrado, tacaño, avaro.** **3** *loc.* **Empinar el ~,** beber mucho alcohol: *Es muy bueno para el trabajo, pero no puedo tenerle confianza porque le gusta mucho **empinar el codo.*** **4** *loc. pl.* **Hablar hasta por los ~,** hablar mucho: *Me cae muy bien pero, como **habla hasta por los codos,** me quita mucho tiempo.*

codorniz ***f.*** Ave migratoria parecida a la perdiz, de pequeño tamaño, color marrón y cola muy corta.

coedición ***f.*** Edición de un libro en la que intervienen de manera conjunta dos o más editores: *El autor de este ensayo logró publicarlo gracias a la **coedición** con una universidad.*

coeficiencia *f.* Cooperación de dos o más causas para producir un efecto.
coeficiente *m.* Número convencional con el que se representan los grados o la intensidad de algo: *El* ***coeficiente*** *de humedad en esta región es de 94 por ciento, o sea que es muy húmeda.*
coerción *f.* **1** Presión que se ejerce sobre alguien para que actúe en contra de su voluntad. **2** Represión, restricción.
coercitivo, va *adj.* Que ejerce presión: *Los jueces consideraron que amenazarlo con la destitución era un acto* ***coercitivo.***
coetáneo, a *adj./m.* y *f.* De la misma edad o época: *Mi papá es mayor que el tuyo, es* ***coetáneo*** *de tu abuelo.*
coexistencia *f.* Existencia simultánea de dos cosas o personas: *La* ***coexistencia*** *pacífica se extendió desde el fin de la Segunda Guerra Mundial hasta la caída del bloque socialista.*
coexistente *adj.* Que coexiste.
coexistir *vb.* {intr.} Existir al mismo tiempo: *A veces* ***coexisten*** *las modas de la minifalda y de la falda larga.*
cofia *f.* Tocado femenino que recoge el pelo: *Las enfermeras usan* ***cofias*** *blancas.*
cofrade *m.* y *f.* Persona que pertenece a una cofradía.
cofradía *f.* Congregación o hermandad: *Algunas* ***cofradías*** *de estudiantes organizan eventos culturales y deportivos.*
cofre *m.* **1** Caja para guardar objetos de valor: *Mi abuelo guardó las monedas viejas en un* ***cofre.*** **2** *Méx.* Tapa que protege el motor de los automóviles: *El automóvil recibió un golpe en el* ***cofre*** *y ahora se ve hundido en la parte del frente.* Sin. **capó.**
coger *vb. irreg.* {tr. y prnl.} **Modelo 41. 1** Asir, agarrar, tomar: ***Cogió*** *las llaves que estaban sobre la mesa antes de irse a trabajar.* **2** Apresar: *La policía* ***cogió*** *al ladrón que asaltó el banco.* **3** Adquirir, contraer o padecer: *Me mojé con la lluvia y* ***cogí*** *un resfrío.* **4** Montar en un vehículo: *"Tienes que* ***coger*** *un taxi para llegar más rápido a la cita", aconsejé a mi tía.* **5** Captar una señal: *Mi radio de onda corta* ***coge*** *programas de África y Asia.* **6** *Amér. Vulg.* Realizar el acto sexual. **7** *Esp.* Hallarse, encontrarse: *La oficina* ***coge*** *lejos de mi casa.*
cognitivo, va *adj.* Relativo al conocimiento. Sin. **cognoscitivo.**
cognoscitivo, va *adj.* Relativo al conocimiento: *La parte* ***cognoscitiva*** *de mi cerebro es la que me permite aprender.*
cogollo *m.* Parte interior de las hortalizas, como la lechuga y el repollo o col: *Me gusta más el* ***cogollo*** *de la lechuga que sus hojas exteriores.*
cogote *m.* Parte superior y posterior del cuello: *Me duele el* ***cogote,*** *yo creo que dormí en una mala posición.*
cogotudo, da *adj./m.* y *f. Amér. C.* y *Amér. Merid. Fam.* Que es adinerado y orgulloso.
cohabitación *f.* **1** Situación en la que se vive con otra persona. **2** Aceptación momentánea de las ideas de otros: *En Francia, la* ***cohabitación*** *entre miembros de partidos tan opuestos sólo se impulsó para derrotar a la oposición.*
cohabitar *vb.* {intr.} Vivir con otra persona.
cohechar *vb.* {tr.} Sobornar a un juez o a un funcionario público.
cohecho *m.* Soborno a un juez o funcionario público: *El juez fue despedido cuando se descubrió que había aceptado un* ***cohecho.*** Sin. **mordida, coima.**
coherencia *f.* Relación lógica de una cosa con otra.
coherente *adj.* Que tiene una relación lógica con otra cosa: *Su respuesta fue tan* ***coherente,*** *que no pude decir nada en contra de ella.*
cohesión *f.* Unión de personas o cosas entre sí.
cohesionar *vb.* {tr. y prnl.} Unir, proporcionar cohesión: *Ese líder político logró* ***cohesionar*** *a miles alrededor de su figura.*
cohete *m.* **1** Vehículo impulsado por propulsión a chorro, que se envía al espacio: *Lanzaron un* ***cohete*** *con un aparato que realizará estudios en Marte.* **2** Fuego artificial que asciende y estalla en el aire: *Durante la fiesta del pueblo se lanzaron* ***cohetes*** *de muchos colores.*
cohibir *vb. irreg.* {tr. y prnl.} **Modelo 72. 1** Refrenar, reprimir: *En el laboratorio hicimos un experimento para* ***cohibir*** *el crecimiento de una planta.* **2** Incomodarse, sentir timidez: *Jesús es tímido y* ***se cohíbe*** *al estar con gente desconocida.*
cohorte *f.* **1** Conjunto, cantidad, serie: *La actriz iba rodeada de una* ***cohorte*** *de admiradores.* **2** Unidad táctica de infantería del antiguo ejército romano. **3** *loc.* **Estudio de ~,** investigación de registros médicos de personas con padecimientos similares.
coima *f. Argent., Chile, Ecuad., Perú* y *Urug.* Soborno: *Un mal trabajador le pidió a mi padre una* ***coima*** *para ayudarlo a resolver su problema.* Sin. **mordida, cohecho.**
coimear *vb.* {tr.} *Chile, Ecuad., Perú* y *Urug.* Dar o recibir soborno: *Los trabajadores de la empresa* ***coimearon*** *al gerente del banco para obtener el préstamo.*
coincidir *vb.* {intr.} **1** Estar de acuerdo o ser iguales dos o más personas o cosas: *Edith y yo* ***coincidimos*** *en la manera de ver la vida: los dos somos muy optimistas.* **2** Ocurrir dos o más cosas al mismo tiempo: ***Coincidieron*** *las fechas del concierto y de la obra de teatro, así que tuve que elegir entre ambos.*
coirón *m. Bol.* y *Chile.* Planta gramínea de hojas duras y punzantes, que se utiliza principalmente para poner techos a las casas.
coito *m.* Unión sexual.
cojear *vb.* {intr.} **1** Andar con dificultad, inclinándose de lado: *Mi abuela* ***cojea*** *porque se torció el tobillo.* **2** Balancearse: *Esta silla* ***cojea*** *porque tiene una pata más corta que las otras.* **3** *loc.* **~ del mismo pie,** tener los mismos problemas o defectos dos o más personas: *Pierdo mucho tiempo viendo televisión, pero como mi hermana mayor* ***cojea del mismo pie,*** *no puede llamarme la atención.* **4** *loc.* **Saber de qué pie ~ alguien,** conocer sus defectos: *Llegó a la fiesta sin regalo, pero no me sorprendió porque* ***sé de qué pie cojea:*** *es un mezquino.*
cojín *m.* Pieza de tela rellena de material blando, que sirve para sentarse o para recargarse: *Puso un* ***cojín*** *en el respaldo de la silla para estar más cómodo.* Sin. **almohadón.**
cojo, ja *adj./m.* y *f.* Que cojea o le falta una pierna o pata: *Mi vecino camina con muletas pues quedó* ***cojo*** *desde que tuvo un accidente.* Sin. **patojo.**
cojón *m. Vulg.* **1** Testículo. **2** *loc.* **Tener ~,** ser muy hombre: *No tuvo los* ***cojones*** *suficientes para enfrentarse a su jefe.*
cojonudo *adj.* Que tiene cojones.
cojudez *f.* Tontería.
col *f.* Planta hortense comestible de hojas anchas y tallo grueso. Sin. **repollo, berza.**
cola *f.* **1** Parte posterior de numerosos vertebrados: *El perro jugaba a morderse la* ***cola*** *dando vueltas alrededor de sí mismo.* Sin. **rabo. 2** Plumas que tienen las aves en la parte trasera del cuerpo: *Cuando el pavo real extiende la* ***cola,*** *ésta se ve como un gran penacho.* **3** Parte posterior o final de una cosa: *El tren estaba repleto de gente y sólo encontré lugar en el vagón de la* ***cola.*** **4** Hilera de personas que esperan su turno: *Había una* ***cola*** *tan larga para entrar al cine, que mejor nos fuimos a otro lado.* **5** *loc.* **Con la ~**

entre las patas, que está triste o apenado por algo que sucedió: *Miguel llegó a la casa* ***con la cola entre las patas*** *cuando se enteró que había reprobado el examen.* **6** *loc.* **Tener alguien ~ que le pisen,** tener alguien algo que pueda echársele en cara: *Rafael no se defendió porque sabe que* ***tiene cola que le pisen.***

cola ***f.*** **1** Pasta fuerte y pegajosa que cuando se disuelve en agua caliente sirve para pegar: *El carpintero usa* ***cola*** *para pegar los muebles.* **2** *loc.* **~ de caballo,** coleta en la que se sujeta todo el cabello por detrás de la cabeza.

colaboración ***f.*** Hecho de trabajar con otros en una misma obra: *Era un proyecto muy grande y salió adelante gracias a la* ***colaboración*** *de muchas personas.*

colaboracionismo ***m.*** Todo lo que contribuye a colaborar con el enemigo.

colaboracionista ***m.*** y ***f.*** Persona que colabora con el enemigo de la patria: *Al finalizar la Segunda Guerra Mundial se rapó a las mujeres que habían sido* ***colaboracionistas*** *de los alemanes.*

colaborador, ra ***m.*** y ***f.*** Persona que trabaja con otras personas en un mismo asunto: *La jefa del laboratorio tiene dos* ***colaboradores*** *que ayudan a hacer los análisis.*

colaborar ***vb.*** {intr.} Trabajar con otros en una misma obra: *Fernando* ***colabora*** *en una revista escribiendo un artículo semanal.*

colaborativo, va ***adj.*** Relativo a la colaboración.

colación ***f.*** **1** Comida ligera. **2** *Amér.* Golosina recubierta con un baño de azúcar: *En Navidad me dieron una bolsa de* ***colación.*** SIN. **confite.** **3** *loc.* **Sacar a ~,** mencionar: *Cuando me habló de sus vacaciones,* ***sacó a colación*** *el dinero que yo le debía para que se lo pagara.*

colada ***f. Esp.*** Lavado de la ropa sucia.

coladera ***f.*** Utensilio de metal o plástico, con agujeros, que sirve para colar o filtrar un líquido. SIN. **colador, cedazo.**

colado, da ***adj.*** Se dice de lo que se introduce a algún lado de manera subrepticia: *Los espectadores* ***colados*** *se sentaron en las escaleras del teatro.*

colador ***m.*** Utensilio de metal o plástico, con agujeros, que sirve para colar cosas: *Si no te gusta la nata, pasa la leche por el* ***colador.*** SIN. **coladera, cedazo.**

colágeno ***m.*** Proteína compleja que constituye la sustancia fundamental de algunos tejidos del ser humano: *Mi tía compró una crema con* ***colágeno*** *para que le ayude a tener pocas arrugas.*

colapsar ***vb.*** {tr. y prnl.} Sufrir o provocar un colapso: *Durante el terremoto se* ***colapsaron*** *varios edificios.*

colapso ***m.*** **1** Alteración súbita de las funciones del organismo: *La tensión en su trabajo era tanta, que sufrió un* ***colapso*** *y tuvieron que llevarlo al hospital.* **2** Paralización repentina de una actividad: *La noticia de la muerte del presidente provocó un* ***colapso*** *en la bolsa de valores.*

colar ***vb. irreg.*** {tr. y prnl.} **Modelo 5.** **1** Filtrar un líquido: *Para cocinar espagueti debes cocer la pasta, luego* ***colarla*** *y al final le pones la salsa.* **2** En una hilera de personas, colocarse delante de otros de manera ventajosa: *Unos niños* ***se colaron*** *antes que yo y me tocó esperar más para que llegara mi turno de entrar al cine.* **3** Introducirse de manera oculta en un lugar: *David* ***se coló*** *en el circo sin pagar pasando por debajo de la carpa.*

colateral ***adj.*** Que está a uno y otro lado: *Entramos al palacio y vimos una gran ventana al centro y dos ventanitas* ***colaterales.***

colcha ***f.*** Cubierta de cama, que sirve de adorno y abrigo: *La* ***colcha*** *de mi cama es del mismo color que las cortinas.*

colchón ***m.*** Pieza plana, rellena de material que la haga cómoda, que se pone sobre la cama para dormir en ella: *Prefiero los* ***colchones*** *duros porque con los blandos me duele la espalda.*

colchoneta ***f.*** Pieza parecida al colchón, pero mucho más delgada y estrecha: *Llegaron muchos invitados y tuvimos que dormir en* ***colchonetas*** *puestas en el piso, porque no alcanzaron las camas.*

colear ***vb.*** {tr.} **1** *Chile.* Frustrar a alguien un intento o pretensión. **2** *Méx.* y *Venez.* Tirar de la cola a una res para derribarla.

colección ***f.*** Conjunto ordenado y clasificado de cosas de una misma clase: *Luis tiene una* ***colección*** *de monedas de Venezuela del siglo* XIX.

coleccionar ***vb.*** {tr.} Reunir y clasificar cosas de una misma clase: *Mi amigo* ***colecciona*** *estampas de jugadores de fútbol porque le gusta mucho este deporte.*

coleccionismo ***m.*** Afición a coleccionar objetos.

coleccionista ***m.*** y ***f.*** Persona que reúne, ordena y clasifica algo: *Los* ***coleccionistas*** *de estampillas tienen álbumes donde las clasifican y las pegan.*

colecta ***f.*** Dinero que dan las personas para ayudar a otras o para realizar alguna obra: *Los habitantes de esa calle organizaron una* ***colecta*** *para pintar todas las casas.*

colectividad ***f.*** Conjunto de personas reunidas para un fin.

colectivismo ***m.*** Ideología que defiende la idea de que el grupo es más importante que el individuo.

colectivización ***f.*** Conjunto de acciones que tienden a la desaparición de la propiedad privada a favor de la comunidad: *Durante la* ***colectivización*** *del campo, en la ex Unión Soviética se formaron cooperativas agrarias.*

colectivizar ***vb.*** {tr.} Hacer que la propiedad privada se vuelva colectiva: *Se* ***colectivizaron*** *desde los grandes latifundios hasta las gallinas.*

colectivo ***m. Amér.*** Transporte público, autobús o taxi con recorrido fijo.

colectivo, va ***adj.*** Relativo a un grupo: *En la exposición* ***colectiva*** *que se inauguró ayer, hay una pintura de mi hermana y otra de un amigo.*

colector ***m.*** **1** Tubería subterránea que recoge las aguas residuales. **2** Canal que recoge las aguas sobrantes en el campo. **3** Coleccionista.

colector, ra ***adj.*** Que colecta.

colega ***m.*** y ***f.*** **1** Persona que tiene la misma profesión que otra: *Cuando mi hermana fue a un congreso, conoció a un* ***colega*** *alemán que también es médico.* **2** *Fam.* Compañero, amigo.

colegiado ***adj.*** Se dice de los grupos de especialistas constituidos en un cuerpo: *El órgano* ***colegiado*** *de los economistas, la Asociación de Economistas de la República, está recibiendo diferentes propuestas sobre el desarrollo sustentable.*

colegiado, da ***m.*** y ***f.*** Árbitro o juez de un deporte que pertenece a un colegio.

colegial, la ***m.*** y ***f.*** Persona que asiste a cualquier colegio: *Las* ***colegialas*** *iban a clases uniformadas con bata azul y blusa blanca.*

colegiar ***vb.*** {prnl. y tr.} **1** Inscribir en un colegio. **2** Formar un colegio personas de la misma profesión.

colegiatura ***f. Méx.*** Cantidad de dinero que debe pagarse cada mes, cada año o cada seis meses en una escuela privada a cambio de los servicios educativos: *El papá de René y Rosario dice que las* ***colegiaturas*** *de sus hijos son más caras ahora que han entrado a la universidad.*

colegio ***m.*** **1** Centro de enseñanza, por lo común de carácter privado: *El* ***colegio*** *donde estudio es nuevo y el edificio es bonito.* **2** Asociación que forman varias personas con la misma profesión: *El **Colegio** de Médicos organizó unas conferencias sobre enfermedades infantiles.*

colegir ***vb. irreg.*** {tr.} **Modelo 60.** Inferir, deducir una cosa de otra: *René me había dicho que sí iba a viajar y ahora dice que ya no, así que **colijo** que no pudo conseguir el dinero.*

coleóptero, ra ***adj./m.*** Relativo a un tipo de insectos que tienen boca masticadora y alas posteriores plegables: *El escarabajo y la mariquita son **coleópteros.***

cólera ***f.*** Ira, enojo muy violento: *Cuando se enteró de que le habían robado el auto, le dio un ataque de **cólera.***

cólera ***m.*** Enfermedad infecciosa, que provoca vómitos y diarrea: *Para evitar el **cólera** debemos hervir el agua antes de beberla y no comer alimentos crudos.*

colérico, ca ***adj.*** Que se deja llevar por el enojo o que siente enojo a la menor provocación: *Está **colérico** porque le pagaron menos de lo que le habían prometido.*

colesterol ***m.*** Sustancia grasa presente en muchas células, en la sangre y en la bilis de los animales: *Mi abuelo tiene alto el **colesterol** y tuvo que dejar de comer alimentos grasosos.*

coleta ***f.*** Pelo recogido en forma de cola: *Los toreros usan **coleta.***

coletazo ***m.*** **1** Movimiento y golpe dados con la cola: *La vaca da **coletazos** para espantar a las moscas que se le acercan.* **2** Últimos movimientos antes de dejar de existir: *Sacamos al pez del agua, dio unos **coletazos** y se murió.*

colgado ***m.*** Persona muerta en la horca. SIN. **ahorcado.**

colgado, da ***adj.*** Que se quedó a medias, sin concluir: *La dejaron **colgada** con la boda.*

colgante ***adj.*** Que cuelga: *Jaime no quería cruzar el puente **colgante** porque se veía frágil.*

colgante ***m.*** Collar que cuelga.

colgar ***vb. irreg.*** {tr., intr. y prnl.} **Modelo 19. 1** Poner una cosa suspendida de otra, sin que llegue al suelo: *Yo **cuelgo** mi ropa en el armario.* **2** Cortar una comunicación telefónica: *Sara se enojó por lo que le dije y entonces **colgó.*** **3** Ahorcar a alguien: *He visto varios programas de vaqueros en los que **cuelgan** a los bandidos cuando los atrapan.* **4** Estar una cosa pendiente o asida de otra: *La lámpara **cuelga** del techo y se mueve con el viento.* **5** ***Méx. Fam.*** Tardarse en hacer algo: *Se **colgó** para llegar al auditorio y no pudimos entrar al concierto.*

colibrí ***m.*** Ave de pequeño tamaño, pico muy largo y delgado, y plumaje brillante: *Cuando los **colibríes** meten su pico en las flores vuelan de tal manera que parece que están suspendidos.* SIN. **chupamirto, picaflor.**

cólico ***m.*** Dolor agudo en el vientre, con contracciones: *Algunas mujeres sufren de **cólicos** durante la menstruación.*

coliflor ***f.*** Variedad de col cuyos brotes forman una masa blanca cubierta por hojas verdes: *La **coliflor** se cultiva en huertas.*

coligarse ***vb. irreg.*** {prnl.} **Modelo 17.** Unirse o asociarse para algún fin.

colilla ***f.*** Extremo del cigarrillo que ya no se fuma: *Voy a limpiar el cenicero porque está lleno de **colillas.***

colina ***f.*** Elevación de terreno menor que la de un monte: *Subimos a una **colina** para ver la ciudad.*

colinabo ***m.*** Variedad de col que tiene una raíz comestible de forma redondeada, y dicha raíz: *Los **colinabos** dan un sabor muy rico al caldo de carne.*

colindancia ***f.*** Límite o frontera entre dos cosas: *El juez estableció la **colindancia** para que los vecinos no siguieran peleándose.*

colindante ***adj.*** Que colinda.

colindar ***vb.*** {intr.} Ser dos o más lugares fronterizos entre sí: *Mi terreno y el tuyo **colindan,** así que somos vecinos.*

colirio ***m.*** Medicamento para molestias o enfermedades de los ojos: *Como tenía los ojos muy irritados, mi papá me puso **colirio.***

coliseo ***m.*** Teatro de los antiguos romanos: *En los **coliseos** se representaban dramas y comedias.*

colisión ***f.*** Choque de dos o más objetos: *Por fortuna no resultaron heridos por la **colisión** de autos.*

colisionar ***vb.*** {tr.} Chocar dos o más vehículos.

colista ***adj./m.*** y ***f.*** Que va al último en una competencia.

colitis ***f.*** Inflamación del colon: *No aguanto los retortijones, tengo un ataque de **colitis.***

collado ***m.*** **1** Colina, pequeña elevación. **2** Depresión por donde se puede cruzar de manera fácil entre montañas.

collage ***m.*** **Palabra de origen francés.** Obra y técnica pictórica que consiste en pegar sobre una superficie diversos materiales, especialmente papeles: *Fuimos al museo a ver una exposición de **collages** de grandes pintores del siglo xx.*

collar ***m.*** **1** Adorno que se pone alrededor del cuello: *Mi madre fue a una fiesta elegante y se puso un vestido negro y un **collar** de perlas.* **2** Correa que se coloca alrededor del pescuezo de los animales domésticos: *Le puse a mi gato un **collar** con un producto para acabar con las pulgas.*

collarín ***m.*** **1** Aparato ortopédico para inmovilizar las vértebras del cuello.

collie ***adj./m.*** y ***f.*** **Palabra de origen inglés.** Raza escocesa de perros pastores de pelo largo, cabeza fina y hocico muy alargado.

colmado ***adj.*** **1** Lleno hasta el borde. **2** Satisfecho.

colmado ***m.*** Tienda de abarrotes.

colmar ***vb.*** {tr. y prnl.} **1** Llenar algo hasta el borde: *"Si sigues comportándote de manera tan grosera vas a **colmar** mi paciencia y tendré que castigarte", le dijo mi madre a mi hermana.* **2** Satisfacer plenamente: ***Se colmaron** de felicidad con el nacimiento de su hijo.*

colmena ***f.*** Lugar o recipiente en el que viven las abejas: *Las abejas depositan la cera y la miel en las **colmenas.***

colmillo ***m.*** **1** Diente puntiagudo situado entre los incisivos y las muelas: *Bernardo tiene los **colmillos** tan largos que lo apodan "niño Drácula".* SIN. **canino. 2** Cada uno de los dos incisivos de los elefantes: *El elefante es una especie en peligro de extinción por culpa de los cazadores que quieren el marfil de sus **colmillos.***

colmilludo, da ***adj.*** **1** Que tiene colmillos grandes. **2** ***Fam.*** Que tiene mucha experiencia y es muy difícil de engañar. SIN. **astuto.**

colmo ***m.*** **1** Extremo al que se puede llegar, rebasar la medida: *Doña Rosa le dijo a su hijo que era el **colmo** de la desobediencia haberse escapado de su casa para ir a la fiesta sin permiso.* **2** ***loc.*** **Y para ~,** se usa antes de decir la última cosa de una serie y denota algo negativo: *¡Qué día! Llegué tarde al trabajo, el jefe me regañó, perdí mi billetera **y para colmo,** mi novia no quiere verme.*

colocación ***f.*** **1** Hecho de poner a una persona o cosa en su lugar: *La **colocación** de las tablas fue difícil, porque tenía que asegurarlas para que no se cayeran con el peso de los libros.* **2** Empleo, trabajo con paga: *Por fin consiguió una **colocación,** a partir de mañana va a trabajar como empleado en la farmacia.*

colocar ***vb. irreg.*** {tr. y prnl.} **Modelo 17. 1** Poner a una persona o cosa en su debido lugar: *Después de dibujar, debes **colocar** el cuaderno y los colores en orden para que otro alumno pueda usarlos.* **2** Proporcionar o conseguir un empleo: *Después de mucho buscar, Laura **se colocó** como secretaria en un despacho.*

colofón *m.* **1** Anotación al final de un libro en la que se menciona el lugar y la fecha en que se imprimió, el número de ejemplares que se hicieron, la persona encargada de cuidar la edición, etc.: *Si quieres saber cuántos ejemplares se imprimieron de este diccionario, fíjate en el **colofón**.* **2** Término, remate.

colombiano, na *adj./m.* y *f.* Originario de Colombia, país de América del Sur.

colombino, na *adj.* Relativo a Cristóbal Colón: *Cuando alguien habla de la hazaña **colombina**, se refiere al descubrimiento de América.*

colombofilia *f.* **1** Amor a las palomas. **2** Afición por criar y adiestrar palomas. **3** Conjunto de técnicas para criar palomas, en especial las mensajeras.

colombófilo, fa *adj.* Relativo a la colombofilia.

colón *m.* Moneda de El Salvador y Costa Rica.

colon *m.* Parte del intestino grueso, entre el ciego y el recto: *El médico me dijo que tenía colitis, es decir, que mi **colon** estaba inflamado.*

colonia *f.* **1** Territorio ocupado y administrado por una potencia extranjera: *Los países latinoamericanos fueron **colonias** de España y Portugal.* **2** Grupo de individuos de un país, que viven en otro: *La **colonia** china es muy abundante en Lima, Perú.* **3** Grupo de seres vivos de la misma especie que habitan juntos: *Vi un programa sobre la Antártida en el que mostraban una **colonia** de pingüinos.* **4** *Amér.* Época histórica en la que los países latinoamericanos vivían bajo el dominio de Europa: *La **Colonia** duró tres siglos, del XVI al XIX.* SIN. **coloniaje.** **5** *Méx.* Barrio urbano: *Cuando se casó, mi hermano se fue a vivir a otra **colonia** de la ciudad.*

colonia *f.* Perfume compuesto de agua, alcohol y esencias aromáticas: *Raúl siempre se pone **colonia** después de bañarse.*

coloniaje *m. Amér. C.* y *Amér. Merid.* Periodo que duró la colonia española en América. SIN. **colonia.**

colonial *adj.* Relativo a un territorio colonizado, o a la época en que éste fue colonia: *En el arte **colonial** peruano hay pinturas de arcángeles con uniforme de soldado y arcabuces.*

colonialismo *m.* Doctrina que pretende hacer legítima la dominación política y económica de una nación por parte de un gobierno extranjero.

colonialista *m.* y *f.* Persona, país o institución que practica o defiende el colonialismo: *Hubo muchos enfrentamientos, pero al final el ejército **colonialista** se rindió.*

colonización *f.* **1** Ocupación y control de una nación en el territorio de otra: *En Hispanoamérica se habla español gracias a la **colonización** española.* **2** Establecimiento de personas en un lugar deshabitado, para vivir y trabajar en dicho lugar.

colonizar *vb. irreg.* {tr.} **Modelo 16.** Establecer colonias en un territorio: *Los ingleses comenzaron a **colonizar** la India en el siglo XVIII.*

colono *m.* **1** Persona que se establece en un lugar deshabitado para vivir y trabajar ahí. **2** Habitante de una colonia en la ciudad: *Los **colonos** nos organizamos para pedir a las autoridades que mejoraran el drenaje.*

coloquial *adj.* Relativo al lenguaje usado corrientemente en la conversación: *En lenguaje **coloquial** es más fácil decir "endulzar" que "desacerbar".*

coloquio *m.* **1** Discusión que se hace para tratar sobre algún tema determinado: *Hay un **coloquio** sobre cine francés al que quiero asistir.* **2** Conversación entre dos o más personas.

color *m.* **1** Cualidad de las cosas que se distingue por la vista, gracias a la luz que reflejan: *Los ojos ven, además del tamaño y la forma, los **colores** de los objetos.* **2** Tono de la cara: *El enfermo no tiene buen **color**, se ve de un tono amarillo pálido.* **3** Sustancia que sirve para pintar: *La maestra nos pidió que ilumináramos con **colores** de madera el dibujo que nos dio.* **4** *loc.* ~ **de rosa,** con optimismo: *El maestro nos pintó las cosas **color de rosa**, pero la verdad es que la competencia será muy difícil.*

coloración *f.* Utilización de color: *Para la **coloración** del cabello se necesita un tinte que no dañe el cuero cabelludo.*

colorado, da *adj.* De color rojo: *La amapola es una flor **colorada**.*

colorante *adj./m.* Que colorea o tiñe: *Muchas bebidas con gas tienen **colorante** artificial, pero yo preferiría que no les pusieran nada.*

colorear o **colorar** *vb.* {tr.} Dar color: ***Coloreamos** los letreros de la tienda para volverlos más brillantes.*

colorete *m.* Cosmético que se aplica sobre las mejillas: *Mi madre no se maquilla mucho, sólo usa **colorete** y lápiz labial.*

colorido *m.* **1** Disposición de los colores: *Le encantó el **colorido** de la tela y entró rápido a la tienda para comprarla.* **2** Animación, viveza: *La fiesta de ese pueblo siempre tiene gran **colorido**, porque todos sus habitantes son muy alegres.*

colorín *m. Méx.* Árbol de ramas gruesas y madera blanca y ligera, que da flores comestibles rojas y alargadas: *Para comer flores de **colorín** hay que quitarles los estambres y el pistilo, si no, amargan.*

colorinche *adj. Amér. Fam.* Relativo a la mala combinación de colores, con resultado chillón. SIN. **abigarrado.**

colorismo *m.* Tendencia a dar realce al color (en pintura, decoración, literatura).

colorista *m.* y *f.* **1** Pintor que sigue la tendencia del colorismo. **2** Peluquero o estilista especializado en dar color al cabello. **3** Pintor especialista en igualar pintura para automóviles.

colosal *adj.* De tamaño o calidad muy superior a lo normal: *Fue un partido **colosal**, así que nadie pudo despegarse de la televisión mientras duró.* SIN. **extraordinario.**

coloso *m.* **1** Estatua que excede mucho del tamaño natural: *El **coloso** de Rodas, una de las siete maravillas del mundo antiguo, era una estatua de 32 m de altura.* **2** Persona o cosa que sobresale en algo.

coludir *vb.* {prnl.} Cometer actos de colusión: *Para aprobar el convenio colectivo, la patronal y el dirigente se **coludieron** en contra de los trabajadores.*

coludo *m. Salv.* y *Nicar.* Diablo.

coludo, da *adj.* **1** Que tiene la cola grande. **2** *Urug.* Que tiene la cola sin cortar.

columna *f.* **1** Pieza vertical, generalmente cilíndrica, que sirve de apoyo y sostén en una obra de arquitectura: *En la entrada de la casa construyeron un arco sostenido por dos **columnas**.* **2** Bloque de cosas colocadas unas sobre las otras o formando grupos compactos: *Este diccionario tiene dos **columnas** de texto en cada página.* **3** Grupo de soldados formados en líneas angostas y largas. **4** *loc.* ~ **vertebral,** conjunto de huesos que forman el eje del esqueleto y que van del cuello hasta el final de la espalda: *El doctor me dijo que tenía un poco desviada la **columna vertebral** y que debía usar una faja para enderezarla.*

columnata *f.* Serie de columnas, separadas a intervalos regulares, que sustentan o adornan un edificio: *La **columnata** del Partenón de Atenas es uno de los ejemplos de arquitectura clásica más conocidos.*

columnista ***m.*** y ***f.*** Colaborador de un diario que tiene a su cargo la redacción de una sección especial: *Mi primo es* ***columnista*** *de deportes en el diario de mi pueblo.*

columpiar ***vb.*** {tr. y prnl.} Balancear algo hacia adelante y hacia atrás: *La niña* ***columpiaba*** *las piernas porque la silla era alta y no alcanzaba el suelo con los pies.*

columpio ***m.*** Asiento colgado de dos cuerdas o cadenas, que sirve para mecerse: *Cuando voy al parque, siempre juego un rato en los* ***columpios.*** SIN. **balancín, hamaca.**

colusión ***f.*** Pacto o acuerdo entre dos o más personas en contra de una tercera.

coma ***f.*** Signo ortográfico (,) que indica una pausa breve en la oración: *La maestra me dijo que al leer me fijara cómo se usan las* ***comas,*** *porque en mis trabajos me sobran o me faltan.*

coma ***m.*** Estado de un enfermo en el que éste ha perdido la conciencia y la capacidad para moverse: *Los doctores no dan muchas esperanzas, porque Ramiro está en* ***coma.***

comadre ***f.*** **1** Madrina de un niño respecto de sus padres, y madre del niño respecto a los padrinos de éste: *Mi madrina y mi mamá son* ***comadres*** *entre sí.* **2** ***Fam.*** Vecina y amiga muy cercana.

comadrear ***vb.*** {intr.} ***Fam.*** Chismear, murmurar entre comadres: *En el lavadero, las vecinas se la pasaban* ***comadreando.***

comadreja ***f.*** Mamífero carnívoro nocturno, de cuerpo alargado de color marrón y blanco, patas cortas y que también come huevos.

comadrón, drona ***m.*** y ***f.*** Auxiliar médico que ayuda en los partos: *Mi hermana tuvo a su hijo en la casa con la ayuda de una* ***comadrona.***

comal ***m. Amer. C.*** y ***Méx.*** Objeto en forma de disco plano y delgado, de metal o barro sin vidriar, que se usa para asar alimentos, tostar granos y cocer tortillas: *En México, tradicionalmente las tortillas se cuecen en* ***comal.***

comanche ***adj./m.*** y ***f.*** Pueblo amerindio de América del Norte que fue prácticamente extinguido durante el siglo XIX: *Los pocos* ***comanches*** *que sobreviven actualmente viven en una reserva en Oklahoma, Estados Unidos de América.*

comandancia ***f.*** **1** Cargo de comandante. **2** Lugar donde ejerce su cargo el comandante: *Toda la tropa sublevada fue a dar a la* ***comandancia.***

comandante ***m.*** **1** Oficial del ejército: *El grado de* ***comandante*** *está entre el de capitán y el de teniente coronel.* **2** Piloto de mando de naves aéreas: *Cuando los pasajeros subieron al avión, el* ***comandante*** *les deseó un feliz viaje.*

comandar ***vb.*** {tr.} **1** Mandar una flota, un ejército. **2** Dirigir una operación militar: *El coronel Rodríguez* ***comandó*** *la operación de rescate de los rehenes.*

comando ***m.*** Pequeño grupo de soldados entrenados para realizar misiones especiales, por lo general riesgosas: *Gerardo pertenecía a un* ***comando*** *encargado de desactivar minas.*

comarca ***f.*** Territorio con características propias, más pequeño que una región: *Me compré un mapa que tiene señaladas las regiones y las* ***comarcas.***

comba ***f.*** **1** Curva que toman algunos cuerpos sólidos: *Esta mesa tiene mucha* ***comba,*** *así que no podemos usarla para dibujar.* **2** ***Esp.*** Juego de niños en que se salta con una cuerda. SIN. **reata, cuerda.**

combado, da ***adj.*** En forma de comba.

combar ***vb.*** {tr.} Dar forma de comba.

combate ***m.*** **1** Lucha, especialmente entre gente armada: *Los ejércitos de los dos países tuvieron* ***combates*** *muy duros pero ahora ya han firmado la paz.* **2** Lucha que se realiza para terminar con algo: *El* ***combate*** *contra el deterioro de la naturaleza debe ser constante.*

combatiente ***m.*** y ***f.*** Persona que toma parte directa en un combate, guerra o riña: *El ejército perdió muchos* ***combatientes*** *en la batalla.*

combatir ***vb.*** {tr. y prnl.} **1** Oponerse: *Si no se* ***combate*** *la contaminación, será muy difícil vivir en la Tierra.* **2** Luchar contra algo para que desaparezca: *Nos pusimos delante del fuego para* ***combatir*** *el frío.*

combatividad ***f.*** Propensión o disposición a la lucha: *El proletariado demostró su* ***combatividad*** *en las calles.* ANT. **pacifismo.**

combativo, va ***adj.*** Que tiene tendencia o está dispuesto para el combate o la polémica: *La actitud* ***combativa*** *de ese sindicato ha logrado muchas mejoras para sus agremiados.*

combinación ***f.*** **1** Acción y efecto de unir o mezclar cosas diferentes: *Mi papá hizo una* ***combinación*** *de licores para obtener un cóctel.* **2** Prenda interior femenina de una sola pieza: *Como el vestido es de tela muy transparente, lo uso con una* ***combinación*** *debajo.* SIN. **fondo.**

combinado ***m.*** **1** Bebida compuesta de varias. **2** Equipo formado por jugadores de varios clubes.

combinado, da ***adj.*** Que combina.

combinar ***vb.*** {tr.} **1** Unir cosas diversas de manera que formen algo equilibrado: *Marta se veía bonita para la fiesta, combinó muy bien el vestido con los zapatos y el saco.* **2** Disponer elementos para conseguir un fin: *Si* ***combinamos*** *tu guiso con mis verduras, comeremos muy bien el día de hoy.*

combinatoria ***f.*** Parte de la matemática que trata lo referido a las posibilidades de combinación y variaciones dentro de un conjunto.

combinatorio, ria ***adj.*** **1** Relativo a la combinación. **2** Relativo a la combinatoria.

combo ***adj.*** Que tiene forma de comba.

combo ***m.*** **1** Grupo musical que toca música popular (Cuba) o salsa (Venez.). **2** Martillo grande de madera.

comburente ***adj./m.*** Sustancia que, al combinarse con otra, produce la combustión: *El oxígeno es* ***comburente,*** *por eso con el aire se extienden los incendios.*

combustible ***adj.*** Que arde con facilidad: *La madera seca es un material* ***combustible.***

combustible ***m.*** Material cuya combustión produce energía: *La nafta o gasolina se usa como* ***combustible*** *para hacer funcionar muchos vehículos.*

combustión ***f.*** Acción y efecto de arder o quemar: *La* ***combustión*** *de la leña de la chimenea calienta la casa.*

comedero ***m.*** **1** Local donde se sirve comida. SIN. **comedor, fonda.** **2** Recipiente para comer las mascotas: *Al lado del* ***comedero*** *había instalado una cámara para filmar a las aves que se acercaran.*

comedia ***f.*** **1** Obra de teatro o de cine divertida y de final feliz: *Vi una* ***comedia*** *que me hizo reír todo el tiempo.* **2** Farsa o fingimiento: *Su mamá le dijo que dejara de hacer esa* ***comedia*** *del dolor de cabeza, porque quería engañarla para no ir a la escuela.*

comediante, ta ***m.*** y ***f.*** **1** Persona que trabaja como actor de cine o teatro: *Si Ramón sigue actuando así, llegará a ser un buen* ***comediante.*** **2** Persona farsante y mentirosa: *Julieta es una buena* ***comedianta*** *y nunca sé cuándo creerle.*

comedido, da ***adj.*** Servicial.

comedimiento ***m.*** Servicio que se presta con buena disposición.

comediógrafo, fa ***m.*** y ***f.*** Persona que escribe comedias.

comedir ***vb. irreg.*** {tr. y prnl.} **Modelo 47. 1** Moderarse, contenerse: *Le dije que tenía que* ***comedir*** *sus expresiones de amor, porque todavía no sabe si ella siente lo mismo por él.* **2** ***Amér.*** Ofrecerse o disponerse para alguna cosa: *El abuelo* ***se comidió*** *a llevar a los niños al circo.* SIN. **acomedirse.**

comedón ***m.*** Acumulación de grasa en un poro, que tiene el extremo exterior negro: *Por no quitarse bien el maquillaje, a Nidia le salieron* ***comedones.*** SIN. **espinilla.**

comedor ***m.*** **1** Habitación donde se come: *Nos dijeron que pasáramos al* ***comedor,*** *porque la comida ya estaba servida.* **2** Conjunto de muebles que se utilizan en el lugar donde se come: *Mis tíos compraron un* ***comedor*** *con una mesa redonda y seis sillas.* **3** Local donde se sirve la comida: *Muchos estudiantes frecuentan el* ***comedor*** *de la Universidad.*

comején ***m.*** Insecto que daña estructuras de madera. SIN. **termita.**

comelón, lona ***adj./m.*** y ***f.*** Que come mucho: *El muy* ***comelón*** *pidió tres guisos diferentes cuando comimos.*

comendador ***m.*** **1** Cargo o dignidad en órdenes religiosas o militares. **2** Encomendero.

comensal ***m.*** y ***f.*** Cada una de las personas que comen en una misma mesa: *Después de cenar, los* ***comensales*** *se quedaron charlando mientras tomaban el café.*

comentar ***vb.*** {tr.} **1** Explicar o hablar de algo para entenderlo mejor: *En clase* ***comentamos*** *las lecturas y después escribimos sobre ellas.* **2** Divulgar una información que no debería contarse: *Raúl es una persona indiscreta que* ***comenta*** *todo lo que pasa en la oficina.*

comentario ***m.*** Opinión que se dice o escribe sobre alguien o algo: *Los* ***comentarios*** *del locutor de fútbol me permitieron entender la importancia de algunas jugadas del delantero.*

comentarista ***m.*** y ***f.*** **1** Persona que escribe comentarios. **2** Persona que comenta noticias en un medio de comunicación masiva.

comenzar ***vb. irreg.*** {tr. e intr.} **Modelo 4.** Empezar, dar principio a algo: *El año* ***comienza*** *el primero de enero.*

comer ***vb.*** {tr. e intr.} **1** Tomar alimento: *No es posible vivir sin* ***comer.*** **2** Tomar la comida principal del día: *En mi casa siempre* ***comemos*** *a las dos de la tarde.* **3** Gastar o destruir: *El sol se* ***ha comido*** *la pintura de la puerta de mi casa.* **4** En algunos juegos de mesa, ganar piezas: *Se acabó la partida de damas cuando uno de los jugadores se* ***comió*** *todas las fichas del otro.*

comercial ***adj.*** Relativo al comercio: *En un centro* ***comercial*** *encontrarás muchos tipos de tiendas.*

comercial ***m. Méx.*** Mensaje de la televisión o de la radio en el que se hace la publicidad de algún producto: *No me gusta ver filmes en la televisión porque siempre los interrumpen para pasar* ***comerciales.***

comercialismo ***m.*** Propensión a anteponer el interés comercial sobre cualquier otro valor: *El día de la madre se instituyó con un afán* ***comercialista.***

comercializable ***adj.*** Que se puede comercializar.

comercialización ***f.*** Venta de productos y mercancías: *Para ayudar a la* ***comercialización*** *de artesanías en el exterior, se bajó el impuesto correspondiente.*

comercializador, ra ***adj.*** Que se dedica a la comercialización.

comercializador, ra ***m.*** y ***f.*** Persona que se dedica a comercializar.

comercializar ***vb.*** {tr.} Vender un producto o ponerlo en circulación para su venta.

comerciante ***m.*** y ***f.*** Persona que se gana la vida vendiendo productos: *Muchos* ***comerciantes*** *cierran sus negocios los domingos.*

comerciar ***vb.*** {intr.} Comprar y vender productos: *Mi tío* ***comercia*** *con libros usados.*

comercio ***m.*** **1** Acción y efecto de comprar y vender cosas: *Su hermana se dedica al* ***comercio*** *de cremas de belleza.* **2** Tienda: *El* ***comercio*** *de mi madre está en la calle de Cedros número 25.*

comestible ***adj.*** Que se puede comer: *Algunos hongos son* ***comestibles*** *y otros son venenosos.*

comestible ***m.*** Producto alimenticio: *Andrés tiene una tienda de* ***comestibles*** *en el centro de la ciudad.*

cometa ***f.*** Juguete de tela o papel colocado en un armazón plano y ligero, que se hace volar mediante una larga cuerda: *Los niños dejaron de jugar con sus* ***cometas*** *cuando vieron aparecer nubes de lluvia.* SIN. **papalote, barrilete.**

cometa ***m.*** Astro con un núcleo poco denso y una larga cola luminosa: *El* ***cometa*** *Halley se puede ver desde la Tierra cada 76 años.*

cometario, ria ***adj.*** Relativo a los cometas.

cometer ***vb.*** {tr.} Realizar una acción que se considera falta, error o delito: *Rubén* ***cometió*** *una infracción por manejar a muy alta velocidad y tuvo que pagar la multa.*

cometido ***m.*** Comisión, encargo: *Cecilia tiene el* ***cometido*** *de atender a las visitas mientras sus padres terminan de preparar la cena.*

comezón ***f.*** **1** Picor, sensación que hace que uno quiera rascarse: *Los piquetes de moscos dan* ***comezón.*** **2** Inquietud, impulso: *Tengo la* ***comezón*** *de ir a gastarme el dinero que me regalaron por mi cumpleaños.*

comible ***adj.*** Que se deja comer.

cómic ***m.*** **Palabra de origen inglés.** Libro, revista o tira que cuenta una historia por medio de dibujos: *Mi mamá me dijo que podía leer mis* ***cómics*** *cuando terminara el trabajo escolar.* SIN. **historieta, tebeo.**

comicial ***adj.*** Relativo a los comicios.

comicidad ***f.*** Gracia y humor de algo o alguien: *La película apelaba a la* ***comicidad*** *que provoca lo inesperado.*

comicios ***m. pl.*** Elecciones: *Los* ***comicios*** *para elegir presidente tendrán lugar el próximo domingo.*

cómico, ca ***adj.*** **1** Que hace reír: *El programa de televisión estuvo tan* ***cómico*** *que me hizo reír toda la tarde cada vez que lo recordaba.* **2** Relativo a las comedias, obras divertidas y de final feliz.

cómico, ca ***m.*** y ***f.*** Actor que hace reír: *Charles Chaplin fue uno de los mejores* ***cómicos*** *del siglo XX.*

comida ***f.*** **1** Conjunto de sustancias que nutren al organismo: *Me gusta preparar mi* ***comida*** *con productos frescos.* SIN. **alimento. 2** Alimento que se toma al mediodía: *Siempre hago un desayuno ligero, una* ***comida*** *fuerte y para la cena sólo como una fruta.*

comidilla ***f. Fam.*** Tema o motivo de chisme o murmuración: *La gente de mi pueblo es muy conservadora y, como Laura vive sola, se ha vuelto la* ***comidilla*** *del pueblo.*

comido, da ***adj.*** **1** Que ya comió. **2** ***loc.*** **Pan ~,** algo fácil: *Ni siquiera estudié: el examen es* ***pan comido.***

comienzo ***m.*** Principio, origen: *El* ***comienzo*** *del curso es en septiembre.*

comillas ***f. pl.*** Signo ortográfico con que se encierran las citas o expresiones inusuales o que se quieren destacar: *Hay varios tipos de* ***comillas:*** *las simples (‘ ’), las normales (“ ”) y las angulares o francesas («»).*

comilón, lona ***adj.*** Que come mucho.

comilona ***f.*** Comida variada y muy abundante: *Me invitaron a una fiesta y me advirtieron que iba a haber una* *comilona, así que más me vale no comer nada antes.* SIN. **festín.**

comino ***m.*** **1** Planta de flores rojas o blancas y semillas aromáticas: *El arroz quedó muy rico porque le puse un poco de* ***comino.*** **2** *loc.* **Un ~,** cosa de muy poco valor: *Me importa* ***un comino*** *los chismes que digan de mí, porque sé que son mentiras.*

comisaría ***f. Esp.*** y ***R. de la P.*** Oficina de la policía.

comisariato ***m. Colomb., Nicar.*** y ***Pan.*** Almacén.

comisario, ria ***m.*** y ***f.*** Persona que, comisionada para ello por una autoridad superior, desempeña una función o cargo: *El* ***comisario*** *ejidal intervendrá para la solución del problema de límites entre las parcelas de los Juárez y los Godínez.*

comisión ***f.*** **1** Encargo: *El ayudante cumplió la* ***comisión*** *que su jefe le encomendó.* **2** Porcentaje que cobra un vendedor: *Trabaja en una tienda de ropa y cobra una* ***comisión*** *del 3% por cada prenda que vende.* **3** Conjunto de personas encargadas de algo: *Una* ***comisión*** *de vecinos habló a las autoridades de los problemas que hay en el barrio.*

comisionado, da ***m.*** y ***f.*** Encargado de una comisión: *El Alto* ***Comisionado*** *de la ONU hizo afirmaciones incómodas para los políticos.*

comisionar ***vb.*** {tr.} Encargar una función a alguien delegándole poder para realizarla: ***Comisionaron*** *a los del grupo B para vigilar que se mantenga el aseo en los baños de la escuela: si sorprenden a alguien ensuciando o pintando en las paredes, lo llevarán a la dirección.*

comisionista ***m.*** y ***f.*** Persona que trabaja por comisiones: *Los* ***comisionistas*** *estaban descontentos porque nunca les pagaban reparto de utilidades.*

comisura ***f.*** Punto de unión de los labios y de los párpados: *Laura se ve rara porque no se pintó las* ***comisuras*** *de los labios, sino sólo la parte central.*

comité ***m.*** Grupo pequeño de personas encargadas de tratar algún asunto a nombre de una colectividad mayor.

comitiva ***f.*** Conjunto de personas que acompañan a otra de rango mayor: *El embajador llegó rodeado por su* ***comitiva*** *de secretarios y ayudantes.* SIN. **séquito.**

cómo ***adv.*** **1** De qué modo o manera: *"No sé* ***cómo*** *resolver este problema matemático", me dijo mi hermano menor.* **2** Por qué motivo: ***"¿Cómo*** *dices eso? A mí no me molesta que vengas a dormir a mi casa", dije a mi amiga.*

como ***adv.*** **1** Según, conforme: *Haz los demás ejercicios de matemáticas* ***como*** *lo indica el ejemplo.* **2** Indica idea de que una cosa es equivalente, parecida o igual a otra: *María tiene un vestido* ***como*** *el de Chela.* **3** De manera aproximada: *En el teatro había* ***como*** *cincuenta espectadores viendo la obra.* **4** En calidad de: *Horacio fue llamado* ***como*** *testigo en el caso del robo a la joyería.*

como ***conj.*** **1** Porque: ***Como*** *llegué tarde al teatro, ya no pude entrar a ver la obra.* **2** Si, en caso que: *"****Como*** *me desobedezcas, no te daré permiso de ir a la fiesta" me dijo mi madre.*

¡cómo! ***interj.*** Denota enfado o extrañeza: *"****¡Cómo!****, ¿no sabes que Leoncio reprobó dos materias?", me dijo Santiago.*

cómoda ***f.*** Mueble con tablero de mesa y cajones: *Puse los calcetines en el segundo cajón de la* ***cómoda*** *y en el tercero puse los pantalones.*

comodato ***m.*** Contrato en que se da o recibe en préstamo una cosa con el compromiso de no destruirla y devolverla.

comodidad ***f.*** **1** Calidad de lo que da bienestar, de lo que no molesta: *"Estás ocupando toda la cama porque sólo piensas en tu* ***comodidad****", dije a mi hermano.* **2** Conjunto de ventajas que hacen que alguien viva a gusto y de manera confortable: *Esta casa tiene todas las* ***comodidades,*** *por eso no quiero mudarme.*

comodín ***m.*** **1** En algunos juegos de naipes, carta que toma el valor que quiera darle el que la tiene: *Me faltaba una carta para ganar, pero como me salió un* ***comodín*** *les gané a todos.* **2** Lo que sirve para fines diversos: *Pablo es el* ***comodín*** *del equipo de baloncesto, por eso el entrenador lo coloca en el lugar que más le conviene.*

comodino, na ***adj. Méx.*** Que no quiere hacer esfuerzos: *Mi hermano es tan* ***comodino*** *que se las arregla para que todos limpiemos la casa y él no haga nada.*

cómodo ***m. Méx.*** Recipiente que usan para defecar los enfermos que no pueden levantarse de la cama.

cómodo, da ***adj.*** **1** Que contribuye a que uno se sienta a gusto: *Esta silla es más* ***cómoda*** *que aquélla porque es más grande y suave.* **2** Que resulta fácil: *La máquina de coser eléctrica es más* ***cómoda*** *que la mecánica.*

comoquiera ***adv.*** De cualquier manera.

compact disc ***m.*** **Palabras de origen inglés.** Disco compacto: *En un* ***compact disc*** *cabe mucha información en poco espacio.*

compactar ***vb.*** {tr.} Apretar algo para hacerlo compacto: *Los muchachos* ***compactaron*** *su ropa para que cupiera en la mochila.*

compacto, ta ***adj.*** De textura apretada y poco porosa: *El pan sin levadura es* ***compacto*** *porque no puede esponjarse.*

compadecer ***vb. irreg.*** {tr. y prnl.} **Modelo 39.** Compartir la desgracia ajena: ***Me compadezco*** *de los niños que no tienen comida y por eso trato de ayudarlos.*

compadrazgo ***m.*** Parentesco que contrae alguien con los padres de un niño cuando acepta ser su padrino: *Mi padrino tiene* ***compadrazgo*** *con mi papá y mi mamá.*

compadre ***m.*** **1** Padrino de un niño respecto a sus padres: *Mi padrino es* ***compadre*** *de mi papá.* **2** ***Fam.*** Amigo, compañero.

compadrear ***vb.*** {intr. y prnl.} ***Argent., Par.*** y ***Urug.*** Jactarse, vanagloriarse.

compaginación ***f.*** Orden de las cosas que guardan relación entre sí: *Terminaron muy tarde la* ***compaginación*** *del libro porque no habían numerado las páginas.*

compaginada ***adj.*** Relativo al ajuste de las galeras de un libro.

compaginar ***vb.*** {tr. y prnl.} Poner en buen orden cosas que guardan relación: *Antes de coser el vestido es necesario* ***compaginar*** *los dos trozos de tela.*

compañerismo ***m.*** Relación que hay entre las personas que se ayudan y se entienden: *Existe gran* ***compañerismo*** *entre esos dos niños, por eso se ayudan en todo.*

compañero, ra ***m.*** y ***f.*** Persona que juega, trabaja o vive con otra: *Iré a la playa con mis* ***compañeros*** *de escuela.* SIN. **amigo, cuate, camarada.**

compañía ***f.*** **1** Efecto de acompañar: *A Raúl le gusta la* ***compañía*** *de Blanca porque ella es muy inteligente y amable.* **2** Persona o cosa que acompaña: *Estuvimos en el hospital para hacerle* ***compañía*** *a mi tío que está enfermo.* **3** Sociedad comercial: *Eduardo trabaja en una* ***compañía*** *de seguros.* **4** Unidad al mando de un capitán: *Durante la guerra mi abuelo perteneció a una* ***compañía*** *de infantería.* **5** Grupo de actores: *La* ***compañía*** *de teatro de mi escuela representó una obra clásica de la literatura española.*

comparable ***adj.*** Que tiene cosas o rasgos en común con otro objeto: *Estos dos dibujos son* ***comparables*** *porque en los dos hay un paisaje con un río y montañas.*

comparación *f.* Análisis de dos o más personas o cosas para ver sus parecidos o sus diferencias: *Hicimos la **comparación** entre los dos cuentos y estuvimos de acuerdo en que el primero era mejor que el segundo.*

comparar *vb.* {tr.} Examinar o analizar dos o más cosas para descubrir sus diferencias o semejanzas: *Ya **comparé** los precios entre esas cuatro tiendas y nos conviene comprar la comida en la segunda que visité.*

comparativo, va *adj.* Que compara o sirve para comparar: *La maestra nos explicó que "Pedro es más grande que Julio" es una frase **comparativa**.*

comparecencia *f.* Acción de presentarse alguien en un lugar cuando se le pide.

comparecer *vb. irreg.* {intr.} **Modelo 39. 1** Presentarse alguien ante un juez cuando éste lo solicita. **2** Presentarse un ministro o funcionario público a solicitud de la Cámara de Diputados o la de Senadores.

compareciente *adj.* Relativo a la comparecencia.

comparsa *f.* Persona que representa papeles de poca importancia en el teatro.

compartido, da *adj./m.* **1** Generoso: *Héctor, durante el noviazgo, solía ser muy **compartido;** luego del matrimonio se convirtió en un tacaño.* **2** *loc.* **Tiempo ~.** *Amér.* Sistema de propiedad en condominio en el que se disfrutan tiempos determinados.

compartimentación *f.* División de algo en partes más pequeñas.

compartimentar *vb.* {tr.} Dividir algo en partes más pequeñas: *Los estafadores **compartimentaron** su organización para evitar que los atraparan.*

compartimento o **compartimiento** *m.* Cabina o departamento en que está dividida una cosa o lugar: *Había seis personas en el **compartimento** del tren en el que viajé.*

compartir *vb.* {tr.} **1** Tener o usar cosas entre varias personas: *Andrea **compartió** con su amiga los dulces que le regalaron.* **2** Ser de la misma opinión.

compás *m.* **1** Instrumento de dos brazos que se abren y cierran, acabados en punta, que sirve para trazar curvas y medir distancias: *En la clase de matemáticas me pidieron una regla, una escuadra y un **compás** para hacer figuras geométricas.* **2** En música, ritmo de una pieza musical: *Cuando llegó el director, nos pusimos nerviosos y perdimos el **compás** de la canción.*

compasión *f.* Sentimiento de lástima por el padecimiento ajeno: *Mi madre regala juguetes a los niños de ese hospital porque siente **compasión** por ellos.*

compasivo, va *adj.* Que siente lástima por el dolor y la desgracia de los demás: *Es tan **compasiva,** que le daría de comer a todos los perros callejeros si tuviera dinero para hacerlo.*

compatibilidad *f.* **1** Calidad de compatible: *La **compatibilidad** de gustos entre Laura y Sofía las ha convertido en buenas amigas.* **2** En informática, el que una computadora pueda ejecutar programas escritos para otra sin necesidad de traducción o de reescritura.

compatibilización *f.* Acción de compatibilizar.

compatible *adj.* Que puede ocurrir o hacerse junto con otra cosa: *El trabajo y el estudio de mi hermano son **compatibles:** estudia por la mañana y trabaja por la tarde.*

compatriota *m.* y *f.* Persona nacida en el mismo país que otra: *Cuando me fui de viaje a Japón, encontré a un grupo de **compatriotas** que también estaban de visita allá.*

compendiar *vb.* {tr.} Resumir lo esencial de un tema.

compendio *m.* Breve exposición de lo más esencial de una materia: *Adquirí un **compendio** de jardinería porque quiero empezar a aprender sobre el tema.*

compenetración *f.* Identificación de cosas o personas afines: *Existía tanta **compenetración** entre ellos, que no necesitaban palabras para comunicarse.*

compenetrarse *vb.* {prnl.} Identificarse y entenderse muy bien dos o más personas entre ellas: *José y yo **nos hemos compenetrado** y por eso trabajamos muy bien juntos.*

compensación *f.* **1** Establecimiento de un equilibrio. **2** Pago que se hace en retribución de servicios o como liquidación de una deuda. **3** Acción que se realiza para compensar un daño.

compensar *vb.* {tr. y prnl.} **1** Nivelar o equilibrar el efecto de una cosa con el de otra: *Julio **compensa** su falta de belleza con su gran simpatía.* **2** Dar o hacer una cosa en pago del daño causado: *Llegué a la cita con media hora de retraso y **compensé** mi tardanza con unas flores para mi novia.*

competencia *f.* **1** Aptitud, capacidad para hacer algo: *Luis tiene **competencia** para resolver problemas de álgebra, creo que podría ser un buen matemático.* **2** Obligación de hacer una cosa: *La persecución de los delitos es **competencia** de la policía.* **3** Rivalidad: *La **competencia** entre los dos equipos es muy grande porque ambos son muy importantes.* **4** *Argent., Colomb., Méx., Par., Perú* y *Venez.* Prueba deportiva en la que se busca la victoria. Sin. **competición.**

competente *adj.* Experto, apto: *Margarita es muy **competente** en su trabajo, por eso sus jefes le aumentaron el salario.* Ant. **incompetente.**

competer *vb.* {intr.} Pertenecer, tocar o incumbir a uno una cosa: *A mis padres les **compete** darme de comer y a mí ser buen estudiante.*

competición *f.* Hecho de enfrentarse dos o más personas para lograr lo mismo, sobre todo en deportes. Sin. **competencia.**

competidor, ra *m.* y *f.* Persona que participa en una lucha con otras por conseguir la misma cosa: *Los **competidores** de los cien metros planos salieron casi volando cuando sonó la señal.*

competir *vb. irreg.* {intr.} **Modelo 47.** Luchar dos o más personas para lograr la misma cosa: *Los atletas **compiten** por llegar en primer lugar a la meta.*

competitivo, va *adj.* Que practica o le gusta la competencia.

compilación *f.* Colección de documentos, leyes o noticias: *Hicimos una **compilación** de letras de canciones populares.*

compilador, ra *adj.* Que compila. Sin. **recopilador.**

compilar *vb.* {tr.} Reunir en una sola obra partes o textos de otras: *El autor **compiló** en este libro los cuentos más famosos de sus otros libros.*

compinche *m.* y *f.* *Fam.* Compañero, camarada, socio, amigo: *El ladrón y su **compinche** fueron a parar a la cárcel después de que los agarró la policía.*

complacer *vb. irreg.* {tr. y prnl.} **Modelo 39. 1** Ceder a lo que otra persona quiere: *Mi hermano **complació** a su novia y dejó de fumar.* **2** Hallar plena satisfacción en una cosa: ***Me complace** que León haya ganado la carrera porque es muy buen deportista.*

complaciente *adj.* Se dice de la persona que hace cosas para agradar a otras: *La vendedora es muy **complaciente** y te muestra de manera amable toda la ropa que le pidas.*

complejidad *f.* Dificultad: *La **complejidad** de su carácter hacía difícil que se relacionara con los demás.*

complejo *m.* **1** Conjunto de cosas: *Están construyendo un **complejo** comercial cerca de mi casa.* **2** Sentimiento de inferioridad: *Tiene **complejo** de tonto porque siente que* *no es tan inteligente como su hermano.* **3** *loc.* **Número ~,** en matemáticas, número que consta de una parte real y otra imaginaria.

complejo, ja ***adj.*** Que es difícil: *No puedo resolver este cálculo porque está muy* ***complejo.*** SIN. **complicado.**

complementar ***vb.*** {tr.} **1** Añadir algo a una cosa: *La tesis se* ***complementó*** *con encuestas de campo.* **2** Agregar complementos a las palabras.

complementariedad ***f.*** Lo que completa o añade algo.

complementario, ria ***adj.*** Que complementa algo.

complemento ***m.*** Cosa que se añade a otra para completarla: *El* ***complemento*** *de su vestido blanco con flores serían unos zapatos de color claro.*

completar ***vb.*** {tr.} Hacer que algo quede terminado: *Ayer* ***completé*** *mi colección porque conseguí las dos figuras que me faltaban.*

completivo, va ***adj./f.*** En lingüística, oración subordinada que tiene la función de complemento directo: *En la oración "Mi mamá me dijo que fuera a ver esa obra de teatro", "que fuera a ver esa obra de teatro" es una oración* ***completiva.***

completo, ta ***adj.*** **1** Entero, íntegro: *Tengo una colección* ***completa*** *de música cubana porque me gusta muchísimo.* **2** Acabado, perfecto: *Tu dibujo no está* ***completo,*** *tienes que terminarlo para que te califique la maestra.* **3** *Esp.* Lleno, sin lugar disponible: *No pude ver la obra porque el teatro estaba* ***completo.***

complexión ***f.*** Constitución física de una persona o animal.

complicación ***f.*** **1** Contratiempo, cosa imprevista: *No pude llegar a tiempo porque tuve una* ***complicación*** *en la escuela.* **2** Dificultad: *Es muy difícil este problema, tiene muchas* ***complicaciones,*** *pero lograré resolverlo.*

complicado, da ***adj.*** Que es difícil de comprender: *Esta historia es muy* ***complicada,*** *así que voy a tener que leerla otra vez.* SIN. **complejo.**

complicar ***vb. irreg.*** {tr. y prnl.} **Modelo 17.** Dificultar, enredar, confundir.

cómplice ***m.*** y ***f.*** Persona que colabora en un delito: *El ladrón denunció a sus* ***cómplices*** *en el asalto.*

complicidad ***f.*** Colaboración en un delito: *El detective tuvo que demostrar la* ***complicidad*** *de los amigos del asesino.*

complot ***m.*** **Palabra de origen francés.** Planes secretos para atacar a alguien: *Se descubrió un* ***complot*** *de unos fanáticos para secuestrar al artista famoso.* SIN. **conspiración.**

componedor ***m. Argent., Chile*** y ***Colomb.*** Persona diestra para curar dislocaciones de huesos.

componenda ***f.*** Arreglo o transacción de dudoso carácter. SIN. **transa.**

componente ***adj./m.*** Que forma parte de la composición de algo: *El oxígeno y el hidrógeno son los* ***componentes*** *del agua.*

componer ***vb. irreg.*** {tr. y prnl.} **Modelo 27. 1** Reunir varios elementos para formar una cosa: *Estos once niños* ***componen*** *el equipo de fútbol.* **2** Reparar lo estropeado o roto: *El técnico* ***va a componer*** *el televisor que no sirve.* **3** Producir obras literarias o musicales: *El famoso músico Beethoven* ***compuso*** *nueve sinfonías.* **4** ***Argent., Chile, Colomb., Guat., Perú*** y ***Urug.*** Colocar en su lugar los huesos dislocados. **5** Constituir, formar: *El esqueleto* ***se compone*** *de huesos.* **6** Ponerse más bonito: *Los gatitos son feos cuando nacen, pero a los pocos días* ***se componen.***

comportamiento ***m.*** Conjunto de conductas propias de un individuo: *Carlos tiene muy buen* ***comportamiento,*** *no desobedece a sus padres y le gusta tener sus cosas bien ordenadas.*

comportar ***vb.*** {prnl.} Tener un comportamiento determinado: *Este alumno* ***se comportó*** *mal en la clase y el profesor le llamó la atención.*

composición ***f.*** **1** Mezcla o agrupación de los elementos que forman algo: *En el laboratorio estudiamos la* ***composición*** *del oro y otros minerales.* **2** Obra científica, literaria o musical: *El músico alemán Bach escribió muchas* ***composiciones*** *musicales.* **3** Redacción o texto breve sobre un tema determinado: *La maestra nos encargó hacer una* ***composición*** *sobre la primavera.*

composicional ***adj.*** Relativo a la composición.

compositivo, va ***adj.*** Que forma parte de algo: *Las partículas* ***compositivas*** *de este elemento son visibles sólo con microscopio electrónico.*

compositor, ra ***m.*** y ***f.*** Persona que crea y escribe música: *El músico austriaco Wolfgang Amadeus Mozart fue un gran* ***compositor.***

composta ***f.*** Mezcla de desperdicios orgánicos que se usa como fertilizante.

compostura ***f.*** **1** Reparación de una cosa descompuesta: *La* ***compostura*** *de la televisión me costó más dinero que si hubiera comprado una nueva.* **2** Moderación, prudencia: *Claudia guardó la* ***compostura*** *durante la discusión, aunque su hermana no dejaba de insultarla.*

compota ***f.*** Fruta hervida con agua y azúcar: *En la comida de hoy tuvimos* ***compota*** *de peras como postre.*

compra ***f.*** **1** Hecho de obtener una cosa a cambio de una cantidad de dinero: *"Tengo que ir de* ***compras,*** *porque me hacen falta cosas para la comida", dijo mi madre antes de ir al mercado.* **2** Lo adquirido a cambio de dinero: *Este libro fue la última* ***compra*** *que hice ayer en la tienda.*

comprador, ra ***m.*** y ***f.*** Persona que adquiere algo a cambio de dinero: *Hay varios* ***compradores*** *interesados en esta casa.*

comprar ***vb.*** {tr.} **1** Adquirir algo por dinero: *Mi hermano* ***comprará*** *una bicicleta con el dinero que ha ahorrado.* **2** *Fam.* Sobornar: *El acusado quiso* ***comprar*** *a las autoridades para salir libre, pero no lo consiguió.*

compraventa ***f.*** Contrato en el que dos personas se comprometen, una a vender algo en ciertas condiciones, y la otra a pagar por lo vendido: *Ya firmaron la* ***compraventa*** *del terreno, ahora falta sacar las escrituras.*

comprender ***vb.*** {tr.} **1** Abarcar, incluir dentro de sí: *Esta enciclopedia de historia* ***comprende*** *cinco tomos.* **2** Entender: *No* ***comprendo*** *el japonés porque nunca lo he estudiado.*

comprensible ***adj.*** Que se puede entender bien: *Habla de manera más* ***comprensible,*** *porque no entiendo lo que dices.*

comprensión ***f.*** Facultad para entender algo: *Este problema es de fácil* ***comprensión,*** *no como el otro, que nadie entiende.*

comprensivo, va ***adj.*** Que es tolerante con los demás porque entiende sus ideas, motivos y comportamiento: *Mis papás son muy* ***comprensivos*** *y puedo hablar con ellos de cualquier cosa.*

compresa ***f.*** Lienzo fino o gasa para usos médicos: *Al paciente le pusieron una* ***compresa*** *con alcohol para desinfectarle la herida.*

compresor ***m.*** Aparato que sirve para disminuir el volumen de los gases o líquidos.

comprimido ***m.*** Pastilla curativa: *Tenía tos y el médico me dijo que tomara unos* ***comprimidos*** *para curarme.*

comprimido, da ***adj.*** Reducido a menor volumen.

comprimir ***vb.*** {tr. y prnl.} Reducir por presión el volumen de algo: *Tuve que* ***comprimir*** *la basura para que cupiera en el cesto.*

comprobable ***adj.*** Que se puede comprobar.

comprobación ***f.*** Verificación: *Para llevar a cabo la* ***comprobación,*** *solicitaron al director el laboratorio de la escuela.*

comprobado, da ***adj.*** Que funciona: *Un sistema* ***comprobado*** *debe funcionar a la perfección.*

comprobante ***m.*** Documento que sirve para atestiguar algo: *Para inscribirse en el equipo de natación, piden un* ***comprobante*** *médico donde conste que tienes buena salud.*

comprobar ***vb. irreg.*** {tr.} **Modelo 5.** Verificar, confirmar una cosa mediante una prueba: ***Comprobé*** *las sumas y los resultados eran correctos.*

comprometer ***vb.*** {tr. y prnl.} **1** Hacer que una persona decida sobre algún asunto: ***Comprometí*** *a mi hermano para que me ayudara a dibujar porque sé que le gusta mucho hacerlo.* **2** Exponer a un riesgo o peligro: *Ramiro* ***está comprometiendo*** *su calificación final por no hacer los trabajos escolares.* **3** Asignar o adquirir una obligación: ***Se comprometió*** *a entregar mañana el trabajo, pues dijo que un problema le impidió entregarlo hoy.*

comprometido, da ***adj.*** **1** Que corre peligro. **2** Que se comprometió a algo.

compromiso ***m.*** **1** Promesa u obligación: *Tengo el* ***compromiso*** *de participar en esa reunión porque todos mis amigos me lo pidieron.* **2** Dificultad, apuro: *Se vio en un* ***compromiso*** *porque no llevaba suficiente dinero para pagar lo que había comprado.*

compuerta ***f.*** Dispositivo que sirve para cortar o graduar el paso del agua de un canal, presa, etc.

compuesto ***m.*** Sustancia formada por dos o más ingredientes.

compuesto, ta ***adj.*** Que está formado por varios elementos: *"Mediodía" es una palabra* ***compuesta,*** *porque está formada por* medio *y por* día.

compulsión ***f.*** Pasión muy fuerte por algo o alguien.

compungido, da ***adj.*** Que siente dolor, tristeza, aflicción: *Pepito anda* ***compungido*** *porque su mejor amigo se fue a vivir a otra ciudad.*

compungir ***vb.*** {tr. y prnl.} Entristecer, afligir, apenar: *Esther* ***se compungió*** *mucho cuando su perico se escapó.*

computador, ra ***m.*** y ***f.*** Máquina electrónica que procesa, guarda, analiza y proporciona información: *Hice mi trabajo de matemáticas en la* ***computadora*** *y las gráficas quedaron muy bien.* Sin. **ordenador.**

computar ***vb.*** {tr.} Determinar una cantidad por el cálculo de ciertos datos: *Hay que* ***computar*** *el precio del hotel, de las comidas y del transporte, y sabremos el costo aproximado de las vacaciones.*

computarización ***f.*** **1** Instalación de computadoras en un lugar. **2** Captura y procesamiento de datos en una computadora.

computarizado, da ***adj.*** Que pasó o es el resultado del proceso de una computadora.

computarizar ***vb.*** {tr.} Procesar datos en una computadora.

cómputo ***m.*** Cálculo de datos para determinar una cantidad: *Según el* ***cómputo,*** *el candidato del partido naranja le ganó al del partido rojo por seis mil votos.*

comulgante ***adj.*** Que da o recibe la comunión.

comulgar ***vb. irreg.*** {tr. e intr.} **Modelo 17. 1** En algunas religiones, dar o recibir la comunión. **2** Coincidir en ideas o sentimientos con otra persona: *Guadalupe* ***comulga*** *con las ideas de ese grupo social, así que decidió formar parte de él.*

común ***adj.*** **1** Compartido por varios a la vez: *Los soldados duermen en un dormitorio* ***común.*** **2** Frecuente, usual: *Es* ***común*** *que haga calor en esta época del año porque es verano.* **3** Que es como la mayoría: *Es un concierto* ***común,*** *ni bueno, ni malo.* **4** *loc.* **En ~,** que se comparte entre dos o más personas: *Los vecinos del edificio tenemos un jardín* ***en común.***

comuna ***f.*** **1** Organización de personas que viven en comunidad. **2** ***Amér. C.*** y ***Amér. Merid.*** Municipio, ayuntamiento.

comunero, ra ***adj.*** **1** Relativo a la comuna. **2** Que pertenece a una comuna.

comunicación ***f.*** **1** Acción y efecto de comunicar o comunicarse: *Recibí una* ***comunicación*** *del director de la escuela.* **2** Medio de unión entre lugares: *Entre la cocina y el comedor hay una puerta de* ***comunicación.*** **3** *loc.* **Medios de ~,** conjunto de técnicas que sirven para transmitir información a gran número de lugares y personas: *La radio, la televisión y la prensa son* ***medios de comunicación.***

comunicado ***m.*** Aviso o información que se da en los diarios, en la radio o en la televisión: *El* ***comunicado*** *del presidente fue claro: habrá más empleos el año próximo.*

comunicador, ra ***m.*** y ***f.*** **1** Persona que facilita la comunicación. **2** Locutor de radio o televisión.

comunicar ***vb. irreg.*** {tr., intr. y prnl.} **Modelo 17. 1** Hacer que alguien sepa una cosa: *Andrés nos* ***comunicó*** *su proyecto de casarse.* **2** Tratar con alguien de palabra o por escrito: *Gerardo y yo sólo* ***nos comunicamos*** *por teléfono, porque vivimos en diferentes ciudades.* **3** Establecer paso de un lugar a otro: *Entre los dos pueblos hay un puente que los* ***comunica.*** **4** ***Esp.*** Dar un teléfono la señal de línea ocupada.

comunicativo, va ***adj.*** **1** Que comunica con facilidad. **2** Que se relaciona muy bien con los demás.

comunidad ***f.*** **1** Calidad de común, de compartido: *Para solucionar los problemas del edificio debemos trabajar en* ***comunidad*** *todos los vecinos.* **2** Grupo social o agrupación de personas con intereses comunes: *Los monjes viven en* ***comunidad.***

comunión ***f.*** **1** Hecho de tener ideas y metas comunes: *La* ***comunión*** *de ideas entre el equipo permitió que el trabajo saliera muy bien.* **2** En el catolicismo, sacramento de la Eucaristía. **3** *loc.* **Primera ~,** ceremonia en la que un niño o niña recibe la Eucaristía por primera vez.

comunismo ***m.*** Doctrina que habla de la desaparición de la propiedad privada y sostiene que todas las cosas deben ser para todas las personas.

comunista ***m.*** y ***f.*** Persona que es partidaria del comunismo.

comunitario, ria ***adj.*** Que pertenece a la comunidad o a la comuna.

con ***prep.*** **1** Significa el instrumento, medio o modo para hacer algo: *Escribí la nota* ***con*** *un lápiz.* **2** En compañía: *Miguel llegó* ***con*** *su novia a la fiesta.* **3** Expresa el modo de hacer algo: *Eduardo estudió* ***con*** *seriedad y mejoró sus calificaciones.* **4** Muestra el contenido de algo: *Rellené las empanadas* ***con*** *carne y queso.* **5** A pesar de: ***¡Con*** *lo joven que es y ya compró una casa!*

conato ***m.*** Acción o suceso que no llega a realizarse totalmente: *Mi papá tuvo un* ***conato*** *de infarto y el doctor le dijo que ahora debe tomar medicamentos.*

concadenar o **concatenar** ***vb.*** {tr.} Unir o enlazar unas cosas con otras: *Teresa* ***concadenó*** *una idea con otra y terminó inventando un cuento para dormir al niño.*

concatenación ***f.*** Unión de unas cosas con otras: *Improvisó el discurso como una **concatenación** con lo dicho por el orador anterior.*
cóncavo, va ***adj.*** Que tiene la superficie curva hacia el interior: *En un espejo **cóncavo** se ve deformada tu figura.*
concebible ***adj.*** Relativo a concebir o imaginar.
concebir ***vb. irreg.*** {tr.} **Modelo 47. 1** Quedar embarazada una mujer o una hembra: *Mi hermana **concibió** su primer hijo a los 25 años.* **2** Formar en la mente una idea de algo: *Marta acaba de **concebir** un proyecto para que le den el trabajo que quiere.*
conceder ***vb.*** {tr.} **1** Dar, otorgar: *El hada madrina **concedió** tres deseos a la princesa.* **2** Aceptar lo que otra persona dice o afirma: ***Concedo** que me equivoqué al no querer escucharte cuando tuviste un problema.*
concejal, la ***m.*** y ***f.*** Persona que colabora con el alcalde, miembro de un ayuntamiento.
concejo ***m.*** Ayuntamiento o municipio.
concentración ***f.*** **1** Reunión de personas o cosas: *Había una gran **concentración** de personas que querían ver a la actriz cuando llegó al teatro.* **2** Capacidad de pensar de manera profunda sin distraerse: *No estudia demasiado, pero como escucha las clases con **concentración,** obtiene buenas calificaciones.*
concentrado ***m.*** Extracto de una sustancia que se obtiene al eliminar agua: *Con ese **concentrado** de horchata preparas rápido una bebida, basta con agregarle agua y hielo.*
concentrado, da ***adj.*** **1** Que contiene menos agua de la habitual: *La sopa está **concentrada,** por eso su sabor es tan fuerte.* **2** Que se aísla mentalmente para poner su atención en algo que hace: *Ramiro está muy **concentrado** en estudiar, pues mañana tiene examen.*
concentrador, ra ***adj.*** Que es capaz de concentrar.
concentrar ***vb.*** {tr. y prnl.} **1** Reunir en un mismo lugar: *El entrenador **concentró** a sus jugadores en el estadio porque iba a comenzar el partido de fútbol.* **2** Disminuir el líquido de una sustancia: *En esta fábrica **concentran** el jugo de tomate para volverlo espeso.* **3** Fijar la atención: *No avanzo con esta novela porque no logro **concentrarme** en la lectura.*
concéntrico, ca ***adj.*** Relativo a las figuras geométricas que tienen un mismo centro: *Los ocho planetas del Sistema Solar tienen órbitas **concéntricas** alrededor del Sol.*
concepción ***f.*** Acción y efecto de algo que se origina: *Estar relajado me ayuda a la **concepción** de ideas inteligentes.*
conceptismo ***m.*** Movimiento literario barroco que se centra en los conceptos, no en su expresión. *Quevedo es el representante más célebre del **conceptismo.*** Ant. **culteranismo.**
conceptista ***m.*** y ***f.*** Partidario del conceptismo.
concepto ***m.*** **1** Idea abstracta: *El **concepto** de belleza no es el mismo para todas las culturas.* **2** Pensamiento expresado con palabras: *La maestra no tiene muy buen **concepto** de Julia, porque ya se dio cuenta de que es una niña mentirosa.* **3** Calidad, título: *"Toma este dinero por **concepto** de los zapatos que me vendiste", dije al joven vendedor.*
conceptual ***adj.*** **1** Relativo al concepto. **2** Partidario del conceptismo.
conceptuoso, sa ***adj.*** **1** Lleno de conceptos. **2** Poco claro.
concerniente ***adj.*** Que está relacionado con algo que se expresa: *En lo **concerniente** al libro que necesitas, pasado mañana te doy el dinero para comprarlo.*
concernir ***vb. irreg.*** {intr.} **Modelo 67.** Tener algo que ver con uno: *El problema de la destrucción de la naturaleza nos **concierne** a todos.* Sin. **afectar, atañer.**
concertación ***f.*** Acuerdo o pacto entre dos o más personas: *El término **concertación** tiene en México un innegable tinte de "acuerdo en lo oscurito".*
concertado, da ***adj.*** Acordado, pactado.
concertar ***vb. irreg.*** {tr. y prnl.} **Modelo 3.** Pactar, acordar algo dos o más personas: ***Concertaron** la cita para el miércoles en la tarde.*
concertista ***m.*** y ***f.*** Músico solista en un concierto.
concesión ***f.*** Acción y efecto de conceder: *Si mi hermano no hace algunas **concesiones,** no dejará de tener dificultades con su novia.*
concesionario, ria ***adj./m.*** y ***f.*** Empresa o persona a quien se concede licencia para vender o explotar algo: *Acaban de abrir una nueva **concesionaria** de las motocicletas de la marca que te gusta.*
concesivo, va ***adj.*** **1** Que concede. **2** Relativo a una concesión.
concha ***f.*** **1** Caparazón o cubierta dura de algunos animales: *Las almejas y los caracoles tienen una **concha** que los protege.* **2** ***Amér. C.*** y ***Amér. Merid. Vulg.*** Órgano genital de la mujer. **3** ***Méx.*** Pan dulce que tiene una cubierta de azúcar: *Me gusta comer **conchas** con chocolate caliente y espumoso.* **4** ***Méx. Fam.*** Lentitud, indiferencia, calma: *¡Qué **concha** tiene Ricardo! No importa lo grave que sea el problema, él lo toma con una tranquilidad que desespera.*
conchabar ***vb.*** {tr. y prnl.} **1** Unir, asociar. **2** ***Amér. Merid.*** y ***Méx.*** Tomar un sirviente a sueldo. **3** ***Chile.*** Cambiar una cosa por otra. **4** ***Fam.*** Confabularse. **5** ***Méx. Fam.*** Conseguir algo sin esfuerzo.
conchudo, da ***adj./m.*** y ***f.*** **1** ***Amér. Fam.*** Persona que engaña o que comete actos no correctos. **2** ***Amér. C.*** y ***Amér. Merid. Vulg.*** Estúpido, bobo. **3** ***Méx.*** Indiferente, desentendido. **4** ***Méx.*** Perezoso y cínico: *Gabriela es una **conchuda:** teníamos que hacer el trabajo entre las dos y ella no hizo nada.*
conciencia ***f.*** **1** Conocimiento que el ser humano tiene de sí mismo, de su existencia y de las cosas que le rodean: *Pedro se desmayó y cuando recobró la **conciencia** no recordó dónde estaba.* **2** Juicio acerca de lo que está bien y lo que está mal: *César no tiene la **conciencia** tranquila, porque sabe que no debió haber robado el dinero a su madre.* **3** ***loc.*** **A ~,** con cuidado y esfuerzo: *Estudié **a conciencia** y mejoré la calificación.*
concientización ***f. Amér.*** **1** Acción tendiente a que alguien tome conciencia de algo. **2** Acto por el cual se toma conciencia de lago
concientizador, ra ***adj.*** Que concientiza.
concientizar ***vb.*** {tr.} ***Amér.*** **1** Hacer que alguien tome conciencia de algo. **2** Tomar conciencia de algo.
concienzudo, da ***adj.*** **1** Que actúa según su conciencia. **2** Que hace las cosas con mucho cuidado.
concierto ***m.*** **1** Hecho de poner de acuerdo dos o más cosas o de ponerse de acuerdo personas. **2** Sesión en la que se interpretan obras musicales: *Anoche fui al **concierto** que hubo en el auditorio de la Universidad.* **3** Obra musical: *Compré un disco con el primer **concierto** para piano y orquesta de Béla Bartók.*
conciliábulo ***m.*** Junta para tratar algo cuyo resultado se desea mantener en secreto.
conciliación ***f.*** Acuerdo entre dos partes: *Antes del juicio, llegaron a una **conciliación** aceptable para ambas partes.*
conciliador, ra ***adj.*** Que ayuda a conciliar.

a b c d e f g h i j k l m n o p q r s t u v w x y z

conciliar ***adj.*** Relativo a los concilios: *En una reunión* ***conciliar,*** *los obispos trataron asuntos de primera importancia.*

conciliar ***vb.*** {tr.} **1** Poner de acuerdo: *Los amigos lograron* ***conciliar*** *sus ideas después de discutir durante media hora.* **2** *loc.* **~ el sueño,** dormirse: *Estaba muy preocupado y no logré* ***conciliar el sueño*** *en toda la noche.*

concilio ***m.*** **1** Junta en la que se trata algún asunto. **2** Asamblea regular de obispos y otros religiosos para tratar algún tema de la Iglesia: *Durante el* ***Concilio*** *de Trento, que duró de 1545 a 1563, la Iglesia católica reafirmó sus dogmas para enfrentar al protestantismo.*

concisión ***f.*** Expresión breve y precisa: *Hay situaciones en que una frase florida no ayuda y es mejor expresarse con* ***concisión.***

conciso, sa ***adj.*** Que es breve y preciso en el modo de expresarse: *El director de la escuela dio un discurso claro y* ***conciso*** *de dos minutos cuando nos dio la bienvenida al nuevo curso.*

conciudadano, na ***m.*** y ***f.*** Cada una de las personas que nacieron o habitan en una ciudad, respecto de los demás.

cónclave o **conclave** ***m.*** Asamblea o reunión de cardenales para elegir al Papa: *La señal de que el* ***cónclave*** *ha elegido nuevo Papa es el humo blanco.*

concluir ***vb. irreg.*** {tr. e intr.} **Modelo 59. 1** Acabar, llegar algo a su fin: *Ya* ***concluyeron*** *los exámenes y empezaron las vacaciones.* **2** Inferir, llegar a una conclusión: *Diana no quería hablar con Alejandro ni verlo, por eso Alejandro* ***concluyó*** *que ella quería terminar con el noviazgo.*

conclusión ***f.*** **1** Finalización, terminación: *Después de la* ***conclusión*** *de las obras para arreglar el estadio de fútbol, hicieron una gran fiesta para celebrar.* **2** Consecuencia de haber razonado sobre un tema o asunto: *Después de mucho reflexionar, llegué a la* ***conclusión*** *de que prefiero el vestido blanco y no el verde.* **3** *loc.* **En ~,** para terminar.

conclusivo, va ***adj.*** Que concluye o da término a algo.

concluyente ***adj.*** **1** Que concluye. **2** Definitivo, irrefutable: *La discusión terminó con argumentos* ***concluyentes*** *por parte del abogado.*

concomitancia ***f.*** Hecho de acompañar una cosa a otra, u obrar junto con ella.

concomitante ***m.*** Que se produce simultáneamente.

concomitar ***vb.*** {intr.} Producirse algo de manera simultánea o acompañando.

concordancia ***f.*** Correspondencia entre dos o más cosas: *Entre el sujeto y el verbo de una oración tiene que haber* ***concordancia.***

concordante ***adj.*** Que concuerda.

concordar ***vb. irreg.*** {tr. e intr.} **Modelo 5. 1** Decir o expresar lo mismo varias personas. **2** Coincidir una cosa con otra: *Tus sumas no* ***concuerdan*** *con las mías, así que debemos buscar el error.* **3** Tener concordancia las partes variables de la oración: *Si en una frase tenemos un sustantivo masculino, el artículo y el adjetivo que acompañen al sustantivo deben* ***concordar*** *con él: también deben ser masculinos y estar en plural.*

concordato ***m.*** Tratado que realiza un Estado con el Estado Vaticano o Santa Sede.

concordia ***f.*** Acuerdo, armonía: *Los niños jugaron en total* ***concordia,*** *así que no escuché protestas en toda la tarde.*

concreción ***f.*** Precisión que se hace de algo.

concretar ***vb.*** {tr. y prnl.} Precisar, reducir a lo esencial: *Cuando vamos a hacer un examen, debemos* ***concretarnos*** *a estudiar lo más importante y no perder tiempo en lo superfluo.*

concreto ***m. Amér.*** Cemento armado: *En la esquina de la escuela están construyendo un edificio de* ***concreto*** *con vidrios de color azul.* SIN. **hormigón.**

concreto, ta ***adj.*** **1** Que se trata de un objeto determinado: *En* ***concreto*** *quiero comprar un vestido que sea azul con flores blancas, no cualquier vestido nuevo.* **2** Preciso, exacto: *El vendedor me dio cifras* ***concretas*** *de lo que me costaría arreglar el automóvil.*

concubina ***f.*** Mujer que hace vida de casada con un hombre que no es su esposo.

concuñado, da ***m.*** y ***f.*** Hermano de uno de los cónyuges, respecto al hermano del otro cónyuge: *La cuñada de mi hermana es mi* ***concuñada.***

concuño, ña ***m.*** y ***f.*** Cónyuge de un cuñado: *El esposo de mi cuñada es mi* ***concuño.***

concupiscencia ***f.*** Deseo enorme de bienes y placeres terrenos.

concupiscente ***adj.*** Que le gusta o ha caído en garras de la concupiscencia.

concurrencia ***f.*** Asistencia de diferentes personas, sucesos o cosas en un mismo lugar o tiempo: *El inspector zonal habló delante de una* ***concurrencia*** *de niños y padres durante el festival.*

concurrente ***adj./m.*** y ***f.*** Persona que forma parte de una multitud: *El estadio se llenó de* ***concurrentes*** *ansiosos por escuchar al famoso cantante.*

concurrido, da ***adj.*** Lleno de gente: *Este restaurante es muy* ***concurrido*** *porque la comida que venden es barata y muy sabrosa.*

concurrir ***vb.*** {intr.} Juntarse en un mismo lugar o tiempo, diferentes personas, sucesos o cosas: *Muchas personas* ***concurrieron*** *a la boda de mi hermana.*

concursante ***m.*** y ***f.*** Persona que participa en una competencia con el fin de ganar algo: *Se presentaron veinte* ***concursantes*** *para la elección de la reina del carnaval.*

concursar ***vb.*** {intr.} Participar en una competencia con el fin de ganar algo: *Félix* ***concursó*** *en un programa de televisión y ganó muchos premios.*

concurso ***m.*** Competencia en la que se intenta conseguir un premio o un trabajo: *Mi hermano participó en un* ***concurso*** *de baile y ganó un viaje.* SIN. **certamen, prueba.**

conde, desa ***m.*** y ***f.*** Título de nobleza inferior al de marqués.

condecoración ***f.*** Galardón que se entrega a una persona como reconocimiento por algo que ha hecho: *A mi maestra le dieron una* ***condecoración,*** *ya que ha trabajado 25 años dando clases en la escuela.*

condecorar ***vb.*** {tr.} Dar un galardón a una persona como reconocimiento por algo que ha hecho: ***Condecoraron*** *a don Antonio con un anillo de oro porque ha trabajado muy bien en la empresa.*

condena ***f.*** **1** Castigo que se impone a quien comete una falta: *Al asesino le dieron una* ***condena*** *de 20 años por el crimen que cometió.* **2** Hecho de reprobar algo.

condenable ***adj.*** Que merece condena.

condenación ***f.*** Acto o resultado de condenar. SIN. **condena.**

condenado, da ***adj./m.*** y ***f.*** **1** Que recibió una condena. **2** Persona que va a ser ejecutada en cumplimiento de una condena: *A los* ***condenados*** *siempre se les ofrece una última cena.*

condenar ***vb.*** {tr. y prnl.} **1** Dictar sentencia el juez imponiendo una pena o castigo: *El juez* ***condenó*** *al ladrón a dos años de cárcel.* SIN. **castigar, sentenciar. 2** Reprobar, desaprobar: *Cualquier tipo de violencia es un acto que se* *debe **condenar**.* SIN. **rechazar. 3** En religión, hacerse merecedor de un castigo eterno.

condenatorio, ria ***adj.*** Que condena o castiga.

condensación ***f.*** Paso de un vapor del estado gaseoso al estado líquido: *Las gotitas que se forman en la superficie de los recipientes cuando el agua caliente comienza a enfriarse son efecto de la **condensación**.*

condensado, da ***adj.*** Que fue reducido: *Los libros **condensados** son para la gente que no tiene tiempo de leer.*

condensador ***m.*** Aparato que condensa gases.

condensador, ra ***adj.*** Que condensa.

condensar ***vb.*** {tr. y prnl.} Reducir el volumen de algo, dándole mayor densidad: *En esta industria **condensan** la leche volviéndola más espesa y concentrada.*

condescendencia ***f.*** Actitud que consiste en aceptar lo que dicen los demás.

condescender ***vb. irreg.*** {intr.} **Modelo 24.** Adaptarse a lo que dicen o piensan otras personas: *A Gerardo le gusta **condescender** con sus hermanos pequeños y juega lo que ellos quieren.*

condescendiente ***adj.*** Que se adapta a lo que dice o piensa otro: *Alicia es muy **condescendiente** con sus hijos y habla con ellos en vez de regañarlos.*

condición ***f.*** **1** Naturaleza o propiedad que tienen las cosas: *Los errores son parte de la **condición** humana porque no somos perfectos.* **2** Circunstancia para que una cosa ocurra: *Le dije a Mirna que iré a la fiesta con la **condición** de que no regresemos tarde porque estoy cansada.* **3** ***pl.*** Aptitud, capacidad: *Este joven deportista tiene **condiciones** para correr en el maratón.*

condicional ***adj.*** Que incluye una condición: *El ladrón salió de la cárcel con libertad **condicional** y si comete alguna falta lo encerrarán otra vez.*

condicional ***adj./f.*** En lingüística, oración subordinada que establece una condición para que se cumpla lo expresado en la principal.

condicional ***m.*** En lingüística, tiempo verbal que indica una acción futura, respecto de otra pasada: *En la oración "Me dijo que me daría permiso si hacía el trabajo escolar", daría es ejemplo de un **condicional**.*

condicionamiento ***m.*** Establecimiento de condiciones para hacer algo.

condicionante ***adj.*** Que condiciona.

condicionar ***vb.*** {tr.} Establecer condiciones para que algo ocurra: *El clima **condicionará** el éxito de la fiesta que queremos hacer en el jardín.*

condiloma ***m.*** Tipo de verruga que afecta la piel o las mucosas del área genital y anal: *Los **condilomas** son originados por virus y se transmiten por contacto sexual.*

condimentación ***f.*** Agregado de sustancias a un alimento.

condimentar ***vb.*** {tr.} Añadir ciertas sustancias a un alimento para hacerlo más sabroso: ***Condimentamos** el pollo con ajo, cebolla y pimienta.* SIN. **sazonar, aliñar.**

condimento ***m.*** Sustancia que se emplea para hacer más sabrosos los alimentos: *La sal y la pimienta son **condimentos**.*

condiscípulo ***m.*** y ***f.*** Persona que comparte con otra el mismo maestro: *Cuando estaba en la escuela muchas de mis **condiscípulas** eran extranjeras.*

condolencia ***f.*** **1** Sentimiento de pesar por la pérdida de un ser querido. **2** Expresión de ese sentimiento. SIN. **pésame.**

condolerse ***vb. irreg.*** {prnl.} **Modelo 29.** Compadecerse: *Todos mis amigos **se condolieron** por la muerte de mi abuelo.*

condolido, da ***adj.*** Que siente o expresa condolencia.

condominio ***m.*** **1** Departamento: *Mis papás tienen un **condominio** en un edificio del centro de la ciudad.* **2** ***loc. Méx.*** ~ **horizontal,** conjunto de casas con fachada similar, por lo general bardeadas.

condómino, na ***adj./m.*** y ***f.*** Que posee algo en conjunto con otras personas: *En el edificio donde vivo somos treinta **condóminos**, o sea, dueños de los departamentos, con nuestras respectivas familias.*

condón ***m.*** Especie de envoltura de caucho o hule látex que usan los hombres durante las relaciones sexuales para evitar el embarazo de la mujer y el contagio de ciertas enfermedades: *Los **condones** se usan para evitar el contagio del sida.* SIN. **preservativo.**

condonación ***f.*** **1** Perdón que un acreedor concede al deudor de una deuda: *Los países pobres solicitan la **condonación** de su deuda externa para realizar inversiones locales.* **2** Perdón de la pena de muerte.

condonar ***vb.*** {tr.} Perdonar una pena o deuda: *A mi hermano le **condonaron** el último abono de su automóvil por haber pagado siempre a tiempo.*

cóndor ***m.*** Ave rapaz de gran tamaño, parecida al buitre, sin plumas en la cabeza y parte del cuello, con el cuerpo cubierto de plumas color negro con tonos azules y una especie de collar de plumas blancas: *El **cóndor** es un ave originaria de América.*

conducción ***f.*** Hecho de conducir algo o a alguien: *La **conducción** de esa máquina requiere un entrenamiento especial.*

conducir ***vb. irreg.*** {tr. y prnl.} **Modelo 57. 1** Llevar, transportar: *El autobús nos **conduce** todos los días a la escuela.* **2** Guiar o dirigir: *La maestra **conduce** nuestros estudios.* **3** Manejar un vehículo automotor: *Mi papá me dijo que me prestaría su automóvil si **conducía** con precaución.* **4** Comportarse: *Silvia es una niña bien educada que **se conduce** con respeto hacia las otras personas.*

conducta ***f.*** Manera de conducirse o comportarse: *Israel saca buenas calificaciones en sus materias, pero tiene problemas con la maestra por su mala **conducta**.*

conductismo ***m.*** Corriente de la psicología que estudia los estímulos y las respuestas de los seres vivos.

conductista ***adj.*** Partidario o practicante del conductismo.

conductividad ***f.*** En física, propiedad que tienen los cuerpos de transmitir el calor o la electricidad.

conducto ***m.*** **1** Canal o tubo por el que circula un fluido: *El **conducto** del gas pasa por la cocina.* **2** Medio o vía que se sigue para hacer algo.

conductor ***adj./m.*** En física, cuerpo capaz de transmitir calor o electricidad: *Los metales son buenos **conductores**.*

conductor, ra ***adj./m.*** y ***f.*** Que conduce un vehículo: *Está prohibido platicar con el **conductor** del autobús de la escuela, ya que puede distraerse.*

conductor, ra ***m.*** y ***f.*** Animador, presentador de programas de radio o de televisión, o maestro de ceremonias de un espectáculo: *No me gusta ese programa de televisión porque el **conductor** me parece grosero.*

conectar ***vb.*** {tr.} **1** Poner dos cosas en contacto, unir: *La nueva carretera **conecta** mi pueblo con la capital del país.* **2** Poner un aparato en contacto con la fuente de electricidad a través de un cable: *Pensé que la radio no servía y lo que pasaba es que había olvidado **conectarla**.*

conectividad ***f.*** Capacidad de conectarse: *La **conectividad** inalámbrica es el futuro de las computadoras.*

conectivo, va ***adj.*** **1** Que es capaz de conectarse. **2** Que une partes de un mismo aparato: *El tejido **conectivo** cumple funciones de soporte, transporte y defensa del organismo.*

conector, ra ***adj./m.*** **1** Que conecta. **2** Dispositivo para unir circuitos eléctricos.

conejera ***f.*** **1** Casa de los conejos, que es construida por ellos mismos. **2** Jaula o sitio donde viven los conejos domesticados.

conejo, ja ***m.*** y ***f.*** Mamífero roedor, de orejas largas, patas traseras grandes, pelaje espeso y suave, cola pequeña y redonda y carne comestible: *Los* ***conejos*** *viven en bosques o se crían en granjas.*

conexión ***f.*** Relación o enlace entre personas, cosas o ideas: *La* ***conexión*** *de los dos cables estaba mal hecha y hubo un corto circuito.*

confabularse ***vb.*** {prnl.} Ponerse de acuerdo para efectuar algo, generalmente en contra de alguien: *Darío y Toño* ***se confabularon*** *para hacerme esa broma de mal gusto.*

confección ***f.*** Hecho de realizar algo formado por varias partes o elementos, especialmente prendas de vestir: *La niña toma clases de corte y* ***confección,*** *y ya hizo una blusa.*

confeccionado, da ***adj.*** **1** Relativo a la confección. **2** Elaborado.

confeccionar ***vb.*** {tr.} Hacer algo combinando sus diversos elementos: *En esta fábrica se* ***confeccionan*** *artículos para caballeros.*

confederación ***f.*** Alianza entre personas, grupos o Estados.

confederado, da ***m.*** y ***f.*** **1** Miembro del ejército que en la Guerra Civil estadounidense era partidario de los esclavistas. **2** Partidario de la causa de la confederación.

confederado, da ***adj.*** Que pertenece a una confederación.

confederar ***vb.*** {tr. y prnl.} Aliarse o unirse varios Estados o grupos sociales: *Esos cuatro países* ***se confederaron*** *para crear un mercado común entre ellos.*

conferencia ***f.*** **1** Exposición en público de un tema: *El matemático de la escuela dio una* ***conferencia*** *sobre la numeración romana.* **2** Reunión para tratar un asunto: *Las autoridades hicieron una* ***conferencia*** *para tratar de solucionar la huelga.* **3** *loc.* **~ de prensa,** reunión en la que se informa sobre un asunto a los reporteros de los medios de comunicación: *El actor llamó a* ***conferencia de prensa*** *para anunciar su nuevo programa de televisión.*

conferenciante o **conferencista** ***m.*** y ***f.*** Persona que habla sobre un determinado asunto ante el público: *El* ***conferencista*** *del museo de antropología dio una interesante charla sobre los antiguos egipcios.*

conferenciar ***vb.*** {intr.} **1** Dar una conferencia. **2** Platicar de algún asunto entre varias personas. **3** Tratar de conciliar partes en conflicto.

conferir ***vb. irreg.*** {tr.} **Modelo 50. 1** Conceder a alguien dignidad, empleo o facultades: *Don Manuel quiere dejar de trabajar y por eso va a* ***conferirle*** *a su hijo el manejo de la tienda.* **2** Atribuir una cualidad no física: *Gabriel escribió un cuento y le* ***confirió*** *a su personaje la capacidad de volverse invisible.*

confesar ***vb. irreg.*** {tr. y prnl.} **Modelo 3. 1** Manifestar algo que se había mantenido voluntariamente oculto: *Héctor me* ***confesó*** *que está enamorado de Juliana.* **2** Reconocer o declarar la verdad: *Por fin el niño* ***confesó*** *que él había roto el vaso.* **3** Declarar los pecados a un sacerdote: *Mi abuela* ***se confiesa*** *cada ocho días, porque así la acostumbraron desde pequeña.*

confesión ***f.*** **1** Acto de revelar o manifestar lo que se había mantenido oculto: *El criminal ya firmó su* ***confesión*** *y ahora va a ir a la cárcel.* **2** Hecho de declarar los pecados a un sacerdote.

confeso, sa ***adj./m.*** y ***f.*** Que ha declarado su delito o falta.

confesor ***m.*** **1** En la religión católica, sacerdote a quien las personas confiesan sus pecados. **2** Persona a quien se confían secretos de manera voluntaria. Sin. **confidente.**

confeti ***m.*** Papelitos de colores que se arrojan en algunas fiestas: *Traigo el cabello lleno de* ***confeti*** *porque fui al carnaval.*

confiabilidad ***f.*** Lo que es confiable.

confiable ***adj.*** Que genera confianza.

confiado, da ***adj.*** Se dice de quien es crédulo, que confía en las personas, en las cosas o en sus propias capacidades: *Ángel está muy* ***confiado*** *en que conseguirá el trabajo porque es muy inteligente.*

confianza ***f.*** **1** Seguridad que se tiene en alguien o en algo o que se tiene en sí mismo: *Tengo* ***confianza*** *en Noé y sé que hará muy bien su trabajo.* **2** Trato natural, sencillo y familiar: *Joel me habla con toda* ***confianza*** *de sus problemas porque somos amigos desde hace mucho tiempo.*

confianzudo, da ***adj.*** **1** Crédulo. **2** Que se toma demasiadas confianzas.

confiar ***vb. irreg.*** {tr., intr. y prnl.} **Modelo 9. 1** Poner una persona o cosa al cuidado de alguien: *Roberto es muy responsable y por eso su padre le* ***confió*** *el cuidado de su tienda.* **2** Tener confianza, seguridad: *Me dijo que* ***confiaba*** *en sus amigos y que por eso les prestaba su casa durante las vacaciones.* **3** Pensar que algo sucederá: ***Confío*** *en que mi calificación de matemáticas será alta porque estudié mucho.*

confidencia ***f.*** Revelación de secretos: *Javier es mi mejor amigo y sólo a mí me cuenta sus* ***confidencias.***

confidencial ***adj.*** Reservado, que se hace en secreto: *Esto que te digo es* ***confidencial,*** *por favor, no se lo cuentes a nadie.*

confidencialidad ***f.*** Autorización restringida respecto a la lectura de un documento o mensaje: *En las películas de espías marcan la* ***confidencialidad*** *de los mensajes con la frase "Sólo para tus ojos".*

confidente ***m.*** y ***f.*** Persona a la que se le tiene confianza como para contarle secretos: *Se hicieron tan amigos que se volvieron* ***confidentes*** *uno del otro.* Sin. **confesor.**

configuración ***f.*** **1** Forma o manera de ser que adquieren las cosas de acuerdo a cómo están dispuestos los elementos que las componen: *Un rasgo sobresaliente de la* ***configuración*** *de un gato son sus grandes ojos y sus largos bigotes.* **2** Conjunto de los elementos que integran un sistema informático.

configurar ***vb.*** {tr. y prnl.} Dar o tomar una forma determinada: *Me gusta ver las nubes, porque a veces* ***se configuran*** *como caballos, ángeles o dragones.*

confín ***m.*** Último punto que alcanza la vista.

confinación ***f.*** **1** Destierro. **2** Encierro. **3** Prisión domiciliaria. Sin. **confinamiento.**

confinado, da ***adj.*** Que fue castigado con confinación.

confinamiento ***m.*** **1** Confinación. **2** Proceso para aislar los residuos nucleares.

confinar ***vb.*** {tr., intr. y prnl.} **1** Desterrar. **2** Lindar, limitar. **3** Encerrarse, recluirse: *La reina* ***se confinó*** *en el convento cuando murió el rey.*

confirmación ***f.*** **1** Hecho de comprobar que algo es cierto: *Mi mamá hizo la* ***confirmación*** *de los asistentes a la fiesta para saber cuánta comida comprar.* **2** Para los católicos, ceremonia en la que se fortalece el bautismo.

confirmar ***vb.*** {tr. y prnl.} Corroborar algo, darlo por cierto: *Necesito saber cuántas personas vendrán a la fiesta ¿puedes* ***confirmar*** *tu asistencia?*

confirmativo, va ***adj.*** Que confirma. Sin. **confirmatorio.**

confiscación ***f.*** **1** Privación de los bienes. **2** Decomiso de mercancías: *Cuando atraparon a los contrabandistas, procedieron a la* ***confiscación*** *de mercancías traídas de China.*

confiscado, da ***adj.*** Que le fue quitado a alguien por las autoridades, ya sea como pago de algo o por ser ilegal.

confiscar ***vb. irreg.*** {tr.} **Modelo 17.** Quitar las autoridades los bienes de alguien: *La policía* ***confiscó*** *las armas a los ladrones de bancos.*

confitar ***vb.*** {tr.} Cubrir frutas cocidas con un baño de azúcar: *Ayudé a mamá a* ***confitar*** *las rebanadas de manzana con que adornará el pastel.*

confite ***m.*** Dulce o golosina azucarada rellena de almendra, maní, piñón o anís: *Cuando bautizaron a Adriana, su madrina nos regaló bolsitas llenas de* ***confites.*** SIN. **colación.**

confitería ***f.*** **1** Establecimiento donde se hacen o venden dulces. **2** *Amér. Merid.* Cafetería.

confitero, ra ***m.*** y ***f.*** **1** Persona que se dedica a hacer confites. **2** Recipiente para poner confites: *Los* ***confiteros*** *de porcelana estuvieron de moda hace muchos años.*

confitura ***f.*** Fruta cocida con azúcar: *Me gusta comer* ***confitura*** *de durazno con galletas.* SIN. **mermelada.**

conflagración ***f.*** Siniestro, sobre todo referido a un gran incendio: *La* ***conflagración*** *en esa fábrica de muebles consumió en sólo dos horas toneladas de madera.*

conflictividad ***f.*** Lo que genera o posee conflictos.

conflictivo, va ***adj.*** Se dice de lo que es muy difícil, o de la persona que se complica o que complica la vida a los demás: *Javier se encuentra en una situación* ***conflictiva:*** *no tiene dinero ni trabajo.*

conflicto ***m.*** **1** Combate, lucha: *El problema de las fronteras provocó el* ***conflicto*** *entre esos dos países.* **2** Apuro, dificultad: *Luisa está en un* ***conflicto*** *porque reprobó una materia y no se lo ha dicho a sus padres.*

confluencia ***f.*** Lugar donde se reúnen dos o más personas o cosas: *La ciudad de Buenos Aires, en Argentina, se halla en la* ***confluencia*** *de los ríos Paraná y Uruguay.*

confluente ***adj.*** Que confluye.

confluir ***vb. irreg.*** {intr.} **Modelo 59.** Juntarse en un punto varias personas o cosas: *La multitud* ***confluyó*** *en la plaza central para escuchar el concierto.*

conformación ***f.*** Disposición de las partes de un conjunto: *El técnico ideó una* ***conformación*** *revolucionaria para que el equipo ganara siempre.*

conformado, da ***adj.*** **1** Hecho, formado. **2** Conforme.

conformar ***vb.*** {tr. y prnl.} **1** Dar forma: *A medida que iba* ***conformando*** *mis ideas, entendía con mayor claridad cuál era la solución al problema.* **2** Aceptar sin protesta algo malo o insuficiente: *Cuando sus papás le dijeron que no podían comprarle el juguete caro, Ismael* ***se conformó*** *con un balón.*

conforme ***adj.*** **1** De acuerdo con una cosa u opinión: *Estoy* ***conforme*** *con lo que decidió mi mamá para la fiesta de esta noche.* **2** Resignado, que acepta sin protestar.

conforme ***adv.*** **1** Según, con arreglo a. **2** Tan pronto como, a medida que: ***Conforme*** *vayas terminándote las galletas, ve pidiéndome más.*

conformidad ***f.*** **1** Aceptación. **2** Semejanza entre una cosa y otra. **3** *loc.* **De ~ con,** en este supuesto: ***De conformidad*** *con la ley en la materia, se sentencia al acusado a tres años de prisión.*

conformismo ***m.*** Hecho que implica aceptar las cosas como son, sin protestar.

conformista ***adj.*** Que se conforma con lo que tiene.

confort ***m.*** **Palabra de origen francés.** Bienestar, comodidad: *Siempre va al mismo hotel por el* ***confort*** *que ofrece el lugar.*

confortable ***adj.*** Que proporciona comodidad y bienestar: *Cuando estoy muy cansado me siento en este sofá porque es el más* ***confortable*** *de la casa.*

confortar ***vb.*** {tr. y prnl.} **1** Animar o consolar a alguien o a sí mismo: *Estaba muy triste y me* ***confortaron*** *las palabras de mi mamá.* **2** Dar vigor: *Después de haberme mojado con la lluvia* ***me conforté*** *con una taza de chocolate bien caliente.*

confraternización ***f.*** Tratamiento de amistad y compañerismo entre personas.

confraternizar ***vb. irreg.*** {intr.} **Modelo 16.** Tratarse con amistad y compañerismo.

confrontación ***f.*** **1** Comparación de dos cosas. **2** Enfrentamiento entre dos personas.

confrontante ***adj.*** Relativo a la confrontación.

confrontar ***vb.*** {tr.} **1** Cotejar o comparar dos o más cosas: *Cuando* ***confronté*** *las dos ediciones del mismo libro, me di cuenta de que había algunas diferencias.* **2** Enfrentar a dos personas para que defiendan sus afirmaciones.

confundido, da ***adj.*** **1** Equivocado. **2** Desorientado.

confundir ***vb.*** {tr. y prnl.} **1** Tomar erróneamente una cosa por otra: ***Confundo*** *a los dos hermanos porque se parecen mucho.* **2** Hacer que se pierdan los límites entre las cosas para que no se noten fácilmente: *Los ladrones* ***se confundieron*** *entre toda la gente que había en la calle y los policías no pudieron encontrarlos.* **3** Dejar a alguien sin saber qué hacer, desorientarlo: *Con tus jugadas lograste* ***confundir*** *a tu rival y le ganaste en el juego de ajedrez.*

confusión ***f.*** **1** Desorden, mezcla: *En mi recámara hay un poco de* ***confusión*** *porque algunas cosas están fuera de lugar.* **2** Equivocación, error: *Disculpa mi* ***confusión:*** *te di un papel que no era tuyo.*

confuso, sa ***adj.*** **1** Oscuro o dudoso: *Me dio una explicación muy* ***confusa*** *y no pude llegar al lugar que iba.* **2** Difícil de distinguir: *Es un programa de televisión muy viejo y la imagen es* ***confusa.*** **3** Turbado, desorientado: *Me siento* ***confusa,*** *pues un día el maestro alaba mi trabajo y al día siguiente me pone en ridículo.*

conga ***f.*** Danza popular cubana, de origen africano.

congelación ***f.*** Hecho de poner cosas a temperaturas muy bajas hasta que se hielan: *La* ***congelación*** *de los alimentos permite conservarlos mucho tiempo.*

congelado, da ***adj./m.*** **1** Muy frío. **2** Resultado de la congelación.

congelador, ra ***m.*** y ***f.*** Aparato que sirve para mantener cosas a muy bajas temperaturas, para que logren conservarse por más tiempo: *Puse una parte de la carne en el* ***congelador,*** *porque compré más de la que vamos a comer hoy.*

congelar ***vb.*** {tr. y prnl.} **1** Transformar un líquido en sólido por efecto del frío: *Hay países donde los lagos* ***se congelan*** *durante el invierno.* SIN. **helar.** **2** Poner algo al frío para su conservación. **3** Sentir mucho frío: *Se me ocurrió ir al parque, pero hace tanto frío que* ***me congelé*** *y mejor regresé a la casa.*

congénere ***adj./m.*** y ***f.*** Persona o cosa del mismo género, origen o clase que otra: *Luisa, Paty, Narda, Olga y yo somos* ***congéneres*** *porque todas somos mujeres.*

congeniar ***vb.*** {intr.} Entenderse bien una persona con otra: *Mi hermano y yo* ***congeniamos*** *muy bien y casi nunca discutimos.*

congénito, ta ***adj.*** Cualidad o defecto con el que se nace: *Jacobo nunca ha podido ver porque su ceguera es* ***congénita.***

a b c d e f g h i j k l m n o p q r s t u v w x y z

congestión ***f.*** Acumulación de una cosa en un lugar en especial: *Tengo una* ***congestión*** *en la nariz que no me deja respirar.*
congestionado, da ***adj.*** **1** Lleno de algo. **2** Obstruido por algo: *El tráfico está* ***congestionado*** *y los autos no avanzan.*
congestionar ***vb.*** {tr.} **1** Acumular sangre o alguna otra sustancia en el cuerpo. **2** Obstruir el paso.
conglomeración ***f.*** Reunión o amontonamiento de cosas o personas.
conglomerado ***m.*** Unión de fragmentos de una o varias sustancias que forman una masa compacta.
conglomerante ***adj.*** Que conglomera o sirve para conglomerar.
conglomerar ***vb.*** {tr.} Amontonar, reunir, aglomerar: *El concierto* ***conglomeró*** *a una gran cantidad de público.*
congoja ***f.*** Preocupación o pena intensa: *Sintió una gran* ***congoja*** *cuando supo que su amigo se había accidentado.*
congoleño, ña ***adj./m.*** y ***f.*** De la República del Congo, estado de África ecuatorial.
congraciar ***vb.*** {tr. y prnl.} Ganar la bondad o el afecto de alguien.
congratulación ***f.*** Manifestación de alegría que se expresa a otra persona por haber obtenido un logro.
congratular ***vb.*** {tr. y prnl.} Manifestar alegría y satisfacción a la persona que ha tenido un suceso feliz: ***Nos congratulamos*** *por el nacimiento del bebé de Julia.*
congregación ***f.*** **1** Reunión de personas con determinado fin. **2** Reunión de distintos niveles de religiosos. **3** Asociación religiosa.
congregar ***vb. irreg.*** {tr. y prnl.} **Modelo 17.** Reunir en un mismo lugar a buen número de personas: *La multitud* ***se congregó*** *en el parque para oír el concierto de rock.*
congresista ***m.*** y ***f.*** Integrante de un cuerpo legislativo: *Los* ***congresistas*** *se reunieron en sesión extraordinaria para discutir la nueva ley.*
congreso ***m.*** **1** Junta de muchas personas para tratar sobre algún asunto: *En esa ciudad se está celebrando un* ***congreso*** *de medicina.* **2** Conjunto de representantes de una comunidad, que se ocupan de hacer las leyes: *El* ***Congreso*** *votó en contra de la instauración de la pena de muerte.* **3** Edificio donde se reúnen para trabajar los representantes de una comunidad: *Los diputados asisten al* ***Congreso*** *para participar en las sesiones parlamentarias.*
congrio ***m.*** Pez marino comestible, de cuerpo cilíndrico muy largo, parecido a la anguila.
congruencia ***f.*** Conexión precisa de ideas, palabras, etc.: *Entendimos ese problema tan difícil porque la maestra lo explicó con mucha* ***congruencia.***
congruente ***adj.*** Lógico, que tiene congruencia.
cónico, ca ***adj.*** De forma de cono: *Las brujas usan un sombrero* ***cónico.***
conífero, ra ***adj./f.*** Relativo a ciertos árboles resinosos, que mantienen sus hojas durante todo el año, como el pino.
conjetura ***f.*** Juicio que se forma después de seguir muestras o pistas.
conjeturar ***vb.*** {tr.} Hacer un juicio después de seguir indicios o pistas: ***Conjeturamos*** *que algo bueno le había pasado porque tenía cara de felicidad.*
conjugación ***f.*** Accidente propio del verbo, que adopta formas distintas según la persona, el número, el tiempo, el modo y la voz: *La maestra pidió que hiciéramos oraciones con verbos en sus tres* ***conjugaciones:*** ar, er, ir.
conjugar ***vb. irreg.*** {tr. y prnl.} **Modelo 17. 1** Enumerar un verbo en todas las formas, tiempos y modos, en todas las personas del singular y del plural: *El maestro nos pidió que* ***conjugáramos*** *el verbo "amar" en el tiempo presente del modo indicativo.* **2** Unir o combinar dos o más cosas entre sí: *En la vida hay que saber* ***conjugar*** *trabajo y diversión.*
conjunción ***f.*** **1** En astronomía, encuentro aparente de dos o más astros en la misma parte del cielo. **2** En lingüística, parte invariable que une palabras u oraciones: *"Y", "pero", "pues", son* ***conjunciones.***
conjuntar ***vb.*** {tr. y prnl.} Reunir de forma armónica los elementos que integran un conjunto a fin de hacerlo más eficiente: *Los vecinos de ese pueblo* ***conjuntaron*** *esfuerzos y lograron pavimentar todas las calles en sólo un mes.*
conjuntiva ***f.*** Membrana mucosa que cubre la parte anterior del ojo.
conjuntivitis ***f.*** Inflamación de la membrana que cubre el ojo, llamada conjuntiva: *El oftalmólogo le dijo a Juliana: "Usted tiene* ***conjuntivitis,*** *por eso le arden los ojos."*
conjuntivo, va ***adj.*** **1** Que une o junta. **2** ***loc.*** **Tejido ~,** tejido del cuerpo de los animales que sostiene y protege órganos: *La piel y las membranas forman parte del* ***tejido conjuntivo.***
conjunto ***m.*** **1** Agrupación de personas o cosas que constituyen un todo: *En la clase de matemáticas estudiamos los* ***conjuntos.*** **2** Grupo de personas que tocan y cantan: *Mi amiga Silvia canta en un* ***conjunto*** *de rock.*
conjura ***f.*** Conspiración de personas en contra de alguien o algo: *Cuando la* ***conjura*** *de los independentistas fue descubierta, decidieron adelantar la revolución.*
conjuración ***f.*** **1** Acto de conjurar, conjura. **2** Conjuro.
conjurado, da ***adj.*** Que participa en una conjuración o conjura.
conjurar ***vb.*** {tr., intr. y prnl.} **1** Usar exorcismos o ritos en contra del demonio. **2** Conspirar, obrar un grupo de personas en contra de alguien o de algo.
conjuro ***m.*** **1** Acción y efecto de conjurar. **2** Conjunto de palabras mágicas que se utilizan para conjurar.
conllevar ***vb.*** {tr.} **1** Soportar con paciencia: *La enfermedad de mi abuela es muy dolorosa, por eso la* ***conlleva*** *de manera difícil.* **2** Implicar, suponer: *Aunque el profesor no me felicitó por mis buenas calificaciones, sus palabras amables* ***conllevan*** *una felicitación.*
conmemoración ***f.*** Ceremonia o fiesta para recordar un acontecimiento o a una persona famosa: *Se celebró la* ***conmemoración*** *de la independencia en la plaza de la capital.*
conmemorar ***vb.*** {tr.} Celebrar de manera solemne el recuerdo de un acontecimiento o de una persona famosa: *En la escuela* ***conmemoramos*** *cada año el día de la Constitución.*
conmemorativo, va ***adj.*** Relativo a una conmemoración.
conmensurable ***adj.*** Se aplica a todo lo que puede medirse o ser medido: *Cuántas gotas de agua caben en este gotero es algo* ***conmensurable,*** *pero cuántas caben en el mar, no.*
conmensurar ***vb.*** {tr.} Medir comparando cosas dispares.
conmigo ***pron.*** Forma del pronombre personal *mí* cuando lleva antes la preposición *con*: *Luisa fue* ***conmigo*** *al cine y luego fuimos a cenar.*
conminar ***vb.*** {tr.} Amenazar alguien que posee autoridad para ello con la posibilidad de un castigo: *El profesor* ***conminó*** *a los alumnos a ser más ordenados en clase; dijo que de otro modo comenzarían las expulsiones.*
conmiseración ***f.*** Compasión o tristeza por la desgracia ajena: *Sentí* ***conmiseración*** *por la señora que perdió su dinero, porque no tendrá para dar a sus hijos de comer.*

conmiserativo, va ***adj.*** Que siente conmiseración.

conmoción ***f.*** **1** Trastorno, perturbación del ánimo o del cuerpo: *La noticia de su muerte ha causado gran* ***conmoción,*** *sobre todo porque era muy joven y sano.* **2** *loc.* ~ **cerebral,** pérdida pasajera de la conciencia: *Tuvo una* ***conmoción cerebral*** *después de golpearse en la cabeza, pero el doctor dijo que no era de cuidado.*

conmocionar ***vb.*** {tr.} Generar conmoción.

conmovedor, ra ***adj.*** Emocionante, que altera o inquieta el ánimo.

conmover ***vb. irreg.*** {tr. y prnl.} **Modelo 29.** Provocar una fuerte sensación de alegría o de tristeza: *Javier* ***me conmovió*** *cuando se puso a llorar y casi se me salen las lágrimas a mí también.*

conmovido, da ***adj.*** Que siente conmoción.

conmutabilidad ***f.*** Lo que se puede conmutar.

conmutación ***f.*** **1** Acción de conmutar. **2** *loc.* ~ **de pena,** perdón que rebaja la condena de un reo.

conmutador ***m. Argent., Colomb., C. Rica, Salv., Méx.*** y ***P. Rico.*** Central telefónica: *Manuela trabaja como operadora en el* ***conmutador*** *de una fábrica.*

conmutar ***vb.*** {tr.} Trocar, cambiar, permutar: *Le* ***conmutaron*** *la cadena perpetua por 20 años de cárcel.*

conmutativo, va ***adj.*** **1** Relativo a conmutar. **2** Que el resultado no varía al cambiar el orden: *La propiedad* ***conmutativa*** *de la suma y de la multiplicación no funciona en las operaciones opuestas, resta y división.*

connacional ***adj.*** Que comparte la nacionalidad con otra persona.

connatural ***adj.*** Propio de la naturaleza de cada ser: *Ser cazador es* ***connatural*** *a los felinos.*

connotación ***f.*** Contenido expresivo agregado al significado de una palabra: *La manera de decirle "señor" al vagabundo tenía una* ***connotación*** *irónica en boca del detective.*

connotado, da ***adj. Amér.*** Que es notable, que destaca: ***Connotados*** *científicos se dieron cita en el congreso sobre la clonación.*

connotar ***vb.*** {tr.} Contener una palabra o una frase un significado expresivo agregado.

cono ***m.*** Cuerpo geométrico limitado por una base circular y con una superficie generada por rectas que unen la base con el vértice: *El barquillo de mi helado tiene forma de cono.*

conocedor, ra ***adj.*** Que está muy bien informado sobre algo: *Eric es un buen* ***conocedor*** *de vinos porque ha leído varios libros sobre este tema y además trabajó en un restaurante.*

conocer ***vb. irreg.*** {tr. y prnl.} **Modelo 39.** **1** Averiguar cómo son las cosas y cómo las cosas se relacionan entre sí: *Leí con mucha atención un libro sobre los felinos y ahora los* ***conozco*** *muy bien.* **2** Tener trato con una persona: *Sara y Emma* ***se conocen*** *desde que eran niñas; por eso son tan buenas amigas.*

conocido, da ***adj.*** **1** Que se conoce de antes: *Ese perfume me parece* ***conocido,*** *estoy casi seguro que es el que usaba mi abuela.* **2** Reconocido, con fama: *Seguramente sabes quién es el protagonista de la obra de teatro, porque es un actor muy* ***conocido.***

conocido, da ***m.*** y ***f.*** Persona con quien se tiene trato, pero no amistad: *"Puedes tener muchos* ***conocidos,*** *pero los grandes amigos no se encuentran en cualquier lugar."*

conocimiento ***m.*** **1** Acción y efecto de conocer. **2** Conciencia de lo que existe y ocurre alrededor de uno mismo: *Perdió el* ***conocimiento*** *y el doctor dijo que se debía a la anemia.* **3** ***pl.*** Conjunto de informaciones que se adquieren sobre algún asunto: *Tiene muchos* ***conocimientos*** *de biología, porque no se cansa de leer libros sobre la materia.*

conque ***conj.*** Anuncia una consecuencia de lo dicho o de lo ya sabido: *"Sé que me estás mintiendo,* ***conque*** *puedes empezar a decirme la verdad", me dijo mi madre.*

conquista ***f.*** **1** Acto de ganarse algo o de obtener algo por el propio esfuerzo. **2** Hecho de apoderarse de una población por la fuerza. **3** Hecho de enamorar a una persona: *Monserrat es la más importante* ***conquista*** *de Pedro y creo que pronto van a casarse.*

conquistador, ra ***m.*** y ***f.*** **1** Persona que consigue un lugar o una cosa: *Los* ***conquistadores*** *españoles colonizaron la mayor parte de lo que ahora se conoce como América Latina.* **2** Persona que enamora a otras con mucha facilidad: *Julio es un* ***conquistador*** *y no hay chica que no quiera salir con él.*

conquistar ***vb.*** {tr.} **1** Apoderarse, hacerse dueño de una población o territorio por medio de la fuerza: *En la Antigüedad, los romanos* ***conquistaron*** *muchos territorios.* **2** Ganar la voluntad o el amor de otro: *El nuevo compañero de curso nos* ***conquistó*** *con su simpatía.*

consabido, da ***adj.*** **1** Que se sabe o conoce de antemano: *Ramiro dio muestras de su* ***consabido*** *malhumor y con sus groserías echó a perder la reunión.* **2** Habitual: *La ceremonia de inicio de cursos empezó con el* ***consabido*** *discurso.*

consagración ***f.*** **1** Conversión de una cosa en algo sagrado: *La* ***consagración*** *de la basílica de Guadalupe fue una ceremonia inolvidable.* **2** Dedicación intensa a algo: *La* ***consagración*** *de Pedro fue obtener su título de doctor en matemáticas.* **3** Fama: *La* ***consagración*** *de las estrellas de cine se ve en las entregas de premios.* **4** Parte de la misa en la religión católica.

consagrado, da ***adj.*** **1** Sagrado. **2** Muy dedicado: *Él está tan* ***consagrado*** *a su música que se olvida de los demás.* **3** Famoso.

consagrar ***vb.*** {tr. y prnl.} **1** Hacer o convertir algo en sagrado. **2** Dedicar, emplear: *El profesor* ***se ha consagrado*** *a sus alumnos durante treinta años.* **3** Dar a alguien fama o reputación: *La novela* Cien años de soledad ***consagró*** *al escritor colombiano Gabriel García Márquez.*

consanguíneo, a ***adj.*** Que comparte la misma sangre, es decir, que pertenece una misma familia.

consanguinidad ***f.*** Característica común de los que pertenecen a un mismo tronco de familia.

consciencia ***f. Ver*** **conciencia.**

consciente ***adj.*** **1** Que tiene conciencia o conocimiento: *Mi abuelo estuvo* ***consciente*** *hasta poco antes de morir.* **2** Que sabe lo que hace: *Estoy* ***consciente*** *de que esta investigación será muy difícil, pero quiero hacerla porque me gusta mucho la materia.*

consecución ***f.*** Obtención de algo.

consecuencia ***f.*** **1** Hecho que resulta o sigue de otro: *Fumar tiene graves* ***consecuencias*** *porque puede provocar enfermedades.* **2** *loc.* **A ~ de,** como resultado de: *Las encías me sangran* ***a consecuencia de*** *una infección en la boca.*

consecuente ***adj.*** Referido a la persona que se comporta de acuerdo con sus propias ideas: *Fernando actuó de manera* ***consecuente*** *cuando no aceptó comer carne de cerdo porque sabe que es dañina.*

consecutiva ***adj./f.*** En lingüística, oración subordinada que expresa consecuencia de lo indicado en otra.

consecutivo, va ***adj.*** Que viene después de otra cosa: *El dos y el tres son números* ***consecutivos.***

a b c d e f g h i j k l m n o p q r s t u v w x y z

conseguir ***vb. irreg.*** {tr.} **Modelo 56.** Alcanzar, obtener lo que se pretende o se desea: *No **conseguí** el permiso para ir a la fiesta, así que me voy a quedar en la casa viendo televisión.*

conseja ***f.*** Leyenda o fábula popular: *Según las **consejas,** en ese pozo hay un fantasma que cuida un tesoro.*

consejería ***f.*** **1** Lugar en el que funciona un consejo. **2** Cargo de consejero.

consejero, ra ***m.*** y ***f.*** **1** Persona que aconseja o informa a otra u otras: *Mis papás fueron a ver a un **consejero** matrimonial porque tienen muchos problemas entre ellos.* **2** Miembro de un consejo: *Se reunieron los **consejeros** universitarios para elegir al nuevo rector.*

consejo ***m.*** **1** Opinión hecha a alguien sobre lo que se debe hacer o cómo hacerlo: *El **consejo** de mi hermano fue genial y ahora armo los rompecabezas con mayor facilidad.* SIN. **sugerencia. 2** Organismo de consulta, de administración o de gobierno. **3** Reunión celebrada por un organismo de consulta, de administración o de gobierno.

consenso ***m.*** Acuerdo: *Por **consenso** decidimos que Estela fuera quien guiara la excursión.*

consensual ***adj.*** Relativo al consenso.

consensuar ***vb.*** {tr.} Llegar a un acuerdo.

consentidor, ra ***adj.*** Que consiente: *Mónica tiene una mamá muy **consentidora:** le cumple todos sus caprichos.*

consentimiento ***m.*** Aceptación, autorización: *El director dio su **consentimiento** para que organicemos un viaje a la playa.*

consentir ***vb. irreg.*** {tr.} **Modelo 50. 1** Permitir algo, condescender. **2** Hacer mimos o cariños a alguien.

conserje ***m.*** y ***f.*** **Palabra de origen francés.** Persona que custodia un edificio o establecimiento público: *El **conserje** se encarga de abrir y cerrar las puertas y de cuidar el edificio del colegio.* SIN. **vigilante.**

conserjería ***f.*** **1** Lugar de un edificio donde está el conserje: *Junto a la **conserjería** está el buzón y el conserje se encarga de repartir la correspondencia en los departamentos.* **2** Oficio del conserje: *Para dedicarse a la **conserjería** hay que tener criterio y espíritu de servicio.*

conserva ***f.*** Alimento preparado y envasado para que se mantenga en buen estado durante mucho tiempo: *Compré verduras y frutas en **conserva** antes de salir de viaje.*

conservación ***f.*** Hecho de mantener una cosa en buen estado: *El frío permite la **conservación** de los alimentos.*

conservacionismo ***m.*** Defensa de la naturaleza. SIN. **ecología.**

conservacionista ***adj.*** Defensor de la naturaleza. SIN. **ecologista.**

conservador, ra ***adj.*** Que es tradicionalista, que no admite cambios: *Mi abuelo tiene costumbres **conservadoras** y no nos permite salir de noche.*

conservador, ra ***m.*** y ***f.*** Partidario de mantener el orden social establecido: *Los **conservadores** votaron contra el cambio en los asuntos políticos.*

conservar ***vb.*** {tr. y prnl.} **1** Mantener una cosa o cuidar de su permanencia: *El termo **conserva** caliente el café.* **2** Guardar con cuidado: *Clara **conservó** durante toda su vida las cartas que le escribió su primer novio.*

conservatorio ***m.*** Escuela oficial de música: *Voy al **conservatorio** a aprender piano y canto.*

considerable ***adj.*** Importante, digno de consideración: *Le ofrecieron al fotógrafo una cantidad **considerable** de dinero por sus fotografías.*

consideración ***f.*** **1** Hecho de tener en cuenta: *Tu hermano siempre toma en **consideración** las opiniones de la gente antes de hacer algo.* **2** Respeto: *Mi maestra goza de la **consideración** de sus compañeros porque hace muy bien su trabajo.*

considerado, da ***adj.*** Prudente, respetuoso: *La maestra es muy **considerada** y nunca deja demasiado trabajo a sus alumnos.*

considerar ***vb.*** {tr. y prnl.} **1** Pensar una cosa con atención, examinar: *Mónica **consideró** todas las ventajas que le podría traer el trabajo que le ofreció mi padre y decidió aceptarlo.* **2** Tratar con respeto. **3** Juzgar, estimar: ***Considero** a Hugo mi mejor amigo desde hace muchos años.*

consigna ***f.*** **1** Orden dada a un subordinado: *El empleado obedece la **consigna** que le da su jefe.* SIN. **orden. 2** Lugar de una estación de ferrocarril o de otro medio de transporte donde se puede guardar el equipaje.

consignación ***f.*** **1** Cantidad destinada a determinado fin. **2** Mercancía por la que no se recibe pago hasta que se venda. **3** Encarcelamiento: *La **consignación** del responsable de la matanza es cuestión de horas.*

consignar ***vb.*** {tr.} **1** Señalar en un presupuesto una cantidad para determinado fin: ***Consigné** una parte de mi sueldo para comprar un vestido nuevo.* **2** Poner por escrito: *El periodista **consignó** en el diario del domingo una entrevista que le hizo al artista famoso.*

consigo ***pron.*** Forma del pronombre personal reflexivo de la tercera persona *sí* cuando va precedido de la preposición *con*: *Leonel llevó **consigo** una tienda de campaña cuando fue de vacaciones a la montaña.*

consiguiente ***adj.*** Que depende y se deduce de otra cosa: *Lauro dijo que se iba a casar, por **consiguiente,** va a buscar un lugar dónde vivir con su esposa.*

consistencia ***f.*** Duración, estabilidad, solidez: *La **consistencia** del acero lo hace un material adecuado para construir las estructuras de grandes edificios.*

consistente ***adj.*** Que es o está duro, firme, resistente: *La pasta está muy **consistente,** creo que debemos agregarle un poco de leche para ablandarla.*

consistir ***vb.*** {intr.} Ser, estar formado por lo que se indica: *Su trabajo en la oficina **consiste** en escribir a máquina.*

consola ***f.*** **1** Mesa de adorno, larga y angosta, que por lo común se coloca cerca de la pared: *En la **consola** de la casa están las fotografías de toda la familia.* **2** En informática, terminal de la computadora que comunica con la unidad central.

consolación ***f.*** **1** Acción de consolar. **2** *loc.* **Premio de ~,** el que se da para consolar a quien no obtuvo el premio principal.

consolador, ra ***adj.*** Que consuela.

consolar ***vb. irreg.*** {tr. y prnl.} **Modelo 5.** Aliviar la pena o aflicción de uno: ***Consolé** a Socorro cuando lloraba por la muerte de su mascota.*

consolidación ***f.*** Afianzamiento de algo.

consolidado, da ***adj.*** Firme, legalizado. *Quedó **consolidada** la fusión de la compañía A con el conglomerado B.*

consolidar ***vb.*** {tr. y prnl.} Dar firmeza o solidez: ***Consolidó** sus conocimientos del idioma inglés cuando pasó un mes en Estados Unidos.*

consomé ***m.*** Caldo concentrado: *Estaba enferma y sólo comí un **consomé** de pollo porque no tenía hambre.*

consonancia ***f.*** **1** Igualdad de sonidos en la terminación de dos palabras, generalmente en verso. **2** Igualdad de dos cosas entre sí. **3** Sonido agradable de dos o más sonidos simultáneos.

consonante ***adj.*** **1** Que tiene consonancia. **2** *loc.* **Letra ~,** signo que representa un sonido que no es vocal.

consonante ***f.*** Sonido articulado por el cierre completo o parcial de la boca, seguido de una apertura y la letra que lo representa: *La palabra lápiz tiene tres **consonantes:** l, p y z.*
consonántico, ca ***adj.*** **1** Relativo a las consonantes. **2** Relativo a la consonancia.
consonantizar ***vb.*** {tr.} Transformar una vocal en consonante.
consorcio ***m.*** Alianza de empresas unidas para lograr un mismo fin: *Ese **consorcio** inmobiliario es muy poderoso, ha vendido la mayor parte de los nuevos edificios en esta ciudad.*
consorte ***m.*** y ***f.*** Cónyuge, esposo o esposa: *Lalo y Sara están casados: Lalo es el **consorte** de Sara y Sara es la **consorte** de Lalo.*
conspicuo, cua ***adj.*** Ilustre, sobresaliente: *El premio Nobel se otorga a personas **conspicuas** en una actividad en especial.*
conspiración ***f.*** Alianza entre algunas personas para hacer daño a alguien: *La policía descubrió una **conspiración** para secuestrar a la actriz de cine.*
conspirador, ra ***m.*** y ***f.*** Persona que conspira.
conspirar ***vb.*** {intr.} Obrar de acuerdo con otros contra alguien o algo: *Una banda de ladrones **conspiraba** contra los habitantes de la ciudad.*
constancia ***f.*** **1** Certeza, seguridad. **2** Comprobante, papel que atestigua algo: *En la oficina de impuestos le dieron una **constancia** de que ya no debe nada.*
constancia ***f.*** Perseverancia de una persona para terminar lo que ha empezado: *La **constancia** en el estudio me ha ayudado a mejorar mis calificaciones.*
constante ***adj.*** **1** Que tiene constancia, que no se interrumpe: *Si quieres tocar bien el piano, debes ser **constante** y estudiar todos los días.* **2** Muy frecuente: *Sus propuestas de amor son **constantes,** por más que ya le he dicho que no lo quiero.*
constar ***vb.*** {intr.} **1** Ser cierto y evidente: *A Rodolfo le **consta** que estudié toda la tarde porque él me vio hacerlo.* **2** Tener un todo determinadas partes: *El paquete deportivo **consta** de dos raquetas, una pelota y una red, todo para jugar tenis.*
constatación ***f.*** Comprobación de un hecho.
constatar ***vb.*** {tr.} Comprobar un hecho o dar constancia de él: *Cuando vi que el trabajo de Irma era tan bueno, **constaté** que había hecho un gran esfuerzo.*
constelación ***f.*** Grupo de estrellas que presentan una figura convencional: *Por la noche pueden verse muchas **constelaciones** en el cielo, por ejemplo, la cabra y las osas.*
constelado, da ***adj.*** Que está lleno de estrellas.
constelar ***vb.*** {tr.} Llenar o tachonar: *Durante la fiesta de fin de año, a la medianoche el cielo se **consteló** de fuegos artificiales.*
consternación ***f.*** Alteración del ánimo, dolor o pena muy profundo: *La muerte de su hermano le produjo una gran **consternación.***
consternado, da ***adj.*** Inquieto, alterado.
consternar ***vb.*** {tr. y prnl.} Inquietar mucho o vencer el ánimo.
constipación ***f.*** **1** Resfriado. **2** Estreñimiento.
constipado ***m.*** Resfrío o catarro: *Estornudo muchas veces porque tengo un fuerte **constipado.***
constipado, da ***adj.*** Que tiene gripe o resfrío: *Se quedó en su casa porque está muy **constipado** y se siente mal.*
constiparse ***vb.*** {prnl.} Resfriarse o acatarrarse: *Debes abrigarte bien cuando hace frío si no quieres **constiparte.***
constitución ***f.*** **1** Ley fundamental de la organización de un Estado: *La **Constitución** de un país contiene las leyes que establecen los derechos y deberes de los ciudadanos.* **2** Conjunto de características del cuerpo de una persona: *Mi hermana es de **constitución** débil y por eso se enferma con frecuencia.*
constitucional ***adj.*** Relativo a la constitución de un Estado: *Las leyes **constitucionales** consagran los derechos y deberes de los ciudadanos de un país.* **2** Conforme a la Constitución: *El reclamo de ese grupo está dentro de lo **constitucional,** así que tiene todo el derecho de ser atendido.*
constitucionalidad ***f.*** Lo que es constitucional: *Nadie duda de la **constitucionalidad** de la nueva ley.*
constitucionalismo ***m.*** **1** Sistema de gobierno que se rige por una Constitución. **2** Ideología que defiende ese tipo de gobierno.
constitucionalista ***m.*** y ***f.*** **1** Partidario del constitucionalismo. **2** Abogado especializado en temas constitucionales.
constituido, da ***adj.*** Que forma parte de algo.
constituir ***vb. irreg.*** {tr.} **Modelo 59. 1** Ser varias personas o cosas parte de otra cosa: *El padre, la madre y los hijos **constituyen** la familia básica.* SIN. **formar. 2** Suponer, representar: *La impuntualidad de Jeremías **constituye** uno de sus peores defectos.*
constitutivo, va ***adj.*** Que forma parte esencial de algo.
constituyente ***adj./m.*** y ***f.*** **1** Que forma parte de un organismo convocado para elaborar o reformar una Constitución. **2** Persona que forma parte de un grupo que elabora una constitución político. **3** *loc.* **Asamblea** , grupo de personas cuyos trabajos darán como resultado la Constitución politica de un país.
constreñir ***vb. irreg.*** {tr. y prnl.} **Modelo 66. 1** Obligar o ser obligado a hacer algo. **2** Limitar, reducir: *Debemos **constreñir** nuestros gastos al dinero que tenemos y no gastar más de lo necesario.* **3** Apretar, oprimir.
constricción ***f.*** **1** Obligación de hacer algo. **2** Limitación.
constrictivo, va ***adj.*** Que constriñe.
constrictor, ra ***adj.*** Que provoca constricción: *La boa **constrictor** no tiene veneno: mata constriñendo a su presa, es decir, apretando hasta que la asfixia.*
construcción ***f.*** **1** Hecho de construir algo: *Los albañiles trabajan en la **construcción** de las casas y edificios.* **2** Disposición sintáctica de las palabras y oraciones: *Iván no habla bien el español y comete errores en la **construcción** de frases, por ejemplo: yo comer pollo quiero.* **3** *loc. Amér. Merid.* y *P. Rico.* **~ de material,** obra hecha de ladrillos: *Los ladrones se escondieron en esa **construcción.***
constructivismo ***m.*** **1** Corriente de arte originada en Rusia que proponía representar la esencia de los objetos, sin cualidades superfluas, con una visión que alaba la tecnología y las máquinas. **2** Corriente pedagógica que sirve de base para los planes y programas de estudio en muchos países.
constructivista ***adj.*** Partidario del constructivismo.
constructivo, va ***adj.*** Se dice del comentario u opinión que no solamente ataca, sino que sirve para aprender: *El consejo de mi madre fue muy **constructivo** y evitó que cometiera un grave error.*
constructor, ra ***adj./m.*** y ***f.*** Persona o empresa que se dedica a construir casas y edificios: *La compañía **constructora** está haciendo el cine de la esquina.*
construir ***vb. irreg.*** {tr.} **Modelo 59. 1** Hacer una obra juntando los elementos según un plan: ***Construimos** este rompecabezas entre mi hermano y yo.* **2** Ordenar y enlazar las palabras en una oración o frase como es debido: *El maes-*

*tro nos pidió que **construyéramos** dos oraciones con el verbo "jugar".*

consuegro, gra ***m.*** y ***f.*** Padre o madre de un cónyuge respecto del padre o madre del otro: *Mis papás son **consuegros** de los papás de mi esposo.*

consuelo ***m.*** Lo que sirve de alivio: *En esta desgracia es un **consuelo** saber que tengo verdaderos amigos.*

consuetudinario, ria ***adj.*** Que es por costumbre: *Es un bebedor **consuetudinario** y sólo dejará de tomar alcohol si lo ayuda un especialista.*

cónsul ***m.*** y ***f.*** Persona que representa a su país en una nación extranjera: *Cuando vivía en el extranjero, fui a ver al **cónsul** de mi país para que me reemplazara el pasaporte que había perdido.*

consulado ***m.*** Oficina donde trabaja el cónsul: *Si vas a permanecer largo tiempo en otro país, siempre infórmate dónde queda el **consulado** de tu nación.*

consular ***adj.*** Relativo al cónsul o al consulado.

consulta ***f.*** **1** Pregunta para pedir opinión, para solicitar información sobre algo: *Mi padre le hizo una **consulta** al abogado porque no sabía qué documentos tenía que mostrarle al juez.* **2** Búsqueda de datos y orientación en un libro o texto: *Hice una **consulta** en el diccionario para saber el significado de la palabra "iglú".* **3** Atención que da un médico: *Mi tío es médico pero no da **consultas** a domicilio, sólo atiende a los pacientes en el hospital.*

consultar ***vb.*** {tr.} **1** Pedir opinión a otro: *Antes de operar a mi perro **consultamos** a varios veterinarios para estar seguros de que la operación era necesaria.* **2** Buscar datos o información en un libro o texto: *Para mi trabajo de historia **consulté** la enciclopedia.*

consultivo, va ***adj.*** Que sirve para asesorar o aconsejar: *Iban a poner otra tienda en esa avenida, pero el consejo **consultivo** de la ciudad opinó que de ninguna manera debe desaparecer el jardín público en cuyos terrenos querían ponerla.*

consultor, ra ***adj./m.*** y ***f.*** **1** Que brinda consulta. **2** Persona que asesora a otras. SIN. **asesor.** **3** ***f.*** Compañía que proporciona asesoría técnica.

consultoría ***f.*** **1** Actividad que realiza un consultor. SIN. **asesor.** **2** Oficina donde despacha un consultor.

consultorio ***m.*** Despacho donde el médico recibe a los enfermos: *El doctor Martín atiende por las tardes en el **consultorio** que tiene en su casa.*

consumación ***f.*** Logro total de algo: *A mediados del siglo XIX casi todos los países latinoamericanos lograron la **consumación** de su independencia.*

consumado, da ***adj.*** Se aplica a la persona que ha logrado el nivel más alto en su actividad y que la desarrolla con perfección: *Irineo es un **consumado** retratista, con unos cuantos trazos saca el parecido de sus modelos.*

consumar ***vb.*** {tr.} Realizar totalmente una cosa: *El ladrón no pudo **consumar** el robo porque llegó la policía.*

consumible ***adj.*** Que se puede consumir, que es apto para el consumo.

consumible ***m.*** Nombre dado a los elementos que, una vez agotados, deben ser renovados en la impresora de un sistema de computación, como los cartuchos de tinta o el papel.

consumición ***f.*** Lo que se consume en un restaurante.

consumido, da ***adj.*** Muy flaco: *Por la enfermedad se veía **consumido** hasta los huesos.*

consumidor, ra ***m.*** y ***f.*** Persona que compra determinado producto o que utiliza determinado servicio: *Hubo una queja de los **consumidores** cuando se dieron cuenta de que esa tienda vendía alimentos viejos.*

consumir ***vb.*** {tr. y prnl.} **1** Utilizar una cosa como fuente de energía o para satisfacer necesidades: *Los habitantes de China **consumen** mucho arroz.* **2** Extinguir, gastar: *Las velas **se consumen** poco a poco por la acción del calor de la llama.*

consumismo ***m.*** Conducta que consiste en provocar que se compren, o comprar, incluso cosas que no se necesitan: *El **consumismo** hace que muchas personas adquieran deudas que luego no pueden pagar.*

consumista ***adj./m.*** y ***f.*** Que compra compulsivamente cosas que ni siquiera necesita.

consumo ***m.*** Utilización de un bien para satisfacer necesidades: *El **consumo** de energía aumenta en invierno porque hace frío y la gente la utiliza para calentarse.*

contabilidad ***f.*** **1** Disciplina encargada de llevar las cuentas de una empresa o sociedad: *Mi hermano tomó cursos de **contabilidad** antes de abrir su papelería.* **2** Conjunto de esas cuentas: *Tú vas a llevar la **contabilidad** de la empresa.*

contabilización ***f.*** Proceso que consiste en contar, anotar y calcular cantidades.

contabilizar ***vb. irreg.*** {tr.} **Modelo 16.** Apuntar cantidades en los libros de cuentas.

contable ***adj.*** Que puede ser contado: *Los granos de maíz que hay en una mazorca son **contables.***

contable ***m.*** y ***f.*** Persona que lleva la contabilidad. SIN. **contador.**

contactar ***vb.*** {intr.} Establecer o mantener comunicación: *Por medio de algunos sistemas de computación, se puede **contactar** a personas de todo el mundo.*

contacto ***m.*** **1** Relación entre cosas que se tocan: *Hay enfermedades que se contagian por un simple **contacto.*** **2** Trato entre personas: *Todavía mantengo **contacto** con mis amigos de la primaria.* **3** Conexión entre dos partes de un circuito eléctrico.

contado, da ***adj.*** **1** Raro, escaso: *No nos conocemos bien, sólo hemos platicado en **contadas** ocasiones.* **2** ***loc.*** **Al ~,** pagar con dinero: *La cajera me preguntó si iba a pagar **al contado** o con tarjeta de crédito.*

contador, ra ***m.*** y ***f.*** **1** Persona que se ocupa de llevar las cuentas de una empresa o de otra persona. SIN. **contable.** **2** *Esp.* Aparato que mide lo que se ha gastado: *El encargado miró el **contador** del agua, para ver cuánta quedaba.* SIN. **medidor.**

contaduría ***f.*** **1** Oficio de contador. **2** Despacho del contador. **3** Oficina en la que se lleva la cuenta de los gastos de una institución: *La **Contaduría** Mayor de Hacienda depende de la Cámara de Diputados y lleva a cabo auditorías en oficinas gubernamentales.*

contagiar ***vb.*** {tr. y prnl.} **1** Transmitir por contacto una enfermedad: *Aislaron al enfermo en una habitación porque podía **contagiar** a las demás personas.* **2** Transmitir un estado de ánimo, una costumbre o un vicio: *Estaba tan contento que **me contagió** su alegría.*

contagio ***m.*** Hecho de transmitir una enfermedad o estado de ánimo.

contagioso, sa ***adj.*** Que se transmite fácilmente de un ser vivo a otro ser vivo: *La gripe es una enfermedad **contagiosa.***

contaminación ***f.*** Suciedad en el aire, el agua o en cualquier otra sustancia: *Esa fábrica de papel es la responsable de la **contaminación** del río.*

contaminado, da ***adj.*** Que ha sufrido contaminación.

contaminador, ra ***adj.*** Que contamina.

contaminante ***adj./m.*** y ***f.*** Que contamina: *El ruido es tan **contaminante** como los gases que los autos emiten a la atmósfera.*

contaminar ***vb.*** {tr. y prnl.} **1** Ensuciar el aire, el agua o cualquier otra sustancia: *El humo de los automóviles* ***contamina*** *el aire de la ciudad.* **2** Contagiar: *"Si te enfermas de sarampión, debes permanecer en cuarentena para que no* ***contamines*** *a otras personas."*

contante ***adj.*** Relativo al dinero en efectivo: *Juan pagó sus deudas en dinero* ***contante.***

contar ***vb. irreg.*** {tr. e intr.} **Modelo 5. 1** Dar un número a los elementos de un conjunto para saber cuántos hay: *Rosa* ***contó*** *las naranjas que hay en la bolsa.* **2** Decir los números en orden: *Esteban ya sabe* ***contar*** *del uno al diez.* **3** Referir, narrar: *Mis papás le* ***cuentan*** *una historia a mi hermanita todas las noches para que se duerma.* **4** Tener en cuenta algo o a alguien: *Lupe me* ***cuenta*** *entre sus mejores amigas.* **5** *loc.* **~ con,** confiar: *Tengo mucho trabajo, pero ya sé que* ***cuento con*** *mi hermano para que me ayude.*

contemplación ***f.*** **1** Consideración que se tiene hacia alguien. **2** *pl.* Reticencias para hacer algo: *Lo echó sin* ***contemplaciones*** *después de descubrir el robo.*

contemplado, da ***adj.*** Considerado.

contemplar ***vb.*** {tr.} **1** Mirar con atención o con gusto: *Sergio se pasó horas* ***contemplando*** *el paisaje.* **2** Tener en cuenta algo o a alguien, considerar: ***Contemplamos*** *la posibilidad de cambiarnos de casa porque es muy pequeña en la que vivimos.*

contemplativo, va ***adj.*** **1** Relativo a la contemplación. **2** Que le gusta contemplar.

contemplativo, va ***m.*** y ***f.*** Teórico, opuesto a lo pragmático.

contemporáneo, a ***adj./m.*** y ***f.*** Que existe al mismo tiempo: *Tu abuelo y mi abuelo fueron* ***contemporáneos.***

contemporizar ***vb.*** {intr.} Aceptar o acomodarse a las ideas de otros con el fin de evitar una discusión: *Ricardo prefirió* ***contemporizar*** *momentáneamente con su suegro a fin de no disgustar a su esposa.*

contencioso, sa ***adj.*** **1** Que discute todo. **2** Relativo a lo que se discute en un juicio. **3** *loc.* **~ administrativo,** relativo a la legalidad de la administración pública.

contender ***vb. irreg.*** [intr.] **Modelo 24. 1** Pelear contra otro, luchar. **2** Competir con otros por conseguir un triunfo: *Esos dos atletas* ***contienden*** *por la medalla de oro.*

contenedor ***m.*** Recipiente grande de metal o plástico: *En algunos países llaman* ***contenedores*** *a los botes que ponen en los edificios o en la calle para que todos los vecinos tiren ahí la basura.*

contener ***vb. irreg.*** {tr. y prnl.} **Modelo 26. 1** Llevar o tener dentro de sí: *Esa botella* ***contiene*** *aceite para cocinar.* Sin. **incluir. 2** Dominar un impulso o sentimiento: *El señor Miguel* ***contuvo*** *las ganas de gritarle a su hijo cuando el niño le contestó de manera tan grosera.*

contenido ***m.*** **1** Lo que está dentro de una cosa: *El* ***contenido*** *de esta botella es una combinación de alcohol con hierbas y sirve para curar heridas.* **2** Asunto del que trata un escrito, un discurso, etc.

contenido, da ***adj.*** Que no deja salir sus emociones.

contentar ***vb.*** {tr. y prnl.} **1** Alegrar o complacer a otro o a sí mismo: *Mis papás estaban enojados conmigo, pero los* ***contenté*** *comportándome bien todo el fin de semana.* **2** Sentirse conforme con algo: *Este niño no* ***se contenta*** *con todo lo que le dan sus padres y siempre está pidiendo más juguetes.*

contento ***m.*** Alegría, satisfacción: *Mostró su* ***contento*** *bailando y jugando con sus amigos durante la fiesta.*

contento, ta ***adj.*** Alegre, satisfecho: *Estoy muy* ***contenta*** *por la colección de libros que me regalaron en mi cumpleaños.*

conteo ***m.*** Cuenta, cálculo: *Los primeros resultados de la elección se hacen con un* ***conteo*** *rápido a la salida de las casillas.*

contertulio, lia ***m.*** y ***f.*** Persona que asiste a una tertulia.

contesta ***f. Amér.*** Respuesta.

contestación ***f.*** Respuesta que se da: *La maestra me hizo una pregunta y la* ***contestación*** *que le di fue correcta.*

contestador, ra ***m.*** y ***f.*** Aparato conectado al teléfono usado para grabar llamadas cuando nadie las contesta: *Le hablé anoche a Ricardo, pero como no estaba en su casa, le dejé un mensaje en la* ***contestadora.***

contestar ***vb.*** {tr.} Responder a lo que se pregunta, se habla o se escribe: *Carlos* ***contestó*** *rápidamente la carta que le mandé la semana pasada.*

contestatario, ria ***adj.*** Que se opone a todo.

contexto ***m.*** Conjunto de circunstancias en que se sitúa un hecho.

contextualizar ***vb.*** {tr.} Poner en contexto: *Para analizar debidamente el tema, hay que* ***contextualizarlo.***

contienda ***f.*** **1** Pelea, batalla. **2** Discusión. **3** Juego entre dos equipos: *Al comenzar la* ***contienda,*** *los capitanes intercambiaron banderines.*

contigo ***pron.*** Forma del pronombre personal de segunda persona *tu* cuando va precedido de la preposición *con*: *"¿Puedo ir al parque* ***contigo?"****, me preguntó mi hermana.*

contigüidad ***f.*** Cercanía de una cosa con otra.

contiguo, gua ***adj.*** Que está junto a otra cosa: *Su casa y mi casa están* ***contiguas,*** *por eso somos vecinos.*

continencia ***f.*** **1** Moderación de las pasiones. **2** Lo que se contiene. **3** Abstinencia sexual. Ant. **incontinencia.**

continental ***adj.*** Relativo a los continentes de la Tierra: *Honduras es un país* ***continental*** *porque forma parte del Continente Americano.*

continente ***adj.*** Que contiene en sí a otra cosa.

continente ***m.*** Extensa superficie de tierra separada de otras por los océanos: *Europa, Asia, América, África y Oceanía son los* ***continentes*** *de la Tierra.*

contingencia ***f.*** **1** Posibilidad de que una cosa suceda o no. **2** Riesgo: *La erupción de un volcán es una* ***contingencia*** *para la que debemos prepararnos.*

contingente ***adj.*** Que puede suceder o no.

contingente ***m.*** Tropa o agrupación que forma parte de un ejército.

continuación ***f.*** **1** Lo que prolonga otra cosa: *Este camino pequeño es la* ***continuación*** *de la carretera.* **2** *loc.* **A ~,** detrás o inmediatamente después: *Mi casa está* ***a continuación*** *de la tienda de Rafael.*

continuador, ra ***adj.*** Que continúa lo que otro empezó.

continuar ***vb. irreg.*** {tr., intr. y prnl.} **Modelo 10. 1** Proseguir, llevar adelante lo comenzado: *Ángeles* ***continuó*** *el trabajo escolar en la noche porque no lo terminó durante la tarde.* **2** Durar, permanecer algo como está: *La alegría de los niños* ***continuó*** *después de haber ganado el partido de fútbol.* **3** Seguir algo más allá de un lugar, extenderse: *La carretera 95* ***continúa*** *hasta la siguiente ciudad.*

continuidad ***f.*** Hecho de no interrumpir algo: *Su éxito se debió a la* ***continuidad*** *de sus esfuerzos.*

continuismo ***m.*** Situación política en la que no hay cambios: *Si seguimos votando por X, el* ***continuismo*** *se instalará para siempre.*

continuista ***adj./m.*** y ***f.*** Partidario del continuismo: *Si no quieres que cambien las cosas, entonces no hay remedio, eres políticamente* ***continuista.***

continuo, nua ***adj.*** **1** Sin interrupción: *Los buenos alumnos trabajan de manera* ***continua*** *durante todo el curso.* **2** Constante, frecuente: *No puedo concentrarme en la novela por tus* ***continuas*** *interrupciones.*

contonearse ***vb.*** {prnl.} Mover con exageración los hombros y caderas al caminar: *La gente en la calle voltea a ver a Rosalía porque* ***se contonea*** *como barco en altamar.* SIN. **zarandear.**

contoneo ***m.*** Movimiento exagerado de caderas y hombros.

contornear ***vb.*** {tr.} Trazar el contorno: *Mi hermanita hizo hoy su primera obra de arte, en el jardín de niños* ***contorneó*** *su mano con pintura y quedó un dibujo parecido a los que hacían los hombres de las cavernas.*

contorneo ***m.*** **1** Trazado de un contorno. **2** Seguimiento de un contorno.

contorno ***m.*** Conjunto de líneas que rodean una figura: *Antes de pintarse los labios, se marca su* ***contorno*** *con un lápiz delgado.*

contorsión ***f.*** Posición forzada del cuerpo o de una parte de él: *El acróbata del circo hacía tales* ***contorsiones*** *con piernas y brazos que parecía de goma.*

contorsionismo ***m.*** Actividad circense que consiste en hacer contorsiones.

contorsionista ***m.*** y ***f.*** Persona entrenada para hacer movimientos forzados con el cuerpo.

contra ***prep.*** **1** Señala oposición o contrariedad: *"Estoy* ***contra*** *el viaje a la playa porque habrá mucha gente, mejor vamos a otro lugar", dije a mis amigos.* **2** Sirve para señalar apoyo de una cosa en otra: *"Coloca la mesa* ***contra*** *la pared, así tendremos más espacio para bailar", dije a Esteban.*

contraalisios ***m.*** Vientos que soplan por encima y en contra de la dirección de los alisios.

contraatacante ***adj./m.*** y ***f.*** **1** Que contraataca. **2** Jugador que defiende atacando.

contraatacar ***vb.*** {tr. e intr.} Responder al ataque de alguien con otro ataque: *El niño le jaló la cola al gato y éste* ***contraatacó*** *con un arañazo.*

contraataque ***m.*** Táctica que consiste en defenderse atacando: *Después del bombardeo enemigo, los aliados organizaron un* ***contraataque*** *relámpago.*

contrabajista ***m.*** y ***f.*** Músico que toca el contrabajo.

contrabajo ***m.*** El mayor y más grave de los instrumentos de la familia del violín, que se toca de pie, apoyándolo en el piso y con un arco que se pasa por sus cuerdas. SIN. **bajo.**

contrabandear ***vb.*** {tr.} Introducir en un país mercancías sin pagar impuestos.

contrabandeo ***m.*** Acto de contrabandear.

contrabandismo ***m.*** Práctica de las actividades del contrabando.

contrabandista ***m.*** y ***f.*** Delincuente que introduce a un país, a escondidas y de manera ilegal, mercancías de otro país: *La policía llegó a la casa del* ***contrabandista*** *y encontró relojes, radios, televisores y computadoras japonesas.*

contrabando ***m.*** Acción que consiste en introducir a un país, a escondidas y de manera ilegal, mercancías de otro país: *La ley castiga el* ***contrabando*** *porque es una actividad que perjudica la economía de los países.*

contracampo ***m.*** Técnica cinematográfica que implica pasar de un encuadre al siguiente en una misma escena pero desde el punto de vista opuesto: *Cuando estaban a punto de matar a la muchacha, la cámara hizo un* ***contracampo*** *y filmó al gato entrando en la habitación.*

contracara ***f.*** **1** Cara contraria. **2** *Fig.* Aspecto negativo de algo.

contracción ***f.*** **1** Hecho de reducir algo a menor volumen o extensión: *Durante el parto, las* ***contracciones*** *del vientre de la madre provocan la salida del niño.* **2** Unión de dos palabras en una sola con la desaparición de una vocal: *De la* ***contracción*** *de la preposición* de *y el artículo* el *se forma* del.

contrachapado, da ***adj.*** Que está formado por varias capas de madera.

contrachapar ***vb.*** {tr.} **1** Elaborar materiales contrachapados. **2** Ponerle chapa de madera a algo.

contracorriente ***f.*** **1** Corriente que va en sentido contrario. **2** *loc.* **A ~,** ir en contra de la opinión de la mayoría: *A pesar de ir a* ***contracorriente,*** *Buñuel triunfó con su arte.*

contráctil ***adj.*** Que tiene capacidad para contraerse: *La pupila es un órgano* ***contráctil,*** *se hace más pequeña cuando recibe demasiada luz.*

contractual ***adj.*** Relativo a un contrato.

contractura ***f.*** Contracción muscular involuntaria, más o menos duradera y dolorosa: *Pasé tantas horas escribiendo a máquina, que ahora tengo una* ***contractura*** *en el cuello.*

contracultura ***f.*** **1** Actitud que se opone al sistema establecido.

contracultural ***adj.*** Relativo a la contracultura.

contradanza ***f.*** Del inglés *country dance*, danza campestre en que varias parejas bailan al mismo tiempo y ejecutan determinadas figuras.

contradecir ***vb. irreg.*** {tr. y prnl.} **Modelo 54.** Decirlo contrario de lo que otro afirma o de lo que uno mismo afirmó antes: *Lucas* ***se contradice:*** *un día dice que le gusta el chocolate y al siguiente dice que lo odia.*

contradicción ***f.*** Hecho de decir lo contrario a lo que se ha dicho antes: *"Me dijiste que fuiste con Julia a la tienda y ahora me aseguras que no saliste de tu casa, eso es una* ***contradicción",*** *dije a Maura.*

contradictorio, ria ***adj.*** Que se contradice.

contraer ***vb. irreg.*** {tr. y prnl.} **Modelo 38. 1** Reducir una cosa: *El frío* ***contrae*** *muchos materiales, como la madera.* SIN. **encoger. 2** Adquirir una enfermedad u obligación: ***Contraje*** *una deuda con el banco y ahora debo darle pagos durante dos años.*

contraespionaje ***m.*** Serie de técnicas y procedimientos para neutralizar el espionaje: *Los agentes de* ***contraespionaje*** *detectan a los espías y les impiden seguir espiando.*

contrafuerte ***m.*** **1** En arquitectura, pilar unido a un muro para reforzarlo. **2** Trozos de cuero que refuerzan los talones de los zapatos: *Rompí los* ***contrafuertes*** *de mis zapatos viejos porque me gusta caminar con ellos por la casa.*

contragolpe ***m.*** **1** Golpe que se da como respuesta a otro. **2** Ataque que organiza un equipo en respuesta al ataque de su contrincante.

contragolpear ***vb.*** {tr.} **1** Golpear en respuesta a un golpe. **2** Atacar un equipo en respuesta a un ataque previo. SIN. **contraatacar.**

contrahecho, cha ***adj./m.*** y ***f.*** Que tiene algún defecto notorio en el cuerpo: *El viejecito está* ***contrahecho,*** *tiene una joroba y por eso camina tan agachado.*

contrahechura ***f.*** Imitación mal hecha de algo.

contraindicación ***f.*** Circunstancia que se opone al empleo de un medicamento: *Este medicamento marca* ***contraindicación*** *en caso de embarazo porque puede ser peligroso para la madre y para su hijo que va a nacer.*

contraindicado, da ***adj.*** Perjudicial o dañino: *El alcohol está* ***contraindicado*** *cuando se está en tratamiento con antibióticos.*

contraindicar *vb.* {tr.} Señalar lo que es perjudicial o dañino: *El doctor **contraindicó** la ingesta de ese medicamento nuevo porque no se saben sus efectos colaterales.*
contralmirante *m.* Oficial naval de grado inmediatamente inferior al de vicealmirante: *El **contralmirante** Santoyo irá a la recepción en la embajada en representación de su jefe, el vicealmirante Flores.*
contralor *m. Chile, Colomb., Méx.* y *Venez.* Empleado que controla los gastos públicos.
contraloría *f. Amér.* Oficina encargada de revisar las cuentas del gobierno.
contralto *m.* **1** Voz media entre la de tenor y la de tiple. **2** Persona que tiene esa voz.
contraluz *f.* Iluminación de un objeto que recibe la luz del lado opuesto al que se mira: *Tu vestido se transparenta a **contraluz**, así que se ven tus piernas.*
contramaestre *m.* **1** Oficial que dirige a los marineros en un barco. **2** Supervisor de obreros en una fábrica.
contramano. A ~, *loc.* Sentido contrario: *La patrulla se metió **a contramano** para tratar de cortarle el paso a los fugitivos.*
contra natura *loc.* Significa que algo va contra las leyes de la naturaleza: *La explotación irracional de las selvas tropicales es una actividad **contra natura**.*
contraofensiva *f.* Operación militar que responde a un ataque del enemigo.
contraoferta *f.* Oferta que se presenta en respuesta a una anterior.
contraorden *f.* Orden con que se cancela otra anterior: *Nos habían dicho que el horario de trabajo sería sólo en la mañana, pero después llegó la **contraorden**, y ahora trabajamos por la mañana y por la tarde.*
contraparte *f.* Oponente en juicio, en una partida.
contrapartida *f.* Cosa con que se compensa: *Me robaron un anillo y, como **contrapartida**, mis papás me regalaron otro.*
contrapelo. A ~, *loc.* **1** Contra la dirección natural del pelo. **2** De manera violenta, contra el modo natural de una cosa.
contrapeso *m.* Peso que equilibra otro peso: *Debes poner un juguete de un lado de la bicicleta, y como **contrapeso**, un juguete en el otro lado para que la equilibre.*
contraponer *vb. irreg.* {tr. y prnl.} **Modelo 27. 1** Comparar dos o más cosas para conocer sus diferencias: *El entrenador **contrapuso** la velocidad de Ramiro con la de Justino.* **2** Oponer una cosa con otra, principalmente oponer una idea con otra.
contraportada *f.* Última página de una revista, tapa de atrás de un libro o de un disco: *Me encantó esta novela, lee el resumen que viene en la **contraportada** para que sepas de qué se trata.*
contraposición *f.* **1** Comparación de una cosa con otra para conocer sus diferencias. **2** Oponer una cosa a otra.
contraproducente *adj.* Que tiene efectos opuestos a los que se quiere: *Este medicamento resultó **contraproducente** y ahora me siento peor que antes.*
contrapropaganda *f.* Propaganda que se hace para contrarrestar otra.
contraproposición *f.* Resultado de contraponer.
contrapropuesta *f.* Propuesta que sustituye una propuesta anterior: *El sindicato hizo una **contrapropuesta** para resolver el conflicto.*
contrapuerta *f.* Puerta que se pone inmediatamente después de otra: *Instalamos **contrapuertas** en el balcón para evitar que entre tanto ruido a nuestro apartamento.*
contrapunteo *m.* **1** Contrapunto. **2** Confrontación de opiniones. **3** *Amér.* Canción de versos improvisados.
contrapuntista *m.* Músico que practica el contrapunteo.
contrapuntístico, ca *adj.* Relativo al contrapunto.
contrapunto *m.* En música, unión armoniosa de melodías superpuestas.
contrariar *vb. irreg.* {tr.} **Modelo 9. 1** Enojar o provocar enojo: *A mi abuelo lo **contraría** que lo desobedezcamos.* **2** Oponerse a algo o alguien: *Manuel no **contraría** a sus padres porque sabe que ellos quieren lo mejor para él.*
contrariedad *f.* Contratiempo, suceso negativo e inesperado: *Fue una **contrariedad** perdernos en el camino, por eso llegamos tarde al cine.*
contrario, ria *adj.* **1** Opuesto: *"Bonito" y "feo" son dos palabras **contrarias**.* **2** Que daña o perjudica: *La nueva ley es **contraria** a los intereses de algunos ciudadanos.*
contrario, ria *m.* y *f.* **1** Enemigo, adversario: *El tenista ganó de manera fácil a su **contrario**.* **2** *loc.* **Al ~,** al revés, de manera opuesta: ***Al contrario** de lo que crees, yo sí quiero a mi novio.* **3** *loc.* **Llevar la ~,** oponerse: *Berenice es una niña necia, porque casi siempre **lleva la contraria** a lo que le pide su madre.*
Contrarreforma *f.* Movimiento producido por el catolicismo en el siglo XVI en oposición a la reforma de los protestantes, iniciado en 1545 por el Papa Paulo III y concluido por Pío IV.
contrarreloj *adj./f.* Se aplica a la competencia que consiste en cubrir una distancia o hacer algo en el menor tiempo posible: *La carrera será **contrarreloj**, así que debemos entrenar mucho para aumentar nuestra velocidad.*
contrarreloj *adv.* Con mucha prisa: *Tengo que hacer este trabajo **contrarreloj**, de otra manera no podré entregarlo a tiempo.*
contrarrestar *vb.* {tr.} Neutralizar una cosa los efectos de otra: *El precio bajo del hotel **contrarrestó** el precio excesivo de los pasajes de avión y así nuestras vacaciones no resultaron muy caras.*
contrarrevolución *f.* **1** Revolución en contra de la inmediata anterior. **2** Se aplica por lo general a un enfrentamiento de la derecha contra revoluciones de izquierda: *La **contrarrevolución** en Nicaragua logró sacar del poder al sandinismo.*
contrarrevolucionario, ria *adj./m.* y *f.* **1** Que respalda la contrarrevolución. **2** Persona partidaria de la contrarrevolución.
contras *m. pl.* Las desventajas de algo: *Voy a analizar los pros y los **contras** de ese trabajo antes de aceptarlo o rechazarlo.*
contrasentido *m.* Acción, actitud o razonamiento contrario a la lógica o al sentido común: *Es un **contrasentido** pensar que todos tus juguetes pueden caber en esa caja tan pequeña.*
contraseña *f.* Señal convenida para reconocerse: *Cuando di la **contraseña**, me dejaron entrar al club.*
contrastante *adj.* Que contrasta.
contrastar *vb.* {tr. e intr.} **1** Poner a prueba una cosa. **2** Mostrar dos cosas notable diferencia entre ellas: *"Tu calma **contrasta** con la impaciencia de tu novio", comenté a la novia durante la boda.*
contraste *m.* Diferencia notable entre dos cosas o personas: *Hay un gran **contraste** entre los dos hermanos: uno es alto y gordo y el otro es bajo y delgado.*
contratar *vb.* {tr.} **1** Hacer un convenio en el que una persona trabaja para otra persona a cambio de dinero: ***Hemos contratado** a una señora que cuide al niño mientras salimos a trabajar.* **2** Hacer un contrato para poder disponer de manera temporal de algo a cambio de dinero: *Mi padre **contrató** un salón para la boda de mi hermana.*

contratiempo ***m.*** Accidente negativo e inesperado: *El automóvil se descompuso y por ese* ***contratiempo*** *no pudimos ir al campo de vacaciones.*

contratista ***m.*** y ***f.*** Persona que tiene una empresa de construcción: *Mi tío le encargó a un* ***contratista*** *que arreglara el techo de la casa.*

contrato ***m.*** Pacto por el que dos o más personas se obligan a cumplir una cosa: *En el* ***contrato*** *se marcó el precio que Amelia debía pagar por la casa y el día en que Héctor debía entregársela a Amelia.*

contravención ***f.*** Hecho de dejar de cumplir una ley o algo establecido: *El árbitro mandó a penalties, pues uno de los jugadores golpeó a otro y eso es una* ***contravención*** *al reglamento.*

contraveneno ***m.*** Sustancia que actúa para eliminar la acción de un veneno: *Mi perro se intoxicó con insecticida, pero el veterinario le dio un* ***contraveneno*** *y pudo salvarlo.* SIN. **antídoto.**

contravenir ***vb. irreg.*** {tr.} **Modelo 49.** Obrar en contra de lo mandado: *Gerónimo* ***contravino*** *las órdenes al llegar más tarde de lo que le habíamos dicho.*

contraventana ***f.*** Postigo que se pone por la parte interior o exterior de una ventana con el fin de protegerla.

contrayente ***adj./m.*** y ***f.*** Relativo a la persona que se casa: *Los* ***contrayentes*** *recibieron las felicitaciones de sus amigos durante la fiesta.* SIN. **cónyuge.**

contribución ***f.*** **1** Pago de impuestos: *Mi padre paga cada año sus* ***contribuciones*** *al gobierno.* **2** Cooperación de varias personas para conseguir algo: *La* ***contribución*** *de Julieta a la reunión fue una tarta deliciosa.*

contribuir ***vb. irreg.*** {tr. e intr.} **Modelo 59. 1** Pagar impuestos. **2** Cooperar con otros para conseguir algo: *Lalo* ***contribuyó*** *a organizar la fiesta. Fue él quien se encargó de contratar a los músicos.*

contributivo, va ***adj.*** Relativo a la contribución.

contribuyente ***adj./m.*** y ***f.*** **1** Que contribuye. **2** Persona obligada a pagar impuestos.

contrición ***f.*** **1** En la religión católica, dolor por haber pecado contra Dios. **2** Arrepentimiento.

contrincante ***m.*** y ***f.*** Rival, competidor: *Liliana y Claudia son* ***contrincantes*** *porque las dos persiguen el primer lugar en la clase de historia.*

contrito, ta ***adj.*** Que está arrepentido, que siente tristeza por haber cometido una falta: ***Contritos,*** *los niños fueron a ver a la señora y le dijeron que estaban dispuestos pagar el vidrio que le rompieron mientras jugaban.*

control ***m.*** **1** Comprobación, inspección: *El director de la escuela tiene a su cargo el* ***control*** *de las actividades de los profesores.* **2** Mando, limitación de la libertad de algo o alguien: *Los medicamentos mantienen el* ***control*** *de las enfermedades.* **3** *loc.* ~ **remoto,** aparato que permite manejar objetos a distancia: *A mí me gusta ver la televisión con el* ***control remoto*** *en la mano, porque así veo varios programas al mismo tiempo.*

controlado, da ***adj.*** Relativo al control.

controlador, ra ***m.*** y ***f.*** **1** Persona que controla. **2** *loc.* ~ **aéreo,** técnico especializado en el control del tráfico aéreo en un aeropuerto.

controlar ***vb.*** {tr.} **1** Revisar, inspeccionar: *En esta fábrica, un grupo de especialistas* ***controla*** *de manera constante la calidad de los productos.* **2** Regular, dominar, dirigir: *Me desesperé tanto por la larga fila en el banco que tenía ganas de gritar, pero* ***controlé*** *mis emociones y mejor me puse a pensar en otras cosas.*

controversia ***f.*** Discusión, polémica: *La* ***controversia*** *giraba alrededor de cuál de los dos equipos era mejor. Ramiro aseguraba que los rojos, mientras que Saúl insistía en que eran los azules.*

controvertido, da ***adj.*** Que da lugar a controversia.

contubernio ***m.*** Alianza o unión para hacer algo malo o reprobable: *Esos dos niños irrespetuosos decidieron en* ***contubernio*** *poner pintura en las bancas de sus compañeros.*

contumacia ***f.*** **1** Necedad para mantener un error. **2** Rebeldía en un juicio, es decir, no presentarse ante el juez.

contumaz ***adj.*** Que insiste en mantener un error.

contundente ***adj.*** Que no deja lugar a dudas, que convence: *La afirmación sobre la necesidad de defender la naturaleza es* ***contundente.*** SIN. **categórico, rotundo.**

conturbar ***vb.*** {tr.} Turbar, alterar, intranquilizar.

contusión ***f.*** Lesión interna producida por un golpe sin que haya una herida exterior: *Me caí por la escalera y el doctor me dijo que tenía* ***contusiones*** *en los brazos y las piernas.*

contusionar ***vb.*** {tr. y prnl.} Producir contusiones.

contuso, sa ***adj.*** Que tiene contusiones.

conuco ***m. Antill., Colomb.*** y ***Venez.*** Porción pequeña de campo, con su rancho y un área cultivable.

conurbación ***f.*** Unión geográfica de poblaciones vecinas debida a la extensión de sus límites: *La* ***conurbación*** *ha hecho de esa ciudad algo gigantesco.*

conurbado, da ***adj.*** Relativo a la conurbación: *La zona* ***conurbada*** *abarca más extensión de tierra que la urbana en sí.*

convalecencia ***f.*** Estado de la persona que se recupera de una enfermedad y tiempo que dura esa recuperación: *La* ***convalecencia*** *de Luciana va a ser larga porque su operación fue muy delicada.*

convalecer ***vb. irreg.*** {intr.} **Modelo 39.** Recobrar las fuerzas perdidas por una enfermedad: *Rebeca* ***está convaleciendo*** *de la hepatitis que tuvo durante un mes, yo creo que en unos días podrá levantarse de la cama.*

convaleciente ***adj.*** Que se está recuperando de una enfermedad, operación o accidente: *El enfermo está* ***convaleciente*** *de varicela y debe permanecer en reposo algunos días.*

convalidación ***f.*** Validación de los estudios realizados.

convalidar ***vb.*** {tr.} Confirmar, hacer válido lo ya aprobado: *Como me cambié de escuela, tuvieron que* ***convalidarme*** *los estudios que había hecho en la otra.*

convección ***f.*** En física, movimiento de un fluido debido a los cambios en la temperatura.

convectivo, va ***adj.*** Relativo a la convección: *Los movimientos* ***convectivos*** *del viento provocan tormentas.*

convector, ra ***adj.*** Relativo a la convección.

convencer ***vb. irreg.*** {tr. y prnl.} **Modelo 40.** Conseguir que alguien haga, crea o acepte cierta cosa: *Marisa* ***convenció*** *a Lucio de que la ayudara a arreglar su jardín.*

convencido, da ***adj./m.*** y ***f.*** **1** Que tiene convencimiento. **2** Persona firme en sus ideas: *Enrique es un* ***convencido*** *de que la dieta vegetariana es la mejor.*

convencimiento ***m.*** Seguridad, certeza: *Tengo el* ***convencimiento*** *de que es importante cuidar la naturaleza.*

convención ***f.*** **1** Pacto, acuerdo. **2** Reunión de personas para tratar un asunto: *Rosario fue a una* ***convención*** *sobre enfermedades mentales que se lleva a cabo en París.* **3** Norma o práctica que se admite sin necesidad de explicación: *Las señales de tráfico se aceptan por* ***convención,*** *por eso casi todo el mundo sabe que el color rojo de los semáforos significa "alto".*

convencional ***adj.*** **1** Establecido por costumbre. **2** Que sigue las reglas y costumbres sin proponer cambios: *Javier es* *una persona **convencional** que no viola las leyes y no se queja.*

convencionalismo ***m.*** Modo de pensar o actuar que se considera como norma para seguir las conveniencias sociales: *Los **convencionalismos** dicen que el cabello teñido de verde no es apropiado, pero a mí me gusta llevarlo así.*

convencionista ***m.*** y ***f.*** Persona que participa en una convención.

convenenciero, ra ***adj.*** Que actúa según y sólo para su conveniencia.

convenido, da ***adj.*** Arreglado, pactado.

conveniencia ***f.*** Cosa o situación en beneficio o interés de una persona: *Encontramos una casa a nuestra **conveniencia**, tiene el tamaño y el precio que necesitábamos.*

conveniente ***adj.*** Útil, provechoso: *No es **conveniente** que comas puros dulces, debes balancear tu dieta para tener buena salud.*

convenio ***m.*** Acuerdo, pacto: *Manuel y José firmaron un **convenio** para comprar la casa entre los dos.*

convenir ***vb. irreg.*** {tr., intr. y prnl.} **Modelo 49. 1** Llegar a un acuerdo: ***Convenimos** en el precio del departamento después de negociar mucho con el hombre que nos lo vendió.* **2** Ser de un mismo parecer. **3** Ser oportuno, útil: ***Conviene** llegar temprano al estadio, antes de que se junte toda la gente en la entrada.*

conventillo ***m. Amér. Merid.*** y ***R. de la P.*** Casa grande de gente humilde, que contiene muchas viviendas reducidas. Sin. **cuartería, vecindad.**

convento ***m.*** Casa donde vive una comunidad religiosa.

conventual ***adj.*** Relativo al convento. *La vida **conventual** de esas monjas incluye oración, trabajo, estudio y fabricar rompope para venderlo.*

convergencia ***f.*** Coincidencia, unión: *Para ir al parque debes llegar a la **convergencia** de las dos avenidas y dar vuelta a la derecha.*

convergente ***adj.*** **1** Que converge. **2** ***loc.*** **Serie ~,** serie de números que se acerca a un número pero nunca llega a él.

converger ***vb. irreg.*** {intr.} **Modelo 41** o **convergir** ***vb. irreg.*** {intr.} **Modelo 61.** Dirigirse o unirse en un mismo punto: *Los ríos pequeños **convergen** en el río grande.*

conversación ***f.*** Acción y efecto de hablar unas personas con otras: *Sólo íbamos a tomar una taza de café, pero la **conversación** estaba tan interesante que nos tomamos cinco tazas cada uno.*

conversador, ra ***adj./m.*** y ***f.*** Se refiere a la persona que es hábil para conversar: *Mi tío Jonás es un gran **conversador**, puede pasar horas platicando sin que sus oyentes se aburran.*

conversar ***vb.*** {intr.} Hablar unas personas con otras: *La maestra los regañó porque se pasan el tiempo **conversando** en vez de atender a la clase.* Sin. **platicar.**

conversión ***f.*** **1** Hecho de cambiar: *El calor provoca la **conversión** del hielo en agua.* **2** Hecho de adoptar una religión o creencia distinta a la que se tenía. **3** Hecho de transformar una medida expresada en unidades de un sistema, a unidades de otro sistema, como metros a pies, galones a litros, etc.

converso, sa ***adj./m.*** y ***f.*** Se dice de quien se convierte a otra religión.

convertibilidad ***f.*** **1** Lo que se puede convertir. **2** ***loc.*** **~ de la moneda,** capacidad de la moneda de ser cambiada por oro o por otra moneda más fuerte.

convertible ***adj.*** Que se puede convertir en otra cosa: *Este sofá es **convertible**, si desdoblas su asiento se vuelve cama.*

convertible ***m.*** Tipo de automóvil al que se le puede retirar la capota para que quede al descubierto. Sin. **descapotable.**

convertido, da ***adj.*** **1** Que se convirtió. **2** Que cambió de religión.

convertir ***vb. irreg.*** {tr. y prnl.} **Modelo 50. 1** Cambiar, hacer que una cosa se transforme en otra: *Mi tío **convirtió** un cuarto de su casa en sala de billar.* **2** Cambiar alguien su religión.

convexo, xa ***adj.*** Que tiene la superficie más abultada en el centro. Ant. **cóncavo.**

convicción ***f.*** **1** Seguridad, certeza: *Tengo la **convicción** de que el bebé que va a nacer será niña.* **2** ***pl.*** Conjunto de ideas o creencias: *Heriberto nunca actúa en contra de sus **convicciones**, por eso no quiere ir a ese tipo de reuniones.*

convicto, ta ***adj.*** Relativo al preso cuyo delito ha sido probado.

convidado, da ***m.*** y ***f.*** Invitado: *Había cien **convidados** al banquete.*

convidar ***vb.*** {tr.} Invitar: *Mi novio me **convidó** a cenar en un restaurante muy bonito.*

convincente ***adj.*** Que convence: *Una tormenta de nieve es una razón **convincente** para no ir a la montaña.*

convite ***m.*** Comida, banquete o reunión a la que uno es invitado. Sin. **ágape.**

convivencia ***f.*** Hecho de vivir o relacionarse con otras personas: *Si vamos a vivir bajo el mismo techo, más vale hacer que la **convivencia** sea fácil.*

convivio ***m.*** Fiesta o comida a la que se invita a alguien.

convivir ***vb.*** {intr.} Vivir en compañía de otro u otros: *Durante mi viaje **conviví** por primera vez con mis primos, a los que conocía muy poco.*

convocante ***adj.*** Que convoca.

convocar ***vb. irreg.*** {tr.} **Modelo 17.** Llamar a varias personas para que coincidan en un lugar, en un acto o para que realicen una actividad: *La maestra **convocó** a los padres de familia para organizar la fiesta de fin de cursos.*

convocatoria ***f.*** Escrito con que se llama a diferentes personas para que concurran a un lugar, a un acto o a realizar una actividad: *"Ya salió la **convocatoria** para el concurso de historietas. ¿Concursamos?"*

convoy ***m.*** **Palabra de origen francés. 1** Escolta o guardia. **2** Conjunto de vehículos de transporte que tienen el mismo destino. **3** Serie de vagones unidos unos a otros y arrastrados por la misma máquina.

convulsión ***f.*** **1** Movimiento brusco e involuntario de los músculos del cuerpo. Sin. **contracción. 2** Agitación violenta: *El asesinato del rey provocó una **convulsión** en todo el reino.* Sin. **trastorno.**

convulsionar ***vb.*** {tr. y prnl.} Producir algo agitación violenta en el cuerpo, en un grupo social o en la corteza terrestre: *La fiebre tan alta provocaba que Ana **se convulsionara** y hablara sola.*

convulsivo, va ***adj.*** Se aplica a lo que está acompañado de movimientos bruscos o violentos.

convulso, sa ***adj.*** Referido al que padece convulsiones.

conyugal ***adj.*** Relativo a la relación que existe entre marido y mujer: *Mis padres han estado casados durante veinte años y llevan una buena relación **conyugal**.* Sin. **matrimonial.**

cónyuge ***m.*** y ***f.*** Lo que es el marido respecto de su mujer y la mujer respecto de su marido: *Los **cónyuges** salieron felices del registro civil en donde se casaron.* Sin. **consorte, esposo, contrayente.**

coñac o **coñá** ***m.*** **Palabra de origen francés.** Bebida alcohólica fuerte, hecha a partir de vinos añejados en toneles de roble.

coño *m. Esp. Vulg.* Parte externa del aparato genital femenino.

¡coño! *interj. Vulg.* Exclamación que denota enfado o extrañeza.

cooperación *f.* Hecho de ayudar para lograr algo: *Con la* ***cooperación*** *de los padres de familia, pudimos pintar y arreglar la escuela.* SIN. **colaboración, contribución, ayuda.**

cooperador, ra *adj.* Se dice de la persona que trabaja con otros para ayudar: *Jonás es un amigo* ***cooperador*** *que siempre nos ayuda cuando lo necesitamos.*

cooperar *vb.* {intr.} Obrar de manera conjunta con otros para lograr algo: *Olga y Rocío* ***cooperaron*** *con la reunión cocinando para todos los invitados.* SIN. **colaborar, contribuir, ayudar.**

cooperativa *f.* Asociación de consumidores, comerciantes o productores con intereses comunes: *En una* ***cooperativa,*** *las pérdidas y las ganancias se reparten por igual entre todos los participantes.*

cooperativismo *m.* **1** Corriente política partidaria de la cooperación. **2** Teoría y funcionamiento de las sociedades cooperativas.

cooperativista *adj.* **1** Perteneciente a una cooperativa. **2** Partidario del cooperativismo.

coordenadas *f. pl.* Líneas que sirven para determinar la posición de un punto en el espacio: *El piloto del avión que tuvo un aterrizaje forzoso, envió sus* ***coordenadas*** *a la torre de control para que pudieran localizarlo.*

coordinación *f.* **1** Hecho de ordenar adecuadamente las distintas partes de algo para lograr que todo cumpla su función: *La* ***coordinación*** *de los movimientos voluntarios del cuerpo se realiza en el cerebelo.* **2** Estado de las cosas ordenadas para cumplir en conjunto con una función: *En el festival de música cubana hubo una buena* ***coordinación*** *y todos pudimos ver a los artistas.*

coordinado, da *adj.* **1** Resultado de la coordinación.

coordinador, ra *adj./m.* y *f.* Se aplica al que se ocupa de ordenar de manera adecuada las distintas partes de algo para lograr que todo cumpla su función: *"Necesitaremos un* ***coordinador*** *para llevar a cabo el festival de fin de año porque hay muchas cosas que hacer y podríamos cometer errores", acordamos todos los amigos.*

coordinar *vb.* {tr.} **1** Ordenar de manera adecuada las distintas partes de algo para lograr que todo cumpla su función: *El director general* ***coordina*** *los trabajos de la empresa.* **2** Hacer dos o más cosas al mismo tiempo o hacerlas de forma ordenada: *Trata de* ***coordinar*** *el movimiento de tu mano haciendo círculos sobre la superficie de la mesa mientras golpeas el piso con tu pie.*

copa *f.* **1** Vaso con un pie rematado en una base circular, que se usa para beber: *Las* ***copas*** *de cristal fino resuenan al golpearlas suavemente con la uña, y son muy frágiles.* **2** Bebida alcohólica que se sirve en una copa: *El hombre bebió una* ***copa*** *antes de salir de viaje.* **3** Conjunto de las ramas y hojas de un árbol: *En otoño, las* ***copas*** *de algunos árboles pierden sus hojas y sólo quedan las ramas.* **4** Parte hueca del sombrero: *Los magos usan sombreros de* ***copa*** *alta para hacer sus trucos.* **5** Trofeo que se da al ganador del primer lugar en algunos eventos deportivos: *Los jugadores estaban contentos por haber ganado la* ***copa*** *del campeonato nacional.* SIN. **galardón, premio, trofeo. 6** *pl.* Uno de los cuatro palos de la baraja española, que tiene dibujadas unas copas: *Cuando repartieron la baraja, me tocó el as de* ***copas.***

copado, da *adj.* **1** Que tiene copa. **2** *Argent.* y *Urug.* Fascinado por algo o alguien.

copal *m.* Resina que se extrae de algunos árboles tropicales: *Con el* ***copal*** *se fabrica barniz e incienso.*

copar *vb.* {tr.} **1** Conseguir alguien todos los puestos en una elección. **2** *Argent.* Gustar, satisfacer, entusiasmar.

copartícipe *adj. Fam.* Se aplica a la persona que interviene en una acción que otro realiza: *Ricardo tomó los chocolates sin permiso, pero tú fuiste* ***copartícipe*** *de su falta porque también comiste.*

copear *vb.* {intr.} Tomar copas: *Los muchachos* ***copearon*** *anoche para festejar el cumpleaños de Alberto.*

cópec, copeca o **copeck** *m.* Moneda rusa que equivale a un centavo de rublo.

copépodo *m.* Crustáceo de tamaño muy pequeño que forma parte del plancton: *Vi a los* ***copépodos*** *en un documental, parecen camarones en miniatura y son casi transparentes.*

copete *m.* **1** Parte del cabello que se lleva levantado sobre la frente: *A los héroes de cine como James Bond, el Agente 007, aunque tengan muchas aventuras nunca se les despeina el* ***copete.*** SIN. **mechón. 2** Grupo de plumas que adorna la cabeza de algunas aves: *El pavo real tiene* ***copete.*** **3** Pico en forma de cono, de crema o helado, que sobresale de una copa o vaso: *Quiero un postre con un gran* ***copete*** *de crema.*

copetín *m. R. de la P.* Combinación de bebidas alcohólicas y en ocasiones jugos aromáticos. SIN. **cóctel.**

copia *f.* **1** Reproducción exacta de un escrito, obra, etc.: *Necesito una* ***copia*** *de ese libro para poder estudiar.* SIN. **duplicado, calco.** ANT. **original. 2** Cosa que intenta ser igual a otra. SIN. **imitación.** ANT. **original. 3** Lo que se parece mucho a algo: *Daniel es una* ***copia*** *de su padre.*

copiadora *f.* Máquina que copia exactamente un original. SIN. **fotocopiadora.**

copiar *vb.* {tr.} **1** Reproducir exactamente un escrito, obra, etc.: *Angelina quiere una* ***copia*** *de mi casete porque le gusta mucho esta música.* SIN. **reproducir, calcar. 2** Escribir o dibujar lo mismo que se está leyendo o viendo: *Los niños* ***copiaron*** *lo que estaba escrito en el pizarrón.* SIN. **transcribir. 3** Imitar algo: *Lucía* ***copia*** *los gestos de su amiga porque quiere ser como ella.*

copihue *m. Chile.* Planta del tipo de los arbustos, trepadora, de flores rojas y blancas, que produce una baya semejante al ají.

copiloto *m.* Persona que se sienta al lado de quien conduce un vehículo para ayudarlo durante el viaje: *Durante la carrera de automóviles, el* ***copiloto*** *le indicaba al piloto cuál era el camino correcto.*

copión, piona *adj./m.* y *f.* Se aplica a quien siempre imita lo que otros hacen: *Antes del examen, la maestra separó a los alumnos* ***copiones*** *de los alumnos estudiosos.*

copioso, sa *adj.* Se dice de lo que es abundante: *Este año ha habido una* ***copiosa*** *cosecha de manzanas: hay tantas que se pueden vender frescas y también hacer conservas, mermeladas y jugos.* SIN. **abundante, cuantioso.**

copista *m.* y *f. Fam.* Persona que se dedica a hacer copias: *Cuando no existía la imprenta, los* ***copistas*** *escribían los libros a mano copiándolos del original.*

copla *f.* **1** Composición de cuatro versos muy usada en las canciones populares: *El guitarrista cantó una* ***copla*** *pícara y otro guitarrista le contestó con otra* ***copla,*** *en un diálogo cantado.* SIN. **estrofa, canción. 2** *pl. Fam.* Versos: *El orador recitó unas* ***coplas*** *que narraban una historia de amor.*

copo *m.* **1** Pequeña masa de hielo que cae cuando nieva: *Los* ***copos*** *caen lentamente, pintando de blanco el paisa-*

je. **2** Trozo de lana, lino o algodón que todavía no ha sido hilado: *Cuando la princesa quiso hilar el **copo** de lino, se picó el dedo y cayó dormida.*

copón ***m.*** Copa de gran tamaño para usos sagrados o rituales, por lo general adornada con piedras preciosas: *En el Museo de la Torre de Londres se exhibe un **copón** que ha sido utilizado en las coronaciones de varios reyes de Inglaterra.*

copra ***f.*** Parte fibrosa del coco que envuelve al fruto: *La mujer encendió el fuego utilizando un trozo de **copra** seca.* SIN. **gachumbo.**

copretérito ***m.*** Tiempo del verbo que expresa una acción pasada que ocurrió al mismo tiempo que otra.

coproducción ***f.*** Crear o hacer algo utilizando dinero o recursos de varios interesados: *Este filme es de **coproducción** francesa y española.*

copropietario, ria ***adj./m.*** y ***f.*** Persona que es una de las dueñas de algo: *Felipe es **copropietario** de esa fábrica de chocolates; su hermano y su primo son los otros dueños.*

copto ***m.*** Idioma que hablaban los antiguos egipcios.

copto, ta ***adj./m.*** y ***f.*** Relativo a lo que pertenece al pueblo descendiente de los habitantes del antiguo Egipto.

cópula ***f.*** Unión sexual de dos individuos de distinto sexo: *Mi gata quedó preñada después de la **cópula** con un gato y pronto nacerá su cría.*

copulación ***f.*** **1** Relación sexual. **2** Unión del sujeto con el predicado mediante un verbo copulativo. **3** Unión de dos elementos del mismo valor sintáctico.

copular ***vb.*** {intr.} **1** Tener relaciones sexuales. **2** Unir una cosa con otra.

copulativo, va ***adj.*** Se aplica a la palabra que une dos elementos de una oración o dos oraciones: *La palabra "y" es una conjunción **copulativa** que sirve para unir palabras y frases, como "el perro y el gato juegan".*

copyright ***m.*** **Palabra de origen inglés.** Derecho de autor de una obra científica, artística o literaria: *Los libros publicados tienen una página legal en la que aparece la fecha del **copyright** junto al nombre del autor.*

coque ***m.*** Combustible sólido de gran poder calorífico: *El **coque** es un carbón poroso que se obtiene de la hulla.*

coquear ***vb.*** {intr.} ***Argent.*** y ***Bol.*** Mascar la hoja de la planta llamada coca.

coqueta ***f.*** Mueble formado por una mesa pequeña, con cajoneras y un espejo, que se usa para el arreglo personal. SIN. **tocador.**

coquetear ***vb.*** {intr.} Tratar de atraer a otros con gestos y actitudes de una simpatía estudiada: *Daniela **coquetea** cuando ve a Lorenzo porque él le gusta.* SIN. **seducir, cortejar, enamorar.**

coqueteo ***m.*** Intento de atraer a otros con gestos y actitudes de una simpatía estudiada.

coquetería ***f.*** Deseo de gustar a los demás: *La **coquetería** con que Filomena se viste tiene locos a los chicos de su barrio.*

coqueto, ta ***adj.*** Referido a lo que tiene aspecto agradable y cuidadoso: *Ese matrimonio tiene un **coqueto** departamento que está ordenado y decorado con buen gusto.*

coqueto, ta ***m.*** y ***f.*** Persona que cuida su aspecto de manera excesiva: *El **coqueto** de Jaime sólo piensa en ponerse ropa bonita y estar bien peinado.*

coquetón, tona ***adj.*** ***Fam.*** Se aplica a la cosa que es agradable o atractiva: *¡Mira qué flores tan **coquetonas** ha comprado Ramiro para adornar la mesa!*

coraje ***m.*** **1** Decisión para actuar sin miedo: *Se necesita **coraje** para decir la verdad porque a veces ocasiona problemas, pero afrontarlos es mejor que mentir.* SIN. **valor, audacia.** ANT. **cobardía.** **2** Sensación violenta y desagradable que se tiene cuando algo nos resulta molesto: *Cecilia sintió **coraje** porque su hijo rompió el jarrón que le había regalado su madre.* SIN. **ira, enojo, rabia.** ANT. **mansedumbre, serenidad.** **3** *Méx. loc.* **Hacer ~,** tener una rabieta o berrinche: *Mauricio **hizo coraje** porque no lo dejaron ir al cine, pero después se calmó y se puso a leer un libro.*

corajudo, da ***adj.*** **1** *Fam.* Aplicado al que actúa sin miedo: *Cuando el barco se estaba hundiendo, el capitán solicitó hombres **corajudos** que sirvieran como voluntarios para salvar a los que habían caído al mar.* SIN. **valiente, audaz.** ANT. **miedoso, cobarde.** **2** *Fam.* Referido a quien se enoja con facilidad: *No seas tan **corajudo**, mejor aprende a entender a los demás.* ANT. **tranquilo, pacífico.**

coral ***adj.*** Relativo al coro: *En la radio hubo un programa de música **coral** que interpretaron los Niños Cantores de Viena.*

coral ***f.*** **1** Música compuesta para ser cantada a coro: *El maestro de música nos hizo escuchar una **coral** de Bach.* **2** Víbora muy venenosa de América mide menos de un metro de largo.

coral ***m.*** Animal muy pequeño que vive en colonias en los mares cálidos y que segrega una sustancia sólida de color rojo, rosado o blanco que se usa en joyería: *El buzo tomó fotografías de unos arrecifes de **coral** que hay en el océano Pacífico, parecen jardines con plantas y piedras de muchos colores.*

coralífero, ra ***adj.*** Que contiene corales: *En los arrecifes hay rocas **coralíferas** con huecos que forman cuevitas donde viven varias especies de peces diferentes.*

coralillo ***f.*** Víbora pequeña de colores brillantes, muy venenosa, originaria de América del Sur: *"Tengan cuidado al caminar por la selva porque puede haber una **coralillo**", nos advirtió el leñador.*

coralino, na ***adj.*** Relativo al coral o que se parece al coral: *Los arrecifes **coralinos**, debido a la diversidad de especies que albergan, son un tesoro de la naturaleza.*

Corán ***m.*** Libro sagrado de los musulmanes: *En los versos del **Corán** se explica la religión cuyo dios es Alá.*

coránico, ca ***adj.*** Relativo al Corán: *Los niños musulmanes asisten a una escuela **coránica**, donde les enseñan a recitar los versos del libro sagrado de su religión y a comprenderlo.*

coras ***m. pl.*** Grupo indígena que habita la sierra de Nayarit, al occidente de México: *En un ritual de los **coras**, los hombres se pintan el cuerpo con dibujos blancos.*

coraza ***f.*** **1** Armadura que sirve para proteger el pecho y la espalda: *El caballero que luchó en la batalla salvó su vida gracias a la protección de su **coraza**.* **2** Parte de metal que recubre los barcos: *La **coraza** está oxidada porque el barco es viejo.* **3** Envoltura sólida que protege el cuerpo de algunos animales: *La **coraza** del cangrejo lo protege de los golpes de las olas del mar.* SIN. **caparazón, concha.**

corazón ***m.*** **1** Órgano del cuerpo que, con sus movimientos regulares, mueve la sangre que circula por las venas y arterias: *El **corazón** forma parte del aparato circulatorio y está dividido en cuatro partes: dos aurículas y dos ventrículos.* **2** Dedo de la mano humana, el más largo y que está al centro de los cinco que la forman: *Este anillo es demasiado grande para usarlo en el dedo anular, lo usaré en el **corazón**.* SIN. **cordial.** **3** Parte central de algo: *Ellos viven en el **corazón** de la ciudad.* SIN. **centro, interior, núcleo.** ANT. **exterior, afuera.** **4** Figura o símbolo que se parece al órgano del cuerpo llamado corazón: *Mara tiene una camisa blanca de*

a b c d e f g h i j k l m n o p q r s t u v w x y z

corazones *verdes.* **5** Manera cariñosa de dirigirse a alguien: *"Duérmete* ***corazón,*** *porque mañana debes ir a la escuela", me dijo mi madre.* SIN. **amor. 6** Sentimiento, afecto humano: *Julio es una persona con mucho* ***corazón*** *que siempre ayuda a los demás.* SIN. **ánimo, valor, generosidad. 7** *loc.* **Con el ~ en la mano,** con franqueza. **8** *loc.* **De ~,** de manera sincera: *"Acepta este consejo, te lo digo* ***de corazón*** *porque no quiero que te ocurra algo malo", le dije a Ricardo.* **9** *loc.* **Encogérsele** o **helársele a uno el ~,** aterrorizarse, impresionarse o sorprenderse mucho: *Los gritos de la persona herida* ***nos encogían el corazón.*** **10** *loc.* **No tener ~,** ser insensible, frío. **11** *loc.* **Partírsele a uno el ~,** sentir tristeza: ***Se me partió el corazón*** *al ver a esos niños huérfanos.*

corazonada ***f.*** Creencia, sentimiento que hace pensar que algo está por suceder: *Ulises tenía la* ***corazonada*** *de que no llegaría temprano a casa y, pasó algo que le impidió llegar.* SIN. **presentimiento, intuición, sospecha.**

corbata ***f.*** **1** Prenda de vestir masculina formada por una tira de tela que se anuda alrededor del cuello y que cuelga cubriendo los botones delanteros de la camisa: *David está vestido con un traje negro y* ***corbata*** *de rombos.* **2** *loc.* **~ de moño,** prenda de vestir formada por una tira de tela que se anuda alrededor del cuello formando un moño: *Los actores de cine usaron traje negro y* ***corbata de moño*** *cuando fue la ceremonia de entrega de los premios.*

corbatín ***m.*** Corbata muy corta que no cae sobre el pecho: *Propusieron, para el uniforme del coro, un* ***corbatín*** *de seda color azul rey sobre camisa de algodón blanca.*

corbeta ***f.*** Embarcación de guerra, más pequeña que la fragata: *En el filme de piratas que vi el sábado, hundieron tres* ***corbetas*** *durante la batalla en el mar.*

corcel ***m.*** Caballo veloz: *El caballero montó su* ***corcel*** *y partió en busca de aventuras.* SIN. **caballo.**

corchea ***f.*** Figura musical que señala la duración de una nota y equivale a la mitad de la duración de una negra: *Dos* ***corcheas*** *hacen una negra y cuatro* ***corcheas*** *hacen una blanca.*

corchete ***m.*** **1** Broche compuesto por un gancho de metal que se introduce en una anilla y que sirve para cerrar o sujetar una prenda: *El* ***corchete*** *está formado por una pieza que se llama "macho" y otra que se llama "hembra".* **2** Signo ortográfico, [ ], equivalente al paréntesis: *Escribí esta información entre* ***corchetes*** *porque ya había usado paréntesis para explicar otro tipo de cosas.*

corcho ***m.*** **1** Tejido vegetal que reviste el tallo y la raíz del árbol llamado alcornoque: *El* ***corcho*** *es liviano, se usa para fabricar tapones, suelas de zapatos y flotadores para redes de pescar, entre otras cosas.* **2** Tapón hecho con la corteza del alcornoque: *La botella de vino está tapada con un* ***corcho.***

corcholata ***f. Méx.*** Tapón metálico que tiene una lámina de corcho o de plástico al fondo, usado para tapar las botellas de bebidas gaseosas.

¡córcholis! ***interj.*** Palabra que se exclama cuando algo no sale bien o cuando algo nos sorprende: *"¡Córcholis!, llegué tarde y el tren ya se fue."* SIN. **¡caramba!**

corcova ***f.*** **1** Abultamiento en una parte de la espalda debido a una desviación de la columna: *Se le ha formado una* ***corcova*** *en la espalda a ese hombre viejo.* SIN. **joroba, giba. 2** *Bol., Ecuad.* y *Perú.* Prolongación de una fiesta que dura más de un día en la que se festeja un santo o cumpleaños.

corcovado, da ***adj./m.*** y ***f.*** Referido al que tiene un abultamiento en la espalda debido a una malformación de la columna vertebral: *El* ***corcovado*** *del pueblo dedicó su vida a estudiar porque no podía hacer esfuerzos físicos.* SIN. **jorobado, giboso.**

corcovear ***vb.*** {intr.} **1** Saltar un animal doblando su lomo: *El caballo* ***corcovea*** *cuando alguien quiere montarlo porque todavía no está domado.* **2** *Méx.* Sentir miedo.

corcoveo ***m.*** Salto que hace un animal encorvando el lomo. SIN. **corcovo.**

corcovo ***m.*** Movimiento brusco que hace un animal al saltar doblando su lomo: *El caballo hizo unos* ***corcovos*** *porque vio una serpiente en el camino y se asustó.*

cordados ***m. pl.*** Tipo de animales que presentan un cordón esquelético dorsal.

cordel ***m.*** Cuerda delgada: *Martín ató el paquete con un* ***cordel*** *antes de enviarlo por correo a su novia.* SIN. **hilo, piolín.**

cordelería ***f.*** **1** Oficio de la persona que hace cordeles. **2** Lugar donde se venden cordeles.

cordelero, ra ***m.*** y ***f.*** **1** Persona que hace cordeles. **2** Persona que vende cordeles.

cordero, ra ***m.*** y ***f.*** **1** Cría de la oveja: *Los* ***corderos*** *son las ovejas que tienen menos de un año.* **2** *Fam.* Persona muy mansa y buena: *Ese hombre es un* ***cordero,*** *es incapaz de hacer daño a los demás.*

cordial ***adj.*** Se dice de quien es afectuoso: *Nuestros amigos son* ***cordiales,*** *siempre que los visitamos nos tratan muy bien.* SIN. **amable, cariñoso, simpático.**

cordial ***m.*** **1** Dedo de la mano humana que está al centro de los cinco que la forman: *El* ***cordial*** *es el dedo más largo de la mano.* SIN. **corazón. 2** Bebida, generalmente alcohólica, que se toma para reconfortarse: *Don Horacio le ofreció un* ***cordial*** *a un viejo amigo que llegó a visitarlo.*

cordialidad ***f.*** Trato afectuoso entre las personas: *La* ***cordialidad*** *de la familia Alarcón es conocida en el barrio, porque siempre tratan bien a la gente.* SIN. **amabilidad.**

cordillera ***f.*** Conjunto de montañas enlazadas entre sí: *En la* ***cordillera*** *de los Andes se encuentra el Aconcagua, que es la montaña más alta del Continente Americano.*

córdoba ***m.*** Moneda de Nicaragua: *Los nicaragüenses pagan sus compras con* ***córdobas.***

cordobán ***m.*** Piel curtida de cabra: *El peletero compró* ***cordobán*** *para producir algunas prendas.*

cordón ***m.*** **1** Cordel, cuerda redonda y delgada: *La cortina del dormitorio se cierra tirando de un* ***cordón.*** SIN. **cuerda, piolín, mecate. 2** Barrera formada por personas colocadas en línea: *La policía formó un* ***cordón*** *para separar a la gente de la zona del desfile.* SIN. **obstáculo. 3** Cable que tienen algunos aparatos: *Ten cuidado, no toques el* ***cordón*** *de la plancha cuando la estoy usando, es peligroso.* **4** *Amér. Merid.* y *Cuba.* Borde que separa la acera de la calle. SIN. **bordillo. 5** *loc.* **~ umbilical,** especie de tripa que une el ombligo del bebé que aún no ha nacido, al cuerpo de la madre: *Por medio del* ***cordón umbilical*** *el bebé recibe los nutrientes que lo alimentan hasta antes de nacer.*

cordonazo ***m.*** Golpe que se da con una cuerda: *En el barco se soltó una vela y el marinero recibió un* ***cordonazo*** *accidental.*

cordura ***f.*** Razón, buen juicio: *El padre le recomendó a su hijo que actuara con* ***cordura*** *durante su viaje.* SIN. **prudencia, sensatez.** ANT. **locura.**

coreano ***m.*** Idioma que se habla en Corea: *El* ***coreano*** *es una lengua oriental que se escribe con un alfabeto distinto del español.*

coreano, na ***adj./m.*** y ***f.*** Originario de Corea del Norte o del Sur, países de Asia Oriental: *Los* ***coreanos*** *viven en una península situada entre el mar de Japón y el mar Amarillo.*

corear ***vb.*** {tr.} **1** Recitar o cantar varias personas a la vez: *El director de la orquesta indicó el momento en que los cantantes debían empezar a* ***corear.*** **2** Repetir lo que otro canta o dice: *El público* ***coreaba*** *las canciones que interpretaba el cantante.*
coreo ***m.*** En música, combinaciones que se hacen con los coros: *El* ***coreo*** *de esa canción tiene un efecto muy bonito porque las distintas voces se entrelazan.*
coreografía ***f.*** **1** Conjunto de pasos y movimientos en una danza. **2** Arte de representar en papel una danza. **3** Oficio de componer danzas.
coreografiar ***vb.*** {tr.} Elaborar la coreografía para una danza.
coreográfico, ca ***adj.*** Relativo al arte de componer una danza: *Los bailarines hicieron unos cuantos ejercicios* ***coreográficos*** *antes de escoger uno para la representación.*
coreógrafo, fa ***m.*** y ***f.*** Persona que dirige los movimientos de los bailarines en escena: *El* ***coreógrafo*** *del ballet nacional es un hombre estricto que exige a los bailarines mucha disciplina.*
coriáceo, a ***adj.*** Que parece de cuero: *El material* ***coriáceo*** *con que forraron las pastas de ese libro en realidad es plástico.*
corifeo ***m.*** Jefe del coro en las tragedias griegas: *El* ***corifeo*** *dijo: "¡Se me eriza el cabello de espanto y amargura...!"*
corindón ***m.*** Óxido de aluminio cristalino que sigue en dureza al diamante: *Los zafiros y los rubíes son* ***corindones.***
corintio, tia ***adj./m.*** y ***f.*** **1** Relativo a lo que es de Corinto, Grecia: *Los* ***corintios*** *fundaron numerosas colonias en Grecia y fueron derrotados por los romanos en el año 146 a.C.* **2** ***loc.*** **Orden ~,** parte de la arquitectura griega caracterizada por columnas que tienen el capitel o remate adornado con hojas de acanto: *La arquitectura griega se divide para su estudio en tres órdenes: el jónico, el dórico y el* ***orden corintio.***
corista ***m.*** y ***f.*** **1** Persona que canta en un coro: *Los* ***coristas*** *se reúnen en la iglesia para ensayar los cantos navideños.* **2** En los espectáculos musicales, mujer que forma parte del coro.
cormorán ***m.*** Ave palmípeda de plumaje oscuro que habita en las costas y lagos: ***Cormorán*** *viene de dos palabras francesas que significan "cuervo marino".*
cornada ***f.*** **1** Golpe dado con el cuerno: *Los machos cabríos luchaban dándose* ***cornadas.*** Sin. **tope. 2** Herida producida con la punta del cuerno: *El torero recibió una* ***cornada*** *y lo llevaron a un hospital.*
cornalina ***f.*** Ágata roja que se emplea en bisutería: *Compré unos aretes de* ***cornalina*** *para lucirlos en la fiesta.*
cornamenta ***f.*** Conjunto de los cuernos de un animal: *La* ***cornamenta*** *de los venados y los ciervos es grande y ramificada.*
córnea ***f.*** Membrana del ojo que se encuentra en la parte de adelante, cubriendo el globo ocular: *La* ***córnea*** *es transparente.*
corneja ***f.*** Ave parecida al cuervo pero de menor tamaño.
córneo, a ***adj.*** Relativo al cuerno o a lo que tiene forma de cuerno: *Tomé vino en un vaso* ***córneo*** *que estaba hecho con el cuerno de un toro.*
córner ***m.*** **Palabra de origen inglés.** En fútbol, esquina del campo de juego y acción de sacar el balón con el pie desde una esquina de la cancha.
corneta ***f.*** Instrumento musical de viento, hecho de metal, sin llaves ni pistones: *Para tocar la* ***corneta*** *hay que hacer vibrar los labios y soplar con fuerza.*
cornetín ***m.*** Instrumento musical de viento hecho de metal, con tres pistones.
cornisa ***f.*** **1** Parte que sobresale del tejado de un edificio: *En el filme que vimos, el ladrón de joyas entraba al edificio deslizándose por la* ***cornisa,*** *con riesgo de caer y matarse.* **2** Zona que bordea un lugar alto.
corno ***m.*** Instrumento musical de viento, hecho de metal, formado por un tubo enrollado que se hace cada vez más ancho desde la boquilla hasta la salida del aire: *El* ***corno*** *tiene un sonido grave.*
cornucopia ***f.*** Recipiente en forma de cuerno lleno de frutas, verduras y flores que representa la abundancia.
cornudo, da ***adj.*** **1** Referido al animal que tiene cuernos: *El toro es un animal* ***cornudo.*** **2** ***Fam.*** Hombre a quien su mujer engaña con otros hombres.
coro ***m.*** **1** Cantantes que interpretan juntos una composición musical: *Tomás canta en el* ***coro*** *de su escuela.* **2** Pieza musical que varias personas cantan juntas: *Los* ***coros*** *de esta música antigua se cantan en latín.* **3** Parte de los templos o iglesias donde se ubican las personas que cantan juntas durante el culto: *La catedral tiene un* ***coro*** *en la parte de atrás.* **4** ***loc.*** **A ~,** al mismo tiempo: *Los alumnos respondieron* ***a coro*** *que sí querían visitar el zoológico.*
coroides ***f.*** Membrana del ojo ubicada entre la retina y la esclerótica: *La* ***coroides*** *se encuentra en la parte de atrás del ojo.*
corola ***f.*** Conjunto de pétalos de la flor: *La* ***corola*** *de la flor llamada margarita es blanca y su centro es amarillo.*
corolario ***m.*** Proposición que se deduce de algo que está demostrado. Sin. **consecuencia.**
corona ***f.*** **1** Adorno de forma circular que ciñe la cabeza en señal de premio o dignidad: *Le pusieron una* ***corona*** *de flores porque ganó el concurso de poesía.* Sin. **diadema, guirnalda. 2** Reino o monarquía: *La* ***corona*** *de Inglaterra conquistó hace muchos años el territorio que ahora se llama Estados Unidos.* **3** Parte visible de una muela: *El dentista me puso una* ***corona*** *de metal porque mi muela estaba rota.* **4** Unidad monetaria de Dinamarca, Islandia, Suecia y otros países: *El actor recorría diferentes ciudades y pueblos de Suecia para ganarse unas* ***coronas.*** **5** Pieza con que se da cuerda al reloj y se mueven las manecillas para ponerlo en hora: *El relojero arreglará la* ***corona*** *de mi reloj y podré usarlo nuevamente.* **6** Círculo luminoso que suele rodear al Sol o a la Luna: *En las noches frías, la Luna tiene* ***corona.*** Sin. **halo.**
coronación ***f.*** **1** Momento en que un rey recibe la corona como símbolo de que inicia su gobierno o reinado. **2** Final de una cosa. Sin. **remate.**
coronar ***vb.*** {tr. y prnl.} **1** Poner una corona a alguien: *Durante la ceremonia, el obispo coronó al rey, que estaba hincado.* **2** Recibir o ganar una corona: *El gimnasta* ***se coronó*** *en los Juegos Olímpicos al ganar la medalla de oro en el ejercicio de las barras.* **3** Completar una obra: *Los alpinistas* ***coronaron*** *su escalada poniendo una bandera en la cima de la montaña.*
coronaria ***adj./f.*** Se aplica a las dos arterias que llevan la sangre al corazón: *Por las arterias* ***coronarias*** *circula una gran cantidad de sangre.*
coronel, la ***m.*** y ***f.*** **1** Jefe militar que manda un regimiento. **2** Mujer del jefe militar que tiene la categoría de coronel: *La* ***coronela*** *es una mujer de mucho carácter.*
coronilla ***f.*** **1** Parte superior y posterior de la cabeza humana: *La* ***coronilla*** *está en la parte de atrás de la cabeza, alineada con la columna vertebral.* **2** ***Fam. loc.*** **Estar hasta la ~,** estar harto: ***Estoy hasta la coronilla*** *del ruido de la ciudad, me voy unos días al campo.*
coronta ***f. Amér. Merid.*** Mazorca de maíz desgranada.
corotos ***m. pl. Colomb.*** y ***Venez.*** Trastos, cosas.

a b c d e f g h i j k l m n o p q r s t u v w x y z

corpachón ***m. Fam.*** Cuerpo grande: *Julio ya tiene un* ***corpachón****, ha crecido mucho.*

corpazo ***m. Fam.*** Cuerpo grande: *Ese boxeador tiene un* ***corpazo*** *enorme, parece que no va a pasar por la puerta.*

corpiño ***m.*** Prenda de vestir femenina que se usa encima o debajo de la ropa y sirve para afinar el talle o cubrirlo: *Para darle de mamar a su hijo, la señora se quitó el* ***corpiño.*** SIN. **brasier, sostén.**

corporación ***f.*** Asociación o comunidad de personas que se establece con una finalidad determinada: *El Colegio de Medicina es una* ***corporación*** *que agrupa a todos los médicos de la ciudad.* SIN. **sociedad, organismo, colegio.**

corporal ***adj.*** Relativo al cuerpo: *Caminar, correr y sentarse son movimientos* ***corporales.***

corporativismo ***m.*** **1** Doctrina política que defiende la idea de que para dirimir conflictos el Estado debe crear agrupaciones por oficio o profesión. **2** Exageración en favor de un grupo corporativo.

corporativista ***adj.*** **1** Relativo al corporativismo. **2** Partidario del corporativismo.

corporativo, va ***adj.*** Relativo a la asociación o comunidad de personas que se establece con una finalidad determinada: *El informe* ***corporativo*** *que presentó el director del Colegio de Abogados fue breve pero importante.*

corpóreo, a ***adj.*** **1** Que tiene cuerpo: *Una mesa es algo* ***corpóreo*** *porque la puedes tocar.* ANT. **incorpóreo. 2** Relativo al cuerpo. SIN. **corporal.**

corpulencia ***f.*** Tamaño de un cuerpo: *La* ***corpulencia*** *de un delfín es menor a la* ***corpulencia*** *de una ballena.*

corpulento, ta ***adj.*** Referido al que es de cuerpo grande: *Entre los boxeadores, los que pelean en la categoría de peso completo son más* ***corpulentos*** *que quienes pelean en la categoría de peso pluma.* SIN. **grueso, robusto.**

corpus ***m.*** Recopilación de materiales sobre una misma materia, doctrina, etc.: *El* ***corpus*** *de su investigación sobre animales lo obtuvo cuando fue a la biblioteca a leer e investigar.*

corpuscular ***adj.*** Relativo a las partículas o elementos que constituyen el átomo: *Los físicos estudian el comportamiento* ***corpuscular.***

corpúsculo ***m.*** Partícula, cuerpo muy pequeño: *El átomo es un* ***corpúsculo*** *que no se ve a simple vista porque es demasiado pequeño.*

corral ***m.*** **1** Lugar descubierto y cercado donde se guardan animales: *El* ***corral*** *de las ovejas está hecho con trozos de madera y alambre.* **2** Patio descubierto situado entre varios edificios, que se utilizaba para la representación teatral: *La noche de aquel sábado, en el* ***corral,*** *los actores pusieron en escena una comedia.* **3** Mueble cuadrado o rectangular protegido con barrotes en el que se pone a los bebés que ya gatean para que jueguen: *Mientras la mamá hacía el aseo de la casa, puso al niño en el* ***corral.***

corralón ***m.*** **1** Sitio cercado y descubierto donde se guardan animales: *El* ***corralón*** *es más grande que un corral.* **2** Lugar donde se almacenan maderas: *El carpintero compra su madera en el* ***corralón.*** **3** ***Méx.*** Lugar donde se guardan los automóviles de los conductores que han cometido una infracción de tránsito grave.

correa ***f.*** Tira de cuero o de un material resistente: *El perro bravo estaba atado con una* ***correa*** *para que no mordiera a nadie.*

correaje ***m.*** Conjunto de correas.

corrección ***f.*** **1** Indicación de lo que está mal: *El maestro de matemáticas hizo la* ***corrección*** *de los exámenes y después se los regresó a sus alumnos.* **2** Hecho de corregir un error o enmendar una falta: *Georgina hizo las* ***correcciones*** *de ortografía que la maestra le había indicado.* SIN. **enmienda. 3** Buena educación o buen comportamiento: *Rolando trató con* ***corrección*** *a la anciana que le hizo varias preguntas.* SIN. **cortesía, educación. 4** Ausencia de errores: *El trabajo de Paula era de una* ***corrección*** *extraordinaria y por eso obtuvo la mejor calificación.* SIN. **perfección.**

correccional ***f.*** Lugar parecido a una cárcel donde se encierra a los menores de edad que han cometido un delito: *En la* ***correccional,*** *los jóvenes delincuentes terminan sus estudios mientras cumplen su condena.* SIN. **reformatorio.**

correctivo ***m.*** Castigo: *El padre puso a trabajar a sus hijos como un* ***correctivo*** *por su mala conducta.*

correctivo, va ***adj.*** Referido a lo que enmienda un error o castiga una falta: *Este medicamento* ***correctivo*** *ayudará al enfermo a recuperarse.*

correcto, ta ***adj.*** **1** Referido a lo que es o está libre de errores o defectos: *El concursante que dijo la respuesta* ***correcta*** *se ganó un viaje a Costa Rica para dos personas.* **2** Se aplica al que se comporta con educación: *Ella es una mujer* ***correcta*** *que no dice groserías y trata a la gente de manera amable.* SIN. **educado, cortés, gentil.**

corrector ***m. Méx.*** Líquido blanco con que se tapan las letras equivocadas en un texto: *La secretaria escribió corezón, puso* ***corrector*** *sobre la letra "e" que estaba equivocada y escribió encima una "a".*

corrector, ra ***adj.*** Se aplica a quien señala lo que está mal o a lo que disminuye un defecto: *Le pusieron un aparato* ***corrector*** *en el zapato porque tiene una pierna más corta que la otra.*

corrector, ra ***m.*** y ***f.*** Persona que lee las pruebas de un libro o documento que se va a publicar y señala los errores para que el libro tenga la menor cantidad de defectos posible: *Mi hermana trabaja como* ***correctora*** *en una editorial.*

corredera ***f.*** Tapa de madera que se desliza por una ranura o carril y que sirve para cerrar y abrir: *El sótano está cerrado con una* ***corredera.***

corredizo, za ***adj.*** Que se desliza o se desata con facilidad: *Las puertas* ***corredizas*** *que pusieron en el clóset ayudaron a ganar espacio en la habitación.*

corredor ***m.*** **1** Parte larga y angosta de una casa o edificio, que sirve como comunicación entre las diferentes habitaciones o departamentos: *Estas escaleras llevan al* ***corredor*** *del primer piso, allí verás la puerta del departamento que buscas.* SIN. **pasillo. 2** Persona que trabaja como intermediaria entre el comercio y los negocios: *Clemente trabaja como* ***corredor*** *de seguros.* SIN. **intermediario.**

corredor, ra ***adj./m.*** y ***f.*** Se aplica al que corre: *Los* ***corredores*** *de fondo o fondistas corren distancias largas como el maratón o los 40 kilómetros.*

corredoras ***f. pl.*** Aves de gran tamaño, incapaces de volar y con patas fuertes que les permiten alcanzar gran velocidad: *El avestruz y el ñandú pertenecen al orden de las* ***corredoras.***

correduría ***f.*** **1** Profesión de quien ejerce un corretaje. **2** Empresa especializada en corretajes.

corregible ***adj.*** Se aplica a lo que presenta un problema que puede solucionarse: *"No te preocupes si te equivocas, como estás escribiendo con lápiz cualquier error es* ***corregible,*** *es decir, que se puede borrar", me dijo el maestro.*

corregidor, ra ***m.*** y ***f.*** Alcalde nombrado durante la época colonial. **2** Esposa del corregidor.

corregir ***vb. irreg.*** {tr. y prnl.} **Modelo 60. 1** Cambiar lo que está equivocado o defectuoso por lo que está bien: *Los anteojos* ***corrigen*** *los defectos de la vista.* SIN. **enmendar, modificar. 2** Señalar y enmendar un error: *La maestra co-*

***rrigió** las faltas de ortografía con un lápiz rojo.* **3** Cambiar de actitud al reconocer que se ha obrado mal: *El niño travieso **se corrigió** cuando su padre empezó a ponerle más atención.*

correlación ***f.*** Relación entre dos o más cosas, en la que cada una depende o influye sobre la otra: *Existe **correlación** entre la cantidad de tiempo que dedicas a estudiar y las calificaciones que obtienes, si estudias poco tus calificaciones son malas, y al revés.* Sin. **unión.**

correlacionar ***vb.*** {tr.} Poner juntas dos o más cosas de modo que cada una dependa o influya sobre la otra: *Este juego se trata de **correlacionar** los nombres de las capitales que están en esta columna con los nombres de los países de esta otra.* Sin. **conectar, unir.**

correlativo, va ***adj.*** Que se correlacionan.

correligionario, ria ***adj./m.*** y ***f.*** Se aplica al que tiene la misma religión o ideas políticas que otro: *Todos los militantes de ese partido son **correligionarios** porque tienen las mismas opiniones.*

correlón, lona ***adj.*** **1** *Colomb., Guat.* y *Venez.* Se aplica a quien corre. Sin. **corredor. 2** *Guat., Méx.* y *Venez.* Se aplica al que tiene miedo. Sin. **cobarde.**

correntada ***f.*** *Amér. Merid.* Corriente fuerte de un río o arroyo.

correntoso, sa ***adj.*** *Amér. C.* y *Amér. Merid.* Se aplica al curso de agua de un río o arroyo que tiene corriente muy rápida.

correo ***m.*** **1** Servicio público de transporte y entrega de cartas y paquetes: *Para enviar una carta por **correo** hay que ponerle una estampilla.* **2** Conjunto de cartas y paquetes que se envían o se reciben: *El cartero reparte el **correo**.* Sin. **correspondencia. 3** Edificio donde se venden las estampillas o timbres y se reciben las cartas para ser transportadas y entregadas: *El **correo** está en el centro de la ciudad.* **4** *loc.* **~ electrónico,** sistema de transmisión de mensajes escritos a través de una computadora: *Por medio del **correo electrónico** los mensajes llegan inmediatamente a cualquier lugar del mundo.*

correoso, sa ***adj.*** Se dice de lo que es flexible y fuerte al mismo tiempo: *Esteban es un atleta **correoso** por ser delgado, fuerte y con mucha resistencia para correr.*

correr ***vb.*** {tr., intr. y prnl.} **1** Andar de manera veloz, de tal modo que los dos pies quedan por un instante en el aire: *La muchacha **corría** por la calle para no perder el autobús.* **2** Hacer algo con rapidez: *Ordené mi habitación **corriendo** para poder salir a jugar.* **3** Fluir: *El agua del río **corre** hacia el mar.* **4** Pasar: *"Apúrate hijo, que el tiempo **corre**", me dijo mi madre.* Sin. **transcurrir. 5** Hacer que una noticia circule, para que la conozcan otras personas: ***Corrió** la noticia de que Felipe se ganó la lotería.* **6** Participar los deportistas en una competencia de velocidad: *En esta carrera **correrán** quince automovilistas.* **7** Hacerse cargo de algo: *El pago de la luz de mi casa **corre** por cuenta de mi hermana.* Sin. **corresponder. 8** Extender o recoger los velos, cortinas, etc.: *"Niños, **corran** las cortinas para que entre la luz del sol", nos dijo mi padre.* Sin. **abrir** o **cerrar. 9** Estar expuesto a peligros: *"No **corras** riesgos, cuídate mucho", aconsejó mi madre.* Sin. **peligrar. 10** Mover o apartar a una persona o cosa: *Santiago **corrió** el florero que estaba sobre la mesa para poder escribir de manera cómoda.* **11** Recorrer diferentes lugares: *Adolfo trabaja en una agencia de viajes y **ha corrido** todo el mundo.* Sin. **viajar. 12** Echar a alguien: *Lo **corrieron** de su trabajo porque siempre llegaba tarde.* Sin. **despedir, expulsar. 13** Extenderse una mancha o un agujero en una tela, papel o alguna superficie parecida: ***Se corrió** la tinta del bolígrafo porque el papel estaba húmedo.* Sin. **cundir. 14** Moverse o apartarse: *"**Córrase** a la izquierda, por favor, que necesito pasar", pedí a un hombre en el cine.*

correría ***f.*** **1** Entrada de un grupo armado a un territorio enemigo: *Los soldados iniciaron la **correría** en el otro país durante la madrugada.* Sin. **incursión. 2** Viaje corto.

correspondencia ***f.*** **1** Relación equilibrada que existe entre dos cosas: *No hay **correspondencia** entre un edificio tan grande y una piscina tan pequeña.* Sin. **conexión, relación.** Ant. **contradicción. 2** Comunicación por carta entre dos personas: *Mantengo **correspondencia** con mi amiga que vive en otro país y cada semana le escribo una carta y ella me responde.* **3** Cartas y paquetes que se envían o reciben: *Ahí viene el cartero, creo que trae alguna **correspondencia** para nosotros.* Sin. **correo. 4** Comunicación entre dos lugares o dos vehículos: *En este punto, la línea dos del tren tiene **correspondencia** con la línea cuatro.*

corresponder ***vb.*** {intr. y prnl.} **1** Dar algo equivalente a cambio de lo que se ha recibido: ***Correspondimos** a los regalos que nos dio mi tío invitándolo a cenar.* Sin. **compensar, devolver, pagar. 2** Ser algo responsabilidad de alguien: *Le **corresponde** a los padres mantener a sus hijos y enviarlos a la escuela.* **3** Pertenecer: *Me **corresponde** la mitad del dinero que nos dio mi madre a mi hermano y a mí.* Sin. **tocar, concernir. 4** Estar conectada o relacionada una cosa o situación con otra: *A una familia grande **le correspondería** vivir en una casa grande para que todos estuvieran cómodos.* **5** Demostrarse el afecto entre dos personas: *Víctor quiere a Sofía y ella **le corresponde**.* **6** Mantener trato por correo con otra persona: *A Filemón le gusta **corresponderse** con sus amigos que viven en otras ciudades.*

correspondiente ***adj.*** Aplicado a lo que tiene relación de pertenencia o proporción con otra cosa: *En esta columna se encuentra Colombia y en la otra columna, la capital **correspondiente** es Bogotá.*

corresponsabilidad ***f.*** Responsabilidad compartida.

corresponsabilización ***f.*** Otorgamiento de la responsabilidad de algo a dos o más personas.

corresponsabilizar ***vb.*** {tr. y prnl.} Otorgar la responsabilidad de algo a dos o más personas.

corresponsal ***adj.*** Aplicado a la persona que se comunica con otra por carta: *Marcela, que vive en Montevideo, y Gabriela, que vive en Río de Janeiro, son **corresponsales** porque se escriben por lo menos dos cartas al mes.*

corresponsal ***m.*** y ***f.*** Periodista que se encuentra fuera de su país y manda información de lo que sucede en ese lugar a los medios de su país.

corresponsalía ***f.*** Cargo que tiene el periodista que se encuentra en un lugar lejano y envía a su país la información que allí ocurre: *La **corresponsalía** del diario tiene un grupo de reporteros que mandan la información desde el interior del país y desde distintas ciudades del mundo.*

corretaje ***m.*** **1** Trabajo que realiza un corredor de acciones, de seguros inmobiliario. **2** Comisión que cobra un corredor.

corretear ***vb.*** {intr.} **1** *Fam.* Correr por diversión de un lado a otro en un lugar: *El hombre soltó al perro para que **corretee** mientras él corta el césped del jardín.* Sin. **retozar. 2** *Fam.* Ir de un lado a otro sin dirección fija: *La oveja perdida **correteaba** por el bosque buscando al rebaño.* Sin. **errar.**

correteo ***f.*** Hecho de correr de un lado a otro, jugando o errando: *Después de tanto **correteo** por el jardín, los niños estaban sedientos.*

correveidile ***m.*** y ***f.*** Persona que lleva y trae chismes: *Ya no voy a decir mis secretos al **correveidile** de mi hermano,* *porque un rato después de que le cuento algo, ya lo sabe todo el barrio.* SIN. **chismoso.** ANT. **discreto.**

corrida ***f.*** **1** Espectáculo de toros en una plaza cerrada: *La **corrida** será este domingo en la plaza de toros.* SIN. **lidia.** **2** Carrera: *Hay ocho atletas en la pista para la **corrida** de los cien metros planos.*

corrido ***m.*** Composición musical de origen mexicano en la que se narra una historia o un acontecimiento: *Ese **corrido** habla de un caballo que se rompió la pata mientras cruzaba un río.*

corrido, da ***adj.*** **1** Relativo a lo que es continuo, sin interrupciones: *Los trabajadores tienen horario **corrido:** entran a las ocho de la mañana y salen a las cuatro de la tarde.* **2** *Fam.* Se aplica al que tiene mucha experiencia: *Ese marinero está más **corrido** que un pirata viejo.* **3** *loc.* **De corrido** o **de corrida,** de modo continuo, sin interrupción: *El niño aprendió muy pronto las letras y ya lee **de corrido.*** **4** *loc.* **De corridito,** de memoria: *Él se aprendió la lección **de corridito,** pero la maestra le pidió que la dijera con sus propias palabras.*

corriente ***adj.*** **1** Se aplica a lo que corre: *En esta casa hay agua **corriente.*** **2** Referido a lo que es como muchos otros o se usa de manera cotidiana: *Cuando voy al parque me visto con ropa **corriente** porque la ropa fina se puede maltratar.* SIN. **ordinario, habitual, común.** **3** Se dice de lo que es de mala calidad: *"Estas sábanas son de tela muy **corriente,** prefiero comprar aquéllas que son de mejor calidad", dijo mi tía.* **4** Se dice de lo que siempre sucede igual y por lo tanto ya se sabe: *En los países que están cerca del polo Norte y del polo Sur es **corriente** que caiga nieve en invierno.* SIN. **seguro.** **5** Relativo al día, mes o año actual: *La expedición comenzará el diez de diciembre del año **corriente** y terminará en enero del próximo año.*

corriente ***f.*** **1** Fluido gaseoso o líquido que corre por un cauce o conducto: *Tengo frío porque hay una **corriente** de aire que entra por debajo de la puerta.* **2** Electricidad transmitida por un conductor: *No hay luz porque se fue la **corriente.*** **3** Conjunto de ideas que tiene un grupo de personas, que las diferencia de los demás: *Los artistas de distintas **corrientes** del arte se reunieron para discutir sobre el teatro.* **4** *loc.* **Contra ~,** al revés, en contra de la mayoría: *Remigio va **contra corriente:** cuando todos quieren algo él dice que no, y si alguien piensa como él, entonces él opina algo distinto.* **5** *loc.* **Llevarle** o **seguirle la ~ a alguien,** hacerle pensar que se está de acuerdo con él.

corrillo ***m.*** Grupo de personas que se juntan para divertirse y hablar: *En ese café se reúne un **corrillo** de poetas.* SIN. **círculo.**

corrimiento ***m.*** **1** Acción de correr. **2** Vergüenza, pena.

corro ***m.*** **1** Grupo de personas que se acomodan en círculo: *Un **corro** de gente se quedó mirando al hombre que estaba cantando en la esquina de la plaza.* **2** Espacio más o menos circular.

corroboración ***f.*** Hecho de confirmar que algo es cierto o sucedió como se dijo: *La policía estuvo en el lugar del crimen para la **corroboración** de los datos.* SIN. **confirmación, afirmación.**

corroborante ***adj.*** Que corrobora.

corroborar ***vb.*** {tr. y prnl.} Confirmar una idea o teoría con nuevos argumentos o datos: *Dos testigos **corroboraron** lo que dijo la víctima del robo: "el hombre era alto, moreno y estaba vestido de negro".* SIN. **confirmar, afirmar.**

corroer ***vb. irreg.*** {tr. y prnl.} **Modelo 44.** **1** Desgastar lentamente una cosa: *El sol y la lluvia **han corroído** la pintura del automóvil.* **2** *Fam.* Sentir los efectos de una gran pena o preocupación. SIN. **atormentar.**

corromper ***vb.*** {tr. y prnl.} **1** Echar o echarse a perder algo: *Voy a tirar el pescado porque el calor lo **corrompió** y ya no se puede comer.* SIN. **pudrir, estropear.** **2** Echar o echarse a perder las buenas costumbres de alguien: *Era una persona honesta, pero **se corrompió** cuando comenzó a ganar mucho dinero.* SIN. **pervertir.**

corrosión ***f.*** Desgaste lento y paulatino: *La **corrosión** de los metales se debe a la humedad y la cantidad de sales que hay en el ambiente.* SIN. **erosión.**

corrosivo, va ***adj.*** **1** Se dice de lo que desgasta una cosa de manera lenta: *"No uses amoníaco puro para limpiar el baño porque es muy **corrosivo** y dañará el esmalte de los muebles", dije a la sirvienta.* **2** *Fam.* Se aplica a la persona que hiere a los demás con sus palabras o su actitud: *El joven es inteligente pero muy **corrosivo,** por eso nadie quiere hablar con él.*

corrupción ***f.*** **1** Alteración o cambio en la estructura o la forma de algo: *La **corrupción** del agua del río se debe a los desechos de una industria.* SIN. **alteración.** **2** Hecho de pudrir, dañar o echar a perder algo: *Como la nevera no funcionaba, la **corrupción** de la carne no pudo evitarse.* SIN. **putrefacción.** **3** Hecho de recibir dinero al margen de la ley: *La **corrupción** es un delito.* SIN. **soborno.** **4** Acción de echar a perder las buenas costumbres de alguien. SIN. **vicio.**

corruptela ***f.*** Acción en la que no hay honradez, en especial la que va contra la ley: *El dueño de la tienda estaba cansado de **corruptelas** de sus empleados y despidió a los culpables.*

corruptible ***adj.*** Referido a lo que puede descomponerse, volverse malo o pudrirse si se trata de una materia orgánica: *Las verduras son **corruptibles,** por eso es mejor comerlas frescas o guardarlas en un lugar donde no haga calor.*

corrupto, ta ***adj.*** Se aplica a lo que está descompuesto, viciado o a la materia que se ha podrido: *Las latas se cayeron y cuando las abrí, el atún estaba **corrupto,** olía horrible y tenía un color oscuro.*

corrupto, ta ***m.*** y ***f.*** Funcionario público que se enriquece al margen de la ley, aprovechándose del poder de su cargo: *Yolanda no votó por ese **corrupto,** sino por un político menos conocido pero honesto.*

corruptor, ra ***adj./m.*** y ***f.*** Que cambia, descompone, vuelve malo o intenta viciar, en especial a los niños.

corruscante ***adj.*** Que cruje, referido a alimentos. SIN. **crujiente.**

corrusco ***m.*** *Fam.* Pedazo de pan duro: *"Moja el **corrusco** en la leche para que se ablande y lo puedas comer", me recomendó Tita.* SIN. **mendrugo.**

corsario, ria ***adj./m.*** y ***f.*** Relativo a los tripulantes y a la embarcación con que se atacaba a barcos mercantes de otros países; los corsarios y los piratas se diferencian en que los primeros trabajan por encargo y los segundos eran independientes.

corsé ***m.*** **Palabra de origen francés.** Prenda interior femenina que se ajusta al cuerpo: *Para hacer que su cintura pareciera más delgada, las señoras de antes usaban **corsé.***

corsetería ***f.*** Lugar donde se fabrican o venden corsés y otras prendas interiores femeninas: *En la **corsetería** vimos una faja muy coqueta que tenía adornos de encaje.*

cortada ***f.*** **1** Herida hecha con un instrumento cortante. **2** *Argent.* Calle corta sin salida.

cortado, da ***adj.*** **1** Relativo a lo que no es continuo, que presenta interrupciones o que está separado de algo: *Tengo unas telas **cortadas** que sobraron del último vestido que hice.* **2** *Fam.* Se aplica a la persona tímida o que está sorprendida y se queda callada: *Dolores se quedó **cortada** cuando su amiga le dijo que ya no quería jugar con ella.*

cortado, da ***m.*** y ***f.*** Café con algo de leche: *Don Eduardo siempre se toma un **cortado** antes de salir a caminar.*

cortador, ra ***m.*** y ***f.*** Persona que trabaja en una sastrería y que corta la tela usando los moldes: *El oficio de **cortador** es apreciado porque la ropa queda mejor si tiene un buen corte.*

cortadora ***f.*** Máquina para cortar.

cortadura ***f.*** Tajo o incisión hecha en un cuerpo con un instrumento filoso: *El niño se cayó al correr y se hizo una **cortadura** en la frente.*

cortafuego ***m.*** Vereda que se deja en los bosques para que no se propaguen los incendios: *Este **cortafuego** parece un pequeño camino de tierra en medio del bosque.*

cortalápices ***m.*** Aparato que sirve para sacar punta al lápiz: *Necesito un **cortalápices** porque mi lápiz no tiene punta y no puedo escribir.* SIN. **sacapuntas.**

cortante ***adj.*** **1** Se dice de lo que tiene filo y corta: *El cuchillo y las tijeras son instrumentos **cortantes**.* SIN. **afilado, agudo. 2** Se dice de la persona poco amable.

cortapapeles ***m.*** Instrumento que tiene la forma de un cuchillo pero que no está afilado: *Mi padre usa un **cortapapeles** para abrir los sobres de las cartas que recibe.*

cortapisa ***f. Fam.*** Condición que se pone para limitar el exceso de confianza de alguien o para estorbar el avance de algo.

cortaplumas ***m.*** Cuchillo pequeño y muy filoso que se dobla en dos, con el filo hacia adentro para guardarse y poder llevarlo en el bolsillo: *Cuando va de campamento, Gustavo lleva su **cortaplumas** porque es útil.* SIN. **navaja.**

cortar ***vb.*** {tr. y prnl.} **1** Dividir una cosa o separar sus partes con un instrumento afilado: *Lorena **ha cortado** el pan con un cuchillo.* SIN. **partir. 2** Impedir el paso o la continuación de algo: ***Cortaron** el tránsito de los automóviles hacia el centro de la ciudad porque hay un desfile.* SIN. **suspender, interrumpir. 3** Dividir o atravesar algo: *La vía del tren **corta** la ciudad de norte a sur.* **4** Quitar o ahorrarse una parte: *Este sendero **corta** el camino hacia el pueblo.* **5** Separar una baraja en dos montones: *"Tú **cortas** los naipes y yo los reparto a cada jugador", le dije a Julia.* **6** Tener filo: *Los cuchillos **cortan**, por eso los niños no deben tocarlos.* **7** Dar por terminada una relación: *Daniel **cortó** con su novia y se siente un poco triste.* **8** Cruzar o cruzarse una cosa con otra. **9** Separar o separarse los componentes de la leche, salsas, etc.: *Mi abuela batía la mayonesa a mano y lo hacía con mucho cuidado para que no **se cortara** la mezcla.* **10** Turbarse, no saber qué decir: *Cuando él te hable con esa voz tan fuerte, no **te cortes**, responde con calma.* **11** Hacerse una abertura en algún lugar del cuerpo con un instrumento afilado: *"¡Ay, **me corté** en una pierna con las tijeras!", gritó Gerardo.*

cortaúñas ***m.*** Instrumento de metal para cortar las uñas: *El **cortaúñas** es pequeño y tiene un filo redondeado que sigue la forma de la uña.*

corte ***f.*** **1** Lugar donde vive el rey: *En los siglos pasados, la **corte** de Italia estaba en Roma.* **2** Grupo de personas que componen la familia y los acompañantes de los monarcas: *La **corte** de la reina estaba formada por seis damas que la acompañaban a todas partes.* SIN. **comitiva. 3** Tribunal de justicia: *El caso del robo al banco llegó a la **corte** y el juez dictó sentencia de diez años a los ladrones.* **4** ***loc.*** **Hacer la ~,** tratar de enamorar a alguien con atenciones y respeto: *Darío le **hace la corte** a Flora porque quiere casarse con ella.* SIN. **cortejar. 5** ***pl. Esp.*** Poder Legislativo, formado por el Senado y el Congreso de los diputados.

corte ***m.*** **1** Hecho de quitar, separar o dividir algo: *Le hicieron un **corte** de pelo porque ya lo tenía muy largo.* **2** Filo de un arma o instrumento: *El **corte** del hacha necesita afilarse porque ya tiene poco filo.* **3** Abertura más larga que ancha causada por un instrumento filoso: *Haré varios **cortes** en la tela para poder pasar una cinta de colores y adornarla.* SIN. **tajo, ranura, cortadura. 4** Abertura en el cuerpo humano por la que sale sangre: *Samuel se hizo unos cuantos **cortes** al caerse de la bicicleta.* SIN. **herida, tajo. 5** Técnica que aprenden las modistas y los sastres para cortar las telas usando un molde: *Este traje tiene un **corte** elegante.* **6** Trozo de tela que sirve para hacer ropa: *Compré un **corte** de algodón para hacerle un vestido a mi muñeca.* **7** Hecho de interrumpir o detener: *El director de cine dijo "¡**corte**!", y se suspendió la filmación de la escena.* **8** Estilo de una cosa: *A mi padre le gusta la música de **corte** tradicional.* SIN. **carácter.**

cortedad ***f.*** **1** Poca extensión: *La **cortedad** de la minifalda escandaliza a las abuelas porque ellas estaban acostumbradas a usar vestidos largos.* SIN. **pequeñez. 2** ***Fam.*** Poca inteligencia, o falta de estudios o dinero: *Esa familia vive con **cortedad** porque habitan en una casa muy pequeña y tienen poco dinero.* SIN. **escasez.**

cortejante ***adj.*** Que corteja.

cortejar ***vb.*** {tr.} Procurar captar el amor de una mujer: *La **cortejaré** hasta que me diga que sí.* SIN. **halagar.**

cortejo ***m.*** **1** Intento de captar el amor de una mujer: *Antes el **cortejo** de una muchacha se iniciaba regalándole unas flores y unos chocolates.* SIN. **halago. 2** Acompañamiento que se hace en algunas ceremonias, en el que las personas van siguiendo a quien se le hace el homenaje: *El **cortejo** fúnebre está formado por los parientes y amigos del muerto que van acompañando el ataúd hasta el cementerio.* SIN. **séquito.**

cortés ***adj.*** Se aplica al que respeta las normas sociales establecidas: *Ella es **cortés** con él porque no quiere ofenderlo, pero la verdad es que le cae muy mal.* SIN. **atento, amable.** ANT. **desagradable, grosero, maleducado.**

cortesana ***f. Desp.*** Mujer que gana dinero por realizar el acto sexual. SIN. **prostituta, puta, ramera.**

cortesano, na ***adj./m.*** y ***f.*** Relativo a la comitiva del rey: *Entre las actividades **cortesanas** estaba la de entretener al rey con juegos y música.*

cortesía ***f.*** **1** Calidad de quien está bien educado y se comporta de manera correcta: *El hombre, como un gesto de **cortesía**, ofreció su brazo a la mujer para bajar las escaleras.* SIN. **propiedad, urbanidad. 2** Demostración de respeto: *Fue una **cortesía** de Luis preocuparse por la enfermedad de mi padre.* SIN. **amabilidad, cordialidad, gentileza.** ANT. **grosería. 3** Regalo: *Cuando llegamos al restaurante me dijeron que la cena era **cortesía** de la empresa porque yo estaba celebrando mi cumpleaños, así que no tuvimos que pagarla.* SIN. **atención, gentileza.**

corteza ***f.*** **1** Capa exterior del tronco y las ramas de los árboles: *La **corteza** de los árboles puede ser rugosa o lisa.* **2** Parte exterior y dura de algo: *Me gusta comer la **corteza** del pan cuando está dorada.* SIN. **cáscara, costra. 3** Zona de la tierra que está en contacto con el aire: *La **corteza** terrestre tiene ríos, montañas, planicies, desiertos, selvas, etc.*

cortical ***adj.*** Relativo a la corteza: *La contaminación ha dañado la capa **cortical** de los árboles del bosque.*

cortijo ***m. Esp.*** Hacienda o estancia y casa de trabajo de Andalucía, España.

cortina ***f.*** **1** Tela que se cuelga para cubrir puertas, ventanas, etc.: *Las **cortinas** sirven para que no entre la luz del sol y también para que el interior del lugar no se vea*

a b c d e f g h i j k l m n o p q r s t u v w x y z

desde afuera. **2** Lo que cubre u oculta algo: *Una **cortina** de niebla en el camino provocó un accidente entre varios automóviles.*

cortinado ***m.*** Conjunto de las cortinas de un lugar.

cortinaje ***m.*** Conjunto de las cortinas de un lugar: *El mayordomo abrió el **cortinaje** de la mansión porque ya había salido el sol.*

cortisona ***f.*** Compuesto químico que se extrae de la glándula suprarrenal y que se usa para desinflamar los tejidos del cuerpo que están hinchados o irritados: *La **cortisona** es peligrosa y antes de usarla es necesario consultar al médico.*

corto ***m.*** Filme o película de cine que dura menos de media hora: *Vimos un **corto** de diez minutos sobre la vida de las tortugas.* SIN. **cortometraje, tráiler.** ANT. **largometraje.**

corto, ta ***adj.*** **1** Referido a lo que tiene poca longitud o extensión: *Hasta los trece años, mi papá usó pantalones **cortos.*** SIN. **reducido.** ANT. **largo. 2** Relativo a lo que es de poca duración: *El partido de tenis fue **corto** porque uno de los jugadores ganó muy rápido.* SIN. **breve, fugaz, momentáneo.** ANT. **largo, duradero, prolongado. 3** Se dice de lo que es menor o tiene poca cantidad: *La ración de comida fue **corta** y nos quedamos con hambre.* SIN. **escaso, insuficiente. 4** Aplicado al que tiene poco talento o inteligencia: *Yo pensaba que era **corto** hasta que me di cuenta de que el profesor no me explicaba bien.* SIN. **lento.** ANT. **agudo, listo. 5** Referido a lo que tiene poca intensidad: *Cuando se viaja de noche por carretera se deben usar las luces **cortas** para no molestar a las personas que vienen de frente.* SIN. **bajo, débil.** ANT. **largo, alto, fuerte.**

cortocircuito ***m.*** Descarga eléctrica que se produce al unirse por accidente dos conductores: *El cable estaba pelado y al tocarse con otro se produjo un **corto** en la corriente eléctrica.*

cortometraje ***m.*** Filme o película de cine que dura menos de treinta minutos: *Este **cortometraje** es un documental sobre una mina abandonada.* SIN. **corto.**

corva ***f.*** Parte de la pierna que está detrás de la rodilla: *Las **corvas** se cierran cuando la rodilla se dobla.*

corvato ***m.*** Pollo del cuervo: *Cuando fuimos al bosque, descubrimos un nido con tres **corvatos.***

corvejón ***m.*** Parte de las patas posteriores de los animales de pezuña que equivale a la rodilla de los humanos: *Nosotros doblamos las rodillas hacia delante, los caballos doblan sus **corvejones** hacia atrás.*

corveta ***f.*** Movimiento del caballo cuando camina con las patas delanteras levantadas: *El caballo hizo una **corveta** antes de salir corriendo hacia el campo.*

corvina ***f.*** Pez marino comestible: *En las costas de Argentina se pescan **corvinas.***

corvo, va ***adj.*** Relativo a lo que tiene una forma que sigue la línea del círculo: *El águila tiene el pico **corvo.*** SIN. **curvo.**

corzo, za ***m.*** y ***f.*** Animal europeo parecido al ciervo, de cuerpo color rojizo, sin rabo y de cuernos cortos: *El **corzo** es un rumiante un poco más grande que la cabra.*

cosa ***f.*** **1** Todo lo que existe, sea corporal o espiritual, real o abstracto: *La imaginación es una **cosa** y la realidad es otra **cosa.*** **2** Todo lo que no tiene vida: *Andrés tiene muchas **cosas** para jugar, entre ellas un muñeco de pilas, un balón y una bicicleta.* SIN. **objeto. 3** Ocupación: *"Tengo muchas **cosas** que hacer, prefiero no salir a jugar", dije a mis amigos.* **4** Ocurrencia. SIN. **idea, chiste. 5** Algo: *Tengo una **cosa** en la espalda y no puedo ver qué es.* **6** En oraciones negativas, nada: *No hay **cosa** que se interponga en su camino cuando está decidido a algo.* **7** *loc.* **Como quien no quiere la ~,** con disimulo: *Se fue de la reunión **como quien no quiere la cosa** y no se despidió de nadie.* **8** *loc.* **Como si tal ~,** como si no hubiera pasado nada: *Después de la pelea que sostuvieron, Jacinto fue a visitar a Leopoldo **como si tal cosa.*** **9** *loc.* **~ de,** aproximadamente: *Rebeca asistió a un curso de inglés que duró **cosa de** dos meses.* **10** *loc.* **Ser poca ~,** no tener importancia: *Ese golpe **fue poca cosa** comparado con el que me di yo cuando caí por las escaleras.*

cosaco, ca ***adj./m.*** y ***f.*** Relativo al que es de una población del sur de Rusia.

coscolino, na ***adj./m.*** y ***f.*** **1** ***Méx.*** Se aplica al que hace travesuras o es muy inquieto. **2** ***Méx.*** Se aplica a la persona que es muy coqueta.

coscomate ***m. Méx.*** Construcción hecha con adobe que sirve para guardar el maíz.

coscorrón ***m.*** Golpe dado en la cabeza con los nudillos o con una cosa dura: *El bebé se cayó de la cama y se dio un **coscorrón** en el piso.* SIN. **cocacho.**

cosecante ***f.*** Inverso del seno de un ángulo o de un arco: *El símbolo de la **cosecante** es cosec.*

cosecha ***f.*** **1** Conjunto de legumbres, verduras, cereales y frutos maduros obtenidos de la tierra: *Este año la **cosecha** de arroz será buena porque ha llovido mucho.* **2** Hecho de recoger los productos de la tierra: *Pablo se fue al campo a trabajar en la **cosecha** de manzanas.* SIN. **recolección. 3** Tiempo de recoger el fruto de lo que se ha sembrado: *Ya es verano, llegó la **cosecha** de sandías.* **4** *loc.* **Ser algo ~ de alguien,** ser una cosa invento de esa persona: *Estos versos **son de mi cosecha** y voy a mandarlos al concurso de poesía.*

cosechadora ***f.*** Máquina que corta y limpia los cereales de manera automática: *La **cosechadora** está montada en un tractor y funciona mientras el vehículo avanza por el campo de trigo.*

cosechar ***vb.*** {tr. e intr.} **1** Recoger las legumbres, verduras, cereales y frutos maduros obtenidos del cultivo de la tierra. SIN. **recoger, recolectar. 2** Obtener el resultado de un trabajo o esfuerzo: *La actriz **ha cosechado** muchos aplausos por su actuación en la obra de teatro.*

coseno ***m.*** En matemáticas, razón entre el cateto adyacente a un ángulo agudo de un triángulo rectángulo y la hipotenusa: *El símbolo del **coseno** es "cos".*

coser ***vb.*** {tr.} **1** Unir con hilo y aguja pedazos de tela, cuero u otros materiales: ***He cosido** unos ositos de tela en la sábana que usa mi hijo.* ANT. **descoser. 2** Hacer a alguien muchas heridas en el cuerpo con un arma cortante. SIN. **atravesar.**

cosido, da ***adj.*** Hecho de estar un material unido con hilo y aguja a otro: *Los botones de mi blusa no estaban bien **cosidos** y se cayeron cuando los toqué.*

cosificación ***f.*** Conversión en cosa de algo que no lo es.

cosificar ***vb.*** {tr.} Convertir algo en cosa: *En aras de explotarlos más, **cosificaron** a los obreros, a los campesinos, a los estudiantes.*

cosmética ***f.*** Arte de preparar y aplicar cosméticos: *Marcela estudió **cosmética** y trabaja maquillando a los actores de teatro.*

cosmético ***m.*** Producto que sirve para limpiar o embellecer el cuerpo, en especial el rostro, las uñas y el cabello: *Las secretarias usan muchos **cosméticos** porque deben pintarse las uñas y los ojos e ir bien vestidas al trabajo.*

cosmético, ca ***adj.*** Relativo al producto que embellece y limpia la piel.

cosmetología ***f.*** Técnica y oficio de poner cosméticos.

cosmetólogo, ga ***m.*** y ***f.*** Especialista en cosmetología.

cósmico, ca ***adj.*** Relativo al Universo, al mundo y a todo lo que existe: *Las nubes **cósmicas** se ven con el telescopio.* SIN. **celeste.**

cosmogonía ***f.*** Ciencia que estudia el origen del Universo: *Algunos científicos han propuesto varias **cosmogonías** que explican la formación del Universo.*

cosmogónico, ca ***adj.*** Relativo a la cosmogonía.

cosmografía ***f.*** Descripción del Universo, de las estrellas y de los planetas: *Las leyes de la gravitación universal forman parte de la **cosmografía,** porque describen el comportamiento de los astros.*

cosmográfico, ca ***adj.*** Relativo a la cosmografía.

cosmógrafo, fa ***m.*** y ***f.*** Persona que se dedica a estudiar y describir el Universo, las estrellas y los planetas: *Los **cosmógrafos** son científicos que observan el cielo y hacen mapas con la ubicación de las estrellas.*

cosmología ***f.*** Ciencia que estudia el Universo y las leyes que lo regulan: *Si quieres estudiar **cosmología** debes saber física y matemáticas.*

cosmológico, ca ***adj.*** Relativo a la cosmología.

cosmólogo, ga ***m.*** y ***f.*** Persona que se dedica a la cosmología.

cosmonauta ***m.*** y ***f.*** Persona que viaja afuera de la Tierra en una nave espacial: *El **cosmonauta** vio al planeta Tierra desde su nave y se emocionó mucho.* SIN. **astronauta.**

cosmonáutica ***f.*** Conocimiento científico y técnico sobre la navegación fuera de la atmósfera terrestre.

cosmonáutico, ca ***adj.*** Relativo a la cosmonáutica.

cosmonave ***f.*** Nave espacial.

cosmópolis ***f.*** Ciudad grande en la que conviven personas y culturas de muchos países. SIN. **metrópolis.**

cosmopolita ***adj./m.*** y ***f.*** **1** Relativo a lo que es común a muchos países. **2** Se dice de la persona que considera al mundo como su patria o que ha vivido en diversos países: *Rodolfo ha viajado mucho, por eso tiene costumbres **cosmopolitas** que ha ido tomando de los distintos lugares en donde ha vivido.*

cosmopolitismo ***m.*** **1** Manera de pensar de los cosmopolitas. **2** Aclimatado a todos los lugares.

cosmos ***m.*** Unidad formada por todo lo que existe en el cielo: *La Tierra y los planetas forman parte del **cosmos.*** SIN. **universo, espacio.**

coso ***m.*** **1** *Esp.* Plaza de toros. **2** *Esp.* Calle principal en algunos pueblos o ciudades.

cosquillas ***f. pl.*** Sensación que provoca risa involuntaria y que se produce cuando alguien le toca a uno ciertas partes del cuerpo: *Jacobo tiene **cosquillas** en las axilas, en el cuello y en los pies.*

cosquilleante ***adj.*** Que produce cosquillas.

cosquillear ***vb.*** {tr.} Hacer que alguien sienta ganas de reírse de manera involuntaria al tocarle ciertas partes del cuerpo: *Ramiro **cosquilleaba** a Julia tocándole suavemente la punta de la nariz con una pluma de pájaro.*

cosquilleo ***m.*** Hecho de sentir en el cuerpo algo que hace reír de manera involuntaria: *Los niños pequeños sienten mucho **cosquilleo** y a veces se ríen antes de que alguien los toque.*

cosquilloso, sa ***adj.*** **1** Referido al que se ríe con facilidad cuando le tocan ciertas partes del cuerpo: *Daniel es un niño tan **cosquilloso,** que a veces se ríe cuando se viste porque la camisa le roza la axila.* **2** Relativo a la persona a quien nada le parece bien: *Germán es un **cosquilloso** que se queja de todo.* SIN. **delicado, quisquilloso.**

costa ***f.*** **1** Cantidad que se paga por algo: *Compró unos muebles a poca **costa** porque su amigo se los vendió baratos.* **2** *loc.* **A toda ~,** sin limitación de gasto: *Tengo ganas de conocer Londres y pienso ir **a toda costa.*** **3** *loc.* **A ~ de,** con esfuerzo: *Mariela logró aprobar el examen **a costa de** estudiar.*

costa ***f.*** Tierra que está en contacto con el mar o cerca de él: *Sandra nació en un pueblo de la **costa** y su casa está muy cerca del mar.* SIN. **litoral, orilla.**

costado ***m.*** **1** Parte del cuerpo humano que se encuentra entre el pecho y la espalda. SIN. **lado. 2** Parte que se encuentra en los extremos, entre el frente y el fondo de algo: *Al **costado** de la casa están sembrados los rosales.* SIN. **lado. 3** *loc. pl.* **Por los cuatro ~,** por todos lados: *Se rompió la manguera y salía agua **por los cuatro costados.***

costal ***adj.*** Relativo a las costillas: *El hombre que se accidentó sufrió una fractura **costal.***

costal ***m.*** Bolsa grande, rústica, hecha de tela o de fibras, que se usa para transportar productos a granel: *En ese **costal** hay harina y en este otro, semillas de maíz.*

costalada o **costalazo** ***f.*** y ***m.*** Golpe que alguien se da al caer de espaldas o de costado: *Estaba comenzando a patinar y se dio unos cuantos **costalazos** antes de aprender bien.*

costanero, ra ***adj.*** **1** Relativo a lo que está en una cuesta: *"Subiendo por esa calle **costanera** encontrarás la casa que buscas", le dije al muchacho.* **2** Referido a lo que se encuentra cerca del mar: *Desde los edificios **costaneros** se puede ver la playa y el mar.* SIN. **costeño, costero.**

costar ***vb. irreg.*** {intr.} **Modelo 5. 1** Valer una cosa determinada cantidad de dinero: *El vestido que quiero comprarme **cuesta** veinte pesos.* **2** Causar una cosa muchos esfuerzos, disgustos o molestias: ***Me costó** mucho resolver el problema de matemáticas, pero al fin pude hacerlo.* **3** *loc.* **~ caro,** ocasionar algo mucho daño: *Deja de molestarme o te va a **costar caro.*** SIN. **perjudicar.**

costarricense o **costarriqueño, ña** ***adj./m.*** y ***f.*** Originario de Costa Rica, país de América Central: *San José es la capital **costarricense.***

coste ***m.*** *Esp.* Cantidad de dinero que se paga por algo. SIN. **costo.**

costear ***vb.*** {tr., intr. y prnl.} **1** Pagar el precio de una cosa: *La tienda tiene muchos clientes y por eso puede **costear** la alimentación de los trabajadores.* **2** *Méx.* Resultar algo buen negocio: *Me **costeó** cambiar con Joaquín mis discos por libros, ya que gracias a eso pude ampliar mi colección.* **3** *Argent*, *Chile* y *Urug.* Tomarse la molestia de ir hasta un lugar distante o de difícil acceso.

costear ***vb.*** {tr.} Navegar bordeando la costa: *El barco **costeó** Sudamérica desde Colombia hasta el norte de Brasil.*

costeño, ña ***adj./m.*** y ***f.*** **1** Relativo a lo que está cerca de la orilla del mar: *Muchos pueblos **costeños** trabajan para el turismo.* SIN. **costanero, costero. 2** Persona que vive o ha nacido en una zona cercana al mar: *Los **costeños** reciben a los turistas que pasan sus vacaciones en la playa.*

costero, ra ***adj./m.*** y ***f.*** Referido a lo que está cerca de la orilla del mar: *Ese barco es sólo para navegación **costera** porque no tiene equipo para internarse en alta mar.* SIN. **costanero, costeño.**

costilla ***f.*** **1** Cada uno de los huesos largos y arqueados que parten de la columna vertebral y se cierran por delante del pecho protegiendo los pulmones y el corazón: *El cuerpo humano tiene doce pares de **costillas.*** **2** Cada una de las maderas que forman los lados de una embarcación: *En el astillero están reparando las **costillas** del barco.*

costillar ***m.*** **1** Conjunto de las costillas: *El carnicero está rebanando un **costillar** de vaca para venderlo.* **2** Parte del cuerpo en la que se encuentran las costillas: *Jugando fútbol, se cayó y recibió una patada en el **costillar.***

costo ***m.*** Dinero que se paga por algo o trabajo que se hace para conseguir algo: *Quedarme en mi casa a estudiar fue* *el **costo** de la buena calificación en el examen.* SIN. **precio, importe, coste.**

costoso, sa ***adj.*** Aplicado a lo que tiene un precio alto o que cuesta mucho trabajo obtener: *Ese automóvil **costoso** está fuera del alcance de nuestro presupuesto.* SIN. **caro.** ANT. **barato.**

costra ***f.*** **1** Parte exterior, dura y seca, de algo: *La **costra** de ese queso está cubierta con cera pintada de rojo.* SIN. **corteza, cáscara.** **2** Sangre endurecida y seca que cubre una herida o raspón del cuerpo: *Rogelio se cortó con un cuchillo y ahora se le ha formado una **costra.***

costumbre ***f.*** **1** Modo de obrar adquirido por la repetición de los mismos actos: *Tengo la **costumbre** de levantarme todos los días a las 6 de la mañana.* SIN. **hábito, uso, rutina.** **2** Modo de obrar según la tradición propia de un grupo o de una nación. SIN. **estilo, tradición.**

costumbrismo ***m.*** Género literario y pictórico que concede especial atención al reflejo de las costumbres de un lugar: *El **costumbrismo** fue un movimiento literario del siglo XIX y de principios del siglo XX.*

costumbrista ***adj./m.*** y ***f.*** Relativo al género literario y pictórico que concede especial atención al reflejo de las costumbres de un lugar: *Benito Pérez Galdós, Emilia Pardo Bazán y Manuel Payno fueron escritores **costumbristas.***

costura ***f.*** **1** Hecho de unir con hilo y aguja tela u otro material: *La **costura** de un traje la lleva a cabo el sastre.* **2** Lo que está unido con hilo y aguja: *Hay que planchar cada **costura** para que el vestido quede bien hecho.* **3** Lo que se está uniendo con hilo y aguja: *Adriana dejó la **costura** sobre la mesa mientras iba por las tijeras.* SIN. **labor.**

costurero ***m.*** Caja o mesa con cajones que sirve para guardar los instrumentos para coser: *En el **costurero** se guardan agujas, hilos, tijeras, botones, alfileres y la cinta para medir.*

costurero, ra ***m.*** y ***f.*** Persona que trabaja cosiendo ropa: *Mamá compró la tela y le encargó a una **costurera** que nos hiciera un vestido a mi hermana y otro a mí.* SIN. **modista.**

costurón ***m. Fam.*** Herida que ya ha sanado pero que dejó una marca en la piel: *Reconocí al malo del filme porque tenía un **costurón** en la cara.* SIN. **cicatriz.**

cota ***f.*** **~ de malla.** ***loc.*** Armadura antigua que protegía pecho, brazos y parte superior de las piernas, y que estaba hecha con alambre de hierro entrelazado para permitir el movimiento: *Los reyes usaban la **cota de malla** cuando salían a luchar.*

cota ***f.*** Número que aparece en los planos y que indica la altura de un punto geográfico: *Según la **cota,** la Ciudad de México se encuentra a 2 200 m sobre el nivel del mar.*

cotangente ***f.*** En matemáticas, tangente de un ángulo o arco complementario: *El símbolo de la **cotangente** es "cotg".*

cotarro ***m. loc.*** **Alborotar el ~,** inquietar, alterar a un grupo de personas.

cotejar ***vb.*** {tr.} Revisar de manera cuidadosa dos cosas para asegurarse de que son iguales o valorar sus diferencias: *Al **cotejar** el trabajo de Gustavo con el de Carlos, la maestra se dio cuenta de que se habían copiado.* SIN. **comparar, confrontar.**

cotejo ***m.*** Hecho de revisar cuidadosamente dos cosas para asegurarse de que son iguales o valorar sus diferencias. SIN. **comparación.**

cotense ***m. Bol., Chile*** y ***Méx.*** Tela rústica hecha con hilo de cáñamo.

coterráneo, a ***adj.*** Relativo a la persona que nació en el mismo pueblo o país que otra: *Ella es **coterránea** del jugador de fútbol Pelé porque también nació en Brasil.*

cotidianeidad o **cotidianidad** ***f.*** Lo que ocurre todos los días o es habitual.

cotidiano, na ***adj.*** Referido a lo que sucede o se hace todos los días: *La limpieza de la casa es un trabajo **cotidiano.*** SIN. **diario, habitual, usual.**

cotiledón ***m.*** Parte de la semilla que contiene los nutrientes que alimentan al embrión cuando comienza a nacer la planta: *La semilla de maíz tiene un **cotiledón** y la semilla de la lenteja tiene dos **cotiledones.***

cotiledóneas ***f. pl.*** Grupo en el que antiguamente se subdividía el reino vegetal: *Entre las **cotiledóneas** estaban las semillas como el maíz, la lenteja y el poroto o frijol, entre otras.*

cotilla ***m.*** y ***f. Fam.*** Persona chismosa.

cotillear ***vb.*** {intr.} Contar chismes de los demás. SIN. **chismorrear, murmurar.**

cotilleo ***m.*** Chisme que se cuenta de alguien.

cotillero, ra ***adj.*** Relativo a quien gusta cotillear.

cotillón ***m.*** **Palabra de origen francés.** **1** Baile y fiesta con que se celebra un día señalado y en la que se distribuyen obsequios. **2** Obsequio que se reparte a los invitados durante una fiesta: *En el cumpleaños de Verónica regalaron **cotillones.***

cotinga ***m.*** Pájaro americano de plumaje coloreado de forma bella: *Los **cotingas** están parados sobre una rama.*

cotizable ***adj.*** Referido a la cosa cuyo valor puede establecerse en el mercado: *Este automóvil es tan viejo que ya no es **cotizable.***

cotización ***f.*** Hecho de señalar el valor que una cosa tiene en el mercado: *La **cotización** del dólar varía de un país a otro.* SIN. **valoración.**

cotizado, da ***adj.*** Que tiene un valor alto: *Los cantantes de corridos norteños están muy **cotizados** en estos días.*

cotizar ***vb. irreg.*** {tr. y prnl.} **Modelo 16.** **1** Pagar una cuota. **2** Dar a conocer el precio alcanzado por un valor en la bolsa de valores: *Las acciones de la fábrica **cotizaron** muy bien esta semana.* SIN. **valorar.**

coto ***m.*** **1** Terreno que tiene marcas que lo delimitan y que se usa para determinado fin: *Los cazadores sólo pueden cazar dentro de su **coto.*** **2** ***loc.*** **Poner ~,** poner fin o límite: *Voy a **poner coto** a este desorden, a partir de ahora cada cosa estará en su lugar.*

cotón ***m. Méx., Chile, Guat., C. Rica, Pan.*** y ***Venez.*** Camisa de trabajo hecha de tela de algodón.

cotorra ***f.*** **1** Ave trepadora de colores, sobre todo verde, rojo y amarillo, que aprende a imitar sonidos ya decir palabras: *La **cotorra** puede imitar la voz humana y decir algunas palabras.* **2** ***Fam.*** Persona que habla demasiado. SIN. **hablador, parlanchín, charlatán.**

cotorrear ***vb.*** {tr. e intr.} **1** Bromear, burlarse de alguien como juego: *"No te enojes, ¿no ves que te **está cotorreando?**", le dije a Miguel.* **2** Hablar en exceso sin decir cosas interesantes: *Las niñas **cotorrean** el lunes sobre lo que hicieron el fin de semana.* SIN. **charlar, platicar.**

cotorreo ***m.*** **1** Hecho de engañar a alguien en tono de burla, sin mala intención: *Fue un **cotorreo,** no es cierto que le van a dar el premio Nobel al mejor estudiante de primaria.* **2** Hecho de hablar mucho: *El **cotorreo** de las señoras distrajo a Felipe, que estaba estudiando.*

coturno ***m.*** Entre los griegos y romanos, zapato con suela muy alta que utilizaban los actores de las tragedias para elevar su estatura en el escenario: *El actor se puso unos **coturnos** y una máscara que cubre su rostro.*

covacha ***f.*** **1** Cueva pequeña: *El ratón de campo corrió a esconderse en su **covacha.*** **2** Habitación pequeña ubicada debajo de la escalera de una casa. SIN. **barraca.**

covadera ***f. Perú*** y ***Chile.*** Lugar donde hay guano acumulado, del que se extrae lo necesario para venderlo como fertilizante natural.

covalencia ***f.*** En química, unión entre dos átomos que se establece cuando comparten electrones.

covalente ***adj.*** Relativo a la covalencia.

coxal ***adj.*** Relativo a la cadera: *Los huesos **coxales** son el hueso ilíaco, el sacro y el coxis.*

coxis o **cóccix** ***m.*** Hueso pequeño formado por la fusión de varias vértebras, que está en la extremidad inferior de la columna: *Donde termina el **coxis** empieza la separación de las dos nalgas.*

coy ***m.*** Tela de lona que se cuelga por sus dos extremos para formar una cama suspendida en el aire: *El marinero estaba descansando en su **coy,** mecido por el movimiento del barco.* SIN. **hamaca.**

coya ***m.*** y ***f.*** Indígena del Perú: *Los **coyas** usan un gorro tejido de muchos colores que les cubre las orejas.*

coyote ***m.*** Mamífero carnívoro parecido al lobo y al chacal, de piel grisácea, que vive en México y América Central.

coyotear ***vb.*** {intr. y prnl.} ***Méx.*** Trabajar como intermediario en la compra y venta de mercancías o en el trámite de documentos.

coyotito ***m. Méx. Fam.*** Siesta, sueño corto: *Estaba muy cansado, así que dijo que iba a echarse un **coyotito** de quince minutos para recuperar fuerzas.*

coyunda ***f.*** **1** Tira de cuero o soga que se usa para sujetar los cuernos de los bueyes que arrastran un arado o una carreta. **2** *Nicar.* Látigo.

coyuntura ***f.*** **1** Parte del cuerpo en que se juntan dos huesos: *El codo se dobla porque es una de las **coyunturas** del cuerpo.* SIN. **articulación. 2** *Fam.* Conjunto de circunstancias que constituyen una situación determinada: *Hay que aprovechar esta **coyuntura** favorable en la familia para comprar una casa nueva.* SIN. **oportunidad, ocasión.**

coyuntural ***adj.*** Que depende de la coyuntura: *Sólo circunstancias **coyunturales** permitieron el triunfo de un candidato tan poco adecuado.*

coz ***f.*** **1** Golpe dado con las patas traseras por un caballo, asno o mulo: *El caballo estaba tirando **coces** al aire porque no quería que el jinete lo montara.* **2** Golpe dado por una persona que echa con violencia su pie hacia atrás: *Una **coz** es un golpe que duele mucho.*

CPU ***m.*** Abreviatura de ***C****entral* ***P****rocessing* ***U****nit* (unidad central de procesamiento): *El **CPU** es la parte de la computadora en la que están los discos de la memoria principal, la unidad que realiza operaciones aritméticas y lógicas y los registros de control.*

crac ***m.*** **1** Sonido que emite algo que se quiebra: *La silla vieja hizo **"crac"** porque no podía soportar el peso de una persona.* **2** Desastre económico: *El **crac** que hubo en Estados Unidos en el año 1929 provocó la ruina de mucha gente.* SIN. **quiebra.**

craneal o **craneano, na** o **craniano, na** ***adj.*** Relativo a los huesos que forman la cabeza: *Una fractura **craneana** puede causar la muerte.*

cráneo ***m.*** Grupo de huesos que forman la cabeza: *Adentro del **cráneo** está el cerebro.* SIN. **calavera.**

craneoencefálico, ca ***adj.*** Que afecta tanto al cráneo como al encéfalo.

crápula ***m.*** y ***f.*** Persona que tiene el vicio de tomar bebidas alcohólicas y que lleva una vida desorganizada: *"Por favor, no te juntes con ese **crápula** porque no te va a hacer ningún bien", me pidió mi madre.* SIN. **vicioso.**

craso, sa ***adj.*** **1** Se dice de lo que tiene grasa: *El aceite es una sustancia **crasa.*** SIN. **grueso, gordo. 2** Se aplica a lo que es muy grave: *He cometido un **craso** error de ortografía cuando escribí "horno" sin hache.*

cráter ***m.*** Parte abierta en lo alto de un volcán por donde sale lava, cenizas y humo cuando el volcán entra en erupción: *Cuando un volcán no está en actividad se puede visitar su **cráter.*** SIN. **boca.**

crátera ***f.*** Copa grande que usaban los antiguos griegos: *Enrique visitó el museo y vio una **crátera** de bronce decorada con delfines de oro.*

crayola ***f.*** Lápiz hecho de cera con colorantes.

crayón ***f.*** Lápiz para dibujar.

creación ***f.*** **1** Conjunto de seres vivos, planetas y estrellas que forman el Universo: *Elvira piensa que el canto de las aves es lo más hermoso de la **creación.*** SIN. **universo, cosmos. 2** Hecho de formar o de iniciar algo: *La **creación** de un club de amigos de la radio fue idea de Raúl.* **3** Obra de arte o producto del ingenio humano: *La **creación** de los instrumentos musicales melódicos marcó un paso muy grande en la evolución de la música.*

creacionismo ***m.*** **1** Doctrina que defiende la idea de que Dios creó al hombre de la nada. ANT. **evolucionista. 2** Doctrina poética vanguardista de principios del siglo XX que defiende la idea de la total autonomía del poema: *Vicente Huidobro fue uno de los fundadores del **creacionismo.***

creacionista ***adj.*** **1** Relativo al creacionismo. **2** Que toma partido por el creacionismo.

creado, da ***adj.*** Resultado de la creación.

Creador ***m.*** Ser Supremo, Dios: *Dice la Biblia que el **Creador** hizo al mundo en seis días y descansó el séptimo.*

creador, ra ***adj./m.*** y ***f.*** Referido al que hace obras de arte o inventa algo nuevo: *Los **creadores** de la samba fueron los brasileños.* SIN. **autor, inventor.**

crear ***vb.*** {tr. y prnl.} **1** Hacer algo de la nada. SIN. **hacer. 2** Dar comienzo a algo que antes no existía: *Entre varios poetas **crearon** una revista literaria en la que publicarán sus poemas.* SIN. **fundar, establecer, instituir. 3** Componer algo de manera artística o intelectual: *El escritor **creó** en su novela personajes cómicos que se metían en muchos problemas.* SIN. **inventar, imaginar, idear. 4** Causar o causarse algo. SIN. **provocar.**

creatividad ***f.*** Capacidad para inventar cosas nuevas: *La **creatividad** de los niños aumenta con los juegos.* SIN. **imaginación, ingenio.**

creativo, va ***adj.*** Referido a la persona que tiene capacidad de inventar y referido también a las cosas que inspiran. SIN. **original, imaginativo, ingenioso.** ANT. **común, ordinario.**

creatura ***f.*** *Ver* **criatura.**

crecer ***vb. irreg.*** {intr. y prnl.} **Modelo 39. 1** Evolucionar un ser vivo de acuerdo con su naturaleza: *Cuando el cordero **crezca** será una linda oveja.* **2** Aumentar de tamaño o altura: *El árbol **ha crecido** desde hace un año que lo sembramos.* **3** Aumentar en cantidad o en extensión: ***Creció** el número de alumnos en la clase, antes éramos 21 y ahora somos 28.* SIN. **aumentar.** ANT. **disminuir, mermar, reducir. 4** Tomar uno mayor seguridad o atrevimiento: *Cuando vio a su novia entre el público, el boxeador **se creció** y peleó con más ganas.*

creces. Con ~, *loc.* De manera amplia, con aumento: *Andrés trabajó durante varios años en su negocio y ya recuperó su dinero **con creces,** es decir, invirtió 200 pesos y ahora tiene 350 pesos.*

crecida ***f.*** **1** Aumento en la cantidad de agua que tiene un río: *La **crecida** se produjo a causa de las fuertes lluvias que han caído desde hace tres días.* SIN. **desbordamiento,**

inundación. 2 Momento en que el volumen del mar aumenta, avanzando hacia la costa: *Los barcos esperan la **crecida** para entrar al puerto.* SIN. **creciente.**

crecido, da ***adj.*** Relativo a lo que es grande o numeroso: *Juliana está muy **crecida** desde hace un año que la vi.*

creciente ***adj.*** **1** Relativo a lo que está aumentando de tamaño, altura, cantidad o extensión. **2** *loc.* **Cuarto ~,** momento en que el aumento del tamaño de la Luna, vista desde la Tierra, se encuentra justo a la mitad entre el novilunio y el plenilunio: *Cuando la Luna está en **cuarto creciente** parece una "D".*

creciente ***f.*** Fenómeno natural en que el mar, cada determinada cantidad de horas, aumenta su volumen avanzando hacia la costa: *Las **crecientes** del mar están en relación con la fuerza de atracción de la Luna.* SIN. **crecida.**

crecimiento ***m.*** **1** Proceso de desarrollo de un ser vivo: *A los diez años, un niño está en pleno **crecimiento.*** **2** Proceso en que algo aumenta: *El **crecimiento** de la empresa se debe al esfuerzo que realizan todos los que trabajan en ella.* SIN. **aumento.** ANT. **disminución.**

credencial ***f.*** Documento que demuestra el cargo de una persona: *Ya tengo la **credencial** del club deportivo, así que iré a nadar y a jugar fútbol los fines de semana.* SIN. **identificación.**

credibilidad ***f.*** Calidad de lo que puede creerse porque es cierto: *La **credibilidad** de ese político se puso en duda porque la gente se ha dado cuenta de que no cumple sus promesas.*

crediticio, cia ***adj.*** Relativo al crédito: *Mediante una operación **crediticia** conseguimos un préstamo para comprar casa.*

crédito ***m.*** **1** Dinero que se pide prestado a un banco: *Daniel pidió un **crédito** para comprar una camioneta, y devolverá el dinero pagando al banco una cantidad cada mes.* SIN. **préstamo. 2** Aceptación de algo como verdadero: *Cuando me dice que vendrá, le doy **crédito** porque él es una persona responsable.* **3** Buena fama: *Puedes encontrar esta novela en todas las librerías de la ciudad porque su autor es un hombre de **crédito.*** SIN. **confianza, autoridad. 4** Plazo que se da para devolver un dinero o para pagar algo: *Tengo tres meses de **crédito** para pagar la televisión que compré.* **5** *loc.* **A ~,** que se obtiene por adelantado y se va pagando poco a poco: *Compró un automóvil **a crédito** y en dos años terminará de pagarlo.* **6** *loc.* **No dar ~,** no creer algo: *"**No doy crédito** a lo que veo: ¡hay una vaca sobre mi cama!"*

credo ***m.*** **1** Ideas y principios en los que se basa una doctrina, opinión o conducta: *Esos dos candidatos a la presidencia pertenecen a **credos** políticos opuestos.* **2** Se escribe con "C" mayúscula cuando designa la oración que contiene los principales fundamentos de la fe católica.

credulidad ***f.*** Tendencia a creer en cualquier cosa que se diga: *Su **credulidad** es tan grande que si le dices que una vaca vuela, la busca en el cielo.*

crédulo, la ***adj.*** Aplicado al que cree en cualquier cosa que se le diga: *Los niños pequeños son **crédulos** porque no tienen experiencia para distinguir algo cierto de algo falso.*

creencia ***f.*** **1** Seguridad que se tiene de que algo es verdad: *La **creencia** en que las enfermedades pueden prevenirse, impulsó al científico francés Luis Pasteur a descubrir la vacuna contra la rabia.* SIN. **convicción. 2** Lo que se cree: *Mucha gente tiene la **creencia** de que en el Universo existen otros planetas habitados por seres inteligentes.* SIN. **opinión, idea, pensamiento. 3** Conjunto de ideas religiosas. SIN. **religión, fe.**

creer ***vb. irreg.*** {tr., intr. y prnl.} **Modelo 32. 1** Pensar: ***Creo** que es una buena persona.* SIN. **imaginar, suponer. 2** Dar por cierta una cosa: *Cuando era niño **creía** que la Luna era de queso.* **3** Dar por cierto lo que alguien dice. **4** Pensar que algo es posible o verosímil: *Yo **creí** que iba a llover, pero sólo hay algunas nubes en el cielo.* **5** Tener una religión: *Mucha gente, sobre todo en Asia, **cree** en Buda.*

creíble ***adj.*** Que se puede creer o merece ser creído: *Es **creíble** que Antonio haya visto una serpiente en el parque, pues mucha gente irresponsable las compra como mascotas y luego se deshace de ellas tirándolas en cualquier lugar.*

creído, da ***adj.*** Vanidoso, engreído.

crema ***f.*** **1** Sustancia grasosa de la leche: *La mantequilla se hace batiendo la **crema.*** SIN. **nata. 2** Cosmético o medicamento de consistencia pastosa: *Después de lavar la ropa, Daniela se pone **crema** en las manos para mantenerlas suaves.* **3** Sopa o bebida: *Hoy tomamos **crema** de espárragos en la comida.* **4** Dulce hecho con leche, huevo, azúcar y algún sabor: *Voy a preparar una **crema** de vainilla como postre.* **5** *Fam.* Grupo de personas que se considera mejor que los demás.

crema ***f.*** Signo (¨) que en español se coloca sobre la *u*: *La* u *de "paragüitas" lleva **crema,** para indicar que debe ser pronunciada.* SIN. **diéresis.**

cremación ***f.*** Hecho de quemar hasta convertir en cenizas el cuerpo de un muerto: *Algunas personas prefieren la **cremación** de los muertos al entierro.* SIN. **incineración.**

cremallera ***f.*** Cierre para ropa, con dos hileras de dientes que se traban y destraban al mover una pieza que los une: *Mi pantalón tiene **cremallera** y el de Darío, botones.*

cremar ***vb.*** {tr.} Quemar el cuerpo de un muerto hasta convertirlo en cenizas: *En su testamento, el abuelo dejó dicho que quería que lo **cremaran.*** SIN. **incinerar.**

crematística ***f.*** Sed por la acumulación de dinero.

crematístico, ca ***adj.*** Relativo a la crematística.

crematorio ***m.*** Lugar con un horno donde se queman los cadáveres: *La funeraria tiene un **crematorio.***

cremería ***f. Méx.*** Comercio que vende quesos, mantequilla y otros productos lácteos.

cremoso, sa ***adj.*** **1** Relativo a la crema o a lo que tiene consistencia de crema: *Este bronceador es **cremoso** y aquel otro es aceitoso.* **2** Aplicado a lo que tiene mucha crema: *Para mi cumpleaños quiero un postre **cremoso.***

crencha ***f.*** **1** *Argent.* Raya que divide el cabello en dos partes: *Eugenia se hizo la **crencha** torcida.* **2** *Argent.* Cada una de las partes del cabello que ha sido dividida por una raya: *Doña Socorro trenzó las **crenchas** de su hija.*

crepa ***f.*** Masa redonda y delgada que se come rellena de algo dulce o salado: *Las **crepas** se hacen con huevo, leche y harina.* SIN. **panqueque.**

crepé ***m.*** **Palabra de origen francés. 1** Tejido de apariencia rugosa, parecido al crespón. **2** *loc.* **Papel ~,** papel de colores, de textura rugosa: *En el carnaval, las niñas iban disfrazadas con vestidos de **papel crepé.***

crepería ***f.*** Lugar donde se hacen y se venden crepas: *Me gusta ir a esa **crepería** porque preparan las crepas muy ricas.*

crepitación ***f.*** Ruido que produce algo que se está quemando: *La chimenea estaba encendida para calentar el ambiente y escuchamos la **crepitación** del leño que ardía.* SIN. **chisporroteo.**

crepitante ***adj.*** Que hace ruido como cuando algo se quema.

crepitar ***vb.*** {intr.} Hacer ruido algo que se está quemando. SIN. **chisporrotear.**

crepuscular ***adj.*** Relativo al momento en que el sol está entre el amanecer y el día, o entre el anochecer y la noche: *La luz **crepuscular** es tenue y rojiza.*

crepúsculo ***m.*** Luz que da el sol cuando está entre el amanecer y el día, o entre el anochecer y la noche: *El **crepúsculo** de la mañana se llama aurora y el de la tarde se llama ocaso.*

crescendo ***m.*** Aumento gradual de la intensidad de los sonidos: *Esta parte de la pieza musical comienza de manera suave y luego viene un **crescendo** hasta que llega a un sonido fuerte.*

crespo, pa ***adj.*** Referido al cabello rizado: *Adrián usa un peine de dientes separados para que le sea fácil peinarse, porque tiene el cabello **crespo**.* SIN. **chino.**

crespón ***m.*** **1** Tela de gasa o de seda, de textura ondulada. **2** Tela negra que se pone en las fachadas de las casas o que usan las personas en un brazo en señal de luto.

cresta ***f.*** **1** Carnosidad que algunas aves tienen en la cabeza: *Una **cresta** roja adorna la cabeza del gallo.* **2** Lo que tiene una forma parecida a la carnosidad que algunas aves tienen en la cabeza: *Elvira se peinó con **cresta** porque así se peina su cantante favorita.* SIN. **penacho. 3** Cima de una ola o de una montaña: *Las nubes cubren la **cresta** de la montaña.* SIN. **cumbre.**

crestado, da ***adj.*** Relativo a las aves que tienen una carnosidad en la cabeza: *El gallo y la gallina son aves **crestadas**.*

crestomatía ***f.*** Conjunto de textos o materiales audiovisuales que se utiliza para la enseñanza: *En la **crestomatía** que acompañó el documental sobre ese director de cine, pasaron trozos de sus películas más famosas.*

creta ***f.*** Carbonato de calcio: *La **creta** es un polvo blanco que los pintores usan para preparar la tela en la que van a pintar.*

cretácico, ca ***adj./m.*** Se aplica al último periodo de la era mesozoica. En él aparecieron por primera vez las plantas con flores, se formaron numerosas cordilleras y los mamíferos ocuparon cada vez más lugares del planeta: *El periodo **cretácico** ocurrió después del periodo jurásico.*

cretense ***adj./m.*** y ***f.*** Relativo a lo que es de Creta, isla del Mediterráneo que pertenece a Grecia: *Algunos murales **cretenses** del siglo IV antes del nacimiento de Jesucristo representan acróbatas haciendo ejercicios.*

cretinez ***f.*** Tontería, estupidez: *Haber roto el alumbrado público a pedradas fue una **cretinez** de tu parte.*

cretinismo ***m.*** **1** Enfermedad que implica retraso mental. **2** Tontería, estupidez.

cretino, na ***adj./m.*** y ***f.*** Se dice de quien es necio o estúpido: *Ese **cretino** me empujó mientras estaba subiendo la escalera y por eso me caí.*

creyente ***adj./m.*** y ***f.*** Aplicado a la persona que cree en las ideas de una religión.

cría ***f.*** **1** Hecho de alimentar y cuidar a un animal o a una persona, desde que es recién nacido hasta que crece. SIN. **crianza. 2** Animal o grupo de animales recién nacidos o tan jóvenes que todavía dependen de sus padres: *La **cría** de la perra son seis cachorritos que todavía no han abierto los ojos.* **3** Cuidado que brinda el ser humano, con alimento y protección, a una especie animal para que se desarrolle: *Marcial se dedica a la **cría** de caballos.*

criadero ***m.*** **1** Lugar donde están los animales que el ser humano cuida con alimento y protección para que se desarrollen: *Ismael tenía un **criadero** de perros en el jardín de su casa y siempre se escuchaban muchos ladridos.* **2** Lugar donde hay gran cantidad de un mineral. **3** Lugar donde se ponen los árboles pequeños para que crezcan antes de ser sembrados: *Salió un camión del **criadero** con muchos pinos pequeños para reforestar la montaña.*

criadilla ***f.*** Testículo de algunos animales.

criado, da ***m.*** y ***f.*** Persona empleada en el servicio doméstico: *En esa casa grande hay varios **criados** que se encargan de la limpieza y la jardinería.* SIN. **sirviente, mozo, camarero.** ANT. **patrón, amo, señor.**

criador, ra ***m.*** y ***f.*** Persona que cuida y alimenta a una especie animal para que se desarrolle: *Lucila es una excelente **criadora** de conejos y cada vez nacen más conejitos.*

crianza ***f.*** **1** Hecho de cuidar y alimentar a un animal o a una persona desde que es recién nacido hasta que crece: *La **crianza** de algunos animales es difícil porque no les gusta estar cerca del ser humano.* SIN. **cría. 2** Época de la lactancia: *Durante la **crianza**, la madre tiene leche en los senos para alimentar a su bebé.*

criar ***vb. irreg.*** {tr. y prnl.} **Modelo 9. 1** Alimentar la madre al hijo: *La madre **cría** a su hijo dándole de mamar.* SIN. **nutrir. 2** Cuidar, alimentar y educar a alguien mientras crece: *A esos niños los **crió** su abuela porque su mamá trabajaba todo el día.* **3** Hacer que se reproduzcan plantas o animales: *La tierra **cría** las plantas con que se alimentan los animales y el ser humano.* SIN. **producir. 4** Tener cría la hembra de un animal: *En el zoológico juntaron a una pareja de leopardos para que **críen**.* **5** Desarrollarse: *Humberto **se crió** en el campo y ahora vive en la ciudad.* SIN. **crecer.**

criatura ***f.*** **1** Toda cosa creada: *En el programa de ciencia ficción había unas **criaturas** extrañas con forma de hormiga gigante.* **2** Niño recién nacido o de poca edad: *Esa pareja tiene dos **criaturas**, una niña de 1 año y un niño de 3 años.* SIN. **crío, nene, guagua.**

criba ***f.*** Instrumento redondo con una tela de alambre extendida, que sirve para separar lo menudo de lo grueso: *La **criba** se parece a un colador muy grande.* SIN. **tamiz.**

cribar ***vb.*** {tr.} Separar lo menudo de lo grueso usando un instrumento redondo, con una tela de alambre: *He **cribado** las semillas de trigo para quitarles las basuras.* SIN. **limpiar.**

criboso, sa ***adj.*** Se dice de lo que está lleno de orificios: *El vagabundo estaba vestido con un saco **criboso**.*

crimen ***m.*** **1** Delito grave: *En la cárcel están los presos cumpliendo la condena por sus **crímenes**.* SIN. **atentado. 2** Delito en que se mata a alguien: *Según el inspector de policía, el **crimen** se cometió entre la una y las dos de la madrugada.* SIN. **asesinato, homicidio. 3** *Fam.* Cosa mala: *Es un **crimen** que siendo tan inteligente no quieras estudiar una carrera.*

criminal ***adj.*** **1** Relativo al delito grave: *La policía se encarga de prevenir los actos **criminales**.* **2** *Fam.* Se dice de algo que está mal o es muy malo: *No quiso salir a jugar porque hacía un frío **criminal**.* **3** Referido al que comete un delito grave: *Por fin la banda de **criminales** fue detenida por haber secuestrado a varias personas.* SIN. **malhechor.**

criminal ***m.*** y ***f.*** Persona que mata a otra de manera intencional: *El famoso detective descubrió al **criminal**.* SIN. **asesino.**

criminalidad ***f.*** Conjunto de los delitos graves que ocurren en un lugar determinado: *Todos los ciudadanos debemos combatir la **criminalidad**.*

criminalista ***adj./m.*** y ***f.*** Especialista en materias criminales o penales.

criminalizar ***vb.*** {tr.} Darle carácter de criminal o delincuente a alguien que no lo es: *Las políticas migratorias de algunos países **criminalizan** a los inmigrantes.*

criminología ***f.*** Ciencia que estudia los hechos criminales. *La **criminología** trata de los delitos, de sus causas y de sus castigos.*
criminólogo, ga ***adj./m.*** y ***f.*** Especialista en criminología: *En mi programa de televisión favorito sale una **criminóloga** que deduce las acciones de los delincuentes a partir de las cosas más sencillas.*
crin ***f.*** Conjunto de pelos largos y duros que tienen algunos animales en la cabeza, el cuello y la cola: *Ese caballo blanco tiene las **crines** largas.*
crinolina ***f. Méx.*** Especie de armazón que las mujeres usaban bajo las faldas del vestido para hacerlas más amplias y con forma redondeada. SIN. **miriñaque.**
crío, a ***m.*** y ***f.*** Niño recién nacido o de corta edad: *Ella no quiere ser mi novia porque dice que todavía soy un **crío**.* SIN. **criatura, nene, guagua.**
criocirugía ***f.*** Técnica quirúrgica que aplica u opera con temperaturas muy bajas.
criogenia ***f.*** Estudio de los procesos físicos que ocurren a bajas temperaturas.
criollismo ***m.*** **1** Conjunto de características que definen a los criollos. **2** Defensa o pasión por lo que caracteriza a los criollos. **3** Corriente literaria de principios del siglo XX que se inspiró en las tradiciones criollas: *Una novela que exalta el **criollismo*** es Don Segundo Sombra.
criollo, lla ***adj./m.*** y ***f.*** **1** Relativo al que es hijo de padres europeos y ha nacido en algún otro país del mundo: *Los hijos **criollos** de los ingleses que vivían en la India iban a Inglaterra para estudiar.* **2** Aplicado al que es hijo de españoles y ha nacido en algún país de América. **3** Se dice de las cosas originarias de un lugar, por contraposición a lo que viene de afuera: *En este país hay buenos caballos **criollos**.*
criotecnología ***f.*** Tecnología que desarrolla procesos relacionados con las bajas temperaturas.
cripta ***f.*** Lugar subterráneo en que los muertos son sepultados: *En las **criptas** cristianas de Roma hay pinturas murales.*
críptico, ca ***adj.*** Misterioso, oscuro: *El mensaje de Joaquín estaba escrito en un lenguaje **críptico**, no le entendí nada.*
criptógamo, ma ***adj./f.*** Relativo a un grupo de plantas que carecen de flores, frutos y semillas: *Los helechos son plantas **criptógamas**.*
criptografía ***f.*** Técnica de escribir con claves secretas: *La **criptografía** se usa en la guerra para evitar que el enemigo entienda los mensajes.*
criptograma ***m.*** Documento escrito en una clave secreta.
criptón ***m.*** Elemento gaseoso de número atómico 36 y símbolo Kr: *El **criptón** es un gas noble que se encuentra en la atmósfera en pequeñas cantidades.*
críquet ***m.*** **Palabra de origen inglés.** Juego de pelota inglés: *El **críquet** se juega sobre el césped y se trata de impulsar la pelota con un objeto de madera, tratando de hacer pasar la pelota por unos arcos de metal clavados en la tierra.*
crisálida ***f.*** Estado intermedio entre la oruga y la mariposa: *La oruga se guarda en su **crisálida** para llevara cabo la metamorfosis que la convertirá en mariposa.* SIN. **ninfa.**
crisantemo ***m.*** Planta y flor que se cultivan para ser usadas como adorno: *Las flores del **crisantemo** son de colores variados y bellos.*
crisis ***f.*** **1** Momento decisivo y grave en un asunto: *El enfermo ha entrado en una **crisis** de su enfermedad y van a tener que operarlo.* **2** Situación en la que hace falta algo: *La **crisis** económica significa que no hay trabajo ni dinero suficientes para todos.* SIN. **escasez.**
crisma ***f. Fam.*** Cabeza: *"Si te caes de las escaleras te podrías romper la **crisma**, ten cuidado", me dijo mi madre.*
crisol ***m.*** Recipiente para fundir metales: *Los **crisoles** son de porcelana, hierro, platino o cualquier otro material que resista temperaturas muy altas.*
crispación ***f.*** **1** Nerviosismo, irritación: *La falta de seguridad provoca **crispación** en toda la sociedad.* **2** Contracción de un músculo.
crispado, da ***adj.*** Nervioso, irritado.
crispante ***adj.*** Que provoca crispación.
crispar ***vb.*** {tr. y prnl.} **1** ***Fam.*** Poner o ponerse nervioso alguien: ***Me crispa** el escándalo del tránsito de automóviles que circulan por la avenida grande.* SIN. **irritar, exasperar, impacientar.** **2** Contraer un músculo: *Ese gato es desconfiado y **se crispa** cuando alguien lo quiere tocar.*
cristal ***m.*** **1** Material sólido y transparente que se rompe si se golpea: *El **cristal** es una sustancia mineral compuesta por sílice, óxido de plomo y potasa.* SIN. **vidrio.** **2** Hoja de vidrio que se pone en las ventanas: *El **cristal** deja pasar la luz y evita que entre el ruido y el polvo.* **3** Mineral con forma geométrica.
cristalazo ***m. Méx.*** Robo en el que se rompe el cristal de un auto o el de una tienda.
cristalera ***f.*** **1** Mueble que tiene cristales en sus puertas superiores y que se usa para guardar la vajilla: *Las copas y los platos están en la **cristalera**.* SIN. **vitrina, vidriera.** **2** Puerta de vidrio que da acceso a un lugar: *La entrada al cine es por la **cristalera**.*
cristalería ***f.*** **1** Lugar donde se fabrican o se venden objetos de vidrio: *Fui a la **cristalería** a comprar un espejo para ponerlo en el baño.* SIN. **vidriería.** **2** Objetos hechos de vidrio: *Filomena vende adornos de **cristalería**.* **3** Conjunto de vasos, copas y jarras que se usan en el servicio de mesa: *Cuando hay invitados a cenar, Dorotea pone la mesa con la mejor vajilla y **cristalería**.* SIN. **servicio.**
cristalino ***m.*** Membrana transparente del ojo, situada detrás de la pupila: *El **cristalino** es una parte importante del ojo: si se daña, la vista se pierde.*
cristalino, na ***adj.*** **1** Relativo al cristal: *El cuarzo es un mineral **cristalino**.* **2** Aplicado a lo que es tan transparente como el cristal: *Me gusta mirar la fuente porque el agua que salta es **cristalina**.* SIN. **claro.** ANT. **opaco, turbio.**
cristalización ***f.*** **1** Hecho de endurecerse un mineral tomando formas geométricas: *Las estalactitas y las estalagmitas de una cueva son producto de la **cristalización** de minerales.* **2** Cosa cristalizada: *Guardé durante varios meses un frasco de miel y se produjo una **cristalización**.*
cristalizado, da ***adj.*** Referido a la sustancia que al endurecerse ha adquirido apariencia de cristal o cristales: *La miel **cristalizada** por el frío tiene apariencia blanquecina y opaca.*
cristalizar ***vb. irreg.*** {intr. y prnl.} **Modelo 16.** **1** Tomar una sustancia formas geométricas al endurecerse: *La sal **se cristaliza** en forma cúbica.* **2** ***Fam.*** Tomar forma clara y precisa algo que antes estaba confuso.
cristalografía ***f.*** Ciencia que describe la forma de los diferentes tipos de cristales.
cristalográfico, ca ***adj.*** **1** Relativo a la cristalografía. **2** ***loc.*** **Sistema ~,** el que agrupa por formas cristalinas.
cristalógrafo, fa ***m.*** y ***f.*** Científico dedicado a la cristalografía.
cristero, ra ***m.*** y ***f.*** Miembro de una insurrección contra el gobierno mexicano que duró de 1926 a 1929.
cristiandad ***f.*** **1** Conjunto de países, pueblos o personas que son seguidores del cristianismo: *La **cristiandad** está formada por católicos, protestantes y evangelistas, entre*

otros. **2** Comunidad universal de los cristianos: *La catedral de Nôtre Dame es el símbolo de la **cristiandad** francesa.*

cristianismo ***m.*** Conjunto de las religiones fundadas a partir de las enseñanzas de Jesús.

cristiano, na ***adj.*** **1** Relativo al cristianismo: *Muchas iglesias **cristianas** tienen una cruz en el altar.* **2** Se aplica a la persona que tiene al cristianismo como religión: *Las familias **cristianas** celebran la Navidad para recordar el nacimiento de Jesús.*

cristiano, na ***m.*** y ***f.*** **1** Persona que tiene al cristianismo como religión: *Los **cristianos** se bautizan siguiendo el ejemplo de Jesucristo.* **2** *Fam.* Persona: *Cuando llegué al salón de clases no había ni un **cristiano** porque era domingo.* **3** *loc.* **En ~,** en el mismo idioma, con palabras que se puedan entender: *"Háblame **en cristiano** porque no entiendo lo que dices", le pedí a Rogelio.*

criterio ***m.*** **1** Capacidad para juzgar o entender: *Puedes confiar en los consejos de tu padre porque es un hombre con **criterio.*** Sin. **discernimiento, juicio, opinión.** **2** Norma o regla que se establece para tomar decisiones: *La estatura es uno de los **criterios** que se usa para seleccionar a los jugadores de baloncesto.*

crítica ***f.*** **1** Análisis y juicio que se hace acerca de una obra de arte: *En la revista de **crítica** literaria se habló bien del nuevo cuento que publicó mi tío.* **2** Juicio severo: *El profesor hizo una **crítica** sobre el comportamiento de algunos alumnos que son muy groseros.* Sin. **censura**. **3** Murmuración: *La actriz ha provocado muchas **críticas** a raíz de su divorcio.*

criticable ***adj.*** **1** Referido a lo que tiene algún error o imprecisión que puede comentarse: *El maestro encontró varios aspectos **criticables** en el trabajo escolar de Armando y se los señaló con una marca roja.* **2** Referido a lo que puede o debe censurarse porque está mal: *Actuar apoyándose en mentiras es una actitud **criticable.***

criticar ***vb. irreg.*** {tr.} **Modelo 17.** **1** Analizar y juzgar una obra artística: *El periodista que **criticó** la obra de teatro es un experto en el tema.* **2** Juzgar algo negativamente: *Ella **ha criticado** mucho a su amiga porque no está de acuerdo con lo que hace.* Sin. **censurar, reprobar, reprochar.** **3** Murmurar sobre alguien o algo: *Las vecinas ociosas **critican** a todos sus conocidos porque les divierte hablar de la gente.* Sin. **desacreditar**.

criticismo ***m.*** **1** Sistema filosófico creado por Kant. **2** Teoría filosófica que somete a la crítica la posibilidad del conocimiento.

criticista ***adj.*** Relativo al criticismo.

crítico, ca ***adj.*** **1** Relativo al análisis y juicio de una obra artística: *Para hacer un análisis **crítico** de una pintura hay que estudiarla con cuidado.* **2** Referido a un asunto difícil que puede tener consecuencias importantes en el futuro: *El momento **crítico** de la enfermedad ha terminado, ahora el doctor dice que el enfermo se recuperará.*

crítico, ca ***m.*** y ***f.*** Persona que se dedica al análisis y juicio de obras artísticas: *Los **críticos** de arte se han reunido para discutir sus puntos de vista acerca de una pintura de Leonardo da Vinci.*

criticón, cona ***adj./m.*** y ***f.*** Se dice de la persona que juzga todo de manera negativa: *No sé si a una **criticona** como Georgina le va a gustar mi regalo.*

croar ***vb.*** {intr.} Cantar los sapos o las ranas: *Algunas personas dicen que las ranas **croan** cuando va a llover.*

croata ***adj./m.*** y ***f.*** Originario de Croacia, país de Europa: *Zagreb es la capital **croata.***

croata ***m.*** Idioma que se habla en Croacia.

crocante ***adj.*** Se aplica a los alimentos secos y duros que hacen ruido al quebrarse: *Elisa moja sus galletas en leche, pero Laura prefiere comerlas **crocantes.***

crocante ***m.*** Golosina dulce y dura hecha con semillas y caramelo: *El niño quiere un **crocante** de nuez y la niña un **crocante** de almendras.* Sin. **turrón, palanqueta.**

croché ***m.*** **Palabra de origen francés.** Labor que se teje con una aguja de gancho y con lana o hilo: *Las cortinas de la casa de mi abuela son de **croché.*** Sin. **ganchillo.**

cromado, da ***adj./m.*** Aplicado a lo que está cubierto con una capa de metal inoxidable: *El manubrio o manillar de mi bicicleta es **cromado** y refleja la luz del sol.*

cromar ***vb.*** {tr.} Cubrir con una capa de metal inoxidable: *El cromo es el metal que se usa para **cromar** objetos.*

cromático, ca ***adj.*** **1** Relativo a los colores: *La escala **cromática** va del rojo al violeta, pasando por el anaranjado, el amarillo, el verde y el azul.* **2** En música, se aplica a los sonidos que varían en la mitad de un tono: *Al tocar la escala **cromática** debes considerar las notas sostenidas, así:* do, do *sostenido,* re, re *sostenido,* mi, fa, fa *sostenido,* sol, sol *sostenido,* la, la *sostenido y* si.

cromatina ***f.*** Sustancia formada por DNA y proteínas, que se encuentra en el núcleo de las células y cuando se condensa forma los cromosomas: *La **cromatina** se tiñe fácilmente al estar expuesta a un colorante.*

cromatismo ***m.*** **1** Conjunto de colores. **2** Lo que es cromático en música.

crómlech ***m.*** Monumento megalítico integrado por varios menhires colocados en círculo: *El monumento de Stonehenge es quizá el **crómlech** más famoso del mundo.*

cromo ***m.*** Elemento metálico de número atómico 24 y símbolo Cr: *El **cromo** es un metal inoxidable y si está bien pulido es muy brillante.*

cromo ***m.*** Estampa, grabado: *Daniel tiene una colección de **cromos** con imágenes de su programa de televisión favorito.*

cromosfera ***f.*** Capa media de la atmósfera del Sol: *La **cromosfera** es de color rojo.*

cromosoma ***m.*** Elemento que se encuentra en el núcleo de la célula: *Los **cromosomas** contienen la información genética que hace que los hijos se parezcan a sus padres.*

cromosómico, ca ***adj.*** Relativo al cromosoma.

cromotipia ***f.*** Impresión de colores.

crónica ***f.*** **1** Recopilación de hechos históricos que sigue el orden del tiempo del pasado al presente: *Para escribir un libro de historia del siglo* XVI*, el investigador consultó las **crónicas** de ese siglo.* Sin. **anales.** **2** Artículo periodístico que trata un tema de actualidad: *En la **crónica** deportiva se narran las últimas competencias y sus resultados.*

crónico, ca ***adj.*** **1** Relativo a cualquier enfermedad larga, que no se cura con facilidad: *Emilio tiene una tos **crónica;** empezó hace meses y todavía sigue tosiendo.* **2** Se dice de lo que dura mucho tiempo: *Por desgracia, la violencia se ha convertido en un problema **crónico** de la sociedad.* Sin. **permanente.**

cronista ***m.*** y ***f.*** **1** Autor de una crónica: *El **cronista** de la ciudad cuenta cómo ha cambiado la arquitectura desde el siglo pasado hasta ahora.* Sin. **historiador.** **2** Persona que narra un evento deportivo: *El **cronista** de fútbol va describiendo cómo se desarrolla el partido para la gente que lo ve por televisión o lo escucha por radio.*

cronograma ***f.*** ***Amér.*** Calendario en el que se presenta y se da seguimiento a un plan de trabajo: *El **cronograma** de ventas propone un aumento sostenido para el segundo semestre del año.*

cronología *f.* **1** Ciencia que determina el orden y las fechas de los sucesos históricos: *Leí en mi libro de historia una **cronología** de los inventos más importantes del siglo XIX.* **2** Ordenación de sucesos según sus fechas: *Hice una **cronología** en la que describí las actividades que realicé del primero al último día de mis vacaciones.*

cronológico, ca *adj.* Relativo a la ordenación de los hechos en el tiempo: *En el libro de historia universal hay un resumen **cronológico** al final de cada capítulo.*

cronometraje *m.* Medición del tiempo con un cronómetro.

cronometrar *vb.* {tr.} Medir el tiempo exacto de algo que se hace o sucede, utilizando un reloj que marca con precisión décimas, segundos, minutos y horas: *Es necesario **cronometrar** las competencias de los Juegos Olímpicos porque los atletas pueden ganar o perder tan sólo por unas décimas de segundo.*

cronómetro *m.* Reloj de alta precisión: *Con un **cronómetro**, el buzo midió cuánto tiempo podía estar bajo el agua sin respirar.*

croqueta *f.* Masa de harina y huevo, rebozada y frita, que contiene carnes, pescados o verduras: *Martha preparó **croquetas** de pescado con papas y sabían deliciosas.*

croquis *m.* Dibujo rápido o esquemático: *Martín hizo un **croquis** para explicarle a su amigo cómo llegar al cine.* SIN. **boceto, apunte.**

crótalo *m.* **1** Serpiente venenosa de América, víbora de cascabel: *El **crótalo** mide dos metros de largo y su mordedura es mortal.* **2** Instrumento musical pequeño formado por placas circulares de metal que se golpean entre sí para emitir el sonido: *El **crótalo** es un instrumento de percusión que tiene un sonido metálico.*

cruce *m.* **1** Hecho de pasar de una parte a otra: *El **cruce** del río fue una aventura emocionante.* **2** Hecho de poner una cosa sobre otra, especialmente formando una cruz. **3** Acción por la que dos cosas que van en sentidos opuestos se encuentran: *El **cruce** entre la gente que entra y la que sale del tren subterráneo siempre provoca un tumulto junto a las puertas.* **4** Unión de un macho y una hembra para procrear: *Los cachorros nacieron de un **cruce** entre mi perra y el perro del vecino.* **5** Hecho de intercambiar palabras, sonrisas o miradas: *El **cruce** casual de sus miradas hizo sonreír a los dos muchachos.* **6** Punto donde se cruzan dos o más líneas: *En el **cruce** de estas líneas en el mapa se encuentra el tesoro.* **7** Paso en el que se juntan dos o más calles: *Hay un semáforo en ese **cruce** de calles.* **8** Interferencia telefónica: *Esta tarde hubo un **cruce** de líneas telefónicas y cuando intenté llamar a Gerardo escuché la conversación que sostenían otras personas.*

crucería *f.* Sistema constructivo propio del estilo gótico, que sirve para reforzar las bóvedas de una iglesia.

crucero *m.* **1** Espacio donde se cruzan las naves central y transversal de una iglesia. **2** Viaje turístico en barco: *Nuestros amigos han hecho un **crucero** por el mar Caribe y se detuvieron en varias islas de las Antillas.* SIN. **travesía.**

cruceta *f. Méx.* Palo con los extremos terminados en cruz.

crucial *adj.* Aplicado a lo que es decisivo o fundamental: *Elena está en un momento **crucial** de su vida porque tiene que decidir si se va a vivir a otro país o se queda aquí.* SIN. **esencial.** ANT. **trivial.**

crucificar *vb. irreg.* {tr.} **Modelo 17.** Clavar o atar a alguien a una cruz para castigarlo: *Antiguamente **crucificaban** a quienes cometían algún delito.*

crucifijo *m.* Cruz en la que se representa a Jesús crucificado: *En las iglesias católicas hay muchos **crucifijos.***

crucifixión *f.* Hecho de atar o clavar a alguien a una cruz para castigarlo: *La **crucifixión** de Jesús ha sido llevada al arte por muchos pintores y escultores.*

crucigrama *m.* Pasatiempo que consiste en averiguar palabras y transcribirlas en casillas: *No pude resolver este **crucigrama** porque hay algunas palabras que no conozco.*

cruda *f. Méx.* Estado que sobreviene al día siguiente de haber bebido mucho alcohol y que se caracteriza por un fuerte dolor de cabeza y mucha sed. SIN. **resaca.**

crudeza *f.* **1** Estado de lo que no ha sido cocinado o no ha madurado: *Cuando una zanahoria ha hervido durante unos minutos pierde su **crudeza.*** **2** Estado del clima frío y con viento: *La **crudeza** del clima de la Patagonia no permite que viva mucha gente allí.* **3** Aspecto duro y cruel de una situación o una cosa. SIN. **rigor, aspereza.**

crudo *m.* Petróleo sin refinar: *El **crudo** se vende por barriles.*

crudo, da *adj.* **1** Relativo a lo que no está cocido: *La cebolla se puede comer **cruda** o cocida.* **2** Se dice del color entre blanco y amarillento, o de la tela que no ha sido teñida y tiene su color natural: *Margarita se compró una camisa de lana **cruda.*** **3** Aplicado al clima frío y con viento: *Antes de salir me puse guantes de lana y un gorro porque el invierno es **crudo** en la ciudad donde vivo.* **4** Aplicado al petróleo sin refinar: *El petróleo **crudo** es de color negro.* **5** Se refiere a la situación o a la cosa que muestra un aspecto duro y cruel. **6** *Méx.* Se dice del que, después de haber bebido mucho alcohol, al día siguiente se siente descompuesto y con dolor de cabeza.

cruel *adj.* **1** Referido al que se complace en hacer sufrir: *Una persona **cruel** no se compadece del dolor de los demás.* ANT. **dulce, humano.** **2** Aplicado a lo que hace sufrir o es muy duro: *Durante la guerra, los soldados viven cosas **crueles.***

crueldad *f.* **1** Carencia de compasión ante el dolor de los otros: *Ese hombre es despreciado por su **crueldad,** nunca quiso ayudar a nadie.* SIN. **maldad, inclemencia, dureza.** ANT. **compasión, caridad, piedad.** **2** Hecho de hacer sufrir a otros: *Es una **crueldad** de parte de Genoveva patear a su mascota.* SIN. **atrocidad, barbarie, ferocidad.** ANT. **dulzura, suavidad, bondad.**

cruento, ta *adj.* Se refiere a lo que causa derramamiento de sangre: *Las guerras siempre son **cruentas.*** SIN. **sangriento.**

crujía *f.* **1** Espacio de una casa, más largo que ancho, al que dan las puertas de las habitaciones. SIN. **corredor, pasillo, galería.** **2** Parte de un barco por la que se puede caminar de proa a popa: *El capitán ordenó al marinero que limpiara la **crujía** porque la tormenta la había ensuciado mucho.*

crujidero, ra *adj.* Que cruje.

crujido *m.* Ruido que emite algo cuando se rompe o se mueve: *El **crujido** que hace la puerta vieja cuando se abre es fuerte y agudo.* SIN. **chasquido, chirrido.**

crujiente *adj.* Se refiere a lo que emite un ruido al romperse o moverse: *Las papas fritas son un alimento **crujiente.*** SIN. **ruidoso.**

crujir *vb.* {intr.} Hacer ruido los cuerpos al moverse, frotarse o romperse: *El tronco del árbol **crujió** al caer.* SIN. **rechinar, chirriar.**

crustáceo *m.* Animal que no tiene huesos internos, sino que su cuerpo está cubierto por un caparazón: *El camarón, el langostino y el cangrejo son **crustáceos.***

cruz *f.* **1** Figura formada por dos líneas que se cruzan en ángulo recto: *Las instrucciones del examen decían que señaláramos con una **cruz** la respuesta correcta.* **2** Objeto que tiene forma de cruz: *En las iglesias cristianas hay **cru-***

***ces** porque son el símbolo de esta religión.* **3** Reverso de una moneda: *Yo escogí cara y Oswaldo escogió **cruz,** y cuando la moneda cayó al suelo nos dimos cuenta que él había ganado.* **4** Cosa o suceso que causa sufrimiento o pesadumbre.

cruza ***f.*** Unión de dos animales de distinta raza para obtener lo mejor de cada una.

cruzada ***f.*** **1** Expedición militar que se hizo desde Europa hacia el Oriente, durante los siglos XI al XIII, con la finalidad religiosa de liberar las tierras cristianas que estaban en poder de los musulmanes: *Durante los siglos XI, XII y XIII se hicieron ocho **cruzadas.*** **2** Actividad organizada que tiene un fin humanitario: *Varios artistas y cantantes organizaron una **cruzada** a favor de los ancianos abandonados.*

cruzado ***m.*** Relativo a los hombres que en los siglos XI al XIII hicieron expediciones para liberar las tierras cristianas de Palestina que estaban en poder de los musulmanes: *Los **cruzados** dejaron a sus familias para emprender un viaje peligroso y difícil a tierras lejanas.*

cruzado, da ***adj.*** Aplicado a lo que está atravesado o en cruz: *El árbol que está **cruzado** en el camino no deja pasar a los vehículos.*

cruzar ***vb. Irreg.*** {tr. y prnl.} **Modelo 16. 1** Atravesar pasando de una parte a otra: *Paola **cruza** toda la ciudad para ir de su casa a su trabajo porque ella vive al norte y su trabajo está al sur.* SIN. **pasar, cortar. 2** Poner una cosa sobre otra en forma de cruz: *Víctor **ha cruzado** los brazos mientras escucha la conferencia.* **3** Juntar sexualmente un animal macho y una hembra para que tengan cría: *La mula nace cuando **se cruzan** caballo y burra.* **4** Intercambiar palabras o señales: *Los dos ancianos **cruzan** saludos cuando se encuentran por la calle.* **5** Encontrarse de frente: *Esta mañana **me crucé** con Darío en el mercado y me dijo que pronto vendrá a visitarnos.* **6** Ponerse delante o surgir de manera súbita algo: *"No **te cruces** conmigo cuando caminemos por la calle porque podríamos caernos", me pidió mi tía.* **7** Mezclarse dos o más cosas: *Como Sergio tiene mala memoria, **se le cruzan** los nombres de los autores de los libros que ha leído.*

cuache, cha ***adj./m.*** y ***f.*** **1** *Guat.* Se dice de las cosas que constan de dos partes iguales. **2** *Guat.* Aplicado a los hermanos que han nacido en el mismo parto. SIN. **gemelo, cuate, mellizo, chacho.**

cuaco ***m. Méx.*** Caballo: *El domingo fuimos a un rancho y nos prestaron unos **cuacos** para montar.*

cuaderna ***f.*** Cada uno de los elementos rígidos que unen de manera transversal el armazón de un barco: *Las costillas del barco se sostienen con las **cuadernas.***

cuadernillo ***m.*** **1** Cuaderno pequeño, libreta. **2** Conjunto de cinco pliegos de papel.

cuaderno ***m.*** Conjunto de pliegos de papel en blanco, en forma de libro, que se usa para escribir en él: *En mi escuela uso tres **cuadernos** y dos libros.*

cuadra ***f.*** **1** Lugar cubierto donde se guardan los caballos: *Los caballos y los burros descansan en la **cuadra.*** SIN. **caballeriza. 2** Conjunto de caballos de un mismo dueño: *El caballo campeón es de la **cuadra** de don Julián.* **3** ***Amér.*** Parte de una calle, que va de una esquina a la otra: *La escuela está a cinco **cuadras** de mi casa.* SIN. **bloque, manzana. 4** ***Perú.*** Sala para recibir visitas.

cuadrado ***m.*** **1** Figura geométrica que tiene cuatro lados iguales y cuatro ángulos rectos: *El **cuadrado** es un polígono regular.* SIN. **cuadrilátero. 2** Resultado de multiplicar un número por sí mismo: *El **cuadrado** de 2 es 4 y el **cuadrado** de 3 es 9.*

cuadrado, da ***adj.*** **1** Referido a lo que tiene cuatro lados iguales y cuatro ángulos rectos: *Esa mesa es **cuadrada** y cuatro personas pueden comer en ella porque en cada lado cabe una persona.* **2** Se aplica a lo que sigue una forma muy rígida para buscar la perfección.

cuadragésimo ***m.*** Parte que equivale a una entre cuarenta partes iguales: *Un **cuadragésimo** de esa tarta pequeña será una porción muy chica, por eso prefiero un **cuadragésimo** de aquella tarta grande.*

cuadragésimo, ma ***adj.*** Adjetivo ordinal que corresponde, en orden, al número cuarenta: *Este año es el **cuadragésimo** aniversario de boda de mis padres, porque se casaron hace cuarenta años.*

cuadrangular ***adj.*** Aplicado a lo que tiene cuatro ángulos: *La base de la pirámide de Keops, en Egipto, es **cuadrangular.***

cuadrante ***m.*** **1** Cuarta parte de una circunferencia o círculo: *El **cuadrante** está limitado por dos líneas llamadas radios que se abren en ángulo recto desde el centro hasta el perímetro del círculo.* **2** ***Méx.*** Cinta numerada que, en un aparato de radio, indica la ubicación de las diferentes estaciones que se pueden sintonizar.

cuadrar ***vb.*** {tr., intr. y prnl.} **1** Dar figura cuadrada a una cosa: *El carpintero **cuadró** la mesa que antes era redonda.* **2** Quedarle bien o mal una cosa a una persona: *Abuela, esa blusa escotada no **te cuadra,** mejor usa tu vestido floreado.* SIN. **sentar. 3** Ajustarse una cosa con otra: *Ernesto no midió el espacio de la casa y no **cuadraron** los muebles que compró.* SIN. **adaptar. 4** Salir exactas las cuentas: *Al comerciante no **le cuadraban** las cuentas y se quedó hasta muy tarde buscando el error.* **5** Ponerse una persona en posición erguida y firme, juntando los talones de los pies: *Los soldados **se cuadran** cuando pasa otro militar de grado superior.* **6** ***Venez.*** Lucirse, quedar airoso alguien. **7** ***Chile.*** Suscribirse con una importante cantidad de dinero. **8** ***Méx.*** Gustarle a alguien algo: ***Me cuadra** mucho ese comedor, pero no me alcanza el dinero para comprarlo.*

cuadrático, ca ***adj.*** Relativo al cuadrado.

cuadratín ***m.*** Medida que se usa en la imprenta para determinar el tamaño de un espacio.

cuadratura ***f.*** **1** Hecho de dar figura cuadrada a una cosa. **2** Fenómeno astrológico en el que dos planetas se encuentran a una distancia de un cuarto de círculo o de tres cuartos de círculo.

cuádriceps ***m.*** Músculo que se encuentra en la parte anterior del muslo: *El **cuádriceps** está formado por cuatro haces o manojos de fibras musculares.*

cuadrícula ***f.*** Conjunto de cuadrados que resultan de cortarse dos series de rectas paralelas: *Para hacer dibujos geométricos utilizo una **cuadrícula** porque es más fácil.*

cuadriculación ***f.*** Resultado de cuadricular.

cuadriculado, da ***adj.*** Referido a lo que está dividido por líneas que se cruzan formando muchos cuadrados iguales: *Para la materia de matemáticas usamos un cuaderno **cuadriculado.***

cuadricular ***adj.*** Relativo al conjunto de cuadrados que resultan de cortarse dos series de rectas paralelas: *Las calles que muestra el plano de esta ciudad tienen forma **cuadricular.***

cuadricular ***vb.*** {tr.} Hacer dos series de líneas rectas que se cruzan formando cuadrados: *Para copiar ese dibujo la maestra nos pidió que **cuadriculáramos** una hoja blanca.*

cuadriga ***f.*** Carro tirado por cuatro caballos colocados uno junto al otro: *En el imperio Romano, uno de los espectáculos que se ofrecían en el circo eran las carreras de **cuadrigas.***

cuadril ***m.*** Hueso del anca o cadera de una res: *Del* ***cuadril*** *de las vacas se obtiene una carne muy buena.*

cuadrilátero ***m.*** **1** Figura geométrica que tiene cuatro lados: *El cuadrado, el rombo, el trapecio y el rectángulo son* ***cuadriláteros.*** **2** En boxeo, lugar donde ocurre el combate: *El* ***cuadrilátero*** *está limitado por cuerdas.*

cuadrilla ***f.*** **1** Grupo de personas reunidas para desempeñar un trabajo: *Una* ***cuadrilla*** *de quince albañiles construyó esta casa.* SIN. **banda, grupo, pandilla. 2** Grupo de toreros que acompañan a otro de más categoría: *Cuando el toro le arrancó su capote al torero, la* ***cuadrilla*** *salió a distraer al toro para que el torero pudiera escapar.*

cuadrinomio ***m.*** Expresión algebraica que tiene cuatro términos.

cuadro ***m.*** **1** Figura en forma de cuadrado: *Por el* ***cuadro*** *de la ventana se ve un hermoso paisaje.* **2** Pintura ejecutada sobre papel o tela y colocada en un marco: *Elvira ha pintado varios* ***cuadros*** *que adornan las paredes de su casa.* SIN. **pintura. 3** Situación o hecho que impresiona: *El periodista estaba impresionado por el* ***cuadro*** *de dolor que encontró en aquel país africano.* SIN. **escena, espectáculo. 4** Conjunto de datos y cifras colocados de tal manera que se puede apreciar la relación que existe entre ellos: *En este* ***cuadro*** *se relaciona la llegada de Cristóbal Colón a América con lo que estaba sucediendo en ese mismo año en Europa.* **5** Grupo de personas que forman una organización: *El* ***cuadro*** *de tenistas de mi país que participará en la competencia mundial está integrado por quienes han tenido el mejor rendimiento.* SIN. **equipo. 6** Armazón de una bicicleta: *El* ***cuadro*** *de la bicicleta es la parte metálica que sostiene las ruedas, el manillar o manubrio y los pedales.* **7** Cada una de las divisiones de una obra de teatro, que exige cambio de decoración: *En esta obra de teatro hay tres* ***cuadros*** *diferentes.* **8** ***loc.*** **~ clínico,** conjunto de síntomas de una enfermedad: *El médico estudia cada semana el* ***cuadro clínico*** *de los pacientes del hospital para saber en qué estado se encuentran.*

cuadrúpedo, da ***adj./m.*** Se refiere al animal que tiene cuatro patas: *Los* ***cuadrúpedos*** *pueden ser vegetarianos como el ciervo o carnívoros como el perro.*

cuádruple o **cuádruplo, pla** ***adj./m.*** Referido al número cuatro o al número que contiene a otro número cuatro veces exactamente: *Para vestir a las cuatrillizas hay que comprar toda la ropa* ***cuádruple.***

cuadruplicación ***f.*** Resultado de multiplicar por cuatro.

cuadruplicado, da ***f.*** Relativo a cuadruplicar: *Debes presentar la solicitud por* ***cuadruplicado,*** *de lo contrario no te atenderán.*

cuadruplicar ***vb. irreg.*** {tr.} **Modelo 17.** Multiplicar por cuatro una cantidad: *Roberto* ***cuadruplicó*** *la apuesta que hizo con Javier porque estaba seguro de que su equipo favorito ganaría el partido.*

cuajada ***f.*** Parte de la leche que sirve para elaborar el queso: *La* ***cuajada*** *se separa del suero, se mezcla muy bien con sal, se pone en una horma y se deja reposar para que el queso madure.*

cuajado, da ***adj.*** **1** ***Fam.*** Inmóvil y asombrado: *Bruno se quedó* ***cuajado*** *cuando se enteró de que había ganado el premio de la lotería.* **2** ***Fam.*** Dormido profundamente: *Los niños jugaron mucho y se quedaron* ***cuajados*** *poco tiempo después de cenar.*

cuajar ***m.*** Última de las cuatro cavidades del estómago de los rumiantes.

cuajar ***vb.*** {tr., intr. y prnl.} **1** Espesar o espesarse un líquido para convertirlo en sólido: *La mayonesa no* ***cuajó*** *porque Josefina la batió mal.* **2** ***Fam.*** Llegar a realizarse una cosa: *Sus esfuerzos* ***cuajaron*** *y logró conseguir una beca para estudiar en la universidad que quería.* **3** ***Fam.*** Llenarse: *El estadio* ***se cuajó*** *de gente y no quedaba un solo lugar libre.* **4** ***Fam.*** Dormirse profundamente: *"No necesitas hablar en voz baja, el niño* ***se ha cuajado,*** *así que no creo que se despierte", dije a mi amiga.*

cuajarón ***m.*** Trozo de un líquido, por lo general sangre, que se ha cuajado: *En la escena del crimen, los* ***cuajarones*** *de sangre indicaban que hacía horas que se había cometido el asesinato.*

cuajo ***m.*** **1** Materia que se agrega a la leche para separar la parte sólida del suero: *El* ***cuajo*** *sirve para espesar la leche.* **2** ***loc.*** **De ~,** de raíz: *El viento del huracán era tan fuerte que arrancó un árbol* ***de cuajo.***

cuál ***adj./pron.*** Adjetivo y pronombre interrogativo que pregunta sobre las personas o cosas: *Le pregunté a una niña* ***cuál*** *era su nombre y me contestó "Juliana".*

cual ***adv.*** **1** Se usa en oraciones comparativas, y equivale a *como*: *La sonrisa de Ana se abrió* ***cual*** *una rosa cuando vio a Tomás.* **2** ***loc.*** **Tal ~,** de la misma manera: *"Si preparas la carne* ***tal cual*** *dice la receta, verás que quedará como en la fotografía", le dije a Germán.*

cual ***pron.*** **1** Pronombre relativo que cuando va precedido de un artículo, equivale a *que*: *Este es el libro del* ***cual*** *te hablé ayer.* **2** ***loc.*** **Cada ~,** cada uno: ***Cada cual*** *come lo que más le gusta.*

cualesquier ***pron.*** Plural de *cualquier*: *Para protegerse del frío podrán tomar* ***cualesquier*** *abrigos de los que están sobre la cama.*

cualesquiera ***pron.*** Plural de **cualquiera.**

cualidad ***f.*** **1** Lo bueno que hace que una persona o cosa sea lo que es: *Las* ***cualidades*** *de una persona son sus aspectos positivos, como la honestidad, sinceridad, amabilidad, etc.* SIN. **propiedad, característica, virtud. 2** Capacidad que distingue a alguien de los demás: *Este alumno tiene muchas* ***cualidades,*** *es muy inteligente y estudioso.* SIN. **aptitud, habilidad.**

cualitativo, va ***adj.*** Relativo a la cualidad: *La nueva cocinera ha logrado un cambio* ***cualitativo*** *en el sabor de la comida porque le puso otros ingredientes.*

cualquier ***adj.*** Apócope del adjetivo indefinido *cualquiera*, que se usa antes del sustantivo para indicar una cosa que no está determinada: *Este trabajo escolar es tan fácil que* ***cualquier*** *alumno puede hacerlo muy rápido.*

cualquiera ***adj.*** Adjetivo indefinido que expresa de manera indistinta una entre varias personas o cosas en una serie: *Un alumno* ***cualquiera*** *llevó el mensaje de la maestra a la directora de la escuela.*

cualquiera ***f. Desp.*** Mujer que gana dinero por relacionarse sexualmente con los hombres. SIN. **prostituta.**

cualquiera ***m.*** y ***f. Desp.*** Persona vulgar: *No tiene derecho a hablarte de esta manera porque es un* ***cualquiera,*** *ni siquiera te conoce.*

cualquiera ***pron.*** Pronombre indefinido que indica una persona que no está determinada: ***Cualquiera*** *puede aprobar un examen si estudia bien.*

cuán ***adv.*** Apócope de *cuánto,* que se usa entre signos de admiración para enriquecer o dar fuerza a la idea expresada por el adjetivo o el adverbio: ***Cuán*** *feliz se sentía Olga desde que pudo conseguir un empleo mejor.*

cuan ***adv.*** Apócope de *cuanto*, que se usa para enriquecer o dar fuerza a la idea expresada por el adjetivo: *Se acostó en la cama* ***cuan*** *largo era, y como era muy grande, ocupó todo el espacio.*

cuándo ***adv.*** **1** En qué tiempo: *Le escribí una carta a mi amigo que vive en otra ciudad y le pregunté:* ***"¿Cuándo***

vendrás a visitarme?" **2** *loc.* **¿De ~ acá?,** expresa extrañeza: *"¿De **cuándo acá** Dorotea es matemática, si desde que la conozco no sabe sumar?"*

cuando ***conj.*** **1** En el tiempo, en el momento en que: *"Llegué **cuando** te ibas, por eso te vi en la puerta de la casa", dije a mi hermana.* **2** En caso de que, puesto que, si: ***Cuando*** *Miguel dice algo debe de ser verdad, porque él es muy honesto.* **3** *loc.* **De ~ en ~** o **de vez en ~,** a veces: *El tío de Pamela vive en otra ciudad y sólo visita a su familia **de cuando en cuando**.*

cuantía ***f.*** Cantidad o importancia: *Ni Fernando mismo conoce la **cuantía** de su fortuna porque es demasiado rico.*

cuantificable ***adj.*** Que se puede cuantificar.

cuantificación ***f.*** Resultado de cuantificar.

cuantificado, da ***adj.*** Que es posible cuantificar, que ya se cuantificó.

cuantificar ***vb.*** {tr.} Determinar la cantidad de algo: *El ingeniero hizo unos cálculos y **cuantificó** cuántas toneladas de cemento serán necesarias para construir el puente.*

cuantioso, sa ***adj.*** Se dice de lo que es mucho o tiene gran cantidad de elementos: *Los agricultores recogieron una cosecha **cuantiosa** porque este año llovió demasiado.* Sin. **grande, numeroso.** Ant. **escaso, corto.**

cuantitativo, va ***adj.*** Relativo a la cantidad: *Un aumento **cuantitativo** del personal de una empresa significa que se contrataron más empleados.*

cuanto ***adv.*** Tan pronto como: *"En **cuanto** termine de llover podremos salir a jugar", dijimos todos los amigos.*

cuanto ***m.*** En física, cantidad mínima de energía que puede ser emitida o absorbida por un átomo.

cuánto, ta ***adj./pron.*** **1** Adjetivo y pronombre interrogativo que sirve para preguntar la cantidad o intensidad de una cosa: *¿**Cuánta** carne necesitas para preparar este guiso?* **2** Pronombre exclamativo que se usa para enriquecer o dar fuerza a una expresión que indica cantidad: *"¡Ojalá supieras **cuánto** te quiero!", escribió el novio a su amada.*

cuanto, ta ***pron.*** **1** Pronombre relativo que se usa para indicar una cantidad indeterminada: ***Cuanto*** *más platico con mi amiga, más la quiero.* **2** Todo lo que: *La muchacha leía **cuanta** novela encontraba de su escritor favorito.*

cuarenta ***adj./m.*** Cuatro veces diez: ***Cuarenta*** *es la palabra para nombrar el número 40.*

cuarentena ***f.*** **1** Conjunto de cuarenta unidades: *En mi salón de clases hay una **cuarentena** de alumnos y un maestro.* **2** Periodo de cuarenta días de aislamiento que deben pasar personas, animales o lugares afectados por alguna epidemia, o por sospecharse que puedan tener algún virus o microbio: *Cuando los astronautas que fueron a la Luna regresaron a la Tierra, tuvieron que guardar **cuarentena** para prevenir cualquier enfermedad extraña.*

cuarentón, tona ***adj./m.*** y ***f.*** Se refiere a la persona que tiene alrededor de cuarenta años: *La mujer **cuarentona** se ha pintado el cabello para cubrir sus primeras canas.*

cuaresma ***f.*** Periodo de 46 días de abstinencia y recogimiento que guardan los católicos entre el miércoles de ceniza y el domingo de Pascua: *Los viernes de **cuaresma** no se puede comer carne roja.*

cuarta ***f.*** Medida que se toma con la mano abierta, desde el pulgar hasta el meñique extendido. Sin. **palmo.**

cuarteadura ***f.*** Rajadura, grieta.

cuartear ***vb.*** {tr. y prnl.} Romperse un material formando líneas delgadas, largas y profundas: *La pared **se cuarteó** con el temblor, hay que repararla.*

cuartel ***m.*** **1** Edificio donde se alojan los soldados: *En el **cuartel**, los soldados viven y se entrenan.* **2** Descanso que se concede a un enemigo vencido: *El ejército dio **cuartel** al enemigo y permitió regresar a su país a muchos soldados que habían sido apresados.*

cuartelario, ria ***adj.*** Relacionado con los cuarteles: *El lenguaje **cuartelario** es incomprensible –y hasta ofensivo– para quienes no viven en un cuartel.*

cuartelazo ***m.*** Golpe de Estado dado por militares.

cuartería ***f.*** *Chile, Cuba* y *R. Dom.* Casa en la que viven varios vecinos mediante el pago de una cantidad de dinero como alquiler. Sin. **vecindad, conventillo.**

cuarterón ***m.*** Medida de peso igual a la cuarta parte de una libra.

cuarterón, rona ***adj.*** Se dice de quien es hijo de una persona de piel blanca y de una persona mestiza: *Cuando los europeos y los indígenas americanos tuvieron hijos nacieron mestizos y **cuarterones**.*

cuarteta ***f.*** Estrofa de una composición poética formada por cuatro versos de ocho sílabas cada uno, que riman el primero con el cuarto y el segundo con el tercero: *El poeta español Francisco de Quevedo escribió algunos poemas utilizando la **cuarteta**.*

cuarteto ***m.*** **1** Estrofa de una composición poética formada por cuatro versos de once o de catorce sílabas cada uno: *Un soneto está compuesto por dos **cuartetos** y dos tercetos.* **2** Conjunto de cuatro músicos o cantantes: *Ese **cuarteto** de cuerdas está formado por dos violines, una viola y un violonchelo.*

cuartilla ***f.*** Hoja de papel que mide la cuarta parte de un pliego de papel entero: *Una hoja tamaño carta equivale a una **cuartilla**.*

cuartillo ***m.*** Nombre para varias medidas, equivalente a poco más de un kilo, cuando se trata de masas, y a medio litro, cuando se trata de líquidos: *Cuando mi abuela era joven, compraba todos los días un **cuartillo** de arroz en el mercado.*

cuarto ***m.*** Cada una de las habitaciones de una casa: *La casa de Darío tiene cinco **cuartos:** la cocina, el baño, el comedor y dos dormitorios.* Sin. **pieza, recámara, habitación.**

cuarto, ta ***adj./m.*** y ***f.*** **1** Adjetivo ordinal que corresponde, en orden, al número cuatro: *Acabo de empezar el **cuarto** grado en la escuela.* **2** Aplicado a cada una de las cuatro partes iguales en que se divide un todo: *Te daré la **cuarta** parte de este queso.*

cuarto, ta ***m.*** y ***f.*** **1** El que ocupa en orden el número cuatro: *La maestra le hizo una pregunta al **cuarto** de la lista de asistencia.* **2** Cada una de las cuatro partes en que se divide un todo: *Le pregunté a mi hermana si quería la mitad de mi chocolate, y ella me contestó que sólo quería un **cuarto**.*

cuartucho ***m.*** ***Desp.*** Habitación pequeña, fea y descuidada: *El músico vivía en un **cuartucho** porque no le alcanzaba para pagar mejor vivienda.*

cuarzo ***m.*** Mineral muy duro, de diferentes colores o transparente; es uno de los más abundantes en nuestro planeta: *El **cuarzo**, también conocido como "cristal de roca", es tan duro que puede rayar el acero.*

cuate, ta ***adj./m.*** y ***f.*** **1** *Guat.* y *Méx.* Aplicado al que tiene una relación de amistad con uno. Sin. **amigo, compañero, camarada.** **2** *Méx.* Referido al hermano que ha nacido en el mismo parto. Sin. **mellizo, gemelo.**

cuaternario, ria ***adj./m.*** Relativo al segundo y último periodo de la era cenozoica que, a su vez, es la última era de la formación geológica de la Tierra.

cuatrapeado, da ***adj.*** *Méx. Fam.* Aplicado a lo que ha sido alterado en su ordenación o serie: *Javier escribió las cifras **cuatrapeadas** y el 48 estaba antes que el 36.*

cuatrero, ra ***m.*** y ***f.*** Ladrón de ganado: *En el programa de vaqueros, los* ***cuatreros*** *robaron mil cabezas de ganado y las vendieron en un territorio lejano.*

cuatrillizo, za ***adj./m.*** y ***f.*** Aplicado a cada uno de los cuatro hermanos que han nacido en un mismo parto: *Entre los seres humanos, es muy raro que nazcan hermanos* ***cuatrillizos.***

cuatrimestral ***adj.*** **1** Relativo al periodo que dura cuatro meses: *Rosario tomó un curso* ***cuatrimestral*** *de francés que empezó en marzo y terminó en junio.* **2** Aplicado a lo que ocurre cada cuatro meses: *En mi escuela hacemos una revista* ***cuatrimestral,*** *es decir, sale tres veces al año.*

cuatrimestre ***m.*** Periodo que dura cuatro meses: *En esta universidad los cursos son por* ***cuatrimestre,*** *de modo que se toman tres cursos al año.*

cuatrimotor ***m.*** Avión que tiene cuatro motores: *Ricardo es piloto aviador de un* ***cuatrimotor.***

cuatro ***adj.*** **1** Relativo al número 4: *El número* ***cuatro*** *es un número mayor que el tres y un número menor que el cinco.* **2** Referido a lo que corresponde, en orden, al cuarto: *El día* ***cuatro*** *de febrero saldremos de vacaciones a la playa.* **3** Se aplica a lo que es poca cantidad: *Le puse* ***cuatro*** *gotas de leche a mi café y quedó de color marrón oscuro.*

cuatro ***m.*** **1** Cifra que resulta de sumar 3 y 1: *En esta familia somos* ***cuatro:*** *papá, mamá y dos hijos.* **2** ***Méx.*** Acción llevada a cabo con disimulo, que tiene el objetivo de engañar a alguien. SIN. **trampa, celada.** **3** ***P. Rico*** y ***Venez.*** Guitarra pequeña de cuatro cuerdas.

cuatrocientos, tas ***adj./m.*** Relativo al número 400.

cuba ***f.*** **1** Recipiente grande, hecho con tablas curvadas y sostenidas por aros de metal, cerrado por arriba y por abajo: *En las* ***cubas*** *se hace fermentar el mosto para producir el vino.* SIN. **tonel.** **2** Recipiente de madera abierto en su cara superior, que se usa para contener líquidos: *Ella saca agua del pozo con una* ***cuba*** *que sujeta con una cuerda.* SIN. **cubeta.** **3** Persona que ha bebido mucho: *Mauricio salió del bar hecho una* ***cuba.*** SIN. **borracho, ebrio.**

cubano, na ***adj./m.*** y ***f.*** Originario de Cuba, isla de las Grandes Antillas.

cubertería ***f.*** Conjunto de tenedores, cucharas, cuchillos, etc., que se usan en la mesa: *Uno de los regalos de boda más valiosos es la* ***cubertería*** *de plata.*

cubertura ***f.*** Cubierta.

cubeta ***f.*** **1** Recipiente de madera, metal o plástico, abierto en su cara superior, que tiene una sola asa para sujetarse desde arriba y se usa para contener o transportar líquidos: *Esa* ***cubeta*** *está llena de la leche que ordeñó mi tío Manuel en la mañana.* SIN. **cuba, cubo, balde.** **2** Recipiente rectangular, más amplio que alto, usado en los laboratorios químicos o fotográficos: *El fotógrafo puso los fijadores químicos en la* ***cubeta*** *y metió las ampliaciones de las fotografías que acababa de revelar.*

cubetada ***f. Méx.*** Cantidad de algo que contiene una cubeta: *Para limpiar el patio sólo necesitó dos cubetadas de agua con jabón.*

cúbico, ca ***adj.*** **1** Referido al cuerpo geométrico con seis lados que tienen forma de cuadrado: *Estos hielos que pusiste en el agua de limón tienen forma* ***cúbica.*** **2** Relativo al cubo o a la potencia tres: *La potencia* ***cúbica*** *de 2 es 8.* **3** Se aplica a las unidades de medida de volúmenes: *Este recipiente contiene tres metros* ***cúbicos*** *de agua.*

cubículo ***m.*** Habitación de pequeñas dimensiones: *Cada investigador de este instituto tiene un* ***cubículo*** *para trabajar.*

cubierta ***f.*** **1** Lo que cubre una cosa para taparla o resguardarla: *La* ***cubierta*** *de este libro está rota porque se me cayó.* SIN. **funda, tapa.** **2** Banda de caucho o hule que recubre exteriormente la rueda de un vehículo: *El automovilista compró unas* ***cubiertas*** *nuevas para su camioneta.* SIN. **llanta, neumático, goma.** **3** Cada uno de los suelos que dividen a un barco en diferentes alturas: *Los pasajeros tomaban el sol en la* ***cubierta*** *principal del barco.*

cubierto ***m.*** **1** Juego de tenedor, cuchara y cuchillo, o cada uno de estos instrumentos por separado: *Federico trajo los* ***cubiertos*** *y los puso en la mesa junto a los platos.* **2** Servicio de mesa para un comensal: *En este restaurante de lujo cobran una cantidad de dinero por cada* ***cubierto,*** *aparte de la comida.*

cubierto, ta ***adj.*** **1** Participio irregular de *cubrir*: *El cielo se ha* ***cubierto*** *de nubes oscuras, creo que va a llover.* **2** Aplicado a lo que no se puede ver porque tiene algo encima: *Mario dejó su automóvil* ***cubierto*** *con una tela gruesa para protegerlo del polvo y el sol.*

cubil ***m.*** Lugar donde las fieras se recogen para dormir: *Esa cueva es el* ***cubil*** *de un puma.* SIN. **madriguera.**

cubilete ***m.*** Vaso de cuero usado para remover los dados en algunos juegos.

cubismo ***m.*** Movimiento artístico de principios del siglo XX que se caracteriza por el empleo de formas geométricas: *Los pintores Pablo Picasso, Juan Gris y Georges Braque fueron los iniciadores del* ***cubismo.***

cubista ***adj./m.*** y ***f.*** Aplicado a la expresión artística que emplea formas geométricas: *Los* ***cubistas*** *a veces pintaban juntos un mismo cuadro y no le ponían sus nombres.*

cúbito ***m.*** Hueso del antebrazo: *El* ***cúbito*** *es el hueso más ancho y largo del antebrazo.*

cubito ***m.*** Trozo pequeño de hielo que se usa para enfriar bebidas: *Le puso tres* ***cubitos*** *a su vaso porque quería que su limonada estuviera fría.*

cubo ***m.*** **1** Cuerpo geométrico cuyos lados tienen forma de cuadrado: *Las aristas y los ángulos de un* ***cubo*** *son iguales.* **2** Número que es el resultado de multiplicar un factor dos veces por sí mismo: *Tres por tres es nueve y nueve por tres es veintisiete, eso quiere decir que tres al* ***cubo*** *es igual a veintisiete.*

cubo ***m.*** Recipiente más ancho por la boca que por el fondo, con asa, que puede estar hecho de distintos materiales: *Ángela lleva el agua del pozo a su casa en un* ***cubo*** *de plástico.* SIN. **cuba, cubeta, balde.**

cubrecama ***m.*** Objeto de tela que se pone encima de la cama: *"Después de extender las sábanas sobre la cama, se pone encima el* ***cubrecama",*** *me enseñaba mi madre.* SIN. **colcha.**

cubrir ***vb.*** {tr. y prnl.} **Modelo 45.** **1** Poner una cosa encima para ocultar o proteger otra: *Elena* ***se cubrió*** *la cara con las manos para ocultar su risa.* SIN. **tapar, esconder.** ANT. **descubrir, destapar.** **2** Poner gran cantidad de una cosa extendiéndola sobre otra: ***Cubriré*** *con mantequilla el pan antes de poner la mermelada.* SIN. **embadurnar.** **3** Disimular algo: *Me puse un abrigo para* ***cubrir*** *mi pantalón roto.* SIN. **esconder, disfrazar.** ANT. **descubrir.** **4** Pagar un gasto o deuda: *Rosalía* ***cubrió*** *con su sueldo las deudas de su casa: teléfono, luz, agua y gas.* **5** Defender o defenderse de un peligro: *Un jugador* ***cubrirá*** *esa zona del campo para detener al jugador contrario.* SIN. **proteger.** **6** Ocupar u ocuparse de algo: *El periodista que* ***cubrirá*** *las noticias en Francia tomó el primer avión de la mañana.* SIN. **atender.** **7** Poner un techo: *El albañil* ***cubrió*** *una parte del patio para tener un poco de sombra.* **8** Recorrer una distancia: *Los viajeros* ***cubrieron*** *el camino en tres días.* **9** Llenar o llenarse de algo: *El cielo* ***se ha cubierto*** *de nubes, creo que pronto lloverá.* **10** Juntarse sexualmente el macho con la hembra: *El perro **cubrió** a la perra y ahora va a nacer un cachorro.* **11** Ponerse un sombrero o un abrigo: *Don Cosme siempre **se cubre** antes de salir a la calle.*

cucaña ***f.*** Palo resbaladizo por el que se tiene que trepar para ganar un premio: *Traté de trepar la **cucaña,** pero me resbalaba cada vez que intentaba subir.* SIN. **palo ensebado.**

cucaracha ***f.*** Insecto de cuerpo aplanado, corredor y nocturno: *Las **cucarachas** abundan en los lugares cálidos donde hay desperdicios de alimento.*

cucarachero, ra ***m.*** y ***f.*** **1** Lugar donde abundan las cucarachas: *La tintorería, gracias al calorcito húmedo, se había convertido en un **cucarachero.*** **2** Persona cuyo oficio es eliminar cucarachas.

cuchara ***f.*** **1** Utensilio de mesa compuesto de un mango y una parte cóncava que se usa para tomar los alimentos líquidos: *La **cuchara** se utiliza para tomar sopa, caldo, café caliente, postres, etc.* **2** ***Amér. C., Amér. Merid., Cuba*** y ***Méx.*** Herramienta que usan los albañiles para poner cemento en la pared: *La **cuchara** de albañil tiene una lámina en forma de rombo.*

cucharada ***f.*** Porción de algo que cabe en una cuchara: *Rosario toma el té con dos **cucharadas** de azúcar.*

cuchareo ***m.*** **1** Probada de una comida usando una cuchara. **2** Maniobra que se hace con dos cucharas para servir ensaladas. **3** Método estadístico en el que se acomodan los resultados a lo que el investigador quiere.

cucharilla o **cucharita** ***f.*** Cuchara pequeña para azúcar o para dar vueltas a un líquido: *Para tomar este postre se necesita una **cucharita** porque es líquido.*

cucharón ***m.*** **1** Cuchara grande: *Con el **cucharón** se sirve la sopa, el agua fresca, etc.* **2** ***Guat.*** Tucán.

cucheta ***f. Argent., Chile*** y ***Urug.*** Litera, camastro.

cuchicheante ***adj.*** En voz muy baja.

cuchichear ***vb.*** {intr.} Hablar a alguien en voz baja o al oído: *Lorena **cuchicheó** algo al oído de Sonia para que no pudieran escuchar los demás.* SIN. **susurrar, murmurar.**

cuchicheo ***m.*** Lo que se dice en voz baja al oído de alguien: *Los **cuchicheos** de mis hermanos me provocan curiosidad, ¿qué estarán diciendo?*

cuchilla ***f.*** **1** Herramienta con mango y una hoja de metal grande y afilada, que sirve para cortar: *El carnicero cortó la carne con una **cuchilla.*** **2** Hoja de acero afilada que se usa para cortar: *En la imprenta no pueden cortar el papel porque las **cuchillas** de la máquina no tienen suficiente filo.* **3** Hoja pequeña de acero, filosa y delgada, que se usa para cortar la barba de los hombres: *Lorenzo puso una **cuchilla** nueva en el rastrillo y se afeitó la barba.* **4** ***Argent., Cuba*** y ***Urug.*** Cadena de montañas formada por cerros bajos.

cuchillada ***f.*** Corte que se hace al golpear con el filo del cuchillo y herida que resulta de esta acción: *Anastasio recibió una **cuchillada** en el brazo durante la pelea y le salió mucha sangre.*

cuchillazo ***m.*** **1** Corte hecho con un cuchillo. **2** Herida causada por un cuchillo. SIN. **cuchillada.**

cuchillo ***m.*** **1** Instrumento cortante compuesto de una hoja de acero y un mango: SIN. **puñal, daga, navaja.** **2** Cubierto con filo que se usa para cortar algunos alimentos: *David cortó el pan con un **cuchillo** y me dio una rebanada.*

cuchitril ***m.*** Habitación pequeña y sucia: *Mi madre me dijo que arreglara mi dormitorio porque parecía un **cuchitril.***

cuchufleta ***f. Fam.*** Cosa que se dice en broma: *"Ya déjate de **cuchufletas** y háblame en serio", le exigía Roberto.* SIN. **burla, tontería.**

cuchufletear ***vb.*** {tr.} Hacer bromas.

cuchufletero, ra ***adj.*** Que le gusta hacer bromas.

cuclillas. En ~, ***loc.*** Agachado, con las piernas flexionadas, hasta casi tocar el suelo con el trasero: *Los niños están jugando y se han puesto **en cuclillas** para mover sus camiones de madera.*

cuclillo ***m.*** Ave pequeña, con plumas de color gris y cola negra con puntos blancos: *El **cuclillo** come insectos y pone sus huevos en los nidos de otros pájaros.*

cuco, ca ***adj. Fam.*** Se dice de lo que es bonito y gracioso: *Rosalía se ve muy **cuca** con ese vestido nuevo.* SIN. **mono.** ANT. **feo.**

cuco, ca ***m.*** y ***f.*** Se aplica al que hace trampa o aparenta ser lo que no es: *Carlos es un **cuco** porque nos ha dicho a todos que es rico y no es verdad.*

cucurbitáceo, a ***adj./f.*** Relativo a una familia de plantas trepadoras o rastreras de frutos grandes y carnosos: *El pepino es una planta **cucurbitácea.***

cucurucho ***m.*** **1** Papel enrollado en forma cónica y, por extensión, lo que contiene: *Compré un **cucurucho** de nueces para comerlas mientras caminábamos por la plaza.* **2** Cono hecho con masa de galleta en el que se pone el helado: *Quiero un **cucurucho** de chocolate y vainilla.* SIN. **barquillo.** **3** Sombrero en forma de cono: *El payaso llevaba puesto un **cucurucho** de color rojo con puntos amarillos.* SIN. **bonete.**

cueca ***f.*** **1** ***Amér. Merid.*** Baile suelto de pareja que se baila agitando pañuelos. **2** ***Chile.*** Baile popular originario de Perú que se baila por parejas, de ritmo alegre.

cuellicorto, ta ***adj.*** Que tiene el cuello corto.

cuellilargo, ga ***adj.*** Que tiene el cuello largo.

cuello ***m.*** **1** Parte del cuerpo que está entre el tronco y la cabeza: *Se puso una bufanda para abrigarse el **cuello** porque hacía mucho frío.* SIN. **pescuezo.** **2** Parte más estrecha y delgada de una cosa: *Esta botella se ha roto por el **cuello.*** **3** Parte de una prenda de vestir que rodea el agujero por el que pasa la cabeza: *El **cuello** de la camisa está sucio.*

cuenca ***f.*** **1** Cavidad de los huesos del cráneo en la que está el ojo: *La calavera tiene las **cuencas** vacías.* SIN. **cavidad, órbita.** **2** Territorio que tiene una pendiente y que envía todas las aguas de los ríos y arroyos hacia un mismo río: *La **cuenca** del río Amazonas es la más grande del mundo.* **3** Terreno rodeado de montañas: *Se necesitan caballos para bajar a los pueblos de esta **cuenca.*** SIN. **valle.** **4** Región en la que hay un yacimiento mineral: *Ese lugar es una **cuenca,** es decir, tiene yacimientos de carbón.*

cuenco ***m.*** Recipiente de barro hondo y ancho, sin borde ni asas.

cuenta ***f.*** **1** Hecho de averiguar la cantidad de unidades que tiene un conjunto: *La **cuenta** de los números es infinita porque nunca se termina.* **2** Cálculo aritmético: *El comerciante hace sus **cuentas** para saber cuánto dinero ha ganado.* SIN. **operación.** **3** Nota en la que consta el precio que se debe pagar: *Ya llegó la **cuenta** de la luz y debemos pagarla antes de cinco días.* SIN. **importe, factura.** **4** Razón que se da acerca de algo: *Sergio dio **cuenta** a sus padres de lo que hizo durante su viaje a Brasil.* SIN. **explicación.** **5** Bola perforada con la que se hacen collares: *El collar está hecho con **cuentas** de madera pintadas de azul y negro.* **6** Asunto que está al cuidado de una persona en especial: *La organización de la fiesta fue por **cuenta** de Pablo: él se ocupó de conseguir la música y de comprar la comida y las bebidas.* **7** ***loc.*** **Caer en la ~** o **darse ~,** comprender o tomar conciencia sobre algo: *Cuando Ernesto **cayó en la cuenta** de que lo habían engañado, fue a denunciar a los delincuentes con la policía.* **8** ***loc.*** **Tener** o **tomar**

en ~, considerar, poner atención: *Griselda está enojada porque no* ***tuvieron en cuenta*** *que ella no quería que le regalaran un vestido sino un libro.*

cuentagotas ***m.*** Objeto pequeño que tiene una perforación en su extremo inferior y en su parte superior un dispositivo que se aprieta para verter un líquido gota a gota: *El medicamento que me recetaron tiene un* ***cuentagotas*** *y debo vaciar cinco gotas en un vaso de agua para tomarlo.* SIN. **gotero.**

cuentahabiente ***m.*** y ***f.*** Persona que tiene una cuenta en un banco.

cuentahílos ***m.*** Lupa de gran aumento montada sobre un armazón plegadizo: *Los* ***cuentahílos*** *sirven, como su nombre lo dice, para contar los hilos de las telas, pero también para examinar dibujos, negativos, documentos, etcétera.*

cuentakilómetros ***m.*** Aparato que sirve para indicar el número de kilómetros recorridos por un vehículo: *Mi hermano siempre ve el* ***cuentakilómetros*** *de su automóvil para saber qué distancia recorre de un lugar a otro.*

cuentear ***vb.*** {intr.} **1** ***Amér.*** Hablar mucho, chismorrear. **2** ***Méx. Fam.*** Engañar, decir mentiras.

cuentero, ra ***adj./m.*** y ***f.*** Se aplica a quien narra las cosas exagerándolas o diciendo mentiras. SIN. **chismoso.**

cuentista ***m.*** y ***f.*** Escritor de cuentos: *El escritor argentino Jorge Luis Borges fue un* ***cuentista*** *muy importante.*

cuento ***m.*** **1** Historia inventada que se narra o se escribe y se caracteriza por ser breve: *A mí me encantan los* ***cuentos*** *de* Las mil y una noches. SIN. **relato, narración, fábula.** **2** Cosa que se dice como cierta pero que no es verdad: *Ya no quiero escuchar tus* ***cuentos,*** *¿por qué no me dices la verdad?* SIN. **mentira, engaño, chisme.** **3** ***loc.*** **Venir algo a ~,** ser algo oportuno o adecuado en algún momento: *Estamos hablando de cine, ese comentario sobre el clima no* ***viene a cuento.*** **4** ***loc.*** **~ chino**, gran mentira: *Eso de que tu papá te llevó al África son* ***cuentos chinos,*** *yo sé que sólo fueron al zoológico.*

cuerda ***f.*** **1** Conjunto de hilos retorcidos entre sí, formando uno solo, grueso y flexible: *Estamos jugando a saltar la* ***cuerda.*** SIN. **soga, comba.** **2** Hilo hecho de tripa, de plástico o de metal, que se usa en algunos instrumentos musicales como el arpa, el violín o la guitarra: *Las* ***cuerdas*** *de los instrumentos musicales producen un sonido cuando se hacen vibrar.* **3** Mecanismo que tienen algunos objetos, que se hace girar para ponerlos en funcionamiento: *Al niño le gustan los juguetes de* ***cuerda*** *porque parece que caminaran solos.* **4** Segmento que une dos puntos de una curva: *El profesor de geometría explicó cómo trazar la* ***cuerda*** *que une dos extremos de un círculo.* **5** ***loc.*** **~ floja,** cable tendido a cierta distancia del suelo, que se usa para hacer acrobacias: *Las personas que caminan por la* ***cuerda floja*** *se llaman equilibristas o acróbatas.* **6** ***loc.*** **~ vocales,** membranas que están en la laringe y que al vibrar producen la voz: *Las* ***cuerdas vocales*** *están en la garganta.* **7** ***pl.*** Conjunto de los instrumentos musicales que tienen hilos o cuerdas para producir melodías: *Las* ***cuerdas*** *de una orquesta están formadas por los violines, las violas, los violonchelos y los contrabajos.*

cuerdo, da ***adj./m.*** y ***f.*** Referido a quien es normal y puede razonar, así como a los actos que hace una persona cuerda. SIN. **razonable.** ANT. **loco, demente.**

cuerear ***vb.*** {tr.} **1** ***Bol., Colomb., Ecuad., Méx.*** y ***Nicar.*** Azotar. **2** ***Argent., Chile*** y ***Urug.*** Separar en una res, el cuero de la carne. SIN. **desollar, despellejar.**

cuerno ***m.*** **1** Abultamiento duro y puntiagudo que tienen en la cabeza algunos animales rumiantes: *Las jirafas tienen* ***cuernos*** *cortos.* SIN. **cornamenta, asta.** **2** Protuberancia que tiene el rinoceronte en la nariz: *El rinoceronte golpeó con su* ***cuerno*** *el autobús en el que viajaban los fotógrafos.* **3** Bocina hecha con un asta de animal: *El cazador sopló el* ***cuerno*** *para dar inicio a la cacería.* **4** Cualquier objeto que por su forma parece un cuerno de animal: *En los dibujos animados, al diablo casi siempre lo dibujan de color rojo, con* ***cuernos*** *y rabo.* **5** ***Méx.*** Pan de forma curva, como una letra C, que no es muy dulce ni muy salado. **6** ***loc.*** **Irse algo al ~,** echarse a perder, lograrse mal algo: *La fiesta en el jardín* ***se fue al cuerno*** *cuando empezó a llover.* **7** ***loc.*** **Mandar al ~,** dejar de hacer algo o dejar de estar con alguien: *Evaristo quiso disculparse, pero Marcela lo* ***mandó al cuerno*** *porque estaba muy enojada.* **8** ***loc.*** **Poner** o **meter los ~,** ser infiel: *Joel le* ***puso los cuernos*** *a Elvira y cuando ella se dio cuenta, rompió su relación.*

¡cuernos! ***interj.*** Expresión que se usa para negar algo: *Cuando le pedí a mi hermano mayor que me invitara al cine, él levantó el índice y el meñique de la mano y me dijo: "¡cuernos!" y yo dije "ni modo".*

cuero ***m.*** **1** Piel de los animales: *El* ***cuero*** *del rinoceronte es tan resistente que las balas comunes no pueden perforarlo.* **2** Pellejo curtido de un animal: *Los zapatos pueden ser de* ***cuero*** *o de plástico.* SIN. **piel**. **3** ***loc.*** **~ cabelludo,** piel del cráneo en la que crece el cabello: *La caspa es una enfermedad del* ***cuero cabelludo.*** **4** ***loc. pl. Fam.*** **En ~,** desnudo: *El niño anda* ***en cueros*** *porque no le gusta que su mamá lo vista.* **5** ***loc. Méx.*** **Ser alguien un ~,** ser guapo.

cuerpear ***vb.*** {intr.} ***R. de la P.*** Mover el cuerpo para evitar un golpe. SIN. **esquivar, eludir, evadirse.**

cuerpo ***m.*** **1** Sustancia o cosa que ocupa un lugar en el espacio y tiene límites: *Hay* ***cuerpos*** *inorgánicos como las piedras o el agua, y* ***cuerpos*** *orgánicos, como los vegetales y animales.* **2** Parte material de un ser vivo: *El* ***cuerpo*** *de un ser humano es distinto al* ***cuerpo*** *de una lombriz.* SIN. **organismo.** **3** Parte de un ser vivo que no incluye la cabeza ni las extremidades: *Raquel tiene el* ***cuerpo*** *gordo, pero sus brazos y sus piernas son delgadas.* SIN. **tronco.** **4** Cadáver: *La policía está esperando a las personas que identificarán el* ***cuerpo.*** **5** Cada una de las partes de una cosa: *Esta escuela tiene tres* ***cuerpos:*** *el primero son los salones, el segundo es el patio y el tercero las oficinas de los profesores.* **6** Conjunto de personas que ejercen la misma profesión o que forman una comunidad: *El* ***cuerpo*** *de bomberos está formado por hombres fuertes y valientes.* SIN. **brigada, organización, compañía.** **7** Distancia que se mide tomando como unidad el tamaño del cuerpo: *El caballo ganó la carrera por medio* ***cuerpo.*** **8** ***loc.*** **~ cortado,** sensación de malestar que aparece antes de la gripe. **9** ***loc.*** **~ del delito**, objeto que prueba la existencia de un delito: *El investigador encontró el* ***cuerpo del delito*** *escondido en un cajón: era un cuchillo con sangre.* **10** ***loc.*** **En ~ y alma,** totalmente, sin dejar nada: *Para ser un buen músico, es necesario dedicarse* ***en cuerpo y alma*** *a la música.* **11** ***loc.*** **Tomar ~,** llegar a tener consistencia un líquido o hacerse realidad una cosa: *La mayonesa* ***tomó cuerpo*** *después de batir durante un tiempo el huevo con el aceite.*

cuervo ***m.*** Ave de tamaño mediano, de plumaje, patas y pico negros: *El* ***cuervo*** *come carne y granos de maíz.*

cuesco ***m.*** **1** Hueso de la fruta: *Pon los* ***cuescos*** *de las aceitunas en este plato.* **2** ***Vulg.*** Ventosidad que produce ruido. **3** ***Chile.*** Hombre enamorado. **4** ***Méx.*** Masa redonda de mineral de gran tamaño.

cuesta ***f.*** **1** Terreno que tiene una inclinación: *Para llegar a esa casa en la montaña, hay que subir una* ***cuesta.*** SIN.

pendiente. 2 *loc. pl.* **A ~,** sobre los hombros: *Cuando Julieta se torció el tobillo, la tuvimos que llevar* ***a cuestas*** *a su casa porque no podía caminar.*

cuestión ***f.*** **1** Asunto de que se trata algo y que debe resolverse: *La beca que necesito para seguir estudiando es una* ***cuestión*** *importante para mí.* SIN. **materia, objeto, tema. 2** Punto dudoso que se presta a discusión o que plantea interrogantes: *"Ser o no ser, ésa es la* ***cuestión****", se decía Hamlet, el personaje de una obra del escritor inglés William Shakespeare.* SIN. **pregunta, duda.**

cuestionable ***adj.*** Se aplica a lo que resulta dudoso o es problemático: *Su actitud es muy* ***cuestionable*** *porque dice que estudia mucho y sus calificaciones siguen siendo malas.*

cuestionamiento ***m.*** Puesta en duda de las opiniones de otras personas: *En la conferencia de prensa el ministro respondió a los* ***cuestionamientos*** *con mucha entereza.*

cuestionar ***vb.*** {tr.} Discutir un asunto, ponerlo en duda: *Eliseo* ***cuestionó*** *lo que dijo Javier porque pensó que le estaba mintiendo.* SIN. **discutir.**

cuestionario ***m.*** Lista de preguntas sobre un tema o materia: *Tengo que responder un* ***cuestionario*** *de veinte preguntas sobre historia del siglo XIX.*

cuete ***m. Méx.*** Borrachera.

cueva ***f.*** Agujero que hay en las montañas o en la tierra: *Esa* ***cueva*** *está llena de murciélagos.* SIN. **caverna, gruta, cavidad.**

cuico ***m. Méx.*** Agente de policía.

cuidado ***m.*** **1** Atención que se pone en hacer bien una cosa: *Mónica hizo su trabajo con* ***cuidado*** *porque quería que le quedara muy bien.* SIN. **esmero, exactitud.** ANT. **descuido, abandono. 2** Atención que se brinda a alguien: *Los niños pequeños necesitan muchos* ***cuidados*** *de su madre.* SIN. **vigilancia. 3** Atención que se pone para evitar un peligro: *"Ten* ***cuidado*** *al cruzar la calle", me aconsejó Bernardo.* SIN. **precaución. 4** Preocupación: *No tengas* ***cuidado****, tu hermano es muy fuerte y saldrá bien de la operación.* SIN. **miedo, recelo. 5** *loc.* **Ser de ~,** ser grave: *Su herida* ***es de cuidado*** *porque ha perdido mucha sangre, debemos llevarlo al hospital.*

¡cuidado! ***interj.*** Expresión que se usa para llamar la atención sobre algo: *¡****Cuidado*** *con el plato, lo vas a tirar!*

cuidador, ra ***m.*** y ***f.*** **1** Referido al que trabaja vigilando algo: *Lombardo era* ***cuidador*** *de una joyería, pero se quedó dormido y entraron los ladrones.* SIN. **vigilante. 2** Persona que trabaja cuidando o vigilando algo: *Los* ***cuidadores*** *del zoológico dan de comer a los animales todas las mañanas.*

cuidadoso, sa ***adj.*** Se refiere a quien pone mucha atención al hacer algo para que le salga bien: *Yolanda es una muchacha* ***cuidadosa*** *que ayuda a su jefe a resolver todos los problemas de la empresa.* SIN. **atento, ordenado.** ANT. **descuidado.**

cuidar ***vb.*** {tr., intr. y prnl.} **1** Poner atención en la ejecución de una cosa: *Leopoldo* ***cuida*** *su ortografía porque le gusta escribir bien.* ANT. **descuidar. 2** Asistir a un enfermo: *La enfermera* ***cuidó*** *que el enfermo tomara todos los medicamentos que recetó el médico.* SIN. **atender, vigilar, velar.** ANT. **descuidar. 3** Poner atención en la salud de uno mismo para evitar enfermedades: *Durante la época de invierno debemos* ***cuidarnos*** *de las enfermedades respiratorias.* SIN. **atender, vigilar.** ANT. **descuidarse.**

cuija ***f. Méx.*** Lagartija pequeña.

cuita ***f.*** Aflicción, tristeza: *"Cuéntame tus* ***cuitas,*** *tal vez pueda ayudarte", le pedí a mi amiga.* SIN. **pena.**

cuitado, da ***adj.*** **1** Se dice de quien está afligido: *Rogelio se siente* ***cuitado*** *porque se quedó sin trabajo.* SIN. **triste. 2** Se aplica al que es tímido: *Carlos es un muchacho* ***cuitado*** *y no se atreve a hablarle a la muchacha que le gusta.* SIN. **apocado.**

cuitlacoche o **huitlacoche** ***m. Méx.*** Hongo comestible que afecta las mazorcas de maíz hinchando los granos y volviéndolos de color oscuro.

culata ***f.*** **1** Parte de atrás del cuerpo del caballo. SIN. **anca. 2** Parte posterior de un arma de fuego portátil: *Antes de disparar, el cazador apoyó bien la* ***culata*** *del fusil en su hombro.* **3** *loc. Fam.* **Salir** a alguien **el tiro por la ~,** fracasar, salir todo al revés: *Quiso arreglar el problema, pero le* ***salió el tiro por la culata*** *y las cosas quedaron peor que antes.*

culatazo ***m.*** Golpe dado con la parte de atrás de un arma de fuego.

culebra ***f.*** Nombre de diversos reptiles no venenosos, parecidos a las serpientes.

culebreante ***adj.*** Que tiene forma de culebra.

culebrear ***vb.*** {intr.} Moverse de un lado para otro formando eses o en zigzag como una culebra: *El río* ***culebrea*** *al bajar de la montaña porque se tuerce cuando encuentra algún obstáculo.*

culebreo ***m.*** Hecho de moverse de un lado para otro formando eses o en zigzag: *Con un* ***culebreo*** *rápido, el jugador se escapó del contrario y avanzó hacia la zona de gol.*

culebrilla ***f.*** Enfermedad de la piel que se da en las zonas tropicales.

culebrón ***m.*** **1** Serpiente grande: *Íbamos por el campo y vimos un* ***culebrón*** *que medía más de dos metros de largo.* **2** *Cuba, Ecuad., Esp.* y *Venez.* Serie de televisión o filme largo y de mala calidad. SIN. **churro.**

culero, ra ***adj.*** Se aplica a quien siempre hace todo después que los demás: *Federico siempre llega* ***culero*** *porque corre más despacio que todos sus amigos.*

culinario, ria ***adj.*** Relativo a la cocina: *Ese cocinero es un maestro del arte* ***culinario,*** *hace unos guisos deliciosos.*

culminación ***f.*** **1** Llegada al punto más importante de algo: *Lograr que su libro fuera publicado fue la* ***culminación*** *de sus esfuerzos como escritor.* **2** Final de algo: *La* ***culminación*** *del encuentro de científicos se llevó a cabo en el auditorio de la facultad de ciencias.*

culminante ***adj.*** Relativo a lo más elevado o importante de una cosa: *La actriz está en un momento* ***culminante*** *de su carrera porque es muy famosa y todos los directores quieren trabajar con ella.*

culminar ***vb.*** {tr. e intr.} **1** Dar fin: *El festival* ***culminará*** *con una cena para todos los participantes.* **2** Llegar una cosa a su punto más alto o importante: *Allá donde* ***culmina*** *esa montaña hay un refugio para alpinistas.*

culo ***m.*** **1** *Fam.* Parte de atrás del cuerpo, entre las piernas y la espalda. SIN. **nalga, trasero, asentaderas. 2** *Fam.* Agujero por el que sale el excremento. SIN. **ano. 3** *Fam.* Extremidad inferior o posterior de una cosa: *Lavó bien el* ***culo*** *de la botella porque había estado apoyada sobre la tierra.*

culón, lona ***adj. Vulg.*** Referido a quien tiene las nalgas grandes.

culpa ***f.*** **1** Falta cometida de manera voluntaria: *Si has llegado tarde a la escuela es* ***culpa*** *tuya, por no levantarte temprano.* SIN. **falta, error, responsabilidad. 2** Responsabilidad, causa de un hecho que le corresponde a alguien: *La* ***culpa*** *del accidente fue del automovilista que no respetó* *la luz roja del semáforo.* **3** Acción que causa un resultado dañoso o penado por la ley: *Los delincuentes pagan su **culpa** en la cárcel.* SIN. **delito.**

culpabilidad ***f.*** Calidad de culpable: *El delincuente confesó su **culpabilidad** cuando el juez lo interrogó.*

culpabilizar ***vb.*** {tr.} **1** Culpar a alguien de algo. **2** Sentirse culpable de algo.

culpable ***adj./m.*** y ***f.*** **1** Relativo a la persona que comete una falta de manera voluntaria o a la cosa que provoca un problema o un daño: *El **culpable** de que llegara tarde a la escuela fue el reloj despertador que no funcionó.* SIN. **responsable. 2** Aplicado a quien ha cometido un delito: *El juez lo declaró **culpable** del asesinato.* ANT. **inocente.**

culpante ***adj.*** Que culpa.

culpar ***vb.*** {tr. y prnl.} Señalar a alguien como el autor de un delito o el responsable de un daño: *No me **culpes** a mí, yo no rompí tus figuras de porcelana.* SIN. **acusar.**

culteranismo ***m.*** Estilo literario caracterizado por el empleo de metáforas violentas, es decir, de recursos rebuscados, sintaxis complicada, palabras de origen latino, etc.

culterano, na ***adj.*** Que tiene las características o practica, defiende y gusta del culteranismo.

cultismo ***m.*** Vocablo tomado de una lengua clásica: *Este libro tiene muchos **cultismos** que no entiendo.*

cultivable ***adj.*** Referido a la tierra que puede sembrarse: *Este terreno es **cultivable** porque tiene una tierra muy fértil y está abonado.*

cultivado, da ***adj.*** **1** Tierra o ser vivo cuidados de manera especial para que rindan sus mejores resultados: *El pescado que comimos ayer es **cultivado,** lo compramos en un criadero acuícola.* **2** Se aplica a la persona refinada y culta: *Mi profesora de literatura es muy **cultivada,** tiene modales elegantes y sabe muchísimo de libros y de música.*

cultivador, ra ***adj.*** Que cultiva.

cultivadora ***f.*** Máquina agrícola para cultivar.

cultivar ***vb.*** {tr.} **1** Proporcionar a la tierra y a las plantas lo necesario para que den frutos: *Los agricultores **cultivan** la tierra.* **2** Criar seres vivos para investigación científica o para venderlos: *En muchos laboratorios **cultivan** bacterias para estudiarlas y buscar maneras de luchar contra las enfermedades.* **3** Ejercitar una ciencia o arte: *El escritor mexicano Octavio Paz **cultivó** el ensayo y la poesía.* **4** Cuidar algo para que se mantenga y se desarrolle: *Rossana tiene treinta años y **cultiva** a sus amistades de la primaria para no perder contacto con ellas.* SIN. **conservar, mantener.** ANT. **descuidar, olvidar.**

cultivo ***m.*** **1** Hecho de brindar los cuidados necesarios a una tierra, a una cosa o a una relación para que se mantenga y se desarrolle: *El **cultivo** de la tierra es un trabajo duro pero muy importante para todos.* **2** Tierra cultivada: *Los agricultores estaban preocupados porque la lluvia dañó los **cultivos** de tomate.* **3** Cría de seres vivos para investigación científica o para su comercialización.

culto ***m.*** **1** Homenaje que el hombre hace a un dios: *Muchos pueblos prehispánicos rendían **culto** al Sol.* **2** Admiración que se siente por algo: *El artista rinde **culto** a la belleza indígena con este hermoso retrato.*

culto, ta ***adj.*** Se aplica a la persona que sabe mucho sobre distintos temas: *Es interesante hablar con una persona **culta,** porque siempre aprendo algo nuevo.* SIN. **instruido, sabio.** ANT. **inculto, ignorante.**

cultor, ra ***adj.*** **1** Que cultiva. **2** Que rinde culto.

cultura ***f.*** **1** Conjunto de conocimientos adquiridos: *Ese hombre tiene una **cultura** muy amplia, pues ha leído mucho y ha estudiado lo que sucede en el mundo.* **2** Conjunto de conocimientos y manifestaciones de una sociedad: *La **cultura** china es muy interesante y una de las más antiguas del mundo.* SIN. **civilización.**

cultural ***adj.*** Relativo a la cultura: *Las autoridades de la universidad organizaron actividades **culturales,** como un recital de música, una obra de teatro y una exposición de fotografía, para celebrar el fin de cursos.*

cumbamba ***f. Colomb.*** Parte inferior de la mandíbula. SIN. **quijada, barba.**

cumbanchar ***vb.*** {tr.} *Antill.* Divertirse.

cumbia ***f.*** Baile típico de Colombia.

cumbre ***f.*** **1** Parte más alta de una montaña: *Las **cumbres** de muchas montañas tienen nieve.* SIN. **cresta. 2** Lugar más importante al que se puede llegar cuando se desempeña una actividad: *Ulises está en la **cumbre** de su carrera, tiene gran experiencia y hace trabajos muy buenos.* **3** Reunión de gobernantes y personas con poder para tratar asuntos de importancia: *En la **cumbre** realizada en Europa entre los presidentes del mundo se discutió acerca de la contaminación.*

cumpleaños ***m.*** Aniversario del nacimiento de una persona: *Mi **cumpleaños** es el 24 de marzo.*

cumplido ***m.*** Palabra o frase que se dice para halagar a alguien: *Con tantos **cumplidos** que ha recibido acerca de su belleza, la joven se ha puesto nerviosa y le brillan los ojos.* SIN. **atención, cortesía.**

cumplido, da ***adj.*** **1** Referido a lo que está completo. **2** Aplicado a la persona puntual y responsable: *Recomendaron a Luciano para este trabajo porque es un hombre **cumplido.***

cumplidor, ra ***adj.*** Referido a la persona que hace lo que prometió: *Santiago es muy **cumplidor,** nunca falta a sus obligaciones.* SIN. **responsable, formal, diligente.**

cumplimentar ***vb.*** {tr.} **1** Saludar con determinadas normas formales a alguien, en señal de respeto: *El presidente **cumplimentó** al artista que acababa de ganar un premio internacional.* SIN. **felicitar. 2** Ejecutar una orden o trámite: *Antes de un mes debo **cumplimentar** este trabajo que me pidió mi maestro.* SIN. **cumplir.**

cumplir ***vb.*** {tr. e intr.} **1** Hacer algo de manera debida: *Él **ha cumplido** con el trabajo escolar como le pedí que lo hiciera.* SIN. **ejecutar. 2** Tener un número determinado de años o meses: *Ayer **cumplí** nueve años.* **3** Poner en práctica algo que se ha dicho: *Bruno **cumplirá** su palabra de llevar al cine a Felisa.* **4** Hacer algo sólo por quedar bien: *Felipe fue a la boda de su hermano para **cumplir** con la familia, pero él en realidad quería estar con sus amigos.* **5** Hacer uno lo que debe.

cúmulo ***m.*** **1** Montón: *"¿Adónde pondrás ese **cúmulo** de cosas, si ya no caben en tu dormitorio?", me preguntó mi madre.* SIN. **pila. 2** *Fam.* Montón de cosas no materiales: *Ha dicho un **cúmulo** de tonterías y yo le he pedido que se calle.* **3** Nube blanca y grande, de aspecto parecido al algodón: *Los **cúmulos** en el cielo a veces son señal de lluvia.* SIN. **nube.**

cumuloestrato ***m.*** Conjunto de nubes de forma extendida situado a unos 2 000 m de altura.

cumulonimbo ***m.*** Nube de gran tamaño, de color gris, que por lo general anuncia tormenta.

cuna ***f.*** **1** Cama especial para bebés que por lo general tiene barandal: *La **cuna** se mece para arrullar al bebé.* **2** Familia de origen, lugar de nacimiento: *Esa persona es de una **cuna** de pintores y a ella también le gusta pintar.* SIN. **patria, estirpe, familia. 3** Lugar de origen o principio de algo: *Grecia es la **cuna** de la civilización occidental.* **4** *loc.* **Casa ~,**

lugar donde se cuida a los bebés que no tienen familia: *Los niños pequeños se crían en la **casa cuna** hasta que alguien los adopta.*

cundir ***vb.*** {tr. e intr.} **1** Extender o extenderse algo: *"¡Cuidado!, si cae una gota de aceite en el mantel **cundirá** con rapidez haciendo una mancha grande", me advirtió mi abuelo.* **2** Propagarse algo: ***Cundió** la noticia de que Óscar se irá a trabajar al extranjero.*

cuneiforme ***adj.*** Relativo a la escritura de los pueblos asirios, persas y medos: *La escritura **cuneiforme** lleva este nombre porque sus signos tienen forma de cuñas o clavos.*

cunero ***m. Méx.*** Sala de un hospital de maternidad en la que están todos los bebés recién nacidos mientras las mamás descansan.

cuneta ***f.*** Canal angosto o zanja que bordea una carretera o un camino y que tiene la función de recoger el agua de lluvia: *El automóvil se ha caído en la **cuneta** y llamarán a una grúa para sacarlo.*

cunicular ***adj.*** Relativo a la cunicultura

cunicultura ***f.*** Técnica de la cría de conejos domésticos: *El ranchero tomó un curso de **cunicultura** y ahora gana muy buen dinero vendiendo sus gordos conejos en el mercado.*

cuña ***f.*** **1** Objeto de forma triangular, hecho de metal o madera, que se mete entre dos cosas o superficies para ajustarlas: *Puse una **cuña** debajo de la pata más corta de la mesa para que no se moviera.* SIN. **taco, tarugo. 2** Breve espacio publicitario en la radio o en la televisión: *En la radio, cada diez o veinte minutos sale al aire una **cuña** que explica cómo evitar contagiarse del cólera.* SIN. **cápsula informativa.**

cuñado, da ***m.*** y ***f.*** **1** Hermano de una persona casada con respecto a su esposo o esposa: *Mi esposo es el **cuñado** de mis dos hermanas.* **2** Esposo o esposa de una persona con respecto a su hermano o hermana: *La mujer de mi hermano es mi **cuñada.***

cuño ***m.*** **1** Molde metálico con el que se sellan las monedas y otros objetos: *El **cuño** que se usa para fabricar las monedas de un país está guardado en una caja fuerte de alta seguridad.* SIN. **troquel. 2** Impresión que deja un sello metálico sobre una moneda u otro objeto: *El **cuño** de esta medalla tiene la imagen de un atleta griego.* **3** Marca característica que permite reconocer que algo fue hecho por determinada persona: *Esta obra maestra lleva el **cuño** de su autor.* SIN. **huella, señal.**

cuota ***f.*** Cantidad de dinero que paga alguien a cambio de un servicio: *Todos los meses los socios del club deportivo pagan una **cuota** que cubre los gastos de mantenimiento del lugar.*

cupo ***m. Méx.*** Número de personas que pueden entrar en un lugar o inscribirse en una escuela.

cupón ***m.*** **1** Papel que se puede desprender fácilmente de un documento o del envase de un producto y que tiene un valor asignado: *Están juntando los **cupones** que vienen en la envoltura de este dulce para canjearlos por un juguete.* SIN. **bono, vale. 2** Papel que tiene un número y que sirve para participar en un sorteo: *Todos los viernes ella compra un **cupón** de lotería.* SIN. **billete.**

cúprico, ca ***adj.*** Relativo al cobre o a la cosa que contiene cobre: *Este papel no es dorado ni plateado, sino que tiene un brillo **cúprico.***

cuproníquel ***m.*** Aleación de cobre y níquel: *Una de las aplicaciones del **cuproníquel** es la fabricación de monedas.*

cúpula ***f.*** **1** Techo en forma de media esfera: *Muchas iglesias antiguas tienen **cúpulas.*** SIN. **bóveda. 2** Grupo de personas que forman la dirección de una empresa o de una organización: *La **cúpula** de empresarios tendrá una reunión el próximo martes.*

cura ***f.*** **1** Hecho de sanar o sanarse de un padecimiento: *La **cura** de una herida depende en gran parte de la higiene con que se trate.* **2** Método que se usa para curar una enfermedad: *El médico le recetó una **cura** de limones y miel para controlar la inflamación de su garganta.* SIN. **remedio. 3** *loc.* **No tener ~,** ser incorregible: *Ese muchacho travieso **no tiene cura,** me lo imagino a los veinte años todavía haciendo alguna maldad a sus maestros.*

cura ***m.*** Sacerdote encargado de un curato. *Ver* **curato.**

curable ***adj.*** Aplicado a lo que puede curarse o a quien puede volver a estar sano: *El cólera es una enfermedad **curable,** ya que existen medicamentos que acaban con ella.*

curación ***f.*** **1** Hecho de recuperar la salud: *La **curación** de una hepatitis es lenta.* SIN. **cura. 2** Hecho de atender con medicinas y cuidados a un enfermo: *Para que sane esta herida tendremos que hacerle varias **curaciones.*** SIN. **cura. 3** Proceso de preparación de un alimento para que se conserve por mucho tiempo: *La **curación** de los jamones se hace con sal gruesa.*

curado ***m. Méx.*** Bebida de pulque al que se le agrega algún sabor de fruta natural.

curado, da ***adj. Fam.*** Relativo al material que ha sido sometido a un proceso de preparación para poder ser usado: *La olla de barro **curada** ya puede usarse para cocinar.* ANT. **crudo.**

curador, ra ***adj./m.*** y ***f.*** Aplicado a la persona que cuida algo o a alguien: *Los **curadores** del museo son los responsables del cuidado de las obras de arte.*

curandero, ra ***m.*** y ***f.*** Persona que no ha estudiado medicina en una universidad, pero que cura a la gente con prácticas tradicionales o procedimientos naturales: *El **curandero** del pueblo usa hierbas medicinales para sanar a sus pacientes.* SIN. **chamán, hierbero.**

curar ***vb.*** {tr., intr. y prnl.} **1** Recobrar la salud: *Ya **me curé** del resfrío que tenía, así que puedo ir al parque contigo.* SIN. **restablecer, sanar. 2** Aplicar a un enfermo el remedio a su enfermedad: *Este jarabe **curará** la tos de su hijo.* SIN. **sanar. 3** Preparar un alimento para su conservación: *La esposa del pescador **curó** el bacalao con sal para poder guardarlo durante mucho tiempo sin que se echara a perder.* SIN. **ahumar, salar, secar. 4** Someter un material a un proceso de preparación que permita su uso: ***He curado** con cal esta piel de chivo para que no se pudra.* SIN. **curtir.**

curare ***m.*** Veneno de origen vegetal con el que los cazadores del Amazonas untan la punta de sus flechas: *El **curare** paraliza a las presas, pero también lo utilizan los laboratorios para hacer medicamentos antitetánicos.*

curativo, va ***adj.*** Relativo a lo que sirve para recuperar la salud: *Tomar muchos líquidos y descansar es el mejor método **curativo** para la enfermedad que tiene usted.*

curato ***m.*** **1** Cargo que ocupa un sacerdote católico: *Este joven sacerdote ejercerá su **curato** en un pueblo alejado de la ciudad.* **2** Lugar donde se ejerce el cargo de sacerdote católico: *Esta noche habrá una reunión en el **curato** para organizar la fiesta del santo del pueblo.* SIN. **parroquia.**

cúrcuma ***f.*** Planta de la India cuya raíz se usa para fabricar una tinta.

curda ***f. Fam.*** Borrachera: *Tomó mucho vino y se puso una **curda** tremenda.*

curia ***f.*** Conjunto de los organismos que gobiernan desde la Santa Sede a la Iglesia Católica: *La **curia** toma las decisiones importantes de la Iglesia católica.*

curio *m.* Elemento radiactivo de número atómico 96 y símbolo Cm: *El **curio** se descubrió en 1945.*

curiosear *vb.* {tr. e intr.} **1** Procurar enterarse de lo que tienen o hacen los demás: *No me gusta que **curiosees** mis papeles.* SIN. **fisgar, fisgonear, husmear. 2** Mirar lo que hay en un lugar: *Las tres amigas fueron a **curiosear** qué había de nuevo en las tiendas de moda.*

curioseo *m.* Acción de curiosear.

curiosidad *f.* **1** Deseo de saber o averiguar alguna cosa: *Tengo **curiosidad** de leer esa novela.* SIN. **interés. 2** Interés que tiene alguien por enterarse de lo que no le importa. SIN. **indiscreción. 3** Cosa que no se ha visto antes: *Esta casa está llena de **curiosidades** porque su dueño viajaba mucho y compraba objetos raros.*

curioso, sa *adj.* Que llama la atención y motiva la curiosidad: *¡Qué animal tan **curioso,** nunca había visto uno así!* SIN. **raro, interesante, novedoso.**

curioso, sa *adj./m.* y *f.* **1** Relativo a la persona que trata de averiguar lo que no le importa: *Tengo una hermana **curiosa** que siempre investiga en mi dormitorio para enterarse de mi vida privada.* SIN. **fisgón. 2** Se aplica a la persona que tiene el interés de saber o conocer muchas cosas: *Ofelia es una niña **curiosa** que lee mucho y pregunta todo lo que no entiende.*

curita *f.* Apósito desinfectante unido a una tira de material adhesivo, que se pone sobre las heridas leves para protegerlas: *Me corté con el filo de una hoja de papel y me puse una **curita** porque me ardía mucho.*

currículum vitae *m.* Conjunto de datos personales y aptitudes profesionales de una persona: *El **currículum vitae** es un escrito en el que se anota todo lo que se ha estudiado y los lugares donde se ha trabajado.*

curry *m.* **Palabra de origen inglés.** Condimento de color amarillo hecho de una mezcla de especias. *Algunos de los ingredientes del **curry** son azafrán, clavo, cilantro, jengibre.*

cursar *vb.* {tr.} Estudiar una materia en un centro educativo: *Cuando termine la primaria, **cursaré** la secundaria en esa escuela.*

cursi *adj./m.* y *f.* Aplicado a la persona o cosa que intenta ser fina y elegante, o tierna y dulce, sin serlo: *Algunas telenovelas me parecen tan **cursis** que me hacen reír en vez de llorar.* SIN. **ridículo, pije.**

cursilería *f.* Cosa o actitud que pretende ser fina y elegante, o tierna y dulce, sin lograrlo: *"No compres esa **cursilería,** mejor busquemos algo realmente fino", aconsejó mi amigo.*

cursillo *m.* **1** Curso de poca duración: *Tomaré un **cursillo** de inglés para recordar algunas cosas que he olvidado de ese idioma.* **2** Breve serie de conferencias acerca de una materia: *Estos tres profesores darán un **cursillo** sobre ciencias que durará dos semanas.*

cursiva *f.* Letra inclinada a la derecha: *Estas palabras que ahora lees están escritas en letras **cursivas.***

curso *m.* **1** Movimiento del agua que corre: *El **curso** del río puede verse desde esta montaña.* **2** Desarrollo de una cosa: *Si nuestro trabajo sigue este **curso,** terminaremos todo el proyecto antes que termine el mes.* SIN. **secuencia. 3** Conocimientos que se dan durante un periodo: *Tomás asiste a un **curso** de computación que durará seis meses.* **4** Tiempo del año en que se va a la escuela: *El **curso** escolar dura diez meses.* **5** Cada una de las partes en que se divide una materia o un periodo de estudios: *Ya pasé el primer **curso** de matemáticas y ahora cursaré el segundo.*

cursor *m.* Señal que se mueve por la pantalla de una computadora: *El **cursor** indica en qué punto de la pantalla se está trabajando.*

curtido *m.* Proceso mediante el cual se curten las pieles: *Algunas etapas del **curtido** producen malos olores.*

curtido, da *adj.* Que tiene experiencia: *Ese jinete está muy **curtido,** por eso doma los potros con tanta facilidad.*

curtidor, ra *m.* y *f.* **1** Persona cuyo oficio es curtir pieles. **2** Curtiduría.

curtiduría o **curtiembre** *m. Amér. C.* y *Amér. Merid.* Lugar donde se curten las pieles.

curtiente *m.* Sustancia que sirve para curtir: *El tanino y la cal son **curtientes.***

curtimbre *f.* Resultado de curtir.

curtir *vb.* {tr. y prnl.} **1** Someter a un proceso de preparación las pieles u otros materiales para poder usarlos: *Antes de hacer objetos de piel se debe **curtir** el cuero.* SIN. **preparar. 2** Endurecer o tostar al sol la piel de una persona: *El sol **curte** la piel de los campesinos volviéndola más dura y morena.* SIN. **broncear. 3** Acostumbrar o acostumbrarse a la vida dura: *Él **se curtió** con las dificultades que tuvo que superar.* SIN. **endurecer.**

curul *f.* Lugar que ocupan los senadores y diputados en las cámaras legislativas de un país: *En estas elecciones, el partido político que apoya mi padre ganó más **curules** que en la elección pasada.*

curva *f.* **1** Línea con forma curvada: *Para escribir la "U" hay que hacer una **curva.*** **2** En una carretera o camino, tramo que no es recto: *El camino que cruza la montaña está lleno de **curvas.***

curvado, da *adj.* Aplicado a lo que se dobla siguiendo la línea de un arco o de un círculo: *Estas maderas no sirven para hacer la mesa porque están **curvadas.*** SIN. **curvo.**

curvar *vb.* {tr.} Hacer que algo tome una forma que sigue la línea de un arco o de un círculo. SIN. **encorvar.**

curvatura *f.* Desvío de una línea recta para seguir la forma de la línea de un arco o de un círculo: *La **curvatura** de la joroba de un camello es muy pronunciada.*

curvear *vb.* {tr.} *Ver* **curvar.**

curvígrafo *m.* Instrumento para trazar líneas curvas: *Los **curvígrafos** son útiles para ingenieros, diseñadores y dibujantes.*

curvilíneo, a *adj.* Formado por líneas curvas: *La forma de una guitarra es **curvilínea.***

curvímetro *m.* Instrumento para medir la longitud de líneas curvas.

curvo, va *adj.* Aplicado a la línea o a la forma que se aparta de la dirección recta para seguir la de un arco o un círculo, sin formar ángulos: *El manillar o manubrio de mi bicicleta es **curvo.***

cúspide *f.* **1** Parte más alta de una montaña: *Los alpinistas colocaron una bandera en la **cúspide** de la montaña.* SIN. **cumbre, cima, pico. 2** Parte más alta de una cosa: *Ellos subieron hasta la **cúspide** de ese edificio alto para contemplar la ciudad.* **3** Momento más importante en el desarrollo de una actividad: *El actor está en la **cúspide** de su carrera.*

custodia *f.* Hecho de cuidar o de vigilar algo: *La **custodia** de los hijos corresponde al padre y a la madre.*

custodiar *vb.* {tr.} Guardar algo o vigilar con cuidado: *Un grupo de guardaespaldas **custodiaba** al cantante famoso para evitar que le pasara algo malo.* SIN. **cuidar, proteger, velar.**

custodio, a *adj./m.* Relativo al que guarda o vigila algo con cuidado.

cutáneo, a *adj.* Relativo a la piel: *Un medicamento de aplicación **cutánea** es un líquido o una crema que se unta en la piel.*

cúter ***m.*** **Palabra de origen inglés.** Navaja filosa que se usa para cortar papel, cartón delgado, cartulina, etcétera.

cutícula ***f.*** Piel delgada que crece en la raíz de la uña.

cutis ***m.*** Piel del rostro: *Hay que lavarse bien la cara para cuidar el* ***cutis.***

cuy ***m. Amér. Merid.*** Pequeño roedor de orejas cortas y sin cola, que emite un silbido característico: *Los* ***cuys*** *son muy útiles para experimentos científicos y, en algunos países, también se comen.* Sin. **cobayo, cuyo.**

cuyo ***m. Méx.*** Cobayo, cuy: *Mi amigo Fernando tiene un* ***cuyo*** *pinto como mascota.*

cuyo, ya ***pron.*** Pronombre relativo y posesivo que se usa en lugar del nombre de algo de lo que ya se ha hablado: *El amigo a* ***cuya*** *casa me dirijo, vive a tres cuadras de aquí.*

D

d ***f.*** Cuarta letra del alfabeto español. Su nombre es ***de***.

D ***f.*** Cifra que en números romanos equivale a 500.

dable ***adj.*** Que puede ocurrir o hacerse.

dacrón ***m.*** **Palabra de origen inglés.** Fibra de poliéster con la que se fabrica una gran variedad de tejidos: *El **dacrón** puede hallarse lo mismo en una blusa, que en una prótesis para el corazón.*

dactilar ***adj.*** Relacionado con los dedos: *Para poner la huella **dactilar** de mi pulgar, manché el dedo con tinta y después lo apoyé en el papel.*

dactilografía ***f.*** Mecanografía, técnica de escribir por medio de una máquina: *En la secundaria me enseñaron **dactilografía** y ahora escribo muy rápido mis trabajos escolares.*

dactilología ***f.*** Técnica de comunicación personal en la que se usa el abecedario manual: *Los sordomudos se comunican usando la **dactilología**.*

dactiloscopia ***f.*** Estudio de las huellas de los dedos para la identificación de personas: *El policía dijo que después de la **dactiloscopia** se supo quién era el asesino.*

dadá ***m.*** Movimiento artístico y literario surgido en 1916, que se caracterizó por cuestionar las expresiones tradicionales o burlarse de ellas: *El **dadá** se manifestó tanto en Europa como en América; algunos de sus representantes son Tristan Tzara, Marcel Duchamp y Max Ernst.*

dadaísmo ***m.*** Movimiento dadá: *El **dadaísmo** surgió como rebelión ante la situación del mundo occidental a inicios del siglo XX.*

dadaísta ***adj./m.*** y ***f.*** Relativo al dadaísmo, perteneciente a ese movimiento.

dádiva ***f.*** Obsequio que se da sin obtener nada a cambio: *El hombre rico dio al director del hospital una **dádiva** de dinero que sirvió para comprar camas y medicamentos.*

dadivoso, sa ***adj./m.*** y ***f.*** Se dice de la persona que gusta de dar obsequios: *Juan es **dadivoso**, siempre que vamos a su casa nos hace algún regalo.*

dado ***m.*** Pieza en forma de cubo que en sus caras tiene pintados puntos, desde el uno hasta el seis, y sirve para varios juegos: *Cuando tiré el **dado**, deseaba que cayera un seis para poder ganar y ¡zaz!, que sale un cuatro.*

daga ***f.*** Arma parecida a un puñal de hoja corta pero muy filosa.

daguerrotipo ***m.*** Dispositivo que permite registrar una imagen sobre una placa de metal: *El **daguerrotipo** se utilizó en el siglo XIX para hacer fotografías.*

dakota ***adj./m.*** y ***f.*** Pueblo amerindio que fue uno de los más importantes y fuertes de América del Norte: *Los **dakota** viven actualmente en reservas; ellos siempre han sido un pueblo muy respetuoso de la naturaleza.*

dalia ***f.*** **1** Planta de jardín que presenta muchas variedades, cultivada por sus vistosas flores. **2** Flor de la planta llamada dalia.

dálmata ***adj./m.*** y ***f.*** **1** Originario de Dalmacia, región de un país de Europa llamado Croacia. **2** Raza de perros de pelaje blanco con manchas negras.

daltónico, ca ***adj./m.*** y ***f.*** Persona que tiene una enfermedad en los ojos que no le permite distinguir bien los colores: *Lauro es **daltónico** y confunde los colores, sobre todo el rojo y el verde.*

daltonismo ***m.*** Defecto de los ojos que consiste en no distinguir los colores o en confundirlos.

dama ***f.*** **1** Mujer distinguida. **2** ***pl.*** Juego de tablero con 24 fichas en el que participan dos jugadores: *Decidimos jugar una partida de **damas** para entretenernos en la tarde lluviosa.*

damajuana ***f.*** Recipiente voluminoso y de cuello corto: *Mi tío José compró una **damajuana** de vino.*

damasco ***m.*** Tejido de seda o de lana con dibujos complicados: *En la elegante oficina del abogado había una gran cortina de **damasco**.*

damasquinar ***vb.*** {tr.} Incrustar hilos de oro o plata en acero o fierro.

damero ***m.*** Tablero dividido en 64 casillas, blancas y negras, para jugar a las damas: *Cada cuadrito del **damero** se llama escaque.*

damiana ***f.*** Arbusto aromático nativo de la región noroeste de México, con tallos amarillos o rojizos, hojas ovaladas y flores amarillas, que se usa en medicina y como estimulante.

damisela ***f.*** Muchacha educada y elegante.

damnificado, da ***adj./m.*** y ***f.*** Que ha sufrido un gran daño ocasionado por situaciones inesperadas: *Hubo muchos **damnificados** que perdieron sus casas a causa del sismo.*

damnificar ***vb.*** {tr.} Causar gran daño, sobre todo un desastre: *El tsunami **damnificó** a los pobladores de cuatro islas.*

dancing ***m.*** **Palabra de origen inglés.** Lugar público donde la gente va a bailar.

dandi ***m.*** **Palabra de origen inglés.** Hombre refinado y elegante: *Óscar es un **dandi** que ocupa la mayor parte de su dinero en comprarse ropa y cuidar su apariencia.*

dandismo ***m.*** Forma de ser basada en la elegancia y el modo de vida refinado.

danés ***m.*** Lengua nórdica hablada en Dinamarca.

danés, nesa o **dinamarqués, quesa** ***adj./m.*** y ***f.*** Originario de Dinamarca, país de Europa.

dantesco, ca ***adj.*** Palabra derivada del escritor italiano Dante Alighieri; se aplica a lo que tiene cualidades que producen terror: *La escena de la obra de teatro era **dantesca** y todos estábamos asustados.*

danza ***f.*** Sucesión de movimientos ejecutados según un ritmo musical: *Mi hermana ha estudiado **danza** desde niña y ahora ya entró en una compañía de ballet que se presenta en los auditorios.*

danzante ***m.*** Persona que baila: *Los **danzantes** africanos estaban vestidos con trajes típicos y bailaban al ritmo de un tambor.*

danzar ***vb. irreg.*** {intr.} **Modelo 16.** Ejecutar una serie de movimientos al ritmo de la música: *Antes de iniciar el espectáculo, los bailarines **danzaron** durante una hora para corregir los últimos errores.*

danzarín, rina ***m.*** y ***f.*** Persona que danza con destreza: *La **danzarina** hindú deleitó al público con sus complicadas danzas.*

danzón ***m.*** Género de música bailable de origen cubano: *El **danzón** se originó en la fusión de música y bailes europeos, africanos y cubanos.*

dañar ***vb.*** {tr.} Producir dolor a alguien o perjuicios a algo: *Ricardo **dañó** los sentimientos de Laura cuando la engañó con otra muchacha, por eso ella lo dejó.*

dañino, na ***adj.*** Que ocasiona daño: *La plaga de langostas fue muy **dañina** para las cosechas.* Sin. **nocivo, perjudicial.** Ant. **bueno, beneficioso.**

daño ***m.*** **1** Perjuicio sufrido por alguien o algo: *Son numerosos los **daños** que sufrió el edificio por el incendio.* **2** Dolor producido por alguien o algo: *La pérdida de un ser querido produce un **daño** que puede durar mucho tiempo.*

dar ***vb. irreg.*** {tr., intr. y prnl.} **Modelo 8.** **1** Ceder de manera gratuita: *El dueño de la empresa **dio** varios regalos a sus empleados con motivo de las fiestas de fin de año.* **2** Entregar algo a una persona: *El vendedor **dio** a sus clientes el nuevo catálogo de libros.* **3** Proporcionar algo para realizar una acción: *El maestro nos **dará** los materiales y las herramientas para el trabajo de carpintería.* **4** Producir un beneficio: *El árbol del jardín **ha dado** mucha fruta este año.* **5** Comunicar algún asunto: *Le **di** la noticia a Martha de que su madre ya había sanado y se puso feliz.* **6** Ejecutar una acción: *Mis primos **dieron** un paseo por el campo y cortaron algunas flores.* **7** Organizar: *Heriberto **dio** una fiesta en su casa para celebrar su cumpleaños.* **8** Acertar o encontrar: *Le **di** a la lotería y ahora voy a comprar una casa.* **9** Suceder algo: ***Se han dado** muchos asaltos en esta colonia en los últimos meses.*

dardo ***m.*** Toda arma arrojadiza, en especial la que está entre la flecha y la jabalina: *Mi hermano tiene un círculo de corcho en el que tira **dardos** para practicar su puntería.*

dársena ***f.*** Lugar construido en un puerto, en el que se cargan, descargan y se reparan barcos.

darwiniano, na ***adj.*** Relativo al darwinismo.

darwinismo ***m.*** Teoría de Charles Darwin que postula que la evolución de las especies de seres vivos es consecuencia de la selección natural y la lucha por la vida: *El **darwinismo** fue plasmado en la obra* El origen de las especies.

darwinista ***adj./m.*** y ***f.*** Partidario del darwinismo o que se relaciona con esta teoría.

datación ***f.*** Acción de ponerle fecha a algo.

datar ***vb.*** {tr. e intr.} **1** Poner fecha: *Los arqueólogos **dataron** las pirámides después de hacer muchas investigaciones.* **2** Existir desde una determinada época: *Esos huesos **datan** de hace diez mil años, según dijo el paleontólogo durante la conferencia.*

dátil ***m.*** Fruto comestible del datilero o palma datilera, con pulpa dulce y nutritiva: *Me comí una tarta de **dátiles** que estaba deliciosa.*

dato ***m.*** Información que sirve de base para aprender algo o resolver un problema: *Los **datos** que encontré en la enciclopedia me permitieron hacer la tarea escolar de historia.*

DDT ***m.*** Siglas de ***D****icloro* ***D****ifenil* ***T****ricoloroetano*, insecticida con alto grado de toxicidad: *El exceso de **DDT** para controlar plagas en los sembrados causa daños ecológicos.*

de ***prep.*** **1** Sirve para explicar la materia de que está hecha una cosa: *Mi abuelo tenía en su casa una mesa **de** madera muy fina.* **2** Denota posesión o pertenencia: *La computadora que está sobre el escritorio es **de** mi papá.* **3** Expresa asunto o tema: *La lección **de** biología me parece muy interesante.* **4** Indica el origen de donde procede alguien o algo: *El avión que está pasando viene **de** París.* **5** Denota la causa de algo: *Rosalba llora **de** tristeza porque murió su gato.* **6** Sirve para expresar el modo de realizar algo: *Debes atender a los clientes **de** manera amable.* **7** Indica lo que contiene algo: *Éste es un vaso **de** agua.*

deambulante ***adj.*** Que anda sin dirección ni propósito determinado.

deambular ***vb.*** {intr.} Andar sin dirección ni propósito determinado: *Después de discutir con sus padres, Joaquín **deambuló** por las calles durante un largo rato porque se sentía muy triste.*

debacle ***f.*** **Palabra de origen francés.** Catástrofe o desastre ocasionado por alguna causa: *La **debacle** de ese país fue provocada por un terremoto muy fuerte.*

debajo ***adv.*** Localizado en un lugar inferior: ***Debajo** de la mesa encontré el juguete que estaba buscando.*

debate ***m.*** Diálogo en el que se intercambian ideas: *En la escuela hubo un **debate** sobre el problema de la contaminación.*

debatir ***vb.*** {tr. y prnl.} Discutir sobre algún asunto: *Durante más de dos horas **debatimos** sobre cómo vamos a organizar el nuevo equipo de baloncesto.*

deber ***m.*** Obligación de actuar de algún modo: *El **deber** de la policía es cuidar a los ciudadanos y detener a los delincuentes.*

deber ***vb.*** {tr. y prnl.} **1** Estar obligado a realizar algo: ***Debo** estudiar más para mejorar mis calificaciones.* **2** Tener obligación de cumplir una deuda de dinero: *Pablo me **debe** cuarenta pesos que le presté la semana pasada.* **3** Ser consecuencia: *Su fracaso en el trabajo **se debe** a que no se esforzó lo suficiente.*

debido, da ***adj.*** **1** Razonable, justo: *Con la **debida** paciencia pudo resolver ese conflicto.* **2** *loc.* **Como es ~,** como es correcto: *Realice su trámite **como es debido** y evitará demoras.* **3** *loc.* **~ a,** a causa de: ***Debido a** la lluvia se suspendió el partido de tenis.*

débil ***adj./m.*** y ***f.*** Falto de fuerza o resistencia: *David es un muchacho muy **débil**, no pudo mantenerse en pie después de la caminata.* Ant. **fuerte, duro.**

debilidad ***f.*** **1** Falta o pérdida de fuerza física o moral: *La **debilidad** de Eduardo se debe a que sólo come dulces y golosinas.* Sin. **fragilidad.** **2** Gusto hacia alguien o algo: *Las papas fritas son mi **debilidad**, ¡me gustan mucho!*

debilitar ***vb.*** {tr. y prnl.} Disminuir la fuerza o poder: *Manuel **se debilita** mucho durante las prácticas deportivas porque no está acostumbrado a hacer deporte y además no come bien.* Ant. **reforzar, fortalecer.**

debilucho, cha ***adj.*** *Desp.* Débil, esmirriado: *Aquel **debilucho** joven era la burla de sus compañeros, pero sorprendió a todos cuando ganó un premio en matemáticas.*

débito ***m.*** Deuda en dinero: *El **débito** actual de esa empresa asciende a medio millón de pesos.*

debut ***m.*** **Palabra de origen francés.** Inicio de una actividad: *Nuestra obra de teatro tuvo un **debut** que fue un éxito, el teatro estaba lleno y todos aplaudieron mucho.*

debutante ***adj./m.*** y ***f.*** **Palabra de origen francés.** Persona que se inicia en una actividad: *El guitarrista es un **debutante** que sólo ha tocado en dos conciertos durante su carrera.*

debutar ***vb.*** {intr.} **Palabra de origen francés.** Realizar una actividad por primera vez: *Mi hermano **debutó** en el cine cuando participó como actor extra en un filme de indios y vaqueros.*

década ***f.*** Periodo de diez años: *Estuve en esa escuela durante una **década** y ahora estaré cuatro años en la universidad.*

decadencia ***f.*** Proceso por el que una cosa tiende a debilitarse y perder sus cualidades: *La **decadencia** de la cultura maya de México es un misterio para los investigadores.*

decadente ***adj.*** Que refleja disminución de cualidades.

decadentismo ***m.*** Corriente literaria, filosófica y estética de finales del s. XIX, caracterizada por el escepticismo, la reprobación a las costumbres burguesas, la evasión de la realidad, un exagerado refinamiento en la expresión y la exaltación del heroísmo individual: *Leopoldo Lugones y Amado Nervo reflejaron el **decadentismo** en su obra literaria.*

decadentista ***adj./m.*** y ***f.*** Partidario del decadentismo o relativo a él: *La novela* El retrato de Dorian Grey *es una obra **decadentista** de Oscar Wilde.*

decaedro ***m.*** En matemáticas, cuerpo de diez caras.

decaer ***vb. irreg.*** {intr.} **Modelo 37.** Ir a menos, ir perdiendo el vigor: *La fama de mi actor favorito **decayó** muy rápido cuando comenzó a beber alcohol.*

decágono ***m.*** En matemáticas, polígono de diez lados.

decaído, da ***adj.*** Falto de ánimo, debilitado, deprimido: *Miriam se siente **decaída** porque su novio se fue de viaje y lo extraña.*

decaimiento ***m.*** Desaliento, abatimiento: *El **decaimiento** de ese perro me lleva a sospechar que está enfermo.*

decalcificación ***f.*** Descalcificación.

decalcificar ***vb. irreg.*** {tr. y prnl.} **Modelo 17.** Descalcificar.

decalitro ***m.*** Medida de capacidad que vale 10 litros: *Preparamos un **decalitro** de agua de tamarindo para la kermés.*

decálogo ***m.*** Conjunto de diez leyes o normas: *En el salón de clases decidimos inventar un **decálogo** que nos ayudara a no tener conflictos.*

decámetro ***m.*** Medida de longitud equivalente a diez metros.

decanato ***m.*** **1** Dignidad del decano: *El profesor accedió al **decanato** luego de 20 años de servicio.* **2** Tiempo durante el cual se ejerce esta dignidad: *En esa universidad, el **decanato** dura cinco años.* **3** Oficina que ocupa el decano.

decano, na ***m.*** y ***f.*** Persona con más experiencia dentro de una comunidad o institución: *El **decano** de nuestra universidad tiene mucha experiencia y nos ayuda a solucionar problemas.*

decantación ***f.*** Acción y efecto de decantar un líquido: *La **decantación** separa los residuos sólidos del líquido; es un procedimiento frecuente en química.*

decantar ***vb.*** {tr.} Vaciar un líquido de un recipiente a otro, inclinándolo suavemente para que el asiento no salga: ***Decanté** el café porque no encontraba el colador.*

decapitación ***f.*** Hecho de cortar la cabeza.

decapitar ***vb.*** {tr.} Cortar la cabeza: *Durante la Revolución Francesa **decapitaron** a muchas personas.*

decápodo ***adj./m.*** **1** Crustáceo con diez patas: *El par de patas delantero de los **decápodos** sirve para asir sus presas y masticar.* **2** Cefalópodo con diez tentáculos: *El molusco **decápodo** más conocido es el calamar.*

decasílabo, ba ***adj.*** y ***m.*** Palabra o verso que tiene diez sílabas.

decatlón ***m.*** Prueba de atletismo combinada en la que se realizan diez especialidades distintas.

deceleración ***f.*** Reducción de la velocidad de un objeto en movimiento: *Los frenos producen la **deceleración** del automóvil.*

decembrino, na ***adj.*** Relativo al mes de diciembre: *Los niños esperan con ansia las fiestas **decembrinas,** pues saben que tendrán regalos.*

decena ***f.*** Conjunto de diez unidades: *Estoy viendo una serie de televisión que se compone de una **decena** de episodios.*

decenal ***adj.*** **1** Que se repite cada diez años: *La aparición de ese cometa es **decenal.*** **2** Que dura un decenio: *La vida de esa instalación será **decenal,** al cabo de diez años habrá que sustituir las tuberías.*

decencia ***f.*** Respeto a la sociedad y sus buenas costumbres: *Quien se conduce con **decencia** se gana el respeto y la estimación de los demás.*

decenio ***m.*** Periodo de diez años: *El primer **decenio** en la vida de mi primo fue difícil porque era un niño muy enfermizo.*

decente ***adj.*** **1** Que actúa según la moral y las buenas costumbres aceptadas por la mayoría: *Enrique me dijo que mi nuevo jefe es una persona amable y **decente,** así que no debía preocuparme.* SIN. **honesto, honrado.** ANT. **indecente, inmoral.** **2** Que es de buena calidad sin ser extraordinario: *En ese restaurante nos sirvieron una comida **decente** pero a precios elevados.* ANT. **escaso, malo.**

decepción ***f.*** Sensación de tristeza y desilusión producida por un desengaño: *Cuando Isaura se enteró de que su novio no la quería, sufrió una tremenda **decepción.***

decepcionado, da ***adj.*** Triste, desilusionado a causa de un desengaño: *Jaime está **decepcionado** de su amigo, pues le falló cuando más lo necesitaba.*

decepcionante ***adj.*** Que causa decepción porque no responde a lo que se esperaba: *Me parece **decepcionante** que hayas perdido esa oportunidad.*

decepcionar ***vb.*** {tr.} Causar decepción, desilusionar: *Emilio me **ha decepcionado** como amigo porque no es sincero.* SIN. **frustrar.** ANT. **alegrar, satisfacer.**

deceso ***m.*** Hecho de morir: *El **deceso** de mi abuelo se debió a un paro cardiaco.*

dechado ***m.*** Modelo que puede imitarse: *Mi hermana dice que su esposo es un **dechado** de virtudes, pero yo creo que lo ve con ojos de amor.*

decibelio o **decibel** ***m.*** En física, unidad para definir la escala de intensidad de los sonidos; su abreviatura es *db*.

decidido, da ***adj.*** Resuelto y audaz.

decidir ***vb.*** {tr. y prnl.} Tomar una determinación: *Mi papá **decidió** que nos mudáramos a otra casa más grande porque en la que vivíamos era muy pequeña.* ANT. **dudar, vacilar.**

decigramo ***m.*** Medida de peso que equivale a la décima parte del gramo: *Los **decigramos** se usan para medir los ingredientes de algunos medicamentos.*

decilitro ***m.*** Décima parte de un litro, su símbolo es ***dl:*** *En un litro caben diez **decilitros.***

decimal ***adj.*** **1** Se dice de cada una de las diez partes iguales en que se divide algo: *El sistema **decimal** va del 0 al 9.* **2** Número que expresa una cantidad no entera: *.53 es un número **decimal.***

decímetro *m.* Décima parte de un metro; su símbolo es dm: *Un metro está compuesto por diez **decímetros.***

décimo, ma *adj.* **1** Adjetivo ordinal que corresponde en orden al número diez: *Vivo en el **décimo** piso de un edificio.* **2** Cada una de las diez partes iguales en que se divide un todo: *Cada integrante de la familia comió una **décima** parte del postre.*

decimonónico, ca *adj.* **1** Relativo al siglo XIX: *En la clase de literatura leímos un poema del escritor **decimonónico** José Martí.* **2** Anticuado: *En algunas actitudes, mi abuelo es **decimonónico** y no le interesa conocer cosas nuevas.*

decir *vb. irreg.* {tr. y prnl.} **Modelo 54. 1** Manifestar con palabras el pensamiento: *"Tienes que **decirle** a tu padre lo que piensas estudiar para que él pueda ayudarte a ingresar a la escuela que quieres", me aconsejó Daniel.* **2** Dar una opinión: *Facundo **dijo** que nuestra aventura en el río había sido peligrosa.* **3** Hablarse uno mismo, reflexionar: *Cuando vi ese vestido tan bonito en oferta, **me dije** que era una buena oportunidad para comprarlo.* **4** *loc.* **El qué dirán,** la opinión de las demás personas de lo que hace uno: *"No debes preocuparte por **el qué dirán,** sino hacer lo que tú creas que es correcto."* **5** *loc.* **Es ~,** frase que se coloca antes de explicar lo que se acaba de decir: *Los canarios son animales bípedos, **es decir,** de dos patas.*

decisión *f.* **1** Resolución o determinación que se toma sobre un asunto: *La dirección de la universidad tomó la **decisión** de aumentar el número de becas.* **2** Firmeza de carácter. SIN. **seguridad.** ANT. **inseguridad.**

decisivo, va *adj.* Que es importante para acciones futuras: *El matrimonio es un hecho **decisivo** en la vida de una persona.*

declamación *f.* **1** Arte de declamar o recitar: *Entré al club de **declamación** de la escuela, pues me encantan las poesías.* **2** Acción de declamar: *Su **declamación** fue muy buena, entonó la voz e hizo los ademanes adecuados.*

declamador, ra *m.* y *f.* Persona que declama o recita.

declamar *vb.* {tr. e intr.} Hablar o recitar en voz alta: *Durante quince minutos el alumno **declamó** un poema muy bonito que él mismo compuso.*

declamatorio, ria *adj.* Referido a un estilo de expresarse, exagerado, demasiado enfático: *"No me siento motivado", dijo Irene con tono **declamatorio** cuando su mamá le preguntó por qué no había arreglado su cuarto.*

declaración *f.* Hecho de anunciar o decir algo de manera pública para que se conozca: *La **declaración** del grupo de rock sobre su próximo concierto en la ciudad alegró mucho a sus seguidores.*

declarante *m.* y *f.* Persona que presenta su testimonio ante un juez o tribunal.

declarar *vb.* {tr., intr. y prnl.} **1** Comunicar algo para que lo conozca la gente: *El futbolista **declaró** a los periodistas que se sentía feliz por el desempeño de su equipo.* **2** Determinar el juez la culpabilidad de alguien: *Después de escuchar a todos los testigos, el juez **declaró** que el acusado sólo debía pagar una multa.* **3** Manifestar ante el juez: *El acusado **declaró** ante el juez que era inocente.* **4** Decir a alguien que se está enamorado de él: *Mario **se le ha declarado** a Cristina y ella le dijo que también lo ama.* **5** Producir o producirse algo de manera imprevista: ***Se ha declarado** una epidemia de cólera en ese pueblo cercano a la costa.*

declarativo, va *adj.* Que sirve para declarar, para explicar algo de manera clara.

declinación *f.* **1** Acción y efecto de declinar: *Mi **declinación** a recibir ese premio obedece a motivos de conciencia.* **2** Inclinación de un terreno, pendiente. SIN. **declive.**

declinante *adj.* Que declina o tiene declinación: *El sol **declinante** bañó la montaña con un resplandor rojizo.*

declinar *vb.* {tr. e intr.} **1** Rehusar hacer algo: *Rosendo piensa **declinar** la candidatura para ser el presidente de los alumnos de la escuela porque dijo que tenía que hacer otras cosas importantes.* **2** Disminuir una cosa: *El precio de las manzanas **declinó** porque este año se cosechó una gran cantidad de esta fruta.* **3** Aproximarse una cosa a su fin: ***Declinaba** la tarde cuando comenzaron a verse las estrellas.*

declive *m.* Desnivel de una superficie: *Omar hizo un **declive** en el jardín para que el agua de la lluvia no inundara las plantas que sembró.*

declividad *f.* Pendiente, declive, inclinación: *La **declividad** de las laderas del barranco ha aumentado a causa de la deforestación, pues la lluvia provoca deslaves.*

decocción *f.* Proceso de cocimiento de los alimentos: *La **decocción** de esa carne se llevará más de una hora.*

decodificación *f.* Descodificación.

decodificador, ra *m.* y *f.* Persona, máquina o programa informático que decodifica: *El **decodificador** tardará aproximadamente seis horas para descifrar esos mensajes en clave.*

decodificar *vb. irreg.* {tr.} **Modelo 17.** Descodificar.

decoloración *f.* Acción y efecto de quitar o disminuir el color: *La **decoloración** de ese cartel se debe a que estuvo expuesto a la intemperie.*

decolorante *m.* Sustancia química que permite que desaparezcan o se aclaren los colores de los objetos.

decolorar *vb.* {tr. y prnl.} Quitar o rebajar el color: *Mis pantalones se **decoloraron** cuando los lavé con cloro.*

decomisar *vb.* {tr.} Confiscar mercancías ilegales: *Las autoridades del puerto **decomisaron** cuatro ballenas destazadas a un pesquero japonés pirata.*

decomiso *m.* **1** Acción de decomisar: *Anunciaron que inspeccionarán los camiones y se harán **decomisos** de contrabando en esa carretera.* **2** Lo decomisado: *El **decomiso** realizado ayer se almacenó en una bodega oficial.*

decompresión *f.* Descompresión.

deconstrucción *f.* Proceso de desmontar los elementos de un concepto para realizar su análisis. *Luego de la **deconstrucción** del texto del filósofo, nos dimos cuenta de que caía en contradicciones.*

deconstruir *vb. irreg.* {tr.} **Modelo 59.** Analizar una estructura conceptual deshaciendo los elementos que la forman.

decoración *f.* Manera armoniosa en que están arregladas las cosas: *La **decoración** de la casa fue idea de mi hermana.*

decorado *m.* Conjunto de muebles y adornos que componen el ambiente de una escena de teatro o de cine: *El **decorado** de la obra de teatro era de colores azul y verde.* SIN. **escenografía.**

decorador, ra *m.* y *f.* Persona encargada de darle a los lugares un ambiente cómodo y agradable.

decorar *vb.* {tr.} Colocar adornos en un lugar para hacerlo más agradable: *Rómulo **decoró** su dormitorio con cuadros de su pintor favorito.*

decorativismo *m.* Tendencia, en un estilo artístico, a emplear demasiados adornos.

decorativista *adj.* Relativo al decorativismo: *Ese arquitecto es **decorativista,** tantos ornamentos en sus construcciones hacen imposible distinguir la estructura.*

decorativo, va *adj.* Que decora, que adorna un lugar determinado.

decoro *m.* Respeto y dignidad.

a b c d e f g h i j k l m n o p q r s t u v w x y z

decoroso, sa ***adj.*** Que tiene la dignidad requerida: *Obtener un ingreso **decoroso** es un derecho de todo trabajador.*
decrecer ***vb. irreg.*** {intr.} **Modelo 39.** Disminuir algo de tamaño: *La corriente del río **decreció** porque ya dejó de llover.*
decreciente ***adj.*** **1** Que disminuye de tamaño: *A medida que se deshidrata, la fruta toma un aspecto **decreciente**.* **2** Que sigue un orden de mayor a menor.
decremento ***m.*** Disminución: *El **decremento** en las exportaciones ha afectado seriamente la economía del país.*
decrépito, ta ***adj./m.*** y ***f.*** Que está en decadencia: *La vejez hace que algunas personas se vuelvan **decrépitas**, es decir, pierden su agilidad y se enferman fácilmente.*
decrepitud ***f.*** Condición de lo decrépito: *Asegura mi tía Ofelia, quien tiene 72 años y sigue trabajando por su cuenta, que lo mejor para evitar la **decrepitud** es mantenerse activos.*
decretar ***vb.*** {tr.} Ordenar una autoridad la vigencia de una regla o ley: *Las autoridades **decretaron** que las escuelas debían tener servicio de transporte.*
decreto ***m.*** Decisión tomada por una autoridad: *El jefe de gobierno dio a conocer un **decreto** por el cual se va a castigar a quienes se estacionen en doble fila.*
decúbito ***m.*** Posición horizontal del cuerpo de una persona o animal cuando se echa para reposar: *Cuando se dice que alguien se halla en **decúbito**, es que está acostado.*
decuplicar ***vb.*** {tr.} Multiplicar por diez: *El nuevo sistema de comercialización **decuplicó** las utilidades de la empresa.*
décuplo, pla ***adj./m.*** Diez veces mayor que otro: *Cien es **décuplo** de diez.*
decurso ***m.*** Sucesión o transcurso del tiempo.
dedal ***m.*** Objeto pequeño y duro que se pone en el dedo y que sirve para no pincharse al empujar la aguja mientras se cose: *Esa costurera usa dos **dedales** para proteger sus dedos.*
dedicación ***f.*** Constancia, perseverancia: *Mis padres me felicitaron por la **dedicación** con la que hago los trabajos escolares.*
dedicado, da ***adj.*** **1** Que se aplica para realizar alguna tarea: *Arturo es un pintor **dedicado**, por eso produce tanta obra.* **2** Dirigido, por atención u obsequio, a una persona: *La canción que compuse está **dedicada** a mi abuela.*
dedicar ***vb. irreg.*** {tr. y prnl.} **Modelo 17. 1** Dirigir algo a una persona como obsequio: *Josefina me **dedicó** una tarjeta por el día de mi cumpleaños.* **2** Emplear algo para un fin: *El sábado lo **dedico** a leer y a practicar el baloncesto.* **3** Tener una actividad: *En mis ratos libres **me dedico** a dibujar paisajes.*
dedicatoria ***f.*** Carta o nota que se escribe en un obsequio que se da a alguien: *Encontré en una librería a mi escritor favorito y me regaló un libro con una **dedicatoria**.*
dedillo. Al ~, ***loc.*** A la perfección, con exactitud y detalle: *Mariela se sabe **al dedillo** la mitología griega, conoce a todos sus personajes y sus hazañas.*
dedo ***m.*** **1** Cada una de las partes en que terminan las manos y los pies de algunos seres vivos: *El hombre tiene cinco **dedos** en cada mano y cinco en cada pie.* **2** ***loc.*** **Chuparse el ~,** que se le engaña con facilidad: *Raúl no se **chupa el dedo**, por eso descubrió la trampa.* **3** ***loc. pl.*** **Contarse con los dedos,** que son pocos: *El público de la sala se **contaba con los dedos** porque la obra de teatro era muy aburrida.* **4** ***loc.*** **No mover un ~,** no molestarse por hacer nada: *Mi madre me regañó por culpa de mi hermano y él **no movió un dedo** para defenderme.* **5** ***loc.*** **No quitar el ~ del renglón,** mostrar insistencia por algo: *"**No quitaré el dedo del renglón** hasta conseguir que me den permiso de ir a la fiesta", aseguró Carina.*
deducción ***f.*** Razonamiento que conduce a un fin.
deducibilidad ***f.*** Calidad de deducible, sobre todo hablando de dinero: *Consulta con el contador si esas facturas tienen **deducibilidad** para tu pago de impuestos.*
deducible ***adj.*** **1** Que permite sacar conclusiones a partir de algo: *La causa de la misteriosa actitud de mi hermanito es **deducible**, seguramente ya rompió algo y teme que lo descubran.* **2** Se aplica a lo que puede deducirse: *Los gastos médicos son **deducibles**, es decir, pueden descontarse de los pagos de impuestos.*
deducir ***vb. irreg.*** {tr.} **Modelo 57. 1** Obtener un resultado después de razonar determinada información. **2** Descontar de una cantidad: *A mi madre le **deducen** una parte del dinero de su sueldo porque pidió un préstamo y debe pagarlo.*
defecación ***f.*** Acción de defecar: *Su **defecación** es difícil, pues padece estreñimiento.*
defecar ***vb. irreg.*** {tr. e intr.} **Modelo 17.** Salir los excrementos por el ano: *El perro **defecó** en la alfombra y mi mamá se enojó muchísimo.* SIN. **obrar, cagar.**
defección ***f.*** Separación desleal de algún grupo o causa: *La **defección** de sus gerentes para irse con la competencia, llevó a la quiebra a ese empresario.*
defecto ***m.*** Problema, imperfección, carencia: *Uno de mis amigos tiene un **defecto** en la boca y no puede hablar bien.*
defectuoso, sa ***adj.*** Que presenta algún problema o imperfección: *El juguete nuevo está **defectuoso** y tengo que ir a la tienda para cambiarlo.*
defender ***vb. irreg.*** {tr. y prnl.} **Modelo 24. 1** Proteger a alguien: *Roberto **defendió** a su amigo de los muchachos que lo estaban molestando.* **2** Hablar en favor de alguna idea, persona o cosa: *El abogado **defendió** a su cliente porque sabía que era inocente.*
defenestración ***f.*** Acción y efecto de defenestrar: *La **defenestración** de ese funcionario se debió a que no cumplía con sus responsabilidades.*
defenestrar ***vb.*** {tr.} **Modelo 14. 1** Despedir a alguien de un empleo o cargo: *El jefe advirtió que **defenestrará** a quien falte más de tres veces en un mes.* **2** Arrojar a alguien por la ventana.
defensa ***f.*** **1** Forma de proteger algo: *Los soldados organizaron la **defensa** del castillo en contra del ejército enemigo.* **2** Abogado defensor: *Durante el juicio la **defensa** presentó todas las pruebas que mostraban la inocencia de su cliente.* **3** En algunos deportes, jugador o jugadores que intentan evitar que el equipo contrario anote un punto.
defensivo, va ***adj.*** **1** Que sirve para defenderse: *Los jugadores de fútbol americano usan un equipo **defensivo** para evitar que los lastimen los golpes que reciben.* **2** ***loc.*** **A la ~,** actuar de tal manera que se evite perder o salir lastimado: *Eladio se puso **a la defensiva** cuando se dio cuenta de que los ladrones querían robarle su dinero.*
defensor, ra ***adj./m.*** y ***f.*** Que protege y defiende: *Patricia es una **defensora** de los animales y no permite que los maltraten.*
defensoría ***f. Bol., Col., Méx., Urug.*** y ***Venez.*** Ejercicio y práctica del abogado defensor: *La **defensoría** presentó pruebas que demostraron la inocencia del acusado.*
defeño, ña ***adj./m.*** y ***f.*** Que es de la Ciudad de México, Distrito Federal, en la república mexicana.
deferencia ***f.*** Muestra de respeto hacia alguien. SIN. **cortesía.**

deficiencia ***f.*** Defecto o imperfección: *El programa de cómputo tuvo una* ***deficiencia*** *y no pudimos imprimir el trabajo.*
deficiente ***adj.*** Insuficiente, que no cumple con lo que se le pide: *El trabajo de historia que entregó Luis era* ***deficiente****, por eso sacó una baja calificación.*
déficit ***m.*** Cantidad que falta: *Este comerciante tiene un* ***déficit*** *en su negocio porque gasta más dinero del que gana por sus ventas.*
deficitario, ria ***adj.*** Que presenta déficit: *El resultado del balance de la empresa fue* ***deficitario.***
definición ***f.*** Explicación sobre algo o alguien: *El profesor de ciencias naturales me dio una buena* ***definición*** *de la palabra "ecología".*
definido, da ***adj.*** Claro, delimitado, que se puede percibir fácilmente: *El niño no pudo recortar bien las figuras porque las orillas no estaban bien* ***definidas.***
definir ***vb.*** {tr. y prnl.} **1** Explicar con exactitud el significado de una palabra o concepto: *Gracias a mi diccionario* ***definí*** *de manera correcta las palabras que el maestro de español nos pidió.* **2** Mostrar alguien su manera de ser o de pensar: *Susana* ***se definió*** *como artista moderna después de su segunda exposición de pintura.*
definitivamente ***adv.*** Sin duda alguna, de manera decisiva: ***Definitivamente,*** *mañana me desharé de esos muebles viejos.*
definitivo, va ***adj.*** Que decide o concluye: *El cierre de la escuela fue* ***definitivo,*** *por eso me cambié a otra.*
deflación ***f.*** Reducción de la moneda circulante, de los créditos y el gasto público que un gobierno hace para obligar a bajar precios: *Uno de los grandes riesgos de la inflación es que puede ser seguida de* ***deflación*** *y entonces la economía se va para abajo.*
deflacionario, ria ***adj.*** Relativo a la deflación.
deflagración ***f.*** Acción y efecto de deflagrar: *La* ***deflagración*** *en la fábrica provocó un enorme incendio que la redujo a cenizas.*
deflagrar ***vb.*** {intr.} Arder algo de manera rápida con llama y sin explosión.
deflector, ra ***adj.*** Que sirve para modificar la dirección de un fluido o una corriente eléctrica.
deflexión ***f.*** En física, cambio de dirección de un haz luminoso.
defoliación ***f.*** Caída anormal de las hojas de árboles y plantas a causa de una plaga, de la aplicación de defoliantes o de fenómenos atmosféricos: *La ola de calor provocó la* ***defoliación*** *de muchos árboles, se les chamuscaron las hojas y se les cayeron.*
defoliante ***adj./m.*** Sustancia o producto químico que produce defoliación.
defoliar ***vb.*** {tr.} Provocar la caída de las hojas de las plantas: *La plaga* ***defolió*** *todos los naranjos.*
deforestación ***f.*** Hecho de quitar plantas y árboles de un terreno boscoso: *El gobierno está preocupado por la* ***deforestación*** *que llevan a cabo en los bosques algunas empresas papeleras.*
deforestar ***vb.*** {tr.} Quitar plantas y árboles de un terreno boscoso.
deformable ***adj.*** Que se deforma con facilidad.
deformación ***f.*** Acción de alterar una cosa en su forma natural: *El niño nació con una* ***deformación*** *en la oreja izquierda y tuvieron que operarlo.*
deformante ***adj.*** Que deforma: *Aquella persona parece jorobada porque sufre de una enfermedad* ***deformante*** *en la columna vertebral.*
deformar ***vb.*** {tr. y prnl.} **1** Alterar una cosa en su forma: *A causa de la lluvia* ***se deformó*** *uno de mis mejores juguetes de madera.* **2** Cambiar las cosas: *Una revista* ***deformó*** *la noticia sobre la muerte de mi cantante favorito y ahora mucha gente cree algo que es falso.*
deforme ***adj.*** Que tiene forma diferente a la usual: *Mi perro está* ***deforme,*** *su rabo es más largo que el cuerpo, sus patas muy cortas y tiene los ojos chuecos.*
deformidad ***f.*** Defecto en la forma: *En mi clase de cerámica hice una taza que tiene una* ***deformidad,*** *quedó inclinada y parece que se la va a llevar el viento.*
defraudación ***f.*** **1** Acción y efecto de defraudar: *La* ***defraudación*** *fiscal consiste en eludir, con engaños, el pago de impuestos.*
defraudado, da ***adj.*** Decepcionado, frustrado: *René se siente* ***defraudado*** *pues, aunque estudió mucho y aprobó el examen, el maestro le puso baja calificación.*
defraudador, ra ***adj./m.*** y ***f.*** Quien defrauda: *Detuvieron al* ***defraudador*** *que había sustraído dinero de esa empresa.*
defraudante ***adj.*** Que defrauda: *Me parece* ***defraudante*** *que estés faltando a la escuela y desperdiciando tu beca.*
defraudar ***vb.*** {tr.} **1** Eludir el pago de los impuestos. **2** Decepcionar a alguien: *Octavio* ***defraudó*** *a la empresa donde trabajaba cuando robó el dinero de la caja y se fue a otra ciudad.*
defunción ***f.*** Muerte de una persona: *Nos dolió mucho la* ***defunción*** *de mi abuelo.*
degeneración ***f.*** **1** Acción y efecto de degenerar. **2** Deterioro o alteración progresiva de una célula o tejido: *Una de las causas del cáncer es la* ***degeneración*** *de las células.*
degenerado, da ***adj./m.*** y ***f.*** **1** Que tiene comportamientos dañinos para sí mismo o para otras personas. **2** Que ha pasado a un estado o condición en que ha perdido sus cualidades. SIN. **descompuesto.**
degenerar ***vb.*** {intr.} Pasar algo de una condición a otra peor o perder sus cualidades: *La enfermedad de mi gato* ***degeneró*** *y el pobre ya no puede caminar.*
degenerativo, va ***adj.*** Que produce degeneración: *Si no se atienden, algunas enfermedades* ***degenerativas*** *pueden causar incapacidad física.*
deglución ***f.*** Paso del bolo alimenticio de la boca al esófago, y ahí al estómago: *Masticar bien es imprescindible para una adecuada* ***deglución.***
deglutir ***vb.*** {tr. e intr.} Tragar los alimentos: *Mi perro* ***deglute*** *lentamente los alimentos porque ya está muy viejo.*
degolladero ***m.*** Lugar destinado a degollar las reses.
degollado, da ***adj.*** Que ha sufrido un corte en la garganta.
degollar ***vb. irreg.*** {tr.} **Modelo 5.** Cortar el cuello: *Mi abuelita* ***degolló*** *con un cuchillo a la gallina que iba a preparar para la cena.* SIN. **yugular.**
degollina ***f.*** ***Esp. Fam.*** Matanza de gran cantidad de personas o animales.
degradable ***adj.*** Que puede degradarse: *Los detergentes* ***degradables*** *son menos dañinos para la naturaleza.*
degradación ***f.*** **1** Acción y efecto de degradar. **2** Castigo humillante que consiste en despojar a alguien de su grado o dignidad: *La* ***degradación*** *es una de las penas más severas para los militares que faltan a su deber.* **3** Transformación de una sustancia química en otra más sencilla.
degradante ***adj.*** Humillante, que degrada.
degradar ***vb.*** {tr. y prnl.} **1** Hacer que algo pierda sus cualidades: *El humo de los vehículos* ***degrada*** *la calidad del aire.* **2** Deponer o rebajar a una persona de sus dignidades:

***Degradaron** al director de la escuela por su mal comportamiento y ahora es asistente de un profesor.*

degüello ***m.*** Acción de degollar, cortar el cuello.

degustación ***f.*** Acción de probar un alimento o bebida para valorar su sabor: *En el restaurante harán una **degustación** de postres para ver cuáles incluyen en el menú.*

degustar ***vb.*** {tr.} Probar una comida o bebida para valorar su sabor: *Francisco **degustó** el vino chileno que compró y se dio cuenta de que era muy fino.*

dehesa ***f.*** Terreno grande y cerrado destinado a pastos: *Las vacas de Manuel se alimentan en la **dehesa.***

deíctico ***m.*** Perteneciente o relativo a la deixis: *En la oración "Nosotros compramos estas flores" hay dos **deícticos,*** nosotros y estas.

deidad ***f.*** Cualquiera de los seres considerados divinos en las diferentes mitologías: *La **deidad** de las cosechas para los antiguos griegos se llamaba Ceres.*

deificar ***vb. irreg.*** {tr.} **Modelo 17.** Hacer que algo se vuelva divino: *Los antiguos romanos **deificaban** a sus héroes y emperadores.*

deífico, ca ***adj.*** Relativo a Dios o a una deidad.

deísmo ***m.*** Doctrina religiosa que, si bien admite la existencia de Dios, rechaza las revelaciones, la intervención de éste en la vida humana y el culto externo.

deixis ***f.*** Utilización de ciertos elementos gramaticales como adjetivos demostrativos, pronombres o adverbios para señalar, mostrar o referirse a algo, ya sea una persona, un lugar, un tiempo o un objeto.

dejadez ***f.*** Falta de cuidado y atención a uno mismo o a sus cosas: *La **dejadez** de esa muchacha la ha llevado a engordar diez kilos en un año, además ya ni siquiera se arregla.*

dejado, da ***adj.*** **1** Descuidado consigo mismo o con sus cosas: *Iván es un **dejado,** no le gusta bañarse ni afeitarse.* **2** *Méx. Fam.* Pusilánime, de poco valor.

dejante ***prep. Chile, Colomb.*** y ***Guat.*** Aparte de, además de.

dejar ***vb.*** {tr. y prnl.} **1** Poner algo en algún sitio: ***Dejé** los libros sobre la mesa, si quieres puedes tomar uno.* **2** Otorgar un permiso para realizar algo: *Mis padres me **dejaron** ir a la fiesta del sábado.* **3** Irse de un lugar determinado: *Ayer **dejé** la escuela antes de terminar las clases porque me sentía mal.* **4** Prestar una cosa: *Jaime me **dejó** su cámara fotográfica porque se la pedí para tomar algunas fotografías en el festival de fin de cursos.* **5** Abandonarse sin interesar nada: *Al enterarse de que su enfermedad no tenía curación, Irma dejó de tomar medicamentos y **se dejó** morir.* **6** Parar una acción: ***Dejamos** de platicar cuando el maestro entró al salón de clase.*

deje o **dejo** ***m.*** **1** Modo peculiar de pronunciar las palabras: *Magalys habla con un **dejo** cubano, pues sus padres son de La Habana.* **2** Gustillo que queda impregnado después de comer ciertos alimentos: *Me encanta el pescado al mojo de ajo, pero no me gusta el **dejo** que me queda en la boca cuando lo como.*

del Contracción de la preposición **de** y el artículo **el.**

delación ***f.*** Hecho de denunciar o comunicar un delito a una autoridad: *La **delación** contra los ladrones evitó que cometieran más asaltos.*

delantal ***m.*** Prenda que protege la ropa por delante y que se ata a la cintura: *El carnicero se compró un **delantal** de plástico para no mancharse durante su trabajo.* Sin. **mandil.**

delante ***adv.*** **1** Que está más adelante de algo o alguien: *Dejé el paquete **delante** de su puerta, así que cuando la abra, se encontrará con una sorpresa.* **2** En presencia de algo o alguien: *No me gusta decir nada **delante** de tu hermano porque es muy chismoso.*

delantera ***f.*** **1** Parte anterior de algo: *En el choque, se abolló la **delantera** del auto y se rompió el parabrisas.* **2** *loc.* **Llevar** o **tomar la ~,** *Fam.* Adelantarse, anticiparse, llevar ventaja.

delantero, ra ***adj.*** **1** Que está o va delante: *A mi abuelita le gusta viajar en el asiento **delantero** del automóvil.* **2** Parte anterior de algo: *Con el choque se abolló la parte **delantera** del autobús.*

delantero, ra ***m.*** y ***f.*** En algunos deportes, jugador que forma parte de la línea de ataque: *El balón llegó hasta la red de la portería después de que el **delantero** disparó muy fuerte.*

delatar ***vb.*** {tr. y prnl.} **1** Denunciar a alguien por alguna falta o algún delito: *Un alumno de otro grupo **delató** a Esteban por la travesura que cometió.* **2** Descubrir, revelar: *Los nervios **me delataron,** por eso Ramiro se dio cuenta de que estaba diciéndole mentiras.*

delator, ra ***m.*** y ***f.*** Persona que denuncia a alguien.

deleble ***adj.*** Que se puede borrar con facilidad: *La pintura que usa mi hermanito en el jardín de niños es **deleble** para que se pueda lavar.*

delectación ***f.*** Lo que produce deleite o placer.

delegación ***f.*** Nombre dado a determinados organismos de la administración pública.

delegado, da ***m.*** y ***f.*** Persona que administra una delegación.

delegar ***vb. irreg.*** {tr.} **Modelo 17.** Transferir el poder de una persona a otra: *El maestro **delegó** en su asistente la responsabilidad de revisar los exámenes.*

deleitar ***vb.*** {tr.} Producir placer: *Nos **deleitamos** escuchando el magnífico concierto de música clásica.*

deleite ***m.*** Placer o satisfacción: *Fue un verdadero **deleite** saborear esas galletas mientras veíamos nuestro programa favorito.*

deleitoso, sa ***adj.*** Que produce deleite: *Fue en verdad **deleitoso** ese paseo por el bosque.*

deletrear ***vb.*** {tr. e intr.} Decir por orden las letras de una palabra: *En la clase de francés **deletreamos** unas palabras para aprender su pronunciación.*

deletreo ***m.*** Acción de deletrear: *La pequeña tiene dificultades para el **deletreo,** pues todavía no reconoce todos los signos.*

deleznable ***adj.*** **1** Despreciable, de poco valor: *Resulta **deleznable** la actitud de quienes discriminan a los ancianos.* **2** Frágil, poco resistente: *Ese banquito **deleznable** se rompió cuando me senté en él y fui a dar al suelo.*

delfín ***m.*** Mamífero marino de color gris y blanco, de aproximadamente 2 m de largo, con boca en forma de pico: *Los **delfines** viven en grupos y se alimentan de peces.*

delgadez ***f.*** Calidad de quien está falto de carnes y de grasa: *A esa muchacha no le gustan los alimentos con mucha grasa y come vegetales porque quiere mantener su **delgadez.***

delgado, da ***adj.*** **1** Persona o animal que tiene poca carne y grasa: *Efraín estaba gordo, pero comenzó a hacer ejercicio y dejó de comer alimentos grasosos y ahora está **delgado.*** **2** Que no es grueso: *El pincel debe ser **delgado** para que puedas pintar esas líneas tan finas.*

deliberación ***f.*** Acción y efecto de deliberar: *Después de una larga **deliberación,** al fin los médicos lograron ponerse de acuerdo en el diagnóstico.*

deliberado, da ***adj.*** Hecho a propósito.

deliberante ***adj.*** **1** Que realiza deliberaciones. **2** Relativo a la asamblea o junta en la que se delibera para tomar acuerdos.

deliberar ***vb.*** {intr.} Examinar lo bueno y lo malo antes de tomar la decisión de hacer algo: *El jurado **deliberó** durante tres horas para elegir al ganador del concurso porque todos los trabajos eran muy buenos.*

delicadez ***f.*** Susceptibilidad, condición de la persona que se altera u ofende por poca cosa: *La **delicadez** de Vania hace muy complicado tratar con ella.*

delicadeza ***f.*** Esmero y ternura con que se hacen las cosas: *La enfermera inyectó con **delicadeza** a la niña, por eso le dolió muy poco.*

delicado, da ***adj.*** **1** Fácil de deteriorar, lastimar o romper. SIN. **frágil. 2** Que no se encuentra bien de salud: *Raúl aún está **delicado** porque lo operaron la semana pasada.* **3** Difícil o problemático: *Nuestro padre nos dijo que tendremos que gastar menos dinero porque nuestra situación económica es **delicada**.* **4** Relativo a la persona que cuida todos los detalles de algo.

delicia ***f.*** Lo que causa alegría o placer: *"¡Qué **delicia** saber que se acercan las vacaciones!"*

delicioso, sa ***adj.*** Que es agradable o placentero: *Los mangos son **deliciosos** para mi hermano, pero a mí no me gustan.*

delictivo, va ***adj.*** **1** Relativo al delito: *El juez pidió el expediente **delictivo** del acusado para estudiarlo.* **2** Que es delito: *Que un funcionario use en su provecho los recursos públicos, es una actividad **delictiva**.*

delicuescencia ***f.*** En química, propiedad que tienen ciertos cuerpos de convertirse en líquidos.

delicuescente ***adj.*** Que se derrite o disuelve con facilidad: *La manteca de cerdo es **delicuescente**, cuando hace calor se vuelve líquida.*

delimitación ***f.*** Acción de señalar los límites: *"Con la **delimitación** de estos terrenos habremos de formar los lotes que se pondrán a la venta", dijo el ingeniero.*

delimitar ***vb.*** {tr.} Señalar dónde empieza o termina algo: *Cada equipo de baloncesto **delimitó** su área y después empezó el juego.*

delincuencia ***f.*** Actividad relacionada con el hecho de cometer delitos o crímenes: *La policía lucha contra la **delincuencia** que hay en las calles de la ciudad.*

delincuente ***adj./m.*** y ***f.*** Que se dedica a cometer delitos o crímenes: *Por fin detuvieron al **delincuente** que asaltó el banco.*

delinear ***vb.*** {tr.} **1** Trazar las líneas de un plano o dibujo: *Ya **delineé** mi dibujo, ahora voy a colorearlo.* **2** ***Fam.*** Repasar con una línea de algún color el contorno de los ojos para realzarlos.

delinquir ***vb. irreg.*** {intr.} **Modelo 65.** Cometer un delito: *Evaristo **delinquió** al robar el dinero de la empresa donde trabaja.*

delirante ***adj.*** **1** Que delira: ***Delirante**, el enfermo pedía que le llevaran su armadura y su espada.* **2** Disparatado, absurdo: *Era tan **delirante** la idea del guionista, que resultaba imposible filmar eso.*

delirar ***vb.*** {intr.} Decir o hacer cosas extrañas: *El enfermo **deliraba** a causa de la fiebre que tenía.*

delirio ***m.*** Trastorno por el cual se sufren alucinaciones.

delito ***m.*** Acto que va contra la ley.

delta ***m.*** y ***f.*** **1** Cuarta letra del alfabeto griego. **2** Terreno triangular formado por un río que desemboca en algún lugar: *El río Nilo desemboca en el mar formando un gran **delta**.* **3** Planeador de forma triangular.

demacrado, da ***adj.*** Se dice de quien muestra aspecto de enfermo: *Después de la tifoidea, Juan José quedó muy **demacrado**, está flaco, ojeroso y pálido.*

demacrar ***vb.*** {tr. y prnl.} Poner pálido y delgado: *Otilia **se demacró** por la enfermedad que tuvo durante un mes.*

demagogia ***f.*** Utilización de halagos para ganar el apoyo de la gente, en especial cuando lo hacen los políticos.

demagógico, ca ***adj.*** Relativo a la demagogia o propio del demagogo: *Esos argumentos son **demagógicos**, es imposible construir un nuevo hospital en dos meses.*

demagogo, ga ***m.*** y ***f.*** Representante político que practica la demagogia.

demanda ***f.*** **1** Solicitud de algún beneficio: *La **demanda** de los empleados consiste en un aumento de salario.* **2** En derecho, petición que se hace en un juicio: *El abogado hizo una **demanda** al juez para que llamaran a los testigos del crimen.* **3** En economía, cantidad de algo que los consumidores están dispuestos a comprar: *La alta **demanda** de ese juguete ha hecho que los productores fabriquen más de lo que habían pensado.*

demandado, da ***adj./m.*** y ***f.*** Se aplica a la persona contra la que se intenta acción legal en un juicio: *Ese tipo pensó que podía escandalizar todo el tiempo, pero ahora está **demandado** por sus vecinos.*

demandante ***adj./m.*** y ***f.*** Se dice de la persona que inicia acción legal contra otra en un juicio: *La **demandante** exige que el demandado le pague los daños que causó a su propiedad.*

demandar ***vb.*** {tr.} **1** Solicitar algo: *El director de la escuela **demandó** la ayuda de los padres de familia para que entre todos pinten los salones de clase.* **2** En derecho, formular una demanda ante los tribunales: *Gustavo **demandó** a la empresa donde trabajaba porque no le pagaron el dinero que le debían.*

demarcación ***f.*** Área territorial en la que una autoridad ejerce su jurisdicción: *Este poblado pertenece a la **demarcación** de la cabecera municipal.*

demarcar ***vb. irreg.*** {tr.} **Modelo 17.** Señalar los límites de un país o terreno.

demás ***pron.*** Pronombre indefinido que indica el resto de una parte: *Felipe y los **demás** muchachos llegaron juntos a la fiesta.*

demasiado ***adv.*** Con exceso: *Comí **demasiado**, por eso ahora tengo diarrea.*

demasiado, da ***adj.*** En mayor cantidad de la conveniente: *"Pusiste **demasiada** sal al guiso y sabe mal."*

demencia ***f.*** Enfermedad que consiste en perder el juicio. SIN. **locura.** ANT. **cordura.**

demencial ***adj.*** Desproporcionado, disparatado: *Flojeó toda la semana y el domingo entró en una actividad **demencial** para poder entregar a tiempo el trabajo que su jefe le pidió para el lunes.*

demente ***adj./m.*** y ***f.*** **1** Que actúa de manera anormal: *Evaristo manejaba el automóvil como un **demente**, por eso lo detuvo la policía.* **2** Que padece demencia: *Por lo general, los **dementes** son llevados a hospitales psiquiátricos.*

demeritar ***vb.*** {tr.} ***Amér.*** Restar mérito, desmerecer: *Uno de los concursantes protestó escandalosamente, lo cual **demeritó** la entrega de premios.*

demérito ***m.*** **1** Carencia de mérito. **2** Circunstancia por la que se desmerece: *La desordenada forma en que expuso sus argumentos fue un **demérito** a su fuerza.*

demeritorio, ria ***adj.*** Que quita mérito, que desmerece.

demiurgo ***m.*** Según la filosofía del pensador griego Platón, alma de todo el Universo, dios creador del mundo.

democracia ***f.*** Forma de gobierno en la que el pueblo elige a sus gobernantes por medio de votación.

demócrata *adj./m.* y *f.* Que practica la democracia: *Martín ha ido a votar porque es un **demócrata** convencido.*

democrático, ca *adj.* Relativo a la democracia, partidario de la democracia.

democratizar *vb.* {tr. y prnl.} Hacer que una sociedad u organización funcione de acuerdo a las normas de la democracia.

demografía *f.* Materia que estudia el número de personas que habita en un lugar, las que se desplazan o viajan y cuántas nacen y mueren: *La **demografía** es una rama de la geografía.*

demográfico, ca *adj.* Relativo a la demografía: *Los indicadores **demográficos** son útiles para conocer los movimientos que registra una población.*

demógrafo, fa *m.* y *f.* Especialista en demografía: *En su conferencia, el **demógrafo** habló sobre los riesgos de la sobrepoblación en las grandes ciudades.*

demoledor, ra *adj.* Que demuele.

demoler *vb. irreg.* {tr.} **Modelo 29.** Derribar una construcción: *En la zona más vieja de la ciudad **demolieron** varios edificios para construir una zona habitacional nueva.*

demolición *f.* Hecho de destruir una construcción: *La **demolición** del edificio duró varios días.*

demoníaco, ca o **demoniaco, ca** *adj.* Se dice de lo que es parecido al demonio o está relacionado con él: *El novio de Susana le puso calcomanías con figuras **demoníacas** a su motocicleta.*

demonial *m. Méx.* Mucho, una gran cantidad: *Había un **demonial** de gente y por eso no pude comprar los boletos.*

demonio *m.* **1** Para el cristianismo, ser maligno contrario a Dios que vive en el infierno y fomenta el mal: *Casi siempre se representa al **demonio** con cuernos y cola.* **2** *Fam.* Persona nefasta, peligrosa: *Ese muchacho es un **demonio** que no va a la escuela y le gusta molestar a la gente en la calle.* **3** Espíritu, genio, ser sobrenatural: *En los cuentos de* Las mil y una noches *aparecen **demonios** llamados "efrits".*

demonstrable *adj.* Demostrable.

¡demontre! *interj. Fam.* Se usa para expresar disgusto: ***¡Demontre!**, olvidé apagar la estufa y se quemó el arroz.*

demora *f.* Tardanza, retraso: *Llegamos con **demora** al aeropuerto y ya no pudimos abordar el avión.*

demorar *vb.* {tr. y prnl.} **1** Retardar el avance de algo o alguien: *A causa de la lluvia **se demoraron** los vuelos en el aeropuerto, así que el avión despegó dos horas después de lo debido.* SIN. **retrasar. 2** Detenerse en algún lugar: *"Iba a llegar antes, pero **me demoré** conversando con mi vecina", explicó Adela.*

demostrable *adj.* Que se puede demostrar: *Es **demostrable** que el agua puede ser sólida, simplemente la metemos al congelador y se hará hielo.*

demostración *f.* **1** Comprobación, prueba de que algo es cierto. **2** Exhibición pública de fuerza, riqueza, habilidad, etc.: *El ejército desfiló para hacer una **demostración** de sus nuevas armas.*

demostrador, ra *adj.* **1** Que demuestra. **2** *m.* y *f.* *Persona que demuestra los productos en una tienda: La **demostradora** de cosméticos nos obsequió una muestra del nuevo lápiz labial.*

demostrar *vb. irreg.* {tr.} **Modelo 5. 1** Probar algo con ejemplos. **2** Enseñar por medio de la práctica: *El vendedor nos **demostró** cómo funcionaba la televisión que compramos.*

demostrativo *adj./m.* En lingüística, relativo a los adjetivos y pronombres que sirven para señalar una persona o cosa: *En el ejemplo "Estas mesas y esas sillas son de Rosalba", las palabras* estas *y* esas *son adjetivos **demostrativos**.*

demudado, da *adj.* Con el semblante alterado a causa de una fuerte impresión: *Sandra llegó **demudada** a su trabajo, pues en el camino vio un accidente de tránsito.*

demudar *vb.* {tr. y prnl.} Cambiarse de manera repentina el gesto del rostro: *Sus caras alegres **se demudaron** cuando supieron la mala noticia.*

denario *m.* Antigua moneda romana de plata.

denegación *f.* Acción y efecto de denegar: *La **denegación** del permiso respectivo impedirá que construyan más edificios en mi colonia.*

denegar *vb. irreg.* {tr.} **Modelo 18.** No conceder lo que se pide o se solicita: *El director de la escuela me **denegó** la beca porque mis calificaciones no son muy buenas.*

dengue *m.* **1** Enfermedad que transmite un mosquito y que se manifiesta por fiebre, dolor y granitos en la piel: *El médico nos dijo que la fiebre que tiene Andrea se debe al **dengue**.* **2** *Méx.* Berrinche: *Ese niño caprichoso hace unos **dengues** horribles si no le dan lo que pide.*

denigración *f.* Acción y efecto de denigrar: *Pese a las **denigraciones** de que le han hecho objeto, el prestigio de ese artista es muy sólido.*

denigrante *adj.* Que insulta o humilla a una persona: *Algunas empresas contratan personal en condiciones **denigrantes**, pues le pagan muy mal y además lo maltratan.*

denigrar *vb.* {tr.} Hablar mal de una persona o cosa para afectar su buena fama.

denodado, da *adj.* Se aplica a la persona o acción decidida, valiente y enérgica: *Los **denodados** esfuerzos de los bomberos rindieron fruto y pudieron rescatar a todas las víctimas del incendio.*

denominación *f.* **1** Nombre, sobrenombre o título que se aplica a una persona o cosa. **2** *loc.* **~ de origen,** garantía de procedencia y calidad de ciertos productos: *En México hay 11 **denominaciones** de origen entre las que se hallan la talavera y el café de Veracruz.*

denominador *m.* En matemáticas, término inferior de una fracción.

denominar *vb.* {tr. y prnl.} Aplicar un nombre o sobrenombre a una persona o cosa: *El héroe venezolano Simón Bolívar **fue denominado** "El libertador".* SIN. **llamar, nombrar.**

denostación *f.* Palabra o frase insultante. SIN. **injuria, denuesto.**

denostar *vb.* {tr.} Dirigir a alguien palabras muy ofensivas: *El tendero, furioso, **denostó** a su ayudante por haber roto una caja de huevos.*

denotar *vb.* {tr.} Indicar, anunciar, significar: *Se ve que no ha dormido bien, porque su rostro **denota** cansancio.*

denotativo, va *adj.* Relativo al significado primario de una expresión; que denota.

densidad *f.* **1** Calidad de algo que tiene mucha materia en poco espacio: *La **densidad** del hierro es mayor que la del algodón.* **2** En física, relación entre la masa y el volumen de un cuerpo. **3** *loc.* **Alta ~,** en computadoras, disquete flexible que puede almacenar 144 megabaites de memoria: *La información de ese archivo largo cupo en un disquete de **alta densidad**.* **4** *loc.* **Doble ~,** en computadoras, disquete flexible que puede almacenar 720 kilobaites de memoria.

densimetría *f.* Técnica para medir las densidades: *Los análisis de **densimetría** ósea sirven para saber si los huesos de una persona están fuertes.*

densímetro *m.* Instrumento para medir la densidad de los líquidos. SIN. **areómetro.**

denso, sa *adj.* **1** Que tiene mucho de algo en poco espacio: *Este bosque es muy **denso**, hay tantos árboles que* *casi no entra luz.* **2** Que es difícil de captar: *No entendí el razonamiento del maestro, era muy **denso** y además usó frases complicadas.* Sin. **confuso.**

dentado, da ***adj.*** Que tiene abultamientos en forma de dientes: *La cadena de la bicicleta pasa por dos ruedas **dentadas** que dan vuelta cuando avanza la bicicleta.*

dentadura ***f.*** Conjunto de dientes de una persona o animal: *Todas las noches la anciana pone su **dentadura** postiza en un vaso de agua.*

dental ***adj.*** Relativo a los dientes: *Uso hilo **dental** para quitar los residuos de comida que quedan entre mis dientes después de cepillarlos.*

dentario, ria ***adj.*** Dental, relativo a los dientes: *Los arqueólogos hallaron collares, huesos y unas piezas **dentarias** en la excavación.*

dentellada ***f.*** Herida que hacen los dientes al morder: *Héctor tiene una herida por la **dentellada** que le hizo el perro de Paola.* Sin. **mordedura.**

dentición ***f.*** Formación, número y orden de los dientes: *Nos dimos cuenta que la **dentición** del bebé está empezando porque le sale baba de la boca y se rasca las encías.*

dentífrico ***m.*** Sustancia usada para limpiar los dientes: *El **dentífrico** que usa mi papá tiene un fuerte sabor a menta que me pica.*

dentina ***f.*** Tejido que forma el marfil de los dientes.

dentista ***m.*** y ***f.*** Médico especializado en la conservación y reparación de los dientes: *Cada seis meses voy al **dentista** para que me revise y cure cualquier caries que haya salido.* Sin. **odontólogo.**

dentro ***adv.*** **1** En la parte interior de un espacio: *He puesto los libros **dentro** de una bolsa para llevarlos a la escuela.* **2** Durante un periodo o al final de dicho periodo: *Llamé al médico y me dijo que llegará **dentro** de quince minutos.*

denuedo ***m.*** Actitud de hacer algo con brío y esfuerzo: *El boxeador luchó con **denuedo** y logró vencer a su contrincante.*

denuesto ***m.*** Insulto, ya sea de palabra o por escrito: *Un hombre empujó e hizo caer a una mujer en la calle y ésta, sentada en el suelo, le gritó **denuestos.***

denuncia ***f.*** Procedimiento para avisar sobre un delito: *Un grupo de vecinos presentó una **denuncia** contra el dueño de la tienda por vender más caro de lo debido.*

denunciar ***vb.*** {tr.} **1** Comunicar a la autoridad sobre un delito: *Mis vecinos **denunciaron** el robo de su automóvil a la policía.* **2** Declarar de manera oficial que algo es ilegal, irregular o indebido: *El alumno **denunció** al director los malos tratos de la maestra.*

deparar ***vb.*** {tr.} **Modelo 1.** Poner delante, presentar: *Cuando salió a la calle esa tarde, no sabía lo que le **deparaba** el destino.*

departamento ***m.*** **1** ***Amér.*** Cada una de las partes en que se divide un edificio: *El **departamento** donde vive mi hermano es el número 5.* Sin. **piso, apartamento.** **2** Nombre de algunas divisiones administrativas: *Algunos países, como Bolivia y Perú, están divididos en **departamentos;** otros, como México, en estados.* **3** En una empresa, grupo de personas que se ocupan de determinadas funciones: *Isabel trabaja en el **departamento** de ventas y Luisa en el **departamento** de producción de la empresa.*

departir ***vb.*** {intr.} Conversar, hablar: *Durante la reunión en casa de mi amigo, todos **departimos** con mucha alegría.*

depauperación ***f.*** Proceso de empobrecimiento: *La **depauperación** de la gente del campo la hace emigrar a las ciudades en busca de alguna oportunidad.*

depauperado, da ***adj.*** Empobrecido, falto de recursos.

depauperador, ra ***adj.*** Depauperante.

depauperante ***adj.*** Empobrecedor: *La falta de actividad agrícola ha sido **depauperante** para el país.*

depauperar ***vb.*** {tr. y prnl.} Empobrecer, debilitar: *Aquella empresa se **depauperó** debido a una mala administración.*

dependencia ***f.*** **1** Vínculo entre dos cosas, en el que una está sometida a la otra: *Por tres siglos, la mayor parte de América estuvo bajo la **dependencia** de España.* **2** Adicción a algo para sentirse bien: *Para aliviar su **dependencia** al alcohol, Efraín se sometió a un tratamiento médico y psicológico.* **3** Oficina que se relaciona con otra de mayor jerarquía: *Judith trabaja en una **dependencia** del gobierno.*

dependente ***adj.*** Que depende.

depender ***vb.*** {intr.} Estar subordinado a una persona o cosa: *Para pagar mis estudios **dependo** de la beca que me dio la escuela.*

dependiente, ta ***m.*** y ***f.*** Persona que ayuda a los trabajos de una tienda: *El **dependiente** acomoda los productos que compra para la tienda y espera a que lleguen los clientes a comprar.*

depilación ***f.*** Acción y efecto de depilar o depilarse: *Leticia se hizo una **depilación,** de inmediato se fue a la playa y ahora tiene la piel muy irritada.*

depilado, da ***adj.*** Que se ha sometido a una depilación: *En la actualidad, se exige a las modelos que lleven las axilas **depiladas.***

depilador, ra ***adj.*** Que depila: *Mirna compró unas pinzas **depiladoras** para arreglar sus cejas.*

depilar ***vb.*** {tr. y prnl.} Quitar el pelo o el vello de algunas partes del cuerpo: *Linda dice que **se depila** las piernas para no parecer mono.*

depilatorio, ria ***adj./m.*** Se aplica al producto que sirve para depilar: *Algunas cremas **depilatorias** irritan las pieles delicadas.*

deplorable ***adj.*** Lamentable, malo, que merece deplorarse: *Es **deplorable** que se desperdicie tanta comida mientas mucha gente en el mundo pasa hambre.*

deplorar ***vb.*** {tr.} Lamentar algo: *El presidente de ese país **deploró** la muerte de los pasajeros del avión que cayó al mar.*

deponer ***vb. Irreg.*** {tr.} **Modelo 27. 1** Privar a una persona de su empleo: *El jefe **depuso** al vendedor porque se dio cuenta de que estaba robándole dinero.* **2** ***Guat., Hond., Méx.*** y ***Nicar.*** Vomitar. **3** ***loc.*** **~ las armas,** abandonar las armas como símbolo de paz: *Los soldados **depusieron las armas** a la mitad de la batalla porque no querían luchar más.*

deportación ***f.*** Traslado de un condenado hasta un lugar específico, por lo general lejos del país donde cometió el delito.

deportar ***vb.*** {tr.} Desterrar por motivos políticos o como castigo: *Las autoridades **deportaron** a varios delincuentes a su país de origen.*

deporte ***m.*** Ejercicio físico que se practica según ciertas reglas: *El baloncesto es un **deporte** que se juega entre dos equipos de cinco jugadores.*

deportista ***adj./m.*** y ***f.*** Persona que practica algún deporte, sea como aficionado o como profesional.

deportivo, va ***adj.*** **1** Perteneciente o relativo a los deportes. **2** ***m. Méx.*** Parque con canchas para la práctica de deportes: *En el **deportivo** habrá competencias de natación el próximo domingo.*

deposición ***f.*** **1** Declaración o exposición: *La **deposición** del testigo dejó sin armas al defensor del acusado.* **2** Destitución de un cargo o empleo: *Andrés achaca su **deposición** a que hubo recorte de personal en la empresa donde laboraba.* **3** Defecación: *El color de las **deposiciones** indica que el bebé tiene una infección intestinal.*

depositante ***adj./m.*** y ***f.*** Persona que deposita algo para que sea custodiado por otra o por una institución: *Las atractivas condiciones que ofrece ese banco han hecho que aumente el número de **depositantes.***

depositar ***vb.*** {tr.} **1** Poner algo valioso bajo el cuidado de alguien: *Roberto **ha depositado** su dinero en el banco.* **2** Colocar algo en un sitio: *Mi madre **depositó** las verduras sobre la mesa cuando llegó del mercado.*

depositario, ria ***adj./m.*** y ***f.*** Persona o entidad que guarda bienes confiados por otros.

depósito ***m.*** **1** Algo que se deja en un lugar específico. **2** Lugar para guardar alguna cosa: *Puse los restos de comida en el **depósito** de basura.* SIN. **almacén, bodega.**

depravación ***f.*** Inclinación o comportamiento que va contra la naturaleza: *Me parece una **depravación** que haya gente que se divierte atormentando a los animales.*

depravado, da ***adj.*** **1** Vicioso, corrompido. **2** Perverso, malvado: *A muchos les parece cruel y **depravado** que la industria de la peletería arranque la piel a los animales.*

depravar ***vb.*** {tr. y prnl.} Corromper, viciar: *Las malas compañías **depravaron** a unos muchachos de mi cuadra y ahora están en la cárcel.*

depreciación ***f.*** Reducción del valor monetario de una moneda, bien o mercancía: *La **depreciación** del café afectará a todos los productores este año.*

depreciado, da ***adj.*** Que ha disminuido su valor con relación al que le es habitual: *Ese automóvil está **depreciado,** pues su modelo es de hace cinco años.*

depreciar ***vb.*** {tr. y prnl.} Disminuir el valor o precio de una cosa: *La casa de la abuela **se ha depreciado** porque está muy descuidada y necesita muchos arreglos.*

depredación ***f.*** **1** Sistema de alimentación de los animales depredadores: *La **depredación** consiste en cazar presas para comer, tal como lo hacen los leones o los tiburones.* **2** Destrucción acompañada de saqueo: *Los soldados invasores hicieron **depredación** en el poblado que tomaron.*

depredador, ra ***adj./m.*** y ***f.*** Relativo al animal que caza a otros animales para devorarlos: *El león y el leopardo son animales **depredadores.***

depredar ***vb.*** {tr.} Llevar a cabo una depredación: *Una manada de coyotes **depredó** a las gallinas de esa granja.*

depresión ***f.*** **1** Lugar hondo y profundo localizado en una superficie elevada: *Este pueblo se halla en una **depresión** entre las montañas.* **2** Estado de abatimiento que produce tristeza y desgano: *La muerte de su esposa hizo que Miguel cayera en una **depresión** que le duró más de tres años.*

depresivo, va ***adj.*** **1** Que deprime: *Esa música me parece **depresiva,** no sé cómo les gusta escucharla.* **2** Relacionado con la depresión: *Los trastornos **depresivos** han aumentado mucho debido a los sistemas de vida modernos.* **3** Propenso a deprimirse: *Ana es muy **depresiva,** por cualquier cosa se entristece y se encierra en su cuarto.*

depresor, ra ***adj.*** **1** Que deprime o humilla. **2** Que reduce la actividad de un órgano o sistema: *Ese medicamento es **depresor** del sistema nervioso; si lo vas a tomar, mejor no manejes.*

deprimente ***adj.*** Que desmoraliza o entristece: *Hace un mes que no arreglo mi cuarto y ya presenta un aspecto **deprimente,** nada más entro allí y me siento mal.*

deprimido, da ***adj.*** Se aplica a la persona que padece depresión: *César está **deprimido** porque lo dejó su novia.*

deprimir ***vb.*** {tr. y prnl.} **1** Provocar depresión alguna cosa. **2** Estar triste y desanimado: *Rodolfo **se deprimió** cuando supo que Alejandra no se iba a casar con él.*

deprisa ***adv.*** Con rapidez: *Eladio hizo **deprisa** el trabajo y cometió algunos errores porque no puso el cuidado necesario.*

depuesto, ta ***adj.*** Que ha sido removido de un cargo: *Supe que el ministro fue **depuesto** a causa de un error que cometió.*

depuración ***f.*** Acción de depurar o depurarse y su efecto: *Elena está realizando una **depuración** de archivos en su computadora, pues necesita espacio en el disco duro.*

depurador, ra ***adj.*** Que depura: *El médico le indicó a Olivia seguir una dieta **depuradora** para combatir sus malestares.*

depurar ***vb.*** {tr.} Quitar las impurezas o lo que ya no sirve: *Es importante **depurar** el agua antes de beberla.*

derecha ***f.*** Conjunto de las organizaciones políticas y personas de ideas conservadoras: *Las organizaciones políticas de izquierda tienen ideas opuestas a las organizaciones de **derecha.***

derechazo ***m.*** Golpe fuerte dado con el puño derecho: *El nuevo campeón de boxeo ganó el título gracias a un **derechazo** que dejó en la lona a su adversario.*

derechismo ***m.*** Tendencia política que se inclina hacia las ideas conservadoras.

derechista ***adj.*** Partidario de la derecha en política o que pertenece a ella.

derecho ***adv.*** En posición o línea recta: *Ese hombre no camina **derecho** porque está ebrio.*

derecho ***m.*** **1** Conjunto de leyes a que están sometidos los hombres, y ciencia que las estudia. **2** Facultad de hacer o exigir algo: *"Tengo **derecho** a entrar al concierto porque compré mi billete desde hace una semana", dije al empleado del auditorio.* **3** ***pl.*** Cantidad que se paga por algo: *Mi hermano pagó a la universidad los **derechos** para poder ir a clases.*

derecho, cha ***adj.*** **1** Se dice de las partes del cuerpo que se encuentran en el lado opuesto al corazón: *Yo escribo con la mano **derecha** y Javier escribe con la izquierda.* **2** Que está recto y sin inclinaciones: *La planta que sembré en el jardín creció **derecha.*** **3** Que es razonable y honesto: *Confío en Rafael porque es un amigo muy **derecho.***

derechohabiente ***adj./m.*** y ***f.*** Persona cuyo derecho a obtener algo deriva de otra, o de una institución: *En ese país los **derechohabientes** del seguro social son en su mayoría obreros y empleados.*

derelicción ***f.*** En Derecho, abandono de una cosa para poner fin a la propiedad que sobre ella se ostentaba.

derelicto, ta ***adj.*** Buque o conjunto de objetos abandonado en el mar.

derelinquir ***vb.*** {tr.} **Modelo 65.** En Derecho, abandonar o desamparar.

deriva ***f.*** Desviación o pérdida del rumbo: *El barco quedó a la **deriva** por una falla en el motor.*

derivación ***f.*** **1** Camino o cable que se separa de su origen: *Este camino es una **derivación** de la carretera principal.* **2** En lingüística, procedimiento de formación de palabras a partir de otras: *"Corporal" es una **derivación** de la palabra "cuerpo".*

derivada ***f.*** En matemáticas, magnitud que indica la relación entre la variación de una función y la variación de su variable.

derivado, da ***adj.*** Que procede de otra cosa: *Muchos tipos de plástico son **derivados** del petróleo.*

derivar ***vb.*** {intr. y prnl.} **1** Proceder una cosa de otra: *El divorcio entre Luis y Mariana **deriva** de un antiguo problema.*

2 En lingüística, venir una palabra de otra: *La palabra "lechería" **deriva** de leche.*

derivativo, va ***adj.*** En Gramática, se aplica a las palabras que se derivan de otra: *Salero, saleroso, salina, salado son algunas palabras **derivativas** de sal.*

dermatitis ***f.*** Inflamación de la dermis: *A Carmen le salieron unas manchas rojas en los brazos, fue al médico y éste le dijo que tenía una **dermatitis.***

dermatología ***f.*** Parte de la medicina que trata de las enfermedades de la piel.

dermatólogo, ga ***adj./m.*** y ***f.*** Especialista en dermatología: *La **dermatóloga** me quitó unas verruguitas que tenía en el cuello.*

dermatosis ***f.*** Nombre genérico que se da a las enfermedades de la piel: *Entre las **dermatosis** más comunes se encuentran la tiña, la sarna y el acné.*

dérmico, ca ***adj.*** Perteneciente o relativo a la dermis o a la piel: *Las pomadas son medicamentos de aplicación **dérmica.***

dermis ***f.*** Capa de piel que está debajo de la epidermis o membrana que cubre el cuerpo.

derogar ***vb. irreg.*** {tr.} **Modelo 17.** Anular la acción de una orden o ley: *El gobierno **derogó** la ley que permitía la esclavitud.*

derogatorio, ria ***adj.*** Que deroga: *La nueva ley de aduanas es **derogatoria** de la anterior.*

derrama ***f.*** Repartición de un gasto eventual, o de un impuesto, entre un determinado número de personas.

derramado, da ***adj.*** Esparcido sobre una superficie horizontal: *Limpia pronto la pintura **derramada**, o el piso quedará manchado.*

derramamiento ***m.*** Acción y efecto de derramar o derramarse: *Nancy no apagó la estufa cuando la leche comenzó a hervir y ocurrió un **derramamiento.***

derramar ***vb.*** {tr. y prnl.} Tirar algo sobre otra cosa: *Por un descuido, Ana **derramó** leche sobre su blusa.*

derrame ***m.*** Porción de algún líquido que sale del recipiente que lo contiene: *Los **derrames** de los buques petroleros son un grave problema para la ecología.*

derrapar ***vb.*** {intr.} Patinar de lado un vehículo: *En época de lluvias los automóviles **derrapan** fácilmente en las carreteras si van a alta velocidad.*

derrape ***m.*** Acción de derrapar: *El **derrape** de la motocicleta provocó un buen susto a su conductor.*

derredor ***m.*** Contorno de una cosa: *En **derredor** de mi casa hay un jardín con árboles.*

derrengar ***vb.*** {tr. y prnl.} **Modelo 17. 1** Lastimar la columna vertebral de una persona o animal a la altura de la cadera: *Cargaron tanto al pobre burro que se **derrengó** y ahora no puede caminar bien.* **2** Fatigar, cansar en extremo: *El tendero hacía trabajar a su empleado hasta **derrengarse**, por eso renunció.*

derretido, da ***adj.*** Que ha pasado de un estado sólido a uno semilíquido a causa del calor: *Mi pantalón se manchó con chocolate **derretido** y me será muy difícil limpiarlo.*

derretir ***vb. irreg.*** {tr. y prnl.} **Modelo 47.** Disolver un sólido por medio de calor: *Los cubitos de hielo **se derritieron** rápidamente por el calor del ambiente.* Sin. **fundir.**

derribado, da ***adj.*** Tirado, que ha caído al suelo después de haber estado en posición vertical o en un lugar elevado: *A Nino le da miedo pasar por ese edificio **derribado,** dice que se ha convertido en guarida de malvivientes.*

derribar ***vb.*** {tr.} **1** Echar abajo una construcción: *Ayer **derribaron** un edificio viejo que estaba enfrente de mi casa.* **2** Hacer caer al suelo a alguien o algo: *Cuando corría hacia el parque **derribé** a otro niño porque no lo vi.*

derribo ***m.*** **1** Acción y efecto de derribar: *El **derribo** de la vieja casona está programado para este fin de semana.* **2** Escombros, materiales que se obtienen al demoler una construcción: *El arquitecto rescató unos barandales y un vitral de entre el **derribo** de un antiguo edificio.*

derriscar ***vb.*** {tr. y prnl.} ***Cuba*** y ***P. Rico.*** Despeñar, caerse o hacer caer desde un lugar elevado.

derrocamiento ***m.*** Acción y efecto de derrocar: *El **derrocamiento** de ese gobernante no es más que una consecuencia de su tiranía.*

derrocar ***vb. irreg.*** {tr.} **Modelo 17.** Hacer perder a una persona su empleo, poder o dignidad por medios violentos.

derrochador, ra ***adj.*** Que malgasta el dinero: *Esa joven es una **derrochadora,** siempre está comprando baratijas inútiles.*

derrochar ***vb.*** {tr.} Malgastar el dinero o los bienes: *Evaristo **derrocha** su dinero en las apuestas.*

derroche ***m.*** Gasto que no es necesario: *Fue un **derroche** comprar ese vestido que no volveré a usar después de la fiesta del sábado.*

derrota ***f.*** Hecho de fracasar en el intento de algo: *La **derrota** del equipo se debió a que los jugadores estaban cansados.* Ant. **victoria.**

derrotado, da ***adj.*** Que ha sido vencido en la guerra o en una competencia deportiva: *Las gimnastas **derrotadas** caminaron cabizbajas hacia los vestidores.*

derrotar ***vb.*** {tr.} Vencer a alguien en una competición o en la guerra: *Después de mucho esfuerzo, logré **derrotar** a los otros corredores durante la competencia.*

derrotero ***m.*** **1** Línea, dirección o camino que sigue un barco. **2** Camino, dirección: *La vida nos lleva por **derroteros** que no conocemos.*

derrotismo ***m.*** Actitud del derrotista: *El **derrotismo** de algunas personas les impide llevar a cabo cualquier acción para progresar.*

derrotista ***adj./m.*** y ***f.*** Persona que siempre es pesimista sobre los resultados de cualquier intento o empresa.

derruir ***vb. irreg.*** {tr.} **Modelo 59.** Derribar un edificio: *El abandono y el descuido **fueron derruyendo** poco a poco la casa de la familia López.*

derrumbamiento o **derrumbe** ***m.*** Hecho de hundir o derribar una construcción: *El terremoto provocó el **derrumbamiento** del puente.*

derrumbar ***vb.*** {tr. y prnl.} **1** Derribar una construcción: *Los albañiles **derrumbaron** la casa vieja para empezar a construir una nueva.* **2** ***Fam.*** Hundirse la moral de alguien: *Nos **derrumbamos** después de que el otro equipo metió tres goles.*

derviche ***m.*** Monje musulmán que sigue enseñanzas místicas: *Los **derviches** danzan dando vueltas y más vueltas, hasta que entran en trance.*

desabarrancar ***vb. irreg.*** {tr.} **Modelo 17. 1** Sacar de un barranco, o desatascar del lodo: *El chofer necesitó la ayuda de otros seis hombres, pero al fin **desabarrancó** su camión.* **2** Ayudar a alguien a salir de una dificultad en que se ha metido.

desabastecer ***vb. irreg.*** {tr. y prnl.} **Modelo 39.** Dejar de abastecer, privar de lo necesario: *Si se pierde otra cosecha se **desabastecerá** el mercado del trigo y habrá que importarlo.*

desabastecimiento ***m.*** Falta o escasez de productos en un mercado: *El **desabastecimiento** de leche está llevando a que los comerciantes especulen con la poca que hay.*

desabollar ***vb.*** {tr.} Quitar las abolladuras: *¡Te sentaste encima de mi sombrero, ahora a ver cómo logras **desabollarlo!***

desabotonar ***vb.*** {tr. y prnl.} Sacar los botones de los ojales de una prenda de vestir para abrirla: *Agobiado por el calor, el hombre se quitó la corbata y* ***desabotonó*** *su camisa.*

desabrido, da ***adj.*** Que no tiene sabor: *La sopa estaba* ***desabrida*** *y le puse sal, pimienta y un poco de ajo.* SIN. **insípido.** ANT. **sápido, sabroso.**

desabrigado, da ***adj.*** Que no trae ropa que cubra del frío: *No salgas a la calle* ***desabrigado*** *pues hace frío.*

desabrigar ***vb. irreg.*** {tr. y prnl.} **Modelo 17.** Quitar o quitarse la ropa que abriga.

desabrochado, da ***adj.*** Con los broches o corchetes sueltos o abiertos.

desabrochar ***vb.*** {tr. y prnl.} Soltar los botones, cierres o broches de una prenda de vestir para que quede abierta: *Los niños pequeños no saben* ***desabrochar*** *sus camisas y pantalones.* ANT. **abrochar.**

desacatar ***vb.*** {tr.} **1** Faltar al respeto a una autoridad: *El abogado estaba tan molesto que* ***desacató*** *al juez y ahora será sancionado.* **2** Desobedecer o rechazar leyes u órdenes: *"Y el que* ***desacate*** *esta orden, será arrestado", dijo el jefe de la policía a sus subordinados.*

desacato ***m.*** **1** Falta de respeto: *El director nos acusó de* ***desacato*** *porque nos burlamos de un maestro y seremos castigados.* **2** En Derecho, delito que se comete insultando a una autoridad en el ejercicio de sus funciones.

desaceleración ***f.*** Acción y efecto de desacelerar.

desacelerar ***vb.*** {tr. e intr.} Disminuir la velocidad: *Los obreros* ***desaceleraron*** *la máquina porque temían que fuera a quemarse.*

desacertado, da ***adj.*** **1** Que obra sin acierto, que comete errores. **2** Inadecuado, inconveniente: *La gente opina que es* ***desacertada*** *la medida de encarecer el transporte público.*

desacertar ***vb.*** {intr.} Errar, equivocarse, no acertar.

desacierto ***m.*** Error: *Fue un* ***desacierto*** *acusar a tu amigo de ladrón si no estabas seguro de que fuera culpable.*

desacomodado, da ***adj.*** **1** Incómodo, inconveniente. **2** Desordenado: *Juan tiene* ***desacomodado*** *su armario y nunca encuentra los zapatos que necesita.*

desacomodar ***vb.*** {tr. y prnl.} Alterar el orden de algo: *El niño* ***desacomodó*** *mis papeles y ahora no encuentro un documento que necesito.*

desacomodo ***m.*** Acción y efecto de desacomodar o desacomodarse: *La llegada inesperada de ese pariente fue un* ***desacomodo*** *para la familia, pues no tenían espacio dónde alojarlo.*

desacompasado, da ***adj.*** Que ha perdido el compás o el ritmo: *El pánico que sentía provocaba que su corazón latiera* ***desacompasado.***

desacompasar ***vb.*** {tr.} Provocar que algo pierda su compás o ritmo: *El director de la orquesta se equivocó y los músicos se* ***desacompasaron,*** *lo cual les mereció una rechifla.*

desaconsejable ***adj.*** No aconsejable, inconveniente: *Es* ***desaconsejable*** *seguir dietas extremas para bajar de peso, pues terminan por alterar el metabolismo.*

desaconsejar ***vb.*** {tr.} Convencer a alguien de hacer algo: *Ezequiel* ***desaconsejó*** *que fuéramos a la playa porque el día estaba nublado.*

desacoplar ***vb.*** {tr.} Hacer que algo que estaba acoplado deje de estarlo: *Ayer* ***desacoplaron*** *la cápsula espacial del cohete para que iniciara su órbita.*

desacople ***m.*** Desacoplamiento, acción y efecto de desacoplar: *"El* ***desacople*** *de estas piezas fue un poco difícil porque estaban oxidadas", dijo el plomero.*

desacorde ***adj.*** **1** Que no concuerda con algo: *La mitad de la asamblea se manifestó* ***desacorde*** *con lo que proponía el líder.* **2** Referido a un instrumento musical, destemplado, mal afinado.

desacostumbrado, da ***adj.*** Que está fuera del uso o de la costumbre: *Rodolfo es un hombre* ***desacostumbrado*** *a practicar deportes y se agota después de correr un poco.*

desacostumbrar ***vb.*** {tr. y prnl.} Hacer que se pierda, o perder, una costumbre: *Tendré que* ***desacostumbrarme*** *a las desveladas, pues en mi nuevo empleo debo entrar muy temprano.*

desacralización ***f.*** Acción y efecto de desacralizar: *A partir de la* ***desacralización*** *de esos antiguos escritos, será mucho más fácil analizarlos históricamente.*

desacralizar ***vb. irreg.*** {tr.} **Modelo 16.** Despojar a una cosa del carácter sagrado que tenía.

desacreditado, da ***adj.*** Que ha perdido su buena reputación, desprestigiado: *Esa marca de ropa está* ***desacreditada,*** *al principio era muy buena y ahora se descose fácilmente.*

desacreditar ***vb.*** {tr. y prnl.} Disminuir el crédito o valor de alguien o algo.

desactivación ***f.*** Acción de anular o neutralizar la actividad o funcionamiento de un artefacto, proceso, sistema, o los efectos de una sustancia química: *Debido a la falta de presupuesto, la universidad procederá a la* ***desactivación*** *de sus laboratorios.*

desactivar ***vb.*** {tr.} Anular el sistema detonador de un artefacto explosivo o anular la actividad de un proceso: *Los bomberos* ***desactivaron*** *a tiempo la bomba que se encontraba en el centro comercial.*

desactualizado, da ***adj.*** Que no está al corriente de los avances en las más recientes tendencias o de los avances de un asunto o tema: *Georgina volvió a trabajar después de cinco años y descubrió que está* ***desactualizada*** *en el manejo de programas de computación.*

desacuerdo ***m.*** Discordia, inconformidad.

desadaptación ***f.*** Desajuste, falta de adaptación, dificultad para adaptarse: *La* ***desadaptación*** *de ese joven respecto a las normas sociales ha sido para él fuente de conflictos.*

desafecto, ta ***adj.*** Que no estima una cosa.

desafiante ***adj.*** Que denota desafío: *Cuando le dije a Uriel que no podría terminar ese trabajo a tiempo, me lanzó una mirada* ***desafiante*** *y, sin decir palabra, se puso a teclear febrilmente.*

desafiar ***vb. irreg.*** {tr.} **Modelo 9. 1** Provocar a un duelo, combate o una discusión: *En el programa de televisión, el héroe* ***desafió*** *a su enemigo y lucharon hasta que el hombre malo se rindió.* **2** Afrontar una situación con valentía: *Los toreros deben* ***desafiar*** *a la muerte cada vez que salen al ruedo.*

desafilado, da ***adj.*** Que no tiene filo: *Las tijeras están* ***desafiladas,*** *por eso no cortan bien.*

desafilar ***vb.*** {tr. y prnl.} Embotar o embotarse el filo de un instrumento: *Juana* ***desafiló*** *el cuchillo al intentar cortar con él la suela de un zapato.*

desafinado, da ***adj.*** Que no corresponde a la entonación musical debida: *Los chicos cantaron con voces* ***desafinadas,*** *pero con mucho entusiasmo.*

desafinar ***vb.*** {intr. y prnl.} En música, apartarse de la debida entonación: *En un momento del concierto, un violinista* ***desafinó*** *y los demás músicos no supieron cómo disimular el error.*

desafío ***m.*** Hecho de provocar a otra persona para participar en una competencia: *Mi amigo me ha hecho un* ***desafío*** *para ver quién saca mejor nota en el examen.*

desaforado, da ***adj.*** Se aplica a lo que es muy intenso o muy grande: *Con gritos* ***desaforados,*** *Jaimito pedía que alguien le ayudara a bajar a su gato del árbol en que trepó.*

desaforar ***vb.*** {tr.} **Modelo 5.** Quitar a alguien los privilegios que había adquirido: *Las noticias dicen que* ***desaforarán*** *a esos diputados para poder juzgarlos.*

desaforo ***m.*** Acción y efecto de desaforar: *La corte de justicia fue estricta, por lo que procederá al* ***desaforo*** *de los funcionarios infractores.* Sin. **desafuero.**

desafortunado, da ***adj.*** Que no debería ser, que no es acertado: *Decirle a mi madre que no me gustó el guiso que preparó fue un comentario* ***desafortunado*** *porque ella se sintió ofendida.*

desafortunado, da ***adj./m.*** y ***f.*** Sin fortuna, desgraciado: *Heberto es* ***desafortunado*** *en el baloncesto, siempre pierde su equipo.*

desafuero ***m.*** **1** Acto violento contra la ley o la razón. **2** Privación de los privilegios adquiridos: *El* ***desafuero*** *suele ser condición para poder castigar los delitos cometidos por personas que trabajan en determinados niveles del gobierno de un país.* Sin. **desaforo.**

desagradable ***adj.*** Que resulta molesto: *El olor a comida podrida es muy* ***desagradable.***

desagradar ***vb.*** {intr. y prnl.} No gustar o causar rechazo: *La actitud violenta del nuevo compañero de clase* ***desagradó*** *al resto de los alumnos.*

desagradecido, da ***adj./m.*** y ***f.*** Que no muestra agradecimiento: *Inés es una* ***desagradecida*** *que no aprecia lo que otros hacen por ella.*

desagrado ***m.*** **1** Sensación de repulsión o disgusto provocada por algo: *Causa profundo* ***desagrado*** *que alguien siempre hable mal de los demás.* **2** Expresión de descontento: *Daniel está cumpliendo su deber con* ***desagrado,*** *nada más oye cómo azota las cosas.*

desagraviar ***vb.*** {tr. y prnl.} Reparar la ofensa hecha a alguien: *Como la había ofendido, Lorenzo* ***desagravió*** *a Amelia con un ramo de rosas.*

desagravio ***m.*** Reparación de la ofensa que se ha hecho a alguien: *La novia de Rubén se portó grosera con él ayer y hoy, en* ***desagravio,*** *lo llevó a cenar.*

desagregar ***vb.*** {tr. y prnl.} **Modelo 17.** Apartar o apartarse unos de otros los elementos que componen algo: *Se usa el colador para* ***desagregar*** *el bagazo del jugo.*

desaguadero ***m.*** Desagüe.

desagüe ***m.*** **1** Hecho de sacar agua de algún lugar: *El* ***desagüe*** *de la piscina duró una hora.* **2** Conducto o canal por donde sale el agua: *El* ***desagüe*** *está tapado con hojas de árboles, voy a limpiarlo para que el agua de la lluvia pueda irse.*

desaguisado ***m.*** **1** Hecho contra la razón: *Es un* ***desaguisado*** *que en esa tienda quieran vender tan caros los alimentos básicos.* **2** Fechoría, delito.

desaguiso ***m. Chile.*** Desaguisado, error: *Cuando se dio cuenta del* ***desaguiso*** *que estaba cometiendo, ya había echado a perder todo.*

desahogado, da ***adj.*** **1** Referido a un espacio interior, amplio y despejado: *El vestíbulo de ese edificio es* ***desahogado*** *y tiene muy buena iluminación.* **2** Que disfruta de bienestar económico: *Su posición* ***desahogada*** *le ha permitido hacer muchos viajes.*

desahogar ***vb. irreg.*** {tr. y prnl.} **Modelo 17.** Expresar de manera libre un sentimiento: *Esther* ***desahogó*** *todos sus problemas con su madre y después se sintió más tranquila.*

desahogo ***m.*** Alivio de una pena, de un trabajo pesado o de una deuda: *Fue un* ***desahogo*** *terminar de pagar la deuda que teníamos con el banco.*

desahuciar ***vb.*** {tr., intr. y prnl.} Considerar el médico que un enfermo no tiene ninguna posibilidad de salvación.

desahucio ***m.*** **1** Acción y efecto de desahuciar: *El* ***desahucio*** *de su mascota tiene a Liliana muy triste.* **2** Acción legal que consiste en despedir a un inquilino moroso: *El casero inició un juicio de* ***desahucio*** *contra un inquilino que ya debía un año de renta.*

desairar ***vb. irreg.*** {tr.} **Modelo 15.** Despreciar a alguien: *Roberto* ***desairó*** *a Magdalena cuando rechazó su invitación para ir a cenar.*

desaire ***m.*** Forma de rechazo: *Elena le hizo un* ***desaire*** *a Pedro al rechazar su invitación a la fiesta.*

desajustar ***vb.*** {tr. y prnl.} Producir falta de ajuste: *El reloj* ***se desajustó*** *después de la caída y ahora se atrasa.*

desajuste ***m.*** **1** Acción y efecto de desajustar o desajustarse. **2** Falta de ajuste: *El rechinido del auto seguramente se debe a un* ***desajuste*** *en los frenos.*

desalar ***vb.*** {tr.} Quitar la sal: *Es aconsejable* ***desalar*** *los alimentos como la cecina y el bacalao antes de cocinarlos.*

desalentado, da ***adj.*** Falto de ánimo, decaído: *Irineo se siente* ***desalentado*** *porque, aunque hizo mucho esfuerzo, no pudo obtener ese empleo.*

desalentador, ra ***adj.*** Que desalienta: *Es muy* ***desalentador*** *que los vecinos se nieguen a hacer algo para mejorar el edificio donde vivimos.*

desalentar ***vb. irreg.*** {tr. y prnl.} **Modelo 3.** Quitar el ánimo: *Las malas calificaciones* ***me desalentaron*** *mucho, pero he decidido seguir estudiando.*

desaliento ***m.*** Abatimiento, falta de ánimo para hacer las cosas: *El* ***desaliento*** *se apoderó del atleta y provocó que ya no siguiera entrenando.*

desalinear ***vb.*** {tr. y prnl.} Hacer que algo pierda la línea recta, o el alineamiento que tenía: *Las personas de la fila* ***se desalinearon*** *y la taquillera ya no sabía a quién atender primero.*

desalinizar ***vb.*** {tr.} Quitar o disminuir la sal del agua, sobre todo de la de mar: *En esa plataforma petrolera hay un equipo que* ***desaliniza*** *el agua para que los trabajadores se bañen.*

desaliñado, da ***adj.*** Descuidado en su aspecto y aseo personal: *Si no anduviera tan* ***desaliñado,*** *Gerardo sería un joven realmente atractivo.*

desaliño ***m.*** Descuido en el aseo personal.

desalmado, da ***adj./m.*** y ***f.*** Cruel, malvado: *En la obra de teatro, el asesino era un* ***desalmado*** *que torturaba a sus víctimas.*

desalojar ***vb.*** {tr.} Sacar de un lugar a una persona o cosa: ***Desalojaron*** *a los vecinos porque no habían pagado el alquiler de su casa.*

desalojo ***m.*** Acción de hacer salir a una persona o sacar una cosa de un lugar: *Con el* ***desalojo*** *de esos viejos muebles, ganaremos espacio en la casa.*

desamar ***vb.*** {tr.} Dejar de amar.

desamarrar ***vb.*** {tr. y prnl.} Soltar lo que está amarrado, desatar: *El cargador* ***desamarró*** *los bultos para descargarlos del camión.*

desambiguación ***f.*** Acción de desambiguar.

desambiguar ***vb.*** {tr.} Quitar la ambigüedad, hacer desaparecer lo dudoso de una idea o palabra.
desamoblar ***vb.*** {tr.} Desamueblar.
desamoldar ***vb.*** {tr.} Hacer que algo pierda la forma que había tomado de un molde: *El artesano **desamoldó** esa figura porque la sacó del molde antes de tiempo, ahora se ve como si estuviera caída hacia un lado.*
desamor ***m.*** Falta de amor: *Rubén adora a Sara, pero ella sólo le da muestras de **desamor.***
desamortización ***f.*** Acción y efecto de desamortizar.
desamortizar ***vb. irreg.*** {tr.} **Modelo 16.** Liberar para su venta o contratación las propiedades de personas físicas o morales que han quedado incapacitadas para la enajenación de éstas.
desamparado, da ***adj.*** Abandonado, sin protección ni ayuda: *A causa de la pobreza existen muchas personas **desamparadas** en el mundo.*
desamparar ***vb.*** {tr.} Abandonar a alguien o algo: *Camilo **desamparó** a sus padres cuando más lo necesitaban.*
desamparo ***m.*** Situación de quien carece de amparo, protección y ayuda: *Al morir ese hombre, su familia ha quedado en el **desamparo.***
desamueblar ***vb.*** {tr.} Retirar los muebles de algún lugar: *Mis vecinos **desamueblarán** una habitación para convertirla en un pequeño gimnasio.*
desandar ***vb. irreg.*** {tr.} **Modelo 12.** Retroceder en el camino ya andado: ***Desandé** varias calles, porque olvidé un libro y tuve que regresar a mi casa por él.*
desangelado, da ***adj.*** Falto de gracia: *La fiesta estuvo **desangelada** porque la música era fea y casi nadie bailó.*
desangrado, da ***adj.*** Que ha perdido mucha sangre, o la totalidad de ella: *Llegó al hospital **desangrado** porque las hemorragias no cedían.*
desangrar ***vb.*** {tr. y prnl.} **1** Perder sangre: *El hombre **se desangraba** porque se cayó y tenía una herida en la pierna.* **2** Sacar mucha sangre a una persona o animal: *Después de matar a los pollos, es necesario **desangrarlos** y quitarles las plumas para poder cocinarlos.*
desanimación ***f.*** Acción y efecto de desanimar o desanimarse: *Comenzaron a arreglar los libreros con mucho entusiasmo, pero una **desanimación** repentina les hizo dejar todo a medias.*
desanimado, da ***adj.*** **1** Falto de ánimo, deprimido: *Jimena está muy **desanimada** porque cree que va a reprobar el examen.* **2** Referido a un sitio o espectáculo, poco concurrido: *Hoy el circo estuvo **desanimado,** apenas si entró la tercera parte del público habitual.*
desanimar ***vb.*** {tr. y prnl.} Perder el ánimo para hacer algo: *La falta de dinero **nos desanimó** y ya no hicimos planes para las vacaciones.*
desánimo ***m.*** Falta de energía o ánimo, desaliento: *El **desánimo** se apoderó de los trabajadores cuando les dijeron que no habría aumento de sueldo.*
desapacible ***adj.*** Se aplica al tiempo desagradable debido a las inclemencias: *Este otoño ha sido **desapacible,** hace demasiado aire.*
desaparecer ***vb. irreg.*** {intr.} **Modelo 39. 1** Ocultar una persona u objeto: *Durante el descanso, mis amigos **desaparecieron** uno de mis libros para jugarme una broma.* **2** Dejar de existir algo o alguien: *El café que había en la esquina **desapareció** cuando construyeron en ese mismo lugar un edificio muy grande.*
desaparecido, da ***adj./m.*** y ***f.*** Que deja de existir: *Los dodos fueron una clase de aves ahora **desaparecidas** porque el hombre las exterminó en el siglo XVII.*
desaparición ***f.*** Ausencia repentina de algo o alguien: *Las noticias anunciaron la **desaparición** de un niño.*
desapegar ***vb. irreg.*** {tr. y prnl.} **Modelo 17. 1** Despegar. **2** Despojarse del afecto o afición que se siente por alguien o algo: *Mientras no **te desapegues** de ese mal amigo, no podrás juzgar su conducta con objetividad.*
desapego ***m.*** Falta de afición, afecto o interés: *Germán empieza a mostrar **desapego** por su novia, creo que ya no la quiere.*
desapercibir ***vb.*** {tr.} **Modelo 45.** Dejar de apercibir algo: *Los Gómez **desapercibieron** lo necesario y cuando llegó su huésped no tenían cama para él.*
desapercibido, da ***adj.*** Que no se nota: *Para pasar **desapercibido** el famoso artista se puso una gorra, lentes oscuros y se perdió entre la multitud.*
desaprensivo, va ***adj.*** Que desprecia los derechos de los demás y obra sin miramiento hacia ellos: *Algún tipo **desaprensivo** estacionó el auto que está estorbando a media calle.*
desaprisionar ***vb.*** {tr.} Liberar de la prisión.
desaprobación ***f.*** Acción de desaprobar: *Los vecinos manifestaron su **desaprobación** respecto a las obras que acabarán con el parque de la colonia.*
desaprobar ***vb. irreg.*** {tr.} **Modelo 5.** Opinar que alguien ha actuado mal o considerar que algo está mal hecho: *El profesor **desaprobó** nuestra actitud agresiva frente a nuestras compañeras.*
desaprobatorio, ria ***adj.*** Que desaprueba: *La opinión de los directivos acerca de ese proyecto es **desaprobatoria,** por lo tanto, no se llevará a cabo.*
desapropio ***m.*** Acción de renunciar a algo que se posee, desapropiamiento: *Iris efectuó el **desapropio** de su colección de muñecas para donarla a la subasta de beneficencia.*
desaprovechar ***vb.*** {tr.} Desperdiciar o emplear mal una cosa: *Mi hermano **desaprovechó** un trabajo en el que iba a ganar mucho dinero.*
desarbolado, da ***adj.*** Que no tiene árboles: *Cuesta trabajo imaginar que esta parte **desarbolada** de la ciudad hace pocos años era un bosque.*
desarbolar ***vb.*** {tr.} En términos de marina, derribar los palos de una embarcación: *La tempestad **desarboló** al velero y ahora está a la deriva.*
desarmable ***adj.*** Que puede ser desarmado: *Compramos una mesa **desarmable;** cuando no la utilizamos la guardamos en un armario.*
desarmado, da ***adj.*** **1** Sin armas: *"Estoy **desarmado,** no disparen", dijo el soldado mensajero cuando se acercó a las filas enemigas.* **2** Sin argumentos para enfadarse o replicar: *Se disculpó conmigo de una manera tan elocuente, que me dejó **desarmada** para reprenderlo.*
desarmador ***m. Méx.*** Herramienta que se usa para meter o sacar tornillos. SIN. **destornillador.**
desarmar ***vb.*** {tr.} **1** Desunir, separar las piezas de las que se compone un objeto: ***Desarmamos** el juguete para arreglarlo y ahora funciona otra vez.* **2** Quitar a una persona las armas: *En el programa de vaqueros, el alguacil **desarmó** con facilidad al pistolero.*
desarme ***m.*** Reducción o supresión de armas militares: *La conferencia trató sobre la necesidad del **desarme** mundial.*
desarmonía ***f.*** Falta de armonía: *La **desarmonía** en la decoración hace que resulte muy desagradable estar en esa casa.* SIN. **discordancia.**
desarmonizar ***vb.*** {tr.} Hacer que algo deje de tener armonía: *"No compres el tapete rojo, **desarmonizará** con el color naranja de tus muebles", me advirtió Román.*

desaromatizar ***vb. irreg.*** {tr. y prnl.} **Modelo 16.** Quitar el aroma, o perderlo algo: *Esa loción ya* ***se desaromatizó,*** *no tenía buen fijador.*

desarraigado, da ***adj.*** Que no tiene lazos afectivos ni intereses que lo liguen a su familia, país o medio.

desarraigar ***vb.*** {tr. y prnl.} **1** Arrancar un árbol o planta con todo y raíz. **2** Separar a un persona del lugar donde vive y tiene su familia: *La guerra* ***desarraigó*** *a muchas personas de sus pueblos natales, ahora tienen que vivir en campos para refugiados.*

desarraigo ***m.*** Acción y efecto de desarraigar o desarraigarse: *El* ***desarraigo*** *de ese periodista a su profesión se debe a que hace mucho que no la practica.*

desarrapado, da ***adj.*** Desharrapado.

desarreglado, da ***adj.*** **1** Desordenado: *El cuarto de Irene está muy* ***desarreglado,*** *hay ropa, zapatos y toallas tirados por todas partes.* **2** Descuidado en su aspecto personal, sin arreglar: *"Hoy no pienso salir, me quedo* ***desarreglada*** *y lavaré la cocina", me comentó Susana.*

desarreglar ***vb.*** {tr. y prnl.} Desordenar las cosas: *Emilio* ***desarregló*** *su cuarto porque buscaba un juguete que había perdido la semana pasada.*

desarreglo ***m.*** **1** Acción y efecto de desarreglar, desorden. **2** Trastorno orgánico: *El estrés me ha provocado algunos* ***desarreglos*** *en mi digestión.*

desarrollado, da ***adj.*** **1** Se aplica a lo que ha logrado un buen desarrollo: *Mi hermano tiene músculos* ***desarrollados*** *porque hace ejercicio.* **2** Se dice de los países que han alcanzado un gran crecimiento económico: *Alemania es uno de los países más* ***desarrollados*** *de Europa.*

desarrollar ***vb.*** {tr. y prnl.} **1** Hacer que una cosa aumente o progrese: *Con el ejercicio constante, mi primo* ***desarrolló*** *los músculos de sus brazos.* **2** Explicar una ley o idea: *La maestra de física* ***desarrolló*** *de manera clara la teoría de la relatividad.* **3** Suceder, ocurrir, acontecer: *La fiesta* ***se desarrolló*** *bien y todos nos divertimos mucho.*

desarrollismo ***m.*** En economía, ideología que tiene como objetivo prioritario el desarrollo económico: *El* ***desarrollismo*** *suele tener costos sociales y ecológicos muy altos.*

desarrollista ***adj.*** **1** Perteneciente o relativo al desarrollismo. **2** Partidario del desarrollismo.

desarrollo ***m.*** **1** Crecimiento o transformación, física o mental: *El* ***desarrollo*** *de las niñas comienza antes que el* ***desarrollo*** *de los niños.* **2** Progreso o avance de algo.

desarropar ***vb.*** {tr. y prnl.} Quitar o apartar la ropa: *"No es bueno que* ***te desarropes*** *porque estás sudando y podrías enfermar", me advirtió mi padre.*

desarrugar ***vb. irreg.*** {tr. y prnl.} **Modelo 17.** Quitar las arrugas: *No me gusta ponerme esa blusa porque es muy difícil* ***desarrugarla*** *con la plancha.*

desarticulación ***f.*** Acción y efecto de desarticular: *La* ***desarticulación*** *de esa empresa ha dejado en el desempleo a muchas personas.*

desarticulado, da ***adj.*** **1** Fuera de su articulación: *El jugador de fútbol tiene la rodilla* ***desarticulada,*** *es decir, sufrió una luxación.* **2** Desorganizado, falto de coordinación: *Con un plan tan* ***desarticulado*** *no llegaremos a ninguna parte.*

desarticular ***vb.*** {tr.} Deshacer un plan o una organización: *La policía* ***desarticuló*** *una banda de asaltantes.*

desaseado, da ***adj.*** Sucio, que no tiene aseo: *Virgilio huele mal porque es* ***desaseado,*** *hace tres meses que no lava sus tenis.*

desasear ***vb.*** {tr. y prnl.} Quitar la limpieza, ensuciar: *Las visitas* ***desasearon*** *el baño de una manera espantosa; ya no vuelvas a invitar a esas personas.*

desaseo ***m.*** Hecho de no ser limpio: *Si Camilo no cambia ese aspecto de* ***desaseo,*** *no creo que Fernanda quiera salir con él.*

desasimilación ***f.*** Proceso del metabolismo que transforma las sustancias complejas en productos más simples para que sean excretados: *Después de la asimilación, viene la* ***desasimilación;*** *ambas son fundamentales para el organismo.*

desasir ***vb. irreg.*** {tr. y prnl.} **Modelo 70.** Soltar o soltarse de lo que se tenía asido: *El pequeño* ***se desasió*** *de la mano de su madre y echó a correr por el parque.*

desasistir ***vb.*** {tr.} No prestar a alguien la ayuda que necesita.

desasosegar ***vb. irreg.*** {tr. y prnl.} **Modelo 18.** Quitar la tranquilidad: *Hacer un recuento de sus deudas* ***desasosegó*** *a tal grado a Héctor que no pudo dormir.* Sin. **inquietar.**

desasosiego ***m.*** Situación o estado de ánimo en el que falta la tranquilidad: *Se notaba el* ***desasosiego*** *en la cara de los padres del niño enfermo.*

desastre ***m.*** **1** Desgracia grande producida por un hecho inesperado: *El hundimiento del barco fue un* ***desastre*** *que ocasionó muchas muertes.* **2** Hecho frustrado o perjudicial: *Nuestras vacaciones en la playa se convirtieron en un* ***desastre*** *a causa de la lluvia.*

desastroso, sa ***adj.*** **1** Que causa daño: *El sida es una enfermedad* ***desastrosa*** *porque todavía no tiene cura.* **2** Que es demasiado malo: *Hice un examen* ***desastroso*** *porque no estudié nada.*

desatado, da ***adj.*** **1** Suelto, con las ataduras deshechas: *Los cordones de tu zapato están* ***desatados,*** *no vayas a tropezar con ellos.* **2** Que actúa o se comporta sin freno: *Hoy los niños estuvieron* ***desatados,*** *dieron tanta lata que me provocaron jaqueca.*

desatar ***vb.*** {tr. y prnl.} **1** Liberar a alguien o algo de sus ataduras: *En la noche* ***desatamos*** *al perro para que cuide la casa.* **2** Aparecer algo de manera violenta y repentina: ***Se desató*** *una tormenta en el mar que hizo peligrar las pequeñas embarcaciones.* Sin. **desencadenar. 3** Hacer a un lado el temor o la timidez que impedían realizar algo: *Al fin Emiliano* ***se desató*** *y empezó a hablar con todos sus compañeros de clase.*

desatascar ***vb. irreg.*** {tr. y prnl.} **Modelo 17.** Dejar libre un objeto que estaba atorado: ***Desatascamos*** *el automóvil del barro en el que había caído.*

desatención ***f.*** **1** Falta de atención: *La consecuencia de mi* ***desatención*** *en clase es que no entendí la lección.* **2** Falta de cortesía: *Pedro tuvo tantas* ***desatenciones*** *con su novia, que ésta lo mandó a volar.*

desatender ***vb. irreg.*** {tr.} **Modelo 24.** No prestar atención o no hacer caso: *Llegué en el último lugar de la carrera porque* ***desatendí*** *las instrucciones de mi entrenador.*

desatento, ta ***adj.*** Que no pone atención: *Armando es* ***desatento*** *en la clase de francés porque no le gusta aprender otros idiomas.* Sin. **distraído.**

desatento, ta ***m.*** y ***f.*** Persona que no es amable, que es descortés. Sin. **grosero.** Ant. **atento.**

desatinado, da ***adj.*** Que procede o habla de manera poco juiciosa o razonable: *Los comentarios* ***desatinados*** *del conferencista hicieron que el público abandonara la sala.*

desatinar ***vb.*** {intr.} **1** Perder la puntería: *El arquero se sobresaltó por un ruido y* ***desatinó,*** *ya no pudo dar en el blanco.* **2** Hacer o decir desatinos.

desatino ***m.*** Falta de tacto y acierto al hacer algo: *Fue un* ***desatino*** *comprar ese reloj tan caro cuando tenemos poco dinero.*

desatorar ***vb.*** {tr. y prnl.} Desatascar, sacar o liberar algo de donde está atorado: *El gato se metió en una grieta demasiado estrecha para él y tuvimos que luchar para* ***desatorarlo*** *sin que sufriera daño.*

desatornillar ***vb.*** {tr. y prnl.} Dar vueltas a un tornillo para sacarlo. SIN. **destornillar.**

desatrancar ***vb. irreg.*** {tr.} **Modelo 17.** Quitar a una puerta lo que impide abrirla: *Por la mañana mi tía Rosario* ***desatranca*** *la puerta de su tienda para que entren los clientes.*

desautorización ***f.*** Hecho de no permitir que algo se realice, o de no aprobarlo.

desautorizar ***vb. irreg.*** {tr.} **Modelo 16. 1** Prohibir que se lleve a cabo algo: *"****Desautorizo*** *ese proyecto, deben cancelarlo", dijo el gobernador.* **2** Quitar a alguien la autoridad o el crédito: *El presidente de la compañía* ***desautorizó*** *al gerente; ahora se espera que éste presente su renuncia.*

desavenencia ***f.*** Falta de acuerdo o armonía: *El respeto y la tolerancia evitan muchas* ***desavenencias.*** SIN. **discrepancia.**

desavenimiento ***m.*** Discordia, desacuerdo: *El* ***desavenimiento*** *entre esos dos países ha traído complicaciones diplomáticas.*

desavenir ***vb. irreg.*** {tr. y prnl.} **Modelo 49.** Enemistar, crear discordia o contrariedad: *Los chismes de la oficina* ***desavinieron*** *lo que había sido un buen equipo de trabajo.*

desayunador ***m.*** **1** ***Méx.*** Habitación pequeña contigua a la cocina que se utiliza como comedor informal. **2** ***Méx.*** Mesa y sillas que están en la habitación llamada desayunador.

desayunar ***vb.*** {tr., intr. y prnl.} Tomar, por la mañana, el primer alimento del día: *Hoy* ***desayuné*** *cereal con leche y frutas.*

desayuno ***m.*** Primer alimento del día, que se toma por la mañana: *Me gustan los* ***desayunos*** *abundantes con jugo, cereal, fruta y huevos.*

desazolvar ***vb.*** {tr.} ***Méx.*** Desatascar, retirar la basura y residuos que obstruyen los drenajes: *Gracias a que* ***desazolvaron*** *a tiempo, en esta época de lluvias no hemos tenido encharcamientos en mi colonia.*

desazolve ***m.*** ***Méx.*** Acción y efecto de desazolvar: *Las autoridades prometieron que mañana comenzarán el* ***desazolve*** *del drenaje principal.*

desazón ***f.*** Molestia o inquietud a causa de algún suceso.

desbalagar ***vb.*** {tr. y prnl.} ***Méx.*** Dispersar: *Después de haber hecho su travesura, los muchachos* ***se desbalagaron*** *y se fueron corriendo en todas direcciones para que no pudieran atraparlos.*

desbancar ***vb. irreg.*** {tr.} **Modelo 17.** Quitar a alguien de un puesto y ocuparlo uno mismo: *Rocío* ***desbancó*** *a Renata del primer lugar en calificaciones.*

desbandada ***f.*** Algo que se dispersa de manera confusa: *La* ***desbandada*** *de caballos dejó mucho polvo en el camino.*

desbandarse ***vb.*** {prnl.} Huir en desorden.

desbarajustado, da ***adj.*** Desordenado, con su orden habitual alterado: *Los apuntes de Ismael están* ***desbarajustados,*** *nadie encuentra nada en ellos.*

desbarajustar ***vb.*** {tr. y prnl.} Desordenar, alterar, confundir: *Trabajo sin ton ni son y* ***desbarajustó*** *la caja de herramientas.*

desbarajuste ***m.*** Desorden y confusión.

desbaratado, da ***adj.*** Estropeado, deshecho: *Me empapé en el aguacero y el libro que traía quedó* ***desbaratado.***

desbaratar ***vb.*** {tr.} Deshacer o arruinar una cosa: ***Desbaratamos*** *la maqueta pequeña para hacer una más grande.*

desbarato ***m.*** Acción y efecto de desbaratar, desbaratamiento.

desbarrancadero ***m.*** ***Hond.*** y ***Méx.*** Precipicio, despeñadero: *El camión derrapó, se volteó y toda su carga cayó por el* ***desbarrancadero.***

desbarrancar ***vb. irreg.*** {tr. y prnl.} **Modelo 17.** ***Amér. C., Chile, Cuba, Méx., Perú*** y ***Venez.*** **1** Despeñarse, caer a un barranco: *La recua* ***desbarrancó*** *y dos mulas murieron, las otras cuatro pudieron ser rescatadas.* **2** Arrojar a alguien o algo a un barranco.

desbarrar ***vb.*** {tr. y prnl.} Pensar y hablar de manera disparatada: *Marcos* ***desbarró*** *cuando dijo que para viajar de un estado a otro dentro del mismo país se necesita pasaporte.*

desbarre ***m.*** Disparate, cosa absurda: *Lo que afirma ese libro es un* ***desbarre,*** *¿cómo crees que los patos van a poder caminar de cabeza?*

desbastar ***vb.*** {tr.} Quitar las partes más toscas de una cosa: *El joyero* ***desbasta*** *el diamante original para quedarse con la parte preciosa que utiliza para hacer joyas.*

desbloquear ***vb.*** {tr.} Eliminar un obstáculo que bloquea un proceso.

desbloqueo ***m.*** Acción y efecto de desbloquear: *El* ***desbloqueo*** *de esa avenida ha mejorado mucho la circulación del área.*

desbocado, da ***adj.*** **1** Dicho de un caballo, que galopa sin control: *La yegua* ***desbocada*** *atravesó la llanura a gran velocidad y no paró hasta llegar al río.* **2** ***Fam.*** Carente de moderación en sus actos: *Ese joven está* ***desbocado,*** *casi todos los días se va de parranda.*

desbocarse ***vb. irreg.*** {prnl.} **Modelo 17.** Correr un caballo sin que se le pueda controlar: *El jinete cayó al suelo cuando el caballo* ***se desbocó.***

desbordamiento ***m.*** Hecho de salirse de los bordes: *Ayer hubo un* ***desbordamiento*** *del río a causa de las lluvias.*

desbordante ***adj.*** **1** Que sale de los bordes del cauce o recipiente que lo contiene: *Esa fuente* ***desbordante*** *debe ser reparada, se está desperdiciando mucha agua.* **2** Que sobrepasa con mucho la medida habitual: *Los fanáticos del equipo estaban* ***desbordantes*** *de júbilo al ver que había ganado el campeonato.*

desbordar ***vb.*** {tr., intr. y prnl.} **1** Salir de los bordes: *El café* ***se desbordó*** *porque Laura seguía sirviéndolo y no vio que la taza ya estaba llena.* **2** Manifestar de manera viva un sentimiento o una pasión: *Javier* ***desbordó*** *toda su alegría en la fiesta bailando y jugando.*

desborde ***m.*** Desbordamiento: *El* ***desborde*** *del río inundó varias poblaciones.*

desbrozar ***vb.*** {tr.} Retirar la broza de algún sitio: *Después que podaron los árboles, llegó una cuadrilla de trabajadores y* ***desbrozó*** *el parque.*

descabalgar ***vb. irreg.*** {intr.} **Modelo 17.** Desmontar de un caballo.

descabellado, da ***adj.*** Que no tiene sentido: *El plan de ir a la playa en un día tan frío me parecía* ***descabellado.***

descabellar ***vb.*** {tr.} Matar al toro hiriéndolo en la cerviz.

descabello ***m.*** Acción y efecto de descabellar.

descabezar ***vb. irreg.*** {tr.} **Modelo 16.** Cortar la cabeza o la parte superior de algo.

descafeinado, da ***adj./m.*** Relativo a las bebidas sin cafeína: *Voy a tomar un café* ***descafeinado,*** *porque la cafeína me quita el sueño.*

descalabrado, da ***adj.*** **1** Que tiene una herida en la cabeza a causa de un golpe: *Isaac está* ***descalabrado*** *porque peleó con otros niños.* **2** Que salió mal o falló en un negocio.

descalabradura ***f.*** Herida que produce un golpe recibido en la cabeza y cicatriz que deja: *Ahora que Alfonso trae el pelo corto, se le nota la* ***descalabradura*** *que sufrió cuando jugaba fútbol americano.*

descalabrar ***vb.*** {tr. y prnl.} Herir o herirse en la cabeza: *Rosalía* ***se descalabró*** *al caerse de un árbol.*

descalabro ***m.*** Pérdida, daño grande: *El dueño de ese restaurante tuvo que cerrarlo a causa de un* ***descalabro*** *económico.*

descalcificación o **decalcificación** ***f.*** Acción y efecto de descalcificar o descalcificarse: *La* ***descalcificación*** *que padecía Joaquín provocó que se le cayeran los dientes.*

descalcificar o **decalcificar** ***vb. irreg.*** {tr. y prnl.} **Modelo 17.** Perder calcio el organismo, o disminuir la cantidad de este mineral que hay en él: *Para evitar* ***descalcificarse,*** *las personas deben ingerir leche, quesos y otros alimentos que contengan calcio.*

descalificación ***f.*** Hecho de descalificar, desacreditar, excluir: *La* ***descalificación*** *del corredor se debió a que hizo trampa durante la carrera.* Sin. **eliminación.**

descalificado, da ***adj.*** **1** Que no tiene capacidad para realizar algo: *El plomero confesó que estaba* ***descalificado*** *para hacer esa reparación y recomendó a su cliente buscar un especialista.* **2** Dicho de un deportista, que ha quedado fuera de una competencia por haber infringido las reglas.

descalificar ***vb. irreg.*** {tr.} **Modelo 17. 1** Restar estimación y valor a una persona o un hecho. **2** Eliminar de una competencia: ***Descalificaron*** *a Andrés de la carrera por empujar a otro corredor.*

descalzar ***vb. irreg.*** {tr. y prnl.} **Modelo 16.** Quitar los zapatos. *La mamá* ***descalzó*** *al niño y después le quitó el pantalón y la ropa para bañarlo.*

descalzo, za ***adj.*** Que anda con los pies desnudos: *Me gusta correr* ***descalzo*** *por la playa porque es muy agradable sentir la arena bajo mis pies.*

descamación ***f.*** **1** Acción de retirar las escamas: *"Antes de freír ese pescado debes proceder a su* ***descamación****", indicó el chef a su ayudante.* **2** Desprendimiento de las capas superficiales de la epidermis: *"Esa* ***descamación*** *en tu brazo puede ser debida a una infección por hongos, mejor ve al médico", dijo Lucila a su hermano.*

descamar ***vb.*** {tr. y prnl.} **1** Quitar las escamas a un pescado, escamar. **2** Caerse la piel en forma de pequeñas escamas: *A Laura se le* ***descamaban*** *las piernas, fue al dermatólogo y le dijo que necesita lubricación especial en su piel.*

descaminado, da ***adj.*** Que está mal orientado.

descaminar ***vb.*** {tr. y prnl.} Hacer perder el camino, desencaminar: *No vayan a* ***descaminarse,*** *pregunten a alguna persona del barrio cómo llegar a ese teatro.*

descamisado, da ***adj./m.*** y ***f.*** **1** Que no usa camisa. **2** Muy pobre.

descampado ***m.*** Terreno descubierto y sin malezas: *Nos detuvimos a comer en un* ***descampado*** *que estaba cerca de la montaña.* Sin. **desplayado.**

descansado, da ***adj.*** **1** Aliviado del cansancio: *Después de haber tomado una siesta, el escritor se sintió* ***descansado*** *y continuó con su novela.* **2** Relajado, que requiere poco esfuerzo: *"Mi nuevo empleo es muy* ***descansado,*** *así que me pondré a estudiar algo por las tardes", dijo Rogelio.*

descansar ***vb.*** {tr. e intr.} **1** Aliviar la fatiga: *Por recomendación del médico, mi padre* ***descansó*** *tres días porque se sentía muy agotado.* **2** Apoyar una cosa sobre otra: ***Descansé*** *la raqueta en la pared cuando terminó el juego.* **3** Dejar de hacer una actividad o trabajo para reponer las fuerzas: *Por las tardes, Braulio* ***descansa*** *del esfuerzo hecho a lo largo del día.*

descansillo ***m. Esp.*** Plataforma entre los tramos de una escalera: *Mi abuelita sube los primeros escalones, se detiene en el* ***descansillo*** *un momento para tomar fuerzas, y luego sube el resto de los escalones.* Sin. **descanso.**

descanso ***m.*** **1** Hecho de parar el trabajo: *Tomé un* ***descanso*** *para después continuar con mi trabajo escolar.* **2** Intermedio de un espectáculo o acto público: *Durante el concierto hubo dos* ***descansos*** *de cinco minutos para que el cantante se cambiara de ropa.* **3** Espacio de una escalera para descansar un momento y después seguir subiendo: *Nos encontramos en el* ***descanso*** *y platicamos un momento.* Sin. **descansillo.**

descapitalización ***f.*** Disminución del valor de un capital: *Pocas ventas y muchas deudas son factores que llevan a la* ***descapitalización*** *de las empresas.*

descapitalizar ***vb.*** {tr. y prnl.} Hacer que el valor de un capital disminuya: *Por invertir en la remodelación de su negocio, el dueño de esa tienda* ***se descapitalizó,*** *ahora necesita vender mucho para recuperarse.*

descapotable ***adj./m.*** Se aplica al automóvil cuya capota puede replegarse para dejarlo descubierto: *Armando llegó a mi fiesta en un* ***descapotable*** *de 1960; dice que es un auto de colección.* Sin. **convertible.**

descarado, da ***adj./m.*** y ***f.*** Que habla u obra con desvergüenza: *Todos opinamos que Alfonso era un* ***descarado*** *al hablarle de manera tan grosera al maestro.*

descarapelar ***vb.*** {intr. y prnl.} Eliminar o empezar a caerse lo que protege una cosa: *La humedad ha provocado que* ***se descarapele*** *la pared, debemos pintarla otra vez.*

descararse ***vb.*** {prnl.} Atreverse a hacer o decir cosas: *Después de pensarlo durante mucho tiempo, Julio* ***se descaró*** *con Amelia y le dijo que la quería.*

descarga ***f.*** **1** Acción y efecto de descargar: *Durante la madrugada se inicia en los mercados la* ***descarga*** *de frutas y verduras.* **2** Fenómeno que se produce cuando un cuerpo electrizado pierde su carga.

descargado, da ***adj.*** **1** Sin la carga que antes llevaba: *Los vagones del ferrocarril que llevaban cereales han sido* ***descargados*** *y ahora están vacíos.* **2** Liberado de culpa u obligación: *"Al fin estoy* ***descargado,*** *hoy pagué el último abono de lo que debía", dijo Emilia con alivio.*

descargar ***vb. irreg.*** {tr. e intr.} **Modelo 17. 1** Quitar o reducir la carga: *Los hombres* ***descargaron*** *con cuidado los objetos frágiles.* **2** Extraer la carga de un arma: *El cazador* ***descargó*** *su rifle después de la cacería.* **3** Disparar con arma de fuego: *El asesino* ***descargó*** *su pistola sobre el público.* **4** Anular una carga eléctrica: *El frío y la humedad* ***descargaron*** *la batería de mi automóvil y por eso no enciende.* **5** Dar un golpe con violencia.

descargo ***m.*** **1** En contabilidad, salida, lo contrario al cargo o entrada. **2** Disculpa o respuesta a un cargo o acusación: *El* ***descargo*** *que hizo el abogado fue brillante, pues puso a todo el jurado a favor del acusado.* **3** ***loc.*** **En ~,** como disculpa o justificación: ***"En descargo,*** *diré que actué así porque la parte afectada me obligó a ello", declaró el detenido.*

descarnado, da ***adj.*** **1** Sin carne o con poca carne: *El rostro* ***descarnado,*** *o sea una calavera, la capucha y la guadaña son atributos de las representaciones de la muerte.* **2** Dicho de un relato o exposición, crudo, directo: *De manera* ***descarnada,*** *el periodista se refirió a los sufrimientos de los habitantes de los países que padecen hambruna.*

descarnar ***vb.*** {tr. y prnl.} Quitar la carne al hueso.

descaro ***m.*** Actitud de quien no tiene vergüenza ni respeto: *Antonio habla con **descaro** delante de su abuelita y no le importa que ella sea muy conservadora.*

descarriado, da ***adj.*** **1** Que se ha apartado del camino que debe seguir: *La cabrita **descarriada** balaba buscando a su madre.* **2** Que no sigue la conducta adecuada: *"Es preferible que no te juntes con esas muchachas **descarriadas**", recomendó su madre a Consuelo.* SIN. **maleado.**

descarriar ***vb. irreg.*** {tr. y prnl.} **Modelo 9. 1** Apartar a una persona o cosa de su camino: *Uno de nuestros amigos **se descarrió** por la droga y nunca pudo hacer nada bueno de su vida.* **2** Apartarse del rebaño una o varias reses: *Los perros pastores ayudan a evitar que las ovejas **se descarríen**.*

descarrilamiento ***m.*** Suceso en el que un tren se sale de las vías.

descarrilar ***vb.*** {intr. y prnl.} Salir de su carril un tren o tranvía: *El tren **se descarriló** antes de llegar a la ciudad, pero por fortuna no hubo heridos.* SIN. **desrielar.**

descarrío ***m.*** Acción y efecto de descarriar o descarriarse: *El **descarrío** de varias reses tiene preocupados a los vaqueros, hace ya dos días que no las encuentran.*

descartable ***adj.*** Que puede ser descartado, desechable: *"Esa idea es **descartable**, me parece que no ayuda en nada al proyecto principal", señaló el arquitecto.*

descartar ***vb.*** {tr.} Rechazar a una persona o cosa: ***Descartamos** el apoyo de Efraín para hacer el trabajo porque él es muy flojo.*

descarte ***m.*** Acción y efecto de descartar: *Harán un **descarte** en ese equipo y, de veinte personas que lo conforman, sólo habrán de quedar diez.*

descascarado, da ***adj.*** Que ha sido despojado de su cáscara o recubrimiento: *Esas paredes **descascaradas** le dan muy mal aspecto a la casa.*

descascarar ***vb.*** {tr.} Retirar la cáscara de una fruta u otro alimento, o lo que recubre una superficie: *Antes de preparar algunos mariscos, es necesario **descascararlos**.*

descascarillado ***m.*** Acción y efecto de descascarillar: *El salvado es el producto que se obtiene del **descascarillado** del arroz o el trigo.*

descascarillar ***vb.*** {tr.} Quitar la cascarilla a las semillas o frutos: *Antes, en los molinos **descascarillaban** casi toda la producción de semillas; hoy, muchas de ellas se consumen enteras: son los granos integrales.*

descastado, da ***adj./m.*** y ***f.*** Que muestra poco cariño hacia sus parientes o amigos.

descatalogar ***vb.*** {tr.} Retirar un libro, disco u otra obra de un catálogo del que formaba parte: *"**Descatalogaron** hace tres años la novela que usted busca, así que será muy difícil conseguirla", me indicó el librero.*

descendencia ***f.*** Conjunto de descendientes: *Mi abuelo tiene mucha **descendencia:** ocho hijos, veinte nietos y trece bisnietos.*

descender ***vb. irreg.*** {intr.} **Modelo 24. 1** Bajar a un lugar: *El alpinista **descendió** al pueblo.* **2** Poner en un lugar de menos valor: *En el torneo de béisbol **descendimos** al tercer lugar después de perder el último partido.* **3** Proceder de una persona o linaje: *Yo **desciendo** de mis padres.*

descendiente ***m.*** y ***f.*** Persona que desciende de otra. SIN. **hijo, sucesor.**

descenso ***m.*** **1** Hecho de pasar a un lugar más bajo: *Mi equipo favorito tuvo un **descenso** por no haber ganado un solo partido durante la temporada.* **2** Hecho de disminuir el valor o la cantidad de algo: *El **descenso** de la temperatura va a provocar que nieve.*

descentralización ***f.*** Acción y efecto de descentralizar: *Se espera que la **descentralización** de las oficinas de esa dependencia se refleje en mejor atención al público de diferentes localidades.*

descentralizado, da ***adj.*** Que se ha independizado de un centro administrativo: *No hace falta ir a la capital para arreglar ese asunto, aquí hay una oficina **descentralizada** de la Secretaría de Gobierno.*

descentralizar ***vb. irreg.*** {tr.} **Modelo 16.** Alejar del centro una cosa para hacerla independiente: *El nuevo gobierno **descentralizó** varias oficinas generales.*

descentrar ***vb.*** {tr. y prnl.} Sacar una cosa de su centro.

descerrajar ***vb.*** {tr.} **1** Arrancar la cerradura de una puerta u otra cosa: *Los ladrones **descerrajaron** las tres chapas para poder entrar.* **2** ***Fam.*** Soltar un tiro con arma de fuego: *El ladrón **le descerrajó** un balazo a su víctima porque ésta no le daba el dinero.*

descharchar ***vb.*** {tr.} ***Amér. C.*** Dejar a uno sin su empleo.

deschavetado, da ***adj. Amér.*** Que no está en su juicio, chiflado, loco: *Leonila está **deschavetada**, aseguró que con una semana a dieta bajará veinte kilos.*

deschavetarse ***vb.*** {prnl.} ***Chile, Colomb., Méx., Perú*** y ***Urug.*** Perder el juicio, enloquecer.

descifrado, da ***adj.*** Se dice de aquello cuyo significado oculto ha sido entendido: *Los jeroglíficos egipcios **descifrados** de la Piedra de Rosetta permitieron avanzar en el estudio de aquella antigua civilización.*

descifrar ***vb.*** {tr.} Entender algo oscuro y complicado: *El maestro de historia nos contó cómo Champollion **descifró** los jeroglíficos que se encuentran en las ruinas egipcias.*

desclasificación ***f.*** Acción y efecto de desclasificar.

desclasificado, da ***adj.*** **1** Que ha sido retirado de un conjunto ordenado al que pertenecía: *El equipo fue **desclasificado**, pues no logró obtener los puntos requeridos.* **2** Que ha dejado de ser secreto: *Esta información **desclasificada** permitirá que los investigadores cuenten con más material para sus estudios.*

desclasificar ***vb. irreg.*** {tr.} **Modelo 17. 1** Retirar algo de un conjunto ordenado: *Mañana **desclasificarán** esos diccionarios de la biblioteca, pues se han vuelto obsoletos.* **2** Hacer pública información que se había mantenido en secreto: *Cuando **desclasificaron** los expedientes de la guerra, salieron a flote muchas anomalías.*

desclavar ***vb.*** {tr.} Arrancar o quitar los clavos de una cosa: *Tuve que **desclavar** la mesa, porque me había quedado chueca.*

descobijar ***vb.*** {tr. y prnl.} Desabrigar, destapar: *"Te mueves demasiado cuando duermes y me **descobijas**", dijo el marido a su esposa.*

descocado, da ***adj./m.*** y ***f.*** Que actúa sin vergüenza.

descodificación ***f.*** Hecho de volver a su forma original una información que fue codificada.

descodificar ***vb. irreg.*** {tr.} **Modelo 17.** Volver a su forma original información que fue codificada.

descolgado, da ***adj.*** Suelto o retirado de un lugar donde colgaba: *Esos cuadros están **descolgados** porque van a colocarse en otra pared.*

descolgar ***vb. irreg.*** {tr.} **Modelo 19. 1** Bajar o quitar lo que está colgado: ***Descolgué** uno de los cuadros de la sala para limpiarlo.* **2** Separar el auricular del teléfono: *Jaime no **descolgó** el teléfono cuando sonó porque no quería hablar con nadie.* **3** Bajar de manera lenta algo o alguien que está sujeto a una cuerda: *Para bajar el piano desde el* *quinto piso del edificio tuvieron que* ***descolgarlo*** *por la ventana.*

descollado, da ***adj.*** Destacado, sobresaliente: *El escritor que dio la conferencia es un* ***descollado*** *novelista.*

descollante ***adj.*** Sobresaliente, que descuella: *Su labor ha sido* ***descollante*** *y merece un premio.*

descollar ***vb. irreg.*** {intr. y prnl.} **Modelo 5.** Sobresalir en algo: *Roberto y Belisario* ***descuellan*** *en los estudios porque siempre sacan las mejores calificaciones.*

descolonización ***f.*** Proceso político por el cual un territorio deja de ser colonia de un Estado extranjero: *Al asumir el proceso de* ***descolonización,*** *ese pequeño país declaró su independencia.*

descolonizar ***vb. irreg.*** {tr.} **Modelo 16.** Suprimir la condición de colonia: *Durante el siglo* XIX, *diversos movimientos sociales buscaron* ***descolonizar*** *los países de América Latina.*

descolorido, da ***adj.*** Que ha perdido su color natural: *Ese vestido está* ***descolorido*** *porque lo lavé con un jabón muy fuerte.*

descomedido, da ***adj./m.*** y ***f.*** **1** Que está fuera de lugar. **2** Que no tiene atenciones hacia los demás.

descompasado, da ***adj.*** Excesivo, desmedido: *El tamaño de ese sofá resulta* ***descompasado*** *para tu pequeña sala, no insistas en comprarlo.*

descompensar ***vb.*** {tr. y prnl.} Hacer que se pierda el equilibrio: *En la época de fiestas* ***se descompensó*** *mi economía porque compré muchos regalos.*

descomponedor, ra ***adj./m.*** y ***f.*** Relativo a los seres vivos que transforman la materia orgánica de los organismos muertos en materia inorgánica: *Los hongos y las bacterias son* ***descomponedores,*** *de ahí su importancia biológica.*

descomponer ***vb. irreg.*** {tr. y prnl.} **Modelo 27. 1** Corromperse un cuerpo o alimento produciendo mal olor: *La comida* ***se descompone*** *con el calor.* **2** Separar las partes que forman un todo: *Al* ***descomponer*** *el tema en varios capítulos, resulta más fácil estudiarlo.* **3** ***Argent., Méx., Par.*** y ***Urug.*** Averiar, estropear una cosa: *Por no leer las instrucciones, Felipe* ***descompuso*** *la televisión cuando intentaba hacerla funcionar.* **4** Cambiar negativamente el gesto de una persona: *Se* ***me descompuso*** *la cara cuando vi el accidente automovilístico.*

descomposición ***f.*** Acción y efecto de descomponer o descomponerse: *Esa carne entró en* ***descomposición*** *porque no la refrigeraron.*

descompostura ***f.*** Falla que hace imposible que funcione un objeto: *No puedo usar el automóvil mientras no mande arreglar la* ***descompostura*** *que tiene.*

descompresión ***f.*** Reducción de la presión a que ha estado sometido un gas o un líquido.

descomprimir ***vb.*** {tr. y prnl.} Reducir la presión a la que estuvo sometido un material o fluido: ***Descomprimieron*** *las pacas de lana y ahora, aunque sigue siendo la misma cantidad, se ve como si fuera muchísima.*

descompuesto, ta ***adj.*** Se dice cuando un alimento está podrido o cuando algo no funciona: *Mi computadora está* ***descompuesta,*** *por eso estoy escribiendo mi trabajo a mano.* SIN. **degenerado.**

descomunal ***adj.*** Que está fuera de lo normal: *El tamaño del lagarto que está en el zoológico es* ***descomunal:*** *¡mide cuatro metros!* SIN. **extraordinario.**

desconcentración ***f.*** Acción y efecto de desconcentrar o desconcentrarse: *La administración federal anunció la* ***desconcentración*** *de varias dependencias.*

desconcentrado, da ***adj.*** **1** Que ha perdido la concentración, distraído: *La actriz estaba* ***desconcentrada*** *y se equivocó en su parlamento.* **2** ***Hond.*** y ***Méx.*** Referido a un órgano gubernamental, que tiene capacidad para tomar decisiones y actuar por sí mismo: *El registro de vehículos* ***desconcentrado*** *facilitó hacer los trámites.*

desconcentrar ***vb.*** {tr. y prnl.} **1** Quitar la concentración, perturbar: *El volumen de la música en esa tienda* ***desconcentra*** *a cualquiera.* **2** Conceder a un órgano gubernamental capacidad para actuar por sí mismo: *El presidente anunció que* ***desconcentraría*** *las delegaciones de esa dependencia.*

desconcertado, da ***adj.*** Turbado, desorientado: *Lo inesperado de la noticia dejó* ***desconcertados*** *a quienes la escucharon.*

desconcertante ***adj.*** Que sorprende: *Tuvo un comportamiento* ***desconcertante;*** *no sé si estaba preocupado o si se había enojado conmigo por alguna razón.*

desconcertar ***vb. irreg.*** {tr. y prnl.} **Modelo 3.** Sorprender: *Mi ausencia en la escuela* ***desconcertó*** *al maestro, pero después le expliqué que había estado enfermo.*

desconchabar ***vb.*** {tr. y prnl.} ***Amér. C., Chile*** y ***Méx.*** Descomponer, descoyuntar: *El autobús* ***se desconchabó*** *después del choque.*

desconchado, da ***adj.*** Que ha perdido parte de su revestimiento: *Los muros* ***desconchados*** *de esa habitación le dan un triste aspecto de abandono.*

desconchar ***vb.*** {tr. y prnl.} Quitar a alguna cosa parte de su revestimiento: *Al caer, el jarrón esmaltado* ***se desconchó.***

desconchinflado, da ***adj. Méx. Fam.*** Estropeado, que ha sufrido una descompostura: *Esa bicicleta está* ***desconchinflada,*** *las ruedas ya no giran y carece de manubrio.*

desconchinflar ***vb.*** {tr. y prnl.} ***Cuba, Méx.*** y ***Salv.*** Descomponer, estropear: *"Si sigue maltratando este aparato, acabará por* ***desconchinflarse",*** *advirtió el técnico a su cliente.*

desconcierto ***m.*** Hecho de causar extrañeza: *El* ***desconcierto*** *de todos fue muy grande, nadie esperaba el anuncio de Sabrina acerca de que se haría monja.*

desconectado, da ***adj.*** **1** Que no está conectado: *Conviene dejar* ***desconectados*** *los aparatos eléctricos que no estemos usando.* **2** ***Fam.*** Falto de relaciones o comunicación: *"Después de cinco años fuera del ambiente estoy* ***desconectado,*** *ya nadie me conoce", se quejó el cantante.*

desconectar ***vb.*** {tr. y prnl.} Interrumpir una conexión eléctrica: ***Desconectó*** *el televisor para llevarlo a otro lugar.* SIN. **desenchufar.**

desconexión ***f.*** Interrupción de la conexión entre aparatos, tuberías, contactos eléctricos, etc.: *La* ***desconexión*** *de la tubería será necesaria para hacer las reparaciones.*

desconfiado, da ***adj.*** Que desconfía: *Arturo se mostró* ***desconfiado*** *respecto a la calidad del trabajo de Marta, por eso duda en contratarla.*

desconfianza ***f.*** Acción y efecto de lo que produce recelo, sospecha: *Ramiro me inspira* ***desconfianza*** *porque me he dado cuenta de que dice mentiras.*

desconfiar ***vb. irreg.*** {intr.} **Modelo 9.** Recelar o sospechar de algo o alguien: *Don José* ***desconfía*** *de Hilda porque ha visto que no es sincera.*

descongelación ***f.*** Acción y efecto de descongelar o descongelarse: *La* ***descongelación*** *de los polos es un peligro latente para nuestro planeta.*

descongelar ***vb.*** {tr.} **1** Devolver un producto congelado a su estado ordinario: *"Antes de guisar el pescado debemos* ***descongelarlo",*** *propuso mi madre.* **2** Liberar precios que se hallaban inmovilizados: *Los comerciantes* ***descongelaron*** *los precios de la leche y ahora cuesta el doble.*

descongestión ***f.*** Acción y efecto de descongestionar o descongestionarse: *Ese medicamento ayudó a la* ***descongestión*** *de sus bronquios, ahora respira mejor.*

descongestionamiento ***m.*** Descongestión: *Las autoridades prometieron tomar medidas para lograr el* ***descongestionamiento*** *de esta avenida.*

descongestionante ***adj.*** **1** Que descongestiona: *Le recetaron un ungüento* ***descongestionante*** *para aliviar los síntomas de la gripe.* **2** ***m.*** Sustancia para descongestionar: *Ese* ***descongestionante*** *contiene extracto de eucalipto.*

descongestionar ***vb.*** {tr. y prnl.} **1** Reducir o eliminar la acumulación anormal de sangre u otro fluido en algún órgano: *El médico le recetó un medicamento que* ***descongestionará*** *sus pulmones.* **2** Disminuir la aglomeración: *No sé qué podríamos hacer para* ***descongestionar*** *el tráfico del centro de la ciudad.*

desconocedor, ra ***adj.*** Que ignora o desconoce algo: ***Desconocedora*** *del riesgo, la niña metió la mano a la jaula del perico y éste la mordió.*

desconocer ***vb. irreg.*** {tr.} **Modelo 39. 1** Ignorar, no conocer: ***Desconozco*** *el filme en que participó mi actor favorito porque hace mucho tiempo que no voy al cine.* **2** No reconocer: *Por la fiebre tan alta que tenía, Jorge* ***desconoció*** *a su prima y le preguntó varias veces quién era.*

desconocido, da ***adj./m.*** y ***f.*** Que nunca se ha visto u oído hablar de él: *"Nunca debes conversar con algún* ***desconocido*** *que se te acerque en la calle."*

desconocimiento ***m.*** Acción y efecto de desconocer, ignorancia: *Su* ***desconocimiento*** *del francés le impidió leer ese libro.*

desconsideración ***f.*** Falta de educación y respeto: *Es una* ***desconsideración*** *no cederles el asiento a los ancianos, a los enfermos o a las mujeres embarazadas que viajan en autobús.*

desconsiderado, da ***adj.*** Que carece de respeto y consideración hacia los demás: *Es propio de la gente* ***desconsiderada*** *no ceder el asiento a las mujeres y ancianos.*

desconsolado, da ***adj.*** Afligido, tan triste que no halla consuelo: *Bruno está* ***desconsolado*** *por la muerte de su mascota.*

desconsolador, ra ***adj.*** Que produce desconsuelo: *Resulta* ***desconsolador*** *ver cómo destruyen las pocas zonas arboladas de la ciudad para construir edificios.*

desconsolar ***vb. irreg.*** {tr. y prnl.} **Modelo 5.** Afligir, entristecer.

desconsuelo ***m.*** Aflicción, tristeza: *La niña siente un gran* ***desconsuelo*** *porque su gatito se murió.*

descontado. Dar por ~, *loc.* Con toda seguridad: *"Puedes* ***dar por descontado*** *que te ayudaré con tu trabajo escolar; el día que quieras estaré en tu casa", aseguré a mi amiga.*

descontaminación ***f.*** Procedimiento para eliminar o reducir los efectos y agentes de la contaminación: *Para que la* ***descontaminación*** *de ese río sea efectiva, se necesitará que las industrias ya no arrojen desechos en sus aguas.*

descontaminar ***vb.*** {tr.} Reducir o eliminar la contaminación: *El sábado iremos a unas jornadas para* ***descontaminar*** *el parque, vamos a recoger basura y excrementos de perro.*

descontar ***vb. irreg.*** {tr.} **Modelo 5.** Rebajar cierta cantidad a algo: *Como soy su cliente, el vendedor me* ***descontó*** *el diez por ciento sobre el costo de la televisión que compré.*

descontento ***m.*** Disgusto, decepción, enojo: *Todos mostramos nuestro* ***descontento*** *cuando el maestro nos dijo que se había cancelado la excursión a la montaña.*

descontento, ta ***adj./m.*** y ***f.*** Que no es feliz: *Romualdo está* ***descontento*** *porque en vacaciones tiene que dedicarse a estudiar geografía mientras todos salimos a jugar.*

descontextualización ***f.*** Acción de sacar un conjunto de hechos o palabras de su contexto, por lo que su interpretación no es la adecuada: *En ese ensayo la* ***descontextualización*** *se debe a que el autor no tomó en cuenta con rigor las fechas en que ocurrieron los hechos.*

descontextualizar ***vb.*** {tr.} Sacar un conjunto de hechos o palabras del contexto en que se sitúan: *No* ***descontextualices*** *tu discurso o no se entenderá lo que realmente quieres comunicar.*

descontinuación ***f.*** Acción y efecto de descontinuar: *Con la* ***descontinuación*** *de ese producto, muchos consumidores que estaban acostumbrados a él pasarán apuros.*

descontinuar ***vb. irreg.*** {tr.} **Modelo 10.** Interrumpir, detener la continuidad de algo: ***Descontinuarán*** *ese modelo de auto, pues resulta poco rentable para la empresa que lo produce.*

descontrol ***m.*** Falta de control, de orden: *Vive en un total* ***descontrol:*** *se despierta y se duerme muy tarde, no estudia, no trabaja y come poco.* Sin. **anarquía.**

descontrolado, da ***adj.*** Sin control: *El apetito* ***descontrolado*** *de Martha la ha hecho subir mucho de peso.*

descontrolarse ***vb.*** {prnl.} Perder el control de sí mismo, alterarse demasiado: *Karina tiende a* ***descontrolarse*** *cuando se enoja, pues grita y rompe cuanto tiene a su alcance.*

descoordinación ***f.*** Falta de coordinación: *La* ***descoordinación*** *entre los organizadores del evento hizo que éste resultara un fiasco.*

descoordinado, da ***adj.*** Que no tiene coordinación: *Rafael es* ***descoordinado*** *en sus movimientos, por eso se le dificulta aprender a bailar.*

descorazonado, da ***adj.*** Sin ánimo, desalentado: *La maestra se sentía* ***descorazonada*** *al ver que, pese a sus esfuerzos, los alumnos no lograban aprender.*

descorazonador, ra ***adj.*** Que desanima o desalienta: *Esa mala calificación fue muy* ***descorazonadora*** *para mí porque había estudiado mucho para el examen.*

descorazonar ***vb.*** {tr. y prnl.} Desalentar, perder o hacer perder el ánimo.

descorchar ***vb.*** {tr.} Quitar el corcho a una botella: *Para celebrar su cumpleaños,* ***descorchamos*** *una botella de champaña y brindamos a su salud.* Sin. **destapar.**

descorrer ***vb.*** {tr.} **1** Plegar lo que estaba estirado: *"Por favor,* ***descorre*** *las cortinas para que entre la luz", me pidió mi abuelo.* **2** Dar al cerrojo el movimiento necesario para abrir: *"¿Cómo quieres que la puerta se abra, si te falta* ***descorrer*** *el cerrojo?", me preguntó Andrés.*

descortés ***adj./m.*** y ***f.*** Que carece de cortesía: *"No seas* ***descortés*** *y da las gracias a tus amigos por los regalos que te trajeron", me dijo mi padre.* Sin. **maleducado.**

descortesía ***f.*** Falta de cortesía, de educación.

descortezar ***vb. irreg.*** {tr. y prnl.} **Modelo 16.** Quitar la corteza que cubre algo, o caerse ésta: *Los trabajadores* ***descortezan*** *los alcornoques cada nueve años para obtener el corcho.*

descoser ***vb.*** {tr. y prnl.} Soltar, deshacer las puntadas de lo que está cosido: *La maestra me dijo que* ***descosiera*** *esta parte de la blusa porque la había cosido mal.*

descosido ***m.*** Parte que se ha abierto en la costura de una prenda: *Renato no se ha dado cuenta de que trae un* ***descosido*** *en el pantalón y se le ve la pierna.*

descoyuntado, da ***adj.*** Zafado de su articulación: *Germán se cayó de la escalera y tiene un hombro* ***descoyuntado*** *que le duele mucho.*

descoyuntar ***vb.*** {tr. y prnl.} Dislocar, desencajar un hueso: *Saltó para arrojar el balón a la canasta, pero cayó mal y* ***se descoyuntó*** *el tobillo.*

descrédito ***m.*** Pérdida del crédito o reputación: *El* ***descrédito*** *de Rosa comenzó cuando entregó un trabajo mal hecho y sucio.*

descreído, da ***adj./m.*** y ***f.*** Que no tiene fe.

descremado, da ***adj.*** Relativo a productos lácteos a los que se les ha quitado la grasa: *Viviana compra leche* ***descremada*** *porque dice que así engorda menos.*

descremar ***vb.*** {tr.} Quitar la crema o la grasa a la leche, el yogur, etc.

describir ***vb.*** {tr.} **1** Delinear, dibujar: *La Tierra* ***describe*** *una órbita cuando da la vuelta alrededor del Sol.* **2** Representar por medio del lenguaje: *El profesor nos* ***describió*** *cómo son las pirámides de Egipto.*

descripción ***f.*** Hecho de explicar cómo es una cosa: *Me hizo la* ***descripción*** *física de su hermano y cuando fui a buscarlo al aeropuerto lo reconocí fácilmente.*

descriptivo, va ***adj.*** Que, por medio del lenguaje, representa o explica alguna cosa: *Hay crónicas de viaje tan* ***descriptivas,*** *que quien las lee se siente transportado a los lugares a que se refieren.*

descrito, ta ***adj.*** Explicado, representado por medio del lenguaje: *En 1938, una invasión marciana a la Tierra fue* ***descrita*** *en un programa de radio de Orson Welles con tal realismo, que el pánico cundió en Estados Unidos.*

descuadrar ***vb.*** {tr., intr. y prnl.} **1** Desajustar: *La puerta* ***se descuadró*** *y ahora no cierra bien, está colgada de un lado.* **2** Referido a una cuenta, no salir exacta: *El contador estaba muy preocupado porque* ***descuadraban*** *los ingresos y los egresos.*

descuartizamiento ***m.*** Acción de descuartizar: *Luego de la matanza en los rastros, se realiza el* ***descuartizamiento*** *de cerdos y reses.*

descuartizar ***vb. irreg.*** {tr.} **Modelo 16.** Dividir un cuerpo en cuartos o pedazos: *El carnicero* ***descuartiza*** *la res para venderla por partes.* Sin. **despostar.**

descubierto, ta ***adj.*** Que no está cubierto o tapado: *Me mojé porque estaba en un lugar* ***descubierto*** *cuando comenzó a llover.* Ant. **cubierto.**

descubridor, ra ***adj./m.*** y ***f.*** Persona que realiza un descubrimiento, sobre todo geográfico o científico: *La científica Marie Curie fue la* ***descubridora*** *de la radiactividad del torio.*

descubrimiento ***m.*** Hecho de descubrir, sobre todo territorios o asuntos científicos: *El* ***descubrimiento*** *del fuego ayudó mucho al progreso de los pueblos primitivos.*

descubrir ***vb.*** {tr. y prnl.} **1** Destapar lo cubierto: *La mujer* ***descubrió*** *su rostro, que estaba tapado por un velo, y entonces el hombre se dio cuenta de que ella era su hermana desaparecida.* **2** Enterarse de algo ignorado u oculto: *Ayer* ***descubrí*** *en un programa de televisión que muchos tipos de insectos son comestibles.* **3** Inventar algo: *El médico británico Alexander Fleming* ***descubrió*** *la penicilina, un antibiótico que sirve para curar muchas infecciones.* **4** Quitarse el sombrero de la cabeza: *El caballero* ***se descubre*** *la cabeza cada vez que encuentra a una persona conocida.*

descuento ***m.*** Reducción del precio de alguna cosa: *Me hicieron un 20 por ciento de* ***descuento*** *cuando compré los libros, así que gasté menos de lo que pensaba.* Sin. **rebaja.**

descuidado, da ***adj.*** **1** Que no tiene el cuidado debido: *La planta creció* ***descuidada*** *y por eso se marchitó tan pronto.* **2** Deteriorado: *El hombre vivía en un departamento muy* ***descuidado,*** *pues el dinero no le alcanzaba para hacer reparaciones.* **3** Poco atento a la higiene personal y presentación: *Las personas* ***descuidadas*** *suelen andar sucias y oler mal.*

descuidar ***vb.*** {tr., intr. y prnl.} **1** No poner el cuidado debido: *La mujer* ***descuidó*** *por un momento al niño y el ladrón aprovechó para robárselo.* **2** Hacer que otra persona no se preocupe por algo: *"****Descuida,*** *mi madre le pedirá permiso a tu mamá para que puedas ira dormir a mi casa", dije a Carmen.*

descuido ***m.*** Falta de cuidado: *Por un* ***descuido*** *se quemó el pan que estaba horneando.*

desde ***prep.*** **1** Indica punto de origen o procedencia en el tiempo o en el espacio: *Le dije a mi madre que* ***desde*** *hoy haré el trabajo escolar en cuanto regrese de la escuela y no por la noche.* **2** Después de: ***Desde*** *que sufrió el accidente, mi tío cojea un poco.*

desdecirse ***vb. irreg.*** {prnl.} **Modelo 54.** Retractarse o echarse para atrás en lo dicho: *Primero me dijo que sí era mi novia y después se* ***desdijo,*** *por eso estoy enojado con ella.*

desdén ***m.*** Indiferencia con algo de desprecio: *La muchacha miró con* ***desdén*** *al tipo que le lanzó el piropo grosero.*

desdentado, da ***adj./m.*** **1** Sin dientes: *El anciano tiene la boca* ***desdentada,*** *por eso debe usar dientes postizos.* **2** Relativo a un orden de mamíferos sin dientes, como el oso hormiguero.

desdentar ***vb. irreg.*** {tr. y prnl.} **Modelo 4.** Perder o hacer perder los dientes: *El viejo perro sufría por sus dientes deteriorados y el veterinario lo* ***desdentó.***

desdeñable ***adj.*** Despreciable, sin importancia: *Esa opinión es* ***desdeñable,*** *pues carece de fundamento.*

desdeñado, da ***adj.*** Rechazado, despreciado: *Muchas novelas tratan de un hombre* ***desdeñado*** *por su amada que hace hasta lo imposible por conquistarla.*

desdeñar ***vb.*** {tr.} Rechazar algo por considerarlo poco importante o indigno: *Aunque necesitaba dinero, el escritor* ***desdeñó*** *la oferta del productor, pues quería pagarle una suma ridícula por su trabajo.*

desdeño ***m.*** Desdén, desprecio: *Nunca hay que mirar con* ***desdeño*** *la posibilidad de prepararnos más.*

desdeñoso, sa ***adj.*** Que muestra desdén: *El empleado dejó que su necio jefe despotricara y luego se retiró con actitud* ***desdeñosa,*** *dejando su renuncia sobre el escritorio.*

desdibujado, da ***adj.*** De contornos difusos: *Susana levantó la vista y con terror vio ante ella una silueta* ***desdibujada*** *por la oscuridad.*

desdibujar ***vb.*** {tr. y prnl.} Hacerse o hacer borrosos o difusos los contornos de un dibujo o imagen: *"¡Le cayó agua a mi escrito y las letras* ***se desdibujaron!",*** *exclamó Manuel.*

desdicha ***f.*** Desgracia, tristeza. *La grave enfermedad de mi tío ha causado la* ***desdicha*** *de toda la familia.* Ant. **alegría, felicidad.**

desdichado, da ***adj.*** **1** Desafortunado, que ha caído en desgracia: *Ese hombre* ***desdichado*** *fue muy rico, pero un mal administrador lo dejó en la pobreza.* **2** ***Fam.*** Ingenuo o de poco carácter: *Al* ***desdichado*** *de Adolfo lo timaron con el truco del billete premiado de la lotería.*

desdoblamiento ***m.*** Acción y efecto de desdoblar o desdoblarse: *Aquel periódico plegado era tan viejo, que su* ***desdoblamiento*** *sin romperlo fue toda una hazaña.*

desdoblar ***vb.*** {tr. y prnl.} Extender lo que estaba doblado o plegado: *Juana* ***desdobla*** *el mantel para ponerlo sobre la mesa.*

desdoro ***m.*** Mengua en el prestigio o reputación de alguien: *Aunque muchos hablaron mal de él, su calidad profesional le permitió salir sin* ***desdoro*** *del problema.*

deseable ***adj.*** Que es digno de ser deseado porque gusta o conviene: *"Sería **deseable** que tuvieras más orden con tus cosas", comentó la madre a su hija.*

desear ***vb.*** {tr.} **1** Querer algo de manera intensa: ***Deseo** que pronto lleguen las vacaciones porque me siento muy cansada.* **2** Sentir atracción sexual.

desecación ***f.*** Acción y efecto de desecar: *La **desecación** de los lagos ha traído graves daños al equilibrio ecológico de ese país.*

desecante ***adj.*** Que deseca: *En el mercado existen sustancias **desecantes** para absorber la humedad en clósets y sótanos.*

desecar ***vb. irreg.*** {tr. y prnl.} **Modelo 17.** Secar, eliminar la humedad de un cuerpo: *La madera debe **desecarse** antes de utilizarla para hacer muebles, porque si se usa húmeda puede deformarse.*

desechable ***adj.*** Se aplica a los objetos que se usan sólo una vez y luego se desechan: *Las jeringas **desechables** son muy útiles, pues sirven para prevenir contagios.*

desechado, da ***adj.*** Apartado porque ya no se considera útil: *Los ropavejeros viven de negociar con ropa y objetos **desechados.***

desechar ***vb.*** {tr.} Tirar, deshacerse de algo que ya no se quiere: ***Deseché** esta blusa porque me queda corta.*

desecho ***m.*** **1** Sobrante de algo después de haber escogido lo mejor o lo que se puede utilizar: *El cascarón del huevo es el **desecho,** sólo nos comemos la clara y la yema.* **2** Cosa que se tira por inútil: *"Pon los **desechos** de la comida en la basura", le pedí a la sirvienta.*

desembalar ***vb.*** {tr.} Desempaquetar, deshacer un embalaje: *Cuando **desembalaron** los bultos de cerámica, quedó gran cantidad de papel arrugado sobre el piso de la bodega.*

desembalsar ***vb.*** {tr.} Sacar el agua que ha quedado retenida en un embalse: *Ayer **desembalsaron** los canales, pues había llovido mucho y el agua amenazaba desbordarse sobre el sembradío.*

desembalse ***m.*** Acción y efecto de desembalsar: *Aprovecharán las aguas del **desembalse** mediante unas nuevas tuberías.*

desembarazado, da ***adj.*** Libre de obstáculos o estorbos, despejado: *Al desechar ese viejo comedor, el espacio **desembarazado** nos alcanzará para poner un estudio y un comedor más pequeño.*

desembarazar ***vb. irreg.*** {tr. y prnl.} **Modelo 16. 1** Dejar una cosa libre de obstáculos: ***Desembarazamos** el camino de las piedras que no nos dejaban pasar.* **2** Apartar de sí lo que estorba: ***Me desembaracé** de ese vecino chismoso cuando le dije que tenía una enfermedad contagiosa y que necesitaba dos años para curarme.*

desembarazo ***m.*** Desenvoltura: *La gimnasta realizó su rutina con tal **desembarazo** que parecía flotar.*

desembarcar ***vb. irreg.*** {tr., intr. y prnl.} **Modelo 17.** Descender de un barco: *Los viajeros **desembarcaron** cuando llegaron al puerto.*

desembarco ***m.*** Acción de salir de una embarcación u otro medio de transporte: *Durante el **desembarco** de pasajeros, una niña se perdió y lloraba a gritos hasta que aparecieron sus padres.*

desembarque ***m.*** Desembarco.

desembocadura ***f.*** **1** Lugar al que llega un río: *La **desembocadura** del río Orinoco se encuentra en el océano Atlántico.* **2** Salida de una calle: *Mi casa está en la **desembocadura** de esa avenida.*

desembocar ***vb. irreg.*** {intr.} **Modelo 17. 1** Entrar una corriente de agua en el mar: *El río Nilo **desemboca** en el mar Mediterráneo.* **2** Tener salida una calle a un lugar: *Esa calle **desemboca** en la plaza que están construyendo.* **3** Tener una situación o asunto un resultado: *La discusión era muy agresiva y **desembocó** en pelea.*

desembolsar ***vb.*** {tr.} Pagar una cantidad de dinero: ***Desembolsé** mucho dinero para pagar los billetes del avión que me llevará a Madrid.*

desembolso ***m.*** Dinero que se paga por algo: *El **desembolso** que haremos para liquidar esa deuda es fuerte, pero nos quitaremos preocupaciones.*

desembozar ***vb. irreg.*** {tr. y prnl.} **Modelo 16.** Quitar o quitarse el embozo: *El misterioso caballero **se desembozó** ante la corte; entonces todos vieron que era al príncipe al que se creía muerto.*

desembrujar ***vb.*** {tr.} Liberar de un hechizo o brujería: *En algunas tribus primitivas se realizan complejos rituales para **desembrujar** a las personas.*

desembuchar ***vb.*** {tr.} ***Fam.*** Decir alguien todo lo que sabe sobre algo que había mantenido en secreto: *Fabián ya **desembuchó,** él era quien saqueaba la alacena por las noches.*

desemejante ***adj.*** Diferente, que no se asemeja.

desemejanza ***f.*** Falta de semejanza, diferencia: *La **desemejanza** entre esas dos muchachas hace difícil creer que sean hermanas.*

desempacar ***vb.*** {tr.} Deshacer el equipaje o los empaques que contienen una mercancía: *Tres operarios del taller **desempacaron** la nueva maquinaria para luego instalarla.*

desempañar ***vb.*** {tr.} Limpiar una cosa empañada o cubierta de vapor: *Abrí las ventanillas del automóvil para **desempañar** el parabrisas, porque no podía ver a los otros vehículos.*

desempaque ***m.*** Acción y efecto de desempacar: *Costó trabajo el **desempaque** de ese aparato, pues los embalajes venían muy ajustados.*

desempaquetar ***vb.*** {tr.} Quitar la envoltura de un objeto o mercancía o sacarlo del paquete que lo contiene: *Ya **desempaqueté** mis nuevos discos, ahora dedicaré la tarde a escucharlos.*

desemparejar ***vb.*** {tr. y prnl.} **1** Hacer que algo que estaba parejo deje de estarlo: *Las lluvias **desemparejaron** el pavimento, ahora hay varios baches.* **2** Deshacer una pareja: *Ese dúo de cantantes **se desemparejará,** pues uno de ellos piensa entrar a otro grupo.*

desempastar ***vb.*** {tr. y prnl.} **1** Retirar el empaste de una pieza dental: *El dentista **desempastó** la muela cariada antes de hacer la obturación definitiva.* **2** Perder la cubierta un libro: *El diccionario de Lorena **se desempastó;** habrá que encuadernarlo de nuevo.*

desempatar ***vb.*** {tr. e intr.} **1** Deshacer un empate: *En la última vuelta, los dos corredores que iban ganando **desempataron.*** **2** ***Colomb., C. Rica, Méx., P. Rico*** y ***Venez.*** Hacer que dos cosas que estaban empalmadas dejen de estarlo: *El electricista va a **desempatar** los cables para poder hacer la reparación.*

desempate ***m.*** Acción y efecto de desempatar: *En el partido de ayer se fueron a tiempos extras para lograr un **desempate.***

desempeñar ***vb.*** {tr.} **1** Recuperar lo que estaba en poder de otro como garantía de pago: *Como ya me pagaron por el trabajo que hice, voy a **desempeñar** las joyas de mi madre.* **2** Cumplir, hacer aquello a lo que uno está obligado: *Joel **desempeña** su trabajo con esmero, por eso van a aumentarle el sueldo.* **3** Representar, interpretar un papel, especialmente en obras de teatro: *La actriz **desempeñó** el papel de una bruja en esa obra de teatro.*

desempeño ***m.*** **1** Acción y efecto de desempeñar o desempeñarse: *El **desempeño** de sus labores lo deja exhausto pero satisfecho.* **2** Capacidad o aptitud para hacer algo: *Este auto tiene un excelente **desempeño,** siempre arranca a la primera.*

desempleado, da ***adj./m.*** y ***f.*** Que no tiene empleo o lo ha perdido: *Cuando las políticas económicas de los países son erradas, aumenta el número de **desempleados.***

desemplear ***vb.*** {tr. y prnl.} Eliminar empleos: *Debido a la crisis económica, varias industrias **desemplearán** a gran cantidad de trabajadores.*

desempleo ***m.*** Falta de trabajo: *El alto nivel de **desempleo** es un problema que preocupa a los gobernantes de muchos países del mundo.*

desemplumar ***vb.*** {tr.} Quitar las plumas a las aves: *Sacar las vísceras de los pollos y **desemplumarlos** son faenas que se realizan en los rastros de aves.*

desempolvar ***vb.*** {tr. y prnl.} **1** Quitar el polvo: *Saqué unos libros viejos del librero y les soplé para **desempolvarlos** un poco.* **2** Volver a usar algo abandonado u olvidado: ***Desempolvó** su vieja máquina de escribir e hizo una carta para su amigo.*

desempotrar ***vb.*** {tr.} Sacar alguna cosa de donde estaba empotrada: *El carpintero **desempotró** los libreros de aquella pared.*

desencadenante ***adj.*** Hecho que provoca una serie de circunstancias relacionadas: *El calentamiento global es **desencadenante** de graves desequilibrios en el planeta.*

desencadenar ***vb.*** {tr. y prnl.} **1** Soltar lo que está amarrado o con cadenas: *Cuando el perro dejó de ladrar, Natalia lo **desencadenó** para que anduviera por todo el jardín.* **2** Traer como consecuencia, provocar: *Los chistes del payaso **desencadenaron** la risa de los niños pequeños.* **3** Estallar una pasión o fuerza natural: *El viento **desencadenó** un fuerte oleaje que impidió nuestro paseo en barco.* Sɪɴ. **desatar.**

desencajado, da ***adj.*** **1** Que se movió o fue sacado de donde encajaba: *"Este perno **desencajado** es lo que produce los ruidos extraños en su automóvil", dijo el mecánico.* **2** Desfigurado, descompuesto: *Con el semblante **desencajado** por el miedo, los exploradores salieron huyendo de la cueva donde habitaba un oso.*

desencajar ***vb.*** {tr. y prnl.} **1** Sacar o salirse algo de donde encajaba: *Elías **desencajó** la pata de la mesa para poder arreglarla.* **2** Desfigurarse el rostro a causa de una enfermedad o una emoción intensa: *La ira contenida **desencajaba** el rostro del guerrero humillado.*

desencaminar ***vb.*** {tr.} Apartar del camino: *Las malas compañías lo **desencaminaron** de su proyecto de entrar a la universidad.*

desencantado, da ***adj.*** Que ha sufrido un desengaño: ***Desencantado,** Juan comentó que el desempeño del nuevo producto no era lo que él esperaba.* Sɪɴ. **desilusionado.**

desencantar ***vb.*** {tr. y prnl.} **1** Desbaratar un encantamiento: *En el cuento, el príncipe **desencantó** a la princesa dormida al besarla.* **2** Decepcionar, quitar la ilusión de algo: *Los niños **se desencantaron** cuando su padre les dijo que, este año, no podrán ir de vacaciones a la playa.*

desencanto ***m.*** Desilusión, desengaño: *Los padres de ese joven sufrieron un **desencanto** al descubrir que fingía estudiar y en realidad había abandonado la escuela desde hacía meses.*

desencarcelar ***vb.*** {tr.} Sacar de la cárcel: *El presidente decretó amnistía y van a **desencarcelar** varios presos.* Sɪɴ. **excarcelar.**

desenchufar ***vb.*** {tr.} Desconectar de la red eléctrica: *Debemos **desenchufar** la plancha cuando terminemos de usarla para evitar accidentes.* Sɪɴ. **desconectar.**

desenclavar ***vb.*** {tr.} **1** Desclavar. **2** Arrancar con violencia a alguien de un lugar donde estaba: *Los tratantes de esclavos **desenclavaron** a muchas familias de sus lugares de origen.*

desencuadernar ***vb.*** {tr. y prnl.} Deshacer la encuadernación de un cuaderno o de un libro: *Al caer del estante, **se desencuadernó** un tomo de mi enciclopedia.*

desencuadre ***m.*** Se dice de lo que no presenta el encuadre adecuado: *Era tal el **desencuadre** en su fotografía, que el motivo principal estaba cortado por la mitad.*

desencuentro ***m.*** **1** Encuentro fallido: *Aquella primera cita fue un **desencuentro,** pues él y yo no tenemos nada en común", dijo Sonia a sus amigas.* **2** Discordia, falta de acuerdo: *Las conversaciones diplomáticas terminaron una vez más en **desencuentro,** ninguno de los dos países quiere ceder.*

desendeudar ***vb.*** {tr. y prnl.} Liberar o liberarse de deudas: *La única manera de **desendeudarse** es gastar menos para poder pagar lo que se debe.*

desenfadado, da ***adj.*** Desenvuelto, libre de formalidades: *El comportamiento **desenfadado** de ese cantante disgusta a muchos, pero a mí me parece simpático.*

desenfadar ***vb.*** {tr. y prnl.} Quitar o quitarse el enojo: *Aunque Abraham estaba muy molesto, **se desenfadó** cuando sus amigos lo invitaron al teatro.*

desenfado ***m.*** Desenvoltura: *Con **desenfado,** la joven atravesó el salón lleno de gente y se puso a examinar los objetos que había sobre la chimenea.*

desenfocado, da ***adj.*** Con el enfoque defectuoso: *Muchas tomas de esa película están **desenfocadas,** no alcanzan a distinguirse las facciones de los protagonistas.*

desenfocar ***vb.*** {tr.} Captar la imagen de algo sin el enfoque o la nitidez debidos: *Sergio **desenfocó** la cámara al disparar y la foto salió borrosa.*

desenfoque ***m.*** Falta de nitidez en una imagen fotográfica: *En esta foto, el **desenfoque** del fondo fue hecho a propósito para que resaltara la figura que está en primer plano.*

desenfrenado, da ***adj.*** Que carece de moderación: *La vida **desenfrenada** de aquel artista lo llevó prematuramente a la tumba.*

desenfrenar ***vb.*** {tr. y prnl.} Entregarse a vicios y pasiones.

desenfreno ***m.*** Acción y efecto de desenfrenarse: *Algunos creen que el **desenfreno** es la única manera de disfrutar de la vida.*

desenfundar o **desfundar** ***vb.*** {tr.} Sacar algo de la funda que lo cubre: *El policía escuchó ruidos extraños, **desenfundó** su arma y con cautela fue a investigar qué ocurría.*

desenganchar ***vb.*** {tr. y prnl.} Soltar, desprender lo que está enganchado: *Los campesinos **desengancharon** a los bueyes cuando terminaron de arar la tierra.*

desengañado, da ***adj.*** Desilusionado, que ha sufrido un desengaño: *Luego de llorar unos días, la **desengañada** muchacha decidió terminar con su novio.*

desengañar ***vb.*** {tr. y prnl.} Dar a conocer a alguien la verdad sobre algo para sacarlo de un engaño: *El médico **desengañó** a su rolliza paciente: ningún producto para adelgazar funciona si no se hace la dieta adecuada.*

desengaño ***m.*** Impresión desagradable al conocer la verdad de algo que se creía diferente: *Los **desengaños** duelen, pero nos ayudan a aprender sobre la vida.*

desengrasar ***vb.*** {tr.} Quitar o limpiar la grasa: *Los mecánicos usan petróleo para* ***desengrasar*** *algunas partes de los motores.*

desenjaular ***vb.*** {tr.} Sacar de la jaula: *El ranchero* ***desenjauló*** *a los conejos para separar machos de hembras.*

desenlace ***m.*** Final de un suceso o una obra: *El* ***desenlace*** *de la obra ocurrió cuando el novio de la heroína murió en los brazos de su amada.*

desenlazar ***vb. irreg.*** {tr. y prnl.} **Modelo 16.** Soltar o soltarse lo que está atado, desatar: *Si no se aprietan bien los nudos, los paquetes podrían* ***desenlazarse.***

desenmarañar ***vb.*** {tr.} Deshacer el enredo, los nudos que se han formado. SIN. **desenredar**.

desenmascarar ***vb.*** {tr. y prnl.} **1** Quitar la máscara: *Cuando se termina el carnaval, la gente que participa* ***se desenmascara*** *y se cambia de ropa.* **2** Dar a conocer los verdaderos propósitos de una persona: *Julia está muy triste porque sus amigos* ***desenmascararon*** *a su novio y le demostraron que no la quería.*

desenraizar ***vb. irreg.*** {tr. y prnl.} **Modelo 15.** ***Méx.*** Arrancar un árbol o planta con todo y raíz: *La cuadrilla de campesinos* ***desenraizó*** *las plantas de zanahoria.*

desenredar ***vb.*** {tr. y prnl.} Quitar los nudos que se han formado: *Elisa tiene el cabello muy rizado, por eso le lleva mucho tiempo* ***desenredárselo.***

desenrollar ***vb.*** {tr.} Extender una cosa arrollada o enrollada: *El vendedor* ***desenrolló*** *la tela para cortar los dos metros que la señora quería comprar.*

desenroscar ***vb. irreg.*** {tr. y prnl.} **Modelo 17. 1** Extender o extenderse lo que está hecho rosca: *Cuando la culebra* ***se desenroscó,*** *nos dimos cuenta de que era larguísima.* **2** Sacar lo que está enroscado dándole vueltas: ***Desenrosqué*** *el tapón de la botella y tomé agua.*

desensibilizar ***vb. irreg.*** {tr. y prnl.} **Modelo 16. 1** Quitar o perder la sensibilidad: *Se le* ***desensibilizó*** *el brazo porque estuvo demasiado tiempo en la misma posición.* **2** Aminorar la sensibilidad de una emulsión fotográfica: *Si no se* ***desensibiliza*** *a tiempo la emulsión, al revelarse las fotos salen como si estuvieran quemadas.*

desentenderse ***vb. irreg.*** {prnl.} **Modelo 24. 1** Fingir ignorancia: *Cuando le pregunté a Irma dónde estaba mi libro,* ***se desentendió*** *diciendo que no lo había visto, pero yo sabía que ella lo tenía.* **2** No tomar parte en alguna cosa: *Ricardo* ***se desentiende*** *siempre de los trabajos que debemos hacer juntos, así que yo termino haciendo todo.*

desentendido, da ***adj.*** Que finge ignorar algo para no hacerlo: *Aunque le dije tres veces que sacara la basura, Roberto se hizo el* ***desentendido*** *y se fue a dormir.*

desenterrar ***vb. irreg.*** {tr.} **Modelo 3. 1** Sacar lo enterrado: *Los piratas* ***desenterraron*** *un cofre lleno de joyas que estaba cerca de un árbol.* **2** Recordar lo olvidado: *Mi abuelita* ***estuvo desenterrando*** *viejos recuerdos cuando la visitaron sus hermanas.*

desentonación ***f.*** Desentono.

desentonado, da ***adj.*** **1** Desafinado, discordante: *El nuevo integrante del coro cantó tan* ***desentonado*** *que deslució todas las interpretaciones.* **2** Que contrasta de manera desagradable con lo que hay a su alrededor: *La conducta de ese muchacho en la fiesta fue de lo más* ***desentonado,*** *no lo vuelvas a invitar.*

desentonar ***vb.*** {intr.} **1** Estar fuera de tono, desafinar: *Cuando la banda de la escuela dio un concierto, el trombón* ***desentonó*** *tanto que todos comenzamos a reír.* **2** Contrastar algo de manera desagradable con lo que hay alrededor: *Esa lámpara moderna* ***desentona*** *con la decoración antigua de la casa.*

desentono ***m.*** Acción y efecto de subir o bajar el tono de la música o la voz de manera inadecuada: *El* ***desentono*** *de la voz indica que Jorge está furioso, siempre que se enoja se le vuelve chillona.*

desentrañar ***vb.*** {tr.} Averiguar y comprender algo muy difícil o complejo: *¡Al fin* ***desentrañé*** *el misterio que contiene esa novela, ahora me será muy fácil terminar de leerla!*

desentumecer ***vb. irreg.*** {tr. y prnl.} **Modelo 39.** Devolver la movilidad a un miembro entumecido: *Ya estuve sentado demasiadas horas, voy a caminar un poco para* ***desentumecer*** *las piernas.*

desenvainar ***vb.*** {tr.} **1** Sacar de su vaina o funda un arma blanca: *Ambos espadachines* ***desenvainaron*** *al mismo tiempo.* **2** Sacar las semillas de su vaina: *Pasamos la tarde* ***desenvainando*** *habas para la comida de mañana.*

desenvoltura ***f.*** **1** Agilidad, soltura: *Juliana actuó con* ***desenvoltura*** *en la obra de teatro.* **2** Falta de timidez: *Tiene tal* ***desenvoltura*** *que llegó a la fiesta como si conociera a todos y en realidad no conocía a nadie.*

desenvolver ***vb. irreg.*** {tr. y prnl.} **Modelo 29. 1** Destapar lo envuelto: *Los recién casados* ***desenvolvieron*** *los regalos que les dieron todos sus amigos.* **2** Actuar con soltura, hacer bien algo: *Francisco* ***se desenvuelve*** *muy bien en su trabajo, por eso pensamos que pronto va a recibir un aumento de sueldo.*

desenvuelto, ta ***adj.*** **1** Despojado de la envoltura: *El niño dejó en el jardín un dulce* ***desenvuelto*** *y éste se llenó de hormigas.* **2** Que tiene facilidad y gracia para hablar o actuar: *Claudia es muy* ***desenvuelta,*** *a donde llega se pone a charlar con las personas como si ya las conociera.*

deseo ***m.*** Hecho de querer algo: *Mi* ***deseo*** *es hacer un viaje alrededor del mundo.*

deseoso, sa ***adj.*** Que tiene gran deseo de algo: *El curso estuvo ha estado muy pesado, tanto profesores como alumnos están* ***deseosos*** *de que lleguen las vacaciones.*

desequilibrado, da ***adj.*** **1** Sin equilibrio: *Como estaba* ***desequilibrada,*** *la maceta cayó cuando sopló fuerte el viento.* **2** Que carece de cordura, casi loco: *Algún* ***desequilibrado*** *se ha dedicado a romper las casetas telefónicas.*

desequilibrar ***vb.*** {tr. y prnl.} Hacer que algo pierda el equilibrio o la posición vertical: *Al pasar por un bache, el ciclista* ***se desequilibró*** *y estuvo a punto de caer con todo y bicicleta.*

desequilibrio ***m.*** Falta de equilibrio: *El* ***desequilibrio*** *entre los platos de ciertas balanzas es indicador de que está más pesado lo que hay en el que queda más abajo.*

deserción ***f.*** Acción de desertar: *La* ***deserción*** *escolar se debe, en muchos casos, a que las familias de los alumnos no pueden seguir pagando su educación.*

desertar ***vb.*** {tr., intr. y prnl.} **1** Abandonar una causa o actividad: *Javier* ***desertó*** *de la universidad porque dijo que no le gustaba estudiar.* **2** Abandonar un soldado su puesto sin autorización: *La policía busca a cinco soldados que* ***han desertado*** *del ejército.*

desértico, ca ***adj.*** **1** Deshabitado, vacío: *Cuando llegamos al teatro, estaba* ***desértico*** *y tuvieron que suspender la obra por falta de público.* **2** Propio del desierto: *Ese camino atraviesa una zona* ***desértica*** *en la que no hay agua ni vegetación.*

desertificación ***f.*** Desertización.

desertificar ***vb. irreg.*** {tr. y prnl.} **Modelo 17.** Desertizar: *El valle* ***se desertificó*** *años después de que desecaron el lago cercano para establecer una zona industrial.*

desertización ***f.*** Desertificación, transformación de un lugar en desierto: *La tala inmoderada de bosques es un factor que acelera la* ***desertización*** *en nuestro planeta.*

desertizar ***vb. irreg.*** {tr. y prnl.} **Modelo 16.** Provocar que las tierras fértiles se conviertan en desierto: *Si continúan talando árboles en esas montañas,* ***desertizarán*** *el bosque dentro de muy poco tiempo.*

desertor, ra ***adj./m.*** y ***f.*** Persona que deserta: *Los soldados* ***desertores*** *pidieron asilo al general del ejército contrario.*

desesperación ***f.*** **1** Estado de ánimo en el cual se cree que es imposible realizar algo: *La* ***desesperación*** *se apoderó de Lucas y tiró a la basura el rompecabezas que estaba armando.* **2** Pérdida de la esperanza.

desesperado, da ***adj./m.*** y ***f.*** Se dice de quien ha perdido la esperanza: *Rogelio está* ***desesperado,*** *dice que, al paso que va, jamás podrá pagar sus deudas.*

desesperante ***adj.*** Que produce desesperación: *Es* ***desesperante*** *hacer filas larguísimas en lugares donde no hay ventilación y además se tardan en atender al público.*

desesperanza ***f.*** Pérdida de la esperanza: *La* ***desesperanza*** *se apoderó del náufrago al darse cuenta de que el barco que pasaba no había notado su presencia.*

desesperanzado, da ***adj.*** Sin esperanza: *Aunque la mayor parte de los vecinos se sienten* ***desesperanzados,*** *algunos todavía confían en que su problema se resolverá.*

desesperanzador, ra ***adj.*** Que lleva a perder la esperanza: *"Tanto problema económico es* ***desesperanzador*** *para la gente, debemos hacer algo al respecto", dijo el político.*

desesperanzar ***vb. irreg.*** {tr. y prnl.} **Modelo 16.** Hacer perder la esperanza, o perderla: *Los malos pronósticos sobre el clima* ***desesperanzaron*** *a los agricultores.*

desesperar ***vb.*** {tr., intr. y prnl.} **1** Impacientar, exasperar: ***Me desespera*** *tener que aguardar a mi novio cuando llega tarde a las citas.* **2** Sentir disgusto por algo: ***Desesperamos*** *a mi madre cuando no la obedecemos.*

desestabilización ***f.*** Acción y efecto de desestabilizar o desestabilizarse: *Una consecuencia de importar mucho y exportar poco es la* ***desestabilización*** *de la balanza comercial.*

desestabilizador, ra ***adj.*** Que hace perder la estabilidad, sobre todo en cuestiones sociales, políticas o económicas: *La falta de empleos es un factor* ***desestabilizador*** *para los países.*

desestabilizar ***vb. irreg.*** {tr. y prnl.} **Modelo 16.** Hacer perder o perder la estabilidad: *Los gastos imprevistos* ***desestabilizaron*** *la economía de esa empresa.*

desestimar ***vb.*** {tr.} Restar importancia a algo: *El jefe* ***desestimó*** *las cualidades de su colaboradora, y ahora ella se fue a trabajar a la competencia con un puesto más alto que el de él.*

desestructuración ***f.*** Acción y efecto de desestructurar: *Como ese programa no funcionó, el gobierno procederá a su* ***desestructuración.***

desestructurar ***vb.*** {tr. y prnl.} Romper el orden que guardan entre sí las partes de un todo: *Entre los fenómenos que* ***desestructuraron*** *a civilizaciones antiguas están la descomposición social y las invasiones por parte de otros pueblos.*

desfachatado, da ***adj.*** Insolente, desvergonzado: *El* ***desfachatado*** *jovenzuelo llegó ebrio a clases y todavía se enojó porque el profesor no lo quiso admitir.*

desfachatez ***f.*** Descaro, insolencia: *Ha sido una* ***desfachatez*** *de mi hermana usar mi vestido nuevo sin pedírmelo.* Ant. **respeto.**

desfalcador, ra ***adj.*** Que comete un desfalco: *La sorpresa en la investigación policiaca fue que la* ***desfalcadora*** *había sido una de las secretarias.*

desfalcar ***vb.*** {tr.} Apoderarse alguien de manera ilícita de dinero o bienes que tenía en custodia: *Desde que dos gerentes deshonestos la* ***desfalcaron,*** *esa empresa no ha podido recuperarse.*

desfalco ***m.*** Acción y efecto de desfalcar: *El contador de la fábrica cometió un* ***desfalco*** *y huyó, pero la policía ya anda tras él.*

desfallecer ***vb. irreg.*** {intr.} **Modelo 39. 1** Perder fuerzas, debilitarse: ***Desfallezco*** *de hambre porque no he comido nada en todo el día.* **2** Desmayarse, perder el sentido: *Cuando le dieron la noticia del accidente que sufrió su esposa, Rubén* ***desfalleció*** *y tuvieron que sostenerlo para que no cayera al piso.* **3** Perder el ánimo: *"Si nos lo proponemos, llegaremos hasta el final sin* ***desfallecer",*** *nos dijo el entrenador del equipo.*

desfallecido, da ***adj.*** Muy débil, a punto de desmayarse: *Jaime hizo demasiado ejercicio sin beber agua y ahora se siente* ***desfallecido.***

desfalleciente ***adj.*** Que desfallece: *El* ***desfalleciente*** *mensajero entregó la carta al general y a continuación se desplomó víctima del agotamiento.*

desfallecimiento ***m.*** Pérdida notoria de las fuerzas o el ánimo: *La emoción que sintió cuando se le declaró el apasionado galán provocó un* ***desfallecimiento*** *en la joven.*

desfasamiento ***m.*** Falta de ajuste de alguien o algo al ritmo o circunstancias de un momento determinado: *En ese equipo de trabajo se ha dado un* ***desfasamiento*** *debido a que algunos integrantes actúan muy aprisa y otros van despacio.*

desfasar ***vb.*** {tr. y prnl.} Producir o producirse una diferencia o falta de ajuste: *El apagón se debió a que* ***se desfasaron*** *los generadores eléctricos y algunos no soportaron la sobrecarga.*

desfase ***m.*** Desfasamiento.

desfavor ***m.*** **1** Desatención, desaire: *"Con el* ***desfavor*** *con que me trataron en ese restaurante, quedé invitado a no volver nunca", comentó Artemio.*

desfavorable ***adj.*** Malo, poco favorable, adverso: *Es un momento* ***desfavorable*** *para pedirle permiso a tu mamá, porque está enojada contigo.*

desfavorablemente ***adv.*** Con perjuicio, de manera negativa o adversa: *Las predicciones pintan* ***desfavorablemente,*** *así que es probable que ese negocio no se logre.*

desfavorecer ***vb. irreg.*** {tr.} **Modelo 39.** Perjudicar, no favorecer: *El nuevo peinado de Ariadna la* ***desfavorece,*** *pues la hace ver muy vulgar.*

desfavorecido, da ***adj.*** Desairado, que ha sufrido menoscabo: *La primera propuesta resultó* ***desfavorecida*** *porque alguien presentó una segunda que era mejor.*

desfibrilación ***f.*** Aplicación de descargas eléctricas para restablecer el ritmo normal del corazón: *La* ***desfibrilación*** *ha salvado muchas vidas de personas que sufrieron paros cardiacos.*

desfibrilador ***m.*** Aparato terapéutico para desfibrilar: *La mayor parte de las ambulancias modernas cuentan con un* ***desfibrilador*** *como parte de su equipamiento.*

desfibrilar ***vb.*** {tr.} Aplicar descargas eléctricas al corazón para lograr que recupere su ritmo normal: *Los paramédicos* ***desfibrilaron*** *al paciente electrocutado, su corazón volvió a latir y recuperó el sentido.*

desfigurar ***vb.*** {tr. y prnl.} **1** Deformar, afear. **2** Modificar un suceso al momento de contarlo. **3** Turbarse por una emoción, susto, etc.: *Su cara **se desfiguró** cuando vio a su novia con otro muchacho.*

desfiguro ***m. Méx.*** Actitud o acción ridícula: *A Tomás se le pasaron las copas e hizo **desfiguros** en la fiesta.*

desfiladero ***m.*** Paso estrecho entre montañas. Sin. **cañón, garganta, barranco.**

desfilar ***vb.*** {intr.} **1** Marchar en fila: *Los niños **desfilarán** durante la ceremonia a la bandera.* **2** Pasar las tropas en orden ante un superior: *El día de la fiesta nacional de muchos países, el ejército **desfila** ante el presidente.*

desfile ***m.*** Hecho de marchar la gente en fila: *El **desfile** empezaba con cuatro niños que tocaban el tambor.*

desflecar ***vb. irreg.*** {tr. y prnl.} **Modelo 17. 1** Destejer las orillas de algo para sacar flecos: *Isabel pasará la tarde **desflecando** el mantel que bordó.* **2** Deshilacharse una prenda: *Mi mascada **se desflecó,** tengo que coserle un nuevo dobladillo.* **3** ***Cuba.*** Deteriorar, estropear.

desflemar ***vb.*** {tr.} **1** Quitar las flemas de un líquido o alimento: *Un método para **desflemar** las cebollas es dejarlas media hora en agua con vinagre.* **2** Expectorar, arrojar las flemas: *Cuando alguien deja de fumar se rehabilitan los cilios pulmonares y entonces **desflema** mejor.*

desfogar ***vb. irreg.*** {tr. y prnl.} **Modelo 17.** Desahogarse, exteriorizar algún estado de ánimo de manera violenta: *El problema de Pedro es que cuando se siente frustrado suele **desfogarse** peleando a gritos con su mujer.*

desfogue ***m.*** Acción y efecto de desfogar o desfogarse: *No había podido llorar por la muerte de su padre pero, cuando al fin vino el **desfogue,** lo hizo tan intensamente que quedó agotado.*

desfondar ***vb.*** {tr. y prnl.} Romper el fondo: *La bolsa de las compras **se desfondó** porque tenía demasiadas cosas dentro.*

desforestación o **deforestación** ***f.*** Destrucción de los bosques: *La falta de control en la explotación de los recursos madereros causó la **desforestación** de ese cerro.*

desgajamiento ***m.*** Acción y efecto de desgajarse algo: *El **desgajamiento** del cerro se debió a que, como deforestaron, ya no había raíces de árboles que sostuvieran la tierra.*

desgajar ***vb.*** {tr. y prnl.} **1** Arrancar una rama del tronco: *Su madre regañó a Pilar porque **desgajó** ese árbol.* **2** Separar una parte de una cosa unida: *Marcia **desgajó** su naranja y repartió los gajos entre sus amigas.*

desganado, da ***adj.*** Fastidiado, sin ganas de hacer las cosas: *Laura estaba **desganada,** se limitó a mordisquear una galleta y no quiso comer.*

desganar ***vb.*** {tr. y prnl.} Quitar o perder el gusto o las ganas de hacer algo: *El médico dijo que Rufino **se desganó** porque come mal y duerme poco.*

desganchar ***vb.*** {tr.} Quitar a los árboles los restos de ramas secas o rotas: *Mañana **desgancharé** ese árbol, pues por las noches sus ramas chocan contra mi ventana y me asusta.*

desgano ***m.*** Falta de gana o deseo de hacer una cosa: *Ricardo debe estar enfermo, siempre es muy activo y ahora se le ve el **desgano,** ni siquiera quiere jugar.*

desgañitarse ***vb.*** {prnl.} ***Fam.*** Gritar con gran esfuerzo: *Por más que **me desgañitaba** llamándolos, mis hermanos seguían jugando y no venían a comer.*

desgarbado, da ***adj.*** Falto de elegancia, de gracia: *Esa joven se compra ropa bonita, pero no se ve bien porque camina **desgarbada.***

desgarrado, da ***adj.*** **1** Rasgado, roto: *El muchacho salió de la pelea con la camisa **desgarrada** y un ojo morado.* **2** Que denota gran sufrimiento: *Con llanto **desgarrado,** los sobrevivientes del incendio vieron arder el edificio donde habitaban.*

desgarrador, ra ***adj.*** Que produce sufrimiento porque es terrible: *Luego de aquel sismo, la televisión de todo el mundo transmitió escenas **desgarradoras** en los noticieros.*

desgarradura ***f.*** Rasgadura, desgarrón: *Sandra se atoró en un alambre y en su falda se hizo una **desgarradura.***

desgarrante ***adj.*** Desgarrador, estremecedor: *El testimonio de las víctimas de la guerra fue **desgarrante,** hasta los jueces lloraron al escucharlo.*

desgarrar ***vb.*** {tr. y prnl.} **1** Rasgar, romper: *Martha **desgarró** el sobre para leer la carta.* **2** Herir los sentimientos: *Patricia le **desgarrará** el corazón a su novio cuando le diga que se enamoró de otro muchacho.*

desgarre ***m.*** **1** Acción y efecto de desgarrar o desgarrarse: *Los colmillos de los carnívoros son adecuados para el **desgarre** de la carne de sus presas.* **2** Contracción violenta de un músculo que rompe sus fibras y produce dolor intenso: *El corredor pisó mal y sufrió un **desgarre** en el muslo.*

desgarro ***m.*** **1** Rotura que se hace al tirar de algo poco resistente: *Por las prisas, hizo un **desgarro** en su media cuando se la ponía.*

desgarrón ***m.*** Desgarradura, rotura en un vestido o tela: *El gato se colgó de las cortinas y las dejó llenas de **desgarrones.***

desgasificar ***vb. irreg.*** {tr.} **Modelo 17.** Eliminar el gas contenido en un líquido o un recipiente: *Una vez descargadas las cisternas de los buques petroleros, se procede a **desgasificarlas.***

desgastado, da ***adj.*** **1** Deteriorado por el uso: *El tapiz de ese sofá ya está **desgastado,** ha perdido textura y se alcanza a ver la trama de la tela.* **2** Con el prestigio o la credibilidad dañados a causa de repeticiones en una conducta negativa: *El dirigente del sindicato está totalmente **desgastado,** ya nadie cree en sus palabras.*

desgastar ***vb.*** {tr. y prnl.} Gastar o volver vieja una cosa: *La suela de mis zapatos **se desgasta** cada vez que camino con ellos.*

desgaste ***m.*** Acción y efecto de desgastar o desgastarse: *"El **desgaste** de este engrane hace que ya no embone bien con el otro", explicó el mecánico a su cliente.*

desglosar ***vb.*** {tr.} Dividir algo en partes para, considerando cada parte por separado, comprenderla o explicarla mejor: *El profesor **desglosó** punto por punto el tema de la clase para que todos entendiéramos.*

desglose ***m.*** Acción y efecto de desglosar: *El **desglose** del ensayo que leímos nos ayudó a comprenderlo mejor.*

desgobierno ***m.*** Falta de gobierno, desorden: *En esa oficina impera el **desgobierno,** cada quien hace lo que le da su gana.*

desgolletar ***vb.*** {tr.} Quitar el gollete o cuello a una botella: *Como no pudo sacar los corchos, **desgolletó** las botellas de vino.*

desgracia ***f.*** **1** Mala suerte: *¡Qué **desgracia!** Casi me gano la lotería, pero fallé por un solo número.* **2** Suceso malo y triste: *Fue una **desgracia** para la familia que el padre perdiera su trabajo.* Sin. **calamidad.**

desgraciado, da ***adj./m.*** y ***f.*** **1** Que padece o implica desgracia. **2** Persona que inspira compasión: *El pobre **desgraciado** tiene un hijo que está muy enfermo en el hospital.* **3** ***Fam.*** y ***Desp.*** Mala persona: *El **desgraciado** de Rubén tiene tres hijos y no se ocupa de ellos.*

desgraciar ***vb.*** {tr. y prnl.} Malograr, echar o echarse a perder: *Las cosechas **se desgraciaron** a causa de la plaga.*

desgranadora ***f.*** Máquina agrícola que sirve para desgranar cereales: *Hoy metieron a la **desgranadora** tres toneladas de maíz.*
desgranar ***vb.*** {tr. y prnl.} **1** Sacar los granos de una cosa: ***Desgranamos** los elotes para preparar el guiso.* **2** Soltarse las piezas ensartadas.
desgrasar ***vb.*** {tr.} Quitar la grasa: *La cocinera **desgrasa** el consomé antes de servirlo.*
desgravar ***vb.*** {tr.} Rebajar un impuesto o arancel: *La nueva reforma **desgravará** impuestos a quienes ganen menos de cuatro veces el salario mínimo.*
desgreñado, da ***adj.*** Con el cabello en desorden, despeinado: *Tocaron a la puerta y, como estaba dormida, salió **desgreñada** a abrir.*
desgreñar ***vb.*** {tr. y prnl.} Desordenar el cabello, despeinar: *Un ventarrón **desgreñó** a las niñas que jugaban en el patio.*
desguarnecer ***vb. irreg.*** {tr.} **Modelo 39. 1** Quitar aquello que guarnece o adorna una cosa o a una caballería: *Para ahorrar, **desguarnecieron** los platillos que sirven en ese restaurante; ahora dan las carnes sin acompañamiento en el plato.* **2** Retirar las tropas de defensa o protección de un poblado: *Si los soldados abandonan esta plaza, la **desguarnecerán** y quedará a merced del enemigo.*
desguarnecido, da ***adj.*** **1** Despojado de las guarniciones o adornos: *Luego del desfile, los caballos, ya **desguarnecidos**, retozaban felices de poder descansar.* **2** Desprotegido, sin defensa: *El comandante informó al general que la plaza estaba **desguarnecida** porque sus soldados desertaron.*
desguazar ***vb. irreg.*** {tr.} **Modelo 16. 1** Desbaratar un barco, un auto o una máquina: *Van a **desguazar** cien autobuses porque ya los consideran chatarra.* **2** ***Amér.*** Romper, rasgar: *Estos niños **desguazaron** el tapiz del sofá porque se subieron a él con todo y zapatos.*
deshabitado, da ***adj.*** Que no está habitado: *El edificio **deshabitado** ha sido convertido en basurero por los vecinos, de ahí que en el barrio haya plaga de ratas.*
deshabitar ***vb.*** {tr.} Irse del sitio que se habitaba, dejar un lugar sin habitar: *Nadie vive en esa casa desde que la **deshabitaron** los vecinos.*
deshacer ***vb. irreg.*** {tr. y prnl.} **Modelo 23. 1** Destruir lo que estaba hecho: *María **deshizo** las trenzas de la niña antes de bañarla.* **2** Derretir algo sólido, fundir: ***Deshice** la mantequilla en la cacerola y puse a freír la carne.* **3** Quitarle vigencia a algo: *Estas naciones **deshicieron** el tratado de paz que habían firmado y ahora están en guerra otra vez.* **4** Estropear una cosa: *El aire le **deshizo** el peinado que le costó tanto trabajo hacerse.* **5** Tener muchos deseos de algo: ***Me deshago** por ir al concierto de mi cantante favorito.*
desharrapado, da o **desarrapado, da** ***adj./m.*** y ***f.*** Mal vestido, lleno de harapos: *"¿Cómo van a darle ese trabajo en el que piden buena presentación si siempre anda **desharrapado**?", dijo Germán.*
deshebrar ***vb.*** {tr.} Deshacer alguna cosa en hebras delgadas: *Para hacer ese guiso, la cocinera primero **deshebró** la carne y luego la incorporó al caldillo con verduras.*
deshecho, cha ***adj.*** **1** Desarreglado, sin hacer: *Qué vergüenza, llegaron visitas y vieron mi cama **deshecha**.* **2** Destrozado, muy abatido: *Mario está **deshecho** desde que le anunciaron que no ganó la beca.*
desherbar ***vb.*** {tr.} Arrancar las hierbas perjudiciales de un campo de cultivo o jardín: *Ayer **desherbaron** el sembrado para que el trigo crezca mejor.* Sin. **desyerbar.**
desheredado, da ***adj.*** **1** Que ha sido excluido de una herencia: *Esa joven fue **desheredada** por su padre debido a su mala conducta.* **2** Tan pobre que ni siquiera puede ganarse la vida: *En algunos países, los **desheredados** forman verdaderas legiones.*
desheredar ***vb.*** {tr.} Excluir a una persona de la herencia: *Su padre le dijo a Clarisa que la **desheredaría** si se casaba con ese hombre malo.*
desherrumbrar ***vb.*** {tr.} Quitar el óxido o herrumbre que recubre algo: *Desde que **desherrumbraron** las bisagras, la puerta abre y cierra bien y sin hacer ruido.*
deshidratación ***f.*** **1** Pérdida grave de agua: *Si un bebé padece diarrea, corre el riesgo de una **deshidratación**.* **2** Técnica de conservación de alimentos que consiste en extraer la mayor parte del agua que contienen: *La **deshidratación** se emplea sobre todo para conservar especias, frutas y algunas carnes.*
deshidratado, da ***adj.*** Que ha perdido la mayor parte del agua que contenía: *Las pasas y orejones son fruta **deshidratada**.*
deshidratar ***vb.*** {tr. y prnl.} Eliminar o perder el agua un cuerpo: *Le dio tanto sol que **se deshidrató** y se sentía muy débil.*
deshielo ***m.*** Hecho de convertirse en agua la nieve y el hielo: *Con el calor de la primavera, comienza el **deshielo** en las montañas elevadas.*
deshilachado, da ***adj.*** Que está raído por el uso y le cuelgan hilachas: *Omar insiste en usar esos pantalones **deshilachados** porque dice que así es la moda.*
deshilado ***m.*** Labor de costura que consiste en entresacar hilos de una tela para formar huecos decorativos: *Esa ciudad es famosa por sus trabajos de **deshilado**.*
deshilar ***vb.*** {tr. y prnl.} Sacar hilos de una tela.
deshilvanado, da ***adj.*** Desorganizado, relativo al discurso sin conexión entre sus partes: *Estaba tan nervioso que hizo un discurso **deshilvanado** y ella no entendió que le estaba declarando su amor.*
deshilvanar ***vb.*** {tr.} Quitar los hilvanes a una labor de costura: *"Una vez cosida la bastilla, **deshilvanaré** la orilla de esta falda", dijo la modista.*
deshinchar ***vb.*** {tr. y prnl.} Quitar la inflamación de algo que está hinchado: *Con una bolsa de hielo **deshinché** el chichón que me hice en la frente al pegarme con la ventana.*
deshojado, da ***adj.*** **1** Dicho de una planta, que ha perdido sus hojas o pétalos: *Al llegar el otoño pueden verse muchos árboles **deshojados**.* **2** Dicho de un libro o cuaderno, que ha perdido páginas: *Benjamín no cuidó su libreta, por eso está **deshojada**.*
deshojar ***vb.*** {tr. y prnl.} Quitar o arrancar las hojas a una planta o los pétalos a una flor: *Fue **deshojando** la margarita hasta que no quedó ningún pétalo.*
deshollinador ***m.*** Utensilio que se usa para quitar el hollín que se acumula en las chimeneas.
deshollinador, ra ***m.*** y ***f.*** Que tiene por oficio limpiar chimeneas: *Está muy sucia la chimenea, debemos llamar al **deshollinador**.*
deshollinar ***vb.*** {tr.} Quitar el hollín que recubre las chimeneas: *Los hombres que **deshollinaron** en la fábrica estaban totalmente negros cuando terminaron su trabajo.*
deshonestidad ***f.*** Falta de honestidad: *Ese tipo es conocido por su **deshonestidad**, a eso se debe que nadie quiera contratarlo.*
deshonesto, ta ***adj.*** Falto de honestidad, inmoral.
deshonor ***m.*** Deshonra, pérdida del honor: *La conducta reprobable de aquel joven trajo el **deshonor** a su familia.*

deshonorar ***vb.*** {tr. y prnl.} **1** Quitar o perder el honor y dignidad: *De seguir timando a sus clientes, ese joyero **se deshonorará** muy pronto.* **2** Quitar a alguien su categoría o cargo: ***Deshonoraron** al magistrado como castigo a sus malos manejos.*

deshonra ***f.*** **1** Vergüenza: *Es una **deshonra** decir que no sabes nada de matemáticas después de haber tomado un curso de dos años.* **2** Ofensa, falta de honra: *Saber que él era el ladrón fue una **deshonra** para su familia.*

deshonrado, da ***adj.*** Que ha perdido la honra: *Debido a sus abusos y deshonestidad, el patriarca quedó **deshonrado** y los gitanos lo expulsaron de la tribu.*

deshonrar ***vb.*** {tr. y prnl.} **1** Quitar la honra, o perderla: *Ese mal abogado **deshonra** su profesión, en lugar de ayudar a sus clientes abusa de ellos.*

deshora o **deshoras. A ~,** ***loc.*** Fuera de hora o tiempo: *Siempre llega a comer **a deshora,** cuando ya todos hemos terminado.*

deshuesado ***m.*** Técnica de proceso de alimentos que consiste en quitar los huesos a las carnes: *El **deshuesado** se incorpora cada vez más a la industria alimentaria, pues la gente tiene poco tiempo para cocinar.*

deshuesar ***vb.*** {tr.} Quitar los huesos: *Ayúdame a **deshuesar** este pollo para que pueda cocinarlo.*

deshumanización ***f.*** Acción y efecto de deshumanizar o deshumanizarse: *La **deshumanización** en los hospitales es un grave problema de la atención médica moderna.*

deshumanizar ***vb. irreg.*** {tr. y prnl.} **Modelo 16.** Perder o hacer perder el carácter humano: *Cuando alguien **se deshumaniza,** deja de interesarle el sufrimiento ajeno y sólo busca su provecho.*

deshumano, na ***adj.*** Inhumano, cruel, despiadado: *De forma **deshumana,** el gobierno de aquel país impidió que llegara la ayuda a los damnificados por la inundación.*

desidia ***f.*** Negligencia, descuido, dejadez: *"No sé qué hacer con ese niño, por **desidia** nunca limpia su cuarto", dijo doña Martha.*

desidioso, sa ***adj.*** Irresponsable, negligente: *Por **desidiosa,** Roxana perderá tres muelas; si hubiera ido a tiempo al dentista las hubiera salvado.*

desierto ***m.*** Lugar seco de escasa vegetación: *Los camellos son buenos animales para el **desierto** porque almacenan agua y pueden vivir varios días sin beberla.*

desierto, ta ***adj.*** No poblado, vacío: *Conocimos un pueblo **desierto** en el que hacen filmes de terror.*

designación ***f.*** **1** Acción y efecto de designar: *La **designación** de los nuevos catedráticos tuvo muy buena acogida entre los estudiantes.* **2** Nombramiento: *El papá de Leticia está feliz con su **designación** como nuevo gerente de ventas.*

designado, da ***adj.*** Que ha sido nombrado para ejercer algún cargo: *El doctor Ramírez acaba de ser **designado** como jefe del servicio de pediatría.*

designar ***vb.*** {tr.} **1** Nombrar a una persona o cosa por su nombre o rasgo distintivo. **2** Señalar una persona o cosa para algo preciso: ***Designaron** al señor Arango como representante de los vecinos ante las autoridades.* **3** Fijar o escoger: *El maestro **designó** el último día del mes para hacer el examen de química.*

designio ***m.*** Idea e intención para realizar algo: *Esa fuente se puso allí por **designio** de un antiguo alcalde.*

desigual ***adj.*** **1** Diferente: *Partimos la tarta de manera **desigual,** por eso hay unas rebanadas más grandes que otras.* **2** No liso: *Como el terreno es **desigual,** los albañiles tendrán que emparejarlo antes de construir la casa.* **3** Variable: *Vivo en una ciudad con clima **desigual:** por la mañana llueve, por la tarde hace calor y por la noche hace frío.*

desigualar ***vb.*** {tr.} Hacer que dejen de ser iguales entre sí dos o más cosas: *La fábrica de estambre **desigualó** el tono de estas madejas y no puedo terminar este suéter sin que el color quede parchado.*

desigualdad ***f.*** **1** Hecho de ser o estar desigual: *Debido a la **desigualdad** que hay entre los dos equipos, será más fácil la victoria de los verdes.* **2** Injusticia: *Es terrible la **desigualdad** con que está repartida la riqueza en el mundo: ¿cómo puede haber personas tan pobres y otras tan ricas?*

desilusión ***f.*** **1** Pérdida de las ilusiones. **2** Decepción, chasco: *Su **desilusión** fue grande cuando se dio cuenta de que su mejor amigo era hipócrita y traidor.*

desilusionado, da ***adj.*** Que ha sufrido una desilusión: *Carmen está **desilusionada** por el extremo machismo con que se comporta su pareja.*

desilusionante ***adj.*** Que produce desilusión: *Algo muy **desilusionante** es que, aunque alguien ha aportado su mejor esfuerzo en el trabajo, cuando llega un ascenso se lo den a otro que carece de méritos.*

desilusionar ***vb.*** {tr. y prnl.} Tener o hacer que otro tenga una desilusión o desengaño: *Margarita **se desilusionó** cuando descubrió que su novio era un mentiroso.*

desincentivación ***f.*** Acción y efecto de desincentivar: *Las autoridades universitarias harán una campaña de **desincentivación** del ingreso a Leyes, pues ya hay demasiados estudiantes en esa área.*

desincentivar ***vb.*** {tr.} Privar de estímulos para la realización de una actividad: *La inseguridad económica en ese país **desincentivó** la inversión.*

desindustrializar ***vb. irreg.*** {tr. y prnl.} **Modelo 16.** Quitar su carácter industrial a una actividad o territorio: *Ante los graves daños ocasionados al ambiente, **se desindustrializará** esa región y se regresará a la actividad agropecuaria que tenía antes.*

desinfección ***f.*** Acción y efecto de desinfectar: *Realizar **desinfecciones** en el instrumental médico es vital para evitar contagios.*

desinfectado, da ***adj.*** Que ha sido sometido a una desinfección: *Puedes comer con toda confianza esa ensalada, las verduras fueron lavadas y **desinfectadas.***

desinfectante ***adj./m.*** Se aplica al producto o sustancia que sirve para desinfectar: *Todos los días lavan el establo con **desinfectante,** para evitar que las vacas enfermen o la leche se contamine.*

desinfectar ***vb.*** {tr. y prnl.} Destruir gérmenes infecciosos: *Hay que **desinfectar** frutas y verduras antes de comerlas y así evitamos enfermedades.*

desinflado, da ***adj.*** **1** Que ha perdido el aire o gas que contenía: *Ese balón **desinflado** ya no puede rebotar.* **2** *Fig.* Desanimado: *Alberto anda **desinflado** porque hace meses no consigue un empleo fijo.*

desinflamación ***f.*** Acción y efecto de desinflamar o desinflamarse: *La **desinflamación** de su rodilla lastimada le ha traído un gran alivio.*

desinflamar ***vb.*** {tr. y prnl.} Quitar la hinchazón de alguna parte del cuerpo: *Desde que Gilda bebe más agua y hace ejercicio se **han desinflamado** sus tobillos.*

desinflamatorio ***m.*** Medicamento para desinflamar: *No debe abusarse de los **desinflamatorios.***

desinflamatorio, ria ***adj.*** Que desinflama: *Se dice que el efecto **desinflamatorio** de las compresas de vinagre caliente es muy notable.*

desinflar ***vb.*** {tr. y prnl.} Sacar o salirse el aire de un cuerpo: *"**Desinfla** un poco el globo porque está demasiado lleno y se puede reventar", me dijo Dante.*

desinformación ***f.*** **1** Acción y efecto de desinformar: *La **desinformación** respecto de ese suceso generó confusión en la opinión pública.* **2** Ignorancia, falta de información: *El conferencista habló del tema con gran **desinformación,** por eso dijo tantas falsedades.*

desinformado, da ***adj.*** Que no está bien informado: *Un juez **desinformado** corre el riesgo de cometer injusticias.*

desinformar ***vb.*** {tr.} **1** Proporcionar información manipulada para servir a determinados fines: *En un intento por ocultar el fraude que había cometido, el ejecutivo **desinformó** a los directivos de la empresa.* **2** Ocultar u omitir información: *Esa revista **desinforma** más que informar.*

desinhibición ***f.*** Falta de inhibición: *Pese a ser la primera vez que cantaba en público, la joven mostró gran **desinhibición** y logró interpretar la pieza de manera brillante.*

desinhibido, da ***adj.*** Que no tiene inhibiciones: *Hay niños **desinhibidos** que se sienten muy cómodos entre las personas, y hay otros demasiado tímidos.*

desinhibir ***vb.*** {tr. y prnl.} Vencer las inhibiciones, despojarse de la timidez: *"Tendrás que **desinhibirte** si quieres hacer carrera como actor.*

desintegración ***f.*** Acción y efecto de desintegrar o desintegrarse: *La **desintegración** de esa compañía dejará a muchas personas sin trabajo.*

desintegrado, da ***adj.*** Que tiene los elementos o partes que lo conformaban separados entre sí: *Al entrar a la atmósfera terrestre, el meteorito quedó **desintegrado** y sólo se hallaron algunos pequeños trozos diseminados en el área donde cayó.*

desintegrar ***vb.*** {tr. y prnl.} Separar los diversos elementos que forman un todo.

desinterés ***m.*** **1** Apatía, falta de interés: *Reprobó el curso por el **desinterés** que tenía hacia las matemáticas.* **2** Generosidad: *Es bueno hacer favores con **desinterés.***

desinteresado, da ***adj.*** Generoso, que no actúa por interés: *Tu mamá te da consejos **desinteresados,** lo único que quiere es tu bien.*

desintoxicación ***f.*** Acción y efecto de desintoxicar o desintoxicarse: *"Te urge una dieta de **desintoxicación,** has comido demasiados embutidos", dijo el médico a su paciente.*

desintoxicar ***vb.*** {tr. y prnl.} Eliminar del organismo las sustancias que lo intoxican: ***Desintoxicaron** al niño que comió queso en mal estado con medicamentos y dieta de verduras cocidas durante una semana.*

desistimiento ***m.*** Acción y efecto de desistir: *El abogado presentó el **desistimiento** de su cliente, lo que significa que ya no proseguirán con la demanda que habían iniciado.*

desistir ***vb.*** {intr.} Abandonar un propósito o intento: *Mi padre **desistió** de cobrarle a Evaristo el dinero que le debe, porque sabe que no tiene trabajo.* Sin. **renunciar.**

desjarretar ***vb.*** {tr.} **1** Cortar a una res las patas por el jarrete para impedirle caminar: *Para **desjarretar** se utiliza una especie de lanza con una cuchilla curva en la punta.* **2** *Fam.* Extenuar, debilitar o invalidar: *La intensa diarrea **desjarretó** al enfermo, ahora no puede ni ponerse de pie sin ayuda.*

deslavado ***m.*** Técnica de pintura de paredes o teñido de telas para dar apariencia de desgaste o envejecimiento: *El **deslavado** hace muy atractivas las prendas de mezclilla, pues logra que el color se matice en varios tonos.*

deslavar ***vb.*** {tr.} Aplicar la técnica del deslavado a una superficie o tela: *Los dos pintores **deslavaron** la pared utilizando pintura, cal y barniz.*

deslave ***m. Amér.*** Desmoronamiento de tierra desde un lugar alto: *Las excesivas lluvias y la falta de vegetación son causa frecuente de **deslaves.***

desleal ***adj./m.*** y ***f.*** Carente de lealtad: *Raúl es un **desleal,** anda contando a todo el mundo los secretos y planes de su amigo Francisco.*

deslealtad ***f.*** Falta de lealtad: *A causa de la **deslealtad** de sus socios, el empresario tuvo serios problemas legales.*

deslegitimación ***f.*** Acción y efecto de deslegitimar: *El abogado ha conseguido elementos con qué proceder a la **deslegitimación** de esas declaraciones.*

deslegitimar ***vb.*** {tr.} Quitar a algo su legitimidad o validez: *Se necesitan pruebas para **deslegitimar** las declaraciones de la parte acusadora.*

desleír ***vb.*** {tr. y prnl.} Disolver en un líquido algo de consistencia sólida o pastosa: *Para preparar ese guiso, primero debes **desleír** la masa de maíz en un poco de caldo.*

deslenguado, da ***adj.*** Que dice malas palabras cuando habla y no siente vergüenza por decirlas: *"¡Ese muchacho **deslenguado** no para de decir groserías!"*

desligado, da ***adj.*** **1** Suelto, separado. **2** Independiente de algo, ajeno a ello: *Hace años que estoy **desligado** de ese ambiente, por lo tanto, no puedo hablar de su situación actual.*

desligar ***vb. irreg.*** {tr. y prnl.} **Modelo 17. 1** Soltar, desatar las ligaduras: ***Desligaré** el paquete para poder abrirlo.* **2** Independizar, separar: *Si quieres que reconozcan tu valía, **desligate** de las malas compañías.*

deslindar ***vb.*** {tr.} **1** Señalar los límites de algo: *Una vez que **deslindaron** aquellas dos poblaciones, ambos alcaldes acordaron construir un parque en la zona limítrofe.* **2** Establecer la diferencia entre una cosa y otra: *El profesor pidió a los alumnos **deslindar** entre alquimia y química.*

deslinde ***m.*** Acción y efecto de deslindar: *Mañana se procederá al **deslinde** de los terrenos para definir hasta dónde abarcan.*

desliz ***m.*** Flaqueza, indiscreción o error leve: *José cometió un **desliz** al hablar del nuevo proyecto antes de su presentación oficial.*

deslizamiento ***m.*** Acción y efecto de deslizar o deslizarse: *Para que su **deslizamiento** sea óptimo, las ruedas de esos patines necesitan lubricación.*

deslizante ***adj.*** Que se desliza: *Una **deslizante** culebra salió del bosque y entró en el arroyo.*

deslizar ***vb. irreg.*** {intr. y prnl.} **Modelo 16. 1** Correr los pies u otro cuerpo por encima de una superficie lisa o mojada: *El niño jugaba **deslizando** su carrito sobre la mesa.* **2** Escaparse, escabullirse o entrar en un lugar sin ser notado.

deslucido, da ***adj.*** **1** Sin brillo por estar gastado: *Ese **deslucido** piso de madera necesita barniz.* **2** Que no luce, sin atractivo: *La actuación del galán fue **deslucida,** ya que tiene muy mala dicción.*

deslucir ***vb. irreg.*** {tr. y prnl.} **Modelo 58.** Quitar o perder la buena apariencia, la gracia o el atractivo.

deslumbrado, da ***adj.*** **1** Cegado momentáneamente por el exceso de luz: *Prendieron la iluminación del teatro súbitamente y muchas personas quedaron **deslumbradas.*** **2** Impresionado fuertemente por algo: *Quedamos **deslumbrados** ante la belleza de ese mural.*

deslumbrante ***adj.*** **1** Que deslumbra: *Las luces **deslumbrantes** de los autos en carretera pueden ser peligrosas para otros conductores.* **2** Que asombra y causa admiración: *El bailarín realizó una serie de movimientos* ***deslumbrantes*** *que dejó mudos a los espectadores.*

deslumbrar ***vb.*** {tr. y prnl.} **1** Molestar a la vista un exceso de luz: *Las luces de los otros automóviles me* ***deslumbran*** *cuando viajo de noche.* SIN. **cegar. 2** Fascinar, impresionar: *La belleza de las pirámides prehispánicas* ***deslumbra*** *a los visitantes europeos.*

deslumbre ***m.*** Deslumbramiento, acción y efecto de deslumbrar o deslumbrarse.

desmadejado, da ***adj.*** Con el cuerpo laxo, sin fuerzas: *Jorge estaba tan débil que, cuando quiso incorporarse, volvió a caer* ***desmadejado*** *en el sillón.*

desmadrarse ***vb.*** {prnl.} *Fam.* Excederse, actuar sin freno.

desmagnetizar ***vb. irreg.*** {tr.} **Modelo 16.** Perder algo la imantación, o hacer que la pierda: *"****Desmagnetice*** *su televisor y dejarán de verse esas manchas verdes y rojas en las esquinas de la pantalla", aconsejó el técnico.*

desmalezar ***vb. irreg.*** {tr.} **Modelo 16.** ***Amér.*** Desherbar, quitar la maleza de un sitio: *Si no* ***desmalezas,*** *las malas hierbas impedirán que crezca lo que sembraste.*

desmanchar ***vb.*** {tr.} Quitar las manchas, limpiar: *Arnulfo* ***desmanchó*** *su corbata utilizando bencina y talco.*

desmantelamiento ***m.*** Acción y efecto de desmantelar.

desmantelar ***vb.*** {tr.} Retirar los elementos que conforman un lugar: *Al terminar la temporada de esa obra de teatro,* ***desmantelaron*** *la escenografía y la guardaron en una bodega.*

desmaterialización ***f.*** **1** Acción y efecto de desmaterializar. **2** Desaparición de algún objeto material: *"Yo no creo en la* ***desmaterialización*** *espontánea, así que mejor encuentra mis llaves", dijo Úrsula a su marido.*

desmaterializar ***vb. irreg.*** {tr. y prnl.} **Modelo 16. 1** Disgregar las partículas de la materia para convertirla en pura energía: *Aunque todavía no es posible hacerlo, los físicos trabajan en técnicas para* ***desmaterializar*** *cosas y volver a materializarlas en otro lugar.* **2** Desaparecer, esfumarse: *El espectro que señalaba algo* ***se desmaterializó*** *ante la atónita mirada del héroe de la película.*

desmayarse ***vb.*** {prnl.} Perder el conocimiento, sufrir un desmayo: *Benito estuvo a punto de* ***desmayarse*** *por la impresión que sufrió al ver la sangre de su herida.*

desmayo ***m.*** Pérdida momentánea del conocimiento: *El* ***desmayo*** *del nadador se debió al gran esfuerzo físico que había hecho durante la competencia.* SIN. **telele.**

desmedido, da ***adj.*** Falto de medida o proporción, excesivo: *Mi tía siente un apego* ***desmedido*** *por ese perro viejo, creo que va a sufrir mucho cuando el animal se muera.*

desmedrar ***vb.*** {intr. y prnl.} **1** Enflaquecer, desmejorar: *Muchas desveladas y alimentación insuficiente* ***desmedran*** *a las personas.* **2** Deteriorarse, estropearse: *Tanta lluvia* ***desmedró*** *las plantas, pues la humedad pudrió sus raíces.*

desmedro ***m.*** Enflaquecimiento, desmejoramiento: *El* ***desmedro*** *de ese perro me lleva a sospechar que tiene parásitos.*

desmejorado, da ***adj.*** Que tiene mala salud y lo refleja en su aspecto: *Ramiro está muy* ***desmejorado*** *últimamente, sus excesos lo están afectando.*

desmejorar ***vb.*** {tr., intr. y prnl.} **1** Estropear, deslucir. **2** Ir perdiendo la salud: *El médico dijo que la salud de mi abuelo* ***ha desmejorado*** *mucho desde que se cayó por la escalera.*

desmelenado, da ***adj.*** Con el cabello en desorden, desgreñado: *Las gemelas pelearon y ambas quedaron* ***desmelenadas*** *y llorosas.*

desmelenar ***vb.*** {tr. y prnl.} Despeinar, desordenar el cabello: *Para hacer algunos peinados, primero* ***desmelenan*** *a la persona y luego acomodan de nuevo el cabello.*

desmembramiento ***m.*** Acción y efecto de desmembrar o desmembrarse: *En siglos pasados, el* ***desmembramiento*** *era una tortura habitual.*

desmembrar ***vb. irreg.*** {tr. y prnl.} **Modelo 3. 1** Separar los miembros del cuerpo: ***Desmembraremos*** *un pollo asado para repartírnoslo y comerlo.* **2** Dividirse un grupo u organización: *La guerra civil* ***desmembró*** *a las instituciones del gobierno de ese país.*

desmemoria ***f.*** Falta de memoria: *La* ***desmemoria*** *de Miguel lo ha llevado a perder muchas cosas, pues nunca recuerda dónde las deja.*

desmemoriado, da ***adj./m.*** y ***f.*** Torpe de memoria, que olvida las cosas fácilmente: *Me dijo que vendría a mi casa hoy, pero como es tan* ***desmemoriado,*** *creo que lo olvidó.*

desmentido ***m.*** Acción y efecto de desmentir: *Las autoridades publicaron un* ***desmentido*** *al rumor de un nuevo aumento de precios en los combustibles.*

desmentir ***vb. irreg.*** {tr.} **Modelo 50.** Decir que algo no es verdad: *El cantante* ***desmintió*** *la noticia de su próximo casamiento y dijo que ya no tiene novia.*

desmenuzado, da ***adj.*** Deshecho en partes muy pequeñas: *Espolvorea queso* ***desmenuzado*** *sobre tus macarrones, quedarán más sabrosos.*

desmenuzar ***vb. irreg.*** {tr. y prnl.} **Modelo 16.** Deshacer una cosa en partes menudas: ***Desmenucé*** *el pan para dárselo a los pájaros.*

desmerecer ***vb. irreg.*** {tr.} **Modelo 39.** Perder alguien o algo parte de su valor o mérito: *La rutina de la gimnasta* ***desmereció*** *por su tropezón; ahora perderá puntos.*

desmesura ***f.*** **1** Falta de moderación: *"Ese dolor de estómago es consecuencia de tu* ***desmesura*** *en el comer", dijo el médico a su paciente.* **2** Exceso, falta de consideración: *Raya en la insolencia la* ***desmesura*** *con que esa mujer se expresa.*

desmesurado, da ***adj./m.*** y ***f.*** Fuera de proporción, excesivo: *En el mercado vi una calabaza de tamaño* ***desmesurado,*** *creo que pesaba por lo menos cuarenta kilos.*

desmigajar ***vb.*** {tr. y prnl.} Desmenuzar un alimento para hacerlo migajas: *Me gusta el sabor de ese pan, pero su tendencia a* ***desmigajarse*** *hace que no lo compre tan seguido.*

desmilitarizar ***vb. irreg.*** {tr.} **Modelo 16.** Retirar tropas y eliminar instalaciones militares de un lugar: *Como parte de los acuerdos previos a la firma de la paz entre esas dos naciones, ambas* ***desmilitarizarán*** *sus fronteras.*

desmineralización ***f.*** Pérdida o disminución de los minerales que contiene el organismo: *La* ***desmineralización*** *del cuerpo trae graves consecuencias; por ejemplo, si falta el hierro, sobreviene anemia.*

desmineralizar ***vb. irreg.*** {tr. y prnl.} **Modelo 16.** Sustraer, para eliminarlos, los minerales que contiene algo: *En cuanto llegue la maquinaria, los técnicos* ***desmineralizarán*** *el agua de ese lago para hacerla potable.*

desmitificación ***f.*** Acción y efecto de desmitificar: *El conocimiento científico ha contribuido a la* ***desmitificación*** *de muchas creencias y supersticiones.*

desmitificador, ra ***adj.*** Que desmitifica: *Los argumentos del conferencista fueron* ***desmitificadores,*** *pues muchas personas comprendieron el tema con objetividad.*

desmitificar ***vb.*** {tr. y prnl.} Eliminar los conceptos que idealizan algo o lo convierten en mítico: *"Cuando las personas* ***desmitifiquen*** *lo que durante años han pensado sobre* *este medicamento, verán que no es ninguna panacea universal", sentenció el boticario.*

desmoldar ***vb.*** {tr.} Sacar algo del molde: *El panqué se rompió porque lo* ***desmoldaron*** *cuando todavía estaba caliente.*

desmontable ***adj.*** Que se puede desmontar o desarmar: *La compañía de teatro utiliza un escenario* ***desmontable*** *para sus funciones al aire libre.*

desmontado, da ***adj.*** **1** Desarmado, con sus piezas separadas: *La nueva maquinaria llegó* ***desmontada*** *a la fábrica, ya que así fue más fácil transportarla.* **2** Que ha bajado de una caballería: *Los jockeys* ***desmontados*** *pasean a sus caballos en los prados del hipódromo.*

desmontar ***vb.*** {tr., intr. y prnl.} **1** Desunir las piezas de una cosa: *El técnico* ***desmontó*** *la televisión para arreglarla porque no funciona bien.* **2** Bajar alguien de una caballería: *Después de galopar un buen rato,* ***desmontó*** *y se fue a dar una ducha.*

desmonte ***m.*** **1** Acción y efecto de desmontar. **2** Eliminación de la vegetación que cubre un terreno para sembrar o construir algo en él: *El* ***desmonte*** *excesivo destruye el equilibrio ecológico de las regiones.*

desmoralización ***f.*** Acción y efecto de desmoralizar o desmoralizarse: *La* ***desmoralización*** *de los jugadores de ese equipo se debe a que en todo el año no han ganado un solo partido.*

desmoralizador, ra ***adj.*** Desmoralizante.

desmoralizante ***adj.*** Que desmoraliza: *La actitud de ese jefe es* ***desmoralizante,*** *nunca toma en cuenta los esfuerzos de sus subordinados.*

desmoralizar ***vb. irreg.*** {tr. y prnl.} **Modelo 16.** Perder o hacer perder el ánimo, desalentar: *Carmen* ***se desmoralizó*** *cuando el maestro de música le dijo que no tenía voz suficiente para ser una cantante de ópera.*

desmoronar ***vb.*** {tr. y prnl.} **1** Deshacer y arruinar poco a poco: *Ese antiguo edificio se está* ***desmoronando*** *porque está vacío y nadie lo arregla.* **2** Decaer, venir a menos: *Su ánimo* ***se desmoronó*** *por la enfermedad de su hijo.*

desmotivar ***vb.*** {tr. y prnl.} Hacer que se pierda el interés o el entusiasmo por algo: *La apatía de sus futuros socios* ***desmotivó*** *a José y decidió que en lugar de poner el taller, guardaría el dinero en el banco.*

desmovilización ***f.*** Acción y efecto de desmovilizar: *Una de las primeras señales de que terminaría la guerra fue la* ***desmovilización*** *de las unidades blindadas.*

desmovilizar ***vb. irreg.*** {tr.} **Modelo 16.** Desactivar, licenciándolas, a tropas o personas que estaban destacadas en algún sitio o destinadas a cumplir una misión: *El candidato* ***desmovilizará*** *a sus propagandistas hoy, pues pasado mañana son las elecciones.*

desnacionalización ***f.*** Acción y efecto de desnacionalizar: *Uno de los efectos de la globalización es la* ***desnacionalización*** *de muchas actividades económicas.*

desnacionalizar ***vb. irreg.*** {tr.} **Modelo 16.** Quitar a alguien o algo el carácter nacional: *El incluir inversionistas extranjeros en la explotación minera* ***desnacionalizará*** *esta industria.*

desnatar ***vb.*** {tr.} Quitar la nata a la leche o a otro producto lácteo.

desnaturalización ***f.*** Acción y efecto de desnaturalizar o desnaturalizarse: *La* ***desnaturalización*** *es un proceso que se da, por ejemplo, entre los campesinos que emigran a núcleos urbanos para vivir allí.*

desnaturalizado, da ***adj.*** Que no sigue las leyes de la naturaleza: *Hay gente* ***desnaturalizada*** *que consume cualquier cosa que le ofrecen.*

desnaturalizar ***vb. irreg.*** {tr.} **Modelo 16.** **1** Alterar las propiedades naturales de algo: *Los productores* ***desnaturalizan*** *el alcohol que venden en las farmacias para impedir que la gente lo beba.*

desnivel ***m.*** Diferencia de altura entre dos o más puntos.

desnivelación ***f.*** Acción y efecto de desnivelar o desnivelarse: *La* ***desnivelación*** *de esa calle causa encharcamientos en época de lluvias.*

desnivelado, da ***adj.*** Que tiene diferencia de alturas o niveles en su superficie: *Los escalones están* ***desnivelados,*** *unos son más altos que otros.*

desnivelar ***vb.*** {tr. y prnl.} Producir o producirse una alteración en el nivel de algo: *El plafón* ***se desniveló*** *porque los alambres que lo sostienen son demasiado delgados y no soportan su peso.*

desnucar ***vb. irreg.*** {tr. y prnl.} **Modelo 17.** Fracturar los huesos de la nuca: *Sofía cayó por la escalera, se golpeó en el cuello y por fortuna no* ***se desnucó.***

desnuclearización ***f.*** Acción y efecto desnuclearizar o desnuclearizarse: *Esas dos potencias se han comprometido a la* ***desnuclearización*** *de sus arsenales en el término de un año.*

desnuclearizar ***vb. irreg.*** {tr. y prnl.} **Modelo 16.** Eliminar o reducir un país las armas o las instalaciones nucleares que posee: *Debido a las exigencias de los ciudadanos, el gobierno* ***desnuclearizará*** *la producción eléctrica y ahora utilizará tecnología para aprovechar la energía solar.*

desnudez ***f.*** Particularidad de andar desnudo: *Como Sofía se daba una ducha cuando sonó el teléfono, cubrió su* ***desnudez*** *con una toalla y salió a contestarlo.*

desnudo ***m.*** En las bellas artes, figura humana sin ropas: *Su maestra de artes plásticas lo felicitó por el* ***desnudo*** *tan bello que pintó.*

desnudo, da ***adj.*** **1** Sin ropa: *El niño está* ***desnudo*** *porque su papá va a bañarlo.* Sin. **pilucho.** **2** Sin adornos: *Andrés trabaja en una oficina* ***desnuda,*** *que sólo tiene una mesa y una silla.*

desnutrición ***f.*** Estado de debilidad por una alimentación deficiente: *Muchos niños pobres en el mundo mueren por* ***desnutrición.***

desnutrido, da ***adj.*** Que padece desnutrición, mal alimentado: *Alberto está* ***desnutrido*** *porque sólo come alimentos chatarra y rechaza las frutas y verduras.*

desnutrir ***vb.*** {tr. y prnl.} **1** Provocar desnutrición: *Una alimentación que no está balanceada* ***desnutre.*** **2** Perder el organismo sustancias que requiere para funcionar: *La joven anoréxica creía que estaba muy gorda y, por hacer dietas extremas,* ***se desnutrió*** *y se provocó serios problemas de salud.*

desobedecer ***vb. irreg.*** {tr.} **Modelo 39.** No obedecer a lo que se manda: *Rafael* ***desobedeció*** *a su madre al no hacer su trabajo escolar y ahora no podrá ir a la fiesta.*

desobediencia ***f.*** Hecho de no obedecer: *La* ***desobediencia*** *de ese niño provocó que su profesor lo castigara.*

desobediente ***adj.*** Que desobedece o tiene inclinación a desobedecer: *El hijo de Lucila es muy* ***desobediente,*** *nunca hace caso de las indicaciones de su mamá.*

desobligado, da ***adj. Méx.*** Irresponsable: *Javier es un padre* ***desobligado*** *que no se ocupa de su hijo.*

desobstruir ***vb.*** {tr. y prnl.} **Modelo 59.** Quitar las obstrucciones u obstáculos: *El plomero al fin* ***desobstruyó*** *esa cañería, la desmontó y quitó los desperdicios atorados.*

desocupación ***f.*** Situación en la que no se tiene ocupación, trabajo o empleo.

desocupado, da ***adj.*** **1** Ocioso, sin ocupación: *Cristina estaba* ***desocupada*** *y decidió embellecerse, se tiñó el* *cabello y se aplicó una mascarilla.* **2** Desempleado: *Un síntoma de que la economía de un país está en problemas, es el aumento de* ***desocupados.***

desocupar ***vb.*** {tr.} Dejar libre un lugar o sacar lo que hay dentro: *Ya* ***desocupé*** *ese cajón para que pongas tu ropa.*

desodorante ***m.*** Producto que elimina el olor corporal, en especial de las axilas y los pies: *Mi hermana se ducha todos los días, se afeita los vellos de las axilas y se pone* ***desodorante.***

desodorizar ***vb.*** {tr.} Aplicar algún producto para neutralizar el mal olor: *Después de preparar el pescado frito, tuvimos que* ***desodorizar*** *la casa, ya que el olor se había impregnado mucho.*

desoír ***vb. irreg.*** {tr.} **Modelo 53.** Desatender, no prestar atención: ***Desoyó*** *los buenos consejos de su familia y por eso perdió el empleo.*

desolación ***f.*** **1** Acción y efecto de desolar o desolarse: *Impresiona la* ***desolación*** *que se ve en las ruinas de lo que fue una próspera ciudad.* **2** Desconsuelo, aflicción muy grande: *La* ***desolación*** *se apoderó de los campesinos cuando les anunciaron que sus campos serían arrasados para construir una carretera.*

desolado, da ***adj.*** **1** Desierto, inhóspito: *Aquel paisaje* ***desolado*** *hace pocos años era un fértil bosque, pero los taladores lo destruyeron.* **2** Muy afligido, desconsolado: *Estoy* ***desolada,*** *olvidé en el autobús una bolsa donde traía toda mi colección de discos.*

desolador, ra ***adj.*** Que causa una gran aflicción: *Es* ***desolador*** *que las personas tengan que abandonar sus países a causa de la guerra y el hambre.*

desolar ***vb. irreg.*** {tr. y prnl.} **Modelo 5. 1** Asolar, arrasar: *Las hordas invasoras* ***desolaron*** *aquel antiguo poblado.* **2** Causar o sentir una gran aflicción: *"Usted me* ***desuela*** *con su desprecio, yo la amo sinceramente", dijo el galán a la doncella.*

desollar ***vb. irreg.*** {tr. y prnl.} **Modelo 5.** Quitar la piel o pellejo: *El vaquero* ***desolló*** *la vaca muerta para curtir la piel y hacerse unas botas.* Sin. **cuerear.**

desorbitado, da ***adj.*** **1** Fuera de su órbita: *Una misión viajará al espacio para traer de vuelta a la Tierra un viejo satélite* ***desorbitado.*** **2** Desmedido, exagerado: *Los precios en ese almacén son* ***desorbitados,*** *jamás volveré a comprar allí.*

desorden ***m.*** Falta de orden: *"Si no acomodas el* ***desorden*** *que hay en tu dormitorio, no podrás ver televisión", me dijo mi padre.* Sin. **desparpajo.**

desordenado, da ***adj.*** Sin orden ni método: *El texto que leímos está muy* ***desordenado,*** *casi no se le entiende.*

desordenar ***vb.*** {tr.} Alterar o modificar el orden o arreglo de las cosas: *"¡Enrique vino a* ***desordenar*** *todos los juguetes de mis cajones!, ahora deberá acomodar todo."*

desorejado, da ***adj.*** **1** *Amér. C.* y *Colomb.* Tonto. **2** *Amér. Merid.* y *Pan.* Que tiene mal oído para la música. **3** *Cuba.* Derrochador, gastador en exceso.

desorganización ***f.*** Acción y efecto de desorganizar o desorganizarse: *El profesor llamó la atención de los estudiantes y les dijo que, con tanta* ***desorganización,*** *jamás lograrán terminar sus proyectos.*

desorganizado, da ***adj.*** Sin organización, sin orden: *El evento estuvo tan* ***desorganizado,*** *que cuando ya habían presentado al cantante, se dieron cuenta de que no había músicos.*

desorganizar ***vb. irreg.*** {tr. y prnl.} **Modelo 16.** Destruir el orden u organización de algo: *Tenía todos mis papeles ordenados, pero cuando busqué uno* ***desorganicé*** *los demás y ahora todo es un desastre.*

desorientación ***f.*** **1** Acción y efecto de desorientar o desorientarse: *Las señales mal colocadas provocaron la* ***desorientación*** *de los excursionistas y tardaron varias horas en salir del bosque.* **2** Confusión, falta de orientación: *La* ***desorientación*** *hace que muchas personas escojan la profesión equivocada.*

desorientado, da ***adj.*** **1** Mal orientado: *Un par de chicas* ***desorientadas*** *dieron varias vueltas por la misma zona antes de llegar a su destino.* **2** Confuso, ofuscado: *Ese muchacho está muy* ***desorientado,*** *cree que todo en la vida debe ser como él quiere.*

desorientar ***vb.*** {tr. y prnl.} **1** Hacer perder la orientación, la dirección: ***Se desorientó*** *y ya no supo cómo llegar a la dirección que le habían dado.* **2** Confundir: *Los diferentes canales de televisión* ***desorientaron*** *a la gente al dar varias versiones de la misma noticia.*

desosar ***vb. irreg.*** {tr. y prnl.} **Modelo 5.** Deshuesar.

desovar ***vb.*** {intr.} Depositar sus huevos las hembras de los peces, insectos y anfibios: *Las tortugas salen del mar para* ***desovar*** *en la arena.*

desove ***m.*** **1** Acto de depositar los peces y los anfibios sus huevos: *En un solo* ***desove,*** *una hembra de pez puede liberar miles de huevecillos.* **2** Temporada en que esto se realiza.

desoxigenar ***vb.*** {tr. y prnl.} Quitar el oxígeno, o perderlo: *La paja de cebada sirve para controlar el crecimiento de algas en cuerpos de agua dulce pero, si se usa demasiada,* ***se desoxigena*** *el agua.*

desoxirribonucleico ***adj.*** **Ácido ~,** ácido del núcleo de las células que contiene las instrucciones genéticas necesarias para el desarrollo y funcionamiento de los organismos vivos y de algunos virus: *El ácido* ***desoxirribonucleico*** *es más conocido como ADN y se halla organizado en las estructuras del interior celular llamadas cromosomas.*

desoxirribosa ***f.*** Azúcar que forma parte de la estructura del ADN: *La* ***desoxirribosa*** *es una sustancia importante para la transmisión de información genética.*

despabilado, da ***adj.*** Despierto, avispado: *La clase estuvo tan pesada que a los estudiantes les costó mucho trabajo mantenerse* ***despabilados.***

despabilar ***vb.*** {tr., intr. y prnl.} **1** Recortar el pabilo quemado de una vela para avivar la flama: *No es recomendable* ***despabilar*** *las velas con los dedos, resulta mejor hacerlo con unas tijeritas.* **2** Despertar, reanimar, avivar: *Estaba tan fatigado que tuvo que echar agua fría en su cara para* ***despabilarse.*** Sin. **espabilar.**

despachar ***vb.*** {tr. e intr.} **1** Concluir algún trabajo: *Hoy* ***despachamos*** *pronto el trabajo, pues queríamos salir temprano.* **2** Enviar: *Hoy* ***despaché*** *el paquete que tenía que enviarte, mañana te llegará.* **3** Despedir de un empleo: *El jefe* ***despachó*** *a la secretaria cuando descubrió que era una ladrona.* **4** Atender a los compradores en un comercio: *La vendedora* ***despachó*** *a la señora que quería comprar una botella de vino.*

despacho ***m.*** **1** Habitación para trabajar: *"Ve a llamar a tu papá que está en su* ***despacho*** *y dile que venga a comer", me pidió mi madre.* Sin. **estudio, oficina. 2** Comunicación oficial: *El* ***despacho*** *que mandó el jefe decía que a partir del día 15, todos los empleados debían llegar 15 minutos más temprano.* **3** ***Chile.*** Tienda pequeña de comestibles.

despachurrar ***vb.*** {tr. y prnl.} Aplastar algo hasta reventarlo, sea por golpe o por presión: *Mi primo es un ocioso, se dedicó a* ***despachurrar*** *las uvas que había en el frutero y no se las comió.*

despacio ***adv.*** **1** Poco a poco, lentamente: *"Camina* ***despacio,*** *abuela, porque el jardín tiene agujeros y podrías* *caerte", me advirtió Roberto.* **2** ***Amér. C.*** y ***Amér. Merid.*** En voz baja: *Para que nadie más oyera, me dijo* ***despacio*** *cuál de los niños le gustaba.*

despampanante ***adj. Fam.*** Asombroso, llamativo: *Mi madre se puso un vestido* ***despampanante*** *para el baile; se veía tan bonita que parecía la princesa de los cuentos.*

despanzurrado, da ***adj. Fam.*** Reventado por aplastamiento, despachurrado: *Raúl se sentó en su mochila y cuando quiso comer el plátano que traía en ella, lo encontró* ***despanzurrado.***

despanzurrar ***vb.*** {tr. y prnl.} ***Fam.*** Reventar, despachurrar: *El verdulero pisó un tomate y lo* ***despanzurró.***

desparasitar ***vb.*** {tr. y prnl.} ***Méx.*** Quitar los parásitos por medio de medicamentos o hierbas medicinales: *Roberto dice que esas píldoras para* ***desparasitarse*** *son muy fuertes, está seguro que acabará con las amibas.*

desparpajo ***m.*** **1** ***Fam.*** Desenvoltura, soltura para decir o hacer algo. **2** ***Amér. C. Fam.*** Desorden, confusión.

desparramado, da ***adj.*** **1** Esparcido sobre una superficie: *El bebé tiró su taza de un manotazo y la leche quedó* ***desparramada*** *sobre la mesa.* **2** Disperso: *Los patos estaban* ***desparramados*** *por toda la granja y costó trabajo volver a reunirlos.*

desparramar ***vb.*** {tr. y prnl.} Separar lo que está amontonado, esparcir: *Se reventó mi collar y las cuentas* ***se desparramaron*** *por todo mi cuarto.*

desparramo ***m.*** **1** ***Argent., Chile*** y ***Cuba.*** Acción y efecto de desparramar o desparramarse: *El* ***desparramo*** *de la pintura provocó que ya no alcanzara para cubrir esa pared.* **2** ***Chile*** y ***Urug.*** Desorden, desbarajuste: *Cuando empezó la pelea, hubo un* ***desparramo*** *de gente por todos lados.*

despatarrado, da ***adj. Fam.*** Con las piernas muy abiertas: *La bailarina resbaló y cayó* ***despatarrada;*** *por fortuna no se lastimó.*

despatarrarse ***vb.*** {prnl.} ***Fam.*** Caer con las piernas muy abiertas, o abrirlas mucho al sentarse: *"En vez de* ***despatarrarte*** *cuando te cansas de estar en el escritorio, haz una pausa y camina cinco minutos", aconsejó su jefe al empleado.*

despavorido, da ***adj.*** Lleno de pavor, de miedo intenso: *Fermín salió* ***despavorido*** *porque creyó que había un fantasma en su habitación; en realidad, era Romualdo cubierto con una sábana.*

despechar ***vb.*** {tr. y prnl.} Causar despecho, o sentirlo: *La desagradable actitud de su novia* ***despechó*** *al joven, y ahora habla mal de ella.*

despecho ***m.*** Resentimiento y afán de venganza causados por un desengaño: *El* ***despecho*** *puede llevar a las personas a cometer actos de los que después se arrepienten.*

despectivo, va ***adj.*** Que desprecia o indica desprecio: *Me enojé con Óscar porque me habló con un tono* ***despectivo*** *que me molestó mucho.*

despedazado, da ***adj.*** Roto en pedazos: *Esa estatuilla* ***despedazada*** *ya no tiene reparación, así que ve pensando en comprar otra.*

despedazar ***vb. irreg.*** {tr. y prnl.} **Modelo 16.** Romper, hacer pedazos: *Se cayó de la mesa el florero de cristal y* ***se despedazó.***

despedida ***f.*** **1** Acto de despedir a alguien: *Las* ***despedidas*** *suelen ser tristes.* **2** Fiesta o reunión que se organiza para despedir a alguien: *En la* ***despedida*** *de Juan, todos le entregamos tarjetas en las que le deseamos buena suerte en sus estudios en el extranjero.*

despedido, da ***adj.*** **1** Arrojado o expelido con fuerza: *La jarra cayó desde lo alto y salieron* ***despedidos*** *muchos pedazos de vidrio.* **2** Depuesto, privado de su empleo: *Beatriz fue* ***despedida*** *porque la sorprendieron en manejos deshonestos.*

despedir ***vb. irreg.*** {tr. y prnl.} **Modelo 47.** **1** Lanzar, arrojar, soltar: *Esas flores* ***despiden*** *un olor muy agradable.* **2** Acompañar a una persona para decirle adiós: *Fuimos a* ***despedir*** *a mis tíos a la estación del tren.* **3** Echar de un empleo: ***Despidieron*** *a Berta, porque no servía para ese trabajo.* SIN. **correr.**

despegado, da ***adj.*** **1** Separado de aquello a lo que estaba pegado: *Las pastas del libro están* ***despegadas*** *por tanto uso.* **2** ***Fam.*** Frío y poco cariñoso en el trato: *Ese hombre siempre fue* ***despegado*** *con sus hijos, y ahora se queja de que ellos nunca lo abrazan.*

despegar ***vb. irreg.*** {tr., intr. y prnl.} **Modelo 17.** **1** Separar una cosa de otra a la que está pegada: *Mi mamá* ***despegó*** *la marca del frasco de mermelada y la envió a un concurso de televisión.* **2** Separarse del suelo donde está parada una aeronave.

despego ***m.*** Falta de interés, afición o afecto: *El* ***despego*** *con que desempeña su trabajo ha impedido que progrese.* SIN. **desapego.**

despegue ***m.*** **1** Acción y efecto de despegar una nave aérea o espacial: *El* ***despegue*** *del cohete fue espectacular y muy ruidoso.* **2** En economía, impulso inicial que se da a alguna estrategia de desarrollo económico: *Los especialistas aseguran que con el* ***despegue*** *de la agroindustria, en tres años el país podrá ser autosuficiente en alimentos.*

despeinado, da ***adj.*** Con el cabello en desorden o revuelto: *Creí que Humberto estaba* ***despeinado,*** *pero él me aseguró que así es el peinado de moda.*

despeinar ***vb.*** {tr. y prnl.} Deshacer el peinado, desordenar el cabello: *Elena* ***se despeinó*** *porque movió mucho la cabeza al bailar.*

despejado, da ***adj.*** **1** Sin objetos que estorben el paso: *Desde que quitaron los macetones, el corredor luce amplio y* ***despejado.*** **2** Que entiende las cosas claramente y con facilidad: *La mente* ***despejada*** *de algunos científicos los ha llevado a hacer grandes descubrimientos.*

despejar ***vb.*** {tr. y prnl.} **1** Desocupar un lugar: *Los policías nos pidieron que* ***despejáramos*** *el área para que los bomberos pudieran apagar el incendio.* **2** En deporte, alejar un equipo el balón de su propio campo. **3** En matemáticas, aislar una incógnita en una ecuación. **4** Aclarar lo confuso: *Ramón* ***despejará*** *las dudas que tengo con ese texto en inglés, porque él sabe muy bien esa lengua.* **5** Aclararse el cielo: *Ya* ***se despejó*** *el cielo, así que no lloverá más.*

despeje ***m.*** **1** En ciertos deportes, acción de alejar la pelota del campo de juego del propio equipo: *El* ***despeje*** *de ese jugador hará muy difícil que el equipo contrario intente meter un gol en el primer tiempo.* **2** En matemáticas y física, acción de descomponer una ecuación, fórmula o problema en varios elementos para resolverlo: *Dominar el* ***despeje*** *de fórmulas es una herramienta esencial de ingenieros, físicos y matemáticos.*

despellejado, da ***adj.*** Sin la piel o sin parte de ella: *Esa pomada le dejó los dedos de los pies* ***despellejados,*** *pero le curó la infección por hongos que tenía.*

despellejadura ***f.*** Acción y efecto de despellejar o despellejarse: *Víctor cayó de su bicicleta y se hizo* ***despellejaduras*** *en los codos y las rodillas.*

despellejar ***vb.*** {tr. y prnl.} **1** Quitar o arrancar la piel o el pellejo: *Primero* ***despellejas*** *las pechugas y luego las cocinas con cebolla, tomate y ajo.* **2** ***Fam.*** Criticar con mucha crueldad: *En su ausencia, sus compañeras* ***despellejaron*** *a Celia: dijeron que era tonta, fea, antipática, soberbia, y todos los demás defectos.*

despenalización ***f.*** Acción y efecto de despenalizar.

despenalizar ***vb. irreg.*** {tr.} **Modelo 16.** Dejar una legislación penal de considerar como delito un hecho que lo era antes: ***Despenalizaron*** *la inmigración ilegal en ese país, antes merecía la cárcel y ahora es sólo una falta que amerita multa.*

despensa ***f.*** Lugar de la casa donde se guardan los alimentos: *Por favor, tráeme una lata de atún de la* ***despensa.***

despeñadero ***m.*** Precipicio, declive alto con pendiente empinada y llena de piedras: *El filme terminó cuando las dos mujeres se arrojaron en su automóvil por un* ***despeñadero.***

despeñar ***vb.*** {tr. y prnl.} Arrojar o caer desde un precipicio: *Las cabras pueden caminar por terrenos muy inclinados sin* ***despeñarse.***

despepitar ***vb.*** {tr.} **1** Quitar las semillas o pepitas: *Me encanta ese postre, pero me choca* ***despepitar*** *las uvas para prepararlo.* **2** Decir todo lo que se sabe acerca de algo que se había mantenido en secreto: *Por temor al castigo, los alumnos* ***despepitaron*** *sobre la explosión en el laboratorio de la escuela.* SIN. **desembuchar.**

desperdiciar ***vb.*** {tr.} Malgastar algo o no usarlo: *No* ***desperdicies*** *la gran oportunidad que te ofrecen en la escuela para viajar a otros países.*

desperdicio ***m.*** Residuo que no se aprovecha: *Podemos darle los* ***desperdicios*** *del guiso de pollo al perro.*

desperdigado, da ***adj.*** Disperso, esparcido en diferentes direcciones: *El perro tiró la bombonera y los dulces quedaron* ***desperdigados*** *por toda la sala.*

desperdigar ***vb. irreg.*** {tr. y prnl.} **Modelo 17.** Esparcir, dispersar en desorden: *Asustadas por el ruido, las palomas* ***se desperdigaron*** *por el jardín.*

desperezarse ***vb. irreg.*** {prnl.} **Modelo 16.** Estirar los miembros para quitarse la pereza: *Después de dormir durante horas, la gata se levantó y* ***se desperezó.***

desperezo ***m.*** Acción de desperezarse: *"¡Ah, me hacía falta este* ***desperezo,*** *ya estaba entumida!", comentó la joven mientras estiraba los brazos.*

desperfecto ***m.*** Leve deterioro o defecto: *El departamento tiene algunos* ***desperfectos:*** *las paredes están sucias y no cierra bien una puerta, pero los arreglamos antes de mudarnos.*

despersonalización ***f.*** Acción y efecto de despersonalizar o despersonalizarse: *Es importante la* ***despersonalización*** *en este asunto para dar un juicio objetivo.*

despersonalizar ***vb. irreg.*** {tr.} **Modelo 16.** Quitar el carácter personal a algún hecho o asunto: *Los negocios no son cuestión de amistad: hay que* ***despersonalizar*** *las relaciones de trabajo para evitar problemas.*

despertador ***m.*** Reloj con timbre para despertar: *El* ***despertador*** *de mi casa timbra a las seis de la mañana todos los días que voy a la escuela.*

despertar ***vb. irreg.*** {tr., intr. y prnl.} **Modelo 3. 1** Interrumpir el sueño: *Tengo que* ***despertar*** *a mi hermano a las siete de la mañana para que se vista, desayune y vaya a la escuela.* **2** Estimular, provocar: *Josefina es una persona muy agradable que* ***despierta*** *simpatía a quienes la conocen.* **3** Hacerse más listo, darse cuenta de las cosas: *"Es hora de que* ***despiertes*** *y te des cuenta de que tu novio te está engañando", le dije a Susana.*

despiadado, da ***adj.*** Inhumano, cruel: *El hombre que acaba de pasar es un ser* ***despiadado*** *que maltrata a niños y animales.*

despido ***m.*** Hecho de expulsar o correr a alguien de un empleo: *Los compañeros de la oficina han protestado por el* ***despido*** *de Juanita.*

despierto, ta ***adj.*** **1** Espabilado, listo, inteligente: *Javier es un chico muy* ***despierto*** *que entiende todo lo que le explica el profesor.* **2** Que ha salido del sueño.

despilfarrador, ra ***adj./m.*** y ***f.*** Que derrocha, que malgasta el dinero: *Evaristo es un* ***despilfarrador*** *que gasta todo su dinero comprando cosas que no necesita el mismo día que le pagan.*

despilfarrar ***vb.*** {tr.} Derrochar, malgastar el dinero: *Josefina* ***despilfarra*** *todo el dinero que le dan sus padres en dulces y adornos para su cabello.*

despilfarro ***m.*** Acción y efecto de despilfarrar: *Es un* ***despilfarro*** *que pongan plantas con flores en las calles en vez de arreglar los baches.*

despintado, da ***adj.*** Aquello a lo que se le está perdiendo el color: *La fachada de la casa está* ***despintada,*** *vamos a pintarla otra vez.*

despintar ***vb.*** {tr. y prnl.} **1** Retirar la pintura: *Amelia* ***se despintó*** *las uñas del color morado que tenían y las pintó de rojo.* **2** ***Chile, Colomb.*** y ***P. Rico.*** Apartar la vista.

despiojar ***vb.*** {tr. y prnl.} Quitar o quitarse los piojos: *En el zoológico vimos a los monos* ***despiojándose*** *unos a otros.*

despistado, da ***adj.*** Que no presta mucha atención, que anda en las nubes: *Olga es una niña* ***despistada*** *que nunca recuerda dónde dejó las llaves de su casa.*

despistar ***vb.*** {tr. y prnl.} Desorientar, desconcertar, confundir: *Los delincuentes dejaron rastros falsos para* ***despistar*** *a los policías.*

desplante ***m.*** Dicho o hecho que es arrogante, descarado o insolente.

desplayado ***m. Argent., Guat.*** y ***Urug.*** Descampado, terreno sin maleza.

desplayar ***vb.*** {intr.} Retirarse el mar de la playa: *"Pronto* ***desplayará;*** *la marea comenzará a bajar dentro de una hora", comentó el lanchero a los turistas.*

desplaye ***m. Chile.*** Acción y efecto de desplayar: *Durante el* ***desplaye*** *muchas personas del pueblo salen a recoger caracoles para hacer adornos.*

desplazado, da ***adj./m.*** y ***f.*** Desalojado, trasladado a algún lugar que no es el suyo original: *Las personas* ***desplazadas*** *por las inundaciones tendrán que vivir en casas de cartón por un tiempo.*

desplazamiento ***m.*** Acción y efecto de desplazar o desplazarse: *El* ***desplazamiento*** *de las capas tectónicas suele producir sismos.*

desplazar ***vb. irreg.*** {tr. y prnl.} **Modelo 16. 1** Mover algo o a alguien del lugar o posición en que está: *La suplente* ***desplazó*** *a la actriz principal porque ésta no puso empeño en los ensayos.* **2** Trasladarse: *El guía sugirió a los viajeros que* ***se desplacen*** *de un país a otro por ferrocarril para que aprecien el paisaje.*

desplegado ***m.*** Manifiesto que se hace público: *Los obreros en huelga publicaron un* ***desplegado*** *en el que explican a la gente cuáles son sus demandas.*

desplegado, da ***adj.*** Abierto, extendido: *Pusimos el mapa* ***desplegado*** *sobre la mesa y buscamos el lugar donde se encuentra el tesoro del pirata.*

desplegar ***vb. irreg.*** {tr. y prnl.} **Modelo 18. 1** Extender lo que está plegado o doblado: *Antes de empezar a volar, el pájaro* ***desplegó*** *sus alas.* **2** Ejercitar una actividad o manifestar una cualidad: *Desde que era niña le gusta dibujar y con los cursos que está tomando* ***ha desplegado*** *una gran habilidad.*

desplomarse ***vb.*** {prnl.} **1** Caer una cosa con todo su peso: *El techo de la casa* ***se desplomó*** *a causa del terremoto.* **2** Caer sin vida o sin conocimiento una persona: *David* *se **desplomó** cuando sintió el fuerte dolor en el pecho a causa de un infarto.*

desplumado, da ***adj.*** **1** Que se le han quitado las plumas: *Leoncio se ocupa de matar a los pollos y Virginia los deja **desplumados** para después venderlos.* **2** ***Fam.*** Pobre, sin recursos económicos: *La familia está **desplumada** desde que el padre se quedó sin trabajo.*

desplumar ***vb.*** {tr. y prnl.} Quitar las plumas a un ave: *"¿Cómo quieres guisar el pollo si no lo **has desplumado?**", dije a Hortensia.*

despoblado ***adj./m.*** Lugar donde no hay gente o población: *Se le descompuso el automóvil en **despoblado** y caminó durante una hora para llegar al pueblo más cercano.*

despoblar ***vb. irreg.*** {tr. y prnl.} **Modelo 5.** Disminuir la gente o población de un lugar: *El campo **se está despoblando** debido a que la gente va a vivir a las ciudades.*

despojar ***vb.*** {tr. y prnl.} **1** Quitar a alguien lo que tiene, casi siempre con violencia: *El ladrón los **despojó** de lo que llevaban: dinero, relojes, anillos, tarjetas de crédito, etc.* **2** Quitar a una cosa algo que la completa, cubre, etc.: *El artista **despojó** su pintura nueva de la tela roja que la cubría para mostrarla a sus amigos.* **3** Quitarse la ropa: ***Se despojó** del pantalón, los zapatos y la camisa para meterse al mar.* Sin. **desvestirse.**

despojo ***m.*** **1** Hecho de despojar o despojarse. **2** ***pl.*** Conjunto de residuos: *Después del huracán, la gente intentó recuperar algunas cosas que quedaban entre los **despojos** de sus casas.* **3** ***pl.*** Conjunto de vísceras de aves y reses. **4** ***pl.*** Cadáver, restos mortales.

despolitización ***f.*** Acción y efecto de despolitizar o despolitizarse: *Muchas veces, la **despolitización** de los ciudadanos se origina en la falta de respuesta de sus gobernantes.*

despolitizado, da ***adj.*** Que no tiene carácter político: *"El científico ha dado a su estudio un enfoque **despolitizado** a fin de ser objetivo al abordar el problema.*

despolitizar ***vb. irreg.*** {tr. y prnl.} **Modelo 16.** Hacer que algo pierda su carácter político: *Debemos pedir que **se despoliticen** las reuniones sobre ecología, pues de otro modo nuestros argumentos perderán validez.*

desportillado, da ***adj.*** Maltratado o roto de la boca u orilla: *Esos platos y tazas **desportillados** ya dan lástima; mejor tíralos y compramos otros.*

desportillar ***vb.*** {tr. y prnl.} Romper o maltratar algo de la boca u orilla: *El lavabo **se desportilló** cuando el descuidado plomero dejó caer su martillo sobre él.*

desposado, da ***adj./m.*** y ***f.*** Persona casada: *Esos jóvenes **desposados** tendrán un hijo pronto.*

desposar ***vb.*** {tr. y prnl.} **1** Unir el sacerdote en matrimonio a una pareja: *La palabra **desposar** proviene del latín desponsare, que significa prometer.* Sin. **casar. 2** Contraer matrimonio: ***Se desposaron** en una ceremonia a la que asistieron sus familiares y amigos.* Sin. **casar.**

desposeer ***vb. irreg.*** {tr.} **Modelo 32.** Privar a alguien de lo que tiene.

desposeído, da ***adj.*** Que está en la pobreza; que carece de lo más necesario: *En las grandes urbes existen **desposeídos** que viven en las calles, pues ni siquiera tienen un techo que los cobije.*

desposorio ***m.*** Promesa de contraer matrimonio que se hacen un hombre y una mujer: *Antes de su **desposorio,** Irina y Óscar eran novios; ahora ya son prometidos.*

despostar ***vb.*** {tr.} ***Amér. Merid.*** Descuartizar una res o ave.

despostillado, da ***adj. Amér. Merid.*** Boca, extremo u orilla deteriorada de una taza, vaso, plato, etc.: *Esa cacerola está **despostillada** porque la hemos tirado varias veces.*

despostillar ***vb.*** {tr.} ***Méx.*** Deteriorar una cosa en su borde u orilla: *Voy a tirar este vaso porque se **despostilló** y podríamos lastimarnos al beber en él.*

déspota ***adj./m.*** y ***f.*** Persona que abusa de su poder o autoridad: *No me gusta trabajar bajo las órdenes de ese hombre porque es **déspota** y trata mal a sus empleados.*

despótico, ca ***adj.*** Que muestra una actitud de abuso de poder: *Las personas **despóticas** no permiten que nadie las critique.*

despotismo ***m.*** **1** Autoridad absoluta. **2** Abuso de poder: *El **despotismo** es una tentación para quienes están en el poder.*

despotricar ***vb. irreg.*** {intr. y prnl.} **Modelo 17.** Hablar sin reparo, diciendo lo que a uno se le ocurre.

despreciable ***adj.*** Digno de desprecio, de reprobación: *Ramiro es un ser **despreciable** que le quitó a su madre la casa que era de ella.*

despreciado, da ***adj.*** Que no merece aprecio, estimación, respeto o atención: *Los vecinos descubrieron la vileza de ese mal hombre y terminó **despreciado** por todo el pueblo.*

despreciar ***vb.*** {tr.} **1** Considerar a una persona o cosa indigna de aprecio o estima: *Adolfo se cree muy inteligente y **desprecia** a quienes él piensa que son tontos.* Sin. **aborrecer. 2** Rechazar, desdeñar: *Rosita **despreció** a Hipólito cuando la invitó a cenar y ahora él está muy triste.*

despreciativo, va ***adj.*** Que demuestra desprecio: *El cómico dijo un chiste de muy mal gusto y no recibió ninguna risa, pero sí varias miradas **despreciativas** por parte del público.*

desprecio ***m.*** Desdén, falta de estima o respeto.

desprender ***vb.*** {tr. y prnl.} **1** Desunir lo unido. **2** Despedir o soltar de sí algo: *Mi ropa **desprende** un olor fresco después de que la lavo.* **3** Renunciar a una cosa: *Cuando Javier entró al monasterio, tuvo que **desprenderse** de todas sus cosas.* **4** Llegar a una conclusión, deducirse algo: *Van a operar a Beatriz mañana, de esto **se desprende** que no podrá ir de vacaciones con nosotros.*

desprendido, da ***adj.*** Generoso, desinteresado: *Laura es una persona **desprendida** que me ayuda cuando lo necesito y me invita a comer cuando no tengo dinero.*

desprendimiento ***m.*** Acción en la que algo se separa, se desprende: *En la ladera de ese monte hay **desprendimientos** de tierra cuando llueve.*

despreocupación ***f.*** Estado en el que no hay inquietudes o preocupaciones: *Después de que mi padre consiguió un nuevo empleo, entramos en un estado de **despreocupación.***

despreocupado, da ***adj.*** Fácil, que no tiene inquietudes o preocupaciones: *Como su familia siempre ha sido rica, Andrés vive de manera **despreocupada** con respecto al dinero.*

despreocuparse ***vb.*** {prnl.} Librarse de una inquietud o preocupación: *El doctor dijo que podíamos **despreocuparnos** porque mi tío ya estaba comenzando a sanar.*

desprestigiado, da ***adj.*** Que ha perdido su buena reputación: *Ese juez ya está muy **desprestigiado,** pues ha emitido varias sentencias injustas.*

desprestigiar ***vb.*** {tr. y prnl.} Quitar o perder la buena reputación, desacreditar: *El alcoholismo de ese cantante famoso lo **desprestigió** y ahora mucha gente no quiere ir a sus conciertos.*

desprestigio ***m.*** Falta de buena reputación: *Esa mujer no ha podido librarse del **desprestigio** que carga por haber maltratado a sus hijos.*

despresurizar ***vb. irreg.*** {tr. y prnl.} **Modelo 16.** Reducir o eliminar la presurización en una nave aérea: *Cuando un avión* ***se despresuriza*** *en vuelo, algunos pasajeros pueden sufrir daño en los oídos o dificultades para respirar.*

desprevenido, da ***adj.*** Que no está preparado para algo: *Como estaba* ***desprevenido,*** *me caí cuando la perra puso sus patas encima de mí.*

desprivatizar ***vb. irreg.*** {tr. y prnl.} **Modelo 16.** Hacer que una empresa privada se convierta en pública: *El gobierno de ese país anunció que* ***desprivatizará*** *los bancos.*

desprogramar ***vb.*** {tr. y prnl.} Anular la programación de un aparato: *Existen algunos virus cibernéticos que* ***desprograman*** *las computadoras.*

desprolijo, ja ***adj. Argent., Chile*** y ***Urug.*** Descuidado, superficial: *Lo* ***desprolijo*** *de ese trabajo salió a relucir cuando los supervisores comenzaron a detectar fallas en él.*

desproporción ***f.*** Falta de proporción: *La* ***desproporción*** *en esa estatua consiste en que los brazos son demasiado cortos en relación con el cuerpo.*

desproporcionado, da ***adj.*** **1** Que no tiene la proporción adecuada: *Ese sillón es* ***desproporcionado*** *para este pasillo, lo ocupa casi todo.* **2** Exagerado, desmedido: *En una reacción* ***desproporcionada,*** *el actor se tiró al suelo y no quiso seguir ensayando porque el director le llamó la atención.*

despropósito ***m.*** Acto o expresión sin razón o inoportuna.

desprotegido, da ***adj.*** Sin protección: *La entrada al edificio está* ***desprotegida*** *y los vagabundos se meten a dormir en el vestíbulo.*

desprovisto, ta ***adj.*** Que no tiene lo necesario: *Es un hospital casi abandonado que está* ***desprovisto*** *de medicamentos, termómetros, jeringas y otras cosas importantes.*

después ***adj.*** Siguiente: *Un año* ***después*** *de haber empezado a estudiar inglés ya puedo leer libros cortos.*

después ***adv.*** **1** Indica que algo sigue a la cosa de que se habla: *No es muy buena idea acostarse a dormir poco tiempo* ***después*** *de cenar.* **2** Indica que algo o alguien sigue en un orden: *El subdirector de la escuela está* ***después*** *del director.*

después ***conj.*** Se usa con valor adversativo: ***Después*** *de todo el esfuerzo que realizó durante la carrera, no consiguió ningún premio.*

despulpar ***vb.*** {tr. y prnl.} Extraer la pulpa de un fruto: *Ayer* ***despulpamos*** *varios kilos de mango para hacer mermelada.*

despumar ***vb.*** {tr. y prnl.} Quitar la espuma de algo, espumar: *Los buenos cocineros* ***despuman*** *los caldos y consomés para darles mejor presentación y eliminar toxinas.*

despuntar ***vb.*** {tr., intr. y prnl.} **1** Quitar o gastar la punta de alguna cosa: *Mi lápiz* ***se despuntó*** *porque apoyé demasiado la mano sobre el papel.* **2** Sobresalir: *Desde la primera clase, Carlos* ***despuntó*** *como el mejor de los alumnos y siempre obtiene buenas calificaciones.* **3** Empezar a manifestarse algo: *Al* ***despuntar*** *el día, se escucha el canto de los gallos en el campo.*

despunte ***m. Argent.*** y ***Chile.*** Leña delgada.

desquebrajar ***vb.*** {tr. y prnl.} Agrietar, cuartear: *El paso constante de vehículos pesados* ***desquebrajó*** *el pavimento.* Sin. **resquebrajar.**

desquiciado, da ***adj.*** Falto de juicio, de razón, de orden: *El tráfico de la ciudad estaba* ***desquiciado*** *y tardé tres horas en llegar de la escuela a mi casa.*

desquiciado, da ***m.*** y ***f.*** Persona que carece de juicio, de razón: *Entonces apareció un* ***desquiciado*** *que empezó a romper los vidrios de todas las ventanas.* Sin. **loco.**

desquiciante ***adj.*** Que altera o trastorna: *El ruido en algunas zonas de las grandes ciudades a veces llega a ser* ***desquiciante.***

desquiciar ***vb.*** {tr. y prnl.} **1** Desencajar una cosa. **2** Trastornar: *El ruido de los vehículos* ***desquicia*** *a la gente y la pone muy nerviosa.*

desquicio ***m. Guat.*** y ***R. de la P.*** Confusión, desorden.

desquitar ***vb.*** {tr. y prnl.} Obtener una compensación: *Una buena calificación* ***desquita*** *todo el esfuerzo de un curso.*

desquite ***m.*** Compensación: *Como el equipo perdió el primer partido, pidió el* ***desquite*** *con un segundo juego.*

desraizar ***vb. irreg.*** {tr. y prnl.} **Modelo 15.** Arrancar las raíces que han quedado en un terreno: *Después de la cosecha de maíz, los agricultores* ***desraizarán*** *el campo para limpiarlo.*

desregulación ***f.*** En economía, proceso por el cual se liberaliza la reglamentación que rige procesos comerciales.

desregular ***vb.*** {tr. y prnl.} Liberalizar o suprimir las regulaciones o reglamentos que rigen procesos comerciales, a fin de que la oferta y la demanda funcionen libremente.

desrielar ***vb.*** {intr. y prnl.} ***Amér. C., Bol., Chile, Méx.*** y ***Perú.*** Salirse el tren de los rieles: *El mal estado de las vías ocasionó que el tren* ***se desrielara.*** *Lo bueno es que no hubo víctimas.* Sin. **descarrilar.**

destacado, da ***adj.*** Sobresaliente, notorio: *Fue muy* ***destacada*** *la participación de ese alumno en el concurso de poesía, al final todos lo felicitaron.*

destacamento ***m.*** Grupo de soldados con una misión: *En cuanto comenzaron las inundaciones en los pueblos más necesitados, el gobierno envió un* ***destacamento*** *para ayudarlos.*

destacar ***vb. irreg.*** {tr., intr. y prnl.} **Modelo 17. 1** Poner de relieve, realzar: *Al entregarle el primer premio, el director* ***destacó*** *la gran inteligencia y dedicación del ganador.* **2** Separar una parte de tropa del ejército para que realice un trabajo específico. **3** Sobresalir, notarse: *Paola* ***destaca*** *entre los otros alumnos por su inteligencia.*

destace ***m.*** Acción y efecto de destazar: *El carnicero sabe que el* ***destace*** *será bueno si se sabe dónde hacer los cortes.*

destajo ***m.*** Trabajo cuyo pago se ajusta a una proporción convenida: *Elena es una costurera que trabaja a* ***destajo:*** *si cose mucho gana más dinero y si cose poco, gana menos.*

destantear ***vb.*** {tr. y prnl.} ***Méx.*** Desorientar o desorientarse, despistar: *Ese taxista dio tantas vueltas que* ***nos destanteó*** *y ya no sabíamos cómo llegar a la calle donde íbamos.*

destanteo ***m.*** Despiste, acción y efecto de destantear o destantearse.

destapado, da ***adj.*** **1** Despojado de lo que lo tapaba o cubría: *¡Dejaron* ***destapada*** *la olla y el guiso se llenó de moscas!* **2** ***Méx. Fam.*** A gran prisa y velocidad: *Cuando le avisaron que su hijo estaba por nacer, Jorge salió* ***destapado*** *de su trabajo para ir al hospital.*

destapador ***m.*** Utensilio que sirve para quitar la tapa o el tapón de botellas: *"¿Sabes dónde está el* ***destapador?,*** *quiero abrir esta botella de agua mineral."*

destapar ***vb.*** {tr. y prnl.} **1** Quitar la tapa o tapón: *"Por favor,* ***destapa*** *esa cacerola y ve si ya está cocida la carne", pedí a Omar.* **2** Quitar o quitarse algo de ropa: *"¡No me* ***destapes,*** *tengo frío!", dije a Estela.* Sin. **desarropar. 3** ***Méx. Fam.*** Revelar el nombre de un candidato a un puesto público: *Ese partido* ***destapó*** *el nombre de su candidato para la presidencia.*

destape ***m. Méx. Fam.*** Revelación del nombre de un candidato a un puesto público, como diputado, senador o presidente.

destapiar ***vb.*** {tr. y prnl.} Derribar las tapias o vallas: *Los trabajadores **destapiaron** a gran velocidad el nuevo jardín público, pues mañana será la inauguración.*

destaponar ***vb.*** {tr. y prnl.} Quitar el tapón de algo.

destaque ***m.*** Acción de destacar: *"Señala con **destaques** amarillos las partes del expediente que consideres más importantes", dijo un abogado a su colega.*

destartalado, da ***adj.*** Deteriorado, desarmado: *El automóvil de Jaime está **destartalado** y por eso no puede usarlo para viajar en carretera.*

destartalar ***vb.*** {tr. y prnl.} Maltratar algo hasta causar destrozos: *Tanto brincó el niño sobre aquel sofá, que acabó por **destartalarlo.***

destazar ***vb. irreg.*** {tr.} **Modelo 16.** Cortar en pedazos una res.

destellante ***adj.*** Que brilla de manera intermitente, que destella: *En las noches sin nubes, sobre el cielo negro se ven muchas estrellas **destellantes.***

destellar ***vb.*** {intr.} Brillar de manera intermitente: *Las estrellas **destellan** en la noche.*

destello ***m.*** **1** Ráfaga de luz intensa y breve: *El diamante parecía desprender **destellos** al tocarlo el rayo de sol.* **2** Manifestación momentánea de algo: *La mujer avara tuvo un **destello** de caridad al regalar juguetes a unos niños pobres.*

destemplado, da ***adj.*** **1** Que siente frío y malestar físico: *El helado hizo que me quedaran los dientes **destemplados.*** **2** Que es brusco o está irritado: *Ese jefe despidió a la secretaria ladrona con gritos **destemplados.*** **3** Se dice de un instrumento musical que no está afinado: *La guitarra está **destemplada** y suena mal.*

destemplar ***vb.*** {tr. y prnl.} **1** Alterar el orden de una cosa. **2** Desafinar un instrumento musical: *El violín **se destempló** por ponerlo acostado sobre sus cuerdas.* **3** Quitar el temple al acero. **4** Sentir frío y malestar físico: *Se dio cuenta de que le daría gripe cuando sintió que el cuerpo **se** le **destemplaba.*** **5** Perder la moderación o el temple.

desteñido, da ***adj.*** Que ha perdido el tinte: *El pantalón está **desteñido** por tantas lavadas, voy a teñirlo otra vez.*

desteñir ***vb. irreg.*** {tr., intr. y prnl.} **Modelo 66.** Borrar los colores del tinte: *Por accidente metí la blusa en una sustancia que la **destiñó:** era azul y ahora es blanca.*

desternillarse ***vb.*** {prnl.} Reírse mucho: *Luis es tan simpático y se sabe tantos chistes, que **nos** tuvo **desternillándonos** de risa durante toda la comida.*

desterrado, da ***adj./m.*** y ***f.*** Expulsado de su lugar de origen: *Ese delincuente salió **desterrado** de su país y no pudo regresar nunca.*

desterrar ***vb. irreg.*** {tr.} **Modelo 3. 1** Expulsar a uno de un lugar por causas políticas: *El rey **desterró** a uno de sus caballeros porque le informaron que estaba preparando una traición en su contra.* **2** Apartar de sí, desechar: *Es mejor que **destierres** cualquier sentimiento en contra de tu hermana, ella no quiso lastimarte.*

destetar ***vb.*** {tr. y prnl.} Hacer que deje de mamar el niño o un animal: *A mi hermanito lo **destetó** mi madre cuando tenía ocho meses.*

destete ***m.*** Acción en la que se deja de dar la teta al niño o animal: *Mi mamá dice que el **destete** de los gatitos será en unos dos meses y que entonces te regalaremos uno.*

destiempo. A ~, ***loc.*** Fuera de plazo, en momento no oportuno: *La maestra no aceptó mi trabajo porque fue entregado **a destiempo:** lo pidió para el día 20 y quise dárselo el 25.*

destierro ***m.*** Pena del desterrado y lugar donde reside. Sin. **exilio.**

destilación ***f.*** Acción en la que se purifica o se destila un líquido: *Las bebidas alcohólicas tienen que pasar por un proceso de **destilación** para eliminar sus residuos dañinos.*

destilado ***m.*** Producto que se ha obtenido mediante destilación: *El tequila es un **destilado** del jugo del agave azul.*

destilado, da ***adj.*** Filtrado: *"Debes ponerle agua **destilada** a la plancha de vapor para que no se tapen los conductos", aconsejé a Federico.*

destilar ***vb.*** {tr., intr. y prnl.} **1** Separar un líquido volátil mediante calor. **2** Correr un líquido gota a gota: *En el aparato llamado alambique se **destilan** las bebidas alcohólicas.* **3** Filtrar: *El techo de esa caverna **destila** de manera natural el agua de lluvia.*

destilería ***f.*** Fábrica donde se destilan bebidas alcohólicas: *La policía cerró una **destilería** clandestina, donde se preparaban bebidas alcohólicas sin el cuidado necesario.*

destinación ***f.*** Lugar al que se va: *"¿Cuál es la **destinación** del tren que va a salir dentro de una hora?", pregunté al empleado de la estación.* Sin. **destino.**

destinado, da ***adj.*** Señalado para hacer algo.

destinar ***vb.*** {tr.} Señalar o utilizar una cosa para un fin concreto: *Voy a **destinar** esta caja para poner mis juguetes viejos.*

destinatario, ria ***m.*** y ***f.*** Persona a quien va dirigida una cosa: *El nombre del **destinatario** de una carta se coloca casi siempre en el centro del sobre.*

destino ***m.*** **1** Encadenamiento de los sucesos considerado como necesario o fatal: *Siempre creyó que su **destino** era ser médico en un país pobre y ahora está curando enfermos en un país lejano.* **2** Lugar al que se dirige una persona o cosa: *Cuando estaba en el aeropuerto escuché una voz que decía: "Pasajeros con **destino** a la ciudad de Nueva York, favor de abordar el avión 36 por la puerta 6".*

destitución ***f.*** Acción de quitar a alguien de su empleo: *Después de la **destitución** del jefe, se tardaron varios días en nombrar a uno nuevo.*

destituido, da ***adj.*** Separado del cargo que ocupaba: *El juez **destituido** ahora lamenta el haberse dejado sobornar por la parte acusadora.*

destituir ***vb. irreg.*** {tr.} **Modelo 59.** Desposeer a alguien de su empleo o cargo: *Cometió un fraude y cuando su jefe se dio cuenta, lo **destituyó** de su puesto.*

destornillador o **desatornillador** ***m.*** Utensilio compuesto de un mango y una barra de acero con punta aplanada o en forma de cruz, que sirve para meter y sacar tornillos: *"Pásame un **destornillador** para cambiar ese tornillo por uno nuevo", dije a Esteban.* Sin. **desarmador.**

destornillar ***vb.*** {tr.} Sacar un tornillo dándole vueltas: *Para cambiar un neumático del automóvil, primero hay que **destornillar** las tuercas que sostienen la rueda.* Sin. **desatornillar.**

destrenzar ***vb. irreg.*** {tr. y prnl.} **Modelo 16.** Deshacer una trenza, sea de cabello o de otra cosa.

destreza ***f.*** Agilidad, habilidad: *La práctica de sus ejercicios ha hecho que ese atleta adquiera gran **destreza.***

destripar ***vb.*** {tr.} Sacar o quitar las tripas: *Los pescados enteros deben **destriparse** antes de cocinarlos, ya que sus vísceras son amargas.*

destronado, da ***adj.*** Que ha sido echado del trono: *El rey **destronado** huyó al exilio donde vivió hasta su muerte.*

a b c d e f g h i j k l m n o p q r s t u v w x y z

destronar ***vb.*** {tr.} Echar del trono a un rey: *La Revolución Francesa* ***destronó*** *al rey Luis XVI.*

destrozado, da ***adj.*** **1** En pedazos, en trozos, roto: *Los platos que estaban dentro de esa caja quedaron* ***destrozados*** *cuando se cayeron.* **2** Destruido en lo físico o en lo moral: *Jaime se sintió* ***destrozado*** *cuando su novia le dijo que no quería volver a verlo.*

destrozar ***vb. irreg.*** {tr. y prnl.} **Modelo 16. 1** Romper, hacer trozos: *"Si no guardas los papeles que dejaste encima del escritorio, la gatita podría* ***destrozarlos"****, me dijo Arturo.* **2** Causar gran daño moral: *La noticia del accidente de su hermana* ***destrozó*** *a Javier, por eso se ve tan triste.*

destrozos ***m. pl.*** Daños, lo que queda después de una destrucción o catástrofe: *Todavía no han calculado el costo de los* ***destrozos*** *que ocasionó la inundación.*

destrucción ***f.*** Hecho de arruinar, deshacer una cosa material: *Después de que pasó el huracán por el pueblo, pudimos ver la* ***destrucción*** *que ocasionó.* Sin. **devastación.**

destructivo, va ***adj.*** Se aplica a lo que destruye o puede destruir: *La anorexia es una enfermedad que puede llegar a ser muy* ***destructiva****, pues acaba alterando todo el equilibrio del organismo.*

destructor ***m.*** Buque de guerra.

destructor, ra ***adj.*** Que destruye: *Es un niño* ***destructor*** *que rompe todos los juguetes que le regalan.*

destruido, da ***adj.*** Deshecho o muy dañado: *Muchas ciudades europeas quedaron casi* ***destruidas*** *después de la Segunda Guerra Mundial.*

destruir ***vb. irreg.*** {tr. y prnl.} **Modelo 59.** Deshacer una cosa material o inmaterial: *Mi tía tiene en su oficina una máquina que* ***destruye*** *todas las hojas de papel que ya no se usan.*

desubicado, da ***adj.*** **1** ***Bol., Guat.*** y ***Venez.*** Dicho de alguien, inoportuno, que no obra de acuerdo a las circunstancias. **2** ***Méx. Fam.*** Desorientado, inadaptado a la sociedad: *Muchos jóvenes* ***desubicados*** *se refugian en los juegos de rol porque no saben cómo afrontar su propia vida.*

desubicar ***vb.*** {tr. y prnl.} Poner algo, o colocarse alguien, fuera del lugar o circunstancia que le corresponde: *Es fácil que la gente sin una preparación sólida* ***se desubique*** *y cometa excesos cuando ocupa alguna posición de mando.*

desunido, da ***adj.*** Separado, dividido.

desunión ***f.*** Separación de lo que estaba unido: *Las constantes peleas* ***desunieron*** *a los miembros del equipo y ahora todos los jugadores están en diferentes clubes deportivos.*

desunir ***vb.*** {tr. y prnl.} Separar lo que está unido: *La maestra de costura me dijo que* ***desuniera*** *las piezas del vestido porque estaban mal cosidas.*

desusado, da ***adj.*** Desacostumbrado o excepcional: *El miércoles, de manera* ***desusada,*** *dieron la tarde libre a todos los empleados; luego se supo que fue porque iban a fumigar.*

desusar ***vb.*** {tr. y prnl.} Dejar de usar algo: *Desde que instalaron el equipo de cómputo, en esa oficina se* ***desusaron*** *las calculadoras y máquinas de escribir.*

desuso ***m.*** Hecho de ya no usar algo: *Las televisiones antiguas que funcionaban con bulbos ya han caído en* ***desuso.***

desvaído, da ***adj.*** **1** De color pálido: *Su pantalón es de color azul* ***desvaído,*** *se parece al color del cielo.* **2** Poco definido, impreciso.

desvalido, da ***adj.*** Falto de ayuda y protección: *Cuando los niños quedaron huérfanos y* ***desvalidos,*** *su abuelita se hizo cargo de ellos.*

desvalido, da ***m.*** y ***f.*** Persona que no tiene protección ni ayuda.

desvalijado, da ***adj.*** Que fue robado o despojado: *Después del robo encontraron el automóvil* ***desvalijado*** *sin neumáticos, radio, ni asientos.*

desvalijar ***vb.*** {tr.} Robar o despojar a alguien de lo que tiene: *Atraparon a una banda que* ***desvalijaba*** *automóviles que estaban en las calles.*

desvalorización ***f.*** Acción y efecto de desvalorizar: *"Aunque no ha habido una devaluación oficial, la* ***desvalorización*** *de la moneda se nota ya en la baja del poder adquisitivo", advirtió el economista.*

desvalorizado, da ***adj.*** Que ha perdido todo o parte de su valor: *Las viejas teorías sobre algunas enfermedades han quedado* ***desvalorizadas*** *frente a los nuevos descubrimientos.*

desvalorizar ***vb. irreg.*** {tr. y prnl.} **Modelo 16.** Hacer que alguien o algo pierda valor: *Las autoridades* ***desvalorizaron*** *las previsiones de los científicos y ahora en ese país hay una catástrofe ecológica.*

desván ***m.*** Especie de habitación en la parte más alta de la casa, debajo del tejado: *Los muebles y las cosas que no utilizamos son guardadas en el* ***desván*** *de la casa.*

desvanecer ***vb. irreg.*** {tr. y prnl.} **Modelo 39. 1** Separar las partículas de un cuerpo hasta hacerlo desaparecer. **2** Evaporarse algo: *A medida que avanza el día, el aroma del perfume que él se pone por la mañana* ***se va desvaneciendo.*** **3** Desmayarse: *Cuando escuchó que había ganado el premio mayor de la lotería,* ***se desvaneció*** *de la emoción.*

desvanecido, da ***adj.*** **1** Que ha perdido el sentido: *Lisa cayó* ***desvanecida*** *por el olor tóxico de esa sustancia química.* **2** Que va perdiendo la intensidad: *El color del automóvil era rojo cuando lo compramos, pero está tan* ***desvanecido*** *por el sol que ahora parece anaranjado.*

desvanecimiento ***m.*** **1** Acción y efecto de desvanecer o desvanecerse: *El mérito de ese cuadro está en el* ***desvanecimiento*** *de tonos que el artista usó para pintar el amanecer.* **2** Desmayo: *Lucía tenía varios días sin dormir, por eso tuvo un* ***desvanecimiento*** *mientras trabajaba.*

desvariar ***vb. irreg.*** {intr.} **Modelo 9.** Decir locuras: *La fiebre tan alta hizo que el enfermo* ***desvariara,*** *decía que estaba en una isla desierta y moría de hambre y sed.*

desvarío ***m.*** Locura.

desvelado, da ***adj./m.*** y ***f.*** Que pasa parte de la noche despierto: *Los chicos que se fueron a la fiesta llegaron a su casa a las cinco de la madrugada, muy* ***desvelados.***

desvelar ***vb.*** {tr. y prnl.} **1** ***Esp.*** Descubrir algo, revelar lo que estaba oculto: *El detective finalmente* ***desveló*** *el misterio y dijo quién era el asesino.* **2** Quitar, impedir el sueño a alguien: *Gerónimo dice que las deudas que tiene lo* ***desvelan*** *todas las noches.*

desvelo ***m.*** Actividad placentera o desagradable que quita el sueño: *Después de muchos esfuerzos logró terminar el trabajo que tantos* ***desvelos*** *le causó.*

desvencijado, da ***adj.*** Que no está en buen estado: *Como tenía poco dinero, Raúl sólo pudo comprarse un automóvil viejo y* ***desvencijado.*** Sin. **descompuesto.**

desvencijar ***vb.*** {tr. y prnl.} Descomponer, desarmar.

desventaja ***f.*** Situación menos favorable de una persona o cosa con respecto a otra: *Los niños que no comen bien están en* ***desventaja*** *con respecto a los niños que han tenido una buena alimentación.*

desventajoso, sa ***adj.*** Que representa algo menos favorable, que no es conveniente.

desventura ***f.*** Desgracia, mala suerte: *A partir de la quiebra de su negocio, la* ***desventura*** *cayó sobre la familia.*

desventurado, da ***adj./m.*** y ***f.*** Que sufre una desgracia, una desventura: *Hicieron un viaje* ***desventurado,*** *porque les robaron su dinero y tuvieron muchos problemas en el hotel.*

desvergonzado, da ***adj./m.*** y ***f.*** Que carece de vergüenza o de pudor: *Ese niño* ***desvergonzado*** *no hizo el trabajo escolar y además dijo que no le importaba.*

desvergüenza ***f.*** **1** Insolencia: *Joel le pidió un préstamo a Gerardo y ahora tiene la* ***desvergüenza*** *de decirle que nunca le va a pagar.* **2** Dicho o hecho considerado contra la moral: *La abuela dijo que era una* ***desvergüenza*** *que su nieta usara vestidos tan cortos.*

desvestido, da ***adj.*** Que no tiene ropa, que no está vestido.

desvestir ***vb. irreg.*** {tr. y prnl.} **Modelo 47.** Quitar la ropa, desnudar: *A Valeria le encanta jugar con su muñeca; la viste y la* ***desviste,*** *le da de comer, la duerme...*

desviación ***f.*** Ruta que aparta del camino principal: *Como había un accidente en la carretera, tuvimos que tomar una* ***desviación*** *por un camino de tierra.*

desviado, da ***adj.*** Que se ha apartado del camino.

desviar ***vb. irreg.*** {tr. y prnl.} **Modelo 9.** Apartar de su camino a una persona o cosa: *El policía* ***está desviando*** *a los vehículos hacia otra calle porque ésa está inundada.*

desvinculación ***f.*** Acción y efecto de desvincular o desvincularse.

desvinculado, da ***adj.*** Que ha anulado la relación que tenía con alguien o algo: *Aunque esa locutora está* ***desvinculada*** *de la radio desde hace años, mucha gente todavía recuerda su estilo y voz.*

desvincular ***vb.*** {tr. y prnl.} Deshacer la relación por la cual varias personas o cosas están unidas: *"****Desvincula*** *tus emociones de la lógica y encontrarás la solución al problema", aconsejó la psicóloga a su paciente.*

desvío ***m.*** **1** Vía o camino que se separa de otro principal. **2** *Amér. Merid.* y *P. Rico.* Apartadero de una línea de ferrocarril.

desvirgar ***vb. irreg.*** {tr.} **Modelo 17.** Quitar la virginidad a una mujer.

desvirtuar ***vb. irreg.*** {tr. y prnl.} **Modelo 10.** Quitar la virtud o mérito de algo: *En esa revista siempre intentan* ***desvirtuar*** *los discos de mi cantante favorito.*

desvivirse ***vb.*** {prnl.} Mostrar gran afecto e interés por una persona o cosa: *Desde que se recuperó de una larga enfermedad, sus padres* ***se desviven*** *para que Genoveva no vuelva a enfermarse.*

desyerbar ***vb.*** {tr. y prnl.} Quitar la mala hierba de un terreno. SIN. **desherbar.**

detallado, da ***adj.*** Que considera todos los detalles: *El arquitecto hizo un plano* ***detallado*** *de la casa que va a construir, con medidas, ventanas, puertas, etc.*

detallar ***vb.*** {tr.} **1** Relatar con detalle. **2** Vender al por menor.

detalle ***m.*** **1** Pormenor, circunstancia o parte de algo: *No me contó los* ***detalles,*** *sólo me dijo que había ido de viaje por Europa.* **2** Expresión de cortesía, atención o delicadeza: *Marisa tuvo un* ***detalle*** *amable hacia su prima al invitarla de vacaciones.*

detallista ***adj.*** Que cuida mucho de los detalles: *Roberto es una persona* ***detallista*** *a quien no se le olvida agradecer cualquier favor que le hagan.*

detallista ***m.*** y ***f.*** Comerciante que vende al por menor.

detección ***f.*** Localización, ubicación: *Un sencillo análisis médico ayuda a la* ***detección*** *de varios tipos de cáncer.*

detectar ***vb.*** {tr.} **1** Localizar con ayuda de aparatos: *Por medio de una ecografía, los médicos* ***detectaron*** *que mi hermana embarazada tendrá gemelos.* **2** Notar, captar: *Cuando mi madre comenzó a hablarme,* ***detecté*** *que estaba enojada conmigo por mis malas calificaciones.*

detective ***m.*** y ***f.*** Persona dedicada a la investigación privada: *Algunos* ***detectives*** *se dedican a localizar a personas desaparecidas.*

detectivesco, ca ***adj.*** De investigación, relativo al trabajo de los detectives: *Para localizar el libro que se le había perdido, mi padre llevó a cabo un trabajo* ***detectivesco*** *por toda la casa.*

detector ***m.*** **1** Aparato para localizar o identificar algo: *En esa planta nuclear hay un* ***detector*** *de radiación que es fundamental para la seguridad de sus empleados.* **2** ***loc.*** **~ de mentiras,** aparato que mide la temperatura y la presión arterial, las cuales se alteran cuando las personas mienten.

detención ***f.*** Arresto a una persona que ha cometido un delito: *Después de la* ***detención,*** *un funcionario interrogó al delincuente.*

detener ***vb. irreg.*** {tr. y prnl.} **Modelo 26.** **1** Parar, cesar en el movimiento o en la acción: *El automóvil que* ***se detuvo*** *de repente ocasionó un choque.* **2** Arrestar, poner en prisión: *Los* ***detuvieron*** *cuando iban a abrir la caja fuerte del banco.* SIN. **apresar, capturar, atrapar.** **3** Pararse a considerar una cosa: *Creo que no* ***se ha detenido*** *a pensar que su alcoholismo lo está llevando a la desgracia.*

detenido, da ***adj.*** **1** Que ha sido parado: *El tren* ***detenido*** *a la mitad de la calle impedía el paso de los automóviles.* **2** Que está en prisión: *Después de la pelea callejera, algunas personas quedaron* ***detenidas*** *en la delegación de policía.*

detentación ***f.*** Acción y efecto de detentar.

detentador, ra ***m.*** y ***f.*** Persona que, sin derecho alguno, retiene algo que no le pertenece.

detentar ***vb.*** {tr.} Atribuirse uno lo que no le pertenece.

detergente ***m.*** Sustancia o producto que limpia: *Hay* ***detergentes*** *muy fuertes que despintan poco a poco la ropa.*

deteriorado, da ***adj.*** Dañado, estropeado: *Encontré después de muchos años a un chico que fue mi novio y lo vi muy* ***deteriorado*** *por todos los problemas que ha tenido.*

deteriorar ***vb.*** {tr. y prnl.} Estropear, dañar: *La ropa se va* ***deteriorando*** *a lo largo del tiempo por el uso.*

deterioro ***m.*** Hecho de estropearse o echarse a perder una cosa: *Los restauradores del museo de arte intentan corregir el* ***deterioro*** *que sufren las pinturas del siglo XVIII.* SIN. **daño.**

determinación ***f.*** Decisión, resolución: *Con gran* ***determinación*** *decidí entrar a la oficina de mi jefe para pedirle un aumento de sueldo.*

determinado, da ***adj.*** Relativo al artículo que presenta un sustantivo ya conocido por el hablante, como ***el:*** *Los artículos* ***determinados*** *son el, la, los y las.*

determinante ***adj.*** Decisivo, de gran importancia: *El arrepentimiento del ladrón fue* ***determinante*** *para que el juez no lo condenara a muchos años de prisión.*

determinante ***m.*** Término que concreta al sustantivo, como los artículos y los adjetivos: *Si a la palabra* mesa *le agregas los* ***determinantes*** la *y* azul, *sabes que ya no se trata de cualquier mesa, sino de la mesa de color azul.*

determinar ***vb.*** {tr. y prnl.} **1** Fijar los términos de algo: *Primero hay que* ***determinar*** *cuáles son los datos que nos dan en este problema de matemáticas y después qué operaciones debemos hacer para resolverlo.* **2** Sentenciar:

*El juez **determinó** que el muchacho pasaría quince días detenido por el delito que había cometido.* **3** Precisar el sentido de una palabra: *Antes de seguir leyendo, voy a buscar en el diccionario esta palabra para **determinar** qué significa exactamente.* **4** Tomar o hacer tomar una decisión: *Después de muchas reflexiones, mi hermana **determinó** que quería estudiar medicina.*

determinativo, va ***adj.*** Que resuelve o determina: *Entre otras cosas, los adjetivos **determinativos** sirven para indicar dónde se halla algo o a quién pertenece.*

determinismo ***m.*** En filosofía, teoría que sostiene que tanto los fenómenos naturales como las acciones humanas están motivados por las condiciones en que se producen: *Según el **determinismo** no existe el azar, todo se rige por el efecto causa-consecuencia.*

determinista ***adj./m.*** y ***f.*** Relativo al determinismo o partidario de él.

detestable ***adj.*** Que es aborrecible, muy malo.

detestar ***vb.*** {tr.} Aborrecer, odiar: *Jorge me parece un poco exagerado en su forma de vestir, **detesta** que la ropa tenga una arruga aunque sea pequeña.*

detonación ***f.*** Explosión: *El edificio viejo se cayó después de la **detonación** de los explosivos que colocaron.*

detonador ***m.*** Dispositivo que sirve para provocar la detonación de algún explosivo: *Los **detonadores** de algunas bombas funcionan programándolos por tiempo.*

detonante ***adj.*** Lo que ocasiona una explosión: *La pólvora es una sustancia **detonante.***

detonante ***m.*** **1** Sustancia que ocasiona una explosión: *Después de poner explosivos en todo el edificio, colocaron el **detonante** que iba a provocar la explosión.* **2** Factor que desencadena algún resultado: *Ellos estaban un poco disgustados, pero un chisme fue el **detonante** que provocó la horrible pelea.*

detonar ***vb.*** {intr.} Dar un estampido o trueno: *Antes de **detonar** los explosivos, los trabajadores se cubrieron atrás de una valla.* Sin. **estallar.**

detracción ***f.*** Difamación, acción de detractar: *Pese a las **detracciones** de sus enemigos, la reputación del profesional quedó limpia.*

detractar ***vb.*** {tr.} Dañar la reputación de otro diciendo mentiras. Sin. **difamar.**

detractor, ra ***adj./m.*** y ***f.*** Que difama, que daña la reputación de otros: *En esa revista sólo se publican reportajes **detractores** contra los cantantes de rock, porque los editores piensan que todos están locos.*

detrás ***adv.*** En la parte posterior: *Mario se escondió **detrás** de la puerta porque quería asustar a su hermana cuando entrara a la casa.*

detrimento ***m.*** Daño, perjuicio: *El humo de los vehículos provoca el **detrimento** de la calidad del aire.*

detrito ***m.*** Desecho, residuo de la descomposición de algún material, sea orgánico o mineral: *El suelo de la caverna estaba cubierto por los **detritos** de los murciélagos que la habitan.*

detumescencia ***f.*** Disminución de la hinchazón: *"La **detumescencia** de los tobillos del paciente indica que ya no está reteniendo líquidos", afirmó el médico.*

detumescente ***adj./m.*** Que sirve para disminuir la hinchazón.

deuda ***f.*** Obligación que uno tiene de regresar dinero a otro que se lo prestó: *Mi padre va a terminar de pagar muy pronto la **deuda** que tiene con el banco.* Sin. **dita.**

deudo, da ***m.*** y ***f.*** Pariente, familiar, en especial de un muerto: *Los **deudos** caminaron detrás del ataúd hasta el lugar donde iban a enterrar al difunto.*

deudor, ra ***m.*** y ***f.*** Persona que debe dinero: *Como el banco aumentó los intereses, los **deudores** han tenido muchas dificultades para pagar.*

devaluación ***f.*** Acción mediante la cual la moneda de un país disminuye en su valor: *La última **devaluación** afectó a toda la población, porque los precios empezaron a subir.*

devaluado, da ***adj.*** Que no vale tanto como antes: *La moneda de ese país está muy **devaluada** con respecto al dólar.*

devaluar ***vb. irreg.*** {tr.} **Modelo 10. 1** Disminuir el valor de la moneda de un país: *El gobierno anunció que **devaluaría** un diez por ciento la moneda para hacer que sus productos sean más baratos en el extranjero.* **2** Disminuir el valor de algo: *La imagen de Esteban se **devaluó** cuando nos enteramos de que había robado un libro de la escuela.*

devanar ***vb.*** {tr.} Arrollar o enrollar en forma de ovillo o bola.

devanear ***vb.*** {tr. y prnl.} **1** Perder el tiempo en distracciones vanas: *El estudiante **devaneó** durante todo el año, por eso reprobó.* **2** Tener amoríos pasajeros: *Un personaje literario famoso por su afán de **devanear** es Don Juan Tenorio.*

devaneo ***m.*** **1** Pasatiempo vano, distracción indebida. **2** Amorío pasajero: *Después de varios **devaneos,** ahora mi hermano tiene una novia con quien se va a casar.*

devastación ***f.*** Destrucción: *Europa tardó mucho en recuperarse de la gran **devastación** que sufrió con la Segunda Guerra Mundial.*

devastado, da ***adj.*** **1** Arrasado, destruido: *Muchas partes de la antigua Yugoslavia quedaron **devastadas** después de la guerra que sufrió al final del siglo* XX. **2** Destruido en lo moral.

devastador, ra ***adj.*** Que arrasa o destruye: *La explosión fue **devastadora,** destruyó casi la mitad del pequeño poblado.*

devastar ***vb.*** {tr.} Destruir, arrasar: *El huracán **devastó** las palmeras que había en la playa.*

develación ***f.*** Acción de develar: *A la **develación** de la estatua asistió mucha gente.*

develar ***vb.*** {tr.} Quitar el velo que cubre algo: *La próxima semana **develarán** el mural que decorará el vestíbulo de ese edificio.*

devengar ***vb. irreg.*** {tr.} **Modelo 17.** Adquirir derecho a retribución por trabajo, servicios, etc.: *Los trabajadores que **devengan** salarios deben pagar impuestos.*

devenir ***vb. irreg.*** {intr.} **Modelo 49. 1** Ocurrir, suceder. **2** Llegar a ser: *El estudiante finalmente **devino** en un excelente médico.*

devoción ***f.*** **1** Predilección, cariño, respeto: *Siente una verdadera **devoción** por su abuela porque ella fue quien lo crió y lo educó.* **2** Veneración y fervor religiosos: *Mucha gente alrededor del mundo siente **devoción** por Nuestra Señora de Lourdes y la visita en su santuario en Francia.*

devolución ***f.*** Hecho de devolver, regresar o restituir algo: *La plancha que compré no funciona bien, por eso fui a pedir la **devolución** de mi dinero.*

devolver ***vb. irreg.*** {tr. y prnl.} **Modelo 29. 1** Volver una cosa a su estado original. **2** Restituir o regresar algo a donde estaba: *El cartero nunca encontró al destinatario de la carta y la **devolvió** al remitente.* **3** Corresponder a algo: *Le **devolví** el saludo después de que ella me saludó cuando nos cruzamos por la calle.* **4** Vomitar, arrojar lo contenido en el estómago: *Rodolfo comió tantos caramelos que le hicieron daño y los **devolvió.*** **5** Dar el dinero que sobra a quien ha hecho un pago con una moneda o billete mayor al precio de lo comprado. **6** *Amér.* Regresar, volverse: *Como se le olvidó un libro en su casa, **se devolvió** por él.*

devónico, ca ***adj./m.*** Correspondiente al cuarto periodo de la era paleozoica, en el que abundaron los peces y se desarrollaron los primeros vertebrados terrestres.
devorador, ra ***adj.*** **1** Que come con ansia y de manera apresurada: *Los leones son animales **devoradores** de carne.* **2** Que consume algo con ansia: *Amelia es una gran **devoradora** de libros, lee por lo menos uno cada semana.*
devorar ***vb.*** {tr.} **1** Comer con ansia y de manera apresurada: *"Tengo tanta hambre que quisiera **devorar** todo en un minuto", dijo Carlos.* **2** Comer los animales su presa: *Los leones **devoraron** al pequeño antílope que acababan de atrapar.* **3** Hacer algo con ansia, con mucho interés: *Le interesó tanto el libro, que lo **devoró** en unas horas.*
devoto, ta ***adj./m.*** y ***f.*** Persona dedicada con mucha entrega a algo o alguien: *Daniel es **devoto** de los cuentos, por eso siempre está leyendo uno.*
devuelto, ta ***adj.*** Restituido, que se da de nuevo a alguien de quien antes se había recibido: *Hay muchos trajes **devueltos** en el almacén, pues la tela con que los hicieron estaba defectuosa.*
deyección ***f.*** **1** Expulsión de los excrementos. **2** Excremento: *La diarrea se caracteriza por la abundancia de **deyecciones** líquidas.*
deyectar ***vb.*** {intr.} Expulsar el excremento.
día ***m.*** **1** Tiempo que tarda la Tierra en dar una vuelta sobre su eje: *En verano se dice que los **días** son más largos que en invierno porque hay luz del Sol durante más tiempo.* **2** Tiempo que dura la claridad del Sol: *Mi padre prefiere manejar de **día** en carretera porque dice que de noche es más peligroso.* **3** Tiempo atmosférico: *Dijeron en el noticiero que hoy hará buen **día**, no lloverá ni habrá demasiado calor.* **4** ***pl.*** Periodo que dura una vida: *Una mañana el poeta llegó al final de sus **días**, cuando tenía ya 84 años.*
diabetes ***f.*** Enfermedad caracterizada por un exceso de azúcar en la sangre, provocada por la falta de una sustancia llamada insulina: *Las personas con **diabetes** padecen de mucha sed, hambre y continua necesidad de orinar.*
diabético, ca ***adj.*** Persona que padece diabetes: *Como es **diabética**, mi amiga tiene que medir con cuidado la cantidad de azúcar y el tipo de alimentos que come.*
diablito ***m. Méx.*** Cable que se conecta a una línea de electricidad para robarse la corriente.
diablo ***m.*** **1** Espíritu maligno: *Al **diablo** también se le conoce como Satán, quien es la representación por excelencia del mal.* **2** ***Fam.*** Persona traviesa o inquieta: *Juan es un **diablo** que no se queda quieto ni un momento.* **3** ***loc.*** **Al ~ con,** expresión de disgusto hacia una persona o cosa: *"¡**Al diablo con** la dieta!", dijo Susana, y se comió una tablilla de chocolate.* **4** ***loc.*** **Mandar (a una persona o cosa) al ~,** apartar o rechazar con enojo: *Luisa **mandó al diablo** a Josefina porque se hartó de sus chismes.*
diablo ***m.*** Carrito vertical de dos ruedas que se usa para transportar cosas pesadas.
diablura ***f.*** Travesura: *Humberto hace **diabluras** como amarrarle las orejas al perro.*
diabólico, ca ***adj.*** **1** Relativo al diablo. **2** ***Fam.*** Malo, perverso.
diábolo ***m.*** Juguete que se mueve con un cordón y dos palos.
diácono ***m.*** Hombre de la Iglesia católica, que ha recibido el título inmediatamente inferior al de sacerdote.
diacrítico, ca ***adj.*** Relativo al signo gráfico que da a una letra un valor especial, como el acento.
diacronía ***f.*** Estudio de los hechos sociales a través del tiempo.
diacrónico, ca ***adj.*** Que ocurre a lo largo del tiempo. ANT. **sincrónico.**
diadema ***f.*** **1** Corona. **2** Tocado en forma de medio círculo, como corona pequeña: *La princesa se puso una **diadema** con perlas y diamantes para el baile de gala.*
diáfano, na ***adj.*** **1** Que permite el paso de la luz: *Hay un domo en el techo que es **diáfano**, por eso entra mucha luz solar a la casa.* **2** Claro, limpio: *"Podemos beber del agua **diáfana** de ese manantial."*
diafragma ***m.*** **1** Músculo que separa la cavidad torácica de la cavidad abdominal. **2** Disco regulador de luz de las cámaras fotográficas. **3** Membrana artificial que se usa como método anticonceptivo femenino.
diagnosis ***f.*** Conocimiento de los síntomas de las distintas enfermedades.
diagnosticar ***vb. irreg.*** {tr.} **Modelo 17.** Determinar una enfermedad por sus síntomas: *Después de revisarme, el médico **diagnosticó** que tengo una infección en el estómago.*
diagnóstico ***m.*** Determinación de una enfermedad por sus síntomas: *Una vez que tiene los elementos suficientes, el médico puede hacer el **diagnóstico** de la enfermedad.*
diagonal ***adj.*** Que muestra una inclinación: *Recargué la escalera en la pared de manera **diagonal** y luego me subí en ella.*
diagonal ***f.*** Recta que tiene una inclinación.
diagrama ***m.*** Figura que representa gráficamente una cosa: *Para ilustrar la fotosíntesis, la maestra llevó un **diagrama** que mostró a los alumnos.*
diagramación ***f.*** Acción y efecto de diagramar: *Sería conveniente hacer la **diagramación** de esta actividad para entender bien qué pasos hay que seguir.*
diagramar ***vb.*** {tr.} Organizar, planificar una secuencia de trabajos o funciones.
diaguita ***adj./m.*** y ***f.*** Pueblo amerindio actualmente extinto que habitó un vasto territorio en lo que hoy es Argentina.
dialectal ***adj.*** Relacionado con un dialecto o variedad regional de una lengua: *Pierre habla un francés **dialectal** que es propio de una región al norte de Francia.*
dialéctica ***f.*** Arte del diálogo y de la discusión: *Entre los antiguos griegos, los sabios practicaban la **dialéctica**.*
dialéctico, ca ***adj.*** **1** Relacionado con el diálogo y la discusión. **2** Relacionado con algo y su contrario.
dialecto ***m.*** Variedad regional de una lengua.
diálisis ***f.*** Eliminación artificial de los desechos de la sangre: *Mi tío es sometido una vez por semana a una **diálisis** porque los riñones no le funcionan bien.*
dializador ***m.*** Aparato para efectuar diálisis. *El paciente de la cama cuatro debe conectarse a un **dializador**, pues sus riñones no están funcionando.*
dialogante ***adj.*** Que tiene la disposición para discutir o negociar sin intentar que prevalezca su opinión o su criterio.
dialogar ***vb. irreg.*** {intr.} **Modelo 17.** Intercambiar impresiones e ideas: *El gobierno y los guerrilleros finalmente se sentaron a **dialogar** y ya terminaron los conflictos.* SIN. **conversar, platicar, charlar.**
diálogo ***m.*** Conversación o plática entre dos o más personas: *El maestro sostuvo un **diálogo** con los padres del niño en el que hablaron de su gran inteligencia y la necesidad de fomentarla.* SIN. **charla.**
diamante ***m.*** Piedra preciosa de gran dureza, compuesta de carbono cristalizado: *Para formalizar su compromiso, Fernando le regaló a Mirna un anillo con un **diamante**.*
diamantino, na ***adj.*** Que tiene las características del diamante.
diametral ***adj.*** Del diámetro: *Rocío aplicó un cambio **diametral** en su trabajo.*

a b c d e f g h i j k l m n o p q r s t u v w x y z

diametralmente ***adv.*** **1** De un extremo al opuesto. **2** Completamente: *Lo bueno y lo malo son ideas **diametralmente** opuestas.*

diámetro ***m.*** Recta que, pasando por el centro, une dos puntos opuestos de una circunferencia: *La mesa redonda que hay en mi casa tiene un **diámetro** de un metro y veinte centímetros.*

diana ***f.*** **1** Punto central de un blanco de tiro. **2** Toque militar para despertar a la tropa: *Los soldados se despiertan todos los días cuando toca la **diana** a las cinco de la madrugada.*

diapasón ***m.*** Instrumento que al vibrar da un tono: *Los músicos afinaron sus instrumentos con el sonido del **diapasón.***

diaporama ***m.*** Proyección simultánea de distintas diapositivas en varias pantallas, con sonido sincronizado a las imágenes: *Los **diaporamas** son una atractiva técnica audiovisual que suele utilizarse en exposiciones de arte o sobre temas de la naturaleza.*

diapositiva ***f.*** Imagen fotográfica transparente, hecha para ser proyectada en una pantalla: *El biólogo ilustró su conferencia con **diapositivas** sobre las células de los animales y los vegetales.*

diariero, ra ***m.*** y ***f. Amér. Merid.*** Vendedor de diarios y revistas. SIN. **voceador.**

diario ***m.*** **1** Libro personal en que se recogen sucesos y reflexiones: *Mi amiga María Luisa escribe en su **diario** desde hace más de treinta años.* **2** Publicación que se edita todos los días: *Las personas leen el **diario** para saber qué ocurre en el mundo cada día.* SIN. **periódico.**

diario, ria ***adj.*** Que corresponde o que ocurre todos los días: *Después de su ejercicio **diario,** Evaristo toma una refrescante ducha.*

diarrea ***f.*** Conjunto de evacuaciones del vientre líquidas y frecuentes.

diáspora ***f.*** Dispersión por el mundo, o por varios países, de grupos humanos que tienen un mismo origen.

diástole ***f.*** Movimiento de dilatación del corazón: *El corazón hace dos movimientos básicos: uno es la sístole o contracción, y el otro es la **diástole.***

diatomea ***f.*** Alga unicelular que puede vivir en agua salada o dulce: *Las **diatomeas** tienen cubierta de sílice y son capaces de realizar fotosíntesis.*

diatriba ***f.*** Discurso o escrito violento u ofensivo: *Antes de partir a la batalla, el general pronunció frente a los soldados una **diatriba** en contra del enemigo.*

dibujante ***m.*** y ***f.*** Persona que se dedica a dibujar o que tiene por profesión dibujar: *Ese despacho de arquitectos tiene en su equipo varios **dibujantes.***

dibujar ***vb.*** {tr. y prnl.} Representar una figura por medio de líneas y sombras: *Benjamín aprendió a **dibujar** desde pequeño y ahora es un pintor famoso.*

dibujo ***m.*** **1** Hecho de dibujar: *A Joaquín le gusta el **dibujo** desde que era niño, perfeccionó su habilidad y ahora trabaja para una revista.* **2** Imagen dibujada: *Los niños hicieron una tarjeta con un **dibujo** para regalársela a su mamá.*

dicción ***f.*** Manera de hablar, escribir o pronunciar.

diccionario ***m.*** Recopilación de las palabras de una lengua, de una materia, etc., colocadas de manera alfabética y seguidas de su definición o traducción a otra lengua: *"Si no sabes qué quiere decir esa palabra, puedes buscarla en el **diccionario**", dije a Alberto.*

dicha ***f.*** Felicidad, alegría: *Su corazón se llenó de **dicha** cuando le informaron que había pasado el examen de admisión a la universidad.*

dicharachero, ra ***adj. Fam.*** Que emplea bromas y dichos: *Mi tía Gladys es muy **dicharachera,** siempre dice un refrán o hace una broma cuando platicamos.*

dicharacho ***m. Fam.*** Dicho que resulta chocante: *Hay **dicharachos** graciosos, pero otros resultan francamente vulgares.*

dicho ***m.*** **1** Palabra o conjunto de palabras con que se expresa una idea o un concepto: *Hay un **dicho** que dice: "Haz el bien y no mires a quién".* **2** Ocurrencia ingeniosa y oportuna.

dichoso, sa ***adj.*** **1** Se dice de quien siente felicidad: *Mi hermana se siente **dichosa** porque va a tener un hijo.* SIN. **gozoso.** **2** *Fam.* Molesto, fastidioso: *El **dichoso** despertador no sonó como siempre a las seis de la mañana, por eso llegué tarde a mi trabajo.*

diciembre ***m.*** Duodécimo y último mes del año: *En muchos países que están al norte de la Tierra, **diciembre** es uno de los meses más fríos del año.*

dicotiledón ***m.*** Dicotiledónea, vegetal cuyo embrión tiene dos cotiledones.

dicotiledóneo, a ***adj./m.*** y ***f.*** Relativo a las plantas angiospermas, es decir, con semillas encerradas en un fruto y que tienen dos cotiledones.

dicotomía ***f.*** División de algo en dos partes, generalmente opuestas: *Decir que hay que elegir entre economía y medio ambiente es una **dicotomía** falsa, ya que, si no tenemos planeta, no puede pensarse en que haya economía.*

dictado ***m.*** **1** Hecho de dictar: *El profesor de español nos hizo un **dictado.*** **2** ***pl.*** Conjunto de preceptos de la razón o de la conciencia: *Siempre ha seguido los **dictados** de su conciencia, que le dice que no haga daño a nadie.*

dictador, ra ***m.*** y ***f.*** Gobernante que concentra en sí todos los poderes políticos de un país: *En América Latina, muchos países tuvieron **dictadores** durante varios años.*

dictadura ***f.*** Ejercicio del poder absoluto.

dictáfono ***m.*** Aparato que recoge y reproduce lo que se habla.

dictamen ***m.*** Opinión que se forma sobre una cosa: *A mi profesora de literatura le pidieron emitir un **dictamen** sobre la primera novela de un joven escritor.*

dictaminar ***vb.*** {tr. e intr.} Evaluar una situación y emitir un juicio acerca de dicha situación: *El acusado espera que el juez **dictamine** si es culpable o inocente.*

dictar ***vb.*** {tr.} **1** Decir algo para que otro lo escriba: *El jefe le **dictó** una carta a la secretaria.* **2** Promulgar leyes, fallos, etc. **3** Inspirar, sugerir algo a alguien.

dictatorial ***adj.*** Se refiere a la dictadura o al dictador: *Durante el régimen **dictatorial** que padeció durante veinte años, la economía de ese país se deterioró.*

didáctica ***f.*** Ciencia que estudia los métodos de enseñanza: *En las escuelas para maestros dan muchos cursos de **didáctica.***

didáctico, ca ***adj.*** Que lleva como finalidad enseñar o instruir: *Los materiales **didácticos** complementan la enseñanza de diversas materias escolares.*

didjeridoo o **didjeridu** ***m.*** **Palabra aborigen australiana.** Instrumento de viento hecho de una pieza muy larga de madera hueca: *El **didjeridoo** tiene un sonido grave y reverberante.*

diedro ***adj./m.*** Se dice del ángulo formado por dos planos que se cortan.

diente ***m.*** **1** Cada una de las piezas de tejido duro engastadas en las mandíbulas: *Al bebé le escurre saliva de la boca porque pronto le saldrá su primer **diente.*** **2** Cada una de las puntas de ciertas herramientas o mecanismos: *Mi bicicleta tiene dos ruedas de metal con **dientes** que están* *unidas por una cadena.* **3** *loc.* **Hincar el ~,** emprender un asunto y resolver las dificultades que tiene este asunto: *Por fin pude* ***hincarle el diente*** *a la novela que quería leer desde hace meses.*

dientón, tona ***adj.*** Que tiene los dientes grandes: *A José le dicen "El conejo" porque es* ***dientón.***

diéresis ***f.*** **1** Pronunciación de dos vocales consecutivas, en dos sílabas. **2** Signo (¨) que en español se coloca sobre la *u*: *La* u *de "agüero" lleva* ***diéresis,*** *para que sea pronunciada.*

diésel ***m.*** **Palabra de origen inglés. 1** Motor en el que la explosión del combustible en el cilindro se produce sin necesidad de bujía: *La mayor parte de los camiones grandes tienen motor* ***diésel.*** **2** Tipo de nafta o gasolina usada por motores sin bujías: *El* ***diésel*** *es el combustible que usan los camiones; los automóviles usan nafta o gasolina.*

diestra ***f.*** Mano derecha: *El anfitrión le pidió que se sentara a su* ***diestra,*** *en el lugar de honor.*

diestro, tra ***adj.*** Hábil, experto: *Un cocinero* ***diestro*** *sabe preparar comida francesa.*

diestro, tra ***m.*** y ***f.*** Persona que usa con preferencia la mano derecha: *Los* ***diestros*** *escriben con la mano derecha y los zurdos con la izquierda.*

dieta ***f.*** **1** Régimen en las comidas: *Como está enfermo del corazón, tiene una* ***dieta*** *en la que no debe comer sal ni alimentos con grasa.* **2** Retribución que se da a un empleado por trabajar fuera de su residencia habitual.

dietética ***f.*** Ciencia que trata de la alimentación: *Los nutriólogos son especialistas en* ***dietética.***

dietético, ca ***adj.*** Relacionado con el régimen en las comidas: *Siempre toma bebidas* ***dietéticas*** *porque dice que no quiere engordar.*

diez ***adj./m.*** y ***f.*** **1** Número que resulta de sumar nueve y uno: *El número de la palabra* ***diez*** *es 10.* **2** Décimo: *Fueron al teatro y se sentaron en la fila* ***diez,*** *así que pudieron ver muy bien a los actores.*

diezmar ***vb.*** {tr.} **1** Sacar uno de cada diez. **2** Causar gran mortandad: *La última epidemia de cólera* ***diezmó*** *a la población de esa ciudad.*

diezmo ***m.*** Décima parte de las ganancias obtenidas que, según antiguas costumbres, debía pagarse al rey o a la Iglesia: *La práctica del* ***diezmo*** *está vigente, pero no es obligatoria.*

difamación ***f.*** Hecho de perjudicar la reputación de alguien: *Ese actor demandó a una revista por* ***difamación,*** *dice que publicaron mentiras sobre su vida.* Sin. **descrédito.**

difamador, ra ***adj./m.*** y ***f.*** Que difama: *Es una desgracia que a veces sean los* ***difamadores*** *quienes ganan los juicios, mientras los inocentes sufren alguna condena.*

difamar ***vb.*** {tr.} Disminuir o perjudicar la reputación de alguien: *Rosario dijo que Carmela la* ***había difamado*** *al acusarla del robo que ella no cometió.* Sin. **desacreditar.**

difamatorio, ria ***adj.*** Que contiene difamación: *Esa columna periodística es* ***difamatoria,*** *siempre acusa a las personas de cosas que no son ciertas.*

diferencia ***f.*** **1** Cualidad por la que una cosa se distingue de otra: *Ese juego consiste en encontrar las* ***diferencias*** *entre un dibujo y el otro.* **2** Desacuerdo, disputa: *Después de mucho hablar no lograron resolver sus* ***diferencias*** *y se divorciaron.* **3** Resultado de una resta: *Si se restan cinco a siete, la* ***diferencia*** *es dos.*

diferenciación ***f.*** Acción y efecto de haber diferencia entre dos o más cosas: *Los mamíferos se distinguen, entre otras características, por su* ***diferenciación*** *sexual; hay machos y hembras.*

diferenciado, da ***adj.*** Que muestra diferencias en relación con otras cosas.

diferenciador ***adj.*** Que establece diferencias: *La certificación suele ser un instrumento* ***diferenciador*** *entre los servicios de buena o deficiente calidad.*

diferencial ***adj.*** **1** En matemáticas, relativo a las diferencias infinitamente pequeñas: *El cálculo* ***diferencial*** *es útil no sólo en matemáticas, sino en física, geología, computación y tecnología electrónica, entre otras disciplinas.* **2** ***m.*** Conjunto de engranajes que permite a las ruedas de un vehículo girar a diferentes velocidades.

diferenciar ***vb.*** {tr. y prnl.} **1** Hacer distinción o señalar diferencias entre las cosas: *Los catadores de vinos saben* ***diferenciar*** *entre las variedades que existen.* **2** Distinguirse, no ser igual: *Los muchachos de ese grupo usan los mismos anteojos para* ***diferenciarse*** *de los demás chicos.*

diferendo ***m. Amér. Merid.*** Diferencia, desacuerdo entre instituciones o estados.

diferente ***adj.*** Que no es igual: *Ninguno de los siete enanos de Blancanieves es igual, todos son* ***diferentes:*** *uno es gruñón, otro dormilón, otro tímido, etc.*

diferente ***adv.*** Se aplica a la cosa que no es igual a otra o que no es lo mismo: *Cristina habla* ***diferente*** *de los demás porque viene de Inglaterra y su idioma materno es el inglés.*

diferido, da ***adj.*** Que no ocurre en el mismo momento: *La transmisión del concierto del tenor italiano Luciano Pavarotti fue* ***diferida*** *y pudimos verlo cuatro horas después de que ocurrió.*

diferir ***vb. irreg.*** {intr.} **Modelo 50.** Ser diferente, distinto: *Mi opinión* ***difiere*** *de la tuya porque yo pienso que este cantante tiene una voz muy bonita y tú piensas que su voz es fea.*

difícil ***adj.*** Que requiere esfuerzo para hacerlo o entenderlo: *Al principio, esas fórmulas de química me parecían* ***difíciles*** *y ahora que ya las aprendí resuelvo los ejercicios con facilidad y rapidez.*

dificultad ***f.*** **1** Calidad de difícil: *Cada vez que comienzo un nuevo curso me doy cuenta de que la* ***dificultad*** *de las materias va aumentando.* **2** Situación o cosa difícil: *Érika está en una* ***dificultad,*** *porque aceptó salir a cenar con Javier y ahora no sabe cómo decirle que tiene novio.*

dificultar ***vb.*** {tr.} Poner dificultades u obstáculos a la realización de una cosa: *Lo contrario de* ***dificultar*** *es facilitar, es decir, permitir que algún problema se solucione de manera fácil.*

dificultoso, sa ***adj.*** Que tiene muchas dificultades o impedimentos: *Seguir su carrera fue* ***dificultoso*** *para el doctor González, pues cuando era estudiante no tenía dinero para adquirir los libros de Medicina.*

difracción ***f.*** Desviación que sufren la propagación de las ondas de luz o sonido cuando éstas chocan con un obstáculo o abertura de dimensiones similares a su longitud de onda.

difractar ***vb.*** {tr. y prnl.} Desviar o desviarse las ondas de luz o sonido al chocar con un obstáculo: *Al* ***difractarse*** *en las nubes y gotas de agua, la luz solar forma fenómenos como el arco iris y los halos.*

difteria ***f.*** Enfermedad infecciosa de la garganta: *Antes, la* ***difteria*** *era una enfermedad mortal, pero descubrieron una vacuna y ahora la gente ya puede evitarla.*

difuminación ***f.*** Efecto de esfumar los trazos hechos con lápiz o carbón: *El retrato que hizo el dibujante mejoró mucho después de la* ***difuminación,*** *porque le habían quedado algunas líneas muy gruesas que así se ven más suaves.*

difuminado, da ***adj.*** Esfumado, que tiene sus contornos poco precisos: *La técnica pictórica del pastel requiere gran habilidad, de modo que las figuras queden* ***difuminadas*** *sin que se mezclen los colores del fondo.*

difuminar ***vb.*** {tr.} Extender los trazos de lápiz o carboncillo: ***Difuminé*** *los contornos de mi dibujo para hacer que la figura pareciera un fantasma.*

difundir ***vb.*** {tr. y prnl.} **1** Extender, esparcir: *Esa lámpara* ***difunde*** *muy poca luz, cambiaré la bombilla por una de mayor potencia.* **2** Hacer que una noticia llegue a mucha gente: *La noticia de la boda de la famosa actriz* ***se difundió*** *rápidamente en su país y el extranjero.*

difunto, ta ***m.*** y ***f.*** Persona muerta: *Hubo mucha gente en el funeral porque el* ***difunto*** *era una persona querida en todo el pueblo.*

difusión ***f.*** Hecho de difundir o difundirse: *La exposición tuvo mucho éxito porque su* ***difusión*** *fue buena, la anunciaron en los diarios, la radio, la televisión y además enviaron invitaciones a mucha gente.*

difuso, sa ***adj.*** **1** Tenue: *La luz* ***difusa*** *le da un ambiente de calma a la habitación.* **2** Poco preciso: *Tenía ideas* ***difusas*** *sobre lo que quería estudiar, pero ahora que creció ya sabe qué carrera va a escoger.*

digerible ***adj.*** Que se puede digerir fácilmente: *Los bebés necesitan alimentos* ***digeribles,*** *pues su sistema digestivo aún no está totalmente desarrollado.*

digerido, da ***adj.*** Que ha pasado por el proceso de digestión para que el organismo lo asimile: *Los alimentos* ***digeridos*** *se transforman en un líquido lechoso que absorben las vellosidades del intestino delgado.*

digerir ***vb. irreg.*** {tr.} **Modelo 50.** Hacer la digestión: *La comida grasosa y condimentada es difícil de* ***digerir.***

digestión ***f.*** Transformación de los alimentos en sustancias que nutren: *La* ***digestión*** *empieza desde que se introduce algún alimento a la boca.*

digestivo ***m.*** Sustancia que facilita la digestión: *Después de la abundante comida, se tomó un* ***digestivo*** *que le ayudara a no sentirse mal.*

digestivo, va ***adj.*** Relacionado con las partes del organismo que realizan la digestión: *Los intestinos y el estómago forman parte del aparato* ***digestivo.***

digitación ***f.*** Movimiento de los dedos al tocar un instrumento musical: *La* ***digitación*** *de ese violinista es tan rápida que le permite tocar piezas imposibles para otros.*

digital ***adj.*** **1** Relativo a los dedos: *Cada huella* ***digital*** *es diferente de las otras, no existen dos que sean iguales.* **2** Que se expresa por medio de números.

digitalizar ***vb. irreg.*** {tr.} **Modelo 16.** En informática, codificar alguna información mediante números.

digitar ***vb.*** {tr. e intr.} **1** ***Chile, Hond., Méx., Salv.*** y ***Urug.*** Usar el teclado de una computadora para ingresar datos: ***Digita*** *tu clave para tener acceso al sistema.* **2** Mover los dedos al tocar un instrumento musical.

digitígrado, da ***adj./m.*** y ***f.*** Animal que al andar sólo apoya en el suelo los dedos, como los perros y los gatos.

dígito ***m.*** Número que se expresa con una sola cifra: *El número 3894 está formado por cuatro* ***dígitos.***

dignarse ***vb.*** {prnl.} Consentir en hacer algo: *Rafael es un grosero que no* ***se dignó*** *saludar a nadie cuando llegó a la fiesta.*

dignatario ***m.*** Persona que tiene un cargo o dignidad elevados: *Los dos* ***dignatarios*** *extranjeros llegaron a ese país y se entrevistaron con el presidente.*

dignidad ***f.*** Cualidad de la persona que es merecedora del respeto de los demás: *El empleado prefirió renunciar a la empresa porque tiene* ***dignidad*** *y no quería que su jefe lo insultara.*

dignificar ***vb. irreg.*** {tr. y prnl.} **Modelo 17.** Hacer que algo sea digno y respetable: *No tanto la conciencia, sino la necesidad, ha hecho que las personas* ***dignifiquen*** *trabajos que antes consideraban humillantes.*

digno, na ***adj.*** **1** Que merece alguna cosa, como un premio, castigo, etc.: *Por su valentía durante el incendio, el bombero se hizo* ***digno*** *de un premio y una felicitación de su jefe.* **2** Se aplica a las personas y las acciones merecedoras de respeto. Sin. **decente, honesto.**

digresión ***f.*** Parte de un discurso que se aleja del tema.

dije ***m.*** Joya que se lleva colgada al cuello: *El día de mi cumpleaños mi mamá me regaló un* ***dije*** *en forma de corazón y una cadena de plata para colgarlo.*

dilacerar ***vb.*** {tr. y prnl.} Desgarrar los tejidos: *La mordida del perro* ***dilaceró*** *los músculos de la pierna del niño y tuvieron que coserle la herida.*

dilación ***f.*** Hecho de retrasar o retrasarse algo por un tiempo: *La lluvia ocasionó una* ***dilación*** *de dos horas en la salida de los aviones del aeropuerto.* Sin. **retraso, demora.**

dilapidación ***f.*** Acción de dilapidar: *La* ***dilapidación*** *de los recursos suele llevar a apremios económicos.*

dilapidador, ra ***adj.*** Que dilapida, despilfarrador: *Maruca es una* ***dilapidadora,*** *más tarda en recibir su salario que en gastarlo.*

dilapidar ***vb.*** {tr.} Malgastar, acabar con los bienes: *Pablo es un irresponsable que* ***dilapidó*** *la fortuna que sus padres habían reunido con mucho esfuerzo.* Sin. **despilfarrar.**

dilatación ***f.*** **1** Aumento del calibre de un conducto natural. **2** Aumento de tamaño de un cuerpo sin cambios en su naturaleza: *Al inflar un globo, el caucho se* ***dilata.***

dilatado, da ***adj.*** **1** Ensanchado, mayor que su abertura o volumen normal: *Flora trae las pupilas* ***dilatadas*** *a causa de un medicamento que le aplicaron en los ojos.* **2** Prolongado, extenso: *El* ***dilatado*** *valle se perdía en el horizonte.* **3** ***Guat., Hond., Méx., Salv.*** y ***Venez.*** Demorado: *Higinio llegó a hora* ***dilatada*** *a la clase y el profesor lo regañó.*

dilatar ***vb.*** {tr. y prnl.} **1** Aumentar la longitud o el volumen: *Los cuerpos* ***se dilatan*** *con el calor.* **2** Hacer que una cosa se retrase o dure más tiempo: *Se fue a comer y* ***se dilató*** *tres horas en regresar a la oficina.*

dilecto, ta ***adj.*** Querido, amado con predilección: *Las cartas que Anselmo escribe a Patricia siempre empiezan con "Mi* ***dilecta*** *amiga".*

dilema ***m.*** Duda entre dos cosas que se presentan al mismo tiempo: *La aceptaron en dos universidades; ahora el* ***dilema*** *es a cuál irá.*

diletante ***adj./m.*** y ***f.*** Que cultiva un arte por afición y sin la preparación necesaria: *Los domingos, en el parque, los pintores* ***diletantes*** *intentan vender alguna de sus pinturas.*

diletantismo ***m.*** Actitud de cultivar un arte sólo por entretenerse.

diligencia ***f.*** **1** Cuidado y rapidez en hacer una cosa: *En cuanto le dieron el trabajo, se puso a hacerlo con* ***diligencia,*** *por eso su jefe está muy contento de haberlo empleado.* **2** Carruaje tirado por caballos, que servía para el transporte de viajeros: *Durante el siglo pasado, los bandidos asaltaban las* ***diligencias.*** **3** Acta en la que se consignan las actuaciones judiciales. **4** Gestión, encargo: *"Tengo un día muy ocupado, debo hacer muchas* ***diligencias",*** *me dijo Carla.* Sin. **trámites.**

diligente ***adj.*** Que es activo y hace las cosas con cuidado, que está dispuesto a ayudar: *Javier consiguió un mensajero* ***diligente*** *que lleva muy rápido todas las pizzas que piden los clientes por teléfono.*

dilucidación ***f.*** Acción y efecto de dilucidar: *Es necesaria la* ***dilucidación*** *de este asunto para ver quién es el verdadero responsable.*

dilucidar ***vb.*** {tr.} Aclarar un asunto: *El detective tiene que* ***dilucidar*** *los motivos del asesinato para encontrar la solución.*

dilución ***f.*** **1** Acción de diluir o diluirse: *La* ***dilución*** *de la sal de mesa en agua es muy rápida.* **2** Sustancia obtenida luego de diluir algo en un líquido: *Preparar este refresco fue fácil, sólo hice la* ***dilución*** *del jarabe de tamarindo en agua con hielo.*

diluido, da ***adj.*** Que está disuelto en un líquido para aminorar su potencia o efecto: *Ese cantinero usa el jarabe* ***diluido*** *para evitar que las bebidas que prepara queden demasiado dulces.*

diluir ***vb. irreg.*** {tr. y prnl.} **Modelo 59.** Disolver, rebajar: *Ese tono de amarillo es demasiado intenso,* ***dilúyelo*** *con un poco de blanco para que quede más claro.*

diluviar ***vb.*** {intr.} Llover en grandes cantidades: *Anoche* ***diluvió*** *y todas las calles amanecieron encharcadas.*

diluvio ***m.*** Lluvia muy abundante: *No pudo salir de casa por el* ***diluvio*** *que caía.*

diluyente ***m.*** Sustancia que hace más líquida una solución.

dimanar ***vb.*** {intr.} **1** Brotar el agua de sus manantiales. **2** Provenir o proceder una cosa de otra: *Las garantías individuales* ***dimanan*** *de la Constitución de cada país.*

dimensión ***f.*** **1** Cada una de las magnitudes, como la longitud, el área, etc.: *El arquitecto fue a ver el terreno para conocer sus* ***dimensiones*** *y luego hizo el proyecto de la casa.* **2** *loc.* **Cuarta ~,** en la teoría de la relatividad, el tiempo.

dimensionar ***vb.*** {tr.} **1** Determinar las dimensiones que debe tener algo: *Los ingenieros* ***dimensionaron*** *la maquinaria antes de iniciar su fabricación.* **2** ***Argent.*** y ***Méx.*** Ponderar la magnitud que podría tener una situación.

dimes. ~ y diretes, ***loc. Fam.*** Contestaciones, réplicas, debates entre dos o más personas.

diminuendo ***adv.*** De modo que la intensidad de la música vaya disminuyendo progresivamente. SIN. **decrescendo.**

diminutivo ***m.*** Palabra formada con los sufijos *-ito* o *-ico,* que indica el menor tamaño de una cosa o el tono afectuoso: *En casa de Julia todos dicen sus nombres en* ***diminutivo*** *como Carlitos, Toñito, Albertico, etc.*

diminuto, ta ***adj.*** Muy pequeño: *Debajo del largo vestido de la dama se asomaba un* ***diminuto*** *pie del que apenas se veía la punta.*

dimisión ***f.*** Renuncia a un empleo o cargo: *Como no estaba de acuerdo con lo que hacían sus jefes, entregó su* ***dimisión*** *y ahora está buscando un nuevo trabajo.*

dimitir ***vb.*** {tr. e intr.} Renunciar a un empleo o cargo: *Mi tía no quería renunciar a la empresa, pero tuvo que* ***dimitir*** *porque está enferma y no puede moverse.*

dimorfismo ***m.*** **1** Propiedad de los minerales de cristalizarse de dos formas diferentes. **2** En biología, caracteres que diferencian a dos integrantes de una especie como el macho y la hembra.

dimorfo, fa ***adj.*** Que puede revestir o tener dos formas diferentes.

dina ***f.*** Unidad de medida de fuerza, que equivale a 10^5 newton.

dinamarqués, quesa o **danés, nesa** ***adj./m.*** y ***f.*** Originario de Dinamarca, país de Europa.

dinámica ***f.*** **1** Parte de la mecánica que estudia las relaciones entre las fuerzas y los movimientos causados por ellas. **2** Funcionamiento, manera de operar: *Le enseñaron la* ***dinámica*** *de la oficina al nuevo empleado para que sepa cómo funciona.*

dinámico, ca ***adj.*** **1** Relativo a la dinámica. **2** ***Fam.*** Activo, enérgico: *Es un vendedor tan* ***dinámico,*** *que sacó el primer premio por vender más jabones.*

dinamismo ***m.*** Energía, inquietud: *Julián tiene un gran* ***dinamismo*** *para trabajar, hace muy bien su trabajo y aparte ayuda a sus compañeros.*

dinamita ***f.*** **1** Explosivo compuesto de nitroglicerina: *La* ***dinamita*** *debe ser utilizada sólo por especialistas porque es muy peligrosa.* **2** Algo que provoca sorpresa, que atrae la atención: *La noticia de la boda de los dos artistas fue* ***dinamita*** *y ahora más gente ve el programa que ellos hacen.*

dinamitar ***vb.*** {tr.} Hacer explotar con dinamita: *La manera más rápida de destruir ese edificio es* ***dinamitarlo.***

dínamo o **dinamo** ***f.*** Máquina que transforma la energía mecánica en energía eléctrica.

dinamómetro ***m.*** Instrumento para medir fuerzas.

dinar ***m.*** Moneda de Croacia, Iraq, Libia y otros países islámicos.

dinastía ***f.*** Serie de soberanos de una misma familia: *La* ***dinastía*** *de la familia del rey es muy antigua, ellos han gobernado durante quinientos años en ese país.*

dinástico, ca ***adj.*** Relacionado con una dinastía: *En la antigua China hubo imperios* ***dinásticos*** *que duraban cientos de años.*

dineral ***m. Fam.*** Mucho dinero: *Se compraron una casa muy grande y bonita que les costó un* ***dineral.***

dinero ***m.*** **1** Moneda corriente: *Desde que Enrique era niño sus padres le dan un poco de* ***dinero*** *cada semana y él ahorra una parte en el banco.* **2** Caudal, fortuna: *Esa familia ganó mucho* ***dinero*** *con su tienda.*

dingo ***m.*** Perro salvaje australiano de pelaje color amarillo rojizo: *Los* ***dingos,*** *en Australia, equivalen a los lobos de otras partes del mundo.*

dinosaurio ***m.*** Reptiles del periodo Mesozoico que comprenden animales como el diplodoco y el tiranosaurio: *Los* ***dinosaurios*** *se extinguieron antes de que hubiera hombres en la Tierra.*

dintel ***m.*** Barra horizontal que va en la parte de arriba de puertas o ventanas: *Para la fiesta de la boda colocaron flores como adorno en los* ***dinteles*** *de todas las puertas y ventanas que hay en la casa.*

diócesis ***f.*** En la religión católica, territorio bajo el gobierno de un obispo.

dioico, ca ***adj.*** Relativo a las plantas que tienen las flores femeninas y las masculinas en pies o troncos separados.

dioptría ***f.*** Unidad de potencia de una lente.

diorama ***m.*** Recurso audiovisual que consiste en la instalación de grandes lienzos con figuras pintadas las cuales, mediante juegos de iluminación, dan la sensación de movimiento.

dios ***m.*** **1** En las religiones monoteístas, supremo ser creador del Universo, el mundo y principio de todas las cosas; se escribe con "D" mayúscula: *En el libro bíblico del Génesis, se nos dice que en el principio* ***Dios*** *creó los cielos y la tierra.* SIN. **todopoderoso.** ANT. **ídolo.** **2** Se escribe con "d" minúscula cuando designa a un ser superior y sobrenatural, al que se le atribuye un poder mágico: *Moloc fue un* ***dios*** *cananeo y fenicio al que se le ofrecían sacrificios humanos.* SIN. **ídolo.** **3** *loc.* **~ mediante,** si nada se interpone: *Terminaré mi trabajo,* ***Dios mediante,*** *esta misma tarde.* **4** *loc.* **Gracias a ~,** se usa para expresar alivio o alegría por haber superado una situación difícil o por haber terminado un trabajo muy pesado: *"Mi hijo tuvo un accidente, pero* ***gracias a Dios*** *salió ileso", comentó el señor López.* **5** *loc.* **Lo que ~ quiera,** se usa para indicar que no se debe forzar alguna situación: *Los médicos ya hicieron todo lo posible por salvar la vida de ese paciente, ahora será* ***lo que Dios quiera.*** **6** *loc.* **¡Válgame ~!,** expresa sorpresa, disgusto o admiración por alguna cosa: *¡Válgame Dios!, es tardísimo y no podré llegar a tiempo a mi cita.*

diosa ***f.*** Divinidad de sexo femenino: *Minerva era la **diosa** que representaba la sabiduría, las artes, las letras, la música y la inteligencia entre los antiguos romanos.*

dióxido ***m.*** **1** Óxido que contiene dos átomos de oxígeno. **2** *loc.* **~ de carbono,** óxido que contiene dos átomos de oxígeno y uno de carbono, producto principal de la combustión y la respiración aerobia, y utilizado por las plantas en la fotosíntesis.

diplodoco ***m.*** Dinosaurio de alrededor de 25 metros de largo, de cuerpo grande, cuello largo y cabeza pequeña: *El **diplodoco** vivió en América durante el periodo Cretácico.*

diploma ***m.*** Documento que acredita que alguien posee un título, premio, etc.: *Cuando terminó de estudiar la primaria le dieron un **diploma.***

diplomacia ***f.*** **1** Ciencia de las relaciones internacionales. **2** *Fam.* Habilidad para tratar a las personas.

diplomado ***m.*** **1** Persona que ha obtenido un título o diploma por haber terminado estudios universitarios o algún curso especial. **2** Curso especializado que dura por lo general un año: *Andrés ya es cocinero y ahora toma un **diplomado** en repostería, porque quiere aprender a hacer postres.*

diplomar ***vb.*** {tr. y prnl.} **1** Conceder un diploma: *Las autoridades universitarias **diplomaron** con honores a varios estudiantes distinguidos.* **2** Obtener un diploma, graduarse: *Esther pronto **se diplomará** en Biología.*

diplomático, ca ***adj.*** **1** Relativo a la diplomacia: *Le acaban de dar otro cargo **diplomático:** antes era consejero cultural y ahora es embajador.* **2** Que tiene habilidad para tratar a la gente: *Javier es muy **diplomático,** por eso siempre lo mandamos a hablar con el maestro para pedirle algún permiso.*

diplomático, ca ***m.*** y ***f.*** Persona que interviene en negocios internacionales de un Estado: *Como su padre fue **diplomático,** Roberto vivió varios años en otros países del mundo.*

dipneo, a ***adj./m.*** y ***f.*** Animal que puede respirar con las branquias y los pulmones.

dipsomanía ***f.*** Enfermedad que se manifiesta por un irresistible deseo de ingerir bebidas alcohólicas. Sin. **alcoholismo.**

dipsómano, na ***adj.*** Que padece dipsomanía, alcohólico.

díptero ***m.*** Orden de insectos con dos alas y órganos de la boca chupadores, como la mosca.

díptero, ra ***adj.*** Que tiene dos alas: *Los colibríes son **dípteros.***

díptico ***m.*** Obra de arte compuesta por dos paneles o dos hojas.

diptongo ***m.*** Unión de dos vocales diferentes que se pronuncian en una sola sílaba: *En la palabra "cuerda" el **diptongo** está formado por las vocales* u *y* e.

diputación ***f.*** Cargo que ocupa un diputado en una cámara legislativa: *El señor Rodríguez ha ocupado esa **diputación** durante dos periodos consecutivos.*

diputado, da ***m.*** y ***f.*** Persona elegida para formar parte de una cámara legislativa y representar a una parte del pueblo: *Para ser **diputado** se necesita ganar la mayoría de votos en el lugar que uno quiere representar.*

dique ***m.*** **1** Muro para contener las aguas: *Como se veía que el río iba a desbordarse, los hombres construyeron un **dique** en poco tiempo.* **2** Cavidad en un puerto donde se limpian y reparan los buques.

dirección ***f.*** **1** Sentido o rumbo de un cuerpo en movimiento: *El piloto nos informó que el avión va en **dirección** al sur del país.* **2** Cargo y oficina del director: *Le pidieron que pasara a la **dirección** a firmar unos documentos importantes.* **3** Señas de un lugar: *Elena me dio la **dirección** de la casa donde habrá una fiesta el sábado.* **4** Mecanismo que guía a un vehículo: *Ese automóvil se maneja con suavidad porque tiene **dirección** hidráulica.*

directiva ***f.*** **1** Norma, regla, precepto: *Las **directivas** de esa escuela son muy estrictas y los niños parecen soldados pequeños.* **2** Mesa o junta de gobierno: *Los jugadores de ese equipo de fútbol culpan a la **directiva** del club por sus derrotas, pues dicen que no los han preparado bien para los partidos.*

directivo, va ***adj.*** Que tiene facultad para dirigir: *Noemí tiene muchas capacidades **directivas,** yo creo que pronto tendrá algún trabajo importante.*

directivo, va ***m.*** y ***f.*** Persona que dirige algo.

directo, ta ***adj.*** **1** En línea recta. **2** Que va de una parte a otra sin detenerse: *Después de salir del trabajo, Eva se regresa **directo** a su casa.* **3** Que aborda un tema sin rodeos: *Sandra es una persona **directa** que siempre dice lo que piensa.* **4** Que se hace sin intermediarios: *Hizo la compra **directa** con el pintor, por eso consiguió la pintura más barata que si hubiera ido a la galería.* **5** *loc.* **Objeto ~,** elemento que completa el significado de un verbo transitivo: *En la frase "le regaló un libro",* un libro *es el **objeto directo** del verbo regalar.*

director, ra ***m.*** y ***f.*** Persona que dirige y está a la cabeza de una empresa, servicio, etc.: *La **directora** dijo que haríamos un festival para celebrar el día de las madres.*

directorio ***m.*** **1** Libreta donde se anotan nombres, direcciones y teléfonos: *Cada dos años, mi prima se compra un **directorio** nuevo para anotar los datos de las personas que ha conocido en ese tiempo.* **2** Espacio de un disco de computadora que contiene ficheros: *En ese disquete sólo hay dos **directorios** y cada uno tiene alrededor de veinte archivos.* **3** *loc.* **~ telefónico,** libro que contiene nombres, teléfonos y direcciones de las personas de un área, ciudad, etc.: *Como la ciudad ha crecido mucho, el **directorio telefónico** se publica ahora en dos gruesos volúmenes.*

directriz ***f.*** **1** Norma, regla: *Las escuelas deben seguir las **directrices** que dan las autoridades encargadas de la educación.* **2** Línea sobre la que se apoya de manera constante otra línea llamada generatriz, para engendrar o dar lugar a una superficie.

dirham ***m.*** Moneda de los Emiratos Árabes y de Marruecos.

dirigencia ***f. Amér.*** Conjunto de los dirigentes de una organización, gremio, partido político, etc.: *La **dirigencia** del sindicato se reunió para analizar las políticas a seguir.*

dirigente ***adj./m.*** y ***f.*** Persona que dirige una organización: *Los **dirigentes** del club han citado a una asamblea.*

dirigible ***m.*** Globo alargado, inflado con gas, que tiene una cabina para los pilotos y pasajeros: *El conde Ferdinand von Zeppelin construyó en 1890 el primer **dirigible.*** Sin. **aeróstato.**

dirigido, da ***adj.*** Que se encamina hacia un destino o fin determinado: *Los esfuerzos **dirigidos** de esa agrupación buscan promover mejores condiciones para la infancia.*

dirigir ***vb. irreg.*** {tr. y prnl.} **Modelo 61. 1** Guiar, encaminar una cosa hacia determinado lugar: *Después de salir de la escuela **me dirigí** a mi casa.* **2** Poner el nombre y la dirección en una carta: *"Debes **dirigir** tu petición de la beca al inspector de la zona escolar", le dijo la empleada a Edna.* **3** Gobernar, regir: *El presidente **dirige** el gobierno de su país.* **4** Aconsejar, guiar: *Los estudiantes necesitan que sus padres y profesores los **dirijan** por el camino correcto.*

dirimir ***vb.*** {tr.} **1** Deshacerse, disolver, anular: *Las autoridades decidieron **dirimir** el matrimonio de esos jóvenes* *porque ya no querían estar juntos.* **2** Resolver una controversia: *Los dos niños discutieron por la propiedad de unos juguetes hasta que el papá llegó y **dirimió** el problema: el carrito era de uno de ellos y el caballo era del otro.*

disc jockey ***m.*** y ***f.*** **Palabras de origen inglés.** Persona que selecciona y toca en aparatos la música grabada en las discotecas y los programas de radio: *Rocío trabaja como **disc jockey** en una estación de radio que transmite música de rock.*

discapacitado, da ***adj./m.*** y ***f.*** Se aplica a las personas que tienen alguna limitación en sus facultades físicas o mentales: *Joel sufrió un accidente, le amputaron las piernas y quedó **discapacitado;** no obstante, ganó el torneo de natación previo a los juegos paralímpicos.*

discar ***vb. irreg.*** {tr.} **Modelo 17.** *Argent.* y *Urug.* Marcar un número de teléfono.

discernimiento ***m.*** Capacidad de razonar para distinguir unas cosas de otras: *Más que aprenderse las cosas de memoria, los estudiantes deberían aprender a usar su **discernimiento.***

discernir ***vb. irreg.*** {tr.} **Modelo 67.** Distinguir una cosa de otra: *Es necesario enseñar a los niños a **discernir** lo que está bien de lo que está mal.*

disciplina ***f.*** **1** Respeto de las leyes: *En esa escuela, la **disciplina** es casi tan importante como los estudios.* **2** Sujeción de las personas a determinadas leyes. **3** Asignatura, materia: *En la educación superior se estudian varias **disciplinas** y cada maestro enseña una.* **4** Arte, facultad o ciencia: *La **disciplina** que más le interesa es la música, por eso va a entrar al Conservatorio.*

disciplinado, da ***adj.*** Que respeta un orden, una disciplina: *Sergio es un joven **disciplinado,** lo primero que hace al llegar a casa son sus trabajos escolares y después sale a jugar.*

disciplinar ***vb.*** {tr.} Someter a una disciplina, a un orden: *La señorita Martha se encarga de **disciplinar** a los estudiantes revoltosos.*

disciplinario, ria ***adj.*** Que sirve para imponer orden, disciplina: *En ese colegio usan un método **disciplinario** que consiste en enseñarles a los alumnos a distinguir lo que es correcto de lo que es incorrecto.*

discípulo, la ***m.*** y ***f.*** Persona que sigue a un maestro o escuela para aprender de ella: *Los **discípulos** de esa maestra le llevaron una flor el día de su cumpleaños.*

disco ***m.*** **1** Cuerpo cilíndrico más ancho que alto. **2** Placa circular que registra y reproduce sonidos, imágenes o datos informáticos. **3** *loc.* ~ **compacto,** disco que utiliza la técnica de grabación digital del sonido: *Antes de que existieran los **discos compactos,** se usaban unos discos grandes de vinil.* **4** *loc.* ~ **duro,** unidad por lo general integrada al ordenador o computadora, que sirve para almacenar memoria no sujeta a eliminación: *Guardé la información en el **disco duro** de la computadora.* **5** *loc.* ~ **interactivo,** sistema constituido por un microprocesador y un lector de discos compactos para la exploración interactiva de sonido, imagen y texto. **6** *loc.* ~ **óptico,** disco en el que la grabación y la lectura se hacen por procedimiento óptico.

discografía ***f.*** Colección organizada de discos de un tipo determinado: *Mi maestro de música posee una amplia **discografía** de ópera y música clásica.*

díscolo, la ***adj./m.*** y ***f.*** **1** Desobediente, rebelde. **2** *Fam.* Envidioso, poco generoso: *"No seas **díscolo** y regálame uno de tus chocolates", le dije a César.*

disconforme ***adj.*** Que no está conforme: *Los empleados están **disconformes** con la nueva medida que los obliga a trabajar dos horas más con el mismo sueldo.*

disconformidad ***f.*** Desacuerdo, falta de satisfacción: *Los trabajadores han expresado su **disconformidad** por lo bajo de su salario.*

discontinuo, nua ***adj.*** Que se interrumpe: *Esa calle es **discontinua,** pues el parque la interrumpe.*

discordancia ***f.*** **1** Desavenencia, oposición: *La **discordancia** en las opiniones de los involucrados en este asunto ha impedido que lleguen a un acuerdo.* **2** En música, disonancia, falta de armonía entre los sonidos o voces. Sin. **desarmonía.**

discordante ***adj.*** Que no está acorde: *Como los instrumentos no están afinados, las notas que emiten son **discordantes** y la música se oye mal.*

discordar ***vb. irreg.*** {intr.} **Modelo 5. 1** Diferenciarse entre sí dos o más cosas: *Los dos arquitectos **discuerdan** en la manera de hacer ese proyecto: uno quiere algo muy moderno y el otro quiere algo tradicional.* Sin. **discrepar. 2** No estar acordes las voces o los instrumentos: *Para no **discordar,** los músicos afinan sus instrumentos antes del concierto.*

discorde ***adj.*** Discordante.

discordia ***f.*** Falta de acuerdo: *En esa junta imperó la **discordia** y no se llegó a ninguna conclusión.*

discoteca ***f.*** **1** Colección de discos: *Alberto es aficionado a la música clásica y tiene una **discoteca** muy grande.* **2** Local donde se baila y escucha música grabada.

discreción ***f.*** **1** Sensatez, prudencia y tacto para hacer o decir algo sin causar molestia a otros: *Con **discreción** le dije que su vestido le quedaba mal y lo comprendió.* **2** Capacidad para guardar un secreto: *Después de contarme su problema me pidió **discreción,** porque no quiere que nadie más se entere.*

discrecional ***adj.*** Que no está sometido a reglas porque se deja al criterio o juicio de alguien: *El abogado indicó que, en ese caso, el juez deberá tomar una decisión **discrecional,** dadas las circunstancias en que ocurrieron los hechos.*

discrecionalidad ***f.*** Cualidad de lo que es discrecional: *"Aplica tu **discrecionalidad** para ver si decides tomar o no ese compromiso", indicó un socio a otro.*

discrepancia ***f.*** Diferencia en la opinión y en la manera de ver las cosas: *Las **discrepancias** entre Mario y su jefe eran muchas, por eso él decidió buscar otro empleo.*

discrepante ***adj.*** **1** Diferente de otra cosa con la que se compara. **2** Que discrepa de la opinión de otro, que piensa distinto: *Sergio tiene una manera de ser muy particular, siempre **discrepa** de lo que opina la mayoría de las personas.*

discrepar ***vb.*** {intr.} Estar en desacuerdo: ***Discrepo** de lo que dices, tú piensas que Ramiro es una persona seria y yo pienso que es grosero.*

discreto, ta ***adj./m.*** y ***f.*** Que es sensato, prudente y tiene tacto: *No se le puede confiar nada a Ricardo porque no es una persona **discreta** y cuenta hasta el secreto más íntimo.* Ant. **indiscreto.**

discriminación ***f.*** Trato de inferioridad a una persona o una colectividad: *Los nazis **discriminaron** a los judíos al grado de intentar exterminarlos.*

discriminado, da ***adj.*** Que sufre discriminación: *Parece mentira que todavía en la actualidad haya personas **discriminadas** a causa del color de su piel.*

discriminador, ra ***adj.*** Que discrimina, discriminatorio: *Los criterios **discriminadores** han impedido que muchas personas de pueblos indígenas puedan incorporarse a la sociedad.*

a b c d e f g h i j k l m n o p q r s t u v w x y z

discriminante ***adj.*** Que discrimina, que hace distingos: *"¿Por qué tienes esa actitud* ***discriminante*** *contra las mujeres?, no veo en qué eres superior a ellas", dije a David.*

discriminar ***vb.*** {tr.} **1** Separar, diferenciar una cosa de otra: *Mi hermanito es demasiado pequeño para* ***discriminar*** *entre lo que está bien de lo que está mal.* **2** Dar trato de inferioridad a una persona o colectividad: *En Estados Unidos algunos grupos de blancos todavía* ***discriminan*** *a los negros y latinos.*

disculpa ***f.*** Razón que se da para excusarse de una culpa o para demostrar que no se es responsable de algo: *El maestro ofreció una* ***disculpa*** *por llegar tarde, dijo que había mucho tráfico.*

disculparse ***vb.*** {prnl.} Pedir perdón, presentar excusas: *Después de reflexionar unos minutos, mi jefe* ***se disculpó*** *por haberme hablado de manera tan violenta.*

discurrir ***vb.*** {intr.} **1** Pasar de manera continua por un sitio: *El río* ***discurre*** *entre las montañas y llega al mar.* **2** Transcurrir el tiempo: *Casi sin darse cuenta* ***discurrieron*** *los dos años que debía esperar para ser mayor de edad.* **3** Razonar, pensar: *Carlos se sentó frente a la puerta descompuesta a* ***discurrir*** *cómo podría arreglarla.*

discursivo, va ***adj.*** Relativo al razonamiento o al discurso: *La facultad* ***discursiva*** *nos permite razonar de manera ordenada.*

discurso ***m.*** Exposición hablada en público: *Esperanza fue la encargada de dar el* ***discurso*** *de despedida cuando su generación terminó de estudiar la primaria.*

discusión ***f.*** **1** Hecho de examinar una cuestión: *En mi casa organizamos una* ***discusión*** *para decidir a dónde iremos de vacaciones.* **2** ***loc.*** **Sin ~,** sin duda: *Éste es,* ***sin discusión,*** *el mejor helado de chocolate que he comido en mi vida.*

discutible ***adj.*** Que se puede o se debe discutir y examinar: *Araceli hizo una propuesta* ***discutible*** *que vamos a analizar antes de decidir si queremos jugar baloncesto o fútbol.*

discutido, da ***adj.*** Polémico, que causa controversia: *El* ***discutido*** *asunto de las fronteras entre esos dos países al fin parece mostrar indicios de acuerdo.*

discutir ***vb.*** {tr. e intr.} **1** Examinar y tratar una cuestión: *El lunes* ***discutimos*** *en clase el tema de los animales vertebrados.* **2** Contender y alegar razones contra el parecer de otro: *Es difícil que las personas que* ***discuten*** *sobre temas religiosos lleguen a algún acuerdo.*

disecación ***f.*** Disección: *Algunos cazadores gustan de conservar sus presas mediante la* ***disecación,*** *pues las consideran trofeos.*

disecado, da ***adj.*** Que ha sido sometido a disección o disecación: *Me da miedo entrar a la biblioteca de mi abuelo porque tiene ahí un enorme búho* ***disecado*** *que parece observarme.*

disecar ***vb. irreg.*** {tr.} **Modelo 17. 1** Preparar los animales muertos para conservarlos con la apariencia de vivos: *Los taxidermistas se dedican a* ***disecar*** *animales que casi siempre están en los museos.* **2** Abrir un organismo para su estudio.

disección ***f.*** Acción y efecto de disecar, de abrir un organismo para estudiarlo: *En la clase de biología el maestro hizo la* ***disección*** *de una rana.*

diseccionar ***vb.*** {tr.} Abrir un organismo y dividirlo en partes para estudiarlo o examinarlo: *Algunos estudiantes de medicina se desmayan el día que* ***diseccionan*** *su primer cadáver.*

diseminación ***f.*** Acción de desparramar, de esparcir: *El viento de la primavera provoca la* ***diseminación*** *del polen entre las flores para que se reproduzcan.*

diseminado, da ***adj.*** Esparcido, extendido en una zona: *El viento ayuda a que las semillas de algunas plantas queden* ***diseminadas*** *en áreas más o menos amplias y así puedan reproducirse.*

diseminar ***vb.*** {tr. y prnl.} Desparramar, esparcir: *A causa del viento las flores se* ***diseminaron*** *por el parque.*

disensión ***f.*** **1** Desacuerdo: *Las* ***disensiones*** *entre los dos amigos fueron tan fuertes que dejaron de hablarse durante un tiempo.* **2** Riña, contienda, disputa.

disenso ***m.*** Disentimiento, desavenencia.

disentería ***f.*** Enfermedad que se manifiesta con fiebre y diarrea sangrante: *Si no se trata pronto, la* ***disentería*** *puede provocar deshidratación y llevar a la muerte.*

disentir ***vb. irreg.*** {intr.} **Modelo 50.** Estar en desacuerdo, discrepar: *En el salón de clases el maestro nos permite* ***disentir*** *de lo que él opina, dice que esto nos ayuda a formar nuestra propia opinión.*

diseñador, ra ***m.*** y ***f.*** Persona que diseña de manera profesional ropa, muebles, etc.: *Primero era ayudante y después de mucho esfuerzo, ahora es el principal* ***diseñador*** *de esa tienda de ropa.*

diseñar ***vb.*** {tr.} **1** Trazar modelos: *Ese modisto está muy ocupado* ***diseñando*** *la colección de vestidos que presentará el próximo verano.* **2** Planear algo: ***Diseñamos*** *la trayectoria de nuestro viaje antes de comenzarlo.*

diseño ***m.*** Trazado de un modelo: *El arquitecto hizo un* ***diseño*** *muy moderno para la casa que va a construir.*

disertación ***f.*** Trabajo en el que se razona de manera detenida y ordenada sobre algún tema: *La maestra les pidió que escribieran una* ***disertación*** *corta sobre la contaminación.*

disertar ***vb.*** {intr.} Razonar de forma detenida y ordenada sobre una materia, sea por escrito o hablando en público: *Como parte de su examen final, el maestro de literatura le pidió* ***disertar*** *sobre una novela.*

disfraz ***m.*** Traje o máscara para aparecer como otro, que se utiliza en fiestas y carnavales: *Las mamás confeccionaron* ***disfraces*** *de abejas, conejos y mariposas para el festival de primavera de los niños pequeños.*

disfrazado, da ***adj.*** Que tiene ropa que lo hace aparecer como otra persona: *Llegó* ***disfrazado*** *de Napoleón a la fiesta del carnaval.*

disfrazar ***vb. irreg.*** {tr. y prnl.} **Modelo 16. 1** Vestirse una persona o ponerse una máscara para imitar a otra: *Para la fiesta por su quinto cumpleaños, mi primo Abel* ***se disfrazó*** *de vaquero.* **2** Encubrir o disimular algo mostrando una cosa distinta: ***Disfrazaron*** *la verdad diciendo que el culpable no era Rubén, sino Lauro.*

disfrutar ***vb.*** {tr. e intr.} **1** Beneficiarse de las utilidades de una cosa: *Luis no podrá* ***disfrutar*** *de la herencia que le dejó su abuelo hasta que cumpla 18 años.* **2** Sentir placer: *Como* ***disfruta*** *mucho oír música clásica, Betina va a conciertos cada vez que puede.*

disfrute ***m.*** Acción de disfrutar: *Para el* ***disfrute*** *de muchas cosas no es necesario el dinero; por ejemplo, observar un bello atardecer no tiene precio.*

disfunción ***f.*** Trastorno de la función de un órgano del cuerpo: *La grave* ***disfunción*** *de un riñón de Pablo ha hecho que su médico le diga que van a operarlo.*

disfuncional ***adj.*** Que no funciona como es debido, relativo a la disfunción: *Leticia tiene un problema de salud porque su hígado es* ***disfuncional,*** *quizá necesite un trasplante.*

disfuncionalidad ***f.*** Trastorno, desarreglo, falta del funcionamiento adecuado: *La* ***disfuncionalidad*** *de ese reglamento reside en que fue hecho sólo para automovilistas;*

los legisladores se olvidaron de que también existen los peatones.

disgregación ***f.*** Separación de lo que estaba unido: *La **disgregación** de las ovejas se debió al comienzo de la tormenta.*

disgregante ***adj.*** **1** Que disgrega o separa: *Las actitudes negativas por parte de algunos de sus miembros suelen ser **disgregantes** de los equipos.* **2** ***m.*** Sustancia cuyo efecto químico separa las moléculas, ayudando a la rápida disolución: *Las pastillas efervescentes contienen un alto porcentaje de **disgregantes.***

disgregar ***vb. irreg.*** {tr. y prnl.} **Modelo 17.** Separar lo que estaba unido: *Cuando crecimos, mi familia **se disgregó:** mis padres murieron y mis hermanos se fueron a vivir a ciudades diferentes.*

disgustado, da ***adj.*** Molesto, enojado, incómodo: *Ernestina está muy **disgustada** porque prestó un libro y se lo devolvieron maltratado.*

disgustar ***vb.*** {tr. y prnl.} **1** Causar o sentir enojo o inquietud: *El maestro **se disgusta** cada vez que un niño dice una grosería.* **2** Enojarse con alguien: *Mi hermana y yo **nos disgustamos** por una tontería, pero ya nos contentamos.*

disgusto ***m.*** Molestia grande, irritación por lo que se considera un contratiempo o una desgracia: *Fue un gran **disgusto** para su padre saber que había abandonado la carrera de música para dedicarse a la delincuencia.*

disidencia ***f.*** Hecho de separarse de una doctrina, de un partido, de una corriente dominante.

disidente ***adj./m.*** y ***f.*** Que se separa de una doctrina o partido: *Los **disidentes** de ese partido se unieron y formaron uno nuevo.*

disímbolo, la ***adj. Méx.*** Diferente, diverso: *Las tradiciones populares dan significados **disímbolos** a hechos como la muerte que unas veces es luto, otras fiesta y otras renacimiento.*

disímil ***adj.*** Distinto, diferente: *Tengo una impresión **disímil** a la tuya; a ti te parece que Roberto es un grosero y yo creo que se comporta así porque es muy tímido.*

disimilitud ***f.*** Diferencia: *Le gusta buscar las **disimilitudes** entre las novelas y sus adaptaciones al cine.*

disimulación ***f.*** Hecho de ocultar una cosa para que no se vea o no se note: *Eva es una maestra de la **disimulación,** estaba muy enojada y nadie se dio cuenta.*

disimulado, da ***adj.*** Que disimula, que encubre sus sentimientos: *Aunque le molestó el comentario de Irene, Óscar se hizo el **disimulado** para no iniciar una discusión.*

disimular ***vb.*** {tr. e intr.} **1** Ocultar algo: *El niño **disimuló** la mancha en la pared con una cortina, para que su mamá no la viera.* **2** Encubrir la intención o los sentimientos: *A Samuel le molesta la presencia de esa persona, pero logra **disimularlo** y puede hasta sonreírle.*

disimulo ***m.*** Hecho de ocultar u ocultarse para que algo no se note: *Como no quería despedirse de todos, Érika salió con **disimulo** de la fiesta.*

disipación ***f.*** **1** Acción de volver algo menos denso, de comenzar a desaparecerlo **2** Entrega excesiva a los placeres.

disipado, da ***adj./m.*** y ***f.*** Entregado con exceso a los placeres: *Julio llevó una vida **disipada,** por eso enfermó desde que era joven.*

disipar ***vb.*** {tr. y prnl.} **1** Desvanecer, disolver, evaporar algo volátil o inmaterial: *Los contaminantes en la atmósfera **se disiparon** cuando sopló el viento.* **2** Hacer desaparecer: *Tus dudas sobre esta pintura **se disiparán** si lees este libro que trata de la vida del artista que lo pintó.*

diskette ***m.*** **Palabra de origen inglés. *Ver* disquete.**

dislate ***m.*** Disparate, cosa absurda.

dislexia ***f.*** Dificultad para aprender a leer y escribir: *La **dislexia** se puede superar con terapias especiales.*

disléxico, ca ***adj.*** Persona que padece de dislexia o de cierta dificultad para aprender a leer y escribir.

dislocación ***f.*** Separación de las partes de un todo, de manera especial un hueso o un miembro del cuerpo: *El fuerte jalón que Joaquín me dio en el brazo me provocó la **dislocación** del codo.* Sin. **luxación.**

dislocado, da ***adj.*** **1** Referido a un hueso, que se ha salido de su articulación: *Un tobillo **dislocado** es tan doloroso que impide caminar.* **2** Alterado, fuera de su orden: *El **dislocado** relato del locutor presentó las cosas de manera muy diferente a como sucedieron.*

dislocadura ***f.*** Dislocación.

dislocar ***vb. irreg.*** {tr. y prnl.} **Modelo 17. 1** Desencajar un hueso o miembro del cuerpo: *La fuerte ola que revolcó a Úrsula le **dislocó** el hombro al azotarla contra la arena.* **2** *Fam.* Alterar: *El estado de ánimo de los niños **se disloca** durante la adolescencia.*

dismenorrea ***f.*** Cualquier trastorno de la menstruación, en especial aquellos que la hacen dolorosa.

disminución ***f.*** Hecho de hacer menor la extensión, intensidad, importancia o número de algo: *Cuando llega la vejez es común que las personas sientan una **disminución** en la energía y la salud.* Sin. **reducción.**

disminuir ***vb. irreg.*** {tr., intr. y prnl.} **Modelo 59.** Reducir o reducirse la extensión, intensidad, importancia o el número de algo: *La comezón le **ha disminuido** desde que se unta la pomada que recetó el médico.*

disnea ***f.*** Dificultad respiratoria acompañada de una sensación de opresión o molestia en el pecho: *La **disnea** es uno de los principales síntomas del trastorno de ansiedad.*

disociación ***f.*** Acción y efecto de disociar, separación: *En química, la **disociación** consiste en que compuestos, moléculas o sales se separan en moléculas más pequeñas.*

disociar ***vb.*** {tr. y prnl.} Separar dos cosas unidas. Ant. **asociar.**

disolución ***f.*** **1** Hecho de separar lo unido: *La **disolución** del matrimonio de Ana y Javier es un hecho, porque ya se van a divorciar.* **2** Relajación de la moral. **3** Hecho de mezclar de manera homogénea dos o más sustancias.

disoluto, ta ***adj./m.*** y ***f.*** Entregado a los vicios.

disolvencia ***f.*** Técnica narrativa cinematográfica que se utiliza para marcar cambios en el tiempo a partir del manejo de imágenes: *La **disolvencia** se hace en la fase de edición de las películas.*

disolvente ***m.*** Líquido incorporado a las pinturas y barnices: *Los **disolventes** de las pinturas producen mareos y dolores de cabeza si se les aspira durante mucho tiempo.*

disolver ***vb. irreg.*** {tr. y prnl.} **Modelo 29. 1** Deshacer una sustancia en un líquido hasta conseguir una mezcla homogénea: *"Saca un poquito de pintura roja del frasco, **disuélvela** en agua y pinta la lengua del perro de cartón que hicimos en clase", me dijo el maestro.* **2** Separar lo que está unido: *Los socios **disolvieron** la sociedad en la que trabajaron diez años.*

disonancia ***f.*** Sonido desagradable y poco armónico.

disonante ***adj.*** Que suena mal: *Mi abuelita piensa que la música moderna son sólo ruidos **disonantes.***

disonar ***vb. irreg.*** {intr.} **Modelo 5. 1** Sonar mal: *Las dos guitarras **disonaban** porque una estaba desafinada.* **2** Discrepar, no haber conformidad.

dispar ***adj.*** Desigual, diferente: *"No puedes jugar así con tu hermanito, sus fuerzas son **dispares,** él tiene 4 años y tú tienes 12", le dije a Gustavo.*

disparada ***f. Argent., Méx., Nicar.*** y ***Urug.*** Acción de echar a correr de repente o de partir con precipitación. SIN. **fuga, huida.**

disparado ***adv.*** Que es lanzado con violencia: *Al ver la víbora, el caballo se detuvo de repente y Raúl, que lo iba montando, salió* ***disparado.***

disparador ***m.*** **1** Pieza del mecanismo de las armas de fuego que sirve para dispararlas. **2** Mecanismo de las cámaras fotográficas que libera el obturador.

disparar ***vb.*** {tr., intr. y prnl.} **1** Lanzar un proyectil con un arma: *Se cree que al presidente de Estados Unidos John* ***f.*** *Kennedy le* ***dispararon*** *desde un edificio.* **2** Accionar una cámara fotográfica: *Cuando todos estaban listos y sonrientes,* ***disparé*** *y tomé una fotografía muy bonita.* **3** ***Méx. Fam.*** Invitar: *Hoy le tocó a Magdalena* ***disparar*** *los cafés y mañana me tocará a mí.*

disparatado, da ***adj.*** Absurdo, poco razonable o ilógico: *"Qué idea más* ***disparatada:*** *¿cómo puedes pensar que los elefantes vuelan?", dije a Alberto.*

disparatar ***vb.*** {intr.} Decir y hacer cosas poco razonables o fuera de lugar.

disparate ***m.*** Cosa absurda: *"Lo que acabas de decir es un* ***disparate,*** *¿cómo puedes creer que una bicicleta es más cara que un automóvil?", le dije a Pedro.*

disparejo, ja ***adj.*** Que no es parejo, que no es igual: *"El vestido que cosiste quedó* ***disparejo,*** *está más largo de adelante que de atrás", le dije a Martha.*

disparidad ***f.*** Diferencia de una cosa respecto a otra, desigualdad: *La* ***disparidad*** *en el grado de conocimiento de los alumnos de francés obligó a formar dos grupos, uno de avanzados y otro de principiantes.*

disparo ***m.*** Detonación de un arma.

dispendio ***m.*** Gasto excesivo: *Para ahorrar, lo primero que se debe hacer es poner fin al* ***dispendio.***

dispendioso, sa ***adj.*** Costoso, caro: *La moda hace que la gente consuma productos* ***dispendiosos*** *y que no siempre son útiles.*

dispendioso, sa ***adj.*** Que gasta dinero de manera irresponsable: *Lorenzo dice que no puede ahorrar porque Pepita es muy* ***dispendiosa*** *con los gastos de la casa.*

dispensa ***f.*** Liberación de un compromiso u obligación: *Solicitaré al jefe una* ***dispensa,*** *pues no podré asistir al trabajo en dos días.*

dispensable ***adj.*** Que puede ser dispensado: *"Tu error fue leve y por lo tanto* ***dispensable,*** *pero la próxima vez fíjate mejor", dijo el profesor a un alumno.*

dispensar ***vb.*** {tr. y prnl.} **1** Perdonar: *Les dije a mis amigos que* ***me dispensaran,*** *porque estaba muy cansado y quería dormir.* **2** Librar de una obligación: *Lo* ***dispensaron*** *de hacer deportes porque tenía un brazo fracturado.*

dispensario ***m.*** Local donde se proporciona atención médica sin que los pacientes sean hospitalizados: *El médico que atiende en el* ***dispensario*** *de la iglesia no cobra por sus servicios.*

dispepsia ***f.*** Digestión difícil: *La* ***dispepsia*** *suele ser consecuencia de los excesos en la comida.*

dispersante ***m.*** Sustancia que se utiliza para lograr que un soluto se distribuya y disperse en un solvente: *Los* ***dispersantes*** *hacen que los pigmentos se mezclen de manera homogénea en las pinturas.*

dispersar ***vb.*** {tr. y prnl.} Separar y alejar lo que está unido: *La policía* ***dispersó*** *a la multitud que se había reunido frente al teatro para ver de cerca a los cantantes de rock.*

dispersión ***f.*** Acción y efecto de dispersar o dispersarse: *La* ***dispersión*** *de la luz provoca que ésta se descomponga en los diferentes colores del espectro.*

disperso, sa ***adj.*** **1** Esparcido, desparramado: *Prendieron el ventilador sin fijarse y los documentos quedaron* ***dispersos*** *por toda la oficina.* **2** ***Fam.*** Falto de concentración o atención: *"Ando muy* ***dispersa,*** *ni siquiera sé que iba a hacer justo en este momento", se quejó Viviana.*

displicencia ***f.*** **1** Desagrado o indiferencia en el trato: *Silvia trata con* ***displicencia*** *a Martín, ya que está enojada por la mentira que él le dijo.* **2** Desaliento o vacilación en la ejecución de alguna cosa: *Con tanto calor, los jugadores le pegan al balón con* ***displicencia.*** SIN. **negligencia.**

displicente ***adj.*** Indiferente: *Ese empleado atiende a los clientes de una manera* ***displicente,*** *en cambio Esteban es muy atento y amable con todas las personas que entran en la tienda.*

disponer ***vb. irreg.*** {tr., intr. y prnl.} **Modelo 27. 1** Preparar de manera conveniente: *Hay que* ***disponer*** *las maletas para el viaje.* **2** Ordenar, mandar: *Mi madre* ***dispuso*** *que nos mudemos a otra ciudad porque ésta es demasiado peligrosa.* **3** Valerse de una persona o cosa: *El nuevo empleado le dijo a su jefe que* ***dispusiera*** *de él para todo lo que necesitara.* **4** Prepararse para hacer algo: *Llegó una persona a visitarnos cuando* ***nos disponíamos*** *a comer.*

disponibilidad ***f.*** Condición de lo que está disponible: *Todavía hay* ***disponibilidad*** *de lugares para el concierto, así que compra los boletos antes de que se agoten.*

disponible ***adj.*** Que está listo para ocuparse o utilizarse: *Después de ordenar el armario quedó espacio* ***disponible*** *para guardar más cosas.*

disposición ***f.*** **1** Estado de ánimo para hacer algo: *Está en buena* ***disposición*** *para reconciliarse con su hermano, porque ya no quiere que estén enojados.* **2** Orden de una autoridad: *La* ***disposición*** *del general es que los soldados salgan a correr al campo todas las mañanas.*

dispositivo ***m.*** **1** Mecanismo, aparato, máquina. **2** Pequeño aparato que se coloca en el útero de las mujeres como método anticonceptivo.

disprosio ***m.*** Metal del grupo de las tierras raras, de símbolo químico Dy y número atómico 66.

dispuesto, ta ***adj.*** Preparado para llevar a cabo cierta cosa: *La mesa está* ***dispuesta*** *para la cena.*

disputa ***f.*** Pelea, discusión, riña: *Cuando se murió la madre, los hijos tuvieron una* ***disputa*** *por la herencia.*

disputar ***vb.*** {tr., intr. y prnl.} **1** Discutir, pelear: *Dos borrachos* ***disputaban*** *en la calle a gritos y despertaron a todo el barrio.* **2** Competir: *Alemania y Estados Unidos* ***se disputaron*** *el primer lugar del campeonato de tenis.*

disquete ***m.*** **Palabra de origen inglés.** Disco magnético para usarse en las computadoras u ordenadores, en el que se guarda información.

disquisición ***f.*** Análisis de algún tema en el que se considera detenidamente cada uno de sus elementos o partes.

distancia ***f.*** Espacio o tiempo entre dos cosas o sucesos: *"¿Qué* ***distancia*** *hay de la Tierra a la Luna?", pregunté a la maestra.*

distanciamiento ***m.*** Enfriamiento o alejamiento en una relación: *Después de la discusión que tuvieron, ha habido un* ***distanciamiento*** *entre ellos.*

distanciarse ***vb.*** {prnl.} Apartarse, alejarse, dejar de verse con frecuencia dos personas: *Desde que salieron de la universidad, las amigas* ***se han distanciado*** *porque sus trabajos no les dejan mucho tiempo libre.*

distante ***adj.*** **1** Que no está cerca: *Se mudaron a una casa* ***distante*** *del centro de la ciudad.* SIN. **lejano. 2** Que no acepta familiaridades en su trato: *Ese jefe mantiene una actitud* ***distante*** *con sus empleados, siempre habla con todos de manera muy formal.* SIN. **altivo.**

distar ***vb.*** {intr.} Estar apartadas dos cosas en el espacio o el tiempo: *Entre la boda de mi prima y el nacimiento de su primer hijo* ***distaron*** *dos años.*

distender ***vb. irreg.*** {tr. y prnl.} **Modelo 24. 1** Aflojar lo que está tenso: *Cuando le dijeron que había aprobado,* ***distendió*** *los músculos de la cara y sonrió con alivio.* **2** Causar una tensión brusca en los tejidos: *En los tiempos extras los futbolistas empezaron a quejarse de que los músculos* ***se*** *les* ***distendían.***

distensión ***f.*** **1** Relajación de una situación tensa: *En cuanto comenzaron a hablar Gerardo y Luis, se percibió una* ***distensión*** *del problema que tenían.* **2** Tensión brusca y dolorosa en un músculo.

distinción ***f.*** **1** Honor, privilegio: *El premio que le dieron fue una* ***distinción*** *por ser una persona tan trabajadora.* **2** Elegancia: *Diana siempre se ha vestido con mucha* ***distinción*** *y, además, luce bien todo lo que se pone.*

distingo ***m.*** Limitación que se pone a alguien de manera sutil: *"Dijeron que la selección para ese empleo sería sin* ***distingos,*** *pero sólo escogieron a los que llevaban traje y corbata", comentó un joven a su amigo.*

distinguido, da ***adj.*** Que tiene elegancia o que es ilustre: *En la cena, el embajador hizo un brindis en honor de los* ***distinguidos*** *invitados.*

distinguir ***vb. irreg.*** {tr. y prnl.} **Modelo 65. 1** Reconocer la diferencia entre las personas o las cosas: *Sólo puedo* ***distinguir*** *a los gemelos por sus voces: uno la tiene más ronca que el otro.* **2** Caracterizar: *La razón* ***distingue*** *al hombre de otros animales.* **3** Ver con claridad: *No logro* ***distinguir*** *lo que dice aquel letrero porque está muy lejos.* **4** Otorgar a alguien un privilegio: ***Distinguieron*** *a ese alumno con un diploma por sus buenas calificaciones durante todo el año.* **5** Hacer que una cosa se diferencie de otra por medio de alguna señal: *Para* ***distinguir*** *sus juguetes de los de sus amigos, Juan les pintó un punto negro.* **6** Sobresalir: *Alejandro* ***se distingue*** *entre los demás niños por ser el más alto.*

distintivo ***m.*** Insignia, señal: *El* ***distintivo*** *de mi equipo es un escudo azul con negro.*

distintivo, va ***adj.*** Que es propio de algo: *El hombre se asustó cuando sintió en el brazo izquierdo el dolor* ***distintivo*** *de los infartos.*

distinto, ta ***adj.*** Que no es lo mismo, que es otro o que no es igual: *Cada cachorro de mi perra es* ***distinto****: uno es gris y travieso, el otro es negro y más tranquilo.*

distorsión ***f.*** Hecho de deformar, de torcer las cosas. SIN. **deformación.**

distorsionar ***vb.*** {tr.} Deformar, alterar: *Algunos periodistas* ***distorsionan*** *los hechos para fabricar noticias.*

distracción ***f.*** **1** Acción de quitar la atención hacia una cosa para llevarla hacia otra: *Por una* ***distracción,*** *Eloísa olvidó comprar lo que su mamá le había pedido.* **2** Cosa que atrae la atención, en especial lo que divierte o entretiene: *Ha trabajado tanto que se merece alguna* ***distracción,*** *vamos a convencerla de ir al cine.*

distraer ***vb. irreg.*** {tr. y prnl.} **Modelo 38. 1** Entretener, divertir: *Fuimos al parque y había unos payasos que* ***distraían*** *a los niños.* ANT. **aburrir. 2** Apartar la atención: *A los niños les piden que no lleven juguetes a la escuela para evitar que* ***se distraigan*** *en clase.*

distraído, da ***adj.*** Que le cuesta trabajo mantener la atención fija en algo: *Felipe es tan* ***distraído*** *que una vez se fue a trabajar con pantuflas y no se dio cuenta hasta que todos comenzaron a reírse.*

distribución ***f.*** **1** Repartición de algo que se hace de forma adecuada: *La Cruz Roja se ocupó de la* ***distribución*** *de los alimentos entre los afectados por las inundaciones.* SIN. **repartición. 2** Ordenación y reparto de las distintas piezas que hay dentro de una vivienda: *La casa es bonita pero tiene un defecto de* ***distribución,*** *es necesario pasar por el baño para llegar a la sala.*

distribuido, da ***adj.*** Que se reparte entre varias personas: *Las riquezas del mundo están mal* ***distribuidas,*** *pocas personas tienen mucho dinero y muchas personas tienen diferentes carencias.*

distribuidor ***m.*** Mecanismo del encendido de los autos que distribuye la corriente eléctrica a las bujías.

distribuidor, ra ***adj./m.*** y ***f.*** Que distribuye o reparte: *Esa empresa es una gran* ***distribuidora,*** *surte mercancías a todo el país.*

distribuir ***vb. irreg.*** {tr. y prnl.} **Modelo 59. 1** Repartir una cosa entre varias personas: ***Distribuyamos*** *el trabajo de limpieza entre todos para poder terminar pronto.* **2** Dar a cada cosa su colocación o destino.

distributivo, va ***adj.*** Relacionado con la distribución: *Algunas franquicias funcionan de manera* ***distributiva,*** *es decir, una central distribuye los materiales o ingredientes que cada sucursal vende.*

distrito ***m.*** **1** Subdivisión territorial de carácter político y administrativo. **2** *loc.* **~ Federal,** capital de algunas repúblicas federales: *La capital de México es un* ***Distrito Federal.***

distrofia ***f.*** Trastorno del organismo que afecta al crecimiento: *Los síntomas de* ***distrofia*** *muscular incluyen debilidad general de los músculos y deformación de las articulaciones.*

disturbar ***vb.*** {tr.} Trastornar, perturbar, alterar el orden: *Los vecinos pusieron una queja ante las autoridades, pues el ruido que produce un bar cercano los* ***disturba.***

disturbio ***m.*** Alteración del orden público: *La policía puso fin a los* ***disturbios*** *que provocaron los seguidores del equipo que perdió el partido.*

disuadir ***vb.*** {tr.} Convencer a alguien a cambiar de parecer: *Sus padres lo* ***disuadieron*** *de abandonar la escuela, porque desean que Rubén estudie.*

disuasión ***f.*** Convencimiento para que alguien cambie de parecer.

disuasivo, va ***adj.*** Que puede disuadir: *Con palabras* ***disuasivas,*** *Elsa convenció a su marido de que colabore en las faenas domésticas.*

disuasorio, ria ***adj.*** Disuasivo.

disuelto, ta ***adj.*** **1** Incorporado a un líquido: *El almíbar se prepara con azúcar* ***disuelta*** *en agua que se pone a hervir.* **2** Anulado, cancelado: *El conjunto musical terminó* ***disuelto,*** *pues las peleas entre sus integrantes eran continuas.*

disyunción ***f.*** Acción y efecto de desunir o separar: *En filosofía, la* ***disyunción*** *es la separación entre dos cosas que se refieren una a la otra, por ejemplo "luz y oscuridad".*

disyuntiva ***f.*** Alternativa entre dos posibilidades: *Se enfrenta a la* ***disyuntiva*** *entre trabajar en este país o trabajar en el extranjero.*

dita ***f. Amér. C.*** y ***Chile.*** Deuda.

diuresis ***f.*** Excreción de la orina y cantidad de ésta que se excreta: *El té suele producir* ***diuresis,*** *por eso muchas personas no lo beben si van a salir a la calle.*

diurético ***m.*** Sustancia que hace orinar: *Como tenía la presión alta, me recetaron un* ***diurético,*** *ya que cuando se elimina agua del cuerpo la presión de la sangre baja.*

diurético, ca ***adj.*** Que hace orinar: *El té y el café tienen efectos* ***diuréticos.***

diurno, na ***adj.*** Relativo al día: *Mi abuelo es una persona* ***diurna*** *que se duerme a las ocho de la noche y se levanta a las cinco de la mañana.*

a b c d e f g h i j k l m n o p q r s t u v w x y z

divagación ***f.*** Acción y efecto de divagar: *El conferencista pasó el tiempo en* ***divagaciones*** *y nunca tuvimos en claro qué quiso decir.*

divagar ***vb. irreg.*** {intr.} **Modelo 17.** Apartarse del asunto de que se trata: *Cuando ya era anciana, mi tía abuela* ***divagaba*** *mucho y a veces olvidaba nuestros nombres.*

diván ***m.*** Especie de sofá, con o sin brazos, y sin respaldo.

divergencia ***f.*** **1** Separación, acción y efecto de divergir. **2** Falta de acuerdo, discrepancia: *Si persiste esa* ***divergencia*** *de opiniones entre ambos países, las posturas se polarizarán y será difícil negociar por la vía diplomática.*

divergente ***adj.*** Que se separa de una línea: *"Sigue por esa avenida y luego tomas una calle* ***divergente*** *hacia la derecha", indiqué a Esteban.*

divergir ***vb. irreg.*** {intr.} **Modelo 61.** **1** Irse apartando dos o más líneas o superficies. **2** No estar de acuerdo, discrepar: *Esos dos amigos* ***divergían*** *en sus opiniones porque uno pensaba que el dinero era lo único importante en la vida y el otro decía que no.*

diversidad ***f.*** **1** Diferencia, variedad: *La* ***diversidad*** *de caracteres entre los dos hermanos es notable, Víctor es obediente y Gustavo es rebelde.* **2** Abundancia de cosas o personas distintas: *Prefiero ir a una tienda grande porque hay más* ***diversidad*** *de artículos y así puedo escoger lo que yo quiera.* **3** *loc.* **~ biológica,** variedad de especies vivas: *La selva amazónica tiene una gran* ***diversidad biológica,*** *en ella viven muchos tipos de animales y de plantas.*

diversificación ***f.*** Acción y efecto de diversificar o diversificarse: *La* ***diversificación*** *de actividades es una estrategia comercial que permite a las empresas obtener ingresos por diferentes vías.*

diversificado, da ***adj.*** Sujeto a diversificación: *Ese escritor tiene una actividad* ***diversificada,*** *lo mismo hace novelas que anuncios publicitarios.*

diversificar ***vb. irreg.*** {tr. y prnl.} **Modelo 17.** Variar, hacer diferente una cosa de otra: *La industria de jabones decidió* ***diversificarse*** *y comenzó a fabricar detergentes.*

diversión ***f.*** **1** Hecho de pasar un tiempo o rato agradable, hecho de divertirse: *Se pasa la vida trabajando y no dedica tiempo a la* ***diversión.*** **2** Cosa que divierte: *En el jardín del restaurante tienen algunos juegos mecánicos que son la* ***diversión*** *de los niños.*

diverso, sa ***adj.*** Variado, diferente: *Le mostré a Heriberto* ***diversos*** *libros sobre juegos para la computadora que podrían interesarle.*

divertido, da ***adj.*** Alegre, placentero: *Pasaron una tarde* ***divertida*** *jugando con el balón en el jardín.*

divertir ***vb. irreg.*** {tr. y prnl.} **Modelo 50.** Producir alegría o placer algo o alguien: *Contrataron un payaso para que* ***divirtiera*** *a los niños durante la fiesta.*

dividendo ***m.*** **1** Parte del beneficio que corresponde a cada accionista de una empresa: *Los* ***dividendos*** *que produce la empresa familiar sostienen a todos los hermanos.* **2** En una división, número que se divide entre otro: *En la división "veinticinco entre cinco igual a cinco",* veinticinco *es el* ***dividendo.***

dividir ***vb.*** {tr. y prnl.} **1** Partir, separar en partes: ***Dividieron*** *un terreno grande para construir seis casas pequeñas.* **2** Distribuir, repartir: *La hermana mayor fue la encargada de* ***dividir*** *los dulces entre sus hermanos.* **3** Hallar cuántas veces el divisor está contenido en el dividendo: *Si* ***dividimos*** *veinte entre cinco, nos da cuatro.*

divinidad ***f.*** **1** Naturaleza divina. **2** Ser divino. SIN. **Dios.** **3** *Fam.* Persona o cosa dotada de gran hermosura: *A la fiesta llegó una* ***divinidad*** *de muchacha con quien todos los chicos querían bailar.*

divinización ***f.*** Acción y efecto de divinizar.

divinizar ***vb. irreg.*** {tr. y prnl.} **Modelo 16.** Dar a algo el carácter de divino o sagrado: *Muchas religiones antiguas* ***divinizaron*** *los fenómenos naturales como la lluvia o el renacer de la vegetación.*

divino, na ***adj.*** **1** Relativo a Dios o a un dios: *Las leyes de la Biblia se consideran* ***divinas*** *porque fueron inspiradas por Dios.* **2** Extraordinario, exquisito, adorable, maravilloso: *Vi un vestido* ***divino*** *en la tienda, pero era demasiado caro y no lo compré.*

divisa ***f.*** **1** Señal exterior que distingue: *La* ***divisa*** *del equipo de baloncesto de mi escuela era un águila con las alas extendidas.* **2** Moneda extranjera: *En ese banco venden y compran* ***divisas*** *extranjeras, como dólares y euros.*

divisadero ***m. Méx.*** Mirador, sitio para ver el panorama: *En los* ***divisaderos*** *suele haber venta de comida y artesanías para los turistas.*

divisar ***vb.*** {tr. y prnl.} Ver de manera confusa o a distancia un objeto: *A lo lejos se alcanzaba a* ***divisar*** *una figura humana, pero no estaba seguro de quién era.*

divisibilidad ***f.*** Cualidad de un número que permite dividirlo entre otros sin que quede resto.

divisible ***adj.*** **1** Que se puede dividir. **2** La cantidad que contiene a otra un número exacto de veces: *Quince es* ***divisible*** *entre tres.*

división ***f.*** **1** Hecho de separar en partes, hecho de repartir: *La* ***división*** *de la tarta fue hecha en diez rebanadas porque diez personas querían comer de ella.* **2** Parte de un cuerpo del ejército: *El general ordenó que la cuarta* ***división*** *fuera al frente de las otras.* **3** Agrupación de los equipos según méritos o categoría: *Jugaron tan mal en el torneo esta temporada, que bajaron de la primera a la segunda* ***división.*** **4** Operación de dividir: *En la clase de matemáticas me enseñaron a hacer* ***divisiones.***

divisionismo ***m. Amér.*** Actitud o tendencia que promueve la separación ya sea en la sociedad o entre grupos: *El* ***divisionismo*** *es destructivo porque suele ser aprovechado por terceros para sus propios fines.*

divisionista ***adj.*** **1** Relativo al divisionismo. **2** Que es partidario del divisionismo o lo practica.

divisor ***m.*** Cantidad que divide a otra: *En "veinte entre cuatro igual a cinco", cuatro es el* ***divisor.***

divisorio, ria ***adj.*** Se aplica a lo que establece una división o separación entre cosas: *Instalaron paredes* ***divisorias*** *entre oficina y oficina, para que los empleados dispongan de mayor privacidad.*

divo, va ***m.*** y ***f.*** Artista o cantante de gran mérito: *María Callas era una* ***diva*** *de la ópera.*

divorciado, da ***adj./m.*** y ***f.*** Que se ha separado de manera legal de su cónyuge: *Los padres de Andrés están* ***divorciados,*** *por eso él vive con su madre y pasa los fines de semana con su padre.*

divorciar ***vb.*** {tr. y prnl.} Separarse de manera legal un matrimonio: ***Se divorciaron*** *pues ya no se aman.*

divorcio ***m.*** **1** Disolución legal de un matrimonio: *Le pidió el* ***divorcio*** *porque ya no aguantaba sus malos tratos.* **2** Falta de acuerdo: *Hay un* ***divorcio*** *entre lo que piensa mi hermana y lo que piensa mi abuelita.*

divulgación ***f.*** Hecho de poner información o conocimientos al alcance de mucha gente: *En algunos consultorios médicos hay revistas de* ***divulgación*** *sobre algunas enfermedades y cómo prevenirlas.*

divulgador, ra ***adj.*** Que divulga: *La labor* ***divulgadora*** *es importante para que la gente conozca los avances científicos.*

divulgar ***vb. irreg.*** {tr. y prnl.} **Modelo 17.** Hacer que una información o conocimiento llegue a mucha gente: ***Se ha divulgado*** *la noticia de que ese actor tiene una enfermedad mortal.* SIN. **publicar**, **difundir**.

dizque ***adv. Amér.*** Al parecer, según esto: *El funcionario renunció al cargo* ***dizque*** *por cuestiones de salud.*

do ***m.*** Primera nota de la escala musical: *Después de la nota do viene re.*

doberman ***adj./m.*** y ***f.*** Raza alemana de perros obtenida a partir de varias cruzas: *Los* ***doberman*** *suelen ser utilizados como perros guardianes.*

dobladillo ***m.*** Costura que se hace en el borde de una tela: *Como los pantalones le quedaban largos, hubo que hacerles un* ***dobladillo*** *ancho.* SIN. **hilván**.

doblado, da ***adj.*** Plegado: *Estela pone la ropa limpia y* ***doblada*** *dentro de los cajones.*

doblaje ***m.*** Grabación de los diálogos de una película o programa de televisión en un idioma diferente de aquel en que se hizo originalmente: *La versión del filme italiano que vimos ayer tiene* ***doblaje*** *al español.*

doblar ***vb.*** {tr., intr. y prnl.} **1** Aumentar una cosa otro tanto. **2** Sustituir los diálogos de un filme o película por su traducción en otro idioma: *En ese país se permite que los programas extranjeros de televisión* ***se doblen*** *en lugar de ponerles subtítulos.* **3** Cambiar de dirección: *Al* ***doblar*** *a la derecha encontró el restaurante que buscaba.* **4** Torcer algo que estaba derecho o hacer que algo forme un ángulo: ***Se doblaron*** *algunas páginas del libro que guardé en la maleta.* **5** Plegar una cosa flexible: ***Doblé*** *las sábanas limpias y las guardé en el cajón.*

doble ***adj./m.*** **1** Que contiene dos veces lo que se dice: *México tiene el* ***doble*** *de habitantes que Argentina.* **2** Compuesto por dos cosas iguales o de la misma especie: *Me puse* ***doble*** *abrigo antes de salir a la calle, porque hacía mucho frío afuera.*

doble ***adv.*** Dos veces: *Mi hermana comió una rebanada de tarta, pero yo comí* ***doble*** *porque me gusta mucho.*

doble ***m.*** y ***f.*** Persona muy parecida a otra: *Cuando vi a esa mujer pensé que era Hilaria hasta que me di cuenta de que era su* ***doble***.

doblegar ***vb. irreg.*** {tr. y prnl.} **Modelo 17. 1** Doblar una cosa encorvándola: *El fuerte viento* ***doblega*** *las ramas del árbol.* **2** Someter, obligar a obedecer: *Durante la conquista, los españoles* ***doblegaron*** *a los indios americanos.*

dobles ***m. pl.*** En tenis, partido por parejas: *En los* ***dobles*** *hay cuatro jugadores en la cancha.*

doblez ***m.*** **1** Parte de una cosa que se dobla o pliega: *Para evitar los* ***dobleces*** *preferí enrollar la cartulina en la que hice mi dibujo.* **2** Señal que queda por donde se ha doblado una cosa: *Esta blusa tiene marcados los* ***dobleces****, voy a plancharla.* **3** Hecho de actuar dando a entender lo contrario a lo que se siente: *El nuevo empleado es un hombre con muchos* ***dobleces*** *y es mejor no confiar en él, porque no se puede saber cuándo es sincero.* SIN. **hipocresía.**

doblón ***m.*** Antigua moneda de oro española: *Los piratas miraban asombrados los* ***doblones*** *y las joyas que contenía el cofre que robaron.*

doce ***adj./m.*** **1** Número que resulta de sumar diez y dos: *El* ***doce*** *está entre el once y el trece.* **2** Duodécimo: *Mi mamá está en la fila* ***doce*** *del teatro.*

docena ***f.*** Conjunto de doce unidades: *La maestra compró una* ***docena*** *de lápices para sus doce alumnos.*

docencia ***f.*** Enseñanza: *Dedicó su vida a la* ***docencia****, fue maestro durante más de treinta años.*

docente ***adj.*** **1** Que enseña: *El personal* ***docente*** *de mi escuela está formado por veinte profesores y dieciocho profesoras.* **2** Relativo a la enseñanza: *Una buena práctica* ***docente*** *debe incluir la participación de los alumnos y no sólo la exposición del maestro.*

docente ***m.*** y ***f.*** Persona que enseña: *Los* ***docentes*** *decidieron organizar un festival para despedir a los alumnos del último grado.* SIN. **maestro**.

dócil ***adj.*** **1** Tranquilo, obediente: *María es una niña muy* ***dócil*** *que obedece a sus padres sin rezongar.* **2** Que se labra con facilidad: *La plata es un metal* ***dócil****, no es difícil darle la forma deseada.*

docilidad ***f.*** Cualidad de las personas y animales que hace fácil educarlos: *La* ***docilidad*** *de los perros labradores los hace excelentes guías para ciegos.* SIN. **obediencia**.

docto, ta ***adj./m.*** y ***f.*** Que sabe mucho, que tiene muchos conocimientos: *Mi maestro es un hombre* ***docto*** *en la historia de las religiones, ha estudiado mucho y ha viajado a muchos países.* SIN. **sabio**.

doctor, ra ***m.*** y ***f.*** **1** Persona que posee un doctorado: *Para dar clases de historia en la universidad se necesita ser* ***doctor*** *en esa disciplina.* **2** Persona que ha estudiado para curar enfermedades: *Si esas manchas no se te quitan pronto, tendrás que ir con un* ***doctor***. SIN. **médico**.

doctorado ***m.*** Grado más elevado conferido por una universidad, y estudios necesarios para obtenerlo: *Juan obtuvo un* ***doctorado*** *en Biofísica en una universidad de Estados Unidos.*

doctoral ***adj.*** **1** Relativo al doctor o al doctorado: *La tesis* ***doctoral*** *de Facundo trata de la maternidad como tema en el arte.* **2** Dicho de la manera de expresarse, solemne y dogmático: *Ese profesor abusa del lenguaje* ***doctoral****, es muy difícil entender su clase.*

doctrina ***f.*** **1** Enseñanza. **2** Conjunto de ideas o principios.

doctrinal ***adj.*** Perteneciente a la doctrina o relativo a ella: *La base* ***doctrinal*** *de ese culto se identifica con las corrientes primitivas de la religión cristiana.*

doctrinario, ria ***adj./m.*** y ***f.*** **1** Partidario de una doctrina: *Ese político es* ***doctrinario*** *del socialismo.* **2** Que atiende más a las teorías y doctrinas que a la práctica: *La enseñanza de la medicina fue* ***doctrinaria*** *durante mucho tiempo, pues no se hacían prácticas como en la actualidad.*

documentación ***f.*** **1** Acción y efecto de documentar o documentarse. **2** Conjunto de documentos con que se acredita algo: *El acta de nacimiento y la identificación personal son parte de la* ***documentación*** *requerida para muchos trámites burocráticos.*

documentado, da ***adj.*** Que se basa en conocimientos sólidos: *El abogado hizo una defensa* ***documentada*** *de su cliente y eso ayudó a que ganara el juicio.* SIN. **enterado.**

documental ***m.*** Filme cinematográfico que instruye o informa: *Vi un* ***documental*** *muy interesante sobre la vida de los esquimales.*

documentar ***vb.*** {tr. y prnl.} Apoyar con documentos: *Para comprobar que la casa era suya, Andrés tuvo que* ***documentar*** *lo que estaba diciendo.*

documento ***m.*** Escrito que sirve como prueba de algo: *Para entrar a la universidad le pidieron el* ***documento*** *que compruebe que terminó la educación media superior.*

dodecaedro ***m.*** Cuerpo geométrico de doce caras.

dodecágono ***m.*** Figura geométrica de doce lados.

dodo o **dodó** ***m.*** Ave que habitó las islas del Océano Pacífico, extinguida por el hombre a fines del siglo XVIII. Su cuerpo era gordo con plumaje suave de color gris y pequeñas alas que no le servían para volar: *La extinción de los* ***dodos*** *fue la primera advertencia de cómo el planeta puede ser destruido si abusamos de los recursos naturales.*

a b c d e f g h i j k l m n o p q r s t u v w x y z

dogma ***m.*** Conjunto de principios de una doctrina en los que deben creer sus seguidores.

dogmático, ca ***adj.*** **1** Perteneciente o relativo al dogma. **2** Que es inflexible y categórico en sus opiniones: *Es una pérdida de tiempo intentar discutir con tan* ***dogmático*** *abogado.*

dogmatismo ***m.*** Manera de pensar o actitud que pretende ser la única verdadera y no admite discusión: *El* ***dogmatismo*** *con que han sido acuñadas algunas leyes hace muy difícil su comprensión e interpretación.*

dogo ***adj./m.*** y ***f.*** Se aplica a las razas de perros guardianes de cabeza grande, hocico chato y orejas pequeñas: *El vigilante de esa tienda tiene un impresionante* ***dogo*** *negro.*

dólar ***m.*** Moneda de Estados Unidos, Australia, Canadá y otros países.

dolarización ***f.*** *C. Rica, Guat., Méx.* y *Pan.* Proceso en el que se generaliza o impone en una economía el uso del dólar. *La* ***dolarización*** *ha encarecido la vida en aquella ciudad, pues las rentas de las casas y algunos servicios se cobran en dólares.*

dolencia ***f.*** Enfermedad, indisposición: *Desde hace años se vio aquejado por una* ***dolencia*** *que le ha hecho perder la vista poco a poco.*

doler ***vb. irreg.*** {intr. y prnl.} **Modelo 29. 1** Sentir que algo nos hace daño en una parte del cuerpo: *El exceso de comida hizo que le* ***doliera*** *el estómago.* **2** Causar o sentir disgusto o tristeza: *A Genaro le* ***dolió*** *que su novia le dijera que no se va a casar con él.* **3** Quejarse, lamentarse: ***Se duele*** *de no haber estudiado cuando tuvo oportunidad.*

doliente ***m.*** y ***f.*** Persona a la que se le ha muerto un familiar: *Los* ***dolientes*** *acompañaron el ataúd hasta el cementerio.*

dolmen ***m.*** Monumento funerario en forma de mesa, construido por hombres prehistóricos: *Un* ***dolmen*** *está formado por bloques verticales que sostienen una losa horizontal, parece mesa.*

dolo ***m.*** Hecho de actuar de mala fe, con mala intención: *En la novela, el mal hombre le dijo con* ***dolo*** *a Teresa que su novio había muerto porque él quería casarse con ella.*

dolor ***m.*** **1** Sensación de sufrimiento físico: *El doctor le recetó pastillas para el* ***dolor*** *de cabeza.* **2** Tristeza, pesar: *Sentía un profundo* ***dolor*** *por la muerte de su perro.*

dolorido, da ***adj.*** Que duele: *Ese trabajo los obligó a permanecer sentados durante horas y terminaron con la cintura y las rodillas* ***doloridas.***

doloroso, sa ***adj.*** Que duele, que produce sufrimiento: *La operación que le hicieron en la columna vertebral fue muy* ***dolorosa*** *y molesta.*

doloso, sa ***adj.*** Engañoso, mal intencionado, hecho con dolo: *En muchos juicios, lo* ***doloso*** *es la actitud del acusador, más que el hecho que se le imputa al acusado.*

doma ***f.*** Técnicas y proceso para domar a un animal: *La* ***doma*** *de tigres no es fácil, pues esos grandes felinos son muy caprichosos.*

domador, ra ***m.*** y ***f.*** Persona que quita la bravura a ciertos animales: *El* ***domador*** *mete la cabeza dentro del hocico del león sin que lo muerda.*

domar ***vb.*** {tr.} **1** Hacer dócil a un animal: *No es fácil* ***domar*** *animales salvajes como el tigre y el león.* Sin. **amaestrar. 2** Someter, reprimir: *Creyó que* ***domarían*** *al niño rebelde en una escuela militar.* **3** *Fam.* Adecuar, ablandar: *Los zapatos están muy duros porque son nuevos, pero con el tiempo los* ***domaré.***

domeñar ***vb.*** {tr.} Someter, dominar, rendir: *La estoica resistencia de los defensores fue finalmente* ***domeñada*** *no por el enemigo, sino por el hambre.*

domesticación ***f.*** Hecho de volver dócil y obediente: *No es posible la* ***domesticación*** *de los lobos porque son demasiado salvajes.*

domesticado, da ***adj.*** Que se ha hecho dócil y obediente: *Era un caballo salvaje, pero ahora ya está* ***domesticado.***

domesticar ***vb. irreg.*** {tr.} **Modelo 17.** Hacer dócil y obediente a un animal salvaje.

doméstico, ca ***adj.*** **1** Relativo a la casa: *Ese horno es para uso* ***doméstico,*** *no se puede utilizar en restaurantes porque es muy pequeño.* **2** Se refiere al animal que se cría en compañía del hombre: *El más* ***doméstico*** *de los animales es el perro.*

domicilio ***m.*** Casa donde uno habita o se hospeda: *"Por favor, escriba en esta línea su nombre y* ***domicilio",*** *me pidió la empleada de la escuela.*

dominación ***f.*** Acción y efecto de dominar, dominio: *Durante la* ***dominación*** *árabe en España, los mozárabes eran los cristianos que permanecieron fieles a su fe.*

dominador, ra ***adj.*** Dominante, que se impone o pretende imponerse a los demás.

dominante ***adj.*** **1** Que tiene dominio. **2** Persona que gusta de ejercer control o dominio: *Elena es una persona* ***dominante,*** *quiere que los demás hagan lo que ella manda.*

dominar ***vb.*** {tr., intr. y prnl.} **1** Tener bajo control, bajo dominio: *Los antiguos griegos* ***dominaron*** *gran parte de Europa.* **2** Conocer a fondo una ciencia o arte: *Después de tantos años de estudiarla y practicarla, ahora* ***domina*** *la pintura.* **3** Sobresalir, ser alguien o algo mejor que los que están a su alrededor: *Ese luchador* ***dominó*** *rápidamente a su contrario y ganó la pelea.* **4** Predominar, resaltar, ser algo más notorio que lo demás: *En mi casa* ***dominan*** *los muebles de colores azul y negro.*

domingo ***m.*** Último día de la semana, contando a partir del lunes: *Mi papá trabaja de lunes a sábado y sólo descansa el* ***domingo.***

dominical ***adj.*** Relativo al domingo: *La rutina* ***dominical*** *de José consiste en levantarse a las diez, leer el diario con calma, comer en un restaurante, ir al cine y descansar.*

dominical ***m.*** Suplemento que algunos diarios editan los domingos: *El* ***dominical*** *siempre tiene un reportaje sobre los nuevos filmes.*

dominicano, na ***adj./m.*** y ***f.*** Originario de la República Dominicana, país de las Antillas, y de su capital, Santo Domingo.

dominico, ca ***adj./m.*** **1** Persona que pertenece a la orden religiosa católica de Santo Domingo. **2** Plátano de tamaño pequeño.

dominio ***m.*** **1** Poder y control que se tiene sobre personas o cosas. **2** Derecho de propiedad. **3** Conocimiento profundo de algo: *Su* ***dominio*** *del inglés es muy bueno, lo conoce como si fuera su lengua materna.* **4** Campo de una ciencia, arte, etc.: *Tiene talento para cualquier actividad dentro del* ***dominio*** *artístico, así que podría ser músico, escultor, pintor o bailarín.*

dominó ***m.*** Juego en el que se usan 28 fichas rectangulares, divididas en dos partes, con puntos que significan números: *Le tocó jugar primero en el* ***dominó*** *porque tenía una ficha con doce puntos.*

domo ***m.*** **1** Bóveda semiesférica que funciona como techo de algunas construcciones: *El* ***domo*** *del Museo de Arte es famoso por sus grandes dimensiones.* Sin. **cúpula. 2** *Méx.* Fragmento de techo cubierto con vidrio u otro material transparente que permite el paso de luz: *Es una habitación muy iluminada, porque tiene un* ***domo*** *además de las ventanas.*

don *m.* **1** Regalo: *Una de las hadas le dio a la joven princesa el* ***don*** *de la inteligencia y otra, el de la belleza.* **2** Talento, habilidad: *Tiene un raro* ***don*** *para convencer a la gente de que haga lo que ella quiere.*

don *m.* Tratamiento de cortesía que se antepone al nombre de pila masculino: *Fuimos al restaurante de* ***don*** *Gabriel, él es un amigo de mi abuelo.*

dona *f. Amér. C., Méx.* y *P. Rico.* Rosquilla de masa esponjada, frita en aceite y cubierta con chocolate o azúcar: *A mí me gustan las* ***donas*** *de canela; mi hermano las prefiere de chocolate.*

donación *f.* Regalo, cesión: *Ese hombre rico hace* ***donaciones*** *de dinero a lugares donde cuidan y ayudan a los niños huérfanos.*

donador, ra o **donante** *adj./m.* y *f.* Se aplica a la persona que dona algo: *Para la operación de mi tía se necesitaron cinco* ***donadores*** *de sangre.*

donaire *m.* **1** Gracia en el hablar. **2** Chiste u ocurrencia graciosa. **3** Garbo, soltura en el cuerpo: *Todos los chicos voltearon a ver a Pamela cuando entró al salón con mucho* ***donaire.***

donar *vb.* {tr.} Dar, ceder, regalar: *Después de que el escritor murió, su hijo* ***donó*** *la biblioteca de su padre a la universidad.*

donativo *m.* Regalo, en especial el que se da para fines de caridad: *Esa fundación para ayudar a los niños sin hogar se sostiene con los* ***donativos*** *de muchas personas.*

doncel *m.* En la Edad Media, joven antes de ser armado caballero.

doncel, lla *m.* y *f.* Joven adolescente y virgen.

doncella *f.* Sirvienta: *La señora rica llamó a la* ***doncella*** *con una campanilla de plata.*

dónde *adv.* **1** En qué lugar: *Ayer te busqué por todos lados, ¿****dónde*** *estabas?* **2** Hacia qué lugar: *"¿****Dónde*** *vas a ir de vacaciones?", pregunté a mi amiga.*

donde *adv.* **1** Lugar donde ocurre algo o ya ocurrió: *Estoy seguro que ahí fue* ***donde*** *dejé las llaves.* **2** Lugar hacia el que uno se dirige: *Cuando tengas pasaporte, tendrás autorización para viajar a* ***donde*** *tú quieras.*

dondequiera *adv.* **1** En cualquier lugar: *"Pon ese cuaderno* ***dondequiera"****, me dijo Germán.* **2** *loc.* **~ que**, cualquiera que sea el lugar: *"****Dondequiera que*** *vivas, te escribiré", dije a mi amiga antes de que subiera al avión.*

dong *m.* Moneda de Vietnam, país del sureste asiático.

donjuán *m.* Hombre que se dedica a conquistar mujeres, seductor: *Dicen que Ramiro es un* ***donjuán*** *porque ha tenido cuarenta novias.*

donjuanismo *m.* Conjunto de cualidades y actitudes propias de un donjuán: *El* ***donjuanismo*** *es un comportamiento de hombres que tratan de probar su virilidad y atractivo a como dé lugar.*

donoso, sa *adj.* Que tiene gracia, prestancia y buen porte: *Están seleccionando personas* ***donosas*** *y atléticas para el desfile inaugural de los juegos olímpicos.*

donosura *f.* Gracia, garbo, porte: *Cuando la dama entró al salón del trono, su* ***donosura*** *impresionó a todos los presentes.*

doña *f.* Tratamiento de cortesía que se antepone al nombre de pila femenino: *Apenas llegó a la ciudad, Rosario fue a visitar a* ***doña*** *Themis.*

dopado, da *adj.* **Palabra de origen inglés.** Que está bajo los efectos de alguna droga: *En las pruebas que se hicieron en el laboratorio, se descubrió que algunos atletas estaban* ***dopados.***

dopar *vb.* {tr. y prnl.} **Palabra de origen inglés.** Administrar fármacos o estimulantes para mejorar el rendimiento: *Las leyes son estrictas contra los entrenadores que* ***dopan*** *deportistas.*

doquier o **doquiera** *adv.* Cualquier lugar: *El enamorado le cantaba a su novia: "****Doquiera*** *yo vaya, pensaré en ti."* Sin. **dondequiera.**

dorada *f.* Pez con piel de tonos metálicos y una mancha dorada en la cabeza, de carne muy apreciada: *La* ***dorada*** *vive en el océano Atlántico y en el mar Mediterráneo.*

dorado, da *adj.* De color de oro o parecido a él: *La niña tenía el pelo* ***dorado,*** *pero luego se le oscureció.*

dorar *vb.* {tr. y prnl.} **1** Recubrir con una capa de oro: *Pidió que* ***doraran*** *el marco en el que pondría una fotografía muy antigua de su madre.* **2** Freír o asar algo hasta que adquiere un color de oro: *Antes de ponerles la salsa, se deben* ***dorar*** *los filetes de pescado.* **3** Tomar color dorado: *Las espigas* ***se doran*** *en el campo.*

dórico, ca *adj.* En arquitectura griega, relativo a las columnas lisas y con remate sin adornos: *Las columnas griegas más usadas eran de estilo* ***dórico,*** *jónico y corintio.*

dormido, da *adj.* Que se encuentra en el estado de sueño: *Cuando llegué temprano a buscarla, Rosalinda todavía estaba* ***dormida.***

dormilón, lona *adj./m.* y *f.* Que le gusta dormir: *Ignacio es un* ***dormilón,*** *se acuesta a las 8 de la noche y se despierta a las 8 de la mañana todos los días.*

dormir *vb. irreg.* {tr., intr. y prnl.} **Modelo 51. 1** Permanecer en estado de reposo y sueño para reponer las energías físicas y mentales: *Estaba tan cansado que* ***se durmió*** *en cuanto puso la cabeza sobre la almohada.* **2** Descansar, reposar, pasar la noche en algún lugar: *Perdió el tren de regreso y se tuvo que quedar a* ***dormir*** *en aquella ciudad.* Sin. **pernoctar. 3** Anestesiar: *La* ***durmieron*** *antes de llevarla a la sala de operaciones.* **4** Quedarse un miembro sin sensibilidad: *Como tuve cruzada la pierna durante mucho tiempo,* ***se*** *me* ***durmió.***

dormitar *vb.* {intr.} Dormir con sueño poco profundo: *El abuelo* ***dormita*** *frente a la televisión encendida, pero si la apagas se despierta de inmediato.*

dormitorio *m.* Habitación para dormir y muebles que la ocupan: *Los* ***dormitorios*** *de mi casa están en la parte de arriba y en el piso de abajo están el comedor, la sala y la cocina.*

dorsal *adj.* **1** Relativo al dorso o espalda: *Esos peces tienen aletas pectorales, laterales y* ***dorsales.*** **2** El sonido en cuya articulación interviene el dorso de la lengua, como el que representan *ch, ñ* y *k.* **3** *loc.* **Espina ~,** columna vertebral: *Como tiene un poco torcida la* ***espina dorsal,*** *debe ir a una terapia cada semana.*

dorsal *f.* Línea continua de montañas terrestres o submarinas.

dorso *m.* **1** Espalda. **2** Revés de una cosa: *En el* ***dorso*** *de la carta encontró el nombre de quien se la envió.*

dos *adj./m.* **1** Número que resulta de sumar uno y uno: *La maestra le pidió a Ernesto que le enseñara las* ***dos*** *manos, porque sabía que en una de ellas estaba el papel que escondía.* **2** Segundo: *Por sus buenas calificaciones, Ramiro es el número* ***dos*** *de su clase.*

doscientos, tas *adj./m.* **1** Número que resulta de sumar dos veces cien. **2** Que corresponde en orden al número doscientos: *Rita está en el lugar* ***doscientos*** *de la fila para entrar al cine y sólo hay 199 lugares, eso es tener mala suerte.*

dosel *m.* **1** Cortina de adorno que se pone encima de un trono o de una cama. **2** Cubierta de tela delgada que sirve para aislar una cama y proteger a quien duerme en ella:

*La madre acondicionó un **dosel** en la cuna del bebé para evitar que lo picaran los mosquitos.*

dosificación ***f.*** Acción y efecto de dosificar: *La **dosificación** sugerida para este medicamento puede leerse en la etiqueta.*

dosificador, ra ***adj./m.*** Que dosifica o sirve para dosificar: *Las cucharitas **dosificadoras** son muy útiles en la cocina, pues evitan cometer excesos al sazonar la comida.*

dosificar ***vb. irreg.*** {tr.} **Modelo 17.** Establecer una cantidad determinada de algo: *Mis papás **dosificaron** mis alimentos porque estoy un poco obeso.*

dosis ***f.*** **1** Cantidad de medicamento que se toma de una sola vez: *Una cucharada de jarabe tres veces al día es la **dosis** que recomendó el doctor.* **2** Cantidad o porción de algo: *Una rebanada de tarta a la semana es mi **dosis,** no me puedo quedar con las ganas.*

dossier ***m.*** **Palabra de origen francés. 1** Expediente, documento. **2** Conjunto de informaciones acerca de una persona o asunto: *La abogada dijo que traía un **dossier** sobre el caso del robo de ganado, para que lo investigaran.*

dotación ***f.*** **1** Acción y efecto de dotar. **2** Conjunto de personas asignadas a una actividad o servicio: *La **dotación** del buque mercante es de cien marineros.*

dotado, da ***adj.*** Capacitado, provisto: *Es un hombre **dotado** de una gran inteligencia, por eso entiende todo muy rápido y tiene ideas brillantes.*

dotar ***vb.*** {tr.} **1** Dar dote a la mujer. **2** Dar la naturaleza cualidades a una persona o cosa: *La naturaleza la **dotó** de una gran belleza e inteligencia.*

dote ***f.*** **1** Conjunto de bienes que aporta la mujer al matrimonio o que entrega al convento en que ingresa: *La **dote** de la mujer que se casa en esa tribu consiste en animales domésticos y comestibles, como el cerdo o las gallinas.* **2** ***pl.*** Conjunto de cualidades que posee una persona: *Como no tiene **dotes** para la actuación, Gustavo prefirió dedicarse a otra cosa.*

dracma ***f.*** Antigua moneda de Grecia, país del sureste de Europa.

draga ***f.*** Maquinaria para extraer materiales y escombros que se hallan en el fondo de lagos, ríos, canales y aguas portuarias.

dragado ***m.*** Acción y efecto de dragar: *Realizarán el **dragado** de ese canal para profundizarlo y ampliarlo, de modo que permita la navegación.*

dragar ***vb. irreg.*** {tr.} **Modelo 17.** Limpiar el fondo de los puertos de mar, los ríos, etc.

dragón ***m.*** **1** Monstruo fabuloso con alas y con cola de serpiente: *El cuento dice que había un caballero que tuvo que pelear contra un **dragón** para rescatar a la princesa.* **2** Reptil parecido al lagarto.

drama ***m.*** **1** Género literario que comprende las obras que se escriben para ser representadas. **2** Suceso capaz de conmover: *Los noticieros anunciaron la muerte de esa princesa como el **drama** que conmovió al mundo.*

dramático, ca ***adj.*** **1** Relativo al teatro. **2** Grave, que conmueve o impresiona: *Tuvo un accidente **dramático** en el que casi perdía la vida.*

dramatismo ***m.*** Cualidad de lo que posee características propias del drama: *Los televidentes se conmovieron ante el **dramatismo** del rescate de los mineros atrapados.*

dramatización ***f.*** Representación en forma teatral de un suceso u obra literaria: *En el documental que vi, presentaron la **dramatización** del rescate de unos náufragos.* Sin. **escenificación.**

dramatizar ***vb. irreg.*** {tr.} **Modelo 16. 1** Dar condiciones de drama: *Como tuvo tanto éxito la novela, la **dramatizaron** y presentaron como obra de teatro.* **2** Exagerar algo: *"No **dramatices,** no es grave que te cortes y te salgan dos gotas de sangre", dije a María mientras la curaba.*

dramaturgia ***f.*** Arte, técnica y estudio de la elaboración de obras de teatro.

dramaturgo, ga ***m.*** y ***f.*** Persona que escribe obras de teatro: *El escritor William Shakespeare es uno de los **dramaturgos** más famosos de todos los tiempos.*

drapear ***vb.*** {tr.} Acomodar las telas de manera que formen pliegues: *La modista **drapeó** el frente de la blusa que cosía para hacer más elegante la parte del escote.*

drástico, ca ***adj.*** **1** Que actúa de manera rápida y violenta: *Como la infección era fuerte, el médico se decidió por un tratamiento **drástico** para el enfermo.* **2** Enérgico, de gran severidad: *La disciplina de ese colegio es **drástica** y castigan con mucha dureza las faltas que cometen los alumnos.*

drenaje ***m.*** **1** Eliminación del agua de una zona: *Los antiguos romanos diseñaron un **drenaje** en las ciudades.* **2** Técnica de evacuación de secreciones del organismo.

drenar ***vb.*** {tr.} Extraer líquido: *Las autoridades **drenaron** el canal para evitar que se desbordara.*

driblar ***vb.*** {tr. e intr.} **Palabra de origen inglés.** En el fútbol o el baloncesto, hacer un giro rápido que permite burlar al contrario: *En el partido de baloncesto, Michael Jordan **dribló** a tres jugadores con facilidad y encestó.*

dril ***m.*** Tela resistente de algodón, que por lo general es de color crudo: *Para el verano, usaré trajes de **dril** porque son muy frescos.*

droga ***f.*** **1** Sustancia que produce efectos alucinógenos o estimulantes y que puede crear hábito: *Lo mejor que se puede hacer con las **drogas** es no acercarse a ellas.* **2** Nombre de ciertas sustancias usadas en química, medicina, etc. Sin. **medicamento.**

drogadicción ***f.*** Enfermedad que consiste en la necesidad de consumir alguna droga: *La **drogadicción** era su gran problema, pero estuvo en una clínica y ya tiene dos años sin tomar ninguna droga.*

drogadicto, ta ***adj./m.*** y ***f.*** Relativo a la persona que tiene una necesidad incontrolable de tomar alguna droga. Sin. **toxicómano.**

drogado, da ***adj.*** Que se encuentra bajo los efectos de alguna droga: *Mi perro seguía **drogado** horas después de su cirugía, su lengua colgaba por un lado y no podía ponerse en pie.*

droguería ***f.*** **1** *Amér. C.* Farmacia. Sin. **botica. 2** *Esp.* Tienda de productos de limpieza y pinturas.

dromedario ***m.*** Animal parecido al camello, pero con una sola joroba: *El **dromedario** es utilizado para montar o como bestia de carga en los desiertos de África y Arabia.*

drosófila ***f.*** Mosca pequeña, de color rojizo, que suele utilizarse en experimentos de genética: *En cuanto la fruta se pasa de madura, las **drosófilas** aparecen surgidas quién sabe de dónde.*

druida ***m.*** Miembro de la clase sacerdotal entre los antiguos pueblos celtas: *Los **druidas** cultivaron la medicina, la astronomía, la filosofía y la magia; también eran guardianes de la tradición oral.*

drupa ***f.*** Se aplica a los frutos redondeados y carnosos que tienen el endocarpio como hueso: *Los duraznos, albaricoques, cerezas y capulines son **drupas.***

dual ***adj.*** Que presenta dos aspectos diferentes entre sí al mismo tiempo: *Algunas diosas prehispánicas, como Coatlicue, tienen simbolismo **dual,** pues representan a un tiempo la vida y la muerte.*

dualidad ***f.*** Lo que está formado por dos partes relacionadas de manera íntima entre sí: *Para muchas culturas antiguas, el Sol y la Luna formaban una* ***dualidad*** *divina.*
dubitación ***f.*** Duda, vacilación: *Todavía no decide nada, está sumido en* ***dubitaciones.***
dubitativo, va ***adj.*** Que muestra o implica duda: *Cuando le propusieron un nuevo empleo, el joven se quedó* ***dubitativo*** *un momento y luego dijo que aceptaba.*
ducado ***m.*** **1** Título o dignidad de duque. **2** Territorio del duque. **3** Antigua moneda de oro.
ducha ***f.*** Aplicación de agua, en forma de chorro, sobre el cuerpo: *Cuando hace mucho calor, algunas personas toman hasta dos* ***duchas*** *en el mismo día para refrescarse.*
duchar ***vb.*** {tr. y prnl.} Bañarse, no en bañera o tina, sino recibiendo el agua en forma de chorro: *Lo primero que Pedro hace por la mañana es* ***ducharse,*** *luego se viste y desayuna.*
duchazo ***m. Amér.*** Acción y efecto de ducharse: *Miguel llegó a casa muy cansado, pero después de darse un* ***duchazo*** *se reanimó.*
ducho, cha ***adj.*** Diestro, hábil, experto: *Emiliano es muy* ***ducho*** *para componer pequeños desarreglos en los aparatos eléctricos.*
dúctil ***adj.*** Se aplica al metal que puede extenderse, sin romperse, hasta formar hilos muy delgados: *Entre las cualidades del oro, la plata y el platino está el ser* ***dúctiles.***
ductilidad ***f.*** Maleabilidad, cualidad de lo que es dúctil: *Las modernas técnicas de construcción requieren acero de gran* ***ductilidad*** *para evitar que se rompan las estructuras.*
ducto ***m. Amér.*** Tubería que conduce algún fluido: *Los* ***ductos*** *petroleros requieren mantenimiento constante para evitar fugas.*
duda ***f.*** **1** Falta de determinación entre dos decisiones: *Tengo una* ***duda,*** *no sé si debo ponerme el vestido rojo o el azul, ¿tú qué opinas?* **2** Sospecha: *Al abogado siempre le quedó la* ***duda*** *de si su cliente había asesinado o no a su esposa.* **3** *loc.* **Sin ~,** con toda seguridad: *"No te preocupes, Juan se retrasó, pero* ***sin duda*** *vendrá", me aseguró Andrés.*
dudar ***vb.*** {tr. e intr.} **1** Dar poco crédito: ***Dudo*** *que todos los alumnos puedan aprobar ese examen, porque la mayoría no ha estudiado bien.* **2** Estar en duda: *Samuel* ***duda*** *entre estudiar química o estudiar matemáticas.* Sin. **vacilar.**
dudoso, sa ***adj.*** Que no es seguro ni cierto: *Me parece* ***dudosa*** *la explicación que dio Pablo, sospecho que nos contó una mentira.*
duela ***f. Méx.*** Tabla angosta que, en conjunto con otras iguales, forma un entarimado o un piso: *Las* ***duelas*** *del comedor rechinan cuando cambia la temperatura.*
duelo ***m.*** **1** Demostración de pesar por la muerte de alguien: *Se vistió de negro un mes en señal de* ***duelo*** *por la muerte de su padre.* **2** Reunión de personas en un entierro.
duelo ***m.*** Combate entre dos adversarios: *En la obra de teatro, el barón se sintió ofendido y retó a* ***duelo*** *al conde.*
duende ***m.*** **1** Espíritu o ser fantástico. Sin. **gnomo, nomo.** **2** *Esp.* Encanto de una persona o cosa. Sin. **ángel.**
dueño, ña ***m.*** y ***f.*** Persona que posee una cosa: *"¿Quién será el* ***dueño*** *de esa casa tan grande?"*
duermevela ***m.*** Sueño muy ligero e inquieto: *Ingrid pasó la noche en* ***duermevela,*** *pues estaba muy preocupada por su examen del día siguiente.*
dueto ***m.*** Grupo musical formado por dos integrantes: *Paz y Eva formaron un* ***dueto*** *que llegó a ser muy famoso.*
dulce ***adj.*** **1** Que causa al paladar una sensación azucarada: *El postre estaba tan* ***dulce*** *que me dolieron los dientes.* **2** Grato, apacible.
dulce ***m.*** Tipo de comida hecho o cocido con azúcar, miel o almíbar: *No se deben comer muchos* ***dulces*** *porque nos harían daño.*
dulcería ***f.*** Establecimiento especializado en la venta de dulces: *Cerca de mi casa hay una* ***dulcería*** *donde venden unos chocolates deliciosos.* Sin. **confitería.**
dulcificar ***vb. irreg.*** {tr.} **Modelo 17.** **1** Hacer dulce: *El café está fuerte y amargo; ¿podrías* ***dulcificarlo*** *un poco?* **2** Suavizar: *Intentó* ***dulcificarle*** *la mala noticia para que no se sintiera muy triste.*
dulzón, zona ***adj.*** Empalagoso, tan dulce que resulta desagradable: *"Muchos productos alimenticios son demasiado* ***dulzones,*** *por eso no los consumo", explicó el ama de casa a la demostradora.*
dulzor ***m.*** **1** Cualidad de lo dulce: *Con palabras llenas de* ***dulzor,*** *la mujer dijo al hombre que lo amaba.* **2** Sabor dulce: *El* ***dulzor*** *de la fruta madura es delicioso.* Sin. **dulzura.**
dulzura ***f.*** **1** Calidad de dulce: *En esta ensalada la* ***dulzura*** *de las frutas se mezcla con la acidez del limón y el resultado es muy sabroso.* **2** Bondad: *Valentín, el veterinario, siempre trata con* ***dulzura*** *a los animales que atiende.* **3** Suavidad, deleite: *Siente la* ***dulzura*** *de esta tela, voy hacer unas sábanas con ella.*
duna ***f.*** Colina formada por un montón de arena: *Las* ***dunas*** *en el desierto tienen formas cambiantes por los efectos del viento.*
dúo ***m.*** Pieza musical para dos voces o instrumentos: *En el* ***dúo*** *de piano y flauta, Rebeca tocó la flauta y Mario el piano.*
duodeno ***m.*** Segmento del intestino delgado, que va desde el estómago hasta el yeyuno.
dúplex ***adj./m.*** Tipo de vivienda compuesto por dos casas unidas por un patio o escalera: *Irene y Lalo van a comprar una casa* ***dúplex,*** *pues cuando se casen, quien que los padres de ella vivan muy cerca, pero en su propio espacio.*
duplicación ***f.*** Lo que se hace dos veces, que se repite: *Las autoridades están intentando simplificar los trámites para evitar* ***duplicaciones.***
duplicado ***m.*** **1** Copia de un escrito que se hace por si el original se pierde o por si se necesitan más ejemplares: *"Escribe tu renuncia con un* ***duplicado*** *y guárdala para cualquier aclaración", me dijo la empleada.* **2** Repetición exacta, duplicación o réplica de un objeto: *Saqué un* ***duplicado*** *de la llave para que puedas entrar a mi casa cuando yo no esté.*
duplicar ***vb. irreg.*** {tr. y prnl.} **Modelo 17.** **1** Multiplicar por dos: *Si* ***duplicamos*** *diez, tendremos veinte.* **2** Hacer doble algo: *Fue un buen negocio porque el dinero* ***se duplicó,*** *Pepe invirtió cien y ahora tiene doscientos.*
duplo ***m.*** Un número que es el doble de otro: *El* ***duplo*** *de cinco es diez.*
duque, quesa ***m.*** y ***f.*** Título nobiliario inferior al de príncipe y superior al de marqués y conde.
duración ***f.*** Tiempo en el que transcurre algo: *El vuelo a Buenos Aires tendrá una* ***duración*** *de dos horas con veinte minutos.*
duradero, ra ***adj.*** Que se prolonga a lo largo del tiempo, que se queda: *La viruela produce marcas* ***duraderas*** *en la piel.*
duramadre ***f.*** Tercera meninge, y la más externa, del cerebro y el sistema nervioso central: *La consistencia de la* ***duramadre*** *es dura, fibrosa y brillante.*

durante ***prep.*** Denota el espacio de tiempo en que dura algo: *Como estaba desvelado, Esteban se quedó dormido* ***durante*** *el concierto.*

durar ***vb.*** {intr.} **1** Estar ocurriendo algo en un espacio de tiempo: *"¿Cuánto* ***dura*** *el programa de televisión que vamos a ver?", pregunté a mi madre.* **2** Seguir existiendo, permanecer: *Los enormes árboles de algunos bosques han* ***durado*** *cientos de años, es importante cuidarlos.*

duraznero ***m.*** Árbol cuyo fruto es el durazno: *Poco antes de entrar la primavera, las ramas de los* ***durazneros*** *se cubren de flores rosadas.*

durazno ***m.*** **1** Melocotonero y variedades de este árbol. **2** Fruto del árbol del durazno.

dureza ***f.*** **1** Calidad de duro: *El diamante es el mineral de mayor* ***dureza*** *y ningún otro puede rayarlo.* **2** Callo, endurecimiento de la piel: *Martha tiene* ***durezas*** *en la planta de los pies porque camina descalza.*

durmiente ***m.*** Trozo grueso de madera, colocado horizontalmente, sobre el cual descansan las vías del ferrocarril.

duro ***adv.*** Con fuerza, con violencia: *"Tienes que pegarle* ***duro*** *al coco para que se rompa", me dijo Andrés.*

duro ***m. Esp.*** Moneda que vale cinco pesetas.

duro, ra ***adj.*** **1** Que no es blando u ofrece resistencia a ser modificado: *El pan estaba tan* ***duro*** *que ni siquiera pude morderlo.* **2** Difícil, trabajoso, penoso: *La vida de Eloísa ha sido* ***dura,*** *desde muy joven ha trabajado para mantener a sus hermanos y a su madre enferma.* **3** Insensible, cruel.

DVD ***m.*** Siglas del término inglés ***D****igital* ***V****ersatile* ***D****isc.* Disco de vídeo en que las imágenes y sonidos están grabados digitalmente: *Antes se usaron las videocintas, ahora el último grito de la tecnología para tener películas en casa son los* ***DVD's.***

E

e ***f.*** Quinta letra del abecedario español y segunda de sus vocales.

e ***conj.*** Sustituye a la ***y*** ante palabras que empiezan con ***i*** o con ***hi***: *"Mi diccionario es práctico, útil* ***e*** *instructivo."*

ebanista ***m.*** y ***f.*** Carpintero especializado en muebles y trabajos finos.

ebanistería ***f.*** **1** Oficio y arte del ebanista. *Debido a la producción en serie de muebles, se está perdiendo la* ***ebanistería.*** **2** Taller del ebanista: *En esa* ***ebanistería*** *hacen finas tallas en madera.*

ébano ***m.*** **1** Árbol originario de África ecuatorial. **2** Madera del árbol llamado ébano, que es negra, pesada y dura: *Mi tío trajo de África una preciosa escultura de* ***ébano:*** *es una mujer con los ojos cerrados y el cabello trenzado.*

ébola ***m.*** Infección viral muy contagiosa que provoca fiebres hemorrágicas, dolores musculares y pérdida de apetito, seguido de vómitos y diarrea hasta desintegrar los órganos y causar la muerte, en un periodo corto de tiempo: *Los infectados de* ***ébola*** *deben estar aislados porque no existe un tratamiento específico y es fuertemente contagioso.*

ebriedad ***f.*** **1** Estado temporal de pérdida de las capacidades físicas y mentales por el consumo excesivo de bebidas alcohólicas: *Muchos accidentes son provocados por conductores en estado de* ***ebriedad.*** SIN. **embriaguez. 2** Turbación del ánimo: *Está en una etapa de* ***ebriedad*** *continua desde que se enamoró profundamente de Alfredo.*

ebrio, ria ***adj./m.*** y ***f.*** Borracho: *Si las personas no condujeran su automóvil* ***ebrias,*** *se podrían evitar muchos accidentes.* ANT. **sobrio.**

ebullición ***f.*** **1** Hervor: *"Cuando el caldo entre en* ***ebullición,*** *tapa la olla para que se cueza el pollo", me indicó mi madre.* **2** ***loc.*** **Punto de ~.** temperatura a la cual comienza a hervir un líquido.

ebúrneo, a ***adj.*** De marfil o parecido al marfil.

eccema ***m.*** Enfermedad de la piel que produce enrojecimiento, inflamación y escamas: *El doctor le recetó a María una pomada para el* ***eccema*** *que tiene en la espalda.*

echado, da ***adj./m.*** y ***f.*** **1** Acción y efecto de echar: *Las personas* ***echadas*** *del país por motivos políticos han llegado a la ciudad hace dos días.* **2** ***C. Rica, Hond.*** y ***Nicar.*** Perezoso: *Tu primo es tan* ***echado*** *que difícilmente conseguirá trabajo.* **3** ***f. Méx.*** Mentira: *Mi madre se enteró de la* ***echada*** *y no podré salir de la casa en un mes.*

echador, ra ***adj./m.*** y ***f. Cuba, Méx.*** y ***Venez.*** Fanfarrón: *Juan es un* ***echador*** *que siempre está diciendo que es el mejor del equipo de baloncesto.*

echar ***vb.*** {tr., intr. y prnl.} **1** Arrojar, tirar, lanzar: *"No* ***eches*** *la basura a la calle porque contaminas."* **2** Despedir algo de sí: *El boxeador* ***echaba*** *sangre por la nariz después de la pelea.* **3** Hacer salir a uno de un lugar: *Los* ***echaron*** *del bar por molestar a los otros clientes.* **4** Poner: *Por seguridad, siempre que salgamos debemos* ***echar*** *llave a la puerta de la casa.* **5** Brotar: *Después de un año, el árbol que planté ya había* ***echado*** *raíces profundas.* **6** Tenderse, acostarse: *Mi perro* ***se echa*** *a dormir frente a la puerta de la casa.* **7** ***loc.*** **~ a perder,** malograr, descomponer: *La helada* ***echó a perder*** *toda la cosecha de tomate.*

eclampsia ***f.*** Enfermedad producida durante o después del embarazo, relacionada con un aumento en la presión sanguínea y con la retención de líquidos.

eclecticismo ***m.*** **1** Método utilizado por los filósofos para crear un nuevo sistema después de escoger lo mejor de otros. **2** Actitud de interés hacia todos los campos y todos los temas y de rechazo a las doctrinas o normas impuestas.

ecléctico, ca ***adj./m.*** Que adopta lo que le parece mejor dentro de un conjunto de ideas o de opiniones.

eclesiástico ***m.*** Sacerdote, clérigo, religioso.

eclesiástico, ca ***adj.*** Relativo a la Iglesia católica: *La principal sede* ***eclesiástica*** *se encuentra en el Vaticano.*

eclipsar ***vb.*** {tr. y prnl.} **1** Provocar un eclipse: *La Luna va* ***a eclipsar*** *al Sol cuando se interponga entre él y la Tierra.* **2** Opacar una persona o cosa las cualidades de otra con las suyas propias. *La hermana mayor* ***eclipsa*** *a la menor con su belleza e inteligencia.*

eclipse ***m.*** Ocultación de un astro porque otro se pone entre él y el Sol que lo ilumina: *Durante el* ***eclipse*** *de Sol, el cielo se oscureció como si fuera de noche y eran apenas las 10 de la mañana.*

eclíptica ***f.*** Circuito aparente que el Sol hace en el cielo, y plano determinado por este circuito.

eclosión ***f.*** Brote, nacimiento, aparición repentina: *Durante la primavera se da una maravillosa* ***eclosión*** *de flores.*

eco ***m.*** **1** Repetición de un sonido cuando las ondas chocan contra un obstáculo: *Gritábamos desde la colina y pudimos escuchar el* ***eco*** *de nuestra voz.* **2** Resonancia o difusión de un acontecimiento o una noticia: *Las palabras del candidato tuvieron* ***eco*** *en los votantes, por eso ganó.*

ecografía ***f.*** Método de exploración de los órganos del cuerpo mediante ultrasonidos.

ecología ***f.*** **1** Ciencia que estudia las relaciones entre los seres vivos y su medio ambiente. **2** Medio ambiente: *Proteger la* ***ecología*** *es proteger nuestra vida.*

ecológico, ca ***adj.*** Relacionado con la ecología: *Un derrame de petróleo en el mar puede provocar un desastre* ***ecológico,*** *porque el mar se contamina y muchos animales mueren.*

ecologismo ***m.*** Movimiento social y político que defiende la conservación de la naturaleza y su relación con los seres humanos: *El **ecologismo** se ocupa de problemas ambientales como el del cambio climático.*

ecologista ***m.*** y ***f.*** **1** Especialista en ecología. SIN. **ecólogo.** **2** Persona interesada en proteger el medio ambiente o que forma parte de movimientos ecológicos: *Vino un **ecologista** a la escuela y nos habló de la necesidad de conservar los árboles y los animales.*

ecólogo, ga ***m.*** y ***f.*** Especialista en ecología. SIN. **ecologista.**

econometría ***f.*** Estudio que aplica los principios de las matemáticas y la estadística a las teorías de la economía: *La **econometría** pretende comprobar y resolver fenómenos económicos mediante modelos.*

economía ***f.*** **1** Estudio de la administración y el reparto de la riqueza. **2** Manejo de los recursos: *Mi mamá y mi papá cooperan en la **economía** familiar.* **3** Dinero y riqueza que se tiene: *Como la **economía** de la familia no está muy bien, no podremos ir de vacaciones.* **4** *loc.* **~ sumergida** o **subterránea,** actividad económica al margen de la ley.

economicismo ***m.*** Doctrina que da más importancia a los problemas económicos que a los de otro tipo: *El **economicismo** considera que todo, incluidas las personas, debe estar subordinado al sistema económico.*

economicista ***adj.*** Del economicismo: *El análisis **economicista** de la sociedad da prioridad a los factores económicos.*

economicista ***m.*** y ***f.*** Partidario del economicismo.

económico, ca ***adj.*** **1** Relativo a la economía. **2** Poco costoso: *Resulta más **económico** comer en casa que comer en un restaurante.* SIN. **barato.**

economista ***m.*** y ***f.*** Persona especializada en economía: *Mi hermano es **economista** porque estudió economía en la universidad.*

economización ***f.*** Ahorro: *Se han desarrollado nuevos productos para la **economización** de energía en las viviendas.*

economizar ***vb. irreg.*** {tr. e intr.} **Modelo 16.** Reducir gastos: *Si todos **economizamos** el agua, ayudamos a que haya suficiente en el mundo para cuando tengamos hijos y nietos.* SIN. **ahorrar.**

ecosistema ***m.*** Conjunto de organismos vivos relacionados entre sí, considerados junto con el ambiente en que se desarrollan.

ectoparásito ***adj./m.*** Parásito que vive adherido a la superficie de un ser vivo: *Las garrapatas son **ectoparásitos** del ganado y también pueden vivir en los humanos.*

ectoplasma ***m.*** **1** Parte externa de la célula. **2** Según los espiritistas, fluido o emanación material de un fantasma.

ecuación ***f.*** Igualdad entre dos expresiones numéricas, que contiene una o más incógnitas: *La **ecuación** $A + B = A + C$ sólo puede ser verdadera si B es igual a C.*

ecuador ***m.*** Círculo imaginario de la esfera terrestre, equidistante de los polos, que divide a la Tierra en dos partes iguales.

ecualizador ***m.*** Aparato que separa una señal sonora en diferentes frecuencias.

ecualizar ***vb.*** {tr.} **Palabra de origen inglés.** Ajustar las frecuencias de un sonido en alta fidelidad para igualarlo a su emisión de origen o adaptarlo a gustos o necesidades: *Alfonso está **ecualizando** el bajo para alcanzar su propio sonido.*

ecuánime ***adj.*** Que tiene ecuanimidad: *Avelina es una persona **ecuánime,** nunca se deja llevar por sus impulsos ni se apasiona.* SIN. **sereno, imparcial, justo.**

ecuanimidad ***f.*** **1** Serenidad, constancia de ánimo. **2** Imparcialidad: *Aun cuando el crimen sea horrendo, el juez debe juzgar el caso con **ecuanimidad.***

ecuatorial ***adj./m.*** **1** Relacionado con el ecuador: *El clima **ecuatorial** es cálido y lluvioso.* **2** Se aplica al dispositivo que permite medir las coordenadas celestes con un solo movimiento: *Hemos instalado una montura **ecuatorial** al telescopio con la que realizamos el seguimiento de astros de manera más sencilla.* **3** Tipo de telescopio: *Compramos un **ecuatorial** para sacar fotografías de larga exposición y hallar astros desconocidos.*

ecuatoriano, na ***adj./m.*** y ***f.*** Originario de Ecuador, país de América del Sur.

ecuestre ***adj.*** Relativo al caballo: *La equitación es un deporte **ecuestre.***

ecuménico, ca ***adj.*** **1** Universal. **2** Que se interesa por la unión de todas las Iglesias.

ecumenismo ***m.*** Movimiento que busca la unión de todas las Iglesias en una sola.

eczema ***m. Ver*** **eccema.**

edad ***f.*** **1** Tiempo que una persona ha vivido desde su nacimiento: *"¿Qué **edad** tienes?", me preguntó un compañero.* **2** Cada uno de los periodos de la historia: *Durante la **Edad** Media florecieron las artes con motivos religiosos.* **3** *loc.* **Mayoría de ~,** años de vida que la ley considera suficientes para que una persona sea plenamente responsable.

edáfico, ca ***adj.*** Del suelo o relativo a éste: *Los diferentes factores **edáficos** tienen gran influencia sobre la vida en las diferentes regiones de nuestro planeta.*

edafología ***f.*** Ciencia que estudia la composición de los suelos.

edafólogo, ga ***m.*** y ***f.*** Especialista en edafología: *Los **edafólogos** están preocupados por la situación en la que se encuentran algunos terrenos de cultivo, cada vez más degradados.*

edecán ***m.*** y ***f.*** **1** Auxiliar, acompañante. **2** Persona que, en actos oficiales o públicos, atiende a los invitados o participantes: *Alicia es **edecán** en los congresos que se celebran en la universidad.*

edema ***m.*** Hinchazón de una parte del cuerpo.

edén ***m.*** **1** Lugar donde la Biblia sitúa el paraíso terrenal, se escribe con "E" mayúscula: *Adán y Eva fueron expulsados del **Edén** cuando desobedecieron a Dios.* **2** Lugar muy agradable.

edénico, ca ***adj.*** Relacionado con el edén: *"Las playas vírgenes son lugares **edénicos** que debemos preservar", afirmó el ecologista.*

edición ***f.*** **1** Publicación o grabación de una obra escrita o musical. **2** Conjunto de ejemplares de una obra impresos de una sola vez: *Después de que se vendieron todos los ejemplares, tuvieron que hacer una segunda **edición** del diccionario.*

edicto ***m.*** Mandato publicado por la autoridad competente: *El notario hizo publicar un **edicto** para citar a los herederos de su cliente recién fallecido.*

edificación ***f.*** **1** Construcción de edificios: *Ha comenzado la **edificación** del nuevo recinto empresarial.* **2** Edificio: *Las **edificaciones** del futuro prometen ser respetuosas con el medio ambiente.*

edificante ***adj.*** Que alimenta el espíritu: *La lectura de buenos libros siempre es **edificante.***

edificar ***vb. irreg.*** {tr.} **Modelo 17.** Fabricar, construir: *En el parque donde jugábamos de niños **edificaron** un centro comercial.*

edificio ***m.*** Construcción hecha con materiales resistentes, que tiene varios niveles, destinada a vivienda o a otros usos: *Pablo vive en el quinto piso de un **edificio** azul que está en la esquina.*

edil *m.* y *f.* **1** Miembro de un ayuntamiento o corporación municipal: *Los **ediles** de mi ciudad representan a la comunidad y son elegidos popularmente.* SIN. **concejal. 2** En la antigua Roma, magistrado encargado de las obras públicas y el mantenimiento de los edificios públicos.

editar *vb.* {tr.} **1** Elaborar y publicar un libro, diario, revista o disco. **2** Cortar y ordenar las escenas de un filme o película.

editor, ra *m.* y *f.* Persona o entidad que edita una obra.

editorial *adj.* Relativo al editor o a la edición: *El trabajo **editorial** requiere un cuidadoso manejo de las palabras y su ortografía.*

editorial *f.* Empresa que publica diarios, revistas o libros: *La **editorial** Lux lanzó una enciclopedia nueva.*

editorial *m.* Texto sin firma, que refleja la opinión de la dirección de un diario o revista: *El **editorial** del diario de hoy trató sobre las próximas elecciones.*

editorialista *m.* y *f.* Escritor encargado de escribir los artículos de opinión en un diario o revista: *En el diario de la mañana escribe un **editorialista** muy reconocido que tiene opiniones muy influyentes.*

editorializar *vb.* {intr.} Escribir editoriales: *Mi hermano está aprendiendo cómo **editorializar** noticias en el diario donde trabaja.*

edredón *m.* Cobertor relleno de plumas o de otro material: *Como empezó el invierno, pusimos los **edredones** sobre las camas de la casa.*

educación *f.* **1** Formación, instrucción: *Los profesores deben preocuparse por la **educación** de sus alumnos.* **2** Conocimiento de los hábitos y modales de la sociedad: *Pablo come de manera correcta porque es un niño con **educación**.*

educado, da *adj.* Que tiene buena educación o buenos modales: *Un niño **educado** respeta a los demás.*

educador, ra *adj./m.* y *f.* **1** Que educa: *La familia **educadora** en el hogar no lleva a sus hijos a la escuela.* **2** Persona que tiene por oficio educar a los párvulos: *La **educadora** del kínder ha solicitado llevar a los niños al nuevo museo infantil.*

educando, da *adj./m.* y *f.* Que está recibiendo educación: *El director de la escuela dio la bienvenida a todos los **educandos** nuevos.*

educar *vb. irreg.* {tr.} **Modelo 17.** Desarrollar las capacidades intelectuales, morales o físicas. SIN. **instruir, enseñar.**

educativo, va *adj.* Se aplica a lo que educa o sirve para educar: *Deberían existir más programas **educativos** en la televisión pública.*

edulcorado, da *adj.* **1** Que tiene edulcorante: *"Los yogures **edulcorados** no sirven para esa receta, tienen que ser naturales", me advirtió la abuela.* **2** Se aplica a lo que se expone de manera atenuada por ser muy duro o desagradable: *La guerra fue tan brutal que el gobierno presentó una versión **edulcorada** a la comunidad internacional.* **3** Perfeccionado falsamente: *La comedia **edulcorada** por la espectacular escenografía no obtuvo el éxito esperado.*

edulcorante *m.* Sustancia que endulza alimentos y medicamentos.

edulcorar *vb.* {tr. y prnl.} **1** Endulzar con sustancias naturales o sintéticas cualquier producto de sabor amargo o desagradable: *"A mucha gente le gusta **edulcorar** el café, yo lo prefiero amargo", dijo Marta.* **2** Suavizar los asuntos duros o desagradables: *Mis padres **edulcoran** la dura infancia que les tocó vivir en la posguerra española.* **3** Mejorar algo falsamente: *"Hay muchas películas que **se edulcoran** en la edición pero aun así no consiguen buenos resultados", dijo el maestro en la clase de cine.*

efebo *m.* Muchacho, adolescente.

efectismo *m.* **1** Intención de causar una fuerte impresión: *"Los nuevos artistas participan del **efectismo** en la mayoría de sus obras", declaró el dueño de la galería.* **2** Efecto que se consigue por medio de procedimientos dirigidos a impresionar el ánimo: *Los cuentos que recurren a la fórmula del final sorpresa son un ejemplo de **efectismo** literario.*

efectista *adj.* Se aplica a lo que pretende impresionar profundamente: *"La nueva versión de la obra clásica es muy **efectista** y lineal", decía la crítica del diario.*

efectividad *f.* **1** Capacidad para conseguir el efecto deseado: *El partido se ganó con **efectividad**.* **2** Validez o autenticidad: *El contrato tendrá **efectividad** a partir del próximo mes.*

efectivo *m.* **1** Dinero contante y disponible: *Mi papá fue al banco a retirar **efectivo** de su cuenta de ahorros.* **2** *pl.* Tropas que componen una unidad del ejército: *Durante el desfile en honor a la bandera, vimos a muchos **efectivos** marchando.*

efectivo, va *adj.* Que produce el efecto esperado: *Esta medicina es muy **efectiva** para quitar el dolor de cabeza.* SIN. **eficaz.**

efecto *m.* **1** Resultado de lo que es causado por otra cosa: *El médico nos explicó los **efectos** nocivos que el alcoholismo tiene en la gente.* ANT. **causa. 2** Impresión viva causada en el ánimo: *La nueva maestra causó un buen **efecto** en los alumnos porque es inteligente y amable.* **3** En algunos deportes, movimiento que se da a una bola para que su trayectoria sea irregular: *Un buen lanzador en béisbol sabe dar **efecto** a la pelota.* **4** *pl.* Objetos, enseres: *El policía pidió al detenido que dejara sus **efectos** sobre la mesa y luego lo llevó a la cárcel.* **5** *loc. pl.* ~ **especiales,** trucos de cine: *El filme sobre los dinosaurios no es muy bueno, pero sus **efectos especiales** son impresionantes.* **6** *loc.* **Tener ~,** tener lugar: *La boda de mi hermana **tendrá efecto** en la calle Bolívar el 3 de mayo.*

efectuar *vb. irreg.* {tr. y prnl.} **Modelo 10.** Realizar, llevar a cabo: *En el mes de junio de cada cuatro años **se efectúan** los Juegos Olímpicos.*

efeméride *f.* Suceso notable ocurrido en el mismo día, pero en diferentes años: *El día 15 de septiembre se celebra la **efeméride** de la independencia de México.*

efervescencia *f.* Desprendimiento de pompas o burbujas de un producto que está dentro de un líquido: *La **efervescencia** de este medicamento sirve para aliviar las molestias estomacales.*

efervescente *adj.* Que desprende gases y hace burbujas al entrar en contacto con algún líquido: *Tomé una tableta **efervescente** porque me dolía la cabeza.*

eficacia *f.* Funcionamiento adecuado: *Hace muchos años quedó demostrada la **eficacia** de las vacunas para reducir la aparición de enfermedades.*

eficaz *adj.* Que produce el resultado deseado: *Este insecticida es muy **eficaz** para eliminar hormigas.* SIN. **efectivo.**

eficiencia *f.* Facultad para lograr un objetivo determinado: *Los empleados fueron recompensados por su **eficiencia** en el trabajo que les dejó el jefe.*

eficiente *adj.* Que hace bien su trabajo.

efigie *f.* Imagen de una persona real. SIN. **busto, retrato.**

efímero, ra *adj.* De corta duración: *La vida de las flores es **efímera**, algunas nacen y mueren el mismo día.*

efluvio *m.* Emisión de pequeñas partículas o vapor de un cuerpo o sustancia: *El **efluvio** de ese perfume me marea, es demasiado fuerte.*

efusión *f.* Expresión viva de sentimientos de cariño: *Como no se habían visto en muchos años, las dos amigas se abrazaron con **efusión** cuando se encontraron.*

efusividad *f.* Cualidad de la persona o de actitud efusiva: *La **efusividad** de Carmen molesta a las personas que tienen carácter seco e inexpresivo.*

efusivo, va *adj.* Que demuestra de manera intensa sus sentimientos: *Su maestra la felicitó con un **efusivo** abrazo por su triunfo en la competencia deportiva.* SIN. **afectuoso.**

egipcio, cia *adj./m.* y *f.* Originario de Egipto, país del Noreste de África.

egiptología *f.* Estudio de la antigua civilización egipcia.

égloga *f.* Composición poética que trata de pastores y del campo.

ego *m.* **1** En psicoanálisis, parte consciente de la personalidad. **2** *Fam.* Amor propio: *Cuando le dijeron al artista que sus dibujos eran muy malos, le lastimaron el **ego**.*

egocéntrico, ca *adj.* Se aplica a la persona que se considera el centro de atención y de todo lo que ocurre: *Natalia es tan **egocéntrica** que sólo habla de sí misma y sus problemas en todas las conversaciones y reuniones.*

egocentrismo *m.* Tendencia a considerarse el centro del universo: *El **egocentrismo** de Ramón es terrible: piensa que no hay nadie más importante que él.*

egocentrista *adj./m.* y *f. Amér.* **1** Que padece egocentrismo: *El conferenciante habló de la sociedad **egocentrista** en la que, según él, vivimos.* **2** Persona egocéntrica.

egoísmo *m.* Tendencia a considerar solamente el interés personal: *Su **egoísmo** lo lleva a no dejar que nadie se acerque a sus cosas.* ANT. **altruismo.**

egoísta *adj.* Que demuestra egoísmo: *Alejandro es un **egoísta** que sólo piensa en lo que a él le interesa.* ANT. **altruista.**

ególatra *adj.* Que cultiva la egolatría o el amor excesivo a su persona.

egolatría *f.* Culto excesivo de la propia persona.

egregio, gia *adj.* Ilustre, distinguido.

egresado, da *adj./m.* y *f. Amér.* Que ha terminado los estudios formales en la universidad o alguna otra institución de educación superior: *El año pasado mi hermano fue uno de los **egresados** de la facultad de medicina y ahora trabaja en un hospital.*

egresar *vb.* {intr.} *Amér.* Terminar un ciclo de estudios con la obtención del título correspondiente. ANT. **ingresar**.

egreso *m.* **1** *Amér.* Licenciatura o graduación: *Debemos rellenar el formulario para obtener el certificado de **egreso**.* **2** Salida: *"El **egreso** de personas del país ha aumentado en los últimos años", informó ayer el portavoz de la presidencia.* **3** Desembolsos o salidas de dinero: *La empresa donde trabajo está pasando por una crisis financiera debido al incremento de los **egresos**.*

¡eh! *interj.* Se usa para llamar la atención: *¡Eh! ¡No te sientes en esa silla, la pintura está fresca!*

einstenio *m.* Elemento químico artificial de símbolo Es, de la serie de los actínidos, con 12 isótopos conocidos, de número atómico 99.

eirá *m. Argent.* y *Par.* Pequeño carnívoro semejante al hurón.

eje *m.* **1** Barra que atraviesa un cuerpo y le permite girar: *Cada rueda está unida al automóvil por un **eje**.* **2** Línea imaginaria alrededor de la cual se mueve un cuerpo: *El **eje** de la Tierra va del Polo Norte al Polo Sur.*

ejecución *f.* **1** Hecho de ejecutar: *Para la **ejecución** de su plan necesitaban harina, azúcar, mantequilla y huevos: ¡qué sorpresa le darían a mamá cuando la tarta estuviera lista!* **2** Manera de hacer o ejecutar algo: *La **ejecución** de esa violinista fue mucho mejor hoy que en el concierto pasado.*

ejecutable *adj.* En computación, se dice de los archivos que inician un programa: *Todos los archivos que terminan en .exe son **ejecutables**.*

ejecutante *adj./m.* y *f.* **1** Que ejecuta algo: *En la competencia de gimnasia, los **ejecutantes** deberán realizar diferentes acrobacias que serán valoradas por los jueces.* **2** Persona que interpreta una pieza musical: *La directora del coro es **ejecutante** de marimba.*

ejecutar *vb.* {tr.} **1** Realizar algo: *Un soldado siempre **ejecuta** las órdenes de sus superiores.* **2** Matar a un condenado. SIN. **ajusticiar.**

ejecutivo, va *adj./m.* y *f.* **1** Persona que hace tareas o trabajos directivos en una empresa. **2** *loc.* **Poder ~,** el que lleva a cabo la autoridad del Estado y controla al gobierno.

ejecutor, ra *adj./m.* y *f.* **1** Ejecutante. **2** Funcionario que ejecuta la pena de muerte: *En la película, el **ejecutor** sufría cada vez que mataba a un condenado.* SIN. **verdugo.**

ejemplar *adj.* Que sirve de ejemplo o enseñanza: *El comportamiento de los padres debe ser **ejemplar** para sus hijos.*

ejemplar *m.* Cada una de las obras obtenidas de un mismo original: *Se imprimieron 200 **ejemplares** de mi libro de poesía.*

ejemplarizante *adj.* Que da ejemplo o moraliza: *El nuevo programa de televisión trata sobre aventuras **ejemplarizantes**.*

ejemplarizar *vb.* {tr.} Dar ejemplo o moralizar: *Las fábulas **ejemplarizan** el comportamiento humano por medio de animales muy parecidos a las personas.*

ejemplificación *f.* Demostración o explicación mediante ejemplos: *En la clase de hoy, la **ejemplificación** nos ayudó a entender mejor la teoría de la relatividad.*

ejemplificar *vb. irreg.* {tr.} **Modelo 17.** Dar un ejemplo para explicar o probar lo dicho: *El maestro **ejemplificó** la conjugación de los verbos terminados en "ar" con el verbo* amar.

ejemplo *m.* **1** Caso o hecho digno de ser imitado, o que puede ser motivo de imitación: *Sigan el **ejemplo** de sus compañeros más estudiosos y no el de los perezosos.* **2** Caso, hecho o cosa que se cita para ilustrar algo: *Un **ejemplo** de animal carnívoro es el león.*

ejercer *vb. irreg.* {tr. e intr.} **Modelo 40.** Realizar los trabajos propios de una profesión: *Mi hermano es médico y **ejerce** en un hospital.*

ejercicio *m.* **1** Movimientos del cuerpo que sirven para mantenerse en forma. **2** Hecho de dedicarse a una actividad o profesión, o de hacer uso de una cualidad: *La inteligencia es una capacidad que requiere **ejercicio** para desarrollarse.* **3** Cualquier esfuerzo que tenga por objeto la adquisición o conservación de una facultad o aptitud física o mental: *El maestro nos pidió un **ejercicio** de geometría para que practiquemos las fórmulas que nos enseñó.*

ejercido *adj. Méx.* Se aplica al presupuesto asignado por el gobierno y empleado durante el tiempo que rige la ley para diferentes asuntos: *Se revisó el presupuesto **ejercido** en programas ambientales.*

ejercitación *f.* Práctica o dedicación a una actividad física o mental: *Mario hizo un buen examen porque dedicó todo el año a la **ejercitación** en matemáticas.*

ejercitante *adj./m.* y *f.* **1** Que ejercita: *Antes de la carrera, Mario realizó rutinas **ejercitantes** para entrar en calor.* **2** Persona que realiza ejercicios espirituales: *Pedro es **ejercitante** desde que estudia en el colegio jesuita.*

ejercitar *vb.* {tr. y prnl.} **1** Practicar para lograr habilidad en una aptitud o facultad: *Rubén lee en voz alta para **ejercitar** la oratoria.* **2** Usar un poder o facultad legal. **3** Acondicionar los músculos: *Para **ejercitarse,** Elena corre todos los días por el parque durante quince minutos.*

ejército ***m.*** Conjunto de las fuerzas militares de una nación o país, en especial las fuerzas terrestres: *El **ejército** tiene como objetivo defender la nación frente a algún enemigo.*

ejidal ***adj.*** Relativo al ejido: *Las autoridades **ejidales** irán a ver al gobernador para pedirle que resuelva el problema de escasez de agua.*

ejidatario, ria ***m.*** y ***f.*** Cada uno de los titulares o dueños de tierras en un ejido.

ejido ***m.*** **1** Campo común de un pueblo. **2** ***Méx.*** Terreno que el Estado concede a un grupo de campesinos para su explotación.

ejote ***m. Amér. C.*** y ***Méx.*** Vaina verde del poroto o frijol. Sin. **chaucha.**

el ***art.*** Artículo determinado que se antepone a los sustantivos para indicar género y número: *Cuando digo **"el** jarrón", sé que hay un solo jarrón y que la palabra es masculina.*

él ***pron.*** Pronombre personal masculino que indica tercera persona del singular y funciona como sujeto o como complemento: *"Yo vi a Héctor en casa de Mayra, **él** fue a cenar", me dijo Ana.*

elaborado, da ***adj.*** Que requiere mucho trabajo para realizarse: *Hicimos un dibujo muy **elaborado** que tenía muchos detalles y cambios de color, por eso nos tardamos tanto tiempo.*

elaborar ***vb.*** {tr.} **1** Hacer un producto: *En mi pueblo **elaboran** dulces muy sabrosos y los venden en otros lugares.* **2** Idear un proyecto o teoría: *En la universidad, los investigadores **elaboraron** un sistema para reciclar la basura.*

elasticidad ***f.*** Propiedad de los cuerpos de recuperar su forma inicial después de ser estirados o deformados: *Las ligas tienen **elasticidad** y por eso puedo estirarlas y cuando las suelto regresan a su tamaño original.*

elástico ***m.*** Fibra de goma que se estira: *Se me cae el pantalón porque se le rompió el **elástico.***

elástico, ca ***adj.*** **1** Relativo al cuerpo deformado que puede recobrar la forma original. **2** Que se ajusta: *La ropa que uso para hacer ejercicio es **elástica.***

elección ***f.*** **1** Decisión que se toma de entre dos o más opciones: *Los dos muchachos le declararon su amor a Maura, ahora la **elección** es de ella.* **2** ***pl.*** Fecha en que se vota para elegir a personas que ocuparán cargos públicos. Sin. **comicios.**

electivo, va ***adj.*** Se aplica a lo que se elige: *Las afinidades **electivas** es una novela que trata de los laberintos sentimentales.*

electo, ta ***adj./m.*** y ***f.*** Que fue elegido para un cargo: *Mi amigo resultó **electo** como jefe de grupo en su salón de clases.*

elector, ra ***m.*** y ***f.*** Persona que vota en unas elecciones: *En esa casilla hubo muchos **electores,** por eso terminaron muy tarde de contar las boletas.*

electorado ***m.*** Conjunto de los electores de un país o estado: *El **electorado** de Jalisco acudirá a votar el próximo domingo.*

electoral ***adj.*** Relativo a las elecciones o votaciones, al proceso de prepararlas y a los electores.

electorero, ra ***adj./m.*** y ***f.*** **1** Relacionado con las manipulaciones electorales: *Mi padre dice que los políticos dan un uso **electorero** a los programas sociales.* **2** Persona que realiza operaciones e intrigas a favor de un candidato: *Desde que decidió meterse en política ha demostrado ser un **electorero.***

electricidad ***f.*** **1** Fenómeno físico que resulta de la liberación de energía por la creación de una carga eléctrica en los átomos. **2** Corriente eléctrica usada como fuente de energía. Sin. **luz.**

electricista ***m.*** y ***f.*** Persona especializada en la conducción y aplicación de la electricidad.

eléctrico, ca ***adj.*** Que pertenece a la electricidad o produce, funciona o utiliza este tipo de energía: *Compré un despertador **eléctrico** que no funciona cuando no hay luz en mi casa.*

electrificación ***f.*** Provisión o instalación de energía eléctrica: *Mi tío trabaja en la **electrificación** de comunidades rurales.*

electrificado, da. ***adj.*** Dotado de electricidad: *Han comprado una valla **electrificada** para proteger el rancho.*

electrificar ***vb. irreg.*** {tr.} **Modelo 17.** Dotar de instalación eléctrica.

electrización ***f.*** Producción o transmisión de electricidad a un cuerpo: *"Cuando frotas la pluma en la ropa, luego atrae papelitos debido a la **electrización",** nos ha explicado hoy la maestra.*

electrizado, da ***adj.*** Que tiene electricidad: *Un trabajador murió al tocar un cable **electrizado** que había quedado suelto.*

electrizante ***adj.*** Que electriza o causa entusiasmo: *El grupo de tu amigo toca música **electrizante.***

electrizar ***vb. irreg.*** {tr. y prnl.} **Modelo 16.** Producir una carga electrostática en un cuerpo.

electrocardiograma ***m.*** Evaluación gráfica de los latidos del corazón: *El médico mandó a que le hagan a mi abuelo un **electrocardiograma** para revisar si su corazón trabaja de manera correcta.*

electrochoque ***m.*** Aplicación de una descarga eléctrica al cerebro como forma curativa para las enfermedades mentales.

electrocución ***f.*** Muerte a causa de haber recibido una fuerte descarga eléctrica: *Los sentenciados a la silla eléctrica mueren por **electrocución.***

electrocutar ***vb.*** {tr. y prnl.} Matar o morir por descarga eléctrica: *No debes usar aparatos eléctricos cuando estés mojado, porque puedes **electrocutarte.***

electrodinámica ***f.*** Parte de la electricidad que estudia las cargas eléctricas en constante movimiento: *Hicimos un circuito para el proyecto de **electrodinámica.***

electrodo ***m.*** Extremo de cada uno de los conductores fijados a los polos de un generador eléctrico.

electrodoméstico ***m.*** Aparato eléctrico diseñado para usarse en el hogar: *Fui al departamento de **electrodomésticos** de la tienda, porque quería comprar un tostador de pan.*

electroencefalograma ***m.*** Registro gráfico de la actividad eléctrica del cerebro: *Para sacar un **electroencefalograma,** al paciente le colocan electrodos en diferentes partes del cráneo.*

electrófilo ***m.*** Molécula que contiene un átomo deficiente en electrones con carga positiva parcial o completa: *Un **electrófilo** es un reactivo químico.*

electrófilo, la ***adj.*** Que es capaz de aceptar pares de electrones: *En química, estudiamos las sustituciones **electrófilas.***

electroimán ***m.*** Barra metálica que se comporta como imán natural por la aplicación de una corriente eléctrica: *Un **electroimán** pierde sus propiedades magnéticas cuando es desconectado.*

electrólisis o **electrolisis** *f.* Descomposición de un cuerpo o sustancia mediante el paso de una corriente eléctrica: *Entre otras cosas, la **electrólisis** se utiliza para quitar el vello de la cara.*

electrólito o **electrolito** *m.* Compuesto químico que puede descomponerse por electrólisis.

electromagnético, ca *adj.* Relativo al electromagnetismo: *Las ondas **electromagnéticas** se usan para hacer transmisiones por radio.*

electromagnetismo *m.* Parte de la física que estudia la interacción entre corrientes eléctricas y campos magnéticos: *Maxwell demostró las leyes más importantes sobre el **electromagnetismo.***

electrómetro *m.* Instrumento para medir cargas eléctricas.

electromotor *adj./m.* Se aplica al aparato o máquina que trasforma la energía eléctrica en trabajo mecánico: *En la feria, vimos un coche con **electromotor.***

electrón *m.* Partícula subatómica con carga negativa, de vida media estable y cuya masa, igual a 1, es usada como medida de otras partículas subatómicas.

electrónica *f.* Parte de la física que estudia las magnitudes eléctricas.

electrónico, ca *f.* **1** Relativo a los electrones. **2** Relativo a la electrónica: *Las televisiones son aparatos **electrónicos.***

electroquímica *f.* Parte de la química que estudia la obtención de electricidad por reacciones químicas y su influencia en la composición de los cuerpos: *La **electroquímica** se encarga de las relaciones entre los sistemas eléctricos y los químicos.*

electroquímico, ca *adj.* Relacionado con la electroquímica: *He comprado un sensor **electroquímico** que detecta si hay gas.*

electroscopio *m.* Instrumento que permite detectar la presencia de una carga eléctrica.

electroshock *m. Ver* **electrochoque.**

electrostática *f.* Parte de la física que trata de los fenómenos de los cuerpos electrizados en reposo.

elefante, ta *m.* y *f.* Mamífero de gran tamaño, piel gruesa y trompa prensil que tiene a sus lados largos colmillos: *Existen dos tipos distintos de **elefantes,** el africano y el asiático.*

elegancia *f.* Hecho de ser gracioso, de buen gusto, bello: *La **elegancia** del vestido de Irene contrastaba con lo feo de sus zapatos.*

elegante *adj.* Que tiene buen porte y viste con buen gusto.

elegía *f.* Poema lírico por la muerte de una persona.

elegíaco, ca *adj.* **1** Relacionado con la elegía: *La obra **elegíaca** más importante de Jorge Manrique son las coplas a la muerte de su padre.* **2** Triste, lastimero: *Cuando mi abuelo habla de su juventud siempre lo hace con un tono **elegíaco.***

elegibilidad *f.* Cualidad de lo que se puede elegir: *"Si quieres participar en el programa de becas tienes que cumplir con los requisitos de **elegibilidad",** le dijo la secretaria a Sofía.*

elegido, da *m.* y *f.* **1** Persona escogida por una elección. **2** En religión, persona o pueblo predestinado por Dios para la salvación.

elegir *vb. irreg.* {tr.} **Modelo 60.** Preferir a una persona, animal o cosa entre otros semejantes: *Tengo un vestido verde y un vestido rojo, pero **elegí** el rojo para la fiesta porque me gusta más.* SIN. **escoger.**

elemental *adj.* **1** Fundamental, que es lo más importante: *Es **elemental** que hagas el postre como dice la receta, ya que es la única manera de que se vea igual que en la fotografía.* **2** De fácil comprensión: *El problema de matemáticas fue tan **elemental** que todos los alumnos lo resolvimos de manera correcta y rápida.*

elemento *m.* **1** Parte integrante de una cosa: *La comprensión es un **elemento** indispensable en una relación amorosa.* **2** *pl.* Conjunto de fuerzas de la naturaleza: *Cuando el fierro queda expuesto a los **elementos** de la naturaleza, va oxidándose y desintegrándose.*

elenco *m.* Conjunto de actores de un espectáculo: *No fui a ver la obra de teatro porque no me gusta el **elenco** que tiene.*

elevación *f.* **1** Acción de elevar: *En el último año, la **elevación** del precio del petróleo ha afectado a la economía mundial.* **2** Parte más alta de algo: *La **elevación** del terreno nos permitió ver todo el paisaje.* **3** Altura en sentido espiritual: *Su nuevo libro de poemas refleja la **elevación** de sus ideas.*

elevado, da *adj.* **1** Alto, de gran altura: *Desde este edificio se puede ver toda la ciudad porque es muy **elevado.*** **2** Superior: *Para el trabajo de traductor se exige un nivel muy **elevado** en el manejo de las palabras.*

elevador *m. Antill., Méx.* y *Pan.* Ascensor: *Como el **elevador** se descompuso tuve que subir caminando siete pisos hasta el departamento donde vivo.*

elevar *vb.* {tr. y prnl.} **1** Alzar, levantar, poner o llevar algo a un nivel más elevado del que estaba antes: *El avión en que viajamos **se elevó** más allá de las nubes.* SIN. **alzar, levantar.** **2** Mejorar la condición de una persona o cosa: *Gabriela ha **elevado** mucho su promedio escolar, antes sus notas eran regulares y ahora son muy buenas.* SIN. **ascender.** **3** Calcular la potencia de un número.

elidir *vb.* {tr.} Suprimir una letra o palabra al hablar, ya sea por regla o por error: *En la palabra* del, *estamos **elidiendo** una letra* e *al juntar la preposición* de *y el artículo* el.

eliminación *f.* Acción y efecto de eliminar o suprimir: *La **eliminación** de la mancha en la tela no va a ser total porque esa pintura es muy resistente.*

eliminar *vb.* {tr.} **1** Desechar algo o a alguien al hacer una selección: *Durante las competencias de natación, muchos atletas fueron **eliminados** y al final sólo quedaron los tres mejores.* **2** Quitar algo de algún lugar de manera definitiva: *Lavé mi vestido con un jabón muy efectivo que me ayudó a **eliminar** las manchas.* **3** Arrojar fuera del organismo: *Comer frutas y cereales que contengan fibra ayuda a que tu cuerpo **elimine** de manera más fácil los desechos.* SIN. **expulsar.**

eliminatoria *f.* Prueba selectiva que se hace a los participantes en una competencia: *En la primera **eliminatoria,** el número de competidores pasó de 100 a 30.*

eliminatorio, ria *adj.* Que sirve para seleccionar o eliminar: *Son tres pruebas **eliminatorias** y sólo puedes hacer la segunda prueba después de pasar la primera.*

elipse *f.* Curva cerrada, simétrica respecto de dos ejes perpendiculares entre sí: *La Tierra, al girar alrededor del Sol, describe una trayectoria en forma de **elipse.***

elipsis *f.* Frase u oración en la que se suprime o quita una o más palabras: *La frase "Pedro se comió dos chocolates, Marina, tres, y yo, uno", es un ejemplo de **elipsis,** porque el verbo "comer" no se repite.*

elíptico, ca *adj.* **1** De la elipse o con su forma: *Han construido una plaza **elíptica** en el centro de la ciudad.* **2** Relacionado con la elipsis: *Cuando se suprime un verbo en una oración **elíptica,** se reemplaza por una coma.*

elite o **élite** *f.* **Palabra de origen francés.** Minoría selecta: *Mi tía hizo una gran fiesta para la **élite** cultural; solamente asistieron poetas, escritores y pintores famosos.*

elitismo ***m.*** Sistema o actitud que favorece la creación y el desarrollo de élites: *"En el mundo del arte siempre hubo **elitismo**", dijo la maestra de pintura.*

elitista ***adj.*** Relativo a las élites: *Javier es un hombre rico y **elitista** a quien no le importan las necesidades de la gente pobre.*

elitista ***m.*** y ***f.*** Partidario del predominio de las élites.

élitro ***m.*** Ala externa de algunos insectos, que parece de cuero y que protege el ala membranosa posterior cuando está en reposo: *Los **élitros** de las mariquitas o catarinas son rojos y tienen puntos negros.*

elixir o **elíxir** ***m.*** **1** Bebida maravillosa: *La anciana reina envió a sus caballeros en busca del **elixir** de la juventud.* **2** Remedio disuelto en alcohol, para administrarlo como licor medicinal.

ella ***pron.*** **1** Pronombre personal femenino de tercera persona singular, que funciona como sujeto: *En la frase **"ella** fue al cine", ella es un pronombre personal que funciona como sujeto.* **2** Parte de la oración que funciona como complemento si lleva preposición: *En la frase "fui de compras con **ella**", ella es complemento.*

ello ***pron.*** **1** Pronombre personal neutro de tercera persona, que funciona como sujeto neutro: *En la frase **"ello** es terrible", ello es sujeto.* **2** Parte de la oración que funciona como complemento neutro si lleva preposición: *En la frase "me quedé con **ello**", ello es complemento.*

ellos, ellas ***pron.*** **1** Pronombre personal de tercera persona, masculino y femenino, plural, que funciona como sujeto: *En la frase **"ellos** no vinieron", ellos es sujeto.* **2** Parte de la oración que funciona como complemento plural si lleva preposición: *En la frase "salió con **ellas**", ellas es complemento.*

elocuencia ***f.*** Capacidad de hablar o escribir de modo eficaz para convencer, conmover o deleitar: *El escritor que leyó sus poemas conmovió tanto al público con su **elocuencia**, que muchas señoras que estaban ahí se pusieron a llorar.*

elocuente ***adj.*** Que tiene capacidad de hablar o escribir con elocuencia: *Yo no quería participar en el concurso, pero mi maestro fue tan **elocuente** que me convenció.*

elogiable ***adj.*** Que merece alabanza o elogio: *El empeño que pones en estudiar es **elogiable**; si continúas así, serás un gran profesionista.*

elogiar ***vb.*** {tr.} Resaltar las cualidades de alguien o algo al momento de hablar de ello: ***Elogiaron** mucho la casa de Elisa, porque la arregló muy bien y tiene muebles y objetos muy bonitos.*

elogio ***m.*** Alabanza dirigida a alguien o algo: *Su novela era tan buena que recibió grandes **elogios** del público.*

elogioso, sa ***adj.*** Que elogia: *El discurso de Sofía contenía palabras muy **elogiosas** para sus padres y maestros.* SIN. **laudatorio.**

elongación ***f.*** **1** Ángulo entre el Sol y un planeta visto desde la Tierra: *La **elongación** es uno de los elementos que describe una órbita.* **2** Aumento accidental de la longitud de un miembro o un nervio del cuerpo: *Para evitar **elongaciones** se recomienda hacer estiramientos antes y después de hacer deporte.* **3** En mecánica, estiramiento de un resorte: *Si superas el límite de elasticidad por la **elongación** del resorte, no volverá a su forma inicial.* **4** En física, distancia entre el eje de oscilación y la posición del cuerpo móvil: *Debemos calcular la expresión de **elongación** sin recurrir a un movimiento circular para la clase de mañana.*

elote ***m. Amér. C.*** y ***Méx.*** Mazorca tierna de maíz: *Al salir de la escuela, me gusta comprar un **elote** con limón y sal.* SIN. **choclo, jojoto.**

elucidación ***f.*** Aclaración o explicación de algo: *La maestra de psicología nos ha pedido una **elucidación** de los problemas vistos en clase.*

elucidar ***vb.*** {tr.} Explicar o aclarar un problema. *Sherlock Holmes, el detective de las novelas policiacas de sir Arthur Conan Doyle, es un experto en **elucidar** crímenes.* SIN. **dilucidar, resolver.**

eluctable ***adj.*** Que se puede dominar con esfuerzo: *El cáncer es una enfermedad **eluctable**. Si vas al médico a tiempo, es casi seguro que te curarás.* ANT. **inevitable, fatal.**

elucubración ***f.*** Creencia de que algo existe sin tener pruebas sólidas para creerlo: *Hasta que no vea a los marcianos con mis propios ojos, seguiré pensando que la vida en Marte es solamente una **elucubración**.* SIN. **suposición.**

elucubrar ***vb.*** {tr.} Pensar de manera profunda sobre algo: *Muchos científicos **elucubran** durante toda su vida explicaciones sobre el origen del hombre, pero no han podido probarlas.*

eludible ***adj.*** Que se puede evitar con ingenio: *La cita con Javier es **eludible**, sólo tienes que decirle que estás enferma de diarrea.* ANT. **ineludible, inevitable.**

eludir ***vb.*** {tr.} Evitar o librarse de una dificultad o molestia con algún pretexto: *Pude **eludir** la pregunta de mi madre fingiendo tener prisa.* SIN. **cuerpear.**

elusivo, va ***adj.*** Que elude: *Cuando le preguntaron sobre su matrimonio dio respuestas **elusivas** y al final no sabemos si se van a separar.*

email ***m.*** **Palabra de origen inglés.** Correo electrónico: *Desde que compré mi computadora, puedo comunicarme vía **email** con amigos a los que no veo con frecuencia.*

emanación ***f.*** **1** Proceso por el cual las sustancias volátiles abandonan, en forma gaseosa, el cuerpo que las contiene: *Las **emanaciones** del cloro que ponen en la piscina me producen ardor en los ojos.* **2** En química, cuerpo simple gaseoso que proviene de la desintegración del radio, torio o del actinio y que, respectivamente, se denomina radón, torón o actinón.

emanar ***vb.*** {tr. e intr.} **1** Desprenderse el olor o la luz de un cuerpo: *Un delicioso olor a chocolate **emana** del postre recién horneado.* **2** Provenir de algo: *Muchas enfermedades **emanan** de la suciedad y falta de higiene.*

emancipación ***f.*** **1** Liberación: *El movimiento feminista lucha por la **emancipación** de las mujeres que se hallan dominadas por sus padres, esposos y hermanos.* **2** Práctica jurídica por la cual un hijo menor de edad puede hacerse cargo de su persona y responder por sus actos ante la sociedad. **3** Proceso por el cual un país colonizado reclama su independencia política. *Los antiguos reinos hispanoamericanos se convirtieron en repúblicas independientes después de largas luchas por su **emancipación**.*

emancipar ***vb.*** {tr. y prnl.} **1** Liberar o liberarse de la dominación: *Los esclavos lograron **emanciparse** de la tiranía de sus amos.* **2** En derecho, el acto de acabar con el control que los padres ejercen sobre un hijo menor de edad. **3** Luchar por la disolución del vínculo colonial entre dos países: *José Olaya fue un luchador peruano que sacrificó su vida por **emancipar** a Perú de España.*

embadurnado, da ***adj.*** Manchado, embarrado: *Mi tía se asomó por la ventana de su dormitorio con la cara **embadurnada** de una crema blanca que la hacía verse rara.*

embadurnamiento ***m.*** Hecho de untar o ensuciar: *"¡Deja de estar haciendo **embadurnamientos** en la mesa con el puré de espinacas!", me dijo mi madre.*

embadurnar ***vb.*** {tr. y prnl.} Untar, embarrar, ensuciar: *Los niños regresaron de la fiesta con la cara **embadurnada** de los postres y dulces que comieron.*

embajada ***f.*** **1** Mensajes o correo que intercambian los jefes de Estado a través de los empleados que están bajo sus órdenes: *El príncipe de Dinamarca hizo llegar una **embajada** urgente al príncipe de Mónaco.* **2** Cargo y oficina del embajador: *El padre de una amiga está a cargo de la **embajada** de México en Noruega.* **3** Funcionarios que trabajan con el embajador y cumplen sus mandatos: *El embajador ordenó que su **embajada** se encargara de fomentar el intercambio cultural.* **4** Edificio donde se encuentran las oficinas del embajador: *La **embajada** de Perú está en el centro de la capital de México.*

embajador, ra ***m.*** y ***f.*** **1** Diplomático que representa a su país en una nación extranjera: *El **embajador** declaró a la prensa que su país estaba enviando ayuda a las zonas damnificadas por el huracán.* **2** Emisario, mensajero.

embalado, da ***adj./m.*** **1** Envuelto y protegido, empacado: *La televisión que compramos llegó **embalada** y en perfectas condiciones.* **2** Metido de lleno en una actividad: *Felipe está **embalado** y feliz en su nuevo proyecto.* **3** Embalaje: *El nuevo **embalado** de plástico es muy resistente pero contaminante.*

embalaje ***m.*** Caja, cubierta, envoltura o empaquetado adecuado para proteger objetos que se transportan: *El **embalaje** consta de todos los materiales que sirven para conservar y transportar una mercancía.*

embalar ***vb.*** {tr. e intr.} **1** Empaquetar lo que se va a llevar: *Hay que **embalar** con cuidado los platos y las copas para que no se rompan cuando los llevemos a la nueva casa.* **2** Introducir la bala en un cañón sin poner carga de pólvora: *El soldado no pudo disparar el cañón porque lo **embaló**.*

embalarse ***vb.*** {prnl.} **1** Adquirir rapidez al hacer alguna actividad: *El corredor **se embaló** poco antes de llegar a la meta y obtuvo el primer lugar.* **2** Dejarse dominar por un deseo, afán o sentimiento.

embaldosado ***m.*** Suelo cubierto de ladrillos finos.

embaldosar ***vb.*** {tr.} Revestir el suelo con bloques finos de arcilla: *Los albañiles terminaron de **embaldosar** el camino que va desde la calle a mi casa.*

emballenar ***vb.*** {tr.} Armar con láminas flexibles de metal o plástico una prenda de vestir para que no se arrugue: *La costurera **emballenó** el cuello de mi camisa para que no se arrugara.*

embalsamado, da ***adj.*** **1** Se aplica al cadáver preparado con determinadas sustancias para evitar su descomposición: *Los cadáveres **embalsamados** esconden la fealdad de la muerte ante los vivos.* **2** Perfumado.

embalsamador, ra ***adj./m.*** y ***f.*** Que embalsama: *Los **embalsamadores** se encargan de embellecer los cuerpos inertes de las personas por medio de diferentes técnicas.*

embalsamar ***vb.*** {tr. y prnl.} **1** Preparar un cadáver con sustancias aromáticas y antisépticas para evitar su putrefacción o descomposición: *En la Antigüedad, los egipcios **embalsamaban** a sus faraones después de que morían.* **2** Perfumar, aromatizar: *Por la tarde, los jazmines del jardín **embalsaman** el ambiente.*

embalse ***m.*** **1** Líquido retenido en un depósito: *El **embalse** del río provocó que el agua se desbordara e inundara muchas casas del pueblo.* **2** Depósito artificial que se hace para almacenar agua: *Los campesinos construyeron un **embalse** para regar sus campos de cultivo.*

embarazada ***adj./f.*** Se aplica a la mujer que está encinta: *En el parque vi a muchas mujeres **embarazadas**.*

embarazar ***vb. irreg.*** {tr. y prnl.} **Modelo 16. 1** Estorbar, provocar que sea difícil moverse: *El vestido que me compró mi mamá el año pasado **embaraza** mis movimientos porque ahora me queda pequeño.* **2** Hacer que alguien se sienta avergonzado: *Eliseo **se embaraza** cuando tiene que hablar delante de todos los compañeros porque es tímido.* **3** Poner o quedarse encinta una mujer: *Luego de tres años de casados, Julián **embarazó** a Romina y pronto nacerá su hijo.*

embarazo ***m.*** Estado y tiempo que dura el desarrollo de un nuevo bebé dentro del útero de la mujer: *Mi hermana tiene ocho meses de **embarazo**; sólo falta uno más para que nazca su hija.*

embarazoso, sa ***adj.*** Relacionado con lo que embaraza o causa molestia: *En el cine, viví una situación muy **embarazosa** cuando sonó inesperadamente mi celular.*

embarcación ***f.*** Objeto flotante que sirve para transportarse en el agua: *A mis primos les encanta pasar varias horas en el puerto contemplando las **embarcaciones** e imaginando que son marineros.* SIN. **barco.**

embarcadero ***m.*** **1** Sitio en un puerto al que llegan y del que parten las embarcaciones que transportan pasajeros: *El puerto de Veracruz, en México, y el del Callao, en Perú, son dos **embarcaderos** muy importantes.* **2** Muelle construido sobre piedras arrojadas al fondo del mar para facilitar el embarque y desembarque de objetos: *Mi padre trabajó durante diez años en el **embarcadero** metiendo y sacando grandes cajas de los barcos.* **3** Pendiente o pequeña escalera de cemento por la cual se puede bajar a la orilla de los ríos o del mar: *Durante las vacaciones, todas las mañanas bajaba por el **embarcadero** hasta llegar al mar y nadaba un rato.* **4** Especie de plataforma o instalación móvil a la misma altura que los vagones de ferrocarril o la caja de los camiones, desde la que se meten los productos: *Daniel sube todas las mañanas al **embarcadero** y mete en el tren la cosecha.*

embarcar ***vb. irreg.*** {tr., intr. y prnl.} **Modelo 17. 1** Introducir a una persona, cosa o mercancía en un avión, barco o ferrocarril: *Llegué al aeropuerto en el momento en que mi madre **se embarcaba** en el avión que la llevaría a París.* **2** Incluir a alguien o meterse uno en una empresa o negocio, por lo general peligroso o difícil: *Luis **me embarcó** en el negocio de compra y venta de libros usados prometiéndome que ganaría mucho dinero.* **3** Entre los toreros, tirar de la res con el capote o la muleta para dominarla.

embarco ***m.*** Ingreso de personas, cosas o mercancías en un tren, barco o avión: *Había tanta gente despidiéndose de los soldados, que el **embarco** de las tropas duró más de dos horas.*

embargado, da ***adj.*** Se aplica a las personas o los bienes que han sufrido un embargo: *Ayer subastaron todos los muebles **embargados** al actor de cine.*

embargar ***vb. irreg.*** {tr.} **Modelo 17. 1** Embarazar, estorbar, impedir: *Ana llevaba un pantalón tan ceñido que le **embargaba** el movimiento de las piernas y casi no podía caminar.* **2** Turbar los sentidos: *Es tan grande la tristeza que **me embarga** por la muerte de mi padre, que no sé si es de día o de noche.* **3** En derecho, quitarle los bienes a alguien por orden de los jueces: *Le **embargaron** su automóvil porque debía mucho dinero.*

embargo ***m.*** **1** Hecho de quitar los bienes a alguien por mandato judicial: *Si no termino de pagar pronto la deuda, ordenarán el **embargo** de los aparatos electrónicos de mi casa.* **2** ***loc.*** **Sin ~,** no obstante: *El doctor me había prohibido comer chocolates y **sin embargo** me comí una caja entera, por eso ahora estoy enfermo.*

embarnecer ***vb. irreg.*** {intr.} **Modelo 39.** Engordar, hacerse grueso: *Sara es muy delgada, debería* ***embarnecer*** *un poco.*

embarque ***m.*** **1** Embarco: *Nuestra puerta de* ***embarque*** *es la b10.* **2** *loc.* **Tarjeta de ~,** documento que debe tener un pasajero al embarcar en un avión.

embarrado, da ***adj./f.*** **1** Que tiene barro: *La cancha* ***embarrada*** *nos impidió jugar el partido.* **2** Manchado o sucio: *Mi hermana llegó* ***embarrada*** *de pastel de su fiesta de cumpleaños.* **3** ***Amér.*** Desprestigiado, involucrado en algo sucio: *El secretario* ***embarrado*** *limpió su nombre al demostrar con pruebas su inocencia.* **4** ***Amér. Fam.*** Equivocación: *"¡Qué* ***embarrada!****, olvidé las llaves de la casa de fin de semana y ya estamos aquí", exclamó Paulina.*

embarrancar ***vb. irreg.*** {tr., intr. y prnl.} **Modelo 17.** **1** Encajonarse una embarcación en la arena: *Después de estar varios días en medio de la bahía, el bote* ***embarrancó*** *en la playa.* **2** Atorarse en una zanja: *El autobús* ***se embarrancó*** *en un gran agujero que había en la autopista, y tuvieron que llamar a una grúa para que lo sacara.*

embarrar ***vb.*** {tr. y prnl.} **1** Cubrir o manchar con barro o con otra sustancia: *Cada vez que comes chocolates* ***te embarras*** *la boca y las manos.* **2** ***Amér.*** Calumniar: *Irma anda por ahí* ***embarrándome*** *ante todos mis amigos, dice que yo robé su dinero y eso es falso.* **3** ***Amér. Fam.*** Cometer algún delito o equivocación: *¡Ya la* ***embarré!*** *Me olvidé de hacer lo que mi madre me pidió y creo que ahora sí se va a enojar conmigo.* **4** ***Amér. C.*** y ***Méx.*** Involucrar a alguien en un asunto sucio: *José* ***embarró*** *a Marco en el robo a una joyería y ahora los dos están en la cárcel.*

embarullar ***vb.*** {tr. y prnl.} **1** ***Fam.*** Mezclar de manera desordenada cosas o ideas: *"¡Toda tu ropa está* ***embarullada,*** *ahora entiendo por qué nunca encuentras nada de lo que quieres ponerte!", me dijo mi padre.* **2** ***Fam.*** Hacer o decir cosas de manera atropellada: *Cuando tengo que hablar ante mis compañeros de clase me pongo nerviosa y* ***embarullo*** *las palabras, por eso nadie entiende lo que digo.*

embastar ***vb.*** {tr.} Dar puntadas largas en una tela para sujetarla de manera provisional: *La costurera* ***embasta*** *las telas que corta para probárselas a sus clientes y luego las cose.* SIN. **hilvanar.**

embate ***m.*** **1** Golpe fuerte del mar: *Los* ***embates*** *del embravecido oleaje hundieron el barco.* **2** Ataque impetuoso: *En un* ***embate,*** *el toro arrojó por los aires al torero.* **3** Vientos periódicos del Mediterráneo al finalizar el verano.

embaucador, ra ***adj./m.*** y ***f.*** Que embauca: *Fernando es un* ***embaucador*** *y siempre consigue todo lo que pide.*

embaucar ***vb. irreg.*** {tr.} **Modelo 17.** Engañar, engatusar a alguien: *"No debes dejarte* ***embaucar*** *por Pedro, él quiere que le prestes dinero, pero no piensa devolvértelo", aconsejé a mi hermano.*

embeber ***vb. irreg.*** {tr., intr. y prnl.} **Modelo 20.** **1** Absorber un cuerpo sólido otro en estado líquido: ***Embebí*** *un algodón con alcohol y me lo puse en la herida para desinfectarla.* **2** Encogerse, apretarse algo: *Lavé mi saco de lana y* ***se embebió;*** *las mangas me quedan cortas y ya no puedo cerrar los botones.* **3** ***Fam.*** Ensimismarse, embelesarse: *La televisión se ha vuelto para Rocío una obsesión terrible: pasa los días tan* ***embebida*** *que ni siquiera se acuerda de comer.* **4** ***Fam.*** Instruirse a fondo, hacerse experto en una materia: *"Mario se ha* ***embebido*** *en la geografía, le puedes hacer preguntas difíciles y él sabe la respuesta", dije a Andrés.* **5** En tauromaquia, quedarse el toro parado y con la cabeza erguida al recibir la estocada.

embebido, da ***adj.*** **1** Absorto, empapado: *Marcos está* ***embebido*** *desde que le presté el libro sobre el Imperio romano.* **2** Se aplica a los sistemas informáticos de pequeña potencia y reducido consumo: *Los sistemas* ***embebidos*** *están integrados dentro de un dispositivo mayor y su uso es muy específico, diferente del que hacemos con una computadora personal.*

embejucar ***vb. irreg.*** {tr. y prnl.} **Modelo 17.** **1** ***Antill., Colomb.*** y ***Venez.*** Cubrir algo con plantas tropicales de tallos largos llamadas bejucos: *Los hombres* ***embejucaron*** *el techo de la cabaña de la playa.* **2** ***Colomb.*** Enfadarse, enojarse: ***Se embejucó*** *porque tomaste su libro sin pedírselo antes.*

embeleco ***m.*** **1** Embuste, engaño: *"¡Déjate de* ***embelecos*** *y dime qué has hecho con mi dinero!", le exigí a Gerardo.* **2** ***Fam.*** Persona o cosa que causa molestias: *Esteban es un* ***embeleco*** *que llega a mi casa todas las tardes a quitarme el tiempo.*

embelesar ***vb.*** {tr. y prnl.} Cautivar los sentidos, encantar, proporcionar tanto placer que es posible olvidarse de todo: *Estaba tan* ***embelesado*** *viendo a la muchacha que se tropezó y cayó al piso como si fuera un saco de papas.*

embeleso ***m.*** Arrebato, fascinación: *Su* ***embeleso*** *por la cultura india ya me resulta enfermizo.*

embellecedor, ra ***adj.*** **1** Que embellece: *Desde que se arregló los dientes tiene una sonrisa* ***embellecedora.***

embellecer ***vb. irreg.*** {tr. y prnl.} **Modelo 39.** Transformar algo para que sea hermoso: *El alcalde* ***está embelleciendo*** *la ciudad con grandes parques y museos.*

embellecimiento ***m.*** Proceso para aumentar o conseguir belleza: *El nuevo plan de* ***embellecimiento*** *urbano está dando buenos resultados en el centro de la ciudad.*

embestida ***f.*** Ataque violento, acometida: *La* ***embestida*** *del gobierno contra el analfabetismo fue muy efectiva.*

embestir ***vb. irreg.*** {tr. e intr.} **Modelo 47.** **1** Arrojarse con ímpetu un toro: *El toro* ***embistió*** *al torero con tanta fuerza, que salió volando por el aire.* **2** ***Fig.*** y ***Fam.*** Pedir algo con impertinencia: *Mientras Zaida caminaba por el parque, un borracho la* ***embistió*** *para que le diese dinero, y a ella le dio tanto miedo que se fue corriendo.*

emblanquecer ***vb. irreg.*** {tr. y prnl.} **Modelo 39.** **1** Blanquear. **2** Volverse blanco algo de otro color: *Con el tiempo, la mesa se* ***emblanqueció*** *y tuvimos que volver a pintarla de color marrón.*

emblema ***m.*** **1** Símbolo acompañado de una leyenda explicativa. **2** Figura u objeto que sintetiza una idea abstracta.

emblemático, ca ***adj.*** **1** Relacionado con el emblema: *El color verde es un elemento* ***emblemático*** *del Islam.* **2** Relevante o representativo: *Las pirámides son* ***emblemáticas*** *de Egipto.*

emblematizar ***vb.*** {tr.} Simbolizar: *Los celulares* ***emblematizan*** *el rápido desarrollo tecnológico.*

embobamiento ***m.*** Aturdimiento, embeleso: *Su* ***embobamiento*** *se debe a que está enamorado.*

embobar ***vb.*** {tr. y prnl.} **1** Causar admiración: *Es tan guapo que* ***emboba*** *a cualquier muchacha.* **2** Quedarse admirado o absorto: ***Me embobé*** *al ver la enorme cantidad de dinero que Maruja gasta en maquillajes.*

embobinar ***vb.*** {tr.} Bobinar.

embocadura ***f.*** **1** Hecho de embocar o meter por la boca. **2** Sabor de los vinos: *El vino tenía una buena* ***embocadura;*** *todos los invitados pidieron que les sirvieran más.* **3** Sitio por el que los barcos entran o salen de un canal, río o puerto. **4** En música, boquilla de un instrumento de viento: *Acabo de comprar una nueva* ***embocadura*** *para mi trompeta.*

embocar ***vb. irreg.*** {tr.} **Modelo 17.** **1** Meter por la boca: *Como el niño no quería comer, la madre tuvo que taparle* *la nariz y le* ***embocó*** *una buena cantidad de papilla.* **2** Entrar por un paso estrecho una embarcación. **3** En música, aplicar los labios a la boquilla de un instrumento de viento: *Hay que* ***embocar*** *de manera correcta la flauta para que produzca un buen sonido.*

embolatar ***vb.*** {tr. y prnl.} **1** ***Colomb.*** Dilatar, demorar: *El avión* ***se está embolatando*** *demasiado, nos dijeron que llegaría a las tres y ya son más de las cinco.* **2** ***Colomb.*** y ***Pan.*** Engañar: *"¡No trates de* ***embolatarme,*** *tú dijiste que hoy me pagarías mi dinero!", dije a Ricardo.* **3** ***Colomb.*** y ***Pan.*** Enredar, enmarañar un asunto o situación: *Elena* ***embolató*** *la organización de la fiesta y todo terminó siendo un desastre.* **4** ***Colomb.*** Estar absorbido por un asunto, entretenerse: ***Se embolató*** *leyendo la nueva novela que compró y no quiere salir a jugar.*

embolia ***f.*** Obstrucción de un vaso sanguíneo por un coágulo transportado por la sangre: *Mi abuelo se murió porque se le reventó una pequeña vena en el cerebro; es lo que los médicos llaman* ***embolia*** *cerebral.*

émbolo ***m.*** **1** Objeto que se mueve dentro de una máquina que aspira un líquido o un gas, y lo empuja en una dirección, como en una jeringa. **2** En medicina, elemento extraño en la sangre, que impide la circulación y produce una embolia: *Una burbuja de aire en el sistema sanguíneo es un* ***émbolo,*** *y puede causar la muerte.*

embolsar ***vb.*** {tr. y prnl.} **1** Guardar algo en una bolsa: *Hay que* ***embolsar*** *estos panes para que los insectos no se paren sobre ellos.* **2** ***Fam.*** Ganar dinero, en especial en un juego o negocio: *Pedro tiene mucha suerte, hace dos años* ***se embolsó*** *una fortuna que ganó en la lotería y ahora pasea por el mundo entero.*

embonar ***vb.*** {tr. e intr.} **1** ***Cuba, Ecuad.*** y ***Méx.*** Empalmar o hacer coincidir una cosa con otra: *Para fabricar una silla, se* ***embonan*** *las patas con el asiento y el respaldo.* **2** En los barcos, forrar exteriormente con tablas el cuerpo de un buque para ensancharlo: *Para hacerlo más resistente a las olas, los ingenieros mandaron* ***embonar*** *el barco.*

emboquillar ***vb.*** {tr.} Poner boquillas a los cigarrillos: *Sonia* ***emboquilla*** *sus cigarrillos porque dice que así los pulmones se dañan menos: casi toda la nicotina se queda en la boquilla.*

emborrachar ***vb.*** {tr. y prnl.} **1** Poner o ponerse ebrio: *El hombre* ***se emborrachó*** *durante la fiesta y al salir a la calle comenzó a decir tonterías y luego se cayó.* **2** Perturbar, atontar, adormecer: *El perfume de mi hermana* ***me emborracha*** *por el olor tan fuerte.* **3** Mezclarse los colores: *"Si no tienes cuidado al pintar el paisaje, el amarillo del sol* ***se va a emborrachar*** *con el azul del cielo", me dijo el maestro.*

emborrascarse ***vb.*** {prnl.} Ponerse borrascoso: *Hizo un día estupendo pero por la tarde el tiempo* ***se emborrascó*** *y nos fuimos a casa.*

emborronado, da ***adj.*** Con borrones, manchado o descuidado: *Entregó el examen* ***emborronado*** *y la maestra le mandó repetirlo.*

emborronar ***vb.*** {tr.} **1** Hacer borrones en un escrito o dibujo: *La maestra le puso una mala calificación en el trabajo escolar porque lo* ***emborronó*** *tanto que casi no se podía leer.* **2** ***Desp.*** y ***Fam.*** Escribir mal o de manera defectuosa. **3** ***Fam.*** Escribir de manera apresurada y sin cuidado: *Mi hermana contestó una llamada importante para mí pero* ***emborronó*** *el mensaje y no pude leerlo.*

emboscada ***f.*** **1** Hecho de colocar a un grupo de gente en un sitio, para atacar por sorpresa a alguien que acudirá a él: *Los delincuentes planearon una* ***emboscada*** *contra un hombre rico para robarle su dinero.* **2** Asechanza o intriga: *Lo animaron para que hurtara unas manzanas, diciéndole que nadie lo vería. Sin embargo, se trató de una* ***emboscada,*** *ya que el lugar estaba muy bien vigilado.* **3** Operación de guerra que consiste en ocultar una tropa para atacar a otra por sorpresa: *El sargento preparó una* ***emboscada*** *al ejército enemigo: mandó que su tropa se escondiera en el bosque y esperara la señal para disparar contra el otro ejército.*

embotado, da ***adj.*** Entorpecido, debilitado: *Carlos está* ***embotado*** *porque ayer apenas durmió dos horas.*

embotamiento ***m.*** Aturdimiento o debilidad de los sentidos: *El calor me produce* ***embotamiento.***

embotar ***vb.*** {tr. y prnl.} **1** Engrosar el filo o punta de un instrumento que corta: *"Dame otro cuchillo para cortar la carne porque ya* ***se embotó*** *el que tengo y no sirve", me pidió mi padre.* **2** Debilitar o quitar la eficacia de los sentidos: *Tanto alcohol le* ***ha embotado*** *la mente; ya ni siquiera entiende lo que le dicen.*

embotelladora ***f.*** **1** Máquina que sirve para embotellar: *Una* ***embotelladora*** *de agua puede llenar mil garrafones en sólo ocho horas.* **2** Fábrica que se dedica a embotellar: *Cerraron la* ***embotelladora*** *de jugos porque no reunía las condiciones sanitarias.*

embotellamiento ***f.*** Entorpecimiento o falta de circulación de los vehículos.

embotellar ***vb.*** {tr.} **1** Poner en botellas: *Mi madre me pidió que* ***embotelle*** *el jugo de caña que preparó.* **2** Entorpecer el tráfico: *Muchos automóviles* ***embotellan*** *las carreteras al terminar las vacaciones.* **3** Impedir que naves enemigas salgan al mar.

embozado, da ***adj./m.*** y ***f.*** Cubierto del rostro, oculto, enmascarado: *Entraron unos* ***embozados*** *y asaltaron la tienda de mi tía.*

embozar ***vb. irreg.*** {tr. y prnl.} **Modelo 16.** **1** Cubrir el rostro por la parte inferior con un paño: *No pudo identificar a los asaltantes porque* ***se habían embozado*** *y sólo se les veían los ojos.* **2** ***Fam.*** Disfrazar u ocultar lo que uno piensa o siente: *Toto no es sincero; siempre* ***está embozando*** *sus verdaderos pensamientos y deseos.* **3** Obstruir un conducto: *Se* ***embozó*** *la cañería por los restos de comida.*

embozo ***m.*** **1** Parte de una prenda de vestir con que uno cubre la mitad inferior de la cara: *En muchos países del Medio Oriente las mujeres deben usar un* ***embozo*** *cuando salen a la calle.* **2** Doblez de la sábana por la parte que toca el rostro. **3** Disimulo con que se dice o hace algo.

embragar ***vb. irreg.*** {tr.} **Modelo 17.** Establecer la comunicación entre el motor y las partes que debe poner en movimiento.

embrague ***m.*** **1** Mecanismo que permite poner en movimiento una máquina acoplándola al motor. **2** Pedal que sirve para accionar dicho mecanismo. SIN. **clutch.**

embravecer ***vb. irreg.*** {tr. y prnl.} **Modelo 39.** Poner bravo o enfurecerse un animal, el viento o el mar: *En la película que vimos, el mar* ***se embraveció*** *y los protagonistas naufragaron frente a una isla desierta.*

embravecido, da ***adj.*** Se aplica al mar enfurecido, muy agitado: *No podremos bañarnos porque el mar está* ***embravecido*** *y es muy peligroso.*

embrear ***vb.*** {tr.} Untar con brea: *Al* ***embrear*** *la cuerda, me manché los pantalones y mi madre se enojó.*

embriagado, da ***adj.*** Borracho: *Cuando Jaime está* ***embriagado,*** *sólo dice tonterías e insolencias.*

embriagador, ra ***adj.*** Que embriaga: *El tomillo tiene un aroma* ***embriagador.***

embriagante ***adj.*** Embriagador: *Su* ***embriagante*** *canto cautivó al público.*

embriagar ***vb. irreg.*** {tr. y prnl.} **Modelo 17. 1** Emborracharse, beber alcohol hasta quedar ebrio: *Ese hombre no tiene remedio, todas las noches va al bar de la esquina y se* ***embriaga*** *hasta caer al suelo.* **2** ***Fam.*** Cautivar, enajenar, extasiar: *La belleza de Marina lo* ***embriaga*** *tanto que decidió pedirle que sea su novia.*

embriaguez ***f.*** **1** Aturdimiento temporal de los sentidos por beber alcohol en exceso: *La* ***embriaguez*** *de ese señor es muy cómica, intenta bailar con la escoba.* SIN. **ebriedad. 2** Enajenación, éxtasis: *"¡Qué* ***embriaguez*** *escuchar tu voz!", le dijo mi hermano a su esposa.*

embriología ***f.*** Parte de la biología que se dedica al estudio de la formación y el desarrollo del embrión: *La* ***embriología*** *nos ayuda a conocer el inicio de la vida humana.*

embriólogo, ga ***m.*** y ***f.*** Especialista en embriología: *Como mis tíos no pueden tener hijos, han decidido ir con un* ***embriólogo*** *formado en las técnicas de reproducción.*

embrión ***m.*** **1** Organismo en vías de desarrollo que va desde el huevo fecundado hasta un ser con vida activa y autónoma: *Entre los seres humanos, el* ***embrión*** *que tiene más de tres meses se llama feto.* **2** Principio, todavía sin forma, de algo: *Su novela todavía está en* ***embrión,*** *pues apenas ha escrito algunas páginas.*

embrionario, ria ***adj.*** Relacionado con el embrión: *Realizaron estudios* ***embrionarios*** *para determinar enfermedades genéticas.*

embrollado, da ***adj.*** complicado, enredado: *El conferenciante pronunció un discurso muy* ***embrollado*** *sobre la física cuántica.*

embrollar ***vb.*** {tr. y prnl.} **1** Enredar, confundir: *Cuando Mario intenta resolver un problema, lo* ***embrolla*** *todo y no se arregla nada.*

embrollo ***m.*** **1** Enredo, lío: *Cada vez que le pregunto algo a ese profesor, todo lo vuelve un* ***embrollo*** *y al final quedo más confundido que antes.* **2** Mentira, embuste: *Nos dijo que en la fiesta cantaría un grupo de rock, pero fue un* ***embrollo*** *pues sólo escuchamos la radio.* **3** Situación embarazosa de la que no se sabe cómo salir: *Estoy metida en un* ***embrollo*** *horrible: debo dinero a mucha gente y no tengo una moneda para pagar.*

embromar ***vb.*** {tr. y prnl.} **1** Gastar una broma: *Se divierte mucho* ***embromando*** *a sus amigas con un ratón de plástico.* **2** Engañar por diversión y sin deseo de dañar: *"Deja de* ***embromarme*** *y ya dime si es cierto que me gané el primer premio de la lotería", dije a Maura.* **3** ***Argent., Colomb., Cuba, Chile, Perú, P. Rico*** y ***Urug.*** Fastidiar, perjudicar: *Coco me* ***embromó*** *ante el maestro; le dijo que yo había copiado el examen.* **4** ***Chile, Méx.*** y ***Perú.*** Hacer perder el tiempo: *"No me estés* ***embromando,*** *porque ya tengo que ir a la escuela", dije a mi hermana.*

embrujado, da ***adj.*** Encantado, hechizado: *Nadie se atreve a entrar en la casa* ***embrujada*** *que hay en mi calle.*

embrujador, ra ***adj.*** Que embruja: *La música* ***embrujadora*** *del flautista atrapó y sacó de la ciudad a todos los ratones.*

embrujar ***vb.*** {tr.} **1** Hechizar o realizar sobre alguien acciones de brujería que resultan dañinas: *Dice la gente en el pueblo que Anabel se enfermó porque alguien que le tenía mucha envidia la* ***embrujó.*** **2** Ejercer un atractivo extraordinario: *La belleza de Cleopatra* ***embrujó*** *a Marco Antonio tanto, que por amor a ella se quedó a vivir para siempre en Egipto.*

embrujo ***m.*** Hechizo que se hace.

embrutecedor, ra ***adj.*** Que embrutece: *"Las peleas de gallos me parecen crueles y* ***embrutecedoras",*** *dijo Laura.*

embrutecer ***vb. irreg.*** {tr. y prnl.} **Modelo 39.** Entorpecer las facultades del espíritu: *Tomar demasiado alcohol* ***embrutece,*** *ya que se pueden cometer actos horribles sin darse cuenta.*

embrutecido, da ***adj.*** Que se ha rebajado espiritualmente: *La película refleja una sociedad* ***embrutecida,*** *egoísta y llena de odio.*

embrutecimiento ***m.*** Acción y efecto de embrutecer: *El* ***embrutecimiento*** *es una señal de la falta que hace la educación en algunos lugares.*

embuchado ***m.*** **1** Tripa rellena de carne de cerdo picada: *Tengo ganas de comerme un gran pan con* ***embuchado.*** SIN. **morcilla. 2** ***Fam.*** Asunto tras el que se oculta algo más grave e importante: *Me dijo que le había dado un pequeño golpe a mi automóvil, pero eso fue un* ***embuchado*** *porque la verdad es que mi automóvil estaba deshecho.* **3** ***Fam.*** Introducción ilegal y tramposa de votos en una urna electoral: *Los miembros de ese partido ganaron las elecciones por los* ***embuchados*** *que realizaron, pero las autoridades se dieron cuenta y castigaron a los culpables.* **4** ***Fam.*** Palabras que inventa un actor de teatro en su papel y que no estaban escritas: *Es un comediante muy bueno, cuando no recuerda bien lo que tiene que decir, introduce* ***embuchados*** *muy graciosos.*

embudo ***m.*** **1** Utensilio en forma de cono para pasar líquidos de un depósito a otro: *"Pásame el* ***embudo*** *para vaciar el vino del vaso a la botella", dijo Gerardo a Rosalía.* **2** ***loc. Fam.*** **ley del ~,** norma que se aplica de manera desigual: *Tus papás aplicarían la* ***ley del embudo*** *si por hacer la misma travesura, a ti te castigaran y a tu hermana no.*

emburujar ***vb.*** {tr. y prnl.} **1** ***Cuba.*** Embarullar, confundir, mezclar cosas: *Esta niña* ***se emburuja;*** *primero dice que quiere ser doctora y luego dice que la sangre la asusta.* **2** ***Colomb., Guat., Hond., P. Rico*** y ***Venez.*** Arrebujarse, arroparse, cubrirse bien el cuerpo: *"****Emburújate*** *o te vas a resfriar."*

embuste ***m.*** Mentira: *"Ya me cansé de tus* ***embustes;*** *dijiste que no te habías comido mis chocolates y encontré la caja vacía entre tu ropa", dije a mi hermano.*

embustero, ra ***adj./m.*** y ***f.*** Que miente: *No creas nada de lo que te cuente Natalia, es una* ***embustera.***

embutido ***m.*** **1** Hecho de meter una cosa dentro de otra y apretarla. **2** Tripa rellena de carne de cerdo u otra carne picada y aderezada o sazonada: *Entre todos los* ***embutidos*** *me gusta, sobre todo, la salchicha.*

embutir ***vb.*** {tr.} **1** Llenar una cosa con otra y apretarla con fuerza: *Mi oso de peluche se descosió y se le estaba saliendo todo el relleno; entonces mi madre lo* ***embutió*** *de algodón y lo cosió bien.* **2** Introducir carne y condimentos en un trozo de intestino de cerdo, para hacer embutidos: *Está* ***embutiendo*** *lomo, perejil y pimienta en una tripa.* **3** Martillear una pieza de metal para darle una forma determinada. *Los artesanos* ***embuten*** *láminas de cobre para hacer ceniceros.* **4** Encajar de manera artística materias diferentes o de distintos colores en un objeto: *Es una obra artística muy buena, su autor* ***embutió*** *cartón, óleo, acrílico, soga y cerámica.* **5** ***Fam.*** Condensar un contenido cualquiera: *Tengo que* ***embutir*** *este texto de más de cien páginas en sólo veinte y exponerlo en la clase de mañana.*

emergencia ***f.*** **1** Suceso urgente: *La sala de cine tiene varias salidas que van directas a la calle para que la gente salga pronto si ocurre alguna* ***emergencia.*** **2** Hecho de brotar o salir de algo: *De pronto contemplamos la* ***emergencia*** *de una docena de ballenas en medio del mar.*

emergente ***adj.*** Que emerge o nace: *El accidente frenó la* ***emergente*** *carrera de Claudia como pianista.*

emergente ***m.*** y ***f.*** ***Amér.*** Sustituto: *El **emergente** entró al campo de juego y consiguió la victoria para su equipo.*
emerger ***vb. irreg.*** {intr.} **Modelo 41. 1** Salir algo del agua u otro líquido: *Un sapo **emergió** del pantano, llevando en la boca el anillo de oro que la princesa había perdido.* **2** Surgir, aparecer del interior o de atrás de algo: *De la leche fermentada **emergen** bacterias que producen el queso.*
emergido, da ***adj.*** Que ha salido de algún lado: *Llegó un fulano **emergido** de no sé dónde a exigir que desalojáramos la casa.*
emersión ***f.*** **1** Movimiento de un cuerpo que sale de un fluido en el que estaba sumergido: *Los hombres rana lograron la **emersión** de un barco español que había estado hundido por doscientos años.* **2** En astronomía, reaparición de un astro que se había ocultado detrás de otro: *Durante un eclipse ocurre una **emersión.*** **3** En geología, levantamiento de los continentes, motivado por alguna fuerza profunda o por el descenso del nivel medio del mar: *La **emersión** de Europa, Asia, África, Oceanía y América ocurrió hace millones de años.*
emético, ca ***adj./m.*** Se aplica a las sustancias o medicamentos que provocan el vómito: *Tuvimos que darle un **emético** al gato porque se intoxicó.* SIN. **vomitivo.**
emigración ***f.*** Hecho de dejar el propio país para vivir en otro.
emigrante ***m.*** y ***f.*** Persona que dejó su país de origen para vivir en otro: *A principios del siglo xx, muchos **emigrantes** europeos llegaron a América.*
emigrar ***vb.*** {intr.} **1** Dejar el propio país para establecerse en otro: *Hace más de cincuenta años mi padre decidió dejar su pueblo natal en Italia y **emigrar** a la Argentina.* **2** Cambiar de lugar algunas especies animales por razones climáticas, reproductivas o alimenticias: *Cuando llega el invierno, las golondrinas **emigran** hacia el sur, a regiones más cálidas.*
eminencia ***f.*** **1** Elevación del terreno: *Nos dirigimos hacia aquella **eminencia** para, desde ahí, tener una mejor vista del pueblo.* **2** Persona que logra ser la mejor en el desarrollo de su actividad: *Ese cirujano es una **eminencia** en trasplantes de corazón; todas las operaciones que ha hecho fueron exitosas.* **3** Título que se da a los obispos y cardenales: *Su **eminencia,** el obispo de Cuzco, se dirigió hacia el altar de la catedral y dio inicio a la celebración de la misa.*
eminente ***adj.*** **1** Alto, elevado: *Para que se vea mejor, la estatua de ese personaje famoso debe colocarse sobre un terreno **eminente.*** **2** ***Fam.*** Que sobresale entre los de su clase: *Es un **eminente** político, por eso quieren nombrarlo presidente del país.*
emir ***m.*** Entre los árabes, jefe político o militar: *Muchos personajes de los cuentos de* Las mil y una noches *son **emires** encargados de impartir justicia y defender las ciudades.*
emirato ***m.*** Estado que es gobernado por un emir: *El país llamado Emiratos Árabes Unidos, que está junto al golfo Pérsico, agrupa a siete **emiratos,** y es un importante productor de petróleo.*
emisario, ria ***m.*** y ***f.*** **1** Mensajero, generalmente encargado de una misión secreta: *El rey enemigo envió sus **emisarios** al otro rey para comunicarle la rendición de sus tropas.* **2** Canal que evacúa los sobrantes de una laguna o lago: *El lago Titicaca tiene un **emisario** al sur, llamado río Desaguadero.* **3** Canal de desagüe de las aguas negras o sucias.
emisión ***f.*** **1** Hecho de que una cosa produzca otra que sale de ella: *Durante la última semana, el volcán ha tenido una **emisión** de vapor y cenizas.* **2** Serie de cosas producidas en una sola vez: *La nueva **emisión** de sellos postales trae retratos de grandes escritores: Miguel de Cervantes, William Shakespeare, Dante Alighieri.*
emisor, ra ***adj.*** Que produce o pone algo en circulación: *El Sol es un cuerpo **emisor** de calor.*
emisor, ra ***m.*** y ***f.*** Persona que envía un mensaje: *Cuando hablo soy el **emisor** de un mensaje, y cuando yo escucho soy el receptor.*
emisora ***f.*** Establecimiento desde el cual se difunden noticias, música, etc.: *Me gustaría tener mi propio programa de rock en una **emisora** de radio.*
emitir ***vb.*** {tr. e intr.} **1** Despedir una cosa hacia afuera: *Antes de morir, mi perro **emitió** un profundo aullido de dolor.* **2** Exponer o manifestar algo: *Aunque no te guste, **voy a emitir** mi opinión acerca de tu mal comportamiento.* **3** Poner en circulación: *La oficina de correo **emitirá** nuevos sellos postales en honor a un cantante de ópera.* **4** Transmitir por radio o televisión: *El partido de fútbol se **emite** en vivo desde el estadio.*
emoción ***f.*** Agitación del ánimo que nace de una causa pasajera: *Al ver a mi hermana después de diez años, sentí tanta **emoción** que lloré.*
emocionado, da ***adj.*** Agitado, conmovido: *Laura dio un **emocionado** discurso durante la ceremonia de graduación.*
emocional ***adj.*** Relacionado con la emoción, emotivo: *La muerte de su mejor amigo le causó un fuerte impacto **emocional.***
emocionante ***adj.*** Que causa emoción de cualquier tipo: *El partido de fútbol fue muy **emocionante,** se decidió el ganador en penales.*
emocionar ***vb.*** {tr. y prnl.} Causar emoción, conmoverse: *Delia **se emociona** cada vez que ve la obra de Romeo y Julieta.*
emolumento ***m.*** Retribución por un trabajo: *Cada mes recibo mi **emolumento** por trabajar como secretaria en una oficina.*
emotividad ***f.*** **1** Capacidad para emocionar: *La publicidad puede recurrir a la **emotividad** para vender los productos.* **2** Sensibilidad a las emociones: *Claudia acudió al psicólogo para educar su **emotividad** y poder enfrentar todas las situaciones que se le presenten en la vida.*
emotivo, va ***adj.*** **1** Relativo a la emoción o a lo que produce emoción: *Sus palabras fueron tan **emotivas** que todos nos sentimos con ganas de saltar de alegría.* **2** Que tiende a ser afectado por las emociones: *Cuando leyó que la ballena se había tragado a Pinocho, empezó a llorar; es una niña **emotiva.***
empacado ***m.*** Operación de empacar: *"Cuando termines el **empacado** de tu ropa, nos vamos", dijo mi padre.*
empacador, ra ***adj./m.*** y ***f.*** **1** Que empaca: *A Jesús le salió un trabajo de **empacador** de productos farmacéuticos.* **2** Máquina que sirve para empacar: *Cambiaron la **empacadora** por una más moderna que trabaja al vacío.*
empacar ***vb. irreg.*** {tr., intr. y prnl.} **Modelo 17. 1** Meter algo en un empaque: *"Debes **empacar** con cuidado los huevos para que no se rompan", me dijo mi madre.* **2** ***Méx.*** Poner en conserva: *En la despensa tenemos muchos recipientes de vidrio con duraznos, ciruelas, zanahorias y coliflor que mi madre **empaca** durante el verano.* **3** ***Amér.*** Hacer el equipaje: *"Está bien, me iré de tu casa; pero antes voy a **empacar** mis cosas", dije a mi amiga.* **4** ***Amér. C.*** y ***Amér. Merid.*** Pararse una caballería y no querer avanzar: *En medio del desfile los caballos **se empacaron,** los soldados no sabían qué hacer y el público comenzó a reír.* **5** ***Méx. Fam.*** Comerse algo: *Fui a hablar por teléfono y*

cuando regresé, Memo ***se había empacado*** *mi ensalada.*

empachar ***vb.*** {tr. y prnl.} **1** Causar indigestión: *Sergio no fue a clases porque está* ***empachado,*** *ayer comió tantos dulces que terminó con un terrible dolor de estómago.* **2** Avergonzarse o turbarse: *"****Me empacha*** *tener que pedirte dinero prestado, pero ya no tengo y lo necesito", dije a Gerardo.*

empacho ***m.*** **1** Indigestión: *Miguel tiene* ***empacho*** *por comer tanto chocolate.* **2** Vergüenza: *Amalia es muy atrevida, le dijo todo lo que pensaba de él sin ningún* ***empacho.***

empadronado, da ***adj.*** Inscrito en un censo o padrón: *Las personas* ***empadronadas*** *en este municipio tienen acceso gratuito a determinados centros públicos.*

empadronador, ra ***m.*** y ***f.*** Persona que tiene por oficio formar los padrones o registros: *El* ***empadronador*** *visita las viviendas y solicita la información relativa al censo.*

empadronamiento ***m.*** **1** Inscripción de las personas en un censo o padrón: *El* ***empadronamiento*** *es un acto administrativo que se realiza antes de las elecciones.* **2** Lista de los habitantes de un lugar: *Para hacer el* ***empadronamiento*** *se visitan todos los edificios de la ciudad.*

empadronar ***vb.*** {tr. y prnl.} Inscribir a uno en un padrón o registro: *Las autoridades* ***empadronan*** *a la población para saber cuántos somos, qué edad tenemos, a qué nos dedicamos, cuánto ganamos, etc.*

empalagar ***vb. irreg.*** {tr., intr. y prnl.} **Modelo 17. 1** Hartar un alimento dulce: *Después de comerse diez postres diferentes, dijo que el flan lo* ***había empalagado.*** **2** ***Fam.*** Fastidiar, hastiar, aburrir: ***Me empalaga*** *estudiar latín; preferiría aprender francés.*

empalago ***m.*** **1** Hartazgo de dulce: *El helado de vainilla me produce* ***empalago.*** **2** ***Fam.*** Aburrimiento, fastidio: *El* ***empalago*** *de la charla me dejó sin ganas de ir a la fiesta.*

empalagoso, sa ***adj.*** **1** Que empalaga: *Ese caramelo de miel era tan* ***empalagoso*** *que lo tiré.* **2** Se aplica a las personas muy dulces o excesivas en su demostración de cariño: *Durante los primeros meses de casados eran tan* ***empalagosos*** *que nadie quería visitarlos.*

empalar ***vb.*** {tr. y prnl.} **1** Atravesar con un palo o una estaca: *Durante la excursión cazamos un conejo y lo* ***empalamos*** *para asarlo en una fogata.* **2** ***Chile.*** Sentir entumidas partes del cuerpo: *Ese frío tan intenso me* ***empaló*** *las manos y casi no puedo moverlas.* **3** ***Chile*** y ***Perú.*** Llenarse de orgullo.

empalidecer ***vb. irreg.*** {tr. e intr.} **Modelo 39.** Poner pálido algo, o ponerse pálida una persona: *Maura* ***empalideció*** *cuando el profesor le dijo que pasara al frente a explicar la clase, pues no había estudiado nada.*

empalizada ***f.*** **1** Cerca o valla hecha con tablas clavadas en el suelo: *Mi padre está construyendo una* ***empalizada*** *alrededor del jardín para que los perros no se metan a orinar sobre las flores.* **2** Entre los militares, defensa formada por palos amarrados con alambres: *La* ***empalizada*** *que mandó construir el coronel no sirvió de mucho, porque el enemigo atacó con balas de cañón.*

empalizar ***vb.*** {tr.} Cercar un terreno con una empalizada: *Para dejar bien claros los límites de su terreno, el vecino* ***empalizó*** *su jardín.*

empalmar ***vb.*** {tr., intr. y prnl.} **1** Unir dos cosas: *Para que funcione la grabadora debes* ***empalmar*** *esos dos alambres.* **2** Unirse dos ferrocarriles o carreteras: *"Camina dos kilómetros hacia el norte; ahí el camino* ***se empalma*** *con una carretera que te llevará a la ciudad", indiqué al viajero.* **3** Seguir una cosa a continuación de otra sin interrupción: ***Empalmé*** *mi clase de matemáticas con la de literatura y saliendo de una, entro a la otra.*

empalme ***m.*** **1** Unión o enlace: *Hicimos un* ***empalme*** *con cinta aislante para unir los cables y colocar la lámpara.* **2** Punto de entronque de dos ferrocarriles o carreteras: *No deberías tomar esa carretera porque el* ***empalme*** *con la autovía está cerrado por obras.* **3** Lo que empalma con otra cosa: *La nueva línea de camiones es el* ***empalme*** *entre las dos ciudades.*

empanada ***f.*** **1** Alimento que consiste en una envoltura de pan rellena de distintos ingredientes: *Mi abuela está horneando unas ricas* ***empanadas*** *de carne.* **2** ***Fam.*** Hecho de disimular algo: *Es muy afecta a las* ***empanadas;*** *hace cosas incorrectas y después dice que ella no lo hizo.*

empanadilla ***f.*** Alimento pequeño en forma de media luna y relleno de pollo, arroz o cualquier otro ingrediente: *Mi abuela preparó* ***empanadillas*** *de carne y de frutas para la cena.*

empanar ***vb.*** {tr. y prnl.} **1** Rellenar una empanada: ***Empané*** *la masa con carne picada, cebolla, aceitunas y pasas.* **2** Pasar alguna carne por huevo batido y harina o pan rallado, para luego freírla: *Alicia* ***empanó*** *los filetes de pescado y luego los puso en el aceite hirviendo.* SIN. **empanizar. 3** Sofocarse los sembrados por exceso de semilla: *Nuestros campos se* ***empanaron*** *porque sembramos demasiadas semillas de papa.*

empantanar ***vb.*** {tr. y prnl.} **1** Inundar un terreno: *Todas mis plantas se ahogaron porque dejé la manguera abierta todo un día y el jardín* ***se empantanó.*** **2** ***Fam.*** Detener, obstaculizar o dilatar el curso de un asunto: *Este abogado no me gusta; creo que está* ***empantanando*** *el juicio para que le demos más dinero.*

empañar ***vb.*** {tr. y prnl.} **1** Envolver a un niño en pañales: *Ya tiene cuatro años pero aún hay que* ***empañarlo*** *porque orina los pantalones.* **2** Perder o quitar el brillo o la transparencia: *Esas joyas* ***se empañaron,*** *pero las limpié y ahora lucen como nuevas.* SIN. **opacar. 3** Cubrirse un cristal por el vapor del agua: *El agua de la bañera estaba tan caliente que los espejos del baño* ***se empañaron.*** **4** ***Fam.*** Desacreditar o manchar la reputación o mérito de alguien: *Sus enemigos trataron de* ***empañar*** *su fama de gran pintor cuando lo acusaron de no ser el verdadero autor de sus pinturas.*

empañetar ***vb.*** {tr.} **1** ***Amér. C., Ecuad.*** y ***P. Rico.*** Fabricar una pared con barro, paja y excremento de animal: *Eran tan pobres que sólo pudieron* ***empañetar*** *los cuatro muros de su casa y poner un techo fabricado con hojas de palmera.* **2** ***Colomb., Ecuad.*** y ***P. Rico.*** Recubrir las paredes con una pasta hecha a base de cal, para que presenten una superficie lisa.

empapado, da ***adj.*** **1** Mojado, calado: *Mi hermano llegó* ***empapado*** *por la lluvia.* **2** ***Fam.*** Instruido, conocedor de una materia: *Ha estudiado tanto la Revolución Industrial que está* ***empapado*** *de ese tema.*

empapar ***vb.*** {tr. y prnl.} **1** Penetrar mucho líquido en un cuerpo: *"Cámbiate de ropa, que el sudor* ***empapó*** *la que traes", me dijo mi madre.* SIN. **ensopar, mojar. 2** Absorber: *Florinda trajo una esponja para* ***empapar*** *el café que tiré sobre la mesa.* **3** ***Fam.*** Enterarse bien de algo: *"Cuando* ***te empapes*** *del problema de matemáticas, me gustaría que me ayudaras a resolverlo, porque yo no le entiendo", dije a mi hermano mayor.* **4** Hartarse de comida: *Comí tantos postres que* ***me empapé,*** *y ahora tengo náuseas.*

empapelado ***m.*** **1** Acción y efecto de empapelar. **2** Papel que cubre una superficie: *La humedad destrozó el* ***empapelado*** *de la sala.*

empapelar ***vb.*** {tr.} **1** Cubrir con papel: *Quiero **empapelar** mi habitación de color azul.* **2** Formar una acusación criminal o expediente administrativo contra alguien: *El reo **fue empapelado** por las autoridades antes de ser llevado a la prisión: le hicieron muchas preguntas y una secretaria escribía cada respuesta que él iba dando.* **3** ***Perú.*** Censurar, criticar, poner en evidencia a alguien.

empaque ***m.*** **1** Hecho de atar un conjunto de ropas o telas: *Llevé el **empaque** de la ropa sucia al lavadero y me puse a lavarla.* **2** ***Colomb., Méx.*** y ***P. Rico.*** Trozo de material para mantener cerradas de manera hermética dos piezas distintas. **3** ***Colomb., C. Rica*** y ***Méx.*** Pieza de caucho o hule que sirve para apretar las junturas de dos piezas de un aparato.

empaque ***m.*** **1** Seriedad con algo de pedantería o falta de naturalidad: *Percibí cierto **empaque** en el maestro, creo que finge ser más estricto de lo que en verdad es.* **2** ***Chile, Perú*** y ***P. Rico.*** Descaro, desfachatez: *Este hombre tiene un **empaque** asombroso, no me paga lo que me debe y todavía quiere que le preste más dinero.* **3** ***Amér.*** Acción y efecto de pararse un animal y no querer seguir la marcha: *Ya estoy cansada de los **empaques** de este asno. La última vez se detuvo en medio del camino durante más de tres horas.*

empaquetado ***m.*** Acción de empaquetar: *"El **empaquetado** de regalos lo realizan en la planta baja", nos dijo la dependiente.*

empaquetador, ra ***m.*** y ***f.*** Persona que empaqueta por oficio: *El **empaquetador** de esa tienda conoce todas las técnicas para embalar los diferentes productos.*

empaquetar ***vb.*** {tr.} **1** Envolver objetos: *"Quiero que **empaquetes** estos adornos de Navidad y que los guardes en el sótano para utilizarlos el próximo año", me dijo mi madre.* **2** ***Fam.*** Meter en una habitación un número excesivo de personas. **3** ***Fam.*** Imponer un castigo: *"Si sigues portándote mal voy a tener que **empaquetarte** y no podrás salir a jugar con tus amigos", me dijo mi tío.* **4** ***Argent.*** y ***Urug. Fam.*** Engañar a alguien: *Evaristo **empaquetó** a Nélida; le dijo que se casaría con ella pero nunca lo hizo.*

emparamar ***vb.*** {tr. y prnl.} **1** ***Colomb.*** y ***Venez.*** Quedarse helado por el frío: *El frío de la tarde te **está emparamando;** mejor entra a la casa y bebe algo caliente.* **2** ***Colomb.*** y ***Venez.*** Mojar mucho la lluvia o la humedad: *La lluvia de anoche **emparamó** la ropa que dejaste en el jardín.*

empardar ***vb.*** {tr.} ***Argent.*** y ***Urug.*** Empatar, de manera particular en el juego de cartas: *Hubo dos ganadores en el juego de póquer porque Coco y Olenka **empardaron.***

emparedado ***m.*** Bocadillo preparado con rebanadas de pan de caja: *Cuando no tengo tiempo de almorzar, como un **emparedado** de jamón y queso.* Sin. **sándwich.**

emparedado, da ***adj.*** Encerrado o preso por castigo o penitencia: *En el cuento había una princesa **emparedada,** su padre la había encerrado en la torre más alta del castillo por haberlo desobedecido.*

emparedar ***vb.*** {tr. y prnl.} **1** Encerrar a una persona en un lugar que carece de comunicación con el exterior: *Por pelearse con otro preso, **fue emparedado** en un sótano durante varias semanas.* **2** Ocultar algo en una pared, o entre dos muros: *"Tuviste mucha suerte en encontrar el tesoro que el abuelo **emparedó** en los muros de la biblioteca hace veinte años", me dijo mi hermano.*

emparejado, da ***adj.*** Que está al mismo nivel: *Después de tomar las medidas por segunda vez, el librero quedó **emparejado.***

emparejar ***vb.*** {tr., intr. y prnl.} **1** Formar una pareja: *Gregorio y Marcela se conocieron, se enamoraron, **se emparejaron** y ahora forman una familia con tres hijos.* **2** Poner una cosa a nivel con otra: *De un lado tengo el pelo más corto y de otro más largo; voy a ir a la peluquería para que lo **emparejen.*** **3** Alcanzar a alguien que iba adelante: *Al principio tenía las peores calificaciones de su clase, pero estudió tanto que logró **emparejarse** con los demás.* **4** Ser pareja una cosa con otra. **5** En zoología, aparear: *Mi gato y su gata **se emparejaron,** y ya nacieron seis hermosos cachorros.* Sin. **cruzar.** **6** ***Méx.*** Equilibrarse en la economía a través de una actividad secundaria: *No gano mucho dinero como profesora de inglés, por eso **me emparejo** vendiendo tartas que yo misma preparo.*

emparentar ***vb. irreg.*** {intr.} **Modelo 3.** Contraer parentesco por medio de casamiento: *"Cuando te cases con mi hermana **emparentaremos;** tú y yo seremos cuñados", dije a Rodrigo.*

empastado ***m.*** **1** Cubierta de un libro con pasta o tapas duras: *Ese libro de lujo tiene un **empastado** de piel.* **2** Tapón de pasta que cubre el hueco de una caries: *El dentista limpió bien la caries y colocó el **empastado** de metal definitivo.*

empastar ***vb.*** {tr. y prnl.} **1** Rellenar el hueco de una caries dental: *El dentista quitó la caries de la muela y luego la **empastó.*** **2** Proteger y embellecer la cubierta de los libros: *Miguel cuida mucho sus libros, cada vez que compra uno nuevo lo **empasta** para que se vea bonito y no se maltrate.* **3** ***Argent.*** y ***Chile.*** Padecer gases intestinales el ganado que ha comido pasto. **4** ***Chile, Méx.*** y ***Nicar.*** Convertir en prado un terreno: *El alcalde mandó **empastar** la plaza del pueblo para que se vea mejor.* **5** ***Chile.*** Llenarse de maleza un terreno sembrado: *El sembradío **se empastó** porque no lo cuidamos.*

empaste ***m.*** **1** Acción y efecto de empastar. **2** Materia que rellena el hueco producido por una caries en el diente: *Mi abuelo tiene **empastes** dorados en sus muelas.*

empatar ***vb.*** {tr. e intr.} **1** Obtener el mismo número de votos en una elección dos o más candidatos: *Si dos candidatos **empatan,** entonces habrá una segunda vuelta electoral.* **2** En deportes, obtener el mismo número de tantos o puntos los jugadores: *No hubo ganador en el partido de fútbol, porque los dos equipos **empataron.*** **3** ***Colomb., C. Rica, Méx., P. Rico*** y ***Venez.*** Empalmar una cosa con otra: *Para hacer el vestido, mi madre cortó dos telas, las **empató** y las cosió.* **4** ***Colomb.*** Gastar el tiempo en cosas molestas.

empate ***m.*** Igualdad entre dos o más concursantes o equipos, que obtienen los mismos tantos en un encuentro: *Nadie ganó el partido, fue un **empate** a dos goles.*

empatía ***f.*** Identificación con otra persona o grupo, hecho de ponerse en su lugar y percibir lo que siente: *Hay tal **empatía** entre esas dos amigas, que una siempre se da cuenta cuando la otra está triste, alegre o preocupada.*

empecinado, da ***adj.*** Obstinado, terco: *Julián está **empecinado** con la idea de pintar los vidrios de su cuarto de negro, por más que sus padres le dicen que eso es una locura.*

empecinamiento ***m.*** Obstinación, terquedad: *Su **empecinamiento** en ganar dinero no le dejó ver el error que cometía abandonando sus estudios.*

empecinarse ***vb.*** {prnl.} Obstinarse, aferrarse: *Leonardo va a salir de viaje a pesar de estar enfermo, pues ya **se empecinó** en ello.*

empedernido, da ***adj.*** Que tiene muy arraigada una costumbre o vicio: *Es un fumador **empedernido,** no deja el cigarrillo aunque sabe que está dañando su salud.*

empedrado ***m.*** Pavimento constituido por piedras: *El **empedrado** de ese pueblo le da un aspecto muy particular, parece como si fuera antiguo.*

empedrar ***vb. irreg.*** {tr.} **Modelo 3. 1** Cubrir el suelo con piedras. **2** *Fam.* Cubrir una superficie con objetos extraños a ella: *Los orfebres hicieron la corona de la reina con oro y la* ***empedraron*** *con diamantes.*

empeine ***m.*** Parte superior del pie, entre el tobillo y el principio de los dedos: *Los niños pequeños tienen el* ***empeine*** *muy abultado, parece una papa.*

empellón ***m.*** Empujón fuerte: *Vino corriendo y me dio un* ***empellón*** *tan fuerte que caí al suelo.*

empelotarse ***vb.*** {prnl.} **1** Quedarse en pelotas. **2** *Fam.* Entrar en desorden o confusión. **3** *Argent. Vulg.* Aburrirse, hartarse. **4** *Cuba* y *Méx.* Enamorarse apasionadamente: *Evaristo* ***se empelotó*** *con su secretaria y se casó con ella después de dos semanas de conocerla.* Sin. **encamotarse.**

empeñar ***vb.*** {tr. y prnl.} **1** Dar una cosa como garantía de un préstamo: *Tuve que* ***empeñar*** *mi reloj para conseguir el dinero que necesitaba.* **2** Emplear a alguien como mediador para conseguir algo. **3** Endeudarse. **4** Insistir con tesón en algo: *Se la pasa estudiando alemán todo el día porque* ***se empeña*** *en aprender ese idioma.* **5** Interceder para que alguien consiga lo que pretende.

empeño ***m.*** **1** Obligación de pagar que tiene la persona que deja un objeto en garantía de un préstamo. **2** Deseo intenso por conseguir algo: *Tengo un gran* ***empeño*** *por ese libro caro; ahorraré para poder comprarlo.* **3** Tesón y constancia: *Pone mucho* ***empeño*** *en aprender a leer, creo que pronto leerá sin dificultad.* **4** Intento o misión: *El príncipe murió en el* ***empeño*** *de salvar a su amada.* **5** *Méx.* Casa de empeños o lugar autorizado al que se acude para obtener dinero, dejando en prenda algún objeto de valor: *Le dije a Paula que no se preocupara por el dinero, que yo lo conseguiría llevando una joya al* ***empeño.***

empeñoso, sa ***adj. Amér.*** Se refiere a la persona que persevera y se esfuerza para lograr un fin: *Marina es muy* ***empeñosa,*** *estudia de día y trabaja de noche para poder recibirse de bióloga.*

empeorar ***vb.*** {tr., intr. y prnl.} Poner o ponerse peor, desmejorar: *Tuvimos que llevar al niño al hospital, porque su resfrío* ***empeoró.***

empequeñecer ***vb. irreg.*** {tr., intr. y prnl.} **Modelo 39. 1** Hacer o hacerse una cosa más pequeña. **2** Disminuir o quitar importancia a algo, al compararlo con otras cosas: *Mi problema me parecía enorme, pero al ver los sufrimientos graves de otras personas, el mío* ***se empequeñeció.***

empequeñecido, da ***adj.*** Disminuido en tamaño o importancia: *"Me sentí* ***empequeñecida*** *ante el inmenso auditorio atestado de gente", dijo la cantante a los periodistas.*

emperador ***m.*** **1** Soberano de un imperio: *Carlomagno fue* ***emperador*** *del Sacro Imperio Romano.* **2** Título transitorio que se daba en Roma a los generales victoriosos: *Cuando el gran guerrero conquistó el reino vecino, lo homenajearon nombrándolo* ***emperador.*** **3** Pez marino que mide hasta 4 m de longitud, de piel con tonos negros y blancos sin escamas; su nariz es larga y rígida, por lo que también se le conoce como *pez espada.*

emperatriz ***f.*** **1** Esposa de un emperador: *Catalina de Rusia fue nombrada* ***emperatriz*** *cuando se casó con Pedro el Grande.* **2** Soberana de un imperio: *Isabel de Portugal fue reina de España y* ***emperatriz*** *de Alemania.*

emperifollado, da ***adj.*** Adornado en exceso, muy acicalado: *Mi abuela me contó que sus amigas iban muy* ***emperifolladas*** *para ir al teatro.*

emperifollar ***vb.*** {tr. y prnl.} *Fam.* Adornar en exceso: *Mi hermana* ***se emperifolla*** *cada vez que su novio viene a visitarla.*

empero ***conj.*** Pero, sin embargo: *El caballero cantó bajo el balcón de su amada,* ***empero*** *ella jamás salió a verlo porque era sorda.*

emperrarse ***vb.*** {prnl.} *Fam.* Empeñarse u obstinarse en una cosa: ***Se emperró*** *en casarse a pesar de que todos le dijimos que su novia lo engaña con otro muchacho.*

empezar ***vb. irreg.*** {tr. e intr.} **Modelo 4. 1** Dar principio a algo: *La clase de matemáticas* ***empieza*** *a las diez de la mañana.* **2** Principiar a consumir algo: ***Empecé*** *mi postre antes de comer el guiso y mi madre me regañó.* **3** Pasar una cosa de no existir, hacerse u ocurrir, a existir, hacerse u ocurrir: *Pensé que la planta se había muerto, pero un día* ***empezó*** *a retoñar.* **4** Seguido de la preposición "a" y de un verbo en modo infinitivo, expresa comienzo de la acción indicada por ese infinitivo: ***Empezaré*** *a servir la cena a las siete de la noche.*

empinar ***vb.*** {tr. y prnl.} **1** Enderezar y levantar en alto una cosa: *Entre mis amigos y yo* ***empinamos*** *el árbol que se había caído.* **2** Levantarse alguien sobre las puntas de los pies, o un animal sobre las patas traseras levantando las delanteras: *Cuando le voy a dar un beso a mi padre tengo que* ***empinarme,*** *porque es alto y no lo alcanzo.* **3** *Fam* Alcanzar gran altura las montañas, las torres y los árboles. **4** *loc. Fam.* **~ el codo,** beber mucho vino o licor: *Roberto se pasó la fiesta* ***empinando el codo*** *y ahora está muy ebrio y enfermo.*

empipada ***f.*** *Chile, Ecuad.* y *P. Rico.* Atracón, hecho de comer de manera abundante: *Ayer me di una* ***empipada*** *de pan con queso porque tenía un antojo terrible.*

empírico, ca ***adj.*** Que se apoya en la experiencia: *Francisca es una partera* ***empírica*** *porque nunca fue a la escuela, pero ha ayudado a más de cien mujeres a dar a luz.*

empírico, ca ***m.*** y ***f.*** En filosofía, partidario del empirismo.

empirismo ***m.*** Corriente filosófica según la cual el conocimiento proviene de la experiencia: *Cuando me baso en el* ***empirismo*** *quiero decir que toda afirmación que hago debe tener pruebas que se puedan oler, tocar, gustar, oír o ver.*

empirista ***adj./m.*** y ***f.*** Partidario del empirismo: *En la clase de filosofía hemos estudiado el pensamiento de los* ***empiristas*** *Locke y Hume.*

empitonar ***vb.*** {tr.} Prender el toro algo o alguien con el pitón o extremo superior del asta: *El torero fue* ***empitonado*** *por el toro y lo llevaron al hospital a que le curaran la herida.*

emplastar ***vb.*** {tr. y prnl.} Colocar emplastos.

emplasto ***m.*** **1** Preparado que posee propiedades curativas y cuyo uso es sólo externo: *Mi abuela me colocó un* ***emplasto*** *de hierbas en el tobillo para que me quitara el dolor que me causó la torcedura.* **2** *Fam.* Arreglo poco satisfactorio: *Mi contrato de trabajo es un verdadero* ***emplasto;*** *tuve que aceptar un sueldo muy bajo y un horario largo porque me urge trabajar.* **3** *Fam.* Persona delicada de salud: *Desde chico ha sido un* ***emplasto;*** *siempre está enfermo de algo.* **4** *Fam.* Parche, pegote: *La maestra lo reprendió porque le entregó el trabajo en una hoja de papel llena de* ***emplastos.*** **5** Defecto superficial en una pieza de fundición, formado por una mezcla de arena y metal fundido: *El herrero tuvo que reparar la herradura porque tenía un pequeño* ***emplasto*** *que lastimaba al caballo.*

emplazamiento ***m.*** **1** Fijación de un plazo para realizar algo: *El* ***emplazamiento*** *de la próxima reunión de vecinos será el martes a las ocho de la mañana.* **2** Citación, notificación judicial: *"El* ***emplazamiento*** *es una notificación personal que se hace al demandado para llamarlo a juicio",* *nos explicó el abogado.* **3** Situación, ubicación: *El* ***emplazamiento*** *del nuevo hospital está muy cerca de nuestra casa.*

emplazar ***vb. irreg.*** {tr.} **Modelo 16. 1** Citar a alguien en determinado tiempo y lugar: ***Emplacé*** *a Marina para que nos encontremos en un restaurante a las cinco de la tarde.* **2** Requerir de manera judicial a una persona para que acuda ante los tribunales: *La señora Márquez* ***fue emplazada*** *por la Corte para que rinda su testimonio pasado mañana.*

emplazar ***vb. irreg.*** {tr.} **Modelo 16.** Situar, acomodar algo en un lugar determinado: *El ministerio de educación* ***emplazó*** *sus nuevas oficinas en el centro de la ciudad.*

empleado, da ***m.*** y ***f.*** Persona que desempeña un trabajo retribuido con un salario, sobre todo en una oficina o establecimiento comercial: *Las* ***empleadas*** *de esa tienda usan uniforme azul con adornos rojos.*

empleador, ra ***m.*** y ***f.*** Persona o empresa que da empleo a otras personas: *El* ***empleador*** *de mi hermano le pagará el viaje a Canadá para capacitarse en el uso de la nueva maquinaria.*

emplear ***vb.*** {tr. y prnl.} **1** Usar, utilizar: *"Debes* ***emplear*** *harina integral y miel en la preparación de estas galletas", me dijo mi abuelita.* **2** Destinar dinero a la compra de cosas: ***Emplearé*** *mis ahorros en la compra de una bicicleta nueva.* **3** Invertir una cosa para hacer o conseguir algo: ***Emplearemos*** *todas nuestras energías en encontrar la solución al problema de matemáticas.* **4** Dar empleo: *Hace más de veinte años que me* ***emplearon*** *en esta empresa.*

empleo ***m.*** **1** Hecho de dar trabajo a alguien: *Mi tío ofreció darme un* ***empleo*** *de vendedor de dulces en el zoológico.* **2** Ocupación, trabajo retribuido: *Tengo un buen* ***empleo*** *en la tienda de ropa; me pagan el dinero que necesito para seguir estudiando.* **3** Entre los militares, cada uno de los escalones de su jerarquía: *El* ***empleo*** *de general es más importante que el de coronel.*

emplomar ***vb.*** {tr.} **1** Cubrir o soldar con plomo: *Ernesto es un artista que* ***emploma*** *trozos de cristal con los que hace lámparas muy bonitas.* **2** ***Argent.*** y ***Urug.*** Rellenar con una pasta especial los huecos dejados en los dientes por las caries: *Mientras comía se me salió el empaste de la muela y tuve que ir con el dentista para que la* ***emplomara*** *otra vez.*

emplumar ***vb.*** {tr.} **1** Poner plumas a algo: *Laura* ***emplumó*** *una funda de tela y le quedó una bonita almohada.* **2** Castigar a alguien cubriéndole el cuerpo con alguna sustancia grasosa a la que se adhieren plumas: *Los jefes de la tribu* ***emplumaban*** *a los jóvenes que no querían trabajar.* **3** ***Fam.*** Arrestar, condenar: *Lo* ***emplumaron*** *porque los policías lo descubrieron robando en una casa.* **4** ***Amér. C.*** y ***Cuba.*** Engañar: *Por no fijarme bien me* ***emplumaron:*** *pagué un kilo de queso y me dieron sólo medio kilo.* **5** ***Ecuad.*** Enviar a alguien a algún sitio de castigo: *La esquina del salón de clases es el lugar donde el maestro* ***empluma*** *a los alumnos que se portan mal.* **6** ***Chile, Colomb., Ecuad.*** y ***P. Rico.*** Huir.

empobrecer ***vb. irreg.*** {tr., intr. y prnl.} **Modelo 39. 1** Quitar o disminuir a alguien los medios de subsistencia. **2** Caer en un estado en el que no se tiene lo necesario para vivir: *Durante las guerras, muchas personas* ***empobrecen*** *porque las cosas suben de precio y no hay trabajo.*

empobrecimiento ***m.*** **1** Agotamiento o mengua de lo que se posee: *El escritor habló en su charla sobre el* ***empobrecimiento*** *cultural de la sociedad.* **2** Caída en el estado de pobreza: *Las lluvias torrenciales provocaron el* ***empobrecimiento*** *de la región.*

empollar ***vb.*** {tr., intr. y prnl.} **1** Incubar o calentar el ave los huevos para que nazcan polluelos: *Esa pequeña ave no se mueve del nido desde hace varios días porque es una hembra que* ***está empollando.*** **2** ***Fam.*** Estudiar mucho. SIN. **matarse. 3** Producir cría las abejas: *Las abejas reinas* ***empollan*** *y las obreras cuidan y alimentan a las larvas.* **4** Levantar ampollas: *Como mis zapatos nuevos me aprietan, se* ***me empolló*** *el pie.* SIN. **ampollar.**

empolvado, da ***adj.*** **1** Cubierto de polvo: *Saqué el* ***empolvado*** *álbum de fotos de mis abuelos para mostrárselo a mi hija.* **2** Con polvos: *Los guantes* ***empolvados*** *son más fáciles de poner.* **3** Maquillado con polvos de tocador: *"La señora de aquella mesa está tan* ***empolvada*** *que parece una muñeca de cerámica", dijo Lucía.*

empolvar ***vb.*** {tr. y prnl.} **1** Echar polvo: *¡No sacudas la manta en la sala porque estás* ***empolvando*** *los muebles!* **2** Cubrirse de polvo: *En el siglo XVIII, los caballeros de las cortes europeas se* ***empolvaban*** *la cara.*

emponzoñado, da ***adj.*** **1** Envenenado: *El vino* ***emponzoñado*** *acabó con la vida del protagonista de la novela.* **2** ***Fam.*** envilecido, echado a perder: *"Me alegro de que hayas cambiado de trabajo y te alejes de ese ambiente* ***emponzoñado",*** *dijo Inés.*

emponzoñar ***vb.*** {tr. y prnl.} **1** Dar ponzoña, envenenar: *La malvada reina* ***emponzoñó*** *la manzana que le dio a Blancanieves para que muriera y así ser ella la más bonita.* **2** ***Fam.*** Corromper, envilecer: *Los chismes de una mala amiga* ***emponzoñaron*** *el noviazgo de Javier y Araceli.*

emporio ***m.*** **1** Lugar de gran importancia comercial, al que acude gente de diversas naciones: *En el siglo XVII, la ciudad de Amsterdam era un gran* ***emporio:*** *ingleses, franceses, italianos y españoles acudían a ella para comprar y vender productos.* **2** ***Fam.*** Lugar famoso por sus actividades culturales o artísticas: *París es el* ***emporio*** *de la moda; ahí es donde están los más grandes diseñadores de ropa y las modelos más famosas.* **3** ***Amér. C.*** Gran establecimiento comercial, en el que se encuentra todo lo necesario para una casa.

empotrado, da ***adj.*** Embutido, encajado en el hueco de un muro o del suelo: *Vamos a construir una caja fuerte* ***empotrada*** *para mayor seguridad.*

empotrar ***vb.*** {tr.} Hincar algo en la pared o en el suelo, asegurándolo con hormigón o alguna clase de pegamento: *Hizo un agujero en la pared de la cocina para* ***empotrar*** *el horno de microondas que compró.*

emprendedor, ra ***adj.*** Se dice de las personas que demuestran iniciativa, sobre todo en los negocios: *El tendero de la esquina es* ***emprendedor,*** *ahora que hace mucho frío, además de su mercancía habitual también vende café y chocolate caliente.*

emprender ***vb.*** {tr.} Dar principio a una obra o empresa: *Mi padre invertirá una fuerte cantidad de dinero para* ***emprender*** *un negocio de exportación de artesanías.*

empresa ***f.*** **1** Hecho de empezar algo y cosa que se comienza: *Ya estoy metido en la* ***empresa*** *de obtener un buen empleo y no voy a detenerme hasta conseguirlo.* **2** Obra o mandato llevado a cabo, sobre todo cuando intervienen varias personas: *Los empleados realizaron de manera satisfactoria la* ***empresa*** *que les ordenó su jefe.* **3** En economía, sociedad industrial o de comercio que produce o vende algo: *La familia campesina es una* ***empresa;*** *padre, madre e hijos comparten las labores de siembra y venta de la cosecha.*

empresarial ***adj.*** Relacionado con la empresa o los empresarios: *Las nuevas estrategias* ***empresariales*** *están dando muchos beneficios a su negocio.*

empresario, ria ***m.*** y ***f.*** **1** Dueño o director de una empresa, industria o negocio: *El* ***empresario*** *de la compañía de bebidas gaseosas es un hombre muy rico.* **2** Persona contratada para la realización de una obra y que consigue los servicios de otras personas a cambio de un pago: *Hoy publicaron en el diario quién será el* ***empresario*** *que construirá la nueva carretera.*

empréstito ***m.*** Préstamo que toma el Estado o una corporación: *Dreyfus fue un hombre de negocios francés que en el siglo XIX proporcionó* ***empréstitos*** *a los gobernantes peruanos para hacer ferrocarriles.*

empujar ***vb.*** {tr.} **1** Hacer fuerza contra una cosa para moverla: *El automóvil se descompuso en la calle y tuvimos que* ***empujarlo*** *hasta la casa.* **2** ***Fam.*** Hacer que alguien salga de su puesto u oficio: *Su jefe lo* ***empujó*** *porque era irresponsable y no cumplía bien con su trabajo.* **3** ***Fam.*** Hacer presión, intrigar para conseguir una cosa: ***Empujó*** *a su padre durante varios días para que le diera permiso de ir a la fiesta y al fin lo consiguió.*

empuje ***m.*** **1** Hecho de desplazar alguna cosa de su lugar, ejerciendo fuerza. SIN. **empujón. 2** Energía o brío con que se enfrenta algo: *Rodrigo obtuvo el primer premio en el concurso de poesía porque tuvo* ***empuje*** *para hacer un buen poema.* **3** En física, fuerza ascendente que sufre un cuerpo sumergido en un líquido.

empujón ***m.*** **1** Impulso dado con mucha fuerza para mover a alguien o algo: *¡Ese hombre grosero nos sacó a* ***empujones*** *de la fila para entrar al cine!* **2** Avance rápido dado a una obra trabajando con empeño en ella. *Los nuevos obreros están dándole un buen* ***empujón*** *a la construcción de la casa, en quince días estará terminada.*

empuntar ***vb.*** {tr., intr. y prnl.} **1** ***Colomb.*** y ***Ecuad.*** Encaminar, dirigir: *Los padres tienen la obligación de enseñarles a sus hijos qué está bien y qué está mal; es decir, deben* ***empuntarlos*** *por el buen camino.* **2** ***Colomb.*** y ***Ecuad.*** Irse, marcharse: *Ayer* ***se empuntó*** *de la casa sin despedirse de nadie.* **3** ***Venez.*** Obstinarse, ponerse necio.

empuñadura ***f.*** Mango de la espada, fusil, bastón o paraguas.

empuñar ***vb.*** {tr.} **1** Asir por el puño una cosa: *En el programa de televisión, el vaquero* ***empuñó*** *su arma y fue tras el asesino de su hermano.* **2** Tomar una cosa abarcándola con la mano: *El niño* ***empuñó*** *su pequeño oso de peluche y se quedó dormido.* **3** ***Chile.*** Cerrar la mano para formar el puño: *Los alumnos de la escuela levantaron las manos y las* ***empuñaron*** *en señal de alegría por el fin de cursos.*

emulación ***f.*** **1** Imitación con la intención de superar las acciones de otros: *"Las cualidades favorables en los niños deben fomentarse recurriendo a la* ***emulación****", explicó la psicóloga.* **2** Reproducción precisa de las funciones de un dispositivo informático por otro: *"Víctor puede ayudarte, domina la* ***emulación*** *de videojuegos antiguos en las computadoras modernas", me aconsejó Lorena.*

emulador, ra ***adj./m.*** y ***f.*** **1** Que emula o compite: *El escritor que tanto admiras es un simple* ***emulador*** *de Borges.* **2** Programa informático que permite ejecutar programas o sistemas en una plataforma distinta de la que fueron creados, imitando o simulando cada uno de sus componentes: *Actualmente existen* ***emuladores*** *de todo tipo, aunque los más populares son los de máquinas de juegos de las décadas de 1980 y 1990.*

emular ***vb.*** {tr. y prnl.} Imitar las acciones de otro: *Admira tanto a su padre que lo* ***emula*** *hasta en la manera de caminar.*

emulsión ***f.*** **1** Preparación farmacéutica que contiene una sustancia capaz de mantener en suspensión partículas insolubles: *Tomé una* ***emulsión*** *que sabía horrible, pero que me alivió el dolor de estómago.* **2** Mezcla gelatinosa sensible a la luz, depositada en forma de capa sobre películas o papeles usados en fotografía: *Los fotógrafos utilizan una serie de* ***emulsiones*** *para fijar las imágenes en el papel.*

emulsionante ***adj./m.*** Se aplica a las sustancias capaces de provocar una emulsión o mantenerla: *La lecitina se usa como* ***emulsionante*** *en los alimentos de repostería.*

emulsionar ***vb.*** {tr.} Poner una sustancia en emulsión o disolver una sustancia en otra: *Mi madre prefiere batir para* ***emulsionar*** *el agua y la grasa.*

en ***prep.*** **1** Indica el tiempo, lugar o modo en que se determina la acción: *Vive* ***en*** *la ciudad desde hace ocho años que salió de su pueblo.* **2** Expresa materia, medio o instrumento: *Cuando visité a mi tía en Europa viajé* ***en*** *avión.* **3** Antes de un verbo en modo infinitivo, forma oraciones adverbiales: *Se esfuerza* ***en*** *bajar de peso, porque está muy gordo.* **4** Antes de ciertos sustantivos y adjetivos da origen a modos adverbiales: *"Ya deja de jugar y habla* ***en*** *serio, porque ese tema es importante", dijimos a Ricardo.*

enagua ***f.*** **1** Prenda interior femenina, que se lleva bajo la pollera o falda: *"Acomódate el vestido porque se te ve la* ***enagua****", me dijo mi madre.* **2** ***Méx.*** Pollera o falda: *En el pasado, uno de los bienes más preciados que tenía una campesina era su* ***enagua*** *de fiesta.*

enajenación ***f.*** **1** Acto de transmitir a alguien el dominio de una cosa: *La* ***enajenación*** *de las tierras de los campesinos ocasionó que se rebelaran.* **2** ***Fam.*** Distracción, falta de atención: *A Maura le produce tanta* ***enajenación*** *ver a Rodrigo, que parece olvidar el lugar donde está.* **3** Locura: *A causa de la* ***enajenación*** *que sufría, tuvieron que internarlo en un hospital psiquiátrico.*

enajenante ***adj.*** Se aplica a lo que enajena: *Leí un artículo sobre el poder* ***enajenante*** *del deporte.*

enajenante ***m.*** y ***f.*** Persona que cede o transmite sus bienes o derechos: *El abogado nos pidió una autorización escrita del* ***enajenante*** *para continuar con la operación y trasferirnos la casa.*

enajenar ***vb.*** {tr. y prnl.} **1** En derecho, transmitir a otro una propiedad: *Hace muchos años un hombre bueno y rico* ***enajenó*** *parte de sus tierras para los habitantes de este pequeño pueblo.* **2** ***Fam.*** Sacar fuera de sí: *El escritor inglés William Shakespeare escribió una obra en la que Otelo,* ***enajenado*** *por los celos, asesinó a su esposa Desdémona.* **3** Embelesar, producir algo a alguien tal deleite que pueda quedarse absorto en su contemplación o gozo: *El nuevo disco de rock de su grupo favorito* ***enajenó*** *a mi hermano; todo el día lo escucha.* **4** Desprenderse o privarse de algo.

enaltecer ***vb. irreg.*** {tr. y prnl.} **Modelo 39.** Ensalzar, alabar o elogiar.

enaltecido, da ***adj.*** Alabado, elogiado: *En la poesía del amor cortés, el poeta era vasallo de la mujer* ***enaltecida.***

enaltecimiento ***m.*** Alabanza, elogio: *Los renacentistas se llegaron a obsesionar con el* ***enaltecimiento*** *del pasado clásico.*

enamoradizo, za ***adj.*** Que se enamora con facilidad e inconstancia: *Alejandro es muy* ***enamoradizo,*** *siempre que conoce a una chica dice que está enamorado como nunca, pero al poco tiempo la olvida.*

enamorado, da ***adj./m.*** y ***f.*** **1** Que siente amor por alguien: *Laura está muy* ***enamorada*** *de su esposo.* **2** Enamoradizo: *Carlos dice que ahora está* ***enamorado*** *de mí pero no lo creo porque hace dos días tenía novia.* **3** Aficionado a alguna cosa: *Mi padre está* ***enamorado*** *de la comida de mi abuela, nunca quiere comer fuera.*

enamoramiento ***m.*** Nacimiento del amor en una persona: *Pedro conoció a su prometida durante las vacaciones y dice que fue* ***enamoramiento*** *a primera vista.*

enamorar ***vb.*** {tr. y prnl.} **1** Despertar un sentimiento de atracción en una persona: *Hernán conoció a Isabel y* ***se enamoró*** *de ella; lo malo es que ella estaba enamorada de su novio Roberto.* **2** Cortejar: *Creo que ese muchacho* ***está enamorando*** *a nuestra hija; ayer le trajo un ramo de flores y hoy una caja de chocolates.* **3** Prendarse de alguien: *Romeo y Julieta* ***se enamoraron*** *con tanta fuerza que murieron el uno por el otro.* **4** Aficionarse a una cosa: ***Se enamoró*** *de una lámpara que vio en la tienda y la compró en ese momento.*

enancarse ***vb. irreg.*** {prnl.} **Modelo 17. 1** ***Amér.*** Montar en las ancas: *El muchacho vino corriendo y* ***se enancó*** *en el caballo.* **2** ***Argent.*** Aprovechar una oportunidad, acoplarse a una propuesta: *José es muy necio, le dije que no se metiera en los problemas de otras personas y sigue* ***enancándose.***

enanismo ***m.*** Trastorno del crecimiento que impide a quien lo padece alcanzar la talla normal dentro de su especie o raza: *Mauro padece de* ***enanismo,*** *tiene quince años y apenas mide un metro de estatura.*

enano, na ***adj.*** **1** De tamaño pequeño, diminuto: *Un bonsái es un árbol* ***enano.*** **2** ***Fam.*** Referido a una persona muy pequeña: *Yo soy un* ***enano*** *si me comparo con un jugador de baloncesto de Estados Unidos.*

enano, na ***m.*** y ***f.*** **1** Persona afectada de enanismo: *Efraín es un* ***enano*** *que trabaja en el circo.* **2** ***Fam.*** Se usa como apelativo cariñoso dirigido a los niños: *Hoy es el cumpleaños de mi pequeña sobrina, y la casa está invadida por un ejército de* ***enanos*** *que han venido a jugar y a comer dulces.* **3** En astronomía, estrellas pequeñas y de débil luminosidad: *Algunas* ***enanas*** *sólo pueden verse usando potentes telescopios.*

enarbolar ***vb.*** {tr. y prnl.} **1** Levantar en alto un estandarte, bandera, etc.: *Todas las mañanas los soldados* ***enarbolan*** *la bandera en la plaza central de la ciudad.* **2** Enfadarse, enfurecerse: *Jaime* ***se enarboló*** *con el camarero porque en lugar de traerle arroz con pollo le trajo ensalada de atún.*

enardecedor, ra ***adj.*** Que enardece: *Ese grupo se hizo famoso por la música* ***enardecedora*** *que tocan.*

enardecer ***vb. irreg.*** {tr. y prnl.} **Modelo 39. 1** Excitar o avivar el ánimo, en especial hacia una pelea: *Durante la discusión* ***se enardecieron*** *tanto los ánimos que los chicos comenzaron a pelear.* **2** Hincharse alguna parte del cuerpo.

enardecido, da ***adj.*** Excitado, que tiene el ánimo avivado: *Marcos llegó* ***enardecido*** *por lo que le contaron sobre su novia y Alfredo.*

enardecimiento ***m.*** Acción y efecto de enardecer: *El* ***enardecimiento*** *de la población por las mentiras del nuevo líder desencadenó la guerra civil.*

enarenado, da ***adj.*** Cubierto de arena: *La tormenta dejó los monumentos* ***enarenados.***

enarenar ***vb.*** {tr. y prnl.} Cubrir de arena un sitio: ***Enarenaron*** *los caminos que llevan a la sierra para que sean transitables.*

enastar ***vb.*** {tr.} Poner el asta a un arma o el mango a una herramienta: *El albañil* ***enastó*** *de nuevo su pala, pues tenía roto el mango.*

encabalgar ***vb.*** {tr., intr. y prnl.} **1** Apoyar o montar una cosa sobre otra: *Los obreros* ***encabalgaron*** *una tabla para improvisar un andamio.* **2** En un poema, separar en dos versos o hemistiquios adyacentes palabras o frases que forman unidad fonética, léxica o sintáctica: *Bécquer* ***encabalga*** *sus versos en la rima "Saeta que voladora / cruza, arrojada al azar, / y que no se sabe dónde / volando se clavará".*

encabezado ***m. Argent., Chile, Guat.*** y ***Méx.*** Titular de un diario: *Ayer apareció en todos los* ***encabezados*** *la triste noticia de la muerte del poeta famoso.*

encabezamiento ***m.*** Fórmula inicial de un escrito o preámbulo: *Los* ***encabezamientos*** *por lo general hablan del tema principal del texto.*

encabezar ***vb. irreg.*** {tr.} **Modelo 16. 1** Iniciar una lista: *Tú* ***encabezas*** *la lista de alumnos del salón porque tu apellido comienza con la letra "A".* **2** Poner el encabezamiento: *Mi trabajo como editora de este diario consiste en* ***encabezar*** *los artículos que traen los colaboradores.* **3** Acaudillar o estar al frente de algo: *Los policías apresaron a quienes* ***encabezaron*** *los asaltos a las joyerías.* **4** Agregar alcohol a los vinos para aumentar su graduación.

encabritarse ***vb.*** {prnl.} **1** Empinarse el caballo: *En medio de la carrera, el animal* ***se encabritó*** *y arrojó al suelo al jinete.* **2** ***Fam.*** Enojarse, cabrearse: *Es un niño muy rebelde;* ***se encabrita*** *cada vez que no le permites hacer lo que él quiere.* **3** ***Fam.*** Levantarse la parte delantera de una embarcación o aeroplano: *El mar estaba tan agitado que el barco* ***se encabritaba*** *a cada momento.*

encachar ***vb.*** {tr. y prnl.} **1** Formar una capa de cimentación a base de piedras piramidales sobre la cual se construye el hormigón o concreto de una carretera: *Ya llegaron los obreros que van a* ***encachar*** *el camino que une los dos pueblos.* Sin. **empedrar. 2** Poner el mango a un cuchillo: *Esta navaja necesita que la* ***encachen*** *de nuevo.* **3** ***Chile.*** Adornar, arreglar. **4** ***Chile.*** Resistirse, obstinarse.

encadenado ***m.*** **1** Sucesión gradual de un plano a otro en cine o televisión: *"Un* ***encadenado*** *es cuando desaparece una imagen mientras aparece otra", nos explicó el profesor de cine.* **2** Pieza de maderos fuertemente ensamblados sobre la que se construye: *La estructura de esa construcción se funda en un* ***encadenado.***

encadenado, da ***adj.*** **1** Que está sujeto con una cadena o privado de movimiento: *"No me gusta ver animales* ***encadenados,*** *todos deberían estar en libertad", dijo mi hermana.* **2** Que forma una cadena o están relacionados: *Carmen está sufriendo mucho últimamente, todos los problemas se le han presentado* ***encadenados.*** **3** Se aplica a la estrofa o verso que empieza con el final de la estrofa o verso anterior: *Este poema de Antonio Machado tiene versos* ***encadenados:*** *"La plaza tiene una torre / la torre tiene un balcón / el balcón tiene una dama / la dama una blanca flor".*

encadenamiento ***m.*** **1** Acción y efecto de encadenar. **2** Asociación de cosas o ideas: *Los poemas surrealistas realizaban* ***encadenamientos*** *libres de pensamientos.*

encadenar ***vb.*** {tr. y prnl.} **1** Atar con cadena: *Mi perro es tan bravo que tengo que* ***encadenarlo*** *cada vez que llega algún invitado para que no lo muerda.* **2** ***Fam.*** Dejar a uno sin movimiento y sin acción: *Este trabajo de oficinista* ***me encadena*** *a pasar doce horas en la oficina.* **3** Enlazar cosas: *Todavía te falta* ***encadenar*** *mejor las ideas de tu trabajo porque está un poco confuso.*

encajar ***vb.*** {tr. e intr.} **1** Meter una cosa dentro de otra de manera ajustada: *La ventana se hinchó con la lluvia y ahora será necesario lijarla para que* ***encaje*** *en el marco otra vez.* **2** ***Fam.*** Reaccionar bien ante una desgracia, contratiempo o advertencia. **3** ***Fam.*** Hacer que alguien escuche algo causándole molestia: *Ayer me encontré con Tita y me* ***en-***

cajó un aburrido relato sobre sus viajes y sus riquezas. **4** Dar un golpe o puñetazo a alguien: *El boxeador le* ***encajó*** *tal puñetazo a su adversario en la cara, que el pobre hombre cayó al suelo con la nariz rota.* **5** ***Fam.*** Hacer que alguien tome o acepte una cosa, engañando o molestando al que la toma: *A Rosita no le gusta la sopa, pero su madre siempre logra* ***encajársela*** *con algunos engaños.* **6** Coincidir o completarse dos noticias o informaciones: *Ambos ladrones se pusieron de acuerdo para que sus declaraciones* ***encajaran*** *y la policía no sospechara de ellos.* **7** Ponerse una prenda de vestir con rapidez o de manera brusca: *Hoy me desperté muy tarde y tuve que* ***encajarme*** *lo primero que encontré antes de correr a la escuela.* **8** ***Fam.*** Venir al caso, ser adecuado para algo: *"Este vestido corto que quieres comprar* ***encaja*** *con la fiesta informal a la que vas a ir", me dijo mi madre.* **9** Realizar el feto el descenso en la cavidad pelviana de su madre: *El bebé de mi hermana ya* ***encajó*** *y no tardará mucho tiempo en nacer.*

encaje ***m.*** **1** Hecho de introducir una cosa en otra. **2** Tejido calado que forma un fondo de redecilla decorado con dibujos: *Su vestido de novia costó mucho porque estaba elaborado de* ***encaje*** *hecho a mano.*

encajonado, da ***adj.*** Metido en un sitio estrecho: *Había tantos autos en la carretera, que el de Juan quedó* ***encajonado*** *entre dos camiones de carga.*

encajonar ***vb.*** {tr. y prnl.} **1** Meter una cosa en un cajón. **2** Plantar semillas en una caja llena de tierra: *Decidí tener mi propio huerto y comencé la obra* ***encajonando*** *semillas de varias frutas y verduras.* **3** Meter en un sitio estrecho: *"No puedes* ***encajonar*** *estas aves en una jaula tan pequeña, porque no podrán moverse de manera cómoda", me dijo mi madre.* **4** Meterse una corriente o arroyo en sitios estrechos entre las montañas: *El pueblo de mi abuelo está en un lugar en el que el río* ***se encajona*** *y se pierde en medio de las montañas.*

encajoso, da ***adj./m.*** y ***f.*** ***Méx.*** Persona que resulta molesta porque importuna con sus frecuentes peticiones y se toma demasiada confianza: *No invité a Ramón a la fiesta porque es muy* ***encajoso*** *y la última vez desesperó a mis amigos ya que no dejaba de pedirles cosas y hacerles preguntas muy atrevidas e insolentes.*

encalado ***m.*** **1** Revestimiento con cal: *El* ***encalado*** *de árboles no es beneficioso porque quema y tapona los poros por donde el tronco respira.* **2** Proporcionar al suelo calcio y magnesio para corregir su acidez: *Con el* ***encalado*** *aumentan las propiedades del terreno y los vegetales pueden alimentarse mejor.*

encalambrarse ***vb.*** {prnl.} **1** Tener calambre o contracción involuntaria, dolorosa y brusca de algún músculo: *Cuando estoy sentado durante mucho tiempo* ***se me encalambran*** *las piernas.* Sin. **acalambrarse. 2** ***Colomb.*** y ***P. Rico.*** Entumecerse, aterirse: *Después de caminar durante horas en medio del frío* ***se encalambró*** *y llegó a su casa a darse un baño con agua caliente.*

encalamocar ***vb. irreg.*** {tr. y prnl.} **Modelo 17.** ***Colomb.*** y ***Venez.*** Alelar o embobar: ***Se encalamocó*** *con su nueva novia y le compra muchos regalos caros.*

encalar ***vb.*** {tr.} **1** Blanquear con cal: *La fachada de la casa se ve sucia, si la* ***encalamos*** *se verá mejor.* **2** Meter en cal o espolvorear algo con ella. **3** Esparcir cal en los terrenos de cultivo para mejorarlos: *En esta época, los campesinos* ***encalan*** *sus campos para que la próxima cosecha sea más abundante.*

encallar ***vb.*** {intr. y prnl.} **1** Quedar una embarcación inmovilizada en arena o entre piedras: *La marea arrojó la pequeña embarcación a la orilla donde* ***encalló.*** **2** ***Fam.*** No poder salir adelante en una empresa: ***He encallado*** *en esta investigación sobre la esclavitud en América porque no encuentro suficiente información.*

encallecer ***vb. irreg.*** {tr., intr. y prnl.} **Modelo 39. 1** Endurecerse la carne a manera de callo, hacerse callos: *El trabajo en el campo le* ***ha encallecido*** *las manos a Hortensia, por eso se le ve la piel gruesa y agrietada.* **2** ***Fam.*** Acostumbrarse, curtirse.

encallecimiento ***m.*** **1** Formación de un callo, dureza: *Mi abuela tiene que usar zapatos blandos por el* ***encallecimiento*** *que tiene en los dedos.* **2** Endurecimiento mental: *Tuvo una infancia tan dura y llena de violencia que ahora su* ***encallecimiento*** *le hace ser insensible al dolor.*

encaminar ***vb.*** {tr. y prnl.} **1** Poner a alguien en el camino correcto: *El turista me preguntó cómo podía llegar al centro de la ciudad, y yo lo* ***encaminé*** *lo mejor que pude.* **2** Dirigir hacia un punto o fin: *Terminada su carrera, el médico* ***se encaminó*** *hacia su pueblo donde lo esperaba su madre.* **3** ***Fam.*** Guiar, enseñar el camino: *Los padres* ***encaminan*** *a sus hijos hacia la superación.*

encamotarse ***vb.*** {prnl.} ***Amér. Merid.*** y ***C. Rica.*** Enamorarse.

encandilador, ra ***adj.*** Que encandila o deslumbra: *El pueblo que visitamos este verano era* ***encandilador,*** *blanco, limpio y hermoso.*

encandilador, ra ***m.*** y ***f.*** ***Fam.*** Alcahuete: *La Celestina es una* ***encandiladora*** *que consiguió unir a Calisto y Melibea.*

encandilar ***vb.*** {tr. y prnl.} **1** Deslumbrar, casi siempre con falsas apariencias: ***Se ha encandilado*** *con los lujos de sus nuevos amigos ricos y ahora nos desprecia porque somos pobres.* **2** Provocar un deseo o ilusión, enamorar: *Fue amor a primera vista: la había visto tres veces y* ***se encandiló*** *de ella.* **3** Encenderse los ojos por el alcohol o la pasión. **4** ***P. Rico.*** Enfadarse, enojarse.

encanecer ***vb. irreg.*** {intr. y prnl.} **Modelo 39. 1** Ponerse el cabello blanco: *Mi padre* ***ha encanecido*** *mucho desde hace tres años.* **2** Envejecer una persona: *Hacía mucho tiempo que no veía a Germán,* ***encaneció*** *y ahora se ve como un anciano.*

encantado, da ***adj.*** **1** Distraído o embobado: *Creo que si continúa* ***encantado*** *va a reprobar el curso en la escuela.* **2** Muy complacido: *Me sentí* ***encantado*** *cuando la maestra me felicitó frente a los padres de todos los alumnos.*

encantador, ra ***adj.*** Muy amable, agradable, simpático o bonito: *Rodrigo es una persona* ***encantadora,*** *amable, limpia y caballerosa.*

encantamiento ***m.*** **1** Hechizo por poderes mágicos: *La maga Circe convirtió a los hombres en cerdos con un* ***encantamiento.*** **2** Seducción por dones naturales: *Ricardo está atraído por el* ***encantamiento*** *natural de Carina; dice que es dulce, linda, inteligente y simpática.*

encantar ***vb.*** {tr. y prnl.} **1** Ejercer sobre algo o alguien artes de magia. **2** Gustar o complacer: ***Me encanta*** *el chocolate, todos los días como dos barras por lo menos.* **3** Permanecer inmóvil contemplando una cosa o distraerse de lo que se está haciendo: *No escuché lo que me dijiste porque* ***me encanté*** *con esta mariposa que está volando por la sala.* Sin. **atraer, cautivar.**

encanto ***m.*** **1** Artes de magia que se ejercitan sobre alguien o algo: *El hada mala del bosque lanzó un* ***encanto*** *para que la princesa cayera en un profundo sueño, del cual solamente el príncipe podría sacarla.* **2** Persona o cosa que embelesa, que atrae mucho: *Este vestido es un* ***encanto;*** *le pediré a mi padre que me lo compre.* **3** Conjunto de atractivos físicos: *Las modelos tienen que cuidar sus* ***encantos***

para no perder su empleo, por ello siempre están en gimnasios y haciendo dietas.

encañonar ***vb.*** {tr.} Apuntar con un arma de fuego: *Los ladrones se metieron en un taxi,* ***encañonaron*** *al chofer con sus pistolas y le dijeron que los llevara al aeropuerto para escapar.*

encapotar ***vb.*** {tr. y prnl.} **1** Ponerse el capote o capa con mangas: *Al salir de su casa* ***se encapotó*** *bien porque esa noche hacía mucho frío y llovía fuerte.* **2** Cubrirse el cielo de nubes: *Creo que hoy no iremos a la playa porque* ***se encapotó*** *el cielo.* **3** ***Fam.*** Poner el rostro ceñudo: *Cuando vi que* ***se encapotó,*** *le pregunté qué era lo que la estaba molestando.*

encapricharse ***vb.*** {prnl.} Empeñarse en conseguir un antojo: *El niño* ***se ha encaprichado*** *con ese juguete de la tienda y no dejará de llorar hasta que se lo compre.*

encapsular ***vb.*** {tr.} **1** Introducir algo en una cápsula: *Muchas plantas medicinales* ***se encapsulan*** *para que sean más beneficiosas y seguras.* **2** En informática, combinar datos y métodos en una entidad única para poder controlar el acceso y ocultar los detalles de implementación del programa: *Cuando* ***se encapsula*** *una operación, se protege y facilita su posterior ejecución.*

encapuchar ***vb.*** {tr. y prnl.} Poner una capucha: *Como llovía,* ***me encapuché*** *para no mojarme la cabeza.*

encaramar ***vb.*** {tr. y prnl.} **1** Subir a una persona o cosa o subirse uno a un lugar elevado: ***Se encaramó*** *en el árbol como si fuera un mono y desde ahí pudo ver mejor el desfile.* **2** ***Fam.*** Elevar, colocar en puestos altos y honoríficos.

encarar ***vb.*** {tr. y prnl.} **1** Contraponer dos aspectos de algo. **2** Poner cara a cara o hacer frente a alguien: *El boxeador* ***encaró*** *a su oponente en el ring.* **3** Apuntar hacia algún sitio con un arma: *Los ladrones* ***encararon*** *al vendedor con una gran pistola y lo obligaron a darles todo el dinero de la tienda.* **4** ***Fam.*** Afrontar una situación difícil o penosa: *Mi prima* ***encaró*** *con mucha valentía su terrible enfermedad y nunca la oí quejarse ni lamentarse aunque sufría de fuertes dolores.*

encarcelación ***f.*** Encierro de una persona en prisión: *La* ***encarcelación*** *del ladrón de autos tranquilizó a los habitantes de la zona donde actuaba.*

encarcelado, da ***adj.*** Recluido en prisión: *Después de pasar tres años* ***encarcelada*** *por robar un banco, rehizo su vida y ahora tiene una tienda de ropa.*

encarcelar ***vb.*** {tr.} **1** Encerrar en la cárcel, apresar a alguien: *Ayer* ***encarcelaron*** *a los delincuentes que asaltaron el banco de la esquina.* **2** Asegurar con yeso o cemento una pieza de hierro o madera: ***Encarcelaron*** *las bancas del parque para evitar que algún ladrón se las robe.*

encarecer ***vb. irreg.*** {tr., intr. y prnl.} **Modelo 39. 1** Aumentar el precio: *En los últimos tiempos los alimentos se* ***han encarecido*** *mucho, por ejemplo, un litro de leche hoy cuesta tres veces más que hace dos años.* **2** Ponderar o alabar mucho algo: *El maestro* ***encareció*** *el bello poema que Mariano había escrito a su madre.* **3** ***Fam.*** Recomendar con empeño.

encarecimiento ***m.*** **1** Subida del precio: *El* ***encarecimiento*** *del petróleo ha provocado huelgas en el sector de los transportes.* **2** Alabanza exagerada: *Me cansa el* ***encarecimiento*** *con el que habla de su hijo.* **3** ***loc.*** **Con ~,** con insistencia en la petición de algo: *Mi jefe me ofreció el puesto de trabajo* ***con encarecimiento*** *y no me pude negar.*

encargado, da ***m.*** y ***f.*** Persona que tiene a su cargo un negocio o establecimiento y que representa al dueño o interesado: *El* ***encargado*** *de la tienda tiene tantos clientes que ya no puede atender a todos.*

encargar ***vb. irreg.*** {tr. y prnl.} **Modelo 17. 1** Decirle a alguien que haga algo: *"Te* ***encargo*** *que compres dos docenas de tomates en el mercado", me pidió mi tía.* **2** Poner una cosa bajo la responsabilidad de uno: *Me* ***encargó*** *que cuidara al niño mientras iba de compras al mercado.* Sin. **encomendar. 3** ***Arg., Méx.*** y ***Perú.*** Quedar embarazada una mujer: *Me acabo de enterar que Marisa ya* ***encargó,*** *y que dentro de seis meses nacerá su bebé.*

encargo ***m.*** **1** Acción y efecto de encargar: *No quiso hacerme el* ***encargo*** *de comprar las entradas para el cine.* **2** Pedido: *La tienda de mis tíos tiene problemas porque el* ***encargo*** *de Estados Unidos llegó en mal estado.* **3** Cargo o empleo: *El* ***encargo*** *de Manuel consiste en dar mantenimiento a los sistemas.* **4** ***loc.*** **Agarrar** o **traer a alguien de ~,** ***Méx. Fam.*** Burlarse o tratar mal a alguien: *No me gustan los amigos de Samuel, siempre que salgo con ellos* ***me agarran de encargo.*** **5** ***loc.*** **Como de ~,** o **como hecho de ~,** muy adecuado: *Tus libros me vinieron* ***como de encargo*** *para prepararme el examen.* **6** ***loc.*** **De ~,** o **por ~,** se aplica a lo que se pide hacer especialmente y no se compra ya hecho: *El traje que usó para su boda era* ***de encargo.*** **7** ***loc.*** **De ~,** ***Cuba.*** Persona severa: *Fátima no puede salir por la noche, tiene un padre* ***de encargo.*** **8** ***loc.*** **Estar de ~,** ***Argent., Méx.*** y ***Perú.*** Estar embarazada: *No puede tomar alcohol porque* ***está de encargo.***

encariñar ***vb.*** {tr. y prnl.} Tomar cariño a alguien: *Muy pronto* ***se encariñó*** *con los gatitos que dejaron abandonados en la puerta de su casa.*

encarnación ***f.*** **1** Acto por el que un ser espiritual o una divinidad toman la apariencia de un ser vivo. **2** Persona o cosa que representa una realidad abstracta: *Para la mayor parte de las antiguas culturas mesoamericanas, la serpiente era la* ***encarnación*** *de la vida.*

encarnado, da ***adj.*** Rojo, colorado: *Con el frío se le puso la nariz* ***encarnada.***

encarnadura ***f.*** Capacidad de los tejidos para cicatrizar o curarse: *Los médicos están sorprendidos de la buena* ***encarnadura*** *que tuvo después del accidente.*

encarnar ***vb.*** {tr., intr. y prnl.} **1** ***Fam.*** Representar alguna idea o doctrina: *Ese juez* ***encarna*** *la justicia porque es imparcial y honesto.* **2** Representar un personaje en el teatro o el cine: *A mí me tocó* ***encarnar*** *al padre de Hansel y Gretel en la obra teatral que se presentó en el colegio.* **3** Tomar forma carnal un ser espiritual: *Los miembros de esa lejana tribu creen que la gente que muere* ***encarna*** *después en mariposas y caracoles.* **4** Introducirse una uña en la carne produciendo dolor: *Tengo un dedo del pie hinchado porque se me* ***ha encarnado*** *la uña.* Sin. **enterrarse.**

encarnizado, da ***adj.*** Se aplica a la batalla o lucha cruel y sangrienta: *En la película, los soldados libraron una batalla muy* ***encarnizada*** *contra los enemigos.*

encarnizamiento ***m.*** Crueldad extrema, saña que alguien muestra contra otro: *El boxeador golpeó a su rival con* ***encarnizamiento,*** *no paró hasta que lo dejó tirado en la lona y bañado en sangre.*

encarnizarse ***vb. irreg.*** {prnl.} **Modelo 16. 1** Mostrar saña los animales hacia su presa: *Las peleas de gallos son desagradables, porque el ave más fuerte siempre* ***se encarniza*** *con la más débil y la hace sufrir mucho antes de matarla.* **2** ***Fam.*** Mostrarse muy cruel: *Durante las peleas de box, a veces uno de los peleadores se* ***encarniza*** *con su oponente que va perdiendo.*

encarpetar ***vb.*** {tr.} **1** Guardar algo, sobre todo papeles en carpetas o en un par de cubiertas de papel: *La secretaria de la empresa* ***encarpeta*** *copias de todas las cartas que su jefe envía.* **2** Suspender la tramitación de un expediente o solicitud: *Mis padres tuvieron que **encarpetar** el permiso para construir la nueva casa porque no tienen dinero.*

encarrerarse ***vb.*** {prnl.} **1** *Méx.* Acelerar el paso: *"**Encarrérate** o vamos a llegar tarde a la escuela", me dijo mi hermana.* **2** *Méx.* Encarrilarse o dirigir un vehículo para que siga el camino debido.

encarrilar ***vb.*** {tr. y prnl.} **1** Colocar sobre carriles, impulsar un vehículo por el carril que le corresponde. **2** Encaminar o poner a uno en el camino: ***Encarrilé** a mi hijo hacia la escuela.*

encartar ***vb.*** {tr. y prnl.} **1** En juegos de baraja, echar un naipe o carta del palo que el otro tiene que seguir: ***Encarté** un seis de corazones y ninguno de mis compañeros de juego tenía un naipe de corazones, así que gané el juego.* **2** En derecho, incluir a una persona para que sea juzgada durante un juicio: ***Encartaron** al empleado de la empresa por haber cometido un fraude.* **3** En juegos de baraja, tomar naipes o quedarse con ellos sin poder deshacerse de los que perjudican.

encartuchar ***vb.*** {tr. y prnl.} **1** *Chile, Colomb., Ecuad.* y *P. Rico.* Enrollar en forma de cucurucho o cono: *Al salir de la escuela, siempre me compro algunos chocolates que el vendedor **encartucha** en una hoja de papel.* **2** Meter la pólvora en los cartuchos.

encasillado ***adj./m.*** **1** Conjunto de casillas: *A Jesús le gusta un juego japonés que es un **encasillado** donde se colocan números.* **2** Se aplica a la persona que se incluye dentro de un grupo o categoría: *Ese actor ya está **encasillado**, siempre hace papeles de desquiciado.*

encasillar ***vb.*** {tr.} **1** Poner en casillas o lugares pequeños y aislados: *El cartero **encasilla** las cartas que recibe todos los días y luego las reparte en las casas.* **2** Clasificar personas o cosas: *Los diccionarios **encasillan** palabras según un orden alfabético.*

encasquetado, da ***adj.*** Se aplica a lo que está bien metido en la cabeza: *Tu primo llegó con el gorro **encasquetado** y la bufanda enrollada alrededor.*

encasquetar ***vb.*** {tr. y prnl.} **1** Poner o ponerse el sombrero: *Antes de salir de casa, la madre arropó bien al niño y **le encasquetó** un gorro de lana que su abuela había tejido.* **2** *Fam.* Persuadir a uno de algo a fuerza de insistencia: *Durante semanas **estuvo encasquetando** a su madre que necesitaba nuevos zapatos, hasta que finalmente logró que se los comprara.*

encasquillar ***vb.*** {tr. y prnl.} **1** Poner casquillos o cartuchos metálicos en algún objeto. **2** *Amér. C.* y *Amér. Merid.* Herrar una caballería: *Vi que la yegua cojeaba porque se le había caído una herradura, entonces le dije al herrero que la **encasquillara** nuevamente.* **3** Atascarse un arma de fuego con el casquillo de la bala al disparar: *Al ladrón **se le encasquilló** su pistola, por eso Eugenio logró escaparse.*

encausar ***vb.*** {tr.} Proceder de manera judicial contra alguien: *Lo **encausaron** por haber evadido impuestos y lo condenaron a pagar trescientos pesos de multa.*

encáustica ***f.*** Técnica pictórica que consiste en aplicar calientes las pinturas diluidas en cera fundida.

encauzar ***vb. irreg.*** {tr.} **Modelo 16. 1** Conducir una corriente por un lecho: *El río se salió de su cauce e inundó las casas de los campesinos, entonces llegó un grupo de ingenieros que logró **encauzarlo** nuevamente.* **2** *Fam.* Encaminar, dirigir, regular: *El maestro **encauzó** de manera adecuada a sus alumnos y todos obtuvieron buenas calificaciones.*

encefálico, ca ***adj.*** Relativo al encéfalo: *En la cavidad **encefálica** están el cerebro, el cerebelo y el bulbo raquídeo.*

encefalitis ***f.*** **1** Inflamación del encéfalo: *Las **encefalitis** son enfermedades generalmente producidas por infección de gérmenes.* **2** *loc.* ~ **letárgica,** tipo de encefalitis endémica e infecciosa que se caracteriza por producir gran somnolencia.

encéfalo ***m.*** Órgano principal del sistema nervioso, se encuentra en el cráneo y está formado por el tronco encefálico, el cerebro y sus estructuras, y el cerebelo: *El accidente automovilístico que tuvo le afectó el **encéfalo** y desde entonces no puede hablar bien.*

encefalograma ***m.*** Gráfico que muestra las corrientes eléctricas de la actividad cerebral: *Detectaron su epilepsia por el **encefalograma**.*

encefalorraquídeo, a ***adj.*** Se aplica al líquido que baña el cerebro, las meninges, la médula y los nervios espinales: *Al extraer muestras de líquido **encefalorraquídeo** descubrieron que murió de meningitis.*

enceguecer ***vb. irreg.*** {tr., intr. y prnl.} **Modelo 39. 1** Dejar ciego: *Los protagonistas del libro miraron tan fijamente una potente luz que les **enceguéció**.* **2** Anular la capacidad de razonamiento: *El amor que sentía por su novio la **enceguéció** y aguantó durante tres años sus maltratos.* **3** Perder la vista: *Edipo **enceguéció** por su propia voluntad cuando descubrió que su esposa era su madre y él mismo fue el asesino de su padre.*

encelar ***vb.*** {tr. y prnl.} **1** Provocar los celos de alguien: *El éxito de ese periodista **enceló** a sus colegas y ahora ninguno le dirige la palabra.* **2** Sentir celos de alguien: *Aunque el novio de Rita le prometió no **encelarse** en la fiesta, ponía muy mala cara cada vez que ella hablaba con algún muchacho.*

encenagarse ***vb. irreg.*** {prnl.} **Modelo 17. 1** Meterse en el barro o lodo: *Los cerdos **se encenagan** para refrescarse.* **2** *Fam.* Envilecerse: ***Fue encenagándose** poco a poco; comenzó robando en su oficina para pagar sus apuestas de juego y terminó asaltando un banco.*

encendedor ***m.*** *Méx.* Utensilio de pequeño tamaño que sirve para hacer fuego: *Acercó el **encendedor** al cigarrillo que su novia tenía en los labios y por accidente le quemó el cabello.* Sin. **mechero.**

encendedor, ra ***adj.*** Que origina luz o fuego.

encender ***vb. irreg.*** {tr. y prnl.} **Modelo 24. 1** Originar luz o fuego en algo: *Hacía mucho frío y decidió **encender** la chimenea para calentarse.* **2** Conectar un circuito eléctrico: *Cuando empezó a anochecer **encendí** las luces de la casa.* **3** *Fam.* Despertar pasiones: *Al ver que el animal no le obedecía, el arriero **se encendió** en ira y lo golpeó con una vara.* **4** Ruborizarse, avergonzarse: *Julián **se encendió** de vergüenza cuando su maestro lo sorprendió sacándose los mocos.*

encendido, da ***adj./m.*** **1** De color muy rojo: *"Creo que mi hijo tiene fiebre porque tiene las mejillas **encendidas**", dijo Verónica.* **2** Inflamación de los motores de explosión por una chispa eléctrica: *Mi padre cambió el sistema de **encendido** con platinos de su coche por otro electrónico.* **3** Dispositivo que produce esa chispa.

encerado ***m.*** **1** Hecho de cubrir algo con sustancias que proporcionan brillo y protección a las cosas: *"Te quedó muy bien el **encerado** del piso, antes estaba opaco y ahora brilla como espejo", dije a la sirvienta.* **2** Tela o lienzo recubierto con cera: *Compré varios metros de **encerado** para forrar los sillones de la sala.* **3** Cuadro de caucho o hule usado para escribir en él con tiza o gis: *El maestro de matemáticas utiliza un **encerado** para explicarnos mejor la clase.* Sin. **pizarra.** **4** Capa ligera de cera con la cual se cubren los muebles: *El gato dañó con sus uñas el **encerado** de mi mesa.*

encerar ***vb.*** {tr., intr. y prnl.} **1** Aplicar cera a algo: *"Ten cuidado no vayas a resbalarte, acabamos de* ***encerar*** *el piso", dijo mi tía.* **2** Manchar con cera: *Las velas de la mesa no tenían nada debajo y* ***enceraron*** *el mantel.*

encerrado, da ***adj.*** **1** Metido en un lugar cerrado: *No me gusta tener a mi perro* ***encerrado*** *por eso lo llevamos al rancho.* **2** *Fam.* Contenido, resumido: *Todo lo que necesitas saber sobre filosofía presocrática está* ***encerrado*** *en este libro.* **3** Se aplica a las palabras o letras puestas entre signos: *Los títulos de artículos van* ***encerrados*** *entre comillas.* **4** Recluido voluntariamente: *Marta está* ***encerrada*** *en un centro de retiro desde hace un mes.*

encerrar ***vb. irreg.*** {tr. y prnl.} **Modelo 3. 1** Meter en un sitio cerrado: ***Encerró*** *al gato en el baño porque no dejaba de hacer travesuras.* **2** *Fam.* Contener o resumir: *Caminar por la calle de noche* ***encierra*** *muchos peligros.* **3** Poner letras o palabras entre signos que las separan del resto del escrito: *"****Encierra*** *entre comillas el nombre de la obra de teatro sobre la que estás escribiendo", me dijo el maestro.* **4** En el juego de damas, poner al jugador contrario en situación de no poder desplazar las piezas: *Perdí la partida porque Raúl me* ***encerró*** *y no podía mover ninguna de mis fichas.* **5** Recluirse por propia voluntad en un lugar apartado de los demás: *Hace varios años que* ***se encerró*** *en el convento para dedicarse a orar.*

encerrona ***f.*** **1** *Fam.* Trampa. **2** En el dominó, cierre del juego cuando quedan muchas fichas en manos de los jugadores. **3** Corrida de toros celebrada en un local cerrado y sin público que haya pagado su entrada: *Entre las festividades del pueblo, hubo una* ***encerrona*** *a la que asistieron solamente los vecinos.* **4** ***Perú.*** Fiesta en la que los invitados no salen de la casa del anfitrión durante varios días: *Por su cumpleaños organizó una* ***encerrona*** *con sus amigos en la que durante tres días cantaron, bailaron y comieron.*

encestar ***vb.*** {tr.} **1** En baloncesto, introducir el balón en la canasta: *Fue la estrella del partido,* ***encestó*** *quince veces el balón.* **2** Introducir cosas en un cesto o canasta: *"¡****Encesta*** *los panes con queso y las frutas, que ya nos vamos al campo!", indicó la madre al niño.*

encharcado, da ***adj.*** **1** Cubierto de agua un terreno: *Por las fuertes lluvias, las calles* ***encharcadas*** *impiden el paso.* **2** Que está lleno de agua o de líquido: *Tuvieron que aplicarle un fuerte diurético porque tenía los pulmones* ***encharcados.***

encharcamiento ***m.*** Acción y efecto de encharcar: *El* ***encharcamiento*** *del jardín acabó con todas las flores que plantó mi abuela.*

encharcar ***vb. irreg.*** {tr. y prnl.} **Modelo 17. 1** Cubrir de agua un terreno: *Luisa* ***encharcó*** *la cocina porque se puso a hablar por teléfono y olvidó que había dejado la llave del agua abierta.* **2** *Fam.* Causar empacho de estómago al beber demasiado.

enchilada ***f. Guat., Méx.*** y ***Nicar.*** Tortilla de maíz rellena y bañada con salsa de chile o ají: *Cuando fui a México comí unas ricas* ***enchiladas*** *con pollo y queso.*

enchilado, da ***adj.*** **1** Se aplica a los alimentos cubiertos o preparados con salsa de chile: *Comí unos camarones* ***enchilados*** *buenísimos en casa de Rubén.* **2** ***Méx. Fam.*** Molesto, enojado: *Mi padre está* ***enchilado*** *porque traje muy malas calificaciones.* **3** ***Méx. Fam.*** Se aplica a la persona que tiene ardor en la boca por comer algo picante: *"Estoy muy* ***enchilada*** *por comer de esa salsa que según la tía no picaba nada", dijo Mónica.*

enchilar ***vb.*** {tr. y prnl.} **1** ***C. Rica, Cuba, Hond., Méx.*** y ***Nicar.*** Condimentar, untar con chile un alimento: *Amalia* ***está enchilando*** *el pollo mientras yo hago el arroz.* **2** ***C. Rica*** y ***Hond.*** Sentir escozor en la boca y en los ojos. **3** ***Hond., Méx.*** y ***Nicar.*** Irritar o molestar a alguien: *El taxista nos contó que un cliente* ***lo enchiló*** *porque no le quiso pagar el trayecto.* **4** ***C. Rica.*** y ***Méx.*** Sentirse ofendido o enojado: *Rodrigo siempre* ***se enchila*** *cuando le hablas de fútbol.* **5** ***Méx. Fam.*** Sentir ardor en la boca por comer algo picante: *"Cuando como ceviche en tu casa siempre* ***me enchilo****", me dijo Marcelo.*

enchinar ***vb.*** {tr. y prnl.} **1** ***Méx.*** Formar rizos o chinos en los cabellos: *Fue a la peluquería y pidió que le* ***enchinaran*** *el pelo porque quería verse diferente.* Sin. **enrular, ensortijar. 2** ***Méx.*** Ponerse la piel como carne de gallina: *Me espanté tanto con el filme de terror que la piel* ***se*** *me* ***enchinó.*** **3** Empedrar el suelo con piedras pequeñas o porcelanas: *Utilizó unas piedras pequeñas que recogió del río para* ***enchinar*** *una parte del jardín.*

enchinchar ***vb.*** {tr. y prnl.} **1** ***Guat.*** y ***Méx.*** Fastidiar, molestar: *No aguanto las groserías de Andrés, cada vez que me ve empieza a* ***enchincharme.*** **2** ***Amér.*** Enojarse.

enchiquerar ***vb.*** {tr.} **1** Encerrar un animal en el chiquero: *Cuando* ***enchiqueraban*** *a los toros, uno se escapó al monte.* **2** *Fam.* Encarcelar: *Le agarraron robando en la tienda y lo* ***enchiqueraron*** *tres días.*

enchironar ***vb.*** {tr.} ***Vulg.*** Encarcelar: *Lo* ***enchironaron*** *por asaltar un banco.*

enchuecar ***vb. irreg.*** {tr. y prnl.} **Modelo 17.** ***Chile*** y ***Méx. Fam.*** Torcer, encorvar: ***Enchuequé*** *el clavo cuando intenté meterlo en esa pared tan dura.*

enchufado, da ***adj./m.*** y ***f.*** **1** Que está conectado eléctricamente: *"No debes mover el refrigerador cuando está* ***enchufado****", me dijo mi madre.* **2** ***Esp. Fam.*** Persona que consigue un cargo por enchufe o influencias: *Nadie habla a Fernando en la oficina porque todos saben que es un* ***enchufado.***

enchufar ***vb.*** {tr. y prnl.} **1** Empalmar dos piezas similares introduciendo el extremo de una en el de otra: *Las cañerías del desagüe se fabrican* ***enchufando*** *varios tubos.* **2** Hacer una conexión eléctrica, encajando las dos piezas de un tomacorriente o enchufe: ***Enchufé*** *la lámpara que está cerca de mi cama y me puse a leer un cuento.* **3** ***Esp.*** y ***Perú. Fam.*** Obtener un empleo por medio de recomendaciones o influencias: *Consiguió el cargo de administrador de la empresa porque unos amigos lo* ***enchufaron*** *con el dueño.*

enchufe ***m.*** **1** Hecho de hacer encajar dos objetos iguales. **2** Clavija que conecta un aparato a la red eléctrica: *El* ***enchufe*** *de la licuadora ya no sirve, hay que cambiarlo por uno nuevo.* **3** ***Esp. Fam.*** Cargo que se obtiene por recomendaciones o influencias: *El puesto que tiene como gerente de la empresa es un* ***enchufe,*** *pues se lo dio su tío que es el dueño.*

encía ***f.*** Carne que rodea la base de los dientes: *Un correcto cepillado de dientes te ayuda a mantener sanas tus* ***encías.***

encíclica ***f.*** Carta que el Papa dirige a los obispos y fieles: *El Papa León XIII promulgó la* ***encíclica*** *llamada "Rerum novarum" en mayo de 1891.*

enciclopedia ***f.*** **1** Conjunto de todas las ciencias o de todos los componentes de una ciencia: *Las ciencias exactas, las humanas y las artes constituyen la* ***enciclopedia*** *de nuestra civilización.* **2** Obra en que se expone el conjunto de los conocimientos humanos o los referentes a una ciencia: *Los franceses Voltaire y Rousseau colaboraron en la famosa* ***Enciclopedia*** *que Diderot, otro francés, dirigió en el siglo* XVIII *con el objeto de reunir por orden alfabético todo el conocimiento del mundo.*

enciclopédico, ca ***adj.*** Relativo a la enciclopedia: *En un diccionario* ***enciclopédico*** *puedes encontrar, además de las definiciones de las palabras, muchos datos interesantes.*

enciclopedismo ***m.*** Movimiento filosófico y pedagógico del siglo XVIII que seguía las doctrinas de la Enciclopedia Francesa y se caracterizaba por la defensa de la razón y la ciencia frente a la religión: *Rousseau y Voltaire fueron defensores del* ***enciclopedismo*** *francés.*

enciclopedista ***m.*** y ***f.*** **1** Partidario del enciclopedismo: *Los* ***enciclopedistas*** *se basaban en la razón y en la experiencia.* **2** Persona que ayuda a crear una enciclopedia: *Los* ***enciclopedistas*** *suelen ser personas de todos los ámbitos como periodistas, científicos o escritores.*

encierro ***m.*** **1** Hecho de guardar o meter en un sitio del cual no hay escape: *Las autoridades a veces someten al* ***encierro*** *a delincuentes que cometen delitos graves.* **2** Lugar donde se encierra: *Cuando murió su esposo, la reina decidió hacer de su castillo un* ***encierro*** *del cual ya nunca salió.* **3** Acto de conducir los toros al toril antes de la corrida. **4** Fiesta popular española en la cual se corre delante de los toros: *En el pueblo de mi abuelo se celebra cada año un* ***encierro*** *que a veces termina con algunos hombres accidentados.*

encima ***adv.*** **1** En lugar más alto que otro: *Coloqué azúcar* ***encima*** *de las galletas y me las comí.* Sin. **arriba. 2** ***Fam.*** En una situación superior: *El director de la empresa esta* ***encima*** *de todos los demás empleados.* **3** Expresa un peso o responsabilidad sobre algo o alguien: *Cuando se casó, se echó* ***encima*** *el deber de mantener a toda su familia.* **4** Sobre sí o consigo: *No llevo* ***encima*** *dinero, por eso no puedo prestarte la cantidad que necesitas.* **5** Cerca: *Ya están* ***encima*** *las fiestas y todavía no preparo nada.* **6** Además: ***Encima*** *de que ganó el premio al mejor estudiante, le dieron una beca para estudiar en el extranjero.*

encimado, da ***adj.*** Que está puesta una cosa sobre otra: *Tengo todos los libros* ***encimados*** *desde la mudanza y ya quiero colocarlos en estantes.*

encimar ***vb.*** {tr. y prnl.} Poner una cosa o persona sobre otra: *Mi hermana es un poco desordenada porque* ***encima*** *las cosas, pero nunca las coloca en sus sitio.* **2** Acosar una persona a otra: *Ese tipo es insoportable, se* ***encima*** *en cuanta mujer pasa por la calle.*

encimoso, sa ***adj./m.*** y ***f. Méx. Fam.*** Se aplica a la persona que molesta a otra por su constante cercanía o por la invasión de su espacio físico: *Pablo es muy* ***encimoso,*** *no me deja ni a sol ni sombra.*

encina ***f.*** **1** Árbol de tronco grueso con ramas que es típico de la Península Ibérica, cuyo fruto es la bellota: *Fuimos a un hermoso bosque, lleno de* ***encinas*** *y ardillas que comían bellotas.* **2** Madera del árbol llamado encina: *Mi padre compró un comedor nuevo hecho de* ***encina.***

encinta ***adj.*** Relativo a la mujer que está embarazada y va a tener un hijo: *Algunas leyendas cuentan que las mujeres* ***encinta*** *no deben mirar la Luna porque ésta puede encantar a su hijo.*

enclaustrar ***vb.*** {tr. y prnl.} **1** Encerrar en un claustro o convento: *El hermano de Laura decidió ser monje y* ***se enclaustró*** *el verano pasado.* **2** Esconder en un lugar oculto: *Los ladrones* ***se enclaustraron*** *en una cueva para que la policía no pudiera encontrarlos.* **3** Alejarse de la vida pública para llevar una vida retirada: *Felipe* ***se enclaustró*** *durante cuatro años para escribir su novela.*

enclavado, da ***adj.*** **1** Se aplica al lugar que está dentro del área de otro: *México está* ***enclavado*** *en el sur de Norteamérica.* **2** Se aplica a un objeto que está ceñido o ajustado en otro: *Me regalaron un anillo con un diamante* ***enclavado*** *en un corazón de oro.*

enclavar ***vb.*** {tr. y prnl.} **1** Colocar algo en un lugar: *El arquitecto* ***ha enclavado*** *su casa de campo en medio del bosque.* **2** ***Fam.*** Traspasar, atravesar de parte a parte. **3** Colocar un clavo en el tratamiento de una fractura de un hueso largo: *Cuando me rompí el hueso de la pierna, me lo tuvieron que* ***enclavar.***

enclave ***m.*** Territorio o grupo humano incluido en otro: *Amsterdam fue el más importante* ***enclave*** *comercial de toda Europa; ahí se realizaban grandes compras y ventas de oro, esclavos, especias, etc.*

enclenque ***adj./m.*** y ***f.*** Enfermizo, débil, raquítico: *Federico Chopin, el famoso músico polaco, fue una persona* ***enclenque*** *que falleció siendo muy joven.*

encoger ***vb. irreg.*** {tr., intr. y prnl.} **Modelo 41. 1** Reducir a menor volumen o extensión: *Después de lavar mi blusa de algodón me di cuenta de que* ***encogió*** *y ahora me queda corta.* **2** ***Fam.*** Acobardarse, dejarse dominar por una situación: *No es una persona valiente porque* ***se encoge*** *ante cualquier problema.*

encogimiento ***m.*** **1** Reducción de volumen o extensión: *"Las fábricas textiles realizan pruebas de* ***encogimiento*** *antes de vender los productos", me contestó la vendedora.* **2** Timidez, cobardía: *Su* ***encogimiento*** *le impedía hacer frente al acoso de sus compañeros de la escuela.*

encolar ***vb.*** {tr.} **1** Pegar con cola o pegamento una cosa: *"Debes* ***encolar*** *el florero que rompiste ayer", me dijo mi abuelo.* **2** Aplicar una o más capas de cola caliente a una superficie que ha de pintarse al temple, es decir, con una mezcla de pigmentos, goma y agua: *El pintor dijo que sobre la tela que acababa de* ***encolar*** *pintaría un retrato de la reina.* **3** Limpiar vinos o separar los sedimentos que contienen, con gelatina y clara de huevo: *Los licores que se producen en el pueblo de mi padre tienen impurezas que es necesario* ***encolar*** *antes de beber.*

encolerizado, da ***adj.*** Se aplica a la persona llena de ira, furiosa: *Juan saca relucir sus* ***encolerizadas*** *reacciones cuando algo no le gusta.*

encolerizar ***vb. irreg.*** {tr. y prnl.} **Modelo 16.** Poner o ponerse furioso, enojado: *Georgina* ***se encolerizó*** *conmigo porque le dije que su vestido nuevo era horrible.*

encomendar ***vb. irreg.*** {tr. y prnl.} **Modelo 3. 1** Encargar a alguien a que haga un trabajo o que cuide de una persona o cosa: *Antes de salir de vacaciones, mi vecina me* ***encomendó*** *a su perro.* Sin. **encargar. 2** Confiarse al amparo de alguien.

encomendero, ra ***m.*** y ***f.*** **1** Persona que hace recados a otros y tiene que dar cuenta de ellos: *Dile al* ***encomendero*** *que mañana tiene que llevar los recibos y pagar las facturas.* Sin. **recadero. 2** Hombre que tenía a su cargo una encomienda de indios: *En las colonias, ser* ***encomendero*** *era un privilegio por el que los españoles rogaban a las autoridades.* **3** ***Perú.*** Tendero de comestibles.

encomiar ***vb.*** {tr.} Alabar, celebrar: *El maestro* ***encomió*** *la investigación que hice sobre los pueblos incaicos; me dijo que era muy interesante.*

encomienda ***f.*** **1** Hecho de pedirle a alguien que realice una cosa por uno: *Le dejé la* ***encomienda*** *de que regara mis plantas durante los días que yo estaré de viaje.* **2** Cosa encomendada: *Antes de morir me confió la* ***encomienda*** *de que encuentre a su hermano extraviado desde hace veinte años y que le entregue una carta.* **3** ***Amér. Merid., C. Rica, Guat., Pan.*** y ***Perú.*** Paquete postal: *Mi abuela me mandó desde el pueblo una* ***encomienda*** *con los dulces que ella misma elabora.* **4** Durante los siglos XVI al

XVIII de la Colonia en América, institución que consistía en entregar el rey grupos de indios a unos protectores o encomenderos que se encargaban de enseñarles religión y protegerlos a cambio de que trabajaran para ellos: *La primera **encomienda** implantada en América fue la de Santo Domingo y se caracterizó por los muchos abusos que se cometieron contra los indígenas.*

enconado, da ***adj.*** Muy violento y obstinado, reñido: *Durante una guerra, se libran batallas **enconadas** donde mueren muchos soldados.*

enconar ***vb.*** {tr. y prnl.} **1** Inflamar una herida: *No desinfectó la herida de su pierna y ahora se le **ha enconado.*** **2** Intensificar una lucha.

encono ***m.*** Odio, rencor: *Todavía siente **encono** por la maestra que le puso injustamente una mala nota.*

encontrado, da ***adj.*** **1** Puesto enfrente: *Guardé los dos retratos **encontrados** para que no se rompieran los vidrios.* **2** Que es opuesto a otro: *Esos dos hermanos tienen características **encontradas:** uno es alto y el otro bajo; uno rubio y el otro moreno; uno flaco y el otro gordo.*

encontrar ***vb. irreg.*** {tr., intr. y prnl.} **Modelo 5. 1** Hallar a una persona o cosa que se busca: *Desordené toda la casa, pero al fin **encontré** el libro que estaba buscando.* SIN. **hallar. 2** Topar de manera violenta dos cosas: *Los dos carros de juguete **se encontraron** de frente y en el choque se le cayó una rueda a uno de ellos.* **3** Reunirse dos o más personas en un mismo lugar: *Mis amigos y yo **nos encontramos** en un café para platicar.* SIN. **reunirse.**

encontronazo ***m.*** **1** Choque violento: *El autobús donde viajaba Paulina tuvo un **encontronazo** con un taxi, pero ella está bien.* **2** Encuentro inesperado: *Cuando fui al banco tuve un **encontronazo** con mi antigua novia y no supe cómo reaccionar.*

encopetado, da ***adj./m.*** **1** Presuntuoso: *"No me gusta tu **encopetado** amigo que presume siempre de todo lo suyo", me dijo Lorena.* **2** Que proviene de un linaje alto: *Mario viene de una **encopetada** familia italiana.*

encorajinar ***vb.*** {tr. y prnl.} Irritar o enfadar mucho: ***Se encorajinó** porque le dije que no estaba de acuerdo con lo que decía.*

encordado ***m. Amér.*** Armazón de las cuerdas de una raqueta: *El **encordado** es la parte que más influye sobre el rendimiento en el tenis.*

encordadura ***f.*** Conjunto de las cuerdas de un instrumento musical: *La **encordadura** de esta guitarra está muy vieja, creo que voy a cambiarla por una nueva.*

encordar ***vb. irreg.*** {tr.} **Modelo 5.** Poner cuerdas a un instrumento musical: *Cuando entré al estudio, el bajista **encordaba** su instrumento porque se le habían reventado dos de las cuatro cuerdas de su bajo.*

encorsetar ***vb.*** {tr. y prnl.} Poner corsé: *En el filme antiguo que vi, las mujeres **se encorsetaban** hasta quedar con una cintura muy pequeña. ¡No sé cómo respiraban!*

encorvar ***vb.*** {tr. y prnl.} Hacer que alguien o algo tome forma curva: *A medida que pasan los años, la espalda de mi abuelo **se encorva** más y más.*

encostalar ***vb.*** {tr.} Meter en costales o sacos: *Los agricultores **encostalan** los productos para transportarlos a los puntos de venta.*

encrespado, da ***adj.*** **1** Se aplica al pelo rizado: *Compré una crema especial para el pelo **encrespado** que lo deja más lacio.* **2** Que está alborotado el oleaje: *Cuando el mar está **encrespado,** es mejor que los pescadores no salgan.*

encrespar ***vb.*** {tr. y prnl.} **1** Ensortijar, rizar: *Delia fue armando las rosas de papel después de **encrespar** cada uno de los pétalos para que parezcan rosas abiertas.* **2** Erizarse el pelo, plumaje, etc., por alguna emoción fuerte: *El pelaje del gato **se encrespó** cuando vio al perro frente a él.* **3** *Fam.* Levantarse y alborotarse las olas del mar. **4** Irritar, enfurecer a una persona o animal.

encriptar ***vb.*** {tr.} En informática, ocultar datos mediante una clave: *El científico **encriptó** los apuntes de su experimento para que nadie le robara sus fórmulas.*

encristalar ***vb.*** {tr.} Poner cristales en un lugar: *Están **encristalando** la puerta para poder ver el jardín desde la sala.*

encrucijada ***f.*** **1** Cruce de caminos: *Para llegar a la escuela, caminé hasta la **encrucijada** y ahí tomé la calle de la izquierda.* **2** Situación difícil en que no se sabe qué conducta seguir: *Manolo está en una **encrucijada:** sale con dos chicas y dice que está enamorado de las dos, pero debe decidirse por una de ellas.* SIN. **dilema.**

encuadernación ***f.*** **1** Acción de encuadernar: *En clase, aprendimos cómo hacer la **encuadernación** de un libro.* **2** Cubierta de cartón o de otro material que protege las hojas de un libro, facilita su lectura y lo embellece: *Todos los libros de esa pequeña editorial tienen la **encuadernación** en piel.* **3** Taller donde se encuadernan los libros: *Tengo que ir a la **encuadernación** a recoger los ejemplares de mi nuevo libro de fotografía.*

encuadernar ***vb.*** {tr.} Coser las hojas de un libro y ponerles tapa.

encuadrado, da ***adj.*** **1** Que está dentro de un cuadro o marco: *Los carteles **encuadrados** se ven mejor que los que están sujetos con tachuelas.* **2** Que está dentro de un límite o contexto: *La exposición quedó **encuadrada** en el programa de las fiestas de la ciudad.*

encuadrar ***vb.*** {tr.} **1** Colocar algo en un marco o cuadro: ***Encuadré** la fotografía de toda la familia para ponerla sobre el piano.* SIN. **enmarcar. 2** Incluir una cosa dentro de un límite: *Para tomar una buena fotografía debes **encuadrar** tu objetivo para que tomes lo que realmente quieres.*

encuadre ***m.*** Parte de un paisaje, rostro, etc., que capta el visor de una cámara fotográfica.

encubierto, ta ***adj.*** **1** Oculto: *La policía localizó las obras de arte **encubiertas** con las que los ladrones querían traficar.* **2** Se aplica a la persona que está oculta: *Un detective **encubierto** puede ser un espía de una organización.*

encubridor, ra ***adj./m.*** y ***f.*** Que encubre: *El **encubridor** del robo salió en las noticias diciendo que él no tuvo nada que ver.*

encubrimiento ***m.*** **1** Acción y efecto de encubrir: *La maestra castigó a toda la clase por el **encubrimiento** de quien rompió la ventana.* **2** En derecho, comportamiento criminal por ocultar o ayudar a los autores de un delito: *Condenaron a la madre del asesino por **encubrimiento.***

encubrir ***vb. irreg.*** {tr.} **Modelo 45.** Ocultar algo: *Se hizo cómplice al **encubrir** la travesura que había hecho su hermano y ahora los dos recibirán un castigo.*

encuentro ***m.*** **1** Hecho de encontrar o encontrarse dos o más personas o cosas: *El **encuentro** con mis primos fue muy agradable.* **2** Entrevista entre dos o más personas con el fin de resolver o preparar algún asunto: *Durante su **encuentro,** los dos presidentes firmarán un acuerdo comercial.* **3** Competición, prueba deportiva: *Hoy iré al estadio para ver el **encuentro** entre los dos mejores equipos de la temporada.*

encuerado, da ***adj. Colomb., Cuba, R. Dom., Méx.*** y ***Perú.*** Desnudo, sin ropa: *El temblor ocurrió a la hora en* *que mucha gente se baña antes de ir a trabajar, y algunos se asustaron tanto que salieron* ***encuerados*** *a la calle.*

encuesta ***f.*** Estudio que se hace sobre un tema y en el que se reúnen testimonios, experiencias, documentos, etc., de muchas personas.

encuestado, da ***adj./m.*** y ***f.*** Persona que contesta una encuesta: *En mi escuela, realizaron un estudio sobre las preferencias de carreras universitarias y los* ***encuestados*** *fueron los estudiantes de último curso.*

encuestador, ra ***m.*** y ***f.*** Persona que realiza encuestas: *Los* ***encuestadores*** *nos hicieron preguntas para saber nuestras opiniones sobre el servicio telefónico.*

encuestar ***vb.*** {tr. e intr.} **1** Consultar un asunto en una encuesta: *Me parece bien que* ***encuesten*** *sobre las aficiones y los gustos de las personas porque así recibimos la información que nos interesa.* **2** Preguntar a una persona para una encuesta: *El director* ***encuestó*** *a los alumnos para el examen de profesores.* **3** Hacer encuestas: *Hoy vi que* ***encuestaban*** *en la calle, pero no quise detenerme a contestar.*

encularse ***vb.*** {prnl.} **1** ***Argent. Vulg.*** Enojarse. **2** ***Méx. Vulg.*** Enamorarse.

encumbrar ***vb.*** {tr. y prnl.} **1** Levantar en alto: *El atleta* ***encumbró*** *la antorcha olímpica para que brillara en medio de la oscuridad.* **2** ***Fam.*** Ensalzar, exaltar: *El jefe está tan contento con el trabajo de Rebeca que no para de* ***encumbrarla.***

encurtido ***m.*** Verdura o fruta conservada en vinagre: *En la fiesta comimos* ***encurtidos*** *de cebolla y de pepinillo.*

encurtir ***vb.*** {tr.} Conservar verduras o frutas en vinagre: *Ayer por la tarde, mi mamá y yo* ***encurtimos*** *ajos, zanahorias y coliflor, guardamos los frascos en la alacena.*

ende. Por ~, ***loc.*** Por tanto, como consecuencia: *"No estudiaste, no obedeciste, no acomodaste tu ropa,* ***por ende,*** *no tendrás permiso para ir a la fiesta", me dijo mi padre.*

endeble ***adj.*** Débil, poco resistente: *"Ten cuidado con esa silla porque es muy* ***endeble*** *y podría romperse cuando te sientes", dije a Georgina.*

endecasílabo, ba ***adj./m.*** Relativo al verso de once sílabas.

endecha ***f.*** Canción triste en la que el poeta se lamenta de algo: *La* ***endecha*** *que compuso ese autor es un lamento por la pérdida de su amada.*

endemia ***f.*** Enfermedad que afecta a una región, a un país o a un grupo humano de manera habitual o por determinadas épocas: *El paludismo es una* ***endemia*** *que ataca a los habitantes de las zonas selváticas tropicales.*

endémico, ca ***adj.*** **1** De la endemia: *La gripe fue una enfermedad* ***endémica*** *durante la conquista de América.* **2** Se aplica a un mal o suceso social que afecta habitualmente a un país o región: *La guerra es un problema* ***endémico*** *en África.* **3** Se aplica a la especie animal o vegetal exclusiva de una zona: *Los pájaros del paraíso son una especie* ***endémica*** *de Nueva Guinea.*

endemoniado, da ***adj./m.*** y ***f.*** **1** Poseído por el demonio: *Leí un libro que trata de un muchacho* ***endemoniado*** *al que un sacerdote le arrojó agua bendita para que el demonio saliera de su cuerpo.* **2** Malo, perverso. **3** Que fastidia, molesta o da mucho trabajo: *"¡No puedo resolver este* ***endemoniado*** *problema! Tú eres bueno en matemáticas, ¿podrías ayudarme?", dije a Gerardo.* **4** De muy mala calidad o muy desagradable: *"Tápate la nariz porque vamos a pasar por una tienda que vende pescado y despide un olor* ***endemoniado"****, me advirtió mi amigo.*

endemoniar ***vb.*** {tr. y prnl.} Meter a alguien el demonio en el cuerpo: *En la película, la bruja* ***endemonió*** *a la niña y tuvieron que hacerle un exorcismo.*

enderezado, da ***adj./m.*** y ***f.*** **1** Puesto derecho: *La farola torcida por el accidente ya está* ***enderezada.*** **2** Corregido: *Tomamos un camino incorrecto, pero el error ya está* ***enderezado.***

enderezar ***vb. irreg.*** {tr., intr. y prnl.} **Modelo 16. 1** Poner derecho lo torcido o inclinado: *Como el arbolito estaba creciendo de lado, mi papá lo ató a un palo para* ***enderezarlo.*** **2** Corregir, reprender, enmendar.

endeudado, da ***adj.*** Se aplica a la persona que tiene muchas deudas o debe favores: *Mi tío está* ***endeudado*** *porque su negocio no fue tan bien como esperaba, pidió dinero y favores que ahora no puede devolver.*

endeudamiento ***m.*** **1** Acción y efecto de endeudarse: *Su* ***endeudamiento*** *aumentó a causa del temporal que destruyó su casa.* **2** Obligaciones de pago que tiene un país, una empresa o una persona: *El país sufrió una fuerte crisis y ahora no puede hacer frente a su* ***endeudamiento.***

endeudarse ***vb.*** {prnl.} **1** Llenarse de deudas: *Le robaron su dinero y tuvo que* ***endeudarse*** *para pagar el alquiler de su casa.* **2** Reconocer que uno debe favores o atenciones a alguien: ***Me endeudé*** *con ellos porque me trataron muy bien durante mi estancia en su casa. Ahora voy a corresponderles de la misma manera cuando vengan.*

endiablado, da ***adj.*** **1** Que fastidia, molesta o es difícil de resolver: *"¡Qué* ***endiablado*** *desorden! Voy a necesitar ayuda para poner todo en su lugar", dijo mi madre.* **2** Que es muy malo o muy desagradable: *Hace un frío* ***endiablado,*** *cada vez me cubro con más ropa y sigo helándome.*

endilgar ***vb. irreg.*** {tr.} **Modelo 17.** ***Fam.*** Encajar, encomendar algo desagradable: *"No me* ***endilgues*** *la tarea de pedirle permiso a tu papá, tú debes hablar con él aunque no quieras", dije a mi amigo.*

endiosar ***vb.*** {tr. y prnl.} **1** Tratar a alguien como si fuera una divinidad: *Javier* ***endiosó*** *a su novia porque la quería mucho, pero luego se dio cuenta de que ella lo engañaba.* **2** Hacerse engreído, soberbio: *Como ha recibido muchas felicitaciones,* ***se ha endiosado*** *y no hay quien la aguante.*

endocarpo o **endocarpio** ***m.*** En botánica, la parte más interna del fruto.

endocrino, na ***adj.*** Relativo a las hormonas o a las glándulas de secreción interna, como la hipófisis: *La diabetes es una enfermedad* ***endocrina*** *que es causada por el mal funcionamiento del páncreas.*

endocrinología ***f.*** Estudio médico y biológico de las funciones de las glándulas endocrinas y las enfermedades que las afectan: *Gracias a la* ***endocrinología,*** *sabemos que el mal funcionamiento de la tiroides puede hacer que una persona esté demasiado gorda o demasiado delgada.*

endocrinólogo, ga ***m.*** y ***f.*** Especialista en endocrinología.

endodoncia ***f.*** Estudio y tratamiento de las enfermedades de la pulpa y la raíz de los dientes: *El dentista recomendó una* ***endodoncia*** *para eliminar una fea infección que tengo en la raíz de una muela.*

endoesqueleto ***m.*** Conjunto de huesos y cartílagos que forma el esqueleto de los vertebrados: *El* ***endoesqueleto*** *da forma y permite movimiento al cuerpo, sujeta los músculos y protege el sistema nervioso.*

endogamia ***f.*** **1** Reproducción entre individuos relacionados genéticamente: *Las familias reales europeas han practicado la* ***endogamia*** *durante siglos.* **2** Costumbre de contraer matrimonio entre personas de un mismo grupo: *Los miembros de las tribus primitivas creían mantener su unidad practicando la* ***endogamia.*** **3** Actitud de rechazo a la incorporación de individuos ajenos al propio grupo: *La* ***endogamia*** *de los gitanos provoca su aislamiento dentro de las ciudades o poblaciones donde viven.*

endogámico, ca ***adj.*** Relacionado con la endogamia: *El matrimonio* ***endogámico*** *entre Soraya y su primo estaba concertado desde su nacimiento.*

endometrio ***m.*** Membrana mucosa que recubre el interior del útero: *Después de la fecundación, el futuro embrión se instala en el* ***endometrio.***

endomingarse ***vb. irreg.*** {prnl.} **Modelo 17.** Vestirse con ropa de fiesta: *Angélica* ***se endominga*** *cada vez que sale a pasear con su novio.*

endoplasma ***m.*** Parte interna de una célula.

endorfina ***f.*** Sustancia narcótica que segrega el encéfalo: *La* ***endorfina*** *es la hormona de nuestro cuerpo responsable de eliminar el dolor y aumentar la alegría.*

endosar ***vb.*** {tr.} **1** Ceder a otro un documento de crédito: *Como me debía dinero, me* ***endosó*** *el cheque de su salario y yo lo cambié en el banco.* **2** Encargar a alguien una cosa molesta: *"No dejes que te* ***endose*** *a su perro durante todas las vacaciones, porque es un animal muy molesto", dije a Ricardo.*

endoscopia ***f.*** Técnica para ver y examinar las cavidades internas del cuerpo usando un endoscopio: *Antes de la operación, al paciente le hicieron una* ***endoscopia*** *para ver exactamente dónde estaba el tumor de su intestino.*

endoscopio ***m.*** Aparato médico, con un visor y un sistema de iluminación, que se introduce en las cavidades del cuerpo para ver su interior: *El* ***endoscopio*** *permite a los médicos hacer diagnósticos más acertados.*

endosfera ***f.*** Núcleo central de la esfera terrestre.

endoso ***m.*** **1** Cesión o traspaso de un documento de crédito a otra persona: *El* ***endoso*** *es el método aceptado para transferir el título y los derechos de una propiedad.* **2** Mensaje escrito al dorso de un documento de crédito para endosarlo: *"Sin el* ***endoso*** *en el título no puedes transferir tu tienda", dijo el abogado.*

endotelio ***m.*** Tejido que recubre los vasos y las cavidades internas del cuerpo: *El* ***endotelio*** *está formado por células planas.*

endrogarse ***vb. irreg.*** {prnl.} **Modelo 17.** **1** *Chile, Méx.* y *Perú.* Contraer deudas: *Mi padre* ***se endrogó*** *con un automóvil nuevo y tendrá que pagar mensualidades durante cuatro años.* **2** *P. Rico* y *R. Dom.* Tomar drogas.

endulzar ***vb. irreg.*** {tr. y prnl.} **Modelo 16.** **1** Hacer dulce una cosa: *Voy a* ***endulzar*** *el té; ¿qué le pondré, azúcar o miel?* **2** Atenuar, suavizar: *Este trabajo es muy aburrido, pero la compañía de mis amigos lo* ***endulza*** *un poco, qué bueno que decidimos hacerlo juntos.*

endurecedor ***m.*** y ***f.*** Sustancia que endurece: *Compré un* ***endurecedor*** *de uñas que contiene ajo y dicen que es muy bueno.*

endurecedor, ra ***adj.*** Que provoca endurecimiento: *Hay que colocar en el plafón una capa de laca* ***endurecedora.***

endurecer ***vb. irreg.*** {tr. y prnl.} **Modelo 39.** **1** Poner dura una cosa: *Guardé el helado en el congelador y* ***se endureció*** *mucho, ahora no puedo meterle la cuchara para servirme un poco.* **2** Hacer a alguien cruel o insensible: *Ese engaño la* ***endureció*** *mucho, antes era alegre y confiada y ahora desconfía de todos.*

endurecido, da ***adj.*** **1** Que se ha puesto duro: *No podemos pisar el cemento hasta que esté* ***endurecido.*** **2** Curtido o insensible: *Pedro es un hombre* ***endurecido*** *por las calamidades que pasó de niño.*

endurecimiento ***m.*** **1** Acción y efecto de endurecer: *Estoy haciendo unos ejercicios que sirven para el* ***endurecimiento*** *del abdomen.* **2** Terquedad, firmeza: *El* ***endurecimiento*** *de la Inquisición afectó sobre todo a los acusados de herejía.*

enebro ***m.*** Arbusto cuyas bayas aromáticas, de color violeta, se usan en medicina y licorería: *Las bayas del* ***enebro*** *son las que dan su aroma característico a la ginebra.* Sin. **junípero.**

eneldo ***m.*** Hierba aromática de hojas muy pequeñas y delgadísimas que se usa como condimento: *La ensalada de pepinos con* ***eneldo*** *y yogur es muy sabrosa.*

enema ***m.*** Introducción de un tubo a través del ano para aplicar un líquido en el recto con fines terapéuticos. Sin. **lavativa, visitadora.**

enemigo, ga ***adj.*** Contrario, opuesto: *Leonardo juega en el equipo* ***enemigo*** *y Andrés, en el equipo de nuestra escuela.*

enemigo, ga ***m.*** y ***f.*** Persona que hace mal a otra o que busca dañarla.

enemistad ***f.*** Rechazo u odio entre personas: *La* ***enemistad*** *entre Hilda y Carmen es evidente, cada vez que se encuentran se lanzan miradas de odio.*

enemistar ***vb.*** {tr. y prnl.} Perder o hacer perder la amistad: *Eran buenos amigos, pero* ***se han enemistado*** *desde que los dos compiten por el primer lugar de la clase. ¡Qué tontería!*

energético, ca ***adj.*** Relativo a la energía: *He comido alimentos* ***energéticos*** *y me siento muy activo.*

energía ***f.*** **1** Poder de un cuerpo, que le permite realizar actividades: *Los niños bien alimentados crecen con* ***energía*** *y vitalidad.* **2** Fuerza de voluntad: *Tuvo la* ***energía*** *suficiente para dejar de fumar, porque sabía que se estaba haciendo daño.* **3** En física, facultad que posee un cuerpo para producir un trabajo mecánico.

enérgico, ca ***adj.*** Que tiene energía: *El maestro de deporte es muy severo y tiene un carácter muy* ***enérgico*** *que se nota cuando nos ordena hacer los ejercicios de gimnasia.*

energizar ***vb. irreg.*** {tr., intr. y prnl.} **Modelo 16.** **1** *Colomb.* Estimular, dar energía. **2** *Colomb.* Obrar con energía y pasión.

energúmeno, na ***m.*** y ***f.*** Persona muy furiosa o violenta: *Joel es un* ***energúmeno*** *que golpea a sus hijos por cualquier razón.*

enero ***m.*** Primer mes del año.

enervante ***adj.*** **1** Que debilita el ánimo y la fuerza física: *En Cancún hacía un calor tan* ***enervante*** *que me pasé todo el tiempo echado en una hamaca.* **2** Que pone nervioso: *Cuando sus padres le dejan con la niñera, su llanto* ***enervante*** *se escucha en todo el edificio.*

enervante ***m.*** Droga estimulante: *El uso de* ***enervantes*** *sin autorización médica es ilegal.*

enervar ***vb.*** {tr. y prnl.} Poner demasiado nervioso: *Me* ***enerva*** *que pongas la televisión tan fuerte, no puedo concentrarme en mi tarea.*

enésimo, ma ***adj.*** **1** Que se repite un número indeterminado de veces: *"Te he dicho por* ***enésima*** *vez que por favor bajes el volumen de la música. ¿Acaso no oyes?", me dijo mi padre.* **2** En matemáticas, que ocupa un lugar indeterminado en una sucesión.

enfadar ***vb.*** {tr. y prnl.} Enojar, disgustar: *"****Me enfada*** *que alguien me diga mentiras", dije a mi novio.*

enfado ***m.*** Enojo, disgusto, aburrimiento: *¡Qué* ***enfado!*** *Tengo que ir al mercado otra vez porque olvidé comprar los huevos.*

enfadoso, sa ***adj.*** Se aplica a lo que causa molestia o enfado: *"La maestra nos mandó un trabajo de ciencias muy* ***enfadoso*** *para el fin de semana y no podré ir a la montaña con ustedes", dijo Alejandro.*

enfangar ***vb. irreg.*** {tr. y prnl.} **Modelo 17.** Meter en el barro o lodo o cubrir con él: *Voy a lavar el automóvil porque* ***se enfangó*** *en ese camino de tierra húmeda.*

enfardar ***vb.*** {tr.} Poner en fardos, empaquetar: *Tuve un empleo este verano que consistía en* ***enfardar*** *la mercancía.*

énfasis ***m.*** Entonación especial de la voz, o subrayado, para marcar lo importante que se dice o que se escribe.

enfático, ca ***adj.*** Que expresa alguna idea o pensamiento con énfasis: *La alocución del ministro fue muy* ***enfática*** *cuando urgió al Congreso a autorizar mayor presupuesto para la educación.*

enfermar ***vb.*** {tr. y prnl.} **1** Contraer o causar una enfermedad: *Comí tanto postre que* ***me enfermé*** *y ahora tengo que tomar medicamento.* **2** Causar algo o alguien una molestia: ***Me enferma*** *que Elías diga que no ha encontrado trabajo, si es claro que no lo ha buscado.*

enfermedad ***f.*** Pérdida de la salud: *El cáncer es una* ***enfermedad*** *muy grave.* Sin. **padecimiento.**

enfermería ***f.*** **1** Profesión de las enfermeras y enfermeros: *Aurora decidió estudiar* ***enfermería*** *porque tiene un gran espíritu de servicio.* **2** Lugar de algunos establecimientos donde hay camillas y equipo médico para atender a enfermos o accidentados: *Rodolfo se torció un tobillo jugando fútbol y lo llevaron a la* ***enfermería*** *de la escuela.*

enfermero, ra ***m.*** y ***f.*** Persona que cuida y atiende a los enfermos: *Las* ***enfermeras*** *del hospital son muy amables y han cuidado a mi abuelo enfermo.*

enfermizo, za ***adj.*** **1** Que tiene poca salud: *Es un niño* ***enfermizo*** *porque está mal alimentado.* **2** Propio de un enfermo: *"Tienes aspecto* ***enfermizo,*** *¿te sientes mal?", me dijo la maestra.*

enfermo, ma ***adj./m.*** y ***f.*** Que ha perdido su salud: *En el hospital hay varios* ***enfermos*** *de la garganta porque ha hecho mucho frío últimamente.*

enfilado ***m.*** Técnica que consiste en ensartar sortijas o cuentas en un hilo o banda: *La maestra de arte nos enseñó el* ***enfilado*** *cruzado para hacer pulseras y collares.*

enfilado, da ***adj./m.*** **1** Se aplica a las sortijas o cuentas ensartadas: *Hice una pulsera con abalorios de amatista* ***enfilados*** *en flor para regalárselo a mi madre por su cumpleaños.* **2** Que va encaminado hacia un lugar determinado: *Mi equipo jugó muy bien esta temporada y está* ***enfilado*** *a ganar el campeonato.*

enfilar ***vb.*** {tr., intr. y prnl.} **1** Poner en fila varias cosas: *El niño* ***enfiló*** *los carros y jugó a que estaban en un desfile.* **2** Ir o dirigirse a un lugar: ***Enfilamos*** *por una calle que nos llevó a un parque muy grande.*

enfisema ***m.*** En medicina, hinchazón del tejido celular por introducción de aire o gas.

enflaquecer ***vb. irreg.*** {tr., intr. y prnl.} **Modelo 39.** Poner o ponerse flaco: *Mi perro* ***enflaqueció*** *aunque seguía comiendo, lo llevamos al veterinario y resultó que tenía parásitos.*

enfocar ***vb. irreg.*** {tr.} **Modelo 17. 1** Centrar la imagen en el visor de una cámara: *Remedios nos* ***enfocó,*** *pidió que sonriéramos y nos tomó una fotografía.* **2** Considerar, analizar, estudiar o examinar un asunto para resolverlo de manera adecuada.

enfoque ***m.*** **1** Punto específico a una distancia determinada en donde los objetos saldrán nítidos en una fotografía: *Las cámaras nuevas tienen* ***enfoque*** *automático, pero mi padre prefiere seguir haciéndolo manualmente.* **2** Forma de considerar un asunto: *Al darle un nuevo* ***enfoque*** *más positivo a mi problema con Andrés, logramos resolverlo.*

enfrascar ***vb. irreg.*** {tr.} **Modelo 17.** Guardar algo en un frasco.

enfrascarse ***vb. irreg.*** {prnl.} **Modelo 17.** Hacer algo con mucha atención e interés: *Cuando Francisco* ***se enfrasca*** *en la lectura parece como si viviera dentro del libro.*

enfrenar ***vb.*** {tr.} **1** Poner el freno al caballo y adiestrarlo para que obedezca: *Mi tío me ayudó a* ***enfrenar*** *mis caballos en el rancho.* **2** Dominar la fuerza de algo: *Los superhéroes lograron* ***enfrenar*** *el meteorito que iba a estrellarse en el planeta Tierra.* **3** ***Méx.*** Frenar: *Cuando el semáforo está en amarillo se debe* ***enfrenar*** *el auto.*

enfrenón ***m. Méx.*** Parada brusca de un movimiento o una actividad: *El autobús donde viajaba dio un fuerte* ***enfrenón*** *y una señora se estrelló contra el cristal delantero.*

enfrentamiento ***m.*** Acción y efecto de enfrentar: *El* ***enfrentamiento*** *entre los griegos y los troyanos duró diez años y terminó con el caballo de Troya que ideó Ulises para entrar en la ciudad amurallada.*

enfrentar ***vb.*** {tr., intr. y prnl.} **1** Poner frente a frente en una comparación, competición, lucha, etc. **2** Hacer frente: ***Se enfrentó*** *con valor a los problemas económicos y ahora ya tiene un nuevo trabajo.* Sin. **afrontar.**

enfrente ***adv.*** Delante, en el lado opuesto: *Vivimos* ***enfrente*** *del mar y te aseguro que no hay nada mejor que dormir arrullado por el murmullo de las olas.*

enfriador ***m.*** Sitio o aparato para enfriar: *No funciona el* ***enfriador*** *de aire y hace un calor sofocante en la oficina.*

enfriador, ra ***adj.*** **1** Que enfría: *Las botellas de vino se conservan mejor en una bodega* ***enfriadora*** *que las mantiene a su debida temperatura.*

enfriamiento ***m.*** **1** Descenso de la temperatura de algo: *El herrero mete en agua las piezas de hierro ardiente que están terminadas para acelerar su* ***enfriamiento.*** **2** Disminución de la intensidad de los sentimientos: *Estuvieron dos años separados y la distancia provocó el* ***enfriamiento*** *de su relación.* **2** Catarro debido al frío: *"Tienes que tomar jarabe para curarte el* ***enfriamiento*** *y no andar por ahí sin ropa de abrigo", me aconsejó mi abuela.*

enfriar ***vb. irreg.*** {tr., intr. y prnl.} **Modelo 9. 1** Ponerse o hacer que se ponga fría una cosa: ***Enfrié*** *con hielos el agua recién hervida y preparé una fresca limonada.* **2** Hacer más suave o menos fuerte la intensidad de los sentimientos: *Después de la pelea que tuvieron, su amistad* ***se enfrió*** *y ya nunca volvió a ser como antes.* **3** Enfermarse de un resfrío: *Se empapó con la tormenta de ayer y* ***se enfrió,*** *por eso tiene dolor de cuerpo y fiebre.*

enfundar ***vb.*** {tr. y prnl.} **1** Poner una cosa dentro de su funda: *El caballero* ***enfundó*** *su espada y dejó libre a su rival derrotado.* **2** Cubrirse con una prenda de vestir: ***Se enfundó*** *unos pantalones y una blusa, y salió a comprar el diario a la esquina.*

enfurecer ***vb. irreg.*** {tr. y prnl.} **Modelo 39.** Enojar, irritar, enfadar a uno: *A mi padre le* ***enfurece*** *que yo llegue a casa después de la hora establecida, porque dice que debo acostumbrarme a cumplir mis acuerdos.*

enfurecido, da ***adj.*** Enojado, irritado: *Marcos está* ***enfurecido*** *porque perdió su combate de karate contra un rival menor.*

enfurruñarse ***vb.*** {prnl.} ***Fam.*** Enfadarse, enojarse: *"No* ***te enfurruñes,*** *sólo vamos a llegar diez minutos después de que empiece el concierto."*

a b c d e f g h i j k l m n o p q r s t u v w x y z

engalanar ***vb.*** {tr. y prnl.} Arreglar con galas y adornos: ***Engalanaron*** *las calles con luces y adornos porque ya pronto será la fiesta del pueblo.*
engallar ***vb.*** {tr. y prnl.} Estirar la cabeza y comportarse con arrogancia, engreírse: *Pablo ganó la discusión y ahora* ***se engalla*** *cuando pasa por delante de nosotros.*
enganchar ***vb.*** {tr., intr. y prnl.} **1** Agarrar con un gancho o colgar algo de él: ***Enganché*** *mi ropa para que no se maltrate.* **2** Unir, acoplar dos unidades o vehículos: *Ya* ***engancharon*** *los vagones del tren que partirá a Montevideo.* **3** Hacerse adicto a una droga.
enganche ***m.*** **1** Hecho de enganchar: *Fue difícil el* ***enganche*** *de los caballos al carruaje porque uno de los animales estaba muy nervioso y agitado.* **2** ***Méx.*** Cantidad de dinero que se da como anticipo para comprar algo a plazos: *Ya pagamos el* ***enganche*** *de una casa y en dos meses empezaremos a dar las mensualidades.* Sin. **pie.**
engañar ***vb.*** {tr. y prnl.} **1** Hacer creer algo que no es verdad: *Mi hermano me* ***engañó,*** *pues me dijo que Saturno era el planeta más cercano a la Tierra.* **2** Ser infiel al cónyuge cometiendo adulterio: *Victoria dejó a su esposo porque descubrió que la* ***engañaba*** *con otra mujer.* **3** Negarse a aceptar la realidad: *Javier* ***se engaña*** *al creer que le van a subir el sueldo; en realidad su jefe busca una oportunidad para despedirlo.*
engañifa ***f. Fam.*** Engaño astuto que muestra como bueno y conveniente algo que no lo es: *Los productos que prometen perder peso en unas semanas son una* ***engañifa*** *que pueden perjudicar la salud.*
engaño ***m.*** Hecho de engañar o engañarse: *El hijo mantuvo en un* ***engaño*** *a su familia haciéndole creer que estaba en la universidad, pero en realidad pasaba el tiempo vagando.*
engañoso, sa ***adj.*** Que engaña: *El aspecto de ese pez es* ***engañoso,*** *se ve muy delicado pero en realidad es feroz y sanguinario.*
engarrotar ***vb.*** {tr. y prnl.} Entumecerse los miembros por el frío o la enfermedad: *Estuvimos jugando con bolas de nieve y se nos* ***engarrotaron*** *los dedos.*
engarzar ***vb. irreg.*** {tr.} **Modelo 16. 1** Trabar una cosa con otra para formar cadenas: ***Engarzó*** *unas flores y se las regaló a las maestras durante el festival.* **2** Encajar piedras en oro, plata u otro metal: *El joyero* ***engarzó*** *un diamante en el anillo que Marcelo regalará a Sonia.* Sin. **engastar.**
engastar ***vb.*** {tr.} Encajar piedras en oro, plata u otro metal. Sin. **engarzar.**
engatusar ***vb.*** {tr.} ***Fam.*** Ganarse a alguien con halagos y engaños: *Mi hermano se dejó* ***engatusar*** *por una mujer que le quitó todo su dinero.*
engendrar ***vb.*** {tr.} Producir los animales y las personas seres de su misma especie: *El gato y la gata* ***engendraron*** *cuatro gatos preciosos.*
engendro ***m.*** Ser desproporcionado, que causa repulsión o rechazo.
englobar ***vb.*** {tr.} Reunir varias cosas en un conjunto.
engolado, da ***adj.*** **1** Se dice de quien canta o habla produciendo el sonido en la garganta. **2** Presuntuoso, que de manera fingida habla con un tono más grave de voz.
engolosinar ***vb.*** {prnl.} Tomar excesiva afición por lo que se viene haciendo: *Alberto* ***se engolosinó*** *con los juegos de vídeo y gastó todo su dinero.*
engomar ***vb.*** {tr.} Untar con goma: *Los niños* ***engomaron*** *todos los recortes y luego los pegaron en un tablero para formar un mural.*
engorda ***f.*** **1** ***Chile*** y ***Méx.*** Acción de dar mucho alimento a los animales: *Tenemos a los pollos en* ***engorda*** *porque los cocinaremos para la boda de mi hermana.* **2** ***Chile*** y ***Méx.*** Conjunto de animales a los que se les da mucho alimento para la matanza: *En la granja de mi tío hay diez vacas de* ***engorda.***
engordar ***vb.*** {tr. e intr.} **1** Subir de peso o talla: *Cuando fui de vacaciones* ***engordé*** *un poco y ahora los pantalones me aprietan.* **2** Dar mucho alimento a los animales.
engorrar ***vb.*** {tr.} ***P. Rico*** y ***Venez.*** Fastidiar, molestar.
engorro ***m. Fam.*** Tarea difícil y molesta: *Andrea dice que limpiar la casa es un* ***engorro*** *que la agota mucho.*
engorroso, sa ***adj.*** Fastidioso o difícil: *"Todos los trámites burocráticos son muy* ***engorrosos",*** *dijo mi padre.*
engrampadora ***f. Bol., Guat., Perú*** y ***Urug.*** Aparato que sirve para unir papeles por medio de una grapa, grampa o broche. Sin. **engrapadora, abrochadora, grapadora.**
engranaje ***m.*** Conjunto de ruedas dentadas que sirve para mover una maquinaria: *Los relojes de cuerda funcionan gracias a un fino* ***engranaje.***
engranar ***vb.*** {tr. e intr.} Hacer que encajen, que se combinen dos o más piezas, en especial engranajes.
engrandecer ***vb. irreg.*** {tr. y prnl.} **Modelo 39. 1** Aumentar el tamaño de una cosa. Sin. **agrandar. 2** Aumentar el valor o la estima de algo: *Los éxitos que he tenido en la escuela* ***engrandecen*** *a mis padres.* Sin. **enaltecer.**
engrane ***m.*** Rueda dentada para maquinaria.
engrapadora ***f. Amér. C., Bol., Méx., Perú*** y ***Venez.*** Aparato que sirve para unir papeles por medio de una grapa, grampa o broche: *"Con la* ***engrapadora*** *une las hojas de tu trabajo para que no se pierda ninguna", me dijo el maestro.* Sin. **grapadora, abrochadora.**
engrapar ***vb.*** {tr.} Sujetar o asegurar con grapas: *El empleado* ***engrapó*** *la foto en la credencial y después le puso un sello; ahora ya podré entrar al club.*
engrasar ***vb.*** {tr. y prnl.} Untar con grasa para lubricar: ***Engrasó*** *el motor de su automóvil y ahora ya no hace ruidos extraños.*
engreído, da ***adj.*** Quien se considera más valioso que los demás: *Rosa es una* ***engreída*** *que piensa que es la única que sabe hacer bien los trabajos escolares.* Sin. **ególatra.**
engreimiento ***m.*** Jactancia, arrogancia: *La psicóloga explicó que el* ***engreimiento*** *esconde la falta de valor en uno mismo.*
engreírse ***vb.*** {prnl.} **1** Creerse mejor que los demás, envanecerse: *Desde que Pedro ganó el debate de la escuela empezó a* ***engreírse*** *tanto que ahora es un pedante sin amigos.* **2** ***Amér.*** Encariñarse: *Regalaron un gato a Sofía y* ***se ha engreído*** *mucho con él.*
engrosar ***vb. irreg.*** {tr. y prnl.} **Modelo 5. 1** Aumentar las cosas o personas su anchura o grosor: *Debemos disminuir la generación de contaminantes para que pueda* ***engrosar*** *la capa atmosférica de ozono.* **2** Crecer o hacer crecer en tamaño o número: *Por desgracia, la contaminación* ***ha engrosado*** *durante los últimos años.*
engrudo ***m.*** Pegamento hecho con harina o almidón y agua.
enguantar ***vb.*** {tr. y prnl.} Ponerse el guante en la mano: *Cuando fui a jugar con la nieve* ***me enguanté*** *para que no se me entumecieran las manos.*
engullir ***vb. irreg.*** {tr. e intr.} **Modelo 69.** Tragar o comer la comida de manera rápida y casi sin masticarla: *Mi perro* ***engulle*** *las galletas sin masticarlas.*
enharinar ***vb.*** {tr.} Llenar o cubrir con harina: *Después de engrasarlo bien,* ***enharina*** *el molde y luego cúbrelo con la pasta para la tarta.*
enhebrar ***vb.*** {tr.} **1** Pasar el hilo por el ojo de la aguja: *Siempre le ayudo a mi abuela a* ***enhebrar*** *la aguja por-*

que ya no ve bien. **2** Unir diferentes cosas con hilo: *Para hacer un collar, **enhebra** las perlas con un hilo delgado y ponle un broche.* SIN. **ensartar.**

enhiesto, ta ***adj.*** Que se encuentra levantado o erguido: *Con la bandera **enhiesta** marcharon los soldados durante el desfile.*

enhorabuena ***f.*** Expresión con que se felicita: *Germán recibió la **enhorabuena** de sus profesores cuando se graduó en la universidad.*

enigma ***m.*** Cosa que debe adivinarse a partir de unos datos: *La extinción de los grandes dinosaurios sigue siendo un **enigma** para los científicos.*

enigmático, ca ***adj.*** Persona o cosa difícil de definir: *Ese poema es **enigmático,** tiene muchas posibles explicaciones y ninguna a la vez.*

enjabonado ***m.*** Acción de enjabonar: *"Cuando laves los platos debes cerrar el agua durante el **enjabonado"**, me dijo mi madre.*

enjabonar ***vb.*** {tr.} Cubrir con jabón: *"Debes **enjabonarte** bien la cabeza, después frotarla y al final enjuagarla para que el cabello te quede limpio", me dijo mi tío.*

enjaezado, da ***adj.*** Se aplica al caballo ensillado y dispuesto para montar: *Mi tío regaló a mi hermanito un caballo **enjaezado** de madera que era de su época.*

enjaezar ***vb.*** {tr.} Poner los jaeces o los arreos al caballo para montarlo: ***Están enjaezando** las caballerías para el desfile de esta tarde.*

enjambre ***m.*** Conjunto de abejas con su reina: *El panal es la casa donde vive todo el **enjambre.***

enjaular ***vb.*** {tr.} Encerrar en una jaula: *El veterinario **enjauló** al león herido y lo llevó al hospital de animales para curarlo.*

enjoyado, da ***adj.*** Que tiene o lleva muchas joyas: *La princesa llegó **enjoyada** al baile y todos se sorprendieron de su belleza.*

enjoyar ***vb.*** {tr. y prnl.} **1** Adornar con joyas, enriquecer: *Mi hermana **enjoya** todas sus muñecas con los collares y brazaletes de mi madre.* **2** Engastar piedras preciosas en una joya: *El párroco mandó **enjoyar** el cáliz.*

enjuagar ***vb. irreg.*** {tr. y prnl.} **Modelo 17. 1** Aclarar con agua limpia lo que se ha enjabonado: *"**Enjuaga** bien los vasos para que no les queden residuos de jabón", me dijo mi padre.* **2** Limpiar la boca y los dientes con agua: *Ezequiel **se enjuaga** la boca con bicarbonato para desinfectarla.*

enjuagatorio ***m.*** **1** Acción de enjuagar: *El **enjuagatorio** con té de sábila es muy eficaz contra la inflamación de encías.* **2** Líquido que se usa para enjuagarse la boca: *Mi padre prefiere usar un **enjuagatorio** natural que preparan en el herbolario del vecindario.*

enjuague ***m.*** **1** Acción de enjuagar: *El **enjuague** de esa blusa debe ser perfecto, de otro modo se pone tiesa al plancharla.* **2** Líquido para enjuagar: *Compré un **enjuague** para el cabello que, en su publicidad, promete no dejar en él ni una partícula de jabón.*

enjugar ***vb.*** {tr. y prnl.} **1** Quitar la humedad con un trapo: *Mi esposo y yo hacemos un buen equipo en la cocina, él lava y yo **enjugo** los platos con un trapo seco.* **2** Secar el líquido del cuerpo: *"**Enjúgate** las lágrimas y demuestra tu calidad", le dijo el entrenador al atleta.*

enjuiciar ***vb.*** {tr.} **1** Someter a la crítica: *Algunos diarios **enjuiciaron** muy fuerte la obra de teatro, y el director se puso muy triste.* **2** En derecho, iniciar una causa: ***Enjuiciaron** al ladrón por haber robado la joyería.*

enjundia ***f.*** **1** Naturaleza de una persona: *Pablo es una persona con **enjundia,** es sensato y formal.* **2** Fuerza, vigor: *"El flamenco se baila con **enjundia** y pasión", dijo la profesora de baile.*

enjundioso, sa ***adj.*** **1** Que tiene mucha enjundia: *El presidente dio un discurso **enjundioso.*** **2** Importante, sustancioso: *"Tu ensayo es más **enjundioso** de lo que esperaba", me dijo la maestra.*

enjuto, ta ***adj.*** Que tiene cuerpo delgado y seco: *Esteban es un anciano **enjuto,** pero todavía conserva algo de su antigua fuerza.*

enlace ***m.*** **1** Acción de enlazar: *Hizo un **enlace** muy fuerte y ahora no lo puedo desatar.* **2** Unión o conexión de dos o más cosas o ideas: *En el diario leí que hay un **enlace** entre el consumo de alcohol y los maltratos físicos.* **3** Cosa que establece una unión: *El Quijote sirvió de **enlace** entre la literatura medieval y la moderna.* **4** Empalme de trenes: *En esta estación tenemos el **enlace** con la otra línea que debemos tomar para ir al centro.* **5** Persona de una organización que establece la comunicación entre otras que no pueden verse o se mantiene en secreto: *Vi un documental muy interesante sobre una espía que era el **enlace** entre los comunistas y los capitalistas.* **6** Unión de átomos que se atraen en una molécula: *Los átomos forman un **enlace** porque al estar juntos adquieren una situación más estable.* **7** Conexión entre dos equipos o nodos: *Hemos establecido un **enlace** entre la computadora de mi hermano y la mía.* **8** Vínculo que se establece entre una página web y otra por medio de una palabra que representa una dirección de internet: *Cuando quiero leer una noticia completa en Internet sólo tengo que pinchar en el **enlace.*** SIN. **link. 9** *loc.* **~ matrimonial,** ceremonia nupcial: *Los invitamos al **enlace matrimonial** de Luis y Verónica.* **10** En química, unión de átomos en una combinación.

enladrillar ***vb.*** {tr.} Pavimentar el suelo con ladrillos: ***Están enladrillando** el patio del restaurante.*

enlatado ***m.*** Acción de envasar al vacío productos en latas: *El **enlatado** de alimentos asegura la conservación de sus propiedades.*

enlatado, da ***adj.*** **1** Se aplica a la imagen o sonido que se graba antes de emitirse: *No me gustan las series de televisión que tienen risas **enlatadas.*** **2** Se aplica al material periodístico de archivo: *El director pidió al periodista que redactara un artículo de fondo a partir del material **enlatado** que tenían en el periódico.*

enlatadora ***f.*** Industria donde se mete algún producto en latas: *Fui con mi grupo escolar a una **enlatadora** de vegetales y vimos cómo metían zanahorias en latas y luego las cerraban.*

enlatar ***vb.*** {tr.} Meter en un recipiente metálico y cerrarlo al alto vacío: *Para **enlatar** productos comestibles primero se debe desinfectar la lata a fin de evitar que el alimento se descomponga.*

enlazado, da ***adj./m.*** **1** Que está sujeto con un lazo: *Mi hermana iba muy bella el día de su boda con el cabello **enlazado;** debería peinarse así más a menudo.* **2** Se aplica a las cosas que están unidas entre sí, conectadas o relacionadas: *"Las nuevas ideas filosóficas están **enlazadas** con el devenir del mundo actual", dijo el profesor.*

enlazar ***vb. irreg.*** {tr. y prnl.} **Modelo 16. 1** Conectar o relacionar dos o más cosas: *Es fácil **enlazar** el llanto de mi hermana y el viaje de su novio: ella llora porque él se fue.* **2** En comunicación, establecer contacto con una señal.

enlistar ***vb.*** {tr.} *Méx.* Inscribir en listas: *La maestra **enlistó** los materiales para el trabajo escolar de este año.*

enlodar ***vb.*** {tr. y prnl.} **1** Cubrir o manchar con lodo: *Las personas que entraron al edificio después del aguacero **enlodaron** las escaleras.* **2** Ensuciar la reputación de alguien: *Con sus comentarios malintencionados, la secretaria **enlodó** a su compañera ante su jefe.*

enloquecedor, ra ***adj.*** Que hace enloquecer: *Mi padre dice que la música electrónica es **enloquecedora**.*

enloquecer ***vb. irreg.*** {tr. e intr.} **Modelo 39.** Perder o hacer perder la razón: *Llevaron a ese hombre a un hospital para enfermos mentales porque **enloqueció**.*

enloquecido, da ***adj.*** **1** Que actúa como loco: *Esa cantante **enloquecida** siempre da escándalos por televisión.* **2** Entusiasmado por algo: *Mi hermano está **enloquecido** por la cultura maya y devora cuanto libro del tema encuentra.*

enlutar ***vb.*** {tr. y prnl.} **1** Vestir o vestirse de luto: *Carmela **se enlutó** por la muerte de su marido y sigue vistiéndose de negro después de cinco años.* **2** Sufrir una familia la pérdida de uno de sus miembros: *La semana pasada la familia Jiménez **se enlutó** por la muerte del abuelo Simón.*

enmadejar ***vb.*** {tr.} ***Bol., Chile*** y ***Méx.*** Hacer madejas: *Laura ayuda a su abuela a **enmadejar** el hilo con el que hará una cobija.*

enmarañado, da ***adj.*** Se aplica a la cosa o asunto enredado: *El abogado nos advirtió que el asunto de la herencia está muy **enmarañado** y tardará tiempo en resolverse.*

enmarañar ***vb.*** {tr. y prnl.} Revolver o enredar: *Un pelo tan largo como el tuyo **se enmaraña** si no lo cuidas.*

enmarcar ***vb. irreg.*** {tr.} **Modelo 17.** Encerrar en un marco o cuadro una pintura o fotografía: ***Enmarqué** la pintura que me regalaron y ya está lista para colgarse.*

enmascarado, da ***adj.*** Se dice de la persona que lleva el rostro cubierto por una máscara: *En este episodio, el héroe **enmascarado** combatirá contra unos robots asesinos.*

enmascarar ***vb.*** {tr. y prnl.} **1** Cubrirse el rostro para no ser reconocido: *Los asaltantes **se enmascararon**, así que la policía no pudo identificarlos.* **2** Disfrazar, disimular los pensamientos o las intenciones.

enmendado, da ***adj.*** Corregido, reparado: *La maestra me entregó el trabajo final **enmendado** para que redactara un versión final.*

enmendadura ***f.*** Corrección o reparación de defectos: *La secretaria me dijo que debía entregar el documento sin **enmendaduras** o tachones.* Sin. **enmienda.**

enmendar ***vb. irreg.*** {tr. y prnl.} **Modelo 3. 1** Corregir un error o rectificar una falla: *Mi madre me ordenó que le pidiera disculpas a la maestra para **enmendar** mi conducta grosera hacia ella.* **2** Reparar el daño causado: *Debes **enmendar** el dolor que le causaste a tu hermana cuando la maltrataste, ofrécele una disculpa.*

enmicar ***vb. irreg.*** {tr.} **Modelo 17.** ***Méx.*** Proteger papeles o documentos con una funda plástica: *Llevé mi identificación a **enmicar** para que no se dañe.*

enmienda ***f.*** **1** Eliminación de un error o defecto. **2** Modificación de un escrito: *Después de escribir mi trabajo lo revisé, decidí hacerle algunas **enmiendas** y quedó mucho mejor.*

enmohecer ***vb. irreg.*** {tr. y prnl.} **Modelo 39.** Quedar cubierto de moho: *El pan negro **enmohece** con facilidad.*

enmudecer ***vb. irreg.*** {tr. e intr.} **Modelo 39. 1** Hacer callar: *La joven era tan hermosa que hizo **enmudecer** a los cinco amigos que la vieron caminando por la calle.* **2** Quedar mudo o permanecer callado: *Cuando vi acercarse a un perro bravo **enmudecí** de miedo.*

enmugrar ***vb.*** {tr.} ***Chile, Colomb.*** y ***Méx.*** Cubrir de mugre o suciedad. Sin. **ensuciar.**

enmugrecer ***vb. irreg.*** {tr. y prnl.} **Modelo 39.** ***Esp.*** Cubrir de suciedad. Sin. **ensuciar.**

ennegrecer ***vb. irreg.*** {tr. y prnl.} **Modelo 39.** Poner o ponerse negro: *Cuando las nubes **ennegrecieron**, supe que se aproximaba una tormenta.*

ennegrecido, da ***adj.*** Que se ha puesto negro: *Mi madre dijo que debíamos pintar las paredes porque están **ennegrecidas**.*

ennoblecer ***vb. irreg.*** {tr. y prnl.} **Modelo 39.** Dignificar y dar esplendor: *Cuidar de los animales **ennoblece** los sentimientos de los niños.*

ennoviarse ***vb.*** {prnl.} ***Fam.*** Establecer noviazgo: *Sandra y Antonio se **ennoviaron** la semana pasada y ya piensan en casarse.*

enófilo, la ***adj./m.*** y ***f.*** Experto en el vino y su cultura: *Mi tío es **enófilo** y me recomendó este vino para la comida de hoy.*

enojado, da ***adj.*** Molesto, enfadado: *La maestra está **enojada** porque no hicimos la tarea para hoy.*

enojar ***vb.*** {tr. y prnl.} Provocar una sensación de rabia y molestia, enfadarse: *"¡Si vuelves a desordenar mi ropa, me voy a **enojar** contigo!", dije a mi hermano.*

enojo ***m.*** Alteración del ánimo por algo que molesta: *"Tu grosera actitud me provoca tanto **enojo** que prefiero no verte", dije a Ricardo.* Sin. **enfado.**

enojón, jona ***adj.*** ***Chile, Ecuad.*** y ***Méx.*** Se dice de quien se irrita con facilidad y por cualquier cosa: *El que vende los helados es muy **enojón**, si no le dices pronto de qué sabor lo quieres, te regaña.*

enojoso, sa ***adj.*** Que causa molestia o enojo: *Me parece muy **enojoso** tener que escribir ese reportaje, porque ya sé que me pagarán muy poco y cambiarán mis palabras.*

enología ***f.*** Ciencia que se ocupa de la producción de vinos: *Para ser un buen productor de vinos es necesario estudiar **enología**.*

enólogo, ga ***m.*** y ***f.*** Experto en enología: *Los **enólogos** son los encargados de dirigir todo el proceso de elaboración del vino, desde la bodega hasta su venta.*

enorgullecer ***vb. irreg.*** {tr. y prnl.} **Modelo 39.** Llenar de orgullo: *"Tu padre se va a **enorgullecer** de ti cuando vea tus magníficas calificaciones", me dijo mi madre.*

enorme ***adj.*** Demasiado grande: *Tengo tanta sed que me tomaré un **enorme** vaso de agua.* Ant. **diminuto.**

enormidad ***f.*** Cantidad que resulta demasiado abundante o tamaño muy grande: *Nos divertimos una **enormidad** el domingo en el parque de diversiones.*

enquistarse ***vb.*** {prnl.} Quedar algo encerrado dentro de un quiste: *Al **enquistarse**, las larvas de la tenia forman cisticercos.*

enraizado, da ***adj.*** Con raíces o arraigo en un lugar: *En el parque hay un árbol muy viejo **enraizado** en una piedra.*

enraizamiento ***m.*** **1** Capacidad de producir nuevas raíces una planta: *Mi abuela tuvo éxito con el **enraizamiento** de esquejes de geranios.* **2** Arraigo, fijación.

enraizar ***vb. irreg.*** {intr.} **Modelo 15. 1** Echar raíces: *Algunas plantas tienen ramas que pueden **enraizar** después de cortarlas del tronco y formar otra planta.* **2** Tomar arraigo o firmeza: *Se **enraizó** en ese país extranjero varios años después de haber llegado a él.*

enramada ***f.*** **1** Conjunto de las ramas de los árboles entrelazadas de forma natural: *No pudimos continuar el camino a las ruinas mayas porque había una espesa **enramada**.* **2** Cobertizo formado con ramas: *En la playa, pudimos acampar debajo de una **enramada** y protegernos del sol.* **3** Adorno elaborado con ramas.

enrarecer ***vb. irreg.*** {tr., intr. y prnl.} **Modelo 39. 1** Hacer menos respirable: *El humo de tantos vehículos* ***enrarece*** *el aire de las grandes ciudades.* **2** Hacer tenso o incómodo: *Con la llegada de Víctor y sus amigos agresivos* ***se enrareció*** *el ambiente de la fiesta.*

enrarecido, da ***adj.*** **1** Se aplica al aire contaminado o falto de oxígeno: *"Este cuarto tiene muy mala ventilación porque el aire está* ***enrarecido****", dijo mi madre.* **2** Tenso, incómodo: *Las elecciones se celebraron en un clima* ***enrarecido*** *por la crisis económica.*

enrarecimiento ***m.*** Acción y efecto de enrarecer: *Los países en conflicto han negado un* ***enrarecimiento*** *de sus relaciones.*

enredadera ***f.*** Planta trepadora: *La planta que da la uva es una* ***enredadera.***

enredar ***vb.*** {tr. y prnl.} **1** Desordenar, enmarañar, revolver: *Tengo el pelo tan delgado que* ***se*** *me* ***enreda*** *fácilmente.* **2** Involucrar a alguien en un asunto difícil o peligroso: *Ernesto es buena persona, pero por desgracia* ***se enredó*** *con un ladrón que le trajo problemas con la policía.* **3** Complicar un asunto: *Gabriela quiso ayudar a Susana en su examen, pero sólo logró* ***enredar*** *más las cosas.*

enredijo ***m. Fam.*** **1** Enredo de pelos, hilos o cosas flexibles: *Mi gato estuvo jugando con las madejas y las dejó hechas un* ***enredijo.*** **2** Situación confusa: *La política de ese país es un* ***enredijo*** *que nadie acaba de entender.*

enredista ***m.*** y ***f. Argent., Chile, Colomb.*** y ***Perú.*** Chismoso, murmurador. SIN. **intrigante.**

enredo ***m.*** **1** Conjunto desordenado de cosas: *"¡Con este* ***enredo*** *de papeles no encuentro el documento que necesito!"* **2** *Guat.* Vestimenta propia de las mujeres indígenas. **3** Confusión, lío: *Estudié toda la noche, pero ya tengo un* ***enredo*** *entre los héroes de la Conquista y los de la Colonia.* **4** *loc. pl.* **Comedia de ~,** estilo literario en el que la confusión entre personajes y roles forma la trama de la historia.

enrejado ***m.*** Conjunto de barras de metal o madera que forman una reja.

enrejar ***vb.*** {tr.} Rodear o cubrir con una reja: ***Están enrejando*** *el árbol pequeño para que nadie lo dañe.*

enrevesado, da ***adj.*** Difícil de hacer o entender: *Estaba muy nervioso y decía cosas* ***enrevesadas*** *que no podíamos comprender.*

enriquecedor, ra ***adj.*** Que enriquece o mejora: *"Tu aporte en la exposición de clase fue muy* ***enriquecedora****", me dijo la maestra.*

enriquecer ***vb. irreg.*** {tr., intr. y prnl.} **Modelo 39. 1** Prosperar un país o una empresa: *La industria* ***enriqueció*** *al país.* **2** Hacer o hacerse rico: *El abuelo* ***se enriqueció*** *cuando encontró un tesoro enterrado en su jardín.*

enriquecido, da ***adj.*** **1** Mejorado en condición o imagen: *Este cereal de maíz está* ***enriquecido*** *con vitaminas.* **2** Que ha prosperado o aumentado su capital.

enriquecimiento ***m.*** Acción de enriquecer: *El turismo ha contribuido notablemente al* ***enriquecimiento*** *del país.*

enrojecer ***vb. irreg.*** {tr., intr. y prnl.} **Modelo 39. 1** Poner rojo o dar color rojo a una cosa: *El sol* ***se enrojeció*** *cuando se acercó al horizonte.* **2** Sentir rubor: *La joven* ***enrojeció*** *de vergüenza cuando le dije que era muy bonita.* SIN. **ruborizar.**

enrojecido, da ***adj.*** **1** De color rojo: *Me gustan los cuadros de ese pintor para el que el cielo siempre está* ***enrojecido.*** **2** Ruborizado: *Lara está* ***enrojecida*** *porque la maestra la ha felicitado delante de toda la clase por su excelente promedio.*

enrojecimiento ***m.*** Acción y efecto de enrojecer: *Cuando preguntaron por el autor del graffiti, el* ***enrojecimiento*** *delató a Daniel.*

enrolar ***vb.*** {tr. y prnl.} **Palabra de origen inglés. 1** Inscribir o inscribirse, en especial marineros, en la lista de tripulantes de una embarcación. **2** Alistar o alistarse en el ejército o en alguna otra agrupación formal.

enrollado, da ***adj./m.*** Que tiene forma de rollo: *Mi madre compró un tubo de metal para meter los carteles* ***enrollados.***

enrollar ***vb.*** {tr. y prnl.} **1** Dar o tomar forma de rollo: *"Para preparar el postre extiende la masa, ponle azúcar y trozos de fruta,* ***enróllala*** *y métela al horno", me dijo mi madre.* **2** Hablar mucho o de manera confusa. **3** *Fam.* Liarse en un asunto. SIN. **enredar.**

enronquecer ***vb. irreg.*** {tr. y prnl.} **Modelo 39.** Hacer ronco un sonido o quedarse ronco: *Canté tanto en la reunión que* ***enronquecí;*** *al día siguiente apenas se escuchaba mi voz.*

enroque ***m.*** En ajedrez, movimiento especial que permite proteger al rey y desplazar la torre al mismo tiempo: *En el* ***enroque*** *largo el rey se mueve dos cuadros a la izquierda y en el corto, dos a la derecha.*

enroscado, da ***adj.*** **1** Que tiene forma de aro o espiral: *Compramos una lámpara que tiene un dragón* ***enroscado*** *en la base.* **2** Se aplica a lo que está metido a vuelta de rosca: *"Los tornillos deben estar bien* ***enroscados*** *para que no ceda la repisa", me aconsejó mi tío.*

enroscar ***vb. irreg.*** {tr. y prnl.} **Modelo 17. 1** Dar o tomar forma de aro o espiral: *La serpiente* ***se enroscó*** *alrededor de la rama del árbol para no caerse.* **2** Dar vuelta a un objeto con rosca para cerrarlo o para introducirlo en otro: *"Debes* ***enroscar*** *bien la tapa del frasco para que no se derrame el aceite", dije a Eloísa.*

enrular ***vb.*** {tr.} ***Amér. Merid.*** Hacer rizos: *Iré a la peluquería a que* ***me enrulen*** *el pelo porque ya no lo quiero lacio.* SIN. **ensortijar, enchinar.**

ensacar ***vb.*** {tr.} Meter en un saco: *Ese chico está* ***ensacando*** *las papas para su venta.*

ensalada ***f.*** Alimento fresco preparado a base de vegetales o frutas que se cortan y aderezan: *Es muy bueno para la salud comer* ***ensaladas*** *todos los días.*

ensaladera ***f.*** Recipiente en el que se prepara o sirve una ensalada: *"Lleva la* ***ensaladera*** *a la mesa y ponla en el centro para que todos se sirvan", me dijo mi tío.*

ensalmo ***m.*** Oración con supuestos poderes mágicos para curar. SIN. **conjuro.**

ensalzar ***vb. irreg.*** {tr. y prnl.} **Modelo 16.** Exaltar los logros o las virtudes: *Los maestros* ***ensalzaron*** *la gracia de la niña para bailar.* SIN. **elogiar.**

ensamblado ***m.*** Obra de ensamblaje: *Arturo está muy ocupado con el* ***ensamblado*** *de su guitarra.*

ensamblado, da ***adj./m.*** Se aplica a lo que está unido en sus diferentes partes: *En la clase de arte estamos haciendo una caja de madera* ***ensamblada.***

ensamblaje o **ensamble** ***m.*** **1** Unión de partes para formar un todo: *"El* ***ensamblaje*** *del librero debería hacerlo un carpintero", le recomendamos a mi padre.* **2** Técnica de arte que consiste en la conjugación de diversos materiales en una obra: *El* ***ensamblaje*** *permite a los artistas incluir diferentes materiales que reflejan el mundo en el que viven.*

ensamblar ***vb.*** {tr.} Unir las diferentes partes que forman un objeto mayor: *En la fábrica de Demetrio* ***ensamblan*** *televisiones con piezas que traen de Japón.*

ensamble ***m. Ver*** **ensamblaje.**

ensanchado, da ***adj.*** Ampliado, dilatado: *"Podemos ir a pasear por la nueva avenida* ***ensanchada****", propuso Gabriela.*
ensanchar ***vb.*** {tr.} Extender, ampliar: *Se* ***ensanchó*** *la puerta de madera por el agua de la lluvia y ahora no cierra bien.*
ensanche ***m.*** Ampliación, extensión: *Ya terminaron el* ***ensanche*** *de la carretera para mejorar el tránsito.*
ensangrentar ***vb. irreg.*** {tr. y prnl.} **Modelo 3.** Manchar con sangre, cubrir con sangre: *La herida* ***ensangrentó*** *mi pantalón cuando me caí de la bicicleta.*
ensañarse ***vb.*** {prnl.} Deleitarse causando dolor: *Los terribles asesinos* ***se ensañaron*** *con sus víctimas y los torturaron antes de matarlos.*
ensartar ***vb.*** {tr. y prnl.} **1** Unir varias cosas atravesándolas con hilo o alambre: *"****Ensarta*** *las salchichas en ese alambre para asarlas al fuego", le dije a Germán.* **2** Atravesar el ojo de una aguja con un hilo: *"Por favor,* ***ensarta*** *la aguja para que pueda coser tu ropa", me dijo mi abuela.* SIN. **enhebrar. 3** Atravesar algo con un objeto puntiagudo. **4** *Fam.* Hacer caer en un engaño o trampa: *Creo que* ***me ensartaron*** *con la compra de esta enciclopedia: pensaba que me había costado muy barata hasta que vi que cuesta menos en esa librería.*
ensayar ***vb.*** {tr., intr. y prnl.} **1** Hacer pruebas antes de ejecutar o aplicar algo: *Algunas vacunas se* ***ensayan*** *primero con animales para conocer sus efectos y luego se aplican en seres humanos.* **2** Intentar, probar hacer algo: *Quiero* ***ensayar*** *estos colores para saber si se ven bien en la pintura que estoy haciendo.*
ensayista ***m.*** y ***f.*** Escritor de ensayos: *Carlos Monsiváis es un* ***ensayista*** *mexicano.*
ensayo ***m.*** **1** Prueba realizada para conocer el funcionamiento de algo: *En 1998 la India realizó un* ***ensayo*** *nuclear.* **2** Trabajo de preparación que se hace antes de las presentaciones en público de un espectáculo: *Ayer asistí al* ***ensayo*** *de una obra que se estrenará el próximo mes.* **3** Género literario encaminado a reflexionar sobre el tema desarrollado.
enseguida o **en seguida** ***adv.*** **1** A continuación, inmediatamente después: ***Enseguida*** *tenemos a la sexta y última señorita que participa en el concurso.* **2** Sin tardanza, rápido: *Por favor, no cuelgue el teléfono;* ***enseguida*** *le contestará la persona con quien quiere usted hablar.*
ensenada ***f.*** Entrada de mar en la costa que, por su forma, constituye refugio para las embarcaciones: *El oleaje en la* ***ensenada*** *es suave, por eso los pescadores amarran allí sus lanchas.*
enseña ***f.*** Objeto o figura que representa a una persona o colectividad: *Cada país del mundo tiene su propia* ***enseña.*** SIN. **insignia, estandarte.**
enseñanza ***f.*** **1** Hecho de instruir y difundir el conocimiento: *Javier se dedica a la* ***enseñanza*** *de lenguas indígenas.* **2** Lo que queda de la experiencia: *Fue un error, pero nos servirá de* ***enseñanza*** *para no equivocarnos de nuevo.* **3** *pl.* Conjunto de saberes que un maestro transmite a sus alumnos.
enseñar ***vb.*** {tr.} **1** Hacer que alguien aprenda algo: *La profesora de matemáticas nos va a* ***enseñar*** *geometría.* **2** Obtener por experiencia: *Tu cariño me* ***enseñó*** *a confiar en mí mismo.* **3** Mostrar algo a alguien o dejar ver algo de manera involuntaria: *"¿Quieres que te* ***enseñe*** *una rana que atrapé en el río?", dije a mi amiga.*
enseñorearse ***vb.*** {prnl.} Apoderarse, hacerse dueño de alguna cosa o dominarla: *Pedro* ***se enseñoreó*** *del control de la televisión y debemos ver lo que él quiere.*
enseres ***m. pl.*** Conjunto de muebles y utensilios: *"Puedes enviar los* ***enseres*** *a tu nueva casa en un camión", dije a Rosalba.*
ensillar ***vb.*** {tr.} Poner la silla a un burro o caballo para montarlo: ***Ensillaron*** *sus caballos y se fueron a dar un paseo por el campo.*
ensimismamiento ***m.*** Distracción del mundo exterior por concentración en los propios pensamientos: *A causa de su* ***ensimismamiento,*** *perdió el tren y tuvo que quedarse a dormir en la estación.*
ensimismarse ***vb.*** {prnl.} **1** Quedar fuera de la realidad a causa de los propios pensamientos: *Le grité varias veces, pero caminaba tan* ***ensimismado*** *que no me escuchó.* **2** *Chile* y *Colomb.* Volverse despectivo hacia los demás, presumido o soberbio.
ensoberbecer ***vb. irreg.*** {tr. y prnl.} **Modelo 39.** Llenar de soberbia: *Tanta adulación* ***ensoberbeció*** *a esa actriz y ahora ya no quiere ni dar autógrafos.*
ensombrecer ***vb. irreg.*** {tr. y prnl.} **Modelo 39. 1** Cubrir de sombras: *Estábamos nadando cuando unas nubes* ***ensombrecieron*** *la playa y tuvimos que suspender el nado.* **2** Tornarse triste o sombrío: *Su vida* ***se ensombreció*** *con la muerte de su perro.*
ensombrecimiento ***m.*** Acción y efecto de ensombrecer: *Construyeron unos edificios tan altos que causaron el* ***ensombrecimiento*** *del parque.*
ensoñación ***f.*** Ensueño, representación onírica: *Durante la puesta de sol, la playa parecía una* ***ensoñación.***
ensoñar ***vb. irreg.*** {tr. e intr.} **Modelo 5.** Tener ensueños: *Me gusta* ***ensoñar*** *con la idea de que algún día podré comprarme una casa amplia, iluminada y con jardín.*
ensopado, da ***adj.*** *Amér. Merid.* Mojado, empapado: *Olvidé el paraguas y llegué a la escuela* ***ensopado.***
ensopar ***vb.*** {tr. y prnl.} *Amér. Merid.* Mojar completamente: *Caminaba por la calle cuando comenzó una tormenta que me* ***ensopó*** *por completo.* SIN. **empapar.**
ensordecedor, ra ***adj.*** **1** Que ensordece: *El ruido de mi calle es tan* ***ensordecedor*** *que vamos a cambiarnos a una zona más tranquila.* **2** Se aplica al sonido muy intenso: *La serie final de los fuegos artificiales fue* ***ensordecedora.***
ensordecer ***vb. irreg.*** {tr., intr. y prnl.} **Modelo 39. 1** Quedar o dejar con la capacidad auditiva disminuida o nula de manera temporal: *El ruido de tantos camiones y autobuses me* ***ensordeció*** *por un momento.* **2** Perder o hacer perder el sentido del oído de manera definitiva. **3** En lingüística, convertir una consonante sonora en sorda: *Antiguamente, los aragoneses de España* ***ensordecían*** *la consonante sonora j de "mejor" y pronunciaban "mexor".*
ensordecimiento ***m.*** Acción y efecto de ensordecer: *Trabajó tantos años con el taladro que le causó* ***ensordecimiento.***
ensortijado, da ***adj.*** Rizado: *Mi madre tiene el cabello muy* ***ensortijado*** *y usa un enjuague especial para poder peinarlo.*
ensortijar ***vb.*** {tr. y prnl.} Rizar el cabello: *Laura* ***se ensortijó*** *el cabello porque no le gusta tenerlo liso.* SIN. **enrular, enchinar.**
ensuciar ***vb.*** {tr. y prnl.} Dejar manchado o sucio: *"Puedes ir a jugar, pero no vayas a* ***ensuciar*** *tu pantalón nuevo", me dijo mi madre.* SIN. **enmugrar.** ANT. **limpiar.**
ensueño ***m.*** Fantasía o ilusión que no es fácil realizar, pero que recrea a quien se la imagina: *El* ***ensueño*** *de Patricia es llegar a ser una estrella de cine reconocida mundialmente.*
entabicar ***vb.*** {tr.} **1** *Hond.* y *Méx.* Poner un muro: *Mi tío* ***está entabicando*** *el baño.* **2** *Nicar.* Encarcelar: ***Entabicaron*** *al ladrón del banco.*

entablar ***vb.*** {tr.} **1** Cubrir o asegurar con tablas: *Han **entablado** las ventanas porque se acerca un huracán.* **2** Dar comienzo a algo: *No conocía a nadie en la fiesta, pero un rato después **entablé** una plática muy agradable con otra niña y al final me divertí mucho.*

entablillado ***m.*** Sujeción de un hueso roto con tablillas y vendas: *Hice un curso de primeros auxilios donde aprendí a aplicar **entablillados**.*

entablillado, da ***adj.*** Vendado e inmovilizado: *María tiene que estar con la pierna **entablillada** un mes porque se la rompió jugando al tenis.*

entablillar ***vb.*** {tr.} Poner tablillas y vendaje en un miembro cuyo hueso se fracturó: *Antes de llevar al herido al hospital, los paramédicos **entablillaron** su pierna rota para evitar que el hueso se desacomodara más.*

entallado, da ***adj.*** Ajustado al cuerpo: *"Ese abrigo te queda demasiado amplio, se nota por su corte que debería quedar **entallado**", me dijo mi abuela.*

entallar ***vb.*** {tr., intr. y prnl.} Ajustar al cuerpo una prenda de vestir: *Ese vestido **le entalla** muy bien y afina su silueta.*

entarimado ***m.*** Suelo cubierto con tablas: *Los bailarines subieron al **entarimado** para interpretar un rítmico zapateado.*

entarimar ***vb.*** {tr.} Cubrir el suelo con tarimas o tablas: ***Entarimaron** la bodega para evitar que la humedad del suelo llegue a las mercancías.*

ente ***m.*** Aquello que es o existe: *Dicen que los ovnis están tripulados por **entes** de otros planetas.*

enteco, ca ***adj.*** Se aplica a la persona muy flaca y débil: *Vi un anciano tan **enteco**, que apenas podía tenerse en pie.*

entelerido, da ***adj.*** *C. Rica, Hond.* y *Venez.* Flaco, enclenque.

entenado, da ***m.*** y ***f.*** Hijo que no es propio, sino que se tiene por el matrimonio con su padre o madre. SIN. **hijastro.**

entendederas ***f. pl. Fam.*** Entendimiento escaso o torpe: *No intentes explicárselo al vecino otra vez, sus **entendederas** no dan para más.*

entender ***vb. irreg.*** {tr. y prnl.} **Modelo 24. 1** Percibir el sentido o conocer las causas de algo: *No logro **entender** por qué comienzan las guerras.* **2** Comprender un problema o materia: *Edilberto **entiende** muy bien de carpintería porque desde pequeño le ha gustado hacer cosas de madera.* SIN. **asimilar. 3** Interpretar o deducir: *"Por tu cara de enferma, **entiendo** que no quieres ir a la fiesta", me dijo mi madre.* **4** Darse cuenta del significado: *"Ahora **entiendo** lo que querías decirme, después de tu larga explicación", dije a mi amigo.* **5** Estar de acuerdo o relacionarse bien: *El capitán y el piloto **se entienden** tan bien que a veces no necesitan hablarse y saben lo que piensa el otro.*

entendido, da ***adj.*** Que sabe mucho sobre algo: *Aunque no es abogado, don Hernán es muy **entendido** en leyes.* SIN. **conocedor.**

entendimiento ***m.*** **1** Facultad para conocer y comprender lo que nos rodea. SIN. **razón. 2** Capacidad para distinguir el bien del mal: *El alcohol disminuye el **entendimiento** de las personas, por eso cuando se bebe mucho pueden cometerse imprudencias sin darse cuenta.* **3** Habilidad para actuar de común acuerdo: *Antes tenían problemas, pero han logrado un buen **entendimiento** y ahora son grandes amigos.*

enterado, da ***adj./m.*** y ***f.*** Informado de algo: *Estoy **enterado** de que irás de viaje a Brasil porque me lo dijo tu madre.*

enterar ***vb.*** {tr. y prnl.} **1** Hacer que otro sepa algo: *"Debemos **enterar** a tus padres de que vamos a casarnos", dije a mi novia.* SIN. **informar. 2** Informarse de algo: *"Debes leer el diario para que **te enteres** de lo sucedido en otros lugares del mundo", me recomendó el profesor.*

entereza ***f.*** Firmeza de ánimo, fortaleza: *A pesar de que lo castigaron de manera injusta, Juan mantuvo la **entereza** y no dijo nada.*

enternecedor, ra ***adj.*** Que da ternura: *Mi madre me contó una historia **enternecedora** sobre unos gatitos abandonados y una niña que los rescató.*

enternecer ***vb. irreg.*** {tr. y prnl.} **Modelo 39.** Provocar ternura: *Me **enterneció** ver al hombre tan grande arrullando entre sus brazos al bebé para que se durmiera.*

enternecido, da ***adj.*** Lleno de ternura: *Mi tío está muy **enternecido** por el nacimiento de su primera hija.*

entero ***m.*** En matemáticas, cualquier número racional, positivo o negativo, diferente a los decimales: *Los números 1, 2, −4, 15, o 238 son **enteros**; pero −0.25, 0.43 o 0.562 son decimales.* SIN. **integral.**

entero, ra ***adj.*** **1** Sin falta o carencia: *Con el último cuento que compré, ya tengo **entera** la colección.* SIN. **completo. 2** Que tiene carácter firme: *A pesar del dolor que sentía en la rodilla, el portero se mantuvo **entero** durante todo el partido de fútbol.*

enterrador, ra ***m.*** Persona que entierra a los muertos en el cementerio: *El **enterrador** cavó la tumba donde depositaron los restos mortales de mi abuelo.* SIN. **sepulturero.**

enterramiento ***m.*** Acción de enterrar: *En el libro, el pirata fue atacado durante el **enterramiento** del tesoro.*

enterrar ***vb. irreg.*** {tr. y prnl.} **Modelo 3. 1** Cubrir con tierra: *La avalancha **enterró** los automóviles y se necesitaron varias grúas para sacarlos de la tierra.* **2** Sepultar un cadáver: *Mi papá me ayudó a **enterrar** al gato muerto bajo un árbol.* **3** *Amér.* Clavar, hincar algo punzante: ***Me enterré** la aguja mientras cosía un pantalón.*

entibiar ***vb.*** {tr. y prnl.} Moderar la temperatura: *Voy a esperar a que se **entibie** el agua antes de entrar en la bañera pues está muy caliente.* SIN. **templar.**

entidad ***f.*** **1** Ser o realidad, que no es material: *El hombre que nos contaba historias de terror decía que los fantasmas son **entidades** que habitan las casas viejas.* **2** Cualquier dependencia de gobierno o asociación de personas.

entierro ***m.*** Ceremonia que se realiza para enterrar un cadáver: *Cuando la tía de Ana murió, fuimos todas sus amigas al **entierro** para acompañar a su familia.* SIN. **funeral.**

entintado ***m.*** **1** Acción de colocar tinta: *El obrero procedió al **entintado** del rodillo de la máquina de impresión.* **2** Copia en tinta de un dibujo previo para conseguir una imagen en blanco y negro limpia y detallada que facilite su comprensión visual y la posterior aplicación de color: *En los comics, el artista que se encarga del **entintado** es muy importante porque aporta el estilo del dibujo, por el grosor del contorno, la textura o los efectos de luces y sombras.*

entintar ***vb.*** {tr.} Cubrir una superficie con tinta: *Primero **entintamos** los sellos, luego estampamos las figuras.*

entoldar ***vb.*** {tr. y prnl.} Cubrir con toldos un espacio abierto: *Mi padre ha decidido **entoldar** el patio para mitigar el calor en verano.*

entomatar ***vb.*** {tr.} *Amér.* Cubrir con tomates o con su salsa: *Para preparar una pizza tienes que **entomatar** la base, echar queso y añadir los ingredientes que quieras.*

entomología ***f.*** Parte de la zoología que estudia los insectos: *A Rodolfo siempre le han gustado mucho los insectos y acaba de decidir que va a estudiar **entomología**.*

entomólogo, ga ***m.*** y ***f.*** Especialista en entomología: *La **entomóloga** López se ha dedicado a estudiar el comportamiento de las mariposas.*

entonación ***f.*** **1** En música, manejar los registros correctos con la voz: *Su voz es agradable, pero su* ***entonación*** *al cantar es mala.* **2** Cambios en el tono de la voz cuando se habla; estos cambios pueden hacerse de manera intencional u ocurrir a causa de una emoción: *Al leer un poema, la* ***entonación*** *debe ser marcada para darle más sentimiento a la lectura.*

entonar ***vb.*** {tr., intr. y prnl.} **1** Dar el tono debido al cantar: *Los muchachos* ***se entonaron*** *con el "la" del piano y empezaron a cantar.* ANT. **desentonar.** **2** Seguir con la voz una melodía: *Vamos a* ***entonar*** *una canción que están tocando por la radio mientras llegamos al pueblo.* **3** ***Fam.*** Animarse: ***Entonamos*** *la velada con una guitarra.*

entonces ***adv.*** **1** En ese momento u ocasión: *Hablé con Ana y* ***entonces*** *me enteré de que ya no es tu novia.* **2** Expresa una consecuencia de lo dicho.

entontecer ***vb. irreg.*** {tr., intr. y prnl.} **Modelo 39.** Poner tonto: *Tanto calor* ***entontece*** *incluso al más plantado.*

entornar ***vb.*** {tr.} Cerrar algo de manera incompleta, entrecerrar: *No estaba dormido sino que* ***entorné*** *los ojos un momento.*

entorno ***m.*** Conjunto de circunstancias que rodean a personas o cosas: *El niño creció en un* ***entorno*** *de amor y cuidados, por eso es tan alegre.*

entorpecer ***vb. irreg.*** {tr. y prnl.} **Modelo 39.** **1** Perder o tener menos agilidad física o mental: *Con la edad, mis reflejos* ***se han entorpecido,*** *por eso ya no conduzco mi automóvil.* **2** Retardar, dificultar: *La enfermedad* ***entorpeció*** *su desarrollo escolar, por eso tardó tres años para finalizar el curso que todos terminamos en dos años.*

entrada ***f.*** **1** Abertura o parte por donde se entra a algún lugar: *"Deja abierta la puerta de* ***entrada*** *para que puedan pasar los clientes."* **2** Hecho de entrar: *La* ***entrada*** *al estadio fue muy lenta porque había muchísima gente.* SIN. **acceso.** **3** Billete para entrar a un espectáculo: *Quien llegue primero debe comprar las* ***entradas*** *para el concierto.* SIN. **boleto.** **4** En un diccionario, palabra que encabeza un artículo: *Las* ***entradas*** *de este diccionario están escritas en letras gruesas para localizarlas más fácilmente.* **5** Primer guiso de una comida: *En la cena de aniversario sirvieron de* ***entrada*** *una ensalada de lechuga con tomate y queso.* **6** Ingreso económico. **7** ***Cuba.*** Zurra, golpiza.

entrador, ra ***adj.*** **1** ***Argent.*** y ***C. Rica.*** Simpático, agradable. **2** ***Chile.*** Entrometido, intruso. SIN. **metiche, metido.** **3** ***Perú*** y ***Venez.*** Que se lanza de manera fácil a empresas arriesgadas.

entramado ***m.*** **1** Armazón de madera o hierro en láminas cruzadas entre sí que sirve para hacer suelos, paredes o tabiques: *Mis tíos han comprado una bonita casa con* ***entramado*** *de madera.* **2** Conjunto de pensamientos que se relacionan en un texto: *Leí un libro con un* ***entramado*** *ideológico muy interesante sobre el papel del hombre en la vida.* **3** Estructura, organización: *La policía desarticuló un* ***entramado*** *de corrupción administrativa.*

entrampar ***vb.*** {tr. y prnl.} **1** Tender trampas a un animal. **2** Detenerse un proceso: *Las negociaciones entre los dos países* ***se entramparon*** *y por eso no han firmado el acuerdo de paz.*

entrante ***adj.*** Que entra: *La semana* ***entrante*** *tenemos el examen de matemáticas.*

entrañable ***adj.*** Que produce un sentimiento muy cercano al corazón: *"Nuestra relación ha sido breve pero* ***entrañable,*** *por eso te voy a extrañar cuando te vayas de la ciudad", dije a mi amiga.*

entrañas ***f. pl.*** **1** Cada uno de los órganos que se encuentran en el interior de la cavidad torácica o abdominal: *Mi abuela hizo un corte a lo largo del pollo y le sacó las* ***entrañas.*** **2** Parte más profunda u oculta de una cosa: *Los mineros extraen riquezas de las* ***entrañas*** *de la Tierra.* **3** Conjunto de sentimientos.

entrar ***vb.*** {tr. e intr.} **1** Pasar al interior: *Vamos a* ***entrar*** *en esta tienda, quiero comprar un caramelo.* **2** Quedar insertado o meter en algo: *"Aprieta bien la ropa para que* ***entre*** *en el equipaje", me dijo Ricardo.* **3** Ser admitido: *Me gustaría* ***entrar*** *en el equipo de baloncesto de mi escuela.* **4** Empezar a sentir algo: *Me* ***está entrando*** *mucho sueño, voy a mi cama a dormir.* **5** ***loc.*** **~ en detalles,** detenerse en algunas partes de lo relatado para explicarlas mejor.

entre ***prep.*** **1** Señala una situación o estado en medio de dos o más personas o cosas: *El eclipse ocurrió* ***entre*** *las diez y las once de la mañana.* **2** Indica participación o relación en un grupo o situación: *Le dije a ese muchacho que no puede haber nada más que amistad* ***entre*** *nosotros.* **3** Dentro, en lo interior: *El leopardo se escondió* ***entre*** *la espesura del bosque para no ser visto por el jabalí que iba a cazar.* **4** En matemáticas, marca que una cifra se divide con la siguiente: *Diez* ***entre*** *dos es igual a cinco.* **5** Indica igualdad o comparación: *El trabajo escolar lo hicimos* ***entre*** *los cuatro.*

entreabierto, ta ***adj.*** Abierto un poco o a medias: *Para dormir, me gusta dejar la puerta de mi cuarto* ***entreabierta.***

entreabrir ***vb.*** {tr. y prnl.} Abrir un poco o a medias: *"Deja la cortina* ***entreabierta*** *para que entre un poco la luz del sol", dije a mi hermana.*

entreacto ***m.*** Intermedio entre los actos de un espectáculo: *Salí a comprar dulces en el* ***entreacto.***

entrecano, na ***adj.*** **1** Se aplica al cabello que empieza a tener canas: *Mi tío tiene la barba* ***entrecana,*** *pero en la cabeza sigue habiendo cabello castaño.* **2** Se aplica a la persona que tiene así el cabello: *Vi una película muy buena donde salía el actor* ***entrecano*** *que te gusta.*

entrecasa. De ~, ***loc. Argent.*** Con ropa sencilla y corriente: *"En esa revista vienen unas fotos* ***de entrecasa*** *de una famosa modelo y se ve que no es tan guapa", dijo Lorena.*

entrecejo ***m.*** Espacio que hay entre ceja y ceja: *Cuando mi papá se enoja frunce el* ***entrecejo.*** SIN. **ceño.**

entrecerrar ***vb.*** {tr. y prnl.} Cerrar un poco o a medias: *Cuando está estudiando, Lorenzo* ***entrecierra*** *la ventana para que no le moleste el ruido y entre un poco de aire.* SIN. **entornar.** ANT. **entreabrir.**

entrechocar ***vb.*** {tr. y prnl.} Chocar entre sí dos cosas: *Hacía tanto frío, que nuestros dientes* ***entrechocaban*** *y no podíamos hablar.*

entrecomillado ***m.*** **1** Acción de entrecomillar: *El* ***entrecomillado*** *es necesario cuando citas las palabras dichas por otro o escritas en otro texto.* **2** Elemento citado entre comillas: *Laura me escribió que ya era "independiente" en París porque tiene su propio departamento, pero dando a entender por el* ***entrecomillado*** *que sigue recibiendo ayuda económica de sus padres.*

entrecomillar ***vb.*** {tr.} Poner comillas antes y después de una palabra u oración: *La maestra nos pidió que* ***entrecomilláramos*** *la palabra "reloj".*

entrecortado, da ***adj.*** Que no es fluido o constante: *Como no dejaba de llorar, su voz era muy* ***entrecortada.***

entrecruce ***m.*** Cruce de dos o más cosas entre sí: *En la película, notamos que se gustaban desde el comienzo por el* ***entrecruce*** *de miradas y sonrisas.*

entrecruzado, da ***adj.*** Se aplica a las cosas que están cruzadas entre sí: *Compré un cordón de oro* ***entrecruzado*** *para el cumpleaños de mi madre.*

entrecruzamiento ***m.*** **1** Cruce de dos o más cosas entre sí: *La maestra nos pidió analizar el* ***entrecruzamiento*** *de esta narración con otros textos.* **2** En biología, intercambio de material genético entre los cromosomas homólogos: *"Durante la meiosis se produce el* ***entrecruzamiento,*** *y éste crea nuevas combinaciones genéticas que producen una mayor variabilidad en la especie", nos explicó la maestra de biología.*

entrecruzar ***vb.*** {tr. y prnl.} Cruzar entre sí dos o más cosas: *Las espadas de los esgrimistas se* ***entrecruzaron*** *y el público gritó emocionado.*

entredicho ***m.*** Duda sobre la veracidad de alguien o algo: *Aunque no lo encontraron culpable, quedó en* ***entredicho*** *su inocencia.*

entrega ***f.*** **1** Acción y efecto de entregar o entregarse: *La* ***entrega*** *de premios a los mejores estudiantes se realizó en el patio de la escuela.* **2** Atención o esfuerzo en apoyo de una tarea o persona: *Todos los concursantes mostraron una gran* ***entrega*** *durante la competencia.* **3** Cosa que se da o se envía de una sola vez: *El premio consiste en una* ***entrega*** *mensual de libros durante un año.*

entregado, da ***adj.*** **1** Que ha sido puesto en poder o en manos de otro: *Sebastián dijo que todos los trabajos* ***entregados*** *después de la fecha han sido rechazados por la maestra.* **2** Dedicado a algo: *Mi abuela era una mujer* ***entregada*** *por completo a su familia.*

entregar ***vb. Irreg.*** {tr. y prnl.} **Modelo 17. 1** Poner en poder de otro: *El cartero me* ***entregó*** *una carta de mi hermana que vive en España.* **2** Ponerse alguien en manos de uno: *Los asaltantes* ***se entregaron*** *a la policía cuando supieron que no podrían escapar.* **3** Dedicarse enteramente a algo: *Inés* ***se ha entregado*** *a leer una novela que le gusta mucho, por eso sale de su casa muy poco.*

entreguerras. De ~, *loc.* Se aplica al periodo de paz comprendido entre dos guerras, en particular entre las dos guerras mundiales: *El auge de las vanguardias artísticas se produjo en el periodo* ***de entreguerras.***

entreguismo ***m.*** **1** Abatimiento que provoca darse por vencido antes de ser derrotado: *En la película, el* ***entreguismo*** *del rey provocó que el imperio enemigo dominara la galaxia.* **2** Inclinación a vender los intereses nacionales a extranjeros: *El maestro de historia nos explicó que el* ***entreguismo*** *de algunos países trajo prosperidad para unos y pobreza para muchos.*

entreguista ***adj.*** Relacionado con el entreguismo: *Los políticos* ***entreguistas*** *están dispuestos a ceder la explotación de los recursos nacionales a empresas extranjeras.*

entrejuntar ***vb.*** {tr.} Unir y enlazar los tableros de las puertas o ventanas con los travesaños: *El carpintero* ***está entrejuntando*** *las puertas que tuvimos que cambiar porque estaban muy viejas y deterioradas.*

entrelazado ***m.*** Acción de entrelazar: *Ese artesano usa el* ***entrelazado*** *para hacer collares y pulseras.*

entrelazado, da ***adj.*** Se aplica a las cosas que ligadas entre sí: *En clase de manualidades estoy aprendiendo a hacer un mantel* ***entrelazado.***

entrelazamiento ***m.*** **1** Entrelazado. **2** *loc.* **~ cuántico,** estado donde partes de un sistema compuesto se correlacionan tan fuertemente que forman un solo sistema físico no separable y toda medida del estado de una de las partículas influye instantáneamente sobre el estado de su compañera, sin que importe la distancia que los separe.

entrelazar ***vb. irreg.*** {tr. y prnl.} **Modelo 16.** Enlazar una cosa con otra: *Dividió su cabello en tres manojos y lo* ***entrelazó*** *para hacerse una trenza.*

entrelínea ***f.*** Espacio que queda entre dos líneas: *En las* ***entrelíneas*** *de su texto, Adolfo anotó algunas correcciones.*

entremés ***m.*** **1** Alimento ligero que se sirve antes del primer guiso en una comida: *Sirvieron unos* ***entremeses*** *durante la reunión que se celebró por la tarde.* Sin. **botana. 2** Pieza corta de teatro cómico clásico.

entremeter ***vb.*** {tr. y prnl.} **1** Meter una cosa entre otras diferentes: *Benito* ***entremetió*** *algunas naranjas en la canasta de manzanas.* **2** Meterse alguien donde no le llaman, entrometerse: *Es muy molesto que los niños* ***se entremetan*** *en la conversación de los adultos.*

entremezclado, da ***adj.*** Que está mezclado o formado por cosas heterogéneas.

entremezclar ***vb.*** {tr.} Mezclar unas cosas con otras: *La sirvienta* ***entremezcló*** *la ropa blanca con la de color, y cuando la sacó de la lavadora estaba toda pintada.*

entrenador, ra ***m.*** y ***f.*** Persona encargada del entrenamiento de los deportistas, caballos, etc.: *El nuevo* ***entrenador*** *es muy estricto con los jugadores.*

entrenamiento ***m.*** Tiempo en el cual se prepara un deportista o un animal de competición, y la preparación en sí: *Dedico varias horas al día a mi* ***entrenamiento*** *de gimnasia porque quiero participar en las próximas competencias.*

entrenar ***vb.*** {tr. y prnl.} Adiestrar o ejercitar para la práctica de un deporte u otra actividad: ***He estado entrenando*** *a mi perro para que proteja la casa.*

entreoír ***vb.*** {tr.} Oír a medias o sin entenderlo bien: *Mi vecina estaba muy enojada pero solamente la pude* ***entreoír*** *cuando hablaba con mi madre y ya no supe si era por mi hermano o por su hijo.*

entrepaño ***m.*** **1** Porción de muro comprendida entre dos pilastras, dos columnas o dos huecos: *Visitamos una basílica barroca que tenía murales de santos en los* ***entrepaños.*** **2** Anaquel o repisa de un mueble: *Mi padre compró un* ***entrepaño*** *exhibidor de revistas para la sala de espera de su consultorio.* **3** Cada una de las tablas pequeñas en que se dividen las puertas y ventanas: *"Una buena combinación entre marco y* ***entrepaños*** *dan a la puerta un aspecto general armónico", dijo el vendedor.*

entrepierna ***f.*** Parte interna de los muslos: *Estos pantalones están tan viejos, que ya tienen la* ***entrepierna*** *raída.*

entrepiso ***m.*** **1** Piso construido entre uno, quitando un poco de altura, y el superior: *Francisco vive en un departamento muy pequeño y su dormitorio está en el* ***entrepiso.*** **2** Espacio que hay entre los pisos o galerías de una mina: *Los mineros encontraron diamantes en el* ***entrepiso*** *de una galería abandonada.*

entresacar ***vb.*** {tr.} Sacar, escogiéndolas, algunas cosas de entre otras: *Cuando terminó de leer el libro, el joven* ***entresacó*** *algunos párrafos que le interesaban en particular.*

entresijo ***m.*** **1** En algunos animales, pliegue del peritoneo que une el estómago y los intestinos con las paredes abdominales: *En muchas zonas se comen los* ***entresijos*** *de cerdo, aunque varía la forma de prepararlos.* **2** Cosa oculta, en el interior de algo: *El detective de esa serie siempre consigue descubrir todos los* ***entresijos*** *de los crímenes que investiga.* **3** *loc. pl.* **Tener muchos ~,** tener muchas dificultades una cosa o reservas una persona: *La maestra nos dijo que los cuentos de Borges* ***tienen muchos entresijos,*** *como él mismo, y por eso debemos leerlo con cautela.*

entresuelo ***m.*** **1** Piso construido en una casa entre el bajo y el principal: *Mi padre puso su despacho en el* ***entresuelo***

de mi casa. **2** Planta baja levantada más de un metro sobre el nivel de la calle con sótano o piezas abovedadas debajo: *La tienda de antigüedades del* ***entresuelo*** *vende muebles del siglo* XVIII.

entresueño ***m.*** **1** Estado intermedio entre la vigilia y el sueño: *"Precisamente en los momentos de* ***entresueño*** *se me ocurren las ideas, pero luego no soy capaz de recordarlas", dijo Carmen.* **2** Sueño ligero y continuamente interrumpido: *David estaba muy cansado porque anoche sólo tuvo breves* ***entresueños*** *a causa de los llantos de su bebé.*

entretanto ***adv.*** Mientras sucede algo: *"Tú sigue trabajando;* ***entretanto,*** *yo busco algo de comer", dije a Francisco.*

entretecho ***m. Chile*** y ***Colomb.*** Desván.

entretejer ***vb.*** {tr.} Mezclar, trabar: ***Entretejí*** *unos hilos de colores y me hice un collar.*

entretela ***f.*** **1** Tela rígida que se pone entre el forro y al tela de una prenda de vestir para reforzarla: *La* ***entretela*** *proporciona forma y soporte en zonas como el cuello, los bolsillos, las cinturillas y los ojales.* **2** ***pl. Fam.*** Sentimientos íntimos y profundos, entrañas: *En el libro, el protagonista trata de desvelar las* ***entretelas*** *del mundo en el que vive, pero cae en una trampa.*

entretener ***vb. irreg.*** {tr. y prnl.} **Modelo 26. 1** Atraer la atención de alguien para que haga algo diferente a lo que hacía: *Llegué tarde porque* ***me entretuve*** *hablando con unos amigos.* **2** Divertir, recrear el ánimo, hacer algo por diversión: *Me gusta ir al cine porque me* ***entretengo*** *mucho.*

entretenido, da ***adj.*** Divertido o agradable: *Los niños estuvieron muy* ***entretenidos*** *con el espectáculo de los animales amaestrados.*

entretenimiento ***m.*** Actividad o cosa que entretiene o divierte.

entretiempo ***m.*** Tiempo en el que no hace ni frío ni calor: *Este traje de lana ligera es para* ***entretiempo.***

entrever ***vb. irreg.*** {tr.} **Modelo 31.** Ver algo con dificultad: *A lo lejos en el bosque* ***entreví*** *un venado.* Sin. **vislumbrar.**

entreverado ***adj./m.*** **1** Que tiene intercaladas cosas diferentes: *Mi madre hizo una colcha* ***entreverada*** *de telas de distintos colores.* **2** ***Venez.*** Asadura de carnes a fuego lento aliñada con sal y vinagre: *Mi tía prepara un* ***entreverado*** *delicioso en el asador que tenemos en el rancho.*

entreverar ***vb.*** {tr. y prnl.} **1** Introducir una cosa entre otras. **2** ***Argent.*** Enfrentarse en una discusión de manera desordenada.

entrevero ***m.*** **1** ***Amér. Merid.*** Pelea, discusión: *La policía llegó a solucionar el* ***entrevero*** *del bar.* **2** ***Amér. Merid.*** Confusión, desorden: *Pedí ayuda a mi hermano porque tenía un* ***entrevero*** *de temas de matemáticas.*

entrevista ***f.*** **1** Reunión acordada: *Mi padre irá a una* ***entrevista*** *de trabajo hoy a las cuatro de la tarde.* **2** Género periodístico en el que se busca obtener la opinión de alguien sobre temas específicos: *Es importante escribir las preguntas antes de realizar una* ***entrevista.***

entrevistado, da ***adj./m.*** y ***f.*** Se aplica a la persona a quien se le ha hecho una entrevista: *El actor* ***entrevistado*** *no dio muchas respuestas sobre su papel en la película, dijo que mejor vayamos a verla.*

entrevistar ***vb.*** {tr. y prnl.} **1** Obtener la opinión de alguien sobre un tema específico: *Juan y Luis fueron a* ***entrevistar*** *a unos obreros para saber qué hacen en sus trabajos.* **2** Reunirse para discutir sobre algún asunto: *Decidimos* ***entrevistarnos*** *para intercambiar opiniones.*

entrevisto, ta ***adj.*** Que ha sido visto con dificultad: *Los ladrones* ***entrevistos*** *por el vigilante lograron escapar porque nunca consiguieron identificarlos.*

entristecer ***vb. irreg.*** {tr. y prnl.} **Modelo 39.** Sentir decaído el ánimo: ***Nos entristecimos*** *mucho al saber que había muerto nuestro maestro.*

entristecido, da ***adj.*** Que se ha puesto triste: *María está muy* ***entristecida*** *por la desaparición de su gato.*

entrometerse ***vb.*** {prnl.} Meterse alguien donde no le llaman: *Es un chismoso que siempre* ***se entromete*** *en la vida de los demás.*

entrometido, da ***adj.*** Que se ocupa de asuntos ajenos: *Vámonos antes de que venga la* ***entrometida*** *de Vanessa y nos pregunte qué estamos haciendo.*

entrón, trona ***adj. Méx. Fam.*** Animoso, atrevido, valiente: *No me preocupa el futuro de Eduardo, porque es* ***entrón*** *y sé que va a resolver su vida.*

entroncar ***vb. irreg.*** {intr.} **Modelo 17. 1** Unir una línea o un camino con otro: *Este camino* ***entronca*** *con la Carretera Panamericana.* **2** ***Cuba, Perú*** y ***P. Rico.*** Empalmar dos líneas de transporte: *La línea de autobuses de mi pueblo* ***entroncó*** *con la línea nacional.*

entronización ***f.*** Acción de entronizar: *La* ***entronización*** *de los príncipes antiguos reunía a todo el reino.*

entronizar ***vb. irreg.*** {tr. y prnl.} **Modelo 16.** Colocar a alguien en un lugar muy alto, especialmente un trono: ***Han entronizado*** *a Maura como reina de la belleza en su escuela.*

entronque ***m.*** Lugar donde se cruzan caminos o vías férreas: *En el próximo* ***entronque,*** *toma el camino de la derecha y así llegaremos al rancho de mi tío.*

entropía ***f.*** **1** Magnitud termodinámica que mide la cantidad de energía física que no puede utilizarse para realizar trabajo mecánico: *La segunda ley de termodinámica dice que los procesos naturales van siempre acompañados de un aumento de la* ***entropía*** *del sistema.* **2** Medida del desorden molecular de un sistema: *Todas las formas de vida son minúsculos depósitos de orden que se conservan por la creación de* ***entropía*** *en el ambiente.* **3** Tendencia al caos o desorden: *La* ***entropía*** *se produce por las relaciones informales dentro de una organización.*

entrópico, ca ***adj.*** De la entropía: *El crecimiento de las ciudades es un ejemplo de sistema* ***entrópico,*** *pues el desorden va en aumento a pesar de los intentos por establecer un orden.*

entubación ***f.*** Acción de entubar: *El diseño de las cañerías de* ***entubación*** *del gas natural ha tenido ocupado por meses a mi hermano ingeniero.*

entubado ***m.*** Entubación: *El presupuesto de este año incluye el* ***entubado*** *del canal de aguas negras.*

entubado, da ***adj.*** Que tiene forma de tubo: *Desde hace poco ha vuelto la moda de los pantalones* ***entubados.***

entubar ***vb.*** {tr.} Poner tubos o meter tubos: *Por fin* ***entubaron*** *las autoridades el canal de aguas sucias, ahora ya no tendremos que soportar malos olores en el barrio.*

entuerto ***m.*** **1** Injusticia o agravio que se causa a alguien: *La venta de la casa donde vivían los abuelos sin mencionarlo fue el mayor* ***entuerto*** *que ha hecho mi tío a la familia.* **2** ***pl.*** Dolores por la contracción del útero que sufren las mujeres después del parto: *Mi madre sufrió* ***entuertos*** *en su segundo parto y el médico le aconsejó unas técnicas de respiración.* **3** ***loc.*** **Deshacer un ~,** ***Fam.*** Enmendar un error: *"Tengo que* ***deshacer un entuerto:*** *voy a devolver el dinero que tomé sin decirlo", dijo Sergio.*

entumecer ***vb. irreg.*** {tr. y prnl.} **Modelo 39.** Entorpecer el movimiento de un miembro: *Cargué durante mucho tiempo al bebé y* ***se me entumeció*** *el brazo.*

entumecido, da ***adj.*** Se aplica a los miembros que se quedan rígidos o torpes de movimientos: *En Canadá, tenía los dedos* ***entumecidos*** *por el frío.*

entumecimiento ***m.*** Rigidez y torpeza de movimientos de un miembro: *Después de cargar las bolsas de la compra, sentí un considerable* ***entumecimiento*** *de los brazos.*

entumido, da ***adj. Méx.*** Se aplica al miembro entumecido por una mala postura: *Estuve sentada sobre mi pierna mientras veía la película y ahora la tengo muy* ***entumida.***

entumir ***vb.*** {tr. y prnl.} ***Méx.*** Provocar un adormecimiento en un miembro por permanecer en una mala postura: ***Se me entumió*** *la pierna y siento como si tuviera hormigas dentro.* SIN. **entumecer.**

enturbiar ***vb.*** {tr. y prnl.} Disminuir la transparencia: *"Si remueves el fondo del río se* ***enturbia*** *el agua", me dijo mi tío.* ANT. **aclarar.**

entusiasmado, da ***adj.*** Que tiene o siente entusiasmo: *Cristina dijo que estaba muy* ***entusiasmada*** *por su actuación en la obra de la escuela.*

entusiasmar ***vb.*** {tr. y prnl.} **1** Infundir entusiasmo o admiración: *La crítica* ***se entusiasmó*** *con la nueva película de ese director.* **2** Gustar mucho algo: ***Me entusiasman*** *los libros de Julio Verne.* **3** Sentir admiración o interés: *Mi hijo* ***se entusiasma*** *con los aviones.*

entusiasmo ***m.*** Gran excitación ante un hecho o acción: *Cuando al fin cayó el primer gol, aumentó el* ***entusiasmo*** *del público.* ANT. **abulia.**

entusiasta ***adj.*** **1** Relacionado con el entusiasmo o que lo muestra: *Los astronautas recibieron una bienvenida* ***entusiasta*** *al salir de la nave espacial.* **2** Se aplica a la persona que siente entusiasmo o es propensa a entusiasmarse: *Mi hermano es un* ***entusiasta*** *de la música popular.*

enumeración ***f.*** **1** Exposición sucesiva y ordenada de las partes de que consta un todo: *La maestra escribió en el pizarrón la* ***enumeración*** *de los meses del año en alemán.* **2** Suma o cuenta de las cosas: *Después de la* ***enumeración*** *de los libros de la biblioteca, el director se dio cuenta de que habían desaparecido bastantes.*

enumerar ***vb.*** {tr.} Ordenar siguiendo una secuencia numérica: *La maestra* ***enumeró*** *las tres reglas para saber cuándo debemos acentuar las palabras agudas: 1, cuando terminan en n; 2, cuando terminan en s, y 3, cuando terminan en vocal.*

enunciación ***f.*** Exposición oral o escrita de un concepto: *Una buena* ***enunciación*** *de un problema permite que todos lo comprendan.*

enunciado ***m.*** **1** Acción y efecto de enunciar. **2** Secuencia de palabras que conforman una idea: *La oración es un* ***enunciado*** *compuesto por sujeto y predicado.*

enunciar ***vb.*** {tr.} Expresar de forma oral o por escrito: *Después de que las autoridades* ***enuncian*** *una ley, ésta debe cumplirse.*

enunciativo, va ***adj.*** **1** Que enuncia: *Se presentó un documento* ***enunciativo*** *sobre las nuevas ideas para fomentar el empleo y las inversiones.* **2** En lingüística, se aplica a una oración que afirma o niega: *Las oraciones* ***enunciativas*** *se construyen con el modo indicativo del verbo y expresan una afirmación o una negación de forma simple.*

enuresis ***f.*** Micción involuntaria: *Mi hermano tuvo* ***enuresis*** *hasta los siete años, se orinaba todas las noches en la cama y sentía mucha pena.*

envainar ***vb.*** {tr.} Meter una espada o arma blanca en su vaina o funda: *Los piratas* ***envainaron*** *sus espadas y huyeron después de abordar el barco.* SIN. **enfundar.**

envalentonar ***vb.*** {tr. y prnl.} **1** Provocar que alguien tome una conducta desafiante o atrevida: *La presencia de su novia* ***envalentonó*** *a Javier para tratar de ganar el primer lugar en la carrera.* **2** Tomar una actitud desafiante: *Ezequiel* ***se envalentonó*** *después de ganarle el trofeo a Pedro.*

envanecer ***vb. irreg.*** {tr. y prnl.} **Modelo 39.** Hacer que alguien sienta soberbia o vanidad, o sentirla: *A Gilda* ***le envanece*** *que toda la gente le diga que es muy bonita.*

envanecimiento ***m.*** Comportamiento del que siente soberbia o vanidad: *La fama que alcanzó ese cantante le produjo tal* ***envanecimiento*** *que acabó separando a la banda.* SIN. **arrogancia, presunción.**

envarar ***vb.*** {tr. y prnl.} Ponerse un miembro torpe y rígido: *Estuve chateando tanto tiempo, que* ***se envararon*** *mis piernas y mis brazos.*

envasado ***m.*** Hecho de guardar en un recipiente que puede cerrarse: *La leche dura más tiempo cuando el* ***envasado*** *se hace al vacío.*

envasar ***vb.*** {tr.} Guardar en un recipiente cualquier sustancia u objeto: *Después de preparar la mermelada, debes* ***envasarla*** *en un frasco de vidrio.*

envase ***m.*** **1** Acción de envasar. **2** Objeto que permite guardar líquidos o sólidos: *"Trae los duraznos en almíbar que están en un* ***envase*** *de vidrio en la nevera", me dijo mi madre.*

envejecer ***vb. irreg.*** {tr., intr. y prnl.} **Modelo 39.** Hacer o hacerse viejo: *Cuando* ***envejezca*** *quisiera ser tan alegre como es ahora mi abuelo.*

envejecido, da ***adj.*** **1** Que se ha hecho viejo: *Van a cambiar el mobiliario de la escuela porque ya está muy* ***envejecido.*** **2** Curtido, experimentado: *Alfonso es un médico* ***envejecido*** *por la práctica que sabe tratar muy bien a sus pacientes.*

envejecimiento ***m.*** Acción de hacerse viejo: *Fumar y beber alcohol en exceso produce un* ***envejecimiento*** *prematuro.*

envenenar ***vb.*** {tr. y prnl.} **1** Hacer enfermar o matar a un ser vivo con una sustancia tóxica: *El plomo del aire puede llegar a* ***envenenar*** *la sangre.* **2** Poner veneno en algo: *Mi abuelo* ***envenenó*** *azúcar y la esparció en el patio para matar a las hormigas.*

envergadura ***f.*** **1** Importancia de un suceso: *El Congreso Sobre la Paz Mundial será de gran* ***envergadura*** *porque asistirán personajes importantes de muchos países.* **2** Largo de las alas de un avión o un ave: *El cóndor es el ave que alcanza la mayor* ***envergadura*** *de todos los animales que vuelan en el mundo.* **3** Ancho de una vela.

envés ***m.*** Lado opuesto de la cara principal de una cosa, en especial de una hoja: *El* ***envés*** *de las hojas es de color más claro que el de la cara principal.* ANT. **haz.**

enviado, da ***m.*** y ***f.*** Persona a la que se encarga de realizar un trabajo en otro país: *Las noticias sobre el campeonato de futbol en aquel país llegarán aquí gracias a los* ***enviados*** *que estarán informándonos de todo lo que suceda allá.*

enviar ***vb. irreg.*** {tr.} **Modelo 9.** Hacer que alguien o algo vaya a otra parte: *"Mañana te* ***enviaré*** *el cheque para que compres los útiles escolares", me dijo mi padre por teléfono.* SIN. **mandar.**

enviciar ***vb.*** {tr. y prnl.} **1** Provocarse o provocar que alguien adquiera algún hábito dañino. **2** Aficionarse de manera obsesiva a algo: *Juan está* ***enviciado*** *con los juegos de vídeo, por eso ya no lee ni estudia.*

envidia ***f.*** Sentimiento de malestar o disgusto por el bien ajeno: *Laura tiene mucha* ***envidia*** *porque Jorge me invitó al baile y ella quería ir con él.*

envidiable ***adj.*** Que es digno de ser deseado y envidiado: *A sus sesenta años mi abuela tiene un cutis* ***envidiable,*** *es muy terso y apenas si se le notan las arrugas.*

a b c d e f g h i j k l m n o p q r s t u v w x y z

envidioso, sa ***adj.*** Se dice de la persona que desea las posesiones o los logros de otros: *Roberto es un* ***envidioso:*** *me compraron el tren eléctrico y él quería uno igual, después me mandaron de vacaciones a la playa y él le pidió a sus papás que también lo mandaran.*

envilecer ***vb. irreg.*** {tr. y prnl.} **Modelo 39. 1** Hacer vil y mezquino: *La corrupción* ***envilece*** *a las buenas personas.* **2** Humillarse, perder la estimación: *La maestra dijo que las groserías* ***nos envilecen.***

envilecido, da ***adj.*** Que se ha hecho vil: *Era un buen hombre, pero con los años se ha convertido en un viejo* ***envilecido*** *y gruñón.*

envinado ***adj. Méx.*** Que tiene vino o que es del color del vino: *Preparamos un postre* ***envinado*** *que estaba delicioso: bañamos el pan con un jarabe de vino blanco, canela y pasas.*

envinar ***vb.*** {tr.} **1** Echar vino en el agua: *Los romanos* ***envinaban*** *el agua para que los efectos del alcohol fueran más sutiles.* **2** ***Amér.*** Echar licor en los pasteles o dulces: *Mi abuela* ***envinaba*** *los bizcochos con ron.*

envío ***m.*** **1** Acción de enviar: *Mis padres realizaron un* ***envío*** *de comida a la zona afectada por el huracán.* **2** Cosa enviada, remesa: *Hoy he recibido el* ***envío*** *que tanto esperaba con los libros de fotografía.*

enviudar ***vb.*** {intr.} Perder al cónyuge por muerte de éste: *El señor Alfonso se volvió a casar después de diez años de* ***haber enviudado.***

envoltorio ***m.*** Objeto que resulta de envolver algo: *Haz un* ***envoltorio*** *con la ropa sucia y llévala a lavar.* Sin. **paquete.**

envoltura ***f.*** Capa exterior que envuelve una cosa: *"No tires la* ***envoltura*** *de tu caramelo en la calle, espera a encontrar un bote de basura", me dijo mi madre.*

envolvente ***adj./f.*** Que envuelve o rodea algo: *Las salas de cine tienen un sonido* ***envolvente.***

envolver ***vb. irreg.*** {tr. y prnl.} **Modelo 29. 1** Cubrir a una persona o cosa rodeándola con algo: *"Antes de sacarlo a la calle,* ***envuelve*** *al bebé con una manta para que no sienta frío", dijo Gabriela a Rocío.* **2** Mezclar o mezclarse en un asunto: *La policía lo* ***envolvió*** *en el robo porque es amigo de los asaltantes, pero en realidad él no hizo nada malo.*

enyerbarse ***vb.*** {prnl.} Cubrirse de hierba un terreno: *El patio abandonado* ***se enyerbó*** *en poco tiempo.*

enyesado ***m.*** **1** Cobertura de yeso: *Hoy empiezan a dar el* ***enyesado*** *de la fachada de la tienda.* **2** Vendaje con yeso endurecido: *Felipe se rompió el tobillo y el médico dijo que deberá estar un mes con el* ***enyesado.***

enyesar ***vb.*** {tr.} **1** Tapar o cubrir con yeso: *Ya* ***enyesamos*** *la casa, ahora vamos a pintarla.* **2** Inmovilizar un miembro con yeso: *A Luis le* ***enyesaron*** *el brazo porque se cayó por las escaleras y se rompió el hueso.*

enzima ***f.*** Sustancia soluble que provoca o acelera una reacción bioquímica.

enzimático, ca ***adj.*** Relativo a las enzimas: *El equilibrio* ***enzimático*** *es fundamental para la salud del cuerpo.*

eoceno ***m.*** Nombre que dan los geólogos al segundo periodo de la era terciaria, que ocurrió desde hace 53 millones de años hasta hace 37 millones de años aproximadamente.

eólico, ca ***adj.*** Relativo al viento o producido por él: *Los molinos de viento holandeses aprovechan la energía* ***eólica.***

eón ***m.*** **1** Periodo de tiempo largo e indefinido: *"Hace muchos* ***eones,*** *nació un ser fantástico que vivió muchas aventuras", empezó mi tía el cuento.* **2** Para los geólogos, unidad de tiempo de mil millones de años: *La historia de la Tierra se divide en* ***eones*** *y cada eón en eras.* **3** En la doctrina filosófica conocida como gnosticismo, cada una de las inteligencias eternas o seres divinos emanados de la unidad divina suprema, que ponen en relación la materia y el espíritu.

epatante ***adj.*** Que asombra: *"El nuevo montaje de la obra de teatro clásica fue* ***epatante",*** *leí en el periódico.*

epatar ***vb.*** {tr. e intr.} Maravillar o pretender causar asombro: *María aprendió a cocinar porque quiere* ***epatar*** *a su familia el día de Navidad.* Sin. **asombrar.**

epazote ***m. Méx.*** Hierba de olor de flores pequeñas, que se usa como condimento y como remedio para problemas digestivos: *Le puse una ramita de* ***epazote*** *al guiso de champiñones y le dio un sabor muy rico.*

épica ***f.*** Género poético que narra hazañas o hechos legendarios y heroicos de personajes históricos o míticos: *La* ***épica*** *se encuentra en todas las literaturas, como el* Cantar del Mio Cid *o* Beowulf.

epicardio ***m.*** Membrana serosa que recubre el corazón en los animales vertebrados: *La bolsa donde se encuentra el corazón está formada por el* ***epicardio*** *y la capa parietal.*

epicarpio ***m.*** Capa externa que cubre el fruto de las plantas: *Los duraznos tienen un* ***epicarpio*** *muy suave que puedes quitar y también comer.*

epiceno ***m.*** Género de los sustantivos que tienen una misma terminación y artículo para el masculino y el femenino: *La palabra "perdiz" tiene género* ***epiceno,*** *porque se dice "la perdiz" sin importar que sea macho o hembra.*

epicentro ***m.*** Punto de la superficie terrestre justo encima de donde se inicia un sismo: *Por lo general, el* ***epicentro*** *de un terremoto se ubica a lo largo de una fractura de la corteza terrestre.*

épico, ca ***adj.*** Género literario en el que se narran las hazañas de un héroe o un pueblo: La Ilíada *es un antiguo poema* ***épico*** *en el que se narra la guerra contra una ciudad llamada Troya.*

epicureísmo ***m.*** Doctrina de Epicuro y sus seguidores, los epicúreos: *El* ***epicureísmo*** *está más cerca del hedonismo que del estoicismo.*

epicúreo, a ***adj./m.*** y ***f.*** **1** De Epicuro, filósofo ateniense del siglo IV a. C. que tenía como principio moral el placer y la indiferencia del dolor: *Para los pensadores* ***epicúreos,*** *la razón es esencial para la felicidad.* **2** Dedicado a la búsqueda del placer: *Quien toma una actitud* ***epicúrea*** *frente a la comida es alguien que la disfruta mucho.*

epidemia ***f.*** Enfermedad contagiosa que afecta una región o población extensa: *En el pueblo que sufrió la inundación se ha declarado una* ***epidemia*** *de cólera.*

epidémico, ca ***adj.*** De la epidemia: *La región está aislada porque han descubierto un brote* ***epidémico*** *de malaria.*

epidemiología ***f.*** Parte de la medicina que se ocupa de estudiar la distribución geográfica de las enfermedades y su incidencia por grupos de población: *La* ***epidemiología*** *también estudia cómo erradicar o prevenir las enfermedades que afectan a grandes grupos humanos.*

epidemiológico, ca ***adj.*** Relacionado con la epidemiología: *Los estudios* ***epidemiológicos*** *determinan las causas, los factores de riesgo y los medicamentos que se deben usar para prevenir o curar una enfermedad.*

epidemiólogo, ga ***m.*** y ***f.*** Especialista en epidemiología.

epidérmico, ca ***adj.*** **1** Relativo a la piel: *Mi hermana tiene un quiste* ***epidérmico*** *que se ha inflamado mucho y el médico se lo va a extirpar.* **2** Superficial: *El periodista no logró llegar a fondo con su artículo y apenas ofreció una visión muy* ***epidérmica.***

epidermis ***f.*** Tejido celular que cubre el cuerpo de los animales. SIN. **piel.**

epifanía ***f.*** **1** Aparición, manifestación: *Su presentación en escena fue como una **epifanía** divina, con luces, humo y música celestial.* **2** Fiesta católica que se celebra el 6 de enero: *La **epifanía** conmemora la adoración de los Reyes Magos a Jesús.*

epífito, ta ***adj./m.*** y ***f.*** Género de plantas que viven unidas a otras sin alimentarse de ellas: *Las orquídeas son plantas **epífitas** que viven en las ramas de los árboles.*

epiglotis ***f.*** Cartílago que cierra el paso a los alimentos en la garganta: *Los bebés regurgitan con facilidad porque su **epiglotis** no está bien desarrollada.*

epígono ***m.*** Persona que sigue las huellas o enseñanzas de otra, en especial de una escuela o estilo anterior: *Estos pintores son **epígonos** del impresionismo.*

epígrafe ***m.*** Cita que se pone entre el encabezado y el texto de un escrito, ilustrando sobre su contenido: *Rubén escribió un cuento al que le puso un **epígrafe** que sacó del poeta que más admira y que le sirvió de modelo.*

epigrama ***m.*** Poema breve en verso en el que se expresa un pensamiento ingenioso o satírico: *El **epigrama** del diario de hoy satiriza la torpe declaración del ministro de economía.*

epilepsia ***f.*** Desorden del sistema nervioso caracterizado por la pérdida temporal de control muscular, sensorial o psicológico: *Como sufre de **epilepsia,** el joven debe tomar píldoras para evitar que le den ataques.*

epiléptico, ca ***adj./m.*** y ***f.*** **1** Relacionado con la epilepsia: *Durante una crisis **epiléptica,** se mordió la lengua.* **2** Persona que padece epilepsia: *Laura es **epiléptica** y tiene ataques frecuentes cuando duerme si no toma su medicación.*

epílogo ***m.*** Parte final de un texto que concluye o resume la obra: *En el **epílogo** de este libro se incluyen las últimas palabras del héroe muerto.* ANT. **prólogo.**

episcopado ***m.*** **1** Diginidad y cargo de obispo: *El **episcopado** es la más alta de las tres órdenes de la jerarquía católica.* **2** Tiempo que dura el ejercicio de un obispo: *Su **episcopado** duró más de veinte años.* **3** Conjunto de obispos de un país o de la Iglesia católica.

episcopal ***adj.*** Relacionado con la dignidad de obispo: *Una catedral es una iglesia grande que funciona como sede **episcopal** de una ciudad.*

episodio ***m.*** Cada parte que forma una historia o narración: *En esta novela no sospechas quién es el asesino sino hasta el último **episodio.***

epistemología ***f.*** Estudio filosófico sobre el origen y la naturaleza del conocimiento científico.

epístola ***f.*** Texto o carta íntima o formal: *Ernesto es mi enamorado por escrito, me manda tantas **epístolas,** que con ellas podría publicar un libro muy grueso.* SIN. **misiva.**

epistolar ***adj.*** Género literario formado por cartas reales o supuestas.

epistolario ***m.*** Colección organizada de cartas de uno o varios autores: *El **Epistolario** de los hermanos Flores Magón es un documento importante para los estudiosos de la Revolución Mexicana.*

epitafio ***m.*** Escrito grabado en un sepulcro o tumba: *El **epitafio** decía: "A nuestra querida Rebeca, a quien recordaremos siempre."*

epitelial ***adj.*** Del epitelio: *Las células del tejido **epitelial** están estrechamente unidas formando láminas.*

epitelio ***m.*** Membrana celular que recubre cualquier órgano de un ser vivo: *El **epitelio** externo de las frutas se llama epicarpio y el de los animales, epidermis.*

epíteto ***m.*** Adjetivo que da al sustantivo una cualidad que ya tiene de por sí: *En la frase "La noche es negra", la palabra* negra *es un **epíteto,** porque las noches casi siempre son negras.*

epítome ***m.*** **1** Resumen de una obra extensa donde se exponen las nociones fundamentales: *La maestra nos mandó escribir un **epítome** de* La Celestina. **2** Figura retórica que consiste en, después de haber dicho muchas palabras, repetir las primeras como aclaración.

epizootia ***f.*** Enfermedad contagiosa que afecta simultáneamente a gran cantidad de animales: *Los conejos de esa región desaparecieron debido a la **epizootia** que los atacó hace un año.*

época ***f.*** Momento de la historia marcado por un hecho: *En la **época** prehistórica, los hombres vivían de la caza y sus casas eran las cuevas.*

epónimo ***m.*** Se dice de la persona que da su nombre a una cosa, época o lugar: *El mariscal insurgente Antonio José de Sucre es el **epónimo** del estado venezolano de Sucre.*

epopeya ***f.*** Poema extenso que relata hechos heroicos.

equidad ***f.*** Trato justo y proporcional: *La **equidad** entre los sexos no significa que sean iguales, sino que deben ser tratados de igual forma.*

equidistante ***adj.*** Que se encuentra a la misma distancia de otra cosa: *Todos los puntos de un círculo son **equidistantes** del centro.*

equidistar ***vb.*** {intr.} Estar a la misma distancia que un punto determinado: *Mi casa y la tuya **equidistan** de la escuela, pues las dos están a cuatrocientos metros.*

equidna ***m.*** Pequeño mamífero australiano de hocico puntiagudo y cuero cubierto de pinchos: *Los **equidnas** ponen huevos y se alimentan de insectos.*

équido, da ***adj./m.*** y ***f.*** **1** Se aplica a los animales mamíferos de la familia del caballo o del burro que tienen las extremidades con un solo dedo: *Unos paleontólogos han encontrado el hueso de un **équido** prehistórico.* **2** ***pl.*** Familia de esos animales: *Mi primo veterinario dice que los **équidos** son animales muy inteligentes.*

equilátero, ra ***adj.*** Que tiene todos los lados iguales: *Un triángulo es **equilátero** cuando sus tres lados miden lo mismo.*

equilibrado, da ***adj.*** Se aplica a la persona prudente o sensata: *Mi hermana es una persona muy **equilibrada** que nunca se pone nerviosa.* SIN. **ecuánime.**

equilibrar ***vb.*** {tr. y prnl.} Poner en balance o equilibrio: *No **equilibró** el peso en la repisa y se cayó porque las cosas ligeras estaban de un lado y las pesadas del otro.*

equilibrio ***m.*** **1** Estado de reposo que resulta de la acción de fuerzas contrarias pero equivalentes. **2** Posición vertical del cuerpo humano: *Tiene un problema en el oído que lo hace perder el **equilibrio** y caerse.* **3** Ecuanimidad, sensatez en los juicios y actos.

equilibrismo ***m.*** Conjunto de acrobacias y ejercicios difíciles sin perder el equilibrio: *El **equilibrismo** de los acróbatas sobre la cuerda floja es espectacular, pero necesita muchas horas de práctica.*

equilibrista ***adj./m.*** y ***f.*** Que realiza ejercicios de equilibrio acrobático: *Fuimos al circo y vimos un **equilibrista** que bailaba rap sobre un alambre.*

equino, na ***adj./m.*** y ***f.*** Relativo al caballo: *La llama andina es un animal emparentado con los **equinos.***

equinoccio ***m.*** Cada una de las dos fechas de un año en que el día y la noche tienen la misma duración: *Durante el **equinoccio** la trayectoria del Sol cruza sobre la línea del ecuador.*

equinodermo ***adj./m.*** Relativo a un tipo de animales marinos que tiene cinco miembros del mismo tamaño y ventosas: *La estrella de mar es un **equinodermo.***

equipaje ***m.*** Conjunto de cosas que se llevan en un viaje: *Cuando regresamos de nuestras vacaciones trajimos tantos regalos que en el aeropuerto nos cobraron más dinero por exceso de **equipaje.***

equipal ***m. Méx.*** Silla amplia hecha de varas entretejidas, con asiento y respaldo de cuero: *Cómodamente sentados en los **equipales** de la terraza del hotel, los turistas disfrutaron de una jarra de limonada.*

equipar ***vb.*** {tr. y prnl.} Proveer de lo necesario: *Fuimos a la tienda de deportes a **equiparnos** para el viaje a la montaña: compramos zapatos especiales, cuerdas, tiendas de campaña y bolsas para dormir.*

equiparable ***adj.*** Que se puede equiparar: *La inteligencia de Mario es **equiparable** a la de un genio, solamente necesita un estímulo.*

equiparación ***f.*** Correspondencia de igualdad o proporción: *Los empleados están celebrando la **equiparación** salarial de la empresa donde trabajan.*

equiparar ***vb.*** {tr.} Considerar iguales a dos personas o cosas: *Nora es una chica vanidosa, piensa que su belleza se puede **equiparar** con la de una actriz de cine.* SIN. **comparar.**

equipo ***m.*** **1** Conjunto de cosas necesarias para un fin: *Antes de salir a pescar, debemos revisar si llevamos el **equipo** completo: cañas, anzuelos y botas de caucho.* **2** Grupo de personas con un objetivo común: *Durante el campeonato de fútbol veremos competir a los mejores **equipos** del mundo.*

equitación ***f.*** Arte y deporte de montar a caballo.

equitativo, va ***adj.*** Que guarda una relación de igualdad: *Repartimos el postre de manera **equitativa** y todos comimos un trozo de flan del mismo tamaño.*

equivalencia ***f.*** Relación de igualdad entre dos o más personas o cosas: *La **equivalencia** puede establecerse a partir del peso, del valor, de la potencia, y de otras cualidades.*

equivalente ***adj./m.*** y ***f.*** **1** Que tiene el mismo valor que otra cosa. **2** En geometría, relativo a las figuras o cuerpos que tienen forma distinta pero el mismo volumen o área: *Este rectángulo y este círculo son **equivalentes** porque su superficie mide lo mismo.*

equivaler ***vb.*** {intr.} Tener una cosa el mismo valor o cualidades de otra: *"Esta investigación que les estoy encargando **equivale** a su examen final, así que háganla a conciencia", dijo el profesor.*

equivocación ***f.*** Acción que se realiza, o cosa que se dice, de forma equivocada: *Fue una **equivocación** pensar que si copiaba todo de una página de Internet sacaría buena calificación en mi trabajo; el maestro se dio cuenta y me reprobó.*

equivocado, da ***adj.*** **1** Que contiene un error o produce un efecto contrario al esperado o debido: *"Las calificaciones están **equivocadas,** yo no obtuve un 8 sino un 9 en matemáticas", dijo Manuel.* **2** Se aplica a la persona que se equivoca: *Sofía está **equivocada**, la casa de mis abuelos no está en esa calle.*

equivocar ***vb. irreg.*** {tr. y prnl.} **Modelo 17.** Tener o tomar una cosa por otra: ***Se equivocó** al tomar la desviación y llegó a una ciudad que no conocía.*

equívoco ***m.*** Error, malentendido: *Hubo un **equívoco** en el correo y recibí una carta que no era mía.*

era ***f.*** **1** Escala geológica de medición temporal muy amplia: *Los periodos triásico, jurásico y cretácico forman parte de la **era** mesozoica.* **2** Periodo de la historia marcado por una fecha o acontecimiento específico: *La **era** del rock and roll comenzó en la década de 1950.*

erario ***m.*** Tesoro público, dinero que tiene una nación.

erbio ***m.*** Metal del grupo de los lantánidos, de símbolo Er y de número atómico 68.

erección ***f.*** **1** Acción y efecto de erguir o erguirse. **2** Estado de rigidez del pene.

eréctil ***adj.*** Que puede levantarse o ponerse rígido.

erecto, ta ***adj.*** Que toma una posición recta o rígida: *El* homo erectus *recibe su nombre por ser el primer primate que caminó **erecto** sobre sus pies y sin apoyarse en sus manos.*

eremita ***m.*** y ***f.*** Persona que voluntariamente se aísla del contacto con la gente. SIN. **asceta, ermitaño.**

ergo ***conj.*** Por tanto, en consecuencia: *La frase del filósofo René Descartes: "Cogito, **ergo** sum" significa: "Pienso, luego existo".*

ergometría ***f.*** Medida del trabajo realizado por los músculos o por todo el cuerpo: *La **ergometría** es una prueba confiable y segura para el diagnóstico de enfermedades del corazón.*

ergonomía ***f.*** Estudio científico de la relación entre el hombre y sus condiciones de trabajo: *La **ergonomía** trata de adaptar las herramientas y el entorno de trabajo a las necesidades y capacidades de las personas para mejorar su bienestar.*

ergonómico, ca ***adj.*** De la ergonomía: *El nuevo mobiliario de la oficina tiene un diseño **ergonómico** para prevenir lesiones.*

erguido, da ***adj.*** Que está en posición vertical y derecho: *He puesto un palo atado al tallo de mi orquídea para que crezca **erguida.***

erguir ***vb. irreg.*** {tr. y prnl.} **Modelo 68.** Levantar y poner derecha una cosa, en especial el cuerpo, el cuello, la cabeza, etc.: *Su mamá le dice que debe **erguirse** al caminar y al sentarse, porque si no lo hace después va a tener problemas con su columna vertebral.*

erial ***adj./m.*** Campo o terreno sin cultivar ni labrar: *Detrás de la escuela hay un **erial** donde jugamos después de clase.*

erigir ***vb. irreg.*** {tr. y prnl.} **Modelo 61. 1** Construir o fundar: *Los vencedores **erigieron** un monumento en el patio del castillo, para celebrar su victoria.* **2** Elevar a cierta condición: *Para resolver el conflicto, uno de los presentes **fue erigido** juez.*

erisipela ***f.*** Infección contagiosa de la piel, especialmente en la cara, caracterizada por una erupción rojiza y acompañada de fiebre: *La **erisipela** es una enfermedad causada por unas bacterias llamadas estreptococos.*

eritrocito ***m.*** Glóbulo rojo: *Los **eritrocitos** transportan el oxígeno en la sangre.*

erizado, da ***adj.*** **1** Se aplica al pelo rígido: *"Tengo el pelo de los brazos **erizado** por el frío que hace en este cuarto", dijo Laura.* **2** Lleno de espinas, obstáculos: *"Un asunto **erizado** como ése necesita llevarlo un abogado", me recomendó mi padre.*

erizar ***vb. irreg.*** {tr. y prnl.} **Modelo 16.** Levantar o poner algo rígido, en especial el pelo: *A mi perro se le **eriza** el pelo del lomo cuando se enoja.*

erizo ***m.*** **1** Mamífero insectívoro con el cuerpo cubierto de púas. **2** *loc.* **~ de mar,** equinodermo marino cubierto de espinas.

ermita ***f.*** Capilla en las afueras de una población: *Antiguamente los religiosos se detenían a orar en las **ermitas** durante sus largas peregrinaciones.*

ermitaño, ña ***adj./m.*** y ***f.*** **1** Se dice de la persona que se aísla del contacto humano: *Mi abuelo se volvió un* ***ermitaño*** *que vive solo en una cabaña en el bosque.* Sin. **anacoreta. 2** Pequeño cangrejo de playa, que vive dentro de caparazones abandonados de otros animales.

erogación ***f.*** **1** Acción de distribuir dinero o bienes: *Las autoridades realizaron la* ***erogación*** *de la casa y las joyas que nos heredó la abuela.* **2** *Bol.* y *Méx.* Desembolso de dinero. Sin. **pago.**

erogar ***vb.*** {tr. e intr.} *Méx.* Gastar dinero para pagar algo: *El empresario* ***erogó*** *una fuerte cantidad para pagar la nueva maquinaria que instalará en su fábrica.*

erógeno, na ***adj.*** Que produce o es sensible a la excitación sexual.

erosión ***f.*** Desgaste producido en un cuerpo por el roce de otro: *La* ***erosión*** *del agua en la montaña ha formado unos cañones muy profundos.*

erosionar ***vb.*** {tr.} Producir erosión algún agente: *Los fuertes vientos* ***erosionaron*** *estas rocas a lo largo de millones de años, por eso tienen esas formas tan extrañas.*

erosivo, va ***adj.*** Que produce erosión: *En los climas húmedos, la lluvia es un importante agente* ***erosivo*** *en las rocas.*

erótico, ca ***adj.*** Relacionado al amor sexual.

erotismo ***m.*** **1** Amor sexual: *El* ***erotismo*** *viene de Eros, dios del amor en la mitología griega, y se diferencia de la reproducción animal en la potencial actividad sensual y amorosa del hombre.* **2** Cualidad de lo que provoca la excitación sexual: *Las escenas de ese libro están llenas un* ***erotismo*** *muy sugerente.* **3** En el arte, expresión del amor físico: *En las pinturas rupestres, el* ***erotismo*** *forma parte del ritual de fertilidad.*

erotización ***f.*** Acción y resultado de erotizar: *Las mujeres han sufrido una* ***erotización*** *abusiva en los medios de comunicación.*

erotizar ***vb.*** {tr. y prnl.} **1** Excitar sexualmente, seducir: *La película pretende* ***erotizar*** *al público y por eso no es apta para todos.* **2** Dar carácter o contenido erótico a algo: *Las empresas* ***erotizan*** *la publicidad para vender mejor sus productos.*

erradicación ***f.*** Eliminación o extirpación total de algo: *Mi hermana colabora en una organización para conseguir la* ***erradicación*** *del trabajo infantil.*

erradicar ***vb. irreg.*** {tr.} **Modelo 17.** Arrancar de raíz, eliminar completamente: *El desarrollo de la medicina ha permitido* ***erradicar*** *muchas enfermedades.*

errar ***vb. irreg.*** {tr., intr. y prnl.} **Modelo 14. 1** No acertar o equivocarse: *En el juego de baloncesto traté de encestar desde afuera del área, pero* ***erré*** *el tiro.* **2** Vagar sin rumbo: *Fuimos al centro de la ciudad y* ***erramos*** *por las calles durante horas.*

errata ***f.*** **1** Equivocación en un texto impreso: *Con los modernos programas de computadora para edición es difícil que aparezcan* ***erratas*** *en los libros.* **2** *loc. pl.* **Fe de ~,** hoja que señala los errores de imprenta que contiene una publicación: *La revista traía una* ***fe de erratas*** *con dos columnas: una con la frase "Donde dice" y otra con "Debe decir."*

errático, ca ***adj.*** Que tiene un curso irregular: *A causa de la tormenta, el avión avanzaba en forma* ***errática*** *y los pasajeros estaban asustados.*

erróneo, a ***adj.*** Que está equivocado: *El profesor me regresó el examen calificado y vi que tengo dos respuestas* ***erróneas.***

error ***m.*** Acción que se hace de manera equivocada: *"Tomé tu libro por* ***error*** *pensando que era el mío", me dijo Ismael.*

eructar ***vb.*** {intr.} Arrojar por la boca y con ruido los gases acumulados en el estómago: *Las bebidas gaseosas hacen* ***eructar.***

eructo ***m.*** Liberación sonora de gases por la boca: *Los* ***eructos*** *se producen cuando se queda una burbuja de aire en el estómago.*

erudición ***f.*** Conocimiento profundo de diversidad de temas o materias: *La* ***erudición*** *de Ignacio se debe a todos sus años de estudio.*

erudito, ta ***adj./m.*** y ***f.*** Se dice de la persona que conoce a fondo muchos temas, que tiene erudición: *El pasatiempo favorito de mi abuelo, desde que era niño, es leer, por eso es un* ***erudito,*** *sabe casi de cualquier cosa que le preguntes.*

erupción ***f.*** **1** Explosión violenta de algo contenido en un sitio: *Cuando el volcán hizo* ***erupción,*** *la lava roja y espesa bajaba por la cuesta arrastrando todo a su paso.* **2** Irritación o lesiones que aparecen en la piel como reacción a algo: *"Te está saliendo una* ***erupción*** *en la cara, debes dejar de asolearte", me recomendó mi tía.*

erupcionar ***vb.*** {intr.} *Colomb.* Entrar un volcán en erupción: *Vimos unas imágenes sorprendentes del volcán que* ***erupcionó*** *hace unos días.*

eruptivo, va ***adj.*** **1** De la erupción: *La varicela es una enfermedad* ***eruptiva*** *que se caracteriza por la aparición de granos rojos.* **2** Se aplica a las rocas y los minerales formados por solidificación del magma: *El granito es una roca* ***eruptiva*** *que se encuentra esparcido por la corteza terrestre y se utiliza como material de construcción y revestimiento.*

esbelto, ta ***adj.*** Que tiene un cuerpo delgado o alto: *La ropa de moda se diseña siempre para gente* ***esbelta.*** *¿O acaso has visto un desfile de modas para gente gorda?*

esbirro ***m.*** **1** Persona que tiene por oficio detener a otras personas o ejecutar de manera personal órdenes de las autoridades. **2** Persona despreciable que se presta para realizar acciones violentas a cambio de un pago.

esbozar ***vb. irreg.*** {tr.} **Modelo 16.** Trazar a grandes rasgos un proyecto o dibujo: *Para pintar un cuadro, hay que* ***esbozar*** *primero las figuras con carbón.* Sin. **bosquejar.**

esbozo ***m.*** **1** Diseño rápido y sin detalles de un proyecto artístico: *Se subastaron los* ***esbozos*** *de Leonardo da Vinci a un precio exorbitante.* Sin. **bosquejo. 2** Plan o proyecto, como un artículo, que puede alcanzar mayor desarrollo y extensión: *Publicaron el* ***esbozo*** *de la nueva gramática de la lengua inglesa.* **3** Insinuación de un gesto: *Cuando le dieron la noticia de su enfermedad, un* ***esbozo*** *de llanto se dibujó en su cara.* **4** Célula, órgano o tejido primario que lleva la semilla de su desarrollo definitivo: *Durante el periodo embrionario, el desarrollo del embrión logra una forma próxima a la definitiva y se constituyen los* ***esbozos*** *de los órganos definitivos.*

escabechar ***vb.*** {tr.} Preparar algo en escabeche: *Para* ***escabechar*** *verduras, se ponen a dar un hervor con ajo, cebolla, sal, vinagre y especias.*

escabeche ***m.*** Salsa preparada con vinagre y especias para conservar alimentos: *Preparamos hongos en* ***escabeche*** *para comerlos con la carne.*

escabroso, sa ***adj.*** **1** Que es muy abrupto o irregular: *Cuando el terreno se volvió más* ***escabroso,*** *decidimos no seguir subiendo la montaña.* **2** Delicado o difícil de resolver: *Debemos ser más fuertes y maduros para abordar temas* ***escabrosos.***

escabullirse ***vb. irreg.*** {prnl.} **Modelo 69.** Irse con disimulo: *Aunque era un compromiso, logramos* ***escabullirnos*** *de una fiesta aburrida.*

escafandra ***f.*** Casco sellado que se usa para respirar bajo el agua o en el espacio: *El buzo se ajustó la* ***escafandra*** *antes de sumergirse en el mar.*

escala ***f.*** **1** Escalera de mano: *"Asienta la* ***escala*** *de manera firme antes de subir para que no te vayas a caer", me recomendó mi madre.* **2** Serie graduada para medición: *La* ***escala*** *de Richter permite medir la intensidad de los sismos.* **3** Sucesión de notas musicales: *La* ***escala*** *musical cuenta con siete tonos:* do, re, mi, fa, sol, la, si. **4** Parada de un barco o un avión en su trayecto: *Cuando regresamos de España, el avión hizo* ***escala*** *en Nueva York durante dos horas.* **5** Relación proporcional entre dimensiones reales y representadas: *Los mapas se pueden dibujar a* ***escala*** *para que un milímetro de mapa sea igual a un kilómetro real.*

escalable ***adj.*** En computación, equipo que puede ser actualizado agregándole partes más avanzadas.

escalada ***f.*** **1** En deportes, hecho de subir, de ascender: *La* ***escalada*** *de esta montaña requiere un equipo especial.* **2** Aumento de la intensidad de un conflicto: *El enviado de la organización de paz ha podido controlar la* ***escalada*** *de violencia en esa ciudad.*

escalafón ***m. Méx.*** Jerarquía de cargos: *Según el* ***escalafón*** *de la empresa, el puesto de supervisor recibe mayor salario que el de vendedor.*

escalar ***vb.*** {tr.} **1** Subir a un lugar o a una condición más elevada: *El gatito* ***escaló*** *el árbol muy rápido, pero después no podía bajar.* **2** En computación, sustituir las partes anticuadas de una computadora por unas más actualizadas: *Con este paquete usted podrá* ***escalar*** *su equipo viejo hasta igualarlo con equipos nuevos.*

escaldadura ***f.*** Quemadura producida por un líquido caliente o por vapor: *Para evitar* ***escaldaduras*** *en los niños, hay que bajar la temperatura del agua caliente del baño a 48° C.*

escaldar ***vb.*** {tr. y prnl.} Bañar una cosa o quemarse con agua hirviendo.

escaleno ***adj.*** Triángulo que tiene los tres lados de diferente longitud.

escalera ***f.*** Cualquier objeto mueble o inmueble formado por escalones, que sirva para subir y bajar: *Todos los días subo la* ***escalera*** *para llegar a mi departamento que está en el tercer piso del edificio.*

escalfado, da ***adj.*** Se aplica al huevo cocido sin cáscara: *Los huevos* ***escalfados*** *se preparan en agua caliente sin hervir con un chorro de vinagre para conservar el color blanco de la clara.*

escalfar ***vb.*** {tr.} Echar un huevo sin cáscara en caldo o agua hirviendo para que se cueza: *La cocinera* ***escalfó*** *huevos y luego los sirvió sobre rebanadas de pan tostado para el desayuno.*

escalímetro ***m.*** Regla especial que consiste en un prisma triangular con sus lados longitudinales graduados a escala: *El* ***escalímetro*** *se utiliza para medir diferentes proporciones métricas en dibujos de arquitectura, ingeniería o diseño gráfico.*

escalinata ***f.*** Escalera muy amplia, que está en la parte exterior de un edificio: *Su casa es muy lujosa y tiene una* ***escalinata*** *de mármol que lleva a la parte de arriba, donde están los dormitorios.*

escalofriante ***adj.*** Tan horrible o espantoso que produce escalofrío: *Leí un cuento de terror* ***escalofriante,*** *no pude dormir en tres noches sólo de recordarlo.*

escalofrío ***m.*** Encogimiento o temblor de corta duración que se siente en la piel por frío o miedo: *Tengo dolor de cabeza y* ***escalofrío,*** *estoy seguro de que me voy a resfriar.*

escalón ***m.*** Cada uno de los descansos de una escalera: *La niña se entretenía subiendo y bajando los* ***escalones*** *de dos en dos.* SIN. **peldaño.**

escalonado, da ***adj.*** **1** Con forma de escalera: *En el campo inclinado que está detrás de mi escuela hemos abierto surcos para hacer un huerto* ***escalonado.*** **2** Gradual, ordenado por etapas: *Mi jefe me ha dicho que tendré un aumento* ***escalonado*** *si sigo trabajando eficientemente.*

escalonamiento ***m.*** **1** Colocación de una cosa en escalones: *Los arquitectos trabajan en el* ***escalonamiento*** *de las gradas del nuevo estadio de fútbol.* **2** Realización de algo de forma gradual: *Nuestra maestra hizo un* ***escalonamiento*** *para las entregas de los trabajos de todo el año.*

escalonar ***vb.*** {tr. y prnl.} **1** Ordenar personas o cosas dejando intervalos entre ellas: *Cuando arreglamos la cocina,* ***escalonamos*** *las latas de la alacena para poder ver fácilmente qué contienen.* **2** Realizar algo por etapas: *Para que siempre haya alguien de guardia, los médicos del hospital* ***escalonaron*** *sus vacaciones.*

escalope ***m.*** Filete de carne empanado y frito: *Para comer, preparé unos* ***escalopes*** *de ternera y una ensalada de tomate.*

escalpar ***vb.*** {tr.} Arrancar el cuero cabelludo: *En la película, los indios mataban y* ***escalpaban*** *a sus prisioneros.*

escalpelo ***m.*** Instrumento empleado en cirugía que sirve para cortar: *Me desmayé de miedo cuando llegó la doctora con el* ***escalpelo*** *en la mano.* SIN. **bisturí.**

escama ***f.*** **1** Laminilla dura y casi transparente que recubre la piel de algunos peces y reptiles: *El vendedor abrió el pescado, lo limpió y le quitó las* ***escamas.*** *Cuando llegué a la casa, lo lavé y lo guisé con ajos y tomates.* **2** En medicina, formación de piel seca propia de algunas enfermedades: *La caspa produce* ***escamas*** *muy pequeñas en el cuero cabelludo.*

escamado ***m.*** **1** Conjunto de escamas: *El* ***escamado*** *del pez koi es muy colorido y brillante.* **2** Obra en forma de escamas: *Para impermeabilizar la parte exterior de la chimenea y el tejado, colocaron un* ***escamado*** *de tejas rotas.*

escamado, da ***adj.*** **1** Que tiene escamas: *Los reptiles son animales* ***escamados.*** **2** Que siente recelo o desconfianza: *Desde que asaltaron a Octavio está muy* ***escamado*** *y no sale de su casa de noche.* **3** ***Méx.*** Que tiene mucho miedo o está asustado: *No me gusta que le cuentes historias de fantasmas a mi hija porque la dejas* ***escamada*** *y no puede dormir.*

escamar ***vb.*** {tr.} **1** Quitar las escamas a los peces: *Antes de cocinar un pescado se le debe* ***escamar*** *porque las escamas no se comen.* **2** ***Fam.*** Causar o tener desconfianza o recelo: *El perro de esa casa me* ***ha escamado*** *porque siempre ladra cuando paso frente a su puerta.*

escamoles ***m. Méx.*** Hueva comestible de hormiga: *Los* ***escamoles*** *tienen un alto valor proteínico, además de ser deliciosos.*

escamoso ***adj./m.*** **1** Que tiene escamas: *Cristina tiene la piel* ***escamosa*** *y seca por haber tomado tanto sol durante su estancia en la playa.* **2** Se aplica a los reptiles que tienen el cuerpo alargado y cubierto de escamas, sin esqueleto externo o caparazón: *Las serpientes y los lagartos son reptiles* ***escamosos.*** **3** ***pl.*** Orden de estos reptiles: *Los* ***escamosos*** *se caracterizan por el cambio biológico de su piel.*

escamotear ***vb.*** {tr.} Quitar algo a otro de forma indebida: *El otro equipo nos* ***escamoteó*** *la victoria porque sobornaron al árbitro.* SIN. **robar, hurtar.**

escampar ***vb.*** {intr.} Dejar de llover: *No pueden salir a jugar mientras no* ***escampe,*** *porque no quiero que se mojen.*

escanciar ***vb.*** {tr.} Servir el vino o un bebida alcohólica: *Con elegancia, la anfitriona* ***escanció*** *vino tinto en las copas de sus invitados.*

escandalizado, da ***adj.*** Alborotado, perturbado: *La población está* ***escandalizada*** *por la inesperada subida de los precios.*

escandalizar ***vb.*** {tr. y prnl.} **1** Causar escándalo: *Lo que dijo esa actriz cuando la entrevistaron* ***escandalizó*** *al público.* **2** Producir mucho ruido o alboroto: *La policía detuvo a unos ebrios que* ***escandalizaban*** *en la calle.*

escándalo ***m.*** **1** Acción que atrae la reprobación del público: *El divorcio del presidente fue un* ***escándalo*** *y la gente quería obligarlo a renunciar.* **2** Ruido grande o alboroto: *Los niños hicieron un gran* ***escándalo*** *durante la fiesta.*

escandinavo, va ***adj./m.*** y ***f.*** Originario de la región que comprende Noruega, Suecia y Dinamarca: *Los vikingos eran navegantes* ***escandinavos.***

escandio ***m.*** Cuerpo simple metálico, de símbolo Sc y de número atómico 21.

escaneado, da ***adj./m.*** **1** Que se ha pasado por un escáner: *La maestra nos mandó sus apuntes* ***escaneados*** *para preparar el examen final.* **2** Acción de escanear: *Voy a realizar un curso de fotografía donde aprenderé el sistema de* ***escaneado*** *y los programas de retoque de imágenes.*

escanear ***vb.*** {tr.} Pasar algo por el escáner: *Mi hermano* ***escanea*** *todos sus dibujos para enviarlos a un concurso.*

escáner ***m.*** **Palabra de origen inglés.** Aparato electrónico que convierte y organiza imágenes o letras de un papel para poder incorporarlos a una computadora: *Con un* ***escáner*** *copié las fotos de la revista y ahora puedo verlas en la pantalla de mi computadora.*

escaño ***m.*** **1** Antiguamente, asiento grande con respaldo alto. **2** Lugar que ocupa un diputado en las cámaras legislativas. Sin. **curul.**

escapar ***vb.*** {intr. y prnl.} **1** Salir huyendo de un lugar: ***Nos escapamos*** *del tráfico por una calle pequeña.* **2** Dejar un encierro: *Anoche* ***escaparon*** *de su jaula los pájaros de mi abuela.* **3** Evitar un mal: *Jaime logró* ***escapar*** *de los delincuentes que querían asaltarlo.* **4** Filtrarse un gas o fluido de su recipiente.

escaparate ***m.*** Espacio en las fachadas de las tiendas que sirve para exponer las mercancías: *Me gusta mirar los* ***escaparates*** *de las tiendas aunque no compre nada.* Sin. **aparador, vidriera, vitrina.**

escape ***m.*** **1** Pérdida de un gas o fluido por una fisura o abertura: *Por el olor supimos que había un* ***escape*** *de gas en la casa.* **2** Tubo por donde se expulsan los gases de un motor: *El* ***escape*** *del automóvil tiene un aparato que sirve para disminuir el ruido que producen las explosiones del motor.* **3** *loc.* **Velocidad de ~,** la que debe tomar un objeto en movimiento para vencer la fuerza gravitacional de la Tierra.

escapismo ***m.*** **1** Técnica ilusionista que consiste en escapar de lo que aparentemente es imposible: *Lo ataron y encerraron en una caja encadenada, pero gracias a su profundo conocimiento del* ***escapismo*** *logró salir en unos minutos.* **2** Tendencia a huir de la realidad: *La poesía de los modernistas era una forma de* ***escapismo*** *a un mundo imaginario lleno de belleza y sensualidad.*

escapista ***adj./m.*** y ***f.*** **1** Del escapismo: *Dicen la que la ciencia ficción es un tipo de literatura* ***escapista,*** *pero no siempre es cierto.* **2** Mago que realiza el escapismo: *Harry Houdini fue el* ***escapista*** *más famoso.*

escapulario ***m.*** **1** Antiguamente, parte del vestido usado por los monjes, formado por dos trozos de tela que cubrían el dorso y el pecho. **2** Pequeña imagen religiosa elaborada en tela, que sirve de amuleto y se cuelga del cuello con una cinta.

escaque ***m.*** Cada una de las casillas en que se divide un tablero de ajedrez o de damas.

escarabajo ***m.*** Cualquier insecto coleóptero caracterizado por tener un par de alas falsas que, por ser duras, cubren y protegen a las verdaderas: *El* ***escarabajo*** *caminaba lentamente y cuando lo asusté desplegó las alas, pero no voló.*

escaramuza ***f.*** Combate de poca importancia o escasa duración: *Los caballeros sostuvieron una* ***escaramuza*** *con unos bandidos antes de regresar al castillo.*

escarapela ***f.*** Adorno hecho con cintas de varios colores fruncidas en forma de círculo o roseta: *Los revolucionarios franceses tenían como símbolo la* ***escarapela*** *tricolor.*

escarbadientes ***m.*** Objeto fino y acabado en punta que se usa para sacar los restos de comida que se quedan entre los dientes: *Mi abuelo acostumbraba a tener siempre en la boca un* ***escarbadientes,*** *aunque ya los tuviera limpios.* Sin. **mondadientes, palillo.**

escarbar ***vb.*** {tr. y prnl.} **1** Remover la tierra: *Debemos* ***escarbar*** *en el lugar que indica el mapa para encontrar el tesoro.* **2** Adentrarse buscando algo: *"Si* ***escarbas*** *en tu bolsa tal vez encuentres el dinero que estás buscando", recomendé a Ricardo.* Sin. **hurgar.**

escarcela ***f.*** Bolsa pequeña que se colgaba de la cintura: *El caballero abrió su* ***escarcela,*** *sacó una moneda y se la dio al mendigo.*

escarceo ***m.*** **1** Oleaje pequeño que se levanta en la superficie del mar. **2** Tentativa. **3** *loc.* **amoroso,** aventura o comienzo de una relación amorosa.

escarcha ***f.*** Capa de rocío congelado que aparece en las mañanas muy frías: *Es muy bonito ver un rayo de sol brillando sobre la* ***escarcha*** *al amanecer.*

escarchado, da ***adj.*** **1** Cubierto de escarcha: *En mi ciudad, por las mañanas los coches tienen los cristales tan* ***escarchados*** *que tenemos que echar una botella de agua caliente para limpiarlos.* **2** ***Esp.*** Se aplica a las frutas o bebidas preparadas a base de azúcar cristalizada.

escarchar ***vb.*** {impers., intr. y tr.} **1** Congelarse el rocío de la mañana, formarse escarcha: *En las frías mañanas de finales de otoño empieza a* ***escarchar.*** **2** ***Esp.*** Cubrir una superficie con una sustancia brillante que imite la escarcha: *Hicimos una tarta de chocolate y para presentarla al concurso la* ***escarchamos*** *con azúcar glas.* **3** ***Esp.*** Preparar frutas y bebidas alcohólicas a base de azúcar cristalizado: *Para* ***escarchar*** *el ron se debe meter una ramita de anís a fin de que el azúcar se cristalice en ella.*

escardar ***vb.*** {tr.} Entresacar las hierbas de los sembradíos: *Cuando inician las lluvias, mi abuelo* ***escarda*** *el jardín para que no se llene de hierbas que dañen las flores.*

escarlata ***adj./m.*** De color rojo vivo: *Para mi cumpleaños, quiero que me regalen un vestido rojo* ***escarlata.***

escarlatina ***f.*** Enfermedad contagiosa, reconocible por la aparición de manchas rojas en la piel.

escarmentar ***vb. irreg.*** {tr. e intr.} **Modelo 3.** Aprender a partir de un error doloroso: *Espero que Tito* ***escarmiente*** *con lo que le pasó: se metió a robar manzanas del árbol del vecino y el perro guardián lo mordió.*

escarmiento ***m.*** **1** Enseñanza que se obtiene después de un error doloroso. **2** Castigo fuerte: *Como* ***escarmiento*** *por tu grosería, no tienes permiso de ir a la fiesta.*

escarnecer ***vb. irreg.*** {tr.} **Modelo 39.** Humillar y ofender a una persona burlándose de ella: *Luego de que los atrapó la policía, los comerciantes* ***escarnecieron*** *a los ladrones.*

escarnio ***m.*** Burla humillante y ofensiva: *El muchacho sufrió el* ***escarnio*** *de la gente cuando no pudo evitar orinarse por el miedo.*

escarola ***f.*** Variedad de lechuga de hojas rizadas y pequeñas.

escarpado, da ***adj.*** Con mucha pendiente o declive: *El camino al pueblo es muy* ***escarpado,*** *así que vamos a caminar más despacio para no cansarnos muy rápido.*

escarpia ***f.*** Clavo grande con la cabeza doblada en ángulo: *Pusieron unas* ***escarpias*** *en las paredes para colgar sus mochilas.* SIN. **alcayata.**

escasamente ***adv.*** Apenas, difícilmente: *La niebla estaba tan cerrada, que* ***escasamente*** *se alcanzaba a ver a un metro de distancia.*

escasear ***vb.*** {intr.} Hacer falta: *Durante la temporada de sequía* ***escasea*** *el agua en muchos lugares.* ANT. **abundar.**

escasez ***f.*** Situación de carencia, de tener menos de lo que se necesita: *La* ***escasez*** *de trabajo hace que la gente venda cosas en la calle.* ANT. **abundancia.**

escaso, sa ***adj.*** Relativo a lo que hay en poca cantidad: *Es un hombre de* ***escaso*** *entendimiento, por eso hay que repetirle varias veces lo que tiene que hacer.*

escatimar ***vb.*** {tr.} Dar lo menos posible de algo: *Debemos* ***escatimar*** *en gastos que no sean importantes y usar el dinero para comprar lo que realmente necesitamos.*

escatología ***f.*** **1** Doctrina filosófica relacionada con el fin del hombre y del Universo. **2** Estudio de los excrementos.

escatológico, ca ***adj.*** **1** Relacionado con la filosofía que habla del fin del hombre y del Universo. **2** Relacionado con las heces y las demás secreciones del cuerpo.

escayola ***f.*** **1** Yeso calcinado mezclado con agua que se usa en blanqueados y para preparar moldes, objetos o adornos: *En la escuela hicimos una máscara de* ***escayola*** *que luego pintamos para carnaval.* **2** Vendaje recubierto de yeso que sirve para inmovilizar miembros lesionados: *Me pusieron una* ***escayola*** *en el brazo porque me lo rompí patinando.*

escayolar ***vb.*** {tr.} Inmovilizar con un vendaje de yeso o escayola un miembro fracturado: *La enfermera* ***está escayolando*** *la pierna de mi hermano porque tiene roto el peroné.*

escayolista ***m.*** y ***f.*** Persona que hace obras de escayola, moldes, esculturas o albañilería: *El* ***escayolista*** *está elaborando un falso techo en nuestro salón para poner en él la instalación de audio.*

escena ***f.*** **1** Cada unidad temporal de una obra teatral: *Durante la última* ***escena*** *de la obra de teatro se descubrió quién era el asesino del anciano rico.* **2** Lugar donde ocurre algo. **3** *loc.* **A ~,** llamada para que los actores pasen a ocupar su lugar. **4** *loc.* **Hacer una ~,** comportarse en forma vergonzosa: *Tuvimos que irnos cuando Laura comenzó a* ***hacer una escena*** *con su esposo.* **5** *loc.* **Puesta en ~,** proceso de montar una obra teatral para su representación: *Mañana vamos a comenzar el ensayo de la* ***puesta en escena*** *de la obra* Hamlet.

escenario ***m.*** **1** Lugar del teatro donde se representan las obras: *Cuando terminó la obra, subimos a correr al* ***escenario*** *y un hombre nos regañó y nos dijo que nos bajáramos de ahí.* **2** Lugar donde ocurre algo. **3** Conjunto de cosas que rodean a algo o a alguien: *Los zoológicos modernos presentan a los animales en su* ***escenario*** *natural.*

escénico, ca ***adj.*** **1** De la escena: *No creo que Verónica actúe en la obra de la escuela porque tiene miedo* ***escénico.*** **2** *loc.* **Palco ~,** lugar del teatro donde se representa la escena: *Vimos una obra muy vanguardista que tenía el decorado por todo el teatro y el* ***palco escénico*** *estaba desnudo.* SIN. **escenario.**

escenificación ***f.*** Representación teatral de una obra literaria o de un suceso: *Para el fin de cursos, haremos la* ***escenificación*** *de tres fábulas de Esopo.* SIN. **dramatización.**

escenificar ***vb.*** {tr.} Representar una obra de teatro sobre un escenario: *La compañía de teatro de mi ciudad* ***escenificará*** *una comedia musical en su próxima temporada.*

escenografía ***f.*** **1** Arte de hacer decorados para teatro, cine o televisión: *Pasé dos años en la escuela de arte dramático estudiando* ***escenografía.*** **2** Conjunto de utilería, muebles y decorados de una obra teatral: *Necesitamos un camión para llevar la* ***escenografía*** *al nuevo teatro.*

escenógrafo, fa ***m.*** y ***f.*** Autor de los decorados para teatro, cine o televisión: *El* ***escenógrafo*** *está buscando muebles antiguos, pues la acción de la película se ubica en el siglo* XIX.

escepticismo ***m.*** **1** Actitud de duda ante la veracidad de algo: *El juez escuchaba con* ***escepticismo*** *la declaración del testigo porque estaba seguro de que mentía.* **2** Doctrina filosófica que pone en duda la posibilidad de conocer la realidad de las cosas.

escéptico, ca ***adj.*** Que pone en duda lo que no puede comprobar por sí mismo: *José siempre ha sido un* ***escéptico*** *en el tema de los extraterrestres: dice que no cree en ellos porque no le han presentado pruebas claras.*

escindir ***vb.*** {tr. y prnl.} Separar lo que estaba unido, dividir: *La guerra en la antigua Yugoslavia* ***escindió*** *el territorio en diferentes regiones que ahora son países independientes.*

escisión ***f.*** Separación, división: *La* ***escisión*** *de ese partido político trajo como consecuencia que las partes en discordia formaran a su vez otros dos partidos.*

escisionismo ***m.*** Movimiento de separación dentro del gobierno o de un partido político: *Los países con un partido único son intransigentes contra cualquier especie de* ***escisionismo.***

escisionista ***adj./m.*** y ***f.*** **1** Relacionado con el escisionismo: *El comité central censuró las actividades* ***escisionistas*** *de los cuatro secretarios.* **2** Persona que pertenece o defiende ese movimiento: *En Rusia, se persiguieron y encarcelaron a los* ***escisionistas.***

esclarecer ***vb. irreg.*** {tr.} **Modelo 39.** Poner en claro: *Después de investigar durante varios días, hemos empezado a* ***esclarecer*** *las dudas que tenemos.*

esclarecidamente ***adv.*** Con esplendor, virtud y distinción.

esclarecido, da ***adj.*** Distinguido, ilustre: *El* ***esclarecido*** *abogado ganó un premio por su incansable defensa de los derechos humanos.*

esclava ***f.*** Cadena de adorno que se lleva en la muñeca: *Me regaló una* ***esclava*** *de oro con mi nombre grabado.*

esclarecimiento ***m.*** Aclaración o explicación de algo: *El gobierno elaboró un documento para el* ***esclarecimiento*** *de sus actividades durante el periodo de crisis.*

esclavismo ***m.*** Régimen que se basa en la esclavitud o la defiende: *El* ***esclavismo*** *se abolió en América en el siglo* XIX.

esclavista ***adj./m.*** y ***f.*** **1** Del esclavismo: *Las primeras sociedades* ***esclavistas*** *fueron la griega y la romana.* **2** Partidario de ese régimen: *Durante la Guerra de Secesión de Estados Unidos los* ***esclavistas*** *lucharon en el sur.*

esclavitud ***f.*** **1** Sistema económico basado en considerar a algunas personas como cosas que pueden comprarse y venderse: *Durante la* ***esclavitud,*** *cada trabajador valía por su fuerza y no por su experiencia.* **2** Condición de quien vive como esclavo: *La* ***esclavitud*** *es una forma de vida que degrada a la especie humana.* ANT. **libertad.**

esclavización ***f.*** Acción de esclavizar: *La **esclavización** de pueblos africanos constituye uno de los crímenes más monstruosos en la historia de la humanidad.*

esclavizante ***adj.*** Que esclaviza: *Begoña dejó su trabajo porque era **esclavizante,** trabajaba muchas horas por un sueldo mísero.*

esclavizar ***vb.*** {tr.} **1** Someter a alguien a la esclavitud: *En la Antigüedad, los ejércitos poderosos **esclavizaban** a los habitantes de las poblaciones que invadían.* **2** Obligar a alguien a trabajar en exceso sin compensarlo debidamente, como si fuera un esclavo: *Los jefes que no saben cómo organizarse terminan **esclavizando** a sus empleados.*

esclavo, va ***m.*** y ***f.*** **1** Persona que no tiene libertad porque se encuentra bajo el dominio de otra a quien se llama amo: *La colonización de América, de los siglos XVI al XVIII, impulsó el comercio de **esclavos** africanos.* **2** Persona que está sujeta o que depende demasiado de alguien o algo: *"Puedes elegir entre ser un **esclavo** de las drogas o vivir libre sin adicciones", recomendé a mi amigo.*

esclerosado, da ***adj.*** **1** Se aplica a los órganos o tejidos alterados por esclerosis: *El doctor dijo a mi madre que tenía una parte de esófago **esclerosada** y tiene que recurrir a la cirugía.* **2** Endurecido: *Algunas arañas tiene en las patas un gancho fuertemente **esclerosado** que posee movilidad propia.*

esclerosar ***vb.*** {tr. y prnl.} **1** Producir esclerosis: *El médico de mi hermano le dijo que para curar el dolor de su tendón de Aquiles deben **esclerosar** las nuevas formaciones vasculares.* **2** Alterarse un órgano o tejido por esclerosis: *En las lesiones pulmonares graves, la membrana de la pared puede llegar a **esclerosarse.***

esclerosis ***f.*** Enfermedad consistente en el endurecimiento de un tejido o de un órgano: *La **esclerosis** produce dolor y dificultad en el movimiento.*

esclerótica ***f.*** Membrana blanca, dura y opaca que cubre casi por completo el globo del ojo y donde está implantada la córnea transparente: *En la **esclerótica** van conectados los músculos que controlan el movimiento del ojo.*

esclerótico, ca ***adj.*** **1** De la esclerosis: *Mi primo tiene una malformación **esclerótica** que le impide moverse con normalidad.* **2** Que tiene el ánimo entumecido: *El personaje del libro era un hombre solo, **esclerótico** y agarrante.*

esclusa ***f.*** Recinto de un canal que permite a los barcos pasar por un desnivel: *El canal de Panamá está formado por **esclusas** que sirven de escalones a los barcos.*

escoba ***f.*** **1** Utensilio de fibras gruesas para barrer: *Las **escobas** se pueden hacer con fibras vegetales o sintéticas.* **2** ***C. Rica, Méx.*** y ***Nicar.*** Arbusto con el cual se hacen escobas.

escobazo ***m.*** **1** Golpe dado con una escoba: *El dueño de la tienda estaba intentando matar una rata a **escobazos.*** **2** ***Argent., Chile, Cuba, Hond.*** y ***Urug.*** Barrida rápida y superficial: *"Espérenme, solamente doy un **escobazo** a la sala y nos vamos al cine", dijo Sonia.* **3** ***loc. pl.*** **Echar a ~,** echar de un sitio a alguien de malos modos, con enojo, golpes o insultos: *En la película, se dieron cuenta de que estaban traficando y los **echaron a escobazos** de la discoteca.*

escobeta ***f. Méx.*** Escobilla pequeña y corta: *Usé la **escobeta** para retirar los restos de guiso pegados en la olla y luego procedí a lavarla.*

escobilla ***f.*** Utensilio de fibras gruesas para la limpieza: *"Para quitar las manchas de la ropa frótalas con una **escobilla**", me dijo mi madre.* SIN. **cepillo.**

escocer ***vb. irreg.*** {intr. y prnl.} **Modelo 30. 1** Causar o sentir ardor: *Mientras nadaba, toqué una medusa y me **escoció** la piel.* **2** Ponerse irritadas algunas partes del cuerpo: *A Daniel **le escuece** la nuca, porque su camisa está hecha con una tela muy dura.*

escocés, cesa ***adj./m.*** y ***f.*** Originario de Escocia, Gran Bretaña, país de Europa.

escoger ***vb. irreg.*** {tr.} **Modelo 41.** Tomar una o más cosas o personas de entre otras: *No sé cuál guiso **escoger:** ¿la carne o el pollo?* SIN. **elegir, seleccionar.**

escogido, da ***adj.*** Selecto: *Compramos una bolsa de uvas **escogidas** para comerlas la noche de fin de año.*

escolar ***adj.*** Relativo a la escuela o al estudiante: *Mi maestra me entregó la lista de materiales **escolares** que debo comprar para el próximo curso.*

escolaridad ***f.*** Total de grados cursados en la escuela y tiempo durante el que se cursan estos grados: *Aunque ya tiene 30 años, el hombre lee con dificultad porque su **escolaridad** llegó hasta tercer año de primaria.*

escolarización ***f.*** Dotación de escuela y enseñanza obligatoria a la población infantil: *El estado debe garantizar, si la familia no puede, la **escolarización** de los niños.*

escolarizar ***vb. irreg.*** {tr.} **Modelo 16.** Incorporar al régimen de instrucción escolar: *Las autoridades afirmaron que los niños deben empezar a **escolarizarse** a los cinco años de edad.*

escolástica ***f.*** **1** Movimiento filosófico de la Edad Media que organiza las doctrinas religiosas, cristiana, arábiga y judaica, en base a las enseñanzas de Aristóteles: *Santo Tomás de Aquino y su obra* Summa teologica *fueron los iniciadores de la **escolástica.*** **2** Tendencia a pensar que las doctrinas, métodos y ciencia de una escuela son los únicos verdaderos e indiscutibles: *Tu jefe tiene una **escolástica** exagerada, no admite que se le cuestione nada de lo que dice o hace.*

escolástico, ca ***adj./m.*** y ***f.*** **1** Relacionado con la escolástica: *En la universidad aprendí latín **escolástico.*** **2** Que pertenece o estudia en una escuela medieval: *Los **escolásticos** escribieron reglamentos económicos coherentes con las doctrinas religiosas.* **3** Persona que enseña o profesa la escolástica: *San Anselmo de Canterbury es considerado el primer **escolástico.***

escólex ***m.*** Cabeza de la tenia o solitaria: *El **escólex** tiene ventosas para que la tenia se adhiera al intestino.*

escollar ***vb.*** {intr.} **1** Tropezar una embarcación con un escollo. **2** ***Argent.*** y ***Chile.*** Malograrse un proyecto.

escollera ***f.*** Dique artificial hecho con piedras en una costa marina: *Las **escolleras** defienden del oleaje y también pueden servir como cimientos a los muelles.*

escollo ***m.*** Peñasco a poca profundidad bajo el agua y difícil de ver: *Los barcos muy grandes no deben acercarse a la playa porque pueden golpearse con un **escollo.***

escolta ***f.*** Conjunto de personas que acompañan a otra para protección o vigilancia: *La cantante llegó al auditorio con una **escolta** de diez hombres guapos.*

escoltar ***vb.*** {tr.} Acompañar para proteger o vigilar: *En la escuela me eligieron para **escoltar** la bandera porque tengo buenas calificaciones.*

escombrar ***vb.*** {tr.} **1** Limpiar los escombros, basura o estorbos para dejar el sitio liso y despejado: *Esos señores **están escombrando** el camino por donde pasará la carrera ciclista.* **2** ***Méx.*** Limpiar.

escombro ***m.*** Desecho que queda de una construcción o de la explotación de una mina o de una industria: *Después de que derribaron la casa, llegó un camión muy grande a recoger el **escombro** que quedaba.*

esconder ***vb.*** {tr. y prnl.} **1** Situar en un lugar secreto: *El día de mi cumpleaños mi mamá **escondió** mis regalos y jugamos a que yo los buscara por toda la casa.* **2** Encerrar, incluir o contener en sí una cosa que no ven los demás: *El*

a b c d e f g h i j k l m n o p q r s t u v w x y z

*mar **esconde** muchas especies animales y vegetales muy importantes para la vida en el mundo.*

escondidas ***f. pl. Amér.*** Juego del escondite: *En mi colegio siempre jugábamos a las **escondidas.***

escondido, da ***adj./m.*** y ***f.*** Oculto, difícil de encontrar: *Buscamos por toda la casa, pero no conseguimos hallar el regalo **escondido.***

escondite ***m.*** **1** Lugar oculto y retirado donde se esconde algo o alguien: *El gato no ha podido sacar al ratón de su **escondite.*** **2** Juego infantil en el cual uno de los jugadores busca a sus compañeros escondidos.

escondrijo ***m.*** Lugar propicio para ocultarse o esconder cosas: *Mi tío guardó todas las cartas de amor de su juventud en un **escondrijo** del desván.*

escopeta ***f.*** Arma de fuego portátil que dispara municiones o perdigones: *El cazador salió con la **escopeta** al hombro y regresó con un conejo para la cena.*

escopetazo ***m.*** **1** Disparo de escopeta: *Los **escopetazos** espantaron a los pájaros y se convirtieron en blanco fácil para los cazadores.* **2** Herida de escopeta: *Durante la guerra, mi abuelo se hizo el **escopetazo** que tiene en la pierna y nunca se le fue la marca.* **3** Noticia o suceso imprevisto y desagradable: *La muerte de su primo fue un **escopetazo** para Rodrigo.*

escoplo ***m.*** **1** Herramienta de hierro acerado formada por una barra rectangular, con mango de madera y boca en bisel: *Los escultores utilizan el **escoplo** para modelar.* **2** Instrumento que usan los cirujanos para cortar huesos: *El doctor dijo que no podía salvarle el brazo y lo amputó con el **escoplo.***

escora ***f.*** **1** Inclinación del barco: *Nuestro bote toma bastante **escora** cuando sopla el viento y mi hermana tiene miedo de caerse.* **2** Curva que pasa por los puntos de más anchura de las cuadernas de un barco: *Los marineros llaman a la **escora** línea del fuerte porque es la línea de mayor resistencia a que puede llegar un buque es sus inclinaciones de costado.* **3** Cada uno de los puntales que sostienen los costados de un barco en construcción o reparación: *La posición de los barcos en el astillero se asegura con **escoras.***

escorar ***vb.*** {tr., intr. y prnl.} **1** Apuntalar un barco con escoras: *Los astilleros **están escorando** el buque para que no se caiga.* **2** Inclinarse un barco: *Aquel velero dañado **escora** y parece que va a volcar.*

escorbuto ***m.*** Enfermedad producida por la carencia de vitamina C: *Los antiguos marineros sufrían de **escorbuto** porque en sus largos viajes no comían frutas ni verduras, que son alimentos que contienen la vitamina C.*

escoria ***f.*** **1** Impurezas que flotan en la superficie al fundir metales. **2** Se dice de lo que es tan despreciable que no merece consideración: *Los criminales son la **escoria** de la sociedad.*

escoriación ***f.*** Lesión leve de la piel que ocasiona el desprendimiento de su capa superficial, raspón: *Sin fijarme, pasé rozando una pared áspera y eso me produjo una **escoriación** en el brazo.*

escorpión ***m.*** **1** Animal de cuerpo articulado, con dos pinzas y una cola en cuyo extremo lleva un aguijón venenoso: *Los **escorpiones** localizan a su presa por las vibraciones que produce al moverse.* **2** Uno de los doce signos del zodiaco, comprendido entre el 23 de octubre y el 22 de noviembre.

escotado, da ***adj.*** Que tiene escote: *No pienso llevar el vestido **escotado** a la fiesta, porque será de noche y podría sentir frío.*

escote ***m.*** Abertura alrededor del cuello, por el frente y la parte de atrás, en una prenda de vestir: *La actriz llevaba un elegante vestido negro con un **escote** que dejaba ver toda la espalda.*

escotilla ***f.*** Puerta de una embarcación que comunica o aísla los compartimientos interiores: *Las **escotillas** de los submarinos cierran herméticamente.*

escozor ***m.*** Ardor en la piel, picor: *Desde que regresamos del campo tengo una sensación de **escozor** en las piernas, creo que me picó algún insecto.*

escriba ***m.*** Hombre de los pueblos antiguos, sobre todo de los egipcios, cuyo oficio era copiar o escribir documentos: *Gracias a los testimonios plasmados en los documentos que hicieron los **escribas,** se ha podido conocer mucho de la historia de la Antigüedad.*

escribanía ***f.*** **1** Oficio, oficina o despacho del escribano o secretario judicial: *Mis padres fueron a la **escribanía** para arreglar unos asuntos.* **2** Escritorio o mueble donde se ordenan los objetos y papeles que sirven para escribir, en especial, cartas: *El director del colegio tiene en su despacho una **escribanía** de madera muy antigua.* **3** ***R. de la P.*** Notaría: *En la **escribanía** pueden ayudarte con la herencia de tu tía.*

escribano, na ***m.*** y ***f.*** **1** ***R. de la P.*** Funcionario público que está autorizado para dar fe de las escrituras y demás actos que pasan ante él: *Tenemos que llevar el contrato del departamento a un **escribano** para que lo legalice.* Sin. **notario.** **2** Persona que escribe con muy buena letra: *La maestra felicitó a los mejores **escribanos** de la clase y pidió que escribieran en el pizarrón para elegir al mejor entre todos.*

escribir ***vb.*** {tr. e intr.} **1** Representar ideas, imágenes o sonidos con letras, palabras u otros signos convencionales trazados en papel o en otra superficie: *Muchos pueblos antiguos **escribían** su historia con dibujos.* **2** Comunicar a alguien algo por escrito: *"Te **escribí** una carta para invitarte a mi boda", me dijo mi amiga.* **3** Poner música en el lenguaje de notas musicales: *Ramiro **escribía** la melodía de una canción que estaba inventando en un papel pautado, y la letra la escribía abajo de las notas que iba dibujando.*

escrito ***m.*** **1** Cualquier papel manuscrito o impreso que contenga palabras. **2** Obra científica o literaria: *Javier entregó su **escrito** para el concurso de novela.* **3** En derecho, documento en el que se solicita o informa algo: *Mandamos un **escrito** a las autoridades solicitándoles que construyan un parque.*

escritor, ra ***m.*** y ***f.*** Persona que tiene como profesión escribir, sobre todo libros: *Octavio Paz fue un **escritor** mexicano muy conocido en el mundo.*

escritorio ***m.*** Mueble para guardar papeles o escribir sobre él: *"Siéntate frente a tu **escritorio** y termina de hacer el trabajo escolar", me dijo mi padre.*

escritura ***f.*** **1** Representación del pensamiento por signos gráficos convencionales: *La **escritura** musical se hace con signos llamados notas.* **2** ***pl.*** En derecho, documento legal en que consta una operación comercial: *Después de pagar todas las mensualidades, nos dieron las **escrituras** de la casa.* Sin. **título.** **3** ***pl.*** Se escribe con "E" mayúscula para designar al conjunto de libros de la Biblia: *Las Sagradas **Escrituras** se dividen en el Antiguo y el Nuevo Testamentos.*

escrituración ***f.*** Acción de escriturar: *Los gastos de la **escrituración** de una propiedad corren a cuenta del vendedor o del comprador.*

escriturar ***vb.*** {tr.} Hacer una escritura pública en la que consten los términos de un contrato: *Cuando **escrituremos** esta propiedad, será legalmente nuestra.*

escroto ***m.*** Parte de la piel en forma de bolsa que en su interior guarda los testículos de los animales mamíferos y del hombre.
escrúpulo ***m.*** Duda o inquietud que surge por realizar un hecho que se considera malo: *Andrés es un hombre sin **escrúpulos** que lastima a sus hijos.*
escrupuloso, sa ***adj.*** Que actúa con sumo cuidado y esmero: *Su trabajo ha sido tan **escrupuloso** que no encontramos ningún error.*
escrutador, ra ***m.*** y ***f.*** Persona encargada de contar los votos en una elección: *Después de que todos los ciudadanos votaron, los **escrutadores** contaron los votos.*
escrutar ***vb.*** {tr.} **1** Examinar algo de manera cuidadosa. **2** Contabilizar los votos en una elección o los billetes en una apuesta: *A medianoche terminaron de **escrutar** los votos en todas las casillas de la ciudad.*
escrutinio ***m.*** **1** Examen detallado de algo: *Se hizo un **escrutinio** cuidadoso de los prisioneros para saber quiénes habían escapado.* **2** Recuento de votos: *No hubo problemas durante el **escrutinio** electoral.*
escuadra ***f.*** **1** Instrumento de dibujo que tiene un ángulo recto: *La **escuadra** es una regla en forma de triángulo.* **2** Grupo de soldados a las órdenes de un cabo: *La **escuadra** avanzaba en silencio buscando a las víctimas del huracán.*
escuadrón ***m.*** **1** Unidad de caballería al mando de un capitán. **2** Unidad táctica y administrativa de las fuerzas aéreas.
escuálido, da ***adj.*** De figura débil y delgada: *A mí me gustan los muchachos deportistas y fuertes, no los **escuálidos.***
escualo ***m.*** Pez marino de cuerpo casi cilíndrico, piel rasposa sin escamas y hocico con muchos dientes puntiagudos, que tiene hábitos carnívoros. SIN. **tiburón.**
escucha ***f./m.*** **1** Audición voluntaria y atenta: *La portera de mi edificio se dedica a la **escucha** de todo lo que pasa en los departamentos.* **2** *loc.* **~ telefónica,** grabación subrepticia de las conversaciones privadas de una persona a quien se le ha intervenido el teléfono: *Los jueces deben autorizar las **escuchas telefónicas** de la policía.* **3** *loc.* **A la ~,** atento para oír: *Dejaron a un ladrón **a la escucha** y consiguieron escapar antes de que llegara el vigilante.*
escuchar ***vb.*** {tr., intr. y prnl.} Prestar atención a lo que se oye: *No **escuché** lo que el maestro decía porque estaba distraído.*
escuchón, chona ***adj./m.*** y ***f.*** Que se dedica a escuchar lo que no debe: *Antonio es un **escuchón,** el otro día lo sorprendí pegando la oreja a la puerta para oír lo que platicaba con mi jefa.*
escudar ***vb.*** {tr. y prnl.} **1** Defender o defenderse de algún peligro: *Durante la inundación, mucha gente se **escudó** en los edificios altos de la ciudad y en las montañas.* **2** Usar algo como pretexto: ***Se escuda** en su enfermedad para poder faltar a clases.*
escudería ***f.*** Equipo de competición que representa a un club de automóviles: *La **escudería** francesa ganó los dos primeros lugares en la carrera de* Le Mans.
escudero ***m.*** Paje que acompañaba a un caballero: *El **escudero** cargaba la lanza mientras su amo no la utilizaba.*
escudilla ***f.*** Vasija pequeña semiesférica para servir sopa y caldo.
escudo ***m.*** **1** Arma de defensa que se lleva en el brazo: *Antiguamente, los gladiadores cargaban el mazo en una mano y el **escudo** en la otra.* **2** Símbolo o figura que representa de manera oficial una institución, agrupación, etc.: *Todos llevamos camisetas con el **escudo** de nuestro equipo favorito.* **3** Antigua moneda de Portugal; unidad monetaria de Cabo Verde.
escudriñar ***vb.*** {tr.} Examinar algo de manera cuidadosa: *El astrónomo **escudriñaba** el cielo con su telescopio en busca de alguna estrella nueva.*
escuela ***f.*** **1** Lugar donde se enseña: *Vamos a la **escuela** para aprender cosas que nos servirán cuando seamos grandes.* SIN. **colegio. 2** Método de enseñanza. **3** Conjunto de seguidores de un maestro, estilo o doctrina: *En Europa, la **escuela** impresionista modificó la forma de entender la pintura.* **4** *loc.* **Tener buena ~,** mostrar la calidad adquirida: *El muchacho hace lámparas muy bonitas porque **tiene buena escuela** de su padre que le enseñó.*
escueto, ta ***adj.*** Que es breve y sin rodeos: *Las respuestas del cantante fueron claras y **escuetas** cuando le preguntaron sobre la muerte de su madre.*
escuincle, cla ***m.*** y ***f.*** ***Méx. Fam.*** Niño: *Sofía es una **escuincla** muy simpática que le cae bien a toda la gente.*
esculpir ***vb.*** {tr.} Labrar piedra, madera, etc., con fines artísticos: *Los antiguos griegos **esculpían** figuras en mármol.*
escultismo ***m.*** Organización mundial que agrupa a niños y adolescentes para desarrollar en ellos cualidades morales y deportivas: *Quienes practican el **escultismo** son conocidos como* boy scouts.
escultor, ra ***m.*** y ***f.*** Persona que labra piedra, madera, etc., con fines artísticos: *El **escultor** golpeaba la piedra con un martillo y un cincel, y poco a poco apareció la figura de un hombre sentado.*
escultórico, ca ***adj.*** Relativo a la escultura: *El conjunto **escultórico** que decora esa fuente representa al dios Neptuno rodeado de sirenas.*
escultura ***f.*** **1** Arte de esculpir: *Inicié clases de **escultura** en la escuela de arte.* **2** Obra de arte tridimensional: El Pensador, *la **escultura** más conocida del artista francés Augusto Rodin, representa a un hombre sentado con la cara apoyada sobre la mano y con actitud de estar concentrado en algún pensamiento.*
escultural ***adj.*** **1** Relacionado con la escultura: *El programa **escultural** para este año ha admitido las propuestas de mi amiga Lilia.* **2** Que es como una escultura o tiene sus proporciones: *La novia de Antonio tiene un cuerpo **escultural.***
escupidera ***f.*** Recipiente pequeño que se usa para escupir. SIN. **salivadera.**
escupir ***vb.*** {tr. e intr.} Arrojar saliva, flema o un objeto por la boca: *La sopa estaba tan caliente que me quemó la boca y tuve que **escupirla.*** SIN. **expectorar.**
escupitajo ***m.*** Flema que se escupe.
escurridizo, za ***adj.*** Que escapa o se desliza con facilidad: *Sujetar con las manos un pez que está dentro del agua es difícil, porque es muy **escurridizo.***
escurridor ***m.*** Colador grande donde se colocan las frutas, verduras u otras cosas después de lavadas o cocidas para escurrirlas: *Los **escurridores** de metal son para cosas calientes; en los de plástico pones cosas frías.*
escurrir ***vb.*** {tr., intr. y prnl.} **1** Hacer que una cosa mojada suelte el agua: *"Después de lavar la camisa déjala **escurrir** para que se seque", me dijo mi madre.* **2** ***Fam.*** Deslizarse una cosa entre las manos: *Se me **escurrió** el vaso de las manos y cayó al suelo.*
escusado ***m.*** Recipiente con un depósito de agua y conectado a una tubería, que sirve para orinar y defecar. SIN. **retrete, excusado, inodoro, taza.**
esdrújulo, la ***adj./f.*** En lingüística, palabra que tiene su acento en la antepenúltima sílaba: *"Máximo" y "mecánica" son palabras **esdrújulas.***
ese, esa, esos, esas ***adj.*** Adjetivos demostrativos que expresan proximidad en el espacio o el tiempo respecto a la

a b c d e f g h i j k l m n o p q r s t u v w x y z

persona que escucha: *Ese perro va a morder la pelota y aquél sólo ve y ladra porque está más lejos.*

ése, ésa, ésos, ésas ***pron.*** Pronombres demostrativos que reemplazan al nombre de una persona o cosa que se encuentra cerca de la persona que escucha: *El vestido azul me parece bonito, pero* ***ése*** *me parece horrible.*

esencia ***f.*** **1** Naturaleza propia y necesaria de cada ser. **2** Parte fundamental o permanente de una cosa: *Ahora soy más viejo, pero en* ***esencia*** *sigo siendo el mismo ser humano.* **3** Sustancia olorosa muy concentrada: *Ayer le regalé una* ***esencia*** *de sándalo a mi novia.* SIN. **perfume.**

esencial ***adj.*** **1** Que se refiere a la esencia. **2** Lo principal o más importante de algo: *Para hacer un resumen debes buscar lo* ***esencial*** *de la lectura.*

esfera ***f.*** **1** Cuerpo geométrico con forma circular: *Una* ***esfera,*** *por ejemplo un balón de fútbol, es un objeto en el que cualquier punto de su superficie tiene la misma distancia al centro.* **2** Campo de acción o influencia: *Su papá trabaja en la* ***esfera*** *de la educación: da clases en una escuela y hace investigaciones.*

esférico, ca ***adj.*** Relativo a la esfera o en forma de esfera: *Mi balón de fútbol era* ***esférico,*** *pero se desinfló y ahora parece una bolsa de cuero.*

esfinge ***f.*** **1** Monstruo mitológico con cuerpo de león y cabeza humana. **2** Antigua escultura egipcia con cuerpo de león y cabeza humana: *La* ***esfinge*** *es un monumento arqueológico de Egipto, muy visitado por el turismo.*

esfínter ***m.*** Músculo en forma de anillo que sirve para cerrar algún conducto del cuerpo: *Cuando aprenden a controlar su* ***esfínter*** *anal, los niños pequeños ya no necesitan usar pañales.*

esforzado, da ***adj.*** Valiente, decidido, animado: *La* ***esforzada*** *actriz logró ganarse el favor del público por su gran interpretación en su última película.*

esforzar ***vb.*** {tr. y prnl.} Realizar un gran esfuerzo superior al normal para lograr alguna cosa: *Nos* ***esforzamos*** *y, aunque el trabajo era mucho y el tiempo para realizarlo breve, logramos entregarlo a tiempo.*

esfuerzo ***m.*** Empleo enérgico de las fuerzas físicas, intelectuales o morales para conseguir algo: *Para ganar el partido de baloncesto tendremos que hacer un* ***esfuerzo*** *mayor que el del equipo contrario.*

esfumar ***vb.*** {tr. y prnl.} **1** Rebajar los contornos de las figuras en un cuadro o pintura. SIN. **desvanecer. 2** Irse de manera rápida de un lugar: *Después de romper el vidrio con la pelota, todos los niños* ***se esfumaron.***

esfuminar ***vb.*** {tr.} Desvanecer los trazos con el esfumino: *La maestra de pintura* ***está esfuminando*** *la dureza de las líneas de mi cuadro.* SIN. **difuminar.**

esfumino ***m.*** Barrita de papel comprimido en forma de lápiz con dos puntas, que se usa para esfumar dibujos: *Con un* ***esfumino*** *grueso emparejé el dibujo que había iluminado, ahora ya no se notan las rayas de la punta de los colores.*

esgrima ***f.*** Arte del manejo del florete, la espada y el sable: *La* ***esgrima*** *es un deporte olímpico.*

esgrimir ***vb.*** {tr.} Usar una cosa o argumento como arma para atacar o defenderse: *El cazador* ***esgrimía*** *un cuchillo contra el feroz león que lo atacaba.*

esgrimista ***m.*** y ***f.*** Persona que practica la esgrima: *Los* ***esgrimistas,*** *para no lastimarse, usan una máscara protectora y ropa acojinada cuando practican.*

esguince ***m.*** Distensión o torcedura de los ligamentos de una articulación: *Mi hermano se provocó un* ***esguince*** *por jugar tenis sin calentar antes sus músculos.*

eslabón ***m.*** Pieza que, enlazada con otras, forma una cadena.

eslabonado, da ***adj.*** Se aplica a las ideas, cosas o acontecimientos que se presentan en serie, relacionados entre sí: *El detective tomó todos los indicios* ***eslabonados*** *y en poco tiempo logró resolver el caso.*

eslabonamiento ***m.*** Acción y efecto de eslabonar: *La maestra nos dijo que hay un claro* ***eslabonamiento*** *entre el trabajo personal diario y los logros finales.*

eslabonar ***vb.*** {tr. y prnl.} **1** Unir unas piezas con otras formando una cadena: *La artesana* ***está eslabonando*** *los aros de oro y plata para formar el collar.* **2** Unir unas ideas, cosas o acontecimientos con otros, enlazarlos: *Don Quijote* ***eslabonó*** *las venganzas propias y ajenas y tomó todas a su cargo.*

eslavo, va ***adj./m.*** y ***f.*** Grupo cultural y lingüístico indoeuropeo que conforman lenguas como el ruso, el serbio y el eslovaco.

eslogan ***m.*** **Palabra de origen inglés.** Frase publicitaria breve y expresiva: *El nuevo* ***eslogan*** *de esas papas fritas es muy divertido, la primera vez que lo oí me dio mucha risa.* SIN. **lema.**

eslora ***f.*** Longitud de un barco de proa a popa.

eslovaco ***m.*** Lengua hablada en Eslovaquia.

eslovaco, ca ***adj./m.*** y ***f.*** Originario de Eslovaquia, pueblo de Europa Oriental.

esloveno ***m.*** Lengua hablada en Eslovenia.

esloveno, na ***adj./m.*** y ***f.*** Originario de Eslovenia, pueblo de Europa Oriental.

esmaltado, da ***adj./m.*** **1** Cubierto de esmalte: *Mi madre me regaló una lámpara* ***esmaltada*** *que hizo en su clase de manualidades.* **2** Acción y efecto de esmaltar: *El* ***esmaltado*** *de la plata consiste en ornamentar y colorear a fuego con esmaltes de colores.*

esmaltar ***vb.*** {tr.} Cubrir algo con esmalte: *El artesano* ***esmaltó*** *con diferentes colores las figuras de la caja metálica que fabricó.*

esmalte ***m.*** **1** Barniz con terminado como de vidrio con el que se recubren algunos objetos: *La pintura cubierta con* ***esmalte*** *dura más tiempo.* **2** Sustancia dura y blanca que recubre los dientes: *El azúcar de los dulces daña el* ***esmalte*** *y esto permite la aparición de las caries.*

esmerado, da ***adj.*** **1** Se aplica a la persona que hace las cosas con cuidado y atención: *Marta es una niña muy* ***esmerada*** *que siempre obtiene felicitaciones por los trabajos que realiza.* **2** Que está hecho con esmero: *Las ciudades costeras del país se caracterizan por su* ***esmerado*** *trato a los turistas.*

esmeralda ***f.*** Piedra preciosa de color verde: *En su aniversario, mi papá le regaló a mi mamá un anillo con una* ***esmeralda.***

esmeril ***m.*** **1** Roca negruzca de gran dureza: *Con el polvo de* ***esmeril*** *se puede dibujar sobre el vidrio.* **2** Polvo de la roca llamada esmeril, que sirve para pulir o afilar: *Los joyeros usan* ***esmeril*** *para pulir piedras preciosas.*

esmerilar ***vb.*** {tr.} Pulir algo o deslucir el vidrio: *Mi padre* ***está esmerilando*** *la superficie de cristal para que quede mate.*

esmero ***m.*** Máxima atención en hacer las cosas: *Mostró tanto* ***esmero*** *en la escuela, que terminó como el primero de su clase.* SIN. **cuidado.**

esmirriado, da ***adj.*** Flaco, raquítico: *Encontré un gatito* ***esmirriado*** *en la calle y lo traje para darle de comer y cuidarlo.*

esmog ***m.*** **Palabra de origen inglés.** Gases y partículas suspendidas que contaminan el aire de ciudades y de zonas industriales: *En algunas ciudades, la concentración de* ***esmog*** *es tan alta que arden los ojos.* SIN. **smog.**

esmoquin ***m.*** **Palabra de origen inglés.** Chaqueta masculina con solapas de raso, sin faldones: *Mi papá se vistió con* ***esmoquin*** *cuando celebramos la boda de mi hermana.* SIN. **smoking**.

esnob ***adj./m.*** y ***f.*** **Palabra de origen inglés.** Persona que adopta costumbres que están de moda en los lugares que supuestamente son distinguidos: *Brígida es una chica* ***esnob*** *que se viste sólo con la ropa que ve en los anuncios de televisión.*

eso ***pron.*** Pronombre demostrativo neutro que se refiere a situaciones u objetos que se habían aludido antes: *Ya te dije que* ***eso*** *es imposible, no insistas más.*

esófago ***m.*** Conducto que va de la faringe hasta el estómago: *Los alimentos llegan al estómago pasando por el* ***esófago.***

esotérico, ca ***adj.*** Se dice del conocimiento oculto que sólo se enseña a los discípulos o miembros de un grupo: *Es una persona* ***esotérica*** *que lee la palma de la mano y dice que adivina el futuro de la gente.*

espabilado, da ***adj./m.*** y ***f.*** **1** Que no tiene sueño: *Con tanto ruido el niño está muy* ***espabilado*** *y no se quiere dormir aunque sea muy tarde.* **2** Persona aguda, lista, perspicaz: *"Ten cuidado con ese abogado que es muy* ***espabilado*** *y puede engañarte sin que te des cuenta", me advirtió David.*

espabilar ***vb.*** {tr. y prnl.} Despertar, reanimarse, dejar de estar adormilado: *La ducha fría que tomé sirvió para* ***espabilarme,*** *pues con la desvelada y el calor andaba muy amodorrado.*

espaciado ***m.*** **1** Separación que hay entre dos cosas: *El* ***espaciado*** *entre párrafos debe ser mayor que el de las líneas.* **2** En artes gráficas, conjunto de espacios que se dejan en una composición: *"En el trabajo tiene que haber equilibrio de líneas, tonos,* ***espaciado*** *y color", nos dijo el maestro.*

espacial ***adj.*** Relacionado con el exterior de la atmósfera terrestre: *El transbordador* ***espacial*** *es un avión que puede salir al espacio y regresar a la Tierra muchas veces.*

espacialidad ***f.*** **1** Espacio medido: *La creación de los mapas refleja el deseo de reducir la* ***espacialidad*** *a una abstracción que se hace manejable y ordenable.* **2** En arquitectura, cualidad de la posición de los objetos materiales en el mundo: *La* ***espacialidad*** *es el campo habitable, donde el hombre actúa con lo dado, cuando se da cuenta de la posición de elementos materiales, de su orden y dimensiones.* **3** En geografía, conjunto de condiciones y prácticas de la vida individual y social que están ligadas a la posición relativa de los individuos y los grupos, unos con otros: *La* ***espacialidad*** *es un ejemplo que ayuda a explicar las diferencias que hay en la ocupación de la superficie de la tierra por las sociedades humanas.*

espaciamiento ***m.*** Acción de espaciar: *El* ***espaciamiento*** *de las farolas públicas permite que todas las zonas estén bien alumbradas.*

espaciar ***vb.*** {tr. y prnl.} **1** Separar los acontecimientos en el tiempo o las cosas en el espacio: *En el campo, se deben* ***espaciar*** *los árboles frutales para que puedan crecer mejor y dar buenos frutos.* **2** Separar las palabras, las letras o los renglones con espacios: *"****Espacia*** *más las líneas de tu escrito para que pueda leerse con mayor facilidad, así como están se ven apretadas", me dijo mi maestra.*

espacio ***m.*** **1** Extensión del Universo donde se ubican los cuerpos celestes: *El satélite soviético* Spútnik *fue el primer objeto hecho por seres humanos en salir de la atmósfera terrestre y llegar al* ***espacio.*** **2** Campo tridimensional (altura, anchura y profundidad), donde se ubica la realidad material: *Los objetos ocupan un lugar en el* ***espacio*** *y pueden ser percibidos por los sentidos.* **3** Distancia entre objetos: *La precaución indica que cuanto mayor sea la velocidad de dos vehículos, mayor debe ser el* ***espacio*** *que los separe.* **4** En escritura e imprenta, separación entre palabras.

espacioso, sa ***adj.*** Se aplica al espacio cerrado amplio y despejado: *La sala de la casa de mi tía es muy* ***espaciosa,*** *por eso a veces se la pedimos para hacer allí nuestras reuniones familiares.*

espada ***f.*** **1** Arma larga y cortante: *Una* ***espada*** *es igual que un cuchillo, pero más larga.* **2** ***pl.*** Palo de la baraja española: *Esa baraja tiene cuatro palos: bastos, oros, copas y* ***espadas.***

espadachín ***m.*** Persona hábil en el manejo de la espada: *La parte más emocionante del filme es cuando los dos grandes* ***espadachines*** *se enfrentan.*

espadaña ***f.*** Hierba que crece junto al agua estancada, de hojas largas y flores en espiga compacta: *Las espigas de la* ***espadaña*** *parecen una salchicha.*

espadazo ***m.*** Golpe dado con una espada: *El príncipe mató al dragón de un* ***espadazo.***

espagueti ***m.*** o ***m. pl.*** Comida de origen italiano, hecha a base de pasta de harina y huevo, elaborada en forma de tiras delgadas, que se sirve acompañada de salsa y queso: *Mi mamá guisó un delicioso* ***espagueti*** *con tomate, cebolla y champiñones.*

espalda ***f.*** **1** Parte posterior del cuerpo humano y de algunos animales, desde los hombros hasta la cintura: *En la playa, Sergio se acostó boca abajo para broncearse la* ***espalda.*** SIN. **dorso.** ANT. **pecho. 2** Parte posterior de una cosa: *Adriana está planchando la* ***espalda*** *de la camisa.* SIN. **reverso, envés. 3** ***loc. pl.*** **A ~ de alguien,** a escondidas de una persona: *Las personas que hablan mal de alguien* ***a sus espaldas*** *no son sinceras.* **4** ***loc. pl.*** **Caerse de ~,** sentir gran sorpresa: *Mi papá* ***se cayó de espaldas*** *cuando le mostré mis excelentes calificaciones.* **5** ***loc.*** **Dar la ~ a alguien,** apartarse de alguien que tiene algún problema o no ayudarlo: *Desde que salió de la cárcel, todos le* ***dan la espalda:*** *nadie le ofrece empleo y sus amigos no quieren verlo.*

espaldar ***m.*** **1** Respaldo de una silla: *Felipe necesita una silla con el* ***espaldar*** *móvil porque trabaja muchas horas sentado y puede tener problemas en la columna.* **2** Enrejado sobre una pared que sirve para que trepen plantas: *El* ***espaldar*** *de mi abuelo está cubierto de enredaderas y flores.* **3** Dorso del caparazón de los quelonios derivado de la fusión de las costillas y vértebras con elementos óseos originados en la dermis. *El* ***espaldar*** *de las tortugas está recubierto exteriormente por estructuras de queratina que se llaman escudos.*

espaldarazo ***m.*** **1** Golpe dado en la espalda, especialmente con la espada para armar al caballero: *El rey Arturo condujo la ceremonia y dio los* ***espaldarazos*** *a los caballeros de la mesa redonda.* **2** Ayuda o apoyo que se obtiene para conseguir un fin: *La subvención fue el* ***espaldarazo*** *que necesitaba David para hacer el documental.* **3** Reconocimiento de la competencia o habilidad a que ha llegado alguien en una profesión o actividad: *El premio de fotografía que recibió Juan fue el* ***espaldarazo*** *a toda una vida dedicada a su carrera.* **4** Admisión de alguien como igual en un grupo: *Los compañeros de oficina de mi hermano le dieron el* ***espaldarazo*** *y ahora participa en todas las actividades que organizan.*

espaldilla ***f.*** Omóplato, sobre todo el de los animales cuadrúpedos: *A muchas personas les gusta comer la carne que rodea la* ***espaldilla*** *de las reses en forma de bisteces.*

espantadizo, za ***adj.*** Se refiere al que se asusta o espanta con facilidad: *El caballo **espantadizo** dio un brinco cuando una víbora cruzó su camino.*

espantado, da ***adj.*** Que está asustado o tiene miedo: *Mis hijos están **espantados** porque mi hermana les contó una historia sobre los fantasmas de esta casa.*

espantajo ***m.*** **1** Objeto que se coloca para producir miedo o asustar. **2** *Fam.* Persona fea o de mal aspecto: *Esa señora es un **espantajo:** no se baña, no se arregla y su ropa está muy sucia.* SIN. **esperpento.**

espantapájaros ***m.*** Monigote que se coloca en árboles y sembradíos para ahuyentar a los pájaros: *El campesino hizo un **espantapájaros** con dos palos cruzados y una calabaza, lo vistió con ropa vieja y lo puso en su huerta.*

espantar ***vb.*** {tr., intr. y prnl.} **1** Hacer huir o alejar: *La vaca mueve la cola para **espantar** las moscas que se le acercan.* SIN. **ahuyentar, apartar.** ANT. **atraer. 2** Causar miedo, dar susto: *La obra de teatro de vampiros **espantó** a mi hermano y se puso a llorar.* SIN. **asustar. 3** Sentir miedo: ***Me espanté** cuando la puerta se cerró de golpe a causa del viento.*

espantasuegras ***m. Méx.*** Juguete hecho de papel enrollado, por el que se sopla para que se desenrolle y emita un sonido. SIN. **matasuegras.**

espanto ***m.*** **1** Miedo muy fuerte, terror: *La explosión del depósito de gas causó **espanto** en la gente que salió corriendo a refugiarse.* SIN. **terror.** ANT. **valor. 2** Cosa fea o desagradable. **3** ***Méx.*** Aparición del alma de un muerto. SIN. **fantasma.**

espantoso, sa ***adj.*** **1** Se refiere a lo que causa miedo o susto: *Fue un incendio **espantoso,** la gente estaba muy asustada porque parecía que el fuego iba a acabar con todo el edificio.* SIN. **terrible. 2** Referido a lo que es muy feo: *Elena no quiere ponerse ese vestido porque dice que es **espantoso,** prefiere usar pantalón.* SIN. **horrible. 3** Se aplica a lo que es muy grande o abundante: *Tengo un frío **espantoso** y ya no sé qué más ponerme encima.*

español ***m.*** Idioma que se habla en España, en muchos países de América Latina, en Filipinas y en el sur de Estados Unidos: *Aproximadamente 400 millones de personas en el mundo hablamos **español.*** SIN. **castellano.**

español, la ***adj./m.*** y ***f.*** Originario de España, país de Europa: *Los **españoles** son vecinos de los franceses y de los portugueses.*

esparadrapo ***m.*** Tira de tela o de papel que tiene pegamento por un lado y que se usa para sujetar las vendas, el algodón o las gasas que cubren una herida: *La enfermera sujetó la venda con un **esparadrapo.***

esparcido, da ***adj.*** **1** Que está disperso o desparramado: *Los papeles están **esparcidos** por todo el cuarto a causa del viento.* **2** Que se ha divulgado: *La creencia del fin del mundo estaba muy **esparcida** entre la población.*

esparcimiento ***m.*** Recreación, diversión: *Después de trabajar toda la semana, los domingos Nicolás disfruta de unas horas de **esparcimiento.*** SIN. **entretenimiento.**

esparcir ***vb. irreg.*** {tr. y prnl.} **Modelo 64. 1** Extender lo que estaba junto: *El campesino **esparcía** las semillas sobre la tierra.* **2** Dar a conocer una noticia a muchas personas: *La noticia de la muerte del poeta se **esparció** muy rápido entre la población.* SIN. **divulgar, propagar. 3** Divertirse o recrearse: *Todas las personas necesitan **esparcirse** además de estudiar y trabajar.*

espárrago ***m.*** Parte comestible de una planta llamada esparraguera, que crece bajo el suelo: *El **espárrago** tiene forma alargada, es blanco y de punta verde con hojas pequeñas que parecen un pincel.*

esparraguera ***f.*** Planta de tallo subterráneo del que nacen unos brotes comestibles llamados espárragos: *Las **esparragueras** se siembran en huertas.*

espartano, na ***adj. Fam.*** Se dice del que es muy disciplinado y también de lo que no tiene adornos: *Esa escuela es muy estricta, educan a los alumnos con una disciplina **espartana.*** SIN. **austero.**

espartano, na ***adj./m.*** y ***f.*** Originario de Esparta, ciudad estado de la antigua Grecia: *Los **espartanos** eran excelentes guerreros.*

esparto ***m.*** Planta de hojas duras y largas que tiene uso industrial: *Con las hojas de **esparto** se hacen cuerdas, canastas, esteras y otros objetos.*

espasmo ***m.*** Contracción dolorosa e involuntaria de los músculos, por lo general de las piernas o brazos: *Al ciclista lo atacó un doloroso **espasmo** en la pierna y su masajista corrió a ayudarlo.* SIN. **calambre.** ANT. **relajación.**

espasmódico, ca ***adj.*** Relacionado con el espasmo: *Los ataques **espasmódicos** son frecuentes cuando los futbolistas llevan más de noventa minutos jugando.*

espátula ***f.*** Utensilio en forma de pala pequeña y plana de metal, con mango de madera: *Hay distintos tipos de **espátulas** según las vayan a usar los pintores, escultores, albañiles o cocineros.*

especia ***f.*** Sustancia aromática de origen vegetal, que se usa para darle sabor a los guisos: *La pimienta, la canela y el azafrán son **especias.***

especiación ***f.*** En biología, proceso de formación de las especies: *Uno de los tipos que existen de **especiación** es el cruce entre dos especies distintas.*

especial ***adj.*** **1** Se dice de lo que se aplica solamente a una cosa: *Todos los demás alumnos reciben el mismo trato, pero José, que es muy rebelde, recibe un trato **especial.*** SIN. **particular. 2** Relativo a lo que es apropiado para algún fin: *Este cuaderno pautado es **especial** para escribir música.* **3** Se aplica a lo que resulta diferente o raro: *Para Joaquín, su amigo Edgar es una persona **especial,** porque lo quiere mucho.*

especialidad ***f.*** **1** Particularidad de una persona o cosa que la distingue de lo demás: *La **especialidad** de este restaurante es el pato al horno.* **2** Cada una de las partes de una ciencia o arte a la que una persona se dedica: *Erick estudió odontología y luego estudió la **especialidad** de ortodoncia.*

especialista ***adj./m.*** y ***f.*** **1** Se aplica a la persona que tiene conocimientos especiales sobre algo: *Para construir el puente colgante, la empresa contrató a un ingeniero **especialista** en puentes.* SIN. **experto, perito. 2** Se dice del que es hábil en alguna actividad: *Mario es **especialista** en preparar tartas de manzana, le quedan deliciosas.* SIN. **diestro, hábil.**

especialización ***f.*** **1** Preparación y dedicación al estudio de una determinada habilidad o rama del saber: *Después de tres años, Irene consiguió su **especialización** en literatura árabe.* **2** Adecuación de algo para que cumpla correctamente su función: *El próximo mes empezarán las obras de **especialización** del terreno como campo de golf.*

especializado, da ***adj.*** Se aplica a la persona que tiene conocimientos especiales en determinada habilidad o rama del saber: *"Necesitamos una profesora **especializada** en la enseñanza del español para extranjeros", dijo el director del colegio.*

especializarse ***vb. irreg.*** {prnl.} **Modelo 16.** Dedicarse a algo en particular, estudiando y practicando todo lo relacionado con eso: *Yolanda estudia medicina y piensa **especializarse** en pediatría porque quiere curar a los niños enfermos.*

especiar ***vb.*** {tr.} Poner especias a un alimento para sazonarlo: *Cuando preparaba ese estofado lo* ***especié*** *con hojas de laurel, tomillo y pimientas enteras, y quedó delicioso.*

especie ***f.*** **1** Conjunto de objetos que pueden agruparse en una misma categoría: *En esa tienda venden sólo una* ***especie*** *de ropa: la que usan las mujeres embarazadas.* SIN. **clase, tipo. 2** Categoría biológica que agrupa a los seres vivos que tienen caracteres comunes y se reproducen entre sí: *La* ***especie*** *de los felinos tiene variedades entre las que se encuentran los leones, los tigres y los gatos domésticos.* **3** *loc.* **~ de** algo, parecido a una cosa: *Un garfio es una* ***especie de*** *gancho.*

especiero ***m.*** Mueble pequeño en el que se guardan los frascos que contienen las especias que se usan para condimentar la comida: *Carlota compró un* ***especiero*** *de madera que tiene cuatro cajas pequeñas para guardar orégano, canela, pimienta y tomillo.*

especificación ***f.*** Determinación o explicación detallada de las particularidades de una cosa: *"Antes de comenzar el videojuego deberíamos leer las* ***especificaciones*** *de uso", le dije a mi hermana.*

especificado, da ***adj.*** Determinado con detalles o datos precisos: *Los efectos secundarios del medicamento están* ***especificados*** *en la parte de atrás.*

especificar ***vb. irreg.*** {tr.} **Modelo 17.** Determinar o precisar las particularidades de una cosa: *Al llenar la solicitud para entrar a la universidad tuve que* ***especificar*** *en qué escuela había estudiado antes y dónde estaba esa escuela.* SIN. **detallar, explicar.**

especificativo, va ***adj.*** **1** Que especifica o sirve para especificar: *"En el reglamento no hay nada que sea* ***especificativo*** *del vestuario deportivo", le dije al árbitro.* **2** Se aplica al adjetivo u oración subordinada que expresa una cualidad que determina o limita la extensión del nombre al que acompaña: *Los adjetivos* ***especificativos*** *no van entre comas e incluyen al nombre dentro de un grupo o clase como en "los coches automáticos".*

especificidad ***f.*** **1** Cualidad de lo que es propio y característico de una especie: *La* ***especificidad*** *de las aves está en su habilidad para volar.* **2** Adecuación de una cosa al uso para el que está destinada: *La* ***especificidad*** *de esa sartén es la de poder cocinar los alimentos sin aceite.*

específico, ca ***adj.*** Relativo a lo que caracteriza al grupo de individuos que forman una especie: *Caminar en cuatro patas es una característica común de muchos animales, pero tener una trompa muy larga es* ***específico*** *de los elefantes.*

espécimen ***m.*** Individuo o cosa que sirve como muestra de otros individuos o cosas de su misma naturaleza: *El coleccionista de mariposas tiene varios* ***especímenes*** *raros y muy hermosos.* SIN. **ejemplar, modelo.**

espectacular ***adj.*** Se refiere a lo que llama la atención e impresiona: *La fiesta de bienvenida fue algo* ***espectacular,*** *hubo fuegos artificiales, dos grupos de música y muchos invitados.*

espectacularidad ***f.*** Cualidad de espectacular: *La* ***espectacularidad*** *del concierto fue lo más comentado en todos los medios.*

espectáculo ***m.*** **1** Cualquier acción que se realiza en público para divertir o recrear: *Si tengo que elegir entre un concierto, una obra de teatro o el circo, el* ***espectáculo*** *que más me gusta es el circo.* **2** Todo lo que impresiona o es notable a la vista: *Cada puesta de sol es un* ***espectáculo*** *único porque todas son diferentes aunque parezcan iguales.*

espectador, ra ***adj./m.*** y ***f.*** Se aplica a quien asiste a un espectáculo para verlo y oírlo: *Los* ***espectadores*** *aplaudieron con emoción cuando terminó la obra de teatro.*

espectral ***adj.*** **1** Relacionado con el espectro: *La casa abandonada tenía una luz* ***espectral*** *que asustaba hasta los más incrédulos.* **2** *loc.* **Análisis ~,** tipo de análisis químico mediante técnicas espectroscópicas: *El prisma que descompone la luz blanca es la base del* ***análisis espectral.***

espectro ***m.*** **1** Imagen fantástica y horrible: *El niño comenzó a gritar y llorar porque creyó que había visto el* ***espectro*** *de un monstruo, pero era la sombra de un árbol.* SIN. **fantasma. 2** Conjunto de rayos de luz de distintos colores que se forma al descomponerse la luz blanca al pasar a través de un prisma: *El arco iris es un* ***espectro*** *de colores.*

espectrografía ***f.*** **1** Estudio del espectro luminoso de los cuerpos: *La* ***espectrografía*** *tiene aplicaciones en física, química y astronomía.* **2** Imagen obtenida por el espectroscopio: *En las* ***espectrografías*** *astronómicas pueden verse imágenes de nebulosas y galaxias.*

espectrograma ***m.*** Representación visual de los datos de un espectro: *Un* ***espectrograma*** *de sonido expresa las variaciones de la frecuencia en el eje vertical y de la intensidad en el horizontal.*

espectroscopio ***m.*** Instrumento que se usa para observar los espectros luminosos: *Al verlo en un* ***espectroscopio,*** *cada mineral emite diferentes colores de radiación.*

especulación ***f.*** Conjunto de operaciones bancarias, comerciales y financieras que tienen la finalidad de obtener ganancias: *Ese hombre hizo fortuna porque tiene mucha habilidad para la* ***especulación*** *financiera.* SIN. **negocio.**

especulador, ra ***adj./m.*** y ***f.*** Referido a la persona que realiza operaciones bancarias, comerciales o financieras con la finalidad de obtener ganancias: *Los comerciantes* ***especuladores*** *han guardado el azúcar para provocar que haya un aumento de precio por la escasez.*

especular ***vb.*** {tr. e intr.} **1** Pensar: *El filósofo* ***especula*** *sobre las distintas consecuencias que puede tener lo que acaba de escribir.* SIN. **reflexionar, meditar. 2** Hacer operaciones bancarias, comerciales o financieras con la finalidad de obtener ganancias fáciles: *Ese comerciante* ***especula*** *con granos de trigo y con café.* SIN. **comerciar.**

espejear ***vb.*** {intr.} Brillar o relucir como un espejo: *Las aguas del mar* ***espejean*** *nítidas y serenas.*

espejeo ***m.*** **1** Acción de espejear: *El* ***espejeo*** *de las hojas de los chopos y el sonido del río dan un aspecto mágico al lugar.* **2** Espejismo: *Creí ver que pasaba alguien por detrás de mí, pero fue simplemente un* ***espejeo*** *porque no hay nadie en la casa.*

espejismo ***m.*** Imagen que parece real, pero que sólo es una ilusión causada por el reflejo de la luz en la lejanía: *A causa del calor y del brillo del sol, los viajeros que atravesaban el desierto tuvieron un* ***espejismo:*** *creyeron ver un lago que en realidad no existía.* SIN. **visión, ilusión.**

espejo ***m.*** Superficie pulida que refleja la luz y las imágenes de los objetos: *Me miro en un* ***espejo*** *para peinarme.*

espeleología ***f.*** **1** Ciencia que estudia las cavernas. *La* ***espeleología*** *es una de las ciencias que aportan datos sobre cómo se formó nuestro planeta.* **2** Deporte que consiste en explorar las cavernas: *Para practicar* ***espeleología*** *se requiere muy buen entrenamiento y el equipo adecuado.*

espeleólogo, ga ***m.*** y ***f.*** Especialista en espeleología: *Los* ***espeleólogos*** *descubrieron una colonia de murciélagos de una especie desconocida en la gruta que exploraron.*

espeluznante ***adj.*** Referido a lo que causa tanto miedo que hace erizarse el cabello: *El viajero les contó a los niños un cuento* ***espeluznante*** *sobre una casa embrujada.*

espeluznar *vb.* {tr. y prnl.} Causar tanto miedo que erizan los cabellos: *En verdad **me espeluzna** pensar que algún día se me apareciera un fantasma.*

espera *f.* Hecho de quedarse en un lugar donde se sabe o se cree que ha de llegar alguien o va a suceder algo: *La **espera** se hizo larga y aburrida porque los invitados tardaron mucho en llegar.*

esperado, da *adj.* Deseado, querido: *Ayer me dio mi hermano la **esperada** noticia de su boda; será dentro de seis meses.*

esperanto *m.* Idioma artificial creado para servir como lengua universal: *El **esperanto** fue inventado por Luis Lázaro Zamenhof en 1887.*

esperanza *f.* Confianza de que ocurra o se logre lo que se desea: *Julieta tiene la **esperanza** de pasar las vacaciones en casa de su mejor amiga.* SIN. **confianza, ilusión.**

esperanzado, da *adj.* Que tiene esperanzas o confía en obtener lo que quiere: *Dije adiós al último invitado de la fiesta, **esperanzado** en que no viniera nadie más porque tenía ganas de estar solo con mi familia.*

esperanzador, ra *adj.* Que crea esperanzas: *El cantante describió un panorama aburrido pero **esperanzador** de la música actual.*

esperar *vb.* {tr.} **1** Tener confianza en que ocurrirá o se logrará algo que se desea: *Alicia **espera** obtener una buena calificación en su examen porque estudió mucho.* SIN. **confiar.** ANT. **desesperar. 2** Permanecer en un sitio hasta que llegue alguien o suceda algo: *Diego **esperó** a sus amigos en la entrada del cine.* SIN. **aguardar. 3** Creer que algo va a suceder: *Todos en casa **esperamos** que mi abuela venga a visitarme el día de mi cumpleaños.* **4** Dejar de hacer cierta cosa hasta que ocurra otra: *El autobús se detuvo y **esperó** a que pasara el tren para seguir su camino.*

esperma *m.* y *f.* Líquido que secretan las glándulas reproductoras masculinas y que contiene los espermatozoides o células sexuales. SIN. **semen.**

espermatozoide *m.* Célula sexual masculina que se produce en los testículos y está destinada a fecundar el óvulo en la reproducción sexual: *De los millones de **espermatozoides** que están en el semen, sólo uno llega a fecundar al óvulo.*

espermicida *m.* Sustancia que destruye los espermatozoides: *Un complemento de los métodos anticonceptivos como el diafragma y el condón son las jaleas **espermicidas.***

esperpéntico, ca *adj.* Feo y ridículo: *Valle Inclán describió un Madrid **esperpéntico** en su obra de teatro* Luces de bohemia.

esperpento *m. Fam.* Persona o cosa fea y ridícula: *Mi hermana parece un **esperpento** con ese sombrero rojo altísimo.* SIN. **espantajo.**

espesante *m.* Sustancia que se emplea para espesar un líquido: *Esta bebida láctea contiene **espesantes,** para que le den consistencia de leche malteada.*

espesar *vb.* {tr. y prnl.} **1** Convertir en espeso o más espeso algo líquido: *El cocinero deja hervir la sopa durante quince minutos para que **espese.*** SIN. **condensar. 2** Volverse tupido algo: *Entre más avanzamos, la vegetación del bosque **se espesó** tanto que ya no había espacio para seguir caminando.*

espeso, sa *adj.* **1** Se dice del líquido que fluye con dificultad: *El pintor le agregó agua a la pintura porque estaba demasiado **espesa.*** **2** Se refiere a la cosa cuyas partes están muy próximas unas a otras: *Los hombres se internaron en la selva **espesa;** todos llevaban machetes para abrirse camino entre la vegetación.* **3** *Perú.* Se aplica a la persona que molesta. SIN. **pesado, impertinente.**

espesor *m.* **1** Grosor de un cuerpo sólido: *Esta pared tiene dos metros de altura, cinco metros de ancho y veinte centímetros de **espesor.*** SIN. **grosor, solidez. 2** Característica de aquello que tiene sus partes muy juntas y apretadas: *El **espesor** de la niebla no dejaba ver el camino.* SIN. **solidez, volumen.**

espesura *f.* **1** Característica del líquido que fluye con dificultad: *La **espesura** de la sopa cremosa me gusta más que la liquidez del caldo.* **2** Lugar donde la vegetación crece muy junta y apretada: *Desde el campo abierto, todos vimos cómo el cazador se internaba en la **espesura.***

espetar *vb.* {tr. y prnl.} **1** Atravesar la carne con el asador o cualquier otra cosa con un instrumento puntiagudo: *Mi madre **está espetando** los trozos de pollo y las verduras para hacer brochetas.* **2** *Fam.* Decir con brusquedad algo que molesta o sorprende: *Mario me **espetó** la noticia de mi despido sin nada de tacto.*

espía *m.* y *f.* Persona que vigila las acciones de otros sin que se den cuenta y luego cuenta lo que vio y escuchó: *Los **espías** trabajaban durante la guerra tratando de obtener información del enemigo.*

espiar *vb. irreg.* {tr.} **Modelo 9.** Observar con disimulo, en especial para tratar de obtener información secreta: *Luis puso un pañuelo para cubrir el ojo de la cerradura de su habitación porque no quería que lo **espiaran.*** SIN. **acechar, pispiar, vichar.**

espiga *f.* Conjunto de flores o de frutos pequeños dispuestos a lo largo de un tallo: *Las **espigas** de trigo contienen los granos con que se hace la harina.*

espigado, da *adj. Fam.* Se aplica a la persona delgada y alta: *Cuando era niña estaba regordeta, pero ahora que ha crecido es una muchacha **espigada** y bonita.* SIN. **esbelto.**

espigador, ra *m.* y *f.* Persona que recoge las espigas que han quedado en la tierra después de la siega: *Los **espigadores** no sembraban la cosecha porque era responsabilidad del terrateniente que poseía el campo; solamente les quedaba la esperanza de hallar algún desperdigado grano en el rastrojo de la siega.*

espigadora *f.* Herramienta de carpintería que labra las espigas de ensamblaje: *La **espigadora** es fundamental para la realización de acoplamientos entre las piezas de madera cuando se fabrican muebles.*

espiguilla *f.* Cinta estrecha en forma de zigzag que se usa para adornar prendas de vestir: *Como mi saco negro ya me tenía fastidiada, le puse aplicaciones de **espiguilla** dorada y roja para renovarlo.*

espina *f.* **1** Hueso delgado, largo y puntiagudo que forma parte del esqueleto de un pez: *Este pescado tiene muchas **espinas,** hay que comerlo con cuidado.* **2** Parte en forma de punta dura y filosa que tienen algunas plantas en el tronco, el tallo o las hojas: *Los cactos, las zarzas y los rosales tienen **espinas.*** **3** Trozo pequeño de madera, con forma alargada y puntiaguda: *Al cortar la madera me clavé una **espina** en un dedo.* SIN. **astilla. 4** *Fam.* Dolor o tristeza que se siente: *Desde que su novio rompió el compromiso, ella tiene una **espina** clavada en el alma.* **5** *loc.* **Dar** algo **mala ~,** causar algo desconfianza o sospecha: *El ruido que está haciendo el motor del automóvil me **da mala espina,** creo que algo anda mal.* **6** *loc.* **~ dorsal,** columna vertebral: *Las vértebras son los huesos que forman la **espina dorsal** y tienen forma de anillo.*

espinaca ***f.*** Planta comestible con tallos rojizos y hojas anchas color verde oscuro: *La* ***espinaca*** *contiene muchas vitaminas y hierro.*

espinal ***adj.*** Relativo a la columna vertebral o espinazo: *La médula* ***espinal*** *está formada por los nervios que comunican el cerebro con las distintas partes del cuerpo.*

espinazo ***m. Fam.*** Conjunto de huesos que se encuentra en el centro de la espalda y que va desde el cuello hasta el coxis en los humanos y hasta la cola en los animales: *El* ***espinazo*** *está formado por una serie de huesos llamados vértebras.* SIN. **columna vertebral.**

espinilla ***f.*** **1** Parte de adelante de la pierna, entre la rodilla y el tobillo, que coincide con el hueso llamado tibia: *Roberto estaba jugando fútbol y un jugador contrario por accidente le dio una patada en la* ***espinilla.*** **2** Grano pequeño que sale en la piel: *Cuando Anel entró en la adolescencia le brotaron* ***espinillas*** *en la cara.*

espinillera ***f.*** Pieza de plástico u otro material que se usa para proteger la parte delantera de la pierna, entre la rodilla y el tobillo: *Los futbolistas usan* ***espinilleras*** *para cubrirse de alguna patada.* SIN. **canillera.**

espino ***m.*** Árbol de ramas con espinas que da unas flores blancas y olorosas: *El* ***espino*** *crece en zonas montañosas.*

espinoso, sa ***adj.*** **1** Se refiere a lo que tiene puntas duras y agudas o espinas: *Alicia no caminó por ese sendero porque hay muchas plantas* ***espinosas*** *y podría lastimarse.* **2** *Fam.* Se dice de lo que resulta difícil. SIN. **complicado, delicado.**

espinudo, da ***adj.*** **1** *Argent., Bol., Chile, C. Rica, Nicar.* y *Urug.* Que tiene espinas: *"Cuidado con las rosas, que son hermosas pero* ***espinudas****", me dijo mi abuelo.* **2** *Fam. Argent., Chile* y *Guat.* Espinoso o difícil: *Ese problema de álgebra es muy* ***espinudo*** *y no creo poder resolverlo.* **3** *Fam. Guat.* Se aplica a la persona con el pelo erizado: *Llegó un amigo de Fabián muy divertido, alto y* ***espinudo,*** *que se ganó la simpatía de toda la familia.*

espionaje ***m.*** Serie de acciones que se realizan para obtener información de un rival o competidor sin que el rival se entere: *Una red de* ***espionaje*** *industrial logró robar la fórmula para fabricar una bebida refrescante.*

espiración ***f.*** Acción de soltar el aire que ha entrado a los pulmones: *La acción de respirar consiste en una aspiración y una* ***espiración.*** SIN. **exhalación.**

espiral ***f.*** Curva que se desarrolla alrededor de un punto, del que se va alejando cada vez más: *Algunos cuadernos tienen una* ***espiral*** *que une todas las hojas.*

espirar ***vb.*** {tr. e intr.} **1** Expulsar el aire de los pulmones al respirar: *Cuando hacemos ejercicio, debemos* ***espirar*** *por la nariz y no por la boca.* **2** Despedir de sí un olor: *La basura* ***espira*** *muy mal olor.* **3** Recuperarse de un esfuerzo: *Julia* ***espira*** *después de la larga carrera en la que participó y consiguió el segundo puesto.*

espiritismo ***m.*** Creencia según la cual los seres vivos pueden entrar en comunicación con los muertos.

espiritista ***m.*** y ***f.*** Persona que practica el espiritismo: *En la película, el espíritu del muchacho muerto pide a una* ***espiritista*** *ser el vehículo para comunicarse con su novia.*

espíritu ***m.*** **1** Nombre que se le da a la parte inmaterial del ser humano que lo capacita para pensar, querer y sentir: *Los seres humanos tienen cuerpo y* ***espíritu.*** SIN. **alma.** ANT. **materia.** **2** Ser imaginario: *Se dice que los duendes son* ***espíritus*** *que habitan en los bosques.* SIN. **fantasma, espectro.** **3** Energía con que se realiza una acción: *Mi abuelo tiene 70 años y todavía conserva un* ***espíritu*** *joven, siempre está activo.* SIN. **ánimo, actitud.** **4** Tendencia que muestra alguien hacia determinada cosa: *La familia de Germán siempre ha tenido un* ***espíritu*** *de justicia y de paz.*

espiritual ***adj.*** **1** Del espíritu: *El interés del hombre por su vida* ***espiritual*** *ha originado las filosofías.* **2** Relativo al dominio de la inteligencia, el espíritu y la moral sobre lo material: *La generosidad y la compasión son valores* ***espirituales.*** ANT. **corporal, material.**

espiritualidad ***f.*** **1** Naturaleza y condición de lo que es espiritual: *"La* ***espiritualidad*** *del alma se caracteriza por no tener cuerpo y por no depender de él, porque no la palpamos y sin embargo la sentimos", afirmó Verónica.* **2** Inclinación hacia lo inmaterial o espiritual: *La* ***espiritualidad*** *de Paulina la impulsó a abandonar su vida de abundancia y a prestar ayuda a los más necesitados.* **3** Conjunto de creencias y actitudes de la vida espiritual: *María no come carne, medita y hace yoga como parte de su* ***espiritualidad.***

espirituoso, sa ***adj.*** **1** Animado, vital, con mucha energía: *Ricardo es un chico optimista y* ***espirituoso*** *que contagia su buen humor.* **2** Se aplica a las bebidas que tienen alto contenido en alcohol: *Los menores de edad no pueden tomar bebidas* ***espirituosas.***

espléndido, da ***adj.*** **1** Se dice de lo que es tan bueno o hermoso que impresiona: *Hicimos un paseo* ***espléndido,*** *todos nos divertimos y conocimos lugares muy bonitos.* **2** Se aplica a la persona que da o comparte lo que tiene: *El dueño de esa casa es una persona* ***espléndida*** *que siempre trata muy bien a sus invitados.*

esplendor ***m.*** **1** Brillo, luminosidad: *Era primavera, no había nubes y el sol brillaba en su máximo* ***esplendor.*** **2** Riqueza o grandiosidad de algo: *El* ***esplendor*** *del palacio, con sus habitaciones decoradas de manera lujosa, llamaba la atención de los curiosos.* **3** *Fam.* Momento en que algo alcanza el punto de máximo desarrollo: *El imperio incaico tuvo su época de mayor* ***esplendor*** *durante el siglo* XV. SIN. **apogeo, auge.** ANT. **decadencia.**

esplendoroso, sa ***adj.*** Relativo a lo que resplandece o brilla: *En un día* ***esplendoroso*** *los tres niños fueron a pescar al río.*

espolear ***vb.*** {tr.} **1** Picar con la espuela al caballo: *El jinete* ***espoleó*** *a su caballo para que corriera.* **2** *Fam.* Estimular a alguien para que haga algo: *Don Ignacio* ***espoleaba*** *a los muchachos para que trabajaran con entusiasmo.*

espolón ***m.*** **1** Hueso que tienen en las patas algunas aves: *Los gallos tienen* ***espolones.*** **2** Construcción en forma de muralla que sirve para contener las aguas de un río o del mar: *Las olas del mar chocan contra el* ***espolón*** *haciendo espuma.*

espolvorear ***vb.*** {tr.} Extender algo que está hecho polvo sobre una superficie: *La cocinera* ***espolvoreó*** *el queso sobre la sopa.* SIN. **esparcir.**

esponja ***f.*** **1** Nombre común de diversas especies de animales de mar con esqueleto poroso y elástico: *Las* ***esponjas*** *son colonias de animales muy pequeños.* **2** Objeto hecho de un material suave, elástico y lleno de agujeros pequeños que se usa para el aseo de las personas o de las cosas: *La* ***esponja*** *absorbe mucha agua.*

esponjar ***vb.*** {tr.} Hacer que algo se llene de espacios vacíos en medio de sus partes: *La levadura* ***esponja*** *la masa para hacer el pan.*

esponjoso, sa ***adj.*** Se aplica a lo que está lleno de pequeños agujeros, pesa poco y es suave: *Necesito un material* ***esponjoso*** *para rellenar este muñeco de tela.* SIN. **blando.** ANT. **duro, macizo.**

esponsales ***m. pl.*** Promesa formal de matrimonio que se hacen el uno al otro entre novio y novia: *Los padres de los* *novios estuvieron presentes durante los **esponsales.*** SIN. **compromiso.**

espontaneidad ***f.*** Expresión natural y fácil que se lleva a cabo sin pensarse mucho: *Laura respondió con **espontaneidad** a todas las preguntas del juez, por eso supo que ella no estaba mintiendo.* SIN. **naturalidad, sencillez.**

espontáneo, a ***adj.*** Se dice de la acción que procede de un impulso natural e interior y que no se ha pensado antes: *Estaba enojada con él, pero cuando volvió a verlo sintió una alegría **espontánea** y corrió a saludarlo.* SIN. **franco, natural**. ANT. **hipócrita**.

espora ***f.*** Célula reproductora de una planta que no necesita ser fecundada.

esporádico, ca ***adj.*** Se refiere a lo que sucede de vez en cuando: *Antes venía todos los días, pero desde que vive lejos, mi amigo sólo hace visitas **esporádicas**, viene una vez cada dos meses.*

esposar ***vb.*** {tr.} Poner a alguien un par de aros de hierro alrededor de las muñecas para sujetarle las manos: *Los policías **esposaron** al preso para evitar que huyera.*

esposas ***f. pl.*** Par de aros de hierro que se ponen alrededor de las muñecas para sujetarle las manos a alguien: *El preso robó la llave de las **esposas**, las abrió y se las quitó.*

esposo, sa ***m.*** y ***f.*** Persona casada con respecto de su cónyuge: *Mi madre y mi padre son **esposos**.* SIN. **cónyuge, consorte**.

esprea ***f. Méx.*** Tapa o mecanismo que deja pasar la nafta o gasolina del depósito al motor del automóvil.

espuela ***f.*** Objeto de metal que se ajusta al talón de la bota, tiene una rueda con puntas y se usa para picar al caballo cuando se está montado en él: *El caballo aceleró el paso cuando el jinete lo picó con las **espuelas**.*

espulgar ***vb. irreg.*** {tr. y prnl.} **Modelo 17.** Quitar las pulgas o piojos: *La mona **espulgaba** a su cría y se comía los piojos que iba arrancando de entre sus pelos.*

espuma ***f.*** Conjunto de pompas o burbujas que se forma en la superficie de un líquido: *El jabón hace que se forme **espuma** al mezclarlo con el agua.*

espumadera ***f.*** Cuchara grande y plana, con agujeros, que sirve para sacar de la sartén los alimentos fritos: *El cocinero usa la **espumadera** para sacar las papas fritas del aceite hirviendo.*

espumante ***adj.*** Referido a lo que hace espuma, en especial algunos tipos de vinos: *La champaña es una bebida **espumante**.*

espumar ***vb.*** {tr. e intr.} **1** Retirar la espuma de un líquido que hierve: *Con una cuchara especial que tiene agujeritos, **espumamos** el caldo de carne.* **2** Hacer espuma: *El jugo de tomate se echó a perder, estaba tan fermentado que **espumaba** y olía asqueroso.*

espumoso, sa ***adj.*** Aplicado a lo que hace o tiene mucha espuma: *El cantinero le sirvió un **espumoso** tarro de cerveza al sediento viajero.*

espurio, ria ***adj.*** **1** Se aplica al hijo nacido fuera del matrimonio. **2** Falso: *El abogado nos dijo que los papeles que tenemos de la compra del rancho son **espurios**, el vendedor nos engañó y se fue con el dinero.*

esputo ***m.*** Moco que se escupe por la boca: *El señor carraspeó y lanzó un **esputo** al suelo.* SIN. **escupitajo, gargajo.**

esqueje ***m.*** Brote tierno de una planta que se introduce en tierra para que dé origen a un nuevo tallo: *La mujer cortó un **esqueje** de esa planta y lo sembró en una maceta para que crezca otra planta igual a la primera.*

esquela ***f.*** **1** Notificación de la muerte de una persona, que se envía a varias personas o se publica en un diario: *La familia del escritor famoso mandó publicar una **esquela** en el diario para que toda la gente supiera que había muerto.* **2** Carta breve: *Como debía partir de inmediato, dejó una **esquela** a su novia indicando el motivo de su viaje.*

esquelético, ca ***adj.*** **1** Relativo a los huesos del cuerpo: *Los paleontólogos hallaron unas piezas **esqueléticas** que pertenecieron a un animal prehistórico.* **2** *Fam.* Se aplica a la persona que es tan delgada que se le notan los huesos por debajo de la piel. SIN. **escuálido, flaco.** ANT. **obeso, gordo.**

esqueleto ***m.*** **1** Conjunto de huesos y partes duras que sostienen el cuerpo humano o el de un animal: *En clase de anatomía utilizamos un **esqueleto** humano para estudiar los huesos y sus nombres.* SIN. **osamenta**. **2** Armazón o armadura que sostiene una cosa: *El **esqueleto** de ese edificio es de metal y está cubierto de cemento y vidrios oscuros.* **3** *Colomb., C. Rica, Guat., Méx.* y *Nicar.* Papel escrito y con espacios en blanco que se rellenan con información. SIN. **machote**.

esquema ***m.*** **1** Dibujo sencillo, hecho con líneas y signos, que se usa para representar algo: *Les di a mis amigos un **esquema** con la ubicación de mi casa para que supieran cómo llegar.* SIN. **esbozo**. **2** Cuadro o resumen en el que se anotan solamente los puntos más importantes de un tema. SIN. **apunte**.

esquemático, ca ***adj.*** Se refiere al dibujo o escrito sencillo que se usa para representar o apuntar los puntos principales de algo: *No es necesario que dibujes los detalles del mapa, sólo haz un dibujo **esquemático** de los cinco continentes.*

esquematización ***f.*** Presentación esquemática o resumida de algo: *La maestra nos pidió una **esquematización** del tema de historia del siglo* XVII.

esquematizar ***vb.*** {tr.} Resumir algo en forma de esquema: *Para estudiar mejor es recomendable **esquematizar** cada lección.*

esquí ***m.*** **1** Plancha larga y estrecha de madera, metal u otro material, que se usa para deslizarse sobre la nieve o el agua: *Laura se ajustó los **esquíes** a las botas antes de bajar por la pista de nieve.* **2** Deporte practicado sobre tablas llamadas esquíes sujetas a los pies: *El **esquí** se practica en los lugares donde hay nieve o en las montañas nevadas.* **3** *loc.* **~ acuático,** deporte que se practica sobre el agua usando el deportista unas tablas llamadas esquíes sujetas a los pies y siendo remolcado por una lancha de motor a la que se une con una cuerda: *El **esquí acuático** se practica en el mar y en algunos lagos.*

esquiador, ra ***m.*** y ***f.*** Persona que practica el deporte del esquí: *Los **esquiadores** bajan a gran velocidad por la rampa nevada, dan un salto largo y alto, y tratan de caer de pie para ganar la prueba.*

esquiar ***vb. irreg.*** {intr.} **Modelo 9.** Deslizarse sobre la nieve o el agua usando esquíes: *Este invierno **esquiaremos** en aquella montaña nevada.*

esquife ***m.*** Bote que se lleva en el barco y que se usa para llegar a tierra: *El barco ancló a la entrada de la bahía y los marineros usaron el **esquife** para llegara la playa.*

esquilado ***m.*** Acción de esquilar: *Sólo unos cuantos pastores realizan el **esquilado** de ovejas a tijera.*

esquilado, da ***adj.*** Se aplica a los animales que tienen el pelo cortado o rapado: *Los caballos **esquilados** están más cómodos porque no les pesa el pelaje.*

esquilador, ra ***m.*** y ***f.*** Persona que esquila ovejas: *En algunos países, se hacen competencias de **esquiladores** a ver quién pela más rápido a los borregos.*

esquiladora ***f.*** Máquina para esquilar: *Usando la **esquiladora,** los borregos quedan sin lana en un dos por tres.*

esquilar ***vb.*** {tr.} Cortar el pelo o lana de un animal: *Se **esquila** a las ovejas para aprovechar la lana y para que estos animales se sientan frescos durante la primavera y el verano.* SIN. **trasquilar.**

esquileo ***m.*** o **esquila** ***f.*** **1** Hecho de cortar la lana o el pelo de un animal, y temporada en que esta acción se lleva a cabo: *La **esquila** de la oveja se hace al terminar el invierno.* **2** Campana o cencerro pequeño.

esquilmado, da ***adj.*** **1** Infecundo, estéril: *El cultivo masivo de maíz, gran consumidor de nutrientes, dejó el suelo **esquilmado**.* **2** Empobrecido, despojado, arruinado: *En la película, el héroe quiere vengar al pueblo **esquilmado** y oprimido.*

esquilmar ***vb.*** {tr.} **1** Recolectar los frutos de la tierra y del ganado o las rentas de la hacienda: *Durante el verano ayudo a mis tías a **esquilmar** las huertas.* **2** Agotar las plantas el jugo de la tierra: *Las raíces de algunas plantas profundizan mucho y **esquilman** la tierra.* **3** Explotar una fuente de riqueza hasta dejarla exhausta: *El desarrollo sostenible significa no **esquilmar** los recursos naturales de manera que las próximas generaciones puedan también hacer uso de ellos.* **4** Empobrecer a una persona o quitarle el dinero abusivamente: *Héctor **esquilmó** a sus socios para pagar las deudas de sus apuestas.*

esquimal ***adj./m.*** y ***f.*** Originario de un pueblo de raza mongólica que habita en zonas del extremo norte de la Tierra, en el continente americano y Groenlandia: *Los **esquimales** son expertos en el entrenamiento de perros que utilizan para tirar de sus trineos.* SIN. **inuit.**

esquimal ***m.*** Idioma hablado por los esquimales.

esquina ***f.*** **1** Lugar donde se unen dos partes de algo, en especial la que resulta del encuentro de las paredes de una construcción: *En una **esquina** de la sala hay un sofá y una lámpara para sentarse a leer.* SIN. **ángulo, arista.** **2** Lugar donde se cruzan dos calles o caminos: *En la **esquina** hay un semáforo.*

esquinera ***f.*** o **esquinero** ***m. Amér.*** Mueble que se coloca en un rincón o esquina de una habitación. SIN. **rinconera.**

esquirla ***f.*** Trozo pequeño y puntiagudo que se desprende de un hueso, piedra, madera u otro material: *La enfermera guardaba las **esquirlas** de hueso roto que el médico iba sacando al operar al accidentado.* SIN. **astilla.**

esquirol ***m.*** y ***f. Desp.*** Trabajador que durante una huelga acude al trabajo o se presta a realizar el trabajo de un huelguista: *Los primeros **esquiroles** fueron trabajadores del pueblo catalán de Santa María de Corcó que no secundaron las huelgas generales de principios del siglo XX.*

esquite ***m. C. Rica, Hond.*** y ***Méx.*** Grano de maíz tostado o hervido que se come con algún condimento.

esquivar ***vb.*** {tr.} Hacerse a un lado para evitar algo: *Con un movimiento rápido pude **esquivar** el balón que venía hacia mi cara.* SIN. **rehuir, eludir, cuerpear.**

esquivo, va ***adj.*** Que evita el trato con la gente: *Su actitud **esquiva** me hizo pensar que ya no quería verme más.* SIN. **huraño, arisco.** ANT. **sociable.**

esquizofrenia ***f.*** Grupo de enfermedades mentales que suelen presentarse en la adolescencia y se caracterizan por una mutación específica de las funciones psíquicas, con la aparición de alucinaciones y delirios, pérdida del control de la realidad y desdoblamiento de la personalidad: *La **esquizofrenia** se empezó a estudiar a finales del siglo XIX como una demencia precoz que aparece en los jóvenes.*

esquizofrénico, ca ***adj.*** Relacionado con la esquizofrenia: *Algunos trastornos pueden presentar síntomas **esquizofrénicos** como la bipolaridad y la depresión.*

esquizofrénico, ca ***m.*** y ***f.*** Persona que padece esquizofrenia: *Una persona **esquizofrénica** suele tener un pensamiento desorganizado, trastornos sexuales y alteraciones en la percepción y en sus emociones.*

esquizoide ***adj.*** Que tiene una tendencia acusada a la esquizofrenia: *Las personas adultas que padecen un trastorno **esquizoide** se distancian de las relaciones sociales y no expresan sus emociones.*

estabilidad ***f.*** Capacidad de un cuerpo de mantener el equilibrio: *Emilio es trapecista y debe mantener la **estabilidad** cuando trabaja en el circo.* SIN. **equilibrio, firmeza.**

estabilización ***f.*** Obtención de estabilidad y firmeza: *El gobierno aprobó un nuevo plan para la **estabilización** de la economía.*

estabilizador ***m.*** Dispositivo que se añade a un medio de transporte para aumentar su estabilidad: *En la parte posterior de un avión suelen estar situados el **estabilizador** horizontal, encargado de controlar el descenso del avión, y el vertical, que se encarga de controlar el balanceo.*

estabilizador, ra ***adj./m.*** Que estabiliza: *En la ortopedia compré una férula **estabilizadora** de cadera porque mi hermana la necesita a causa de una mala caída.*

estabilizar ***vb. irreg.*** {tr. y prnl.} **Modelo 16.** Hacer que algo mantenga el equilibrio o la constancia: *La mesa estaba débil, pero **se estabilizó** después de que metí un clavo nuevo en cada pata.*

estable ***adj.*** Se aplica a lo que no se mueve, lo que se mantiene sin cambios bruscos: *El noviazgo de Ana y Julián es muy **estable**, creo que pronto se casarán.* SIN. **firme, seguro.** ANT. **inestable, inseguro.**

establecer ***vb. irreg.*** {tr. y prnl.} **Modelo 39.** **1** Crear algo en un lugar: *Ellos **establecieron** su tienda junto a una carnicería del mercado.* SIN. **fundar, instalar.** **2** Disponer, ordenar: *La Carta de Derechos de los Niños **establece** que todos los niños deben tener la oportunidad de estudiar.* SIN. **decretar.** **3** Fijar uno su lugar de residencia en alguna parte: *Mi primo irá a **establecerse** a España porque le ofrecieron un nuevo empleo en ese país.*

establecido, da ***adj.*** **1** Determinado, fijado o fundado: *La nueva maestra dejó **establecidas** las normas de clase desde el primer día.* **2** ***loc.*** **Orden ~,** organización social, política, económica o ideológica vigente en una comunidad: *Las amazonas vivían al margen del **orden establecido** porque era una sociedad de mujeres sin hombres dentro de un mundo gobernado sólo por hombres.*

establecimiento ***m.*** **1** Hecho de crear algo en un lugar o de fijar el principio de algo: *Llegar al **establecimiento** de los acuerdos de paz entre esos dos países llevó varios meses.* **2** Lugar donde se ejerce una industria, una profesión o una actividad comercial: *Han abierto un nuevo **establecimiento** comercial en la planta baja de ese edificio.* SIN. **empresa, comercio, tienda.**

establo ***m.*** Lugar cubierto donde se encierra el ganado: *Las vacas y los caballos duermen en el **establo** y durante el día salen al campo.* SIN. **tambo, vaquería.**

estaca ***f.*** Palo con punta en uno de sus extremos y que se clava: *La vaca tiró una de las **estacas** de la valla.*

estacada ***f.*** **1** Obra hecha de estacas clavadas en la tierra para defender, cercar o sujetar algo: *El ganado se escapó del terreno derribando la **estacada**.* **2** ***Venez.*** Herida de estaca: *Se dice que solamente puedes matar a un vampiro de una **estacada** profunda en el corazón.*

estacar ***vb. irreg.*** {tr. y prnl.} **Modelo 17.** **1** Atar un animal a una estaca para que no se vaya: *El niño **estacó** la cabra para que no se escapara.* **2** ***Amér. C.*** y ***Amér. Merid.*** Extender alguna cosa sujetándola con estacas. **3** *Colomb., C. Rica* y *Méx.* Clavarse una astilla.

estacazo ***m.*** Golpe dado con un palo grueso o estaca: *El pastor dio un **estacazo** al lobo que atacó a la oveja.* SIN. **garrotazo.**

estación ***f.*** **1** Temporada en que sucede algo: *Durante la **estación** de lluvias, todos los días llueve.* SIN. **tiempo, periodo.** **2** Cada uno de los cuatro periodos en que se divide el año: *Las **estaciones** del año son primavera, verano, otoño e invierno.* **3** Lugar donde paran los trenes o los autobuses para que se suban o bajen los pasajeros y las mercancías: *El abuelo subió al tren y nosotros nos quedamos en la **estación** diciéndole adiós.* SIN. **terminal, parada.** **4** *loc.* ~ **de servicio,** lugar que está junto a una carretera, donde se vende nafta o gasolina y alimentos, hay baños y otros servicios necesarios para las personas que viajan: *Se detuvieron en una **estación de servicio** para ir al baño y comprar comida, luego continuaron su viaje.*

estacionado, da ***adj.*** **1** Se aplica al vehículo que está detenido y acomodado en un lugar: *La moto de mi hermano está **estacionada** enfrente de la casa.* **2** Estancado: *El fuego está **estacionado** en el bosque pero es muy fuerte y los bomberos no consiguen apagarlo.*

estacional ***adj.*** **1** Que es propio y característico de una estación del año: *Los almendros tienen floración **estacional** en primavera.* **2** En astronomía, estacionario.

estacionalidad ***f.*** **1** Dependencia con una estación del año: *La **estacionalidad** de las lluvias influye sobre los cultivos.* **2** Relación entre las ventas de un producto y una estación del año: *El turrón es un producto que se ve afectado por la **estacionalidad,** por eso sus ventas suben en invierno.*

estacionamiento ***m.*** **1** Hecho de dejar un vehículo detenido y acomodado en un lugar: *En esta calle está prohibido el **estacionamiento.*** **2** Lugar destinado a dejar un vehículo detenido y acomodado: *Han construido un nuevo **estacionamiento** en el aeropuerto; tiene varios pisos y caben muchos vehículos.*

estacionar ***vb.*** {tr. y prnl.} **1** Dejar un vehículo detenido y acomodado en un lugar: *Dimos vueltas por varias calles y no encontramos un lugar para **estacionar** el automóvil.* SIN. **aparcar, parquear.** **2** Quedarse algo estancado, dejar de progresar: *El agua **se ha estacionado** en ese pozo y ya comienza a oler mal.*

estacionario, ria ***adj.*** **1** Se aplica a los que permanece fijo, estancado o sin cambios: *El enfermo continúa en estado **estacionario,** no empeora, pero tampoco está sanando.* **2** Se aplica al planeta aparentemente detenido en su órbita: *Cuando la velocidad del planeta respecto de la Tierra es paralela a la recta que une la Tierra y el planeta, el planeta aparece **estacionario** sobre la bóveda celeste.*

estadía ***f.*** Periodo que se permanece en un lugar. SIN. **estancia.**

estadio ***m.*** **1** Lugar destinado a competencias deportivas, con gradas para que el público se siente: *El próximo domingo iré al **estadio** a ver la carrera.* **2** Grado de desarrollo de un proceso: *El crecimiento del ser humano puede dividirse en varios **estadios** desde que es bebé hasta que envejece.* SIN. **fase, etapa.**

estadista ***m.*** y ***f.*** Persona que ejerce un cargo político: *Para resolver los problemas políticos, económicos y sociales, se necesitan **estadistas** honestos y responsables.* SIN. **gobernante, político.**

estadística ***f.*** **1** Ciencia cuyo objeto es reunir información sobre hechos de un mismo tipo para poder expresarlos con números: *Las encuestas, los censos y conteos son métodos que la **estadística** emplea para reunir datos.* **2** Grupo de informaciones sobre hechos de un mismo tipo expresadas en números: *Según las **estadísticas,** el 10% de la población de este pueblo viaja a otras ciudades para trabajar.* SIN. **censo, padrón, registro.**

estadístico, ca ***adj.*** Relativo a la estadística: *Las autoridades solicitaron un análisis **estadístico** del crecimiento de la población en los últimos años.*

estado ***m.*** **1** Situación en que está una persona o cosa: *La casa se encuentra en mal **estado** porque hace años que nadie vive en ella.* **2** Modo en que puede estar un cuerpo: *Los tres **estados** de la materia son sólido, líquido y gaseoso.* **3** Conjunto de los órganos de gobierno de una nación: *Elvira trabaja en una oficina del **Estado.*** SIN. **gobierno, administración, poder.** **4** Territorio o población correspondiente a una nación: *Este país tiene buenas relaciones con sus **Estados** vecinos.* SIN. **nación, país.** **5** *loc.* ~ **civil,** clase o condición de una persona en el orden social: *El **estado civil** de mi padre es casado, y mi **estado civil** es soltero.*

estadounidense o **estadunidense** ***adj./m.*** y ***f.*** Originario de Estados Unidos de América: *Nueva York es una ciudad **estadounidense.***

estafa ***f.*** Engaño por el que alguien se apropia de un bien ajeno: *Ese hombre cometió una **estafa** cuando vendió una casa que en realidad no existe.* SIN. **fraude, timo.**

estafador, ra ***m.*** y ***f.*** Persona que se apodera de un bien ajeno por medio del engaño: *Los **estafadores** son ladrones que, en lugar de asaltar, engañan a la gente para quitarle dinero o cosas.* SIN. **timador, tramposo.**

estafar ***vb.*** {tr.} Obtener dinero o cosas de valor con engaño y ánimo de no pagar: *El carnicero me **estafó,** me dio carne de mala calidad y me la cobró como si fuera la mejor.* SIN. **engañar, timar, robar.**

estafeta ***f.*** Oficina de correos en la que se despachan y reciben cartas y paquetes: *Lucio fue a la **estafeta** porque quería enviar una caja con regalos a su madre que vive en otra ciudad.* SIN. **correo, correspondencia.**

estalactita ***f.*** Materia sólida que cuelga del techo de una caverna y que termina en punta hacia abajo: *Las **estalactitas** se forman por la filtración de agua de la tierra.*

estalagmita ***f.*** Material sólido que se forma en el suelo de una caverna y que termina en punta hacia arriba: *Las estalactitas y **estalagmitas** de esa cueva se han juntado y forman columnas.*

estallar ***vb.*** {intr.} **1** Romperse o reventar de golpe una cosa haciendo un fuerte ruido: *Cuando **estalló** un depósito de gas en la industria, se rompieron los vidrios de varias casas que están cerca.* SIN. **explotar, detonar.** **2** Sobrevenir algo de forma repentina: *La desgracia de María **estalló** cuando murió su esposo en un accidente.* **3** Manifestar un sentimiento de repente y de manera violenta: *Estaba tan asustada que **estalló** en llanto sin poder explicar lo que le sucedía.*

estallido ***m.*** **1** Explosión o rotura de algo de forma muy ruidosa: *El niño se espantó por el **estallido** del globo.* **2** Manifestación excesiva y violenta de un sentimiento: *Los **estallidos** de ira de su esposo se volvieron insoportables y acabó abandonándolo.* **3** Suceso repentino e intenso: *El **estallido** de la guerra en Irak dividió la opinión pública.*

estambre ***m.*** **1** Hebra larga hecha de lana o de otras fibras: *Noemí fue a comprar **estambre** rojo para tejer un suéter.* SIN. **lana.** **2** Órgano reproductor masculino de algunas flores en el que se encuentra el polen: *Cuando la abeja camina sobre los **estambres** de la flor, el polen se adhiere a sus patas.*

estampa ***f.*** **1** Figura impresa sobre un papel: *La niña tiene un libro con muchas* ***estampas*** *de dinosaurios.* SIN. **grabado, lámina. 2** *Fam.* Arte de reproducir textos e ilustraciones sobre papel, de tal manera que puedan obtenerse muchas copias. **3** *Fam.* Apariencia, figura: *El hombre tenía* ***estampa*** *de cansancio porque no había dormido durante tres días.*

estampado, da ***adj.*** Se aplica a la tela o tejido adornado con figuras de colores que se imprimen sobre el fondo liso: *Compró una tela* ***estampada*** *con flores para hacer un mantel.*

estampadora ***f.*** Máquina para estampar: *Pasaron los rollos de tela por la* ***estampadora*** *y salieron decorados con dibujos de flores.*

estampar ***vb.*** {tr., intr. y prnl.} **1** Reproducir textos o ilustraciones sobre papel, de tal manera que puedan obtenerse muchas copias: *El arquitecto mandó* ***estampar*** *unas tarjetas con su nombre y dirección.* **2** Dejar huella una cosa en otra: *Daniel* ***ha estampado*** *la suela de su zapato al pisar la tierra húmeda.* **3** *Fam.* Arrojarse, chocar o lanzar algo contra una cosa: *El automóvil* ***se estampó*** *contra el árbol y por fortuna no hubo heridos.*

estampida ***f.*** Carrera rápida de un grupo de animales o personas para huir de algo: *Las vacas escucharon los disparos y salieron en* ***estampida*** *rompiendo la valla que las rodeaba.*

estampido ***m.*** Ruido fuerte: *El* ***estampido*** *del globo que explotó asustó al niño.*

estampilla ***f. Amér.*** Trozo pequeño de papel que se usa como señal de pago de algún derecho fiscal o del costo de un envío por correo: *Metió la carta en el sobre, escribió el nombre y la dirección, le pegó una* ***estampilla*** *y la llevó al correo.* SIN. **timbre, sello.**

estancado, da ***adj.*** Detenido: *Debo escribir un ensayo sobre el papel de la mujer en la Edad Media, pero estoy* ***estancada*** *en la introducción.*

estancar ***vb. irreg.*** {tr. y prnl.} **Modelo 17.** Detener o detenerse el movimiento de una cosa: *Al llegar al llano, el agua del río* ***se estancó*** *y formó un lago grande y de poca profundidad.*

estancia ***f.*** **1** Habitación de una casa: *La sala es la* ***estancia*** *donde mi familia convive.* SIN. **cuarto. 2** Permanencia en un lugar durante un tiempo: *Durante mi* ***estancia*** *en el extranjero, un amigo cuidó a mi gato.* SIN. **estadía. 3** ***Amér. Merid.*** Establecimiento que está en el campo, destinado especialmente a la ganadería y la agricultura. SIN. **hacienda, rancho, finca. 4** *Cuba, R. Dom.* y *Venez.* Casa de campo con huerto, cercana a la ciudad.

estanciero ***m. Amér. Merid.*** Dueño o encargado de una estancia o finca agrícola y ganadera.

estanco, ca ***adj.*** **1** Que está muy bien cerrado e incomunicado: *El baño tiene un compartimento* ***estanco*** *para la ducha.* **2** Se aplica a los barcos reparados y que no hacen agua por las costuras: *El capitán dijo que en cuanto estuviera el barco* ***estanco*** *saldrían a la mar.*

estándar ***adj.*** Aplicado a lo que está unificado respecto a un modelo: *Las tiendas venden ropa de medidas* ***estándar,*** *por eso fui con una costurera para que me haga un vestido con mi medida exacta.*

estandardización ***f.*** Adecuación o unificación a un mismo tipo o modelo: *La* ***estandardización*** *de la leche permite obtener un nivel de calidad constante.*

estandarizado, da ***adj.*** Que se ajusta a un modelo o tipo: *Deberían estar más* ***estandarizadas*** *las tallas de ropa porque en esa tienda me queda la 3 y en la de al lado, la 5.*

estandarizar ***vb.*** {tr.} Uniformar, unificar las cosas en sus características: *En la fábrica* ***estandarizaron*** *los métodos de trabajo, ahora todos tenemos que hacer lo mismo de la misma manera.*

estandarte ***m.*** Bandera que usan algunas corporaciones y los cuerpos militares que van montados a caballo: *El jinete lleva un* ***estandarte*** *rojo y amarillo que distingue a su compañía.* SIN. **insignia.**

estanque ***m.*** Depósito artificial de agua: *En el parque hay un* ***estanque*** *con peces de colores.*

estanquillo ***m.*** **1** *Ecuad.* Establecimiento donde se venden vinos y licores para beber allí. SIN. **taberna. 2** *Méx.* Establecimiento pequeño donde se venden algunos productos de uso cotidiano como fósforos, cigarrillos, jabón, etc. SIN. **tienda, quiosco.**

estante ***m.*** Tabla horizontal que forma parte de un mueble o está pegada a la pared: *Puse el adorno nuevo en el* ***estante*** *de la sala.* SIN. **repisa.**

estantería ***f.*** Mueble formado por varias tablas horizontales dispuestas a cierta distancia una arriba de otra: *Yamil guarda sus libros y sus juguetes en la* ***estantería*** *que está en su dormitorio.*

estaño ***m.*** Metal blanco y blando de número atómico 50 y símbolo Sn: *Para unir esos dos alambres usaron soldadura de* ***estaño.***

estaqueadero ***m. Amér. Merid.*** Lugar donde se ponen pieles de animales estiradas y sujetas por estacas para que se sequen con el aire.

estaquear ***vb.*** {tr.} *Argent.* y *Urug.* Estirar el cuero o la piel de un animal fijándola al piso con estacas.

estar ***vb. irreg.*** {intr. y prnl.} **Modelo 2. 1** Hallarse una persona o cosa en un lugar o situación: *Marcela* ***ha estado*** *en su casa toda la tarde.* **2** Tener algo en un determinado momento la calidad expresada por un adjetivo: *La calle* ***está*** *sucia porque no la hemos limpiado.* **3** Señala un valor, cantidad, etc.: *Las naranjas* ***están*** *muy caras.* **4** Expresarse a favor de algo o alguien. **5** *loc.* **~ de,** encontrarse haciendo una cosa: *Mañana* ***estaremos de*** *fiesta porque se va a casar mi hermano.* **6** *loc.* **~ de más,** salir sobrando una persona o cosa: *Hay palabras que* ***están de más*** *en tu trabajo, creo que debes revisarlo y corregirlo.* **7** *loc.* **~ en algo,** encontrarse enterado u ocupado en un asunto o cosa: *No se preocupe por la construcción de su casa,* ***estamos en*** *eso.* **8** *loc.* **~ para,** encontrarse dispuesto a algo. **9** *loc.* **~ por,** acercarse el momento en que algo va a suceder: *No te impacientes, ya* ***estamos por*** *llegar a la casa.*

estarcido ***m.*** Dibujo que queda después de estarcir: *Hicimos unas plantillas y decoramos toda la pared del colegio con* ***estarcidos.***

estarcir ***vb.*** {tr.} Pasar una brocha cargada de color sobre una plantilla calada, para estampar dibujos sobre una superficie lisa: *Mi hermano y yo* ***estarcimos*** *unas siluetas de barcos veleros en la pared, para decorarla luego de pintar su cuarto.*

estatal ***adj.*** Relativo al gobierno de un país: *Los gastos* ***estatales*** *se pagan con el dinero de los impuestos.*

estática ***f.*** Parte de la mecánica que estudia las leyes del equilibrio.

estático, ca ***adj.*** **1** Se aplica a lo que no presenta cambios y permanece en un mismo estado: *Las estatuas son los objetos* ***estáticos*** *que adornan este jardín y los gansos son los adornos con movimiento.* **2** Se aplica al que se queda detenido por el asombro: *Cuando recibió la noticia de que se había ganado el premio de la lotería, el hombre se quedó* ***estático.***

estatua ***f.*** Escultura que representa una figura humana: *Vi una exposición de* ***estatuas*** *que estaban hechas de piedra, madera, metal, mármol, y casi todas representaban a mujeres.* SIN. **escultura.**

estatuir ***vb. irreg.*** {tr.} **Modelo 59. 1** Establecer o disponer lo que se debe hacer: *Antiguamente, el consejo de ancianos* ***estatuía*** *las leyes de la comunidad.* **2** Demostrar o sostener un hecho o doctrina como verdad: *La religión católica* ***estatuyó*** *que Dios es uno y tres personas.*

estatura ***f.*** Altura de una persona, considerada desde los pies hasta la cabeza: *Elena mide un metro cincuenta centímetros de* ***estatura.***

estatus ***m.*** Posición social: *Esa familia elevó su* ***estatus*** *cuando su hija se casó con un empresario rico.*

estatutario, ria ***adj.*** Relacionado con los estatutos: *Un asesinato* ***estatutario*** *es cuando la ley te hace responsable de la muerte de alguien sin que exista un asesinato.*

estatuto ***m.*** Conjunto de normas que rigen la organización y vida de una comunidad: *El* ***estatuto*** *de la escuela establece que los alumnos deben llevar uniforme.* SIN. **reglamento.**

este ***m.*** Punto cardinal por donde sale el Sol: *El océano Atlántico está al* ***este*** *de América.* SIN. **oriente.**

éste, ésta, esto, éstos, éstas ***pron.*** **1** Pronombres demostrativos que corresponden al adjetivo anterior y señalan lo que está más cerca de la persona que habla: *Aquel caballo que anda en la loma es más viejo que* ***éste.*** **2** ***loc.*** **En esto,** mientras algo sucede: *Estábamos sentadas en el cine y,* ***en esto,*** *oímos pasar un helicóptero.*

este, esta, estos, estas ***adj.*** Adjetivos demostrativos que designan lo que está más cerca en el espacio o en el tiempo con respecto a la persona que habla: ***Este*** *domingo iremos a pescar y el siguiente domingo iremos a la playa.*

estela ***f.*** Rastro que deja en el agua una embarcación, o en el aire un cuerpo luminoso: *La* ***estela*** *del barco es una línea de espuma sobre el agua.* SIN. **huella, señal.**

estelar ***adj.*** **1** Relativo a las estrellas o astros: *Los astrónomos usan telescopios para observar el comportamiento* ***estelar.*** **2** ***Fam.*** Se aplica a lo más importante: *Mi amiga fue la actriz* ***estelar*** *en la obra de teatro de la escuela.* SIN. **principal.**

estentóreo, a ***adj.*** Se aplica a lo que es muy fuerte, ruidoso o retumbante: *Para llamar la atención de la multitud, el hombre dio un grito* ***estentóreo*** *y todos callaron.*

estepa ***f.*** Terreno llano y extenso, con poca vegetación: *Las* ***estepas*** *son terrenos secos, con poca vegetación, en los que es muy difícil sobrevivir.*

estepario, ria ***adj.*** De la estepa: *El clima* ***estepario*** *es árido, con temperaturas muy cálidas en verano y muy frías en invierno.*

estera ***f.*** Tejido grueso, hecho de esparto, junco u otro material, que sirve para cubrir el suelo: *Algunos campesinos duermen sobre* ***esteras*** *que colocan en el suelo.* SIN. **tapete.**

estercolero ***m.*** Lugar donde se recoge y amontona el excremento de los animales: *El* ***estercolero*** *huele a excremento de vaca.*

estereofonía ***f.*** Técnica de reproducción del sonido, caracterizada por la reconstitución espacial de las fuentes sonoras.

estereofónico, ca ***adj.*** Relativo a la técnica de reproducción de sonidos, con la cual se logra la impresión de que el sonido sale de varias partes a la vez: *A Pedro y Lucrecia les gusta ir a ese cine porque además de que proyectan muy buenos filmes, tiene sonido* ***estereofónico.***

estereoscopio ***m.*** Instrumento parecido a un binocular que tiene dos lentes para mirar al mismo tiempo con los dos ojos, en el que se colocan dos imágenes planas e iguales que, al mirarlas con este aparato, se sobreponen una a la otra y dan la sensación de relieve: *Al mirar estas fotografías con el* ***estereoscopio,*** *se ve con mucha claridad cuáles son las personas que están cerca y cuáles las que están lejos.*

estereotipo ***m. Fam.*** Concepción simplificada y aceptada de manera común que se tiene acerca de alguien o algo: *El* ***estereotipo*** *del hombre indica que debe ser fuerte, audaz y valiente, aunque muchos hombres, en realidad, son sensibles, tímidos y tranquilos.*

estéril ***adj.*** **1** Se dice del que no puede tener hijos: *Cuando Diana supo que era* ***estéril,*** *tomó la decisión de adoptar un hijo.* **2** Se refiere a lo que no da fruto o no produce un resultado: *Por efecto de la erosión, aquellas tierras ahora son* ***estériles;*** *no vale la pena sembrar nada porque no crecería.* SIN. **improductivo. 3** Referido a lo que está libre de los gérmenes que pueden producir enfermedades: *Las heridas se tapan con gasas* ***estériles*** *para evitar que se infecten.*

esterilización ***f.*** Cambio de lo fértil a estéril: *La* ***esterilización*** *de insectos es el primer método de control de plagas que usa la genética.* **2** Proceso de destrucción de los gérmenes nocivos o patógenos: *La* ***esterilización*** *de las agujas para tatuar es muy importante para no transmitir enfermedades.*

esterilizado, da ***adj.*** **1** Que se ha vuelto estéril: *Me regalaron un conejo muy hermoso, pero no puedo cruzarlo porque ya estaba* ***esterilizado.*** **2** Que está libre de gérmenes: *"Mi hijo tiene el chupete* ***esterilizado*** *para protegerlo de los gérmenes", dijo Marta.*

esterilizador, ra ***adj./m.*** **1** Que esteriliza: *Usaron una nueva técnica* ***esterilizadora*** *en los perros del pueblo para detener la rabia.* **2** Aparto que sirve para esterilizar objetos dejándolos sin gérmenes: *En la clínica tenían un* ***esterilizador*** *donde introducían todos los utensilios antes y después de usarlos.*

esterilizar ***vb. irreg.*** {tr. y prnl.} **Modelo 16. 1** Hacer que algo o alguien pierda su capacidad de dar fruto, de reproducirse o de producir un resultado: *El veterinario* ***esterilizó*** *a la gata para que ya no pueda tener cachorros.* **2** Destruir los gérmenes que pueden producir enfermedades: *Los médicos y dentistas* ***esterilizan*** *sus instrumentos inmediatamente después de haberlos utilizado para evitar el contagio de enfermedades entre los pacientes.*

esterilla ***f. Argent., Chile, C. Rica, Ecuad.*** y ***Urug.*** Tejido en forma de rejilla parecido a la del cañamazo o tela de hilos dobles que se emplea para bordar.

esternocleidomastoideo ***m.*** Músculo del cuello: *El* ***esternocleidomastoideo*** *une la clavícula con la cabeza y permite los movimientos del cuello.*

esternón ***m.*** Hueso plano situado en el centro del pecho: *Las costillas nacen en la columna vertebral y se unen por delante en el* ***esternón.***

estero ***m.*** **1** Zona de la costa que se inunda durante la marea alta. **2** Terreno bajo y pantanoso cubierto de hierbas. SIN. **ciénaga, pantano. 3** *Chile* y *Ecuad.* Río pequeño por el que corre poca agua. SIN. **arroyo.**

estertor ***m.*** Respiración difícil propia de los moribundos: *El príncipe herido, entre* ***estertores,*** *pronunció el nombre de su amada y murió.*

esteta ***m.*** y ***f.*** **1** Especialista en estética: *Fuimos a un congreso de arte y un* ***esteta*** *dio una conferencia muy interesante sobre la belleza en el Barroco.* **2** Persona que considera el arte y la belleza valores de gran importancia: *Oscar Wilde era un* ***esteta*** *que buscaba incesantemente lo bello y la armonía en la obra de arte y en la vida.*

estética ***f.*** **1** Ciencia que trata de la belleza en el arte y en la naturaleza: *En este artículo de* ***estética*** *se habla de los sentimientos que la naturaleza despierta en nosotros.* **2** ***Méx.*** Lugar donde se aplican tratamientos de belleza, se hacen cortes de cabello, se arreglan y pintan las uñas, etc.

esteticismo ***m.*** Actitud que hace predominar la belleza al crear o valorar una obra literaria o artística: *El* ***esteticismo*** *como movimiento artístico nació en el siglo* XIX *y declaraba que el arte es exclusivamente belleza, independiente de otros valores morales, políticos o sociales.*

esteticista ***m.*** y ***f.*** Especialista en tratamientos y técnicas para el embellecimiento corporal: *El* ***esteticista*** *le recomendó que se operara la nariz para que se vea más bonita.*

estético, ca ***adj.*** **1** Relativo a la ciencia que trata de la belleza en el arte y en la naturaleza: *La arquitectura antigua tenía un sentido* ***estético*** *muy diferente del actual.* **2** Se dice de lo que es bello o artístico: *Estos sofás, además de estar cómodos, son muy* ***estéticos,*** *pues decoran la casa con sus vivos colores.* **3** *loc.* **Cirugía ~,** operación quirúrgica que se realiza para el embellecimiento corporal: *A Diana le hicieron una* ***cirugía estética*** *para quitarle de la cara una fea cicatriz.*

estetizante ***adj.*** Relacionado con el esteticismo: *La narrativa* ***estetizante*** *del Modernismo se caracteriza por emplear un lenguaje bello, musical y exquisito.*

estetoscopio ***m.*** Instrumento que usan los médicos para escuchar los sonidos del corazón y del pecho de un paciente: *El* ***estetoscopio*** *tiene dos tubos de metal que el médico se coloca en las orejas, estos tubos están unidos a un tubo flexible que termina en una pieza de forma redonda y plana, que se apoya en el pecho del paciente.*

estiaje ***m.*** Temporada el año en que, por el calor y la falta de lluvias, los caudales de agua están en sus niveles más bajos: *Durante el* ***estiaje*** *pueden perderse cosechas y morir animales de sed.*

estiba ***f.*** **1** Distribución conveniente del peso y de la carga de un barco: *Una buena* ***estiba*** *da seguridad al barco y a la tripulación, evitando averías y daños en la carga.* **2** Carga de un barco: *Se debe preparar la bodega del barco con anticipación teniendo en cuenta la* ***estiba*** *que se va a transportar.*

estibador ***m.*** Hombre que trabaja acomodando la carga de un barco: *Los* ***estibadores*** *están subiendo los sacos de harina a la embarcación.* Sin. **cargador.**

estibar ***vb.*** {tr.} Acomodar de manera conveniente la carga que transportará un barco: *Para* ***estibar*** *la carga no sólo se necesita ser fuerte, hay que saber dónde colocarla para no causar un accidente por mala distribución del peso sobre el barco.* Sin. **cargar.**

estiércol ***m.*** **1** Excremento de los animales: *El joven limpia el corral y recoge con una pala el* ***estiércol*** *de las vacas.* **2** Mezcla de excrementos y restos vegetales que se usa para enriquecer la tierra de cultivo: *En el campo, el* ***estiércol*** *se usa para abonar la tierra.*

estigma ***m.*** **1** Marca o señal permanente que está en el cuerpo desde el nacimiento o queda después de haber recibido un golpe o tener una herida: *Ese lunar en la nariz es el* ***estigma*** *de la familia del rey.* Sin. **huella, cicatriz. 2** Parte superior del pistilo de la flor, que recibe el polen proveniente de los estambres: *El* ***estigma*** *de las azucenas y otras flores está cubierto por una sustancia viscosa, para que el polen se adhiera mejor.*

estigmatización ***f.*** Acción y efecto de estigmatizar: *Muchas personas que padecen* ***estigmatización*** *son repudiadas y desterradas de la sociedad en la que viven.*

estigmatizar ***vb. irreg.*** {tr.} **Modelo 16.** Señalar o condenar a alguien: *Esa persona cometió un grave error en su juventud y desde entonces lo* ***han estigmatizado*** *como una persona deshonesta, aunque no ha cometido otro delito.*

estilar ***vb.*** {tr., intr. y prnl.} Estar de moda o tener la costumbre de usar o hacer algo: *Ahora ya no* ***se estila*** *usar sombrero, y antes no* ***se estilaba*** *salir a la calle sin sombrero.*

estilete ***m.*** **1** Especie de cuchillo de hoja muy estrecha y punzante: *El bandido amenazó con un* ***estilete*** *al muchacho a quien estaba asaltando.* Sin. **puñal, daga. 2** Instrumento filoso que usan los cirujanos para operar: *El doctor pidió el* ***estilete*** *a la enfermera que lo ayudaba durante la cirugía.*

estilista ***m.*** y ***f.*** Persona que se dedica a cuidar la apariencia de otras: *El* ***estilista*** *le dijo a mi mamá que le conviene llevar el cabello más corto y teñirlo de color claro para verse más joven.*

estilística ***f.*** Estudio del estilo y de la expresión lingüística: *La* ***estilística*** *estudia las obras literarias y el uso del lenguaje.*

estilístico, ca ***adj.*** Relativo al estilo: *Es fácil identificar las obras de ese artista, pues sus rasgos* ***estilísticos*** *son inconfundibles.*

estilización ***f.*** **1** Representación convencional de un objeto, haciendo más delicados y finos sus rasgos: *La* ***estilización*** *de las esculturas romanas escondía los defectos para asemejar los seres humanos a los dioses.* **2** Adelgazamiento de la silueta o uno de sus rasgos: *La moda actual se inclina por la* ***estilización*** *del cuerpo.*

estilizado, da ***adj.*** **1** Se aplica a los objetos resaltados en sus elementos más característicos: *Las pinturas del Greco están muy* ***estilizadas,*** *altera su forma y proporciones y las hace parecer sobrenaturales.* **2** Fino, esbelto: *Desde que David hace ejercicio, su figura está más* ***estilizada.***

estilizar ***vb. irreg.*** {tr.} **Modelo 16.** Interpretar la forma de un objeto, haciendo resaltar tan sólo sus rasgos elementales: *Esta escultura representa una mujer* ***estilizada,*** *por eso no tiene rostro y su cuello, brazos y piernas son más largos de lo normal.*

estilo ***m.*** **1** Instrumento con punta que se usaba antes para escribir sobre tablillas de piedra caliza. **2** Modo o manera en que alguien hace algo: *Sara tiene un* ***estilo*** *especial para vestirse, siempre usa ropa de flores con colores brillantes.* Sin. **forma. 3** Conjunto de características propias de una obra, un artista, un género, una época o un país: *Esa catedral está construida en* ***estilo*** *gótico.* **4** *loc.* **Por el ~,** indica que algo es parecido a otra cosa que se menciona: *El programa se llamaba "Una aventura increíble" o algo* ***por el estilo,*** *ya no recuerdo el nombre exacto.*

estilo ***m.*** Región del pistilo de las flores que se encuentra entre el estigma y el ovario: *Por el* ***estilo*** *pasan las partículas de polen que recogió el estigma y llegan hasta el ovario para fecundarlo.*

estilográfica ***adj./f.*** Relativo o perteneciente al instrumento de escritura con un mango que contiene un depósito de tinta: *El abogado usó su* ***estilográfica*** *para firmar los documentos.*

estima ***f.*** Sentimiento que se tiene hacia algo que nos gusta o alguien cuya forma de ser nos agrada: *A este viejo reloj le tengo mucha* ***estima*** *porque me lo regaló mi abuelo.* Sin. **afecto, aprecio.**

estimable ***adj.*** Se refiere a lo que destaca por su importancia o por su valor: *Como regalo de cumpleaños recibió una cantidad* ***estimable*** *de dinero y piensa ocuparlo en un viaje.* Sin. **apreciable.**

a b c d e f g h i j k l m n o p q r s t u v w x y z

estimación *f.* **1** Valoración que se hace de una cosa: *El ingeniero entregó a mi padre una* ***estimación*** *de los gastos de la nueva casa que van a construir para nosotros.* **2** Aprecio o aceptación de algo o alguien: *La obra de teatro se ha ganado la* ***estimación*** *de los críticos, quienes hablan muy bien de ella.*

estimar *vb.* {tr.} **1** Dar valor a algo o apreciar algo por su valor: *"****Estimo*** *la ayuda que me diste cuando tuve problemas."* **2** Juzgar o creer algo a partir de ciertos datos: *El jardinero* ***estimó*** *que del árbol nacerán manzanas dentro de un año.* **3** Sentir afecto por alguien: *"Te* ***estimo*** *porque eres una persona amable y honesta."*

estimativo, va *adj.* **1** Se aplica a lo que valora o sirve para valorar: *Decir que Mariana es bonita es un juicio* ***estimativo*** *porque la belleza no se determina, se valora; además es subjetivo pues para otra persona puede ser fea.* **2** Aproximado: *En mi escuela hicieron un cálculo* ***estimativo*** *del tiempo de evacuación para las emergencias.*

estimulación *f.* Motivación o incitación para agilizar un asunto o alentar una actividad: *"Una* ***estimulación*** *adecuada ayuda a desarrollar las capacidades naturales de los niños", dijo la psicóloga.*

estimulador, ra *adj.* Que estimula: *Leí en una revista científica que hay un* ***estimulador*** *nervioso que permite caminar a los paralíticos al replicar la señal que el cerebro enviaría a las piernas para que se muevan.*

estimulante *adj.* Que estimula o aumenta el propio nivel de actividad: *El café y el té son bebidas* ***estimulantes*** *que pueden poner nervioso a quien las consume y quitarle el sueño.*

estimulante *m.* Sustancia o medicamento que activa alguna función orgánica: *El médico recetó un* ***estimulante*** *intestinal a su paciente estreñido.*

estimular *vb.* {tr.} **1** Animar a alguien a una cosa: *El maestro* ***estimuló*** *al niño para que escribiera un cuento.* Sin. **animar, alentar.** Ant. **desalentar.** **2** Avivar una actividad, operación o función: *El médico le recomendó a mi madre que hiciera ejercicios que* ***estimulen*** *su circulación sanguínea.*

estímulo *m.* Impulso que provoca un movimiento o una acción: *Aunque no era el mejor alumno, Federico logró terminar sus estudios gracias al* ***estímulo*** *de sus padres.* Sin. **aliciente.**

estío *m.* Estación más caliente del año: *Los poetas llaman* ***estío*** *al verano.* Sin. **verano.**

estipendio *m.* Dinero que se obtiene como pago por haber trabajado: *Pablo consiguió un trabajo en el que le pagan un buen* ***estipendio.*** Sin. **sueldo, salario.**

estiptiquez *f. Amér. C., Chile, Colomb., Ecuad.* y *Venez.* Dificultad para defecar. Sin. **estreñimiento.**

estipulación *f.* Acuerdo o pacto hablado: *Entre otros asuntos que se trataron en la reunión, estuvo la* ***estipulación*** *de un nuevo horario de trabajo.*

estipular *vb.* {tr.} Hacer un acuerdo o pacto: *Las autoridades* ***estipularon*** *que no habrá un alza en los precios de la leche durante los próximos dos años.* Sin. **convenir, concertar.**

estirado, da *adj. Fam.* Se dice de la persona que se cree mejor que los demás: *Ella es una chica* ***estirada*** *que habla sólo con la gente que tiene dinero.* Sin. **orgulloso.**

estiramiento *m.* **1** Alargamiento de algo: *El* ***estiramiento*** *de la tira de goma fue mayor que su resistencia y acabó rompiéndose.* **2** Alisamiento o eliminación de las arrugas o pliegues: *Esa presentadora se hizo varios* ***estiramientos*** *de la piel de la cara y el cuello para parecer más joven.* **3** Ejercicio físico que sirve para calentar y extender los músculos para evitar lesiones y mejorar su funcionamiento: *En yoga se hacen muchos* ***estiramientos*** *y ejercicios de relajación.* **4** Soberbia, orgullo: *El* ***estiramiento*** *de ese escritor es insoportable, se pone tan arrogante que nadie quiere entrevistarlo.*

estirar *vb.* {tr. y prnl.} **1** Alargar una cosa tirando de sus extremos: ***Estira*** *bien la cuerda para que la ropa colgada no toque el suelo.* Sin. **extender.** Ant. **encoger.** **2** Desentumecerse, extender las partes del cuerpo, por lo general después de estar quieto un rato o dormir: *Todas las mañanas, cuando me despierto,* ***me estiro*** *antes de levantarme.* **3** *loc. Fam.* ~ **la pata,** morirse: *El viejo caballo de mi abuelo ya* ***estiró la pata.***

estirón *m.* **1** Acción de alargar algo tirando de sus extremos: *Como el perro quería correr, el amo le dio un* ***estirón*** *a la correa para obligarlo a quedarse quieto.* Sin. **tirón.** **2** Crecimiento repentino de alguien: *Mi primo dio un* ***estirón*** *en este año, era más bajo y ahora está mucho más alto que yo.*

estirpe *f.* Raíz y tronco de una familia: *Estaba vestido como un pobre, pero en realidad era un hombre de* ***estirpe*** *aristocrática.*

estival *adj.* Relativo al verano: *En la temporada* ***estival*** *muchas personas van de vacaciones al mar.*

estocada *f.* Golpe que se da con la punta de la espada y herida que produce: *El toro recibió la* ***estocada*** *que le dio el torero.*

estofa *f.* **1** Cierta tela o tejido de labores, de lana o seda: *Mi tía hace* ***estofas*** *con labores del tejido de personas y animales.* **2** Clase o índole: *"No quiero juntarme con gente de tu* ***estofa,*** *mentirosos y valentones", dijo Braulio.* **3** *loc. Desp.* **De baja ~,** se aplica a la persona despreciable o soez: *El libro cuenta la vida de gente* ***de baja estofa,*** *como rufianes y prostitutas.*

estofado *m.* Guiso de carne cocida a fuego lento y condimentada con especias.

estofar *vb.* {tr.} Aplicar sobre el dorado de un objeto de madera alguna pintura de color y luego rasparla en partes, para que salga el dorado de abajo y forme dibujos: *El escultor* ***estofará*** *la túnica de la imagen del ángel que está tallando.*

estofar *vb.* {tr.} Cocer a fuego lento, dentro de un recipiente tapado, una combinación de alimentos sazonada con especias: *Para hacer su platillo especial del día, el cocinero* ***estofó*** *carne de conejo con papas, zanahorias, apio, caldillo de tomate y pimienta.*

estoicismo *m. Fam.* Fortaleza y dominio de los sentimientos: *Los rehenes soportaron con* ***estoicismo*** *la falta de alimentos durante el secuestro.* Sin. **austeridad.**

estoico, ca *adj. Fam.* Se aplica a la persona que muestra una gran fortaleza en el dominio de sus sentimientos: *Aunque lo amaba, Laura rechazó* ***estoica*** *al hombre que la había engañado con otra mujer.*

estola *f.* **1** Prenda de vestir parecida a la túnica, usada por los antiguos griegos y romanos. **2** Prenda de vestir femenina, parecida a una bufanda pero más ancha, hecha de piel o de otro material.

estólido, da *adj./m.* y *f.* Se aplica a las personas que no razonan ni comprenden: *Tu amigo permanece* ***estólido,*** *a pesar de que le hemos explicado cuatro veces lo mismo.*

estoma *m.* Cada una de las aberturas microscópicas de la epidermis de las hojas o partes verdes de una planta.

estomacal *adj.* Relativo al estómago: *Doña Filomena sólo puede comer carnes asadas y verduras cocidas porque tiene problemas* ***estomacales*** *y la comida grasosa le hace daño.*

estómago ***m.*** Órgano en forma de bolsa donde se digieren los alimentos, que es parte del aparato digestivo: *El **estómago** está situado entre el esófago y el duodeno.*
estomatología ***f.*** Especialidad médica que se ocupa de las enfermedades de la boca: *Mi hermano estudió **estomatología** y abrió su propio consultorio dental.*
estonio ***m.*** Idioma que se habla en Estonia: *El **estonio** es una lengua ugrofinesa.*
estonio, nia ***adj./m.*** y ***f.*** Originario de Estonia, país de Europa Oriental: *Los **estonios** formaron parte de la Unión Soviética durante un largo periodo del siglo xx.*
estopa ***f.*** Hilo rústico, de color blanco, sobrante del lino, del cáñamo o del algodón: *La **estopa** se hace con hilos enredados y se usa para limpiar, pulir y rellenar muñecos.*
estoque ***m.*** Espada estrecha, afilada sólo en la punta: *El torero mata al toro con el **estoque.*** SIN. **espada.**
estorbar ***vb.*** {tr.} **1** Obstaculizar la ejecución de una cosa: *La niebla **estorbaba** la visión de la carretera y los vehículos se detuvieron porque no podían avanzar así.* **2** Causar molestias o incomodidad: *La música muy alta **estorba** a las personas que estudian.*
estorbo ***f.*** Cosa que molesta o que obstaculiza la ejecución de algo: *Ese juguete tirado a mitad de las escaleras es un **estorbo,** porque alguien podría caerse si tropieza con él.*
estorboso, sa ***adj.*** Que estorba o causa molestia: *Uno no podía llegar a las primeras filas del teatro porque un señor muy **estorboso** se había instalado en el pasillo.*
estornino ***m.*** Pájaro de plumaje oscuro con reflejos verdes y blancos, fácil de domesticar: *El **estornino** es un pájaro que come insectos.*
estornudar ***vb.*** {intr.} Arrojar de manera violenta y ruidosa el aire de los pulmones por la boca y la nariz: *Cuando **estornudamos** es imposible mantener los ojos abiertos.*
estornudo ***m.*** Salida violenta y ruidosa del aire de los pulmones por la boca y la nariz.
estrábico, ca ***adj./m.*** y ***f.*** **1** Del estrabismo: *Carlos tiene la mirada **estrábica** y necesita hacer ejercicios con los ojos para corregirla.* **2** Persona bizca: *Era una bruja fea y **estrábica** que podía verlo todo sin mantener fija la mirada.*
estrabismo ***m.*** Defecto de la vista que hace que un ojo mire en distinta dirección que el otro: *Ese joven padece **estrabismo**, cuando me ve uno de sus ojos se dirige a mí y el otro se dirige hacia abajo.*
estrado ***m.*** Construcción de madera que sirve para poner en un lugar más alto que el piso un trono o la mesa de un acto solemne: *El poeta subió al **estrado** para que todo el público pudiera verlo y recitó varios poemas de su nuevo libro.* SIN. **tarima.**
estrafalario, ria ***adj. Fam.*** Se dice de lo que es raro o poco común: *Era un hombre **estrafalario** que usaba pantalones cortos, zapatos verdes, chaleco amarillo y sombrero de copa.* SIN. **extravagante, estrambótico.**
estrago ***m.*** Destrucción: *El terremoto causó **estragos** en la ciudad y varios edificios se derrumbaron.* SIN. **daño, catástrofe.**
estragón ***m.*** Planta aromática que se usa como condimento.
estrambótico, ca ***adj. Fam.*** Se refiere a lo que es raro o poco común: *Liliana llegó a la fiesta con un vestido **estrambótico** que le daba apariencia de bruja.* SIN. **extravagante, estrafalario.**
estrangulación ***f.*** Hecho de impedir la respiración oprimiendo el cuello: *La policía determinó que el hombre había muerto por **estrangulación** porque tenía horribles marcas en el cuello.*
estrangulado, da ***adj.*** Ahogado, ahorcado: *Encontraron al protagonista de la película **estrangulado** con una corbata.*
estrangulador, ra ***adj./m.*** y ***f.*** Relativo a la persona que mata a otros oprimiéndoles el cuello hasta que no pueden respirar más: *Por fin atraparon al **estrangulador** que había asesinado a varias personas.*
estrangular ***vb.*** {tr. y prnl.} Ahogar a una persona o animal apretándole el cuello: *Las boas constrictoras **estrangulan** a sus presas apretándolas hasta asfixiarlas.*
estraperlo ***m.*** **1** *Fam.* Comercio ilegal de productos escasos o controlados por el Estado y sujetos a tasas: *El **estraperlo** es una práctica común en los países con regímenes dictatoriales.* **2** *Fam.* Conjunto de artículos de ese comercio: *Mi abuelo cuenta que durante la posguerra todo lo que comían y bebían en su familia era **estraperlo.*** **3** *Fam.* Intriga, chanchullo: *En el sorteo de la asociación hubo **estraperlo** porque los únicos ganadores fueron los socios.* **4** *loc.* **De ~,** comerciar de manera clandestina o ilegal: *El alcohol se compra **de estraperlo** en los países islámicos.*
estratagema ***f.*** Engaño o trampa que se hace con inteligencia para obtener algo: *Javier inventó una **estratagema** para que Ana aceptara salir con él y ella cayó en la trampa.* SIN. **ardid, astucia, artimaña.**
estratega ***m.*** y ***f.*** Persona entendida en estrategia: *Alejandro Magno fue el mayor **estratega** de la Antigüedad.*
estrategia ***f.*** **1** Arte de dirigir operaciones militares. **2** Habilidad para dirigir un asunto hasta conseguir el objetivo propuesto: *El ajedrecista utilizó la **estrategia** de sacrificar a la reina para ganar el juego.* SIN. **táctica, maniobra.**
estratégico, ca ***adj.*** Relativo a la estrategia: *El fotógrafo se colocó en un lugar **estratégico** desde donde podía ver todo lo que sucedía en la calle.*
estratificación ***f.*** **1** Estructura en estratos: *La **estratificación** social significa que hay jerarquía y desigualdad.* **2** En geología, disposición de las capas o estratos de un terreno: *La **estratificación** debida a la sedimentación puede ser paralela o cruzada.*
estratificado, da ***adj.*** Dispuesto o colocado en capas o estratos: *Debemos escribir un ensayo sobre el modelo de una sociedad no **estratificada.***
estratificar ***vb.*** {tr. y prnl.} Disponer en estratos o capas: *Los incas plebeyos se dedicaban a múltiples oficios, que según su prestigio, **estratificaron** la sociedad.*
estrato ***m.*** **1** Cada una de las capas de materiales que constituyen un terreno: *El geólogo analiza los **estratos** del terreno para determinar si hay petróleo en la zona.* **2** *loc.* **~ social,** clase o nivel social al que pertenece una persona.
estratosfera ***f.*** Zona superior de la atmósfera terrestre, situada entre los doce y los cien kilómetros de altura: *En la **estratosfera** la temperatura es constante.*
estraza ***f.*** **1** Tela rústica o de desecho: *La señora usa trozos de **estraza** para encerar y pulir sus pisos.* **2** *loc.* **Papel de ~,** papel áspero y rústico de color grisáceo: *Fabián compró verduras y frutas y se las dieron envueltas en **papel de estraza.***
estrechamiento ***m.*** **1** Disminución de la anchura: *Debido al **estrechamiento** de la avenida ya no se puede circular en doble sentido.* **2** Fortalecimiento de una relación: *Después de seis años juntos en la universidad hubo un **estrechamiento** de la amistad que duró toda la vida.* **3** Apretón o abrazo en señal de afecto: *Los presidentes de los países en conflicto marcaron el final de la disputa con un **estrechamiento** de manos.* **4** Reducción de los gastos o necesidades de una persona: *La insuficiente economía de*

*muchas familias obliga al **estrechamiento** y, en los peores casos, a la privación de productos básicos para vivir.*

estrechar ***vb.*** {tr. y prnl.} **1** Disminuir o ajustar el tamaño de algo: *La modista **estrechó** el vestido porque estaba demasiado amplio.* SIN. **ceñir. 2** Aumentar la relación o el cariño entre dos personas: *Las vacaciones que pasó con sus compañeros de escuela ayudaron a **estrechar** los lazos de amistad entre ellos.* **3** Abrazar, ceñir con los brazos o las manos: *Los dos amigos **se estrecharon** las manos al despedirse.* SIN. **apretar.**

estrechez ***f.*** **1** Escasez de anchura: *Las ciudades antiguas se caracterizan por la **estrechez** de sus calles.* ANT. **anchura, holgura. 2** Escasez de los medios necesarios para sobrevivir: *Desde que su papá no tiene trabajo, la familia de Rita ha pasado por muchas **estrecheces.*** SIN. **aprieto, apuro, pobreza.**

estrecho ***m.*** Paso angosto en el mar entre dos costas: *El **Estrecho** de Magallanes es una porción de mar al sur de Argentina y Chile, que comunica al océano Atlántico con el Pacífico.*

estrecho, cha ***adj.*** **1** Se refiere a lo que tiene poca anchura: *Por esa carretera **estrecha** sólo puede pasar un automóvil a la vez.* SIN. **angosto.** ANT. **ancho. 2** Se aplica a lo que resulta ajustado o apretado: *Subí dos kilos y el pantalón me queda **estrecho.*** ANT. **holgado. 3** Referido a lo que resulta exigente o severo: *Mis padres tienen a mi hermano bajo **estrecha** vigilancia porque se ha portado mal en las últimas semanas.* **4** Se dice de una relación fuerte o profunda: *Ellos han llevado una amistad **estrecha** por más de veinte años.*

estregar ***vb. irreg.*** {tr. y prnl.} **Modelo 18.** Frotar con fuerza una cosa contra otra para limpiarla o pulirla: *Ella **estriega** el piso con un cepillo para quitarle la mugre.* SIN. **restregar.**

estrella ***f.*** **1** Astro con luz propia: *En las noches claras se pueden ver muchas **estrellas.*** **2** Suerte favorable: *Lucía tiene buena **estrella,** casi siempre consigue lo que desea.* SIN. **destino, sino. 3** Persona que destaca en su profesión, de manera especial si es artista o deportista: *A las **estrellas** de cine les gusta vivir con mucho lujo.* **4** Cualquier objeto o figura que representa a uno de estos cuerpos celestes y que por lo general tiene cinco puntas o más: *La **estrella** de David tiene seis puntas.* **5** *loc.* ~ **de mar,** animal marino sin huesos, cuyo cuerpo es aplanado y tiene cinco brazos o extremidades: *Ramiro encontró una **estrella de mar** en la playa.* **6** *loc.* ~ **fugaz,** cuerpo luminoso que atraviesa el cielo y desaparece de manera rápida: *¡Mira, una **estrella fugaz** acaba de cruzar el cielo!* **7** *loc. pl.* **Ver las estrellas** o **ver estrellas** o **ver estrellitas,** sentir dolor fuerte en el cuerpo: *Cuando me caí de la bicicleta me di un golpe tan fuerte que me hizo **ver las estrellas.***

estrellado, da ***adj.*** **1** Que tiene forma de estrella: *Los alumnos de primaria hicieron unas hojas **estrelladas** de colores y las pegaron por toda la escuela.* **2** Con muchas estrellas: *"Esta noche el cielo está **estrellado,** no hay luna ni nubes que impidan contemplar las constelaciones", dijo María.* **3** Se aplica a los caballos que tienen una estrella en la frente: *Me regalaron una yegua **estrellada** cuando cumplí quince años.* **4** Se aplica a lo que ha chocado violentamente contra algo: *En el avión **estrellado** en la selva viajaban muchas personas, pero tuvieron mucha suerte porque no hubo muertos.*

estrellar ***vb.*** {tr. y prnl.} **1** *Fam.* Arrojar con violencia una cosa contra otra, haciéndola pedazos: *Estaba tan enojado que agarró un jarrón y lo **estrelló** contra el piso.* **2** Chocar o golpearse de manera violenta contra algo: *Un automóvil **se estrelló** contra un árbol del parque.* **3** Freír huevos de manera que la yema quede entera: *El cocinero **estrelló** dos huevos y al servirlos les puso tomates y cebolla.*

estrellato ***m.*** Condición de un artista que adquiere mucha fama y se convierte en estrella: *Esa serie de televisión lanzó al **estrellato** a todos sus protagonistas.*

estremecedor, ra ***adj.*** Se refiere a lo que conmueve o hace temblar: *Lorenzo leyó un cuento **estremecedor** que se trataba de vampiros y fantasmas.*

estremecer ***vb. irreg.*** {tr. y prnl.} **Modelo 39. 1** Hacer temblar: *El trueno fue tan fuerte que **estremeció** los vidrios de la ventana.* SIN. **sacudir. 2** Ocasionar o sufrir un sobresalto: *El triple salto mortal que dio el trapecista **estremeció** a la gente que estaba en el circo.* SIN. **impresionar. 3** Temblar con movimiento agitado y repentino: *En invierno, al salir de la ducha, **me estremezco** de frío.*

estremecimiento ***m.*** Hecho de conmoverse o temblar: *Todos sentimos un hondo **estremecimiento** al enterarnos de que había muerto el abuelo de Óscar.*

estrenar ***vb.*** {tr. y prnl.} **1** Hacer uso por primera vez de una cosa: *Patricia **estrenó** un vestido para ir a la fiesta.* **2** Representar por primera vez un espectáculo: *La compañía de teatro **estrenará** hoy una comedia.* SIN. **debutar. 3** Empezar a desempeñarse en un empleo o darse a conocer en el arte: *Ignacio **se estrenó** como director de cine haciendo un cortometraje.*

estreno ***m.*** **1** Hecho de usar por primera vez algo: *Leticia está de **estreno** porque lleva vestido y zapatos nuevos.* **2** Primera representación en una obra de teatro, filme o espectáculo: *Se han vendido todas las entradas para el **estreno** de la obra de teatro.*

estreñido, da ***adj.*** Se refiere al que tiene dificultad para defecar: *Estoy **estreñido** porque en los últimos días no he comido verduras y frutas.*

estreñimiento ***m.*** Dificultad para eliminar excrementos: *Para evitar el **estreñimiento** hay que comer alimentos que contengan fibra, como los cereales.*

estreñir ***vb. irreg.*** {tr. y prnl.} **Modelo 66.** Dificultar o retrasar la eliminación de excremento del cuerpo: *Después de comer arroz es probable **estreñirse.***

estrépito ***m.*** Ruido fuerte: *El **estrépito** de nuestra fiesta podía oírse desde varias calles antes de llegar a la casa donde estábamos.*

estrepitoso, sa ***adj.*** Que produce gran cantidad de ruido: *La motocicleta es un vehículo **estrepitoso,** y más aún cuando no tiene puesto un aparato silenciador.*

estreptococo ***m.*** Bacteria de forma esférica que se agrupa en pares o en cadena: *Los **estreptococos** causan enfermedades como la meningitis o la neumonía.*

estrés ***m.*** **Palabra de origen inglés.** Estado de gran tensión nerviosa causado por la ansiedad o el exceso de trabajo, entre otras cosas: *El médico le recomendó que tomara vacaciones para aliviarse del **estrés.*** SIN. **tensión.**

estresado, da ***adj.*** Que padece estrés: *Mi padre está muy **estresado** porque últimamente tiene que atender muchos asuntos de trabajo bastante importantes.*

estresante ***adj.*** Que causa estrés: *Siempre le decimos a Julio que necesita relajarse porque el ritmo de vida que lleva es muy **estresante** y cualquier día puede sufrir un ataque.*

estresar ***vb.*** {tr. y prnl.} Producir o sentir estrés: *Sandra es muy nerviosa y **se estresa** fácilmente con los trabajos y los exámenes de la escuela.*

estría ***f.*** Surco o raya en forma de línea que tienen algunos cuerpos: *La corteza de este árbol viejo no es lisa, tiene **estrías.***

estriado, da ***adj.*** **1** Que tiene estrías: *Marta tiene la piel de la cintura* ***estriada*** *a causa del crecimiento.* **2** *loc.* **Músculo ~,** el que está formado por fibras musculares estriadas: *Los* ***músculos estriados*** *son plásticos, puede estirarse y volver a su forma original.*

estriar ***vb.*** {tr. y prnl.} **1** Marcar una superficie haciendo estrías o canales: *"Al* ***estriar*** *las láminas de metal debes tener mucho cuidado y hacerlo con precisión porque si no el grabado se verá impreciso y borroso", me explicó el artista.* **2** Formarse estrías: *El dermatólogo me recomendó una crema muy buena porque después de tantos cambios de peso* ***se me ha estriado*** *mucho la piel.*

estribación ***f.*** Conjunto de montañas laterales que nacen de una cordillera y son más bajas: *Los restos más antiguos de pobladores en Perú se encontraron en las* ***estribaciones*** *de los Andes.*

estribar ***vb.*** {intr.} *Fam.* Apoyarse una idea o cosa en otra idea o cosa: *La necesidad de comer verduras y frutas* ***estriba*** *en el deseo de conservar una buena salud.* SIN. **consistir.**

estribillo ***m.*** Verso o conjunto de versos que se repiten al final de cada estrofa de una composición poética o canción: *Guillermo cantaba la canción, y sus amigos lo acompañaban coreando el* ***estribillo.***

estribo ***m.*** **1** Anillo de metal que se encuentra atado por una correa a cada lado de la silla de montar y sobre el cual el jinete apoya el pie: *El jinete puso un pie en el* ***estribo*** *para subir al caballo.* **2** Especie de escalón que tienen ciertos vehículos para subir o bajar: *Está prohibido viajar en el* ***estribo*** *del autobús porque es peligroso.* **3** *loc. pl.* **Perder los ~,** impacientarse: *Mi perro es un cachorro desobediente que me hace* ***perder los estribos.***

estribor ***m.*** Lado derecho de una embarcación, mirando hacia el frente: *Si te paras en un barco mirando hacia la dirección en la que se mueve, adelante está la proa, atrás, la popa, a la derecha,* ***estribor*** *y a la izquierda, babor.* ANT. **babor.**

estricnina ***f.*** Alcaloide que se extrae de algunos vegetales como la nuez vómica y es un veneno muy fuerte: *La* ***estricnina*** *se usa como pesticida, especialmente para matar ratas.*

estricto, ta ***adj.*** Se refiere a lo que se ajusta a la ley o al deber sin desviarse en lo absoluto: *Tenemos una maestra* ***estricta*** *que nos hace estudiar mucho y no tolera desobediencias.*

estridencia ***f.*** **1** Efecto del sonido estridente: *Los periódicos criticaron duramente la* ***estridencia*** *del concierto de anoche.* **2** Violencia al expresarse o actuar: *Si Susana no modera su* ***estridencia,*** *cuando haga reclamaciones va a tener serios problemas en la oficina y hasta puede perder su empleo.*

estridente ***adj.*** Se dice del ruido agudo, penetrante y desagradable: *Filomena tiene una voz* ***estridente*** *que se escucha desde lejos.*

estrofa ***f.*** Grupo de versos que forman una unidad en una composición poética o canción: *Sólo recuerdo dos* ***estrofas*** *de esta hermosa canción.*

estroncio ***m.*** Elemento metálico de número atómico 38 y símbolo Sr: *El* ***estroncio*** *es un metal amarillo y blando.*

estropajo ***m.*** Trozo de esparto o de otro material, que sirve principalmente para fregar y limpiar: *La señora friega la cacerola sucia con un* ***estropajo*** *mojado y enjabonado.*

estropajoso, sa ***adj.*** Se aplica a la manera torpe y confusa de pronunciar las palabras: *En el teléfono se oyó la voz* ***estropajosa*** *de Jaime, pidiendo que fuéramos por él porque se le habían pasado las copas en la fiesta.*

estropeado, da ***adj.*** **1** Maltratado, deteriorado, que se ha echado a perder: *"No puedes seguir usando esos pantalones tan* ***estropeados*** *para ir a trabajar", me regañó mi madre.*

estropear ***vb.*** {tr. y prnl.} **1** Provocar que una cosa quede dañada o inservible: *Las flores del jardín* ***se estropearon*** *con la fuerte lluvia.* **2** Echar o echarse a perder algo: *Mi resfrío* ***estropeó*** *el paseo que pensaba dar durante el fin de semana.*

estropicio ***m.*** Destrozo o rotura de algo, con mucho ruido: *El gato entró a la cocina perseguido por el perro y entre los dos hicieron un* ***estropicio.***

estructura ***f.*** **1** Distribución y orden de las distintas partes de un todo: *Estamos estudiando la* ***estructura*** *del cuerpo humano y hemos empezado por la cabeza.* **2** Conjunto de piezas que sirve para sostener una cosa: *El campesino hizo la* ***estructura*** *de un espantapájaros con dos palos cruzados.* SIN. **armazón, soporte.**

estructuración ***f.*** Colocación, ordenación y distribución de las partes de un todo: *"La* ***estructuración*** *de un discurso consta de cinco partes: la introducción, el desarrollo, las alternativas, las recomendaciones y la conclusión final", explicó el profesor.*

estructurado, da ***adj.*** **1** Ordenado, distribuido: *La escuela está* ***estructurada*** *en tres secciones, primaria, secundaria y preparatoria.* **2** En informática, se aplica al lenguaje de programación que en su codificación usa una estructura jerárquica de procedimientos y funciones: *El lenguaje* ***estructurado*** *es una herramienta que puede utilizarse en la especificación de procesos o en el desarrollo de sistemas.*

estructural ***adj.*** **1** Relativo a la estructura: *Un fallo* ***estructural*** *en el barco hizo que se hundiera y llenara de petróleo toda la costa, provocando una catástrofe natural.* **2** *loc.* **Gramática ~,** estudio de una lengua según el principio de que todos sus elementos mantienen relaciones sistemáticas: *La* ***gramática estructural*** *concibe cada lengua particular como un sistema que tiene varios niveles, cada uno con sus elementos propios, como los fonemas, morfemas, sintagmas y semantemas, que se interrelacionan en esa gran estructura.*

estructuralismo ***m.*** Teoría y metodología científicas que analiza un conjunto de datos como una estructura o sistema de interrelaciones: *El* ***estructuralismo*** *se ha introducido en diferentes disciplinas, como en la antropología, la filosofía o la economía, pero empezó en la lingüística con los trabajos de Ferdinand de Saussure.*

estructuralista ***adj./m.*** y ***f.*** **1** Relacionado con el estructuralismo: *Claude Lévi-Strauss fue iniciador de la aplicación del método* ***estructuralista*** *en las ciencias humanas.* **2** Seguidor de esta escuela: *Eugenio Coseriu y André Martinet fueron dos de los* ***estructuralistas*** *más importantes del siglo xx.*

estructurar ***vb.*** {tr.} Ordenar las distintas partes de un todo: *El escritor* ***ha estructurado*** *su novela en dos partes que contienen diez capítulos cada una.*

estruendo ***m.*** Ruido muy fuerte: *El* ***estruendo*** *de la música no me dejaba oír lo que decía Irma.* SIN. **estrépito.**

estrujar ***vb.*** {tr.} Apretar una cosa o a una persona: *Mi abuelo me* ***estruja*** *cada vez que llego a visitarlo porque le da mucho gusto verme.*

estrujón ***m.*** Apretón fuerte y brusco: *Mi hermana no quiere ir en el metro porque dice que hay mucha gente y sufre muchos* ***estrujones.***

estuario ***m.*** Desembocadura de un río, con una abertura muy amplia.

estuche ***m.*** Caja o funda adecuada para guardar objetos: *El **estuche** del bolígrafo es una caja pequeña de color negro.*
estuco ***m.*** Masa de yeso blanco, agua y cola: *Las paredes de ese edificio antiguo están cubiertas de **estuco.***
estudiantado ***m.*** **1** Conjunto de alumnos de un centro: *El **estudiantado** de mi colegio es muy variado y de diferentes nacionalidades.* **2** Conjunto de estudiantes como clase social: *El **estudiantado** está en huelga para protestar contra las reformas educativas.*
estudiante ***m.*** y ***f.*** Persona que asiste a un centro de enseñanza para aprender lo que allí se enseña: *Los **estudiantes** asisten a clases, leen, resuelven cuestionarios y presentan exámenes para demostrar sus conocimientos.*
estudiantil ***adj.*** *Fam.* Relacionado con los estudiantes: *Las manifestaciones **estudiantiles** fueron pacíficas aunque causaron muchos problemas de tráfico en toda la ciudad.*
estudiantina ***f.*** Grupo de estudiantes vestidos con capas adornadas con cintas de colores, que salen por las calles cantando y tocando instrumentos.
estudiar ***vb.*** {tr. e intr.} **1** Ejercitar el entendimiento para comprender o aprender algo: *Para **estudiar** las plantas, Sofía lee un libro de biología.* **2** Asistir a un centro de enseñanza para aprender lo que allí se enseña: *Mi primo **estudia** medicina en la universidad.* **3** Reflexionar sobre algo: *La madre de Diana **estudió** el comportamiento del joven que pretendía ser novio de su hija.* SIN. **examinar.**
estudio ***m.*** **1** Trabajo del entendimiento que se hace para comprender o aprender algo: *En época de exámenes dedico más horas al **estudio.*** **2** Texto en que un autor trata sobre una cuestión: *En este **estudio** de astronomía se explican las distintas teorías sobre los hoyos negros y el nacimiento de las estrellas.* **3** Despacho o local donde trabajan artistas o profesionales: *El pintor nos citó en su **estudio** para enseñarnos los cuadros que había pintado.* SIN. **taller, oficina.** **4** *pl.* Conjunto de salas donde se elaboran filmes de cine o se graban programas de televisión o de radio: *Los turistas pudieron visitar los **estudios** de cine y conocer algunas de las escenografías usadas en filmes famosos.* **5** *pl.* Serie completa de materias que se imparten en un centro de enseñanza para cursar una carrera o un ciclo escolar: *A Rosalía le falta un año para terminar sus **estudios** universitarios.*
estudioso, sa ***adj./m.*** y ***f.*** Se dice de quien lee, observa e investiga, dedicando muchas horas al aprendizaje: *Una persona **estudiosa** es alguien a quien le gusta estudiar.*
estudioso, sa ***m.*** y ***f.*** Persona que se dedica a la observación e investigación sobre un tema en especial: *Algunos **estudiosos** del medio ambiente opinan que la contaminación puede solucionarse.*
estufa ***f.*** **1** Aparato que produce calor y se usa para calentar una habitación o un recinto: *En invierno encienden la **estufa** para calentar la casa.* **2** ***Méx.*** Mueble de metal en el que se prende fuego para cocinar. SIN. **fogón.**
estupefacción ***f.*** Asombro intenso que deja pasmado: *Abrí el clóset y descubrí con **estupefacción** que parte de mi ropa estaba llena de moho; cuando la saqué, vi una gran mancha de humedad en la pared.*
estupefaciente ***m.*** Sustancia que actúa sobre los nervios de quien la consume y produce sueño o sensaciones anormales, además de que crea adicción: *Muchos **estupefacientes** son considerados drogas y sólo pueden usarse bajo vigilancia médica.*
estupefacto, ta ***adj.*** Asombrado, sorprendido: *Doris se quedó **estupefacta** cuando le anunciaron que se había ganado la lotería.*
estupendo, da ***adj.*** Se refiere a lo que resulta muy bueno o excelente: *La obra de teatro fue **estupenda,** hacía años que no veía una tan buena.* SIN. **chévere.**
estupidez ***f.*** Falta de inteligencia o de habilidad: *Fue una **estupidez** dejar las ventanas abiertas durante la tormenta porque ahora está inundada la casa.*
estupidización ***f.*** Resultado de volverse estúpido: *La **estupidización** de la sociedad actual se debe a que se ha perdido la costumbre de pensar por sí mismo.*
estupidizar ***vb.*** {tr. y prnl.} Volver estúpido: *Mi padre dice que la televisión comercial **estupidiza** al ser humano, que lo transforma en un consumidor y no en un ciudadano.*
estúpido, da ***adj./m.*** y ***f.*** Se aplica a la persona o a la acción torpe o de poca inteligencia. SIN. **idiota.**
estupor ***m.*** **1** Asombro causado por una mala noticia: *Eugenia nos miró con **estupor** cuando le dijimos que su jefe acababa de morir en un accidente.* SIN. **pasmo.** **2** Disminución de las facultades físicas e intelectuales de una persona: *Había ingerido tantas bebidas alcohólicas que quedó sumido en un estado de **estupor** y no se daba cuenta de lo que sucedía.*
estupro ***m.*** Delito que consiste en el contacto sexual que un adulto realiza con un menor de edad: *El **estupro** es un delito que debe denunciarse y castigarse con la cárcel.*
esturión ***m.*** Pez marino que nada a contracorriente en los ríos para poner sus huevos y reproducirse: *El **esturión** es un pez de cuerpo largo y de carne comestible, con sus huevas se elabora el caviar.*
esvástica ***f.*** Cruz con las puntas dobladas hacia un lado: *Los alemanes seguidores de Hitler usaron la **esvástica** como símbolo de su partido.*
etano ***m.*** Hidrocarburo que tiene dos átomos de carbono y seis de hidrógeno: *Uno de los derivados más conocidos del **etano** es el alcohol etílico que venden en las farmacias.*
etapa ***f.*** **1** Tramo recorrido entre dos paradas: *La carrera se dividió en tres **etapas,** que los ciclistas debían recorrer en tres días.* **2** Fase en el desarrollo de una acción o proceso: *Aquella fue la **etapa** más feliz de mi vida.*
etcétera ***m.*** Palabra que sustituye el final de una enumeración larga para indicar que la enumeración podría continuar: *El hierro sirve para fabricar automóviles, aviones, barcos, **etcétera.***
éter ***m.*** Nombre común del óxido de etilo, líquido que se usa como anestésico: *Antes de operarlo, lo durmieron con **éter** para que no sintiera dolor.*
etéreo, a ***adj.*** *Fam.* Se usa en poesía para referirse a lo inmaterial o a lo celestial: *Su **etérea** presencia era tan delicada como el perfume de una flor.*
eternidad ***f.*** **1** Lo que no tiene principio ni fin. **2** Se escribe con "E" mayúscula cuando se refiere a la vida eterna, la vida futura: *Los religiosos cumplen con las normas de su religión para alcanzar un lugar en la **eternidad.*** SIN. **inmortalidad.** **3** *Fam.* Espacio de tiempo muy largo: *A Rosa se le hizo una **eternidad** el tiempo que pasó en la sala de espera.*
eternizar ***vb.*** {tr. y prnl.} **1** Hacer durar mucho tiempo: *Mario aburre cuando se pone a hablar, **eterniza** hasta las anécdotas más cortas.* **2** Prolongar la duración de algo: *Penélope **eternizó** el tejido del sudario porque no quería elegir al pretendiente que ocuparía el lugar de Ulises, confiando en que éste volvería algún día.* **3** ***Fam.*** Tardar mucho una persona en hacer algo: *"Mi novia **se eterniza** arreglándose", dijo Daniel.*
eterno, na ***adj.*** **1** Relativo a lo que no tiene principio ni fin: *Los seres vivos no somos **eternos,** sino que morimos.* SIN.

inmortal. **2** Aplicado a lo que tiene larga duración: *Este mueble es **eterno**, perteneció a mi abuelo y lo heredará mi hija.* **3** Se dice de lo que se repite con frecuencia: *Y mi madre me dirá su **eterna** recomendación: "Cuídate mucho, hijo".*

ética ***f.*** Parte de la filosofía que trata de la moral y de las obligaciones del ser humano: *La **ética** intenta proponer un modelo de comportamiento humano.*

ético, ca ***adj.*** Relativo al conjunto de normas morales que dirigen la conducta de las personas: *Ese doctor tuvo una actitud **ética** al negarse a cobrar por un tratamiento que no dio resultado.*

etílico, ca ***adj.*** **1** Relacionado con el alcohol presente en las bebidas fermentadas: *Una adolescente bebió tanto vino que tuvieron que llevarla al hospital porque sufrió una intoxicación **etílica**.* **2** *loc.* **Alcohol ~,** líquido incoloro, abrasador, de fuerte olor y altamente inflamable, obtenido por destilación de productos de fermentación de sustancias azucaradas o harinosas, como la uva o la papa: *El **alcohol etílico** se usa en la elaboración de bebidas alcohólicas, como el vino o la cerveza, así como en farmacia y perfumería.* **3** *loc.* **Éter ~,** líquido transparente, inflamable, de olor fuerte y sabor picante, que se produce cuando se calienta a elevada temperatura una mezcla de alcohol etílico y ácido sulfúrico: *El **éter etílico** se usa como antiespasmódico y anestésico.*

etimología ***f.*** **1** Origen de una palabra: *Muchas palabras del idioma español tienen **etimologías** latinas porque provienen del latín.* SIN. **procedencia.** **2** Ciencia que estudia el origen de las palabras: *La **etimología** estudia cómo han cambiado las palabras a lo largo del tiempo.*

etimológico, ca ***adj.*** Relacionado con la etimología: *El origen **etimológico** de la palabra faraón viene de la palabra egipcia* pera-a *que significaba "casa grande" y de ahí evolucionó a designar la residencia real y más tarde a la autoridad que vivía en ella.*

etiología ***f.*** **1** Estudio de las causas: *El profesor nos mandó realizar un trabajo sobre la **etiología** de los problemas sociales más comunes en la actualidad.* **2** Parte de la medicina que se ocupa de buscar las causas de las enfermedades: *La **etiología** ha determinado que las principales causas de una enfermedad son el ambiente, el agente y el huésped.* **3** Causa de una enfermedad: *La **etiología** de la malaria es la picadura de la hembra infectada del mosquito anófeles.*

etiope o **etíope** ***adj./m.*** y ***f.*** Originario de Etiopía, país de África: *En las cálidas tierras **etíopes** se cultivan algodón y café.*

etiqueta ***f.*** **1** Trozo de papel u otro material que se adhiere a un objeto para identificarlo o clasificarlo: *Pablo guardó el café en una lata y le puso una **etiqueta** para acordarse de que ahí estaba guardado.* SIN. **rótulo.** **2** Ceremonia que se debe observar en ciertos actos oficiales o solemnes: *La **etiqueta** obliga a servir la comida primero a las señoras.* SIN. **protocolo.**

etiquetado ***m.*** Colocación de etiquetas: *El empleado de la tienda está realizando el **etiquetado** de los productos.*

etiquetar ***vb.*** {tr.} **1** Poner etiquetas a algo: *El Senado ordenó **etiquetar** todos los productos que lleven transgénicos para advertir al consumidor.* **2** Clasificar a personas dentro de un grupo: *"No me gusta **etiquetar** a nadie sin conocerlo, pero creo que tu nueva amiga es una esnob", me dijo Cristina.* SIN. **encasillar.**

etnia ***f.*** Grupo humano de una misma raza y con un origen, lengua, religión y cultura propios: *Una **etnia** es una agrupación natural de personas que comparten costumbres, arte, religión e idioma.*

étnico, ca ***adj.*** Relativo a una nación o raza: *Los estudios **étnicos** permiten conocer cómo se fue integrando la cultura de un país.*

etnografía ***f.*** Rama de la antropología cuyo objetivo es el estudio de las etnias para poder describirlas: *Rosario estudió **etnografía** y se dedica a clasificar las distintas etnias que vivieron hace muchos años en este país.*

etnología ***f.*** Rama de la antropología que se centra en el estudio comparativo de razas, pueblos y culturas: *Sergio estudió **etnología** y sabe mucho acerca de las diferentes costumbres que tiene la gente de algunos países.*

etología ***f.*** Estudio científico del comportamiento de los animales en su medio natural: *La **etología** ha logrado grandes avances gracias a las cámaras de video con que ahora se registra la vida de los animales.*

etrusco ***m.*** Idioma que se hablaba en Etruria, antigua región de Italia: *El **etrusco** es un idioma que se hablaba alrededor del siglo* x *a.C.*

etrusco, ca ***adj./m.*** y ***f.*** Originario de Etruria, antigua región de Italia, hoy Toscana: *La vida de los **etruscos** se conoce principalmente por las obras artísticas que aún se conservan.*

eucalipto ***m.*** Árbol de gran altura, de hojas muy aromáticas, alargadas y curvas: *De las hojas del **eucalipto** se extrae un aceite perfumado con el que se fabrican medicamentos.*

eucariota ***m.*** Organismo unicelular cuyo núcleo está separado del citoplasma por una membrana.

eucaristía ***f.*** Sacramento que para la Iglesia católica transforma de manera real y sustancial el pan y el vino en el cuerpo y la sangre de Jesucristo. SIN. **comunión.**

euclidiano, na ***adj.*** Relacionado con Euclides, matemático griego del siglo III a. C., o con su método: *La geometría **euclidiana** estudia las propiedades del plano y el espacio tridimensional.*

eufemismo ***m.*** Expresión suavizada o políticamente correcta que sustituye a otra considerada grosera, ofensiva, malsonante o tabú: *Cuando las noticias hablan de métodos de persuasión están usando un **eufemismo** para tortura.*

eufemístico, ca ***adj.*** Relacionado con el eufemismo: *Algunas personas prefieren usar una expresión **eufemística** como "pasar a mejor vida" para referirse a la muerte de una persona.*

euforia ***f.*** Sensación de bienestar tan grande que llega a la exaltación y el júbilo: *La noticia de que había obtenido la beca que anhelaba le provocó tal **euforia**, que no dejaba de brincar.* SIN. **entusiasmo, optimismo.**

eufórico, ca ***adj.*** De la euforia: *Mis amigos están **eufóricos** porque ganaron el campeonato estatal de béisbol.*

eunuco ***m.*** Hombre al que se le han cortado o extirpado los órganos sexuales para que pierda su capacidad de reproducción: *En los países musulmanes de Medio Oriente, los **eunucos** cuidaban el harén donde vivían las esposas del califa o jefe.*

¡eureka! ***interj.*** Expresión que denota alegría por el hallazgo de algo que se buscaba con afán.

euritmia ***f.*** **1** Armonía y buena proporción entre las distintas partes de una obra de arte: *"La novela debe tener **euritmia** para que funcione como un todo, aunque sus partes participen de diferentes estilos", declaró el crítico literario.* **2** Regularidad del pulso: *La **euritmia** prueba el correcto funcionamiento del corazón.* **3** Movimiento armonioso que busca la belleza y sirve para expresar el estado de ánimo: *La **euritmia** se considera un medio de comunicación porque nos permite relacionarnos con lo que nos rodea.*

euro ***m.*** Unidad monetaria de la Comunidad Económica Europea: *El **euro** se usa desde 1999.*

europeísmo ***m.*** **1** Preferencia por las cosas de Europa: *El* ***europeísmo*** *del chef de ese restaurante es exagerado, se opone a cocinar con productos que no vengan de Europa.* **2** Carácter europeo: *Probé un vino excelente que, según un enólogo, destaca por el* ***europeísmo*** *de la uva y el proceso de elaboración.* **3** Movimiento que defiende la unión política de los países del continente europeo: *El* ***europeísmo*** *se basó en la idea de que todos los pueblos europeos comparten la misma raíz étnica y cultural.*

europeísta ***adj./m.*** y ***f.*** **1** Que simpatiza con todo lo europeo: *"Esa visión* ***europeísta*** *de la historia te hace justificar las barbaridades que cometieron los países europeos", le dijo la maestra a Carlos.* **2** Partidario de la unificación o hegemonía europeas: *Eligieron como presidente a un* ***europeísta*** *miembro del partido liberal.*

europeización ***f.*** Divulgación y adopción de las costumbres y cultura europeas: *La* ***europeización*** *de la India tuvo lugar durante el colonialismo británico.*

europeizante ***adj./m.*** y ***f.*** Que da o toma carácter europeo: *Después de la Conquista, muchos gobernantes latinoamericanos adoptaron tendencias* ***europeizantes.***

europeo, a ***adj./m.*** y ***f.*** Originario de Europa: *Francia es un país* ***europeo.***

europio ***m.*** Metal del grupo de las tierras raras, de símbolo Eu y de número atómico 63.

eutanasia ***f.*** Hecho de poner fin a la vida de un enfermo incurable, para evitarle una agonía prolongada: *La* ***eutanasia*** *está prohibida en muchos países.*

evacuación ***f.*** **1** Salida de un lugar que se encuentra en peligro o que ya no puede habitarse: *Los bomberos realizaron la* ***evacuación*** *de la gente que estaba en el edificio que se incendió.* **2** Expulsión de los excrementos del cuerpo: *Elena tiene* ***evacuaciones*** *continuas porque está enferma de diarrea.*

evacuar ***vb.*** {tr.} **1** Sacar de un sitio o abandonar un lugar que se encuentra en peligro o que ya no puede habitarse: *Si el volcán hace erupción,* ***evacuarán*** *los pueblos cercanos para proteger la vida de las personas y de los animales.* Sin. **desocupar, desalojar.** **2** Expulsar los excrementos y la orina del cuerpo: *Se deben* ***evacuar*** *los excrementos todos los días.*

evadido, da ***adj.*** Prófugo, que ha salido subrepticiamente: *Capturaron al traficante* ***evadido*** *hace más de dos años.*

evadir ***vb.*** {tr. y prnl.} **1** Evitar una dificultad, un peligro o el cumplimiento de una obligación: *El maestro le preguntó a Fabián quién había roto el vidrio y él* ***evadió*** *la pregunta porque no quería delatar a su amigo.* Sin. **cuerpear, rehuir.** Ant. **enfrentar.** **2** Fugarse, escaparse de un lugar. Sin. **huir.**

evaluación ***f.*** **1** Procedimiento mediante el cual se califica el avance que ha logrado un alumno durante un curso: *Todos estamos nerviosos porque dentro de una hora comienza la* ***evaluación*** *final.* Sin. **calificación.** **2** Cálculo que se hace para fijar cuánto vale una cosa: *Un ingeniero hizo la* ***evaluación*** *del edificio y nos dijo a qué precio se puede vender.*

evaluar ***vb. irreg.*** {tr.} **Modelo 10.** **1** Calificar el avance que ha logrado un alumno durante un curso: ***Evaluaré*** *el rendimiento de los alumnos teniendo en cuenta su participación en clase y los resultados que hayan obtenido en los exámenes.* **2** Determinar el valor de una cosa: *Era difícil* ***evaluar*** *los daños causados por el terremoto.* Sin. **valorar, estimar.**

evaluativo, va ***adj.*** Que evalúa: *En mi escuela apuestan por el nuevo modelo* ***evaluativo*** *del personal docente que consiste en valoraciones periódicas por parte de los alumnos.*

evanescente ***adj.*** Se aplica a lo que se desvanece haciéndose cada vez más suave o sutil: *Éste es un perfume* ***evanescente*** *porque dura sólo unas horas y desaparece.*

evangélico, ca ***adj.*** **1** Relacionado con el Evangelio: *Algunos autores recurren a parábolas* ***evangélicas*** *como la del sembrador.* **2** Se aplica a la doctrina formada por la fusión del culto luterano y calvinista: *Las iglesias* ***evangélicas*** *son congregaciones cristianas que se caracterizan por el énfasis en evangelizar y la creencia en la relevancia de la fe cristiana en temas culturales.*

evangelio ***m.*** Historia de la vida, doctrina y los milagros de Jesucristo narrada en cada uno de los cuatro libros del Nuevo Testamento de la Biblia: *En el* ***Evangelio*** *se afirma que Jesús dijo: "Dejad que los niños vengan a mí".*

evangelismo ***m.*** Acto de compartir las creencias evangélicas o de anunciar el Evangelio cristiano: *El* ***evangelismo*** *se cumple cuando un cristiano tiene una conversación con una persona no creyente acerca del destino de su alma y su relación con Dios.*

evangelista ***m.*** y ***f.*** **1** Según el Nuevo Testamento, autores de los evangelios de Jesús: *Mateo, Marcos, Lucas y Juan son los cuatro* ***evangelistas.*** **2** ***Méx.*** Persona que tiene por oficio escribir cartas u otros papeles que necesita la gente que no sabe escribir.

evangelizar ***vb. irreg.*** {tr.} **Modelo 16.** Enseñar el Evangelio y la fe cristiana: *Fray Bartolomé de las Casas fue un religioso español que* ***evangelizó*** *y fue defensor de muchos indígenas americanos.*

evaporación ***f.*** Transformación de un líquido en vapor: *El calor del sol produce la* ***evaporación*** *del agua de ríos y lagos, que luego se condensa en el cielo formando las nubes.*

evaporador ***m.*** En ingeniería química, dispositivo que consiste en un intercambiador de calor entre fluidos, de modo que mientras uno de ellos se enfría el otro se calienta, pasando de su estado líquido original a estado de vapor: *Los refrigeradores tienen un* ***evaporador*** *que genera frío.*

evaporador, ra ***adj.*** Que evapora: *El equipo del aire acondicionado tiene la unidad* ***evaporadora*** *en el interior y consta de los ventiladores y la batería.*

evaporar ***vb.*** {tr. y prnl.} **1** Convertir o convertirse un líquido en vapor: *El agua* ***se evapora*** *cuando hierve.* **2** Desaparecer algo o irse alguien sin ser notado: *Nadie se dio cuenta de que Roberto* ***se evaporó*** *de la fiesta hasta que alguien preguntó por él.*

evasión ***f.*** **1** Hecho de esquivar o evitar una dificultad, un peligro o el cumplimiento de una obligación: *La* ***evasión*** *del pago de impuestos es un delito.* **2** Hecho de huir de un lugar: *La* ***evasión*** *del prisionero ocurrió durante la noche.* Sin. **fuga, huida.**

evasiva ***f.*** Excusa o pretexto que se da para no hacer algo: *Cuando le pido que me ayude a ordenar la biblioteca me responde con una* ***evasiva*** *y al final, no hace nada.*

evasivo, va ***adj.*** Se aplica a lo que se usa para evitar una dificultad, un peligro o el cumplimiento de una obligación: *El joven dio una respuesta* ***evasiva*** *a la pregunta de si sabía en dónde estaba escondido su amigo.*

evasor, ra ***adj./m.*** y ***f.*** Que evade o se evade: *Detuvieron al socio de mi papá por* ***evasor*** *de impuestos.*

evento ***m.*** Cosa que sucede.

eventual ***adj.*** **1** Que no es seguro ni regular, sino que depende de las circunstancias: *Me ofrecieron un puesto de trabajo como ejecutivo de cuentas con viajes* ***eventuales*** *al extranjero.* **2** Se aplica al trabajador que no forma parte de la plantilla o que tiene un contrato temporal: *El personal* *eventual* de esta empresa ejerce funciones de investigación y orientación.

eventualidad ***f.*** **1** Inseguridad o dependencia de las circunstancias: *La* ***eventualidad*** *laboral está en aumento y los más perjudicados son los jóvenes.* **2** Hecho o evento posible pero imprevisible o incierto: *"Me ha surgido una* ***eventualidad*** *y no podré ir al concierto, quédate con mi entrada", me dijo Lucía.*

evidencia ***f.*** **1** Prueba de algo: *El equipaje preparado fue la* ***evidencia*** *de que su amigo estaba a punto de salir de viaje.* **2** ***Amér.*** Prueba de un delito usada en un juicio legal.

evidenciar ***vb.*** {tr.} Hacer evidente, probar que algo es claro y cierto: *Las fotografías* ***evidenciaron*** *que mantuvo un romance con su secretaria.*

evidente ***adj.*** Se refiere a lo que es cierto y claro, que no deja lugar a dudas: *Era* ***evidente*** *que se había comido un chocolate porque tenía la boca y las manos manchadas de color marrón.*

evitar ***vb.*** {tr.} **1** Impedir que suceda algún mal, peligro o molestia: *La presencia del perro guardián* ***ha evitado*** *que los ladrones entren a la casa.* **2** Procurar no hacer cierta cosa.

evocación ***f.*** Recuerdo o descripción de cosas pasadas: *Su nueva novela tiene unas* ***evocaciones*** *maravillosas de la bohemia de mitad de siglo.*

evocador, ra ***adj.*** Que facilita el recuerdo o la ensoñación de cosas pasadas: *El cuarteto que tiene Pedro toca música* ***evocadora*** *de la década de 1930.*

evocar ***vb. irreg.*** {tr.} **Modelo 17.** Traer algo a la memoria o a la imaginación: *A mi abuelita le gusta* ***evocar*** *los momentos más felices de su juventud.*

evocativo, va ***adj. Argent.*** y ***Méx.*** Evocador: *Ese pintor realiza paisajes* ***evocativos*** *de la época prehispánica.*

evolución ***f.*** **1** Cambio que le ocurre a alguien o a algo paso a paso: *La* ***evolución*** *de la medicina ha hecho posible que muchas enfermedades que no tenían cura, ahora se puedan curar.* Sin. **desarrollo, avance, adelanto.** **2** Serie de transformaciones sucesivas de los seres vivos: *Según Charles Darwin, el mono se convirtió en hombre después de una lenta* ***evolución.***

evolucionar ***vb.*** {intr.} Cambiar, desarrollarse pasando de un estado a otro paso a paso: *La sociedad* ***ha evolucionado*** *debido a los avances técnicos y científicos, y a los cambios en la forma de pensar de la gente.*

ex profeso *loc.* A propósito, con una intención determinada: *Compré esas galletas* ***ex profeso*** *para la reunión del sábado, así que por favor no se las coman.*

exabrupto ***m.*** Hecho o dicho brusco, grosero o inconveniente: *"Estoy cansado de tus* ***exabruptos,*** *tienes que aprender a no decir groserías", dije a Germán.* Sin. **brusquedad.**

exacerbación ***f.*** **1** Irritación o enojo fuerte: *La pérdida del negocio con China desató la* ***exacerbación*** *de mi jefe.* **2** Aumento de la gravedad de una enfermedad o un síntoma: *El doctor le mandó un nuevo tratamiento porque se produjo una* ***exacerbación*** *de la bronquitis que padecía.* **3** Intensificación de un sentimiento: *El atentando provocó la* ***exacerbación*** *del odio hacia los terroristas.*

exacerbado, da ***adj.*** **1** Irritado, enojado: *Los estudiantes se quejaron con el director por el carácter* ***exacerbado*** *del profesor de física.* **2** Se aplica a la enfermedad agravada o a los síntomas que se agudizan: *Su psicosis se vio* ***exacerbada*** *por las circunstancias adversas.* **3** Intensificado, acrecentado, exagerado: *El político censuró el nacionalismo* ***exacerbado*** *de algunos dirigentes.*

exacerbar ***vb.*** {tr. y prnl.} Causar o sentir enojo: *Cuando la perra vio que atacaban a su amo,* ***se exacerbó*** *y comenzó a ladrar de manera furiosa.* Sin. **enfadar, irritar.**

exactitud ***f.*** Calidad de aquello que se ajusta de manera perfecta a la regla o a la verdad: *En carpintería, la* ***exactitud*** *de las medidas es importante para que los trabajos salgan bien.* Sin. **precisión.**

exacto, ta ***adj.*** Aplicado a lo que ha sido medido, calculado o expresado con todo rigor: *Él siempre llega a la hora* ***exacta,*** *ni un minuto antes, ni un minuto después.*

exageración ***f.*** Cosa que sobrepasa el límite de lo justo y verdadero: *Darle a un niño un kilo de helado para él solo es una* ***exageración.*** Sin. **exceso.**

exagerado, da ***adj.*** Se refiere a lo que es mucho o que sobrepasa los límites establecidos: *La señora decidió no comprar el pescado porque el precio le pareció* ***exagerado,*** *mejor compró vegetales.*

exagerado, da ***m.*** y ***f.*** Persona que tiende a deformar los pensamientos, las palabras o los actos al aumentarlos o al hacerlos parecer más importantes de lo que son.

exagerar ***vb.*** {tr. e intr.} Deformar los pensamientos, las palabras o los actos al darles más importancia de la que tienen: *El periodista* ***exageró*** *la noticia y la gente pensó que se trataba de un incendio grave cuando en realidad había sido muy pequeño.* Sin. **agrandar, abultar.**

exaltado, da ***adj.*** **1** Que se enoja o pierde la moderación: *Ana está muy* ***exaltada*** *porque dejó el coche bien estacionado y se lo llevó la grúa.* **2** Apasionado en exceso: *Julián es un consumidor* ***exaltado*** *que corre a comprar cuanta novedad sale al mercado.*

exaltante ***adj.*** **1** Que realza las cualidades de algo o alguien: *Murió el poeta considerado la figura más* ***exaltante*** *de la poesía actual.* **2** Que hace enojar: *Tuvimos una experiencia* ***exaltante*** *con Hacienda: querían cobrarnos más de lo que debemos pagar.* **3** Que aviva un sentimiento: *Sus* ***exaltantes*** *palabras sobre el perdón hicieron que todo el auditorio se emocionara.*

exaltar ***vb.*** {tr. y prnl.} **1** Hacer que los demás noten las cualidades de una persona u obra: *El escritor* ***exaltó*** *su novela, diciendo que era la mejor que la gente había leído en mucho tiempo.* **2** Enojarse: *Cómo no iba a* ***exaltarse*** *si vio a su novio besando a su mejor amiga.*

examen ***m.*** **1** Estudio cuidadoso de las cualidades y el estado de algo: *El biólogo hizo un* ***examen*** *del bosque y recomendó cuidar a los animales y las plantas que allí habitan.* Sin. **observación.** **2** Prueba que se realiza para demostrar las aptitudes o los conocimientos que una persona tiene: *El maestro nos dará mañana los resultados del* ***examen*** *de historia.* Sin. **evaluación.**

examinado, da ***adj.*** Que se ha sometido a examen: *Los alumnos* ***examinados*** *demostraron tener buenos conocimientos sobre las diferentes materias y podrán acceder a la carrera universitaria que habían elegido.*

examinador, ra ***m.*** y ***f.*** Persona que examina, en especial los conocimientos o aptitudes de otros: *Mi hermano es* ***examinador*** *de aspirantes para ejercer la abogacía.*

examinar ***vb.*** {tr. y prnl.} **1** Someter algo a un estudio cuidadoso para conocer su estado y sus características: *El doctor* ***examinó*** *al paciente para conocer su estado de salud.* Sin. **analizar.** **2** Juzgar las aptitudes o los conocimientos de alguien haciendo pruebas: *El maestro* ***examinará*** *a sus alumnos para comprobar qué han aprendido.*

exánime ***adj.*** **1** Se refiere a lo que no da señal de vida o está sin vida: *El hombre lloró junto al cuerpo* ***exánime*** *de su esposa.* **2** Se dice de quien se encuentra muy debilitado:

a b c d e f g h i j k l m n o p q r s t u v w x y z

El hombre que cruzó el desierto a pie cayó ***exánime*** *al llegar al pueblo.*

exasperación ***f.*** Ira o fuerte enojo: *"La prepotencia y vanidad de Natalia me llenan de* ***exasperación,*** *no la aguanto", dijo Irene.*

exasperado, da ***adj.*** Que está muy enojado e inquieto, a punto de perder la paciencia: *Estela está* ***exasperada*** *porque no la dejaron entrar al concierto con el billete que compró, pues al parecer era falso.*

exasperar ***vb.*** {tr. y prnl.} Dar motivo de enojo o perder la calma: *"No le hagas cosquillas en la nariz porque* ***se exaspera****", dije a mi hermana.* SIN. **enfurecer.**

excarcelar ***vb.*** {tr. y prnl.} Liberar a un preso: ***Han excarcelado*** *al convicto por su buena conducta.*

excavación ***f.*** **1** Hecho de cavar un agujero en la tierra: *Los arqueólogos iniciaron la* ***excavación*** *para descubrir la pirámide.* **2** Agujero cavado en la tierra: *Las cavernas son* ***excavaciones*** *naturales.*

excavadora ***f.*** Máquina para excavar: *Las* ***excavadoras*** *tienen un gran brazo mecánico en un extremo del cual hay una especie de cuchara enorme, que les sirve para sacar la tierra.*

excavar ***vb.*** {tr.} Hacer hoyos en un terreno: *Tres hombres* ***excavaron*** *en la playa buscando un tesoro que nunca encontraron.*

excedente ***adj./m.*** Se refiere a lo que sobra o está de más: *La costurera fabrica muñecos con la tela* ***excedente*** *de los vestidos que hace.*

exceder ***vb.*** {tr. y prnl.} **1** Pasar el nivel de algo: *"Al manejar, no* ***excedas*** *los límites de velocidad", me recomendó mi madre.* SIN. **rebasar. 2** Ir más allá de lo justo o razonable: ***Se excedió*** *comiendo y ahora le duele el estómago.*

excelencia ***f.*** **1** Grandeza o superioridad en la calidad o bondad de algo: *Le otorgaron el premio Nobel de Literatura por la* ***excelencia*** *de su poesía.* **2** Tratamiento honorífico que reciben algunas personas por su cargo o dignidad: *"La próxima conferencia será pronunciada por su* ***excelencia,*** *el embajador de Holanda", dijo el moderador.* **3** ***loc.*** **Por ~,** se aplica a la cosa o persona que le corresponde el apelativo con que se la nombra más que a ninguna otra porque tiene esa cualidad en más alto grado o es la más significativa y conocida: *Los villancicos son la música navideña* ***por excelencia.***

excelente ***adj.*** Referido a lo que sobresale porque es muy bueno o porque tiene muchos méritos: *Josefina presentó un examen* ***excelente,*** *no cometió ningún error.* SIN. **chévere, estupendo.**

excelentísimo, ma ***adj.*** Tratamiento de cortesía y respeto que se aplica a la persona a quien corresponde el de excelente y siempre va seguido de señor o señora: *El* ***excelentísimo*** *señor rector visitó las nuevas instalaciones deportivas del campus.*

excelsitud ***f.*** Alta categoría o elevada dignidad: *La* ***excelsitud*** *del ballet ruso lo ha hecho merecedor numerosos premios y reconocimientos.*

excelso, sa ***adj.*** Se refiere a lo que es de elevada categoría: *Ese palacio está adornado con un lujo* ***excelso.***

excentricidad ***f.*** **1** Rareza o extravagancia de carácter: *La* ***excentricidad*** *de ese científico fue más famosa que sus logros en la física.* **2** Hecho o dicho raro o anormal: *Después de recibir el premio, el novelista pronunció un pequeño discurso lleno de* ***excentricidades*** *que dejaron atónito al auditorio.* **3** En geometría, distancia entre el centro de la elipse y uno de sus focos: *La* ***excentricidad*** *mide cuánto se desvía una elipse de una circunferencia.*

excéntrico, ca ***adj./m.*** y ***f.*** **1** Se aplica a lo que eso está fuera de lo normal o que es poco común: *Un* ***excéntrico*** *hace cosas que la mayoría de la gente no haría.* **2** En geometría, situado fuera del centro.

excepción ***f.*** Lo que se separa de la regla general: *Ya habían cerrado las inscripciones al curso, pero hicieron una* ***excepción*** *con ella y la inscribieron fuera de fecha.*

excepcional ***adj.*** **1** Se aplica a lo que se aparta de la regla general o a lo que ocurre rara vez: *Como algo* ***excepcional*** *por ser mi cumpleaños, mi tío me dejó manejar su camioneta.* **2** Se dice de lo que es único o de una calidad muy superior: *Hoy hizo un día* ***excepcional,*** *el tiempo estaba tan lindo que decidimos ir de paseo.*

excepto ***prep.*** Menos una cosa o sin tener en cuenta algo: *Mi padre trabaja todos los días* ***excepto*** *los domingos.* SIN. **salvo.**

exceptuar ***vb. irreg.*** {tr. y prnl.} **Modelo 10.** Excluir algo o a alguien del grupo general de que se trata o de la regla común: *Si* ***exceptuamos*** *al portero, todos los jugadores del equipo llevan camisetas iguales.*

excesivo, va ***adj.*** Se refiere a lo que sobrepasa el límite de algo o se sale de lo que se considera normal o adecuado.

exceso ***m.*** Parte que sobrepasa la medida o regla: *Como iba demasiado rápido, un policía lo ha multado por* ***exceso*** *de velocidad.*

excipiente ***m.*** Sustancia inactiva que se mezcla con los medicamentos para darles consistencia, forma, sabor o cualidades que faciliten su uso: *"El jarabe para la tos sabe a fresa por el* ***excipiente*** *que lleva", me explicó la farmacéutica.*

excitable ***adj.*** Susceptible de ser excitado: *Jesús es un chico muy* ***excitable*** *y agresivo al que no se le puede llevar la contraria.*

excitación ***f.*** Hecho de provocar una actividad o de hacer que algo se ponga en actividad: *Pensar en un limón con sal me produce* ***excitación*** *en la boca y mi saliva parece agua.* SIN. **nerviosismo, ansiedad.**

excitado, da ***adj.*** **1** Estimulado, agitado, incitado: *Las palabras del líder revolucionario mantuvieron a sus seguidores* ***excitados*** *durante meses.* **2** Entusiasmado, alterado por la alegría o el enojo: *Todos los alumnos están muy* ***excitados*** *porque la maestra les comunicó que dentro de dos semanas irán de excursión a la montaña.*

excitante ***adj.*** Se refiere a lo que produce un aumento anormal o exagerado de la actividad del organismo: *El café es una bebida* ***excitante,*** *porque si bebes mucho, te puede quitar el sueño.*

excitar ***vb.*** {tr. y prnl.} **1** Provocar algún sentimiento, pasión o movimiento: *El juego de fútbol resultó tan emocionante que* ***excitó*** *a toda la gente que estaba en el estadio.* SIN. **estimular, agitar, provocar. 2** Alterarse por el enojo o la alegría: *"No debes* ***excitarte*** *por cosas sin importancia, mejor cálmate", me recomendó mi padre.*

exclamación ***f.*** **1** Grito o frase que expresa con intensidad un sentimiento: *No pude evitar una* ***exclamación*** *de alegría cuando volví a ver a mi hermana después de cinco años.* **2** Signo ortográfico (¡!) con el que se representa una exclamación: *Si quieres que el lector se dé cuenta de que el personaje grita de dolor, escribe "¡Ay!" entre signos de* ***exclamación.***

exclamar ***vb.*** {tr.} Gritar o decir algo de manera brusca: *Y el joven* ***exclamó:*** *"¡Yo también te amo, Griselda!"*

exclamativo, va ***adj.*** **1** Relacionado con la exclamación: *Las oraciones* ***exclamativas*** *ponen énfasis en la comunicación o expresan una emoción.* **2** Se aplica a las palabras que sirven para expresar una exclamación: *Qué y cuánto son pronombres* ***exclamativos.***

excluido, da ***adj.*** Que ha sido eliminado o descartado: *Delia me dijo que se sentía* ***excluida*** *del grupo porque ninguno la llama para salir.*

excluir ***vb. irreg.*** {tr.} **Modelo 59.** Dejar fuera de un grupo a alguien o algo: *Lo* ***han excluido*** *del juego porque es muy brusco y ha lastimado a una niña.* SIN. **eliminar, suprimir.**

exclusión ***f.*** Omisión o eliminación de una cosa o persona de un grupo: *La socióloga habló de la* ***exclusión*** *social de los indígenas en la ciudad.*

exclusiva ***f.*** Privilegio por el que una entidad o persona es la única autorizada para algo: *Esa empresa tiene la* ***exclusiva*** *para vender esos productos en este país.* SIN. **autorización, concesión.**

exclusividad ***f.*** **1** Exclusiva: *El negocio de mi tío está mejorando desde que obtuvo la* ***exclusividad*** *de venta de los nuevos celulares.* **2** Inexistencia de algo igual: *Ese coche es muy caro por su* ***exclusividad*** *y rareza.*

exclusivismo ***m.*** **1** Adhesión obstinada a algo sin reparar en lo demás que debe tenerse en cuenta: *El* ***exclusivismo*** *político en el manejo del poder conduce a la intolerancia y falta de respeto por las decisiones de los votantes.* **2** Deseo de que no formen parte de un grupo determinadas personas: *El* ***exclusivismo*** *racial y cultural de ese grupo de extrema derecha quiere expulsar a todos los inmigrantes del país.* **3** Estimación exagerada por lo propio y desprecio por lo ajeno: *"No me gusta el* ***exclusivismo*** *de ese periodista, se cree que sólo lo que él dice es cierto y verdadero", dijo Sonia.*

exclusivista ***adj.*** **1** Relacionado con el exclusivismo: *Sergio acude a una asociación* ***exclusivista*** *donde sólo aceptan a hombres.* **2** Se aplica a la persona que practica el exclusivismo: *"Deberías conocer a la gente de tu clase aunque sean de otros países, no seas* ***exclusivista****", le dije a Armando.*

exclusivo, va ***adj.*** **1** Referido a lo que deja algo o a alguien fuera de un grupo: *Fabiana no pertenece a ese club porque es* ***exclusivo*** *para niños.* **2** Único: *Ése es un vestido* ***exclusivo*** *que un diseñador de modas hizo para ella.* **3** Se refiere a lo que sólo puede ser usado por la persona o personas autorizadas: *El baño de ese restaurante es* ***exclusivo*** *para la gente que va a comer ahí.*

excluyente ***adj.*** Que excluye o deja fuera: *La educación superior en algunos países es* ***excluyente,*** *hay muchas desigualdades en la enseñanza y muchos estudiantes no pueden acceder a las universidades.*

excomulgar ***vb.*** {tr.} **1** En la Iglesia Católica, expulsar de la comunidad de fieles y del uso de los sacramentos: *El Papa* ***excomulgó*** *al párroco que violó el sacramento de la confesión.* **2** ***Fam.*** Declarar a una persona fuera de un grupo: *Lo* ***excomulgaron*** *por sus opiniones contrarias a la ideología del partido.*

excomunión ***f.*** **1** Pena impuesta por ley canónica en la que un católico es expulsado de la vida de la Iglesia: *Recibió la* ***excomunión*** *por participar en actividades anticlericales.* **2** Carta o decreto con que se excomulga: *Hicieron público el decreto de* ***excomunión*** *que impide la recepción de los sacramentos y el ejercicio de actos eclesiásticos a todos los miembros de esa secta.*

excoriación ***f.*** Irritación o levantamiento de la piel con aparición de escamas: *Me han salido* ***excoriaciones*** *y el dermatólogo me ha dicho que evite la ropa áspera y utilice temporalmente vaselina o talco para bebés como lubricante.*

excoriar ***vb.*** {tr. y prnl.} Arrancar o levantar la superficie de la piel quedando la carne descubierta: *El roce de las tiras de las sandalias nuevas* ***me han excoriado*** *la piel del pie.*

excrecencia ***f.*** Formación que sobresale de una superficie del organismo: *El dermatólogo le dijo a Rafael que las* ***excrecencias*** *que tiene en la espalda son un tipo de verruga.*

excreción ***f.*** Proceso biológico de eliminación de las sustancias tóxicas del organismo: *Los órganos que participan en la* ***excreción*** *son los pulmones, el hígado, los riñones y las glándulas sudoríparas.*

excremento ***m.*** Conjunto de desechos de la digestión que el organismo elimina de forma natural por el ano. SIN. **heces, caca, mierda.**

excretar ***vb.*** {intr.} Sacar un organismo fuera de sí el excremento, la orina o el sudor: *Las glándulas sudoríparas* ***excretan*** *el sudor.*

excretor, ra ***adj.*** Se aplica a los órganos o conductos que sirven para excretar: *En el aparto urinario, la vía* ***excretora*** *se encarga de recoger la orina y de expulsarla al exterior.*

exculpar ***vb.*** {tr. y prnl.} Dejar a alguien libre de culpa: *Las pruebas presentadas por el abogado fueron contundentes y el juez* ***exculpó*** *al acusado.*

excursión ***f.*** Viaje de corta duración con fines didácticos o recreativos: *Hoy los alumnos del quinto grado fueron de* ***excursión*** *al museo de historia.* SIN. **paseo, caminata.**

excursionismo ***m.*** Práctica de excursiones como actividad deportiva, artística, científica o de recreo: *Los fines de semana hacemos* ***excursionismo*** *para disfrutar y aprender más de la naturaleza.*

excursionista ***m.*** y ***f.*** Persona que hace excursiones: *Esos* ***excursionistas*** *realizan deporte de aventura y turismo ecológico.*

excusa ***f.*** **1** Explicación con que una persona se disculpa o justifica: *Te presento mis* ***excusas*** *por haber llegado tarde.* **2** Pretexto que se da para hacer o dejar de hacer algo: *Decir que te duele el estómago es una* ***excusa*** *para no ir a la escuela.*

excusado ***m.*** Mueble con forma de asiento que está en el baño y que sirve para defecar y orinar. SIN. **escusado, retrete, inodoro, taza, water.**

excusar ***vb.*** {tr. y prnl.} Perdonar a alguien por una falta cometida o disculparse uno por haber cometido una falta: *La maestra* ***excusó*** *a Patricia por no traer el trabajo escolar, porque la niña había estado enferma.*

execrable ***adj.*** Se dice de aquello que merece ser condenado severamente o reprobado: *El comportamiento de esa mujer es* ***execrable,*** *no tenía por qué deshacerse de los árboles que adornaban la calle enfrente de su casa.*

execración ***f.*** **1** Condena o reprobación severas: *Juan mintió y robó a sus compañeros por lo que se mereció la* ***execración*** *de todos.* **2** Pérdida del carácter sagrado de un lugar: *En el antiguo Egipto, algunos faraones ordenaron la* ***execración*** *de los templos de sus antecesores proscritos.* **3** Figura retórica en que el autor se condena a sí mismo: *Cuando el protagonista dice: "¡Me caiga yo muerto si eso es verdad!", es una* ***execración.***

execrar ***vb.*** {tr.} **1** Condenar o maldecir con autoridad religiosa o en nombre de cosas sagradas: *"Que Júpiter descargue su furia contra ti y tu familia por haberme despojado de mis bienes", le* ***execró*** *el romano a su rival.* **2** Condenar o censurar con severidad: *Los vecinos* ***execraron*** *el cruel comportamiento de la señora con sus gatos.* **3** Aborrecer o sentir repulsión moral por algo indigno: ***Execramos*** *todo tipo de acoso injustificado.*

exegesis o **exégesis** ***f.*** Explicación o interpretación crítica de un texto, en especial de la Biblia: *La maestra nos pidió la **exégesis** del libro que estamos leyendo, incluidos un análisis de las palabras significativas, un examen del contexto general histórico y cultural, y el estudio del contexto dentro del mismo texto.*

exégeta ***m.*** y ***f.*** Persona que interpreta un texto: *Santo Tomás de Aquino fue el **exégeta** de las Sagradas Escrituras más famoso de la Edad Media.*

exegético, ca ***adj.*** **1** De la exégesis: *Los estudios **exegéticos** de san Jerónimo dieron lugar a la Vulgata, el texto bíblico oficial de la Iglesia católica.* **2** En derecho, método interpretativo de las leyes que se apoya en el sentido de sus palabras: *El método **exegético** nació en la Revolución Francesa al considerar que el juez no debía interpretar la ley porque sería darle más importancia a su voluntad, algo incompatible con la Declaración de igualdad de todos los seres humanos.*

exentar ***vb.*** {tr.} Liberar, quitar una responsabilidad: *A Rebeca la **han exentado** de la clase de gimnasia porque le duele la cabeza.* SIN. **eximir.**

exento, ta ***adj.*** Se aplica al que ha quedado libre de cumplir con una obligación: *Gracias a sus excelentes calificaciones durante el curso, Federico está **exento** de presentar el examen final.*

exequias ***f. pl.*** Ceremonia religiosa que se hace por alguien que ha muerto: *Don Benito falleció ayer y mañana serán las **exequias.***

exfoliante ***adj.*** Se aplica a los productos cosméticos que eliminan las células muertas de la piel: *Estoy usando una crema **exfoliante** que me deja la piel muy suave y nutrida.*

exfoliar ***vb.*** {tr. y prnl.} **1** Dividir en láminas o escamas: *La corteza del árbol de mi jardín **se está exfoliando.*** **2** Eliminar de la piel las células muertas: *La vendedora de cosméticos me dijo que al **exfoliar** se promueve la regeneración de células nuevas y se fortalece la piel.*

exhalación ***f.*** Acción de sacar el aire por la nariz o la boca hacia afuera de los pulmones: *Cuando se encontró fuera de peligro, el hombre soltó una **exhalación** de alivio.* SIN. **espiración.** ANT. **inhalación.**

exhalar ***vb.*** {tr.} **1** Despedir gases, vapores u olores: *Cuando se quema, el azufre **exhala** un olor desagradable.* SIN. **desprender.** **2** Sacar el aire de los pulmones por la nariz o la boca: *Cuando el doctor te dice «inhala» debes llenar tus pulmones de aire, cuando te dice **"exhala"** debes soltar el aire.* SIN. **espirar.** ANT. **inhalar.**

exhaustividad ***f.*** Profundidad en hacer algo: *El detective realizó su investigación con **exhaustividad** y descubrió pistas que le llevaron a revelar al autor del crimen.*

exhaustivo, va ***adj.*** Se refiere a lo que se hace a fondo, sin descuidar detalle: *El científico hizo estudios **exhaustivos** para asegurarse de que el nuevo medicamento no causaría problemas a los enfermos que lo tomaran.*

exhausto, ta ***adj.*** Se dice del que está tan cansado que ya no puede más: *Después de cuidar a sus tres nietos durante todo el día, la abuela ha quedado **exhausta.***

exhibición ***f.*** Muestra pública de una serie de cosas interesantes: *En el museo hay una **exhibición** de cuadros de pintores del siglo pasado.* SIN. **exposición.**

exhibicionismo ***m.*** **1** Deseo de exhibirse o llamar la atención: *Pablo paseó por el vecindario en su nuevo coche descapotable bajo la lluvia por puro **exhibicionismo.*** **2** Perversión sexual que consiste en mostrar en público los órganos genitales: *Se produjo un escándalo cuando detuvieron a un actor famoso por **exhibicionismo.***

exhibicionista ***m.*** y ***f.*** Persona que practica el exhibicionismo: *En la avenida principal hay un **exhibicionista** con sombrero y gabardina que se destapa ante todas las mujeres que pasan por ahí.*

exhibidor ***adj./m.*** **1** Que exhibe: *En las tiendas tienen muebles **exhibidores** donde se colocan los productos para que la gente pueda verlos antes de comprarlos.* **2** Persona que se dedica a la explotación comercial o gestión de las salas de cine: *Algunos **exhibidores** creen que si se encarecen las películas dobladas la gente dejará de ir al cine.*

exhibir ***vb.*** {tr. y prnl.} **1** Mostrar o enseñar algo en público: *El agente viajero **exhibió** su pasaporte al entrar al país.* SIN. **presentar, enseñar.** **2** Mostrarse uno para ser visto por la gente: *El actor y la actriz ganadores del premio **se exhibieron** juntos ayer por la noche en un famoso restaurante.*

exhortación ***f.*** **1** Petición o aviso con que se intenta convencer para hacer o dejar de hacer algo: *Un grupo de intelectuales hizo una **exhortación** a los ciudadanos para que no se queden indiferentes ante el cambio climático y hagan todo lo posible para salvar nuestro planeta.* **2** Sermón breve y familiar: *Antes de salir de viaje tuve que escuchar las **exhortaciones** de mis padres para que tuviera cuidado y no me metiera en problemas.*

exhortar ***vb.*** {tr.} Alentar a alguien para que realice o deje de realizar una acción valiéndose de razones o ruegos: *Rómulo **exhortó** a su amigo a que dijera la verdad.* SIN. **animar.**

exhumación ***f.*** Desenterramiento de un cadáver: *Ayer realizamos la **exhumación** de los restos de mi abuelo para trasladarlos al pueblo donde nació.*

exhumar ***vb.*** {tr.} Desenterrar un cadáver que se encontraba sepultado: *Por orden del juez, los policías **exhumaron** el cuerpo para que se le realizara una autopsia.*

exigencia ***f.*** Pedido que se hace con energía, basado en un derecho o por la fuerza: *No puedo cumplir con todas tus **exigencias,** tienes que moderarte un poco.*

exigente ***adj./m.*** y ***f.*** Se refiere al que solicita una cosa basado en un derecho o por la fuerza y que no se conforma con otra cosa: *Al final del curso todos le agradecimos al maestro haber sido tan **exigente** con nosotros, ya que eso nos ayudó a terminar la carrera.* SIN. **severo, estricto.**

exigir ***vb. irreg.*** {tr.} **Modelo 61.** **1** Pedir algo que corresponde por derecho. **2** Pedir o reclamar algo con energía: *El jefe de la empresa **exige** a sus empleados que cumplan con sus obligaciones.* **3** Necesitar o requerir algo: *Ese camino en la montaña **exige** montar a caballo porque el automóvil no puede pasar.*

exiguo, gua ***adj.*** Escaso, que resulta insuficiente: *Con sus **exiguos** ingresos actuales, Mirta jamás podrá comprar la nueva computadora que necesita.*

exiliado, da ***adj./m.*** y ***f.*** Se aplica a quien ha tenido que abandonar su país por motivos políticos: *Los **exiliados** esperan que cambie la situación política de su país para poder regresar.*

exiliar ***vb.*** {tr. y prnl.} **1** Obligar a alguien a dejar su patria: *El rey mandó **exiliar** al duque porque lo traicionó.* SIN. **desterrar.** **2** Abandonar alguien su patria por motivos políticos: *El ex presidente tuvo que **exiliarse** porque la gente pedía que se le hiciera un juicio.*

exilio ***m.*** Separación de una persona de la tierra donde nació o vive: *Después de veinte años de **exilio,** el poeta ha vuelto a su patria.* SIN. **destierro.**

eximir ***vb.*** {tr. y prnl.} Liberar a alguien o liberarse uno de una obligación. SIN. **exentar.**

existencia ***f.*** **1** Acto de existir: *La **existencia** de hongos en esta madera se debe a la humedad del ambiente.* SIN.

presencia. **2** Vida del ser humano: *Fue una persona amable que durante toda su **existencia** se dedicó a ayudar a los demás.* **3** ***pl.*** Mercancías que están almacenadas en espera de ser vendidas: *El empleado le entregó al jefe una lista de las **existencias** que están en la bodega.* **4** ***loc.*** **En ~,** en la bodega o disponible: *Ese tornillo que busca no lo tenemos **en existencia**, traerán más la próxima semana.*

existencial ***adj.*** Relacionado con la existencia: *"Tengo muchas dudas **existenciales** últimamente, no sé qué hacer en el futuro ni qué trabajo elegir", me confesó Enrique.*

existencialismo ***m.*** Movimiento filosófico que funda el conocimiento de toda realidad sobre la experiencia inmediata de la existencia propia: *El **existencialismo** defiende que el individuo es libre y totalmente responsable de sus actos porque no existe un poder trascendental que lo determine.*

existencialista ***adj./m.*** y ***f.*** **1** Del existencialismo: *El pensamiento **existencialista** se caracteriza por creer que la existencia es el modo de ser propio del ser humano.* **2** Partidario de esta corriente filosófica: *Jean-Paul Sartre, Albert Camus y Simone de Beauvoir fueron los **existencialistas** franceses más famosos.*

existente ***adj.*** Que existe en un momento concreto: *Muchas personas quieren modificar algunas de las leyes **existentes** porque las consideran distanciadas de la época y de las necesidades actuales.*

existir ***vb.*** {intr.} **1** Ser real o verdadera una cosa material o espiritual: *Los elefantes voladores no **existen**.* **2** Tener vida: *La semana pasada, su abuelo dejó de **existir**, por eso Daniela está triste.* SIN. **vivir.** **3** Haber o hallarse: *"¿Tú crees que **existe** algún lugar donde la gente no necesite comer para vivir?", pregunté a mi madre.*

éxito ***m.*** **1** Buen resultado: *El **éxito** de la investigación se basa en la colaboración de todos.* SIN. **triunfo.** **2** Obra o cosa que la gente acepta con agrado: *Ese cantante tiene mucho **éxito** entre los jóvenes.*

exitoso, sa ***adj.*** Que tiene éxito: *La **exitosa** novela de ese escritor ya ha sido galardonada con numerosos premios del público y de la crítica.*

exlibris o **ex libris** ***m.*** Sello o etiqueta que se pone en un libro para indicar quién es su dueño: *Algunos **exlibris** antiguos son verdaderas obras de arte.*

exocrino, na ***adj.*** Se aplica a la glándula que expulsa su secreción al tubo digestivo o al exterior del organismo: *Las glándulas **exocrinas** producen sustancias que realizan una función específica, como las enzimas.*

éxodo ***m.*** Traslado de un grupo o pueblo para ir a habitar otro lugar: *A principios del siglo XX hubo un gran **éxodo** de gente del campo hacia las ciudades.*

exoesqueleto ***m.*** Piel muy endurecida y gruesa, formada por la acumulación de quitina o cal sobre la epidermis, que sirve de sostén y protección del cuerpo de muchos animales como moluscos, artrópodos, reptiles o mamíferos: *Las cigarras mudan su **exoesqueleto** periódicamente.*

exoneración ***f.*** **1** Liberación o alivio de un peso o una obligación: *En varios países los jóvenes han conseguido la **exoneración** de algunos gastos que corren a cuenta del Estado.* **2** Destitución de una persona de su empleo o cargo: *La **exoneración** del jefe del departamento fue una sorpresa para todos.*

exonerar ***vb.*** {tr. y prnl.} Liberar a alguien o librarse uno de una carga u obligación: *Esa prueba **exoneró** al acusado del delito por el que se le estaba juzgando, de modo que el juez lo declaró inocente.*

exorbitado, da ***adj.*** Exagerado: *Mi vecina nos contó una versión **exorbitada** del accidente que ocurrió.*

exorbitante ***adj.*** Se aplica a la cosa que es tan grande o importante que se sale de lo normal: *Me pareció **exorbitante** el precio del disco, así que no lo compré.* SIN. **excesivo, exagerado.**

exorcismo ***m.*** **1** Ceremonia a través de la cual se exorciza. **2** Oración destinada a exorcizar.

exorcista ***m.*** Persona que exorciza, que conjura a los demonios: *El filme "El **Exorcista**", fue famoso en todo el mundo en la década de 1970.*

exorcizar ***vb. irreg.*** {tr.} **Modelo 16.** **1** Exorcizar a un demonio es amenazarlo, expulsarlo por medio de oraciones especiales en un ritual. **2** Exorcizar a alguien o a un lugar es liberarlo de un demonio por medio de exorcismos.

exótico, ca ***adj.*** **1** Relativo a lo que es de un país lejano y con costumbres que se conocen poco: *El explorador italiano Marco Polo viajó de Venecia a la China, que en esa época era considerada un país **exótico**.* **2** Se dice de lo que es raro o que sale de lo común: *Ricardo tiene la costumbre **exótica** de dormir sobre las ramas de ese árbol cuando hace mucho calor.*

exotismo ***m.*** **1** Procedencia de un país lejano y poco conocido: *Las porcelanas orientales llamaron la atención a los europeos del siglo XIX por su **exotismo**.* **2** Extravagancia, rareza: *Todos hablaban del **exotismo** de la ropa del nuevo profesor de arte, muy llamativa por sus colores vivos.* **3** Tendencia a asimilar formas y estilos artísticos de un país o cultura distintos de los propios: *Gauguin fue un pintor francés que buscó en la Polinesia una pintura depurada y primitiva llena de **exotismo**.*

expandido, da ***adj.*** Extendido, dilatado: *Compré la versión **expandida** de la película y dura más de cuatro horas.*

expandir ***vb.*** {tr. y prnl.} **1** Hacer o hacerse algo más grande, más amplio o más extenso: *Las cosas hechas de plástico **se expanden** con el calor.* **2** Difundir una noticia, hacerla pública: *La noticia de que el perro de Hugo se había perdido **se expandió** por el pueblo y todos comenzamos a buscarlo.*

expansión ***f.*** **1** Desarrollo del tamaño de algo: *La empresa contrató más empleados porque se encuentra en **expansión**.* SIN. **crecimiento.** **2** Descanso o recreo: *Después de estudiar tantas horas, necesitas un momento de **expansión**; te invito al cine.* SIN. **diversión.**

expansivo, va ***adj.*** **1** Relativo a lo que puede hacerse más grande o más extenso: *El gas es **expansivo**, por eso explota con facilidad.* **2** ***Fam.*** Se aplica a la persona comunicativa: *Mi hijo es un niño **expansivo** a quien le gusta mucho conocer gente y hablar.* SIN. **sociable.** ANT. **tímido.**

expatriación ***f.*** Abandono o expulsión de la propia patria: *La **expatriación** de numerosas personas se debe a la búsqueda de nuevas oportunidades económicas.*

expatriado, da ***adj./m.*** y ***f.*** Persona que ha abandonado su patria por alguna razón: *Muchos científicos se vuelven **expatriados** porque salen de su país en busca de mejores oportunidades.*

expatriar ***vb.*** {tr. y prnl.} **1** Expulsar a alguien de su patria: *El jefe de gobierno **expatrió** a varios opositores políticos a pesar de las críticas internacionales.* **2** Abandonar la patria: *Mi familia **se expatrió** durante la dictadura.*

expectación ***f.*** Gran interés con que se espera alguna cosa: *Los niños sienten mucha **expectación** por los regalos que recibirán al finalizar el año.*

expectante ***adj.*** Se dice de quien espera algo con especial interés: *Mis compañeros y yo estamos **expectantes** respecto al resultado de los exámenes.*

expectativa *f.* **1** Esperanza de conseguir una cosa: *Tengo la **expectativa** de obtener la beca que solicité a las autoridades de mi escuela.* **2** *loc.* **A la ~,** esperando lo que pueda ocurrir: *Todavía no desocupan la casa que queremos comprar, estamos **a la expectativa.***

expectorante *adj.* Se aplica al medicamento que hace expectorar: *Estoy tomando un jarabe **expectorante** para curarme el resfriado.*

expectorar *vb.* {tr.} Expulsar por la boca los mocos o flemas que se forman en la garganta o en los pulmones: *Cordelia tiene tos y el médico acaba de recetarle un jarabe que ayuda a **expectorar.*** SIN. **escupir.**

expedición *f.* **1** Viaje o marcha que se hace con una finalidad, y personas que realizan este viaje: *Un grupo de científicos realizó una **expedición** al Polo Norte para estudiar los componentes minerales de la tierra en esa zona.* **2** Envío de una cosa: *La **expedición** de un paquete puede hacerse por correo aéreo, marítimo o terrestre.*

expedicionario, ria *adj./m.* y *f.* Que forma parte de una expedición: *El grupo **expedicionario** que se perdió en el desierto llegó al oasis sediento y con graves quemaduras.*

expedidor, ra *adj./m.* y *f.* Que expide: *El **expedidor** debe pagar los costos del envío.*

expediente *m.* **1** Conjunto de documentos relacionados con un asunto: *Cuando solicité mi pasaporte, abrieron un **expediente** con mi nombre y guardaron allí todos los documentos que presenté.* **2** Historial de incidencias y calificaciones en la carrera de un estudiante: *La secretaria me dijo que en mi **expediente** no constaba que yo había pasado la materia y tuve que hablar con el profesor para que lo arreglara.* **3** Procedimiento administrativo en que se enjuicia a un funcionario por faltas en el cumplimiento de sus funciones: *Abrieron un **expediente** a Alejandro por olvidarse de pagar los impuestos de la oficina y descuidar otros pagos importantes.* **4** Conjunto de trabajos realizados por un empleado: *Graciela tiene muy buen **expediente** en esta empresa, no creo que tenga dificultad para encontrar un puesto mejor después de que finalice su contrato.*

expedir *vb. irreg.* {tr. y prnl.} **Modelo 47. 1** Enviar una cosa a otro lugar: *La compañía **expidió** una caja llena de artesanías que se venderán en otro país.* **2** Hacer un documento que contiene una orden o una resolución: *En el juzgado **expidieron** la orden de aprehensión contra el sospechoso.* **3** *Chile* y *Urug.* Desenvolverse en asuntos o actividades.

expeditivo, va *adj.* **1** Se aplica al que obra con eficacia y rapidez: *En ese trabajo se necesitan hombres **expeditivos** porque el ahorro de tiempo es importante en el éxito de la empresa.* **2** Se refiere a lo que permite hacer las cosas de manera rápida.

expedito, ta *adj.* Se aplica a lo que está libre de estorbo y permite actuar con rapidez: *Ahora que ha presentado todos los documentos necesarios, el trámite será **expedito.***

expelente *adj.* Que expele: *Como gas **expelente** de los extintores se puede usar nitrógeno, bióxido de carbono o aire seco.*

expeler *vb.* {tr.} Arrojar algo su contenido hacia afuera de manera violenta: *Si una arteria se corta, **expele** sangre.*

expendedor, ra *m.* y *f.* Persona que vende una o algunas mercancías en especial: *El **expendedor** de cervezas llega a surtir la tienda todos los días.*

expender *vb.* {tr.} Vender mercancías al por menor: *En la lechería compran leche al por mayor y la **expenden** a la gente que compra uno o dos litros al día.*

expendio *m.* **1** *Argent., Cuba, Méx., Par., Perú, Urug.* y *Venez.* Venta al por menor: *Los locales para el **expendio** de carnes deben cumplir con unos requisitos mínimos, como tener lavaderos y refrigeración.* **2** *Méx.* Tienda pequeña: *"Voy al **expendio** a comprar unos chicles", dijo Lorena.* **3** *Urug.* Tienda donde se venden alimentos, a veces subvencionados: *Mi madre me encargó comprar huevos y leche en el **expendio** de la esquina.*

expensar *vb.* {tr.} *Chile.* Pagar los gastos de algún negocio. SIN. **costear.**

expensas *f. pl.* **1** Gastos que genera algo: *María Eugenia administra **las expensas** de la casa.* **2** *loc.* **A ~ de,** a costa de o por cuenta de: *Ese hombre no trabaja, vive **a expensas del** dinero que le da su esposa.*

experiencia *f.* **1** Conocimiento que se aprende en la práctica: *La **experiencia** en un trabajo o en la vida se adquiere a través de los años.* ANT. **inexperiencia. 2** Hecho o suceso que se vive o se ha vivido: *Horacio nos contó sus **experiencias** durante el viaje que realizó al África.*

experimentación *f.* **1** Conjunto de pruebas o experimentos a que se somete algo para demostrar y para examinar sus características o propiedades: *Hay un debate abierto para buscar alternativas a la **experimentación** con animales.* **2** Método científico de indagación que se basa en observar fenómenos que han sido producidos intencionalmente para su estudio: *En una **experimentación** no siempre es posible usar el objeto real de investigación y se debe simular creando un prototipo.*

experimentado, da *adj.* Se aplica a la persona que tiene experiencia en algo: *Mi tío es un chef **experimentado** que lleva más de veinte años como jefe de cocina de ese restaurante.*

experimental *adj.* **1** Relativo al conocimiento que se adquiere en la práctica: *La medicina es una ciencia **experimental** porque ha obtenido éxitos después de hacer pruebas en el laboratorio.* **2** Relativo a las pruebas o experimentos que se hacen para examinar las condiciones o propiedades de algo: *Todavía no sacan a la venta el nuevo tinte para el cabello porque el producto se encuentra en su fase **experimental.***

experimentar *vb.* {tr.} **1** Examinar las condiciones o propiedades de algo a través de pruebas o experimentos: *Los científicos **experimentan** los medicamentos en animales antes de usarlas en el ser humano.* SIN. **probar. 2** Conocer o sentir una cosa por uno mismo. **3** Sufrir un cambio: *"Después de tomar el medicamento, su perro **experimentará** una mejoría", me dijo el médico.*

experimento *m.* Acción que consiste en la provocación de un fenómeno con el fin de estudiarlo o estudiar sus consecuencias: *Los alumnos hicieron un **experimento** en el laboratorio para comprobar cómo se forma el vapor.*

experto, ta *adj./m.* y *f.* Se aplica a quien tiene muchos conocimientos prácticos acerca de algo: *Para manejar el transporte público se necesitan conductores **expertos.***

expiación *f.* Reparación de una culpa o pago de un crimen mediante un sacrificio o un castigo: *El hombre solitario de la película vivía alejado del mundo como **expiación** de sus pecados.*

expiar *vb. irreg.* {tr.} **Modelo 9.** Pagar un crimen o borrar una culpa mediante un castigo o un sacrificio: *El asesino **expiará** su delito en prisión.*

expirar *vb.* {intr.} **1** Acabarse la vida de alguien: *El anciano **expiró** mientras dormía.* SIN. **morir. 2** Acabarse un periodo: *Mañana **expirará** el plazo para inscribirse en el concurso.*

explanada ***f.*** Espacio de tierra llano o allanado: *En esa **explanada** se puede jugar fútbol.*

explayarse ***vb.*** {prnl.} **1** *Fam.* Extenderse mucho al hablar: *La señora **se explayó** contando durante una hora cómo fue que encontró y compró un vestido.* **2** Tener un momento de descanso y diversión: *Los jóvenes **se explayaron** jugando con un balón.*

explicación ***f.*** **1** Declaración de algo con palabras que resultan fáciles de entender: *Los alumnos escucharon la **explicación** que dio el maestro sobre cómo se forman las nubes.* **2** Razón que se da para justificarse: *El joven llegó muy tarde a casa y su madre le pidió una **explicación.***

explicar ***vb. irreg.*** {tr. y prnl.} **Modelo 17. 1** Hablar sobre algo de manera que sea más fácil de entender: *El maestro siempre nos **explica** todo lo que no entendemos.* SIN. **aclarar. 2** Dar a conocer la causa de una cosa: *El niño **explicó** que su hermano se cayó por la escalera al intentar saltar tres escalones de una sola vez.* **3** Decir lo que uno piensa o siente: *Teresa se vio en la necesidad de **explicarse** frente a sus amigas por no querer ir al cine con ellas.* **4** Llegar a comprender: *Adelaida no **se explica** cómo fue que perdió el dinero.* SIN. **entender.**

explicativo, va ***adj.*** Que explica o sirve para explicar algo: *"Todas las partes difíciles del texto están aclaradas en las notas **explicativas,** pero si alguien tiene más dudas puede consultarme", dijo la maestra.*

explicitar ***vb.*** {tr.} Hacer explícito: *Las normas de clase **se explicitaron** en el documento que se repartió al principio de curso.*

explícito, ta ***adj.*** Se dice de lo que está expresado de forma clara: *"Creo que fui **explícito** cuando te pedí que no juegues con cuchillos porque es peligroso", me dijo mi padre.* SIN. **claro.**

exploración ***f.*** **1** Recorrido de un lugar con la intención de conocerlo: *Durante la **exploración** de la cueva encontramos un nido de murciélagos.* SIN. **expedición. 2** Observación de una parte interna del cuerpo para formar un diagnóstico: *Después de la **exploración,** el médico pudo asegurar que el paciente no estaba enfermo de cáncer.* SIN. **estudio.**

explorado, da ***adj.*** **1** Se aplica al lugar que ha sido recorrido para conocerlo: *En las islas **exploradas** por el grupo de científicos se encontraron restos de vida humana.* **2** Observado o examinado: *El médico aseguró que la paciente **explorada** había sido víctima de malos tratos.*

explorador, ra ***m.*** y ***f.*** Persona que se dedica a recorrer un lugar con la intención de conocerlo: *David estuvo hablando con un **explorador** que conoce muy bien esta zona del país.*

explorar ***vb.*** {tr.} **1** Recorrer un lugar, un país o un planeta para conocerlo: *Los buzos **han explorado** el fondo del mar buscando los restos del barco hundido.* **2** En medicina, reconocer u observar una parte interna del cuerpo para formar un diagnóstico: *El doctor **exploró** los pulmones de su paciente dándole pequeños golpecitos en la espalda y escuchando con atención su forma de respirar.*

explosión ***f.*** **1** Hecho de reventar un cuerpo de manera violenta y ruidosa: *La **explosión** del globo asustó al niño.* **2** *Fam.* Manifestación repentina y fuerte de un sentimiento o estado de ánimo: *La buena noticia causó una **explosión** de alegría.*

explosivo ***m.*** Sustancia que al quemarse o calentarse produce una explosión: *La dinamita es un **explosivo.***

explosivo, va ***adj.*** **1** Relativo a lo que hace o puede provocar una explosión: *Donde hay sustancias **explosivas** está prohibido fumar o encender fuego.* **2** Se refiere a la persona que manifiesta de manera repentina y con fuerza un sentimiento o un estado de ánimo: *Ese hombre siempre ha tenido un carácter **explosivo,** por cualquier cosa se enfada y grita.*

explotable ***adj.*** **1** Se aplica a lo que puede ser útil o producir algún beneficio: *El nuestro país todavía hay minas **explotables.***

explotación ***f.*** **1** Conjunto de elementos necesarios para la instalación de una industria o un negocio: *En ese pueblo han creado una **explotación** ganadera en la que se produce leche y carne.* **2** Aprovechamiento de los recursos naturales: *Ese país obtiene muchas ganancias por la **explotación** de sus pozos petroleros.* **3** Aprovechamiento, en beneficio de pocos individuos, de los recursos y las ganancias que produce el trabajo de un conjunto de personas: *Los sindicatos obreros se establecieron para controlar la **explotación** excesiva del trabajo humano.*

explotado, da ***adj.*** **1** Aprovechado, utilizado: *Las Naciones Unidas dijeron que la yuca tiene un gran potencial aún no **explotado.*** **2** Se aplica a la persona de la que abusan en el trabajo para sacar beneficio propio: *Los empleados **explotados** se pusieron en huelga para reducir la jornada laboral.* **3** Que ha estallado: *Las bombas **explotadas** en la zona de guerra causaron numerosos daños materiales.*

explotador ***adj.*** **1** Que saca provecho de algo: *Los países **explotadores** de petróleo subieron el precio del barril creando una crisis mundial.* **2** Se aplica a quien abusa de otras personas en el trabajo para sacar beneficio propio: *Mi jefe es un **explotador,** llevo más de dos meses trabajando y todavía no me ha pagado.*

explotar ***vb.*** {intr.} **1** Reventarse un cuerpo de manera violenta y ruidosamente. SIN. **detonar, estallar. 2** Estallar, manifestar de manera repentina un estado de ánimo: *Había pasado por tantas angustias y se encontraba tan nerviosa que **explotó** en llanto.*

explotar ***vb.*** {tr.} **1** Sacar provecho de algo: *Una empresa maderera **explotará** ese bosque instalando un aserradero.* SIN. **aprovechar. 2** Hacer trabajar a alguien, abusando de él, para sacar provecho propio: *Si te ha hecho trabajar catorce horas al día pagándote poco y sin darte vacaciones, **te ha explotado.***

expoliación ***f.*** Apropiación injusta o violenta de los bienes que pertenecen a otra persona: *La **expoliación** de las obras de arte de las iglesias es un crimen.*

expoliador, ra ***adj./m.*** y ***f.*** Que expolia: *Los **expoliadores** ingleses se llevaron casi todos los objetos de valor que encontraron en Grecia.*

expoliar ***vb.*** {tr.} Despojar de forma injusta o violenta: *Durante la guerra, **expoliaron** la casa de mis abuelos.*

exponencial ***adj.*** **1** Se aplica al crecimiento cuyo ritmo aumenta cada vez más rápidamente: *La fortuna de ese millonario nunca se le va a terminar si sigue con ese crecimiento **exponencial.*** **2** *loc.* **Función ~,** en matemáticas, función que se caracteriza porque los valores de la derivada son iguales al valor de la propia función: *La función que a cada número real x le hace corresponder la potencia a^x se llama **función exponencial** de base a y exponente x.*

exponencialmente ***adv.*** De manera exponencial: *El correo electrónico basura crece **exponencialmente.***

exponente ***m.*** y ***f.*** **1** Persona o cosa representativa de lo más característico en un género: *Ese pianista es un gran **exponente** de la música clásica.* **2** En matemáticas, signo o cifra que indica la potencia a la que se eleva una cantidad: *En la operación 2^4 el **exponente** es el número cuatro y se escribe con número más pequeño a la derecha y arriba del dos.*

a b c d e f g h i j k l m n o p q r s t u v w x y z

exponer ***vb. irreg.*** {tr. y prnl.} **Modelo 27. 1** Presentar una cosa para que sea vista: *Siete pintores famosos* ***expondrán*** *su obra en el museo de arte de la ciudad.* Sin. **exhibir. 2** Someter a la acción de algo: *Los bañistas* ***exponen*** *su piel al sol para broncearse.* **3** Decir o escribir algo: *Rodolfo* ***expuso*** *las razones por las que desconfía de ese hombre.* Sin. **explicar. 4** Arriesgar o arriesgarse: *"Cuídate de los peligros, no* ***te expongas****", me recomendó mi madre.*

exportable ***adj.*** Que se puede exportar: *En la feria se mostraron todos los productos regionales* ***exportables.***

exportación ***f.*** **1** Envío de productos nacionales a otros países para su venta: *La* ***exportación*** *de café produce ganancias al país productor del grano.* Ant. **importación. 2** En informática, transferencia de datos desde un programa a otro: *Guillermo está muy ocupado con la* ***exportación*** *de los contactos de su cuenta de correo electrónico a su computadora.* **3** *loc.* **De ~,** para venta fuera del país de origen: *Estos quesos* ***de exportación*** *son de muy buena calidad.*

exportador, ra ***adj./m.*** y ***f.*** Que envía a países extranjeros productos del país para venderlos: *Es una compañía* ***exportadora*** *de café muy poderosa, por eso puedes beber café de tu país en Europa, en Asia y en Australia.*

exportar ***vb.*** {tr.} **1** Enviar productos nacionales a otros países para su venta: *Colombia es un país que* ***exporta*** *mucho café.* **2** En informática, transferir automáticamente los datos de un archivo a un programa o aplicación: ***Estoy exportando*** *la carpeta de música para poder escucharla en el nuevo programa.*

exposición ***f.*** **1** Hecho de exponer algo o exponerse uno: *Una* ***exposición*** *prolongada de la piel a los rayos del sol puede provocar quemaduras graves.* **2** Presentación pública de objetos diversos como obras de arte o productos industriales: *Fuimos a una* ***exposición*** *industrial y vimos unas máquinas impresionantes.* **3** Conjunto de las cosas que se presentan en público: *La* ***exposición*** *constaba de ochenta cuadros y tres esculturas.* **4** Explicación escrita o hablada de un tema o asunto: *Después de escuchar una* ***exposición*** *de las necesidades de la escuela, los padres de familia decidieron colaborar con el mantenimiento del edificio.*

expositivo, va ***adj.*** Que expone o declara algo: *Un texto* ***expositivo*** *tiene como objetivo informar y difundir conocimientos sobre un tema, ya sea para su divulgación o para un público especializado.*

expósito ***adj./m.*** y ***f.*** Se dice del recién nacido que ha sido abandonado o dejado en un establecimiento de beneficencia: *Los niños* ***expósitos*** *no conocieron a sus padres.* Sin. **huérfano.**

expositor, ra ***m.*** y ***f.*** Persona que presenta en público su obra plástica, escrita o hablada: *De todas las personas que están en la galería, ¿quién es el* ***expositor****?*

exprés ***adj.*** **Palabra de origen francés. 1** Se refiere a lo que funciona con rapidez: *El jefe pidió a los obreros que hicieran un trabajo* ***exprés*** *porque tenía que entregar la mercancía pronto.* **2** *loc.* **Café ~,** tipo de café muy concentrado.

expresado, da ***adj.*** **1** Mostrado, representado: *Las ideas* ***expresadas*** *en la obra de teatro eran muy controvertidas.* **2** Enunciado, declarado: *La maestra me pidió que escribiera un ensayo con todas las opiniones* ***expresadas*** *en clase sobre el tema de la democracia.*

expresar ***vb.*** {tr. y prnl.} **1** Hacer, decir, cantar o moverse mostrando lo que uno piensa o siente: *El cuerpo doblado de la bailarina* ***expresaba*** *un dolor de muerte.* Sin. **manifestar, exteriorizar. 2** Manifestarse, hacer público un pensamiento por medio de la palabra: *Aunque su idioma materno es el inglés, John* ***se expresa*** *muy bien en español.*

expresión ***f.*** **1** Hecho de manifestar o expresar lo que se piensa o se siente: *La risa es la* ***expresión*** *de la alegría.* **2** Palabra o frase: *Cuando hablamos debemos aprender a utilizar las* ***expresiones*** *correctas.* **3** Gesto o aspecto del rostro que muestra un sentimiento: *Esa máscara tiene una* ***expresión*** *de enojo.*

expresionismo ***m.*** Tendencia artística que surgió en Europa en el siglo XX, que se caracteriza por la transformación del aspecto real de las cosas según la sensibilidad del artista: *El* ***expresionismo*** *se distingue por un lenguaje espontáneo.*

expresividad ***f.*** Capacidad para mostrar con gran viveza una emoción, un sentimiento o un estado de ánimo: *La maestra de teatro dijo que debíamos desarrollar nuestra* ***expresividad*** *usando todos los recursos que tenemos, como el habla, la mirada, los gestos...*

expresivo, va ***adj.*** Se aplica a la persona o cosa que expresa con gran viveza una emoción, un sentimiento o un estado de ánimo: *Braulio es muy* ***expresivo,*** *con sólo ver su cara uno se da cuenta si se siente bien o mal, si está cansado o contento.*

expreso ***m.*** **1** Tren rápido que no hace paradas intermedias: *"¿Cuánto tarda el* ***expreso*** *en llegar a su destino?", pregunté al empleado de la estación.* **2** Correo extraordinario: *El* ***expreso*** *es un servicio de correo que entrega la correspondencia y los paquetes que se envían más rápidamente que por el sistema del correo normal.*

expreso, sa ***adj.*** **1** Se refiere a lo que es claro o evidente: *Hay una prohibición* ***expresa*** *de fumar en el cine.* **2** Aplicado al tren rápido, que no hace paradas intermedias: *Marcelo tomará el tren* ***expreso*** *que sale de la estación a las tres de la tarde.* **3** Se dice de un tipo de café muy concentrado. Sin. **exprés.**

exprimidor ***m.*** Utensilio que sirve para sacar el jugo de las frutas: *Rosa usó el* ***exprimidor*** *para preparar el jugo de naranja.*

exprimir ***vb.*** {tr.} **1** Extraer el jugo o líquido de una cosa apretándola o retorciéndola: *Jacinta* ***exprime*** *las sábanas que ha lavado antes de colgarlas a secar.* **2** Abusar de una persona, sacar todo el provecho posible de algo: *El director de teatro* ***exprimió*** *todo el talento de sus actores para lograr una obra excelente.* Sin. **agotar.**

expropiación ***f.*** **1** Privación legal de una propiedad por motivos de interés público a cambio de una compensación: *El municipio está efectuando la* ***expropiación*** *de esos edificios viejos para construir el nuevo centro cultural.*

expropiar ***vb.*** {tr.} Quitar de manera legal a alguien una propiedad a cambio de otra propiedad o de una compensación en dinero: ***Han expropiado*** *todos esos terrenos para construir la carretera.*

expropiatorio, ria ***adj.*** Relacionado con la expropiación: *Antes de que el municipio expropiara nuestra finca, llegaron los documentos* ***expropiatorios*** *y la indemnización.*

expuesto, ta ***adj.*** **1** Se aplica a lo que resulta peligroso: *Esa carretera es muy* ***expuesta;*** *mejor utiliza la autopista, es más segura.* **2** Se refiere a lo que se ha dado a conocer o se ha dicho: *Las imágenes* ***expuestas*** *en estas fotografías muestran cómo ha ido creciendo el árbol desde que mi padre lo sembró.*

expulsar ***vb.*** {tr.} **1** Echar fuera a alguien: ***Expulsaron*** *del cine a un borracho que estaba molestando a la gente.* Sin. **desalojar. 2** Echar fuera algo: *El organismo* ***expulsa*** *los excrementos, el sudor, etc.* Sin. **eliminar, arrojar.**

expulsión ***f.*** **1** Acto de echar fuera a alguien: *Nunca creí que esa travesura causara mi* ***expulsión*** *de la escuela.* **2** Acto de echar algo fuera: *La* ***expulsión*** *de vapor del volcán nos asustó a todos en la ciudad.*

expulsor, ra ***adj./m.*** **1** Que expulsa: *El periódico decía que México es el principal* ***expulsor*** *de migrantes trabajadores.* **2** Mecanismo que llevan algunas armas de fuego que despide automáticamente los cartuchos vacíos después de disparar: *La pistola del policía de la película tenía un* ***expulsor*** *porque se escuchaban caer los cartuchos vacíos.*

expurgar ***vb.*** {tr.} Censurar la autoridad competente algunas palabras, párrafos o pasajes de un libro sin prohibir su lectura: *La Inquisición mandó* ***expurgar*** *muchas partes consideradas anticlericales de libros muy famosos como* La Celestina.

exquisitez ***f.*** **1** Calidad, primor o gusto extraordinarios: *La* ***exquisitez*** *de los peinados opacó la colección de ropa que se presentó en la pasarela de Milán.* **2** Cosa exquisita, en especial un manjar pequeño de aspecto y sabor refinados: *En la boda de Carla sirvieron verdaderas* ***exquisiteces,*** *como la entrada de queso con salsa de fresa y chipotle.*

exquisito, ta ***adj.*** Se aplica a lo que es de extraordinaria calidad, primor o buen gusto: *"Prueba esta fruta, tiene un sabor* ***exquisito"****, me dijo Adela.* Ant. **ordinario.**

extasiarse ***vb. irreg.*** {prnl.} **Modelo 9.** Sentir el gozo de la belleza: *Georgina* ***se extasiaba*** *contemplando cómo las mariposas volaban en su jardín.*

éxtasis ***m.*** Estado del alma que se encuentra llena de un intenso sentimiento de gozo, alegría o admiración: *El* ***éxtasis*** *es un placer muy grande que se siente a causa de algo o alguien.*

extemporáneo, a ***adj.*** Impropio del tiempo en que sucede o se hace: *Debido a que Ricardo se fracturó una pierna, hizo exámenes* ***extemporáneos*** *en la escuela.*

extender ***vb. irreg.*** {tr. y prnl.} **Modelo 24. 1** Hacer que una cosa ocupe más espacio: *El viento* ***ha extendido*** *el fuego por toda la montaña.* **2** Separar lo que estaba junto para que ocupe más lugar: *Orlando* ***extendió*** *las piezas del rompecabezas antes de comenzar a armarlo.* **3** Abrir algo que estaba doblado: *El pirata* ***ha extendido*** *el mapa que guardaba en su bolsillo y lo mira con atención.* Sin. **desdoblar, desplegar. 4** Poner por escrito un documento: *Mauricio* ***extendió*** *un cheque para pagar su deuda.* **5** Ocupar cierto espacio o tiempo: *El continente americano* ***se extiende*** *entre los océanos Pacífico y Atlántico.* **6** Darse a conocer algo: *Esa creencia* ***se ha extendido*** *en todo el pueblo, pero no es verdad.*

extendido, da ***adj.*** **1** Desdoblado, desplegado, abierto: *"Debemos poner las toallas* ***extendidas*** *en la arena para tomar el sol al salir del mar", me dijo Sonia.* **2** Propagado, esparcido, que ocupa mucho espacio: *El cultivo de café está* ***extendido*** *por todo el territorio de este estado.* **3** Expandido, dilatado: *La maestra nos dijo que el pegamento debía estar muy* ***extendido*** *por toda la lámina antes de pegarla en la madera.* **4** Generalizado, difundido: *La costumbre de comer con vino está muy* ***extendida*** *en algunos países.*

extensible ***m. Méx.*** Cinta de cuero, metal o plástico con que se sujeta a la muñeca un reloj de pulsera.

extensión ***f.*** **1** Hecho de extender o extenderse: *La* ***extensión*** *de la pintura sobre la pared debe hacerse de forma pareja para que quede bien pintada.* **2** Tamaño de la superficie que algo ocupa: *La* ***extensión*** *de esta huerta es de seis hectáreas.* Sin. **dimensión. 3** Duración en el tiempo: *Los trabajos para reconstruir la pirámide han tenido una* ***extensión*** *de tres años.* **4** Línea telefónica complementaria que está conectada a la línea principal: *Susana llamó al conmutador y dio el número de* ***extensión*** *de la oficina de su mamá para que la comunicaran.* **5** ***Méx.*** Cable que se le añade a un aparato eléctrico para que pueda conectarse desde más lejos. Sin. **alargue.**

extensivo, va ***adj.*** Que se puede extender o aplicar a más cosas de las que comprende en un principio: *El castigo de Pedro es* ***extensivo*** *a todos los alumnos que lleguen tarde esta semana.*

extenso, sa ***adj.*** Se aplica a lo que ocupa mucha superficie o que es muy amplio en su contenido: *El maestro me pidió que acortara un poco el cuento que escribí porque era demasiado* ***extenso.***

extensor, ra ***adj./m.*** **1** Que extiende o hace que algo se extienda: *Los músculos* ***extensores*** *permiten estirar las extremidades.* **2** Aparato que sirve para ejercitar los músculos: *El* ***extensor*** *está compuesto por dos asas y varias cuerdas elásticas.*

extenuado, da ***adj.*** Se aplica al que se encuentra sin fuerzas por el cansancio: *"Hoy tu padre trabajó mucho y está* ***extenuado,*** *por favor, no hagas ruidos fuertes", me dijo mi madre.*

extenuante ***adj.*** Que extenúa: *La clase de gimnasia de hoy fue* ***extenuante.***

extenuar ***vb. irreg.*** {tr. y prnl.} **Modelo 10.** Cansar o cansarse mucho. Sin. **agotar, fatigar.**

exterior ***adj.*** **1** Se aplica a lo que está en la parte de afuera: *En el jardín está la puerta* ***exterior*** *de la casa.* Sin. **externo.** Ant. **interior. 2** Relativo a otros países: *El secretario de Relaciones* ***Exteriores*** *se reunió con el presidente para nombrar a los embajadores.*

exterior ***m.*** **1** Superficie externa de una cosa: *El* ***exterior*** *del edificio está pintado de color rojo.* Sin. **aspecto, fachada. 2** Espacio al aire libre: *Adentro de la casa está prendido el fuego y en el* ***exterior*** *está lloviendo.* **3** Respecto de un país, cualquier país extranjero: *Julio está estudiando en el* ***exterior,*** *no sabemos cuándo regresará al país.* Sin. **extranjero.**

exteriorizar ***vb. irreg.*** {tr. y prnl.} **Modelo 16.** Mostrar o manifestar algo: *Gustavo* ***exteriorizó*** *sus sentimientos cuando Ana le preguntó por qué la invitaba a salir.*

exterminación ***f.*** Desaparición por completo de algo o alguien: *La semana pasada se llevó a cabo la* ***exterminación*** *de todas las cucarachas que había en la zona.*

exterminador, ra ***adj.*** Que extermina: *Los especialistas* ***exterminadores*** *evaluaron el problema de las ratas en la zona comercial.*

exterminar ***vb.*** {tr.} Acabar del todo con algo: *Los cazadores* ***exterminaron*** *la manada de venados que habitaba este bosque.* Sin. **eliminar, extinguir.** Ant. **crear, proteger.**

exterminio ***m.*** Destrucción completa de algo: *Algunas especies animales han desaparecido porque la caza sin control produce su* ***exterminio.***

externar ***vb.*** {tr.} ***Hond., Méx.*** y ***Salv.*** Manifestar o expresar una opinión: *Las víctimas de los atentados* ***externaron*** *su odio hacia los terroristas en la rueda de prensa.* Sin. **exteriorizar.**

externo, na ***adj.*** Se refiere a lo que viene de afuera o está fuera: *Decidimos pintar la parte* ***externa*** *de la casa, porque la antigua pintura ya se está cayendo.* Ant. **interno.**

extinción ***f.*** **1** Hecho de apagar el fuego o la luz: *La* ***extinción*** *total de una fogata en el bosque ayuda a prevenir incendios.* **2** Hecho de acabarse o desaparecer paso a paso una cosa: *Las tortugas marinas están en peligro de* ***extinción.***

extinguir ***vb. irreg.*** {tr. y prnl.} **Modelo 65. 1** Hacer que cese el fuego o la luz: *Los bomberos* ***extinguen*** *el incendio echándole encima paladas de tierra.* Sin. **apagar, sofocar, ahogar. 2** Desaparecer o hacer que desaparezca lentamente: *Los dinosaurios* ***se extinguieron*** *hace muchos años.* Sin. **desaparecer.**

extinto, ta ***adj.*** Se dice de lo que se ha extinguido o muerto: *Los dinosaurios son la especie animal **extinta** más famosa de este planeta.*
extintor ***m.*** Aparato que se usa para apagar incendios: *Los **extintores** son tubos de metal generalmente pintados de rojo, con una válvula que permite la salida de una sustancia que apaga el fuego.*
extirpación ***f.*** Eliminación definitiva de una cosa perjudicial: *"La **extirpación** de ese quiste no te dolerá nada", me tranquilizó el doctor.*
extirpar ***vb.*** {tr.} Cortar una parte de un órgano del cuerpo o quitarlo por completo en una operación quirúrgica: *El hombre aceptó que le **extirparan** un riñón para donárselo a su hijo y así salvarle la vida.* SIN. **extraer.**
extorsión ***f.*** Delito por el que se obtiene algo de alguien mediante la violencia y la amenaza: *El hombre malvado **extorsionó** a la muchacha amenazándola con matar a su hijo si no le daba una gran cantidad de dinero.*
extorsionar ***vb.*** {tr.} **1** Quitar una cosa a alguien con violencia y amenazas: *El paparazzi **extorsionó** al famoso jugador de fútbol exigiéndole varios millones a cambio de no difundir las fotos comprometedoras que finalmente salieron publicadas.* **2** Causar extorsión: *Marta me presiona tanto para que le preste el coche que al final termina **extorsionándome** con chantajes.*
extorsionista ***adj./m.*** y ***f.*** **1** Que extorsiona: *La incautación de las mercancías fue una clara maniobra **extorsionista.*** **2** Persona que hace una extorsión: *La policía capturó a los **extorsionistas** que amenazaron con envenenar el agua de la ciudad si no les daban trescientos millones.*
extra ***adj.*** **1** Se aplica a lo que es muy bueno, mejor de lo normal: *Este café es **extra** y no se consigue en cualquier tienda.* SIN. **extraordinario, superior. 2** Se refiere a lo que se hace o se da por añadidura: *Hoy trabajaré horas **extra** y por eso saldré de la oficina más tarde de lo normal.*
extra ***m.*** **1** Parte o cosa que se hace o da por añadidura: *Gregorio, además de su sueldo, recibe dos **extras** al año.* SIN. **complemento, suplemento. 2** Persona que participa en un filme o película sin un papel determinado: *Los **extras** del filme actuaban como pasajeros del barco mientras los actores principales desarrollaban la historia.*
extracción ***f.*** Hecho de sacar algo del lugar donde estaba: *El dentista aplicó anestesia para realizar la **extracción** de la muela.*
extractado, da ***adj.*** Resumido, abreviado: *"Me gustó mucho tu texto **extractado** de* Cien años de soledad, *está claro y muy bien escrito", me felicitó el profesor.*
extractar ***vb.*** {tr.} Hacer un extracto o un resumen de algo: *Debo **extractar** todos los capítulos de* El Quijote, *uno por semana, para mi clase de literatura.*
extracto ***m.*** **1** Resumen que se hace de un escrito, tomando sólo sus partes más importantes: *Hice un **extracto** del cuento que leí para poder explicarlo en clase.* **2** Sustancia extraída de otra por evaporación o cocción: *Marisa se perfuma con **extracto** de jazmín.* SIN. **esencia.**
extractor ***m.*** **1** Aparato que sirve para sacar algo al exterior: *En la cocina del restaurante hay un **extractor** de vapor.* **2** Aparato que sirve para extraer el jugo de algunas raíces y frutas: *Usaré el **extractor** para preparar un jugo de zanahoria.*
extracurricular ***adj.*** Se aplica a lo que no está incluido en un currículum vitae: *"Las actividades **extracurriculares** que he hecho en los últimos años son muy interesantes y expresan mis inquietudes", le aclaré al entrevistador.*
extradición ***f.*** Entrega por parte del gobierno de un país al de otro, de un delincuente que se ha refugiado en el primero: *Brasil pidió a Alemania la **extradición** de los hermanos falsificadores de moneda nacidos en Minas Gerais que operaban en São Paulo.*
extraditar ***vb.*** {tr.} Entregar el gobierno de un país, al gobierno de otro que lo reclama, a un delincuente para que sea juzgado: *Al fin Haití **extraditó** al político corrupto que tenía tres años refugiado allí, ahora será juzgado en su país natal.*
extraer ***vb. irreg.*** {tr.} **Modelo 38. 1** Sacar o arrancar algo del lugar donde estaba: *Teresa **extrajo** un lápiz de la caja y comenzó a dibujar.* **2** Sacar o exprimir la sustancia de algunos frutos u otros cuerpos: *De las uvas se **extrae** el vino.* **3** Calcular la raíz de un número: *El matemático **extrajo** la raíz cuadrada de un número.*
extrahumano, na ***adj.*** Se aplica a lo que está fuera de lo humano o lo supera: *Vi una película donde un ser con poderes **extrahumanos** dominaba el planeta y todos los hombres eran sus esclavos.*
extrajudicial ***adj.*** Que se hace o tramita fuera de la vía judicial: *La demanda contra ese cantante por no cumplir su contrato con una editorial se pudo resolver mediante un acuerdo **extrajudicial.***
extralaboral ***adj.*** Que se hace fuera del trabajo: *Mi relación **extralaboral** con los colegas es muy cordial.*
extralegal ***adj.*** Que no está regulado o sancionado por la ley: *El abogado nos explicó que la ocupación irregular de los terrenos privados es una posesión **extralegal.***
extraligero, ra ***adj.*** *Fam.* Muy ligero: *El nuevo reloj que compramos es **extraligero,** no pesa nada.*
extralimitación ***f.*** Abuso de una autoridad en el uso de sus poderes o facultades: *Detuvieron a los agentes por **extralimitación** de sus funciones, ya que usaron la fuerza de forma abusiva e intimidante.*
extralimitarse ***vb.*** {prnl.} Pasar una autoridad el límite de sus facultades o poderes: *El director de la empresa **se extralimitó** cuando insultó a su empleado.*
extramuros ***adv.*** Fuera del perímetro de una población: *La romería del pueblo finaliza en la ermita que está **extramuros.***
extranjería ***f.*** **1** Situación legal de un extranjero mientras reside en un país sin estar nacionalizado en él: *Michael es un australiano que vive con nosotros, pero debido a su **extranjería** no puede votar en las próximas elecciones.* **2** Conjunto de derechos o normas que regulan la situación, los intereses y los actos del extranjero residente en un país: *Gracias a la nueva ley de **extranjería,** mis amigos rumanos pueden solicitar su permiso de trabajo.*
extranjerismo ***m.*** **1** Palabra, frase o giro gramatical que un lengua toma de otra: *La palabra* kindergarten *es un **extranjerismo** procedente del alemán.* **2** Gusto excesivo por las costumbres extranjeras: *Mi abuelo siempre cocinaba con mantequilla: por su **extranjerismo** le tenía verdadera devoción a la cocina francesa.*
extranjerización ***f.*** Introducción y asimilación de lo extranjero: *Brasil está intentando frenar la **extranjerización** de la selva.*
extranjerizante ***adj.*** Que extranjeriza: *Leí una novela con una trama muy interesante, pero el lenguaje que usó el escritor era demasiado **extranjerizante** y hacía tediosa la lectura.*
extranjerizar ***vb.*** {tr. y prnl.} Incorporar lo extranjero y mezclarlo con lo del propio país: *El gobierno de aquel país hizo demasiadas concesiones y las relaciones comerciales **se han extranjerizado.***
extranjero ***m.*** Toda nación que no es la propia: *Guillermo viajará al **extranjero** la próxima semana.*

extranjero, ra ***adj./m.*** y ***f.*** Relativo a lo que procede o es de otro país: *Los* ***extranjeros*** *deben presentar pasaporte y visa al ingresar al país.* SIN. **forastero.**

extrañamiento ***m.*** **1** Expulsión o destierro de un condenado: *El juez aprobó el* ***extrañamiento*** *de los responsables del atentado.* **2** Alejamiento del motivo de estudio por parte del investigador para lograr objetividad: *La maestra nos explicó que para hacer el ensayo sobre nuestra vida debemos conseguir un* ***extrañamiento*** *total, verla desde fuera.* **3** Extrañeza: *Las nuevas creaciones de ese dramaturgo provocan* ***extrañamiento,*** *son muy audaces pero algo repulsivas.* **4** ***Méx.*** Escrito previo o alterno a un acta administrativa por medio del que se documenta una falta o error grave en el cumplimiento de las obligaciones de la persona u organismo en cuestión y, en caso de reincidir, podrán estar sujetos a una sanción especificada por la ley: *Varios senadores hicieron un* ***extrañamiento*** *al secretario de Gobierno por sus declaraciones.*

extrañar ***vb.*** {tr. y prnl.} **1** Encontrar que una cosa es rara o extraña: ***Me extrañó*** *verte en el aeropuerto cuando llegué, porque habías dicho que no vendrías a buscarme.* **2** Echar de menos a alguna persona o cosa: *"Hace mucho que no te veo, te* ***extraño",*** *dije a mi padre por teléfono.*

extrañez ***m.*** Extrañeza.

extrañeza ***f.*** Admiración o sorpresa que se siente ante algo extraño o que no es normal: *Me causa* ***extrañeza*** *su actitud reservada, cuando siempre ha sido una persona comunicativa.* SIN. **asombro, sorpresa.**

extraño, ña ***adj./m.*** y ***f.*** **1** Se dice de lo que es diferente de lo normal: *"Mira qué bicicleta tan* ***extraña,*** *tiene una rueda muy grande adelante y una muy pequeña atrás", me dijo Germán.* **2** Se aplica a lo que es distinto por venir de otra nación, familia, oficio o condición: *Mi madre me dice que no hable con* ***extraños*** *cuando camino solo por la calle.*

extraoficial ***adj.*** Que no es oficial: *Nos enteramos de la boda del presidente por vía* ***extraoficial.***

extraordinario, ria ***adj.*** **1** Se refiere a lo que se encuentra fuera de lo natural o común. SIN. **especial. 2** Aplicado a lo que es mayor o mejor que lo normal: *"Te felicito, tu actuación en la obra de teatro fue* ***extraordinaria",*** *me dijo el maestro.*

extraplano, na ***adj.*** Se aplica a lo que es muy plano o delgado en relación con las demás de su especie: *Compramos un televisor con pantalla* ***extraplana,*** *tan delgada como una lámina.*

extrapolación ***f.*** **1** Aplicación de las conclusiones de un campo a otro: *No se debe hacer una* ***extrapolación*** *de los gustos de una persona a la totalidad de la población.* **2** Deducción del valor de una variable en un punto, a partir de otros valores de esa misma variable: *La* ***extrapolación*** *construye nuevos puntos entre puntos conocidos, pero sus resultados no son tan significativos y están sujetos a mayor incertidumbre.* **3** Extracción de una palabra o frase de su contexto: *"La* ***extrapolación*** *de esos versos ha dado como resultado una interpretación muy diferente de la derivada en el poema original", dijo el profesor de poesía.*

extrapolar ***vb.*** {tr.} **1** Aplicar las conclusiones obtenidas en un campo a otro diferente: *"No deben* ***extrapolar*** *los resultados del examen parcial de literatura a la calificación final de todo el curso", nos advirtió la maestra al percibir nuestro entusiasmo.* **2** En matemáticas, calcular el valor de una variable en una magnitud, en función de otros valores de la misma. **3** Sacar una frase o palabra de su contexto: *El escritor está enojado con el medio que* ***extrapoló*** *su frase y cambio el sentido de su declaración, haciéndole quedar mal con el gobierno.*

extrarradio ***m.*** Zona exterior de una población que rodea el casco urbano: *Sandra vive en el* ***extrarradio*** *y tarda casi una hora en llegar al centro, donde va a la escuela de música.*

extraterrestre ***adj.*** Se aplica a lo que está fuera del globo terráqueo o Tierra: *El satélite de comunicaciones está suspendido en el espacio* ***extraterrestre.***

extraterrestre ***m.*** y ***f.*** Habitante de otro planeta: *No se sabe si los* ***extraterrestres*** *existen.*

extraterritorial ***adj.*** Que está fuera de los límites del territorio de una jurisdicción: *Los edificios* ***extraterritoriales*** *como los consulados o las bases militares son considerados como una extensión de su propio país dentro del país extranjero.*

extraterritorialidad ***f.*** En derecho internacional, privilegio por el que los diplomáticos, sus sedes, los buques, etc., deben someterse a la legislación de su país de origen y no a la del país donde se encuentran: *La* ***extraterritorialidad*** *es una ficción jurídica que permite a los diplomáticos estar libres de cumplir la legislación del país donde se encuentran y sólo responder ante las leyes de su propio país.*

extravagancia ***f.*** **1** Rareza que resulta insólita por su excesiva originalidad o singularidad: *La* ***extravagancia*** *del nuevo espectáculo de esa compañía de circo recibió muy buenas críticas.* **2** Cosa o acción extravagante: *Es un cantante que se ha hecho famoso por sus* ***extravagancias,*** *le gusta llamar tanto la atención que hace verdaderas barbaridades en sus conciertos.*

extravagante ***adj./m.*** y ***f.*** Se dice de lo que sale de lo común, que es raro.

extravertido, da o **extrovertido, da** ***adj./m.*** y ***f.*** Se dice de la persona comunicativa que está muy interesada en el mundo que le rodea: *Pablo es un niño* ***extrovertido*** *que no se pone nervioso al hablar con los adultos.*

extraviado, da ***adj.*** **1** Que está perdido: *En el centro comercial había un niño* ***extraviado*** *que no dejaba de llorar, pero finalmente aparecieron sus padres y se calmó.* **2** Se aplica a un camino o lugar que está alejado o retirado: *El guardabosques nos aconsejó tomar un camino* ***extraviado,*** *pero que atraviesa parajes más hermosos que el habitual.* **3** Se dice de la mirada que no está fija en un punto determinado o que está vagando hacia todos lados con expresión de terror: *En la película, notamos que la protagonista tenía un miedo atroz por su mirada* ***extraviada*** *y su pulso tembloroso.*

extraviar ***vb. irreg.*** {tr. y prnl.} **Modelo 9. 1** Perder o hacer perder el camino: *Ya conozco ese cuento de la niña que* ***se extravió*** *en el bosque y se encontró un lobo.* **2** Perder alguien una cosa: ***"Extravié*** *mi reloj, ¿podrías ayudarme a buscarlo?", dije a Rosalía.*

extremado, da ***adj.*** Exagerado, hasta el punto de salirse de sus límites: *Los inviernos de Toronto se caracterizan porque hace un frío* ***extremado.***

extremar ***vb.*** {tr.} Llevar una cosa al extremo, hasta su límite: *La policía del barrio* ***extremó*** *las medidas de seguridad cuando se supo que un delincuente rondaba la zona.* SIN. **exagerar.**

extremaunción ***f.*** En la Iglesia católica, sacramento que se administra a un enfermo en peligro de muerte a través de la aplicación de los santos óleos en su frente o manos. SIN. **unción.**

extremidad ***f.*** **1** Parte extrema o última de una cosa. **2** ***pl.*** Cabeza, patas, manos y cola de los animales, o bien, pies y manos, o brazos y piernas del ser humano: *El cuerpo humano se compone de cabeza, tronco y* ***extremidades.***

a b c d e f g h i j k l m n o p q r s t u v w x y z

extremismo ***m.*** Tendencia a tomar ideas o actitudes extremas: *"El* ***extremismo*** *político causa graves daños a la democracia", declaró el representante de las Naciones Unidas.*

extremista ***adj./m.*** y ***f.*** **1** Del extremismo: *Las ideas* ***extremistas*** *del líder político dividieron a su partido.* **2** Partidario del extremismo: *La policía detuvo a unos* ***extremistas*** *violentos que planeaban atentar contra la sede del gobierno.*

extremo ***m.*** Parte que está al principio o al final de una cosa: *Esteban ató un automóvil de juguete al* ***extremo*** *de un cordel y tiró del otro* ***extremo*** *para llevarlo rodando tras de él.*

extremo, ma ***adj.*** **1** Se dice de lo que es muy intenso, excesivo, que llega a su límite: *Este verano hace un calor* ***extremo*** *y las flores se están marchitando.* **2** Se dice del grado máximo que alcanza una cosa: *El ciclista demostró una resistencia* ***extrema*** *en su esfuerzo por ganar la carrera.*

extrínseco, ca ***adj.*** Que no es propio o esencial de algo sino externo o ajeno a su sustancia: *El proyecto de la nueva biblioteca se frustró por causas* ***extrínsecas*** *a él, no porque estuviera mal hecho o incompleto.*

extrusión ***f.*** **1** Proceso por el que se obliga a una masa metálica o plástica a pasar por un molde para darle forma: *La* ***extrusión*** *de cobre o plomo se utiliza frecuentemente en la construcción y fabricación de diferentes objetos.* **2** Salida de la lava por una fisura del suelo y que se solidifica en la superficie: *Las rocas que surgen en forma de* ***extrusión*** *forman agujas o domos.*

extrusivo, va ***adj.*** Se aplica a la roca que se forma cuando se enfría y solidifica el magma en la superficie terrestre: *El basalto es la roca* ***extrusiva*** *más común sobre la superficie de la Tierra.*

exuberancia ***f.*** Abundancia excesiva o desarrollo exagerado de algo: *Siempre me ha maravillado la* ***exuberancia*** *de la vida en las selvas tropicales: muchas plantas, muchos animales y mucha agua.*

exuberante ***adj.*** Se refiere a lo que es muy abundante o que se ha desarrollado en exceso: *Los animales se escondían entre la vegetación* ***exuberante.***

exudación ***f.*** Salida de un líquido por los poros o grietas del cuerpo o recipiente que lo contiene: *En el cuarto de atrás se puede ver la* ***exudación*** *de la humedad por las fisuras de la pared.*

exudado ***m.*** En medicina, líquido que resulta de la exudación, particularmente la salida de la sangre por los tejidos de una inflamación: *"El* ***exudado*** *de mi herida es de color amarillo", dijo mi hermano pequeño.*

exudar ***vb.*** {tr. e intr.} Salir un líquido fuera de su recipiente, conducto o glándula: *Las glándulas ubicadas bajo el brazo* ***exudan*** *un líquido conocido como sudor.* SIN. **sudar, transpirar.**

exultación ***f.*** Muestra de júbilo o una gran alegría: *Todos participamos de la* ***exultación*** *de Javier por la noticia de su nuevo empleo en Brasil.*

exultante ***adj.*** Que exulta: *Gabriela estaba* ***exultante*** *porque su novio le pidió que se casara con él.*

exultar ***vb.*** {intr.} Mostrar júbilo o una gran alegría con mucha excitación: *Lucía* ***exultaba*** *de felicidad porque ha conseguido curarse completamente de su cáncer de mama.*

eyaculación ***f.*** Emisión rápida y violenta de un líquido, especialmente del semen a través del pene: *Durante la* ***eyaculación,*** *el semen sale del cuerpo del hombre y riega los órganos genitales femeninos.*

eyacular ***vb.*** {tr.} Lanzar con fuerza un líquido que se encontraba dentro de un órgano o glándula, de manera especial el semen a través del pene.

eyección ***f.*** **1** Lanzamiento con fuerza hacia fuera: *En la clase de astronomía pudimos ver una* ***eyección*** *de masa de la corona solar.* **2** Expulsión que realiza automáticamente el asiento de los aviones militares cuando se debe salir del aparato en el aire: *En 1949 se produjo la primera* ***eyección*** *por una emergencia en la Fuerza Aérea Estadounidense.*

eyectar ***vb.*** {tr. y prnl.} Expulsar o lanzar fuertemente hacia fuera: *"Mediante un mecanismo automático, estos asientos pueden* ***eyectar*** *a sus pasajeros en caso de que el avión sufra un accidente", nos explicó el guía del museo tecnológico.*

eyector ***m.*** **1** Dispositivo que expulsa los cartuchos vacíos en algunas armas de fuego: *La escopeta de mi tío tiene un* ***eyector.*** SIN. **expulsor.** **2** Bomba que sirve para expulsar un fluido mediante otro a gran velocidad: *Los* ***eyectores*** *son los mejores instrumentos para bombear líquidos que necesitan ser combinados en una medida exacta.*

F

f ***f.*** Sexta letra del abecedario español. Su nombre es ***efe.***

fa ***m.*** Cuarta nota de la escala musical.

fabada ***f.*** Guiso de porotos o frijoles con chorizo y otros ingredientes, típico de Asturias, España.

fábrica ***f.*** Edificio e instalaciones donde se elaboran determinados productos en serie: *La Ford fue una de las primeras* ***fábricas*** *de automóviles.* Sin. **factoría.**

fabricación ***f.*** Hecho de elaborar o construir algo: *La gente compra cada vez más televisores, por eso su* ***fabricación*** *no deja de aumentar.*

fabricante ***m.*** y ***f.*** Persona o compañía que elabora o construye algo: *Como en la tienda no había la pieza para reparar la radio, tuvimos que acudir al* ***fabricante.***

fabricar ***vb. irreg.*** {tr.} **Modelo 17. 1** Hacer un producto industrial por medios mecánicos. **2** Construir, elaborar: *Con unas latas usadas* ***fabricamos*** *unos barquitos para jugar.*

fabril ***adj.*** Relativo a las fábricas y su actividad: *En la zona norte de la ciudad hay numerosos establecimientos* ***fabriles.***

fábula ***f.*** **1** Narración corta que transmite una moraleja, muchas veces con animales que actúan como personas: *La* ***fábula*** *de la liebre y la tortuga es una de las más conocidas de Esopo.* **2** Relato inventado, ficción. **3** *loc.* **De ~,** maravilloso: *Mi hermano acaba de hacer un viaje* ***de fábula*** *por la India.*

fabulación ***f.*** Invención de cosas fabulosas o de argumentos.

fabulador, ra ***m.*** y ***f.*** **1** Fabulista. **2** Persona que inventa cosas fabulosas o argumentos.

fabulista ***m.*** y ***f.*** Persona que escribe fábulas: *Esopo es uno de los* ***fabulistas*** *más famosos de la Antigüedad.*

fabuloso, sa ***adj.*** **1** Inventado, imaginario. **2** Fantástico: *El dragón es un animal* ***fabuloso.*** **3** *Fam.* Sensacional.

faca ***f.*** Cuchillo con la hoja arqueada.

facción ***f.*** **1** Grupo de personas que se rebela o que se distingue del resto: *Una* ***facción*** *del partido decidió separarse por no compartir las mismas ideas que los demás.* **2** Cualquier parte del rostro humano: *Ruperto tiene las* ***facciones*** *muy parecidas a las de su madre.*

faccioso, sa ***adj.*** Que pertenece a una facción.

faceta ***f.*** **1** Lado o cara de un poliedro. **2** Aspecto que se puede considerar en un problema o asunto.

facetado, da ***adj.*** **1** Lleno de facetas. **2** Que un asunto tiene varias facetas.

facha ***f.*** Traza, figura, aspecto: *La* ***facha*** *de Luis muestra que no se ha duchado ni peinado.*

fachada ***f.*** **1** Parte exterior de un edificio: *La* ***fachada*** *de la Basílica de San Pedro en el Vaticano da a una bellísima plaza diseñada por el artista Miguel Ángel.* **2** Aspecto exterior.

fachinal ***m. Argent.*** Lugar cubierto de vegetación que se inunda con frecuencia.

fachoso, sa ***adj.*** **1** *Chile, Ecuad.* y *Méx.* Presuntuoso. **2** *Méx.* Que viste de forma inadecuada: *A Noé le gusta verse* ***fachoso*** *y siempre usa pantalones rotos, camisas grandes y no se arregla el cabello.*

facial ***adj.*** Relativo al rostro: *Algunas personas se someten a operaciones* ***faciales*** *para que se les vean menos arrugas.*

fácil ***adj.*** **1** Que no supone gran esfuerzo, sencillo. **2** Probable: *"Es* ***fácil*** *que llueva porque está nublado", dijo Germán después de ver hacia el cielo.*

fácil ***adv. Méx. Fam.*** Seguro: *Terminaré* ***fácil*** *el trabajo escolar en quince minutos, después podré salir a jugar.*

facilidad ***f.*** **1** Sencillez, calidad de algo que es fácil de hacerse. **2** Disposición para hacer una cosa sin gran trabajo: *Desde pequeño, el músico austriaco Mozart mostró gran* ***facilidad*** *para la música.*

facilitar ***vb.*** {tr.} Hacer fácil, posible o sencilla una cosa: *Con su explicación, Romualdo me* ***facilitó*** *la solución del problema de matemáticas.*

facilón, lona ***adj.*** Muy fácil: *El examen estuvo tan* ***facilón*** *que lo terminé en diez minutos.*

facineroso, sa ***adj./m.*** y ***f.*** **1** Delincuente habitual, malhechor: *Al Capone fue uno de los* ***facinerosos*** *más célebres de la década de 1920 en Estados Unidos de América.* **2** Hombre canalla, malvado.

facón ***m. Argent.*** y ***Urug.*** Cuchillo grande y puntiagudo usado por la gente del campo.

facsímil o **facsímile** ***m.*** Reproducción exacta de firmas, escritos, pinturas, documentos, etc.: *El jefe sólo firma el original de los documentos y la secretaria pone en las copias un sello con el* ***facsímil*** *de su firma.*

factible ***adj.*** Que es posible de realizar: *"Es mejor pensar en proyectos* ***factibles*** *y no en sueños imposibles."*

factor ***m.*** **1** Cosa que contribuye a causar un efecto: *El agua es un* ***factor*** *importante en el crecimiento de las plantas.* **2** En matemáticas, cada uno de los números que figuran en un producto.

factoría ***f.*** Lugar donde se elaboran productos iguales en serie utilizando maquinaria. Sin. **fábrica, usina.**

factorial ***m.*** En matemáticas, producto de multiplicar un número entero positivo por todos los números inferiores a él.

factura ***f.*** **1** Hechura, ejecución: *Esta cajita de jade tiene buena* ***factura,*** *los grabados que la adornan son muy detallados.* **2** Cuenta detallada: *"No olvides pedir la* ***factura*** *al comprar tus artículos escolares", me dijo mi madre.* **3** *Argent.* Toda clase de panecillos dulces que suelen elaborarse y venderse en las panaderías.

facturación *f.* **1** Elaboración de facturas. **2** Registro de equipajes.
facturar *vb.* {tr.} **1** Extender facturas. **2** Registrar en las estaciones, puertos, etc., mercancías o equipajes para que sean enviados a su destino.
facultad *f.* **1** Aptitud, potencia física o moral: *Hay gente que piensa que los videntes tienen la* ***facultad*** *de adivinar el futuro.* **2** Poder, derecho para hacer una cosa: *Los jueces tienen* ***facultad*** *para sentenciar a los delincuentes.* **3** Centro universitario que coordina las enseñanzas de una determinada rama del saber: *"Voy a tomar clases de diseño en la* ***facultad*** *de arquitectura", dijo mi hermano.*
facultar *vb.* {tr.} Otorgar facultades a alguien.
facultativo, va *adj.* **1** Perteneciente a una facultad. **2** Voluntario: *En la universidad hay materias* ***facultativas*** *y hay otras que son obligatorias.*
facultativo, va *m.* y *f.* Médico: *El informe del* ***facultativo*** *indicó que, después de la operación, el enfermo estaba fuera de peligro.*
fado *m.* Canción popular portuguesa, de tono melancólico.
faena *f.* **1** Trabajo corporal o mental: *En mi casa, cada uno de los hermanos tenemos una* ***faena:*** *mi hermano lava los platos, mi hermana limpia el piso y yo preparo la comida.* **2** *Fam.* Mala pasada: *"Se fueron al cine sin esperarme. ¡Qué* ***faena*** *me han hecho!"* **3** ***Chile.*** Cuadrilla de obreros.
fagocito *m.* Célula del organismo que, como medida de protección, es capaz de englobar a cuerpos extraños para digerirlos.
fagot *m.* **Palabra de origen francés. 1** Instrumento musical de viento de la familia de los oboes, con sonido grave: *Los* ***fagotes*** *son tubos de madera delgados y largos, que tienen una boquilla especial por donde el músico sopla.* **2** Persona que toca el fagot en una orquesta.
fainá *f. R. de la P.* Masa fina de harina de garbanzos cocida al horno: *El* ***fainá*** *se sirve "a caballo" encima de la pizza.*
faisán *m.* Ave de alas cortas con brillante plumaje y de carne apreciada: *El* ***faisán*** *macho tiene una cola larga y sus plumas son mucho más vistosas que las de la hembra.*
faja *f.* Tira de cualquier material que rodea a una persona o una cosa ciñéndola, apretándola: *Mi hermana se puso una* ***faja*** *que le protege el vientre porque la operaron del hígado la semana pasada.*
fajina *f.* **1** Tarea que debe hacer la tropa. **2** *Méx.* En el trabajo del campo, comida que se hace al mediodía.
fajo *m.* Paquete, conjunto de cosas largas y delgadas puestas unas sobre otras: *Toda la gente en la tienda veía al hombre que sacó un gran* ***fajo*** *de dinero para pagar un pantalón.*
falacia *f.* Engaño, mentira, fraude: *En la estación de radio me dijeron que me regalarían un televisor si contestaba una pregunta pero fue una* ***falacia,*** *pues sólo me dieron un bolígrafo.*
falange *f.* **1** Cada uno de los huesos de los dedos. **2** Cuerpo armado.
falangeta *f.* Falange del dedo que está más cerca de la uña.
falangina *f.* La segunda falange del dedo, es decir, la que queda en medio.
falaz *adj.* Embustero, falso: *Un hombre* ***falaz*** *quería vendernos unas copas de aluminio haciéndolas pasar por copas de plata.*
falca *f. Méx.* y *Venez.* Especie de canoa grande con techo.
falda *f.* **1** Prenda de vestir, especialmente femenina, que cae de la cintura hacia abajo: *Me compré una* ***falda*** *a cuadros que voy a usar con la blusa azul.* Sin. **pollera, saya.** **2** Ladera o parte baja de las montañas.
faldeo *m. Argent., Chile* y *Cuba.* Falda de un monte.
faldero, ra *adj.* **1** Relativo a las faldas. **2** Que es mujeriego. **3** *loc.* **Perro ~,** perro pequeño que cabe sobre las faldas de las mujeres.
faldón *m.* **1** En algunas prendas de vestir, parte que cae suelta desde la cintura. **2** Pollera o falda grande. **3** Vertiente triangular de un tejado.
faldriquera *f. Ver* **faltriquera.**
falencia *f.* **1** *Argent., Colomb., Chile, Hond., Nicar., Par.* y *Perú.* Quiebra de un comerciante. **2** *Argent.* Carencia, defecto.
falible *adj.* Que puede faltar o fallar: *"Las personas somos* ***falibles,*** *no entiendo por qué le exiges tanta perfección a tu hijo", le dijo Roberto a Gerardo.*
fálico, ca *adj.* Relativo al falo.
falla *f.* **1** Defecto material de una cosa: *La* ***falla*** *del televisor fue provocada por una descarga eléctrica.* **2** Fractura de las capas de la Tierra, acompañada de un desplazamiento de los bloques: *Cada vez que se acomoda la* ***falla*** *de San Andrés en California, Estados Unidos de América, se produce un terremoto en esa región.* **3** Fallo, deficiencia.
fallar *vb.* {tr. e intr.} **1** Frustrarse o salir mal una cosa: ***Fallé*** *todos los tiros al blanco y no me gané el juguete que quería.* **2** Perder resistencia.
fallar *vb.* {tr.} Decidir un jurado o un tribunal: *El juez* ***fallará*** *su sentencia mañana.*
fallecer *vb. irreg.* {intr.} **Modelo 39.** Morir, expirar: *Ayer* ***falleció*** *la abuelita de mi amiga; hoy iremos a su funeral.*
fallecimiento *m.* Muerte de alguien: *El* ***fallecimiento*** *del actor ha entristecido a sus admiradores.*
fallido, da *adj.* Frustrado: *Antes de poder sostenerse en la bicicleta, Andrés llevó a cabo varios intentos* ***fallidos.***
fallo *m.* **1** Falta, error. *Ganamos el partido porque el otro equipo* ***falló*** *mucho.* **2** Sentencia del jurado o tribunal: *El jurado dará su* ***fallo,*** *es decir, determinará si el acusado es culpable o inocente.*
falluto, ta *adj. Argent.* y *Urug. Vulg. Fam.* Hipócrita.
falo *m.* Pene.
falsear *vb.* {tr.} Alterar o corromper una cosa: *Para no pagar impuestos, algunas empresas* ***falsean*** *su contabilidad.*
falsedad *f.* Dicho o hecho falso: *Como sorprendí a Javier diciendo mentiras, ahora creo que todo lo que dice son* ***falsedades.***
falsete *m.* Voz artificial, más aguda que la natural.
falsificación *f.* Adulteración de algo: *La* ***falsificación*** *de la firma de su padre era tan mala que lo aprehendieron en seguida.*
falsificado, da *adj.* Relativo a la falsificación: *El documento* ***falsificado*** *que presentó en la entrada del club le sirvió para entrar y salir cuantas veces quiso.*
falsificador, ra *adj./m.* y *f.* **1** Que falsifica. **2** Delincuente que se dedica a falsificar: *Era un* ***falsificador*** *de pinturas tan bueno que ahora hasta tiene un programa de televisión.*
falsificar *vb. irreg.* {tr.} **Modelo 17. 1** Imitar o elaborar una copia falsa de algo: ***Falsificar*** *dinero es un delito grave.* **2** Falsear, alterar o corromper una cosa.
falso, sa *adj.* **1** Que no es verdadero o auténtico: *Andrés pretendía hacer pasar como bueno un billete* ***falso*** *de tres pesos, por eso la policía lo detuvo.* **2** Hipócrita. **3** *loc.* **En ~,** sin el apoyo suficiente: *Di un paso* ***en falso*** *y me lastimé el tobillo.*
falta *f.* **1** Ausencia de alguien o algo: *No pude ver el partido de fútbol por* ***falta*** *de tiempo.* **2** Error, equivocación: *Carla cometió una* ***falta*** *de ortografía al escribir "borra-*

dor" con "v". **3** Acción que va contra una regla o ley: *El tenista sacó la pelota de la raya y el juez de línea marcó la **falta**.*

faltante ***adj.*** Que falta: *Nunca consiguieron recuperar el dinero **faltante**, pero lograron aprehender al ladrón.*

faltar ***vb.*** {intr.} **1** No estar una persona o cosa donde debiera: *Como Carmelita tenía sarampión, **faltó** a la escuela durante diez días.* **2** No haber una cosa o ser insuficiente: *"No podemos hacer la tarta de manzanas porque **falta** azúcar", me dijo Higinia.* **3** Quedar poco tiempo para algo: *"**Faltan** sólo tres días para que comiencen las vacaciones, ¡qué alegría!"* **4** Quedar alguna acción sin realizar: *Terminé casi todo mi trabajo, sólo **falta** acomodar las herramientas que usé.* **5** Ofender: *Mucha gente considera que quitarse la ropa en público es **faltar** a la moral.*

faltista ***m.*** y ***f. Méx.*** Persona que falta a su trabajo con frecuencia.

falto, ta ***adj.*** Defectuoso o necesitado de una cosa: *Rafael es un jefe **falto** de carácter, por eso su empleado toma todas las decisiones.*

faltriquera ***f.*** Bolsillo de las prendas de vestir.

fama ***f.*** **1** Circunstancia de ser alguien o algo muy conocido. SIN. **nombre, nombradía, celebridad.** **2** Opinión sobre alguien o algo: *A Miguel le gustan mucho las muchachas; tiene **fama** de ser un enamorado.*

famélico, ca ***adj.*** Que tiene mucha hambre.

familia ***f.*** **1** Conjunto de personas formado por una pareja y sus hijos o, de manera más amplia, los parientes. **2** Descendencia, hijos: *Fernando y Nora tendrán **familia** después de tres años de haberse casado.* **3** Conjunto de cosas con características iguales: *Las palabras flor, florero y florería pertenecen a la misma **familia** de palabras porque tienen el mismo origen.* **4** En biología, unidad sistemática de clasificación que comprende varios géneros y es inferior al orden: *Los leopardos, los tigres y los gatos son animales de la **familia** de los felinos.*

familiar ***adj.*** **1** Relativo a la familia. **2** Sencillo, sin ceremonia: *"Para el cumpleaños de Érika haremos una fiesta **familiar**, no tienes que vestirte elegante para asistir."* **3** Conocido: *En algún lugar la he visto, su cara me parece **familiar**.*

familiar ***m.*** y ***f.*** Pariente: *Llegó un **familiar** de visita a casa de Tere, creo que es su tío que vive en Europa.*

familiaridad ***f.*** Confianza: *Aunque no somos amigos íntimos, Enrique y yo nos tratamos con **familiaridad**.*

familiarmente ***adv.*** **1** Con familiaridad. **2** En familia.

famoso, sa ***adj.*** Que tiene fama buena o mala: *La madre Teresa de Calcuta fue **famosa** no sólo en la India sino en todo el mundo.*

fámulo, la ***m.*** y ***f.*** Sirviente.

fan ***m.*** y ***f.*** **Palabra de origen inglés.** Fanático, seguidor de una persona, un equipo deportivo o una moda: *Las **fans** del grupo de rock llegaron al auditorio cuatro horas antes de que empezara el concierto.*

fanal ***m.*** Luz intensa que se pone al frente de los autos, locomotoras y aviones para alumbrar el camino: *Los **fanales** de los coches pueden emitir luz normal o más alta, esta última se usa para la carretera.*

fanático, ca ***m.*** y ***f.*** Que defiende con excesivo celo y apasionamiento una creencia, una causa, etc.: *Los **fanáticos** de ese equipo van a todos los partidos, aunque jueguen en ciudades lejanas.*

fanatismo ***m.*** Manera de actuar en la que se adoptan actitudes radicales: *El **fanatismo** elimina los pensamientos críticos y destruye cualquier posibilidad de verdad.*

fanatizar ***vb.*** {tr. y prnl.} **1** Causar fanatismo. **2** Volverse fanático.

fandango ***m.*** Baile popular español y música con que se acompaña.

fanega ***f.*** **1** Medida de capacidad para granos. **2** Medida agraria, del tamaño de un terreno donde se puede sembrar una fanega de grano.

fanerógamo, ma ***adj.*** Relativo a un grupo de plantas que se reproducen por flores y semillas.

fanfarrón, rrona ***adj.*** Se dice de la persona que presume excesivamente de alguna cualidad: *Rogelio es un **fanfarrón**; el gran barco que me había presumido en realidad es una lancha.* SIN. **echador, hocicón.**

fanfarronear ***vb.*** {intr.} Actuar o hablar con fanfarronería.

fanfarronería ***f.*** Manera de actuar o de hablar de los fanfarrones.

fangal ***m.*** Lugar lleno de fango. SIN. **cenagal, barrizal.**

fango ***m.*** Mezcla de tierra y agua. SIN. **lodo.**

fangoso, sa ***adj.*** **1** Lleno de fango. **2** Que su consistencia semeja la del fango.

fantasear ***vb.*** {intr.} Dejar correr la imaginación: *Cuando **fantaseo**, me gusta imaginar que vivo en una ciudad ideal, donde no hay violencia, desorden ni basura y todos los edificios son bellos.*

fantaseo ***m.*** Resultado de fantasear.

fantasía ***f.*** **1** Facultad de la mente para representar cosas que no existen: *A muchos niños les gusta escaparse al mundo interior de su **fantasía**.* **2** Producto de la imaginación: *En sus **fantasías**, Rosaura se veía como una famosa actriz de cine.*

fantasioso, sa ***adj.*** **1** Que le gusta fantasear. **2** Presumido, vanidoso.

fantasma ***m.*** Aparición de algo imaginado o de un ser inmaterial, como el espectro de un difunto: *En el filme de terror que vi ayer, el dueño del castillo se disfrazaba de **fantasma** para espantar a sus invitados.*

fantasmagoría ***f.*** Representación de figuras por medio de ilusiones ópticas.

fantasmal ***adj.*** Que tiene un aspecto misterioso e inquietante: *La luz de la luna daba a las rocas un aspecto **fantasmal**.*

fantástico, ca ***adj.*** **1** Producto de la fantasía. *Las sirenas y los dragones son seres **fantásticos**.* SIN. **fabuloso.** **2** Estupendo: *"Me parece **fantástico** que vayas de viaje a Francia", me dijo mi hermano.*

fantoche ***m.*** **1** Títere, marioneta. **2** Persona de figura ridícula o grotesca: *"Te ves como un **fantoche** con ese abrigo enorme y viejo", dijo a Ricardo.* **3** Persona sin autoridad y con personalidad débil: *Perico me desespera; es un **fantoche** que hace lo que le dice la gente y no lo que él desea.* **4** Fanfarrón, engreído.

fañoso, sa ***adj. Antill., Méx.*** y ***Venez.*** Gangoso.

faquir ***m.*** **1** En la India, persona religiosa que se dedica a cultivar el espíritu por encima de las necesidades materiales del cuerpo. **2** Artista de circo que hace actos espectaculares, como caminar sobre objetos filosos.

faradio ***m.*** Unidad de medida de capacidad eléctrica.

farallón ***m.*** Roca alta y en pico que sobresale en el mar.

faramalla ***f.*** Acción escandalosa o exagerada para llamar la atención o conseguir algo. *Arturo dijo que estaba muy enfermo, pero todo era **faramalla** para conseguir que le prestaran dinero.*

farándula ***f.*** Lo relacionado con el arte del espectáculo, el cine, el teatro y la televisión.

faraón ***m.*** Soberano del antiguo Egipto: *Las famosas pirámides de Egipto se construyeron en la época de los **faraones**.*

a b c d e f g h i j k l m n o p q r s t u v w x y z

faraónico, ca ***adj.*** **1** Relativo a los faraones. **2** Enorme, grandioso.
fardar ***vb.*** {intr.} *Fam.* Alardear, ostentar: *A Rubén le gusta **fardar** cualquier cosa nueva que compra.*
fardo ***m.*** Paquete grande y apretado.
farfolla ***f.*** Envoltura de las panochas o mazorcas del maíz, mijo y panizo. SIN. **chala.**
farfullar ***vb.*** {tr.} *Fam.* Hablar de prisa y de manera atropellada: *Al iniciar la entrevista, la bailarina estaba tan nerviosa que sólo pudo **farfullar** su nombre.*
faringe ***f.*** Región entre la boca y el esófago, común a las vías digestivas y respiratorias: *Con tanta tos, me duele la **faringe.***
faringitis ***f.*** Inflamación de la faringe.
fariña ***f. Argent., Bol., Colomb., Par., Perú*** y ***Urug.*** Harina gruesa de mandioca.
fariseo ***m.*** Miembro de una secta judía del siglo II a. de C. que pretendía observar la ley de Moisés con rigurosidad.
farmacéutico, ca ***adj.*** Relacionado con los medicamentos: *"Esas píldoras son productos **farmacéuticos,** no dulces, así que se toman sólo para combatir alguna enfermedad", me dijo mi madre.*
farmacéutico, ca ***m.*** y ***f.*** Persona que ha realizado estudios universitarios para preparar medicamentos.
farmacia ***f.*** Ciencia que estudia la preparación y el empleo de los medicamentos.
farmacia ***f.*** Local donde se venden los medicamentos: *En la **farmacia** de la esquina compré unas aspirinas porque me dolía la cabeza.* SIN. **botica, droguería.**
fármaco ***m.*** Medicamento, medicina: *Para comprar algunos **fármacos,** se necesita receta de un médico.*
farmacodependencia ***f.*** Estado de quien experimenta una necesidad intensa por ingerir, cada determinado tiempo, alguna sustancia química, como ciertos medicamentos.
farmacología ***f.*** Ciencia que estudia las propiedades de las sustancias químicas que se usan en el tratamiento, la detección y la prevención de enfermedades.
farmacopea ***f.*** Relación de indicaciones relativas a los medicamentos más comunes: *La **farmacopea** indica que no es bueno mezclar bebidas alcohólicas con pastillas para dormir.*
faro ***m.*** **1** Torre con una potente bombilla o foco luminoso para guiar de noche a los navegantes. **2** Proyector de luz que llevan los vehículos en la parte delantera.
farol ***m.*** Caja hecha de material transparente, dentro de la cual va una luz.
farola ***f.*** Farol grande que se usa para iluminar sitios como calles o parques.
farolazo ***m. Amér. C.*** y ***Méx.*** Trago de licor.
farra ***f.*** Hecho de salir de noche para divertirse. SIN. **juerga, jarana.**
fárrago ***m.*** Conjunto de cosas innecesarias y desordenadas.
farragoso, sa ***adj.*** Desordenado y confuso: *No entendí el discurso de María Rosa porque fue demasiado **farragoso.***
farruco, ca ***adj. Esp. Fam.*** Valiente.
farruto, ta ***adj. Bol.*** y ***Chile.*** Enfermizo.
farsa ***f.*** **1** Pieza cómica breve. **2** Enredo para aparentar o engañar: *Carolina dice que está enferma, pero a mí me parece que es una **farsa** para no ir a la escuela.*
farsante ***m.*** y ***f.*** Persona que miente o aparenta lo que no es: *"No creas en Ricardo, porque es un **farsante** que me ha engañado en varias ocasiones", me dijo Laura.*
fascículo ***m.*** Cada uno de los cuadernos en que se suele dividir un libro que se publica y vende por partes.
fascinación ***f.*** Atracción irresistible.
fascinante ***adj.*** Que atrae irresistiblemente, que fascina: *Esa película me parece tan **fascinante** que ya le he visto cinco veces.*
fascinar ***vb.*** {tr.} Atraer de manera irresistible: *A Elvira le **fascina** ese cantante y cuando fue a verlo a un concierto, se abalanzó para darle un beso.*
fascismo ***m.*** Régimen establecido por Benito Mussolini en Italia de 1922 a 1945, fundado sobre la dictadura de un partido único y la exaltación del nacionalismo: *El régimen del militar alemán Adolfo Hitler se basaba en el **fascismo.***
fascista ***adj./m.*** y ***f.*** Relacionado con el fascismo: *El horrible régimen **fascista** de Hitler sostenía que la raza aria era superior a todas las demás.*
fase ***f.*** **1** Cada uno de los cambios sucesivos de un fenómeno en evolución: *La adolescencia es una **fase** en la vida de los seres humanos en la que hay cambios físicos y psicológicos muy importantes.* SIN. **etapa.** **2** Cada uno de los aspectos que presentan la Luna y algunos planetas según los ilumina el Sol: *Las **fases** de la Luna son cuarto creciente, luna llena, cuarto menguante y luna nueva.*
fastidiar ***vb.*** {tr. y prnl.} **1** Causar molestia: *La música tan alta me **fastidiaba** al tratar de hacer mi trabajo escolar.* **2** Enojar, enfadar: ***Me fastidia** la impuntualidad de Amauri, nunca llega a tiempo a nuestras citas.* **3** ***Amér. Merid.*** y ***Méx.*** Echarse a perder, descomponerse: *Ya **se fastidió** el televisor, habrá que llevarlo a reparar.*
fastidio ***m.*** **1** Disgusto, molestia, repugnancia: *¡Qué **fastidio!** Siempre tenemos que esperar más de una hora a la impuntual de Olga.* **2** Aburrimiento, enfado: *Leer un libro es buen remedio para combatir el **fastidio.***
fastidioso, sa ***adj.*** Que produce molestia o disgusto, que fastidia: *Efraín es un **fastidioso,** cada vez que va a mi casa se pone a tomar mis cosas y deja todo desordenado.*
fasto ***m.*** Abundancia de riqueza. SIN. **lujo.**
fasto, ta ***adj.*** Memorable, venturoso: *Para celebrar el **fasto** acontecimiento de la llegada de su hija, el rey decretó una semana de festejos.*
fastuosidad ***f.*** Lujo excesivo.
fastuoso, sa ***adj.*** Ostentoso, amigo del lujo: *La boda entre el príncipe Carlos de Inglaterra y la princesa Diana fue una de las más **fastuosas** del siglo.*
fatal ***adj.*** **1** Inevitable. **2** Desgraciado, funesto: *"Hoy fue un día **fatal** en el que todo lo que hice salió mal."* **3** Mortal: *La caída de mi perro fue **fatal** pues murió al poco tiempo.*
fatalidad ***f.*** **1** Lo que es fatal. **2** Desgracia. **3** Destino: *La **fatalidad** quiso que justo ese día se encontrara con su peor enemigo.*
fatalismo ***m.*** **1** Creencia en que todo va a suceder sin poder evitarlo. **2** Actitud de resignación de una persona frente a lo que cree que va a suceder sin poder impedirlo.
fatalista ***adj.*** **1** Relativo al fatalismo. **2** Que actúa con fatalismo.
fatídico, ca ***adj.*** Que anuncia desgracias o las trae.
fatiga ***f.*** **1** Agotamiento, cansancio: *El explorador logró llegar a la cima de la montaña aunque su **fatiga** era muy fuerte.* **2** Dificultad al respirar.
fatigado, da ***adj.*** Muy cansado.
fatigar ***vb. irreg.*** {tr. y prnl.} **Modelo 17. 1** Cansar: *Me **fatigó** nadar durante media hora seguida, pues hace tiempo que no practicaba.* **2** Molestar: *Me **fatiga** el ruido del televisor, baja el volumen, por favor.*
fatigoso, sa ***adj.*** Que cansa mucho: *Arreglar el clóset es una actividad **fatigosa,** pero necesaria para mantener todo en orden.*
fatuidad ***f.*** Vanidad.

fatuo, tua ***adj.*** Presuntuoso, presumido: *Pepe es guapo pero* ***fatuo,*** *así que no me interesa hablar con él.*
fauces ***f. pl.*** Parte posterior de la boca de los mamíferos, desde el paladar hasta la faringe: *En el circo, el domador metió la cabeza en las* ***fauces*** *del león.*
fauna ***f.*** Conjunto de especies animales que viven en un país o región: *La* ***fauna*** *de Australia tiene animales que no existen en ningún otro lugar en el mundo.*
fauno ***m.*** Divinidad de la mitología romana con patas de cabra y torso y cabeza humanos: *Los* ***faunos,*** *según los mitos, vivían en el campo y tenían pequeños cuernos.*
fausto, ta ***adj.*** Feliz, afortunado: *El cumpleaños número cien de la abuela es un* ***fausto*** *acontecimiento.*
favela ***f. Amér.*** Vivienda de los suburbios, referida de manera especial a Brasil.
favor ***m.*** **1** Ayuda, beneficio, servicio o protección gratuita. **2** Apoyo, aprobación: *La cantante famosa tiene el* ***favor*** *del público que asiste a sus conciertos.*
favorable ***adj.*** Conveniente: *La exportación de algodón será* ***favorable*** *para la economía del país.*
favorecedor, ra ***adj.*** Se dice de las prendas que sientan bien a una persona, que le hacen verse mejor: *El nuevo corte de pelo que se hizo Fernando es muy* ***favorecedor,*** *lo hace verse distinguido y elegante.* Sin. **sentador.**
favorecer ***vb. irreg.*** {tr.} **Modelo 39. 1** Ayudar, socorrer a uno o apoyarlo. **2** Sentar bien, ayudar a mejorar el aspecto: *A las personas rubias les* ***favorece*** *el color rojo.*
favorecido, da ***adj.*** **1** Que recibió favores. **2** Mejorado en su apariencia: *Saliste muy* ***favorecida*** *en la foto.*
favoritismo ***m.*** Preferencia mal fundamentada: *Éste sólo asciende por* ***favoritismo*** *del jefe, porque no es listo, no cumple, siempre llega tarde…*
favorito, ta ***adj.*** Que se prefiere entre los demás: *Por su gran inteligencia, la hija* ***favorita*** *del sultán era la menor de las cuatro que tenía.*
fax ***m.*** Aparato que transmite documentos, fotografías, etc., a través de la línea telefónica. Sin. **telefax.**
fayuca ***f. Méx.*** Mercancía de contrabando: *Muchos comerciantes callejeros venden aparatos electrónicos de* ***fayuca,*** *lo malo es que no ofrecen ninguna garantía.*
faz ***f.*** **1** Rostro o cara: *La* ***faz*** *del hombre palideció cuando le dieron la mala noticia de la muerte de su madre.* **2** Superficie: *La* ***faz*** *de Marte es arenosa y de color rojizo.*
fe ***f.*** **1** Creencia basada en argumentos no demostrados: *Muchas personas tienen* ***fe*** *en que el cáncer se cura con polvo de piel de víbora.* **2** Confianza, buena opinión que se tiene de una persona o cosa: *"Tengo* ***fe*** *en que obtendrás buenas notas en tus exámenes", me dijo mi padre.* **3** Hecho de creer en Dios y en sus verdades religiosas reveladas: *Aproximadamente 400 millones de personas en el mundo siguen la* ***fe*** *cristiana.* Sin. **religión. 4** *loc.* **Dar ~,** asegurar, acreditar: *El abogado* ***dio fe*** *de que la firma del papel era la de su cliente.*
fealdad ***f.*** Calidad de feo. Ant. **belleza.**
febrero ***m.*** Segundo mes del año y el único que tiene 28 días.
febrícula ***f.*** Fiebre ligera de menos de 38 grados centígrados: *La intoxicación que sufrió Ana le produjo* ***febrícula*** *y dolor de cabeza.*
febrífugo, ga ***adj./m.*** Medicamento que hace bajar la fiebre: *Además de antibióticos, el médico recetó un* ***febrífugo*** *al enfermo de bronquitis.*
febril ***adj.*** **1** Relativo a la fiebre. **2** Muy intenso: *Como se acercaba el día de las competencias, el deportista llevaba a cabo un entrenamiento* ***febril.***
febrilidad ***f.*** Actuación ansiosa, febril.
febrilmente ***adv.*** **1** Con fiebre. **2** Con ansiedad.
fecal ***adj.*** Relativo a los excrementos: *El análisis de la materia* ***fecal*** *mostró que Genoveva tenía amibas.*
fecha ***f.*** **1** Indicación del tiempo en que se hace u ocurre algo: *El 16 de septiembre de 1810 es la* ***fecha*** *en que comenzó la lucha por la independencia de México.* **2** Tiempo o momento actual.
fechar ***vb.*** {tr.} **1** Poner la fecha en un documento: *Yo siempre* ***fecho*** *mis tareas para saber cuándo las hice.* **2** Determinar cuándo ocurrió algo: *Los arqueólogos* ***fecharon*** *su hallazgo en el año 1000 a.C.*
fechoría ***f.*** Acción especialmente mala, desmán: *Después de cometer su* ***fechoría,*** *los ladrones se repartieron el botín.*
fécula ***f.*** Sustancia compuesta de granos de almidón, abundante en algunos tubérculos como la papa.
feculento, ta ***adj.*** Que contiene fécula.
fecundación ***f.*** Proceso por el cual una célula masculina y una femenina se unen y así forman una nueva vida.
fecundante ***adj.*** **1** Que fecunda. **2** Capaz de fecundar.
fecundar ***vb.*** {tr.} **1** Hacer productiva una cosa. **2** Unirse el elemento reproductor masculino al femenino para dar origen a un nuevo ser.
fecundidad ***f.*** Hecho de ser muy productivo.
fecundo, da ***adj.*** **1** Que produce o se reproduce: *Los conejos son animales* ***fecundos*** *que tienen muchas crías cada vez que paren.* **2** Que produce mucho: *El huerto que tenemos en mi casa es* ***fecundo*** *pues todo el año nos da las frutas y verduras que comemos.*
fedatario, ria ***m.*** **1** Funcionario que da fe. **2** Notario.
federación ***f.*** **1** Agrupación de estados autónomos bajo una autoridad central: *Estados Unidos de América es una* ***federación*** *desde 1776.* **2** Agrupación orgánica de colectividades humanas: *La* ***Federación*** *Internacional de Fútbol Asociación (FIFA) organiza cada cuatro años el Campeonato Mundial de Fútbol.*
federado, da ***adj.*** Relativo a la federación: *Los estados* ***federados*** *de la república mexicana son 32.*
federal ***adj.*** Relativo al sistema de gobierno que reúne a estados autónomos pero sujetos a las decisiones de una autoridad central sobre los asuntos de interés general.
federalismo ***m.*** Sistema político en el que varios estados independientes comparten soberanía con una autoridad superior.
federalista ***adj.*** Partidario del federalismo.
federalización ***f.*** Conversión de un Estado en federación.
federalizar ***vb.*** {tr.} **1** Transformar un Estado en federación. **2** Pasar a formar parte de una federación. Sin. **federar.**
federar ***vb.*** {tr. y prnl.} Formar una federación o unirse a ella: *Los líderes de los sindicatos de burócratas decidieron* ***federarlos*** *para formar un gran organismo que abarque todo el país.*
federativo, vo ***adj.*** Relativo a la federación.
féferes ***m. pl. Colomb., C. Rica, Ecuad.*** y ***R. Dom.*** Bártulos, trastos.
fehaciente ***adj.*** Que da fe o atestigua como cierto: *Para demostrar cuál es su verdadero nombre, las personas usan un documento* ***fehaciente,*** *como su pasaporte.*
feldespato ***m.*** Silicato natural de potasio, sodio y calcio: *El* ***feldespato*** *forma parte de muchas rocas.*
felicidad ***f.*** Estado de ánimo en el que se siente alegría, satisfacción o gusto.
felicitación ***f.*** Hecho de desear a otro felicidad, dicha o fortuna: *Recibí la* ***felicitación*** *de mis parientes y amigos cuando terminé mis estudios.*

a b c d e f g h i j k l m n o p q r s t u v w x y z

felicitar ***vb.*** {tr. y prnl.} **1** Expresar a una persona la alegría que se siente por algún hecho favorable para esa persona: *Hay que **felicitar** a Esteban por haber obtenido el primer lugar de su clase.* **2** Expresar el deseo de que una persona sea afortunada o feliz: *En la época navideña, mucha gente **felicita** a sus familiares y amigos.*

félido, da ***adj.*** Relativo a una familia de mamíferos carnívoros con garras que puede esconder, como el gato. SIN. **felino.**

feligrés, gresa ***m.*** y ***f.*** Miembro de una parroquia o de una congregación religiosa.

felino, na ***adj.*** **1** Relativo al gato: *Los movimientos de los animales **felinos** son ágiles y rápidos.* **2** Félido: *El tigre, el león y el leopardo son **felinos.***

feliz ***adj.*** **1** Que tiene u ocasiona felicidad. **2** Oportuno: *Adela tuvo la **feliz** ocurrencia de asegurar su automóvil unos días antes del accidente.*

felón, lona ***adj.*** Que comete una felonía.

felonía ***f.*** Falta de lealtad, traición.

felpa ***f.*** **1** Tela aterciopelada de algodón, seda, lana, etc.: *Tengo una bata de **felpa** que uso cuando termino de ducharme.* **2** ***Méx. Fam.*** Golpiza.

felpear ***vb.*** {tr.} ***Argent.*** y ***Urug.*** Reprender de manera áspera.

felpudo ***m.*** Alfombrilla que se coloca a la entrada de las casas: *El **felpudo** sirve para limpiarse, antes de entrar a una casa, la suciedad que haya en los zapatos.*

femenil ***adj.*** Relativo a la mujer: *Mañana por la tarde habrá un partido de fútbol **femenil;** jugarán las muchachas de mi escuela contra las de otra secundaria.*

femenino, na ***adj.*** **1** Propio de la mujer: *Los vestidos son prendas **femeninas** porque sólo los usan las mujeres.* **2** Que tiene la forma gramatical atribuida a los nombres que designan, en principio, seres del sexo femenino: *"Casa" es un sustantivo **femenino.***

femineidad o **feminidad** ***f.*** Cualidad que caracteriza a lo femenino: *Uno de los atractivos de Rita Haywood era su **feminidad.***

feminismo ***m.*** Doctrina y movimiento que defiende la igualdad social, laboral, etc., entre el hombre y la mujer: *El **feminismo** lucha por que el hombre y la mujer sean iguales.*

feminista ***adj./m.*** y ***f.*** Partidario del feminismo.

femoral ***adj.*** Relativo al fémur: *La arteria **femoral** es una de las más importantes del cuerpo humano.*

fémur ***m.*** Hueso largo de la pierna, ubicado entre la cadera y la rodilla.

fenec ***m.*** Pequeño zorro del desierto del norte africano: *El **fenec** tiene patas finas, hocico puntiagudo y orejas enormes.*

fenecer ***vb. irreg.*** {intr.} **Modelo 39.** Morir, fallecer: *Ayer **feneció** mi abuelo y hoy vamos a sepultarlo.*

fenicio, cia ***adj./m.*** y ***f.*** Originario de Fenicia, antigua región de Asia.

fénix ***m.*** Ave mitológica que renace de sus cenizas.

fenol ***m.*** En química, sustancia que se obtiene de la destilación del alquitrán, derivado oxigenado del benceno.

fenomenal ***adj.*** Muy grande, que sorprende: *El anuncio del aumento de sueldo fue una noticia **fenomenal,** a todos los trabajadores les alegró mucho.*

fenómeno ***m.*** **1** Cualquier manifestación material o espiritual: *Los tornados son **fenómenos** temibles de la naturaleza.* **2** Cosa extraordinaria o sorprendente: *A finales del siglo XIX, algunos circos exhibían enanos en la carpa de los **fenómenos.***

fenomenología ***f.*** Corriente filosófica que trata de encontrar la esencia de las cosas por medio de la intuición: *Husserl fue uno de los teóricos más importantes de la **fenomenología.***

fenotipo ***m.*** Conjunto de características hereditarias que se manifiestan de manera visible en un individuo.

feo, a ***adj.*** **1** Que carece de belleza. **2** *loc.* **Hacer el ~,** despreciar, desairar: *Le **hicieron el feo** a Rosita, nadie comió de la tarta que llevó a la fiesta.* ANT. **bonito.**

féretro ***m.*** Ataúd, caja para muerto.

feria ***f.*** **1** Mercado o exposición que se celebra en lugar y fecha determinados: *En Frankfurt, Alemania, se lleva a cabo cada año una de las **ferias** de libros más importantes del mundo.* **2** Lugar con espectáculos y diversiones: *Lo que más me gusta de la **feria** es la rueda de la fortuna.* **3** ***Méx. Fam.*** Dinero menudo, cambio.

feriado, da ***adj.*** Se aplica a los días en que, por celebrarse alguna festividad, se suspenden las labores: *Aprovecharé el próximo día **feriado** para pintar la cocina de mi casa.*

fermentación ***m.*** **1** Degradación de sustancias orgánicas por la acción de microorganismos: *El vino se produce a partir de la **fermentación** de las uvas.* **2** Proceso de cambio: *A mediados del siglo XVIII, la sociedad francesa pasaba por un importante proceso de **fermentación** política.*

fermentado, da ***adj.*** Que ha sufrido el proceso de la fermentación.

fermentar ***vb.*** {tr. e intr.} **1** Hacer que una sustancia se degrade por la acción de microorganismos: *La levadura **fermenta** la masa de harina de trigo, por eso el pan se esponja.* **2** Sufrir una sustancia degradación por la acción de microorganismos: *La cerveza necesita **fermentar** a través de un proceso químico.*

fermento ***m.*** Sustancia que provoca la fermentación.

fermio ***m.*** Elemento químico artificial, de símbolo Fm y número atómico 100.

ferocidad ***f.*** Hecho de ser fiero, cruel: *Las leonas demuestran su **ferocidad** a quien quiera lastimar a sus cachorros.*

feromona ***f.*** Sustancia que secretan los insectos y otros animales para atraer a los de su misma especie y poder reproducirse.

feroz ***adj.*** Fiero, cruel: *Las hienas son animales **feroces.***

férreo, a ***adj.*** **1** De hierro: *La estructura **férrea** de la torre Eiffel se ha conservado desde 1889.* **2** Duro, tenaz: *Gracias a su **férreo** carácter, el músico alemán Beethoven siguió componiendo música después de quedarse sordo.* **3** Relativo al ferrocarril: *Las vías **férreas** deben mantenerse en buen estado para que los trenes siempre puedan circular con seguridad.*

ferretería ***f.*** Tienda donde se venden herramientas, clavos, alambres y otros objetos de hierro o metal.

ferrocarril ***m.*** **1** Camino con dos rieles paralelos, sobre los cuales ruedan los trenes. **2** Tren.

ferrocarrilero, ra ***adj./m.*** y ***f.*** **1** ***Amér.*** Relacionado con los ferrocarriles. **2** ***Amér.*** Persona que conduce un tren.

ferroso, sa ***adj.*** Relativo al compuesto de hierro divalente.

ferroviario, ria ***adj./m.*** y ***f.*** **1** Relativo al ferrocarril: *Por fortuna, el accidente **ferroviario** no ocasionó ninguna muerte.* **2** Empleado del ferrocarril. SIN. **ferrocarrilero.**

ferruginoso, sa ***adj.*** Que contiene hierro: *La espinaca es una verdura **ferruginosa.***

fértil ***adj.*** **1** Que produce mucho: *Lope de Vega fue un escritor de imaginación muy **fértil.*** **2** El ser vivo que puede reproducirse: *Las conejas tienen fama de ser muy **fértiles** porque pueden parir muchos hijos y quedan preñadas de manera frecuente.*

fertilidad ***f.*** Capacidad para producir o reproducir.

fertilización ***f.*** Acción que se toma para fertilizar: *La **fertilización** de la tierra es una preocupación constante de los agricultores.*

fertilizante ***m.*** Mezcla de materiales, naturales o industrializados, que se le pone a la tierra para que produzca más: *Mi hermano puso **fertilizante** en su huerto para que las plantas crezcan mejor y nazcan más frutas.* SIN. **abono.**

fertilizar ***vb. irreg.*** {tr.} **Modelo 16.** Hacer que algo produzca mucho, de manera especial la tierra: *El estiércol es una sustancia que se usa para **fertilizar** la tierra.*

férula ***f.*** **1** Tablilla para inmovilizar miembros fracturados. **2** Autoridad y dominio: *En la antigüedad, casi toda Europa estaba bajo la **férula** de Roma.* **3** Especie de vara con la que se castigaba a los niños en la escuela.

ferviente ***adj.*** Fervoroso.

fervor ***m.*** Sentimiento religioso intenso: *Con gran **fervor** la mujer juntó las manos y cerró los ojos para pedirle a Dios que sanara a su hijo.*

fervoroso, sa ***adj.*** Que actúa con mucho fervor.

festejar ***vb.*** {tr. e intr.} **1** Celebrar fiestas: *Edith **festejará** su cumpleaños con una fiesta en el jardín de su casa.* **2** Cortejar a una mujer.

festejo ***m.*** Celebración, fiesta: *Los **festejos** por el aniversario de mi pueblo se celebran en agosto.*

festín ***m.*** Banquete espléndido: *Asistimos a un **festín** en el que hubo mucha comida sabrosa.*

festival ***m.*** Gran fiesta, especialmente musical: *Este año, Gabriela bailará un tango en el **festival** de fin de cursos.*

festividad ***f.*** Fiesta o ceremonia con que se celebra algo: *El 2 de noviembre se celebra en México la **festividad** de los muertos.*

festivo, va ***adj.*** **1** Alegre: *Me divierto mucho con Eduardo porque tiene un carácter muy **festivo.*** **2** Día de fiesta en que no se trabaja: *El primero de mayo es un día **festivo** porque se celebra el Día del Trabajo.*

festón ***m.*** Bordado en forma de ondas o puntas, que adorna la orilla de una cosa.

feta ***f. Argent.*** y ***Urug.*** Rebanada delgada de jamón o de otros embutidos.

fetal ***adj.*** Relativo al feto: *El cordón umbilical alrededor del cuello es un indicativo de sufrimiento **fetal.***

fetiche ***m.*** **1** Ídolo u objeto de veneración. **2** Objeto de superstición: *Algunas personas usan patas de conejo como **fetiche,** pues creen que les traen buena suerte.*

fetichismo ***m.*** Culto a los fetiches.

fetichista ***adj.*** Relativo al fetichismo.

fetidez ***f.*** Olor muy desagradable: *"¡Ya limpia la jaula de tu hámster, que la **fetidez** es insoportable!", me regañó mamá.*

fétido, da ***adj.*** Que huele mal: *"Cúbrete la nariz, porque estas cañerías despiden un olor **fétido**", le dije a mi hermanito.*

feto ***m.*** Producto de la concepción que no ha llegado a nacer, pero que ya tiene las formas de la especie a que pertenece: *Mi madre va al hospital cada mes desde que está embarazada para que revisen que el **feto** esté sano.*

feudal ***adj.*** Relativo al feudalismo: *Los señores **feudales** trataban como esclavos a sus siervos.*

feudalismo ***m.*** Sistema económico, político y social de la Edad Media: *El **feudalismo** comenzó al caer el Imperio carolingio en el siglo* x *de nuestra era, y se prolongó hasta el siglo* xv.

feudo ***m.*** En la Edad Media, tierra u otro bien entregado por el rey o un señor a su vasallo a cambio de servicios y obligaciones.

fez ***m.*** Gorro de fieltro rojo usado por turcos y moros.

fiabilidad ***f.*** **1** Lo que es confiable. **2** Probabilidad de que algo funcione bien.

fiable ***adj.*** Que es digno de confianza: *Ese carpintero es una persona **fiable,** hace su trabajo puntualmente y cobra lo justo.*

fiaca ***f.*** **1** ***Argent., Chile*** y ***Méx. Fam.*** Pereza. **2** ***Urug.*** Mucha hambre.

fiado, da ***adj.*** **1** Que no se pagó o no se cobró en el momento. **2** ***loc.*** **De ~,** comprado o vendido de fiado: *Se lo di **de fiado** y nunca me pagó.*

fiador, ra ***m.*** y ***f.*** **1** Persona que responde por la deuda de otra: *Cuando mi padre alquiló un departamento le pidieron el nombre de un **fiador** que pueda pagar si mi padre no paga el alquiler.* **2** ***Chile*** y ***Ecuad.*** Cinta que sujeta el sombrero por debajo de la barba. SIN. **barbiquejo.**

fiambre ***m.*** Alimento cocinado y preparado para comerse frío.

fiambrera ***f.*** **1** Recipiente con tapa ajustada para llevar comida. **2** ***Argent., Chile*** y ***Urug.*** Armario de tela metálica que permite la ventilación de los alimentos y los protege de las moscas.

fiambrería ***f. Argent., Chile*** y ***Urug.*** Tienda en la que se venden o preparan fiambres.

fianza ***f.*** Garantía prestada para el cumplimiento de una obligación: *El juez le dio a escoger entre pagar una **fianza** o permanecer 30 días en la cárcel.*

fiar ***vb. irreg.*** {tr.} **Modelo 9.** **1** Hacerse responsable alguien de que otro pagará o cumplirá algo. **2** Vender algo sin cobrar el precio para recibir el pago después: *"No tengo para pagar el azúcar, ¿me la **fía** y se la pago mañana?"* **3** Confiar: *"Si te **fío** un secreto, ¿no se lo cuentas a nadie?", le dije a mi amiga.*

fiasco ***m.*** Fracaso: *El estreno de la obra de teatro resultó un **fiasco,** los actores son malísimos y además se fue la luz.*

fibra ***f.*** **1** Especie de hilo de ciertos tejidos animales, vegetales y minerales: *El pan integral es bueno para la digestión porque contiene **fibra.*** **2** Filamento usado en la industria textil: *Prefiero usar ropa con **fibras** naturales, como el algodón, a las sintéticas como el poliéster.* **3** ***Fam.*** Energía, fuerza: *Para escalar esa montaña se necesita mucha **fibra,** está muy empinada.*

ficción ***f.*** **1** Acción y efecto de fingir. **2** Cosa inventada: *"Lo que viste en ese programa no es verdad, es **ficción**", me dijo mi padre.*

ficha ***f.*** **1** Pequeña pieza de cartón, metal, etc., a la que se asigna un uso o valor convencional: *En esa mano de póquer ganó veinte **fichas,** y cada una vale un peso.* **2** Cada una de las piezas que se mueven en ciertos juegos de mesa. **3** Hoja de papel o cartulina para anotar datos.

fichaje ***m.*** **1** Elaboración de fichas. **2** Elaboración de la ficha o el expediente policial de un delincuente. **3** Contratación de un deportista.

fichar ***vb.*** {tr.} **1** Llenar una ficha con datos y clasificarla donde corresponda. **2** Elaborar la ficha o expediente policial de un delincuente. **3** Contratar a un deportista. **4** ***Arg.*** y ***Urug.*** Coquetear mirando fijamente a alguien.

fichero ***m.*** **1** Caja o mueble para guardar fichas. **2** Conjunto de datos agrupados en una unidad independiente de tratamiento de la información: *En ese **fichero** la policía guarda los nombres y las direcciones de todos los delincuentes capturados por robo.*

ficticio, cia ***adj.*** Falso, no verdadero.

fidedigno, na ***adj.*** Digno de fe: *El testigo juró sobre la Biblia que haría una declaración **fidedigna.***

fideicomiso ***m.*** Disposición por la que una persona deja su herencia a otra para que haga con ella lo que se le señala.

fidelidad ***f.*** **1** Hecho de ser fiel. **2** *loc.* **Alta ~,** sistema de reproducción de sonido con una gran calidad.

fideo ***m.*** Pasta de harina de trigo, en forma de hilo más o menos delgado.

fiebre ***f.*** **1** Elevación de la temperatura normal del cuerpo debida a una enfermedad: *Cuando me enfermé de los pulmones, tuve* ***fiebre*** *y por eso sentía escalofríos y sudaba.* **2** Estado de tensión o de agitación de una persona o grupo: *En el siglo pasado, en Norteamérica se dio la* ***fiebre*** *del oro y todos querían ir a buscar minas para hacerse ricos.*

fiel ***adj.*** **1** Se dice de la persona o ser que corresponde a quien le da y pide de él amor, amistad o deber: *El perro era* ***fiel*** *a su amo y lo seguía a todas partes.* **2** Exacto: *Las autoridades certificaron que este documento es una copia* ***fiel*** *del original.*

fiel ***m.*** **1** Persona que practica una religión. **2** Persona que frecuenta de manera habitual un grupo cualquiera.

fieltro ***m.*** Especie de paño o tela que no va tejido, sino prensado: *Mi muñeca está hecha de tela y tiene un sombrero de* ***fieltro.***

fiera ***f.*** **1** Animal o persona salvaje y cruel. **2** *loc.* **Hecho una ~,** muy enojado: *Como le negaron la entrada a la discoteca, estaba* ***hecho una fiera*** *y comenzó a ofender a los empleados.*

fiero, ra ***adj.*** Cruel, violento: *Los hunos fueron guerreros muy* ***fieros.***

fierro ***m. Amér.*** Hierro.

fiesta ***f.*** **1** Reunión social para divertirse o celebrar algún acontecimiento: *La* ***fiesta*** *de fin de cursos será el próximo sábado.* **2** Día no laborable.

figura ***f.*** **1** Forma exterior: *Ese actor tiene muy buena* ***figura;*** *es fuerte, alto y guapo.* **2** Persona de renombre: *El deportista Michael Jordan es una* ***figura*** *en el mundo del baloncesto.* **3** Cosa que representa otra: *"¿Ya encontraste la* ***figura*** *del árbol que está escondido en este dibujo?", me preguntó Daniel.* **4** En música, representación de una nota que indica su duración.

figuración ***f.*** Imaginación de algo: *Se me hace que ese fantasma que viste son puras* ***figuraciones*** *tuyas.*

figurado, da ***adj.*** Que se aparta de su sentido literal: *Cuando digo que me podría comer una vaca entera, lo digo en sentido* ***figurado*** *para expresar que tengo mucho apetito.*

figurante ***adj./m.*** y ***f.*** **1** Que figura. **2** Comparsa en el teatro o en el cine.

figurar ***vb.*** {tr.} **1** Aparentar. **2** Estar entre determinadas personas o cosas: *Benjamín Franklin* ***figura*** *entre los inventores más conocidos del mundo.* **3** Imaginarse: *"****Figúrate*** *un jardín donde los árboles son de chocolate y la fuente tiene limonada en lugar de agua", me dijo mi hermanito.*

figurativo, va ***adj.*** **1** Que es o sirve de representación de una cosa. **2** El arte que representa cosas, figuras de la realidad tal como las ve el ojo: *Un pintor* ***figurativo*** *es quien representa en sus cuadros árboles, casas, personas, etc., de manera que todas las personas que los ven puedan reconocerlos.*

fijación ***f.*** **1** Acción y efecto de fijar, de poner algo de modo que no se mueva. **2** Obsesión, manía: *Tiene la* ***fijación*** *de abrir todas las ventanas de la habitación a la que llega.*

fijador ***m.*** **1** Producto que sirve para fijar los cabellos y mantenerlos peinados. **2** Producto utilizado para fijar las pinturas y barnices a la superficie donde se aplican.

fijar ***vb.*** {tr. y prnl.} **1** Poner fijo: *Hay que* ***fijar*** *esa mesa en el suelo para que no se tambalee.* **2** Determinar, establecer: *Una vez que se han* ***fijado*** *las bases del concurso, no es posible hacer ningún cambio.* **3** Centrar la atención, la mirada: *El mecánico* ***fijó*** *los ojos en el motor, buscando la pieza que fallaba.* **4** Darse cuenta de algo, percibir: *"¿Te* ***fijaste*** *que Alberto traía un calcetín a rayas y otro de puntitos?", le pregunté a Martha.*

fijeza ***f.*** Posibilidad de fijar algo.

fijo, ja ***adj.*** **1** Sujeto a algo, inmóvil: *El librero debe quedar* ***fijo*** *a la pared para que no se caiga.* **2** No sujeto a cambios: *Los precios en esa tienda son* ***fijos,*** *no hacen ninguna rebaja.*

fila ***f.*** Serie de personas o cosas puestas en hilera: *La* ***fila*** *para comprar entradas de la ópera era muy larga porque todos querían entrar a verla.* Sin. **cola.**

filamento ***m.*** Cualquier cosa larga y delgada, que parece hilo: *Dentro de las bombillas o focos hay unos* ***filamentos*** *a través de los cuales se transmite la electricidad.*

filantropía ***f.*** Amor al género humano: *Por* ***filantropía,*** *el millonario donó dinero para construir un hospital.*

filantrópico, ca ***adj.*** **1** Relativo a la filantropía. **2** Que actúa como filántropo.

filántropo, pa ***m.*** y ***f.*** Persona que, por amor a sus semejantes, destina parte de su dinero o de su trabajo a ayudar a los demás: *Varios* ***filántropos*** *se unieron y, con sus aportaciones, fue posible construir un nuevo hospital.*

filatelia ***f.*** Estudio y colección de los sellos de correos.

filatelista ***m.*** y ***f.*** Persona que colecciona sellos de correos: *Conozco a un* ***filatelista*** *que sólo colecciona estampillas con imágenes de flores y plantas.*

filete ***m.*** **1** Lonja o trozo delgado de carne o de pescado: *Después de la sopa comí un* ***filete*** *de ternera.* **2** Adorno que consiste en una o varias líneas pintadas alrededor de algo.

filetear ***vb.*** {tr.} **1** Cortar como filete: *Para que se cocine rápido, hay que* ***filetear*** *la carne muy delgada.* **2** Adornar con filetes: ***Filetearon*** *las tazas con pintura dorada.*

filiación ***f.*** **1** Conjunto de datos personales. **2** Procedencia.

filial ***adj.*** Relativo a los hijos: *Los hijos demostraron su amor* ***filial*** *cuidando a su padre enfermo.*

filial ***f.*** Establecimiento u organismo que depende de otro principal: *La tienda principal está en Londres, pero hay* ***filiales*** *en muchas capitales latinoamericanas.*

filibustero ***m.*** Pirata que operaba en el mar de las Antillas: *Entre los siglos* XVI *y* XVIII, *los* ***filibusteros*** *se dedicaron a saquear las colonias españolas en América.*

filicida ***m.*** y ***f.*** Persona que mata a su hijo: *Medea se convirtió en* ***filicida*** *por celos.*

filicidio ***m.*** Asesinato que comete un padre contra su hijo.

filiforme ***adj.*** Que tiene forma de hilo.

filigrana ***f.*** **1** Trabajo de orfebrería hecho con hilos de plata u oro. **2** Obra de gran habilidad y finura.

filípica ***f.*** Discurso o censura violenta: *Después del desfile, el capitán pronunció una* ***filípica*** *a los soldados que habían marchado mal.* Sin. **invectiva.**

filipino, na ***adj./m.*** y ***f.*** Originario de Filipinas, país del sureste de Asia.

filisteo, a ***adj./m.*** y ***f.*** De un antiguo pueblo originario de las costas del mar Mediterráneo al norte de Egipto.

filmación ***f.*** Rodaje de una película: *En una* ***filmación*** *intervienen el director, los actores, los iluminadores, los técnicos, los maquillistas y varios auxiliares.*

filmar ***vb.*** {tr.} Grabar imágenes con una cámara: *Mi hermana* ***filma*** *a su bebé cada mes para ver cómo va creciendo.*

filme ***m.*** Película de cine: El acorazado Potemkín *es uno de los* ***filmes*** *mudos más famosos del cine mundial.* SIN. **película.**

filmografía ***f.*** Conjunto de filmes o películas cinematográficas de un género, un director, etc.

filmoteca ***f.*** Lugar donde se guardan filmes o películas.

filo ***m.*** **1** Lado afilado de un instrumento cortante como cuchillo, navaja o tijeras: *Siempre hay que tomar un cuchillo por el mango, nunca por el* ***filo,*** *porque corta.* **2** Orilla: *Es peligroso caminar por el* ***filo*** *del acantilado.*

filogenia ***f.*** Estudio de la formación y el encadenamiento de líneas evolutivas animales o vegetales.

filología ***f.*** Estudio de una lengua y de los documentos escritos que la dan a conocer.

filólogo, ga ***m.*** y ***f.*** Persona que se dedica al estudio de la lengua: *Varios* ***filólogos*** *hicieron este diccionario.*

filón ***m.*** Fisura de terreno llena de roca eruptiva o mineral: *Los hombres encontraron un* ***filón*** *de oro en ese terreno.*

filoso, sa ***adj.*** Que tiene filo: *"Pásame con cuidado un cuchillo más* ***filoso,*** *porque con éste no puedo cortar la carne", me dijo mi madre.*

filosofar ***vb.*** {intr.} **1** Hacer filosofía. **2** Meditar.

filosofía ***f.*** Conjunto de reflexiones sobre los principios del conocimiento, pensamiento y acción humanos.

filosófico, ca ***adj.*** Relativo a la filosofía.

filósofo, fa ***m.*** y ***f.*** Persona que se dedica a la filosofía, en especial la que crea un sistema de pensamiento: *Platón, un gran* ***filósofo*** *griego, creía que los hombres debían buscar la belleza, la justicia y el bien.*

filtrar ***vb.*** {tr. y prnl.} **1** Hacer pasar un líquido por un filtro: *Con una tela* ***filtramos*** *el agua de la botella porque tenía un insecto dentro.* SIN. **colar.** **2** Dejar un cuerpo sólido que un fluido pase a través de sus poros o espacios: *Hay que componer el techo, porque* ***se está filtrando*** *agua de la lluvia.* **3** Dar a conocer una noticia que no tendría que conocerse aún: *Entre los medios periodísticos* ***se filtró*** *la noticia de que el presidente hará un anuncio extraordinario por la noche.*

filtro ***m.*** **1** Cuerpo poroso a través del cual se hace pasar un fluido para quitarle las impurezas. **2** Poción a la que se atribuyen poderes mágicos: *El brujo le dio un* ***filtro*** *a Julieta para que pareciera muerta, cuando en realidad sólo dormía.*

filudo, da ***adj.*** Que tiene mucho filo.

fin ***m.*** **1** Hecho de terminarse una cosa: *Y cuando al terminar el filme vimos la palabra* ***"fin",*** *apagamos el televisor y nos fuimos a dormir.* **2** Finalidad o motivo de algo: *El* ***fin*** *de este curso es que aprendan a dibujar.* **3** *loc.* **A ~ de,** para: ***A fin de*** *aclarar los hechos, la policía inició una investigación.* **4** *loc.* **Al ~ y al cabo,** se emplea para afirmar una cosa que está en oposición con algo dicho anteriormente: *Después de que le negué el permiso de ir a la fiesta, el niño me contestó que no importaba, que* ***al fin y al cabo*** *no quería ir.*

finado, da ***m.*** y ***f.*** Persona muerta, difunto.

final ***adj.*** **1** Que termina, remata, cierra o perfecciona una cosa: *"Les voy a ganar porque mi ficha ya casi llega al* ***final*** *del tablero de juego", dije a mis amigos.* **2** Relativo a la oración subordinada que indica finalidad.

final ***m.*** y ***f.*** **1** Fin, término: *"Quédate hasta el* ***final*** *del programa, para que sepas quién fue el asesino", me dijo Amalia.* **2** Última y decisiva competición de un campeonato o torneo: *Ese tenista ha ganado tres veces la* ***final*** *de tenis en Wimbledon.*

finalidad ***f.*** Objetivo o utilidad de algo: *La* ***finalidad*** *de este curso de repostería es que aprendamos a preparar y decorar pasteles y postres.*

finalista ***m.*** y ***f.*** Que llega a la prueba final: *Entre las* ***finalistas*** *del concurso de la mujer más bella del mundo, casi siempre hay alguna mujer latinoamericana.*

finalizar ***vb. irreg.*** {tr. e intr.} **Modelo 16.** Terminar, acabar: *"Primero debes* ***finalizar*** *tu trabajo escolar y después puedes ir a jugar", me dijo mi padre.*

financiación ***f.*** Obtención de dinero para iniciar o mantener un negocio. SIN. **financiamiento.**

financiamiento ***m.*** Financiación: *Los planes de* ***financiamiento*** *que presentó al banco no reunían los requisitos necesarios.*

financiar ***vb.*** {tr.} Dar dinero para fomentar un negocio o actividad: *El gobierno* ***financió*** *la construcción del puente.*

financiero, ra ***adj./m.*** y ***f.*** **1** Relativo a las finanzas. **2** Persona que posee el capital suficiente para financiar un gran negocio.

financista ***m.*** y ***f.*** ***Amér.*** Persona que financia.

finanzas ***f. pl.*** Conjunto de actividades relacionadas con la inversión del dinero.

finar ***vb.*** {intr.} Morir.

finca ***f.*** Propiedad inmueble, casi siempre en el campo: *Durante las vacaciones, los vecinos se van a una* ***finca*** *que tienen cerca de la montaña.*

fincar ***vb.*** {intr.} *Méx.* Construir una casa.

finés ***m.*** Lengua hablada en Finlandia.

finés, nesa ***adj./m.*** y ***f.*** Originario de Finlandia, país de la península de Escandinavia, Europa. SIN. **finlandés.**

fineza ***f.*** Obsequio o atención especial, delicada y de buen gusto, que se hace a alguien: *Fue una* ***fineza*** *de mi jefe regalarme mi perfume favorito el día de mi cumpleaños.*

fingido, da ***adj.*** Que finge: *Con su risa* ***fingida*** *trató de engañar a su esposa, pero el truco no funcionó.*

fingir ***vb. irreg.*** {tr. y prnl.} **Modelo 61.** Hacer creer con palabras, gestos o acciones algo que no es verdad: *"No* ***finjas*** *que duermes, sé que estás despierto."*

finiquitar ***vb.*** {tr.} **1** Pagar por completo una cuenta: *Al fin, después de un año,* ***finiquité*** *la deuda que tenía con el banco.* **2** *Fam.* Acabar.

finiquito ***m.*** **1** Dinero que se paga para saldar una cuenta. **2** Dinero que recibe un empleado al ser despedido, renunciar o jubilarse: *El dinero del* ***finiquito*** *le iba a alcanzar para hacer el viaje que había soñado.*

finisecular ***adj.*** Relativo al fin de un siglo determinado.

finito, ta ***adj.*** Que tiene fin: *El fondo del mar es* ***finito.*** ANT. **infinito.**

finlandés, desa ***adj./m.*** y ***f.*** Originario de Finlandia, país de la península de Escandinavia, Europa. SIN. **finés.**

fino, na ***adj.*** **1** De poco grosor: *En el siglo pasado estaba de moda que las mujeres tuvieran cinturas* ***finas.*** **2** De buena calidad: *El caballo que ganó la carrera es muy* ***fino.*** **3** Educado, cortés: *Es un hombre* ***fino*** *que trata a todas las mujeres como si fueran princesas.*

finquero ***m.*** Dueño de una finca.

finta ***f.*** Ademán o movimiento que se hace con intención de engañar a otro: *El jugador hizo la* ***finta*** *de que iba a golpear el balón para el lado derecho y al final lo desvió hacia el izquierdo.*

fiordo ***m.*** Antiguo valle glaciar invadido por el mar.

fique ***m.*** ***Colomb., Méx.*** y ***Venez.*** Fibra de la pita.

firma ***f.*** **1** Nombre de una persona, casi siempre acompañado de un trazo o línea que la hace original: *"Por favor, ponga su* ***firma*** *al final de la solicitud", me pidió la secretaria.* **2** Acción de firmar: *A la* ***firma*** *del contrato matrimonial se presentaron los novios con dos testigos.* **3** Empresa comercial: *Esa* ***firma*** *tiene más de cien años de haber sido fundada.*

firmado, da ***adj.*** Con la firma necesaria.
firmamento ***m.*** Cielo: *Anoche pudimos ver muchas estrellas en el* ***firmamento*** *porque no había nubes.*
firmante ***adj./m.*** y ***f.*** Persona que firma un documento: *"Los aquí* ***firmantes*** *solicitamos obras de drenaje para nuestra comunidad", decía en la carta que enviamos al alcalde.*
firmar ***vb.*** {tr.} Poner alguien su firma en un escrito o documento: *Los novios* ***firmaron*** *el acta y quedaron legalmente casados.*
firme ***adj.*** **1** Que no se mueve ni vacila: *Luego de un largo viaje por mar, los marineros ansían llegar a tierra* ***firme.*** **2** Con firmeza.
firmeza ***f.*** **1** Estabilidad, solidez: *Gracias a la* ***firmeza*** *de la construcción, el terremoto no dañó la casa.* **2** Entereza, fuerza moral.
firulete ***m. Amér. Merid.*** Adorno superfluo y de mal gusto.
fiscal ***adj.*** Relativo al fisco o al oficio del fiscal: *Mi papá le entregó los documentos* ***fiscales*** *al contador para que hiciera los pagos a las autoridades.*
fiscal ***m.*** y ***f.*** **1** Persona que representa al ministerio público en los tribunales: *El* ***fiscal*** *mostró pruebas en contra del acusado.* **2** ***Bol.*** y ***Chile.*** Persona que no pertenece al clero y se encarga de cuidar una capilla rural.
fiscalía ***f.*** **1** Empleo o cargo de fiscal. **2** Oficina del fiscal.
fiscalización ***f.*** Inspección fiscal.
fiscalizar ***vb. irreg.*** {tr.} **Modelo 16. 1** Sujetar a inspección fiscal. **2** *Fam.* Controlar todos los movimientos de una persona.
fisco ***m.*** Tesoro público.
fisgar ***vb.*** {tr. e intr.} Procurar enterarse de cosas ajenas: *Las vecinas que* ***fisgan*** *pasan mucho tiempo enterándose de las vidas ajenas.*
fisgón, gona ***adj./m.*** y ***f.*** Persona que hace todo por enterarse de las cosas ajenas: *Esa vecina es una* ***fisgona*** *y siempre está en la ventana para enterarse de lo que hacemos todos en el edificio.*
fisgonear ***vb.*** {tr.} Curiosear lo que hacen los demás: ***Fisgonear*** *a las otras personas es de mala educación.*
física ***f.*** Ciencia que estudia las propiedades de la materia y las leyes que rigen los fenómenos naturales.
físico, ca ***adj.*** **1** Relativo a la física. **2** Del cuerpo: *Tener las piernas torcidas es un problema* ***físico*** *que debe tratar un especialista.*
físico, ca ***m.*** y ***f.*** **1** Persona que se dedica a la física. **2** Aspecto exterior de una persona: *El* ***físico*** *de Ana ha cambiado mucho con todo el ejercicio que hace.*
físicoquímica ***f.*** Parte de la química que estudia los sistemas químicos aplicando las leyes de la física.
fisiología ***f.*** Ciencia que estudia los órganos y sus funciones: *La* ***fisiología*** *se ocupa de procesos del organismo como la circulación de la sangre o la digestión.*
fisiólogo, ga ***m.*** y ***f.*** Especialista en fisiología.
fisión ***f.*** División del núcleo de un átomo pesado en dos o varios fragmentos.
fisionar ***vb.*** {tr.} Provocar o producir una fisión.
fisioterapia ***f.*** Tratamiento médico con medios naturales, como luz, agua, calor, frío, masajes o ejercicio.
fisonomía ***f.*** Aspecto del rostro de una persona: *La* ***fisonomía*** *de Juana se distingue de todos nosotros porque ella tiene pecas y ojos color gris.*
fístula ***f.*** Conducto anormal que comunica un órgano del cuerpo con el exterior o con otro órgano.
fisura ***f.*** Grieta, raja: *Con el sismo se hizo una* ***fisura*** *en el techo por la que entra un poco de agua cuando llueve.*
fisurar ***vb.*** {tr.} Producir o provocar una fisura.
fitófago, ga ***adj.*** Que se alimenta de vegetales: *Algunos herbívoros como los koalas son* ***fitófagos.***
fitoplancton ***m.*** Conjunto de seres de pequeñas dimensiones que están suspendidos en el agua de mar o en el agua dulce: *El* ***fitoplancton,*** *a diferencia del zooplancton, tiene clorofila en sus células.*
fitotecnia ***f.*** Conjunto de conocimientos y tecnologías relacionadas con la mejora de las plantas y la producción agrícola.
fitoterapia ***f.*** Tratamiento de enfermedades por medio de plantas: *La caléndula y el gordolobo son algunas de las plantas que se usan en* ***fitoterapia*** *para bajar la fiebre.*
fláccido, da o **flácido, da** ***adj.*** Blando, flojo: *Decidí comenzar a hacer ejercicio, porque se me ven los músculos* ***fláccidos*** *y me siento débil.*
flaco, ca ***adj.*** **1** Se dice de la persona o animal que tiene pocas carnes. SIN. **magro.** ANT. **gordo. 2** Endeble, sin fuerza.
flacura ***f.*** Condición de la persona o animal que está flaco: *La* ***flacura*** *de las modelos hace pensar que se alimentan con muy poca comida.*
flagelación ***f.*** Golpe o serie de golpes que se dan con un flagelo.
flagelado, da ***adj./m.*** Se refiere a una clase de protozoos que tienen flagelos: *Los* ***flagelados*** *utilizan su filamento o flagelo para moverse y para captar lo que ocurre a su alrededor.*
flagelar ***vb.*** {tr. y prnl.} Dar a alguien golpes con una especie de cuerda o flagelo.
flagelo ***m.*** **1** Objeto para azotar. **2** Filamento móvil de ciertos protozoos.
flagrancia ***f.*** Lo que es flagrante.
flagrante ***adj.*** Claro, evidente: *Sorprendieron al ladrón en* ***flagrante*** *delito, con la bolsa del dinero robado en la mano.*
flama ***f.*** Llama: *La* ***flama*** *de la vela se va a apagar por el viento, hay que cerrar la ventana.*
flamante ***adj.*** **1** Brillante, resplandeciente: *Los zapatos limpios de Maura lucían* ***flamantes.*** **2** Nuevo, reciente: *Jacobo compró un* ***flamante*** *automóvil que le costó mucho dinero.*
flamboyán ***m. Méx.*** Árbol de tronco ramificado y abundantes flores rojas, de alrededor de 15 metros de altura: *Los* ***flamboyanes*** *pertenecen a la familia de las leguminosas.*
flamear ***vb.*** {intr.} **1** Despedir llamas. **2** Ondear las velas o las banderas.
flamenco ***m.*** **1** Idioma hablado en Flandes. **2** Ave zancuda de gran tamaño y plumaje rosa, escarlata y negro: *El* ***flamenco*** *tiene el cuello largo y flexible.*
flamenco, ca ***adj./m.*** y ***f.*** **1** Originario de Flandes, región de Europa. **2** Conjunto de cantos y bailes gitanos influidos por rasgos andaluces y orientales.
flamígero, ra ***adj.*** **1** Que arroja llamas o imita la figura de las llamas. **2** El último periodo del estilo gótico, en que los adornos de las construcciones se hicieron en forma de flamas.
flan ***m.*** Dulce hecho con yemas de huevo, leche y azúcar batidos y cuajados en un molde: *Después de comer un guiso de pollo mi madre nos dio un* ***flan*** *como postre.*
flanco ***m.*** Costado, lado: *En los gruesos y fuertes* ***flancos*** *del caballo se nota que ha sido bien alimentado.*
flanqueado, da ***adj.*** Colocado a los flancos de una cosa.
flanquear ***vb.*** {tr.} Estar colocado o colocarse al flanco de una cosa: *Dos guardaespaldas altos y fuertes* ***flanquean*** *a la famosa cantante.*
flaquear ***vb.*** {intr.} Debilitarse, ir perdiendo la fuerza: *"Ya casi llegamos a la cima de la montaña, no* ***flaquees",*** *me dijo mi padre para animarme.* SIN. **cejar.**

flaqueza *f.* **1** Acción criticable o digna de regaño cometida por debilidad. **2** Cualidad de flaco.

flash *m.* **Palabra de origen inglés.** Aparato que produce fuertes destellos luminosos y que sirve para iluminar cuando se toman fotografías en lugares donde la luz natural no es suficiente.

flashazo *m.* Destello que produce el flash de una cámara fotográfica: *Los **flashazos** no le permitían ver al público que la esperaba.*

flato *m.* Acumulación de gases en el tubo digestivo. Sin. **pedo, ventosidad.**

flatulencia *f.* Acumulación de gases en el estómago y el colon: *Los antojitos que me comí en la calle me produjeron **flatulencia,** me siento hinchado y muy incómodo.*

flauta *f.* Instrumento musical de viento en forma de tubo con orificios: *En el cuento, el héroe atraía a las ratas hacia el agua con la música de su **flauta.***

flautín *m.* Flauta pequeña de sonido más agudo que el de la flauta normal.

flautista *m.* y *f.* Persona que toca la flauta: *El **flautista** de Hammelin es un cuento que trata de un hombre que con la música de su flauta hipnotizó a las ratas que plagaban un pueblo y las hizo salir de allí.*

flebitis *f.* Enfermedad que consiste en la inflamación de una o varias venas.

flecha *f.* **1** Arma arrojadiza consistente en una punta triangular afilada unida a una vara: *En muchos filmes aparecen los indios disparando **flechas** con sus arcos.* **2** Cosa que tiene forma de flecha.

flechado, da *adj.* **1** Herido por flechas. **2** Enamorado.

flechador, ra *m.* y *f.* Persona que dispara flechas.

flechar *vb.* {tr.} **1** Herir con flechas: *Antes, los cazadores **flechaban** a los animales y los mataban para comer; hoy, los matan con armas de fuego por pura diversión o por lucro.* **2** Provocar que alguien se enamore: *Apenas vi a Karina me **flechó,** voy a tratar de que sea mi novia.*

flechazo *m.* **1** Herida causada por una flecha disparada. **2** Enamoramiento súbito: *Lo de Juliana y Salvador fue un **flechazo:** se vieron y se enamoraron en ese mismo instante.*

fleco *m.* **1** Adorno compuesto por una serie de hilos o cordeles que cuelgan de una tira de tela. **2** *Méx.* Cerquillo de pelo que cae en la frente: *A esa niña hay que cortarle un poco el **fleco** porque ya le cubre los ojos.*

fleje *m.* Tira de metal o de plástico que se usa para ceñir los fardos de mercancías: *El **fleje** hace más resistentes los empaques y además da la seguridad de que nadie los abrió.*

flema *f.* **1** Mucosidad que se arroja por la boca. **2** Lentitud, calma.

flemático, ca *adj.* **1** Muy calmado y lento: *Con actitud **flemática,** Irma se puso a recoger sus cosas muy despacio, pese a que su madre casi se desgañitaba para apurarla.* **2** Impasible, sereno: *El **flemático** hombre apenas si alzó una ceja cuando le avisaron que su coche había sido robado.*

flemón *m.* Inflamación de las encías: *Fui al dentista para que me curara el **flemón** que tenía.*

flequillo *m.* Cerquillo de cabello sobre la frente. Sin. **fleco.**

fletante *m.* y *f.* *Chile* y *Ecuad.* Persona que da en alquiler un vehículo o una bestia para transportar personas o mercancías.

fletar *vb.* {tr. y prnl.} **1** Contratar un vehículo para el transporte de personas o mercancías: ***Fletamos** un camión para llevar los muebles a la nueva casa.* **2** *Argent., Chile* y *Urug.* Despedir a alguien de un trabajo. **3** *Chile* y *Perú.* Soltar palabras inconvenientes. **4** *Cuba.* Marcharse de pronto. **5** *Méx. Fam.* Encargarse a disgusto de un trabajo pesado: *Me **fleté** a limpiar el piso de toda la casa porque mi perro lo ensució.*

flete *m.* **1** Carga de un buque. **2** *Argent., Méx.* y *Urug.* Vehículo que hace transporte de mercancías a cambio de un pago. **3** *Argent.* y *Urug.* Caballo ligero.

fletero, ra *adj. Amér.* Dícese del vehículo que se alquila para transporte.

fletero, ra *m.* y *f. Amér.* Persona que tiene por oficio transportar mercancías.

flexibilidad *f.* **1** Propiedad de las cosas de doblarse sin romperse. **2** Posibilidad de modificar la opinión para no llegar a una ruptura.

flexibilización *f.* Modificación del horario de trabajo según las necesidades del trabajador o de la empresa: *La **flexibilización** horaria favorece a las madres trabajadoras.*

flexible *adj.* **1** Que puede doblarse de manera fácil. **2** Dispuesto a ceder: *Mi maestro aceptó que respondiera el examen después porque es **flexible** y sabe que estuve enfermo.* Ant. **rígido.**

flexión *f.* **1** Hecho de doblar o doblarse: *En la clase de gimnasia hacemos **flexiones** de brazos y piernas.* **2** Alteración de las voces que se conjugan y declinan con el cambio de terminaciones.

flexionado, da *adj.* Resultado de la flexibilidad o de la flexibilización.

flexionar *vb.* {tr. y prnl.} Doblar el cuerpo o un miembro, por lo general cuando se hacen ejercicios: *En su clase de baile, Martha se lastimó la rodilla porque la **flexionó** en una mala postura.*

flexo *m.* Lámpara de mesa con brazo flexible.

flexor *m.* Músculo que ejerce un movimiento de flexión.

flirtear *vb.* {intr.} **Palabra de origen inglés.** Coquetear.

flojear *vb.* {intr.} Haraganear, no trabajar lo suficiente: *El profesor me llamó la atención por **flojear** en los estudios; ahora he vuelto a estudiar las lecciones con más dedicación.*

flojera *f.* Actitud de quien no tiene interés en esforzarse o trabajar: *Luis sintió **flojera** de estudiar y por eso obtuvo una nota baja en el examen.* Sin. **pereza.**

flojo, ja *adj.* **1** Mal atado, poco tirante: *Prefiero las ropas **flojas** porque no me gusta sentirme apretado.* **2** Falto de vigor: *Evodio es un hombre **flojo** que no trabaja y le gusta estar acostado casi todo el día.*

flor *f.* **1** Órgano reproductor de muchas plantas, formado por hojas de vivos colores llamadas pétalos. **2** *loc.* **Echar una ~,** decir un piropo a alguien: *Josefa es muy bonita, por eso sus amigos le **echan tantas flores** cuando la ven.* **3** *loc.* **~ y nata,** lo mejor y más selecto, lo más granado: *A esa fiesta elegante fue la **flor y nata** de la sociedad.*

flora *f.* Conjunto de las especies vegetales de una región: *Tengo un libro en el que se describen todas las especies que forman la **flora** de América.*

floración *f.* Eclosión de las flores y tiempo en que ocurre: *La **floración** de muchos árboles frutales como las ciruelas y los duraznos ocurre a inicios de la primavera.*

floral *adj.* Relativo a la flor: *Compré un líquido limpiador con aroma **floral** y mi casa huele muy rico.*

florecer *vb. irreg.* {intr.} **Modelo 39. 1** Brotar flores de las plantas: *La mayor parte de las plantas **florecen** durante la primavera.* **2** Prosperar, llegar a un buen momento: *Las historias del arte coinciden en que en los siglos* XVI *y* XVII ***floreció** la literatura española.*

floreciente *adj.* Que está en un momento próspero, de desarrollo: *Actualmente, la venta de computadoras es un negocio **floreciente,** ya que estos aparatos son utilizados por cada vez más personas.* Sin. **próspero.**

florecimiento *m.* Resultado de florecer.

florería ***f.*** Comercio de flores y arreglos florales y local donde se venden.

florero ***m.*** Jarrón que sirve para poner flores: *Puse en un* ***florero*** *los claveles que me regalaron.*

florescencia ***f.*** **1** Florecimiento. **2** Época o momento en que florecen las flores.

floresta ***f.*** Bosque frondoso o lugar poblado de vegetación.

florete ***m.*** Espada delgada que se emplea en esgrima.

floricultor, ra ***m.*** y ***f.*** Persona que tiene por oficio la floricultura: *Los* ***floricultores*** *de mi estado ganaron premio este año por haber logrado las mejores rosas.*

floricultura ***f.*** Ciencia y técnica del cultivo de las flores: *La* ***floricultura*** *es una parte de la horticultura.*

florido, da ***adj.*** Que tiene flores: *El rosal del jardín se ve muy bonito porque está* ***florido*** *en todas las ramas.*

florilegio ***m.*** Selección de poemas.

florín ***m.*** Moneda de Suriname, Hungría y de los Países Bajos antes de entrar en vigor el euro.

florista ***m.*** y ***f.*** Persona que vende flores.

floritura ***f.*** Adorno en el canto.

flota ***f.*** **1** Conjunto de navíos: *La* ***flota*** *pesquera partió del muelle poco antes del amanecer.* **2** ***Chile.*** Multitud: *Durante el carnaval vimos una* ***flota*** *de jóvenes bailando y cantando.* **3** ***Colomb.*** Autobús de servicio intermunicipal. **4** ***Colomb.*** Fanfarronada.

flotación ***f.*** **1** Situación en la que algo flota. **2** ***Fig.*** Situación de la moneda en que está inestable. **3** ***loc.*** **Línea de ~,** línea que limita la parte sumergida de la parte que emerge de un barco.

flotador ***m.*** Salvavidas: *Cuando era pequeño usaba un* ***flotador*** *porque no sabía nadar.*

flotante ***adj.*** Que se mantiene en la superficie del agua: *Como el corcho es un material* ***flotante,*** *podemos hacer con él un barco de juguete para ponerlo en el lago.*

flotar ***vb.*** {intr.} Sostenerse un cuerpo en la superficie de un líquido o en suspensión en un medio gaseoso.

flote ***m.*** **1** Hecho de mantenerse en la superficie de un líquido. **2** ***loc.*** **A ~,** sobre el agua, sin hundirse: *El barco no pudo mantenerse* ***a flote*** *a causa de la fuerte tormenta.* **3** ***loc.*** **Salir a ~,** salir del peligro o de la dificultad: *A pesar de todos mis problemas económicos, pude* ***salir a flote*** *y ahora ya tengo un nuevo empleo.*

flotilla ***f.*** Conjunto de vehículos, sobre todo de aviones o de barcos ligeros, que tienen la misma actividad o la misma misión: *La* ***flotilla*** *de transportistas en la que trabaja mi papá lleva pollo y huevo a todas partes del país.*

fluctuar ***vb.*** {intr.} **1** Variar, oscilar: *Este año el valor del peso argentino ha* ***fluctuado*** *poco con respecto al valor del dólar.* **2** Dudar en la resolución de algo: *Claudia* ***fluctúa*** *entre comprarse un vestido rojo o uno negro.*

fluidez ***f.*** Cualidad de los cuerpos que los hace adaptarse a la forma del recipiente que los contiene y correr con facilidad: *La* ***fluidez*** *del agua puede apreciarse en los ríos.*

fluido, da ***adj.*** **1** Relativo a los cuerpos que toman siempre la forma del recipiente que los contiene: *El agua y el gas son* ***fluidos.*** **2** Que transcurre con facilidad, sin contratiempos: *La sesión de los diputados fue muy* ***fluida,*** *no hubo discusiones largas y tomaron decisiones de manera rápida.*

fluir ***vb. irreg.*** {intr.} **Modelo 59. 1** Correr o brotar un fluido: *Los ríos* ***fluyen*** *desde las montañas hacia el mar.* **2** Surgir de forma fácil y natural: *Cuando comencé a concentrarme en mi trabajo, las ideas* ***fluyeron*** *con rapidez y terminé de escribir pronto.*

flujo ***m.*** **1** Movimiento de las cosas fluidas: *Cerraron la compuerta de la presa y se detuvo el* ***flujo*** *del agua.* **2** Subida de la marea. Ant. **reflujo. 3** Secreción externa, normal o patológica. **4** Movimiento: *El* ***flujo*** *de dinero se detuvo por la crisis económica y ahora nadie compra ni vende cosas.*

fluminense ***adj./m.*** y ***f.*** Originario de Río de Janeiro, en Brasil. Sin. **carioca.**

flúor ***m.*** Cuerpo simple gaseoso de color amarillo verdoso, símbolo F y número atómico 9, que es utilizado por los dentistas para proteger los dientes contra la caries.

fluorescencia ***f.*** Propiedad de algunos cuerpos de emitir luz cuando reciben una radiación.

fluorescente ***adj.*** Que emite una luz brillante al ser bañado con algún tipo de radiación: *Algunas señales de tránsito son* ***fluorescentes.***

fluorita ***f.*** Mineral compuesto de flúor y calcio.

fluvial ***adj.*** Relativo a los ríos: *La navegación* ***fluvial*** *no es posible en los ríos poco profundos.*

flux ***m. Colomb.*** y ***Venez.*** Traje completo de hombre.

fobia ***f.*** Temor incontrolable a ciertas situaciones, personas, etc.: *Pablo siempre prefiere subir por las escaleras porque le tiene* ***fobia*** *a los ascensores.*

foca ***f.*** Mamífero de costumbres acuáticas, dotado de aletas y con el cuerpo cubierto de un pelo espeso y brillante.

focal ***adj.*** Relativo al foco.

focalización ***f.*** **1** Concentración de la luz. **2** Dirección o concentración en algo.

focalizar ***vb.*** {tr.} **1** Lograr que converja un haz de luz. **2** Centrar, dirigir: *Los asambleístas* ***focalizaron*** *su atención en el ministro interpelado.*

foco ***m.*** **1** Lámpara que emite una luz potente. **2** Punto central de donde proviene algo: *Para combatir la enfermedad, los médicos debían localizar el* ***foco*** *de la infección.* **3** Punto de donde parten o donde se concentran radiaciones u ondas. **4** ***Méx.*** Bombilla eléctrica. Sin. **ampolleta, bombilla. 5** ***Amér. C.*** y ***Amér. Merid.*** Faro o farola.

fofo, fa ***adj.*** Esponjoso, blando y de poca consistencia: *Los cojines rellenos de algodón son* ***fofos;*** *yo prefiero que sean más consistentes.*

fogata ***f.*** Fuego que levanta llama: *En el campo encendí una* ***fogata*** *con ramas y hojas secas para calentarme.*

fogón ***m.*** **1** Sitio en las cocinas adecuado para hacer fuego y guisar. **2** ***Argent., Chile, C. Rica*** y ***Urug.*** Fogata.

fogoso, sa ***adj.*** Ardiente.

foja ***f.*** Página de un documento legal: *Mi acta de nacimiento está en la* ***foja*** *4 del libro 43 del año 1980 del Registro Civil.*

folclor o **folclore** ***m. Ver*** **folklore.**

fólder ***m. Méx.*** Carpeta de cartón que se dobla a la mitad y sirve para archivar papeles y documentos.

foliáceo, a ***adj.*** Relativo o parecido a las hojas.

foliación ***f.*** **1** Numeración de los folios u hojas de un manuscrito, libro, etc. **2** Acción de echar hojas las plantas.

foliado, da ***adj.*** Que tiene folios.

foliador o **foliadora** ***m.*** y ***f.*** Instrumento para foliar: *El* ***foliador*** *que usan en las oficinas es como un sello con discos giratorios donde hay números.*

foliar ***vb.*** {tr.} Poner el número de folio a un cuaderno o libro de registro: *Ayer nos dedicamos a* ***foliar*** *los nuevos libros de contabilidad que se usarán en la empresa durante el año.*

folículo ***m.*** **1** Fruto seco que se abre por una sola hendidura. **2** Órgano pequeño en forma de saco.

folio ***m.*** Hoja de un libro o cuaderno.

folíolo o **foliolo** ***m.*** Cada división de una hoja compuesta.

folklore o **folclore** ***m.*** **Palabra de origen inglés.** Cultura popular, costumbres, creencias, leyendas y artesanías de un pueblo: *El tango forma parte del* ***folklore*** *argentino.*

folklórico, ca o **folclórico, ca** ***adj.*** Relativo al folklore.

follaje ***m.*** Conjunto de hojas de un árbol.

folletín ***m.*** **1** Trabajo literario publicado por entregas, es decir, por partes, en un diario: *Una de las novelas francesas de* ***folletín*** *más famosas en el siglo* XIX *fue* Los misterios de París, *de Eugenio Sue.* **2** Novela, telenovela o filme de enredos, larga y que por lo general exagera situaciones.

folletinesco, ca ***adj.*** Que tiene las características de un folletín.

folleto ***m.*** Obra impresa de corta extensión: *"En este* ***folleto*** *encontrará información sobre el curso de pintura que va a comenzar la semana próxima", me dijo el empleado de la escuela.*

follisca ***f. Amér. C., Antill.*** y ***Colomb.*** Riña.

follón ***m. Esp.*** Alboroto, discusión tumultuosa.

fomentar ***vb.*** {tr.} Aumentar la actividad o intensidad de algo: *Es importante* ***fomentar*** *el hábito de la lectura desde la infancia.*

fomento ***m.*** **1** Auxilio, protección: *La jornada de forestación tuvo por objetivo el* ***fomento*** *de la silvicultura.* **2** Medicamento externo que se aplica con paños.

fonación ***f.*** Emisión de la voz o articulación de la palabra.

fonda ***f.*** Establecimiento donde se da hospedaje o se sirven comidas. Sin. **cenaduría.**

fondeadero ***m.*** Lugar donde fondean los barcos.

fondear ***vb.*** {tr., intr. y prnl.} **1** Asegurar una embarcación con anclas o pesos. **2** ***Chile.*** Aislar, esconder.

fondo ***m.*** **1** Parte inferior de una cosa hueca. **2** Parte opuesta a la entrada. **3** Suelo del mar, de un río, etc.: *A finales del siglo* XIX *muchas personas buscaban oro en el* ***fondo*** *de los ríos de California.* **4** Lo esencial o constitutivo de algo: *El profesor dijo que va a descubrir el* ***fondo*** *del extraño robo de lápices en el salón de clases.* **5** ***Cuba.*** Caldera usada en los ingenios azucareros. **6** ***Méx.*** Especie de vestido ligero que las mujeres llevan debajo del vestido: *"Necesitas ponerte un* ***fondo*** *porque ese vestido es transparente", me dijo mi madre.* Sin. **combinación.**

fondos ***m. pl.*** Dinero disponible: *No le pagaron el cheque a Luis porque la cuenta no tenía* ***fondos.***

fonema ***m.*** Cada una de las unidades sonoras mínimas del lenguaje.

fonendoscopio ***m.*** Instrumento médico empleado para auscultar.

fonética ***f.*** Estudio de los sonidos del lenguaje desde el punto de vista de su articulación o de su recepción auditiva.

fonético, ca ***adj.*** Relativo a los sonidos del lenguaje.

foniatra ***m.*** y ***f.*** Médico que atiende las enfermedades de las cuerdas vocales y los trastornos de la voz. *Los cantantes de ópera tienen que acudir al* ***foniatra*** *varias veces al año.*

foniatría ***f.*** Estudio de los trastornos que algunas personas tienen al hablar: *Algunas personas tartamudas pueden hablar mejor con ayuda de la* ***foniatría.***

fónico, ca ***adj.*** Relativo a los sonidos o a la voz.

fonógrafo ***m.*** Aparato que registra el sonido y lo reproduce. *Desde el* ***fonógrafo*** *de manija hasta los aparatos portátiles para tocar discos compactos, la tecnología ha dado grandes pasos.*

fonología ***f.*** Ciencia lingüística que estudia los fonemas.

fonoteca ***f.*** Lugar donde se conservan documentos sonoros como discos, casetes y discos compactos.

fontana ***f.*** Fuente.

fontanería ***f.*** **1** Oficio del fontanero. **2** Conjunto de cañerías de un lugar. **3** Taller del fontanero.

fontanero, ra ***m.*** y ***f. Esp.*** Persona que tiene por oficio instalar y arreglar cañerías. Sin. **plomero, gásfiter, pajero.**

forajido, da ***adj./m.*** y ***f.*** Malhechor que huye de la justicia.

foráneo, a ***adj.*** Forastero, que es del extranjero.

forastero, ra ***m.*** y ***f.*** De otro país o lugar: *Ese alejado pueblo en las montañas casi nunca recibe visitas de* ***forasteros.*** Sin. **extranjero.**

forcejear ***vb.*** {intr.} Hacer fuerza para vencer una resistencia: *Los jóvenes que no pudieron entrar al concierto estuvieron* ***forcejeando*** *con los vigilantes para tratar de meterse por la fuerza.*

forcejeo ***m.*** Pelea con fuerza: *Hubo un breve* ***forcejeo*** *y el policía logró desarmar al ladrón.*

fórceps ***m.*** Instrumento de cirugía para partos difíciles.

forense ***adj./m.*** y ***f.*** Relativo al médico especializado en los aspectos legales de la medicina: *El informe del médico* ***forense*** *indicaba que el hombre muerto había sido envenenado con arsénico.*

forestal ***adj.*** Relativo a los bosques: *El guardia* ***forestal*** *detectó el incendio y llamó a los bomberos.*

forestar ***vb.*** {tr.} Poblar un terreno con plantas forestales.

forjador, ra ***m.*** y ***f.*** **1** Persona que tiene por oficio forjar metales: *En esa platería trabajan cuatro* ***forjadores*** *y una* ***forjadora.*** **2** Artífice o creador de algo: *En el centro de esa ciudad hay un monumento a los* ***forjadores*** *de la independencia del país.*

forjar ***vb.*** {tr.} **1** Dar forma al metal: *El herrero* ***forjó*** *una campana para la iglesia en su taller.* **2** Inventar, imaginar.

forma ***f.*** **1** Figura y aspecto exterior de la materia: *Mis libros tienen* ***forma*** *rectangular.* **2** Manera de hacer o proceder: *"Tienes que cuidar la* ***forma*** *en que hablas, no debes decir groserías", le dije a Roberto.* **3** *loc.* **Estar en ~,** tener buena condición física: *César no* ***está en forma,*** *respiraba con mucho esfuerzo cuando apenas habíamos subido las escaleras del primer piso.*

formación ***f.*** Hecho de formar o formarse: *El entrenador se encargó de la* ***formación*** *del equipo y ahora empieza la temporada de prácticas.*

formado, da ***adj.*** Resultado de formar.

formal ***adj.*** **1** Relativo a la forma. **2** Que es responsable, puntual, cumplido, etc.: *Gustavo es un hombre muy* ***formal*** *que siempre llega a tiempo a su trabajo.*

formalidad ***f.*** **1** Seriedad, responsabilidad: *La* ***formalidad*** *de ese vendedor le ha ayudado a conseguir muchos clientes.* **2** Requisito indispensable para alguna cosa. Sin. **trámite.**

formalismo ***m.*** **1** Aplicación rigurosa de determinada teoría. **2** Teoría filosófica y artística que defiende la escisión entre la forma y la realidad.

formalización ***f.*** Resultado de formalizar: *La ceremonia de* ***formalización*** *del compromiso se realizó en la casa de la novia.*

formalizar ***vb. irreg.*** {tr.} **Modelo 16.** Dar a una cosa carácter legal: *Firmaron un contrato para* ***formalizar*** *la venta de la casa.*

formar ***vb.*** {tr. y prnl.} **1** Hacer algo dándole la forma que le es propia: *El ceramista* ***formó*** *una figura humana con un trozo de arcilla.* **2** Juntar diferentes cosas o personas para algún fin: *Juan reunió a sus amigos y entre todos* ***han formado*** *una banda musical.* **3** Adiestrar, educar: ***Formar*** *a un niño es responsabilidad de los padres y de la escuela.* **4** Disponer las tropas en orden: *Para el desfile, los soldados* ***se formaron*** *en filas de cuatro.* **5** *loc.* **~ parte,** pertenecer: *Marcos* ***forma parte*** *del equipo de fútbol.*

formativo, va ***adj.*** Que forma o da forma: *La plática que nos dieron unos biólogos marinos en la escuela me pareció muy* ***formativa,*** *ahora sé muchas cosas acerca del mar.*

formato *m.* Tamaño y forma de un libro, fotografía, etc.: *Muchos libros para niños pequeños tienen un* ***formato*** *grande y colorido.*

fórmico, ca *adj.* Relativo al ácido orgánico que se encuentra en ortigas, hormigas, orugas, etc.

formidable *adj.* **1** Magnífico: *El concierto del grupo musical fue* ***formidable,*** *la música era de gran calidad y el espectáculo de luces muy creativo.* **2** Muy grande: *Las pirámides de Egipto sorprenden por su* ***formidable*** *tamaño.* **3** Muy temible, que inspira miedo: *Hace millones de años hubo sobre la tierra algunos dinosaurios de tamaño y aspecto* ***formidables,*** *que tenían grandes colmillos para destrozar a sus presas.*

formol *m.* Solución acuosa de aldehído fórmico, utilizada como desinfectante.

fórmula *f.* **1** Forma establecida para expresar o realizar alguna cosa: *Al principio de la carta escribí "Querido Jorge", que es una* ***fórmula*** *de cortesía.* **2** Conjunto de símbolos y de números que expresan una ley física o matemática, o la composición de una combinación química: *La* ***fórmula*** *del agua es H_2O.*

formular *vb.* {tr.} Reducir un pensamiento o hecho a términos claros y precisos: *Es fácil comprender lo que nos explica mi maestro porque* ***formula*** *sus ideas de manera clara.*

formulario *m.* **1** Impreso en el que se hacen preguntas que los interesados han de responder. **2** Libro de fórmulas.

formulismo *m.* Apego excesivo a las formas: *Exigió la firma del acuerdo por puro* ***formulismo,*** *ya que las partes estaban plenamente convencidas.*

fornicar *vb. irreg.* {intr.} **Modelo 17.** Tener relaciones sexuales fuera del matrimonio.

fornido, da *adj.* Robusto: *Los héroes de los filmes casi siempre son* ***fornidos*** *y guapos.*

foro *m.* **1** Plaza de las antiguas ciudades romanas donde se trataban los asuntos públicos. **2** Coloquio, debate, reunión pública para discutir asuntos que interesan a un grupo grande de personas. **3** En teatro, fondo del escenario.

forofo, fa *adj./m.* y *f. Esp. Fam.* Seguidor apasionado.

forrado, da *adj.* Resultado de forrar.

forraje *m.* Pasto para alimentar a los animales.

forrajero, ra *adj.* Se refiere a las plantas o partes de plantas que se utilizan para forraje: *Al oriente del estado donde vivo cultivan avena* ***forrajera.***

forrar *vb.* {tr. y prnl.} **1** Revestir una cosa con algún material para protegerla: *Antes de comenzar un nuevo curso* ***forro*** *mis libros con plástico para que no se dañen.* **2** *Fam.* Hacerse de mucho dinero: *Lucas se ganó el premio de la lotería y* ***se forró*** *de dinero.*

forro *m.* **1** Material con que se reviste una cosa: *Tengo que poner un* ***forro*** *nuevo a mi computadora porque éste se rompió y deja pasar el polvo.* **2** Tela que se pone en el interior de algunas prendas de vestir: *El abrigo de lana tiene un* ***forro*** *de tela suave.*

fortachón, chona *adj.* Corpulento, fornido: *En las caricaturas sale un personaje* ***fortachón*** *que siempre quiere abusar de los demás, pero nunca lo logra porque los otros son más listos que él.*

fortalecer *vb. irreg.* {tr. y prnl.} **Modelo 39.** Dar fuerza material o moral: *El ejercicio físico* ***fortalece*** *los músculos.*

fortaleza *f.* **1** Fuerza: *La* ***fortaleza*** *de mi tío le ayudó a recuperarse pronto de su enfermedad.* Sin. **vigor. 2** Capacidad para soportar las adversidades. Ant. **debilidad. 3** Lugar protegido: *El rey y sus caballeros se refugiaron en la* ***fortaleza*** *para defenderse del enemigo.*

fortificación *f.* Conjunto de construcciones militares para la defensa de una posición o una plaza: *En las ciudades antiguas todavía quedan* ***fortificaciones*** *y murallas que hablan de las guerras de tiempos pasados.*

fortificado, da *adj.* **1** Resultado de fortificar. **2** Que está protegido por una fortificación.

fortificar *vb. irreg.* {tr. y prnl.} **Modelo 17. 1** Fortalecer, hacer fuerte: *Con una dieta sana, el médico desea* ***fortificar*** *la salud del niño.* **2** Proteger con obras de defensa: *Los soldados del rey* ***fortificaron*** *las entradas del castillo antes de la llegada del ejército enemigo.*

fortín *m.* Fuerte pequeño.

fortuito, ta *adj.* Que sucede o se da por casualidad: *Nuestro encuentro en el centro comercial fue* ***fortuito,*** *no habíamos planeado vernos.*

fortuna *f.* **1** Causa indeterminable a la que se atribuyen los sucesos: *Ismael tuvo buena* ***fortuna*** *y ahora ha conseguido el trabajo que necesitaba.* **2** Suerte favorable: *Daniel tuvo la* ***fortuna*** *de conocer a una buena mujer, se enamoraron y ahora se va a casar con ella.* **3** Conjunto de bienes, dinero, etc.: *La* ***fortuna*** *del tío Rufo le permitía viajar por todo el mundo.*

forúnculo *m.* Grano doloroso, inflamado y lleno de pus que suele aparecer cuando se infecta un poro de la piel.

forzar *vb. irreg.* {tr. y prnl.} **Modelo 6. 1** Hacer que algo ceda mediante la violencia: *"No me puedes* ***forzar*** *a que te acompañe al cine, no quiero ir contigo", dije a mi hermano.* **2** Obligar a que se realice una cosa: *La falta de empleo* ***forzó*** *a Jorge, que es matemático, a trabajar como taxista.*

forzoso, sa *adj.* Necesario, obligado: *"Es* ***forzoso*** *que respondas un examen para aprobar el curso", me dijo el profesor.* Sin. **inevitable.**

forzudo, da *adj.* Que tiene mucha fuerza física: *Mi primo es tan* ***forzudo*** *que no necesita ayuda para cargar cien kilos.*

fosa *f.* **1** Hoyo hecho en la tierra para que sirva como sepultura: *El músico austriaco Mozart era tan pobre cuando murió, que lo enterraron en una* ***fosa*** *donde había otros muertos.* Sin. **sepultar, tumba. 2** Nombre dado a algunas estructuras óseas del organismo: *Las* ***fosas*** *nasales son parte del aparato respiratorio.* **3** Depresión alargada del fondo de los océanos.

fosfato *m.* Sal del ácido fosfórico, que se emplea como fertilizante.

fosforecer o **fosforescer** *vb. irreg.* {intr.} **Modelo 39.** Emitir un material o un organismo luz en la oscuridad: *Los trozos de concha que quedan tirados en las playas* ***fosforecen*** *en la oscuridad.*

fosforescencia *f.* Propiedad de ciertos cuerpos de desprender luz: *Las luciérnagas se ven en la oscuridad por la* ***fosforescencia*** *de su cuerpo.*

fosforescente *adj.* Se dice de lo que fosforece: *Mi amigo David compró pintura* ***fosforescente*** *para pintar unos carteles y decorar su cuarto.*

fosfórico, ca *adj.* Que contiene fósforo.

fósforo *m.* **1** Cuerpo simple, de símbolo P y número atómico 15, muy inflamable y luminoso en la oscuridad. **2** Trozo pequeño de madera o cartón con cabeza, que sirve para encender fuego: *"Enciende la hoguera con un* ***fósforo",*** *me dijo Esteban.* Sin. **cerilla, cerillo.**

fósil *m.* Resto orgánico que se ha conservado petrificado en los sedimentos geológicos: *Gracias a los* ***fósiles*** *que han encontrado, los científicos han podido reconstruir a los dinosaurios.*

foso *m.* **1** Hoyo, hondura hecha en la tierra. **2** Espacio situado debajo del escenario de un teatro. **3** Excavación que rodea

un castillo o fortaleza: *Los puentes levadizos servían para cruzar los **fosos** de los castillos medievales.*
foto ***f.*** Apócope de fotografía. ***Ver*** **fotografía.**
fotocopia ***f.*** Reproducción fotográfica instantánea de un documento: *Tengo que hacer una **fotocopia** de mi solicitud de ingreso al club.*
fotocopiadora ***f.*** Máquina que sirve para hacer fotocopias.
fotocopiar ***vb.*** {tr.} Hacer fotocopias: *En la biblioteca **fotocopié** varias páginas de un libro, porque es muy viejo y no lo venden en librerías.*
fotofobia ***f.*** Intolerancia extrema a la luz, generalmente debida a un trastorno o enfermedad.
fotogénico, ca ***adj.*** Que es adecuado para la reproducción fotográfica: *Silvia es **fotogénica,** siempre se ve muy bien en las fotografías.*
fotografía ***f.*** **1** Arte de fijar, por medio de la luz, la imagen de los objetos sobre una superficie sensible. **2** Imagen obtenida por medio de la fijación sobre una superficie sensible. SIN. **foto.**
fotografiar ***vb. irreg.*** {tr.} **Modelo 9.** Tomar fotografías de algo o alguien: *Fui al zoológico y con mi cámara **fotografié** a las jirafas y a los elefantes.*
fotógrafo, fa ***m.*** y ***f.*** Persona cuya profesión es tomar fotografías.
fotómetro ***m.*** Instrumento que mide la intensidad de la luz.
fotón ***m.*** Partícula mínima de energía luminosa.
fotoquímica ***f.*** Parte de la química que estudia los efectos de la luz sobre las reacciones químicas: *La **fotoquímica** tiene aplicaciones, por ejemplo, en la fabricación de sustancias para revelar fotografías.*
fotosfera ***f.*** Superficie luminosa que delimita el contorno aparente del Sol y de las estrellas.
fotosíntesis ***f.*** Proceso mediante el cual las plantas elaboran una sustancia orgánica, que les sirve de alimento, con ayuda de la energía luminosa.
fototeca ***f.*** Archivo donde se guardan fotografías: *En la universidad donde estudia mi hermana hay una **fototeca** especializada en fotografía científica.*
fototropismo ***m.*** Fenómeno por el cual las plantas inclinan sus tallos hacia el lugar de donde proviene la luz.
frac ***m.*** **Palabra de origen francés.** Chaqueta masculina de ceremonia, con dos faldones en la parte posterior: *En la elegante ceremonia, los invitados se vistieron con **frac** y las invitadas, con vestidos largos.*
fracasar ***vb.*** {intr.} Frustrarse una pretensión o un proyecto: *El plan para realizar el viaje a Europa **fracasó;** nunca pudo llevarse a cabo.*
fracaso ***m.*** Acción de fracasar, de no conseguir el resultado que se esperaba: *La fiesta fue un **fracaso,** todos nos aburrimos.*
fracción ***f.*** **1** División de un todo en partes: *Sólo una pequeña **fracción** de los estudiantes reprobó el curso, pues la mayoría obtuvo buenas calificaciones.* **2** Expresión que indica la división de dos cantidades.
fraccionado, da ***adj.*** Dividido en fracciones.
fraccionadora ***f. Méx.*** Agencia que se ocupa de la venta de casas. SIN. **inmobiliaria.**
fraccionamiento ***m. Méx.*** Terreno urbanizado y dividido en lotes para la construcción de casas.
fraccionar ***vb.*** {tr. y prnl.} Separar un todo en fracciones: *Para evitar discordias, decidimos **fraccionar** la pieza de jamón en partes iguales para repartirla.*
fraccionario, ria ***adj.*** **1** Relativo a la fracción. **2** ***loc.*** **Número ~,** el que expresa en el denominador en cuántas partes se divide una unidad y en el numerador cuántas partes se tomaron de esa unidad.
fractal ***adj./m.*** Objeto semigeométrico con estructura fragmentada que se repite a diferentes escalas. *Los copos de nieve presentan estructuras **fractales.***
fractura ***f.*** Ruptura, hecho de romperse alguna cosa: *Con la caída, el hueso de mi brazo sufrió una **fractura** y ahora lo tengo enyesado.*
fracturar ***vb.*** {tr. y prnl.} Romper o quebrar algo de manera violenta: *Un tubo de mi bicicleta **se fracturó** cuando la arrojé por la escalera.*
fragancia ***f.*** Olor suave y delicioso: *Me gusta oler la **fragancia** de las rosas, pues me parece muy agradable.*
fragante ***adj.*** Lleno de fragancia.
fragata ***f.*** Buque de tres palos con velas: *La **fragata** avanzaba por el mar con rapidez gracias a la fuerza del viento.*
frágil ***adj.*** **1** Que se rompe de manera fácil: *El vidrio es **frágil,** por eso debemos manejarlo con cuidado.* **2** Débil, precario: *La salud del recién nacido era muy **frágil,** por lo que tuvo que permanecer varios días en el hospital.*
fragilidad ***f.*** Delicadeza, poca resistencia que hace que las cosas se rompan con facilidad.
fragmentar ***vb.*** {tr. y prnl.} Partir, romper, reducir a fragmentos: *A causa de la erosión, algunas rocas **se fragmentan** en partes cada vez más pequeñas hasta que se convierten en arena.*
fragmentario, ria ***adj.*** **1** Que se presenta en fragmentos. **2** Incompleto.
fragmento ***m.*** Cada una de las partes en que se rompe o divide algo: *"No leas el poema completo, sólo un **fragmento**", me dijo la maestra.*
fragor ***m.*** Ruido grande que es producido por un hecho violento: *El **fragor** de los cañones y de los disparos atemorizaba a los soldados.*
fragua ***f.*** Fogón para forjar metales: *Las **fraguas** de las herrerías alcanzan muy altas temperaturas.*
fraguar ***vb. irreg.*** {tr.} **Modelo 11. 1** Forjar el metal: *Según la mitología griega, Vulcano **fraguaba** las espadas de los dioses del Olimpo.* **2** Idear, planear: *Los bandidos **fraguaron** un cuidadoso plan para robar el banco central.*
fraile ***m.*** Religioso de ciertas órdenes de la religión católica. SIN. **monje, religioso.**
frambuesa ***f.*** Fruto del frambueso, pequeño, de color rojo y parecido a la frutilla o fresa.
frambueso ***m.*** Planta parecida a la zarza, que se cultiva por sus frutos, llamados frambuesas: *El **frambueso** es de la familia de las rosáceas.*
francés ***m.*** Lengua oficial de Francia.
francés, cesa ***adj./m.*** y ***f.*** Originario de Francia, país de Europa.
francio ***m.*** Metal alcalino radiactivo de símbolo Fr y número atómico 87.
franciscano, na ***adj./m.*** y ***f.*** **1** De la orden religiosa católica fundada por Francisco de Asís. **2** Que sigue las ideas y conducta del religioso católico Francisco de Asís: *Con una actitud **franciscana,** Alfredo recogió a los cachorros abandonados en la calle y los llevó a su casa para alimentarlos.*
franco ***m.*** **1** Relativo o perteneciente a Francia. SIN. **francés. 2** Antigua moneda de Francia y Bélgica; moneda de Rwanda y otros países de África.
franco, ca ***adj.*** **1** Sincero: *Le di un abrazo **franco** a Patricia porque la quiero mucho.* **2** Exento, no sujeto a pago: *En la zona **franca** cerca del puerto, los artículos que traen de otros países son más baratos porque no pagan*

a b c d e f g h i j k l m n o p q r s t u v w x y z

impuestos. **3** Relativo a los pueblos germanos que conquistaron el territorio que ahora es Francia.

francófono, na ***adj.*** Que habla francés: *Parte de la población canadiense es* ***francófona*** *y parte habla inglés.*

francotirador, ra ***m.*** y ***f.*** Tirador que actúa de manera aislada y hace disparos precisos desde un lugar especial.

franela ***f.*** Tela de tejido fino y suave: *Tengo un pantalón para dormir que es de* ***franela*** *y cuando me lo pongo, por la noche no siento frío.*

franja ***f.*** **1** Faja o tira: *En los concursos de belleza, las jóvenes llevan una* ***franja*** *con el nombre de su país de origen.* **2** Zona de forma alargada: *Alrededor del río Amazonas hay una* ***franja*** *de selva muy extensa y hermosa.*

franquear ***vb.*** {tr.} **1** Atravesar, pasar, abrirse paso: *Después de* ***franquear*** *la puerta secreta, el explorador se encontró en el interior de un gran templo.* **2** Poner los sellos a una carta o paquete.

franqueza ***f.*** Sinceridad: *Le dije a mi madre con* ***franqueza*** *que no me gustaba el guiso que había preparado.*

franquicia ***f.*** **1** Eliminación del pago de ciertos derechos. **2** Contrato por el que un comerciante vende a otro el derecho de usar una marca, organización o imagen publicitaria: *Muchos restaurantes de comida rápida venden* ***franquicias*** *a particulares.*

frasco ***m.*** Recipiente estrecho de diferentes formas, por lo general de vidrio, que sirve para contener y conservar líquidos: *Ana colecciona* ***frascos*** *de perfumes.*

frase ***f.*** **1** Unidad lingüística formada por más de una palabra y que tiene sentido. Sin. **oración.** **2** *loc.* **~ hecha,** la que tiene una forma que no puede cambiarse o alterarse.

frasear ***vb.*** {intr.} **1** Formar o decir frases. **2** En una canción, expresar nítidamente las frases.

fraseo ***m.*** Acción y resultado de frasear.

fraternal ***adj.*** Propio de hermanos.

fraternidad ***f.*** **1** Unión y afecto entre hermanos o entre los que se tratan como tales. **2** Sociedad en la que los miembros tienen relaciones de lealtad y solidaridad: *Para ingresar a algunas* ***fraternidades*** *universitarias es necesario pasar una serie de pruebas.*

fraterno, na ***adj.*** Fraternal, de hermanos.

fratricida ***m.*** y ***f.*** Persona que mata a un hermano.

fratricidio ***m.*** Asesinato de un hermano: *Según la Biblia, Caín cometió el primer* ***fratricidio*** *en el mundo al matar a su hermano Abel.*

fraude ***m.*** **1** Engaño: *El empleado cometió un* ***fraude*** *contra la empresa donde trabajaba: robó dinero poco a poco y luego renunció.* Sin. **trinquete.** **2** Acto que ignora una disposición legal.

fraudulento, ta ***adj.*** Engañoso, tramposo: *A mí me parece que la venta de esos terrenos tan baratos es* ***fraudulenta;*** *antes de hacer cualquier movimiento deberías investigar.*

fray ***m.*** Apócope de fraile que se usa antes del nombre de un religioso católico: ***Fray*** *Juan de Zumárraga fue un religioso español que se convirtió en arzobispo en la Nueva España en 1546.*

frazada ***f.*** Manta de cama de tejido abrigador: *En el invierno, en cada cama ponemos otra* ***frazada*** *para dormir calientitos.*

freático, ca ***adj.*** Relativo a la capa de agua subterránea formada por la filtración de las aguas de lluvia: *El suelo de las ciudades impide que la capa* ***freática*** *se renueve, porque no deja pasar el agua hacia el subsuelo.*

frecuencia ***f.*** **1** Repetición de un acto o suceso: *Le gusta ir al cine con* ***frecuencia,*** *cada semana ve un filme.* **2** En un fenómeno periódico, número de vibraciones por unidad de tiempo: *Cuando un bebé va a nacer, la* ***frecuencia*** *de las contracciones del útero de la madre es de una cada dos minutos.*

frecuentar ***vb.*** {tr.} Ir a menudo a alguna parte: *Es una persona muy sociable, le gusta* ***frecuentar*** *las casas de sus amigos.*

frecuente ***adj.*** Que ocurre muchas veces con intervalos breves: *Es* ***frecuente*** *que llueva en las selvas tropicales.*

fregadazo ***m.*** ***Méx.*** Golpe fuerte.

fregadera ***f.*** ***Méx.*** Acción o molestia excesiva: *Ya déjate de* ***fregaderas*** *y ponte a trabajar.*

fregadero ***m.*** Pila o recipiente para fregar los utensilios de cocina. Sin. **lavadero, pileta.**

fregado, da ***adj.*** **1** ***Amér.*** Grosero, fastidioso. **2** ***Colomb., Ecuad.*** y ***Perú.*** Terco, persona molesta, pesada. **3** ***C. Rica*** y ***Ecuad.*** Bellaco, pícaro. **4** ***C. Rica, Ecuad.*** y ***Pan.*** Severo. **5** ***Méx. Fam.*** Dañado, lastimado, pobre: *Está* ***fregado*** *desde que el banco se quedó con su casa.*

fregar ***vb. irreg.*** {tr.} **Modelo 18.** **1** Restregar una cosa con otra: ***Fregué*** *muy bien la olla manchada y ahora está reluciente.* **2** Limpiar algo restregándolo con un cepillo, bayeta, etc. **3** ***Amér. Fam.*** Molestar.

freidora ***f.*** Aparato electrodoméstico que se usa para guisar alimentos en aceite hirviendo.

freír ***vb. irreg.*** {tr. y prnl.} **Modelo 48.** Guisar un alimento en aceite hirviendo.

fréjol ***m.*** **1** Planta herbácea de hojas grandes y flores blancas, su fruto se encuentra en vainas aplastadas y su semilla es comestible. Sin. **frijol, poroto.** **2** Fruto y semilla de la planta del fréjol. Sin. **frijol, poroto.**

frenada ***f.*** **1** ***Argent., Bol., Chile, Salv., Méx.*** y ***Par.*** Acción y efecto de frenar de manera súbita o violenta. **2** ***Argent.*** y ***Chile. Fam.*** Reto, llamada de atención.

frenar ***vb.*** {tr. e intr.} **1** Parar con el freno: *El conductor* ***frenó*** *el autobús cuando vio el semáforo en rojo.* **2** Moderar los ímpetus, la violencia o la actividad.

frenazo ***m.*** Acción de frenar de manera súbita y violenta.

frenesí ***m.*** **1** Delirio furioso. **2** Violenta exaltación del ánimo.

frenético, ca ***adj.*** **1** ***Fam.*** Furioso: *El hincha estaba* ***frenético*** *porque su equipo favorito había perdido el campeonato.* **2** Poseído de frenesí.

frenillo ***m.*** Membrana que sujeta la lengua por debajo: *Ese niño habla con un acento un poco extraño porque tiene el* ***frenillo*** *muy grande, pero después de una pequeña operación quedará bien.*

freno ***m.*** **1** Mecanismo destinado a disminuir o detener el movimiento de una máquina o vehículo. **2** Pieza de hierro que se coloca en la boca de las caballerías para dirigirlas. **3** ***pl.*** Aparato que el especialista en ortodoncia coloca a los pacientes que necesitan alinear sus dientes.

frente ***m.*** **1** Zona de combate: *Durante las guerras muchos soldados mueren en el* ***frente*** *de batalla.* **2** Coalición o unión de partidos políticos, organizaciones, etc. **3** Parte superior de la cara: *Algunas personas piensan que una* ***frente*** *amplia es señal de inteligencia.* **4** Parte delantera de una cosa. **5** *loc.* **Hacer ~,** aceptar un compromiso o resistir situaciones difíciles: *La empresa quebró y el dueño ya no pudo* ***hacer frente*** *a sus deudas.*

fresa ***adj.*** ***Méx. Fam.*** Relativo a la persona, por lo general de clase alta, que es ingenua, convencional y que le gusta fingir.

fresa ***f.*** **1** Planta herbácea rastrera de fruto color rojo comestible, de sabor agridulce. **2** Fruto de la planta de la frutilla o fresa. Sin. **frutilla.**

fresa ***f.*** Herramienta giratoria cortante, como la que usan los dentistas para eliminar las caries.

fresal ***m.*** Campo plantado con fresas: *En la época de cosecha hay mucha gente en los* ***fresales,*** *pues la fruta debe recogerse rápido para evitar que se eche a perder.*
fresar ***vb.*** {tr.} Trabajar los materiales por medio de la fresa o fresadora.
fresco ***m.*** **1** Aire un poco frío: *Me gusta el* ***fresco*** *de la montaña.* **2** Pintura hecha sobre una pared todavía húmeda: *La Capilla Sixtina está cubierta de* ***frescos*** *pintados por el artista italiano Miguel Ángel.*
fresco, ca ***adj.*** **1** Que es un poco frío pero sin molestar: *Me gustan las bebidas* ***frescas,*** *porque las que están muy frías hacen que me duelan los dientes.* **2** Reciente: *Las noticias de la radio son las más* ***frescas.*** **3** *Fam.* Descarado: *Benjamín es un* ***fresco,*** *se bebió toda la leche y metió el envase vacío al refrigerador.* **4** Que todavía no seca: *No pises por ahí, porque la pintura está* ***fresca*** *y puedes mancharte.*
fresno ***m.*** Árbol de tronco grueso y madera blanca amarillenta y flexible: *La madera del* ***fresno*** *es muy apreciada para la elaboración de muebles.*
fresquera ***f.*** Lugar para conservar frescos los alimentos.
fresquería ***f.*** *Amér. C., Ecuad.* y *Venez.* Establecimiento donde se hacen y venden bebidas frías y helados.
freza ***f.*** Puesta de huevos de la hembra del pez.
frialdad ***f.*** **1** Sensación de frío: *El mármol se caracteriza por su* ***frialdad.*** **2** Indiferencia: *Mauricio me recibió con mucha* ***frialdad*** *y me imaginé que por alguna razón estaba enojado conmigo.*
fricativo, va ***adj./f.*** Sonido cuya articulación hace salir el aire con fricción entre los órganos bucales, como el que representan las letras *f, j, s, z.*
fricción ***f.*** **1** Acción y efecto de frotar, de fregar. **2** Roce, enfrentamiento, discordia: *El empleado renunció a la empresa porque tenía muchas* ***fricciones*** *con su jefe.*
friccionar ***vb.*** {tr.} Dar friegas, restregar.
friega ***f.*** **1** Acción de frotar con energía una parte del cuerpo: *Las* ***friegas*** *con alcohol sirven para bajar la fiebre.* **2** *Amér. Fam.* Molestia, fastidio: *"¡Qué* ***friega*** *tener que quedarme a limpiar la casa cuando mis hermanos se van a la playa!"*
frigidez ***f.*** Ausencia anormal de deseo o de goce sexual de la mujer.
frigorífico ***m.*** Cámara que mantiene a temperatura baja los alimentos. Sin. **nevera, refrigerador, heladera.**
frigorífico, ca ***adj.*** Que produce frío.
frijol o **fríjol** ***m.*** **1** Planta herbácea anual, de 3 a 4 metros de longitud, cuyo fruto en vaina contiene semillas. **2** Semilla comestible que se encuentra en la vaina del poroto o frijol. Sin. **judía, poroto, fréjol.**
frío ***m.*** Estado del clima opuesto al calor: *Cuando hace mucho* ***frío,*** *debemos abrigarnos bien.*
frío, a ***adj.*** **1** Que tiene menos temperatura de la conveniente: *Los brazos del niño están* ***fríos,*** *debemos ponerle un suéter.* **2** Indiferente: *Después de tantos años de separación, su actitud al verla fue muy* ***fría,*** *lo cual indica que ya no siente cariño por ella.*
friolento, ta ***adj.*** Muy sensible al frío: *Mi papá siempre busca el lugar más cálido de la casa porque es muy* ***friolento.***
friolera ***f.*** *Desp.* Gran cantidad de cosas, en especial de dinero: *Ese automóvil de lujo le costó la* ***friolera*** *de cincuenta mil dólares.*
friso ***m.*** En arquitectura, conjunto de elementos decorativos en forma de faja muy alargada y seguida: *En los templos de la antigüedad griega y romana había* ***frisos*** *con relieves.*
fritanga ***f.*** *Desp.* Comida frita, en especial la muy grasosa: *Al salir de la escuela me harté de* ***fritangas*** *y ahora me duele el estómago.*
fritar ***vb.*** {tr.} *Argent., Colomb.* y *Urug.* Freír.
frito, ta ***adj.*** Se dice del alimento guisado en aceite hirviendo.
fritura ***f.*** Alimento frito: *Las* ***frituras*** *industrializadas con parte de lo que los nutriólogos llaman comida chatarra, que sólo engorda y no nutre.*
frivolidad ***m.*** Acción o resultado de ser frívolo.
frívolo, la ***adj.*** Que sólo le interesan las ligerezas y las superficialidades: *Las hermanas de la Cenicienta eran* ***frívolas.*** Sin. **insustancial.**
fronda ***f.*** Conjunto de hojas.
frondoso, sa ***adj.*** Con abundantes hojas y ramas: *Los árboles grandes y* ***frondosos*** *dan buena sombra.*
frontal ***adj.*** **1** Relativo a la frente. **2** Situado en la parte delantera.
frontal ***adj./m.*** Uno de los huesos que forman la cavidad craneal, colocado donde se encuentra la frente, y lo relacionado con este hueso: *Las cejas están al final del hueso* ***frontal.***
frontenis ***m.*** Deporte que se practica en frontón, usando raquetas y pelotas de tenis.
frontera ***f.*** Línea que separa dos estados o países: *Estados Unidos de América tiene* ***frontera*** *con Canadá y con México.* Sin. **límite.**
fronterizo, za ***adj.*** Relativo a la frontera: *Los estados* ***fronterizos*** *sufren más la violencia por el narcotráfico.*
frontispicio ***m.*** **1** Parte delantera de un edificio, mueble, etc. **2** En arquitectura, remate en forma de triángulo o de semicírculo en lo alto de la fachada principal de un edificio.
frontón ***m.*** **1** Edificio o cancha propia para jugar a la pelota vasca. **2** En arquitectura, remate triangular de la fachada principal de una construcción.
frotar ***vb.*** {tr. y prnl.} Pasar una cosa sobre otra de manera repetida y con fuerza: *Para encender un fósforo hay que* ***frotarlo*** *sobre un papel de lija.*
fructífero, ra ***adj.*** Que produce fruto.
fructificar ***vb. irreg*** {intr.} **Modelo 17.** Dar fruto: *Muchos árboles* ***fructifican*** *en verano.*
fructosa ***f.*** Azúcar contenida en la fruta.
frugal ***adj.*** Que se alimenta poco y vive de manera simple: *Los monjes medievales llevaban una vida* ***frugal:*** *se alimentaban de pan, agua y cebolla, y durante las frías noches se cubrían sólo con una manta delgada.*
frugívoro, ra ***adj.*** Que se alimenta de frutos: *La ardilla es un animal* ***frugívoro.***
fruición ***f.*** Goce intenso. *Con gran* ***fruición*** *realizó su gran deseo: subir a Machu Picchu, en Perú.*
frunce ***m.*** Pliegue o arruga que se forma en una tela al fruncirla: *La modista cosió mal mi falda, se le forman unos* ***frunces*** *en la parte del trasero.*
fruncido, da ***adj.*** **1** *Fam.* Que carece de simpatía. Sin. **vanidoso, arrogante.** **2** Arrugado: *El vestido está* ***fruncido,*** *creo que se atoró en algún lugar.*
fruncir ***vb. irreg.*** {tr.} **Modelo 64. 1** Arrugar la frente, las cejas, una tela, etc.: *Cuando vi que el maestro* ***fruncía*** *las cejas al leer mi trabajo, supe que había hecho algo mal.* **2** *Esp.* Reducir de tamaño: *Como los pantalones me quedaban grandes, mi madre los* ***ha fruncido.***
fruslería ***f.*** Cosa de poco valor.
frustración ***f.*** Desengaño: *¡Qué* ***frustración!*** *Nadie recordó que ayer fue mi cumpleaños.*
frustrante ***adj.*** Que provoca frustración.

a b c d e f g h i j k l m n o p q r s t u v w x y z

frustrar ***vb.*** {tr. y prnl.} **1** Estorbar, impedir que se realice algo: *Los policías* ***frustraron*** *el intento de fuga de los presos.* **2** Privar a uno de lo que esperaba: ***Se frustró*** *el paseo por la playa porque comenzó a llover.*

fruta ***f.*** Producto comestible de un árbol o arbusto: *Me gustan todas las* ***frutas*** *menos la guayaba.*

frutal ***adj.*** Referido a la planta que se cultiva para la producción de frutas comestibles: *Mi abuelo tiene un huerto de árboles* ***frutales*** *en el que hay naranjos, ciruelos y manzanos.*

frutería ***f.*** Lugar donde se vende fruta.

frutero ***m.*** Recipiente en el que se ponen las frutas: *En el centro de la mesa hay un* ***frutero;*** *toma la fruta que más se te antoje.*

fruticultor, ra ***m.*** y ***f.*** Persona que se dedica a cultivar fruta: *Los* ***fruticultores*** *de esta región cultivan sobre todo peras y manzanas.*

fruticultura ***f.*** Cultivo de árboles y plantas que producen fruta.

frutilla ***f.*** **1** *R. de la P.* Planta herbácea rastrera de fruto rojo comestible. SIN. **fresa. 2** Fruto de la planta de la frutilla o fresa. SIN. **fresa.**

fruto ***m.*** **1** Órgano que contiene las semillas de una planta y que procede por lo general del ovario de la flor. **2** Producto, utilidad: *El libro de Historia que se publicó fue el* ***fruto*** *de una larga investigación.*

¡fuchi! ***interj.*** Se usa para expresar repugnancia o desagrado: *Al entrar a nuestro cuarto, mi hermano exclamó:* ***¡fuchi!,*** *tus tenis ya están muy apestosos, lávalos.*

fucsia ***adj./m.*** Color rojo violáceo.

fucsia ***f.*** Arbusto de jardín, de hojas ovaladas y flores de color rojo violáceo.

fuego ***m.*** **1** Desprendimiento de calor, luz y llamas, producido por la combustión de un cuerpo: *"Enciende el* ***fuego*** *en la chimenea", me dijo mi padre.* **2** Incendio: *Los bomberos lograron apagar el* ***fuego*** *en el bosque.* **3** Fogata, hogar: *Después de la cena, la familia se reunía alrededor del* ***fuego*** *a conversar.* **4** *Méx.* Erupción dolorosa de la piel, ulceración, por lo general en la boca.

fuel o **fueloil** ***m.*** **Palabra de origen inglés.** Combustible líquido de color marrón oscuro o negro.

fuelle ***m.*** **1** Instrumento para soplar o producir aire. **2** Pieza plegable que aumenta o disminuye el volumen o la capacidad de ciertos objetos: *Los acordeones están formados por un* ***fuelle*** *y un teclado.*

fuente ***f.*** **1** Manantial de agua que brota de la tierra. **2** Construcción hecha con tubos unidos por donde sale el agua. **3** Plato grande para servir la comida: *La ensalada de frutas que sirvieron en el banquete estaba en una gran* ***fuente*** *de cristal.* **4** Origen de algo: *La* ***fuente*** *del saber es la curiosidad.*

fuera ***adv.*** **1** En la parte exterior de un espacio: *Mi perro duerme* ***fuera*** *de la casa porque es travieso y le gusta morder los muebles por la noche.* **2** Antes o después de tiempo: *Ya no aceptaron mi solicitud porque la entregué* ***fuera*** *de tiempo.* **3** *loc.* **~ de,** menos, excepto: ***Fuera de*** *un pequeño raspón, el niño no se lastimó al caer de la bicicleta.*

fuereño, ña ***adj./m.*** y ***f.*** *Amér.* **1** Extranjero. **2** De otra parte del país, provinciano.

fuero ***m.*** **1** Cada uno de los derechos o privilegios concedidos a un territorio o persona: *Los diplomáticos en un país extranjero gozan de ciertos* ***fueros,*** *por ejemplo, la policía no los puede aprehender.* **2** Compilación de leyes y área donde estas leyes se aplican: *Las faltas cometidas por soldados son juzgadas por el* ***fuero*** *militar.*

fuerte ***adj.*** **1** Que tiene fuerza y resistencia: *Según la mitología griega, Atlas era tan* ***fuerte*** *que podía sostener al mundo sobre sus hombros.* **2** Robusto, corpulento. **3** Intenso: *La música* ***fuerte*** *me molesta porque me impide concentrarme en mi trabajo.*

fuerte ***adv.*** Con fuerza: *El profesor tuvo que hablar* ***fuerte*** *porque los alumnos gritaban y no lo escuchaban.*

fuerte ***m.*** Construcción protegida, fortaleza: *Los extranjeros blancos construyeron* ***fuertes*** *para combatir a las tribus de Norteamérica y así invadir sus territorios.*

fuerza ***f.*** **1** Resistencia, capacidad de soportar un peso o de oponerse a un impulso. **2** Utilización del poder físico o moral: *En el filme de ciencia ficción, el héroe utilizó su gran* ***fuerza*** *para levantar un autobús con una sola mano.* **3** Autoridad, poder. **4** Causa capaz de deformar un cuerpo o de modificar su velocidad: *La* ***fuerza*** *del viento en contra obligó al velero a girar.* **5** ***pl.*** Conjunto de tropas, armas y potencial de los ejércitos.

fuete ***m.*** *Méx.* y *Perú.* Látigo.

fuga ***f.*** **1** Acción y efecto de escaparse: *La* ***fuga*** *de ese maleante fue espectacular, un helicóptero lo levantó del patio de la cárcel.* **2** Escape de un fluido o gas: *Hay que revisar con frecuencia las tuberías del gas, porque una* ***fuga*** *no detectada puede ocasionar una explosión.*

fugarse ***vb. irreg.*** {prnl.} **Modelo 17.** Escaparse, huir: *Hace varios años los administradores de la cárcel de Alcatraz, en California, presumían que ningún preso había logrado* ***fugarse*** *de ahí.*

fugaz ***adj.*** Que dura poco, que desaparece con rapidez: *Las personas mayores opinan que la juventud es una etapa* ***fugaz*** *de la vida.*

fugitivo, va ***adj./m.*** y ***f.*** Que está en fuga o huye: *Juana es una* ***fugitiva*** *de la justicia que vive en un lugar diferente cada mes, porque teme que la policía la encuentre.*

fulana ***f.*** Prostituta.

fulano, na ***m.*** y ***f.*** **1** *Desp.* Voz con que se suple el nombre de una persona: *"Vino a buscarte un* ***fulano*** *muy grosero que no me dijo ni su nombre", le dije a mi hermano.* **2** Persona indeterminada: *Cuando entré a la tienda había tres* ***fulanos*** *y dos* ***fulanas.*** **3** *loc.* **~ o mengano,** cualquier persona.

fulgir ***vb. irreg.*** {intr.} **Modelo 60.** Resplandecer, brillar: *En el campo se ven* ***fulgir*** *las estrellas más claramente que en la ciudad.*

fulgor ***m.*** Brillo, resplandor: *El* ***fulgor*** *del sol reflejado en el mar es de distintos colores.*

fulgurante ***adj.*** Que fulgura.

fulgurar ***vb.*** {intr.} Resplandecer, despedir rayos luminosos: *Bajo la luz del aparador de la joyería, los diamantes* ***fulguraban.***

fullería ***f.*** Trampa, engaño: *Jaime ganó el juego con* ***fullería*** *al sacar un as de su manga.* SIN. **astucia, treta.**

fulminante ***adj.*** **1** Que arroja rayos. **2** Que estalla o hace estallar. **3** Rápido: *El señor Gómez murió de una enfermedad* ***fulminante,*** *estuvo sólo unas horas en cama y después murió.*

fulminante ***m.*** *Méx.* Pequeña carga de pólvora en forma de lenteja, que estalla al ser golpeada y se usa en pistolas de juguete.

fulminar ***vb.*** {tr.} **1** Arrojar rayos. **2** Herir, matar o causar daños un rayo. **3** Matar con armas o explosivos. **4** *loc.* **~ con la mirada,** ver a alguien fijamente y con gran enojo: *Ella lo* ***fulminó con la mirada*** *cuando él empezó a decir cosas que la perjudicaban.*

fumador, ra ***m.*** y ***f.*** Persona que fuma.

fumar ***vb.*** {tr. e intr.} **1** Aspirar y despedir el humo del tabaco, opio, etc.: ***Fumar*** *puede causar enfermedades respiratorias y cáncer.* SIN. **pitar. 2** *Cuba* y *P. Rico.* Dominar a alguien. **3** *Méx. Fam.* Hacer caso: *Empecé a contarle a Luis la obra de teatro, pero no me **fumó**, así que mejor fui a contársela a mi otro amigo.*

fumarola ***f.*** Emisión de gases de origen volcánico: *Cuando un volcán emite **fumarolas**, quiere decir que está en actividad.*

fumigación ***f.*** Acción de fumigar.

fumigador, ra ***adj./m.*** y ***f.*** **1** Que sirve para fumigar: *Algunas sustancias **fumigadoras** pueden dañar el medio ambiente.* **2** Persona que se dedica a fumigar.

fumigar ***vb. irreg.*** {tr.} **Modelo 17.** Eliminar animales nocivos o desinfectar espacios amplios por medio de sustancias en forma de humo o vapor.

funámbulo, la ***m.*** y ***f.*** Equilibrista que hace ejercicios sobre la cuerda floja o el trapecio.

funche ***m.*** *Cuba* y *P. Rico.* Alimento parecido a las gachas, pero de harina de maíz.

función ***f.*** **1** Actividad particular que corresponde a alguien o algo: *"Tu **función** en esta empresa consistirá en ayudar al director", me dijo la secretaria.* SIN. **misión.** **2** Representación teatral: *Esta **función** de cine empieza a las cuatro de la tarde y termina a las seis.* **3** Papel sintáctico de un elemento dentro de una frase: *La **función** del adjetivo es calificar o modificar a un sustantivo.*

funcional ***adj.*** **1** Que funciona bien. **2** Práctico, utilitario: *Un ascensor es **funcional** para subir y bajar en edificios que tienen más de cuatro pisos.* **3** Que su diseño permite comodidad en el empleo. **4** Relativo al funcionalismo.

funcionalidad ***adj.*** Relativo a lo funcional.

funcionalismo ***m.*** Corriente filosófica, antropológica, lingüística, psicológica, etc., que defiende la tesis de que los elementos de la sociedad interactúan y son interdependientes entre sí.

funcionalista ***adj.*** Partidario del funcionalismo.

funcionamiento ***m.*** Hecho de que una máquina o un ser vivo realice la actividad que le corresponde.

funcionar ***vb.*** {intr.} **1** Ejecutar algo o alguien las funciones que le son propias: *De pronto la licuadora ya no **funcionó**, debo llevarla al técnico para que la repare.* **2** Operar: *Quiero saber cómo **funciona** una cámara fotográfica.*

funcionario, ria ***m.*** y ***f.*** Empleado público de cierta jerarquía.

funda ***f.*** Cosa que sirve para cubrir o resguardar otra cosa.

fundación ***f.*** **1** Hecho de establecer o fundar. **2** Institución benéfica, cultural, etc., sin intención de obtener dinero para sí misma: *Con el dinero que recauda esa **fundación**, se construyen casas hogar para niños huérfanos.*

fundador, ra ***m.*** y ***f.*** Persona que crea o establece algo: *Esos hombres fueron los **fundadores** del club.*

fundamentación ***f.*** Conjunto de argumentos que sirven de base para defender una tesis.

fundamental ***adj.*** Que sirve de base o es lo principal: *El oxígeno es **fundamental** para la vida en la Tierra.*

fundamentalismo ***m.*** Movimiento religioso que exige que todo el mundo se someta a determinada religión y que siga estrictamente el culto correspondiente: *Los **fundamentalistas** son enemigos del Estado laico y de la libertad religiosa.*

fundamentalista ***adj.*** Defensor de las ideas del fundamentalismo.

fundamentar ***vb.*** {tr.} **1** Echar los cimientos de un edificio. **2** Establecer o poner fundamentos, bases: *No me convence lo que dices, tienes que **fundamentar** más tus opiniones.*

fundamento ***m.*** **1** Cimiento de un edificio: *Mientras más alto sea el edificio, más profundos tienen que ser sus **fundamentos**.* **2** Principio o base de una cosa: *Uno de los **fundamentos** de la física son las matemáticas.* **3** Razón, motivo.

fundar ***vb.*** {tr.} Crear una ciudad, negocio, asociación, etc.: *Dice una leyenda que Rómulo y Remo **fundaron** la ciudad de Roma.*

fundición ***f.*** **1** Hecho de convertir un sólido en líquido mediante calor: *Se necesitan temperaturas muy altas para lograr la **fundición** del hierro.* **2** Fábrica donde se funden metales.

fundido, da ***adj.*** **1** *Amér. Merid., Argent.* y *Méx. Fam.* Muy cansado, abatido: *Después de trabajar diez horas en la mina, volvió **fundido** a su casa.* **2** Derretido: *Sumergir trozos de pan en queso **fundido** es una costumbre francesa.* **3** *Amér. Fam.* Arruinado.

fundir ***vb.*** {tr. y prnl.} **1** Transformar en líquido un cuerpo sólido calentándolo: *Para hacer caramelo hay que **fundir** el azúcar a fuego muy bajo, sin quemarlo.* **2** Unir ideas, intereses, etc.: *Si **fundimos** las propuestas de Margarita y Enrique, tendremos un magnífico proyecto.* **3** *Amér. Fam.* Arruinar: *El fiscal presentó el arma homicida; esa prueba terminó por **fundir** al acusado.*

fundo ***m.*** ***Chile*** y ***Perú.*** Finca, hacienda, estancia.

fúnebre ***adj.*** **1** Relativo a los difuntos: *En los entierros se pronuncian oraciones **fúnebres** para rogar por el alma de los muertos.* **2** Muy triste y sombrío: *Mucha gente considera el negro como un color **fúnebre**.*

funeral ***m.*** Ceremonia en la que se entierra a los difuntos: *Los **funerales** de los gobernantes casi siempre son ceremonias solemnes, a las que asisten altos funcionarios de otros países.* SIN. **entierro.**

funeraria ***f.*** Empresa que se dedica a todo lo relacionado con los entierros e incineraciones de difuntos.

funerario, ria ***adj.*** Relativo al entierro o a la incineración de un muerto: *En algunas iglesias hay lugares especiales para las urnas **funerarias**.*

funesto, ta ***adj.*** Que causa o atrae desgracia: *La influencia de las malas compañías fue **funesta** para Sergio, ahora ya no va a la escuela y bebe mucho alcohol.*

fungi ***m.*** Reino que agrupa a los hongos.

fungicida ***m.*** Sustancia que combate los hongos.

fungiforme ***adj.*** Que tiene forma de hongo: *Cuando hay una explosión atómica, se hace una nube **fungiforme**.*

fungir ***vb.*** {intr.} *Hond., Méx.* y *Salv.* Desempeñar un cargo o empleo: *A partir de mañana, el señor Godínez **fungirá** como jefe de almacén en la librería.*

funicular ***m.*** Vehículo usado sobre todo en zonas montañosas, con tracción que se efectúa por medio de un cable.

furgón ***m.*** Vagón de equipajes en el tren.

furgoneta ***f.*** Vehículo más pequeño que el autobús, destinado al transporte.

furia ***f.*** **1** Cólera, ira. **2** Ímpetu: *Con gran **furia** el gigante derribó la puerta del castillo y entró a robarse a la princesa.*

furibundo, da ***adj.*** Lleno de furia, colérico: *La maestra le lanzó a Fernando una mirada **furibunda** cuando oyó la grosería que dijo.*

fúrico, ca ***adj.*** ***Méx.*** Furioso, muy alterado.

furioso, sa ***adj.*** Que está muy enojado: *Me puse **furioso** cuando mi perro mordió mis zapatos nuevos.*

furor ***m.*** **1** Gran enojo, ira exaltada. **2** Afición excesiva por personas o cosas: *En la década de 1960, Los Beatles desataron el **furor** de los jóvenes.*

furtivo, va ***adj.*** Acción que se hace de manera oculta: *Es importante evitar que los cazadores **furtivos** maten animales que están en peligro de extinción.*

a b c d e f g h i j k l m n o p q r s t u v w x y z

furúnculo ***m.*** *Ver* **forúnculo.**
fusa ***f.*** Nombre de la figura musical que equivale a un treintaidosavo de la unidad: *En la partitura había muchas* ***fusas,*** *pero como el tiempo era lento, no había que tocarlas con demasiada rapidez.*
fuselaje ***m.*** Cuerpo central de un avión: *En los aviones de pasajeros, los asientos se colocan en la parte interior del* ***fuselaje.***
fusible ***m.*** Pequeña pieza metálica que se coloca en un circuito eléctrico para impedir el paso excesivo de corriente.
fusiforme ***adj.*** En forma de huso; delgado, esbelto.
fusil ***m.*** Arma de fuego portátil, de cañón largo: *El* ***fusil*** *se parece a la escopeta, pero tiene un solo cañón.*
fusilamiento ***m.*** Hecho de ejecutar a alguien con tiros de fusil: *El general ordenó el* ***fusilamiento*** *de los prisioneros.*
fusilar ***vb.*** {tr.} Matar a alguien con descargas de fusil.
fusión ***f.*** **1** Unión de varias cosas: *De la* ***fusión*** *entre un óvulo y un espermatozoide surge un nuevo ser vivo.* **2** Paso de un cuerpo sólido al estado líquido. **3** Unión de varios átomos ligeros, a temperatura muy elevada y con gran desprendimiento de energía.
fusionar ***vb.*** {tr. y prnl.} Reunir varias cosas en una sola: *Las dos empresas medianas* ***se fusionaron*** *y ahora forman una gran empresa.*
fusta ***f.*** Látigo delgado y flexible.
fustán ***m.*** **1** Tejido cerrado de algodón, con pelo en una de sus caras. **2** *Amér. Merid.* Enagua o falda ancha de algodón.
fuste ***m.*** **1** En arquitectura, parte de la columna entre la base y el capitel. **2** Vara o palo. **3** Nombre de las dos piezas de madera que conforman la silla de montar.
fustigación ***f.*** Acción de fustigar.
fustigante ***adj.*** Que fustiga.
fustigar ***vb. irreg.*** {tr. y prnl.} **Modelo 17. 1** Dar azotes, castigar: *En Filipinas, algunos fanáticos* ***se fustigan*** *con una cuerda durante las procesiones de Semana Santa.* **2** Censurar con dureza: *El maestro* ***fustigó*** *a los alumnos por su irresponsabilidad.*
fútbol o **futbol** ***m.*** Juego entre dos equipos de once participantes cada uno, que consiste en introducir en la portería del contrario un balón, impulsándolo con los pies o la cabeza. SIN. **balompié.**
futbolista ***m.*** y ***f.*** Deportista que tiene por profesión jugar fútbol.
futbolístico, ca ***adj.*** Relativo al fútbol: *Ese comentarista deportivo tiene gran conocimiento* ***futbolístico,*** *pero no sabe nada de luchas.*
fútil ***adj.*** De poca importancia, nimio: *Las personas vanidosas se preocupan por cosas* ***fútiles,*** *como la apariencia de su peinado o el color de sus uñas.* SIN. **baladí.**
futón ***m.*** Colchón estilo japonés que se tiende sobre una tarima y puede guardarse enrollado: *Los* ***futones*** *están hechos de capas de algodón y no tienen resortes.*
futre ***m.*** **1** *Chile.* Persona bien vestida. **2** *Chile.* En zonas rurales, patrón.
futurismo ***m.*** **1** Actitud orientada hacia el futuro. **2** Movimiento vanguardista de principios del siglo XX impulsado por el poeta italiano Filippo T. Marinetti que trataba de adaptar el arte a la era de las máquinas. **3** *Méx.* Predominancia de intereses electorales en el accionar de un partido político: *Ya están haciendo* ***futurismo:*** *Fulano aparece a toda hora en la televisión.*
futurista ***adj.*** **1** Relativo al futurismo. **2** Partidario del futurismo.
futuro ***m.*** **1** Tiempo verbal que expresa acción por venir: *El* ***futuro*** *de "yo como" es "yo comeré".* **2** Tiempo que ha de venir: *En el cuento, la hormiga pensó en el* ***futuro*** *y guardó comida para el invierno, no así la cigarra.*
futuro, ra ***adj.*** Que está por venir o suceder: *Esperemos que en una era* ***futura*** *los humanos aprendan a cuidar más la naturaleza.*

G

g ***f.*** Séptima letra del abecedario. Su nombre es ***ge***.

gabacho, cha ***adj./m.*** y ***f.*** **1** ***Méx. Fam.*** Originario de Estados Unidos de América. **2** ***Esp. Desp.*** Francés.

gabán ***m.*** Abrigo, sobretodo: *Rufino lleva su* ***gabán*** *gris cuando viaja a Europa en diciembre.*

gabardina ***f.*** Abrigo de tejido impermeable: *Cuando llueve, me pongo la* ***gabardina*** *para no mojarme.* SIN. **impermeable.**

gabarra ***f.*** Especie de lancha utilizada en los puertos para mover cargas: *Esa* ***gabarra*** *lleva cajas de vino, queso y conservas de fruta al barco que zarpará mañana.* SIN. **embarcación.**

gabela ***f.*** **1** ***Esp.*** Tributo, impuesto. **2** ***Colomb., Ecuad., P. Rico, R. Dom.*** y ***Venez.*** Provecho, ventaja.

gabinete ***m.*** **1** Habitación destinada a recibir visitas de confianza: *Mis amigas y yo tomamos café en el* ***gabinete.*** **2** Conjunto de ministros del gobierno de un país: *El* ***gabinete*** *se reunió para decidir cómo usarán el dinero en este año.* **3** Despacho donde están los instrumentos y objetos destinados al estudio de una ciencia o arte: *El médico examina a sus pacientes en el* ***gabinete.***

gacela ***f.*** Animal de color marrón y vientre blanco, de patas finas y largas, y cuernos curvos: *La* ***gacela*** *es un antílope africano, ágil y hermoso.*

gaceta ***f.*** Publicación periódica de carácter cultural o científico: *Leí un estupendo poema en la* ***gaceta*** *de la universidad.*

gacetilla ***f.*** Noticia breve que aparece en un periódico: *Leí hoy una* ***gacetilla*** *donde avisan que se pospone hasta la semana que entra el estreno de la obra de teatro que quiero ver.*

gacha ***f.*** **1** ***Colomb.*** y ***Venez.*** Recipiente de loza o arcilla. **2** ***pl.*** Comida hecha de harina cocida con agua y sazonada.

gacho, cha ***adj.*** **1** Inclinado hacia abajo: *Alicia camina con la cabeza* ***gacha*** *porque está triste.* **2** ***Méx. Fam.*** Feo, de mal gusto o de mala intención.

gachumbo ***m. Amér.*** Corteza leñosa del coco. SIN. **copra.**

gachupín ***m. Méx. Desp.*** Español que vino a establecerse en América.

gadolinio ***m.*** Metal del grupo de las tierras raras, de símbolo Gd y número atómico 64.

gaélico ***m.*** Lengua de los celtas hablada en Irlanda y Escocia: *El* ***gaélico*** *debe su nombre a que se habla en el País de Gales.*

gaélico, ca ***adj.*** Relativo al País de Gales.

gafas ***f. pl.*** Anteojos.

gafe ***adj./m.*** y ***f. Esp. Fam.*** Que trae mala suerte.

gag ***m.*** **Palabra de origen inglés.** Situación cómica en un filme o presentación teatral: *Mi primo, que es actor, está ensayando un* ***gag*** *para una nueva obra de teatro que va a presentar.*

gagá ***adj.*** Que ha perdido sus facultades mentales.

gaita ***f.*** Instrumento musical de viento formado por una bolsa de cuero a la cual van unidos tres tubos: *La* ***gaita*** *suena cuando se aprieta la bolsa de cuero.*

gaitero, ra ***m.*** y ***f.*** Músico que toca la gaita: *En algunos países, los* ***gaiteros*** *son una figura indispensable en los desfiles militares.*

gaje ***m.*** **1** Salario aparte del sueldo: *Felipe consiguió un* ***gaje*** *que le ayudará a pagar su automóvil nuevo.* SIN. **bono.** **2** ***loc. pl. Fam.*** **~ del oficio,** molestias que acarrea un empleo u ocupación: *Las enfermedades de los riñones son* ***gajes del oficio*** *de un chofer, porque pasa sentado demasiadas horas.*

gajo ***m.*** **1** Cada una de las porciones interiores de los cítricos: *El* ***gajo*** *de una naranja es más fácil de desprender que el gajo de un limón.* **2** Rama que se desprende de un árbol: *Durante la tormenta, un rayo arrancó un* ***gajo*** *al árbol que está fuera de mi casa.*

gala ***f.*** **1** Cualquier cosa que da hermosura o elegancia a otra: *Los ramos de flores son la* ***gala*** *de mi habitación, la hacen verse fresca y agradable.* **2** Presentación excepcional de un espectáculo: *Esta noche, la compañía de teatro ofrecerá la función de* ***gala*** *de* El lago de los cisnes. **3** ***loc.*** **Hacer ~ de,** presumir de una cosa: *Alejandro* ***hace gala*** *del reloj que le regalaron en su cumpleaños.*

galáctico, ca ***adj.*** Que pertenece a la galaxia.

galán ***m.*** **1** Hombre guapo y atractivo: *Federico se cree muy* ***galán*** *porque todas las niñas quieren sentarse junto a él en clase.* **2** Actor que hace el papel de héroe joven en una obra de teatro o en un filme o película. **3** ***Fam.*** Novio: *Susana ya tiene* ***galán.***

galante ***adj.*** Atento, cortés: *Si Julio fuera más* ***galante,*** *me dejaría entrar primero al salón.* SIN. **amable, educado.** ANT. **grosero.**

galantear ***vb.*** {tr.} Decir cosas bonitas a una mujer para tratar de seducirla.

galanteo ***m.*** Conjunto de acciones que sirven para galantear.

galanura ***f.*** Elegancia, gracia: *Ese vestido realza la* ***galanura*** *natural de Alicia.*

galápago ***m.*** Animal de agua dulce parecido a la tortuga, del que se conocen 80 especies: *Existen* ***galápagos*** *vegetarianos y otros carnívoros.*

galardón ***m.*** Premio, distinción: *Obtuve un* ***galardón*** *por ser el más rápido en resolver las operaciones de matemáticas.* SIN. **recompensa.**

galardonar ***vb.*** {tr.} Premiar, recompensar: *En 1971* ***galardonaron*** *al escritor chileno Pablo Neruda con el premio Nobel de Literatura.*

galaxia ***f.*** Conjunto de estrellas y planetas agrupados en una determinada región del espacio: *En la* ***galaxia*** *llamada Vía Láctea se encuentra el Sistema Solar al que pertenece la Tierra.*

galáxico, ca ***adj.*** **1** Relativo a la galaxia. **2** Grande, inmenso, que abarca toda la galaxia.

galbana ***f. Fam.*** Pereza.

galbanear ***vb.*** {tr.} *Fam.* Holgazanear: *Después de* ***galbanear*** *durante horas, Lourdes al fin se levantó y comenzó a limpiar el piso de la casa.*

gálea ***f.*** Casco de los antiguos soldados romanos.

galena ***f.*** Sulfuro de plomo: *La* ***galena*** *es un mineral.*

galeno ***m.*** Palabra derivada del nombre del famoso médico griego Claudio Galeno; es una manera de llamar a quienes ejercen la medicina: *Ese* ***galeno*** *atiende a los enfermos que llegan de emergencia al hospital durante la noche.*

galeno, na ***adj./m.*** y ***f.*** Relativo al viento suave que sopla en el mar: *Las gaviotas juegan en las brisas* ***galenas*** *volando por encima del mar.*

galeón ***m.*** Antiguo barco de vela: *El* ***galeón*** *iba cargado de oro, sedas y especias.*

galeote ***m.*** Persona condenada a remar en las galeras: *Los* ***galeotes*** *movían los remos al compás de un tambor.*

galera ***f.*** **1** Antiguo barco de remo y vela: *La* ***galera*** *encalló en un arrecife de coral y se hundió.* **2** En imprenta, prueba de una obra que sirve para corregir errores antes de publicarla. **3** ***Amér. C.*** y ***Méx.*** Cuarto de grandes dimensiones. **4** ***Argent., Chile*** y ***Urug.*** Sombrero de copa. SIN. **chistera.**

galería ***f.*** **1** Pasillo largo y amplio con grandes ventanas: *Los ancianos toman el té en la* ***galería*** *porque así disfrutan de la luz de la tarde.* SIN. **mirador. 2** Camino subterráneo: *Cuando sea grande, formaré un equipo de valientes para explorar la* ***galería*** *de la mina abandonada.* **3** Asientos de la parte más alta de un cine o teatro: *Las entradas para la* ***galería*** *del teatro son las más baratas.* SIN. **gayola. 4** *loc.* **~ de arte,** sala donde se expone una colección de obras de arte: *Fui a la* ***galería de arte*** *a ver las esculturas del artista Augusto Rodin.* SIN. **museo, pinacoteca. 5** *pl.* Centro comercial: *Recorrimos las* ***galerías*** *buscando un regalo bonito para el día de las madres.*

galerón ***m. Méx.*** Construcción grande que suele utilizarse como bodega.

galés ***m.*** Idioma que se habla en el País de Gales.

galés, lesa ***adj./m.*** y ***f.*** Originario del País de Gales, integrante de Gran Bretaña, en Europa.

galgo, ga ***m.*** y ***f.*** Perro delgado, de nariz y patas largas, muy veloz: *El* ***galgo*** *es un perro de caza y también de carreras.*

galgódromo ***m.*** Pista especial para carreras de perros, en especial las de galgos: *Los* ***galgódromos*** *son ovalados y más pequeños que los hipódromos, que es donde corren caballos.* SIN. **canódromo.**

galicismo ***m.*** Palabra de origen francés empleada en otro idioma: *La palabra* cruasán *es un* ***galicismo*** *del idioma español que salió de la palabra francesa* croissant.

gálico, ca ***adj.*** **1** Relativo a las Galias: *El territorio que los romanos denominaban Galia, y de ahí* ***gálico*** *o gaélico, abarcaba lo que hoy es Francia, Bélgica, parte de Holanda y de Alemania.* **2 Mal ~,** antiguamente, sífilis.

galimatías ***m.*** **1** *Fam.* Lenguaje confuso, difícil de entender: *La maestra me dijo que mi redacción era un* ***galimatías*** *y me ordenó que volviera a escribir el trabajo.* SIN. **guirigay. 2** *Fam.* Confusión, lío: *Los niños dejaron el cuarto hecho un* ***galimatías*** *después de jugar.*

galio ***m.*** Elemento metálico, parecido al aluminio, de número atómico 31 y símbolo Ga.

gallardete ***m.*** Bandera de forma triangular.

gallardía ***f.*** **1** Elegancia, buena presencia: *El joven camina con* ***gallardía*** *y por eso llama mucho la atención.* **2** Valor y nobleza en las acciones.

gallardo, da ***adj.*** **1** Elegante, de buena presencia. SIN. **guapo. 2** Valiente: *El* ***gallardo*** *joven salvó a la princesa del fuego que lanzaba el dragón.*

gallego, ga ***adj./m.*** y ***f.*** **1** Relativo a Galicia. **2** Persona originaria de Galicia. **3** ***R. de la P.*** Tonto. **4** ***R. de la P.*** Cualquier persona originaria de España.

galleta ***f.*** **1** ***Amér. Merid.*** Calabaza pequeña, abierta por la parte de arriba, que sirve para tomar mate. SIN. **mate. 2** ***Esp. Fam.*** Bofetada, golpe dado con la mano abierta.

galleta ***f.*** Pasta hecha con masa de harina, dulce o salada, cocida al horno.

galletería ***f.*** Fábrica de galletas: *La* ***galletería*** *del barrio perfuma el aire con olor a canela.*

galletero ***m.*** Fabricante de galletas: *El* ***galletero*** *usa ropa blanca para dar la impresión de limpieza.*

galliforme ***adj.*** Ave que se parece a un gallo o gallina: *Los faisanes y las perdices son aves* ***galliformes.***

gallina ***f.*** Ave doméstica, hembra del gallo, de pico corto, cuerpo redondo y que no vuela: *La* ***gallina*** *está empollando cuatro huevos grandes.*

gallina ***m.*** y ***f.*** **1** Persona cobarde. SIN. **miedoso. 2** *loc.* **Piel de ~,** cuando se erizan los vellos de la piel por el frío o el miedo: *Bajó la temperatura y se me puso la* ***piel de gallina.***

gallináceas ***f. pl.*** Uno de los órdenes o grupos en los que están clasificadas las aves: *Las* ***gallináceas*** *no vuelan.*

gallináceo, a ***adj.*** Relativo a las gallinas: *La voz* ***gallinácea*** *se llama cacareo.*

gallinazo ***m.*** Buitre americano de plumaje totalmente negro. SIN. **zopilote, zamuro.**

gallinero ***m.*** **1** Corral cubierto donde se crían las aves de granja. **2** *Fam.* Lugar ruidoso: *Cuando se va la maestra nuestro salón es un* ***gallinero.*** SIN. **barullo. 3** *Fam.* Asientos de la parte más alta de un cine o teatro.

gallineta ***f. Amér. Merid.*** Ave acuática salvaje, más pequeña que una gallina.

gallito ***m.*** **1** *Fam.* Persona que intenta imponerse a las demás. SIN. **fanfarrón. 2** ***Méx.*** Objeto de corcho o plástico, con plumas, con el que se juega bádminton.

gallo ***m.*** **1** Ave doméstica de cresta roja y carnosa: *El* ***gallo*** *tiene plumas vistosas y canta en la madrugada anunciando el amanecer.* **2** Pez comestible de cuerpo plano, parecido al lenguado: *El* ***gallo*** *es un pez que vive en el mar; se le llama así porque su aleta dorsal se parece a la cresta de un gallo.* **3** Sonido agudo y desentonado que una persona emite al hablar o cantar: *Al cantante se le escapó un* ***gallo*** *y algunas personas comenzaron a reírse.* **4** ***Méx.*** Serenata. **5** ***Méx.*** Gargajo, escupitajo. **6** *loc.* **Dormírsele a uno el ~,** distraerse, no actuar cuando se debe o quedarse dormido: *A Raquel* ***se le durmió el gallo*** *y llegó tarde al examen de geografía.* **7** *loc.* **En menos de lo que canta un ~,** rápidamente, en un instante: *Para poder ir a la función de cine limpiaré mi dormitorio* ***en menos de lo que canta un gallo.*** **8** *loc.* **Pelar ~,** desaparecerse, huir: *Felipe invitó a Inés a la fiesta y cuando llegó el momento de ir,* ***peló gallo*** *y la dejó plantada.*

galo ***m.*** Idioma que se hablaba en la antigua Galia, hoy Francia.

galo, la ***adj./m.*** y ***f.*** Originario de la antigua Galia, hoy Francia.

galón ***m.*** **1** Cinta de tejido fuerte que se usa como adorno o distintivo: *En muchos países, la gente se pone en el pecho un **galón** con los colores de su bandera nacional para festejar alguna fecha importante.* **2** ***pl.*** Cintas en forma de ángulo que indican el grado al que pertenece un soldado del ejército: *Esos **galones** de seda bordada en oro son para un general.*

galón ***m.*** Unidad de medida para líquidos, que equivale a 4 546 litros en Inglaterra y a 3 785 litros en Estados Unidos de América.

galopante ***adj.*** **1** Que galopa. **2** Que se desarrolla rápidamente: *La enfermedad evolucionó a un ritmo **galopante** y ya nada pudieron hacer los médicos.*

galopar ***vb.*** {intr.} **1** Andar los caballos a paso rápido, correr: *El potro **galopaba** hacia el abismo cegado por la lluvia y el miedo.* **2** Cabalgar: *Julieta **galopó** con destreza intentando ganar ese concurso de salto de obstáculos.*

galope ***m.*** **1** Marcha rápida de un caballo: *El **galope** de ese potro es elegante.* **2** ***loc.*** **Al ~,** andar a caballo rápidamente: *Los bandidos iban **al galope** huyendo del jinete que los perseguía a poca distancia.*

galpón ***m. Amér. Merid.*** y ***Nicar.*** Cobertizo grande, con o sin paredes, que se ocupa como almacén.

galucha ***f. Colomb., Cuba, P. Rico*** y ***Venez.*** Galope.

galuchar ***vb.*** {intr.} ***Colomb., Cuba, P. Rico*** y ***Venez.*** Galopar.

galvánico, ca ***adj.*** Relativo al galvanismo: *Luigi Galvani descubrió la electricidad en los impulsos nerviosos, por lo que **galvánico** es una palabra derivada de su apellido.*

galvanismo ***m.*** Electricidad producida por una reacción química.

galvanización ***f.*** **1** Resultado de galvanizar. **2** Utilización de la electricidad galvánica para diagnosticar y tratar enfermedades.

galvanizado, da ***adj.*** Cubierto con una capa de cinc para evitar que se oxide: *Los tubos de mi bicicleta están **galvanizados** y así puedo andar por lugares húmedos sin que se dañe.*

galvanizar ***vb. irreg.*** {tr.} **Modelo 16.** Cubrir un metal con una capa de cinc para que no se oxide.

gama ***f.*** **1** Escala musical: *La **gama** musical tiene siete notas básicas.* **2** Escala de colores: *La **gama** de verdes de este paisaje va del verde muy claro al verde oscuro.* **3** Serie de cosas iguales con pequeñas variaciones de tamaño, sonido, color o tipo: *El diseñador de modas ha sorprendido al público con su nueva **gama** de vestidos elegantes.* Sin. **gradación.** **4** Tercera letra del alfabeto griego. Sin. **gamma.**

gama ***f.*** Hembra del gamo.

gamada ***adj.*** Relativo a la cruz de cuatro brazos iguales doblados en forma de codo: *La cruz **gamada** era un símbolo religioso de las antiguas culturas de la India que indicaba buena suerte.* Ver **esvástica.**

gamba ***f.*** **1** Camarón grande. **2** ***Argent., Chile*** y ***Urug.*** Pierna. **3** ***Argent., Chile*** y ***Urug.*** Hablando de dinero, cien pesos. **4** ***Desp. Argent., Chile*** y ***Urug.*** **Hacer la ~,** ayudar.

gamberro, rra ***adj./m.*** y ***f.*** Persona que rompe las reglas de educación. Sin. **vándalo.**

gambeta ***f.*** **1** Paso de danza en el que se hace un movimiento especial con las piernas. **2** ***Amér. C.*** y ***Amér. Merid.*** Movimiento que hace un futbolista para conservar el balón y eludir al contrario. **3** ***Argent.*** y ***Bol.*** Ademán hecho con el cuerpo para evitar un golpe o caída.

gambetear ***vb.*** {intr.} ***Amér. C.*** y ***Amér. Merid.*** Correr en zigzag.

gambusino ***m. Méx.*** Persona que busca yacimientos de oro. Sin. **aventurero.**

gameto ***m.*** Célula sexual especializada en la función reproductora: *El **gameto** tiene la mitad de cromosomas de una célula normal.*

gamezno ***m.*** Gamo recién nacido: *Un **gamezno** es un animal indefenso.*

gamín ***m.*** **Palabra de origen francés.** ***Colomb.*** Niño de la calle.

gamitar ***vb.*** {intr.} Emitir su voz el gamo: *Cuando fuimos al bosque, oímos a un gamo macho que **gamitaba** llamando a la hembra.*

gamma ***f.*** Tercera letra del alfabeto griego. Sin. **gama.**

gamo ***m.*** Animal parecido al ciervo, pero con los cuernos terminados en forma de pala. Sin. **venado.**

gamonal ***m. Amér. C.*** y ***Amér. Merid.*** Cacique de pueblo.

gamopétalo, la ***adj.*** Se refiere a la flor en forma de campana, con sus pétalos unidos entre sí: *El floripondio es una flor **gamopétala.***

gamosépalo, la ***adj.*** Se refiere a la flor que tiene el cáliz en forma de olla: *"Si miras la parte verde que sostiene el nacimiento de un clavel, verás que es **gamosépalo.**"*

gamuza ***f.*** **1** Animal salvaje, de cuernos negros y lisos, parecido a una cabra grande: *En las montañas de Europa, la **gamuza** brinca de manera ágil de un peñasco a otro.* **2** Cuero blando, suave al tacto: *En esa tienda venden zapatos y abrigos de **gamuza.*** **3** Paño suave que se usa para limpiar el polvo: *Gumersindo tiene una **gamuza** roja que usa para darle brillo a su guitarra.* Sin. **franela.**

gana ***f.*** **1** Deseo, inclinación o disposición para hacer algo: *"Tengo **ganas** de leer un libro divertido", le dije a Rufino.* **2** ***loc.*** **De buena ~,** con voluntad de hacer algo: *"**De buena gana** me quedaría jugando un rato más, pero mi mamá me está llamando", dije a mis amigos.* **3** ***loc.*** **De mala ~,** sin voluntad de hacer algo: *Hugo siempre contesta **de mala gana** cuando la maestra le hace una pregunta.* **4** ***loc.*** **Darle a uno la ~,** tener voluntad de hacer algo: *"Comeré cuando **me dé la gana,** así que no me esperen", nos dijo mi hermano.*

ganadería ***f.*** **1** Actividad relacionada con la cría y el comercio de vacas, cerdos, caballos y otros rebaños de animales: *Una persona que se dedica a la **ganadería** debe saber montar a caballo para recorrer los campos.* **2** Conjunto de los ganados de un país o región: *La **ganadería** de México se encuentra principalmente en los estados del norte.*

ganadero, ra ***adj.*** Referido al tipo de finca o granja en que se crían vacas, cerdos, caballos y otros animales.

ganadero, ra ***m.*** y ***f.*** Dueño y criador de reses que comercia con ellas. Sin. **estanciero.**

ganado ***m.*** **1** Rebaño de reses o de cerdos que el hombre cría para aprovechar su carne y sus productos: *En el llano pastan rebaños de **ganado** vacuno y en la montaña se cría el **ganado** cabrío.* **2** ***loc.*** **Cabeza de ~,** unidad para contar reses: *Pablo es dueño de 25 **cabezas de ganado,** es decir, de 25 reses.*

ganador, ra ***adj.*** Relativo a la persona, el animal o la cosa que triunfa en una competición: *El arreglo de flores **ganador** del concurso lo hizo doña Lola.* Sin. **vencedor, campeón.** Ant. **perdedor.**

ganador, ra ***m.*** y ***f.*** Persona, animal o cosa que triunfa: *La **ganadora** de la medalla de plata en natación fue una amiga mía.*

ganancia ***f.*** Cantidad a favor: *"Este año obtuve una buena **ganancia** con la venta de frutas", dijo el comerciante.* Sin. **beneficio, lucro, rendimiento.**

ganancioso, sa ***adj./m.*** y ***f.*** Se dice de quien obtiene ganancias en un juego, negocio, etc.: *Con el cambio de casa* *de mis primos salí **ganancioso**, pues me regalaron ropa, discos, sus bates, pelotas y manoplas de béisbol.*

ganar ***vb.*** {tr., intr. y prnl.} **1** Obtener un beneficio en un negocio o en el trabajo: *"Si fueras médico **ganarías** más dinero que si fueras enfermero", le dije a mi hermano.* **2** Vencer: *Lidia y Raúl **ganaron** el campeonato de ajedrez.* **3** Mejorar: *Con el nuevo decorado, el aspecto de la sala **ganó** mucho.* ANT. **empeorar. 4** Hacerse merecedor de algo: *Por su buena ortografía, Lauro **ganó** un libro ilustrado.* **5** Conquistarse la buena voluntad de otros: *El payaso **se ha ganado** la simpatía de niños y adultos.*

ganchillo ***m.*** **1** Varilla con uno de sus extremos más delgado y terminado en una punta doblada, que se usa para tejer: *"Necesitaré un **ganchillo** más delgado para tejer el hilo que me regalaste", me dijo mi abuela.* SIN. **gancho. 2** Labor hecha con la aguja llamada ganchillo: *Mi abuela tejió un mantel de **ganchillo** para cubrir la mesa.*

gancho ***m.*** **1** Instrumento de metal que termina en una punta doblada hacia arriba que sirve para agarrar o colgar algo: *Las grúas de carga utilizan **ganchos** para mover cargas muy pesadas.* SIN. **garfio. 2** En boxeo, golpe corto de abajo hacia arriba: *El boxeador ganó la pelea cuando le colocó un **gancho** al hígado a su adversario.* **3** Aguja terminada en punta doblada, que se usa para tejer. SIN. **ganchillo. 4** *Fam.* Atractivo: *Roberto no es muy guapo, pero tiene **gancho** con las muchachas.* **5** ***Méx.*** Pinza para sujetar la ropa recién lavada. **6** ***Méx.*** Objeto de alambre, madera u otro material en que se cuelga la ropa para evitar que se arrugue. SIN. **percha. 7** ***Amér. Merid.*** Horquilla para sujetar el cabello. SIN. **pasador. 8** *Argent. loc.* **Hacer ~,** ayudar.

ganchudo, da ***adj.*** Que tiene forma de gancho: *Los buitres tienen el pico **ganchudo**.*

gandalla ***adj./m.*** y ***f.*** ***Méx. Fam.*** Aprovechado, malo, abusivo.

gandul, la ***adj./m.*** y ***f.*** Persona perezosa.

ganga ***f.*** **1** Cosa apreciable que se consigue sin esfuerzo o que se obtiene con poco trabajo: *Pasar el examen de matemáticas fue una **ganga** porque estudié muy bien.* **2** Cosa de buena calidad a bajo precio: *Comprar cuatro camisas por el precio de una es una **ganga**.*

ganga ***f.*** Ave parecida a la paloma, que habita en los desiertos de Asia y África.

ganglio ***m.*** Bolsa de tejido nervioso ubicada debajo de la quijada y en las ingles para proteger partes delicadas del cuerpo: *Cuando tenemos fiebre, los **ganglios** se inflaman porque producen anticuerpos.*

gangoso, sa ***adj./m.*** y ***f.*** Referido a la voz nasal.

gangoso, sa ***m.*** y ***f.*** Persona que habla con voz nasal porque tiene un defecto en la estructura interna de la nariz: *Al **gangoso** que vive en la casa de la esquina le cuesta trabajo darse a entender.*

gangrena ***f.*** Muerte y putrefacción del tejido de alguna parte del cuerpo, causada por la falta de circulación: *Por no atender a tiempo una herida, al carnicero le dio **gangrena** y tuvieron que cortarle la mano.*

gangrenado, da ***adj.*** Relativo al tejido del cuerpo que se pudre por falta de circulación: *Cualquier parte del cuerpo que esté **gangrenada** pone en riesgo de muerte al enfermo.*

gangrenarse ***vb.*** {prnl.} Morir un tejido del cuerpo por falta de circulación y de higiene: *Al hombre que estuvo atrapado en la nieve durante varios días **se le gangrenaron** las orejas y los dedos de los pies.* SIN. **podrir.**

gángster ***m.*** **Palabra de origen inglés.** Miembro de una banda de pistoleros que se dedica a actividades contra la ley: *Cuando llegó la policía, el **gángster** estaba atrapado entre dos montones de cajas de licor.* SIN. **bandido, malhechor.**

ganguear ***vb.*** {intr.} Hablar con resonancia nasal: *Leonora **ganguea** porque está resfriada.*

gangueo ***m.*** Voz nasal: *El **gangueo** se produce al sacar el sonido por la nariz.*

ganón, nona ***adj./m.*** y ***f.*** ***Méx. Fam.*** Se aplica a la persona que se beneficia de alguna situación: *El **ganón** en el negocio que hicimos fue Enrique, pues él se llevó la mayor parte de las utilidades.*

ganoso, sa ***adj.*** Se refiere a la persona que desea algo: *Elisa está **ganosa** de conseguir un vestido nuevo para su muñeca.*

gansada ***f.*** Tontería, payasada: *Liliana estaba enferma y Luis hizo una **gansada** para alegrarla un poco.*

ganso, sa ***m.*** y ***f.*** Ave de la que se conocen varias especies salvajes y una especie doméstica, de plumaje color gris y pardo, y pico anaranjado: *En invierno los **gansos** salvajes emigran a zonas cálidas para poder alimentarse.*

ganzúa ***f.*** Pequeña varilla de metal con un gancho en uno de sus extremos, que sirve para abrir las cerraduras: *El cerrajero usó una **ganzúa** para abrir la puerta de mi casa, porque perdí la llave.*

gañán ***m.*** **1** Joven que ayuda en el cultivo de los campos: *Cuando llegue la cosecha, mi padre contratará un **gañán** para que nos ayude.* **2** Hombre rudo. **3** ***Méx. Desp.*** Hombre grosero y sin educación: *En el autobús, un **gañán** le quitó el asiento a una anciana.*

gañido ***m.*** Aullido de dolor: *Los **gañidos** de los perros cuando los maltratan me parecen un sonido estremecedor.*

gañir ***vb. irreg.*** {intr.} **Modelo 69.** Aullar el perro u otros animales similares para quejarse.

garabatear ***vb.*** {tr. e intr.} **1** Escribir algo de manera rápida, con letra poco clara: *El doctor **garabateó** los nombres de los medicamentos en la receta mientras nos explicaba para qué sirven.* **2** Dibujar al azar: *Alicia **garabateó** sobre un papel para probar los colores de los lápices que le regalé.*

garabateo ***m.*** Acción de garabatear: *Mi madre regañó a mi hermano por el **garabateo** que hizo en la pared.*

garabato ***m.*** Letras y líneas mal formadas, hechas con el lápiz o el bolígrafo: *Mi hermanito llenó de **garabatos** mi trabajo escolar y ahora tendré que hacerlo otra vez.*

garaje ***m.*** **Palabra de origen francés.** Local donde se guardan automóviles. SIN. **cochera, estacionamiento.**

garantía ***f.*** Acción de asegurar durante un tiempo el buen funcionamiento de algo que se vende: *El refrigerador tiene una **garantía** de tres años.*

garantizar ***vb. irreg.*** {tr.} **Modelo 16.** Responsabilizarse de que algo es cierto o de que se va a cumplir.

garañón ***m.*** **1** Macho del asno, del camello, del caballo u otros animales, destinado a la reproducción. **2** ***Amér. C., Chile, Méx.*** y ***Perú.*** Caballo semental. **3** ***Chile*** y ***Méx. Fam.*** Mujeriego.

garapiñado, da o **garrapiñado, da** ***adj.*** Se refiere a la fruta o semilla bañada en caramelo: *Las nueces **garapiñadas** están cubiertas por una capa dura de azúcar de color marrón.*

garbanzo ***m.*** **1** Planta de huerta que da una semilla comestible redonda, de color amarillento. **2** Semilla de la planta del garbanzo: *El **garbanzo** se come en ensaladas, sopas, guisos y también se usa para preparar harina.* **3** *loc.* **Ser un ~ de a libra,** sobresalir por cualidades positivas: *Marina **es un garbanzo de a libra** porque es muy inteligente, sencilla y amable.*

garbo ***m.*** Desenvoltura en la manera de caminar y de actuar: *Los modelos de modas deben andar con **garbo** para lucir la ropa que muestran.* SIN. **porte, elegancia.**
garboso, sa ***adj.*** Que tiene garbo. SIN. **gallardo.**
gardenia ***f.*** Nombre dado a una flor blanca de pétalos carnosos, muy perfumada: *Puse una **gardenia** seca entre mis pañuelos y ahora huelen muy bien.*
garduña ***f.*** Animal parecido a la comadreja, de pelaje color marrón grisáceo y patas cortas: *Una **garduña** se metió al gallinero y se comió un pollito.*
garete. Ir al ~, ***loc.*** **1** No tener un rumbo fijo. **2** *Amér. Fam.* Fracasar: *El negocio se **fue al garete** y todos nos pusimos a buscar trabajo.*
garfio ***m.*** Gancho de hierro: *El pirata se puso un terrible **garfio** en vez de la mano que perdió durante una lucha.* SIN. **gancho.**
gargajo ***m.*** Mucosidad espesa que se escupe. SIN. **flema, escupitajo.**
garganta ***f.*** **1** Parte delantera del cuello: *El estrangulador dejó sus dedos marcados en la **garganta** de la víctima.* **2** Interior del cuello, faringe: *Me duele la **garganta** al tragar saliva porque estoy enfermo.* **3** Camino angosto entre montañas. SIN. **desfiladero.**
gargantilla ***f.*** Collar, adorno femenino que se pone ceñido al cuello: *Para el baile, se puso su vestido negro escotado y como adorno usó una **gargantilla** de plata.*
gárgara ***f.*** Acción de mantener un líquido en la garganta, sin tragarlo, y sacar aire por la faringe: *Martha hace **gárgaras** con un medicamento para poder desinflamar sus amígdalas.*
gárgola ***f.*** Escultura que adorna el tubo de desagüe de un tejado o de una fuente: *Las **gárgolas** de las iglesias góticas tienen formas feas de animales o demonios.*
garigoleado, da ***adj.*** *Méx.* Adornado en exceso.
garita ***f.*** **1** Caseta destinada al abrigo de los centinelas: *Por las noches, el policía del barrio se resguarda en la **garita** que está en el cruce de las avenidas.* **2** *Méx.* Oficina o puesto de aduana.
garito ***m.*** Casa ilegal de juego: *En el **garito** se reúnen los apostadores para jugar a la ruleta y a la baraja.*
garlopa ***f.*** Cepillo de carpintero: *Con la **garlopa** se alisan las tablas de madera rugosa para evitar que se desprendan astillas.*
garlopín ***m.*** Cepillo pequeño de carpintero.
garnacha ***f.*** **1** *Esp.* Variedad de uva dulce de color rojo oscuro. **2** *Méx.* Tortilla de maíz ligeramente frita, a la que se le pone encima carne o verduras y salsa picante.
garra ***f.*** **1** Pata de animal, con uñas fuertes: *Las **garras** de las águilas son muy fuertes.* SIN. **zarpa. 2** *loc.* **Tener ~,** tener fuerza o tenacidad: *Ese jugador no es muy hábil, pero **tiene garra.***
garrafa ***f.*** **1** Botella ancha y redonda con asa, de cuello largo y estrecho: *Antes se guardaba en **garrafas** el vino que se preparaba en casa.* SIN. **damajuana. 2** *Argent.* y *Urug.* Cilindro de gas doméstico. SIN. **tanque.**
garrafal ***adj.*** Se dice de una equivocación grande o grave: *Cometí un error **garrafal** en el examen de historia y mi calificación es muy baja.*
garrafón ***m.*** Garrafa grande sin asa, hecha de vidrio o plástico: *Todos los miércoles compramos un **garrafón** de agua purificada para beber.*
garrapata ***f.*** Animal parásito similar a la araña que vive de sangre, clavado en la piel de algunos mamíferos: *El perro aullaba de dolor cuando mamá le arrancó las **garrapatas,** pero lo hizo para evitar que el animal se enfermara.*
garrapatear ***vb.*** {tr.} ***Ver* garabatear.**
garrocha ***f.*** **1** Palo largo con punta en un extremo, usado para hacer que el ganado camine. **2** Vara larga que usan los atletas para saltar sobre una varilla horizontal colocada a una altura considerable: *El salto con **garrocha** es un deporte olímpico.*
garronear ***vb.*** {tr.} *Argent.* y *Urug. Fam.* Pedir prestado.
garronero, ra ***adj./m.*** y ***f.*** *Argent.* y *Urug. Fam.* Referido a la persona que pide prestado con insistencia.
garrotazo ***m.*** Golpe fuerte que se da con un palo.
garrote ***m.*** **1** Palo grueso. SIN. **macana. 2** *loc.* **~ vil,** antiguo instrumento de tortura que apretaba la cabeza con un torniquete: *El reo del filme del siglo XVII fue condenado a morir en el **garrote vil.***
garrotear ***vb.*** {tr.} **1** *Amér. C.* y *Amér. Merid.* Apalear. **2** *Chile.* Cobrar precios excesivos sin justificación.
garúa ***f.*** *Amér. C.* y *Amér. Merid.* Llovizna. SIN. **chipichipi, páramo.**
garuar ***vb. irreg.*** {impers.} **Modelo 10.** *Argent., Bol., Par.* y *Urug.* Lloviznar. SIN. **neblinear, harinear.**
garufa ***f.*** *Argent.* y *Urug.* Diversión.
garza ***f.*** Ave zancuda de cuello largo y sinuoso que vive en las riberas de los lagos y en zonas pantanosas: *Las **garzas** rosadas descansan apoyadas en una sola pata.*
gas ***m.*** **1** Materia que a temperatura ambiente fluye sin forma ni volumen propios: *El aire es un **gas.*** **2** Combustible utilizado para prender fuego: *Una fuga de **gas** es muy peligrosa porque puede causar una explosión.* **3** *pl.* Restos gaseosos acumulados en el intestino.
gasa ***f.*** Tela de hilo de algodón, de tejido abierto y flojo: *La **gasa** se usa para cubrir las heridas porque permite el paso del aire y protege del polvo.*
gaseoducto o **gasoducto** ***m.*** Tubería larga y de diámetro grande que sirve para llevar gas a grandes distancias.
gaseosa ***f.*** Bebida refrescante con burbujas: *Flavio pidió una **gaseosa** con hielos para acompañar su comida.* SIN. **refresco, soda.**
gaseoso, sa ***adj.*** **1** Que se halla en estado de gas: *El vapor es un elemento **gaseoso.*** **2** Relativo al líquido que contiene o del que se desprenden gases.
gásfiter o **gasfíter** ***m.*** *Chile.* Plomero, fontanero.
gasfitería ***f.*** *Chile, Ecuad.* y *Perú.* Plomería, fontanería.
gasificar ***vb. irreg.*** {tr.} **Modelo 17. 1** Convertir en gas. **2** Disolver gas en un líquido: *Las sodas están **gasificadas,** por eso tienen burbujas.*
gasoducto ***m. Ver* gaseoducto.**
gasolina ***f.*** Combustible líquido obtenido de la destilación del petróleo, que sirve para que funcionen algunos motores. SIN. **nafta.**
gasolinería ***f.*** Lugar donde se vende nafta o gasolina, aceite y otros productos y servicios automovilísticos: *De camino a la playa, nos detuvimos en una **gasolinería** para ponerle aire a los neumáticos del autobús.*
gastadero ***m.*** *Fam.* Derroche de dinero: *Fuimos de compras, hicimos un **gastadero** terrible y ahora ya no tenemos dinero.*
gastador, ra ***adj.*** Que no cuida su dinero al momento de comprar o pagar: *Mario es muy **gastador,** compra todo lo que anuncian en la televisión.*
gastar ***vb.*** {tr. y prnl.} **1** Utilizar dinero para comprar alguna cosa: ***Habría gastado** menos dinero si hubiera comparado los precios de los productos.* ANT. **ahorrar. 2** Deteriorar con el uso, acabar: *Mónica necesita un par de zapatos nuevos porque ya **gastó** los que usa.* SIN. **desgastar. 3** *loc.* **~ bromas,** hacer travesuras o chascarrillos, bromear: *No me gusta que me **gasten bromas** groseras.* **4** *Méx. loc.* **Andar** o **estar gastado,** no tener dinero.

a b c d e f g h i j k l m n o p q r s t u v w x y z

gasterópodo ***adj./m.*** Se dice de los caracoles de tierra y marinos porque caminan arrastrándose con el vientre.

gasto ***m.*** **1** Cosa que se utiliza o se consume: *En las grandes ciudades, el **gasto** de agua es excesivo, porque hay mucha gente que la desperdicia.* **2** Cantidad de dinero que se emplea para algo: *El **gasto** más importante de mi hermana, que va a la universidad, es comprar sus libros.* **3** *Méx.* Dinero que se ocupa de manera cotidiana en una casa: *El marido le dio cien pesos para el **gasto** y la mujer puso otros cien pesos.*

gástrico, ca ***adj.*** Relativo al estómago: *El jugo **gástrico** participa en la digestión.*

gastritis ***f.*** Inflamación de las mucosas del estómago: *"Si no comes a la misma hora todos los días, podrías enfermar de **gastritis**", me dijo mi madre.*

gastrointestinal ***adj.*** Se refiere al estómago y el intestino: *Las enfermedades **gastrointestinales** aumentan en la época de calor, porque muchos alimentos se echan a perder y la gente los come así sin darse cuenta.*

gastronomía ***f.*** Arte de preparar una buena comida: *La **gastronomía** argentina tiene muchos guisos diferentes en cada región.* SIN. **cocina.**

gastrónomo, ma ***m.*** y ***f.*** Persona a la que le gusta la buena comida. SIN. **gourmet.**

gástrula ***f.*** Una de las etapas del desarrollo embrionario de los animales.

gata ***f.*** *Amér. C.* Pez marino de color pardo amarillento.

gatas. A ~, *loc.* Hecho de caminar apoyado en rodillas y manos: *Jacinta andaba **a gatas** por todo el dormitorio buscando el arete que se le había caído.* SIN. **gatear.**

gateado, da ***adj.*** *Argent.* y *Urug.* Se dice del caballo de color oscuro y con rayas como la cebra.

gatear ***vb.*** {intr.} Andar con las manos y las rodillas apoyadas en el suelo: *Los bebés **gatean** antes de aprender a caminar.*

gatera ***f.*** **1** Agujero en la pared o puertecilla en una puerta para que los gatos entren y salgan. **2** Sitio para que duerman los gatos, o especie de jaula con asa para transportarlos.

gatero, ra ***m.*** y ***f.*** **1** *Bol., Ecuad.* y *Perú.* Verdulera. **2** *Chile.* Cueva de ratones. **3** *Perú.* Vendedor.

gatillo ***m.*** Palanca que acciona el disparo de un arma de fuego.

gato ***m.*** *Argent.* Baile folklórico zapateado, ejecutado por una o dos parejas.

gato ***m.*** Instrumento mecánico para levantar pesos de abajo hacia arriba: *Con el **gato** se levanta el automóvil para cambiarle los neumáticos.*

gato, ta ***m.*** y ***f.*** **1** Felino doméstico de pelaje suave: *Un **gato** es un felino pequeño que maúlla y ronronea, pero también araña.* **2** *loc.* **Dar ~ por liebre,** dar una cosa de mala calidad como si fuera de buena: *Ese comerciante es un tramposo: siempre les **da gato por liebre** a sus clientes.* **3** *loc. pl.* **Dos, tres** (o cualquier número reducido) **~,** poca gente: *Éramos sólo **cuatro gatos** en la fiesta, pero nos divertimos muchísimo.* **4** *loc.* **Haber ~ encerrado,** haber algo oculto o secreto en una situación: *En esa historia de los fantasmas que rondan la casa abandonada **hay gato encerrado.***

gatuno, na ***adj.*** Relativo a los felinos: *La pisada **gatuna** es silenciosa, pues los felinos tienen las patas acojinadas.*

gauchada ***f.*** *Argent., Bol.* y *Urug. Fam.* Servicio, favor.

gaucho ***m.*** *Argent., Chile* y *Urug.* Hombre de campo que vive en las llanuras del Río de la Plata y se dedica a los trabajos ganaderos.

gaucho, cha ***adj.*** *Argent.* y *Urug.* Que posee buenas cualidades, que es valiente, noble, amable y simpático.

gaveta ***f.*** **1** Cajón de un escritorio. **2** Archivero, mueble con varios cajones: *Las listas de calificaciones de la escuela están guardadas en una **gaveta** cerrada con llave.*

gavial ***m.*** Cocodrilo de hocico muy largo y alargado, que vive en Birmania y la India: *Los **gaviales** miden entre 7 y 10 metros de largo.*

gavilán ***m.*** Ave más pequeña que el halcón, de plumaje color gris azulado en la parte superior y pardo en la cola: *El **gavilán** es un ave rapaz.*

gavilla ***f.*** Atado de cereal maduro: *Cuando voy al campo y veo las **gavillas** amontonadas me parece que son casas de indios apaches.*

gaviota ***f.*** Ave de plumaje gris y blanco que vive en las costas del mar y se alimenta de peces: *A las **gaviotas** les gusta mucho volar y se acercan a los barcos pesqueros para que les arrojen pedazos de pescado.*

gay ***adj./m.*** **Palabra de origen inglés.** Referido a la persona que siente amor por otra persona de su mismo sexo: *En mi ciudad, una vez al año los **gays** hacen una marcha a favor de sus derechos.* SIN. **homosexual.**

gayola ***f.*** **1** *Méx. Fam.* Parte más alta de la gradería de un teatro, cine o estadio. SIN. **galería. 2** Cárcel.

gazapo ***m.*** **1** Conejo recién nacido. **2** Error al hablar o al escribir: *El texto que escribió Manuel está lleno de **gazapos**, por ejemplo, todas las veces escribió inbestigador en vez de investigador.*

gazmoñería ***f.*** Fingimiento de modestia o devoción: *Para no ver el problemas que se relacionan con la moral siempre se recurre a la **gazmoñería.***

gazmoño, ña ***adj.*** Que finge modestia o devoción. SIN. **mojigato.**

gaznápiro, ra ***adj./m.*** y ***f.*** Que es torpe, tonto.

gaznatada ***f.*** *Amér. C., P. Rico* y *Venez.* Bofetada.

gaznate ***m.*** **1** Garganta. **2** Cilindro o cono de masa frita, relleno de alguna pasta dulce. **3** *Méx.* Dulce hecho de piña o coco.

gazpacho ***m.*** Sopa hecha con pan, aceite, tomate y cebolla, que se toma fría: *El **gazpacho** es un alimento sabroso y refrescante.*

gea ***f.*** Conjunto de los minerales de un país: *La palabra **gea** quiere decir "tierra".*

geco ***m.*** Pequeño lagarto de ojos saltones, piel de colores claros y dedos que tienen cojincillos adhesivos para trepar: *La segunda noche de nuestras vacaciones descubrimos un **geco** que, caminando por el techo de nuestra habitación de hotel, cazaba mosquitos.*

géiser ***m.*** Chorro de agua caliente que sale de la tierra: *El agua de un **géiser** es de origen volcánico.*

geisha ***f.*** Muchacha japonesa que baila, canta y hace compañía a los hombres: *Antiguamente, las **geishas** recibían una educación rigurosa, tocaban instrumentos musicales y llevaban a cabo la ceremonia del té.*

gel ***m.*** Sustancia translúcida, de consistencia viscosa, que se utiliza para dar forma a un peinado o como base para cosméticos y medicamentos: *Miguel siempre se levanta con el cabello revuelto y tiene que ponerse mucho **gel** para peinarse.*

gelatina ***f.*** Sustancia sólida, blanda y transparente, que tiene diferentes usos: *Existen varios tipos de **gelatina**, por ejemplo, la que se usa para tomar fotografías y la que se come como postre.*

gélido, da ***adj.*** Que es muy frío: *"Hace un viento **gélido**, ponte un abrigo", me dijo mi padre.*

gema ***f.*** Piedra preciosa: *Los diamantes, los zafiros y los rubíes son **gemas.***

gemación ***f.*** Modo de multiplicación de algunas células, en que se dividen en dos partes desiguales.
gemelo ***m.*** **1** Músculo que está atrás de la parte inferior de la pierna: *Lucio practica ciclismo, por eso tiene tan desarrollados los* ***gemelos.*** **2** *pl.* Instrumento hecho con lentes de aumento colocadas en dos tubos, que sirve para ver lo que está lejos: *Como mi lugar en el teatro estará muy lejos del escenario, llevaré unos* ***gemelos*** *para ver de cerca a los actores.* Sin. **prismáticos, binoculares. 3** *pl.* Juego de botones que se ponen en los puños de la camisa. Sin. **mancuernillas, mancuernas.**
gemelo, la ***adj./m.*** y ***f.*** **1** Referido a cada uno de los hermanos nacidos en un mismo parto y que son idénticos entre sí. Sin. **cuate, chacho, mellizo, guare. 2** Se dice de dos cosas iguales.
gemido ***m.*** Queja que expresa tristeza o dolor: *Cuando se lastimó mi perro, sus* ***gemidos*** *me entristecieron mucho.* Sin. **lamento.**
geminado, da ***adj.*** **1** Doble o dispuesto en par. **2** Dividido, partido.
géminis ***adj./m.*** y ***f.*** Signo del zodiaco, comprendido entre el 22 de mayo y el 22 de junio; su símbolo son unos gemelos.
gemir ***vb. irreg.*** {intr.} **Modelo 47.** Expresar de manera natural, con sonidos y voz lastimera, una pena o dolor: *Leonor quiso clavar un clavo, se golpeó con el martillo y comenzó a* ***gemir.***
gemología ***f.*** Ciencia que estudia las piedras preciosas.
gemólogo, ga ***m.*** y ***f.*** Persona que estudia las piedras preciosas.
gen o **gene** ***m.*** Elemento que se encuentra en el núcleo de las células y que hace que los hijos se parezcan a sus padres y entre sí.
genciana ***f.*** Planta de las zonas montañosas, de flores amarillas, azules o color violeta, que tiene usos medicinales: *La amarga raíz de la* ***genciana*** *se usa para tratar problemas digestivos.*
gendarme ***m.*** Agente de policía: *Cuando visitamos París, le preguntamos a un* ***gendarme*** *cómo llegar al Museo del Louvre.*
genealogía ***f.*** Estudio de los antepasados de una persona: *Para saber si María Estuardo merecía ser reina, los estudiosos discutieron acerca de su* ***genealogía.***
genealógico, ca ***adj.*** **1** Relativo a los antepasados. **2** *loc.* **Árbol ~,** escrito en el que se ordenan en forma de árbol los nombres de los hijos, los padres, los abuelos y los tatarabuelos de una familia: *Rafael estuvo haciendo su* ***árbol genealógico*** *y descubrió que uno de sus tatarabuelos había nacido en Alemania.*
genealogista ***m.*** y ***f.*** Especialista dedicado al estudio de la genealogía: *Los* ***genealogistas*** *investigan acerca de los antepasados de las personas.*
generación ***f.*** **1** Función reproductora o creadora. **2** Sucesión de descendientes de una familia: *Mis abuelos hablaban zapoteco, nosotros somos la segunda* ***generación*** *en mi familia que habla español.* **3** Conjunto de personas nacidas en la misma época y que por lo mismo han recibido una misma educación y han vivido experiencias parecidas: *El español Federico García Lorca fue un poeta que perteneció al grupo de escritores conocidos como la* ***"Generación*** *del 27".*
generador ***m.*** Máquina que produce energía eléctrica: *En el hospital hay un* ***generador*** *que permite que haya luz aunque se corte la corriente eléctrica normal.*
general ***adj.*** **1** Que es común a todos o a muchos: *Hubo una asamblea* ***general*** *en el edificio para hablar sobre la limpieza de las escaleras.* Sin. **colectivo. 2** De manera amplia, sin detalles: *La maestra habló de manera* ***general*** *sobre el comportamiento que tenemos en clase los alumnos.* **3** Que sucede o es usado con frecuencia: *Por lo* ***general,*** *me gusta vestirme de azul, ¿a ti de qué color te gusta vestirte?* **4** Se refiere a la persona que tiene el cargo más alto en una organización o empresa: *Ella es la directora* ***general*** *de esa empresa, por eso es quien dirige todas las acciones.*
general ***m.*** Oficial superior del ejército. Sin. **jefe.**
generalidad ***f.*** **1** Mayoría: *La* ***generalidad*** *de los niños que estudian en mi escuela tienen entre seis y doce años.* **2** Imprecisión en lo dicho o escrito: *Este libro trata de* ***generalidades*** *de historia, yo necesito uno que trate de manera especial acerca de la Guerra Civil española.*
generalísimo ***m.*** En algunos ejércitos, general que tiene el mando de todas las fuerzas armadas de un Estado.
generalizar ***vb. irreg.*** {tr. y prnl.} **Modelo 16. 1** Hacer extensiva a un grupo una opinión sobre uno de sus miembros: *Palmira* ***estaba generalizando*** *cuando dijo que éramos unos traviesos; en realidad, sólo María y Joaquín lo son.* **2** Hacer común una cosa: *En muchos países se* ***han generalizado*** *las clases de inglés en las escuelas primarias.*
generar ***vb.*** {tr.} **1** Producir algo: *La sequía* ***ha generado*** *hambre en la región.* Sin. **provocar, ocasionar. 2** Dar vida a un nuevo ser. Sin. **engendrar, procrear.**
generatriz ***adj./f.*** Línea cuyo desplazamiento produce una superficie.
genérico, ca ***adj.*** Que es común a todos los elementos de un conjunto: *Las figuras con boca de labios gruesos son rasgo* ***genérico*** *de la cerámica olmeca de México.*
género ***m.*** **1** Grupo de cosas o seres parecidos entre sí por tener uno o varios caracteres comunes: *El* ***género*** *humano está formado por diferentes razas.* **2** Clase de persona o cosa. Sin. **naturaleza, tipo. 3** Categoría de clasificación de plantas y animales. **4** Clasificación gramatical en masculino, femenino y neutro: *La palabra "diccionario" es un sustantivo de* ***género*** *masculino.* **5** Categoría de clasificación de obras literarias según sus características comunes: *Muchas de las obras clásicas griegas están escritas en* ***género*** *dramático.* **6** Tela: *Herlinda se hizo un vestido nuevo y con el* ***género*** *que le sobró hizo una blusa para mi muñeca.*
generosidad ***f.*** Modo de ser de las personas que comparten lo suyo, que dan a los demás: *Ese hombre es de gran* ***generosidad,*** *siempre trata de ayudar a los demás.* Sin. **desprendimiento.** Ant. **egoísmo, avaricia.**
generoso, sa ***adj.*** **1** Que acostumbra dar o compartir lo que tiene: *Es agradable ser* ***generoso*** *con los amigos.* Sin. **desprendido. 2** Noble, magnánimo: *El juez fue* ***generoso*** *al aplicar una sentencia corta al acusado.* **3** Abundante, repleto: *Manuel se comió un* ***generoso*** *plato de frutas.*
génesis ***f.*** Origen de una cosa. Sin. **principio.**
genética ***f.*** Ciencia que estudia cómo se transmiten los caracteres hereditarios de los organismos: *Gracias a la* ***genética*** *se pueden adaptar algunas especies de animales para su crianza en otros países.*
genético, ca ***adj.*** Relativo a la gestación de nuevos seres, a los genes y a la transmisión de los caracteres hereditarios: *Los especialistas estudian el origen* ***genético*** *de algunas enfermedades.*
genetista ***m.*** y ***f.*** Especialista en genética: *Un equipo de* ***genetistas*** *de la universidad está investigando sobre aplicaciones de la genética en medicina.*
genial ***adj.*** **1** Que revela talento creador: *El músico alemán Juan Sebastián Bach fue un músico* ***genial.*** **2** *Fam.* Excelente, estupendo: *El nuevo maestro de computación*

*es **genial**: explica la clase muy bien, practica deporte, le gusta mucho leer y es amable.* SIN. **sobresaliente.**

genialidad ***f.*** **1** Talento para hacer cosas nuevas y sobresalientes: *Albert Einstein desarrolló su **genialidad** siendo adulto; de niño, todos decían que era tonto.* **2** Obra de un creador sobresaliente: *El invento de la bombilla eléctrica fue una **genialidad**.*

genio ***m.*** **1** Carácter de cada persona: *Francisca tiene un **genio** tranquilo, casi nunca se enoja y suele estar de buen humor.* SIN. **temperamento. 2** Talento para crear: *El artista español Pablo Picasso fue un **genio** de la pintura.* SIN. **aptitud. 3** Humor poco amable: *Cuidado con Pedro porque se levantó de **genio** y va a empezar a gritar por cualquier cosa.*

genio ***m.*** Personaje fantástico con capacidades mágicas, proveniente de la literatura del Medio Oriente: *El **genio** más famoso habita en la lámpara de Aladino.* SIN. **duende.**

genital ***adj./m.*** Relativo a los órganos reproductores: *El pene y los testículos son parte de los órganos **genitales** masculinos.*

genitales ***m. pl.*** Órganos sexuales externos masculinos o femeninos: *La vulva y el clítoris forman parte de los **genitales** femeninos.*

genitourinario, ria ***adj.*** Relativo a los aparatos urinario y reproductor: *Algunas enfermedades **genitourinarias** son de transmisión sexual.*

genocidio ***m.*** Exterminio de un grupo social: *Por desgracia, en muchos países del mundo se cometen **genocidios** a causa de las diferencias de raza o de religión.*

genoma ***m.*** Conjunto de los cromosomas de una célula: *En el **genoma** se encuentran las características hereditarias.*

genotipo ***m.*** Información que se guarda en los cromosomas de un organismo, y que contiene las características heredadas de los padres: *El **genotipo** hace, por ejemplo, que tus manos se parezcan a las de tu mamá y que tus piernas sean como las de tu papá.*

gente ***f.*** **1** Conjunto de personas: *Mucha **gente** fue al estadio para ver jugar a su equipo favorito.* **2** *Amér.* Persona, individuo.

gentil ***adj.*** **1** Relativo al que es apuesto, guapo: *Una muchacha **gentil** dejó esta carta para Mauricio.* **2** Que es amable, cortés: *"Es usted muy **gentil** por permitirme subir primero al autobús", me dijo una anciana.*

gentil ***m.*** y ***f.*** Persona del pueblo: *En la Edad Media la sociedad se dividía en nobles o **gentiles** y plebeyos.*

gentileza ***f.*** Cortesía, amabilidad. SIN. **atención, respeto.**

gentilicio, cia ***adj./m.*** Se dice del sustantivo o adjetivo que expresa origen o nacionalidad: *"Colombiano" es el **gentilicio** para las personas nacidas en Colombia.*

gentío ***m.*** Muchas personas reunidas en un mismo lugar: *No pudimos entrar a ver al cantante porque había un **gentío** y se llenó el teatro.* SIN. **multitud, muchedumbre.**

gentuza ***f.*** ***Desp.*** Persona o grupo de personas despreciables.

genuflexión ***f.*** Acción de doblar una rodilla en señal de respeto o reverencia: *El cortesano hizo una **genuflexión** para saludar a la reina.*

genuino, na ***adj.*** Puro, auténtico: *Sus sentimientos son **genuinos;** cuando dice que te quiere, es verdad.* ANT. **falso.**

geocéntrico, ca ***adj.*** Relativo al centro de la Tierra o a un sistema que tiene a la Tierra como centro: *La astrología se basa en teorías **geocéntricas**.*

geodesia ***f.*** Ciencia que estudia la forma y las dimensiones de la Tierra.

geodésico, ca ***adj.*** Que es de forma parecida a la de la Tierra: *Eugenia y su familia visitaron la carpa **geodésica** que está en la Ciudad de México.*

geoestacionario, ria ***adj.*** Relativo a los satélites artificiales que, ubicados sobre el ecuador, describen una órbita alrededor de la Tierra, sincronizados a su rotación: *La mayor parte de los satélites de comunicaciones son **geoestacionarios**.*

geofísica ***f.*** Ciencia que estudia la estructura del globo terrestre y los movimientos que lo afectan: *La **geofísica** estudia, entre otras cosas, los efectos de la inclinación del eje de nuestro planeta.*

geografía ***f.*** Ciencia que estudia los fenómenos físicos y humanos de la Tierra: *Mañana debo entregar a la maestra de **geografía** un mapa que señale todos los países que hay en el continente americano.*

geográfico, ca ***adj.*** Que se refiere a las formaciones montañosas, los desiertos, los océanos y otros aspectos de la superficie terrestre.

geógrafo, fa ***m.*** y ***f.*** Persona que se dedica a estudiar los diferentes aspectos de la superficie de la Tierra: *Un **geógrafo** conoce sobre montañas, ríos, desiertos, bosques, etcétera.*

geología ***f.*** Ciencia que estudia la historia de la Tierra y la formación de sus materiales: *La **geología** se basa en la observación de rocas y minerales.*

geológico, ca ***adj.*** Relativo a la ciencia que estudia de qué está hecha la Tierra.

geólogo, ga ***m.*** y ***f.*** Persona que se dedica al estudio de la formación de los materiales de la Tierra: *Los **geólogos** pueden decirnos si una montaña es o no un volcán.*

geómetra ***m.*** y ***f.*** Persona que se dedica a la disciplina matemática que estudia el espacio y las formas.

geometría ***f.*** Disciplina matemática que estudia las propiedades, medidas, líneas y superficies de los cuerpos: *Esteban tiene facilidad para la **geometría;** dibuja muy bien figuras difíciles.*

geométrico, ca ***adj.*** **1** Perteneciente a la geometría. **2** *Fam.* Que es regular, muy exacto: *Los árboles del jardín están colocados de forma **geométrica**.*

geoplano ***m.*** Lámina cuadrada de madera o plástico con clavos o postes en los que se colocan cordeles o bandas elásticas para estudiar superficies geométricas: *En la clase de hoy estudiamos los polígonos con un **geoplano**.*

geopolítica ***f.*** Estudio de las relaciones entre la naturaleza y la política.

geopolítico, ca ***adj.*** Que se refiere al territorio de un país y a sus estructuras sociales y políticas: *Para comprender la ubicación de los países de Europa, la maestra nos dejó de tarea colorear un mapa **geopolítico**.*

geoquímica ***f.*** Estudio de la composición química del suelo.

georgiano ***m.*** Idioma que se habla en la República de Georgia: *El **georgiano** es una lengua poco conocida fuera de la ex Unión Soviética.*

georgiano, na ***adj./m.*** y ***f.*** Originario de Georgia, república rusa.

geosfera ***f.*** Parte de la Tierra en la que se da la vida: *La **geosfera** está formada por la atmósfera, la hidrosfera y la parte externa de la litosfera.*

geranio ***m.*** Planta de jardín con flores de vivos colores y aroma agradable, que brotan unidas en ramilletes: *Los **geranios** adornan los balcones con sus flores blancas, rojas y rosadas.* SIN. **malvón.**

gerencia ***f.*** Oficina de dirección en una empresa. SIN. **administración.**

gerente ***m.*** y ***f.*** Persona que dirige una empresa, sobre todo en aspectos administrativos: *Sergio tuvo que hablar con el **gerente** para pedir un aumento de sueldo.* SIN. **administrador, director.**

geriatra ***m.*** y ***f.*** Médico que se especializa en el tratamiento de ancianos.

geriatría ***f.*** Parte de la medicina que estudia la vejez y las enfermedades propias de esta etapa de la vida.

gerifalte ***m.*** Halcón de gran tamaño, con plumaje de color marrón claro o blanco: *La imagen del **gerifalte** se usó en los escudos de algunas familias feudales europeas.*

germánico ***m.*** Idioma de origen indoeuropeo del que derivan el inglés, el alemán y el escandinavo.

germánico, ca ***adj./m.*** y ***f.*** **1** De Germania, antigua región de Europa Central, entre los ríos Rin y Vístula. **2** Persona o cosa de origen alemán. SIN. **germano.**

germanio ***m.*** Elemento metálico de símbolo Ge y número atómico 32.

germano, na ***adj./m.*** y ***f.*** Persona o cosa de origen alemán. SIN. **germánico.**

germen ***m.*** **1** Causa, origen: *El proyecto para construir el parque tuvo su **germen** en la necesidad de la gente de tener un lugar para hacer ejercicio y pasear.* **2** Primer brote de una semilla. **3** Microorganismo que puede provocar enfermedades: *El agua para beber se hierve para matar los **gérmenes**.* SIN. **microbio.**

germicida ***adj./m.*** Sustancia o producto que mata gérmenes: *Muchos productos para la limpieza de los baños tienen acción **germicida**.*

germinación ***f.*** Acto de brotar una planta de una semilla: *La **germinación** de esta semilla de naranja ya empezó, le está saliendo una raicilla.*

germinado ***m.*** Grano que tiene un brote tierno: *En el restaurante vegetariano preparan ensalada de **germinados** de soya.*

germinado, da ***adj.*** Se dice de un grano que tiene un brote tierno: *Las lentejas **germinadas** se usan para preparar guisos con carne o verduras, y son muy nutritivas.*

germinar ***vb.*** {intr.} Brotar y empezar a crecer una planta: *Algunos cultivos como el arroz se siembran una vez que sus semillas **han germinado**.*

gerontología ***f.*** Parte de la medicina que estudia la vejez y las enfermedades propias de esta etapa de la vida. SIN. **geriatría.**

gerontólogo, ga ***m.*** y ***f.*** Especialista en gerontología: *Los **gerontólogos** cuidan la salud de los ancianos.*

gerundio ***m.*** Forma no personal del verbo que expresa una acción que se está efectuando: *El **gerundio** termina en -ando o en -iendo, como cuando dices "estoy jugando" o "voy corriendo".*

gesta ***f.*** Conjunto de hazañas o hechos heroicos: *El cruce del héroe José de San Martín a través de la cordillera de los Andes fue una **gesta** memorable.*

gestación ***f.*** **1** Desarrollo del óvulo fecundado, desde la fecundación hasta el nacimiento de un nuevo ser: *La **gestación** de un ser humano tarda aproximadamente nueve meses.* SIN. **embarazo.** **2** Preparación, organización: *La **gestación** del movimiento muralista mexicano fue en 1922.*

gestar ***vb.*** {tr.} Llevar la madre en su vientre y alimentar por el cordón umbilical a su hijo hasta el momento del parto: *La elefanta **está gestando** un elefantito en su vientre.*

gesticulación ***f.*** Mueca, movimiento de la cara, manos y cuerpo para expresarse: *Muchas veces, lo que no se puede decir con varias palabras puede expresarse con una sola **gesticulación**.*

gesticulador, ra ***adj.*** Que hace gestos, muecas y movimientos para comunicarse: *Los payasos deben ser buenos **gesticuladores** para captar la atención del público.*

gesticulante ***adj.*** Que gesticula.

gesticular ***vb.*** {intr.} Hacer muecas o gestos, mover la cara, las manos y el cuerpo para expresarse: *Los turistas japoneses **gesticulaban** para dar a entender que buscaban un hotel.*

gestión ***m.*** **1** Administración y dirección de una empresa o asunto. **2** Acción destinada a resolver o conseguir algo: *Jacinto está haciendo **gestiones** para comprar una casa nueva.* SIN. **diligencia.**

gestionar ***vb.*** {tr.} Hacer trámites, dar los pasos necesarios para conseguir algo: *Antes de viajar a Estados Unidos de América, mi padre **gestionó** su visa en la embajada.*

gesto ***m.*** **1** Expresión del rostro, las manos o el cuerpo: *Felipe tiene un **gesto** de tristeza porque su gato se murió ayer.* SIN. **expresión, mueca.** **2** Gesticulación, mueca. **3** Rasgo de amabilidad: *A pesar de los favores que le hicimos, el ingrato de mi primo nunca tuvo un **gesto** de agradecimiento para nosotros.*

gestor, ra ***m.*** y ***f.*** Persona que por oficio se dedica a tramitar y resolver asuntos en las oficinas de gobierno: *Tendré que contratar un **gestor**, ese asunto se alarga cada vez más y yo no tengo tiempo para darle seguimiento.*

gestoría ***f.*** Empresa que se dedica a arreglar asuntos y proporcionar documentos a las personas que lo necesitan: *Como Rodolfo necesitaba poner en orden los documentos de su casa, acudió a una **gestoría**.*

giba ***f.*** Bulto grande en la espalda del ser humano o en el lomo de algunos animales, ocasionado por la acumulación de líquidos y grasa o por una deformidad en la columna vertebral: *Los camellos almacenan agua en sus dos **gibas** para tener reservas en sus travesías por el desierto.* SIN. **joroba, corcova.**

gíbaro, ra ***adj./m.*** y ***f.*** *Ver* **jíbaro.**

gibón ***m.*** Simio de la India y Malaysia que vive en los árboles: *Los **gibones** tienen la cara negra, pelo largo de color claro y los brazos muy largos.*

giboso, sa ***adj.*** **1** Que tiene protuberancia o un bulto en el lomo o en la espalda: *El dromedario y el camello son animales **gibosos**.* **2** Relativo a la persona que tiene la espalda abultada debido a una deformidad en la columna vertebral. SIN. **jorobado.**

gigante ***adj.*** De gran tamaño, enorme: *Esta casa es **gigante**, por más muebles que le pone mi padre, sigue viéndose vacía.* ANT. **diminuto.**

gigante, ta ***m.*** y ***f.*** **1** Persona o personaje muy grande y alto: *En el filme que vimos el domingo, el **gigante** usaba como sombrero un barco muy grande.* ANT. **enano.** **2** Muñeco de gran altura que es dirigido por una persona colocada dentro, y que se usa en carnavales y desfiles.

gigantesco, ca ***adj.*** Referido a lo que es enorme: *Construir el Canal de Panamá fue una empresa **gigantesca**.* SIN. **descomunal.** ANT. **minúscula.**

gigantismo ***m.*** Enfermedad caracterizada por un crecimiento excesivo del tamaño del cuerpo.

gigoló ***m.*** **Palabra de origen francés.** Joven amante de una mujer, por lo general madura y rica, que lo protege en lo económico.

gil, la ***adj./m.*** y ***f.*** ***Argent., Chile*** y ***Urug. Fam.*** Se dice de quien es tonto, incauto.

gilipollas ***adj./m.*** y ***f.*** ***Esp. Desp. Vulg.*** Referido a la persona que hace o dice tonterías.

gimnasia ***f.*** Arte de ejercitar, fortalecer y desarrollar el cuerpo mediante ejercicios físicos adecuados: *Julieta hace*

***gimnasia** desde que era niña y ahora va a participar en las olimpiadas.*

gimnasio ***m.*** Local con aparatos especiales para hacer ejercicios físicos: *En el barrio hay un **gimnasio** al que mi papá va todos los días.*

gimnasta ***m.*** y ***f.*** Atleta que se dedica de manera profesional a hacer ejercicios de gimnasia: *Las **gimnastas** rumanas son famosas por su elasticidad y buena preparación.*

gimnospermo, ma ***adj.*** Relativo a las plantas que tienen las semillas al descubierto.

gimotear ***vb.*** {intr.} *Fam.* Lloriquear: *Mi hermanita **gimotea** en lugar de pedir las cosas hablando.*

gimoteo ***m.*** Lloriqueo.

ginebra ***f.*** Aguardiente de semillas, aromatizado con bayas de enebro: *Cuando el abuelo tenía tos, la abuela le preparaba un vaso de leche caliente con **ginebra**.*

gineceo ***m.*** **1** Órgano reproductor femenino de la flor. **2** En la antigua Grecia, lugar de las casas reservado para las mujeres.

ginecología ***f.*** Rama de la medicina que estudia las enfermedades de la mujer, así como su capacidad reproductiva.

ginecólogo, ga ***m.*** y ***f.*** Médico que se especializa en enfermedades propias de la mujer y en la capacidad reproductiva de ésta: *La **ginecóloga** nos dijo que el bebé había nacido bien, ¡y que era niña!*

gingival ***adj.*** Relativo a las encías: *El dentista me recomendó darme masaje con un dedo para disminuir mi hinchazón **gingival**.*

gingivitis ***f.*** Inflamación de las encías: *Como no sabía cepillar bien sus dientes, a Lorena le dio **gingivitis**.*

ginseng ***m.*** Hierba de flores amarillas, cuya raíz se usa para hacer tónicos: *Mauro está tomando ampolletas de **ginseng** con miel, pues para aprobar sus exámenes se desveló durante semanas y se sentía débil.*

gira ***f.*** **1** Recorrido o viaje de una o varias personas que se hace por varios lugares. **2** Serie de presentaciones de una compañía teatral o artística en diferentes lugares: *La compañía de danza está de **gira**, se presentará en las ciudades más importantes del país.*

girar ***vb.*** {tr. e intr.} **1** Dar vueltas alrededor de algo o sobre uno mismo: *La Luna **ha girado** alrededor de la Tierra por miles de años.* **2** Cambiar de dirección: *Cuando llegó ese muchacho guapo a la fiesta, todas las chicas **giraron** su atención hacia él.* **3** Enviar dinero por correo o telégrafo: *Nayeli espera que su marido le **gire** dinero desde Los Ángeles.* **4** Expedir letras u órdenes de pago: *Lucio **girará** el cheque a nombre de Federico Guzmán.* **5** *Méx. Fam.* Ocuparse de una actividad determinada, cumplir cierta función, papel, etc.: *"Yo me dedico a escribir guiones para cine; y tú, ¿de qué la **giras**?"*

girasol ***m.*** Planta de flor redonda, grande y amarilla con el centro oscuro, cultivada por sus semillas de las que se extrae un aceite para guisar: *De las semillas de **girasol** se extrae aceite para cocinar.* Sin. **tornasol.**

giratorio, ria ***adj.*** Que da vueltas alrededor de un eje: *Para entrar al hotel hay que pasar por una puerta **giratoria** que tiene cristales adornados con dibujos de flores.*

giro ***m.*** **1** Acción y efecto de girar: *El **giro** de la rueda de la fortuna me marea.* **2** Dirección que toma un asunto, un negocio, etc.: *A Mario no le gustaba el **giro** que tomó la conversación, por eso se fue.* **3** Expresión, frase propia de un lugar en particular: *Rudimiro habla con muchos **giros** propios de Buenos Aires.* **4** Envío de dinero a través de un banco, del correo o del telégrafo: *Mandar dinero de un país a otro mediante **giros** es un negocio lucrativo.*

giro, ra ***adj.*** *Amér.* Se dice del gallo o la gallina que tiene el plumaje matizado de amarillo con plumas rojas y negras.

giroscopio ***m.*** Instrumento formado por discos circulares que giran sobre un eje libre, que sirve para estabilizar barcos y naves espaciales, dirigir torpedos y hacer funcionar pilotos automáticos: *El físico francés León Foucault inventó el **giroscopio** en 1852 y con él demostró la rotación de la Tierra.*

gis ***m.*** *Méx.* Barrita compacta y seca, blanca o de colores, que sirve para escribir en el pizarrón o pizarra. Sin. **tiza.**

gitano, na ***adj.*** Relativo a lo que es propio de los descendientes de un pueblo nómada procedente de la India.

gitano, na ***m.*** y ***f.*** Persona que desciende de un pueblo de vida nómada, procedente de la India, que se estableció en distintas partes del mundo: *Algunos **gitanos** dicen que adivinan el futuro de las personas.*

glaciación ***f.*** Formación de grandes masas de hielo en diferentes regiones de la Tierra, provocadas por fuertes cambios en el clima como parte de la evolución del planeta: *Hace millones de años, durante las **glaciaciones**, muchas especies de animales y de plantas dejaron de existir.*

glacial ***adj.*** Frío hasta el grado en que se forma hielo, helado: *"Con este frío **glacial** es necesario usar mucha ropa para protegerse", nos dijo mi madre.* Sin. **gélido.** Ant. **cálido, ardiente.**

glaciar ***adj.*** Relativo a los ríos de hielo que se forman en los polos y en algunas montañas: *Durante la primavera se forman muchos arroyos de agua **glaciar** que baja por las montañas.*

glaciar ***m.*** Acumulación de nieve transformada en hielo o río de hielo: *El **glaciar** se mueve lento sobre el agua del océano Glacial Ártico.*

gladiador ***m.*** En el circo romano, luchador: *El **gladiador** se defendió de los fieros leones con su escudo y su espada.*

gladiolo o **gladíolo** ***m.*** Planta que nace de un bulbo, de flores que se abren en forma de espiga en la punta de un tallo largo: *Hay **gladiolos** rojos, rosados, blancos, amarillos y anaranjados.*

glamoroso, sa ***adj.*** **Palabra de origen inglés.** Que tiene encanto o es fascinante: *Las actrices de cine usan vestidos **glamorosos** para llamar la atención del público.*

glamour ***m.*** **Palabra de origen inglés.** Seducción, encanto, fascinación.

glande ***m.*** Cabeza del pene.

glándula ***f.*** Órgano del cuerpo que produce ciertas sustancias necesarias para el organismo: *El páncreas es una **glándula** que ayuda en la digestión.*

glandular ***adj.*** Propio de las glándulas: *El buen funcionamiento de los órganos **glandulares** es necesario para conservar la salud.*

glaseado, da ***adj.*** **Palabra de origen francés.** Brillante, lustroso, satinado: *Los niños argentinos llaman "papel **glaseado**" al tipo de material que los niños mexicanos denominan "papel lustre".*

glasear ***vb.*** {tr.} **1** Aplicar alguna sustancia que dé brillo al papel, telas y otros materiales: *En la peletería donde trabaja Jorge, hoy dedicaron el día a **glasear** pieles de cabra.* **2** Cubrir un pan o un pastel con una mezcla de azúcar y agua para darle brillo o adornarlo: *Los panaderos **glasearon** donas con azúcar pintada de rosa y de amarillo.*

glauco, ca ***adj.*** De color verde claro.

glaucoma ***m.*** Enfermedad del ojo que, debido al aumento de presión en el interior del mismo, provoca dolor y puede producir la pérdida de la visión.

gleba ***f.*** **1** Terrón que se levanta con el arado. **2** Tierra de labor.

glena ***f.*** Cavidad del hueso en la que encaja otro hueso: *La pierna puede moverse porque en la* ***glena*** *del hueso ilíaco se articula el fémur.*

glicérido ***m.*** Grasa formada por ácidos grasos y glicerina.

glicerina ***f.*** Líquido incoloro y viscoso que se utiliza como antiséptico y suavizante de la piel: *Algunas cremas para la piel contienen* ***glicerina.***

glicina ***f.*** **1** Planta trepadora de origen chino cuya flor se presenta en racimos; presenta colores que varían del azulado al malva. **2** Aminoácido.

glifo ***m.*** **1** Pequeño canal o hueco que adorna monumentos arquitectónicos. **2** Signo utilizado en las representaciones del lenguaje de algunos grupos prehispánicos.

glissando ***m.*** Técnica de ejecución musical que consiste en producir la secuencia completa de todos los sonidos que hay entre dos notas: *Arrastró el dedo por las cuerdas para producir un* ***glissando.*** Sin. **arrastre.**

global ***adj.*** Total, considerado en conjunto. Sin. **completo.** Ant. **relativo, parcial.**

globalización ***f.*** Acción de ir más allá de las fronteras en cuanto a negocios, guerras, ideas.

globalizador, ra ***adj.*** Que globaliza: *La tendencia* ***globalizadora*** *de las empresas transnacionales ha cambiado radicalmente la economía mundial.*

globalizar ***vb.*** {tr.} Reunir elementos diferentes para formar un solo conjunto: *De ninguna manera puedes* ***globalizar*** *los problemas de salud de tus compañeros, cada uno es un caso individual.*

globo ***m.*** **1** Cuerpo esférico: *Para cambiar la bombilla, Roberto quitó primero el* ***globo*** *de la lámpara.* **2** Vehículo aéreo formado por una bolsa llena de gas y una barquilla: *"Sería maravilloso viajar en* ***globo****", dije a mis padres.* **3** Juguete que consiste en una esfera hecha de material flexible y llena de aire o gas: *Herlinda compró* ***globos*** *para la fiesta de su hija.* **4** *loc.* **~ ocular,** el ojo: *En el* ***globo ocular*** *se encuentran el iris, la córnea y la retina.* **5** *loc.* **~ terráqueo,** objeto esférico que representa al planeta Tierra y está ilustrado con los mapas geográficos o políticos del mundo: *En la biblioteca pública hay un* ***globo terráqueo*** *en el que pude ver dónde está Australia.*

glóbulo ***m.*** **1** Cuerpo esférico pequeño: *El médico le recetó que tomara tres* ***glóbulos*** *de vitamina por día.* **2** *loc.* **~ blanco,** célula de la sangre encargada de la defensa contra las enfermedades: *Los* ***glóbulos blancos*** *nos ayudan a mantenernos sanos.* Sin. **leucocito.** **3** *loc.* **~ rojo,** célula de la sangre coloreada por la hemoglobina: *Las personas anémicas tienen pocos* ***glóbulos rojos.*** Sin. **hematíe.**

gloria ***f.*** **1** Fama: *Alejandro Magno alcanzó la* ***gloria*** *por sus conquistas.* **2** Persona que sobresale por su perfección o méritos en una actividad: *David Alfaro Siqueiros, Diego Rivera y José Clemente Orozco son* ***glorias*** *de la pintura mexicana.* **3** Manifestación de la majestuosidad, omnipotencia y santidad de Dios. **4** *loc.* **Época de ~,** periodo de auge: *El imperio romano tuvo su* ***época de gloria*** *y después su etapa de decadencia.* **5** *loc.* **Estar en la ~,** estar feliz: *Cuando Felipe sale con su novia se comporta como si* ***estuviera en la gloria.*** **6** *loc.* **Saber algo a ~,** tener muy buen sabor un alimento, estar delicioso: *El chocolate caliente que tomaba en mi infancia me* ***sabía a gloria.***

glorieta ***f.*** **1** Espacio redondo en medio de un jardín: *En la* ***glorieta*** *hay una escultura que conmemora la fundación de esta ciudad.* **2** Plaza donde desembocan varias calles: *La Plaza Roja de Moscú, en Rusia, es una de las* ***glorietas*** *más impresionantes del mundo.*

glorificar ***vb. irreg.*** {tr.} **Modelo 17.** Honrar a alguien. Sin. **alabar, magnificar, loar.**

glorioso, sa ***adj.*** Que es digno de fama o que ha triunfado: *Las hazañas* ***gloriosas*** *de Ulises se narran en* La Odisea.

glosa ***f.*** Explicación o comentario de un texto: *El profesor de literatura hizo una* ***glosa*** *del poema para que sus alumnos lo comprendieran mejor.*

glosar ***vb.*** {tr.} **1** Escribir glosas. **2** Comentar y ampliar palabras de otras personas.

glosario ***m.*** Catálogo de palabras, con su explicación: *Por suerte el texto de biología estaba acompañado de un* ***glosario*** *en el que se explican las palabras complicadas.* Sin. **vocabulario.**

glotis ***f.*** Espacio en la laringe, entre las cuerdas vocales.

glotón ***m.*** Mamífero carnívoro parecido a la marta, que habita en el norte de Europa y de América.

glotón, tona ***adj.*** Referido al que come con exceso y ansiedad: *Lucrecia es una* ***glotona,*** *se comió toda la tarta que había preparado para mis ocho amigos.*

glotonería ***f.*** Inclinación a comer en exceso: *Debido a su* ***glotonería,*** *Óscar tiene indigestión; ahora, aunque no quiera, tendrá que seguir una dieta más sana.*

glucemia ***f.*** Presencia de azúcar o glucosa en la sangre: *La* ***glucemia*** *es una enfermedad que aparece cuando hay más de un gramo de glucosa por litro de sangre.*

glúcido ***m.*** Hidrato de carbono que forma parte de las células.

glucinio ***m.*** *Ver* **berilio.**

glucógeno ***m.*** Reserva de glucosa en el hígado y los músculos.

glucosa ***f.*** Forma simple del azúcar, presente en la fruta y en la sangre: *La uva es más dulce que la naranja porque contiene más* ***glucosa.***

glutamato ***m.*** Sal del ácido glutámico que se usa como aditivo de alimentos: *Muchos sazonadores tienen* ***glutamato*** *entre sus ingredientes.*

glutámico, ca ***adj.*** Se refiere a un ácido, esencial para el metabolismo, que se halla en el tejido nervioso.

glúteo ***m.*** Cada uno de los tres músculos, mayor, mediano y menor, que forman las nalgas: *El* ***glúteo*** *mayor trabaja cuando se mueve la pierna.*

glúteo, a ***adj.*** Relativo a la nalga: *Los músculos* ***glúteos*** *son muy resistentes.*

glutinoso, sa ***adj.*** Pegajoso, que puede pegar una cosa con otra: *El engrudo es* ***glutinoso.***

gnomo o **nomo** ***m.*** Ser fantástico, de pequeña estatura y con poder sobrenatural, que vive en lugares subterráneos y resguarda las riquezas de la naturaleza: *El* ***gnomo*** *que vivía en el bosque era malhumorado pero de buen corazón.* Sin. **duende.**

gnoseología ***f.*** Ciencia de la teoría del conocimiento.

gobernación ***f.*** **1** Hecho de gobernar o de ser gobernado. **2** Conjunto de organismos políticos y personas que dirigen un país. Sin. **gobierno.**

gobernador, ra ***m.*** y ***f.*** Jefe superior de una provincia o estado: *El* ***gobernador*** *de la provincia ordenó la construcción de una nueva carretera.*

gobernante ***m.*** y ***f.*** Persona que gobierna un país o cualquier territorio dentro de ese país: *Los* ***gobernantes*** *de América Latina se reunieron con los presidentes de Canadá y Estados Unidos para ver la posibilidad de establecer acuerdos comerciales.*

gobernar ***vb. irreg.*** {tr. e intr.} **Modelo 3.** **1** Dirigir un país o una colectividad dando las órdenes o normas necesarias: *El presidente electo* ***gobernará*** *por los siguientes seis años.* Sin. **mandar.** **2** Conducir: *La tormenta hacía muy* *difícil* ***gobernar*** *el barco, pero al fin el capitán lo llevó a puerto sano y salvo.* SIN. **guiar, manejar, maniobrar.**

gobierno ***m.*** **1** Hecho de dirigir un país o una colectividad: *Gracias al buen* ***gobierno*** *del equipo, pudieron obtener el primer lugar en la competencia.* SIN. **administración, dirección, mando. 2** Grupo de organismos políticos y personas que dirigen un país: *El* ***gobierno*** *ha tomado la decisión de construir más escuelas.* SIN. **gobernación.**

goce ***m.*** **1** Acción de gozar o disfrutar de algo: *"Para mí es un* ***goce*** *pasear en bicicleta", me dijo Octavio.* SIN. **delicia, placer. 2** *loc.* **~ de sueldo,** dinero que se recibe en pago por una actividad: *El ayudante trabajó sin* ***goce de sueldo*** *hasta que aprendió el oficio.*

godo, da ***adj./m.*** y ***f.*** Relativo a la persona o cosa originaria de un antiguo pueblo germánico que invadió gran parte del Imperio romano.

gofio ***m. Amér. Merid.*** Harina gruesa de maíz, trigo o cebada, tostada y con azúcar. SIN. **pinole.**

gol ***m.*** **Palabra de origen inglés.** En algunos deportes, acción de meter el balón en la meta o portería: *El equipo ganó por tres* ***goles*** *a dos.* SIN. **punto, tanto.**

goleada ***f. Méx.*** En fútbol, resultado muy favorable para uno de los equipos contrincantes: *El equipo azul le metió una* ***goleada*** *de siete goles a cero al equipo amarillo.*

goleador, ra ***m.*** y ***f.*** Jugador de un equipo deportivo que es hábil para anotar puntos: *El* ***goleador*** *del equipo de hockey sobre hielo que se enfrentará al nuestro es un hombre rudo y decidido.*

golear ***vb.*** {tr.} Anotar muchos goles un equipo, en contra de otro, en un juego de fútbol.

goleta ***f.*** Velero ligero, de dos o tres palos.

golf ***m.*** **Palabra de origen inglés.** Deporte que consiste en introducir una pelota pequeña en hoyos hechos en el suelo, golpeándola con palos especiales: *El* ***golf*** *se juega en campos sembrados de césped.*

golfa ***f.*** Prostituta.

golfear ***vb.*** {intr.} Vivir en la vagancia.

golfista ***m.*** y ***f.*** Persona que practica el golf: *Antes, los* ***golfistas*** *usaban unos pantalones cortos hasta un poco debajo de la rodilla y abombados.*

golfo ***m.*** Amplia entrada del mar en la tierra.

golfo, fa ***m.*** y ***f.*** Pillo, vago: *Ese* ***golfo*** *pretende ser nuestro amigo y cada vez que nos ve quiere que le prestemos dinero.*

golilla ***f.*** **1** *Argent.* y *Urug.* Pañuelo de cuello que usa el gaucho. **2** *Bol.* Pieza de tela doblada en forma triangular que usa el gaucho para abrigarse la espalda.

gollete ***m.*** Cuello estrecho de las botellas: *Tenía tanta sed que no esperó a servir en un vaso; tomó la botella por el* ***gollete,*** *se la empinó y de un solo trago la dejó a la mitad.*

golondrina ***f.*** Ave pequeña de lomo negro y vientre blanco, alas puntiagudas y cola recortada: *Las* ***golondrinas*** *emigran en invierno en busca de climas cálidos.*

golondrino ***m.*** **1** Pollo de la golondrina: *En el nido hay tres* ***golondrinos.*** **2** *Fam.* Bulto que se forma en las axilas al inflamarse una glándula sudorípara: *Los* ***golondrinos*** *no son una enfermedad peligrosa, pero sí muy molesta.*

golosina ***f.*** Cosa dulce que se come no para alimentarse, sino por gusto: *Mi madre compró muchas* ***golosinas*** *para regalárselas a los niños durante la fiesta.*

goloso, sa ***adj./m.*** y ***f.*** Aficionado a comer golosinas: *Laura es una* ***golosa*** *que siempre trae muchos dulces en sus bolsillos.*

golpe ***m.*** **1** Efecto del encuentro brusco entre dos cuerpos: *Venía corriendo y se dio un* ***golpe*** *en la cabeza con aquella rama.* SIN. **colisión, choque. 2** Asalto, atraco: *Los ladrones dieron el* ***golpe*** *al banco poco antes del amanecer.* **3** Lo que sucede de manera inesperada y produce tristeza: *Saber que tendrá que cursar otra vez el mismo grado escolar fue un* ***golpe*** *para Ricardo.* SIN. **desgracia. 4** Aparición inesperada de síntomas de una enfermedad que se alivian pronto: *El bebé tuvo un* ***golpe*** *de fiebre, pero ya está bien.* SIN. **ataque, acceso. 5** *Méx.* Instrumento de hierro parecido a un mazo. **6** *loc. Méx. Fam.* **A ~ de calcetín,** a pie, caminando. **7** *loc.* **De ~** o **de ~ y porrazo,** de manera repentina: *Primero lloraba inconsolable y después,* ***de golpe,*** *empezó a reírse; así son los niños.* **8** *loc.* **~ bajo,** acción dirigida a perjudicar a otro: *Graciela recibió un* ***golpe bajo*** *cuando sus amigas dejaron de hablarle sin razón.* **9** *loc.* **~ de Estado,** apropiación del poder político por medios ilegales. **10** *loc.* **~ de vista,** mirada rápida que permite comprender una cosa, una situación o a alguien: *De un* ***golpe de vista,*** *Gerardo supo que Estela era bailarina.*

golpeador ***m. Colomb.*** y ***Chile.*** Aldaba, objeto fijo a una puerta que sirve para llamar a quien está dentro.

golpeador, ra ***adj./m.*** y ***f.*** Referido a la persona que pega a los otros.

golpear ***vb.*** {tr., intr. y prnl.} Dar uno o más golpes: *Como no funcionaba el timbre, el cartero* ***golpeó*** *la puerta para que le abrieran.* SIN. **pegar.**

golpeteo ***m.*** Sucesión de golpes repetidos pero no muy fuertes: *El* ***golpeteo*** *de los primeros granizos sobre los vidrios nos avisó que esa lluvia sería tormenta.*

golpismo ***m.*** Tendencia favorable a los golpes de Estado.

golpista ***adj./m.*** y ***f.*** Relativo al golpe de Estado o a la persona que participa en él: *En la época* ***golpista*** *no se podía salir a la calle después de las diez de la noche.*

golpiza ***f. Amér.*** Paliza.

goma ***f.*** **1** Sustancia elástica e impermeable obtenida del jugo de algunas plantas tropicales, que se endurece con el aire y forma con el agua disoluciones pegajosas: *Con la* ***goma*** *se elaboran botas, suelas de zapatos, accesorios para las máquinas y también pegamento.* SIN. **hule. 2** Utensilio que se usa para borrar letras o dibujos sobre un papel: *Con la* ***goma*** *puedo borrar el resultado equivocado de esta suma.* SIN. **borrador. 3** Pegamento: *Usaré* ***goma*** *para pegar las fotografías en mi álbum.* SIN. **cola. 4** *Amér. C.* Malestar después de una borrachera. SIN. **cruda, resaca. 5** *Argent.* Rueda de un vehículo. SIN. **neumático, llanta. 6** *Colomb.* Afición, manía, deseo vehemente. **7** *loc.* **~ de mascar,** golosina que se masca: *La* ***goma de mascar*** *se mastica, pero no se traga.* **8** *loc. Méx. Fam.* **Mandar algo o a alguien a la ~,** terminar una relación o una amistad: ***Mandó a la goma*** *a su novio cuando se enteró de que también enamoraba a su mejor amiga.*

gomera ***f. Argent.*** Horquilla o rama de árbol en forma de *y*, con una cinta elástica que une las dos puntas, que sirve para tirar piedras. SIN. **tirachinas, resortera.**

gomería ***f. Argent.*** y ***Urug.*** Lugar de venta o reparación de neumáticos. SIN. **vulcanizadora.**

gomero ***m.*** **1** *Amér. Merid.* Árbol que produce goma. SIN. **hule. 2** *Argent.* y *Urug.* Persona que se dedica a la reparación y venta de neumáticos de vehículos.

gomina ***f.*** Fijador para el cabello: *A Rubén le gusta peinarse con* ***gomina*** *porque su cabello no se acomoda con facilidad.* SIN. **brillantina.**

gomoso, sa ***adj.*** Parecido a la goma o que contiene goma: *Para permanecer bien peinado todo el día, tengo que usar un fijador* ***gomoso.***

gónada ***f.*** Glándula que produce las células sexuales o gametos.

góndola ***f.*** **1** Embarcación larga y plana, movida por un solo remo, típica de Venecia, Italia: *El paseo en* ***góndola*** *por Venecia es una atracción turística.* **2** ***Chile.*** Transporte colectivo de pasajeros. SIN. **ómnibus.**

gondolero ***m.*** Hombre que conduce una góndola.

gong o **gongo** ***m.*** **Palabra de origen inglés y malayo.** Instrumento musical de percusión que consiste en un disco de metal que cuelga de manera vertical y se toca con una especie de martillo, para producir un sonido vibrante: *En China, el* ***gong*** *se utilizaba en ceremonias oficiales.*

gonocito ***m.*** Célula embrionaria de los animales.

gonococo ***m.*** Microbio que causa la gonorrea: *Los* ***gonococos*** *se combaten con antibióticos.*

gonorrea ***f.*** Enfermedad de transmisión sexual que se caracteriza por inflamación del aparato genitourinario y flujo purulento.

gordinflón, flona ***m.*** y ***f. Fam.*** Persona demasiado gorda: *La* ***gordinflona*** *no puede pasar por la puerta.*

gordita ***f. Méx.*** Tortilla de maíz gruesa y rellena de carne, queso u otros ingredientes.

gordo ***m.*** Premio mayor de la lotería: *Ricardo se sacó el* ***gordo*** *y se compró una casa con un gran jardín.*

gordo, da ***adj.*** **1** Referido a una persona o animal que tiene muchas carnes o grasas: *Jaime está* ***gordo,*** *necesita usar pantalones más amplios porque ésos le aprietan.* ANT. **flaco, delgado. 2** Que es más grueso de lo común: *Me pregunto qué historia cuenta ese libro tan* ***gordo.*** SIN. **grande. 3** *loc.* **Algo ~,** algo importante: *En la esquina debe estar sucediendo* ***algo gordo,*** *porque hay mucha gente y policías alrededor del edificio.* **4** *loc. Méx.* **Caer alguien ~,** caer mal, no ser simpático, desagradar: *Ramiro me* ***cae*** *muy* ***gordo:*** *cree que es el más guapo y listo de todos.*

gordolobo ***m.*** Planta de flores algodonosas y amarillentas, que crece en lugares silvestres y tiene propiedades medicinales: *Como mi mamá tenía tos se preparó un té de* ***gordolobo*** *para curarse.*

gordura ***f.*** **1** Grasa del cuerpo: *La señora piensa que su* ***gordura*** *se debe a alguna enfermedad, ya que de repente comenzó a engordar.* ANT. **delgadez, flacura. 2** *R. de la P.* Nata de la leche.

gorgojo ***m.*** Insecto que se alimenta de los granos de arroz, trigo, poroto o frijol, etc.

gorgorear ***vb.*** {intr.} *Chile* y *Méx.* Quebrar la voz al cantar. SIN. **gorjear.**

gorgoritos ***m. pl.*** Quiebros que se hacen con la voz al cantar: *No me gustó el concierto, la soprano se la pasó haciendo* ***gorgoritos*** *y desafinó varias veces.*

gorgoteante ***adj.*** Que gorgotea.

gorgotear ***vb.*** {intr.} **1** Hacer burbujas. **2** Producir ruido al burbujear un líquido que está encerrado en una cavidad o recipiente.

gorgoteo ***m.*** Ruido producido por un líquido al moverse en el interior de una cavidad o recipiente: *Tengo un silbato de barro que se llena de agua y, cuando lo soplas, produce un* ***gorgoteo.***

gorila ***m.*** **1** Mono grande del África ecuatorial, de piel negra y aspecto parecido al hombre, que se alimenta de frutas: *Algunos* ***gorilas*** *miden cerca de 2 m y llegan a pesar 200 kg.* **2** *Fam.* Persona que sabe luchar y que por lo general va armada; su trabajo consiste en proteger a otra persona. SIN. **guardaespaldas, guarura. 3** *Amér.* Militar golpista.

gorjear ***vb.*** {intr.} Cantar algunas aves haciendo quiebros en la voz: *Los pájaros* ***gorjeaban*** *alegres porque el día era hermoso, lleno de sol.* SIN. **cantar.**

gorjeo ***m.*** Voz o canto de algunas aves: *A Ismael le gustaba levantarse temprano para oír los* ***gorjeos*** *de los pájaros.*

gorra ***f.*** **1** Prenda para abrigar la cabeza, algunas veces con visera: *La* ***gorra*** *de lana me protegerá del viento frío.* SIN. **boina. 2** *loc. Fam.* **De ~,** de modo que pague otra persona: *Ernesto es un tacaño que siempre come* ***de gorra.***

gorrear ***vb.*** {intr.} Vivir sin pagar los gastos propios, procurando que otros los paguen.

gorrino, na ***m.*** y ***f.*** Cerdo de menos de cuatro meses. SIN. **lechón.**

gorrión, rriona ***m.*** y ***f.*** Pájaro pequeño, de plumaje pardo con manchas negras y rojizas: *A los* ***gorriones*** *les gusta comer migas de pan y semillas de mijo.*

gorro ***m.*** **1** Prenda para cubrir y abrigar la cabeza, sin alas ni visera: *Siempre me ha divertido ver la fotografía de mi tío en la que trae puesto un* ***gorro*** *de dormir que le tapa casi toda la cara.* **2** *loc. Fam.* **Estar hasta el ~,** estar harto de algo: *Hermenegildo* ***estaba hasta el gorro*** *de las bromas groseras de Luis, así que se enojó con él y ya dejaron de ser amigos.*

gorrón, rrona ***adj./m.*** y ***f.*** Persona que no paga sus gastos y vive a costa de otros: *Un* ***gorrón*** *siempre se va a otro lugar cuando hay que pagar la cuenta.*

gota ***f.*** **1** Pequeña cantidad de un líquido. **2** Enfermedad causada por la mala eliminación de sustancias tóxicas para el organismo: *La* ***gota*** *provoca inflamación y dolor en los dedos de los pies.* **3** *loc.* **Ni (una) ~,** absolutamente nada: *Armando no tiene* ***ni gota*** *de sentido del humor, todo lo ofende.*

goteado ***m. Chile.*** Bebida fresca preparada con pisco, que es una bebida alcohólica de uva.

goteado, da ***adj.*** Manchado con gotas: *A Diego le gustó la tela verde* ***goteada*** *de amarillo para que le haga un pantalón.*

gotear ***vb.*** {intr.} **1** Caer un líquido gota a gota: *Habrá que reparar ese grifo que* ***gotea,*** *porque así se desperdicia mucha agua.* **2** *Fam.* Dar o recibir poco a poco.

gotera ***f.*** Filtración de agua a través de un techo o pared: *Esa* ***gotera*** *no tiene arreglo, así que más vale que cambiemos los libros de lugar para que no se mojen cuando llueva.*

gotero ***m. Amér.*** Utensilio que sirve para verter líquidos gota a gota. SIN. **cuentagotas.**

goterón ***m.*** Gota muy grande de agua de lluvia: *Va a caer una tormenta, mira cómo están cayendo los primeros* ***goterones.***

gótico ***m.*** Estilo de arte europeo desarrollado desde el siglo XII hasta el Renacimiento: *El* ***gótico*** *vino después del arte románico.*

gótico, ca ***adj.*** Relativo a los godos: *Las iglesias* ***góticas*** *tienen unas torres muy altas y adornadas.*

gotoso, sa ***adj.*** Enfermo de gota: *Mi papá está* ***gotoso,*** *le duele tanto un pie que no puede caminar.*

gourde ***m.*** Unidad monetaria de Haití.

gourmet ***m.*** **Palabra de origen francés.** Persona a quien le gusta la buena comida. SIN. **gastrónomo.**

gozar ***vb. irreg.*** {tr., intr. y prnl.} **Modelo 16. 1** Experimentar gozo y alegría: *Los niños* ***gozaron*** *las vacaciones.* SIN. **disfrutar.** ANT. **padecer, sufrir. 2** Disponer de algo útil, ventajoso o agradable: *El anciano* ***goza*** *de buena salud, por eso está siempre activo y de buen humor.*

gozne ***m.*** Dos piezas de metal unidas por un lado, que se ponen en las uniones de puertas y ventanas para que éstas se puedan abrir y cerrar: *Los* ***goznes*** *de las puertas de esta casa vieja rechinan.* SIN. **bisagra.**

gozo ***m.*** Placer, alegría, felicidad: *Admirar el paisaje montañoso llenaba de* ***gozo*** *el corazón de Beatriz.*

gozoso, sa ***adj.*** Que está feliz: *El padre está* ***gozoso*** *de ver a su hijo recién nacido.* SIN. **dichoso.**

grabación ***f.*** **1** Hecho de registrar sonidos o imágenes en una cinta magnetofónica, un disco o un filme, que después se pueden oír o ver muchas veces. **2** Cinta o disco en el que están registrados sonidos o imágenes: *Julio tiene la* ***grabación*** *del concierto de mi grupo favorito.*

grabado ***m.*** **1** Arte de dibujar sobre madera, piedra o metal imágenes o letras valiéndose de instrumentos filosos y con punta: *El* ***grabado*** *en madera se llama xilografía.* **2** Imagen estampada en un papel hecha con alguna de las técnicas del grabado: *Este* ***grabado*** *representa a Don Quijote de la Mancha y fue hecho por el artista alemán Alberto Durero.* SIN. **gráfica, estampa.**

grabador, ra ***m.*** y ***f.*** **1** Artista que se dedica a dibujar imágenes o letras sobre madera, piedra o metal para imprimirlas sobre papel: *El pintor Pablo Picasso también fue un excelente* ***grabador.*** **2** Aparato electrónico que sirve para registrar y reproducir sonidos o música.

grabar ***vb.*** {tr., intr. y prnl.} **1** Abrir y labrar un hueco raspando sobre una superficie un letrero, una figura o representación de cualquier objeto: ***He grabado*** *nuestros nombres en la corteza de ese árbol.* **2** Registrar imágenes o sonidos en una cinta magnetofónica para que se puedan reproducir: ***Grabaremos*** *una canción en esta cinta y la mandaremos al programa de radio.* **3** Memorizar algo: *Ya* ***me he grabado*** *la tabla del ocho, ahora voy a estudiar la del nueve.*

gracia ***f.*** **1** Cualidad de hacer reír: *Ese chiste tiene mucha* ***gracia,*** *todos reímos mucho cuando lo escuchamos.* **2** Acción o cuento que hace reír: *Con las* ***gracias*** *que ha hecho Manuel, pasamos una tarde estupenda.* SIN. **chiste. 3** Elegancia, atractivo: *Linda recibe piropos de sus amigos porque camina con mucha* ***gracia.*** SIN. **donaire. 4** Favor especial que Dios o alguien poderoso otorga a una persona: *Las hadas le concedieron una* ***gracia*** *a la Bella Durmiente: dormir hasta que se deshiciera el hechizo.* SIN. **don. 5** Armonía.

gracias ***f. pl.*** **1** Expresión de agradecimiento: *"Muchas* ***gracias*** *por ayudarme con mi trabajo escolar", le dije a Rubén.* **2** ***loc.*** **~ a algo** o **a alguien,** hecho de que suceda un bien o se evite un mal debido a alguien o algo: ***Gracias a que no había tráfico,*** *llegamos a tiempo al cine.*

grácil ***adj.*** Delgado, delicado, ligero: *La* ***grácil*** *señorita, más que caminar, parecía deslizarse por el suelo.* SIN. **sutil.**

gracioso, sa ***adj.*** Que hace reír: *El salto del payaso fue tan* ***gracioso*** *que el público lo festejó con risas y aplausos.* SIN. **chistoso, chévere.**

grada ***f.*** **1** Peldaño: *"¡Ten cuidado con la* ***grada,*** *no te vayas a caer!", me dijo mi madre.* SIN. **escalón. 2** Asiento colocado en una hilera que, junto con otros, forma una especie de escalón: *Para ver de cerca el desfile conseguimos lugares en la primera* ***grada.*** SIN. **gradería.**

grada ***f.*** Instrumento de labranza para allanar la tierra.

gradación ***f.*** Serie de cosas muy parecidas entre sí, que tienen pequeñas variaciones de tamaño, sonido, color o tipo. SIN. **gama.**

graderío ***m.*** o **gradería** ***f.*** Conjunto de gradas: *Durante el concierto el público se ubicó en la* ***gradería.***

gradiente ***m. Amér. Merid.*** Pendiente, declive.

grado ***m.*** **1** Cada uno de los estados, valores o calidades que puede tener algo. **2** Cada una de las divisiones de una escala adaptada a un aparato de medida: *Tuvimos un* ***grado*** *de diferencia en nuestras dos mediciones de la temperatura.* **3** Cada una de las 360 partes iguales en que puede dividirse la circunferencia: *El círculo está formado por seis* [...]*los de sesenta* ***grados*** *cada uno.* **4** Cada uno de los títulos que se otorga al terminar un nivel de los estudios de enseñanza media o superior: *Presentó el examen y obtuvo el* ***grado*** *de doctor.* **5** ***loc.*** **~ centígrado,** medida de temperatura que tiene 100 divisiones entre el 0, que equivale a la temperatura del hielo en fusión, y el 100, que equivale a la temperatura del vapor de agua hirviendo: *Hace mucho calor, la temperatura no ha bajado de 38* ***grados centígrados*** *desde hace varias horas.* **6** ***loc.*** **~ Fahrenheit,** medida de temperatura que tiene 180 divisiones entre el 32, que equivale a la temperatura del hielo en fusión, y el 212, que equivale a la temperatura del vapor de agua hirviendo: *En Estados Unidos y otros países miden la temperatura en* ***grados Fahrenheit.***

grado ***m.*** **1** En gramática, intensidad relativa del significado de un adjetivo o un adverbio: *El adjetivo "limpio" está en* ***grado*** *positivo cuando se dice "limpio", en* ***grado*** *comparativo cuando se dice "más limpio que" y en* ***grado*** *superlativo cuando se dice "limpísimo".* **2** ***loc.*** **A tal ~,** de manera cercana al límite: *Emiliano estuvo molestando a su mamá* ***a tal grado,*** *que acabó con su paciencia y lo regañó.* **3** ***loc.*** **De buen** o **mal ~,** con o sin voluntad: *"Estoy tan cansada que* ***de buen grado*** *tomaría unas vacaciones", me dijo mi madre.*

graduación ***f.*** **1** Acción de dividir en partes o grados una medida determinada. **2** Acción de recibir un título por haber estudiado y acabado un ciclo escolar: *La fiesta de* ***graduación*** *de los alumnos del último año será el sábado próximo.* **3** Proporción de alcohol que tiene una bebida: *La cerveza tiene menor* ***graduación*** *alcohólica que el ron.*

graduado, da ***adj.*** Relativo a lo que está dividido en grados: *Ella necesita usar anteojos* ***graduados*** *para ver bien.*

graduado, da ***m.*** y ***f.*** Persona que adquirió un título por haber terminado un nivel de estudios: *Los* ***graduados*** *organizaron una fiesta para celebrar el fin de la carrera.*

gradual ***adj.*** Que está por grados o que va de grado en grado, de manera progresiva: *La recuperación de mi hermano ha sido* ***gradual*** *y ahora, dos semanas después del choque, ya puede caminar.*

graduar ***vb. irreg.*** {tr. y prnl.} **Modelo 10. 1** Regular una cosa hasta darle el nivel necesario o correspondiente: ***"Graduemos*** *la salida del agua, porque ahora sale demasiada y se está desperdiciando", me dijo mi padre.* **2** Medir el grado de algo: *Para saber qué anteojos recetar, el oculista* ***gradúa*** *la miopía de su paciente utilizando un aparato.* **3** Darle a alguien o recibir alguien un grado o título: *Luciano* ***se graduó*** *en medicina y ahora podrá curar a los enfermos.* **4** Desarrollar algo de manera progresiva: ***Graduaré*** *mi entrenamiento físico, porque si empiezo con ejercicios muy difíciles, voy a lastimarme.*

grafiti o **grafito** ***m.*** **Palabra de origen italiano.** Dibujos y escritos en las paredes o muros de una ciudad: *Los muchachos están haciendo un* ***grafiti*** *en el muro con pintura de aerosol.*

grafía ***f.*** Signo o conjunto de signos con que se representa un sonido en la escritura: *La* ***grafía*** *china es distinta de la española.* SIN. **escritura.**

gráfica ***f.*** Representación de datos mediante magnitudes geométricas o figuras: *En su exposición sobre demografía, Saúl presentó unas* ***gráficas*** *para mostrar el aumento de la población en los últimos 30 años.*

gráfico, ca ***adj.*** **1** Relativo a la escritura: *Estos signos* ***gráficos*** *son muy antiguos y no han podido descifrarse, así que no sabemos qué significan.* **2** Relativo a lo que se representa por medio del dibujo, la fotografía o el grabado: *El museo de arte ha convocado a un concurso de artes* ***gráficas*** *al que ya se han presentado cien artistas.* **3** ***Fam.***

Que tiene claridad para comunicar algo: *El profesor tiene una forma muy **gráfica** de explicar las cosas, por eso todos entendemos bien.*

grafismo ***m.*** **1** Manera de escribir o dibujar: *Por sus **grafismos** puntiagudos, se ve que Santiago es una persona nerviosa.* **2** Aspecto estético de lo escrito: *Estela escribe los nombres en los diplomas con **grafismos** elegantes.*

grafito ***m.*** Carbono puro cristalizado: *La mina o punta de los lápices es de **grafito.***

grafología ***f.*** Estudio de la personalidad a través de los rasgos de la escritura: *Los psicólogos se apoyan en la **grafología** para comprender mejor a sus pacientes.*

grafólogo, ga ***m.*** y ***f.*** Persona que estudia la personalidad a través de la forma de la letra de cada individuo.

gragea ***f.*** Pastilla medicinal redonda y pequeña: *Juana tomó una **gragea** para aliviar su dolor de cabeza.* SIN. **píldora, tableta.**

grajo ***m. Antill., Colomb., Ecuad.*** y ***Perú.*** Olor desagradable del sudor.

grajo, ja ***m.*** y ***f.*** Ave parecida al cuervo, de color oscuro, con el pico y las patas rojas y las uñas negras.

grama ***f.*** Planta silvestre de raíz medicinal, de flores en forma de espigas, perteneciente a la familia de las gramíneas.

gramalote ***m. Colomb., Ecuad.*** y ***Perú.*** Hierba que se utiliza como alimento para el ganado.

gramática ***f.*** **1** Estudio y descripción del lenguaje como sistema: *Estudiar **gramática** ayuda a expresarse de manera correcta al escribir.* **2** Libro en el que se reúnen conocimientos de gramática: *"Necesito una **gramática** de inglés para estudiar los verbos", le dije a mi madre.*

gramatical ***adj.*** **1** Relacionado con el estudio del lenguaje y con la organización de las palabras en oraciones: *El análisis **gramatical** de una oración permite localizar el sujeto, el verbo y los distintos complementos.* **2** ***loc.*** **Signo ~,** signo de puntuación: *El punto, la coma, el punto y coma, los dos puntos, los puntos suspensivos y los guiones son **signos gramaticales.***

gramático ***m.*** Persona que estudia el lenguaje como sistema: *El **gramático** estaba comparando el español con el alemán para entender sus diferencias.*

gramático, ca ***adj.*** Relativo al lenguaje. SIN. **gramatical.**

gramil ***m.*** Instrumento de carpintería utilizado para trazar líneas paralelas en la madera.

gramilla ***f. Amér. Merid.*** Nombre que se da a diversos pastos de la familia de las gramíneas. SIN. **césped.**

gramíneas ***f. pl.*** Familia de plantas monocotiledóneas, de tallos huecos divididos por nudos y flores en espiga: *El trigo pertenece a la familia de las **gramíneas.***

gramíneo, a ***adj.*** Relativo a las plantas que dan flores en espiga y frutos reducidos a granos: *Los cereales son plantas **gramíneas.***

gramo ***m.*** Medida de peso que equivale a la unidad en el sistema métrico decimal: *Un kilogramo está compuesto por mil **gramos.***

gramófono ***m.*** Aparato antiguo que reproduce discos grabados: *Debido a los nuevos aparatos de sonido, los **gramófonos** se han convertido en piezas de museo.*

gramola ***f.*** Gramófono en forma de mueble: *En 1960 todavía se podía oír música en la **gramola** de los abuelos.*

grampa ***f.*** Pieza de hierro con los extremos doblados que se clava para unir dos cosas. SIN. **grapa, broche.**

gran ***adj.*** **1** Apócope de grande: *Mis tíos viven en una **gran** casa.* **2** Que tiene muchas cualidades: *Ese maestro es paciente y bondadoso; es una **gran** persona.* **3** Principal, primero. *El **gran** premio de ese concurso consistía en un automóvil nuevo.*

grana ***f.*** **1** Color rojo oscuro: *El **grana** fue el color preferido de los reyes, por eso lo usaban con frecuencia en capas y tronos.* **2** Insecto del que se obtiene una tinta roja. SIN. **cochinilla.**

granada ***f.*** **1** Fruto redondeado de color amarillo rojizo que contiene unos granos pequeños, rojos y transparentes: *La **granada** es de sabor agridulce.* **2** Proyectil que puede lanzarse a corta distancia con la mano: *Las **granadas** parecen piñas pequeñas de color metálico y tienen una anilla que se jala para que exploten.*

granadero ***m.*** **1** Soldado que se especializa en arrojar granadas. **2** Individuo que forma parte de un cuerpo especial de la policía.

granadina ***f.*** Jarabe que se prepara con el zumo o jugo de la granada: *Tomar un vaso de **granadina** con hielo es refrescante.*

granadino, na ***adj./m.*** y ***f.*** Originario de Granada, isla de las pequeñas Antillas, en América.

granado ***m.*** Arbusto de flores rojas cuyo fruto es la granada: *El **granado** se da en los países mediterráneos, en México y en la India.*

granar ***vb.*** {intr.} Formarse y crecer el grano en la espiga: *El trigo sembrado ya está **granando.***

granate ***adj.*** Se refiere a lo que es de color rojo oscuro: *En este retrato, la capa color **granate** hace lucir más pálida la piel del rey.*

granate ***m.*** **1** Color rojo oscuro: *El **granate** es el color del vino tinto.* **2** Piedra semipreciosa de color rojo oscuro: *El collar de **granates** era precioso y destacaba sobre el vestido blanco.*

grande ***adj.*** **1** Que tiene mayor dimensión o importancia que lo demás: *El edificio más **grande** de esta ciudad tiene cuarenta pisos.* SIN. **enorme, inmenso, superior.** **2** Que es adulto: *Esta fiesta es para gente **grande,** así que los niños se van a dormir.*

grandeza ***f.*** **1** Tamaño grande. **2** Nobleza de espíritu: *La **grandeza** de este hombre es tal que hace el bien sin esperar nada a cambio.*

grandilocuencia ***f.*** Hablar exagerando lo que se dice: *La **grandilocuencia** de su plática hizo que todos pensáramos que estaba mintiendo.*

grandilocuente ***adj.*** Se dice de quien habla o escribe con grandilocuencia: *El estilo de ese orador es tan **grandilocuente** que a veces cae en lo ridículo, exagera demasiado.*

grandiosidad ***f.*** Calidad de lo grandioso: *La **grandiosidad** de las grutas que visité me hizo sentirme del tamaño de una pulga.*

grandioso, sa ***adj.*** Que causa admiración por su tamaño o cualidades: *El circo que llegó a la ciudad es **grandioso:** hay leones, elefantes, camellos y muchos payasos.* SIN. **excelente, magnífico, sobresaliente.**

grandote, ta ***adj. Fam.*** Que es muy grande: *Un elefante es un animal **grandote.***

grandulón, lona ***adj./m.*** y ***f. Fam.*** Se refiere a alguien que está muy alto o muy grande para la edad que tiene: *El **grandulón** de la fiesta aburrió a los demás niños con sus tonterías.*

graneado ***m.*** Reducción de un material a grano: *En esa fábrica de material para construcción usan un molino especial para el **graneado** de la piedra.*

graneado, da ***adj.*** Que tiene motas pequeñas o pintas: *Compramos una alfombra de color verde **graneado** de marrón para el pasillo, dice mi papá que las motitas disimulan la mugre.*

granel. A ~, *loc.* **1** Sin envase, sin empaquetar: *Compran aceitunas **a granel** porque son más baratas que las que venden en frasco.* **2** En abundancia: *Los actores eran muy buenos y recibieron aplausos **a granel.***

granero *m.* Lugar destinado a almacenar granos: *Los sacos de maíz están apilados en el **granero.***

granito *m.* Roca dura que se utiliza en la construcción: *Los pisos de esta iglesia son de **granito** pulido.*

granívoro, ra *adj.* Que se alimenta de granos: *Muchas aves son **granívoras.***

granizada *f.* Lluvia fuerte en la que caen trocitos de hielo: *El suelo se veía blanco a causa de la **granizada.***

granizado, da *m.* y *f.* **1** *Argent.* Agua de sabor o bebida gaseosa congelada en parte. **2** *Argent.* Helado de sabor que tiene granitos de chocolate.

granizar *vb. irreg.* {intr.} **Modelo 16.** Caer con la lluvia trocitos de hielo: *Cuando **graniza,** el paraguas no es suficiente para protegerse.*

granizo *m.* Trocitos de hielo que caen con la lluvia: *El **granizo** repiquetea en los cristales de la ventana.*

granja *f.* **1** Casa de campo rústica, con huerto y establo: *Pasamos las vacaciones en la **granja** del tío Alberto.* Sin. **chacra. 2** Lugar destinado a la cría de animales de corral: *En la **granja** había patos, gallinas, una vaca y un par de caballos.*

granjear *vb.* {intr., tr. y prnl.} **1** Ganar dinero con el comercio de alguna mercancía, traficar. **2** Conseguirse algo, atraerse la buena voluntad de alguien. **3** *Chile.* Robar.

granjero, ra *m.* y *f.* Persona que cuida o es dueña de una granja: *El **granjero** ordeñaba la vaca todas las mañanas.*

grano *m.* **1** Semilla y fruto de los cereales y otras plantas gramíneas: *Los **granos** de maíz se muelen para hacer harina.* **2** Pequeño bulto en la piel, de apariencia fea pero de corta duración: *A Mónica la mordió un insecto y ahora tiene un **grano** en la frente.* Sin. **espinilla, barro. 3** Trozo muy pequeño de algo: *"¿Cuántos **granos** de arena habrá en esta playa?", pregunté a mi madre.* **4** *loc.* **Ir al ~,** decir lo fundamental de un asunto, sin dar rodeos: *"Ya **ve al grano** y dime qué favor quieres pedirme", me dijo Andrés.*

granuja *m.* y *f. Fam.* Travieso, pillo: *"Ese **granuja** se ha comido un trozo de tarta sin mi permiso", dijo mi madre señalándome.* Sin. **bribón, pícaro.**

granulado, da *adj.* Relativo a lo que tiene granos o está formado por pequeños granos: *Al moler el azúcar **granulada** se obtiene azúcar en polvo.*

granuladora *f.* Máquina para triturar piedra: *En la construcción de la carretera utilizaron una **granuladora.***

granular *adj.* Se dice de lo que está formado por pequeños granos: *La sal es **granular** y el azúcar también.*

granular *vb.* {tr. y prnl.} **1** Desmenuzar una cosa en granos: *En la mina **han granulado** las rocas para separar el estaño del oro.* **2** Cubrirse de granos el cuerpo: *Luis se **ha granulado** porque tiene sarampión.*

gránulo *m.* **1** Grano pequeño: *Los **gránulos** del azúcar morena son un poco más grandes que los de la refinada.* **2** Píldora de medicamento de tamaño muy pequeño: *El homeópata me recetó unos **gránulos** de árnica para quitarme el dolor y la hinchazón de mi muñeca luxada.*

granza *f.* **1** Carbón mineral lavado y triturado. **2** *Argent.* Ladrillo triturado que se utiliza en la construcción de edificios y carreteras.

granzón *m. Méx.* y *Venez.* Arena gruesa.

grao *m.* Playa que sirve de desembarcadero: *En el **grao** están las barcas esperando que suba la marea.*

grapa *f.* **1** Pieza pequeña, de metal, con las puntas dobladas hacia un mismo lado, que sirve para unir o sujetar papeles, telas, tablas, etc.: *Para evitar que se desordenen, uniré estos papeles con una **grapa.*** Sin. **broche, grampa. 2** *Argent., Chile* y *Urug.* Bebida alcohólica que se obtiene de la uva.

grapadora *f.* Aparato en el que se ponen muchas grapas y que, al apretarse, sujeta con una de ellas los papeles, telas, tablas, etc. Sin. **abrochadora, engrapadora, engrampadora.**

grapar *vb.* {tr.} Sujetar con grapas. Sin. **abrochar, engrapar.**

grasa *f.* **1** Sustancia amarillenta, de origen animal o vegetal, que se derrite con el calor: *La **grasa** del cerdo hace mucho daño a la salud.* Sin. **sebo, manteca. 2** Todo cuerpo graso que sirve para lubricar o proteger: *A esa rueda le hace falta **grasa,** por eso no gira bien.*

grasiento, ta *adj.* Resbaloso, sucio o pegajoso por estar lleno de grasa: *"¡Lávate esas manos **grasientas** antes de comer!", ordenó mi abuelita.*

graso, sa *adj.* Relativo a lo que contiene grasa: *La mantequilla y el aceite son sustancias **grasas.*** Sin. **aceitoso, grasoso, untuoso.** Ant. **magro, seco.**

grasoso, sa *adj.* **1** Se dice de lo que está elaborado con mucho aceite o grasa: *Las frituras son comidas **grasosas.*** **2** Relativo a lo que está formado con sustancias grasas o las contiene: *Los osos polares tienen la piel **grasosa** y esto les ayuda a protegerse del frío.*

gratificación *f.* Recompensa: *El joven obtuvo una **gratificación** por su buen desempeño.* Sin. **propina.**

gratificante *adj.* Se dice de aquello que produce alegría al recibirse: *Tomar unas vacaciones fue **gratificante** para la familia.*

gratificar *vb. irreg.* {tr.} **Modelo 17. 1** Recompensar a alguien por algo: *Mi padre **gratificará** con cien pesos a quien encuentre a nuestro perro que se perdió ayer.* **2** Complacer, satisfacer.

gratín o **gratén** *m.* Preparación de alimentos que consiste en cubrir algo con galleta o pan molido y queso para meterlo al horno: *En la cena de hoy comí macarrones al **gratín,** que son mi platillo favorito.*

gratinado, da *adj.* Tostado en el horno.

gratinador *m.* Mecanismo del horno que está en la parte superior de éste y sirve para gratinar.

gratinar *vb.* {tr.} Cubrir un manjar con una capa de pan molido y queso, o sólo queso, para dorarlo en el horno: *Puse los chayotes cocidos y rebanados en un molde, les agregué crema, los cubrí con queso y los puse a **gratinar.***

gratis *adj.* Que se obtiene sin necesidad de dar dinero a cambio: *Conseguimos dos entradas de cine **gratis.*** Sin. **gratuito, regalado.**

gratis *adv.* Sin cobrar o sin pagar nada: *Los niños menores de tres años viajan **gratis** en el autobús.*

gratitud *f.* Acción de agradecer un beneficio o atención recibida: *En señal de **gratitud** por haberle ayudado con su trabajo, me invitó a comer a su casa.* Sin. **reconocimiento, agradecimiento.** Ant. **ingratitud.**

grato, ta *adj.* **1** Que produce agrado: *No me es **grato** salir a la calle cuando hace mucho frío.* Sin. **placentero, agradable.** Ant. **ingrato, desagradable. 2** *loc. Bol.* y *Chile.* **Le estoy ~,** quedo agradecido, quedo obligado.

gratuidad *f.* **1** Cualidad de gratuito. **2** Principio fundamental de la escuela pública.

gratuito, ta *adj.* **1** Que se obtiene sin necesidad de dar dinero a cambio: *Los domingos, la entrada al museo es **gratuita.*** Sin. **gratis. 2** Sin justificación: *Leonor le dio a Eliseo un regaño **gratuito** porque él no era culpable de la travesura.*

grava ***f.*** Piedra machacada que se usa para allanar caminos: *En el jardín hay un camino de* ***grava*** *por el que caminamos para no pisar el césped.*

gravamen ***m.*** Impuesto, obligación fiscal: *Cuando se venden terrenos y casas hay que pagar un* ***gravamen*** *al gobierno.*

gravar ***vb.*** {tr.} Imponer una carga u obligación fiscal: *El gobierno* ***ha gravado*** *los productos que vienen de otros países.*

grave ***adj.*** **1** De mucha importancia: *El asalto con armas de fuego es un delito* ***grave.*** SIN. **serio, considerable, grande.** ANT. **superficial. 2** De difícil solución: *Julio está metido en un problema* ***grave*** *y me ha pedido ayuda, pero no sé cómo ayudarlo.* SIN. **complicado.** ANT. **fácil, sencillo. 3** Que está muy enfermo: *Aldo fue atropellado y está* ***grave.*** SIN. **delicado.** ANT. **sano. 4** Que es serio, circunspecto: *Ese hombre siempre tiene una expresión* ***grave,*** *casi nunca se ríe.* SIN. **formal, reservado.** ANT. **alegre. 5** Relativo al sonido hueco y bajo: *El contrabajo suena con tonos más* ***graves*** *que el violín.* SIN. **bajo.** ANT. **agudo. 6** Relativo a la palabra que tiene su acento en la penúltima sílaba: *Las palabras árbol, rosa, loco, son* ***graves.*** SIN. **llana.**

grave ***f.*** Palabra que tiene su acento en la penúltima sílaba: *Las* ***graves*** *no llevan acento cuando terminan en n, s o vocal.* SIN. **llana.**

grave ***m.*** Sonido hueco y bajo: *En esta pieza de música, los* ***graves*** *deben acentuarse para apoyar la melodía.*

gravedad ***f.*** **1** Calidad de grave: *Cuando me dio la mala noticia, entendí por qué me miró con tanta* ***gravedad.*** SIN. **seriedad. 2** Fuerza con que la Tierra atrae a los cuerpos situados en su superficie o cerca de ella: *La fuerza de* ***gravedad*** *de la Tierra hace que caigan al suelo los objetos que lanzamos al aire.*

grávida ***adj.*** Se aplica a la mujer embarazada: *Hoy vi algo muy desagradable: una mujer* ***grávida*** *iba en el metro a punto de desmayarse, y ningún hombre fue capaz de cederle el asiento.*

gravidez ***f.*** Estado de la hembra preñada o de la mujer embarazada: *La* ***gravidez*** *de la ballena tiene muy contentos a los trabajadores del acuario porque verán cómo nace un ballenato.*

gravilla ***f.*** Piedra machada en granos pequeños, de no más de veinticinco milímetros: *La "arena" para las cajas sanitarias de los gatos es en realidad* ***gravilla*** *muy menuda.*

gravitación ***f.*** Fenómeno por el cual todos los cuerpos materiales se atraen entre sí. *Gracias a la* ***gravitación,*** *los planetas se mantienen ordenados en sistemas.*

gravitacional o **gravitatorio** ***adj.*** Relativo a la gravitación.

gravitante ***adj.*** **1** Que gravita. **2** De peso o importancia: *Este jugador tiene una importancia* ***gravitante*** *en la selección nacional.*

gravitar ***vb.*** {intr.} **1** Obedecer un planeta o cuerpo celeste las leyes de atracción universal: *La Tierra* ***gravita*** *dentro del Sistema Solar.* **2** Descansar un cuerpo sobre otro: *Nosotros* ***gravitamos*** *sobre la Tierra.* **3** *Fam.* Moverse alrededor de algo, hacer evoluciones.

gravoso, sa ***adj.*** **1** Se dice de lo que es molesto o pesado. **2** Que ocasiona mucho gasto: *Vendieron uno de sus dos automóviles porque resultaba muy* ***gravoso*** *mantener los dos.* SIN. **costoso, oneroso.**

graznar ***vb.*** {intr.} Emitir graznidos las aves como el cuervo, el ganso, el grajo, etc.: *En el lago* ***graznaban*** *los patos y los gansos.*

graznido ***m.*** Voz del cuervo, el ganso, el grajo, etc.: *El ganso dio un* ***graznido*** *tan fuerte que Roberto pensó que algo malo le sucedía.*

greca ***f.*** **1** Banda o tira adornada con motivos geométricos: *En esa* ***greca*** *se combinan triángulos con círculos.* **2** *Antill., Colomb.* y *Venez.* Cafetera de filtro.

greco, ca ***adj./m.*** y ***f.*** Originario de Grecia, país de Europa. SIN. **griego.**

grecolatino, na ***adj.*** Que es común a griegos y romanos o latinos: *De las culturas* ***grecolatinas*** *proviene la civilización occidental.*

grecorromano, na ***adj.*** Relativo a lo que pertenece a la civilización nacida del encuentro de las culturas griega y romana: *La lucha* ***grecorromana*** *es un deporte olímpico.*

gregario, ria ***adj.*** Se dice de la persona o animal que gusta estar en compañía de otros formando un grupo: *Rosaura y Juan son* ***gregarios,*** *prefieren invitar a sus amigos que salir solos.* SIN. **sociable.**

gregarismo ***m.*** Tendencia de algunas especies animales a vivir formando grupos: *Un ejemplo de* ***gregarismo*** *son los ñus de África, que forman enormes manadas.*

gregoriano, na ***adj.*** **1** Relativo al canto religioso católico que reformó el Papa Gregorio I en el que sólo participan voces masculinas. **2** Relativo al calendario reformado en 1582 por Gregorio XIII, quien ejerció su papado entre 1572 y 1585.

gregueria ***f.*** **1** Griterío confuso, algarabía. **2** Género literario en prosa que presenta una visión humorística o sorprendente de la realidad: *La* ***greguería*** *fue creada en 1912 por Ramón Gómez de la Serna.*

gregüescos ***m.*** Calzones cortos y muy anchos que como parte de su indumentaria usaban los hombres en los siglos XVI y XVII: *Para la representación de Don Juan Tenorio, tendremos que vestirnos con calzas,* ***gregüescos*** *y capa.*

gremial ***adj.*** Relativo a los grupos de personas que tienen el mismo oficio: *Los zapateros de la ciudad tendrán una junta* ***gremial*** *para hablar de sus problemas.*

gremialismo ***m.*** **1** Tendencia a formar grupos de personas que trabajan en lo mismo o tienen el mismo oficio: *El* ***gremialismo*** *es una forma de organización que tienen los trabajadores para protegerse unos a otros.* **2** Sindicalismo, teoría que está a favor de la formación de gremios.

gremio ***m.*** Conjunto de personas que tienen un mismo oficio: *El* ***gremio*** *de artesanos ha decidido crear una escuela de capacitación.* SIN. **reunión, grupo, corporación.**

greña ***f.*** **1** Mechón de pelo enredado y desarreglado: *Silvia se levanta de la cama con las* ***greñas*** *sobre la cara, pero luego se ducha y se peina.* **2** Cosa enredada, maraña: *El gato dejó el ovillo de lana hecho una* ***greña.*** **3** *loc.* **Andar de la ~,** pelear, reñir: *Rodrigo y Juliana* ***andan de la greña*** *y ya están pensando en divorciarse.*

greñudo, da ***adj.*** Que está lleno de greñas.

gres ***m.*** Pasta de arcilla y arena que se utiliza para hacer cerámica: *Daniel compró una vasija de* ***gres*** *color rojo.*

gresca ***f.*** **1** Alboroto, bulla: *Durante el festival de la primavera hubo* ***gresca*** *en el patio de la escuela.* SIN. **ruido.** ANT. **silencio, tranquilidad. 2** Riña, disputa: *Como los vecinos no se ponían de acuerdo, se armó la* ***gresca*** *y la policía intervino para evitar un problema mayor.* SIN. **pelea.**

grey ***f.*** **1** Rebaño: *El niño pastor toca un flautín mientras la* ***grey*** *bebe agua fresca del río.* **2** Congregación religiosa bajo la autoridad de un pastor espiritual: *Ese hombre ha guiado a su* ***grey*** *con el buen ejemplo.* **3** *Fam.* Conjunto de individuos con caracteres comunes como la nacionalidad, la raza o las costumbres: *En esa* ***grey*** *africana las mujeres se casan siendo muy jóvenes.*

a b c d e f g h i j k l m n o p q r s t u v w x y z

grial ***m.*** Copa que, según la leyenda medieval, sirvió a Jesús para la institución de la eucaristía: *Los caballeros del rey Arturo buscaban el santo **grial.***

griego ***m.*** Idioma que se habla en Grecia: *El **griego** se escribe con un alfabeto distinto del español.*

griego, ga ***adj./m.*** y ***f.*** Originario de Grecia, país de Europa: *El alfabeto **griego** se usa en matemáticas.* SIN. **greco.**

grieta ***f.*** Quebradura que se forma en la tierra o en cualquier cuerpo sólido: *Las **grietas** en la carretera pueden causar un accidente.* SIN. **hendidura, abertura.**

grifa ***f.*** *Fam.* Marihuana.

grifería ***f.*** Conjunto de llaves para regular el paso de un fluido: *Cambiamos la **grifería** del baño por una más moderna; ahora tenemos regadera de pared y de mano.*

grifero, ra ***m.*** y ***f.*** *Perú.* Empleado de una estación de nafta o gasolina.

grifo ***m.*** **1** Llave que regula la salida del líquido de una cañería: *"Abre el **grifo** para que salga el agua", le dije a Jacobo.* SIN. **canilla, llave. 2** Animal fabuloso con cuerpo de león, y cabeza y alas de águila: *El **grifo** que estaba dibujado en el libro tenía un aspecto amenazador.* **3** *Perú.* Estación donde se vende nafta o gasolina.

grifo, fa ***adj.*** **1** Relativo al cabello crespo. SIN. **rulo. 2** *Méx. Fam.* Se dice de la persona que fuma marihuana. **3** *Colomb.* Dícese de quien está bajo los efectos del alcohol o de la droga.

grill ***m.*** **Palabra de origen inglés. 1** Enrejado de metal sobre el que se ponen las carnes para asarlas. SIN. **parrilla. 2** Restaurante en el que se venden carnes asadas.

grilla ***f.*** **1** *Méx. Fam.* Actividad política, en especial la que se vale de intrigas. **2** *Méx. Fam.* Discusión en torno a asuntos políticos. **3** *Ecuad.* Molestia.

grillar ***vb.*** {tr.} **1** *Méx. Fam.* Hacer política, en especial a base de intrigas. **2** *Méx. Fam.* Remover o quitar a alguien de su puesto en el trabajo valiéndose de intrigas políticas.

grillete ***m.*** Anillo de hierro con cadenas que se usaba para sujetar las manos, el cuello o los pies de los presos: *Los guardias le pusieron **grilletes** al prisionero para que no escapara.*

grillo ***m.*** Insecto pequeño, de color negro, patas traseras grandes y cabeza redonda, que produce un sonido agudo y monótono: *Los **grillos** hacen "cricri", por lo general al anochecer.*

grillo, lla ***m.*** y ***f.*** *Méx. Fam.* Se refiere a la persona que se dedica a las actividades políticas.

grillos ***m. pl.*** Anillos de hierro unidos por una pieza fija de metal, que se usaban para sujetar los pies de los presos.

grima ***f.*** Sentimiento desagradable, disgusto: *Me produce **grima** ver cómo se pelea la gente.* SIN. **irritación, desazón.**

grimillón ***m.*** *Chile.* Multitud, muchedumbre.

gringo, ga ***m.*** y ***f.*** **1** *Amér.* Persona o cosa de origen extranjero, de manera especial estadounidense. **2** *Chile.* Persona que se comporta de manera extraña.

gripa o **gripe** ***f.*** Enfermedad viral que se presenta con fiebre y catarro: *En invierno muchos niños faltan a clases porque les da **gripa.*** SIN. **resfrío.**

gripal ***adj.*** Relativo a la enfermedad infecciosa que presenta fiebre y catarro como síntomas: *El estado **gripal** en que se encuentra el enfermo hace que tenga fiebre y la nariz congestionada.*

griposo, sa ***adj./m.*** y ***f.*** Que está enfermo de gripe: *Hoy Andrés no salió para nada de su cuarto, está **griposo** y se siente muy mal.*

gris ***adj.*** **1** Relativo al color que resulta de la mezcla del blanco y el negro: *Las ratas **grises** no me gustan; en cambio, las blancas me parecen bonitas.* **2** *Fam.* Apagado, triste, mediocre: *No puedo hablar mucho con una persona tan **gris** como Laura porque me aburro.*

gris ***m.*** Color que resulta de la mezcla del blanco y el negro: *El **gris** es el color de las nubes cuando está a punto de llover.*

grisáceo, a ***adj.*** Relativo a lo que es de un color que tiene algo de gris: *El azul **grisáceo** se logra añadiendo una gota de negro y otra de blanco al color azul.*

grisalla ***f.*** **1** Pintura realizada en diferentes tonos de gris, que produce la ilusión de relieve esculpido. SIN. **claroscuro. 2** *Méx.* Chatarra.

grisma ***f.*** *Chile, Guat., Hond.* y *Nicar.* Brizna, pizca.

grisú ***m.*** Gas inflamable que se desprende de las minas de carbón: *El **grisú** puede explotar si entra en contacto con fuego.*

gritar ***vb.*** {intr.} Levantar mucho la voz: *Los náufragos **gritaron** tanto para llamar la atención de los que iban en el barco, que se quedaron afónicos.* SIN. **chillar, vociferar, vocear.** ANT. **susurrar.**

griterío, ría ***m.*** y ***f.*** Confusión de voces altas y desentonadas: *Con este **griterío** no alcanzo a oír si tocan a la puerta.*

grito ***m.*** **1** Hecho de levantar mucho la voz forzando las cuerdas vocales: *El **grito** de horror que lanzó la heroína al ver al monstruo estremeció al público en el cine.* SIN. **chillido, alarido. 2** *loc. Méx. Fam.* **A ~ pelado,** a gritos. **3** *loc.* **Al último ~ de la moda,** actualizado con lo que se usa en el momento presente: *Esa mujer frívola siempre anda **al último grito de la moda,** porque no hace otra cosa que ver y copiar lo que aparece en las revistas europeas.* **4** *loc.* **Poner el ~ en el cielo,** escandalizarse, indignarse: *La gente **puso el grito en el cielo** cuando subió el precio del pan.*

gritón, tona ***adj.*** Se refiere al que alza mucho la voz al hablar: *Ese hombre es muy **gritón,** desde lejos se oye todo lo que dice.*

grizzli ***m.*** Oso norteamericano de piel color gris rojizo: *Los **grizzlis** son los animales carnívoros terrestres más grandes del mundo.*

groenlandés, desa ***adj./m.*** y ***f.*** Originario de Groenlandia.

grogui ***adj.*** **Palabra de origen inglés. 1** Se dice del que está atontado y no sabe lo que pasa: *El boxeador recibió un golpe en la cabeza y quedó **grogui.*** **2** *Fam.* Se refiere al que está medio dormido o un poco mareado: *"Me siento **grogui** porque anoche dormí poco", me dijo Laura.*

grosella ***f.*** Fruto en baya de color rojo y de sabor agridulce.

grosería ***f.*** **1** Descortesía, falta de atención o respeto: *Es una **grosería** empujar a otros para pasar primero.* ANT. **educación. 2** Mala palabra: *Cuando el carpintero se golpeó con el martillo, empezó a decir **groserías.*** SIN. **taco, leperada, peladez, insulto. 3** Acción destinada a molestar a otro: *Con ese niño nadie juega porque se la pasa haciendo **groserías.*** SIN. **impertinencia.** ANT. **gentileza.**

grosero, ra ***adj.*** **1** Referido a lo que es ordinario: *Las bolsas para cargar granos se hacen con tela **grosera** porque es más resistente.* SIN. **basto.** ANT. **fino. 2** Se dice del que es descortés: *Margarita es muy **grosera,** cuando la señora le pidió que se comportara bien, empezó a burlarse.* SIN. **guarango, guaso, maleducado, majadero.** ANT. **cortés, gentil.**

grosero, ra ***m.*** y ***f.*** Persona descortés.

grosor ***m.*** Espesor de un cuerpo: *El **grosor** de una tabla de madera es mayor que el de una hoja de papel.* ANT. **delgadez.**

grosso modo ***loc.*** Sin detalle, de manera aproximada: *Para ahorrar tiempo, el arquitecto explicó su proyecto **grosso modo** y después nos enseñó los planos.*

grotesco, ca ***adj.*** **1** Se dice de lo que resulta extravagante: *Estaba mal vestido, su aspecto era **grotesco.*** **2** Se refiere a lo que es de mal gusto o deforme: *La **grotesca** figura del jorobado de Notre Dame proyectaba su sombra sobre las calles desiertas de París.*

grúa ***f.*** Máquina con un brazo giratorio para levantar, desplazar y depositar objetos: *Las **grúas** del puerto trabajan todo el día cargando y descargando las mercancías de los barcos.* SIN. **guinche.**

gruesa ***f.*** Doce docenas de algunas cosas: *En la escuela compraron una **gruesa** de lápices para que todos los alumnos escriban.*

grueso ***m.*** **1** Anchura de una cosa: *El **grueso** de la punta de este lápiz no permite hacer letras pequeñas.* SIN. **grosor.** **2** Parte principal o mayor de un todo: *El **grueso** de los alumnos de esta escuela son hombres.*

grueso, sa ***adj.*** **1** Que es corpulento o abultado: *El hombre **grueso** ocupó todo el asiento en el autobús, y Justino tuvo que quedarse de pie.* SIN. **gordo.** ANT. **delgado.** **2** Que es más grande de lo común: *Leticia tiene un problema **grueso** y no sabe cómo resolverlo.* ANT. **pequeño.** **3** *Méx. Fam.* Que es impresionante o rudo. ANT. **suave.**

grulla ***f.*** Ave zancuda de gran tamaño, de plumaje gris, cuello largo y cola pequeña: *Las **grullas** descansan parándose sobre una sola pata.*

grumete ***m.*** Aprendiz de marinero: *Los **grumetes** ayudan a la tripulación del barco en sus tareas.*

grumo ***m.*** Bola pequeña y endurecida que flota en una masa líquida: *"Bate bien la harina para que no se formen **grumos**", me dijo mi abuela.*

grumoso, sa ***adj.*** Se dice de la masa líquida que tiene bolas pequeñas que no se han disuelto: *El cocinero cuela la sopa de zanahoria para quitarle lo **grumoso.***

gruñido ***m.*** **1** Voz ronca del cerdo y otros animales: *Por los **gruñidos** de los cerdos, Sergio se da cuenta si tienen hambre o sed.* **2** Sonidos roncos que emite una persona como señal de enfado: *Cuando el abuelo está dormido y le hablas, te responde con un **gruñido.***

gruñir ***vb. irreg.*** {intr.} **Modelo 69. 1** Emitir gruñidos el cerdo y otros animales: *Las vacas mugen, los leones rugen y los cerdos **gruñen**.* **2** Murmurar entre dientes palabras o sonidos que expresan enojo: *Raquel se la ha pasado **gruñendo** porque no le dieron permiso de ir a la fiesta.* SIN. **refunfuñar.**

gruñón, ñona ***adj.*** Que es malhumorado o regañón: *Este año nos tocó una maestra **gruñona,** vamos a extrañar a la otra maestra que era muy gentil.*

grupa ***f.*** Parte de la pierna trasera del caballo que se une al cuerpo: *Cuando Luis va al campo le gusta subirse a la **grupa** del caballo y que su tío vaya adelante.* SIN. **anca.**

grupo ***m.*** **1** Seres o cosas que están reunidas en un mismo lugar o tienen características o intereses comunes: *Roberto y sus amigos han formado un **grupo** de rock y hacen pequeños conciertos en su casa.* SIN. **conjunto.** **2** *loc.* **~ sanguíneo,** tipo o clase de sangre que alguien tiene: *El médico necesita saber de qué **grupo sanguíneo** es el paciente que va a operar.*

gruta ***f.*** Cavidad abierta en el seno de la tierra: *Los hombres primitivos vivían en **grutas.*** SIN. **caverna.**

gruyer ***m.*** Tipo de queso cocido, algo grasoso, de origen suizo: *El queso **gruyer** tiene agujeros.*

guabán ***m.*** *Cuba.* Árbol del que se aprovecha la madera para fabricar herramientas.

guabico ***m.*** *Cuba.* Árbol de madera dura y fina.

guabina ***f.*** *Antill., Colomb.* y *Venez.* Pez de agua dulce, sin escamas, de carne suave y sabrosa.

guabirá ***m.*** *Argent., Par.* y *Urug.* Árbol grande, de tronco liso y blanco, de fruto comestible parecido a una frutilla o fresa de color amarillo.

guabiyú ***m.*** *Argent.* Árbol con propiedades medicinales, de fruto comestible parecido a la aceituna.

guaca ***f.*** **1** *Amér. C.* y *Amér. Merid.* Tesoro enterrado. **2** *Amér. C.* y *Amér. Merid.* Tumba o yacimiento arqueológico de la época precolombina. **3** *Bol., C. Rica* y *Cuba.* Objeto en el que se guarda el dinero para ahorrarlo. SIN. **hucha, alcancía.** **4** *C. Rica* y *Cuba.* Hoyo donde se depositan frutas verdes para que maduren.

guacal ***m.*** **1** *Amér. C.* Árbol que produce un fruto redondo con el que se hacen vasijas. **2** *Amér. C.* y *Méx.* Recipiente hecho con el fruto de esta planta. **3** *Colomb., Méx.* y *Venez.* Canasta o jaula de varillas que se utiliza para transportar mercancías. SIN. **huacal.**

¡guácala! ***interj.*** *Méx. Fam.* Expresión de asco.

guacamayo ***m.*** o **guacamaya** ***f.*** Ave americana parecida al papagayo, de plumaje rojo, azul y amarillo y cola muy larga: *El pico de la **guacamaya** es corto y curvo, y casi tan fuerte como una tenaza.*

guacamole o **guacamol** ***m.*** *Amér. C., Cuba* y *Méx.* Ensalada de palta o aguacate con cebolla, tomate, cilantro y chile o ají verde.

guácara ***f.*** *Méx. Fam.* Comida a medio digerir que se devuelve por la boca. SIN. **vómito.**

guacarear ***vb.*** {tr.} *Méx. Fam.* Echar por la boca lo que había en el estómago. SIN. **vomitar, devolver.**

guachafa ***adj.*** *Perú. Fam.* Que es de mal gusto.

guachafita ***f.*** *Colomb.* y *Venez.* Alboroto, bullicio.

guachapear ***vb.*** {tr.} *Chile.* Hurtar, arrebatar.

guache ***m.*** *Colomb.* y *Venez.* Hombre vulgar, patán.

guachimán ***m.*** **1** *Amér. C., Chile, Perú* y *R. Dom.* Guardia, vigilante. **2** *Nicar.* Sirviente.

guachinango ***m.*** *Méx. Ver* **huachinango.**

guacho, cha ***adj.*** **1** *Amér. C.* y *Amér. Merid.* Se refiere a la cría que ha perdido la madre. **2** *Chile.* Que no tiene pareja. **3** *Argent., Colomb., Chile, Perú* y *Urug.* Huérfano. **4** *Argent.* y *Urug. Desp.* Se refiere al que es ruin, despreciable.

guacho, cha ***m.*** y ***f.*** *Argent., Chile, Colomb., Perú* y *Urug.* Huérfano, abandonado.

guácima o **guásima** ***f.*** *Antill., Colomb.* y *C. Rica.* Árbol cuyo fruto y hojas sirven de alimento al ganado.

guaco ***m.*** **1** Planta americana de flores blancas, que se utiliza para curar llagas, picaduras venenosas, etc.: *El **guaco** tiene un olor desagradable.* **2** Ave casi tan grande como el pavo, de carne apreciada, abundante en América: *Los **guacos** tienen un copete de plumas negras y el plumaje de su cuerpo es blanco y negro.* **3** *Amér. C.* y *Amér. Merid.* Objeto, casi siempre de cerámica, que se encuentra en una tumba o yacimiento precolombino. **4** *C. Rica.* Ave con el cuerpo color negro y el vientre blanco.

guadalupano, na ***adj.*** *Méx.* Relativo a la Virgen de Guadalupe.

guadalupano, na ***m.*** y ***f.*** *Méx.* Persona que es devota de la Virgen de Guadalupe.

guadaña ***f.*** Herramienta hecha con un palo largo y una cuchilla curva grande, que sirve para cortar la hierba a ras del suelo: *La **guadaña** es útil para segar el trigo.*

guagua ***f.*** **1** *Antill.* y *Cuba.* Vehículo que transporta pasajeros. SIN. **autobús, camión, colectivo.** **2** *Cuba* y *R. Dom.* Insecto pequeño de color blanco o gris que destruye los naranjos y limoneros.

guagua ***m.*** y ***f.*** *Amér. Merid.* Niño pequeño. SIN. **bebé, crío, nene.**

guagual o **guagualón, lona** *adj. Chile.* Se dice del que es simple, bobalicón. SIN. **menso.**
guaguasí *m.* Árbol resinoso de Cuba: *El **guaguasí** tiene propiedades medicinales, sirve como purgante.*
guagüero, ra *adj. Antill.* Se dice de la persona que vive sin pagar sus propios gastos. SIN. **garronero, gorrón.**
guagüón *m. Perú.* Muñeco, juguete de niños.
guaicurú *m. Argent.* y *Urug.* Hierba con propiedades medicinales, de tallo áspero, hojas vellosas y largas, y flores moradas.
guaina *m. Argent.* y *Par.* Muchacha. SIN. **chava.**
guairabo *m. Chile.* Ave nocturna de plumaje blanco, con la cabeza y el dorso negros.
guaje *adj. Hond.* y *Méx. Fam.* Se dice de la persona que hace tonterías. SIN. **bobo, necio.**
guaje *m. Hond.* y *Méx.* **1** Planta rastrera, que da una calabaza de base ancha que sirve para llevar líquidos. **2** Árbol que da vainas de color rojo oscuro, con semillas comestibles, aplanadas y de color verde claro.
guajiro, ra *adj./m.* y *f. Cuba.* Relativo a la persona que vive en el campo.
guajiro, ra *m.* y *f. Cuba.* Campesino.
guajolote *adj. Méx. Fam.* Se dice de la persona que hace tonterías. SIN. **bobo, necio.**
guajolote *m. Méx.* Ave de corral más grande que una gallina, de cola en forma de abanico y cresta y cuello con carnosidades que enrojecen cuando el animal se enoja. SIN. **pavo, chompipe, pisco.**
gualdo, da *adj.* Se refiere a lo que es de color amarillo dorado: *El equipo con camiseta color **gualdo** jugará contra el equipo de camiseta azul.*
gualdrapa *f.* Paño largo con que se cubren las ancas de los caballos: *Aquel caballo lleva una **gualdrapa** roja y blanca.*
gualeta *f.* **1** *Chile.* Aleta de peces y reptiles. **2** *Chile.* Parte saliente, casi siempre flexible, de cualquier objeto. **3** *Chile.* Aleta para bucear.
gualicho *m.* **1** *Amér. Merid.* Nombre que se da en el campo al espíritu del mal. **2** *Argent.* y *Urug.* Hechizo, maleficio.
gualve *m. Chile.* Terreno pantanoso.
guamazo *m. Amér. C.* y *Méx. Fam.* Bofetada, manotazo: *Como Jacinto le robó la novia, René se enojó y le dio unos **guamazos** a Jacinto.*
guamil *m. Hond.* Planta que nace sin que la hayan sembrado.
guampa *f. Amér. Merid.* Asta o cuerno del animal vacuno. SIN. **cacho.**
guamúchil *m. Méx.* Árbol espinoso de la familia de las leguminosas, de madera dura y pesada y de frutos comestibles.
guanábana *f.* Fruta de sabor agridulce, verde por fuera y blanca por dentro, con semillas grandes y oscuras: *Con la **guanábana** se preparan aguas frescas y postres.*
guanábano *m.* Árbol americano cuyo fruto es la guanábana: *El **guanábano** se cultiva en los países de clima cálido.*
guanaco *m.* Animal mamífero y rumiante que habita en los Andes meridionales, parecido a la llama, de cabeza pequeña, cuello largo, cola corta y color pardo oscuro: *El **guanaco** escupe cuando está enojado, pero es una buena bestia de carga y su lana se utiliza para hacer abrigos.*
guango, ga *adj. Méx.* Se dice de la ropa cuando queda grande, y de las telas de tejido flojo: *He adelgazado tanto que toda la ropa me queda **guanga.*** SIN. **ancho, holgado.**
guangoche *m. Amér. C.* y *Méx.* Tela rústica con la que se hacen sacos para empacar productos. SIN. **arpillera.**
guano *m.* **1** Excremento de las aves marinas y de los murciélagos, que se utiliza como abono en la agricultura: *En las costas de Perú y del norte de Chile se encuentran capas espesas de **guano,** porque en sus peñascos se acumula el excremento de muchas aves que viven ahí.* **2** Abono mineral que se fabrica imitando las propiedades de los excrementos de las aves y los murciélagos: *Los campesinos pusieron **guano** en la tierra para fertilizarla.* **3** *Amér. Merid.* y *Méx.* Excremento de los animales. SIN. **estiércol. 4** *Cuba.* Nombre que se aplica en general a todas las plantas del tipo de las palmas. **5** *Amér. C.* Dinero.
guantazo *m. Fam.* Manotazo, bofetada: *Sara le dio un **guantazo** a Simón porque la estaba molestando.*
guante *m.* **1** Prenda que cubre o protege la mano: *Los **guantes** de un boxeador son diferentes de los **guantes** que usas para protegerte del frío.* SIN. **manopla. 2** *loc.* **Echar el ~,** atrapar: *Le **echaron el guante** al ladrón cuando iba a escapar.* SIN. **apresar, agarrar, coger.**
guantear *vb.* {tr.} *Amér. C.* y *Méx.* Golpear con la mano abierta. SIN. **abofetear.**
guantelete *m.* Guante metálico, hecho de láminas de hierro, que formaba parte de la armadura.
guantera *f.* Caja cerrada que, en el interior de un automóvil, se encuentra a la derecha del conductor y sirve para guardar cosas: *"El mapa de la ciudad está en la **guantera.** ¿Puedes buscar la calle a la que vamos?", me pidió Roberto.*
guao *m.* Árbol de México, Cuba y Ecuador, de flores pequeñas y rojas: *Con la semilla del **guao** se alimenta a los cerdos y con la madera se hace carbón.*
guapear *vb.* {intr.} *Argent., Chile* y *Urug.* Comportarse de manera valiente, demostrar coraje.
guapetón, tona *adj. Fam.* Se refiere a la persona que es atractiva o va bien vestida: *Roque es un muchacho **guapetón,** por eso lo persiguen tantas chicas.*
guapo *m.* **1** Persona peleonera: *El **guapo** del barrio persiguió a los que intentaron robar la tienda.* **2** Actor que hace el papel principal en obras de teatro o filmes: *El **guapo** del filme salvó la vida a su chica.* SIN. **galán.**
guapo, pa *adj.* **1** Se dice del que es bien parecido en lo físico. SIN. **bonito, bello. 2** Se refiere a la persona que va bien vestida o arreglada con cuidado: *Hoy César iba muy **guapo** al trabajo, se veía muy bien.* SIN. **elegante. 3** *loc. Fam.* **Verse ~ con alguien,** ser generoso, quedar bien: *Gerardo **se vio guapo conmigo** al acompañarme a tomar el autobús.*
guaraca *f. Amér. Merid.* Correa, látigo.
guaracha *f.* Canción festiva de origen antillano, que se baila acompañada de música de guitarra, trompeta y maracas: *Durante las fiestas del pueblo se bailaron **guarachas** y la gente se divirtió mucho.*
guarache *m. Ver* **huarache.**
guaraná *m.* **1** Arbusto de tallos largos, y frutos de los que se extrae una semilla que contiene sustancias tonificantes: *El **guaraná** se cultiva en Brasil.* **2** Bebida refrescante y tonificante que se prepara con las semillas del guaraná: *Eugenia fue de visita al Brasil y trajo **guaraná** para que lo probáramos.*
guarandinga *f. Venez.* Objeto sin valor. SIN. **baratija.**
guarango, ga *adj. Amér. Merid.* Se dice de la persona que hace o dice groserías. SIN. **grosero, maleducado, majadero.**
guaraní *adj./m.* y *f.* Relativo a la persona o cosa perteneciente a un pueblo amerindio que en el siglo XVI ocupaba la costa atlántica de América del Sur y que ahora ocupa la zona en que se limitan Argentina, Bolivia, Brasil y Paraguay: *Ese joven **guaraní** es el guía que lleva a los turistas a conocer las cataratas del Iguazú.*

guaraní ***m.*** **1** Idioma que hablan los pueblos guaraníes de Argentina, Bolivia, Brasil y Paraguay: *Del **guaraní**, el español ha tomado palabras como* ananás, mandioca *y* tapir. **2** Moneda de Paraguay.

guarapeta ***f. Méx.*** Borrachera: *Como tenía mucha sed, me acabé una botella de sidra y me puse tal **guarapeta** que tuve irme a dormir.*

guarapo ***m. Amér.*** Jugo extraído de la caña de azúcar.

guarapón ***m. Chile*** y ***Perú.*** Sombrero de ala ancha.

guarda ***m.*** y ***f.*** **1** Persona que cuida algo: *El **guarda** vigila que el faro esté prendido de noche y durante los días de niebla.* **2** ***Amér. C.*** y ***Amér. Merid.*** Franja con que se adornan los bordes de vestidos, cortinas y telas en general. **3** ***R. de la P.*** Persona que cobra el pasaje en trenes y transportes colectivos.

¡guarda! ***interj. R. de la P. Fam.*** ¡Cuidado!, ¡mira! SIN. **¡aguas!**

guardabarros ***m.*** Pieza semicircular que cubre las ruedas de un vehículo para evitar que el barro salpique al conductor o a los pasajeros: *Choqué y el **guardabarros** de mi bicicleta se torció.* SIN. **salpicadera, guardafango, guardalodos.**

guardabosque o **guardabosques** ***m.*** Guardia forestal, encargado de la vigilancia de los bosques: *El **guardabosque** avisó a los bomberos que había comenzado un incendio entre los árboles.*

guardacostas ***m. pl.*** Embarcación que vigila las costas para evitar el comercio ilegal: *El **guardacostas** detuvo al barco que pescaba camarones sin permiso del gobierno.*

guardaespaldas ***m.*** y ***f.*** Persona que acompaña a otra para protegerla: *Algunos **guardaespaldas** tienen permiso de portar armas de fuego.* SIN. **guarura, gorila.**

guardagujas ***m.*** y ***f.*** Persona que maneja las agujas de una vía de tren: *El **guardagujas** mueve las palancas que cambian el sentido de las vías y así evita los accidentes.*

guardameta ***m.*** y ***f.*** En algunos deportes por equipo, jugador que cuida la meta para evitar goles o puntos en contra: *Ese **guardameta** es muy hábil, no deja pasar ni una anotación del grupo contrario.* SIN. **portero, arquero, guardavalla.**

guardamonte ***m.*** **1** Pieza que protege el gatillo de un arma de fuego portátil para evitar que se dispare de manera accidental. **2** ***Méx., Argent., Bol.*** y ***Urug.*** Pieza de cuero que cuelga de la parte delantera de la montura de una caballería y sirve para proteger las piernas del jinete.

guardapolvo ***m.*** Bata larga de tela ligera que se pone encima de la ropa con el fin de protegerla de la suciedad: *En las escuelas primarias de Argentina los niños usan **guardapolvos** blancos en lugar de uniformes.* SIN. **bata.**

guardar ***vb.*** {tr. y prnl.} **1** Vigilar o defender algo: *Estos tres perros entrenados **guardarán** la casa mientras la familia se va de vacaciones.* SIN. **cuidar, proteger. 2** Cumplir y observar lo que cada uno debe hacer por obligación: *El policía detuvo a los conductores que no **guardaban** los límites de velocidad.* **3** Cuidar o conservar: *"Si llegas primero al cine, **guárdame** un lugar junto a ti", dije a Joaquín.* SIN. **reservar, apartar. 4** Poner una cosa en el sitio correcto: *Doris **guardó** sus vestidos de invierno y sacó los de verano porque ya comienza a sentirse calor.* SIN. **meter, ordenar. 5** Apartar algo para evitar gastarlo o consumirlo: *Daniel **ha guardado** un poco de dinero para poder comprarse un balón.* SIN. **ahorrar. 6** Precaverse, cuidarse, evitar riesgos: *"**Guárdense** de hablar con extraños cuando vayan solos por la calle", recomendó mi madre.* **7** *loc.* **~ cama,** permanecer en cama: *Horacio tiene hepatitis y debe **guardar cama** por un mes.* **8** *loc.* **~ rencor,** odiar, estar resentido: *Carlos le **guarda rencor** a Julieta por no haber llegado a la cita que tenían.*

guardarropa ***m.*** **1** Mueble o habitación donde se guardan las prendas de vestir: *Esa actriz tiene más de doscientos vestidos en su **guardarropa**.* SIN. **armario, clóset, placard. 2** Conjunto de prendas de vestir: *Como iba a estar mucho tiempo de viaje, se llevó todo su **guardarropa** consigo.*

guardavalla ***m. Amér. C.*** y ***Amér. Merid.*** En algunos deportes por equipo, jugador que cuida la meta para evitar goles o puntos en contra. SIN. **guardameta, portero, arquero.**

guardavía ***m.*** Trabajador ferrocarrilero encargado de vigilar un tramo de vía férrea: *El **guardavía** avisó a la central que había habido un derrumbe en el cerro y así evitó un accidente ferroviario.*

guardería ***f.*** Lugar destinado al cuidado de los bebés y niños menores de cuatro años: *Mis hermanos menores van a la **guardería** porque mis papás trabajan y yo voy a la escuela.*

guardia ***f.*** **1** Vigilancia: *En el campamento hubo tres turnos de **guardia** nocturna.* **2** Turno nocturno o turnos en horarios poco usuales, que se realiza en algunas actividades en las que se da servicio las 24 horas del día: *Los médicos hacen **guardias** por las noches para atender los casos urgentes que llegan al hospital.* **3** Nombre de algunos cuerpos armados: *La **guardia** presidencial escoltó al presidente al aeropuerto.* SIN. **custodia, escolta. 4** *loc.* **Ponerse en ~,** ponerse a la defensiva o estar atento: *En el partido de fútbol, el portero **se puso en guardia** mientras el delantero contrario tomaba impulso para patear el balón.*

guardia ***m.*** Individuo de ciertos cuerpos armados que trabaja defendiendo o cuidando algo: *El **guardia** de la tienda detuvo al hombre que intentaba robar unos zapatos.* SIN. **agente, centinela, policía.**

guardián, diana ***m.*** y ***f.*** Persona, animal o espíritu que cuida algo o a alguien: *La perra **guardiana** estaba enferma y aun así se levantó para perseguir a los ladrones.*

guarecer ***vb. irreg.*** {intr. y prnl.} **Modelo 39. 1** Proteger a alguien dándole refugio. **2** Buscar refugio para protegerse del mal tiempo.

guarén ***m. Chile.*** Rata grande y nadadora que tiene los dedos unidos por una membrana y vive a orillas de los ríos.

guares ***adj. P. Rico.*** Relativo a las personas o cosas que son semejantes o iguales.

guares ***m. pl. P. Rico.*** Hermanos que han nacido en el mismo parto. SIN. **gemelos, cuates.**

guarida ***f.*** **1** Lugar abrigado donde se refugian los animales. **2** ***Fam.*** Escondite: *Aquella casa abandonada servía de **guarida** a unos ladrones hasta que la policía los descubrió.* SIN. **refugio.**

guarisapo ***m. Chile.*** Renacuajo: *Salimos de día de campo y vimos un charco donde nadaban numerosos **guarisapos**.*

guarismo ***m.*** Signo o conjunto de signos que expresan un número: *El matemático escribió unos **guarismos** en su libreta de notas.* SIN. **cifra.**

guarnecer ***vb. irreg.*** {tr.} **Modelo 39. 1** Adornar un vestido con una cinta, un encaje, etc.: *La costurera **guarnecerá** el vestido de novia con un encaje tejido a mano.* **2** Dotar, proveer, equipar: *Para escalar el monte, el capitán de los alpinistas **guarneció** a sus hombres con mantas, alimentos y herramientas.* SIN. **suministrar.**

guarnición ***f.*** **1** Alimento que se sirve para acompañar carnes y pescados: *Me sirvieron la carne acompañada con una **guarnición** de papas fritas.* SIN. **acompañamiento. 2** Grupo de soldados que permanece en un poblado para defenderlo o protegerlo: *La **guarnición** mostró su valentía cuando la torre fue atacada.* SIN. **tropa. 3** Adorno de las ropas: *La **guarnición** floreada del vestido azul oscuro le da un toque de alegría.* **4** *Méx.* Borde del hormigón o concreto que delimita las aceras. SIN. **cordón, bordillo.**

guaro ***m.*** **1** *Amér. C.* Bebida alcohólica fuerte hecha a base de caña. SIN. **aguardiente. 2** *Venez.* Ave de pico curvo y grueso, casi siempre de plumaje color verde, con algunos adornos de otros colores en la cabeza y en la cola. SIN. **loro, perico.**

guarro, rra ***adj.*** Se aplica a las personas, animales o cosas sucias: *Eliseo es un **guarro,** hace tres días no se cambia de ropa.*

guarro, rra ***m.*** y ***f.*** Cerdo, animal de granja: *Mi tía me dijo: Vamos a darle de comer a los **guarros** y verás cómo dejan de hacer tanto ruido.* SIN. **cochino, marrano.**

guarura ***m.*** *Méx. Fam.* Persona que acompaña a otra para protegerla usando la fuerza física si es necesario. SIN. **guardaespaldas, gorila.**

guasa ***f.*** *Fam.* Burla o broma que se hace o se dice a alguien: *No pongas esa cara, Lalo; cuando te dije que Georgina tenía novio, fue una **guasa.*** SIN. **ironía, broma.**

guasada ***f.*** *R. de la P.* Falta de respeto, grosería.

guasca ***f.*** *Amér. Merid.* y *Antill.* **1** Tiras de cuero crudo que se emplean como riendas o látigos. **2** *Colomb.* Hoja, planta comestible.

guaso, sa ***adj.*** *Amér. Merid.* Se dice de quien no es cortés. SIN. **maleducado, grosero.**

guasón, sona ***adj./m.*** y ***f.*** *Fam.* Se refiere a la persona que es burlona o que gusta de hacer bromas: *Los amigos de Tomás son muy **guasones,** se pasan las tardes haciendo payasadas.* SIN. **bromista, irónico.**

guata ***f.*** **1** Algodón que se usa como relleno de colchones y ropa de abrigo. **2** *Argent., Bol., Chile* y *Perú. Fam.* Barriga, vientre. **3** *Cuba.* Mentira. **4** *Ecuad.* y *Salv.* Amigo inseparable. SIN. **cuate.**

guatemalteco, ca ***adj./m.*** y ***f.*** Originario de Guatemala, país de América Central, y de su capital: *Los turistas compraron unas hermosas y coloridas telas **guatemaltecas** hechas en telar de cintura.*

guateque ***m.*** *Fam.* Fiesta en una casa particular: *Anoche, durante el **guateque,** la gente bailó mucho.* SIN. **reventón.**

guato ***m.*** **1** *Bol.* Cordel para amarrar cosas. SIN. **mecate, soga. 2** *Méx. Fam.* Montón de algo.

guatuso, sa ***adj./m.*** y ***f.*** *Salv.* Se refiere a la persona que tiene el cabello claro. SIN. **rubio, güero.**

guaxmole ***m.*** *Méx.* Comida hecha de carne de cerdo guisada con semillas de guaje.

guayaba ***f.*** Fruta redonda, del tamaño de la ciruela, amarilla por fuera y con interior casi blanco, o rosado, lleno de semillas pequeñas: *La **guayaba** es muy sabrosa y tiene un perfume especial que la caracteriza.*

guayabate ***m.*** Dulce de guayaba: *Ayer comimos **guayabate** como postre.*

guayabera ***f.*** Camisa suelta de tela ligera, propia para climas cálidos: *En la península de Yucatán, en México, muchos hombres acostumbran usar **guayaberas** de colores claros.*

guayabo ***m.*** Árbol americano, de copa frondosa, cuyo fruto es la guayaba: *Con las hojas del **guayabo** se prepara un té medicinal.*

guayacán o **guayaco** ***m.*** Árbol tropical de América, apreciado por su madera negruzca, dura y olorosa.

guayanés, nesa ***adj./m.*** y ***f.*** Originario de la Guayana Francesa, país de América del Sur.

guayar ***vb.*** {tr.} *R. Dom.* Desmenuzar una cosa con el rallador. SIN. **rallar, moler.**

guayuco ***m.*** *Colomb., Pan.* y *Venez.* Vestimenta pequeña que usan los indios, que cubre los genitales y el trasero. SIN. **taparrabo.**

guayule ***m.*** *Méx.* Árbol que produce el hule.

gubernamental ***adj.*** Relativo al gobierno de un país o provincia: *La política **gubernamental** busca ofrecer más oportunidades de trabajo.*

gubia ***f.*** Utensilio que consta de un mango de madera y una punta de metal filosa en forma de "u" o de "v", usada en carpintería para escarbar la madera.

guedeja ***f.*** Mechón de cabello: *La joven cortó una de sus negras **guedejas** y la entregó a su galán como prenda de amor.*

güegüenche ***m.*** *Méx.* Entre los indígenas, anciano que tiene a su cargo la organización de las danzas festivas del pueblo.

güemul ***m.*** Animal sudamericano parecido al ciervo, de cola corta y blanca, orejas grandes y pelaje pardo. SIN. **huemul.**

guepardo ***m.*** Animal felino de piel clara con manchas oscuras, parecido al leopardo, pero de cabeza más pequeña: *El **guepardo** es uno de los animales más veloces del planeta.*

güero, ra ***adj./m.*** y ***f.*** *Méx.* y *Venez.* Relativo a la persona que tiene el cabello claro. SIN. **rubio, guatuso.**

guerra ***f.*** **1** Lucha armada entre sociedades humanas: *Casi todos los países han perdido a muchos de sus ciudadanos durante las **guerras.*** SIN. **conflicto, lucha.** ANT. **paz. 2** *loc.* **Dar ~,** molestar: *Lucía le estuvo **dando guerra** a su hermano para que la ayudara a podar el césped.*

guerrear ***vb.*** {intr.} Pelear, hacer la guerra: *En la Edad Media los señores feudales **guerreaban** contra sus vecinos para obtener más tierras o para aumentar su poder.* SIN. **luchar, combatir, batallar.**

guerrera ***f.*** Prenda militar que equivale al saco de vestir: *El oficial lucía sus medallas sobre su impecable **guerrera.***

guerrero, ra ***adj.*** Relativo a la lucha armada, o a quien la practica: *En la antigua Grecia, Esparta era una ciudad **guerrera** y Atenas una ciudad culta.* SIN. **bélico, marcial.** ANT. **pacífico.**

guerrero, ra ***m.*** y ***f.*** Persona que practica la lucha armada: *Los **guerreros** defendieron las costas en las que estaba desembarcando el enemigo.* SIN. **combatiente, soldado.** ANT. **pacifista.**

guerrilla ***f.*** Grupo de civiles organizados como ejército que hace la guerra a base de pequeños ataques por sorpresa, trampas y emboscadas: *Los franceses organizaron una **guerrilla** de resistencia para defenderse de la invasión nazi durante la Segunda Guerra Mundial.*

guerrillero, ra ***m.*** y ***f.*** Persona que combate en la guerrilla.

gueto ***m.*** **1** Grupo de personas que viven separadas de la sociedad por motivos raciales, culturales, religiosos, etc. **2** Lugar o barrio donde viven las personas que se encuentran separadas de la sociedad por motivos raciales, culturales, religiosos, etc.

guía ***f.*** **1** Cosa que dirige u orienta. **2** Manual que contiene mapas, planos e información sobre ciudades y países: *En la **guía** de la ciudad encontraremos el domicilio que buscamos.* **3** Manual que contiene información sobre algún tema en particular: *En la **guía** del explorador se explica cómo encender una fogata en el bosque sin causar un accidente.*

guía ***m.*** y ***f.*** Persona que encamina o enseña a otras: *El **guía** del museo de arte llevó a los visitantes de una sala a otra dando explicaciones muy claras de las obras que observaban.* SIN. **chaneque.**

guiar ***vb. irreg.*** {tr. y prnl.} **Modelo 9. 1** Acompañar a alguien mostrándole el camino: *Julio **guió** a sus amigos hasta el río porque era el único que sabía cómo llegar.* SIN. **llevar, indicar. 2** Conducir un vehículo: *Federico nunca **había guiado** una motocicleta y, sin embargo, lo hizo muy* *bien.* SIN. **manejar, conducir. 3** Dirigir por medio de enseñanzas o consejos: *Por fortuna, el maestro aceptó **guiarme** en la elección de los libros que debo estudiar para el examen.* SIN. **aconsejar, instruir.**

guija ***f.*** Piedra pequeña redondeada por la erosión: *Los niños se divertían tirando **guijas** al agua.* SIN. **guijarro.**

guijarro ***m.*** Piedra pequeña redondeada por la erosión. SIN. **guija.**

guillotina ***f.*** **1** Instrumento de castigo en el que la cabeza del condenado se sujeta debajo de una cuchilla filosa que, al caer, produce la muerte por decapitación: *La **guillotina** es un invento francés.* **2** Máquina con una cuchilla muy filosa que se usa para cortar papel: *En la imprenta hay una **guillotina** grande que corta muchas hojas a la vez.*

guillotinar ***vb.*** {tr.} **1** Matar a alguien cortándole la cabeza con la guillotina: *Durante la Revolución Francesa el rey Luis XVI fue **guillotinado**.* SIN. **matar, decapitar, degollar. 2** Cortar papel con una guillotina: *El papel debe **guillotinarse** para lograr cortes precisos.*

güinca ***adj. Chile.*** Nombre con que los indios se refieren a los blancos.

güinca ***m. Chile. Fam.*** Amigo.

guinche ***m. Argent.*** y ***Urug.*** Máquina con un brazo giratorio para levantar, desplazar y depositar cosas pesadas. SIN. **grúa.**

guinda ***adj./m.*** y ***f.*** Relativo a lo que es de color rojo muy oscuro.

guinda ***m.*** y ***f.*** **1** Color rojo muy oscuro: *Uno de los colores de la flor de buganvilla es el **guinda**.* **2** Fruta redonda del tamaño de una uva grande que se presenta en pares y es de color rojo oscuro: *Las **guindas** son un poco más ácidas que las cerezas.*

guindo o **guindal** ***m.*** Árbol parecido al cerezo, que da un fruto llamado guinda: *El **guindo** está lleno de pájaros que han venido a comerse la fruta.*

guinea ***adj.*** Se dice de la gallina que tiene el plumaje de color mezclado entre oscuro y claro: *En el gallinero hay tres gallinas **guineas** y una gallina blanca.*

guinea ***f.*** Antigua moneda británica.

guineano, na o **guineo, a** ***adj./m.*** y ***f.*** Originario de Guinea, país de África Occidental.

guineo ***m.*** Variedad de banana o plátano en algunas zonas de América: *El **guineo** es un plátano pequeño y dulce.*

guiñapo ***m.*** **1** Prenda de vestir rota y sucia: *El cachorro se puso a jugar con el pantalón que Leoncio dejó tirado y lo dejó hecho un **guiñapo**.* SIN. **andrajo, harapo. 2** Persona enferma, cansada, sucia o que se siente mal moralmente: *Laura anda hecha un **guiñapo** a causa de su enfermedad.*

guiñar ***vb.*** {tr. y prnl.} Cerrar y abrir un ojo con rapidez, dejando el otro abierto: *En cuanto Pedro vio a Magdalena, le **guiñó** un ojo en señal de simpatía.*

guiño ***m.*** Gesto de cerrar y abrir un solo ojo con rapidez: *Luis le hizo un **guiño** a Silvia para darle a entender que estaba bromeando.*

guiñol ***m.*** **Palabra de origen francés.** Teatro pequeño de marionetas con el cuerpo en forma de guante, que se manejan introduciendo una mano en ellas: *En el **guiñol** representaron un cuento de* Las mil y una noches.

guión ***m.*** **1** Apunte escrito en forma breve que sirve de guía para desarrollar un tema: *La maestra les aconsejó a los niños que hicieran un **guión** con los asuntos más importantes que tratarían en la reunión de alumnos.* SIN. **apunte, sinopsis. 2** Texto con los diálogos y sucesos que se desarrollarán en un filme, un programa de televisión o de radio: *El **guión** del filme fue modificado al momento de la grabación.* SIN. **argumento, trama. 3** Signo ortográfico (-) que se utiliza para partir palabras cuando no caben en el renglón: *Las palabras se separan en sílabas con un **guión**.*

guionista ***m.*** y ***f.*** Persona que elabora el guión de un filme o de un programa de radio o televisión. SIN. **autor.**

güipil ***m. Ver*** **huipil.**

güira ***f.*** **1** Árbol tropical de tronco torcido, que da un fruto globoso parecido a la calabaza con el que se fabrican tazas, vasos e instrumentos musicales. **2** Fruto de la güira: *Con la pulpa de la **güira** se prepara dulce.*

guirigay ***m.*** **1** Lenguaje difícil de entender por enredado e incompleto. SIN. **galimatías. 2** Griterío y confusión: *Aquellos traviesos andan haciendo **guirigayes** en todos lados.*

guirlache ***m.*** Dulce duro hecho con almendras tostadas y caramelo. SIN. **turrón.**

guirnalda ***f.*** Cinta o corona hecha con ramas, flores o papel trenzado, que se usa como adorno en patios, habitaciones o edificios: *Colgaremos unas **guirnaldas** en el patio para la fiesta de cumpleaños.*

güiro ***m. Antill.*** Instrumento musical hecho con un tipo de calabaza alargada, a la que se hacen rayaduras en la parte superior: *Al frotar el **güiro** con un hueso, produce un sonido rítmico.*

guisa ***f.*** **1** Manera, modo. **2** ***loc.*** **A ~ de,** a modo: *Chinos y japoneses usan palillos **a guisa de** cubiertos.*

guisado ***m.*** Comida hecha a base de carne de res, pollo o pescado, cocida con verduras o salsa: *El **guisado** tenía zanahorias, papas y tomate.* SIN. **guiso.**

guisante ***m.*** **1** Planta trepadora cultivada por su vaina comestible, de color verde con semillas redondas y pequeñas: *El **guisante** es una legumbre.* SIN. **arveja, chícharo. 2** Semilla de esta planta del guisante.

guisar ***vb.*** {tr.} Preparar los alimentos cocinándolos al fuego: *El papá de Daniel **guisó** pollo con verduras y sabe delicioso.* SIN. **cocinar.**

guiso ***m.*** Comida hecha a base de carne de res, pollo o pescado, cocida con verduras o salsa: *Hoy comimos **guiso** de pescado con zanahorias.* SIN. **guisado.**

güisqui ***m. Esp.*** Bebida alcohólica hecha a partir de ciertos cereales. SIN. **whisky.**

guita ***f. R. de la P. Fam.*** Dinero. SIN. **plata, lana, feria.**

guitarra ***f.*** Instrumento musical formado por una caja de madera con curvas y un agujero redondo al centro, un mástil con barritas de metal y seis cuerdas: *La **guitarra** suena al apretar las cuerdas con una mano y rasparlas con la otra.*

guitarrero, ra ***m.*** y ***f.*** Persona que se dedica a fabricar o a vender guitarras: *Los **guitarreros** de Paracho, en el estado mexicano de Michoacán, son famosos por la calidad de los instrumentos que fabrican.*

guitarrista ***m.*** y ***f.*** Persona que se dedica a tocar la guitarra, en especial el que lo hace de manera profesional: *El **guitarrista** interpretó la obra llamada* Concierto de Aranjuez.

guitarrón ***m.*** Instrumento musical mexicano parecido a la guitarra pero de mayor tamaño: *En ese cuarteto de cuerdas hay un violín, dos guitarras y un **guitarrón**.*

gula ***f.*** Exceso en el comer y en el beber: *Gabriel se comió por **gula** otra rebanada de tarta y ahora le duele el estómago.*

gurdo ***m.*** Moneda de Haití.

guri, risa ***m.*** y ***f. Argent.*** y ***Urug.*** Niño, muchacho.

gurú ***m.*** **Palabra de origen sánscrito.** Director espiritual o jefe religioso de la India: *Un **gurú** enseña filosofía y técnicas para meditar.*

gusanera ***f.*** Lugar lleno de gusanos.

gusano ***m.*** Nombre dado a los animales de cuerpo blando y alargado, sin patas ni esqueleto: *Un tipo de **gusanos** se* *convierten en mariposas después de una metamorfosis.* SIN. **lombriz, oruga.**

gustar ***vb.*** {tr. y prnl.} **1** Percibir el sabor: ***Gustamos*** *dos tipos de fruta, una dulce y otra ácida, antes de escoger la que preferíamos.* SIN. **probar, saborear, degustar. 2** Resultar algo agradable o atractivo a alguien: *A Gloria le* ***gusta*** *Martín.* SIN. **querer, agradar. 3** Desear algo: *"¿****Te gustaría*** *ir de vacaciones a la playa?", le dije a mi hermano.* SIN. **apetecer, desear.**

gustativo, va ***adj.*** Relativo al sentido del gusto: *Las papilas* ***gustativas*** *primero captan el sabor dulce, luego el salado y al final el amargo y el ácido.*

gustazo ***m.*** Gusto grande.

gustillo ***m.*** Saborcillo que queda en el paladar al probar alguna cosa: *El dulce de guayaba tenía un agradable* ***gustillo*** *a canela.*

gusto ***m.*** **1** Sentido que permite distinguir los sabores: *"Con una gripe tan fuerte como la que tienes se pierde el* ***gusto****, por eso no le encuentras sabor a la comida", me dijo mi madre.* **2** Sabor de un alimento: *"Esta sopa tiene* ***gusto*** *a cebolla", le dije a Ricardo.* **3** Placer: *"Me da mucho* ***gusto*** *volver a verte después de seis meses", dije a mi hermana.* **4** Facultad de sentir o apreciar las cosas: *Tienen* ***gustos*** *diferentes: uno prefiere oír música; el otro, trepar a los árboles.* **5** Decisión voluntaria de hacer algo: *Liliana fue por su* ***gusto*** *a ayudar a su tía.* **6** ***loc.*** **Tomar (el) ~,** aficionarse: *Le ha* ***tomado gusto*** *a la lectura y ahora se pasa el día con un libro en las manos.*

gustoso, sa ***adj.*** Que siente gusto o hace con gusto una cosa: *"En cuanto termine mi trabajo, te acompañaré* ***gustoso*** *al cine", me dijo mi hermano.*

gutural ***adj.*** Relativo a la garganta: *"Grrr" es un sonido* ***gutural.***

guyanés, nesa ***adj./m.*** y ***f.*** Originario de Guyana, país de América del Sur: *Los* ***guyaneses*** *se independizaron de los ingleses en 1966.*

H

h ***f.*** Octava letra del abecedario español. Su nombre es *hache*.

haba ***f.*** **1** Planta de huerta cultivada por sus semillas que nacen en vaina verde y que se utilizan en la alimentación humana y animal: *El **haba** es una planta leguminosa que se come fresca y también se come seca.* **2** Fruto y semilla de esta planta: *Las **habas** secas son amarillas y con ellas se prepara una sopa espesa y sabrosa.*

habanero, ra o **habano, na** ***adj./m.*** y ***f.*** Originario de La Habana, Cuba, isla de las Antillas Mayores.

habano ***m.*** Cigarro grueso como el dedo de una persona adulta, largo y perfumado, elaborado en Cuba: *Los **habanos** se elaboran de forma manual, enrollando varias hojas de tabaco tratado de manera especial para que conserven su aroma y su frescura.* Sin. **puro.**

habano, na ***adj.*** De color ocre o castaño claro, como la hoja del tabaco: *El vestido de color **habano** tiene reflejos dorados.*

haber ***m.*** **1** Conjunto de bienes que posee alguien: *La casa, el automóvil y un terreno en las afueras de la ciudad son los **haberes** de Héctor.* Sin. **fortuna, hacienda.** **2** Parte de una cuenta en la que se apuntan los ingresos. Sin. **activo, caudal.**

haber ***vb. irreg.*** {impers.} **Modelo 22. 1** Verbo auxiliar que, seguido de un participio, forma los tiempos compuestos: *De **haber llegado** a tiempo al cine, **habríamos** podido entrar a la función.* **2** Estar en alguna parte: ***Había** mucha gente en la sala de conciertos.* Sin. **hallarse. 3** Existir: *"No **hay** problema, puedes traer el trabajo escolar mañana", me dijo la maestra.* **4** Suceder: *El sábado pasado **hubo** un terremoto en Guatemala, pero por fortuna no se registraron muertes.* Sin. **producirse, ocurrir. 5** Realizarse: *El día 25 de este mes **habrá** una reunión para conmemorar los cincuenta años de la fundación de la escuela.* Sin. **celebrarse. 6** Seguido de la preposición ***de*** y un verbo en infinitivo, expresa la acción como obligatoria o necesaria: *Ellos **han de estudiar** si realmente quieren aprobar la materia.* **7** ***loc.*** **Hay que,** es necesario u obligatorio hacer algo: ***"Hay que** ir a la casa de Néstor para ayudarle a reparar el techo que se cayó por la tormenta", me dijo Andrés.* **8** ***loc.*** **No hay de qué,** expresión de cortesía que se utiliza para responder cuando alguien da las gracias: *–Muchas gracias por acompañarme. **–No hay de qué.*** Sin. **de nada.**

habichuela ***f.*** **1** Planta trepadora cultivada en las huertas, que da una vaina comestible de color verde con semillas blancas: *La **habichuela** es una planta leguminosa.* **2** Fruto de la planta de la habichuela. Sin. **chaucha, ejote. 3** Semilla de la planta de la habichuela: *Una manera de cocinar las **habichuelas** es con perejil y ajo, así saben deliciosas.* Sin. **frijol, judía, poroto.**

hábil ***adj.*** **1** Se dice de la persona que puede hacer las cosas bien: *El caballero del cuento era **hábil** en el manejo de la espada.* Sin. **capaz, competente, diestro.** Ant. **incapaz, torpe, inepto. 2** Relativo a aquello que resulta adecuado: *Rosaura entretuvo a la maestra con **hábiles** preguntas hasta que terminó la clase.* Sin. **pertinente, oportuno.**

habilidad ***f.*** Cualidad de quien tiene capacidad para hacer algo bien: *Hugo conduce muy bien y gracias a su **habilidad** evitó un terrible accidente.* Sin. **destreza.** Ant. **torpeza.**

habilidoso, sa ***adj.*** Se refiere a la persona que hace bien las cosas: *Rosina es una chica **habilidosa:** cosió un hermoso vestido de novia para su hermana y, además, preparó una comida deliciosa para la fiesta.* Sin. **capaz, competente.** Ant. **incapaz, torpe, inepto.**

habilitado, da ***m.*** y ***f.*** **1** Persona encargada de los intereses de una sociedad, en especial, el oficial del ejército nombrado para ese fin en un cuerpo o regimiento. **2** Auxiliar, y a veces suplente, de los secretarios judiciales. **3** Persona encargada de pagar los sueldos u honorarios en algunas entidades y sociedades.

habilitar ***vb.*** {tr.} **1** Hacer hábil o apto a alguien para que pueda valerse por sí mismo: *El entrenador **habilitó** a los atletas jóvenes para que puedan participar en la categoría profesional.* Sin. **entrenar. 2** Arreglar un lugar para que pueda utilizarse: ***Han habilitado** esa casa vieja y ahora funciona como restaurante.* Sin. **acondicionar.**

habitable ***adj.*** Que reúne las condiciones para ser habitado: *El departamento que compramos está un poco maltratado, pero es **habitable** y amplio.*

habitación ***f.*** **1** Sitio donde se vive: *Pedro está buscando **habitación,** porque va a casarse el mes próximo.* Sin. **domicilio. 2** Cada uno de los espacios con techo que forman una casa: *Esa casa tiene cinco **habitaciones** y un jardín.* Sin. **cuarto, pieza, recámara.**

habitacional ***adj.*** De la habitación o sitio en que habitan personas: *Son varios los edificios que componen la unidad **habitacional** en el que vive mi abuela.*

habitáculo ***m.*** **1** Lugar donde se vive: *Según la mitología, el monte Olimpo era el **habitáculo** de los dioses griegos.* Sin. **habitación, vivienda. 2** Espacio natural que presenta condiciones favorables para vivir en él: *El jardín de mi casa es el **habitáculo** de unas hormigas.* Sin. **hábitat.**

habitante ***m.*** y ***f.*** **1** Poblador de un país, región, ciudad o barrio: *Los monos, tucanes, jaguares y otros animales son los **habitantes** de la selva.* **2** Cada una de las personas que forman la población de una ciudad o del mundo: *Esta ciudad* *tiene tres millones de **habitantes.*** Sin. **ciudadano, residente.**

habitar ***vb.*** {tr.} **1** Vivir en un lugar: *Los canguros **habitan** en Australia.* Sin. **poblar. 2** Vivir en una casa: *Una familia de amigos **habitará** con nosotros hasta que encuentre un departamento para alquilar.* Sin. **morar, residir.**

hábitat ***m.*** **1** Territorio que presenta las condiciones adecuadas para la vida de una especie animal o vegetal: *El **hábitat** de los delfines es el mar.* **2** Conjunto de condiciones de vida de las personas: *El **hábitat** rural es muy diferente al de la ciudad.*

hábito ***m.*** **1** Disposición que se adquiere por hacer ciertas cosas de manera frecuente: *Elisa tiene el **hábito** de levantarse temprano para hacer ejercicio.* Sin. **costumbre. 2** Traje o vestimenta usado por religiosos: *El **hábito** de los monjes franciscanos es de tela rústica.* **3** *loc.* **El ~ no hace al monje,** señala que a veces la apariencia de alguien no corresponde con la realidad.

habitual ***adj.*** Relativo a lo que se hace u ocurre siempre de un mismo modo: *Un vaso de leche y una fruta: ése es mi desayuno **habitual.*** Sin. **común, normal, ordinario.** Ant. **excepcional, inusitado.**

habituar ***vb. irreg.*** {tr. y prnl.} **Modelo 10.** Acostumbrar o acostumbrarse a hacer algo como parte de la vida normal: *Este gato **se habituó** desde pequeño a orinar en un cajón de arena.* Sin. **acostumbrar, enseñar.**

habla ***f.*** **1** Facultad, acción y efecto de expresarse por medio de palabras: *Los animales no están dotados de **habla.*** **2** Uso individual que hacen los hablantes de una lengua: *Casi 400 millones de personas en el mundo somos de **habla** española.* Sin. **idioma. 3** *loc.* **Dejar** o **quedarse sin ~,** guardar silencio a causa de una sorpresa: *Las preguntas del niño acerca del sexo **dejaron sin habla** a sus padres.* Sin. **enmudecer. 4** *loc.* **Estar** o **ponerse al ~,** estar en comunicación: *Rosalía **se puso al habla** con Julián para decidir la fecha en que iniciarían el viaje.*

hablador, ra ***adj.*** Se dice de la persona que habla demasiado: *Julieta es tan **habladora,** que se pasa una hora hablando cuando alguien le pregunta cómo le va.* Sin. **charlatán, parlanchín.** Ant. **callado, reservado.**

hablador, ra ***m.*** y ***f.*** Persona que tiende a mentir o exagerar al contar algo: *La **habladora** logró que todos se preocuparan por algo que no había sucedido.*

habladuría ***f.*** Cosas que se dicen y no son del todo ciertas: *"Elena sigue yendo a la escuela como siempre, nunca pensó en dejar de estudiar; lo que oíste fueron puras **habladurías."*** Sin. **chisme, mentira, rumor.**

hablar ***vb.*** {tr., intr. y prnl.} **1** Articular palabras: *El bebé está empezando a **hablar.*** Sin. **pronunciar. 2** Expresar el pensamiento utilizando palabras: *Yo **hablo** mucho con mis padres, ellos siempre me explican lo que no entiendo.* Sin. **conversar, charlar, platicar. 3** Decir algo a un público reunido: *El director de la escuela **habló** en la inauguración de la nueva biblioteca.* **4** Darse a entender de algún modo: *Los mimos **hablan** con el cuerpo.* Sin. **expresar, decir. 5** Sostener una conversación: *Rodolfo y Federico no **se hablan** desde el viernes porque se pelearon.* **6** Tratar sobre un asunto: *El libro **habla** de un continente perdido llamado Atlántida.* Sin. **razonar. 7** Murmurar o criticar. **8** Conocer y utilizar un idioma: *Mi amigo William **habla** inglés y yo **hablo** español.* **9** *loc.* **~ hasta por los codos,** hablar demasiado: *Mi hermanita **habla hasta por los codos,** a veces termino aburrida de tanto oírla.* **10** *loc.* **Ni ~,** se usa para negarse a hacer algo o para aceptar hacerlo con cierta resignación: *Mi madre no me dio permiso para ir a la fiesta y **ni hablar,** no iré.*

hacedor, ra ***adj./m.*** y ***f.*** Referido a la persona que hace una cosa. Sin. **creador.**

hacendado, da ***adj./m.*** y ***f.*** **1** Se refiere a la persona que tiene tierras en propiedad: *Los primos de Lucrecia son grandes **hacendados,** tienen varios terrenos en el campo, en algunos cultivan frutas y en otros crían ganado.* Sin. **rico. 2** *Argent.* y *Urug.* Dueño de tierras dedicadas a la cría de ganado. Sin. **ganadero, estanciero, ranchero.**

hacendoso, sa ***adj.*** Se refiere a la persona que trabaja con esmero en las tareas del hogar.

hacer ***vb. irreg.*** {tr., intr., prnl. e impers.} **Modelo 23. 1** Elaborar cosas materiales: *Las abejas **hacen** la miel.* **2** Crear: *Horacio **hace** cine y su hermano Raúl, que es poeta, **hace** versos.* Sin. **inventar, componer, producir. 3** Obligar a algo: *Les **hizo** tomar la sopa hasta la última gota.* Sin. **ordenar, obligar. 4** Actuar: *A Rodrigo le tocó **hacer** del príncipe en la obra de teatro de la escuela.* **5** Realizar: *El año en que todos nos reunimos, Anita no estuvo porque **había hecho** un viaje a Francia.* **6** Producir una causa o un efecto determinado: *La fuerza de gravedad **hace** que los objetos caigan a tierra.* Sin. **provocar. 7** Componer, arreglar: *Antes de ir a la escuela **hago** mi cama.* **8** Disimular: *Diego **se hacía** el sordo cada vez que Fernando lo saludaba porque no quería hablar con él.* Sin. **fingir, aparentar. 9** Convertirse, volverse: *Julia **se ha hecho** cantante de ópera.* Sin. **dedicarse. 10** Habituar, acostumbrar: *"Si te vas a vivir a Finlandia, tendrás que **hacerte** al frío del Norte", me dijo mi tío.* **11** Moverse en alguna dirección: *"**Hazte** a un lado, necesito pasar", me dijo Jacobo.* **12** Haber transcurrido cierto tiempo: *"Hoy **hace** un año que nos conocimos", me dijo mi amiga Daniela.* **13** Haber ciertas condiciones atmosféricas: *El último invierno **hizo** más frío que otros años.* **14** *loc.* **~ del baño** o **hacer caca,** evacuar el vientre: *El bebé **hizo caca** en el pañal.* Sin. **cagar. 15** *loc.* **~ pedazos,** romper: *El golpe del balón **hizo pedazos** el cristal de la ventana.* **16** *loc.* **Hacerse de algo,** conseguir algo: *"**Me hice** de una bicicleta nueva", le dije a Rodrigo.* **17** *loc.* **Hacérsele a alguien algo,** suponer que algo sucede o sucederá: *"**Se me hace** que Ernesto me invitará al cine esta noche", me dijo mi hermana.* **18** *loc.* **Qué se le va a ~,** expresión que se usa para aceptar que algo es inevitable: *"**Qué se le va a hacer,** la casa que nos gustaba ya está vendida, tendremos que conseguir otra", nos dijo mi padre.*

hacha ***f.*** **1** Herramienta compuesta de una cuchilla cortante de hoja ancha y pesada, unida a un mango de madera: *Con el **hacha** se corta la leña.* **2** *loc. Fam.* **Ser un ~,** ser sobresaliente en algo: *Ramón **es un hacha** para las matemáticas, siempre resuelve las operaciones antes que todos.*

hachar o **hachear** ***vb.*** {tr.} Cortar la madera utilizando un hacha: *El guardabosque **hachó** las ramas secas de los árboles para prevenir incendios.*

hachazo ***m.*** **1** Golpe dado con un hacha: *Los bomberos abrieron la puerta a **hachazos** para salvar a la víctima del incendio.* **2** *Argent.* y *Urug.* Golpe violento dado de filo con un cuchillo, espada o navaja.

hachís ***m.*** Resina obtenida de una variedad del cáñamo que se usa como droga.

hachón ***m.*** Antorcha: *En la antigüedad, las personas solían alumbrarse con **hachones** elaborados con trapos enrollados en una vara y rociados de alquitrán.*

hacia ***prep.*** **1** Indica dirección o tendencia: *El niño corrió **hacia** su padre con los brazos abiertos.* **2** Indica proximidad temporal: *"Volveremos a vernos **hacia** fines de mes", me dijo mi amiga antes de subir al avión.*

hacienda ***f.*** **1** Finca agrícola y ganadera: *En la **hacienda** tienen caballos, vacas, gallinas y un huerto de manzanas.*

SIN. **estancia, rancho, hato. 2** Conjunto de bienes y propiedades: *Considerando sus tres casas, los terrenos y otras propiedades, don Horacio posee una gran **hacienda,** es realmente muy rico.* **3** *Amér. C.* y *Amér. Merid.* Conjunto de ganado que hay en una propiedad rural.

hacinamiento ***m.*** Acción de amontonar: *En los barrios pobres de las ciudades suele haber un gran **hacinamiento** de casas hechas con materiales como cartón y lámina.*

hacinar ***vb.*** {tr. y prnl.} **1** Amontonar algo: *Darío **hacinó** la leña junto al granero.* SIN. **acopiar. 2** Amontonarse: *El rebaño de vacas **se ha hacinado** para protegerse de la lluvia.*

hada ***f.*** Ser imaginario de sexo femenino, dotado de poder mágico: *En el cuento* La bella durmiente, *el **hada** mala hechizó a la princesa para que muriera al picarse con una aguja, pero las **hadas** buenas lograron cambiar el hechizo de muerte en sueño.*

hado ***m.*** Fuerza que desde tiempos antiguos se supone que influye de manera irresistible sobre los sucesos y las personas: *Los reyes antiguos consultaban a los adivinos para saber si el **hado** los favorecería en la guerra.* SIN. **destino, suerte.**

hafnio ***m.*** Metal del grupo de las tierras raras, de número atómico 72 y símbolo Hf.

hagiografía ***f.*** Historia de las vidas de los santos: *En este libro de **hagiografía** encontré la vida de San Ignacio de Loyola.*

haitiano ***m.*** Idioma que se habla en Haití, isla de las Antillas Mayores.

haitiano, na ***adj./m.*** y ***f.*** Originario de Haití, isla de las Antillas Mayores.

halagador, ra ***adj.*** **1** Relativo a la persona que expresa su admiración con elogios: *Ese hombre es **halagador** con todas las personas que conoce, siempre encuentra una virtud en los demás.* **2** Relativo a las palabras que expresan elogios o cumplidos: *"Tus palabras son **halagadoras,** me alegra saber que mi vestido nuevo te ha gustado", me dijo mi novia.*

halagar ***vb. irreg.*** {tr.} **Modelo 17.** Dar muestras de afecto o admiración: *Rosa **halagó** a Enrique con sus comentarios acerca de su buena actuación en la obra de teatro.* SIN. **adular, lisonjear, ensalzar.**

halago ***m.*** Lo que se dice para agradar a otro poniendo en alta estima sus virtudes: *Los **halagos** recibidos por haber ganado el concurso han hecho de Guillermo un engreído.* SIN. **alabanza, cumplido.** ANT. **insulto, desprecio.**

halagüeño, ña ***adj.*** **1** Relativo a la persona que expresa su admiración con elogios: *Julia ha sido muy **halagüeña** con Eduardo, a lo mejor está enamorada de él.* **2** Que promete éxito o una mejora: *El cartero trajo noticias **halagüeñas** acerca del estado de salud de doña Josefa.* **3** Relativo a lo que atrae por su dulzura y suavidad: *Los cantos **halagüeños** del ruiseñor ablandaron el corazón del furioso rey.*

halar ***vb.*** {tr.} Tirar de algo atrayéndolo hacia uno. SIN. **jalar.**

halcón ***m.*** Ave rapaz de menor tamaño que el águila, con vista aguda y pico fuerte y curvo, que puede domesticarse: *El **halcón** caza animales pequeños y lo hace durante el día.*

halconera ***f.*** Lugar donde en la antigüedad se guardaban los halcones de caza.

hálito ***m.*** **1** Aire que despide la boca: *El **hálito** empaña los cristales porque es tibio; es una señal de vida.* SIN. **aliento. 2** *Fam.* Soplo suave del aire: *Por la ventana abierta entró un **hálito** perfumado a jazmines en flor.*

halitosis ***f.*** Mal aliento: *Alimentos como el ajo causan **halitosis.***

hallar ***vb.*** {tr. y prnl.} **1** Dar con una persona o cosa: *En el fondo de la bahía **han hallado** los restos de un barco hundido.* SIN. **encontrar.** ANT. **perder, extraviar. 2** Descubrir una cosa nueva o un nuevo modo de hacer algo: *Los científicos trabajan sin descanso confiando en que un día **hallarán** el remedio para esa terrible enfermedad mortal.* SIN. **descubrir, inventar. 3** Darse cuenta de algo que está ahí: *Roberto **halló** varios errores de ortografía en la carta que escribió su hermano y los corrigió.* SIN. **advertir, notar, observar. 4** Estar en determinado lugar, situación o estado: *Si mis padres se dan cuenta de que mi hermano Jacobo rompió el cristal, **se hallará** en problemas.* SIN. **encontrarse.** ANT. **perderse, extraviarse.**

hallazgo ***m.*** **1** Acción de encontrar algo novedoso o darse cuenta de una cosa: *El **hallazgo** del tesoro del faraón hizo felices a los arqueólogos.* SIN. **encuentro, descubrimiento. 2** Cosa hallada: *La vacuna contra la poliomielitis fue un **hallazgo** importante para la salud de los niños de todo el mundo.* SIN. **descubrimiento, invención.**

halo ***m.*** **1** Círculo luminoso formado por varios colores, que a veces rodea al Sol o a la Luna a causa de la refracción de la luz al pasar por la lluvia o la nieve. **2** Círculo de luz difusa alrededor de un cuerpo luminoso. **3** Círculo que los artistas suelen poner detrás o arriba de la cabeza de las imágenes sagradas.

halofita, ta ***adj.*** Se dice de los vegetales que crecen en lugares donde la tierra es salada.

halógeno ***m.*** Elemento de la familia del cloro: *Los **halógenos** son muy tóxicos en estado puro.*

halógeno, na ***adj.*** **1** Se refiere a los elementos no metálicos de la familia del cloro: *El cloro, el flúor, el yodo y el bromo son materiales **halógenos** que se caracterizan por presentar algún color en su estado gaseoso.* **2** Se refiere a las lámparas que dan una luz blanca y potente: *En las oficinas se utilizan lámparas **halógenas** para ver mejor.*

haltera ***f.*** Instrumento formado por una barra de acero en cuyos extremos se colocan círculos de metal con diferentes pesos: *La **haltera** es un aparato de gimnasia.*

halterofilia ***f.*** Deporte que consiste en el levantamiento de pesas: *Los hombres que practican la **halterofilia** tienen los músculos desarrollados y son muy fuertes.*

hamaca ***f.*** **1** Tela o red que se cuelga de dos árboles o dos paredes, y sirve de cama: *En la playa hay **hamacas;** la gente se acuesta en ellas y se bambolea de manera suave para arrullarse.* SIN. **coy. 2** *Argent.* y *Urug.* Silla que tiene dos palos curvos en las patas de tal forma que se mueve para atrás y para adelante. SIN. **balancín, mecedora. 3** *Argent.* y *Urug.* Juego de patio hecho con una tabla sujeta por cadenas o cuerdas, que cuelga de un soporte alto. SIN. **columpio, balancín.**

hamacar ***vb. irreg.*** {tr. y prnl.} **Modelo 17. 1** *Amér. C.* y *R. de la P.* Mover una silla o una cuna hacia adelante y hacia atrás. SIN. **mecer. 2** *Amér. C.* y *R. de la P.* Jugar a moverse hacia adelante y hacia atrás sentado en una tabla sujeta por cadenas o cuerdas a una estructura de metal. SIN. **columpiarse.**

hamaquear ***vb.*** {tr. y prnl.} **1** *Amér. C.* y *Amér. Merid.* Moverse a un lado y otro mientras se está recostado en una hamaca. SIN. **hamacar, mecer, columpiar. 2** *Cuba, P. Rico* y *Venez.* Sacudir algo o a alguien moviéndolo con energía. SIN. **zarandear.**

hambre ***f.*** **1** Deseo o necesidad de comer: *Teresa se preparó un pan con manteca porque tenía **hambre** y aún no estaba lista la comida.* SIN. **apetito, gana. 2** Falta de alimentación suficiente para mantener vivo el organismo: *En algunos países pobres los niños mueren de **hambre** pues*

a b c d e f g h i j k l m n o p q r s t u v w x y z

los alimentos no alcanzan para todos. SIN. **inanición.** **3** *Fam.* Deseo ardiente de algo: *Rodrigo tiene **hambre** de conocimiento, siempre está haciendo nuevas preguntas a la maestra y lee muchísimo.* SIN. **ansiedad, avidez.** **4** *loc. Fam.* **Matar el ~,** comer algo: *Mario **mató el hambre** con un bocadillo de queso y siguió trabajando.*

hambreador, ra ***adj.*** Explotador: *Los **hambreadores** son individuos a quienes no les importa el bienestar de sus empleados.*

hambrear ***vb.*** {tr. e intr.} **1** Hacer que una persona padezca hambre. **2** Padecer una persona hambre.

hambriento, ta ***adj./m.*** y ***f.*** **1** Se refiere a la persona o animal que no ha comido y tiene hambre: *Los niños regresaron del partido de fútbol tan **hambrientos,** que acabaron con toda la fruta que había en la cocina de su casa.* **2** *Fam.* Referido a la persona deseosa de algo: *Después de un difícil año escolar, los niños están **hambrientos** de tomar vacaciones.*

hambruna ***f.*** Hambre colectiva que se prolonga por días, semanas o meses, a causa de la sequía o la falta de recursos económicos.

hamburguesa ***f.*** Filete redondo hecho de carne picada y sazonada, que por lo general se sirve entre dos rebanadas de pan y con diferentes ingredientes.

hampa ***f.*** **1** Organización de maleantes que se dedican al robo y a los negocios ilegales: *El criminal estadounidense llamado Al Capone era el rey del **hampa** cuando en su país estaba prohibida la venta de alcohol durante la década de 1920 a 1930.* **2** Tipo de vida que llevan los maleantes organizados: *Los pícaros y bandidos viven en el **hampa.***

hampón, pona ***adj./m.*** Delincuente, persona que pertenece a una organización de maleantes: *La policía capturó a un peligroso **hampón** que pertenece a una banda de secuestradores.*

hámster ***m.*** Animal roedor de pelo suave, parecido al ratón pero sin cola y con orejas pequeñas: *En Alemania hay muchos **hámsters.***

hándicap ***m.*** **Palabra de origen inglés.** Desventaja en cualquier actividad que se realiza: *Los niños están jugando a perseguirse unos a otros, pero Rodolfo no los alcanza debido a su **hándicap:** tiene una pierna enyesada.*

hangar ***m.*** Cobertizo donde se guardan y reparan los aviones: *En el **hangar** presidencial están los aviones que utiliza el presidente cuando sale de viaje.*

haragán, gana ***adj./m.*** y ***f.*** Persona que no quiere trabajar y pasa el tiempo sin hacer nada: *La muy **haragana** no ha ordenado su dormitorio ni lavado los platos, sólo estuvo viendo la televisión.* SIN. **perezoso, holgazán.**

haraganear ***vb.*** {intr.} Flojear, holgazanear: *Como terminaron su trabajo antes de tiempo, los carpinteros **haraganearon** todo el fin se semana.*

haraganería ***f.*** Pereza, holgazanería: *Es increíble la **haraganería** de Dimas, pasa horas y horas acostado en el sofá viendo la televisión, mientras su cuarto se cae de puro desordenado.*

harapiento, ta o **haraposo, sa** ***adj.*** Relativo a la ropa vieja y rota: *Mi esposa insiste en que tire a la basura mi **harapiento** pantalón, pero a mí me encanta usarlo para trabajar en el jardín.* SIN. **rotoso.**

harapo ***m.*** Tela o prenda de vestir vieja y rota: *Mi hermano llegó de la escuela con el pantalón hecho **harapos** porque se subió a un árbol y se le atoró.* SIN. **andrajo, guiñapo, hilachos.**

haraquiri o **harakiri** ***m.*** Modo japonés de suicidio honorable, que se realiza abriéndose el vientre con un cuchillo o daga; después, un compañero corta la cabeza del suicida con una espada.

hardware ***m.*** **Palabra de origen inglés.** Conjunto de partes físicas que integran una computadora: *El **hardware** de una computadora está formado, entre otras cosas, por el disco duro, la pantalla, el teclado, el ratón, las bocinas, las tarjetas de memoria y la impresora.*

harén o **harem** ***m.*** **1** En los países musulmanes, lugar de la casa destinado a las mujeres: *El **harén** está vigilado para que ningún hombre extraño entre y moleste a las mujeres.* SIN. **gineceo.** **2** Conjunto de mujeres que viven en una casa como esposas de un hombre: *El **harén** del sultán está formado por treinta mujeres.*

harina ***f.*** Polvo que resulta de moler los cereales y algunas legumbres y tubérculos: *Las tortillas mexicanas se hacen con **harina** de maíz y el pan se hace con **harina** de trigo.*

harinear ***vb.*** {intr.} *Venez.* Caer una lluvia ligera. SIN. **garuar.**

harinero, ra ***adj.*** Relativo a la harina: *En el molino **harinero** muelen los granos para producir la harina.*

harinero, ra ***m.*** y ***f.*** Persona que fabrica y vende harina: *El panadero compra la harina a un **harinero.***

harinoso, sa ***adj.*** **1** Se refiere a lo que tiene mucha harina: *"Este pan está seco y **harinoso,** le falta mantequilla", le dije a Roberto.* **2** Se refiere a lo que se parece a la harina: *El viento levantó un polvo **harinoso** que se metió en todos los rincones de la casa.*

harmonía ***f.*** *Ver* **armonía.**

harmonio ***m.*** Órgano pequeño.

harnear ***vb.*** {tr.} *Chile* y *Colomb.* Pasar los granos, minerales y otros productos por un colador redondo y grande para quitar las impurezas. SIN. **cribar, cerner.**

harpía o **arpía** ***f.*** **1** Águila de cabeza grande y garras muy fuertes, que habita en América del Sur. **2** Ser fantástico de la mitología griega con cuerpo de ave y cabeza de mujer.

hartar ***vb.*** {tr. y prnl.} **1** Saciarse por completo o en exceso el hambre o la sed: *El hombre comió hasta **hartarse** y después se tumbó a dormir.* SIN. **llenar.** **2** Satisfacer el deseo de una cosa. **3** Fastidiar, cansar: ***Se hartó** de escuchar sus chismes y le pidió que guardara silencio.*

hartazgo ***m.*** *Esp.* Hecho de hartarse de comer: *Los niños se dieron un **hartazgo** de chocolates y ahora les duele el estómago.*

harto ***adv.*** **1** Bastante: *Después de escuchar la música que me gusta, me siento **harto** inspirado para escribirle poemas a mi novia.* **2** *Chile, Cuba* y *Méx. Fam.* Mucho, gran cantidad: *Comí **hartas** nueces saladas y ahora tengo mucha sed.*

harto, ta ***adj.*** **1** Saciado: *Marisa ya no puede probar ni un bocado más, está **harta** de comida.* SIN. **lleno, satisfecho.** **2** Cansado de repetir lo mismo, aburrido: *Horacio está **harto** de las travesuras de sus hijos, los va a inscribir a una escuela de deportes para que ahí se entretengan.*

hasta ***prep.*** **1** Expresa el límite del cual no se pasa, ya sea con relación al espacio, al tiempo o a la cantidad: *"Pon agua en la botella **hasta** la mitad y tráemela, por favor", me dijo mi abuela.* **2** Introduce una frase que expresa sorpresa: *Esta máquina es tan sencilla de manejar que **hasta** un niño puede coser con ella.* **3** Introduce una frase que indica el momento en que algo sucede: *Lo esperó **hasta** que se quedó dormida.* **4** Conjunción copulativa y adverbial equivalente a *incluso, aun* y *también*: *Consiguieron un buen trabajo; **hasta** podrán ahorrar para comprarse una casa.* **5** *loc.* **~ luego,** expresión de despedida: *"Bueno, ya me voy. **Hasta luego."***

hastiar ***vb. irreg.*** {tr.} **Modelo 9.** Causar molestia: *El joven* ***hastió*** *a su novia con tantos celos que ella terminó por pedirle que la dejara en paz.* SIN. **fastidiar, aburrir, cansar.**

hastío ***m.*** Sensación de aburrimiento: *El* ***hastío*** *lo abrumaba, así que decidió hacer deporte para recobrar su entusiasmo perdido.* SIN. **disgusto, tedio.**

hatajo ***m.*** Conjunto pequeño de gente, de animales o de cosas: *Un* ***hatajo*** *de ocho amigos fue a visitar a Roque al hospital pero, como la visita no es de muchas personas, tuvieron que pasar uno por uno.*

hatillo ***m.*** Bulto pequeño de cosas amarradas para su transportación: *El anciano bajó del autobús cargando un* ***hatillo*** *con regalos para sus nietos.* SIN. **paquete.**

hato ***m.*** **1** Rebaño pequeño de ganado: *En el monte hay un* ***hato*** *de veinte cabras.* **2** Cosas personales envueltas que se llevan de un lugar a otro: *El viajero lleva su* ***hato*** *de ropa limpia para cambiarse.* **3** *Amér. Merid.* y *Antill.* Propiedad rural destinada a la cría de ganado. SIN. **estancia, hacienda.**

hawaiano, na ***adj./m.*** y ***f.*** Originario de Hawai, estado de Estados Unidos de América que es un archipiélago de Polinesia: *Los collares* ***hawaianos*** *de flores son un obsequio de bienvenida a los visitantes.*

haya ***f.*** Árbol grande de corteza gris y madera blanca y dura, que se usa para construir muebles: *Las* ***hayas*** *miden hasta 40 m de altura.*

hayuco ***m.*** Fruto de la haya.

haz ***m.*** **1** Atado que se hace de cosas con forma alargada: *En el campo hay montones de* ***haces*** *de trigo recién segado.* SIN. **manojo. 2** Conjunto de rayos luminosos: *Por el agujero de las cortinas viejas se filtra un* ***haz*** *de luz.* SIN. **rayo. 3** Parte superior de una hoja: *El* ***haz*** *de la hoja es de color más oscuro que el de la parte inferior.* ANT. **envés.**

hazaña ***f.*** Acción heroica o asunto que requiere valentía para realizarse: *Escalar esa montaña será una* ***hazaña*** *peligrosa.* SIN. **proeza, gesta, récord.**

hazmerreír ***m.*** *Fam.* Persona que divierte a los demás por su forma ridícula de actuar: *Roberto se emborrachó y fue el* ***hazmerreír*** *de la fiesta.* SIN. **bufón, mamarracho.**

he ***adv.*** Adverbio que junto con *aquí, allí* y *ahí*, o unido a los pronombres *me, te, la, las* y *los*, sirve para señalar: *"****He*** *aquí el dinero que buscabas y* ***heme*** *ahora avergonzado por haberlo tomado de tu bolsa", le dije a mi madre.*

hebilla ***f.*** Pieza de metal que une los dos extremos de una cinta, o una cinta con otra: *La* ***hebilla*** *de mi zapato está descosida y por eso no puedo cerrarlo.*

hebra ***f.*** **1** Cada uno de los hilos que forman una tela: *Esta camisa está hecha con* ***hebras*** *muy delgadas de seda.* **2** Porción de hilo que se introduce en la aguja para coser: *Susana cose el pantalón de Gregorio con una* ***hebra*** *azul.* **3** Cualquier materia formada de fibras: *Alimento a mi pez con finas* ***hebras*** *de carne de marisco.*

hebraico, ca ***adj.*** Relativo a los hebreos: *El alfabeto* ***hebraico*** *tiene 22 letras.*

hebreo ***m.*** Idioma que antiguamente hablaban los hebreos y que en la actualidad es la lengua oficial de Israel: *El* ***hebreo*** *se escribe de derecha a izquierda y fue el primer alfabeto silábico que se inventó.*

hebreo, a ***adj./m.*** y ***f.*** Originario de Israel, país del Cercano Oriente.

hebroso, sa o **hebrudo, da** ***adj.*** Se refiere al material que tiene muchas fibras: *Esta carne está muy* ***hebrosa,*** *podemos cocerla, deshebrarla y preparar una ensalada con ella.*

hecatombe ***f.*** Suceso en el que muere mucha gente: *El terremoto ocasionó una* ***hecatombe;*** *muchas personas quedaron sepultadas bajo los edificios.* SIN. **catástrofe, desastre, matanza.**

heces ***f. pl.*** **1** Residuos sólidos de la fermentación del vino que se asientan al fondo de la botella: *"Este vino tinto tiene muchas* ***heces****, no muevas demasiado la botella para evitar que se levanten del fondo", dije a Daniel.* SIN. **asiento, desecho. 2** *Fam.* Residuos de la digestión que el cuerpo desecha por el ano: *Las* ***heces*** *huelen mal.* SIN. **caca.**

hechicería ***f.*** Arte y acto de someter a otro a influencias que pueden resultar maléficas, valiéndose de conjuros y otras prácticas de origen supersticioso.

hechicero, ra ***adj./m.*** y ***f.*** *Fam.* **1** Relativo a la persona que por su belleza cautiva a los demás: *Los ojos* ***hechiceros*** *de la hermosa muchacha hicieron que el chico se enamorara de ella.* SIN. **atractivo, encantador. 2** Relacionado con la magia: *La* ***hechicera*** *del programa de televisión lanzaba arañas y pelos de conejo a una olla con agua caliente.* SIN. **brujo.**

hechizado, da ***adj.*** **1** Embrujado, encantado, subyugado. **2** Maravillado, fascinado, cautivado, embelesado, seducido.

hechizante ***adj.*** Que hechiza: *Esa actriz tiene una mirada* ***hechizante.***

hechizar ***vb. irreg.*** {tr.} **Modelo 16. 1** Ejercer un poder mágico sobre algo o alguien: *La bruja del cuento* ***hechizó*** *al príncipe y lo convirtió en un sapo gordo y feo.* SIN. **encantar, embrujar. 2** Despertar admiración y afecto en otros: *Julia* ***ha hechizado*** *a Roberto con su bella manera de hablar.*

hechizo ***m.*** **1** Acción y efecto de ejercer un poder mágico sobre algo o alguien: *Víctima de un* ***hechizo*** *que no le permitía recordar su nombre, vagó como un mendigo por las calles del pueblo del que había sido rey.* **2** Lo que se emplea para hechizar: *Este* ***hechizo*** *consta de una sola palabra: "abracadabra".*

hechizo, za ***adj.*** *Chile* y *Méx.* Se dice de la cosa, máquina o instrumento que está hecha de forma rudimentaria, copiando un artículo de fábrica: *En lugar de comprar una silla antigua muy cara conseguí una muy parecida, pero* ***hechiza.***

hecho ***m.*** **1** Obra, acción. **2** Suceso: *Los* ***hechos*** *políticos de la semana fueron transmitidos en el noticiero de la televisión.* **3** *loc.* **De ~,** en efecto: *La maestra nos advirtió que el examen sería difícil y,* ***de hecho,*** *así fue.*

hecho, cha ***adj.*** Relativo a lo que está acabado, perfecto o maduro: *El postre ya está* ***hecho,*** *puedes comerlo cuando quieras.*

hechura ***f.*** Acción y efecto de hacer o realizar algo: *Mi mamá tardó tres días en la* ***hechura*** *del vestido.* SIN. **ejecución.**

hectárea ***f.*** Unidad de medida de superficie de símbolo *ha*, que equivale a 10 000 metros cuadrados: *Una* ***hectárea*** *en una ciudad equivale a una manzana de 100 m de largo por cada lado.*

hectogramo ***m.*** Medida de peso de símbolo *hg,* que equivale a 100 gramos: *Un cuarto de kilo de queso es igual a dos* ***hectogramos*** *y medio.*

hectolitro ***m.*** Medida de capacidad de símbolo *hl,* que equivale a 100 litros: *En ese tanque caben dos* ***hectolitros*** *de agua, es decir, se le pueden vaciar doscientos litros de agua.*

hectómetro ***m.*** Medida de longitud de símbolo *hm,* que equivale a 100 metros: *En la carrera de los cien metros planos, los velocistas corren un* ***hectómetro.***

heder ***vb. irreg.*** {intr.} **Modelo 24.** Despedir mal olor: *El pantalón de mi hermano* ***hiede*** *porque lleva cinco días sin cambiárselo.* SIN. **apestar.**

hediondo, da ***adj.*** **1** Relativo a lo que despide mal olor: *El agua de los alcantarillados es* ***hedionda.*** **2** Se dice de lo que es repugnante: *En el Museo de Historia Natural vi unas cosas* ***hediondas,*** *entre ellas, el feto de un borrego con dos cabezas.*

hedonismo ***m.*** Doctrina que hace del placer el objetivo de la vida.

hedor ***m.*** Olor desagradable: *El huevo estaba podrido y, al romperse, impregnó el ambiente de la cocina con su* ***hedor.*** SIN. **peste, pestilencia.** ANT. **aroma, perfume.**

hegemonía ***f.*** Superioridad de alguien sobre otro: *Los países poderosos compiten por mantener su* ***hegemonía*** *sobre los países más pobres.* SIN. **supremacía.**

hegemónico, ca ***adj.*** **1** De la hegemonía: *Durante el reinado de Alejandro, Macedonia tuvo un papel* ***hegemónico.*** **2** Dominador: *Los accionistas mayoritarios no dudan en hacer valer su poder* ***hegemónico.***

hégira o **héjira** ***f.*** Emigración del profeta Mahoma desde La Meca hasta Medina, que tuvo lugar en el año 622: *La cronología musulmana inicia con la* ***hégira,*** *así como la cristiana toma el nacimiento de Jesús como punto de partida.*

helada ***f.*** Capa de rocío hecho hielo que cae por la madrugada en los países de clima frío: *Hubo* ***helada*** *durante la noche y en la mañana el techo de la casa se veía blanco por el hielo.*

heladera ***f. Amér. Merid.*** Aparato eléctrico que produce frío y que se utiliza para guardar los alimentos. SIN. **nevera, frigorífico, refrigerador.**

heladería ***f.*** Local donde se venden helados: *En la* ***heladería*** *conservan los helados de distintos sabores en recipientes grandes y fríos.*

heladero, ra ***m.*** y ***f.*** Persona que vende helados o que es dueño de una heladería: *El* ***heladero*** *siempre me pregunta de qué sabor quiero mi helado, y yo le contesto que lo quiero de chocolate.*

helado ***m.*** Postre congelado dulce de distintos sabores, hecho a base de crema batida: *A Gregorio le gusta el* ***helado*** *de chocolate, pero su hermana prefiere el* ***helado*** *de nuez.*

helado, da ***adj.*** **1** Se dice de lo que está muy frío: *La casa está* ***helada,*** *será necesario prender la chimenea.* **2** Se refiere a la persona que se encuentra muy impresionada: *Todos nos quedamos* ***helados*** *cuando mi padre nos dijo que le habían robado el automóvil.* SIN. **sorprendido.**

helar ***vb. irreg.*** {tr., prnl. e impers.} **Modelo 3. 1** Volver o volverse sólida una materia líquida por efecto del frío excesivo: *Durante el invierno* ***se hiela*** *un lago que está cerca de mi casa y la gente va a patinar sobre él.* SIN. **congelar, enfriar. 2** Estar alguien muy impresionado a causa de un suceso o una noticia: *La forma arriesgada en que Lorenzo detuvo al caballo* ***heló*** *de susto a su madre que lo estaba observando.* SIN. **sorprender, impresionar. 3** Morirse las plantas o los animales a causa del frío: *Con el clima tan frío* ***se helaron*** *las plantas y se echaron a perder las cosechas.* SIN. **congelar, enfriar. 4** Formarse hielo a causa de las bajas temperaturas.

helecho ***m.*** Planta que crece en la sombra, de largas hojas verdes que forman líneas horizontales: *Las hojas del* ***helecho*** *se parecen a un peine.*

helénico, ca ***adj.*** Se aplica a lo que es griego: *El arte* ***helénico*** *influyó en toda Europa.* SIN. **griego.**

helenismo ***m.*** **1** Periodo de la civilización griega que ocurrió aproximadamente del año 275 a. C. al 146 a. C., caracterizado por un gran desarrollo político, económico y cultural. **2** Influencia que la civilización griega tuvo en otras culturas europeas: *El* ***helenismo*** *influyó en forma muy importante sobre la cultura romana.* **3** Frase o palabra propia del idioma griego: *Existen muchos* ***helenismos*** *aceptados en el idioma español.*

helenista ***m.*** y ***f.*** Especialista en el estudio de la lengua y cultura griegas: *El jueves, un famoso* ***helenista*** *dará una conferencia acerca de los escultores que hicieron su obra en Atenas.*

heleno, na ***adj./m.*** y ***f.*** Se refiere a lo que es de origen griego. SIN. **griego, helénico.**

hélice ***f.*** Pieza de metal formada por aspas o aletas que giran alrededor de un eje: *Algunos barcos tienen* ***hélices*** *que mueven el agua para hacer que avancen.*

helicoidal ***adj.*** Que tiene forma de hélice: *En esa construcción usaron pilares con forma* ***helicoidal.***

helicóptero ***m.*** Vehículo volador con una cabina y una cola equilibrante, que vuela gracias a una hélice horizontal colocada en el techo de la cabina: *A diferencia de los aviones, el* ***helicóptero*** *puede despegar en forma vertical y mantenerse fijo en el aire, por eso es muy utilizado en labores de rescate.*

helio ***m.*** Elemento gaseoso de número atómico 2 y símbolo He: *El* ***helio*** *es un gas sin color, sin olor y sin sabor.*

heliocéntrico ***adj.*** Se refiere al sistema que considera al Sol como su centro: *La Tierra forma parte de un sistema* ***heliocéntrico*** *en el que todos los planetas giran alrededor del Sol.*

heliocentrismo ***m.*** Sistema que considera al Sol como centro del universo o como el astro alrededor del cual se lleva a cabo la rotación de los planetas: *Copérnico construyó un modelo astronómico con base en el* ***heliocentrismo.***

helioscopio ***m.*** Instrumento que tiene lentes especiales que permiten examinar al Sol: *Los astrónomos utilizan el* ***helioscopio*** *para observar las manchas solares.*

heliotropo ***m.*** Planta de jardín, originaria del Perú, que da flores de color blanco o violeta: *El perfume del* ***heliotropo*** *es suave y delicado.*

helipuerto ***m.*** Aeropuerto especial para helicópteros: *En la pista del* ***helipuerto*** *hay círculos pintados que indican el lugar exacto donde un helicóptero debe aterrizar.*

helmintos ***m. pl.*** Nombre de un tipo de parásitos intestinales: *La tenia o solitaria es un* ***helminto;*** *sus huevecillos están en las verduras mal lavadas y en la carne de cerdo que no cumple con las reglas de higiene.* SIN. **gusano.**

helor ***m.*** Frío muy penetrante: *Durante el invierno pegamos cartones en las ventanas para evitar que entre el* ***helor.*** SIN. **frío.** ANT. **calor.**

helvecio, cia o **helvético, ca** ***adj./m.*** y ***f.*** Originario de la antigua Helvecia, hoy Suiza. SIN. **suizo.**

hemático, ca ***adj.*** Relativo a la sangre: *Para saber si tengo o no anemia, el médico me mandó a que me hicieran unos análilsis* ***hemáticos.***

hematíe ***m.*** Uno de los nombres que reciben los glóbulos rojos de la sangre: *En un milímetro cúbico de sangre humana se encuentran más de cinco millones de* ***hematíes.*** SIN. **eritrocito.**

hematina ***f.*** Sustancia que da el color rojo a la sangre: *Cada glóbulo rojo contiene una cantidad de* ***hematina.*** SIN. **hemoglobina.**

hematología ***f.*** Parte de la medicina que estudia todo lo relacionado con la sangre: *Jorge fue al Instituto de* ***Hematología*** *a que le hicieran un análisis de sangre para saber si estaba o no enfermo.*

hematólogo, ga ***m.*** y ***f.*** Especialista en hematología: *Entre otras cosas, los* ***hematólogos*** *estudian la composición y las enfermedades de la sangre.*

hematoma ***m.*** Mancha morada que se forma en la piel al recibir un golpe fuerte: *Me caí de la bicicleta y me salió un* ***hematoma*** *en la pierna.* SIN. **moretón, cardenal.**

hematopoyesis ***f.*** Conjunto de procesos celulares que intervienen en la formación de los hematíes o glóbulos rojos de la sangre.

hematosis ***f.*** Proceso mediante el cual la sangre de las venas recibe oxígeno y se transforma en sangre fresca que circula por las arterias: *La* ***hematosis*** *se produce cuando los eritrocitos o glóbulos rojos toman el oxígeno de los pulmones.*

hembra ***f.*** **1** Animal de sexo femenino: *La vaca es la* ***hembra*** *del toro.* ANT. **macho. 2** Persona de sexo femenino: *La mujer es la* ***hembra*** *del hombre.* SIN. **mujer.** ANT. **hombre, varón. 3** *Fam.* Pieza con un hueco o agujero por donde otra se introduce y encaja.

hemeroteca ***f.*** Biblioteca en que se guardan y clasifican diarios y revistas de años anteriores para que el público pueda consultarlos: *Eduardo fue a la* ***hemeroteca*** *a leer las noticias del año pasado para hacer su investigación.*

hemiciclo ***m.*** **1** Cada una de las partes de un círculo que ha sido dividido en dos. SIN. **semicírculo. 2** Espacio central de una sala de un parlamento, teatro, etc., rodeado de asientos que forman un semicírculo: *La orquesta dará un concierto esta tarde en el* ***hemiciclo*** *del parque.* SIN. **anfiteatro.**

hemiplejía o **hemiplejía** ***f.*** Parálisis que afecta la mitad del cuerpo: *Ese hombre anda en silla de ruedas porque padece* ***hemiplejía.***

hemíptero, ra ***adj./m. pl.*** Orden de insectos que tienen cuatro alas, una trompa chupadora y sólo sufren una metamorfosis incompleta: *La cigarra, el pulgón y la chinche son* ***hemípteros.***

hemisférico, ca ***adj.*** Que tiene forma de la mitad de una esfera: *Las cúpulas de muchos templos católicos son* ***hemisféricas.***

hemisferio ***m.*** **1** Cada una de las partes de una esfera que ha sido dividida en dos. **2** Cada una de las mitades del globo terrestre, al norte o al sur del ecuador: *Australia se encuentra en el* ***hemisferio*** *Sur, mientras que Alaska está en el* ***hemisferio*** *Norte.*

hemodiálisis ***f.*** Método de depuración de la sangre aplicado a enfermos con insuficiencia renal, por medio de un filtro y un líquido producido por un riñón artificial que realiza las funciones del riñón.

hemofilia ***f.*** Enfermedad hereditaria que se caracteriza por la dificultad de la sangre para coagularse: *Los enfermos de* ***hemofilia*** *no deben lastimarse porque sus heridas no cicatrizan bien.*

hemofílico, ca ***adj.*** De la hemofilia.

hemofílico, ca ***m.*** y ***f.*** Que padece hemofilia: *Los* ***hemofílicos*** *son un grupo de riesgo en el contagio de enfermedades virales.*

hemoglobina ***f.*** Sustancia que da el color rojo a la sangre: *La* ***hemoglobina*** *se encuentra en los eritrocitos o glóbulos rojos.* SIN. **hematina.**

hemorragia ***f.*** Flujo de sangre que sale del cuerpo a causa de una herida o de la menstruación: *Los médicos han detenido la* ***hemorragia*** *y el paciente podrá salvarse.*

hemorrágico, ca ***adj.*** De la hemorragia.

hemorroide ***f.*** Inflamación de las venas que rodean el ano: *Marcelo tiene* ***hemorroides*** *y no se puede sentar porque le duelen las venas que están inflamadas.* SIN. **almorrana.**

henar ***m.*** Lugar donde se guarda el heno para el forraje.

henchido, da ***adj.*** Repleto, muy lleno: *¡Gané el primer premio en el concurso!, anunció Gonzalo* ***henchido*** *de orgullo.*

henchir ***vb. irreg.*** {tr. y prnl.} **Modelo 47.** Llenar de manera plena: *Daniela ayudó a su abuela a* ***henchir*** *de plumas unas fundas de tela para hacer almohadas.* SIN. **llenar, hartar.**

hender ***vb. irreg.*** {tr.} **Modelo 24. 1** Hacer una abertura en una cosa con un objeto cortante: ***Hendí*** *con un cuchillo una sandía para ver si estaba madura.* SIN. **cortar, rajar, rasgar. 2** Atravesar un fluido una cosa en movimiento.

hendidura ***f.*** Abertura larga y delgada: *A causa del terremoto, esta pared tiene una* ***hendidura*** *por donde se filtra el agua de la lluvia.* SIN. **grieta, ranura, fisura.**

hendija ***f.*** Abertura larga y delgada. SIN. **rendija, ranura.**

hendir ***vb.*** {tr.} *Ver* **hender.**

henequén ***m.*** Planta mexicana que crece al ras del suelo, con hojas alargadas, duras y que se abren en torno a un punto central: *Del* ***henequén*** *se extrae una fibra resistente con la que se fabrican cordeles.*

henna ***f.*** Arbusto de Arabia, del cual se saca un tinte de color rojizo: *La* ***henna*** *se usa para teñir el pelo y decorar la piel.*

heno ***m.*** Hierba que una vez cortada y seca se utiliza como alimento para el ganado: *Han sembrado* ***heno*** *en este campo para alimentar a las vacas.*

hepática ***f.*** Planta parecida al musgo, que crece sobre la tierra, sobre las rocas o adherida a los árboles: *Esta* ***hepática*** *de color verde intenso ha crecido sobre una piedra.*

hepático, ca ***adj.*** Relativo al hígado: *Las personas que padecen enfermedades* ***hepáticas*** *no deben tomar bebidas alcohólicas.*

hepatitis ***f.*** Inflamación del hígado: *Luciano tiene* ***hepatitis,*** *por eso su piel se puso amarilla y él debe permanecer en cama durante un mes.*

heptaedro ***m.*** Cuerpo geométrico que tiene siete caras: *En la clase de geometría construimos un* ***heptaedro*** *recortando con las tijeras siete trozos de cartulina y pegándolos.*

heptágono ***m.*** Polígono de siete lados: *Con ayuda de una escuadra, un compás y un lápiz, dibujé un* ***heptágono*** *en la clase de geometría.*

heptasílabo ***m.*** Verso que tiene siete sílabas.

heptasílabo, ba ***adj.*** Relativo a la palabra que tiene siete sílabas.

heptatlón o **heptathlón** ***m.*** Competencia de atletismo femenino que incluye siete pruebas.

heráldica ***f.*** Conjunto de conocimientos sobre los escudos de armas o blasones: *En* ***heráldica*** *los colores se llaman de diferente manera, por ejemplo gualda es amarillo, gules significa rojo y azur es el* ***azul.***

heráldico, ca ***adj.*** Relativo a los escudos de armas o blasones: *La flor de lis y el águila son dos figuras* ***heráldicas*** *comunes.*

heraldo ***m.*** Persona que estaba al servicio de un rey y que se ocupaba de anunciar las declaraciones de guerra y dar mensajes, entre otras cosas: *El* ***heraldo*** *del rey viajó al país vecino con un mensaje de paz.* SIN. **mensajero, emisario.**

herbáceo, a ***adj.*** Relativo a las hierbas: *Las plantas* ***herbáceas*** *son frágiles y no producen madera.*

herbal ***adj.*** Hecho de hierbas: *En la tienda naturista venden un jabón* ***herbal*** *y perfumado.*

herbario ***m.*** **1** Libro en el que se explican las propiedades de las plantas: *En el* ***herbario*** *están dibujadas las plantas y se explica para qué es útil cada una.* **2** Colección de plantas secas: *Luis estudia botánica y tiene un* ***herbario*** *con muchas hojas diferentes que ha recogido en los bosques y en el campo.*

herbazal o **hierbazal** ***m.*** Terreno cubierto de pastos verdes: *"Ha crecido un* ***herbazal*** *en aquel terreno."*

herbicida ***adj./m.*** Producto químico que destruye las hierbas: *El uso de* ***herbicidas*** *en los campos puede contaminar los vegetales que comemos y perjudicar a muchas especies animales.*

herbívoro, ra ***adj./m.*** y ***f.*** Animal que se alimenta de hierbas: *Los elefantes son* ***herbívoros.***

herbolaria ***f.*** Estudio de las características y propiedades de las hierbas y plantas.

herbolario ***m.*** Tienda donde se venden plantas y hierbas medicinales: *En el* ***herbolario*** *consiguieron una planta que ayudará a curar la tos del niño.*

herbolario, ria ***m.*** y ***f.*** Persona que vende hierbas y plantas medicinales: *La* ***herbolaria*** *conoce las propiedades medicinales de muchas plantas.*

hercio, hertz o **hertzio** ***m.*** Unidad de medida de frecuencia de los movimientos vibratorios, expresada en ciclos por segundo.

hercúleo, a ***adj.*** Muy fuerte, como el héroe mitológico Hércules: *Además de músculos* ***hercúleos,*** *ese levantador de pesas tiene una fuerza colosal.*

heredable ***adj.*** Referido a lo que se puede heredar: *Son características* ***heredables*** *el color de los ojos y el tipo de cabello.*

heredad ***f.*** Grupo de tierras y cosas que pertenecen a una persona: *La* ***heredad*** *de Marco está formada por trescientas cabezas de ganado y un terreno de tres hectáreas.*

heredado, da ***adj.*** **1** Que se recibió por herencia: *Sus convicciones son* ***heredadas*** *de su padre.* **2** Se aplica a quien ha recibido ya la herencia que le corresponde.

heredar ***vb.*** {tr. y prnl.} **1** Recibir los bienes que tenía una persona cuando ésta muere: *Teresa* ***ha heredado*** *una casa que le dejó su tía.* **2** Recibir aquellas cosas que otra persona ya no utiliza pero que son aprovechables: *Mi primo creció y* ***me heredó*** *estos pantalones casi nuevos porque ya no le quedaban.* **3** Tener los hijos características biológicas similares a las de los padres, abuelos u otros familiares: *Francisco* ***heredó*** *el cabello negro de su madre y el carácter fuerte de su abuelo.*

heredero, ra ***adj./m.*** y ***f.*** Que puede heredar, o que hereda los bienes dejados por una persona antes de morir: *La* ***heredera*** *de don Felipe fue una sobrina lejana, porque él no tuvo hijos.*

hereditario, ria ***adj.*** Que se transmite de padres a hijos: *Algunas enfermedades son* ***hereditarias*** *y también es* ***hereditaria*** *la buena salud.*

hereje ***m.*** y ***f.*** Persona que sostiene o profesa una herejía.

herejía ***f.*** **1** Doctrina de origen cristiano, contraria a la fe católica y condenada por la Iglesia. **2** Idea o pensamiento contrario a lo establecido: *Hace muchos años fue considerada una* ***herejía*** *la idea de que la Tierra gira alrededor del Sol.*

herencia ***f.*** **1** Acción y derecho de recibir los bienes que una persona deja al morir: *Matías ha recibido de un tío lejano una* ***herencia*** *que no esperaba.* Sin. **sucesión. 2** Bienes que se reciben al heredar: *El escritor dejó su biblioteca como* ***herencia*** *a una escuela.* **3** Conjunto de características biológicas que la naturaleza tiende a reproducir de una generación a otra: *La* ***herencia*** *se transmite por medio de los genes.* Sin. **inclinación, propensión.**

herético, ca ***adj.*** Relativo a los herejes o a la herejía: *En la época de la Inquisición, muchas personas fueron ajusticiadas acusándolas de seguir doctrinas* ***heréticas.***

herida ***f.*** **1** Lesión en la piel producida por un golpe o corte: *Se hizo una* ***herida*** *al caer y sangró un poco, pero ya está bien.* **2** *Fam.* Lo que ofende al amor propio o al honor: *Las* ***heridas*** *del corazón son producto del desengaño en el amor.* Sin. **ofensa.**

herido, da ***adj./m.*** y ***f.*** **1** Persona o animal que está lastimado debido a un golpe o corte: *A causa del accidente hubo varios* ***heridos*** *y la ambulancia los llevó al hospital para ser atendidos.* **2** *Fam.* Se dice de la persona que está afligida porque la ofendieron: *Estela está* ***herida*** *porque Gertrudis la ofendió.*

herir ***vb. irreg.*** {tr. y prnl.} **Modelo 50. 1** Romper de un modo violento los tejidos del cuerpo de un ser vivo: *La leona* ***hirió*** *al venado de un zarpazo.* Sin. **dañar. 2** *Fam.* Provocar una aflicción a alguien: *Daniel* ***ha herido*** *los sentimientos de Sara al no ir a la fiesta que ella ofreció el día de su cumpleaños.* Sin. **ofender, zaherir.**

hermafrodita ***adj./m.*** y ***f.*** Relativo al ser que tiene los órganos reproductores de los dos sexos al mismo tiempo: *Las flores* ***hermafroditas*** *se reproducen por sí mismas.*

hermanado, da ***adj.*** Semejante o hecho semejante en todo a otra cosa.

hermanar ***vb.*** {tr. y prnl.} **1** Juntar dos cosas por su afinidad: *Este pantalón negro* ***hermana*** *más con la camisa azul que con la roja.* Sin. **unir, acoplar. 2** Crear un lazo espiritual o de amistad con otro ser humano: *Gerardo y Pedro* ***se han hermanado*** *desde que se ayudaron en aquel grave problema.* Sin. **unir.**

hermanastro, tra ***m.*** y ***f.*** En un matrimonio, hijo que ya tiene uno de los cónyuges respecto al hijo que ya tiene del otro cónyuge: *Fabiola tiene tres* ***hermanastras*** *porque su padre murió, su madre se casó otra vez y su nuevo esposo tiene tres hijas.*

hermandad ***f.*** **1** Parentesco entre hermanos o hermanastros: *Federico y Paula tienen lazos de* ***hermandad*** *porque son hijos de los mismos padres.* Sin. **fraternidad. 2** Amistad profunda y cercana: *Es agradable ver a un grupo de jóvenes convivir en* ***hermandad.*** **3** Asociación de tipo religioso o de ideas afines: *Las* ***hermandades*** *son grupos de personas que comparten ciertas costumbres, disciplinas e ideas.* Sin. **cofradía.**

hermano, na ***m.*** y ***f.*** **1** Persona que, con respecto a otra, tiene los mismos padres: *Mis dos* ***hermanos*** *mayores son hombres y mi* ***hermana*** *menor tiene dos años.* **2** Miembro de una congregación religiosa. **3** *Fam.* Se dice de dos cosas que se parecen entre sí: *Perdí el* ***hermano*** *de mi zapato derecho.* **4** *loc.* **~ gemelo,** hermano que nació en el mismo parto que otro: *Estos dos niños son muy parecidos porque son* ***hermanos gemelos.*** Sin. **mellizo. 5** *loc.* **~ político,** persona que está casada con uno de nuestros hermanos: *La esposa de mi hermano es mi* ***hermana política.*** Sin. **cuñado.**

hermeneuta ***m.*** y ***f.*** Persona especializada en la interpretación de textos antiguos.

hermenéutica ***f.*** Arte de interpretar textos, de manera especial los sagrados.

hermético, ca ***adj.*** **1** Se dice de lo que está cerrado de manera exacta: *Las latas de conservas son* ***herméticas,*** *no dejan entrar el aire y por esto la comida no se pudre.* Sin. **impenetrable, cerrado. 2** *Fam.* Persona reservada en el trato con los demás: *Es muy difícil saber lo que Héctor está pensando porque tiene un carácter* ***hermético.*** Sin. **reservado, incomprensible.**

hermetismo ***m.*** **1** Cualidad o estado de hermético o impenetrable: *Su* ***hermetismo*** *le creó una fama misteriosa y esotérica.* **2** Doctrina esotérica basada en textos de la época grecorromana, atribuidos a Hermes, de inspiración mística, filosófica y de ciencias ocultas. **3** Tendencia literaria que desarrolla e introduce formas especiales de manera que la comprensión del texto implique un aprendizaje e iniciación.

hermosear ***vb.*** {tr.} Embellecer, volver algo más bonito de lo que era: *Las flores que crecen entre las piedras* ***hermosean*** *el jardín.* ANT. **afear.**

hermoso, sa ***adj.*** **1** Referido a lo que tiene belleza. SIN. **precioso, lindo, bello. 2** Relativo a quien es bueno y generoso: *Ricardo tuvo un gesto* ***hermoso*** *hacia su amigo, cuando le prestó dinero para que mantuviera a sus hijos mientras conseguía un nuevo trabajo.* **3** Se dice del que tiene buena salud y está fuerte: *Los niños se han puesto* ***hermosos*** *en estos meses que vivieron en el campo.* SIN. **robusto, saludable.**

hermosura ***f.*** Belleza, calidad de lo que es hermoso o muy agradable de oír o de ver: *Este ramo de flores es una* ***hermosura.*** SIN. **belleza.** ANT. **fealdad.**

hernia ***f.*** Víscera que se sale de manera total o parcial de su lugar natural, debido a un rompimiento de los tejidos que la sostienen: *Entre los bebés es frecuente que se produzcan* ***hernias*** *de ombligo debido al esfuerzo que hacen al nacer.*

héroe ***m.*** **1** Hombre que se distingue por su valentía excepcional: *El bombero entró al edificio en llamas como un* ***héroe,*** *y salvó a la familia que estaba atrapada.* SIN. **valiente.** ANT. **cobarde. 2** Personaje masculino y principal de un poema épico, un cuento, una historia, una obra de teatro o un filme: *En este cuento, los* ***héroes*** *luchan contra los extraterrestres.*

heroicidad ***f.*** Valentía: *La* ***heroicidad*** *de estos soldados será recordada por siglos.* SIN. **hazaña, proeza, heroísmo.**

heroico, ca ***adj.*** **1** Relativo al hecho o acción que requiere valentía y esfuerzo para realizarse: *Cruzar el desierto para salvar a las víctimas del accidente fue una acción* ***heroica.*** **2** Relativo a la historia, poema o canción que narra las hazañas de los héroes: *En este poema* ***heroico*** *se narran las hazañas de Ulises.*

heroína ***f.*** **1** Mujer que se distingue por su valentía excepcional: *Esa anciana fue una* ***heroína*** *que luchó por la defensa de su pueblo durante la guerra.* **2** Personaje femenino y principal de un poema épico, un cuento, una historia, una obra de teatro o un filme: *La* ***heroína*** *del filme era una mujer sencilla y buena, pero de carácter firme, que no se dejó engañar por los ladrones.*

heroína ***f.*** Droga que se obtiene de la morfina y que produce fuerte adicción.

heroinómano, na ***m.*** y ***f.*** Adicto a la heroína: *Los* ***heroinómanos*** *son un grupo de riesgo para el contagio del sida, pues acostumbran usar varios la misma jeringa.*

heroísmo ***m.*** Lo que es propio de valientes: *El* ***heroísmo*** *de la gente de ese pueblo triunfó sobre el enemigo invasor.* SIN. **audacia, valentía, heroicidad.**

herpes o **herpe** ***m.*** Enfermedad infecciosa transmitida por virus, que se manifiesta con erupción en la piel formada por un racimo de ámpulas o pequeñas vesículas llenas de líquido: *Existen tres tipos de* ***herpes:*** *el simple que es el de los "fuegos" en la boca; el zóster (que significa zona) que produce la varicela, y el genital, que se transmite sólo por contacto sexual con una persona infectada.*

herpetología ***f.*** Parte de la zoología que estudia los reptiles: *Su gusto por los reptiles lo llevó a especializarse en* ***herpetología.***

herradura ***f.*** Pieza semicircular de hierro (Ω), que se clava en las pezuñas de los caballos para que no se hagan daño al andar: *Los caballos salvajes no tienen* ***herraduras,*** *es como si anduvieran descalzos por el monte.*

herraje ***m.*** **1** Conjunto de piezas de metal que sirve para cerrar o asegurar algo: *Los* ***herrajes*** *del baúl y de las puertas son de metal dorado.* **2** Conjunto de herraduras y clavos para sujetarlas: *El* ***herraje*** *de los caballos está guardado en un cajón, debajo de la mesa de trabajo.*

herramienta ***f.*** Utensilio que se utiliza para trabajar, sobre todo en labores manuales: *Un martillo es una* ***herramienta.*** SIN. **instrumento.**

herrar ***vb. irreg.*** {tr.} **Modelo 3. 1** Clavar las herraduras en las pezuñas del caballo: *El próximo domingo* ***herrarán*** *a los caballos jóvenes que todavía no tienen herradura.* **2** Marcar la piel con hierro candente: *Los rebaños de vacas se* ***hierran*** *con la marca del ganadero para que sepan a quién pertenecen.*

herrería ***f.*** **1** Oficio del herrero: *En la herrería moderna se han simplificado mucho los diseños.* **2** Taller del herrero: *Pasé por la* ***herrería*** *y le pedí al herrero que mañana vaya a reparar la reja del zaguán.*

herrero, ra ***m.*** y ***f.*** Persona que trabaja el hierro: *El* ***herrero*** *golpea el metal caliente para darle la forma deseada.*

herrumbrar ***vb.*** {tr.} Cubrirse de óxido el hierro: *Junto al mar los metales se* ***herrumbran*** *debido a la humedad y a la sal que hay en el ambiente.* SIN. **oxidar.**

herrumbre ***f.*** Óxido que se forma en el hierro: *La* ***herrumbre*** *no debe ingerirse porque es muy venenosa.*

herrumbroso, sa ***adj.*** Relativo a lo que está oxidado: *Estos tubos han estado en contacto con la humedad y por eso están* ***herrumbrosos,*** *al tocarlos me ensucié las manos de un polvo rojizo.*

hertz ***m.*** *Ver* **hercio.**

hervidero ***m.*** **1** Movimiento de los líquidos al hervir: *El* ***hervidero*** *del agua está llenando de vapor la cocina.* **2** Multitud de personas, abundancia de animales: *Tumbaron el árbol viejo porque debajo de él había un* ***hervidero*** *de gusanos.*

hervido ***m.*** **1** Acción y resultado de hervir. **2** ***Amér.*** Cocido u olla de comida.

hervidor ***m.*** Utensilio de cocina para hervir líquidos: *Conectó el* ***hervidor*** *a la corriente para preparar el té.*

hervir ***vb. irreg.*** {tr. e intr.} **Modelo 50. 1** Calentar un líquido hasta que empiece a hacer pompas o burbujas, lo que ocurre alrededor de los 100° Celsius: *Si viviera en la montaña, el agua* ***herviría*** *a temperaturas más bajas cuanto más en lo alto estuviera mi casa.* **2** Cocinar un alimento sumergiéndolo en un líquido que ha comenzado a desprender burbujas por efecto del calor: ***Herviré*** *una coliflor y unas zanahorias para la cena.* **3** ***Fam.*** Abundar, tener mucho: *"Ese perro* ***hierve*** *en pulgas, debemos lavarlo con un jabón especial", me dijo mi madre.*

hervor ***m.*** Acción y efecto de calentar un líquido hasta que empiece a hacer pompas o burbujas: *"Hay que darle un* ***hervor*** *a la leche para matar los gérmenes que pueda tener", le dije a mi hermana.*

hesitar ***vb.*** {intr.} Dudar: *El hombre no durmió, pues le ofrecieron dos empleos y* ***hesitaba*** *sobre cuál debía aceptar.*

heteróclito ***adj.*** **1** Se refiere a la voz que se declina según diferentes temas. **2** Que no sigue las reglas gramaticales. **3** Que es poco normal o está fuera de orden. **4** Extraño, irregular.

heterodoxia ***f.*** Cualidad de heterodoxo: *Me gusta conversar con ese teólogo por la* ***heterodoxia*** *que practica y difunde.*

heterodoxo, xa ***adj./m.*** y ***f.*** Relativo a lo que contiene ideas diferentes de las teorías y doctrinas aceptadas de forma común, en especial lo que se refiere a religión. ANT. **ortodoxo.**

heterogéneo, a ***adj.*** Se refiere a lo que está compuesto de partes de diversa naturaleza: *Esta escultura está hecha*

a b c d e f g h i j k l m n o p q r s t u v w x y z

*con materiales **heterogéneos:** tiene cartón, madera, plástico, bronce y pintura.* ANT. **homogéneo.**

heterosexual ***adj./m.*** y ***f.*** Se refiere al hombre que experimenta atracción sexual por una mujer o a la mujer que experimenta atracción sexual por un hombre: *Entre los seres humanos lo común es que se formen parejas **heterosexuales**, porque de este modo se propicia la reproducción.* ANT. **homosexual.**

heterótrofo, fa ***adj./m.*** y ***f.*** Relativo al ser vivo que se alimenta de sustancias orgánicas elaboradas por otros seres vivos: *Los seres humanos somos animales **heterótrofos.***

hevea ***f.*** Árbol de América del Sur del que se obtiene látex: *En el tronco de la **hevea** se hacen unos cortes para que escurra la goma y así obtener la materia prima de la fabricación del caucho.*

hexaedro ***m.*** Cuerpo sólido de seis caras: *El cubo es un **hexaedro** regular.*

hexagonal ***adj.*** Relativo a los polígonos que tienen seis lados: *Las celdas de un panal de abejas, vistas de frente, son **hexagonales.***

hexágono ***m.*** Polígono de seis lados.

hez ***f.*** Sedimento sólido que se forma por la fermentación del vino: *Al servir el vino cayó en la copa una **hez,** pequeña como una lenteja y delgada como la cáscara de una uva.* SIN. **desecho, borra, heces.**

hialino, na ***adj.*** Se aplica a los sólidos que son transparentes como el hielo o el vidrio: *Me regalaron un collar de cuarzo **hialino;** como es transparente y sin color, combina con cualquier vestido.*

hialografía ***f.*** Arte de dibujar sobre el vidrio: *En la **hialografía** se utilizan diferentes ácidos que corroen el vidrio, formando así las líneas y los planos del dibujo.*

hiato ***m.*** **1** Sonido que se forma cuando una palabra termina con la misma vocal con que empieza la palabra siguiente: *En la frase "El italiano va a América" se forma un **hiato** con la letra "a" en "va a América".* **2** Vocales juntas que se pronuncian en sílabas distintas: *En la palabra "heroísmo" hay **hiato** porque las vocales oí pertenecen a sílabas distintas.*

hibernación ***f.*** Sueño profundo y pesado de ciertos animales durante el invierno: *Los osos han entrado en **hibernación,** no volveremos a verlos hasta la primavera.*

hibernar ***vb.*** {intr.} Pasar el invierno en un sitio.

híbrido, da ***adj.*** **1** Relativo a la cría animal que resulta del cruce de dos especies distintas: *La mula es un **híbrido** de la yegua y el burro.* **2** *Fam.* Se refiere a lo que está formado por elementos de distinta naturaleza: *Este horrible edificio es un **híbrido** del estilo antiguo que tenía y los detalles modernos que le agregaron.*

hidalgo, ga ***adj.*** Se refiere a la persona distinguida, noble y generosa: *En esa familia tienen costumbres **hidalgas,** reciben de manera cortés a sus visitas y son generosos con ellas.*

hidalgo, ga ***m.*** y ***f.*** Miembro de la antigua nobleza castellana: *El ingenioso **hidalgo** don Quijote de la Mancha es el principal personaje de una obra del escritor español Miguel de Cervantes Saavedra.* SIN. **caballero.**

hidalguense ***adj./m.*** y ***f.*** Del estado mexicano de Hidalgo: *Un alimento típico de la cocina **hidalguense** son los pastes, una especie de empanadas con masa como de galleta.*

hidra ***f.*** **1** Animal de agua dulce provisto de tentáculos, parecido a la medusa. **2** Víbora acuática venenosa que habita en el Océano Pacífico. **3** Monstruo de la mitología griega que tenía siete cabezas: *Según la mitología, el poderoso Hércules mató a la peligrosa **hidra.***

hidrargiro ***m.*** Nombre con que antiguamente se conocía al mercurio: *El símbolo químico del mercurio es Hg, porque antes se llamaba **hidrargiro.*** SIN. **azogue, mercurio.**

hidratación ***f.*** Acción y resultado de hidratar: *La **hidratación** constante es primordial durante el ejercicio físico.*

hidratado, da ***adj.*** Relativo a lo que está mezclado con agua: *"Esta bebida está hecha con leche en polvo **hidratada,** fruta y azúcar" decía la etiqueta del frasco.*

hidratante ***adj./m.*** Sustancia o producto que hidrata: *Necesito ponerme un **hidratante** en la piel, la tengo muy reseca.*

hidratar ***vb.*** {tr. y prnl.} Incorporarse agua a un cuerpo o sustancia: *El deportista está entrenando muy duramente y el médico le ha recetado suero oral para **hidratarse** y recuperar la sal que pierde al sudar.* ANT. **deshidratar.**

hidrato ***m.*** **1** Combinación de un cuerpo con el agua. **2 ~ de carbono,** el azúcar, el almidón, la celulosa, etc.: *"Los **hidratos de carbono** le dan energía al cuerpo pero ingerirlos en exceso causa problemas a la salud", nos dijo el médico de la escuela.* SIN. **carbohidrato.**

hidráulica ***f.*** Parte de la mecánica que estudia el equilibrio y movimiento de los fluidos y el uso energético del agua: *La **hidráulica** tiene muchas aplicaciones, entre ellas, la producción de energía eléctrica y el aprovechamiento de los ríos para el riego de los campos.*

hidráulico, ca ***adj.*** Se aplica a lo que funciona con ayuda de agua o de algún otro líquido, y a los estudios sobre esa parte de la mecánica: *El ingeniero **hidráulico** participa en la construcción del túnel de desagüe de la ciudad.*

hidroavión ***m.*** Avión que tiene flotadores; gracias a ellos puede posarse en el agua y despegar desde allí: *Los **hidroaviones** se utilizan en el rescate de víctimas cuando hay un naufragio.*

hidrocarburo ***m.*** Compuesto químico de carbono e hidrógeno: *El petróleo es un **hidrocarburo.***

hidrocefalia ***f.*** Condición patológica en la que se acumula líquido en el encéfalo: *La **hidrocefalia** hace que crezca demasiado la cabeza de los niños y puede provocar retraso mental.*

hidrocéfalo, la ***adj.*** Afectado por hidrocefalia.

hidrodinámica ***f.*** Parte de la física que estudia el equilibrio y movimiento de los líquidos: *Gracias a la **hidrodinámica** se puede calcular si una presa resistirá el movimiento del agua durante un terremoto.*

hidroeléctrico, ca ***adj.*** Relativo a la electricidad que se obtiene del aprovechamiento de la fuerza del agua: *En la central **hidroeléctrica** hay muchos carteles que dicen "peligro, alta tensión", porque allí se trabaja con energía eléctrica.*

hidrófilo ***m.*** Género de insectos que viven dentro del agua.

hidrófilo, la ***adj.*** Se refiere a lo que absorbe el agua con facilidad: *El algodón es un material **hidrófilo.***

hidrofobia ***f.*** Enfermedad contagiosa que ataca al sistema nervioso: *Los perros que padecen **hidrofobia** se ponen muy agresivos y les sale espuma por la boca.* SIN. **rabia.**

hidrógeno ***m.*** Elemento gaseoso de número atómico 1 y símbolo H: *El agua está formada por dos moléculas de **hidrógeno** y una de oxígeno.*

hidrografía ***f.*** Parte de la geografía que estudia el conjunto de aguas corrientes y estables que se encuentran en un territorio: *La **hidrografía** de un país está formada por sus ríos, lagos y mar que lo rodea.*

hidrólisis ***f.*** Descomposición de un compuesto orgánico por acción del agua o de un ácido.

hidrología ***f.*** Ciencia que estudia las aguas: *La* ***hidrología*** *puede determinar el grado de pureza o de contaminación del agua de un río.*

hidromasaje ***m.*** Masaje a base de chorros de agua: *En el área de rehabilitación del hospital hay tinas de* ***hidromasaje*** *para relajar los músculos y mejorar la circulación de algunos pacientes.*

hidropesía ***f.*** Acumulación anormal de líquido en una cavidad o tejido del organismo: *La* ***hidropesía*** *produce inflamación en el órgano afectado.*

hidrópico, ca ***adj.*** Que está afectado por hidropesía.

hidrosfera ***f.*** Parte líquida del globo terráqueo: *La* ***hidrosfera*** *está formada por todos los mares, océanos, ríos, lagos, lagunas y manantiales que hay en nuestro planeta.*

hidrosoluble ***adj.*** Se aplica a lo que es soluble en agua: *La sal y el azúcar son* ***hidrosolubles.***

hidroterapia ***f.*** Método curativo que se basa en el empleo del agua: *La* ***hidroterapia*** *incluye diferentes tipos de baños, a distintas temperaturas.*

hidróxido ***m.*** Combinación de un hidroxilo con un óxido, que puede ser metálico o no metálico: *El* ***hidróxido*** *de carbono es un contaminante del aire que se encuentra en las ciudades muy pobladas.* SIN. **base.**

hidroxilo ***m.*** Radical que contiene un átomo de hidrógeno y otro de oxígeno.

hiedra ***f.*** Planta trepadora de hojas siempre verdes: *El muro de la casa está cubierto de* ***hiedra.*** SIN. **yedra.**

hiel ***f.*** **1** Jugo amargo y verdoso producido por el hígado. SIN. **bilis. 2** *Fam.* Sentimiento de amargura. SIN. **disgusto.**

hielera ***f.*** **1** *Argent., Chile, Méx., Par.* y *Urug.* Recipiente de metal o de material aislante en el que se mantienen los hielos. SIN. **helera. 2** *Méx.* Utensilio de plástico o de metal con divisiones en forma de cuadrícula, que se llena de agua y se guarda en el congelador para que se hagan los hielos.

hielo ***m.*** **1** Agua que se ha hecho sólida a causa del frío: *El* ***hielo*** *flota en el agua.* **2** *Fam.* Frialdad, indiferencia, falta de demostración de los sentimientos.

hiena ***f.*** Animal mamífero y salvaje, parecido a un perro grande de pelo color gris o rojizo, que habita en Asia y África: *Las* ***hienas*** *comen la carne de los animales que ya están muertos y producen un sonido semejante a la risa humana.*

hierático, ca ***adj.*** **1** Conforme a las normas de una tradición religiosa. **2** *Fam.* Referido al que tiene una actitud tan solemne que no permite ver sus sentimientos. **3** *loc.* **escritura ~,** escritura egipcia que era una forma abreviada de jeroglíficos: *La* ***escritura hierática*** *se encuentra en los muros de las tumbas de los faraones.*

hierba ***f.*** Cualquier planta verde y baja, de tallo tierno que brota y muere en periodos menores a un año: *Las ovejas y vacas están pastando la* ***hierba*** *que cubre los campos.*

hierbabuena ***f.*** Planta aromática de hojas pequeñas y redondeadas, que se usa como condimento y también se bebe en infusión: *Doña Fidelia tiene una* ***hierbabuena*** *en maceta y le corta ramitas para condimentar el caldo de pollo.*

hierbal ***m.*** *Chile.* Terreno cubierto de pastos verdes. SIN. **herbazal.**

hierbatero ***m.*** *Chile.* Hombre que vende hierbas al por menor.

hierbazal o **herbazal** ***m.*** Terreno cubierto de pastos verdes: *En el* ***hierbazal*** *hay anís, pastos, gramillas y otras plantas bajas y tiernas.*

hierbero, ra ***m.*** y ***f.*** **1** *Cuba* y *Méx.* Persona que vende hierbas medicinales. **2** *Cuba* y *Méx.* Persona que conoce las propiedades de las plantas medicinales y cura con ellas. SIN. **curandero.**

hierra ***f.*** **1** *Amér.* Acción de marcar el ganado con hierros muy calientes que tienen el símbolo de sus dueños, para saber a quién pertenece. **2** *Amér.* Temporada de fiesta en que se marca el ganado con hierros.

hierro ***m.*** **1** Metal de color gris plateado, símbolo Fe y número atómico 26, que tiene uso industrial: *Con el* ***hierro*** *se elaboran automóviles, locomotoras y una gran variedad de herramientas y máquinas.* **2** Marca que se ponía a los presos y aún se le pone al ganado utilizando un hierro candente: *Los* ***hierros*** *marcaban de por vida la piel de los presos.* **3** *Fam.* Arma: *El* ***hierro*** *del asesino fue encontrado a pocos metros del cadáver.* **4** *loc.* **De ~,** inflexible y fuerte: *Mi abuelita tiene una salud* ***de hierro,*** *a sus ochenta años está sana y hasta practica gimnasia.*

hígado ***m.*** Órgano que ocupa la parte derecha del abdomen y que segrega la bilis: *El* ***hígado*** *es el laboratorio del cuerpo humano, allí se transforman las sustancias alimenticias para que la sangre pueda asimilarlas.*

higiene ***f.*** **1** Parte de la medicina que se ocupa de la conservación de la salud y los métodos para la prevención de enfermedades: *Los restaurantes deben cumplir con las normas de* ***higiene*** *para evitar enfermedades entre sus clientes.* **2** Limpieza, aseo: *La* ***higiene*** *del cuerpo se lleva a cabo duchándose con agua y jabón, cepillándose los dientes y lavándose las manos antes de comer y después de defecar.*

higiénico, ca ***adj.*** Relativo a lo que está limpio y no contiene gérmenes de enfermedades: *Los basureros no son lugares* ***higiénicos.*** SIN. **aseado, limpio.**

higienista ***m.*** y ***f.*** Especialista en técnicas de higiene: *Unos* ***higienistas*** *visitaron la escuela y nos dieron una plática acerca de cómo limpiar las diferentes partes de nuestro cuerpo; entonces descubrí que yo no sabía asearme bien las orejas.*

higienizar ***vb. irreg.*** {tr.} **Modelo 16.** Lavar muy bien y desinfectar de manera adecuada para evitar que se acumule suciedad y gérmenes de enfermedades: *Los baños públicos se deben* ***higienizar*** *de manera constante.* SIN. **limpiar, desinfectar, asear.**

higo ***m.*** **1** Fruto de la higuera, con forma de gota de agua y tamaño de una ciruela, de cáscara verde o negra e interior dulce y rojizo: *Los* ***higos*** *son frutas delicadas que al madurar se ponen blandas, por eso los venden en mermelada o cubiertos de azúcar.* **2** *loc.* **~ chumbo,** fruto de un tipo de cacto, de cáscara verde o roja con pequeñas espinas e interior jugoso, dulce, y lleno de semillas pequeñas, redondas y negras: *El* ***higo chumbo*** *es un fruto jugoso y fresco.* SIN. **tuna.**

higrometría ***f.*** Ciencia que determina la humedad de la atmósfera: *En la* ***higrometría*** *se utilizan aparatos hechos con cabellos humanos porque éstos son muy sensibles a la humedad del ambiente.*

higrómetro ***m.*** Aparato que sirve para medir la humedad del aire.

higuera ***f.*** Árbol de madera blanda y hojas grandes y ásperas, cuyo fruto es el higo: *La madera de la* ***higuera*** *no es aprovechable, pero la planta da buena sombra y sus frutos son deliciosos.*

hijastro, tra ***m.*** y ***f.*** Relación que tiene el hijo o hija de un matrimonio con respecto a una nueva pareja de alguno de sus padres: *Rodolfo tiene un* ***hijastro*** *porque se casó con una viuda que ya tenía un hijo.*

hijo, ja ***m.*** y ***f.*** **1** Persona o animal con respecto a sus padres: *Mis abuelos maternos tuvieron tres* ***hijos*** *y una* ***hija,*** *que es mi mamá.* SIN. **vástago, descendiente. 2** Brote o retoño de una planta: *El rosal que podaron en invierno está empezando a dar* ***hijos*** *otra vez porque ya es primavera.*

¡híjole! ***interj. Méx. Fam.*** Se usa para expresar sorpresa o admiración: *¡Híjole!, por estar jugando se me pasó el tiempo, ya es muy tarde.*

hila ***f.*** **1** Acción de convertir en hilo las fibras textiles: *Antiguamente, la **hila** era una actividad importante en la economía de los pueblos.* **2** Arreglo de cosas o de personas dispuestas una detrás de otra: *Junto a la carretera han sembrado una **hila** de árboles.* SIN. **hilera, fila, línea.**

hilacha ***f.*** **1** Hilo que se desprende de la tela: *El niño tiró de la **hilacha** que salía de su pantalón y la prenda se descosió.* **2** *loc. R. de la P.* **Mostrar la ~,** ponerse al descubierto alguien que ha estado fingiendo.

hilachos ***m. pl. Amér. Merid.*** y ***Méx.*** Ropas desgastadas y pobres. SIN. **andrajos, harapos, guiñapos.**

hilada ***f.*** Formación de algo en forma de línea, hilera: *El albañil, cansado pero feliz, terminó el muro rápidamente; en una sola jornada, colocó 40 **hiladas** de ladrillos.*

hilado ***m.*** Porción de fibras textiles que ya han sido convertidas en hilo: *Los **hilados** de algodón se utilizan para fabricar telas.*

hilar ***vb.*** {tr.} **1** Convertir en hilo las fibras textiles: *Antes, las mujeres aprendían a **hilar** en la rueca.* **2** Elaborar su hilo animales como el gusano de seda o la araña. **3** *Fam.* Relacionar unas ideas con otras, encontrando una secuencia lógica: ***Hilando** los hechos, el detective descubrió al culpable del asalto.* SIN. **deducir, comprender.**

hilarante ***adj.*** Relativo a lo que hace reír: *La obra de teatro estaba llena de situaciones **hilarantes,** y por eso las carcajadas del público se oían hasta afuera del teatro.* SIN. **cómico.**

hilaridad ***f.*** Explosión de risa: *El payaso despertó la **hilaridad** de los niños con sus torpes gestos y graciosos chistes.*

hilatura ***f.*** Serie de operaciones a las que, para convertirlas en hilo, se someten las fibras textiles: *Antes de fabricar las telas, las fibras deben someterse a la **hilatura.***

hilera ***f.*** Formación de cosas una detrás de la otra: *La **hilera** de alumnos entró al salón de clases en orden.* SIN. **línea, fila.**

hilo ***m.*** **1** Fibra delgada, larga y flexible, hecha de una materia textil: *El **hilo** se introduce en la aguja y se utiliza para coser.* SIN. **hebra.** **2** Tela de fibra de lino: *Las sábanas de **hilo** han sido sustituidas por las sábanas de algodón.* **3** Materia metálica delgada y alargada: *El náufrago ató unas tablas con un **hilo** de alambre para hacer una balsa que lo sacara de la isla desierta.* **4** Curso que siguen las cosas o las ideas: *Estaba distraído, perdió el **hilo** del programa de televisión y ahora no entiende de qué se trata.* SIN. **desarrollo, secuencia.** **5** Línea escasa de líquido: *De la herida en mi brazo escurría un **hilo** de sangre.*

hilván ***m.*** **1** Costura que se hace con puntada floja para preparar el cosido definitivo: *Después de la costura definitiva se quitan los **hilvanes** y se plancha la prenda de vestir.* **2** *Venez.* Doblez cosido que se hace en las orillas de las prendas de vestir para ajustar el largo y evitar que se deshile la tela. SIN. **dobladillo, bastilla.**

hilvanar ***vb.*** {tr.} **1** Coser con puntada floja para preparar la costura definitiva: *En el taller de costura, Elisa **hilvana** los vestidos y Marta los cose con una máquina.* SIN. **embastar.** **2** Enlazar o coordinar: *El muchacho se puso nervioso y no podía **hilvanar** sus ideas durante el examen.*

himen ***m.*** Piel delgada y frágil que se encuentra en la vagina de la mujer. SIN. **virgo.**

himenóptero, ra ***adj./m.*** Relativo a un orden de insectos que poseen dos pares de alas membranosas: *Las abejas son **himenópteras.***

himnario ***m.*** Libro en el que se encuentran registradas las letras y notas musicales de los cantos de alabanza: *Durante la ceremonia cantamos muy bien una composición que íbamos leyendo en el **himnario** y la maestra nos felicitó.*

himno ***m.*** **1** Poema o composición musical de estilo solemne que se escribe o interpreta para honrar a alguien o celebrar un hecho importante: *En las iglesias se cantan **himnos** de alabanza a Dios.* **2** *loc.* **~ nacional,** canción o marcha oficial que tiene un país: *Cuando entregaron los premios, izaron las banderas y tocaron los **himnos nacionales** de los países ganadores.*

himplar ***vb.*** {intr.} Emitir las panteras su voz: *Una pantera negra se topó con un tigre e **himpló** para advertirle que no se metiera a su territorio.*

hincapié ***m.*** **1** Acción de apoyar el pie para hacer fuerza. **2** *Fam.* **Hacer ~,** insistir mucho: *La maestra **hizo hincapié** en que si queríamos ir a la excursión, necesitábamos un permiso firmado por nuestros padres.*

hincar ***vb. irreg.*** {tr. y prnl.} **Modelo 17.** **1** Introducir, clavar o apoyar una cosa en otra: *Cuando los alpinistas llegaron a la cima de la montaña, **hincaron** allí su bandera.* SIN. **clavar.** **2** Apoyar con fuerza una cosa en otra. **3** Arrodillarse, postrarse: *Gracias a la máquina pulidora, Sara ya no necesita **hincarse** para limpiar los pisos.* SIN. **arrodillarse.**

hincha ***m.*** y ***f.*** **1** *Amér. C.* y *Amér. Merid.* Seguidor entusiasta de un equipo deportivo. SIN. **aficionado, barra, partidario, fanático.** **2** *Argent.* y *Urug. Fam.* Persona molesta.

hinchada ***f. Amér. C.*** y ***Amér. Merid.*** Conjunto de seguidores entusiastas de un equipo deportivo.

hinchar ***vb.*** {tr. y prnl.} **1** Llenar de aire o gas un cuerpo flexible: ***Hincharon** el bote inflable utilizando un inflador de neumáticos.* SIN. **llenar, inflar.** **2** Abultarse una parte del cuerpo: *A Rosario se le **hinchó** la rodilla porque se golpeó con la escalera.* SIN. **inflamar.** **3** *Fam.* Poseer gran cantidad de una cosa: *Ese hombre **se hinchó** de dinero vendiendo hamburguesas; cuando comenzó era pobre y ahora es rico.* **4** *Fam.* Hartarse de comer: *En la fiesta de cumpleaños Roberto **se hinchó** de caramelos.* SIN. **llenarse.**

hinchazón ***f.*** Efecto de aumentar el volumen de un cuerpo flexible: *La **hinchazón** de mi mano ya está bajando.* SIN. **inflamación, protuberancia.**

hindi ***m.*** Idioma oficial de la India.

hindú ***adj./m.*** y ***f.*** **1** Practicante del hinduismo. **2** Originario de la India. SIN. **indio.**

hinduismo ***m.*** Prácticas y creencias religiosas originadas en la India y basadas en los textos sagrados llamados Vedas: *El **hinduismo** está basado en la creencia de que el ser individual forma parte del ser universal o absoluto.*

hinojo ***m.*** Planta de bulbo comestible, dulce y blanco, de forma parecida a la cebolla y con tallos verdes y aromáticos como el anís: *El **hinojo** es una planta medicinal.*

hipar ***vb.*** {tr.} **1** Tener hipo. **2** Producir un jadeo corto después de haber llorado mucho: *Lucía **está hipando** de tanto llorar.* SIN. **gimotear.**

hipérbaton ***m.*** Forma de hablar o de escribir una frase alterando el orden lógico de las palabras: *Decir "un bello poema cantaba la niña" en lugar de "la niña cantaba un poema bello" es un **hipérbaton.*** SIN. **inversión.**

hipérbola ***f.*** Curva simétrica formada por puntos cuya distancia respecto de dos puntos fijos, o focos, es constante.

hipérbole ***f.*** Forma de hablar o de escribir una frase exagerando la realidad: *Decir "un coloso" en lugar de "un hombre fuerte" es una **hipérbole.***

hiperbólico, ca ***adj.*** **1** De la hipérbola o que tiene su forma. **2** De tono exagerado: *Para que no lo castigaran,*

Beto alabó con expresiones ***hiperbólicas*** *al director de la escuela.*

hiperespacio ***m.*** En geometría, espacio que tiene de más de tres dimensiones.

hipermetropía ***f.*** Defecto de la visión que impide ver bien de cerca: *Quienes padecen* ***hipermetropía*** *tienen que alejar de sí lo que leen para poder distinguir bien las letras.*

hipersensible ***adj.*** Referido a la persona que tiene una gran sensibilidad: *Katia es una chica* ***hipersensible,*** *si alguien le habla con voz fuerte ella se pone muy nerviosa y quiere llorar.*

hipertensión ***f.*** Elevación de la tensión, o presión arterial, por encima de lo normal: *La* ***hipertensión*** *es uno de los males típicos de la época moderna, pues mucha gente siempre anda presionada y de prisa.*

hipertenso, sa ***adj./m.*** y ***f.*** Que padece hipertensión: *Como Abel es* ***hipertenso,*** *el médico le prohibió fumar, tomar café y ponerle sal a sus alimentos.*

hipertexto ***m.*** Técnica de consulta de textos en una computadora, que permite saltar de un documento a otro.

hipertrofiarse ***vb.*** {prnl.} Desarrollarse excesivamente un órgano u organismo.

hípico, ca ***adj./f.*** Relativo al caballo y a la equitación: *En el campo* ***hípico*** *se está llevando a cabo una competencia de salto de caballos.*

hipismo ***m.*** Deporte que se realiza a caballo: *Humberto está aprendiendo* ***hipismo*** *en una academia en la que rentan caballos y practican en un campo.*

hipnosis ***f.*** Estado de disminución de la conciencia provocado por sugestión y usado para diferentes fines terapéuticos: *Algunos psicoanalistas utilizan la* ***hipnosis*** *para curar a sus pacientes.*

hipnótico ***m.*** **1** Medicamento empleado para dar sueño. **2** Narcótico, somnífero: *El médico le prescribió a Julián* ***hipnóticos*** *para conciliar ocho horas de sueño seguidas.*

hipnótico, ca ***adj.*** Del hipnotismo: *La enfermedad dejó al convaleciente sumido en un sueño* ***hipnótico.***

hipnotismo ***m.*** Conjunto de técnicas para provocar un estado de hipnosis: *En el espectáculo de* ***hipnotismo,*** *el mago hizo que una persona del público cantara como si estuviera en la ópera.*

hipnotización ***f.*** Acción y efecto de hipnotizar: *La* ***hipnotización*** *es una práctica que permite conocer más del subconsciente de una persona.*

hipnotizador, ra ***m.*** y ***f.*** Persona capaz de hipnotizar: *El* ***hipnotizador*** *utilizó su reloj de bolsillo para dormir al hombre que se quejaba de estar nervioso y provocó en él un estado de relajación.*

hipnotizante ***adj.*** Que hipnotiza: *Debido a los efectos especiales, la película resultó un espectáculo* ***hipnotizante.***

hipnotizar ***vb. irreg.*** {tr.} **Modelo 16. 1** Producir en una persona un estado de hipnosis. **2** ***Fam.*** Fascinar o ejercer influencia sobre alguien: *Laura* ***hipnotizaba*** *a sus amigos con su belleza angelical.*

hipo ***m.*** Movimiento involuntario que altera la respiración y ocasiona un pequeño sonido: *El* ***hipo*** *no deja hablar bien, las palabras se cortan cuando de repente aparece un* ***hipo.***

hipoalergénico, ca ***adj./m.*** y ***f.*** Se aplica a las sustancias que no producen reacciones alérgicas, o que las producen muy débiles: *Hoy en día, muchos productos para el cuidado de la piel y cosméticos son* ***hipoalergénicos.***

hipocampo ***m.*** Pequeño animal marino que tiene el perfil de un caballo y cuyo cuerpo termina en una cola que se cierra en espiral hacia adelante: *El* ***hipocampo*** *es un animal diferente de los demás porque el macho se embaraza y no la hembra.*

hipocentro ***m.*** Región del interior de la corteza terrestre donde tiene su origen un movimiento sísmico.

hipocondría ***f.*** Preocupación obsesiva por la propia salud: *La* ***hipocondría*** *es una enfermedad nerviosa.*

hipocondríaco, ca o **hipocondriaco, ca** ***adj./m.*** y ***f.*** Persona que padece hipocondría: *Ángela es* ***hipocondriaca,*** *apenas le sale una ronchita, piensa que está gravemente intoxicada.*

hipocorístico, ca ***adj./m.*** Diminutivo de un nombre propio utilizado en forma cariñosa: *El* ***hipocorístico*** *de Dolores es Lola, el de José es Pepe y el de Francisco es Pancho o Paco.*

hipocrático, ca ***adj.*** De Hipócrates, famoso médico griego: *Los médicos pronuncian el juramento* ***hipocrático*** *para ejercer su profesión.*

hipocresía ***f.*** Falta de sinceridad: *Sandra se comportó con* ***hipocresía*** *al felicitar a Ricardo durante la fiesta cuando todos sabemos que no lo estima.* SIN. **engaño, falsedad.** ANT. **franqueza, naturalidad, sinceridad.**

hipócrita ***adj./m.*** y ***f.*** Se dice de la persona que finge o aparenta tener o sentir algo que es falso: *Rogelio es un* ***hipócrita*** *con su novia, le dice que se quiere casar con ella porque la ama, pero en realidad quiere su dinero.* SIN. **falso, farsante, impostor.**

hipodérmico, ca ***adj.*** Relativo a la parte profunda de la piel: *Las inyecciones deben ser aplicadas con agujas* ***hipodérmicas,*** *para que el medicamento penetre hasta donde debe llegar.*

hipodermis ***f.*** Parte profunda de la piel, formada por tejidos capaces de acumular grasas como reserva de energía: *La piel está formada por tres capas: la epidermis, la endodermis y la* ***hipodermis.***

hipódromo ***m.*** Lugar que tiene una pista ovalada de tierra, destinada a las carreras de caballos, y gradas para que el público pueda verlas.

hipófisis ***f.*** Glándula situada en el interior de la cabeza, debajo del encéfalo, que produce hormonas que regulan el funcionamiento del organismo.

hipoglucemia ***f.*** Condición en la que la cantidad de glucosa en la sangre es insuficiente: *El desmayo de Georgina se debió a que, como no había desayunado ni comido, le dio* ***hipoglucemia.***

hipogrifo ***m.*** Animal imaginario con cabeza de águila y cuerpo de caballo: *Los* ***hipogrifos*** *son animales fantásticos que aparecieron en las leyendas europeas antiguas.*

hipopótamo ***m.*** Animal mamífero de cuerpo y cabeza grandes, de boca muy amplia, patas cortas y piel gruesa y oscura, que vive en los ríos de África y sale a la orilla para pastar.

hipotálamo ***m.*** Región del encéfalo situada en la base del cerebro, que regula las actividades del sueño y la vigilia y el balance de la temperatura del cuerpo: *El* ***hipotálamo*** *manda una señal al cerebro cuando hay que despertarse.*

hipoteca ***f.*** Contrato por el que se garantiza el cumplimiento de una obligación usando un bien como garantía: *Luis no pagó la* ***hipoteca*** *y el banco le quitó su casa.*

hipotecar ***vb. irreg.*** {tr.} **Modelo 17.** Asegurar el pago de un préstamo de dinero comprometiendo para ello la propiedad de una casa o de un terreno: *Estos terrenos no están en venta porque los dueños los* ***hipotecaron*** *para construir su casa.*

hipotecario, ria ***adj.*** Relativo al préstamo de dinero cuyo pago está garantizado con una propiedad: *Para que le dieran* *el crédito **hipotecario** a Humberto, su madre puso su casa como garantía de pago.*

hipotensión ***f.*** Tensión, o presión arterial, inferior a la normal: *Entre los síntomas de la **hipotensión** están la debilidad y los vértigos.*

hipotenso, sa ***adj./m.*** y ***f.*** Persona que padece baja presión arterial.

hipotenusa ***f.*** Lado opuesto al ángulo recto en un triángulo rectángulo: *La **hipotenusa** es la línea más larga de las tres que forman un triángulo rectángulo.*

hipotermia ***f.*** Disminución anormal de la temperatura del cuerpo: *La **hipotermia** es lo contrario de la fiebre.*

hipótesis ***f.*** Suposición de que algo es posible: *Todavía no se ha confirmado la **hipótesis** de que el accidente se produjo a causa de la lluvia.* SIN. **supuesto, posibilidad.**

hipotético, ca ***adj.*** Relativo a la suposición de que algo es posible: *Han detenido al **hipotético** autor del crimen, aunque todavía no hay pruebas de que es culpable.* SIN. **supuesto, dudoso, incierto.**

hippy ***m.*** y ***f.*** **Palabra de origen inglés.** Persona que formó parte de la corriente que a partir de la década de 1960 reaccionó contra los valores de la sociedad.

hiriente ***adj.*** Relativo a lo que puede lastimar: *Sus palabras **hirientes** me hicieron llorar.*

hirsuto, ta ***adj.*** Se aplica al pelo áspero y duro: *La cabellera **hirsuta** de Paola resulta difícil de peinar.*

hirviente ***adj.*** Se refiere al líquido que está tan caliente que hace pompas o burbujas: *Cuando un volcán hace erupción arroja materia **hirviente** llamada lava.*

hisopo ***m.*** **1** *Argent.* y *Méx.* Palillo que tiene algodón fijo en uno o en ambos extremos: *El médico limpió la herida con un **hisopo** mojado en alcohol.* **2** *Amér. Merid.* Pincel ancho y plano que se utiliza para pintar paredes. SIN. **brocha. 3** *Chile* y *Colomb.* Pincel ancho y redondo que se utiliza para enjabonar la cara cuando se va a afeitar la barba.

hispánico, ca ***adj./m.*** y ***f.*** Originario de España o que tiene costumbres e idioma heredados de los españoles: *La literatura **hispánica** es el conjunto de todas las obras escritas en lengua española.* SIN. **español, hispano.**

hispanidad ***f.*** Conjunto de características y costumbres propias de los pueblos de cultura e idioma español: *La **hispanidad** es un rasgo común entre los españoles y los habitantes de América que hablan español.*

hispano, na ***adj.*** Relativo a lo que es de España o de alguno de los países de América donde se habla español: *En el mundo hay cerca de 400 millones de personas de habla **hispana**.* SIN. **español, hispanoamericano.**

hispano, na ***m.*** y ***f.*** **1** Persona nacida en España o en alguno de los países de América donde se habla español. SIN. **español, hispanoamericano. 2** Se aplica a las personas de origen mexicano, centroamericano y de otros países de habla española que viven en Estados Unidos de América.

hispanoamericano, na ***adj.*** Relativo a lo que es común a España y a alguno de los países de América en que se habla español: *La semana pasada se firmó un acuerdo de comercio **hispanoamericano** entre España y algunos países de América del Sur.*

hispanoamericano, na ***m.*** y ***f.*** Persona nacida en alguno de los países de América en que se habla español.

hispanohablante ***adj./m.*** y ***f.*** Relativo a la persona que habla español: *En su mayoría, los **hispanohablantes** habitan en el continente americano y en España.*

histeria ***f.*** **1** Enfermedad nerviosa que afecta la inteligencia, la sensibilidad y el movimiento: *La **histeria** se manifiesta con convulsiones, parálisis, sofocos y otros síntomas que aparecen generalmente después de un disgusto.* SIN. **neurosis. 2** *Fam.* Nerviosismo fuerte que sobreviene después de haber recibido un susto o un disgusto: *La **histeria** de las personas afectadas por la inundación dificultó el rescate de las víctimas.* SIN. **nerviosismo.** ANT. **calma, tranquilidad, sosiego.**

histérico, ca ***adj./m.*** y ***f.*** **1** Relativo a la persona que padece una enfermedad nerviosa grave que afecta su inteligencia, su sensibilidad y su capacidad de movimiento: *Los pacientes **histéricos** son atendidos por psiquiatras.* SIN. **neurótico. 2** *Fam.* Relativo a la persona que reacciona de manera exagerada ante una situación anormal: *Cuando empezó el sismo, un **histérico** pasó corriendo y me empujó peligrosamente.* SIN. **nervioso.**

histología ***f.*** Ciencia que estudia los tejidos de los seres vivos: *En la **histología** se usan microscopios para observar las formas de las células de los diferentes tejidos.*

histólogo, ga ***m.*** y ***f.*** Especialista en histología: *El trabajo de los **histólogos** es muy importante en la lucha contra enfermedades como el cáncer.*

historia ***f.*** **1** Ciencia que estudia el pasado del hombre: *La **historia** es el relato de los sucesos ocurridos a los pueblos a lo largo de los siglos.* SIN. **crónica, anales. 2** Relato ordenado de los acontecimientos del pasado: *En la **historia** de arte, se encuentran los datos y las fotografías que describen las obras de arte que produjeron las distintas culturas del mundo desde hace miles de años hasta nuestros días.* **3** Relato de acontecimientos particulares: *La **historia** del rey inglés Enrique* VIII *y sus seis esposas es tan interesante, que hicieron un filme sobre su vida.* SIN. **vida, biografía. 4** Narración inventada: *Mi padre me cuenta todos los domingos una **historia** con personajes fantásticos.* SIN. **cuento, fábula. 5** *pl.* Cosas que no son ciertas: *Mónica nunca lee la lección y ha cansado a la maestra con sus **historias** sobre los accidentes que no le permiten estudiar.* SIN. **chisme, enredo, mentira.** ANT. **verdad.**

historiador, ra ***m.*** y ***f.*** Persona que se dedica a estudiar los acontecimientos relacionados con el pasado del hombre, y se encarga de registrar y analizar por escrito los hechos de la actualidad: *La **historiadora** va tres veces por semana a revisar los materiales de la Biblioteca Nacional, porque allí se encuentran reunidos muchos documentos.* SIN. **cronista.**

historial ***m.*** Reseña de los antecedentes de un negocio, de los servicios de un empleado, etc.: *Para conseguir ese trabajo, Doroteo llevó a la empresa un buen **historial** en el que señalaba sus estudios y su experiencia.* SIN. **informe, relato, currículum.**

historicidad ***f.*** Cualidad de histórico.

historicismo ***m.*** Doctrina según la cual los fenómenos humanos se puede explicar enteramente desde una perspectiva histórica.

historicista ***adj.*** Que se ajusta al historicismo.

historicista ***m.*** y ***f.*** Seguidor del historicismo.

histórico, ca ***adj.*** **1** Se refiere a lo que tiene algún interés para la ciencia que estudia el pasado del hombre: *Esa iglesia antigua se considera como un monumento **histórico**.* **2** Relativo a lo que existió realmente: *Simón Bolívar es un personaje **histórico**.* SIN. **auténtico, real, cierto. 3** Se dice de lo que sucede por primera vezy es muy importante: *La llegada del hombre a la Luna fue un hecho **histórico**.*

historieta ***f.*** **1** Relato agradable o divertido que cuenta sucesos de poca importancia: *El joven hacía reír a la muchacha con sus **historietas** sobre cómo consiguió trabajo.* SIN. **anécdota, chiste, cuento. 2** Serie de dibujos con o sin texto que contiene un relato: *Todos los domingos mi padre* *me compra una revista con **historietas** muy divertidas.* Sin. **cómic, tebeo.**

histrión ***m.*** Actor de la tragedia antigua: *Los **histriones** usaban máscaras con la boca en forma de sonrisa o de mueca.* Sin. **actor, bufón.**

histriónico, ca ***adj.*** Relativo al teatro: *Sergio fue aceptado en la academia de teatro debido a sus cualidades **histriónicas**.* Sin. **teatral, expresivo.**

hit ***m.*** **Palabra de origen inglés.** Tema musical o canción que se convierte en éxito de ventas: *La mayor parte de las canciones de Los Beatles fueron **hits** en su época y se siguen escuchando muchos años después de que causaron sensación.*

hito ***m.*** **1** Poste de piedra o granito que se pone junto a las carreteras para ir señalando los kilómetros: *Según el **hito**, el automóvil ha recorrido 236 kilómetros en esta carretera.* Sin. **mojón. 2** *Fam.* Hecho importante que marca una diferencia dentro de un contexto: *Obtener la Copa Mundial marcó un **hito** en la historia del fútbol de ese país.* **3 Mirar de hito en hito,** mirar fijamente: *Gregorio **miraba de hito en hito** la tarta que pronto comería.*

hobby ***m.*** **Palabra de origen inglés.** Pasatiempo favorito que sirve como distracción de los trabajos habituales: *El **hobby** del panadero es ir a pescar a la laguna.*

hocico ***m.*** **1** Parte de la cabeza de algunos animales donde están la boca y la nariz: *El perro rastrea la liebre con su **hocico**.* Sin. **morro, jeta. 2** *Vulg.* Boca del ser humano: *El **hocico** de Anel no deja de decir groserías.*

hocicón, cona ***adj.*** **1** *Chile* y *Méx.* Se aplica a la persona que exagera sus propias cualidades, no sabe guardar secretos y engaña a los demás. Sin. **fanfarrón, mentiroso. 2** *Méx. Desp.* Se refiere a la persona que tiene la boca grande.

hociquera ***f.*** *Argent., Perú* y *Urug.* Correas que sujetan el hocico de los animales. Sin. **bozal.**

hockey ***m.*** **Palabra de origen inglés.** Deporte que se juega entre dos equipos que impulsan con un bastón una pelota o un disco que debe introducirse en la portería contraria: *El **hockey** se juega corriendo sobre hierba o patinando sobre hielo.*

hogaño ***adv.*** Este año o ahora. Ant. **antaño.**

hogar ***m.*** **1** Sitio donde se enciende fuego o lumbre: *En invierno Carlos pone unos leños en el **hogar** y prende el fuego para calentar el ambiente de la casa.* Sin. **horno, chimenea, brasero. 2** Lugar donde se vive con la familia: *Después de un largo viaje no hay nada más hermoso que volver al **hogar**.* Sin. **casa.**

hogareño, ña ***adj.*** Se aplica a la persona que disfruta de la vida en familia: *Leopoldo es un hombre **hogareño**, le gusta convivir con sus hijos y su esposa.*

hogaza ***f.*** Pan grande de forma circular: *Julieta está cortando unas rebanadas de la **hogaza** de centeno para untarles mantequilla.*

hoguera ***f.*** Conjunto de materiales que se apilan al aire libre para hacerlos arder con llama: *La última noche del campamento hicieron una **hoguera** con ramas secas y cantaron acompañados de la guitarra.* Sin. **fogata, fuego.**

hoja ***f.*** **1** Parte casi siempre verde, plana y delgada de una planta, que crece en el extremo de los tallos o de las ramas: *Hay árboles que pierden sus **hojas** en el otoño y hay otros que las conservan durante todo el año.* Sin. **follaje. 2** Cada una de las partes planas y de diferentes colores que se unen al centro de una flor: *Allá está Carla quitándole las **hojas** a una margarita para saber si Bernardo la quiere.* Sin. **pétalo. 3** Pieza de papel para escribir: *Claudio escribió un poema en una **hoja** de cuaderno.* **4** Cada una de las piezas de papel que forman un libro: *El manual de matemáticas tiene 250 **hojas**.* Sin. **folio, página. 5** Parte de metal, plana y filosa, de ciertas armas y herramientas: *La **hoja** del cuchillo es muy filosa.* **6** En puertas y ventanas, cada una de las partes que se abren y se cierran: *Hubo que cambiar una **hoja** de la puerta porque no cerraba bien.* **7** Lámina delgada de cualquier material: *En esa industria utilizan **hojas** de acero para fabricar máquinas.* Sin. **lámina, plancha, chapa.**

hojalata ***f.*** Trozo plano y delgado de acero bañado de estaño: *Los envases para conservas se hacen con **hojalata**.* Sin. **lata.**

hojalatería ***f.*** **1** Taller donde se fabrican objetos de hojalata: *Las **hojalaterías** venden láminas de metal y diversos objetos hechos con hoja de lata.* **2** ***Méx.*** Taller donde se reparan las carrocerías de los automóviles.

hojalatero, ra ***m.*** y ***f.*** **1** Persona que trabaja la hojalata: *Compramos una lámina de metal y llamamos al **hojalatero** para que nos hiciera con ella una puerta para el gallinero.* **2** ***Méx.*** Persona que repara las carrocerías de los automóviles.

hojaldre ***m.*** y ***f.*** Masa de harina y mantequilla cocida al horno que forma hojas delgadas y superpuestas: *Mi tía Lidia hacía las tartas de **hojaldre** más deliciosas que he probado.*

hojarasca ***f.*** Conjunto de hojas secas de las plantas: *En otoño, el suelo del bosque se cubre de **hojarasca**.*

hojear ***vb.*** {tr.} **1** Mover o pasar de manera ligera las hojas de un libro, cuaderno, revista, etc.: *Hay personas que mojan su dedo en la lengua para **hojear** un libro, en cambio Daniel **hojeaba** las páginas de la novela tomándolas de manera delicada por el extremo superior.* **2** Leer de forma rápida: ***Hojeé** la revista antes de comprarla para saber si me interesaba lo que estaba escrito.*

hojuela ***f.*** **1** Hoja pequeña: *Esa planta tiene unas cuantas **hojuelas** nuevas.* **2** Masa crocante, pequeña y delgada, hecha a base de cereal: *Los niños quieren desayunar **hojuelas** de maíz con leche y fruta.*

¡hola! ***interj.*** Voz que se emplea para saludar: *"**¡Hola!** Hacía mucho tiempo que no te veía, ¿cómo estás?", le dije a Ricardo.* Ant. **¡adiós!**

holandés ***m.*** Idioma que se habla en Holanda: *En el **holandés**, la letra* v *suena como una* f.

holandés, desa ***adj./m.*** y ***f.*** Originario de Holanda, país de Europa.

holgado, da ***adj.*** **1** Se aplica a lo que es amplio o ancho: *Este vestido me queda **holgado**, tendré que ajustarlo un poco para poder usarlo.* Sin. **grande.** Ant. **ceñido, apretado, estrecho. 2** Se refiere al que vive con bienestar: *Roberto gana un buen sueldo, por eso él y su familia llevan una vida **holgada**.*

holganza ***f.*** Descanso, vacación: *"Basta de **holganza**, ¡a trabajar todos!", exclamó el maestro.*

holgar ***vb. irreg.*** {intr. y prnl.} **Modelo 19. 1** Estar sin hacer nada: *El hombre **holgó** todo el domingo porque trabajó mucho de lunes a sábado.* Sin. **descansar. 2** Ser algo inútil: *Hay personas tan inconscientes que **huelga** decirles que no deben tirar la basura en la calle, porque siguen haciéndolo.* **3** No ajustar una cosa: *Al niño pequeño le **holgaban** los zapatos de su padre.* **4** Divertirse, alegrarse: *Rufino **se holgó** mucho cuando su prima Aurora llegó a visitarlo.*

holgazán, zana ***adj./m.*** y ***f.*** Se aplica a la persona que no trabaja ni hace algo provechoso: *"No seas **holgazana**, ayúdame a recoger los platos para lavarlos", le dije a Graciela.* Sin. **vago, ocioso.**

holgazanear ***vb.*** {intr.} Permanecer sin trabajar por propia voluntad: *Pablo **está holgazaneando** mientras sus hermanos juegan baloncesto en el patio.*

holgazanería ***f.*** Calidad de holgazán, de quien no trabaja: *La echaron del trabajo debido a su* ***holgazanería.*** SIN. **vagancia, ociosidad.**

holgura ***f.*** **1** Amplitud de las cosas: *Este mantel tan grande cubre con* ***holgura*** *la mesa.* **2** Bienestar económico: *El comerciante vive con* ***holgura*** *porque en su negocio venden muchos productos.*

hollar ***vb. irreg.*** {tr.} **Modelo 5. 1** Dejar una marca en el suelo al pisar: *Con sus botas nuevas, el muchacho* ***huella*** *el suelo de tierra mojada.* **2** Hacer que alguien se sienta avergonzado: *Los gritos del capitán* ***hollaron*** *al infeliz soldado que cometió un grave error durante el entrenamiento.* SIN. **humillar, abatir, oprimir.**

hollejo ***m.*** Piel delgada que cubre algunas frutas, legumbres y tubérculos: *El jugo de uva se cuela para quitarle el* ***hollejo.*** SIN. **pellejo.**

hollín ***m.*** Sustancia negra que se acumula por el paso del humo: *El interior de la chimenea está lleno de* ***hollín.***

holmio ***m.*** Elemento metálico de número atómico 67 y símbolo Ho.

holocausto ***m.*** **1** Entre los hebreos, sacrificio en que la ofrenda se consumía totalmente por el fuego. **2** Con "H" mayúscula, designa la exterminación de más de 6 millones de judíos por los nazis entre 1939 y 1945 en los países ocupados por el Reich de Hitler; también se le conoce con el nombre de la *Shoah*.

holoceno ***adj./m.*** Segundo periodo cuaternario que abarca desde el Pleistoceno hasta nuestros días.

holografía ***f.*** Método de fotografía a base de rayos láser que produce imágenes tridimensionales.

holograma ***m.*** Imagen que se obtiene por holografía: *Los* ***hologramas*** *son muy empleados como etiquetas de seguridad en tarjetas de crédito y marbetes de licores finos.*

hombre ***m.*** **1** Ser dotado de inteligencia, razón y de lenguaje articulado: *El* ***hombre*** *se diferencia de los animales por su capacidad de razonar y de hablar.* SIN. **humanidad. 2** Individuo de la especie humana: *El* ***hombre*** *tiene la capacidad de trabajar con sus manos.* SIN. **persona. 3** Persona de sexo masculino: *Tanto los* ***hombres*** *como las mujeres de esta familia tienen estudios universitarios.* SIN. **macho, varón. 4** Individuo adulto del sexo masculino: *Primero se es niño, luego* ***hombre*** *y más tarde, anciano.* SIN. **adulto. 5** *loc.* **~ rana,** buzo: *Un* ***hombre rana*** *filmó los pececillos en el fondo del mar.*

hombrera ***f.*** **1** Almohadilla cosida en los hombros de un vestido o traje: *El vestido con* ***hombreras*** *hace que Hilda parezca más grande de lo que es en realidad.* **2** Protección que cubre los hombros de algunos trajes deportivos o militares: *Los jugadores de fútbol americano llevan cascos y* ***hombreras*** *de plástico, porque el juego es muy rudo.*

hombría ***f.*** Conjunto de cualidades morales, como valor, voluntad y energía, que honran a un hombre: *Siempre actúa con* ***hombría*** *y honradez.*

hombro ***m.*** **1** Parte superior del tronco del hombre, de donde nace el brazo: *El albañil carga un saco de cemento al* ***hombro.*** **2** *loc.* **Meter** o **arrimar el ~,** ayudar: *Se quedó sin trabajo y sus hermanos* ***metieron el hombro*** *hasta que consiguió un nuevo empleo.* **3** *loc.* **Mirar por encima del ~,** creerse superior que los demás: *Ese chico* ***mira a todos por encima del hombro,*** *es un engreído.*

hombruno, na ***adj.*** Se dice de lo que es característico del hombre: *Jimena es muy bonita, pero ese caminar* ***hombruno*** *que tiene le resta atractivo.*

homenaje ***m.*** Acto o serie de actos que se celebran en honor de alguien: *La empresa ofreció una comida en* ***homenaje*** *a los trabajadores que cumplían 40 años de labores.* SIN. **celebración.**

homenajeado, da ***m.*** y ***f.*** Persona en cuyo honor se realiza una ceremonia o festejo: *La* ***homenajeada*** *recibió un automóvil que le regalaron sus padres por su cumpleaños.*

homenajear ***vb.*** {tr.} Celebrar un acto en honor de alguien: *Con motivo del día del maestro, los alumnos de la escuela* ***homenajearon*** *a sus profesores con una obra de teatro.*

homeópata ***adj./m.*** y ***f.*** Médico que cura por medio de un sistema que utiliza sustancias naturales, similares a las que provocan la enfermedad que se quiere curar.

homeopatía ***f.*** Sistema terapéutico que consiste en curar por medio de sustancias naturales parecidas a las que provocan la enfermedad que se quiere combatir: *La* ***homeopatía*** *fue creada en Alemania y su lema es "lo semejante se cura con lo semejante".*

homeopático, ca ***adj.*** Relativo a la medicina que cura por medio de sustancias naturales parecidas a las que provocan la enfermedad que se quiere combatir.

homeotermia ***f.*** Capacidad de mantener la temperatura constante independientemente de la temperatura ambiente.

homeotermo, ma ***adj./m.*** **1** De la homeotermia. **2** Se dice de los animales que presentan homeotermia.

homicida ***adj.*** Relativo a lo que provoca la muerte de un ser humano, en especial cuando ésta es violenta y sin justificación: *El arma* ***homicida*** *fue encontrada en el jardín de la casa.*

homicida ***m.*** y ***f.*** Persona que da muerte a otra, en especial quien lo hace de manera violenta y sin justificación: *El* ***homicida*** *que asesinó al banquero fue condenado a veinte años de prisión.* SIN. **asesino.**

homicidio ***m.*** Acto de matar una persona a otra: *El* ***homicidio*** *se cometió con un cuchillo.* SIN. **asesinato, crimen.**

homínido ***adj./m.*** Suborden de mamíferos primates, cuya especie sobreviviente es el hombre actual.

homofobia ***f.*** Rechazo hacia los homosexuales.

homófono, na ***adj.*** Se aplica a las palabras de igual pronunciación pero con significado diferente: *Las palabras* ola *y* hola *son* ***homófonas.***

homogéneo, a ***adj.*** Que está formado por elementos de la misma naturaleza y condición o que son muy semejantes: *Daniel y Ricardo tienen gustos* ***homogéneos:*** *los dos prefieren leer novelas policiacas y ver filmes de acción.* SIN. **semejante, similar, uniforme.**

homógrafo, fa ***adj.*** Se aplica a las palabras que se escriben igual, pero que tienen significados diferentes: *La palabra* era, *del verbo ser, y la palabra* era, *que significa un periodo, son* ***homógrafas.***

homologación ***f.*** Acción y resultado de homologar: *La* ***homologación*** *salarial benefició a la mayoría de los trabajadores de la fábrica.*

homologar ***vb. irreg.*** {tr.} **Modelo 17.** Reconocer una autoridad que un producto se ajusta a las normas establecidas. SIN. **aprobar, autorizar.** ANT. **sancionar.**

homólogo, ga ***adj.*** Que se corresponde exactamente con otro: *El presidente de Francia y su* ***homólogo*** *alemán firmaron un acuerdo de comercio entre ambos países.*

homónimo, ma ***adj.*** **1** Se aplica a las palabras que tienen la misma pronunciación y diferente ortografía, o la misma pronunciación y ortografía, pero que tienen significado diferente: *Las palabras* azar *y* azahar *son* ***homónimas,*** *así como la palabra* desocupado, *que significa vacío y que también significa que alguien no tiene trabajo.* **2** Se dice cuando dos personas se llaman igual: *Tengo un amigo lla-*

mado Alfonso Reyes que es ***homónimo*** *del escritor mexicano Alfonso Reyes.*

homosexual ***adj./m.*** y ***f.*** Se refiere a la persona que siente atracción sexual por individuos de su mismo sexo.

honda ***f.*** Utensilio que sirve para lanzar piedras, formado por una tira de cuero, lana u otro material parecido: *El niño practicaba puntería con su* ***honda*** *tirando piedras a una botella que había colocado sobre un tronco.*

hondo ***m.*** Parte más baja o profunda de una cosa: *El submarino navega por lo* ***hondo*** *del mar.* SIN. **fondo.**

hondo, da ***adj.*** **1** Se refiere a lo que tiene mucha profundidad: *El pozo de agua es* ***hondo****, habrá que ponerle una tapa para evitar que alguien caiga y se lastime.* SIN. **profundo. 2** Se aplica a los sentimientos intensos: *Cuando murió su mascota, el joven sintió una* ***honda*** *tristeza.* SIN. **intenso.**

hondonada ***f.*** Parte más baja de un terreno: *La casa está situada en una* ***hondonada****, por eso está protegida del viento.*

hondura ***f.*** Medida que separa a la superficie del fondo: *Midieron la* ***hondura*** *del pozo arrojando al interior un cable con una piedra en un extremo.* SIN. **profundidad.** ANT. **altura.**

hondureño, ña ***adj./m.*** y ***f.*** Originario de Honduras, país de Centroamérica.

honestidad ***f.*** Cualidad que hace que una persona no engañe a nadie: *Josefina actuó con* ***honestidad*** *cuando confesó, sin que nadie la obligara, que ella había roto el florero.* SIN. **honradez.**

honesto, ta ***adj.*** **1** Se refiere a la persona que no tiene mala intención: *Juliana es una chica* ***honesta*** *y prudente, no le gusta meterse en líos y siempre dice la verdad.* SIN. **decente, casto, puro. 2** Se refiere a la persona que actúa con rectitud y honradez, que se puede confiar en ella: *Gregorio es una persona* ***honesta****, por eso lo contrataron como cajero en la panadería.* SIN. **honrado, recto, íntegro.**

hongo ***m.*** **1** Organismo diferenciado de las plantas y los animales, que puede ser microscópico o muy grande y crece en lugares húmedos y ricos en materia orgánica en descomposición: *El champiñón es un* ***hongo*** *comestible.* SIN. **seta. 2** Sombrero de paño o fieltro de copa redonda: *El personaje más importante del cineasta Charles Chaplin se llamaba Charlot y usaba un* ***hongo*** *y bastón.* SIN. **bombín.**

honor ***m.*** **1** Cualidad moral de la persona que actúa según lo que es debido para sí mismo y para los demás: *El* ***honor*** *de un caballero exige que sea respetuoso con las demás personas y se comporte de manera honesta.* SIN. **dignidad. 2** Buena reputación: *Rigoberta Menchú tiene el* ***honor*** *de haber recibido el premio Nobel de la Paz.* SIN. **fama, prestigio. 3** Demostración de respeto. SIN. **distinción.**

honorable ***adj.*** Se refiere a la persona que merece respeto: *Estos hombres son queridos y respetados en todo el pueblo por su conducta* ***honorable.*** SIN. **respetable, digno.**

honorario, ria ***adj.*** Se refiere a lo que da mérito u honor.

honorarios ***m. pl.*** Pago que se percibe por un trabajo profesional: *Después de haber trabajado durante una semana, le pagaron los* ***honorarios*** *correspondientes.* SIN. **sueldo, retribución.**

honra ***f.*** **1** Sentimiento de la propia dignidad: *Esa muchacha ha defendido su* ***honra*** *frente a las acusaciones injustas de robo que inventaron en su contra.* SIN. **dignidad. 2** Circunstancia de ser alguien digno de aprecio y respeto por su conducta: *Es una gran* ***honra*** *para el país organizar los Juegos Olímpicos.* SIN. **honor, reconocimiento. 3** Buena opinión y fama adquiridas por la buena conducta: *La* ***honra*** *que tiene el médico es bien merecida porque ha salvado muchas vidas.* SIN. **celebridad, fama. 4** ***pl.*** Servicio religioso que se hace por los difuntos: *Las* ***honras*** *fúnebres se llevaron a cabo en la casa del muerto.* SIN. **funeral.**

honradez ***f.*** Calidad de honrado, de la persona en quien se puede confiar: *Su* ***honradez*** *no le permite hacer trampa en el juego.* SIN. **honestidad, rectitud, lealtad.**

honrado, da ***adj.*** **1** Se refiere al que obra con justicia e imparcialidad. SIN. **justo, honesto, leal. 2** Se refiere a lo que se realiza de manera honesta, decente: *Fue una acción* ***honrada*** *de parte de Felipe devolver al vendedor el dinero que le había dado de más.*

honrar ***vb.*** {tr. y prnl.} **1** Manifestar respeto y estima a alguien o algo: ***Honraron*** *a sus invitados con una gran comida.* SIN. **respetar, venerar. 2** Ser motivo de estima: *"Me* ***honra*** *que seas mi amigo", me dijo Laura.*

honroso, sa ***adj.*** Relativo a lo que da respeto y estima: *Fue una acción* ***honrosa*** *el ayudar a las víctimas del terremoto.*

hora ***f.*** **1** Cada una de las veinticuatro partes en que se divide el día solar: *Una* ***hora*** *tiene sesenta minutos.* **2** Momento determinado del día: *"¿A qué* ***hora*** *quieres que vaya a tu casa?", me preguntó mi novio.* **3** Momento oportuno y determinado para hacer una cosa: *"Ya es* ***hora*** *de ir a la escuela, apresúrate", me dijo mi mamá.* **4** ***loc.*** **~ pico,** momento en el que el desplazamiento de la gente de una ciudad es multitudinario: *Los trenes estaban llenos porque era la* ***hora pico.***

horadación ***f.*** Perforación.

horadado, da ***adj.*** **1** Perforado, agujereado, taladrado. **2** Capullo de gusano de seda que está agujereado por los dos extremos.

horadar ***vb.*** {tr.} Hacer un agujero en un objeto, atravesándolo de lado a lado: *El electricista* ***horadó*** *la pared y pasó el cable por el orificio para conectar la luz.* SIN. **agujerear, calar, perforar.**

horario ***m.*** **1** Relativo al tiempo medido en horas: *Georgina va a la escuela en el* ***horario*** *matutino, es decir, por la mañana.* **2** Aguja del reloj que indica la hora: *El* ***horario*** *marca las cuatro y el minutero las seis, o sea que son las cuatro y media.* **3** Cuadro escrito en el que se señalan las horas en que debe hacerse algo: *Según el* ***horario*** *de clases, este año tendremos matemáticas los martes y viernes.*

horca ***f.*** **1** Instrumento que sostiene una cuerda para matar a una persona colgándola por el cuello: *En la antigüedad, los condenados a muerte eran enviados a la* ***horca.*** SIN. **patíbulo. 2** Palo rematado en dos puntas, parecido a una "Y", que se usa en algunas labores agrícolas: *Con ayuda de una* ***horca*** *el jardinero bajó las frutas que estaban en lo alto del árbol.* SIN. **horqueta, horquilla.**

horcadura ***f.*** Punto del tronco de un árbol en el que crecen las ramas: *Para podar un árbol hay que cortar las ramas desde la* ***horcadura.***

horcajadas. A ~, ***loc.*** Poniendo cada pierna por su lado: *Para montar un caballo hay que hacerlo* ***a horcajadas.***

horchata ***f.*** Bebida refrescante dulce de color blanco, que se hace con arroz o almendras machacadas.

horcón ***m.*** **1** ***Amér. C.*** y ***Amér. Merid.*** Palo vertical que sostiene las vigas de un techo. **2** ***Chile.*** Palo que se pone para sostener las ramas de los árboles.

horda ***f.*** **1** Comunidad salvaje sin un lugar fijo para vivir: *Las* ***hordas*** *vivían en campamentos porque no acostumbraban establecerse en un lugar y no formaban ciudades o pueblos.* **2** Grupo de gente alborotada y sin moderación.

horizontal ***adj.*** Se dice de aquello que está dispuesto en el mismo sentido que el plano del horizonte: *El suelo de las casas es* ***horizontal.*** SIN. **plano.** ANT. **vertical.**

horizontalidad ***f.*** Cualidad de horizontal: *La **horizontalidad** y altura de la barda brindan protección y belleza a la construcción.*

horizonte ***m.*** **1** Línea imaginaria que separa el cielo de la tierra o del mar: *Al atardecer, el Sol se mete en el **horizonte.*** **2** *Fam.* Perspectiva del porvenir: *La educación amplía el **horizonte** de los jóvenes.* SIN. **esperanza.**

horma ***f.*** **1** Instrumento utilizado para dar forma a las cosas: *El zapatero utiliza **hormas** de madera para fabricar zapatos.* SIN. **molde.** **2** Objeto que se coloca dentro de los zapatos cuando no se utilizan para impedir que se deformen. **3** *Amér. Merid.* Molde en forma de cono que se usa para solidificar el azúcar.

hormiga ***f.*** **1** Insecto pequeño que vive en hormigueros formando colonias, se alimenta de plantas y de algunos insectos: *Las **hormigas** viven en los árboles o en la tierra.* **2** *loc.* **Hacerse alguien ojo de ~,** desaparecerse: *David **se hizo ojo de hormiga** para que su mamá no lo obligara a ordenar su dormitorio.*

hormigón ***m.*** Mezcla de piedras menudas, grava, arena, cemento y agua, que se utiliza en la construcción de edificios: *En una pared hecha de **hormigón** no se puede clavar nada porque es muy dura.* SIN. **concreto.**

hormigonera ***f.*** Recipiente grande de hierro, que da vueltas mezclando los materiales del hormigón: *En la construcción de los edificios se utilizaron las **hormigoneras** para mezclar el material.* SIN. **revolvedora.**

hormiguear ***vb.*** {intr.} Experimentar hormigueo en una parte del cuerpo: *Permanecí sentada sobre mis piernas durante mucho tiempo y al levantarme sentí que me **hormigueaban.***

hormigueo ***m.*** Sensación parecida al caminar de las hormigas sobre la piel, que se produce en alguna parte del cuerpo por falta de circulación de la sangre: *Siento un **hormigueo** en el pie y no lo puedo apoyar porque está como dormido.*

hormiguero ***m.*** Sitio donde se crían y viven las hormigas: *Ese bulto de tierra que se ve en el jardín es el **hormiguero** de estas hormigas negras.*

hormona ***f.*** Sustancia que segregan algunas glándulas del cuerpo, para que se regulen las actividades de órganos y tejidos: *Las **hormonas** regulan el crecimiento y el desarrollo del cuerpo humano.*

hormonal ***adj.*** Relativo a las hormonas: *Los cambios **hormonales** de la adolescencia a veces ponen a los jóvenes muy irritables y nerviosos.*

hornacina ***f.*** Hueco hecho en un muro, que tiene forma de arco y que se usa para colocar un objeto decorativo: *En esa **hornacina** colocarán una escultura de mármol.* SIN. **nicho.**

hornalla ***f.*** **1** *Amér. Merid.* Lugar donde se enciende el fuego para cocinar los alimentos. SIN. **estufa, fogón, hogar.** **2** *Argent., Par.* y *Urug.* Cada uno de los agujeros del hogar o estufa, cubierto con una reja de metal, donde se enciende la lumbre para cocinar. SIN. **hornilla.**

hornazo ***m.*** *Méx. Vulg.* Olor que desprende el cigarrillo de marihuana.

hornear ***vb.*** {intr.} Cocinar los alimentos en el horno: *El panadero **hornea** el pan muy temprano por la mañana.*

hornero ***m.*** *Argent.* y *Urug.* Pájaro insectívoro de color pardo rojizo, que construye su nido con barro y le da forma de horno.

hornilla ***f.*** Cada uno de los agujeros del hogar o estufa, cubierto con una reja de metal, donde se enciende la lumbre para cocinar: *Esteban prendió el fuego y puso una olla de agua sobre la **hornilla** para preparar el café.* SIN. **hornalla.**

hornillo ***m.*** Mueble pequeño que se emplea en las cocinas para guisar la comida: *En el **hornillo** de gas se prende el fuego para cocinar los alimentos.* SIN. **cocina, estufa, infiernillo.**

horno ***m.*** **1** Obra de albañilería con bóveda, que sirve para cocer a altas temperaturas: *El alfarero mete al **horno** unas piezas de cerámica para que se cuezan.* **2** Aparato doméstico de metal, en forma de cajón cerrado por una puerta, en el que se prende el fuego para cocinar aquellos alimentos que requieren altas temperaturas: *Laura preparó carne al **horno** y la sirvió acompañada de una ensalada.* **3** *loc.* **Alto ~,** horno que produce temperaturas muy altas y en el que se funden los minerales de hierro: *Los **altos hornos** están en la zona industrial de las afueras de la ciudad.*

horóscopo ***m.*** Predicción del futuro deducida de la posición de los astros con respecto a los signos del Zodiaco.

horqueta ***f.*** **1** *Argent.* Bifurcación de un camino. **2** *Argent., Chile* y *Urug.* Parte donde el curso de un río o arroyo se divide en dos formando un islote. **3** *Argent., Chile, Urug.* y *Méx.* Rama de árbol en forma de "Y". SIN. **horca, horquilla.**

horquilla ***f.*** **1** Pieza pequeña de alambre doblado en dos, que se usa para sujetar el pelo: *"Para hacer este peinado se necesitan muchas **horquillas**", me dijo la peinadora.* SIN. **pasador.** **2** Palo rematado en dos puntas: *El niño utilizó una **horquilla** clavada en el suelo para poner a secar su pantalón.* SIN. **horca.**

horrendo, da ***adj.*** **1** Se refiere a lo que causa horror, espanto: *En ese filme de terror un asesino cometía **horrendos** crímenes al torturar a sus víctimas antes de matarlas.* SIN. **terrible, espeluznante, horripilante.** **2** Se aplica a lo que es muy desagradable o feo: *Mi primo tiene mal gusto para vestirse y siempre elige los trajes más **horrendos.*** SIN. **horroroso, espantoso, horripilante.** **3** Se refiere a una necesidad o cosa desagradable que es muy grande: *Hace un calor **horrendo** y no hemos encontrado un lugar para refrescarnos.* SIN. **horroroso, espantoso, terrible.**

horrible ***adj.*** Se dice de lo que es muy feo: *"Es **horrible** que tus padres te regañen delante de tus amigos."* SIN. **horroroso, horrendo.**

horripilante ***adj.*** **1** Se refiere a lo que causa un miedo muy grande: *A Estela le resulta **horripilante** ir al dentista.* SIN. **terrible, espeluznante, horrendo.** **2** Relativo a lo que es muy desagradable: *El perro sarnoso tiene un aspecto **horripilante.*** SIN. **horroroso, espantoso, horrendo.**

horripilar ***vb.*** {tr.} Producir espanto, terror, horror: *El cuento que hablaba de la bruja nos **horripiló** tanto que después no podíamos dormir.* SIN. **asustar, horrorizar.**

horrísono, na ***adj.*** Que tiene un sonido que horroriza: *Estaba descansando muy tranquila, cuando un **horrísono** trueno casi me hizo caer de la cama; luego se soltó un aguacero.*

horror ***m.*** **1** Miedo muy intenso: *Los vampiros me causan tanto **horror** que no puedo dormir después de ver un filme en el que aparezca uno.* SIN. **terror, espanto.** **2** Temor muy fuerte por algo que desagrada: *Me da **horror** tener que usar ese vestido tan feo.*

horrorizar ***vb. irreg.*** {tr. y prnl.} **Modelo 16.** **1** Causar miedo muy intenso o un rechazo muy fuerte: *El accidente **horrorizó** a quienes lo presenciaron, porque los dos automóviles quedaron deshechos.* SIN. **asustar, aterrar.** **2** Sentirse mucho miedo: *"Me **horroriza** viajar en avión pues pienso que se va a caer", me dijo Esteban.*

horroroso, sa ***adj.*** **1** Se aplica a lo que es muy feo o malo: *El **horroroso** monstruo secuestró a la novia del galán del filme y éste lo persiguió hasta lograr salvarla.*

2 Relativo a una necesidad o cosa desagradable que es muy grande: *Siento un dolor de cabeza **horroroso** porque permanecí mucho tiempo bajo el sol.* SIN. **horrendo.**

hortaliza ***f.*** Planta cultivada en huerta, por lo general para ser consumida como alimento: *Las zanahorias, los tomates y las acelgas son **hortalizas.***

hortelano, na ***m.*** y ***f.*** Persona que tiene o cultiva una huerta: *El **hortelano** ha sembrado lechugas y todas las mañanas las riega con abundante agua.*

hortense u **hortícola** ***adj.*** Relativo a las huertas, a las técnicas para cultivarlas y a sus productos: *Consumir productos **hortenses** como coles, rabanitos, pepinos, es muy bueno para la salud.*

hortensia ***f.*** Arbusto que da flores agrupadas en racimos redondos: *Las **hortensias** son originarias del Japón y sus flores pueden ser rosadas, blancas o azules.*

horticultor, ra ***m.*** y ***f.*** Persona que se dedica a la horticultura.

horticultura ***f.*** **1** Cultivo de las plantas de huerta: *En Holanda muchas familias se dedican a la **horticultura** y producen los vegetales con que se alimentan.* **2** Parte de la agricultura que se ocupa del cultivo de las hortalizas: *Adolfo es agrónomo y se ha especializado en **horticultura,** de modo que sabe mucho acerca de cebollas, acelgas, lechugas, tomates y demás hortalizas.*

hosco, ca ***adj.*** Se refiere al que es poco sociable: *El perro de la vecina es muy **hosco,** cuando pasamos cerca siempre nos ladra.*

hospedaje ***m.*** Lugar que alguien utiliza para pasar la noche cuando está de viaje: *Un tío me dio **hospedaje** cuando fui a tomar un curso en la ciudad en donde él vive.* SIN. **albergue, alojamiento.**

hospedar ***vb.*** {tr. y prnl.} **1** Recibir a alguien para pasar una o varias noches: ***Estamos hospedando** a un muchacho inglés que vino a pasar las vacaciones.* SIN. **acoger, albergar, alojar.** **2** Llegar a un hotel o casa para pasar la noche: *Cuando fuimos a la playa **nos hospedamos** en un hotel.* SIN. **albergarse, alojarse.**

hospedería ***f.*** Casa de huéspedes: *Como no nos alcanzaba para el hotel, cuando visitamos ese pueblo nos alojamos en una pintoresca **hospedería,** con cuartos muy limpios y a precios económicos.*

hospedero, ra ***m.*** y ***f.*** Dueño o encargado de una hospedería: *La **hospedera** prepara unos desayunos sencillos, pero deliciosos, para sus huéspedes.*

hospicio ***m.*** Casa que acoge a los niños huérfanos y a las personas pobres: *Los niños del **hospicio** reciben alimento y cuidados allí porque no tienen familia.* SIN. **asilo.**

hospital ***m.*** Establecimiento donde se atiende y cura a los enfermos: *Joaquín está en el **hospital** porque lo operaron de apendicitis.* SIN. **clínica, sanatorio.**

hospitalario, ria ***adj.*** **1** Relativo al lugar donde se atiende y cura a los enfermos: *El personal **hospitalario** está integrado por médicos y enfermeras.* **2** Se refiere a la persona que es generosa: *Eloísa es una mujer **hospitalaria** que siempre tiene algo que ofrecer a quienes la visitan.* SIN. **acogedor.**

hospitalidad ***f.*** Forma de recibir a otros de manera gratuita: *La **hospitalidad** consiste en recibir a la gente tratándola con amabilidad.*

hospitalización ***f.*** Acción de hospitalizar: *Le diagnosticaron apendicitis y la **hospitalización** oportuna le salvó la vida a Javier.*

hospitalizar ***vb. irreg.*** {tr.} **Modelo 16.** Internar a alguien en un hospital para que sea atendido durante una enfermedad: ***Han hospitalizado** a la abuela de Rogelio porque está enferma.* SIN. **internar.**

hostal ***m.*** Lugar que alquila cuartos para huéspedes, de menor categoría que un hotel: *Como tenían poco dinero para gastar en sus vacaciones, escogieron un **hostal** modesto y limpio para alojarse.* SIN. **mesón.**

hostelero, ra ***adj.*** De la hostelería: *El negocio **hostelero** puede dejar buenas ganancias en ciertas épocas del año.*

hostelero, ra ***m.*** y ***f.*** Persona que administra una hostería: *El **hostelero** dio la bienvenida a los viajeros.*

hostería ***f.*** Establecimiento que recibe personas, a quienes da alojamiento y comida a cambio de un pago: *Doña Eugenia se quedó viuda y puso una **hostería,** porque su casa es grande y ella necesitaba sobrevivir.* SIN. **posada.**

hostia ***f.*** **1** Oblea blanca que se utiliza en la ceremonia católica de la Eucaristía. **2** *Esp. Vulg.* Golpe que se da con la mano abierta en la cara de otra persona. SIN. **bofetada.**

hostigar ***vb. irreg.*** {tr.} **Modelo 17.** **1** Dar latigazos: *El jinete **hostigó** tanto a su caballo que, en lugar de domarlo, lo volvió más agresivo.* SIN. **azotar, golpear.** **2** *Fam.* Molestar de manera continua a alguien: *Mi hermana me **hostiga** para que juegue con ella porque no entiende que debo estudiar.* SIN. **acosar, perseguir.** **3** *Colomb., Chile, Ecuad., Méx., Nicar., Perú* y *Venez.* Resultar empalagoso un alimento o bebida.

hostigoso, sa ***adj.*** *Chile, Guat.* y *Perú.* Molesto, fastidioso: *José Antonio es un **hostigoso,** siempre se acerca a mi escritorio para hurgar entre mis papeles y ver qué estoy haciendo.*

hostil ***adj.*** Referido a la persona que no es amigable o que rechaza algo por falta de amistad: *Julio le lanza unas miradas muy **hostiles** a su hermano, porque han discutido hasta enojarse.* SIN. **contrario, enemigo, adverso.** ANT. **gentil, amable.**

hostilidad ***f.*** **1** Muestra de enemistad: *La **hostilidad** que el perro manifestaba hacia Alejandro se debía a que un día él quiso entrar a robar en la casa de los dueños del perro.* SIN. **odio.** **2** *pl.* Conflicto armado: *Las **hostilidades** entre estos dos países han comenzado por un problema fronterizo.* SIN. **ataque, combate.**

hostilizar ***vb. irreg.*** {tr.} **Modelo 16.** Atacar a los enemigos.

hot dog ***m.*** **Palabras de origen inglés.** Vocablo que en español significa *perro caliente* y que designa una salchicha que se sirve adentro de un pan blando y alargado y que va sazonada con mostaza, mayonesa y salsa de tomate: *Mi madre preparó **hot dogs** para darlos en la fiesta de mi hermanito.*

hotel ***m.*** Establecimiento donde se paga por recibir el servicio de hospedaje y comida: *El **hotel** que está junto al mar tiene muchas habitaciones, cada una con baño y algunas con un balcón.*

hotelero, ra ***adj.*** Relativo al establecimiento en que se ofrece alojamiento y comida a quienes pagan por estos servicios: *La industria **hotelera** es una fuente de ingresos para el país, pues muchos turistas van a hoteles.*

hotelero, ra ***m.*** y ***f.*** Dueño o encargado de un hotel: *En mi familia, dos primos son **hoteleros** y trabajan sobre todo en verano, cuando hay más turismo.*

hoy ***adv.*** **1** En este día que estamos: ***Hoy** iremos al cine, pues ayer no llegamos a tiempo.* **2** En el tiempo presente: ***Hoy** es posible curar y evitar muchas enfermedades que antes eran mortales.* SIN. **ahora.**

hoya ***f.*** Cavidad formada en la tierra: *Este río corre por una **hoya,** la puedes ver desde lo alto del puente.*

hoyanca ***f.*** Fosa común en los cementerios: *Debido a que nunca se supo su identidad, el cadáver fue sepultado en la* ***hoyanca.***

hoyanco ***m. Méx.*** Bache u hoyo en una carretera, camino, calle, asfalto: *El accidente ocurrió al tratar de esquivar el* ***hoyanco.***

hoyar ***vb.*** {tr.} *Cuba.* Hacer agujeros en la tierra para plantar.

hoyo ***m.*** Agujero en cualquier superficie: *El jardinero cavó un* ***hoyo*** *en la tierra para plantar un naranjo.* SIN. **agujero, cavidad, pozo.**

hoyuelo ***m.*** Pequeño hundimiento en el centro de la barba o en las mejillas: *Cuando Jacobo se ríe se le forman unos* ***hoyuelos*** *en las mejillas.*

hoz ***f.*** Herramienta con un mango de madera y una cuchilla semicircular de hierro afilada por el lado de adentro, que se usa para cortar el trigo: *La* ***hoz*** *es un instrumento indispensable en el campo.*

hoz ***f.*** Paso angosto de un valle, entre dos montañas: *La erosión forma* ***hoces*** *en las montañas.*

hozar ***vb.*** {tr.} Escarbar un animal la tierra con el hocico, sobre todo los cerdos: *El perro estuvo* ***hozando*** *en el jardín y trae la nariz llena de terrones.*

huaca o **guaca** ***f.*** **1** *Amér. C.* y *Amér. Merid.* Tesoro enterrado. **2** *Amér. C.* y *Amér. Merid.* Tumba o yacimiento arqueológico de la época precolombina. **3** *Bol., C. Rica* y *Cuba.* Objeto en el que se guarda el dinero para ahorrarlo. SIN. **hucha, alcancía. 4** *C. Rica* y *Cuba.* Hoyo donde se depositan frutas verdes para que maduren.

huacal o **guacal** ***m.*** **1** *Amér. C.* Árbol que produce un fruto redondo con el que se hacen vasijas. **2** *Amér. C.* y *Méx.* Recipiente hecho con el fruto de la planta del huacal. **3** *Colomb., Méx.* y *Venez.* Caja o jaula de varillas o listones de madera que se utiliza para transportar mercancías.

huachinango ***m. Méx.*** Pez marino comestible, de color rojo y carne blanca, apreciado por su sabor. SIN. **guachinango.**

huaino ***m. Argent., Bol.*** y ***Perú.*** Canto y baile tradicionales de tono triste.

huapango ***m.*** Baile y canciones de música mexicana que se toca con jaranas en algunos estados de la república mexicana: La bamba es *un conocido* ***huapango*** *que se canta y se baila en Veracruz, México.*

huarache ***m. Méx.*** Zapato abierto hecho con tiras de cuero rústico: *Los* ***huaraches*** *son un calzado fresco y resistente.* SIN. **sandalia.**

huasca o **guasca** ***f. Amér. Merid.*** y ***Antill.*** Tiras de cuero crudo que se emplean como riendas o látigos y para trenzar.

huáscar ***m. Chile. Fam.*** Camión policial que dispara agua.

huasipungo ***m. Ecuad.*** y ***Perú.*** Terreno de una hacienda donde los peones siembran sus propios alimentos.

huaso ***m. Bol.*** y ***Chile.*** Hombre rudo del campo.

huauzontle ***m. Méx.*** Hierba comestible, sus racimos de flores pequeñas se guisan como alimento con queso y salsa.

huave ***adj./m.*** y ***f.*** Relativo a lo que es de un pueblo indígena que vive en Oaxaca, México: *Los* ***huaves*** *viven cerca del mar y son pescadores.*

huave ***m.*** Idioma de un pueblo indígena del mismo nombre, originario de Oaxaca, México.

hucha ***f. Esp.*** Objeto cerrado que sirve para guardar dinero. SIN. **alcancía, guaca.**

hueco ***m.*** **1** Espacio vacío: *El cine estaba tan lleno que Jerónimo no encontró ni un* ***hueco*** *para sentarse.* SIN. **espacio, lugar. 2** Abertura que se hace en algún material: *Hicieron un* ***hueco*** *en la pared para poner una ventana.* SIN. **agujero, hoyo.**

hueco, ca ***adj.*** **1** Relativo a lo que está vacío en su interior: *Este árbol viejo está* ***hueco,*** *me escondí aquí cuando estuvimos jugando.* SIN. **vacío.** ANT. **lleno, macizo. 2** *Fam.* Se aplica a lo que no tiene ningún interés o es superficial. SIN. **insignificante, superfluo.** ANT. **importante.**

huehuenche o **güegüenche** ***m. Méx.*** Entre los indígenas, anciano que tiene a su cargo la organización de las danzas festivas del pueblo.

huehuetl ***m.*** **Palabra de origen náhuatl.** Tambor alargado, hecho con un tronco de árbol ahuecado, que se usaba en la época prehispánica.

huelga ***f.*** **1** Suspensión del trabajo hecha por los trabajadores, casi siempre como protesta o en demanda de algo: *Los obreros hicieron* ***huelga*** *para pedir un aumento de salario.* **2** *loc.* ~ **de hambre,** dejar de comer para protestar por alguna injusticia: *Los presos inocentes iniciaron una* ***huelga de hambre*** *para exigir su liberación.*

huelguista ***m.*** y ***f.*** Persona que toma parte en una huelga: *Los* ***huelguistas*** *exigieron un aumento salarial de 15%, pero les dieron sólo 5.*

huella ***f.*** **1** Señal que dejan en la tierra el pie del hombre, los animales, las ruedas, etc., al pasar: *Los cazadores siguen las* ***huellas*** *del animal al que persiguen.* SIN. **marca, pisada. 2** Señal que perdura a través del tiempo: *Las pinturas rupestres son* ***huellas*** *que los hombres primitivos dejaron en las cavernas.* SIN. **vestigio. 3** *Amér. Merid.* Senda hecha por el paso de personas, animales o vehículos. SIN. **vereda, camino. 4** *R. de la P.* Canto popular campesino que se baila por parejas sueltas. **5** *loc.* ~ **dactilar** o **digital,** marca individual que deja la piel de los dedos o la palma de la mano: *Las* ***huellas dactilares*** *sirven para identificar a las personas, porque no hay dos iguales.*

huemul o **güemul** ***m.*** Ciervo que vive en la Cordillera de los Andes, en Chile y Argentina: *Los* ***huemules*** *son animales ágiles que comen hierbas y soportan bien el clima frío de las montañas andinas.*

huérfano, na ***adj./m.*** y ***f.*** Persona menor de edad cuyos padres han muerto: *Los* ***huérfanos*** *viven en el hospicio hasta que cumplen la mayoría de edad y pueden trabajar.*

huerta ***f.*** Terreno grande donde se cultivan vegetales y frutas: *La* ***huerta*** *de Tomás produce tomates, lechugas y también ciruelas.*

huerto ***m.*** Pequeña extensión de terreno, donde se cultivan vegetales y frutas: *El sobrino de Sofía tiene un* ***huerto*** *de naranjos en un terreno cercano a la ciudad.*

hueso ***m.*** **1** Parte dura y sólida que forma el esqueleto del cuerpo del hombre y de los vertebrados: *Los* ***huesos*** *son blancos porque están hechos con una sustancia blanca llamada calcio.* **2** Envoltura sólida de las semillas de algunas frutas: *El* ***hueso*** *de una manzana es más pequeño que el* ***hueso*** *de un durazno.* SIN. **semilla, carozo. 3** *Méx. Fam.* Trabajo que se obtiene en la administración pública gracias a la recomendación de una persona con influencias. **4** *Méx. Fam.* Trabajo circunstancial que un músico obtiene en una orquesta o grupo.

huésped, da ***m.*** y ***f.*** **1** Persona alojada de manera gratuita en casa ajena: *La* ***huéspeda*** *trajo regalos para la familia que la recibió durante una semana.* SIN. **convidado. 2** Persona que se aloja en un hotel o posada: *Los* ***huéspedes*** *pagaron el cuarto por adelantado y pidieron que les llevaran la cena a la habitación.* SIN. **cliente. 3** Persona que recibe a otras en su casa: *El* ***huésped*** *ofreció una cena de bienvenida para los invitados a la fiesta.* SIN. **anfitrión. 4** Organismo vivo a cuyas expensas vive un parásito: *Los cerdos pueden ser* ***huéspedes*** *de un parásito llamado triquina.*

huestes *f. pl.* **1** Ejército, grupo organizado de gente armada: *Las* ***huestes*** *del general atacaron en cuanto éste dio la orden.* SIN. **tropa. 2** Conjunto de personas que sigue a otra: *Las* ***huestes*** *del candidato triunfador celebraron su victoria en la plaza principal del pueblo.*
huesudo, da *adj.* Se aplica a la persona o animal que tiene los huesos grandes o muy marcados: *Las manos de Carmen son* ***huesudas*** *y fuertes.*
hueva *f.* **1** Masa compacta que forman los huevos de ciertos peces: *El caviar es la* ***hueva*** *de un pez llamado esturión.* **2** *Chile. Fam.* Testículo. **3** *Méx. Fam.* Pereza, flojera.
huevería *f.* Local donde se venden huevos: *En la* ***huevería*** *venden huevos de gallina.*
huevero, ra *m.* y *f.* **1** Persona que vende huevos: *El* ***huevero*** *le encargó seis cajas de huevos al granjero para venderlos a las amas de casa y al panadero.* **2** Lugar donde se ponen los huevos para conservarlos o para transportarlos: *Lucía lleva una* ***huevera*** *de metal porque va a comprar huevos al mercado.* **3** Copa pequeña en la que se sirven los huevos cocidos: *Mi madre conserva con mucho cariño las* ***hueveras*** *de plata que le heredó mi abuela.*
huevo *m.* **1** Cuerpo orgánico de forma ovalada o redonda que ponen las hembras de algunos animales como las aves y los reptiles: *Adentro del* ***huevo*** *está el embrión del nuevo ser.* SIN. **embrión, blanquillo. 2** Célula que resulta de la unión del gameto femenino y masculino en la reproducción de las plantas y de los animales. SIN. **cigoto, embrión. 3** *Méx. Vulg.* Testículo. **4** *loc. Amér. C.* y *Méx.* ~ **tibio,** huevo hervido entero durante dos o tres minutos para que se endurezca la clara y la yema quede blanda.
huevón, vona *adj./m.* y *f.* **1** *Méx. Desp.* Se aplica a la persona o animal perezoso o lento. SIN. **holgazán, flojo. 2** *Amér. Merid. Desp.* Se aplica al que es estúpido. SIN. **imbécil, pendejo.**
huevonear *vb.* {intr.} *Méx. Vulg.* Holgazanear, haraganear: *Se la pasó* ***huevoneando*** *todo el año, y ahora sufre porque tiene miedo de reprobar el curso.*
huichol *m.* Idioma que habla un pueblo indígena de Jalisco, Nayarit y Durango, en el occidente de la República Mexicana.
huichol, la *adj./m.* y *f.* Persona nacida en un pueblo indígena que habita en Jalisco, Nayarit y Durango, en México.
huida *f.* Fuga, escape de un lugar: *El joven emprendió la* ***huida*** *porque se dio cuenta de que los hombres que lo seguían querían asaltarlo.* SIN. **fuga, desbandada, disparada, evasión.**
huidizo, za *adj.* Relativo al que tiende a escaparse con rapidez y de manera fácil: *Pedro se hace el* ***huidizo*** *cuando su madre lo llama para pedirle un favor.* SIN. **escurridizo.**
huipil o **güipil** *m. Guat., Hond.* y *Méx.* Camisa de mujer tejida en telar, larga, sin mangas y adornada con bordados.
huir *vb. irreg.* {tr., intr. y prnl.} **Modelo 59. 1** Alejarse de un lugar para evitar un daño: *"Esto se está poniendo muy peligroso, hay que* ***huir*** *de aquí", dijo el galán del filme a su bella novia.* **2** Escaparse o fugarse de un lugar: *Los presos* ***huyeron*** *de la cárcel escondidos en un camión de lavandería.* SIN. **fugarse. 3** Apartarse para no entrar en contacto con algo desagradable: *El niño* ***les huye*** *a los perros desde que uno lo mordió.* SIN. **evitar, rehuir.**
huitlacoche o **cuitlacoche** *m. Méx.* Hongo negro del maíz, que se utiliza en la elaboración de gran variedad de guisos.
huitrín *m. Chile.* Racimo de mazorcas de maíz.
huizache *m.* Árbol mexicano de cuyas vainas de color morado se extrae una sustancia para elaborar tinta negra.
hule *m.* **1** Árbol americano de hojas alargadas y brillantes del que se extrae una sustancia lechosa y pegajosa: *Del* ***hule*** *se extrae una goma elástica con la que se fabrican neumáticos para automóvil y otros artículos.* SIN. **caucho, gomero. 2** Tela pintada y barnizada por uno de sus lados para que resulte impermeable: *Pusieron un* ***hule*** *en el patio para que la lluvia no interrumpiera la fiesta.*
hulero, ra *adj. Amér.* Persona que se dedica a recoger el látex: *Los* ***huleros*** *son expertos en hacer cortes en los árboles y colocar pequeños recipientes atados al tronco para colectar la goma.*
hulla *f.* Mineral de color negro, parecido al carbón, que proviene de vegetales fosilizados y se usa como combustible: *Las locomotoras antiguas utilizaban* ***hulla*** *para caminar.*
humanidad *f.* **1** Naturaleza y género humanos: *La* ***humanidad*** *se ha beneficiado con los progresos de la ciencia.* **2** Consideración hacia los demás: *Los médicos salvaron la vida del asaltante en un gesto de* ***humanidad.*** **3** *pl.* Conjunto de conocimientos y estudios que ayudan al hombre a entenderse a sí mismo, como la historia, la filosofía, la literatura y el arte: *Gregorio estudia* ***humanidades*** *en la Facultad de Filosofía y Letras.*
humanismo *m.* **1** Estudio y cultivo de las humanidades: *Evitar que los niños del mundo padezcan hambre es un acto de gran* ***humanismo.*** **2** Movimiento cultural del Renacimiento que se preocupó, sobre todo, por el estudio del hombre y de la cultura griega y latina: *Leonardo da Vinci fue uno de los hombres importantes del* ***Humanismo*** *en Italia.*
humanista *adj.* Relativo al humanismo: *La universidad tiene carreras* ***humanistas*** *y carreras científicas.*
humanista *m.* y *f.* **1** Persona que se dedica al estudio de las disciplinas que ayudan al hombre a desarrollarse en lo mental y lo espiritual. **2** Persona que se dedica a las carreras del área de humanidades: *Un* ***humanista*** *puede ser filósofo o historiador o dedicarse a la literatura.*
humanitario, ria *adj.* Relativo a la persona que ayuda a los demás, a lo que es caritativo: *Se ha organizado un festival con fines* ***humanitarios*** *y la gente ha participado llevando alimentos, ropa y dinero.*
humanizar *vb. irreg.* {tr. y prnl.} **Modelo 16. 1** Hacer que alguien se vuelva más generoso y comprensivo o que algo se adapte a las necesidades del hombre: *Los arquitectos buscan* ***humanizar*** *ciertos aspectos de la ciudad creando más parques y zonas de recreo.* SIN. **civilizar. 2** Volverse alguien más generoso y comprensivo o adaptarse algo a las necesidades humanas.
humano *m.* **1** Hombre, persona: *En el libro de ciencia ficción, un* ***humano*** *llegaba a Marte y conocía a los marcianos.* **2** *pl.* Grupo de todos los hombres: *Los* ***humanos*** *se visten, hablan diferentes idiomas, construyen casas para vivir y se alimentan de manera muy variada.*
humano, na *adj.* **1** Relativo al hombre, a la mujer, a los niños y a los ancianos: *La vida* ***humana*** *se realiza en sociedad.* **2** Relativo al que es generoso y comprensivo: *El ladrón tuvo un gesto* ***humano*** *al no agredir a los niños.* SIN. **bueno.** ANT. **inhumano.**
humanoide *adj.* Que presenta características propias de los seres humanos: *El ingeniero diseñó una máquina soldadora con partes* ***humanoides.***
humanoide *m.* y *f.* Robot que tiene rasgos humanos: *La protagonista de la película se enamoró de un* ***humanoide.***
humareda *f.* Humo espeso y abundante: *El incendio del bosque produjo una gran* ***humareda.***
humeante *adj.* Relativo a lo que echa humo o vapor por estar caliente: *Con este frío, un buen plato de sopa* ***humeante*** *resultará maravilloso.*
humear *vb.* {tr., intr. y prnl.} **1** Exhalar humo o vapor: *La olla* ***humea*** *porque el agua ya está caliente.* **2** Llenarse de

humo: *La casa **se humea** cuando prenden la chimenea porque el tubo de salida debe estar sucio o tapado.* SIN. **ahumar.**

humectante ***adj.*** Que disminuye la tendencia de una superficie a repeler el líquido que la cubre, favoreciendo la impregnación: *Compré una crema **humectante** para piernas.*

humectante ***m.*** y ***f.*** Sustancia que humecta: *Al aplicar el producto sobre su piel, sus **humectantes** naturales le brindarán una sensación fresca y energizante.*

humectar ***vb.*** {tr.} Poner agua, aceite o crema a algo que está seco: *Con un algodón mojado, la enfermera **humectó** poco a poco los labios del sobreviviente de la travesía por el desierto.* SIN. **humedecer.**

humedad ***f.*** **1** Calidad de húmedo: *El pañal absorbe la **humedad.*** ANT. **sequedad. 2** Agua que impregna un cuerpo: *Esta pared tiene **humedad,** porque el agua de la lluvia se filtra por el techo.* **3** Cantidad de vapor de agua que hay en la atmósfera: *La **humedad** del ambiente no permite que la ropa lavada se seque.*

humedal ***m.*** Terreno que conserva la humedad: *Aprovechó los **humedales** para plantar especies nuevas.*

humedecer ***vb. irreg.*** {tr.} **Modelo 39.** Agregar agua a algo que está seco: *La madre **humedecía** un pañuelo y lo ponía en la frente caliente de su hijo, que tenía fiebre.* SIN. **humectar, mojar.** ANT. **secar.**

húmedo, da ***adj.*** **1** Relativo a lo que está un poco mojado o cargado de vapor de agua: *Puse una semilla en un algodón **húmedo** para ver cómo germina y crece la planta.* **2** Relativo al clima lluvioso: *Los mangos sólo se dan en climas **húmedos** y cálidos.*

húmero ***m.*** Hueso del brazo que une el hombro con el codo: *El **húmero** es un hueso fuerte que puede moverse en muchas direcciones.*

humidificación ***f.*** Aumento de la humedad del aire por contacto con agua a temperatura suficientemente elevada: *La **humidificación** de su recámara le ayudó a recuperarse de los síntomas de la gripe.*

humidificador ***f.*** Aparato eléctrico en el que se pone agua para producir vapor: *Dora prendió el **humidificador** en el cuarto de los niños porque uno de ellos tiene tos.*

humidificar ***vb.*** {tr.} Aumentar el grado de humedad de un lugar: *El médico aprobó la propuesta de **humidificar** el ambiente donde reposa el enfermo.*

humildad ***f.*** **1** Forma de ser que lleva a pensar que no somos mejores que los demás, ausencia de orgullo: *La **humildad** es una virtud apreciada, ya que permite reconocer los propios errores.* SIN. **modestia, sencillez, docilidad. 2** Pobreza: *Esa familia vivía con **humildad,** pues el padre no ganaba mucho dinero en su trabajo.*

humilde ***adj.*** **1** Se dice de la persona sencilla, modesta, que no es orgullosa: *A pesar de que ha ganado un premio por ser la más bonita del grupo, Fabiana sigue siendo **humilde** y mantiene sus amistades como siempre.* SIN. **modesto, sencillo, dócil. 2** Se refiere a la persona que no tiene muchos recursos económicos: *Los niños que provienen de familias **humildes** reciben una beca de alimentación y material de estudio.* SIN. **pobre, necesitado.**

humillación ***f.*** Sensación de vergüenza: *Ludovico enrojeció a causa de la **humillación** que sintió cuando no pudo recordar una estrofa del poema en el homenaje a los maestros.*

humillado, da ***adj.*** **1** Avergonzado, ofendido, agraviado. **2** Doblegado, sometido, deshonrado.

humillante ***adj.*** Hecho o conducta que humilla: *La manera como el jefe rechazó la propuesta de Marcelo fue **humillante,** pues no sólo le dijo que no, sino que también se burló de él.*

humillar ***vb.*** {tr. y prnl.} **1** Rebajar o rebajarse el orgullo de alguien, avergonzar: *Los niños **humillaban** a Gabriela burlándose de ella por ser gorda.* **2** Adoptar una actitud de inferioridad ante los demás: *El soldado **se humillaba** frente a su capitán porque deseaba ganar su simpatía.* SIN. **avergonzarse, rebajarse.**

humita ***f.*** ***Amér. Merid.*** Comida hecha de maíz rallado y hervido, al que se agrega una salsa de ají o chile, tomate y cebolla frita.

humo ***m.*** **1** Conjunto de productos gaseosos y partículas muy pequeñas que se desprenden de los cuerpos que se queman: *El **humo** del cigarrillo resulta molesto para las personas que no fuman.* **2** Vapor que se desprende de los líquidos calientes. **3** *loc.* **Subírsele los humos a alguien,** actitud de creerse mejor que los demás: *Desde que Sergio ganó el primer lugar en atletismo, **se le han subido los humos** y ya nadie lo soporta.* SIN. **vanidad, orgullo, soberbia.** ANT. **modestia, sencillez.**

humor ***m.*** **1** Disposición del ánimo habitual o pasajera: *Dorotea es una mujer que siempre está de buen **humor:** sonríe, habla con todos y a veces se le oye cantar mientras trabaja.* SIN. **carácter, temperamento, genio. 2** Asunto que hace reír o causa alegría: *Este cuento tiene **humor,** al personaje le suceden muchas cosas chistosas.* SIN. **gracia, ingenio, ironía. 3** Ganas de hacer algo: *Felipe hoy no tiene **humor** para ir al cine, prefiere quedarse leyendo.* SIN. **voluntad. 4** *loc.* **Sentido del ~,** temperamento que permite encontrarle el gusto a lo que sucede: *Ese hombre no tiene **sentido del humor** porque se enoja cuando alguien le juega una broma.*

humorada ***f.*** Acción caprichosa que busca hacer reír a otros: *Los estudiantes hicieron objeto de una **humorada** al compañero nuevo escondiéndole sus libros.* SIN. **chiste, broma.**

humorismo ***m.*** Manera de ser y de ver la vida relacionada con los asuntos que hacen reír o tienen gracia: *El **humorismo** es un mundo creado por escritores y actores en el que suceden cosas chistosas o irónicas.*

humorista ***adj./m.*** y ***f.*** Persona que actúa, escribe o expresa con dibujos cosas que hacen reír a otros, en especial quien lo hace de manera profesional: *Los **humoristas** que trabajan en el diario hacen dibujos divertidos que critican las noticias del día.*

humorístico, ca ***adj.*** Relativo a lo que resulta gracioso y hace reír: *En la obra de teatro había situaciones muy **humorísticas** que provocaron las carcajadas del público.* SIN. **divertido, cómico.**

humus ***m.*** Capa externa del suelo donde la materia orgánica se pudre formando la tierra fértil: *El **humus** es una tierra negra, rica en minerales, en la que pueden crecer muy bien las plantas.*

hundido, da ***adj.*** **1** Derruido, sumergido, hincado, deshecho. **2** Abatido, apabullado, confundido.

hundimiento ***m.*** **1** Hecho de provocar que algo se introduzca por completo bajo el agua o la tierra: *El **hundimiento** del barco en el mar fue una tragedia.* SIN. **sumergir. 2** Fracaso de una empresa: *El **hundimiento** del negocio de exportación se debe a la crisis económica.* SIN. **quiebra. 3** Caída de algo, en especial una construcción o parte de ella: *El **hundimiento** del puente viejo fue provocado por una explosión.* SIN. **derrumbamiento, demolición.**

hundir ***vb.*** {tr. y prnl.} **1** Hacer que algo se vaya al fondo: *Atamos una piedra en el hilo de un globo y lo arrojamos al agua para que **se hundiera.*** **2** Introducir algo en una materia: ***Hundieron*** *piedras en el barro del camino para que, pisando sobre ellas, pudieran pasar los automóviles.* Sin. **meter. 3** Provocar que una persona se sienta abatida: *El entrenador pidió un tiempo fuera porque el equipo* ***se hundía*** *al no poder anotar los puntos necesarios para empatar al contrario.* Sin. **abatir, deprimir. 4** Provocar la caída de un edificio, construcción, etc.: ***Hundieron*** *la vieja tienda para construir en su lugar un gran supermercado.* Sin. **demoler, derrumbar. 5** Hacer que fracase una empresa: *El nuevo negocio* ***hundió*** *a la competencia, porque ofrece mejores precios.* Sin. **fundir, quebrar, arruinar. 6** Sumir una superficie haciendo presión o dándole un golpe: *La puerta del automóvil* ***se hundió*** *a causa del choque.*

húngaro ***m.*** Idioma que se habla en Hungría.

húngaro, ra ***adj./m.*** y ***f.*** Originario de Hungría, país de Europa.

huno, na ***adj./m.*** y ***f.*** Originario y relativo a un pueblo asiático que invadió Europa en el siglo v.

huracán ***m.*** Viento de gran fuerza que avanza dando giros: *El* ***huracán*** *levantó los techos de las cabañas.* Sin. **ciclón, vendaval.**

huracanado, da ***adj.*** Parecido al huracán: *Los vientos* ***huracanados*** *que se abatieron sobre la costa derribaron varias palmeras.*

huraño, ña ***adj.*** Se refiere a la persona o animal que rehúye el trato con la gente: *Javier era una persona sociable, pero desde hace unos años se ha vuelto* ***huraño*** *y no quiere ver a sus amigos.* Sin. **arisco, intratable.**

hurgar ***vb. irreg.*** {tr. y prnl.} **Modelo 17. 1** Remover las cosas guardadas buscando encontrar algo: *A Erlinda le encanta* ***hurgar*** *los cajones de su abuela, porque encuentra en ellos muchos objetos fascinantes.* Sin. **fisgar, fisgonear, curiosear. 2** Remover en un hueco o cavidad: *Rogelio* ***se hurga*** *la nariz con el dedo y su madre siempre le dice que es mejor usar un pañuelo.*

hurgón ***m.*** Hierro que se usa para remover el carbón encendido y atizar el fuego: *Junto a la chimenea están el* ***hurgón*** *y la pala para recoger cenizas.*

hurón ***m.*** Animal pequeño mamífero y carnívoro, parecido a la comadreja, que despide un olor desagradable: *Antes se usaban* ***hurones*** *para cazar conejos, pero en la actualidad eso está prohibido y algunas personas los tienen como mascotas.*

huronear ***vb.*** {intr.} **1** Cazar usando hurones. **2** ***Fam.*** Fisgar, andar hurgando para enterarse de cosas: *La sirvienta* ***huroneaba*** *en los cajones de la cómoda, cuando llegó su patrona y la sorprendió.*

huronera ***f.*** Jaula para guardar hurones: *Mi hurón ha aprendido que, por las noches, debe entrar a dormir a su* ***huronera.***

¡hurra! ***interj.*** Grito de alegría y entusiasmo: *Los muchachos gritaron tres* ***¡hurras!,*** *a su equipo favorito para celebrar su triunfo.*

hurtadillas. A ~, ***loc.*** A escondidas: *Entramos* ***a hurtadillas*** *a la cocina y tomamos algunas galletas de chocolate, porque saben deliciosas y no pudimos resistirnos.*

hurtar ***vb.*** {tr.} Robar sin violencia: *A Raúl le* ***hurtaron*** *la billetera cuando viajaba en el autobús.* Sin. **sustraer, escamotear.**

hurto ***m.*** Robo sin violencia: *La vendedora no se dio cuenta del* ***hurto*** *de las manzanas, porque Agustín las tomó mientras ella atendía a otra persona.*

húsar ***m.*** Soldado de cuerpos de caballería franceses y húngaros del siglo xviii: *Los* ***húsares*** *vestían uniformes muy elegantes y de colores vistosos.*

husky ***m.*** Raza canadiense de perros que se utilizan para tirar de trineos: *Los* ***husky*** *parecen lobos robustos de ojos azules.*

husmear ***vb.*** {tr.} **1** Rastrear con el olfato una cosa: *Apoyando la nariz en la tierra, el perro* ***husmea*** *el rastro del conejo.* Sin. **oler, olfatear. 2** ***Fam.*** Indagar, tratar alguien de enterarse de algo que no le incumbe: *A Mariana no le gusta que* ***husmeen*** *en su dormitorio, por eso siempre deja la puerta cerrada.* Sin. **fisgar, fisgonear, curiosear, chusmear.**

huso ***m.*** **1** Instrumento que se usa en el hilado a mano para torcer o arrollar el hilo que se va formando a partir de una materia textil: *Junto a la rueca están los* ***husos*** *con el estambre hilado.* **2** ***loc.*** **~ horario,** cada una de las 24 divisiones verticales que se aplican de manera ideal al globo terrestre, y que sirve para determinar la hora oficial de los países: *En algunos países se modifica el* ***huso horario*** *que les corresponde para ahorrar energía eléctrica durante el verano.*

¡huy! ***interj.*** Exclamación que indica dolor físico agudo, extrañeza o asombro: ***"¡Huy,*** *cómo ha subido el precio del litro de leche durante los últimos meses!", le dijo mi madre al vendedor de la tienda.*

a b c d e f g h i j k l m n o p q r s t u v w x y z

I

i ***f.*** **1** Novena letra del abecedario español y tercera de sus vocales. **2** *loc.* **~ griega,** nombre de la letra *y*. **3** *loc.* **~ latina,** nombre de la letra *i*.

I ***f.*** Cifra que en números romanos equivale a uno.

ibérico, ca ***adj.*** Relativo a lo que es de la antigua Iberia, hoy España y Portugal: *La Península **Ibérica** se encuentra en el suroeste de Europa.* SIN. **ibero.**

ibero ***m.*** Idioma hablado por los iberos, habitantes de la antigua Iberia, hoy España y Portugal.

ibero, ra o **íbero, ra** ***adj./m.*** y ***f.*** Originario de la antigua Iberia, hoy España y Portugal.

iberoamericano, na ***adj./m.*** y ***f.*** **1** Se refiere a los países de América que fueron colonias de España y Portugal: *Los países **iberoamericanos** son aquéllos en los que se habla español o portugués.* **2** Persona nacida en alguno de los países de América en que se habla español o portugués.

íbice ***m.*** Especie de cabra montesa que vive en los Alpes: *Los **íbices** tienen cuernos grandes y fuertes.*

ibídem o **ibidem** ***adv.*** Allí mismo o en el mismo lugar: ***Ibídem** se usa en las notas bibliográficas para indicar que un texto ha sido tomado del mismo libro que ya se ha citado, y suele abreviarse así:* ibid.

ibirapitá ***f.*** *Amér. C.* y *Amér. Merid.* Árbol tropical muy alto, de tronco grueso y madera dura y rojiza, útil para la construcción de casas y techos.

ibis ***f.*** Ave zancuda de plumaje color blanco, con cabeza, cuello y cola negros y un pico muy delgado, curvo y largo, que habita en África y en las regiones cálidas de Europa: *Los antiguos egipcios veneraban a las **ibis** porque creían que eliminaban a los reptiles de las orillas del río Nilo.*

iceberg ***m.*** **Palabra de orígenes inglés y neerlandés.** Bloque de hielo de tamaño muy grande, que flota en los océanos polares: *El pico de un **iceberg** es tan sólo una pequeña parte de su tamaño total.*

icono o **ícono** ***m.*** **1** Imagen religiosa pintada sobre madera y recubierta parcialmente con oro, plata y adornos de gemas, clásica del arte ruso con tradición bizantina: *Un **icono** muy famoso es el que se encuentra en la Catedral de la Dormición en Vladimir, lugar que ha sido centro religioso desde el siglo* XII, *y que representa a la Virgen con el niño.* **2** En computación, símbolo gráfico que aparece en la pantalla de una computadora y que simplifica las órdenes que un usuario indica a un programa en particular: *Poniendo la flecha sobre el **icono** y apretando dos veces el botón izquierdo del ratón se puede entrar al programa.*

iconoclasta ***adj./m.*** y ***f.*** **1** Se aplica a las personas que durante el siglo VIII destruían imágenes religiosas: *Los **iconoclastas** surgieron en el siglo* VIII *como una secta que asaltaba las iglesias y destruía las imágenes religiosas.* **2** *Fam.* Persona enemiga de los valores establecidos de forma tradicional.

iconografía ***f.*** Descripción, colección y estudio de las imágenes, pinturas y esculturas: *A través de la **iconografía** es posible conocer en la actualidad el aspecto de muchos personajes antiguos.*

iconográfico, ca ***adj.*** Relativo a la iconografía: *El historiador está preparando un catálogo **iconográfico** de los tesoros artísticos que se hallan dentro de ese palacio.*

icosaedro ***m.*** Cuerpo sólido de veinte caras: *En clase de geometría, la maestra nos mostró un **icosaedro** regular hecho de madera, sus caras eran triángulos equiláteros.*

icoságono ***adj./m.*** Figura geométrica de veinte lados.

ictericia ***f.*** Coloración amarilla de la piel producida por la mala eliminación de la bilis: *La **ictericia** indica que el enfermo padece del hígado.*

ictiófago, ga ***adj./m.*** y ***f.*** Animal que se alimenta de peces: *Las focas y los pingüinos son **ictiófagos.***

ictiología ***f.*** Parte de la zoología que estudia los peces: *Teresa estudia zoología y piensa especializarse en **ictiología** porque le gustan los animales marinos.*

ida ***f.*** Acción de ir de un sitio a otro: *Javier está organizando una **ida** a la playa con todos los amigos.*

idea ***f.*** **1** Representación mental de una cosa que no necesariamente existe en el mundo real. SIN. **concepto, pensamiento. 2** Imagen que se forma en el pensamiento: *Tengo **idea** de cómo es Gerardo, ya que su hermana me ha platicado de él y lo ha descrito.* **3** Proyecto o propósito de realizar algo: *Francisco tuvo la **idea** de hacer una cabaña en el árbol y entre él y sus amigos la construyeron.* SIN. **plan, propósito. 4** Punto de vista, opinión que se tiene con respecto a algo: *Andrés tiene la **idea** de que si su hijo juega con pistolas, podría ser agresivo cuando crezca.* SIN. **opinión, juicio. 5** Conocimiento que se tiene sobre un tema: *Mi padre tiene **idea** sobre música porque le gusta mucho, aunque en realidad es matemático.* **6** *loc.* **Hacerse a la ~ de algo,** aceptar que algo sucede o va a suceder: *Las vacaciones pronto terminarán, por eso hay que **hacerse a la idea** de regresar a clases.* **7** *loc.* **No tener ni ~,** no tener ni el menor conocimiento acerca de un tema: *Julieta **no tiene ni idea** de lo que es la filosofía.*

ideal ***adj.*** **1** Que sólo existe en la imaginación: *Ayer tuve un sueño en el que viajaba por un cielo **ideal** donde las estrellas me sonreían y la luna cantaba.* **2** Excelente, perfecto: *Este automóvil nuevo fue la solución **ideal** para transportar a toda la familia.* SIN. **óptimo.**

ideal ***m.*** Aquello que se pretende o a lo que se aspira: *El **ideal** de las buenas personas es vivir en paz y que no haya hambre en el mundo.* SIN. **aspiración.**

idealismo ***m.*** **1** Sistema de pensamiento que defiende las ideas por encima de lo práctico: *Andrés trabaja por* ***idealismo*** *en un asilo para ancianos, ya que no le pagan un salario.* **2** Tendencia a creer que alguien o algo es mejor de lo que es en realidad: *Su* ***idealismo*** *no le permite aceptar que su esposa lo engaña con otro hombre.*

idealista ***adj./m.*** y ***f.*** Relativo al idealismo y a los seguidores de esta doctrina: *El artista italiano Leonardo da Vinci fue un* ***idealista*** *que diseñó inventos para el progreso de la humanidad.*

idealización ***f.*** Resultado de idealizar.

idealizar ***vb. irreg.*** {tr.} **Modelo 16.** Considerar a alguien o algo mejor de lo que es en realidad: *Al principio Roberto* ***idealizó*** *a su maestro, pero pronto se dio cuenta de que era una persona con defectos.*

idear ***vb.*** {tr.} **1** Formar en la mente la idea de una cosa: *Las autoridades* ***han ideado*** *un plan para atrapar al delincuente fugitivo.* SIN. **pensar, concebir. 2** Crear algo nuevo: *Ese ingeniero* ***ideó*** *una máquina que va a facilitar la producción de automóviles.* SIN. **inventar, proyectar.**

ideario ***m.*** Colección de las ideas principales de un personaje, un autor, una escuela de pensamiento: *En el* ***ideario*** *de Benito Juárez está, entre otras, su famosa frase "el respeto al derecho ajeno es la paz".*

ideático, ca ***adj.*** **1** *Bol., Chile, Colomb., Méx.* y *Venez.* Se aplica a la persona que se obsesiona con una idea: *Ya todos le dijimos a Martha que se ve bien con vestido, pero es una* ***ideática*** *y sólo quiere usar pantalón.* **2** *Hond.* Se aplica a la persona que tiene muchas ideas para resolver las cosas. SIN. **ingenioso, creativo, ideoso.**

ídem o idem ***pron.*** Significa *lo mismo* y se usa para evitar repeticiones: *Le mandé una nota a mi novio que decía "te quiero", y él me la devolvió con el mensaje "yo* ***ídem****", o sea que él también me quiere.* SIN. **idéntico.**

idéntico, ca ***adj.*** Completamente igual o muy parecido: *"Siempre confundo estas dos llaves porque son* ***idénticas*** *y no sé cuál es la de mi casa y cuál es la de la oficina."* SIN. **igual, semejante.** ANT. **diferente, distinto.**

identidad ***f.*** **1** Calidad de idéntico: *Mi amiga y yo tenemos* ***identidad*** *de gustos, por eso visitamos los mismos lugares.* SIN. **igualdad.** ANT. **diversidad. 2** Conjunto de características por las que se reconoce una cosa o persona: *La* ***identidad*** *de una persona se conoce por su nombre, edad, aspecto físico, forma de vestir, gustos y también por el lugar donde vive.* **3** *loc.* **Documento de ~,** documento oficial con fotografía en el que figura nombre, edad, domicilio, huella digital y firma de la persona a quien pertenece: *Antes de entrar a la disco le pidieron a Victoriano su* ***documento de identidad*** *para saber si era mayor de edad.* SIN. **credencial, identificación.**

identificable ***adj.*** Que se puede identificar con facilidad: *La letra de Consuelo es* ***identificable****, pues tiene un modo muy particular de poner el rasgo inferior a la g, la j, la f y la z.*

identificación ***f.*** **1** Acción de reconocer algo o a alguien a partir de un conjunto de características que le son propias: *La* ***identificación*** *de esta especie de hongos causó muchas dificultades a los biólogos.* **2** Documento oficial con fotografía en el que figura nombre, edad, domicilio, huella digital y firma de la persona a quien pertenece: *Para abrir una cuenta en el banco es necesario llevar una* ***identificación.*** SIN. **credencial.**

identificado, da ***adj.*** **1** Que presentó una identificación. **2** Que se identifica con algo o alguien.

identificar ***vb. irreg.*** {tr. y prnl.} **Modelo 17. 1** Reconocer algo o a alguien a partir de un conjunto de características que le son propias: *La señora* ***identificó*** *al joven que le robó la billetera por una cicatriz que él tiene en la frente.* SIN. **reconocer. 2** Hacer que dos o más cosas puedan considerarse en un grupo, por tener características parecidas: *El hipopótamo, la cebra y la jirafa* ***se identifican*** *con el caballo porque todos estos animales comen hierba.* **3** Hacerse solidario: *"Me* ***identifico*** *contigo cuando dices que el dinero no da la felicidad", le dije a Román.* **4** Proporcionar, cuando son solicitados, datos acerca de nuestra persona para ser reconocidos: *Hermenegildo no tenía manera de* ***identificarse*** *cuando llegó a París porque en el aeropuerto perdió la billetera y el pasaporte.*

ideográfico, ca ***adj.*** Se refiere a la escritura que representa las ideas por medio de figuras o símbolos: *La escritura de los antiguos mexicanos era* ***ideográfica,*** *porque en lugar de letras se usaban dibujos.*

ideograma ***m.*** Figura que representa una idea: *La escritura china está formada por* ***ideogramas*** *que representan palabras y a veces frases completas.* SIN. **símbolo.**

ideología ***f.*** Conjunto de ideas y creencias de una persona o sociedad. SIN. **creencia, doctrina.**

ideológico, ca ***adj.*** Relativo a la ideología.

ideologización ***f.*** Resultado de ideologizar.

ideólogo, ga ***m.*** y ***f.*** **1** Persona que crea o estudia una ideología. **2** Persona que dirige intelectualmente una causa: *El* ***ideólogo*** *del anarquismo fue Bakunin.*

ideoso, sa ***adj.*** *Guat.* y *Méx.* Se aplica a la persona que tiene muchas ideas para resolver las cosas. SIN. **ingenioso, creativo.**

idílico, ca ***adj.*** Se dice de lo que es muy placentero o agradable: *En verdad fue* ***idílico*** *el recorrido por el jardín botánico, todo estaba lleno de color y aromas.*

idilio ***m.*** *Fam.* Aventura amorosa, romance: *Laura y Bernardo tuvieron un* ***idilio*** *durante las vacaciones de verano, después cada uno regresó a su ciudad y no volvieron a verse.* SIN. **noviazgo.**

idioma ***m.*** Lengua que se habla en una comunidad o nación: *El francés es un* ***idioma*** *que se habla en Francia, Canadá y en algunos otros países.* SIN. **lengua.**

idiomático, ca ***adj.*** Relativo al idioma: *Los diccionarios históricos contienen expresiones* ***idiomáticas*** *antiguas o que ya no se usan.*

idiosincrasia ***f.*** Manera de ser y de pensar: *El carácter festivo forma parte de la* ***idiosincrasia*** *de los brasileños.* SIN. **temperamento.**

idiota ***adj./m.*** y ***f.*** Se aplica al que es poco inteligente o padece un retraso mental. SIN. **tonto, estúpido.**

idiotez ***f.*** **1** Falta de inteligencia debida a una enfermedad mental. **2** *Desp.* Tontería: *Fue una* ***idiotez*** *no comprar el libro cuando estaba de oferta, ahora ya no puedo conseguirlo.* SIN. **estupidez.**

idiotizar ***vb.*** {tr. y prnl.} Volver o volverse idiota: *Dicen que la televisión* ***idiotiza*** *a los niños.*

ido, da ***adj.*** **1** *Fam.* Se refiere al que está muy distraído: *Francisca está* ***ida*** *desde que se enamoró de Rubén, todo el día piensa en él.* SIN. **distraído.** ANT. **atento. 2** *Fam.* Se refiere al que está mal de la cabeza. SIN. **loco.** ANT. **cuerdo.**

idólatra ***adj./m.*** y ***f.*** **1** Que adora ídolos. **2** Que adora demasiado a alguien.

idolatrar ***vb.*** {tr.} **1** Adorar ídolos o figuras que representan fuerzas divinas. SIN. **adorar. 2** Amar mucho a una persona o cosa: *Jacobito* ***idolatra*** *tanto a su madre que piensa que no tiene defectos.*

idolatría ***f.*** **1** Culto religioso que adora figuras que representan dioses. **2** Sentimiento muy fuerte hacia alguien.

ídolo ***m.*** **1** Representación física de un ser inanimado al que se le atribuyen poderes mágicos o divinos y se le rinde culto: *Los antiguos egipcios le rendían culto al **ídolo** llamado Gueb que simbolizaba la tierra y era representado como un hombre con una oca en la cabeza.* **2** Persona admirada: *El **ídolo** del rock and roll saltó al escenario y sus admiradoras gritaron de emoción.*

idóneo, a ***adj.*** **1** Se refiere al que tiene aptitud para algo: *Un enano resultó ser la persona **idónea** para sacar al niño de la pequeña cueva donde estaba atrapado.* SIN. **adecuado, conveniente, ideal. 2** Se aplica a lo que resulta muy adecuado: *Un martillo es la herramienta **idónea** para clavar clavos.* SIN. **justo, adecuado, perfecto.**

igarapé ***m. Colomb., Ecuad.*** y ***Perú.*** Canal estrecho de gran extensión que atraviesa la selva amazónica.

iglesia ***f.*** **1** Conjunto de las creencias que conforman la religión cristiana, así como del clero y los fieles que las siguen: *La palabra **iglesia** viene del latín "eclesia", que significa reunión, asamblea.* **2** Edificio que se utiliza para llevar a cabo la misa o sermón: *La ciudad de Cholula en el estado de Puebla, México, tiene tantas **iglesias** que se llegó a afirmar que ahí había una para cada día del año.* SIN. **templo.**

iglú ***m.*** Casa temporal de los esquimales hecha con bloques de hielo: *El **iglú** tiene forma redondeada y una puerta pequeña cubierta con pieles.*

ignaro, ra ***adj.*** Se aplica a la persona que no sabe sobre algún tema: *Ese muchacho está **ignaro** de la raíz cuadrada porque no estudió sus lecciones de matemáticas.* SIN. **ignorante.**

ígneo, nea ***adj.*** Se refiere a lo que es de fuego o que tiene algunas de sus propiedades: *Esta roca **ígnea** es producto de la erupción del volcán.*

ignición ***f.*** **1** Combustión o calor al rojo vivo de los cuerpos y materiales: *Me parece impresionante ver cómo vacían el metal en **ignición** en las fundidoras.* **2** Encendido de los propulsores de un cohete: *Luego del conteo regresivo, los operarios procedieron a la **ignición** de los motores para lanzar la nave espacial.*

ignominia ***f.*** **1** Situación desagradable que causa vergüenza a quien la sufre. SIN. **descrédito.** ANT. **gloria. 2** Mala acción que uno comete contra otro: *Fue una **ignominia** que lo despidieran del trabajo gritándole y empujándolo a la calle como si fuera un delincuente.*

ignorancia ***f.*** Falta de conocimiento acerca de una materia o asunto determinado: *Mi **ignorancia** sobre ortografía me impide saber escribir de manera correcta las palabras.* ANT. **cultura, saber.**

ignorante ***adj./m.*** y ***f.*** Se aplica a la persona que ignora algo: *La mujer permaneció **ignorante** de que le habían otorgado un premio importante, hasta que la gente comenzó a felicitarla en la calle.*

ignorar ***vb.*** {tr. y prnl.} **1** No saber o no tener instrucción: *Como **ignoraba** que la clase de ciencias sería en el laboratorio, Susana fue al aula y no encontró a nadie.* SIN. **desconocer.** ANT. **conocer, saber. 2** No prestarle atención a alguien o a algo: *"Si Leandro fue grosero contigo, **ignóralo**, no le hables más y ya no te molestará", me dijo Ana.*

ignoto, ta ***adj.*** Se dice de lo que no es conocido ni ha sido descubierto: *Los astronautas viajaron al espacio **ignoto** para tomar fotografías y hacer experimentos.*

igual ***adj.*** **1** Se aplica a lo que no difiere de otro por su naturaleza, cantidad o calidad: *Martha partió la pizza en ocho rebanadas **iguales**.* SIN. **idéntico, exacto.** ANT. **distinto, diferente, desigual. 2** Se dice de lo que comparte la mayor parte de sus características con otro: *Mi padre y yo compramos dos camisas **iguales**, pero de diferente tamaño.* SIN. **parecido, semejante. 3** Se refiere a lo que no varía: *La temperatura sigue **igual**, no ha bajado ni subido desde hace tres horas.* SIN. **invariable. 4** Se refiere a lo que está liso: *Los niños buscaron un terreno que estuviera **igual** para poder jugar a la pelota.* SIN. **uniforme, plano. 5** *loc.* **Sin ~,** se aplica a lo que es extraordinario: *Mi novia es una mujer **sin igual**, siempre está de buen humor, es inteligente y linda.*

igual ***adv.*** **1** De manera posible, quizá: *La fiesta podría hacerse **igual** el sábado o el domingo.* **2** De la misma manera: *Rosario y Josefa se ríen **igual**, a veces confundo sus risas.* **3** ***Argent., Chile*** y ***Urug.*** A pesar de todo. **4** *loc.* **De ~ a ~,** sin diferencia de clase o categoría: *El director trató **de igual a igual** a su empleado porque no le gusta discriminar a la gente.*

igual ***m.*** Signo de igualdad, formado por dos rayas paralelas y horizontales (=): *El signo de **igual** se usa para indicar que dos cantidades escritas de forma diferente valen lo mismo, como en* $4 + 2 = 6$.

igual ***m.*** y ***f.*** Persona de la misma clase, condición, etc., que otra u otras.

iguala ***f.*** **1** Resultado de igualar. **2** Cantidad de dinero o de algo que se da para llegar a un ajuste.

igualación ***f.*** **1** Resultado de igualar. **2** Ajuste, arreglo para igualar.

igualado, da ***adj.*** **1** ***Guat.*** y ***Méx.*** Se dice de la persona que de manera abusiva se empeña en tener un trato cercano y familiar con otra de clase social o jerarquía superior: *El joven del aseo es un **igualado** que cuando el jefe sale de su oficina, se mete a hablar por teléfono.* **2** ***Guat.*** y ***Méx.*** Se dice de la persona que trata con más familiaridad de la debida a los demás: *Eliseo es un **igualado** que trata a los maestros como si formaran parte de su banda de amigos.*

igualar ***vb.*** {tr., intr. y prnl.} **1** Hacer iguales entre sí a dos o más cosas: *El gerente **igualó** las horas de trabajo de los empleados de la empresa, a partir del lunes todos trabajarán ocho horas diarias.* SIN. **ajustar. 2** Poner lisa una superficie: *Esta máquina aplanadora **igualará** el terreno para construir la cancha de fútbol.* SIN. **aplanar. 3** Tener una persona o cosa las mismas características que otra: *Griselda era más baja que Lorenzo, pero **se igualaron** en estatura después de cumplir los doce años.*

igualdad ***f.*** **1** Parecido que existe entre dos o más cosas o personas: *La Declaración Universal de los Derechos Humanos habla sobre la **igualdad** de derechos entre el hombre y la mujer.* SIN. **correspondencia. 2** En matemáticas, expresión de la equivalencia de dos cantidades: *La **igualdad** se escribe utilizando el signo de igual (=).*

igualitario, ria ***adj.*** **1** Que tiende hacia la igualdad. **2** Que defiende la igualdad social.

igualitarismo ***f.*** Doctrina política que defiende la igualdad social.

iguana ***f.*** Reptil americano parecido al lagarto, grande como el brazo de un hombre adulto, que puede ser de color gris o verdoso con manchas amarillentas, con una cresta a lo largo del dorso: *Las **iguanas** viven en las regiones cálidas de América.*

ijada ***f.*** o **ijar** ***m.*** Cavidad del cuerpo del hombre y de algunos animales, que se encuentra entre las costillas falsas y las caderas: *La **ijada** es el lugar del cuerpo en el que se forma la cintura.* SIN. **verija.**

ilación ***f.*** Relación entre ideas que se enlazan unas con otras: *Este discurso no tiene **ilación**, hay que corregirlo y ordenar las ideas porque no se entiende nada.*

ilegal ***adj.*** Se refiere a lo que es contrario a la ley: *Roberto cometió un acto **ilegal** cuando robó una botella de vino de la tienda.*

ilegal ***m.*** y ***f.*** Persona que va a trabajar a otro país y no cuenta con papeles.

ilegalidad ***f.*** Falta de legalidad.

ilegible ***adj.*** Que no se puede o casi no se puede leer: *Los horarios de las obras de teatro están **ilegibles** porque la lluvia maltrató la publicidad.* SIN. **incomprensible.** ANT. **claro.**

ilegítimo, ma ***adj.*** Se refiere a lo que es falso o está fuera de la ley: *Este documento es **ilegítimo** porque no tiene la firma de las autoridades.*

íleon ***m.*** Tercero de los tres grandes tramos en que se divide el intestino delgado: *El **íleon** desemboca en el intestino grueso.*

ileso, sa ***adj.*** Se refiere a la persona o cosa que no recibió heridas o daño al encontrarse en una situación peligrosa: *Ernesto salió **ileso** del accidente y pudo llegar a su casa caminando.* SIN. **intacto, salvo, sano.**

iletrado, da ***adj.*** Se refiere a quien le falta instrucción: *Don José es un albañil **iletrado** porque nunca pudo asistir a la escuela.* SIN. **analfabeto, inculto.**

iliaco, ca o **ilíaco, ca** ***adj.*** Se aplica a todo lo relativo al ilion: *El hueso **iliaco** forma parte de la cadera.*

ilícito, ta ***adj.*** Se refiere a lo que está prohibido por la ley o por la moral: *Es **ilícito** vender drogas.* SIN. **ilegal, prohibido.** ANT. **legal.**

ilimitado, da ***adj.*** Se dice de lo que no tiene un límite que marque su fin: *Tengo una confianza **ilimitada** en mi amigo, pues sé que nunca me traicionará.* SIN. **absoluto, infinito, total.**

ilion ***m.*** Parte del hueso iliaco que forma la saliente de la cadera: *El **ilion** es uno de los huesos más fuertes del esqueleto humano.*

ilocalizable ***adj.*** Que no se puede localizar: *Enrique está **ilocalizable:** no contesta el teléfono, trae el celular apagado, no se conecta a Internet…*

ilógico, ca ***adj.*** Se dice de lo que no está bien razonado o no ha sido deducido con claridad: *Es **ilógico** que Fernando diga que no tiene dinero cuando pasa el tiempo comprando discos y revistas.*

iluminación ***f.*** **1** Luz natural, o luces artificiales, que existen en un sitio: *En esta habitación no hay buena **iluminación** porque tiene una ventana muy pequeña y una bombilla poco potente.* SIN. **luz. 2** Conjunto de luces destinadas a realzar un espectáculo, una obra teatral, etc.: *La **iluminación** de la obra de teatro acompañaba el estado de ánimo de los personajes, pues era menor en los momentos tristes y más brillante en los momentos alegres.* SIN. **alumbrado. 3** Adorno coloreado que se hacía en los manuscritos de la Edad Media: *Estos dibujos en miniatura son parte de la **iluminación** de un hermoso libro antiguo.* **4** Estado espiritual en el que se cree tener contacto con la divinidad: *Alcanzar la **iluminación** es una de las metas de los monjes que meditan.*

iluminado, da ***adj.*** **1** Se dice de lo que tiene luz: *El patio está **iluminado** por la luz solar.* SIN. **alumbrado. 2** Se refiere al dibujo que ha sido coloreado: *Le mostré a la maestra un paisaje **iluminado** con colores marrón, azul y verde.* SIN. **pintado.**

iluminado, da ***m.*** y ***f.*** Según algunas creencias religiosas, persona que está en contacto con la divinidad.

iluminador, ra ***adj./m.*** y ***f.*** Que ilumina.

iluminar ***vb.*** {tr. y prnl.} **1** Hacer que la luz pase hacia un lugar determinado, o que se produzca: *Abrí las cortinas y la casa se **iluminó** con la luz solar.* SIN. **alumbrar. 2** Usar luces para crear efectos que adornen: ***Han iluminado** las calles y las fachadas de las casas para festejar el aniversario del pueblo.* SIN. **alumbrar. 3** Poner color a las letras o dibujos de un libro: *La maestra pidió que **iluminemos** el mapa de América usando un color para cada país.* SIN. **colorear, pintar. 4** *Fam.* Mostrar una gran alegría: *A la pequeña **se le iluminó** la cara al ver los regalos de Navidad.*

ilusión ***f.*** **1** Imagen de un objeto que aparece en la mente, de manera distinta de como es en realidad: *Los espejismos que sufren quienes caminan en el desierto, como ver plantas verdes y agua, son **ilusiones** ópticas.* SIN. **engaño, ficción. 2** Esperanza sin fundamento real: *La niña tiene la **ilusión** de que le crecerá el cabello a la muñeca que acaba de rapar.* SIN. **deseo, esperanza. 3** Sentimiento de satisfacción o gusto por algo que se hace o por una situación que se vive.

ilusionado, da ***adj.*** Que siente o provoca ilusión.

ilusionar ***vb.*** {tr. y prnl.} **1** Provocar o sentir ilusiones o esperanzas: *Mario **ilusionó** a Fidelia cuando le dijo que le compraría un cachorro.* ANT. **desilusionar. 2** Causar alegría o satisfacción: *Toda la familia **se ilusionó** mucho cuando el vendedor les entregó las llaves de su nueva casa.*

ilusionismo ***m.*** Arte de producir fenómenos en aparente contradicción con las leyes naturales: *El joven aprendió algunos trucos en una clase de **ilusionismo** que impartió un mago de circo.* SIN. **magia.**

ilusionista ***m.*** Persona que realiza ejercicios de ilusionismo, es decir, los juegos que producen efectos visuales debido a la rapidez con que se mueven las manos, en especial quien lo hace de manera profesional: *Como parte de su espectáculo, el **ilusionista** hizo desaparecer a toda la orquesta del teatro durante unos segundos.*

iluso, sa ***adj./m.*** y ***f.*** Se refiere al que tiende a crearse esperanzas sin fundamento real: *La **ilusa** cree que cualquier día un productor de cine la descubrirá al salir de su casa y la convertirá en una estrella internacional.* SIN. **ingenuo, inocente.** ANT. **realista.**

ilusorio, ria ***adj.*** Se refiere a lo que tiende a engañar o no es posible que se realice: *El aspecto de ese automóvil es **ilusorio,** ya que por fuera tiene una pintura flamante pero el motor no funciona.*

ilustración ***f.*** **1** Acción de complementar o decorar un texto con dibujos o fotografías: *Roberto es dibujante y se dedica a la **ilustración** de libros de anatomía.* **2** Grabado, dibujo o foto que aparece en un libro, revista, diario, etc.: *Esta revista tiene muchas **ilustraciones** que ayudan a explicar el contenido de los artículos.* **3** Movimiento cultural del siglo XVIII que daba mucha importancia a la razón humana: *Durante la **Ilustración,** el escritor y filósofo francés Denis Diderot dirigió una enciclopedia muy famosa.*

ilustrado, da ***adj.*** **1** Decorado con imágenes. **2** Culto, persona que posee mucha cultura.

ilustrador, ra ***adj./m.*** y ***f.*** Se refiere a la persona que se dedica a decorar o complementar textos con dibujos o grabados: *El nuevo **ilustrador** no tenía experiencia y repetía muchas veces los dibujos porque no le quedaban bien.*

ilustrar ***vb.*** {tr. y prnl.} **1** Aclarar un punto o materia: *El profesor **ilustra** con ejemplos los temas difíciles para que los alumnos entiendan mejor.* SIN. **explicar. 2** Adornar con dibujos o grabados: ***Ilustraré** mi composición sobre el maíz dibujando unas mazorcas.* SIN. **dibujar, pintar. 3** Dar u obtener conocimientos sobre un tema: *Las personas **se ilustran** al asistir a la escuela, visitando museos y consultando libros en las bibliotecas.*

ilustrativo, va ***adj.*** Que proporciona conocimiento o ayuda a comprender algo: *La explicación del maestro fue muy **ilustrativa**, llevó unos modelos de moléculas y gracias a eso entendimos muy bien lo de los enlaces químicos.*

ilustre ***adj.*** Se aplica a la persona que es célebre o famosa por la importancia de sus acciones: *El **ilustre** maestro fundador de nuestra escuela es un anciano querido por todos.*

imagen ***f.*** **1** Representación de alguien o algo por medio de la pintura, la escultura, la fotografía, etc.: *Las **imágenes** captadas por estas fotografías muestran a unos equilibristas del circo.* SIN. **figura. 2** Representación mental de algo: *A veces, cuando pienso en mi abuela, veo su **imagen** en mi memoria.* **3** Conducta y apariencia que alguien presenta ante los demás: *La actriz se operó la nariz y cambió el color de su cabello porque deseaba un cambio de **imagen**.*

imaginable ***adj.*** Relativo a lo que puede pensarse o imaginarse: *Intentaron resolver el problema por todos los medios **imaginables**, pero aún no logran solucionarlo.* SIN. **posible.**

imaginación ***f.*** **1** Capacidad de la mente que le permite crear o representar cosas en el pensamiento: *La **imaginación** se desarrolla más cuando alguien es niño que cuando es adulto.* SIN. **fantasía. 2** Ilusión, fantasía, figuración: *"No hay nadie en la cocina, es tu **imaginación**, ya cálmate", le dije a Roberto.*

imaginar ***vb.*** {tr. y prnl.} **1** Representarse algo en la mente: *La jovencita **imaginaba** que estaba vestida como una reina y que bajaba unas escaleras grandísimas de mármol blanco.* **2** Idear, concebir: ***He imaginado** cómo podría acomodar los muebles de mi habitación para tener más espacio.* **3** Pensar, creer o suponer: *"**Me imaginaba** que vendrías a comer, por eso puse otro plato sobre la mesa", me dijo mi primo.*

imaginaria ***m.*** y ***f.*** **1** Turno de vigilancia en el ejército. **2** Persona que realiza ese turno: *Al cadete le tocó de **imaginaria** justo la noche del sábado.*

imaginario, ria ***adj.*** Relativo a lo que sólo existe en la mente: *Mi hermana pequeña tiene una amiga **imaginaria** con quien habla y juega como si realmente estuviera acompañada.* SIN. **fantástico, irreal.**

imaginativa ***f.*** Capacidad para representar cosas en la mente.

imaginativo, va ***adj.*** Se aplica a la persona que tiene capacidad de crear: *Carlota es una muchacha **imaginativa** que utiliza restos de tela para fabricar muñecos.*

imaginería ***f.*** **1** Bordado que imita una pintura. **2** Tallado o pintura de imágenes sagradas. **3** Conjunto de imágenes que usa determinada escuela de pintura, literaria, un autor, una época.

imago ***m.*** Insecto adulto que ha alcanzado todo su desarrollo: *Después de la metamorfosis, el **imago** de la mariposa vivirá unos días antes de reproducirse.*

imán ***m.*** **1** Óxido de hierro que es magnético, es decir, puede atraer al hierro y a otros metales. **2** Barra de acero magnetizada que tiene la propiedad de atraer objetos de hierro: *Los clavos se quedaron pegados al **imán** porque están hechos de hierro.*

imanación o **imantación** ***f.*** Transferencia a un metal de las propiedades de un imán: *Esas tijeras fueron sometidas a **imanación**, por eso su punta recoge los alfileres.*

imantar o **imanar** ***vb.*** {tr. y prnl.} Comunicar a algo las propiedades de un imán: *En el laboratorio **imantamos** un trozo de hierro para convertirlo en un imán.*

imbécil ***adj./m.*** y ***f. Desp.*** Se aplica al que es poco inteligente, tonto: *Ese niño **imbécil** me empujó y me caí por las escaleras.* SIN. **estúpido, huevón.**

imberbe ***adj.*** Se refiere al que no tiene barba o tiene muy poca: *Los niños, las mujeres y algunos hombres son **imberbes**.* SIN. **lampiño.** ANT. **barbado.**

imborrable ***adj.*** **1** Relativo a lo que se fija sobre un material de tal manera que ya no se puede borrar: *Rubén escribió su trabajo con tinta **imborrable** y tuvo mucho cuidado para no equivocarse.* SIN. **permanente, indeleble. 2** Relativo a lo que no se puede olvidar: *Alicia tiene recuerdos **imborrables** de su viaje a la playa.* SIN. **inolvidable.**

imbricación ***f.*** Resultado de imbricar.

imbricar ***vb. irreg.*** {tr. y prnl.} **Modelo 17.** Poner parte de unas cosas sobre otras, de manera parecida a la colocación de las escamas en el cuerpo de los peces.

imbuir ***vb. irreg.*** {tr. y prnl.} **Modelo 59.** Infundir, inculcar: *El maestro de historia les **imbuyó** a sus alumnos la idea del amor a la patria.*

imitación ***f.*** **1** Acción de imitar un modelo: *Muchos juegos de niños son **imitaciones** de las actividades de los adultos.* **2** Producto hecho que imita a otro más valioso: *Este cuadro es una **imitación** del original que se encuentra en el museo.*

imitador, ra ***adj./m.*** y ***f.*** Relativo a la persona o animal que reproduce las acciones de un modelo: *El **imitador** del cantante famoso reproduce sus gestos y el tono de su voz con mucha fidelidad.*

imitar ***vb.*** {tr.} Hacer lo mismo o lo más parecido posible, a lo que hace otra persona o un animal: *Rogelio **imita** el canto de los pájaros cuando chifla.*

impaciencia ***f.*** Inquietud que se siente cuando se quiere que pase algo pronto: *Mi sobrino no pudo contener la **impaciencia** y abrió su regalo de Navidad antes que los demás.* SIN. **inquietud, ansiedad.** ANT. **paciencia, serenidad.**

impacientar ***vb.*** {tr. y prnl.} **1** Hacer que alguien pierda la calma: *La lentitud con que David hace las cosas **impacienta** a su madre, que siempre está diciéndole que se apresure.* SIN. **desesperar. 2** Perderse la calma: *La gente **se impacientó** porque el cantante no comenzó su concierto a tiempo.* SIN. **desesperar.**

impaciente ***adj.*** Se refiere al que está inquieto porque desea que ocurra algo pronto: *Jonás está **impaciente** porque quiere que le quiten el yeso de la pierna para poder jugar y correr de nuevo.* SIN. **inquieto, ansioso, intranquilo.** ANT. **sereno.**

impactar ***vb.*** {tr.} **1** Provocar un golpe físico: *La pelota **impactó** con tanta fuerza que estalló en mil pedazos.* **2** Impresionar o impresionarse mucho por algo.

impacto ***m.*** **1** Choque de un objeto con otro: *El **impacto** de la bala dejó una huella en la pared.* SIN. **golpe. 2** Impresión que se siente al recibir una noticia: *El asesinato del cantante famoso produjo un gran **impacto** entre sus admiradores.* SIN. **efecto.**

impagable ***adj.*** Tan valioso que no puede pagarse: *La donación del riñón que le hicieron a mi hijo es **impagable**, pero estaré agradecida con esas personas toda mi vida.*

impala ***m.*** Antílope muy ágil del sur y oriente de África, su piel es de color dorado: *Los machos del **impala** tienen cornamenta en forma de lira.*

impalpable ***adj.*** Se dice de lo que es tan suave o ligero que casi no se siente al tocarlo. SIN. **ligero, sutil.**

impar ***adj.*** Se dice del número que no es divisible entre dos: *Como había un número **impar** de niños, no pudimos formar dos equipos porque sobraba un jugador.*

impar ***m.*** Número que no es divisible entre dos: *Los **impares** son el uno, el tres, el cinco, el siete, etc.* SIN. **non.**

imparable ***adj.*** Que no se puede parar.

imparcial ***adj./m.*** y ***f.*** **1** Se dice de la persona que no está ni a favor ni en contra de algo y puede juzgar con objetividad: *Los árbitros deportivos deben ser* ***imparciales,*** *no deben favorecer a ningún jugador.* **2** Persona que busca la justicia a como dé lugar.

imparcialidad ***f.*** Carácter de quien no tiene inclinaciones o intereses propios en una situación y por lo tanto puede juzgar con justicia: *La* ***imparcialidad*** *es una condición que deben cumplir los jueces para no favorecer ni perjudicar a nadie.* SIN. **justicia.**

impartir ***vb.*** {tr.} Comunicar, repartir: *El maestro* ***impartía*** *sus conocimientos sobre primeros auxilios a los alumnos.*

impasibilidad ***f.*** Lo que es impasible.

impasible ***adj.*** Se aplica a la persona que no muestra sus sentimientos y es capaz de permanecer tranquila en una situación difícil o dolorosa: *Todos corrieron para ayudar a los accidentados y sólo Yolanda se quedó* ***impasible,*** *mirando sin intervenir.* SIN. **indiferente, imperturbable.**

impavidez ***f.*** Valor y serenidad ante el peligro.

impávido, da ***adj.*** Se aplica a la persona que no tiene miedo cuando se enfrenta a un riesgo: *El domador,* ***impávido,*** *entró a la jaula de los leones.* SIN. **valiente, atrevido.** ANT. **cobarde.**

impecable ***adj.*** Se refiere a lo que es perfecto: *Graciela se ve* ***impecable*** *porque siempre está bien peinada y con ropa limpia y planchada que combina con sus zapatos.* SIN. **intachable, limpio.** ANT. **defectuoso.**

impedimenta ***f.*** Mochila y equipo que llevan los soldados: *La* ***impedimenta*** *de un soldado de infantería pesa unos veinticinco kilos.*

impedimento ***m.*** Cosa o situación que no permite que se siga adelante o que se realice algo: *Si no surge ningún* ***impedimento,*** *llegaré a casa a las ocho de la noche.* SIN. **obstáculo.**

impedir ***vb. irreg.*** {tr.} **Modelo 47.** Estorbar o hacer imposible la realización de algo: *Los dueños pusieron una reja que* ***impide*** *a los ladrones entrar a la propiedad.* SIN. **dificultar, entorpecer.**

impeler ***vb.*** {tr.} **1** Comunicarle movimiento a una cosa quieta: *El jugador* ***impelió*** *el balón con una fuerte patada y éste entró en la portería.* SIN. **empujar, impulsar. 2** *Fam.* Sentir el impulso de realizar una acción: *El enojo* ***impelía*** *a Rogelio a golpear a su enemigo.* SIN. **incitar, animar.**

impenetrabilidad ***f.*** **1** Lo que no se puede penetrar. **2** Característica de los cuerpos que no permite que uno esté en el lugar que ocupa otro.

impenetrable ***adj.*** **1** Se refiere a lo que no se puede atravesar o al lugar al que no se puede entrar: *Este chaleco está hecho de un material* ***impenetrable,*** *los policías lo usan para protegerse de las balas.* SIN. **cerrado, espeso.** ANT. **abierto, accesible. 2** *Fam.* Se dice cuando algo no se puede comprender o descifrar: *El asunto encierra un misterio* ***impenetrable,*** *¿cómo fue posible que el pájaro abriera la jaula y escapara?* SIN. **incomprensible, oculto, inexplicable.** ANT. **claro, comprensible.**

impenitencia ***f.*** Terquedad, obstinación al actuar.

impenitente ***adj.*** *Fam.* Se aplica al que persiste en su error: *Ese empleado es un* ***impenitente*** *que sigue llegando tarde al trabajo aunque le descuenten una parte de su salario.* SIN. **empedernido.**

impensable ***adj.*** **1** Se aplica a lo que resulta absurdo o difícil de creer: *Es* ***impensable*** *que exista vida humana en Mercurio, porque ese planeta está demasiado cerca del Sol.* SIN. **absurdo, increíble. 2** Se dice cuando algo resulta muy difícil de realizar: *Es* ***impensable*** *que pueda ir a la fiesta porque reprobé el curso y mis padres están muy enojados conmigo.* SIN. **imposible.**

impensado, da ***adj.*** Se aplica a los sucesos debidos a una casualidad: *La ida al cine fue* ***impensada,*** *simplemente ambos amigos se encontraron por la calle y decidieron ver un filme.* SIN. **inesperado, casual.**

imperante ***adj.*** Se refiere a la característica o persona que domina una situación: *Una lluvia* ***imperante*** *nos impidió salir en toda la tarde.* SIN. **dominante.**

imperar ***vb.*** {intr.} **1** Ejercer la voluntad propia sobre la de los demás: *La opinión del presidente* ***impera*** *en la toma de decisiones del gobierno.* SIN. **dominar, mandar. 2** Estar una situación dominada por una característica: *El bullicio de los niños jugando* ***imperó*** *durante toda la tarde, y desde que se durmieron* ***ha imperado*** *el silencio.* SIN. **regir, dominar.**

imperativo ***m.*** **1** Forma verbal que se usa para expresar una orden: *"Vete" es el* ***imperativo*** *del verbo "ir".* **2** Asunto que tiene las características de una obligación: *Lo* ***imperativo*** *es comprar los medicamentos y dárselos, porque el enfermo se encuentra grave.* SIN. **obligación, deber.**

imperativo, va ***adj.*** Se aplica a lo que tiene las características del mandato: *Las palabras* ***imperativas*** *de la madre acabaron con la pelea de los hijos.* SIN. **imperioso.**

imperceptible ***adj.*** Se aplica a la cosa que está ahí, pero no se nota: *Hay una diferencia casi* ***imperceptible*** *entre el sonido de la viola y el del violonchelo, por eso te confundiste.* SIN. **minúsculo, inapreciable.** ANT. **perceptible, tangible.**

imperdible ***m.*** Alfiler de seguridad que se cierra de tal manera que la punta queda protegida para que no lastime: *A mi blusa se le cayó un botón y tuve que utilizar un* ***imperdible*** *para que no se abriera.* SIN. **seguro.**

imperdonable ***adj.*** Se refiere a lo que no se debe o no se puede disculpar. SIN. **grave.**

imperecedero, ra ***adj.*** Se aplica a aquello que no muere: *Los productos* ***imperecederos*** *son las ollas, los vasos, las telas, los cuadernos y todo lo que no sea fruta, verdura, granos o carne.* SIN. **inmortal, eterno, duradero.** ANT. **perecedero.**

imperfección ***f.*** **1** Condición o calidad de lo que no es perfecto, que tiene errores o defectos: *Eulogia cambió la tela que había comprado porque tenía* ***imperfecciones*** *que hacían que se viera deshilada.* SIN. **defecto, error.** ANT. **perfección. 2** Defecto o falla en el comportamiento de una persona: *El profesor de historia no soporta la* ***imperfección,*** *de modo que sus alumnos deben comportarse muy bien en su clase.* SIN. **falta.**

imperfecto, ta ***adj.*** **1** Se aplica a lo que no está completo o tiene defectos: *Ramiro olvidó acentuar las mayúsculas, de modo que su trabajo fue* ***imperfecto*** *y no obtuvo la mejor calificación.* SIN. **incompleto, defectuoso. 2** *loc.* **Futuro ~,** tiempo verbal que expresa de un modo absoluto que la cosa existirá o la acción se realizará: *"Vendrá" es el* ***futuro imperfecto*** *de "venir".* **3** *loc.* **Pretérito ~,** tiempo verbal que sirve para expresar una acción pasada como contemporánea de otra que también ya pasó: *"Escribía" es el* ***pretérito imperfecto*** *de "escribir".*

imperial ***adj.*** Se refiere a lo que pertenece a un emperador o a un imperio: *El palacio* ***imperial*** *estaba adornado con mármoles de distintos colores y estatuas que retrataban al emperador.*

imperialismo ***m.*** Sistema de relaciones que impone un país a otros cuando pretende dominarlos de manera política y económica: *Mediante el* ***imperialismo*** *un país se enriquece a costa de otros.*

imperialista ***adj.*** Se aplica a las ideas, hechos y países que están de acuerdo con el imperialismo: *La política **imperialista** de ese gobierno ha ignorado las necesidades del país al que pretende someter.*

impericia ***f.*** Falta de habilidad para hacer algo: *La **impericia** del aprendiz provocó que echara a perder una buena cantidad de materiales en el taller.*

imperio ***m.*** **1** Forma de gobierno monárquico cuyo jefe es un emperador: *La decadencia del **imperio** se produjo cuando surgieron diferencias entre el emperador y sus ministros.* **2** Ejercicio del mando. SIN. **mandato, autoridad.** **3** Periodo que dura el gobierno de un emperador: *Durante su **imperio**, Carlomagno creó numerosas escuelas.* **4** Organización política en que un estado extiende su autoridad sobre otros países: *La Guyana se declaró independiente del **Imperio** Británico en 1966.*

imperioso, sa ***adj.*** **1** Se dice de la persona que actúa con altanería y orgullo: *El capitán les habló a sus soldados en un tono **imperioso**, porque quería que le obedecieran de inmediato.* SIN. **arrogante, autoritario.** **2** Se aplica a la situación en que algo resulta necesario: *"Tengo una necesidad **imperiosa** de ir al baño, ya no aguanto más", me dijo Luis y salió corriendo del salón.* SIN. **urgente.**

impermeabilidad ***f.*** Cualidad de lo que es impermeable.

impermeabilización ***f.*** Resultado de impermeabilizar.

impermeabilizador ***adj./m.*** Que impermeabiliza. SIN. **impermeabilizante.**

impermeabilizante ***adj./m.*** Sustancia que se usa para formar una película impermeable sobre algo: *Antes de que empiecen las lluvias hay que aplicar **impermeabilizante** en la azotea, de otro modo tendremos goteras como el año pasado.*

impermeabilizar ***vb. irreg.*** {tr.} **Modelo 16.** Tratar una superficie o tela para que no deje pasar el agua: *Los albañiles **impermeabilizarán** el techo de la casa para que no se filtre el agua cuando llueva.*

impermeable ***adj.*** Se refiere al cuerpo que no puede ser atravesado por un líquido: *Rodrigo protege sus libros con plástico, porque este material es **impermeable** y evita que se mojen y se dañen.*

impermeable ***m.*** Abrigo hecho con tela que no permite el paso del agua: *Jacinto se puso su **impermeable** y salió a la calle llevando también un paraguas porque el cielo estaba cubierto de nubes.* SIN. **gabardina.**

impersonal ***adj.*** **1** Se aplica a la persona o cosa que no tiene características que la distingan de manera clara de otras personas o cosas: *Un ejemplo de cosas **impersonales** son los cuartos de un hotel, pues todos son iguales.* **2** Se refiere al verbo que sólo se conjuga en tercera persona del singular: *"Nevar" y "llover" son verbos **impersonales**, no es correcto decir "yo lluevo".*

impertérrito, ta ***adj.*** Se dice de quien no se altera o se asusta ante nada: *A pesar del alto volumen con que tocaba el grupo de rock, el abuelo permaneció **impertérrito** y sus nietos pensaron que se había quedado sordo.* SIN. **impávido.**

impertinencia ***f.*** Hecho o dicho que molesta porque resulta inoportuno. SIN. **descaro.**

impertinente ***adj.*** **1** Se dice de quien resulta molesto porque no corresponde al momento u ocasión: *"Sería **impertinente** llegar tarde a la ceremonia de graduación de tu amiga", me dijo mi abuela.* SIN. **inoportuno.** **2** Se dice de quien no tiene respeto hacia los demás: *Joaquín es un **impertinente** que escucha la radio a un volumen demasiado alto y no le importa que todos estemos dormidos.* SIN. **espeso.**

impertinentes ***m. pl.*** Anteojos que en lugar de sujetarse atrás de las orejas tienen un mango largo que se sostiene con la mano: *En la fiesta de disfraces Josefina usó unos **impertinentes** que pertenecieron a su abuela.*

imperturbable ***adj.*** Se aplica al que no se altera: *Cristóbal estaba muy concentrado en su trabajo y por eso permaneció **imperturbable** cuando Palmira intentaba hacerlo reír.* SIN. **tranquilo.**

ímpetu ***m.*** Gran intensidad de un movimiento o acción: *El atleta corrió muy rápido y logró el **ímpetu** necesario para saltar con la garrocha.* SIN. **energía, fuerza, violencia.**

impetuosidad ***f.*** Calidad de lo que está lleno de ímpetu: *Actuaba con tanta **impetuosidad** que siempre metía la pata.*

impetuoso, sa ***adj.*** **1** Se refiere a lo que tiene gran intensidad de movimiento: *Los **impetuosos** torrentes del río arrastran a los animales que intentan cruzarlo.* SIN. **violento, fuerte.** **2** *Fam.* Se aplica a la persona con carácter impulsivo: *Nicolás es demasiado **impetuoso**, no piensa antes de hablar y por eso se mete en problemas.* SIN. **brusco.** ANT. **tranquilo, delicado, humilde.**

impiedad ***f.*** **1** Carencia de piedad. **2** Falta de religiosidad.

impío, a ***adj./m.*** y ***f.*** Se refiere al que carece de una fe religiosa o de compasión hacia los demás: *Durante la época de la Inquisición se perseguía a los **impíos** para obligarlos a adoptar la fe cristiana.* SIN. **incrédulo, ateo.** ANT. **piadoso.**

implacable ***adj.*** Se refiere a lo que no se puede calmar o no se deja ablandar: *El juez fue **implacable** con los acusados porque el delito que cometieron fue muy grave.*

implantación ***f.*** **1** Puesta en práctica de un plan. **2** Colocación y fijación de un huevo fecundado en el útero. **3** Inserción de un tejido en otro.

implantar ***vb.*** {tr. y prnl.} **1** Poner en vigencia algo nuevo: *La cantante **ha implantado** la moda de llevar los cabellos pintados de color púrpura y peinados en picos.* SIN. **establecer, instaurar, introducir.** **2** En medicina, realizar un trasplante: *El cirujano **implantó** una válvula del corazón de una persona que acababa de morir en el corazón del enfermo.*

implante ***m.*** Aparato que se coloca en el cuerpo para mejorar o sustituir alguna parte dañada, o con fines estéticos. SIN. **injerto.**

implementación ***f.*** Resultado de implementar.

implementar ***vb.*** {tr.} Aplicar un programa, probar un nuevo método para llevar a cabo algo. SIN. **implantar.**

implemento ***m.*** Instrumento, herramienta: *El campesino carga diariamente sus **implementos** de labranza.*

implicación ***f.*** **1** Participación en algún asunto, en especial un delito: *Eladio está detenido por su **implicación** en el robo.* **2** Lo contenido en una cosa. SIN. **consecuencia.**

implicar ***vb. irreg.*** {tr. y prnl.} **Modelo 17.** **1** Meter a alguien en un asunto: ***Implicaron** a un señor muy rico en el caso de la niña secuestrada.* SIN. **mezclar.** **2** Contener, llevar en sí: *Llegar puntualmente a la escuela **implica** ser responsable.* SIN. **significar, suponer.**

implícito, ta ***adj.*** Se refiere a lo que se incluye en una propuesta sin necesidad de explicación: *La participación en este concurso lleva **implícita** la aceptación de las reglas del juego.* SIN. **supuesto.** ANT. **explícito.**

implorante ***adj.*** Que implora.

implorar ***vb.*** {tr.} Pedir de manera humilde una cosa: *El delincuente **imploró** que no lo llevaran a la cárcel, pero* *el juez lo ignoró porque su delito era grave.* SIN. **rogar, suplicar.**

implosión ***f.*** **1** Explosión hacia adentro. **2** Disminución del tamaño de un astro.

impoluto, ta ***adj.*** Sin mancha. SIN. **inmaculado.**

imponderable ***adj.*** Se refiere a lo que no puede pesarse: *La electricidad es* ***imponderable.***

imponderable ***m.*** Circunstancia que no se puede prever con anticipación: *Algunos* ***imponderables*** *no permitieron que los participantes asistieran a la reunión de hoy.*

imponencia ***f.*** **1** *Argent., Chile* y *Urug.* Grandeza, majestuosidad. **2** *Colomb.* Arrogancia, gallardía.

imponente ***adj.*** **1** Se aplica a lo que impresiona porque tiene alguna cualidad extraordinaria: *Estar en las cataratas del Iguazú entre Argentina y Brasil es algo* ***imponente****, son tan altas y caen con tal fuerza que me sentí impresionada.* SIN. **grandioso. 2** *Fam.* Se refiere al que tiene muchos atractivos físicos: *Esa actriz es una mujer* ***imponente*** *pues es alta, preciosa y además inteligente.*

imponer ***vb. irreg.*** {tr. y prnl.} **Modelo 27. 1** Obligar a alguien a la aceptación de algo: *La maestra* ***impuso*** *el orden en la clase porque todos los niños estaban gritando.* **2** Causar respeto o miedo: *Cuando el juez entra al tribunal, su aspecto de severidad* ***impone.*** **3** Hacerse obedecer o respetar: *Margarita* ***se impuso*** *en el concurso de canto y obtuvo el primer lugar.* SIN. **sobresalir. 4** *Méx.* Acostumbrarse: *Antes me quedaba dormido hasta las diez de la mañana, pero desde que entré a la escuela* ***me impuse*** *levantarme temprano.*

impopular ***adj.*** Se dice de lo que no es grato para la mayoría: *Usar aerosoles debería ser* ***impopular****, pues dañan la capa de ozono.* SIN. **antipático.** ANT. **popular.**

importación ***f.*** Introducción de un producto extranjero al mercado de un país: *La* ***importación*** *de herramientas y maquinarias ayuda al desarrollo de la industria nacional.* SIN. **entrada, introducción.** ANT. **exportación, salida.**

importado, da ***adj.*** Que viene del extranjero.

importador, ra ***adj.*** Se refiere al que compra productos extranjeros para introducirlos al mercado nacional: *España es un país* ***importador*** *de petróleo porque en su territorio no lo hay.* SIN. **comprador.** ANT. **exportador, vendedor.**

importador, ra ***m.*** y ***f.*** País, sociedad o persona que compra productos extranjeros para venderlos en el mercado nacional.

importancia ***f.*** **1** Lo que hace que una cosa sea considerable: *El descubrimiento de la electricidad ha sido de gran* ***importancia*** *para la humanidad.* SIN. **interés, valor. 2** Autoridad: *El presidente de un país es una persona de* ***importancia*** *en todo el mundo.* **3** *loc.* **Darse ~,** tener una alta opinión de sí mismo: *Joaquín* ***se dio importancia*** *durante toda la semana, sólo porque el lunes obtuvo una buena nota en matemáticas.* SIN. **presumir.**

importante ***adj.*** **1** Se aplica a lo que tiene valor o interés: *Para Hilario, sus amigos son lo más* ***importante.*** SIN. **destacado, significativo.** ANT. **insignificante, nimio. 2** Se refiere al que tiene autoridad: *Los embajadores son personas* ***importantes,*** *pues su trabajo sirve para mantener las buenas relaciones entre los países.*

importar ***vb.*** {tr. e intr.} **1** Traer al mercado nacional productos de origen extranjero: *Estados Unidos de América* ***importa*** *mucho petróleo de otros países.* SIN. **comprar.** ANT. **exportar, vender. 2** Ser considerable por su interés, su valor o por la influencia que ejerce sobre los demás: *A Norberto* ***le importa*** *aprobar con buena nota el próximo examen, ya que podrían darle una beca.*

importe ***m.*** Cantidad de dinero que marca un precio, crédito, deuda o saldo: *El* ***importe*** *que debe usted pagar por estas mercancías es de ochocientos pesos.* SIN. **costo, precio, valor.**

importunar ***vb.*** {tr.} Molestar: *Cuando estoy estudiando me* ***importunan*** *los ruidos.* SIN. **incomodar, fastidiar.**

importunidad ***f.*** Molestia causada por una solicitud.

importuno, na ***adj.*** Se refiere a lo que enfada o resulta poco apropiado en cierto momento: *Lidia se enoja con su madre por sus cuidados* ***importunos,*** *siempre le exige que se abrigue aunque haga calor.* SIN. **inoportuno, indiscreto.**

imposibilidad ***f.*** Falta de capacidad o de oportunidad, dificultad invencible: *La* ***imposibilidad*** *de juntar el dinero para pagar el precio no permite que esta familia pueda comprar la casa que desea.* SIN. **impotencia.**

imposibilitado, da ***m.*** y ***f.*** Persona que tiene alguna dificultad para moverse debido a un accidente o enfermedad: *Los* ***imposibilitados*** *reciben atención médica en el hospital.* SIN. **inválido.**

imposibilitado, da ***adj.*** **1** Se refiere a la persona que tiene alguna dificultad para moverse debido a un accidente o enfermedad: *El tío de Filomena está* ***imposibilitado*** *porque sufre parálisis.* SIN. **inválido. 2** Se aplica al que por alguna razón no puede hacer algo: *Como tiene que cuidar a su bebé, Martha se halla* ***imposibilitada*** *para salir a pasear.*

imposibilitar ***vb.*** {tr.} Quitar la oportunidad o la capacidad para realizar algo: *El mal estado del camino* ***imposibilitó*** *que el automóvil llegara a tiempo a su destino.* SIN. **impedir.**

imposible ***adj.*** **1** Se refiere a lo que no puede ser o suceder: *Es* ***imposible*** *estudiar y jugar al mismo tiempo.* ANT. **posible. 2** Se aplica a lo que es muy complicado de hacer: *A ciertas horas del día es* ***imposible*** *encontrar estacionamiento en el centro de la ciudad.* SIN. **difícil, dudoso.** ANT. **posible. 3** Referido a lo que molesta y no se puede soportar: *Cuando mi tío discute sobre boxeo se pone* ***imposible,*** *por eso ya nadie habla de box delante de él.* SIN. **insoportable.** ANT. **razonable.**

imposible ***m.*** **1** Lo que no se puede realizar: *"Que yo te pueda regalar una motocicleta es un* ***imposible,*** *porque no tengo dinero", le dije a Ricardo.* SIN. **absurdo, utopía. 2** *loc.* **Hacer lo ~,** agotar todos los recursos tratando de lograr algo: *El médico* ***hizo lo imposible*** *por salvarle la vida a Rosario y logró curarla.*

imposición ***f.*** Acción y efecto de imponer o imponerse, exigencia: *El uso de uniforme entre los empleados de la cocina es una* ***imposición*** *del dueño del restaurante.* SIN. **exigencia, obligación.**

impositivo, va ***adj.*** **1** Que impone algo: *En realidad, me parece* ***impositivo*** *que en la empresa quieran obligarnos a ir a esa excursión.* **2** Relativo a los impuestos: *Anunciaron que habrá aumentos en las tasas* ***impositivas*** *para la compra de autos.*

impostación ***f.*** Resultado de impostar.

impostado, da ***adj.*** Que se colocó de tal manera que le da un sonido más pleno a la voz.

impostar ***vb.*** {tr.} Colocar la voz en las cuerdas vocales para darle un sonido más pleno.

impostergable ***adj.*** Que no puede aplazarse o retrasarse: *El pago del teléfono ya es* ***impostergable,*** *de otra forma nos lo van a cortar, le advirtió Óscar a su socio.*

impostor, ra ***adj./m.*** y ***f.*** Se aplica a quien se hace pasar por quien no es: *Un* ***impostor*** *se hizo pasar por electricista para entrar a robar en un edificio.*

impostura ***f.*** Engaño con apariencia de verdad.

impotencia ***f.*** **1** Falta de poder o de fuerza: *Cuando vi desmoronarse el edificio donde vivía a causa del terremoto, me invadió una sensación de* ***impotencia*** *por no poder evitarlo.* **2** Incapacidad de un hombre para completar el acto sexual.

impotente ***adj.*** Se refiere a quien le falta fuerza o potencia para realizar alguna acción: *"No te preocupes, hasta un hombre grande y fuerte resultaría* ***impotente*** *para mover un bulto tan pesado", le dije a Daniela.* SIN. **débil, incapaz, inútil.**

impotente ***m.*** Hombre que no puede completar el acto sexual.

impracticable ***adj.*** Se aplica a lo que no se puede poner en práctica: *El proyecto para construir un lago artificial en el desierto del Sahara es* ***impracticable*** *porque en el desierto no llueve.*

impráctico, ca ***adj.*** **1** Poco práctico. **2** Irrealizable.

imprecación ***f.*** Expresión exclamativa con que se evidencia el deseo de que a alguien le ocurra algo malo: *El hombre lanzó muchas* ***imprecaciones*** *al conductor del autobús que casi lo atropella.*

imprecisión ***f.*** Falta de exactitud: *Las respuestas al examen de historia tenían muchas* ***imprecisiones****, las fechas y algunos nombres estaban equivocados.* SIN. **confusión, vaguedad.**

impreciso, sa ***adj.*** Relacionado con lo que es poco claro, no preciso: *Al carpintero le dieron medidas* ***imprecisas*** *y ahora la puerta del mueble ha quedado chica.* SIN. **vago.**

impredecible ***adj.*** Inesperado, que no puede predecirse: *La conducta de Mariana es* ***impredecible****, unos días amanece muy alegre y de pronto está furiosa sin que haya motivo para ello.*

impregnar ***vb.*** {tr. y prnl.} **1** Mojar un cuerpo seco hasta empaparlo: *La enfermera* ***impregnó*** *de alcohol el algodón y curó la herida del enfermo.* **2** Hacer que se distribuyan las partículas de un cuerpo entre las de otro: *Mi vestido se* ***impregnó*** *tanto de perfume que después de lavarlo todavía huele.*

impremeditado, da ***adj.*** Sin premeditar.

imprenta ***f.*** **1** Arte de reproducir textos, ilustraciones, etc., sobre papel, de tal manera que puedan obtenerse muchas copias: *En la actualidad se han modernizado las técnicas de* ***imprenta*** *gracias al uso de las computadoras.* **2** Máquina con la que se hacen muchas copias sobre papel de los textos, ilustraciones, etc., usando una placa con el texto o ilustración original: *La* ***imprenta*** *a base de letras móviles fundidas en metal fue inventada por Gutenberg alrededor de 1436.* **3** Lugar donde se imprime: *En la* ***imprenta*** *están las máquinas con las que se imprimen libros, diarios, revistas y carteles.*

imprentar ***vb.*** {tr.} ***Chile.*** Planchar los cuellos, las solapas o perneras para darles la forma debida.

imprescindible ***adj.*** Se aplica a aquello sin lo cual una cosa no puede existir o hacerse: *El agua es* ***imprescindible*** *para la vida.* SIN. **necesario, indispensable.**

impresentable ***adj.*** Que no es digno de presentarse: *Ese trabajo es* ***impresentable,*** *está lleno de tachones y faltas de ortografía, primero pásalo en limpio y luego lo entregas.*

impresión ***f.*** **1** Acción de reproducir textos e imágenes sobre papel, y resultado de esta reproducción: *Estas* ***impresiones*** *tienen demasiada tinta, por eso las letras parecen gusanos aplastados.* SIN. **edición. 2** Marca que deja algo en una cosa: *En el barro quedó la* ***impresión*** *de mi zapato.* SIN. **huella. 3** Efecto que algo tiene sobre los sentidos de un animal o persona: *Sufrió una fuerte* ***impresión*** *cuando le dijeron que había ganado la lotería.* **4** Opinión sobre un hecho, cosa, sentimiento, etc.: *Los maestros intercambiaron* ***impresiones*** *acerca del comportamiento de los alumnos.* SIN. **idea. 5** *loc.* **Tener la ~,** imaginarse: ***Tengo la impresión*** *de que hoy hace más frío que ayer.*

impresionable ***adj.*** Se aplica al que es muy sensible o se asusta con facilidad. ANT. **indiferente.**

impresionado, da ***adj.*** Que registró una impresión.

impresionante ***adj.*** **1** Que conmueve, causando fuerte impresión: *Las cataratas que conocí en vacaciones me parecieron* ***impresionantes,*** *jamás imaginé ver tanta agua en movimiento.* **2** Muy grande, considerable: *Había una* ***impresionante*** *cantidad de personas en esa manifestación, llenaron la plaza principal y varias calles a la redonda.*

impresionar ***vb.*** {tr. y prnl.} **1** Producir una marca en algo material: *La luz* ***impresiona*** *las placas fotográficas.* **2** Producir una sensación en el espíritu: *El actor* ***impresionó*** *al público con su magnífica actuación.* SIN. **conmover.**

impresionismo ***m.*** Movimiento pictórico y literario de finales del siglo XIX, que no se interesa por representar la realidad de un objeto sino que busca expresar la impresión que este objeto nos produce: *El* ***impresionismo*** *revolucionó el arte de su época y dio lugar al nacimiento de lo que se conoce como arte moderno.*

impresionista ***adj./m.*** y ***f.*** Se aplica al partidario del impresionismo y al artista que lo practica: *Claude Monet fue un pintor* ***impresionista*** *que se dedicaba a pintar un mismo paisaje a distintas horas del día.*

impreso ***m.*** Escrito o imagen reproducida por la imprenta: *Los* ***impresos*** *pueden ser folletos, carteles, revistas, diarios, etc.*

impreso, sa ***adj.*** Referido al texto o imagen reproducido en papel por la imprenta: *La obra* ***impresa*** *de este autor está formada por siete libros y numerosos artículos.*

impresor, ra ***m.*** y ***f.*** Persona que es dueña de una imprenta o trabaja en ella: *El* ***impresor*** *nos recomendó que compremos cartulina para nuestro trabajo porque es más resistente que el papel.*

impresora ***f.*** Máquina conectada a una computadora y que sirve para imprimir, en papel o acetato, la información que recibe de ésta: *La* ***impresora*** *está copiando en hojas de papel lo que aparece escrito en la pantalla de la computadora.*

imprevisible ***adj.*** Se refiere a lo que no se puede saber con anterioridad: *Las erupciones volcánicas y los terremotos son* ***imprevisibles.***

imprevisión ***f.*** Carencia o falta de previsión.

imprevisto ***m.*** **1** Asunto que ocurre sin haber sido planeado o esperado: *Un* ***imprevisto*** *que exigía solución inmediata lo detuvo en el trabajo y salió más tarde de lo normal.* **2** *pl.* Gastos extraordinarios que afectan la economía de una casa, una empresa o un país: *No pudieron salir de vacaciones porque tuvieron muchos* ***imprevistos:*** *primero se enfermó la abuela, después se descompuso el automóvil y luego tuvieron que comprarle ropa nueva a Felipe.*

imprevisto, ta ***adj.*** Referido a lo que ocurre sin haber sido esperado: *El día soleado se oscureció de pronto y una lluvia* ***imprevista*** *hizo que los niños entraran corriendo a la casa.* SIN. **repentino, inesperado.**

imprimar ***vb.*** {tr.} **1** Preparar con ciertos ingredientes las telas o tablas que se van a pintar: *Los artistas* ***impriman*** *los lienzos para que la pintura se fije mejor a la tela y conserve su luminosidad.* **2** ***Colomb.*** y ***Perú.*** Cubrir la superficie de una carretera con material asfáltico. SIN. **pavimentar.**

imprimatura ***f.*** Pasta lechosa hecha a base de un pegamento o aglutinante y diferentes pigmentos blancos, que se aplica sobre las telas y tablas que se van a pintar: *La **imprimatura** es la base de un buen cuadro, pues da resistencia a la superficie en que se va a pintar.*

imprimir ***vb.*** {tr.} **1** Reproducir textos, ilustraciones, etc., sobre papel de tal manera que puedan obtenerse muchas copias: *En los diarios necesitan mucha tinta y papel porque cada noche **imprimen** gran cantidad de ejemplares que venderán al día siguiente.* SIN. **editar, publicar. 2** Dejar una huella por medio de la presión: *El esquimal **imprimía** sus pasos en la nieve a medida que se alejaba de su iglú.* SIN. **marcar.**

improbable ***adj.*** Se aplica a lo que es difícil que suceda: *Es **improbable** que llueva hoy, porque se ven muy pocas nubes en el cielo.* SIN. **raro.**

ímprobo, ba ***adj.*** **1** Malvado. **2** Intenso: *El doctor hizo esfuerzos **ímprobos** para salvarle la vida al paciente.*

improcedencia ***f.*** Situación que no tiene fundamento en Derecho.

improcedente ***adj.*** Se dice de lo que resulta inadecuado: *Es **improcedente** querer comprar un vestido nuevo cuando no se tiene dinero suficiente para comer.*

improductividad ***f.*** Falta o disminución de la productividad.

improductivo, va ***adj.*** Se dice de aquello que no da fruto, ganancia o resultado: *Este campo es **improductivo** porque tiene demasiada piedra y poca tierra, no se puede sembrar nada.* SIN. **estéril, inútil.** ANT. **productivo, fértil, creativo.**

impronta ***f.*** **1** Estampación de un sello o medalla en yeso, lacre, papel, etc.: *Antiguamente, los señores cerraban las cartas y con un anillo o un sello le ponían su **impronta** al lacre como una identificación personal.* **2** *Fam.* Estilo personal: *La **impronta** de este novelista es inconfundible, pues su forma de usar los adjetivos es una característica que lo distingue de otros.*

improperio ***m.*** Palabra insultante: *El automovilista le lanzó un **improperio** al peatón que cruzó la avenida sin ningún cuidado.* SIN. **injuria, insulto.**

impropiedad ***f.*** Carencia de propiedad

impropio, pia ***adj.*** **1** Se aplica a lo que no tiene las cualidades necesarias para cumplir con una función: *"Un vestido tan liviano es **impropio** para esta época de frío, mejor ponte algo más abrigador", me dijo Enriqueta.* SIN. **inadecuado.** ANT. **adecuado. 2** Referido a lo que se sale de los usos y las costumbres. SIN. **incorrecto, ajeno, extraño.** ANT. **correcto.**

improrrogable ***adj.*** Que no puede prorrogarse: *El plazo para la inscripción es **improrrogable**, así que apresúrate a llenar los requisitos que piden o quedarás fuera.*

improsulto, ta ***adj.*** **1** *Chile.* Se dice de la persona descarada o pícara. SIN. **sinvergüenza. 2** *Hond.* Se aplica a lo malo o inútil.

improvisación ***f.*** Hecho de realizar algo de pronto y sin preparación anterior: *La **improvisación** que hizo la actriz fue una manera elegante de ocultar que había olvidado la parte que le tocaba decir.*

improvisado, da ***adj.*** Resultado de improvisar.

improvisar ***vb.*** {tr.} Hacer algo sin haberlo preparado antes: *Cuando fuimos de paseo al campo, mis padres **improvisaron** una mesa con una tabla vieja que encontraron y cuatro piedras.*

improviso, sa ***adj.*** **1** Aplicado a lo que surge sin haberse previsto: *La llamada **improvisa** de un enfermo despertó al médico a medianoche.* SIN. **imprevisto. 2** *loc.* **De ~,** de pronto, sin previo aviso: *El tío Joaquín llegó **de improviso** y tuve que dejarle mi cama y dormir en la cama de mi hermano.*

imprudencia ***f.*** **1** Falta de prudencia, acción descuidada: *Es una **imprudencia** conducir una motocicleta sin usar un casco.* SIN. **descuido.** ANT. **prudencia, precaución. 2** Falta de discreción: *Fue una **imprudencia** decirle a la abuela que papá se accidentó, ahora la pobre anciana está enferma por el susto.* SIN. **indiscreción.**

imprudente ***adj./m.*** y ***f.*** Persona que no toma las precauciones necesarias cuando hace algo peligroso: *La **imprudente** se ha quemado una mano porque tocó la olla con agua hirviendo.* SIN. **descuidado.** ANT. **prudente, precavido.**

impúber ***adj./m.*** y ***f.*** Referido a la persona menor de diez o doce años, o al joven que aún no ha iniciado su desarrollo sexual: *Daniel es **impúber**, por eso todavía no le cambia la voz ni le crece la barba.* SIN. **niño.**

impudicia ***f.*** Falta de pudor: *Los actores a veces relatan con **impudicia** sus más íntimos secretos con tal de obtener publicidad.*

impúdico, ca ***adj./m.*** y ***f.*** Se refiere al que no respeta las reglas de la moral, el pudor y la castidad: *Se considera un acto **impúdico** desnudarse en la calle.* SIN. **inmoral.**

impuesto ***m.*** Dinero que deben pagar los ciudadanos a las autoridades para cubrir los gastos públicos: *El dinero reunido por el pago de **impuestos** se distribuye, entre otras cosas, en los salarios de los trabajadores del gobierno y en la construcción de obras públicas, escuelas y hospitales.*

impugnable ***adj.*** Que se puede impugnar.

impugnación ***f.*** Recurso legal que implica negar o refutar una resolución judicial.

impugnante ***adj.*** Que impugna: *El abogado **impugnante** presentó argumentos irrefutables.*

impugnar ***vb.*** {tr.} Negar o contradecir las ideas contenidas en un argumento, señalando sus errores: *El abogado defensor **impugnó** las afirmaciones del fiscal y demostró que el acusado era inocente.* SIN. **atacar, contradecir, refutar.**

impulsar ***vb.*** {tr. y prnl.} **1** Dar empuje para producir movimiento: *Entre todos los guerreros **impulsaron** un tronco grande para que golpeara y abriera la puerta del castillo.* SIN. **empujar. 2** Aumentar la actividad de algo: *Las autoridades están **impulsando** a los jóvenes al estudio ofreciéndoles becas y apoyo para comprar libros.* SIN. **animar, fomentar.**

impulsión ***f.*** Fuerza de empuje: *Para quitar las piedras grandes y el barro que cierran el camino es necesaria la **impulsión** de una pala mecánica.* SIN. **impulso.** ANT. **repulsión.**

impulsivo, va ***adj./m.*** y ***f.*** *Fam.* Se aplica al que se deja arrastrar por la fuerza de sus pasiones, sin reflexionar: *Nicolás es un jugador **impulsivo**, si el árbitro lo amonesta es capaz de golpearlo y crear muchos problemas.*

impulso ***m.*** **1** Acción de empujar algo para que se mueva: *El **impulso** de una locomotora es difícil de frenar.* SIN. **empuje, ímpetu. 2** *Fam.* Fuerza de ánimo que mueve a actuar: *Joaquín no pudo resistir el **impulso** de su corazón y le confesó su amor a Gabriela.*

impulsor, ra ***adj./m.*** y ***f.*** **1** Se aplica a lo que tiene fuerza de empuje: *El mecanismo **impulsor** de la bala se acciona con el disparador de la pistola.* **2** Cosa o persona que tiene fuerza de empuje: *La **impulsora** del plan para pintar el edificio durante las vacaciones fue la vecina del departamento nueve.*

impune ***adj.*** Se aplica a la acción mala o al delincuente que ha quedado sin castigo: *El asesinato de la bailarina sigue* ***impune*** *porque aún no atrapan al asesino.*
impunidad ***f.*** Condición de alguien que permanece sin castigo después de cometer faltas graves.
impuntual ***adj.*** Que no llega a tiempo o que no presenta sus trabajos en el tiempo estipulado.
impuntualidad ***f.*** Falta de puntualidad.
impureza ***f.*** **1** Estado de una cosa que presenta suciedad o elementos extraños a su naturaleza: *La* ***impureza*** *de esta agua obliga a filtrarla y hervirla para que pueda beberse.* SIN. **suciedad.** ANT. **pureza. 2** Sustancia extraña en un cuerpo: *El oro en estado natural presenta* ***impurezas,*** *por eso es necesario lavarlo y refinarlo.*
impuro, ra ***adj.*** Se aplica a lo que está sucio o presenta elementos extraños a su naturaleza: *El aire de la ciudad es* ***impuro*** *debido a la contaminación.* SIN. **sucio.** ANT. **puro, limpio.**
imputable ***adj.*** Que sufre o que recibe una imputación.
imputar ***vb.*** {tr.} Atribuir a otro una culpa: *Al pobre inocente le* ***imputaron*** *un robo que no cometió.* SIN. **acusar.**
in extremis ***loc.*** En los últimos momentos de la existencia: *El sacerdote escuchó una confesión* ***in extremis*** *del moribundo.*
in fraganti ***loc.*** En el mismo instante en que se está cometiendo un delito o falta: *Mi mamá me pescó* ***in fraganti*** *cuando estaba abriendo una caja de chocolates que me habían prohibido tocar.*
inabarcable ***adj.*** Aplicado a lo que no se alcanza a ver en su conjunto porque es muy grande: *Esa montaña es tan grande que si me coloco cerca de ella resulta* ***inabarcable*** *para mi vista.*
inabordable ***adj.*** Aplicado a lo que no se puede abordar o resulta inaccesible: *Un automóvil en movimiento es* ***inabordable.***
inacabable ***adj.*** Aplicado a lo que no se termina nunca. SIN. **interminable, infinito.**
inacabado, da ***adj.*** Se refiere a lo que no está terminado: *El poeta Virgilio dejó* ***inacabada*** *su obra llamada* Eneida. SIN. **inconcluso.**
inaccesibilidad ***f.*** Lo que es inaccesible.
inaccesible ***adj.*** Referido a aquello a lo que no se puede llegar con el cuerpo o con el entendimiento: *La cumbre de la montaña nevada era* ***inaccesible*** *y los alpinistas no pudieron escalarla.*
inacción ***f.*** Falta de acción o movimiento: *"¡Basta de* ***inacción,*** *vayamos al cine, al teatro, hagamos algo!", exclamé a mis amigos.* SIN. **ocio, desocupación.**
inaceptable ***adj.*** Se aplica a lo que no se puede aceptar o admitir: *Para la abuelita es* ***inaceptable*** *que su nieta use vestidos cortos, dice que eso es inmoral.* SIN. **inadmisible.**
inactivar ***vb.*** {intr. y prnl.} Perder o hacer perder la actividad: *Antes de reparar la instalación eléctrica, el técnico bajó la palanca e* ***inactivó*** *el flujo de energía.*
inactividad ***f.*** Falta de actividad: *El modo de trabajar en muchas empresas te mantiene sentado todo el día, promueve la* ***inactividad*** *física y por eso hay tanta gente enferma.*
inactivo, va ***adj.*** Referido a lo que permanece quieto, sin actividad: *El volcán permaneció* ***inactivo*** *durante cientos de años, pero ahora está arrojando humo y todos temen una erupción.* SIN. **inerte, ocioso.** ANT. **activo, dinámico.**
inadaptado, da ***adj./m.*** y ***f. Fam.*** Persona que no se acostumbra a las circunstancias de la sociedad en que vive: *Roberto es un* ***inadaptado,*** *no se siente bien con sus compañeros de escuela, ni con los adultos, ni con su familia.* SIN. **rebelde.**
inadecuado, da ***adj.*** Se aplica a lo que no resulta conveniente para algo: *Un tenedor es* ***inadecuado*** *para tomar la sopa.* SIN. **inapropiado.** ANT. **adecuado.**
inadmisible ***adj.*** Se aplica a lo que no se puede admitir, aceptar o tolerar: *Es* ***inadmisible*** *que a los quince años todavía te chupes el dedo.* SIN. **inaceptable.** ANT. **aceptable.**
inadvertido, da ***adj.*** Se refiere a lo que sucede o está sin que se tome en cuenta o se note: *Roberto entró a su casa y quería pasar* ***inadvertido,*** *pero estornudó y con eso su mamá supo que había llegado.*
inagotable ***adj.*** **1** Se refiere a lo que no se puede agotar. SIN. **interminable. 2** ***Fam.*** Se aplica a la persona que no se cansa nunca: *Este niño es* ***inagotable,*** *corre, trepa, salta, sube, y nosotros nos cansamos de sólo mirarlo.* SIN. **incansable, infatigable.**
inaguantable ***adj.*** **1** Se refiere al dolor o sufrimiento que no se puede soportar porque es muy fuerte: *Cuando Pedro se fracturó las costillas, le dieron un medicamento para que durmiera porque el dolor era* ***inaguantable.*** SIN. **insoportable. 2** Se refiere a la persona que resulta muy molesta.
inalámbrico, ca ***adj.*** Se refiere al sistema de comunicación eléctrica que no necesita cables: *El teléfono* ***inalámbrico*** *es muy práctico porque se puede usar en cualquier lugar de la casa.*
inalcanzable ***adj.*** Aplicado a lo que no se puede llegar a tener o a tocar: *La moneda que tenía Paulina se ha caído al alcantarillado y está en un lugar* ***inalcanzable*** *para nosotras.*
inalienable ***adj.*** Que no se puede enajenar: *Desde la primera Constitución de la República se estableció la libertad de los individuos como un derecho* ***inalienable.***
inalterable ***adj.*** **1** Se refiere a lo que no se altera ni se modifica: *El oro es un metal* ***inalterable,*** *no se oxida y dura mucho tiempo.* SIN. **invariable, permanente. 2** ***Fam.*** Se dice de quien permanece sereno en momentos de tensión: *El buen humor de la maestra permaneció* ***inalterable*** *aunque todos los alumnos gritaban a su alrededor.* SIN. **impasible, tranquilo.**
inamovible ***adj.*** Aplicado a lo que no se puede cambiar de lugar o remover de su sitio: *El pozo de agua es* ***inamovible,*** *ya que permanecerá en su sitio aunque la casa se derrumbe.*
inamovilidad ***f.*** Cualidad de lo que no se puede mover.
inanición ***f.*** Estado de desnutrición debido a la falta de alimentos: *Los elefantes viejos mueren de* ***inanición*** *porque se quedan sin dientes y ya no pueden masticar hojas y ramas para alimentarse.* SIN. **hambre.**
inanimado, da ***adj.*** Se aplica a lo que no tiene vida: *Las piedras son seres* ***inanimados*** *porque no se mueven por sí solas, no crecen ni se reproducen, tampoco mueren.* ANT. **vivo.**
inapelable ***adj.*** Que no se puede apelar: *La sentencia era* ***inapelable*** *ya que las pruebas de su culpabilidad eran abrumadoras.*
inapetencia ***f.*** Disminución o pérdida del deseo de comer: *Felisa no quiere comer, tiene* ***inapetencia*** *porque está triste.* SIN. **desgano.**
inapetente ***adj.*** Aplicado a quien no tiene ganas de comer: *En los primeros dos o tres meses de embarazo las mujeres se ponen* ***inapetentes,*** *pero después comen más de lo normal.*

inaplazable ***adj.*** Que no puede retrasarse o aplazarse: *"Es **inaplazable** que vayas al dentista, esa caries que tienes ya parece una caverna", me dijo mi novia.*

inaplicable ***adj.*** Que no se puede aplicar: *El programa propuesto era **inaplicable** porque no había personal suficientemente capacitado.*

inapreciable ***adj.*** **1** Referido a lo que no se puede distinguir porque es muy pequeño: *A ciertas horas del día, hay una diferencia casi **inapreciable** entre el azul del cielo y el azul del mar.* **2** Aplicado a lo que se tiene en alta estima: *Este joven pianista tiene un talento **inapreciable**, el director de la orquesta está orgulloso de él.* SIN. **valioso, precioso.**

inaprehensible ***adj.*** **1** Que no se puede asir. **2** Que no se puede entender.

inapropiado, da ***adj.*** Se aplica a lo que no resulta conveniente para algo: *Esta música tan fuerte resulta **inapropiada** para que mi abuelo pueda dormir.* SIN. **inadecuado.** ANT. **apropiado, adecuado.**

inarmónico, ca ***adj.*** Falto de unión, proporción y concordancia. SIN. **disonante.**

inarticulado, da ***adj.*** **1** Se dice de los sonidos de voz que no forman palabras: *Estaba tan asustada que pronuncié unos sonidos **inarticulados** en lugar de gritar ¡auxilio!* **2** Referido a lo que no tiene ilación o coherencia: *El pequeño Guillermo contó un cuento **inarticulado**, sin principio ni fin, en el que los personajes cambiaban de nombre o no tenían razón de ser.*

inasequible ***adj.*** Aplicado a lo que no se puede conseguir o alcanzar: *Un automóvil nuevo es **inasequible**; mejor compremos uno usado que es más barato.*

inasible ***adj.*** Referido a lo que no se puede agarrar: *Un pez en el agua es **inasible**, se escapa de las manos.*

inasistencia ***f.*** Falta a clases: *La maestra me ha felicitado porque en todo el año sólo he tenido una **inasistencia**.* SIN. **falta.** ANT. **asistencia.**

inaudible ***adj.*** Que no se puede oír: *Las palabras **inaudibles** del moribundo no ayudaron a encontrar a su asesino.*

inaudito, ta ***adj.*** Se refiere a aquello de lo que nunca se ha oído hablar y resulta extraordinario, inverosímil o monstruoso: *En la época antigua era **inaudito** que las mujeres salieran a trabajar.*

inauguración ***f.*** Acto que celebra el comienzo de algo: *El biólogo pronunció un discurso en la **inauguración** del nuevo edificio del Museo de Historia Natural.* SIN. **estreno, principio.** ANT. **clausura, cierre.**

inaugural ***adj.*** Aplicado a los actos y las ceremonias que marcan el inicio de algo: *La fiesta **inaugural** de los Juegos Olímpicos se realiza antes de que inicien las competencias.*

inaugurar ***vb.*** {tr.} Dar principio a una cosa: *Enrique **inaugurará** su restaurante la próxima semana. Ahora está ocupado arreglando los últimos detalles.* SIN. **abrir, comenzar, estrenar.** ANT. **cerrar, clausurar.**

inca ***m.*** y ***f.*** **1** Título equivalente al de un rey, en los antiguos pueblos incaicos del Perú: *El **Inca** residía en Cuzco, que era la ciudad capital de los incas.* **2** Habitante de los pueblos incaicos: *Los **incas** hablaban quechua, cultivaban maíz, papa, coca y algodón, y eran excelentes arquitectos.*

inca ***adj.*** Perteneciente a un pueblo quechua de la región del lago Titicaca, en Perú, que extendió su dominio en el oeste de América del Sur, desde el sur de Colombia hasta el norte de Argentina y Chile: *Los pueblos **incas** alcanzaron su apogeo en el siglo XV.*

incaico, ca ***adj.*** Relativo a los incas y a los pueblos quechuas que formaron la civilización inca: *El arte **incaico** se reflejó principalmente en la orfebrería, la poesía, la música y la danza.*

incalculable ***adj.*** Se refiere a lo que es tanto que no se puede contar: *Es **incalculable** la cantidad de estrellas que hay en el Universo.* SIN. **enorme, inmenso.**

incalificable ***adj.*** Aplicado a aquello que no puede considerarse bueno: *Lo que has hecho es **incalificable**, nunca pensé que dirías esas groserías.* SIN. **despreciable, vergonzoso, abominable.**

incandescencia ***f.*** Estado de un cuerpo que ha sido calentado hasta que desprende una luz rojiza: *Los restos del fuego en la chimenea son las brasas que, con su **incandescencia**, alumbran y calientan el salón oscuro.*

incandescente ***adj.*** Se dice del metal que ha sido calentado hasta ponerse rojo y brillante: *Los obreros de los altos hornos trabajan con hierro **incandescente**, por eso usan máscaras y equipos protectores.* SIN. **candente.**

incansable ***adj.*** Se dice de quien resiste mucho o que no se cansa: *Cuando se trata de saltar la cuerda, Viviana es **incansable**, puede hacerlo durante horas.* SIN. **inagotable, infatigable, resistente.**

incapacidad ***f.*** Falta de capacidad para realizar alguna actividad: *Eliseo es inteligente, pero su **incapacidad** para las matemáticas se debe a que no estudia.* SIN. **impotencia.** ANT. **capacidad, habilidad.**

incapacitado, da ***adj.*** Aplicado a aquellas personas que no pueden ejercer sus derechos porque tienen algún problema de salud o de entendimiento: *Los locos están **incapacitados** para manejar su vida.*

incapacitante ***adj.*** Que incapacita.

incapacitar ***vb.*** {tr.} **1** Ser causa de que alguien no pueda realizar alguna actividad: *Rodrigo sufrió una lesión en la rodilla que lo **incapacitó** para jugar fútbol durante un mes.* SIN. **impedir, imposibilitar.** ANT. **capacitar, habilitar.** **2** Declarar el juez la incapacidad de una persona para ocuparse de sus asuntos: *El juez **incapacitó** al niño para recibir la herencia de su abuelo hasta que cumpla dieciocho años.* SIN. **inhabilitar.**

incapaz ***adj.*** **1** Se aplica a quien no tiene la habilidad o autoridad suficiente para realizar alguna actividad: *Mi hermana fue **incapaz** de contestar a mi pregunta y me dijo que le preguntara a mi papá.* SIN. **inepto, negado.** **2** Referido a quien no se atreve a hacer algo: *Elsa tiene tan buen corazón que es **incapaz** de matar una mosca.*

incautación ***f.*** **1** Apropiación de los bienes de alguien por parte de la justicia. **2** Apropiación ilegal de los bienes de alguien.

incautado, da ***adj.*** **1** Relativo al objeto del que se apropió la justicia. **2** Relativo al objeto del que alguien se apropió ilegalmente.

incautarse ***vb.*** {prnl.} Apropiarse una autoridad de dinero o bienes. SIN. **embargar.**

incauto, ta ***adj./m.*** y ***f.*** Falto de precaución: *Por caminar **incauta** mirando la ropa que se quería comprar, un ladrón le robó la billetera.* SIN. **inocente, imprudente, distraído.** ANT. **cauto, prudente.**

incendiar ***vb.*** {tr. y prnl.} **1** Prender fuego a una cosa: *El hombre **incendió** los muebles porque estaban viejos y llenos de gusanos.* SIN. **quemar.** **2** Prenderse el fuego en algo: *El bosque comenzó a **incendiarse** a causa de un rayo que cayó durante la tormenta.* SIN. **quemarse.**

incendiario, ria ***adj./m.*** y ***f.*** **1** Se aplica a quien causa intencionadamente un incendio. *El **incendiario** declaró a la policía que había quemado ese auto porque siempre lo estacionaban en su banqueta y no habían hecho caso a sus reclamaciones.* **2** Que enciende los ánimos, sobre todo

a b c d e f g h i j k l m n o p q r s t u v w x y z

para alterar el orden establecido: *Aunque el diputado dijo un discurso **incendiario**, ninguno de sus colegas reaccionó.*

incendio ***m.*** Fuego grande que causa destrucción: *Después de que los bomberos apagaron el **incendio**, el edificio quedó ennegrecido y medio destruido.* SIN. **fuego.**

incensar ***vb. irreg.*** {tr.} **Modelo 3.** Quemar incienso o resinas aromáticas: *Los monaguillos **incensan** el camino por el que pasará la procesión.*

incensario ***m.*** Brasero usado para quemar el incienso o las resinas aromáticas.

incentivación ***f.*** Estímulo que se da a alguien para que mejore en su desempeño. SIN. **incentivo.**

incentivar ***vb.*** {tr.} Estimular a alguien para que haga algo: *Ricardo no quería estudiar una carrera, pero su padre lo **incentivó** ofreciéndole un viaje como regalo de fin de cursos.* SIN. **motivar, animar, incitar.**

incentivo ***m.*** Lo que motiva a hacer algo: *Los trabajadores que son puntuales reciben un **incentivo** económico al final de mes para que sigan siendo responsables.* SIN. **aliciente, estímulo.**

incertidumbre ***f.*** Falta de seguridad: *La **incertidumbre** acerca de quién sería el ganador del concurso mantenía al público nervioso y expectante.* SIN. **duda, vacilación.** ANT. **seguridad, certidumbre.**

incesante ***adj.*** Se dice de lo que no termina o no se detiene: *El movimiento de las olas del mar es **incesante**.* SIN. **continuo, constante.**

incesto ***m.*** Relación sexual entre familiares cercanos.

incestuoso, sa ***adj./m.*** y ***f.*** Relativo a la persona que tiene relación sexual con familiares cercanos o siente atracción sexual por alguno de ellos.

incidencia ***f.*** **1** Dirección según la cual un cuerpo choca con otro: *El detective mide la **incidencia** del impacto de bala en la pared para calcular desde dónde fue disparada el arma.* **2** Consecuencia o repercusión que tiene algo: *La aplicación de la nueva ley de educación tuvo buenas **incidencias** en las escuelas.*

incidente ***m.*** Suceso de poca o mediana importancia que influye en el curso de otro: *El **incidente** del perro que se metió a la cancha a perseguir el balón hizo reír a la gente que estaba en el estadio.* SIN. **contratiempo, percance, aventura.**

incidir ***vb.*** {intr.} **1** Caer en una falta o error. **2** Llegar un rayo de luz a una superficie: *La luz **incide** sobre el espejo y refleja las imágenes.* **3** Repercutir: *La pelea entre los dos hermanos **incidió** de manera negativa en toda la familia.* **4** Hacer una incisión: *El médico **incidirá** la piel con el bisturí para abrir e iniciar la operación.* SIN. **cortar.**

incienso ***m.*** Sustancia aromática que se obtiene de la resina y corteza de algunos árboles y que al quemarse desprende un olor fuerte y agradable: *Encendí un poco de **incienso** en mi incensario para perfumar la casa.*

incierto, ta ***adj.*** **1** Se dice de lo que no se sabe con seguridad cómo va a ser: *Siempre resulta **incierto** pensar qué hará un niño cuando llegue a adulto.* SIN. **inseguro, dudoso.** ANT. **seguro.** **2** Referido a lo que es falso: *En esta revista hay datos **inciertos** acerca de lo que sucedió el viernes; por ejemplo, dicen que el cantante estaba en una reunión y en realidad estaba en un concierto.* SIN. **falso.** ANT. **cierto, verdadero.**

incineración ***f.*** Hecho de quemar algo hasta reducirlo a cenizas: *La **incineración** de los cadáveres es una medida de higiene en las épocas de peste.*

incinerador ***m.*** Aparato que sirve para incinerar: *En algunos hospitales tienen **incineradores** para quemar los desechos infecciosos.*

incinerar ***vb.*** {tr.} Quemar algo hasta reducirlo a cenizas: *En la actualidad ya no **incineran** la basura porque contamina el ambiente.*

incipiente ***adj.*** Se refiere a aquello que empieza: *Mi hermano cumplió catorce años y ya tiene una barba **incipiente**.*

incisión ***f.*** Corte hecho con un instrumento filoso: *El bisturí es el instrumento adecuado para hacer **incisiones** en el cuerpo que se va a operar.* SIN. **cortadura.**

incisivo ***m.*** Cada uno de los dientes situados en la parte delantera del maxilar: *Los **incisivos** sirven para cortar la comida y las muelas, para masticarla.*

incisivo, va ***adj.*** Se aplica a lo que es cortante o penetrante: *Eugenia tiene un cuchillo **incisivo** con el que corta la carne que vende en su tienda.* SIN. **agudo.**

inciso ***m.*** **1** Cada uno de los párrafos en que está dividido un tema: *En el **inciso** a) del trabajo se explican los antecedentes, y en el **inciso** b) se desarrolla el tema.* **2** Frase que tiene un sentido parcial y que se intercala en una oración para dar información: *Los **incisos**, explicó la maestra, deben escribirse entre dos comas.*

incitación ***f.*** Acción y resultado de incitar: *La **incitación** a la violencia siempre recibe condenas unánimes de toda la sociedad.*

incitador, ra ***adj.*** Que incita.

incitante ***adj.*** Que resulta estimulante y atractivo: *El olor de ese pan que se cuece en el horno es de lo más **incitante**, ya se me abrió el apetito.*

incitar ***vb.*** {tr.} Motivar a alguien para que realice algo: *El maestro de literatura **incitó** a los alumnos a montar en escena una obra de teatro.* SIN. **estimular, animar.**

incivilizado, da ***adj.*** **1** Que no tiene civilidad. **2** Mal educado.

inclasificable ***adj.*** Que no se puede clasificar.

inclemencia ***f.*** **1** Falta de piedad o misericordia: *La **inclemencia** es la dureza del alma que no permite perdonar a los demás.* **2** Rigor del clima, mal tiempo: *La **inclemencia** del invierno arruinó los campos cultivados.*

inclemente ***adj.*** **1** Relativo al que no sabe perdonar: *No seas **inclemente**, reconoce que tu amigo te golpeó sin querer y perdónalo.* SIN. **riguroso.** ANT. **misericordioso.** **2** Aplicado al clima frío, lluvioso y desagradable: *Con este tiempo tan **inclemente** no se puede salir a jugar a la calle.*

inclinación ***f.*** **1** Posición de algo que no se encuentra vertical ni horizontal: *La **inclinación** del terreno hace que el agua se acumule en el lugar más bajo.* SIN. **pendiente.** **2** Afición por algo o disposición natural para una cosa: *Su **inclinación** por los animales nos hace pensar que estudiará veterinaria.* SIN. **predilección, vocación, tendencia.** **3** Saludo: *Don Julián hizo una **inclinación** de cabeza cuando se encontró con don Marcelo en la plaza.* SIN. **reverencia.**

inclinado, da ***adj.*** **1** Que sufre inclinación: *La torre **inclinada** de Pisa es famosa porque lleva siglos así y no se cae.* **2** Que tiende a: *El orador aprovechó que había algunos asistentes **inclinados** a la violencia para incitar al desorden.*

inclinar ***vb.*** {tr. y prnl.} **1** Desviar una cosa de su posición vertical u horizontal: *El viento **inclina** las ramas de los árboles.* SIN. **torcer.** **2** Influir en alguien para que cambie de opinión o tome una decisión: *Rodolfo **inclinó** a su jefe en favor de su proyecto después de insistirle mucho.* SIN. **persuadir.** **3** Cambiar de opinión o tomar una decisión: *Seguramente, después de probarse varios trajes, Catalina **se inclinará** por el negro. ¿Te has dado cuenta que muy a menudo se viste de ese color?* SIN. **decidir, optar.** **4** Estar dispuesto a algo: ***Me inclino** a pensar que es verdad lo que me dijo Graciela porque ella no dice mentiras.* SIN. **tender. 5** Doblarse el cuerpo por la cintura en dirección al suelo: *Es necesario **inclinarse** para tocar los dedos de los pies.* SIN. **agacharse.**

ínclito, ta ***adj.*** Ilustre, famoso.

incluir ***vb. irreg.*** {tr.} **Modelo 59. 1** Poner una cosa dentro de otra: ***Incluí** una sandía en la lista de compras del mercado.* SIN. **agregar, meter, poner.** ANT. **excluir, quitar, sacar. 2** Llevar dentro de sí: *El precio del automóvil de juguete **incluye** las pilas para que funcione.* SIN. **contener, comprender.** ANT. **excluir.**

inclusión ***f.*** Hecho de meter o agregar algo a una cosa: *La **inclusión** de leche en la alimentación de los niños es indispensable para el crecimiento.*

inclusive ***adv.*** Incluyendo el último objeto nombrado: *La biblioteca está abierta toda la semana, **inclusive** el domingo.*

inclusivo, va ***adj.*** Se dice de lo que incluye o encierra algo dentro de sí. ANT. **exclusivo.**

incluso ***adv.*** **1** Indica sorpresa por lo que se dice a continuación: *Aunque la fiesta en la playa fue de noche, todos asistimos, **incluso** el bebé.* SIN. **hasta.** ANT. **excepto. 2** Refuerza una comparación: *El invierno en Asia es frío, y en Alaska lo es **incluso** más.* SIN. **todavía.**

incluso ***conj.*** Expresa la existencia de una dificultad que no impide que algo se realice: *Voy a comer caldo de camarón **incluso** aunque no me gusta, pues tengo hambre.* SIN. **aun.**

incógnita ***f.*** **1** En matemáticas, cantidad desconocida que debe determinarse en una ecuación: *La **incógnita** de la ecuación "x + 25 = 32" es "x".* **2** ***Fam.*** Causa desconocida de un hecho: *El origen de la vida es una **incógnita** para todos.* SIN. **misterio, enigma.**

incógnito, ta ***adj.*** **1** Se refiere a lo que permanece oculto o no se conoce: *El explorador italiano Marco Polo viajó a las regiones **incógnitas** de Oriente.* **2** ***loc.*** **De ~,** situación de una persona que oculta su identidad: *El actor famoso viajó **de incógnito** a las playas del sur, porque necesitaba descansar sin ser molestado por los periodistas.*

incognoscible ***adj.*** Que no se puede conocer.

incoherencia ***f.*** Falta de sentido o de relación entre varias cosas: *El borracho estuvo diciendo **incoherencias** y nadie entendió nada.* SIN. **necedad, absurdo.** ANT. **coherencia.**

incoherente ***adj.*** Se aplica a lo que carece de sentido o no tiene relación: *Los bebés pronuncian palabras **incoherentes** cuando están aprendiendo a hablar.*

incoloro, ra ***adj.*** Se refiere a lo que no tiene color: *El agua pura es incolora.* SIN. **transparente.**

incólume ***adj.*** Se aplica al que no ha sido dañado ni tiene lesión alguna: *El valiente guerrero salió **incólume** de la batalla, no tenía ni un rasguño.* SIN. **ileso.**

incombustible ***adj.*** Se dice de lo que no puede quemarse: *Los trajes de los bomberos están hechos de material **incombustible.***

incomible ***adj.*** Que no puede comerse porque está echado a perder o mal preparado: *Dejé toda una semana el guiso en el refrigerador y hoy que lo saqué, al calentarlo me di cuenta de que ya estaba **incomible.***

incomodado, da ***adj.*** Fastidiado, molesto.

incomodar ***vb.*** {tr. y prnl.} **1** Causar molestia: *Este colchón viejo **incomoda** a Eduardo cuando se acuesta a dormir.* SIN. **fastidiar, molestar. 2** Sentir molestia: *Daniela **se incomoda** cuando pasa mucho tiempo sentada, entonces se levanta y se mueve para descansar.* SIN. **fastidiarse, molestar.**

incomodidad ***f.*** Lo que no permite sentirse cómodo: *Las personas que no fuman sienten **incomodidad** cuando alguien fuma cerca de ellas.* SIN. **fastidio, molestia.**

incómodo, da ***adj.*** **1** Se aplica a lo que molesta: *El niño hizo preguntas **incómodas** a su maestro sobre los problemas que tiene con su esposa.* SIN. **desagradable, embarazoso. 2** Se dice de lo que no proporciona bienestar o descanso: *Este sillón es **incómodo** porque es muy viejo y los alambres salen de la tela.* **3** Se refiere a la persona que no se siente bien: *Alicia está **incómoda** porque le duele el estómago.*

incomparable ***adj.*** Se aplica a lo que no tiene o no admite comparación: *El brillo del sol es de una belleza **incomparable.***

incompatibilidad ***f.*** Diferencia esencial que no permite la unión de dos o más cosas: *La **incompatibilidad** del aceite con el agua hace imposible mezclarlos.*

incompatible ***adj.*** Se dice de las cosas o personas que no pueden unirse entre sí porque tienen una diferencia esencial: *Alejandra y Rolando se divorciaron porque sus caracteres eran **incompatibles** y por eso no se entendían.*

incompetencia ***f.*** Falta de conocimientos suficientes: *El empleado demostró su **incompetencia** para el trabajo en cuanto se presentó la primera dificultad, porque no pudo resolverla.* SIN. **ineptitud, incapacidad.**

incompetente ***adj.*** Se aplica al que no tiene conocimientos suficientes para hacer algo o hablar de una cosa: *Ese cantante es **incompetente** en asuntos políticos; su especialidad es la música.* SIN. **inepto, incapaz.**

incompleto, ta ***adj.*** Se aplica a lo que no está entero o acabado: *Me vendieron un libro **incompleto**, le faltan dos páginas.* SIN. **defectuoso, inconcluso.** ANT. **íntegro, completo.**

incomprendido, da ***adj./m.*** y ***f.*** **1** Se refiere a lo que no está entendido. **2** Se aplica al que no es comprendido por los demás o que tiene cualidades que nadie aprecia: *Un genio como Albert Einstein, de niño fue un **incomprendido;** hasta creían que era tonto.*

incomprensible ***adj.*** **1** Se dice de lo que no se entiende: *Si hablas cuando tienes la boca llena de comida, tus palabras son **incomprensibles**.* **2** Aplicado a lo que resulta inexplicable: *Su actitud es **incomprensible**, acaba de sufrir un accidente y ya está arriesgando nuevamente su vida.*

incomprensión ***f.*** Falta de capacidad para entender a los demás: *Bernardo se siente solo y dice que es debido a la **incomprensión** de la gente hacia su comportamiento y sus gustos.*

incomunicación ***f.*** Falta de contacto hablado y físico entre las personas: *El problema de ese pueblo es la **incomunicación**, no hay teléfono, telégrafo ni carretera para llegar a él.* ANT. **comunicación.**

incomunicado, da ***adj.*** Se dice del que está aislado y no tiene contacto hablado o físico con otras personas: *El sistema de radio del barco tuvo un desperfecto y la tripulación quedó **incomunicada** durante unas horas.* SIN. **aislado, apartado.** ANT. **comunicado.**

incomunicar ***vb. irreg.*** {tr. y prnl.} **Modelo 17. 1** Quedar las personas sin posibilidad de contacto hablado o físico con otras: ***Incomunicaron** al preso encerrándolo en una celda apartada porque golpeó a otro hombre.* SIN. **aislar, apartar. 2** Apartarse alguien del trato con otras personas: *Cuando Berenice tiene que estudiar se encierra en su cuarto, **incomunicándose** de todos, porque si no se distrae con facilidad.* SIN. **aislar, apartar.**

inconcebible ***adj.*** **1** Aplicado a lo que no puede pensarse o imaginarse: *Es **inconcebible** que existan chimpancés*

a b c d e f g h i j k l m n o p q r s t u v w x y z

en Júpiter. SIN. **imposible. 2** *Fam.* Referido a lo que es tan extraordinario que resulta inaceptable: *La capacidad de Gilberto para cometer torpezas es **inconcebible**.* SIN. **incomprensible, inexplicable.**

inconciliable ***adj.*** Se aplica a las cosas o personas que no pueden ponerse juntas porque no concuerdan: *El calor y el frío son **inconciliables**: no pueden sentirse al mismo tiempo.* SIN. **incompatible.**

inconcluso, sa ***adj.*** Se dice de lo que no está terminado o completo: *Lorena salió a jugar dejando **inconcluso** su trabajo escolar, así que cuando regrese tendrá que terminarlo.* SIN. **inacabado, incompleto.**

incondicionado, da ***adj.*** Que no depende de ninguna condición: *El presidente recibió el apoyo **incondicionado** de sus fieles seguidores.*

incondicional ***adj./m.*** y ***f.*** **1** Se dice de lo que no pone impedimento alguno o requisitos previos: *Hay muchas posibilidades de ser miembro de ese club porque la inscripción es **incondicional**.* SIN. **absoluto. 2** Persona que acepta y defiende de manera total una idea o a una persona sin ejercer la crítica o la duda: *Óscar es un **incondicional** de su equipo de fútbol: va a todos los partidos, se viste con el uniforme y siempre lo defiende.* SIN. **partidario, adepto.**

inconexo, xa ***adj.*** Se aplica a la idea o suceso que no tiene relación o enlace con otra cosa: *El detective trataba de unir los hechos **inconexos** de la misteriosa desaparición de la mujer.* SIN. **oscuro, ininteligible.** ANT. **relacionado, claro.**

inconfesable ***adj.*** Aplicado a lo que no puede decirse porque es deshonroso: *Pamela me dijo que cometió un acto **inconfesable**, pero no me dijo de qué se trató.*

inconfesado, da ***adj.*** Que no se quiere confesar: *Adriana sentía un miedo **inconfesado** a las arañas.*

inconfeso, sa ***adj.*** Se dice de la persona que no confiesa su culpa en el delito que se le imputa.

inconforme ***m.*** y ***f.*** Persona que no está de acuerdo con todos o algunos de los principios morales, políticos, religiosos, etc., de la sociedad en la que vive: *Los **inconformes** con el régimen político escriben artículos criticando al gobierno.*

inconforme ***adj.*** Se refiere al que no está de acuerdo con algo o no está satisfecho de manera plena: *La vecina está **inconforme** con el arreglo que hizo el albañil en su baño y volverá a llamarlo para exigirle que haga un buen trabajo.*

inconformidad ***f.*** **1** Calidad de inconforme. **2** Documento en que alguien manifiesta su inconformidad con algo: *La Dirección General de **Inconformidades** reduce los plazos de 90 a 50 días para dar respuestas.*

inconformismo ***m.*** Conducta del inconforme.

inconfundible ***adj.*** Aplicado a lo que tiene características propias tan claras que puede reconocerse de manera fácil: *Los argentinos tienen una forma de hablar que es **inconfundible** en otros países.* SIN. **peculiar, singular.**

incongruencia ***f.*** **1** Falta de congruencia. **2** Conjunto de palabras que no tienen lógica.

incongruente ***adj.*** Aplicado al discurso que no tiene ilación porque las ideas que contiene están en desorden: *El borracho dijo algunas palabras **incongruentes** antes de quedarse dormido.*

inconmensurable ***adj.*** Se aplica a lo que no puede medirse: *El Universo es **inconmensurable**.* SIN. **enorme.**

inconmovible ***adj.*** Que no se deja o no se puede conmover: *El padre persistió en su actitud **inconmovible** y echó al hijo de su casa.*

inconsciencia ***f.*** Estado en el que una persona no puede darse cuenta de lo que está sucediendo a su alrededor ni puede gobernar sus propios actos: *El desmayo es un estado de **inconsciencia**.*

inconsciente ***adj./m.*** y ***f.*** **1** Se refiere a la persona que ha quedado sin sentido: *El boxeador recibió un golpe en la cara y cayó **inconsciente** a la lona.* **2** Se aplica a la persona que actúa de modo irresponsable: *Fuiste un **inconsciente** al salir enfermo de casa.* SIN. **necio, irreflexivo.**

inconsciente ***m.*** Conjunto de procesos mentales que escapan a la conciencia del individuo y que, sin embargo, influyen en su personalidad.

inconsecuencia ***f.*** Falta de consecuencia en lo que se dice o hace.

inconsecuente ***adj./m.*** y ***f.*** Referido a la persona que se comporta en desacuerdo con sus propias ideas: *La actitud de Mario es **inconsecuente**, pues criticaba a la gente que fuma y ahora él está fumando.*

inconsiderado, da ***adj.*** Poco considerado.

inconsistencia ***f. Fam.*** Falta de cohesión en las ideas: *El discurso no estaba bien argumentado y debido a su **inconsistencia** no convenció a la gente.*

inconsistente ***adj.*** Se aplica a lo que no tiene duración, estabilidad ni solidez: *Esta pared es **inconsistente**, no creo que pueda soportar el peso del techo.* SIN. **frágil.**

inconsolable ***adj.*** Se refiere a quien está muy triste y no hay nada que lo pueda alegrar: *Don Sergio está **inconsolable** desde que murió el perro que lo acompañó durante tantos años de su vida.*

inconstancia ***f.*** Falta de constancia o insistencia: *La **inconstancia** de Josefina en el estudio hace que a veces obtenga buenas calificaciones y a veces muy malas.* SIN. **variedad, volubilidad.**

inconstante ***adj./m.*** y ***f.*** **1** Se refiere a la persona que no es constante o estable en sus actividades o emociones: *Laura está gorda y no adelgaza porque es **inconstante** en su dieta.* **2** *Fam.* Se refiere a las cosas que son cambiantes: *A lo largo del día hubo un clima **inconstante**, por momentos llovía mucho y al poco tiempo salía el sol.* SIN. **incierto, inestable.**

inconstitucional ***adj.*** Se aplica a los hechos que son contrarios a la Constitución de un país.

incontable ***adj.*** **1** Referido a lo que es en tanta cantidad que no se puede narrar o contar: *El personaje del cuento vivió **incontables** aventuras antes de llegar a besar la mano de su amada.* SIN. **innumerable. 2** Aplicado a lo que es muy numeroso: *En el cielo brillan **incontables** estrellas.* SIN. **incalculable, innumerable.**

incontaminado, da ***adj.*** Que no está contaminado.

incontenible ***adj.*** Se dice de lo que no puede refrenarse: *Teresa tenía un deseo **incontenible** de comerse un helado, así que fue a comprarse uno.*

incontestable ***adj.*** Que no se puede contestar con fundamentos sólidos: *Nadie encontraba argumentos **incontestables** para defender al acusado.*

incontinencia ***f.*** **1** Falta de control o moderación. **2** Alteración del control en la expulsión de la orina o excrementos: *Algunos niños padecen **incontinencia** nocturna y se orinan en la cama.*

incontinente ***adj.*** **1** Que no se contiene. **2** Que sufre de incontinencia.

incontrolable ***adj.*** Se aplica a lo que no se puede controlar o manejar: *El automóvil se volvió **incontrolable** cuando fallaron los frenos.*

incontrovertible ***adj.*** Que no admite duda: *La teoría de la evolución es **incontrovertible** ya que cada día se encuentran más pruebas de ella.*

inconveniencia ***f.*** **1** Conjunto de palabras o acciones fuera de lugar. **2** Incomodidad: *Los cartelitos que dicen "Perdonen la **inconveniencia**, estamos trabajando para usted" molestan a todo el mundo.*

inconveniente ***adj.*** Se refiere a lo que no es adecuado: *Las comidas con mucha grasa son **inconvenientes** para mantener la buena salud.* SIN. **perjudicial.** ANT. **conveniente.**

inconveniente ***m.*** Dificultad u obstáculo en la realización de algo: *Es un **inconveniente** tener un perro grande en un departamento pequeño porque no hay espacio para que el animal viva de manera sana.* SIN. **complicación, estorbo.** ANT. **facilidad, ventaja.**

incordiar ***vb.*** {tr.} *Fam.* Molestar: *Era tan grosero que **incordiaba** hasta a sus mejores amigos.* SIN. **abrumar, fastidiar.**

incorporación ***f.*** Resultado de incorporar: *La **incorporación** de las escuelas privadas es un trámite necesario para asegurar la calidad de la educación.*

incorporar ***vb.*** {tr. y prnl.} **1** Unir unas cosas con otras para que formen un todo: *Para preparar el pan, primero mezcla la harina con la mantequilla y después **incorpora** la leche.* SIN. **agregar, añadir. 2** Levantar la parte superior del cuerpo el que está tendido: *El enfermo **se incorporó** en la cama para poder tomar sus alimentos.* SIN. **levantarse, reclinarse, sentarse. 3** Sumarse a una asociación, grupo, etc.: *Este año **se incorporaron** treinta alumnos al primer grado en mi escuela.* SIN. **alistar, integrar, ingresar.**

incorpóreo, a ***adj.*** Aplicado a lo que no tiene volumen: *Las imágenes que vemos en la pantalla de televisión son **incorpóreas**.*

incorrección ***f.*** **1** Error: *La maestra de lengua española me mostró las **incorrecciones** de mi redacción y me explicó cómo corregirlas.* SIN. **defecto, falta, falla. 2** Falta de cortesía: *Fue una **incorrección** de Leopoldo no ceder el asiento del autobús a la anciana.* SIN. **grosería.**

incorrecto, ta ***adj.*** **1** Aplicado a lo que resulta erróneo: *El número telefónico que me diste es **incorrecto;** allí no vive Susana.* **2** Se dice del que es descortés: *La señora no quiso invitar al amigo de su hijo a cenar porque los modales del chico son **incorrectos**.* SIN. **grosero.**

incorregible ***adj.*** **1** Se aplica a lo que no se puede corregir: *Laura tendrá que usar siempre los anteojos porque su miopía es **incorregible**.* SIN. **irremediable. 2** Se refiere a quien no se quiere enmendar: *Berta es una traviesa **incorregible**, sus padres ya no saben qué hacer para que se comporte bien.* SIN. **terco.**

incorruptible ***adj.*** **1** Que no se corrompe: *Este barniz es **incorruptible**, puede durar muchos años sin echarse a perder.* **2** Honesto, honrado, que no puede ser sobornado: *El **incorruptible** juez rechazó la oferta del abogado corrupto y dictó la sentencia como debía de ser.*

incorrupto, ta ***adj.*** **1** Se dice de lo que está sin corromperse: *Los egipcios embalsamaban a los faraones para que sus cuerpos se mantuvieran **incorruptos**.* **2** *Fam.* Se aplica a la persona honesta. SIN. **puro.**

incredulidad ***f.*** No aceptación de una idea o un hecho: *La señora que ganó la lotería recibió la noticia con **incredulidad**, ya que antes había sido víctima de un engaño.* SIN. **desconfianza.**

incrédulo, la ***adj.*** Referido a quien no cree de manera fácil: *La muchacha, **incrédula**, tardó unos minutos en aceptar que su novio no estaba mintiendo.*

increíble ***adj.*** **1** Referido a lo que no puede creerse porque no es verdad: *Tus mentiras son **increíbles**, nadie puede creer que llegaste tarde porque te encontraste un camello.* **2** Aplicado a lo que no puede creerse aunque es verdad: *Estudié tanto y tan bien que me parece **increíble** haber reprobado el examen.* SIN. **extraño, raro. 3** Se aplica a un hecho extraordinario: *Hicimos una fiesta **increíble**, nos divertimos tanto que el tiempo pasó volando.*

incrementar ***vb.*** {tr. y prnl.} Aumentar: ***Han incrementado** el precio de ese producto, antes costaba cuatro colones y ahora cuesta seis.* SIN. **acrecentar.**

incremento ***m.*** Aumento: *En este siglo ha habido un gran **incremento** de la población mundial, ahora somos muchos más que antes.*

increpar ***vb.*** {tr.} Hablarle a alguien con dureza: *El director de la escuela **increpó** a unos jóvenes que pintaron la pared con aerosol.* SIN. **reprender, regañar.**

incriminar ***vb.*** {tr.} Acusar a alguien de un delito o falta grave: *La policía **incriminó** en el robo al empleado de la joyería porque era cómplice del ladrón.*

incruento, ta ***adj.*** Que no ocasiona violencia ni derramamiento de sangre: *Por fortuna los agricultores llegaron a un acuerdo y se resolvió de manera **incruenta** su conflicto por las tierras de cultivo.*

incrustación ***f.*** **1** Hecho de meter piedras, metales o maderas preciosas en una superficie lisa: *La **incrustación** de rubíes, esmeraldas y zafiros en este cofre de plata es trabajo de un artista.* **2** Objeto en cuya superficie se han metido piedras, metales o maderas preciosas: *Estas **incrustaciones** en la pared de la iglesia fueron hechas en el siglo pasado.* **3** Cosa que se mete en la superficie de otra: *El dentista ha puesto una **incrustación** en la muela para tapar el orificio de la curación.*

incrustado, da ***adj.*** **1** Que está lleno de incrustaciones. **2** Resultado de incrustar.

incrustar ***vb.*** {tr.} **1** Meter en una superficie lisa y dura piedras, metales, etc., formando dibujos: *En esta mesa de caoba **han incrustado** trocitos de madera de ébano y círculos de marfil.* **2** Meter una cosa en la superficie de otra: *La flecha se ha **incrustado** en la manzana.*

incubación ***f.*** Resultado de incubar: *Los días necesarios para la **incubación** cambian según la especie de ave.*

incubadora ***f.*** Máquina que mantiene en buenas condiciones de temperatura, humedad y oxigenación a un bebé que ha nacido antes de tiempo: *Los médicos metieron al bebé a una **incubadora** porque pesaba menos de dos kilos.*

incubar ***vb.*** {tr.} **1** Dar calor con el cuerpo: *La gallina **incuba** el huevo hasta que nace el polluelo.* SIN. **empollar. 2** Estar desarrollando algo de manera progresiva: *Muchas bacterias tardan algún tiempo en **incubarse**, por eso algunas personas ya tienen un microbio adentro del cuerpo y no saben que estarán enfermos.*

incuestionable ***adj.*** Se dice de lo que no admite duda o argumentación en su contra: *Es **incuestionable** el valor histórico de las pirámides.*

inculcar ***vb. irreg.*** {tr.} **Modelo 17.** Repetir con empeño una idea para fijarla en la mente de alguien: *Esa pareja **ha inculcado** a sus hijos el respeto a la naturaleza y el amor a los animales.* SIN. **enseñar, persuadir.**

inculpación ***f.*** Acción y resultado de inculpar.

inculpado, da ***adj./m.*** y ***f.*** Referido a alguien que ha sido señalado como culpable de un delito: *El hombre **inculpado** por robo ha sido puesto en libertad por falta de pruebas.* SIN. **acusado.**

inculpar ***vb.*** {tr.} Señalar a alguien como culpable de un delito: *Se **inculpó** por fraude al empleado del banco.* SIN. **acusar.**

a b c d e f g h i j k l m n o p q r s t u v w x y z

inculpatorio, ria ***adj.*** Que culpa: *Los hechos **inculpatorios** incluían una carta amenazadora y llamadas a medianoche.*

incultivado, da ***adj.*** Sin cultivar.

inculto, ta ***adj.*** **1** Se dice de lo que no está cultivado: *Aquellos terrenos permanecen **incultos** desde que sus propietarios se fueron a vivir a la ciudad.* ANT. **cultivado. 2** Aplicado a la persona que desconoce algunos aspectos de una cultura o que no ha estudiado: *Su falta de interés en la lectura y el estudio ha hecho de él un hombre **inculto.*** SIN. **ignorante, analfabeto.** ANT. **culto, instruido.**

incultura ***f.*** Falta de conocimientos sobre algunos aspectos de una cultura.

incumbencia ***f.*** Obligación de hacer algo: *Lo que haga o no haga su vecino no es de su **incumbencia.***

incumbir ***vb.*** {intr.} Estar una cosa a cargo de alguien, o interesarle personalmente a alguien una acción: *El cuidado del perro le **incumbe** a Alejandro porque él es su dueño.*

incumplido, da ***adj.*** Que no cumple.

incumplimiento ***m.*** Falta de cumplimiento: *El **incumplimiento** de las disposiciones legales será motivo de sanción.*

incumplir ***vb.*** {tr.} No llevar a cabo una acción: *Berenice **incumplió** su promesa de ayudarnos a estudiar para el examen.* SIN. **faltar.**

incurable ***adj./m.*** y ***f.*** Referido a lo que no puede sanarse: *Ella tiene una enfermedad **incurable,** pero si se cuida, vivirá muchos años.*

incuria ***f.*** Negligencia, abandono, descuido: *La **incuria** de sus dueños ha dejado esa casa en estado ruinoso.*

incurrir ***vb.*** {intr.} Hacer algo mal o reprobable: *Norma **incurrió** en el error de no hacer sus ejercicios de calentamiento y por eso se lastimó al correr.* SIN. **cometer, faltar.**

incursión ***f.*** **1** Hecho de hacer algo mal o reprobable: *La **incursión** en un delito es castigada por la ley.* **2** *Fam.* Penetración en un lugar nuevo: *La **incursión** en la cueva fue una aventura muy divertida.*

indagación ***f.*** Intención y resultado de averiguar algo.

indagar ***vb. irreg.*** {tr.} **Modelo 17.** Tratar de llegar al conocimiento de algo: *Antes de tomar una decisión, los padres **indagaron** qué querían hacer sus hijos las próximas vacaciones.* SIN. **averiguar.**

indagatoria ***f.*** Declaración que se toma a alguien sobre un presunto delito: *Las **indagatorias** dieron por resultado la aprehensión del verdadero culpable.*

indebido, da ***adj.*** Relativo a lo que no se debe hacer: *Rosario dijo una palabra **indebida** a su madre, por eso está castigada.* SIN. **incorrecto.**

indecencia ***f.*** Acto que va en contra de las reglas del pudor o de lo que se considera bueno. SIN. **vergüenza.**

indecente ***adj.*** **1** Referido a lo que está sucio: *En esa cocina **indecente** y llena de cucarachas no se puede preparar la comida.* SIN. **asqueroso. 2** Aplicado a lo que va en contra de las reglas del pudor o de lo que se considera bueno: *Nos parece **indecente** que mientas y que seas tan grosero.* SIN. **indigno, inmoral.** ANT. **honesto.**

indecible ***adj.*** Que es imposible o muy difícil de explicar o decir: *Una **indecible** emoción hizo brotar las lágrimas en los ojos de muchos asistentes a ese concierto.*

indecisión ***f.*** Falta de seguridad para elegir una opción o para tomar una decisión: *Nuestra **indecisión** entre ir al teatro o al cine hizo que llegáramos tarde a la función.* SIN. **duda, incertidumbre, vacilación.** ANT. **decisión.**

indeciso, sa ***adj./m.*** y ***f.*** **1** Se aplica al que duda o le cuesta trabajo elegir una opción o tomar una decisión: *Algunos niños escogieron ir a nadar, otros prefirieron jugar a la pelota y los **indecisos** se quedaron mirando sin saber qué hacer.* **2** Asunto que no ha quedado resuelto de manera clara: *El resultado del partido quedó **indeciso** porque tuvieron que suspenderlo a causa de la tormenta.*

indecoroso, sa ***adj.*** Referido a lo que va en contra de lo que se considera de buena educación: *Es **indecoroso** meterse los dedos a la nariz cuando estemos sentados a la mesa.* SIN. **indecente, indigno, impropio.**

indefectible ***adj.*** Aplicado a lo que no puede faltar o dejar de ser u ocurrir: *El pago de impuestos es **indefectible:** hay que hacerlo para evitar una sanción.*

indefendible o **indefensible** ***adj.*** Aplicado a lo que no es posible defender: *La voluntad de los niños de quedarse con el gato fue **indefendible** porque el animalito se orinaba sobre las camas.*

indefensión ***f.*** Falta de defensa: *La **indefensión** de los bebés humanos es mayor que la de cualquier otro cachorro, pues un bebé no puede sobrevivir sin ayuda de un adulto.*

indefenso, sa ***adj./m.*** y ***f.*** **1** Referido a la persona, animal o cosa que no tiene defensa o protección: *Al caer la puerta, la ciudad amurallada quedó **indefensa** y los invasores pudieron entrar.* SIN. **desvalido. 2** *Fam.* Aplicado al que no es agresivo: *Las lagartijas no muerden ni son venenosas, son animales **indefensos** ante los seres humanos.*

indefinible ***adj.*** Que no se puede precisar, definir o determinar: *Jorge estuvo muy inquieto ayer, decía que sentía una **indefinible** ansiedad mezclada con enojo y miedo, sin saber por qué.*

indefinido, da ***adj.*** **1** Se refiere a lo que tiene características no muy claras: *Los ojos de Rubén eran de un color **indefinido,** entre el verde y el azul.* SIN. **vago. 2** Aplicado a lo que no tiene límite: *Rodrigo le prestó su bicicleta a Julián por tiempo **indefinido,** no le dijo cuándo espera que se la devuelva.* SIN. **ilimitado. 3** Se dice del artículo, adjetivo o pronombre que no se refiere a una persona o cosa en concreto, sino de una manera general: Uno, una, *son artículos **indefinidos;*** alguno, cualquiera, cada, *son adjetivos **indefinidos;*** algo, todos, nadie *son pronombres **indefinidos.*** **4** *loc.* **Pretérito ~,** tiempo verbal que indica la acción pasada como independiente de otra: *"Dormí" es el **pretérito indefinido** del verbo "dormir".*

indeformable ***adj.*** Referido a lo que mantiene su forma: *Estas botas están hechas con un material **indeformable,** las he usado por mucho tiempo y siguen como nuevas.*

indeleble ***adj.*** Se refiere a lo que no se puede borrar o quitar: *Hermenegildo manchó su uniforme con tinta **indeleble** y su madre está enojada porque la mancha no se quita.* SIN. **permanente.**

indemne ***adj.*** Referido a quien está libre de daño: *El joven salió **indemne** del accidente y pudo ayudar a otras personas que resultaron lastimadas.* SIN. **salvo, ileso.**

indemnización ***f.*** Compensación que recibe quien ha sufrido un daño, de parte de quien se lo causó: *Rocío recibió dinero como **indemnización** por haber sido despedida del trabajo.*

indemnizar ***vb. irreg.*** {tr. y prnl.} **Modelo 16.** Compensar un daño o perjuicio: *El hombre que chocó contra nuestra casa nos **indemnizará** por los gastos de reparación de la puerta, la pared y la reja.*

independencia ***f.*** **1** Situación del individuo que goza de libertad: *Desde que trabaja, Efraín goza de **independencia** económica y ya no necesita que sus padres le den dinero.* SIN. **autonomía, emancipación.** ANT. **dependencia. 2** Situación de un Estado que se gobierna él mismo y que goza de libertad: *Hace pocos años algunos países africanos* *alcanzaron su* ***independencia****, ya que dejaron de ser colonias inglesas para tener su propio gobierno.* Sin. **autonomía, emancipación.** Ant. **dependencia.**

independentismo ***m.*** Movimiento político que busca producir la independencia de un país que se encuentra sometido a otro.

independiente ***adj./m.*** y ***f.*** **1** Se refiere a lo que es libre o no está subordinado: *Nadar y andar en bicicleta son dos cosas* ***independientes****, puedes saber cómo se hace una sin saber cómo se hace la otra.* Sin. **autónomo. 2** Se aplica al que actúa con libertad, ejerciendo sus propias ideas y valiéndose de sus propios recursos: *Los periodistas* ***independientes*** *no reciben dinero del gobierno, sino que ellos pagan todo lo que necesitan.* Sin. **autónomo, libre.** Ant. **dependiente.**

independización ***f.*** Liberación de algo: *El proceso de* ***independización*** *de los pueblos americanos fue largo y sangriento.*

independizar ***vb. irreg.*** {tr. y prnl.} **Modelo 16. 1** Separar algo de una cosa, o una cosa de otra: *Artemio puso un biombo en su cuarto para* ***independizar*** *el lugar de estudio del lugar para dormir.* Sin. **separar.** Ant. **depender. 2** Hacerse libre, dejar de depender de los demás: *Antes, Pantaleón trabajaba para el señor Torcuato, pero* ***se independizó*** *el año pasado y puso una tienda por su cuenta.* Sin. **emancipar, liberar.** Ant. **someter.**

indescifrable ***adj.*** Referido a lo que no puede leerse porque sus caracteres no se entienden o se desconoce su significado: *Los jeroglíficos egipcios fueron* ***indescifrables*** *hasta que Champollion pudo traducirlos.* Sin. **ilegible, incomprensible, ininteligible.**

indescriptible ***adj.*** Se refiere a lo que es tan extraordinario que no se puede explicar con palabras: *David tuvo una pesadilla en la que vio un monstruo* ***indescriptible****, tan raro que no me pudo explicar por qué lo asustó tanto.* Sin. **maravilloso.**

indeseable ***adj./m.*** y ***f.*** Aplicado al individuo cuya presencia no es aceptada o deseada por los demás. Sin. **maleante.**

indeseado, da ***adj.*** No deseado.

indestructible ***adj.*** Aplicado a lo que no se rompe: *Antes teníamos una vajilla de porcelana y ahora compramos una de material* ***indestructible*** *para evitar que los niños la rompan.* Sin. **invulnerable, irrompible, inalterable.**

indeterminable ***adj.*** Se refiere a lo que no se puede precisar o determinar con facilidad: *La cantidad de agua que hay en el mar es* ***indeterminable****, es muy difícil saber cuánta es.*

indeterminación ***f.*** Falta de decisión o de precisión: *Laura tiene un problema de* ***indeterminación****, no sabe lo que quiere hacer, y siempre duda mucho para tomar una decisión.* Sin. **indecisión.**

indeterminado, da ***adj.*** **1** Se dice de lo que no se sabe con certeza cuál es: *Daniel mezcló ocho colores diferentes y obtuvo un color* ***indeterminado****.* Sin. **incierto, impreciso. 2** Se refiere al artículo que presenta algo que no necesita especificación: *Un, una, uno, unas y unos, son artículos* ***indeterminados*** *o indefinidos.*

indexación ***f.*** **1** Actualización del valor de una deuda según la depreciación de la moneda. **2** Elaboración de un índice. **3** Incorporación de páginas en archivos web.

indexar ***vb.*** {tr.} **1** Actualizar el valor de una deuda según la depreciación de la moneda. **2** Hacer un índice. **3** Agregar páginas en archivos web.

indiada ***f.*** **1** *Desp.* Muchedumbre de indios. **2** *Desp.* Dicho o acción propia de indios. **3** *Méx. Desp.* Gente del pueblo.

indiana ***f.*** Tela de algodón pintada por un lado: *Las muchachas llevaron unas* ***indianas*** *a la playa para ponerlas en la arena y tomar el sol.*

indiano, na ***adj./m.*** y ***f.*** **1** *Esp.* Referido a lo que es de América, antes llamada Indias Occidentales. **2** *Esp.* Se aplicaba al europeo que volvía enriquecido de América a su tierra.

indicación ***f.*** **1** Instrucción que se da para realizar algo: *El médico me dio* ***indicaciones*** *de cómo tomar los medicamentos.* Sin. **consejo, advertencia. 2** Señal que sirve para mostrar algo: *Poner el dedo índice sobre los labios es una* ***indicación*** *para guardar silencio.* **3** ***Chile.*** Propuesta que se hace acerca de una cosa.

indicado, da ***adj.*** **1** Referido a lo señalado: *Leímos los capítulos del libro* ***indicados*** *por el maestro.* **2** Se aplica a lo que es conveniente o adecuado: *Cuando te sientes enfermo lo más* ***indicado*** *es ir al médico.*

indicar ***vb. irreg.*** {tr.} **Modelo 17. 1** Dar a entender una cosa con señales, gestos o algo parecido: *¿Puedes* ***indicarme*** *en el mapa cuál es el camino que debo seguir?* Sin. **mostrar, señalar. 2** Aconsejar algo: *El maestro* ***indicó*** *a los niños que se abrigaran durante el invierno para ir a la escuela.*

indicativo, va ***adj./m.*** **1** Referido a lo que señala algo: *La fiebre es* ***indicativa*** *de que hay infección en el cuerpo.* **2** Modo verbal que sirve para formar oraciones que expresan hechos reales: *"Yo soy" es el presente de* ***indicativo*** *del verbo "ser".*

índice ***adj.*** Referido al segundo dedo de la mano, respecto del pulgar: *Con el dedo* ***índice****, el niño señaló el juguete que quería que le compraran.*

índice ***m.*** **1** Dedo segundo de la mano, contando desde el pulgar: *El lápiz se sostiene con el* ***índice*** *y el pulgar cuando se escribe.* **2** Lista de los capítulos de un libro: *En el* ***índice*** *encontraré el número de página en que comienza el capítulo ocho.* **3** Cifra que muestra la evolución de una cantidad: *El* ***índice*** *de precios señala que ha habido un aumento en el precio del litro de aceite.*

indiciado, da ***adj.*** Se aplica a la persona que se encuentra bajo un proceso penal por ser sospechosa de haber cometido un delito grave.

indiciar ***vb.*** {tr.} Acusar a alguien de un delito.

indicio ***m.*** Signo que permite suponer con fundamento algo: *Los vasos sucios, las botellas vacías, los restos de comida, los discos desordenados y los muebles fuera de su lugar son* ***indicios*** *de que aquí hubo una fiesta.* Sin. **indicación, muestra, seña.**

índico, ca ***adj.*** Relativo a lo que es de las Indias Orientales: *El océano* ***Índico*** *se encuentra entre África, la India y Australia.*

indiferencia ***f.*** Estado de ánimo en el que algo no nos importa o no le damos valor: *Luisa no se enojó ni se alegró por los chistes que hizo Sergio, simplemente mostró una gran* ***indiferencia*** *y se fue sin decir ni adiós.* Sin. **apatía, desinterés, frialdad.**

indiferenciado, da ***adj.*** Que no se diferencia.

indiferente ***adj.*** **1** Aplicado a lo que no produce interés o preferencia: *Me es* ***indiferente*** *que me visites hoy o mañana, pero no dejes de hacerlo porque quiero verte.* Sin. **igual. 2** Se refiere a lo que no tiene importancia porque no representa una diferencia real: *Estos dos caminos llevan a Roma, es* ***indiferente*** *tomar uno u otro porque los dos miden 20 km y el paisaje es igualmente bello.* Sin. **igual.**

indiferente ***m.*** y ***f.*** Persona que no muestra interés o preferencia por algo o alguien.

indígena ***adj./m.*** y ***f.*** Se refiere a lo que es originario del lugar del que se está hablando: *Esta planta medicinal es* *indígena* de estas tierras, no crece en otro lugar. SIN. **autóctono, aborigen, nativo.** ANT. **extranjero, forastero.**

indigencia ***f.*** Pobreza: *El gobierno ha destinado dinero para solucionar el problema de* ***indigencia*** *que afecta a los pueblos donde faltan alimentos.* SIN. **miseria.**

indigenismo ***m.*** Palabra española que proviene de una lengua indígena americana: *La palabra* quechua *es un* ***indigenismo.***

indigente ***adj./m.*** y ***f.*** Se aplica al que es muy pobre: *En este barrio hay un albergue para* ***indigentes*** *donde se les regala comida y se les presta un lugar para dormir.*

indigestarse ***vb.*** {prnl.} Digerirse mal un alimento: *Wilfredo* ***se indigestó*** *por comer demasiadas golosinas; se sentía muy mal, pero se mejoró cuando vomitó.* SIN. **empachar, descomponer.**

indigestión ***f.*** Hecho de digerirse mal un alimento: *El dolor de estómago y el asco son síntomas de* ***indigestión.*** SIN. **empacho, descompostura.**

indigesto, ta ***adj.*** Referido al alimento casi siempre difícil de digerir: *Tomar chocolate caliente cuando hace calor suele ser* ***indigesto,*** *es mejor tomarlo cuando hace frío.*

indignación ***f.*** Enojo que se siente cuando sucede algo que se considera injusto: *Ciro se llena de* ***indignación*** *cuando ve que alguien trata mal a los demás.* SIN. **ira, irritación.**

indignado, da ***adj.*** Lleno de indignación.

indignante ***adj.*** Referido a lo que causa enojo porque es injusto: *Es* ***indignante*** *que le mientas a tu madre de esa manera.*

indignar ***vb.*** {tr. y prnl.} **1** Enfadar a alguien por actuar de manera injusta o decir cosas irritantes: *La violencia con que tratan a las mujeres en ese país* ***indignó*** *a los visitantes.* SIN. **enfurecer, irritar, enojar. 2** Irritarse a causa de algo que se considera injusto: *Damián* ***se indignó*** *porque sus amigos se burlaban de él sin razón.* SIN. **enfurecer, irritar, enojar.**

indignidad ***f.*** Calidad de lo que es indigno.

indigno, na ***adj.*** **1** Se refiere a lo que es inferior a la calidad y mérito de alguien o algo: *El maestro le dijo que hacer esas groserías era* ***indigno*** *de una persona bien educada y le pidió que no volviera a hacerlo.* SIN. **impropio. 2** Se aplica al que no merece algo: *Ese muchacho es* ***indigno*** *de ser llamado ganador porque hizo trampa en el juego.* **3** Referido a lo que es despreciable o ruin: *Anabel se comportó de forma* ***indigna*** *al insultar a los empleados que siempre la tratan bien.*

índigo ***m.*** Color azul cercano a violeta, llamado también añil: *Este cielo oscuro de color* ***índigo*** *anuncia una fuerte tormenta.*

indio ***m.*** Elemento metálico de número atómico 49 y símbolo In: *El* ***indio*** *es parecido al aluminio.*

indio, dia ***adj.*** **1** Referido a lo que es de la India, país de Asia: *El arroz condimentado con comino es un guiso* ***indio.*** SIN. **hindú. 2** Relativo al descendiente de alguno de los pueblos originarios de América, sin mezcla con otra raza: *Las tribus* ***indias*** *de Estados Unidos viven en zonas protegidas llamadas reservas.*

indio, dia ***m.*** y ***f.*** **1** Persona nacida en la India: *Para los* ***indios,*** *las vacas son animales sagrados, por eso las dejan libres y no las matan.* SIN. **hindú. 2** Persona descendiente de alguno de los pueblos originarios de América: *Los* ***indios*** *coras viven en el norte de México.*

indirecta ***f.*** Forma de dar a entender algo sin decirlo con claridad: *Con una* ***indirecta,*** *la madre de Julieta le dijo a Federico que ya había terminado la visita a su hija.*

indirecto, ta ***adj.*** **1** Que no va de manera recta a un fin, aunque se encamina a él: *Georgina se enteró de forma* ***indirecta*** *que Ulises irá a visitarla: se lo dijo una amiga.* **2** ***loc.*** **Objeto ~,** elemento de la oración que recibe la acción del verbo: *En la frase "Compré un vestido a la niña", "un vestido" es el complemento directo y "a la niña", el* ***complemento indirecto.***

indiscernible ***adj.*** Que no se puede discernir.

indisciplina ***f.*** Falta de obediencia a las normas o reglas establecidas: *La* ***indisciplina*** *no permite que se realicen trabajos rápidos y de buena calidad.* SIN. **desobediencia.**

indisciplinado, da ***adj.*** Aplicado al que no obedece las normas o reglas establecidas: *El caballo* ***indisciplinado*** *no saltó la valla y tiró al jinete.* SIN. **desobediente, rebelde.**

indisciplinarse ***vb.*** {prnl.} Negarse a obedecer las normas o reglas establecidas: *Hoy, los alumnos* ***se indisciplinaron*** *y salieron corriendo al patio antes de que terminara la clase.*

indiscreción ***f.*** **1** Revelación de un secreto: *Emma supo que organizábamos una fiesta sorpresa para su cumpleaños por la* ***indiscreción*** *de Laura, que se lo dijo.* **2** Falta de delicadeza o buenos modales, grosería: *Cometió una* ***indiscreción*** *cuando le preguntó a su amigo cómo había ocurrido el accidente en el que murió su madre.*

indiscreto, ta ***adj./m.*** y ***f.*** Persona que no sabe guardar un secreto: *A esa niña* ***indiscreta*** *no le cuentes nada de esto porque se lo dirá a los demás.* SIN. **chismoso.** ANT. **discreto.**

indiscriminado, da ***adj.*** Sin discriminar: *Los policías golpearon de manera* ***indiscriminada,*** *lo mismo a los manifestantes que a quienes pasaban por allí.*

indiscutible ***adj.*** Referido a lo que está fuera de toda duda: *Es* ***indiscutible*** *que el cielo está por encima de nosotros y la tierra por debajo.* SIN. **indudable, incuestionable.**

indisociable ***adj.*** Que no se puede disociar.

indisoluble ***adj.*** Referido a lo que no se puede disolver o separar: *Por más de veinte años, un amor* ***indisoluble*** *ha unido a mis padres.*

indispensable ***adj.*** Referido a lo que es absolutamente necesario para algo: *El papel, las tijeras, la cinta para medir, el hilo y la aguja son* ***indispensables*** *para hacer el vestido.* SIN. **necesario.**

indisponer ***vb. irreg.*** {tr. y prnl.} **Modelo 27. 1** Causar una ligera molestia de salud: *El frío en los pies* ***indispuso*** *a la niña y ahora tiene gripe.* **2** ***Fam.*** Causarse la enemistad de alguien: *A causa de la indiscreción de Alejandro, su amigo* ***se indispuso*** *con él y ya no le habla.* **3** Sentirse una ligera molestia de salud: *Marilú* ***se ha indispuesto,*** *por eso no vino a trabajar.*

indisponibilidad ***f.*** Calidad de lo que no está disponible.

indisponible ***adj.*** No disponible.

indisposición ***f.*** **1** Enfermedad ligera y pasajera: *Virginia tuvo una ligera* ***indisposición*** *a causa de la comida de ayer, pero ya está bien.* **2** Falta de voluntad de hacer algo: *Con esa* ***indisposición*** *para el estudio, dudo que Filomena termine el tercer grado.*

indispuesto, ta ***adj.*** Se refiere al que tiene alguna molestia ligera de salud: *Joaquín no fue a la escuela porque se encuentra* ***indispuesto,*** *pero su madre le va a dar un medicamento.*

indistinto, ta ***adj.*** **1** Se aplica a lo que no se distingue con claridad: *Su voz baja sonaba* ***indistinta*** *entre los ruidos del ambiente y nadie pudo escucharla.* SIN. **confuso. 2** Aplicado a lo que no produce una preferencia clara: *La* *presencia de Diego me es **indistinta** porque no lo conozco y no he podido platicar con él.* SIN. **indiferente.** **3** Se refiere a lo que no tiene importancia porque no representa una diferencia real: *Para mí es **indistinto** usar pantalón o vestido, lo importante es sentirme cómoda.* SIN. **similar.**

individual ***adj.*** Se aplica a lo que es propio de cada persona o individuo: *En la casa hay tres dormitorios y tres niños, por eso cada uno tiene un dormitorio **individual**.* SIN. **particular, personal, propio.** ANT. **colectivo, común, general.**

individualidad ***f.*** Característica que distingue a alguien entre los demás.

individualismo ***m.*** **1** Tendencia a pensar en uno mismo sin tomar en cuenta a los demás. **2** Doctrina filosófica en que el individuo tiene preeminencia sobre la colectividad.

individualista ***adj.*** **1** Relativo al individualismo. **2** Partidario del individualismo.

individualizar ***vb. irreg.*** {tr.} **Modelo 16** o **individuar** ***vb. irreg.*** {tr.} **Modelo 10.** Distinguir un individuo en una especie: *Los veterinarios **han individualizado** a este león porque su comportamiento es extraño.*

individualmente ***adv.*** De uno en uno.

individuo ***m.*** **1** Cada ser distinto. SIN. **espécimen, miembro.** **2** Persona: *Unos **individuos** pasaron anoche cantando frente a mi ventana.* SIN. **sujeto, tipo.** **3** Integrante de una población: *Todos los **individuos** de esta especie de árboles dan fruto.*

indivisibilidad ***f.*** Característica de lo que no se puede dividir.

indivisible ***adj.*** Se refiere a lo que no se puede separar en partes. SIN. **inseparable.**

indiviso, sa ***adj.*** Que no está separado o dividido.

indoblegable ***adj.*** Que se mantiene firme en una decisión o propósito: *Con **indoblegable** voluntad, el escritor trabajó día y noche, contra toda adversidad, hasta terminar la novela que más tarde lo consagraría.*

indochino, na ***adj./m.*** y ***f.*** Aplicado a lo que es de Indochina: *Birmania, Tailandia, una parte de Malasia; Vietnam, Camboya y Laos son países **indochinos**.*

indócil ***adj.*** Se aplica al que no es fácil de educar: *El perro del vecino resultó ser un animal **indócil** y cuando lo saca a pasear se escapa y no lo obedece.* SIN. **indisciplinado, obstinado, rebelde.**

indocumentado, da ***adj./m.*** y ***f.*** **1** Se refiere al que no lleva consigo un documento que pruebe su identidad personal: *La persona muerta estaba **indocumentada** y por eso no pudieron identificarla.* **2** ***Méx.*** Se aplica a los mexicanos que viven en Estados Unidos sin tener permiso para trabajar y vivir allí.

indoeuropeo, a ***adj./m.*** y ***f.*** Relativo a los pueblos que hacia el año 2000 a.C. ocuparon el sureste europeo y el occidente de Asia.

índole ***f.*** Condición natural propia de algo o alguien.

indolencia ***f.*** Característica del indolente. SIN. **pereza, flojera.**

indolente ***adj./m.*** y ***f.*** **1** Se aplica al perezoso: *No seas **indolente**, ya ve a trabajar.* SIN. **flojo, insensible, ocioso.** **2** Se refiere a lo que no causa dolor. SIN. **indoloro.**

indoloro, ra ***adj.*** Se refiere a lo que no causa dolor: *Un corte de uñas o de pelo es algo **indoloro**.*

indomable ***adj.*** Se refiere al animal que no se puede domar o someter: *Ese caballo es **indomable**, por eso no se le puede montar.* SIN. **indócil, indómito.**

indómito, ta ***adj.*** **1** Referido al animal que no se puede domar o someter: *Los animales **indómitos** no se relacionan con el hombre, viven en estado salvaje.* SIN. **salvaje.** **2** ***Fam.*** Aplicado a lo que es difícil de dominar o de contener: *Marcelo tiene un carácter **indómito**, pues es agresivo y fuerte y no le gusta aceptar consejos.* SIN. **rebelde.**

indonesio ***m.*** Idioma hablado en la República de Indonesia: *El **indonesio** es una lengua oriental.*

indonesio, sia ***adj./m.*** y ***f.*** Originario de Indonesia, país del Continente Asiático.

inducción ***f.*** **1** Hecho de lograr que alguien realice una acción: *La **inducción** de los alumnos al estudio es una responsabilidad del maestro y de los padres.* **2** Obtención de un razonamiento general a partir de casos particulares: *Las encuestas y las estadísticas utilizan la **inducción** para sacar conclusiones generales de los estudios que hacen a algunas personas.* SIN. **conclusión.** ANT. **deducción.**

inducir ***vb. irreg.*** {tr.} **Modelo 57.** **1** Hacer que alguien realice una acción: *Teófilo **indujo** a su hermano menor a que continuara estudiando y ahora el joven ya terminó una carrera.* SIN. **persuadir, invitar.** **2** Obtener un razonamiento general a partir de hechos aislados: *Después de observar que su hijo tenía la ropa mojada, la señora **indujo** que estaba lloviendo cuando el niño salió de la escuela.* SIN. **concluir.**

inductivo, va ***adj.*** Se refiere al razonamiento que se obtiene por inducción: *En el laboratorio de ciencias hicimos un experimento y aplicamos el método **inductivo** para obtener conclusiones a partir de los resultados del experimento.*

indudable ***adj.*** Se refiere a lo que no se puede poner en duda porque es cierto: *Es **indudable** que las vacas tienen cuatro patas.* SIN. **innegable, indiscutible.**

indulgencia ***f.*** Facilidad para perdonar: *La madre actúa con **indulgencia** frente a los errores de sus hijos pequeños; ella sabe que están creciendo y se equivocan porque no saben.*

indulgente ***adj.*** Se refiere a quien perdona de manera fácil: *El director de la escuela fue **indulgente** con los alumnos que hicieron la travesura, los perdonó y les pidió que repararan lo que habían roto.* SIN. **tolerante.**

indultar ***vb.*** {tr. y prnl.} **1** Conceder el perdón: *Los jueces **han indultado** al acusado y por eso ya no irá a la cárcel.* SIN. **perdonar, absolver.** ANT. **castigar, condenar, sancionar.** **2** ***Bol.*** Entrometerse. **3** ***Cuba.*** Salir de una situación comprometida.

indulto ***m.*** Perdón total o parcial que se concede a los condenados: *El preso obtuvo el **indulto** y en lugar de estar diez años en la cárcel sólo estará dos.* SIN. **absolución.** ANT. **castigo, condena.**

indumentaria ***f.*** Ropa que se lleva puesta: *La **indumentaria** de esa señorita consta de un vestido azul, zapatos negros, saco y sombrero.* SIN. **vestido, vestuario, ropa.**

industria ***f.*** **1** Conjunto de actividades destinadas a transformar los materiales en productos, con ayuda de máquinas: *La **industria** textil es la que produce telas utilizando fibras naturales o sintéticas.* SIN. **fábrica.** **2** Parte de la economía de un país, que se nutre de las ganancias obtenidas por la elaboración de productos en las manufacturas: *La **industria** de este país está basada en la elaboración de queso.* **3** Habilidad para hacer algo: *Ese joven tiene **industria** para arreglar vehículos y por eso ya comienzan a llegarle clientes.* SIN. **inteligencia, destreza.**

industrial ***adj.*** Relativo a la industria: *La actividad **industrial** de esta región se limita a la fabricación de puré de tomate.*

industrial ***m.*** y ***f.*** Persona que es dueña de una industria o trabaja en ella ocupando un puesto directivo: *Los*

industriales *se reunirán para solucionar los problemas de sus empresas.* SIN. **empresario, fabricante.**

industrializar ***vb.*** {tr. y prnl.} **1** Dar carácter industrial a una actividad o a un país: *En esa región* ***industrializan*** *el algodón y fabrican telas e hilo con esa planta.* **2** Convertirse un país en transformador de materias primas en productos, por medio de la ampliación de su sistema de industrias.

industrioso, sa ***adj.*** Se aplica al que es muy trabajador y obra con destreza: *La gente de este puerto es muy* ***industriosa,*** *siempre está activa cargando y descargando los barcos.* SIN. **diestro, trabajador.**

inédito, ta ***adj.*** Se dice de lo que no ha sido publicado: *Este escritor ha hecho tres libros que ya están publicados y tiene uno* ***inédito*** *que se publicará el mes próximo.* SIN. **original.**

inefable ***adj.*** Se aplica a lo que no se puede expresar con palabras: *El alpinista sintió una dicha* ***inefable*** *cuando logró llegar a la cima de la montaña.* SIN. **indescriptible.**

ineficacia ***f.*** Falta de capacidad para obtener el fin deseado: *Es notable la* ***ineficacia*** *de este medicamento, el niño sigue enfermo a pesar de que ya tomó varios días la dosis indicada.* SIN. **inutilidad.**

ineficaz ***adj.*** Referido a lo que no tiene la capacidad para lograr el fin deseado: *Este producto para quitar manchas es* ***ineficaz,*** *lo usé siguiendo las instrucciones y la mancha sigue igual.* SIN. **inservible, inútil.**

ineficiencia ***f.*** Calidad de lo que no funciona como se esperaba: *La* ***ineficiencia*** *de esos tres empleados está retrasando todos los proyectos de la empresa, habrá que despedirlos.*

ineficiente ***adj.*** Que carece de eficiencia: *Una* ***ineficiente*** *empleada de ventanilla extravió mis documentos y ahora tengo que comenzar de nuevo un trámite que ya llevaba a la mitad.*

ineluctable ***adj.*** Que no se puede luchar en su contra: *El destino es* ***ineluctable:*** *todos habremos de morir algún día.*

ineludible ***adj.*** Aplicado a lo que no se puede evitar: *No puedo acompañarte a la fiesta porque tengo un compromiso* ***ineludible*** *en mi trabajo.* SIN. **inevitable.**

inenarrable ***adj.*** Se dice de lo que es imposible de contar o difícil de describir: *El viejo capitán del barco ha vivido* ***inenarrables*** *aventuras en el mar.*

ineptitud ***f.*** Falta de aptitud o habilidad.

inepto, ta ***adj./m.*** y ***f.*** Se dice de quien no tiene habilidad para algo: *Paulina es una gran bailarina pero totalmente* ***inepta*** *para cocinar, pues siempre se le queman los guisos.* SIN. **torpe, incapaz, negado.**

inequívoco, ca ***adj.*** Referido a lo que no admite duda: *El humo negro es una señal* ***inequívoca*** *de que hay fuego.* SIN. **certeza.**

inercia ***f.*** **1** Fuerza que hace que un cuerpo se siga desplazando cuando ha sido empujado, o continúe quieto si nada lo empuja: *La* ***inercia*** *hace que cuando un vehículo frena repentinamente, los cuerpos de las personas que van en él tiendan a irse hacia adelante.* **2** Manera de hacer las cosas por costumbre y sin pensarlas: *Ricardo tomó la calle de la izquierda por la* ***inercia*** *de ir diario a la escuela, pero era domingo e iba al parque, así que regresó para tomar la calle de la derecha.*

inerme ***adj.*** Referido a quien está desprovisto de armas o defensas: *El protagonista del cuento es un valiente caballero que se sintió* ***inerme*** *ante las palabras de su amada y cayó vencido en sus brazos.*

inerte ***adj.*** Que no tiene actividad, energía o movimiento propios: *Una piedra es un cuerpo* ***inerte.*** SIN. **inactivo, pasivo.**

inescrutable ***adj.*** Referido a lo que no se puede examinar ni averiguar: *La mirada* ***inescrutable*** *del conde Drácula llenó de inquietud a la muchacha.* SIN. **incomprensible.**

inesperado, da ***adj.*** Se aplica a lo que sucede sin haber sido previsto: *Una visita* ***inesperada*** *llegó a mi casa la semana pasada y sigue aquí todavía.* SIN. **imprevisto.**

inestable ***adj.*** Se dice de lo que no permanece en su sitio o está en riesgo de caer, descomponerse, cambiar o desaparecer: *Úrsula tiene un carácter* ***inestable,*** *a veces está enojada, de pronto está contenta, luego llora.* SIN. **inconstante.**

inestimable ***adj.*** Se aplica a lo que no se puede valorar de forma debida: *La sinceridad de mi amigo fue una ayuda* ***inestimable*** *para corregir mis errores.* SIN. **incalculable.**

inevitable ***adj.*** Se dice de lo que no se puede impedir: *La vacunación infantil es* ***inevitable*** *si se quiere que la población goce de buena salud.* SIN. **forzoso, obligatorio.**

inexactitud ***f.*** Falta de precisión o exactitud: *Dentro de las diez preguntas que contesté en el examen, tuve dos* ***inexactitudes.*** SIN. **error.**

inexacto, ta ***adj.*** Se aplica a lo que no es exacto o preciso: *La fecha que dijiste es* ***inexacta,*** *la Revolución Francesa comenzó en 1789 y no en 1780.* SIN. **falso, aproximado.**

inexcusable ***adj.*** Que no tiene excusa.

inexistencia ***f.*** Hecho de no haber o no existir: *La* ***inexistencia*** *de leche en la tienda me obligó a ir hasta el centro de la ciudad para conseguirla.* ANT. **existencia.**

inexistente ***adj.*** Se aplica a lo que no hay o no existe: *Las sirenas y los duendes son* ***inexistentes*** *en la vida real; ellos son personajes de cuento.*

inexorable ***adj.*** **1** Se dice de quien no se deja vencer por ruegos: *Supliqué a mi padre que me dejara ir a la fiesta, pero él siguió* ***inexorable*** *y me dijo que no.* SIN. **severo.** **2** Se aplica a lo que sucede sin que se pueda impedir: *El movimiento de los planetas alrededor del Sol es* ***inexorable.*** SIN. **inevitable.**

inexperiencia ***f.*** No haber vivido o conocido una persona algo por sí misma: *La* ***inexperiencia*** *es la falta de práctica para hacer algo.*

inexperto, ta ***adj./m.*** y ***f.*** Se aplica a la persona que no ha conocido o vivido una experiencia por sí misma: *El bombero* ***inexperto*** *puso en riesgo su vida porque no sabía que las corrientes de aire aumentan el fuego.* SIN. **principiante.** ANT. **experto.**

inexplicable ***adj.*** Se dice de lo que no se puede explicar o entender: *Es* ***inexplicable*** *que esta puerta esté cerrada con llave, porque siempre la dejamos abierta.* SIN. **extraño.**

inexplorado, da ***adj.*** Se refiere al lugar que no ha sido recorrido y que por lo tanto aún no se conoce: *El lado oscuro de la Luna permanece* ***inexplorado*** *por el ser humano.* SIN. **desconocido.**

inexpresividad ***f.*** Carencia de expresividad.

inexpresivo, va ***adj.*** **1** Referido al que no muestra sus sentimientos con gestos o palabras: *La mirada* ***inexpresiva*** *del anciano no mostraba alegría ni rechazo por la visita de sus nietos.* **2** Se aplica a lo que no produce un sentimiento o no transmite un significado claro.

inexpugnable ***adj.*** Referido a lo que no se puede vencer: *La muralla* ***inexpugnable*** *del castillo mantuvo alejados a los enemigos del reino porque era un obstáculo difícil de superar.*

inextricable ***adj.*** Se refiere a lo que es difícil de desenredar porque está enmarañado: *En la mitología, Teseo pudo salir del laberinto* ***inextricable*** *gracias a que antes de entrar Ariadna le dio un hilo para que marcara el recorrido.* SIN. **intrincado.**

infalibilidad ***f.*** Lo que es infalible.

infalible ***adj.*** Se aplica a lo que no falla nunca: *Ese jugador de baloncesto es un tirador* ***infalible,*** *siempre acierta la pelota en la canasta.* SIN. **seguro.**

infalsificable ***adj.*** Que no puede falsificarse: *Los bancos buscan de manera constante que las tarjetas de crédito que emiten sean* ***infalsificables,*** *para ello aplican las más novedosas tecnologías.*

infaltable ***adj.*** Que no puede faltar: *En una comida mexicana siempre se aprecia la* ***infaltable*** *tortilla.*

infamante ***adj.*** Infame, malo, deshonroso: *Resulta* ***infamante*** *que lo traten a uno así, nomás porque es pobre.*

infame ***adj.*** **1** Se aplica a lo deshonroso: *Es* ***infame*** *ser acusado de un delito que no se ha cometido.* SIN. **vil. 2** *Fam.* Se dice de lo que es muy malo: *Teresa apagó el televisor porque no pudo soportar ver ese* ***infame*** *programa.*

infame ***m.*** y ***f.*** Persona vil, que no cuida su honra: *Ese* ***infame*** *le dio una patada al perro, insultó a su novia y además se robó unos panes.*

infamia ***f.*** Hecho vergonzoso, vileza: *Es una* ***infamia*** *que hayan secuestrado a una persona para conseguir dinero.*

infancia ***f.*** **1** Primer periodo de la vida humana, que va del nacimiento a los doce o catorce años: *La* ***infancia*** *termina cuando comienza el desarrollo sexual.* SIN. **niñez. 2** Conjunto de los niños: *Uno de los derechos de la* ***infancia*** *es el derecho a la alimentación.*

infante, ta ***m.*** y ***f.*** **1** Niño de corta edad: *Tengo dos hermanos* ***infantes,*** *uno tiene cuatro años y el otro tiene seis años.* **2** Título de los hijos legítimos de los reyes de España, no herederos al trono: *En el cuadro titulado Las Meninas, el pintor Diego Velázquez pintó a la* ***infanta*** *Margarita.*

infantería ***f.*** En el ejército, tropa que combate a pie: *En el desfile marcharon primero los soldados de* ***infantería,*** *después la caballería y al final los tanques.*

infanticidio ***m.*** Asesinato de un niño.

infantil ***adj.*** **1** Relativo a los niños: *Los libros* ***infantiles*** *tienen más ilustraciones que los libros para adultos.* **2** Aplicado al adulto que tiene un carácter cándido e inocente: *Liliana todavía conserva su gracia* ***infantil,*** *aunque ya tiene veinte años de edad.*

infantilidad ***f.*** Lo que tiene características infantiles.

infantilismo ***m.*** **1** Permanencia en la edad adulta de características propias de la infancia. **2** Enfermedad en que algunos órganos se atrofian.

infarto ***m.*** Lesión de los tejidos del corazón: *Cuando la sangre no circula de manera correcta y provoca que los tejidos del corazón se dañen, eso se llama* ***infarto.***

infatigable ***adj.*** Aplicado a quien nunca se cansa: *Doña Filomena es una anciana* ***infatigable,*** *se levanta temprano, limpia, va al mercado, cocina y por la tarde cuida a sus nietos.* SIN. **incansable.**

infatuación ***f.*** Vanidad infundada.

infatuado, da ***adj.*** Lleno de infatuación.

infatuar ***vb.*** {tr.} Volver a alguien fatuo.

infausto, ta ***adj.*** Asociado a una desgracia, que la anuncia o la provoca: *Ya tenía ahorrado lo suficiente para renovar la cocina de mi casa, pero un* ***infausto*** *suceso me obligó a disponer de ese dinero y otra vez estoy en ceros, comentó Amalia.*

infección ***f.*** Enfermedad producida por la aparición de microbios, virus o bacterias en el organismo: *La* ***infección*** *suele causar fiebre porque el organismo lucha por deshacerse del virus o del microbio.*

infeccioso, sa ***adj.*** Relativo a lo que produce infección: *El sarampión es una enfermedad* ***infecciosa.*** SIN. **contagioso.**

infectado, da ***adj.*** Se dice de lo que tiene microbios, bacterias o virus: *Se debe hervir el agua antes de beberla, ya que puede estar* ***infectada*** *por gérmenes que causan enfermedades.*

infectar ***vb.*** {tr. y prnl.} **1** Contagiar una enfermedad: *Separaron a los animales enfermos para que no* ***infecten*** *a los que están sanos.* SIN. **contaminar.** ANT. **desinfectar. 2** Producirse una infección: *Hay que lavar la herida para evitar que* ***se infecte.*** SIN. **contaminar.** ANT. **desinfectar.**

infecto, ta ***adj.*** Se aplica a lo que huele muy mal: *En ese pantano* ***infecto*** *se crían muchas moscas y mosquitos.* SIN. **maloliente.**

infectología ***f.*** Parte de la medicina que estudia las enfermedades infecciosas y su tratamiento: *La* ***infectología*** *ha contribuido al control de males causados por bacterias, por ejemplo, la tuberculosis.*

infectólogo, ga ***m.*** y ***f.*** Médico especialista en infectología: *El* ***infectólogo*** *mandó hacer análisis de las flemas de su paciente para saber qué tipo de infección tiene en la garganta.*

infecundo, da ***adj.*** Que no tiene fecundidad.

infelicidad ***f.*** Carencia de felicidad.

infeliz ***adj./m.*** y ***f.*** **1** Aplicado al que está triste por algo o que da tristeza verlo: *Andrés se siente* ***infeliz*** *porque Daniela ya no lo quiere.* SIN. **desgraciado, desventurado.** ANT. **dichoso. 2** Persona triste o que da tristeza ver: *Los* ***infelices*** *estaban sin trabajo y no tenían ni un pan para comer.*

infeliz ***adj./m.*** y ***f.*** Persona malvada: *El* ***infeliz*** *ladrón me robó unos libros.*

inferencia ***f.*** Resultado de inferir. SIN. **conclusión.**

inferior ***adj./m.*** y ***f.*** **1** Relativo a lo que es bajo o está situado más abajo con respecto a otra cosa: *En la parte* ***inferior*** *del automóvil están los neumáticos.* SIN. **bajo.** ANT. **superior. 2** Referido a lo que es menor en mérito, categoría o valor. ANT. **mejor, superior. 3** Se aplica a lo que tiene menos cantidad: *Este año se inscribió a primer grado un número de niños* ***inferior*** *al del año pasado.* SIN. **menor.** ANT. **superior.**

inferior ***m.*** y ***f.*** Persona subordinada a otra, subalterno: *El director dio órdenes a sus* ***inferiores*** *para que limpiaran las oficinas.* SIN. **subordinado.** ANT. **superior.**

inferioridad ***f.*** Desventaja en rango, fuerza, mérito, etc.

inferir ***vb. irreg.*** {tr. y prnl.} **Modelo 50.** Sacar una consecuencia a partir de la observación de un hecho: *Si Gregorio y Humberto no se hablan, podemos* ***inferir*** *que han reñido.* SIN. **concluir, resultar.**

infernal ***adj.*** **1** Relativo al infierno. **2** *Fam.* Se aplica a lo que causa disgusto: *Un ruido* ***infernal*** *no me dejó dormir anoche.*

infértil ***adj.*** Que no es fértil.

infertilidad ***f.*** Incapacidad de retener el producto de una concepción: ***Infertilidad*** *no es lo mismo que esterilidad pues en el primer caso sí hay concepción y en el segundo, no.*

infestación ***f.*** **1** Invasión de organismos patógenos. **2** Daño causado por una plaga. **3** Abundancia de algo en un lugar.

infestado, da ***adj.*** Resultado de infestar.

infestar ***vb.*** {tr. y prnl.} **1** Contaminar: *Los desechos químicos de ese laboratorio* ***han infestado*** *el agua del río.* SIN. **envenenar. 2** Abundar algo en un lugar: *Las grandes ciudades están* ***infestadas*** *de gente.*

infición ***f.*** Infección.

infidelidad ***f.*** Falta de fidelidad o de exactitud: *Este historiador cometió algunas* ***infidelidades*** *al escribir su libro: en algunas partes inventó hechos y en otras los cambió.* SIN. **traición.**

infiel ***adj./m.*** y ***f.*** **1** Aplicado al que no es leal a una causa o persona: *El marido **infiel** engaña a su esposa con otra mujer.* **2** Se dice de lo inexacto: *Estas medidas son **infieles** porque el instrumento de medición estaba roto.*

infiernillo ***m.*** Utensilio doméstico que sirve para calentar: *Jacobo puso una olla de agua en el **infiernillo** para preparar la sopa.*

infiernito ***m. Cuba.*** Luz de bengala.

infierno ***m.*** **1** Lugar de castigo eterno, según la religión cristiana: *En su obra llamada* La divina comedia, *el poeta italiano Dante Alighieri representó el **infierno** como él se lo imaginaba.* ANT. **cielo, paraíso. 2** Situación desagradable: *El paseo se convirtió en un **infierno** cuando llegó la pesada de Genoveva.* **3** *loc. Desp.* **Mandar algo** o **a alguien al ~,** rechazarlo, abandonarlo: *Mi hermano **mandó al infierno** a su novia porque ella lo engañaba con otro chico.*

infiltración ***f.*** Paso lento de un líquido a través de un cuerpo sólido y poroso: *El pozo tiene agua por **infiltración** de la lluvia que moja la montaña, pasa a través de la piedra y cae dentro de él.*

infiltrar ***vb.*** {tr. y prnl.} **1** Pasar de manera lenta un líquido a través de un cuerpo sólido y poroso. **2** Penetrar alguien o algo en un lugar sin que se note: *Los espías **se infiltraron** en el país extranjero utilizando pasaportes falsos.*

ínfimo, ma ***adj.*** Se refiere a lo que es muy bajo, muy pequeño o el último en situación: *Los granos de arena son **ínfimos.*** SIN. **pequeño.**

infinidad ***f.*** Gran cantidad de algo: *En el mar hay **infinidad** de peces.* SIN. **multitud.**

infinitesimal ***adj.*** Relativo a lo que es pequeño de manera infinita: *Un átomo es una partícula **infinitesimal** de materia.*

infinitivo ***m.*** Forma del verbo que expresa la acción de una manera general: *Los **infinitivos** terminan en -ar, -er, -ir como en* bailar, tener *y* salir.

infinitivo, va ***adj.*** Relativo a la forma del verbo que expresa la acción de una manera general: *La maestra nos pidió una lista de veinte verbos **infinitivos** terminados en -ar, como* amar *y* saltar.

infinito ***adv.*** De manera excesiva, demasiado.

infinito ***m.*** Aquello que no tiene límites ni final: *El abuelo está con la mirada perdida en el **infinito,** nadie sabe en qué piensa.*

infinito, ta ***adj.*** **1** Referido a lo que no tiene fin, o es tan largo o extenso que parece no tener fin: *Comparado con el tamaño del espacio **infinito,** un viaje a la Luna es muy pequeño.* **2** Aplicado a lo que es mucho o muy grande: *Martha tiene una paciencia **infinita** con los niños; nunca se cansa de estar con ellos.*

infinitud ***f.*** Cualidad de lo que no tiene fin o límites: *Algunas cosas que tienen la cualidad de la **infinitud** son el Universo y los números.*

inflable ***adj.*** Que se puede inflar.

inflación ***f.*** **1** Hecho de llenar de aire o gas un objeto vacío y blando: *La **inflación** de globos con el aire de los pulmones puede marear a quien los está inflando.* **2** Desequilibrio económico de un país que causa la elevación de los precios: *La **inflación** se debe a que hay mucho dinero en circulación sin que existan en el banco nacional los bienes materiales que lo respalden.*

inflacionario, ria ***adj.*** Relativo a la inflación monetaria: *La tendencia **inflacionaria** ha sido controlada y los productos han dejado de aumentar de precio.*

inflado, da ***adj.*** **1** Resultado de inflar. **2** Vanidoso.

inflador ***m.*** Aparato que sirve para inflar las ruedas de las bicicletas: *Con el **inflador,** René llenó de aire el neumático de su bicicleta.*

inflamable ***adj.*** Se refiere a las cosas que tienden a prenderse en fuego con facilidad: *Los aerosoles son **inflamables,** no debemos acercarlos al fuego porque explotan.*

inflamación ***f.*** **1** Hecho de prenderse fuego una sustancia combustible: *La **inflamación** del alcohol produce una llama de color azul.* **2** Hinchazón en alguna parte del cuerpo: *La **inflamación** es una reacción del cuerpo caracterizada por el enrojecimiento, el calor y el dolor en la parte afectada.*

inflamar ***vb.*** {tr. y prnl.} **1** Encender una cosa con llama: *Los restos del cigarrillo encendido **inflamaron** una hoja de papel que estaba cerca.* **2** *Fam.* Entusiasmar, encender los ánimos: *Con la fuerza de su discurso el político **inflamó** al público presente en el auditorio, que empezó a aplaudirle con entusiasmo.* SIN. **excitar. 3** Prenderse fuego una cosa. SIN. **incendiar, quemar. 4** Hincharse una parte del cuerpo: *A Valentín se le **inflamaron** las piernas por estar sentado mucho tiempo.*

inflar ***vb.*** {tr. y prnl.} **1** Llenar con aire o gas un objeto vacío y blando: *Teúl **infló** una bolsa de papel y luego la golpeó produciendo un estruendo.* SIN. **hinchar.** ANT. **desinflar. 2** Aumentar la importancia de algo o alguien: *Aníbal siempre **infla** las historias que me dice y las convierte en cuentos fantásticos.* SIN. **exagerar.**

inflexible ***adj.*** **1** Aplicado a lo que es incapaz de doblarse: *El hierro es un material **inflexible.*** SIN. **rígido, duro. 2** Se dice del que no se deja conmover o influir: *El maestro fue **inflexible** con los alumnos que no aprobaron el examen; los castigó obligándolos a estudiar y a elaborar un trabajo.* SIN. **firme.**

inflexión ***f.*** **1** Hecho de doblarse o inclinarse un cuerpo: *Los deportistas hicieron algunas **inflexiones** para ejercitar los músculos de la cintura.* **2** Cambio de tonos de la voz: *Las **inflexiones** de voz que logra este actor son muy variadas, por eso lo contratan para imitar las voces de otros actores.*

infligir ***vb. irreg.*** {tr.} **Modelo 61.** Aplicar un castigo: *Le **infligieron** al ladrón una pena de un mes en prisión por haber robado la billetera de un hombre.*

inflorescencia ***f.*** Manera en que brotan las flores en una planta: *La **inflorescencia** de la rosa es muy diferente a la **inflorescencia** de la margarita.*

influencia ***f.*** Acción que ejerce algo o alguien sobre una persona o cosa: *Sergio ha sido una buena **influencia** para Jacinto, quien se ha vuelto más estudioso desde que son amigos.* SIN. **dominio.**

influenciable ***adj.*** Que se deja influir por los demás.

influenciar ***vb.*** {intr.} *Ver* **influir:** ***Influenciar*** *es un verbo considerado incorrecto, pero mucha gente lo usa y también algunos escritores.*

influenza ***f.*** Enfermedad viral que se presenta con fiebre y catarro: *Antes de que inventaran los antibióticos, la gente moría de **influenza.*** SIN. **gripe.**

influir ***vb. irreg.*** {intr.} **Modelo 59.** Ejercer algo o alguien sus efectos o influencia sobre una persona o cosa: *Hacer ejercicio no sólo me ayudó a adelgazar, también **influyó** en mi estado de ánimo y ahora me siento más contenta.*

influjo ***m.*** Acción que ejerce algo o alguien sobre una persona o cosa: *El **influjo** que han tenido sus amigos sobre Joaquín le ha ayudado a superar sus problemas.* SIN. **dominio.**

influyente o **influente** ***adj.*** Relativo a lo que ejerce sus efectos sobre una persona o cosa.

información ***f.*** **1** Conjunto de noticias o de datos sobre un tema: *En el diario leí toda la* ***información*** *sobre los Juegos Olímpicos.* SIN. **noticia, dato. 2** Lugar que forma parte de algunas oficinas, museos y otros organismos públicos, donde se pueden conseguir datos o resolver dudas: *En* ***información*** *me dijeron qué necesito hacer para entrar en la competencia.*

informado, da ***adj.*** **1** Que ha recibido información. **2** Que está al tanto de las noticias de actualidad.

informador, ra ***adj./m.*** y ***f.*** **1** Que informa. **2** Periodista que trabaja en informativos. **3** Soplón de la policía.

informal ***adj./m.*** y ***f.*** **1** Se aplica a lo que no es muy serio o importante: *Ofreceremos una cena* ***informal*** *esta noche, no necesitas venir vestido con traje y corbata.* **2** Se dice del que no cumple con sus obligaciones: *Paulina es muy* ***informal,*** *no se puede contar con ella porque falta a sus compromisos.*

informante ***adj.*** Se aplica a lo que da noticias o datos sobre un tema.

informante ***m.*** y ***f.*** Persona que facilita datos o da noticias sobre un tema: *El antropólogo llegó al pueblo y buscó un* ***informante*** *que le contara la historia del lugar.*

informar ***vb.*** {tr. y prnl.} **1** Dar a alguien noticias o datos sobre algo: *Los diarios* ***informan*** *lo que sucede en el mundo.* SIN. **comunicar, enterar, anunciar. 2** Enterarse, conseguir datos sobre un tema: *Nora necesita* ***informarse*** *más sobre el periodismo si quiere entrar a trabajar en el noticiario.* SIN. **instruir.**

informática ***f.*** Ciencia que estudia el tratamiento automático de la información por medio de computadoras: *La* ***informática*** *permite almacenar mucha información en un espacio muy pequeño y también hace posible acceder a la información con mucha rapidez.*

informático, ca ***adj.*** Relativo a las computadoras y al tratamiento automático de la información: *Con este nuevo programa* ***informático*** *podrán llevar la contabilidad de su negocio con rapidez y precisión.*

informativo, va ***adj.*** Se refiere a lo que informa o da noticias sobre un tema: *En el museo hay carteles* ***informativos*** *que anuncian las exposiciones y eventos que se van a realizar el mes próximo.*

informe ***adj.*** Se dice de lo que no tiene una forma definida: *El niño convirtió al muñeco de barro en una masa* ***informe*** *después de pisarlo.* SIN. **deforme.**

informe ***m.*** **1** Hecho de informar: *El presidente recibió el* ***informe*** *de las actividades que realizaron sus ministros.* SIN. **relato, escrito, exposición. 2** Noticia o dato que se da sobre alguien o algo: *Mi padre contrató al muchacho porque le dieron* ***informes*** *de que es honrado y trabajador.* SIN. **referencia.**

informulable ***adj.*** Que no se puede formular o expresar.

infortunado, da ***adj./m.*** y ***f.*** Se aplica al que no tiene suerte o al hecho desdichado: *Por una maniobra* ***infortunada*** *el autobús se estrelló contra la pared.* SIN. **desgraciado.**

infortunio ***m.*** Desgracia: *En el programa de televisión, una anciana de Polonia narró los* ***infortunios*** *que ella y su familia pasaron durante la guerra.* SIN. **desdicha.**

infracción ***f.*** Quebrantamiento de una ley o norma moral: *El policía levantó una* ***infracción*** *al automovilista por exceso de velocidad.* SIN. **falta.**

infraccionar ***vb.*** {tr.} *Méx.* Multar.

infraestructura ***f.*** **1** Conjunto de trabajos subterráneos que sostienen la construcción de un edificio: *La* ***infraestructura*** *del puente no se ve porque está bajo tierra, pero gracias a ella el puente no se cae.* **2** Conjunto de servicios básicos en la creación de una organización: *La* ***infraestructura*** *de esta empresa consta de una oficina, los muebles, las computadoras, el teléfono y los permisos legales para funcionar.*

infrahumano, na ***adj.*** Se refiere a las condiciones que no son suficientes para cubrir las necesidades humanas mínimas: *Ese lugar es tan pobre que la gente vive en condiciones* ***infrahumanas,*** *ya que no hay agua, ni escuelas, ni hospitales.*

infranqueable ***adj.*** Imposible o difícil de atravesar: *El dormitorio de Javier era* ***infranqueable*** *debido a la cantidad de ropa y juguetes que obstruían el paso.*

infrarrojo, ja ***adj.*** Se refiere a las radiaciones de calor que no se ven porque se encuentran fuera de la escala de luz que el ojo humano es capaz de percibir.

infrasonido ***m.*** Sonido inferior al límite que percibe el oído humano.

infrecuente ***adj.*** Se dice de lo que no sucede a menudo: *Las lluvias son* ***infrecuentes*** *en el desierto.* SIN. **escaso.**

infringir ***vb. irreg.*** {tr.} **Modelo 61.** Quebrantar una ley: *El futbolista* ***infringió*** *el reglamento de juego al golpear a otro jugador y el árbitro lo expulsó.* SIN. **desobedecer, violar.**

infructuoso, sa ***adj.*** Se dice de lo que no da el resultado deseado: *Después de muchos esfuerzos* ***infructuosos,*** *se dieron por vencidos, pues el problema de matemáticas no tenía solución.* SIN. **ineficaz, inútil, estéril.**

ínfulas ***f. pl.*** *Fam.* Hecho de presumir de algo. SIN. **vanidad.**

infumable ***adj.*** **1** Se dice del tabaco que no se puede fumar: *Los cigarrillos quedaron* ***infumables*** *después de que la caja se mojó.* **2** *Méx. Fam.* Se refiere a la persona de carácter pesado, insoportable. SIN. **antipático.**

infundado, da ***adj.*** Se refiere a lo que no tiene una justificación o base real: *La niña se tranquilizó cuando sus padres le demostraron que su miedo a los fantasmas era* ***infundado.*** SIN. **injustificado.**

infundio ***m.*** Noticia falsa: *Lo del robo en la panadería fue un* ***infundio,*** *algún chismoso lo inventó.* SIN. **mentira, embuste.**

infundir ***vb.*** {tr.} Provocar cierto estado de ánimo o sentimiento: *El maestro* ***infunde*** *respeto a sus alumnos porque es una persona correcta y culta.* SIN. **comunicar.**

infusión ***f.*** Bebida preparada con plantas medicinales que se sumergen por unos minutos en agua hirviendo: *La* ***infusión*** *de manzanilla sirve para aliviar el dolor de estómago.*

infusorio ***m.*** Microorganismo con cilios para desplazarse en el agua.

ingeniar ***vb.*** {tr. y prnl.} **1** Inventar algo utilizando la imaginación: *Patricio* ***ingenió*** *un mueble para guardar sus discos.* **2** Inventarse el modo de conseguir algo: *Joaquín no tenía dinero y* ***se las ingenió*** *para que su amigo lo invitara al zoológico.*

ingeniería ***f.*** Aplicación de los conocimientos científicos a la invención y el perfeccionamiento de la técnica industrial: *Braulio estudia* ***ingeniería*** *porque quiere dedicarse a la construcción de puentes.*

ingeniero, ra ***m.*** y ***f.*** Persona que se dedica a diseñar obras públicas como caminos, presas, aeropuertos, etc., y al perfeccionamiento de máquinas industriales y transportes como aviones, automóviles, barcos, etc.: *Los* ***ingenieros*** *diseñaron y supervisaron la construcción del nuevo edificio de oficinas.*

ingenio ***m.*** **1** Talento para inventar cosas o maña para conseguir algo: *Gracias al* ***ingenio*** *de Adalberto pudimos instalar el ventilador en el techo sin necesidad de romper* *las paredes.* SIN. **inteligencia, inventiva, destreza. 2** Gracia o habilidad para realizar algo: *Ramona cuenta las cosas con tanto **ingenio** que siempre nos hace reír.* SIN. **agudeza. 3** Explotación y fábrica de azúcar: *En el **ingenio** se cultiva y se muele la caña de azúcar.*

ingenioso, sa ***adj.*** **1** Referido al que tiene talento para inventar cosas o se da maña para conseguir algo: *Marcela es una cocinera **ingeniosa** que con pocos ingredientes prepara unos guisos deliciosos.* SIN. **diestro, ocurrente, ideático. 2** Se aplica a la cosa que es producto de la inventiva de alguien: *Los robots son máquinas **ingeniosas**.*

ingente ***adj.*** Se aplica a lo que es muy grande: *Ese edificio **ingente** tiene ochenta pisos y mil oficinas.* SIN. **enorme.**

ingenuidad ***f.*** Franqueza natural, carencia de malas intenciones: *El niño preguntó con **ingenuidad** si las focas también pueden leer y escribir.* SIN. **candor, inocencia, naturalidad.**

ingenuo, nua ***adj./m.*** y ***f.*** Se aplica al que es sincero de manera natural y no tiene mala intención: *El hombre **ingenuo** ha sido engañado por un hombre malicioso.* SIN. **sincero, inocente, sencillo.** ANT. **astuto, malicioso.**

ingerencia ***f.*** Acción y resultado de ingerir. No hay que confundir con *injerencia:* en la primera se trata de comer alimentos; en la segunda, de meterse en lo que no le importa a quien lo hace.

ingerir ***vb. irreg.*** {tr.} **Modelo 50.** Introducir al estómago a través de la boca alimentos o medicamentos: *Rodolfo **ingirió** una píldora para calmar el dolor de cabeza.* SIN. **comer, tomar.**

ingesta ***f.*** Conjunto de alimentos que se ingieren.

ingestión ***f.*** Acción y resultado de ingerir.

ingle ***f.*** Parte del cuerpo humano donde el muslo se une al abdomen: *La parte superior de la pierna se dobla en la **ingle** y la parte inferior se dobla en el tobillo.*

inglés ***m.*** Idioma que se habla en Inglaterra, Irlanda, Estados Unidos, Australia y Canadá, entre otros países: *La gente aprende **inglés** porque es un idioma muy útil cuando se quiere viajar por el mundo.*

inglés, glesa ***adj./m.*** y ***f.*** Originario de Inglaterra, país de Europa.

ingobernable ***adj.*** Se aplica a lo que no se puede o no se deja dirigir: *El barco, **ingobernable** a causa de la fuerte tormenta, naufragó.*

ingratitud ***f.*** Falta de agradecimiento: *Esa persona actuó con **ingratitud** al no reconocer que obtuvo su trabajo debido a la ayuda de sus amigos.* SIN. **egoísmo.** ANT. **gratitud, reconocimiento.**

ingrato, ta ***adj.*** **1** Se dice de la persona que no agradece los favores recibidos: *¡Qué **ingrato** ha sido al no ayudarme ahora que yo lo necesito a él! ¡Y yo lo he ayudado tantas veces!* SIN. **desagradecido. 2** Se refiere al trabajo que requiere un esfuerzo que nadie valora: *Eloísa tiene un trabajo bastante **ingrato:** si hace mal un trabajo todos la regañan, y si trabaja bien nadie lo nota.*

ingravidez ***f.*** Calidad de ingrávido: *La **ingravidez** del globo hace que flote en el aire.* SIN. **ligereza.**

ingrávido, da ***adj.*** Relativo a lo que tiene poco o ningún peso: *Los astronautas se vuelven **ingrávidos** cuando están en el espacio, por eso flotan.* SIN. **leve, ligero.**

ingrediente ***m.*** Cada uno de los elementos que se mezclan al cocinar un guiso, preparar una bebida, etc.: *El pan se hace con cuatro **ingredientes** básicos: agua, harina, sal y levadura.*

ingresar ***vb.*** {tr. e intr.} **1** Entrar: *La niña **ingresó** al curso de inglés.* **2** Empezar a formar parte de un grupo: *Loreta **ha ingresado** a una asociación que protege la naturaleza.* **3** Entrar como paciente en un hospital: *El enfermo **ingresará** el lunes para que lo operen el martes.* **4** Depositar dinero en una entidad bancaria o comercial: *Retiré una parte del dinero que **había ingresado** en mi cuenta de ahorros porque quiero comprarle un regalo a mi esposo.*

ingreso ***m.*** **1** Hecho de entrar a un lugar: *El **ingreso** del actor a la sala de prensa estuvo acompañado de un fuerte aplauso.* SIN. **entrada. 2** Hecho de empezar a formar parte de un grupo: *Con el **ingreso** de Felipe al equipo de natación, ahora ya son diez niños los que forman este equipo.* **3** Cantidad de dinero que se recibe cada cierto tiempo: *Este negocio produce muchos **ingresos** y tiene pocos gastos, por eso su dueño se está haciendo rico.* **4** ***loc.*** **Examen de ~,** prueba de conocimientos que se presenta para entrar a una escuela o a la Universidad: *El **examen de ingreso** tenía cien preguntas; Luciano tardó dos horas en resolverlo.*

íngrimo, ma ***adj.*** *Amér. C., Colomb., Ecuad., Pan.* y *Venez.* Relativo a quien se ha quedado solo. SIN. **solitario.**

inguinal ***adj.*** Relativo a la ingle: *Lucila se puso unos pantalones tan ajustados, que le causaron escoriaciones en la región **inguinal**.*

ingurgitar ***vb.*** {tr.} Tragar la comida. SIN. **engullir.**

inhábil ***adj.*** **1** Relativo al que no tiene la destreza suficiente para realizar una actividad: *Tirso es **inhábil** para la natación porque no sabe nadar y no le gusta el agua.* SIN. **torpe. 2** Se dice del día en que no se trabaja: *Los domingos son días **inhábiles** para la mayoría de la gente.*

inhabilitación ***f.*** **1** Castigo que quita algunos derechos. **2** Castigo que consiste en no dejar que alguien ejerza un cargo público: *Después de descubierto el fraude, el siguiente paso era **inhabilitar** al funcionario deshonesto.*

inhabilitar ***vb.*** {tr.} Declarar a una persona incapaz para realizar alguna actividad: *El niño asmático no practica deportes porque el médico lo **inhabilitó**.* SIN. **incapacitar, prohibir.**

inhabitable ***adj.*** Se dice del lugar donde no se puede vivir: *Esta casa en ruinas es **inhabitable**.*

inhabitado, da ***adj.*** Referido al lugar donde nadie ha vivido: *Esta casa ha permanecido **inhabitada** desde que los dueños se mudaron a otra ciudad.* SIN. **desierto, solitario.**

inhalación ***f.*** Acción de aspirar el aire por la nariz o la boca hacia adentro de los pulmones: *El médico le recetó **inhalaciones** de vapor de agua con eucalipto para aliviarse del resfrío.* SIN. **aspiración.** ANT. **exhalación.**

inhalador ***m.*** Aparato que sirve para inhalar: *Debía tener su **inhalador** a mano para que un ataque de asma no la agarrara desprevenida.*

inhalar ***vb.*** {tr.} **1** Respirar: ***Inhalar** gases tóxicos puede causar la muerte.* **2** Absorber el aire por la nariz o la boca hacia adentro de los pulmones: *Cuando el médico te dice **"inhala"** debes llenar tus pulmones de aire, cuando te dice "exhala", debes dejar salir el aire.* SIN. **aspirar.** ANT. **exhalar.**

inherente ***adj.*** Relativo a lo que por naturaleza está unido de manera inseparable a algo: *La risa es **inherente** al ser humano.*

inhibición ***f.*** Impedimento psicológico para realizar una acción.

inhibidor, ra ***adj.*** Que inhibe: *Las propiedades **inhibidoras** del desarrollo de la enfermedad, que anuncian sobre el nuevo medicamento, todavía se están probando.*

inhibir ***vb.*** {tr. y prnl.} **1** Impedir: *El nerviosismo **inhibió** los reflejos del portero y por eso no pudo atrapar el balón aunque pasó cerca de él.* **2** Abstenerse de intervenir: *Ulises* *se **inhibe** y no contesta las preguntas que la maestra le hace porque es tímido.*

inhóspito, ta ***adj.*** Relativo a lo que no ofrece seguridad ni abrigo: *El desierto es **inhóspito** para la vida humana porque hay poca agua y hace mucho calor.*

inhumación ***f.*** Entierro de un muerto: *La **inhumación** del cadáver será mañana en el cementerio.* SIN. **sepelio.**

inhumano, na ***adj.*** Se refiere al hecho o a la persona cruel: *Es **inhumano** dejar a un herido sin auxilio.* SIN. **despiadado, brutal.**

inhumar ***vb.*** {tr.} Dar sepultura a un muerto: *El viejo murió el jueves y lo **inhumaron** el viernes después de la velación.* SIN. **enterrar, sepultar.**

iniciación ***f.*** **1** Acción y efecto de iniciar: *La **iniciación** del curso de inglés será el próximo lunes.* SIN. **comienzo. 2** Acción de dar a alguien el conocimiento de ciertas cosas que ignora: *El maestro nos recomendó un libro de **iniciación** a las matemáticas, para que empecemos a aprender los conceptos básicos de esa materia.* SIN. **introducción.**

iniciado, da ***m.*** y ***f.*** Persona que tiene conocimientos formales de una doctrina ocultista o es miembro de alguna asociación secreta: *En las prácticas esotéricas, los **iniciados** tenían la obligación de guardar muchos conocimientos en secreto.*

iniciador, ra ***adj./m.*** y ***f.*** Que inicia: *Todos se disputan haber sido los **iniciadores** de la corriente de moda.*

inicial ***adj.*** Relativo al origen o principio de las cosas: *Nuestra idea **inicial** era construir un barco, pero como no nos alcanzó la madera, terminamos construyendo una balsa.* SIN. **primero.**

inicial ***f.*** Letra con que empieza una palabra: *Las **iniciales** de la Organización de Naciones Unidas son ONU.*

iniciar ***vb.*** {tr. y prnl.} **1** Empezar: *La primavera **inicia** el 21 de marzo en los países del norte y el 21 de septiembre en los países del sur.* **2** Enseñar los primeros conocimientos sobre un tema: *El entrenador **inició** al muchacho en el baloncesto con unos ejercicios sencillos.* SIN. **introducir, instruir. 3** Aprender los primeros conocimientos sobre un tema: ***Me inicié** en la jardinería hace tres meses y ahora cultivo flores que vendo en el mercado.*

iniciático, ca ***adj.*** Relativo a la iniciación en un culto, una religión, una sociedad secreta: *Los ritos **iniciáticos** en las universidades estadounidenses a veces son muy violentos.*

iniciativa ***f.*** **1** Capacidad para emprender cosas: *A Rogelio le falta **iniciativa**, nunca se anima a hacer algo por sí mismo.* SIN. **decisión. 2** Idea primera con que se comienza a hacer algo: *Ismael tuvo la **iniciativa** de comprar entre todos los alumnos un libro para regalárselo a la maestra.* SIN. **ocurrencia. 3** *Loc.* **Tomar la ~,** ser el primero en realizar una acción: *Todos miraban cómo caían las frutas del árbol y Horacio **tomó la iniciativa** de juntarlas para hacer mermelada.*

inicio ***m.*** Principio, primera parte: *No pudimos ver el **inicio** del filme por estar comprando golosinas.* SIN. **comienzo.** ANT. **fin, final, término.**

inicuo, cua ***adj.*** Referido al que no es equitativo o justo: *Ese hombre **inicuo** muestra preferencia por uno de sus hijos, y a los otros no los trata igual.* SIN. **injusto.**

inidentificable ***adj.*** Que no se puede identificar.

inigualable ***adj.*** Que no existe otro igual: *Todos los aceites que se anuncian en la tele aseguran que son **inigualables.***

inigualado, da ***adj.*** Que no tiene igual.

inimaginable ***adj.*** Que está más allá de la imaginación: *Es **inimaginable** el daño que producen los huracanes cada año.*

ininteligible ***adj.*** Se aplica a lo imposible de entender: *Teodoro tiene tan mala letra que sus cartas son **ininteligibles.*** SIN. **ilegible.**

iniquidad ***f.*** Injusticia, falta de equidad o igualdad: *La **iniquidad** del rey, que todo se lo daba a sus favoritos y dejaba sin nada a los demás, provocó una revolución en el reino.*

injerencia ***f.*** Acción de intervenir en los asuntos de otros: *Los padres tienen **injerencia** en la vida de sus hijos hasta que se vuelven independientes.*

injerir ***vb. irreg.*** {tr. y prnl.} **Modelo 50. 1** Incluir una cosa en otra. **2** Entrometerse: *Un embajador no debe **injerirse** en los asuntos internos del país al que visita.*

injertar ***vb.*** {tr.} **1** Introducir en una planta una parte de otra para que brote en ella: *Los agrónomos **injertaron** una rama de peral en un manzano para obtener una variedad de manzana con otro sabor.* **2** Implantar tejido vivo en un cuerpo humano: *A Romualdo le **injertaron** un trozo de piel en la pierna que tenía quemada.*

injerto ***m.*** **1** Rama de un vegetal que se fija a otro para que de su combinación se obtenga una nueva variedad de planta: *Por medio del **injerto** se logran algunos frutales como el cerezo, la vid y el manzano.* **2** Tejido vivo que se pone en el cuerpo de un ser humano o de un animal para curar una zona herida: *El cirujano ha hecho un **injerto** de piel en el enfermo que sufrió graves quemaduras en el incendio.*

injuria ***f.*** Insulto u ofensa grave: *Fue una **injuria** para la novia que su prometido no llegara a la ceremonia el día de la boda.*

injuriar ***vb.*** {tr.} Insultar u ofender a alguien de manera grave: *En plena sesión de la corte, la víctima no resistió el rencor e **injurió** a gritos al acusado.*

injurioso, sa ***adj.*** Que insulta gravemente: *Es **injurioso** para el ciudadano acudir a una autoridad y que lo ignoren.*

injusticia ***f.*** Falta de justicia: *Es una **injusticia** que lleven a la cárcel a ese hombre que es inocente del robo.* SIN. **abuso.**

injustificable ***adj.*** Relativo a lo que no se puede defender con razones: *El haber lanzado una piedra a la ventana del vecino fue una conducta **injustificable**; ahora él está enojado y yo no puedo defenderte.*

injustificado, da ***adj.*** Se refiere a lo que no se apoya en una razón para ser o suceder de una manera y no de otra: *Todos los honores que recibe esa persona son **injustificados** porque no ha hecho nada para merecerlos.*

injusto, ta ***adj.*** **1** Se dice del hecho o acción contraria al derecho, la justicia o la razón: *Es **injusto** que nadie quiera hablar con Manuel sólo porque no se viste con ropa cara.* **2** Referido al que actúa sin honradez o equidad: *Tomás se portó **injusto** cuando se quedó con la mayor parte de los dulces que repartió entre sus amigos.*

injusto, ta ***m.*** y ***f.*** Persona que actúa sin honradez o equidad: *Todavía no se castiga a los **injustos** que robaron dinero a los vecinos del edificio.*

inmaculado, da ***adj.*** Se aplica a lo que no tiene mancha: *El viento movía las sábanas **inmaculadas** que se estaban secando en el patio.*

inmadurez ***f.*** **1** Falta de experiencia en una persona: *A causa de su **inmadurez**, a veces los jóvenes no saben lo que quieren.* SIN. **insensatez. 2** Falta de maduración en un fruto: *Debido a la **inmadurez** de los granos, los campesinos esperarán quince días para empezar a segar los campos.*

inmaduro, ra ***adj.*** **1** Se dice de la persona insensata o muy joven: *Doris es una chica **inmadura** que no cumple* *con sus responsabilidades y sólo piensa en divertirse.* **2** Referido a la fruta que no ha alcanzado su sazón: *Estas manzanas **inmaduras** no tienen sabor y todavía están duras y verdes.*

inmanencia ***f.*** Calidad de lo que es inmanente.

inmanente ***f.*** Lo que es inherente a un ser.

inmarcesible ***adj.*** Que no se puede marchitar.

inmaterial ***adj.*** Referido a lo que no tiene un cuerpo físico o una forma concreta: *Una idea es algo **inmaterial** hasta que se pone en práctica; entonces ya es algo concreto.*

inmediaciones ***f. pl.*** Alrededores: *El circo se instaló en las **inmediaciones** del pueblo, porque en el centro no había lugar.*

inmediatez ***f.*** Lo que es inmediato.

inmediato, ta ***adj.*** **1** Referido a lo cercano en el tiempo: *El efecto del medicamento fue **inmediato,** el enfermo se curó muy rápido.* **2** Se aplica a lo que está al lado de otra cosa, contiguo en el espacio: *Aquí no vive Federico, él es mi vecino y vive en la puerta **inmediata.*** **3** *loc.* **De ~,** en el mismo momento, ya: *Los alumnos respondieron **de inmediato** a la pregunta del maestro porque todos habían estudiado.*

inmejorable ***adj.*** Se refiere a lo que es tan bueno que no puede ser mejor: *Raquel tiene unas calificaciones **inmejorables** porque es excelente estudiante.* SIN. **perfecto.**

inmemorial ***adj.*** Se refiere a lo que es tan antiguo que nadie recuerda: *En tiempos **inmemoriales,** cuando el hombre habitaba en cavernas, la escritura no estaba desarrollada.*

inmensidad ***f.*** Grandeza en extensión: *Las olas arrastraban al bote perdido en la **inmensidad** del mar.*

inmenso, sa ***adj.*** **1** Se aplica a lo que no se puede medir: *La cantante tuvo un éxito **inmenso;** después del concierto mucha gente compró su disco.* SIN. **infinito, enorme.** **2** Referido a lo que es muy grande: *El desierto del Sahara es **inmenso,** por eso si estás a la mitad de él resulta imposible ver dónde comienza y dónde termina.* SIN. **colosal, enorme.**

inmensurable ***adj.*** Que es muy difícil de medir o no puede medirse: *Si la nieve del Himalaya se comiera, resulta **inmensurable** la cantidad de helados que se podrían hacer con ella.*

inmerecido, da ***adj.*** Que no se merece: *Le han dado **inmerecidos** premios a ese artista, no obstante lo mediocre de su obra.*

inmersión ***f.*** Hecho de sumergir o sumergirse un cuerpo en un líquido: *El barco debe navegar por encima del mar, pero un submarino puede realizar **inmersiones** muy profundas.*

inmerso, sa ***adj.*** **1** Se refiere al cuerpo que se encuentra bajo un líquido: *En la fuente hay **inmersas** muchas monedas que la gente tira para pedir deseos.* **2** Se aplica a quien está metido o concentrado en algo: *Esteban se hallaba **inmerso** en la lectura de una novela y no escuchó cuando sonó el teléfono.*

inmigración ***f.*** Movimiento de población entre dos países, considerado desde el punto de vista del país que recibe a las personas que llegan a vivir: *El Estado controla la **inmigración** de extranjeros por medio de permisos llamados "visas".* ANT. **emigración.**

inmigrante ***adj./m.*** y ***f.*** Se aplica a la persona que llega a vivir a un lugar desde un país extranjero o un territorio lejano: *Muchos **inmigrantes** llegaron de Europa a América a causa de la Segunda Guerra Mundial.*

inmigrar ***vb.*** {intr.} Llegar a un país para establecerse en él: *A causa de los problemas políticos que hubo en España a la mitad del siglo xx, muchas personas **inmigraron** a México.* ANT. **emigrar.**

inminencia ***f.*** Lo que es inminente: *El héroe se distingue de los demás porque ante la **inminencia** del peligro sabe qué hacer.*

inminente ***adj.*** Se refiere a lo que está por suceder de un momento a otro: *El cielo tiene muchas nubes oscuras, la lluvia es **inminente.***

inmiscuirse ***vb. irreg.*** {prnl.} **Modelo 59.** Entrometerse en algún asunto.

inmisericorde ***adj.*** Que no se compadece de nadie, sin misericordia.

inmobiliaria ***f.*** Empresa que construye, arrienda, vende y administra viviendas: *La **inmobiliaria** está ofreciendo en venta unos departamentos en el centro de la ciudad.* SIN. **fraccionadora.**

inmobiliario, ria ***adj.*** Relativo a los bienes inmuebles, como casas, terrenos y departamentos: *Rogelio heredó una casa y un terreno, que eran los bienes **inmobiliarios** de su abuelo.*

inmoderado, da ***adj.*** Carente de moderación: *Su apetito **inmoderado** no le permitía bajar de peso.*

inmolación ***f.*** **1** Sacrificio de una víctima. **2** Ofrecimiento que se hace a una divinidad. **3** Sacrificio a favor de una causa.

inmolar ***vb.*** {tr. y prnl.} **1** Sacrificar una víctima: *El rey mandó **inmolar** una vaca para ofrecerla a su dios en agradecimiento por la buena cosecha.* **2** Sacrificarse, dar la vida a favor de una causa.

inmoral ***adj./m.*** y ***f.*** Contrario a los valores que se consideran buenos: *Mi abuela opina que esa revista es **inmoral** porque aparecen fotografías de personas desnudas.* SIN. **deshonesto.** ANT. **decente, honesto.**

inmoralidad ***f.*** Falta a los valores que se consideran buenos: *A principios del siglo xx las mujeres vestían con vestidos largos y se consideraba una **inmoralidad** que mostraran el tobillo.*

inmortal ***adj.*** Referido a lo que no muere nunca: *Según la mitología, los dioses griegos son **inmortales.*** SIN. **eterno.** ANT. **mortal.**

inmortalidad ***f.*** **1** Lo que es inmortal. **2** Lo que persiste en la memoria de la humanidad.

inmortalizar ***vb. irreg.*** {tr. y prnl.} **Modelo 16.** **1** Hacer que algo permanezca en la memoria de la gente por muchas generaciones: *La pintura llamada* Mona Lisa ***inmortalizó** a su autor, Leonardo da Vinci.* **2** Hacerse digno de ser recordado por muchas generaciones: *Este joven escritor busca **inmortalizarse** con la novela que va a publicar.*

inmotivado, da ***adj.*** **1** Que no tiene motivo. **2** Que no tiene motivación.

inmóvil ***adj.*** Relativo a lo que no se mueve: *La estatua **inmóvil** contrasta con la inquietud de la gente que camina a su alrededor.* SIN. **estático, quieto.**

inmovilidad ***f.*** Calidad de inmóvil: *La **inmovilidad** de mi perro se debe a que está enfermo de las piernas.* SIN. **quietud.**

inmovilizado, da ***adj.*** Que no se puede mover: *El auto había sido **inmovilizado** con un aparato especial, así que tuvo que pagar la multa.*

inmovilizar ***vb. irreg.*** {tr.} **Modelo 16.** Impedir el movimiento: *El veterinario **inmovilizó** al gato para que éste no lo arañe al momento de la curación.* SIN. **parar.**

inmueble ***adj.*** Se dice de los bienes que no pueden ser trasladados; también se les llama "bienes raíces": *Los muebles pueden cambiarse de lugar, pero los bienes **inmuebles** como las casas o las oficinas, no.*

inmueble ***m.*** Edificio: *En ese* ***inmueble*** *hay diez departamentos, tres están deshabitados y en los otros siete viven varias familias.*

inmundicia ***f.*** Suciedad, basura: *"No sé cómo puedes vivir en la* ***inmundicia,*** *ya limpia tu habitación, lava tu ropa y dúchate", aconsejé a Jaime.*

inmundo, da ***adj.*** Referido a lo repugnante: *Ese edificio* ***inmundo*** *está lleno de ratas y cucarachas, ya nadie quiere vivir allí.* SIN. **sucio.**

inmune ***adj.*** Relativo al que no puede ser atacado por ciertas enfermedades: *Como ya me enfermé hace mucho tiempo de viruela, ahora soy* ***inmune*** *a esa enfermedad.*

inmunidad ***f.*** **1** Resistencia natural o adquirida ante una enfermedad infecciosa o un agente tóxico: *El organismo crea unas sustancias llamadas anticuerpos que le dan* ***inmunidad*** *contra muchas enfermedades.* **2** Privilegio de ciertas personas ante algunas leyes.

inmunitario, ria ***adj.*** **1** Relativo a la inmunidad. **2** *loc.* **Sistema ~,** conjunto de defensas contra los agentes infecciosos que poseen los animales vertebrados: *La linfa y los glóbulos blancos o leucocitos son componentes del sistema* ***inmunitario.***

inmunización ***f.*** Resultado de inmunizar.

inmunizado, da ***adj.*** Protegido por una vacuna.

inmunizar ***vb. irreg.*** {tr.} **Modelo 16.** Proteger contra una enfermedad: *Las vacunas* ***inmunizan*** *contra enfermedades graves como la poliomielitis, la tosferina y el sarampión, entre otras.*

inmunología ***f.*** Parte de la medicina que estudia lo relativo a la inmunidad del organismo.

inmunólogo, ga ***m.*** y ***f.*** Especialista en inmunología: *Muchos* ***inmunólogos*** *en el mundo trabajan cada día para encontrar nuevas vacunas contra diferentes enfermedades.*

inmutabilidad ***f.*** Calidad de lo que es inmutable.

inmutable ***adj.*** Se refiere a lo que no cambia: *El pueblo ha permanecido* ***inmutable*** *durante los últimos quince años, no se han construido casas nuevas y todo sigue igual.*

inmutar ***vb.*** {tr. y prnl.} **1** Alterar una cosa. **2** Alterarse: *Rodrigo permaneció sin* ***inmutarse,*** *serio y calmado, mientras Daniela le picaba las costillas con el dedo.*

innato, ta ***adj.*** Se refiere a lo que se posee desde el nacimiento: *Ana tiene un talento* ***innato*** *para la música, pues escucha canciones y las interpreta con su guitarra sin necesidad de estudiarlas.* SIN. **natural, propio.**

innecesario, ria ***adj.*** Se aplica a lo que no se necesita o es inútil: *La llave es* ***innecesaria*** *porque la puerta está abierta.* ANT. **necesario.**

innegable ***adj.*** Referido a lo que no se puede negar porque es totalmente cierto: *Hoy en día, es* ***innegable*** *que la Tierra gira alrededor del Sol, pero hace muchos años la gente no estaba dispuesta a aceptarlo.* SIN. **indiscutible, indudable.**

innegociable ***adj.*** Que no se puede negociar: *Los bonos robados eran* ***innegociables,*** *así que el ladrón los tiró a la alcantarilla.*

innoble ***adj.*** **1** Sin nobleza. **2** Bajo, vil.

innominado, da ***adj.*** Que no tiene nombre.

innovación ***f.*** Novedad o modificación que renueva algo: *Los fabricantes han hecho algunas* ***innovaciones*** *en los automóviles para que contaminen menos.*

innovador, ra ***adj./m.*** y ***f.*** Se dice de lo que es novedoso o de la persona que introduce novedades en algo: *Esta lavadora de ropa tiene un sistema* ***innovador*** *que facilitará el trabajo de las amas de casa.*

innovar ***vb.*** {tr.} Introducir novedades o hacer modificaciones que renuevan algo: *Esa bailarina* ***innovó*** *en la danza y ahora muchas academias enseñan la manera en que ella bailaba.*

innumerable ***adj.*** Referido a lo que no se puede contar porque es muy abundante: ***Innumerables*** *olas rompen en la playa.* SIN. **incontable.** ANT. **escaso.**

inobjetable ***adj.*** Que no se puede objetar: *La coartada del sospechoso era* ***inobjetable*** *pues estaba hablando con el jefe de la policía en el momento del crimen.*

inocencia ***f.*** **1** Condición de aquel que no tiene culpa de un delito: *El jurado reconoció la* ***inocencia*** *del acusado y por eso fue liberado de inmediato.* ANT. **culpa. 2** Estado del ser que no comete mal alguno: *La* ***inocencia*** *es una característica de los niños.* SIN. **candor, ingenuidad.**

inocentada ***f.*** Broma que se gasta a alguien: *Le hicieron una* ***inocentada*** *a su amigo porque era el Día de los Inocentes.*

inocente ***adj./m.*** y ***f.*** **1** Referido al que está libre de culpa: *Las personas* ***inocentes*** *fueron liberadas y las culpables fueron llevadas a la cárcel.* ANT. **culpable. 2** Aplicado a lo que no tiene mala intención: *Jorge hizo un comentario* ***inocente*** *acerca del vestido de su novia, pero ella se enojó.* SIN. **ingenuo, cándido.** ANT. **malicioso.**

inocentón, tona ***adj.*** Se dice de la persona fácil de engañar: *Es tan* ***inocentona*** *que el panadero le da pan de ayer diciéndole que está recién horneado, y ella le cree.*

inoculación ***f.*** Introducción en el organismo de virus atenuados con el fin de crear anticuerpos. SIN. **vacunación.**

inocular ***vb.*** {tr. y prnl.} Introducir en un organismo, por medios artificiales, el virus o germen de una enfermedad contagiosa con el fin de producir la inmunidad. SIN. **contagiar.**

inocuo, cua ***adj.*** Referido a lo que no hace daño: *Esta especie de víbora es* ***inocua:*** *como no tiene veneno, la puedes tocar sin peligro.* SIN. **inofensivo.** ANT. **nocivo.**

inodoro ***m.*** Mueble con forma de asiento que está en el baño y sirve para orinar y defecar: *El* ***inodoro*** *está diseñado para evitar los malos olores del excremento y la orina.* SIN. **retrete, excusado, taza, water.**

inodoro, ra ***adj.*** Se refiere a lo que no tiene olor: *El agua pura es* ***inodora,*** *incolora e insípida.*

inofensivo, va ***adj.*** Referido a lo que no hace daño: *No tengas miedo, mi perro es* ***inofensivo.*** SIN. **anodino, inocuo, pacífico.**

inolvidable ***adj.*** Aplicado a lo que no se puede olvidar: *Lucía pasó unas vacaciones* ***inolvidables*** *en compañía de sus amigas de la escuela.* SIN. **memorable.**

inoperable ***adj.*** Que no se puede operar: *La avanzada oxidación dejó las máquinas* ***inoperables.***

inoperante ***adj.*** Se dice de lo que no produce efecto, que es ineficaz: *El mecánico hizo un arreglo* ***inoperante*** *al automóvil, antes no servían los frenos y ahora sigue igual.* SIN. **ineficaz.**

inopia ***f.*** **1** Pobreza grande: *La* ***inopia*** *en las aventuras de este cuento lo hacen aburrido.* SIN. **miseria. 2** *loc.* **Estar en la ~,** estar distraído: *La maestra hizo una pregunta y Francisco, que* ***estaba en la inopia,*** *no la escuchó.*

inopinado, da ***adj.*** Que sucede repentinamente o sin haberse pensado: *La descompostura del refrigerador fue* ***inopinada*** *y no tengo dinero para mandarlo reparar.*

inoportuno, na ***adj.*** Se refiere a lo que sucede en un mal momento: *Vicente llegó en un momento* ***inoportuno*** *porque su amigo estaba estudiando y no podía jugar con él.*

inorgánico, ca ***adj.*** Se refiere a la materia sin vida: *Las piedras son* ***inorgánicas.***

inoxidable ***adj.*** Se aplica a lo que no se oxida: *Este cuchillo es de acero* ***inoxidable****, por eso puedes mojarlo y no se daña.*

inquietante ***adj.*** Se refiere a lo que pone nervioso porque representa una amenaza: *Es* ***inquietante*** *que se hagan pruebas atómicas porque algo puede fallar y causar un desastre.* SIN. **alarmante, amenazador.**

inquietar ***vb.*** {tr. y prnl.} Hacer que una persona o un animal ya no esté en calma: *El sonido del viento* ***inquieta*** *a los niños porque creen que está hablando un fantasma.* SIN. **preocupar, alarmar.**

inquieto, ta ***adj.*** **1** Se aplica a quien no puede estarse quieto o tranquilo: *Mi abuelo es un viejo* ***inquieto*** *que se despierta muy temprano y siempre está ocupado en algo.* ANT. **tranquilo, sosegado. 2** Se dice de quien está preocupado: *Mis padres están* ***inquietos*** *porque mi hermano todavía no regresa de la fiesta y ya son las cinco de la madrugada.* **3** *Hond.* Referido al que es propenso a algo.

inquietud ***f.*** **1** Falta de tranquilidad. SIN. **preocupación.** ANT. **calma. 2** Interés por algo: *Horacio tiene muchas* ***inquietudes****, no sabe si va a estudiar astronomía, física, matemáticas, etc.* SIN. **curiosidad.**

inquilinaje ***m.*** **1** *Chile.* Lugar o cosa por la que se paga dinero para habitar o usar. SIN. **arrendamiento, alquiler, inquilinato. 2** *Chile.* Conjunto de personas que pagan dinero por habitar en una casa o edificio.

inquilinato ***m.*** **1** *Argent., Colomb.* y *Urug.* Casa con departamentos pequeños donde vive la gente en vecindad, pagando una renta o alquiler. **2** *Chile.* Modo de explotación de fincas agrícolas por inquilinos.

inquilino, na ***m.*** y ***f.*** **1** Persona que paga dinero por vivir en una casa o disponer de un local que no le pertenece: ***Los inquilinos*** *del edificio pagan la mensualidad al dueño el día cinco de cada mes.* **2** *Chile.* Persona que habita y trabaja en una finca rústica en beneficio de su propietario.

inquina ***f.*** Antipatía hacia otra persona: *Laura siente* ***inquina*** *hacia Daniel desde que descubrió que inventa chismes en su contra.*

inquirir ***vb. irreg.*** {tr.} **Modelo 62.** Preguntar para adquirir una información determinada: *Manuela* ***inquirió*** *a su maestro para que le explicara una parte de la clase que no había entendido.* SIN. **indagar, averiguar, preguntar.**

inquisición ***f.*** **1** Hecho de investigar un tema: *Al final de la* ***inquisición****, las autoridades descubrieron quién era el culpable del crimen.* SIN. **investigación, averiguación. 2** *loc.* **La ~,** tribunal de la Iglesia católica que castigaba la herejía: ***La Inquisición*** *obligó a Galileo Galilei a negar en público sus ideas científicas.*

inquisidor ***m.*** Miembro de un tribunal de la Inquisición: *Tomás de Torquemada fue el más cruel, intolerante y sanguinario* ***inquisidor*** *español del siglo XV.*

inquisidor, ra ***adj.*** Relativo al que investiga o averigua: *Juana miró a Raúl con ojos* ***inquisidores*** *porque quería que le contestara con la verdad.* SIN. **investigador.**

inquisitivo, va ***adj.*** Referido al que pregunta o inquiere: *Rolando es un chico* ***inquisitivo*** *que le pregunta todas sus dudas a los profesores y a sus padres.*

insaciable ***adj.*** Referido al que no se siente satisfecho o lleno: *Después de leer por primera vez una novela, nació en mí un deseo* ***insaciable*** *por la lectura.*

insaculación ***f.*** Elección de alguien mediante procedimientos aleatorios, desde poner nombres en una bolsa hasta por computadora: *Para elegir a los integrantes de las casillas electorales se procede por* ***insaculación.***

insacular ***vb.*** {tr.} Elegir a alguien poniendo varios nombres en un recipiente o bolsa, o hacerlo por computadora.

insalivar ***vb.*** {tr.} Mezclar, cuando se mastica, los alimentos con la saliva: ***Insalivar*** *bien los alimentos es esencial para lograr que el bolo alimenticio que pasa al estómago sea digerible.*

insalubre ***adj.*** Relativo a lo perjudicial para la salud: *La contaminación y el humo son* ***insalubres****, por eso la gente que vive en esta gran ciudad sufre dolor de cabeza y ardor en los ojos.*

insatisfactorio, ria ***adj.*** Que no satisface: *Me parecieron* ***insatisfactorios*** *los argumentos con que Pedro se excusó, más bien creo que está mintiendo.*

insatisfecho, cha ***adj.*** **1** Que no quedó saciado o satisfecho: *La comida estaba sabrosa, pero sirvieron muy poco y quedé* ***insatisfecho.*** **2** Inconforme, descontento: *El tenista está* ***insatisfecho*** *de su rendimiento en ese partido y declaró que ahora entrenará más.*

inscribir ***vb.*** {tr. y prnl.} **1** Anotar una cosa o un nombre en una lista o registro: *El profesor de biología* ***inscribió*** *al perro en la lista de los animales mamíferos y en la de los animales carnívoros.* **2** Anotarse en una lista o registro: *Tengo que* ***inscribirme*** *hoy para participar en la competencia de natación de mi escuela.* SIN. **apuntar, matricular.**

inscripción ***f.*** **1** Hecho de inscribir o inscribirse: *La* ***inscripción*** *de los músicos interesados en trabajar en la orquesta será la próxima semana.* **2** Letrero o caracteres grabados en una superficie: *En esta cruz del cementerio hay una* ***inscripción*** *con el nombre de mi abuelo porque después de morir lo enterraron aquí.*

inscrito, ta o **inscripto, ta** ***adj.*** Relativo a lo que forma parte de una lista o registro: *Este año hay veinte alumnos* ***inscritos*** *en la clase de inglés.*

insectario ***m.*** Instalación diseñada especialmente para criar insectos: *Hay* ***insectarios*** *que crían bichos para venderlos a los laboratorios, otros producen insectos para el control biológico de plagas.*

insecticida ***adj.*** Relativo a la sustancia que sirve para matar insectos: *Los líquidos* ***insecticidas*** *son muy tóxicos, así que deben utilizarse con cuidado.*

insecticida ***m.*** Producto para matar insectos: *Este* ***insecticida*** *mata mosquitos y moscas, pero no mata cucarachas.*

insectívoro, ra ***adj./m.*** Relativo al animal o planta que se alimenta de insectos: *Entre los animales* ***insectívoros*** *se encuentran los batracios y los reptiles.*

insecto ***m.*** Animal pequeño dotado de un par de antenas, seis patas, cabeza, tórax y abdomen: *Algunos* ***insectos*** *como las mariposas tienen alas.*

inseguridad ***f.*** **1** Falta de protección: *La* ***inseguridad*** *en el laboratorio escolar provocó que una niña se quemara la mano con un ácido.* **2** Falta de decisión: *Flavio respondió con* ***inseguridad*** *el examen porque no había estudiado.* SIN. **duda.**

inseguro, ra ***adj./m.*** y ***f.*** **1** Se dice de lo que es peligroso: *Este barrio es* ***inseguro*** *porque hay muchos ladrones y drogadictos.* **2** Se refiere al que duda mucho o tiene miedo: *Si Julia no fuera una persona* ***insegura*** *ya habría conseguido trabajo.* **3** Aplicado a lo que no es estable o no tiene suficiente firmeza: *Esta mesa tiene patas* ***inseguras****, podría caerse si pones algo pesado encima.*

inseminación ***f.*** Depósito del semen del macho en las vías genitales de la hembra: *La* ***inseminación*** *artificial de las vacas se hace inyectándoles semen de un toro.*

insensatez ***f. Fam.*** Hecho falto de prudencia y buen juicio: *Fue una* ***insensatez*** *pagar tanto dinero por este vestido feo.* SIN. **locura.**

insensato, ta ***adj./m.*** y ***f.*** Referido al que actúa sin prudencia o sin reflexionar: *Ese muchacho **insensato** anda en motocicleta sin usar un casco que lo proteja.* SIN. **loco.** ANT. **sensato.**

insensibilidad ***f.*** **1** Incapacidad para tener alguna sensación física: *Su **insensibilidad** al calor es grande, pues puede tocar cosas calientes y no se quema.* ANT. **sensibilidad. 2** Incapacidad para tener un sentimiento hacia alguien: *En ese pueblo todavía se habla de la **insensibilidad** del tirano que golpeaba a su esposa.* SIN. **frialdad.**

insensibilizar ***vb. irreg.*** {tr.} **Modelo 16.** Hacer que alguien no pueda sentir una parte o todo su cuerpo: *El veterinario **insensibilizó** la pata del perro para poder curarla sin que el animal sufriera.*

insensible ***adj.*** **1** Referido al que no tiene una sensación física: *Anabel tiene **insensible** una pierna desde que sufrió un accidente y los nervios de esa extremidad se dañaron.* **2** Se aplica al que no tiene un sentimiento hacia alguien: *El hombre del que hablaba el libro era tan **insensible** que cuando murieron sus hijos no sintió ninguna pena.* **3** Se dice de lo que no se diferencia con claridad porque es muy poco o muy pequeño: *Ha habido un cambio **insensible** de temperatura y aumentó tan poco que no se nota.* SIN. **imperceptible, gradual.**

inseparable ***adj.*** Se refiere a lo que está unido de manera tan firme que es difícil de separar: *Pablo y Roberto son amigos **inseparables,** siempre andan juntos.*

insepulto, ta ***adj.*** Que no recibió sepultura: *Los cadáveres **insepultos** yacían abandonados en el campo de batalla.*

inserción ***f.*** Hecho de incluir algo en otra cosa: *La **inserción** de este anuncio en el diario hará saber a todo el pueblo que nuestro perro se perdió.*

insertar ***vb.*** {tr. y prnl.} **1** Incluir o introducir algo en otra cosa: *Antes de entregar su investigación, el estudiante **insertó** un párrafo con información nueva.* **2** Adherirse: *Las hojas del árbol **se insertan** en la rama.*

inserto, ta ***adj.*** Relativo a lo que se ha metido en otra cosa: *Hay un gusano verde **inserto** entre los pétalos de esta flor.*

inservible ***adj.*** Se refiere a lo que no sirve para nada: *Daniela tiró los juguetes rotos e **inservibles.*** SIN. **inútil.**

insidia ***f.*** Acción o palabra engañosa, con mala intención: *Los padres de Ana y Raúl los obligaron a romper su noviazgo a causa de las **insidias** que Manuel lanzó en contra de la pareja.*

insidiar ***vb.*** {tr.} Engañar usando palabras o acciones con mala intención: *La mala mujer **insidiaba** a sus vecinos para provocar problemas entre ellos.* SIN. **intrigar.**

insidioso, sa ***adj.*** Referido a quien crea intrigas o engaños, con mala intención: *Con sus gestos **insidiosos** daba a entender que su acompañante era una persona tramposa.* SIN. **chismoso.**

insigne ***adj.*** Se dice de quien es famoso por hacer algo bueno: *El **insigne** científico recibió un premio muy importante por sus aportaciones para combatir el cáncer.* SIN. **célebre.**

insignia ***f.*** Signo distintivo de un grupo, de un país o de un honor recibido: *La bandera es la **insignia** de un país.* SIN. **símbolo.**

insignificancia ***f.*** Pequeñez, minucia: *Por una **insignificancia** lo echaron de su trabajo.*

insignificante ***adj.*** Relativo a lo que es tan pequeño que no tiene importancia: *Pon una flor en el ojal de tu saco, es un detalle **insignificante,** pero le da alegría a tu vestimenta.*

insincero, ra ***adj.*** Que no es sincero. SIN. **hipócrita, falso.**

insinuación ***f.*** **1** Hecho de dar a entender algo como si no se quisiera. **2** Manera sutil de indicar una cosa: *El hombre tomó su sombrero como una **insinuación** de que ya debía partir.*

insinuante ***adj.*** Relativo al que da a entender algo de manera sutil: *La actriz usaba unos vestidos **insinuantes** que resaltaban sus atractivos sensuales.* SIN. **sugerente.**

insinuar ***vb. irreg.*** {tr.} **Modelo 10.** Dar a entender algo con sólo indicarlo de manera ligera: *Rodrigo le **insinuó** algo a Jacobo para que se callara, pero Jacobo no entendió la señal y cometió una indiscreción.* SIN. **sugerir.**

insípido, da ***adj.*** **1** Relativo a lo que le falta sabor: *Esta sopa está **insípida,** le falta un poco de sal.* SIN. **soso.** ANT. **sabroso. 2** *Fam.* Se aplica a quien es aburrido: *Las chicas no quieren hablar con Rafael porque es un hombre **insípido** y sin gracia.*

insipiente ***adj.*** Que le falta sabiduría.

insistencia ***f.*** Hecho de repetir algo muchas veces: *La **insistencia** del niño para que le compraran el juguete tuvo su efecto en los padres que, por fin, se lo compraron.*

insistente ***adj.*** Referido a quien repite mucho una cosa: *El vendedor de la tienda es tan **insistente** que convence a los clientes para que compren ropa.* SIN. **obstinado, terco, tenaz.**

insistir ***vb.*** {intr.} Repetir varias veces una petición o acción para lograr lo que se intenta: *Rogelio **insistía** en tocar a la puerta porque sabía que había alguien en casa y tocó hasta que finalmente le abrieron.*

insobornable ***adj.*** **1** Que no se deja sobornar: *"Los Intocables" eran famosos por ser **insobornables.*** **2** Que no se deja influir por otros.

insociable ***adj.*** Referido a quien rehúye el trato con otras personas: *Clara es una mujer **insociable** que no tiene amigos y pasa el tiempo en su casa.* SIN. **huraño.**

insolación ***f.*** Malestar producido por permanecer mucho tiempo bajo el sol: *El dolor de cabeza puede ser un síntoma de **insolación.***

insoldable ***adj.*** Que no se puede soldar.

insolencia ***f.*** Falta de respeto: *Arturo cometió la **insolencia** de gritarle a su madre.* SIN. **descaro, atrevimiento, impertinencia.**

insolente ***adj.*** Aplicado al que comete una falta de respeto: *Lorenzo le contestó de mala manera a la maestra y ella lo castigó por **insolente.***

insólito, ta ***adj.*** Se aplica a lo que no sucede de manera frecuente: *Tener una víbora como mascota es algo **insólito.*** SIN. **raro, extraño, asombroso.** ANT. **normal, ordinario.**

insoluble ***adj.*** **1** Aplicado a lo que no puede disolverse: *La pintura para automóvil es **insoluble** en agua; se necesita una sustancia especial para disolverla.* **2** Referido a lo que no tiene solución: *Le dije al maestro que el problema de matemáticas era **insoluble,** pero él me respondió que había hecho mal las operaciones.*

insolvencia ***f.*** Imposibilidad de pagar una deuda por falta de recursos: *La **insolvencia** económica de una empresa se debe a que tiene más gastos que ganancias.* SIN. **quiebra.**

insolvente ***adj.*** Que no puede pagar una deuda o hacerse cargo de algo: *El hombre fue a la oficina de Hacienda, se declaró **insolvente** para pagar sus impuestos atrasados y pidió que le dieran un nuevo plazo.*

insomne ***adj.*** Que sufre de insomnio: *La preocupación por aprobar el examen ha mantenido **insomne** a Guille durante toda la semana.*

a b c d e f g h i j k l m n o p q r s t u v w x y z

insomnio ***m.*** Dificultad para conciliar el sueño: *Andrés padece **insomnio** porque el ruido de una discoteca cercana a su casa no lo deja dormir por las noches.*

insondable ***adj.*** **1** Que no tiene fondo: *El mar **insondable** se tragó los restos del naufragio.* **2** Que no se puede saber a fondo: *Jamás logró descifrar los ojos **insondables** de su amada.*

insonorizar ***vb.*** {tr.} Aislar un sitio cerrado del ruido del exterior: ***Insonorizaron** las cabinas de la estación de radio poniendo un nuevo recubrimiento en sus paredes.*

insoportable ***adj.*** Referido a lo que es difícil o imposible de aguantar: *Maximiliano está de un humor **insoportable** porque su equipo favorito perdió el campeonato.*

insoslayable ***adj.*** Que no se puede pasar por alto.

insospechado, da ***adj.*** Referido a lo que sorprende porque no se pensaba en su existencia: *Teresa tiene habilidades **insospechadas,** pues sabe hacer muchas cosas que nadie se imagina.*

inspección ***f.*** Hecho de examinar algo: *Las autoridades realizaron una **inspección** en la cocina del restaurante para saber si preparaban los alimentos de manera higiénica.* SIN. **revisión.**

inspeccionar ***vb.*** {tr.} Examinar, reconocer algo de manera atenta: *El ingeniero **inspeccionó** muy bien el terreno antes de comenzar a construir la carretera.* SIN. **revisar, investigar.**

inspector, ra ***m.*** y ***f.*** Persona que vigila el cumplimiento de pagos, leyes, reglamentos, etc.: *El **inspector** de transportes controla que los conductores no falten a las reglas y que los pasajeros paguen el pasaje.*

inspectoría ***f.*** **1** *Chile.* Cuerpo de policía sometido al mando de un inspector. SIN. **comisaría. 2** *Chile.* Territorio vigilado por este cuerpo.

inspiración ***f.*** **1** Acción de aspirar el aire por la nariz o la boca hacia adentro de los pulmones: *La **inspiración** y la espiración constituyen la respiración.* SIN. **aspiración, inhalación.** ANT. **espiración, exhalación. 2** Estímulo que favorece la creación artística: *Esa muchacha es la **inspiración** de Jaime, ya que cuando la ve siente deseos de crear poemas de amor.* **3** Estado del artista que siente ganas de crear algo: *Las obras de muchos pintores famosos son producto de su **inspiración,** no son copias de otras obras.*

inspirado, da ***adj.*** Se aplica a quien está bajo la influencia de una inspiración: *Hoy mi mamá estaba **inspirada** y la comida que preparó sabe muy rica.*

inspirador, ra ***adj.*** Relativo a lo que motiva a crear o sentir algo: *Esta música cubana es **inspiradora,** al escucharla dan ganas de bailar.*

inspirar ***vb.*** {tr. y prnl.} **1** Meter el aire a los pulmones por la nariz o por la boca: *Al hacer ejercicio es importante **inspirar** el aire por la nariz para evitar el agotamiento excesivo.* SIN. **aspirar, inhalar.** ANT. **espirar, exhalar. 2** Comunicar sentimientos, ideas, etc., a alguien: *Los cachorros de mi perra me **inspiran** ternura.* **3** Estimular a alguien para que haga cosas creativas: *Los recuerdos de sus viajes por Europa lo **han inspirado** para escribir este libro.* **4** Sentirse con ganas de crear algo.

instalación ***f.*** **1** Hecho de colocar algo en un lugar: *La **instalación** de las luces para la obra de teatro se realizó en tres horas.* **2** Hecho de dar un empleo o un lugar a una persona: *La **instalación** de los nuevos vecinos fue el viernes.* **3** Lugar que tiene todo lo necesario para llevar a cabo una actividad: *Las **instalaciones** de la escuela constan de un edificio con salones, una oficina de dirección, la biblioteca, el patio, el laboratorio y los baños.* **4** Especialidad del arte moderno que aprovecha objetos y máquinas para crear espacios con un significado propio: *La **instalación** es un arte en el que pueden usar pinturas, madera, objetos de metal, muebles, juguetes o cualquier cosa que se le ocurra al artista.*

instalar ***vb.*** {tr. y prnl.} **1** Colocar algo de forma adecuada para la función que ha de realizar: *Hoy el fontanero **instaló** el baño: puso el inodoro, el lavabo y colocó los grifos del agua.* **2** Acomodar a una persona: *La anfitriona **instaló** a sus huéspedes en la habitación más grande de la casa.* **3** Establecerse: *Mi amiga acaba de **instalarse** en un departamento del edificio donde vivo.*

instancia ***f.*** Escrito formal que se hace para solicitar algo: *Todos los vecinos firmaron una **instancia** en la que piden a las autoridades la construcción de un centro cultural en el barrio.*

instantánea ***f.*** Fotografía obtenida de forma rápida: *Le tomaron unas **instantáneas** al niño en las que se ve cómo estaba jugando.*

instantáneo, a ***adj.*** **1** Relativo a lo que sólo dura un instante: *La luz del rayo durante la tormenta es **instantánea.*** **2** Se aplica a lo que se puede hacer de manera rápida: *Voy a preparar café **instantáneo,** porque no tengo tiempo de poner café de grano en la cafetera.*

instante ***m.*** **1** Porción brevísima de tiempo: *Hace un **instante** estaba aquí, pero ahora ya no está.* SIN. **momento. 2** *loc.* **Al ~,** en seguida: *Llegué **al instante** a la escuela porque había pocos automóviles en la calle.*

instar ***vb.*** {tr.} Repetir una petición o súplica: *El maestro **instó** a los niños a que guardaran silencio porque iba a comenzar la clase.* SIN. **insistir.**

instauración ***f.*** Establecimiento de algo que comienza: *La **instauración** de la nueva escuela alegró a la población.* SIN. **fundación.**

instaurar ***vb.*** {tr.} Establecer algo nuevo: *Los países de América **instauraron** una nueva forma de gobierno después de que se independizaron de los gobiernos europeos.* SIN. **instituir, fundar.**

instigación ***f.*** Provocación que alguien hace a otro para que haga algo malo.

instigador, ra ***adj./m.*** y ***f.*** Relativo al que promueve una acción mala o violenta: *En la obra de William Shakespeare llamada* Otelo, *el villano Yago fue el **instigador** del asesinato de Desdémona.*

instigar ***vb. irreg.*** {tr.} **Modelo 17.** Hacer que uno haga una cosa mala o violenta: *Un vándalo **instigó** a sus compañeros para que rompieran los vidrios de un autobús.* SIN. **incitar, inducir.**

instintivo, va ***adj.*** Se refiere a lo que nace de un impulso natural: *Es **instintivo** que las hembras cuiden a sus crías.*

instinto ***m.*** Impulso natural que determina los actos de los animales y de las personas sin necesidad de aprendizaje o razonamiento: *Los animales se defienden y se alimentan de manera adecuada por **instinto.*** SIN. **intuición.**

institución ***f.*** **1** Hecho de establecer algo que antes no existía: *La **institución** de la nueva escuela fue aprobada por las autoridades del pueblo.* **2** Organismo que desarrolla una tarea social o cultural: *Los hospitales son **instituciones** de salud.*

institucional ***adj.*** Relativo al organismo que realiza una tarea social o cultural: *La educación **institucional** debe seguir las reglas que establece el gobierno de la nación.*

institucionalizar ***vb. irreg.*** {tr.} **Modelo 16.** Hacer que una actividad sea regulada por las formas propias de una institución: *El gobierno de ese país **institucionalizó** el reciclaje de plástico y ahora todas las empresas deben respetar esa ley.*

instituir ***vb. irreg.*** {tr.} **Modelo 59.** Iniciar algo que se seguirá haciendo en el futuro: *Alfred Nobel* ***instituyó*** *los premios Nobel.* SIN. **fundar, crear, constituir.**

instituto ***m.*** **1** Organismo o asociación de personas que se dedican a una misma tarea: *Dentro de la universidad hay* ***institutos*** *de investigación científica e histórica.* **2** Centro oficial de enseñanza secundaria: *Rodrigo terminó la educación básica y se inscribirá en un* ***instituto*** *para estudiar la educación media.*

institutor ***m. Colomb.*** Profesor.

institutriz ***f.*** Maestra que da clases a los niños de una familia en casa de éstos: *En los siglos XIX y principios del XX, las familias ricas encargaban la educación de sus hijos a una* ***institutriz*** *que vivía con ellos y les enseñaba idiomas, música, reglas de educación y otras materias.*

instrucción ***f.*** **1** Hecho de enseñar: *Una enfermera se encargó de la* ***instrucción*** *de los padres de familia para que puedan realizar primeros auxilios en caso de accidente.* **2** Caudal de conocimientos adquiridos. **3** Reglas o pasos a seguir para hacer algo: *Le di* ***instrucciones*** *de cómo llegar a mi casa para que no se pierda.*

instructivo ***m.*** Folleto impreso que acompaña a ciertos productos para explicar su funcionamiento: *El* ***instructivo*** *de la tostadora de pan está adentro de la caja.*

instructivo, va ***adj.*** Relativo a lo que sirve para enseñar: *Vimos un programa en el televisor que fue muy* ***instructivo*** *acerca de la vida de los animales.*

instructor, ra ***m.*** y ***f.*** Persona que se dedica a enseñar algo: *El* ***instructor*** *de baloncesto da clases todos los días a las ocho de la mañana en el gimnasio de mi escuela.*

instruido, da ***adj.*** Se refiere a la persona que tiene muchos conocimientos: *La doctora Ruiz es una mujer* ***instruida:*** *ha estudiado en la universidad nacional y en el extranjero.* SIN. **culto, sabio.**

instruir ***vb. irreg.*** {tr. y prnl.} **Modelo 59. 1** Dar conocimientos a otros: *El jefe de la oficina* ***instruyó*** *a los empleados sobre la forma de realizar el trabajo.* SIN. **enseñar, educar, formar. 2** Formarse en alguna actividad o en el conocimiento de una materia: *Para ser un buen cirujano es necesario* ***instruirse*** *en muchas materias como anatomía, química y biología.* SIN. **aprender, estudiar, practicar.**

instrumentación ***f.*** Arreglo de una composición musical para que pueda ser interpretada por varios instrumentos: *La* ***instrumentación*** *de esta melodía para flauta incluye una trompeta, piano y dos violines.*

instrumental ***adj.*** Relativo a los instrumentos de música: *Este concierto es de música* ***instrumental,*** *así que no habrá cantantes.*

instrumental ***m.*** Conjunto de objetos y aparatos que necesita un médico para trabajar: *El* ***instrumental*** *del dentista se encuentra en su consultorio sobre una mesa pequeña.*

instrumentar ***vb.*** {tr.} Organizar todos los pasos de una acción determinada en la que intervienen varios elementos: *Esa feria del libro fue un éxito porque el comité organizador* ***instrumentó*** *a la perfección todos los detalles.*

instrumento ***m.*** **1** Objeto utilizado para realizar alguna cosa: *El rastrillo y el azadón son* ***instrumentos*** *de jardinería.* SIN. **herramienta, utensilio. 2** Objeto fabricado para producir sonidos musicales: *El violín, el bajo y la guitarra son* ***instrumentos*** *de cuerda.* **3** Medio para conseguir un fin: *El teléfono es el* ***instrumento*** *que utilizamos para hablar con alguien que está lejos.*

insubordinación ***f.*** Desobediencia: *La* ***insubordinación*** *de los soldados se castiga de manera severa.* SIN. **rebeldía.**

insubordinar ***vb.*** {tr.} Provocar que otros desobedezcan o se rebelen contra un superior: *Fue Juan quien* ***insubordinó*** *al grupo, todos nos portamos muy mal en el museo y al regreso el maestro nos bajó puntos.*

insuficiencia ***f.*** Incapacidad para satisfacer una necesidad: *La* ***insuficiencia*** *renal es una enfermedad del riñón que hace que éste no alcance a cumplir su función.* SIN. **escasez, falta.**

insuficiente ***adj.*** Se refiere a lo que no alcanza a satisfacer una necesidad: *En este edificio la luz es* ***insuficiente*** *porque hay muy pocas ventanas y no sirven las bombillas.* SIN. **escaso, poco.**

insuficiente ***m.*** Valoración negativa del aprovechamiento de un alumno: *Está estudiando porque sacó un* ***insuficiente*** *y no quiere repetir el curso.*

insufrible ***adj.*** Muy difícil de aguantar o tolerar: *El dolor de muelas de Joaquín ya era* ***insufrible,*** *así que se fue al dentista casi corriendo.*

ínsula ***f.*** Territorio rodeado de agua de mar, de río o de un lago: *Dominica, Martinica y Barbados son* ***ínsulas*** *del mar Caribe.* SIN. **isla.**

insular ***adj.*** Relativo a las islas y a las personas que viven en ellas: *Cuba se encuentra en un territorio* ***insular.***

insular ***m.*** y ***f.*** Habitante de una isla: *En el mar Caribe, muchos* ***insulares*** *son descendientes de africanos que llegaron como esclavos para trabajar.* SIN. **isleño.**

insulina ***f.*** Sustancia del cuerpo humano producida por el páncreas: *La* ***insulina*** *es una hormona que regula la cantidad de azúcar o glucosa en la sangre.*

insulso, sa ***adj.*** **1** Se refiere a lo que le falta sabor: *Esta comida está* ***insulsa*** *porque le faltan hierbas y sal que la condimenten.* SIN. **soso, insípido, desabrido. 2** Se aplica a la persona o cosa que le falta gracia o que no despierta interés: *Javier es un* ***insulso*** *que aburre a sus amigos con sus aventuras inventadas.* SIN. **aburrido, tonto.**

insultante ***adj.*** Aplicado a lo que produce una ofensa: *"Es* ***insultante*** *que después de haber ayudado a José con su trabajo, ahora ya no quiera hablar contigo."*

insultar ***vb.*** {tr.} Dirigir a alguien palabras ofensivas: *El automovilista* ***insultó*** *al chofer del camión porque conducía de manera muy agresiva y estuvo a punto de chocar contra su automóvil.* SIN. **ofender.**

insulto ***m.*** **1** Palabra que se dice para ofender: *Mi hermano estaba tan enojado conmigo que me lanzó* ***insultos*** *durante un rato hasta que se tranquilizó.* **2** Lo que ofende a alguien: *En tiempos de la monarquía era un* ***insulto*** *darle la espalda al rey.*

insumergible ***adj.*** Que no se puede sumergir.

insumiso, sa ***adj./m.*** y ***f.*** Referido al que no está sometido a otros o que se halla en rebeldía: *Durante las guerras de Independencia de América, muchos pueblos permanecieron* ***insumisos*** *hasta que conquistaron su libertad.*

insuperable ***adj.*** Aplicado a lo que es tan malo que no puede olvidarse, tan alto que no puede brincarse o tan bueno que no se puede mejorar: *Esa valla de un metro de alto es* ***insuperable*** *para mí, tendré que buscar otro camino para llegar a la meta.*

insurgente ***adj./m.*** y ***f.*** Referido a quien se ha sublevado y ya no obedece órdenes: *La batalla de Ayacucho representó el triunfo de los* ***insurgentes*** *sudamericanos en contra de los españoles.* SIN. **insurrecto.**

insurrección ***f.*** Rebelión, falta de obediencia a los mandatos de una autoridad: *La* ***insurrección*** *de los obreros se produjo porque los trataban de manera indigna y no les pagaban sueldo.* SIN. **revolución, levantamiento, sublevación.**

a b c d e f g h i j k l m n o p q r s t u v w x y z

insurrecto, ta ***adj./m.*** y ***f.*** Se aplica a quien no obedece los mandatos de una autoridad: *Durante la Revolución Mexicana, Emiliano Zapata dirigió a muchos* ***insurrectos*** *que se rebelaron contra la injusticia en el campo.* SIN. **rebelde, revolucionario.**

insustancial ***adj.*** Se refiere a lo que no tiene interés o atractivo: *Que la bicicleta sea verde o roja es un asunto* ***insustancial,*** *lo importante es que funcione y puedas pasear en ella.*

insustituible ***adj.*** Que no se puede sustituir.

intachable ***adj.*** Referido a lo que no admite reproche o censura porque es correcto: *La conducta* ***intachable*** *de ese alumno es un buen ejemplo para sus compañeros.* SIN. **irreprochable.**

intacto, ta ***adj.*** Se aplica a lo que no ha sido tocado, alterado o dañado: *El reloj se cayó al suelo, pero quedó* ***intacto:*** *no está roto y funciona.* SIN. **completo, entero, íntegro.**

intangible ***adj.*** Se dice de lo que no puede o no debe tocarse. SIN. **sagrado.**

integración ***f.*** Hecho de unir o proceso de unificación de cosas: *Es importante la* ***integración*** *de los pueblos indígenas a la sociedad, pero sin alterar sus propias costumbres.*

integrado, da ***adj.*** Que se integra en un todo: *El libro* ***integrado*** *del Ministerio de Educación abarca todas las materias de primero de primaria.*

integral ***adj.*** Relativo a lo que engloba todas las partes o aspectos de algo: *El desarrollo* ***integral*** *de una persona incluye alimentación, salud, trabajo, aprendizaje, ejercicio, diversión y descanso.* SIN. **entero.**

integrante ***adj.*** Se aplica a lo que participa en la formación de un todo: *El monitor y el ratón son partes* ***integrantes*** *de un equipo de computación.*

integrante ***m.*** y ***f.*** Persona que forma parte de un grupo: *El grupo musical está formado por tres* ***integrantes,*** *uno toca el violín, otro el violonchelo y el tercer músico toca el saxofón.*

integrar ***vb.*** {tr. y prnl.} **1** Formar parte de un todo: *Los tambores, los platillos y las baquetas* ***integran*** *esta batería.* **2** Construir un todo agrupando sus partes: *El entrenador* ***integró*** *un buen equipo para los juegos de esta temporada.* **3** Introducirse de manera total en un grupo: *Verónica ya* ***se integró*** *a su escuela y mañana irá a una fiesta con sus nuevos amigos.*

integridad ***f.*** **1** Calidad de íntegro, entereza de ánimo: *La* ***integridad*** *de Rolando hace de él una persona confiable.* **2** Pureza, virginidad: *Los ecologistas piden que se respete la* ***integridad*** *de la naturaleza.*

integrismo ***m.*** Doctrina antiliberal que defiende la aplicación inflexible de una religión.

integrista ***adj./m.*** y ***f.*** **1** Partidario del integrismo. **2** Relativo al integrismo.

íntegro, gra ***adj.*** **1** Referido a lo que tiene o conserva todas sus partes: *Después del terremoto, el edificio se conserva* ***íntegro*** *porque está bien construido.* SIN. **entero.** **2** Se aplica a quien actúa con rectitud y honradez: *Lucio es una persona* ***íntegra,*** *puedes confiar en su palabra.*

intelecto ***m.*** Entendimiento, capacidad de entender: *El* ***intelecto*** *permite que el ser humano razone.* SIN. **inteligencia.**

intelectual ***adj.*** Relativo al entendimiento o inteligencia: *El estudio es un trabajo* ***intelectual*** *porque requiere el trabajo de nuestra mente.*

intelectual ***m.*** y ***f.*** Persona cuyo trabajo exige un especial empleo de la inteligencia: *Los* ***intelectuales*** *investigan, escriben, leen, discuten y reflexionan.*

intelectualismo ***m.*** Actitud que favorece al intelecto frente a lo afectivo.

intelectualización ***f.*** Resultado de intelectualizar.

intelectualizar ***vb.*** {tr.} Tratar algo desde el punto de vista intelectual o racional: *No trates de* ***intelectualizar*** *tu dolor, súfrelo primero y podrás superar más rápido el duelo.*

inteligencia ***f.*** Capacidad de entender o comprender: *La* ***inteligencia*** *distingue al ser humano de los animales porque ellos no la tienen.* SIN. **mente, comprensión, razón.**

inteligente ***adj./m.*** y ***f.*** Se refiere a quien entiende y razona: *Gonzalo es muy* ***inteligente*** *y capta todo de manera rápida.* SIN. **listo, sagaz.** ANT. **tonto, bobo.**

inteligible ***adj.*** Se refiere a lo que puede ser entendido: *La maestra se esforzó por hacer* ***inteligible*** *para sus alumnos ese complicado tema de filosofía.* SIN. **comprensible, claro.** ANT. **ininteligible, confuso.**

intemperancia ***f.*** Carencia de templanza, de moderación.

intemperante ***adj.*** Que carece de templanza.

intemperie ***f.*** **1** Desigualdad del clima. **2** ***loc.*** **A la ~,** al aire libre, a cielo descubierto: *Tuvimos que dormir* ***a la intemperie*** *en la montaña porque no pudimos armar la tienda de campaña.*

intempestivo, va ***adj.*** Se aplica a lo que no es oportuno: *Comenzaba a quedarme dormido, cuando un ruido* ***intempestivo*** *me hizo despertar de golpe.* SIN. **inoportuno.**

intemporal ***adj.*** Relativo a lo que es independiente del curso del tiempo.

intemporalidad ***f.*** Característica de lo que no tiene temporalidad.

intención ***f.*** Propósito de hacer o conseguir algo: *Timoteo tiene la* ***intención*** *de salir de viaje pero aún no sabe a dónde ir.* SIN. **propósito, proyecto.**

intencionado, da ***adj.*** **1** Se aplica a lo que se hace con el propósito de lograr algo: *El jugador le dio un golpe* ***intencionado*** *al otro jugador para poder pasar y por eso lo expulsaron del partido.* SIN. **voluntario, a propósito.** ANT. **casual.** **2** Referido a la persona que tiene el propósito para actuar de una manera: *Rafaela es una mujer bien* ***intencionada*** *que me ayudó sin esperar que le pagara algo.*

intencional ***adj.*** Se refiere a lo que se hace a sabiendas, de manera deliberada: *El encuentro entre Daniela y Jacobo fue* ***intencional*** *porque Jacobo quería conocerla.* SIN. **deliberado.** ANT. **involuntario.**

intendencia ***f.*** **1** Dirección, gobierno de una cosa: *La* ***intendencia*** *de la empresa se encuentra a cargo de un hombre rico.* **2** División territorial gobernada por un intendente.

intendente, ta ***m.*** y ***f.*** Persona encargada de dirigir una casa, una finca u otra cosa.

intensidad ***f.*** Fuerza que tiene un hecho natural, una cualidad, una expresión o un afecto: *Iban a salir a pasear, pero llovía con tal* ***intensidad*** *que tuvieron que quedarse en casa.* SIN. **energía, fuerza.** ANT. **debilidad.**

intensificación ***f.*** Aumento en la energía o frecuencia de algo: *La* ***intensificación*** *de las lluvias trae como consecuencia más inundaciones.*

intensificar ***vb. irreg.*** {tr. y prnl.} **Modelo 17.** **1** Aumentar la energía o frecuencia de algo: *Voy a* ***intensificar*** *el estudio porque el examen será pronto.* **2** Aumentarse la energía o frecuencia de algo: *Este año las lluvias se han* ***intensificado,*** *llueve más que el año pasado.*

intensivo, va ***adj.*** Relativo a lo que tiene una actividad muy frecuente y muy fuerte: *Tomé un curso* ***intensivo*** *de francés porque el próximo mes viajaré a París.*

intenso, sa ***adj.*** Referido a lo que tiene mucha energía, mucha fuerza o mucha frecuencia: *Patricio siente un dolor* *intenso en el estómago porque ha comido muchos chocolates.* SIN. **fuerte, potente.** ANT. **débil, suave.**

intentar ***vb.*** {tr.} Hacer lo posible para lograr algo: *El alpinista **intentará** escalar el Monte Everest.* SIN. **procurar.**

intento ***m.*** **1** Propósito de hacer algo: *Hubo un **intento** de robo en la farmacia, pero finalmente no pasó nada.* **2** Lo que se quiere lograr: *Hice un par de **intentos** para ver si funcionaba el robot que construí.* SIN. **prueba, tentativa.**

intentona ***f. Fam.*** Propósito de lograr algo muy difícil, que finalmente no resulta: *La policía logró impedir la **intentona** de los ladrones para robar el banco.*

interacción ***f.*** Acción y respuesta entre varios seres o entre varias cosas: *La **interacción** de los animales en la naturaleza es admirable: todos están relacionados entre sí.*

interactividad ***f.*** Cualidad o característica que permite un intercambio o diálogo.

interactivo, va ***adj.*** Relativo al modo de empleo de una computadora, en el cual el usuario "dialoga" o "se comunica" con los programas de la máquina.

intercalar ***vb.*** {tr. y prnl.} **1** Poner una cosa entre otras: *El collar de perlas tiene **intercaladas** piedras de colores.* SIN. **interponer, agregar. 2** Ponerse entre dos cosas o personas: *Los niños **se intercalaron** con las niñas para formar una rueda, de modo que quedaran colocados un niño, una niña, un niño, una niña, y así hasta terminar el círculo.*

intercambiable ***adj.*** Que se puede cambiar y funciona igual que el original: *El nuevo aparato tiene audífonos **intercambiables** ya que su entrada acepta todos los modelos.*

intercambiar ***vb.*** {tr.} Dar algo a cambio de otra cosa: ***Intercambié** el filme que ya había visto por otro que no he visto todavía.* SIN. **canjear, cambiar.**

intercambio ***m.*** **1** Hecho de dar algo para recibir otra cosa: *Fabiola hizo un **intercambio** de ropa con Susana.* SIN. **cambio, trueque. 2** Hecho de prestar un servicio a cambio de otro servicio entre organismos o países: *En mi casa está viviendo una muchacha inglesa como parte de un programa de **intercambio** cultural con Inglaterra.*

interceder ***vb.*** {intr.} Hablar a favor de alguien: *Mi hermano **intercedió** por mí para que mis padres me dieran permiso de salir.* SIN. **abogar, intervenir.**

intercelular ***adj.*** Relativo a lo que hay entre dos o más células: *El espacio **intercelular** es muy pequeño, sólo se ve a través del microscopio.*

interceptar ***vb.*** {tr.} Detener una cosa en su camino: *El jugador del equipo contrario **interceptó** el balón que Rodolfo le arrojó a Pablo.* SIN. **obstaculizar, interrumpir, obstruir.**

intercesor, ra ***adj./m.*** y ***f.*** Persona que intercede por otra: *Ana me pidió ser su **intercesora** ante el jefe, para ayudarle a obtener el permiso que necesita.*

intercomunicación ***f.*** Comunicación y respuesta entre dos personas, grupos o países que emiten y reciben señales: *La **intercomunicación** por radio o teléfono es útil en casos de emergencia.*

intercomunicador ***m.*** Aparato que sirve para intercomunicarse: *Por el **intercomunicador** pudo ver quién tocaba a la puerta.* SIN. **interfón.**

interconectado, da ***adj.*** Que estableció interconexión.

interconectar ***vb.*** {tr.} Conectar dos o más cosas entre sí: *Cuando pusimos el árbol de Navidad, **interconectamos** cuatro series de foquitos para lograr el efecto luminoso deseado.*

interconexión ***f.*** **1** Establecimiento de una conexión. **2** Lugar donde se interconecta algo.

intercontinental ***adj.*** Que conecta dos o más continentes: *Esa línea aérea hace vuelos **intercontinentales**, tiene escalas en América, Europa y África.*

intercostal ***adj.*** Relativo a lo que está entre las costillas: *El anciano se queja de un dolor en la zona **intercostal**.*

interdependencia ***f.*** Relación de cooperación que se establece entre varios agentes que dependen entre sí: *Estos dos pueblos tienen una relación de **interdependencia**, cada uno produce cosas que el otro necesita.*

interdicción ***f.*** **1** Prohibición para que se haga algo. **2** ~ **civil,** privación de derechos civiles.

interdicto ***m.*** **1** Prohibición de hacer algo. **2** Entredicho.

interdisciplinario, ria ***adj.*** Relativo a la relación y colaboración entre varias actividades, disciplinas o ciencias: *El sistema **interdisciplinario** de esa universidad ayuda a que los alumnos tengan mayor conciencia del mundo en que viven.*

interés ***m.*** **1** Lo que hace importante o valiosa una cosa: *El filme perdió su **interés** cuando me di cuenta de que el asesino era el mayordomo.* SIN. **importancia, valor. 2** Inclinación del ánimo: *Leticia siempre ha tenido **interés** por los números, creo que va a estudiar la carrera de matemáticas.* SIN. **curiosidad, gana.** ANT. **desinterés. 3** Beneficio de alguien: *La distribución de agua potable se hizo en **interés** de la población.* SIN. **conveniencia, provecho. 4** Ganancia producida por un capital: *Los bancos dan **intereses** por el dinero que se ahorra en una cuenta.*

interesado, da ***adj.*** **1** Se dice de quien se muestra curioso por algo: *Desde niño me he sentido **interesado** por la vida de los insectos y ahora voy a estudiar la carrera de biología.* **2** Aplicado a quien hace las cosas por propia conveniencia: *No me gusta trabajar con él porque es **interesado** y sólo busca obtener ganancias de lo que hace.* SIN. **egoísta.** ANT. **desinteresado.**

interesante ***adj.*** Referido a lo que despierta la atención de alguien: *Ese investigador escribió un libro **interesante** sobre el origen de la vida.* SIN. **atractivo, sugestivo.** ANT. **indiferente.**

interesar ***vb.*** {intr. y prnl.} **1** Ser algo motivo de interés: *Esta maquinaria **interesa** a los campesinos porque les ayuda en la cosecha de frutos.* SIN. **importar. 2** Despertar la curiosidad o captar la atención: *El maestro contaba tan bien los cuentos que **interesaba** a todos los niños.* **3** Mostrarse atento o curioso por algo o alguien: *Horacio **se interesa** por sus hijos, los cuida, los ayuda y los ama.*

interestelar ***adj.*** Se refiere al espacio que hay entre los astros: *La nave de los astronautas flotaba en el espacio **interestelar**.*

interferencia ***f.*** **1** Hecho de interponerse algo cuando se realiza una acción: *La falta de comunicación entre las personas es una **interferencia** para el desarrollo armónico de las relaciones humanas.* **2** Mezcla de las señales de dos o más emisoras de radio o televisión: *No pude oír el programa de radio porque había **interferencia**, sólo se oían ruidos confusos.*

interferir ***vb. irreg.*** {intr., tr. y prnl.} **Modelo 50. 1** Producir una mezcla de señales de emisoras de radio o televisión: ***Interfirieron** la programación normal del canal para transmitir una noticia importante.* **2** Interponerse algo o alguien cuando se realiza una acción.

interfón ***m. Méx.*** Aparato eléctrico en dos partes, una externa y otra dentro de la casa o departamento, que sirve para que quien llegue toque el timbre y para que la persona que está en la casa pueda preguntar quién es y abrir la puerta de la calle con sólo oprimir un botón. SIN. **intercomunicador.**

interfono ***m.*** Aparato telefónico usado para la comunicación interna de un edificio o de una oficina: *La secretaria se comunica con su jefe por medio del* ***interfono.***

intergaláctico, ca ***adj.*** Se dice del espacio situado entre las galaxias: *En las fotos astronómicas el espacio* ***intergaláctico*** *se ve pequeño, pero en realidad es inmenso.*

ínterin ***m.*** Lapso que se encuentra entre dos acciones o hechos: *El* ***ínterin*** *entre la hora de la cita y la llegada de mi novia duró cuarenta minutos.*

interinato ***m.*** **1** Tiempo que dura un trabajo interino: *Gracias a un* ***interinato*** *de dos meses pudo adquirir la experiencia necesaria para aspirar a quedarse.* **2** Empleo interino: *Le ofrecieron cubrir un* ***interinato*** *mientras salía su plaza.*

interino, na ***adj./m.*** y ***f.*** Se refiere a quien suple a otro de manera temporal: *Tenemos una maestra* ***interina*** *porque la maestra titular dio a luz.*

interior ***adj.*** **1** Referido a lo que está en la parte de adentro de un lugar o cosa: *La parte* ***interior*** *de la sandía es roja, la parte exterior es verde.* Sin. **interno.** **2** Respecto de un edificio o casa, aquel departamento o habitación que no da a la calle: *Sergio estudia en una habitación* ***interior*** *para que no lo molesten los ruidos de la calle.* **3** Relativo al alma o a la conciencia de una persona. **4** ***loc.*** **Ropa ~,** ropa que se usa debajo de los pantalones, camisas y vestidos, para proteger los senos y los genitales: *Un juego de* ***ropa interior*** *para hombre está compuesto de camiseta y calzón.* **5** ***Argent., Colomb., Méx.*** y ***Urug.*** Provincia: *Hizo un viaje al* ***interior*** *para visitar a sus parientes.*

interior ***m.*** **1** Alma o conciencia de una persona: *Está muy enferma, pero en su* ***interior*** *existe la esperanza de que sanará pronto.* **2** La parte de adentro: *En el* ***interior*** *de la Tierra hay material muy caliente.* **3** Departamento o habitación de un edificio: *Julio vive en el edificio ocho,* ***interior*** *tres, de la calle Bolívar.*

interioridad ***f.*** Cualidad de lo íntimo.

interiorización ***f.*** Resultado de interiorizar.

interiorizado, da ***adj.*** Que está asumido, que se interiorizó.

interiorizar ***vb.*** {tr. y prnl.} **1** Adentrarse en uno mismo. **2** Compenetrarse o identificarse con los demás.

interjección ***f.*** Expresión o palabra que sirve para indicar un estado de ánimo, una orden o un aviso: *La palabra "¡Cuidado!" es una* ***interjección.***

interlínea ***f.*** Espacio que queda libre entre dos líneas escritas: *Ese libro tiene la* ***interlínea*** *muy cerrada y cuesta trabajo leerlo.*

interlocución ***f.*** Conversación o plática entre dos personas. Sin. **diálogo.**

interlocutor, ra ***m.*** y ***f.*** Cada una de las personas que toman parte en un diálogo: *De los tres* ***interlocutores*** *que estaban conversando, uno se enojó y se retiró.*

interludio ***m.*** Pieza musical breve que sirve de introducción o intermedio en un concierto.

interlunio ***m.*** Luna nueva, fase de la Luna en que ésta no se ve desde la Tierra: *La noche de* ***interlunio*** *es oscura, mientras que la noche de plenilunio es clara.*

intermediación ***f.*** Resultado de intermediar.

intermediar ***vb.*** {intr.} Actuar de mediador entre dos personas o instituciones en conflicto.

intermediario ***m.*** y ***f.*** Persona que compra los artículos a quien los produce y los lleva a vender a otro lugar: *Los* ***intermediarios*** *compran la fruta en el campo y la llevan al mercado de la ciudad para venderla.*

intermediario, ria ***adj.*** Referido al que media entre dos o más partes para lograr un acuerdo: *Para concertar la paz, los dos países en conflicto recurrieron a un país* ***intermediario.***

intermedio ***m.*** Espacio que hay entre un tiempo y otro o entre una acción y otra: *En el* ***intermedio*** *de la obra de teatro fui al baño.* Sin. **intervalo.**

intermedio, dia ***adj.*** Referido a lo que está en medio de dos cosas o a la mitad de una escala: *Este zapato me queda grande y el otro me queda chico, necesito un número* ***intermedio.***

interminable ***adj.*** Referido a lo que dura tanto que parece que no va a terminar nunca: *Hoy la clase de física se me hizo* ***interminable,*** *no pude concentrarme.* Sin. **inagotable, inacabable.** Ant. **breve.**

intermitente ***adj.*** Referido a lo que se interrumpe y prosigue a intervalos regulares: *El chorro de agua de esa fuente es* ***intermitente:*** *de pronto sube, después baja, luego vuelve a subir, a bajar, etc.*

intermitentes ***f. pl. Méx.*** Señal que enciende y apaga una luz de manera alternativa: *Las* ***intermitentes*** *del autobús se encendieron para indicar que estaba detenido por una falla mecánica.*

internación ***f.*** Acción de internarse.

internacional ***adj.*** Relativo a dos o más naciones: *Los Juegos Olímpicos son un evento* ***internacional*** *en el que participan deportistas de muchos países.* Sin. **mundial, universal.** Ant. **local, nacional.**

internacionalización ***f.*** Transformación de un asunto estatal en un asunto internacional.

internacionalizar ***vb. irreg.*** {tr.} **Modelo 16.** Convertir algo en asunto de dos o más naciones: *La carta de derechos de la niñez* ***ha sido internacionalizada*** *y todos los países deben respetarla.*

internado ***m.*** Centro educativo donde los alumnos estudian, comen y se quedan a dormir: *Elvira está en un* ***internado*** *de señoritas y sólo visita a sus padres los fines de semana.* Sin. **pensionado.**

internado, da ***adj.*** Relativo a quien está encerrado en un lugar del que no se puede salir sin permiso de una autoridad: *Doña Eulogia está* ***internada*** *en el hospital porque necesita atención médica.*

internado, da ***m.*** y ***f.*** Persona que está internada en una institución educativa, en un hospital, manicomio o cárcel: *Los* ***internados*** *de la prisión reciben visitas todos los sábados.*

internar ***vb.*** {tr. y prnl.} **1** Hacer que alguien resida en una institución o local con determinada finalidad: *Los padres de Ramiro lo* ***internaron*** *en un colegio para que estudie la educación media.* **2** Ingresar en un hospital: *Esta tarde* ***internarán*** *a mi abuela porque la van a operar.* **3** Avanzar hacia adentro: *El viejo arqueólogo contó durante la conferencia sus aventuras de cuando* ***se internaba*** *en la selva buscando alguna ciudad perdida.* Sin. **adentrarse.**

internauta ***m.*** y ***f.*** Persona que utiliza la red de Internet: *Anoche fui* ***internauta*** *durante tres horas, estaba buscando en Internet datos sobre la historia de Haití para una tarea.*

Internet ***m.*** **Palabra de origen inglés.** Sistema de computación que permite a los usuarios comunicarse entre sí desde cualquier parte del mundo: *Necesito tu dirección de* ***Internet*** *para poder enviarte un mensaje por correo electrónico.*

internista ***adj.*** Referido al estudio y tratamiento de los órganos internos: *Mejor que te vea primero un médico* ***internista,*** *si no vas a desfilar por todos los especialistas.*

interno, na ***adj.*** **1** Referido a lo que está en la parte de adentro de un lugar o cosa: *En la parte* ***interna*** *del tórax se encuentran el corazón y los pulmones.* Sin. **interior.** **2** Aplicado al que vive en una institución educativa o está internado en un hospital, manicomio o cárcel: *Los alumnos **internos** estudian por las mañanas y practican deporte por las tardes.*

interpelación ***f.*** **1** Resultado de interpelar. **2** Sesión de alguna de las Cámaras en las que se interroga a un ministro o secretario de Estado.

interpelar ***vb.*** {tr.} Dirigir la palabra a alguien pidiéndole explicaciones sobre un hecho: *Como ayer no asistió a la escuela, Joaquín **interpeló** a un compañero sobre los detalles de la clase que perdió.* SIN. **interrogar, preguntar.**

interpersonal ***adj.*** Que se relaciona con más de dos personas.

interplanetario, ria ***adj.*** **1** Que está situado entre los planetas del sistema solar: *En el espacio **interplanetario** hay multitud de asteroides.* **2** Que conecta entre sí los planetas: *Los viajes **interplanetarios** son uno de los temas favoritos de la literatura de ciencia ficción.*

interponer ***vb. irreg.*** {tr. y prnl.} **Modelo 27. 1** Poner algo entre dos cosas o personas: *Tomás **interpuso** una tabla en la puerta abierta para que su cachorro no entrara a la cocina.* **2** Ponerse en medio para impedir o alterar el curso de una acción: *El maestro tuvo que **interponerse** entre dos alumnos que peleaban, para separarlos.* SIN. **intervenir.**

interposición ***f.*** Hecho de meter o meterse en medio: *La **interposición** de Luis entre los dos amigos detuvo la pelea cuando empezaron a golpearse.*

interpretación ***f.*** **1** Explicación de algo según lo que uno entiende que es: *Cada testigo del asalto dio una **interpretación** distinta de lo que sucedió.* SIN. **explicación. 2** Lectura de un símbolo o de un idioma distinto del nuestro: *La **interpretación** de los jeroglíficos egipcios estará a cargo de un especialista.* **3** Hecho de actuar representando un papel teatral o de cine: *Durante la obra de teatro, mi hermano hizo una **interpretación** del personaje Macbeth de la obra de William Shakespeare.* SIN. **actuación, representación. 4** Hecho de ejecutar una pieza musical. SIN. **ejecución.**

interpretar ***vb.*** {tr.} **1** Explicar el sentido de una cosa. **2** Descifrar símbolos o idiomas distintos del nuestro: *El arqueólogo **ha interpretado** que esa pintura maya trata del sacrificio de un guerrero.* SIN. **traducir, descifrar. 3** Representar los actores un papel: *Tomás está contento porque en su próximo filme **interpretará** el papel principal.* SIN. **actuar, representar. 4** Ejecutar el artista una obra: *Esa pianista **interpreta** obras del músico alemán Bach.* SIN. **ejecutar.**

intérprete ***m.*** y ***f.*** **1** Persona capaz de explicar lo que entiende acerca de algo: *El **intérprete** de los símbolos astrológicos se llama astrólogo.* **2** Persona que explica a otras personas en un idioma que entienden, lo dicho en un idioma que no entienden: *Roberto trabaja como **intérprete** en una agencia de viajes porque habla francés, inglés e italiano.* **3** Persona que representa un papel en una obra de teatro o en un filme o película: *Los **intérpretes** de la obra fueron aplaudidos calurosamente.* SIN. **actor. 4** Persona que toca un instrumento musical o canta en público.

interpuesto ***adj.*** Se dice de lo que está en medio de otras cosas o cerrando el paso: *En el auditorio pusieron una valla **interpuesta** entre el cantante y los fanáticos.*

interrelación ***f.*** Relación entre dos personas, cosas, instituciones, fenómenos.

interrelacionado, da ***adj.*** Relacionado estrechamente con otra persona, cosa, institución o fenómeno.

interrelacionar ***vb.*** {tr. y prnl.} Relacionar con personas, cosas, instituciones o fenómenos.

interrogación ***f.*** **1** Pregunta: *No me gustan sus constantes **interrogaciones** sobre lo que hago cuando estoy afuera de casa.* **2** Signo ortográfico (¿?) que expresa una pregunta directa: *Si quieres escribir una pregunta tienes que abrir y cerrar los signos de **interrogación**, como en la frase "¿Cómo estás?"*

interrogante ***adj.*** Referido a quien hace preguntas.

interrogante ***m.*** y ***f.*** Pregunta: *El entrevistado respondió con claridad a las **interrogantes** del periodista.*

interrogar ***vb. irreg.*** {tr. y prnl.} **Modelo 17.** Preguntar: *Felipe **interrogó** a su amigo biólogo para enterarse sobre cómo alimentar a su tortuga.*

interrogativo, va ***adj.*** Relativo a la frase que contiene una pregunta: *"¿Cuántos años tienes?" es una frase **interrogativa**.*

interrogatorio ***m.*** Serie de preguntas formuladas a alguien: *En el **interrogatorio** policial, el detenido acabó confesándose culpable.*

interrumpir ***vb.*** {tr.} Impedir la continuación de una cosa: *Una falla eléctrica **interrumpió** el suministro de luz.* SIN. **detener, obstaculizar.** ANT. **continuar, proseguir, seguir.**

interrupción ***f.*** Suspensión o ruptura del curso de los acontecimientos: *La lluvia torrencial ocasionó la **interrupción** del partido.*

interruptor ***m.*** Aparato con que se abre o cierra un circuito eléctrico: *Antes de salir, revisa que todos los **interruptores** estén apagados para no desperdiciar la luz.*

intersección ***f.*** En geometría, punto o línea donde se cortan o cruzan dos líneas, superficies o volúmenes: *Los círculos que simbolizan los Juegos Olímpicos tienen varios puntos de **intersección** porque se tocan entre sí.*

intersticio ***m.*** Espacio pequeño abierto en una superficie: *Esa madera rugosa tiene muchos **intersticios**, que taparé con esta pasta y quedará lisa la superficie.* SIN. **grieta, resquicio, poro.**

intervalo ***m.*** Porción de espacio o de tiempo que media entre dos cosas: *Para cercar el jardín pusieron estacas a **intervalos** de dos metros.*

intervención ***f.*** **1** Hecho de participar: *El maestro fomenta las **intervenciones** de los alumnos para que la clase sea más dinámica.* SIN. **participación. 2** Hecho de abrir un cuerpo vivo para operarlo: *La **intervención** quirúrgica fue un éxito; el paciente perdió el apéndice, pero recuperará la salud.* SIN. **operación. 3** Hecho de entrar un ejército a un país para ocuparlo: *Durante la **intervención** alemana en París, los franceses organizaron la resistencia para recuperar su soberanía.*

intervencionismo ***m.*** Política que implica intervenir en los asuntos de otros Estados: *El **intervencionismo** de algunos países provoca guerras.*

intervencionista ***f.*** Partidario o practicante del intervencionismo.

intervenir ***vb. irreg.*** {intr.} **Modelo 49. 1** Tomar parte en un asunto: *Con motivo del festival para las madres, **intervine** en un baile regional.* SIN. **participar. 2** Hablar a favor de alguien: *Rodolfo **intervino** en defensa de Laura porque todos estaban molestándola.* SIN. **interceder, interponer. 3** Controlar las comunicaciones telefónicas para espiar: *La policía **intervino** los teléfonos del barrio para localizar al fugitivo por medio de sus llamadas telefónicas.* SIN. **interceptar.**

interventor ***m.*** Empleado que tiene la facultad de legalizar o controlar un asunto: *Elías es **interventor** en programas de concursos y vigila que los ganadores reciban sus premios.* SIN. **revisor.**

interventor, ra ***adj.*** Relativo a quien interviene para controlar: *El ejército **interventor** tuvo que retirarse del país*

a b c d e f g h i j k l m n o p q r s t u v w x y z

que pretendía ocupar porque los ciudadanos defendieron su patria.

interviú ***f.*** **Palabra de origen inglés.** ***Esp.*** Encuentro entre dos personas en el que una le hace preguntas a la otra para obtener información. SIN. **entrevista.**

intestado, da ***adj.*** Se dice de quien no ha hecho testamento o de las propiedades que no están incluidas en un testamento legal: *Boris no puede comprar la casa que le gusta porque está* ***intestada*** *y no hay forma de que puedan vendérsela.*

intestinal ***adj.*** Relativo al intestino: *Duodeno, yeyuno, íleon, colon, ciego, apéndice y recto son palabras que se refieren a las distintas partes* ***intestinales.***

intestino ***m.*** **1** Órgano en forma de tubo hueco que está en el vientre: *En el* ***intestino*** *se realiza la última parte de la digestión.* SIN. **tripa. 2** *loc.* **~ delgado,** sección que procesa y absorbe los alimentos: *El duodeno, el yeyuno y el íleon forman parte del* ***intestino delgado.*** **3** *loc.* **~ grueso,** sección donde se forman las heces fecales o excremento, a partir de las sustancias que no se absorbieron en el intestino delgado: *El ciego, el colon, el recto y el ano forman parte del* ***intestino grueso.***

intestino, na ***adj.*** Se refiere a lo que está adentro del cuerpo o a lo que sucede en el ánimo de una persona o de una sociedad: *Las discusiones* ***intestinas*** *de los jugadores del equipo han provocado que no jueguen bien durante los partidos.* SIN. **interno, interior.**

intimar ***vb.*** {intr.} Entablar amistad muy cercana con alguien: *Víctor* ***intimó*** *con Andrea y han decidido ser novios.*

intimidación ***f.*** Hecho de infundir miedo a alguien: *Ese hombre rico es autoritario y controla a la gente por medio de la* ***intimidación.***

intimidad ***f.*** **1** Lo más íntimo y reservado de una persona: *La actriz es muy celosa de su* ***intimidad*** *y no deja que los periodistas se metan en su vida privada.* SIN. **privacía. 2** Amistad muy cercana: *Entre Marcela y Claudia hay una gran* ***intimidad,*** *se ven todos los días y se cuentan todos sus secretos.* SIN. **confianza.**

intimidar ***vb.*** {tr. y prnl.} **1** Infundir miedo: *La maestra* ***intimidaba*** *tanto con sus gritos a las alumnas, que varias decidieron abandonar esa clase.* **2** Sentir miedo: ***Me intimida*** *pensar que pudiera quedarme solo en una isla desierta.*

intimismo ***m.*** Corriente literaria y pictórica que describe la vida familiar o íntima de los personajes.

intimista ***m.*** y ***f.*** Escritor o pintor que practica el intimismo.

íntimo, ma ***adj.*** **1** Se dice de lo más interior y profundo: *Los pensamientos* ***íntimos*** *de cada persona son un secreto que no sabe nadie más.* **2** Se aplica a la amistad estrecha: *Mi hermana mayor tiene una amiga* ***íntima*** *y se encierran a solas para hablar, dejándome afuera.*

íntimo, ma ***m.*** y ***f.*** Amigo de confianza: *Jorge y yo somos* ***íntimos*** *desde que teníamos cinco años.*

intitular ***vb.*** {tr.} Poner título a una obra, u otorgar un título a alguien: *El dramaturgo* ***intituló*** *la nueva obra que escribió como "La aventura de vivir en un rascacielos".*

intocable ***adj.*** **1** Que no se puede tocar. **2** Que está prohibido tocar.

intocado, da ***adj.*** Que nunca fue tocado. SIN. **intacto.**

intolerable ***adj.*** Se dice de lo que es tan fuerte o tan pesado que no se puede aguantar: *"Este dolor es* ***intolerable,*** *voy a llamar al médico", me dijo mi abuela.* SIN. **doloroso, insoportable, excesivo.**

intolerancia ***f.*** **1** Incapacidad para asimilar cierta sustancia: *Miguel Ángel tiene* ***intolerancia*** *a la leche, no la puede digerir.* SIN. **alergia. 2** Incapacidad para soportar un dolor. **3** Incapacidad para aceptar las opiniones de otros que son contrarias a las nuestras: *La* ***intolerancia*** *religiosa ha provocado muchas guerras a lo largo de la historia.*

intolerante ***adj./m.*** y ***f.*** **1** Referido a quien no puede soportar un dolor. **2** Referido a quien no puede aceptar una idea contraria a la suya: *Rosario es una mujer* ***intolerante,*** *que no escucha las opiniones de otras personas si son diferentes de las suyas.*

intoxicación ***f.*** Enfermedad producida por haber comido, respirado o bebido alguna sustancia venenosa para el cuerpo: *Apolonio comió unos camarones que no estaban frescos y sufrió una* ***intoxicación*** *que lo tuvo tres días en el hospital.*

intoxicado, da ***adj.*** **1** Envenenado con alguna sustancia tóxica. **2** Drogado con alguna sustancia prohibida. **3** Mareado con palabras.

intoxicante ***adj.*** Que intoxica.

intoxicar ***vb. irreg.*** {tr. y prnl.} **Modelo 17. 1** Contaminar algo o la salud de alguien con una sustancia venenosa: *La fruta está fumigada contra la plaga, hay que lavarla muy bien porque podría* ***intoxicarnos.*** SIN. **envenenar. 2** Enfermarse por haber comido, bebido o respirado alguna sustancia venenosa: *Dos trabajadores de la fábrica* ***se intoxicaron*** *con un producto químico que se derramó por falta de precaución.* SIN. **envenenarse. 3** Embriagar o marear con palabras.

intracelular ***adj.*** Relativo a lo que está u ocurre dentro de una célula: *La mitocondria es un orgánulo* ***intracelular.***

intraducible ***adj.*** Se dice de lo que no se puede traducir: *Los arqueólogos hallaron unas tabletas de arcilla con algo escrito pero es* ***intraducible,*** *ya que está en un tipo de escritura que nadie conoce.* ANT. **traducible.**

intramuros ***adv.*** Dentro de una ciudad, villa o lugar: *Los reyes se protegían de sus enemigos* ***intramuros*** *de sus castillos.*

intramuscular ***adj.*** Situado en el interior de un músculo: *Las agujas para inyecciones* ***intramusculares*** *son largas, pues deben llegar al músculo.*

intranquilidad ***f.*** Estado de inquietud o preocupación: *La tardanza de su hijo le causó* ***intranquilidad,*** *ya que eran las tres de la madrugada y el chico había prometido regresar a la una.*

intranquilizar ***vb. irreg.*** {tr. y prnl.} **Modelo 16. 1** Hacer que alguien pierda la calma: *El niño* ***intranquilizó*** *al perro porque lo estuvo molestando mucho, ahora el animal está un poco agresivo.* SIN. **inquietar. 2** Perderse la calma: ***Me intranquiliza*** *pensar que él está en altamar con esta tormenta.* SIN. **inquietarse.**

intranquilo, la ***adj.*** Referido a quien no está en calma o se siente preocupado: *Estoy* ***intranquila*** *porque no tengo trabajo y no sé qué hacer.*

intransigencia ***f.*** Actitud de no aceptar otra opinión que la propia: *La* ***intransigencia*** *de ese ejecutivo lo fue aislando poco a poco, hasta que tuvo que cambiar de trabajo.* ANT. **transigencia.**

intransigente ***adj.*** Referido a quien no acepta las opiniones de otro ni cede a los deseos de otra persona. SIN. **intolerante, terco.** ANT. **transigente.**

intransitable ***adj.*** Se dice del camino que por alguna razón no se puede andar: *Había llovido tanto que el camino quedó* ***intransitable.*** ANT. **transitable.**

intransitivo, va ***adj.*** Se refiere al verbo que no lleva objeto directo: *"Ir" y "venir" son verbos* ***intransitivos.***

intransmisible o **intrasmisible** ***adj.*** Que no se puede transmitir.

intrascendencia ***f.*** Cualidad de intrascendente.

intrascendente ***adj.*** Se aplica a lo que no tiene importancia porque sus efectos son pocos o mínimos: *La discusión entre Gregorio y Bernabé fue* ***intrascendente,*** *después de dos minutos olvidaron todo lo que habían dicho.*

intratable ***adj.*** Se refiere a la persona de carácter difícil: *Jorge es un hombre* ***intratable,*** *si sus amigos lo contradicen grita y si le dan la razón, los acusa de débiles.* SIN. **arisco, huraño, insociable.** ANT. **abierto, amable, sociable.**

intravenoso, sa ***adj.*** Que se pone o está situado en el interior de una vena: *El niño estaba deshidratado y le pusieron suero por vía* ***intravenosa.***

intrepidez ***f.*** Valentía necesaria para afrontar las circunstancias o adentrarse en lo desconocido: *Los antiguos marinos se lanzaban con* ***intrepidez*** *a recorrer el mar, en barcos pequeños y con pocos recursos de navegación.* SIN. **osadía, valor.**

intrépido, da ***adj.*** Se dice de quien no teme al peligro: *Esta niña* ***intrépida*** *tiene seis años y ya sabe trepar a los árboles y nadar en piscinas profundas.*

intriga ***f.*** **1** Manejo secreto que se hace para conseguir algo: *En la telenovela, el galán descubrió las* ***intrigas*** *de la villana para adueñarse de la fortuna de su hermanastra y la envió a la cárcel.* SIN. **artimaña, maniobra, tejemaneje.** **2** Hechos que despiertan la curiosidad de la persona que los observa: *Fuimos al teatro a ver una comedia de* ***intriga,*** *en la que todos los personajes se enredaban en confusiones.* SIN. **enredo, embrollo.**

intrigado, da ***adj.*** Se refiere a quien siente curiosidad o se encuentra maravillado por algo: *Me quedé* ***intrigado*** *porque no pude ver el final del filme de terror.*

intrigante ***adj.*** **1** Aplicado a la persona que se dedica a hacer manejos secretos para conseguir algo: *Estoy cansada de las personas* ***intrigantes,*** *me gusta que me hablen de frente y me digan la verdad.* SIN. **entremetido, enredista.** **2** Se dice de aquello que causa curiosidad: *La vida de las ballenas en el océano es* ***intrigante,*** *porque no se conocen sus costumbres.*

intrigar ***vb. irreg.*** {tr. e intr.} **Modelo 17.** **1** Producir curiosidad una cosa: *El hecho de que las orugas se conviertan en mariposas,* ***intriga*** *a Romualdo.* **2** Actuar con cautela y astucia para conseguir un fin: *El espía* ***intrigó*** *durante años para conseguir la fórmula secreta.*

intrincado, da ***adj.*** Se dice de lo que está enredado: *Un laberinto es un camino* ***intrincado*** *en el que te puedes perder.*

intríngulis ***m. Fam.*** Razón oculta o dificultad que tiene algo. SIN. **dificultad, enredo, nudo.**

intrínseco, ca ***adj.*** Referido a lo que es esencial de algo: *El bosque tiene un valor* ***intrínseco*** *por lo que significa para la vida y la naturaleza, no sólo por el dinero que se puede obtener al explotarlo.* SIN. **interior.**

introducción ***f.*** **1** Hecho de meter algo en otra cosa: *La* ***introducción*** *del balón en la canasta requiere mucha práctica.* **2** Escrito o discurso de presentación: *Gloria hizo una pequeña* ***introducción*** *para explicar de qué se trata su investigación.* SIN. **prólogo.** ANT. **conclusión, epílogo.**

introducir ***vb. irreg.*** {tr. y prnl.} **Modelo 57.** **1** Entrar o dar entrada: *Rómulo* ***introdujo*** *a Lauro en el equipo de fútbol para que conociera mucha gente y comenzara a hacer deporte.* **2** Meter una cosa en otra: *Ahora, el domador* ***introducirá*** *su cabeza en la boca del león.* **3** Meterse: *Para estudiar a los murciélagos, el biólogo tuvo que* ***introducirse*** *en esa cueva oscura.*

introductor, ra ***adj./m.*** y ***f.*** **1** Que introduce. **2** Persona encargada de introducir productos en una ciudad o país: *Los* ***introductores*** *de frutas se quejaron por las cuotas que cobran los intermediarios.*

introductorio, ria ***adj.*** Que introduce: *El capítulo* ***introductorio*** *explicaba los antecedentes de los personajes.*

intromisión ***f.*** Hecho de meterse una persona a donde no la llaman: *La* ***intromisión*** *de los niños en las conversaciones de los adultos enoja a estos últimos porque los interrumpe.*

introspección ***f.*** Observación de la propia conciencia: *La* ***introspección*** *sirve para el conocimiento de uno mismo y para reflexionar.*

introspectivo, va ***adj.*** Relativo a la observación de la propia conciencia: *Víctor hizo un análisis* ***introspectivo*** *de su conducta y descubrió que había cometido un error.*

introversión ***f.*** Hecho de penetrar con la conciencia en uno mismo, aislándose del mundo exterior: *Su* ***introversión*** *le permite crear muchas fantasías, pero lo aleja de la realidad.*

introvertido, da ***adj./m.*** y ***f.*** Se aplica a quien tiende a concentrarse en su propio mundo interior: *Es raro que un* ***introvertido*** *como él se haya puesto a bailar y cantar.* SIN. **tímido.**

intrusión ***f.*** Acto de meterse de manera indebida en una reunión, en un lugar o en una situación: *El que pone la música a todo volumen en un edificio comete una* ***intrusión*** *en la vida de sus vecinos, pues les resta tranquilidad.*

intruso, sa ***adj./m.*** y ***f.*** Referido a quien se ha metido en un lugar sin tener derecho o permiso: *¿Qué hace esa jirafa* ***intrusa*** *en la jaula de los elefantes?* SIN. **extraño.**

intuición ***f.*** Conocimiento claro de una idea o verdad, sin necesidad de razonamiento o información previa: *Mucha gente piensa que las mujeres tienen un sexto sentido que es la* ***intuición.*** SIN. **instinto.**

intuir ***vb. irreg.*** {tr.} **Modelo 59.** Conocer que algo es verdadero sin necesidad de razonamiento o información. SIN. **percibir, sospechar, presentir.**

intuitivo, va ***adj.*** **1** Se refiere al conocimiento que se obtiene sin razonamiento y por medio de la percepción: *Algunos científicos tuvieron un conocimiento* ***intuitivo*** *antes de poder comprobar que un hecho era como ellos sospechaban.* **2** Aplicado a quien actúa por intuición: *Él no es un músico profesional, es un guitarrista* ***intuitivo;*** *sin embargo, toca muy bien.*

inuit ***adj./m.*** y ***f.*** Esquimal, en su propia lengua.

inundación ***f.*** Desbordamiento de agua que cubre un lugar: *En esa región montañosa se producen* ***inundaciones*** *a causa de los deshielos durante la primavera.*

inundado, da ***adj.*** Cubierto de agua.

inundar ***vb.*** {tr. y prnl.} **1** Cubrir el agua un lugar: *El río Nilo* ***inunda*** *sus riberas todos los años y así se fertiliza la tierra.* SIN. **anegar, desbordar, sumergir.** **2** Llenarse un sitio por la abundancia de algo: *En vacaciones, los turistas* ***inundan*** *las playas.*

inusado, da ***adj.*** Que ya no se usa. SIN. **desusado.**

inusitado, da ***adj.*** Aplicado a lo que es poco habitual o poco frecuente: *Rosina nos hizo una visita, algo* ***inusitado*** *en ella porque nunca sale de su casa.* SIN. **insólito, raro.**

inusual ***adj.*** Poco usual.

inútil ***adj./m.*** y ***f.*** Referido a lo que no sirve o no funciona: *"¿Por qué guardas esa licuadora* ***inútil*** *que ya no funciona?"* SIN. **nulo, vano.**

inútil ***m.*** y ***f.*** Persona que no trabaja: *Es un* ***inútil,*** *no ayuda a nadie ni hace nada bueno.* SIN. **ocioso, improductivo.**

inutilidad ***f.*** Calidad de lo que no sirve o no funciona: *Ante la* ***inutilidad*** *de sus esfuerzos, los exploradores dejaron*

a b c d e f g h i j k l m n o p q r s t u v w x y z

de empujar la piedra que cerraba la cueva. SIN. **impotencia.**

inutilizado, da ***adj.*** Referido a lo que no se usa o ha perdido su utilidad: *El automóvil viejo,* ***inutilizado*** *por tres años, no funcionó cuando intentamos encenderlo.*

inutilizar ***vb. irreg.*** {tr.} **Modelo 16.** Hacer que algo deje de funcionar: *La tinta cayó sobre el teclado de la computadora y lo* ***inutilizó.*** SIN. **anular.**

invadir ***vb.*** {tr.} **1** Entrar por la fuerza en un lugar: *La tropa que* ***invadió*** *el pueblo durante un mes ya se retiró.* SIN. **asaltar, ocupar. 2** Llenar algo con otra cosa: *Los ratones* ***invadieron*** *la cocina y tuvimos que llamar al exterminador de plagas.* **3** *Fam.* Llenar un sentimiento o emoción a alguien: *Me* ***invadió*** *la alegría cuando descubrí que mi arbolito retoñó después de que el perro lo había pisado.*

invalidar ***vb.*** {tr.} Hacer que una cosa no tenga valor o efecto: *El juez* ***invalidó*** *el matrimonio de Rómulo y Pilar porque se descubrió que él ya se había casado antes.* SIN. **anular.**

invalidez ***f.*** Falta de valor o efecto de una cosa. ANT. **validez, vigencia.**

inválido, da ***adj.*** **1** Aplicado a lo que no tiene valor o efecto: *Todos estos papeles para el trámite son* ***inválidos*** *porque no tienen la firma de las autoridades.* SIN. **nulo. 2** Referido a quien sufre alguna clase de incapacidad a causa de un defecto físico: *Las personas* ***inválidas*** *a veces también practican deportes y ganan campeonatos.*

inválido, da ***m.*** y ***f.*** Persona que no puede caminar o valerse por sí misma por tener algún defecto físico: *El* ***inválido*** *va en una silla de ruedas.*

invaluable ***adj.*** **1** Que no se puede evaluar. **2** Muy valioso.

invariable ***adj.*** Relativo a lo que no cambia o no padece modificación: *La palabra* verde *es un adjetivo* ***invariable,*** *que no cambia de femenino a masculino; se dice "la casa verde" y "el mantel verde".* SIN. **inmutable, estable, inalterable.** ANT. **variable.**

invasión ***f.*** Hecho de entrar por la fuerza a un lugar para ocuparlo, o de llenar algo una cosa: *Ayer vi un filme de ciencia ficción muy emocionante, que trataba de una* ***invasión*** *de extraterrestres a la Tierra.*

invasivo, va ***adj.*** Que invade: *El tumor de mi tío era tan* ***invasivo*** *que le dieron tres meses de vida.*

invasor, ra ***adj./m.*** y ***f.*** Referido a quien entra por la fuerza a un lugar para ocuparlo: *Los* ***invasores*** *extraterrestres sólo existen en los libros de ciencia ficción.*

invectiva ***f.*** Discurso o escrito desagradable y violento: *Me molestaron las* ***invectivas*** *lanzadas por el locutor de radio contra mi cantante favorito.* SIN. **injuria.**

invencible ***adj.*** Relativo a lo que no puede ser derrotado: *Los guerreros de Atila eran considerados* ***invencibles*** *y muchos pueblos les temían.* SIN. **insuperable.** ANT. **superable, vencible.**

invención ***f.*** **1** Hecho de crear algo nuevo: *La* ***invención*** *de un automóvil que no contamine sería un logro importante para el cuidado del medio ambiente.* **2** Cosa descubierta o creada: *El gramófono fue una* ***invención*** *de Tomás Alva Edison.* **3** Mentira, imaginación o cuento: *Las* ***invenciones*** *de Sara son fáciles de descubrir porque siempre se equivoca en algo.*

inventado, da ***adj.*** **1** Que se inventó. **2** *Méx.* Imaginario, irreal: *Me dio unos pretextos* ***inventados*** *que ni ella misma creía.*

inventar ***vb.*** {tr. y prnl.} **1** Crear una cosa nueva: *Gracias a la persona que* ***inventó*** *el teléfono podemos comunicarnos mejor.* **2** Decir algo falso en lugar de la verdad: *No* ***inventes*** *más pretextos, mejor dime por qué no quieres ir a la fiesta.* **3** Imaginar o imaginarse historias: *El abuelo* ***inventaba*** *historias divertidas para contarles a sus nietos.*

inventario ***m.*** Lista de cosas que alguien posee: *El dueño del supermercado hará un* ***inventario*** *para saber qué mercancías necesita comprar.*

inventiva ***f.*** Capacidad de crear o descubrir cosas nuevas: *Me gusta leer los cuentos de Horacio Quiroga porque fue un escritor con* ***inventiva.***

inventivo, va ***adj.*** Aplicado a la persona que tiene capacidad para crear cosas nuevas o descubrirlas: *Nicolás es un niño* ***inventivo*** *que resuelve sus dificultades usando su imaginación y habilidad.*

invento ***m.*** **1** Hecho de crear una cosa nueva: *El* ***invento*** *de la imprenta permitió que los libros pudieran publicarse en gran número y llegar a más personas.* **2** Cosa inventada: *Las computadoras son un* ***invento*** *del siglo XX.* **3** Cosa falsa que se dice en lugar de la verdad: *Eso de que sus padres no la dejan jugar con nosotros es un* ***invento*** *suyo, lo que pasa es que ella no quiere estar con nosotros.*

inventor, ra ***adj./m.*** y ***f.*** Referido a la persona que crea cosas nuevas: *El* ***inventor*** *de la televisión a colores se llamó Guillermo González Camarena y era mexicano.* SIN. **creador.**

invernadero ***m.*** Lugar cubierto con cristales, donde se cultivan plantas y que cuenta con un sistema de calefacción para defender las plantas del frío: *En Holanda se cultivan tulipanes en los* ***invernaderos.***

invernal ***adj.*** Relativo al invierno: *Esta temporada* ***invernal*** *iremos a las montañas a esquiar en la nieve.*

invernar ***vb. irreg.*** {intr.} **Modelo 3. 1** Pasar el invierno en un lugar: *Mientras el oso* ***invernaba*** *en su cueva, el bosque estaba cubierto de nieve.* **2** Pasar el invierno en una región: *La expedición* ***invernó*** *en Groenlandia.*

invernazo ***m.*** **1** *P. Rico.* Periodo de inactividad en los ingenios de azúcar. **2** *P. Rico* y *R. Dom.* Periodo de lluvias de julio a septiembre.

inverosímil ***adj.*** Se refiere a lo que no se puede creer porque no parece ser verdad: *Eso de que viste un gallo andar en bicicleta es* ***inverosímil,*** *¿estás seguro de que no lo soñaste?* SIN. **increíble.** ANT. **posible, verosímil.**

inverosimilitud ***f.*** Cualidad contraria a la verosimilitud.

inversión ***f.*** **1** Hecho de cambiar el orden de algo: *Con una* ***inversión*** *de palabras el poema puede quedar mejor. En lugar de "las hojas hablan en secreto", escribiré "en secreto hablan las hojas".* **2** Hecho de usar el dinero para producir ganancias: *Según los expertos, hacer una* ***inversión*** *en esa empresa es buena idea porque tiene muchas ventas al año.*

inversionismo ***m.*** *Méx.* Acción de invertir.

inversionista ***adj./m.*** y ***f.*** Persona que emplea su dinero en un negocio o actividad destinada a producir ganancias: *El arquitecto necesita un* ***inversionista*** *que le dé el dinero para construir.* SIN. **inversor.**

inverso, sa ***adj.*** **1** Se dice de lo que está en sentido contrario al orden natural: *Esta rueda gira en sentido* ***inverso*** *a las agujas del reloj.* SIN. **contrario, opuesto. 2** *loc.* **A la ~,** al revés: *Para quitar la tapa dale vuelta de izquierda a derecha, si quieres poner la tapa dale vuelta* ***a la inversa.***

inversor ***adj./m.*** y ***f.*** Persona que invierte su dinero en una actividad o empresa con el objeto de obtener ganancias. SIN. **inversionista.**

invertebrado ***m.*** Animal que no tiene esqueleto: *En la lista de los* ***invertebrados*** *pusimos a los gusanos y a los moluscos.*

invertebrado, da ***adj.*** Relativo al animal que no tiene huesos: *Los animales **invertebrados** no tienen columna vertebral.* ANT. **vertebrado.**

invertido ***m. Fam.*** Persona que forma pareja con alguien de su mismo sexo. SIN. **homosexual.**

invertir ***vb. irreg.*** {tr.} **Modelo 50. 1** Poner las cosas en orden opuesto al que tenían: *Omar **invirtió** las letras de su nombre y escribió "ramo".* SIN. **alterar, cambiar. 2** Emplear dinero en un negocio para lograr provecho: *El dinero que **invertiste** en la construcción del edificio lo recuperarás cuando se vendan los departamentos.* **3** Emplear el tiempo en alguna ocupación: ***Invertí** tres horas en hacer mi trabajo escolar.* SIN. **destinar.**

investidura ***f.*** Dignidad que se adquiere al acceder a ciertos cargos: *Desde ayer, el abogado Martínez tiene la **investidura** como juez de distrito.*

investigación ***f.*** Hecho de estudiar algo para aclararlo o entenderlo: *Sergio hizo una **investigación** sobre las abejas y ahora sabe muchas cosas sobre ellas.* SIN. **averiguación, estudio, exploración.**

investigador, ra ***adj./m.*** y ***f.*** Referido a quien estudia o averigua algo: *Los **investigadores** pueden ser historiadores, científicos, músicos, etc., según su profesión, buscan descubrir cosas que sirvan o que enseñen.*

investigar ***vb. irreg.*** {tr.} **Modelo 17. 1** Hacer lo necesario para descubrir algo: ***He investigado** entre todos mis amigos y no logro descubrir quién me mandó este ramo de rosas.* SIN. **averiguar, buscar, indagar. 2** Estudiar a fondo un saber o ciencia: *El equipo de científicos **investigará** las causas de esta enfermedad para tratar de crear una vacuna.*

investir ***vb. irreg.*** {tr.} **Modelo 47.** Conferir una dignidad o cargo importante.

inveterado, da ***adj.*** Muy antiguo.

inviabilidad ***f.*** Cualidad de algo que no es viable: *A pesar de todos los argumentos a favor, la **inviabilidad** del plan era evidente.*

inviable ***adj.*** Que no puede alcanzar el objetivo para el que se le diseñó o propuso: *Todo proyecto para recuperar el orden urbano será **inviable** mientras la gente no tome conciencia y se decida a actuar, dijo el ingeniero entrevistado.*

invicto, ta ***adj.*** Referido a quien nunca ha perdido: *El boxeador **invicto** ha peleado diez veces y siempre ha ganado.*

invidente ***adj./m.*** y ***f.*** Referido a quien ha perdido la vista o nació sin esta capacidad: *Los **invidentes** aprenden a leer con un sistema llamado Braille, en que las letras se pueden tocar.* SIN. **ciego.**

invierno ***m.*** Una de las cuatro estaciones del año, la más fría, entre el otoño y la primavera: *En el hemisferio Norte el **invierno** empieza en diciembre y en el hemisferio Sur, en julio.*

inviolable ***adj.*** Relativo a lo que es tan importante que no se debe o no se puede penetrar o romper: *El número de la combinación de la caja fuerte es un secreto **inviolable** que sólo conoce mi padre.*

invisible ***adj.*** Referido a lo que no se ve a simple vista: *Los microbios son **invisibles** para el ojo humano, ya que sólo se pueden ver a través de un microscopio.* SIN. **imperceptible, oculto.** ANT. **visible.**

invitación ***f.*** **1** Hecho de proponer a una persona que asista a un lugar: *La **invitación** para ir al cine que Patricio le hizo a Dora fue aceptada de inmediato.* SIN. **convite, proposición. 2** Tarjeta con que se invita: *Las **invitaciones** para mi fiesta tienen forma de un globo.*

invitado, da ***m.*** y ***f.*** Persona a la que se ha propuesto que asista a un lugar: *Tú no pagues nada hoy en el cine porque eres mi **invitado**.* SIN. **convidado.**

invitar ***vb.*** {tr.} **1** Comunicar a una persona el deseo de que asista a una celebración o a un lugar: ***Invité** a Paloma y a Gloria a cenar en mi casa.* SIN. **convidar. 2** Obsequiar a alguien con el pago de una comida, bebida o entrada a un espectáculo: *Te **invito** a cenar por el día de tu cumpleaños.* SIN. **convidar. 3** Provocar un sentimiento o acción: *Con ese sol tan agradable, la tarde **invitaba** a caminar.* SIN. **animar, incitar, inducir.**

invocación ***f.*** Hecho de invocar.

invocar ***vb. irreg.*** {tr.} **Modelo 17. 1** Pedir ayuda a un poder sobrenatural con oraciones: *"¡Señor, ayúdame a salir de este peligro!", **invocaban** los marineros en medio de la tempestad.* SIN. **evocar. 2** Solicitar la ayuda de alguien poderoso con ruegos o súplicas. SIN. **apelar, llamar.**

involución ***f.*** Retroceso en la evolución de algo.

involucrado, da ***adj./m.*** y ***f.*** Referido a la persona que está complicada en un asunto o se interesa de manera especial por algo: *Todos los **involucrados** en la construcción del edificio tuvieron una reunión esta mañana para decidir cuando comenzarán las obras.*

involucrar ***vb.*** {tr. y prnl.} **1** Mezclar en un escrito o discurso asuntos ajenos al tema principal: *Este artículo sobre lavadoras **involucra** comentarios sobre electricidad.* **2** Complicar a alguien en un asunto. SIN. **envolver, implicar. 3** Comprometer a alguien en un asunto o lograr que alguien se interese de forma personal por algo.

involuntario, ria ***adj.*** Relativo a lo que escapa al control de la voluntad: *El hipo provoca un movimiento **involuntario**.* SIN. **espontáneo, automático, inconsciente.** ANT. **voluntario, consciente.**

invulnerable ***adj.*** Aplicado al que no puede ser herido por nada: *Según el autor del personaje Supermán, éste sería **invulnerable** si no fuera porque la criptonita lo daña.*

inyección ***f.*** **1** Aplicación de un medicamento líquido que se introduce en el organismo mediante una aguja: *La **inyección** del suero se hace poco a poco.* **2** Medicamento líquido que se introduce en el organismo mediante una aguja: *Con una jeringa, la enfermera le puso una **inyección** de penicilina.* **3** ***loc.*** **Motor de ~,** motor de combustión interna: *Los **motores de inyección** no tienen carburador.*

inyectable ***adj.*** Medicamento que se inyecta: *Como las cápsulas no le hicieron efecto, al enfermo le dieron los antibióticos en una solución **inyectable**.*

inyectado, da ***adj.*** Se dice de los ojos que están enrojecidos: *Estaba tan furioso que tenía los ojos **inyectados**.*

inyectar ***vb.*** {tr.} Introducir a presión un líquido en un cuerpo valiéndose de una jeringa: *El veterinario **inyectó** al perro para combatir la infección que tiene en su pata herida.*

inyector ***m.*** Aparato para inyectar algo: *Se descompuso el **inyector** de tinta de la impresora, mejor compra otra.*

ion ***m.*** Átomo o grupo de átomos con carga eléctrica: *Los átomos tienen **ion** negativo o positivo, según hayan perdido o ganado un electrón.*

ionización ***f.*** Transformación de átomos o de moléculas neutras en partículas con carga eléctrica.

ionizar ***vb. irreg.*** {tr.} **Modelo 16.** Provocar que un átomo o molécula neutra adquiera una carga eléctrica.

ionosfera ***f.*** Parte alta de la atmósfera, donde el aire es conductor de electricidad: *La **ionosfera** se encuentra entre los 80 y los 400 km de altura.*

ipso facto ***loc.*** Inmediatamente, en el acto: *Quiero que vengas **ipso facto**, no voy a esperarte un minuto más.*

ir ***vb. irreg.*** {intr. y prnl.} **Modelo 46. 1** Moverse de un lugar a otro: *Ayer **fui** a la escuela caminando.* SIN. **desplazar, dirigir.** ANT. **volver. 2** Ser algo adecuado para alguien: *A la joven le **va** muy bien ese vestido rosa.* SIN. **convenir, quedar, sentar. 3** Tener algo determinada dirección o extensión: *El nuevo camino **irá** del pueblo a la ciudad.* SIN. **dirigirse, conducir, abarcar. 4** Estar, funcionar, ser o suceder como se expresa: *La anciana **iba** vestida de negro todos los días a la iglesia.* **5** Asistir de manera cotidiana a un lugar: ***Voy** al parque todas las mañanas antes de desayunar.* SIN. **acudir, visitar. 6** Dejar de estar donde se estaba: ***Nos vamos** porque ya es tarde.* SIN. **marcharse, ausentarse, largar.** ANT. **quedar. 7** Morirse: *La abuela **se nos fue** cuando tenía ochenta años.* **8** Apostar: *Yo le **voy** al equipo con camiseta roja y blanca.* **9** *loc.* **~ a hacer algo,** indica que algo está a punto de hacerse o a punto de suceder: *Don Justino **iba a comer** cuando lo llamaron por teléfono.* SIN. **disponer. 10** *loc.* **~ detrás de algo,** tratar de conseguir algo: *Hace dos meses que Martha **va detrás de ese empleo** y al fin se lo darán esta semana.* **11** *loc.* **Irse abajo,** derrumbarse o abatirse. **12** *Méx. loc.* **Irse de pinta,** faltar a la escuela sin tener permiso: *La maestra se quedó esperando a sus alumnos porque éstos **se habían ido de pinta** y no llegaron a la escuela.* **13** *loc.* **Írsele a alguien la mano,** pasarse: ***Se te fue la mano** con la sal, la sopa está muy salada.*

ira ***f.*** Enojo muy violento: *En un ataque de **ira**, arrojó el jarrón al suelo.* SIN. **cólera, furia, rabia.** ANT. **calma.**

iraca ***f. Colomb.*** Palma utilizada para tejer sombreros.

iracundia ***f.*** Propensión al enojo violento: *La **iracundia** del jefe de los guerreros le hizo tomar decisiones crueles, porque el enojo lo cegaba.* SIN. **irritabilidad.**

iracundo, da ***adj./m.*** y ***f.*** Se aplica a quien es propenso al enojo violento o a quien lo experimenta: *El perro **iracundo** atacó al ladrón que se había metido a la casa.* SIN. **colérico, furioso, irritado.**

iraní ***adj./m.*** y ***f.*** Originario de Irán: *El país donde viven los **iraníes** está en Asia.*

iraquí o **iraqués, quesa** ***adj./m.*** y ***f.*** Originario de Irak o Iraq: *Los **iraquíes** viven en un país de Asia donde hay mucho petróleo.*

irascible ***adj.*** Se aplica a quien es propenso a irritarse: *Hicieron una jaula muy gruesa al león porque es un animal **irascible** y puede lastimar a alguien.* SIN. **colérico, iracundo, furioso.** ANT. **tranquilo, apacible.**

iridio ***m.*** Elemento metálico de número atómico 77 y símbolo Ir: *El **iridio** es un metal blanco y duro que se usa para fabricar las puntas de los bolígrafos.*

iridiscencia ***f.*** Reflejo de los colores del arco iris.

iridiscente ***adj.*** Se refiere a lo que presenta un color brillante semejante al arco iris: *Para ir al club nocturno, Paola se puso un vestido **iridiscente** que brillaba con el reflejo de las luces.* SIN. **irisado.**

irire ***m. Bol.*** Calabaza que se usa como recipiente para tomar la chicha.

iris ***m.*** **1** Membrana coloreada del ojo, en cuyo centro está la pupila: *Los ojos de Filomena tienen el **iris** de color verde.* **2** *loc.* **Arco ~,** arco de colores que aparece en el cielo cuando llueve y al mismo tiempo hay sol: *El **arco iris** tiene siete colores.*

irisado, da ***adj.*** Se refiere a lo que presenta un color brillante semejante al arco iris: *Existen algunas perlas de mar que tienen reflejos **irisados.***

irisar ***vb.*** {intr.} Reflejar un cuerpo la luz con los colores del arco iris: *Lo único bonito de las manchas de grasa de automóvil sobre los charcos de agua es que **irisan.***

irlandés ***m.*** Idioma que se habla en Irlanda.

irlandés, desa ***adj./m.*** y ***f.*** Originario de Irlanda, país de Europa: *Dublín es la capital **irlandesa.***

ironía ***f.*** Burla fina con la que se quiere dar a entender lo contrario de lo que se expresa: *Mi madre me dice con **ironía** que soy un gran cocinero, porque sabe que no soy capaz ni de freír un huevo.* SIN. **sarcasmo.**

irónico, ca ***adj.*** Se refiere a lo que quiere dar a entender lo contrario de lo que expresa: *Cuando Víctor le aseguró a Silvia que esta vez llegaría a tiempo a la cita, ella le mostró una sonrisa **irónica,** porque no le creía.* SIN. **burlón, sarcástico.**

ironizar ***vb. irreg.*** {tr.} **Modelo 16.** Hablar dando a entender lo contrario de lo que se expresa, para burlarse: *Gregorio **ironizaba** acerca de su propia gordura para hacer reír a sus amigos.* SIN. **ridiculizar.**

iroqués ***m.*** Lengua de los iroqueses hablada también por otras tribus de América del Norte como los erie, cheroki, hurones y conestoga.

iroqués, quesa ***adj./m.*** y ***f.*** Individuo de un pueblo amerindio de América del Norte que habitó en las orillas de los lagos Erie, Hurón y Ontario, entre Canadá y Estados Unidos de América.

irracional ***adj.*** **1** Relativo a lo que carece de capacidad para razonar: *Los animales son **irracionales** porque no piensan; en cambio el hombre es un ser racional.* **2** Se aplica a lo que se opone a la razón o no tiene sentido: *Tratar de apagar con agua un fuego producido por petróleo es algo **irracional,** además de peligroso.* SIN. **disparatado, absurdo.** ANT. **razonable, lógico. 3** En matemáticas, raíz de un número que no puede expresarse como resultado de la división de dos números enteros: *La raíz cuadrada de 8 es un número irracional.*

irracionalidad ***f.*** Cualidad de algo que carece de racionalidad.

irradiar ***vb.*** {tr.} Despedir un cuerpo rayos de luz, calor o partículas en todas direcciones: *Las estrellas **irradian** luz.* SIN. **despedir, difundir, esparcir.**

irrazonable ***adj.*** Que no tiene razón.

irreal ***adj.*** Aplicado a lo que no existe en la realidad: *Esas historias **irreales** que hablan de fantasmas me asustan aunque yo sé que no son ciertas.* SIN. **fantástico, ficticio, imaginario.** ANT. **real.**

irrealidad ***f.*** Cualidad que caracteriza a algo que está fuera de la realidad.

irrealizable ***adj.*** Aplicado a lo que no puede hacerse realidad o llevarse a cabo: *Cruzar nadando el océano Atlántico es una aventura **irrealizable,** si alguien lo intentara se ahogaría.*

irrebatible ***adj.*** Que no se puede rebatir.

irrecobrable ***adj.*** Que no se puede recobrar.

irreconciliable ***adj.*** Se aplica a quien no quiere reconciliarse: *Por mucho que intentamos que volvieran a ser amigas, Judith y Carmela se comportan como enemigas **irreconciliables.***

irreconocible ***adj.*** Referido a lo que no se puede saber con exactitud qué es porque cambió o porque no se había visto antes: *La casa siempre estaba sucia y desordenada, ahora que la limpiaron está **irreconocible,** parece otra.*

irrecuperable ***adj.*** Se refiere a lo que se ha perdido para siempre: *La calvicie es una pérdida **irrecuperable** del cabello.*

irredento, ta ***adj.*** Que no tiene redención.

irredimible ***adj.*** Que no se puede redimir.

irreductible ***adj.*** Que no se puede reducir o vencer: *Las tropas del general Zaragoza se hicieron fama de **irreductibles** después de la Batalla de Puebla.*

irreemplazable ***adj.*** Aplicado a lo que no puede ser sustituido por otra cosa: *La leche materna es **irreemplazable** para el bebé.*
irreflexivo, va ***adj.*** Se aplica a quien no piensa lo que hace o lo que dice: *Una persona **irreflexiva** actúa por impulso y, si se equivoca, es difícil que lo reconozca porque no reflexiona.*
irrefrenable ***adj.*** Se dice de lo que no se puede detener: *La fuerza **irrefrenable** del gorila enfurecido tuvo que ser controlada con una inyección que lo tranquiliza.* SIN. **irresistible, invencible.**
irrefutable ***adj.*** Que no admite contradicción, que no puede refutarse: *Lo que dijo el conferencista es **irrefutable;** efectivamente, tirar basura en las calles es una fuente importante de contaminación.*
irregular ***adj.*** **1** Se aplica a lo que no es liso o continuo: *Esta carretera tiene partes **irregulares** en las que resultaba difícil avanzar.* SIN. **disparejo, discontinuo. 2** Se refiere a lo que no se hace de acuerdo con la ley o el uso establecidos: *El comercio estaba funcionando de forma **irregular** y lo clausuraron porque no tenía el permiso de la autoridad.* SIN. **arbitrario, desordenado. 3** Se dice del verbo cuya conjugación no sigue la norma general: *El verbo ir es **irregular.*** **4** Aplicado a lo que es desigual o no es simétrico: *Un polígono **irregular** es el que tiene todos sus lados desiguales.* **5** Referido a lo que no es constante: *Ernesto es un empleado **irregular,** no es puntual y a veces no trabaja con entusiasmo.*
irregularidad ***f.*** Calidad del hecho o cosa irregular: *Hubo algunas **irregularidades** en la administración de la empresa y están investigando qué sucedió, porque falta dinero.*
irrelevancia ***f.*** Cualidad de irrelevante.
irrelevante ***adj.*** Se aplica a lo que no tiene importancia: *No te preocupes, un error tan pequeño es **irrelevante** y no se notará.*
irremediable ***adj.*** Se refiere a lo que no puede arreglarse o solucionarse: *El incendio causó un mal **irremediable** en el bosque, muchos árboles se perdieron para siempre.* SIN. **irreparable.** ANT. **remediable.**
irremisible ***adj.*** Se aplica a lo que no se puede perdonar.
irreparable ***adj.*** Aplicado a lo que no se puede arreglar o enmendar: *Después del accidente, el automóvil quedó **irreparable,** así que ya no lo podrán usar.* SIN. **irremediable.** ANT. **reparable.**
irrepetible ***adj.*** Que no se puede repetir: *El festival de Woodstock ha sido una experiencia **irrepetible** para los hippies.*
irreprimible ***adj.*** Se dice de lo que no se puede controlar o refrenar: *Cuando me dijeron que mi perro había muerto, tuve un deseo **irreprimible** de llorar.*
irreprochable ***adj.*** Referido a lo que es bueno o está bien hecho y por lo tanto no puede objetarse: *Ese alumno tiene una conducta **irreprochable,** siempre se comporta bien y estudia.* SIN. **intachable, justo, perfecto.**
irreproducible ***adj.*** Que no se puede reproducir.
irresistible ***adj.*** **1** Se dice de lo que no se puede vencer: *El puente se cayó debido a la fuerza **irresistible** del río.* SIN. **invencible, irrefrenable. 2** Aplicado a lo que es muy atractivo y no puede evitarse o eludirse: *Tania tiene una sonrisa **irresistible** que pone de buen humor a todos.*
irresoluble ***adj.*** Referido a lo que no tiene solución: *Cuando tienes un problema que no puede resolverse, dices "tengo un problema **irresoluble".*** SIN. **insoluble.**
irresolución ***f.*** Falta de decisión: *David estaba indeciso entre ir al teatro o ir al cine, y debido a su **irresolución,** al final no hizo ninguna de las dos cosas.* SIN. **indecisión.** ANT. **resolución, decisión, audacia.**
irresoluto, ta ***adj.*** **1** Se aplica a quien le falta decisión: *Doris es una mujer **irresoluta,** nunca hace lo que quiere hacer porque no se decide.* ANT. **resuelto, decidido. 2** Se aplica a lo que no ha sido resuelto: *De las siete divisiones que nos dejó el maestro de matemáticas, dejé dos **irresolutas** porque estaban muy difíciles.* ANT. **resuelto.**
irresoluto, ta ***m.*** y ***f.*** Persona que no se decide por nada. SIN. **indeciso.**
irrespetuoso, sa ***adj.*** Se dice de la persona grosera que no respeta a los demás: *Julia le habló a su padre de manera **irrespetuosa** gritándole palabras groseras.* SIN. **insolente.** ANT. **respetuoso.**
irrespirable ***adj.*** Se aplica a lo que no puede respirarse porque es venenoso o asfixiante: *Dentro del laboratorio hay sustancias **irrespirables,** por eso la gente que entra ahí debe usar máscaras especiales.* SIN. **asfixiante.** ANT. **respirable.**
irresponsabilidad ***f.*** Falta de capacidad para cumplir con una obligación o deber: *La **irresponsabilidad** de Carlos lo obligó a repetir el curso pues sus calificaciones eran muy bajas.* SIN. **imprudencia, insensatez.** ANT. **responsabilidad, prudencia, sensatez.**
irresponsable ***adj./m.*** y ***f.*** Se aplica a la persona que no cumple con su obligación o deber: *Esa chica perdió su empleo por **irresponsable,** ya que pasaba el tiempo hablando por teléfono con sus amigas en lugar de trabajar.* SIN. **imprudente, insensato.** ANT. **responsable, prudente, sensato.**
irrestricto, ta ***adj.*** Se aplica a lo que no tiene limitación: *Le dieron un permiso **irrestricto** para visitar ese país, de modo que se puede quedar ahí el tiempo que desee.* SIN. **ilimitado.**
irreverencia ***f.*** Falta de respeto a las cosas sagradas o a la autoridad: *La maestra explicó a los alumnos que es una **irreverencia** no ponerse de pie cuando el director de la escuela entra al salón.* SIN. **desacato.** ANT. **respeto.**
irreverente ***adj./m.*** y ***f.*** Se aplica al que no tiene respeto por las cosas sagradas o la autoridad: *Los jóvenes **irreverentes** han sido reprendidos por su falta de respeto hacia los mayores.* SIN. **irrespetuoso.** ANT. **respetuoso, educado.**
irreversible ***adj.*** Se refiere a lo que es o ha sucedido de tal modo que no puede repetirse en sentido inverso: *En algunas regiones, el daño ecológico es **irreversible;** la selva no volverá a ser como era antes.*
irrevocable ***adj.*** Referido a lo que no se puede anular o suspender porque es definitivo: *La decisión de Rodrigo es **irrevocable,** dejará la medicina y estudiará arquitectura aunque se enojen sus padres.* SIN. **definitivo, indiscutible.** ANT. **discutible, revocable.**
irrigación ***f.*** Hecho de rociar agua u otro líquido: *La **irrigación** de los campos de cultivo se lleva a cabo por medio de zanjas por las que circula el agua.*
irrigador, ra ***adj./m.*** **1** Que sirve para irrigar. **2** Aparato que se usa para regar.
irrigar ***vb. irreg.*** {tr.} **Modelo 17.** Rociar con agua u otro líquido: *Las venas y las arterias **irrigan** de sangre todo el cuerpo.* SIN. **regar.**
irrisorio, ria ***adj.*** **1** Se aplica a lo que provoca risa: *El payaso llevaba un traje **irrisorio** con una larga cola de colores, que él pisaba enredándose hasta caer.* **2** Se dice de lo que es muy pequeño: *Al final de la temporada de invierno puedes comprar ropa abrigadora a precios **irrisorios.*** SIN. **mínimo, insignificante.**

irritabilidad *f.* **1** Capacidad del organismo para reaccionar ante los estímulos externos: *La **irritabilidad** de las células ante las sustancias tóxicas se manifiesta con enrojecimiento, hinchazón y comezón.* **2** Propensión al enojo: *La **irritabilidad** de Natalia se debe a que está enferma de los nervios y cualquier cosa la enoja.*
irritable *adj.* **1** Referido a quien se enoja de manera fácil: *El hombre se ha vuelto **irritable** desde que se quedó sin trabajo y pasa el día gritando.* SIN. **chinchudo. 2** Aplicado al tejido orgánico sensible, que reacciona ante los estímulos externos: *El niño tiene la piel **irritable** y no puede tomar sol porque se pone rojo e hinchado.*
irritación *f.* **1** Enojo: *Cuando mi padre se enteró de que le dije una mentira, sintió **irritación** hacia mí.* SIN. **ira. 2** Reacción de una parte del organismo que pica, duele o se pone roja o inflamada: *Rafaela tiene una **irritación** en la garganta, tose y no puede hablar porque le duele.* SIN. **inflamación, escozor.**
irritado, da *adj.* **1** Se dice de quien está enojado: *Bernardo está **irritado** porque su amigo no lo invitó a su cumpleaños.* **2** Referido a la parte del cuerpo que pica, está roja o se encuentra inflamada: *Tiene **irritada** la piel del brazo porque se quemó con una cacerola caliente.*
irritamiento *m.* Resultado de irritar.
irritante *adj.* Se dice de lo que irrita: *Hay sustancias **irritantes** que lastiman la piel, como el cloro.*
irritar *vb.* {tr. y prnl.} **1** Causar algo escozor o inflamación en alguna parte del cuerpo: *Josefina no usa crema en la cara porque le **irrita** la piel.* **2** Hacer sentir ira: *El anciano **se irritó** porque los jóvenes rompieron un vidrio de la ventana con el balón.*
irrompible *adj.* Referido a lo que no se rompe o tiene una gran resistencia: *Este vaso es **irrompible** porque es de plástico.*
irrumpir *vb.* {intr.} Entrar de manera violenta en un lugar: *Los niños **irrumpieron** en la sala para avisar que uno de sus amigos estaba arriba de un árbol y no podía bajar.*
irrupción *f.* Hecho de entrar de manera violenta en un lugar: *La **irrupción** de los bomberos que abrieron la puerta a golpes salvó la vida del hombre accidentado.* SIN. **invasión.**
ISBN *m.* Siglas de las palabras inglesas ***I**nternacional **S**tandard **B**ook **N**umber*, que se usan, junto con una cifra, para identificar los libros internacionalmente: *Lee la página legal de este diccionario y, junto a otros datos, encontrarás su número de **ISBN**.*
isla *f.* **1** Porción de tierra rodeada de agua: *Cuba es una **isla** americana que está en el mar Caribe.* SIN. **ínsula. 2** *Chile.* Terreno próximo a un río, que se cubre a veces de agua.
islam *m.* **1** Religión y cultura de los musulmanes. SIN. **islamismo. 2** Se escribe con "I" mayúscula cuando designa el conjunto de los países musulmanes: *Los países del **Islam** se encuentran principalmente en Asia y algunos en África y Europa.*
islámico, ca *adj.* Relativo al islam: *La arquitectura **islámica** dejó bellos ejemplos en España, como la Alhambra de Granada o la mezquita de Córdoba.*
islamismo *m.* Religión fundada por el profeta Mahoma, cuyos principios se encuentran en el libro sagrado llamado Corán: *El dios del **islamismo** es Alá.*
islandés *m.* Idioma hablado en Islandia: *El **islandés** es una lengua nórdica.*
islandés, desa *adj./m.* y *f.* Originario de Islandia: *La capital de la nación **islandesa** es Reykjavík.*
islario *m.* Mapa que describe islas: *Para reconocer los países de Oceanía recurrí a un **islario**.*
isleño, ña *adj./m.* y *f.* Referido a quien es o a lo que es de una isla: *Los **isleños** suelen ser buenos pescadores porque viven cerca del mar.* SIN. **insular.**
isleta *f. Argent.* Grupo de árboles en medio de la llanura.
islote *m.* Isla pequeña y despoblada: *En aquel **islote** sólo viven aves marinas.*
isobara o **isóbara** *f.* Línea imaginaria que une los puntos de igual presión atmosférica: *En el atlas hay un mapa con las **isobaras** que unen las distintas regiones del mundo.*
isoca *f. Argent.* Oruga muy perjudicial para los cereales.
isómero, ra *adj./m.* Referido a la sustancia que tiene la misma composición química que otra, pero distintas propiedades físicas.
isópodos *m. pl.* Nombre bajo el que se agrupan los crustáceos pequeños que tienen el cuerpo chato y ancho: *Los **isópodos** se llaman así porque todas sus patas son del mismo tamaño.*
isósceles *adj.* Relativo al triángulo que tiene dos lados iguales: *En geometría, dibujamos un triángulo **isósceles** que medía 2 cm de base y tenía dos lados iguales que medían 3 cm cada uno.*
isotermo, ma *adj.* Que mantiene una temperatura constante: *Muchas salas de los museos de antropología son **isotermas**, pues para conservar los tesoros que allí se exhiben, la temperatura y humedad no deben tener variaciones.*
isótopo *m.* Nombre que se da a los elementos químicos idénticos con masas atómicas diferentes.
isquion *m.* Parte inferior y posterior del hueso iliaco.
israelí o **israelita** *adj./m.* y *f.* Originario del Estado de Israel, país asiático del Cercano Oriente. SIN. **judío.**
istmeño, ña *adj.* **1** Que está en un istmo: *La economía **istmeña** debe mejorar, dijo en su discurso el presidente panameño.* **2** Que vive en un istmo: *Los **istmeños** de Tehuantepec hacen hermosas fiestas populares, llenas de bailes, tradición y color.*
ístmico, ca *adj.* Relativo a un istmo: *El clima **ístmico** para esta semana se prevé nublado y con lluvias, pues anda cerca un huracán.*
istmo *m.* Porción de tierra, más larga que ancha, que une dos continentes o una península con un continente: *América del Norte se une con América del Sur a través del **istmo** de Panamá.*
itacate *m. Méx.* Conjunto de alimentos o provisiones que se llevan al hacer un viaje.
italiano *m.* Idioma que se habla en Italia: *El **italiano** es una lengua derivada del latín.*
italiano, na *adj./m.* y *f.* Originario de Italia, país de Europa: *La pasta es una comida tradicional **italiana**.*
itálico, ca *adj.* Tipo de letra de imprenta ligeramente inclinado hacia la derecha: *El tipo **itálico** fue creado por Aldo Manucio en Venecia, en el año 1500.*
ítem *m.* Párrafo o artículo: *En este texto sobre la vida de las aves he agregado un **ítem** para explicar cómo hacen sus nidos.*
iteración *f.* Repetición de acciones semejantes o iguales.
iterar *vb.* {tr.} Repetir: *El profesor, algo molesto, **iteró** que, para la próxima clase, debemos traer todos nuestro cuaderno de trabajo, y quien no lo haga así, quedará fuera.*
iterativo, va *adj./m.* y *f.* **1** Referido a lo que se repite. SIN. **reiterativo. 2** Se dice de la palabra que expresa una repetición de la acción: *"Pisotear" es un verbo **iterativo**, porque significa que se vuelve a pisar sobre lo que ya está pisado.*
iterbio *m.* Elemento metálico de símbolo Yb y número atómico 70.

itinerante ***adj.*** Se aplica a quien se desplaza de un lado a otro para ejercer sus funciones: *El circo es **itinerante**, así que pasa unos días en cada ciudad del país.* SIN. **ambulante.**

itinerario ***m.*** Descripción del recorrido que se hace para ir de un lugar a otro: *El **itinerario** del tren indica que se detendrá en tres pueblos antes de llegar a su destino final.* SIN. **recorrido, ruta, camino.**

itrio ***m.*** Elemento metálico de número atómico 39 y símbolo Y: *El **itrio** es un metal raro que forma un polvo negruzco y brillante.*

ixtle ***m. Méx.*** Fibra textil que se extrae de una de las especies de agave.

izar ***vb. irreg.*** {tr.} **Modelo 16.** Hacer subir algo tirando de la cuerda a que está sujeto: *El soldado **izó** la bandera que estaba en el mástil y ésta comenzó a ondear al viento.*

izquierda ***f.*** **1** Pierna o mano situada del lado del corazón: *Ese futbolista patea el balón con la **izquierda** porque es zurdo.* SIN. **zurda.** ANT. **derecha, diestra. 2** Lugar o dirección que corresponde al lado del corazón de una persona. SIN. **siniestra**. ANT. **derecha, diestra. 3** Conjunto de organizaciones políticas y de personas de ideas progresistas, por oposición a la derecha conservadora: *Los partidos de **izquierda** se oponen a los conservadores o derechistas.*

izquierdazo ***m.*** Golpe dado con la mano izquierda.

izquierdismo ***m.*** Política contraria al derechismo o conservadurismo.

izquierdista ***adj.*** Partidario o defensor del izquierdismo.

izquierdo, da ***adj.*** **1** Relativo a las partes del cuerpo que están situadas del lado del corazón: *Algunas personas escriben con la mano **izquierda** y muchas otras con la derecha.* SIN. **siniestro.** ANT. **derecho, diestro. 2** Relativo a las cosas que están situadas del lado correspondiente al corazón de una persona: *El continente americano se encuentra a la **izquierda** del océano Atlántico.* SIN. **siniestro.** ANT. **derecho, diestro.**

J

j ***f.*** Décima letra del abecedario español. Su nombre es ***jota***.

jabalí ***m.*** y ***f.*** Mamífero parecido al cerdo, de hocico alargado y colmillos desarrollados: *Los **jabalíes** son como cerdos salvajes que viven en los bosques.*

jabalina ***f.*** Vara para lanzamientos, parecida a una lanza, usada en atletismo: *El lanzamiento de **jabalina** es una disciplina olímpica.*

jabato ***m.*** Cachorro o cría del jabalí.

jabirú ***m.*** Ave de patas largas, parecida a la cigüeña, que habita en regiones de clima cálido.

jabón ***m.*** Producto utilizado para lavar: *Antes y después de cada comida, hay que lavarse bien las manos con agua y **jabón** para evitar enfermedades estomacales.*

jabonada ***f.*** Acción de echar jabón para lavar o lavarse: *Cuando me ducho, primero me doy una **jabonada** y después me enjuago.*

jabonadura ***f.*** **1** Acción y resultado de jabonar. **2** Agua que queda mezclada con el jabón y que hace espuma. **3** Espuma que se forma al jabonar. **4** *loc.* **Dar una ~ a alguien,** castigarle o reprenderle severamente.

jabonar ***vb.*** {tr., intr. y prnl.} Poner jabón, enjabonarse: *"Después de **jabonar** al perro, no olvides enjuagarlo bien para que no le dé comezón", me dijo Samuel.* Sin. **enjabonar.**

jabonera ***f.*** **1** Recipiente para depositar o guardar la pastilla de jabón: *En algunos baños elegantes ponen una **jabonera** de porcelana.* **2** Planta de tallos erguidos, hojas lanceoladas y flores de color blanco rosado.

jabonero, ra ***m.*** y ***f.*** Persona que fabrica o vende jabón: *En su familia todos son **jaboneros** y tienen su propia fábrica.*

jabonoso, sa ***adj.*** Que tiene jabón o que se parece al jabón: *No se deben regar las plantas con agua **jabonosa** porque podrían dañarse.*

jaca ***f.*** **1** Caballo de poca alzada o altura. **2** Yegua, hembra del caballo.

jacal ***m. Méx.*** y ***Venez.*** Choza o casa humilde: *Cuando íbamos por el camino rural vimos algunos **jacales** con gallinas alrededor.*

jacalón ***m. Méx.*** Cobertizo, tinglado: *Los campesinos guardan los objetos de trabajo para el campo en un **jacalón** al fondo del patio.*

jacarandá o **jacaranda** ***f.*** Árbol tropical de América, de flores color lila, cuya madera es muy estimada en ebanistería: *Las **jacarandas** empiezan a florear en febrero o marzo.*

jacarandoso, sa ***adj.*** *Fam.* Alegre, con temperamento tropical: *En la fiesta había una mujer **jacarandosa** que bailaba, cantaba y reía divertida.*

jachalí ***m.*** Árbol tropical de América, de fruto aromático y madera dura muy apreciada en ebanistería.

jacinto ***m.*** Planta que se cultiva por sus olorosas flores que pueden ser lilas, azules, rosadas o blancas: *Los bulbos de los **jacintos** se guardan para volver a sembrarlos al año siguiente.*

jaco ***m.*** Caballo pequeño y de mal aspecto: *El vaquero no apreciaba al feo **jaco** por su aspecto rechoncho y débil.*

jacobino, na ***adj./m.*** y ***f.*** **1** Se aplica a los miembros del partido más radical y violento de la Revolución Francesa. **2** Persona con ideas extremas sobre democracia política.

jactancia ***f.*** Presunción, alarde: *Su **jactancia** lo hace insoportable, ya que es una persona que todo el tiempo está diciendo que no hay alguien más inteligente y guapo que él.*

jactancioso, sa ***adj./m.*** y ***f.*** Que alardea de algo: *De modo **jactancioso**, el tipejo presumió de su impunidad y dejó el auto estacionado en doble fila, por más que el policía le indicó que eso era indebido.*

jactarse ***vb.*** {prnl.} Presumir de algo que uno tiene o se atribuye: ***Se jacta** de ser el autor latinoamericano que más libros ha vendido.*

jade ***m.*** Piedra preciosa de color verde: *El **jade** es una piedra que usaban los indígenas de Mesoamérica para elaborar joyas.*

jadeante ***adj.*** Que jadea: *El perro llegó **jadeante** a la casa después de su paseo y se bebió toda el agua de su plato.*

jadear ***vb.*** {intr.} Respirar con dificultad por efecto del cansancio, calor o enfermedad: *Como no tiene buena condición física, llegó **jadeando** después de subir por la escalera.*

jadeo ***m.*** Acción de jadear, de respirar con dificultad a causa de una enfermedad, por calor o agotamiento: *Después de correr un buen rato, el perro traía la lengua afuera del hocico y no podía controlar el continuo **jadeo**.*

jaez ***m.*** Cintas con que se adornan las crines de las caballerías: *Los caballos del desfile llevaban **jaeces** de muchos colores.*

jaguar ***m.*** Mamífero felino carnívoro originario de América, con manchas en forma de anillo, parecido al leopardo: *Una diferencia entre el **jaguar** y el leopardo es que las manchas del jaguar tienen un espacio negro en el centro.* Sin. **yaguar.**

jagüey ***m.*** **1** Bejuco de Cuba que crece enlazándose a un árbol al cual mata. **2** ***Amér. C.*** y ***Amér. Merid.*** Balsa, pozo o zanja llena de agua: *El ganado va a beber al **jagüey**.*

jaiba ***adj./m.*** y ***f.*** **1** *Cuba.* Perezoso, flojo. **2** ***Cuba*** y ***P. Rico.*** Astuto, taimado.

jaiba ***f. Antill., Chile*** y ***Méx.*** Cangrejo de río.

jalada *f. Méx. Vulg.* Dicho o acción increíble, exageración: *"Es una **jalada** que me digas que tu gato pesa ochenta kilos cuando he visto que mi hermanito lo puede cargar."*
jalador, ra *adj./m.* y *f. Méx.* Se aplica a la persona que con entusiasmo se suma a la empresa de otros o en común: *Son compañeros muy **jaladores** y a todas partes van juntos.*
jalador *m.* Utensilio para la limpieza de pisos conformado por una goma en la base y un mango de madera: *Con el **jalador** eliminó el exceso de agua jabonosa en todos los pisos que aseó.*
jalapeño *m. Méx.* Tipo de chile o ají carnoso y picante, de color verde oscuro que cambia a rojo cuando está maduro: *Cuando leí la etiqueta de la lata de **jalapeños** que compré, me enteré que los exportan a la India, China y Estados Unidos.*
jalar *vb.* {tr.} **1** *Fam.* Tirar o atraer una cosa hacia sí: *En el día de campo se organizaron dos equipos que jugaron a **jalar** la cuerda.* Sin. **halar. 2** *Fam.* Comer con ganas.
jalca *f. Perú.* Terrenos altos cercanos a la cordillera andina.
jalea *f.* Postre de consistencia gelatinosa, hecho con zumo o jugo de frutas y azúcar: *Mi abuelita prepara **jaleas** en el verano, cuando las frutas están frescas.*
jalear *vb.* {tr.} *Esp.* Animar con palmadas y voces a los que cantan o bailan.
jaleo *m. Esp. Fam.* Alboroto, barullo: *En la ciudad de Pamplona, en España, se arma un gran **jaleo** cuando sueltan a los toros en la calle.*
jalón *m.* **1** Vara que se clava en la tierra como señal. **2** *Amér.* Tirón: *Jugando fútbol, sintió de pronto un **jalón** en un músculo de la pierna.* **3** Acontecimiento importante que sirve como punto de referencia para algo o alguien: *El invento de la locomotora fue un **jalón** para la revolución industrial.* **4** *Méx.* Trago de bebida alcohólica. **5** *Méx.* Fumada de cigarrillo.
jalonear *vb.* {tr. y prnl.} *Guat., Méx.* y *Nicar.* Dar tirones o jalones de alguien o algo: *Cuando llego a casa, mi perro **jalonea** mi pantalón y ladra en señal de saludo.*
jaloneo *m.* Serie de jalones bruscos: *Como había mucha gente sin billete de entrada, hubo **jaloneos** para entrar al estadio de fútbol.*
jamaica *f. Méx.* Flor seca de color rojo intenso, que se utiliza para preparar una bebida refrescante.
jamaicano, na o **jamaiquino, na** *adj./m.* y *f.* Originario de Jamaica, isla de las grandes Antillas: *El ron **jamaicano** es famoso por su buena calidad.*
jamás *adv.* Nunca, en ningún tiempo: *Después de pelearse con su mejor amigo, Pedro juró que **jamás** volvería a hablarle.*
jamba *f.* Elemento vertical de mampostería u otro material de construcción que sostiene el dintel de una puerta o un arco: *La abertura de una puerta de compone de dos **jambas** y un dintel.*
jamelgo *m.* Caballo flaco y desgarbado: *Don Quijote, el famoso personaje del escritor español Miguel de Cervantes Saavedra, cabalgaba en un **jamelgo** viejo.* Sin. **penco.**
jamón *m.* **Palabra de origen francés. 1** Pierna entera de cerdo salada y preparada para su conservación: *En algunas tiendas pueden verse colgadas las piernas de **jamón.*** **2** Carne que se extrae de la pierna del cerdo, salada y curada: *Hoy desayuné huevos con **jamón,** jugo de toronja, pan tostado y café.*
jamona *f.* Mujer que ya no es joven y muestra sobrepeso.
jamoncillo *m. Méx.* Dulce de leche: *Los **jamoncillos,** las cocadas y palanquetas son mis dulces favoritos.*
japonés *m.* Lengua hablada en Japón.
japonés, nesa *adj./m.* y *f.* Originario de Japón, país de Asia Oriental. Sin. **nipón.**
jaque *m.* **1** Jugada del ajedrez en que el rey está amenazado: *Le hizo **jaque,** pero el rey todavía pudo defenderse y no perdió el juego.* **2** *loc.* ~ **mate,** jugada del ajedrez en que el rey de un jugador no puede escapar y se da por muerto, lo que ocasiona el final del juego.
jaqueca *f.* Dolor de cabeza intenso: *Rubén fue al médico, porque sufre **jaquecas** desde que se cayó de la bicicleta.*
jara *f.* **1** Palo largo de punta afilada que se usa como jabalina. **2** *Méx.* Flecha: *A veces, en los juegos de lotería de las ferias, el conductor grita "¡las **jaras!**" cuando anuncia el cartón que tiene unas flechas dibujadas.*
jarabe *m.* **1** Bebida medicinal: *Está tomando un **jarabe** para la tos, y dice que sabe horrible.* **2** *Méx.* Baile popular por parejas en el que se cantan temas graciosos: *Uno de los **jarabes** más famosos de México es "El jarabe tapatío".*
jarana *f.* **1** Diversión ruidosa. Sin. **juerga, farra. 2** Riña, pleito, trifulca. **3** *Méx.* Guitarra pequeña de cuatro cuerdas: *Es común el uso de la **jarana** en la música tradicional del sureste de México.*
jaranear *vb.* {intr.} **1** Ir una persona de jarana: *Se pasa el día **jaraneando** con sus amigos.* **2** *Cuba.* Burlarse de una persona.
jaraneo *m.* **1** Juerga. **2** Diversión bulliciosa. **3** Engaño, trampa, burla.
jaranero, ra *m.* y *f. Méx.* Músico que toca la jarana: *Acompañados por arpas y **jaranas,** los cantores veracruzanos improvisaron ingeniosos versos.*
jarcia *f.* **1** Conjunto de cabos y aparejos de un buque: *El marinero revisó que las **jarcias** que sujetaban las velas estuvieran bien apretadas, ya que se acercaba una tormenta.* **2** Conjunto de instrumentos para pescar: *El pescador arrojó su **jarcia** a la canoa y se adentró en el lago para pescar lo que comería su familia más tarde.*
jarciería *f. Méx.* Conjunto de objetos de uso doméstico hechos con fibras como escobas, escobetas, sogas, estropajos, etc., y establecimiento especializado donde se venden.
jardín *m.* **1** Terreno donde se cultivan árboles, plantas y flores: *El **jardín** de mi casa tiene varios árboles frutales y una parte de césped donde me gusta acostarme a descansar.* **2** *loc. Méx.* ~ **de niños,** escuela a la que asisten niños que tienen entre 3 y 5 años de edad: *Raulito está muy contento en el **jardín de niños,** porque ahí tiene amiguitos con quienes jugar.* Sin. **kinder.**
jardinera *f.* Lugar, mueble o estructura para colocar plantas o flores: *En todas las ventanas de la casa hay **jardineras** donde han sembrado rosales.*
jardinería *f.* Técnica y arte del cultivo de jardines: *La **jardinería** japonesa y la inglesa son famosas en todo el mundo.*
jardinero, ra *m.* y *f.* Persona que cuida los jardines: *El **jardinero** le dio forma de jirafa a un árbol del jardín.*
jareta *f.* Dobladillo en la ropa para meter una cinta o goma: *Prefiero los pantalones con **jareta** a los que tienen elástico en la cintura, porque así puedo apretarlos o soltarlos hasta donde yo quiera.*
jarilla *f. Argent., Chile* y *Méx.* Nombre de diversas especies de arbustos que alcanzan los 2 m de altura y tienen pequeñas flores amarillas.
jaripeo *m. Méx.* Fiesta charra en la cual se hacen exhibiciones ecuestres y suertes con el lazo.
jarocho, cha *adj./m.* y *f. Méx.* Oriundo del puerto o de la ciudad de Veracruz: *El traje típico de las **jarochas** es un vestido de amplia falda de encaje blanco con un mandil negro bordado.*

jarra *f.* Vasija de boca ancha, con una o dos asas: *En la **jarra** está el chocolate caliente que preparó mi mamá para el desayuno.*

jarrete *m.* **1** Parte trasera de la rodilla. SIN. **corva. 2** Parte alta y carnosa de la pantorrilla, en especial de la vaca.

jarro *m.* Vasija con una sola asa: *Vació el agua de limón en un **jarro** de cerámica y lo puso en la mesa donde comerían.*

jarrón *m.* Vasija de adorno: *En el centro de la mesa había un **jarrón** con unas rosas de color amarillo.*

jaspe *m.* Roca que combina en sí varios colores, empleada en joyería.

jaspeado, da *adj.* De varios colores entrelazados o combinados entre sí.

jauja *f.* Lugar o situación de bienestar y abundancia: *¡Esto es **jauja**!, estamos en la playa comiendo unos deliciosos mariscos y el clima es agradable.*

jaula *f.* Caja hecha de barrotes o alambres, que sirve para transportar o encerrar animales: *En el zoológico guardan a los pájaros en grandes **jaulas** de alambre.*

jauría *f.* Conjunto de perros que cazan juntos: *Los cazadores se llevaron a la **jauría** de sabuesos para cazar al zorro.* SIN. **perrada, perrería.**

java *m.* Lenguaje de programación de computadoras que se usa sobre todo para el manejo de objetos en Internet.

jazmín *m.* **1** Arbusto trepador de flores blancas o amarillas muy olorosas: *Los **jazmines** estaban cargados de flores y el olor se percibía en todo el jardín.* **2** Flor de la planta del jazmín.

jazz *m.* **Palabra de origen inglés.** Género musical de ritmo cambiante, con mucha improvisación en la melodía: *Louis Armstrong fue uno de los grandes trompetistas de **jazz** del siglo* XX.

jazzista *m.* y *f.* Músico que toca o canta jazz: *En la ciudad de Nueva Orleans, en Estados Unidos, se reúnen muchos **jazzistas** que tocan muy bien.*

jeans *m. pl.* **Palabra de origen inglés.** Pantalones de tela de algodón muy resistentes al uso continuo: *Los **jeans** fueron usados originalmente sólo por mineros, pero en la actualidad son la prenda informal que más usa la gente.* SIN. **vaqueros, pantalones de mezclilla.**

jebe *m. Chile, Ecuad.* y *Perú.* Planta que produce caucho o hule: *El **jebe** es abundante en Brasil.*

jeep *m.* **Palabra de origen inglés.** Automóvil muy resistente que puede andar por toda clase de terrenos: *Fuimos de excursión por la montaña en un **jeep** que nos transportó a través de terrenos difíciles.*

jefatura *f.* Lugar donde se encuentran las oficinas principales de un organismo de gobierno: *Llevaron al delincuente a la **jefatura** de policía.*

jefe, fa *m.* y *f.* **1** Persona que manda o es responsable de una empresa o grupo: *El **jefe** de la oficina de publicidad pidió a sus empleados que organizaran la campaña de anuncios para el nuevo libro.* **2** Líder o cabeza de algo: *El **jefe** del grupo fue elegido por sus compañeros.* SIN. **cabecilla. 3** Entre militares, categoría superior a la de capitán. **4** *Méx. Fam.* Padre y madre: *Mi **jefa** me dio permiso para ir a la fiesta del sábado.*

jején *m.* Insecto con dos alas, abundante en América Central y del Sur, más pequeño que el mosquito.

jengibre *m.* Planta de tallo subterráneo aromático que se utiliza como especia: *En la India se usa mucho el **jengibre** para condimentar guisos.*

jeniquén *m. Colomb., Cuba* y *P. Rico.* Henequén, agave: *De las hojas del **jeniquén** se sacan fibras que tienen diversos usos industriales.*

jeque *m.* Entre los musulmanes, jefe que gobierna un territorio: *Dentro del gobierno de un sultán, el **jeque** gozaba del segundo rango después del gran visir.*

jerarca *m.* Persona que tiene una alta jerarquía en alguna organización, sobre todo en la Iglesia católica: *Al próximo concilio eclesiástico acudirán **jerarcas** de todas partes del mundo.*

jerarquía *f.* **1** Organización en categorías o grados que existe en alguna actividad: *Daniel recorrió toda la **jerarquía** de su empresa, ya que comenzó siendo mensajero y ha llegado a ser gerente.* **2** Cada uno de los grados o categorías en que se divide una empresa u organización: *En esta oficina existen tres **jerarquías**, la de los jefes, las secretarias y los mensajeros.*

jerárquico, ca *adj.* De la jerarquía: *Todos los gobiernos tienen una estructura **jerárquica**.*

jerarquización *f.* Acción y efecto de jerarquizar: *En las artes marciales hay una estricta **jerarquización** de los niveles de conocimiento.*

jerarquizar *vb.* {tr.} Establecer una jerarquía en algo: *Hay que **jerarquizar** las prioridades para realizar un trabajo óptimo.*

jerbo *m.* Pequeño roedor del norte de África, que tiene patas y cola muy largas. *A los **jerbos** también se les llama "rata canguro", pues caminan dando saltos como esos marsupiales.*

jerez *m.* Vino blanco de fina calidad y alta graduación: *A muchos ingleses les gusta tomar **jerez** como aperitivo antes de la comida.*

jerga *f.* **1** Lenguaje especial entre personas de una misma clase o profesión: *Entró a estudiar medicina y al poco tiempo hablaba la **jerga** de los médicos.* **2** Lenguaje difícil de entender: *Los delincuentes hablaban entre sí una **jerga** que los policías no entendieron.* SIN. **jerigonza. 3** *Méx.* Tipo de tela muy absorbente que se usa para limpiar el piso y los muebles: *Con la **jerga** limpió todo el piso de la cocina.*

jergón *m.* Colchón de paja, esparto o hierba y sin hilvanes: *En esa cárcel los presos no tenían camas, apenas un viejo y sucio **jergón** en el suelo.*

jerigonza *f.* Lenguaje informal utilizado sólo por un grupo o clase de personas: *La palabra* chamaco *forma parte de la **jerigonza** mexicana.* SIN. **jerga.**

jeringa *f.* Instrumento que tiene diversos usos, en especial el de succionar o inyectar líquidos: *Le pusieron la inyección con una **jeringa** desechable para evitar contagios infecciosos.*

jeringar *vb. irreg.* {tr. y prnl.} **Modelo 17.** *Fam.* Molestar, fastidiar.

jeringuilla *f.* Jeringa pequeña para poner inyecciones.

jeroglífico *m.* **1** Cada uno de los signos de la escritura jeroglífica: *Existen **jeroglíficos** que representan sonidos y otros que representan ideas.* **2** Pasatiempo que consiste en deducir frases a partir de unos signos dados.

jeroglífico, ca *adj.* Relativo a la escritura en la que se usan figuras o símbolos: *Los antiguos egipcios usaban una escritura **jeroglífica**.*

jersey *m.* **Palabra de origen inglés.** Prenda de vestir de lana u otro tejido, con mangas y sin botones que cubre hasta la cintura y se usa para protegerse del frío: *Como empezó a sentir calor, se quitó el **jersey**.* SIN. **suéter.**

jesuita *m.* Religioso católico perteneciente a la Compañía de Jesús: *Los **jesuitas** fueron expulsados de América en el siglo* XVIII.

jet *m.* **Palabra de origen inglés.** Avión propulsado por motores a reacción.

jeta ***f.*** **1** Boca con labios abultados. **2** ***Fam.*** Cara: *Mirna tiene **jeta** de enojada porque perdió su dinero.*

jetón, tona ***adj.*** **1** ***Méx. Fam.*** Malhumorado, enojado: *Como lo despertaron antes de terminar su siesta, el niño se puso **jetón**.* **2** ***Méx. Fam.*** Dormido: *Después de la abundante comida, mi primo se quedó **jetón** sentado en la silla.*

jíbaro ***adj./m.*** y ***f.*** Pueblo amerindio que habita en los alrededores del río Amazonas, en la parte comprendida entre Brasil y Ecuador: *Los **jíbaros** son famosos porque reducían las cabezas de sus adversarios muertos.*

jícama ***f. Méx.*** Tubérculo comestible parecido a una cebolla pero más grande, de pulpa blanca, jugosa y fresca, y cáscara color marrón claro: *Las **jícamas** son sabrosas con limón, chile y sal.*

jícara ***f.*** Vasija pequeña hecha con la cáscara de ciertas calabazas, que se utiliza para beber chocolate o para tomar o servir cualquier líquido: *María usa una **jícara** para tomar el chocolate todas las mañanas.*

jico ***m.*** **1** ***Colomb.*** Cuerda que se ata a la cabeza de las caballerías para llevarlas o asegurarlas. Sin. **cabestro.** **2** ***Colomb.*** Cuerda para enlazar. **3** ***Cuba.*** Cuerda de muchos cordones con que se rematan los dos extremos de una hamaca.

jicote ***m.*** **1** ***Amér. C.*** y ***Méx.*** Avispa gruesa de cuerpo negro y abdomen amarillo. **2** ***Hond.*** y ***Nicar.*** Panal de la avispa llamada jicote.

jicotea ***f. Cuba, Méx.*** y ***P. Rico.*** Reptil de la familia de las tortugas.

jicotera ***f. Amér. C.*** y ***Méx.*** Nido de jicotes o avispas: *Los niños dieron un pelotazo a una **jicotera** y tuvieron que salir huyendo para que no los picaran las enojadas avispas.*

jijona ***m.*** Especie de turrón blando hecho a base de almendras: *El turrón de **jijona** se come sobre todo durante la época de las fiestas navideñas.*

jilguero ***m.*** Pájaro de pequeño tamaño con el lomo de color pardo, la cabeza blanca con manchas rojas, y las alas y la cola negras con manchas amarillas y blancas: *Los **jilgueros** son animales comunes en España y tienen un canto melodioso muy agradable de escuchar.*

jilote ***m. Amér. C.*** y ***Méx.*** **1** Cabellitos de las mazorcas de maíz: *Una tisana de **jilote** sirve como diurético.* **2** Mazorca de maíz muy tierna, en la que aún no cuajan los granos.

jilotear ***vb.*** {tr.} ***Méx.*** Empezar a cuajar el grano de maíz en la mazorca.

jineta ***f.*** Manera de montar a caballo.

jineta ***f.*** Pequeño mamífero carnívoro de pelaje color claro con manchas negras: *La **jineta** vive en África y en Europa.*

jinete, ta ***m.*** y ***f.*** Persona que va a caballo: *Al llegar a la valla, el caballo se frenó y el **jinete** salió de su lomo volando.*

jinetear ***vb.*** {tr. y prnl.} **1** ***Amér.*** Domar caballos cerriles o salvajes. **2** ***Méx. Fam.*** Tardar en pagar un dinero con el fin de sacar ganancia de él. **3** ***Colomb.*** y ***Méx.*** Montarse en el caballo y asegurarse en la silla.

jiote ***m. Méx.*** Erupción cutánea de tono blanco acompañada de escozor y comezón: *A mi hermano le salió un **jiote** junto a la boca y no para de rascárselo.*

jira ***f. Esp.*** Comida campestre.

jirafa ***f.*** **1** Mamífero rumiante de cuello largo y esbelto: *Las **jirafas** son los mamíferos más altos del mundo.* **2** Brazo articulado que sostiene el micrófono durante las filmaciones de cine o programas de televisión.

jirajara ***adj./m.*** y ***f.*** Originario de un pueblo amerindio que habita en Venezuela.

jirón ***m.*** **1** Trozo desgarrado de una tela: *Como la sábana ya no servía, la cortó en **jirones** para usarlos como trapos de limpieza.* **2** ***Perú.*** Vía urbana compuesta de varias calles.

jitomate ***m. Méx.*** Palabra que viene del náhuatl *jitomatl*, que designa al fruto de la tomatera, de color rojo, forma alargada o redonda, de pulpa carnosa y con numerosas semillas de color claro dentro. Sin. **tomate.**

jiujitsu ***m.*** Arte marcial japonés en el que se usan llaves y golpes.

jobo ***m. Amér. C., Antill., Colomb., Pan., P. Rico*** y ***Venez.*** Árbol de gran follaje y flores grandes en racimos, de fruto parecido a la ciruela, comestible y agridulce: *Este año el **jobo** ha dado muchos frutos.*

jockey ***m.*** **Palabra de origen inglés.** Jinete profesional que monta caballos de carreras: *Los **jockeys** suelen ser hombres ligeros y pequeños porque esto ayuda a que el caballo se desplace a mayor velocidad.*

jocoque ***m. Méx.*** Alimento que se prepara a base leche fermentada: *El **jocoque** se parece al yogur, pero es un poco más ácido.*

jocoso, sa ***adj.*** Gracioso, chistoso, humorístico: *Luis es un chico **jocoso** con quien paso ratos muy divertidos.*

joda ***f. Méx. Fam.*** **1** Molestia o incomodidad debida principalmente al exceso de trabajo: *Es una **joda** tener que trabajar en domingo.* **2** ***Arg.*** y ***Urug. Fam.*** Acción de fastidiar o molestar: *Pirincho está para la **joda** y nadie lo aguanta.*

joder ***vb.*** {tr. y prnl.} **1** ***Vulg.*** Tener relaciones sexuales. **2** ***Vulg.*** Molestar. **3** ***Vulg.*** Dañarse o estropearse algo.

jodido, da ***adj. Fam.*** **1** Que es desfavorable, desagradable o perjudicial: ***Jodida** suerte que hemos tenido.* **2** Que fastidia o molesta: *Estoy harta de este **jodido** clima.* **3** Que es difícil de conseguir, hacer o entender: *Estamos ante un problema **jodido**.* **4** Que está estropeado o deteriorado: *Tengo el coche **jodido**.* **5** Que está enfermo o en mal estado: *Se ve pálido, con ojeras y bastante **jodido**.*

jodón, dona ***adj. Méx. Fam.*** Se aplica a la persona que molesta mucho: *Es una niña **jodona** y caprichosa.*

jofaina ***f.*** Recipiente de uso doméstico, de gran diámetro y poca altura: *Después de levantarse de la cama llenó la **jofaina** de agua y se lavó las manos y la cara.* Sin. **palangana.**

jojoba ***f.*** Arbusto originario de México del que se obtiene un aceite usado para fines cosméticos: *Le recomendaron que usara **jojoba** para lavarse el pelo porque lo tenía maltratado.*

jojoto ***m. Venez.*** Maíz cuando aún está tierno. Sin. **elote.**

jojoto, ta ***adj. Venez.*** Relativo al fruto verde, que no está maduro.

jolgorio ***m. Fam.*** Regocijo, fiesta: *Mis vecinos celebraron el cumpleaños de su mamá con un **jolgorio** que duró casi toda la noche.*

jónico, ca ***adj.*** Relativo al tipo de arquitectura griega que se caracteriza por una columna con ranuras, en cuya parte superior tiene un remate o capitel con relieves en forma de espirales.

jordano, na ***adj./m.*** y ***f.*** Originario de Jordania, país del Cercano Oriente.

jornada ***f.*** **1** Camino recorrido de una sola vez: *Los viajeros harán el trayecto en dos **jornadas** porque es muy largo.* **2** Duración del trabajo diario o semanal de un trabajador: *Su **jornada** se inicia antes de salir el sol y termina después del ocaso.*

jornal ***m.*** Dinero que cobra una persona por cada día de trabajo: *En ese país se ha establecido un **jornal** mínimo para los trabajadores de la industria.*

jornalear ***vb.*** {tr. e intr.} **1** Contratar a alguien por un jornal. **2** Trabajar una persona a jornal.

jornaleo ***m.*** Trabajo por jornal.

jornalero, ra ***m.*** y ***f.*** Persona que trabaja a jornal, en especial la que trabaja en el campo: *En épocas de cosecha contratan a **jornaleros** durante dos o tres meses.*

joroba ***f.*** **1** Abultamiento en la espalda debido a una desviación de la columna vertebral. SIN. **corcova, giba. 2** Abultamiento que tienen en el lomo ciertos animales como el cebú y el dromedario.

jorobado, da ***adj.*** Que se agacha tanto que se joroba: *"No te pongas **jorobado** cuando escribas, porque esa posición perjudica tu columna vertebral", me dijo mi abuelo.*

jorobado, da ***adj./m.*** y ***f.*** Que tiene un abultamiento en la espalda, una joroba: *El **jorobado** del cuento de Víctor Hugo estaba enamorado de la gitana Esmeralda.*

jorobar ***vb.*** {tr. y prnl.} **1** *Fam.* Fastidiar, molestar: *"¡Niño, deja de **jorobar** al gato!", me gritó mi padre.* **2** Agacharse y doblar la espalda.

jorongo ***m.*** **1** ***Méx.*** Poncho con que se cubren los campesinos: *Mi abuela usa un **jorongo** cuando siente frío.* **2** ***Méx.*** Colcha de lana.

joropo ***m.*** Música y baile típicos de Venezuela.

josefino, na ***adj./m.*** y ***f.*** Originario de San José, capital de Costa Rica.

jote ***m.*** **1** Especie de buitre de Chile, de color negro, con cabeza y cola violáceas. **2** ***Chile.*** Cometa grande y cuadrada.

joto ***m.*** **1** *Colomb.* Bulto o paquete pequeño. **2** ***Méx. Fam.*** Figura equivalente a la sota de la baraja española. **3** ***Méx. Desp.*** Hombre homosexual.

joven ***adj./m.*** y ***f.*** **1** Ser vivo que tiene menos edad que otro: *Diana tiene 12 años y es más **joven** que su hermana de 17.* **2** Que tiene más edad que los niños y menos que los adultos: *Esteban es un **joven** que estudia la preparatoria.* SIN. **adolescente. 3** Persona que tiene entre 18 y 26 años aproximadamente: *A muchos **jóvenes** les gusta ir a las discotecas.* ANT. **viejo.**

jovial ***adj.*** Alegre, risueño: *Es una persona **jovial,** siempre de buen humor y con ganas de divertirse.*

jovialidad ***f.*** Carácter alegre de una persona, o ambiente cordial donde todas las personas están contentas: *En la fiesta hubo mucha **jovialidad** entre los empleados, que brindaron y se intercambiaron regalos.*

joya ***f.*** Objeto de metal y piedras preciosas, por lo general de alto valor: *Cuando la familia cayó en desgracia, la madre se vio obligada a vender todas sus **joyas** para pagar las deudas.* SIN. **alhaja.**

joyel ***m.*** Joya pequeña: *La elegante señora lucía un **joyel** de perlas y diamantes prendido cerca del cuello de su blusa.*

joyería ***f.*** **1** Actividad que consiste en la fabricación y venta de joyas: *Estudiaré diseño de **joyería,** pues me encanta trabajar con metales y piedras preciosas.* **2** Local donde se venden joyas: *En esa **joyería** tienen uno de los más modernos sistemas de alarma.* **3** Conjunto de joyas: *La **joyería** prehispánica de Monte Albán, Oaxaca, es de las más bellas del mundo.*

joyero ***m.*** Estuche para guardar joyas: *En un **joyero** que había sido de su mamá, guardaba los anillos y aretes que más apreciaba.*

joyero, ra ***m.*** y ***f.*** Persona que hace o vende joyas: *Esa actriz tiene un **joyero** que diseña joyas especiales para ella.*

juanete ***m.*** Hueso que está en la base del dedo grueso del pie, cuando sobresale demasiado: *Mi tía Hortensia no puede usar zapatos ajustados porque le molestan los **juanetes.***

jubilación ***f.*** **1** Proceso mediante el cual un empleado se retira de trabajar a causa de la vejez, algún accidente o por antigüedad, y continúa recibiendo un sueldo: *Mi padre empezó a tramitar su **jubilación** porque ya trabajó veinticinco años en esa empresa.* **2** Pago periódico que se le da a la persona que trabajó durante años: *Cada mes va al banco a cobrar la **jubilación** que le paga la empresa donde trabajó durante treinta años.*

jubilado, da ***adj./m.*** y ***f.*** Se refiere a la persona que ya no labora por vejez, por un accidente o por haber trabajado varios años en la misma empresa, y que continúa recibiendo un sueldo: *En ese parque se reúnen varios **jubilados** a jugar ajedrez, dominó y a conversar.*

jubilar ***vb.*** {tr. y prnl.} Liberar del trabajo a un empleado por vejez, por trabajar varios años en una misma empresa o imposibilidad física: ***Jubilaron** a don Manuel de la empresa donde trabajaba porque ya cumplió treinta años de laborar ahí.*

jubileo ***m.*** **1** En la Biblia, año privilegiado que se festeja cada 50 años y que marcaba la redistribución igualitaria de las tierras. **2** En el catolicismo, año santo celebrado de forma periódica, en el que el Papa otorga el perdón completo. **3** Aniversario importante, por lo general cada 50 años, de una boda u otra celebración.

júbilo ***m.*** Alegría muy intensa: *Con gran **júbilo,** alumnos y maestros dieron por concluido el curso.*

jubiloso, sa ***adj.*** Muy contento: ***Jubilosa** después de terminar la educación básica, Maribel se prepara para la educación media.*

jubón ***m.*** Antigua vestidura ajustada, con o sin mangas, que cubría hasta la cintura: *El bufón de la reina vestía un **jubón** a rayas y unas mallas amarillas.*

judaísmo ***m.*** Religión de los judíos basada en la idea de un Dios abstracto, único e indivisible.

judería ***f.*** ***Esp.*** Barrio donde habitaban los judíos.

judía ***f.*** **1** Planta de fruto en vainas aplastadas, con varias semillas en forma de riñón dentro de cada vaina. SIN. **frijol, poroto. 2** Fruto y semilla de esta planta.

judicatura ***f.*** **1** Cargo de juez y tiempo que dura: *El abogado Ramírez ha ejercido la **judicatura** durante los últimos tres años.* **2** Cuerpo jurídico constituido por los jueces de un país. *La **judicatura** federal se reunirá en un congreso para analizar los cambios a las leyes penales.*

judicial ***adj./m.*** y ***f.*** Relativo a la organización, ejercicio o administración de la justicia: *En ese país, algunos policías **judiciales** usan uniforme y otros visten de civiles.*

judío, a ***adj.*** **1** Relativo a los habitantes de la antigua Judea. **2** Relativo al judaísmo o religión de Moisés: *La religión **judía** es seguida por millones de personas en el mundo.*

judío, a ***m.*** y ***f.*** **1** Originario de la antigua Judea. SIN. **hebreo, israelita. 2** Persona perteneciente al pueblo judío: *Los **judíos** han hecho grandes aportaciones a las ciencias.* **3** Persona que profesa la religión judía o judaísmo: *Los **judíos** fueron masacrados por los nazis durante la Segunda Guerra Mundial.*

judo ***m.*** Deporte de lucha japonés, que constituye un método de defensa sin emplear armas: *El joven tiene mucho tiempo tomando clases de **judo** y ya obtuvo la cinta negra.*

judoca o **judoka** ***m.*** y ***f.*** Persona que practica el judo: *El **judoca** aprovecha la fuerza de su contrario para derribarlo.*

juego ***m.*** **1** Acción de jugar: *Los niños estaban en pleno **juego,** cuando de pronto uno de ellos se cayó y empezó a llorar.* **2** Cualquier diversión que se realice siguiendo ciertas reglas: *Su tía Adelina le enseñó a Martín varios **juegos** de naipes.* **3** Conjunto de piezas semejantes o para un mismo uso: *Compró dos **juegos** de sábanas para las camas de los niños.* **4** Articulación de dos cosas de modo que tengan movimiento: *Desde que me caí por la escalera, me duele la rodilla cada vez que trato de hacer **juego** con ella.* **5** *loc.* **Hacer ~,** combinar: *La corbata azul que se puso **hace juego** con la camisa blanca y el saco negro.* **6** *loc.* **~ de palabras,** combinación ingeniosa de palabras con doble sentido: *Un **juego de palabras** es, por ejemplo "no es lo mismo tomar té, que tomarte de la mano".*

juerga *f.* Diversión bulliciosa: *Se fueron de **juerga** anoche y llegaron a las cinco de la madrugada.* SIN. **farra, jarana.**

juerguista *adj./m.* y *f.* Se aplica a quien es aficionado a la juerga: *Hay mujeres y hombres **juerguistas** por igual.*

jueves *m.* Cuarto día de la semana, empezando a contar a partir del lunes: *Los antiguos romanos dieron su nombre al **jueves** en honor al dios Júpiter.*

juez, za *m.* y *f.* Persona con potestad para juzgar y sentenciar: *El **juez** sentenció al delincuente a dos años de prisión por el robo que cometió.*

jugada *f.* **1** Cada intervención o movimiento que hace un jugador en un juego: *Esa **jugada** del centro delantero fue la que decidió los resultados del partido.* **2** Mala acción que, de manera inesperada, alguien realiza contra otro: *Antonio le hizo una **jugada** a su jefa Cristina, primero fingió que le era muy leal, y luego le hizo política para que la despidieran de su empleo.*

jugador, ra *adj./m.* y *f.* **1** El que juega: *Los **jugadores** de tenis suelen vestirse de blanco durante los partidos.* **2** Persona que tiene el vicio de los juegos de azar.

jugar *vb. irreg.* {tr., intr. y prnl.} **Modelo 7. 1** Hacer algo como diversión: *Después de hacer el trabajo escolar, los niños **juegan** fútbol o baloncesto en el parque.* **2** Tomar parte en un juego, deporte o sorteo: *Mi padre **juega** a la lotería desde hace años.* **3** Llevar a cabo un juego: *"¿**Jugamos** una partida de ajedrez?", me dijo Esteban.* **4** Apostar: ***Jugó** trescientos pesos en esa carrera de caballos y los perdió.* **5** Exponerse a perder algo: *Daniel se la **jugó** y se lanzó a un negocio nuevo y riesgoso.*

jugarreta *f. Fam.* Engaño, mala pasada: *Nunca te perdonaré la **jugarreta** que me hiciste.*

juglar, resa *m.* y *f.* Artista de la Edad Media que recitaba versos, cantaba y tocaba música.

juglaría *f.* Oficio de los juglares: *Quienes se dedicaron a la **juglaría** en la Edad Media dejaron versos y canciones que todavía se cantan.*

jugo *m.* **1** Líquido contenido en ciertos tejidos orgánicos: *Se necesitan muchas zanahorias para obtener un vaso de **jugo**.* SIN. **zumo. 2** *loc.* **Sacar ~,** obtener lo mejor de algo: *Le **sacó jugo** a sus ahorros y logró comprarse un automóvil nuevo.*

jugosidad *f.* **1** Cualidad de lo que contiene jugo: *Los cítricos se caracterizan por su **jugosidad**.* **2** Contenido que en una cosa constituye lo más importante y esencial: *La **jugosidad** del comentario no tiene desperdicio.*

jugoso, sa *adj.* **1** Relativo a lo que tiene jugo en su interior: *Estas naranjas están muy **jugosas**, con dos de ellas basta para prepararme un gran vaso de jugo.* **2** Sustancioso, interesante: *Compré un libro **jugoso** que todo el tiempo leo.*

juguete *m.* Objeto que sirve para que jueguen los niños: *Al cumplir Enrique cuatro años le regalaron varios **juguetes**, como carritos y grúas.*

juguetear *vb.* {intr.} Jugar de manera despreocupada: *Remigio no comía su sopa, sólo **jugueteaba** con ella.*

jugueteo *m.* Acción de juguetear: *Se entregaba con pasión a sus **jugueteos**.*

juguetería *f.* **1** Oficio de hacer juguetes: *La **juguetería** tradicional mexicana es apreciada en muchas partes del mundo.* **2** Tienda donde se venden juguetes: *La mamá de Lalito ya evita pasar por la **juguetería**, pues cada vez que ve los aparadores, el niño chilla porque quiere que le compren algo.*

juguetero *m.* **1** Caja donde se guardan los juguetes: *En la habitación de Joaquín hay un **juguetero** de madera para guardar los cubos, unos muñecos y otros juguetes.* **2** Repisa donde se ponen adornos.

juguetón, tona *adj.* Que le gusta jugar: *Los perros y gatos jóvenes son muy **juguetones** e inquietos.*

juicio *m.* **1** Facultad del entendimiento por la que se conoce, valora y compara: *Según el **juicio** del ingeniero, esa casa no es buena opción porque está muy cara.* **2** Opinión, criterio: *Luis Felipe tiene muy buen **juicio** para resolver situaciones complicadas.* **3** Tramitación de un pleito ante un juez o tribunal correspondiente, y su resultado: *Elena está en medio de un **juicio** para resolver su divorcio.* **4** *loc.* **Muela del ~,** tercer molar, que brota durante la juventud: *La **muela del juicio** no le salió de manera correcta, por lo que tuvieron que extraerla.*

juicioso, sa *adj.* **1** Que tiene buen juicio y procede con cordura: *Es todavía un niño para ser tan **juicioso**.* **2** Que está hecho con juicio: *Tus actos **juiciosos** respaldan la confianza que te tengo.*

julepe *m. Fam.* **1** Castigo, reprimenda: *Mi hermano y sus amigos se llevaron un **julepe** por vaciar el refrigerador, pero lo tenían merecido.* **2** *Amér. Merid* y *P. Rico.* Miedo, susto: *Terrible **julepe** le pegó María a su hermana, cuando la sorprendió probándose su ropa.* **3** *P. Rico.* Desorden, lío: *Para variar, a la salida del estadio se armó un **julepe**.*

julepear *vb.* {tr. y prnl.} **1** *Colomb.* Insistir de manera molesta: *Por más que el niño **julepeó** toda la tarde, su madre no lo dejó salir a jugar.* **2** *P. Rico.* Gastar bromas a alguien o molestarlo: *Maura **julepea** hasta que pone de mal humor a los demás.* **3** *Argent., Par.* y *Urug.* Asustar o asustarse: *Arturo se ha dedicado a **julepearnos** con una araña de plástico que trae.*

julio *m.* Séptimo mes del año: *El mes de **julio** fue llamado así en honor del antiguo emperador romano Julio César.*

julio *m.* Unidad de medida de trabajo y energía, en el Sistema Internacional.

jumarse *vb.* {prnl.} *Colomb.* y *Cuba. Fam.* Emborracharse.

jumento, ta *m.* y *f.* Asno, burro: *Ese campesino usa los **jumentos** para cargar leña.* SIN. **borrico.**

jumil *m. Méx.* Insecto comestible parecido a la chinche.

juncal *adj.* Delgado y flexible, como junco: *Esa actriz tenía una cintura **juncal** cuando era joven, su novio podía rodearla con las dos manos.*

junco *m.* Planta herbácea que crece a las orillas de ríos y lagos, de tallo recto y flexible: *Los **juncos** se usan para elaborar canastas y recipientes.*

jungla *f.* **Palabra de origen inglés. 1** Lugar donde hay mucha vegetación y fauna variada: *El biólogo se internó en la **jungla** para buscar animales exóticos.* SIN. **selva. 2** Lugar peligroso donde hay que ser valiente para sobrevivir: *Las grandes ciudades son una **jungla** para la gente que llega de provincia.*

junio *m.* Sexto mes del año: *Cuando se termina **junio**, estamos a la mitad del año.*

júnior *adj./m.* y *f.* **Palabra de origen inglés. 1** Se aplica a la persona más joven que otra y con el mismo nombre, en especial a un padre y su hijo: *Mi padre se llama Benjamín y mi hermano es el **júnior**, ya que también se llama Benjamín.* **2** La categoría que abarca los deportistas jóvenes: *Ese deportista comenzó jugando en la categoría **júnior** y ahora es campeón profesional.* **3** *Méx.* Joven orgulloso y frívolo de clase económicamente alta: *No lo invitaré a mi fiesta porque como es un **júnior**, sólo le gusta salir con los ricos de la escuela.*

junípero ***m.*** *Ver* **enebro.**

junta ***f.*** **1** Parte donde se unen dos o más cosas: *El motor arroja aceite por esa **junta**, que está mal apretada.* SIN. **juntura.** **2** Reunión de personas para tratar algún asunto: *"El licenciado está en una **junta** de trabajo con otros colegas", me informó la secretaria.*

juntar ***vb.*** {tr. y prnl.} **1** Poner unas cosas en contacto con otras de manera que se toquen: *Para que quepan más sillas, hay que **juntarlas**, sin dejar espacios entre ellas.* **2** Reunir, congregar: ***Se juntó** toda la familia en la casa del abuelo para celebrar sus ochenta años.* **3** Vivir juntos un hombre y una mujer, sin matrimonio de por medio: ***Se juntaron** siendo jóvenes y nunca se casaron.*

junto ***adv.*** Seguido de la preposición *a*, indica *cerca de: Como hacía frío, se sentaron **junto** a la chimenea.*

junto, ta ***adj.*** **1** Unido, cercano, que se toca con algo: *Pon los pies **juntos** para que veas que uno es ligeramente más grande que el otro.* **2** En compañía de: *Cecilia y su esposo llegaron **juntos** a la fiesta.*

juntura ***f.*** Parte o lugar en que se unen dos o más cosas. SIN. **junta.**

jura ***f.*** Acto público y solemne en el que se jura lealtad a algo: *El domingo por la mañana, los nuevos soldados harán su **jura** de bandera en la plaza principal.*

jurado ***m.*** **1** Grupo de personas que califican en concursos exposiciones, etc.: *El **jurado** del concurso de cuento estará formado por escritores de fama reconocida.* **2** Tribunal cuya misión consiste en determinar la culpabilidad o inocencia del acusado: *Como el **jurado** encontró al acusado culpable de asesinato van a llevarlo a la cárcel.*

juramentar ***vb.*** {tr. y prnl.} **1** Tomar juramento a una persona. **2** Obligarse mediante juramento a realizar una acción: ***Juramentó** que nunca desampararía a sus hermanos menores.*

juramento ***m.*** Acción de jurar: *Los jóvenes que terminaron su servicio militar prestaron **juramento** a la bandera.*

jurar ***vb.*** {tr.} Afirmar o prometer algo tomando por testigo a una persona o cosa que se considera sagrada: *Los testigos en el juicio **juraron** sobre la Biblia decir la verdad y toda la verdad.*

jurásico, ca ***adj./m.*** Segundo periodo de la era Mesozoica, de gran diversidad y abundancia de vida. Fue el periodo de los dinosaurios y de los pterodáctilos (reptiles voladores), y durante el cual los mamíferos se multiplicaron en varias especies: *Durante el **jurásico** habitaron la Tierra los grandes reptiles conocidos como dinosaurios.*

jurel ***m.*** Pez marino de cabeza corta y cola en forma de horquilla que mide unos 20 cm de largo.

jurero, ra ***m.*** y ***f.*** ***Chile*** y ***Ecuad.*** Testigo falso.

jurídico, ca ***adj.*** Relativo al derecho, la justicia o las leyes: *Las modificaciones a la Constitución de un país son un problema **jurídico** que toca resolver a los legisladores.*

jurisconsulto, ta ***m.*** y ***f.*** especialista en cuestiones jurídicas: *Varios **jurisconsultos** se unirán para editar una revista especializada en temas de derecho civil.*

jurisdicción ***f.*** **1** Poder para gobernar y aplicar las leyes. **2** Territorio a cargo de una autoridad. **3** Autoridad a la que están sometidos algunos asuntos o personas: *Los servicios públicos como alumbrado y alcantarillado son **jurisdicción** de cada municipio.*

jurisprudencia ***f.*** **1** Conjunto de las sentencias de los tribunales y doctrina que contienen: *El abogado conoce a fondo las **jurisprudencias** sobre el tema para hacer una buena defensa.* **2** Ciencia del derecho. **3** Norma de juicio que suple omisiones de la ley, basada en casos iguales o análogos anteriores.

jurista ***m.*** y ***f.*** Persona que se dedica al derecho: *El embajador recién nombrado es un **jurista** especializado en derecho internacional.*

justa ***f.*** **1** Combate de la Edad Media que se realizaba a caballo y con lanza: *El triunfador de la **justa** se casó con la princesa.* **2** Torneo, competición.

justamente ***adv.*** **1** Con justicia. **2** Con exactitud: *El maestro hizo la corrección **justamente**, ya que el resultado de la suma no era 578 sino 579.* **3** En el mismo lugar o tiempo en que sucede una cosa: ***Justamente** ahí, en esa casa, donde ahora está la biblioteca, fue donde nació mi abuelo.*

justeza ***f.*** Carácter de lo que es justo: *Alabó la **justeza** de su sentencia.*

justicia ***f.*** **1** Cualidad que inclina a dar a cada uno lo que le pertenece: *Saúl ganó con **justicia** el primer premio, todos sabíamos que era el mejor.* **2** Derecho y su aplicación, cumplimiento de la ley: *El hombre que aparece en esa fotografía es un criminal famoso perseguido por la **justicia** de su país.*

justiciero, ra ***adj./m.*** y ***f.*** Que observa y aplica la justicia de manera estricta, sobre todo para castigar criminales.

justificación ***f.*** Explicación o prueba que justifica un hecho: *Tuve que dar a la maestra una **justificación** de mis faltas de asistencia a la escuela.*

justificado, da ***adj.*** **1** Que tiene una razón o explicación que prueba que es justo o razonable: *Su ausencia es **justificada.*** **2** Que actúa según la justicia y la razón. **3** Que está ajustado o alineado: *Todo el texto está **justificado** a la izquierda.*

justificado, da ***adj.*** Que tiene motivo o razón de ser: *La falta de asistencia de Nora fue **justificada**, pues enfermó de una fuerte infección intestinal.*

justificante ***adj.*** Se aplica a lo que justifica o acredita una cosa: *Las circunstancias **justificantes** contaron a favor del acusado.*

justificante ***m.*** **1** Comprobante. **2** Documento que justifica o acredita algo: *Presentó un **justificante** expedido por el médico que lo atendió.*

justificar ***vb. irreg.*** {tr. y prnl.} **Modelo 17.** Probar o demostrar la razón que se tuvo al hacer algo con razones, testigos, etc.: *No intentes **justificar** tu grosería, ya que no tenías ningún motivo para hacerla.*

justipreciar ***vb.*** {tr.} Tasar rigurosamente algo para darle su justo valor: *Debe **justipreciarse** el esfuerzo que han hecho los vecinos para mejorar su comunidad, señaló el alcalde a los funcionarios.*

justo ***adv.*** De manera justa, de manera precisa: ***Justo** en ese escalón fue donde se cayó mi abuela.*

justo, ta ***adj.*** **1** Que actúa según la justicia, la moral o la ley: *El maestro resolvió de manera **justa** la pelea entre dos alumnos.* **2** Exacto, preciso: *No me sobró dinero porque mi madre me dio lo **justo** para comprar el aceite.* **3** Ajustado, apretado: *Ese vestido antes le quedaba grande a mi hermana, pero le queda **justo** ahora que ya creció.*

justo, ta ***m.*** y ***f.*** Persona que vive conforme a las leyes, persona sabia.

juvenil ***adj.*** Relativo a la juventud.

juventud ***f.*** **1** Edad entre la pubertad o adolescencia y la edad adulta: *A los veinte años, una persona se encuentra en plena **juventud**.* **2** Conjunto de jóvenes: *En la televisión hay un programa dedicado a la **juventud** que también es interesante para los adultos.*

juzgado ***m.*** Local donde se celebran los juicios: *Lo citaron en el **juzgado** como testigo del crimen.*

juzgado, da ***adj.*** Que ha sido resuelto por un juez: *El caso del asesinato fue **juzgado,** y ahora el homicida permanecerá veinte años en la cárcel.*

juzgar ***vb. irreg.*** {tr.} **Modelo 17. 1** Decidir en calidad de juez: *El juez y el jurado **juzgarán** al acusado inocente o culpable.* **2** Creer, considerar: *Manuel **juzgó** que no era conveniente dejar a sus hijos ir a una fiesta en un lugar peligroso.*

K

k ***f.*** Undécima letra del abecedario español. Su nombre es *ka*.

kabuki ***m.*** **Palabra de origen japonés.** Género de teatro japonés en el que hay diálogo, música, canciones y baile: *Los maquillajes del* ***kabuki*** *son muy exagerados para lograr mayor fuerza expresiva de los actores.*

kacharpaya ***f.*** Canción ritual de los indígenas de Bolivia: *Las* ***kacharpayas*** *se cantan en ceremonias que se hacen en cada cambio de las estaciones del año.*

kafkiano, na ***adj.*** Palabra derivada del apellido del escritor checo Franz Kafka, quien desarrolló sus novelas en ambientes absurdos o sin lógica; esta palabra se usa para indicar situaciones de este tipo: *Hacer ese trámite se convirtió en una situación* ***kafkiana*** *porque perdieron los documentos y en lugar de arreglar las cosas, cada vez se complicaban más.*

kagú ***m.*** Pájaro gris de Nueva Caledonia, que está en peligro de extinción.

káiser ***m.*** Emperador de Alemania.

kakemono ***m.*** Pintura o escritura japonesa o china, sobre seda o papel, que se desenrolla de forma vertical y se usa para decorar paredes.

kaki ***m. Ver*** **caqui.**

kamikaze ***adj./m.*** y ***f.*** Que se juega la vida: *En la Segunda Guerra Mundial se llamó* ***kamikazes*** *a los pilotos que, de manera voluntaria, estrellaban su avión cargado con explosivos sobre el enemigo.*

kan o **khan** ***m.*** Título de dignidad que, por el siglo XIII, se usó en China y otras regiones del Oriente: *Los* ***kanes*** *fueron hombres poderosos y sanguinarios, el más conocido de ellos fue Gengis Kan.*

kaput ***adj.*** Acabado, en mal estado.

karaoke ***m.*** **Palabra de origen japonés.** Aparato para cantar siguiendo música pregrabada, y establecimiento donde éste es la atracción principal.

karate o **kárate** ***m.*** Modalidad de lucha japonesa, basada en golpes secos realizados con la mano, los codos y los pies: *El karateca partió con un golpe de* ***karate*** *un grueso bloque de hielo.*

karateca ***m.*** y ***f.*** Persona que practica el karate: *Los* ***karatecas*** *usan cintas de un color determinado para indicar el dominio que tienen de ese tipo de lucha; la cinta principal es la negra.*

karma ***m.*** **Palabra de origen sánscrito.** Principio religioso del hinduismo que concibe la vida como una serie de existencias encadenadas: *Según las leyes del* ***karma,*** *lo que hagas de bueno o malo en una vida se te pagará o cobrará en la siguiente.*

kasbah ***f.*** Ciudadela de algunas ciudades del norte de África.

katiusca ***f.*** Bota de caucho o hule usada para protegerse del agua.

katún ***m.*** Periodo de veinte años, de 360 días cada uno, del calendario maya.

kayak ***m.*** **1** Canoa de los esquimales hecha con piel de foca. **2** Embarcación de lona que se utiliza para practicar cierto deporte: *Ramiro fue al río para practicar con el* ***kayak,*** *porque va a participar en una competencia.*

kea ***m.*** Papagayo de gran tamaño, de plumaje color verde oliva, azul y rojo.

kéfir ***m.*** Bebida preparada a base de leche de vaca, cabra u oveja, fermentada de manera artificial.

kelvin ***m.*** Unidad de medida de temperatura termodinámica.

kendo ***m.*** Arte marcial japonés que se practica con ayuda de sables: *En el programa de televisión que vi ayer, el héroe era un maestro de* ***kendo*** *y con su sable vencía a todos sus enemigos.*

keniano, na o **keniata** ***adj./m.*** y ***f.*** De Kenia, país de África Oriental.

kepi o **kepis** ***m.*** Gorro de uniforme militar cilíndrico y bajo, con visera.

kermés ***f.*** **Palabra de origen francés.** Fiesta pública que se organiza para recabar fondos: *En la* ***kermés*** *de la escuela hubo tómbola, concurso de baile y muchas golosinas.*

kerosén o **kerosene** ***m. Amér. Merid.*** Queroseno.

ketchup ***m.*** Salsa de tomate de sabor agridulce: *A los niños les gusta poner* ***ketchup*** *y mayonesa en casi todo lo que comen.*

kevlar ***m.*** Marca registrada de una fibra sintética muy resistente y ligera, empleada en la fabricación de chalecos antibalas.

khmer ***m.*** Lengua oficial de Camboya, país de Asia.

kibbutz ***m.*** **Palabra de origen hebreo.** Sistema israelí de explotación comunitaria de la tierra.

kikapú ***f.*** Tribu que habita en el estado de Coahuila, en México, y en Oklahoma, Kansas y Texas, en Estados Unidos.

kilo ***m.*** Abreviatura de *kilogramo*: *Compré un* ***kilo*** *de papas para hacer puré.*

kilocaloría ***f.*** Medida de energía térmica que vale mil calorías. Se abrevia *kcal.*

kilogramo ***m.*** Unidad de medida de peso equivalente a mil gramos.

kilometraje ***m.*** **1** Distancia medida en kilómetros. **2** Cantidad de kilómetros recorridos: *El* ***kilometraje*** *de nuestro automóvil es de 15 mil kilómetros.*

kilometrar ***vb.*** {tr.} Señalar las distancias kilométricas: *Desde que* ***kilometraron*** *esa carretera, es más fácil saber a qué distancia se encuentra una población de otra.*

kilométrico, ca ***adj.*** **1** Relacionado con el kilómetro y las grandes distancias que se cuentan en kilómetros: *Si ves un mapa de América, te darás cuenta de que hay una distancia* ***kilométrica*** *entre México y Argentina.* **2** ***Fam.*** Relativo a lo que es muy largo o dura mucho tiempo.

kilómetro ***m.*** Unidad de medida de longitud equivalente a mil metros: *El río Amazonas es larguísimo, mide aproximadamente 6 500* ***kilómetros.***

kilotón ***m.*** Unidad empleada para evaluar la potencia de una bomba nuclear.

kilovatio o **kilowatio** ***m.*** Unidad de medida de potencia equivalente a mil vatios.

kimono ***m.*** Prenda de vestir de forma de túnica, típica de la vestimenta tradicional del Japón.

kínder ***m.*** Escuela donde los niños de 4 a 6 años aprenden a realizar diversas actividades: *A Cecilia le encanta ir al* ***kínder*** *porque dibuja, juega con sus compañeros y está aprendiendo las primeras letras.* Sin. **jardín de niños.**

kinesiología ***f.*** Estudio de los mecanismos del movimiento del cuerpo humano y de las posibles terapias para la recuperación de la movilidad.

kinestesia ***f.*** **1** Estudio de las reacciones musculares y del método adecuado para educarlas. **2** Sensación o percepción del movimiento. **3** Sensación que un individuo tiene de su cuerpo y, en especial, de los movimientos que éste realiza.

kiosco ***m.*** *Ver* **quiosco.**

kiowa ***adj./m.*** y ***f.*** Pueblo amerindio de América del Norte que habitó la zona de las Grandes Llanuras de Estados Unidos de América, desde Canadá hasta el norte del Golfo de México: *Los* ***kiowa,*** *cuervo, pawnee, dakotas, comanches y cheyenes vivían básicamente de la cacería del bisonte.*

kit ***m.*** **Palabra de origen inglés.** Conjunto de herramientas para emplearse en un uso específico: *Mi papá compró un* ***kit*** *para reparar el auto, trae pinzas, cables y diferentes llaves de tuercas.*

kitsch ***adj.*** **Palabra de origen alemán.** Se aplica a las cosas de mal gusto, cursis: *Mi hermano tiene en su cuarto una lámpara de lo más* ***kitsch,*** *pero a él le parece muy bonita.*

kiwi ***m.*** **1** Arbusto trepador, de flores blancas y amarillas. **2** Fruto de esta planta, de piel color marrón claro, cubierta de pelillos y pulpa verde de sabor ácido.

kiwi o **quivi** ***m.*** Ave corredora de Nueva Zelanda, de unos 30 centímetros de altura, de alas diminutas, plumas pardas, pico largo y barbas desordenadas.

knockout ***m.*** **Palabra de origen inglés.** Caída de un boxeador durante un combate, que dura más de 10 segundos.

know how ***m.*** **Palabra de origen inglés.** Conocimiento especializado en una actividad determinada: *Los ejecutivos de la empresa dominan el* ***know how*** *de mercadotecnia y publicidad.*

koala ***m.*** Mamífero marsupial que lleva a sus crías montadas en la espalda, tiene hocico corto, orejas grandes y redondas, pelo grisáceo y cola pequeña: *El* ***koala*** *es originario de Australia y come hojas de eucalipto.*

koto ***m.*** **Palabra de origen japonés.** Instrumento de cuerda japonés, en el que cada cuerda de las que están sobre una larga caja, tiene su propio puente: *El* ***koto*** *se toca poniéndolo horizontal sobre el piso.*

krill o **kril** ***m.*** Conjunto de pequeños crustáceos que forman parte del plancton: *Las ballenas se alimenta de* ***krill.***

kriptón ***m.*** *Ver* **criptón.**

kungfu ***m.*** **Palabra de origen chino.** Arte marcial chino en el cual los movimientos de ataque y defensa están basados en los de diferentes animales.

kurdo, da ***adj./m.*** y ***f.*** De un pueblo que vive en la región del Kurdistán, en Asia.

kuwaití ***adj./m.*** y ***f.*** De Kuwait, estado del golfo Pérsico.

kwanza ***m.*** Moneda de Angola, país del sur de África.

a b c d e f g h i j k l m n o p q r s t u v w x y z

L

l ***f.*** Duodécima letra del abecedario. Su nombre es ***ele.***

L ***f.*** Cifra que en números romanos equivale a 50.

la ***art.*** Artículo determinado femenino singular que se antepone a los sustantivos para individualizarlos: *Ésta es **la** casa donde viví durante mi infancia.*

la ***m.*** Sexta nota de la escala musical de *do*: *El **la** está entre el* sol *y el* si.

la ***pron.*** Pronombre personal femenino de tercera persona singular, que funciona como complemento directo: ***La** esperé hasta las nueve de la noche y como no llegó, me fui a mi casa.*

lábaro ***m.*** Estandarte o bandera. Se usa más en lenguaje poético: *Los valientes héroes dieron su vida por defender el **lábaro** patrio.*

laberíntico, ca ***adj.*** **1** Relativo o perteneciente al laberinto. **2** Que está enredado, confuso o intrincado: *Se perdieron por las calles **laberínticas** de Lisboa.*

laberinto ***m.*** **1** Lugar formado por caminos que se entrecruzan, de manera que es difícil orientarse: *Para no perderse en el **laberinto,** el niño fue dejando pedazos de pan que después lo guiaron para poder salir.* **2** Estructura del oído interno.

labia ***f. Fam.*** Facilidad de palabra y gracia en el hablar: *Me vendió un vestido que yo no había pensado comprar, creo que es un vendedor con mucha **labia** para convencer.*

labiada ***adj./f.*** Relativo a las plantas herbáceas o a los arbustos con los pétalos en forma de labios.

labial ***adj.*** **1** Relativo a los labios: *Las mujeres adultas usan a veces lápiz **labial** y sus labios se ven de colores fuertes.* **2** Fonema en cuya articulación intervienen los labios: *La* b *es una letra **labial.***

labio ***m.*** Cada uno de los bordes carnosos y móviles de la boca: *Las personas de raza negra tienen por lo general los **labios** gruesos y carnosos, y las de raza blanca los tienen delgados y pálidos.*

labiodental ***adj.*** Sonido que se articula mordiendo ligeramente el labio inferior con los incisivos superiores, como el de la letra *f*: *Al decir palabras como* fiesta, foca *y* fruta, *emitimos un sonido **labiodental.***

labor ***f.*** **1** Trabajo, acción de trabajar: *La **labor** de investigación que realizan los científicos es muy importante.* **2** Operación agrícola: *Desde antes del amanecer se inician las **labores** en el campo.* **3** Cualquier trabajo de costura, bordado, etc.: *Hasta principios del siglo XX muchas niñas aprendían **labores** que les ayudarían en su hogar cuando se casaran.* **4 ~ de parto,** proceso de la reproducción humana, que se inicia con la primera contracción del útero de la mujer embarazada y termina con la expulsión de la placenta después de nacer el bebé.

laborable ***adj.*** Relativo al día en que se trabaja, que no es festivo: *En muchos países, las oficinas de gobierno abren en días **laborables** y los fines de semana descansan.*

laboral ***adj.*** Relativo al trabajo o a los trabajadores: *En muchos lugares la semana **laboral** es de cinco días, en otros es de seis días y en otros hasta de siete.*

laboratorio ***m.*** Local dispuesto para realizar investigaciones científicas, análisis biológicos, trabajos fotográficos, etc.: *Tengo que ir al **laboratorio** a recoger los resultados de los análisis que me hicieron.*

laboratorista ***m.*** y ***f. Amér.*** Persona encargada de realizar análisis clínicos en un laboratorio: *El **laboratorista** me entregó los resultados de mis análisis clínicos.*

laboriosidad ***f.*** **1** Carácter de lo que es difícil o trabajoso: *El sueldo es elevado por la **laboriosidad** del trabajo.* **2** Buena disposición para el trabajo: *Siempre hizo sus tareas con **laboriosidad.***

laborioso, sa ***adj.*** **1** Muy trabajador: *Desde que entró a la compañía, se ha esmerado en su trabajo y ha mostrado ser un empleado **laborioso.*** **2** Que cuesta trabajo hacerlo: *La comida tradicional mexicana es exquisita, pero muy **laboriosa,** pues lleva mucho tiempo y trabajo prepararla.*

labrado ***m.*** Adorno hecho con la talla de la piedra, madera, cuero u otro material: *El **labrado** de la figura en piedra es casi perfecto.*

labrador, ra ***m.*** y ***f.*** Persona que se dedica a labrar la tierra: *Desde que sale el sol se puede ver a los **labradores** trabajando en el campo.*

labrantío, a ***adj./m.*** Se aplica a las tierras que se cultivan: *Tras esa loma hay buenas tierras **labrantías,** cada año dan una excelente cosecha de trigo.*

labranza ***f.*** Cultivo de los campos: *En la época en que la humanidad aprendió a usar la agricultura, la caza era tarea de los hombres y la **labranza,** de las mujeres.*

labrar ***vb.*** {tr. y prnl.} **1** Trabajar un material dándole una forma determinada: *En los siglos XVI al XVIII en países como México, Colombia, Perú y Ecuador, había muchos artesanos que **labraban** piedra para las fachadas de los edificios de estilo barroco.* **2** Cultivar la tierra: *Cuando los grupos humanos empezaron a **labrar** la tierra se volvieron sedentarios.* **3** Arar: *Muchos campesinos se ayudan de bueyes para **labrar** sus terrenos de cultivo.*

labriego, ga ***m.*** y ***f.*** Labrador, persona que se dedica a labrar la tierra.

laburar ***vb.*** {intr.} ***Argent.*** y ***Urug.*** Trabajar.

laburo ***m. Argent.*** y ***Urug. Fam.*** Trabajo.

laca ***f.*** **1** Sustancia resinosa obtenida de ciertos árboles orientales. **2** Barniz preparado con la sustancia llamada laca: *La superficie de los muebles barnizados con **laca** es lisa y* *lustrosa.* **3** Producto que se aplica para fijar el peinado: *En la década de 1960 estuvieron de moda los peinados altos y fijados con mucha **laca,** de modo que el cabello quedaba muy duro.*

lacado, da ***adj.*** Que está cubierto de laca o barniz: *Algunos muebles antiguos están **lacados.***

lacandón, dona ***adj./m.*** y ***f.*** De un pueblo amerindio que vive en Guatemala y en el estado mexicano de Chiapas: *La selva **lacandona** es una reserva natural del continente americano donde viven hermosos animales como guacamayas y tapires.*

lacayo ***m.*** **1** Criado que viste un traje elegante como uniforme: *Había cuatro **lacayos** en la carroza que transportó a Cenicienta al palacio del príncipe.* **2** ***Fam.*** Persona servil: *No tiene dignidad, se porta como un **lacayo** con su jefe.*

laceración ***f.*** Herida no muy profunda pero extendida y dolorosa: *Esta **laceración** que me hice al caer de la bicicleta me arde muchísimo.*

lacerado, da ***adj.*** **1** Herido, lastimado. **2** Desprestigiado: *Su reputación está **lacerada** después de que se conoció su mala conducta.*

lacerar ***vb.*** {tr. y prnl.} **1** Herir, lastimar: *Después del incendio, un bombero tenía la piel del brazo **lacerada** por el fuego.* **2** Dañar, vulnerar: *Sus palabras ofensivas **laceraron** el honor de su novia.*

laceria ***f.*** Pobreza, estado miserable.

lacio, cia ***adj.*** **1** Marchito: *Como no la había regado, la planta estaba **lacia** y triste.* **2** Flojo, débil: *Se sintió **lacio** el primer día que se levantó después de la larga enfermedad.* **3** Relativo al pelo liso, que no tiene ondulaciones. Sin. **liso.**

lacónico, ca ***adj.*** Modo de hablar o de escribir que es conciso y corto: *El director del colegio pronunció un discurso **lacónico** que apenas duró tres minutos.*

laconismo ***m.*** **1** Brevedad y precisión extremas al hablar o escribir: *Me desagrada su **laconismo** cuando contesta.* **2** Concisión.

lacra ***f.*** **1** Señal o huella que deja una enfermedad: *Las **lacras** que dejó la poliomielitis en ese hombre se notan en su dificultad para caminar.* **2** Defecto o vicio físico o moral: *El consumismo es una de las **lacras** de las sociedades modernas.*

lacrar ***vb.*** {tr.} Cerrar con lacre: *En el pasado las cartas se **lacraban** y sellaban.*

lacre ***m.*** Pasta que, derretida, sirve para sellar y cerrar cartas: *El conde, además de **lacre,** ponía un listón a su correspondencia.*

lacrimal ***adj.*** Relativo a las lágrimas.

lacrimal ***m.*** Pequeño orificio en el extremo interior del ojo, por donde salen las lágrimas: *Tuvo una infección en los **lacrimales** que le provocó un flujo abundante de lagañas.* Sin. **lagrimal.**

lacrimógeno, na ***adj.*** **1** Que produce lágrimas. **2** Que provoca llanto: *Ese programa de televisión es **lacrimógeno,** por eso mi tía llora cada vez que lo ve.*

lacrimoso, sa ***adj.*** Que provoca el llanto: *La obra del escritor italiano Edmundo de Amicis* Corazón, diario de un niño, *es un libro **lacrimoso,** cuando lo leo a veces lloro.*

lactación ***f.*** Acción de lactar, amamantar o mamar: *Durante la **lactación** de mi bebé, siempre cuidé mi alimentación.*

lactancia ***f.*** Periodo de la vida en que los humanos y algunos animales maman: *La etapa de **lactancia** de los cachorros de mi perra duró alrededor de dos meses.*

lactante ***adj./m.*** y ***f.*** **1** Animal o humano en su etapa de mamar: *Los bebés **lactantes** deben mamar con frecuencia, pues toman un poco de leche de su madre en cada ocasión.* **2** Hembra o mujer que amamanta: *Las madres **lactantes** deben tener una alimentación muy completa para que su leche sea buena.*

lactar ***vb.*** {tr. e intr.} **1** Criar con leche materna: *Jazmín **lacta** a su hijo seis veces al día.* **2** Nutrirse con la leche materna: *El hijo de Jazmín siempre eructa fuerte una vez que **ha lactado.***

lácteo, tea ***adj.*** Perteneciente a la leche o parecido a ella: *Entre los productos **lácteos** están la crema, el yogur y el queso.*

lactosa ***f.*** Tipo de azúcar que se encuentra en la leche: *Algunas personas se enferman del estómago si ingieren **lactosa,** por eso algunas empresas elaboran leche deslactosada.*

lacustre ***adj.*** Relativo a los lagos: *En el norte de Inglaterra, en Europa, hay una zona **lacustre** famosa por su belleza natural.*

ladeado, da ***adj.*** **1** Inclinado o que está descentrado o torcido hacia un lado: *El cuadro de la habitación principal está un poco **ladeado.*** **2** Se refiere a los órganos vegetales que están desviados de la vertical.

ladear ***vb.*** {tr., intr. y prnl.} **1** Torcer hacia un lado: *La torre de Pisa, en Italia, **se ha ladeado** más y más con el paso de los años.* **2** ***Chile. Fam.*** Enamorarse.

ladeo ***m.*** **1** Acción y resultado de ladear o ladearse: *El peso de las hojas provocó el **ladeo** de la rama.* **2** Inclinación.

ladera ***f.*** Bajada de un monte: *El pastor venía bajando con sus ovejas por la **ladera** del monte.*

ladero ***m. Argent.*** y ***Urug.*** Persona que acompaña o apoya a otra, en especial a un político.

ladilla ***f.*** **1** Insecto parásito de las partes vellosas del cuerpo humano que produce una enfermedad parecida a la sarna. **2** ***Argent., Chile, Méx.*** y ***Urug. Vulg.*** Persona molesta, impertinente.

ladino, na ***adj.*** Variedad de castellano que se hablaba en la época medieval y hoy hablan los judeoespañoles..

ladino, na ***adj.*** Astuto, taimado: *Efraín es un hombre **ladino** que vendió una silla en el doble del precio que la compró.*

lado ***m.*** **1** Costado del cuerpo humano: *Me di un golpe en el **lado** izquierdo al pasar por la puerta.* **2** Parte de algo que está próxima a sus extremos, en oposición al centro: *"Suba usted al tercer piso por el ascensor del **lado** derecho", me dijo una empleada al señalar una puerta.* **3** Cualquiera de las partes que limitan un todo. **4** Lugar, sitio: *"No nos quedemos en casa, salgamos a algún **lado** a pasear", propuse a mis amigos.* **5** Punto de vista: *Por un **lado** en la calle se siente mucho frío, pero por otro **lado,** tengo muchas ganas de salir a dar un paseo.* **6** Cada una de las líneas que limitan un ángulo o un polígono: *Los cuadrados tienen cuatro **lados** iguales.*

ladrador, ra ***adj.*** Se aplica al perro que ladra mucho: *Los pastores escoceses son perros muy **ladradores.***

ladrar ***vb.*** {intr.} Dar ladridos el perro: *El perro del vecino **ladró** a un bandido que quería entrar a la casa y lo hizo huir.*

ladrido ***m.*** Voz que emite el perro: *Los perros de raza pastor alemán emiten unos **ladridos** muy fuertes.*

ladrillazo ***m.*** Golpe dado con un ladrillo: *Rompió el cristal de un **ladrillazo.***

ladrillera ***f.*** Molde para hacer ladrillos.

ladrillero, ra ***adj.*** Del ladrillo: *Es una fábrica **ladrillera.***

ladrillero, ra ***m.*** y ***f.*** Persona que hace o vende ladrillos: *Ese obrero es un buen **ladrillero.***

ladrillo ***m.*** Pieza de arcilla cocida, de forma rectangular: *Después de hacer la pared con **ladrillos** y argamasa la cubren con yeso.*

ladrón, drona ***m.*** y ***f.*** **1** Persona que roba: *Ayer entraron varios **ladrones** a la tienda y se llevaron ropa, dinero y perfumes.* **2** Dispositivo eléctrico con tres salidas para enchufar más de un aparato: *Necesito un **ladrón** para conectar la televisión y la cafetera al mismo tiempo.*

ladronzuelo, la ***m.*** y ***f.*** Ladrón que se dedica al hurto de poca importancia: *En el mercado hay unos **ladronzuelos** que roban la fruta de los puestos.*

lagaña o **legaña** ***f.*** Secreción de la glándula de los párpados.

lagañoso, sa ***adj. Méx.*** **1** Legañoso: *Hace un año encontraron un cachorrillo flaco y **lagañoso,** lo cuidaron y ahora es un magnífico perrazo.* **2** Se aplica a quien tiene lagañas: *Después de un sueño tan pesado y profundo, despertó con los ojos **lagañosos.***

lagar ***m.*** Lugar donde se prensa la aceituna o se pisa la uva.

lagartera ***f.*** Madriguera del lagarto: *Llegamos hasta la **lagartera** y vimos a muchos ejemplares descansando en ella.*

lagartija ***f.*** Denominación de diversos saurios de menor tamaño que los lagartos: *La **lagartija** tuvo una lucha con un pájaro y perdió un pedazo de su cola, pero después le creció otra vez.* Sin. **quirque.**

lagarto, ta ***m.*** y ***f.*** **1** Reptil de color verdoso y cola larga: *Los **lagartos** viven en los pantanos y los ríos.* **2** ***Méx.*** Caimán.

lago ***m.*** Gran cantidad de agua depositada en depresiones del terreno: *El **lago** Titicaca, que se encuentra en Perú y Bolivia, es el que está a mayor altitud en el mundo.*

lagomorfo, fa ***adj.*** Relativo a un grupo de mamíferos roedores que tienen cuatro incisivos superiores en lugar de dos, como la liebre y el conejo.

lágrima ***f.*** Líquido salado producido por las glándulas lagrimales de los ojos: *Cuando se acuerda de su madre recién muerta, a Daniel se le llenan los ojos de **lágrimas.***

lagrimal ***m.*** **1** Órganos donde se forman y por donde salen las lágrimas. **2** Extremidad del ojo cercana a la nariz: *Tienes una pestaña suelta cerca del **lagrimal,** por eso sientes que algo te pica.* Sin. **lacrimal.**

lagrimear ***vb.*** {intr.} Segregar lágrimas las glándulas lacrimales: *Desde ayer a José le **lagrimea** mucho un ojo, creo que tiene una pequeña infección.*

lagrimeo ***m.*** Secreción continua e intensa de lágrimas, independiente de toda emoción: *El **lagrimeo** es uno de los síntomas de la gripe, los resfriados y las alergias.*

laguna ***f.*** Extensión natural de agua, menor que el lago.

laicismo ***m.*** Doctrina o tendencia que defiende la independencia del hombre, de la sociedad o del estado de toda influencia religiosa: *Los diputados exigieron el cabal cumplimiento del **laicismo** en la educación.*

laico, ca ***adj.*** Que no es eclesiástico ni religioso: *En las escuelas **laicas** no dan clases de religión.*

laísmo ***m.*** Uso de los pronombres *la* o *las* en funciones de complemento indirecto, en lugar de *le*, *les*: *Decir "la besó" en vez de "le besó", es un ejemplo de **laísmo.***

lama ***m.*** **1** Barro o lodo del fondo acuático: *"Ten cuidado con la **lama** del fondo del río porque es resbalosa", me dijo Daniela.* **2** ***Bol., Colomb.*** y ***Méx.*** Moho. **3** ***Chile, Colomb., Hond., Méx.*** y ***P. Rico.*** Musgo.

lama ***m.*** Monje budista del Tíbet: *Los **lamas** de los monasterios budistas visten túnicas de color azafrán y se rapan la cabeza como símbolo de su renuncia a la vanidad.*

lamasería ***f.*** Monasterio tibetano de lamas: *En Lhassa, capital del Tíbet, hay una importante **lamasería.***

lambetear ***vb.*** {tr.} ***Amér. C.*** y ***Amér. Merid.*** Lamer: *El perro **lambeteó** el caramelo del niño.*

lambiche ***adj. Méx. Fam.*** Adulador: *Juana es una **lambiche** que piensa que si halaga todos los días al maestro, él la aprobará aunque no estudie.* Sin. **lambiscón.**

lambiscón, cona ***adj. Méx. Fam.*** Servil, adulador: *Le dijo a su jefa que se ve guapa porque es **lambiscón,** no porque piense que su jefa sea guapa.* Sin. **lambiche.**

lambisconería ***f. Méx.*** Adulación, servilismo: *Con su **lambisconería** pretende obtener un aumento de sueldo.*

lamelibranquio ***adj./m.*** Molusco de concha bivalva, como el mejillón.

lamentable ***adj.*** **1** Triste o doloroso, que merece lamentarse: *Es **lamentable** que mucha gente, teniendo todo para hacer cosas provechosas, no las haga.* **2** Se dice de lo que causa mala impresión por su aspecto o estado: *A Ramón lo agarró la tormenta y llegó a casa con un aspecto **lamentable,** estaba empapado y además había caído en un charco de lodo.*

lamentación ***f.*** **1** Acción de expresar dolor, tristeza o contrariedad: *Deja las **lamentaciones** y busca soluciones al problema.* **2** Palabra o expresión con que alguien se lamenta: *Entre los textos sagrados existe el Libro de las **Lamentaciones.***

lamentar ***vb.*** {tr. y prnl.} **1** Sentir disgusto por algo: ***Lamento** que haya violencia entre las personas.* **2** Quejarse: *En la sala de partos de los hospitales es normal oír a las mujeres **lamentarse** por los dolores que sufren cuando van a dar a luz.*

lamento ***m.*** Quejido: *Dicen que esa casa está embrujada porque se escuchan **lamentos** por las noches.*

lamer ***vb.*** {tr. y prnl.} Pasar la lengua por alguna cosa: *Para bañarse, los gatos **se lamen** con su lengua rasposa.*

lametear ***vb.*** {tr.} Lamer repetidamente: *Al perro le gusta **lametear** el plato cuando termina su comida.*

lametón ***m.*** Cada movimiento de la lengua al lamer, en especial los rápidos y fuertes: *El perro tenía tanta sed después de correr que se bebió en cinco **lametones** la vasija de agua que le serví.*

lámina ***f.*** **1** Pieza plana y delgada de cualquier material: *El carpintero cortó una **lámina** delgada de madera para forrar la mesa.* **2** Ilustración, dibujo: *Me gustan las **láminas** de colores que tiene mi enciclopedia de animales.*

laminación ***f.*** Acción y resultado de laminar.

laminado ***m.*** Operación de laminar: *El **laminado** se terminó en el menor tiempo posible y a marchas forzadas.*

laminado, da ***adj.*** Se aplica a lo que está cubierto de láminas o planchas de metal: *Esta hornacina tiene la parte delantera **laminada** en oro.*

laminador, ra ***adj.*** Que lamina: *Traje el rodillo **laminador** como parte de la herramienta que usaremos.*

laminador, ra ***m.*** y ***f.*** **1** Persona que en la industria siderúrgica hace láminas de metal. **2** Máquina formada por dos cilindros que giran en sentido contrario para laminar metales maleables. **3** Máquina compuesta de cilindros lisos que se emplea para el satinado del papel.

laminar ***vb.*** {tr.} **1** Someter a proceso industrial un metal para convertirlo en láminas. **2** Cubrir con láminas: ***Laminaron** el tejado del gallinero, pues cuando llovía se colaba mucho agua entre los resquicios de la madera.*

lampa ***f. C. Rica, Chile, Ecuad.*** y ***Perú.*** Pala, instrumento de construcción que se usa para remover tierra.

lámpara ***f.*** **1** Utensilio para alumbrar: *Es útil traer en el automóvil una **lámpara** para emergencias.* **2** Bombilla eléctrica o foco.

lamparón ***m.*** Mancha en la ropa: *Como había sudado mucho, traía dos* ***lamparones*** *en las axilas de la camisa.*
lampear ***vb.*** {tr.} **1** ***Chile.*** Quitar los sobrantes de algo. **2** *Chile* y *Perú.* Remover la tierra con la lampa o azada.
lampiño, ña ***adj.*** **1** Que no tiene barba: *Mi hermano tiene doce años y todavía es* ***lampiño.*** **2** De poco pelo o vello: *Los hombres de razas orientales tienden a ser* ***lampiños,*** *en cambio algunos europeos, como los españoles, son muy velludos.*
lamprea ***f.*** Pez comestible de cuerpo cilíndrico y alargado.
lamprear ***vb.*** {tr.} Cocinar un alimento que ya estaba asado o frito, cociéndolo en almíbar. *Mi abuela prepara torrejas y luego las* ***lamprea*** *en almíbar de canela y jerez.*
lana ***f.*** **1** Pelo de las ovejas y carneros: *A las ovejas se les corta la* ***lana*** *en verano, para que en invierno estén otra vez cubiertas y no tengan frío.* **2** Hilo y tejido elaborados con la lana: *Mi padre usa un traje de* ***lana*** *en época de frío.* **3** *Fam.* Dinero: *"Mira el automóvil tan caro que tiene ese hombre, debe de tener mucha* ***lana*** *para haberlo comprado y mantenerlo", le dije a Noé.* **4** ***Guat.*** y ***Hond.*** Persona de clase social muy baja.
lanar ***adj.*** Relativo al ganado que tiene lana.
lance ***m.*** **1** Acción de lanzar. **2** Riña: *Se enfrentaron en un* ***lance*** *de esgrima del que nadie salió herido.* **3** En el juego, cada uno de los accidentes notables que ocurren durante una partida.
lanceolado, da ***adj.*** Relativo a las hojas con forma de lanza: *Las hojas del laurel son* ***lanceoladas.***
lancero ***m.*** Soldado armado de lanza.
lancetazo ***m.*** Acción y efecto de abrir de una vez la carne con la lanceta: *El médico dio un* ***lancetazo*** *para extraer unas gotas de sangre del paciente.*
lancha ***f.*** **1** Bote grande para servicios auxiliares de los barcos y puertos. **2** Barco pequeño y sin cubierta: *Como se subieron muchas personas a la* ***lancha*** *al mismo tiempo, se hundió y todos se mojaron.*
lanchero ***m.*** Conductor o patrón de una lancha: *Trabaja como* ***lanchero*** *en los embarcaderos de Xochimilco.*
landa ***f.*** Llanura extensa donde sólo crecen plantas silvestres.
lanero, ra ***adj.*** Relacionado con la lana: *La industria* ***lanera*** *es de las ramas textiles más importantes.*
langosta ***f.*** **1** Animal marino de largas antenas, muy apreciado por su carne. **2** Insecto herbívoro saltador, parecido a los grillos. *Las plagas de* ***langosta*** *pueden acabar con cosechas enteras.* SIN. **chapulín, saltamontes.**
langostero, ra ***adj.*** **1** Embarcación equipada para pescar langosta: *Las lanchas* ***langosteras*** *regresaron al puerto con un buen cargamento.* **2** Pescador de langosta: *Los* ***langosteros,*** *para festejar la buena pesca, organizaron un banquete de langostas hervidas en la playa.*
langostino ***m.*** Animal marino, de cuerpo comprimido y carne muy apreciada, parecido a un camarón grande o a una langosta chica.
languidecer ***vb. irreg.*** {intr.} **Modelo 39.** Perder el ánimo, la energía o el vigor: *Por falta de agua, el jardín* ***languidece*** *y las flores están cayendo de las plantas.*
languidez ***f.*** Decaimiento, estado en que falta energía: *Después de la tifoidea, una gran* ***languidez*** *atacó a mi hermana durante varios días.*
lánguido, da ***adj.*** **1** Falto de fuerza: *La enferma tenía una mirada* ***lánguida*** *y triste.* **2** Sin ánimos, decaído: *Después de la operación, Julián se sintió* ***lánguido*** *durante algunos días.*
lanolina ***f.*** Grasa extraída de la lana de oveja, utilizada en la industria farmacéutica y cosmética.
lantánido ***adj./m.*** Elemento químico del grupo de metales de las tierras raras: *Los* ***lantánidos*** *tienen números atómicos que van del 57 al 71 en la tabla periódica de los elementos.*
lantano ***m.*** Metal del grupo de las tierras raras, de símbolo La y número atómico 57.
lanudo, da ***adj.*** **1** Cubierto de abundante lana: *Las ovejas ya están muy* ***lanudas.*** **2** Velludo. **3** ***Méx. Fam.*** Que tiene mucho dinero: *Cobró la quincena y anda bien* ***lanudo.***
lanza ***f.*** Arma blanca formada por un palo con una punta afilada en uno de sus extremos: *Los hombres antiguos cazaban animales con* ***lanzas.***
lanzadera ***f.*** Instrumento que usan los tejedores para tramar los hilos.
lanzado, da ***adj.*** Decidido, audaz: *Javier es un muchacho muy* ***lanzado,*** *apenas dos días después de conocerla pidió a la vecina que fuera su novia.*
lanzador, ra ***adj./m.*** y ***f.*** Que lanza algo: *Los* ***lanzadores*** *de bala del equipo favorito se esforzaron por ganar una medalla.*
lanzallamas ***m.*** Arma que lanza chorros de líquido incandescente: *Vi una película de guerra en la que los soldados incendiaban toda una aldea con sus* ***lanzallamas.***
lanzamiento ***m.*** Acción y efecto de lanzar: *Ayer se llevó a cabo el* ***lanzamiento*** *del nuevo disco de mi cantante favorito.*
lanzamisiles ***m.*** Arma que dispara misiles: *Algunos* ***lanzamisiles*** *están montados en plataformas con ruedas, otros están en un lugar fijo.*
lanzar ***vb. irreg.*** {tr. y prnl.} **Modelo 16.** **1** Aplicar impulso a una cosa para que recorra una distancia en el aire: *En el juego de béisbol de ayer, un jugador* ***lanzó*** *una bola rápida que el bateador no pudo responder.* **2** Proferir, expresar: *Cuando se entere de que se ganó la lotería, mi papá* ***lanzará*** *un grito de felicidad.* **3** Divulgar, hacer público: *Una editorial* ***lanzó*** *un nuevo método de inglés.* **4** Abalanzarse: *En cuanto supimos que en esa tienda la ropa está en oferta,* ***nos lanzamos*** *de compras.*
lanzazo ***m.*** Golpe o herida realizado con una lanza.
laosiano ***m.*** Lengua hablada en Laos, país del sureste de Asia.
laosiano, na ***adj./m.*** y ***f.*** De Laos, país del Sureste de Asia.
lapa ***f.*** **1** Molusco comestible que vive adherido a las rocas. **2** *Fam.* Persona molesta e insistente.
lapicera ***f.*** **1** ***Amér. Merid.*** Utensilio con un cartucho de tinta usado para escribir. SIN. **bolígrafo, birome.** **2** *Argent., Chile, Par.* y *Urug.* Mango en donde se coloca la pieza que, mojada en tinta, sirve para pintar.
lapicero ***m.*** Lápiz al que le sale la punta cuando se hace girar un mecanismo: *Tengo que comprar minas para mi* ***lapicero,*** *porque ya se acabaron.*
lápida ***f.*** Piedra plana y de poco grosor en la que se graba información acerca de un difunto o un hecho importante: *En la tumba de mi bisabuela hay una* ***lápida*** *con su nombre y las fechas de su nacimiento y muerte.*
lapidación ***f.*** Acción de lapidar: *La* ***lapidación*** *es un castigo en algunos pueblos de Asia y África.*
lapidar ***vb.*** {tr.} Matar a pedradas: *En la antigüedad era común que la gente* ***lapidara*** *a alguna persona que cometía un delito.*
lapidario, ria ***adj.*** **1** Relativo a las inscripciones en lápidas o al trabajo en piedras preciosas. **2** Digno de ser recordado por su perfección, solemnidad o carácter terminante.
lapislázuli ***m.*** Piedra de color azul intenso, opaca, que se usa en joyería: *Mi novio me regaló unos aretes de* ***lapislázuli*** *y me dijo que esta piedra también se llama lazurita.*

lápiz *m.* **1** Barra fina de grafito, envuelta en madera, que sirve para escribir o dibujar: *Hice un dibujo a* ***lápiz*** *y luego lo iluminé.* **2** Barrita hecha de cera y colorante, usada como cosmético para pintar los labios: *Mi madre usa un* ***lápiz*** *negro para delinear los párpados y un* ***lápiz*** *rojo para delinear los labios.*

lapón, pona *adj./m.* y *f.* De Laponia, región más septentrional de Europa donde se encuentran Noruega, Suecia, Finlandia y Rusia.

lapso *m.* **1** Curso de un espacio de tiempo: *El joven trabajador se esforzó y logró comprar una casa en el* ***lapso*** *de unos pocos años.* **2** Equivocación cometida por descuido. SIN. **lapsus.**

lapsus *m.* **1** Equivocación cometida por descuido: *En un* ***lapsus*** *célebre, el científico Luis Pasteur se bebió el vaso con agua en la que había lavado uvas mientras explicaba en público la importancia de lavar la fruta para no ingerir microbios.* **2 ~ línguae,** error que alguien comete al hablar, sea por descuido o por querer decir algo muy de prisa.

laqueado *m.* Acción de lacar o recubrir la laca: *El* ***laqueado*** *del biombo le llevó a Susana tres días de intenso trabajo.*

laqueado, da *adj.* Que está cubierto o barnizado de laca: *Me gustan los muebles orientales* ***laqueados.***

laquear *vb.* {tr.} Aplicar laca: *La cajita para joyas casi está terminada, sólo me falta* ***laquearla.***

lar *m.* **1** Según la mitología romana, cada uno de los dioses del hogar a los que se rendía culto en el interior de las casas. **2** *pl. Fam.* Lugar donde habita y se desenvuelve una persona: *Si bien al principio fue difícil para él, ahora ya se aclimató a sus nuevos* ***lares.***

largar *vb. irreg.* {tr. y prnl.} **Modelo 17. 1** Soltar, dejar libre. **2** Aflojar, ir soltando poco a poco: *La tripulación del barco* ***largó*** *las amarras antes de zarpar.* **3** *Fam.* Marcharse: ***Se largó*** *a la calle después de comer y no dijo a dónde iba ni a qué hora regresaría.*

largo *adv.* **1** Mucho: *Las dos amigas hablaron* ***largo*** *después de no verse durante cinco años.* **2** *loc.* **A lo ~ de,** durante: ***A lo largo de*** *su vida fue aprendiendo que la amistad de su madre era muy importante para ella.*

largo *m.* Longitud: *La calle mide 100 metros de* ***largo.***

largo, ga *adj.* **1** Que tiene mucha longitud: *La distancia entre Brasil y México es muy* ***larga.*** **2** De mucha o excesiva duración: *Es una obra de teatro* ***larga*** *que dura cuatro horas.* **3** *loc.* **A la ~,** tarde o temprano: *"Más vale que le digas la verdad, porque* ***a la larga*** *tu madre se enterará de tus mentiras", le dije a Germán.*

largometraje *m.* Filme o película de cine de más de una hora de duración: *Antes de poder filmar un* ***largometraje,*** *los estudiantes de cine hacen ejercicios de corta duración.*

larguero *m.* En algunos deportes, travesaño que une los dos postes de una portería: *El portero tuvo suerte porque la pelota rebotó en el* ***larguero*** *y luego se salió de la portería.* SIN. **travesaño.**

largueza *f.* Gran generosidad: *Con* ***largueza,*** *Guillermina decidió compartir con todos sus compañeros la caja de manzanas que le obsequiaron.*

larguirucho, cha *adj.* Se aplica a la persona alta, delgada y desgarbada: *Entre los 14 y los 18 años, los jóvenes suelen ser* ***larguiruchos,*** *luego empiezan a tomar su cuerpo de adultos.*

largura *f.* **1** Longitud. **2** Dimensión mayor de una cosa o figura plana, en oposición a la latitud: *Conozco la medida del ancho de la tela, pero no su* ***largura.***

laringe *f.* Órgano del aparato respiratorio, que contiene las cuerdas vocales.

laringitis *f.* Inflamación de la laringe: *La* ***laringitis*** *que tenía le impidió hablar durante cinco días.*

laringología *f.* Parte de la medicina que estudia la laringe y sus enfermedades.

laringólogo, ga *m.* y *f.* Médico especialista en laringología: *Daniel lleva una semana afónico, irá al* ***laringólogo*** *para ver qué le sucede.*

larva *f.* Fase de desarrollo por la que pasan determinadas especies de animales antes de alcanzar el estado adulto: *En clase de biología estudiaron una* ***larva*** *de mariposa que todavía no tenía alas y parecía un gusano peludo.*

las *art.* Artículo determinado femenino plural, que se antepone a los sustantivos para individualizarlos: *Me encantan* ***las*** *manzanas, podría comerlas diariamente y no me hartaría.*

las *pron.* Pronombre personal femenino de tercera persona plural, que funciona como complemento directo: *Compró dos muñecas de tela y se* ***las*** *regaló a sus sobrinas.*

lasaña *f.* Láminas de pasta que se cocinan intercaladas con capas de carne picada o molida y se recubren con salsa bechamel o de jitomate y queso rallado, y se gratinan al horno: *La* ***lasaña*** *que prepara mi madre es mi favorita.*

lasca *f.* Trozo pequeño y delgado desprendido de una piedra.

lascivia *f.* Inclinación a la lujuria.

lascivo, va *adj.* Persona que muestra un exagerado deseo sexual.

láser *m.* Aparato que produce una luz que se usa en diferentes áreas como la industria y la medicina: *Actualmente muchos médicos realizan operaciones con* ***láser,*** *por ejemplo, para corregir la miopía o disolver cálculos biliares.*

lasitud *f.* Cansancio, falta de fuerzas: *Después de correr el maratón, una* ***lasitud*** *incontrolable hizo que se desmayara.*

lástima *f.* **1** Sentimiento de compasión. **2** Lamento, algo que causa pesar o disgusto: *¡Qué pena! Es una* ***lástima*** *que no hayas podido ver esa obra de teatro porque es muy buena.*

lastimar *vb.* {tr. y prnl.} **1** Herir o hacer daño: ***Se lastimó*** *al caer de la bicicleta y ahora tiene una pierna vendada.* **2** Ofender: ***Lastimamos*** *a mi hermana al no recordar que ayer fue su cumpleaños.*

lastimero, ra *adj.* Se aplica a lo que produce lástima: *En medio de la noche, oímos un quejido* ***lastimero*** *y nos asustamos, pero luego descubrimos que era el perrito de la vecina que se había quedado fuera de su casa.*

lastimoso, sa *adj.* **1** Que mueve a lástima: *Es* ***lastimoso*** *ver cómo en pleno siglo XXI, hay gente que muere de hambre en el mundo.* **2** Lamentable, que produce una impresión desagradable: *Mis tenis ya están en un estado* ***lastimoso,*** *tendré que tirarlos y comprar otros.*

lastra *f.* Piedra plana y delgada.

lastrar *vb.* {tr.} Poner lastre o peso a una embarcación.

lastre *m.* **1** Peso que se pone a una embarcación para darle estabilidad. **2** Estorbo, inconveniente: *Cuidar a la anciana durante la larga enfermedad que padeció fue un* ***lastre*** *para la vida personal de esa mujer, por eso nunca se casó ni tuvo hijos.*

lata *f.* **1** Hojalata. **2** Envase de hojalata: *Las* ***latas*** *fueron un gran invento para conservar la comida por largo tiempo.* **3** *Fam.* Molestia, pesadez: *Esa perra es una* ***lata,*** *tiene dos años y no ha aprendido a hacer pipí fuera de la casa.*

latacunga *m.* y *f.* De un pueblo amerindio que vivía en la región de Quito, Ecuador.

latencia *f.* Periodo en que algunos animales y plantas entran en un aparente estado de inactividad: *Las semillas de* *esta planta estuvieron en estado de **latencia** un año, pero cuando las sembré, en una semana ya habían brotado.*

latente ***adj.*** Que no se manifiesta en forma externa: *Antes de manifestarse, un resfrío se encuentra en estado **latente** durante unos días.*

lateral ***adj.*** **1** Relativo a lo que está en un lado o en la orilla de una cosa: *El choque ocurrió en la puerta **lateral** derecha del automóvil.* **2** Dícese del sonido que se articula dejando escapar el aire por los lados de la lengua, como la *l* y la *ll*.

lateralidad ***f.*** Preferencia sistemática a utilizar ciertos órganos dispuestos en partes, como las manos o los pies, ya sea a derecha o a izquierda.

látex ***m.*** Jugo blanco o amarillo segregado por ciertos vegetales, parecido al plástico, con el que se hacen algunos guantes de uso doméstico u hospitalario, ligas y otros objetos: *Se puso guantes de **látex** para lavar con cloro.*

latido ***m.*** Movimiento alternativo de dilatación y contracción del corazón y las arterias: *Como la niña estaba asustada, se aceleraron los **latidos** de su corazón.*

latifundio ***m.*** Gran propiedad agrícola que se explota de manera extensiva: *En varios países de América existen **latifundios** que, a pesar de su gran extensión, pertenecen a un solo dueño.*

latifundista ***adj.*** Relacionado con el latifundismo: *El estudio trata acerca de varios hacendados **latifundistas**.*

latifundista ***m.*** y ***f.*** Propietario de uno o varios latifundios: *Los **latifundistas** estaban entre los principales opositores a la Revolución en México.*

latigazo ***m.*** **1** Golpe dado con un látigo u otra cosa semejante: *Castigaron al ladrón de la fábula con veinte **latigazos**.* **2** Chasquido que produce el látigo al ser golpeado: *Bastó el sonido de los **latigazos** para que empezara a temblar de miedo.* **3** Dolor repentino, breve y agudo.

látigo ***m.*** Utensilio largo y flexible, de cuero u otro material, que se usa para azotar: *En tiempos de la esclavitud, los amos solían castigar a los esclavos golpeándolos con un **látigo**.* SIN. **guaraca.**

latiguear ***vb.*** {intr.} Azotar, pegar con el látigo: ***Latigueó** a su caballo para que corriera más rápido.*

latiguillo ***m.*** Palabra o expresión que se repite de manera constante. SIN. **muletilla.**

latín ***m.*** Idioma de la antigua Roma, utilizado también como lengua de la Iglesia católica: *Del **latín** nacieron las lenguas romances como el español, el portugués, el francés y el italiano.*

latinismo ***m.*** **1** Expresión o construcción que se consideran propias y características de la lengua latina. **2** Expresión o construcción propias de la lengua latina que se usan en otra lengua. **3** Afecto por la cultura y la lengua latinas.

latinista ***m.*** y ***f.*** Persona dedicada al estudio de la lengua, literatura o cultura latinas: *Mi profesor es un reconocido **latinista**.*

latino, na ***adj./m.*** y ***f.*** **1** De la región italiana del Lacio o de las demás regiones del Imperio romano. **2** Relativo a los países cuya lengua deriva del latín, y de sus hablantes: *En Europa, los países **latinos** son Francia, España, Italia, Portugal y Rumania.* **3** Relativo al latín: *En los seminarios católicos y en algunas universidades todavía dan clases de lengua **latina**.* **4** Relativo a los latinoamericanos, españoles o italianos que emigran a Estados Unidos de América.

latinoamericano, na ***adj./m.*** y ***f.*** De América Latina: *Pese a nuestras diferencias, los **latinoamericanos** tenemos muchas cosas en común; entre otras, el origen.*

latir ***vb.*** {intr.} Dar latidos el corazón y las arterias: *El corazón del joven **latía** con intensidad por el esfuerzo de haber subido corriendo esa calle tan empinada.*

latitud ***f.*** Ángulo que se forma en un punto determinado por la vertical del lugar con respecto al ecuador: *El capitán informó que su barco navegaba a 40° de **latitud** norte.*

lato, ta ***adj.*** **1** Dilatado, extendido. **2** Se aplica al sentido extendido de las palabras, que muchas veces no tiene relación con el significado original: *En sentido **lato** la palabra* relámpago *significa también alguien que hace las cosas muy rápido.*

latón ***m.*** Aleación de cobre y cinc: *Los objetos de **latón** lucen mucho por su color dorado, pero hay que pulirlos con frecuencia porque se opacan fácilmente.*

latoso, sa ***m.*** y ***f.*** Pesado, molesto: *No resulta fácil cuidar a ese niño, porque es muy **latoso** e inquieto.*

latrocinio ***m.*** Robo o fraude.

laucha ***adj.*** **1** ***Chile.*** Que es delgado y con la cara larga. **2** ***Argent. Fam.*** Listo, pícaro.

laucha ***m. Argent., Chile*** y ***Urug.*** Ratón de poco tamaño.

laúd ***m.*** Instrumento musical de cuerda, con caja de forma oval, de la misma familia que la guitarra: *Al rey Enrique VIII le gustaban las canciones de amor acompañadas con **laúd**.*

laudable ***adj.*** Digno de aprobación o alabanza: *Fue **laudable** el comportamiento de la gente después del terremoto, ya que todos estuvieron dispuestos a ayudar a las víctimas.*

láudano ***m.*** Preparado farmacéutico a base de opio: *En el siglo antepasado se usaba **láudano** para aliviar los dolores de cabeza.*

laudatorio, ria ***adj.*** Que alaba o contiene alabanza.

laureado, da ***adj.*** Se aplica a la persona que ha obtenido una condecoración o un premio: *El **laureado** escritor recibirá una condecoración más, con ésta suman cuatro las que le han otorgado.*

laurear ***vb.*** {tr.} **1** Coronar con laurel en señal de gloria: *En los antiguos Juegos Olímpicos **laureaban** a los ganadores en las competencias, es decir, les ponían una corona de laureles.* **2** Premiar a alguien.

laurel ***m.*** **1** Árbol siempre verde cuyas hojas se utilizan como condimento. **2** Gloria, fama. **3** ***loc. pl.*** **Dormir(se) en los (sus) ~,** dejar de esforzarse porque se cree que los éxitos ya obtenidos son una conquista definitiva: *Jorge ganó el primer lugar en ortografía, pero **se durmió en sus laureles** y después su calificación bajó mucho.*

laurencio o **lawrencio** ***m.*** Elemento químico de símbolo Lr y número atómico 103.

lauro ***m.*** Triunfo, gloria: *Con sus importantes descubrimientos, ese científico ha cosechado **lauros** en el área de la medicina.*

lava ***f.*** Materia líquida hirviente que expulsa un volcán: *Los ríos de **lava** que salían del cráter del volcán quemaron los árboles que había en sus laderas.*

lavabo ***m.*** **1** Pila con grifos o llaves que se usa para lavarse las manos, cara, etc.: *El **lavabo** tiene una gotera, debemos arreglarlo para no desperdiciar el agua.* **2** Habitación destinada al aseo personal.

lavadero ***m.*** Lugar, habitación o recipiente donde se lava la ropa: *En mi casa, el **lavadero** está en el patio de la parte de atrás, donde también hay unas cuerdas para poner la ropa a secar.* SIN. **pileta.**

lavadora ***f.*** Máquina para lavar la ropa: *Se descompuso la **lavadora** y ahora hay que lavar la ropa a mano.*

lavanda ***f.*** **1** Planta de flores azules muy aromáticas. **2** Esencia que se extrae de la planta llamada lavanda: *Gabriel tiene una bolsa con flores de **lavanda** entre su ropa para que todo huela bien.*

lavandería *f.* Establecimiento industrial donde se lava la ropa a cambio de dinero: *A mi papá le gusta que laven su ropa en una **lavandería** para evitar que mi mamá se canse lavándola.*

lavandero, ra *m.* y *f.* Persona que lava ropa por oficio. *Las alegres **lavanderas** cantaban mientras tallaban los cobertores de sus clientes.*

lavandina *f. Argent.* y *Par.* Agua que lleva disueltas sales alcalinas, usada para limpiar y desinfectar ropa, pisos y otras cosas. SIN. **lejía.**

lavaplatos *m.* **1** Máquina para lavar platos y otros utensilios de cocina: *En las casas de gente que tiene mucho dinero son comunes los **lavaplatos.*** SIN. **lavavajillas. 2** *Colomb.* y *Méx.* Depósito donde se lavan las vajillas, cacerolas y otros utensilios de cocina. **3** Persona que lava los platos en restaurantes: *Efrén trabaja como **lavaplatos** en un restaurante para obtener dinero y poder continuar sus estudios.*

lavar *vb.* {tr. y prnl.} Limpiar con agua y jabón: *Por razones de higiene, hay que **lavarse** las manos antes de cada comida y después de ir al baño.*

lavativa *f.* **1** Lavado que se hace a los intestinos: *Antes del estudio de colon, le hicieron al paciente una **lavativa** para que tuviera los intestinos bien limpios.* SIN. **enema, visitadora. 2** Instrumento para administrarlo.

lavatorio *m.* **1** Acción de lavar o lavarse. **2** *Amér.* Lavabo, recipiente para lavarse las manos.

lavavajillas *m.* y *f.* Máquina para lavar platos y otros utensilios de cocina. SIN. **lavaplatos.**

laxante *adj.* Que ablanda, que relaja.

laxante *m.* Purgante de acción suave: *Me dieron un **laxante** porque no había evacuado los intestinos en tres días.*

laxar *vb.* {tr. y prnl.} **1** Administrar un laxante: *Mi mamá me dio agua de tamarindo para **laxarme** porque no podía defecar.* **2** Hacer laxo, aflojar: *El entrenador le aconsejó al atleta **laxar** sus músculos después del entrenamiento para evitar calambres.*

laxo, xa *adj.* Que no está firme: *Antes las reglas en esa escuela eran muy rígidas, pero se han vuelto **laxas** desde que llegó la nueva directora.*

laya *f.* Clase, tipo o género al que pertenece una persona o cosa.

lazada *f.* Nudo que se deshace de manera fácil tirando de uno de sus extremos: *Con una **lazada,** el vaquero ató a la vaquilla.*

lazareto *m.* **1** Hospital que había fuera de las poblaciones para mantener en cuarentena a los viajeros sospechosos de tener una enfermedad contagiosa. **2** Hospital de leprosos.

lazarillo *m.* Muchacho que guía y dirige a un ciego: *El ciego iba acompañado de su **lazarillo** que lo ayudaba a caminar por la calle.*

lazo *m.* **1** Nudo de cintas que sirve de adorno: *El jinete puso un **lazo** de colores en la cola de su caballo.* **2** Lazada, nudo que se deshace de manera fácil tirando de uno de sus extremos. **3** Cuerda con un nudo corredizo para cazar o sujetar animales: *El cerdo estaba amarrado a la valla con un **lazo.*** **4** *loc.* **Echar el ~,** atrapar a una persona o animal. **5** *pl.* Vínculo, relación: *Tiene **lazos** muy fuertes con ese país, donde pasó toda su infancia.* **6** *Hond.* y *Méx.* Cualquier cuerda.

le *pron.* Pronombre personal masculino y femenino de tercera persona singular, que funciona como complemento indirecto: ***Le** quiero comprar un regalo por su cumpleaños.*

leal *adj./m.* y *f.* Persona fiel y noble: *Durante la crisis económica que sufrió Manuel, sólo estuvieron a su lado un puñado de amigos **leales.*** SIN. **fiel.**

lealtad *f.* Calidad de leal: *Durante la ceremonia de casamiento, los esposos se juran **lealtad** y respeto mutuos.* SIN. **fidelidad.**

lebrel *adj./m.* Perro de cuerpo esbelto que corre a gran velocidad y se utiliza para la caza de liebres.

lección *f.* **1** Cada una de las partes en que se divide la materia de una disciplina: *Alfonsina toma **lecciones** de piano por las tardes en una academia.* **2** Aquello que enseña o escarmienta: *Con ese castigo, su madre le dio una buena **lección** a la niña mentirosa.*

lechada *f.* Mezcla líquida de cal, yeso o argamasa: *Los albañiles echaron una **lechada** para aplanar el piso.*

lechal *adj./m.* Animal que aún mama, en especial los corderos.

leche *f.* **1** Líquido alimenticio de color blanco, producido por las mamas de los mamíferos hembras: *La **leche** materna alimenta y protege a los bebés en contra de muchas enfermedades.* **2** Cosmético en forma de crema líquida: *Compré una **leche** humectante para el cuerpo, pues se me ha resecado la piel a causa del frío.*

lechería *f.* Tienda o lugar donde se vende leche y por lo general otros productos lácteos: *Antes de regresar a la casa pasé a la **lechería** a comprar la leche para preparar el flan.*

lechero, ra *adj.* **1** De la leche: *Trabaja en la industria **lechera.*** **2** Se aplica a la hembra animal que se cría para aprovechar su leche: *Se encarga de alimentar a las vacas **lecheras.*** **3** Que contiene leche o tiene alguna de sus propiedades: *En este terreno crece el cardo **lechero.***

lechero, ra *m.* y *f.* Persona que vende leche: *El **lechero** pasa por la colonia dos veces a la semana para hacer sus entregas.* **2** *f.* Vasija para transportar o contener leche.

lechiguana *f.* **1** *Argent.* Avispa pequeña y negra. **2** *Argent.* Nido colgante de la avispa llamada lechiguana.

lecho *m.* **1** Cama para dormir: *Se tendió en el **lecho** para descansar antes de reiniciar su trabajo.* **2** Fondo de un río, lago o mar: *Encontraron en el **lecho** del lago un automóvil que se hundió hace muchos años.*

lechón *m.* Cerdo que aún mama: *Desde la Edad Media es tradicional que el **lechón** se cocine de manera que quede tan suave que se pueda partir usando un plato en vez de un cuchillo.*

lechosa *f. R. Dom.* y *Venez.* Fruto del papayo, hueco y con semillas negruzcas en su interior, de pulpa dulce amarilla o anaranjada. SIN. **papaya.**

lechoso, sa *adj./m.* y *f.* Con apariencia o textura de leche: *Mucha gente que vive en Europa tiene piel **lechosa** de tan blanca.*

lechuga *f.* Planta de hojas grandes y comestibles, que suele prepararse en ensalada.

lechuguino *m. Fam.* Joven arreglado y presumido en exceso.

lechuza *f.* Ave rapaz nocturna, de cabeza redonda y ojos grandes, que se alimenta de roedores y otros animales.

lecitina *f.* Sustancia que contiene grasas beneficiosas al organismo; se usa como aditivo en alimentos: *La **lecitina** abunda en la yema de huevo y en la soya.*

lectivo, va *adj.* Tiempo y días destinados para impartir la enseñanza en los centros docentes: *Un año **lectivo** no tiene 365 días, porque no se cuentan las vacaciones y los fines de semana.*

lector *m.* Aparato o dispositivo que transforma en impulsos eléctricos, para ser reproducidas en forma de imagen o sonido, las señales que contiene una cinta magnética o un disco: *Hasta hace poco, para tocar un disco hacía falta una* *aguja especial, hoy los tocadiscos tienen **lector** de rayo láser.*

lector, ra ***adj.*** Persona que lee algo, sobre todo determinada publicación: *Los **lectores** de la revista han escrito cartas pidiendo que se haga un reportaje sobre la contaminación en las ciudades.*

lectura ***f.*** **1** Acción de leer: *Teresa acostumbra dedicar una hora a la **lectura** todos los días.* **2** Cosa leída: *Los lunes tenemos que dar un informe a la maestra de la **lectura** del fin de semana.*

leer ***vb. irreg.*** {tr.} **Modelo 32.** **1** Interpretar en la mente o en voz alta la palabra escrita: *Es importante fomentar que los niños **lean** como parte de sus hábitos diarios.* **2** En música, traducir en sonidos las notas y los signos: *En la clase de música me enseñan a **leer** unos signos y a convertirlos en canciones.*

legación ***f.*** **1** Empleo o cargo del legado. **2** Oficina del legado: *Lo enviaron a trabajar a la **legación** de su país en la nación vecina.*

legado ***m.*** Lo que se transmite a los sucesores: *El **legado** de mi abuelo es una colección de arte que ahora tenemos sus nietos.*

legado ***m.*** Persona enviada por una suprema autoridad ante otra para tratar un asunto: *El presidente envió a uno de sus ministros como **legado** ante la asamblea de la ONU.*

legajo ***m.*** Conjunto de papeles, generalmente atado: *El expediente del acusado era un grueso **legajo** de documentos.*

legal ***adj.*** Establecido por la ley o de acuerdo con ella: *Sus acciones en ese negocio fueron **legales**, pues no quebrantó ninguna ley.*

legalidad ***f.*** Calidad de lo que está dentro de lo establecido por las leyes.

legalismo ***m.*** Interés o tendencia a cumplir con minuciosidad las leyes y sus formalidades.

legalista ***adj.*** Que es partidario de la aplicación literal de las leyes: *En este caso no puedes ser tan **legalista**.*

legalización ***f.*** **1** Acción y resultado de legalizar: *No se pusieron de acuerdo sobre la **legalización** de la eutanasia.* **2** Certificado o nota con firma y sello, que acredita la autenticidad de un documento o de una firma: *El notario procedió a la **legalización** de la firma del empresario.*

legalizar ***vb. irreg.*** {tr.} **Modelo 16.** Dar estado legal a algo: ***Legalizó** el certificado de estudios que obtuvo en el extranjero a fin de que tenga validez en este país y pueda continuar estudiando aquí.*

légamo ***m.*** Cieno, lodo, barro.

legaña ***f.*** Sustancia que desechan las glándulas de los párpados: *Como se acababa de despertar, tenía los ojos llenos de **legañas**.* SIN. **lagaña.**

legar ***vb.*** {tr.} Dejar algo en testamento: *Antes de morir, el hombre rico **legó** todos sus bienes a su único hijo.*

legendario, ria ***adj.*** Relativo a las leyendas: La Llorona *y* La Difunta Correa *son personajes **legendarios** de la cultura popular.*

legible ***adj.*** Que se puede leer con facilidad. ANT. **ilegible.**

legión ***f.*** **1** Tropa del ejército romano imperial: *Una **legión** constaba de seis mil hombres.* **2** Cuerpo de tropa.

legionario ***m.*** Soldado de la antigua Roma que pertenecía a una legión: *Los **legionarios** recorrieron gran parte de Europa a pie, durante las guerras de conquista que emprendió Roma.*

legislación ***f.*** Conjunto de leyes de un estado o referentes a una materia determinada: *Mi hermana está estudiando leyes y tiene que aprenderse toda la **legislación** nacional.*

legislar ***vb.*** {intr.} Hacer, dictar o implantar leyes: *Parte de las tareas de los diputados es **legislar**, es decir, proponer o aprobar leyes.*

legislativo, va ***adj.*** Que tiene por misión hacer leyes: *El Congreso de un país tiene una función **legislativa**, ya que formula y aprueba las leyes.*

legislatura ***f.*** Tiempo durante el cual funcionan los órganos legislativos: *Fue diputado por su estado natal durante la XXX **Legislatura**.*

legista ***m.*** y ***f.*** **1** Persona versada en leyes o en jurisprudencia. **2** Persona que estudia leyes o jurisprudencia.

legitimación ***f.*** **1** Acción de garantizar un funcionario la autenticidad de un documento: *El notario atestiguó la **legitimación** que los ministros hicieron del documento.* **2** Acción de dar carácter legal o lícito a un hecho, situación u otra cosa.

legitimar ***vb.*** {tr.} Certificar o probar la autenticidad de una cosa.

legitimidad ***f.*** **1** Carácter de lo que es conforme a las leyes o al derecho: *Se comprobó la **legitimidad** de la compra.* **2** Cualidad de un poder político que mantiene las creencias dominantes en una sociedad.

legítimo, ma ***adj.*** **1** Conforme a las leyes. **2** Auténtico, verdadero: *"El abrigo es de lana **legítima**, no tiene fibras sintéticas", me dijo el vendedor de la tienda.*

lego, ga ***m.*** y ***f.*** **1** Laico, no religioso. **2** Ignorante: *El investigador dio una conferencia para **legos** en astronomía, así que todos le entendimos.*

legua ***f.*** Medida de longitud que equivale a 5 572 m: *El gato del cuento que estoy leyendo tiene unas botas mágicas con las que puede recorrer siete **leguas** con cada paso.*

leguleyo, ya ***m.*** y ***f.*** ***Fam.*** Abogado que habla y promete mucho, pero no hace bien su trabajo: *Era un **leguleyo** que no solucionó el problema y le cobró mucho dinero a mi padre.*

legumbre ***f.*** **1** Todo género de fruto o semilla que se cría en vainas: *Las habas y las lentejas son **legumbres**.* **2** Planta que se cultiva en una huerta.

leguminoso, sa ***adj.*** Relativo a un orden de plantas dicotiledóneas cuyo fruto se cría en vainas, como la arveja o chícharo.

leído, da ***adj.*** Culto: *En el siglo pasado, los hombres más **leídos** eran casi siempre los abogados.*

leísmo ***m.*** Uso del pronombre *le* en funciones de complemento directo, en lugar de *lo, la*: *Decir "yo le quiero mucho" en vez de "yo lo quiero mucho" es un ejemplo de **leísmo**.*

lejanía ***f.*** Lugar que se ve a lo lejos: *Desde la ventana de mi departamento, en la **lejanía**, alcanzo a ver las cumbres de la sierra que rodea a mi ciudad.*

lejano, na ***adj.*** Que está a gran distancia: *Mi amigo se fue a vivir a un país muy **lejano**, al otro lado del mundo, así que no sé cuándo vuelva a verlo.*

lejía ***f.*** Agua que lleva disueltas sales alcalinas, usada para limpiar y desinfectar: *Mi madre desinfecta el piso con agua y **lejía**.* SIN. **lavandina.**

lejos ***adv.*** A gran distancia en el espacio o en el tiempo: *Ya habían caminado dos horas, pero el pueblo todavía quedaba **lejos**.*

lelo, la ***adj./m.*** y ***f.*** ***Desp.*** Tonto, lento en sus reacciones por no prestar atención o por falta de viveza: *Elías se quedó tan **lelo** mirando a esa mujer hermosa que no escuchó lo que le estaba contando.*

lema ***m.*** Frase que expresa una intención o regla de conducta: *El **lema** de muchos comerciantes es que el cliente siempre tiene la razón.*

lemming ***m.*** Roedor de las regiones escandinavas, parecido a un hámster: *Los **lemmings** son animales migratorios, forman enormes grupos para viajar hacia el sur.*

lempira ***m.*** Moneda de Honduras.

lémur ***m.*** Primate de Madagascar que vive en los árboles: *Hay muchas clases de **lémures,** pero todos tienen grandes ojos y piel llamativa.*

lencería ***f.*** Ropa blanca y, en especial, ropa interior: *Mirna fue al departamento de **lencería** de la tienda y se compró una pijama y una bata.*

lengua ***f.*** **1** Órgano carnoso y móvil de la cavidad bucal, que sirve para degustar, deglutir y articular sonidos: *Tomé café muy caliente y ahora tengo úlceras en la **lengua.*** **2** Sistema de señales verbales propio de una comunidad, individuo, etc.: *En la mayor parte de los países latinoamericanos se habla la **lengua** española.*

lenguado ***m.*** Pez de mar comestible de cuerpo casi plano y oblongo.

lenguaje ***m.*** **1** Capacidad humana de emplear sonidos articulados para comunicarse. **2** Cualquier método de comunicación por medio de signos, señales y otras formas: *Mi maestra aprendió el **lenguaje** de los sordomudos porque quiere dar clases a personas que no oyen.* **3** Manera de expresarse.

lenguaraz ***adj.*** **1** Descarado. **2** Que habla con atrevimiento y sin respeto: *Es un chico maleducado y **lenguaraz.***

lengüeta ***f.*** **1** Pieza delgada en forma de lengua: *Algunos zapatos tienen una **lengüeta** sobre la que se amarran los cordones.* **2** Lámina movible que tienen algunos instrumentos musicales de viento.

lengüetazo ***m.*** y ***f.*** Cada movimiento hecho con la lengua para lamer o para coger agua o comida.

lengüetear ***vb.*** {tr.} Sacar y meter la lengua rápida y repetidamente: *Josefina se puso a hablar por teléfono con una amiga, dejó su plato de cereal descuidado y sus gatos **lengüetearon** la leche hasta acabársela.*

lenidad ***f.*** Blandura en exigir el cumplimiento de los deberes o en castigar las faltas: *Un buen juez debe encontrar el término medio entre **lenidad** y dureza para ser justo.*

lenificar ***vb. irreg.*** {tr.} **Modelo 17.** Suavizar, ablandar.

lenitivo, va ***adj./m.*** Que suaviza o mitiga un padecimiento físico o moral: *Un antiácido es un medicamento **lenitivo** y la penicilina es curativa.*

lente ***f.*** Cristal transparente y plano, limitado por dos superficies por lo general curvas: *Los telescopios funcionan con un sistema de **lentes** que permiten ver más cercanos los objetos que están lejos.*

lente ***m.*** **1** *pl.* Anteojos, gafas: *Como su papá, Renato usa **lentes** desde los seis años.* **2** *loc.* ~ **de contacto,** disco pequeño que se aplica directamente sobre la córnea para corregir defectos de la visión: *En la actualidad existen **lentes de contacto** que detienen y corrigen problemas que antes tenían que operarse.* Sin. **lentilla.**

lenteja ***f.*** **1** Planta trepadora de flores blancas y fruto que crece en vaina, dentro del cual hay dos o tres pequeñas semillas comestibles. **2** Semilla de la planta de la lenteja.

lentejuela ***f.*** Lámina pequeña, redonda, de material brillante, que se aplica como adorno a los vestidos: *La cantante llevaba un vestido muy llamativo con **lentejuelas** de muchos colores.*

lenticular ***adj.*** Relativo a lo que tiene forma de lenteja: *La lente de una lupa tiene forma **lenticular;** si la ves de costado, puedes comprobarlo.*

lenticular ***m.*** Huesecillo del oído medio de los mamíferos, situado entre el martillo y el yunque.

lentilla ***f.*** Lente de contacto.

lentisco ***m.*** Arbusto que crece en la región mediterránea, cuyo tronco proporciona una resina que puede masticarse.

lentitud ***f.*** Característica de lo que es pausado o tardado en el movimiento o la acción: *Me desespera la **lentitud** de Rafael, se tardó horas peinándose y por su culpa llegamos tarde al cine.*

lento, ta ***adj.*** Tardo o pausado en el movimiento o acción: *Alicia llegó en el último lugar de la carrera porque fue la más **lenta** de todas las competidoras.*

leña ***f.*** Conjunto de ramas, matas y troncos secos para hacer fuego: *Como hacía mucho frío en la montaña, juntamos **leña** para hacer una hoguera.*

leñador, ra ***m.*** y ***f.*** Persona que tiene por oficio cortar leña.

leño ***m.*** Trozo de árbol cortado y despojado de ramas: *Ese **leño** no sirve para hacer fuego porque está verde y húmedo.*

leñoso, sa ***adj.*** Se dice de la planta de tallo resistente.

leo ***adj./m.*** y ***f.*** Uno de los doce signos zodiacales, comprendido entre el 23 de julio y el 22 de agosto, su símbolo es un león.

león, leona ***m.*** y ***f.*** Mamífero carnívoro félido, de pelaje amarillo rojizo y, en el caso del macho, adornado por una melena.

leonado, da ***adj.*** De color rubio oscuro: *Todos nos sorprendimos cuando vimos llegar a la morena Gabriela con una cabellera **leonada.***

leonés ***m.*** Dialecto romance que se hablaba en el antiguo reino de León, España.

leonino, na ***adj.*** Se aplica a un contrato que sólo es ventajoso para una de las partes: *A veces, por necesidad, muchos artistas aceptan contratos **leoninos,** los empresarios los explotan y ellos deben aceptarlo.*

leopardo ***m.*** Mamífero carnívoro félido, de pelaje rojizo o amarillo con manchas negras: *Los **leopardos** se parecen a los tigres, pero se distinguen de ellos porque en lugar de rayas tienen manchas.* Sin. **pantera.**

leotardo ***m.*** Pieza de malla que cubre el tronco del cuerpo y que se utiliza para hacer ejercicios o para el ballet.

leperada ***f. Amér. C.*** y ***Méx. Fam.*** Dicho o expresión grosera: *Hugo le dijo a su maestra "estúpida"; eso es una **leperada** y sus papás lo castigaron.* Sin. **grosería.**

lépero, ra ***adj.*** **1** *Cuba.* Astuto, perspicaz. **2** *Ecuad. Fam.* Persona muy pobre y sin recursos. **3** ***Amér. C.*** y ***Méx.*** Grosero, ordinario: *Mario es un **lépero** que ofende a cualquiera que se le cruza en la calle.*

lepidóptero, ra ***adj./m.*** Relativo a un orden de insectos que en estado adulto tienen cuatro alas, como la mariposa.

lepra ***f.*** Enfermedad infecciosa crónica, que cubre la piel de ampollas y escamas: *En algunos lugares de África hay colonias de enfermos de **lepra** que viven apartados del resto de la gente.*

leproso, sa ***m.*** y ***f.*** Enfermo de lepra: *En la antigüedad, los **leprosos** traían campanitas para anunciar cuando se acercaban, así daban tiempo a que los demás se retiraran y se evitaba el contagio.*

lerdo, da ***adj.*** **1** Torpe, lento: *Los movimientos de las tortugas son **lerdos.*** **2** Tonto, poco hábil: *Es un vendedor **lerdo** que no recuerda el precio de los productos que vende.*

les ***pron.*** Pronombre personal masculino y femenino de tercera persona plural, que funciona como complemento indirecto: *Cuando **les** dije que iríamos a la feria, todos aceptaron entusiasmados.*

lesbiana ***f.*** Mujer que se siente atraída de manera sexual por otra mujer.

lésbico, ca ***adj.*** **1** De Lesbos, isla griega. **2** Se aplica al amor homosexual entre mujeres.

lesear ***vb.*** {intr.} ***Chile.*** Tontear, hacer o decir leseras.
lesera ***f.*** *Chile* y ***Perú.*** Tontería.
lesión ***f.*** **1** Daño corporal, herida: *Tenía varias* ***lesiones*** *en las piernas después del partido de fútbol.* **2** Cualquier daño o perjuicio.
lesionar ***vb.*** {tr. y prnl.} Lastimar, herir, dañar: *El vidriero se* ***lesionó*** *con el vidrio roto cuando intentaba cambiarlo, le quedo una fea cortada en la mano.*
lesivo ***adj.*** **1** Dañino, perjudicial. **2** Que produce lesión o perjuicio: *Ha sido un comentario* ***lesivo*** *para su honra.*
leso, sa ***adj.*** Que ha sido lesionado o perjudicado.
letal ***adj.*** Que mata, mortífero: *En muchos países se aplica una inyección* ***letal*** *a las personas condenadas a muerte.*
letanía ***f.*** **1** Enumeración larga y molesta: *Para evitar que lo castigaran, Antonio soltó una* ***letanía*** *de excusas, algunas ciertas y otras inventadas.* **2** Oraciones formadas por una serie de frases cortas que los fieles católicos recitan o cantan en honor a Dios, a la Virgen o a los santos.
letargo ***m.*** **1** Sueño profundo o prolongado: *Cuando la Bella Durmiente se pinchó el dedo, cayó en un profundo* ***letargo*** *del que la despertó el beso del príncipe cien años después.* **2** Estado de sopor por el que atraviesan algunos animales durante determinadas épocas del año: *Los osos entran en* ***letargo*** *cuando hibernan en sus cuevas.*
letón ***m.*** Lengua báltica hablada en Letonia.
letón, tona ***m.*** y ***f.*** De Letonia, país europeo ubicado a orillas del mar Báltico.
letra ***f.*** **1** Cada uno de los signos con que se representan los sonidos de un alfabeto: *Antes la* ch *y la* ll *se consideraban* ***letras;*** *ahora se les considera combinaciones de las letras* c y l. **2** Modo particular de escribir: *Julián escribe con una* ***letra*** *muy redonda y elegante.* **3** Texto de una pieza musical: *Se puso a cantar una canción y a la mitad se le olvidó la* ***letra.*** **4** Documento mercantil de pago: *Firmó cuatro* ***letras*** *en las que se compromete a pagar su deuda.*
letrado ***m.*** y ***f.*** Abogado.
letrado, da ***adj.*** Docto, instruido: *El obispo es un hombre muy* ***letrado*** *que posee una de las mejores bibliotecas de la ciudad.*
letrero ***m.*** Escrito que se coloca en determinado lugar para avisar o hacer pública alguna cosa: *Cuando llegamos al auditorio vimos un* ***letrero*** *avisando que se había cancelado el concierto.*
letrilla ***f.*** Composición poética de versos cortos.
letrina ***f.*** **1** Retrete, lugar donde se orina y defeca. **2** Lugar pestilente, sucio y repugnante.
letrista ***m.*** y ***f.*** Persona que se dedica a escribir letras de canciones: *Mi amigo el* ***letrista*** *irá a ver al compositor de moda para ver si le compra algunas letras.*
leu ***m.*** Moneda de Rumania.
leucemia ***f.*** Enfermedad de la sangre que se manifiesta en un aumento excesivo de leucocitos, o sea glóbulos blancos, en la médula ósea, bazo y ganglios.
leucocito ***m.*** Célula de la sangre y de la linfa, que asegura la defensa contra las infecciones: *Los* ***leucocitos*** *son como los soldados del organismo, ellos combaten a los microbios que causan algunas enfermedades.*
lev ***m.*** Moneda de Bulgaria.
leva ***f.*** **1** Acción y efecto de levantar el ancla. **2** Palanca. **3** Reclutamiento para formar parte del ejército: *En tiempos de guerra, en muchos países se establecía la* ***leva*** *obligatoria.*
levadizo, za ***adj.*** Que se levanta o puede levantarse con algún mecanismo: *En algunos castillos medievales rodeados de fosos había un puente* ***levadizo*** *para entrar y salir.*
levadura ***f.*** Masa formada por un tipo de hongos microscópicos, que hace fermentar el cuerpo con que se mezcla: *Después de mezclar la masa con la* ***levadura,*** *hay que dejarla reposar para que se esponje.*
levantamiento ***m.*** **1** Acción y efecto de levantar o levantarse. **2** Rebelión militar: *El presidente de ese país sólo estuvo en el poder un mes porque lo quitó de su cargo un* ***levantamiento*** *dirigido por un general.*
levantar ***vb.*** {tr. y prnl.} **1** Mover de abajo hacia arriba: *El campeón de pesas del mundo* ***levanta*** *250 kilos.* **2** Llevar algo a un nivel más alto: *Como el niño ya empezó a caminar,* ***levantamos*** *las cosas delicadas para que no las toque.* **3** Poner derecho o en posición vertical. **4** Edificar, construir: *De manera ilegal* ***levantaron*** *un edificio habitacional en medio de un parque público.* **5** Ponerse de pie: *De un salto, Ruperto* ***se levantó*** *de la silla al escuchar el timbre de la puerta.* **6** Dejar la cama después de haber dormido: *Mi papá* ***se levanta*** *a las cinco de la mañana porque entra a trabajar a las siete.* **7** Sublevarse: *Como no estaban de acuerdo con la política del gobierno, un grupo de militares* ***se levantó*** *en armas.*
levante ***m.*** **1** Este, punto cardinal: *El sol sale por el* ***levante.*** **2** Viento del este.
levantisco, ca ***adj.*** Turbulento o rebelde: *Después que se independizaron los países americanos a principios del siglo* XIX*, quedaron muchos grupos* ***levantiscos*** *dispuestos a protestar por los problemas políticos y sociales.*
levar ***vb.*** {tr. e intr.} Recoger el ancla: *El barco* ***levó*** *anclas y dejó el puerto para seguir su recorrido por el Caribe.*
leve ***adj.*** **1** De poco peso: *Mi peso es* ***leve*** *si lo comparo con el de mi padre.* **2** De poca importancia: *El médico me dijo que tengo una infección* ***leve*** *y que en dos días estaré sano.*
leviatán ***m.*** En el libro de Job, en la Biblia, monstruo marino gigantesco.
levita ***f.*** Prenda de vestir masculina con faldones rectos que se cruzan por delante, que estuvo de moda en el siglo XIX y todavía se usa en algunos uniformes: *Para el baile de gala don Rodrigo se puso una* ***levita*** *que lo hacía verse muy elegante.*
levitación ***f.*** Fenómeno por el cual un cuerpo se eleva del suelo sin causa aparente: *Algunos faquires de la India ofrecen espectáculos de* ***levitación.***
levitar ***vb.*** {intr.} Elevarse en el aire una persona o cosa, sin intervenir una causa física.
lexema ***m.*** Parte que tienen en común las palabras de una familia y que aporta el mayor significado: *En las palabras cristalino, cristalizar, cristalización, el* ***lexema*** *es cristal.*
léxico, ca ***adj./m.*** **1** Relativo a los lexemas o al vocabulario: *Los alumnos de primaria no entendían a ese maestro porque usaba un* ***léxico*** *propio de estudiantes universitarios.* **2** Conjunto de palabras o giros de una lengua, o los usados por un individuo, grupo, etc.
lexicografía ***f.*** Arte y técnica de componer diccionarios.
lexicógrafo, fa ***m.*** y ***f.*** Persona que elabora diccionarios: *Entre otras cosas, los* ***lexicógrafos*** *deben saber el significado de las palabras y cómo se usan en diferentes casos.*
lexicología ***f.*** Ciencia que estudia el léxico de una lengua.
lexicólogo, ga ***m.*** y ***f.*** Especialista en lexicología.
ley ***f.*** **1** Relación necesaria que enlaza entre sí fenómenos naturales y ley que expresa esta relación: *Isaac Newton descubrió la* ***ley*** *de la gravedad.* **2** Precepto dictado por la suprema autoridad: *El gobierno promulgó una* ***ley*** *que ordena proteger los bosques del país.* **3** Proporción de metal precioso que entra en una aleación.

leyenda ***f.*** Narración de sucesos fabulosos, a veces con una base histórica, que se transmiten por tradición oral o escrita: *Según la* ***leyenda,*** *la ciudad de Roma fue fundada por los gemelos Rómulo y Remo, quienes fueron amamantados por una loba.*

lezna ***f.*** Punzón que usan los zapateros para agujerear y coser: *Como Gerardo adelgazó tanto, tuvo que hacerle otro orificio a su cinto con una* ***lezna*** *porque le quedaba muy holgado.*

liana ***f.*** Nombre común de diversas especies de bejuco: *Tarzán se transportaba de un lugar a otro con las* ***lianas*** *que colgaban de los árboles.*

liar ***vb. irreg.*** {tr. y prnl.} **Modelo 9. 1** Atar o envolver una cosa: *Mi cuñada* ***lió*** *el libro con papel y cuerda para enviármelo por correo.* **2** Enredar, complicar un asunto. **3** Confundir a alguien. **4** Vivir con alguien sin estar casado, amancebarse.

libación ***f.*** **1** Acto de beber una pequeña cantidad de licor para brindar o para probarlo. **2** Ofrenda religiosa de la antigüedad, que consistía en verter un poco de algún líquido (vino, aceite, leche) sobre la imagen o altar de una deidad.

libanés, nesa ***adj./m.*** y ***f.*** De Líbano, país del Cercano Oriente.

libar ***vb.*** {tr.} **1** Chupar el jugo de una cosa: *Las abejas y las mariposas* ***liban*** *el néctar de las flores.* **2** Probar un licor.

libelo ***m.*** Escrito que critica y desprestigia: *De pronto en las calles empezó a circular un* ***libelo*** *contra la nueva obra de teatro y mucha gente decidió no ir a verla.*

libélula ***f.*** Insecto de abdomen largo, dotado de cuatro alas.

líber ***m.*** Tejido interior de la corteza del tronco de los vegetales encargado de transportar la savia.

liberación ***f.*** **1** Acción de liberar a alguien: *El presidente decretó la* ***liberación*** *de los prisioneros, pues en el país hacía falta gente para trabajar los campos.* **2** Cancelación de un gravamen: *Un pago más, y obtendré la* ***liberación*** *de los intereses de mi deuda.*

liberado, da ***adj.*** **1** Se aplica a la persona que ha quedado libre de un compromiso, trabajo o castigo: *La beca que obtuvo Joaquín lo convierte en un joven* ***liberado*** *de responsabilidades laborales.* **2** Que no actúa de acuerdo con las imposiciones sociales o morales: *Después de su divorcio, es una mujer* ***liberada.***

liberal ***adj.*** **1** Generoso, dadivoso. **2** Partidario de la libertad y de la tolerancia.

liberal ***m.*** y ***f.*** **1** Partidario del liberalismo. **2** Partidario de la libertad y la tolerancia.

liberalidad ***f.*** **1** Disposición y actitud de la persona que da algo con abundancia y sin esperar nada a cambio: *Tanta* ***liberalidad*** *con el dinero te llevará a la ruina.* **2** Desprendimiento, generosidad.

liberalismo ***m.*** Doctrina que defiende la primacía de la libertad individual.

liberar ***vb.*** {tr. y prnl.} **1** Libertar, dar libertad: *Finalmente las autoridades* ***liberaron*** *al acusado porque descubrieron que no era culpable.* **2** Liberar de una obligación o carga: *La secretaria estaba tan cargada de trabajo, que sus jefes decidieron* ***liberarla*** *de algunas de sus tareas.*

libertad ***f.*** **1** Capacidad que tiene el hombre de actuar de manera libre, sin obligación alguna. **2** Estado de quien no está sujeto ni impedido para hacer algo. **3** *loc. pl.* **Tomarse muchas (demasiadas) libertades,** actuar con mucha familiaridad: *Daniel* ***se tomó demasiadas libertades*** *durante la primera visita a mi casa, como servirse comida tres veces y pedir prestado un abrigo.*

libertar ***vb.*** {tr. y prnl.} **1** Dejar libre algo o a alguien que estaba sujeto o preso. **2** Perdonarle a alguien una obligación, sujeción o deuda. Sin. **liberar.**

libertario, ria ***adj./m.*** y ***f.*** Persona que practica o apoya la libertad total por medio de ausencia de gobierno y leyes.

libertinaje ***m.*** **1** Conducta viciosa o inmoral. **2** Falta de respeto a las leyes o a la religión.

libertino, na ***adj./m.*** y ***f.*** Persona que lleva una vida inmoral y viciosa.

liberto, ta ***m.*** y ***f.*** Antiguamente, esclavo a quien su señor otorgaba la libertad.

libidinoso, sa ***adj.*** Que muestra un deseo sexual exagerado.

libido ***f.*** Deseo sexual.

libio, bia ***adj./m.*** y ***f.*** De Libia, país de África, junto al Mediterráneo.

libra ***adj./m.*** y ***f.*** Uno de los doce signos del zodiaco, comprendido entre el 23 de septiembre y el 23 de octubre, su símbolo es una balanza.

libra ***f.*** **1** Moneda del Reino Unido y de sus antiguas colonias. **2** Medida de peso equivalente a 454 gramos.

libraco ***m. Desp.*** Libro, por lo general de contenido de baja calidad: *En esa tienda venden tantos* ***libracos*** *que no supe qué comprar, mejor pediré asesoría para leer una buena novela.*

librar ***vb.*** {tr. y prnl.} **1** Evitar hacer una tarea molesta o protegerse de un peligro: *Como está enfermo* ***se libró*** *de tener que limpiar la casa.* **2** Expedir letras, órdenes de pago o cualquier otro documento mercantil o bancario: *El banco* ***libró*** *pagarés a treinta días.*

libre ***adj.*** **1** Que goza de libertad. **2** Sin obstáculo: *Ya está* ***libre*** *la calle, por fin quitaron el autobús descompuesto que no permitía pasar.* **3** Vacante, vacío: *Este asiento está* ***libre,*** *aquí puedes sentarte.*

libre ***m.*** *Méx.* Taxi.

librea ***f.*** Uniforme que llevan algunos empleados y criados.

librecambio ***m.*** Comercio internacional sin derechos aduaneros.

librepensador, ra ***m.*** y ***f.*** Persona que se encuentra libre de todo sometimiento religioso, de toda creencia en cualquier dogma.

librería ***f.*** **1** Local donde se venden libros: *Fueron a la* ***librería*** *a comprar los libros de texto para el curso que va a empezar.* **2** *Esp.* Mueble para guardar libros. Sin. **librero. 3** *Argent.* Comercio donde se venden cuadernos, lápices y otros artículos de escritorio. Sin. **papelería.**

librero, ra ***m.*** y ***f.*** **1** Comerciante de libros: *En el centro hay tres calles con negocios de* ***libreros*** *que venden libros usados.* **2** *Bol., Chile, Ecuad., Méx., Guat., Pan.* y *Perú.* Mueble para guardar libros: *En el tercer* ***librero*** *de la derecha encontrarás los libros de literatura inglesa.* Sin. **librería.**

libreta ***f.*** Cuaderno en que se escriben anotaciones: *En mi* ***libreta*** *de matemáticas escribo los resúmenes de las clases y las operaciones que hago en mi casa.*

libretista ***m.*** y ***f.*** Persona cuya ocupación es escribir libretos: *Ese director cambia de* ***libretistas*** *con frecuencia, pues su mal carácter lo hace pelearse con todos.*

libreto ***m.*** Texto que sirve de base a un drama musical o a un filme o película: *Después de escribir el* ***libreto*** *de la obra de teatro musical, el compositor adaptó la música.* Sin. **guión.**

libro ***m.*** **1** Conjunto de hojas manuscritas o impresas, encuadernadas, y que forman un volumen ordenado para la lectura: *Antes los* ***libros*** *se hacían totalmente a mano y ahora se hacen mediante un proceso industrial.* **2** Tercera parte del estómago de animales como la vaca, que lo tienen dividido en cuatro cavidades: *Los estómagos de los rumiantes se llaman panza, bonete,* ***libro*** *y cuajar.*

licántropo, pa ***m.*** y ***f.*** Persona que supuestamente se convierte en lobo debido a ciertas circunstancias: *Los* ***licántropos*** *aparecen en las leyendas de muchos países europeos.*

licencia ***f.*** **1** Permiso: *A los dieciséis años sus padres le dieron* ***licencia*** *a Maura para llegar a casa a medianoche.* **2** Documento en que consta el permiso para manejar: *Para conducir camiones, se necesita un tipo de* ***licencia*** *diferente a la de automovilista.*

licenciado, da ***m.*** y ***f.*** Persona que ha obtenido en una facultad universitaria el grado que le habilita para ejercer una profesión: *Para ocupar el puesto vacante en el juzgado se necesita a un* ***licenciado*** *en derecho.*

licenciamiento ***m.*** **1** Acción y resultado de licenciar a los soldados: *Los amigos han preparado una fiesta para celebrar el* ***licenciamiento*** *de los que terminaron el servicio militar.* **2** Acto de recibir el grado de licenciado: *Mis padres acudieron a la universidad para asistir a mi* ***licenciamiento.***

licenciar ***vb.*** {tr. y prnl.} **1** Dar por finalizado el servicio militar de un soldado. **2** Dar el grado de licenciado a una persona: *La universidad* ***licenció*** *en diseño industrial a una generación pequeña.* **3** Obtener una persona el grado de licenciado: *Mi hermana se* ***licenció*** *en historia del arte hace 10 años.* **4** Dar licencia o permiso a una persona para que haga una cosa: *Berta* ***licenció*** *sus amigas el uso de su marca comercial.* **5** Dar el titular de una patente el derecho de usarla con fines industriales o comerciales a una persona o entidad.

licenciatura ***f.*** Grado o título de licenciado: *Después de cuatro años de estudiar en la universidad, obtuvo una* ***licenciatura*** *en contabilidad.*

licencioso, sa ***adj.*** Que actúa en contra de las buenas costumbres establecidas, de manera especial en cuestiones sexuales: *La actitud de Ramiro es* ***licenciosa,*** *ya que tiene tres novias al mismo tiempo.* Sin. **disoluto.**

liceo ***m.*** **1** En algunos países, centro de segunda enseñanza. **2** Sociedad cultural o recreativa.

licitar ***vb.*** {tr.} Ofrecer precio por una cosa en subasta.

lícito, ta ***adj.*** Permitido por la ley o la moral: *Es* ***lícito*** *que ese empresario quiera recuperar la propiedad que su socio le quitó de manera ilegal.* Ant. **ilícito.**

licopodio ***m.*** Planta cuyas esporas se utilizan en farmacia y en fuegos artificiales.

licor ***m.*** Bebida alcohólica obtenida por destilación.

licorera ***f.*** Botella con tapa, por lo general de cristal fino, para guardar licores: *El famoso detective tomó la* ***licorera*** *que había en la mesita de su biblioteca, sirvió dos copas, ofreció una a su cliente y se dispuso a escucharlo.*

licorería ***f.*** **1** Arte de elaborar licores. **2** Tienda donde se venden licores.

licuado ***m.*** Bebida mezclada en una licuadora: *A su hijo le gusta el* ***licuado*** *de leche con bananas como desayuno.*

licuadora ***f.*** Aparato eléctrico que sirve para moler o licuar diversos tipos de alimentos: *Puso en la* ***licuadora*** *trozos de piña, agua y azúcar y se preparó una bebida deliciosa.*

licuar ***vb. irreg.*** {tr. y prnl.} **Modelo 11.** Convertir en líquido algo sólido: ***Licuamos*** *unos tomates para ponérselos a la sopa.*

licuefacción ***f.*** Transformación de un gas en líquido.

lid ***f.*** **1** Combate, pelea: *En el cuento que leí, el vencedor de la* ***lid*** *se casó con la princesa.* **2** Discusión, controversia.

líder ***adj.*** Que va a la cabeza de una clasificación: *Esta marca de jabones es* ***líder*** *en el mercado, ya que vende tres veces más que sus competidores.*

líder ***m.*** y ***f.*** **1** Persona o grupo que va a la cabeza de una clasificación: *Ese equipo de fútbol es el* ***líder*** *de su grupo en este momento, habrá que ver si llega a la final.* **2** Jefe de un grupo, partido, etc.: *El* ***líder*** *del partido de oposición fue el encargado de dar respuesta al discurso del presidente.*

liderar ***vb.*** {tr.} **1** Dirigir, guiar, encabezar. **2** Ser una persona o equipo el primero en una competencia o una actividad: *Nuestra empresa* ***lidera*** *las ventas en el sector.*

liderato o **liderazgo** ***m.*** Condición o actividad de líder.

lidia ***f.*** **1** Corrida de toros: *Muchas personas se oponen a las* ***lidias*** *taurinas por la crueldad que representan para los toros y caballos.* **2** Pelea.

lidiar ***vb.*** {tr. e intr.} **1** Torear: *El segundo toro que* ***lidió*** *el torero era muy manso.* **2** Batallar, pelear.

liebre ***m.*** y ***f.*** **1** Mamífero roedor parecido al conejo pero de mayor tamaño, con largas patas traseras adaptadas a la carrera y con las puntas de las orejas de color negro. **2** ***Chile.*** Autobús pequeño.

liendre ***f.*** Huevecillo del piojo.

lienzo ***m.*** **1** Pieza grande de tela: *Compró dos* ***lienzos*** *de manta para hacer unas cortinas.* **2** Tela sobre la que se pinta: *El pintor se enfrentó al* ***lienzo*** *en blanco antes de empezar a trabajar en su nueva pintura.*

liga ***f.*** **1** Asociación: *La* ***Liga*** *de los Defensores de Animales se ha opuesto a las peleas de gallos.* **2** Competencia deportiva entre varios equipos: *El campeón de la* ***liga*** *de primavera fue el mismo equipo que el año pasado.*

liga ***f.*** Cinta elástica usada para sujetar, de manera especial para mantener medias o calcetines sin que se bajen por la pierna.

ligador, ra ***adj./m.*** y ***f. Méx. Fam.*** Persona que comienza relaciones amorosas con otras frecuentemente, por lo general sin deseo de comprometerse. Sin. **ligón.**

ligadura ***f.*** Acción y efecto de ligar: *Antes de inyectarle la vena le hicieron una* ***ligadura*** *en el brazo.*

ligamento ***m.*** Conjunto de fibras que une los huesos de las articulaciones del cuerpo: *Cuando cayó y se torció el tobillo, se le dañó un* ***ligamento*** *y ahora camina con dificultad.*

ligar ***vb. irreg.*** {tr. e intr.} **Modelo 17.** **1** Atar: *Los vaqueros* ***ataron*** *las patas del caballo para que pudiera curarlo el veterinario.* **2** Enlazar, unir: *Estimo a todos mis amigos, pero con Mario me* ***liga*** *un gran cariño desde hace varios años.* **3** ***Fam.*** Entablar una relación amorosa, sobre todo si es pasajera: *En las pasadas vacaciones, mis primas* ***ligaron*** *con unos muchachos italianos y ahora ellos les escriben desde su país.*

ligazón ***f.*** Conexión, unión o enlace de una cosa con otra: *El tiempo rompió la estrecha* ***ligazón*** *que había existido entre ellos.*

ligereza ***f.*** **1** Calidad de ligero: *Las gacelas saltan con una elegante* ***ligereza.*** **2** Dicho o hecho que se hace sin reflexionar: *La señora criticó al director con mucha* ***ligereza,*** *sin conocer las razones por las que había regañado a su hijo.*

ligero, ra ***adj.*** **1** Que pesa poco: *La espuma de plástico es un material* ***ligero,*** *un trozo del tamaño de un colchón pesa apenas dos o tres kilos.* **2** Que obra con rapidez. **3** ***loc.*** **Sueño ~,** sueño poco profundo: *Mi mamá tiene el* ***sueño ligero*** *y se despierta con cualquier ruido.*

light ***adj.*** **Palabra de origen inglés.** Se aplica a los alimentos que, mediante procesos de industrialización, tienen reducido su contenido de grasas, o están endulzados con sustancias que no son azúcar: *Abusar del consumo de alimentos* **light** *puede traer daños a la salud.*

lignícola ***adj.*** Se aplica a los organismos que viven en la madera: *Las larvas de algunos escarabajos son **lignícolas** y hacen túneles en los troncos de los árboles.*
lignito ***m.*** Carbón mineral de color negro o pardo: *El **lignito** es el resultado de la descomposición de residuos vegetales.*
ligón, gona ***adj./m.*** y ***f. Esp. Fam.*** Que entabla con frecuencia relaciones amorosas. SIN. **ligador.**
liguano, na ***m.*** y ***f.*** **1** ***Chile.*** Raza de carneros de lana gruesa y larga. **2** ***Chile.*** Lana producida por el liguano y lo que se fabrica con esta lana.
ligue ***m. Argent., Esp.*** y ***Méx. Fam.*** Acto de acercarse a alguien para entablar una relación amorosa: *Esos muchachos ni siquiera saben bailar bien, pero van a la discoteca por el **ligue.***
lija ***f.*** **1** Tiburón de pequeño tamaño y piel rasposa, que vive en el océano Atlántico y en el mar Mediterráneo. SIN. **pintarroja.** **2** Papel con polvos de vidrio o esmeril adheridos, que se usa para pulir maderas o metales: *Pulí la madera de la puerta con papel de **lija.***
lijadora ***f.*** Máquina provista de un papel de lija u otro material abrasivo, usada para lijar o alisar una superficie.
lijar ***vb.*** {tr.} Pulir con lija u otro abrasivo: *Antes de barnizarla, hay que **lijar** la madera para que no le queden astillas.*
lila ***adj.*** De color morado claro o morado rosado.
lila ***m.*** **1** Arbusto de flores olorosas de color morado claro, originario del Medio Oriente. **2** Flor del arbusto llamado lila: *La esencia de las **lilas** es muy empleada para hacer perfumes.*
liliáceo, a ***adj./f.*** Relativo a una familia de plantas de raíz en bulbo, como el ajo.
liliputiense ***adj./m.*** y ***f.*** Palabra derivada del nombre de los diminutos habitantes de Liliput, que aparecen en el libro llamado *Los viajes de Gulliver*, del escritor irlandés Jonathan Swift, y que se usa para señalar a personas, animales y vegetales de tamaño muy pequeño.
lima ***f.*** Fruto del limero: *La época de las **limas** en el hemisferio Norte es en los meses de noviembre y diciembre.*
lima ***f.*** Instrumento de acero con la superficie estriada, que se usa para desgastar metales, maderas, uñas, etc.: *La mujer que arregló mis manos empezó su trabajo con una **lima** para uñas.*
limar ***vb.*** {tr.} **1** Pulir con la lima: *Voy a **limar** mis uñas para emparejarlas y evitar que se atoren en mi ropa.* **2** *loc.* **~ asperezas,** poner fin a las diferencias, conciliar diferencias: *Al fin pude **limar asperezas** con mi amiga Estela, fuimos a comer, platicamos y descubrimos que nos enojamos por una tontería.*
limbo ***m.*** **1** En el catolicismo, lugar al que van las almas de los niños pequeños que han muerto sin haber recibido el bautismo. **2** En astronomía, borde de un astro: *El **limbo** del Sol se altera debido a las explosiones que producen llamaradas de muchos kilómetros de largo.* **3** Parte aplanada y visible de las hojas de las plantas. **4** *loc. Fam.* **Estar en el ~,** estar distraído: *Anoche dormí mal y hoy **estuve en el limbo** durante la clase de matemáticas porque no podía concentrarme.*
limeño, ña ***adj./m.*** y ***f.*** De Lima, Perú.
limero ***m.*** Árbol de flores blancas y olorosas, cuyo fruto es la lima.
limitación ***f.*** **1** Acción y resultado de limitar o limitarse: *No tiene ninguna **limitación** económica.* **2** Especificación o factor que determina y limita: *Es obligatorio respetar las **limitaciones** de velocidad.* **3** Demarcación o término de un territorio.
limitado, da ***adj.*** **1** Restringido o que está acotado: *El acceso es **limitado** a quienes porten invitación personal.* **2** Que tiene poco entendimiento o es poco inteligente. **3** Se aplica a la sociedad mercantil en la que cada accionista o socio tiene una responsabilidad ceñida al capital escriturado.
limitante ***adj.*** Que limita o señala los límites.
limitar ***vb.*** {tr. y prnl.} **1** Fijar o señalar límites: *Las horas de visita en los hospitales se **limitan** para proteger la tranquilidad de los enfermos.* **2** Reducir, recortar: *Como no quería subir de peso, Magnolia **se limitó** a comer alimentos con poca grasa.* **3** Tener un país, territorio, etc., límites comunes con otro: *Estados Unidos de América **limita** al norte con Canadá y al sur con México.*
límite ***m.*** **1** Línea real o imaginaria que señala la separación entre dos cosas: *El balón salió de los **límites** del campo.* **2** Fin o grado máximo de algo: *El atleta que obtuvo el primer lugar se esforzó hasta el **límite** para ganar la carrera, por eso llegó tan agotado a la meta.*
limítrofe ***adj.*** Que limita o linda: *Costa Rica es un país **limítrofe** con Nicaragua.*
limo ***m.*** Cieno, lodo, barro.
limón ***m.*** Fruto del limonero, de forma esférica, color amarillo o verde y sabor ácido: *Preparó el aderezo de la ensalada con aceite, pimienta, sal y zumo de **limón.***
limonada ***f.*** Refresco hecho con agua, azúcar y zumo o jugo de limón.
limonero ***m.*** Árbol de ramas espinosas, flores blancas color púrpura en el exterior y cuyo fruto es el limón.
limosna ***f.*** Lo que se da a los pobres por caridad: *Ayer vi a un hombre que pedía **limosna** afuera de una tienda lujosa.*
limosnear ***vb.*** {intr.} Pedir limosna: *Fuera de la iglesia **limosneaban** varios mendigos.* SIN. **pordiosear.**
limosnero, ra ***m.*** y ***f. Amér.*** Mendigo, pordiosero: *Muchos **limosneros** viven en las calles porque carecen de hogar.*
limoso, sa ***adj.*** Que tiene limo, lodoso: *El fondo **limoso** de esa laguna la hace peligrosa, pues aunque no es profunda, si lo pisas puedes resbalar y caer.*
limpiabotas ***m.*** y ***f.*** Persona que tiene por oficio lustrar el calzado: *A veces los **limpiabotas** usan unas sillas altas para sentar a sus clientes y lustrar sus zapatos con mayor comodidad.*
limpiador ***m. Méx.*** Limpiaparabrisas.
limpiaparabrisas ***m.*** Varilla articulada que limpia el parabrisas de los automóviles: *Es importante tener en buen estado los **limpiaparabrisas** y más durante la temporada de lluvias.*
limpiar ***vb.*** {tr. y prnl.} Quitar la suciedad de una cosa: *Antes de mudarse a su nueva casa, los González la **limpiaron** con mucho cuidado.*
limpidez ***f.*** Calidad de lo que es puro, límpido: *La **limpidez** del cielo hizo que hoy la luz del sol fuera esplendorosa.*
límpido, da ***adj.*** Limpio, puro, claro, transparente: *El agua de ese arroyo es tan **límpida** y transparente, que puedo ver las piedras del fondo y los pececillos nadando.*
limpieza ***f.*** **1** Calidad de limpio: *Hice una **limpieza** de la cocina a fondo porque estaba muy sucia.* **2** Acción y efecto de limpiar: *Es bueno inculcar a los niños hábitos de **limpieza**, como lavarse las manos antes de comer y después de defecar.*
limpio, pia ***adj.*** Que no tiene suciedad: *Se puso ropa **limpia** y planchada para ir a la escuela.*

linaje ***m.*** Ascendencia o descendencia de una familia: *La familia de Diana tiene un largo **linaje** conocido que se remonta a 26 generaciones atrás.* SIN. **cepa.**

linar ***m.*** Lugar donde se siembra lino: *Cuando florece el lino, los **linares** se cubren de flores azules.*

linaza ***f.*** **1** Semilla del lino. **2** *loc.* **Aceite de ~,** aceite usado en pintura como disolvente: *El pintor utiliza **aceite de linaza** para diluir las pinturas y para limpiar los pinceles.*

lince ***m.*** y ***f.*** **1** Mamífero carnívoro parecido a un gato, pero de mayor tamaño y con el rabo corto: *Los **linces** son famosos por su buena vista, que los ayuda a cazar.* **2** Persona lista o sagaz: *Es un **lince** para las matemáticas, siempre termina los ejercicios antes que todos.*

linchamiento ***m.*** Acción de linchar: *Los racistas del sur de Estados Unidos solían recurrir al **linchamiento** en sus prácticas discriminatorias.*

linchar ***vb.*** {tr.} Ejecutar una muchedumbre a alguien sin un proceso regular previo.

lindar ***vb.*** {intr.} Tener límites dos terrenos, fincas, casas, etc.: *Esther y Mauro se conocen desde que eran niños, ya que sus casas **lindan** una con la otra.*

linde ***m.*** y ***f.*** Límite o línea que divide terrenos, fincas, etc.: *Los dos hombres pelearon por los **lindes** entre sus terrenos, hasta que un día decidieron asociarse.*

lindero ***m.*** Parte de un terreno que limita con otro: *Plantó setos en el **lindero** del huerto.*

lindero, ra ***adj.*** Que linda o limita con una cosa: *La pared derecha es **lindera** con otro edificio.*

lindeza ***f.*** **1** Característica de las personas o cosas lindas: *Sus ojos son de una **lindeza** inigualable.* **2** Acción o palabras ingeniosas o graciosas: *Con las **lindezas** que me dice siempre me hace sonreír.* **3** Acción o palabras que resultan ofensivas o humillantes, en sentido irónico: *Me siguió molestando y le dije varias **lindezas.***

lindo, da ***adj.*** Bonito, agradable a la vista.

línea ***f.*** **1** Trazo continuo, real o imaginario, que señala el límite o el fin de algo. **2** Raya: *Con la regla, puso **líneas** rojas a manera de márgenes en cada hoja del cuaderno.* **3** Contorno, silueta: *Es un diseñador de **líneas** sencillas y elegantes.* **4** Vía de comunicación terrestre, marítima o aérea: *Hay varias **líneas** de autobuses para ir al centro del país.* **5** Sucesión continua de puntos en el espacio. **6** Renglón: *Sólo leyó la primera **línea** de un conocido poema y le preguntó a su novia si reconocía quién era el autor.*

lineal ***adj.*** **1** Relativo a la línea. **2** Que sigue un desarrollo constante: *La vida de los animales y las plantas es **lineal,** primero nacemos, luego crecemos, después nos reproducimos y al final morimos.*

linfa ***f.*** Líquido orgánico coagulable que forma parte de la sangre, límpido e incoloro, que en el hombre se compone de 97% de plasma y 3% de leucocitos.

linfático, ca ***adj.*** **1** Que abunda en linfa. **2** Se dice de la parte del aparato circulatorio que interviene en la formación y circulación de la linfa.

linfocito ***m.*** Glóbulo blanco de núcleo grande que se origina en los ganglios linfáticos: *Los principales responsables de la inmunidad del organismo son los **linfocitos.***

lingote ***m.*** Barra o pieza de metal bruto fundido: *En la caja fuerte del banco central del país guardan oro en forma de **lingotes.***

lingotera ***f.*** Molde para formar lingotes: *El metal fundido se vierte en las **lingoteras** y, cuando solidifica, están listos los lingotes.*

lingual ***adj.*** Relativo a la lengua, el órgano bucal: *César comió demasiado de ese polvo ácido que venden como golosina, y ahora tiene una irritación **lingual.***

lingue ***m. Argent.*** y ***Chile.*** Árbol alto, frondoso y de madera flexible que se emplea en carpintería.

lingüista ***m.*** y ***f.*** Especialista en lingüística: *Se reunirán varios **lingüistas** en un congreso para discutir si regresa la letra* ch *o sigue el alfabeto como lo dejaron en la última modificación.*

lingüística ***f.*** Ciencia que estudia el lenguaje como capacidad de comunicación y las lenguas en todos sus aspectos: *La palabra **lingüística** es más o menos moderna, pues comenzó a utilizarse en 1869.*

linimento ***m.*** Preparado farmacéutico de aceites y bálsamos, que se aplica en fricciones: *Para aliviar el dolor muscular, mi mamá le aplicó un **linimento** y le dio un masaje a mi hermano.*

link ***m.*** **Palabra de origen inglés.** Enlace a un sitio de Internet.

lino ***m.*** **1** Planta de flores azules grandes y vistosas, que se cultiva en zonas templadas. **2** Fibra textil obtenida del tallo de la planta llamada lino y tejido de esta fibra: *El **lino** es una tela muy fresca, pero se arruga con facilidad.*

linóleo o **linóleum** ***m.*** Tela impermeable hecha a base de una capa de corcho en polvo, amasado con aceite de linaza y resina: *Decidieron poner **linóleo** en la cocina porque es más fácil de limpiar.*

linotipo ***m.*** En artes gráficas, máquina para componer textos.

linterna ***f.*** **1** Farol portátil con una sola cara de vidrio: *Hace tiempo, los barcos empleaban una **linterna** para enviar mensajes en clave Morse.* **2** Aparato eléctrico con pila y bombilla, que sirve para alumbrar: *Es importante llevar una **linterna** cuando se sale de campamento.*

linyera ***m. Argent.*** y ***Urug.*** Vagabundo, pordiosero: *La casa abandonada se ha llenado de **linyeras** porque no hay nadie que la cuide.*

lío ***m.*** **1** Conjunto de ropas o de otras cosas atadas: *Ató su ropa en un **lío,** la colgó de un palo y se fue a buscar el éxito.* **2** Situación o problema de difícil solución: *Todos hablaban al mismo tiempo y acabó armándose un **lío** donde nadie escuchaba a nadie.*

liofilizar ***vb. irreg.*** {tr.} **Modelo 16.** Deshidratar un alimento u otra sustancia para asegurar su conservación.

lipemia ***f.*** Cantidad de grasa que se encuentra en el plasma sanguíneo: *En los análisis de Roberto salió alta su **lipemia,** por lo que tendrá que seguir una dieta especial.*

lípido ***m.*** Sustancia orgánica denominada comúnmente grasa.

lipoma ***m.*** Tumor benigno constituido por materia grasa: *El médico le dijo a Lulú que la bolita que tiene en la espalda es un **lipoma** y le dio cita para extirparlo en su consultorio.*

liposoluble ***adj.*** Se dice de las sustancias que se disuelven en aceite o en grasa: *Algunas vitaminas son **liposolubles,** otras se disuelven en agua.*

liposoma ***m.*** Partícula del interior de la célula donde se almacenan alimentos para ésta: *Los **liposomas** son adicionados a muchas cremas faciales para prevenir las arrugas.*

liposucción ***f.*** Operación estética que consiste en extraer la grasa de algunas partes del cuerpo metiendo agujas gruesas bajo la piel: *El afán por verse delgadas ha llevado a muchas actrices y cantantes de la farándula a someterse a la **liposucción** aunque pueda ser peligrosa.*

lipotimia ***f.*** Pérdida pasajera del sentido: *"Su desmayo no fue nada grave, se trataba sólo de una **lipotimia**",* le dijo *el médico a mi abuelo.*

liquen ***m.*** Planta constituida por la asociación de un hongo y un alga, que viven ayudándose uno a otro.

líquida ***adj./f.*** Fonema que participa a la vez del carácter vocálico y consonántico, como *r* en la palabra *brazo.*
liquidámbar ***m.*** Árbol que vive en América y en Asia Central, del cual se extrae resina: *Entre otras materias primas, de la resina de los* ***liquidámbares*** *se sacan ingredientes para perfumería.*
liquidar ***vb.*** {tr. y prnl.} **1** Licuar, hacer líquido algo que estaba sólido o gaseoso: *El vapor de agua que forma las nubes se* ***liquida*** *con el frío, por eso llueve.* **2** Pagar de manera total una cuenta o deuda: *Al cabo de tres años, pudo* ***liquidar*** *la hipoteca de su casa.* **3** Poner fin, terminar con algo: ***He liquidado*** *el problema que tenía con mi vecino por el volumen con que escuchaba la música, ahora ya la pone más bajo.* **4** ***Fam.*** Matar a alguien.
líquido ***m.*** **1** Cuerpo cuyas moléculas se mueven de manera libre y se adaptan a la forma de la cavidad que las contiene: *El agua, el vino y la leche son* ***líquidos.*** **2** Cantidad de dinero que resulta de comparar lo que se debe con lo que se tiene.
lira ***f.*** Instrumento musical antiguo compuesto de varias cuerdas tensadas en un marco, que se toca con las dos manos.
lira ***f.*** Moneda de Italia, antes de la instauración del euro.
lírica ***f.*** **1** Género de poesía en que dominan los sentimientos del autor: *José Batres Montúfar es considerado la figura más sobresaliente de la* ***lírica*** *guatemalteca del siglo* XIX. **2** En la Antigüedad, poesía que se cantaba con acompañamiento musical, por lo general con la lira.
lírico, ca ***adj.*** **1** Relativo a la lírica: *El poeta* ***lírico*** *dominicano Tomás Hernández Franco abordó en su obra el aspecto mágico del encuentro de dos razas que dio origen a los mulatos.* **2** Relativo a las obras dramáticas cantadas, como la ópera.
lirio ***m.*** **1** Planta de bulbo escamoso y flores de seis pétalos azules, morados o blancos. **2** ***loc.*** **~ acuático,** planta ornamental que se da en el agua, con flores amarillas, blancas o azules y hojas grandes: *En el cuadro hay un estanque donde flotan* ***lirios acuáticos*** *que rodean la cara de una mujer ahogada.*
lirón ***m.*** **1** Mamífero roedor de aproximadamente 15 cm de largo, que hiberna enroscado en las madrigueras que otros animales abandonan. **2** ***loc. Fam.*** **Dormir como un ~,** dormir mucho o de continuo: *Estaba tan cansado al regreso del viaje que* ***durmió como un lirón*** *14 horas seguidas.*
lis ***f.*** Lirio: *La figura de la flor de* ***lis*** *fue muy usada por reyes y caballeros para adornar sus escudos y ropajes.*
lisboeta ***adj./m.*** y ***f.*** De Lisboa, Portugal.
lisiado, da ***adj./m.*** y ***f.*** Que tiene una imperfección orgánica, en particular una lesión permanente: *En este edificio pusieron rampas para que puedan deslizarse los* ***lisiados*** *en sus sillas de ruedas.*
lisiar ***vb.*** {tr. y prnl.} Dañar, lesionar de manera permanente: *La explosión en la fábrica* ***lisió*** *a varios trabajadores.*
liso, sa ***adj.*** **1** Sin desigualdades o arrugas: *La piel de los bebés es* ***lisa*** *y suave.* **2** De un solo color: *Escogí esta blusa* ***lisa,*** *porque aquélla tiene flores de muchos colores y no combina con el pantalón a rayas.*
lisonja ***f.*** Adulación, halago exagerado: *Jaime cree que con sus* ***lisonjas*** *va a convencerme, pero ya sé que si le presto mis libros, no me los va a devolver.*
lisonjear ***vb.*** {tr.} Adular, halagar.
lisonjero, ra ***adj.*** Que promete cosas buenas, halagüeño: *Me parece* ***lisonjero*** *el porvenir de esta nueva empresa, los productos que venderá son de gran demanda en el mercado.*
lista ***f.*** **1** Tira de tela, papel, etc. **2** Franja de color, de manera especial en los tejidos: *El uniforme de mi equipo de fútbol es blanco, con una* ***lista*** *roja en medio.* **3** Relación de personas o cosas: *El primer día de clases la maestra pasó* ***lista*** *de los alumnos.*
listado ***m.*** Lista, relación: *Paula Zaragoza ocupa el último lugar en el* ***listado*** *de asistencia, pues su apellido empieza con Z.*
listado, da ***adj.*** Que tiene franjas o listas: *Las cortinas* ***listadas*** *que Cecilia pondrá en su cuarto tienen rayas azul claro y blanco.*
listo, ta ***adj.*** **1** Que comprende y asimila las cosas con rapidez y acierto: *Marcos es un niño muy* ***listo,*** *creo que va a obtener buenas calificaciones.* **2** Preparado, dispuesto: *Cuando llegué a la casa de Luis, él ya estaba* ***listo*** *para ir a la fiesta.* **3** Astuto, sagaz.
listón ***m.*** **1** Tabla delgada y larga. **2** Barra horizontal sobre la que se ha de saltar. **3** Cinta de tela usada como adorno: *Su madre le puso a Ángela* ***listones*** *de color rojo en las trenzas.*
lisura ***f.*** **1** Calidad de liso: *Me gusta acariciar las rosas por la* ***lisura*** *de sus pétalos.* **2** ***Fam.*** Sinceridad, franqueza. **3** ***Guat., Pan.*** y ***Perú. Fam.*** Palabra o acción grosera e irrespetuosa: *El niño dijo una* ***lisura*** *a su maestra y su mamá lo reprendió.* **4** ***Pan.*** y ***Perú. Fam.*** Atrevimiento, desparpajo: *Con* ***lisura,*** *la muchacha entró en la oficina de su padre aunque él estaba en una reunión con otros jefes.* **5** ***Perú. Fam.*** Gracia.
litchi ***m.*** Árbol originario de Asia oriental y Filipinas y su fruto, de carne blanca, dulce y perfumada: *Los* ***litchis*** *en almíbar son uno de los postres más comunes en los restaurantes de comida china.*
litera ***f.*** Mueble formado por dos camas puestas una arriba de la otra: *Como en mi casa somos ocho hermanos y la casa es pequeña, mi papá compró* ***literas*** *para aprovechar mejor el espacio.* SIN. **cucheta.**
literal ***adj.*** Conforme a la letra del texto y al sentido exacto de las palabras que lo forman: *Tiene una gran memoria: puede repetir de manera* ***literal*** *la letra de una canción después de escucharla sólo una vez.*
literario, ria ***adj.*** Relativo a la literatura: *La crítica* ***literaria*** *se ocupa de estudiar los libros de poesía, de narrativa, de ensayo, etc.*
literato, ta ***m.*** y ***f.*** Especialista en literatura, o quien escribe obras literarias: *Mañana, en el auditorio de la universidad, un conocido* ***literato*** *dará una conferencia sobre literatura inglesa del siglo* XVI.
literatura ***f.*** **1** Arte que emplea la palabra hablada o escrita como forma de expresión: *La novela llamada* Cien años de soledad, *del escritor Gabriel García Márquez, es una de las grandes obras de la* ***literatura*** *hispanoamericana.* **2** Conjunto de las obras literarias de un país, de una época, etcétera.
lítico, ca ***adj.*** Relativo a la piedra: *Las capas* ***líticas*** *sirven a los geólogos para conocer la historia de la evolución de nuestro planeta.*
litigante ***adj./m.*** y ***f.*** Que litiga: *Como el juicio ya se ha prolongado mucho, se espera que hoy las partes* ***litigantes*** *lleguen a un acuerdo.*
litigar ***vb. irreg.*** {tr.} **Modelo 17.** Disputar algo en un juicio: *El abogado Pérez* ***litigará*** *en el juicio sobre posesión de tierras que iniciaron los ejidatarios contra la fábrica de papel.*
litigio ***m.*** **1** Disputa entre dos o más partes que se realiza ante un tribunal o juez para que dicte sentencia: *Los hijos del rico empresario se enfrascaron en un* ***litigio*** *por la herencia y pasaron varios años de un abogado a otro.* **2** Contienda, enfrentamiento.

litio ***m.*** Metal alcalino, el más ligero de todos los metales, blando, de símbolo químico Li y número atómico 3.

litografía ***f.*** **1** Arte de reproducir por impresión dibujos o grabados sobre una piedra caliza porosa. **2** Reproducción obtenida por medio de la impresión de dibujos o grabados sobre una piedra caliza porosa.

litoral ***adj.*** Relativo a la costa: *Perú es uno de los países **litorales** del océano Pacífico.*

litoral ***m.*** **1** Costa de un mar o país: *Las playas del **litoral** Atlántico norte son más frías que las del Caribe.* **2** *Argent., Par.* y *Urug.* Franja de tierra al lado de los ríos.

litosfera ***f.*** Capa exterior sólida del globo terrestre.

litro ***m.*** Unidad de medida de volumen para líquidos: *Como está creciendo, Héctor se toma un **litro** de leche al día.*

lituano ***m.*** Lengua báltica hablada en Lituania.

lituano, na ***adj./m.*** y ***f.*** De Lituania, país europeo.

liturgia ***f.*** Conjunto de prácticas y reglas de culto que las religiones establecen para adorar a Dios.

liviano, na ***adj.*** **1** De poco peso: *Cuando hace calor, usamos vestidos de una tela **liviana** y fresca.* **2** De poca importancia.

lívido, da ***adj.*** **1** De color morado. **2** Pálido: *El testigo del accidente estaba **lívido** del susto.*

liza ***f.*** Espacio dispuesto para que luchen dos o más personas.

llaga ***f.*** Úlcera de una persona o animal: *Le cayeron unas gotas de ácido en la mano y le salieron varias **llagas** en la piel.*

llagar ***vb.*** {tr. y prnl.} Herir, ulcerar, producir una cosa llagas en una parte del cuerpo: *Se le **llagó** la mitad dorsal del cuerpo por permanecer postrada tanto tiempo.*

llama ***f.*** Mamífero rumiante doméstico de América: *Las **llamas** son originarias de la cordillera de los Andes.*

llama ***f.*** Masa gaseosa que se quema: *La **llama** estaba demasiado fuerte y la carne que cocinaba Elías se quemó.*

llamada ***f.*** **1** Acción de llamar: *Las funciones de teatro empiezan después de la tercera **llamada.*** **2** Impulso, atracción. **3** *Fam.* Comunicación telefónica: *"Dame una **llamada** mañana y te diré si puedo ir o no contigo a la fiesta."*

llamado ***m.*** Llamamiento.

llamamiento ***m.*** Acción de llamar, en especial al hacerlo de manera solemne.

llamar ***vb.*** {tr., intr. y prnl.} **1** Invitar a alguien para que venga o atienda diciendo su nombre o por medio de una palabra, un grito o de cualquier otra forma: *La mamá de Julio lo **llamaba** desde la cocina para que entrara a comer.* **2** Convocar, citar: *El ministro **llamó** a los arquitectos para pedirles su opinión sobre el proyecto del nuevo museo que sería construido en las afueras de la ciudad.* **3** Poner un nombre a alguien o algo: *Al bebé recién nacido le **llamaron** Prudencio, como su abuelo.* **4** Comunicarse por teléfono: *"Entonces, ¿Me **llamas** tú o yo te **llamo?**", le pregunté a mi novio antes de despedirnos.* **5** Hacer sonar un timbre, golpear una puerta, etc.: *"Niña, ¿podrías ver quién **llama** a la puerta?", me dijo mi abuelita.* **6** Tener por nombre: *"Yo **me llamo** Martín, y usted ¿cómo **se llama?**", le pregunté al profesor.*

llamarada ***f.*** Llama de gran tamaño que brota de repente y se apaga con rapidez: *Algunas noches, desde la carretera se ven brotar **llamaradas** de las chimeneas de la refinería.*

llamativo, va ***adj.*** Que llama la atención: *Traía un vestido de color rojo muy **llamativo** que la hacía verse muy guapa.* Sin. **chillón.**

llameante ***adj.*** Ardiente, que llamea: *Sus **llameantes** ojos reflejaban la felicidad que sentía.*

llamear ***vb.*** {intr.} Flamear o despedir llamas una cosa: *El motor del coche comenzó a **llamear** al estrellarse.*

llana ***adj./f.*** Relativo a la palabra que tiene su acento en la penúltima sílaba: *Las palabras* cáliz *y* engaño *son llanas.* Sin. **grave.**

llana ***f.*** Herramienta para extender el yeso o la argamasa.

llanca ***f.*** **1** *Chile.* Cualquier mineral de cobre, de color verde azulado. **2** *Chile.* Pequeñas piedras del mineral llamado llanca que usan los araucanos para hacer collares y adornar sus trajes.

llanero, ra ***adj./m.*** y ***f.*** Relativo a los llanos: *Los **llaneros** recorrían grandes distancias para trasladar al ganado.*

llaneza ***f.*** Sencillez, naturalidad: *Pese a tener un alto puesto diplomático, Jaime se comporta con **llaneza** y sinceridad.*

llano ***m.*** Llanura, extensión de terreno de escaso relieve. Sin. **planicie, sabana.**

llano, na ***adj.*** **1** Relativo a la superficie igual y lisa, sin desniveles. **2** Natural, sencillo. **3** Relativo al ángulo que mide 180°: *Un ángulo **llano** es la mitad de una circunferencia.*

llanque ***m. Perú.*** Sandalia rústica.

llanta ***f.*** **1** Parte interior de las ruedas de los vehículos, formada por un tubo de caucho o hule lleno de aire. Sin. **cámara, tripa.** **2** Cubierta de caucho o hule que rodea la rueda de un vehículo: *Se pinchó la **llanta** del automóvil y mi padre tuvo que poner la de refacción.* Sin. **neumático, goma.** **3** *Méx. Fam.* Pliegue de grasa que se forma en el cuerpo, en especial en el área del tronco: *Felipe está gordo y se le ven varias **llantas** en la cintura.* Sin. **lonja.**

llanto ***m.*** Derramamiento de lágrimas: *En su primer día de clases, el niño rompió en **llanto** cuando vio que se alejaba su madre.*

llanura ***f.*** Gran extensión de terreno de escaso relieve.

llapar ***vb.*** {tr.} *Amér. Merid.* En minería, añadir.

llareta ***f.*** *Argent., Bol., Chile* y *Perú.* Planta herbácea, cuyo tallo destila una resina balsámica de uso medicinal y estimulante.

llaucana ***f. Chile.*** Barra corta que usan los mineros para picar la veta de los minerales: *Juan golpeó con la **llaucana** y encontró un trozo de cuarzo.*

llave ***f.*** **1** Instrumento que abre o cierra una cerradura: *Como perdió la **llave** del candado, tuvo que llamar a un cerrajero para que lo abriera.* **2** Dispositivo para abrir o cerrar el paso de un fluido: *"Por la **llave** derecha sale agua fría y por la izquierda sale agua caliente."* Sin. **grifo, canilla.** **3** Nombre de diversos instrumentos o herramientas que sirven para apretar o aflojar tuercas o tornillos. **4** Signo ortográfico representado de esta forma { }. **5** En deportes como la lucha y el judo, movimiento que inmoviliza al adversario.

llavero ***m.*** Utensilio que se utiliza para guardar o cargar las llaves: *"¿Has visto mi **llavero**? No puedo salir mientras no lo encuentre porque ahí están las llaves del automóvil", le dije a Noé.* Sin. **portallaves.**

llegada ***f.*** Hecho de llegar: *El piloto anunció: "La **llegada** del avión será dentro de 5 minutos, aterrizaremos en la pista 4".*

llegar ***vb. irreg.*** {intr.} **Modelo 17.** **1** Alcanzar el sitio donde se quiere ir al final de un recorrido o camino: *Mis amigos italianos **llegaron** bien a Europa y desde ahí me enviaron una carta.* **2** Durar o existir hasta una época o tiempo determinados: *Mi abuelo **ha llegado** hasta los noventa años con energía y buen humor.* **3** Alcanzar cierta altura, grado o nivel: *El maremoto hizo que el mar **llegara** hasta las casas del pueblo.* **4** Conseguir o lograr lo que se expresa: *Anselmo **llegó** a ser un gran pianista después de estudiar y practicar por mucho tiempo.*

llenador, ra ***adj.*** *Argent., Colomb., Chile* y *Méx. Fam.* Se dice del alimento que rápidamente produce saciedad.

llenar ***vb.*** {tr. y prnl.} **1** Ocupar por completo un espacio: *Como era el partido final del campeonato, el estadio se* ***llenó*** *de aficionados.* **2** Poner muchas cosas en un sitio: *"Tu cajón no cierra bien porque lo* ***llenaste*** *demasiado."* **3** Hartarse de comida: *No puedo comer ni una cucharada más de comida porque ya* ***me llené.***

lleno ***m.*** Gran asistencia de público a un espectáculo: *Hubo* ***lleno*** *en el auditorio para escuchar al cantante de moda.*

lleno, na ***adj.*** Que contiene algo tanto como permite su capacidad: *La piscina está* ***llena*** *de gente cuando hace mucho calor.*

llevadero, ra ***adj.*** Que puede ser soportado o tolerado: *Es una molestia* ***llevadera.***

llevar ***vb.*** {tr.} **1** Transportar algo de una parte a otra: *Elena* ***llevó*** *los platos a la mesa mientras Jacinto preparaba la ensalada.* **2** Guiar, dirigir, conducir: *El padre* ***lleva*** *de la mano al niño cuando va a la escuela.* **3** Vestir, lucir: ***Llevaré*** *un vestido verde con zapatos negros a la fiesta del sábado.* **4** Pasar tiempo en una misma situación o lugar: *Los pacientes* ***llevan*** *una hora esperando y el doctor todavía no llega.* **5** Soportar, sufrir: *Ana María* ***lleva*** *la pena de la enfermedad de su madre con mucho valor.*

lliclla ***f.*** *Ecuad.* y *Perú.* Prenda de vestir con que las mujeres indígenas se cubren los hombros y la espalda.

llorar ***vb.*** {intr.} Derramar lágrimas: *Como la obra de teatro era muy triste,* ***lloré*** *un poco.* Sin. **chillar.**

llorera ***f.*** *Fam.* Llanto fuerte y prolongado.

lloriquear ***vb.*** {intr.} Llorar de forma débil, desganada o monótona: *Dejamos a la perra en el jardín y* ***lloriqueó*** *toda la noche.*

lloriqueo ***m.*** Llanto débil: *Con* ***lloriqueos*** *el niño intentaba convencer a su madre de que le comprara un juguete.*

llorón, rona ***adj./m.*** y ***f.*** Se dice de la persona o animal que se queja mucho o que llora por cualquier motivo: *Es un niño* ***llorón:*** *le dices que ya no coma dulces y llora, lo mandas a dormir y llora, no le compras lo que quiere y llora.*

lloroso, sa ***adj.*** Que parece que está a punto de llorar, o muestra señales de haber llorado: *Tengo los ojos tan* ***llorosos*** *por la gripe, que mi vecino me preguntó por qué lloraba.*

llover ***vb. irreg.*** {impers. e intr.} **Modelo 29. 1** Caer agua de las nubes: *En esta región normalmente* ***llueve*** *durante el verano.* **2** Venir u ocurrir de una sola vez muchas cosas: *A ese pintor le* ***llovieron*** *las entrevistas y los reportajes después de que ganó el premio.*

llovizna ***f.*** Lluvia ligera, uniforme y menuda: *En algunas ciudades que se encuentran entre montañas es común una* ***llovizna*** *cotidiana durante las tardes del verano.* Sin. **§**

lloviznar ***vb.*** {intr.} Caer llovizna, es decir lluvia ligera formada por gotas pequeñas: ***Lloviznó*** *toda la tarde, así que los niños jugaron dentro de la casa para no mojarse.* Sin. **garuar, neblinear.**

lluqui ***adj.*** **Palabra de origen quechua.** *Ecuad.* Zurdo: *Esa niña es* ***lluqui,*** *por eso le cuesta trabajo escribir sobre la paleta del mesabanco que fue diseñado para gente que usa la mano derecha.*

lluvia ***f.*** **1** Precipitación líquida del agua de las nubes en forma de gotas: *Las* ***lluvias*** *este año fueron escasas y resultó perjudicada la agricultura.* **2** Gran cantidad o abundancia de algo: *Una* ***lluvia*** *de fanáticas llegó al aeropuerto para recibir a la estrella de rock.*

lluvioso, sa ***adj.*** Que se caracteriza por tener lluvias abundantes o frecuentes: *Vas a pasar tus vacaciones en una región* ***lluviosa,*** *así que lleva paraguas e impermeable.*

lo ***art.*** Artículo determinado neutro que se antepone a los adjetivos para que funcionen como sustantivo: ***Lo*** *bueno es que con el incidente, sus compañeros se dieron cuenta de qué clase de persona era.*

lo ***pron.*** Pronombre personal masculino singular de tercera persona, que funciona como complemento directo: *Necesito un libro para la clase de francés y* ***lo*** *compraré hoy por la tarde.*

loa ***f.*** Alabanza, elogio: *El poeta muerto fue objeto de grandes* ***loas*** *de parte de todos los críticos.*

loable ***adj.*** Digno de ser alabado: *Es* ***loable*** *la actitud de quienes, restando tiempo a su recreación, trabajan para conseguir mejoras en sus barrios.*

loar ***vb.*** {tr.} Alabar las cualidades y las acciones de una persona: *En la ceremonia fue* ***loado*** *el valor de los marineros que rescataron a los náufragos.*

lobato o **lobezno** ***m.*** Cachorro de lobo.

lobera o **lobería** ***f.*** *Argent.* y *Perú.* Paraje de la costa donde los lobos marinos habitan.

lobo, ba ***m.*** y ***f.*** **1** Mamífero carnívoro de orejas erguidas y hocico puntiagudo, que vive en manadas y aúlla para comunicarse. **2** *loc.* ~ **de mar,** marinero muy experimentado. **3 Lobo marino,** foca.

lobotomía ***f.*** Sección de algunas fibras nerviosas del lóbulo frontal del cerebro. Se practicaba en el tratamiento de ciertas enfermedades mentales.

lóbrego, ga ***adj.*** **1** Oscuro, sombrío: *Me dio mucho miedo pasar por esa calle* ***lóbrega.*** **2** Triste, melancólico.

lobulado, da ***adj.*** Dividido en lóbulos.

lóbulo ***m.*** **1** Cada una de las partes redondeadas del borde de algo. **2** Parte inferior carnosa de la oreja: *La cantante de rock tenía cinco aretes en el* ***lóbulo*** *de la oreja derecha.*

lobuno, na ***adj.*** *Argent.* Relativo al caballo de pelaje grisáceo en el lomo, más claro en las verijas y el hocico y negro en la cara, crines y remos.

local ***adj.*** **1** Relativo a un lugar: *El equipo* ***local*** *perdió frente al equipo visitante.* **2** Municipal o provincial.

local ***m.*** Sitio cerrado y cubierto: *Joaquín quiere comprar un* ***local*** *en el centro de la ciudad porque va a abrir una tienda de fotografía.*

localidad ***f.*** **1** Población o ciudad: *"¿En qué* ***localidad*** *se encuentra su casa?", le pregunté al viajero.* **2** Asiento en los locales destinados a espectáculos públicos: *Las* ***localidades*** *más caras eran las más cercanas al escenario.* **3** Billete, entrada que da derecho a ocupar un asiento en un local de espectáculos: *Las* ***localidades*** *para el concierto se agotaron desde el primer día en que se pusieron a la venta.*

localismo ***m.*** **1** Palabra o expresión propia de determinada localidad o de un área restringida y que no tiene uso fuera de ella: *No le entiendo porque habla con muchos* ***localismos.*** **2** Excesivo apego y preferencia por una localidad, generalmente aquella en la que se ha nacido. **3** Cualidad de lo que pertenece a un lugar en concreto.

localista ***m.*** y ***f.*** Interesado en temas locales.

localización ***f.*** **1** Ubicación, emplazamiento. **2** Acción y resultado de localizar o localizarse: *La policía procedió a la* ***localización*** *de las llamadas telefónicas.*

localizado, da ***adj.*** **1** Ubicado, situado. **2** Hallado, situado. **3** Definido, delimitado. **4** Limitado, circunscrito, encerrado, restringido, ceñido, confinado. **5** Emplazado, instalado, orientado.

localizador, ra ***adj.*** Se aplica a lo que localiza o sirve para localizar: *El auto tiene una alarma* ***localizadora*** *para recuperarlo en caso de robo.*

localizador, ra ***m.*** y ***f.*** Aparato que localiza: *El* ***localizador*** *me permite estar disponible a toda hora.*

localizar ***vb. irreg.*** {tr. y prnl.} **Modelo 16. 1** Averiguar el lugar donde se halla una persona o cosa: *"En cuanto la secretaria* ***localice*** *el expediente, lo estudiaremos", le dijo el licenciado a mi padre.* **2** Reducir una cosa a ciertos límites. SIN. **centrar.**

loción ***f.*** **1** Producto líquido para el cuidado de la piel o cabello: *Después de afeitarse, Emilio usa una* ***loción*** *que cierra sus poros de la cara.* **2** Perfume suave: *Me gusta la* ***loción*** *de flor de azahar porque su aroma es muy fresco.*

loco ***m. Chile.*** Molusco, caracol marino de carne sabrosa pero dura, que se come guisado.

loco, ca ***adj.*** Sin juicio, descabellado: *Fue una idea muy* ***loca*** *ir a nadar en pleno invierno.*

loco, ca ***m.*** y ***f.*** Persona que ha perdido el juicio: *Los* ***locos*** *peligrosos están en un lugar especial del manicomio.* SIN. **chiflado, desquiciado.**

locomoción ***f.*** Acción de desplazarse de un punto a otro: *El avión es el medio de* ***locomoción*** *más rápido y seguro que existe.*

locomotor, ra ***adj.*** Propio para la locomoción o que la produce.

locomotora ***f.*** Máquina que arrastra los vagones de un tren: *El maquinista conduce el tren desde una cabina que está en la* ***locomotora.***

locomotriz ***adj.*** Forma femenina de **locomotor.**

locro ***m. Amér. Merid.*** Guiso de maíz con papas, carne, especias y otros ingredientes.

locuacidad ***f.*** Calidad de locuaz: *Emilio hizo gala de* ***locuacidad*** *en la reunión, no paró de hablar en toda la tarde.*

locuaz ***adj.*** Que habla mucho: *Don Manuel es un señor simpático pero muy* ***locuaz,*** *ya me tenía mareada con tantas palabras.*

locución ***f.*** **1** Modo de hablar. **2** Combinación de dos o más palabras que forman una frase con sentido fijo: *"Mirar por encima del hombro" es una* ***locución*** *que se usa para expresar que una persona actúa de manera soberbia.*

locura ***f.*** **1** Pérdida o trastorno del juicio o del uso de la razón: *Durante el juicio, el acusado dijo que había matado a la mujer bajo un ataque de* ***locura*** *momentáneo.* **2** Dicho o hecho disparatado: *Sin entrenamiento previo, Juan quiere hacer alpinismo, es una* ***locura*** *ya que se requiere gran preparación.* **3** Afecto o entusiasmo muy intenso: *En la década de 1950, el cantante de rock and roll Elvis Presley provocaba la* ***locura*** *de las jovencitas.*

locutor, ra ***m.*** y ***f.*** Profesional de radio o televisión que se dedica a hablar dirigiéndose al público.

locutorio ***m.*** Departamento, dividido por lo general con una reja, donde reciben visitas las monjas o los presos.

lodazal ***m.*** Terreno lleno de lodo: *Nadia y Lorena se metieron a jugar en el* ***lodazal*** *y sus papás las regañaron porque llegaron a su casa muy sucias.*

lodo ***m.*** Mezcla de tierra y de agua, en especial la que resulta de la lluvia en el suelo: *"Límpiate el* ***lodo*** *de los zapatos antes de entrar a la casa."* SIN. **barro.**

logaritmo ***m.*** En matemáticas, exponente al que es necesario elevar una cantidad para obtener un número dado.

logia ***f.*** Sitio cerrado donde los masones celebran sus asambleas: *Tengo un tío masón que todos los viernes acude a su* ***logia.***

lógica ***f.*** **1** Disciplina que estudia la estructura, el fundamento y el uso de las expresiones del conocimiento humano. **2** Serie coherente de ideas y razonamientos.

lógico, ca ***adj.*** **1** Relativo a la lógica: *Aristóteles fue el primer filósofo en establecer los principios* ***lógicos*** *más importantes.* **2** Conforme a la razón. **3** Natural, normal: *Es* ***lógico*** *que Susana espere una felicitación después de sus excelentes calificaciones.*

logística ***f.*** **1** Parte de la ciencia militar que se ocupa del traslado, la disposición, etc., de las tropas. **2** Organización: *El Estado Mayor Presidencial se ocupa de la* ***logística*** *de las actividades del presidente de la nación.*

logos ***m.*** Razón o cualquiera de sus manifestaciones.

logotipo ***m.*** Símbolo o dibujo que distingue una marca o nombre de una empresa o de un producto: *El* ***logotipo*** *de los Juegos Olímpicos está formado por cinco aros entrelazados, de diferente color cada uno.*

lograr ***vb.*** {tr.} Conseguir lo que se pretende: *Después de mucho esforzarse, Jorge* ***logró*** *obtener el primer lugar de su clase.*

logro ***m.*** **1** Acción y efecto de lograr: *Mi hermana no quería ir al cine y fue un* ***logro*** *convencerla de que lo hiciera.* **2** Ganancia, lucro. **3** Éxito: *Uno de los grandes* ***logros*** *del presidente Abraham Lincoln fue abolir la esclavitud en Estados Unidos de América.*

loica ***f. Argent.*** y ***Chile.*** Pájaro de color gris y blanco, con la cabeza y el pecho rojo escarlata, que se domestica con facilidad y es muy apreciado por su canto.

loísmo ***m.*** Uso del pronombre lo en funciones de complemento indirecto, en lugar de le: *Si digo "cuando vea a tu primo lo saludaré" en vez de "cuando vea a tu hermano le saludaré", estoy hablando con un* ***loísmo.***

lolo, la ***m.*** y ***f. Chile.*** Chico, adolescente: *Durante la reunión en el jardín, los* ***lolos*** *jugaban mientras los adultos conversaban.*

loma ***f.*** Altura pequeña y alargada del terreno: *"Detrás de la* ***loma*** *hay un lago, ¿quieres subir a verlo?", le dije a mi amiga.*

lomada ***f. Amér. Merid.*** Loma, altura pequeña y alargada del terreno.

lombriciento, ta ***adj. Amér.*** Que está plagado de lombrices, sobre todo de las que parasitan el intestino: *Rubén comía muchas cosas en la calle y ahora resulta que está* ***lombriciento,*** *tendrán que desparasitarlo.*

lombriz ***f.*** Gusano de cuerpo muy alargado y blando: *Algunas personas usan* ***lombrices*** *como carnada para atrapar peces.*

lomerío ***m.*** Conjunto de montañas de poca altura.

lomo ***m.*** **1** Parte inferior y central de la espalda. **2** Espinazo de los cuadrúpedos: *A los perros les gusta que les soben el* ***lomo.*** **3** Carne de cerdo que se obtiene de la parte del espinazo: *El* ***lomo*** *de cerdo es una carne suave y con sabor fuerte.* **4** Parte del libro opuesta al corte de las hojas: *En el* ***lomo*** *de un libro por lo común se indican el título y el nombre del autor.*

lona ***f.*** Tela resistente e impermeable para toldos, velas, etc.: *Para la fiesta en el jardín, los anfitriones cubrieron la zona de las mesas con una* ***lona,*** *como protección en caso de que hiciera mucho sol o lloviera.*

loncha ***f.*** Trozo largo, ancho y delgado que se corta de algo: *Tenía tanta hambre que cortó una* ***loncha*** *de carne y se la comió en un segundo.* SIN. **lonja.**

londinense ***adj./m.*** y ***f.*** De Londres, Inglaterra, país de Europa.

longaniza ***f.*** Embutido largo y delgado hecho de carne de cerdo, parecido al chorizo.

longevidad *f.* Duración de la vida hasta alcanzar una edad muy avanzada: *Mi tatarabuela, de 104 años, atribuye su **longevidad** a que nunca envidió a nadie ni se amargó la vida por tonterías.*

longevo, va *adj.* Viejo, de edad muy avanzada: *Acaba de morir una de las mujeres más **longevas** del mundo, tenía 120 años de edad.*

longitud *f.* **1** Dimensión mayor en un cuerpo plano o superficie: *La **longitud** de la carretera entre la ciudad y mi pueblo es de 50 kilómetros.* **2** Distancia en forma de ángulo que se mide desde un punto cualquiera de la superficie terrestre hasta el primer meridiano o distancia que se considera como cero: *Para obtener las coordenadas de una embarcación, se necesita dar la **longitud** y la latitud.*

longitudinal *adj.* **1** De la longitud: *Un grupo de agrimensores procedió a tomar la medida **longitudinal** del campo de juego.* **2** Que está hecho o colocado en el sentido de la longitud.

lonja *f.* **1** Loncha. **2** *Argent.* y *Urug.* Tira de cuero crudo. **3** *Méx. Fam.* Protuberancia de grasa en el cuerpo. SIN. **llanta.**

lonja *f.* Edificio donde se realizan operaciones comerciales.

lontananza *f.* Lejanía, plano de un cuadro más distante del plano principal.

loquera *f. Amér.* Tontería, imprudencia, locura: *Ya empezó otra vez Ernesto con sus **loqueras,** asegura que afeitará totalmente a su gato para que deje de tirar tanto pelo.*

loquero, ra *m.* y *f. Fam.* **1** Encargado de cuidar enfermos mentales. **2** Psiquiatra: *Llevaron a Raúl con el **loquero** para ver por qué tiene tantas pesadillas.*

lord *m.* **Palabra de origen inglés.** Título de honor dado en Gran Bretaña: *El Parlamento de Gran Bretaña está formado por dos cámaras, la de los **Lores,** en la que los puestos son hereditarios y de por vida, y la de los Comunes, en la que los miembros son elegidos cada cinco años.*

loro *m.* **1** Ave de plumaje verde, adornado con otros colores, que puede aprender a decir palabras. SIN. **guaro, perico.** **2** *Fam.* Persona que habla mucho: *La señora Ordóñez parece un **loro,** siempre que la veo está hablando.* **3** *Chile.* Orinal para quien no puede levantarse de la cama. **4** *Chile.* Persona enviada para que con cierto disimulo averigüe algo.

los *art.* Artículo determinado plural masculino, que se antepone a los sustantivos para individualizarlos: ***Los** árboles de ese parque estaban cubiertos por una plaga y tuvieron que rociarlos de insecticida.*

los *pron.* Pronombre personal masculino, de tercera persona plural, que funciona como complemento directo: *Había sólo tres metros de tela y **los** compré.*

losa *f.* Piedra lisa y delgada: *Los pisos de la cocina son **losas** de color amarillo.*

lote *m.* **1** Cada una de las partes en que se divide un todo para su distribución. **2** Conjunto de objetos parecidos que se agrupan con un fin.

lotería *f.* **1** Juego de azar, administrado por el Estado, en que se premian varios billetes sacados a la suerte: *Las probabilidades de ganarse la **lotería** son muy bajas.* **2** *Méx.* Juego de mesa que consta de una baraja formada por cartas con distintas figuras impresas, y varios cartones con casillas en las que aparecen las mismas figuras que en las cartas.

loto *m.* **1** Planta acuática de flores blancas, grandes y olorosas. **2** *loc.* **Flor de ~,** posición del yoga en que el practicante se sienta con las piernas paralelas al piso y cruzadas entre sí.

loza *f.* **1** Barro fino, cocido y barnizado. **2** Vajilla hecha de cerámica: *Hay que tratar con cuidado la **loza** porque se rompe con facilidad.*

lozano, na *adj.* **1** Verde, frondoso: *El jardín de Rodrigo siempre está **lozano** porque lo riega y cuida muy bien.* **2** De aspecto sano y juvenil: *La humedad del ambiente ayuda a tener un aspecto **lozano** en la piel.*

lubina *f.* Pez marino de color gris metálico, de hasta un metro de longitud, de carne muy apreciada: *La **lubina** es común en las costas mediterráneas.*

lubricación *f.* Acción y resultado de lubricar: *Se realiza la **lubricación** de una máquina mediante engrase.*

lubricante *adj./m.* Sustancia que sirve para lubricar: *Esa puerta ya necesita **lubricante,** sus goznes rechinan cada vez que se abre o se cierra.*

lubricar *vb. irreg.* {tr.} **Modelo 17.** Impregnar con una sustancia grasosa las superficies que se frotan entre sí para facilitar su funcionamiento: *Es importante **lubricar** los motores de los automóviles para que funcionen bien.*

lucerna *f.* **1** Claraboya. **2** Lámpara grande con varios brazos.

lucero *m.* Astro grande y brillante.

lucha *f.* **1** Acción y efecto de luchar. **2** Batalla, combate: *Se entabló una **lucha** entre los dos países vecinos a causa de un problema territorial.*

luchador, ra *m.* y *f.* **1** Persona que lucha físicamente: ***Los luchadores** tienen que aprender a caer y a dar y recibir golpes.* **2** Persona que batalla por una causa noble: *Martin Luther King fue un gran **luchador** por los derechos de las personas de raza negra.*

luchar *vb.* {intr.} **1** Contender cuerpo a cuerpo dos o más personas. **2** Batallar, batirse: *Ese regimiento **luchó** con valentía hasta el final por conservar el fuerte, pero finalmente lo perdieron.* **3** Disputar: *Los diputados de un partido **lucharon** por imponer sus ideas, pero las ideas de la mayoría los vencieron.* **4** Trabajar y arriesgarse por algo: *Admiro a las personas que aun teniendo todo en su contra **luchan** por ser mejores cada día.*

lucidez *f.* Claridad en el razonamiento, en el pensamiento, lenguaje, etc.: *El discurso del primer ministro fue claro, racional y lleno de **lucidez.***

lúcido, da *adj.* Claro en el razonamiento, en el lenguaje, etc.: *Cuando se le pase el efecto del alcohol y esté **lúcido,** se podrá hablar con él.*

luciérnaga *f.* Insecto de cuerpo blando, cuya hembra carece de alas y está dotada de unos órganos que producen luz: *En el campo, durante las noches de verano pueden verse las **luciérnagas** volando y brillando cerca de los matorrales.*

lucimiento *m.* Acción y resultado de lucir una cosa o lucirse una persona delante de otras: *Lino hace esos desplantes exagerados para su propio **lucimiento.***

lucio *m.* Pez de agua dulce, de cuerpo alargado y aplanado: *El **lucio** es un pez voraz que tiene una boca con 700 dientes.*

lucir *vb. irreg.* {tr., intr. y prnl.} **Modelo 58. 1** Brillar, resplandecer. **2** *Amér.* Ofrecer cierta imagen o aspecto exterior: *Es normal que la reina madre **luzca** muy anciana en fotos recientes, pues tiene cerca de cien años.* **3** Mostrar una cosa o hacer ostentación de ella: *Ana **luce** con orgullo un gran anillo de diamantes que le regaló su novio.* **4** Sobresalir, destacar: *El maestro de deportes **se lució** durante el festival del día de las madres: todo estuvo muy bonito.* **5** *Fam.* Fracasar: *La sopa estaba salada, la carne quemada y el vino agrio; la pobre **se lució** con la cena para su jefe.*

lucrar *vb.* {tr. y prnl.} Conseguir algo u obtener provecho de alguna situación: *En el primer año de su negocio esos vendedores **lucraron** mucho, pero ahora los clientes parecen haber perdido el interés en sus productos.*

lucrativo, va *adj./m.* y *f.* Que produce lucro, ganancias: *Ese grupo de beneficencia consigue dinero para ayudar a los pobres, es una sociedad no **lucrativa.***

lucro ***m.*** Ganancia o provecho que se obtiene de algo: *Es un comerciante sin escrúpulos al que sólo le interesa el* ***lucro.***
luctuoso, sa ***adj.*** Relacionado con el luto, con la muerte: *En todos los diarios aparecieron las noticias* ***luctuosas*** *de la princesa muerta en un accidente.*
lúcuma ***f. Chile*** y ***Perú.*** Fruto del lúcumo, del tamaño de una manzana pequeña y muy usado en repostería.
lúcumo ***m.*** Árbol de Chile y Perú, de la familia de las sapotáceas.
lúdico, ca ***adj.*** Relativo al juego: *Aunque ya es un adulto, a mi maestro todo le divierte, tiene una actitud* ***lúdica*** *hacia la vida.*
ludopatía ***f.*** Adicción enfermiza a los juegos de azar.
ludoteca ***f.*** Local acondicionado para que en él se practiquen juegos, sobre todo educativos: *El arquitecto ha planeado que haya una* ***ludoteca*** *en cada sala del nuevo museo para niños.*
luego ***adv.*** Después: *Al llegar a casa primero me puse las pantuflas y* ***luego*** *me senté a leer en el sofá.*
luego ***conj.*** **1** Indica deducción o consecuencia: *"Si los fantasmas no existen,* ***luego*** *no es verdad que viste uno."* **2** *loc.* **Desde ~,** de manera indudable: *"****Desde luego,*** *cuando regreses estaré en el aeropuerto para recibirte", le dije a mi hermana al despedirme de ella.* **3** *loc.* **Hasta ~**, expresión de despedida.
luengo, ga ***adj.*** Largo: *El anciano acariciaba sus* ***luengas*** *barbas que hacía años no se cortaba.*
lugar ***m.*** **1** Porción de espacio ocupado o que puede ser ocupado: *"Siéntate aquí, te guardé un* ***lugar*** *junto a mí", le dije a mi novia.* **2** Sitio, paraje o localidad: *Mi amiga vive en un* ***lugar*** *lindo lleno de árboles y campos verdes.* **3** Situación relativa de algo en una serie o jerarquía: *El joven escritor ha ido conquistando un* ***lugar*** *importante en la literatura de su país.* **4** Causa, motivo: *En esa escuela no había* ***lugar*** *a quejas, todo funcionaba bien.* **5** *loc.* **Tener ~,** ocurrir, suceder: *"La ceremonia de inauguración de cursos* ***tendrá lugar*** *en el auditorio principal, a las diez de la mañana", anunció el director.*
lugareño, ña ***adj.*** Habitante de un lugar o población pequeña: *Cada año, los* ***lugareños*** *de San Bartolo el Alto celebran durante tres días la fiesta de su santo patrono.*
lugarteniente ***m.*** Persona con autoridad para sustituir a otro en algún cargo.
lúgubre ***adj.*** Triste, fúnebre: *Como acababa de morir el abuelo, había un ambiente* ***lúgubre*** *en la casa.*
luisa ***f.*** Planta aromática de jardín, cuyas hojas se usan preparadas en infusión.
lujo ***m.*** Suntuosidad, abundancia de riqueza: *El hotel Ritz de París es un hotel de* ***lujo*** *y muy caro.*
lujuria ***f.*** Apetito desordenado por el goce sexual.
lumbago ***m.*** Dolor en la zona lumbar: *Cuando se agachó, mi padre tuvo un ataque de* ***lumbago*** *y ya no se podía levantar.*
lumbar ***adj.*** Perteneciente a los lomos y caderas: *La anciana sufría de un fuerte dolor* ***lumbar*** *que la tenía en cama.*
lumbre ***f.*** **1** Fuego encendido para cocinar o calentarse: *"No pongas las salchichas directamente en la* ***lumbre*** *porque se pueden quemar", me dijo mi madre.* **2** *Fam.* Brillo o luz de algo.
lumbrera ***f.*** **1** Abertura que se hace en el techo para proporcionar luz. **2** *Fam.* Persona muy inteligente: *Como es una* ***lumbrera,*** *no le costó trabajo obtener la beca para ir a estudiar al extranjero.*
luminaria ***f.*** **1** Luz que se pone en balcones, calles, etc., durante las fiestas. **2** ***Méx.*** Actor o actriz muy famoso: *Varias* ***luminarias*** *asistieron al estreno del filme.*
lumínico, ca ***adj.*** Relativo a la luz: *La intensidad* ***lumínica*** *de esta lámpara es de 100 vatios.*
luminiscencia ***f.*** Propiedad de numerosas sustancias de transformar en luz la energía que reciben de otra radiación: *Los rayos catódicos son los que provocan la* ***luminiscencia*** *de la pantalla de un televisor.*
luminosidad ***f.*** Claridad, luz: *La* ***luminosidad*** *que entra en la habitación me ayudó a decidir que la usaré como lugar de estudio.*
luminoso, sa ***adj.*** Que despide luz: *Las cosas* ***luminosas*** *les llaman mucho la atención a los bebés.*
luminotecnia ***f.*** Técnica de iluminación con luz artificial.
lumpen ***m.*** Grupo social formado por los individuos más marginados de la sociedad.
luna ***f.*** **1** Satélite natural de la Tierra: *La* ***Luna*** *gira alrededor de la Tierra.* **2** Espejo o pieza de cristal de gran tamaño: *Compré una gran* ***luna*** *en la que uno se puede ver de cuerpo entero.* **3** *loc. Fam.* **Estar en la ~,** estar distraído: *Javier* ***está en la luna*** *desde que se enamoró de Juliana.*
lunación ***f.*** Tiempo que transcurre entre una luna nueva y otra: *Una* ***lunación*** *dura alrededor de 29 y medio días.*
lunada ***f. Méx.*** Fiesta que se realiza cuando hay luna llena: *Cuando fuimos de vacaciones a la playa, mis hermanos y yo hicimos una* ***lunada*** *muy divertida.*
lunar ***adj.*** Relativo a la Luna: *Las fases* ***lunares*** *afectan las mareas.*
lunar ***m.*** **1** Pequeña mancha en la piel: *En tiempos de María Antonieta, reina de Francia, los* ***lunares*** *eran considerados marcas de belleza.* **2** En las telas, figura pequeña en forma de círculo: *Se puso un vestido de* ***lunares*** *blancos sobre fondo negro.*
lunarejo, ja ***adj./m.*** y ***f.*** *Colomb.* y *Perú.* Que tiene uno o más lunares en la cara.
lunático, ca ***m.*** y ***f.*** Loco, maniático.
lunes ***m.*** Primer día de la semana: *El* ***lunes*** *fue llamado así en honor a la Luna.*
luneta ***f. Amér.*** Patio de butacas de un cine o teatro: *Las localidades para* ***luneta*** *son más baratas que las de los palcos.*
lunfardo ***m.*** Jerga hablada en los barrios bajos de Buenos Aires, Argentina: *En la letra de muchos tangos se utilizan palabras del* ***lunfardo,*** *por ejemplo "piantao" para decir "loco".*
lúnula ***f.*** Mancha natural blanca, en forma de media luna, situada en la base de las uñas.
lupa ***f.*** Lente de aumento sujeta a un mango: *El relojero utiliza una* ***lupa*** *para observar con cuidado el mecanismo de los relojes.*
lupanar ***m.*** Prostíbulo, burdel.
lúpulo ***m.*** Planta trepadora cuyo fruto se emplea para aromatizar la cerveza y darle sabor amargo.
lusitano, na ***adj./m.*** y ***f.*** **1** De la antigua Lusitania, hoy Portugal. **2** De Portugal, país europeo. Sin. **luso.**
luso, sa ***m.*** y ***f.*** De Portugal, país europeo. Sin. **lusitano.**
lustrabotas ***m. Amér. Merid.*** Limpiabotas.
lustrado ***m.*** Operación de pulir o dar lustre a algo: *Compramos cera especial y el fin de semana daremos un buen* ***lustrado*** *a los pisos de la casa.*
lustrador ***m.*** **1** *Argent., Chile* y *Urug.* Persona que tiene por oficio lustrar muebles. **2** *Nicar.* Persona que tiene por oficio lustrar zapatos.
lustrar ***vb.*** {tr.} Dar brillo a algo: *Tengo que* ***lustrar*** *mis zapatos porque ya están sucios.*

lustre ***m.*** **1** Brillo de las cosas tersas: *Con una tela limpia le di **lustre** a mis aretes de plata y quedaron relucientes.* **2** Prestigio, fama: *La obra de ese pintor le ha dado **lustre** internacional.*

lustrín ***m. Chile.*** Limpiabotas.

lustro ***m.*** Periodo de cinco años: *José ha vivido la mitad de sus diez años, es decir un **lustro,** junto al mar.*

lutecio ***m.*** Metal del grupo de las tierras raras, de símbolo Lu y número atómico 71.

luteranismo ***m.*** Conjunto de Iglesias protestantes que se unieron al religioso alemán Martín Lutero en el siglo XVI: *La Confesión de Habsburgo se redactó en 1530 y es el estatuto del **luteranismo.***

luterano, na ***adj.*** Relativo al luteranismo o que lo profesa: *Cerca del cine de la colonia hay un templo **luterano** que tiene bellos vitrales en las ventanas.*

luto ***m.*** Cualquier manifestación social de respeto por la muerte de una persona: *En tiempos de mi abuela, la gente se vestía de negro durante un año en señal de **luto** cuando un ser querido moría.*

luxación ***f.*** Dislocación de un hueso: *Tuvo una **luxación** de rodilla que lo obligó a no moverla durante un mes.*

luxemburgués, guesa ***adj./m.*** y ***f.*** De Luxemburgo, país de Europa.

luz ***f.*** **1** Agente físico que hace visibles los objetos: *Las plantas crecen muy bien en esa habitación, porque les da la **luz** del sol por las mañanas.* **2** Corriente eléctrica: *"Por favor, enciende la **luz** que ya oscureció", me dijo mi padre.* **3** ***pl. Fam.*** Inteligencia: *Ruth es una mujer de muchas **luces** que escribió un importante libro de antropología.* **4** ***loc.*** **Dar a ~,** parir una mujer: *Como no alcanzó a llegar al hospital a tiempo, mi tía **dio a luz** en el taxi.* SIN. **alumbrar, parir.**

M

m ***f.*** Decimotercera letra del abecedario español. Su nombre es *eme*.
M ***f.*** Cifra que en números romanos equivale a 1 000.
mabita ***m.*** y ***f.*** Persona que acarrea la mala suerte: *No te juntes con **mabitas,** porque puede comenzar a irte mal.*
maca ***f.*** Señal o marca que presenta la fruta por algún daño recibido: *A veces las frutas con **macas** las venden un poco más baratas.*
macabro, bra ***adj.*** Que se relaciona con el aspecto terrorífico de la muerte: *La novela* Drácula *es una obra **macabra.***
macachín ***m. Argent.*** y ***Urug.*** Pequeña planta de flores amarillas y cuerpo comestible.
macaco, ca ***adj. Chile*** y ***Cuba.*** Feo, deforme.
macaco, ca ***m.*** y ***f.*** Mono pequeño de cola corta.
macana ***f.*** **1** Palo corto y grueso: *Los policías que cuidan el parque de mi barrio usan **macana** en vez de pistola.* **2** ***Amér.*** Garrote de madera dura y pesada. **3** ***Argent., Bol., Chile, Par., Perú*** y ***Urug. Fam.*** Disparate, mentira, exageración.
macanear ***vb.*** {tr. e intr.} **1** ***Cuba, Méx., P. Rico*** y ***R. Dom.*** Golpear con la macana. **2** ***Argent., Bol., Chile, Par.*** y ***Urug.*** Decir disparates o mentiras, exagerar: *"No **macanees** y dime la verdad."*
macanudo, da ***adj./m.*** y ***f. Amér. C.*** y ***Amér. Merid.*** Muy bueno, en sentido material y moral: *El tío de Eduardo es **macanudo:** pagó las entradas de cine para toda la clase.*
macarra ***adj. Esp.*** De mal gusto.
macarrón ***m.*** Pasta alimenticia de harina de trigo en forma de pequeños tubos.
macarrónico, ca ***adj.*** Se dice del lenguaje incorrecto o vulgar: *Andreas es un griego que acaba de llegar de su país, por eso habla un español **macarrónico.***
macedonia ***f.*** Postre preparado con diversas frutas cortadas en trozos pequeños y mezcladas a manera de ensalada.
macedonio, nia ***adj./m.*** y ***f.*** De Macedonia, país de la península de los Balcanes, en Europa.
macegual o **macehual** ***m.*** En México, antes de la llegada de los españoles, los indígenas libres que formaban la mayor parte de la población.
macerar ***vb.*** {tr.} Ablandar una cosa apretándola, golpeándola o poniéndola en remojo: *Mi mamá **maceró** la carne en un poco de vinagre con limón para que se suavizara.*
maceta ***f.*** Vaso, recipiente de barro cocido en el que se cultivan plantas: *Las ventanas de mi casa se ven muy bonitas llenas de **macetas** con flores rojas.* Sin. **tiesto.**
macetero ***m.*** Soporte, base para colocar macetas de flores: *En el balcón hay un **macetero** de hierro en el que ponemos plantas pequeñas.*
macetón ***m.*** Maceta grande o recipiente de otra forma o material, también usada para plantas: *El **macetón** del corredor está en casa desde que yo era niña.*
machacar ***vb. irreg.*** {tr. e intr.} **Modelo 17. 1** Hacer pedazos, desbaratar algo: *La receta de cocina dice que se deben **machacar** los ajos y las cebollas en un mortero antes de ponérselos al guiso.* Sin. **chancar. 2** Estudiar mucho: *La maestra nos dijo que debemos **machacar** las tablas de multiplicar si queremos aprenderlas.* **3** ***Fam.*** Producir daño algo: *Los zapatos nuevos me **machacaron** los pies.*
machacón, cona ***adj./m.*** y ***f.*** Que repite las cosas más veces de las necesarias haciéndose pesado a los demás: *Mi mamá es **machacona** cuando me dice que me lave los dientes, pero lo hace por mi bien.*
machetazo ***m.*** **1** Movimiento violento hecho con el machete con intención de herir: *Lo atacó con un **machetazo** por la espalda.* **2** Herida o señal producida por un machete: *La cicatriz es de un **machetazo** que sufrí cuando era niño.*
machete ***m.*** **1** Cuchillo grande: *Los campesinos usan el **machete** para cortar la caña de azúcar.* Sin. **quimbo. 2** Arma blanca más corta que la espada, ancha y de un solo filo: *Los **machetes** pueden acoplarse a los fusiles.* **3** ***Argent.*** Entre estudiantes, pequeño papel con información, que se lleva oculto para copiar cuando se hacen exámenes. Sin. **acordeón.**
machetear ***vb.*** {tr., intr. y prnl.} **1** Dar golpes a una cosa con el machete. **2** ***Méx.*** Trabajar con ahínco hasta alcanzar algún propósito: *Tienes que **machetear** si quieres terminar tus estudios.*
machetero, ra ***m.*** y ***f.*** **1** ***Méx.*** Persona que ayuda a los choferes de camión en los transportes de carga. **2** ***Méx. Fam.*** Persona que estudia mucho: *Laura es **machetera** y por eso casi nunca sale a jugar con sus amigos.* **3** ***Cuba.*** Persona que tiene por oficio cortar la caña.
machigua ***f. Hond.*** y ***Méx.*** Agua con residuos de masa de maíz.
machincuepa ***f. Méx.*** Voltereta que se da poniendo la cabeza en el suelo y dejándose caer sobre la espalda. Sin. **marometa.**
machismo ***m.*** Actitud que considera al sexo masculino superior al femenino: *Gustavo es un típico representante del **machismo** porque cree que las mujeres no deben trabajar más que en su casa.*
machista ***adj.*** Quien sigue o aprueba las ideas del machismo: *Decir que las mujeres no necesitan estudiar una carrera porque se van a casar es una actitud **machista.***
macho ***m.*** **1** Persona o animal del sexo masculino: *La perra tuvo una camada de siete cachorros, cuatro hembras y tres **machos.*** Ant. **hembra. 2** Pieza que se introduce y encaja en

otra: *Una clavija es un **macho** y un tomacorriente es una hembra.* **3** *Fam.* Hombre que se considera valiente, fuerte y masculino. **4** *Fam.* Hombre que piensa que es superior a las mujeres, intenta dominarlas y presume de tener las características propias del sexo masculino: *Durante las décadas de 1940 y 1950, en México se hicieron muchos filmes con actores que representaban papeles de **machos.***

machote ***adj. Fam.*** Que tiene las cualidades consideradas típicamente masculinas.

machote ***m.*** **1** *C. Rica, Hond., Méx.* y *Nicar.* Borrador, modelo: *"Aquí está un **machote** de la carta para los clientes; se puede basar en ella para hacer la que necesita mandar", dijo la secretaria a la aprendiz.* **2** *Méx.* Formulario para rellenar: *"Para inscribir a su hijo en la escuela, tiene usted que llenar un **machote** con los datos del niño", le dijo la directora a mi mamá.*

machucar ***vb. irreg.*** {tr.} **Modelo 17.** Golpear algo para deformarlo.

machucón ***m.*** Acción o efecto de machucar: *Me di un **machucón** en los dedos al cerrar la puerta del coche.*

macilento, ta ***adj.*** Flaco, pálido y débil: *Esa niña se ve **macilenta** porque come poco y casi no sale de su casa.*

macizo ***m.*** Conjunto de montañas que tienen características parecidas: *La cordillera de los Andes es el **macizo** más largo del continente americano.*

macizo, za ***adj.*** Formado por una masa sólida y compacta, sin huecos en su interior: *Las bolas para jugar béisbol son **macizas,** en cambio los balones de fútbol son huecos.*

macondo ***m. Colomb.*** Árbol grande parecido a la ceiba, que alcanza de 30 a 40 metros de altura.

macramé ***m.*** Tejido artístico hecho a mano, a base de hacer diferentes nudos con hilos o cuerdas: *Estoy tomando clases de **macramé** y ya tejí unos maceteros para mi casa.*

macrobiótica ***f.*** Sistema alimenticio a base de cereales integrales, algas marinas y hortalizas que no han sido sometidos a ningún tratamiento químico.

macrocefalia ***f.*** Enfermedad cuyo signo visible es tener la cabeza muy grande.

macrocéfalo, la ***adj./m.*** y ***f.*** Que tiene la cabeza muy grande.

macrocosmos ***m.*** En filosofía, el Universo considerado en comparación con el hombre. ANT. **microcosmos.**

macroeconomía ***f.*** Estudio de los sistemas económicos en su conjunto.

macuco, ca ***adj. Chile.*** Se dice de la persona astuta, que actúa a escondidas.

mácula ***f.*** Mancha: *Después de lavarlo, el vestido quedó sin **mácula,** totalmente limpio.*

macumba ***f.*** Culto fetichista de origen africano propio de los negros brasileños.

macuto ***m. Antill.*** y ***Venez.*** Bolsa, en especial la que usan los soldados para llevar víveres y ropa.

madalena ***f. Ver*** **magdalena.**

madeja ***f.*** **1** Hilo enrollado sobre sí mismo en vueltas flojas, listo para ser devanado: *Para tejer el gorro necesitó 2 **madejas** de estambre de 100 gramos cada una.* **2** Sección de pelo: *Se necesita dividir el pelo en tres **madejas** para hacer una trenza.*

madera ***f.*** Sustancia fibrosa y compacta de la que están hechos los troncos de los árboles.

maderable ***adj.*** Se aplica al tipo de árbol que da madera útil: *El pino y el encino son especies **maderables,** con ellos se hacen muchos muebles de consumo popular.*

maderero, ra ***adj./m.*** y ***f.*** De la madera: *La industria **maderera** debe ocuparse de volver a plantar árboles y saber cuáles están en peligro de desaparición para no cortarlos.*

madero ***m.*** Pieza larga de madera: *El arquitecto mandó comprar unos **maderos** para las vigas del techo de la casa que están construyendo.*

madrastra ***f.*** Esposa de un hombre, en relación con los hijos que él tuvo de un matrimonio anterior: *La **madrastra** de Maura cuidó de ella desde que su padre volvió a casarse.*

madre ***f.*** **1** Mujer respecto de sus hijos o cualquier hembra respecto de sus crías: *La leona es una **madre** que protege a sus cachorros de las agresiones de otros animales.* **2** Origen o causa de algo: *Un dicho famoso dice: "La ociosidad es la **madre** de todos los vicios."* **3** Cauce de un río: *Con las fuertes lluvias el río se salió de **madre,** es decir, se desbordó.* **4** Título dado a ciertas religiosas: *Las **madres** de ese convento son famosas por los ricos dulces que elaboran.* **5** *loc. Méx. Vulg.* **A toda ~,** muy bonito, muy bien. **6** *loc. Méx. Vulg.* **Importarle** o **valerle** a alguien **madres** algo, no importar en absoluto algo a alguien.

madrear ***vb.*** {tr.} *Méx. Vulg.* **1** Echar a perder algo maltratándolo o rompiéndolo. **2** Golpear a alguien dejándolo malherido.

madrejón ***m. Argent.*** Cauce seco de un río.

madreperla ***f.*** Molusco con dos valvas de bordes redondeados, adentro del cual se forma una perla.

madrépora ***f.*** Pólipo que vive formando colonias y desempeña un papel muy importante en la formación de los arrecifes de coral.

madreselva ***f.*** Planta silvestre que también puede cultivarse en jardines, trepadora como la hiedra, con flores blancas o amarillentas de un perfume agradable.

madrigal ***m.*** Composición poética o musical de carácter amoroso: *Ayer fuimos al teatro a escuchar un **madrigal** que resultó muy tierno y conmovedor.*

madriguera ***f.*** Guarida en la que habitan ciertos animales como el ratón y el conejo: *En cuanto la liebre olfateó a la zorra, se refugió en su **madriguera** para que no la atrapara.* SIN. **cubil.**

madrileño, ña ***adj./m.*** y ***f.*** De Madrid, capital de España, país europeo: *El Retiro es un parque **madrileño** muy visitado por los turistas.*

madrina ***f.*** Mujer que presenta y asiste a alguien en una ceremonia religiosa o en otras ocasiones importantes de su vida social: *La **madrina** de bodas dirigió unas palabras a los novios durante la ceremonia.*

madroño ***m.*** **1** Planta arbustiva de fruto esférico comestible. **2** Fruto esférico de la planta llamada madroño.

madrugada ***f.*** **1** Amanecer: *Mi madre se levanta de **madrugada** para ir al trabajo, porque tiene que transportarse durante dos horas.* **2** Horas que siguen a la medianoche: *Era ya de **madrugada,** la fiesta de mis vecinos seguía y yo no podía dormir.*

madrugador, ra ***adj.*** Que madruga o acostumbra a hacerlo: *Mi papá es muy **madrugador.***

madrugador, ra ***m.*** y ***f.*** **1** Mañanero. **2** Espabilado.

madrugar ***vb. irreg.*** {intr. y prnl.} **Modelo 17. 1** Levantarse muy temprano: *Mi tío Armando es un médico que siempre **madruga:** a las seis de la mañana ya está listo para empezar a recibir enfermos.* **2** *Méx. Fam.* Adelantarse a alguien o a algo en realizar una cosa.

madrugón, gona ***m.*** y ***f.*** **1** Madrugador. **2** ***m.*** Acción de levantarse muy temprano: *Está harto de **madrugones.***

madurar ***vb.*** {tr., intr. y prnl.} **1** Llegar los frutos al punto adecuado en el que se pueden comer: *Los mangos todavía están verdes, hay que dejarlos **madurar** unos días más* *hasta que se pongan amarillos.* **2** Crecer en edad y prudencia: *Eloísa* ***ha madurado*** *desde que comenzó a trabajar y a pagar sus estudios.*

madurez ***f.*** **1** Estado de algunos alimentos y bebidas que han llegado a su mejor momento para ser consumidos: *Es mejor esperar unos días para que los mangos lleguen a su* ***madurez****, pues todavía están verdes y saben ácidos.* **2** Edad adulta: *Al llegar a la* ***madurez****, el músico alemán Beethoven perdió casi por completo el sentido del oído.* **3** *Fam.* Equilibrio emocional, sensatez: *Es normal que a los quince años un chico no alcance la* ***madurez****, pero Daniel ya tiene treinta y se comporta como un niño.*

maduro, ra ***adj.*** **1** Relativo al fruto que está en el momento oportuno de ser recolectado o comido: *No te comas esa manzana todavía, porque no está* ***madura*** *y sabe ácida.* **2** Se dice de la persona que ha completado su desarrollo físico o mental: *Mi padre es un hombre* ***maduro*** *que ya tiene algunas canas y arrugas en la cara.* **3** Prudente: *Dinorah se separó de unos amigos que empezaron a consumir drogas, y con ello mostró una actitud* ***madura*** *para sus quince años.*

maestranza ***f.*** Conjunto de talleres donde se produce y repara material de guerra.

maestre ***m.*** Superior de una orden militar o de caballería.

maestría ***f.*** **1** Gran destreza, habilidad o capacidad en enseñar o ejecutar una cosa: *Con gran* ***maestría****, la patinadora hizo una triple vuelta en el aire.* **2** Grado o título de maestro.

maestro, tra ***adj.*** Excelente o perfecto en su clase: *El ajedrecista ruso Garry Kasparov tiene la categoría de gran* ***maestro*** *del ajedrez en el mundo.*

maestro, tra ***m.*** y ***f.*** **1** Persona que tiene por función enseñar, instruir: *Los* ***maestros*** *de escuelas básicas tienen la gran responsabilidad de educar y guiar a los niños.* SIN. **instructor, profesor. 2** Persona hábil, que tiene gran experiencia en alguna ciencia o arte: *Gabriela toma clases de piano con una* ***maestra*** *que le está enseñando a tocar melodías.* **3** Compositor o director de una orquesta: *El* ***maestro*** *Luciano Pavarotti hacía obras de beneficencia a favor de los niños pobres del mundo.* **4** Jefe de albañiles.

mafia ***f.*** **1** Organización secreta de carácter criminal: *Durante la década de 1920 en Estados Unidos de América, cuando el consumo de alcohol estaba prohibido, las* ***mafias*** *controlaban el mercado ilegal que lo vendía.* **2** Grupo de personas que se favorecen entre sí y que no permiten que alguien más entre en dicho grupo: *Para publicar cuentos en esa revista tienes que pertenecer a su* ***mafia****, porque de otro modo no se interesan por tus obras.*

mafioso, sa ***m.*** y ***f.*** Alguien que pertenece a alguna mafia: *La novela* El Padrino*, del escritor Mario Puzo, trata de una familia de* ***mafiosos*** *de origen italiano que vivían en Estados Unidos de América.*

magazine ***m.*** **Palabra de origen inglés.** Revista ilustrada que trata diferentes temas: *En el* ***magazine*** *de este mes, viene un artículo sobre aeronáutica y otro sobre cocina española, además del acostumbrado crucigrama.*

magdalena ***f.*** Bollo pequeño hecho de harina, huevo y leche.

magenta ***adj.*** **Palabra de origen italiano.** De color rojo violáceo.

magenta ***m.*** **Palabra de origen italiano.** Color rojo violáceo utilizado en fotografía, pintura y artes gráficas.

magia ***f.*** Arte que por medio de ciertas prácticas se supone que produce efectos contrarios a las leyes naturales: *Según la leyenda, la Mulata de Córdoba escapó del calabozo usando* ***magia:*** *se supone que pintó un barco en la pared, saltó en él y se fue navegando.*

mágico, ca ***adj.*** **1** Relativo a la magia: *El mago desapareció a la muchacha después de decir la fórmula* ***mágica*** *"abracadabra".* **2** Sobrenatural, asombroso: *El mundo de los cuentos de hadas es* ***mágico****, porque en él suceden cosas que nunca ocurrirán en el nuestro.*

magín ***m.*** *Fam.* Imaginación: *"Si quieres resolver el problema, tienes que echarle* ***magín****", me dijo mi maestro.*

magisterial ***adj.*** Del magisterio: *Es una disposición* ***magisterial*** *y deberá ser acatada.*

magisterio ***m.*** Labor o profesión de un maestro: *El* ***magisterio*** *es una de las profesiones con más responsabilidad hacia la sociedad.*

magistrado ***m.*** **1** Persona que ocupa un cargo elevado en el gobierno de un país. **2** Miembro de un tribunal de justicia: *Todos los* ***magistrados*** *se reúnen para decidir sobre algún caso importante para la nación.* **3** Dignidad o empleo de juez, en especial el que tiene un cargo elevado: *Ya se presentaron las pruebas y los testigos, ahora le toca al* ***magistrado*** *tomar una decisión.*

magistral ***adj.*** **1** Relativo al ejercicio del magisterio. **2** Hecho con maestría, hecho muy bien: El Quijote de la Mancha *es la obra* ***magistral*** *del escritor español Miguel de Cervantes Saavedra.*

magistratura ***f.*** Oficio o dignidad de magistrado: *El licenciado estaba orgulloso de haber llegado a ocupar una* ***magistratura*** *en el gobierno de su país.*

magma ***m.*** Masa formada por minerales fundidos provenientes de las profundidades de la Tierra, que al enfriarse toman consistencia sólida: *El* ***magma*** *se encuentra a temperaturas altísimas cuando está dentro de la Tierra.*

magnanimidad ***f.*** Calidad de quien tiene grandeza de ánimo y generosidad, en especial al aplicar un castigo: *El director mostró* ***magnanimidad*** *hacia los estudiantes castigados al reducirles el castigo a la mitad.*

magnánimo, ma ***adj.*** Que muestra grandeza de ánimo y generosidad: *La decisión del juez fue* ***magnánima*** *con el joven delincuente al sentenciarlo a una pena ligera.*

magnate ***m.*** Persona con gran poder económico: *El estadounidense William Randolph Hearst era un* ***magnate*** *del mundo de los diarios a principios del siglo xx.*

magnesia ***f.*** Óxido de magnesio, sustancia usada como laxante y antiácido.

magnesio ***m.*** Metal sólido maleable de color blanco plateado, símbolo Mg y número atómico 12.

magnético, ca ***adj.*** **1** Que tiene propiedades como los de los imanes. **2** Que atrae de manera irresistible: *La bella mujer tenía una mirada* ***magnética*** *por lo que ningún hombre en la fiesta podía dejar de verla.*

magnetismo ***m.*** **1** Parte de la física que estudia las propiedades de los imanes. **2** Fuerza de atracción de un imán: *Por el* ***magnetismo****, los clavos se pegan al imán.* **3** Poder de atracción o influencia de una persona sobre otra u otras: *Gracias a su* ***magnetismo****, el nuevo profesor ha hecho que los niños estudien con más ánimo y obtengan mejores notas.*

magnetita ***f.*** Mineral pesado de color negro, muy magnético.

magnetización ***f.*** Acción y efecto de magnetizar.

magnetizar ***vb. irreg.*** {tr.} **Modelo 16.** Transmitir a un cuerpo propiedades magnéticas: *Si dejas alfileres pegados a un imán se* ***magnetizan*** *y con ellos puedes atraer más alfileres.*

magnetófono ***m.*** Aparato de registro y reproducción del sonido, por medio de una cinta magnética y con amplificadores: *Como regalo de cumpleaños mi padre me dio un **magnetófono** en el que escucho la música que me gusta.* SIN. **grabadora.**

magnetosfera ***f.*** Parte externa de la atmósfera dotada de campo magnético.

magnicida ***m.*** y ***f.*** Persona que mata a una persona importante por su cargo o relevancia política: *Los **magnicidas** suelen buscan la notoriedad.*

magnicidio ***m.*** Asesinato de una persona muy importante debido a su poder o cargo: *El asesinato del presidente de Estados Unidos John **f.** Kennedy ha sido uno de los **magnicidios** más conocidos del siglo xx.*

magnificar ***vb. irreg.*** {tr.} **Modelo 17. 1** Elogiar a alguien: *La crítica **magnificó** el nuevo libro de poemas del escritor porque refleja un gran amor por la humanidad.* **2** Exagerar: *El noticiario **magnificó** las consecuencias del leve sismo y en muchos países del mundo creyeron que había ocurrido una gran catástrofe.*

magnificencia ***f.*** Calidad de magnífico, esplendor: *La **magnificencia** de la ceremonia se debió a que era en honor al nuevo rey.*

magnífico, ca ***adj.*** Excelente, admirable: *Por sus valientes hazañas el rey le obsequió al joven guerrero un **magnífico** caballo de raza pura.* SIN. **súper.**

magnitud ***f.*** **1** Cualquier característica de los cuerpos capaz de ser medida: *La temperatura es una **magnitud** física.* **2** Grandeza o importancia de algo.

magno, na ***adj.*** Grande, importante: *A la **magna** coronación del príncipe asistió toda la corte y muchos invitados de otras ciudades.*

magnolia ***f.*** **1** Árbol de jardín, de grandes flores blancas y aromáticas. **2** Flor de la planta llamada magnolia.

mago, ga ***m.*** y ***f.*** **1** Persona que realiza actos de magia: *Uno de los trucos usuales de los **magos** consiste en sacar un conejo de un sombrero de copa.* SIN. **prestidigitador. 2** *Fam.* Persona que por sus cualidades realiza alguna acción difícil: *Carlos es un **mago** de las finanzas y en sólo tres años logró pagar su casa nueva.*

magrebí ***adj./m.*** y ***f.*** Del Magreb, región del norte de África.

magro, gra ***adj.*** Con poca grasa: *Como quiere bajar de peso, Elías sólo come carne **magra** y verduras cocidas.*

maguey ***m.*** ***Amér. C., Méx.*** y ***Venez.*** Planta de gran tamaño y hojas carnosas, con forma parecida al copete del ananás o piña, que florece una vez en su vida: *El tequila es una bebida mexicana que se extrae del **maguey.*** SIN. **agave, pita.**

magullar ***vb.*** {tr. y prnl.} Causar lastimaduras, dar golpes: *Una motocicleta **magulló** al niño que iba caminando.*

maharajá ***m.*** ***Ver*** **marajá.**

mahometano, na ***adj./m.*** y ***f.*** Musulmán, seguidor de Mahoma: *Los **mahometanos** rezan varias veces al día orientados hacia La Meca, donde nació el profeta Mahoma.* SIN. **islámico, musulmán.**

mahometismo ***m.*** Islamismo, religión de Mahoma. SIN. **islamismo.**

mahonesa ***f.*** ***Ver*** **mayonesa.**

maicena ***f.*** Harina fina de maíz: *Si está muy ligera la sopa, le puedes agregar **maicena** para espesarla.*

maicillo ***m.*** ***Chile.*** Arena gruesa y amarillenta conque se cubre el pavimento de jardines y patios.

maitén ***m.*** Árbol chileno de gran altura, de hojas dentadas muy apreciadas por el ganado.

maíz ***m.*** **1** Planta que se cultiva por sus granos que crecen en mazorca. **2** Cereal que crece en mazorca y se emplea como alimento: *El **maíz** ha sido uno de los alimentos básicos en la dieta de varias culturas latinoamericanas.*

maizal ***m.*** Campo sembrado de maíz.

majada ***f.*** **1** Sitio cubierto para guardar el ganado por las noches y que también sirve de albergue para los pastores. **2** *Argent., Chile* y *Urug.* Manada de ganado lanar.

majadería ***f.*** Grosería, necedad, tontería.

majadero, ra ***adj./m.*** y ***f.*** **1** Necio, terco. **2** *Méx.* Grosero, poco respetuoso: *¡Muchacho **majadero!** ¡No le grites así a tu abuelita!* SIN. **guarango.**

majagua ***f.*** ***Antill., Colomb., Ecuad., Méx., Pan.*** y ***Salv.*** Árbol de madera fuerte que crece en terrenos pantanosos; con su fibra se hacen sogas muy resistentes.

majal ***m.*** Banco de peces: *Un **majal** es lo mismo que un cardumen.*

majar ***vb.*** {tr.} Machacar una cosa aplastándola: *Para hacer esa salsa al estilo tradicional debes **majar** los tomates, no molerlos en licuadora.*

majara o **majareta** ***adj./m.*** y ***f.*** ***Esp. Fam.*** Chiflado, perturbado, loco.

majestad ***f.*** Título que se da a Dios, a los reyes y emperadores: *Su **majestad** el rey Juan Carlos de España pronunció un discurso el día de la inauguración de los Juegos Olímpicos de Barcelona, en 1992.*

majestuosidad ***f.*** Calidad de lo que inspira admiración y respeto: *La **majestuosidad** con que se eleva el Taj Mahal, en la India, despierta la admiración de quien lo ve.*

majestuoso, sa ***adj.*** Que tiene majestad: *Las pirámides de Egipto se ven **majestuosas** en el paisaje del desierto.*

majo, ja ***adj.*** **1** *Esp. Fam.* Guapo, hermoso. **2** *Esp. Fam.* Simpático.

mal ***adj.*** Apócope de malo: *Estoy de **mal** humor porque anoche no dormí bien.*

mal ***adv.*** De forma contraria a la debida: *Panchito se portó **mal** en clase y lo llevaron con el director.*

mal ***m.*** **1** Lo contrario del bien y la virtud: *Las religiones promueven el bien y condenan el **mal.*** **2** Daño moral o material: *Mimando tanto a su hijo, esa mujer acabó haciéndole un **mal** al convertirlo en un muchacho caprichoso y soberbio.* **3** Enfermedad, dolor: *El sida es un **mal** incurable.* **4** *Argent. loc.* ~ **de Chagas,** enfermedad infecciosa febril, transmitida por diversos insectos alados, muy arraigada en algunas regiones de América.

malabarismo ***m.*** **1** Ejercicio de agilidad, destreza y equilibrio: *Los expertos en **malabarismo** pueden mantener hasta diez objetos en el aire al mismo tiempo.* **2** ***Fam.*** Actuación hábil para sostener una situación difícil: *La madre de los cinco niños hacía **malabarismos** para alimentar a su familia con el poco dinero que ganaba.*

malabarista ***m.*** y ***f.*** Persona que hace malabarismos: *El **malabarista** jugaba con cuatro platos en el aire mientras se equilibraba sostenido sobre un pie, en un alambre, a cinco metros por encima del suelo.*

malacate ***m.*** **1** Mecanismo que, con la ayuda de caballerías, se usa para subir a la superficie el mineral extraído de las minas. **2** Especie de ascensor rudimentario. **3** *Hond., Méx.* y *Nicar.* Huso, instrumento para hilar.

malacología ***f.*** Estudio de los moluscos.

malaconsejado, da ***adj./m.*** y ***f.*** Persona que actúa siguiendo los malos consejos de alguien: *Por andar de **malaconsejado,** Remigio perdió su automóvil en un mal negocio.*

malacostumbrado, da ***adj.*** Que tiene malos hábitos, mimado: *Rodrigo está **malacostumbrado** a que su mamá prepare comida especial para él.*

malagradecido, da ***adj.*** Que no sabe agradecer, desagradecido: *Ese hombre es un **malagradecido,** anda hablando mal de su amigo que tanto lo ayudó.*

malandrín, drina ***adj./m.*** y ***f.*** Maleante, perverso o traidor: *Un **malandrín** le robó a mi padre la cartera llena de dinero cuando viajaba en el autobús.*

malaquita ***f.*** Carbonato natural de cobre, de color verde oscuro.

malaria ***f.*** Enfermedad contagiosa que se manifiesta con accesos de fiebre y anemia: *La **malaria** es una enfermedad transmitida por el mosquito anofeles.* SIN. **paludismo.**

malasio, sia o **malayo, ya** ***adj./m.*** y ***f.*** De Malasia, país del sureste asiático.

malaventura ***f.*** Desventura, desgracia, mala suerte.

malaventurado, da ***adj./m.*** y ***f.*** Se dice de la persona infeliz, desgraciada, que tiene mala suerte: *Este verano fue **malaventurado** para el campesino, pues primero perdió la mitad de la cosecha y luego se murió una de sus mejores vacas.*

malaya ***f. Chile*** y ***Perú.*** Corte de carne de vacuno correspondiente a la parte de encima de las costillas.

malayo ***m.*** Lengua indonesia.

malayo, ya ***adj./m.*** y ***f.*** Originario de Malaca, hoy conocida como Malasia, país que forma un archipiélago situado en el sureste asiático.

malbaratar ***vb.*** {tr.} Vender algo a muy bajo precio, con poca o ninguna ganancia: ***Malbaraté** mi televisor porque necesitaba comprar un libro urgentemente y no tenía dinero.* SIN. **malvender.**

malcomer ***vb.*** {tr. e intr.} Alimentarse de manera insuficiente o escasa: *Con esos horarios de trabajo, a Jeremías apenas le da tiempo para **malcomer** y regresar a toda prisa a la oficina.*

malcriado, da ***adj.*** Que tiene mal comportamiento, maleducado: *Ese niño **malcriado** siempre mete en problemas a su mamá porque insulta a las demás personas.*

malcriar ***vb. irreg.*** {tr.} **Modelo 9.** Educar mal a los hijos: *El pequeño Ramón ha sido **malcriado** y ahora no hay manera de controlarlo pues no obedece a sus maestros ni a sus padres.*

maldad ***f.*** **1** Tendencia a hacer el mal: *Laura golpea a su perro por **maldad,** pues dice que el animal se porta mal, pero eso no es cierto.* **2** Acción mala o que se realiza con mala intención.

maldecir ***vb. irreg.*** {tr.} **Modelo 55.** Expresar odio o cólera contra algo: *El pastor **maldecía** su mala suerte por la muerte de sus ovejas.*

maldición ***f.*** Palabras con las que se desea mal a alguien: *La **maldición** del hada mala consistió en que la princesa dormiría durante cien años hasta que un muchacho la despertara con un beso.*

maldito, ta ***adj.*** **1** Expresión con la que se lanza una maldición o insulto hacia alguien. **2** Reprobado, rechazado por la sociedad: *El principal "poeta **maldito**" del siglo XIX fue el francés Charles Baudelaire.* **3** Que disgusta o molesta: *Un **maldito** mosco que zumbaba y me picaba impidió que durmiera anoche.*

maldoso, sa ***adj. Méx.*** Aficionado a hacer maldades o travesuras: *"De chico era muy **maldoso,** amarraba cosas a la cola de los pobres perros de mis vecinos", platicó mi papá.*

maleable ***adj.*** **1** Relativo al metal que puede extenderse en láminas: *El aluminio es uno de los metales más **maleables** que existen.* **2** Relativo a la persona o carácter que puede moldearse con facilidad: *Efraín es un niño **maleable** que se adaptó fácilmente a su nueva escuela.*

maleado, da ***adj.*** Echado a perder, que ha adquirido malas costumbres.

maleante ***adj./m.*** y ***f.*** Delincuente, persona que comete delitos: *Una banda de **maleantes** secuestró al hijo del dueño de la fábrica de muebles.*

malear ***vb.*** {tr. y prnl.} **1** Dañar, echar a perder algo: *Las cosechas de este año **se malearon** a causa de las inundaciones.* **2** Pervertir, enseñar actitudes y conductas no deseables: *La muchacha está **maleada,** ya que bebe mucho alcohol y dejó de ir a la escuela desde que conoció a esos delincuentes.*

malecón ***m.*** Muralla o terraplén para defensa contra las aguas del mar o de un río: *Es agradable pasear al atardecer por el **malecón,** donde sopla la brisa marina.*

maledicencia ***f.*** Acción y efecto de maldecir o murmurar: *La **maledicencia** de la gente chismosa puede dañar la reputación de una buena persona.*

maleducado, da ***adj./m.*** y ***f.*** Descortés, malcriado: *Javier es un niño **maleducado** que dice groserías a los otros niños y no le importa que sus padres lo regañen.*

maleficio ***m.*** Daño causado por arte de hechicería y hechizo que provoca este daño: *Dicen que a ese cantante lo mató un **maleficio** porque encontraron un muñeco con su nombre y clavado con alfileres.*

maléfico, ca ***adj.*** Se dice de lo que ocasiona o puede ocasionar males: *Leí un cuento acerca de un anillo **maléfico** que traía la desgracia a quien lo poseyera.*

malencarado, da ***adj.*** Que tiene gesto de enojado y actúa como tal: *Un hombre **malencarado** y grosero vino a reclamar sin razón por algo que no habíamos hecho.*

malentendido ***m.*** Mala interpretación, error: *Hubo un **malentendido** entre los dos hermanos, pero ya hablaron y solucionaron el problema.*

malestar ***m.*** Sensación de encontrarse mal, molesto o enfermo: *El kilo de chocolates que se comió le produjo **malestar** estomacal a la golosa muchacha.*

maleta ***f.*** Caja o bolsa de piel, lona u otro material, que se lleva durante un viaje para guardar ropa y otras cosas: *Lucía va a viajar durante una semana, pero como lleva diez **maletas** grandes, parece que se va por un mes.*

maletero ***m.*** **1** Lugar en los vehículos que se ocupa para guardar equipaje: *El **maletero** de los automóviles viejos es muy amplio.* SIN. **cajuela, baúl.** **2** Persona que en algunos países tiene por oficio cargar las maletas en los aeropuertos, estaciones de tren, etc. SIN. **changador.**

maletín ***m.*** Maleta pequeña: *Los **maletines** suelen usarse para llevar los útiles de aseo personal o de trabajo.*

maletudo, da ***adj. Cuba, Colomb.*** y ***Ecuad.*** Jorobado: *Si no te sientas derecho vas a volverte **maletudo** cuando seas mayor.*

malévolo, la ***adj./m.*** y ***f.*** Inclinado a hacer daño o que tiene mala intención: *Es un hombre **malévolo** que inventa mentiras, molesta a sus compañeros de trabajo y les causa daño cada vez que puede.*

maleza ***f.*** **1** Abundancia de malas hierbas: *"Hay que podar el jardín porque ya está cubierto de **maleza** que perjudica los árboles", dijo mi padre.* **2** Espesura de arbustos: *El ratón se escondió de la víbora entre la **maleza.*** **3** ***Nicar.*** y ***R. Dom.*** Achaque, enfermedad.

malformación ***f.*** Deformación producida antes del nacimiento: *El niño nació con cuatro dedos en una mano, fue una **malformación.***

malgache, cha ***adj./m.*** y ***f.*** De Madagascar, isla al sureste de África.

malgastar ***vb.*** {tr.} Gastar dinero, energía o tiempo en cosas malas o inútiles: *En lugar de ponerse a ahorrar, **malgastó** su dinero en unos zapatos que no necesitaba.*

malhablado, da ***adj./m.*** y ***f.*** Desvergonzado en el hablar, que utiliza malas palabras: *Esteban es tan* ***malhablado*** *que, de cuatro palabras que dice, tres son groserías o insultos.*
malhadado, da ***adj.*** Desdichado, desgraciado: *Esa* ***malhadada*** *cita sólo me hizo perder el tiempo, además gasté mucho en transporte y finalmente me dejaron plantado y no conseguí el trabajo.*
malhechor, ra ***adj./m.*** y ***f.*** Persona que comete acciones que dañan a los demás, en especial quien lo hace por costumbre.
malherir ***vb. irreg.*** {tr.} **Modelo 50.** Herir de manera grave: *El hombre trató de pelear con el ladrón y éste lo* ***malhirió*** *con su cuchillo.*
malhumor ***m.*** Sensación de enojo, de fastidio: *Como los ladridos de la perra no la dejaron dormir bien, Elia se levantó de* ***malhumor.***
malhumorado, da ***adj.*** Que no está contento, que está de mal humor: *Cuando los niños duermen poco, se ponen* ***malhumorados.*** SIN. **chinchudo.**
malicia ***f.*** **1** Inclinación a hacer el mal: *Con* ***malicia,*** *Ágata invitó a Bernardo a sentarse en la frágil silla con la intención de que se cayera.* **2** Picardía.
malicioso, sa ***adj./m.*** y ***f.*** **1** Que hace el mal. **2** Que piensa mal o sospecha de los demás.
maligno, na ***adj.*** **1** Se dice de quien por su naturaleza tiene tendencia a hacer el mal: *Este hombre tiene una mente* ***maligna,*** *pues siempre está pensando en la manera de perjudicar a los demás.* **2** En medicina se aplica a las enfermedades graves, en especial a los tumores cancerosos: *Van a analizar el tumor que tiene en el cerebro para saber si es o no* ***maligno.***
malinchismo ***m. Méx.*** Palabra derivada de la Malinche, quien fue una mujer indígena mexicana que aprendió español y servía de intérprete entre el conquistador español Hernán Cortés y los indígenas; se usa para designar el desprecio de lo hecho en el país por favorecer lo extranjero, originalmente lo español.
malinchista ***adj./m.*** y ***f. Méx.*** Que desprecia lo nacional y prefiere lo extranjero sin dudarlo: *Leonardo es un* ***malinchista,*** *dice que todo lo hecho aquí es de mala calidad y por eso sólo compra ropa de marcas extranjeras.*
malintencionado, da ***adj.*** Se dice de quien habla o actúa con mala intención: *"Las acciones molestas de tu vecina son* ***malintencionadas,*** *lo que ella quiere es armar un lío para perjudicarte", me dijo mi jefe.*
malinterpretar ***vb.*** {tr.} Interpretar de forma incorrecta una cosa: ***Malinterpretó*** *mi interés hacia ella y ya no quiere hablarme.*
malla ***f.*** **1** Cada uno de los cuadrados, anillos o eslabones que forman el tejido de una red. **2** Tejido poco tupido, hecho con un hilo que va formando una especie de red: *El pescador tuvo que reparar la* ***malla*** *de su red para pescar porque un tiburón la había rasgado.* **3** ***Argent., Perú*** y ***Urug.*** Prenda de vestir que se usa para nadar. SIN. **traje de baño.**
mallas ***f. pl.*** **1** Prenda de vestir elástica y ajustada que cubre todo el cuerpo, como la que usan las bailarinas de ballet. **2** ***Méx.*** Medias gruesas ajustadas que llegan a la cintura: *Cuando hace mucho frío me pongo unas* ***mallas*** *de lana para mantener calientes mis piernas.*
malo, la ***adj.*** **1** Peligroso, perjudicial: *El pescado estaba* ***malo*** *pues olía mal y tenía un color extraño.* **2** Que no es de buena calidad. **3** Que no conviene, desfavorable, inoportuno. **4** Que provoca una reacción desfavorable.
malo, la ***adj.*** **1** Que hace el mal, sin cualidades morales: *Damián es un hombre* ***malo*** *que roba el dinero para apostarlo en el juego.* **2** Contrario a la moral o a la ley: *Cometer un delito es una acción* ***mala.*** **3** Que carece de cualidades, de talento: *Ayer vimos un filme* ***malo*** *que no hacía reír nada aun cuando la publicidad decía que era cómico.*
malogrado, da ***adj.*** Se aplica a la persona, especialmente de cierta categoría en su profesión o actividad, que muere joven: *El* ***malogrado*** *actor siempre será recordado como una gran promesa.*
malograr ***vb.*** {tr. y prnl.} Provocar que algo no llegue a buen término: *Los niños se enfermaron el primer día que estuvimos en la playa y se* ***malograron*** *las vacaciones.*
maloliente ***adj.*** Que tiene mal olor: *Pietro llegó todo* ***maloliente*** *porque había jugado pelota durante muchas horas y estaba sudado y sucio.*
malón ***m. Amér. Merid.*** Ataque inesperado de indios: *El libro* Martín Fierro *de José Hernández, habla de los* ***malones*** *en Argentina.*
malora ***m.*** y ***f. Méx.*** Mal portado, malicioso: *Ese niño es un* ***malora.***
malparado, da ***adj.*** Que ha sufrido pérdidas en su reputación o daños en algún otro aspecto: *El cantante quedó* ***malparado*** *después del escándalo por su romance con una mujer casada.*
malpensado, da ***adj./m.*** y ***f.*** Que es desconfiado, que ve mala intención en lo que hacen o dicen los demás: *Noé es un* ***malpensado,*** *como vio a su novia Nicolasa platicando con un hombre, ahora dice que ella lo engaña con otro.*
malsano, na ***adj.*** **1** Nocivo, perjudicial para la salud: *El medio ambiente tropical era* ***malsano*** *para los conquistadores que llegaron de España, porque no estaban acostumbrados a él.* **2** Enfermizo: *El pequeño Alfredo tuvo una infancia* ***malsana*** *porque su cuerpo no tenía defensas contra las enfermedades.*
malsonante ***adj.*** **1** Grosero, incorrecto: *No veo por qué decir tantas palabras* ***malsonantes*** *si hay otros adjetivos, nos dijo el profesor cuando oyó que platicábamos a groserías.* **2** Que tiene mal sonido: *Esa guitarra* ***malsonante*** *hay que afinarla.*
malta ***f.*** Cebada germinada para elaborar cerveza o infusión.
maltés, tesa ***adj./m.*** y ***f.*** De Malta, isla del Mediterráneo.
maltón, tona ***adj./m.*** y ***f. Argent., Bol., Chile, Ecuad.*** y ***Perú.*** Animal o persona joven: *Un* ***maltón,*** *por ejemplo, es un ternero menor de dos años.*
maltraído, da ***adj. Bol., Chile*** y ***Perú.*** Mal vestido, desaliñado: *Cerca del mercado vi varios vagos* ***maltraídos*** *que jugaban pelota.*
maltratar ***vb.*** {tr. y prnl.} **1** Golpear, insultar o tratar mal a alguien o algo: *Los padres deben evitar* ***maltratar*** *a sus hijos.* **2** Dañar una cosa o estropearla: *"El sobre que me enviaste llegó arrugado y roto, no hay duda de que lo* ***maltrataron*** *en el correo", le dije por teléfono a mi amiga.*
maltrecho, cha ***adj.*** Maltratado, lastimado: *Como era corredor principiante, Alberto volvió de la carrera muy* ***maltrecho,*** *con llagas en los pies y dolor en todo el cuerpo.*
malva ***adj.*** De color llamado malva.
malva ***f.*** Planta de hojas y flores que se usan en infusiones laxantes y refrescantes: *Bañaron al bebé con agua de* ***malva*** *para que durmiera tranquilo.*
malva ***m.*** Color violeta claro parecido al rosa.
malvado, da ***adj.*** Muy malo, perverso: *La* ***malvada*** *bruja hizo engordar a Hansel para comérselo.*
malvavisco ***m.*** **1** Planta de hojas dentadas y flores de un blanco ligeramente rosado. **2** Méx. Golosina o dulce suave con consistencia de goma: *Cuando salimos de campamento nos gusta llevar* ***malvaviscos*** *y asarlos en el fuego de la hoguera.*

malvender ***vb.*** {tr.} Vender a bajo precio, con poca o ninguna ganancia: *Como necesitaba dinero, Rubén tuvo que* ***malvender*** *el reloj que le había heredado su padre.* SIN. **malbaratar.**

malversación ***m.*** Usar de manera indebida fondos públicos: *Faltaban quinientos mil pesos y acusaron al cajero de la oficina de gobierno por* ***malversación.***

malversar ***vb.*** {tr.} Gastar de manera indebida los fondos públicos: *El gerente fue acusado por* ***malversar*** *el dinero de la caja de ahorros de todos los empleados.*

malvivir ***vb.*** {intr.} Vivir mal, en malas condiciones económicas: *La familia de Daniela* ***malvive*** *desde que su padre se quedó sin empleo.*

malvón ***m. Argent., Méx., Par.*** y ***Urug.*** Planta con flores de colores muy vivos y olor agradable, que se utiliza como adorno. SIN. **geranio.**

mama ***f.*** Glándula de los mamíferos, que en las hembras produce la leche para alimentar a las crías.

mamá ***f.*** Manera modificada y cariñosa de decir *madre: Mi* ***mamá*** *es una mujer cariñosa que me inspira amor y confianza.*

mamada ***f.*** **1** Acción de tomar un bebé o una cría leche de las mamas de su madre. **2** ***Argent., Perú*** y ***Urug. Vulg.*** Borrachera. **3** ***Méx. Vulg.*** Cosa, hecho o dicho absurdo o con mala intención.

mamadera ***f. Amér. C.*** y ***Amér. Merid.*** Utensilio para dar de beber leche a los niños pequeños. SIN. **biberón, mamila, tetero, pacha.**

mamar ***vb.*** {tr.} Chupar, succionar un bebé o una cría de animal la leche de las mamas de su madre.

mamario, ria ***adj.*** De las mamas o las tetillas o relacionado con ellas: *Le implantaron prótesis* ***mamarias*** *porque a causa del cáncer fue necesario extirpar sus mamas.*

mamarracho ***m.*** Persona de aspecto raro o ridículo: *Eliseo se viste como* ***mamarracho*** *cuando va con sus amigos a una fiesta, porque dice que está de moda.*

mamboretá ***m. Argent., Par.*** y ***Urug.*** Insecto de unos 5 cm de largo, de color verde, con largas y robustas patas delanteras. SIN. **santateresa, mantis.**

mameluco ***m.*** **1** ***Méx.*** Prenda de vestir especial para niños o bebés, que cubre el tronco, los brazos, las piernas y hasta los pies. **2** ***Amér. Merid.*** y ***Antill.*** Overol de trabajo.

mameluco, ca ***adj. Esp. Fam.*** Necio, bobo.

mamey ***m.*** **1** Planta arbórea americana, con flores blancas y fruto comestible. **2** Fruto de la planta llamada mamey: *Cuando abrí la cáscara del* ***mamey*** *me encontré con una pulpa muy dulce de color marrón con la que preparé un sabroso postre.*

mameyero ***m. Méx.*** y ***P. Rico.*** Árbol de mamey.

mamífero, ra ***adj./m.*** Relativo a una clase de animales vertebrados que nacen de forma vivípara, cuyas hembras tienen glándulas mamarias: *La ballena es un animal* ***mamífero.***

mamila ***f.*** **1** Teta de la hembra. **2** Tetilla del hombre. **3** ***Méx.*** Biberón, utensilio para dar leche a los niños pequeños. SIN. **mamadera, biberón, tetero, pacha.**

mamografía ***f.*** Radiografía de la glándula mamaria.

mamotreto ***m.*** **1** Libro o conjunto de hojas muy abultado: *El libro que consulté ayer en la biblioteca era un* ***mamotreto*** *muy pesado de más de quinientas páginas.* **2** Objeto grande e inútil: *El viejo automóvil de mi abuelo es un* ***mamotreto*** *que ya no funciona y que sólo estorba en la calle.* SIN. **armatoste.**

mampara ***f.*** Especie de tabique o biombo movible que sirve para aislar dos espacios que comparten el mismo techo: *La entrada al dormitorio estaba oculta tras una* ***mampara*** *de madera.* SIN. **biombo.**

mamporro ***m. Fam.*** Golpe de poca importancia.

mampostería ***f.*** Obra de albañilería hecha de piedra sin labrar.

mamut ***m.*** Animal de la época cuaternaria parecido al elefante.

maná ***m.*** **1** Según la Biblia, alimento que Dios envió a los hebreos cuando estuvieron en el desierto. **2** Sustancia líquida y dulce que sale de algunos vegetales.

manada ***f.*** Conjunto de animales de una misma especie que viven juntos: *Las hienas no viven solas, sino en* ***manada.***

managua ***adj./m.*** y ***f.*** De Managua, la capital de Nicaragua, país de América Central. SIN. **managüense, managüero.**

managüense ***adj./m.*** y ***f.*** De Managua, capital de Nicaragua, país de América Central. SIN. **managua, managüero.**

managüero, ra ***adj./m.*** y ***f.*** De Managua, capital de Nicaragua, país de América Central. SIN. **managua, managüense.**

manantial ***m.*** **1** Nacimiento de agua que brota de manera natural de rocas o de la tierra: *Como el agua del* ***manantial*** *es pura, la embotellan y venden.* **2** Lugar de donde salen cosas abundantes: *La boca de ese cómico es un* ***manantial*** *de palabras y frases graciosas.*

manar ***vb.*** {intr. y tr.} Salir un líquido de forma fácil de algún sitio: *La herida del soldado era muy profunda y la sangre le* ***manaba*** *de forma abundante.*

manatí ***m.*** Mamífero acuático de cuerpo macizo que llega a medir 3 m de largo y puede pesar 500 kilos: *Los* ***manatíes*** *viven en los ríos de las zonas tropicales de América.*

manazas ***m.*** y ***f.*** Persona de ademanes torpes o desmañados: *Cuidado con Pedro, es un* ***manazas*** *que rompe todo lo que toca.*

mancebo ***m.*** Joven soltero: *El* ***mancebo*** *se acercó a la damisela y le dijo al oído que estaba enamorado de ella.*

mancha ***f.*** Señal, marca que hace algo en un cuerpo ensuciándolo: *Es muy difícil quitar las* ***manchas*** *de aceite de la ropa.*

manchado, da ***adj.*** Que tiene manchas: *Tienes el traje* ***manchado*** *de salsa.*

manchar ***vb.*** {tr. y prnl.} **1** Hacer que aparezcan o aparecer marcas de mugre: *Ismael* ***se manchó*** *el pantalón de verde jugando fútbol en el césped mojado.* **2** Deshonrar: *Los chismes de los otros maestros no lograron* ***manchar*** *la limpia carrera del maestro de inglés.*

manchego, ga ***adj./m.*** y ***f.*** **1** De la Mancha, España: *Las tierras* ***manchegas*** *son escenario de varios capítulos de* Don Quijote, *la obra de Cervantes.* **2** Tipo de queso prensado y salado: *Ayer cenamos emparedados de queso* ***manchego*** *con jamón.*

mancillar ***vb.*** {tr. y prnl.} Manchar, deshonrar: *Como todos los vecinos envidiosos hablaban mal de ella,* ***mancillaron*** *la reputación de la viuda y la echaron del edificio.*

manco, ca ***adj./m.*** y ***f.*** Que le falta un brazo o una mano: *El escritor español Miguel de Cervantes Saavedra es uno de los* ***mancos*** *más célebres en la literatura.*

mancomunidad ***f.*** En España, agrupación de municipios o provincias para resolver problemas comunes.

mancorna ***f.*** **1** ***Colomb.*** Mancuerna. **2** ***Chile.*** Par, pareja de animales o de dos cosas parecidas.

mancuerna ***f.*** **1** ***Colomb.*** y ***Cuba.*** Porción del tallo de la planta del tabaco que tiene un par de hojas. **2** ***Amér. C., Méx.*** y ***Venez.*** Pieza que se usa en lugar de botón para cerrar y adornar los puños de la camisa. SIN. **gemelos, mancuernillas.**

mancuernillas ***f. pl. Méx.*** Mancuernas, gemelos.

manda ***f.*** **1** ***Argent., Chile*** y ***Méx.*** Voto o promesa hecha a Dios o a un santo. **2** Herencia.

a b c d e f g h i j k l m n o p q r s t u v w x y z

mandadero, ra ***m.*** y ***f.*** Persona que tiene por oficio llevar recados y encargos de un sitio a otro: *Vino el **mandadero** de la fábrica de tornillos y trajo estas muestras.*

mandado, da ***m.*** **1** Encargo, orden que se da a alguien para realizar alguna tarea: *Lázaro no está en la oficina porque su jefe lo envió a un **mandado.*** **2** ***Argent., Méx.*** y ***Urug.*** Compra de lo necesario para la comida: *Cuando no existían las neveras la gente tenía que ir al **mandado** todos los días.*

mandamiento ***m.*** Mandato, orden: *En el libro bíblico llamado Éxodo se dice que Moisés escribió los diez **mandamientos.***

mandar ***vb.*** {tr. e intr.} **1** Imponer la realización de una cosa: *El general **mandó** al coronel a poner orden en el cuartel, porque los soldados estaban haciendo mucho ruido.* **2** Enviar: *Mi hermana me **mandó** a comprar los tomates que necesitaba para preparar la comida.*

mandarín ***m.*** **1** Antiguo alto funcionario de China: *Algunos **mandarines** se dejaban crecer el pelo, la barba y las uñas durante muchos años.* **2** Dialecto chino.

mandarina ***f.*** Fruto parecido a una naranja pero de forma achatada, de color anaranjado, jugoso y de cáscara aromática: *Exprimí unas **mandarinas** y me tomé un vaso de una bebida deliciosa y refrescante.*

mandatario, ria ***m.*** y ***f.*** **1** Persona que acepta de otra el encargo de representarla: *El **mandatario** del rey tenía la responsabilidad de hacer que se cumplieran sus órdenes.* **2** Representante del gobierno de un país: *El **mandatario** de la nación recibió la visita del primer ministro del país vecino.*

mandato ***m.*** **1** Orden, encargo: *El embajador lleva el **mandato** del presidente de establecer una casa de cultura en el país donde va a trabajar.* **2** Desempeño y duración de un cargo de poder: *Durante el **mandato** de este presidente se han firmado varios acuerdos comerciales con otros países.*

mandíbula ***f.*** Cada una de las dos piezas óseas o cartilaginosas que forman la boca de los vertebrados: *Moviendo las poderosas **mandíbulas,** el dinosaurio masticaba un huevo enorme en el filme que vi ayer.*

mandil ***m.*** Delantal de cuero o tela que cuelga desde el cuello y sirve para proteger la ropa cuando se realizan ciertos trabajos: *Antes de empezar a cocinar, hay que ponerse un **mandil** para no ensuciarse la ropa.*

mandilón ***adj. Méx. Desp.*** Se dice del hombre que realiza labores que otros hombres consideran exclusivas de las mujeres y que está sujeto a las decisiones de su esposa o novia.

mandinga ***m. Amér. C.*** y ***Amér. Merid. Fam.*** El diablo: *La niñera indígena contó a los niños un cuento en el que **mandinga** convertía en cerdo a un muchacho desobediente.*

mandioca ***f.*** Arbusto de 2 o 3 m, de cuya raíz se extrae la tapioca.

mando ***m.*** **1** Mandato, ejercicio de una autoridad: *El **mando** de esta empresa está a cargo del director.* **2** Dispositivo que regula el funcionamiento de un mecanismo: *El capitán del avión tiene el **mando** de vuelo desde la cabina.*

mandoble ***m.*** Golpe que se da esgrimiendo un arma o algún instrumento con ambas manos: *El caballero derribó a su adversario con un fuerte **mandoble** de su espada.*

mandolina ***f.*** Instrumento musical de cuatro cuerdas dobles, con caja de resonancia abombada.

mandón, dona ***adj./m.*** y ***f.*** Autoritario, que da muchas órdenes: *Eliseo es un **mandón** que no para de dar órdenes, cree que sólo estamos aquí para servirlo.*

mandrágora ***f.*** Planta herbácea usada como narcótico: *Las flores y los frutos de la **mandrágora** huelen mal.*

mandril ***m.*** Mono africano muy feroz de gran tamaño, con nariz roja y hocico alargado y grueso con rayas azules.

maneador ***m. Bol.*** y ***R. de la P.*** Tira larga de cuero, que sirve para atar al caballo por las patas.

manecilla ***f.*** Aguja que señala la hora en un reloj: *"Cuando la **manecilla** corta del reloj llegue a las nueve, será hora de que te vayas a dormir", me dijo mi abuelo.*

manejador, ra ***m.*** y ***f.*** Persona que maneja: *Es **manejador** de boxeadores.*

manejar ***vb.*** {tr. y prnl.} **1** Usar una cosa con las manos: *Alberto es muy hábil para **manejar** la arcilla, mira qué bonitas ollas hizo.* **2** Regir, dirigir: *Germán **manejó** a su grupo de amigos y todos estuvieron de acuerdo con su propuesta para ir de campamento.* **3** ***Amér.*** Conducir, guiar un automóvil: *"Cuando **manejes** con mayor seguridad, puedes empezar a viajar en carretera", le dijo Roberto a su hijo.* **4** Saber actuar en un negocio o situación: *Benito **se manejó** muy bien durante la entrevista, no se puso nervioso, respondió a las preguntas con seguridad y ahora ya tiene un nuevo empleo.*

manejo ***m.*** **1** Acción y resultado de manejar o manejarse. **2** Funcionamiento. **3** Modo o procedimiento para manejar una cosa, en especial con las manos: *El **manejo** de esta máquina es muy sencillo.* **4** Habilidad o aptitud para manejar las cosas: *No tiene igual en el **manejo** del florete.* **5** Maquinación o intriga: *No sé qué **manejos** se traen entre manos.* **6** Dirección y gobierno de un negocio o empresa.

manera ***f.*** Modo particular de ser, de hacer o de suceder algo: *Juan tiene una **manera** de caminar inconfundible, brinca un poco a cada paso.*

manga ***f.*** **1** Parte de una prenda de vestir que cubre todo o una parte del brazo: *Mi perro le mordió las **mangas** a una blusa y la convirtió en una especie de chaleco.* **2** ***Amér.*** Vía entre vallas para el paso del ganado. **3** ***Argent.*** y ***Urug.*** Nube de langostas: *Una **manga** terminó con los sembrados de trigo.* **4** ***Argent.*** y ***Urug. Desp.*** Grupo de personas: *La **manga** que había en la tienda me impidió hacer mis compras.* **5** ***Méx.*** Capote, capa impermeable que se usa en el campo: *Cuando comenzó a llover, el campesino se puso una **manga** para no mojarse.*

manga ***m.*** Género de historieta de origen japonés: *El **manga** se caracteriza por dibujos muy estilizados.*

mangana ***f.*** Lazo corredizo que se tira a las manos de los toros y caballos para aprisionarlos: *Los vaqueros y los charros saben lanzar **manganas** muy precisas.*

manganeso ***m.*** Metal grisáceo, brillante, duro y quebradizo, de símbolo Mn y número atómico 25.

mangar ***vb. irreg.*** {tr.} **Modelo 17.** ***Fam.*** Robar, hurtar.

manglar ***m.*** Terreno muy húmedo donde abundan los mangles, árboles con ramas que llegan al suelo y echan raíces en él.

mangle ***m.*** Árbol propio de las regiones costeras tropicales, con ramas que llegan al suelo y echan raíces en él.

mango ***m.*** **1** Árbol de las regiones tropicales, de fruto comestible dulce, carnoso y aromático, de color amarillo o anaranjado. **2** Fruto del árbol llamado mango: *En México, los **mangos** están en su mejor época durante las estaciones de primavera y verano.* **3** ***Méx. Fam.*** Persona muy guapa: *Julieta es un **mango** que a todos los chicos del salón atrae.*

mango ***m.*** **1** Parte estrecha y larga por la que se agarra un utensilio: *Estela tomó la cacerola por el **mango** y comenzó a revolver el guiso que estaba sobre el fuego.* **2** ***Argent.*** y ***Urug.*** Dinero.

mangonear ***vb.*** {tr. e intr.} Dominar a alguien: *El nuevo alumno es mayor que los demás niños y ha comenzado a **mangonearlos** para que lo obedezcan.*

mangosta ***f.*** Mamífero carnívoro de Asia y África, de cuerpo y cola largos y patas cortas: *En algunas partes de la India se utilizan las **mangostas** para matar serpientes y ratas.*

mangrullo ***m.*** *Argent.* y *Urug.* En la antigüedad, torre rústica que servía para vigilar el campo o el mar.

manguera ***f.*** Tubo flexible por el que pasa el agua o algún otro líquido: *Para lavar un automóvil y no desperdiciar agua, es mejor usar un paño y un recipiente en lugar de una **manguera.***

maní ***m.*** **1** Planta leguminosa de unos 50 cm de altura que produce un fruto de cáscara dura. SIN. **cacahuate. 2** Fruto de la planta del maní, de cáscara dura y semillas grasosas que se comen tostadas y de las cuales también se obtiene aceite. SIN. **cacahuate.**

manía ***f.*** **1** Afición fija y excesiva hacia algo: *Daniel tiene la **manía** de mantener prendido el televisor aunque no lo esté viendo.* **2** Idea fija que provoca una obsesión y puede llegar a causar trastornos mentales: *La **manía** de Gerardo por la limpieza es preocupante pues se baña cinco veces al día.* **3** *Fam.* Rechazo, mala fe contra alguien.

maníaco, ca o **maniaco, ca** ***adj./m.*** y ***f.*** Que sufre de manías, trastornos mentales: *Algunos **maníacos** tienen ratos de euforia inexplicables, durante los cuales pueden cometer actos irresponsables.*

maniatado ***adj.*** Imposibilitado, impedido para hacer algo.

maniatar ***vb.*** {tr.} Atar las manos: *Los delincuentes que asaltaron la tienda dejaron a la cajera sentada en una silla, **maniatada** y con la boca amordazada.*

maniático, ca ***adj./m.*** y ***f.*** Que tiene manías: *Berta es una **maniática** que sólo come en platos de vidrio porque piensa que los de plástico guardan suciedad.*

manicomio ***m.*** Hospital para enfermos mentales.

manicurista ***m.*** y ***f.*** ***Antill., Colomb., Méx., Pan.*** y ***Perú.*** Persona especializada en el cuidado de las manos y las uñas. SIN. **manicuro.**

manicuro, ra ***m.*** y ***f.*** **1** Persona especializada en el cuidado de las manos y las uñas. SIN. **manicurista. 2** Cuidado de las manos y uñas: *María tomó clases de **manicuro,** varios clientes van a su casa para que les arregle las uñas.*

manido, da ***adj.*** Muy repetido, que no tiene originalidad: *"La historia del auto descompuesto ya está muy **manida**, búscate otro pretexto la próxima vez que llegues tarde", me reprendió mi jefe.*

manifestación ***f.*** **1** Hecho de manifestar o manifestarse, demostración o señal de algo: *La fiebre es una **manifestación** de que el cuerpo tiene alguna infección o enfermedad.* **2** Reunión pública al aire libre en favor de una causa o solicitud: *Hoy habrá una **manifestación** en la plaza del pueblo para solicitar a las autoridades la construcción de una biblioteca.*

manifestante ***m.*** y ***f.*** Persona que toma parte en una manifestación: *Los **manifestantes** se reunieron para pedir que haya más escuelas.*

manifestar ***vb. irreg.*** {tr. y prnl.} **Modelo 3. 1** Dar a conocer una opinión o un deseo: *A través de una nota en el diario, los maestros **se manifestaron** a favor de un cambio en los libros de texto.* **2** Organizar o tomar parte en una manifestación: *Un grupo de jóvenes **se manifestó** en el monumento a la independencia para pedir que las autoridades no cerraran la universidad.*

manifiesto ***m.*** Declaración escrita: *A principios del siglo XX, los artistas surrealistas escribieron un **manifiesto** en el que expusieron sus ideas acerca del arte.*

manifiesto, ta ***adj.*** Visible, evidente: *El nerviosismo del boxeador antes de la pelea era **manifiesto,** pues no podía mantenerse quieto y le sudaban las manos.*

manilla ***f.*** **1** Asa de un picaporte, manija: *En la casa embrujada que había en el filme de terror las **manillas** de las puertas giraban sin que alguien las moviera.* **2** Grillete que se pone a los presos en las muñecas.

manillar ***m.*** Pieza de la bicicleta o de la motocicleta, en la cual el conductor apoya las manos para dirigir la máquina: *Los **manillares** de las bicicletas de carreras son muy bajos porque esto ayuda a que los ciclistas alcancen mayores velocidades.* SIN. **manubrio.**

maniobra ***f.*** **1** Operación manual o serie de movimientos necesarios para realizar algo: *Mudarse de casa es una **maniobra** que requiere tiempo y mucho trabajo.* **2** Operación que se ejecuta al manejar una máquina: *Como el espacio era pequeño tuvo que efectuar varias **maniobras** para poder sacar el automóvil.* **3** Conjunto de ejercicios de un grupo de militares: *El quinto regimiento realizó **maniobras** todos los días en el campo militar desde un mes antes del desfile.*

maniobrar ***vb.*** {tr. e intr.} Hacer maniobras.

manipulación ***f.*** Acción y efecto de manipular: *La **manipulación** es una estrategia de muchas personas para lograr sus objetivos.*

manipulado, da ***adj.*** **1** Manejado, operado. **2** Manoseado, sobado. **3** Conducido, sometido: *Era un personaje **manipulado** por la prensa.* **4** Adulterado: *Los documentos fueron **manipulados** a favor de su empresa.*

manipulador, ra ***adj./m.*** y ***f.*** Que manipula, que influye sobre los demás por lo general para beneficio propio.

manipular ***vb.*** {tr.} **1** Manejar, mover con las manos: *Para preparar pizza, hay que **manipular** la masa hasta dejarla delgada.* **2** Influir en alguien en provecho propio o ajeno.

manipuleo ***m.*** Acción y resultado de manipular: *Con tanto **manipuleo** acabaste de estropear la radio.*

maniqueísmo ***m.*** **1** Doctrina filosófica y religiosa fundada en el siglo III, que defendía la existencia de dos principios creadores eternos y absolutos, el bien y el mal, en eterna pugna entre sí. **2** Visión de la realidad o actitud de quien no contempla los matices y lo reduce todo a dos principios opuestos.

maniqueísmo ***m.*** Doctrina y visión de la realidad basada en los principios del bien y del mal.

maniqueo, a ***adj.*** **1** Del maniqueísmo. **2** Que sigue esta doctrina. **3** Que reduce la explicación de la realidad a dos principios opuestos.

maniquí ***m.*** Muñeco con figura humana, usado para probar o exhibir prendas de vestir: *En las tiendas de ropa suelen tener **maniquíes** vestidos de acuerdo con las estaciones del año.*

manirroto, ta ***adj./m.*** y ***f.*** Derrochador, que gasta con facilidad el dinero: *Maru es una **manirrota,** gasta el dinero que le pagan el mismo día comprando cosas que no necesita.*

manivela ***f.*** Palanca o pieza que acciona un mecanismo: *El motor de los primeros automóviles se accionaba a través de una **manivela.***

manjar ***m.*** Cualquier alimento, en especial la comida exquisita: *Entre los indios de la Amazonia, las tarántulas asadas son consideradas un **manjar.***

mano ***f.*** **1** Parte del cuerpo humano que va desde la muñeca hasta la punta de los dedos: *En cuanto Genaro vio a su viejo amigo le estrechó cariñosamente la **mano.*** **2** En los animales cuadrúpedos, cada una de las patas delanteras. **3** Lado en el que se halla una cosa: *Evaristo está a **mano** derecha de la profesora y Ana está a **mano** izquierda.* **4** Cada jugada parcial de una partida de naipes: *Rafael propuso jugar otra **mano** porque quería reponer el dinero* *que había perdido durante la mano anterior.* **5** ***Amér. C.*** y ***Amér. Merid.*** Cada uno de los grupos de diez o más frutos que forman el racimo de bananas o plátanos. **6** ***Chile.*** Conjunto de cuatro cosas del mismo tipo: *Compré una **mano** de cuchillos para carne.* **7** *loc.* **~ derecha,** persona que es muy útil a otra: *Alberto es la **mano derecha** de su jefe porque lo ayuda en todo lo que necesita.* **8** *loc. Fam.* **~ izquierda,** habilidad para resolver situaciones difíciles: *Con mucha **mano izquierda,** Alejandra logró solucionar el malentendido entre los dos amigos.* **9** *loc.* **Echar una ~,** ayudar: *"Esta caja está muy pesada, **échame una mano,** por favor", le dije a mi primo.* **10** *loc.* **Pedir la ~,** solicitar a la mujer en matrimonio: *Hoy es un día importante para Carla, ya que la familia de Joaquín irá a **pedir su mano.***

manojo ***m.*** Conjunto de cosas, casi siempre alargadas, que se pueden agarrar con la mano: *"¿Cuánto vale el **manojo** de perejil?", le pregunté a la vendedora del mercado.*

manómetro ***m.*** Instrumento que sirve para medir la presión de un fluido: *Algunas máquinas para hacer café exprés tienen un **manómetro.***

manopla ***f.*** Guante grande que no tiene separaciones para los dedos, como el usado en el béisbol: *Existen **manoplas** especiales para personas zurdas.*

manosear ***vb.*** {tr.} Tocar de manera repetida una cosa con las manos: *No se debe **manosear** la comida, es mejor usar los cubiertos.*

manoseo ***m.*** Acción y resultado de manosear.

manotazo ***m.*** Golpe que se da con la mano extendida: *El maestro estaba tan molesto que dio un **manotazo** sobre la mesa para que los niños dejaran de gritar.*

manoteo ***m.*** Acción y resultado de manotear: *Con tu **manoteo** no conseguirás que cambie de opinión.*

manotón ***m.*** Manotazo, golpe que se da con la mano: *Aunque el niño es pequeño, me dio un **manotón** que me dolió.*

mansalva. A ~, *loc.* Sin peligro: *Durante el entierro del militar, diez soldados hicieron tres disparos al aire, **a mansalva.***

mansedumbre ***f.*** Condición de manso: *La **mansedumbre** es una característica de las reses.*

mansión ***f.*** Casa grande y lujosa: *En Beverly Hills, en Estados Unidos de América, viven muchos actores y actrices de cine en grandes **mansiones.***

manso, sa ***adj.*** **1** Apacible: *Las aguas del lago son **mansas** porque el viento sopla suavemente.* **2** Se dice del animal que no es bravo: *Los niños pueden jugar con este perro porque es **manso** y no hay peligro de que los muerda.*

manta ***f.*** **1** Pieza de tejido grueso para abrigarse en la cama: *En el invierno me cubro con dos **mantas** de lana durante la noche.* SIN. **cobertor, cobija. 2** ***Méx.*** Tela tosca, burda, de algodón: *Los pantalones que usan los indígenas de muchos lugares son de **manta.***

mantear ***vb.*** {tr.} Lanzar repetidas veces hacia arriba con una manta entre varias personas a otra.

manteca ***f.*** **1** Grasa del cerdo, de la leche o de algunos frutos: *La **manteca** de cerdo es muy dañina para la salud.* **2** ***Argent.*** y ***Urug.*** Sustancia grasa de color amarillo que se obtiene de la nata de la leche de vaca o de cabra. SIN. **mantequilla.**

mantecada ***f.*** o **mantecado** ***m.*** **1** Bollo amasado con manteca de cerdo. SIN. **panqué. 2** Postre elaborado con leche, huevos y azúcar.

mantecoso, sa ***adj.*** Que tiene mucha manteca o se parece a la manteca: *Esta crema está muy **mantecosa,** cada ve que me la pongo, mi piel queda brillante y resbalosa.*

mantel ***m.*** **1** Pieza de tela con que se cubre la mesa para comer. **2** *pl.* **De ~ largos,** de fiesta: *Para celebrar la boda de su hija, la familia se puso **de manteles largos.***

mantelería ***f.*** Juego de mantel y servilletas o conjunto de estos juegos: *En ese hotel mandan su **mantelería** y ropa de cama a una lavandería.*

mantener ***vb. irreg.*** {tr. y prnl.} **Modelo 26. 1** Costear las necesidades económicas de alguien: *Por lo general los padres **mantienen** a sus hijos hasta que ellos pueden ganar dinero por sí mismos.* **2** Conservar: *Con una hora de ejercicio diario, Berenice **se mantiene** delgada y en forma.* **3** Sostener: *"¿Cómo pueden **mantenerse** en el aire los aviones?", le pregunté a mi maestra.* **4** Perseverar en una acción o posición: *Pepito **se mantuvo** firme en su petición y convenció a sus padres de que lo llevaran al cine.*

mantenimiento ***m.*** **1** Conservación del buen estado de las cosas: *A los edificios hay que darles **mantenimiento** para que la gente que vive en ellos no corra peligro.* **2** Subsistencia, alimento.

mantequería ***f.*** Fábrica de manteca o mantequilla y tienda donde se vende.

mantequilla ***f.*** Grasa comestible de color amarillo obtenida de la leche de vaca o cabra: *Harina, azúcar, **mantequilla** y huevos son la base de muchos postres.*

mantilla ***f.*** Prenda femenina que cubre la cabeza y parte de los hombros: *Antes, las mujeres se cubrían con una **mantilla** cuando iban a la iglesia.*

mantillo ***m.*** **1** Capa superior del suelo. **2** Estiércol fermentado.

mantis ***f.*** Insecto de unos 5 cm de longitud, con patas anteriores prensoras que le permiten atrapar a sus presas. SIN. **santateresa, mamboretá.**

manto ***m.*** **1** Prenda amplia que se coloca sobre la cabeza o los hombros: *La reina usa un **manto** muy largo cuando asiste a ceremonias importantes.* SIN. **chal. 2** Parte del globo terrestre comprendida entre la corteza y el núcleo. **3** Capa de mineral de la Tierra, que se encuentra de manera casi horizontal entre la corteza y el núcleo.

mantón ***m.*** Prenda femenina que se lleva sobre los hombros o se usa de adorno: *En casa de mi tía Adela hay un gran **mantón** antiguo de seda bordada que cubre el piano.*

manual ***adj.*** Que se ejecuta con las manos: *La costura es una actividad **manual,** igual que la carpintería.*

manual ***m.*** Libro en que se resume lo más sustancial de una materia: *Consulté el **manual** de la computadora para saber cómo usarla.*

manualidad ***f.*** Trabajo hecho con las manos, generalmente decorativo o didáctico: *En la clase de **manualidades** hicimos unos racimos de uvas con cuentas y alambre.*

manubrio ***m.*** **1** Mango de un instrumento. **2** Manivela: *"Dale vuelta al **manubrio** del molino para que se muelan los granos de café", me dijo mi abuelo.* **3** ***Argent., Méx., Par.*** y ***Urug.*** Manillar de la bicicleta: *El panadero llevaba una canasta de pan sobre el **manubrio.*** SIN. **manillar. 4** ***Chile.*** Volante de automóvil.

manufactura ***f.*** **1** Obra hecha a mano o con la ayuda de máquinas: *La ropa tejida a mano es muy cara porque su **manufactura** requiere muchas horas de trabajo.* **2** Fábrica, industria.

manufacturar ***vb.*** {tr.} **1** Producir una cosa con medios mecánicos: *En su taller **manufacturan** piezas para bicicletas.* **2** Fabricar.

manufacturero, ra ***adj.*** **1** De la manufactura. **2** Se aplica a quien se dedica a la manufactura: *Siempre ha trabajado en la industria **manufacturera.***

manufacturero, ra ***m.*** y ***f.*** Dedicado a la manufactura.
manumitir ***vb.*** {tr.} Dar la libertad a un esclavo o liberar de la servidumbre a cualquier persona.
manuscrito ***adj.*** Se dice de lo que está escrito a mano: *Antes de que se inventara la imprenta, todos los libros eran* ***manuscritos.***
manuscrito ***m.*** **1** Documento o libro escrito a mano: *La biblioteca del Vaticano, en Italia, guarda* ***manuscritos*** *muy antiguos.* **2** Documento original de una obra que aún no se reproduce en imprenta: *El autor ya terminó el* ***manuscrito*** *de la novela, ahora lo llevará con algún editor para que lo publique.*
manutención ***f.*** Hecho de mantener o mantenerse, dar lo necesario a alguien para cubrir sus necesidades: *Eduardo paga gastos de* ***manutención*** *de su esposa y sus hijos.*
manzana ***f.*** **1** Fruto del manzano: *Las* ***manzanas*** *cubiertas de caramelo son uno de mis dulces favoritos.* **2** Conjunto de casas contiguas, limitado por calles: *Don Salvador sale todos los días a darle tres vueltas a la* ***manzana*** *para ejercitarse.* Sin. **bloque, cuadra. 3** ***Fam.*** Abultamiento que crece en la garganta de los adolescentes varones, cuando empiezan a cambiar de voz.
manzanilla ***f.*** **1** Planta aromática de flores que se usan en infusión. **2** Infusión que se hace con las flores de manzanilla: *El té de* ***manzanilla*** *sirve para aliviar algunos malestares estomacales.* Sin. **camomila. 3** ***Esp.*** Vino blanco que se hace en Cádiz, España.
manzano ***m.*** **1** Árbol de flores rosadas que da el fruto de la manzana. **2** ***Méx.*** y ***P. Rico.*** Variedad de banana o plátano, de tamaño más pequeño que el común, rechoncho y muy dulce.
maña ***f.*** **1** Destreza, habilidad: *Con* ***maña,*** *Lourdes logró abrir el frasco que tenía la tapa atorada.* **2** Ardid, astucia: *El empleado holgazán está lleno de* ***mañas*** *pues siempre está pensando cómo trabajar lo menos posible.*
mañana ***adv.*** En el día que seguirá al de hoy: *Voy a comprar un cuaderno que necesito para* ***mañana*** *en la clase de dibujo.*
mañana ***f.*** Espacio de tiempo desde el amanecer hasta el mediodía: *Elizabeth trabaja por la* ***mañana*** *y va a la universidad por la tarde.*
mañana ***m.*** Tiempo futuro: *Tienes que estudiar para que en el* ***mañana*** *puedas conseguir un buen empleo.*
mañanero, ra ***adj.*** **1** Madrugador: *Los pájaros* ***mañaneros*** *que cantan en el árbol junto a mi ventana me despiertan todos los días.* **2** Que ocurre por la mañana: *Aunque todo el mundo va de prisa, me encanta ver la actividad* ***mañanera*** *en mi barrio.*
mañanitas ***f. pl. Méx.*** Composición musical que se canta para celebrar el cumpleaños de alguien: *El día del cumpleaños de Rosalinda todos le cantamos* Las **mañanitas** *y la felicitamos.*
mañerear ***vb.*** {intr.} **1** ***Argent., Chile*** y ***Urug.*** Tener un animal malas mañas: *Ese caballo* ***mañerea,*** *le gusta tirar a los jinetes.* **2** ***Argent.*** y ***Urug.*** Obrar, proceder con malas mañas: *Los albañiles* ***mañerearon*** *toda la semana para no terminar el trabajo y cobrar más.*
mañoso, sa ***m.*** y ***f.*** **1** Hábil, diestro: *Mi hermano es* ***mañoso*** *para la carpintería, con unas tablas que todos consideraban inservibles hizo unos estantes.* **2** Se dice de la persona necia por actuar de una manera determinada o por hacer algo como ella quiere: *Felipe es un niño* ***mañoso*** *que siempre se las arregla para conseguir lo que quiere.*
maorí ***adj./m.*** y ***f.*** De un pueblo de origen polinesio que habita en Nueva Zelanda: *Los guerreros* ***maoríes*** *suelen usar tatuajes en la cara para verse más feroces.*
mapa ***m.*** Representación de la Tierra, un país, ciudad o barrio en un plano: *En mi clase de geografía me enseñaron con un* ***mapa*** *dónde están los continentes, los mares, los océanos y los ríos de nuestro planeta.*
mapache ***m.*** Mamífero carnívoro americano apreciado por su pelaje: *Los* ***mapaches*** *tienen una franja oscura en los ojos que parece una máscara.*
mapamundi ***m.*** Mapa de la superficie terrestre en el que puede verse todo el mundo.
mapear ***vb.*** {tr.} **1** Representar gráficamente la distribución de las partes de un todo, como los genes de los cromosomas. **2** ***Argent.*** y ***Chile.*** Hacer el mapa de algo: *Me encargaron* ***mapear*** *la ubicación de la fábrica.*
mapeo ***m.*** Acción y resultado de mapear: *Entregué el* ***mapeo*** *completo de la carretera.*
mapuche ***adj./m.*** y ***f.*** Araucano, originario de una región de Chile.
maque ***m.*** Laca, sobre todo la que lleva colores dorado y plateado: *En el museo de artes populares vimos un grupo de muebles adornados con* ***maque,*** *se veían muy lujosos.*
maqueta ***f.*** **1** Representación a escala reducida de un aparato, un edificio, etc.: *El arquitecto hizo una* ***maqueta*** *del nuevo edificio que van a construir.* **2** Boceto de un libro, revista o disco.
maquiavélico, ca ***adj.*** **1** Relativo al político y escritor italiano Nicolás Maquiavelo, quien escribió tratados sobre el arte de gobernar y la habilidad política. **2** ***Fam.*** Que actúa con astucia y deseo de engañar.
maquiladora ***adj./f. Méx.*** Taller donde se producen manualmente ciertos productos como ropa, juguetes o aparatos electrónicos.
maquilar ***vb.*** {tr.} ***Méx.*** Realizar algunos de los procesos de elaboración de un producto por medio de un contrato con otra industria mayor: *En varios países de Latinoamérica y Asia se* ***maquilan*** *productos de empresas europeas o estadounidenses.*
maquillaje ***m.*** **1** Arte y técnica de maquillar, y acto de maquillar o maquillarse: *Hoy Juana se esmeró en su* ***maquillaje,*** *pues irá a su primera entrevista de trabajo.* **2** Cosmético que uniforma el color del rostro: *"Una vez que te apliques el* ***maquillaje,*** *muy bien extendido, puedes ponerte la pintura de los ojos y los demás cosméticos, me dijo mi hermana mayor".*
maquillar ***vb.*** {tr. y prnl.} **1** Aplicar o aplicarse cosméticos en el rostro: *Antes de salir en televisión, la mayoría de los locutores y actores* ***se maquillan.*** **2** ***Fam.*** Falsear, alterar para dar una idea más positiva de la realidad: *En el noticiero* ***maquillaron*** *la cantidad de víctimas del terremoto, pues dijeron una cifra menor a la real.*
máquina ***f.*** Conjunto de mecanismos combinados para transformar una forma de energía o para facilitar la realización de un trabajo.
maquinación ***f.*** Intriga secreta para obtener algún resultado.
maquinal ***adj.*** Relativo a los movimientos o actos involuntarios: *Rascarnos y parpadear son ejemplos de movimientos* ***maquinales,*** *es decir, que hacemos sin pensar.*
maquinar ***vb.*** {tr.} Tramar algo de manera oculta, en especial para perjudicar a alguien.
maquinaria ***f.*** **1** Conjunto de máquinas. **2** Mecanismo que mueve un aparato: *La* ***maquinaria*** *de un reloj de cuerda es menos precisa que la de un reloj digital.*
maquinilla ***f. Esp.*** y ***Urug.*** Utensilio para afeitar. Sin. **rastrillo.**
maquinista ***m.*** y ***f.*** Persona que construye o dirige máquinas, en especial las relacionadas con las que mueven los

ferrocarriles: *Mi hermano siempre juega con trenes de juguete, le gusta viajar en tren y dice que quiere ser **maquinista** cuando crezca.*

mar ***m.*** y ***f.*** **1** Masa de agua salada que cubre la mayor parte de la superficie de la Tierra. **2** ***Fam.*** Abundancia de algo: *En el siglo XIX, los europeos veían al continente americano como un **mar** de oportunidades.*

mara ***f.*** Roedor parecido a una liebre, pero de orejas cortas y cuello fino, que vive en el centro y sur de Argentina.

marabú ***m.*** Ave zancuda de África y Asia, de pico muy grande y cuello sin plumas.

marabunta ***f.*** **1** Migración masiva de hormigas que devoran todo lo comestible que encuentran. **2** ***Fam.*** Desorden, alboroto: *A la hora de salida de la escuela se arma una **marabunta** por todos los niños que salen al mismo tiempo.*

maraca ***f.*** Instrumento musical de percusión.

marajá ***m.*** Título que ostentaban ciertos soberanos de la India.

maraña ***f.*** **1** Maleza, espesura: *Como hace tanto tiempo que no viene el jardinero, el jardín de la casa está hecho una **maraña**.* **2** Enredo, asunto complicado: *El caso del asesinato es una verdadera **maraña** porque hay pistas que apuntan para muchos lados diferentes.*

maraquero, ra ***m.*** y ***f.*** **1** ***Amér.*** Persona que toca las maracas. **2** *loc. Fam.* **Pulso de ~**, pulso que tiene una persona a quien le tiemblan las manos: *Anselmo sirvió el agua, pero como tiene **pulso de maraquero**, regó la mitad sobre la mesa.*

marasmo ***m.*** **1** Suspensión de una actividad física o mental: *Cuando fuimos a la playa sentíamos tanto calor que caímos en un **marasmo** que nos impedía movernos con facilidad.* **2** Desorden, caos: *La casa es un **marasmo** cuando llegan mis primos a jugar.*

maratón ***m.*** Carrera a pie en la que se recorre una distancia muy larga: *En un **maratón** profesional, los competidores deben recorrer una distancia de 42 km aproximadamente.*

maratónico, ca ***adj. Amér.*** Se aplica algo que exige un esfuerzo extraordinario o tiene una duración extrema: *El trabajo extra resultó una prueba **maratónica**, pero logré terminarlo a tiempo.*

maravedí ***m.*** Antigua moneda española.

maravilla ***f.*** **1** Suceso o cosa extraordinaria: *El Faro de Alejandría era una de las siete **maravillas** del mundo antiguo.* **2** Admiración, asombro: *Es una **maravilla** ver cómo se ha recuperado Jacinto después del accidente.*

maravillar ***vb.*** {tr. y prnl.} Admirar, asombrar: *"Niños y adultos por igual **se maravillan** ante los actos del mago ruso que se presenta en el Teatro del Pueblo", decía el anuncio de la radio.*

maravilloso, sa ***adj.*** Lleno de maravillas, que provoca asombro. SIN. **admirable.**

marbete ***m.*** Etiqueta de control que se adhiere a ciertos productos para indicar su marca, sello de fábrica, contenido y otras características: *El **marbete** sirve para garantizar que un vino o licor es auténtico.*

marca ***f.*** **1** Señal hecha en una persona, animal o cosa para diferenciarla de otras de la misma especie: *Mis cuadernos tienen una **marca** con mi nombre para que no se confundan con los de los otros alumnos.* SIN. **cicatriz. 2** Resultado obtenido por un deportista en una prueba: *Nuestro equipo superó su propia **marca** en la competición.*

marcado, da ***adj.*** Notable, que se distingue.

marcador ***m.*** **1** Tablero en que se anotan los puntos o tantos de una competencia deportiva: *El **marcador** final del partido entre los equipos de Brasil y Camerún fue cero cero.* **2** ***Argent., Méx., Par.*** y ***Urug.*** Rotulador, utensilio para pintar con una tinta especial.

marcapasos ***m.*** Aparato eléctrico que regula el ritmo del corazón: *Como las válvulas del corazón no le funcionaban bien a mi papá, le pusieron un **marcapasos**.*

marcar ***vb. irreg.*** {tr.} **Modelo 17. 1** Hacer una marca en algo para diferenciarlo: ***Marqué** todos mis útiles escolares con la figura de un astronauta para que mis amigos sepan que son míos.* **2** Obtener un tanto en un juego: *El delantero **marcó** el gol que le sirvió al equipo para ganar el partido.*

marcha ***f.*** **1** Acción de marchar, de caminar: *Los campesinos hicieron una **marcha** desde su pueblo hasta la capital para celebrar la fundación de su provincia.* **2** Modo de andar y velocidad con que se hace: *La **marcha** de los niños se vuelve regular y firme alrededor de los tres años.* **3** Ejercicio atlético que consiste en andar: *La **marcha** es una competencia que necesita de mucha resistencia y vigor.* **4** Pieza musical destinada a indicar el paso de la tropa o de un cortejo: *Los soldados de caballería desfilaron al compás de la **marcha** Dragona.*

marchamo ***m.*** Señal que se pone en las aduanas a los paquetes: *Los **marchamos** de las cajas que vimos en la aduana indican que provienen de muchos países del mundo.*

marchante, ta ***m.*** y ***f.*** **1** Persona que se dedica a comprar y vender artículos: *Julián es un **marchante** que vende vegetales en el mercado.* **2** ***Amér.*** Cliente habitual de un comercio: *Mi madre es **marchanta** de esta carnicería porque dice que aquí la carne siempre está fresca y barata.*

marchar ***vb.*** {intr. y prnl.} **1** Andar o funcionar una cosa o asunto: *Las ventas **marchan** bien en el restaurante de la esquina, pues tienen clientes desde el día en que lo inauguraron.* **2** Irse de un lugar: *Lorenzo **se marchó** de su pueblo porque quiere conseguir un trabajo en la ciudad.*

marchista ***m.*** y ***f.*** Atleta que participa en una competencia de marcha: *El juez descalificó al **marchista** porque corrió durante la marcha.*

marchitar ***vb.*** {tr. y prnl.} **1** Secarse, se refiere a la planta que pierde su verdor y aspecto vigoroso: *Jaime compró unas flores para su mamá, pero **se marchitaron** porque las olvidó en su automóvil durante todo el día.* **2** ***Fam.*** Debilitar: *Demasiado trabajo y pocas diversiones **marchitaron** a la joven mujer antes de tiempo.*

marchito, ta ***adj.*** Que ha perdido su vigor y lozanía: *"Esa planta está **marchita**, revisa si no tiene alguna plaga o necesita agua", dijo el jardinero a su ayudante.*

marcial ***adj.*** **1** Relativo a la guerra o a la milicia: *Los soldados deben someterse a las leyes **marciales**.* **2** Gallardo: *El hombre de aspecto **marcial** se acercó a la bella muchacha y le ofreció una rosa.*

marciano, na ***adj.*** Del planeta Marte: *El suelo **marciano** tiene una coloración rojiza.*

marciano, na ***m.*** y ***f.*** Supuesto habitante de Marte: *Muchos filmes de ciencia ficción tratan de **marcianos** que atacan la Tierra.*

marco ***m.*** **1** Cerco que rodea algunas cosas: *El **marco** de la puerta es de madera y se hinchó cuando le cayó agua de lluvia.* **2** Antigua unidad monetaria de Alemania y Finlandia.

marea ***f.*** Movimiento de ascenso y descenso de las aguas del mar: *Las fases de la Luna influyen en las **mareas**.*

mareado, da ***adj.*** **1** Que padece mareos: *Llegó **mareada** a trabajar porque no había comido nada.* **2** Desfallecido.

mareante ***adj.*** **1** Que produce mareo: *No soporto el **mareante** vaivén de las embarcaciones.* **2** Que causa molestia o enfado por su constante movimiento o pesadez: *Su verborrea es **mareante**, no hay quien lo escuche con gusto más de cinco minutos.*

mareante ***m.*** y ***f.*** Navegante.

marear ***vb.*** {tr., intr. y prnl.} **1** Sentir mareo: *Siempre que Francisco sube a un avión* ***se marea*** *y siente deseos de vomitar.* **2** Aturdir, molestar: *Me* ***mareó*** *el ruido de todas las personas que estaban en la sala.*

marejada ***f.*** Movimiento agitado del mar, que no llega a convertirse en un temporal: *Debido a la* ***marejada,*** *el agua llegó hasta los hoteles que se encuentran en la playa.*

maremagno o **mare mágnum** ***m.*** Abundancia, confusión: *El aeropuerto es un* ***maremagno*** *durante los días de lluvia porque los vuelos se retrasan o se cancelan.*

maremoto ***m.*** Sismo o temblor en el mar: *El* ***maremoto*** *provocó olas de varios metros de alto.*

mareo ***m.*** Trastorno o malestar que puede provocar vómitos: *Cuando fuimos a pasear en balsa, mi hermana me dio una píldora para evitar los* ***mareos.***

marfil ***m.*** **1** Parte dura de los dientes cubierta por el esmalte. **2** Material del que están hechos los colmillos de los elefantes: *Como el* ***marfil*** *de los elefantes vale mucho dinero, muchos de estos animales han sido sacrificados para robarles sus colmillos.*

marga ***f.*** Roca que se usa como abono y para fabricar cemento.

margarina ***f.*** Sustancia grasa comestible, elaborada a partir de aceites vegetales: *La gente que tiene mucho colesterol en la sangre debe consumir* ***margarina*** *en lugar de manteca o mantequilla.*

margarita ***f.*** **1** Nombre de diversas plantas herbáceas, de flores con el centro amarillo y pétalos blancos. **2** Flor de las plantas llamadas margarita.

margen ***m.*** **1** Extremidad u orilla de una cosa: *A mi hermana le gusta descansar en el* ***margen*** *del río.* **2** Espacio en blanco alrededor de una página: *La maestra escribió sus correcciones a mi trabajo en el* ***margen*** *derecho de las hojas.* **3** Raya que se coloca en un extremo de la página que se va a escribir, para crear un espacio lateral: *Durante los primeros días de escuela, los maestros nos pidieron dibujar* ***márgenes*** *rojos en los cuadernos.* **4** *loc.* **Al ~,** apartado, sin intervenir: *Rosalba se quedó* ***al margen*** *del problema entre sus amigos porque a los dos los quiere mucho.* **5** *loc.* **Dar de ~,** ofrecer oportunidad, espacio: *El maestro me pidió un trabajo para hoy, pero como estaba enfermo me* ***dio de margen*** *un día más y se lo entregaré mañana.*

margesí ***m. Perú.*** Inventario de los bienes del Estado, de la Iglesia y de las corporaciones oficiales.

marginación ***f.*** Aislamiento.

marginado, da ***adj.*** Se aplica a las personas que viven al margen de la sociedad, ya sea porque sus condiciones les impiden integrarse o porque no quieren someterse a las normas: *Aunque son diferentes entre sí, los muy pobres y los punks se parecen en que ambos son* ***marginados.***

marginal ***adj.*** **1** Que se encuentra en el extremo de una cosa. **2** Que no es importante: *Durante este mes las ganancias de la tienda fueron* ***marginales,*** *de sólo unos cuantos cientos de pesos.* **3** Se dice de las personas que viven apartadas de la sociedad y también de sus costumbres: *Las personas con menos ingresos viven en las zonas* ***marginales*** *de las ciudades.*

marginar ***vb.*** {tr.} **1** Dejar márgenes en un escrito. **2** Poner a una persona o grupo en condiciones sociales o económicas de inferioridad: *El dueño de la empresa piensa que Luisa es culpable del robo y por eso trata de* ***marginarla.***

mariachi ***m.*** **1** ***Méx.*** Integrante de un grupo de músicos, originalmente de Jalisco, México. **2** ***Méx. Fam.*** Persona poco hábil para alguna actividad: *Daniel es un* ***mariachi*** *para jugar fútbol, se pasa más tiempo en el césped que de pie.*

mariano, na ***adj.*** En el catolicismo, relativo a la Virgen María y a su culto: *Las pinturas* ***marianas*** *fueron muy abundantes durante la época del Renacimiento.*

marica ***m.*** **1** ***Fam. Desp.*** Hombre afeminado u homosexual. **2** ***Fam. Desp.*** Hombre chismoso y cobarde.

maricón ***m.*** **1** ***Fam. Desp.*** Hombre homosexual. **2** ***Fam. Desp.*** Persona despreciable. **3** ***Fam. Desp.*** Persona cobarde.

maridaje ***m.*** Unión y conformidad de los cónyuges, grupos o partidos políticos: *Mis padres viven en* ***maridaje*** *desde hace veinte años y su relación es muy sólida.*

marido ***m.*** Hombre casado, con respecto a su mujer.

marihuana o **mariguana** ***f.*** Nombre del cáñamo índico, cuyas hojas fumadas producen efecto narcótico.

marimacha ***f.*** Mujer que por su forma de actuar es considerada poco femenina o parecida a un hombre.

marimba ***f. Amér.*** Instrumento musical que consiste en una serie de tablas delgadas de distintos tamaños, colocadas sobre unos tubos metálicos, las cuales se golpean con unas baquetas gruesas que tienen en la punta una bola dura: *La* ***marimba*** *es un instrumento muy utilizado en la música tradicional de los estados del sureste de México.*

marimorena ***f. Esp.*** Pelea, riña.

marina ***f.*** **1** Arte o ciencia de la navegación: *Pedro estudia* ***marina*** *porque quiere aprender a conducir un barco.* **2** Potencia naval de una nación: *En el siglo XVI, la* ***marina*** *española era una de las más poderosas de Europa.*

marinería ***f.*** **1** Profesión de los marineros. **2** Conjunto de los marineros de un barco: *La* ***marinería*** *gritó de gusto cuando el capitán les anunció que, al llegar al próximo puerto, tendrían dos días francos.*

marinero ***m.*** Hombre que presta sus servicios en un barco: *Los* ***marineros*** *pueden pasar varias semanas sin tocar tierra firme.*

marinero, ra ***adj.*** Relativo a la marina: *Los pantalones* ***marineros*** *son acampanados en la parte baja de la pierna.*

marino ***m.*** y ***f.*** Experto en navegación: *Abelardo es un* ***marino*** *que construyó su propio barco.*

marino, na ***adj.*** **1** Relativo al mar: *Los salmones son peces* ***marinos*** *porque viven en el mar, pero también son de agua dulce porque nacen y ponen sus huevecillos en los ríos.* **2** Zona de terreno próxima al mar: *Es peligroso construir casas en la franja* ***marina*** *porque los huracanes pueden destruirlas.*

marioneta ***f.*** Títere: *Las articulaciones de las* ***marionetas*** *se mueven por medio de hilos.*

mariposa ***f.*** **1** Insecto con cuatro alas de vistosos colores: *Las* ***mariposas*** *monarca tienen alas de un vivo color anaranjado con manchas negras.* **2** *loc.* **De ~,** modalidad de la natación en la que los brazos se proyectan juntos hacia adelante: *El nadador Mark Spitz fue campeón en la categoría* ***de mariposa*** *en las Olimpiadas de Munich, en 1972.*

mariquita ***f.*** Insecto de color anaranjado con siete puntos negros. SIN. **catarina.**

mariquita ***m. Fam.*** Marica, homosexual.

mariscal ***m.*** **1** En algunos ejércitos, una de las más altas graduaciones. **2** *loc.* **~ de campo,** en fútbol americano, quien da las indicaciones de las jugadas: *Joe Montana ha sido uno de los mejores* ***mariscales de campo*** *de todos los tiempos.*

marisco ***m.*** Animal marino invertebrado y comestible: *Carlos es alérgico a algunos* ***mariscos*** *como los camarones y los ostiones.*

marisma ***f.*** Terreno pantanoso cercano a la costa.

marital ***adj.*** Relativo al marido o a la vida conyugal: *Si se desea mantener una vida* ***marital*** *armónica, es importante que los esposos se comuniquen entre sí.*

marítimo, ma ***adj.*** Relativo al mar: *Buscando una vía* ***marítima*** *hacia las Indias, Colón llegó al lugar que hoy conocemos como América.*

marketing ***m.*** **Palabra de origen inglés.** Mercadotecnia.

marlín ***m.*** Pez espada de gran tamaño que vive en los mares de América: *En la novela* El Viejo y el mar, *de Ernest Hemingway, un pescador lucha a muerte con un gigantesco* ***marlín.***

marlo ***m.*** **1** *Amér. Merid.* Mazorca de maíz desgranada. SIN. **olote. 2** *Argent., Chile* y *Urug.* Tronco de la cola de los caballos.

marmita ***f.*** Olla de metal con asas y tapa ajustada.

mármol ***m.*** Roca caliza, con vetas de colores variados: *Muchas esculturas famosas han sido hechas de* ***mármol,*** *como el* David *del artista italiano Miguel Ángel.*

marmolina ***f.*** *Argent., Chile* y *Urug.* Estuco de cal y polvo de mármol.

marmolista ***m.*** y ***f.*** Persona que trabaja el mármol o lo vende.

marmóreo, a ***adj.*** De mármol o parecido a él: *Durante el juicio, el acusado estaba tan serio y pálido que su rostro* ***marmóreo*** *impresionaba.*

marmota ***f.*** **1** Mamífero roedor de unos 50 cm de largo con hábitos nocturnos, que vive en pequeños grupos e hiberna durante varios meses. **2** *Fam.* Persona que duerme mucho: *Juliana es una* ***marmota*** *que los fines de semana se despierta a las dos de la tarde.*

maroma ***f.*** **1** Cuerda gruesa. **2** *Amér.* Función y pirueta de un acróbata: *Cuando nadie lo esperaba, el equilibrista bajó del cable con una espectacular* ***maroma.*** **3** *Amér.* Cambio oportunista de opinión o de partido político.

maromero, ra ***m.*** y ***f.*** *Amér.* Acróbata, saltimbanqui: *El circo que llegó al pueblo trae unos* ***maromeros*** *muy hábiles.*

marometa ***f.*** Acrobacia: *La niña va a su clase de gimnasia y cuando regresa a casa le muestra a la familia las* ***marometas*** *que le enseñó la maestra.*

marqués, quesa ***m.*** y ***f.*** Título nobiliario inferior al de duque y superior al de conde: *El* ***marqués*** *de Santillana fue un escritor español que vivió de 1398 a 1458, cuyo nombre era Íñigo López de Mendoza.*

marquesina ***f.*** **1** Especie de cubierta que sobresale de los edificios para resguardarse de la lluvia. **2** Espacio en la fachada de los cines o teatros, donde se anuncian los espectáculos del día: *El gran deseo de Anabel es ver su nombre en la* ***marquesina*** *de un teatro de Broadway, en Estados Unidos de América.*

marquesote ***m.*** *Hond.* y *Nicar.* Postre cocido al horno con figura de rombo.

marquetería ***f.*** Trabajo con maderas finas: *Es un escritorio muy caro, ya que además de ser antiguo tiene un fino trabajo de* ***marquetería.***

marranada ***f.*** *Fam.* **1** Cosa hecha con descuido y suciedad: *Este trabajo es una* ***marranada,*** *voy a exigirle al mecánico que me devuelva mi dinero.* **2** Acción indecente: *Felipe le hizo una* ***marranada*** *a Jacobo: le pidió prestados unos discos y los vendió sin su consentimiento.*

marranear ***vb.*** {tr.} *Colomb.* Engañar: *Efraín nos* ***marraneó,*** *dijo que no estaría en casa y luego lo vimos por la ventana.*

marrano, na ***adj.*** *Fam.* Se dice de la persona sucia y desaseada: *Heriberto es un* ***marrano*** *que toma la comida con las manos y se limpia los dedos con la lengua.*

marrano, na ***m.*** y ***f.*** **1** Cerdo, cochino. SIN. **puerco, chancho. 2** *Fam.* Persona o animal sucio.

marraqueta ***f.*** *Chile* y *Perú.* Conjunto de varios panes pequeños que se cuecen en una sola pieza.

marrón ***adj.*** De color llamado marrón.

marrón ***m.*** Color castaño o café, parecido al de las barras de chocolate.

marroquí ***adj./m.*** y ***f.*** De Marruecos, país del norte de África.

marroquinería ***f.*** Industria y comercio de artículos de piel.

marrueco ***m.*** *Chile.* Bragueta del pantalón.

marrullería ***f.*** Astucia para engañar: *Como no tiene talento para el trabajo, Julia usó* ***marrullerías*** *para que su jefe la ayude y le pague más.*

marrullero, ra ***m.*** y ***f.*** Persona con capacidad de engañar, embaucar: *El empleado de la bodega es un hombre* ***marrullero*** *que lleva sólo un mes trabajando en esta empresa y ya engañó a su jefe para que le pague más.*

marsopa ***f.*** Mamífero marino parecido al delfín, de alrededor de metro y medio de largo, común en el Océano Atlántico.

marsupial ***m.*** Mamífero cuya hembra posee una bolsa en el vientre donde las crías completan su desarrollo: *Los* ***marsupiales*** *más conocidos son los canguros.*

marsupio ***m.*** Bolsa en el vientre de los mamíferos marsupiales: *Observábamos a los canguros en el zoológico cuando de pronto, del* ***marsupio*** *de una hembra salió un cangurito ya bastante crecido.*

marta ***f.*** Mamífero carnívoro de piel muy estimada: *Por desgracia, las pieles de muchas* ***martas*** *se encuentran en los hombros de algunas señoras ricas y frívolas.*

martajar ***vb.*** {tr.} *Méx.* Quebrar o picar algo hasta hacerlo trozos menudos: *"Para hacer esta salsa hay que* ***martajar*** *muy bien los tomates y los chiles", indicó mi abuela.*

martes ***m.*** Segundo día de la semana: *El* ***martes*** *fue llamado así en honor del dios Marte.*

martillar ***vb.*** {tr. y prnl.} Golpear una cosa con el martillo: *Gilberto ha* ***martillado*** *durante toda la tarde la pared y no encuentra por dónde pasa la instalación eléctrica.*

martillazo ***m.*** Golpe dado con el martillo: *No me fijé y me di un* ***martillazo*** *tan fuerte en la mano que tuve que ir al hospital.*

martillero ***m.*** *Argent., Chile* y *Perú.* Dueño o encargado de un establecimiento para las subastas públicas.

martillo ***m.*** **1** Herramienta que se utiliza para golpear, formada por una cabeza metálica y un mango: *Cuando trataba de introducir un clavo en la pared, me di un golpe en el pulgar con el* ***martillo*** *y se me puso morado.* **2** Primer huesecillo del oído medio.

martinete ***m.*** Ave parecida a la garza, de alrededor de 50 cm de largo, con plumaje verde oscuro en el dorso.

martingala ***f.*** *Esp.* Artimaña, artificio, engaño.

martiniqués, quesa ***adj./m.*** y ***f.*** De Martinica, isla de las pequeñas Antillas.

mártir ***m.*** y ***f.*** Persona que ha sufrido o sufre martirio por defender sus creencias religiosas: *San Esteban, a quien mataron a pedradas, fue el primer* ***mártir*** *cristiano.*

martirio ***m.*** **1** Muerte o tormento que alguien padece a causa de sus opiniones o fe religiosa. **2** Sufrimiento físico o moral: *Estos zapatos son un* ***martirio*** *porque cada vez que los uso me salen ampollas en los dedos.*

marxismo ***m.*** Doctrina de Carlos Marx, filósofo y economista alemán.

marzo ***m.*** Tercer mes del año: *En el hemisferio Norte, el 20 o 21 de* ***marzo*** *entra la primavera.*

más ***adv.*** **1** Denota mayor cantidad o intensidad: *La selección de fútbol de Brasil ha ganado* ***más*** *campeonatos* *mundiales que cualquier otra selección del mundo.* **2** *loc.* **~ bien,** por el contrario: *Ruperto no es un niño grosero,* ***más bien*** *está educado.* **3** *loc.* **Por ~ que,** aunque: ***Por más que*** *mi hermano diga que lavó su camisa, esa mugre en los puños demuestra lo contrario.*

mas ***conj.*** Pero: *"Quiero verte,* ***mas*** *hoy no puedo, ¿podríamos vernos mañana?", le dije a mi novio.*

más ***m.*** Signo de la suma (+): *Cinco* ***más*** *cinco es igual a diez.*

masa ***f.*** **1** Mezcla de un líquido con una sustancia sólida: *Para preparar la* ***masa*** *de la pizza se necesita harina, agua, sal y levadura.* **2** Volumen: *Se necesita mucha tela para forrar la gran* ***masa*** *de su gordo cuerpo.*

masacre ***f.*** **1** Matanza colectiva: *El militar Adolfo Hitler fue el culpable de las* ***masacres*** *contra los judíos que ocurrieron durante la Segunda Guerra Mundial.* SIN. **matazón.** **2** *Fam.* En algunos deportes, triunfo aplastante de un equipo sobre otro: *Fue una* ***masacre,*** *les ganaron por ocho goles a cero.*

masaje ***m.*** Fricción o gulpecillos que se dan en alguna parte del cuerpo con fines terapéuticos o higiénicos: *Cuando uno está cansado, es muy agradable recibir un* ***masaje*** *en el cuello y la espalda.*

masajear ***vb.*** {tr., intr. y prnl.} Aplicar un masaje en una zona del cuerpo o en todo él: *A Jaime le gusta* ***masajear*** *sus pies antes de dormir.*

masajista ***m.*** y ***f.*** Persona que da masajes: *Un buen* ***masajista*** *no te lastima aunque apriete fuerte tus músculos.*

mascabado ***m.*** Azúcar no refinada que se empaca junto con su melaza: *Al* ***mascabado*** *algunos le llaman azúcar morena.*

mascada ***f.*** ***Méx.*** Pañuelo grande para la cabeza, el cuello o los hombros: *Georgina tiene una colección de* ***mascadas*** *de todos colores y las combina con sus trajes para ir a la oficina.*

mascar ***vb. irreg.*** {tr.} **Modelo 17.** Partir y deshacer con los dientes: *Es importante* ***mascar*** *varias veces los alimentos para facilitar el proceso de la digestión.* SIN. **masticar.**

máscara ***f.*** **1** Objeto con el que se cubre la cara. *Durante los carnavales mucha gente usa* ***máscaras*** *muy vistosas.* **2** Disfraz.

mascarilla ***f.*** **1** Máscara que sólo cubre la parte superior del rostro. **2** Máscara de cirujano: *Para proteger al paciente de cualquier clase de contagio por bacterias, el cirujano se coloca una* ***mascarilla*** *desechable de tela que le cubre nariz y boca.* **3** Máscara para inhalar gases: *Hace tiempo, para anestesiar a un paciente antes de una operación, se le colocaba una* ***mascarilla*** *a través de la cual aspiraba éter.* **4** Sustancias que se colocan en el rostro con fines de belleza: *Cada semana, Diana se pone una* ***mascarilla*** *de pepinos porque dice que le suaviza la piel.*

mascarón ***m.*** **1** Máscara de fantasía usada en arquitectura para decorar las fachadas de los edificios. **2** *loc.* **~ de proa**, figura decorativa colocada en la proa, que es la parte delantera de los barcos.

mascota ***f.*** **1** Animal doméstico: *A Gonzalo le regalaron como* ***mascota*** *un perro.* **2** Persona, animal o cosa que trae suerte, en especial las que usan los equipos deportivos.

masculino, na ***adj.*** **1** Propio del hombre: *El bigote y la barba son características* ***masculinas.*** **2** Relativo al varón o al ser dotado de órganos para fecundar: *Los órganos reproductores externos* ***masculinos*** *son los testículos y el pene.* **3** Que tiene la forma atribuida gramaticalmente a los nombres que designan, en principio, seres del género masculino: *La palabra* niño *es del género* ***masculino.***

mascullar ***vb.*** {tr.} Hablar entre dientes: *Es difícil entender lo que dice mi abuelo porque en lugar de hablar,* ***masculla.***

masetero ***m.*** Músculo elevador de la mandíbula inferior.

masilla ***f.*** Mezcla pastosa usada para rellenar huecos o cavidades, mastique.

masita ***f.*** ***Amér. Merid.*** y ***R. Dom.*** Bizcocho suave: *La señora Johnson es una mujer inglesa que siempre toma el té a las cinco y lo acompaña con* ***masitas.***

masivo, va ***adj.*** Que actúa o se hace en gran cantidad: *Como en todas las escuelas se utilizan los mismos libros de texto, la editorial hizo una edición* ***masiva.***

masón ***m.*** Miembro de una asociación secreta internacional que propone principios de fraternidad.

masonería ***f.*** Asociación secreta internacional, cuyos miembros profesan principios de fraternidad.

masónico, ca ***adj.*** Que pertenece o es propio de la hermandad de los masones: *Algunos políticos pertenecen a logias* ***masónicas.***

masoquismo ***m.*** **1** Perversión sexual de quien goza cuando sufre maltrato. **2** Comportamiento de las personas que disfrutan al ser maltratadas o humilladas.

masoquista ***adj./m.*** y ***f.*** Persona a quien le gusta sufrir. ANT. **sádico.**

masoterapia ***f.*** Sistema curativo a base de masaje: *Para rehabilitar su pierna, Paco tiene que acudir a* ***masoterapia*** *tres veces por semana y además hacer unos ejercicios especiales.*

mastaba ***f.*** Monumento funerario egipcio en forma de pirámide truncada.

masticación ***f.*** Acción mediante la cual se trituran los alimentos en la boca, para comenzar a digerirlos.

masticar ***vb. irreg.*** {tr.} **Modelo 17.** Desmenuzar, triturar con los dientes: *Esta carne parece algodón de azúcar, la* ***mastiqué*** *dos veces y se deshizo.* SIN. **mascar.**

mástil ***m.*** **1** Palo de un barco: *Desde lo alto de un* ***mástil*** *de la carabela, Rodrigo de Triana, quien venía con Cristóbal Colón, fue el primer español en ver la tierra que ahora conocemos como América.* **2** Parte más estrecha de algunos instrumentos de cuerda.

mastín, tina ***adj./m.*** y ***f.*** Raza de perros guardianes: *La familia desataba a los bravos* ***mastines*** *por la noche para que cuidaran la casa.*

mastique ***m.*** Pasta que se utiliza para rellenar huecos o fijar cosas, como los vidrios de las ventanas. SIN. **masilla.**

mastodonte ***m.*** Mamífero extinto parecido al mamut.

mastuerzo ***adj.*** **1** Planta comestible que se cultiva en huerta o jardín. **2** Torpe, necio, grosero.

masturbación ***f.*** Acción y efecto de masturbarse.

masturbarse ***vb.*** {prnl.} Procurarse uno mismo goce sexual.

mata ***f.*** Cualquier arbusto de poca altura, de tallo leñoso muy ramificado.

matadero ***m.*** Lugar donde se mata al ganado: *En el* ***matadero*** *les quitan la piel y las vísceras a las vacas muertas.*

matador ***m.*** Torero: *El* ***matador*** *brindó el primer toro de la tarde a su bella novia.*

matadura ***f.*** Llaga que el roce de los aparejos produce a las caballerías: *Las* ***mataduras*** *deben curarse pronto, porque de otro modo podrían agusanarse.*

matambre ***m.*** **1** ***Argent.*** y ***Urug.*** Lonja de carne que se saca de entre el cuero y las costillas del ganado vacuno. **2** ***Argent.*** Guiso hecho con la capa de carne llamada matambre: *Comimos un delicioso* ***matambre*** *frío relleno con huevo, pan rallado, ajo y perejil.*

a b c d e f g h i j k l m n o p q r s t u v w x y z

matanza ***f.*** **1** Acción y efecto de matar: *Hombres crueles realizaban **matanzas** de focas pequeñas para luego vender sus pieles, pero por fortuna hoy están protegidas.* **2** Mortandad de personas. SIN. **masacre. 3** Acción y temporada de matar los cerdos y preparar su carne.

matar ***vb.*** {tr. y prnl.} Quitar la vida: ***Matar** a alguien es un delito muy grave.*

matarife ***m.*** Hombre que en los mataderos se encarga de matar y descuartizar a las reses.

matasanos ***m. Desp. Fam.*** Médico ineficiente: *El **matasanos** del hospital le dijo a Norma que su malestar era por una indigestión; luego ella fue a consultar a otro médico y resultó que estaba embarazada.*

matasellos ***m.*** Instrumento y marca usados para inutilizar los sellos de las cartas.

matasuegras ***m. Méx.*** Juguete que consiste en un tubo de papel enrollado, que se estira al soplarle y produce un sonido. SIN. **espantasuegras.**

matazón ***f. Amér. C., Colomb., Cuba, Méx.*** y ***Venez. Fam.*** Matanza de personas. SIN. **masacre.**

mate ***adj.*** Que no tiene brillo, opaco: *A Eugenia le gustan las fotografías impresas en papel **mate** porque dice que se aprecian mejor.*

mate ***m.*** **1** Conjunto de hojas secas de la planta llamada mate e infusión o té que se prepara con estas hojas. **2** ***Amér. Merid.*** Calabaza seca y sin pulpa que se utiliza para servir la infusión de yerba mate. SIN. **galleta. 3** ***Bol.*** y ***R. de la P.*** Arbusto originario de América del Sur. **4** ***R. de la P.*** Cualquier recipiente que se emplea para tomar la infusión de yerba mate. **5** ***Bol.*** y ***R. de la P.*** Infusión de cualquier hierba medicinal que se toma con bombilla. **6** ***Chile*** y ***R. de la P. Fam.*** Cabeza humana. **7** ***Bol., Chile*** y ***R. de la P.*** Juicio, talento.

mate ***m.*** En ajedrez, jugada que pone término a la partida cuando el rey queda acorralado: *Era muy hábil en el ajedrez, podía dar **mate** en pocos movimientos.*

matemáticas ***f. pl.*** Ciencia que trata de los números y de las figuras geométricas.

matemático, ca ***adj.*** Relativo a las matemáticas: *Para aprobar esta materia es necesario saber cómo resolver problemas **matemáticos** aplicando el cálculo integral.*

matemático, ca ***m.*** y ***f.*** Especialista en matemáticas.

materia ***f.*** **1** Sustancia de la que están hechas todas las cosas: *La cantidad de **materia** que existe en el Universo es enorme.* **2** Lo opuesto al espíritu. **3** Tema que se trata o estudia: *En la educación básica estudié cuatro **materias**: lengua española, matemáticas, ciencias naturales y ciencias sociales.* **4** ***loc. Fam.*** ~ **gris,** inteligencia, ingenio.

material ***adj.*** **1** Relativo a la materia: *En el mundo existe mucha gente pobre que no puede satisfacer sus necesidades **materiales** más importantes como comida y ropa.* **2** Físico, opuesto a lo espiritual.

material ***m.*** **1** Materia que se necesita para hacer una obra: *El camión trajo hoy el **material** para la construcción de la casa.* **2** Sustancia de la que algo está hecho: *La piedra era uno de los **materiales** más usados para construir casas hasta que comenzó a usarse el acero.*

materialismo ***m.*** Doctrina que considera la materia como la realidad más importante.

materialista ***adj./m.*** y ***f.*** **1** Persona que valora en exceso los bienes materiales: *Ese empresario es un hombre **materialista** a quien sólo le interesa ganar dinero.* **2** Relativo al materialismo. **3** ***Méx. Fam.*** Camión que transporta materiales para construcción: *Hoy vino un camión **materialista** a dejar los ladrillos que necesita el albañil.*

materializar ***vb. irreg.*** {tr. y prnl.} **Modelo 16. 1** Representar algo bajo forma material. **2** Realizar, llevar a cabo: *Sus sueños de tener una mascota **se materializaron** cuando le regalaron un perro.*

materialmente ***adv.*** En realidad, de hecho, por completo: *Me parece **materialmente** imposible lo que exigió ese editor, nadie puede escribir mil páginas por semana.*

maternal ***adj.*** Que tiene el instinto de la madre: *Mi gata es **maternal** con sus cachorros: los cuida, los alimenta, los limpia y juega con ellos.*

maternidad ***f.*** **1** Estado o calidad de madre: *Antes se consideraba que la **maternidad** era la única meta de todas las mujeres.* **2** Hospital donde se atiende a las parturientas: *La mujer no alcanzó a llegar a la **maternidad** y el bebé nació en la ambulancia.*

materno, na ***adj.*** Relativo a la madre: *La leche **materna** es el mejor alimento para los bebés recién nacidos.*

matete ***m.*** **1** ***Argent.*** y ***Urug.*** Desorden: *Mi hermano tiene un **matete** en el mate que no sabe si llegará a entender las matemáticas.* **2** ***Argent.*** y ***Urug.*** Pelea, disputa, pleito: *Anoche se armó un **matete** porque unos muchachos rompieron las ventanas de una casa.* **3** ***Argent.*** y ***Urug.*** Mezcla de sustancias deshechas en un líquido que forma una masa sin consistencia.

matinal ***adj.*** Matutino, relativo a la mañana: *A las once de la mañana mi maestra bebe un café **matinal** acompañado con galletas.*

matiz ***m.*** **1** Cada uno de los tonos o variaciones que puede tener un color: *Rogelio tiene los ojos de un color raro: es un **matiz** de azul.* **2** Rasgo o aspecto que da a una cosa un carácter determinado: *Aunque es severa, Julia resultó ser una persona muy generosa, no conocía ese **matiz** de su personalidad.*

matizado ***adj.*** **1** Coloreado con diversos tonos o colores muy entremezclados: *Es un cuadro **matizado** de rojo y amarillo.* **2** Irisado, manchado, nubarrado, salpicado. **3** Moteado.

matizar ***vb. irreg.*** {tr.} **Modelo 16. 1** Armonizar los colores: *"Si pintas el techo de gris, debes **matizar** tu habitación pintando de un color claro las paredes para que no se vea oscura", me dijo mi padre.* **2** Darle a un color un tono determinado: ***Maticé** la pintura roja con un poco de blanco y quedó un color claro y alegre.*

matojo ***m. Desp.*** Mata, hierba: *Los **matojos** que salieron en la huerta podían perjudicar los rosales, así que los arrancamos.*

matón, tona ***m.*** y ***f. Fam.*** Persona violenta que provoca peleas o que trata de atemorizar a la gente.

matorral ***m.*** Terreno lleno de maleza o conjunto de arbustos de poca altura: *Ahí entre los **matorrales** se pueden encontrar animales pequeños, como conejos y ratones.*

matraca ***f.*** Instrumento de madera que produce un ruido estridente: *Los fanáticos del fútbol hacen mucho ruido en los estadios con sus **matracas** y cornetas.*

matraz ***m.*** Vasija esférica de cristal, terminada en un tubo: *En el laboratorio de química usamos un **matraz** para calentar sustancias cuando hacemos experimentos.*

matrero, ra ***adj.*** **1** Astuto: *Ese coyote **matrero** baja del monte todos los días para llevarse un pollo y nadie ha podido atraparlo.* **2** ***Amér. Merid.*** Relativo al fugitivo que se refugia en el monte para huir de la justicia.

matriarcado ***m.*** Organización social en la que mandan las mujeres.

matriarcal ***adj.*** Relativo al matriarcado: *Muchas tribus de diferentes grupos étnicos en el mundo están organizadas de manera **matriarcal**.*

matricida ***m.*** y ***f.*** Asesino de su propia madre.

matricidio ***m.*** Acción de matar a la propia madre: *El emperador Nerón cometió **matricidio** y además incendió Roma.*

matrícula *f.* **1** Lista de los nombres de las personas o cosas que se inscriben para un fin determinado: *La población ha crecido, por eso ha aumentado la **matrícula** de las escuelas primarias.* **2** Placa metálica que contiene números y letras para identificar los vehículos: *"¿Alguien logró apuntar la **matrícula** del automóvil que chocó contra el de mi padre?", pregunté a la gente.* SIN. **placa, patente.**

matricular *vb.* {tr. y prnl.} Inscribir a alguien o inscribirse uno en una matrícula o lista que tiene un fin determinado: *Cuando se fueron a vivir a otra ciudad, la mamá **matriculó** a su hija en la escuela más cercana a su nueva casa.*

matrimonial *adj.* Relacionado con el matrimonio: *Como ya se van a casar compraron una cama **matrimonial,** porque es más ancha que las camas individuales.*

matrimonio *m.* **1** Acto solemne por el que un hombre y una mujer establecen entre sí una unión regida por las leyes en vigor en un país, por las leyes religiosas o por la costumbre: *Antes de la ceremonia religiosa tuvo lugar el **matrimonio** civil.* **2** Unión de un hombre y una mujer ante la ley con el objeto de formar una familia: *Durante sus veinte años de **matrimonio** los señores Rodríguez han procreado cuatro hijos.* **3** Ceremonia y fiesta organizadas para celebrar el acto solemne llamado matrimonio. **4** Uno de los siete sacramentos de la Iglesia católica. **5** *Fam.* Pareja formada por un hombre y una mujer que se han casado: *Vino un **matrimonio** joven buscando un departamento para alquilar.*

matriz *f.* **1** Órgano de gestación en la mujer y en las hembras de los mamíferos: *Dentro de la **matriz** se forman y crecen los bebés antes de nacer.* SIN. **útero. 2** Molde en que se vacían metales o plásticos fundidos, para producir muchos objetos iguales.

matrona *f.* **1** Madre de familia. **2** Comadrona, partera: *"Ya no hay tiempo para traer al doctor de la ciudad, busca a la **matrona** del pueblo para el parto de Ana."*

matute *m.* Introducción de productos de contrabando.

matutino, na *adj.* Relativo a las horas de la mañana: *Humberto va a la secundaria en horario **matutino;** otros niños tienen el turno de la tarde, o sea el vespertino.*

maula *adj.* **1** *Argent., Perú* y *Urug.* Cobarde, despreciable: *Un perro **maula** se me acercó por detrás y me mordió la pierna.* **2** *Chile.* Persona necia, hipócrita, disimulada.

maullar *vb. irreg.* {intr.} **Modelo 13.** Emitir sonidos el gato: *Cuando **maúllan,** algunos gatos se oyen como bebés llorando.*

maullido *m.* Voz del gato: *Cuando los gatos están en celo, sus **maullidos** son constantes y de gran volumen.*

mausoleo *m.* Monumento funerario: *El Taj Mahal, uno de los edificios más bellos del mundo, es un **mausoleo** que fue construido en memoria de la emperatriz Mumtazi Mahall en la India.*

maxilar *adj.* Relativo a la mandíbula.

maxilar *m.* Cada uno de los huesos de la cara que forman la mandíbula.

máxima *f.* Sentencia que resume un principio moral o un juicio general: *"Haz el bien sin mirar a quién" es una **máxima** que predica la generosidad.*

máxime *adv.* Más aún, con mayor motivo o más razón.

máximo *m.* Límite superior o extremo a que puede llegar una cosa: *El cuerpo del corredor estaba preparado para dar el **máximo** en la competencia.*

máximo, ma *adj.* Mayor o más importante en su especie o clase: *El músico italiano Paganini fue uno de los **máximos** intérpretes y compositores del violín.*

maya *adj.* De un pueblo amerindio que habita la península de Yucatán en México y parte de Guatemala: *La cultura **maya** fue una de las más importantes antes de que llegaran los españoles a América por sus importantes adelantos astronómicos y matemáticos.*

maya *m.* Lengua hablada por el pueblo establecido en Yucatán y parte de Guatemala: *En algunas regiones de Yucatán la gente todavía habla **maya.***

maya *m.* y *f.* Persona perteneciente al pueblo establecido en Yucatán y parte de Guatemala: *Como a los **mayas** les interesaba la astronomía, construyeron observatorios que se conservan hasta nuestros días.*

mayate *m.* Coleóptero, escarabajo de color verde o negro que vive en México.

mayestático, ca *adj.* Relativo a la majestad: *Con un gesto **mayestático,** el príncipe iba saludando a la multitud.*

mayo *m.* Quinto mes del año.

mayonesa *f.* Salsa de aceite y yema de huevo: *El atún sabe bien preparado en ensalada, con **mayonesa** y verduras.*

mayor *adj.* **1** Más grande: *La escuela donde estudia Clara tiene un tamaño **mayor** que donde estudia Cecilia.* **2** De edad avanzada: *Mi abuelo es una persona **mayor** que tiene 65 años.*

mayor *m.* Grado militar de algunos países, que equivale al de comandante.

mayor *m.* y *f.* **1** Adulto: *Los **mayores** tienen conversaciones que a veces aburren a los niños.* **2** *loc.* **Al por ~,** en gran cantidad: *Los grandes almacenes compran sus mercancías **al por mayor.***

mayoral *m.* Capataz en las cuadrillas de trabajadores del campo.

mayorazgo *m.* **1** Institución que perpetúa en una familia la propiedad de ciertos bienes. **2** Poseedor y conjunto de estos bienes. **3** Hijo mayor de una familia, heredero de las propiedades.

mayordomo *m.* Jefe del servicio y administración de una casa: *En muchas novelas inglesas de misterio, el **mayordomo** resulta ser el asesino.*

mayoreo *m.* Comercio en grandes cantidades: *Ésa es una tienda de **mayoreo,** así que no puedes ir a comprar unos cuantos dulcecitos, sólo venden grandes paquetes.*

mayoría *f.* **1** La mayor parte de un grupo de personas o cosas: *La **mayoría** de los alumnos prefirió ir al circo en vez de al cine.* **2** Mayor número de votos que se obtiene en una elección: *José quedó como presidente de la sociedad de alumnos por haber obtenido la **mayoría** de votos.*

mayorista *m.* y *f.* Comerciante que vende o compra al por mayor, en grandes cantidades: *El padre de Manolito es **mayorista** ya que no vende una lata de leche, sino una caja de latas.*

mayoritario, ria *adj.* De la mayoría: *Las autoridades hicieron una votación entre los vecinos y la opinión **mayoritaria** resolvió que la necesidad más importante era una biblioteca.*

mayúscula *adj./f.* Letra de mayor tamaño que la minúscula: *Los nombres propios siempre se escriben con **mayúscula** inicial.*

mayúsculo, la *adj.* Muy grande: *Me parece que cometió un error **mayúsculo** al cambiarse de trabajo, ya que ahora gana menos y trabaja más.*

maza *f.* **1** Arma antigua formada por una pesada cabeza de hierro con mango. **2** Utensilio para golpear: *Los albañiles usan **mazas** para romper las piedras.*

mazacote *m.* **1** Objeto tosco de arte: *No creo que sea el mejor de los escultores, pues esa cosa que hizo parece un **mazacote.*** **2** *Fam.* Cosa dura y pegajosa: *Estela no sabe cocinar, el flan le quedó como un **mazacote** y nadie quiso comérselo.*

a b c d e f g h i j k l m n o p q r s t u v w x y z

mazamorra ***f.*** **1** *Colomb.* y *Perú.* Revoltijo de ideas o de cosas. **2** *Perú.* Comida compuesta por harina de maíz con azúcar o miel. **3** *R. de la P.* Comida criolla fría hecha con maíz blanco partido y hervido: *La* ***mazamorra*** *con leche y azúcar es un delicioso postre criollo.*

mazapán ***m.*** Pasta de almendra o maní molido y mezclado con azúcar, cocida al horno.

mazateco, ca ***adj./m.*** y ***f.*** De un pueblo amerindio que habita Oaxaca, Guerrero y Veracruz, en México: *Las indias* ***mazatecas*** *bordan sus blusas en punto de cruz.*

mazmorra ***f.*** Prisión subterránea: *El conde de Montecristo estuvo injustamente encerrado veinte años en una* ***mazmorra,*** *de la que finalmente logró escapar.*

mazo ***m.*** **1** Herramienta parecida a un martillo grande, que consiste en una cabeza pesada de hierro y un mango. **2** Martillo de madera: *"Aplana la carne con el* ***mazo*** *para que se suavice", me dijo mi madre.* **3** Conjunto de cosas atadas: *Compró un* ***mazo*** *de plumas de faisán para adornar un sombrero.*

mazorca ***f.*** Espiga con los granos muy juntos, como la del maíz: *Para empezar a hacer pan de maíz hay que desgranar cinco* ***mazorcas*** *y luego molerlas con poca leche.*

me ***pron.*** Pronombre personal masculino y femenino de primera persona singular, que funciona como complemento directo e indirecto: *A mí* ***me*** *gusta mucho ir a la playa.*

meada ***f.*** **1** *Vulg.* Cantidad de orina que se expele de una sola vez: *"¡Aquí hay una* ***meada*** *de perro, límpienla pronto o me deshago de su famoso cachorrito!", tronó mi madre furiosa.* **2** Huella o mancha que deja la orina.

meado, da ***adj.*** Orinado.

meados ***m. pl.*** Orines.

meandro ***m.*** Sinuosidad, curva que describe un río o un camino: *"Junto al primer* ***meandro*** *del camino encontrarás un árbol a cuya sombra podrás descansar", me dijo un hombre.*

mear ***vb.*** {tr., intr. y prnl.} *Fam.* Orinar.

meato ***m.*** Orificio donde termina un conducto del cuerpo: *El* ***meato*** *urinario es la parte más externa del aparato urinario.*

mecánica ***f.*** Parte de la física que estudia el equilibrio y el movimiento de los cuerpos sometidos a una fuerza.

mecánico, ca ***adj.*** **1** Relativo a la mecánica: *Hernán estudió para ser ingeniero* ***mecánico*** *y electricista.* **2** Que se hace utilizando máquinas: *El proceso para enlatar alimentos es* ***mecánico,*** *no se hace con las manos.* **3** Maquinal, automático: *Los movimientos de la cajera son* ***mecánicos*** *pues siempre hace lo mismo.*

mecánico, ca ***m.*** y ***f.*** Persona que maneja o repara máquinas: *El* ***mecánico*** *me recomendó cambiar la batería del auto porque dice que por eso no funciona.*

mecanismo ***m.*** Combinación de piezas o procesos para obtener un resultado: *Desarmé mi tren de juguete y pude ver el* ***mecanismo*** *que lo hace funcionar, lo malo es que no pude volver a armarlo.*

mecanizar ***vb. irreg.*** {tr. y prnl.} **Modelo 16.** Someter a elaboración mecánica: *A los conocedores les gustan los habanos hechos a mano y muchos piensan que el proceso jamás podrá* ***mecanizarse.***

mecano ***m.*** Juguete compuesto de piezas que se articulan para formar objetos diversos.

mecanografía ***f.*** Técnica de escribir a máquina: *Las secretarias deben aprender* ***mecanografía*** *además de taquigrafía y otras habilidades.*

mecanografiar ***vb. irreg.*** {tr.} **Modelo 9.** Escribir a máquina.

mecanógrafo, fa ***m.*** y ***f.*** Persona que escribe a máquina.

mecapal ***m.*** *Amér. C.* y *Méx.* Faja de cuero con dos cuerdas en los extremos que, al ser sostenida con la frente, sirve para llevar carga en la espalda: *La mujer usaba su* ***mecapal*** *para llevar las naranjas que vendería en el mercado.*

mecapalero, ra ***m.*** y ***f.*** *Amér. C.* y *Méx.* Persona que lleva carga con un mecapal: *Camino al pueblo, vimos varios* ***mecapaleros*** *que cargaban leña en la espalda.*

mecate ***m.*** *Amér. C., Méx.* y *Venez.* Cuerda rústica: *Tenían al cerdo amarrado con un* ***mecate*** *para que no se escapara.* SIN. **guato.**

mecedora ***f.*** Silla para mecerse: *Las* ***mecedoras*** *se usaban mucho en el siglo* XIX *y ahora todavía las utilizan algunas personas.* SIN. **balancín, hamaca.**

mecenas ***m.*** y ***f.*** Protector de las letras y las artes: *El compositor ruso Piotr Ilich Tchaikovski escribió gran parte de su producción musical gracias a que contaba con la ayuda de una* ***mecenas*** *a la que, por cierto, nunca llegó a conocer en persona.*

mecenazgo ***m.*** Apoyo económico y protección que una persona o una entidad proporciona a un artista para que pueda realizar su obra: *Si no fuera por el* ***mecenazgo,*** *muchos grandes genios de siglos pasados nunca habrían logrado producir lo que ahora nos maravilla.*

mecer ***vb. irreg.*** {tr. y prnl.} **Modelo 40.** Mover o moverse de manera rítmica de un lado a otro: *La mayoría de los bebés se duermen cuando los* ***mecen.***

mecha ***f.*** **1** Cordel retorcido en el centro de velas y bujías, que sirve para prenderlas. SIN. **pabilo. 2** Mechón: *Esa actriz era famosa por llevar una* ***mecha*** *rubia sobre la frente.* **3** Cuerda con pólvora para dar fuego a un explosivo: *Una vez encendida la* ***mecha,*** *tienes cinco minutos para alejarte del explosivo antes de que ocurra la explosión.* **4** ***Amér. Merid.*** Barra de metal con vueltas en espiral que tienen los taladros, barrenas, etc. **5** ***Colomb., Ecuad.*** y ***Venez.*** Burla.

mechar ***vb.*** {tr.} Introducir trozos de verduras o grasa en la carne: *Javier* ***mechó*** *el trozo de carne con verduras y después lo metió al horno.*

mechero ***m.*** **1** Utensilio provisto de mecha, para dar lumbre: *"No olvides llevar el* ***mechero*** *para encender el fuego ahora que vamos de campamento", me dijo Andrés.* **2** Encendedor: *Antonio perdió su* ***mechero,*** *así que ahora usa fósforos para encender sus cigarrillos.*

mechón ***m.*** Porción de pelos, hebras o cosas parecidas: *Algunos jóvenes se pintan* ***mechones*** *de diferentes colores.*

mechoso, sa ***adj.*** Que tiene abundancia de mechas. SIN. **mechudo.**

mechudo ***m.*** *Méx.* Instrumento de limpieza formado por un palo largo al que se amarran varias tiras de tela porosa y resistente: *Después de lavar el piso con agua y jabón lo sequé con el* ***mechudo*** *y quedó reluciente.*

mechudo, da ***adj.*** ***Amér. C., Argent., Chile, Colomb., Méx.*** y ***Urug.*** Despeinado, desgreñado: *En su tiempo, algunos cantantes de rock fueron criticados por* ***mechudos.*** SIN. **mechoso.**

medalla ***f.*** **1** Pieza de metal con un grabado: *Al niño le regalaron una* ***medalla*** *de oro cuando fue bautizado.* **2** Premio honorífico: *Al niño aplicado le dieron una* ***medalla*** *por haber terminado la educación básica con muy buenas notas.*

medallista ***m.*** y ***f.*** **1** Persona cuyo oficio es grabar medallas: *Encargaron al* ***medallista*** *doscientas medallas de plata para conmemorar el aniversario de la agrupación de médicos de la ciudad.* **2** Deportista que ha ganado una medalla en una competencia: *Esa corredora ha sido* ***medallista*** *de oro en tres Juegos Olímpicos sucesivos.*

medallón ***m.*** **1** Adorno de piedra tallada, de forma redondeada o elíptica: *Sobre el portón de muchas iglesias antiguas hay un* ***medallón*** *en honor a un santo o virgen.* **2** Joya en forma de caja pequeña: *La duquesa siempre llevaba al cuello un* ***medallón*** *de oro que había estado en su familia por generaciones.*

médano ***m.*** Duna que se halla en una costa: *En la playa cercana a esos* ***médanos,*** *cada año llegan tortugas para desovar.*

media ***adj.*** La mitad de algo que tiene unidad de medida: *La visita del médico a mi hermana duró sólo* ***media*** *hora.*

media ***f.*** **1** Valor intermedio: *Si un niño mide 150 m y otro 140 m, la* ***media*** *es 145 m.* **2** Prenda de nailon, seda u otro material que cubre hasta la rodilla, el muslo o la cintura, usada sobre todo por las mujeres. **3** ***Amér.*** Prenda de vestir para cubrir los pies y parte de las pantorrillas: *Alejandra traía unas bonitas* ***medias*** *de rombos morados y azules.*

mediador, ra ***adj.*** Que media o interviene en un asunto, discusión o problema tratando de solucionarlo o intercede a favor de una persona: *Contrató a un abogado* ***mediador*** *para hacer frente a la acusación en su contra.*

mediador, ra ***m.*** y ***f.*** Árbitro: *El* ***mediador*** *fue un reconocido juez que logró cerrar el caso.*

mediado, da ***adj.*** **1** Que contiene la mitad. **2** ***loc. pl.*** **A** o **hacia mediados de,** hacia o por la mitad del período de tiempo que se indica: *Se van de vacaciones a* ***mediados*** *del mes de agosto.*

mediagua ***f. Amér.*** Construcción con el techo inclinado y de una sola vertiente.

mediana ***f.*** **1** En un conjunto ordenado de datos, término que tiene igual número de datos a la derecha y a la izquierda. **2** En un triángulo, recta que une un vértice con el punto medio del lado opuesto.

mediano, na ***adj.*** De calidad o tamaño intermedios: *A todos nos sorprendió que le dieran un premio tan importante a un escritor* ***mediano*** *y no a otros mejores.*

medianoche ***f.*** Las doce de la noche: *La carroza de Cenicienta se volvió calabaza a la* ***medianoche.***

mediante ***adv.*** Por medio de: ***Mediante*** *algunos trámites en una oficina de gobierno, mi hermano consiguió su pasaporte y ahora viajará al extranjero.*

mediar ***vb.*** {intr.} **1** Llegar a la mitad de algo: *Hay que* ***mediar*** *el agua de la ducha porque está demasiado caliente.* **2** Intervenir alguien en una discusión o problema para tratar de conciliar entre dos partes: *Hugo y Paco no han podido llegar a un acuerdo, yo creo que Luis tendrá que* ***mediar*** *en la discusión.*

mediatizar ***vb. irreg.*** {tr.} **Modelo 16.** Influir de modo decisivo en el poder de otro, limitando su capacidad para actuar.

mediatriz ***f.*** Recta perpendicular a otra por su punto medio.

medicación ***f.*** Conjunto de medicamentos que requiere un enfermo y administración de éstos: *La* ***medicación*** *que me recetó el doctor es muy cara y pesada, pero me garantizó que en una semana estaré aliviado.*

medicamentar ***vb.*** {tr. y prnl.} **1** Medicar, medicinar. **2** Administrar medicamentos a un enfermo.

medicamento ***m.*** Sustancia usada como remedio para una enfermedad: *Existen* ***medicamentos*** *de uso delicado que no deben tomarse durante más de una semana.*

medicamentoso, sa ***adj.*** Se aplica a la sustancia que tiene utilidad como medicamento: *Acaban de introducir al mercado un nuevo vino* ***medicamentoso.***

medicar ***vb.*** {tr. y prnl.} Administrar medicamentos a un enfermo: *La enfermera* ***medica*** *al anciano dos veces al día.*

medicina ***f.*** Ciencia que trata de las enfermedades, de su curación y prevención: *Quienes quieren estudiar* ***medicina*** *deben saber de química, biología, anatomía y de otras ciencias.*

medicinal ***adj.*** Que tiene propiedades o usos curativos: *Muchas personas piensan que las infusiones de algunas hierbas tienen propiedades* ***medicinales.***

medicinar ***vb.*** {tr.} Recetar o administrar medicinas: *El veterinario* ***medicinó*** *a mi perro para hacerlo arrojar los parásitos.*

medición ***f.*** Hecho de medir: *Para saber cuánta pintura van a utilizar, los albañiles hicieron la* ***medición*** *de la superficie de la casa que quieren pintar.*

médico, ca ***adj.*** Relativo a la medicina: *La torre de consultorios* ***médicos*** *queda junto al hospital.*

médico, ca ***m.*** y ***f.*** Persona que ejerce la medicina de manera profesional: *Si te sientes enfermo, tienes que ver a un* ***médico*** *para que te diga por qué estás así y para que te recete algún medicamento.* SIN. **doctor.**

medida ***f.*** **1** Hecho de medir: *El sastre tomó las* ***medidas*** *del hombre para hacerle un traje.* **2** Unidad usada para medir: *En Inglaterra siguen usando una* ***medida*** *de volumen llamada pinta, que equivale aproximadamente a medio litro.* **3** Disposición, prevención: *Los gobiernos del mundo han tomado algunas* ***medidas*** *contra la destrucción de la naturaleza, pero todavía se necesita mucho más trabajo.* **4** Grado, proporción: *Son necesarios muchos estudios para averiguar en qué* ***medida*** *afectan los contaminantes la salud de las personas.* **5** Cordura, prudencia: *Él actúa con* ***medida.*** **6** ***loc.*** **~ cautelar,** la que asegura la eficacia de la sentencia.

medidor ***m. Amér.*** Contador de agua, gas o electricidad: *Para saber cuánta luz consume cada familia, el empleado de la compañía de electricidad revisa cada mes los* ***medidores.***

medieval ***adj.*** De la Edad Media: *En varios países de Europa, los castillos* ***medievales*** *ahora funcionan como hoteles o museos.*

medievo ***m.*** Época histórica comprendida desde el siglo V hasta el siglo XV, en la que predominó un sistema económico, político, social y legal llamado feudalismo: *Después del* ***medievo*** *se originó otra época llamada Renacimiento.*

medio ***adv.*** **1** No del todo, un poco: *Carolina es* ***medio*** *floja en los estudios, a veces hace los trabajos escolares y otras veces no.* **2** ***loc.*** **~ ambiente,** conjunto de circunstancias físicas que rodean a los seres vivos: *Cuidar el* ***medio ambiente*** *es responsabilidad de todos.*

medio ***m.*** **1** Que está entre dos extremos: *Buscamos un lugar en el* ***medio*** *del cine para ver mejor el filme.* **2** Aquello que sirve para conseguir algo: *"¿De qué* ***medios*** *se habrá valido Héctor para lograr que le pagaran un viaje tan costoso?", le pregunté a Jacobo.*

medio, dia ***adj.*** Que es la mitad de algo: *Las 12:00 p. m. marcan el* ***medio*** *del día.*

mediocre ***adj.*** Vulgar, de poca calidad o talento: *Los maestros de esa escuela son* ***mediocres,*** *ya que a ninguno le interesa que los alumnos aprendan y les gusta platicar en vez de dar clase.*

mediocridad ***f.*** Condición de lo que es de poca calidad o talento: *Angélica logró ingresar a la universidad a pesar de la* ***mediocridad*** *de la escuela donde estudió.*

mediodía ***m.*** **1** Hora en que el sol está en el punto más alto: *Al* ***mediodía*** *nuestras sombras son pequeñas.* **2** Espacio de tiempo alrededor de las doce de la mañana: *Los niños salieron de la escuela al* ***mediodía*** *y por la tarde hicieron sus trabajos escolares.* **3** ***Méx.*** Espacio de tiempo alrededor de las dos o tres de la tarde, durante el que se come: *En esa industria los obreros comienzan a trabajar* *a las siete de la mañana, salen a comer al* ***mediodía*** *y regresan al trabajo a las cinco de la tarde.*

medioevo ***m.*** *Ver* **medievo.**

medir ***vb. irreg.*** {tr. y prnl.} **Modelo 47. 1** Determinar longitud, extensión, volumen o capacidad de algo: *El pintor* ***midió*** *la superficie de la casa que va a pintar para calcular cuánta pintura tiene que comprar.* **2** Moderar: *Aunque se esté muy enojado con alguna persona, es mejor controlarse y* ***medir*** *las palabras.*

meditabundo, da ***adj.*** Pensativo, silencioso: *Desde que Adrián conoció a Juliana anda muy* ***meditabundo,*** *creo que está enamorado de ella.*

meditación ***f.*** Reflexión: *"Tienes que hacer una* ***meditación*** *antes de decidir si quieres o no estudiar en el extranjero", me aconsejó mi maestro.*

meditar ***vb.*** {tr.} Reflexionar sobre algún asunto para conocerlo, estudiarlo o resolverlo: *Es importante* ***meditar*** *mucho antes de decidir qué carrera se quiere estudiar.*

mediterráneo, a ***adj.*** Perteneciente o relacionado con el Mar Mediterráneo: *Las playas* ***mediterráneas*** *son uno de los lugares favoritos del turismo de todo el mundo.*

médium ***m.*** y ***f.*** Persona a la que se considera dotada de facultades para comunicarse con los espíritus: *La viuda no se resignaba a la muerte de su marido y visitaba* ***médiums*** *para intentar comunicarse con él.*

medrar ***vb.*** {intr.} **1** Crecer, desarrollarse adecuadamente los animales y las plantas: *Esos borregos han* ***medrado*** *bien, hace apenas seis meses eran unas crías flacuchas y ahora lucen grandes y fuertes.* **2** Mejorar de posición económica: *Desde que se atrevió a dejar el empleo y poner su propio negocio, Javier* ***medra*** *rápidamente, ya pintó su casa y trae auto nuevo.*

medroso, sa ***adj.*** Miedoso.

médula ***f.*** **1** Sustancia del interior de los huesos: *A Joaquín le gusta comer sopa de* ***médula,*** *pero a mí me parece repulsiva.* **2** Centro del tallo y la raíz de una planta. **3** ***loc.*** **~ espinal,** parte del sistema nervioso central que recorre el interior de la columna vertebral.

medusa ***f.*** Animal marino con forma de sombrilla, consistencia gelatinosa y sin esqueleto.

mefítico, ca ***adj.*** Gas o aire perjudicial y maloliente: *De esa alcantarilla tapada escapan olores* ***mefíticos.***

megabaite ***m.*** **Palabra de origen inglés.** En computación, unidad de medida para determinar la memoria de un disco.

megáfono ***m.*** Aparato que amplifica la voz: *Como usaba un* ***megáfono,*** *los niños oían al profesor de educación física a pesar de que estaban en un campo de entrenamiento.*

megalito ***m.*** Monumento prehistórico formado por grandes bloques de piedra.

megalomanía ***f.*** Actitud de quien piensa que es mejor que los demás por tener más cualidades o riquezas aunque no las tenga: *Ese jugador de fútbol muestra signos de* ***megalomanía*** *cuando dice que el éxito de su equipo se debió sólo a él.*

megalómano, na ***adj./m.*** y ***f.*** Que padece megalomanía: *Arturo es un* ***megalómano,*** *cree que por dos libritos mediocres que ha hecho, le darán el premio Nobel.*

megalópolis ***f.*** Unión de varias ciudades o áreas metropolitanas que da lugar a una gran ciudad o aglomeración.

megatón ***m.*** Unidad para medir la potencia explosiva de una bomba o de un proyectil nuclear, equivalente a la energía producida por la explosión de un millón de toneladas de trinitrotolueno.

meiosis ***f.*** Proceso de división celular en el que a partir de una célula madre se obtienen cuatro células hijas, reduciéndose a la mitad el número de cromosomas.

mejilla ***f.*** Parte carnosa de la cara, debajo de cada ojo: *Después de jugar, Elisa tenía las* ***mejillas*** *color tomate a causa del calor.* SIN. **carrillo.**

mejillón ***m.*** Molusco bivalvo comestible de caparazón alargado color negro azulado y carne apreciada de color amarillo o anaranjado.

mejor ***adj.*** Superior, que es más bueno que otros con los que se compara: *Esta blusa es una ganga, es de* ***mejor*** *calidad que aquélla y cuesta menos.*

mejor ***adv.*** **1** Más bien o menos mal: *Cambió de trabajo y ahora le pagan* ***mejor*** *que en la otra empresa.* **2** ***loc. Fam.*** **A lo ~,** expresa posibilidad: *Veo varias nubes en el cielo,* ***a lo mejor*** *lloverá más tarde.*

mejora ***f.*** Transformación de alguien o algo para entrar a un estado superior que antes: *Con las* ***mejoras*** *que le hicieron los vecinos a su casa, la podrán vender a mejor precio.*

mejorar ***vb.*** {tr., intr. y prnl.} **1** Hacer que algo sea mejor de lo que era: *Para* ***mejorar*** *en el baloncesto, el equipo tiene que practicar mucho.* **2** Restablecerse un enfermo: *Leoncio* ***ha mejorado*** *mucho desde que el médico le recetó este jarabe contra la tos.*

mejoría ***f.*** Mejora: *Con el nuevo tratamiento, el enfermo mostró una notable* ***mejoría*** *y pronto saldrá del hospital.*

mejunje o **menjurje** ***m.*** Bebida, alimento, cosmético o cualquier sustancia de aspecto desagradable.

melado ***m.*** Jarabe de color oscuro que se obtiene durante el proceso de fabricación del azúcar de caña.

melancolía ***f.*** Tristeza vaga, profunda y permanente: *Hamlet, el personaje del escritor inglés William Shakespeare, sufría de una intensa* ***melancolía*** *desde la muerte de su padre.*

melancólico, ca ***adj.*** **1** Propenso a la melancolía o que la padece: *Muchos poetas de la época romántica eran* ***melancólicos.*** **2** Que produce melancolía: *A muchas personas les parecen* ***melancólicos*** *los días nublados.*

melanesio, sia ***adj./m.*** y ***f.*** De Melanesia, parte de Oceanía que comprende Nueva Guinea, las islas Fidji y otros archipiélagos.

melanina ***f.*** Pigmento producido por algunos seres vivos que da color al cabello, la piel y los ojos: *Los albinos tienen un problema con la producción de* ***melanina,*** *por eso son tan blancos.*

melanoma ***m.*** Denominación genérica de los tumores de la piel formados por células que contienen melanina.

melatonina ***f.*** Hormona que controla el nivel de pigmentación de la piel.

melaza ***f.*** Especie de miel, residuo de la cristalización del azúcar: *Como ese pan lleva* ***melaza*** *en lugar de azúcar refinada, tiene un color más oscuro.*

melcocha ***f.*** Miel de caña de azúcar, concentrada y caliente, que al enfriarse queda muy correosa.

melena ***f.*** **1** Cabello largo y suelto. **2** Crin del león: *Por la* ***melena*** *se puede distinguir al león de la leona.*

melífero, ra ***adj.*** Que tiene o lleva miel.

melificación ***f.*** Proceso de elaboración de la miel.

melificar ***vb.*** {tr. e intr.} Elaborar las abejas la miel o sacarla de las flores: *Las abejas* ***melifican*** *a partir del néctar de las flores.*

melifluo, flua ***adj.*** Demasiado amable al grado de ser desagradable: *La vendedora nos trató de manera tan* ***meliflua*** *que nos molestó y salimos de la tienda.*

melindre ***m.*** **1** Dulce de miel y harina. **2** Delicadeza exagerada: *Ese niño es puro* ***melindre*** *y no quiere comer nada porque dice que todo sabe mal.* SIN. **mitote.**

melindroso, sa ***m.*** y ***f.*** Persona que pretende ser muy delicada y que se molesta por cosas sin importancia: *Es una* *niña muy **melindrosa** que no se pudo adaptar a la vida del campamento.*

mella ***f.*** **1** Rotura en el borde de algo: *Mi taza favorita tiene una **mella** cerca del asa porque le di un golpe.* **2** ***loc.*** **Hacer ~,** impresionar, afectar: *A Julio **le hicieron mella** los regaños y castigos de sus padres y ya dejó de decirles groserías a sus compañeros.*

mellar ***vb.*** {tr.} **1** Hacer mellas a algo: *Después de la mudanza, varios platos se habían **mellado** por el traslado.* **2** Menoscabar, disminuir: *La muerte de su madre **ha mellado** el ánimo alegre que siempre tenía Fermín.*

mellizo, za ***adj./m.*** y ***f.*** Cada uno de los hermanos nacidos en un mismo parto: *Esos **mellizos** son tan parecidos que ni su mamá puede distinguirlos.* Sin. **gemelo, cuate, chacho, cuache.**

melocotón ***m.*** Fruto en forma de esfera, de abundante pulpa, semilla dura y rugosa, y de piel amarillenta y vellosa. Sin. **durazno.**

melocotonero ***m.*** Árbol cuyo fruto es el melocotón.

melodía ***f.*** Composición musical.

melodioso, sa ***adj.*** Que tiene una melodía, que es armónico, que suena bien: *La voz de esa anunciadora de radio es **melodiosa** y agradable.*

melodrama ***m.*** **1** Obra dramática que trata de conmover. **2** Obra teatral acompañada de música. **3** Pieza literaria (obra de teatro, novela, fotonovela, etc.), donde los sentimientos son exagerados y cursis: *En los **melodramas** el villano siempre es castigado y el bueno es recompensado por sus sufrimientos.*

melodramático, ca ***adj.*** Que tiene propiedades del melodrama: *Como Juan y María son dados al sentimentalismo, siempre reaccionan con actitudes **melodramáticas.***

melomanía ***f.*** Afición muy grande por la música: *Desde pequeño empezó a desarrollar su **melomanía** y ahora tiene una gran colección de discos.*

melómano, na ***m.*** y ***f.*** Persona a quien le gusta demasiado la música: *Antonio es **melómano** como yo y siempre lo encuentro en los conciertos.*

melón ***m.*** **1** Planta de tallo rastrero, de fruto grande y pulpa jugosa. **2** Fruto de la planta llamada melón.

melopea ***f.*** Arte de componer melodías, habilidad para manejar las notas y los tiempos musicales.

melosidad ***f.*** Dulzura, suavidad: *Con gran **melosidad** la joven empezó a conquistar al muchacho.*

meloso, sa ***adj.*** **1** Semejante a la miel: *Dejé el almíbar de las manzanas demasiado tiempo al fuego y quedó **melosa** en vez de líquido.* **2** Persona que es empalagosa, demasiado dulce: *Armando es muy **meloso** cuando quiere conseguir un favor.*

membrana ***f.*** Lámina o piel muy delgada, elástica y resistente.

membrete ***m.*** Nombre, dirección o título de una persona o entidad, que va impreso en la parte superior del sobre o papel de escribir: *No sé quién me ha enviado esta caja, pues no tiene **membrete.***

membrillo ***m.*** **1** Árbol de fruto amarillo y muy aromático. **2** Fruto del árbol llamado membrillo. **3** Dulce que se elabora con el fruto llamado membrillo: *Como postre me dieron **membrillo** con queso.*

memela ***f. Méx.*** Tortilla gruesa de maíz rellena de porotos o frijoles con nopales, queso y salsa encima.

memo ***m.*** Apócope de memorándum: *El director envió un **memo** a todo el personal avisándoles que el próximo viernes saldremos dos horas antes.*

memo, ma ***adj.*** Necio, bobo: *Guillermo es tan **memo** que no se da cuenta cuando alguien se burla de él.*

memorable ***adj.*** Digno de recordar: *El gol del partido de ayer será **memorable.***

memorándum ***m.*** **1** Libro de apuntes: *Necesito un **memorándum** nuevo para mis notas de este año.* **2** Nota diplomática: *Aquel país envió un **memorándum** a su vecino quejándose del maltrato a sus turistas.* **3** Nota para recordar cosas importantes: *Como todos habían llegado tarde, el jefe envió un **memorándum** a sus empleados para insistir en que la hora de entrada era a las nueve y no a las nueve y media.*

memoria ***f.*** **1** Capacidad de guardar en la mente ideas, palabras o impresiones pasadas: *Augusto tiene buena **memoria,** recuerda los números de teléfono de todos sus amigos.* **2** Disertación o resumen escrito: *Después de la junta, la secretaria del despacho escribió una **memoria** con todos los asuntos que trataron los abogados.* **3** Dispositivo de la computadora, capaz de almacenar información: *Para usar juegos en la computadora se necesita una máquina con mucha **memoria.*** **4** ***loc.*** **Saber de ~,** poder repetir un texto de corrido: *Claudia **sabe de memoria** todos los poemas de su escritor favorito.*

memorial ***m.*** Libro o cuaderno en que se apunta algo con el fin de recordarlo.

memorias ***f. pl.*** Autobiografía, recuerdos que hace una persona de su propia vida: *Las **memorias** de los ancianos son más extensas que las **memorias** de los jóvenes porque han vivido más.*

memorioso, sa ***adj./m.*** y ***f.*** Se aplica a quien tiene buena memoria: *Se acuerda de todo porque es muy **memorioso.***

memorización ***f.*** Hecho de fijar algo en la memoria: *Para aprender las tablas de multiplicar no hay otro recurso que la **memorización** a través de la repetición.*

memorizar ***vb. irreg.*** {tr.} **Modelo 16.** Fijar en la memoria: *El niño **memorizó** un poema a las madres y luego lo repitió durante el festival de la escuela.*

mena ***f.*** Mineral rico en metal sin procesar, tal como se extrae del yacimiento.

menaje ***m.*** **Palabra de origen francés.** Conjunto de muebles, utensilios y ropas de la casa: *Inés y Fernando se acaban de casar y necesitan comprar un **menaje** completo para su casa nueva.*

mención ***f.*** **1** Hecho de nombrar a una persona o cosa. **2** Reconocimiento que se da en los concursos a los participantes que destacan, pero no reciben el premio: *No pudo obtener el primer lugar, pero al menos le dieron una **mención** por su buen trabajo.*

mencionar ***vb.*** {tr.} Citar, nombrar: *Al principio de su nuevo libro de poemas, el joven escritor **mencionó** a sus padres y les expresó su amor y respeto.*

mendaz ***adj.*** Mentiroso: *Manuel es un hombre **mendaz** que le dice a su madre que va a trabajar, pero en realidad se va al billar.*

mendelevio ***m.*** Elemento químico de símbolo Md y número atómico 101.

mendelismo ***m.*** Teoría derivada de las leyes de Mendel, relativa a la transmisión hereditaria de los caracteres.

mendicidad ***f.*** Condición de mendigo: *La **mendicidad** es un problema grave de las grandes ciudades.*

mendigo, ga ***m.*** y ***f.*** Persona que vive de pedir limosna de manera habitual: *Afuera de la iglesia casi siempre hay **mendigos** que piden alguna moneda.*

méndigo, ga ***m.*** y ***f. Méx. Fam.*** Persona mala.

mendrugo ***m.*** Pedazo de pan duro: *La anciana guarda los **mendrugos** de pan para dárselos a los pájaros que se acercan a la ventana de su casa.* Sin. **corrusco.**

menear ***vb.*** {tr. y prnl.} Mover, agitar: *El perro **menea** el rabo cuando ve que su dueña se acerca para acariciarlo.*

meneo ***m.*** Movimiento, agitación: *El **meneo** del barco me produjo mareos.*

menester ***m.*** **1** Necesidad de algo: *"Es **menester** que compres todos tus cuadernos y libros antes de que empiece el año escolar", me dijo mi maestro.* **2** ***pl.*** Ocupación, trabajo: *"En cuanto termine estos **menesteres** nos iremos al cine", le dije a Sebastián.*

menesteroso, sa ***adj./m.*** y ***f.*** Pobre, necesitado: *Cada vez hay más personas **menesterosas** en el mundo porque son tantos habitantes que no hay empleo para todos.*

mengano, na ***m.*** y ***f.*** Una persona cualquiera: *El **mengano** que vive en ese departamento siempre está enojado.*

menguante ***adj.*** **1** Que va disminuyendo: *Mi bisabuelo es muy anciano y sus fuerzas están en proceso **menguante**.* **2** Fase de la Luna cuando su parte iluminada va disminuyendo de tamaño. ANT. **creciente.**

menguar ***vb. irreg.*** {intr.} **Modelo 11.** Disminuir: *El dueño de la tienda ya no gana tanto dinero desde que las ventas comenzaron a **menguar**.*

menhir ***m.*** Monumento megalítico formado por una piedra alta clavada de manera vertical en el suelo.

menina ***f.*** En la antigua Corte española, mujer que desde niña estaba al servicio de la reina o las infantas, hijas de los reyes: *Uno de los cuadros más famosos del pintor español Diego Velázquez, pintado en 1656, representa a las **meninas** y parte de la familia real.*

meninge ***f.*** Cada una de las membranas que rodean el encéfalo y la médula espinal.

meningitis ***f.*** Infección por virus o microbios, que produce inflamación de las meninges: *La **meningitis** es una enfermedad peligrosa para los niños.*

menisco ***m.*** **1** Lente convexa por un lado y cóncava por el otro. **2** Cartílago de ciertas articulaciones, como la rodilla: *Desde aquel accidente en la bicicleta, el **menisco** de la rodilla derecha de Juana está lastimado.*

menopausia ***f.*** Etapa en la vida de la mujer en que deja de menstruar de manera definitiva: *Después de la **menopausia** las mujeres ya no pueden tener bebés.*

menor ***adj.*** **1** Que tiene menos cantidad o tamaño que otra cosa con la que se le compara: *El meñique es el dedo **menor** de la mano.* **2** En una familia o grupo, la persona más joven: *María es la **menor** de las cuatro hijas de mi tía Amelia.*

menor ***m.*** y ***f.*** Quien no tiene la edad legal para ejercer todos los derechos civiles y asumir toda la responsabilidad jurídica como ciudadano: *Cuando los **menores** infringen la ley no los envían a la cárcel de adultos, sino a un lugar especial para personas de su edad.*

menos ***adv.*** Señala menor cantidad o intensidad: *Tienes que platicar **menos** durante la clase y atender más a tu maestra.*

menos ***m.*** **1** Signo de la resta (–): *Diez **menos** siete es igual a tres.* **2** ***loc.*** **A ~ que,** a no ser que: *"No iré a esa casa tenebrosa **a menos que** me acompañes", me dijo mi hermano.*

menos ***prep.*** Excepto, salvo: *Asistimos todos los alumnos al festival **menos** Eduardo, porque estaba enfermo.*

menoscabar ***vb.*** {tr. y prnl.} **1** Mermar, disminuir: *La salud del atleta **se menoscabó** después de esa larga enfermedad que sufrió.* **2** Desacreditar: *Los rumores de los malos tratos a sus empleados **menoscabaron** la reputación del empresario y ahora nadie quiere trabajar para él.*

menoscabo ***m.*** **1** Reducción: *Tiene tanto dinero que compró una casa en la playa sin **menoscabo** grande de su gran fortuna.* **2** Daño: *El feo color con que pintaron el edificio ha sido un **menoscabo** de su bonita apariencia colonial.*

menospreciar ***vb.*** {tr.} Tener a alguien o algo en menos de lo que merece, despreciar: *Por ignorancia, muchas personas de raza blanca **menosprecian** a las personas de raza negra o indígena.*

menosprecio ***m.*** Poco aprecio, desprecio: *La frívola duquesa miró con **menosprecio** al sirviente, sólo porque no estaba vestido de manera elegante como ella.*

mensaje ***m.*** Noticia o comunicación enviada a alguien: *Mi tío que vive en Francia me envió ayer un **mensaje** en el que me invita a París en las próximas vacaciones.*

mensajería ***f.*** Empresa que se dedica al servicio rápido de entrega de cartas, paquetes, etc.: *Como quiero que te llegue rápido el paquete, te lo enviaré por un servicio de **mensajería** en vez de utilizar el correo.*

mensajero, ra ***m.*** y ***f.*** Persona que lleva un mensaje: *Alberto no tiene experiencia como vendedor, así que en la tienda le dieron, para empezar, el puesto de **mensajero**.* SIN. **recadero.**

menso, sa ***adj. Colomb.*** y ***Méx. Fam.*** Tonto, bobo: *El **menso** de mi hermano jugaba pelota dentro de la casa y rompió el espejo del comedor.* SIN. **guagual.**

menstruación ***f.*** **1** Fenómeno que ocurre aproximadamente cada mes, por el que la mujer y la hembra de ciertos animales que no han quedado preñadas eliminan una sustancia viscosa compuesta de sangre y otros elementos: *Algunas mujeres padecen de fuertes dolores en el vientre durante la **menstruación**.* SIN. **periodo, regla.** **2** Sustancia viscosa compuesta de sangre y otras sustancias que la mujer y algunas hembras eliminan de manera periódica.

menstrual ***adj.*** Relativo a la menstruación: *A todas las mujeres, a veces, les dan cólicos **menstruales**, sólo si son muy fuertes o repetidos ameritan visitar al médico.*

menstruar ***vb. irreg.*** {intr.} **Modelo 10.** Tener la menstruación: *Guadalupe empezó a **menstruar** cuando tenía once años.*

mensual ***adj.*** **1** Que ocurre cada mes: *Esa revista es **mensual** porque aparece el primer día lunes de cada mes.* **2** Que dura un mes: *Los cursos de computación en mi escuela son **mensuales**.*

mensual ***m. Argent.*** y ***Urug.*** Peón contratado por mes para labores del campo.

mensualidad ***f.*** **1** Sueldo de un mes: *Luis recibe una **mensualidad** por su trabajo de reportero en la revista.* **2** Pago mensual por algún servicio que dura un mes: *Hay que cubrir la **mensualidad** del alquiler durante los primeros días de cada mes.*

ménsula ***f.*** Apoyo perpendicular a una pared, que sirve para sostener algo: *Como no había espacio para un librero, pusimos **ménsulas** en la pared y sobre ellas, estantes para colocar los libros.*

mensurable ***adj.*** Que se puede medir: *La cantidad de niños en una escuela es fácilmente **mensurable**, en cambio la cantidad de granos de arena en una playa no se puede contar.*

mensurar ***vb.*** {tr.} Medir: *Las autoridades **mensuraron** el terreno para saber cuánto debían repartir a cada campesino.*

menta ***f.*** **1** Planta aromática usada como condimento y en infusión: *El té de **menta** es muy refrescante.* **2** Sabor semejante al de la planta de la hierbabuena: *Le gusta masticar chicles de **menta** por su sabor a hierba.*

mentado, da ***adj.*** Famoso, célebre: *Esa canción es muy **mentada**, la cantan en casi todas las ferias.*

mental ***adj.*** Relativo a la mente: *En ese sanatorio se ocupan de los enfermos **mentales.***

mentalidad ***f.*** Cultura y modo de pensar: *Por lo general, los jóvenes piensan que sus padres tienen una **mentalidad** anticuada.*

mentar ***vb. irreg.*** {tr.} **Modelo 3.** Nombrar, mencionar: *Durante la ceremonia la directora **mentó** los nombres de los niños que habían obtenido las mejores calificaciones.*

mente ***f.*** Conjunto de capacidades intelectuales humanas.

mentecato, ta ***adj./m.*** y ***f.*** **1** Poco sensato: *Daniel se comportó como un **mentecato** al proponer un paseo por la playa cuando sabía que se aproximaba una tormenta.* **2** Tonto, necio: *El **mentecato** de mi primo lleva tres años cursando el cuarto grado porque no le interesa estudiar.*

mentir ***vb. irreg.*** {intr.} **Modelo 50.** Decir algo distinto de lo que se piensa o se sabe: *No **mientas,** sé que fuiste tú quien rompió el florero.*

mentira ***f.*** Cosa contraria a la verdad, que se dice para engañar: *El empleado de la tienda me dijo una **mentira** cuando afirmó por teléfono que sí tenían el disco, pero cuando llegué a comprarlo, no había.*

mentiroso, sa ***adj./m.*** y ***f.*** Persona que dice falsedades: *A Pinocho le crecía la nariz por **mentiroso.***

mentís ***m.*** Negación de algo que otros dijeron: *El noticiero anunció que la actriz se va a casar, pero ella lanzó un **mentís** diciendo que no pensaba casarse con nadie.*

mentón ***m.*** Extremo saliente de la mandíbula inferior: *Algunas brujas feas tienen el **mentón** puntiagudo y un lunar grande en la punta de la nariz.* Sin. **barba.**

mentor ***m.*** Consejero, guía: *Evaristo se puso muy triste cuando se enteró de que su **mentor** de la universidad había muerto.*

menú ***m.*** **1** Lista de los diferentes guisos, postres y bebidas que ofrece un restaurante: *"¿Podría traer otra vez el **menú?** Quiero ver los postres", le dije al camarero.* **2** En computación, presentación de las opciones de un programa y del modo de usarlas: *Por lo general el **menú** se encuentra en la parte superior y en la inferior de la pantalla de la computadora.*

menudear ***vb.*** {tr. o intr.} **1** Hacer algo repetidas veces. **2** Ocurrir una cosa con frecuencia: *En esta ciudad **menudean** las lluvias, por eso el clima es húmedo.*

menudencia ***f.*** **1** Cosa de poco valor o importancia: *Cuando voy a tomar café con mis amigas, nos pasamos horas platicando de **menudencias.*** **2** ***pl. Chile*** y ***Méx.*** Conjunto de vísceras de las aves: *Las sopas hechas con **menudencias** tienen un sabor fuerte y son muy nutritivas.* Sin. **menudillos.**

menudeo ***m.*** **1** Hecho de hacer algo repetidas veces **2** ***loc.*** **Venta al ~,** la que se realiza en pequeñas cantidades: *En esta tienda hay **venta al menudeo,** por eso es posible comprar pocas prendas de ropa.*

menudillos ***m. pl.*** Conjunto de vísceras de las aves. Sin. **menudencias.**

menudo ***m.*** **1** ***pl.*** Vientre, manos y sangre de las reses. **2** ***Méx.*** Guiso que se prepara en varias regiones de México, compuesto de vísceras de res cocidas en un caldo picante: *Después de una desvelada, a mucha gente le gusta desayunar **menudo** con mucho chile, aunque sea dañino para el estómago.*

menudo, da ***adj.*** **1** Pequeño, de tamaño pequeño: *Ese programa de juegos educativos está dirigido a la gente **menuda,** es decir, a los niños.* **2** Poco importante: *No vale la pena pelear cuestiones **menudas.***

menudo. A ~, ***loc.*** Con frecuencia: *Ese empleado falta al trabajo **a menudo** con el cuento de que se siente enfermo.*

meñique ***m.*** Quinto dedo de la mano, contando desde el pulgar: *El **meñique** es el dedo más pequeño de la mano.*

meollo ***m.*** **1** Parte esencial de algo: *El **meollo** del asunto es saber cuánto tiempo tardarás en leer el libro, porque yo también lo necesito.* **2** Seso, masa encefálica: *Es necesario poner a trabajar el **meollo** para resolver estos difíciles problemas de álgebra.*

meón, meona ***adj.*** Que orina con frecuencia o en gran cantidad: *El bebé de Flor es muy **meón,** a cada rato le tiene que estar cambiando el pañal.*

mequetrefe ***m.*** y ***f. Fam.*** Persona de poco juicio, inútil: *Israel es un **mequetrefe** que hace lo que sus amigos quieren porque le da flojera actuar por sí mismo.*

mercachifle ***m.*** y ***f. Desp.*** **1** Comerciante de poca importancia: *Esa calle está llena de **mercachifles** que venden productos chatarra.* **2** Persona dominada por la ambición y el mercantilismo: *Por desgracia, en el ramo de la construcción hay **mercachifles** a los que no importan las consecuencias ecológicas y sociales de sus acciones.*

mercader ***m.*** y ***f.*** Comerciante: *Me gustan mucho los días de mercado en mi pueblo porque llegan **mercaderes** a vender cosas nuevas que traen de la ciudad.*

mercadería ***f.*** Mercancía, cosa que se vende: *Me gusta ir a ese tianguis, porque los comerciantes traen **mercaderías** desde diferentes poblaciones.*

mercado ***m.*** **1** Conjunto de operaciones de compra y venta: *El **mercado** internacional de petróleo es muy inestable.* **2** Edificio público destinado al comercio: *En el centro de la ciudad hay un **mercado** de artesanías, especial para turistas.*

mercadotecnia ***f.*** Conjunto de operaciones que contribuyen al desarrollo de las ventas de un producto o servicio: *Los expertos en **mercadotecnia** son capaces de presentar un producto de manera tan atractiva que se vende, aunque no sea de muy buena calidad.*

mercancía ***f.*** Cosa que se puede comprar o vender: *Los vendedores del mercado colocan las **mercancías** en sus puestos todos los días por la mañana.*

mercante ***adj.*** **1** Relativo al comercio marítimo: *La economía de los fenicios se basaba en sus flotas **mercantes.*** **2** ***loc.*** **Barco ~,** se aplica al buque que transporta mercancías y pasajeros.

mercantil ***adj.*** Relativo al comercio: *El derecho **mercantil** establece las reglas para las cuestiones de compra y venta de productos.*

mercantilismo ***m.*** Actitud en la que el interés del comercio se pone sobre todo lo demás: *Cuando el **mercantilismo** se apodera de algún empresario, lo único que quiere es ganar dinero a cualquier costo.*

mercar ***vb. irreg.*** {tr. y prnl.} **Modelo 17.** Comprar: *Doña Rosario salió a **mercar** unas telas para su taller de costura.*

merced ***f.*** **1** Beneficio, favor que hace una persona a otra: *Mi maestro me hizo la **merced** de prestarme su máquina de escribir, pues la mía está descompuesta.* **2** ***loc.*** **A ~ de,** bajo el control o dominio de: *Durante la ocupación nazi, mucha gente quedó **a merced del** ejército alemán.*

mercenario, ria ***adj./m.*** y ***f.*** Hombre con entrenamiento militar que combate por dinero: *Los **mercenarios** no pelean para defender causas o ideales, sino a cambio de dinero.*

mercería ***f.*** Tienda de artículos de costura: *Tengo que ir a la **mercería** a comprar unos botones y un carrete de hilo para coser.*

mercurio ***m.*** Metal líquido de color plateado brillante, de símbolo Hg y de número atómico 80, usado en la fabricación de termómetros.

merecedor, ra ***adj.*** Que es digno de algo: *Por sus buenas calificaciones durante todo el curso, Carlos se hizo **merecedor** a una computadora.*

merecer ***vb. irreg.*** {tr.} **Modelo 39.** Hacerse digno de premio o castigo: *Pablo se ha portado muy mal con Miguel, **merecería** que le dejara de hablar.*

merecido ***m.*** Castigo del que se juzga digna a una persona: *El villano del programa de televisión recibió su **merecido** cuando el héroe lo atrapó y lo entregó a la policía.*

merecimiento ***m.*** Acción digna de elogio: *Por haber salvado del fuego a una gata, recibió la medalla al **merecimiento** de la Sociedad Protectora de Animales.* SIN. **mérito.**

merendar ***vb. irreg.*** {intr.} **Modelo 3.** Tomar la merienda: *Me gusta ir a casa de mi abuela porque ahí **merendamos** cosas muy ricas que nos prepara.*

merendero ***m.*** Lugar donde se merienda o come: *Hay un **merendero** cerca de mi casa donde preparan emparedados y postres muy ricos.*

merengue ***m.*** **1** Dulce elaborado con claras de huevo y azúcar: *Al comer un **merengue** se siente cómo se deshace en la boca.* **2** Baile originario de la República Dominicana. **3** ***Argent., Par., Urug.*** y ***Méx. Fam.*** Lío, trifulca, confusión: *La venta de entradas para el concierto era tan desorganizada, que se armó un **merengue** afuera de las taquillas.*

meretriz ***f.*** Prostituta.

meridiano ***m.*** En la esfera terrestre, círculo máximo que pasa por los polos: *En las afueras de Londres está el Observatorio de Greenwich, por donde pasa el **meridiano** del mismo nombre.*

meridiano, na ***adj.*** Relativo a la hora del mediodía.

meridional ***adj./m.*** y ***f.*** Del sur o del mediodía: *Australia es un país **meridional.***

merienda ***f.*** **1** Comida ligera que se toma por la tarde antes de la cena. **2** ***Méx.*** Cena ligera: *Para la **merienda,** a los niños les gusta tomar chocolate caliente y galletas.*

merino, na ***adj.*** Relativo a una raza de carneros que dan una lana fina y rizada.

mérito ***m.*** Acción por la que alguien se merece un elogio: *Los demás niños le aplaudieron a Benjamín, pues fue mucho **mérito** que a sus 6 años hubiera aprendido un poema tan largo.* SIN. **merecimiento.**

meritorio, ria ***adj.*** Digno de valor y reconocimiento: *Aunque ese nadador no obtuvo el primer premio, su segundo lugar es **meritorio.***

merluza ***f.*** Pez de color grisáceo, que mide de 30 a 80 cm de largo, de carne muy apreciada.

merma ***f.*** Hecho de disminuir o consumirse algo: *Cuando lo echaron de la empresa donde trabajaba, Ernesto sufrió una gran **merma** en su economía.*

mermar ***vb.*** {intr. y prnl.} Disminuir o consumirse una parte de algo: *Con sus viajes por todo el mundo y sus fiestas lujosas, el irresponsable joven **menguó** la gran fortuna de la familia.*

mermelada ***f.*** Conserva de fruta cocida con azúcar o miel: *Me gusta desayunar pan con **mermelada** de manzana y leche*. SIN. **confitura.**

mero ***m.*** Pez de color castaño rojizo, que llega a medir 130 cm de largo, de carne muy apreciada por su sabor.

mero, ra ***adj.*** **1** Mismo, puro, simple. **2** ***Méx. loc.*** **Ya ~,** pronto: *"Espérame un poco, **ya mero** termino de limpiar mi habitación", le dije a mi amigo.*

merodeador ***m.*** Alguien que merodea: *La policía vigila bien a los **merodeadores** en la zona de joyerías, ya que algunos pueden ser ladrones.*

merodear ***vb.*** {intr.} Vagar por un lugar, curiosear: *La empleada de la tienda llamó a la policía porque un hombre **merodeaba** desde hacía una hora.*

merolico ***m. Méx.*** Vendedor callejero que atrae a los paseantes con su discurso interminable: *El **merolico** captó la atención de mucha gente con los chistes que hacía para anunciar una sustancia que, según él, hacía crecer el pelo.*

mes ***m.*** Cada una de las doce divisiones del año: *El **mes** más corto del año es febrero, pues tiene 28 días y cada cuatro años, 29.*

mesa ***f.*** **1** Mueble compuesto por una tabla horizontal sostenida por una o varias patas: *La **mesa** del comedor de esa señora era tan grande que podían sentarse veinticuatro personas a su alrededor.* **2** Presidencia de una asamblea o asociación: *La mamá de Enrique forma parte de la **mesa** de padres de familia de la escuela.* **3** ***loc. Argent.*** y ***Urug.*** **~ de luz,** mesilla de noche, buró: *Durante la noche me gusta leer a la luz de la lámpara que está en la **mesa de luz**.*

mesada ***f.*** **1** Dinero que se paga todos los meses: *Los papás de Eduardo viven en otra ciudad y le envían una **mesada** para cubrir sus gastos.* **2** ***Argent.*** Superficie plana que cubre la parte superior de los muebles de una cocina.

mesar ***vb.*** {tr. y prnl.} Arrancar o maltratar los cabellos o barbas con las manos: *Cuando murió la infanta, el rey **se mesaba** las barbas de dolor.*

mesero, ra ***m.*** y ***f. Chile, Colomb., Ecuad., Guat.*** y ***Méx.*** Persona que lleva los alimentos a los comensales de un restaurante. SIN. **camarero.**

meseta ***f.*** Terreno elevado y llano de gran extensión.

mesiánico, ca ***adj.*** Del mesías o del mesianismo: *El predicador realizó escritos **mesiánicos** y esperanzadores.*

mesianismo ***m.*** Confianza absoluta en un líder como remedio para todos los problemas de la sociedad.

mesías ***m.*** **1** Según la religión hebrea, personaje que redimirá y liberará al pueblo israelí: *Los judíos esperan la llegada del **Mesías.*** **2** Según la religión cristiana, Jesucristo: *El **Mesías** murió en la cruz.* **3** Persona real o imaginaria de cuya llegada e intervención se espera la solución de graves problemas.

mesilla ***f.*** Mueble pequeño, que se coloca junto a la cama: *Antes de acostarse Elena colocaba una jarrita de agua sobre la **mesilla** para beber si durante la noche sentía calor.* SIN. **buró, mesa de luz, velador.**

mesnada ***f.*** Grupo de gente armada al servicio de un señor: *En* El Rey Lear*, la obra del escritor inglés William Shakespeare, se dice que dicho rey llegó acompañado de una **mesnada** al castillo de su hija.*

mesoamericano, na ***adj./m.*** y ***f.*** Originario de Mesoamérica, área cultural anterior a la llegada de los españoles a América, localizada entre la Cordillera Neovolcánica de México y el Istmo de Panamá.

mesocarpio ***m.*** Zona media de un fruto, entre la piel y el hueso o las semillas: *El **mesocarpio** de la manzana es la parte donde hincas sabrosamente los dientes.*

mesolítico, ca ***adj./m.*** Fase del desarrollo técnico del hombre prehistórico, que se ubica en la transición entre el paleolítico y el neolítico.

mesón ***m.*** **1** Restaurante decorado al estilo rústico: *En el camino a los monasterios, nos detuvimos a comer en un **mesón** que era una casa antigua.* **2** Posada: *Dulcinea trabajaba en un **mesón** cuando la conoció don Quijote.* **3** ***Chile.*** Mostrador de los bares y cantinas, barra: *Recargado en el **mesón,** un hombre comía queso y bebía vino.*

mesonero, ra ***m.*** y ***f.*** Persona que atiende un mesón o es dueña de él.

mesosfera *f.* Capa atmosférica que se extiende entre la estratosfera y la termosfera.
mesozoico, ca *adj./m.* Tercera era geológica de la historia de la Tierra, en la que dominaron los reptiles. Está dividida en tres periodos: Triásico, Jurásico y Cretácico.
mester *m.* **1** Arte, oficio: *La producción en las industrias ha provocado que muchos* ***mesteres****, como la ebanistería, estén desapareciendo.* **2** *loc.* ~ **de clerecía,** poesía cultivada en la Edad Media por las personas cultas. **3** *loc.* ~ **de juglaría,** poesía de los juglares.
mestizaje *m.* Mezcla de dos razas: *Las naciones latinoamericanas están pobladas con gente que es producto del* ***mestizaje*** *entre los españoles e indígenas.*
mestizo, za *adj./m.* y *f.* De padre y madre de raza diferente: *Los hijos de un inglés y una japonesa son* ***mestizos.*** SIN. **cholo.**
mesura *f.* **1** Gravedad y compostura: *Con gran pausa y* ***mesura,*** *el maestro dio la bienvenida a los padres de familia al festival escolar.* **2** Moderación: *Ignacio necesita más* ***mesura*** *al expresar sus opiniones, creo que es demasiado agresivo.*
mesurado, da *adj.* **1** Que tiene mesura, prudencia o moderación: *El nuevo abogado es un hombre* ***mesurado*** *en sus comentarios.* **2** Sensato. **3** Comedido.
meta *f.* **1** Objetivo con que se realiza una acción: *Javier se impuso como* ***meta*** *llegar a ser ingeniero y lo logró.* **2** Línea en que termina una carrera: *El corredor cruzó la* ***meta*** *con los brazos extendidos en señal de triunfo.* **3** En el fútbol, portería.
metabólico, ca *adj.* Relativo al metabolismo: *Para lograr un buen funcionamiento* ***metabólico*** *hay que tener una alimentación balanceada.*
metabolismo *m.* Conjunto de reacciones químicas que se dan en las células vivas.
metacarpo *m.* Parte de la mano formada por los huesos que se encuentran entre la muñeca y los dedos.
metafísica *f.* Disciplina filosófica que se ocupa de la esencia del ser y de la realidad.
metáfora *f.* Figura literaria que consiste en usar palabras con un sentido distinto del que les corresponde por medio de una comparación: *Cuando el novio de Amalia le prometió regalarle las estrellas y la luna usó una* ***metáfora*** *para expresar cariño, es decir, no significa que realmente se las fuera a obsequiar.*
metafórico, ca *adj.* Relativo a la metáfora o que la emplea: *El lenguaje* ***metafórico*** *es un recurso de los escritores, sobre todo de los poetas.*
metal *m.* Elemento químico sólido, de brillo característico, buen conductor del calor y de la electricidad: *El oro, la plata y el cobre son tres de los* ***metales*** *más conocidos.*
metalenguaje *m.* Lenguaje usado para hablar del lenguaje mismo.
metálico *m. Fam.* Dinero en efectivo: *"Aquí no se aceptan tarjetas de crédito, hay que pagar en* ***metálico****", me dijo mi hermano.*
metálico, ca *adj.* Relativo o parecido al metal: *El traje del cantante de rock era gris* ***metálico*** *y brillaba con las luces.*
metalífero, ra *adj.* Que contiene metal: *La bauxita es una roca* ***metalífera;*** *de ella se extrae aluminio.*
metaloide *m.* Antigua denominación de los elementos químicos no metálicos.
metalurgia *f.* Arte de extraer y trabajar los metales: *El desarrollo de la* ***metalurgia*** *ha sido muy importante para el progreso industrial de la humanidad.*
metalúrgico, ca *m.* y *f.* Relacionado con los metales: *Raúl es un ingeniero* ***metalúrgico*** *que trabaja en una compañía fundidora de hierro.*
metamorfismo *m.* Conjunto de transformaciones de las rocas en el interior de la corteza terrestre.
metamorfosis *f.* **1** Transformación de una cosa en otra: *Este pueblo sufrió una* ***metamorfosis*** *muy grande desde que construyeron una estación de trenes aquí.* **2** Conjunto de cambios que experimentan ciertos animales durante su desarrollo biológico: *Las orugas sufren una* ***metamorfosis*** *dentro del capullo y se convierten en mariposas.*
metano *m.* Gas sin color, principal componente del gas natural.
metástasis *f.* Aparición nueva en otra parte del organismo de una enfermedad que ya se tiene: *Dos meses después de extraerle un tumor, al paciente le detectaron* ***metástasis*** *del cáncer que ya padecía.*
metatarso *m.* Parte del pie formada por los huesos que se encuentran entre el tarso y los dedos.
metate *m. Méx.* y *Guat.* Piedra plana con patas, que se utiliza con un rodillo para moler grano: *En las zonas rurales, la gente muele el maíz en* ***metates*** *para preparar la masa con que se hacen las tortillas.*
metazoo *adj./m.* Animal pluricelular constituido por células diferenciadas y agrupadas en tejidos y órganos.
meteorismo *m. Fam.* Acumulación de gases en el intestino: *Bernarda comió mucha cebolla y col, por eso ahora sufre* ***meteorismo.***
meteorito *m.* Cuerpo sólido procedente del espacio: *Algunos científicos creen que hace muchos años un gran* ***meteorito*** *cayó en la península de Yucatán, en México, y alteró el clima de modo que casi todos los animales, entre ellos los dinosaurios, murieron.*
meteoro o **metéoro** *m.* **1** Fenómeno físico aéreo, acuoso, luminoso o eléctrico, que tiene lugar en la atmósfera: *Las lluvias, la nieve y los relámpagos son ejemplos de* ***meteoros.*** **2** Cuerpo proveniente del espacio exterior que entra en la atmósfera de la Tierra y emite luz: *Los* ***meteoros*** *despiden luz porque se incendian al entrar en la atmósfera de la Tierra.*
meteorología *f.* Ciencia que estudia los fenómenos naturales de la atmósfera.
meteorológico, ca *adj.* Relativo a la meteorología: *El Servicio* ***Meteorológico*** *anunció que todo este fin de semana habrá fuertes lluvias.*
meteorólogo, ga *m.* y *f.* Persona que se dedica al estudio de la meteorología: *El* ***meteorólogo*** *del observatorio informó que se aproxima un ciclón.*
meter *vb.* {tr. y prnl.} **1** Poner una cosa dentro de otras o entre otras: ***Mete*** *la mano en la bolsa de papel y encontrarás una sorpresa.* **2** Introducirse: *Por ambicioso, Daniel* ***se metió*** *en negocios sucios y ahora no ve la forma de salir del problema.*
metiche *adj./m.* y *f. Chile* y *Méx.* Persona que se mete en todo, aunque no le incumba: *No cuentes nada enfrente de Araceli porque es muy* ***metiche*** *y todo quiere saber.* SIN. **metido, metomentodo, entrador.**
meticulosidad *f.* Minuciosidad, orden: *Con* ***meticulosidad,*** *Enrique pegó las pequeñas piezas del barco a escala que está construyendo.*
meticuloso, sa *adj.* Minucioso, ordenado: *Lorenzo es un chico* ***meticuloso*** *que limpia sus zapatos con mucho cuidado antes de ponérselos.*
metido, da *adj.* **1** Abundante en algo: *La tía Hermelinda pesa 150 kilos, está muy* ***metida*** *en carnes.* **2** *Amér. C.* y

Amér. Merid. Metiche, que se mete en todo. SIN. **metomentodo, metiche, entrador.**

metódico, ca ***adj.*** **1** Hecho con método: *Los experimentos de laboratorio son* ***metódicos,*** *deben hacerse paso a paso para que salgan bien.* **2** Que actúa con gran orden: *Javier es un* ***metódico*** *que plancha durante media hora la camisa que va a ponerse.*

metodismo ***m.*** Movimiento religioso protestante fundado en Inglaterra en el siglo XVIII.

metodista ***adj./m.*** y ***f.*** Que pertenece al culto del metodismo o lo practica.

método ***m.*** **1** Conjunto de operaciones ordenadas con que se pretende obtener un resultado: *Para obtener resultados válidos en la ciencia hay que seguir un* ***método*** *en las investigaciones.* **2** Obra destinada a enseñar: *Nerón compró un* ***método*** *de inglés que promete enseñar a hablar ese idioma en cuatro semanas.*

metodología ***f.*** **1** Ciencia que estudia el método. **2** Aplicación de un método.

metomentodo ***adj./m.*** y ***f.*** Entrometido, chismoso: *El otro día sorprendí a una vecina* ***metomentodo*** *revisando las bolsas de basura que tiré después de mi fiesta.* SIN. **metiche, metido.**

metonimia ***f.*** Figura retórica que designa una cosa con el nombre de otra, tomando el todo por la parte: *Si digo que habrá una exposición de Boteros en el museo estoy usando una* ***metonimia*** *para señalar las obras del pintor Fernando Botero.*

metraje ***m.*** Longitud de un filme o película cinematográfica: *Primero empezó haciendo cortometrajes, ahora ya hace cosas de más* ***metraje*** *y pronto estrenará un filme de noventa minutos.*

metralla ***f.*** Munición menuda con que se cargan ciertas armas que hacen disparos continuos.

metralleta ***f.*** Nombre de ciertas armas automáticas portátiles.

métrica ***f.*** Arte del ritmo, medida y combinación de los versos: *Para hacer un soneto clásico, hay que tener en cuenta la* ***métrica.***

métrico, ca ***adj.*** Relativo al metro y las medidas: *En la mayor parte de los países se usa el sistema* ***métrico*** *decimal para medir distancias.*

metro ***m.*** **1** Unidad de medida de longitud en el Sistema Internacional: *Wilfredo es un hombre muy alto que mide casi dos* ***metros.*** **2** Medida de los versos. **3** ***loc.*** **~ cuadrado,** unidad de medida de superficie, equivalente al área de un cuadrado de un metro de lado. **4** ***loc.*** **~ cúbico,** unidad de medida de volumen, equivalente al volumen de un cubo de un metro de lado.

metro ***m.*** Apócope de metropolitano, que designa un ferrocarril urbano subterráneo: *"La estación más cercana del* ***metro*** *está en la siguiente esquina", le dije al señor.* SIN. **subte.**

metrónomo ***m.*** Aparato que sirve para marcar el compás cuando se toca música: *Antes de comenzar a practicar, la pianista puso a funcionar el* ***metrónomo.***

metrópoli o **metrópolis** ***f.*** **1** Estado o ciudad, respecto de sus colonias: *España fue la* ***metrópoli*** *de las colonias americanas durante tres siglos.* **2** Ciudad principal: *São Paulo es una de las grandes* ***metrópolis*** *de Brasil.*

metropolitano ***m.*** Ferrocarril eléctrico subterráneo o elevado, que se usa para el transporte de personas a través de las grandes ciudades.

metropolitano, na ***adj.*** Relativo a la metrópoli: *Los problemas* ***metropolitanos*** *más agudos son la falta de transporte, la basura, la escasez de agua y la contaminación del aire.*

mexicano, na ***adj./m.*** y ***f.*** De México, país de América.

mezcal ***m.*** **1** Planta de la familia del agave, que se utiliza como alimento y para la industria. **2** ***Hond.*** Fibra de la planta del agave, preparada para hacer cuerdas. SIN. **pita.** **3** ***Méx.*** Bebida alcohólica obtenida de la destilación de ciertas especies de maguey o agave.

mezcla ***f.*** **1** Acción y efecto de mezclar o mezclarse: *El color con que pintaron la pared es una* ***mezcla*** *de azul y blanco.* **2** Sustancia resultante de la combinación de varias: *Una vez preparada la* ***mezcla*** *de harina, huevo, leche y mantequilla, se pone encima fruta y miel y se hornea para obtener una tarta.*

mezclador, ra ***m.*** y ***f.*** Persona o máquina que mezcla: *En las construcciones utilizan unos camiones que son* ***mezcladores*** *de materiales.*

mezclar ***vb.*** {tr. y prnl.} **1** Juntar varias cosas de manera que sus partes queden unas entre otras. **2** Meterse una persona entre otras: *El policía vestido de civil* ***se mezcló*** *entre la gente para intentar localizar al delincuente.*

mezclilla ***f.*** ***Chile*** y ***Méx.*** Tipo de tela muy durable, usada sobre todo en la confección de pantalones vaqueros: *Antes sólo los mineros usaban ropa de* ***mezclilla,*** *ahora está de moda y mucha gente la usa.*

mezcolanza ***f.*** ***Fam.*** Mezcla extraña y confusa de cosas sin relación: *La decoración de esta casa es una* ***mezcolanza*** *de objetos modernos, europeos y prehispánicos.*

mezquinar ***vb.*** {tr.} **1** Regatear, escatimar. **2** ***Argent.*** Esquivar, apartar, hacer a un lado. *El futbolista* ***mezquinó*** *el cuerpo para evitar que su contrario lo derribara.*

mezquindad ***f.*** Avaricia, falta de generosidad, egoísmo: *Con gran* ***mezquindad*** *el obeso magnate se sirvió la mejor parte de la carne y les dejó las sobras a los sirvientes.*

mezquino, na ***adj.*** **1** Escaso: *El gerente es un tacaño que paga sueldos* ***mezquinos*** *a sus empleados.* **2** Ruin, despreciable: *Ese hombre es una persona* ***mezquina*** *que no conoce la nobleza ni los buenos sentimientos.* **3** Avaro, tacaño, egoísta: *Rodolfo es* ***mezquino*** *con sus amigos, nunca comparte sus caramelos con ellos.* SIN. **amarrado, codo.**

mezquita ***f.*** Entre los musulmanes, edificio destinado al culto religioso.

mezquite ***m.*** ***Méx.*** Árbol de ramas espinosas, cuyas hojas y frutos se usan como forraje y contra la inflamación de los ojos.

mi ***adj.*** Apócope del adjetivo posesivo *mío,* cuando va antepuesto al nombre: *Llevé a* ***mi*** *perro al veterinario para que le pusieran la vacuna contra la rabia.*

mi ***m.*** Tercera nota de la escala musical.

mí ***pron.*** Pronombre personal de la primera persona singular, que funciona como complemento con preposición: *"Dame a* ***mí*** *el helado de mango y a mi amigo el de chocolate", le dije al vendedor.*

miaja ***f.*** ***Ver*** **migaja.**

miasma ***m.*** Sustancia que sale de las heridas infectadas o de la materia en estado de putrefacción: *De la pierna gangrenada salía un* ***miasma*** *maloliente.*

mica ***f.*** **1** Mineral brillante que se puede separar en hojas. **2** ***Méx.*** Especie de sobre de plástico transparente y rígido que sirve para proteger documentos. **3** ***Guat.*** Mujer que coquetea.

micción ***f.*** Acción de orinar: *Como tomó mucha agua antes de dormir, mi hermano hizo cinco* ***micciones*** *durante la noche.*

micelio ***m.*** Aparato vegetativo de los hongos.

mico *m.* Nombre genérico de los monos que tienen cola larga, como el mono araña.
micología *f.* Parte de la botánica que estudia los hongos.
micosis *f.* Infección provocada por hongos: *La falta de higiene puede provocar **micosis** en la piel.*
micra *f.* Unidad de medida de longitud igual a la millonésima parte de un metro: *Las bacterias se pueden medir en **micras** porque son demasiado pequeñas.*
microbiano, na *adj.* Relativo a los microbios: *Si no se guardan las normas de higiene es más fácil que nos ataque alguna infección **microbiana**.*
microbio *m.* Microorganismo: *Ducharse todos los días ayuda a quitar los **microbios** que pueden provocar enfermedades si se quedan en el cuerpo.*
microbús *m.* Autobús pequeño usado en el transporte urbano: *Los autobuses son más funcionales que los **microbuses**, porque pueden transportar a más gente.* SIN. **buseta.**
microcirugía *f.* Cirugía con aparatos especiales y microscopio: *La **microcirugía** se emplea para operaciones muy delicadas, por ejemplo, del cerebro.*
micrococo *m.* Bacteria de forma esférica o elíptica.
microcosmos *m.* En filosofía, ser considerado como un mundo en pequeño, reflejo del Universo o macrocosmos al que pertenece, en especial el hombre.
microeconomía *f.* Estudio de la economía en función de las actividades individuales.
microfilme o **microfilm** *m.* **Palabra de origen inglés.** Película de tamaño muy reducido: *En las hemerotecas, algunos diarios antiguos se guardan en **microfilmes**, así se evita que los maltraten las personas que los consultan.*
micrófono *m.* Aparato que transforma las ondas sonoras en oscilaciones eléctricas, para transmitirlas o registrarlas: *El **micrófono** no servía y no pudimos escuchar nada de lo que dijo la directora.*
micrón *m.* Micra.
microonda *f.* **1** Onda electromagnética cuya longitud se halla comprendida entre 1 m y 1 mm. **2** *loc. pl.* **Horno de ~,** aparato en que el calor está generado por ondas de alta frecuencia: *Los **hornos de microondas** son muy útiles para calentar rápidamente algunos tipos de alimentos.*
microorganismo *m.* Organismo microscópico, vegetal o animal: *Existen **microorganismos** muy útiles al hombre y otros que son dañinos.*
microprocesador *m.* Circuito integrado que hace las funciones de la unidad central de una computadora
microscópico, ca *adj.* Que se puede ver sólo en el microscopio, muy pequeño.
microscopio *m.* Instrumento óptico para observar objetos muy pequeños: *La invención del **microscopio** por parte de Antonie van Leewenhoek fue un gran adelanto para la biología.*
miedo *m.* Perturbación angustiosa del ánimo ante un peligro: *Marcela no quiere subir a la torre porque le dan **miedo** las alturas.*
miedoso, sa *adj./m.* y *f. Fam.* Se dice de la persona o animal que se asusta o siente miedo con facilidad.
miel *f.* **1** Sustancia viscosa y dulce, elaborada por las abejas: *Hay quienes afirman que tomar yogur con **miel** todos los días ayuda a vivir muchos años.* **2** Sustancia muy dulce: *Para mi fiesta, mi mamá y yo preparamos una tarta bañada con **miel** de frutas.*
miembro *m.* **1** Extremidad del hombre o de los animales: *Los humanos tienen dos **miembros** inferiores y dos superiores.* **2** Órgano sexual masculino. **3** Cada uno de los individuos que forman parte de una sociedad o agrupación: *Es **miembro** de la Sociedad Protectora de Animales desde que ésta se fundó.*
mientras *adv.* Entretanto: ***Mientras** esperaba el autobús, empezó a llover y me mojé.*
mientras *conj.* Une oraciones expresando simultaneidad entre ellas: *Terminé de leer el libro **mientras** me tomaba un café.*
miércoles *m.* Tercer día de la semana a partir del lunes: *Al día **miércoles** le pusieron ese nombre en honor del dios Mercurio.*
mierda *f.* **1** *Vulg.* Excremento de algunos animales y del hombre: *El bebé tenía **mierda** en su pañal, por eso lloraba.* **2** *Vulg. Desp.* Suciedad, porquería.
mies *f.* **1** Cereal maduro. **2** Campo sembrado: *El pintor holandés Vincent van Gogh hizo varios cuadros que representan **mieses** con brillantes tonos de color amarillo.*
miga *f.* **1** Parte blanda del pan. **2** *pl. loc. Méx.* **Hacer ~,** hacerse de amigos: *Mi hijo **hizo migas** con algunos de los vecinos que se mudaron la semana pasada.*
migaja *f.* **1** Fragmento o partícula de pan: *Cuando terminamos de comer pan, el mantel estaba lleno de **migajas**.* **2** Porción pequeña de cualquier cosa: *No me des una rebanada completa, sírveme sólo una **migaja** por favor, pues tengo poca hambre.* **3** *pl.* Sobras, residuos: *Ese hombre rico se siente tranquilo dando **migajas** a los pobres.*
migajón *m.* **1** Miga de pan o parte de ella. SIN. **molla.** **2** *Fam.* Meollo e interés de una cosa.
migración *f.* **1** Movimiento de población humana de un lugar a otro: *Desde hace varios años, las ciudades latinoamericanas han recibido **migraciones** de personas del campo.* **2** Viaje periódico que realizan las aves y otros animales: *Ya entrado el otoño, puedes ver las **migraciones** de los patos que vuelan hacia climas cálidos a pasar el invierno.*
migraña *f.* Dolor de cabeza muy intenso: *Coral sufre de **migrañas** tan fuertes que tiene que acostarse y alejarse por completo de la luz y del ruido durante varias horas.*
migrar *vb.* {intr.} Mudarse de un lado o país a otro, hacer migraciones: *Muchos campesinos de México y Centroamérica no encuentran trabajo en su país y **migran** hacia los Estados Unidos de América.*
mijo *m.* **1** Planta de grano redondo, cuyas semillas se utilizan como alimento de personas y animales domésticos. **2** Semilla de la planta llamada mijo.
mil *adj.* **1** Número 1 000. **2** *Fam.* Muchas veces: *Mi papá me ha dicho **mil** veces que tengo que cepillarme los dientes después de comer.*
mil *m.* Millar: *En la tienda hay varios **miles** de botones de todos tamaños y colores.*
milagro *m.* **1** Hecho admirable que se interpreta como una acción divina: *En la Biblia, la zarza ardiente que vio Moisés es un **milagro**, porque a pesar de que ardía no se quemaba.* **2** Cualquier hecho o cosa extraordinaria y maravillosa: *Fue un **milagro** que los náufragos hayan sobrevivido después de pasar ocho días en el mar.* **3** *loc.* **De ~,** por casualidad: *Entré a esa librería y **de milagro** encontré el libro que quería desde hace mucho tiempo.*
milano *m.* Ave rapaz de cola y alas muy largas, propia de zonas cálidas o templadas, que se alimenta de animales pequeños y desperdicios.
milenario, ria *adj.* **1** Que tiene mil unidades o mil años. **2** Muy antiguo, de más de mil años: *Esta pieza de cerámica egipcia es **milenaria** y muy hermosa.*
milenio *m.* Periodo que dura mil años: *En 1999 estábamos cerca del final del segundo **milenio** según los calendarios que se basan en el nacimiento de Jesús.*

a b c d e f g h i j k l m n o p q r s t u v w x y z

milésimo, ma ***adj./m.*** y ***f.*** **1** Adjetivo ordinal que corresponde en orden al número mil. **2** Cada una de las mil partes iguales en que se divide un todo.
milhojas ***m.*** Pastel de hojaldre relleno de crema o merengue: *"El* ***milhojas*** *es sabroso, pero demasiado dulce para mi gusto", dijo Claudia.*
milibar ***m.*** Unidad de medida de presión atmosférica, su abreviatura es *mb*.
milicia ***f.*** **1** Arte y técnica de la guerra: *Mucha gente consideraba al militar Napoleón Bonaparte un experto en la* ***milicia.*** **2** Profesión militar: *Juan se quiere dedicar a la* ***milicia*** *porque dice que le gustaría defender al país de algún enemigo.* **3** Tropa o gente de guerra.
milico ***m. Amér. Merid.*** y ***R. de la P. Desp.*** Militar, soldado.
miligramo ***m.*** Milésima parte del gramo: *Ese medicamento tiene 200* ***miligramos*** *de la sustancia principal, y 800 miligramos de excipiente.*
mililitro ***m.*** Milésima parte de un litro: *Le di 500* ***mililitros*** *de leche al borreguito huérfano, es decir, medio litro.*
milímetro ***m.*** **1** Medida de longitud equivalente a la milésima parte del metro. **2** ***Fam.*** Distancia muy pequeña.
militar ***adj.*** Relativo a las fuerzas armadas o a la guerra: *El día de la independencia de muchos países se celebra con un desfile* ***militar.***
militar ***m.*** Persona que sirve en el ejército: *No se permite a los* ***militares*** *entrar a los bares cuando están uniformados.*
militar ***vb.*** {intr.} **1** Servir en el ejército o en una milicia. **2** Pertenecer a un partido político, grupo, etc.: *El nuevo candidato a la presidencia no* ***milita*** *en ningún partido político, es independiente.*
militarismo ***m.*** Predominio de los militares en el gobierno.
militarizar ***vb. irreg.*** {tr.} **Modelo 16.** Organizar un lugar u organismo de manera militar.
milla ***f.*** **1** Medida anglosajona de longitud equivalente a 1 609 m. **2** Medida internacional de navegación marítima o aérea equivalente a 1 852 m.
millar ***m.*** Conjunto de mil unidades: *Un comerciante compra un* ***millar*** *de cuadernos para venderlos, yo compro uno para usarlo.*
millardo ***m.*** Mil millones.
millón ***m.*** Conjunto de mil veces mil unidades.
millonario, ria ***adj./m.*** y ***f.*** Muy rico, que cuenta su fortuna por millones. *Algunos* ***millonarios*** *son dueños de gran parte de las riquezas del mundo.*
millonésimo, ma ***adj.*** **1** Cada una del millón de partes en que se divide un todo. **2** El número un millón, en ordinales.
milonga ***f.*** **1** Baile y canto folklórico de Río de la Plata, de ritmo lento. **2** Ritmo parecido al del tango, pero más rápido.
milpa ***f. Amér. C.*** y ***Méx.*** Maíz o plantación de maíz: *Mi abuela tiene una* ***milpa*** *y vende las cosechas para mantenerse.*
milpear ***vb.*** {intr.} **1** ***Amér. C.*** y ***Méx.*** Comenzar a brotar el maíz. **2** ***Amér. C.*** y ***Méx.*** Plantar, cultivar el maíz.
mimado, da ***adj./m.*** y ***f.*** Que está mal acostumbrado o mal educado por el exceso de mimos: *De pequeño era un niño* ***mimado.***
mimar ***vb.*** {tr.} **1** Tratar a alguien con mimo: *Toda la familia* ***mima*** *a Jaime porque está enfermo.* Sin. **regalonear, chiquear, acariciar.** **2** Maleducar, malcriar: *Nadie va a aguantar al pequeño Andrés si lo* ***mimas*** *tanto.*
mimbre ***m.*** Rama flexible de la mimbrera, usada para hacer canastas.
mimbrera ***f.*** Planta arbustiva de ramas largas y flexibles.
mimético, ca ***adj.*** **1** Relacionado con el mimetismo: *La capacidad* ***mimética*** *del camaleón es asombrosa.*
mimetismo ***m.*** **1** Capacidad de algunos animales y plantas de asemejarse en el color o en la forma a los objetos entre los que viven para pasar inadvertidos: *El* ***mimetismo*** *es una protección de muchos insectos para evitar ser devorados por animales más grandes.* **2** Cambio fácil de actitud o de mentalidad con el fin de adaptarse o imitar a otras personas: *Cuando se cambia de empleo, de inmediato aplica el* ***mimetismo*** *para adaptarse.*
mímica ***f.*** Arte de imitar o expresarse mediante gestos: *Como yo no lo podía escuchar, mi hermano me dijo con* ***mímica,*** *a través de la ventana, que lo esperara afuera del edificio.* Sin. **gesto, pantomima.**
mimo ***m.*** Actor que practica la mímica: *El* ***mimo*** *más famoso de la época moderna ha sido el francés Marcel Marceau.*
mimo ***m.*** Cariño, halago: *Elodia es una madre muy cariñosa y llena de* ***mimos*** *a su familia.*
mimosa ***f.*** Planta muy apreciada en jardinería, de hojas pequeñas y flores amarillas.
mimoso, sa ***adj.*** Que gusta de intercambiar mimos y manifestaciones cariñosas: *La* ***mimosa*** *niña dio tantos besos a sus padres, que les dejó la cara embarrada del helado que comía.*
mina ***f.*** **1** Yacimiento de un mineral y excavación para extraerlo: *Durante la época colonial, España tenía especial interés en las* ***minas*** *americanas de oro y plata.* **2** Aquello de lo que se puede sacar mucho provecho: *Muchos inventos sencillos como las maquinillas de afeitar, se convirtieron en* ***minas*** *para sus fabricantes.* **3** Artefacto explosivo: *Era muy peligroso cruzar el campo sin un detector de* ***minas*** *durante la época de guerra.* **4** Pequeña barra de grafito del interior del lápiz.
minar ***vb.*** {tr.} **1** Hacer excavaciones en un terreno. **2** Colocar minas o artefactos explosivos: *El enemigo* ***había minado*** *los principales caminos hacia el mar para que los soldados no pudieran escapar.* **3** Debilitar o destruir poco a poco: *En la novela* La dama de las camelias, *la tuberculosis va* ***minando*** *lentamente el organismo de la heroína, hasta que ella muere.*
minarete ***m.*** Torre de la mezquita o templo musulmán, desde donde se llama a la oración: *La famosa mezquita de Santa Sofía en Estambul tiene cuatro* ***minaretes.***
mineral ***adj.*** Que está compuesto de sustancias inorgánicas: *Las rocas y el agua pertenecen al reino* ***mineral.***
mineral ***m.*** Sustancia inorgánica que se encuentra en la corteza terrestre y que está formada por varios compuestos químicos.
mineralización ***f.*** Acción y resultado de mineralizar o mineralizarse.
mineralizar ***vb.*** {tr. y prnl.} **1** Convertirse una sustancia en mineral, en general por la acción de agentes exteriores. **2** Cargarse el agua, las plantas o la tierra de sustancias minerales.
mineralogía ***f.*** Ciencia que estudia los minerales.
minería ***f.*** Explotación de las minas o yacimientos de minerales: *El desarrollo de la* ***minería*** *en las colonias americanas fue muy importante para España.*
minero, ra ***adj.*** Relativo a las minas: *Chile es un país con gran actividad* **minera.**
minero, ra ***m.*** y ***f.*** Persona que trabaja en una mina.
minestrone ***m.*** **Palabra de origen italiano.** Sopa que lleva verduras, arroz o pasta, frijoles y tocino: *Con este frío, se antoja un buen plato de* ***minestrone*** *acompañado de pan con mantequilla.*
mingitorio ***m.*** Mueble sanitario para que orinen los hombres: *En los baños de niños de mi escuela hay tres* ***mingitorios*** *y tres excusados.*

mini ***adj.*** Pequeño, breve.
mini ***f.*** Apócope de minifalda.
mini Prefijo que significa *pequeño*: *A Esteban y a su mamá les gusta jugar **mini**golf en el patio de su casa.*
miniatura ***f.*** **1** Reproducción a tamaño muy pequeño de una cosa: *Los bonsáis son árboles vivos en **miniatura**.* **2** Pintura de pequeñas dimensiones: *A la princesa le llevaron una **miniatura** del que sería su futuro esposo para que lo conociera.*
miniaturesco, ca ***adj.*** Miniaturizado o con las medidas más pequeñas posibles.
miniaturista ***m.*** y ***f.*** Persona que hace cosas en miniatura: *Conozco un **miniaturista** que puede pintar paisajes en un grano de arroz.*
minifalda ***f.*** Pollera o falda que queda varios centímetros arriba de las rodillas: *Las **minifaldas** estuvieron de moda en la década de 1960 y en la de 1990 volvieron a estar de moda.*
minifundio ***m.*** Finca rústica de reducida extensión.
minimizar ***vb. irreg.*** {tr.} **Modelo 16.** Quitar importancia o valor a una cosa: *La enfermera de la escuela **minimizó** las consecuencias de la caída que sufrió Abel, pero en realidad, el niño tenía fracturada la pierna.*
mínimo, ma ***adj.*** **1** Menor o menos importante en su especie: *Muchos obreros trabajan por el salario **mínimo**.* **2** Grado más pequeño al que puede reducirse algo: *Guadalupe usa vestidos reducidos a su **mínimo** tamaño, parece que su cuerpo fuese a reventarlos.*
minino, na ***m.*** y ***f.*** Gato doméstico: *Julián tiene como mascota un **minino** blanco con manchas negras y ojos verdes.*
ministerio ***m.*** **1** Cada uno de los departamentos en que se divide el gobierno de una nación: *Dos de los **ministerios** más importantes en un país son el de Hacienda y el de Educación.* **2** Cargo de ministro. **3** Edificio donde se encuentran las oficinas de un departamento de gobierno.
ministro, tra ***m.*** y ***f.*** **1** Persona que administra un ministerio o departamento del gobierno: *El **ministro** de Educación escuchó las necesidades de los maestros rurales.* SIN. **secretario.** **2** Persona que ejerce un ministerio o función religiosa.
minorar ***vb.*** {tr. y prnl.} Aminorar, reducir: *"Tienes que **minorar** la velocidad en la curva, porque es peligroso ir tan rápido", le dije a Germán.*
minoría ***f.*** **1** Parte menor de los componentes de una colectividad: *En esa zona de la costa había una **minoría** de diez habitantes blancos que vivía entre indígenas.* **2** Conjunto de votos opuestos a los de la mayoría: *Si se suman los votos de todas las **minorías** pueden ser más que los de la mayoría.*
minorista ***m.*** y ***f.*** Comerciante que vende en pequeñas cantidades.
minoritario, ria ***adj./m.*** y ***f.*** Que pertenece a la minoría.
minucia ***f.*** Detalle pequeño, sin importancia: *Ya empacamos los muebles y la ropa, ahora falta empacar las **minucias**.*
minuciosidad ***f.*** Minucia, esmero, cualidad de quien pone atención en los detalles.
minucioso, sa ***adj.*** Que se detiene en los detalles: *El abuelo se tarda horas en contar una historia porque es muy **minucioso**.*
minué ***m.*** **Palabra de origen francés.** Baile clásico francés: *El **minué** estuvo de moda durante el siglo XVIII en Francia.*
minuendo ***m.*** En una resta, cantidad de la que ha de restarse otra llamada sustraendo: *Los tres elementos de la resta son: **minuendo**, sustraendo y resta.*
minúscula ***f.*** Letra de menor tamaño y diferente forma que la mayúscula: *La primera letra de un nombre propio se escribe con mayúscula y las demás con **minúsculas**.*
minúsculo, la ***adj.*** Muy pequeño: *El encuadernador logró hacer un libro **minúsculo** que cabe en la palma de la mano.*
minusválido, da ***adj./m.*** y ***f.*** Persona que por un defecto psíquico o físico tiene menor capacidad que otras para hacer algunas actividades: *En muchos edificios han hecho rampas para los **minusválidos** que usan silla de ruedas.*
minuta ***f.*** **1** Extracto o borrador de un documento: *Para tener un control de las reuniones entre los licenciados, la secretaria elabora una **minuta** de cada reunión.* **2** Cuenta de honorarios de ciertos profesionales. **3** Menú, lista de platos o guisos de un restaurante.
minutero ***m.*** Manecilla grande del reloj, que señala los minutos: *El **minutero** avanza con menor rapidez que el segundero.*
minuto ***m.*** **1** Unidad de tiempo que vale 60 segundos. **2** *Fam.* Espacio de tiempo muy corto, momento: *"En un **minuto** estaré contigo, voy corriendo a tu casa", me dijo mi amigo por teléfono.*
mío, a ***adj./pron.*** Adjetivo y pronombre posesivo de primera persona del singular, que establece relación de posesión o pertenencia: *Para distinguirlos, compramos cepillos dentales diferentes, el rojo es **mío** y el azul es de mi hermana.*
miocardio ***m.*** Capa de fibras musculares del corazón.
mioceno ***adj./m.*** Cuarto periodo geológico de la era terciaria, durante el que aparecieron mamíferos como los simios y los rumiantes.
miografía ***f.*** Gráfica que registra las contracciones de los músculos.
miógrafo ***m.*** Aparato para registrar las contracciones de los músculos.
mioma ***m.*** Tumor formado por tejido muscular: *Los **miomas** son tumores benignos, pero requieren cirugía.*
miope ***adj./m.*** y ***f.*** Persona que padece miopía: *El oculista descubrió que Alejandro es **miope** y le dijo que tendrá que utilizar unos lentes especiales para su problema.*
miopía ***f.*** Enfermedad de los ojos que hace que se vean borrosos los objetos alejados.
mira ***f.*** **1** Pieza que sirve para mirar a un punto con más precisión: *Para tirar al blanco, se dispara una vez que se tiene en la **mira** el objeto deseado.* **2** Intención, propósito: *Efraín tiene en la **mira** conseguir una beca.*
mirada ***f.*** **1** Vistazo: *Miguel echó una **mirada** a las fotos que tomé y opinó que son muy buenas, incluso me sugirió montar una exposición.* **2** Forma de mirar: *El anciano sabio tenía una **mirada** dulce y compasiva.*
mirador ***m.*** **1** Balcón cubierto y cerrado con cristales. **2** Lugar bien situado para observar un paisaje: *En el kilómetro 50 de esa carretera hay un **mirador** desde donde se aprecia el mar.*
miramiento ***m.*** Consideración o cortesía que se observa ante alguien: *La señorita Alfonsina ha sido una maestra muy buena, por eso los niños la tratan con tantos **miramientos**.*
mirar ***vb.*** {tr. y prnl.} **1** Fijar la vista: *Como Katia llevaba puesto un gran sombrero morado con plumas, todos en el restaurante la **miraban**.* **2** Estar algo orientado en determinada dirección: *La ventana de mi habitación **mira** hacia el oriente, por eso todos los días me despierta un rayito de sol.*
miriápodo, da ***adj./m.*** Relativo a una clase de artrópodos con el tronco dividido en segmentos, cada uno de los cuales tiene uno o dos pares de patas, como el ciempiés.

mirilla ***f.*** Pequeña abertura de una puerta para mirar hacia afuera: *Antes de abrir la puerta que da a la calle es recomendable ver por la **mirilla** quién toca.*
miriñaque ***m.*** **1** Prenda interior femenina con que se daba volumen a las polleras o faldas: *Los **miriñaques** fueron populares en el siglo pasado.* SIN. **crinolina. 2** *Argent.* Defensa delantera de las locomotoras.
mirlo ***m.*** Ave de plumaje oscuro, que imita los sonidos.
mirra ***f.*** Resina aromática y medicinal: *El sabor de la **mirra** es muy amargo, pero su aroma es delicioso.*
mirto ***m.*** Arbusto de follaje siempre verde, con flores blancas y olorosas. SIN. **arrayán.**
misa ***f.*** En el catolicismo, representación del sacrificio del cuerpo y sangre de Jesucristo, que realiza el sacerdote en el altar: *Muchos católicos van a **misa** al menos una vez por semana.*
misantropía ***f.*** Aborrecimiento hacia los seres humanos y el trato con ellos: *La **misantropía** de Ernesto lo ha llevado a aislarse cada vez más de sus amigos.*
misántropo, pa ***m.*** y ***f.*** Persona que se aparta y aborrece el trato humano: *Nadie se le acerca a ese hombre ni le habla nunca porque es un **misántropo.***
miscelánea ***f. Méx.*** Tienda donde se venden objetos de distintas clases: *En esa **miscelánea** venden cuadernos, bebidas refrescantes, pan, hilos para coser y hasta juguetes.*
miscible ***adj.*** Que se puede mezclar. *La sal y el azúcar son sustancias **miscibles.***
miserable ***adj.*** **1** Muy pobre: *En las afueras de las grandes ciudades hay barrios **miserables.*** **2** Escaso.
miserable ***m.*** **1** Desgraciado, pobre. **2** Malvado: *El villano de la telenovela es un **miserable** que abandonó a su esposa después de que nació su hijo.*
miseria ***f.*** **1** Extrema pobreza: *Una tercera parte del mundo vive en la **miseria,** mientras poca gente posee la mayor parte de la riqueza que existe.* **2** Suceso desafortunado que causa dolor. **3** Tacañería, avaricia: *La **miseria** se apoderó de la vida de ese hombre; es muy rico, pero vive en soledad.*
misericordia ***f.*** Compasión que impulsa a ayudar o perdonar: *El acusado pidió **misericordia** al juez para que no lo ejecutaran.*
misericordioso, sa ***adj./m.*** y ***f.*** Inclinado a sentir misericordia, compasión y perdón: *El juez **misericordioso** cambió la pena de muerte del acusado por veinte años de prisión.*
mísero, ra ***adj.*** Miserable, muy pobre: *En el mundo hay mucha gente que vive en condiciones **míseras,** mientras unos cuantos derrochan el dinero en lujos.*
misia o **misiá** ***f. Amér. Merid.*** Tratamiento de cortesía equivalente a *señora*, que actualmente está casi en desuso.
misil o **mísil** ***m.*** Proyectil muy poderoso, que se puede dirigir hacia objetos distantes utilizando procedimientos electrónicos.
misión ***f.*** **1** Acción de enviar. **2** Cosa encomendada a alguien: *El comodoro Perry fue a Japón en el siglo* XIX *con la **misión** de entablar relaciones comerciales y diplomáticas entre los estadounidenses y los japoneses.* **3** Organización encargada de la difusión de la fe: *Durante la Colonia, varios grupos jesuitas fueron en **misión** al Paraguay para intentar convertir al cristianismo a los indios guaraníes de esas tierras.*
misionero, ra ***m.*** y ***f.*** Sacerdote, pastor o religioso empleado en misiones extranjeras o interiores.
misiva ***f.*** Carta, escrito: *El ingeniero nunca habla por teléfono, se comunica con la gente por medio de **misivas.***
mismo ***adv.*** Palabra que se usa para dar énfasis a otro adverbio o a una expresión: *Ahora **mismo** voy a comenzar mi trabajo para terminar pronto.*
mismo, ma ***adj./pron.*** Adjetivo y pronombre demostrativos que expresan identidad o semejanza: *Toda la semana vino vestida con la **misma** blusa.*
misoginia ***f.*** Aversión a las mujeres: *Mario no tiene amigas, sólo amigos, porque su **misoginia** no le permite relacionarse con mujeres.*
misógino, na ***adj.*** **1** Se aplica a quien odia o siente aversión por las mujeres: *Los directivos de la empresa muestran una conducta **misógina** e injusta.* **2** Relacionado con la misoginia: *Lo expulsaron por su comportamiento **misógino** con el equipo femenino.*
misógino, na ***m.*** y ***f.*** Persona que manifiesta aversión por las mujeres: *Los **misóginos** del grupo interrumpieron la exposición de una compañera durante la clase.*
misterio ***m.*** Cosa incomprensible para la mente humana: *El asesinato de John **f.** Kennedy sigue siendo un **misterio** para la mayoría de la gente.*
misterioso, sa ***adj.*** **1** Que encierra misterio: *Mis papás se miraron de manera **misteriosa** cuando pregunté cómo celebraríamos mi cumpleaños, ¿estarán preparando alguna sorpresa para mí?* **2** Que acostumbra actuar con misterios: *Rubén es una persona **misteriosa** que no demuestra lo que piensa.*
mística ***f.*** Parte de la teología que trata de la unión espiritual del hombre con Dios, de lo espiritual y de la relación entre Dios y los hombres.
misticismo ***m.*** **1** Según la religión, estado del que se encuentra en contacto con Dios. **2** Doctrina que enseña la manera de comunicarse con la divinidad.
místico, ca ***adj.*** Relativo a la vida espiritual en su relación con lo divino: *Los upanishads son los escritos **místicos** más importantes de la India.*
místico, ca ***m.*** y ***f.*** Persona entregada a la contemplación de lo divino: *Santa Teresa de Jesús es una de las grandes **místicas** de la tradición católica.*
mistificar ***vb.*** {tr.} **1** Engañar a una persona aprovechando su ingenuidad: ***Mistificó** al comprador presentándole falsas características del vehículo.* **2** Deformar, falsear o alterar el verdadero carácter o manera de ser de una cosa: *La película **mistifica** la verdadera historia de los hechos.*
mistol ***m. Argent.*** y ***Par.*** Planta de flores pequeñas y fruto castaño ovoide, con el que se elaboran jarabes y otros alimentos.
mita ***f.*** **Palabra de origen quechua.** Sistema de trabajo forzoso en la época colonial, que obligaba a los indios a trabajar en las minas y en otras faenas: *La explotación de centros mineros como el Potosí, en Bolivia, se llevó a cabo mediante **mita.***
mitad ***f.*** **1** Cada una de las dos partes iguales en que se divide un todo: *Ernesto me dio la **mitad** de su naranja y él se comió la otra **mitad.*** **2** Punto o parte que está a la misma distancia de los dos extremos de algo: *Para que ninguno recorra más distancia, si quieres nos encontramos a la **mitad** del camino entre tu casa y la mía.*
mitificar ***vb.*** {tr.} Dar a algo carácter de mito: *Hace alrededor de un siglo, la gente de ese pueblo comenzó a **mitificar** las hazañas de un generoso bandolero y ahora es toda una leyenda.*
mitigado, da ***adj.*** Moderado, disminuido, suavizado.
mitigante ***adj.*** Que mitiga: *Los analgésicos son **mitigantes** del dolor.*
mitigar ***vb. irreg.*** {tr. y prnl.} **Modelo 17.** Moderar, calmar: *La aspirina que tomó Fabiola le **mitigó** el dolor de cabeza y pudo seguir con su trabajo.*

mitin *m.* **Palabra de origen inglés.** Reunión pública en la que se pronuncian discursos políticos o sociales: *Antes de obtener el voto, las mujeres organizaron muchos **mítines** para dar a conocer las razones por las cuales debían tener ese derecho.*

mito *m.* **1** Relato popular o literario que cuenta acciones imaginarias de dioses, seres fantásticos y héroes: *Uno de los **mitos** que más me gusta es el que narra cómo Minerva, la diosa de la sabiduría, nace de un dolor de cabeza de su padre Zeus.* **2** Cosa fabulosa, inventada. **3** Persona o cosa rodeada de extraordinaria estima: *Jorge Luis Borges es un **mito** no sólo de la literatura argentina sino de toda Latinoamérica.*

mitocondria *f.* Orgánulo en forma de grano o filamento, presente en el citoplasma de las células.

mitología *f.* **1** Conjunto de los mitos y leyendas de un pueblo o una religión: *En la **mitología** nórdica, los guerreros que morían en batalla se iban al walhala.* **2** Estudio de los mitos.

mitológico, ca *adj.* De la mitología o de los mitos: *Las narraciones **mitológicas** griegas son mis favoritas.*

mitomanía *f.* **1** Tendencia enfermiza a contar mentiras o a desfigurar la realidad: *La **mitomanía** de Raquel desorienta quien no la conoce.* **2** Tendencia a mitificar a personas o cosas: *Hay gente que desarrolla una auténtica **mitomanía** por los actores cinematográficos.*

mitómano, na *m.* y *f.* Persona que tiende a crear y cultivar mitos, cosas imaginadas o inventadas: *Si Rosenda te cuenta de su carrera como actriz de cine créele la mitad, pues es **mitómana**.*

mitosis *f.* Proceso de división indirecta de la célula, que se caracteriza por la duplicación de todos sus elementos, y un reparto por igual entre las dos células hijas.

mitote *m.* **1** *Guat.* y *Méx.* Fiesta casera: *Anoche había mucho ruido en casa de Gerardo porque organizaron un **mitote** para celebrar su cumpleaños.* **2** *Amér.* Demostración exagerada de cuidado al hablar o comportarse: *Rosa hizo mucho **mitote** para comer ese guiso.* Sin. **melindre.** **3** *Méx.* Situación en que impera el desorden o en que hay mucho ruido o alboroto: *Como los niños estaban muy alegres, el último día de clases fue un **mitote**.*

mitotero, ra *adj./m.* y *f.* **1** *Amér.* Que hace mitotes o que muestra una delicadeza exagerada. **2** *Guat.* y *Méx.* Bullanguero, amigo de diversiones: *Miguel va a todas las fiestas que puede, es un **mitotero** que siempre está bailando.*

mitra *f.* Tocado terminado en punta que utilizan algunos jerarcas religiosos para asistir a ceremonias de su culto: *El obispo portaba una **mitra** dorada con adornos plateados.*

mitral *adj.* Válvula del corazón, situada entre la aurícula y el ventrículo izquierdos.

mixe *adj./m.* y *f.* Pueblo amerindio que habita en Oaxaca, México: *Los **mixe** son famosos, entre otras cosas, por sus bandas musicales.*

mixomicete o **mixomiceto** *adj./m.* Especie con características tanto de hongo como de protozoario; se clasifican en acelulares y celulares; estos últimos aparecen como unas manchas viscosas y brillantes que se desarrollan en la materia en descomposición: *Los **mixomicetes** se alimentan de vegetales en estado de descomposición.*

mixteca o **mixteco** *adj./m.* y *f.* Pueblo amerindio de México localizado en la Sierra Madre del Sur y las zonas costeras de los estados de Oaxaca y Guerrero, así como parte de Puebla: *La actual zona arqueológica de Monte Albán, en Oaxaca, fue un importante centro religioso de los **mixtecas**.*

mixto, ta *adj.* **1** Formado por elementos de diferente naturaleza: *Se me antoja una ensalada **mixta**, de frutas con verduras, queso y nueces.* **2** Mestizo: *Mi perro es **mixto** porque su padre es de raza pastor alemán y su madre es bóxer.*

mixtura *f.* Mezcla: *Para que oliera bien su ropa, Mariana puso en sus cajones una bolsita con una **mixtura** de flores aromáticas secas.*

mízcalo *m.* *Ver* **níscalo.**

mnemotecnia *f.* Arte de desarrollar la memoria.

mobiliario *m.* Conjunto de muebles pertenecientes a un estilo, época o lugar: *Su tía le heredó el **mobiliario** entero de su casa.*

moca *m.* Variedad asiática de café muy estimada.

mocasín *m.* Calzado plano, flexible y sin cordones: *Los indios pieles rojas utilizaban los **mocasines** de piel de bisonte.*

mocedad *f.* Edad o estado del mozo o moza, persona joven y soltera: *En sus **mocedades**, don Miguel viajó mucho por todo el país y tuvo varias novias.*

mocetón, tona *m.* y *f.* **1** Muchacho muy desarrollado. **2** Persona corpulenta: *Rodrigo es un **mocetón** alto y fornido.*

mochila *f.* Bolsa que se lleva a la espalda sujeta a los hombros: *Ricardo usa una **mochila** azul cuando sale de viaje.*

mocho, cha *adj.* **1** Falto de punta: *Mi lápiz quedó **mocho** después de escribir varias páginas.* Sin. **romo, obtuso.** **2** *Méx.* Relativo a la persona, animal o cosa a la que le falta un miembro, una parte: *Esa muñeca está **mocha**, le falta la cabeza.* **3** *Méx. Fam.* Relativo a la persona que es muy conservadora. **4** *Venez.* Manco.

mochuelo *m.* Ave rapaz nocturna, de tamaño pequeño y color gris.

moción *f.* **1** Acción y efecto de mover, moverse o ser movido. **2** Proposición que se hace en una asamblea o congreso: *La **moción** de realizar el próximo congreso en Madrid fue aprobada por todos los participantes.*

moco *m.* **1** Sustancia pegajosa que segregan las membranas mucosas, especialmente la nariz: *Zacarías no se sonó y se le escurrieron los **mocos** en la camiseta.* **2** *Méx. Fam.* Carnosidad roja y colgante que tienen los pavos o guajolotes en la cabeza.

mocoso, sa *adj.* Que tiene mocos en la nariz: *Estoy muy **mocoso** porque tengo gripe.*

mocoso, sa *m.* y *f.* **1** *Fam.* Persona joven que presume de ser adulta o experta en algo. **2** *Méx. Fam.* Niño: *En la calle, los **mocosos** juegan futbol por las tardes.*

moda *f.* **1** Manera pasajera de actuar, pensar, etc., de una época: *Cuando mi mamá era joven, estaban de **moda** los hippies, Los Beatles y los pantalones acampanados.* **2** En estadística, dato que se presenta con mayor frecuencia.

modales *m. pl.* Conjunto de comportamientos que se consideran o no correctos. *Es importante aprender buenos **modales** desde niños, pues serán una carta de presentación en el futuro.*

modalidad *f.* Modo particular de ser o de manifestarse una cosa: *"Si a usted no le gusta el aparato de música tan grande, también lo tenemos en su **modalidad** pequeña", le dijo el vendedor a mi padre.*

modelaje *m.* Actividad de los modelos o personas que exhiben ropa, accesorios, perfumes o cosméticos: *El mundo del **modelaje** está asociado con la publicidad.*

modelar *vb.* {tr.} **1** Dar forma artística a una sustancia plástica: *Antes de meter la pieza de cerámica al horno, Gustavo la **modela** con las manos.* **2** Trabajar como modelo: *Contrataron a Virginia para **modelar** la ropa de ese famoso modisto de París.*

modelismo *m.* Pasatiempo, arte y técnica de construir modelos de cosas diversas a pequeña escala: *El **modelismo***

a b c d e f g h i j k l m n o p q r s t u v w x y z

de barcos y aviones es uno de los que más practican los aficionados a esta actividad en el mundo.

modelista ***m.*** y ***f.*** Persona que hace modelos a escala reducida: *Los* ***modelistas*** *necesitan mucha paciencia y buen pulso.*

modelo ***m.*** Cosa o persona que se imita: *Esa mujer es un* ***modelo*** *de virtudes: trabajadora, bondadosa, inteligente, amigable y simpática.*

modelo ***m.*** y ***f.*** Persona que posa para artistas, en desfiles de modas o en publicidad: *Las* ***modelos*** *que salen en las revistas son excesivamente delgadas.*

módem ***m.*** Equipo que permite la comunicación entre dos computadoras por medio del teléfono.

moderación ***f.*** Cualidad de la persona o cosa que no es exagerada, sino medida: *Hay que tomar el sol con* ***moderación****, para no quemarse la piel.*

moderador, ra ***m.*** y ***f.*** Persona que dirige un debate: *Al final del programa en el que participaron cinco escritores, el* ***moderador*** *hizo un resumen de lo que ahí se había discutido.*

moderar ***vb.*** {tr. y prnl.} **1** Hacer que algo vuelva a una justa medida: *"Si ese niño no* ***modera*** *su lenguaje grosero, habrá que castigarlo", le dijo mi padre a mi madre.* **2** Hacer de moderador en un debate: *Me invitaron a* ***moderar*** *en una mesa de discusión sobre la contaminación del agua.*

modernismo ***m.*** **1** Gusto por lo moderno. **2** Tendencia literaria y arquitectónica desarrollada a principios del siglo XX.

moderno, na ***adj.*** Actual o de época reciente: *Las computadoras son un invento* ***moderno.***

modestia ***f.*** Sencillez y recato: *Omar carece de* ***modestia****, siempre está presumiendo sus habilidades.* SIN. **humildad.**

modesto, ta ***adj.*** **1** No lujoso: *Como no tenían mucho dinero para el viaje, los muchachos se alojaron en un hotel* ***modesto.*** **2** Que actúa con sencillez y recato: *Antes, las mujeres* ***modestas*** *bajaban la vista cuando se acercaba un extraño.*

módico, ca ***adj.*** No excesivo: *En esta ciudad el precio del transporte es* ***módico;*** *en cambio, los alimentos son muy caros.*

modificar ***vb. irreg.*** {tr. y prnl.} **Modelo 17. 1** Hacer que algo sea diferente de como era, pero sin alterar su esencia: *El traje tiene las mangas demasiado holgadas, hay que* ***modificarlas*** *para que queden más justas.* **2** Limitar el sentido de una palabra: *Los adjetivos* ***modifican*** *a los sustantivos, por ejemplo, no es lo mismo decir "niña bonita" que "niña fea".*

modismo ***m.*** Frase o locución propia de una lengua: *Una cosa es aprender una lengua en un salón de clase y otra, entender los* ***modismos*** *usados en la vida cotidiana.*

modisto, ta ***m.*** y ***f.*** Persona que confecciona o diseña vestidos.

modo ***m.*** **1** Forma como es o se hace algo: *El* ***modo*** *de escribir de Julián se puede distinguir fácilmente por el gran tamaño de las letras que hace.* **2** Manera de comportarse de una persona: *Esa secretaria tiene un* ***modo*** *muy grosero de tratar a las personas.* **3** Accidente gramatical del verbo que expresa cómo se concibe la acción verbal: *La palabra comer es un verbo en* ***modo*** *infinitivo.*

modorra ***f.*** Somnolencia pesada: *Aunque ya había sonado el despertador, Roberto no se podía levantar de la cama por la* ***modorra*** *que sentía.*

modulación ***f.*** **1** Modificación de la frecuencia o amplitud de las odas eléctricas para mejorar la transmisión de las señales. **2** Cambio de tonalidad musical: *Los cantantes saben bien cómo sacar provecho a la* ***modulación*** *de la voz.*

modulado, da ***adj.*** Con modulación: *El equipo de sonido para el concierto ya fue* ***modulado*** *para ofrecer la más alta calidad.*

modulador ***m.*** Dispositivo que sirve para regular la frecuencia o la amplitud de las ondas eléctricas.

modulador, ra ***adj.*** Se aplica a lo que modula.

modular ***adj.*** Relativo al módulo: *Mis vecinos se compraron muebles* ***modulares*** *y no paran de mover las partes para cambiar la apariencia de su sala.*

modular ***m. Méx.*** Equipo de sonido formado por diferentes partes, cada una con una función diferente, por ejemplo para tocar discos, casetes, escuchar radio, etc.

modular ***vb.*** {tr. e intr.} **1** Variar el tono al hablar o cantar: *Como estudió canto, esa locutora sabe* ***modular*** *muy bien la voz.* **2** En música, pasar de una tonalidad a otra.

módulo ***m.*** **1** Modelo que se repite en serie: *Las casas del barrio están construidas siguiendo el mismo* ***módulo*** *de dos pisos con cuatro ventanas y un pequeño jardín.* **2** Elemento que se puede combinar con otro que desempeña la misma función o tiene la misma naturaleza: *Mis padres compraron un librero de cinco* ***módulos*** *que se puede armar de varias formas diferentes.*

modus vivendi ***loc.*** Manera en que alguien se gana la vida: *Aunque Martín estudió arquitectura, debido al desempleo su* ***modus vivendi*** *es dibujar retratos en un jardín público.*

mofa ***f.*** Burla, escarnio: *El niño que declamaba se equivocó al pronunciar una palabra y sus compañeros hicieron* ***mofa*** *de él.*

mofarse ***vb.*** {prnl.} Burlarse, hacer escarnio: *Unos niños envidiosos* ***se mofaron*** *de Rubén cuando se cayó al intentar subir al escenario para recibir su diploma.*

mofeta ***f.*** Mamífero carnívoro que se defiende de sus enemigos lanzando un líquido fétido por vía anal. SIN. **zorrillo, yaguané.**

moflete ***m.*** Mejilla carnosa y gruesa: *Los querubines que hay en las iglesias de la época barroca tienen* ***mofletes*** *abultados y sonrosados.*

mofletudo, da ***m.*** y ***f. Esp.*** Que tiene carrillos o cachetes gruesos y carnosos: *Mi sobrino tiene seis meses de edad y se ve* ***mofletudo*** *y gordo.*

mogolla ***f. Colomb.*** Pan moreno hecho de salvado.

mohín ***m.*** Gesto gracioso que expresa enfado aunque sea fingido: *Como no le compraron el juguete que quería, Adriana hizo un* ***mohín*** *y se salió de la tienda.*

mohíno, na ***adj.*** **1** Triste, melancólico. **2** Disgustado, molesto: *Héctor estaba* ***mohíno*** *porque no le quise prestar un disco que me pidió.*

moho ***m.*** **1** Hongo que se desarrolla sobre la materia orgánica: *Dejé un trozo de pan dentro de una bolsa de plástico durante cinco días y ahora tiene* ***moho*** *de color azul.* **2** Capa que se forma por alteración química en la superficie de algunos metales: *Antes la cúpula de ese edificio era de color cobre, ahora el* ***moho*** *hace que se vea de color verde.*

mohoso, sa ***adj.*** Que está cubierto de moho: *Anoche olvidamos guardar el queso y, como el clima está muy húmedo, amaneció* ***mohoso,*** *ya no se puede comer.*

moisés ***m.*** Cuna de mimbre portátil: *Como ya va a nacer el bebé, sus padres se apuraron a comprar el* ***moisés.***

mojado, da ***m.*** y ***f. Méx.*** Persona que pasa de manera ilegal la frontera entre México y Estados Unidos de América, por lo general a través del Río Bravo. SIN. **bracero.**

mojar ***vb.*** {tr. y prnl.} Hacer que un líquido penetre en un cuerpo o cubra su superficie: *Eloísa no llevaba paraguas, así que se* ***mojó*** *con la lluvia cuando regresaba a su casa.*

mojarra ***f.*** **1** Pez marino comestible de color gris plateado con tornasoles y grandes fajas transversales negras. **2** Lancha que se utiliza en la pesca del atún. **3** ***Amér. C.*** Cuchillo ancho y corto. **4** ***Argent.*** y ***Urug.*** Nombre genérico para varias especies de peces pequeños de agua dulce que viven en América del Sur.

mojigato, ta ***adj./m.*** y ***f.*** Que se escandaliza fácilmente: *Un amigo de mi papá es tan* ***mojigato,*** *que no quiere que su hija de diecinueve años tenga novio.*

mojón ***m.*** Piedra o poste para señalar los límites o la dirección en los caminos: *El automóvil que derrapó en la carretera rompió tres* ***mojones.***

moka ***m. Ver*** **moca.**

mol ***m.*** Unidad básica de cantidad de sustancia, en el Sistema Internacional.

molar ***adj.*** Relativo a la muela.

molar ***m.*** Cada uno de los dientes posteriores que trituran los alimentos. SIN. **muela.**

molcajete ***m. Amér. C.*** y ***Méx.*** Recipiente grande de piedra o de barro cocido, con tres pies y una piedra con la que se trituran alimentos: *La salsa tradicional mexicana de ají o chile con cebolla y ajo se prepara en el* ***molcajete.*** SIN. **mortero.**

molde ***m.*** Instrumento hueco usado para dar forma a una materia: *Liliana preparó una gelatina de frutas en un* ***molde*** *con forma de corazón, para celebrar el Día de los Novios.*

moldear ***vb.*** {tr.} **1** Colocar materia fundida en un molde para que tome la forma de éste: *En la clase de artes decorativas* ***moldeamos*** *unas velas en forma de estrella.* **2** Dar a algo una forma determinada: *Poco a poco, con pequeñas porciones de plastilina, el escultor fue* ***moldeando*** *un caballo encabritado.*

moldura ***f.*** Parte saliente que sirve de adorno en arquitectura, ebanistería y otras artes.

mole ***f.*** Cuerpo pesado y grande: *Don Rafael nos dijo que su esposa estaba un poco gorda, pero cuando la vimos nos dimos cuenta de que era una* ***mole*** *como de doscientos kilos.*

mole ***m.*** **1** ***Méx.*** Salsa espesa preparada con muchas clases de chiles secos que se mezclan con especias, ajonjolí, maní, chocolate y otros ingredientes: *Existen muchos tipos de* ***moles,*** *como el poblano, el negro y el verde.* **2** ***Méx.*** Guiso de carne de pollo, de guajolote o de cerdo que se prepara con la salsa llamada mole: *Mi tía preparó* ***mole*** *con arroz para celebrar la boda de su hija.*

molécula ***f.*** Porción más pequeña de un cuerpo, que conserva las propiedades de la sustancia original.

molecular ***adj.*** De la molécula: *El peso* ***molecular*** *varía según los compuestos químicos.*

molejón ***m. Cuba.*** Roca alta y cortada en vertical que sobresale en el mar.

moler ***vb. irreg.*** {tr. e intr.} **Modelo 29. 1** Golpear o frotar algo hasta reducirlo a trozos muy pequeños o polvo. **2** Cansar mucho: *Hacer la limpieza de toda la casa* ***me molió.*** **3** ***Méx. Fam.*** Dar lata, causar molestias: *Daniel no deja de* ***moler*** *con que le preste mi disco favorito, pero yo no quiero porque sé que es descuidado.*

molestar ***vb.*** {tr. y prnl.} **1** Causar molestia: ***Me molesta*** *que la gente sea impuntual.* **2** Ofenderse: *Silvia* ***se molestó*** *con Virginia porque ésta le hizo una grosería.* **3** Tomarse algún trabajo por alguien: *"No* ***se moleste,*** *yo sola puedo levantar la caja", le dije al señor.*

molestia ***f.*** Alteración de la tranquilidad o malestar físico que sufre alguien: *Los cachorros pueden ser una* ***molestia*** *hasta que aprenden a obedecer.*

molesto, ta ***adj.*** **1** Que causa molestia: *"No quiero ser una visita* ***molesta,*** *así que dime con confianza a qué hora debo irme", le dije a mi amiga.* **2** Que siente molestia: *El bebé está* ***molesto*** *porque le están saliendo los dientes y le duelen las encías.*

molibdeno ***m.*** Metal de color plomizo, maleable y poco fusible, de símbolo químico Mo y número atómico 42.

molicie ***f.*** Excesiva comodidad en la manera de vivir: *La* ***molicie*** *que trata de imponernos la modernidad convierte a los humanos en seres cada vez más inútiles, opinó uno de los invitados al programa de televisión.*

molienda ***f.*** **1** Acción de moler. **2** Cantidad de grano u otra cosa que se muele cada vez que se usa un molino. **3** Época del año en que se muelen los productos cosechados como trigo, caña de azúcar, aceituna, etc.

molinero, ra ***adj.*** Del molino o de la molinería.

molinero, ra ***m.*** y ***f.*** Persona que tiene a su cargo un molino o la que trabaja en él: *El* ***molinero*** *me explicó el proceso de la molienda.*

molinillo ***m.*** **1** Utensilio doméstico para moler: *Compré el café en grano, ahora hay que molerlo en el* ***molinillo.*** **2** ***Méx.*** Instrumento de cocina, con aros sueltos, para mezclar el chocolate con la leche.

molino ***m.*** Máquina para moler o lugar donde se muelen diversas cosas.

molla ***f.*** **1** ***Esp.*** Parte carnosa o suave de una cosa orgánica: *Ayer comimos un guiso delicioso con verduras y carne que tenía mucha* ***molla*** *y poco hueso.* **2** ***Esp.*** Miga de pan: *Le quité la* ***molla*** *a mi pan y lo rellené con un trozo de queso.* SIN. **migajón.**

molleja ***f.*** **1** Segundo estómago de las aves. **2** Apéndice carnoso de las reses jóvenes.

mollera ***f.*** Parte más alta de la cabeza: *Los bebés tienen la* ***mollera*** *suave, porque los huesos del cráneo no han cerrado todavía.*

mollete ***m.*** **1** Pieza de pan blanco, esponjoso y redondo. **2** ***Méx.*** Rebanada de pan de corteza dura untado de mantequilla o de frijoles y queso.

molo ***m. Chile.*** Malecón.

molote ***m.*** **1** ***Amér. C., Antill., Colomb.*** y ***Méx.*** Alboroto, escándalo. **2** ***Méx.*** Moño, chongo: *Doña Eulalia se peinó con un gran* ***molote*** *antes de ir a la fiesta.* **3** ***Méx.*** Envoltura alargada, lío: *Ese joven se fue de vacaciones cargando su ropa en un* ***molote.***

molusco ***adj./m.*** Relativo al animal invertebrado de cuerpo blando, protegido por un caparazón: *Los caracoles de jardín son* ***moluscos.***

momentáneo, a ***adj.*** Fugaz, breve, de muy poca duración: *Fue un dolor* ***momentáneo,*** *se me pasó en menos de cinco segundos.*

momento ***m.*** **1** Espacio breve de tiempo: *"Espérame un segundo, en un* ***momento*** *estaré contigo", le dije a Juliana.* **2** Punto determinado en el tiempo: *En el* ***momento*** *que Magdalena llegó, estaban cerrando la puerta de la escuela.* **3** Oportunidad: *Aproveché el* ***momento*** *en que mi papá estaba de buen humor para pedirle permiso de ir a la fiesta.*

momia ***f.*** **1** Cadáver desecado que se conserva sin descomponerse: *Las* ***momias*** *más conocidas son las de los faraones egipcios.* **2** ***Fam.*** Persona muy vieja: *No quiero ir a casa de mi tía Luisa, porque en sus reuniones sólo hay* ***momias*** *de su edad.*

momificación ***f.*** Proceso por medio del cual se transforma un cadáver en momia.

momificar ***vb. irreg.*** {tr. y prnl.} **Modelo 17. 1** Preparar un cadáver para transformarlo en momia. **2** Desecarse un

a b c d e f g h i j k l m n o p q r s t u v w x y z

cadáver, por la acción de agentes naturales, hasta convertirse en momia: *El clima y los minerales del suelo **momificaron** estos cuerpos, explicó el guía del museo.*

monacal ***adj.*** Relativo a la vida de los monjes o las monjas: *La vida **monacal** es austera y sin lujos.*

monada ***f.*** **1** Acción propia de monos. **2** Cosa bonita y pequeña: *Los recién casados consiguieron una **monada** de casita.*

monaguillo ***m.*** Niño que ayuda al cura en la celebración de la misa cristiana. SIN. **acólito.**

monarca ***m.*** Soberano de una monarquía: *El **monarca** de ese país va a inaugurar las competencias deportivas.* SIN. **rey.**

monarquía ***f.*** **1** Forma de gobierno en que el poder supremo es ejercido de forma vitalicia por el rey: *En Francia, la revolución de 1789 puso fin a la **monarquía.*** **2** Estado gobernado por una monarquía: *Inglaterra y España ahora son **monarquías** constitucionales.*

monárquico, ca ***adj.*** **1** De la monarquía o del monarca: *En Europa han predominado los sistemas **monárquicos.*** **2** Que pertenece a la monarquía. **3** Se aplica a quien es partidario de la monarquía: *Votó por un partido **monárquico.***

monárquico, ca ***m.*** y ***f.*** Partidario de la monarquía.

monasterio ***m.*** Casa o convento donde viven y trabajan los religiosos.

mondadientes ***m.*** Palito muy delgado de madera o plástico para limpiar los dientes. SIN. **palillo.**

mondador ***m.*** Aparato o cuchillo especial para mondar o pelar frutas y legumbres.

mondadura ***f.*** Piel o cáscara que queda de los frutos después de mondados: *La **mondadura** de las papas puede aprovecharse para preparar otro tipo de alimentos.*

mondar ***vb.*** {tr.} Quitar la cáscara o vaina a las frutas y legumbres: *Si **mondas** la manzana, comerás menos fibra.*

mondongo ***m.*** **1** Intestinos y panza de las reses y del cerdo. **2** ***Méx.*** Guiso picante, hecho con intestinos y panza de res o cerdo. **3** ***Urug.*** Guiso hecho con panza de res, papas, garbanzo y chorizo.

moneda ***f.*** Pieza de metal acuñada que sirve de medida común para el precio de las cosas: *Para pagar el autobús necesitas las **monedas** exactas, porque no te pueden dar cambio.*

monedero ***m.*** Bolsa pequeña donde se llevan las monedas: *Además de la billetera, muchas personas usan un **monedero.***

monegasco, ca ***adj./m.*** y ***f.*** De Mónaco, principado de Europa.

monema ***m.*** En lingüística, mínima unidad en que puede dividirse una palabra: *El lexema y el gramema son **monemas.***

monera ***f.*** Reino de la naturaleza que agrupa las bacterias y las cianobacterias, que existen como células individuales o colonias de células.

monería ***f.*** **1** Acción propia de un mono: *Una de las **monerías** preferidas de los monos araña es columpiarse sostenidos por su larga cola.* **2** Acción graciosa de un niño pequeño: *Mi sobrinito se puso a echar trompetillas y saltitos, a todos nos divirtieron esas **monerías.***

monetario, ria ***adj.*** Relativo a la moneda: *La unidad **monetaria** de varios países de América Latina se llama peso.*

mongol, la ***adj./m.*** y ***f.*** **1** De Mongolia, región del centro de Asia. **2** De un grupo étnico de piel amarilla que habita el centro de Asia.

mongolismo ***m.*** Enfermedad cromosómica que produce en la persona retraso intelectual y alteraciones del crecimiento. SIN. **síndrome de Down.**

monigote ***m.*** **1** Muñeco o figura hecha de trapo o de papel: *A mi hermano le gusta hacer **monigotes** con la figura de los cantantes y actores famosos.* **2** ***Fam.*** Persona de poco carácter: *Eduardo es un **monigote** que soporta los gritos y regaños injustos de su esposa.*

monitor ***m.*** **1** Receptor de televisión para controlar las transmisiones. **2** Aparato de una computadora o televisor que presenta la información de manera visual: *El **monitor** de esta computadora me gusta mucho porque se distinguen muy bien todas las letras e imágenes.*

monitor, ra ***m.*** y ***f.*** Persona que enseña ciertos deportes o actividades.

monja ***f.*** Religiosa que pertenece a una orden, sobre todo las católicas que viven en un convento: *La prima de Carlos es **monja** de la orden de las Carmelitas y su nombre religioso es sor Filotea.*

monje ***m.*** Religioso de una orden que vive en un monasterio: *Los **monjes** franciscanos de la época medieval vivían de limosnas y predicaban en las ciudades.*

mono ***m.*** ***Chile.*** Montón en que se exponen los frutos y mercancías en tiendas y mercados: *En el mercado vi apetitosas manzanas acomodadas en **monos.***

mono, na ***adj.*** **1** ***Fam.*** Simpático, gracioso, bonito: *Graciela se compró un vestido muy **mono** para su fiesta de cumpleaños.* **2** ***Colomb.*** Rubio.

mono, na ***m.*** y ***f.*** **1** Mamífero del orden de los primates. **2** Traje de una sola pieza: *En la fábrica de autos, los mecánicos usan un **mono** azul como uniforme de trabajo.* **3** ***Chile*** y ***Méx.*** Muñeco: *Mi hermana colecciona **monos** desde niña y ahora tiene 15 años y doscientos de ellos.*

monociclo ***m.*** Vehículo de pedales con una sola rueda: *Los **monociclos** se usan para números de acrobacia, hay algunos muy altos.*

monocorde ***adj.*** **1** Se dice del instrumento musical de una sola cuerda. **2** Se refiere a los sonidos que repiten una misma nota.

monocotiledóneo, a ***adj./f.*** Relativo a las plantas angiospermas cuyas semillas tienen un solo cotiledón.

monocromo o **monocromático, ca** ***adj.*** Se dice de lo que es de un solo color: *Mi papá compró un cuadro **monocromo:** como todo está en color gris, parece una fotografía.*

monóculo ***m.*** Lente para un solo ojo: *El director de cine Erich Von Stroheim usaba un **monóculo** que sujetaba con una cadena de oro.*

monocultivo ***m.*** Sistema agrícola que dedica una porción de tierras al cultivo de un solo tipo de planta: *Un cafetal es un **monocultivo** de café.*

monogamia ***f.*** Sistema que prohíbe tener más de una pareja sexual.

monógamo, ma ***adj.*** Persona que sólo tiene una pareja sexual.

monografía ***f.*** Estudio sobre un tema concreto: *María Eugenia tiene que llevar mañana a la escuela una **monografía** sobre algún país sudamericano y eligió Venezuela.*

monograma ***m.*** Figura utilizada como abreviatura de un nombre, formada por dos o más de sus letras entrelazadas de manera artística: *La ropa de sir Charles tenía bordado el **monograma** de sus iniciales.*

monoico, ca ***adj.*** Relativo a la planta que tiene las flores masculinas y femeninas en un solo pie o tallo.

monolingüe ***adj.*** Que está escrito en una sola lengua.

monolingüe ***m.*** y ***f.*** Persona que habla una sola lengua.

monolítico, ca ***adj.*** **1** Del monolito. **2** Que está hecho de una sola piedra: *La más reciente creación del escultor de moda es una figura **monolítica.*** **3** Que tiene una cohesión

perfecta: *El grupo está muy unido y es **monolítico.*** **4** Que es poco flexible y no cede con facilidad: *Sus convicciones **monolíticas** impidieron que lográramos convencerla.*
monolito ***m.*** Monumento de piedra de una sola pieza: *La escultura de Tláloc, el dios de la lluvia de los mexicas, es un gran **monolito** que pesa más de una tonelada.*
monologar ***vb. irreg.*** {intr.} **Modelo 17.** Hablar consigo mismo: *"Suelo **monologar** cuando trabajo porque me ayuda a concentrarme."*
monólogo ***m.*** **1** Acción de hablar alguien consigo mismo. **2** Obra dramática en que habla un solo personaje: *En los **monólogos** lo más importante es la actuación del único actor o actriz.*
monomanía ***f.*** Obsesión por una sola idea o afición desmesurada hacia una cosa: *El abuelo no deja pasar oportunidad de dar rienda suelta a su **monomanía** por los viejos salones de baile.*
monomio ***m.*** Expresión algebraica que comprende un solo término: *3x es un ejemplo de **monomio.***
monomotor ***adj./m.*** Se dice del avión que tiene un solo motor: *Aunque se trata de un aparato **monomotor,** es muy seguro viajar en él.*
monoplano ***m.*** Avión provisto de un solo par de alas.
monoplaza ***adj./m.*** Se aplica al vehículo que sólo tiene capacidad para un ocupante: *Los autos de Fórmula 1 son **monoplazas.***
monopolio ***m.*** **1** Privilegio exclusivo en la venta de un producto: *En mi pueblo hay una empresa que posee el **monopolio** de la venta de carne y no hay tiendas de otros dueños que vendan este producto.* **2** Control exclusivo sobre algo: *A mi hermano le gusta tener el **monopolio** del control remoto del televisor.*
monopolización ***f.*** Acción y resultado de monopolizar: *La ley prohíbe la **monopolización** industrial.*
monopolizar ***vb. irreg.*** {tr.} **Modelo 16. 1** Tener el privilegio exclusivo sobre la venta de un producto: *El hecho de que unas cuantas empresas **monopolicen** la venta de algo perjudica el empleo de muchas personas y nos obliga a consumir siempre lo mismo.* **2** Acaparar algo: *Hablando fuerte y con grandes aspavientos, Iñaki pretendía **monopolizar** la atención durante la fiesta.*
monorriel ***adj./m.*** Se aplica al ferrocarril que circula sobre un solo riel: *Me gustaría viajar en uno de esos modernos trenes **monorrieles** de Japón.*
monosílabo, ba ***adj./m.*** y ***f.*** Que tiene una sola sílaba: *La palabra sí es **monosílaba.***
monoteísmo ***m.*** Religión o doctrina que no admite más que un Dios al que se le considera único, abstracto e indivisible. ANT. **politeísmo.**
monoteísta ***adj.*** Relativo al monoteísmo o persona que lo profesa: *El primer pueblo **monoteísta** fue el hebreo.*
monotonía ***f.*** **1** Uniformidad de tono: *Me produce sueño la **monotonía** con que habla ese maestro cuando da la clase.* **2** Falta de variedad: *La **monotonía** de la existencia del médico del pueblo cambió cuando conoció a esa muchacha y se enamoró de ella.*
monótono, na ***adj.*** Sin variaciones ni cambios: *El trabajo de mi hermano en el restaurante es **monótono** pues siempre tiene que hacer exactamente lo mismo.*
monotrema ***adj./m.*** Relativo al conjunto de mamíferos primitivos que ponen huevos, amamantan a sus crías, están cubiertos de pelo o púas y tienen un pico sin dientes: *El ornitorrinco es un animal **monotrema.***
monovalente ***adj.*** En química, que tiene valencia uno.
monóxido ***m.*** Tipo de óxido que tiene un solo átomo de oxígeno en su molécula.
monseñor ***m.*** Título de ciertas dignidades eclesiásticas: *Es común dirigirse a obispos y cardenales como **monseñor.***
monserga ***f.*** **1** ***Fam.*** Lenguaje confuso. **2** ***Fam.*** Tarea o trabajo fastidioso: *Cumplir con todos los trámites para obtener ese permiso es una **monserga** que parece interminable.*
monstruo ***m.*** Ser vivo de características físicas extrañas y contrarias a las comunes o normales: *Como era un **monstruo,** la criatura creada por el doctor Frankenstein sufría mucho.*
monstruoso, sa ***adj.*** **1** Que es anormal o deforme: *La leyenda habla de un ser **monstruoso** que vive escondido en una cueva.* **2** Que es muy grande o extraordinario: *Es **monstruoso** el centro comercial que inauguraron.* **3** Que es muy cruel o perverso: *La **monstruosa** mente del villano de la película maquinó terribles torturas.* **4** Que es muy feo: *Pintaste un cuadro **monstruoso.*** **5** Que causa molestia: *Es **monstruoso** tener que levantarse tan temprano.*
monta ***f.*** **1** Hecho de montar una caballería. **2** Importancia: *"No vale la pena pelearse por un asunto de tan poca **monta**", le dije al enojón de mi primo.* **3** Importe total: *La vendedora me dijo que la **monta** por las verduras que le pedí era de diez pesos.* SIN. **monto.**
montacargas ***m.*** Ascensor para elevar o descender pesos: *En una biblioteca de más de dos pisos es importante tener un **montacargas.***
montaje ***m.*** **1** Hecho de montar. **2** Selección y empalme en una sola cinta, de las escenas de un filme o película: *En el filme de ciencia ficción que vi ayer hicieron un **montaje** con imágenes de computadora y parecía que las personas caminaban sobre las nubes.*
montante ***m.*** Elemento vertical que sirve de soporte de una estructura.
montaña ***f.*** Elevación natural que sobresale del terreno, ya sea grande o pequeña.
montañés, ñesa ***adj./m.*** y ***f.*** Se aplica a las personas que habitan en una montaña o en una región montañosa: *Los **montañeses** suelen conservar modos de vida muy tradicionales, pues están aislados de las grandes urbes.*
montañismo ***m.*** Deporte de escalar montañas. SIN. **alpinismo.**
montañoso, sa ***adj.*** Que tiene muchas montañas: *Las alpacas y los cóndores son animales de la zona **montañosa** de la cordillera de los Andes.*
montar ***vb.*** {tr., intr. y prnl.} **1** Subir sobre un animal o sobre una cosa: *Para colocar las cortinas, mi mamá tuvo que **montarse** en una escalera.* **2** Cabalgar: *A mi amigo Pancho le gustaba mucho **montar** y una vez participó en una carrera de caballos.* **3** Colocar los elementos de algo en condiciones de funcionar: *Se pasaron muchas semanas **montando** la galería que abrieron el domingo pasado.* **4** Ascender una cantidad: *El precio del vestido y los zapatos **montó** de doscientos a trescientos pesos en los últimos seis meses.*
montaraz ***adj.*** **1** Que se ha criado en los montes: *Si fuera menos citadina y un poco más **montaraz,** podría caminar sin tantas dificultades en el bosque cuando salgo de excursión.* **2** Insociable: *Eliseo es un **montaraz** a quien no le gusta saludar a la gente ni tener amigos.*
monte ***m.*** **1** Montaña: *Detrás de aquel **monte** está el siguiente pueblo.* **2** Terreno sin arar, áspero y lleno de maleza: *El perro se fue para el **monte** y nunca lo volvimos a ver.* **3** Naipes que quedan después de repartir a cada jugador los que le corresponden. SIN. **pozo.**
montear ***vb.*** {tr.} **1** Buscar la caza en un monte o llevarla hacia el lugar donde están dispuestos los cazadores. **2** Trazar

la montea o dibujo de las partes o elementos de una obra. **3** Construir o formar un arco o una bóveda.

montenegrino, na ***adj./m.*** y ***f.*** De Montenegro, estado independiente de Europa central que antes formaba parte de Yugoslavia.

montepío ***m.*** **1** Fondo de dinero que forman los miembros de algún cuerpo para ayudas mutuas. **2** Establecimiento fundado para prestar dinero a cambio de objetos o prendas que quien solicita un préstamo deja como garantía de pago.

montera ***f.*** Gorro de terciopelo negro que usan los toreros: *El torero le lanzó su **montera** a la famosa actriz de cine como señal de que le dedicaba esa faena.*

montés, tesa ***adj.*** Que anda, se encuentra o se cría en el monte.

montevideano, na ***adj./m.*** y ***f.*** De Montevideo, Uruguay.

montículo ***m.*** Pequeña elevación del terreno: *En el béisbol, el lanzador arroja las pelotas desde un **montículo**.*

monto ***m.*** Cantidad total, suma: *¿A cuánto asciende el **monto** del adeudo de tu bicicleta?* SIN. **monta.**

montón ***m.*** **1** Conjunto de cosas puestas sin orden unas encima de otras: *No sé dónde está el papel que necesito, voy a buscar en ese **montón** de papeles.* **2** Gran cantidad: *Como ya iban a empezar las clases, las librerías tenían **montones** de libros y cuadernos para vender.*

montonera ***f.*** **1** ***Amér. Merid.*** En la época de las luchas por la independencia, guerrilla. **2** ***Colomb.*** Montón de hierba o paja.

montonero ***m.*** **1** Persona cobarde que provoca peleas cuando sabe que lleva la ventaja porque está rodeado de sus compañeros. **2** ***Amér. Merid.*** Guerrillero perteneciente a la montonera.

montubio, bia ***adj.*** ***Colomb., Ecuad.*** y ***Perú.*** Salvaje, montaraz, agreste.

montubio, bia ***m.*** y ***f.*** ***Colomb., Ecuad.*** y ***Perú.*** Campesino de la costa.

montuno, na ***adj.*** ***Amér. C.*** y ***Amér. Merid.*** Salvaje, agreste.

montura ***f.*** **1** Bestia para cabalgar: *Los camellos son la **montura** de muchas personas que viven en los desiertos de Asia y África.* **2** Soporte de algunos objetos: *Fernando le regaló a Georgina un anillo que tiene esmeraldas sobre una **montura** de oro.* **3** Conjunto de arreos de una caballería.

monumental ***adj.*** Muy grande, que impresiona por su tamaño: *Para el carnaval de este año, adornaron los principales edificios de la ciudad con muñecos **monumentales** hechos de fibra de vidrio.*

monumento ***m.*** **1** Obra realizada en memoria de un personaje o acontecimiento: *Se erigió un **monumento** en honor a Mahatma Gandhi, para recordar sus esfuerzos por lograr la paz entre hindúes y musulmanes.* **2** Edificio notable: *El Taj Mahal, en la India, es uno de los **monumentos** más conocidos y bellos del mundo.* **3** Objeto histórico.

monzón ***m.*** Viento que sopla de forma periódica en el Océano Índico.

moña ***f.*** Adorno femenino para la cabeza en forma de lazo.

moño ***m.*** **1** Cabello enrollado sobre la cabeza. **2** ***Méx.*** Cinta o listón que se ata como adorno para la cabeza de las mujeres o para los regalos. **3** ***loc. pl.*** **Ponerse sus ~,** portarse pesado: *Claudia **se puso sus moños** el día de su cumpleaños y no quiso bajar a su propia fiesta.*

moquear ***vb.*** {intr.} Segregar mocos: *Cuando quedé atrapado en un congestionamiento de tránsito, la contaminación ambiental me hizo **moquear** y estornudar.*

moqueo ***m.*** Abundante secreción nasal: *El **moqueo** y la sensación de cuerpo cortado son algunos de los síntomas del resfriado.*

moqueta ***f.*** Tejido fuerte para tapizar el suelo. SIN. **alfombra.**

moquillo ***m.*** Enfermedad contagiosa de algunos animales, en especial de los perros: *Los perros y gatos deben vacunarse contra el **moquillo** o podrían enfermarse y morir.*

mora ***f.*** **1** Fruto de la morera y del moral, de tamaño pequeño, color morado o blanquecino y sabor agridulce. **2** Fruto de la zarzamora.

morada ***f.*** Lugar donde se mora o habita: *Mi **morada** es una casa pequeña cerca del centro de la ciudad.*

morado ***m.*** Color violeta oscuro.

morado, da ***adj./m.*** Relativo a lo que es de color violeta oscuro.

morador, ra ***adj./m.*** y ***f.*** Se aplica a quien mora o habita en un determinado lugar: *Los **moradores** de esta casa han vivido en ella desde que nacieron.*

moral ***adj.*** **1** Relativo a las normas de conducta de una sociedad. **2** Conforme a las reglas admitidas como honestas y justas.

moral ***f.*** **1** Conjunto de reglas de conducta y de valores que funcionan como normas en una sociedad: *La **moral** de las poblaciones rurales es distinta a la de las ciudades.* **2** Conducta adecuada a las normas socialmente aceptadas: *El libro* Madame Bovary *fue muy criticado por la dudosa **moral** de la protagonista de la obra.*

moral ***m.*** Árbol cuyo fruto es la mora: *Las hojas del **moral** son el alimento de los gusanos de seda.* SIN. **morera.**

moraleja ***f.*** Enseñanza que se deduce de un cuento o fábula: *La **moraleja** de la fábula de la liebre y la tortuga es que resulta más importante perseverar que ser veloz.*

moralidad ***f.*** Conformidad de la conducta de las personas con las normas de la moral.

morar ***vb.*** {intr.} Vivir, residir de manera habitual en un lugar: *La casa donde el gran pintor **moró** toda su vida es ahora un museo.*

mórbido, da ***adj.*** **1** Que es blando, suave y delicado. **2** Malsano o que puede producir enfermedad. **3** Que padece una enfermedad.

morbilidad ***f.*** Dato estadístico sobre la cantidad de personas que padecen una enfermedad en un tiempo y en un lugar específicos. *La **morbilidad** del año 1950 en este país indica que entonces hubo muchos casos de tifoidea.*

morbo ***m.*** Atracción hacia lo prohibido, lo cruel o lo escandaloso.

morboso, sa ***adj.*** **1** Que revela un estado físico o mental insano: *El asesino del filme que vi sentía un deseo **morboso** por torturar a sus víctimas antes de matarlas.* **2** Que provoca emociones insanas o prohibidas: *Vimos un programa de televisión **morboso** en el que cincuenta vacas eran destrozadas por unas hormigas carnívoras.*

morcilla ***f.*** Embutido compuesto de sangre de cerdo, especias y otros ingredientes: *El caldo gallego se prepara con varios embutidos de cerdo como chorizo y **morcilla**.* SIN. **moronga, rellena.**

mordaz ***adj.*** **1** Que corroe: *El ácido sulfúrico es una sustancia **mordaz** que debe manejarse con mucho cuidado.* **2** Que critica con ironía y sarcasmo: *Ese locutor de radio es temido por los cantantes famosos porque hace críticas **mordaces** que a veces perjudican su imagen.*

mordaza ***f.*** Objeto con el que se tapa la boca de alguien para impedirle hablar: *En el filme que vimos ayer, los secuestradores le ponían una **mordaza** a la víctima para que no pudiera pedir auxilio.*

morder ***vb. irreg.*** {tr. y prnl.} **Modelo 29.** Hincar los dientes en una cosa: *El cachorro es muy latoso, le gusta **morder** todo lo que encuentra.*

mordida *f.* **1** Hecho de morder: *Todavía tengo la cicatriz de la **mordida** que me dio un perro en la pierna, hace más de diez años.* **2** *Argent., Bol., Colomb., Méx., Nicar., Pan.* y *Urug. Fam.* Cantidad de dinero que un funcionario recibe indebidamente de un particular, por hacerle un servicio o evitarle una sanción. SIN. **coima.**

mordisco *m.* **1** Acción de morder: *El perro lanzó un **mordisco** al aire, pues quería atrapar una mosca.* **2** Trozo de algo que se arranca al morderlo: *Le convidé pera a Lalo, y le arrancó un **mordisco** de casi la mitad de la fruta.* **3** Mordedura superficial: *Algunos gatos dan suaves **mordiscos** cariñosos cuando los acaricias.*

mordisquear *vb.* {tr.} Morder algo con poca fuerza y repetidamente: *Marcia estaba tan concentrada en su estudio, que **mordisqueaba** su lápiz.*

morena *f.* Pez marino de cuerpo cilíndrico y alargado, como la anguila, que mide alrededor de 150 cm de largo y puede causar mordeduras peligrosas: *Las **morenas** habitan en los fondos rocosos del mar Mediterráneo.*

moreno, na *adj.* **1** De color oscuro que se acerca al negro: *Comer azúcar **morena** es más sano que comer azúcar refinada.* **2** Se dice de la persona que tiene la piel y el cabello de color oscuros.

morera *f.* Árbol cuyo fruto es la mora; con sus hojas se alimentan los gusanos de seda. SIN. **moral.**

moretón *m.* Mancha de color morado que aparece en la piel después de haber recibido un golpe: *Después de la pelea, el boxeador tenía la cara cubierta de **moretones**.* SIN. **hematoma, cardenal.**

morfema *m.* En lingüística, el más pequeño de los elementos que da forma a las palabras: *En la palabra* perro, *el **morfema** "o" indica que la palabra es del género masculino.*

morfina *f.* Sustancia narcótica y analgésica, alcaloide del opio: *Los dolores que sufría el herido eran tan fuertes que el médico le recetó **morfina** para calmárselos.*

morfinómano, na *adj./m.* y *f.* Adicto a la morfina.

morfología *f.* **1** Estudio de la forma de los seres vivos. **2** Estudio de la forma de las palabras.

morfosintaxis *f.* Parte de la gramática que estudia la estructura interna de las palabras, así como la relación que establecen estas estructuras con otras formas cuando se combinan entre sí para constituir sintagmas y oraciones.

morgue *f.* **Palabra de origen francés.** Depósito oficial de cadáveres. SIN. **anfiteatro.**

moribundo, da *adj./m.* y *f.* Que está a punto de morir: *El abuelo estaba **moribundo** y la familia aguardaba con tristeza su muerte.*

morigeración *f.* Moderación en las costumbres y en el modo de vida.

morigerado, da *adj.* **1** Moderado. **2** Que es de buenas costumbres: *Es una familia muy buena y siempre ha llevado una vida **morigerada**.*

morigerar *vb.* {tr. y prnl.} **1** Moderar. **2** Disminuir los excesos de las acciones, vicios o afectos: *Se **morigeró** en el consumo de tabaco por orden del médico.*

morir *vb. irreg.* {intr. y prnl.} **Modelo 51. 1** Dejar de vivir, perder la vida. ANT. **nacer. 2** Llegar algo a su fin: *El día **muere** en el crepúsculo.*

morisco, ca *adj./m.* y *f.* **1** Moro, originario del norte de África. **2** Dícese del moro bautizado que se quedó en España después de la Reconquista.

mormado, da *adj. Méx.* Que está constipado o acatarrado: *La voz se le escucha muy **mormada** por un resfrío que sufre.*

mormarse *vb.* {prnl.} *Méx.* Acatarrarse o constiparse: *Le dijimos que podría **mormarse** si salía a la lluvia sin paraguas, pero no nos escuchó.*

mormón, mona *m.* y *f.* Persona que sigue el mormonismo.

mormonismo *m.* Movimiento religioso protestante fundado en 1830 en Estados Unidos de América por Joseph Smith que en sus inicios profesaba la poligamia.

moro, ra *adj.* **1** Originario del norte de África, donde se encontraba la provincia llamada Mauritania. **2** *Amér. Merid.* Se aplica al caballo tordo, es decir, el que tiene pelaje mezclado de negro y blanco.

moro, ra *m.* y *f.* **1** Persona originaria del norte de África, donde se encontraba la provincia llamada Mauritania. SIN. **morisco. 2** Individuo de la población musulmana que invadió y habitó España en la Edad Media: *Los **moros** habitaron España entre los siglos* VIII *y* XV. **3** *loc. pl. Fam.* **Haber ~ en la costa,** estar cerca una persona o personas cuya presencia obliga a otros a actuar con cuidado: *Tengo que decirte algo importante, pero ahora no puedo porque **hay moros en la costa**.*

morocho, cha *adj.* **1** *Argent., Perú* y *Urug.* Dícese de la persona que tiene pelo negro y tez blanca. **2** *Venez.* Gemelo: *Mi **morocho** se llama Daniel y yo me llamo Daniela.*

morona *f. Colomb.* y *Méx.* Migaja de pan: *La cama quedó llena de **moronas** después de que comimos panes mientras veíamos la televisión.*

moronga *f. Guat., Hond.* y *Méx.* Embutido compuesto de sangre de cerdo, especias y otros ingredientes. SIN. **morcilla, rellena.**

moroso, sa *adj.* **1** Que se retrasa en un pago: *Los bancos tienen problemas en cobrarle a los clientes **morosos**.* **2** Lento: *Ese hombre tiene un hablar **moroso** y para expresar una idea simple se tarda varios minutos.*

morral *m.* **1** Saco para cargar las hierbas, que se cuelga de la cabeza de las bestias para que se alimenten. **2** Bolsa que usan los cazadores. SIN. **zurrón. 3** *Méx.* Bolsa abierta de material burdo, que se lleva colgada en un hombro.

morralla *f.* **1** Pescado menudo. **2** *Fam.* Conjunto de personas o cosas inútiles y sin valor. **3** *Méx.* Dinero menudo, cambio: *Carmen llegó a la tienda y se compró un juguete que pagó con una bolsa llena de **morralla** que había ahorrado durante varias semanas.*

morrear *vb.* {tr., intr. y prnl.} *Esp. Vulg.* Besar en la boca por largo tiempo.

morrena *f.* Conjunto de materiales transportados por un glaciar.

morriña *f. Esp.* Nostalgia, melancolía: *En los días grises y lluviosos a veces siento **morriña**.*

morro *m.* **1** Hocico de los animales: *Por mordelón, al perro le tenían cerrado el **morro** con un bozal.* **2** Labios de una persona, si son abultados.

morrocotudo, da *adj. Fam.* De mucha importancia o dificultad.

morrón *adj.* Relativo a una variedad de pimiento grande, muy grueso y carnoso.

morsa *f.* Mamífero marino parecido a la foca, pero con grandes colmillos, que habita en las regiones árticas.

morse *m.* Sistema de telegrafía que usa un alfabeto convencional, a base de puntos y rayas, inventado por Samuel Morse: *Durante la Segunda Guerra Mundial, el **Morse** fue muy útil para enviar mensajes en clave.*

mortadela *f.* Embutido grueso de carne de cerdo picada: *La **mortadela** es muy pesada para el estómago porque está hecha con carne de cerdo y muchos condimentos.*

mortaja ***f.*** Tela en la que se envuelve a los muertos antes de sepultarlos: *La tradición marca que las **mortajas** sean de color blanco.* SIN. **sudario.**

mortal ***adj.*** **1** Que ha de morir: *Las plantas son un ejemplo de seres **mortales.*** **2** Que causa la muerte: *En el siglo XIX la tuberculosis era una enfermedad **mortal.***

mortal ***m.*** y ***f.*** El ser humano: *Ese poeta griego se miraba todos los días en el espejo y se decía a sí mismo: "Buenos días, **mortal**".*

mortalidad ***f.*** **1** Condición de lo que ha de morir: *Todos los seres vivos están sujetos a la **mortalidad.*** **2** Dato estadístico sobre el número de muertes ocurridas en una región y un tiempo específicos: *La **mortalidad** infantil es muy alta en los países pobres donde la gente no tiene acceso a la higiene ni a la medicina.*

mortandad ***f.*** Multitud de muertes causada por la guerra, una epidemia u otra causa extraordinaria: *El cólera ha ocasionado una gran **mortandad** en los países donde no hay buenas medidas de higiene.*

mortecino, na ***adj.*** Falto de vigor o viveza: *Tengo que poner otra lámpara, porque con esta luz **mortecina** me cuesta mucho trabajo leer.*

mortero ***m.*** **1** Vasija ancha de piedra o cerámica en la que se machacan especias, semillas, etc.: *"Se muele en el **mortero** comino, pimienta y paprika para mezclarlos con la carne molida", decía la cocinera en su programa de recetas.* SIN. **molcajete.** **2** Arma de artillería de gran calibre: *Los **morteros** mataron a muchos soldados durante la Primera Guerra Mundial.* **3** Argamasa, mezcla hecha con arena, conglomerante y agua, que se usa en la construcción.

mortífero, ra ***adj.*** Que provoca o puede provocar la muerte: *El arsénico es una sustancia **mortífera** si se consume en fuertes cantidades.*

mortificación ***f.*** **1** Acción y resultado de mortificar o mortificarse. **2** Acto o expresión que mortifica.

mortificar ***vb. irreg.*** {tr. y prnl.} **Modelo 17.** **1** Castigar el cuerpo con penitencias. **2** Producir algo aflicción o remordimiento: *No **mortifiques** a tu abuela contándole de tu accidente, pues ya está anciana y podría hacerle daño.*

mortuorio, ria ***adj.*** Relativo a un difunto y a sus funerales: *Durante la ceremonia **mortuoria** de don Abel, su viuda se desmayó.*

mórula ***f.*** Uno de los primeros estadios del embrión animal, cuyo aspecto es el de una mora.

mosaico ***m.*** Obra hecha con pequeñas piezas de materiales diversos que se incrustan en un muro, un piso o un mueble: *Los **mosaicos** se utilizan en los baños porque se limpian fácilmente.*

mosca ***f.*** Insecto de dos alas transparentes y cuerpo negro: *Hay que proteger la comida para evitar que las **moscas** se paren en ella.*

moscardón ***m.*** Mosca grande y vellosa, de color negro o pardo oscuro: *Los **moscardones** son más lentos y torpes que las moscas, pero su zumbido es muy fuerte.*

moscatel ***adj./m.*** Dícese de un tipo de uva muy dulce y del vino que se produce con ella.

moscovita ***adj./m.*** y ***f.*** De Moscú, capital de Rusia.

mosquearse ***vb.*** {prnl.} ***Fam.*** Molestarse o resentirse: *Como el primer día de clases unos niños se burlaron de él, Rafael **se mosqueó** y ya no quería volver a la escuela.*

mosquetón ***m.*** Carabina corta.

mosquitera ***f.*** o **mosquitero** ***m.*** Tejido fino con que se evita que los mosquitos entren en una casa: *En muchos países de clima cálido, las **mosquiteras** son indispensables durante los meses de verano.*

mosquito ***m.*** Insecto de dos alas, con aparato bucal perforador: *Un **mosquito** zumbador me impidió dormir tranquilamente anoche.*

mostacho ***m.*** Bigote, pelo grueso que cubre la piel que está arriba de los labios: *Mi hermano está dejándose crecer un **mostacho** muy tupido.*

mostaza ***f.*** Planta herbácea que proporciona la semilla y el condimento del mismo nombre: *La flor de la **mostaza** es de color amarillo intenso.*

mosto ***m.*** Zumo o jugo de la uva o de la manzana, antes de fermentar.

mostrador ***m.*** Mesa larga que se instala en las tiendas y sirve para mostrar y vender mercancías: *Sobre el **mostrador** el vendedor midió y cortó los tres metros de tela que mi mamá le pidió.*

mostrar ***vb. irreg.*** {tr. y prnl.} **Modelo 5.** **1** Indicar: *El policía le **mostró** a la señora el camino para llegar al museo.* **2** Exponer a la vista: *"¿Podría **mostrarme** el vestido que está en la fotografía número dos del catálogo?", le dije a la vendedora.* **3** Enseñar, hacer patente: *José nos **mostró** la parte del cuerpo donde le mordió el perro.* **4** Portarse de cierta manera: *Javier **se mostró** muy amable con todos los invitados.*

mostrenco, ca ***adj.*** Sin hogar o dueño conocido: *Desde hace unos días un perro **mostrenco** merodea la manzana donde vivo.*

mota ***f.*** **1** Porción muy pequeña de algo: *Ojalá la aspiradora logre levantar las **motas** de tela que están regadas.* **2** ***Amér. Merid.*** Cabello corto, ensortijado y crespo, como el de las personas de raza negra. **3** ***Méx. Fam.*** Marihuana.

mote ***m.*** **1** Apodo: *La menor de mis tías se llama María Teresa y tiene el **mote** de "la Nena".* **2** ***Amér.*** Guiso de maíz desgranado, cocido y sin cascarilla. **3** ***Chile.*** Postre que se prepara con trigo.

motel ***m.*** Hotel situado cerca de la carretera, especialmente destinado a recibir automovilistas de paso.

motín ***m.*** Alzamiento desordenado contra la autoridad: *Los marineros organizaron un **motín** en contra del capitán del barco porque era injusto y autoritario.*

motivación ***f.*** Conjunto de causas o razones que llevan a una persona a hacer algo: *Karina no adelgaza porque dice que le falta una verdadera **motivación** para seguir una dieta.*

motivacional ***adj.*** De la motivación: *Asistí a una conferencia **motivacional** y salí con mucho ánimo y optimismo.*

motivador, ra ***adj.*** Se dice a lo que motiva: *Siempre tienes palabras **motivadoras** para tus hijos.*

motivador, ra ***m.*** y ***f.*** Persona que motiva: *El nuevo gerente es un **motivador** innato.*

motivar ***vb.*** {tr. y prnl.} **1** Dar motivo: *"¿Qué lo **motivó** a componer esa canción, maestro?", le preguntó la periodista al músico.* **2** Estimular para que se hagan cosas: *La maestra Gloria era muy hábil para **motivar** a los niños a trabajar en clase.*

motivo ***m.*** **1** Causa o razón que determina que exista o se haga algo: *El **motivo** por el que Mercedes quiere estudiar biología es que desde niña le gustan los animales y las plantas.* **2** Dibujo que se repite en una decoración: *Las lagartijas y los quetzales eran dos de los **motivos** más usados por los pueblos mesoamericanos para decorar la cerámica.*

motocicleta ***f.*** Vehículo de dos ruedas impulsado por un motor: *Para viajar en **motocicleta** es necesario ponerse un casco.*

motor ***m.*** Máquina que genera energía mecánica a partir de otro tipo de energía.

motor, ra ***adj.*** Que produce movimiento: *El cuerpo humano tiene muchos músculos* ***motores*** *a los que tenemos que dar alimento para que trabajen.*

motorizar ***vb. irreg.*** {tr. y prnl.} **Modelo 16.** Dotar de medios mecánicos de tracción. *Mi amigo Anselmo* ***motorizó*** *su silla de ruedas y ahora la usa para transportarse por todo el barrio sin cansarse.*

motricidad ***f.*** Acción del sistema nervioso que permite el movimiento al provocar la contracción muscular.

motudo, da ***adj./m.*** y ***f. Amér. Merid.*** Relativo al cabello ensortijado o crespo y a la persona que lo tiene: *Mi amigo Jacinto tiene el pelo* ***motudo*** *porque él es mulato.*

movedizo, za ***adj.*** **1** Que se mueve con facilidad: *Separaron el salón con paneles* ***movedizos.*** **2** Inestable, inseguro, poco firme: *Hay terrenos formados por arenas* ***movedizas.*** **3** Que se agita o se mueve en forma continua.

mover ***vb. irreg.*** {tr. y prnl.} **Modelo 29. 1** Hacer que un cuerpo cambie de lugar o posición: *Mientras dormimos* ***nos movemos*** *muchas veces sin darnos cuenta.* **2** Provocar que algo o alguien haga alguna cosa: *La curiosidad de ese ingeniero lo* ***movió*** *a investigar más a fondo sobre la historia de la arquitectura.* **3** Agitar, menear: *La bandera* ***se mueve*** *cuando sopla el viento.*

movible ***adj.*** Que se puede mover o ser movido: *La mesa es* ***movible*** *porque tiene pequeñas ruedas.*

movida ***f.*** Situación confusa o poco clara que, en general, es negativa o conflictiva: *Se involucró en una* ***movida*** *que lo arruinó.*

movido, da ***adj.*** **1** Que transcurre con mucha agitación, incidencias o quehaceres: *Con tantas citas he tenido una tarde muy* ***movida.*** **2** Que se desarrolla en medio de discusiones muy vivas o agitadas: *Las polémicas sobre el tema dieron como resultado una sesión de trabajo muy* ***movida.*** **3** Se refiere a la persona que es muy activa o inquieta: *El mensajero que se encarga de nuestra correspondencia es un muchacho* ***movido.*** **4** Se aplica a la fotografía que sale borrosa o confusa: *Todas las imágenes que tomaste están* ***movidas.***

móvil ***adj.*** Que puede moverse o ser movido: *Las sillas* ***móviles*** *con ruedas se usan en las oficinas porque son fáciles de mover.*

móvil ***m.*** **1** Circunstancia que motiva un hecho: *No hay duda de que el* ***móvil*** *del marido para matar a esa actriz era cobrar el seguro de vida que ella tenía.* **2** Objeto decorativo compuesto por piezas colgadas de hilos y puestas en equilibrio, las cuales se mueven con el aire: *Compré a mi sobrino un* ***móvil*** *con figuras de animales y una campana y lo puse arriba de su cuna.*

movilización ***f.*** Movimiento, en especial de tropas o dinero.

movilizar ***vb. irreg.*** {tr. y prnl.} **Modelo 16.** Poner en actividad soldados o dinero: *En vísperas de la guerra, el ejército* ***movilizó*** *a sus tropas cerca de la frontera con el país enemigo.*

movimiento ***m.*** **1** Acción de moverse o ser movido: *El* ***movimiento*** *de automóviles en las ciudades aumenta durante las primeras horas del día.* **2** Tendencia de ciertos grupos de personas a la realización de determinadas acciones: *Hace un mes hubo un* ***movimiento*** *muy grande que apoyaba la construcción de una nueva biblioteca en el pueblo.* **3** En música, una parte de una sinfonía, pieza, melodía, etc.: *La mayor parte de las sinfonías tienen cuatro* ***movimientos;*** *la llamada "inconclusa", de Schubert, tiene dos.*

mozalbete ***m.*** Joven de poca edad: *El escudero que acompañaba al caballero era apenas un* ***mozalbete*** *de catorce años.* Sin. **chango, muchacho.**

mozárabe ***adj./m.*** y ***f.*** Relativo al cristiano que vivía en los territorios que dominaban los musulmanes en la Península Ibérica: *Los* ***mozárabes*** *heredaron a la civilización occidental hermosas pinturas en miniatura realizadas entre los siglos* xi *y* xii *d. C.*

mozárabe ***m.*** Lengua romance hablada por los habitantes musulmanes de la Península Ibérica: *El* ***mozárabe*** *se deriva del latín vulgar y del árabe.*

mozo, za ***adj./m.*** y ***f.*** Joven, muchacho: *En el mercado hay una* ***moza*** *de quince años que vende flores frescas y olorosas.*

mozo, za ***m.*** y ***f.*** Persona que trabaja en tareas modestas: *Emiliano fue contratado como* ***mozo*** *en la fonda, su trabajo consiste en limpiar pisos y lavar trastos.*

mucamo, ma ***m.*** y ***f.*** **1** ***Amér. Merid.*** Criado, servidor: *La mansión del millonario era tan grande que se necesitaban ocho* ***mucamas*** *para hacer la limpieza.* **2** ***Argent., Chile, Par.*** y ***Urug.*** Persona encargada de la limpieza en hospitales y hoteles: *Cuando llegué al hotel una* ***mucama*** *me dio dos toallas para secarme cuando me duchara.*

muchacho, cha ***m.*** y ***f.*** **1** Adolescente, joven: *A muchas* ***muchachas*** *les gusta ir de compras.* Sin. **chango, mozalbete, chaval. 2** ***Méx. Fam.*** Empleada doméstica: *Se fue la* ***muchacha*** *que trabajaba en mi casa porque se casó; ahora mi madre está buscando otra.*

muchedumbre ***f.*** Conjunto o grupo numeroso de personas: *Al inicio de la Revolución Francesa, la* ***muchedumbre*** *atacó la prisión de la Bastilla.*

mucho ***adv.*** **1** En gran cantidad: *El suelo está mojado porque anoche llovió* ***mucho.*** **2** Largo tiempo: *Mi hermano fue a comprar pan y tardó* ***mucho*** *en volver; por eso todos estábamos preocupados.* **3** *loc.* **Por ~ que,** aunque: *"****Por mucho que*** *me insistas, no quiero ir a la fiesta, muchas gracias", le dije a Ramiro.*

mucho, cha ***adj.*** Que abunda en número o intensidad: *La casa estaba llena de jóvenes porque Rocío invitó a* ***muchos*** *amigos a su fiesta.*

mucilaginoso, sa ***adj.*** Que tiene la consistencia del mucílago o que contiene mucílago: *Compré un nuevo pegamento de silicón, tiene consistencia* ***mucilaginosa,*** *se puede aplicar en frío y no apesta a ácido.*

mucílago o **mucilago** ***m.*** Sustancia viscosa de algunos vegetales: *Varias clases de algas son ricas en* ***mucílago.***

mucosa ***f.*** Membrana que segrega una especie de moco.

mucosidad ***f.*** Sustancia viscosa parecida al moco y segregada por algunas glándulas: *El ginecólogo tomó una muestra de* ***mucosidad*** *vaginal.*

mucoso, sa ***adj.*** Semejante al moco.

múcura ***adj.*** **1** ***Bol., Colomb., Cuba*** y ***Venez.*** Ánfora de barro que sirve para transportar agua y conservarla fresca: *Preparamos agua de sandía y la vaciamos a la* ***múcura*** *para que estuviera fresca a la hora de comer.* Sin. **cántaro. 2** ***Colomb.*** Tonto, torpe.

muda ***f.*** **1** Hecho de mudar o cambiar los animales sus dientes, pelo, plumas o piel por otros nuevos: *Me doy cuenta de la* ***muda*** *de mi gato porque cuando barro encuentro bolas de pelo en los rincones.* **2** Juego de ropa interior: *Llevo dos* ***mudas*** *para mi viaje de dos días en la playa.*

mudanza ***f.*** **1** Cambio del estado o aspecto de algo: *La* ***mudanza*** *en el semblante de Gladys indicó que le había indignado lo que escuchó decir al político mentiroso.* **2** Cambio de domicilio con traslado de muebles y demás objetos: *Mañana a las 8 de la mañana vendrá el camión de* ***mudanzas*** *para llevarse las cosas a nuestra nueva casa.*

mudar ***vb.*** {tr., intr. y prnl.} **1** Cambiar el aspecto o el estado de una cosa. **2** Renovar los animales la piel, el pelo o las plumas, o renovar los humanos los dientes: *Mi hermana tiene nueve años y ya **mudó** casi todos los dientes.* **3** Cambiarse de ropa: *Agustín tuvo que **mudarse** de ropa después de mojarse con la lluvia.* **4** Trasladar la residencia a otra casa o lugar: *Los vecinos se **mudaron** a otra ciudad la semana pasada.*

mudéjar ***adj./m.*** y ***f.*** Relativo a la población musulmana que vivía en los reinos cristianos de la Península Ibérica: *Los **mudéjares** vivieron de los siglos* XII *al* XVI *en los territorios gobernados por la España cristiana.*

mudéjar ***m.*** Estilo arquitectónico con influencias árabes, que floreció en la Península Ibérica entre los siglos XIII y XV: *El **mudéjar** llegó a América en el siglo* XVI *y entre los edificios que lo representan está el Palacio de Torre Taple en Lima, Perú.*

mudo, da ***adj./m.*** y ***f.*** **1** Privado de la facultad de hablar: *Helen Keller fue una mujer que aunque era ciega, sorda y **muda**, logró hacer grandes cosas.* **2** Relativo a la letra que no se pronuncia: *La hache (h) es una letra **muda** en el idioma español, como en "hola".*

mueble ***adj.*** Relativo a los bienes que se pueden trasladar: *En su testamento, el señor González dejó dicho a quiénes heredaba sus bienes **muebles** y sus dos casas.*

mueble ***m.*** Objeto móvil práctico o de adorno que equipa un espacio: *Como los **muebles** nuevos son muy caros, creo que voy a reparar los que ya tengo.*

mueca ***f.*** Gesto muy expresivo del rostro: *Hay actores que se vuelven famosos por las **muecas** que hacen en sus papeles cómicos.*

muela ***f.*** **1** Cada uno de los dientes con superficie aplanada, que se encuentran detrás de los colmillos: *Fui al dentista porque tenía una caries en una **muela**.* SIN. **molar. 2** Piedra para moler o para afilar. **3** *loc.* **~ del juicio,** cada una de las muelas que salen a las personas adultas.

muelle ***m.*** **1** Pieza elástica en espiral: *"Se puede saltar sobre este colchón porque tiene **muelles**", les dije a mis hermanos.* SIN. **resorte. 2** Construcción a orillas del mar o de un río, para operaciones de carga y descarga: *En el **muelle** se encuentran las oficinas de la compañía que vende pescado.*

muermo ***m.*** **1** Enfermedad contagiosa de los caballos y otros equinos. **2** *Fam.* Aburrimiento, tedio: *El feo filme nos produjo tanto **muermo** que preferimos salirnos del cine.*

muerte ***f.*** **1** Final de la vida: *Algunas personas piensan que con la **muerte** se acaba todo y otras piensan que hay otra vida después.* **2** Acto de matar: *En el cuento que leí, el caballero no dio **muerte** al dragón porque era su amigo.*

muerto, ta ***adj.*** **1** Que ha dejado de vivir: *Al final de la obra de teatro, el villano quedó **muerto** en medio del escenario.* **2** Inactivo, apagado: *No te pude llamar ayer porque mi teléfono estaba **muerto**.* **3** Muy cansado: *Mi hermana llegó **muerta** de la excursión porque caminaron todo el día por el bosque.*

muerto, ta ***m.*** y ***f.*** Sin vida: *El **muerto** será enterrado en el cementerio.*

muesca ***f.*** Incisión o corte hecho como señal sobre alguna superficie. *En la prehistoria los hombres elaboraban puntas de espadas haciendo **muescas** en las rocas y en otros materiales duros.*

muestra ***f.*** **1** Parte representativa de un conjunto: *En la tienda me dieron una **muestra** gratis del nuevo champú para probarlo.* **2** Prueba, señal: *Como **muestra** de su cariño, Gilda le regaló unas flores a una amiga en su cumpleaños.* **3** Modelo que se copia o imita: *Usaremos como **muestra** el dibujo del libro e intentaremos hacer otro igual o al menos parecido.*

muestrario ***m.*** Especie de cuaderno en el que se colocan ejemplos de muchos tipos de papeles, botones u otras cosas: *El vendedor me enseñó un **muestrario** en el que pude elegir la tela para el vestido.*

mugido ***m.*** Voz de las vacas, las reses y otros rumiantes: *La vaca lanzó un **mugido** cuando vio que el granjero se acercaba para darle su alimento.*

mugir ***vb. irreg.*** {intr.} **Modelo 61.** Soltar su voz las vacas y los toros: *Las reses **mugen** porque les duele cuando les aplican el hierro candente en el muslo para marcarlas.*

mugre ***f.*** Suciedad: *Al bañarse, Ernesto se restregó las rodillas para quitarse la **mugre**.*

mugriento, ta ***adj.*** **1** Que está muy sucio: *Quítate ese pantalón **mugriento** y dámelo para lavarlo.* **2** Mugroso.

mugroso, sa ***adj.*** Que está muy desaseado.

mujer ***f.*** **1** Persona del sexo femenino. **2** Esposa: *Óscar llegó con su guapa **mujer** a la cena.*

mujeriego ***adj./m.*** Hombre muy aficionado a las mujeres: *Su esposa abandonó a Guillermo porque era un **mujeriego** que la engañaba con dos chicas.*

mújol ***m.*** Pez de cabeza grande y labios muy gruesos, apreciado por su carne y sus huevas.

mula ***f.*** **1** Hembra del mulo. **2** *Méx. Fam.* Persona obstinada y mala: *Ese empleado es una **mula**, sabía que me urgía el trámite y se encargó de retrasarlo sólo por molestarme.*

muladar ***m.*** **1** Sitio donde se tira el estiércol o la basura: *Los **muladares** de las ciudades por lo general se encuentran en las afueras.* **2** Lugar muy sucio y desarreglado: *Las habitaciones de algunos adolescentes a veces parecen **muladares**.*

mulato, ta ***adj./m.*** y ***f.*** Que es hijo de hombre blanco y mujer negra o viceversa.

muleta ***f.*** **1** Especie de bastón grande, con un travesaño para apoyar la axila, que sirve para ayudarse a andar: *Ricardo tenía enyesado el pie y necesitaba **muletas** para poder caminar.* **2** Paño rojo usado para torear: *Los últimos pases del torero con la **muleta**, antes de la estocada, fueron muy afortunados.*

muletilla ***f.*** Expresión que se repite con frecuencia al hablar: *Algunas personas repiten "¿no?" después de cada frase que dicen, eso es una **muletilla** que debe evitarse.*

mullido, da ***adj.*** Blando, suave: *Entre una **mullida** almohada de plumas y una dura de borra, sin duda prefiero la primera.*

mullir ***vb. irreg.*** {tr.} **Modelo 69.** Ahuecar algo para que esté blando y esponjoso.

mulo, la ***m.*** y ***f.*** Mamífero híbrido resultante del cruce de yegua y asno: *Las **mulas** son útiles como bestias de carga.*

multa ***f.*** Sanción económica que se impone por haber cometido una infracción o delito: *Voy a tener que pagar una **multa** por haber dejado el automóvil en un lugar prohibido.*

multar ***vb.*** {tr.} Imponer a alguien una pena económica por una falta que cometió: *Se pasó la luz roja y el agente de tránsito lo **multó** con cien pesos.*

multicopista ***adj./f.*** Máquina que reproduce copias de un escrito, dibujo, etc.

multifamiliar ***m. Amér.*** Nombre que se da en algunos lugares a los edificios habitacionales para muchas familias.

multigrado ***adj.*** Se aplica al aceite lubricante que sirve para cualquier temperatura: *En las vacaciones iremos a la playa y a la montaña, así que pondremos al auto un aceite **multigrado**.*

multígrafo ***adj./m. Méx.*** y ***Venez.*** Multicopista.

multilateral ***adj.*** Se dice de los acuerdos que se suscriben entre varios países: *Francia, Portugal, Kenia, Brasil y*

*Costa Rica firmaron un convenio **multilateral** para intercambios culturales.*

multimedia ***adj.*** **1** Referente a varios medios de comunicación. **2** Que utiliza varios medios de comunicación: *Ahora se venden mucho las computadoras **multimedia** que tienen sonido, fax, módem y CD-ROM's.*

multimillonario, ria ***adj./m.*** y ***f.*** Se aplica a la persona que tiene una gran fortuna: *Quiere casarse con un hombre **multimillonario** y olvidarse para siempre de la pobreza que sufrió en su niñez.*

multinacional ***f.*** Dícese de la empresa cuyas actividades se extienden a varios países: *Existen varias **multinacionales** que venden automóviles no sólo en su país de origen sino en muchas partes del mundo.* SIN. transnacional.

multíparo, ra ***adj.*** **1** Que tiene varios hijos en un solo parto: *Las perras, gatas, lobas y leonas son por lo general **multíparas.*** **2** Dícese de la mujer que ha tenido más de un parto.

multipartidismo ***m.*** Pluripartidismo: *El **multipartidismo** es una forma de evitar que haya una sola corriente ideológica política.*

multipartidista ***adj./m.*** y ***f.*** **1** Del multipartidismo. **2** Partidario del multipartidismo.

múltiple ***adj.*** Que no es simple o que ocurre muchas veces: *Mi vecino toma clases de **múltiples** cosas como guitarra, karate, natación y fútbol.*

multiplicable ***adj.*** Que se puede multiplicar.

multiplicación ***f.*** **1** Acción y efecto de multiplicar. **2** Operación aritmética que consiste en sumar de forma directa y abreviada un número, tantas veces como indica otro.

multiplicador, ra ***adj./m.*** Factor que en una operación matemática señala cuántas veces debe multiplicarse una cantidad.

multiplicando ***m.*** Factor que en una multiplicación debe tomarse como sumando tantas veces como indique el multiplicador.

multiplicar ***vb. irreg.*** {tr. y prnl.} **Modelo 17. 1** Aumentar mucho la cantidad o el número de una cosa. **2** Efectuar la operación matemática llamada multiplicación: *Para saber cuánto te cuestan cinco dulces, **multiplica** el precio de un dulce por cinco.*

múltiplo, pla ***adj./m.*** Se dice del número o cantidad que contiene a otro u otra varias veces de manera exacta: *Cuatro es un **múltiplo** de dos.*

multitud ***f.*** **1** Gran número de personas o cosas: *Cuando murió el cantante argentino Carlos Gardel, una **multitud** de admiradores asistió al entierro.* **2** Gente: *La **multitud** que llenaba el estadio apoyó a sus respectivos equipos durante el partido.*

mundanal ***adj.*** Mundano, relativo al mundo y a la sociedad: *La obra* La vida retirada *del escritor español Fray Luis de León habla de quienes "huyen del **mundanal** ruido".*

mundano, na ***adj.*** Relativo al mundo y a la alta sociedad: *Federico se mueve en un círculo **mundano** y superficial donde lo único importante son las fiestas y la ropa lujosa.*

mundial ***adj.*** Relativo al mundo entero: *La contaminación del agua y del aire debe preocupar a todos los países de la Tierra, es un problema **mundial.***

mundial ***m.*** Competición deportiva en la que participan atletas que representan a muchos países: *El Campeonato **Mundial** de Fútbol se lleva a cabo cada cuatro años y en un país distinto cada vez.*

mundillo ***m. Fam.*** Ambiente habitual en el que se desenvuelve alguien o se lleva a cabo alguna actividad: *Mucha gente del **mundillo** de la farándula es demasiado frívola y superficial.*

mundo ***m.*** **1** La Tierra como planeta: *A principios del siglo* XIX *darle la vuelta al **mundo** era una hazaña, pues no existían barcos modernos ni aviones veloces.* **2** Parte de lo que existe en que se incluye todo lo relativo a un campo, disciplina, área, etc.: *En el siglo* XX *se dieron adelantos espectaculares en el **mundo** de la comunicación.*

munición ***f.*** Carga de las armas de fuego.

municipal ***adj.*** Relativo al municipio: *Los problemas con servicios como la recolección de basura y el agua potable se arreglan en las oficinas **municipales.***

municipal ***m.*** Cuerpo de policía dependiente de un ayuntamiento.

municipalidad ***f.*** Ayuntamiento de un municipio.

municipalizar ***vb.*** {tr.} Dar un servicio público que estaba a cargo de una empresa privada a un municipio: *Se **municipalizó** el servicio de limpia.*

municipio ***m.*** **1** División administrativa de un territorio que está regida por un ayuntamiento. **2** Ayuntamiento. SIN. **comuna.**

munido, da ***adj. Argent., Chile*** y ***Urug.*** Provisto, que lleva algo consigo: *Cuando mi mamá fue a matricularme a la escuela, iba **munida** con todos los documentos necesarios para el trámite.*

muñeco, ca ***m.*** y ***f.*** **1** Figurilla humana usada como juguete. **2** Parte del brazo donde la mano se articula con el antebrazo: *En el tenis, el brazo impulsa el golpe y la **muñeca** da la dirección de la pelota.* **3** ***Fam.*** Bebé muy bonito: *Rodrigo es un **muñeco** que a todos nos gusta cargar y abrazar.*

muñón ***m.*** Parte de un miembro amputado que permanece en el cuerpo: *Para ocultar el **muñón** del brazo, el viejo militar usaba una camisa con la manga larga doblada.* SIN. **tuco.**

mural ***m.*** Pintura hecha o colocada sobre un muro o pared: *Alonso es un artista incomprendido que pintó un **mural** en la sala de su casa y su mamá se enojó.*

muralismo ***m. Méx.*** Tendencia artística mexicana de las décadas de 1940 y 1950, en la cual son utilizados muros o paredes para plasmar ideas: *Diego Rivera y José Clemente Orozco son dos exponentes del **muralismo.***

muralla ***f.*** Muro de gran grosor que se construía alrededor de ciudades o castillos para defenderlos de ataques enemigos: *Una de las **murallas** más famosas del mundo es la de China.*

murciélago ***m.*** Mamífero volador de costumbres nocturnas; la mayoría de sus especies se alimentan de insectos: *Los **murciélagos** tienen una especie de radar integrado que les permite volar en la oscuridad.*

murga ***f.*** Conjunto de músicos callejeros: *Los chicos del vecindario organizaron una **murga** en el barrio para festejar el fin de sus cursos en la universidad.*

murmullo ***m.*** Ruido continuo, suave y confuso: *Al rey le gustaba tanto el **murmullo** del agua, que mandó construir una fuente en la habitación donde dormía.*

murmuración ***f.*** Comentario malintencionado que se hace contra una persona ausente: *Las **murmuraciones** de los envidiosos provocaron que Nancy fuera despedida de su empleo.*

murmurador, ra ***adj./m.*** y ***f.*** Persona que murmura de otra: *Joel silenció a los **murmuradores** que querían descalificarlo cuando recibió ese ascenso por la calidad de su trabajo.*

murmurar ***vb.*** {tr. e intr.} **1** Hablar entre dientes: *Carlos se fue furioso a su cuarto, **murmurando** quién sabe qué cosas.* **2** Hablar mal de alguien: *Deja que la gente **murmure** y ven conmigo a bailar este tango.*

a b c d e f g h i j k l m n o p q r s t u v w x y z

muro ***m.*** **1** Pared o tapia gruesa: *Los **muros** de los castillos medievales eran de piedra.* **2** ***Fam.*** Obstáculo.

mus ***m. Esp.*** Juego de naipes que se practica entre dos parejas y que consiste en hacer creer a los contrarios que se tienen cartas superiores o inferiores, con el fin de sorprenderlos con un juego mejor al de ellos.

musa ***f.*** **1** Inspiración de un poeta: *Amado dice que lo visitó una **musa,** acaba de escribir un poema.* **2** En la mitología clásica occidental, cada una de las nueve diosas encargadas de cada una de las ciencias y artes: *Terpsícore es la **musa** de la danza.*

musaraña ***f.*** **1** Mamífero insectívoro muy pequeño y voraz. **2** ***loc. pl.*** **Pensar en las ~,** estar distraído: *José no está poniendo atención en clase, **piensa en las musarañas.***

muscular ***adj.*** De los músculos: *Con el ejercicio ha logrado un buen desarrollo **muscular.***

musculatura ***f.*** Conjunto de los músculos del cuerpo: *La halterofilia o levantamiento de pesas es un deporte encaminado a desarrollar la **musculatura** humana.*

músculo ***m.*** Órgano formado por tejido elástico que sirve para producir el movimiento en el hombre y en los animales.

musculoso, sa ***adj.*** Que tiene músculos fuertes y bien marcados: *El **musculoso** actor pasa cuatro horas diarias en el gimnasio para mantener su físico.*

muselina ***f.*** Tela de algodón o de seda, muy fina y transparente: *La joven usaba un ligero vestido de **muselina** durante el verano caluroso.*

museo ***m.*** Edificio o lugar donde se guardan objetos científicos o artísticos para su estudio y exposición al público: *En un **museo** de historia natural pueden verse esqueletos de dinosaurios y animales disecados.*

museografía ***f.*** Técnica y aplicación de medidas prácticas para conservar en buen estado, y presentar de manera atractiva, las piezas que se exhiben en un museo: *La **museografía** incluye colocación, control de la temperatura y humedad, iluminación y otros factores.*

musgo ***m.*** Tipo de plantas de tallos cortos y apretados, que forman una especie de alfombra.

música ***f.*** Arte de combinar los sonidos para producir un efecto expresivo o estético: *El músico alemán Juan Sebastián Bach fue uno de los más grandes artistas de la **música.***

musical ***adj.*** Relativo a la música: *José tiene una gran inclinación **musical,** pues toca el piano desde los seis años.*

musicalidad ***f.*** **1** Carácter de lo musical: *Algunos poemas destacan por la **musicalidad** que despliegan.* **2** Facultad de entender la música, así como de crearla o reproducirla.

musicalización ***f.*** Acción de musicalizar: *La **musicalización** de la película estuvo a cargo de un experto mexicano.*

musicalizar ***vb.*** {tr.} Poner música a una cosa: *Tiene un gran talento para **musicalizar** la poesía.*

músico, ca ***m.*** y ***f.*** Persona que compone música o toca un instrumento: *Astor Piazzola fue un **músico** argentino que se considera clásico en el género del tango.*

musicología ***f.*** Conjunto de conocimientos científicos relativos a la teoría, la técnica y la historia de la música.

musicólogo, ga ***m.*** y ***f.*** Persona dedicada a la musicología.

musitar ***vb.*** {intr.} Hablar muy bajo: *En los templos, la gente **musita** por respeto a los lugares sagrados.*

muslo ***m.*** **1** Parte de la pierna desde la cadera hasta la rodilla. **2** En los animales, lugar donde se une la parte alta de la pata con el cuerpo: *No me gusta la pechuga del pollo, sólo las piernas y los **muslos.***

mustio, tia ***adj.*** **1** Se dice de las plantas o flores que han perdido su verdor: *Al final del día, las flores que venden en las esquinas de las calles se empiezan a ver **mustias.*** **2** Hipócrita, falso; que parece lo que no es: *Alberto puso cara de ángel, pero en realidad es **mustio** porque él cometió la travesura y lo negó.*

musulmán, mana ***adj./m.*** y ***f.*** Seguidor del islamismo.

mutable ***adj.*** Capaz de sufrir cambios, o propenso a ello: *En verano el clima suele ser **mutable,** tan pronto hace calor con sol intenso, como se nubla y cae un chaparrón.*

mutación ***f.*** **1** Hecho de cambiar, de sufrir una transformación. **2** En biología, alteración genética en el conjunto de caracteres hereditarios de un ser vivo: *La radiactividad produce **mutaciones** en las personas que se exponen a ella.*

mutante ***m.*** y ***f.*** Ser que presenta mutaciones, cambios, que no es estable: *Como los virus de la gripe son **mutantes,** no se ha podido desarrollar una vacuna contra esa enfermedad.*

mutar ***vb.*** {tr. y prnl.} **1** Transformar. **2** En biología, ocurrir una mutación.

mutilación ***f.*** Acción de perder un ser vivo alguno de sus órganos o miembros: *Sufrió la **mutilación** de una mano en un accidente con la máquina de moler carne.*

mutilar ***vb.*** {tr. y prnl.} **1** Amputar, cercenar: *Fue necesario **mutilar** el miembro infectado.* **2** Suprimir: ***Mutilaron** varias escenas de la película a petición de la protagonista.* **3** Destruir o romper una cosa: *El incendio **mutiló** sin remedio el archivo hemerográfico.*

mutis. Hacer ~, ***loc.*** acción de retirarse de manera discreta: *Jorge llegó a la fiesta, comió, bebió e hizo **mutis** sin que nadie se diera cuenta.*

mutismo ***m.*** Silencio voluntario o impuesto.

mutro, tra ***adj.*** **1** ***Chile.*** Persona que al hablar pronuncia mal: *Ese locutor está **mutro,** no entiendo lo que dice.* **2** ***Chile.*** Mudo: *Los **mutros** se expresan con señas.* **3** ***Chile.*** Tartamudo: *Me pongo un poco **mutro** cuando estoy nervioso.* **4** ***Chile.*** Individuo que no habla español: *Como Boris acaba de llegar de Rusia está **mutro,** no sabe más que unas cuantas palabras en español.*

mutualismo ***m.*** **1** Conjunto de asociaciones cuya finalidad es la ayuda mutua. **2** Forma de asociación animal en la que ambos seres obtienen un beneficio del otro. **3** Doctrina que considera a la humanidad como una asociación donde los servicios prestados y recibidos deben estar en equilibrio.

mutualista ***adj.*** De la mutualidad.

mutuo, tua ***adj.*** Que se hace u ocurre entre dos o más personas o cosas de forma recíproca: *Luis ama a Tere y Tere ama a Luis, por lo tanto es **mutuo** el amor que se tienen.*

muy ***adv.*** Marca la intensidad de un adjetivo o de un adverbio llevada a su más alto grado: *Toda la familia está **muy** contenta porque ganaron el premio mayor de la lotería.*

N

n ***f.*** Decimocuarta letra del abecedario español. Su nombre es *ene.*
nabina ***f.*** Semilla del nabo: *La* ***nabina*** *se utiliza para producir aceite.*
nabo ***m.*** Planta anual que se cultiva en huerta, de raíz blanca y comestible.
naborí ***m.*** Sirviente indio en la época colonial de la América española: *Los* ***naboríes*** *eran repartidos entre los españoles para que trabajaran para ellos.*
naboría ***f.*** Sistema de la época colonial en la América española, por el cual se repartían indios entre los conquistadores para que les sirvieran de criados: *La* ***naboría*** *se inició en 1503; algunos amos querían hacer este tipo de servidumbre permanente, pero en 1509 se redujo a tres años de duración.*
nácar ***m.*** Sustancia blanca y dura, con reflejos de colores, que se forma en el interior del caparazón de los moluscos: *Me regalaron una caja de* ***nácar*** *que brilla cuando le da la luz.*
nacarado, da ***adj.*** Que tiene el brillo del nácar: *El lápiz de labios que trae puesto Genoveva es* ***nacarado,*** *por eso brilla como si fuera de varios colores.*
nacatamal ***m. Hond., Méx.*** y ***Nicar.*** Tipo de tamal que se rellena con carne de cerdo: *El* ***nacatamal*** *estilo Nicaragua lleva achiote, hierbabuena y jugo de naranja agria, puede envolverse en hojas de plátano o de maíz.*
nacer ***vb. irreg.*** {intr.} **Modelo 39. 1** Salir un ser del vientre de la madre si es vivíparo o de un huevo si es ovíparo: *A mi perra le* ***nacieron*** *cuatro cachorritos.* **2** Tener principio: *La cultura occidental* ***nació*** *en Grecia.* **3** Brotar, germinar: *Para que* ***nazca*** *una planta hay que poner una semilla en la tierra.* **4** Salir, aparecer: *Según el noticiero,* ***ha nacido*** *un nuevo volcán cerca de la ciudad donde vivo.*
naciente ***adj.*** Que está surgiendo: *Cuando fui a la playa pude ver el Sol* ***naciente*** *en la madrugada.*
naciente ***m.*** Este, punto cardinal: *El Sol sale por el* ***naciente*** *y se oculta por el poniente.*
nacimiento ***m.*** **1** Hecho de venir al mundo: *Mi hermana va a organizar una fiesta para festejar el* ***nacimiento*** *de su primer hijo.* **2** Origen, principio: *El* ***nacimiento*** *de la radio y la televisión se dio con el descubrimiento de las ondas hertzianas.*
nación ***f.*** **1** Conjunto de habitantes de un país, que se rige por una misma estructura política: *Las personas nacidas en Uruguay forman la* ***nación*** *uruguaya.* **2** Territorio de un país: *A partir del siglo* XIX *las vías férreas empezaron a comunicar a toda la* ***nación.***
nacional ***adj.*** Relativo a una nación o país: *Me compré dos vestidos, uno de tela* ***nacional*** *y otro de tela italiana.*
nacionalidad ***f.*** Condición de pertenecer a una nación: *Andrés nació en Brasil, pero luego decidió adoptar la* ***nacionalidad*** *de Uruguay, donde vive desde hace muchos años.*
nacionalismo ***m.*** **1** Apego a la propia nación: *Su* ***nacionalismo*** *es tan fuerte que no compra nada producido fuera de su país.* **2** Tendencia política que defiende la autonomía y la independencia de un país.
nacionalista ***adj.*** Que defiende la autonomía e independencia de un país: *Los autores* ***nacionalistas*** *escriben sobre temas de su propio país.*
nacionalización ***f.*** Hecho de absorber un gobierno ciertos bienes que eran de particulares: *En México se festeja la* ***nacionalización*** *de la industria petrolera cada 18 de marzo.*
nacionalizar ***vb. irreg.*** {tr. y prnl.} **Modelo 16. 1** Conceder o adoptar la nacionalidad: *Octavio no nació en Perú, pero después de veinte años de vivir en este país decidió* ***nacionalizarse*** *peruano.* **2** Hacer que determinados bienes pasen a manos del gobierno de una nación: *Durante las revoluciones es común que los nuevos gobiernos* ***nacionalicen*** *algunas empresas e industrias que habían pertenecido a particulares.*
nacionalsocialismo ***m.*** Doctrina nacionalista establecida por Adolfo Hitler, basada en la superioridad de la raza aria sobre las demás razas: *El* ***nacionalsocialismo*** *fue la política que provocó el comienzo de la Segunda Guerra Mundial.* Sin. **nazismo.**
naco ***m.*** **1** ***Amér. C.*** y ***Amér. Merid.*** Hoja larga y enrollada de tabaco. **2** ***Colomb.*** Puré de papa.
naco, ca ***adj./m.*** y ***f. Méx. Fam. Desp.*** Persona de gustos no refinados: *Hacer aspavientos sólo para llamar la atención sin motivo es una actitud de* ***naco.***
nada ***f.*** **1** Ausencia absoluta de seres o cosas: *No hay* ***nada*** *de comer en mi casa porque estuvimos fuera durante tres meses.* **2** ***loc.*** **De ~,** expresión usada para responder a quien da las gracias: *Cuando le di las gracias por el regalo que me dio, Germán me contestó* ***de nada.*** **3** ***loc.*** **Por ~,** en ningún caso: *No le prestaría mi bicicleta* ***por nada,*** *pues sé que es un niño muy descuidado.*
nada ***adv.*** En absoluto: *No me gusta* ***nada*** *la idea de tener que pasar el verano en un lugar frío, preferiría ir a la playa.*
nada ***pron.*** Pronombre indefinido que significa "ninguna cosa": *Mi café no tenía* ***nada*** *de azúcar y me supo amargo.*
nadador, ra ***m.*** y ***f.*** Persona que practica la natación: *Los* ***nadadores*** *se lanzaron a la piscina y un poco después comenzaron el juego de baloncesto en agua.*

nadar *vb.* {intr.} **1** Sostenerse y avanzar dentro del agua: *A Germán le gusta mucho **nadar** y dice que cuando crezca competirá en las Olimpiadas.* **2** Abundar en una cosa: *Ese señor **nada** en dinero, por eso tiene cuatro casas, seis automóviles nuevos, viaja por todo el mundo y se viste con ropa muy cara.*

nadería *f.* Cosa sin importancia: *Laura sólo consiguió que el vendedor le rebajara una **nadería** en el precio del jarrón, de 500 que costaba, a 498 pesos.*

nadie *pron.* Pronombre indefinido que significa "ninguna persona": *Cuando llegué a la escuela, no había **nadie** porque era domingo.*

nadir *m.* Punto de la esfera celeste completamente opuesto al cenit: *Cuando ocurre el **nadir** la noche está en su momento de mayor oscuridad.*

nado *m. Amér.* Natación, acción de nadar: *Isela está en un equipo de **nado** sincronizado.*

nafta *f.* **1** Líquido volátil e inflamable obtenido del petróleo, se emplea como solvente. **2** *Argent.* y *Urug.* Combustible usado por varios tipos de motores, compuesto por una mezcla de hidrocarburos líquidos obtenidos del petróleo crudo. Sin. **gasolina.**

naftalina *f.* Sustancia que se vende a veces en forma de bolitas, usada contra la polilla: *Al guardar la ropa de invierno, mi madre la rodeó de **naftalina** para evitar que los bichos la dañaran.*

nagual *m. Amér. C.* y *Méx.* Brujo, hechicero que se supone que tiene la facultad de convertirse en animal.

naguas *f. pl.* Prenda interior femenina, por lo general de algodón, que también se usa como pollera o falda. Sin. **enagua.**

nahua *adj./m.* y *f.* De un pueblo amerindio de México y Centroamérica.

nahua *m.* Lengua hablada principalmente por los indígenas nahuas de México.

náhuatl *m.* Lengua derivada del nahua hablada en gran parte de México en el momento de la conquista española: *Varias palabras del español, como "tomate" y "aguacate", provienen del **náhuatl.***

nailon *m.* **Palabra de origen inglés.** Material sintético con el que se fabrican tejidos: *Las telas de **nailon** atraen mucha electricidad estática.* Sin. **nylon, nilón.**

naipe *m.* Cartulina rectangular que, con otras similares, forma una baraja: *El jugador de póquer pidió un juego nuevo de **naipes** para seguir la partida.* Sin. **carta.**

nalga *f.* Cada una de las dos partes carnosas ubicadas debajo de la espalda de los humanos: *Muchas inyecciones intramusculares se aplican en las **nalgas.*** Sin. **glúteo, trasero, poto.**

nalgada *f. C. Rica* y *Méx.* Golpe dado en las nalgas con la mano abierta. Sin. **chirlo.**

nalgón, gona *adj. Colomb., Guat., Hond.* y *Méx.* Que tiene las nalgas abultadas.

nana *f.* **1** Canción para dormir a los niños: *Mi mamá le canta **nanas** a mi hermanito cuando ya es hora de que se duerma.* **2** *Amér. C.* Madre. **3** *Amér. C., Méx.* y *Venez.* Niñera o nodriza: *Cuando sus padres salen de viaje, la **nana** cuida a la pequeña Martha.* Sin. **tata.** **4** *Argent., Chile, Par.* y *Urug.* En lenguaje infantil, herida leve: *Juan se cayó y se hizo una **nana** en la rodilla.* **5** *pl. Amér. Merid.* Conjunto de achaques y dolencias sin importancia, en especial las de la vejez: *Mi abuelita tiene las **nanas** típicas de su edad.*

nanche *m. Méx.* Arbusto que da frutos del mismo nombre, amarillos, pequeños y dulces: *Me gustan los **nanches** encurtidos en aguardiente, pero si como muchos me mareo.*

nanotecnología *f.* Tecnología basada en elementos e instrumentos de tamaño microscópico: *La **nanotecnología** permite hacer robots mucho más pequeños que la cabeza de un alfiler.*

nao *f.* Nave, embarcación: *Durante la época de la Colonia (siglos* XVI *al* XIX*), una **nao** de China llegaba cada cierto tiempo a las costas de la Nueva España con gran cantidad de artículos orientales y europeos.*

napalm *m.* Sustancia inflamable muy dañina para la salud que se usa para elaborar explosivos.

naranja *adj. Fam.* De color anaranjado: *La camisa color **naranja** que trae Arturo lo distingue de entre la multitud.*

naranja *f.* Fruto del naranjo, redondo, de cáscara dura y color entre amarillo y rojo, con pulpa que forma gajos: *Desde hace varios siglos las **naranjas** de Jericó son famosas por su jugo dulce y abundante.*

naranja *m.* Color que se obtiene de la combinación del rojo y el amarillo: *El **naranja** es el color de la fruta del mismo nombre.* Sin. **anaranjado.**

naranjada *f.* Bebida hecha a base de jugo o zumo de naranja: *Después del juego, los niños disfrutaron de una refrescante **naranjada** que ellos mismos habían preparado con jugo de naranja, agua y azúcar.*

naranjo *m.* Árbol de flores blancas y olorosas que crece en las regiones tropicales y se cultiva por su fruto: *Los azahares son las flores del **naranjo.***

narcisismo *m.* Enamoramiento, o extrema admiración por uno mismo: *Es tal el **narcicismo** de Fabián, que se detiene a contemplar su imagen en cada vitrina que encuentra a su paso.*

narcisista *adj.* **1** Relativo al narcisismo: *Las actitudes **narcisistas** de algunas personas rayan en lo ridículo.* **2** Que manifiesta narcisismo: *En un arranque **narcisista,** Abel mandó hacer un enorme cartel con su foto y lo colgó en la sala de su casa.*

narciso *m.* **1** Planta con bulbos y de flores blancas o amarillas: *El **narciso** tiene las hojas estrechas y sus flores son muy olorosas.* **2** Flor de la planta llamada narciso.

narcolepsia *f.* Enfermedad que se caracteriza por ataques repentinos de sueño: *Las personas que padecen **narcolepsia** se duermen incluso mientras están caminando, por lo que deben tomar muchas precauciones.*

narcosis *f.* Estado de somnolencia y embotamiento: *La **narcosis** que sufren los buzos en las profundidades se debe a la acción del nitrógeno combinado con dióxido de carbono.*

narcótico *m.* Sustancia que provoca sueño y pérdida de la sensibilidad: *El doctor recetó un ligero **narcótico** a Elisa porque desde hace varios días no puede dormir bien.*

narcótico, ca *adj.* Relativo a la sustancia que provoca sueño y pérdida de la sensibilidad: *Para secuestrar a la princesa, el hombre malvado le dio una bebida **narcótica** que la hizo dormir.*

narcotizante *adj.* Que produce narcosis o sueño incontrolable: *Creo que esa película es **narcotizante,** cada vez que la veo me duermo cuando va a la mitad.*

narcotizar *vb.* {tr. y prnl.} Administrar a alguien un narcótico: *Vimos un documental donde **narcotizan** a los tigres lanzándoles un dardo, y ya que están dormidos, unos científicos les toman medidas y les sacan muestras de sangre.*

narcotraficante *m.* y *f.* Persona dedicada al tráfico ilegal de drogas dañinas para el hombre.

narcotráfico *m.* Tráfico ilegal de drogas dañinas para el hombre.

nardo *m.* **1** Planta herbácea que crece en los jardines, de flores blancas muy olorosas. **2** Flor de la planta llamada nardo: *El **nardo** es una flor de aroma muy fuerte y penetrante.*

narigudo, da o **narigón, gona** *adj.* De nariz grande: *Cyrano de Bergerac, el famoso personaje de un libro de Edmundo Rostand, no se atrevía a conquistar a la mujer que amaba por ser muy **narigudo.***

nariguera *f.* Adorno removible que atraviesa el cartílago inferior de la nariz: *Para usar sus **narigueras,** los aborígenes de Nueva Guinea se hacen perforaciones por las que luego meterán el adorno.*

narina *f.* Cada uno de los poros u orificios externos de la nariz: *En la parte interior de las **narinas** del ser humano hay vellosidades que filtran el aire que respiramos.*

nariz *f.* Parte saliente del rostro, por la que el aire penetra hacia los pulmones y en la que se encuentra el sentido del olfato: *El boxeador quedó con la **nariz** hinchada y un ojo morado después de la pelea.*

narración *f.* **1** Hecho de narrar: *Mariana comenzó a las seis de la tarde la **narración** de sus vacaciones en Europa y la terminó dos horas después.* **2** Escrito en prosa en que se relata una historia: *Leí una **narración** muy interesante sobre la vida de unos piratas.*

narrador, ra *adj./m.* y *f.* Que narra, relata algo verbalmente: *El grupo de juego de roles suele escoger como **narrador** a Samuel, pues describe muy bien las acciones de los personajes.*

narrar *vb.* {tr.} Decir de palabra o por escrito alguna historia: *Como ejercicio de redacción, la maestra le pidió a los niños que **narraran** en una página lo que habían hecho en vacaciones.*

narrativa *f.* Género literario en prosa que abarca la novela, el relato y el cuento: *Ese escritor no produce sólo poesías, su trabajo abarca toda la **narrativa.***

narrativo, va *adj.* Relativo a la narración: *El escritor mexicano Juan Rulfo tuvo una gran capacidad **narrativa.***

nasa *f.* Cesta cilíndrica usada para pescar.

nasal *adj.* **1** Relativo a la nariz: *No le gustaba su nariz, de modo que se hizo una operación de cirugía plástica **nasal.*** **2** El sonido en cuya articulación el aire espirado pasa por la nariz, como el que representan *m, n* o *ñ.* **3** Con tono gangoso: *Cuando llamé por teléfono a Ramiro, me contestó con una voz **nasal** porque estaba resfriado.*

nassauense *adj./m.* y *f.* Originario de Nassau, capital de las Bahamas, islas del Mar Caribe.

nata *f.* **1** Capa cremosa que se forma en la superficie de la leche: *El café con leche se enfrió tanto, que se le formó una **nata** color marrón.* **2** Capa semisólida que se forma en la parte superior de algunos líquidos: *En las orillas del pantano se forma una **nata** de plantas y pequeños animales.* **3** *loc.* **La flor y ~** o **la crema y ~,** lo mejor de alguna cosa: *Durante el festival de cine se reúne **la flor y nata** del mundo cinematográfico.*

natación *f.* Deporte o ejercicio que consiste en mover pies y brazos dentro del agua para avanzar: *La **natación** y los clavados son deportes acuáticos.*

natal *adj.* Relativo al nacimiento: *Como está embarazada, Estela va todas las tardes a un curso sobre cuidados **natales.***

natalicio, cia *adj./m.* Relativo al día del nacimiento: *"Hoy es día feriado porque se celebra el **natalicio** del héroe más importante de nuestro país", nos dijo la maestra.*

natalidad *f.* Número de nacimientos en un lugar y tiempo dados: *Entre los países con mayor **natalidad** del mundo se cuenta la India.*

natatorio, ria *adj.* Que sirve para nadar: *Las vejigas **natatorias** de los peces están llenas de gas, con ellas controlan cómo flotan.*

natillas *f. pl.* Postre cremoso elaborado con huevos, leche y azúcar.

natividad *f.* Nacimiento; se usa más para referirse a la fiesta católica que conmemora el nacimiento de Jesús.

nativo, va *adj./m.* y *f.* Relativo al lugar de nacimiento: *Es mejor aprender inglés con alguien **nativo** de un país de habla inglesa.*

nato, ta *adj.* Que se tiene de nacimiento: *Julia tiene facilidad **nata** para la música, pues desde niña le ha gustado escucharla y tocar instrumentos.*

natura *f.* La naturaleza: *Es contra **natura** talar los bosques sin medida y ensuciar las aguas.*

natural *adj.* **1** Relativo a la naturaleza: *Me gusta comer productos **naturales,** ya que no han pasado por procesos químicos de conservación.* **2** Propio de la naturaleza de un ser: *Elena posee una belleza **natural,** así que no necesita usar maquillaje ni adornos para verse bien.* **3** No forzado, normal: *De una manera **natural** surgió entre los alumnos la idea de hacer una fiesta para celebrar el fin de cursos.* **4** Originario de cierto lugar: *Beatriz es **natural** de Argentina, pero vive en Perú desde que era niña.* **5** Relativo a la persona que es sincera en lo que hace y dice: *Lalo es muy **natural** y siempre dice lo que piensa, por eso me gusta ser su amigo.* **6** *loc.* **Número ~,** cada uno de los números enteros positivos: *Los números **naturales** son, por ejemplo, el 3, 19, 310 y 1857.*

naturaleza *f.* **1** Conjunto de los seres y cosas que forman el Universo y existen de forma independiente del hombre: *Hay muy pocas partes en el mundo donde la **naturaleza** ha permanecido ajena a la intervención humana.* **2** Conjunto de caracteres fundamentales propios de un ser o de una cosa: *Ernesto siempre ha mostrado una **naturaleza** amable y tranquila.*

naturalidad *f.* **1** Calidad de natural: *Josefina pertenece a una escuela teatral que da gran importancia a la **naturalidad** en la actuación.* **2** Espontaneidad, sencillez: *Los amigos se tratan con **naturalidad,** pues tienen diez años de conocerse.* Sin. **espontaneidad.**

naturalismo *m.* Escuela literaria y artística que trata de reflejar la realidad tal como es, incluidos sus aspectos más desagradables: *El **naturalismo** se dio en el siglo* XIX.

naturalista *adj.* Que sigue la tendencia del naturalismo en el arte: *Emilio Zolá fue un escritor **naturalista** francés.*

naturalización *f.* Acto oficial y documento en el que un extranjero adquiere la nacionalidad del país en el que ha estado residiendo determinado número de años: *Mis amigos Joseph Muamba y su esposa Niérika nacieron en África, pero les concedieron la **naturalización** y ya son venezolanos.*

naturalizado, da *adj./m.* y *f.* Persona que adquirió la naturalización en un país: *El maestro Hsiung es taiwanés **naturalizado** mexicano.*

naturalizar *vb. irreg.* {tr.} **Modelo 16.** Conceder un gobierno la naturalización a un extranjero: *El ministro de Asuntos Exteriores informó que, este año, se **naturalizaron** colombianos 20 japoneses, 10 ingleses y 12 españoles.*

naturismo *m.* Sistema de vida por el cual se pretende volver a la naturaleza: *El **naturismo** aconseja utilizar las plantas curativas sin procesamiento industrial, y no comer alimentos industrializados.*

naturista *adj.* Que prefiere los productos sin conservadores ni sustancias químicas: *La comida **naturista** se prepara* *con alimentos que no tienen productos químicos ni conservadores.*

naufragar ***vb. irreg.*** {intr.} **Modelo 17. 1** Perderse o hundirse una embarcación en el agua: *Tal vez el barco más grande y famoso que* ***haya naufragado*** *sea el* Titanic. **2** Fracasar un intento o asunto: *El negocio de Ricardo* ***naufragó*** *porque no se ocupó mucho de él.*

naufragio ***m.*** Hundimiento de un barco: *Tras el* ***naufragio,*** *el único marinero sobreviviente llegó a la orilla de una isla deshabitada, desde donde vio cómo terminaba de hundirse su barco.*

náufrago, ga ***m.*** y ***f.*** Persona que sobrevivió al hundimiento de un barco: *Robinson Crusoe fue un* ***náufrago*** *que tuvo que sobrevivir en una isla casi desierta.*

náusea ***f.*** **1** Necesidad de vomitar: *Bajando de la montaña rusa, el niño dijo que sentía* ***náuseas*** *y corrió al baño.* **2** Repugnancia, rechazo hacia algo: *La violencia me produce* ***náusea.***

nauseabundo, da ***adj.*** **1** Que provoca asco, náuseas: *El olor a huevo podrido es* ***nauseabundo.*** **2** Horrible, desagradable: *Ayer vi una película* ***nauseabunda*** *en la que un dinosaurio destrozaba a muchas personas.*

náutica ***f.*** Ciencia y técnicas de la navegación: *Con el desarrollo de la* ***náutica,*** *los seres humanos fueron capaces de hacer exploraciones de tierras muy distantes, navegando a través de los océanos.*

náutico, ca ***adj.*** Relativo a la navegación: *Cerca del puerto hay una tienda donde venden productos* ***náuticos*** *que sirven a los marineros.*

nauyaca ***f. Méx.*** Serpiente tropical muy venenosa, de gran tamaño, que tiene una hendidura en el labio superior: *A las* ***nauyacas*** *también se les llama, popularmente, "cuatro narices".*

navaja ***f.*** Cuchillo plegable: *Las* ***navajas*** *suizas tienen muchos utensilios dentro como destornillador, cuchillo, cuchara, tenedor, lima y abridor de latas, por eso son muy útiles.*

navaja ***f.*** Molusco muy largo de caparazón rectangular.

navajo ***adj./m.*** y ***f.*** Pueblo amerindio del sur de Estados Unidos: *Los* ***navajo,*** *actualmente, viven en reservaciones en Texas, Nuevo México y Arizona.*

naval ***adj.*** Relativo a las naves o a la navegación: *Como quiere ser marino, se inscribió a la escuela* ***naval.***

nave ***f.*** **1** Embarcación: *Cristóbal Colón partió con tres* ***naves*** *en busca de un camino más corto al Oriente y llegó al Nuevo Mundo.* **2** Cada uno de los espacios que entre muros o columnas se extienden a lo largo de los templos, industrias, almacenes, etc. **3** *loc.* **~ espacial,** vehículo que viaja fuera de la Tierra: *Las* ***naves espaciales*** *son cada vez de mayor tamaño, más sofisticadas y con características que les permiten llegar más lejos.*

navegable ***adj.*** Cuerpo de agua por el que una embarcación puede navegar: *Ese río es* ***navegable,*** *pues su anchura y profundidad permiten que lo transiten barcos.*

navegación ***f.*** Sistema de transporte a través de ríos o mares: *Los antiguos fenicios desarrollaron gran parte de su comercio gracias a la* ***navegación.***

navegador ***m.*** Software de las páginas web que, al activar vínculos, permite pasar de un sitio a otro de la red.

navegar ***vb. irreg.*** {intr.} **Modelo 17. 1** Viajar en una nave: ***Navegamos*** *por el océano Atlántico para ir de América a Europa.* **2** Trasladarse una nave: *El barco de vela* ***navegaba*** *a buena velocidad porque los vientos eran favorables.* **3** Trasladarse de un lugar cibernético a otro, a través de la red internacional de comunicación por computadora, llamada por lo general *Internet*: *Ese joven se duerme muy tarde cuando* ***navega*** *en Internet porque le gusta conversar con gente de todo el mundo.*

navidad ***f.*** Fiesta católica que cada año celebra el nacimiento de Jesús: *Para celebrar la* ***Navidad*** *mucha gente da regalos a sus seres queridos y prepara alimentos especiales.*

navideño, ña ***adj.*** Perteneciente o relativo a la Navidad: *Colocar los adornos* ***navideños*** *es muy placentero; en cambio, siempre da flojera quitarlos.*

naviero, ra ***m.*** y ***f.*** Propietario de barcos: *Aristóteles Onassis fue uno de los* ***navieros*** *más ricos no sólo de Grecia, sino de todo el mundo.*

navío ***m.*** Embarcación de grandes dimensiones: *Ese* ***navío*** *está diseñado para transportar petróleo.*

náyade ***f.*** Ninfa de la mitología griega, protectora de los ríos y las fuentes.

nayarita ***adj./m.*** y ***f.*** Del estado mexicano de Nayarit.

nazi ***adj./m.*** y ***f.*** **1** Relacionado con el nazismo: *Los* ***nazis*** *fueron responsables del asesinato de más de seis millones de judíos durante la Segunda Guerra Mundial.* **2** Persona que cree en la superioridad de los blancos sobre las demás razas, seguidor del nazismo. SIN. **fascista.**

nazismo ***m.*** Doctrina del grupo dominante en Alemania desde 1933 (ascenso de Adolfo Hitler al poder) hasta 1945, la cual sostenía la superioridad de la raza aria por encima de las demás. SIN. **nacionalsocialismo.**

neblina ***f.*** Niebla ligera y baja: *La* ***neblina*** *provocó que un conductor no pudiera ver bien la carretera y chocara.*

neblinear ***vb.*** {impers.} ***Chile.*** Lloviznar.

neblinoso, sa ***adj.*** Que tiene niebla o neblina: *"En esta carretera hay un tramo* ***neblinoso,*** *cuando pasen por ahí enciendan las luces y disminuyan la velocidad", recomendó el patrullero.*

nebulización ***f.*** Acción y efecto de nebulizar: *El médico recetó* ***nebulizaciones*** *antisépticas a su paciente enfermo de la garganta.*

nebulizador ***m.*** Aparato para nebulizar, atomizador: *Marta padece asma, por eso siempre lleva consigo un* ***nebulizador.***

nebulizar ***vb. irreg.*** {tr.} **Modelo 16.** Esparcir en el ambiente, o proyectar sobre algo, un líquido en gotas muy pequeñas: *Irina* ***nebulizó*** *su habitación con esencia de lavanda.*

nebulosa ***f.*** Gran masa celeste formada por materia cósmica: *Vistas al telescopio, las* ***nebulosas*** *parecen gigantescas nubes de colores flotando entre las estrellas.*

nebuloso, sa ***adj.*** **1** Con neblina o con muchas nubes: *El día está* ***nebuloso,*** *espero que salga el sol para que podamos ir a la playa.* **2** Borroso, no claro: *Tenía los lentes tan sucios que todo lo veía* ***nebuloso.*** SIN. **nublado.**

necear ***vb.*** {intr.} Decir o hacer necedades: *Aunque le demostramos lo contrario, Judith* ***neceaba*** *con que una simple gota de agua que escapa de una llave no causa perjuicios.*

necedad ***f.*** **1** Terquedad, acción de alguien necio: *Le dije cien veces a Noé que no se subiera a esa escalera, pero su* ***necedad*** *lo llevó a querer jugar ahí hasta que se cayó.* **2** Tontería: *El borracho salió del bar diciendo* ***necedades*** *y tropezando con sus propios pies.*

necesario, ria ***adj.*** Que no puede dejar de ser o suceder: *Si quieres aprender a tocar el piano, es* ***necesario*** *que estudies música.*

neceser ***m.*** **Palabra de origen francés.** Caja o estuche con los objetos de aseo, costura o belleza: *Mi mamá lleva en su* ***neceser*** *jabón, papel higiénico, perfume, hilo, aguja y otras cosas necesarias para el viaje.*

necesidad ***f.*** **1** Todo lo que es necesario o indispensable para alguien o algo. **2** Hecho de ser necesaria o indispensable una cosa: *Las personas que padecen diabetes tienen* ***necesidad*** *de la insulina para mantenerse estables.* **3** Escasez o pobreza: *La* ***necesidad*** *hizo que doña Adriana vendiera tartas aparte de trabajar en la industria.* **4** ***pl. loc. Fam.*** **Hacer las ~,** orinar o defecar.

necesitado, da ***adj./m.*** y ***f.*** **1** Que necesita algo. **2** Persona que no tiene lo que requiere para vivir. Sin. **pobre.**

necesitar ***vb.*** {tr.} Requerir algo, tener necesidad de alguna cosa: ***Necesitas*** *usar malla o traje de baño para que te dejen entrar en la piscina.*

necio, cia ***adj./m.*** y ***f.*** **1** Tonto, ignorante. Sin. **guaje.** **2** Terco, obstinado: *No seas* ***necio,*** *¡ya te dije que no puedes comer más chocolates!* Ant. **prudente.**

nécora ***f.*** Cangrejo de mar de caparazón color rojo.

necrofagia ***f.*** Acción de alimentarse de cadáveres o carroña.

necrófago, ga ***adj.*** Que se nutre comiendo cadáveres: *Algunos animales como las hienas, los chacales y los buitres son* ***necrófagos.***

necrofilia ***f.*** Inclinación o interés por la muerte.

necrología ***f.*** **1** Biografía de una persona muerta recientemente: *Algunos diarios tienen una sección de* ***necrologías,*** *donde escriben información sobre personajes ya muertos.* **2** Lista de personas muertas.

necrópolis ***f.*** En lenguaje de literatura y arqueología, lugar donde se depositan los muertos. Sin. **cementerio.**

necropsia ***f.*** Examen científico de un cadáver para determinar las causas de su muerte. Sin. **autopsia.**

necrosis ***m.*** Muerte de un tejido en un organismo vivo: *La* ***necrosis*** *del dedo de Joaquín obligó al médico a amputárselo.*

néctar ***m.*** **1** Jugo que contienen ciertas flores: *Las abejas se alimentan del* ***néctar*** *de las flores.* **2** Licor delicioso.

nectarina ***f.*** Tipo de melocotón de cáscara lisa y pulpa muy jugosa: *De las frutas de verano, las* ***nectarinas*** *y la sandía son las que más me gustan.*

neerlandés ***m.*** Lengua germánica hablada en los Países Bajos: *El* ***neerlandés*** *es de la misma familia que el alemán y el inglés.*

neerlandés, desa ***adj./m.*** y ***f.*** Originario de Holanda, país de Europa.

nefasto, ta ***adj.*** Que anuncia o causa desgracia: *La época más* ***nefasta*** *de mi vida fue cuando reprobé el curso y tuve que repetirlo.*

nefrítico, ca ***adj.*** Relativo al riñón: *El dolor del cólico* ***nefrítico*** *es uno de los más intensos que puede padecer un ser humano.*

nefritis ***f.*** Inflamación del riñón: *El fuerte dolor que Mario tenía en la cintura se debía a una* ***nefritis,*** *pero ya está en tratamiento.*

nefrología ***f.*** Rama de la medicina que se ocupa del riñón.

nefrólogo, ga ***m.*** y ***f.*** Médico especializado en las enfermedades relacionadas con el riñón: *El* ***nefrólogo*** *le recomendó a su paciente tomar más agua pura.*

nefrón ***m.*** o **nefrona** ***f.*** Unidad básica de secreción del riñón: *Los* ***nefrones*** *son tubos finísimos, hay cerca de un millón de ellos en cada riñón.*

negación ***f.*** **1** Hecho de decir "no": *Cuando mi mamá me preguntó si yo había roto la lámpara, le contesté con una* ***negación,*** *moviendo la cabeza de un lado al otro.* **2** Hecho de ser algo lo contrario de lo que se afirma: *Ese florero es tan feo que es la* ***negación*** *de la belleza.*

negado, da ***adj./m.*** y ***f.*** Que no tiene capacidad o facilidad para algo: *Aunque a Jorge le gusta mucho el baile, es una actividad para la que está* ***negado.*** Sin. **inepto, incapaz.**

negar ***vb. irreg.*** {tr. y prnl.} **Modelo 18.** **1** Decir que algo no existe o no es verdad: *Gabriel* ***negó*** *ser culpable de la muerte del perro y dijo que él mismo vio cuando un carro atropelló al animal.* **2** No conceder lo que se pide: *Su papá le* ***negó*** *el permiso para ir a la fiesta debido a sus malas calificaciones.* **3** No querer hacer una cosa: *Anastasia* ***se negó*** *a casarse con ese hombre, pues dice que no lo ama.*

negativa ***f.*** **1** Acción de negar o negarse: *La* ***negativa*** *de los padres de comprar el juguete al niño provocó que llorara.* **2** Palabra o gesto con que se niega.

negativismo ***m.*** Pesimismo, actitud negativa: *El* ***negativismo*** *de las personas les impide progresar, pues tienden a ver obstáculos o dificultades en todo.*

negativo ***m.*** Primera imagen fotográfica que se obtiene: *Con los* ***negativos*** *se pueden hacer muchas copias de las mismas fotografías.*

negativo, va ***adj.*** **1** Que expresa una negación: *Dio una respuesta* ***negativa*** *a la invitación para ir a la fiesta porque se siente enfermo.* **2** El polo que posee menor potencial eléctrico: *Ten cuidado de colocar las pilas con el polo* ***negativo*** *en su lugar.* **3** Los números reales menores de cero: *Si a 10 se le restan 15, el resultado es el número* ***negativo*** *menos cinco (–5).*

negligencia ***f.*** Falta de cuidado: *Osvaldo hizo su trabajo escolar con* ***negligencia*** *y obtuvo una calificación muy baja.*

negligente ***adj./m.*** y ***f.*** Que es irresponsable, descuidado: *No puedo recomendarlo para un trabajo nuevo porque es una persona* ***negligente*** *que no cumple con sus deberes.*

negociable ***adj.*** Que puede ser comercializado o negociado: *Creo que este problema es* ***negociable,*** *podemos llegar a un acuerdo, le dijo un abogado a otro.*

negociado ***m. Amér. Merid.*** Negocio importante, ilícito y escandaloso.

negociar ***vb.*** {tr. e intr.} **1** Tratar asuntos para llegar a un acuerdo: *Esos dos países* ***están negociando*** *un tratado de libre comercio.* **2** Comprar o vender algo para obtener ganancias: *A Daniel le gusta* ***negociar*** *sus juguetes, vende uno que ya no usa para comprar otro que desea.*

negocio ***m.*** **1** Cualquier operación de la que se espera o se obtiene un beneficio: *El* ***negocio*** *de José consiste en comprar televisores descompuestos para repararlos y después venderlos.* **2** Local comercial: *En esa esquina han abierto varios* ***negocios*** *y todos han quebrado.*

negra ***f.*** En música, figura de duración que equivale a la mitad de una blanca.

negrero, ra ***adj./m.*** y ***f.*** **1** Que comercia con esclavos negros. **2** Persona con autoridad, que hace trabajar demasiado a sus empleados abusando de ellos.

negrita ***f.*** Tipo de letra de imprenta más gruesa que la normal: *En los ejemplos de este diccionario, aparece en* ***negrita*** *la misma palabra de la entrada.*

negritud ***f.*** Identidad de la cultura negra y conjunto de valores y manifestaciones artísticas que la conforman: *El padre del concepto* ***negritud*** *fue el poeta y político Aimé Césaire, nacido en la isla de Martinica en 1913.*

negro ***m.*** Color más oscuro de todos debido a la ausencia total de la luz: *En México y otros países hace tiempo se acostumbraba que la gente se vistiera de* ***negro*** *riguroso cuando estaba de luto.* Ant. **blanco.**

negro, gra ***adj.*** **1** Del color más oscuro que existe: *Sebastián se puso una gabardina gris y un sombrero* ***negro*** *que lo hacían parecer un detective.* Ant. **blanco.**

2 Oscurecido, que tiene un color más oscuro que otros de la misma especie: *El pan* ***negro*** *es de color marrón oscuro.* Ant. **claro.**

negro, gra ***m.*** y ***f.*** Persona caracterizada por su piel de color oscuro.

negroide ***adj./m.*** y ***f.*** Se dice de los individuos que tienen características propias de la raza negra: *Los aborígenes australianos son una de las etnias* ***negroides*** *que hay en nuestro planeta.*

negrura ***f.*** **1** Oscuridad: *Cuando la Luna se coloca delante del Sol la* ***negrura*** *se apodera del día; eso es un eclipse total de Sol.* **2** Color negro: *La* ***negrura*** *del pelaje de algunos caballos hace que los llamen "azabache".*

negruzco, ca ***adj.*** Se aplica a lo que tiene un color que tira a negro: *Como ese baño está mal ventilado, a veces salen unas manchas* ***negruzcas*** *de moho en las paredes.*

nematelminto, ta ***adj./m.*** y ***f.*** Relativo a un grupo de gusanos cilíndricos que en su mayoría viven como parásitos: *La lombriz intestinal o ascáride es un* ***nematelminto.***

nematodo, da ***adj./m.*** y ***f.*** Relativo a una clase de gusanos que habitan en el suelo o como parásitos del hombre y de los mamíferos: *Los* ***nematodos*** *son la clase más importante de los nematelmintos.*

neme ***m. Colomb.*** Betún o asfalto.

némesis ***f.*** Justicia divina asociada a la venganza: *Muchos ecologistas temen la* ***némesis*** *de la Tierra como consecuencia de los abusos cometidos contra la naturaleza.*

nene, na ***m.*** y ***f.*** Niño muy pequeño: *Israel es un* ***nene*** *muy bonito y sonriente que tiene tres meses de edad.* Sin. **crío, criatura, guagua.**

nenúfar ***m.*** Planta acuática de flores blancas.

neocelandés, desa ***adj./m.*** y ***f. Ver*** **neozelandés.**

neoclasicismo ***m.*** Estilo artístico surgido a mediados del siglo xviii e inspirado en la antigüedad grecolatina.

neodimio ***m.*** Elemento químico de símbolo Nd y número atómico 60, es un metal del grupo de las tierras raras.

neófito, ta ***m.*** y ***f.*** Persona recién incorporada a un grupo o actividad: *Como era* ***neófita*** *en el baile, a Gloria le daba trabajo seguir los pasos de sus compañeros de la academia.*

neógeno, na ***adj./m.*** Correspondiente al segundo periodo del cenozoico.

neoguineano, na ***adj./m.*** y ***f.*** De Nueva Guinea: *Las tres cuartas partes del territorio* ***neoguineano*** *están cubiertas por bosques tropicales.*

neolítico, ca ***adj./m.*** Correspondiente al segundo periodo de la Edad de Piedra, que se caracterizó por el uso de la piedra pulida: *Durante el* ***neolítico,*** *los hombres perfeccionaron la técnica para elaborar herramientas de piedra y comenzaron a fabricar cerámica.*

neologismo ***m.*** Palabra o sentido nuevos de una palabra en una lengua: *La computación ha introducido* ***neologismos*** *al español, como ratón en el sentido de "instrumento que dirige el movimiento del cursor en la pantalla".*

neón ***m.*** **1** Gas noble existente en la atmósfera, de símbolo químico Ne y número atómico 10. **2** Gas que produce una luz intensa, usado en algunas lámparas: *Los hoteles y restaurantes de la carretera se anuncian con luces de* ***neón.***

neonatal ***adj.*** Relativo al recién nacido: *En el hospital están dando un curso de cuidados* ***neonatales*** *para las señoras que pronto darán a luz.*

neonatología ***f.*** Parte de la medicina que se ocupa de la salud de los recién nacidos.

neozelandés, desa ***adj./m.*** y ***f.*** Originario de Nueva Zelanda, país de Oceanía: *La mayoría de los* ***neozelandeses*** *hablan inglés.*

nepalés ***m.*** Lengua indoirania hablada en Nepal.

nepalés, lesa ***adj./m.*** y ***f.*** Originario de Nepal, país asiático.

nepotismo ***m.*** Tendencia a favorecer con cargos, premios, etc., a familiares y conocidos.

neptunio ***m.*** Elemento químico radiactivo de símbolo Np y de número atómico 93.

nervadura ***f.*** Grupo de nervios, en especial de la hoja de un vegetal: *En la parte posterior de una hoja se puede apreciar su* ***nervadura*** *claramente.*

nervio ***m.*** **1** Cada uno de los grupos de fibras que conducen los impulsos nerviosos: *Durante la cirugía, el dentista me anestesió los* ***nervios*** *de la muela dañada.* **2** Grupo fibroso en la hoja de un vegetal o ala de insecto: *Si se observa el ala de una mosca con cuidado, se pueden ver los* ***nervios.*** **3** Vigor, energía: *Mi tío es un hombre de mucho* ***nervio*** *que siempre está trabajando y haciendo ejercicio.* **4** En arquitectura, moldura que sale del interior de una bóveda: *En algunas bóvedas de las iglesias se pueden observar los* ***nervios*** *que se unen en el centro.* **5** ***pl.*** Preocupación, ansiedad: *Antes de salir al escenario, el cantante siente* ***nervios*** *porque teme cometer algún error.*

nerviosismo ***m.*** Tensión, preocupación: *Se notaba el* ***nerviosismo*** *en la cara de Blanca cuando presentó el examen final de su carrera.*

nervioso, sa ***adj.*** **1** Relativo a los nervios: *Mi padre sentía un dolor en la espalda y el médico le dijo que era un padecimiento* ***nervioso*** *a causa de las presiones que tiene en el trabajo.* **2** Impetuoso, vigoroso, inquieto: *Antes de comenzar la carrera, los caballos se movían* ***nerviosos*** *esperando la señal de arranque.* **3** ***Fam.*** Preocupado, intranquilo.

nervudo, da ***adj.*** Se aplica a la persona, o a la parte del cuerpo, que tiene muy marcados los nervios, los tendones y las arterias: *Desde que se dedica a levantar pesas, a José Luis se le han puesto* ***nervudos*** *los brazos.*

neta ***f. Méx. Fam.*** Se usa por lo general con el artículo "la" y se emplea para hacer énfasis en que algo es cierto o verdadero: *La* ***neta,*** *no quiero ir a la discoteca contigo porque bailas muy mal.*

neto, ta ***adj.*** **1** Que no está acompañado por otra cosa y que no tiene deducciones: *El salario* ***neto*** *de un vendedor no es muy alto, pero gana más dinero gracias a las comisiones por las ventas que hace.* **2** Claro, bien definido: *Es* ***neta*** *la diferencia entre un pan y una manzana.*

neumática ***f.*** Parte de la física que estudia los gases en movimiento.

neumático ***m.*** Cubierta de caucho o hule que rodea la rueda de un vehículo: *Se pinchó el* ***neumático*** *del automóvil y mi padre tuvo que poner el de refacción.* Sin. **goma, llanta.**

neumococo ***m.*** Bacteria que causa la neumonía y otras enfermedades como la peritonitis y la meningitis: *Las infecciones por* ***neumococos*** *requieren un potente tratamiento con antibióticos y muchos cuidados.*

neumología ***f.*** Rama de la medicina que se ocupa del estudio y cuidado de los pulmones.

neumólogo, ga ***m.*** y ***f.*** Doctor especializado en el estudio y cuidado de los pulmones: *El* ***neumólogo*** *le pidió que fuera al laboratorio a que le tomaran una radiografía de los pulmones.*

neumonía ***f.*** Inflamación de los pulmones producida por una bacteria o por un virus: *La* ***neumonía*** *es una especie de gripe grave.* Sin. **pulmonía.**

neuralgia ***f.*** Dolor en un nervio: *Un virus le ocasionó una fuerte* ***neuralgia*** *en la mitad de la cara.*

neurálgico, ca ***adj.*** **1** Relacionado con el sistema nervioso: *El doctor le dijo a mi padre que su dolor de cabeza es* ***neurálgico*** *y que se debe a la gran cantidad de preocupaciones que tiene.* **2** Lo que es central, muy importante: *El problema del agua en las ciudades es* ***neurálgico*** *para todos los habitantes.*

neurastenia ***f.*** Estado nervioso que se caracteriza por abatimiento, incapacidad para relajarse y cansancio inexplicables: *La* ***neurastenia*** *suele ir acompañada de dolor de cabeza, mareos y desórdenes digestivos.*

neurasténico, ca ***adj.*** Que padece neurastenia.

neurología ***f.*** Rama de la medicina que se ocupa del estudio del sistema nervioso.

neurológico, ca ***adj.*** Relacionado con los nervios: *El golpe que sufrió Mauro en la cabeza le produjo daño* ***neurológico*** *y tuvo que permanecer durante dos meses en el hospital.*

neurólogo, ga ***m.*** y ***f.*** Doctor especializado en las enfermedades relacionadas con los nervios: *Como se lastimó la columna vertebral en el accidente, llamaron a un* ***neurólogo*** *para que lo atendiera.*

neurona ***f.*** Célula nerviosa: *Las* ***neuronas*** *necesitan sangre y oxígeno para vivir y mantenerse en buen estado.*

neuronal ***adj.*** Perteneciente o relativo a la neurona: *La actividad* ***neuronal*** *es muy variada, pues influye en funciones como la vista, el olfato y también en la toma de decisiones.*

neurosis ***f.*** Enfermedad del sistema nervioso sin causa física aparente, que afecta el comportamiento: *Entre las* ***neurosis*** *más comunes están la angustia, las obsesiones y la histeria.*

neurótico, ca ***adj./m.*** y ***f.*** Que tiene los nervios alterados: *Mi vecina es una* ***neurótica*** *que se enoja cuando hacemos cualquier ruido.*

neurotoxina ***f.*** Tipo de toxina que actúa sobre el sistema nervioso provocando que se inhiba o cese su funcionamiento: *El botulismo es una enfermedad causada por una* ***neurotoxina;*** *es grave y puede ser mortal.*

neurotransmisor ***m.*** Sustancia química del organismo con la que las neuronas realizan la transmisión de los impulsos nerviosos: *La combinación de* ***neurotransmisores*** *y pequeños impulsos eléctricos es lo que mueve nuestro sistema nervioso y nuestras sensaciones.*

neutral ***adj.*** Se dice de quien no está a favor ni en contra de algo: *Durante la Segunda Guerra Mundial, Suiza se mantuvo como un país* ***neutral,*** *es decir, no apoyaba a los países del Eje ni a los Aliados.*

neutralidad ***f.*** Estado en el que no se toma partido por un grupo u otro.

neutralizar ***vb. irreg.*** {tr. y prnl.} **Modelo 16. 1** Hacer algo neutro o neutral. **2** Debilitar o anular el efecto de una acción con otra opuesta: *Para* ***neutralizar*** *las agruras en el estómago es bueno tomar antiácidos.*

neutro, tra ***adj.*** **1** Que no presenta ni uno ni otro de dos caracteres opuestos: *Se puso un vestido de color* ***neutro:*** *ni muy llamativo, como el rojo, ni muy oscuro, como el negro.* **2** El género que no es ni masculino ni femenino: *La palabra* lo *es un artículo* ***neutro.***

neutrón ***m.*** Partícula eléctricamente neutra que, junto con los protones, constituye el núcleo del átomo.

nevada ***f.*** Cantidad de nieve caída de una sola vez: *La última* ***nevada*** *apenas alcanzó a cubrir el suelo con una delgada capa de pocos centímetros de grosor.*

nevado ***m. Amér.*** Cumbre o área montañosa cubierta por nieves perpetuas.

nevado, da ***adj.*** Cubierto de nieve: *Ese volcán está* ***nevado*** *durante los meses invernales.*

nevar ***vb. irreg.*** {intr.} **Modelo 3.** Caer nieve: *Como mi amigo vive en un país tropical, nunca ha visto* ***nevar.***

nevazón ***f. Argent., Chile*** y ***Ecuad.*** Tormenta de nieve.

nevera ***f.*** Aparato que sirve para conservar alimentos gracias a las bajas temperaturas: *Metí una jarra con agua a la* ***nevera*** *para que se enfríe.* SIN. **refrigerador, frigorífico, heladera.**

nevería ***f. Méx.*** Establecimiento donde se venden helados y bebidas refrescantes: *El domingo fuimos a la* ***nevería*** *del barrio y compramos dos litros de helado de melón.*

newton ***m.*** Unidad de fuerza en el Sistema Internacional.

nexo ***m.*** Nudo, unión, vínculo: *Gracias a los* ***nexos*** *que hay entre la escuela de música y otras escuelas en Estados Unidos y Europa, Martín logró irse a estudiar al extranjero.*

ni ***conj.*** Enlaza palabras o frases indicando negación: ***Ni*** *Juan* ***ni*** *Pedro han venido a la escuela porque ambos están enfermos.*

nicaragüense ***adj./m.*** y ***f.*** Originario de Nicaragua, país de América Central.

nicho ***m.*** **1** Concavidad construida en un muro, usada para colocar cadáveres: *Una de las paredes de la catedral está cubierta de* ***nichos*** *que contienen cuerpos que fueron colocados ahí.* **2** Hueco en una pared para colocar algún adorno: *A la entrada de la casa se ve un gran* ***nicho*** *donde colocaron un jarrón con flores naturales.* **3** ~ **ecológico,** en ecología, zona ocupada por una especie, donde establece relaciones con otras especies y encuentra el alimento que necesita.

nicotina ***f.*** Sustancia venenosa presente en las hojas del tabaco: *Los cigarrillos contienen* ***nicotina*** *y alquitrán, entre muchas otras sustancias dañinas para el organismo.*

nictálope ***adj./m.*** y ***f.*** Que puede ver mejor en la oscuridad que con luz: *Muchos depredadores nocturnos, como los murciélagos y búhos, son* ***nictálopes.***

nictalopía ***f.*** Condición, ya sea natural o debida a un trastorno visual, que permite ver mejor de noche que de día.

nidada ***f.*** Conjunto de huevos o de polluelos que hay en un nido: *Cuando podaba el árbol de fuera de nuestra casa, el jardinero encontró en una rama una* ***nidada*** *de gorriones, así que dejó esa rama sin cortar.*

nido ***m.*** Construcción que hacen las aves para poner sus huevos: *Las lechuzas hacen sus* ***nidos*** *en los huecos de los troncos de los árboles.*

niebla ***f.*** Nube que reposa sobre la superficie terrestre: *Los aviones no podían aterrizar ni despegar a causa de la* ***niebla*** *que impedía una buena visibilidad.*

nieto, ta ***m.*** y ***f.*** Respecto de una persona, hijo de un hijo suyo: *Esa anciana conoció a sus* ***nietos*** *y también a dos bisnietos, es decir, a los hijos de sus* ***nietos.***

nieve ***f.*** **1** Precipitación de hielo que cae en forma de copos: *El campo amaneció totalmente cubierto de* ***nieve*** *después de la tormenta nocturna.* **2** ***Cuba, Méx.*** y ***P. Rico.*** Golosina helada hecha con hielo picado y frutas: *Me gustan las* ***nieves*** *de limón pues son muy refrescantes.*

nigromancia o **nigromancía** ***f.*** **1** Invocación a los muertos para conocer el futuro. **2** ***Fam.*** Magia negra.

nigromante ***m.*** y ***f.*** Practicante de la nigromancia: *Al prócer mexicano Ignacio Ramírez le decían "El Nigromante" no por ser hechicero, sino porque él usó esa palabra como pseudónimo para escribir en periódicos.*

nigua ***f.*** Insecto parecido a la pulga, pero más pequeño, que vive en América y en África: *El piquete de la* ***nigua*** *causa* *mucha comezón y úlceras graves en la piel de humanos y animales.*

nihilismo ***m.*** Negación de toda creencia.

nihilista ***adj./m.*** y ***f.*** Que no cree en nada.

nilón ***m.*** **Palabra de origen inglés.** *Ver* **nailon.**

nimbo ***m.*** **1** Círculo luminoso que rodea la cabeza de las imágenes religiosas: *Los **nimbos** de muchos santos que hay en los templos son de color dorado.* Sin. **aureola. 2** Círculo que aparece alrededor de un astro.

nimbus ***m.*** Tipo de nube que, por contener gran cantidad de agua, luce de color gris oscuro: *Los **nimbus** suelen anunciar aguaceros o tormentas.*

nimiedad ***f.*** Cosa sin importancia e insignificante: *Julia y Roberto se reconciliaron pronto, ya que se enojaron por una **nimiedad.***

nimio, mia ***adj.*** Insignificante, sin importancia: *El trabajo está casi terminado, sólo falta terminar detalles **nimios.***

ninfa ***f.*** **1** Deidad femenina de las aguas y los bosques según la mitología griega: *Las **ninfas** personificaban la fecundidad y la gracia.* **2** En los insectos, estado transitorio entre la larva y el imago. **3** Muchacha bella y graciosa: *La chica que llegó a la fiesta con un vestido blanco y vaporoso era hermosa como una **ninfa.***

ninfómana ***f.*** Que padece ninfomanía.

ninfomanía ***f.*** Enfermedad de la mujer que consiste en un deseo sexual exagerado y violento.

ningún ***adj.*** Apócope del adjetivo posesivo *ninguno*. Ant. **algún.**

ningunear ***vb.*** {tr.} Ignorar a alguien o tratarlo con menosprecio: *Matilde regresó muy enojada de su trabajo, pues en la junta que hubo hoy, la **ningunearon** y no pudo expresar sus propuestas.*

ninguneo ***m.*** Actitud de menosprecio hacia alguien: *Los malos jefes suelen usar el **ninguneo** para descalificar a sus colaboradores.*

ninguno, na ***adj.*** Adjetivo indefinido que significa ni uno solo de lo que se expresa.

ninguno, na ***pron.*** Pronombre indefinido que significa ni uno solo de lo que se expresa: ***Ninguno** de los niños en la fiesta rechazó el helado.*

ninja ***m.*** **Palabra de origen japonés.** Guerrero japonés especializado en artes marciales y espionaje: *Los **ninjas** vestían de negro y se cubrían el rostro, para pasar inadvertidas en sus misiones nocturnas.*

niña ***f.*** Pupila del ojo: *Si hay mucha luz, la **niña** del ojo se cierra y si hay poca, se abre.*

niñera ***f.*** Mujer encargada del cuidado de los niños: *Los Chávez se fueron de vacaciones con todo y la **niñera,** para que se ocupe de los niños.* Sin. **nana.**

niñería o **niñada** ***f.*** **1** Acción realizada por niños, que es propia de la edad infantil. **2** Acción o dicho impropio en personas adultas: *Blanca hizo una **niñería** al enojarse porque el día estaba nublado y ella quería ponerse un vestido primaveral.* **3** Cosa, hecho o dicho de poca importancia: *Raúl tiene muy mal carácter y se enoja por cualquier **niñería.***

niñez ***f.*** Periodo de la vida humana, desde la infancia hasta la pubertad: *Javier y Roberto son amigos desde la **niñez,** pues se conocieron cuando tenían cinco años.*

niño, ña ***m.*** y ***f.*** **1** Persona en la etapa de la niñez: *Tienes menos de 14 años, así que no puedes ver ese filme, pues no es para **niños.*** **2** Persona inmadura o caprichosa que se porta de manera infantil: *Aunque tiene veinticinco años, se comporta como un **niño.*** **3** ***Amér.*** Tratamiento de respeto que dan las personas de servicio a sus empleadores, especialmente a los solteros: *La señora que fue niñera de mi padre sigue refiriéndose a él como "el **niño** Pedro".*

niobio ***m.*** Metal gris de símbolo Nb y de número atómico 41.

nipón, pona ***adj./m.*** y ***f.*** Originario de Japón, país de Asia Oriental. Sin. **japonés.**

níquel ***m.*** Metal blanco grisáceo, brillante, maleable y dúctil, de símbolo químico Ni y número atómico 28.

niquelado ***m.*** Técnica de recubrimiento de metales con una capa de níquel: *El **niquelado** aumenta la resistencia a la corrosión y la oxidación.*

niquelar ***vb.*** {tr.} Recubrir algo con una capa de níquel: *El obrero **niqueló** una serie de tinas y cubos de hierro para darles mayor resistencia contra la oxidación.*

nirvana ***m.*** En el budismo, estado de serenidad y felicidad caracterizado por la ausencia de dolor y por la posesión de la verdad.

níspero ***m.*** **1** Árbol de tronco delgado, de fruto comestible: *Los frutos del **níspero** son pequeños, con dos semillas en su interior y su cáscara tiene pequeños vellos.* **2** Fruto del árbol llamado níspero: *Los **nísperos** son de forma alargada, piel amarillenta y sabor muy dulce.* **3** ***Amér. C.*** y ***Amér. Merid.*** Árbol del zapote. **4** ***Amér. C.*** y ***Amér. Merid.*** Fruto del zapote.

nitidez ***f.*** Calidad de las cosas que permite verlas claramente, transparencia: *El televisor nuevo nos permite ver las imágenes con tanta **nitidez** que parece que las estamos viendo a través de una ventana.*

nítido, da ***adj.*** Limpio, claro, transparente: *Lavé los cristales y quedaron **nítidos,** ahora sí se puede ver hacia afuera.*

nitrato ***m.*** **1** Sal del ácido nítrico. **2** *loc.* **~ de Chile,** compuesto que se usa como abono natural.

nítrico, ca ***adj.*** **1** Relativo al nitro. **2** Relativo al nitrógeno. **3** *loc.* **Ácido ~,** compuesto oxigenado derivado del nitrógeno.

nitro ***m.*** Nitrato de potasio.

nitrogenación ***f.*** Proceso de fijación del nitrógeno en el suelo o en los tejidos de los seres vivos: *La siembra de leguminosas contribuye a la **nitrogenación** de los campos de cultivo.*

nitrogenado, da ***adj.*** Que contiene nitrógeno: *El uso de fertilizantes **nitrogenados** promueve que las cosechas sean más abundantes.*

nitrogenar ***vb.*** {tr.} Mezclar alguna sustancia con nitrógeno: *Los tréboles **nitrogenan** el suelo y sirven como forraje, por eso suelen sembrarse en las áreas agrícolas y ganaderas.*

nitrógeno ***m.*** Elemento químico no metálico, gaseoso, sin color, olor ni sabor, de símbolo químico N y número atómico 7: *El **nitrógeno** forma alrededor de las tres cuartas partes del aire que respiramos.*

nitroglicerina ***f.*** Líquido explosivo componente de la dinamita.

nitroso, sa ***adj.*** Que contiene nitrógeno.

nivel ***m.*** **1** Altura o grado en que está una persona o cosa: *Después de estudiar alemán durante dos años, Óscar ha alcanzado un buen **nivel** en el conocimiento del idioma.* **2** Aparato para comprobar la horizontalidad o verticalidad de un plano: *Los albañiles usan el **nivel** para verificar que las construcciones estén planas.* **3** Estado de un plano horizontal. Ant. **desnivel. 4** Grado de elevación de la superficie de un líquido: *El agua del río llega al **nivel** de las rodillas, así que podemos cruzarlo sin peligro.*

nivelación ***f.*** Acción y efecto de nivelar: *En topografía, la **nivelación** es la operación de estimar la diferencia del nivel entre dos o más puntos del terreno.*

nivelado ***m.*** Acción y efecto de nivelar: *"Hacer periódicamente el **nivelado** de la maquinaria es fundamental para lograr que ésta sea precisa",* explicó el técnico.

nivelar ***vb.*** {tr. y prnl.} **1** Poner un plano en posición horizontal: *Para **nivelar** este terreno tuvieron que sacar muchos camiones llenos de tierra y piedras.* **2** Poner a un mismo nivel, grado o altura: *El arquitecto mandó **nivelar** las dos torres para que quedaran del mismo tamaño.*

níveo, a ***adj.*** De nieve o semejante a ella: *El **níveo** cuello de la princesa contrastaba con su cabello color de fuego.* SIN. **blanco.**

nixtamal ***m. Amér. C.*** y ***Méx.*** Maíz preparado para hacer tortillas.

no ***adv.*** **1** Expresa la idea de negación, y se opone a "sí": *"¿Quieres ser mi novia, sí o **no**?", le pregunté a Fernanda.* **2** Se usa en frases interrogativas para expresar duda o extrañeza, o para pedir la confirmación de algo: *Estamos de acuerdo en compartir la comida, ¿**no**?*

nobelio ***m.*** Elemento químico llamado así en honor de Alfred Nobel, de número atómico 102 y símbolo químico No.

nobiliario, ria ***adj.*** Relativo a la nobleza: *En el cuento que leí, un rey le otorgaba un título **nobiliario** a uno de sus caballeros por haber salvado a su hija de las garras de un dragón.*

noble ***adj.*** **1** De sentimientos elevados: *Como Javier es **noble**, no dudó en compartir su almuerzo con otro niño que no llevaba nada para comer.* **2** Que tiene distinción o señorío: *Esa señora tiene aspecto **noble**, pues es elegante y de costumbres finas.* SIN. **aristócrata. 3** Relacionado con las sustancias que no reaccionan con otras, y que no se alteran.

noble ***m.*** y ***f.*** Persona que goza de ciertos títulos: *Los **nobles** de España son los reyes, príncipes, condes, duques y marqueses.* SIN. **aristócrata.** ANT. **plebeyo.**

nobleza ***f.*** **1** Calidad de noble: *Demostró la **nobleza** de su carácter al perdonar a quien lo había ofendido.* **2** Conjunto de nobles de un país: *Muchos miembros de la **nobleza** fueron asesinados durante la Revolución Francesa.* SIN. **aristocracia.**

noche ***f.*** Tiempo durante el cual el cielo está oscuro, entre la puesta y la salida del Sol: *Viajaron de **noche** porque así no gastaban en hoteles y aprovechaban más el tiempo.*

nochebuena ***f.*** **1** Noche del 24 de diciembre: *En algunos países, la cena familiar tradicional se hace el 25 de diciembre, día de Navidad, y en otros se cena durante la **nochebuena**.* **2** *loc.* **Flor de ~,** planta americana con hojas superiores que se ponen rojas en el invierno: *Adornó la casa con motivos navideños y en la mesa colocó **flores de nochebuena**.*

nochevieja ***f.*** Última noche del año, el 31 de diciembre: *Los invitaron a una gran fiesta de **nochevieja** para celebrar la llegada del año nuevo.*

noción ***f.*** Conocimiento o idea de algo: *En esa academia de informática enseñan **nociones** elementales de computación.*

nocivo, va ***adj.*** Que hace daño: *Fumar es **nocivo** para la salud.* SIN. **perjudicial, dañino.**

noctambulismo ***m.*** Costumbre o gusto por pasear o mantenerse activo durante la noche: *El **noctambulismo** de Pablo a veces no deja dormir a su familia, pues hace ruidos con sus actividades nocturnas.*

noctámbulo, la ***adj./m.*** y ***f.*** Que acostumbra salir o mantenerse activo durante la noche: *Como tiene costumbres **noctámbulas**, le parece normal visitar a sus amigos de noche, aunque sea muy tarde.*

nocturnal ***adj.*** Relacionado con la noche: *Nunca sale después de las ocho, porque el aire **nocturnal** le hace daño.*

nocturno, na ***adj.*** **1** Relativo a la noche: *El domingo hay dos funciones más en el cine, una matutina y otra **nocturna**.* **2** Relacionado con flores que se abren durante la noche y con animales que desarrollan su actividad por la noche: *El búho es un ave **nocturna** que puede ver muy bien en la oscuridad.*

nodal ***adj.*** Perteneciente o relativo al nodo: *Los puntos **nodales** de una cuerda que vibra son sus dos extremos.*

nodo ***m.*** **1** En astronomía, cada uno de los dos puntos opuestos en que la eclíptica es cortada por la órbita de un astro. **2** En física, cada uno de los puntos de un cuerpo vibrante que permanecen fijos.

nodriza ***f.*** Mujer que alimenta a un recién nacido que no es hijo suyo: *Como la madre no podía amamantar al bebé, contrataron una **nodriza** que acababa de dar a luz.*

nódulo ***m.*** Acumulación de células que origina un bulto pequeño en alguna parte del cuerpo.

nogal ***m.*** Árbol de gran tamaño, cuyo fruto es la nuez: *Los **nogales** tardan varios años en dar nueces, pero no importa, porque viven entre 300 y 400 años.*

nómada ***adj./m.*** y ***f.*** Que no tiene una vivienda fija: *Los indios pieles rojas de Estados Unidos de América eran **nómadas**, pues no vivían en pueblos ni ciudades, sino que establecían sus campamentos en los diferentes lugares donde cazaban.*

nombradía ***f.*** Reputación, fama: *La novela* Pedro Páramo *le dio gran **nombradía** en muchos países al escritor mexicano Juan Rulfo.* SIN. **nombre, fama, celebridad.**

nombrado, da ***adj.*** Famoso, conocido, renombrado: *Anunciaron que un **nombrado** deportista asistirá a la entrega de premios, pero no dijeron su nombre; lo darán a conocer el día de la ceremonia.*

nombramiento ***m.*** Designación en un cargo o empleo: *Debido a su noble labor le han otorgado a ese bombero el **nombramiento** de superintendente.*

nombrar ***vb.*** {tr.} **1** Decir o dar el nombre de una persona o cosa: *Mi hermana decidió **nombrar** Emiliano a su hijo recién nacido.* **2** Elegir a alguien para un cargo o empleo: ***Nombraron** a mi hermano gerente de una sucursal bancaria.*

nombre ***m.*** **1** Palabra que sirve para designar una persona o cosa: *Aún no saben qué **nombre** le pondrán al bebé.* SIN. **sustantivo. 2** Fama, reputación: *Ese médico tiene un gran **nombre** en el hospital donde trabaja.* SIN. **celebridad, fama, nombradía.**

nomenclatura ***f.*** Conjunto de las palabras técnicas de una ciencia: *Según la **nomenclatura** internacional, el vatio es la unidad para medir la potencia eléctrica.*

nomeolvides ***m.*** Planta pequeña de jardín, tiene flores color azul claro con una estrella amarilla en el centro: *Algunas personas conocen los **nomeolvides** con el nombre de miosotis.*

nómina ***f.*** **1** Relación de las personas que reciben un sueldo en una empresa: *Le advirtieron a mi padre que los trámites para que aparezca en la **nómina** de la empresa son largos.* **2** Salario que recibe un trabajador.

nominación ***f.*** **1** Designación para ocupar un cargo, nombramiento: *La **nominación** del doctor García como director de la Facultad fue bien recibida por todos.* **2** Postulación, propuesta que se hace de alguien para recibir un honor: *Las **nominaciones** para los premios cinematográficos de este año estuvieron muy reñidas.*

nominal ***adj.*** Relativo al nombre: *Él es el dueño **nominal** de la fábrica, pero en realidad su hijo es quien controla todos los negocios.*

nominar ***vb.*** {tr.} Nombrar, designar: ***Nominaron** un filme italiano para los premios Óscar en la categoría de mejor director.*

nomo ***m. Ver*** **gnomo.**

non ***adj./m.*** Número impar: *En la clase de aritmética me enseñaron a distinguir los números pares de los números **nones**.*

nonagenario, ria ***adj./m.*** y ***f.*** De edad comprendida entre los noventa y los cien años: *Mi abuela, una alegre **nonagenaria**, festejó sus 95 años con una fiesta muy animada.*

nonagésimo, ma ***adj./m.*** y ***f.*** Que corresponde en orden al número noventa: *Ese anciano celebró su **nonagésimo** aniversario junto con sus pocos amigos que aún están vivos.*

nones ***m. pl.*** *Fam.* Negación repetida de una cosa.

nono, na ***adj.*** Noveno.

nono, na ***m.*** y ***f.*** *Argent.* y *Urug.* Abuelo: *Mi **nono** me está enseñando algunas canciones de payador.*

nónuplo, pla ***adj.*** Se aplica a lo que contiene nueve veces a una cantidad: *El 81 es **nónuplo** de 9.*

nopal ***m.*** *Méx.* Planta cactácea comestible de tallos aplanados, cuya fruta es la tuna o higo chumbo: *Cuando fui a México, comí un guiso hecho a base de **nopales**, champiñones, cebolla y queso.* SIN. **chumbera.**

nopalera ***f.*** Sitio poblado de nopales: *René y Mario fueron a meterse a la **nopalera** y regresaron todos espinados.*

noquear ***vb.*** {tr.} Dejar un boxeador a su adversario fuera de combate por knock out: *El campeón **noqueó** a su retador en el tercer round, así que conservó el título.*

norcoreano, na ***adj./m.*** y ***f.*** De Corea del Norte.

nórdico, ca ***adj./m.*** y ***f.*** Originario de los países escandinavos: *Emil Nolde es uno de los pintores **nórdicos** más famosos.*

noreste o **nordeste** ***m.*** Punto del horizonte situado entre el norte y el este.

noria ***f.*** **1** Máquina y conjunto de instalaciones para elevar agua. **2** En ferias y parques de atracciones, gran rueda giratoria montada en forma vertical con cabinas para las personas. SIN. **rueda de la fortuna.**

norma ***f.*** Regla establecida para actuar bien: *Si no cumples las **normas** del colegio, te castigarán.*

normal ***adj.*** **1** Que se halla en su estado natural: *"Es **normal** que a su avanzada edad le empiece a fallar la salud", nos dijo el médico.* **2** Corriente, ordinario: *El filme que acaban de estrenar es **normal**, ni obra de arte ni una porquería.*

normalidad ***f.*** Hecho de ser u ocurrir algo sin problemas: *Cuando dejó de llover, el clima volvió a la **normalidad**.*

normalizar ***vb. irreg.*** {tr. y prnl.} **Modelo 16. 1** Hacer que algo sea normal: *Cuando **se normalice** el clima, los niños podrán volver a la escuela.* **2** Fijar normas: ***Normalizamos** nuestro proyecto antes de comenzar la investigación.*

normar ***vb.*** {tr.} Dictar normas o sujetar algo a normas: *Los legisladores **normaron** ya acerca de la separación de la basura para disminuir la contaminación.*

normativa ***f.*** Conjunto de normas que rigen una actividad o una materia: *La **normativa** de esta empresa está expresada en su reglamento interno.*

normatividad ***f.*** *Méx.* Conjunto de normas o reglamentos a que está sujeta alguna actividad: *"De acuerdo a la **normatividad** vigente, nadie puede hacer adquisiciones si antes no avisa por escrito a la contraloría", decía un cartel colocado en esa oficina pública.*

normativo, va ***adj.*** Que implica normas o sirve de norma: *Ese manual de procedimientos es **normativo**, no sólo técnico.*

noroeste ***m.*** Punto del horizonte situado entre el norte y el oeste.

norte ***m.*** **1** Punto cardinal opuesto al sur: *Canadá está al **norte** de Estados Unidos de América.* **2** Viento que sopla del norte: *Hemos comenzado a sentir frío porque hay **norte**.*

norteamericano, na ***adj./m.*** y ***f.*** **1** Originario de América del Norte (Canadá, Estados Unidos de América, México). **2** Originario de Estados Unidos de América.

norteño, ña ***adj.*** Se aplica a los lugares ubicados al norte de algún sitio, a las personas que allí viven y a sus costumbres: *Me gusta la música **norteña** mexicana porque es alegre y llena de energía.*

noruego ***m.*** Lengua hablada en Noruega.

noruego, ga ***adj./m.*** y ***f.*** Originario de Noruega, país del norte de Europa.

nos ***pron.*** Pronombre personal de la primera persona del plural, que funciona como complemento directo e indirecto: *A tu papá y a mí **nos** importa mucho que estudies y aprendas cosas útiles en la escuela.*

nosocomio ***m.*** Hospital: *A los hospitales se les dice **nosocomios** por un término griego compuesto de dos palabras,* nósos, *enfermedad, y* komein, *cuidar.*

nosotros, tras ***pron.*** Pronombre personal de la primera persona del plural: *Entonces ustedes irán al cine y **nosotros**, Pablo y yo, al teatro.*

nostalgia ***f.*** Tristeza que acompaña el recuerdo de épocas, personas o lugares queridos: *Ernesto siente **nostalgia** cuando recuerda su niñez en el pueblo al lado de su abuela.*

nostálgico, ca ***adj.*** Que siente tristeza, nostalgia por algo o alguien: *Cuando mi tío ve las fotos de mi tía difunta, su mirada se pone **nostálgica**.*

nota ***f.*** **1** Escrito breve para recordar o comentar algo: *"Su hijo le dejó una **nota** para avisarle que había salido al cine", le dijo la secretaria a mi padre.* **2** Puntuación dada sobre un trabajo: *Javier obtuvo una de las **notas** más altas en el examen de geografía.* SIN. **calificación. 3** Cada uno de los siete sonidos de la escala musical: *Do es la primera de las **notas** musicales.*

notabilidad ***f.*** Importancia, renombre: *Ese profesor ha alcanzado una gran **notabilidad** en el campo de las matemáticas gracias a sus importantes investigaciones.*

notable ***adj.*** **1** Sobresaliente, digno de tomarse en cuenta: *Una de las obras más **notables** del escritor argentino Julio Cortázar ha sido* Rayuela. **2** Importante: *Albert Einstein ha sido un hombre **notable** por sus útiles descubrimientos.*

notable ***m.*** **1** Persona importante dentro de una comunidad: *En la época posterior a la guerra, fue nombrada una junta de **notables** para dirigir al país.* **2** Calificación que se da en los exámenes, inmediatamente inferior a la más alta.

notación ***f.*** Sistema de signos empleado en una ciencia, arte, etc.: *La **notación** musical se basa en figuras cuya forma, color y ubicación representan sonidos y también el tiempo que duran.*

notar ***vb.*** {tr. y prnl.} **1** Ver, sentir o darse cuenta de algo: *¿Ya **notaste** que por descuido Luis trae un calcetín color marrón y otro verde?* SIN. **advertir. 2** Ser perceptible: ***Se nota** que Ismael se puso a dieta, ahora se ve muy delgado.*

notaría ***f.*** **1** Profesión del notario: *No cualquier abogado puede dedicarse a la **notaría**, se necesita cubrir una serie de requisitos para obtener la fe pública.* **2** Despacho del notario: *Debemos acudir a la **Notaría** número 345 para obtener las escrituras del nuevo departamento.*

notariado ***m.*** **1** Profesión de notario: *Ejercer el **notariado** exige amplia cultura, acuciosidad y honestidad.* **2** Conjunto de los notarios de una ciudad o país: *El **notariado** está formado por personas investidas de fe pública para autorizar o dar fe de hechos y actos.*

notarial ***adj.*** Perteneciente o relativo al notario: *"Existe un documento **notarial** donde consta la fundación de la empresa, allí dice quiénes son los socios", indicó el abogado.*

notario, ria ***m.*** y ***f.*** Funcionario público que legaliza los contratos, testamentos y otros actos: *Fueron con el **notario** para firmar la escritura oficial de la casa.*

noticia ***f.*** Comunicación o información sobre un acontecimiento reciente: *Mi papá escucha las **noticias** en la radio todas las mañanas.*

noticiario ***m.*** Programa de radio o de televisión en el que se transmiten noticias: *Mis padres ven el **noticiario** de la noche para enterarse de lo que sucedió en el día.* SIN. **noticiero, noticioso.**

noticiero ***m.*** Programa de radio o de televisión en el que se dicen o dan noticias. SIN. **noticiario, noticioso.**

notición ***m. Fam.*** Noticia inesperada y sorprendente: *¡Qué **notición:** van a eliminar varios impuestos!*

noticioso ***m. Amér. C.*** y ***Amér. Merid.*** Programa de radio o de televisión en el que se transmiten noticias. SIN. **noticiario, noticiero.**

notificación ***f.*** Comunicado, por lo general escrito, que avisa de algo o informa de alguna noticia: *Le llegó una **notificación** de las autoridades avisándole que tenía que pagar una multa.*

notificar ***vb. irreg.*** {tr.} **Modelo 17.** Comunicar una noticia o avisar algo formalmente.

notorio, ria ***adj.*** **1** Evidente, manifiesto: *El embarazo de Claudia ya es **notorio**, pues le ha crecido mucho el vientre.* **2** Conocido, famoso: *Le rindieron homenaje a un **notorio** escritor en el teatro de la ciudad.*

nova ***f.*** Estrella que, de pronto, se vuelve mucho más luminosa y luego recupera su brillo habitual: *Según los astrónomos, las **novas** se deben a explosiones en las capas superficiales de las estrellas.*

novatada ***f.*** Broma que en una colectividad hacen los compañeros antiguos a los que acaban de entrar: *En esa preparatoria la **novatada** consiste en rapar a los alumnos de nuevo ingreso.*

novato, ta ***adj./m.*** y ***f.*** Nuevo o principiante en algún oficio o actividad.

novecientos, tas ***adj./m.*** y ***f.*** Nueve veces cien.

novedad ***f.*** **1** Hecho de ser nuevo: *La niña no dejaba de contemplar a la jirafa, pues nunca había visto una y para ella era una **novedad**.* **2** Cambio en la moda: *Ahora la **novedad** es usar los colores anaranjado y verde; dentro de seis meses la novedad será usar el azul y el amarillo, así es la moda.* **3** Noticia: *Como estuvo en el extranjero, al volver quiso conocer las **novedades** que había en su país.*

novedoso, sa ***adj.*** Que es novedad: *Ese programa de televisión es **novedoso** porque trata la información desde sus ángulos menos conocidos.*

novel ***adj.*** Principiante: *Por ser un actor **novel** le dieron un pequeño papel en la obra de teatro.*

novela ***f.*** Obra literaria extensa, en prosa y de carácter narrativo: Don Quijote de la Mancha, *del escritor Miguel de Cervantes Saavedra, es la **novela** más famosa escrita en español.*

novelado, da ***adj.*** Narrado en forma de novela: *Muchos relatos épicos son versiones **noveladas** de hazañas de guerreros que existieron en la vida real.*

novelar ***vb.*** {tr.} Escribir una narración en forma de novela: *El escritor Honorato de Balzac **noveló** muchos acontecimientos de la sociedad de su época.*

novelería ***f.*** Afición a contar o escuchar chismes o mentiras que pretenden ser novedades: *La **novelería** de esa mujer raya en lo absurdo, ahora inventó que una vecina suya se entrevista a escondidas con un extraterrestre.*

novelesco, ca ***adj.*** Que es tan extraordinario o interesante, que parece de novela: *La vida de mi amigo Braulio es **novelesca**, ha viajado por muchos lugares y tenido muchas aventuras.*

novelista ***m.*** y ***f.*** Autor de novelas: *El **novelista** Fedor Dostoievski es conocido no sólo en su país, sino en toda América y en Europa.*

noveno ***m.*** Cada una de las nueve partes iguales en que se divide un todo: *Éramos nueve, así que nos tocó un **noveno** del galón de helado de chocolate a cada uno.*

noveno, na ***adj./m.*** y ***f.*** Que corresponde en orden al número nueve.

noventa ***adj./m.*** Nueve veces diez.

noviazgo ***m.*** **1** Relación amorosa más o menos oficial. **2** Periodo que pasan los enamorados antes del casamiento: *Llevaron un largo **noviazgo** de diez años, luego se casaron y tuvieron dos hijos.*

noviciado ***m.*** Periodo de prueba por el que pasan los religiosos antes de ingresar de manera definitiva a una orden: *Después de un año de **noviciado**, se llevó a cabo la ceremonia de profesión.*

novicio, cia ***m.*** y ***f.*** Religioso que aún no ha ingresado de manera definitiva en una orden religiosa: *Los **novicios** pueden cambiar de opinión antes de tomar los votos y decidirse por la vida fuera del convento o sacerdocio.*

noviembre ***m.*** Undécimo mes del año: ***Noviembre** está después de octubre y antes de diciembre.*

noviero, ra ***adj.*** Que ha tenido o tiene muchos novios o novias uno tras otro: *De joven Ignacio fue muy **noviero**, pero sólo se casó una vez.*

novillo, lla ***m.*** y ***f.*** **1** Toro o vaca de dos o tres años: *El becerro es al niño lo que el **novillo** es al adolescente y el toro al adulto.* **2** ***loc. pl. Esp. Fam.*** **Hacer ~,** faltar a clase. SIN. **irse de pinta.**

novilunio ***m.*** Fase de la Luna en la que desde la Tierra no la vemos a causa de su posición con respecto al Sol.

novio, via ***m.*** y ***f.*** **1** Persona, respecto a otra, con la que se mantienen relaciones amorosas con proyecto para casarse. **2** Persona con la que se mantienen relaciones amorosas: *Laura tuvo su primer **novio** a los catorce años.*

novohispano, na ***adj./m.*** y ***f. Méx.*** Relativo al territorio del actual México, que era gobernado por los españoles y llamado Nueva España durante la Colonia (siglos XVI al XIX).

nubarrón ***m.*** Nube negruzca y grande: *La tarde estaba clara, pero de pronto llegaron desde el sur unos negros **nubarrones** que anunciaban una tormenta.*

nube ***f.*** Masa de vapor de agua suspendida en la atmósfera: *Se están juntando **nubes** oscuras, parece que va a llover.*

nublado, da ***adj.*** **1** Cubierto por nubes o por niebla: *Está muy **nublado**, mejor vayamos otro día a visitar el pueblo vecino.* **2** Turbio, no claro: *Veía **nublado** porque no traía sus lentes puestos.*

nublar ***vb. irreg.*** {tr. y prnl.} **Modelo 1. 1** Cubrirse el cielo de nubes: *El cielo **se está nublando** y ya casi no se ve el Sol.* **2** Empañar la vista: *Cuando se enteró de que su perro había muerto, abundantes lágrimas **nublaron** los ojos de la pequeña Martha.*

nubosidad ***f.*** Condición de la atmósfera en que abundan las nubes: *La **nubosidad** de hoy indica que, si el viento no se lleva las nubes, es probable que llueva.*

nuboso, sa ***adj.*** Que está cubierto de nubes: *Esta mañana el cielo amaneció **nuboso** pero no estaba nublado, porque las nubes eran de las que parecen rebaños de borregos.*

nuca *f.* Parte posterior del cuello: *La muchacha se cortó mucho el cabello y le quedó descubierta la* ***nuca.***
nuclear *adj.* **1** Relativo al núcleo, de manera especial al del átomo. **2** *loc.* **Arma ~,** aquella que utiliza la energía nuclear, es decir, la producida por ciertas reacciones en los núcleos de los átomos de elementos como el uranio y el plutonio: *Durante la llamada Guerra Fría, Estados Unidos de América y la Unión Soviética acumularon gran cantidad de* ***armas nucleares.***
nucleico *adj.* Relativo a los ácidos que son uno de los constituyentes fundamentales del núcleo de la célula.
núcleo *m.* **1** Parte central o fundamental de una cosa: *El sustantivo es el* ***núcleo*** *del sujeto.* **2** Parte esencial de la célula: *El* ***núcleo*** *contiene la información genética de los seres vivos.* **3** Parte central del átomo, formada por protones y neutrones.
nucléolo o **nucleolo** *m.* Cuerpo esférico que se encuentra en el interior del núcleo de las células.
nuco *m. Chile.* Ave nocturna, semejante a un pequeño búho: *Los* ***nucos*** *son aves de rapiña, es decir, cazan para comer.*
nudillo *m.* Articulación de cada uno de los huesos de los dedos: *Al cerrar la mano tus* ***nudillos*** *se ven abultados y cuando la abres se arrugan.*
nudismo *m.* Doctrina que defiende la vida al aire libre en un estado de completa desnudez.
nudista *adj./m.* y *f.* Que practica el nudismo: *En esa playa hay una sección para* ***nudistas*** *y otra para las personas que no se desnudan cuando van a nadar.*
nudo *m.* **1** Entrelazamiento de uno o más hilos, cuerdas o cables. **2** Vínculo, lazo. **3** Parte abultada del tronco o tallo de una planta, de donde salen las ramas y hojas: *Andrés arrancó una rama del* ***nudo*** *del árbol, la sembró y nació una nueva planta.* **4** Unidad de velocidad equivalente a una milla marina por hora.
nudoso, sa *adj.* Lleno de nudos: *La madera de ese árbol no sirve para muebles porque está muy* ***nudosa.***
nuera *f.* Esposa de un hombre, respecto a los padres de éste: *Mis papás tienen tres* ***nueras*** *porque mis tres hermanos ya se casaron.*
nuestro, tra *adj.* Adjetivo posesivo que indica posesión o pertenencia a la primera persona del plural: *Como en mi familia todos nos respetamos,* ***nuestro*** *hogar tiene un ambiente cordial.*
nuestro, tra *pron.* Pronombre posesivo que indica pertenencia a la primera persona del plural: *La casa de mis primos es nueva y la* ***nuestra*** *ya tiene veinte años.*
nueva *f.* **1** Noticia reciente: *Vicente llegó a casa con la* ***nueva*** *de que su jefe lo mandó a Francia para que trabaje allá durante un año.* **2** *loc.* **Buena ~,** noticia buena: ***La buena nueva*** *es que ascendieron a mi papá en el trabajo, ahora tendrá menos problemas económicos.*
nueve *adj./m.* **1** Número que resulta de sumar ocho y uno: *El carpintero sólo tiene* ***nueve*** *dedos, porque perdió el meñique de la mano derecha en un accidente de trabajo.* **2** Noveno.
nuevo, va *adj.* **1** Recién hecho, aparecido o conocido: *En la televisión anuncian un producto* ***nuevo*** *para evitar la caída del pelo.* **2** Que se suma o sustituye a lo de su misma clase: *Mi hermana compró una leche* ***nueva*** *que tiene poca grasa porque dice que no quiere engordar.* **3** Poco o nada usado: *Se puso un vestido que es prácticamente* ***nuevo,*** *pues sólo se lo ha puesto dos veces antes.* **4** Otro, distinto: *Un grupo de emigrantes dejó su patria para empezar una vida* ***nueva*** *en otro país.*
nuevo. De ~, *loc.* Otra vez: *Cristina quiere ir* ***de nuevo*** *a la playa porque le gustó mucho.*
nuez *f.* **1** Fruto del nogal: *En la mañana comí cereal de avena con* ***nueces*** *y pasas.* **2** Abultamiento pequeño característico de los hombres, que forma la laringe en la parte exterior de la garganta: *Como está en plena adolescencia, a Francisco ya le salió una* ***nuez*** *en la garganta y le está cambiando la voz.*
nulidad *f.* **1** Invalidez, calidad de nulo: *Los familiares del muerto pidieron a las autoridades la* ***nulidad*** *del testamento, pues decían que la firma era falsa.* **2** Persona inútil: *Ismael es una* ***nulidad*** *en la educación de los niños, no ayuda a mi hermana en nada.*
nulo, la *adj.* **1** Que no tiene validez legal: *Un contrato es* ***nulo*** *si no tiene la firma de las dos partes involucradas.* **2** Incapaz, inepto.
numerable *adj.* Que se puede numerar o contar: *Son* ***numerables*** *las palmeras, pero no lo son los granos de arena de esta playa.*
numeración *f.* Forma de escribir los números y de contarlos: *La* ***numeración*** *romana se escribe con algunas letras como* L, M *y* V.
numerado, da *adj.* Señalado con números: *Los libros de la biblioteca están* ***numerados*** *para que los encargados los devuelvan a sus anaqueles con facilidad.*
numerador *m.* Término superior de una fracción, que indica de cuántas partes de la unidad se compone dicha fracción: *En la fracción 3/4, el* ***numerador*** *es 3.*
numeral *adj.* Perteneciente o relativo al número.
numerar *vb.* {tr.} **1** Contar las cosas de una serie según el orden de los números: *Hay que* ***numerar*** *los artículos del almacén para saber cuántos tenemos en existencia.* **2** Marcar con números: *Los organizadores* ***numeraron*** *a los participantes en el maratón y a René le tocó el número 35.*
numérico, ca *adj.* **1** Perteneciente o relativo a los números: *Los competidores se formaron en orden* ***numérico,*** *comenzaron por el 1 y terminaron en el 508.* **2** Hecho con números: *El código binario de las computadoras es un lenguaje* ***numérico.***
número *m.* **1** Signo que representa una cantidad y que sirve para contar. **2** Cantidad indeterminada de alguna cosa: *A la manifestación por la paz asistió un* ***número*** *muy grande de personas.* **3** Parte de un espectáculo: *El primer* ***número*** *del festival fue un bailable de las niñas del quinto grado.* **4** Accidente gramatical que permite la oposición entre el singular y el plural: *En la palabra* niñas, *el género es femenino y el* ***número,*** *plural.*
numerología *f.* Arte de adivinar a partir de combinaciones de números: *La* ***numerología*** *atribuye ciertas características a las personas, según los números de la fecha en que nacieron.*
numerólogo, ga *m.* y *f.* Especialista en numerología: *Acaba de aparecer un libro, hecho por una* ***numeróloga,*** *donde se relacionan ciertas fechas históricas con los horóscopos de personajes famosos.*
numeroso, sa *adj.* Que está formado por un gran número de cosas: *Un* ***numeroso*** *grupo de personas aguardaba en el aeropuerto la llegada del famoso actor de cine.*
numismática *f.* Ciencia que estudia las monedas y medallas.
nunca *adv.* En ningún tiempo, ninguna vez: ***Nunca*** *he comido ese tipo de queso porque lo elaboran sólo en Francia y no lo exportan.*
nuncio *m.* **1** Mensajero. **2** Representante del Vaticano en un país.
nupcial *adj.* Relacionado con la boda: *Los novios decidieron que en la ceremonia* ***nupcial*** *fueran testigos los hermanos de la novia.*

nupcias ***f. pl.*** Boda, casamiento: *Las **nupcias** de mi hermana se celebraron en el registro civil.*

nutria ***f.*** Mamífero carnívoro nadador, de pelaje pardo rojizo: *Como siempre han sido bien cotizadas por su pelo, muchas **nutrias** se cazan para hacer abrigos.*

nutrición ***f.*** Conjunto de funciones que realiza el organismo para convertir los alimentos en sustancias necesarias para el desarrollo y la actividad de los seres vivos: *Una **nutrición** balanceada es indispensable para que los niños crezcan sanos.*

nutrido, da ***adj.*** Lleno, abundante, numeroso: *La asistencia al estreno de la obra de teatro fue muy **nutrida,** no había un solo lugar vacío.*

nutriente ***m.*** Sustancia que sirve de alimento al organismo.

nutrimento o **nutrimiento** ***m.*** **1** Nutrición. **2** Sustancia que alimenta al organismo: *Durante la digestión, el organismo toma los **nutrimentos** que requiere y desecha lo que no le sirve.*

nutriología ***f. Méx.*** Parte de la biología y la medicina que estudia la nutrición: *Es curioso que, por un lado, la **nutriología** previene contra los alimentos chatarra, y por el otro, cada día se producen más.*

nutriólogo, ga ***m.*** y ***f. Méx.*** Especialista en la buena nutrición: *El **nutriólogo** le dijo que el organismo requiere poca grasa, poca sal y mucha agua.*

nutrir ***vb.*** {tr. y prnl.} Proporcionar a un organismo el alimento que necesita para vivir: *Es importante consumir alimentos que nos **nutran** para mantener la buena salud.*

nutritivo, va ***adj.*** Que nutre: *"Aunque no te gusten las verduras, debes comerlas porque son **nutritivas",** dijo mamá a mi hermanito para convencerlo de que comiera su sopa de espinacas.*

nylon ***m.*** **Palabra de origen inglés.** ***Ver*** **nailon.**

a b c d e f g h i j k l m n o p q r s t u v w x y z

Ñ

ñ ***f.*** Decimoquinta letra del abecedario español. Su nombre es *eñe*.

ñamal ***m.*** Terreno plantado de ñames: *Mañana los campesinos irán al* ***ñamal*** *para sacar los ñames y llevarlos a vender al mercado.*

ñame ***m.*** Planta trepadora que forma una gran raíz comestible.

ñanco ***m. Chile.*** Ave rapaz esbelta y robusta. SIN. **aguilucho.**

ñandú ***m.*** Ave corredora parecida al avestruz pero con tres dedos en cada pata: *El* ***ñandú*** *es más pequeño que el avestruz y vive en América.*

ñandutí ***m. Amér. Merid.*** Encaje que imita la tela de araña.

ñáñaras ***f. pl. Méx.*** Miedo, temor: *Me da* ***ñáñaras*** *tener que ir al dentista.*

ñaño, ña ***adj.*** **1** ***Colomb.*** y ***Pan.*** Consentido, mimado: *Entre todos los nietos, Julián es el* ***ñaño*** *del abuelo.* **2** ***Ecuad.*** y ***Perú.*** Amigo muy cercano: *Patricia es mi* ***ñaña,*** *a ella le cuento todas mis confidencias.*

ñaño, ña ***m.*** y ***f.*** **1** ***Argent.*** y ***Chile. Fam.*** Hermano, compañero: *Javier es mi* ***ñaño*** *desde que éramos niños y jugaba en su casa todas las tardes.* **2** ***Perú.*** Niño: *Mis hermanos son dos* ***ñaños*** *juguetones y alegres que siempre me piden dulces y galletas.*

ñapa ***f.*** **1** ***Amér. C.*** y ***Amér. Merid.*** Propina: *Joel no dejó* ***ñapa*** *en el restaurante porque el servicio era muy malo.* **2** ***Amér. C.*** y ***Amér. Merid.*** Añadidura: *Compró un helado de chocolate y el vendedor le dio nueces como* ***ñapa.*** SIN. **pilón.**

ñata ***f. Amér. C.*** y ***Amér. Merid.*** Nariz: *Al caerme de la bicicleta me raspé la* ***ñata*** *con el piso.*

ñato, ta ***adj. Amér.*** Que tiene la nariz pequeña y chata.

ñengo, ga ***adj. Méx.*** Se dice de la persona escuálida, flaca, esmirriada: *"Mauricio está todo* ***ñengo*** *porque come muy mal y no hace ejercicio", comentó Rita.*

ñire ***m. Argent.*** y ***Chile.*** Árbol de gran altura, con flores solitarias y hojas con borde como de sierra: *Los* ***ñires*** *llegan a medir 20 metros.*

ñizca ***f. Perú. Fam.*** Porción mínima de algo. SIN. **pizca.**

ño, ña ***m.*** y ***f. Amér. C.*** y ***Amér. Merid.*** Tratamiento respetuoso por *don* y *doña*, utilizado por gente de poca educación: ***Ña*** *Ramira tenía su telar a la sombra de un árbol.*

ñoco, ca ***adj./m.*** y ***f. Colomb., P. Rico, R. Dom.*** y ***Venez.*** Se dice de la persona a quien le falta un dedo o una mano: *El carnicero está* ***ñoco*** *porque mientras partía un costillar sufrió un accidente y se cortó el meñique.* SIN. **mocho**.

ñoñería ***f.*** Acto o manera de expresarse propio de alguien ñoño: *La* ***ñoñería*** *de Luisito le impide divertirse porque dice que si juega fútbol se le ensucian los zapatos y además no le gusta sudar.*

ñoño, ña ***adj.*** **1** Recatado, remilgado: *Efraín es un* ***ñoño*** *a quien no le gusta que su hermana de veinte años salga a fiestas.* **2** Sin gracia, soso: *Ese filme cuenta una historia* ***ñoña*** *que no logra mantener la atención de nadie.*

ñoqui ***m.*** Bolita de puré de papa o de pasta de harina de trigo que se hierve en agua con sal para comerla.

ñu ***m.*** Antílope que habita en el sur de África: *Los* ***ñus*** *tienen la cabeza ancha y cuernos curvados.*

ñudo ***m. Ver*** **nudo.**

O

o ***f.*** Decimosexta letra del abecedario español y cuarta de sus vocales.

o ***conj.*** **1** Indica exclusión, alternativa o contraposición: *Se puede ser un buen estudiante **o** un mal estudiante.* **2** Indica equivalencia: *Uno de los ingredientes de ese guiso es el ají verde **o** chile.*

oasis ***m.*** Sitio en medio de un desierto, donde hay agua y vegetación: *Los arqueólogos anduvieron todo el día por el desierto y en la noche descansaron en un **oasis.***

obcecación ***f.*** Falta de claridad en el pensamiento debida a una idea preconcebida: *La **obcecación** es enemiga de la comprensión y el entendimiento.*

obcecado, da ***adj.*** Que no puede razonar o apreciar algo a causa de un cierto estado de ánimo: *Gerardo es una persona **obcecada** que no escucha las opiniones de los demás aunque cometa errores.*

obcecar ***vb. irreg.*** {tr. y prnl.} **Modelo 17.** Cegar, ofuscar: *Julián **se obcecó** tanto cuando vio a su novia platicando con un joven guapo, que nunca quiso creer que se trataba de un primo de la muchacha.*

obedecer ***vb. irreg.*** {tr. e intr.} **Modelo 39. 1** Cumplir lo que otro manda: *Los soldados deben **obedecer** las órdenes de sus superiores.* **2** Originar, provenir: *El médico mandó hacer unos análisis para saber a qué **obedecía** la inflamación en el pecho del niño.*

obediencia ***f.*** Hecho de obedecer, de cumplir con lo que otro manda: *La **obediencia** de mi perro se debe a que fue educado en una escuela para mascotas.*

obediente ***adj.*** Que obedece: *Mi perro fue muy inquieto cuando era cachorro pero ahora es tranquilo y **obediente.***

obelisco ***m.*** Piedra de base cuadrangular, tallada en forma de pirámide muy esbelta y con remate puntiagudo: *El conquistador francés Napoleón se llevó de Egipto un **obelisco** y lo colocó en el centro de París.*

obertura ***f.*** Pieza instrumental con que se inicia una ópera u otra composición musical: *Casi todas las óperas empiezan con una **obertura** y luego sigue el primer acto.*

obesidad ***f.*** Estado de una persona muy gorda: *La **obesidad** es peligrosa para la salud porque la acumulación de mucha grasa en el cuerpo provoca que algunos órganos se dañen.*

obeso, sa ***adj.*** Relativo a la persona demasiado gruesa o gorda.

óbice ***m.*** Inconveniente, obstáculo: *En la actualidad, no saber manejar una computadora es un **óbice** para el desarrollo profesional de muchas personas.*

obispo ***m.*** **1** Hombre con un alto puesto en la Iglesia católica y en las iglesias de rito oriental que tiene a su cargo una diócesis. **2** Hombre con un cargo superior en la mayoría de las iglesias protestantes.

óbito ***m.*** En el lenguaje de los abogados, fallecimiento, muerte.

obituario ***m.*** Palabras que se escriben en relación con una persona recién fallecida: *Hoy leí en el diario un **obituario** sobre la muerte de un poeta muy famoso.*

objeción ***f.*** **1** Inconveniente que se opone contra un plan o idea: *Puse **objeción** para ir a la playa porque tengo gripe.* **2** *loc.* ~ **de conciencia,** negación por motivos religiosos o éticos, para hacer el servicio militar.

objetable ***adj.*** Algo que puede ser rechazado: *Los argumentos que dio Daniel a sus padres por llegar tarde a casa fueron **objetables,** así que lo castigaron.*

objetar ***vb.*** {tr.} Oponerse a algo: *El abogado del hombre acusado **objetó** la decisión del juez porque tenía pruebas de que era una injusticia.*

objetivar ***vb.*** {tr.} Hacer objetiva una idea o un sentimiento.

objetividad ***f.*** Cualidad de juzgar las cosas tal como son: *La **objetividad** de ese periodista lo ha convertido en un verdadero líder de opinión.*

objetivismo ***m.*** Doctrina filosófica que sostiene que existe una realidad independiente de la mente del ser humano, y que éste es capaz de conocerla a través de sus sentidos: *El **objetivismo** rechaza tanto al misticismo como al escepticismo.*

objetivo ***m.*** Lente de una cámara, un microscopio u objeto parecido, que se dirige hacia lo que se quiere fotografiar u observar: *Muchas cámaras fotográficas tienen **objetivos** de 35 mm.*

objetivo, va ***adj.*** **1** Que juzga las cosas o situaciones como son en realidad, sin dejarse llevar por sus ideas personales: *Los jueces deben ser **objetivos** al momento de juzgar.* **2** Fin, propósito: *El **objetivo** del ajedrez es dar jaque mate al rey del jugador contrario.*

objeto ***m.*** **1** Cosa material y determinada: *El escritorio de la secretaria está lleno de **objetos** como lápices, bolígrafos, papeles, caramelos, adornos y hasta un radio.* **2** Motivo, finalidad: *El **objeto** de sacar toda mi ropa del armario es que voy a desechar la que ya no uso.* Sin. **fin.**

oblación ***f.*** Acción por la que se ofrece alguna cosa a Dios como ofrenda o sacrificio.

oblea ***f.*** Pasta hecha de harina y agua, aplanada en forma de lámina muy delgada: *En México existen unas golosinas que se hacen con dos **obleas** unidas con dulce de leche o cajeta quemada de cabra.*

oblicuángulo, la ***adj.*** Se aplica a las figuras geométricas que no tienen ningún ángulo recto: *Un pentágono es un **oblicuángulo.***

oblicuo, cua ***adj.*** Que no es perpendicular ni paralelo a un plano o recta.

obligación ***f.*** **1** Aquello que se está obligado a hacer: *Los padres tienen la* ***obligación*** *de dar a sus hijos amor, educación, casa y alimentación mientras no puedan valerse por sí mismos.* **2** Documento en el que se reconoce una deuda o se promete su pago.

obligado, da ***adj.*** **1** Se dice de lo que la costumbre ha hecho prácticamente obligatorio: *Es* ***obligado*** *saludar cuando llegas a una reunión o a tratar un asunto.* **2** Se aplica a la persona que tiene una deuda de agradecimiento con otra: *Nora se siente* ***obligada*** *con Fermín desde que la rescató cuando ella se estaba ahogando en un lago.*

obligar ***vb. irreg.*** {tr. y prnl.} **Modelo 17. 1** Imponer como deber por medio de una ley, una norma, etc.: *El gobierno* ***obliga*** *a los ciudadanos a pagar impuestos descontándolos de sus salarios.* **2** Comprometerse a cumplir una cosa: ***Me obligué*** *a terminar pronto el trabajo, por eso me desvelé durante varios días.* **3** Forzar: *Aunque el niño no quería ir a la escuela, sus padres lo* ***obligaron*** *a asistir.*

obligatoriedad ***f.*** Calidad de lo que es obligatorio: *Ese requisito tiene* ***obligatoriedad,*** *es decir, que todos sin excepción deben cumplirlo.*

obligatorio, ria ***adj.*** Que debe hacerse de manera forzosa, que no permite elegir: *Para entrar a esa universidad es* ***obligatorio*** *hacer examen de admisión.*

oblongo, ga ***adj.*** De forma ovalada, como un círculo aplastado.

obnubilación ***f.*** Incapacidad para pensar con claridad: *La* ***obnubilación*** *a causa de su fatiga impedía que el juez juzgara de manera objetiva, así que ha decidido citar a audiencia para el día siguiente.*

obnubilar ***vb.*** {tr. y prnl.} Confundir, atontar, ofuscar: *Como estaba tan nervioso y preocupado, Óscar* ***se obnubiló*** *y contestó el examen de manera equivocada.*

oboe ***m.*** **1** Instrumento musical de viento, formado por un tubo cónico de madera con orificios y llaves: *Los* ***oboes*** *son de madera y tienen llaves plateadas para cubrir y descubrir los orificios por donde sale el aire.* **2** ***Esp.*** Persona que toca el oboe: *Mi amigo es el* ***oboe*** *en la orquesta de la universidad.*

óbolo ***m.*** Pequeña cantidad de dinero que se da como limosna o donación: *Luego de la ceremonia religiosa, unas personas pasaron con unas canastitas para que allí los asistentes depositaran su* ***óbolo.***

obra ***f.*** **1** Cosa producida por una persona: *La mesa del comedor es* ***obra*** *de un carpintero.* **2** Producto resultante de una actividad literaria o artística: *En el museo hay muchas* ***obras*** *como pinturas, esculturas y fotografías.* **3** Edificio en construcción: *Muchos camiones y albañiles entran todos los días a ese terreno porque están haciendo una* ***obra*** *para construir una casa.* **4** Reforma en un edificio: *La cocina de mi casa está en* ***obra*** *porque se rompió el tubo de desagüe.*

obrador ***m. Méx.*** Lugar donde se procesa carne de cerdo para hacer embutidos y venderlos: *Mis vecinos y yo siempre compramos el jamón y el tocino en el* ***obrador*** *de la colonia, pues venden más barato que en la tienda de autoservicio.* Sin. **obraje.**

obraje ***m.*** **1** Trabajo que se hace en la industria. **2** ***Argent., Bol.*** y ***Par.*** Establecimiento de una explotación forestal. **3** ***Méx.*** Obrador, despacho público de carnes porcinas.

obrar ***vb.*** {tr. e intr.} **1** Hacer una cosa o trabajar en ella. **2** Causar un efecto: *El nuevo medicamento* ***ha obrado*** *muy buenos efectos en el enfermo.* **3** Comportarse de una manera determinada: *Eduardo* ***obró*** *mal cuando acusó a Julio sabiendo que era inocente.* **4** Existir una cosa en un sitio determinado: *La escritura de la casa* ***obra*** *en poder del notario.* **5** ***Fam.*** Evacuar el vientre. Sin. **defecar.**

obrerismo ***m.*** Conjunto de medidas enfocadas a mejorar la condición económica y social de los obreros.

obrerista ***adj./m.*** y ***f.*** **1** Relativo al obrerismo. **2** Partidario del obrerismo: *En algunos países, el primero de mayo desfilan sindicatos y otras agrupaciones* ***obreristas*** *para conmemorar el Día del Trabajo.*

obrero, ra ***m.*** y ***f.*** Trabajador manual que gana un salario: *En esa fábrica de autos los* ***obreros*** *trabajan en tres turnos distintos.*

obscenidad ***f.*** Acción o palabra obscena: *"Desde que pasan todo tipo de* ***obscenidades*** *y programas vulgares por televisión, ya casi no la veo, ahora tengo como pasatiempo pintar cerámica mientras escucho música", comentó Flora.*

obsceno, na ***adj.*** Deshonesto, contrario al pudor o a la decencia.

obscurantismo u **oscurantismo** ***m.*** Oposición a la razón, que limita la instrucción y el progreso: *El* ***oscurantismo*** *predominó durante la época medieval.*

obscurantista u **oscurantista** ***adj./m.*** y ***f.*** Relativo al obscurantismo o partidario de dicha actitud: *Algunos* ***oscurantistas*** *se niegan a reconocer los avances de la ciencia.*

obscurecer u **oscurecer** ***vb. irreg.*** {tr.} **Modelo 39. 1** Privar de luz o claridad: *Javier* ***obscureció*** *la habitación para tomar una siesta por la tarde.* **2** Anochecer: *Mi mamá me permite salir a jugar por las tardes y debo regresar a la casa cuando comienza a* ***obscurecer.***

obscuridad u **oscuridad** ***f.*** Falta de luz: *El corte de la corriente eléctrica nos dejó en la* ***obscuridad*** *hasta que encendimos unas velas.*

obscuro, ra u **oscuro, ra** ***adj.*** **1** Falto de luz o claridad: *Como el cuarto estaba muy* ***oscuro,*** *no pude ver al perro que estaba echado y lo pisé.* Sin. **tenebroso. 2** Confuso: *El escrito que leí hoy era* ***oscuro*** *pues se entendía muy poco de lo que quería decir.* **3** Se dice del color que se acerca al negro: *Liliana tiene el pelo castaño muy* ***oscuro*** *y su hermana, en cambio, lo tiene tan claro que casi es rubio.*

obsequiar ***vb.*** {tr.} Regalar, dar: *El día de su graduación los padres de Miguel* ***le obsequiarán*** *un automóvil nuevo.*

obsequio ***m.*** Cosa que se da o se hace para complacer a alguien: *El día de mi cumpleaños me hicieron varios* ***obsequios.*** Sin. **regalo.**

obsequiosidad ***f.*** Cortesía excesiva que raya en la adulación: *En las cortes palaciegas antiguas, la* ***obsequiosidad*** *era un recurso para obtener ascensos y privilegios.*

obsequioso, sa ***adj.*** Se aplica a las personas que se comportan de manera muy amable para complacer a otros: *El* ***obsequioso*** *mesero nos trató muy bien, se ganó una buena propina.*

observación ***f.*** **1** Hecho de mirar con atención algo para conocerlo y estudiarlo: *Carlos se pasa horas en la* ***observación*** *de los insectos porque le parecen muy interesantes.* **2** Advertencia, consejo: *El director le hizo algunas* ***observaciones*** *al maestro sobre cómo tratar a los alumnos.*

observador, ra ***adj.*** Que mira con cuidado: *Un detective tiene que ser muy* ***observador*** *para encontrar información útil en sus investigaciones.*

observancia ***f.*** Cumplimiento exacto de lo que se manda: *La Constitución establece como obligación de todos los ciudadanos la* ***observancia*** *de las leyes.*

observante ***adj.*** Que sigue lo que se manda.

observar ***vb.*** {tr.} **1** Examinar con atención: *Diane Fossey fue una investigadora que se dedicó a* ***observar*** *y estudiar a los gorilas en África.* **2** Advertir, darse cuenta: *"He* ***observado*** *que desde hace una semana estás muy distraído en la clase", me dijo mi maestro.* **3** Hacer lo que manda una ley, un reglamento, etc.: *Cuando uno visita un museo tiene que* ***observar*** *las reglas de no tocar los objetos ni dañarlos.*

observatorio ***m.*** Sitio apropiado para hacer observaciones, especialmente astronómicas o meteorológicas: *Para tener mejores resultados ese* ***observatorio*** *fue construido en lo alto de un monte, alejado de las luces de la ciudad.*

obsesión ***f.*** Idea o preocupación que no se puede alejar de la mente: *El hombre no podía librarse de la* ***obsesión*** *de descubrir quién había matado a su perro.*

obsesionar ***vb.*** {tr. y prnl.} Causar obsesión: *Inés ya se* ***obsesionó*** *con su colección de estampillas, no piensa más que en comprar más y más timbres postales.*

obsesivo, va ***adj.*** Que sufre de una obsesión o idea que no puede alejar de su mente: *Ese empleado es una persona* ***obsesiva*** *acerca del paso del tiempo, pues ve su reloj cada cinco minutos.*

obseso, sa ***adj.*** Que está dominado por una obsesión: *Matías es un hombre* ***obseso*** *por el dinero, día y noche se preocupa porque no puede ganar lo que él quisiera.*

obsidiana ***f.*** Vidrio volcánico de color negro o verde muy oscuro: *Durante la época prehispánica, en México la* ***obsidiana*** *fue muy utilizada para hacer puntas de flecha, cuchillos y otros objetos cortantes.*

obsolescencia ***f.*** Pérdida de efectividad o de valor de un equipo técnico o industrial a causa de los adelantos tecnológicos: *"Muy pronto la* ***obsolescencia*** *de estas computadoras las hará inservibles, debemos pensar en adquirir unas más modernas", dijo el gerente al dueño de la empresa.*

obsolescente ***adj.*** Que pronto será obsoleto: *Las reproductoras de videocintas ya se hicieron* ***obsolescentes,*** *ahora sólo se graban películas en discos compactos y DVD's.*

obsoleto, ta ***adj.*** Anticuado o que ya no se usa: *Los discos de acetato se volvieron* ***obsoletos;*** *hoy en día se escuchan discos compactos.*

obstaculizar ***vb. irreg.*** {tr.} **Modelo 16.** Dificultar, poner obstáculos para impedir el logro de algo: *Los criterios cerrados de los jueces muchas veces* ***obstaculizan*** *que la ley se aplique con justicia.*

obstáculo ***m.*** Aquello que dificulta o impide el paso o la realización de algo: *Pese a los* ***obstáculos*** *que encontró en su camino, Javier logró terminar la carrera de medicina.*

obstante. No ~, ***loc.*** Sin que estorbe ni sea impedimento para algo: *Me parece bien tu idea de ir a la playa de vacaciones,* ***no obstante*** *déjame pensarlo unos días más.* Sin. **sin embargo, a pesar de que.**

obstetra ***m.*** y ***f.*** Médico especializado en el tratamiento del embarazo y el parto: *Dos* ***obstetras*** *atendieron a mi hermana cuando dio a luz.*

obstetricia ***f.*** Parte de la medicina que se ocupa del tratamiento y cuidado del embarazo y el parto.

obstinación ***f.*** Terquedad en mantener un pensamiento o idea aunque haya razones para pensar lo contrario.

obstinado, da ***adj.*** Relativo a la persona terca, que no cambia fácilmente su manera de pensar: *Ese señor es muy* ***obstinado,*** *no hay manera de convencerlo de que su hija tiene derecho a salir porque ya tiene veinte años.* Sin. **necio, tozudo.**

obstinarse ***vb.*** {prnl.} Mantenerse firme en una resolución u opinión.

obstrucción ***f.*** Obstáculo, barrera: *No pudimos regresar al pueblo porque unas rocas habían causado una* ***obstrucción*** *en la carretera durante el deslave.*

obstruccionismo ***m.*** Táctica política para impedir que se llegue a acuerdos o resoluciones: *Por desgracia, muchos partidos de oposición lo único que hacen es practicar el* ***obstruccionismo.***

obstruccionista ***adj./m.*** y ***f.*** Relativo al obstruccionismo o que lo practica: *La actitud* ***obstruccionista*** *de esos diputados ha impedido que se revisen varias leyes.*

obstruir ***vb. irreg.*** {tr. y prnl.} **Modelo 59.** Estorbar el paso, cerrar un conducto: *Los automóviles no podían avanzar por la calle porque la* ***obstruyó*** *un autobús descompuesto.*

obtención ***f.*** Hecho de lograr, de conseguir algo: *Después de la* ***obtención*** *del certificado de educación básica, Julián se inscribió en una escuela técnica.*

obtener ***vb. irreg.*** {tr.} **Modelo 26.** Alcanzar, lograr: *Si quieres* ***obtener*** *el primer lugar en tu clase tienes que estudiar y trabajar mucho.*

obturación ***f.*** Acción de cerrar o tapar algún orificio o conducto con alguna cosa: *Tuvieron que operar de emergencia a mi tía para hacerle una* ***obturación*** *en el intestino porque se le había perforado.*

obturador ***m.*** Dispositivo de las cámaras fotográficas que permite regular el tiempo de exposición.

obturar ***vb.*** {tr. y prnl.} Tapar o cerrar un orificio o conducto: *Mi hermano tenía una caries en una muela y la dentista la* ***obturó*** *con amalgama.*

obtusángulo ***adj.*** Se dice del triángulo que tiene un ángulo obtuso.

obtuso, sa ***adj.*** **1** Que no tiene punta: *Para que el niño no corriera peligro de cortarse, la mamá le compró unas tijeras* ***obtusas.*** Sin. **romo, mocho. 2** Torpe, lento de comprensión. **3** Se dice del ángulo mayor que el recto.

obús ***m.*** **1** Pieza de artillería de menor tamaño que el cañón. **2** Proyectil disparado por la pieza de artillería llamada obús.

obviar ***vb.*** {tr.} Hacer a un lado una posible dificultad y obstáculo: *"Ya que los dos estamos de acuerdo,* ***obviaremos*** *los trámites para la operación de compraventa del auto y haremos un contrato único", dijo el vendedor al comprador.*

obvio, via ***adj.*** Que resulta claro o evidente: *Sus zapatos están rotos y viejos, es* ***obvio*** *que necesita unos nuevos.*

oca ***f.*** **1** Nombre de varios tipos de aves a las que también se les llama ganso. **2** Juego que consiste en avanzar los jugadores su ficha sobre un tablero con casillas formadas en espiral; en cada casilla hay una figura y cada nueve casillas está la figura de una oca.

ocasión ***f.*** **1** Tiempo o lugar al que se asocian determinadas circunstancias: *La semana pasada fuimos a la playa y en esa* ***ocasión*** *gozamos de un clima espléndido.* **2** Oportunidad: *Cuando Roberto se descuidó, el ladrón aprovechó la* ***ocasión*** *para robarle la billetera.*

ocasional ***adj.*** Que ocurre de manera accidental, de vez en cuando: *Julián es un trabajador* ***ocasional*** *en esa empresa, pues no va todos los días.*

ocasionar ***vb.*** {tr.} Ser causa de algo: *La mentira de Rolando* ***ocasionó*** *que Laura se enojara con él.*

ocaso ***m.*** **1** Momento en el que se oculta el sol por el horizonte: *Los* ***ocasos*** *en el mar son un espectáculo muy bello.* **2** Decadencia, descenso: *La cultura maya se encontraba en su* ***ocaso*** *cuando llegaron los españoles a América.* **3** Oeste, punto cardinal.

occidental ***adj.*** Que pertenece al occidente.

occidentalizar ***vb. irreg.*** {tr. y prnl.} **Modelo 16.** Dar a algo características propias de Occidente o adoptarlas: *A partir del fin de la Segunda Guerra Mundial, Japón se* ***occidentalizó*** *rápidamente.*

occidente ***m.*** **1** Oeste: *América está al* ***occidente*** *de Europa.* **2** Conjunto de los países europeos, o países con influencia europea.

occipital ***adj.*** Relativo al occipucio: *La región* ***occipital*** *está en la parte posterior e inferior de la cabeza.*

occipital ***m.*** Hueso que forma la pared posterior e inferior del cráneo.

occipucio ***m.*** Parte posterior e inferior de la cabeza.

occiso, sa ***adj./m.*** y ***f.*** En lenguaje legal, persona que sufrió una muerte violenta: *"El* ***occiso*** *presenta señales de estrangulamiento", dijo el médico forense a los detectives.*

oceánico, ca ***adj.*** Perteneciente o relativo al océano: *El fondo* ***oceánico*** *aún guarda muchos misterios debido a la dificultad para explorarlo.*

océano ***m.*** Gran extensión de agua salada que cubre unas tres cuartas partes de la superficie de la Tierra: *Para ir de América a Europa hay que cruzar el* ***océano*** *Atlántico.*

oceanografía ***f.*** Estudio de los océanos, el fondo del mar y la vida marina: *Jaçques Cousteau fue un marino francés que dedicó su vida a la* ***oceanografía*** *haciendo viajes a bordo de su barco llamado* Calipso.

oceanógrafo, fa ***m.*** y ***f.*** Especialista en oceanografía: *Ramiro quiere ser* ***oceanógrafo,*** *pues dice que en los mares hay posibilidades muy importantes para el futuro de la humanidad.*

ocelo ***m.*** Ojo simple de los artrópodos, como los insectos y las arañas: *El gran ojo de una mosca está formado por muchos* ***ocelos*** *pequeños.*

ocelote ***m.*** Mamífero carnívoro, parecido al leopardo, de aproximadamente 65 cm de largo, piel brillante gris claro con dibujos rojizos rodeados por una línea negra, muy apreciada para hacer prendas de vestir: *Aunque hay leyes que protegen a los* ***ocelotes,*** *existe quien los caza y hace ropa con su piel.*

ochenta ***adj./m.*** Ocho veces diez: *Mi abuelo es un anciano que a pesar de tener* ***ochenta*** *años todavía es muy activo.*

ocho ***adj./m.*** Número que resulta de sumar siete y uno: *Las arañas tienen* ***ocho*** *patas.*

ochocientos, tas ***adj.*** Ocho veces cien: *La conquista de los árabes en España duró* ***ochocientos*** *años, de los siglos* VIII *al* XV.

ochocientos, tas ***m.*** y ***f.*** Que corresponde en orden al número ochocientos: ***Ochocientos*** *es el número que sigue después del setecientos noventa y nueve.*

ocio ***m.*** **1** Estado de la persona que no trabaja: *Rafael lleva en el* ***ocio*** *cuatro meses, no ha encontrado un nuevo empleo.* SIN. **vagancia. 2** Tiempo libre: *Es muy constructivo dedicar los momentos de* ***ocio*** *a la lectura.*

ociosidad ***f.*** Condición de los ociosos: *Hay un dicho que reza: "La* ***ociosidad*** *es la madre de todos los vicios".*

ocioso, sa ***adj./m.*** y ***f.*** Persona que no tiene una ocupación o que tiene mucho tiempo libre: *Don Juvencio estaba* ***ocioso*** *desde que se jubiló, pero aprendió a hacer vitrales y ahora los elabora y vende muy bien.*

ocluir ***vb. irreg.*** {tr. y prnl.} **Modelo 59.** Cerrar u obstruir un conducto del organismo: *Se* ***ocluyó*** *mi faringe por tragar un trozo grande de carne y mi madre tuvo que golpearme la espalda para que lo escupiera.*

oclusión ***f.*** Hecho de cerrarse de forma anormal un conducto del organismo: *Una* ***oclusión*** *en el intestino hizo necesario que operaran al enfermo.*

oclusivo, va ***adj.*** Sonido consonántico que se pronuncia cerrando momentáneamente el paso del aire en la boca, como el que representan *p, t, k, b, d* y *g.*

ococial ***m. Perú.*** Terreno húmedo y hundido, con alguna vegetación.

ocotal ***m. Guat.*** y ***Méx.*** Sitio poblado de ocotes: *En los* ***ocotales*** *el aire huele delicioso debido a la resina de los árboles.*

ocote ***m. Guat.*** y ***Méx.*** Pino de distintas especies, de madera resinosa usada como combustible.

ocre ***adj.*** De color ocre: *En Roma abundan las casas y los edificios de color* ***ocre*** *que hacen un bello contraste con el verdor de las plantas.*

ocre ***m.*** **1** Color amarillo oscuro. **2** Variedad de arcilla de color amarillo oscuro.

octaedro ***m.*** Cuerpo de ocho caras triangulares: *La maestra nos pidió que hiciéramos un* ***octaedro*** *con ocho triángulos de cartulina.*

octagonal ***adj.*** Con forma de octágono.

octágono ***m.*** Polígono de ocho lados: *El edificio tenía la forma de un* ***octágono*** *y en cada una de sus ocho fachadas había un ventanal.*

octanaje ***m.*** Cantidad de octanos que existe en un combustible: *Para evitar bajo rendimiento o daños a los motores, la gasolina debe tener un* ***octanaje*** *adecuado al tipo de motor.*

octano ***m.*** Hidrocarburo saturado líquido existente en el petróleo: *La calidad del combustible para automóviles se mide, en parte, por los* ***octanos*** *que contiene.*

octavilla ***f.*** **1** Octava parte de un pliego de papel. **2** Impreso de propaganda política o social. **3** Estrofa de ocho versos.

octavo, va ***adj.*** Adjetivo ordinal que corresponde en orden al número ocho.

octavo, va ***m.*** y ***f.*** Cada una de las ocho partes iguales en que se divide un todo: *Como eran ocho niños, a cada uno le tocó un* ***octavo*** *de tarta.*

octeto ***m.*** **1** Composición musical para ocho voces u ocho instrumentos. **2** Conjunto musical integrado por ocho voces o instrumentos.

octogésimo, ma ***adj./m.*** y ***f.*** Adjetivo ordinal que corresponde en orden al número ochenta.

octosílabo, ba ***adj./m.*** Se dice del verso de ocho sílabas: *"El viento cruzó el bosque" es un verso* ***octosílabo.***

octubre ***m.*** Décimo mes del año: *En* ***octubre,*** *los países ubicados al norte del ecuador están en otoño y los países que se encuentran al sur están en primavera.*

óctuple u **óctuplo, pla** ***adj.*** Que contiene una cantidad ocho veces: *El número 32 es* ***óctuplo*** *del 4.*

ocular ***adj.*** Relativo a los ojos: *Ese señor sufrió una infección en el globo* ***ocular*** *y fue con un oculista para que lo curara.*

oculista ***m.*** y ***f.*** Especialista en las enfermedades de los ojos: *Julián fue al* ***oculista*** *porque no podía ver bien de lejos y ahora usa anteojos.* SIN. **oftalmólogo.**

ocultación ***f.*** Acción y efecto de ocultar u ocultarse: *Los eclipses se deben a* ***ocultaciones*** *de cuerpos celestes por otros que se interponen entre éstos y el espectador.*

ocultamiento ***m.*** Acción y efecto de ocultar u ocultarse: *El* ***ocultamiento*** *de datos por parte de ese funcionario hizo sospechar a las autoridades.*

ocultar ***vb.*** {tr. y prnl.} **1** Esconder, impedir que alguien o algo sea visto: *El cuadro que está sobre la chimenea de esa casa* ***oculta*** *una caja fuerte en la que guardan las joyas de la familia.* **2** Callar de manera intencionada alguna cosa: *Cuando Martín me platicó la obra de teatro me* ***ocultó*** *el final y me dijo que mejor fuera a verla.*

ocultismo ***m.*** Estudio y práctica de fenómenos que no pueden ser demostrados de manera científica.

ocultista ***m.*** y ***f.*** Persona que se dedica al estudio del ocultismo: *Vimos un programa donde un **ocultista** hablaba de la magia en la época medieval.*

oculto, ta ***adj.*** Que no se ve, no se nota o no se encuentra: *La casa queda **oculta** por los grandes árboles que hay en la calle.*

ocupación ***f.*** **1** Acción y efecto de tomar posesión: *Las tropas efectuaron la **ocupación** de la ciudad conquistada.* **2** Trabajo, oficio: *La **ocupación** de mi padre es la de bombero.*

ocupacional ***adj.*** Relativo a la ocupación en su aspecto laboral: *Tomás hacía juguetes como pasatiempo y ahora los hace por cuestiones **ocupacionales,** pues al haber quedado desempleado, tiene que vivir de venderlos.*

ocupado, da ***adj.*** **1** Se aplica a quien realiza una actividad que le impide dedicarse a otras: *Ahora estoy muy **ocupada** con este trabajo, no puedo salir a divertirme.* **2** Se dice del lugar que está siendo utilizado por alguien: *Ese asiento está **ocupado,** por favor, busque otro.* **3** Se aplica a la línea telefónica que, por estar siendo utilizada, da una señal específica: *Intenté llamarte toda la tarde de ayer, pero tu teléfono estaba **ocupado.***

ocupante ***m.*** y ***f.*** Persona que se instala en un lugar, en especial en una casa o un asiento: *Los **ocupantes** de ese edificio corren peligro porque la construcción quedó muy dañada después del sismo.*

ocupar ***vb.*** {tr. y prnl.} **1** Tomar posesión: *Durante la Segunda Guerra Mundial, los nazis **ocuparon** varios países de Europa.* **2** Llenar un espacio o lugar: *No cabe otra cosa en el cajón, pues los papeles **ocupan** todo el espacio.* **3** Ejercer un empleo o cargo: *Julia **ocupa** el puesto de secretaria en esa oficina desde hace dos años.* **4** Proporcionar trabajo: *Don José va a **ocuparme** para que le ayude a pintar su casa.* **5** Encargarse, cuidar: *Hoy **nos ocuparemos** de estudiar los números negativos.*

ocurrencia ***f.*** **1** Idea que se le ocurre a alguien, por lo general buena: *Mi tío tuvo la **ocurrencia** de salir a jugar fútbol y todos nos divertimos mucho.* **2** Hecho de decir cosas graciosas, simpáticas u originales: *Aunque parece muy serio, mi jefe tiene unas **ocurrencias** que nos hacen reír y aligeran el trabajo.*

ocurrente ***adj./m.*** y ***f.*** Que tiene muchas ocurrencias.

ocurrir ***vb.*** {intr. y prnl.} **1** Suceder, pasar o acontecer algo: *La historia cuenta lo que **ocurrió** en el pasado.* **2** Venir a la mente una idea: *Mientras estaba en la bañera, al filósofo Arquímedes **se le ocurrió** una idea sobre el volumen de los cuerpos en el agua.*

oda ***f.*** Composición poética de tema lírico: *En su novena sinfonía, el músico alemán Beethoven utilizó la letra de la* **Oda** a la Alegría, *de Schiller.*

odeón ***m.*** Teatro destinado a los espectáculos de canto: *Debido a las fiestas de fin de año, en el **odeón** de la ciudad habrá varios conciertos de diferentes coros.*

odiar ***vb.*** {tr.} Experimentar una gran aversión o disgusto hacia algo o alguien. Sin. **aborrecer.**

odio ***m.*** Sentimiento vivo de antipatía o disgusto hacia algo o alguien: *El **odio** se reflejó en la cara de la mujer cuando supo que ese hombre era el ladrón que había entrado en su casa.*

odioso, sa ***adj.*** Desagradable, que produce rechazo o disgusto.

odisea ***f.*** Viaje o serie de sucesos penosos y molestos, llamados así por los viajes del personaje Odiseo o Ulises de las obras de Homero, *La Ilíada* y *La Odisea*: *Nuestro viaje al sur fue una verdadera **odisea,** estuvo lleno de problemas, accidentes y complicaciones.*

odonato ***adj./m.*** Relativo a un orden de insectos de larva que se desarrolla en el agua, como las libélulas.

odontología ***f.*** Estudio de los dientes y de su tratamiento: *Mi primo estudió **odontología** y ahora trabaja en un consultorio como dentista.*

odontólogo, ga ***m.*** y ***f.*** Médico que se especializa en el estudio y tratamiento de los dientes: *Los **odontólogos** que enderezan los dientes se llaman ortodoncistas.* Sin. **dentista.**

odorífero, ra u **odorífico, ca** ***adj.*** Que emana olor agradable: *En la sala de la casa de mi amiga había un ramo de flores **odoríferas** que perfumaban toda la estancia.*

odorizante ***adj./m.*** Producto de fuerte olor que se añade a los gases a fin de poder detectar fugas de los mismos: *Algunos compuestos de azufre se utilizan como **odorizantes** para dar al gas con que cocinamos su olor característico.*

odre ***m.*** Cuero para contener líquidos: *Es común ver a personas que van a las plazas de toros con **odres** llenos de vino.* Sin. **pellejo.**

oeste ***m.*** Punto cardinal por donde se oculta el Sol: *El Sol sale por el este y se oculta por el **oeste.***

ofender ***vb.*** {tr. y prnl.} **1** Hacer o decir algo que moleste o demuestre falta de respeto hacia otra persona: *Esteban **me ofendió** al acusarme de robo cuando extravió un disco.* **2** Sentirse despreciado por alguien a causa de algo que dijo o hizo: *Luisa **se ofendió** porque sus amigos no la invitaron a la fiesta.*

ofendido, da ***adj.*** Que ha recibido una ofensa: *El escritor se sintió **ofendido** e indignado cuando el productor de la película le ofreció honorarios miserables por hacer el argumento.*

ofensa ***f.*** Palabras o acciones que ofenden, que faltan al respeto: *Me enojó que Osvaldo me lanzara tantas **ofensas** cuando le dije que su corte de pelo no me gustaba.*

ofensiva ***f.*** Hecho de atacar: *El equipo rojo perdió el partido porque la **ofensiva** no atacó lo suficiente.* Ant. **defensiva.**

ofensivo, va ***adj.*** Que ofende o puede ofender: *Las palabras **ofensivas** de Roberto me obligaron a dejar de hablarle.*

ofensor, ra ***adj./m.*** y ***f.*** Que ofende: *La joven ratificó la acusación contra su **ofensor** y ahora éste será encarcelado.*

oferta ***f.*** **1** Proposición o promesa que se hace a alguien: *Una empresa le hizo una atractiva **oferta** de trabajo a mi padre.* **2** Ofrecimiento de algo en venta: *La **oferta** de bienes raíces es muy amplia en este momento porque mucha gente quiere vender su casa.* **3** Producto a precio rebajado: *Compré cinco kilos de mangos porque estaban en **oferta** a la mitad de su precio normal.* Sin. **barata.**

ofertar ***vb.*** {tr.} Ofrecer en venta un producto: *Las tiendas de ropa **ofertan** nuevas líneas de vestidos ligeros cuando se acerca el verano.*

offset ***adj./m.*** **Palabra de origen inglés.** Procedimiento de impresión en el que un cilindro de caucho toma tinta de una plancha y la transfiere al papel: *Muchos diarios y revistas son impresos en **offset.***

oficial ***adj.*** Que procede del gobierno o de la autoridad competente: *La noticia de la muerte del escritor famoso ya no es un rumor, pues ha sido confirmada por medios **oficiales.***

oficial ***m.*** **1** Persona que en algún oficio tiene el grado intermedio entre aprendiz y maestro: *Se pasó un año como* *aprendiz de carpintero y ahora ya es* ***oficial,*** *en dos años más podrá ser maestro.* **2** Militar o miembro de un cuerpo de seguridad que posee un grado o empleo, desde alférez o subteniente hasta capitán: *Los* ***oficiales*** *duermen en barracas diferentes a las de los soldados rasos.*

oficialismo ***m. Amér.*** Conjunto de tendencias y grupos que apoyan a un gobierno: *La nueva gobernadora abandonó el* ***oficialismo*** *cuando vio que el gobierno federal no apoyaba a los indígenas.*

oficialista ***adj./m.*** y ***f.*** Perteneciente al oficialismo o simpatizante de éste: *Ese periódico es* ***oficialista,*** *por eso el enfoque que da a las noticias difiere tanto del de los demás.*

oficialización ***f.*** Acción y efecto de oficializar: *Muchas veces, la* ***oficialización*** *de algunas medidas proviene de la repetición de un uso o una costumbre.*

oficializar ***vb. irreg.*** {tr.} **Modelo 16.** Dar valor oficial a una norma, documento, etc.: *Ayer por la noche* ***se oficializó*** *el nuevo reglamento que sancionará a quienes contaminen con ruido.*

oficiante ***adj./m.*** Se dice de quien preside un oficio religioso: *El* ***oficiante,*** *molesto, interrumpió la ceremonia para pedir a los concurrentes que apagaran sus teléfonos celulares.*

oficina ***f.*** Local donde se trabaja, prepara o gestiona alguna tarea de administración de una empresa o del gobierno: *Luis fue a una* ***oficina*** *de abogados para que le ayuden a tramitar su divorcio.*

oficinesco, ca ***adj. Desp.*** Que es propio de una oficina: *Las rutinas* ***oficinescas,*** *a veces, son una pérdida de tiempo.*

oficinista ***m.*** y ***f.*** Persona empleada en una oficina: *Los* ***oficinistas*** *se distinguen por usar traje y corbata.*

oficio ***m.*** **1** Profesión mecánica o manual: *En las escuelas de educación media básica enseñan algunos* ***oficios*** *como carpintería y herrería.* **2** Ocupación habitual: *El* ***oficio*** *de Rigoberto es mecánico.* **3** Función de alguna cosa: *El* ***oficio*** *de este puente es comunicar a los dos pueblos que están a cada lado del río.* **4** ***pl.*** Ceremonias religiosas. **5** ***Méx.*** Documento oficial: *Me llegó un* ***oficio*** *de las autoridades en el que me piden que pague una multa.*

oficioso, sa ***adj.*** Que proviene del gobierno pero que no tiene carácter oficial: *Un periódico* ***oficioso*** *divulgó una noticia que no ha sido confirmada todavía por las oficinas del gobierno.*

ofidio ***adj./m.*** Reptil con escamas, de cuerpo alargado y sin extremidades, como la serpiente.

ofrecer ***vb. irreg.*** {tr. y prnl.} **Modelo 39. 1** Presentar algo, mostrar: *La vendedora de la tienda me* ***ofreció*** *varios vestidos y yo decidí comprar el de color verde.* **2** Poner algo o ponerse a disposición de alguien: *Un vecino* ***se ofreció*** *para ayudarnos a organizar la fiesta del próximo sábado.*

ofrecido, da ***adj. Méx.*** Que se pone a disposición de los demás para ayudarlos, por lo general con actitud servil: *Genaro es un* ***ofrecido*** *que no cumple con su trabajo por hacerle favores a todos sus amigos.*

ofrecimiento ***m.*** Lo que se propone a alguien: *Mi padre aceptó el* ***ofrecimiento*** *que le hizo un amigo para trabajar con él.* Sin. **proposición, propuesta.**

ofrenda ***f.*** Cosa que se da en señal de gratitud, en especial a Dios o a un ser divino: *En México se suelen poner* ***ofrendas*** *a los difuntos el 1 y 2 de noviembre.*

oftalmía ***f.*** Inflamación del ojo: *El médico le dijo a Rosenda que su* ***oftalmía*** *se debe a que pasa demasiado tiempo frente a la computadora.*

oftalmología ***f.*** Especialidad médica que trata las enfermedades de los ojos.

oftalmólogo, ga ***m.*** y ***f.*** Médico especializado en el tratamiento de las enfermedades de los ojos. Sin. **oculista.**

ofuscación ***f.*** Condición en la cual se turba la razón o la vista: *En su* ***ofuscación,*** *Celso insultó a Cristina cuando discutieron y ahora no sabe cómo disculparse.*

ofuscamiento ***m.*** Ofuscación.

ofuscante ***adj.*** Que ofusca: *"La burocracia me parece* ***ofuscante;*** *todo es ir y venir y nunca se resuelven las cosas", se quejó un ciudadano.*

ofuscar ***vb.*** {tr. y prnl.} Impedir algo que funcione adecuadamente la vista o la razón: *El amor que el príncipe sentía por la princesa lo* ***ofuscó*** *y le impidió ver que se trataba de una bruja disfrazada.*

ogro ***m.*** **1** Gigante legendario: *En el cuento, Juanito logró robarle al* ***ogro*** *la gallina de los huevos de oro.* **2** ***Fam.*** Persona de mal carácter: *La maestra de geografía es un* ***ogro*** *que nos regaña todo el tiempo.*

¡oh! ***interj.*** Señala por lo general asombro, alegría o dolor: *¡Oh, ya son las once de la mañana y no me levanté para ir a la escuela!*

ohmio ***m.*** Unidad de medida de resistencia eléctrica en el Sistema Internacional.

oído ***m.*** **1** Sentido de la audición: *Los cinco sentidos son la vista, el olfato, el* ***oído,*** *el tacto y el gusto.* **2** Cada uno de los órganos de la audición: *Llevaron a la niña al doctor porque a causa del resfrío le duele el* ***oído*** *derecho.* **3** Aptitud para la música: *Desde que era niño, Javier tiene* ***oído*** *y ahora ya estudia música y toca el piano.* **4** ***loc. pl.*** **De oídas,** que no se conoce directamente: *Nunca he ido a esa ciudad, pero sé* ***de oídas*** *que es un lugar muy bonito.*

oír ***vb. irreg.*** {tr.} **Modelo 53. 1** Percibir los sonidos, escuchar: *Algunas noches* ***oigo*** *chirriar a los grillos en el jardín de mi casa.* **2** Atender ruegos o avisos: *Durante la Colonia (siglos* XVI *al* XIX*) los reyes de España no quisieron* ***oír*** *las protestas y quejas de los indígenas americanos.*

ojal ***m.*** Corte o abertura en una tela, por donde entra el botón: *Hay que cerrar un poco el* ***ojal*** *de esa camisa, pues el botón se sale con facilidad.*

¡ojalá! ***interj.*** Denota vivo deseo de que suceda una cosa: *¡****Ojalá*** *hubiera paz en el mundo!*

ojalar ***vb.*** {tr.} Hacer ojales en una prenda de vestir: *"Hoy termino de armar esta blusa, mañana la* ***ojalaré*** *y le pegaré los botones", dijo la costurera muy satisfecha.*

ojeada ***f.*** Hecho de ojear: *Después de una* ***ojeada*** *a la revista, me di cuenta de que está dedicada a las mujeres.*

ojear ***vb.*** {tr.} Dirigir los ojos hacia algo para mirar de manera rápida y superficial: *El profesor* ***ojeó*** *el patio escolar, donde estaban formados los niños, para ver si todo estaba en orden.*

ojera ***f.*** Sombra que aparece bajo el párpado inferior: *Por las profundas* ***ojeras*** *que tenía Martha, se notaba que no había dormido la noche anterior.*

ojeriza ***f. Fam.*** Antipatía, mala disposición que se tiene hacia alguien: *Desde que la maestra criticó la escuela, el director le tomó* ***ojeriza.***

ojeroso, sa ***adj.*** Que tiene ojeras: *Romualdo está* ***ojeroso*** *porque se desveló haciendo la tarea.*

ojete ***m.*** **1** Ojal redondo, por lo general con borde metálico, para meter por él un cordón: *Para que los zapatos queden bien sujetos al pie, los cordones deben pasar por todos los* ***ojetes.*** **2** ***Méx. Vulg.*** Persona muy mala o abusiva.

ojiva ***f.*** **1** Figura compuesta por dos arcos que se cortan formando un ángulo. **2** Arco que tiene la figura de una ojiva.

ojival ***adj.*** Que tiene forma de ojiva: *En las catedrales góticas hay arcos* ***ojivales.***

ojo ***m.*** **1** Órgano de la visión: *Polifemo era un cíclope, pues tenía un solo* ***ojo.*** **2** Abertura o agujero de ciertos objetos: *No es fácil meter el hilo por el* ***ojo*** *de la aguja.* **3** ***loc. Fam.*** **No pegar el ~,** no poder dormir: *El perro ladró toda la noche, yo* ***no pegué el ojo*** *por su culpa y ahora estoy muy cansado.*

ojota ***f. Amér. Merid.*** Calzado rústico a modo de sandalia: *Las* ***ojotas*** *son todavía muy usadas en el Río de la Plata para ir a la playa.*

okapi u **ocapi** ***m.*** Mamífero rumiante africano, de la misma familia que la jirafa: *Los* ***okapis*** *tienen la piel marrón oscuro con rayas blancas en las patas.*

ola ***f.*** **1** Onda que se forma en la superficie de las aguas: *Una* ***ola*** *grande tomó desprevenido al turista que estaba recostado en la playa y lo revolcó.* **2** Fenómeno atmosférico que causa un cambio repentino en la temperatura: *Ayer entró una* ***ola*** *cálida al país, por eso hoy tenemos calor en pleno invierno.*

olán ***m. Méx.*** Adorno de cortinas o vestidos que consiste en una franja de tela con la costura fruncida para que haga pliegues: *La cantante usaba un vestido con tanto* ***olán*** *que parecía una lechuga gigante.*

¡olé! u **¡ole!** ***interj.*** Exclamación con que se anima y aplaude, originada en las corridas de toros.

oleada ***f.*** **1** Golpe de una ola grande contra la costa: *Las sucesivas* ***oleadas*** *han desgastado esas rocas, dándoles formas extrañas.* **2** Muchedumbre en movimiento: *Fue imposible entrar al estadio, las* ***oleadas*** *de gente nos lo impidieron.*

oleaginoso, sa ***adj.*** Que tiene la naturaleza del aceite o que contiene aceite: *El maíz es una planta* ***oleaginosa*** *de la cual se puede obtener aceite para cocinar.*

oleaje ***m.*** Movimiento continuo y sucesivo de las olas: *Como el* ***oleaje*** *era fuerte, el barco se mecía de un lado a otro de manera violenta.*

óleo ***m.*** **1** Pintura hecha con colores disueltos en aceite secante: *Algunos pintores prefieren pintar* ***óleos*** *y a otros les gustan las acuarelas.* **2** Técnica para pintar y obra que se realiza utilizando el tipo de pintura llamada óleo.

oleoducto ***m.*** Tubería para conducir petróleo.

oleosidad ***f.*** Calidad de aceitoso: *Las cremas faciales con baja* ***oleosidad*** *son mejor absorbidas por la piel.*

oleoso, sa ***adj.*** Se dice de lo que contiene aceite o es aceitoso: *No me gustó ese filtro solar, es demasiado* ***oleoso*** *y mancha la ropa.*

oler ***vb. irreg.*** {tr., intr. y prnl.} **Modelo 33. 1** Percibir los olores: *Esa leche* ***huele*** *un poco extraño, creo que está agria.* Sin. **olfatear. 2** Sospechar: ***Me olí*** *que los niños habían hecho una travesura cuando los vi demasiado quietos.* **3** Despedir olor: *Jorge* ***huele*** *a una loción que me gusta mucho.*

olfatear ***vb.*** {tr.} Aplicar el sentido del olfato: *Los sabuesos* ***olfatean*** *cada uno de los rincones del lugar donde viven.* Sin. **oler.**

olfateo ***m.*** Acción de olfatear: *La policía emplea perros entrenados que, mediante el* ***olfateo***, *pueden detectar drogas y otras sustancias.*

olfativo, va ***adj.*** Perteneciente o relativo al olfato: *La contaminación ambiental provoca, entre otras cosas, pérdida de la capacidad* ***olfativa.*** **Sin.** olfatorio.

olfato ***m.*** Sentido que permite la percepción de los olores: *Genaro tiene muy buen* ***olfato,*** *pues en cuanto entró a la casa percibió la fuga de gas que ninguno había notado.*

oligarca ***m.*** Persona que es miembro de una oligarquía: *La ciega ambición de los* ***oligarcas*** *terminó por destrozar la economía de ese país.*

oligarquía ***f.*** Forma de gobierno en la que el poder es controlado por un pequeño grupo de individuos o una clase social.

oligoceno ***adj./m.*** Relativo al tercer periodo geológico de la era terciaria.

oligoelemento ***m.*** Sustancia necesaria, en muy pequeña cantidad, para el funcionamiento de los organismos vivos.

oligofrenia ***f.*** Deficiencia mental que se manifiesta por un desarrollo intelectual muy inferior al normal: *La* ***oligofrenia*** *se distingue del simple retraso mental en que ésta tiene causas orgánicas o genéticas, y el segundo puede deberse a falta de estímulos.*

oligopolio ***m.*** Característica del mercado en el que hay pocos productores o vendedores y muchos compradores: *El* ***oligopolio*** *de alimentos, en el que unos cuantos acaparan la producción y la comercialización, es riesgoso para los consumidores.*

olimpiada u **olimpíada** ***f.*** Competencia mundial de juegos deportivos que se celebra cada cuatro años: *Las primeras* ***olimpiadas*** *de la antigüedad se llevaban a cabo en Grecia; ahí también se celebraron las primeras olimpiadas de la era moderna a principios del siglo* xx.

olímpicamente ***adv.*** Sin hacer caso de otros, desconsideradamente: *Artemio llegó a mi casa de visita y* ***olímpicamente*** *se quitó los zapatos y subió los pies a la mesa; no vuelvo a invitarlo.*

Olimpo ***m.*** Residencia de los antiguos dioses griegos: *Zeus y Hera son los principales dioses del* ***Olimpo*** *según la mitología griega.*

oliscar ***vb. irreg.*** {tr.} **Modelo 17.** u **olisquear** ***vb.*** {tr.} **1** Olfatear de manera ligera: *El gato* ***oliscó*** *su comida y luego comenzó a tragarla.* **2** Curiosear: *Me enojé con mi hermana porque la sorprendí* ***oliscando*** *en mi cartera.*

oliva ***f.*** Aceituna, fruto del olivo: *Las* ***olivas*** *negras son las que ya están maduras.*

olivar ***m.*** Sitio plantado de olivos: *Un primo que vive en el campo nos invitó a recoger aceitunas en el* ***olivar*** *de su padrino.*

olivo ***m.*** Planta de los países cálidos, de tronco grueso y torcido, copa ancha y ramosa, su fruto es la aceituna: *En los países árabes y mediterráneos se cultivan muchos* ***olivos*** *de los que se extrae un aceite comestible muy sano.*

olla ***f.*** Vasija redonda más alta que ancha, que se utiliza para cocer alimentos: *Antes se cocinaba en* ***ollas*** *de barro; ahora existen* ***ollas*** *de muchos materiales.*

olmeca ***adj./m.*** y ***f.*** Pueblo y cultura prehispánicos de México que se localizaron en la zona costera de los actuales estados de Tabasco y Veracruz: *El juego de pelota y las esculturas de cabezas gigantes son rasgos característicos de la cultura* ***olmeca.***

olmo ***m.*** Árbol de 20 a 30 metros de altura, de copa ancha y hojas dentadas, que proporciona una madera utilizada en la fabricación de muebles.

olor ***m.*** Emanación que producen ciertas sustancias e impresión que producen en el olfato: *Un perro sabueso es capaz de encontrar a alguien a través del* ***olor*** *de la persona.*

oloroso, sa ***adj.*** Que despide de sí mismo una fragancia o aroma agradable: *Salí del baño muy* ***olorosa*** *a jabón y perfume.*

olote ***m. Amér. C.*** y ***Méx.*** Parte de la mazorca de maíz que queda después de quitarle los granos. Sin. **marlo.**

olvidadizo, za ***adj.*** Que olvida las cosas fácilmente.

olvidado, da *adj.* Que ha dejado de estar presente en la memoria de alguien: *Como a Micaela no le gustar usar paraguas, siempre lo deja* ***olvidado*** *en algún lugar.*

olvidar *vb.* {tr. y prnl.} **1** Dejar de tener algo presente en la memoria: *A los ancianos a veces se les* ***olvidan*** *los hechos recientes, pero se acuerdan bien del pasado lejano.* **2** Descuidar: ***Olvidé*** *regar la planta que me regalaron y se murió.*

olvido *m.* **1** Hecho de olvidar, de no recordar algo: *¡Qué* ***olvido!*** *No telefoneé a mi amiga el día de su cumpleaños.* **2** Abandono: *Fernando tiene a su anciano padre en el* ***olvido,*** *pues casi nunca lo visita.*

omagua *adj./m.* y *f.* Pueblo amerindio de la familia lingüística tupí que habita en el norte de Perú.

omaso *m.* Tercera cavidad del estómago de los rumiantes: *Al* ***omaso*** *la gente lo conoce más con el nombre de "libro", y guisado sabe muy sabroso.*

ombligo *m.* **1** Cicatriz profunda que queda en el vientre después de que se cae el cordón umbilical: *Me limpié el* ***ombligo*** *con un algodón mojado en crema para quitar la mugre que ahí se guarda.* Sin. **pupo. 2** *Fam.* Centro, lugar o persona importante: *Evaristo es un chico vanidoso que se siente el* ***ombligo*** *del mundo.*

ominoso, sa *adj.* Que acarrea cosas negativas, que trae mala suerte: *Últimamente ronda por el barrio un vagabundo de presencia* ***ominosa,*** *sólo pasar cerca de él da escalofríos.*

omisión *f.* **1** Hecho de no hacer o decir algo: *La* ***omisión*** *de algunos comentarios a veces es conveniente para no lastimar a las personas que nos rodean.* **2** Cosa que deja de decirse o hacerse: *La* ***omisión*** *de una coma puede cambiar por completo el sentido de una frase, como en "Los niños, que llegaron tarde, no pudieron jugar fútbol", "Los niños que llegaron tarde no pudieron jugar fútbol". En la primera, ningún niño pudo jugar fútbol. En la segunda, no jugaron fútbol los niños que llegaron tarde.*

omiso, sa *adj.* Descuidado, que actúa con negligencia: *Se ha sabido de casos de médicos* ***omisos*** *que dejan algún instrumento quirúrgico en el interior de sus pacientes.*

omitir *vb.* {tr.} **1** Dejar de hacer alguna cosa: *Mandé una carta a mi amiga, pero nunca llegó, pues por olvido* ***omití*** *escribir un dato de su domicilio.* **2** Dejar de decir cierta cosa: *Ayer llegó mi hermano de viaje y nos contó qué había hecho, pero* ***omitió*** *los detalles porque estaba cansado y quería dormir.*

ómnibus *m.* Vehículo de gran capacidad para el transporte público: *En las grandes ciudades deberían utilizarse más* ***ómnibus*** *para evitar el uso excesivo de automóviles.* Sin. *Chile.* **góndola.**

omnipotencia *f.* Calidad de omnipotente, poder sin límites: *En las religiones monoteístas, la* ***omnipotencia*** *es uno de los atributos de Dios.*

omnipotente *adj.* Que lo puede casi todo porque tiene mucho poder: *El magnate creía ser* ***omnipotente,*** *pero una tragedia familiar le demostró que no era así.*

omnipresencia *f.* Capacidad para estar en todas partes a la vez: *Con el desarrollo de los medios de comunicación, algunas empresas han logrado tener* ***omnipresencia*** *y vender sus productos en todo el mundo.*

omnipresente *adj.* **1** Que puede estar en todas partes a la vez. **2** Que procura acudir a todas partes donde lo solicitan: *El médico del pueblo era tan dedicado que parecía* ***omnipresente,*** *solía visitar a todos los enfermos por lejos que habitaran.*

omnisciencia *f.* **1** Conocimiento de muchas materias y ciencias: *Por mucha erudición que se tenga, jamás se poseerá la* ***omnisciencia.*** **2** En literatura, capacidad del narrador para describir pensamientos, sentimientos de los personajes o sucesos que dichos personajes aún ignoran.

omnisciente *adj.* Que tiene omnisciencia: *Los narradores* ***omniscientes*** *suelen escribir en tercera persona, como si todo lo que pasa lo vieran de forma panorámica.*

omnívoro, ra *adj.* Relativo al animal que puede alimentarse con toda clase de comida: *Los humanos somos* ***omnívoros,*** *ya que comemos carne, vegetales, frutas, semillas, etcétera.*

omóplato u **omoplato** *m.* Hueso plano situado en la parte posterior del hombro: *Sergio tuvo una fractura en el* ***omóplato*** *y le enyesaron todo el brazo.*

ona *adj./m.* y *f.* Pueblo amerindio extinto que habitó en la Isla Grande de Tierra de Fuego, en la parte meridional de América del Sur.

onagro *m.* Mamífero intermedio entre el caballo y el asno, que vive en estado salvaje en las praderas asiáticas: *La mayor parte de los* ***onagros*** *tienen la piel de color claro y la crin oscura.*

once *adj.* **1** Número que resulta de sumar diez y uno. **2** Undécimo.

onceavo, va u **onzavo, va** *adj./m.* y *f.* Cada parte igual de las once en que se divide un todo.

onceno, na *adj./m.* y *f.* Que ocupa el lugar número once, undécimo: *Javier es el* ***onceno*** *en una fila de trece personas, así que le tocará pasar casi al último.*

oncología *f.* Parte de la medicina que trata de los tumores: *Paulo tiene cáncer y lo atienden en el Hospital de* ***Oncología.***

oncólogo, ga *m.* y *f.* Médico especialista en oncología: *La* ***oncóloga*** *le dijo a Mirna que era mejor mandar al laboratorio el tumorcito que le extrajo, para descartar la posibilidad de cáncer.*

onda *f.* **1** Cada una de las elevaciones que se producen al perturbar la superficie de un líquido: *Cuando un objeto cae al agua se forman* ***ondas*** *alrededor del centro.* **2** Cada una de las curvas de una superficie o línea sinuosa: *Le dio el sol a ese plástico y ahora tiene unas* ***ondas*** *que no se pueden quitar.* **3** *Méx. Fam.* Asunto, tema: *La* ***onda*** *de este curso de verano es aprender a elaborar muñecos de tela.* **4** *loc.* ~ **luminosa,** la que se origina en un cuerpo luminoso y transmite su luz, como una bombilla o foco. **5** *loc.* ~ **sonora**, la que se origina en un cuerpo elástico y transmite su sonido, como la cuerda de una guitarra.

ondear *vb.* {intr.} Formar ondulaciones un cuerpo flexible: *La bandera de la plaza* ***ondea*** *cuando hay viento.*

ondina *f.* Ninfa que, según la mitología escandinava y germánica, habitaba en las aguas profundas.

ondulación *f.* Acción y efecto de ondular u ondularse: *Algunas serpientes hacen con su cuerpo* ***ondulaciones*** *muy pronunciadas que les permiten desplazarse a gran velocidad.*

ondulado, da *adj.* Con forma de curvas u ondas: *Gilberto tiene el pelo* ***ondulado*** *y se le forman espirales alrededor de la cara.*

ondulante *adj.* Que ondula: *En el documental vimos un arrecife con* ***ondulantes*** *corales blandos de todos colores.*

ondular *vb.* {tr. e intr.} **1** Hacer curvas u ondas. **2** Moverse formando curvas u ondas.

ondulatorio, ria *adj.* Que se mueve formando ondas: *Las serpientes del desierto hacen movimientos* ***ondulatorios*** *para avanzar rápidamente sobre la arena.*

oneroso, sa *adj.* **1** Molesto, pesado: *Hablar en público es una responsabilidad* ***onerosa*** *para las personas tími-*

das. **2** Que es caro o costoso: *El pago de la hipoteca es una carga* ***onerosa*** *para la familia.*

ónice ***m.*** Variedad de ágata, mineral de la familia del cuarzo, con vetas de diversos colores y tonos.

onírico, ca ***adj.*** Relativo a los sueños: *Para el psicoanálisis son importantes las experiencias* ***oníricas.***

onirismo ***m.*** Alteración de la conciencia en la que, aunque se esté despierto, se pierde el sentido de la realidad y se tienen fantasías semejantes a las de los sueños: *Uno de los síntomas del* ***onirismo*** *son las alucinaciones visuales.*

ónix ***m.*** *Ver* **ónice.**

on line ***adj.*** **Palabra de origen inglés.** Se dice de las partes de equipos de computación conectados entre sí, cuando están listas para realizar alguna función que se desea.

onomástico ***m.*** Día en que una persona celebra su santo: *Como me llamo Carmen mi* ***onomástico*** *es el 16 de julio.* Sin. **santo.**

onomástico, ca ***adj.*** Relativo a los nombres propios de persona.

onomatopeya ***f.*** Imitación del sonido que produce una cosa para formar con él una palabra que lo exprese: *La* ***onomatopeya*** *del ladrido del perro es "guau".*

onomatopéyico, ca ***adj.*** Relacionado con las palabras que imitan los sonidos que producen las cosas: *Leí un cuento* ***onomatopéyico*** *en el que abundaban los* guau *de los perros, los* miau *de los gatos, los* pío *de los pollos, los* mu *de las vacas y los* oinc *de los cerdos.*

ontogenia ***f.*** Desarrollo de un ser vivo, desde que es engendrado hasta que nace.

ontología ***f.*** Parte de la metafísica que trata del ser en general.

onza ***f.*** Animal mamífero parecido al leopardo pero más pequeño, originario de África y Asia.

onza ***f.*** Medida de peso o de volumen, equivalente a cerca de 30 gramos: *Cuando René era bebé, tomaba cinco* ***onzas*** *de leche cada cuatro horas.*

ooteca ***f.*** Saquito de cáscara dura que contiene los huevos de los insectos ortópteros: *Sonia me comentó que mandaría fumigar su cocina, pues había visto dos cucarachas con su* ***ooteca*** *a cuestas cerca de la alacena.*

opa ***adj./m.*** y ***f.*** *Argent., Bol.* y *Urug.* Tonto, idiota: *Como no estudié, cuando el maestro me hizo preguntas quedé como un* ***opa*** *frente a todos mis compañeros.*

opacar ***vb. irreg.*** {tr. y prnl.} **Modelo 17.** *Amér.* Hacer opaco, nublar: *El día* ***se opacó*** *a causa de las nubes oscuras.*

opaco, ca ***adj.*** **1** Que no deja pasar la luz: *Puse cortinas* ***opacas*** *en mi habitación para evitar que entre la luz de un farol que está fuera de mi ventana.* **2** Sin brillo: *Esa perra parece enferma, tiene el pelo muy* ***opaco.***

opalescente ***adj.*** Que cambia de colores como el ópalo: *Jorge le regaló a su madre un hermoso florero de vidrio* ***opalescente,*** *sus colores cambian según le dé la luz.*

ópalo ***m.*** Piedra semipreciosa, variedad de sílice que presenta diversos colores.

ópata ***m.*** y ***f.*** De un grupo amerindio formado por ópatas, cahítas y tarahumaras, que habita en México.

opción ***f.*** **1** Facultad de elegir: *"De postre tienes la* ***opción*** *de elegir entre helado, panqué, tarta o fruta", le dije a Fernando.* **2** Elección: *De entre todas las carreras disponibles, el joven se decidió por la mejor* ***opción*** *para él.*

ópera ***f.*** **1** Obra dramática escrita para ser cantada y representada con acompañamiento de orquesta: *El músico austriaco Wolfgang Amadeus Mozart fue un gran maestro de la* ***ópera*** *como lo demuestran* Las Bodas de Fígaro *y* La Flauta Mágica. **2** Lugar donde se representa la obra llamada ópera: *Antes, la gente se vestía de gala para asistir a la* ***ópera.***

operación ***f.*** **1** Realización de una cosa con un fin determinado: *La* ***operación*** *de girar la llave dentro de un automóvil tiene como objetivo ponerlo en marcha.* **2** Intervención quirúrgica con fines curativos: *Los doctores dijeron que la* ***operación*** *de apéndice de mi mamá fue un éxito y que se recuperará muy pronto.* **3** Realización de un cálculo: *Para saber cómo repartir diez chocolates entre cinco niños, la* ***operación*** *que tengo que hacer es una división.*

operador, ra ***adj./m.*** y ***f.*** **1** Técnico encargado de hacer funcionar una máquina: *Hoy los* ***operadores*** *trabajarán sólo medio turno, pues la otra parte del día la dedicarán a limpiar y ajustar la maquinaria.* **2** Persona que atiende una central telefónica: *Llamé a la* ***operadora*** *del servicio de despertador y le pedí llamarme a las cinco de la mañana, pues debo estar temprano en el aeropuerto.*

operar ***vb.*** {tr., intr. y prnl.} **1** Practicar, producir un resultado: *La reparación de carreteras* ***ha operado*** *un beneficio para los conductores.* **2** Practicar o someterse a una intervención quirúrgica: ***Operaron*** *de emergencia a Saúl porque tenía apendicitis.* **3** Negociar: *Joel tiene una empresa que exporta tomates y* ***opera*** *con varias empresas en otros países.* **4** Realizar cálculos matemáticos: *La maestra enseñó a los alumnos a* ***operar*** *con cifras de cuatro dígitos.*

operario, ria ***m.*** y ***f.*** Obrero: *Los* ***operarios*** *de la fábrica textil harán doble turno esta semana, pues urge sacar una gran producción de telas.*

operativo, va ***adj.*** Se dice de lo que funciona y surte efecto.

opérculo ***m.*** Pieza que tapa o cierra ciertas aberturas de algunos organismos, como las agallas de los peces.

opereta ***f.*** Ópera corta o ligera: La Viuda Alegre *es una de las* ***operetas*** *vienesas más famosas.*

operístico, ca ***adj.*** Relativo a la ópera: *El famoso tenor se despedirá de su carrera* ***operística*** *con una gira por varios países en la que cantará los papeles principales de* Don Juan *y* Otelo.

opinar ***vb.*** {tr.} Expresar la idea u opinión: *Es mejor no* ***opinar*** *cuando uno no conoce el tema del que se habla.*

opinión ***f.*** Juicio, manera de pensar sobre un tema: *Me interesa conocer tu* ***opinión*** *sobre el último filme de ese director alemán.* Sin. **parecer.**

opio ***m.*** Narcótico y analgésico que se obtiene de la planta llamada adormidera verde.

opíparo, ra ***adj.*** Se dice de la comida abundante y espléndida: *El rey ofreció una cena* ***opípara*** *para festejar su cumpleaños en la que todos comimos mucha carne, ensaladas, frutas y postres.* Sin. **pantagruélico.**

oponente ***adj./m.*** y ***f.*** Persona que, respecto a otra, sostiene opiniones contrarias: *El candidato favorito barrió a su* ***oponente*** *durante el debate que se transmitió por televisión.*

oponer ***vb. irreg.*** {tr. y prnl.} **Modelo 27. 1** Poner en contra, obstaculizar: *Mis amigos y yo decidimos formar un grupo para* ***oponernos*** *a la tala de árboles en el parque del barrio.* **2** Ser una cosa contraria a otra: *Lo caliente* ***se opone*** *a lo frío.*

oporto ***m.*** Vino generoso, dulce y aromático, que se elabora en Portugal: *Una copa de* ***oporto*** *es reconfortante en las tardes muy frías.*

oportunidad ***f.*** Lo que sucede en el momento adecuado o lo que permite hacer algo: *Sin esperarlo, se le presentó a Irma la* ***oportunidad*** *de un trabajo interesante en el extranjero.* Sin. **chance.**

oportunismo ***m.*** Actitud de los que, incluso violando sus propios principios, buscan la madera de sacar provecho de alguna circunstancia.

a b c d e f g h i j k l m n o p q r s t u v w x y z

oportunista ***adj.*** Que actúa con oportunismo: *Ese **oportunista** aprovechó que su compañero de trabajo estaba enfermo para, mediante intrigas, quedarse con su puesto.*

oportuno, na ***adj.*** **1** Que se hace o sucede en el tiempo adecuado, en el lugar o circunstancia conveniente: *La herencia de su tío rico fue muy **oportuna** para Jaime, ya que tenía muchas deudas.* **2** Ingenioso: *Daniel siempre es **oportuno** para hacer bromas.*

oposición ***f.*** **1** Hecho de estar en contra de algo o alguien: *La **oposición** de Jorge para obedecer a su maestra provocó que lo castigaran.* **2** Concurso que consiste en una serie de ejercicios a los que se someten los aspirantes a un cargo o empleo: *Para dar clases en esa universidad, el profesor tuvo que ganar un concurso de **oposición** al que se presentaron tres concursantes más.* **3** Grupo o partido contrario a la política de un gobierno.

opositor, ra ***adj./m.*** y ***f.*** Que se opone a otro, sobre todo en cuestiones ideológicas: *Los partidos **opositores** a ese régimen van a aliarse para adquirir mayor fuerza y combatirlo.*

opresión ***f.*** **1** Hecho de ejercer presión. **2** Hecho de someter a alguien con rigor y violencia.

opresivo, va ***adj.*** Que oprime: *El pobre hombre trabajaba en un ambiente **opresivo**, pues su oficina no tenía ventanas al exterior y era pequeña, ruidosa y mal ventilada.*

opresor, ra ***adj./m.*** y ***f.*** Que oprime para someter: *A principios del siglo XIX, varios pueblos americanos se independizaron de sus **opresores**.*

oprimido, da ***adj.*** Que está sujeto a opresión, sea física o moral: *¡Algo pasa con mi teclado, se quedaron varias teclas **oprimidas** y no es posible destrabarlas!*

oprimir ***vb.*** {tr.} **1** Ejercer presión, apretar: *El enfermo lanzó un grito de dolor cuando el doctor le **oprimió** el vientre.* **2** Someter mediante el rigor excesivo o la violencia: *Los nazis **oprimieron** y asesinaron a muchos judíos durante la Segunda Guerra Mundial.* **3** Causar ahogo o angustia: *Por el susto, Micaela sintió que algo muy pesado le **oprimía** el pecho y durante un momento no pudo respirar bien.*

oprobio ***m.*** Deshonor, vergüenza: *La gente irresponsable es un **oprobio** y un perjuicio para la sociedad.*

oprobioso, sa ***adj.*** Que causa oprobio, vergonzoso: *Resulta **oprobioso** que, en pleno siglo XXI, se prive de su libertad a personas inocentes.*

optar ***vb.*** {tr. e intr.} **1** Elegir una entre varias posibilidades: *De entre ir al cine, al teatro, o quedarse en casa, **optó** por esto último, pues estaba muy cansado.* **2** Aspirar a algo: *La maestra **optó** por el puesto de subdirectora después de diez años de trabajar en la escuela.*

optativo, va ***adj.*** Lo que se puede elegir, que no es obligatorio: *En mi escuela la clase de matemáticas es obligatoria, en cambio la clase de cerámica es **optativa**.*

óptica ***f.*** **1** Parte de la física que estudia las leyes y los fenómenos de la luz. **2** Lugar donde se hacen análisis de los ojos, se venden lentes, anteojos y otros objetos relacionados con la vista.

óptico, ca ***adj.*** Relativo a la óptica o a la visión: *Algunos tipos de dibujos producen ilusiones **ópticas**, es decir, engañan a la vista.*

óptico, ca ***m.*** y ***f.*** Persona que elabora o vende aparatos para la visión.

optimismo ***m.*** Tendencia a ver las cosas por su lado más favorable: *El **optimismo** de David le impide desanimarse y perder la esperanza cuando se presenta algún problema.*

optimista ***m.*** y ***f.*** Persona que ve las cosas del lado positivo.

optimizar ***vb. irreg.*** {tr.} **Modelo 16.** Hacer que una actividad o procedimiento rinda el mejor resultado posible: *Desde que **optimizaron** sus métodos de trabajo, en esa empresa tienen mayores ganancias.*

óptimo, ma ***adj.*** Que es lo mejor en su género o línea: *Ese atleta está en el mejor momento de su carrera, pues su excelente condición física y su corta edad son **óptimos** para practicar el deporte.*

optometría ***f.*** Rama de la oftalmología que determina y atiende los problemas de refracción en los ojos: *La **optometría** no sólo se ocupa de prescribir lentes; también detecta enfermedades del sistema visual.*

optometrista ***m.*** y ***f.*** Especialista en optometría: *Me urge ir al **optometrista**, pues tantas horas frente a la computadora me dejan con la vista borrosa.*

opuesto, ta ***adj.*** **1** Contrario, que se opone a algo por estar enfrente: *El correo está en la acera **opuesta** a la carnicería.* **2** Que está en contra o que contradice a alguien o algo: *El negro y el blanco son dos colores **opuestos**.*

opulencia ***f.*** Riqueza grande, abundancia de cosas: *La **opulencia** de la corte francesa de Luis XIV podía verse en su vestimenta, su palacio y sus lujosas fiestas.*

opulento, ta ***adj.*** Que tiene abundantes riquezas: *El **opulento** sultán se bañaba en una bañera hecha de oro.*

opúsculo ***m.*** Obra impresa de breve extensión: *Brígida leyó un **opúsculo** que, en veinte páginas, trata de las propiedades curativas del ajo.*

oquedad ***f.*** Espacio vacío en el interior de un cuerpo: *Durante la excursión por el monte nos refugiamos de la lluvia en la **oquedad** de una gran roca.*

ora ***conj.*** Expresa relación de alternancia entre acciones: *Enrique estaba muy inquieto; **ora** leía, **ora** paseaba.*

oración ***f.*** **1** Discurso: *El primer ministro fue el encargado de pronunciar la **oración** fúnebre por la muerte del presidente.* **2** Hecho de dirigirse a Dios o a un ser divino para expresarle adoración, una petición o agradecimiento: *La madre dirigió una **oración** a Dios para pedir que su hijo sanara.* **3** Conjunto de elementos lingüísticos que forman una unidad sintáctica independiente y completa: *"El día es hermoso" es un ejemplo de **oración** en la que "El día" es el sujeto y "es hermoso" el predicado.* SIN. **frase.**

oráculo ***m.*** **1** Respuesta o mensaje que los antiguos dioses romanos y griegos daban a los hombres, por lo general a través de sus sacerdotes: *Los antiguos griegos acudían al **oráculo** de Delfos para conocer el futuro.* **2** ***Fam.*** Persona de gran sabiduría, cuyas opiniones se escuchan sin discusión.

orador, ra ***m.*** y ***f.*** Persona que pronuncia un discurso: *El ministro de Cultura fue el principal **orador** en la ceremonia que se realizó en el museo.*

oral ***adj.*** **1** Relativo a la boca: *Si un medicamento dice "por vía **oral**", significa que se toma por la boca, no que se inyecta.* **2** Expresado de manera verbal, dicho con palabras: *La profesora nos dijo que va a evaluarnos con un examen **oral**.*

oralidad ***f.*** Forma de comunicación oral, es decir, a través de la palabra hablada: *En la **oralidad** intervienen no sólo las palabras en sí, sino la manera en que se expresan, el volumen de la voz y los gestos que las acompañan.*

orangután ***m.*** Mono antropomorfo de Asia, que llega a medir 150 m de altura, con cabeza gruesa, pelo largo y rojizo, nariz chata, hocico saliente, cuerpo robusto y brazos tan largos que tocan el suelo cuando está erguido.

orar ***vb.*** {intr.} **1** Hacer oración. SIN. **rezar.** **2** Hablar en público: *El profesor **oró** durante más de dos horas y todo este* *tiempo los alumnos estuvieron atentos a su interesante discurso.*

orate ***m.*** y ***f.*** **1** Loco, demente. **2** ***Fam.*** Persona con poco juicio y prudencia.

oratoria ***f.*** Arte de hablar con elocuencia: *En muchas escuelas se organizan concursos anuales de **oratoria** para que los niños aprendan a hablar en público.*

oratorio ***m.*** Lugar destinado para orar.

orbe ***m.*** **1** Universo o mundo: *Hoy en día, la información llega a casi todos los rincones del **orbe** gracias a los satélites y computadoras.* **2** Esfera celeste o terrestre: *Alrededor del Sol giran nueve **orbes**, y uno de ellos es la Tierra.*

órbita ***f.*** **1** Curva cerrada que describe un cuerpo celeste alrededor de otro: *La Luna describe una **órbita** de forma ovalada alrededor de la Tierra.* **2** Cavidad del ojo: *A las calaveras se les ven las **órbitas** porque ya no tienen piel ni ojos.* Sin. **cuenca.**

orbital ***adj.*** Relativo a la órbita: *La Tierra tarda aproximadamente un año en completar su recorrido **orbital** alrededor del Sol.*

orbitar ***vb.*** {tr.} Girar un planeta o un satélite artificial alrededor de otro cuerpo celeste: *Desde hace algunos años, una sonda espacial **orbita** Marte para estudiar los fenómenos que ocurren en la superficie de este planeta.*

orca ***f.*** Animal marino de gran tamaño, parecido a la ballena, negro por el lomo y blanco por el vientre, que vive en el norte del océano Atlántico.

orden ***f.*** **1** Mandato que se debe obedecer: *El director de la escuela dio la **orden** a los maestros para que iniciaran la ceremonia.* **2** Cuerpo de personas unidas por alguna regla común o por una distinción honorífica: *Hicieron miembro de la **Orden** de Honor a ese científico por sus servicios al país.*

orden ***m.*** **1** Organización y disposición regular de las cosas: *Quien acostumbra el **orden** evita pérdidas de tiempo.* **2** Normalidad, tranquilidad: *La policía es la encargada de preservar el **orden** y la paz pública.* **3** Cada uno de los estilos de la arquitectura clásica: *Las columnas clásicas son de tres **órdenes:** dórico, jónico y corintio.* **4** Categoría de clasificación de plantas y animales, intermedia entre la clase y la familia.

ordenación ***f.*** **1** Acción y efecto de ordenar: *Mientras no termines la **ordenación** de ese archivo no sabrás dónde están los documentos.* **2** Ceremonia en la que se ordena un sacerdote.

ordenada ***adj./f.*** En matemáticas, la coordenada vertical.

ordenado, da ***adj.*** Que presenta orden: *Josefina es una niña **ordenada** que mantiene limpia su habitación, la ropa guardada y los libros acomodados.*

ordenador ***m. Esp.*** Máquina electrónica de gran capacidad de memoria, dotada de métodos de tratamiento de la información. Sin. **computadora.**

ordenanza ***f.*** Conjunto de preceptos dictados para la reglamentación de una comunidad: *Si todas las personas siguieran las **ordenanzas,** la vida en las ciudades sería más cordial.*

ordenanza ***m.*** Empleado de oficina encargado de la mensajería interna y externa: *El **ordenanza** salió muy temprano a entregar varios sobres y paquetes.*

ordenar ***vb.*** {tr. y prnl.} **1** Poner en orden, colocar de manera organizada: *Debo **ordenar** mis papeles, pues están tan revueltos que no puedo encontrar nada.* **2** Mandar: *El maestro le **ordenó** que permaneciera de pie en la parte posterior del salón como castigo por la grosería que dijo.* **3** En las religiones, otorgar o recibir el cargo de sacerdote, monja o monje.

ordeña ***f.*** Extracción de la leche de la ubre del animal que la produce: *En algunas granjas modernas, la **ordeña** de vacas se lleva a cabo por medio de máquinas.*

ordeñador, ra ***m.*** y ***f.*** 1 Persona que ordeña. 2 Máquina que ordeña por succión.

ordeñar ***vb.*** {tr.} Extraer la leche de la ubre de un animal hembra exprimiendo sus tetas: *Mi tío tiene una vaca y la **ordeña** todas las mañanas muy temprano.*

ordinal ***adj.*** Se dice del adjetivo numeral que expresa orden: *El **ordinal** del número tres es tercero.*

ordinariez ***f.*** **1** Calidad de ordinario, vulgaridad: *Aunque ese tipo usa ropa muy cara, la **ordinariez** le brota por los poros.* **2** Dicho o hecho vulgar o de mal gusto: *Mónica prohibió a ese amigo de su hijo volver a pisar su casa, pues dijo muchas **ordinarieces** mientras jugaba.*

ordinario, ria ***adj.*** **1** Común, corriente: *No podría describir al hermano de mi amiga, ya que es un chico **ordinario** sin ninguna característica especial.* **2** Vulgar, de baja calidad: *El campesino hizo unos sacos de tela **ordinaria** para meter los granos de maíz.*

ordovícico, ca ***adj./m.*** Segundo periodo de la era paleozoica.

orear ***vb.*** {tr.} Poner una cosa al aire y al sol para que se ventile o se seque: *Saqué la ropa de cama a **orear** porque llevaba mucho tiempo guardada y olía a humedad.*

orégano ***m.*** Planta herbácea aromática, que se usa como condimento: *El **orégano** se usa también en la industria de la perfumería.*

oreja ***f.*** **1** Órgano del oído, en particular la parte externa situada a cada lado de la cabeza: *Los aretes suelen ponerse en los lóbulos de las **orejas.*** **2** ***Colomb.*** Desviación circular que cruza la recta de una autopista a diferente altura que la recta. **3** ***Méx.*** Asa de un recipiente: *Durante la mudanza se cayó la caja de la vajilla y se rompieron algunas **orejas** de las tazas.* **4** ***Méx.*** y ***Salv. Fam.*** Espía, delator: *Ten cuidado de lo que hablas delante de Sofía, porque es **oreja** del jefe y todo le dice.*

orejera ***f.*** **1** Pieza de una gorra que cubre las orejas. **2** Prenda diseñada para abrigar las orejas, se usa más en plural: *Nidia tiene unas **orejeras** de piel de conejo.*

orejón ***m.*** Trozo de durazno o albaricoque secado al aire o al sol, que se consume como dulce.

orejón, jona ***adj.*** Que tiene las orejas grandes: *En la tienda de mascotas había unos conejos grandes y muy **orejones.***

orejudo, da ***adj.*** Que tiene orejas largas y grandes: *Los perros más **orejudos** son los sabuesos de la raza Basset Hound; incluso necesitan comederos especiales para que sus orejas no entren al plato.*

orfanato ***m.*** Asilo de huérfanos: *Ese **orfanato** funciona con dinero de los donativos de mucha gente.* Sin. **orfanatorio, orfelinato.**

orfanatorio ***m. Méx.*** Asilo de huérfanos. Sin. **orfanato, orfelinato.**

orfandad ***f.*** Situación del huérfano: *Los padres de Olga murieron en un accidente y la dejaron en estado de **orfandad.***

orfebre ***m.*** Artesano que trabaja el oro o la plata: *Los **orfebres** colombianos son famosos por su fina joyería de oro.*

orfebrería ***f.*** **1** Arte y oficio del orfebre. **2** Obra hecha de oro o plata: *En esa pequeña ciudad encontré **orfebrería** de magnífica calidad, así que decidí comprarme unos aretes y una medalla.*

a b c d e f g h i j k l m n o p q r s t u v w x y z

orfelinato ***m.*** Asilo de huérfanos. SIN. **orfanato, orfanatorio.**

orfeón ***m.*** Grupo organizado de personas que forman un coro de cantantes: *Como tiene buena voz, desde niño ha cantado en el* ***orfeón*** *de su escuela.*

organdí ***m.*** Tela de algodón ligera y transparente, de consistencia algo rígida: *Para confeccionar el disfraz de hada que necesita mi hermana, mi mamá compró tres metros de* ***organdí*** *azul claro y dos de satén del mismo color.*

orgánico, ca ***adj.*** **1** Dícese del organismo vivo: *Los humanos, los animales y las plantas somos seres* ***orgánicos****, en cambio las piedras son inorgánicas.* **2** Relativo a los órganos o al organismo de los seres vivos: *La respiración y la digestión son funciones* ***orgánicas****.*

organigrama ***m.*** Cuadro en el que se representa con una gráfica la estructura de una organización: *Para entender la distribución de tareas de una empresa es aconsejable ver el* ***organigrama****.*

organillero, ra ***m.*** y ***f.*** Persona que toca el organillo u órgano portátil con una manivela: *En la actualidad todavía existen algunos* ***organilleros*** *que en las plazas públicas tocan sus pesados y tradicionales instrumentos.*

organillo ***m.*** Órgano portátil, movido por una manivela: *Cada vez que se acababa una melodía del* ***organillo****, el señor que lo tocaba pedía dinero a la gente que caminaba por la calle.* SIN. **cilindro.**

organismo ***m.*** **1** Ser vivo que tiene un conjunto de funciones propias: *La biología estudia los* ***organismos*** *animales y vegetales.* **2** Conjunto de órganos que forman un ser vivo. **3** Conjunto de dependencias relacionadas entre sí, que forman un cuerpo o institución: *La universidad es un* ***organismo*** *formado por escuelas, facultades e institutos.*

organista ***m.*** y ***f.*** Persona que tiene por oficio tocar el órgano.

organización ***f.*** **1** Hecho de disponer las cosas o disponerse de manera conveniente para algo: *La* ***organización*** *del viaje fue un fracaso: salimos tarde, no encontramos hoteles disponibles y gastamos mucho dinero en comida.* **2** Asociación constituida para determinado fin: *La* ***Organización*** *de las Naciones Unidas tiene como finalidad preservar la paz y la armonía entre sus miembros.*

organizado, da ***adj.*** Ordenado, dispuesto de la manera adecuada: *El trabajo* ***organizado*** *ayuda a que la faena sea más ligera.*

organizador, ra ***adj.*** Que organiza: *En el Comité* ***Organizador*** *de los Juegos Olímpicos intervienen personas de diferentes nacionalidades.*

organizador, ra ***m.*** y ***f.*** Persona o institución que organiza algo: *El Comité de Cultura fue designado* ***organizador*** *de los concursos artísticos.*

organizar ***vb. irreg.*** {tr. y prnl.} **Modelo 16.** **1** Disponer lo necesario para realizar algo y vigilar que se lleve a cabo: *Diego y Rodrigo serán los encargados de* ***organizar*** *la fiesta de fin de cursos.* **2** Ordenar, colocar de manera conveniente: ***Organicé*** *mis discos según el tipo de música para poder encontrar con facilidad lo que quiera escuchar.*

órgano ***m.*** **1** En los seres vivos, parte del cuerpo destinada a realizar una función determinada: *Uno de los* ***órganos*** *fundamentales de los mamíferos es el corazón.* **2** Instrumento musical de viento y teclado: *El músico Juan Sebastián Bach escribió muchas piezas para* ***órgano****.*

orgánulo ***m.*** Estructura o parte de una célula, que cumple la función de un órgano de dicha célula.

orgasmo ***m.*** Culminación del placer sexual.

orgía ***f.*** **1** Fiesta en que se cometen excesos en la comida y la bebida. **2** ***Fam.*** Placer desenfrenado.

orgullo ***m.*** **1** Sentimiento de estimación a sí mismo o a una cosa que es propia, que lleva a considerarse digno de admiración y superior a los demás: *El* ***orgullo*** *de César le impidió pedirle perdón a su hermano y dejaron de hablarse por diez años.* **2** Sentimiento elevado de la propia dignidad: *Después del incendio todos nos dimos cuenta del* ***orgullo*** *que sentía el bombero por haber salvado a esa familia.*

orgulloso, sa ***adj.*** **1** Persona que tiene un alto sentido de la estimación propia o satisfacción por algo: *Don Armando está* ***orgulloso*** *de su hijo porque lo aceptaron en la mejor universidad del país.* **2** Persona que se cree superior a los demás y actúa con soberbia.

orientación ***f.*** Posición de un objeto o edificio con relación a los puntos cardinales: *La* ***orientación*** *de mi casa es hacia el Norte.*

oriental ***adj.*** Relativo al oriente: *Visitamos una tienda de artículos* ***orientales*** *donde había muchas piezas de porcelana, lámparas de papel de china, palitos para comer y ropa de seda.*

orientalizar ***vb. irreg.*** {tr. y prnl.} **Modelo 16.** Dar a algo características propias de Oriente, o adoptarlas: *El cine y otros medios de comunicación han contribuido a la* ***orientalización*** *de las costumbres, por ejemplo, comer comida china o japonesa ya es cosa cotidiana en muchos países.*

orientar ***vb.*** {tr. y prnl.} **1** Colocar una cosa en posición determinada respecto a los puntos cardinales. **2** Determinar dónde está la dirección que se ha de seguir: *Espera, quiero* ***orientarme*** *para saber si hay que ir a la derecha o a la izquierda.* **3** Dirigir una persona, cosa o acción hacia un fin determinado: *El maestro* ***orientó*** *a sus alumnos para que continuaran estudiando.*

oriente ***m.*** **1** Punto cardinal del horizonte por donde aparece el Sol: *Su casa tiene muy buena luz y temperatura porque da hacia el* ***oriente****.* SIN. **este.** **2** Asia y las partes de Europa y África contiguas al continente asiático: *Sus abuelos se fueron a un viaje por el* ***Oriente*** *que incluyó países como Japón, China, la India, Arabia y Rusia.*

orificio ***m.*** Boca o agujero: *Los ratones entraban y salían de su madriguera por un* ***orificio*** *en la pared.*

origen ***m.*** **1** Principio, causa, procedencia de algo: *Muchos astrónomos creen que el* ***origen*** *del Universo fue una gran explosión.* **2** Ascendencia: *Al ver mi árbol genealógico, pude rastrear mi* ***origen*** *hasta cinco generaciones atrás.*

original ***adj.*** **1** Relativo al origen. **2** Singular, fuera de lo común: *Esa actriz usa unos grandes sombreros muy* ***originales*** *que ella misma confecciona.*

original ***m.*** Lo que no es copia, imitación o traducción: *El jefe de mi papá tiene en su sala un Picasso* ***original****, no es una reproducción.*

originalidad ***f.*** Calidad de original: *La* ***originalidad*** *de ese diseño es tanta, que a muchas personas les parece extraño.*

originar ***vb.*** {tr. y prnl.} **1** Ser motivo u origen de algo: *Para curar una enfermedad, es importante saber qué la* ***originó****.* **2** Iniciarse algo, comenzar: *Muchos incendios* ***se originan*** *por descuidos.*

originario, ria ***adj.*** **1** Que es origen o principio de algo: *En su forma* ***originaria*** *esta casa era pequeña, pero con el tiempo han ido construyendo habitaciones que la hicieron más grande.* **2** Procedente, oriundo: *El jitomate es* ***originario*** *de América.*

orilla ***f.*** **1** Franja que separa la tierra de un mar, río, etc.: *Las mujeres de ese pueblo van a lavar ropa a la* ***orilla*** *del río.* **2** Parte extrema o borde de una superficie, tela, etc.: *Marcela se agachó en el campo y se ensució la* ***orilla*** *del vestido.*

orillero, ra ***m.*** y ***f.*** ***Amér. C., Argent., Cuba, Urug.*** y ***Venez.*** Propio de las orillas o barrios pobres de una ciudad.
orín ***m.*** **1** *Ver* **orina. 2** Óxido de hierro, de color rojizo, que se forma por la acción de la humedad.
orina ***f.*** Líquido amarillento expulsado por los riñones. SIN. **orín.**
orinal ***m.*** Recipiente para recoger la orina: *El anciano tenía un* ***orinal*** *portátil junto a su cama porque no podía levantarse para ir al baño.*
orinar ***vb.*** {intr. y prnl.} Vaciar del organismo la orina acumulada: *La pequeña Tania se* ***orina*** *en el pañal porque todavía no sabe avisar a su mamá.*
oriundo, da ***adj.*** Que es nativo o viene de cierto lugar: *El escritor Pablo Neruda fue* ***oriundo*** *de Chile.* SIN. **originario.**
orla ***f.*** Adorno que se pone en los bordes de una prenda de vestir, un documento, un tapiz o un cortinaje: *Como no había dinero para comprar cortinas nuevas, mis padres las renovaron poniéndoles* ***orlas*** *con una tela de color contrastante.*
orlar ***vb.*** {tr.} Adornar algo poniéndole una orla: *Le puse a mi falda negra una triple* ***orla*** *de flecos y quedó mejor que otra muy cara que había visto en un aparador.*
ornamentación ***f.*** Acción y efecto de ornamentar o adornar: *Los altares barrocos son ricos en* ***ornamentaciones.***
ornamentado, da ***adj.*** Adornado: *En el palacio que visitamos hay columnas* ***ornamentadas*** *y arcos de medio punto.*
ornamental ***adj.*** Que sirve de adorno, decorativo: *Las fachadas de los edificios antiguos suelen tener relieves* ***ornamentales.***
ornamentar ***vb.*** {tr.} Adornar: *Miguel Ángel Buonarroti fue contratado por el Papa para* ***ornamentar*** *el techo de la Capilla Sixtina con pinturas.*
ornamento ***m.*** Adorno: *Como* ***ornamento,*** *los jefes pieles rojas usan unos grandes penachos elaborados con plumas.*
ornar ***vb.*** {tr. y prnl.} Adornar.
ornato ***m.*** Adorno: *En esa tienda de plantas se pueden comprar flores de* ***ornato*** *en bonitas macetas.*
ornitología ***f.*** Parte de la zoología que estudia las aves.
ornitólogo, ga ***m.*** y ***f.*** Persona dedicada al estudio de las aves.
ornitorrinco ***m.*** Mamífero australiano, de pico parecido al del pato, patas palmeadas y cola ancha: *El* ***ornitorrinco*** *es el único mamífero que se reproduce por medio de huevos.*
oro ***m.*** **1** Metal precioso de color amarillo, dúctil y maleable, de símbolo Au y número atómico 79: *Muchas personas acostumbran comprar sortijas de* ***oro*** *cuando se casan.* **2** ***Fam.*** Dinero, riqueza.
orogénesis ***f.*** Proceso de formación de los sistemas montañosos: *La* ***orogénesis*** *de los Alpes comenzó hace alrededor de 62 millones de años, debido a un plegamiento de las capas de la Tierra.*
orogenia ***f.*** Parte de la geología que estudia la formación de los sistemas montañosos.
orografía ***f.*** Estudio de la superficie de la Tierra y de sus accidentes, como montañas, llanos, altiplanos, etc.: *La* ***orografía*** *es una parte de la geografía.*
orográfico, ca ***adj.*** Perteneciente o relativo a la orografía: *En los mapas* ***orográficos*** *pueden verse con claridad las cadenas montañosas y los desiertos.*
orondo, da ***adj.*** **1** Grueso, gordo. **2** Satisfecho de sí mismo: *El dueño de la próspera empresa entró a su oficina muy* ***orondo*** *y contento.*
oropel ***m.*** **1** Lámina de latón que imita el oro. **2** ***Fam.*** Cosa de poco valor y mucha apariencia: *No hay que dejarse engañar por el* ***oropel,*** *es mejor buscar el valor profundo de las cosas.*
oropéndola ***f.*** Ave de unos 24 cm de longitud, que tiene plumaje de color amarillo en el cuerpo y alas y cola negras.
oros ***m. pl.*** Uno de los cuatro palos de la baraja española.
orozuz ***m.*** Planta cuyos rizomas, dulces y aromáticos, se usan para fabricar dulces y en medicina: *Mi tío me trajo de su viaje unas tiras negras de caramelo de orozuz que me gustaron mucho por su sabor anisado.* Sin. **regaliz.**
orquesta ***f.*** Conjunto formado por músicos que tocan diferentes instrumentos y que interpretan obras musicales: *Las* ***orquestas*** *se componen de instrumentos de cuerda, aliento, metales y percusiones.*
orquestar ***vb.*** {tr.} **1** Arreglar una pieza musical para ser tocada por los instrumentos de una orquesta. **2** Organizar, estructurar: *Los ingenieros* ***orquestaron*** *un plan de trabajo con el que, aseguran, el puente quedará terminado en seis meses.*
orquídea ***f.*** **1** Planta herbácea de flores muy vistosas. **2** Flor de la planta llamada orquídea: *La* ***orquídea*** *pertenece a una familia de plantas formada por 17 500 especies, todas ellas caracterizadas por su gran belleza.*
orquitis ***f.*** Inflamación de los testículos.
ortiga ***f.*** Planta herbácea de flores poco visibles y hojas cubiertas de pelos que segregan un líquido irritante: *Al niño explorador le salió una erupción en el brazo porque pasó rozando una* ***ortiga.***
orto ***m.*** Salida del Sol: *"Justo al* ***orto*** *tendremos que emprender el camino si queremos llegar a tiempo", indicó el guía antes de que los exploradores sacaran sus bolsas de dormir.*
ortodoncia ***f.*** Rama de la odontología que se ocupa de corregir los defectos de la dentadura: *"Sus dientes están muy mal colocados, pero con* ***ortodoncia*** *quedarán juntos y derechos", me dijo el dentista.*
ortodoncista ***m.*** y ***f.*** Dentista que se ocupa de corregir defectos dentales: *El* ***ortodoncista*** *me puso unas ligas especiales para enderezar mis colmillos que están chuecos.*
ortodoxia ***f.*** **1** Conjunto de doctrinas conformes con el dogma de alguna religión. **2** Conjunto de las iglesias cristianas orientales: *El arte religioso de la* ***ortodoxia*** *cristiana se caracteriza por los iconos, bellas pinturas sobre fondo dorado.* **3** Conformidad con las ideas tradicionales de alguna ciencia o de la sociedad.
ortodoxo, xa ***adj.*** **1** Conforme a los principios de una determinada doctrina que se considera cierta. **2** Relativo a ciertas iglesias católicas de la Europa Oriental, que se separaron de la romana en 1054, como la griega o la rusa.
ortogonal ***adj.*** Que se corta en ángulo recto, de manera perpendicular: *En los mapas, la longitud y la latitud son mediciones independientes que, al cortarse de modo* ***ortogonal*** *en un punto, permiten ubicar un lugar.*
ortografía ***f.*** **1** Escritura correcta de las palabras: *Úrsula tiene buena* ***ortografía*** *pues desde pequeña lee y consulta su diccionario.* **2** Parte de la gramática que enseña a escribir de manera correcta: *Las reglas de acentuación se pueden consultar en los manuales de* ***ortografía.***
ortográfico, ca ***adj.*** Relacionado con la ortografía: *Los signos de interrogación y de admiración son signos* ***ortográficos.***
ortopedia ***f.*** Corrección de las deformaciones de los huesos y articulaciones del cuerpo.
ortopédico, ca ***adj.*** Relacionado con la corrección de los defectos de los huesos y articulaciones del cuerpo: *Gustavo*

se lastimó la columna vertebral y ahora tiene que usar una faja ***ortopédica*** *que mantiene recta su espalda.*

ortopedista ***m.*** y ***f.*** Médico especializado en corregir las deformaciones de los huesos y articulaciones del cuerpo: *Jorge se lastimó una rodilla y tuvo que acudir con un* ***ortopedista*** *para que se la arreglara.*

ortóptero, ra ***adj./m.*** Relativo a un orden de insectos masticadores con metamorfosis incompleta, como el grillo.

oruga ***f.*** Larva típica de las mariposas, en forma de gusano: *Cuando la* ***oruga*** *se vuelve adulto se transforma en un bello insecto.*

orujo ***m.*** **1** Residuo que se obtiene de prensar la uva, aceituna, etc. **2** Aguardiente que se fabrica con el residuo de la uva llamado orujo.

orzuela ***f.*** Fragilidad y debilidad del cabello que hace que se divida en las puntas: *Iré a cortarme un poco el cabello porque lo tengo opaco y con* ***orzuela.***

orzuelo ***m.*** Pequeño grano que aparece en el borde del párpado: *Se puso una pomada en el párpado cuando empezó a sentir que un* ***orzuelo*** *le estaba saliendo.* SIN. **perrilla.**

os ***pron.*** Pronombre personal de segunda persona del plural, que funciona como complemento directo e indirecto: *"****Os*** *agradezco vuestro homenaje", dijo el escritor español durante la ceremonia.*

osadía ***f.*** **1** Temeridad, atrevimiento: *"¿Quién cometió la* ***osadía*** *de comerse mi helado sin mi permiso?", les pregunté a mis hermanitos.* **2** Falta de respeto: *Con* ***osadía*** *el muchacho empezó a regañarme ¡sin tomar en cuenta que es mi alumno!*

osado, da ***adj.*** Atrevido: *Diego ha sido muy* ***osado*** *desde niño, apenas sabía nadar y ya se lanzaba desde el trampolín.*

osamenta ***f.*** Esqueleto: *En el museo de historia natural vimos una* ***osamenta*** *de mamut.*

osar ***vb.*** {intr.} Atreverse a algo: *El oso del cuento quería saber quién había* ***osado*** *comerse su avena.*

osario ***m.*** Sitio donde se guardan huesos de difuntos: *El* ***osario*** *subterráneo de ese cementerio es muy grande, contiene huesos desde hace tres siglos.*

oscilación ***f.*** Hecho de moverse algo de manera alternativa de un lado para el otro: *La* ***oscilación*** *del péndulo de un reloj marca el paso de los segundos.*

oscilador ***m.*** Aparato que produce oscilaciones, sean mecánicas, eléctricas o electromagnéticas: *Los aparatos que registran sismos son un tipo de* ***oscilador:*** *el impulso de la Tierra es la fuerza que inicia el movimiento y el cesar del temblor lo amortigua.*

oscilante ***adj.*** Que oscila: *El movimiento* ***oscilante*** *del ventilador hace que el aire que mueven sus aspas se reparta mejor por la habitación.*

oscilar ***vb.*** {intr.} **1** Moverse de manera alternativa un cuerpo a un lado y otro: *El péndulo de los relojes* ***oscila*** *para marcar el paso de los segundos.* SIN. **vacilar. 2** Variar, cambiar algunas cosas dentro de unos límites: *La temperatura en la zona donde vivo* ***oscila*** *entre los 21 y los 30 grados centígrados.*

ósculo ***m.*** Beso respetuoso: *El galán dio un último* ***ósculo*** *a su amada antes de partir para siempre.*

oscurecer ***vb. irreg.*** {tr.} **Modelo 39.** *Ver* **obscurecer.**

oscuridad ***f.*** *Ver* **obscuridad.**

oscuro, ra ***adj.*** *Ver* **obscuro.**

óseo, a ***adj.*** Relativo a los huesos: *La estructura* ***ósea*** *nos sostiene de pie.*

osezno ***m.*** Cachorro del oso.

osmio ***m.*** Metal que se encuentra en el mineral de platino, de símbolo Os y número atómico 76.

ósmosis u **osmosis** ***f.*** Separación de dos sustancias que tienen distinta densidad al pasar o hacerlas pasar a través de una membrana permeable.

oso, sa ***m.*** y ***f.*** **1** Mamífero carnívoro de cuerpo pesado y pelaje abundante, con grandes garras y cola reducida: *En el zoológico vi* ***osos*** *pardos y* ***osos*** *polares.* **2** ***loc.*** **~ hormiguero,** mamífero sin dientes, de hocico alargado y lengua larga y flexible, que se alimenta de hormigas.

ostensible ***adj.*** Que se puede ver o percibir con facilidad: *La nueva riqueza de mi vecino es* ***ostensible,*** *pues desde que se ganó la lotería se compra casas y automóviles nuevos muy seguido.* SIN. **manifiesto, patente.**

ostentación ***f.*** Hecho de mostrar lo que se tiene con orgullo, con vanidad: *Le encanta la* ***ostentación,*** *así que hace todo lo posible para que se vea que es rico.*

ostentar ***vb.*** {tr.} **1** Mostrar, exhibir: *El general* ***ostentaba*** *en el pecho todas sus medallas.* **2** Demostrar grandeza y lujo de manera exagerada: *A la guapa actriz le gusta* ***ostentar*** *sus joyas y ropa costosa cada vez que aparece en televisión.* **3** Poseer: *Esa escuela* ***ostenta*** *el primer lugar del país en ortografía.*

ostentoso, sa ***adj.*** Alguien o algo que exhibe riqueza y lujo de manera exagerada: *Esa señora se expone a un robo cuando camina por la calle usando joyas* ***ostentosas.***

osteología ***f.*** Parte de la medicina y la anatomía que estudia los huesos.

osteólogo, ga ***m.*** y ***f.*** Especialista en osteología: *El médico general mandó a Juvencio al* ***osteólogo,*** *para ver por qué le duelen los brazos.*

osteomielitis ***f.*** Enfermedad inflamatoria de los huesos y la médula ósea: *La* ***osteomielitis*** *es causada por un estafilococo.*

osteoporosis ***f.*** Fragilidad de los huesos provocada por pérdida de minerales: *La* ***osteoporosis*** *ataca más a las mujeres, por lo que deben cuidar su alimentación y hacer ejercicio para prevenirla.*

ostión ***m.*** Ostra comestible, de carne color gris claro y concha rugosa de forma alargada: *Los* ***ostiones*** *frescos servidos en su concha son un deleite al paladar.*

ostra ***f.*** **1** Molusco bivalvo comestible, con caparazón rugoso e interior nacarado. **2** ***loc.*** **Aburrirse como una ~,** aburrirse mucho: *La maestra de historia daba unas clases horribles, por eso sus alumnos* ***se aburrían como ostras.***

ostracismo ***m.*** Acción de tener apartada a una persona que resulta desagradable: *El* ***ostracismo*** *en la antigua Grecia consistía en desterrar por 10 años a las personas consideradas indeseables.*

ostrícola ***adj.*** Relativo a la ostricultura: *Durante las vacaciones, además de asolearnos en la playa visitamos un vivero* ***ostrícola*** *y vimos cómo crían ostiones.*

ostricultor, ra ***m.*** y ***f.*** Persona dedicada a la ostricultura: *Los* ***ostricultores*** *de ese puerto están probando un nuevo sistema para la cría de mejillones.*

ostricultura ***f.*** Técnica e industria de la reproducción y el mejoramiento de las ostras: *La* ***ostricultura*** *ha ayudado a conservar los recursos marinos, pues puede reproducir las ostras que antes sólo eran recolectadas.*

otalgia ***f.*** Dolor en el oído: *La* ***otalgia*** *que tenía Memo era por una inflamación, el médico le recetó unas gotas y unas pastillas.*

otario ***m.*** León marino: *Los* ***otarios*** *parecen focas, pero son más esbeltos y tienen pequeñas orejas.*

otario, ria ***adj.*** *Argent.* y *Urug.* Se dice la persona ingenua, fácil de engañar: *Gil se vio como todo un* ***otario,*** *esa cámara que le vendieron no sirve para nada.*

otear ***vb.*** {tr.} **1** Observar desde un lugar muy alto: *Cuando llegamos a la cima de la montaña* ***oteamos*** *un pueblo a lo lejos.* **2** Mirar con mucha atención, buscar algo con la mirada: *Durante el festival, los padres* ***oteaban*** *el patio de la escuela buscando a sus respectivos hijos.*

otero ***m.*** Cerro que está aislado en medio de un llano: *Muchos castillos europeos fueron construidos sobre* ***oteros,*** *pues desde ahí se podía dominar la vista de los alrededores y descubrir si se acercaba algún enemigo.*

ótico, ca ***adj.*** Relativo al oído: *La etiqueta de estas gotas dice que son de aplicación* ***ótica,*** *es decir, que se tienen que poner en los oídos.*

otitis ***f.*** Inflamación del oído: *Como resultado del resfrío tan fuerte me dio* ***otitis*** *y me dolían los oídos.*

otomano, na ***adj./m.*** y ***f.*** Originario de Turquía: *El imperio* ***Otomano*** *controló gran parte de Asia y llegó hasta Viena en Europa.*

otomí ***adj./m.*** y ***f.*** Pueblo amerindio mexicano, se considera de los más antiguos de la Meseta Central: *Actualmente los* ***otomíes*** *viven en las zonas áridas de los estados de Querétaro, Guanajuato, Hidalgo y parte del Estado de México.*

otoñal ***adj.*** Relacionado con el otoño: *El ocre, el marrón, el amarillo y el anaranjado son considerados colores* ***otoñales*** *por relacionarse con el color que toman las hojas de los árboles durante esta época del año.*

otoño ***m.*** Estación del año, comprendida entre el verano y el invierno: *Durante el* ***otoño*** *se caen las hojas de los árboles y la temperatura desciende.*

otorgar ***vb. irreg.*** {tr.} **Modelo 17.** Dar, conceder: *El director le* ***otorgó*** *a Sebastián la medalla al mejor alumno de la escuela.*

otorrinolaringología ***f.*** Parte de la medicina que se encarga del tratamiento de las enfermedades de los oídos, la nariz y la garganta.

otorrinolaringólogo, ga ***m.*** y ***f.*** Médico especializado en el tratamiento de enfermedades de los oídos, nariz y garganta: *A causa de la contaminación, los* ***otorrinolaringólogos*** *tienen más pacientes que antes.*

otredad ***f.*** En filosofía, condición de ser otro: *Hay personas que no comprenden la* ***otredad*** *y discriminan lo que no entienden.*

otro, tra ***adj.*** Distinto de aquello de lo que se habla: *"No fue usted con quien hablé ayer, fue* ***otra*** *persona", le dije por teléfono a una secretaria.*

otro, tra ***pron.*** Alguien o algo distinto: *Me gusta esta novela, pero preferiría volver a leer la* ***otra,*** *pues me gustó más.*

ouija ***f.*** Tablero con letras, números y un indicador deslizante sobre el cual quienes lo usan posan la mano, y que supuestamente transmite mensajes de los espíritus.

ovación ***f.*** Aplauso que se brinda a alguien con entusiasmo y de manera ruidosa: *El violinista recibió una gran* ***ovación*** *del público al final del concierto.*

ovacionar ***vb.*** {tr.} Aplaudir de manera entusiasta y ruidosa: *El público aprecia mucho a esa cantante y cuando salió a cantar la* ***ovacionaron*** *de pie durante varios minutos.*

oval ***adj.*** Que tiene la forma de un óvalo o huevo: *La oficina del presidente de Estados Unidos de América en la Casa Blanca es famosa por su forma* ***oval.*** SIN. **ovalado.**

ovalado, da ***adj.*** Que tiene la forma de un óvalo o huevo: *El espejo que está encima de la mesa del salón es* ***ovalado,*** *no cuadrado ni redondo.* SIN. **oval.**

óvalo ***m.*** Curva cerrada semejante a la de un círculo aplastado.

ovárico, ca ***adj.*** Perteneciente o relativo al ovario: *Algunos trastornos* ***ováricos*** *provocan que las mujeres produzcan más hormonas masculinas de lo normal.*

ovario ***m.*** Órgano de reproducción femenino de algunos animales y plantas, que contiene los óvulos.

oveja ***f.*** **1** Hembra del carnero: *El perro controlaba con ladridos a las* ***ovejas*** *para que no se perdieran y ellas balaban.* **2** *loc.* ~ **negra,** persona que dentro de una colectividad no sigue las líneas de conducta aceptadas: *Adelina es la* ***oveja negra*** *de la familia, pues todos son abogados y ella decidió ser cantante.*

ovejero, ra ***adj./m.*** y ***f.*** Relacionado con las ovejas: *Los perros* ***ovejeros*** *son indispensables para facilitar la tarea de los pastores.*

overlock ***m.*** **Palabra de origen inglés.** *Argent., Chile* y *Méx.* Costura hecha con una máquina especial, que sirve para rematar los tejidos y evitar que se deshilen.

overol ***m.*** **Palabra de origen inglés.** *Amér.* Vestimenta para trabajos duros: *Antes, los* ***overoles*** *eran la ropa de trabajo de los obreros, pero después se pusieron de moda y ahora mucha gente los usa.*

óvido ***m.*** Mamífero rumiante con cuernos retorcidos o encorvados y el cuerpo cubierto de lana: *Ese veterinario es especialista en* ***óvidos,*** *atiende carneros y cabras.*

oviducto ***m.*** Conducto por donde salen los óvulos del ovario, o los huevos al exterior de las hembras que los ponen.

ovillar ***vb.*** {tr. y prnl.} **1** Hacer ovillos: *"Hay que mantener constante la tensión del hilo y que ésta sea mediana", explicó la abuela mientras* ***ovillaba*** *sus hilos de bordar.* **2** Encoger el cuerpo sobre sí mismo: *Romualdo alcanzó a* ***ovillarse*** *cuando rodó por esa pendiente, por eso se lastimó poco.*

ovillo ***m.*** Bola que se forma al arrollar un hilo o cuerda sobre sí misma: *De la madeja de estambre, mi hermana hacía un* ***ovillo*** *y luego empezaba a tejer.*

ovino, na ***adj./m.*** y ***f.*** Relativo al ganado lanar, compuesto de ovejas o corderos.

ovíparo, ra ***adj./m.*** y ***f.*** Relativo al animal que se reproduce por medio de huevo: *Las serpientes son* ***ovíparas,*** *igual que las aves.*

ovni ***m.*** Iniciales de **O**bjeto **V**olador **N**o **I**dentificado, que designa un objeto volante de origen y naturaleza desconocidos: *Muchas personas afirman haber visto* ***ovnis,*** *casi siempre con forma de platillos.*

ovoide ***adj.*** Que tiene forma de huevo.

ovulación ***f.*** Desprendimiento natural del óvulo en el ovario: *La menstruación es signo de que en el cuerpo de la mujer ya empezó la* ***ovulación.***

ovular ***vb.*** {intr.} Desprenderse los óvulos de los ovarios para la reproducción: *Cuando las hembras y las mujeres* ***ovulan*** *están listas para reproducirse.*

óvulo ***m.*** **1** Célula femenina destinada a ser fecundada: *Cuando el* ***óvulo*** *femenino se une con el espermatozoide se produce un nuevo ser.* **2** Sustancia química en forma de huevo pequeño que se utiliza como método anticonceptivo para las mujeres.

oxácido ***m.*** Ácido que contiene oxígeno.

oxidación ***f.*** Proceso por el cual se forma una capa de óxido en los metales a causa del contacto con el oxígeno: *Por la* ***oxidación,*** *el techo de cobre de ese edificio ahora se ve de color verde.*

oxidante ***adj./m.*** Condición o sustancia que provoca la oxidación: *El escultor utilizó un ácido como* ***oxidante*** *para* *dar a su escultura ese aspecto corroído, nos explicó el guía del museo.*

oxidar ***vb.*** {tr. y prnl.} **1** Combinar un elemento con el oxígeno: *El aire* ***oxida*** *rápidamente las manzanas, por eso una vez partidas empiezan a ponerse oscuras.* **2** Formarse una capa de óxido: ***Se oxidó*** *mi bicicleta porque la dejé varios días en el patio y durante ese tiempo le dio el sol y también se mojó con la lluvia.*

óxido ***m.*** **1** Compuesto que resulta de la combinación de un metal u otro elemento con el oxígeno. **2** Capa rojiza, verdosa o amarillenta del compuesto llamado óxido, que se forma sobre los metales expuestos al aire o a la humedad. SIN. **herrumbre, orín.**

oxigenar ***vb.*** {tr. y prnl.} **1** Oxidar, combinar un elemento o compuesto con oxígeno. **2** Airearse, ventilarse: *El ejercicio* ***oxigena*** *al organismo y esto le ayuda a mantenerse sano.*

oxígeno ***m.*** Elemento químico gaseoso presente en la atmósfera terrestre, indispensable para la respiración, de símbolo O y de número atómico 8: *Es bueno tener plantas cerca, porque producen* ***oxígeno*** *y reducen el bióxido de carbono.*

oxiuro ***m.*** Gusano pequeño, de aproximadamente un centímetro de largo, que parasita el intestino del ser humano y de algunos animales: *La intensa comezón anal es uno de los síntomas de que se tienen* ***oxiuros.***

oyamel u **oyamelete** ***m.*** Árbol que crece en México y América Central, apreciado por su madera.

oyente ***adj./m.*** y ***f.*** Que oye algo: *Los* ***oyentes*** *en la conferencia se aburrían, por eso no dejaban de bostezar.*

ozono ***m.*** **1** Gas azuloso de olor fuerte, de poder muy oxidante. **2** *loc.* **Capa de ~,** Zona de la atmósfera de la Tierra que nos protege de las radiaciones ultravioleta del Sol: *Debido a la contaminación atmosférica, la capa de ozono está sufriendo graves daños.*

ozonosfera ***f.*** Capa de la atmósfera terrestre que contiene ozono.

P

p ***f.*** Decimoséptima letra del abecedario español. Su nombre es *pe*.

pabellón ***m.*** **1** Edificio aislado que forma parte de un conjunto: *En los amplios jardines del castillo estaba el* ***pabellón*** *de juegos del príncipe.* **2** Bandera de un país: *En la plaza central de mi ciudad ondea un gran* ***pabellón*** *nacional.* **3** Parte exterior de la oreja: *Hilda se pone cinco aretes en el* ***pabellón*** *de la oreja derecha porque le gusta estar a la moda.*

pabilo o **pábilo** ***m.*** Mecha de una vela: *Para apagar la vela, mi madre presionó el* ***pabilo*** *con los dedos húmedos.*

pábulo ***m.*** Lo que sirve para fomentar una acción: *La madera es* ***pábulo*** *para el fuego.*

paca ***f.*** Fardo o bulto prensado y atado de lana, algodón, etc.: *El camión llegó con* ***pacas*** *de hierba para darles de comer a las vacas.*

pacana ***f.*** Árbol de América del Norte, parecido al nogal, de madera y frutos apreciados: *Las nueces de* ***pacana*** *son alargadas, de cáscara lisa y fácil de romper.*

pacarana ***f.*** Mamífero roedor de cuerpo macizo y patas cortas, que vive en las selvas de Perú.

pacato, ta ***adj.*** **1** Tranquilo en exceso: *Cuando llevas prisa, te desespera que haya tanta gente* ***pacata*** *por la calle.* **2** Mojigato, demasiado conservador: *Un alcalde* ***pacato*** *prohibió que en esa playa se utilizaran bikinis.* **3** Insignificante, apocado.

paceño, ña ***adj.*** Originario de La Paz, capital de Bolivia.

pacer ***vb. irreg.*** {tr. e intr.} **Modelo 39.** Comer el ganado la hierba del campo: *Mientras las vacas* ***pacían*** *en la pradera, el pastor aprendía a tocar la flauta sentado bajo un árbol.* SIN. **pastar.**

pacha ***f.*** *Guat.* y *Nicar.* Biberón. SIN. **mamila, mamadera.**

pachá o **pashá** ***m.*** **1** Título que se daba a los gobernantes de provincias en el Imperio otomano. **2** *Fam.* Persona que se da buena vida: *Daniel vive como* ***pachá*** *desde que se ganó la lotería porque ya no tiene que trabajar.*

pachanga ***f.*** Fiesta, jolgorio, diversión: *Todos los amigos llegamos a la casa de Juana y organizamos una* ***pachanga*** *muy divertida.*

pachocha ***f.*** **1** *Chile, Colomb., Cuba, Pan.* y *Perú.* Lentitud, calma. SIN. **pachorra. 2** *Méx. Fam.* Dinero.

pachón, chona ***adj.*** *Chile, Hond., Méx.* y *Nicar.* Peludo, lanudo: *En la casa de mi hermana hay un sofá* ***pachón*** *en el que es muy agradable recostarse.*

pachorra ***f.*** Lentitud para hacer algo aunque sea necesario apresurarse: *Ya sacúdete la* ***pachorra*** *y dúchate, que se nos hace tarde.* SIN. **pachocha.**

pachorriento, ta ***adj.*** *Amér. Merid.* Lento, pesado. SIN. **pachorrudo.**

pachorrudo, da ***adj.*** Lento, pesado, que hace las cosas muy despacio: *Elías es un* ***pachorrudo*** *que tarda dos horas en hacer un trabajo que todos los demás hacemos en veinte minutos.* SIN. **pachorriento.**

pachucho, cha ***adj.*** **1** Falto de frescura, que ya se pasó de maduro. **2** *Fam.* Decaído, un poco enfermo: *Juan se siente* ***pachucho*** *porque está recuperándose de su larga enfermedad.*

pachulí o **pachuli** ***m.*** Planta aromática de Asia y Oceanía, y perfume que se extrae de ella: *Isabel compró incienso de* ***pachulí*** *para perfumar su habitación.*

paciencia ***f.*** **1** Capacidad para esperar: *A los niños les falta* ***paciencia*** *y todo lo quieren al instante porque tienen mucha energía.* **2** Capacidad para soportar trabajos y sufrimiento con resignación: *Se requiere* ***paciencia*** *y dedicación para ser artista o científico, ya que son profesiones difíciles.*

paciente ***adj.*** **1** Que tiene paciencia: *Es un chico* ***paciente*** *que ha esperado al doctor una hora sin enojarse.* **2** En gramática, el sujeto de las oraciones pasivas: *En la frase "La casa fue construida por el arquitecto",* la casa *es el* ***paciente*** *de la oración y* el arquitecto *es el agente.*

paciente ***m.*** y ***f.*** Enfermo que sigue un tratamiento: *El hospital de mi ciudad tiene buena fama y siempre hay muchos* ***pacientes*** *en las salas y en los consultorios.*

pacificación ***f.*** Acción o proceso de poner paz: *Los dos países en guerra entraron en conversaciones con vías a la* ***pacificación,*** *pues ya ha habido muchas pérdidas.*

pacificar ***vb. irreg.*** {tr. y prnl.} **Modelo 17. 1** Poner paz entre quienes discuten, pelean o tienen alguna rivalidad: *El maestro* ***pacificó*** *a los dos chicos que estaban peleando afuera de la escuela.* **2** Restablecer la paz en una ciudad o país que estuvo en guerra: *Un ejército de la ONU* ***pacificó*** *al país que estaba en guerra civil.* **3** *Fam.* Volver a estar en reposo lo que estaba alterado: *El mar* ***se pacificará*** *cuando pase la tormenta.*

pacífico, ca ***adj.*** **1** Que ama la paz o que está en paz: *Miguel es un hombre* ***pacífico*** *que se aleja de las peleas y de los conflictos.* **2** Se escribe con "P" mayúscula cuando se refiere al océano de ese nombre: *El explorador español Vasco Núñez de Balboa descubrió el océano* ***Pacífico*** *en 1513.*

pacifismo ***m.*** Doctrina encaminada a mantener la paz: *Una de las ideas del* ***pacifismo*** *es la de oponerse al uso de las armas.*

pacifista ***adj.*** Relacionado con el movimiento a favor de la paz: *Mahatma Gandhi fue un líder* ***pacifista*** *que logró la independencia de la India sin tener que recurrir a métodos violentos.*

pacifista *m.* y *f.* Que está a favor de la paz y no de la guerra: *Durante el conflicto de Vietnam, muchos **pacifistas** en Estados Unidos de América organizaron manifestaciones en contra de la guerra.*

paco *m.* **1** *Nicar.* Tamal de maíz lavado. **2** *Bol., Chile, Ecuad.* y *Pan. Fam.* Policía uniformado: *Fuera de mi escuela vigilan dos **pacos** para cuidarla.*

pacotilla *f.* **1** Mercancía que los tripulantes de un buque pueden embarcar sin pagar por el transporte. **2** *loc.* **De ~,** de clase inferior: *El collar de brillantes que traía la actriz era **de pacotilla,** pues no eran auténticos sino falsos.* SIN. **pacota.**

pactar *vb.* {tr. y prnl.} Hacer un pacto, llegar a un arreglo: *Al final de la Segunda Guerra Mundial **se pactó** la paz entre los dos bandos que luchaban.*

pacto *m.* Acuerdo entre dos o varias partes: *Mi hermano y yo hicimos un **pacto** para que él me preste sus juguetes y yo le preste mi ropa.*

padecer *vb. irreg.* {tr. e intr.} **Modelo 39. 1** Recibir la acción de algo que causa dolor físico o moral: *Olivia visita con frecuencia al cardiólogo porque **padece** del corazón.* **2** Soportar, aguantar: *El joven **padeció** desvelos, pero al fin se graduó con altas notas.*

padecimiento *m.* Alteración más o menos grave de la salud: *La señora Suárez sufre un **padecimiento** desde hace muchos años, por eso siempre debe tomar medicamentos.* SIN. **enfermedad.**

padrastro *m.* Marido de una mujer respecto de los hijos que ella tiene de un matrimonio anterior: *Mi **padrastro** me ha cuidado desde que mi padre murió hace cinco años.*

padre *m.* **1** Hombre respecto de sus hijos, o cualquier macho respecto de sus crías: *Mi **padre** me enseñó a ser ordenado y esa costumbre me ha dado éxito en mi trabajo de archivista.* **2** Creador de algo: *Luis Pasteur (1822-1895) es considerado el **padre** de la bacteriología moderna.* **3** Título dado a ciertos religiosos: *Doña Filomena se confiesa cada mes con un **padre** dominico.* **4** *pl.* El padre y la madre: *Mis **padres** se llaman Roberto y Juana.* SIN. **progenitores.**

padrillo *m. Argent., Chile, Par., Perú* y *Urug.* Caballo semental.

padrinazgo *m.* **1** Responsabilidad que se contrae al apadrinar. **2** Protección que una persona proporciona a otra: *Esa actriz es malísima, pero ha subido gracias al **padrinazgo** de un productor.*

padrino *m.* Hombre que presenta o asiste a alguien en una ceremonia religiosa o en otras ocasiones importantes de su vida social: *El hombre que me llevó a bautizar es mi **padrino,** y por ello se convirtió en compadre de mis papás.*

padrón *m.* **1** Censo, lista de habitantes de un municipio: *Para poder votar hay que registrarse en el **padrón** electoral.* **2** *Bol., Colomb., Nicar., Pan., P. Rico* y *Venez.* Animal macho que se utiliza para procrear. SIN. **semental.**

padrote *m.* **1** *Amér. C., Colomb., P. Rico* y *Venez.* Animal macho que se utiliza para procrear. SIN. **semental. 2** *Méx.* Hombre que vive de explotar a mujeres para que se prostituyan.

paella *f.* Guiso hecho con arroz, típico de la región valenciana, en España: *La **paella** lleva muchos ingredientes, entre ellos pollo, almejas, camarones, carnes, embutidos y se sazona con azafrán, que le da su color amarillo.*

paellera *f.* Sartén de metal grueso, con asas, especial para cocinar paella: *Fuimos a un restaurante español donde tenían una **paellera** enorme, su diámetro era de más de un metro.*

paga *f.* **1** Acción de pagar. **2** Sueldo de un empleado: *La **paga** en esa fábrica es muy baja.*

pagadero, ra *adj.* Que debe o puede pagarse en un tiempo determinado: *"Si adquiere hoy este producto, su saldo será **pagadero** a tres meses", explicó el vendedor.*

pagado, da *adj.* Engreído, antipático, que hace ostentación de lo que no tiene.

pagador, ra *m.* y *f.* Persona encargada de pagar: *Los empleados estaban preocupados porque el **pagador** no llegaba a pagarles su salario y ya era la hora de salida.*

pagaduría *f.* Oficina destinada a hacer pagos: *Una vez autorizada la factura, se pasa a la **pagaduría** para recibir el cheque correspondiente.*

paganismo *m.* Para el cristianismo, a partir del siglo IX d. C., religión de los paganos, culto politeísta.

paganización *f.* Proceso de introducción o adopción del paganismo en un grupo social: *Desde fines del siglo XX, en algunos países europeos se han dado corrientes de **paganización,** pues la gente se siente fascinada por las religiones antiguas.*

paganizar *vb. irreg.* {tr. y prnl.} **Modelo 16.** Introducir en un grupo social o adoptar creencias paganas: *Desde que viajó a Brasil, Josefina **se paganizó;** ahora realiza rituales de religiones africanas.*

pagano, na *m.* y *f.* **1** Seguidor de los cultos politeístas de la antigüedad, en particular del politeísmo grecolatino. **2** Seguidor de una religión fetichista o politeísta.

pagar *vb. irreg.* {tr.} **Modelo 17. 1** Dar a alguien lo que se le debe: *Voy a **pagarle** a mi hermano el dinero que me prestó ayer.* **2** Cumplir una pena o castigo por un delito o falta: *Condenaron al asesino a cadena perpetua porque consideran que así **pagará** su delito.*

pagaré *m.* Documento por el cual una persona se compromete a pagar una cantidad en determinada fecha: *Para liquidar su deuda, Ramiro firmó tres **pagarés,** lo que significa que pagará uno cada mes.*

página *f.* Cada una de las dos caras escritas de una hoja de un libro, cuaderno, etc.: *Tengo que leer diez **páginas** del libro de biología para mañana.*

paginar *vb.* {tr.} Poner número a las páginas de un escrito o impreso: *Un paquete de hojas escritas se cayó al piso y, como no las **había paginado,** me fue difícil ordenarlas.*

pago *m.* **1** Entrega de lo que una persona debe a otra, en especial dinero: *No me han dado el **pago** por la traducción que hice, espero que me la paguen la semana próxima.* **2** Recompensa: *Como **pago** por haber denunciado al ladrón, a Braulio le dieron una importante suma de dinero.*

pago *m. Argent., Par., Perú* y *Urug.* Lugar donde ha nacido o habita una persona: *En las vacaciones iré a mi **pago** para visitar a los abuelos.* SIN. **terruño.**

pagoda *f.* Templo oriental: *Las **pagodas** suelen tener techos de forma triangular.*

pagua *f. Méx.* Tipo de aguacate grande, de cáscara dura y pulpa blanda: *Las **paguas** son un poco más dulces que los aguacates normales.*

paila *f.* **1** Vasija grande de metal, redonda y poco profunda: *Preparamos el arroz en una **paila** y la sopa en una cacerola profunda.* **2** *Amér. C.* y *Amér. Merid.* Utensilio ancho y de poca profundidad utilizado por lo general para freír alimentos. SIN. **sartén.**

pailero, ra *m.* y *f. Amér.* Persona que hace, vende o repara pailas: *Cristina fue con el **pailero** y compró una paila para hacer dulces y una sartén.*

paipay *m.* Abanico en forma de pala y con mango.

país *m.* Territorio que constituye una unidad geográfica o política: *Venezuela es un **país** del continente americano.*

paisaje *m.* **1** Extensión de terreno visto desde un sitio determinado: *Su casa está en lo alto de una montaña y desde* *la ventana se ve un **paisaje** muy bello hacia el valle.* **2** Pintura o dibujo que representa el espacio de un terreno llamado paisaje: *José María Velasco fue uno de los mejores pintores de **paisajes** en México durante el siglo XIX.*

paisajismo ***m.*** Género del arte pictórico que se especializa en representar paisajes: *Monet es uno de los grandes representantes del **paisajismo** impresionista.*

paisajista ***adj./m.*** y ***f.*** Artista que dibuja o pinta paisajes.

paisanaje ***m.*** Hecho de ser paisano: *Conversando con un nuevo compañero de la universidad descubrí nuestro **paisanaje**, él nació en el mismo estado que yo.*

paisano ***m.*** **1** Campesino. **2** Persona que no es militar: *Los domingos, los militares se visten de **paisanos** para salir a la calle.*

paisano, na ***adj./m.*** y ***f.*** Persona que nació en el mismo país que otra, en especial en una región o provincia: *Cuando fui a España, reconocí a un **paisano** uruguayo por la forma en que hablaba.*

paja ***f.*** **1** Caña o tallo seco de un cereal: *El trigo se trilla para separar el grano de la **paja**.* **2** Conjunto de estas cañas o tallos: *La **paja** se usa como alimento para el ganado.* **3** Cosa insignificante o de relleno: *Lo fundamental de este libro son diez páginas y el resto es **paja**.* **4** *loc.* ***Guat.*** y ***Hond.*** **~ de agua,** grifo, llave.

pajar ***m.*** Lugar donde se guarda la paja: *Atrás de la casa están la caballeriza y el **pajar**.*

pájara ***f.*** **1** Hembra del pájaro. **2** ***Fam.*** Mujer astuta.

pajarear ***vb.*** {intr.} **1** ***Amér.*** Asustarse y andar inquieta una caballería: *Desde que vio una culebra, el alazán **pajarea** con cualquier ruido.* **2** ***Méx.*** Espiar con disimulo para enterarse de algo: *Habla más quedo, porque Raúl nos anda **pajareando** y podría robarse nuestra idea.*

pajarera ***f.*** Jaula grande donde se crían pájaros: *Mi tía Amelia tiene en su casa una gran **pajarera** donde viven muchos canarios.*

pajarero, ra ***adj.*** Relativo a los pájaros.

pajarero, ra ***m.*** y ***f.*** Persona que cría pájaros y comercia con ellos: *El **pajarero** tramposo le vendió a mi mamá un pájaro que decía que era cardenal y resultó ser un pájaro pintado de rojo.*

pajarilla ***f.*** Bazo de los animales, sobre todo del cerdo: *Vi unas cosas como globitos de carne en el puesto de vísceras, pregunté qué era y el vendedor me contestó que **pajarilla**; la verdad, no se me antojó comerla.*

pajarita ***f.*** **1** Figura de papel doblado que tiene forma de pájaro. **2** Corbata anudada en forma de mariposa. Sin. **corbata de moño.**

pájaro ***m.*** Cualquier ave con capacidad para volar: *El gorrión, el mirlo y el papagayo son algunos de los distintos tipos de **pájaros**.*

pajarraco ***m.*** ***Desp.*** Cualquier pájaro grande: *Por más que el agricultor intentó ahuyentarlos, algunos **pajarracos** lograron comerse parte del trigo.*

paje ***m.*** Criado joven que en la antigüedad servía a la nobleza: *Cenicienta llegó al baile acompañada por sus **pajes**, que en realidad eran unos ratones transformados en personas.*

pajero, ra ***m.*** y ***f.*** ***Nicar.*** Fontanero, plomero.

pajilla ***f.*** Tubo delgado para sorber líquidos. Sin. **popote, sorbete.**

pajizo, za ***adj.*** **1** Hecho o cubierto de paja. **2** De color paja, amarillo o beige claro: *La mujer traía un sombrero color **pajizo** que combinaba con su vestido color marrón.*

pajonal ***m.*** ***Argent., Chile, Urug.*** y ***Venez.*** Sitio poblado de hierbas.

pajuela ***f.*** Paja o varita muy delgada recubierta en parte con sustancias preparadas para que ardan lentamente: *Pondré **pajuelas** de incienso con aroma de vainilla para que huela rico en mi fiesta.*

pala ***f.*** **1** Herramienta compuesta por una especie de cuchara de hierro adaptada a un mango de madera: *Durante el invierno, en los países fríos es común ver a los hombres quitar con una **pala** la nieve que se ha acumulado a la entrada de sus casas.* Sin. **lampa.** **2** Parte ancha y delgada de ciertos instrumentos.

palabra ***f.*** **1** Conjunto ordenado de sonidos o de letras que representan un ser, una idea o una cosa. **2** Facultad de hablar: *La **palabra** es exclusiva del ser humano.* **3** Promesa: *Después del regaño, Sebastián le dio su **palabra** a la maestra de que no volvería a copiar en un examen.* **4** *loc.* **~ de honor,** expresión con que se asegura que se cumplirá lo que se dice: *Dio su **palabra de honor** de que trataría de mejorar sus calificaciones.*

palabrear ***vb.*** {tr.} **1** ***Chile.*** Insultar. **2** ***Chile, Colomb.*** y ***Ecuad.*** Ponerse de acuerdo en algo verbalmente: *Estuvimos **palabreando** mis vecinos y yo acerca de pintar las fachadas de las casas de nuestra cuadra.*

palabrería ***f.*** Abundancia de palabras sin contenido: *Ese discurso me pareció pura **palabrería**, el orador habló durante una hora y en realidad no dijo nada.*

palabrota ***f.*** Juramento, maldición o insulto groseros: *Ese comerciante es un hombre vulgar y grosero que no puede hablar sin decir alguna **palabrota**.* Sin. **grosería.**

palacete ***m.*** Casa grande y muy lujosa, semejante a un palacio: *En épocas pasadas, era común que la gente rica construyera **palacetes** en el campo para pasar allí sus vacaciones.*

palaciego, ga ***adj.*** Relativo al palacio: *Hace siglos, los servidores **palaciegos** llevaban uniformes especiales.*

palacio ***m.*** Edificio grande y suntuoso: *La reina de Inglaterra vive en el **palacio** de Buckingham.*

palada ***f.*** **1** Porción de algún material que se toma con la pala: *Para hacer ese hoyo, sacamos veinte **paladas** de tierra.* **2** Cada movimiento de la pala al excavar: *Los trabajadores daban **paladas** vigorosas y rápidas, pues querían terminar pronto su labor.*

paladar ***m.*** **1** Parte interior y superior de la boca: *Los perros no tienen el **paladar** liso, sino con arrugas.* **2** Gusto, sabor: *Miguel tiene buen **paladar**, puede reconocer todas las especias de un guiso con sólo probarlo.*

paladear ***vb.*** {tr. y prnl.} Saborear, deleitarse: *A mi padre le gusta **paladear** lentamente los licores finos.*

paladín ***m.*** **1** Caballero valeroso: *Don Quijote era un **paladín** de causas perdidas, ya fueran reales o inventadas.* **2** Defensor de una persona o causa: *Nelson Mandela ha sido un **paladín** en la lucha por los derechos de los negros en Sudáfrica.*

paladio ***m.*** Metal blanco, dúctil y duro de símbolo Pd y número atómico 46.

palafito ***m.*** Casa que se construye sobre una plataforma sostenida por postes de madera, propia de lugares cercanos a ríos o lagos: *Los **palafitos** fueron un tipo de vivienda típico de la Edad del Bronce.*

palafrén ***m.*** Durante parte de la Edad Media y el Renacimiento (siglos XII al XVIII), caballo manso que se utilizaba para viajar y que servía en particular para mujeres y sacerdotes.

palafrenero ***m.*** Criado o sirviente de las caballerizas que cuidaba de los caballos llamados palafrenes.

palanca ***f.*** **1** Barra que se apoya sobre un punto y sirve para transmitir la fuerza aplicada a uno de sus extremos: *Para liberar la rueda del barro usaron como **palanca** un tronco de* *árbol.* **2** Influencia, enchufe: *Para conseguir un pasaporte en menos tiempo del reglamentario, recurrió a sus **palancas** en la oficina.*

palangana ***f.*** Vasija ancha y poco profunda que sirve para asearse: *Todas las mañanas el granjero llena la **palangana** con agua tibia y se lava la cara.* SIN. **lebrillo, jofaina.**

palanquear ***vb.*** {tr.} ***Argent., Colomb., Chile*** y ***Urug. Fam.*** Emplear alguien su influencia para conseguir algo.

palanqueta ***f. Méx.*** Dulce en forma de barra hecho con maní, nueces o semillas de calabaza mezcladas con miel de azúcar o de abeja.

palanquín ***m.*** Silla de manos usada en los países de Oriente: *En el filme que vi el domingo, el chino millonario viajaba en un **palanquín** que cargaban sus criados.*

palapa ***f. Méx.*** Tipo de construcción a base de postes cubiertos por un techo de hojas de palma: *Las **palapas** abundan en las cercanías de las playas.*

palatal ***adj.*** **1** Relativo al paladar: *Un amigo tiene un defecto **palatal** que le hace pronunciar de manera rara las palabras con "ese", parece que dice "ede".* SIN. **palatino.** **2** Relativo al sonido que se articula con la lengua en el paladar, como el de la *ñ*.

palatino, na ***adj.*** **1** Relativo al palacio: *La guardia **palatina** en Buckingham porta vistosos uniformes.* **2** Relativo al paladar. SIN. **palatal.**

palco ***m.*** Parte de los teatros, plazas de toros, estadios, etc., en forma de balcón con varios asientos: *Como les gusta mucho la ópera, los López alquilaron un **palco** del segundo piso para la temporada en el Teatro Principal.*

palear ***vb.*** {tr.} Trabajar con una pala: *En el parque vi a los jardineros que **paleaban** un montón de grava para irla echando en un sendero.*

palenque ***m.*** **1** Valla de madera para defender o cerrar un terreno. **2** ***Amér. Merid.*** Madero al que se atan los animales. **3** ***Méx.*** Ruedo donde se realizan peleas de gallos u otros espectáculos.

paleoceno, na ***adj./m.*** y ***f.*** Relativo al primer periodo geológico de la era terciaria: *El **paleoceno** tuvo lugar hace aproximadamente 60 millones de años.*

paleógeno ***m.*** Periodo geológico que corresponde a la primera mitad del terciario: *El **paleógeno** comprende al paleoceno, al eoceno y al oligoceno.*

paleolítico, ca ***adj./m.*** Primer periodo de la Edad de Piedra: *En el museo de arqueología se pueden ver objetos del arte **paleolítico.***

paleontología ***f.*** Ciencia que estudia los fósiles de los seres orgánicos.

paleontológico, ca ***adj.*** Relacionado con la paleontología: *En el trabajo **paleontológico** se realizan investigaciones en el campo y también en los laboratorios.*

paleontólogo, ga ***m.*** y ***f.*** Especialista en paleontología: *Le encantan los dinosaurios y de grande quiere ser **paleontólogo.***

paleozoico, ca ***adj.*** Relativo a la segunda era geológica de la historia de la Tierra, dividida en seis periodos que abarcan desde hace 570 millones de años hasta hace 300 millones de años. Durante esta era aparecieron los primeros grandes animales con caparazón.

palero, ra ***m.*** y ***f. Méx.*** Persona que se mezcla entre el público de ciertos espectáculos o actos públicos para apoyar a quienes los protagonizan: *Los **paleros** se dedicaron a aplaudir al cantante a cada gesto que hacía.*

palestino, na ***adj./m.*** y ***f.*** Originario de Palestina, región asiática.

palestra ***f.*** **1** Lugar donde se celebraban luchas en la Antigüedad: *En esa vasija griega hay un dibujo de dos luchadores en la **palestra.*** **2** Lugar donde se compite o discute sobre algún asunto: *La pena de muerte es un tema que ha estado en la **palestra** pública durante mucho tiempo.*

paleta ***f.*** **1** Pala pequeña para usos diversos: *El jardinero usa una **paleta** para remover la tierra.* **2** Utensilio plano y extendido, sobre el cual los pintores mezclan los colores: *A los pintores los representan con una boina, una bata, un pincel en una mano y una **paleta** en la otra.* **3** ***Guat., Méx., Nicar.*** y ***Pan.*** Dulce o pedazo de hielo de diferentes sabores sostenido con un palito: *En esta tienda venden **paletas** de mango, uva, naranja y limón.*

paletada ***f.*** Cantidad de tierra u otra cosa que se recoge en un solo movimiento de la pala: *Esa jardinera se llenará con unas diez **paletadas** de tierra.*

paletilla ***f.*** Cada uno de los dos huesos de forma triangular que se encuentran en la espalda. SIN. **omóplato.**

paliacate ***m. Méx.*** Pañuelo grande hecho de tela estampada, que sirve para adornar el cuello o cubrir la cabeza: *Guillermo se vistió con pantalones vaqueros, botas, un **paliacate** y un sombrero para la fiesta de disfraces.*

paliar ***vb.*** {tr.} **1** Atenuar un sufrimiento: *El médico le recetó a mi maestra un medicamento para **paliar** su dolor de piernas.* **2** Disminuir la importancia de algo: *Los trabajos de prevención que se habían realizado **paliaron** los efectos desastrosos del terremoto.*

paliativo ***adj./m.*** Que sirve para disminuir el dolor: *La aspirina es el **paliativo** más usado en el mundo.*

palidecer ***vb. irreg.*** {intr. y prnl.} **Modelo 39.** Perder color, ponerse pálido: *Renato **palideció** cuando le dieron la noticia de la muerte de su gato.*

palidez ***f.*** Calidad de pálido: *La vida desordenada que lleva Manuel se refleja en la **palidez** de su rostro y en sus grandes ojeras.*

pálido, da ***adj.*** Que tiene el color disminuido, poco intenso: *Mi hermanito ha estado enfermo y no le ha dado el sol últimamente, por eso tiene la piel muy **pálida.***

palillo ***m.*** **1** Instrumento de madera o plástico que sirve para limpiar los dientes: *Algunas personas piensan que es de mal gusto limpiarse los dientes con un **palillo** después de comer.* SIN. **mondadientes.** **2** Varita con que se toca el tambor: *Los chicos de la banda movían los **palillos** al mismo tiempo al tocar los redobles la marcha.* SIN. **baqueta.**

palíndromo o **palíndroma** ***m.*** Escrito o palabra que tiene el mismo significado al ser leído de izquierda a derecha que a la inversa: *Las palabras* anilina *y* radar *son **palíndromos** porque dicen lo mismo si las lees de izquierda a derecha que de derecha a izquierda.*

palio ***m.*** Especie de cubierta colocada sobre cuatro o más varas largas utilizada para cubrir a ciertas personas importantes como un rey o a imágenes religiosas: *En el filme vi a un rey chino que iba bajo un **palio** cargado por cuatro esclavos.*

paliza ***f.*** **1** Serie de golpes o azotes: *En esa casa maltratan a su perro, pues anoche oí que le dieron una **paliza** para que dejara de aullar.* **2** ***Fam.*** Derrota con una gran diferencia entre el ganador y el perdedor: *El equipo visitante le dio una **paliza** de siete cero al equipo de casa.*

palma ***f.*** **1** Parte cóncava de la mano: *Como estaba muy nervioso, Pablo sentía que le sudaban las **palmas** de las manos.* **2** Palmera: *El camino para llegar a la playa está bordeado con **palmas.*** **3** Hoja de la palmera: *Cuando voy a la playa me gusta recostarme bajo una pequeña construcción con techo de **palma** para que el sol no me queme.* **4** Triunfo, victoria: *Elías se llevó la **palma** en la competencia de salto.* **5** ***pl.*** Aplausos: *La obra de teatro recibió las **palmas** del público.*

palmáceo, a ***adj.*** Relativo a las plantas de tallo recto coronado por un penacho de grandes hojas, como la palmera.
palmada ***f.*** **1** Golpe dado con la palma de la mano: *Al mismo tiempo que le daba la mano, el amigo de mi papá le daba una* ***palmada*** *en la espalda al saludarlo.* **2** Golpe de una palma de la mano contra otra: *Con una* ***palmada,*** *el hombre pudo terminar con el mosquito que le impedía dormir.*
palmar ***adj.*** Relativo a la palma de la mano: *La gitana dice que puede hacer una lectura* ***palmar*** *para adivinar el futuro.*
palmar ***m.*** Terreno poblado de palmas: *"Detrás de este* ***palmar*** *está la playa", señaló el pescador.*
palmar ***vb.*** {intr.} *Fam.* Morir: *Don Fernando* ***palmó*** *hace tres meses, por eso ya no lo has visto en el parque.*
palmarés ***m.*** **1** Lista de vencedores en una competición. **2** Historial de una persona: *El atleta tiene en su* ***palmarés*** *cinco medallas de oro.*
palmatoria ***f.*** Soporte en forma de plato pequeño que sirve para colocar velas: *La cera que escurre de la vela encendida se acumula en la* ***palmatoria.***
palmeado, da ***adj.*** De forma de palma.
palmear ***vb.*** {tr.} Dar golpecitos con la palma de la mano: *Luego de oírlo contar su problema, Mauro* ***palmeó*** *la espalda de su amigo y le dijo que no se preocupara, que él vería cómo ayudarlo.*
palmera ***f.*** Árbol largo y esbelto, con un penacho de hojas fuertes y fibrosas en su parte alta: *Diego se subió a la* ***palmera*** *para cortar unos cocos.* Sin. **palma.**
palmípedo, da ***adj./f.*** Relativo a un grupo de aves nadadoras, con dedos que están unidos por una membrana: *Los patos son aves* ***palmípedas.***
palmito ***m.*** **1** Palmera pequeña con hojas en forma de abanico. **2** Brote tierno comestible de la planta llamada palmito: *Los* ***palmitos*** *se pueden comer preparados en ensalada.*
palmo ***m.*** Distancia que hay, con la mano abierta y extendida, desde el extremo del pulgar hasta el del meñique: *Compré una mesa pequeña que mide cuatro* ***palmos.*** Sin. **cuarta.**
palmotear ***vb.*** {tr.} Dar palmadas: *En el circo los niños* ***palmoteaban*** *de alegría y festejaban los chistes de los payasos.*
palo ***m.*** **1** Trozo alargado y cilíndrico de madera: *A ese perro le gusta ir a recoger un* ***palo*** *y llevarlo de regreso a su amo.* **2** Golpe dado con un palo. **3** Cada serie de figuras en las que se divide la baraja de naipes: *Los* ***palos*** *de la baraja española son cuatro: oros, bastos, espadas y copas.* **4** Poste largo y circular que sostiene las velas de un buque: *El* ***palo*** *más alto se quebró durante la fuerte tormenta en altamar.* **5** *loc. Argent.* y *Urug.* **~ borracho,** nombre de dos especies de árboles utilizados como adornos en las plazas, cuyas semillas recubiertas de pelos sedosos forman un copo blanco. **6** *loc. Chile.* **~ grueso,** persona influyente. **7** *loc. Argent.* y *Par.* **~ santo,** árbol de madera apreciada en ebanistería.
paloma ***f.*** **1** Ave de cabeza pequeña, cola ancha y pico corto: *La plaza de San Marcos en Venecia siempre está llena de* ***palomas.*** **2** ***Méx.*** Petardo de forma triangular hecho con papel y pólvora.
palomar ***m.*** Sitio donde se crían palomas.
palomilla ***f.*** **1** Mariposa pequeña, en especial las nocturnas: *En el sótano de mi casa hay* ***palomillas*** *y por la noche revolotean alrededor de las bombillas.* **2** Tuerca con dos partes sobresalientes laterales en las que se apoyan los dedos para darle vueltas: *Las patas de algunas mesas se fijan con tornillos y* ***palomillas.*** **3** ***Méx. Fam.*** Banda, pandilla, grupo de amigos: *Cuando era niño pertenecía a una* ***palomilla*** *de quince amigos en el barrio donde vivía.* Sin. **banda**, **patota**.
palomita ***f.*** Grano de maíz que se abre al tostarlo: *Me preparé una gran bolsa de* ***palomitas*** *para ver el filme que pasaron por televisión.*
palomo ***m.*** Macho de la paloma.
palote ***m.*** Trazo que se hace como primer ejercicio de caligrafía para aprender a escribir.
palpable ***adj.*** **1** Que puede tocarse: *Montaron una exposición especial de objetos* ***palpables*** *para que puedan apreciarlos las personas ciegas.* **2** Claro, evidente: *Aunque no me dijo nada, la tristeza de María era* ***palpable,*** *así que supuse que tenía un problema.*
palpar ***vb.*** {tr. y prnl.} Tocar con las manos algo o a alguien para reconocerlo: *Cuando ve un vestido que le gusta, Rosaura* ***palpa*** *la tela para saber si es de fibra natural o artificial.*
palpitación ***f.*** Latidos del corazón: *Mi abuelo ha sentido* ***palpitaciones*** *fuertes durante los últimos días, por lo que decidió ir al cardiólogo.*
palpitante ***adj.*** **1** Que palpita. **2** Se dice del tema de actualidad que despierta gran interés: *En el noticiero pasarán un reportaje sobre el hacinamiento en las grandes urbes, no te lo pierdas, es un tema* ***palpitante.***
palpitar ***vb.*** {intr.} Contraerse y dilatarse el corazón u otra parte interior del cuerpo: *Antes de comenzar el examen, Daniel estaba muy nervioso y sentía que le* ***palpitaba*** *el estómago.*
palpo ***m.*** Pequeño apéndice móvil que, formado en pares, tienen los artrópodos a los lados de la boca.
palta ***f. Amér. Merid.*** Fruto de forma ovalada, con cáscara verde o negra y pulpa cremosa color verde claro. Sin. **aguacate.**
palto ***m. Amér. Merid.*** Árbol originario de América cuyo fruto es la palta. Sin. **aguacate.**
paludismo ***m.*** Enfermedad contagiosa que produce fiebre muy alta y es transmitida por el mosquito anofeles: *Para curar el* ***paludismo*** *se debe administrar quinina.*
palurdo, da ***adj./m.*** y ***f.*** Tosco e ignorante: *Joaquín es un* ***palurdo*** *que no dejó de platicar y reír durante el concierto de música clásica.*
palustre ***adj.*** Relativo a las lagunas o pantanos.
pamba ***f. Méx.*** Serie de golpes leves que se dan con la palma de la mano en la cabeza de alguien en tono festivo fingiendo un castigo: *Cuando me equivoqué en la respuesta, los compañeros de mi equipo me dieron* ***pamba.***
pambazo ***m. Méx.*** Antojito elaborado a base de pan blanco cubierto de salsa de chile rojo y relleno de papas o carne molida con lechuga y queso.
pame ***adj./m.*** y ***f.*** Pueblo amerindio del grupo otomí que habita en el estado de San Luis Potosí, México.
pamela ***f.*** Sombrero de mujer, de ala amplia y flexible.
pampa ***f.*** Llanura extensa que no tiene árboles, propia de algunas zonas de América Meridional: *A los gauchos se les suele representar galopando por la* ***pampa*** *montados en sus caballos.*
pámpano ***m.*** **1** Brote de la vid. **2** ***Méx.*** Pez marino comestible.
pampeño, ña ***adj./m.*** y ***f.*** Pampero.
pampero, ra ***adj./m.*** y ***f.*** **1** De La Pampa, provincia de Argentina, o de la llanura llamada pampa. **2** Viento fuerte, frío y seco que sopla en el Río de la Plata, proveniente de la pampa.
pamplina ***f.*** Tontería (se usa más en plural): *Deja de decir* ***pamplinas*** *y ponte a trabajar, o no terminaremos a tiempo el trabajo.*

a b c d e f g h i j k l m n o p q r s t u v w x y z

pan ***m.*** **1** Alimento hecho con masa de harina, por lo general de trigo, mezclada con agua y que se cuece en el horno después de fermentada: *El **pan** ha sido un alimento fundamental para los hombres desde la antigua Mesopotamia.* **2** Pieza del alimento llamado pan, por lo general con una forma determinada: *Me gusta mucho comer un **pan** con queso y mostaza durante el descanso en la escuela.* **3** *loc. Fam.* **Ser** (algo) **~ comido,** ser fácil de realizarse: *Resolví un examen de matemáticas que **fue pan comido,** así que no me preocupo por la nota.*

pana ***f.*** **1** Tela gruesa parecida al terciopelo: *Hacía frío, así que Víctor se puso un traje de gruesa **pana** color gris.* **2** *Chile.* Hígado de los animales: *La **pana** de res es un alimento que contiene mucho hierro y proteínas, por eso es recomendable para niños pequeños y personas con anemia.* **3** *Chile.* Conjunto de desperfectos que provocan el mal funcionamiento de una máquina. **4** *Chile.* Detención de un vehículo por alguna falla en su motor.

panacea ***f.*** Remedio para curar cualquier mal: *Ese médico es un charlatán que asegura haber inventado una **panacea** para todas las enfermedades.*

panadería ***f.*** Establecimiento donde se hace o vende pan: *En la **panadería** de la esquina hacen panes y tartas de manzana deliciosas.*

panadero, ra ***m.*** y ***f.*** Persona que tiene por oficio hacer o vender pan: *En algunos pueblos aún se ve por las mañanas que el **panadero** pasa en bicicleta con una gran canasta de pan en la cabeza.*

panal ***m.*** Conjunto de celdas hexagonales que construyen las abejas para habitarlo y depositar la miel: *Mi vecino se dedica a vender la miel que extrae de los **panales** que tiene en el patio de su casa.*

panameño, ña ***adj./m.*** y ***f.*** Originario de Panamá, país de América Central.

panamericanismo ***m.*** Movimiento encaminado a mejorar y desarrollar las relaciones entre los pueblos americanos, en especial las que existen entre Latinoamérica y Estados Unidos de América.

panamericanista ***adj./m.*** y ***f.*** Relacionado con el panamericanismo o partidario de este movimiento.

panamericano, na ***adj.*** **1** Relativo a América: *Hace años surgió el proyecto de hacer la Carretera **Panamericana** que atraviesa todo el continente.* **2** Perteneciente al panamericanismo.

panca ***f.*** *Bol.* y *Perú.* Conjunto de hojas que envuelve la mazorca de maíz.

pancarta ***f.*** Cartel grande con lemas políticos o de protesta: *Los manifestantes llegaron a la plaza con **pancartas** en las que pedían un aumento de sueldo.*

panceta ***f.*** Tejido grasoso del cerdo en el que están alternadas franjas de grasa y de carne: *La sopa de verduras con un poco de **panceta** sabe muy bien.* Sin. **tocino.**

pancho, cha ***adj.*** **1** *Esp. Fam.* Tranquilo, calmado: *¿Por qué te quedas tan **pancho** si te estoy diciendo que la carne se está quemando en el asador?* **2** *loc. Méx. Fam.* **Hacer un ~,** hacer el ridículo: *Rodrigo **hizo un pancho** en la fiesta porque bebió demasiado alcohol.*

pancita ***f.*** *Méx.* Guiso caldoso de panza de res: *La **pancita** clásica lleva chile guajillo, ajo, cebolla, epazote, jitomate y calabacitas.* Sin. **mondongo.**

pancracio ***m.*** **1** Deporte de la antigua Grecia que combinaba lucha y pugilato. **2** Lucha libre: *Estoy feliz, fui a las luchas y conseguí un autógrafo del campeón del **pancracio.***

páncreas ***m.*** Glándula humana que segrega un jugo que ayuda a la digestión intestinal: *A las personas diabéticas no les funciona bien el **páncreas.***

pancreático, ca ***adj.*** Relativo al páncreas: *Los jugos **pancreáticos** son fundamentales para la digestión.*

pancreatitis ***f.*** Inflamación del páncreas.

pancromático, ca ***adj.*** Se aplica a la emulsión fotográfica que es sensible a todos los colores.

panda ***m.*** Mamífero carnívoro parecido al oso, de pelaje blanco y negro: *Es difícil que nazcan **pandas** en cautiverio, por ejemplo, en un zoológico.*

pandeado, da ***adj.*** Encorvado, que ha tomado forma curva: *Las patas metálicas de la silla están un poco **pandeadas** por el gran peso de mi tío.*

pandearse ***vb.*** {prnl.} Curvarse, torcerse: *Las ramas del árbol **se han pandeado** a causa de los pesados frutos que cuelgan de ellas.*

pandemia ***f.*** Epidemia que afecta a prácticamente la totalidad de los habitantes de determinada región: *Una **pandemia** es una situación mucho más grave que una epidemia.*

pandémico, ca ***adj.*** Relativo a las pandemias: *En tiempos pasados, el cólera y la peste eran enfermedades **pandémicas** casi incontrolables.*

pandemónium ***m.*** Lugar donde hay desorden y griterío extremos: *El auditorio era un **pandemónium,** pues los clubes de fans de todo el país vinieron a ver al grupo de rock.*

pandereta ***f.*** Instrumento musical de percusión, formado por una piel estirada y unida a uno o dos aros superpuestos con sonajas. Sin. **pandero.**

pandero ***m.*** Instrumento musical de percusión formado por una piel estirada y unida a uno o dos aros superpuestos con sonajas: *Esmeralda era una gitana muy guapa que bailaba y tocaba un **pandero** en la novela* El jorobado de Notre Dame. Sin. **pandereta.**

pandilla ***f.*** Grupo de personas que se reúne para algún fin: *Tiene una **pandilla** de amigos con los que juega fútbol por las tardes en el parque.* Sin. **palomilla, patota, banda.**

pando, da ***adj.*** *Méx.* Torcido, encorvado: *Como desde niño montaba mucho a caballo, ahora tiene las piernas **pandas.***

panecillo ***m.*** Pieza pequeña de pan.

panegírico ***m.*** Discurso, escrito, etc., en el que se habla de las cualidades de una persona: *La directora se jubiló y en su homenaje la maestra más joven de la escuela pronunció un **panegírico.***

panel ***adj.*** *Méx.* Camioneta cerrada para el transporte de mercancías: *En una camioneta **panel** Laura transporta las tartas que hace en casa y vende en diferentes escuelas.*

panel ***m.*** **1** Cada una de las partes en que se dividen los lienzos de pared, las hojas de las puertas y otras cosas parecidas. **2** Grupo de personas reunidas con alguna finalidad específica: *Lo invitaron a formar parte de un **panel** de vecinos para intentar solucionar el problema de la inseguridad del lugar donde vive.*

panela ***f.*** Azúcar sólida y no refinada, vendida por lo general en forma de cono. Sin. **piloncillo.**

panera ***f.*** Cesta o especie de caja que sirve para transportar o guardar el pan: *Traje pan, si quieres uno, tómalo de la **panera.***

pánfilo, la ***adj./m.*** y ***f.*** **1** Pausado, lento. **2** Bobo.

panfletario, ria ***adj.*** Que tiene características propias de un panfleto: *Ese discurso me parece **panfletario,** por lo que conviene moderar un poco el lenguaje.*

panfleto ***m.*** Folleto que contiene propaganda política o de cualquier tipo: *Durante la campaña política, cada partido distribuía numerosos **panfletos** exponiendo sus programas.*

paniaguado, da ***m.*** Protegido de alguien que es muy favorecido por su protector: *Claro que esos tres tienen que* *defender a ese funcionario: son sus* ***paniaguados,*** *si él cayera, ellos estarían perdidos.*

pánico ***m.*** Terror muy grande, por lo general de mucha gente: *En cuanto empezó el incendio el* ***pánico*** *se apoderó de la multitud.*

panícula ***f.*** Conjunto de espigas que nacen de un eje común.

panículo ***m.*** Capa de tejido grasoso situada en la hipodermis o parte profunda de la piel.

panificación ***f.*** Fabricación del pan: *El descubrimiento del uso de la levadura fue un gran avance para la* ***panificación,*** *pues permitió elaborar pan esponjoso.*

panificadora ***f.*** Lugar donde se hace pan: *La familia de Manuel tiene varias* ***panificadoras*** *donde preparan panes de diferentes tamaños.*

panificar ***vb. irreg.*** {tr.} **Modelo 17.** Hacer pan.

panizo ***m.*** Planta herbácea de grano redondo y comestible.

panocha o **panoja** ***f.*** **1** Mazorca del maíz. **2** Conjunto de más de dos pescados pequeños que se fríen unidos por las colas.

panoli ***adj. Fam.*** Bobo, de poco carácter.

panoplia ***f.*** **1** Armadura completa: *En los combates medievales los caballeros empleaban su* ***panoplia*** *y su caballo para luchar.* **2** Colección de armas exhibida de manera ordenada, por lo general en una pared.

panorama ***m.*** Vista extensa de un horizonte: *Como Leonor vive en el décimo piso, el amplio* ***panorama*** *del valle se ve desde la ventana de su dormitorio.*

panorámico, ca ***adj.*** Relacionado con el panorama: *Desde lo alto de la torre se observa una vista* ***panorámica*** *de la ciudad.*

panqué ***m. Méx.*** Bizcocho alargado cocido en un molde de papel encerado: *Hay* ***panqués*** *que tienen dentro nueces, pasas, almendras y otros tipos de frutas.*

panqueque ***m.*** **Palabra de origen inglés.** ***Amér. C.*** y ***Amér. Merid.*** Torta delgada de harina, leche y huevos, rellena con ingredientes dulces o salados.

pantagruélico, ca ***adj.*** Palabra derivada de Pantagruel, personaje del escritor francés François Rabelais, que se usa para referirse a las comidas en las que hay exceso de manjares: *En la fiesta de casamiento de mi amiga ofrecieron un menú* ***pantagruélico*** *y todos comimos mucho.* SIN. **opíparo.**

pantaletas ***f. pl. Colomb., Méx.*** y ***Venez.*** Ropa interior femenina que cubre de la cintura al inicio de las piernas. SIN. **bombachas, bragas.**

pantalla ***f.*** **1** Lámina que se coloca delante o alrededor de la luz: *Ponle una* ***pantalla*** *a esa bombilla para que no dé la luz directamente.* **2** Superficie sobre la que se proyectan imágenes: *Como no tenían una* ***pantalla*** *especial, los maestros proyectaban los filmes en una pared de la escuela que pintaron de blanco.*

pantalón ***m.*** Prenda de vestir ceñida a la cintura, que cubre por separado ambas piernas: *Las mujeres empezaron a usar* ***pantalones*** *de manera más cotidiana después de la Segunda Guerra Mundial.*

pantano ***m.*** **1** Región cubierta por aguas poco profundas e invadida de vegetación: *Es una zona de* ***pantano*** *donde hay lagartos, serpientes de agua y muchos mosquitos.* **2** Gran depósito que se forma de manera artificial para almacenar agua de ríos o arroyos. SIN. **embalse.**

pantanoso, sa ***adj.*** Relacionado con los pantanos: *A partir de aquí empieza el terreno* ***pantanoso*** *así que hay que tener cuidado de no resbalarnos.*

panteísmo ***m.*** Doctrina filosófica según la cual Dios se identifica con todas las cosas del mundo: *La palabra* ***panteísmo*** *proviene de dos palabras griegas:* panthos, *todo y* theos, *Dios.*

panteísta ***adj./m.*** y ***f.*** Seguidor del panteísmo: *Los* ***panteístas*** *se basan en la doctrina desarrollada por el filósofo holandés Baruch Spinoza (1623-1677), que identifica a Dios con la naturaleza.*

panteón ***m.*** **1** Tumba grande para enterrar a varias personas. **2** Cementerio, terreno destinado a sepultar muertos: *Mi abuela dejó instrucciones de que no la enterraran en un* ***panteón,*** *sino que la cremaran y echaran sus cenizas al mar.*

panteonero ***m. Méx.*** Sepulturero, encargado del mantenimiento de un cementerio: *Mi hermano tiene mucho miedo de los fantasmas, por eso afirma que para ser* ***panteonero*** *se necesita ser valiente.*

pantera ***f.*** Mamífero carnívoro de África y Asia, de cuerpo esbelto, zarpas con uñas muy filosas y fuertes y piel con manchas negras o totalmente negra. SIN. **leopardo.**

pantimedia ***f. Méx.*** Medias que se unen por la cadera, como mallas: *Las* ***pantimedias*** *comenzaron a cobrar auge con la moda de la minifalda.*

pantocrátor ***m.*** Representación de Jesús sentado en un trono y en actitud de bendecir, característica del arte bizantino y románico.

pantógrafo ***m.*** Instrumento que sirve para ampliar, copiar o reducir dibujos.

pantomima ***f.*** **1** Representación teatral en la que no se habla y todo se da a entender por medio de gestos: *Los cómicos representaron una* ***pantomima*** *tan chistosa que a los niños les lloraban los ojos de tanta risa.* SIN. **mímica.** **2** Comedia, farsa: *La niña armó un escándalo para tratar de mostrar a sus padres que estaba enferma, pero ellos se dieron cuenta de que era una* ***pantomima*** *y no le creyeron.*

pantorrilla ***f.*** Parte carnosa de la pierna que está por debajo de la corva.

pantufla ***f.*** Zapatilla cómoda sin talón que se usa para estar en la casa: *Cuando me levanto de la cama me pongo mis* ***pantuflas*** *para no sentir frío en los pies.*

panucho ***m. Méx.*** Antojito que se prepara con una tortilla rellena de frijoles negros y cubierta con pescado guisado o con carne: *Los* ***panuchos*** *son un plato típico de Yucatán.*

panza ***f.*** **1** En los animales, espacio en el que están los intestinos y otras vísceras. **2** ***Fam.*** Vientre de las personas, en especial cuando es grande: *Abundio toma mucha cerveza, por eso tiene una gran* ***panza.*** SIN. **barriga.**

panzón, zona ***adj.*** Que tiene un vientre muy grande: *Norma está muy* ***panzona*** *porque ya tiene ocho meses de embarazo.* SIN. **ventrudo.**

pañal ***m.*** Prenda absorbente que se pone a los bebés a manera de calzón, mientras no han aprendido a ir al baño: *Antes los* ***pañales*** *eran de tela y ahora también los hay de material desechable.*

pañalera ***f.*** **1** ***Argent.*** Industria que hace pañales. **2** ***Méx.*** Bolsa con asa para llevar los pañales y otros objetos del bebé: *En la* ***pañalera*** *traigo una crema para limpiar al niño, ¿puedes dármela?*

pañil ***m. Chile.*** Árbol cuyas hojas se utilizan para curar úlceras.

paño ***m.*** **1** Tela de lana muy tupida: *Los soldados usan largas capas de* ***paño*** *para las frías noches de guardia.* **2** Trapo para limpiar: *Para pulir los metales se usa un* ***paño*** *suave porque no los maltrata.* **3** ***loc. pl. Fam.*** **En ~ menores,** vestido solamente con ropa interior: *Rómulo entró a mi cuarto sin avisarme y me encontró* ***en paños menores.***

a b c d e f g h i j k l m n o p q r s t u v w x y z

4 Manchas que salen en la cara, en especial a las personas enfermas del hígado o a mujeres embarazadas.

pañoleta ***f.*** Prenda femenina en forma de triángulo que se lleva sobre los hombros: *Como la noche estaba un poco fresca, Miriam se puso una **pañoleta** para cubrirse la espalda.* SIN. **chal.**

pañuelo ***m.*** Pieza cuadrada de tela que tiene diversos usos, en especial para limpiarse la nariz: *Mi abuelo usa grandes **pañuelos** de algodón bordados con sus iniciales.*

papa ***adj. Argent.*** y ***Chile. Fam.*** Entre el habla de los estudiantes, fácil.

papa ***f.* 1** ***Amér.*** Planta herbácea originaria de América, de flores blancas o moradas y con raíces fibrosas que tienen tubérculos carnosos comestibles. SIN. **patata. 2** ***Amér.*** Tubérculo comestible de la planta llamada papa. SIN. **patata. 3** ***Chile*** y ***Méx.*** Mentira, embuste: *Deja de decir **papas** y explícame por qué rompiste mi vestido nuevo.* **4** ***Argent., Chile, Urug.*** y ***Perú.*** Agujero en la media: *Daniela tiene **papa** porque su perro la mordió mientras jugaba.*

Papa ***m.* 1** Se escribe con "P" mayúscula y con el artículo "el" cuando designa al jefe electo de la Iglesia católica: *El **Papa** vive en el Vaticano, que es un Estado independiente dentro de Italia.* **2** ***loc.*** **Ser** (alguien) **más papista que el Papa,** exagerar en el interés o defensa de algo, superando incluso a los principales interesados.

papá o **papa** ***m.*** Manera familiar de decir "padre": *Cuando éramos niños mi **papá** nos llevaba a explorar las barrancas.*

papable ***adj.*** Se aplica al cardenal que tiene posibilidades de llegar a ser Papa.

papachar ***vb.*** {tr.} ***Méx.*** Mimar, acariciar: *Mientras nos contaba un cuento, mi tía Laura **papachaba** a su gato.* SIN. **apapachar.**

papacho ***m. Méx.*** Demostración de cariño, mimo: *Nos gusta visitar a nuestros abuelos, pues siempre nos hacen **papachos** y nos preparan comida sabrosa.* SIN. **apapacho.**

papada ***f.*** Abultamiento carnoso debajo de la barba: *La **papada** es común en las personas obesas, pero a veces también las personas delgadas la tienen.*

papado ***m.* 1** Cargo de Papa: *Cuando muere un Papa, luego de una elección secreta, algún cardenal llega al **papado.*** **2** Ejercicio de un Papa y tiempo que dura: *En la historia de la iglesia católica ha habido **papados** muy largos y otros muy breves.*

papagayo ***m.* 1** Ave prensora de colores brillantes y pico grueso y curvo, que puede imitar el habla humana. **2** ***Argent.*** Orinal de cama para varones. SIN. **pato.**

pápago ***adj./m.*** y ***f.*** Pueblo amerindio del grupo pima localizado sobre todo en Arizona, Estados Unidos de América y una pequeña parte del norte de México.

papalina ***f. Fam.*** Borrachera: *Ayer Sebastián se puso una **papalina** y hoy se siente muy mal, le duele la cabeza y nada le quita la sed.*

papalote ***m. Amér. C., Antill.*** y ***Méx.*** Cometa, juguete volador de papel o plástico: *Como había viento, los niños echaron a volar sus **papalotes.*** SIN. **barrilete, cometa.**

papanatas ***m.*** y ***f. Fam.*** Persona simple y crédula.

papar ***vb.*** {tr.} Comer cosas blandas que no necesitan masticarse, como puré o sopa.

paparazzi ***m.*** **Palabra de origen italiano.** Fotógrafo de prensa que se dedica a fotografiar celebridades en situaciones comprometedoras.

paparrucha ***f. Fam.*** Noticia falsa y desatinada: *Esa revista tiene muchos lectores a pesar de que publica puras **paparruchas** que buscan engañar al público.*

papaya ***adj. Chile.*** Fácil, sencillo.

papaya ***f.* 1** Fruto del papayo, de forma oblonga, carne dulce de color amarillo o anaranjado y pequeñas semillas oscuras. SIN. **lechosa. 2** ***Chile, Cuba*** y ***Méx. Vulg.*** Órgano sexual femenino.

papayo ***m.*** Pequeño árbol tropical cuyo fruto es la papaya.

papel ***m.* 1** Lámina hecha con pasta de fibras vegetales, que puede ser de diferentes grosores: *El **papel** se obtiene de la madera de los árboles.* **2** Trozo u hoja hecha del material llamado papel: *Saquen un **papel** y escriban su nombre porque voy a dictarles algunas preguntas que deberán contestar y entregarme.* **3** Parte de la obra que representa cada actor: *Gonzalo es el protagonista pues tiene el **papel** más importante de la obra.* **4** Función que uno cumple: *El **papel** de la maestra es enseñar y el de los alumnos, aprender.* **5** Documento: *Para contratar una nueva línea de teléfono es necesario llevar algunos **papeles** a las oficinas de la compañía, como un comprobante de domicilio y una identificación personal.*

papelazo ***m. Méx. Fam.*** Ridículo, papel deslucido: *El cantante hizo un **papelazo,** se le olvidó la letra de la canción en pleno concierto.*

papeleo ***m.*** Conjunto de trámites para resolver un asunto: *Para presentar el examen de licenciatura hay que pasar por un largo proceso de **papeleo.***

papelera ***f.*** Cesto para echar papeles inservibles: *Arturo usa la **papelera** de su cuarto como canasta de baloncesto.*

papelería ***f.*** Tienda donde se vende papel y otros artículos de escritorio: *Voy a la **papelería** a comprar lápices de colores para hacer mi dibujo.* SIN. **librería.**

papelerío ***m. Amér.*** Documentación excesiva y molesta en los trámites administrativos: *Cuando no se paga a tiempo la luz, hay que pasar por un **papelerío** terrible para que la conecten de nuevo.*

papelero, ra ***adj./m.*** y ***f.* 1** Relativo al papel: *Lo malo de la industria **papelera** es que talan muchos bosques para producir papel, ojalá pronto el papel reciclado sea más barato.* **2** Persona que vende o fabrica papel: *En algunos países, a los vendedores de diarios les llaman **papeleros.***

papeleta ***f.*** Papel en que se acredita un derecho: *Después de marcar la **papeleta** para votar el joven la introdujo en la urna transparente.*

papelón ***m. Fam.*** Comportamiento ridículo de alguien ante una situación: *Irma hizo un **papelón** cuando empezó a echarle la culpa a la maestra por su baja calificación.*

papera o **paperas** ***f.*** Inflamación de las glándulas parótidas: *Evelia está en cama porque tiene **paperas** y el médico le recomendó reposo.*

papila ***f.*** Pequeña parte saliente en la superficie de la piel o las membranas mucosas, en especial en la lengua: *En la lengua hay **papilas** gustativas distintas: para lo salado, lo dulce, lo ácido y lo amargo.*

papilionáceo, a ***adj./f.*** Relativo a una familia de plantas con flores parecidas a una mariposa y de fruto en legumbre, como la lenteja.

papilionado, da ***adj.*** Relativo a la corola de cinco pétalos con forma de mariposa.

papilla ***f.* 1** Comida triturada para niños y enfermos: *Los bebés empiezan por comer **papillas** de frutas, como la de manzana o pera.* **2** ***loc. Fam.*** **Estar hecho ~,** estar decaído en lo físico o lo moral o estar muy cansado: *Hicimos limpieza de toda la casa y **estamos hechos papilla,** ahora nos toca descansar.*

papiloma ***m.*** Verruga en forma de papila: *Algunos tipos de **papiloma** se transmiten al mantener relaciones sexuales sin protección.*

papión ***m.*** Simio parecido a un mandril que vive en África y Arabia: *Los **papiones** eran uno de los animales sagrados de los antiguos egipcios.*

papiro ***m.*** **1** Planta de tallos largos de los que se sacaban láminas para escribir. **2** Lámina de la planta llamada papiro usada para escribir: *Los **papiros** eran para los egipcios lo que el papel es para nosotros.*

papiroflexia ***f.*** Arte y técnica de hacer figuras a partir de sucesivos dobleces en hojas de papel: *Ramiro sabe **papiroflexia** e hizo unos peces de papel lustre que, si les mueves la aleta de abajo, también mueven la de arriba.*

papista ***m.*** y ***f.*** ***Desp.*** Católico romano. ***Ver* Papa.**

papo ***m.*** **1** Parte abultada del animal y el hombre entre la barba y el cuello. **2** Buche de las aves.

paporreta. De ~, ***loc. Perú. Desp.*** De memoria: *Genaro dijo **de paporreta** toda la lección, pero cuando el maestro le hizo una pregunta no supo qué decir porque no había entendido nada.*

paporretear ***vb.*** {tr.} ***Perú.*** Repetir o aprender alguna cosa de memoria sin entenderla.

páprika ***m.*** Pimentón rojo molido que se usa como condimento: *El **páprika** es muy aromático y ligeramente picante.*

papúa o **papú** ***adj./m.*** y ***f.*** Pueblo polinesio que habita Nueva Guinea y las islas cercanas: *Los **papúes** tienen costumbres muy interesantes, son buenos cazadores y hacen magníficas tallas en madera.*

papusa ***f. R. de la P.*** Muchacha joven y bonita.

paquebote ***m.*** **Palabra de origen francés. 1** Barco que transporta correo y pasajeros. **2** Transatlántico.

paquete ***m.*** **1** Objetos envueltos en cartón o papel para facilitar su transporte: *En la lavandería me entregaron las camisas planchadas en un **paquete** atado con un cordel.* **2** ***loc. Fam. Méx.*** **Darse uno su ~,** darse importancia: *Juliana **se da su paquete** con los chicos, por eso muchos quieren salir con ella.*

paquetear ***vb.*** {intr.} ***Argent.*** y ***Urug.*** Presumir, ir bien vestido para lucirse ante los demás: *A mis vecinos les encanta comprarse ropa para **paquetear** en las fiestas.*

paquetería ***f.*** Tipo de mercancías que se guarda o vende en paquetes: *Esa compañía tiene un excelente servicio de entrega de **paquetería**, pues siempre llegan los paquetes a tiempo y sin daños.*

paquidermo, ma ***adj./m.*** y ***f.*** Relativo a los animales de piel gruesa como los elefantes, los rinocerontes y los hipopótamos.

paquistaní o **pakistaní** ***adj./m.*** y ***f.*** Originario de Pakistán, país del sur de Asia.

par ***adj.*** **1** Relativo al número exactamente divisible entre dos: *El número diez es **par** porque se puede dividir exactamente entre dos y da cinco.* **2** Se aplica al órgano o miembro del cuerpo, o de otra cosa, de los que hay dos iguales: *Los riñones, los pulmones y los ojos son órganos **pares**.* **3** ***loc.*** **A la ~,** además, a la vez: *Ramiro estudia **a la par** que trabaja.*

par ***m.*** **1** Conjunto de dos personas o cosas: *Rodrigo se compró un **par** de camisas, una de color verde y otra de color blanco.* **2** ***Fam.*** Cantidad pequeña que no se determina: *¿Quieres ir a tomar un **par** de cafés para que me platiques tu problema?* **3** ***loc.*** **De ~ en ~,** Dejar totalmente abierta una puerta, ventana u otra cosa parecida: *Daniel salió tan de prisa que dejó **de par en par** la puerta de la casa.*

para ***prep.*** **1** Denota utilidad, fin o destino de una acción: *El sacacorchos sirve, como su nombre lo indica, **para** sacar los corchos de las botellas.* **2** Señala el tiempo en que finaliza u ocurre algo: *"Su vestido estará listo **para** el jueves", me dijo la costurera.* **3** Con relación a: *Le pagan poco **para** lo mucho que trabaja.* **4** Con el fin de: *Preparé un postre **para** regalárselo a mi madre por su cumpleaños.*

parabién ***m.*** Felicitación, elogio: *El estudiante recibió los **parabienes** de su familia y compañeros por el premio que le otorgaron en la escuela.*

parábola ***f.*** **1** Narración corta que encierra una enseñanza moral. **2** Curva abierta, simétrica respecto de un eje, con un solo foco, su forma es así: ∪.

parabólica ***f.*** Antena cuyo receptor, en forma de parábola, puede captar y emitir señales a través de un satélite: *Algunos usos de las **parabólicas** son radiocomunicaciones, radiotelescopios, recepción de televisión vía satélite y estaciones de radioaficionados.*

parabólico, ca ***adj.*** **1** Relativo a la parábola: *Varios antiguos maestros y filósofos emplearon el lenguaje **parabólico** para transmitir sus enseñanzas.* **2** En forma de parábola: *Uno de los ejemplos más claros del movimiento **parabólico** es el disparo de una bala de cañón.*

parabrisas ***m.*** Cristal delantero de un vehículo: *Es importante limpiar el **parabrisas** antes de viajar en automóvil para ver bien el camino.*

paracaídas ***m.*** Dispositivo hecho con tela resistente que cuando se extiende toma forma de sombrilla y está destinado a suavizar la caída de una persona o cosa desde las alturas, o para frenar un avión o automóvil cuando falta espacio para hacerlo de manera normal: *Para lanzarse en **paracaídas** se necesita no temer a las alturas.*

paracaidismo ***m.*** Técnica o deporte de salto con paracaídas.

paracaidista ***m.*** y ***f.*** Persona entrenada para saltar en paracaídas: *El **paracaidista** saltó del avión antes de lo previsto, por lo que cayó en un árbol y no en el césped.*

parachoques ***m.*** Pieza delantera y trasera de algunos vehículos que los protege contra posibles golpes: *Fue un golpe ligero que sólo abolló un poco el **parachoques** del automóvil.* Sin. **paragolpes.**

parada ***f.*** **1** Acción de parar o detenerse: *El autobús no hace **parada** en esta esquina sino en la siguiente.* **2** Sitio donde se para: *Me bajaré del tren en la siguiente **parada**, que es donde está mi escuela.* **3** Desfile: *Celebrarán el día de la independencia con una **parada** militar.* **4** ***loc. Méx.*** **Hacer la ~,** hacer una seña a un vehículo de pasajeros para que se detenga: *Le **hice la parada** al taxi pero no se detuvo porque ya venía ocupado.*

paradero ***m.*** **1** Sitio donde se para o se va a parar: *Mi amigo Iván se fue de aquí hace una semana y desconozco su **paradero** pues no me dijo a dónde iba.* **2** ***Amér. Merid.*** y ***Méx.*** Lugar donde se detiene el ferrocarril o parada de autobuses: *Las personas que iban en el autobús ya estaban listas para bajar en el **paradero**.*

paradigma ***m.*** **1** Ejemplo que sirve de norma: *El dirigente hindú Mahatma Gandhi ha sido el **paradigma** del pacifismo.* **2** En lingüística, conjunto de formas que sirven de modelo en los diversos tipos de flexión.

paradigmático, ca ***adj.*** Relativo al paradigma.

paradisiaco, ca ***adj.*** Muy agradable, hermoso: *Los recién casados fueron de luna de miel a una isla **paradisiaca** en el océano Pacífico.*

parado, da ***adj.*** **1** Se dice de lo que está detenido, que no está en movimiento: *Es importante bajar del ómnibus hasta que está **parado** totalmente.* **2** ***Amér.*** De pie: *En esa esquina había muchas personas **paradas** esperando el autobús.* **3** ***Chile, Perú*** y ***P. Rico.*** Orgulloso, engreído: *El **parado** de Joel se pasa el tiempo hablando de su nueva ropa y sus próximos viajes.* **4** ***Esp.*** Que no tiene empleo: *Mi* *madre está **parada** desde que clausuraron la tienda donde trabajaba.*

paradoja ***f.*** Frase, situación, etc., que en apariencia encierra una contradicción: *Una **paradoja** es decir que todo tiene que cambiar para permanecer igual.*

paradójico, ca ***adj.*** Relacionado con una paradoja: *Una imagen **paradójica** en poesía es decir que el hielo es candente.*

parador ***m.*** Establecimiento donde se hospedan los viajeros, situado por lo general a orillas de la carretera: *Durante su viaje por España mis padres se alojaron en unos **paradores** muy agradables.*

paraestatal ***adj.*** Empresa u organismo que, sin formar parte de la administración pública, coopera con un Estado: *En América Latina, son **paraestatales** varias empresas petroleras y mineras.*

parafernalia ***f.*** Conjunto de cosas que le dan lujo y solemnidad a un acontecimiento: *Los Gómez organizaron una fiesta con mucha **parafernalia** cuando se casó su única hija.*

parafina ***f.*** Mezcla de hidrocarburos que se emplea para hacer velas entre otras cosas: *Algunos fósforos vienen cubiertos de **parafina** en la vara que sostiene la cabeza.*

paráfrasis ***f.*** Interpretación o explicación ampliada de un texto: *Después de leer el cuento hicimos una **paráfrasis** de lo que habíamos entendido.*

paragoge ***f.*** Adición de un fonema al final de una palabra: *La **paragoge** fue muy utilizada en palabras como* felice *para ajustar la métrica en los poemas rimados.*

paragolpes ***m. Argent., Par.*** y ***Urug.*** Parachoques.

paraguas ***m.*** Utensilio portátil semejante a una sombrilla que sirve para protegerse de la lluvia: *En los lugares húmedos llueve con frecuencia por lo que es importante cargar un **paraguas.***

paraguayo, ya ***adj./m.*** y ***f.*** Originario de Paraguay, país de América del Sur.

paragüería ***f.*** Tienda donde se venden paraguas.

paragüero ***m.*** Mueble en el que se colocan los paraguas: *A la entrada de la casa, junto al perchero, había un **paragüero.***

paraíso ***m.*** **1** En el cristianismo, el judaísmo y otras religiones, lugar donde las almas de los justos residen después de morir. **2** *loc.* **~ terrenal,** según el libro bíblico llamado *Génesis,* jardín de las delicias donde Dios puso a Adán y Eva. **3** Lugar donde uno se encuentra muy a gusto: *Esa pequeña playa es un **paraíso** que no ha sido descubierto aún por las empresas turísticas.*

paraje ***m.*** Sitio, en especial el lejano o aislado: *Toda la familia fue a comer a un **paraje** alejado de la ciudad donde también jugaron y se divirtieron mucho.*

paralelas ***f. pl.*** Barras colocadas a cierta distancia una de la otra que se usan para practicar la gimnasia olímpica.

paralelepípedo ***m.*** Sólido compuesto por seis caras o lados, siendo iguales y paralelos cada dos lados que se oponen: *Un ladrillo es un **paralelepípedo.***

paralelismo ***m.*** **1** Circunstancia de ser paralelas dos líneas o acciones: *Es curioso el **paralelismo** entre las vidas de algunos hombres notables que, aun estando muy alejados geográficamente, vivieron circunstancias similares.* **2** En informática, ejecución, por un mismo procesador, de varias tareas al mismo tiempo.

paralelo ***m.*** Cada uno de los círculos menores del globo terrestre que corren en la misma dirección del ecuador y sirven para determinar la latitud: *Los **paralelos** más importantes son el Círculo Polar Ártico, el Círculo Polar Antártico, el trópico de Cáncer y el de Capricornio.*

paralelo, la ***adj.*** Relativo a dos o más rectas que se encuentran en un mismo plano y no se cortan: *Las ruedas del automóvil dejaron dos líneas **paralelas** en la arena.*

paralelogramo ***m.*** Cuadrilátero cuyos lados son paralelos dos a dos: *La página que estás leyendo es un **paralelogramo.***

parálisis ***f.*** Privación o disminución del movimiento de una o varias partes del cuerpo: *Ese actor sufre de **parálisis** desde que se cayó de un caballo.*

paralítico, ca ***adj./m.*** y ***f.*** Persona paralizada de manera total o parcial: *A Mariano le dio poliomielitis cuando era niño y quedó **paralítico,** por lo que ahora anda con muletas.*

paralizado, da ***adj.*** Inmóvil: *Le afectó un virus y ahora tiene **paralizada** la mitad de la cara.*

paralizar ***vb. irreg.*** {tr. y prnl.} **Modelo 16. 1** Causar parálisis: *Se me **paralizó** el brazo por un momento después de estar recostada sobre él durante varias horas.* **2** Detener una actividad o movimiento: *El gran apagón eléctrico que hubo en Nueva York hace algunos años **paralizó** por completo la ciudad.*

paramecio ***m.*** Protozoo ciliado común en aguas estancadas.

paramédico, ca ***adj.*** Se dice de las actividades técnicas o administrativas relacionadas con la profesión médica: *La administración de hospitales es una actividad **paramédica.***

paramédico, ca ***m.*** y ***f.*** Técnico auxiliar médico: *Parte de la tripulación de las ambulancias son los **paramédicos,** ellos se encargan de estabilizar a los pacientes hasta que llegan al hospital.*

parámetro ***m.*** Valor o medida que se presenta como una constante y que sirve para comparar otros valores o medidas: *Los precios de esta tienda me sirvieron como **parámetro** para saber si las otras tiendas venden caro o barato.*

páramo ***m.*** **1** Terreno árido donde casi no hay vegetación: *No pudieron sembrar en ese sitio porque era un **páramo.*** **2** *Colomb.* y *Ecuad.* Llovizna. SIN. **garúa.**

parangón ***m.*** Comparación o semejanza: *La hazaña del astronauta que pisó por primera vez el suelo lunar no tuvo **parangón** pues nadie había hecho algo parecido.*

parangonar ***vb.*** {tr.} Hacer una comparación entre dos cosas: *Los miembros del jurado **parangonaron** los dos trabajos finalistas para tomar un decisión, pues sólo uno debía ganar.*

paraninfo ***m.*** Salón de actos de una universidad y otros centros de enseñanza.

paranoia ***f.*** Enfermedad mental crónica caracterizada por la fijación de ideas obsesivas en la mente: *La vecina sufre de **paranoia** pues piensa que todo el mundo la persigue y la odia.*

paranoico, ca ***adj./m.*** y ***f.*** Relativo a la paranoia: *Ya deja esa actitud **paranoica** de pensar que no tienes amigos porque todos quieren molestarte.*

paranomasia ***f. Ver*** **paronomasia.**

paranormal ***adj.*** Se dice del fenómeno que no puede explicarse por medio de principios científicos reconocidos: *Algunos psicólogos consideran la telepatía como un fenómeno **paranormal.***

parapente ***m.*** **1** Deporte que consiste en arrojarse desde altas cumbres con un paracaídas rectangular y descender planeando. **2** Paracaídas rectangular que se emplea en este deporte.

parapeto ***m.*** Barandal o pretil de una escalera, puente, etc.: *Los **parapetos** sirven para evitar que las personas se caigan.*

paraplejia o **paraplejía** ***f.*** Parálisis de la mitad inferior del cuerpo: *Adolfo se ha ido recuperando de la **paraplejia** que sufrió hace unas semanas, así que ya empieza a mover las piernas.*
parapsicología ***f.*** Estudio de los fenómenos que no tienen explicación científica: *La **parapsicología** se ocupa de cosas como la telepatía, la telequinesia, la levitación, las apariciones, etc.*
parapsicólogo, ga ***m.*** y ***f.*** Especialista en parapsicología: *El trabajo de los **parapsicólogos** se ha difundido sobre todos gracias a películas de terror que tratan de seres maléficos y de ultratumba.*
parar ***vb.*** {tr., intr. y prnl.} **1** Cesar en el movimiento o en la acción: *El caballo iba corriendo y de repente **se paró** porque lo asustó una serpiente.* **2** ***Amér.*** Estar o ponerse de pie: *Cuando la maestra entró al salón los alumnos **se pararon** en señal de respeto.* **3** Llegar a un fin: *Todavía no se sabe dónde va a **parar** el problema de la contaminación del ambiente.* **4** Detener un movimiento o acción: *A las ocho de la noche los obreros **paran** las máquinas y se van a sus casas a descansar.* **5** Alojarse, hospedarse: *Cuando Gerardo viene a la ciudad **para** en mi casa.*
pararrayos ***m.*** Dispositivo de protección contra los rayos: *Benjamín Franklin inventó el **pararrayos**.*
parasimpático, ca ***adj./m.*** Relativo a una de las dos partes del sistema nervioso vegetativo: *El sistema **parasimpático** reduce el ritmo del corazón y acelera los movimientos digestivos.*
parasíntesis ***f.*** En lingüística, modo de formación de palabras en que se combinan la composición y la derivación.
parasitar ***vb.*** {tr.} Invadir un organismo animal o vegetal a otro para vivir de las sustancias que elabora el organismo invadido. Ant. **desparasitar.**
parasitario, ria ***adj.*** Relacionado con los parásitos o provocado por éstos: *La amebiasis es una enfermedad **parasitaria** provocada por amibas.*
parasiticida ***adj./m.*** Sustancia o medicamento que destruye los parásitos: *Después de ver los resultados de sus análisis, el médico recetó un **parasiticida** a Jimena, pues tiene lombrices.*
parasitismo ***m.*** Asociación biológica entre individuos de dos especies animales o vegetales diferentes, en la que uno vive a expensas del otro.
parásito, ta ***adj./m.*** y ***f.*** **1** Relativo al animal o vegetal que vive dentro o sobre otro organismo del que obtiene su alimento: *En los bosques y las selvas abundan las plantas **parásitas;** algunas cuelgan de las ramas de los árboles y otras rodean los troncos.* **2** Persona ociosa que vive de lo que les quita a los demás: *Bernardo es un **parásito** que tiene treinta años, no trabaja, no estudia y vive con su mamá.*
parasitología ***f.*** Estudio de los parásitos del hombre, de los animales y de las plantas.
parasol ***m.*** Especie de paraguas para protegerse del sol. Sin. **sombrilla.**
parathormona ***f.*** Hormona producida por las glándulas paratiroides que regula el nivel de fósforo y calcio del cuerpo.
paratifoidea ***adj./f.*** Enfermedad parecida a la tifoidea, pero de menor gravedad.
paratiroides ***f.*** Glándula endocrina situada a los lados de la tiroides que produce la hormona paratiroidea.
parca ***f.*** Personificación de la muerte en la poesía y la pintura: *La **parca** se representa como un esqueleto cubierto por un manto que tiene una guadaña para cortar las vidas.* Sin. **muerte.**
parcela ***f.*** Porción pequeña de terreno: *Atrás de mi casa hay una pequeña **parcela** donde mi madre cultiva maíz y algunas verduras.*
parcelar ***vb.*** {tr.} **1** Dividir o medir un terreno en porciones pequeñas llamadas parcelas. **2** ***Fam.*** Dividir algo en partes.
parche ***m.*** Pedazo de cualquier material que se pega sobre una cosa, generalmente para cubrir una rotura o tapar un agujero: *A Juan se le rasgó el pantalón en la parte de la rodilla y su mamá le pegó un **parche**.*
parchís ***m.*** Juego que consta de un tablero en el que cada jugador avanza según la tirada de un dado.
parcial ***adj.*** **1** Relativo a una parte del todo: *La maestra de lengua española obtiene nuestra calificación final con el promedio de los cuatro exámenes **parciales.*** **2** Persona que se inclina por alguien o algo sin tener razones objetivas.
parcialidad ***f.*** Actitud de no proceder con ecuanimidad, de inclinarse más hacia un lado: *Ese artículo no es objetivo, se nota la **parcialidad** del autor.*
parco, ca ***adj.*** **1** Sobrio, sin adornos: *Prefiero los vestidos **parcos** a los que tienen muchos adornos.* **2** Escaso: *Como tenían poco dinero la comida en la casa del joven matrimonio no era abundante sino **parca,** pues sólo había frijoles y arroz.*
pardillo ***m.*** Pájaro de unos 15 cm de largo, de plumas pardas en el dorso y rojas en el pecho, se alimenta de granos y puede domesticarse: *Los **pardillos** son aves de canto melodioso.*
pardo, da ***adj./m.*** **1** Del color de la tierra: *La piel de algunos animales como los castores y las nutrias es **parda.*** **2** Oscuro: *Esas nubes **pardas** son anuncio de lluvia.*
pardusco, ca o **parduzco, ca** ***adj.*** Se dice de lo que tira a color pardo: *Esas cortinas eran color beige, pero están tan percudidas que ahora se ven **parduscas.***
pareado, da ***adj./m.*** Relativo a la estrofa compuesta por dos versos que riman entre sí: *"Entre la capa azul y la roja, su majestad escoja", es un verso **pareado.***
parear ***vb.*** {tr.} **1** Comparar dos cosas juntándolas entre sí: *Esos dos floreros eran aparentemente iguales, pero cuando el vendedor los **pareó,** vimos que uno era un poco más ancho que el otro.* **2** Formar una pareja con dos cosas: *Mi hermana y yo ayudamos a mamá a **parear** los calcetines lavados, luego hicimos bolas con cada par y los guardamos.*
parecer ***m.*** Manera de pensar: *Según mi **parecer,** sería mejor cambiar el vidrio de la ventana en vez de parcharlo.* Sin. **opinión.**
parecer ***vb. irreg.*** {intr., prnl. e impers.} **Modelo 39. 1** Tener determinada apariencia: *Julio **parece** mayor que Rodrigo, pero en realidad es dos años menor.* **2** Tener parecido: *Cuando eran jóvenes, Antonio **se parecía** mucho a su hermano Rafael, por eso la gente pensaba que eran gemelos.* **3** Opinar, creer, ser posible: ***Me parece** que el filme que vimos es de gran calidad.*
parecido ***m.*** Semejanza, similaridad: *Dicen que tengo **parecido** con mi mamá y que mi hermano se parece a mi papá.* Sin. **analogía.**
parecido, da ***adj.*** Similar, semejante: *Como Daniel y Rosalía estudiaron en la misma escuela tienen educación **parecida.***
pared ***f.*** Obra de albañilería que cierra o separa un espacio: *Puse un clavo en la **pared** para colgar el cuadro que compré en una galería.*
paredón ***m.*** Pared junto a la que se fusila a los condenados a muerte: *El emperador de México, Maximiliano de Habsburgo, murió fusilado en un **paredón,** en Querétaro, en 1867.*

a b c d e f g h i j k l m n o p q r s t u v w x y z

pareja ***f.*** Conjunto de dos personas, animales o cosas, en especial si son varón y mujer: *Ruth y Luis son una **pareja** dispareja, pues ella es muy alta y él es muy bajo.*

parejo, ja ***adj.*** **1** Igual, semejante: *Mi amigo Eduardo y yo estamos **parejos** pues los dos medimos lo mismo.* **2** Liso, llano: *La mesa de trabajo de los arquitectos debe ser **pareja** para que realicen sus trazos correctamente.* ANT. **disparejo.**

parénquima ***m.*** **1** Tejido que forma las glándulas. **2** Tejido vegetal que realiza funciones de fotosíntesis y almacenamiento.

parental ***adj.*** **1** Perteneciente o relativo a los padres o los parientes: *La vigilancia y control **parentales** son necesarios en la educación de los hijos.* **2** *loc.* **Alimentación ~,** la que se hace por vía intravenosa.

parentela ***f.*** Conjunto de los parientes de alguien: *Toda mi **parentela** viene a la casa para las fiestas de fin de año.*

parentesco ***m.*** Unión que existe entre personas de la misma familia: *Acabo de descubrir el **parentesco** que tengo con Aurelio: resulta que nuestros bisabuelos fueron primos.*

paréntesis ***m.*** **1** Frase que se intercala en un discurso, con sentido independiente del mismo: *Después de declarar inaugurada la exposición, el orador hizo un **paréntesis** para hablar de la historia del museo.* **2** Signo ortográfico ( ) en que suele encerrarse la frase llamada paréntesis. **3** Signo que aísla una expresión algebraica.

pareo ***m.*** Trozo rectangular de tela que se usa para envolver el cuerpo, formando una prenda de vestir: *Los **pareos** se pueden anudar en el pecho o en la cadera.*

pargo ***m.*** Pez marino comestible de carne apreciada: *Un **pargo** mide más o menos medio metro de largo.*

paria ***m.*** y ***f.*** **1** En la India, individuo que no pertenecía a ninguna casta o linaje. **2** *Fam.* y *Desp.* Persona que, por ser considerada inferior, es excluida del trato con las demás.

paridad ***f.*** **1** Igualdad o semejanza: *Es importante que haya **paridad** entre los pensamientos de las personas que se casan, pero que al mismo tiempo respeten sus propias diferencias.* **2** Comparación. **3** Relación que existe entre los valores de distintas monedas: *La **paridad** del dólar respecto al franco no ha cambiado mucho en los últimos años.*

pariente, ta ***m.*** y ***f.*** Respecto de una persona, otra de su misma familia: *Ayer llegaron a visitarnos unos **parientes** que se mudaron a España hace varios años.*

parietal ***adj./m.*** Cada uno de los dos huesos que forman los lados y la parte media de la bóveda del cráneo.

parihuelas ***f.*** Artefacto compuesto de tablas atravesadas sobre dos varas para llevar una carga entre dos personas: *Los hombres armaron una **parihuela** para transportar de manera más fácil al herido.*

parir ***vb.*** {tr. e intr.} Dar nacimiento la hembra de los mamíferos al hijo concebido después de terminada la formación del feto en el útero: *La gata **parió** anoche seis cachorros.*

parisino, na ***adj./m.*** y ***f.*** Originario de París, capital de Francia, país de Europa: *En el siglo* XIX, *los vestidos **parisinos** eran muy apreciados en América.*

parking ***m.*** **Palabra de origen inglés.** Lugar donde se dejan acomodados los vehículos.

Parkinson, mal de. *loc.* Enfermedad del sistema nervioso que produce rigidez muscular y temblor de las extremidades.

parlamentar ***vb.*** {intr.} **1** Conversar, hablar entre sí dos o más personas. **2** Entrar en negociaciones: *Los obreros **parlamentaron** con los patrones para llegar a un acuerdo respecto al aumento de salario.*

parlamentario, ria ***adj.*** Relativo a un parlamento, cuerpo legislativo: *En la sesión **parlamentaria** de hoy se discutió la aprobación de una nueva ley.*

parlamentario, ria ***m.*** y ***f.*** Miembro de un parlamento: *Las **parlamentarias** se reunieron con mujeres indígenas para hablar del respeto a sus derechos y costumbres.*

parlamento ***m.*** **1** Acción de parlamentar: *Hamlet, el protagonista de una tragedia del escritor inglés William Shakespeare, inició su **parlamento** con la famosa frase "Ser o no ser, ése es el dilema".* **2** Asamblea legislativa: *El **parlamento** de un país está formado por dos cámaras en las que trabajan los legisladores.*

parlanchín, china ***adj./m.*** y ***f.*** *Fam.* Muy hablador, platicador: *Desde pequeño Rubén ha sido un niño **parlanchín** a quien le gusta hablar con la gente de su edad y también mayor.*

parlante ***adj.*** Que habla: *El día de su cumpleaños le regalaron a Rosina una muñeca **parlante,** le aprietas un botón y habla.*

parlotear ***vb.*** {intr.} *Fam.* Hablar mucho y sin sustancia: *Cámbiale a ese programa de radio, los conductores sólo **parlotean** y no informan.*

parloteo ***m.*** Acción de parlotear: *Liliana se encerró en su cuarto porque el **parloteo** de sus hermanos no la dejaba concentrarse en su tarea.*

parmesano ***m.*** Tipo de queso duro y salado, de leche de vaca: *El queso **parmesano** se llama así porque tuvo su origen en la ciudad de Parma, Italia.*

parnaso ***m.*** Conjunto de todos los poetas de una lengua, país o época.

paro ***m.*** **1** Hecho de parar, de hacer que algo se detenga: *El rayo que cayó en un transformador ocasionó un **paro** en el suministro de energía eléctrica.* **2** ***Esp.*** Situación del que no tiene trabajo: *En algunos países, el gobierno da una pequeña cantidad de dinero a las personas que están en **paro** por no haber encontrado trabajo.* **3** Huelga.

parodia ***f.*** Burla humorística que se hace imitando algo o a alguien: *Ese cómico se especializa en **parodias** de cantantes famosos y durante sus espectáculos se viste y hace los ademanes de varios de ellos.*

paródico, ca ***adj.*** Relativo a la parodia: *Vimos una película **paródica** que se burla de todas las aventuras de capa y espada.*

parónimo, ma ***adj./m.*** Palabra que se parece a otra por su sonido, su forma o su ortografía: Rodear *y* rodar *son **parónimos,** también* junta *y* punta.

paronomasia ***f.*** Parecido de las palabras por su sonido, su ortografía o su forma.

parótida ***f.*** Glándula salival situada en la parte lateral y posterior de la boca, cerca del oído: *Si se inflaman las **parótidas,** uno se enferma de paperas.*

paroxismo ***m.*** **1** Ataque violento de una enfermedad. **2** Exaltación extrema de las pasiones o emociones: *En el filme de terror que vi, a causa de un **paroxismo** de terror la joven se desmayó al ver entrar a Drácula por la ventana.*

parpadear ***vb.*** {intr.} **1** Mover los párpados: *El bebé **parpadeaba** mucho porque acababa de despertar y le molestaba la luz de la bombilla encendida.* **2** Oscilar una luz: *En la discoteca **parpadean** muchas luces de colores.*

parpadeo ***m.*** **1** Breve tiempo en el que se cierran y abren los párpados. **2** *Fam.* Breve periodo, instante: *Mi tía se cayó en un **parpadeo** pues vi cuando bajaba las escaleras y de pronto ya estaba en el suelo.*

párpado ***m.*** Repliegue cutáneo móvil que protege al ojo: *Antes se usaba maquillaje azul y verde para los **párpados;** ahora está de moda el marrón.*

parpar ***vb.*** {intr.} Graznar los patos: *Ante la proximidad de la lluvia, los patos del estanque* ***parpaban*** *y nadaban felices.*

parque ***m.*** **Palabra de origen francés. 1** Terreno cercado y con plantas, para recreo: *Angélica vive en la ciudad frente a un gran* ***parque*** *y puede ver los árboles desde su ventana.* **2** Conjunto de máquinas, vehículos, etc., destinados a un servicio público: *Los funcionarios del gobierno utilizan un* ***parque*** *de vehículos que es propiedad de la nación.*

parqué ***m.*** **Palabra de origen francés.** Suelo hecho con tablas de madera unidas unas con otras: *Hay que pulir y barnizar el* ***parqué*** *con frecuencia para mantenerlo en buen estado.*

parquear ***vb.*** {tr.} **Palabra de origen inglés.** ***Amér.*** Acomodar los vehículos en un lugar especial para dejarlos o en cualquier otro lugar. SIN. **estacionar, aparcar.**

parquedad ***f.*** Moderación, sobriedad: *Hay quien considera que la* ***parquedad*** *es una virtud y otros la confunden con sequedad.*

parquímetro ***m.*** **Palabra de origen inglés.** Aparato instalado en la calle en el que se introducen monedas para pagar el derecho a parquear o estacionar un automóvil.

parra ***f.*** Planta de la uva, vid levantada de manera artificial que se extiende mucho hacia los lados: *Los griegos y los árabes comen hojas de* ***parra*** *rellenas de arroz con carne.*

parrafada ***f.*** **1** Párrafo muy largo: *El escrito era una colección de* ***parrafadas,*** *lo cual complicaba su lectura.* **2** Discurso largo, vehemente y sin pausas: *Cuando la gente comenzó a abandonar el auditorio, el orador llevaba una hora con su* ***parrafada.***

párrafo ***m.*** Cada una de las divisiones de un escrito separada del resto por un punto y aparte: *Le escribí una carta de tres* ***párrafos,*** *cada uno de diez líneas.*

parral ***m.*** **1** Conjunto de parras sostenidas por una armazón. **2** Sitio sembrado de parras: *Ese* ***parral*** *es de uvas blancas.*

parranda ***f.*** Diversión ruidosa, juerga, en especial cuando se va de un lugar a otro: *Los domingos despierta desvelado porque suele irse de* ***parranda*** *los sábados.*

parrandero, ra ***adj.*** Se aplica a la persona que sale de parranda con frecuencia: *David es muy* ***parrandero,*** *cada semana sale con sus amigos y regresa en la madrugada.*

parricida ***m.*** y ***f.*** Persona que mata a uno de sus progenitores, padre o madre, a su cónyuge o a su hijo: *En la obra* Edipo Rey, *de Sófocles, Edipo mató a su padre sin saber quién era y así se convirtió en* ***parricida.***

parrilla ***f.*** Utensilio de cocina en forma de rejilla, que sirve para asar o tostar los alimentos: *Los muchachos sacaron la* ***parrilla*** *al jardín para preparar carne asada.*

parrillada ***f.*** **1** Guiso compuesto por diversas clases de carnes o pescados, asados sobre una parrilla. **2** ***Argent., Chile*** y ***Urug.*** Carne de vacuno asada en una parrilla.

párroco ***m.*** Sacerdote encargado de una parroquia. SIN. **cura.**

parroquia ***f.*** **1** Territorio a cargo de un sacerdote. **2** Templo en una población, donde un sacerdote brinda sus servicios a los habitantes: *Adornaron la* ***parroquia*** *de mi barrio con muchas flores para la celebración de la boda de Juan y María.*

parroquiano, na ***m.*** y ***f.*** Cliente habitual de un establecimiento: *El café que preparan en ese lugar es tan bueno, que hay* ***parroquianos*** *que van allí desde que lo inauguraron, hace más de diez años.*

parsimonia ***f.*** Calma, prudencia: *El nuevo maestro trata con gran* ***parsimonia*** *a los alumnos porque dice que no le gusta gritarles.*

parte ***f.*** **1** Porción de un todo: *Ya terminé la primera* ***parte*** *de mi trabajo, ahora voy a comenzar la segunda.* **2** En un reparto, cantidad que corresponde a cada quien: *Cuando el tío rico murió, le dejó una* ***parte*** *igual de su fortuna a cada uno de sus sobrinos.* **3** Sitio, lugar: *Estoy aburrido, salgamos a pasear a alguna* ***parte.*** **4** Cada una de las personas, equipos, ejércitos, etc., que dialogan, luchan o contienden: *Las tres* ***partes*** *involucradas en la guerra finalmente se sentaron a dialogar y a negociar.* **5** *loc. pl. Fam.* ~ **nobles,** órganos genitales exteriores: *La ropa interior sirve para cubrir y proteger las* ***partes nobles,*** *por eso es importante que siempre esté bien limpia.*

parte ***m.*** Informe militar: *Después del primer día de batalla, el presidente recibió el* ***parte*** *militar entregado por el general a cargo.*

parteaguas ***m.*** Hecho que marca una diferencia entre lo que ocurrió antes que él y lo que ocurrirá después: *La Segunda Guerra Mundial fue un* ***parteaguas*** *en la historia del siglo XX.*

parteluz ***m.*** Columna que divide en dos un hueco de ventana.

partenogénesis ***f.*** Reproducción de ciertos organismos vivos que se realiza a partir de un óvulo no fecundado.

partero, ra ***m.*** y ***f.*** Persona que ayuda a las mujeres al momento del parto: *En algunos pueblos alejados de los hospitales y de los médicos las* ***parteras*** *atienden los nacimientos.*

partición ***f.*** **1** Acción de repartir algo entre varios: *El notario citó a los familiares para leer en el testamento los términos de* ***partición*** *de la herencia.* **2** En informática, división que se aplica en un disco magnético.

participación ***f.*** Hecho de participar: *Aunque no ganó, Irma tuvo una* ***participación*** *destacada en el concurso de dibujo.*

participar ***vb.*** {tr. e intr.} **1** Notificar: *Carla y Carlos me* ***participaron*** *de su próxima boda en noviembre.* **2** Tomar parte, intervenir en alguna actividad: *Para que el trabajo no sea demasiado pesado, todos debemos* ***participar*** *con algo.*

partícipe ***adj./m.*** y ***f.*** Quien participa en algo con otros: *Imelda es* ***partícipe*** *en nuestra obra de teatro, ella se encarga de la iluminación.*

participio ***m.*** Forma no personal del verbo que puede realizar la función de adjetivo y sustantivo: *El* ***participio*** muerto *funciona como adjetivo en la oración "estaba muerto" y como sustantivo en "descubrí un muerto".*

partícula ***f.*** **1** Parte pequeña: *Al limar el hierro se desprenden pequeñas* ***partículas*** *de metal.* **2** En gramática, parte que no varía en una oración, como la preposición y la conjunción. **3** *loc.* ~ **elemental,** elemento constituyente del átomo: *Entre las* ***partículas elementales*** *conocidas hasta ahora están los electrones y los protones.*

particular ***adj.*** **1** Propio de una persona o cosa: *Ese hotel tiene una playa* ***particular*** *en la que sólo pueden nadar las personas que se alojan ahí.* **2** Que sale de lo común: *Franz tiene un talento* ***particular*** *para las matemáticas, por eso termina antes que todos las operaciones que nos deja la maestra.* **3** Singular, individual: *El médico se interesó en ese caso porque el paciente sufría un tipo* ***particular*** *de reumatismo que no conocía.* **4** Concreto, determinado: *En* ***particular,*** *la música es un tema que me gusta e interesa.*

particular ***m.*** Materia o asunto de que se trata: *El galán le preguntó a la joven sobre su noviazgo anterior y ella le contestó que no quería hablar de ese* ***particular.***

particular ***m.*** y ***f.*** Persona que no tiene título o cargo oficial: *En la plática sobre seguridad pública intervinieron un policía, un funcionario del gobierno y un* ***particular*** *que representaba a la sociedad civil.*

particularidad ***f.*** Detalle, marca o característica que distingue a una cosa de otra de su misma clase: *Como **particularidad,** Facundo tiene una cicatriz en la mejilla derecha.*

particularizar ***vb. irreg.*** {tr. y prnl.} **Modelo 16.** Distinguir algo entre otras cosas: *Durante su conferencia acerca de los artistas del Renacimiento, el conferencista **particularizó** sobre la obra de Leonardo da Vinci.*

partida ***f.*** **1** Acción de partir o marcharse: *Desde la **partida** de su novio el marinero hace dos años, Margarita no ha dejado de esperar que regrese.* **2** Porción de un producto o mercancía que se vende o envía de una vez: *Mañana se va a rematar una **partida** de doscientos vestidos en la tienda donde trabaja mi madre.* **3** Asiento en el registro parroquial o civil de algún acontecimiento como matrimonio, nacimiento, etc. **4** Mano o conjunto de manos de un juego: *Natalia perdió la última **partida** de póquer y quería reponerse jugando otra.* **5** Grupo, cuadrilla: *Una **partida** de trabajadores está arreglando el hormigón de la carretera.*

partidario, ria ***adj./m.*** y ***f.*** Persona que apoya o defiende a una persona, idea, etc., por considerarla buena: *Yo soy **partidario** de que haya paz en el mundo.*

partidismo ***m.*** Actitud exagerada a favor de un partido político u opinión.

partido ***m.*** **1** Agrupación de personas que defiende unas ideas e intereses determinados: *Es un diputado independiente pues no pertenece a **partido** político alguno.* **2** Provecho: *Sacó buen **partido** de la venta de juguetes y ahora va a comprar un automóvil.* **3** Competencia deportiva entre dos jugadores o equipos: *Durante el Campeonato Mundial de Fútbol, los equipos de muchos países juegan varios **partidos** para seleccionar al mejor.*

partir ***vb.*** {tr., intr. y prnl.} **1** Separar en partes: *Mi mamá **partió** el pollo en ocho trozos.* **2** Repartir: *Sus compañeros no llevaban nada para comer en la escuela de modo que Esteban **partió** su comida con ellos.* **3** Rajar, romper: *Durante la mudanza **se partió** un hermoso y antiguo florero que había sido de mi abuela.* **4** Alejarse de un lugar: *Ulises **partió** a la guerra de Troya dejando a su hijo recién nacido.* **5** *loc. Fam.* **Partirse de risa,** Reírse mucho: *El filme que vimos ayer fue tan divertido que nos **partimos de risa** todo el tiempo que duró.*

partisano, na ***m.*** y ***f.*** Miembro de un grupo civil armado que lucha contra un ejército invasor: *Durante la ocupación de Francia en la Segunda Guerra Mundial hubo un grupo importante de **partisanos** que se opuso a los nazis.*

partitivo, va ***adj./m.*** Se dice del sustantivo y del adjetivo numeral que expresan una parte determinada de un todo: *Un medio, un cuarto, un quinceavo y un milésimo son ejemplos de **partitivos.***

partitura ***f.*** Texto escrito de una obra musical, que contiene el conjunto de todas las partes vocales e instrumentales: *El director de la orquesta tiene la **partitura** en la que está escrito todo lo que debe tocar cada instrumento.*

parto ***m.*** Acción de parir: *Mi hermanito no nació por **parto** natural sino por una operación cesárea.*

parturienta ***adj./f.*** Mujer que está pariendo o acaba de parir: *A las **parturientas** se les recomienda descansar durante cuarenta días después de que ha nacido su bebé.*

parvada ***f. Méx.*** Conjunto de pájaros o murciélagos que vuelan juntos. SIN. **bandada.**

parvulario ***m.*** Centro de enseñanza preescolar.

párvulo, la ***adj./m.*** y ***f.*** Niño de corta edad, entre los tres y los seis años.

pasa ***f.*** Uva seca: *El dulce de arroz con leche lleva **pasas** y canela.*

pasada ***f.*** **1** Acción de pasar: *Tengo que dar otra **pasada** de pintura a mi habitación pues todavía se alcanza a ver el color antiguo.* **2** *Fam.* Jugada, acción mal intencionada que perjudica a alguien: *Su compañero de trabajo le jugó una **pasada** para hacer que lo despidieran.*

pasadizo ***m.*** Camino estrecho que comunica dos lugares: *La habitación de la reina tenía un **pasadizo** secreto por donde podía salir del castillo sin ser vista.*

pasado ***m.*** Tiempo ya transcurrido: *La historia estudia los hechos importantes del **pasado.***

pasado, da ***adj.*** **1** Periodo anterior al presente, lo que ya pasó: *El año **pasado** fuimos de vacaciones a la playa y este año visitaremos una ciudad colonial.* **2** Estropeado por no ser reciente: *No te comas ese mango porque ya está **pasado** y sabe mal.*

pasador ***m.*** **1** Pequeña pinza que se usa para sujetar el pelo: *La joven se peinó con dos trenzas que sostuvo en lo alto de su cabeza con un **pasador.*** SIN. **horquilla.** **2** Barra corrediza para asegurar puertas, ventanas, etc.: *Pusimos un **pasador** en la puerta de la cocina para evitar que entre la perra.* SIN. **cerrojo, pestillo.**

pasaje ***m.*** **1** Sitio por donde se pasa: *Abrieron un **pasaje** entre una calle y otra y pusieron ahí varias tiendas de ropa.* **2** Billete para hacer un viaje en barco o en avión: *Es conveniente comprar los **pasajes** unos días antes de salir de vacaciones para evitar que se agoten.* **3** Fragmento de una obra literaria o musical: *Me gusta mucho el **pasaje** de la ópera* Carmen *en la que la protagonista comienza a enamorar a don José.*

pasajero, ra ***adj.*** Que dura poco tiempo: *Dicen que el entusiasmo por la pareja es **pasajero,** pero mis padres llevan veinte años de casados y todavía parecen novios.*

pasajero, ra ***m.*** y ***f.*** Persona que viaja en un vehículo sin conducirlo ella misma: *En este autobús caben treinta **pasajeros** sentados y cuarenta de pie.*

pasamanería ***f.*** Arte de adornar con galones, cordones, etc.: *Los trajes folklóricos de muchos países llevan hermosas labores de **pasamanería.***

pasamano o **pasamanos** ***m.*** Parte superior de un barandal: *La anciana se aferraba al **pasamanos** para poder bajar la escalera.*

pasamontañas ***m.*** Prenda que cubre toda la cabeza y el cuello menos los ojos y la nariz: *Algunos alpinistas usan **pasamontañas** para protegerse la cara del intenso frío.*

pasante ***m.*** y ***f.*** Persona que colabora con un abogado, médico u otro profesional para adquirir práctica en su profesión: *Hoy, los **pasantes** de medicina visitarán el pabellón de infectología del hospital.*

pasantía ***f.*** Empleo de un pasante y tiempo que dura: *Felipe está contento, pues un célebre abogado penalista lo aceptó para hacer la **pasantía** en su despacho.*

pasaporte ***m.*** Licencia para pasar de un país a otro: *Los **pasaportes** tienen una fotografía e información personal sobre el dueño.*

pasar ***vb.*** {tr., intr. y prnl.} **1** Trasladarse de un lugar a otro: *El tren **pasa** de una estación a otra.* **2** Llevar o mover una cosa de un sitio a otro: *Por favor, **pásame** la sal.* **3** Atravesar, cruzar: *El transatlántico **pasó** por el océano Atlántico y llegó a Europa.* **4** Ir más allá de cierto punto o límite: *El atleta perdió la competencia porque **se pasó** de la línea en forma indebida.* **5** Padecer, soportar: *Roberto **ha pasado** por una depresión muy grande desde que murió su padre.* **6** Tolerar: *Mi madre nos **pasa** muchas travesuras, pero no le gusta que seamos groseros.* **7** Permanecer determinado tiempo en un lugar: ***Pasamos** unos días en el campo cuando a mi padre le dieron vacaciones en su trabajo.* **8** Cambiar de actividad, estado o condición: *Los Rodríguez* ***pasaron*** *de la pobreza a la riqueza desde que se ganaron la lotería.* **9** Suceder, ocurrir: *No sé qué* ***pasó*** *en la clase de ayer porque no fui a la escuela.* **10** Transcurrir el tiempo: ***Pasaron*** *veinte minutos y decidí no continuar esperando al impuntual de Gerardo.* **11** Cesar, tener fin: *Cuando* ***pasó*** *el terremoto, mucha gente salió de sus casas para ver cómo estaba la ciudad.* **12** Estropearse las frutas, carnes, etc.: *Hay que comerse esas manzanas antes de que* ***se pasen.***

pasarela ***f.*** Puente pequeño o provisional: *Las modelos mostraron la nueva colección de ropa de otoño caminando sobre una* ***pasarela*** *iluminada con muchas luces.*

pasatiempo ***m.*** Diversión, entretenimiento: *Uno de los* ***pasatiempos*** *favoritos de Patricia es leer cuentos de terror.*

pascal ***m.*** Unidad de presión en el Sistema Internacional.

pascua ***f.*** **1** Se escribe con "P" mayúscula cuando designa la fiesta anual que dura ocho días, celebrada por los judíos para conmemorar la salida de Egipto del pueblo hebreo, su liberación y la promesa de la llegada del Mesías: *Durante los dos primeros días de la* ***Pascua*** *se lee en un libro llamado* Hagadá *la historia del cautiverio de los hebreos en Egipto y su salida guiados por Moisés.*

pascua ***f.*** **1** Se escribe con "P" mayúscula cuando designa la fiesta anual de los cristianos que conmemora la resurrección de Jesucristo: *En Estados Unidos de América las mujeres acostumbran estrenar sombrero cuando van a la iglesia a celebrar la* ***Pascua.*** **2** ***pl.*** Periodo de celebración cristiana comprendido entre las fiestas de Navidad y la adoración de los Reyes Magos al niño Jesús.

pascual ***adj.*** Relacionado con la pascua.

pase ***m.*** Documento en que se concede un privilegio o permiso: *Como Diana fue al médico, le permitieron entrar a la escuela en horas de clase con un* ***pase*** *especial.*

pase ***m.*** Hecho de pasar: *El futbolista envió un* ***pase*** *excelente a su compañero, que así pudo anotar un gol.*

paseador, ra ***adj.*** Que pasea mucho: *Jaime es un* ***paseador*** *que cada fin de semana sale a alguna ciudad o pueblo cercano.*

paseante ***adj./m.*** y ***f.*** Persona que pasea: *Todos los fines de semana, ese bosque se llena de* ***paseantes.***

pasear ***vb.*** {tr., intr. y prnl.} **1** Andar despacio por placer o por hacer ejercicio: *Los domingos la gente* ***se pasea*** *lentamente por la plaza.* **2** Llevar de una parte a otra, exhibir: *Los niños* ***paseaban*** *por la calle la bandera de su equipo favorito de baloncesto.*

paseo ***m.*** **1** Acción de pasear: *La familia salió a dar un* ***paseo*** *por el bosque.* **2** Lugar adecuado para que la gente pasee: *Alrededor del lago construyeron un* ***paseo*** *para caminar o andar en bicicleta.*

paseriforme ***adj./m.*** y ***f.*** Relativo a un orden de aves de talla pequeña que tienen patas con cuatro dedos, como el ruiseñor.

pasiflora ***f.*** Enredadera de flores muy llamativas y frutos ovoides que tiene usos medicinales: *La* ***pasiflora*** *es uno de los ingredientes de los calmantes para los nervios.* Sin. **pasionaria.**

pasillo ***m.*** Lugar largo y angosto de cualquier construcción por donde se pasa de un lado a otro: *En mi escuela hay varios* ***pasillos*** *que llevan a los salones.*

pasión ***f.*** **1** Inclinación exagerada por alguien o algo: *Evaristo siente* ***pasión*** *por su equipo de béisbol, va a todos los partidos en los que juega.* **2** Sentimiento muy intenso que domina la razón: *La* ***pasión*** *que Rogelio sentía por esa chica lo llevó a casarse sin pensarlo y poco después se arrepintió.*

pasional ***adj.*** Relativo a la pasión, en especial la amorosa.

pasionaria ***f.*** *Ver* **pasiflora.**

pasividad ***f.*** Cualidad de lo que no opone resistencia o de lo que recibe la acción de otro.

pasivo ***m.*** Conjunto de obligaciones y deudas de una persona, empresa, etc.

pasivo, va ***adj.*** **1** Que recibe la acción de otro. **2** Que no opone resistencia: *Es un animal muy* ***pasivo*** *pues no responde a premios ni a castigos.* **3** Se dice de la forma verbal integrada por el auxiliar "ser" y el participio del verbo cuya acción se expresa: *Si digo "el niño se comió una pera", es voz activa; si digo "la pera fue comida por el niño", es* ***pasiva.***

pasmado, da ***adj.*** Que se ha quedado azorado, lelo o absorto: *Los niños se quedaron* ***pasmados*** *con el espectáculo de fuegos artificiales.*

pasmar ***vb.*** {tr. y prnl.} **1** Enfriar mucho: *La nevada de anoche* ***pasmó*** *los rosales del jardín, por eso sus hojas están secas y sus tallos negros.* **2** ***Fam.*** Asombrar en extremo: *Irene* ***se pasmó*** *cuando le dijeron que se había ganado la lotería.*

pasmo ***m.*** **1** Efecto de un enfriamiento: *Ayer salí de casa sin abrigarme y hoy tengo* ***pasmo,*** *por eso me duelen las piernas y la espalda.* **2** Admiración o asombro muy grandes: *Visitar las cataratas del Iguazú me produjo tal* ***pasmo*** *que me pasé horas contemplándolas.*

paso ***m.*** **1** Movimiento de cada uno de los pies al caminar: *Cuando el niño cumplió un año dio sus primeros* ***pasos*** *solo.* **2** Longitud del movimiento que se hace con los pies al caminar: *Para cruzar ese charco hay que dar un* ***paso*** *muy largo.* **3** Lugar por donde se pasa o se puede pasar: *El* ***paso*** *para entrar al cine es por el lado derecho y para salir es por el izquierdo.* **4** Cada uno de los movimientos del pie en un baile o danza: *Los* ***pasos*** *en el tango son largos y lentos.* **5** Trámites que se realizan para obtener algo: *Para inscribirse en la escuela es necesario seguir varios* ***pasos.*** **6** Acontecimiento en la vida de alguien: *La boda es un* ***paso*** *muy importante para la pareja que se casa.* **7** ***loc. Fam.*** **Abrir** o **abrirse ~,** quitar lo que estorba el paso o conseguir una situación buena en la vida: *Aunque quedó huérfano desde muy pequeño,* ***se abrió paso*** *con su trabajo y su constancia.* **8** ***loc. Fam.*** **~ a ~,** poco a poco, de manera lenta: *La maestra nos explicó* ***paso a paso*** *el lenguaje de álgebra y luego nos pidió que resolviéramos unos ejercicios.* **9** ***loc. Fam.*** **Salir al ~,** detener algo antes de que produzca alguna consecuencia o ir al encuentro de alguien para detenerlo: *Mi hermano* ***salió al paso*** *para defenderme cuando varios chicos mayores me estaban molestando.* **10** ***loc. Fam.*** **Salir del ~,** librarse de un asunto, compromiso o dificultad: *No sabía cómo negarse a la invitación de ese chico, pero logró* ***salir del paso*** *diciendo que estaba enferma.*

pasodoble ***m.*** Música y danza españolas a ritmo de marcha: *Los toreros entraron a la plaza acompañados por un alegre* ***pasodoble.***

pasota ***adj./m.*** y ***f.*** ***Esp. Fam.*** Que muestra desinterés por las cosas o personas que están a su alrededor.

paspadura ***f.*** ***Argent., Par.*** y ***Urug.*** Agrietamiento de la piel: *Josefina tiene* ***paspadura*** *por haber pasado varios días en una ciudad con clima frío.*

pasquín ***m.*** Escrito anónimo en el que se critica algo, que suele colocarse en lugares públicos o se da a conocer de mano en mano.

pasta ***f.*** **1** Masa blanda y moldeable de cualquier tipo: *Joaquín preparó una* ***pasta*** *para sellar las ventanas que al principio estaba blanda y luego se endureció.* **2** Masa de harina trabajada con manteca, aceite, etc.: *Antes de rellenarla, se tiene que amasar muy bien la **pasta** para la empanada.* **3** *Fam.* Dinero: *Alonso es un hombre rico que siempre trae mucha **pasta** en los bolsillos.*

pastar ***vb.*** {tr. e intr.} **1** Conducir el ganado al pasto para que se alimente. **2** Alimentarse el ganado con hierba: *Todas las mañanas dejamos salir a las vacas para que **pasten** en el campo.* SIN. **pacer.**

pastear ***vb.*** {tr.} *Perú.* Espiar.

pastel ***m.*** **1** Masa de harina, azúcar, huevos, etc., cocida al horno: *Para su cumpleaños, a Beatriz le prepararon un **pastel** de chocolate.* SIN. **torta. 2** Barrita de pasta de color: *Esa pintora gusta de trabajar con **pasteles** pues no le agradan el óleo ni la acuarela.* **3** *loc. Fam.* **Descubrirse el ~,** quedar a la vista algo que se quería ocultar: *Patricia no quería decirnos a dónde iría esta tarde pero **se descubrió el pastel** cuando su hermanito repitió lo que ella había dicho por teléfono.*

pastelería ***f.*** **1** Arte de elaborar tortas o pasteles, tartas y otras clases de dulces. SIN. **repostería. 2** Comercio o lugar donde se preparan y venden tortas o pasteles, tartas y toda clase de productos de repostería: *En la **pastelería** había dos gelatinas que se me antojaron, una de naranja y otra de mango.* **3** Conjunto de tartas y tortas o pasteles: *En ese lugar los precios son altos porque hacen **pastelería** fina.*

pastelero, ra ***adj./m.*** y ***f.*** **1** Relativo a la pastelería: *Compré unos moldes **pasteleros** en forma de estrella.* **2** Persona que prepara o vende tortas o pasteles.

pastelillo ***m.*** Pastel de tamaño pequeño, por lo general relleno de algún tipo de crema: *Corina sirvió unos deliciosos **pastelillos** de vainilla y caramelo, café y varias clases de té durante su reunión.*

pastelón ***m.*** *Chile.* Losa pequeña usada para pavimentar.

pasteurización o **pasterización** ***f.*** Proceso inventado por el francés Luis Pasteur, que consiste en esterilizar un líquido alimenticio calentándolo a una temperatura de unos 80°C: *La **pasteurización** destruye los gérmenes sin alterar demasiado el sabor ni el contenido nutrimental de los alimentos.*

pasteurizado, da ***adj.*** Que ha pasado por el proceso de pasteurización: *Es más sano beber jugos y leche **pasteurizados** pues esto ayuda a combatir enfermedades estomacales.*

pastilla ***f.*** **1** Pequeña porción de pasta endurecida, de forma redonda o cuadrangular: *La **pastilla** de jabón del baño huele a rosas.* **2** Caramelo: *Las **pastillas** de menta sirven para combatir el mal aliento.* **3** Pequeña porción de pasta medicinal comprimida y endurecida: *Padece jaquecas, por eso carga **pastillas** de analgésicos en su cartera.* SIN. **píldora, tableta.**

pastina ***f.*** *Argent.* Mezcla de albañilería para sellar grietas o realizar junturas de mampostería.

pastizal ***m.*** Terreno abundante en pastos: *A las vacas les gusta pasearse entre los **pastizales.***

pasto ***m.*** **1** Prado o campo en que pasta el ganado. **2** Hierba que comen los animales en el campo. **3** *Argent., Chile, Méx., Perú* y *Urug.* Césped: *El **pasto** inglés tiene fama de ser verde, tupido y de excelente calidad.* SIN. **gramilla.**

pastor, ra ***m.*** y ***f.*** Ministro de una Iglesia, en especial de la protestante.

pastor, ra ***m.*** y ***f.*** Persona que guarda y lleva a pastar el ganado: *Antes de llegar a ser presidente de México, Benito Juárez fue **pastor.***

pastorear ***vb.*** {tr.} Cuidar el ganado y llevarlo a los pastos.

pastorela ***f.*** **1** Género poético que narra cómo un caballero encuentra a una pastora y se enamora de ella: *Las **pastorelas** se originaron en el siglo XII.* **2** *Méx.* Función teatral en la que se representan supuestas situaciones alrededor del nacimiento del niño Jesús.

pastoril ***adj.*** Relativo a los pastores, a su vida y actividad de cuidar ganado.

pastoso, sa ***adj.*** Relativo a las cosas blandas y moldeables: *Como el perro era cachorro y no tenía los dientes muy fuertes, le daban de comer una mezcla **pastosa.***

pastura ***f.*** Hierba cortada que sirve como pasto para el ganado: *La alfalfa es una de las hierbas usadas como **pastura**, la comen animales grandes y también los conejos.*

pasudo, da ***adj.*** *Colomb., Méx.* y *Venez.* Tipo de pelo muy ensortijado: *Mi amigo Misael es de ascendencia africana y, como tiene el pelo **pasudo**, siempre lo usa muy corto para poder peinarse.*

pata ***f.*** **1** Pie y pierna de los animales: *Le enseñé a mi perra cómo levantar la **pata** cuando alguien se lo pida.* **2** Pieza que soporta un mueble: *Hay que llamar al carpintero para que repare la **pata** rota de la mesa.* **3** *loc. Fam.* **Estirar la ~,** morirse. **4** *loc. Fam.* **Mala ~,** mala suerte: *¡Qué **mala pata**! Mi padre estaba a punto de vender la casa y el comprador se arrepintió en el último minuto.*

patada ***f.*** **1** Golpe dado con el pie o con la pata: *Los futbolistas deben evitar dar **patadas** a sus contrincantes durante el juego.* **2** *loc. Méx. Fam.* **De la ~,** muy mal: *Desde que perdió el empleo, a Ernesto le va **de la patada**; tiene problemas con su esposa, le falta dinero y ha acumulado muchas deudas.*

patalear ***vb.*** {intr.} **1** Agitar las piernas: *Para nadar se necesita **patalear** y mover los brazos.* **2** Golpear el suelo con los pies de manera violenta: *Ese niño caprichoso comenzó a llorar y a **patalear** cuando sus papás no quisieron comprarle un dulce.*

pataleta ***f.*** Enfado violento y poco duradero producido en general por algo sin importancia: *Es un niño maleducado que cada cinco minutos hace una **pataleta.***

patán ***adj./m.*** *Fam.* Hombre grosero y tosco: *Heriberto es un **patán** que golpea a su esposa y no se preocupa por sus hijos.*

patata ***f.*** **1** *Esp.* Planta herbácea de tubérculos comestibles. SIN. **papa. 2** *Esp.* Tubérculo de esta planta. SIN. **papa.**

patatal o **patatar** ***m.*** *Esp.* Sitio sembrado de papas o patatas: *Pasado mañana los campesinos irán al **patatal** para sacar las papas, pues ya están de buen tamaño.*

patatús ***m.*** *Fam.* Desmayo o ataque de nervios: *De pronto Elodia se puso muy pálida y le dio el **patatús**; después el médico dijo que le había bajado la presión.*

patay ***m.*** *Amér. Merid.* Pasta seca hecha de algarrobas: *El **patay** se parece a un mazapán.*

paté ***m.*** **Palabra de origen francés.** Pasta hecha de carne o hígado molido.

patear ***vb.*** {tr.} Golpear con los pies o las patas: *El jinete cayó del caballo y el animal lo **pateó.***

patentar ***vb.*** {tr.} Conceder, obtener o expedir patentes: *Tu invento es muy ingenioso, ahora tienes que **patentarlo** para que nadie te copie y tú puedas venderlo.*

patente ***adj.*** Visible, evidente: *La pobreza en esa parte de la ciudad es **patente**, pues sólo hay casas de cartón donde vive mucha gente pobre.*

patente ***f.*** **1** Documento expedido por una autoridad en que se concede a alguien el derecho exclusivo de poner en práctica una determinada invención: *Los inventos, los aparatos nuevos y los medicamentos deben tener una **patente** registrada en una oficina del gobierno.* **2** *Amér. Merid.* Matrícula de un vehículo. SIN. **placa.**

patentizar ***vb. irreg.*** {tr.} **Modelo 16.** Hacer clara o evidente alguna cosa: *"Con su actitud, el profesor Márquez* ***patentizó*** *que está de acuerdo con las nuevas ideas del director de la escuela", comentó la profesora Barrios.*

paternal ***adj.*** Que tiene una actitud similar a la de un padre: *Es un maestro muy querido por su actitud* ***paternal*** *hacia los alumnos.*

paternalismo ***m.*** Actitud protectora de un superior hacia la gente que está a sus órdenes.

paternalista ***adj.*** Que tiene una actitud de paternalismo: *Ese jefe tiene una actitud* ***paternalista*** *con sus trabajadores pues los aconseja, los regaña y los escucha.*

paternidad ***f.*** Estado de ser padre: *La* ***paternidad*** *no es nada más procrear hijos, sino ocuparse de ellos, mantenerlos, educarlos y amarlos.*

paterno, na ***adj.*** Relativo al padre: *Mi abuelo* ***paterno*** *se llama Roberto y mi abuelo materno ya murió.*

patético, ca ***adj.*** Que produce tristeza o que conmueve: *Me parece* ***patética*** *la situación de los niños que mueren de hambre en el mundo.*

patetismo ***m.*** Cualidad de patético.

patibulario, ria ***adj.*** **1** Relativo al patíbulo. **2** Que horroriza por su aspecto repugnante: *Lidia llegó muy asustada pues, según nos dijo, un sujeto* ***patibulario*** *la siguió durante varias cuadras.*

patíbulo ***m.*** Lugar donde se ejecuta la pena de muerte: *Durante la Revolución Francesa muchos nobles fueron llevados al* ***patíbulo*** *para cortarles la cabeza con la guillotina.*

patidifuso, sa ***adj. Fam.*** Atónito, asombrado: *La noticia de que ganó el primer lugar en el concurso dejó* ***patidifusa*** *a Rosalía.*

patilla ***f.*** **1** Franja de pelo que crece por delante de las orejas: *Elvis Presley puso de moda las* ***patillas*** *largas en la década de 1950.* **2** Cada una de las dos varillas del armazón de las gafas: *Se sentó encima de sus anteojos y rompió una de las* ***patillas.***

patilludo, da ***adj.*** Que tiene patillas espesas y largas.

patín ***m.*** **1** Plancha adaptable a la suela del zapato para deslizarse sobre el hielo o sobre una superficie dura y lisa: *Los* ***patines*** *para piso tienen ruedas y los que son para hielo, una barra de metal.* **2** *loc. Méx.* **~ del diablo,** juguete que consiste en una plataforma con dos ruedas y una barra de dirección. Sin. **patinete.**

pátina ***f.*** Capa de óxido verdoso que se forma sobre el bronce y otros metales por efecto de la humedad.

patinador, ra ***m.*** y ***f.*** Persona que practica el patinaje como deporte: *La* ***patinadora*** *estaba lista para la competencia y esperaba no sufrir ninguna caída.*

patinaje ***m.*** Acción de patinar, sea como ejercicio o como deporte: *El* ***patinaje*** *artístico requiere muchas horas de práctica y dedicación.*

patinar ***vb.*** {intr. y prnl.} **1** Deslizarse con patines: *Para llegar a ser patinador profesional antes hay que aprender a* ***patinar*** *muy bien.* **2** Resbalar: *Virginia* ***se patinó*** *con una cáscara de mango y cayó sentada.*

patineta ***f. Argent., Chile, Méx.*** y ***Urug.*** Juguete que consiste en una plataforma montada sobre cuatro ruedas, la cual se impulsa con un pie.

patinete ***m.*** Juguete compuesto de una plancha con ruedas y un manillar para conducirlo. Sin. **patín del diablo.**

patio ***m.*** Espacio al aire libre en el interior de un edificio o casa: *En el centro del* ***patio*** *del restaurante hay una fuente y las mesas la rodean.*

patitieso, sa ***adj.*** **1** ***Fam.*** Que no puede moverse o no siente alguna parte del cuerpo: *Me sentí* ***patitiesa*** *cuando me levanté después de haber estado sentada varias horas.* **2** ***Fam.*** Que se queda sorprendido: *Me quedé* ***patitieso*** *cuando supe que tenía una baja nota en el examen, pues estaba seguro de haber contestado bien.*

patizambo, ba ***adj.*** Que tiene las piernas torcidas hacia afuera.

pato ***m.*** **1** Ave palmípeda de pico ancho, patas pequeñas y palmeadas, excelente voladora y nadadora. **2** ***Cuba*** y ***Méx.*** Orinal de cama para varón. Sin. **papagayo. 3** ***Cuba, P. Rico*** y ***Venez.*** Hombre afeminado. **4** ***Argent.*** y ***Urug.*** Deporte en el que dos equipos, de cuatro jugadores cada uno, intentan introducir en el aro una pelota llamada pato.

patofobia ***f.*** Temor a enfermarse: *Ayer tuvimos que aclararle a mi hermanito que la* ***patofobia*** *no es el miedo a los patos, sino la fobia a contraer enfermedades.*

patógeno, na ***adj.*** Que produce enfermedad: *Para evitar el ataque de bacterias* ***patógenas*** *es importante mantener la higiene.*

patojo, ja ***adj. Amér. C.*** y ***Amér. Merid.*** Falto de una pierna, que cojea: *Daniel está* ***patojo*** *desde que sufrió un accidente en el que perdió una pierna.* Sin. **cojo.**

patojo, ja ***m.*** y ***f. Colomb.*** y ***Guat.*** Niño, muchacho.

patología ***f.*** Parte de la medicina que estudia las enfermedades.

patológico, ca ***adj.*** Relacionado con las enfermedades físicas o mentales: *Ruperto tiene una actitud* ***patológica,*** *se siente perseguido y cree que todos quieren hacerle daño.*

patólogo, ga ***m.*** y ***f.*** Especialista en patología: *Mandaron la orina del enfermo al* ***patólogo*** *del hospital para que la analizara.*

patota ***f. Amér. Merid.*** Pandilla de jóvenes que causa daños: *Una* ***patota*** *rompió los vidrios de la nueva tienda de ropa.* Sin. **palomilla, banda.**

patotero, ra ***adj./m.*** y ***f. Amér. Merid.*** Que manifiesta o posee los caracteres propios de una pandilla de bribones o patota, o que es miembro de ella.

patraña ***f.*** Embuste, mentira que se dice como si fuera algo cierto: *El vendedor decía* ***patrañas*** *para vender sus productos de mala calidad.*

patria ***f.*** Tierra natal o adoptiva: *Adolfo es paraguayo, por eso Paraguay es su* ***patria.***

patriada ***f. Argent., Par.*** y ***Urug. Fam.*** Acción en la que se arriesga algo en beneficio de los demás: *Fue una* ***patriada*** *la de quienes participaron en el rescate de los damnificados por la inundación.*

patriarca ***m.*** **1** Según la Biblia, gran ancestro del pueblo de Israel: *Los tres grandes* ***patriarcas*** *de Israel fueron Abraham, Isaac y Jacob.* **2** Anciano respetable que vive rodeado de una familia numerosa. **3** Título de dignidad de algunos miembros de la Iglesia ortodoxa, equivalente al de obispo.

patriarcado ***m.*** Forma de familia y de sociedad en las que el padre tiene el papel más importante dentro del grupo. Ant. **matriarcado.**

patriarcal ***adj.*** Se dice de la organización social que se basa en el patriarcado: *Un ejemplo muy claro de sociedad* ***patriarcal*** *son las tribus de gitanos, de hecho entre ellos la máxima autoridad es un patriarca.*

patricio, cia ***adj./m.*** y ***f.*** Relativo a los ciudadanos que, durante el Imperio romano, pertenecían a las familias más antiguas y nobles.

patrimonio ***m.*** Conjunto de bienes adquiridos o heredados: *Esta casa es el* ***patrimonio*** *que mis padres nos heredaron a mis hermanos y a mí.*

patrio, tria ***adj.*** Relativo a la patria: *Se vistió con los colores* ***patrios*** *para celebrar la fiesta nacional más importante de su país.*

a b c d e f g h i j k l m n o p q r s t u v w x y z

patriota ***m.*** y ***f.*** Persona que ama a su patria y quiere serle útil: *Los **patriotas** que se enlistaron en el ejército durante la guerra deseaban defender a su país.*

patriotismo ***m.*** Amor a la patria: *El **patriotismo** en los niños se fomenta desde la educación básica con las ceremonias de honor a la bandera, el canto del himno nacional, etc.*

patrocinador, ra ***adj./m.*** y ***f.*** Persona o empresa que paga los gastos para la realización de una actividad: *Muchos escritores sueñan con encontrar un **patrocinador** que les ayude a publicar sus obras.*

patrocinar ***vb.*** {tr.} **1** Proteger, favorecer: *A través de la historia los reyes y reinas **han patrocinado** a los sabios y artistas, lo que ha permitido progresos en las ciencias y artes.* **2** Pagar los gastos que origina la realización de una actividad: *Mi hermano quiere hacer un filme pero no tiene dinero, por eso necesita encontrar alguien que lo **patrocine.***

patrocinio ***m.*** Hecho de patrocinar: *Como ese atleta no tiene dinero, anda en busca del **patrocinio** de un empresario para seguir entrenando y compitiendo.*

patrón ***m.*** **1** Lo que sirve de modelo o referencia para hacer otra cosa igual: *En esta tienda de telas venden **patrones** para hacer vestidos de varios tipos.* **2** Hombre que gobierna una embarcación menor. **3** *loc. Fam.* **Cortados por el mismo ~,** muy parecidos: *Ambos hermanos están **cortados por el mismo patrón,** pues los dos son morenos, de ojos color marrón, tienen el cabello rizado, son altos y estudian medicina.*

patrón, trona ***m.*** y ***f.*** **1** Amo, señor: *El **patrón** de los campesinos visitaba y supervisaba regularmente sus tierras.* **2** Dueño de una casa en que alguien se aloja. **3** En la tradición católica, santo bajo cuya protección se halla una iglesia, un pueblo, un grupo de personas, etc.: *San Cristóbal es el **patrón** de los viajeros y caminantes.* Sin. **patrono.**

patronato ***m.*** **1** Derecho, poder o facultad del patrón: *El socio más importante de la empresa hizo valer su **patronato** al tomar una decisión que los demás socios no aprobaban.* **2** Corporación que forman los patronos: *El **patronato** de industriales se reúne cada mes para discutir los problemas de sus empresas.* **3** Fundación benéfica: *Se fundó un **patronato** para proteger a los niños desamparados que viven en la calle.*

patronímico, ca ***adj.*** Relativo al apellido familiar que en la antigüedad se formaba del nombre de los padres: *El nombre **patronímico** de Gonzalo es González.*

patrono, na ***m.*** y ***f.*** Patrón.

patrulla ***f.*** **1** Grupo de gente armada que ronda para mantener el orden y la seguridad en campamentos, ciudades, etc. **2** *Méx.* Automóvil en que van los policías: *En mi barrio hay varios policías que pasan en sus **patrullas** vigilando.*

patrullaje ***m.*** Acción y efecto de patrullar: *Durante la época vacacional se reforzará el **patrullaje** en las carreteras.*

patrullar ***vb.*** {intr.} Circular en grupos por algún lugar para vigilar: *Los policías **patrullan** las calles de noche para prevenir delitos y también para combatirlos.*

patrullero, ra ***adj./m.*** y ***f.*** Relativo al soldado, avión o buque que forma parte de una patrulla.

patuleco, ca ***adj. Argent.*** Relativo a la persona que tiene un defecto físico en las piernas o en los pies: *Jerónimo anda **patuleco** desde que se cayó del caballo, pero los médicos dicen que volverá a caminar bien.*

paturro, rra ***adj. Colomb.*** Relativo a la persona rechoncha y de baja estatura.

paulatino, na ***adj.*** Lento, gradual: *La recuperación de mi madre después de su operación de hígado fue **paulatina** pues duró varias semanas.*

pauperización ***f.*** Proceso de empobrecimiento de una clase social o de una población: *Las políticas económicas equivocadas se manifiestan, por ejemplo, en la **pauperización** de la clase media.*

pauperizar ***vb. irreg.*** {tr. y prnl.} **Modelo 16.** Empobrecer a la población: *Las nuevas medidas económicas **pauperizaron** a la clase media del país.* Sin. **depauperar.**

paupérrimo, ma ***adj.*** Muy pobre: *La gente que vive en esa zona de la ciudad no sólo es pobre sino **paupérrima,** ni siquiera usan zapatos.*

pausa ***f.*** **1** Interrupción momentánea: *La maestra hizo una **pausa** en la lección para que los niños descansaran un momento.* **2** Lentitud, tardanza: *Algunas técnicas orientales de ejercicio físico están basadas en la **pausa** con que se hacen los movimientos.*

pausado, da ***adj.*** Que se mueve con lentitud o que se produce con calma y sin precipitación: *La tortuga es un animal de andar **pausado.***

pauta ***f.*** **1** Raya hecha en el papel para poder escribir en líneas rectas: *Los niños que empiezan a escribir necesitan **pautas** para que sus palabras no parezcan serpientes.* **2** Modelo, norma: *Las **pautas** de conducta en esa escuela militar son muy estrictas y rígidas.*

pava ***f. Amér. Merid.*** Recipiente de metal con asa en la parte superior usado para calentar agua: *Pon a calentar la **pava** con agua para preparar café.*

pavada ***f. Argent., Perú*** y ***Urug.*** Tontería, estupidez.

pavesa ***f.*** Partícula que salta de una materia encendida y acaba por convertirse en ceniza: *La chimenea tiene una reja para proteger los muebles de las **pavesas** que puedan saltar.*

pavimentación ***f.*** Hecho de cubrir el suelo con un revestimiento artificial para que sea más fácil transitar por él: *La **pavimentación** de los caminos ayuda a que los vehículos lleguen más rápido de un lugar a otro.*

pavimentar ***vb.*** {tr.} Recubrir el suelo con un revestimiento artificial para facilitar el tránsito: *Las autoridades **pavimentaron** un camino de tierra que unía a esos dos pueblos.*

pavimento ***m.*** Recubrimiento de asfalto u otro material resistente para el suelo: *En algunas zonas marginadas de la ciudad no hay **pavimento** y se tiene que caminar por la tierra suelta.*

pavipollo ***m.*** Pollo del pavo: *"Esos **pavipollos** ya crecieron suficiente, ahora hay que engordarlos", dijo el criador.*

pavo, va ***m.*** y ***f.*** **1** Ave de la familia de las gallinas originaria de América del Norte, con la cabeza y el cuello cubiertos de carnosidades rojas colgantes: *En muchos países occidentales la gente cena **pavo** en la Nochebuena.* Sin. **guajolote, chompipe, pisco. 2** *Amér.* Polizón: *El capitán del barco encontró un **pavo** escondido en la bodega.* **3** *loc.* **~ real,** ave de la familia de las gallinas cuyo macho posee una larga cola de plumaje de muchos colores que extiende en forma de abanico.

pavonear ***vb.*** {intr. y prnl.} Presumir, lucirse o mostrar actitud de superioridad ante los demás: *Como se sentía el más guapo del salón Érick caminaba por todos lados **pavoneándose.***

pavor ***m.*** Miedo muy grande: *Noé siente **pavor** por las arañas y cuando ve alguna le da un ataque de nervios a causa del miedo.*

pavoroso, sa ***adj.*** Que causa o inspira un miedo muy grande: *El monstruo del filme era **pavoroso,** tenía cuatro* *ojos, ácido en vez de sangre y la piel cubierta de llagas verdes.*

payada ***f. Argent., Chile*** y ***Urug.*** Canto del payador.

payador ***m.*** **1** Pájaro originario de América Meridional, de pico curvo y que vive en los árboles. **2** ***Argent., Chile*** y ***Urug.*** Cantor popular que acompañándose con una guitarra, improvisa sobre temas variados.

payasada ***f.*** **1** Acción o dicho del payaso. **2** ***Chile*** y ***Méx. Fam.*** y ***Desp.*** Acción o cosa que no es digna de consideración: *¡No te enojes! Ya te he dicho que no debes hacer caso a las* ***payasadas*** *de Julián.*

payaso, sa ***m.*** y ***f.*** **1** Artista de circo que hace y dice cosas que hacen reír al público: *Los* ***payasos*** *suelen vestir pantalones amplios con tirantes, un saco grande, zapatos largos, usan peluca y una gran nariz roja.* **2** ***Fam.*** Persona poco seria en su comportamiento: *Jacobo es un* ***payaso*** *que siempre intenta hacer bromas de mal gusto.*

payo, ya ***adj. Méx. Fam.*** De mal gusto, corriente.

paz ***f.*** **1** Ausencia de lucha o guerra: *Después de un año de combates, los dos países firmaron la* ***paz.*** **2** Tranquilidad, sosiego: *Adriana es muy inquieta y no se queda en* ***paz*** *ni un minuto del día.* **3** ***loc. Desp.*** **Dejar en ~**, no molestar: ***Déjame en paz*** *porque tengo que terminar un trabajo de la escuela y tu plática me interrumpe.* **4** ***loc.*** **Descansar** o **reposar en ~**, morirse.

pazguato, ta ***adj.*** **1** Que se queda pasmado o asombrado ante cualquier cosa. **2** Persona que se escandaliza con facilidad.

PC ***f.*** Abreviatura de las palabras inglesas ***P****ersonal* ***C****omputer* (computadora personal), que designa la computadora de capacidad relativamente reducida.

pe. De ~ a pa, ***loc.*** De principio a fin: *La perra olfateó el jardín* ***de pe a pa,*** *hasta que encontró el hueso que había enterrado.*

peaje ***m.*** Dinero que se paga para poder pasar por una autopista, puente, etc.: *Al pasar por ese puente le cobran* ***peaje*** *a los automovilistas.*

peana ***f.*** Base o apoyo para colocar encima una figura u otro objeto: *Puse el adorno sobre una* ***peana*** *de madera fina para que luzca más.*

peatón, tona ***m.*** y ***f.*** **Palabra de origen francés.** Persona que va a pie por una ciudad: *Para su protección, los* ***peatones*** *deben cruzar las calles por las zonas especiales para ellos.*

peatonal ***adj.*** Relacionado con los peatones: *Cerraron esa calle al paso de automóviles y ahora es una agradable zona* ***peatonal.***

pebete, ta ***m.*** y ***f.*** ***Argent.*** Muchacho, pibe: *"Esos* ***pebetes*** *deberían estudiar más y jugar menos", se quejó una señora cuando pasó por las canchas de fútbol.*

peca ***f.*** Mancha que sale en la piel, pequeña y de color pardo o marrón: *La piel de Blanca es delicada y cuando se asolea un poco le salen* ***pecas*** *en la cara y el pecho.*

pecado ***m.*** **1** Según las religiones, transgresión voluntaria y consciente de la ley de Dios. **2** ***Fam.*** Cualquier cosa que no es justa, correcta o conveniente: *Es un* ***pecado*** *no alimentar a los niños pobres del mundo.*

pecador, ra ***adj./m.*** y ***f.*** Persona que comete pecados por hábito o por gusto.

pecaminoso, sa ***adj.*** Relacionado con el pecado o con los pecadores: *Por los ojos que puso un hombre desagradable que había en la fila del cine al ver a unas chicas en minifalda, supe que tenía pensamientos* ***pecaminosos.***

pecar ***vb. irreg.*** {intr.} **Modelo 17. 1** Cometer un pecado. **2** ***Fam.*** Cometer cualquier tipo de falta: *Muchas personas* ***pecan*** *al contaminar el ambiente sin pensar que se dañan a sí mismos.* **3** ***Fam.*** Tener en exceso una cualidad o defecto: *Saúl* ***peca*** *de ingenuo, por eso muchas veces lo engañan para perjudicarlo.*

pecarí ***m. Amér. Merid.*** Mamífero de América parecido al cerdo salvaje o jabalí.

pecera ***f.*** Recipiente de cristal con agua para mantener peces vivos: *En ese restaurante hay una gran* ***pecera*** *donde puede elegirse el pez que se desea comer.*

pechar ***vb.*** {tr.} **1** ***Amér. C.*** y ***Amér. Merid.*** Pedir algo sin intención de devolverlo: *Genaro siempre está* ***pechando*** *a todo el mundo, por eso ya nadie quiere ser su amigo.* **2** ***Amér. C.*** y ***Amér. Merid.*** Empujar: *Cuando estábamos jugando, un niño* ***pechó*** *a otro y lo hizo caer.*

pechera ***f.*** En algunas prendas de vestir, parte que cubre el pecho: *A la niña le hicieron un vestido de cuadros rojos y azules con una* ***pechera*** *blanca para que protegiera su pecho del frío.*

pechina ***f.*** Caparazón vacío de un molusco.

pecho ***m.*** **1** Parte del cuerpo entre el cuello y el abdomen, limitada por el esternón y las costillas: *Antonio tiene el* ***pecho*** *muy ancho y fuerte porque nada todos los días.* **2** Parte exterior y delantera de la cavidad llamada pecho: *El soldado levantó el* ***pecho*** *de manera orgullosa mientras le colocaban la medalla.* **3** Seno de la mujer.

pechuga ***f.*** Pecho del ave: *No me gusta comer* ***pechuga*** *de pollo porque la carne es muy seca, prefiero comer las piernas.*

pechugona ***adj./f. Vulg.*** Se aplica a la mujer que tiene los senos grandes.

pecio ***m.*** En arqueología se llama así a los barcos hundidos, sobre todo los antiguos: *Unos investigadores están formando un grupo de buzos para explorar un* ***pecio*** *que encontraron cerca de la costa, dicen que quizá contenga tesoros.*

peciolo o **pecíolo** ***m.*** Rabillo de la hoja de una planta que la une al tallo.

pecoso, sa ***adj.*** Que tiene pecas: *Mi amigo John es un niño de pelo rojo, ojos verdes, y piel blanca y* ***pecosa.***

pectoral ***adj.*** Relativo al pecho: *Los mayas de Mesoamérica usaban unos collares* ***pectorales*** *muy elaborados y bellos para adornarse.*

pecuario, ria ***adj.*** Relativo al ganado: *La industria* ***pecuaria*** *argentina siempre ha gozado de fama internacional.*

peculado ***m.*** Delito que consiste en malversar los fondos públicos: *"Hacen falta penas más severas contra el* ***peculado****", afirmó el legislador.*

peculiar ***adj.*** Característico o propio de cada persona o cosa: *Reconocí con facilidad la voz de Pablo de entre la gente porque tiene un tono muy* ***peculiar.***

peculiaridad ***f.*** Característica propia de cada persona: *Como* ***peculiaridad*** *física, René tiene una oreja cortada a la mitad porque se la mordió un perro cuando era niño.*

peculio ***m.*** Dinero y conjunto de bienes que posee una persona: *El ingeniero Narváez dijo que, de su* ***peculio,*** *construirá unas bancas de cemento en la escuela.*

pecuniario, ria ***adj.*** Relativo al dinero en efectivo.

pedagogía ***f.*** Ciencia que se ocupa de la educación: *Durante su preparación, las maestras de escuela deben tomar varios cursos de* ***pedagogía*** *para saber cómo enseñar.*

pedagógico, ca ***adj.*** Relacionado con la pedagogía, con la enseñanza.

pedagogo, ga ***m.*** y ***f.*** **1** Persona que se ocupa de la educación como ciencia. **2** Maestro, profesor.

pedal ***m.*** Palanca de un mecanismo, máquina o vehículo, que se acciona con el pie: *Para andar en bicicleta hay que hacer girar los* ***pedales.***

pedalear ***vb.*** {intr.} Mover un pedal o los pedales: *A Sergio le costaba trabajo* ***pedalear*** *y al mismo tiempo mantenerse en equilibrio cuando estaba aprendiendo a andar en bicicleta.*

pedante ***adj.*** Engreído, que muestra de manera exagerada y desagradable sus conocimientos: *Es un hombre inteligente pero muy* ***pedante,*** *por eso a la gente no le gusta escucharlo.*

pedantería ***f.*** Dicho o hecho de quien presume de sus conocimientos: *¡Qué* ***pedantería****! Jazmín no tenía por qué decir que sabía cinco idiomas si nadie estaba hablando de ese tema.*

pedazo ***m.*** Porción de una cosa: *Rogelio me regaló un* ***pedazo*** *de su manzana porque hoy no llevé nada para comer en la escuela.*

pedernal ***m.*** Variedad de cuarzo que produce chispas al ser golpeado: *Golpeando dos* ***pedernales*** *es posible encender fuego.*

pedestal ***m.*** Cuerpo que sostiene una columna, estatua, etc.: *La estatua del poeta fue colocada sobre un alto* ***pedestal*** *en una plaza del centro de la ciudad.*

pedestre ***adj.*** **1** Que se hace a pie: *Por las tardes a mis abuelos les gusta dar un paseo* ***pedestre*** *para ayudar a hacer mejor la digestión de la comida.* **2** Vulgar, ordinario: *Luis es un* ***pedestre,*** *dice que la ópera no es más que un montón de gente gritando.*

pediatra ***m.*** y ***f.*** Médico que se ocupa de curar las enfermedades de los niños: *Los consultorios de los* ***pediatras*** *siempre están llenos de niños y mamás que esperan a los médicos.*

pediatría ***f.*** Rama de la medicina que se ocupa del estudio y tratamiento de las enfermedades de los niños: *Como a mi prima le gustan mucho los niños, decidió dedicarse a la* ***pediatría.***

pediátrico, ca ***adj.*** Relativo a la pediatría: *Mi hermanito debe tomar medicamentos* ***pediátricos*** *porque todavía es un niño.*

pedicuro, ra ***m.*** y ***f.*** Persona que se dedica al cuidado de los pies: *El* ***pedicuro*** *extrajo de mi dedo gordo la uña enterrada que me causaba tanto dolor.*

pedido ***m.*** Encargo de artículos o productos hecho a un fabricante o vendedor: *Uno de los secretos para que los negocios progresen es surtir los* ***pedidos*** *con puntualidad.*

pedigrí ***m.*** **Palabra de origen inglés. 1** Conjunto de los antepasados de un animal de raza: *Venden muy caro ese cachorro porque su* ***pedigrí*** *dice que viene de una familia de perros campeones.* **2** Documento que garantiza el conjunto de los antepasados de un animal de raza.

pedigüeño, ña ***adj.*** Demasiado aficionado a pedir: *Mi mascota es un perro* ***pedigüeño*** *que se sienta junto a la mesa a ver quién le da algo de comer.*

pedir ***vb. irreg.*** {tr.} **Modelo 47. 1** Solicitar a una persona que dé o haga cierta cosa: *Le* ***pedí*** *a mi hermano que me ayudara con mi trabajo de matemáticas porque estaba muy difícil.* **2** Requerir algo como necesario o conveniente: *Los dueños de esa casa* ***piden*** *muchísimo dinero por ella a quien quiera comprarla.*

pedo ***m.*** **1** *Vulg.* Gas maloliente que se expele por el ano. SIN. **flato, ventosidad. 2** *Fam. Vulg.* Borrachera. **3** ***Méx.*** *Fam. Vulg.* Problema, lío.

pedofilia ***f.*** **1** Atracción sexual enfermiza que un adulto siente por los niños. **2** Delito que consiste en tener actividad sexual con niños.

pedófilo, la ***m.*** y ***f.*** Adulto que se siente atraído sexualmente por los niños.

pedorrera ***f.*** **1** *Vulg.* Acción de expeler repetidamente ventosidades por el ano. **2** *Vulg.* Serie de ventosidades expelidas por el ano.

pedorro, rra ***adj./m.*** y ***f.*** *Vulg.* Que expele ventosidades por el ano con frecuencia o sin importarle con quién esté.

pedrada ***f.*** **1** Acción de arrojar una piedra: *A Javier le gusta lanzar* ***pedradas*** *al agua para ver cómo se forman círculos alrededor de las piedras al momento de caer.* **2** Golpe que da una piedra que ha sido lanzada contra alguien o algo: *Un delincuente lanzó una* ***pedrada*** *al autobús en el que Laura viajaba y rompió una ventanilla.*

pedregal ***m.*** Terreno cubierto de piedras: *En la zona donde hace miles de años hizo erupción el volcán, ahora hay un* ***pedregal.***

pedregullo ***m.*** ***Amér. Merid.*** Conjunto de piedras pequeñas, trituradas, que se usan para afirmar caminos.

pedrería ***f.*** Conjunto de piedras preciosas: *La corona de la princesa tiene una línea de* ***pedrería*** *con esmeraldas, rubíes, diamantes y zafiros.*

pedrisco ***m.*** Granizo grande que por la fuerza con que cae puede romper cosas, lastimar personas y animales y destruir plantas.

pedrusco ***m.*** *Fam.* Pedazo de piedra sin labrar.

pedúnculo ***m.*** **1** Rabo que une la hoja, flor o fruto con el tallo: *El conejo se comió las flores y sólo dejó los* ***pedúnculos*** *y los tallos de las plantas.* **2** Prolongación del cuerpo de algunos crustáceos que les sirve para fijarse a la superficie de los lugares donde viven.

peeling ***m.*** **Palabra de origen inglés.** Tratamiento que consiste en quitar la capa superficial de la piel de la cara para alisarla.

peer ***vb. irreg.*** {intr. y prnl.} **Modelo 32.** Expeler por el ano los gases que se han acumulado en el intestino.

pega ***f.*** **1** Acción de pegar o unir: *Los seguidores del candidato a gobernador realizaron una* ***pega*** *de propaganda en las paredes de diferentes calles de la ciudad.* **2** ***Chile.*** Lugar donde se trabaja: *Esa cafetería es mi* ***pega,*** *ahí trabajo como ayudante por las tardes.* **3** ***Bol., Chile, Cuba*** y ***Perú.*** *Fam.* Empleo, trabajo. **4** ***Cuba*** y ***P. Rico.*** Especie de liga que se utiliza para cazar pájaros.

pegajoso, sa ***adj.*** Que se pega con facilidad: *Me quedaron las manos* ***pegajosas*** *después de agarrar una manzana con caramelo.*

pegamento ***m.*** Sustancia que sirve para pegar: *Uriel y sus amigos utilizaron* ***pegamento*** *para fijar sus dibujos en las paredes de la escuela.*

pegar ***vb. irreg.*** {tr., intr. y prnl.} **Modelo 17. 1** Unir una cosa a otra con pegamento, cola, etc., de modo que no puedan separarse: ***Pegué*** *el asa rota de la taza con un pegamento especial para cerámica.* **2** Contagiar: *Zaria me* ***pegó*** *su gripe cuando fui a su casa.* **3** Maltratar con golpes: *Se nota que a ese animal le* ***han pegado*** *mucho porque es muy asustadizo.* **4** Combinar, hacer juego una cosa con otra: *Como los colores de este pantalón y esta blusa* ***pegan,*** *los voy a usar juntos.* **5** Arrimar, juntar: *El cachorro* ***se pegaba*** *a su mamá para buscar calor durante las noches de invierno.*

pegatina ***f.*** Lámina de papel adhesivo con un dibujo o letrero impreso en ella.

peinado ***m.*** Cada una de las diversas formas de arreglarse el pelo: *Elena me hizo un* ***peinado*** *especial para que me vea elegante en la boda de mi hermano.*

peinador, ra ***adj./m.*** y ***f.*** **1** Persona cuyo oficio es peinar: *"Iré con mi* ***peinadora*** *para que me haga un bonito chongo", comentó doña Ceferina a su amiga Maité.* **2** Cubierta de tela o plástico que se pone sobre los hombros al hacer alguna labor con el cabello: *Si no me hubieran puesto el*

peinador *cuando me cortaron el pelo, ahora tendría mucha comezón a causa de los trozos de pelo en mi ropa.*

peinar ***vb.*** {tr. y prnl.} Desenredar o componer el cabello: *Ramiro no* ***se peinó*** *en su casa y llegó a la escuela con una melena de león.*

peine ***m.*** Utensilio con púas que sirve para peinar: *Adán es muy vanidoso y a cada momento saca el* ***peine*** *de su bolsillo para peinarse.*

peineta ***f.*** Peine curvado que usan las mujeres como adorno en el pelo o para sujetar el peinado: *El velo de la novia se sostenía con una alta* ***peineta*** *blanca.*

peinilla ***f.*** **1** *Colomb.* y *Ecuad.* Especie de peine. **2** *Colomb., Ecuad., Pan.* y *Venez.* Machete de hoja recta.

pejerrey ***m.*** *Argent., Chile* y *Urug.* Nombre de diversos peces marinos o de agua dulce muy apreciados por su carne, que tienen una banda plateada a lo largo del costado.

pejiguera ***f.*** *Fam.* Cosa que causa dificultades o molestias: *Dejé mi armario en desorden y ahora es una* ***pejiguera*** *encontrar las cosas que necesito.*

pekinés, nesa ***adj./m.*** y ***f.*** **1** Originario de Pekín, capital de China. **2** Raza de perros de tamaño pequeño, ojos saltones, hocico corto y pelo largo.

pela ***f.*** *Méx.* Azotaina, zurra.

pelada ***f.*** **1** Hecho de cortar el cabello, sobre todo cuando queda muy corto. **2** *Argent.* y *Chile.* En sentido humorístico, la muerte representada por el esqueleto. Sin. **pelona.**

peladez ***f.*** *Méx.* Acto o dicho grosero, insultante: *Los jugadores de fútbol empezaron discutiendo de manera amable y terminaron gritándose* ***peladeces.*** Sin. **grosería, insulto.**

peladilla ***f.*** Almendra cubierta con un baño de azúcar de modo que queda como un confite blanco.

pelado, da ***adj.*** **1** Cosa que no tiene lo que naturalmente la adorna, cubre o rodea: *Las bananas se comen* ***peladas.*** **2** *Argent., Chile, Ecuad.* y *Urug.* Calvo: *Mi padre empezó a quedarse* ***pelado,*** *igual que su padre, desde que tenía treinta años.*

pelado, da ***adj./m.*** y ***f.*** **1** *Méx. Desp.* Maleducado, grosero: *Armando es un* ***pelado*** *que se pasa el día gritando a su madre y ofendiendo a sus hermanos.* **2** *Méx. Desp.* De clase social baja y sin educación.

pelafustán, tana ***m.*** y ***f.*** Persona insignificante o despreciable: *Muchos evitan ir a ese barrio porque en las calles hay* ***pelafustanes*** *que molestan a los transeúntes.*

pelagatos ***m.*** y ***f.*** *Fam.* Persona con escasos recursos económicos: *Javier parece* ***pelagatos,*** *pero en realidad es un hombre muy rico a quien no le gusta vestir de manera elegante.*

pelagra ***f.*** Enfermedad por falta de vitaminas que produce lesiones en la piel y trastornos de los nervios y el sistema digestivo: *La* ***pelagra*** *es una enfermedad endémica de zonas en las que se come maíz o mijo como alimento principal y pocas frutas y verduras.*

pelaje ***m.*** **1** Conjunto de pelos de un animal: *El* ***pelaje*** *de los linces es uno de los más bellos que hay entre los animales felinos.* **2** Naturaleza y calidad del pelo de un animal: *En la primavera los zorros cambian de* ***pelaje.***

pelambre ***m.*** y ***f.*** **1** Gran cantidad de pelo. **2** Conjunto de pelo arrancado o cortado.

pelar ***vb.*** {tr. y prnl.} **1** Cortar el pelo: *En la escuela le dijeron a Eduardo que ya tenía el pelo muy largo y que por favor se fuera a* ***pelar.*** **2** Desplumar: *Para celebrar mi cumpleaños mataron una gallina, la* ***pelaron,*** *la limpiaron y después la guisaron con verduras.* **3** Quitar la piel o corteza a una cosa: *Antes de comerse un mango es necesario* ***pelarlo.*** **4** Levantarse la piel por haber tomado mucho tiempo el sol: *A Santiago* ***se le peló*** *la nariz unos días después de volver de la playa.* **5** *Argent.* y *Urug.* Desenvainar un arma: *El gaucho* ***peló*** *su daga y se dispuso a defenderse del feroz zorro.* **6** *Argent.* y *Urug. Fam.* Sacar, exhibir algo de manera rápida y sorpresiva: ***Peló*** *la billetera para pagar el vestido que compró y salió corriendo de la tienda porque tenía prisa.* **7** *Chile. Fam.* Hablar mal de alguien: *Ayer que faltó al trabajo, sus compañeros* ***pelaron*** *a Víctor.* **8** *Méx. Fam.* Hacer caso a alguien, prestar atención: *Por más que Jacinto declaraba su amor a Irma, ella nunca* ***lo peló*** *porque estaba enamorada de otro chico.*

peldaño ***m.*** Cada uno de los tramos de una escalera: *La casa de mis muñecas tiene una escalera pequeña de sólo tres* ***peldaños.*** Sin. **escalón.**

pelea ***f.*** **1** Encuentro de boxeo o de lucha libre: *Los sábados por la noche hay tres* ***peleas*** *en una plaza del centro de la ciudad.* **2** Riña, pleito: *Traigo el ojo morado porque tuve una* ***pelea*** *a la salida de la escuela.*

peleador, ra ***m.*** y ***f.*** **1** Boxeador. **2** Persona que acostumbra pelear con los demás.

pelear ***vb.*** {intr. y prnl.} **1** Usar las armas o las propias fuerzas para vencer a otros: *Durante los primeros treinta años del siglo XIX muchos pueblos hispanoamericanos* ***pelearon*** *por conseguir su independencia de la corona española.* **2** Enemistarse: *Cuando mis hermanos* ***se pelean,*** *se reconcilian diez minutos después.* **3** *Fam.* Afanarse por conseguir algo: *La señora Olga siempre* ***ha peleado*** *por mantener a sus hijos y darles buena educación.*

pelele ***m.*** **1** Muñeco de figura humana, hecho de paja o trapos. **2** *Desp.* Persona que obedece de manera servil las órdenes de otro: *Ese niño es el* ***pelele*** *de la pandilla porque los demás hacen con él lo que quieren.*

peletería ***f.*** **1** Arte de preparar pieles de animales para hacer prendas de vestir. **2** Tienda donde se venden prendas de piel.

peletero, ra ***m.*** y ***f.*** Persona que prepara pieles de animales o las vende en una tienda ya convertidas en prendas de vestir.

peliagudo, da ***adj.*** *Fam.* Se dice del asunto difícil de resolver: *Este problema de matemáticas está* ***peliagudo*** *pues llevo tres horas tratando de resolverlo y todavía no lo consigo.*

pelícano o **pelicano** ***m.*** Ave con los dedos unidos por una membrana, de pico largo y ancho, con la piel de la mandíbula inferior en forma de bolsa: *Los* ***pelícanos*** *guardan en la bolsa de su pico los peces con que alimentan a sus crías.*

película ***f.*** **1** Capa muy fina y delgada que cubre algo: *Esa crema cubre la piel con una fina* ***película*** *para protegerla del sol.* **2** Cinta de celuloide perforada que se usa en fotografía y en cinematografía: *Se terminó la* ***película*** *de mi cámara a mitad de la fiesta y ya no pude tomar más fotografías.*

peligrar ***vb.*** {intr.} Correr peligro: *Muchas especies animales y vegetales* ***peligran*** *a causa de la contaminación ambiental.*

peligro ***m.*** Situación en la que puede ocurrir algún mal: *Los animales se vuelven agresivos y desconfiados cuando sienten que corren* ***peligro.***

peligrosidad ***f.*** Carácter de peligroso: *Hay deportes con un alto grado de* ***peligrosidad*** *como el alpinismo, el buceo y las carreras de automóviles.*

peligroso, sa ***adj.*** **1** Que puede dañar: *Entrar en la jaula de un león es una acción* ***peligrosa*** *y tonta.* **2** Persona que provoca miedo por su tendencia a dañar a algo o a alguien: *Los delincuentes son personas* ***peligrosas.***

pelirrojo, ja ***adj./m.*** y ***f.*** Que tiene el pelo rojo: *Escocia e Irlanda son las regiones del mundo donde hay más **pelirrojos.***

pella ***f.*** **1** Masa de cualquier material, de forma redondeada. **2** Manteca del cerdo tal como se saca de este animal.

pellejo ***m.*** **1** Piel de un animal, por lo general separada del cuerpo **2** Piel, por lo general de cabra o de cerdo, cosida de manera que pueda contener líquidos. SIN. **odre. 3** ***Fam.*** Piel del hombre: *Me caí de la bicicleta y se me levantó el **pellejo** de la pierna.*

pellín ***m. Chile.*** En el ambiente del campo, persona o cosa muy fuerte y de gran resistencia: *Mi burro es un **pellín** que aguanta toda la jornada por pesada que sea.*

pelliza ***f.*** Prenda de abrigo hecho o forrado de piel.

pellizcar ***vb. irreg.*** {tr. y prnl.} **Modelo 17. 1** Asir con dos dedos un trozo de carne o de piel apretándola hasta que causa dolor. **2** Tomar una pequeña cantidad de una cosa: *Todavía no cenamos, pero **pellizqué** un poco de ensalada porque tengo hambre.*

pellizco ***m.*** **1** Acción y efecto de pellizcar: *Rogelio le dio tan fuerte **pellizco** a su hermano que lo hizo llorar.* **2** Cantidad de una cosa que se toma con dos dedos: *Ponle un **pellizco** más de sal a la sopa porque sabe simple.* SIN. **pizca.**

pellón ***m. Amér. C.*** y ***Amér. Merid.*** Piel curtida que se usa sobre la silla de montar.

pelmazo, za ***adj./m.*** y ***f. Fam.*** Persona pesada y fastidiosa: *No invites a Juan a la fiesta porque es un **pelmazo** que hace bromas pesadas y se comporta irrespetuoso con los demás.*

pelo ***m.*** **1** Filamento que nace y crece entre los poros de la piel de los mamíferos: *El **pelo** de mi perro se ve sano y brillante porque le doy un alimento muy nutritivo.* **2** Conjunto de los filamentos llamados pelos, y en especial los que crecen en la cabeza del hombre: *Mucha gente cree que cepillar el **pelo** por la noche lo beneficia, porque así se ayuda a mejorar la circulación en el cráneo.* **3** ***loc. pl. Fam.*** **No tener** uno **~ en la lengua,** decir lo que se piensa sin importar la reacción de los demás: *Juan Carlos **no tiene pelos en la lengua,** por eso cuando algo le molesta no se queda callado.* **4** ***loc. Fam.*** **Por un pelito,** por muy poco: ***Por un pelito** me caigo de la bicicleta, me salvé porque pude sostenerme en el muro.* **5** ***loc. Fam.*** **Tomar el ~,** burlarse con disimulo o desobedecer: *Como Aída es una niña muy ingenua, sus compañeros le **toman el pelo** constantemente.*

pelón, lona ***adj./m.*** y ***f.*** **1** Que no tiene pelo en la cabeza. **2** ***Fam.*** Que no tiene dinero: *Esta semana he andado **pelón** porque no me dieron dinero mis papás.*

pelona ***f.*** **1** Ausencia o falta de pelo. **2** ***Méx. Fam.*** La muerte, cuando se la representa en forma de esqueleto. SIN. **pelada.**

pelota ***f.*** **1** Bola hecha de algún material flexible, que sirve para jugar: *Esa **pelota** no sirve para jugar fútbol porque es demasiado blanda.* **2** Juego que se realiza usando la pelota: *A mis primos les encanta jugar **pelota** cuando salimos al campo.* **3** ***loc. pl. Fam.*** **En ~,** desnudo, sin ropa.

pelotear ***vb.*** {tr. e intr.} **1** Jugar a la pelota como entrenamiento: *Antes de empezar el juego de tenis los jugadores **pelotearon** unos minutos para calentar sus músculos.* **2** Reñir, pelear. **3** ***Argent. Fam.*** Provocar que un asunto tarde más tiempo del debido: *A los malos empleados les gusta **pelotear** los asuntos ajenos para sentirse importantes.* **4** ***Argent., Par.*** y ***Urug. Fam.*** Tratar a alguien sin consideración: *Durante el juicio el abogado **peloteó** al fiscal hasta que lo dejó sin argumentos.*

pelotera ***f. Fam.*** Riña, pelea: *Los muchachos que no pudieron entrar al concierto de rock armaron una **pelotera** en la puerta del auditorio.*

pelotón ***m.*** Grupo de soldados a las órdenes de un superior: *El sargento dio orden al **pelotón** de ayudar a las víctimas del terremoto.*

pelotudo, da ***adj. Argent., Par.*** y ***Urug. Vulg.*** Estúpido, imbécil.

peltre ***m.*** Aleación de cinc, plomo y estaño, que se usa en la industria para elaborar diferentes utensilios: *Mi tía compró un recipiente de **peltre** para calentar la leche del bebé.*

peluca ***f.*** Cabellera postiza: *En esa obra de teatro Ramiro usa una **peluca** rubia porque representa a un noble francés del siglo XVIII.*

peluche ***m.*** **1** Tela aterciopelada, felpa: *La extravagante actriz de cine llegó al restaurante con un **peluche** morado con puntos rojos colgándole del cuello.* **2** Muñeco hecho con la tela llamada peluche: *Le regalaré a mi amiga un **peluche** por su cumpleaños.*

peludo ***m.*** **1** ***Argent.*** y ***Urug.*** Borrachera: *Como nunca había bebido vino, ayer que lo hice agarré un **peludo** tremendo.* **2** ***Argent.*** y ***Urug.*** Cierta clase de armadillo que tiene pelo en el cuerpo.

peludo, da ***adj.*** Que tiene mucho pelo: *Mi gato de angora es tan **peludo** que tengo que cepillarlo todos los días por la mañana.*

peluquear ***vb.*** {tr. y prnl.} ***C. Rica.*** y ***Méx.*** Cortar o arreglar el cabello: *Mi mamá fue a que la **peluquearan** porque dijo que ya estaba cansada de su rebelde melena.*

peluquería ***f.*** **1** Oficio del peluquero. **2** Establecimiento donde cortan y arreglan el pelo: *Fui a la **peluquería** de la esquina para que me cortaran las puntas estropeadas del pelo.*

peluquero, ra ***m.*** y ***f.*** Persona que tiene por oficio peinar o cortar el pelo: *Ese **peluquero** sólo corta y arregla el pelo de los hombres.*

peluquín ***m.*** Peluca pequeña que sólo cubre una parte de la cabeza.

pelusa ***f.*** **1** Vello ligero que apenas se ve y cubre la cara y otras partes del cuerpo humano. **2** Vello ligero que cubre la cáscara de algunas frutas: *El durazno tiene una **pelusa** suave en su cáscara.* **3** Pelo menudo que se desprende de las telas: *La **pelusa** del abrigo de mi abuelo me hace estornudar.* **4** Polvo y suciedad que se forma bajo los muebles o en lugares que no se limpian de manera continua.

pelvis ***f.*** Cavidad ósea de los vertebrados situada en la parte inferior del tronco y formada por los huesos sacro y coxis: *Osvaldo se cayó esquiando y se fracturó la **pelvis;** ahora necesita quedarse acostado durante cuatro semanas.*

pena ***f.*** **1** Castigo que se impone a alguien: *Al delincuente le dieron una **pena** de tres años en la cárcel por haber asaltado una tienda.* **2** Tristeza producida por algo desagradable: *Desde el día en que murió su tortuga Joaquín sufre una gran **pena.*** **3** Dificultad, trabajo: *Con muchas **penas** y trabajos logró terminar una carrera en la universidad y ahora ya ha comenzado a trabajar en su profesión.* **4** ***Amér. C., Colomb., Méx.*** y ***Venez.*** Vergüenza: *Serapio es muy tímido, por eso le da **pena** hablar en público.* **5** ***loc.*** **Alma en ~,** espíritu que no descansa porque paga sus pecados, o persona que sufre mucho: *Héctor anda como **alma en pena** desde que murió su novia.*

penacho ***m.*** **1** Grupo de plumas que tienen algunas aves en la cabeza. **2** Ornamento de plumas que usan algunos grupos indígenas: *Los jefes de varias tribus pieles rojas de Estados Unidos de América usan **penachos** en algunas ceremonias como señal de su jerarquía.*

penal ***adj.*** Relativo a los delitos y a las penas que se asignan a dichos delitos: *Ese abogado es especialista en derecho* ***penal*** *y se dedica a defender a los acusados de robo.*

penal ***m.*** **1** Lugar donde cumple una pena quien ha cometido algún delito grave: *El ladrón cumple su condena en un* ***penal*** *ubicado al norte de la ciudad.* **2** Penalti, el peor castigo en el fútbol.

penalidad ***f.*** Dificultad que implica trabajo y sufrimiento.

penalista ***adj./m.*** y ***f.*** Abogado especializado en el derecho penal.

penalizar ***vb. irreg.*** {tr.} **Modelo 16.** Castigar, sobre todo en el fútbol: *El árbitro* ***penalizó*** *al jugador por haber golpeado a un jugador del otro equipo.*

penalti ***m.*** **Palabra de origen inglés.** En fútbol y otros deportes, falta cometida por un equipo dentro del área de gol y sanción que corresponde a esta falta.

penar ***vb.*** {tr. e intr.} **1** Imponer una pena, castigar. **2** Padecer, sufrir un dolor o pena: *La leyenda cuenta que La Llorona es el fantasma de una mujer que* ***pena*** *por la muerte de sus hijos.*

penca ***f.*** **1** Hoja carnosa de ciertas plantas como la de la pita o maguey. **2** Tallo de ciertas hortalizas: *Mi madre quitó las* ***pencas*** *a varias hojas de acelga y las guisó con carne.*

penco ***m.*** **1** *Fam.* Caballo desgarbado y mal proporcionado, con patas demasiado largas. Sin. **jamelgo.** **2** *Fam.* Persona torpe, holgazana o inútil: *Ya sabes que Bulmaro es un* ***penco*** *al que no se le puede confiar ninguna tarea porque la hace mal.*

pendejada ***f.*** **1** *Colomb. Fam.* Dicho o acción torpe, necedad. **2** *Méx. Vulg.* Chuchería, cosa de poco valor. **3** *Colomb.* y *Méx. Desp. Fam.* Tontería, idiotez.

pendejear ***vb.*** {intr.} *Colomb.* y *Méx. Vulg.* Hacer o decir necedades o tonterías.

pendejo ***m.*** **1** Vello del pubis y las ingles. **2** *Méx. Desp. Vulg.* Tonto. **3** *Perú. Fam.* Astuto, mañoso.

pendencia ***f.*** Riña, pelea.

pendenciero, ra ***adj.*** Que con facilidad se mete en riñas o peleas: *Es un hombre* ***pendenciero*** *que todos los fines de semana sale de alguna fiesta con golpes en la cara.*

pender ***vb.*** {intr.} **1** Estar colgada una cosa: *Del techo del castillo* ***pende*** *un gran candelabro con muchos cristales y luces.* **2** Estar por resolverse un asunto: *Todos los testigos ya declararon y fueron presentadas todas las pruebas, ahora el caso de robo* ***pende*** *de la decisión del juez.*

pendiente ***adj.*** **1** Que cuelga, que pende: *Manuel colocó un gran cuadro* ***pendiente*** *de un solo clavo y al poco tiempo se cayó.* **2** Que aún no se ha resuelto o terminado: *Tengo un trabajo escolar* ***pendiente*** *porque no he podido conseguir un libro que necesito para terminarlo.*

pendiente ***f.*** Cuesta, declive o inclinación de un terreno: *A mis primos les gusta bajar con la bicicleta por una* ***pendiente*** *que hay en el parque para tomar un poco de velocidad.*

pendientes ***m. pl.*** Adorno que se pone en el lóbulo de la oreja: *Su abuelo le regaló unos* ***pendientes*** *con perlas que se ven muy bonitos colgando de sus orejas.* Sin. **aretes.**

pendón ***m.*** Bandera más larga que ancha que se usa como distintivo.

pendular ***adj.*** Relativo al péndulo: *Con un movimiento* ***pendular*** *de la medalla, la bruja hipnotizó al pobre conejo para poder cocinarlo con calma.*

péndulo ***m.*** Cuerpo pesado suspendido de un punto fijo, que se mueve de un lado a otro por acción de su propio peso: *El* ***péndulo*** *del reloj se mueve al ritmo de los segundos.*

pene ***m.*** Órgano genital externo masculino.

penetrable ***adj.*** Que puede penetrarse.

penetración ***f.*** Acción y efecto de penetrar.

penetrante ***adj.*** Que penetra: *Ese perfume tiene un olor muy* ***penetrante*** *y molesto, por eso cada vez que lo huelo me mareo.*

penetrar ***vb.*** {tr., intr. y prnl.} **1** Introducir una cosa en el interior de otra: *El café* ***penetró*** *poco a poco el terrón de azúcar, hasta que éste se volvió de color marrón y se deshizo en el fondo de la taza.* **2** Introducirse en el interior de un espacio: *Los policías* ***penetraron*** *en el bosque para buscar a los ladrones que habían escapado.* **3** Comprender bien, profundizar: *Mi maestro* ***ha penetrado*** *en el estudio de la historia de la India y pronto viajará a ese país oriental a tomar varios cursos.*

penicilina ***f.*** Antibiótico que se extrae de una clase de moho, usado para combatir las enfermedades infecciosas: *El médico británico Alexander Fleming descubrió la* ***penicilina*** *en 1928.*

penillanura ***f.*** Superficie ondulada con escaso relieve que se forma a causa de la erosión.

península ***f.*** Tierra rodeada de agua por todas partes, excepto una, por donde se une al continente: *España y Portugal comparten la* ***península*** *Ibérica.*

peninsular ***adj.*** Relativo a una península: *La forma* ***peninsular*** *de Baja California, México, es muy fácil de distinguir en un mapa.*

penique ***m.*** Moneda inglesa que equivale a la centésima parte de una libra.

penitencia ***f.*** **1** En las religiones, arrepentimiento, pesar por haber ofendido a Dios acompañado de la firme intención de no volver a hacerlo. **2** Uno de los siete sacramentos de la Iglesia católica por el cual un sacerdote perdona los pecados de las personas. **3** Pena que impone un confesor o que una persona se impone a sí misma por motivos religiosos.

penitenciaría ***f.*** Cárcel, prisión: *Los ladrones que asaltaron esa mansión fueron atrapados por la policía y acabaron encerrados en la* ***penitenciaría.***

penitenciario, ria ***adj.*** Relacionado con las penas y con las penitenciarías: *Las autoridades* ***penitenciarias*** *ordenaron comprar camastros nuevos para los presos que están recluidos en la cárcel de mi ciudad.*

penitente ***m.*** y ***f.*** **1** En las religiones, persona que confiesa sus pecados y se arrepiente de haberlos cometido. **2** *Méx., Desp.* y *Vulg.* Tonto, torpe, estúpido.

penoso, sa ***adj.*** **1** Que causa pena: *El director dio a los padres de Raúl la* ***penosa*** *noticia de que su hijo había reprobado cinco materias.* **2** Que es muy trabajoso, que se hace con dificultad.

pensador, ra ***m.*** y ***f.*** **1** Persona que piensa. **2** Filósofo o persona en general que reflexiona sobre diferentes temas: *Sócrates fue uno de los* ***pensadores*** *más famosos de la antigua Grecia.*

pensamiento ***m.*** **1** Acción, efecto y facultad de pensar: *El* ***pensamiento*** *es una capacidad que sólo poseemos los seres humanos.* **2** Lo que se tiene en la mente: *Pude adivinar el* ***pensamiento*** *de mi amiga cuando vi su rostro alegre al salir del salón de clases.* **3** Idea o sentencia de alguien o de algún texto: *El* ***pensamiento*** *del político sudafricano Nelson Mandela ha dado a muchas personas de raza negra conciencia de su dignidad como seres humanos.* **4** Planta herbácea de flores que combinan en sus pétalos los distintos colores y se cultiva en jardines.

pensante ***adj./m.*** y ***f.*** Que piensa: *Los humanos somos seres* ***pensantes.***

pensar ***vb. irreg.*** {tr. e intr.} **Modelo 3.** **1** Formar y ordenar en la mente ideas y conceptos: ***Hemos pensado*** *ir a Río de*

Janeiro durante las próximas vacaciones, ¿tú qué opinas? **2** Examinar con cuidado una idea, asunto, etc.: *Tienes que* ***pensar*** *bien antes de tomar una decisión sobre la carrera que vas a estudiar.* **3** Hacer proyectos para poner en práctica alguna cosa: *Elena me dijo por teléfono que* ***piensa*** *venir mañana a visitarnos.* **4** Imaginar, suponer: *Todos* ***pensábamos*** *que el mayordomo era el asesino de la anciana, pero al final del programa se descubrió que ella había muerto por enfermedad.*

pensativo, va ***adj.*** Que está sumergido en sus pensamientos: *Felipe estaba tan* ***pensativo*** *que no escuchó cuando mi mamá nos llamó para cenar.*

pensión ***f.*** **1** Cantidad de dinero entregada de manera periódica a alguien por un trabajo que ya no realiza en la actualidad: *El jubilado recibe cada mes una escasa* ***pensión*** *que apenas le alcanza para vivir.* **2** Establecimiento hotelero de categoría inferior al hotel: *La primera noche que Miguel pasó en la capital se alojó en una* ***pensión*** *porque no había lugar en ningún hotel.* **3** Casa particular en la que se alojan huéspedes a cambio de un pago.

pensionado ***m.*** Colegio en el que los alumnos viven y estudian. SIN. **internado.**

pensionado, da ***adj./m.*** y ***f.*** Persona que cobra una pensión: *Don Alfonso es un* ***pensionado*** *que trabajó durante treinta años como maestro.* SIN. **pensionista.**

pensionar ***vb.*** {tr.} Conceder una pensión a alguien: *Cuando mi tío el capitán se retiró, el ejército lo* ***pensionó.***

pensionista ***m.*** y ***f.*** **1** Persona que cobra una pensión. SIN. **pensionado. 2** Persona que se hospeda en una pensión: *Mi hermano fue* ***pensionista*** *en una casa mientras tomaba un curso de francés en la ciudad de París.*

pentaedro ***m.*** Cuerpo sólido de cinco caras.

pentágono ***m.*** Polígono de cinco lados: *Las oficinas militares de Estados Unidos de América se alojan en un edificio con forma de* ***pentágono,*** *por eso le llaman "El Pentágono".*

pentagrama ***m.*** En música, sistema de cinco líneas horizontales y paralelas sobre las que se escriben las notas musicales.

pentatlón ***m.*** Prueba olímpica que comprende natación, equitación, carreras por terrenos variados, esgrima y tiro: *Las competencias del* ***pentatlón*** *se llevan a cabo en varios días consecutivos.*

pentecostés ***m.*** **1** Fiesta judía celebrada siete semanas después del segundo día de Pascua, que conmemora la entrega de las Tablas de la Ley a Moisés. **2** Fiesta cristiana celebrada el séptimo domingo después de Pascua, que conmemora el descenso del Espíritu Santo sobre los apóstoles.

penúltimo, ma ***adj./m.*** y ***f.*** Inmediatamente antes del último: *Fui el* ***penúltimo*** *niño en salir porque después de mí salió Enrique y luego el salón se quedó vacío.*

penumbra ***f.*** Lugar, momento y situación en los que hay muy poca luz: *Cuando Enrique sufre de migraña, deja su habitación en* ***penumbras*** *y descansa.*

penuria ***f.*** Escasez de las cosas más necesarias para vivir: *Muchos de los personajes de las novelas del escritor Eugenio Sue vivían sumidos en la* ***penuria,*** *en los barrios más pobres de París.*

peña ***f.*** **1** Roca de gran tamaño. **2** ***Fam.*** Grupo de amigos que se reúnen con algún fin artístico o recreativo. **3** ***Fam.*** Nombre que toman algunos grupos que se dedican a actividades recreativas.

peñascal ***m.*** Terreno sobre el que se levantan muchos peñascos: *La leyenda cuenta que, en algún lugar de ese* ***peñascal,*** *un bandido enterró un tesoro.*

peñasco ***m.*** Peña grande y elevada.

peñascoso, sa ***adj.*** Lugar donde abundan los peñascos: *Antes de llegar a la playa donde iremos de vacaciones, hay un área* ***peñascosa*** *por la que no pueden transitar vehículos.*

peñón ***m.*** Monte con peñascos.

peón ***m.*** **1** Obrero no especializado: *Cada año contratan* ***peones*** *temporales para la cosecha de la uva.* **2** En los juegos de ajedrez y damas, pieza con menos valor: *Por lo general la primera pieza que se mueve en un juego de ajedrez es un* ***peón.***

peonía ***f.*** Planta que da grandes y delicadas flores rojas, blancas o rosadas: *Las* ***peonías*** *son una de las flores favoritas en los motivos artesanales chinos.*

peonza ***f.*** Juguete de madera de forma cónica al que se enrolla una cuerda para lanzarlo y hacerlo bailar. SIN. **trompo, trompa.**

peor ***adj.*** De inferior calidad que aquello con lo que se compara: *Los dos bailan mal, pero Irma es* ***peor*** *bailarina que su hermano.*

peor ***adv.*** Más mal que aquello con lo que se compara: *Anteanoche dormí mal a causa de un mosco, pero hoy dormí* ***peor*** *porque había varios.*

pepa ***f.*** Semilla del melón, calabaza, manzana, etc. SIN. **pepita, pipa.**

pepenador, ra ***m.*** y ***f.*** ***Méx.*** Persona que vive de recoger desechos de papel, metal, etc., que pueden venderse otra vez.

pepenar ***vb.*** {tr.} ***Amér. C.*** y ***Méx.*** Recoger cosas del suelo o de la basura con el fin de venderlas.

pepinillo ***m.*** Variedad de pepino pequeño de sabor fuerte.

pepino ***m.*** **1** Planta de tallo rastrero con flores amarillas y fruto carnoso y cilíndrico. **2** Fruto de la planta llamada pepino: *El* ***pepino,*** *el melón, la sandía y la calabaza son frutos de la familia de las cucurbitáceas porque todos crecen de plantas que se arrastran, son jugosos y tienen semillas planas y ovaladas.*

pepita ***f.*** **1** Semilla de ciertos frutos como la calabaza, el melón, etc. SIN. **pepa, pipa. 2** Trozo redondeado de oro u otro metal: *De pronto el minero descubrió* ***pepitas*** *de oro revueltas con las piedras del río.*

pepsina ***f.*** Enzima del jugo gástrico que inicia la digestión de las proteínas.

pequeñez ***f.*** **1** Cualidad de pequeño: *La* ***pequeñez*** *de los conejitos recién nacidos inspiró ternura en los niños.* **2** Cosa sin importancia: *"No te molestes por* ***pequeñeces*** *y mejor ocúpate de los grandes problemas" es un consejo sabio.* **3** Mezquindad, poca nobleza en los sentimientos o en las acciones.

pequeño, ña ***adj.*** **1** De poco tamaño: *Julia usa zapatos* ***pequeños*** *porque tiene dos años de edad.* **2** Se dice de las personas de baja estatura: *Mi tío es un hombre* ***pequeño*** *que mide un metro con treinta centímetros.*

pequeño, ña ***m.*** y ***f.*** Niño o niña: *Los* ***pequeños*** *necesitan dormir más horas que un adulto.*

per cápita ***loc.*** Significa por habitante: *El término* ***per cápita*** *se usa sobre todo en estadística.*

pera ***f.*** **1** Fruto del peral, carnoso y suave. **2** ***loc. pl.*** **Pedir ~ al olmo,** pedir lo imposible: *El patrón quería que Rubén usara la cabeza, pero eso era* ***pedirle peras al olmo,*** *porque no daba una en contabilidad.*

peral ***m.*** Árbol de flores blancas, cuyo fruto es la pera.

peraleda o **pereda** ***f.*** Sitio plantado de perales: *La* ***peraleda*** *olía delicioso, pues el perfume de las peras maduras inundaba el ambiente.*

peralte ***m.*** En carreteras, vías de tren, etc., mayor elevación de la parte exterior de una curva respecto a la interior: *El pe-*

***ralte** de las curvas le da mayor seguridad a las personas que viajan por carretera.*

peralto ***m.*** Altura de una figura geométrica desde su base.

perborato ***m.*** Sal del ácido bórico que por lo general se usa como detergente.

perca ***f.*** Pez de agua dulce, de hasta 50 cm de largo, cuerpo oblongo con escamas duras y carne apreciada.

percal ***m.*** Tela de algodón fina y barata: *Las madres hicieron vestidos de **percal** para que los usen sus hijas en el baile del festival escolar.*

percance ***m.*** Contratiempo o daño imprevisto que entorpece la realización de algo: *No llegó a tiempo a clase por un **percance** que le ocurrió en el camino pues se descompuso el automóvil.*

percatar ***vb.*** {intr. y prnl.} Advertir, darse cuenta: *Mi papá llegó desde hace media hora, pero como yo estaba dormido, no **me había percatado** de ello.*

percebe ***m.*** Crustáceo marino comestible que crece adherido a las rocas o al casco de los barcos.

percepción ***f.*** Hecho de percibir: *Tenemos una **percepción** diferente de ese vaso de agua: yo creo que está medio lleno y Joaquín cree que está medio vacío.*

perceptible ***adj.*** Que se puede notar por medio de los sentidos: *Hay una diferencia **perceptible** entre el sonido de la guitarra y el del violín.*

percha ***f.*** **1** Madero largo y delgado que se atraviesa en otro para sostener algo. **2** Utensilio para colgar ropa: *Al entrar a la oficina, lo primero que hace mi padre es colgar su abrigo y sombrero en una **percha.***

perchero ***m.*** Mueble donde se cuelga ropa o sombreros y se colocan los paraguas: *A la entrada del restaurante se halla un **perchero** de madera para que los clientes cuelguen sus abrigos.*

percherón, rona ***adj./m.*** y ***f.*** Relativo a una raza de caballos de patas cortas y fuertes, cuerpo sólido y más robusto que el del caballo común: *Los **percherones** se usan por lo general para tirar de carretas porque son animales muy fuertes.*

percibir ***vb.*** {tr.} **1** Recibir impresiones del exterior por medio de los sentidos: *Las personas ciegas **perciben** el mundo con el tacto, el olfato y el oído.* **2** Recibir una cantidad de dinero a la que se tiene derecho: *Armando **percibe** un buen salario por su trabajo porque es un empleado eficiente.*

perclorato ***m.*** Sal de cloro que se utiliza en higiene dental.

percudir ***vb.*** {tr.} Penetrar la mugre en alguna prenda de vestir provocando que cambie su color original.

percusión ***f.*** **1** Acción y efecto de percutir. **2** ***loc.*** **Instrumento de ~,** instrumento musical que se toca golpeándolo con las manos, bastones, etc.: *Los tambores, los platillos y el piano son **instrumentos de percusión.***

percusionista ***m.*** y ***f.*** Músico especialista en tocar instrumentos de percusión: *Josafat es **percusionista** en la orquesta filarmónica, pero para completar sus ingresos también toca la batería en un grupo que se presenta en un bar.*

percutir ***vb.*** {tr.} Golpear una superficie o algo con una cosa, por lo general con un objeto adecuado: *Es muy especial el sonido que produce la baqueta al **percutir** el cuero del tambor.*

percutor o **percusor** ***m.*** **Palabra de origen francés.** Pieza que golpea, en especial la que provoca la explosión de la carga en las armas de fuego.

perdedor, ra ***adj./m.*** y ***f.*** Que pierde: *Este niño es un mal **perdedor** porque si no gana se enoja y se retira del juego.*

perder ***vb. irreg.*** {tr., intr. y prnl.} **Modelo 24. 1** Dejar de tener o no hallar una cosa: *No encuentro mis llaves, espero no **haberlas perdido** en la calle.* **2** Verse privado de alguien a causa de su muerte: *Rodrigo **perdió** a su padre cuando apenas tenía dos años.* **3** Desperdiciar, malgastar: *Ese delincuente **ha perdido** los mejores años de su juventud preso en la cárcel.* **4** Resultar vencido en una competición, lucha, etc.: *Ese equipo **pierde** casi todos los partidos, por eso ya nadie espera ningún triunfo de él.* **5** Errar el camino: ***Me perdí** y en lugar de encontrar la calle que buscaba llegué al sur de la ciudad.* **6** Dejarse llevar por los vicios: *Las malas compañías **perdieron** a Juan y ahora es un joven drogadicto.*

perdición ***f.*** Perjuicio grave: *Era un poeta prometedor, pero el alcohol fue su **perdición.***

pérdida ***f.*** **1** Hecho de dejar de tener lo que antes se tenía: *Fernando no ha logrado recuperarse de la **pérdida** que significó la muerte de su madre.* **2** Cantidad o cosa perdida: *Fueron graves las **pérdidas** que sufrieron los agricultores a causa de la sequía.*

perdido, da ***adj.*** Que no tiene o no lleva destino determinado: *El niño estaba **perdido** en el gran almacén, no encontraba a su mamá y lloraba.*

perdido, da ***m.*** y ***f.*** Persona viciosa.

perdigón ***m.*** **1** Pollo del ave llamada perdiz. **2** Pequeño grano de plomo usado como munición de caza: *El rey cazaba patos con una escopeta de **perdigones.***

perdiz ***f.*** Ave gallinácea de cabeza pequeña, con pico y patas rojas: *La carne de las **perdices** es muy apreciada para preparar con ella guisos deliciosos.*

perdón ***m.*** Acción y efecto de perdonar: *Las autoridades otorgaron el **perdón** al acusado y pudo ser libre otra vez.*

perdonable ***adj.*** Que puede ser perdonado o merece perdón: *El niño cometió una travesura **perdonable** y por eso no lo castigaron.*

perdonar ***vb.*** {tr.} **1** No tener en cuenta la falta que otro comete: *Reconozco que cometí un error y me comporté mal contigo, espero que me **perdones.*** **2** Librar a alguien de una pena, deuda, castigo, tarea, etc.: *Como Federico estaba lastimado, el profesor le **perdonó** la clase de deportes.*

perdonavidas ***m.*** y ***f.*** Persona que fanfarronea ostentándose como fuerte y valiente: *"Me chocan las películas de vaqueros, están llenas de **perdonavidas**", dijo mi hermana.*

perdulario, ria ***adj./m.*** y ***f.*** Vicioso que no se corrige.

perdurable ***adj.*** Que dura mucho tiempo o para siempre.

perdurar ***vb.*** {intr.} Durar algo largo tiempo o un tiempo indefinido: *La lluvia **perduró** semanas debido a dos ciclones que azotaron la costa.*

perecedero, ra ***adj.*** Temporal, destinado a acabarse: *Pon los productos **perecederos** como la carne y las frutas a una temperatura baja para que se conserven.*

perecer ***vb. irreg.*** {intr.} **Modelo 39.** Morir, dejar de existir: *Olvidé regar las plantas durante una semana y algunas **perecieron.***

peregrinación ***f.*** Hecho de peregrinar: *Los musulmanes van en **peregrinación** a La Meca por lo menos una vez en su vida porque es el lugar donde nació el profeta Mahoma en el año 570 d. C.*

peregrinar ***vb.*** {intr.} **1** Andar por tierras extrañas: *Después de terminar sus estudios universitarios en Argentina, Ramón se fue a **peregrinar** por el Oriente.* **2** Ir por devoción a un lugar considerado santo.

peregrino, na ***adj.*** **1** Relativo a las aves de paso: *Algunas especies de patos son aves **peregrinas** que en el invierno viajan a tierras cálidas.* **2** Singular, extravagante:

a b c d e f g h i j k l m n o p q r s t u v w x y z

*A Joel se le ocurrió la idea **peregrina** de usar ropa de papel durante la fiesta.*

peregrino, na ***m.*** y ***f.*** Persona que peregrina: *Cada año una gran cantidad de **peregrinos** de todo el mundo visita Santiago de Compostela, en España.*

perejil ***m.*** Planta herbácea aromática utilizada como condimento.

perengano, na ***m.*** y ***f.*** Una persona cualquiera, sin mencionar su nombre real: *¿Que con quién fue Beatriz al cine? —No sé, con fulano o **perengano,** ella nunca dice con quién sale.*

perenne ***adj.*** **1** Indefinido, relativo a la cosa que no muere después de algún tiempo como ocurre con otras de la misma especie: *En la tumba de John **f.** Kennedy arde una llama **perenne** que no se apaga nunca.* **2** En botánica, relativo a la planta que puede vivir tres años o más: *Los pinos son un ejemplo de árboles **perennes.***

perentorio, ria ***adj.*** **1** Urgente: *Mi padre tenía varias tareas **perentorias** y muy poco tiempo para realizarlas, así que andaba corriendo.* **2** Relativo al último plazo que se concede para hacer algo: *La maestra me dio una fecha **perentoria** para cumplir con el trabajo pendiente.*

pereza ***f.*** **1** Falta de ganas de hacer algo: *Micaela sentía **pereza** de hacer cualquier cosa porque llevaba tres días durmiendo mal.* **2** Lentitud o descuido en las acciones o movimientos.

perezosa ***f. Argent., Perú*** y ***Urug.*** Silla articulada y extensible con asiento y respaldo de lona. SIN. **tumbona.**

perezoso ***m.*** Mamífero originario de América del Sur, de unos 60 cm de largo, con cabeza pequeña, que se mueve con gran lentitud: *Los **perezosos** pasan mucho tiempo colgados de los árboles.*

perezoso, sa ***adj.*** **1** Que tiene pereza: *Guillermo es un joven **perezoso** que pasa todo el día tirado en la cama viendo televisión.* **2** Lento o pesado: *Con movimientos **perezosos** el vendedor se levantó de su silla para mostrarme los zapatos que le había pedido media hora antes.*

perfección ***f.*** **1** Cualidad de perfecto: *Laura habla francés a la **perfección** porque ha estudiado ese idioma durante varios años y le gusta mucho.* **2** Cosa perfecta: *Muchos críticos consideran la estatua de* David, *del artista italiano Miguel Ángel, como una **perfección** escultórica.*

perfeccionamiento ***m.*** Acción de perfeccionar o perfeccionarse: *Alejandra fue a Londres a tomar unos cursos de **perfeccionamiento** en el idioma inglés.*

perfeccionar ***vb.*** {tr. y prnl.} **1** Terminar una obra con el mayor grado de perfección posible. **2** Mejorar algo buscando su perfección: *Con unos cuantos golpes de cincel, el escultor **perfeccionó** la obra de su alumno.*

perfeccionismo ***m.*** Búsqueda excesiva de la perfección en todo.

perfeccionista ***adj./m.*** y ***f.*** Persona que busca la perfección en todo: *Pedro es tan **perfeccionista** que lleva cinco años escribiendo un ensayo, cada vez que lo relee le hace más cambios y nunca se da por satisfecho.*

perfecto, ta ***adj.*** **1** Que tiene todas las cualidades requeridas: *A Josefina le dieron el trabajo en esa empresa pronto porque es **perfecta** para el puesto que necesitaba.* **2** Se aplica al tiempo verbal que expresa la acción como acabada: *La frase "yo he comido" está escrita en presente **perfecto.***

perfidia ***f.*** Deslealtad, traición.

pérfido, da ***adj./m.*** y ***f.*** Desleal, traidor: *El **pérfido** José abandonó a Rocío y a sus hijos por irse con otra mujer.*

perfil ***m.*** **1** Contorno, línea que limita cualquier cuerpo. **2** Contorno de alguna cosa no vista de frente, sino de lado: *Los antiguos egipcios pintaban las figuras con el cuerpo de frente, pero la cara de **perfil.*** **3** Conjunto de rasgos que caracterizan a una persona o cosa: *La empresa requiere un empleado con el siguiente **perfil**: trabajador, honrado, soltero, joven e inteligente.*

perfilado, da ***adj.*** **1** Relativo al rostro delgado y largo. **2** Relativo a la nariz bien formada: *Esa actriz es una mujer de cara redonda, nariz **perfilada,** labios carnosos y cuello largo.*

perfilar ***vb.*** {tr. y prnl.} **1** Precisar el perfil de una cosa, en especial de un dibujo. **2** Perfeccionar: *Edith ya terminó el borrador de la novela y ahora lo **está perfilando.*** **3** Comenzar algo a ser definido: *El cuento de Antonio **se perfila** como el ganador del primer premio en el concurso de literatura escolar.*

perforación ***f.*** Hecho de perforar: *Hicieron unas profundas **perforaciones** en el mar para buscar petróleo.* SIN. **orificio, agujero.**

perforador, ra ***adj./m.*** y ***f.*** Que perfora o se dedica a realizar trabajos de perforación: *La compañía **perforadora** firmó contrato con la empresa petrolera para abrir nuevos pozos.*

perforadora ***f.*** Máquina o instrumento para perforar: *Hay **perforadoras** pequeñas, para hacer agujeros en papeles de oficina, y otras enormes, con usos industriales.*

perforar ***vb.*** {tr.} Hacer un orificio en algo atravesándolo en parte o totalmente: *Los colmillos del león **perforaron** la ropa, la piel y el músculo del brazo del cazador.*

performance ***m.*** **Palabra de origen inglés.** Representación artística en la que se involucran varios medios de expresión: *En el patio del museo, un grupo de actores presentó un **performance** que incluía música, sonidos, luces, danza y teatro.*

perfumar ***vb.*** {intr.} Aromatizar, poner perfume: *Su novio le pidió a Sandra que **se perfumara** poco porque le daba dolor de cabeza el aroma tan fuerte de su perfume.*

perfume ***m.*** **1** Sustancia que despide olor agradable: *Muchas empresas de Francia tienen fama de elaborar **perfumes** de buena calidad.* **2** Olor agradable: *El **perfume** de la rosa me fascina.*

perfumería ***f.*** **1** Arte de hacer perfumes: *La **perfumería** es para gente con buen olfato.* **2** Tienda o lugar de un local comercial donde se venden perfumes: *Por el olor es fácil saber cuándo se llega al departamento de **perfumería** de una tienda.*

perfumero ***m.*** Botella para el perfume.

pergamino ***m.*** **1** Piel de carnero preparada para la escritura, encuadernación, etc.: *Antiguamente se escribía sobre **pergaminos.*** **2** Antiguo documento escrito en el pergamino, que es el nombre de la piel de carnero.

pergenio ***m.*** **1** Apariencia de una persona, pergeño. **2** ***Chile. Fam.*** Persona de mala apariencia: *El **pergenio** que merodea por la escuela me inspira desconfianza.*

pérgola ***f.*** Galería con columnas y enrejados por donde trepan plantas de adorno: *En la **pérgola** del centro de la plaza toca una banda musical todos los domingos.*

periantio ***m.*** Conjunto de las envolturas llamadas cáliz y corola que rodean los estambres y el pistilo de las flores.

pericardio ***m.*** Membrana que envuelve el corazón.

pericarpio ***m.*** Parte interna del fruto que envuelve las semillas.

pericia ***f.*** Habilidad, cualidad del que es experto en algo: *Con **pericia** el conductor logró acomodar su automóvil en un lugar muy estrecho.*

pericial ***adj.*** Relacionado con el perito o experto: *En el documento **pericial** de un accidente automovilístico se dice* *cuáles pudieron ser las causas y el estado en que quedó el vehículo.*

perico ***m.*** Nombre dado a varios loros originarios de América, pequeños y de diferentes colores, que habitan en las regiones selváticas.

periferia ***f.*** Zona que rodea a un espacio cualquiera: *En la* ***periferia,*** *la ciudad va perdiendo sus características y se confunde con el campo.*

periférico, ca ***adj.*** Relacionado con la periferia: *Construyeron en la ciudad una avenida* ***periférica*** *para que los automovilistas que necesitan atravesarla no tengan que pasar por el centro.*

perifollo ***m.*** **1** Planta aromática usada como condimento. **2** *pl. Fam.* Conjunto de adornos innecesarios y por lo general de mal gusto.

perífrasis ***f.*** Figura retórica que consiste en usar muchas palabras para decir algo que podría expresarse en una sola o en pocas: *Decir "el águila surcaba los aires remontándose a las alturas" es una* ***perífrasis*** *por "el águila volaba".*

perigallo ***m.*** Pliegue de la piel que cuelga debajo de la barbilla. SIN. **papada.**

perigeo ***m.*** Punto en la órbita de la Luna en el que se encuentra más próxima a la Tierra.

perihelio ***m.*** Punto más cercano al Sol en la órbita de un planeta.

perilla ***f.*** **1** Picaporte de la puerta: *Se trabó la* ***perilla*** *de la puerta y no puedo abrirla ni con la llave.* SIN. **pomo. 2** Barba formada por los pelos que crecen en la barbilla.

perillán, llana ***m.*** y ***f.*** Pícaro, persona que engaña.

perímetro ***m.*** En geometría, contorno de una figura: *Para obtener el* ***perímetro*** *de este triángulo sumé las medidas de sus tres lados.*

perinatal ***adj.*** Relativo al tiempo de gestación e inmediatamente posterior al nacimiento: *La atención* ***perinatal*** *es importante para que las mujeres embarazadas y sus fetos se mantengan en buena salud.*

perinatología ***f.*** Rama de la medicina que se ocupa de atender al feto y al bebé recién nacido: *La* ***perinatología*** *moderna hace que sea posible atender a los bebés cuando están dentro del vientre de su madre.*

perinatólogo, ga ***m.*** y ***f.*** Médico especialista en perinatología.

perineo o **periné** ***m.*** Región comprendida entre el ano y los órganos genitales externos.

perinola ***f.*** Juguete pequeño que se hace bailar con los dedos. SIN. **pirinola.**

periodicidad ***f.*** Regularidad, lo que sucede en tiempos que están separados entre sí por espacios de la misma duración: *El señor Antonio debe visitar al médico con* ***periodicidad*** *para que revise el marcapasos que le pusieron.*

periódico ***m.*** Publicación impresa que se vende de manera periódica, en especial la que se vende diariamente: *Todos los días mi padre compra el* ***periódico*** *y lo lee mientras desayuna.* SIN. **diario.**

periódico, ca ***adj.*** Que sucede o se hace con determinados espacios de tiempo: *Es importante hacer visitas* ***periódicas*** *al dentista para conocer el estado de salud de los dientes.*

periodismo ***m.*** Profesión de las personas que escriben en diarios o trabajan en programas informativos de radio y televisión: *Mi primo quiere trabajar en una estación de radio, por eso estudia* ***periodismo.***

periodista ***m.*** y ***f.*** Persona que trabaja en los medios de comunicación: *Gran cantidad de* ***periodistas*** *visitan al cantante famoso para tratar de entrevistarlo.*

periodo o **período** ***m.*** **1** Espacio de tiempo determinado: *Durante el* ***periodo*** *vacacional mi primo se fue a un campamento de verano.* **2** Tiempo que una cosa tarda en volver al estado o posición que tenía al principio: *La Tierra le da la vuelta al Sol en un* ***periodo*** *de 365 días.* **3** Ciclo de tiempo: *El* ***periodo*** *llamado Siglo de las Luces ocurrió en el siglo* XVIII *en Europa y durante él se escribió la primera enciclopedia.* **4** Fenómeno periódico por el que la mujer y las hembras de ciertos animales que no han quedado preñadas eliminan un compuesto viscoso que contiene sangre y otras sustancias: *Silvia no se siente muy bien cuando está en su* ***periodo*** *porque a veces le dan cólicos fuertes.* SIN. **menstruación, regla.**

periostio ***m.*** Membrana fibrosa que rodea los huesos.

peripecia ***f.*** Suceso que acontece de manera imprevista: *El avión no despegó a tiempo, hizo una escala inesperada, el mal tiempo le impidió aterrizar donde debía; luego de todas esas* ***peripecias*** *llegó a su destino un día después.*

periplo ***m.*** Navegación, viaje: *Durante el siglo* XVI *muchos exploradores europeos realizaron arriesgados* ***periplos*** *por los mares y océanos del mundo.*

periquera ***f. Méx.*** Silla alta para los bebés y niños pequeños.

periquete. En un ~, ***loc. Fam.*** En un tiempo muy breve: ***En un periquete*** *Ana Luisa preparó la cena y arregló la mesa pues los invitados estaban a punto de llegar.*

periquito ***m.*** Ave de pequeño tamaño, con pico curvo y plumaje de vistosos colores.

periscopio ***m.*** Instrumento óptico que, por medio de prismas y espejos, permite ver por encima de un obstáculo: *El* ***periscopio*** *se usa para observar la superficie del mar estando el submarino sumergido.*

perisodáctilo, la ***adj./m.*** Relativo a los mamíferos como el rinoceronte o el caballo que tienen un número impar de dedos, de los cuales el tercero está muy desarrollado.

peristáltico, ca ***adj.*** **1** Que tiene la capacidad de contraerse. **2** *loc.* **Movimiento ~,** contracción del intestino que permite el avance de los alimentos.

peritaje ***m.*** Evaluación de un perito, de un experto: *Los automovilistas que chocaron tienen que someterse a un* ***peritaje*** *para saber quién tuvo la culpa.*

perito, ta ***adj./m.*** y ***f.*** Experto en una ciencia o arte: *El coleccionista tenía duda sobre si era o no una pintura auténtica de Van Gogh, por lo que llamó a un* ***perito*** *en arte para que lo examinara.*

peritoneo ***m.*** Membrana que cubre la cavidad interior del abdomen y las vísceras.

peritonitis ***f.*** Inflamación del peritoneo: *Por lo general, la* ***peritonitis*** *es ocasionada por la propagación de una infección en algún órgano abdominal.*

perjudicar ***vb. irreg.*** {tr. y prnl.} **Modelo 17.** Causar daño material o moral.

perjudicial ***adj.*** Que perjudica o puede perjudicar: *Las plagas son* ***perjudiciales*** *para el hombre porque rompen el equilibrio ambiental.*

perjuicio ***m.*** Efecto de perjudicar o perjudicarse: *El incendio causó graves* ***perjuicios*** *al edificio y ahora habrá que invertir mucho dinero para dejarlo como estaba.*

perjurar ***vb.*** {intr. y prnl.} **1** Jurar mucho o por costumbre. **2** Jurar en falso. **3** Faltar al juramento que se ha hecho.

perjurio ***m.*** **1** Acto de dejar de cumplir un juramento. **2** Delito de jurar en falso.

perjuro, ra ***m.*** y ***f.*** Que jura en falso: *Las autoridades multaron al testigo por* ***perjuro*** *pues no dijo la verdad en sus declaraciones.*

perla ***f.*** Pequeño cuerpo de nácar, por lo general esférico, que se forma en el interior de algunos moluscos: *Las **perlas** más caras son las que tienen mejor forma y mayor cantidad de tonos irisados.*

perlado, da ***adj.*** **1** De color perla, gris muy claro: *Pintaron la pared con un tono **perlado** que aclara la habitación.* **2** Que tiene el brillo de la perla. **3** Lleno de gotas pequeñas: *Se notaba que el actor estaba muy nervioso durante la entrevista porque tenía la frente **perlada** de sudor.*

perlífero, ra ***adj.*** Que lleva o produce perlas: *El pescador me enseñó unas ostras **perlíferas** y vi cómo las abrió para sacar perlas redondas y magníficas.*

permanecer ***vb. irreg.*** {intr.} **Modelo 39. 1** Mantenerse en un lugar durante un tiempo determinado: *Martha **permaneció** algunas semanas en el hospital porque estuvo muy delicada.* **2** Continuar en el mismo estado, situación, etc.: *Mi hermano está enojado, por eso **permanece** en silencio aunque yo le hable.*

permanencia ***f.*** Hecho de mantenerse en un lugar o de continuar en el mismo estado: *La **permanencia** de Juana en el extranjero fue de tres años.*

permanente ***adj.*** Que permanece, que dura mucho tiempo o que no cambia: *Es importante mantener una lucha **permanente** en contra del maltrato a los niños.*

permanente ***m.*** y ***f.*** Ondulación artificial del cabello: *Laura siempre quiso tener el pelo ondulado, por eso le hicieron **permanente**.*

permeabilidad ***f.*** Propiedad física de ciertos objetos que permite la filtración de líquidos o gases a través de ellos.

permeable ***adj.*** Que puede ser penetrado por el agua u otro fluido: *Las plantas necesitan agua, por eso deben plantarse en un terreno **permeable**.*

pérmico, ca ***adj./m.*** Se aplica al sexto y último periodo de la era paleozoica, en el que abundaron los grandes reptiles, algunos de varios metros de longitud. En este periodo sucedieron cambios climáticos, entre ellos grandes sequías y largos periodos glaciares.

permisividad ***f.*** Exceso de tolerancia: *La **permisividad** suele provocar la relajación de las conductas.*

permisivo, va ***adj.*** Que muestra gran tolerancia ante comportamientos que en apariencia se salen de las reglas establecidas: *Dicen que la sociedad holandesa es **permisiva** porque ha legalizado el uso de ciertas drogas.*

permiso ***m.*** **1** Acción y efecto de permitir. **2** Posibilidad de dejar de manera temporal el trabajo u otra obligación: *A Rosa le dieron **permiso** de faltar al trabajo para asistir al funeral de su abuela.*

permitir ***vb.*** {tr. y prnl.} **1** Manifestar alguien con autoridad que una persona puede hacer o dejar de hacer alguna cosa: *Maestra, ¿me **permite** ir al baño?* **2** Hacer posible que algo se realice: *El dinero que me prestó mi hermana **permitió** que me comprara los zapatos que necesito.* **3** Tomarse con audacia o atrevimiento la libertad de hacer o decir algo: ***Se permitió** decirle al maestro que pensaba que su clase era mala.*

permuta ***f.*** Intercambio: *Hice una **permuta** con Juan, yo le di diez caramelos y él me dio cinco lápices.*

permutar ***vb.*** {tr.} **1** Cambiar una cosa por otra: *Antes de que se inventara el dinero, las personas **permutaban** cosas, por ejemplo, grano a cambio de un animal.* **2** Variar el orden: *Los factores de una suma pueden **permutarse** y el resultado no cambia.*

pernera ***f.*** Cada una de las dos partes del pantalón que cubren las piernas: *El vaquero usaba **perneras** de cuero para protegerse de las reses.*

pernicioso, sa ***adj.*** Peligroso o muy perjudicial: *El uso de drogas es **pernicioso** para la salud física y mental.*

pernil ***m.*** Anca y muslo de un animal, en especial la del cerdo: *Faustino compró un **pernil** de cerdo para servirlo en la cena del sábado.*

perno ***m.*** Pieza metálica que por un extremo termina en una cabeza y en el otro tiene una rosca en que se atornilla una tuerca.

pernoctar ***vb.*** {intr.} Pasar la noche en algún lugar fuera del propio domicilio: *Durante sus visitas a otros países, el presidente **pernocta** en varios hoteles diferentes.*

pero ***conj.*** **1** Expresa contraposición u oposición: *María es muy inteligente, **pero** le da flojera trabajar.* **2** Se usa encabezando algunas frases para darle más peso a lo que se dice: ***Pero**, ¿cómo es posible que haya reprobado si estudié mucho?*

pero ***m.*** Defecto, inconveniente: *Al trabajo escolar de Samuel no podía encontrársele ningún **pero**, por eso recibió una nota muy buena.*

perogrullada ***f.*** Verdad demasiado conocida, por lo que resulta inútil o tonto repetirla: *Sé que es una **perogrullada** decirlo, pero debemos pensar que la vida es corta y hay que aprovecharla.*

perogrullesco, ca ***adj.*** Tan evidente y natural que es tonto decirlo.

perol ***m.*** **1** Vasija semiesférica de metal que sirve para guisar: *La bruja del cuento quería cocinar a Hans en un gran **perol**.* **2** ***Venez.*** Cosa, asunto.

perón ***m. Méx.*** Especie de manzana con cáscara amarillenta y sabor un poco ácido.

peroné ***m.*** Hueso largo y delgado de la parte externa de la pierna: *En el partido de fútbol patearon a Milton en el **peroné** y el dolor le impidió seguir jugando.*

perorar ***vb.*** {intr.} Pronunciar un discurso: *El maestro Márquez **peroró** una hora durante la inauguración del festival y todos nos aburrimos mucho.*

perorata ***f.*** Discurso inoportuno y aburrido para el oyente.

peróxido ***m.*** Tipo de óxido que contiene más oxígeno que el normal: *El nombre químico del agua oxigenada es **peróxido** de hidrógeno.*

perpendicular ***adj.*** Que forma un ángulo recto con una recta o plano: *Las líneas que forman una cruz son **perpendiculares** entre sí.*

perpendicular ***f.*** Línea que forma ángulo recto con otra.

perpetración ***f.*** Acción y efecto de cometer un crimen, un atentado, etc.: *La **perpetración** del asalto ocurrió a las 12:35 horas.*

perpetrar ***vb.*** {tr.} Cometer un crimen, atentado, etc.: *Sorprendieron al ladrón **perpetrando** un robo a la casa de mi abuela.*

perpetuar ***vb. irreg.*** {tr. y prnl.} **Modelo 10.** Hacer perpetua o perdurable una cosa: *Barnizamos los muebles de madera cada dos años para **perpetuarlos**.*

perpetuidad ***f.*** **1** Calidad de lo que dura para siempre o por un tiempo ilimitado. **2** ***loc.*** **A ~,** para siempre, para toda la vida: *Después de haber trabajado treinta años, la empresa le dará a mi abuelo una cantidad de dinero **a perpetuidad**.*

perpetuo, tua ***adj.*** **1** Que dura mucho tiempo o por siempre: *En las cumbres de algunas montañas altas hay nieves **perpetuas**.* **2** Que dura toda la vida: *Por sus múltiples delitos, condenaron a cadena **perpetua** a ese peligroso delincuente.*

perplejidad ***f.*** Confusión, indecisión.

perplejo, ja ***adj.*** Sorprendido, confundido: *Cuando le anunciaron que había reprobado el examen profesional, el joven se quedó* ***perplejo*** *y sin saber qué hacer.*

perra ***f. Fam.*** Rabieta, berrinche.

perrada ***f.*** **1** Grupo de perros. SIN. **jauría, perrería. 2** *Fam.* Mala jugada, perrería.

perrera ***f.*** Sitio donde se guardan o encierran los perros: *En algunas* ***perreras*** *públicas se puede adoptar un perro.*

perrería ***f.*** **1** Conjunto de perros. SIN. **jauría, perrada. 2** *Fam.* Mala pasada. SIN. **perrada.**

perrilla ***f. Méx.*** Pequeño grano que aparece en el borde del párpado: *Por más pomada que se puso en el párpado le salió una* ***perrilla*** *enorme.* SIN. **orzuelo.**

perro, rra ***adj. Fam.*** Muy malo, indigno: *Tuve una suerte* ***perra*** *en el aeropuerto pues mi equipaje fue el último en salir del avión.*

perro, rra ***m.*** y ***f.*** **1** Mamífero carnívoro doméstico del que existen gran número de razas, tamaños y pelajes: *Los* ***perros*** *y los gatos son las mascotas más comunes.* **2** Persona despreciable y malvada: *Hugo es un* ***perro*** *a quien le gusta ofender a los ancianos porque dice que es divertido.* **3** *loc. Fam.* **Como el ~ y el gato,** mal avenidos, que se llevan mal: *No me gusta ir a casa de Lizet porque sus padres siempre están* ***como el perro y el gato.*** **4** *loc.* **~ caliente,** bocadillo de pan con salchicha. SIN. **hot dog.**

perruno, na ***adj.*** Perteneciente o relativo al perro: *En lugar de verme con ojos* ***perrunos*** *caliента tú mismo la comida y sírvete.*

persa ***adj./m.*** y ***f.*** De Persia, antiguo nombre de Irán: *Los tapetes* ***persas*** *son famosos y caros, pero ninguno vuela como dicen los cuentos.*

persa ***m.*** **1** Lengua hablada en Irán. **2** De Irán, país del Medio Oriente. SIN. **iraní.**

persecución ***f.*** Acción de perseguir: *Al final de una larga* ***persecución,*** *el policía logró atrapar al ladrón que había escapado de la cárcel.*

perseguido, da ***adj./m.*** y ***f.*** Que sufre persecución: *En todas las épocas ha habido* ***perseguidos*** *a causa de sus ideas.*

perseguidor, ra ***adj./m.*** y ***f.*** Persona que persigue: *El perro logró huir de sus* ***perseguidores*** *que querían meterlo a la perrera.*

perseguir ***vb. irreg.*** {tr.} **Modelo 56.** Seguir al que huye para alcanzarla: *La mujer intentó* ***perseguir*** *al chico que le arrebató el bolso, pero pronto se dio cuenta de que era inútil.*

perseverancia ***f.*** Constancia para hacer las cosas: *No sólo es importante la inteligencia, también es fundamental tener* ***perseverancia*** *en lo que uno hace.*

perseverante ***adj.*** Que es constante y firme: *Elisa es una niña* ***perseverante*** *que aprendió a andar sola en bicicleta intentando una y otra vez hasta que lo consiguió.*

perseverar ***vb.*** {intr.} Mantenerse firme en una actitud u opinión: *Marcela* ***perseveró*** *y logró caminar de nuevo después del terrible accidente.*

persiana ***f.*** Especie de cortina formada por tablas largas y delgadas, unidas entre sí, que se coloca en ventanas, puertas y balcones: *Como le gusta dormir sin luz, Joel puso* ***persianas*** *en su habitación además de unas gruesas cortinas.*

persignar ***vb.*** {tr. y prnl.} Signar, hacer la señal de la cruz: *Al entrar a una iglesia católica, la gente suele* ***persignarse.***

persistente ***adj.*** Que persiste: *Ricardo acabó siendo novio de Carmen porque es un muchacho* ***persistente*** *que la buscaba todos los días.*

persistir ***vb.*** {intr.} **1** Mantenerse firme y constante en alguna cosa o idea: *Aunque se presenten problemas,* ***persistiré*** *en mi deseo de llegar a ser un escritor famoso.* **2** Durar largo tiempo: *Me gusta el pescado con ajo, pero mi mamá no lo prepara seguido porque su olor se impregna y* ***persiste*** *en la casa.*

persona ***f.*** **1** Individuo de la especie humana: *Cuando Graciela se cayó, muchas* ***personas*** *amables se acercaron a auxiliarla.* **2** Accidente gramatical del verbo y del pronombre, que hace referencia a la relación de los hablantes respecto al discurso: *La tercera* ***persona*** *del plural es* ellos *y* ellas.

personaje ***m.*** **1** Persona importante: *El músico inglés John Lennon fue un* ***personaje*** *muy conocido en el mundo de la música en las décadas de 1960 y 1970.* **2** Cada uno de los seres que toma parte en la acción de una obra literaria, filme, etc.: *Al* ***personaje*** *más importante de una obra se le llama* protagonista *o* actor principal.

personal ***adj.*** Relativo a la persona o propio o particular de ella: *Los problemas que Rodrigo tiene con su esposa son un asunto* ***personal.***

personal ***m.*** **1** Conjunto de trabajadores de un mismo organismo o empresa: *El* ***personal*** *de esa empresa usa uniforme verde.* **2** *loc.* **Pronombre ~,** el que lleva o es indicador de persona gramatical: Él *es un* ***pronombre personal*** *de tercera persona, masculino y singular.*

personalidad ***f.*** **1** Conjunto de características que constituyen y diferencian a una persona: *Ana tiene una* ***personalidad*** *muy abierta y amable, por eso le gusta tener amigos y conocer mucha gente.* **2** Persona que destaca en una determinada actividad o campo: *Como Miguel es una* ***personalidad*** *del cine y la televisión, muchos periodistas lo entrevistan.*

personalista ***adj./m.*** y ***f.*** Que tiene muy en alto su valor como persona: *Ese jugador es muy* ***personalista,*** *por eso siempre quiere hacer él los goles y no da pases a sus compañeros.*

personalizar ***vb. irreg.*** {tr.} **Modelo 16.** Referirse a una persona determinada: *No quisiera* ***personalizar,*** *pero me refiero a Ignacio cuando hablo de gente irresponsable.*

personarse ***vb.*** {prnl.} Presentarse de forma personal en cierto lugar: *Obtener un pasaporte es un trámite para el que uno debe* ***personarse*** *porque no puede realizarse por correo ni por teléfono.*

personero, ra ***m.*** y ***f. Amér.*** Persona que tramita negocios ajenos, representante: *El* ***personero*** *del famoso actor negociará el contrato con los productores.*

personificación ***f.*** **1** Acción y efecto de personificar. **2** Representar una persona o cosa a otra, o representar una acción o movimiento: *El actor hizo una* ***personificación*** *de Drácula en la obra de teatro.*

personificar ***vb. irreg.*** {tr.} **Modelo 17. 1** Atribuir lo que es propio de los seres humanos a animales o cosas: *En las fábulas de Esopo, los animales están* ***personificados*** *porque hablan, se ríen, lloran, etc.* **2** Representar alguien o algo cierta idea o sistema que sirva de ejemplo o modelo para otros: *El líder hindú Mahatma Gandhi* ***personifica*** *la paz y la reconciliación entre los pueblos.*

perspectiva ***f.*** **1** Forma de representar en un plano, por medio de dibujo, los objetos tal como aparecen a la vista: *La* ***perspectiva*** *en la pintura produce la ilusión de que lo representado está en tres dimensiones.* **2** Aquello que aparece ante la vista del que lo contempla: *Desde la* ***perspectiva*** *de lo alto del castillo, todo se veía pequeño y lejano.* **3** Desarrollo favorable o desfavorable que se prevé en un futuro: *Las **perspectivas** económicas en mi familia son positivas porque mi papá consiguió un excelente empleo.*

perspicaz ***adj.*** **1** Que percibe a larga distancia: *Las águilas tienen una vista **perspicaz,** mientras que los topos ven muy poco.* **2** Que es agudo y astuto: *Rodolfo es muy **perspicaz** porque de inmediato se da cuenta de las malas intenciones de las personas.*

persuadir ***vb.*** {tr. y prnl.} Convencer, inducir a uno a creer o hacer algo: *Al principio Liliana no quería ira la fiesta, pero logré **persuadirla** de que fuera con nosotros.*

persuasión ***f.*** Hecho de convencer, de inducir a uno a creer o hacer algo: *Martha tiene un enorme poder de **persuasión,** Noé estaba decidido a no ir a la fiesta y después de hablar un momento con ella, cambió de opinión y fue.*

persuasivo, va ***adj.*** Se dice de quien tiene habilidad para convencer: *Miguel es muy **persuasivo,** con una sola conversación con el vecino logró lo que otros no habíamos podido conseguir, o sea que dejara de poner su auto en sitios indebidos.*

pertenecer ***vb. irreg.*** {intr.} **Modelo 39. 1** Ser una cosa propiedad de uno: *Ese automóvil blanco me **pertenece** y el gris es de Carlos.* **2** Formar parte una cosa de otra: *Tito **pertenece** a un club dedicado a la lectura de obras de ciencia ficción.*

pertenencia ***f.*** Calidad de pertenecer a algo, a algún lugar: *¿Podría demostrar su **pertenencia** al club mostrándome su credencial, por favor?*

pértiga ***f.*** Vara larga: *Esos hombres usan **pértigas** para hacer avanzar las canoas por el río.*

pertinaz ***adj.*** **1** Duradero, persistente: *Tengo dos días con un dolor **pertinaz** de cabeza que no se me quita aunque ya tomé píldoras.* **2** Obstinado, terco: *A veces se necesita ser **pertinaz** en el trabajo para obtener buenos resultados.*

pertinencia ***f.*** **1** Cualidad de lo que es adecuado para una situación: *Hizo una pregunta sin **pertinencia** con el tema del que todos estábamos hablando.* **2** Cualidad de lo que se refiere o es relativo a una cosa.

pertinente ***adj.*** **1** Oportuno, adecuado: *Fue una visita muy **pertinente** porque la anciana estaba sola y necesitaba ayuda en ese momento.* **2** Que hace referencia o que tiene relación con una cosa o persona que se expresa: *En lo **pertinente** al caso del robo al banco, las autoridades informaron que ya habían capturado a los ladrones.*

pertrechar ***vb.*** {tr.} **1** Dotar a una unidad militar de pertrechos. **2** Proveer de lo necesario para lograr un fin: *Miriam **se pertrechó** de cuentas, pinturas, pegamento y cajitas de madera, y pasará el fin de semana haciendo trabajos manuales.*

pertrechos ***m. pl.*** Conjunto de útiles necesarios para un fin.

perturbación ***f.*** Molestia, alteración: *La **perturbación** de Gregorio se debe a que sus calificaciones en la materia de lengua española son muy bajas.*

perturbado, da ***adj.*** Inquieto: *El mal clima tuvo **perturbadas** a las vacas.*

perturbado, da ***m.*** y ***f.*** Enfermo mental: *En ese hospital cuidan desde simples **perturbados** hasta locos agresivos.*

perturbar ***vb.*** {tr. y prnl.} Producir desorden o intranquilidad: *Estábamos todos muy tranquilos estudiando hasta que llegó el inquieto cachorro a **perturbar** la paz.*

peruano, na ***adj./m.*** y ***f.*** Originario de Perú, país de América del Sur.

perversidad ***f.*** Maldad: *Su alma está llena de **perversidad** porque no conoce la ternura, la generosidad ni la compasión.*

perversión ***f.*** **1** Acción y efecto de pervertir. **2** Desviación y corrupción de las costumbres.

perverso, sa ***adj./m.*** y ***f.*** Que por placer realiza actos crueles o que dañan a los demás: *Es una niña **perversa** a quien le gusta maltratar a los animales.*

pervertido, da ***adj./m.*** y ***f.*** Que tiene costumbres sexuales no aceptadas por la sociedad.

pervertir ***vb. irreg.*** {tr. y prnl.} **Modelo 50.** Transformar, volver malo a alguien o algo.

pervivencia ***f.*** Acción y efecto de pervivir: *Los biólogos han explicado la **pervivencia** de las cucarachas desde la era de los dinosaurios gracias a su capacidad de vivir con muy pocos recursos.*

pervivir ***vb.*** {tr.} Seguir viviendo: *Muchos pueblos del mundo tienen costumbres y tradiciones que **han pervivido** a través de muchos siglos.*

pesa ***f.*** **1** Pieza de cierto peso, por lo general de cobre o hierro, usada para determinar lo que pesan otros objetos: *El vendedor puso en un lado de la báscula una **pesa** de un kilo y del otro lado cebollas hasta que hubo equilibrio.* **2** ***Colomb., C. Rica, Nicar.*** y ***Venez.*** Carnicería, tienda.

pesadez ***f.*** **1** Calidad de pesado. **2** Sensación de cansancio o peso que se experimenta en algunas partes del cuerpo: *Después de comer demasiado puede sentirse **pesadez** en el estómago.*

pesadilla ***f.*** **1** Sueño angustioso que se repite: *Mirna tiene una **pesadilla** frecuente sobre una persecusión en la que ella no puede correr.* **2** Disgusto continuo o preocupación intensa: *Mis vacaciones se volvieron una **pesadilla** cuando me dio diarrea y un poco después gripe.*

pesado, da ***adj.*** **1** Que pesa mucho: *Mi cama es **pesada** y para levantarla se necesita la ayuda de tres personas adultas.* **2** Insoportable: *Juan hace bromas muy **pesadas** que a nadie le caen bien.* **3** Aburrido: *El filme que vi anoche era tan **pesado** que preferí apagar el televisor y dormirme antes de que terminara.*

pesadumbre ***f.*** Disgusto o padecimiento moral y su causa.

pésame ***m.*** Manifestación de sentimiento por la muerte de alguien.

pesar ***m.*** **1** Sentimiento de dolor o pena: *Con gran **pesar** la madre vio partir a sus hijos que iban a estudiar a la capital, pero se consoló cuando los imaginó convertidos en ingenieros.* **2** Arrepentimiento: *El hombre que culpó a otro de un delito no pudo sostener esa mentira porque el **pesar** no lo dejaba vivir tranquilo.* **3** ***loc.*** **A ~ de que,** aunque: *La joven se casó con el muchacho **a pesar de que** sus padres se oponían, porque estaba enamorada.*

pesar ***vb.*** {tr. e intr.} **1** Determinar el peso de algo: *El vendedor **pesó** cinco kilos de manzanas con la báscula.* **2** Tener gran influencia: *Las opiniones del maestro Manuel **pesan** mucho en la junta de la escuela.* **3** Experimentar un sentimiento de pena: *Le **pesa** la enfermedad de su hija y dice que no es justo que alguien tan joven tenga que padecer leucemia.*

pesaroso, sa ***adj.*** Que siente pesar o está arrepentido por algo que hizo: ***Pesarosa,** Lourdes me dijo que se sentía muy mal por haber estafado a su amiga Gina.*

pesca ***f.*** Acción, efecto y arte de pescar: *La **pesca** es una industria importante para los países que tienen acceso al mar o cuentan con lagos y ríos.*

pescadería ***f.*** Sitio donde se vende pescado: *Siempre voy a la misma **pescadería** porque ahí venden pescado muy fresco y barato.*

pescadero, ra ***m.*** y ***f.*** Persona que tiene por oficio vender pescado: *El **pescadero** me recomendó un pescado barato y de buena calidad.*

pescado ***m.*** Pez comestible sacado del agua: *Algunos* ***pescados*** *como el bacalao se cubren con sal para conservarlos más tiempo.*

pescador, ra ***adj./m.*** y ***f.*** Se dice de la persona que pesca o se dedica a pescar.

pescante ***m.*** En los carruajes, asiento exterior en la parte delantera que usa el conductor: *El conductor iba sentado en el* ***pescante*** *de la diligencia y cantaba durante el camino.*

pescar ***vb. irreg.*** {tr.} **Modelo 17.** Sacar del agua peces u otros animales acuáticos: *Para* ***pescar*** *se pueden utilizar desde anzuelos muy sencillos hasta grandes redes en las que caben varias toneladas de pescado.*

pescozón ***m.*** Golpe que se da en el pescuezo o en la cabeza con la mano extendida.

pescuezo ***m.*** Parte del cuerpo de un animal, que va de la nuca hasta el tronco: *La carne picada del* ***pescuezo*** *de las reses se usa para hacer jugo.*

pesebre ***m.*** **1** Especie de cajón donde come el ganado y lugar destinado para guardar estos animales. **2** Representación del nacimiento del niño Jesús: *En la época de Navidad, en la casa de mi tía ponen un* ***pesebre*** *con las figuras de María, San José, el niño y los animales del establo hechas de marfil.*

pesimismo ***m.*** Disposición para ver las cosas del lado desfavorable: *Rogelio demostró su* ***pesimismo*** *cuando ganó la lotería y comenzó a pensar que podrían robarle todo su dinero.* Ant. **optimismo.**

pesimista ***adj./m.*** y ***f.*** Persona que sufre de pesimismo: *Un* ***pesimista*** *siempre piensa que pasará lo peor y por eso deja de hacer muchas cosas.*

pésimo, ma ***adj.*** Muy malo: *Su comportamiento en la escuela era* ***pésimo,*** *por eso todos los días lo castigaban.*

peso ***m.*** **1** Fuerza resultante de la acción de la gravedad sobre un cuerpo: *En la Luna uno tiene un* ***peso*** *menor que en la Tierra debido a la falta de gravedad.* **2** Importancia de algo: *El* ***peso*** *de los argumentos del abogado convenció al juez sobre la inocencia del acusado.* **3** Masa que sirve para hallar el valor de otra masa: *En un lado de la balanza hay un* ***peso*** *de cinco kilos y en el otro hay zanahorias que también pesan cinco kilos.* **4** Balanza para pesar: *El* ***peso*** *del vendedor marca que esta sandía pesa cuatro kilos.* **5** Moneda de México, Argentina, Colombia, Filipinas y otros países.

pespunte ***m.*** Labor de costura hecha mediante puntadas unidas: *Primero une la funda con un* ***pespunte*** *y luego la coses con la máquina.*

pesquería ***f.*** **1** Serie de actividades relacionadas con la pesca. **2** Sitio donde se pesca: *Veinte kilómetros al norte de esta playa, hay una* ***pesquería*** *de atún.*

pesquero ***m.*** Barco de pesca.

pesquero, ra ***adj.*** Relativo a la pesca: *La actividad* ***pesquera*** *es parte importante de la economía de los países que tienen costas.*

pesquisa ***f.*** Indagación que se hace de una cosa para averiguarla: *Se inició una* ***pesquisa*** *para descubrir quién había puesto goma de mascar en la silla del profesor.*

pestaña ***f.*** Cada uno de los pelos que nacen en la orilla de cada párpado: *Las* ***pestañas*** *sirven para proteger los ojos del polvo y del exceso de luz.*

pestañear ***vb.*** {intr.} **1** Parpadear: *Cuando ayudo a mi mamá a cortar cebolla* ***pestañeo*** *constantemente, porque el jugo me molesta los ojos.* **2** ***loc.*** **Sin ~,** prestar mucha atención: *Cuando el maestro habló de la llegada del hombre a la Luna los alumnos lo miraban* ***sin pestañear.***

peste ***f.*** **1** Enfermedad infecciosa que ocasiona gran mortandad: *Durante la Edad Media varias epidemias de* ***peste*** *provocaron la muerte de mucha gente.* **2** Olor muy desagradable: *¡Qué* ***peste!*** *La basura huele horrible.* Sin. **pestilencia. 3** ***Fam.*** Cualquier persona o cosa que resulta muy molesta: *Mi vecino es una* ***peste*** *que se pasa el día gritando y escucha la radio a todo volumen.*

pesticida ***m.*** Sustancia que mata los parásitos de los sembradíos: *Algunos* ***pesticidas*** *son dañinos para los humanos.* Sin. **plaguicida.**

pestífero, ra ***adj.*** Que emana mal olor: *La gente de ahí es tan cochina, que en poco tiempo convirtió una casa abandonada en un* ***pestífero*** *basural.* Sin. **pestilente.**

pestilencia ***f.*** Olor muy desagradable: *Del basurero emana una* ***pestilencia*** *insoportable porque ahí se pudren los desperdicios que toda la gente tira.* Sin. **peste.**

pestilente ***adj.*** Que huele mal, que apesta: *Al abrir una lata de garbanzos se oyó un ruido y salió un olor* ***pestilente,*** *ya estaba echada a perder.* Sin. **pestífero.**

pestillo ***m.*** Pasador con que se asegura una puerta o ventana: *Antes de irse a dormir, Liliana se asegura de echar el* ***pestillo*** *que cierra la ventana.* Sin. **cerrojo, pasador.**

pesto ***m.*** Pasta hecha a base de albahaca, piñones y ajo que se mezcla con aceite de oliva y se usa como condimento.

petaca ***f.*** **1** Estuche para tabaco. Sin. **cigarrera. 2** ***Méx.*** Maleta: *Lucía lleva cinco* ***petacas*** *al viaje de dos días… ¡qué exageración!* **3** ***pl. Méx. Fam.*** Nalgas, trasero.

petacón, cona ***adj.*** **1** ***Colomb.*** y ***Méx. Fam.*** Que tiene las nalgas muy grandes. **2** ***Colomb.*** Que tiene la barriga muy grande o que es muy flojo.

pétalo ***m.*** Cada una de las piezas que forman la corola de la flor: *Las flores que puse en el jarrón empezaron a deshojarse y la mesa estaba cubierta de* ***pétalos.***

petardo ***m.*** Especie de sobre pequeño lleno de pólvora que provoca detonaciones.

petate ***m.*** **1** Lío de ropa de los marineros, soldados, etc. **2** ***Méx.*** Tejido flexible más largo que ancho y hecho de palma, que se usa para dormir sobre él: *Durante la Revolución Mexicana los soldados cargaban un* ***petate*** *que desenrollaban en cualquier lugar para descansar.*

petenera ***f.*** **1** Canto flamenco de gran intensidad dramática. **2** ***loc. pl. Fam.*** **Salirse por ~,** hacer o decir algo inoportuno.

petición ***f.*** **1** Acción de pedir: *Hicimos una* ***petición*** *a la maestra para que nos permitiera ver el partido de fútbol del campeonato mundial en el que jugaría nuestro equipo.* **2** Documento con que se pide algo: *Los empleados entregaron una* ***petición*** *por escrito al patrón, solicitándole mejoras salariales.*

petimetre, tra ***m.*** y ***f.*** **Palabra de origen francés.** Persona muy preocupada por su aspecto. Sin. **presumido, vanidoso.**

petirrojo ***m.*** Ave de unos 15 cm de largo, con plumaje de color marrón menos en el cuello y el pecho, que son rojos: *Los* ***petirrojos*** *son pájaros que viven en Europa y emigran hacia África y Asia.*

petitorio, ria ***adj.*** Relativo a una petición: *En el pliego* ***petitorio*** *que entregaron al empresario, los huelguistas expresaron la necesidad urgente de un aumento salarial.*

petizo, za ***adj./m.*** y ***f.*** **1** ***Amér. Merid.*** Caballo de poca altura. **2** ***Amér. Merid.*** Persona pequeña, baja de estatura: *El futbolista argentino Diego Armando Maradona es* ***petizo*** *de piernas cortas, pero muy ágil.*

peto ***m.*** Pieza del vestido que se coloca sobre el pecho.

petrel ***m.*** Ave con los dedos de las patas unidos por una membrana, de unos 20 cm de largo, que pasa la mayor parte de su vida en alta mar y va a tierra únicamente para reproducirse.

a b c d e f g h i j k l m n o p q r s t u v w x y z

pétreo, a ***adj.*** **1** Relativo a la piedra: *En esta cueva hay algunas formaciones* ***pétreas*** *que parecen esculturas.* **2** Cubierto de piedra: *Debajo de una delgada capa de tierra hay una estructura* ***pétrea*** *que impide que el lugar sea adecuado para la agricultura.*

petrificado, da ***adj.*** **1** Convertido en piedra: *Según la mitología griega, el salón donde vivía la Medusa estaba lleno de seres* ***petrificados.*** **2** Inmóvil, paralizado: *En cuanto vio acercarse al perro guardián a toda velocidad, el cartero se quedó* ***petrificado*** *del susto.*

petrificar ***vb. irreg.*** {tr. y prnl.} **Modelo 17. 1** Convertir algo en piedra: *Cuenta la mitología griega que cuando alguien veía a los ojos a Medusa,* ***se petrificaba.*** **2** Dejar a alguien paralizado por el asombro o el miedo: ***Se petrificó*** *al encontrarse con un león en el jardín y luego supo que la fiera se había escapado del circo.*

petrogénesis ***f.*** Proceso geológico de formación de las rocas.

petroglifo ***m.*** Dibujo o grabado realizado sobre una piedra. *Los* ***petroglifos*** *de las zonas arqueológicas mayas son muy interesantes, pues las figuras narran historias de sus dioses, gobernantes y héroes.*

petrografía ***f.*** Parte de la petrología que describe y clasifica las rocas.

petróleo ***m.*** Mezcla combustible de hidrocarburos, de color oscuro y que se encuentra en estado líquido en el interior de la Tierra: *Las regiones que tienen más* ***petróleo*** *en el mundo son Medio Oriente, el norte de África y el norte de América del Sur.*

petrolero, ra ***adj.*** Relacionado con el petróleo: *Se hundió un barco* ***petrolero*** *y causó contaminación del agua y la muerte de muchos animales marinos.*

petrolífero, ra ***adj.*** Que produce o que contiene petróleo: *Bajo algunas partes del fondo del océano hay enormes yacimientos* ***petrolíferos.***

petrología ***f.*** Parte de la geología que estudia las rocas, su composición y transformaciones.

petroquímica ***f.*** Ciencia o industria de los productos químicos derivados del petróleo: *Gracias a la* ***petroquímica*** *es posible convertir una sustancia negra y maloliente en una perfumada y suave crema para la cara.*

petulancia ***f.*** **1** Insolencia, falta de respeto: *Con* ***petulancia*** *el alumno dijo al maestro que no iba a perder el tiempo quedándose en su clase.* **2** Presunción excesiva.

petulante ***adj.*** Presuntuoso, que se siente superior a los demás.

petunia ***f.*** **1** Planta de flores blancas o violáceas, grandes y olorosas. **2** Flor de la planta llamada petunia: *Las* ***petunias*** *se usan como adorno para parques y jardines.*

peyorativo, va ***adj.*** Que expresa una idea desfavorable: *En México la palabra* naco *es un término* ***peyorativo*** *para referirse a personas de clase baja que no tienen cultura.*

peyote ***m.*** Pequeña planta cactácea del norte de México y sur de Estados Unidos de América, sin espinas, cubierta de pelos sedosos, que contiene una sustancia alucinógena llamada mescalina.

pez ***f.*** Materia oscura y pegajosa que se obtiene como residuo en la destilación de la trementina y otros productos.

pez ***m.*** Animal vertebrado acuático, de respiración branquial, de piel cubierta de escamas y con extremidades en forma de aleta: *El* ***pez*** *globo de Japón puede ser venenoso si no se corta su carne de manera adecuada antes de comerlo.*

pezón ***m.*** **1** Parte central y más saliente de la glándula mamaria, de color un poco más oscuro que la piel: *Los bebés succionan el* ***pezón*** *para extraer la leche del pecho de su madre.* **2** Rabillo de la hoja, la flor o el fruto de las plantas.

pezuña ***f.*** En los animales de pata hendida, conjunto de los dedos de una pata cubierto con sus uñas: *Animales como la vaca y la cabra tienen* ***pezuñas.***

pH ***m.*** Abreviatura de ***P****otencial de* ***H****idrógeno*, coeficiente que caracteriza el grado de acidez de un medio.

phylum ***m.*** En taxonomía, una categoría de clasificación.

pi ***f.*** **1** Letra del alfabeto griego que equivale a la "p" del alfabeto español. **2** Signo π que representa la relación entre el diámetro de una circunferencia y su longitud.

piadoso, sa ***adj.*** Inclinado a sentir compasión o piedad: *Es una mujer rica y* ***piadosa*** *que da escuela y trabajo a los pobres y ayuda a los animales abandonados.*

piafar ***vb.*** {tr.} Dar patadas el caballo con las patas delanteras rascando el suelo cuando está inquieto: *El caballo* ***piafaba*** *cuando el veterinario se le acercó para inyectarlo.*

pianista ***m.*** y ***f.*** Persona que toca o que tiene por profesión tocar el piano: *Cuando el* ***pianista*** *terminó su interpretación, se levantó y agradeció los aplausos del público.*

piano ***adv.*** En música, suavemente, casi quedo: *"Esta parte de la sinfonía debe tocarse* ***piano,*** *pues trata de la serenidad de un paisaje", indicó el director de orquesta.*

piano ***m.*** Instrumento musical de cuerdas que son golpeadas por pequeños martillos accionados por unas teclas: *El músico húngaro Franz Liszt, además de compositor, era un talentoso intérprete de* ***piano.***

pianola ***f.*** Piano que se toca por pedales o corriente eléctrica: *Las* ***pianolas*** *tienen un sonido más metálico que los pianos normales.*

piar ***vb. irreg.*** {intr.} **Modelo 9.** Emitir su sonido las aves y en especial el pollo.

piara ***f.*** Manada de cerdos.

piastra ***f.*** Moneda usada en Egipto, Siria y Turquía, entre otros países.

pibe, ba ***m.*** y ***f.*** ***Argent.*** y ***Urug.*** Muchacho, chico, joven: *Los* ***pibes*** *juegan fútbol en el parque del barrio todas las tardes.*

pica ***f.*** **1** Vara para picar los toros. **2** Lanza larga que en la Antigüedad usaban los soldados de infantería. **3** ***pl.*** Palo de la baraja francesa: *Las* ***picas*** *tienen forma de corazón negro con rabo.*

picada ***f.*** **1** ***Amér. C., Argent., Bol., C. Rica, Par.*** y ***Urug.*** Senda que se abre en un bosque o en un monte espeso. **2** ***Amér. C., Argent., Bol., Chile, C. Rica, Par.*** y ***Urug.*** Carrera ilegal de automóviles que se realiza en la vía pública. **3** ***Argent.*** Aperitivo, alimento ligero que se come antes de la comida fuerte. **4** ***Colomb. Fam.*** Punzada, dolor agudo.

picadero ***m.*** Escuela de equitación.

picadillo ***m.*** Guiso que se prepara con carne picada: *El* ***picadillo*** *con arroz y bananas fritas es un guiso propio del Caribe.*

picado, da ***adj.*** Que comienza a avinagrarse: *Ese vino está* ***picado,*** *por eso te supo ácido.*

picador, ra ***m.*** y ***f.*** **1** Persona que doma los caballos. **2** Torero a caballo que pica a los toros con una garrocha: *A veces los caballos de los* ***picadores*** *son lastimados por los toros aunque lleven protección.* **3** Persona que arranca el mineral con el pico.

picadora ***f.*** Aparato que pica alimentos: *Es un postre muy fácil de hacer pues todos los ingredientes se ponen en la* ***picadora,*** *luego se hornea y ya está.*

picadura ***f.*** **1** Acción de picar o picarse: *Por accidente, Josefina se hizo una* ***picadura*** *en la mano con un cuchillo.* **2** Mordedura de ciertos insectos, aves o reptiles: *Las* ***picaduras*** *de víbora deben atenderse de inmediato.* **3** Tabaco picado para fumar: *Mi padre compra* ***picadura*** *para pipa con aroma de vainilla.*

picaflor ***m.*** **1** Colibrí, pequeña ave que vuela velozmente, se alimenta del néctar de las flores y puede suspenderse en el aire. SIN. **chupamirto. 2** ***Amér. C.*** y ***Amér. Merid.*** Hombre enamoradizo y que hace de galán: *Heraclio quiere que le dé un beso, pero yo le dije que no porque es un **picaflor.***

picana ***f. Amér. Merid.*** y ***Méx.*** Vara para picar a los bueyes.

picante ***adj.*** **1** Que pica la lengua y el paladar: *México, la India y Tailandia son algunos países donde los alimentos **picantes** forman parte de la dieta diaria de sus habitantes.* **2** ***Fam.*** Lo que se dice con gracia maliciosa o con picardía.

picante ***m.*** Sustancia que pica la lengua y el paladar: *En la cocina de ciertos países, como la mexicana y la hindú, se utiliza gran variedad de **picantes.***

picapleitos ***m.*** y ***f. Fam.*** y ***Desp.*** Abogado, sobre todo el que hace mal su trabajo.

picaporte ***m.*** **1** Aldaba, pieza que se fija a las puertas para llamar. **2** Perilla de las puertas. SIN. **pomo.**

picar ***vb. irreg.*** {tr., intr. y prnl.} **Modelo 17. 1** Morder las aves, los insectos y ciertos reptiles: *Ramón fue a la costa y le **picaron** los mosquitos.* **2** Morder los peces el anzuelo: *Después de una hora de espera, por fin **picó** un pez.* **3** Cortar una cosa en trozos muy pequeños: *Para preparar esa sopa hay que **picar** las verduras en trozos muy pequeños.* **4** Herir al toro con una pica desde el caballo: *Durante una corrida los picadores **pican** a los toros para restarles un poco de energía.* **5** Sentir escozor en alguna parte del cuerpo: *Las piernas le **pican** porque se asoleó y se le está desprendiendo la piel quemada.* **6** Agujerearse, cariarse: *Las manchas oscuras en un diente son señal de que **se ha picado.*** **7** ***Fam.*** Enfadarse: *Valentín **se picó** porque su hermano se llevó su bicicleta sin pedírsela.* **8** ***Fam.*** Engancharse en alguna actividad de manera irracional: *Dijo que jugaría sólo unos minutos, pero luego **se picó** y siguió jugando toda la noche.* **9** ***Méx.*** Producir picor en la boca una sustancia irritante como ají o chile al comerla: *La salsa que le puse a la carne **pica** mucho.*

picardía ***f.*** **1** Manera de obrar hábil y con cierto engaño. **2** Dicho o hecho en el que hay malicia o intención pícara.

picaresco, ca ***adj.*** **1** Relativo a los pícaros. **2** ***loc.*** **Novela ~,** novela que consiste en un relato supuestamente autobiográfico en el que algún pícaro narra sus aventuras: *La **novela picaresca** española más famosa es* El Lazarillo de Tormes.

pícaro, ra ***adj./m.*** y ***f.*** **1** Persona que comete engaños para sobrevivir: *Esteban es un **pícaro,** pide dinero a todos sus amigos y les dice que lo ocupa para los medicamentos de su madre, pero ella no está enferma.* **2** ***Fam.*** Astuto.

picatoste ***m.*** Rebanada de pan, tostada con manteca o frita.

picazón ***f.*** **1** Picor producido por algo que da comezón: *Cuando le dio sarampión, la niña sentía **picazón** en todo el cuerpo.* **2** ***Fam.*** Inquietud, temor.

pichi ***m.*** Vestido sin mangas que se usa con alguna otra prenda debajo.

pichincha ***f. Amér. Merid.*** Precio muy bajo, ganga: *Las botas que traigo fueron una **pichincha,** las compré a mitad de precio.*

pichón ***m.*** Palomo joven.

picnic ***m.*** **Palabra de origen inglés.** Comida que se hace en el campo: *Para celebrar el fin de cursos, hicimos un **picnic** en el campo de la escuela.*

pico ***m.*** **1** Órgano que se encuentra en la parte delantera de la cabeza de las aves, formado por dos mandíbulas recubiertas con dos piezas córneas: *La gaviota llevaba en el **pico** un pez recién capturado.* **2** Cúspide de una montaña: *Los montañistas quieren conquistar el **pico** de esa montaña en tres días.* **3** Herramienta formada por una pieza puntiaguda de acero y un mango de madera: *Los trabajadores rompieron el piso con unos pesados **picos.***

picor ***m.*** **1** Sensación en alguna parte del cuerpo, producida por algo que pica: *Me gusta mucho ese abrigo de lana pero me produce **picor,** por eso lo uso poco.* **2** Escozor en la lengua y el paladar por haber comido algo picante: *En cuanto probó el primer bocado del guiso mexicano, mi amigo inglés sintió el **picor** que le incendiaba la boca.*

picota ***f.*** **1** Columna donde se exhibían las cabezas de las personas ejecutadas: *Durante la guerra de independencia de México, las cabezas de algunos héroes fueron colocadas en **picotas** afuera de los palacios de gobierno.* **2** Variedad de cereza más carnosa que la común.

picotazo ***m.*** Señal que deja al picar un ave, insecto o reptil: *El roedor, cubierto de **picotazos,** estaba a punto de ser comido por el hambriento halcón.*

picotear ***vb.*** {tr.} Picar algo las aves: *Por la tarde, las gaviotas **picotean** los restos de comida que hay en la playa.*

pictografía ***f.*** Tipo de escritura en la que se dibujan los objetos que se desea expresar: *En los aeropuertos se usa la **pictografía** para indicar algunas ideas porque los dibujos son entendidos por gente de cualquier país.*

pictograma ***m.*** Dibujo de una escritura pictográfica.

pictórico, ca ***adj.*** Relativo a la pintura: *Desde niño José Antonio tiene intereses **pictóricos** y ahora estudia en una escuela de artes plásticas.*

pie ***m.*** **1** Extremidad de la pierna o de la pata: *A los adolescentes les crecen los **pies** muy rápido.* **2** Base en que se apoya un objeto: *La gente pone flores al **pie** de la estatua del héroe para rendirle homenaje.* **3** ***Chile.*** Cantidad de dinero que se da como garantía de lo que se ha comprado. SIN. **enganche. 4** Tronco de las plantas y de los árboles: *Planté un **pie** de cedro en una maceta, espero que no se muera.* **5** ***loc.*** **A ~,** caminando: *La tienda está muy cerca, por eso no es necesario ir en automóvil, mejor vayamos **a pie.*** **6** ***loc. Fam.*** **Hacer** (algo) **con los pies,** hacerlo mal: *Jerónimo **hizo** el trabajo escolar **con los pies** y la maestra le dijo que lo hiciera otra vez.* **7** ***loc. pl. Fam.*** **No tener** (una cosa) **ni pies ni cabeza,** ser completamente absurdo, ilógico: *Mario hizo un trabajo que **no tenía ni pies ni cabeza** porque hablaba de las aves, después de los planetas y al final de la Revolución Francesa.*

piedad ***f.*** **1** Apego respetuoso y ferviente hacia Dios y la religión: *Cecilia va a la iglesia todos los días a rezar con mucha **piedad** para que su hijo se cure.* **2** Compasión ante una persona que sufre: *Siento **piedad** y me gustaría ayudar a las personas que son víctimas de las guerras.*

piedra ***f.*** **1** Materia mineral: *El suelo de los pedregales es de **piedras,** por eso estos lugares se llaman así.* **2** Cálculo, formación de cal: *El médico descubrió una **piedra** en un riñón de mi hermana y la disolvió con medicamentos.* **3** ***loc.*** **~ preciosa,** piedra fina y rara que se usa como adorno después de ser tallada: *Su marido le regaló a Georgina un hermoso collar con **piedras preciosas** que tiene rubíes, esmeraldas y zafiros.*

piel ***f.*** **1** Tejido externo que recubre el cuerpo del hombre y de los animales: *Los bebés tienen la **piel** suave y delicada.* **2** Parte exterior de ciertos frutos: *Los duraznos tienen una **piel** cubierta como por una ligera pelusa.* **3** Cuero curtido: *La **piel** se utiliza para elaborar maletas, mochilas, billeteras y otros artículos.*

piélago ***m.*** Parte del mar profunda y alejada de la costa: *En el **piélago** habitan animales marinos muy diferentes de los que viven en los arrecifes costeros.*

pienso ***m.*** Ración de alimento seco que se da al ganado: *Todas las mañanas Alfredo saca el **pienso** para alimentar a las vacas.*
piercing ***m.*** **Palabra de origen inglés.** Perforación que se hace en alguna parte del cuerpo para introducir un adorno en ella: *El **piercing** no es nada moderno, pues las perforaciones corporales han sido usadas por diferentes tribus desde hace miles de años.*
pierna ***f.*** **1** Extremidad inferior del hombre. *Me duele la rodilla porque me caí de la bicicleta y mi **pierna** recibió el golpe de todo mi cuerpo.* **2** En los cuadrúpedos y las aves, muslo. **3** *Argent. Fam.* Persona dispuesta a prestar compañía. **4** *loc. Fam.* **Dormir a ~ suelta,** dormir de manera profunda: *Estaba muy cansada, así que cuando llegó a su casa se duchó y después **durmió a pierna suelta** hasta el día siguiente.*
pieza ***f.*** **1** Cada parte de un todo: *Ya no podremos seguir jugando, porque se perdieron dos **piezas** del dominó.* **2** Composición breve y suelta de música vocal o instrumental: *En el festival escolar Jorge tocará una **pieza** para piano.*
pífano ***m.*** Flauta pequeña de tono muy agudo, flautín.
pifia ***f.*** **1** *Fam.* Error, descuido: *Ese periodista se dedica a criticar las **pifias** de los personajes famosos.* **2** *Fam.* Dicho o hecho indiscreto: *A los cinco minutos de haber conocido a la muchacha, Ernesto cometió la **pifia** de preguntarle cuántos kilos pesaba.*
pifiar ***vb.*** {tr. e intr.} Cometer un error o una indiscreción.
pigmentación ***f.*** Coloración producida por un ser vivo: *La **pigmentación** de la piel de las personas que viven en zonas muy cálidas es oscura, porque así su cuerpo se protege de los fuertes rayos solares.*
pigmento ***m.*** Sustancia coloreada producida por un ser vivo: *Este artesano tiñe los vestidos que vende con **pigmentos** que se obtienen de algunos árboles.*
pigmeo, a ***m.*** y ***f.*** Miembro de diferentes pueblos de África y Asia caracterizados por su baja estatura.
pignorar ***vb.*** {tr.} Empeñar alguna prenda para obtener a cambio un préstamo de dinero: ***Pignoré** mi pulsera de oro, pues necesitaba dinero para comprar un material de trabajo.*
pija ***f.*** ***Méx.*** **1** Tornillo para madera. **2** *R. de la P.* Pene. Sin. **pito.**
pijama ***m.*** y ***f.*** **Palabra de origen inglés.** Conjunto de camisa y pantalón muy holgados que se usa para dormir: *Como hace mucho frío se puso una **pijama** de tela gruesa.*
pije ***adj.*** *Chile* y *Perú.* Cursi.
pijo, ja ***adj./m.*** y ***f.*** ***Esp.*** Se dice de los jóvenes con gestos, indumentaria, etc., que reflejan una buena posición social.
pila ***f.*** **1** Recipiente donde cae o se echa el agua: *Para regar las plantas cogemos agua de una **pila** que está en el jardín.* **2** Generador de corriente eléctrica continua: *Mi radio portátil no funciona porque las **pilas** ya no tienen energía.* Sin. **batería.**
pila ***f.*** Acumulación de cosas: *Hice una **pila** con los libros que no cupieron en el mueble, porque todavía no sé dónde podría acomodarlos.*
pilar ***m.*** Soporte vertical que sostiene una estructura: *La casa de mi tío está sostenida por cuatro gruesos **pilares** de metal con hormigón.*
pilastra ***f.*** Pilar pegado a una pared.
pilcha ***f.*** **1** *Amér. Merid.* Prenda de vestir, a veces pobre o en mal estado. **2** *Argent.* Prenda de vestir: *Recoge tus **pilchas** y lávalas porque toda tu habitación ya huele a mugre.*
píldora ***f.*** Medicamento en forma esférica que se toma por vía oral: *El médico le recetó a Roxana **píldoras** para combatir la tos.* Sin. **pastilla, tableta.**
pileta ***f.*** **1** *Argent., Par.* y *Urug.* Pila de cocina o de lavar: *En la **pileta** se van acumulando todos los platos sucios que habrá que lavar después de la comida familiar.* Sin. **fregadero, lavadero.** **2** *loc. R. de la P.* **~ de natación,** piscina: *En mi escuela hay una **pileta de natación** para que nademos los alumnos.* Sin. **alberca.**
pillaje ***m.*** Robo, rapiña: *Después del terremoto, algunos delincuentes se dedicaron al **pillaje** de las casas destrozadas.*
pillar ***vb.*** {tr.} **1** Robar. **2** Pisar o machucar a alguien o algo: *Andando en bicicleta **pilló** sin querer el rabo del perro con el neumático.* **3** *Fam.* Encontrar, sorprender: ***Pillé** a Santiago en la cocina comiendo sin permiso las galletas de chocolate.*
pillastre ***m.*** y ***f.*** ***Fam.*** Pillo, ladrón: *Un **pillastre** me arrebató la cartera en la calle y se fue corriendo.*
pillo, lla ***adj./m.*** y ***f.*** Aplicado a la persona que busca su provecho con habilidad: *Rubén es un **pillo** que le robó un lápiz al compañero, aunque sabía que era el único que el niño tenía.*
pilmama ***f.*** ***Méx.*** Nodriza, niñera, nana.
pilón ***m.*** **1** Columna, pilar. **2** Abrevadero de las fuentes. **3** *Méx.* Mercancía extra que el comerciante regala al cliente: *Compré medio kilo de manzanas y el vendedor me dio un **pilón** de dos ciruelas.* Sin. **ñapa.** **4** *loc. Méx.* **De ~,** por añadidura, además: *Nos perdimos y **de pilón** llovía, así que llegamos a la casa agotados y empapados.*
piloncillo ***m.*** ***Méx.*** Azúcar sólida y no refinada, vendida por lo general en forma de cono. Sin. **panela.**
píloro ***m.*** Orificio que comunica el estómago con el duodeno.
piloso, sa ***adj.*** **1** Relativo al pelo: *Están de moda los tratamientos **pilosos** para los hombres que empiezan a quedarse calvos.* **2** Peludo, cubierto de pelo.
pilotar o **pilotear** ***vb.*** {tr.} Dirigir un vehículo, globo, avión, etc.: *Mi primo está aprendiendo a **pilotar** el automóvil de su papá.*
pilote ***m.*** Madero hincado en el suelo para asegurar los cimientos de una construcción: *Esa casa cerca de la playa está construida sobre **pilotes** para que no se inunde en caso de que la marea suba demasiado.*
piloto ***m.*** **1** Persona que dirige un vehículo, avión, etc.: *El **piloto** del avión nos indicó que llegaríamos en dos horas a nuestro destino.* **2** Pequeña lámpara eléctrica de advertencia. **3** *Méx.* Pequeña flama encendida en los calentadores de gas.
piltrafa ***f.*** **1** Parte de carne flaca en la que casi todo es pellejo: *Elena sólo le da de comer a su perro **piltrafas,** por eso el pobre está muy flaco y débil.* **2** Conjunto de residuos menudos de cualquier cosa. **3** *Fam.* Persona de poca consistencia física o moral. **4** *Méx. Fam.* **Estar hecho una ~,** estar agotado: ***Estoy hecho una piltrafa** porque no he parado de trabajar desde las cinco de la mañana y ya son las nueve de la noche.*
pilucho, cha ***adj.*** ***Chile.*** Desnudo: *Anoche hubo un terremoto muy fuerte y varios vecinos asustados salieron **piluchos** a la calle.*
pima ***adj./m.*** y ***f.*** Pueblo amerindio que habita en el estado de Sonora, México.
pimentero ***m.*** **1** Arbusto que da una semilla aromática y picante. **2** Recipiente para la pimienta.
pimentón ***m.*** Pimiento rojo seco y molido que se usa como condimento: *El **pimentón** da a los alimentos color rojo y un rico sabor.*
pimienta ***f.*** Fruto del pimentero, usado como condimento: *La sal y la **pimienta** son condimentos muy usados en la preparación de guisos y ensaladas.*

pimiento ***m.*** **1** Planta herbácea de fruto en baya hueca, con multitud de semillas. **2** Fruto de la planta llamada pimiento: *Hay **pimientos** de color rojo, verde y amarillo.*

pimpollo ***m.*** **1** Vástago, retoño de las plantas: *En primavera las plantas se llenan de **pimpollos**.* SIN. **retoños. 2** Persona joven y atractiva: *José Luis llegó a la fiesta acompañado de un **pimpollo** al que todos sus amigos querían conocer.*

pimpón o **ping-pong** ***m.*** Deporte parecido al tenis que se juega sobre una mesa rectangular.

pinacate ***m. Méx.*** Escarabajo de color negro que despide un olor desagradable cuando es atacado: *El **pinacate** suele criarse en lugares húmedos de América Central.*

pinacoteca ***f.*** Galería o museo dedicado a la exposición de pintura: *En el centro de la ciudad hay una **pinacoteca** donde se exhiben cuadros de los pintores más famosos del siglo XVII.*

pináculo ***m.*** **1** Parte más alta de una construcción: *En el **pináculo** de muchos edificios de gobierno hay una bandera nacional.* **2** Apogeo: *El actor estadounidense James Dean murió cuando estaba en el **pináculo** de su fama como galán joven.*

pinar ***m.*** Bosque formado por pinos: *El **pinar** de esa montaña morirá pronto si no dejan de talarlo de manera irresponsable.*

pincel ***m.*** Instrumento formado por un mechón de cerdas o pelo sujeto a un mango: *Los pintores usan **pinceles** de distintos grosores para crear diferentes efectos en sus cuadros.*

pincelada ***f.*** **1** Cada una de las aplicaciones de pintura que se da con el pincel: *En los cuadros del pintor holandés Vincent van Gogh se distinguen las **pinceladas** porque usaba grandes cantidades de pintura.* **2** Frase o conjunto de frases con que se describe algo: *Sergio utilizó dramáticas **pinceladas** para explicarme su problema y me dijo que no sabía qué hacer.*

pinchar ***vb.*** {tr., intr. y prnl.} **1** Introducir una cosa punzante en un cuerpo poroso: *La gata **pinchó** el globo con sus afiladas uñas y se asustó por el ruido que produjo la explosión.* **2** *Fam.* Poner inyecciones: *Le dijeron a Uriel que la manera más rápida de curarse de la infección era que lo **pincharan**.* **3** Sufrir un pinchazo en una rueda de un vehículo: *Camino a su trabajo se le **pinchó** el neumático y llegó retrasada.* SIN. **ponchar. 4** *Esp. Fam.* Inyectarse una droga: ***Pincharse** produce adicción y daños terribles al cuerpo y a la mente.*

pinchazo ***m.*** **1** Huella que queda al pincharse algo: *Después de la inyección me quedó una pequeña marca del **pinchazo**.* **2** Incisión en un neumático que le produce pérdida de aire: *El **pinchazo** al neumático fue provocado por una botella de vidrio rota que estaba en el suelo.*

pinche ***adj. Méx. Fam. Vulg.*** Despreciable, miserable, de mala calidad.

pinche ***m. Chile. Fam.*** Trabajo ocasional.

pinche ***m.*** y ***f.*** **1** Ayudante de cocina: *Después de ser **pinche** durante varios años, Andrés llegó a ser jefe de la cocina de ese famoso hotel.* **2** ***Chile. Fam.*** Persona con quien se forma pareja en una relación amorosa informal y de corta duración.

pincho ***m.*** **1** Punta aguda de una cosa: *El cuchillo tiene un afilado **pincho**, por eso ten cuidado al usarlo.* **2** Aperitivo que se sirve con un mondadientes o palillo, o con un pincho.

pindonguear ***vb.*** {intr.} *Esp. Fam.* Callejear.

pingajo ***m.*** Andrajo que cuelga: *Tengo que cambiar esa cortina porque está tan vieja que ya tiene varios **pingajos**.*

pingo ***m.*** **1** Pingajo. **2** ***Argent., Chile*** y ***Urug.*** Caballo. **3** ***Méx.*** Muchacho travieso: *Ese niño es un **pingo** que no deja de hacer travesuras a sus hermanas para hacerlas enojar.*

ping-pong ***m.*** *Ver* **pimpón.**

pingüe ***adj.*** **1** Graso, mantecoso. **2** Abundante, cuantioso: *Esos rockeros han obtenido **pingües** ganancias con sus discos.*

pingüinera ***f. Argent.*** y ***Chile.*** Lugar de la costa donde se agrupan los pingüinos en la época en que hacen nidos y crían a sus hijos.

pingüino ***m.*** Ave que vive en la zona del círculo antártico, de color negro y blanco y con alas pequeñas e inútiles para volar: *Los **pingüinos** machos son los encargados de empollar los huevos que ponen las hembras.*

pinnípedo, da ***adj.*** Mamíferos acuáticos con cuerpo alargado y aletas, como la foca: *Los leones marinos y las morsas son animales **pinnípedos**.*

pino ***m.*** Árbol resinoso, de hojas en forma de aguja: *Los pueblos sajones y nórdicos introdujeron la idea de adornar los **pinos** durante la época de Navidad.*

pinol o **pinole** ***m. Amér. C.*** y ***Méx.*** Harina de maíz o amaranto tostado que se mezcla con cacao, azúcar y canela y se come como golosina o se usa para preparar una bebida refrescante y otros alimentos. SIN. **gofio.**

pinta ***f.*** **1** Mota, lunar, mancha. **2** Apariencia: *Con esa bata blanca, ese hombre tiene **pinta** de médico.* **3** ***loc. Méx.*** *Fam.* **Irse de ~,** faltar a clases en la escuela sin tener permiso para ello: *Los jóvenes pensaban **irse de pinta** al lago, pero el maestro se enteró de sus planes y los castigó.*

pinta ***f.*** Medida de capacidad de poco menos o poco más de medio litro: *En Inglaterra miden la cerveza en **pintas** y no en litros.*

pintada ***f.*** Acción de pintar en las paredes letreros o escritos.

pintada ***f.*** Ave mayor que la gallina, de plumaje negro con manchas blancas.

pintado, da ***adj.*** **1** Que tiene pintas o lunares. SIN. **pinto. 2** Que tiene color o pintura: *Quiero dejar esa pared **pintada** de blanco para que se vea más clara.*

pintalabios ***m.*** Barra para pintarse los labios.

pintar ***vb.*** {tr. y prnl.} **1** Representar algo mediante líneas y colores: *La mujer pudiente pidió al artista que **pintara** un retrato de su hija.* **2** Cubrir de pintura la superficie de algo: *Entre todos **pintamos** la casa y nos quedó muy bien además de que ahorramos dinero.* **3** Maquillarse el rostro: *Espera cinco minutos, voy a **pintarme** y salimos de inmediato.* **4** Empezar a verse la calidad de algo: *El nuevo trabajo de mi padre **pinta** bien porque le pagan lo justo, su jefe es amable y el trabajo es interesante.*

pintarrajear ***vb.*** {tr. y prnl.} *Fam.* Pintar de cualquier forma, sin precisión: *Los niños **pintarrajearon** la pared de su habitación y después tuvieron que lavarla.*

pintarroja ***f.*** Pequeño tiburón de piel rasposa que vive en las costas atlánticas y mediterráneas. SIN. **lija.**

pinto, ta ***adj.*** Que tiene manchas o lunares: *Monté un caballo **pinto** muy bonito que tenía manchas negras y marrón sobre blanco.* SIN. **pintado.**

pintor, ra ***m.*** y ***f.*** **1** Artista que se dedica a la pintura: *Pablo Picasso ha sido uno de los **pintores** más famosos del siglo XX.* **2** Persona que tiene por oficio pintar paredes, puertas, ventanas, etc.: *Después de quitar la pintura vieja y limpiar los muebles, el **pintor** comenzó a pintarlos.*

pintoresco, ca ***adj.*** Original, extravagante: *Ese actor es una persona muy **pintoresca** que sale a pasear vestido*

a b c d e f g h i j k l m n o p q r s t u v w x y z

con una capa roja, un sombrero alto, bastón y lleva a su gran perro con un moño.

pintura ***f.*** **1** Arte de pintar: *Javier estudia la historia de la **pintura** del siglo pasado.* **2** Obra pintada: *Irma presentó su primera exposición de **pinturas** en la galería de la ciudad.* **3** Materia colorante usada para pintar: *Para pintar mi habitación se necesitan tres litros de **pintura**.* **4** *loc. Fam.* **No poder ver** algo o a alguien **ni en ~,** tenerle antipatía o aversión: *Cuando Victoria y Leticia se encontraban en algún lugar, hacían cualquier cosa para no hablarse porque **no podían verse ni en pintura**.* **5** *loc.* **~ rupestre,** la realizada sobre la roca, en especial en cuevas: *Gracias a las **pinturas rupestres** que se han descubierto, el hombre actual puede conocer un poco de la vida de los primeros hombres que poblaron la Tierra.*

pinza ***f.*** **1** Instrumento cuyos extremos se aproximan para sujetar algo: *Se arrancó con **pinzas** la mayor parte de las cejas y ahora tiene dos líneas delgadísimas arriba de los ojos.* **2** Miembro prensil de algunos artrópodos: *Los cangrejos tienen unas **pinzas** con las que toman los objetos y se defienden.*

pinzón ***m.*** Ave paseriforme canora que habita en varias partes del mundo: *La observación de cambios en los picos de los **pinzones** según el tipo de alimentación que tenían sirvió a Charles Darwin para establecer su teoría sobre la evolución de las especies.*

piña ***f.*** **1** Fruto del pino y otras plantas, en forma de cono. **2** Grupo muy unido. **3** Planta de unos 50 cm de alto, flores color morado y fruto de pulpa azucarada y jugosa, originaria de América tropical. **4** Fruto de la planta llamada piña: *La **piña** es una fruta con pulpa color amarillo y cáscara dura que tiene un mechón de hojas verdes.* Sin. **ananás. 5** ***Argent., Bol.*** y ***Urug. Fam.*** Golpe dado con el puño: *A Germán le dieron una **piña** en la cara durante la pelea callejera y llegó a la casa con un ojo morado.* **6** ***Méx. Fam.*** Engaño, embuste.

piñata ***f.*** Olla adornada con papel, que se llena de dulces u otros regalos y se cuelga para ser rota con un palo durante algunas fiestas populares: *Los niños quebraron las dos **piñatas** en forma de estrella que había en la fiesta de cumpleaños de Armando.*

piñón ***m.*** **1** Semilla del pino. **2** *loc. Esp. Fam.* **Estar a partir un ~**, tener una buena relación cercana: *Desde que se conocen están **a partir un piñón** y van a todos lados juntos.*

piñón ***m.*** Rueda dentada que engrana con otra. Sin. **engrane.**

piñonero ***adj./m.*** Tipo de pino cuyo fruto comestible son los piñones.

pío ***m.*** Voz que imita el sonido del pollo: *Los pollitos tenían frío; se les escuchaba decir **pío, pío,** todo el tiempo.*

pío, a ***adj.*** Piadoso: *El hombre que vive en esa mansión hace obras **pías** a favor de los pobres.*

piocha ***f. Méx.*** Barba terminada en punta que cubre únicamente la barbilla.

piojento, ta ***adj.*** **1** Relativo a los piojos: *La palabra **piojento** suele usarse con sentido peyorativo, es decir, para insultar a alguien.* **2** Piojoso.

piojo ***m.*** Insecto parásito externo de los mamíferos cuya presencia causa mucha comezón: *La cabeza es la parte del cuerpo donde suelen vivir los **piojos** en los seres humanos.*

piojoso, sa ***adj.*** **1** Que tiene piojos: *Raparon al niño porque estaba **piojoso**.* **2** Mezquino, ruin, miserable: *La **piojosa** de Beatriz quería pagarme una miseria por mi trabajo.*

piola ***adj. Argent.*** Astuto, pícaro: *Vicente se cree muy **piola,** pero en realidad es bastante ingenuo.*

piola ***f.*** Soga, cuerda.

piolet ***m.*** **Palabra de origen inglés.** Pico ligero que utilizan los alpinistas.

piolín ***m. Amér. C.*** y ***Amér. Merid.*** Cordel delgado de cáñamo, algodón u otra fibra.

pionero, ra ***m.*** y ***f.*** Persona que inicia una actividad nueva: *Benjamín Franklin fue un **pionero** en los experimentos relacionados con la electricidad.*

piorrea ***f.*** Flujo de pus, de manera especial en las encías.

pipa ***f.*** **1** Utensilio formado por una cazoleta y una boquilla, usado para fumar: *Existen **pipas** de diferentes tipos de madera y con formas rectas, curvas y cuadradas.* **2** Tonel para líquidos: *En la bodega hay una **pipa** llena de vino.* **3** ***Méx.*** Camión que lleva un depósito grande para transportar líquidos: *Como en esa colonia no hay tuberías, tienen que contratar **pipas** que lleven el agua.*

pipa ***f.*** Semilla de algunas frutas como la sandía y el melón. Sin. **pepa, pepita.**

pipeta ***f.*** Tubo de cristal que sirve para trasvasar pequeñas cantidades de líquido en los laboratorios: *Con una **pipeta** el químico agregó la sustancia que faltaba para iniciar el experimento.*

pipí ***m.*** y ***f. Fam.*** Orina: *¡Mamá, la perra se hizo **pipí** en mi cama!* Sin. **pis.**

pipián ***m. Méx.*** Salsa que se prepara con pepitas de calabaza molidas, chile y especias: *El pato en **pipián** es uno de los platillos clásicos de la cocina mexicana.*

pípila ***f. Méx.*** Pava, hembra del guajolote.

pipón, pona ***adj. Amér. Merid.*** Harto de comida.

pique ***m.*** **1** Resentimiento, disgusto. **2** Sentimiento de rivalidad: *Tere y Angélica traen **pique** para ver quién obtiene la mejor calificación en la materia de literatura.* **3** ***Argent., Nicar.*** y ***Pan.*** Camino estrecho que se abre en una selva. **4** ***Chile.*** Juego infantil en el que se arrojan monedas u objetos pequeños a una pared. **5** ***Chile*** y ***Hond.*** Orificio abierto con fines mineros. **6** *loc.* **Irse a ~,** hundirse una embarcación: *Después de chocar con un iceberg, el Titanic **se fue a pique** y se hundió en las frías aguas del norte del océano Atlántico.* **7** *loc.* **Irse a ~,** frustrarse una cosa: *Queríamos salir a patinar, pero la lluvia hizo que nuestros planes **se fueran a pique**.*

piqué ***m.*** Tejido de algodón con dibujos en relieve: *El día de su fiesta Adriana llevaba un lindo vestido blanco de **piqué**.*

piqueta ***f.*** Herramienta de albañil, con mango de madera y dos bocas opuestas, una plana y otra afilada.

piquete ***m.*** **1** Herida pequeña de la mordida de un mosquito o algún otro animal: *Anoche los mosquitos me hicieron muchos **piquetes** en las piernas y ahora tengo comezón.* **2** Señal dejada por una inyección. **3** Grupo de personas que intenta imponer una huelga.

pira ***f.*** Lugar donde se produce fuego. Sin. **hoguera.**

piragua ***f.*** Embarcación larga y estrecha, de fondo plano, mayor que la canoa y movida por remos o por el viento.

piramidal ***adj.*** En forma de pirámide, muy estrecho en la punta y ancho en la base.

pirámide ***f.*** **1** Cuerpo sólido que tiene como base un polígono y cuyas caras son triángulos que se juntan en un vértice o punto común: *Para la clase de geometría nos dejaron construir una **pirámide** de cartulina.* **2** Monumento con forma de pirámide: *Las **pirámides** más famosas del mundo son las de Egipto.*

piraña ***f.*** Pez de agua dulce, muy voraz: *Las **pirañas** tienen muchos dientes pequeños pero filosos.*

pirarse ***vb.*** {prnl.} **1** ***Fam.*** Largarse, irse, marcharse: *Alfredo estuvo sólo media hora en la fiesta y luego **se piró***

porque iba a salir con su novia. **2** ***Méx. Fam.*** Morirse. **3** ***Méx. Fam.*** Perder la cabeza, enloquecer.

pirata ***adj.*** Clandestino, ilegal: *En ese mercado puedes conseguir discos* ***piratas*** *más baratos que en las tiendas, pero no suenan bien.*

pirata ***m.*** y ***f.*** Persona que asalta y roba a barcos en el mar: *Algunos de los* ***piratas*** *más famosos de la antigüedad fueron británicos, como sir Francis Drake.*

piratear ***vb.*** {intr.} **1** Perpetrar actos propios de un pirata: *Los corsarios y los bucaneros* ***pirateaban*** *en los mares durante el siglo XVII.* **2** Cometer delitos que lesionan la propiedad intelectual: *Demostraron a ese productor de televisión que* ***pirateó*** *una novela, y tendrá que pagar una fuerte multa e indemnización al autor.*

piratería ***f.*** **1** Actividad del pirata: *La* ***piratería*** *consiste en el saqueo y la destrucción de bienes ajenos.* **2** Clandestinidad, ilegalidad.

pirca ***f. Amér. Merid.*** Tapia o muro de piedras que en el campo suele separar propiedades.

pirético, ca ***adj.*** Relativo a la fiebre.

pirinola ***f. Méx.*** Perinola.

pirita ***f.*** Nombre del sulfuro de hierro: *A ciertos tipos de* ***pirita*** *se les llama "oro de bobos" por su gran parecido con este metal precioso.*

pirograbado ***m.*** Técnica de grabado sobre madera o cuero usando una punta incandescente: *"Para hacer* ***pirograbado*** *hay que ser cuidadosos, pues pueden quemar su trabajo o quemarse ustedes", recomendó el instructor.*

pirograbador, ra ***m.*** y ***f.*** Persona que tiene por oficio hacer pirograbados.

pirograbar ***vb.*** {tr.} Grabar sobre madera o cuero con una punta al rojo vivo: *El artesano* ***pirograbó*** *una cabeza de venado en la tapa de una caja de pino.*

pirógrafo ***m.*** Aparato eléctrico que transmite calor para hacer pirograbados: *Los* ***pirógrafos*** *tienen integrada una especie de lápiz al cual se le cambian puntas de diferentes formas.*

piromanía ***f.*** Gusto enfermizo por provocar incendios.

pirómano, na ***m.*** y ***f.*** Persona que tiene tendencia enfermiza a provocar incendios: *Liliana es* ***pirómana,*** *así que no dejes fósforos cerca de ella porque puede provocar un incendio.*

piropear ***vb.*** {tr.} Decir alabanzas a una persona: *Leopoldo me* ***piropeó*** *cuando me vio vestida para la fiesta de gala.*

piropo ***m.*** Elogio, alabanza dicha a una persona: *Como Fernanda es muy guapa, cada vez que sale a la calle le dicen muchos* ***piropos.***

pirotecnia ***f.*** Arte de preparar fuegos de artificio: *Los antiguos chinos, inventores de la pólvora, eran hábiles en el arte de la* ***pirotecnia.***

pirotécnico, ca ***adj.*** Relacionado con los fuegos de artificio: *Para celebrar el día de su independencia, en muchos países se suelen lanzar vistosos juegos* ***pirotécnicos.***

pirrarse ***vb.*** {prnl.} ***Esp. Fam.*** Gustarle a uno mucho algo o alguien: *Cuando Felipe conoció a la nueva vecina, estaba que* ***se pirraba*** *por ella hasta que se enteró que era casada.*

pírrico, ca ***adj.*** Relativo al triunfo obtenido con más daño del vencedor que del vencido.

pirú o **pirul** ***m. Méx.*** Árbol de tronco torcido y fruto globoso, cuya semilla tiene un sabor parecido a la pimienta: *Se dice que si uno se duerme bajo un* ***pirú,*** *le dolerá la cabeza.*

pirueta ***f.*** Vuelta ágil y rápida hecha sobre la punta de un pie: *La bailarina podía dar 40* ***piruetas*** *sin parar ni perder el equilibrio.*

piruja ***f.*** **1** ***Argent.*** Mujer que imita de manera grosera una conducta educada. **2** ***Méx. Desp.*** Prostituta.

pirulí ***m.*** Caramelo en forma de cono con un palito que sirve de mango: *Me gustan los* ***pirulíes*** *de sabores combinados.*

pis ***m.*** y ***f. Fam.*** Orina: *El niño se hizo* ***pis,*** *por eso voy a cambiarle el pañal.* SIN. **pipí.**

pisada ***f.*** **1** Acción de pisar al andar: *Lo oigo cuando llega porque tiene una* ***pisada*** *muy fuerte.* **2** Huella dejada por el pie en el suelo al pisar: *En la Luna hay* ***pisadas*** *humanas desde 1969.*

pisapapeles ***m.*** Utensilio pesado que se pone sobre los papeles para que no se muevan: *Ese abogado usa una antigua plancha como* ***pisapapeles.***

pisar ***vb.*** {tr.} **1** Poner un pie sobre alguna cosa: *Caminaba distraído y* ***pisé*** *excremento de perro.* **2** Apretar o estrujar algo con los pies o con algún instrumento: *En los viñedos se* ***pisan*** *las uvas para extraerles el jugo y hacer vino.* **3** Pisotear: ***Pisó*** *la horrible cucaracha que salió de la basura y quedó hecha pomada.*

piscícola ***adj.*** Relativo a la piscicultura: *Cerca de ese lago hay una granja* ***piscícola*** *donde crían peces comestibles.*

piscicultor, ra ***m.*** y ***f.*** Especialista en piscicultura: *Un grupo de* ***piscicultores*** *tomarán un curso para criar nuevas especies en agua dulce.*

piscicultura ***f.*** Arte de criar peces en un río, estanque o lago: *Como tiene conocimientos de* ***piscicultura,*** *Marco cría truchas para venderlas.*

piscifactoría ***f.*** Establecimiento de piscicultura.

pisciforme ***adj.*** Que tiene forma de pez: *Los submarinos son naves* ***pisciformes.***

piscina ***f.*** Estanque para bañarse o nadar: *Todas las mañanas el maestro nada en la* ***piscina*** *de la escuela durante media hora antes de comenzar las clases.* SIN. **alberca, pileta de natación.**

piscis ***adj./m.*** y ***f.*** Uno de los doce signos del zodiaco, comprendido entre el 19 de febrero y el 21 de marzo, se le representa con un par de peces.

piscívoro, ra ***adj.*** Que se alimenta de peces: *Muchos peces son* ***piscívoros*** *porque los grandes se comen a los más pequeños.*

pisco ***m.*** **1** ***Bol., Chile*** y ***Perú.*** Aguardiente de uva. **2** ***Colomb.*** y ***Venez.*** Pavo. SIN. **guajolote.**

piscolabis ***m. Esp. Fam.*** Refrigerio o aperitivo: *El* ***piscolabis*** *que comí provocó que se abriera más mi apetito.*

piso ***m.*** **1** Suelo natural o artificial de casas, carreteras, etc.: *Cuando levantaron la alfombra, vieron que el* ***piso*** *estaba cuarteado a causa del terremoto.* **2** ***Esp.*** Cada vivienda de un edificio: *Julieta ha comprado un* ***piso*** *en una zona muy cercana a su trabajo.* SIN. **departamento, apartamento.**

pisotear ***vb.*** {tr.} **1** Pisar algo de manera repetida: *Los soldados que caminaron sobre el césped terminaron* ***pisoteándolo*** *y dañándolo.* **2** Humillar, maltratar.

pispiar o **pispar** ***vb.*** {tr.} ***Amér. Merid.*** Observar lo que otros hacen sin ser visto. SIN. **espiar, vichar.**

pista ***f.*** **1** Rastro dejado por una persona o un animal: *El detective anda en busca de las* ***pistas*** *que lo puedan llevar al criminal.* **2** Indicio, señal: *No tengo idea de lo que contiene esa caja, dame una* ***pista.*** **3** Terreno donde despegan y aterrizan aviones. **4** Terreno donde se realizan las carreras de automóviles.

pistache o **pistacho** ***m.*** Fruto del árbol llamado pistachero, su semilla de color verde se utiliza en repostería y en cocina.

pistilo ***m.*** Órgano sexual femenino de una flor: *El* ***pistilo*** *está compuesto por el estilo, el estigma y el ovario.*

pisto ***m.*** **1** Guiso elaborado a base de pimientos, tomates, cebolla, calabacín, etc., fritos. **2** ***Amér. C.*** Dinero.

pistola ***f.*** **1** Arma de fuego, de cañón corto: *Es peligroso tener* ***pistolas*** *en casa cercanas a los niños y adolescentes.* SIN. **revólver. 2** Objeto que sirve para rociar un líquido: *Pintó su automóvil con una* ***pistola*** *que esparcía la pintura de manera uniforme.*

pistolera ***f.*** Funda para guardar o portar una pistola.

pistolero, ra ***m.*** y ***f.*** Persona que utiliza una pistola para robar: *En el programa de televisión, el* ***pistolero*** *guardaba su arma en una funda que ponía bajo su brazo.*

pistón ***m.*** **1** Émbolo, pieza cilíndrica de metal que se mueve de manera alternativa, necesaria para el funcionamiento de un motor: *Al automóvil se le rompió un* ***pistón*** *y ahora no funciona.* **2** Llave de ciertos instrumentos musicales: *Los* ***pistones*** *de las cornetas sirven para obtener distintos tonos.*

pita ***f.*** **1** Planta con hojas o pencas grandes, utilizada para hacer setos y que tiene diferentes derivados. SIN. **agave, maguey. 2** Hilo que se hace de las hojas de la planta llamada pita.

pitahaya ***f.*** Planta cactácea trepadora originaria de América Meridional que da hermosas flores rojas o blancas y, en algunas variedades, vistosos frutos comestibles.

pitanga ***f. Argent.*** Árbol de hojas olorosas y fruto comestible.

pitar ***vb.*** {tr. e intr.} **1** Hacer sonar el pito: *El policía le* ***pitó*** *al automovilista para indicarle que se detuviera.* **2** ***Amér. Merid.*** Fumar: *Está prohibido* ***pitar*** *en los aviones y en muchos lugares públicos.*

pitecántropo ***m.*** Tipo de homínido cuyos fósiles se descubrieron en la isla de Java: *Los* ***pitecántropos*** *pertenecen al grupo del ancestro humano conocido como* Homo erectus.

pitido ***m.*** **1** Sonido emitido con un pito. **2** Silbido de protesta: *La mala actuación de la actriz mereció un* ***pitido*** *del público.*

pitillera ***f. Esp.*** Estuche en que se guardan los cigarrillos. SIN. **cigarrera, cajetilla, petaca.**

pitillo ***m.*** Cigarrillo: *Fumaba* ***pitillos*** *uno tras otro sin pensar en el daño que le hacían.*

pito ***m.*** **1** Instrumento que al ser soplado produce un sonido agudo: *Los* ***pitos*** *que les dieron a los niños en la fiesta hacían mucho ruido.* **2** ***Vulg.*** Pene, miembro viril. SIN. **pija.**

pitón ***m.*** **1** Parte sobresaliente de las vasijas que tiene un agujero por donde sale el líquido para beber. SIN. **pitorro. 2** Extremo superior del cuerno del toro: *El* ***pitón*** *del toro embistió al torero y le perforó el muslo.* **3** ***Chile, Ecuad.*** y ***Hond.*** Boquilla metálica en la que remata la manguera.

pitón ***m.*** Serpiente de gran tamaño originaria de Asia y África, que mata a sus presas enrollándose alrededor de ellas y asfixiándolas.

pitonisa ***f.*** En la mitología griega, mujer dotada del don de la profecía: *En Delfos, en la antigua Grecia, había una* ***pitonisa*** *que predecía el futuro.*

pitorrearse ***vb.*** {prnl.} ***Fam.*** Burlarse: *Es un hombre bobo que* ***se pitorrea*** *de todo y de todos.*

pitorreo ***m.*** Hecho de burlarse o hacerle bromas a otro: *Cuando Cristina empezó a llorar, Adrián le pidió disculpas y le dijo que todo había sido* ***pitorreo.***

pitorro ***m.*** Parte sobresaliente de las vasijas que tiene un agujero por donde sale el líquido para beber: *Se acercó el* ***pitorro*** *a la boca para tomar un poco de vino y se le chorreó encima de la blusa.* SIN. **pitón.**

pituco, ca ***adj./m.*** y ***f.*** **1** ***Amér. Merid.*** Cursi: *Vi unos muebles carísimos y* ***pitucos*** *en la tienda.* SIN. **ridículo, pije. 2** ***Amér. Merid.*** y ***Argent.*** Persona vestida de manera elegante: *Los* ***pitucos*** *sólo piensan en arreglarse y comprar ropa.*

pituitaria ***f.*** **1** Glándula situada en la base del cráneo que segrega varios tipos de hormonas, como la oxitocina. **2** Membrana que recubre la cavidad nasal.

piure ***m. Chile.*** Animal comestible de color rojizo, en forma de saco con dos aberturas y de carne muy apreciada.

pívot ***m.*** y ***f.*** **Palabra de origen francés.** En baloncesto, jugador que se mueve cerca del aro.

pivote ***m.*** Extremo cilíndrico de una pieza, donde se inserta otra que gira.

pixel ***m.*** **Palabra de origen inglés.** Abreviatura de ***Pi****cture* ***El****ement* (elemento pictórico), el menor de los elementos de una imagen al que se puede aplicar color o intensidad.

piyama ***m.*** y ***f.*** **Palabra de origen inglés.** Conjunto de camisa y pantalón que se usan para dormir.

pizarra ***f.*** **1** Roca sedimentaria de color gris o azulado: *Las casas de montaña tienen tejados de* ***pizarra.*** **2** Trozo de la roca llamada pizarra preparado para escribir sobre él: *Hace años, cada niño tenía una pequeña* ***pizarra*** *y una tiza para trabajar en la escuela, ahora se usan cuadernos.* SIN. **encerado, pizarrón.**

pizarrón ***m. Amér.*** Pizarra, encerado: *La maestra escribió en el* ***pizarrón*** *el texto que teníamos que copiar en el cuaderno.*

pizca ***f. Fam.*** Porción pequeña: *La paella valenciana lleva una* ***pizca*** *de azafrán.* SIN. **pellizco, ñizca.**

pizcar ***vb. irreg.*** {tr.} **Modelo 17.** ***Méx.*** Recoger la cosecha de los sembradíos: *Muchos trabajadores temporales van a Estados Unidos de América para* ***pizcar.***

pizpireto, ta ***adj. Fam.*** Relativo a quien es astuto o coqueto: *Tiene unos ojos* ***pizpiretos*** *que brillan y parecen sonreír.*

pizza ***f.*** Alimento italiano a base de masa delgada de pan a la que se le ponen tomate, queso e ingredientes variados: *César pidió una* ***pizza*** *de anchoas y Jacinto pidió una de champiñones.*

placa ***f.*** **1** Lámina delgada: *Desde que sufrió el accidente aéreo en el que se fracturó el cráneo, ese piloto lleva una* ***placa*** *de platino en la cabeza.* **2** Pieza de metal con inscripciones. **3** ***loc.*** **~ dental,** sustancia viscosa y pegajosa que se forma en la superficie de los dientes y que llega a ocasionar caries: *Cepíllate bien los dientes para eliminar toda la* ***placa dental.***

placard ***m.*** **Palabra de origen francés.** ***Argent.*** y ***Urug.*** Armario empotrado. SIN. **clóset.**

pláceme ***m.*** Felicitación, por lo general se usa en plural: *Los Hernández andan de* ***plácemes*** *porque su hijo mayor se graduó con honores en la facultad.*

placenta ***f.*** En los mamíferos, órgano que relaciona al embrión con el útero materno durante la gestación: *Después de que nace el bebé, sale la* ***placenta*** *del útero de la madre y con esto termina la labor de parto.*

placentero, ra ***adj.*** Agradable, apacible: *Pasamos una* ***placentera*** *tarde en la terraza conversando y escuchando música.*

placer ***m.*** Depósito de arena que contiene minerales explotables.

placer ***m.*** Sensación agradable, satisfacción: *Fue un* ***placer*** *poder entrar a estudiar a la universidad.*

placer ***vb. irreg.*** {tr.} **Modelo 39.** Agradar: *Me* ***place*** *mucho que hayas venido a ayudarme a limpiar la casa.*

placidez ***f.*** Sensación de placer: *A medida que se tomaba el café caliente lo invadía una agradable sensación de calor y* ***placidez.***

plácido, da ***adj.*** Agradable, tranquilo: *El viento soplaba suavemente y el agua del lago se movía* ***plácida.***
plafón ***m.*** Superficie que se coloca pegada al techo como decoración: *En lugar de tener los cables de las bombillas desnudos, podrías cubrirlos con* ***plafones.***
plaga ***f.*** **1** Organismo animal o vegetal que perjudica a la agricultura: *La* ***plaga*** *de la langosta puede acabar con cosechas enteras.* **2** Abundancia de algo perjudicial: *Los vándalos se han convertido en una* ***plaga*** *de las grandes ciudades.* **3** Desgracia pública: *La sequía es una* ***plaga*** *que provoca la muerte del ganado y las plantas.*
plagado, da ***adj.*** Lleno de algo: *Las paredes de la escuela están* ***plagadas*** *con los dibujos que hicieron todos los alumnos para el concurso.*
plagar ***vb. irreg.*** {tr. y prnl.} **Modelo 17.** Llenar con abundancia de algo, en especial si es perjudicial: *Llegaron unos vecinos irrespetuosos al edificio donde vivo y ya lo* ***plagaron*** *de basura.*
plagiar ***vb.*** {tr. y prnl.} Copiar una obra ajena presentándola como propia: *Descubrieron que ese escritor* ***había plagiado*** *párrafos enteros de otra novela de un escritor famoso.*
plagiario, ria ***m.*** y ***f.*** Persona que comete el delito de plagio.
plagio ***m.*** **1** Robo de una obra ajena. **2** ***Amér.*** Secuestro.
plaguicida ***adj./m.*** Que combate las plagas del campo: *Muchos* ***plaguicidas*** *contaminan las plantas sobre las que se riegan.* SIN. **pesticida.**
plan ***m.*** **1** Proyecto, idea: *Tenemos el* ***plan*** *de ir a las montañas para las vacaciones de diciembre.* **2** Programa de una obra o acción: *El alcalde presentó un* ***plan*** *para mejorar el drenaje de la ciudad.*
plana ***f.*** Cada una de las caras de una hoja de papel: *La maestra nos pidió que hagamos dos* ***planas*** *con la letra* p.
plancha ***f.*** **1** Lámina delgada: *Compró dos* ***planchas*** *de metal para reforzar la casita del perro.* **2** Utensilio con asa para alisar y desarrugar prendas de vestir: *Antes las* ***planchas*** *se calentaban poniéndolas encima de las brasas y ahora son eléctricas.*
planchador, ra ***m.*** y ***f.*** Persona que tiene por oficio planchar: *Esa lavandería es enorme, en ella trabajan quince* ***planchadoras*** *y otras tantas lavanderas.*
planchar ***vb.*** {tr.} Alisar y desarrugar las prendas de vestir con la plancha: *La ropa de algodón y de lino se arruga mucho y hay que* ***plancharla*** *con cuidado.*
plancton ***m.*** Conjunto de pequeños organismos que viven en el mar: *Algunos animales como las ballenas se alimentan del* ***plancton*** *marino.*
planeación ***f.*** Acción de planear.
planeador ***m.*** Avión sin motor que vuela usando las corrientes de aire: *Los* ***planeadores*** *son aviones muy ligeros.*
planear ***vb.*** {tr. e intr.} **1** Hacer planes: ***Estamos planeando*** *hacer un viaje a Bariloche para fin de año.* **2** Volar un avión con los motores parados: *Como a la avioneta se le terminó el combustible, tuvo que* ***planear*** *para poder aterrizar.*
planeta ***m.*** Astro que gira alrededor del Sol o de otra estrella: *La Tierra, hasta donde sabemos, es el único* ***planeta*** *habitado del Sistema Solar.*
planetario o **planetarium** ***m.*** Instalación que permite representar sobre una bóveda el aspecto del cielo y los movimientos de los astros.
planetario, ria ***adj.*** Relativo a los planetas: *El sistema* ***planetario*** *al cual pertenece la Tierra tiene ocho planetas y muchos planetoides.*
planicie ***f.*** Llanura muy extensa, plana: *El pueblo estaba asentado en la* ***planicie*** *del valle, rodeado por colinas.* SIN. **llano, sabana.**
planificar ***vb. irreg.*** {tr.} **Modelo 17.** Elaborar un plan detallado con un objetivo: *Cada presidente nuevo* ***planifica*** *el desarrollo de la economía de su periodo.*
planilla ***f.*** **1** Documento que se rellena con datos. **2** ***Méx.*** Cada uno de los grupos que contienden en un proceso electoral: *Aspiran a ocupar la mesa directiva dos* ***planillas,*** *la roja y la azul.*
planisferio ***m.*** Mapa que representa la esfera celeste o terrestre: *Para la clase de geografía debo colorear un* ***planisferio.***
plano ***m.*** **1** Representación gráfica de las partes de un lugar: *El arquitecto presentó los* ***planos*** *para el proyecto de la casa.* **2** En el cine y la televisión, cada una de las partes rodadas de una sola vez: *El filme comienza con un prolongado* ***plano*** *del jardín después de la fiesta.* **3** Superficie que puede contener una línea recta en cualquier posición. **4** ***loc.*** **De ~,** de manera clara y manifiesta: *Le dijo* ***de plano*** *que no lo quería porque ya estaba cansada de su insistencia.*
plano, na ***adj.*** Llano, liso: *Es mejor usar los patines en piso* ***plano*** *porque se evitan tropezones.*
planta ***f.*** **1** Parte inferior del pie: *Se quemó la* ***planta*** *de un pie porque pisó descalzo la arena que estaba muy caliente.* **2** Vegetal: *Tiene su casa llena de* ***plantas*** *de todos tipos y parece un bosque pequeño.* **3** Piso de un edificio: *Es un departamento muy amplio de dos* ***plantas.*** **4** Establecimiento industrial: *La* ***planta*** *donde se elabora ese producto está en la zona industrial de la ciudad.*
plantación ***f.*** **1** Acción y efecto de plantar: *La primavera es buena época para la* ***plantación*** *de rosales.* **2** Gran explotación agrícola o cultivo extensivo de ciertas plantas industriales: *En el siglo* XIX *en las* ***plantaciones*** *de algodón al sur de Estados Unidos de América trabajaban personas de raza negra como esclavos.*
plantar ***vb.*** {tr.} **1** Introducir en la tierra una planta o una semilla: *En esta ciudad tan gris cada persona debería ocuparse de* ***plantar*** *un árbol y cuidarlo.* **2** ***Fam.*** Abandonar a alguien o dejarlo esperando: *Ya te* ***plantó,*** *¿no ves que llevas más de una hora esperándola y no ha llegado?*
plante ***m.*** Protesta de un grupo para exigir o rechazar algo. SIN. **plantón.**
planteamiento ***m.*** Acción y efecto de plantear.
plantear ***vb.*** {tr.} Proponer o exponer un problema, un tema, etc.: *Mi padre* ***está planteando*** *la posibilidad de cambiar de trabajo.*
plantel ***m.*** **1** Institución donde se forman personas hábiles para cierta cosa: *En el* ***plantel*** *sur de esa universidad enseñan carreras como filosofía, historia y literatura.* **2** Criadero de plantas. **3** ***Argent.*** Conjunto de animales que pertenecen a un establecimiento ganadero. **4** ***Argent.*** Conjunto de integrantes de una empresa, equipo deportivo, etcétera.
plantígrado, da ***adj.*** Relativo al cuadrúpedo que al andar apoya en el suelo toda la planta del pie: *El* ***plantígrado*** *más conocido de todos es el oso.*
plantilla ***f.*** **1** Pieza usada como modelo: *Mi madre utilizó una* ***plantilla*** *de papel para hacer un vestido.* **2** Personal fijo de una empresa. **3** Pieza que cubre la planta del calzado: *En invierno mi mamá usa unas* ***plantillas*** *térmicas que le ayudan a conservar el calor de sus pies.*
plantío ***m.*** Lugar plantado de vegetales: *Los aviones del ejército rociaron los* ***plantíos*** *de marihuana con veneno para acabar con estas plantas.*
plantón ***m.*** **1** Acto de dejar a alguien esperando inútilmente. **2** ***Méx.*** Grupo de gente que se reúne en un lugar público

a b c d e f g h i j k l m n o p q r s t u v w x y z

para protestar por algo: *Los maestros organizaron un* ***plantón*** *para protestar por el despido injusto de uno de ellos.* SIN. **plante.**

plántula ***f.*** Planta recién germinada que todavía se alimenta de las reservas de la semilla: *Cuando comemos germinados de soya, estamos ingiriendo* ***plántulas.***

plañidera ***f.*** Mujer cuyo oficio es llorar en los entierros a cambio de un pago.

plañir ***vb. irreg.*** {intr. y prnl.} **Modelo 69.** Llorar y gemir.

plaqueta ***f.*** Elemento coagulador de la sangre: *Cuando el número de* ***plaquetas*** *es bajo, las heridas tardan más en cerrarse y cicatrizar.*

plasma ***m.*** Parte líquida de la sangre, que sirve de vehículo a los demás elementos sanguíneos.

plasmar ***vb.*** {tr. y prnl.} Expresar en una obra de arte algo que uno piensa y siente.

plasta ***f.*** **1** Cosa blanda o aplastada: *El helado se le cayó a Leni y quedó hecho una* ***plasta*** *en el suelo.* **2** ***Fam.*** Persona pesada: *Mi primo es una* ***plasta*** *que me distrae aunque vea que estoy muy ocupado.*

plástica ***f.*** Arte de plasmar en un lienzo o de modelar una materia blanda.

plástico ***m.*** **1** Sustancia sintética que puede moldearse de manera fácil: *Forró todos sus libros con* ***plástico*** *para protegerlos.* **2** Sustancia sintética de gran resistencia: *Compraron vasos de* ***plástico*** *para la fiesta de niños porque son más seguros.*

plástico, ca ***adj.*** Relativo a la plástica: *Es un museo nuevo de artes* ***plásticas*** *donde se exhiben pintura y escultura.*

plastificar ***vb.*** {tr.} Recubrir algo con una lámina de plástico: *Mariela llevó a* ***plastificar*** *sus documentos para conservarlos mejor.*

plastilina ***f. Méx.*** y ***Urug.*** Sustancia parecida a una pasta suave que sirve para hacer figuras: *Las niñas hicieron mesa, sillas, cama, sillón y dos muñecos con* ***plastilina*** *de distintos colores.*

plasto ***m.*** Orgánulo de las células vegetales que puede cargarse de diversas sustancias nutritivas o de pigmentos.

plata ***f.*** **1** Elemento químico de símbolo Ag y número atómico 47, metal precioso, blanco, brillante e inalterable: *Se compró un juego de aretes y collar de* ***plata.*** **2** ***Amér. C.*** y ***Amér. Merid. Fam.*** Dinero en general, riqueza: *Su familia tiene mucha* ***plata*** *desde hace varias generaciones.*

plataforma ***f.*** **1** Superficie más elevada que lo que la rodea: *El presidente se dirigió al grupo de personas desde una* ***plataforma.*** **2** Organización que agrupa a personas con ideas e intereses comunes: *La* ***plataforma*** *del partido ecologista tiene como plan fundamental proteger el medio ambiente.* **3** ***Argent.*** Andén de una estación de tren: *Inútilmente el joven esperó en la* ***plataforma*** *de la estación a que su amada llegara, porque nunca llegaría.*

platanal o **platanar** ***m.*** Lugar poblado de bananos o plátanos.

plátano ***m.*** **1** Planta de hojas largas y frutos comestibles. SIN. **banano. 2** Fruto de la planta llamada plátano, de forma alargada y color amarillo: *Preparé un postre delicioso con* ***plátanos,*** *helado, mermelada y crema.* SIN. **banana.**

platea ***f.*** Parte baja de un teatro: *Los lugares de* ***platea*** *son más caros que los que están más alto y más lejos.*

plateado, da ***adj.*** **1** Bañado de plata. **2** De color de plata o parecido a ella: *El cantante de rock tenía un traje* ***plateado*** *con negro y se veía muy espectacular.*

platear ***vb.*** {tr.} Cubrir de plata un objeto.

platelminto ***adj.*** Relativo a unos gusanos de cuerpo aplanado, como la tenia.

plateresco, ca ***adj.*** Estilo arquitectónico desarrollado en España durante el primer tercio del siglo XVI.

platería ***f.*** Tienda donde se fabrican o venden artículos de plata: *Cerca de las minas de plata hay muchas* ***platerías*** *donde puedes encontrar adornos, pulseras, collares y otros objetos.*

platero ***m.*** Persona que vende objetos hechos con plata: *Le compraré al* ***platero*** *un regalo para mi prima.*

plática ***f.*** **1** Conversación: *Sostuvimos una* ***plática*** *sabrosa y amena durante la comida.* **2** Sermón breve: *La directora ofreció una* ***plática*** *de bienvenida a los alumnos de primer ingreso.*

platicar ***vb. irreg.*** {tr. e intr.} **Modelo 17.** Conversar: *Los castigaron por* ***estar platicando*** *en clase en lugar de poner atención a la maestra.*

platillo ***m.*** **1** Pieza pequeña semejante al plato: *La balanza tiene dos* ***platillos,*** *en uno se ponen las pesas y en el otro los objetos que se quieren pesar.* **2** Pieza metálica circular que forma un instrumento musical de percusión: *Las bandas militares usan* ***platillos,*** *trompetas y tambores.* **3** ***Méx.*** Alimento preparado: *El banquete consistió de siete* ***platillos*** *y cinco postres.* **4** ***loc.*** **~ volante** o **volador**, objeto que vuela, supuestamente extraterrestre: *Rogelio asegura que vio un* ***platillo volador*** *encima de su casa de campo.*

platina ***f.*** Plataforma del microscopio en que se coloca el objeto que va a observarse: *Colocó la muestra de sangre en la* ***platina*** *para poder analizarla bajo el microscopio.*

platinar ***vb.*** {tr.} Recubrir un objeto con una capa de platino.

platino ***m.*** **1** Metal precioso de color blanco grisáceo de símbolo Pt y número atómico 78: *El* ***platino*** *es el metal más pesado de todos.* **2** Pieza del motor del vehículo que sirve para que éste se encienda.

plato ***m.*** **1** Recipiente de forma redonda con el centro más o menos hondo y que se emplea para poner comida: *Vamos a cenar cinco personas, por favor pon cinco* ***platos*** *en la mesa.* **2** Alimento preparado: *Como segundo* ***plato*** *hay pescado al horno.*

plató ***m.*** **Palabra de origen francés.** Escenario de un estudio de cine o televisión.

platónico, ca ***adj.*** **1** Relativo a la filosofía del antiguo pensador griego Platón. **2** Se refiere a lo inalcanzable, al amor que se queda siempre en idea y no se hace realidad.

plausible ***adj.*** **1** Digno de aplauso: *Cambiar de lugar la contaminante fábrica de papel fue una acción* ***plausible*** *del gobierno.* **2** Admisible, justificado: *Tus razones son* ***plausibles,*** *así que esta vez permitiré que entregues el trabajo escolar mañana.*

play back ***m.*** **Palabra de origen inglés.** Interpretación mímica de una grabación previa: *Sus presentaciones públicas son con* ***play back*** *porque en realidad canta muy mal y no puede arriesgarse a hacer el ridículo.*

play boy ***m.*** **Palabra de origen inglés.** Hombre elegante de apariencia física atractiva, por lo general rico, que busca el éxito con las mujeres y la vida fácil.

playa ***f.*** **1** Extensión casi plana y arenosa en la orilla del mar: *En esa* ***playa*** *hay que tener mucho cuidado porque las olas son altas y fuertes.* **2** ***Amér.*** Lugar llano y espacioso.

playera ***f. Méx.*** Camiseta. SIN. **remera.**

playero, ra ***adj.*** De playa: *Tomará un crucero por el Caribe y necesita ropa* ***playera*** *para usar en los lugares calurosos.*

playo, ya ***adj. Argent., Par.*** y ***Urug.*** Que tiene poco fondo.

plaza ***f.*** **1** Espacio libre y ancho en una población: *En el centro, frente a la catedral, hay una gran* ***plaza*** *con muchos árboles.* **2** Mercado: *Antiguamente, cuando no había máquinas para enfriar los alimentos, las mujeres iban* *diario a la **plaza** a comprar comida.* **3** Lugar donde se hacen corridas de toros: *Fuimos a la **plaza** de toros porque se presentó el torero preferido de Manolo.* **4** Población fortificada.

plazo ***m.*** Espacio de tiempo señalado para hacer cierta cosa: *Le dieron un **plazo** de una semana para terminar de pagar su deuda.*

plazoleta ***f.*** Plaza pequeña: *En este jardín hay una **plazoleta** con una fuente en el centro.*

pleamar ***f.*** Altura máxima de la marea y tiempo que dura: *Se acostaron a descansar muy cerca del mar y cuando ocurrió la **pleamar** se mojaron.*

plebe ***f.*** Clase social más baja.

plebeyo, ya ***adj./m.*** y ***f.*** **1** Persona que pertenece a la plebe. **2** Persona no noble: *Hace años los nobles consideraban a los **plebeyos** seres inferiores.* **3** ***Desp.*** Persona grosera.

plebiscito ***m.*** Modo de votación directa de todos los ciudadanos: *Antes de decidir si se debía cambiar la Constitución para permitir la reelección se convocó a un **plebiscito**, y el presidente lo ganó.*

pleca ***f.*** Raya que se pone en un impreso para separar bloques de texto o para decorar la página.

plegable ***adj.*** Que se pliega, que se dobla: *El sol está maravilloso, saquemos las sillas **plegables** al jardín y sentémonos a descansar.*

plegadera ***f.*** Utensilio semejante a un cuchillo que sirve para cortar o doblar papel: *Hay **plegaderas** metálicas, de madera, de plástico, de hueso y hasta de marfil.* Sin. **cortapapeles.**

plegadizo, za ***adj.*** Que se dobla o pliega con facilidad: *Al instalar puertas **plegadizas** en los clósets, ahorramos bastante espacio en nuestros cuartos.*

plegamiento ***m.*** Deformación de los estratos de la corteza terrestre.

plegar ***vb. irreg.*** {tr. y prnl.} **Modelo 18.** **1** Hacer pliegues en una cosa: *No me gusta la cortina tan lisa, hay que **plegarla** un poco.* **2** Ceder, someterse: *Terminaron **plegándose** a la voluntad del jefe y aceptando sus propuestas.*

plegaria ***f.*** Acto de piedad por el que una persona se dirige a Dios o a una divinidad para expresarle adoración, veneración, agradecimiento o una petición.

pleistoceno ***m.*** Primera época del periodo cuaternario.

pleitear ***vb.*** {tr.} Litigar, disputar algo en un juicio: *El tribunal dio al abogado quince días para presentar pruebas y poder **pleitear** el asunto.*

pleitesía ***f.*** Muestra reverente de cortesía: *Antiguamente la gente de la corte rendía **pleitesía** a los monarcas con complicadas ceremonias.*

pleito ***m.*** **1** Disputa: *La discusión entre los vecinos subió de tono hasta llegar a convertirse en **pleito.*** **2** Controversia judicial entre las partes: *Después de un largo **pleito**, mi familia logró recuperar unos terrenos que le habían robado.*

plenamar ***f.*** *Ver* **pleamar.**

plenario o **plenaria** ***m.*** y ***f.*** Reunión general: *La **plenaria** decidió que el sindicato se fuera a la huelga.*

plenario, ria ***adj.*** Completo, lleno, relativo a la totalidad de algo: *El sindicato llamó a una reunión **plenaria** para votar por la nueva mesa directiva, es decir, llamó a todos sus miembros.*

plenilunio ***m.*** Luna llena: *En las noches de **plenilunio** que no tienen nubes, la luz de luna ilumina mucho.*

plenipotenciario, ria ***adj./m.*** y ***f.*** Se aplica al representante diplomático que tiene poderes plenos para hacer negociaciones: *El asunto de la disputa fronteriza será llevado por el embajador **plenipotenciario** del país afectado.*

plenitud ***f.*** **1** Totalidad: *Olivia llenó la maleta a **plenitud**, así que tuvo que sentarse encima de ella para cerrarla.* **2** Apogeo, mayor grado o intensidad: *Ese actor murió de manera accidental cuando estaba en la **plenitud** de su carrera.*

pleno ***m.*** Reunión general de una corporación: *Durante el **pleno** efectuado ayer, se eligió al nuevo presidente de la sociedad.*

pleno, na ***adj.*** **1** Lleno, completo: *Cuando voy de paseo al bosque, me siento **pleno** de energía.* **2** En el centro, en el medio de una acción: *En **plena** representación de la obra de teatro, el actor olvidó algunas de sus líneas.*

pleonasmo ***m.*** Uso de palabras innecesarias para dar fuerza a una expresión: *Decir "subimos para arriba del edificio" es un **pleonasmo.***

pletina ***f.*** Aparato que reproduce y graba cintas de casete. Sin. **platina, grabadora.**

plétora ***f.*** Gran abundancia de alguna cosa: *Ese verano la cosecha fue espléndida y el pueblo pasó por una etapa de **plétora.***

pletórico, ca ***adj.*** Pleno, lleno: *En la mesa hay una cesta **pletórica** de frutas de muchos tipos.*

pleura ***f.*** Membrana que envuelve los pulmones.

pleuresía ***f.*** Inflamación de la pleura: *Mauricio está en el hospital con una **pleuresía** que, por suerte, los doctores tienen bajo control.*

plexo ***m.*** Red de cordones vasculares o nerviosos.

pléyade ***f.*** Grupo de personas destacadas y contemporáneas entre sí: *En el Congreso de Literatura participó una **pléyade** de escritores internacionales.*

pliego ***m.*** Hoja de papel cuadrangular y doblada por la mitad: *Su amigo de Australia le escribió a Miriam una carta de dos **pliegos.***

pliegue ***m.*** **1** Doblez o arruga: *Ayer vi unos perros muy curiosos, de pelo corto y con **pliegues** en la piel.* **2** Deformación de las capas geológicas en forma de ondulaciones.

plinto ***m.*** **1** Aparato gimnástico usado para saltos y otros ejercicios. **2** Parte cuadrada inferior de la base de una columna.

plioceno ***m.*** Último periodo de la era terciaria.

plisado, da ***adj.*** Con pliegues: *El uniforme de la escuela consistía en una falda **plisada**, una blusa y un chaleco.*

plisar ***vb.*** {tr.} Marcar pliegues en una tela: ***Plisa** la tela para ver cómo se verá la cortina.*

plomada ***f.*** Pesa metálica que se cuelga de un cordón y se usa para señalar la línea vertical: *Si los albañiles hubieran usado una **plomada** al construir, la pared no habría quedado inclinada.*

plomería ***f. Amér.*** **1** Oficio del plomero. **2** Lugar donde el plomero tiene su taller: *"¡Llama a la **plomería**, se está tirando el agua del baño!", gritó mi mamá.*

plomero ***m. Amér.*** Fontanero: *Hay que llamar al **plomero** para que venga a arreglar el lavabo que gotea.*

plomizo, za ***adj.*** **1** Que tiene plomo: *Por razones de salud pública ya no se usa la pintura **plomiza** en la cerámica.* **2** De color o consistencia semejante al plomo: *El cielo está **plomizo**, estoy segura de que va a llover.*

plomo ***m.*** **1** Metal pesado, de color gris azulado, dúctil y maleable, de símbolo químico Pb y número atómico 82: *Cuando los industriales se dieron cuenta de que el **plomo** es dañino para la salud, dejaron de usarlo para elaborar las latas de alimentos.* **2** Fusible de hilo de plomo. **3** Plomada. **4** ***Fam.*** Persona o cosa pesada e insoportable.

pluma ***f.*** **1** Órgano que forma parte de la piel de las aves, formado por un tubo provisto de barbas: *Las **plumas** conservan*

a b c d e f g h i j k l m n o p q r s t u v w x y z

la temperatura del cuerpo de los pájaros y los protegen del agua, son su abrigo y su impermeable. **2** *Méx.* Instrumento con tinta para escribir. SIN. **bolígrafo, birome.**

plumaje ***m.*** Conjunto de plumas que cubren el cuerpo de un ave: *El **plumaje** de la cacatúa es de color blanco y forma un bonito penacho en su cabeza.*

plumario, ria ***adj.*** Se aplica al arte de hacer mosaicos con plumas de ave: *El arte **plumario** está casi desaparecido, pero en la época prehispánica era muy popular.*

plúmbeo, a ***adj.*** **1** De plomo: *La soldadura de la reja es **plúmbea,** por eso tiene ese color oscuro.* **2** Pesado como el plomo.

plumbífero, ra o **plomífero, ra** ***adj.*** Que contiene plomo: *La tierra de ese valle es **plumbífera,** por eso tiene color negruzco.*

plumero ***m.*** **1** Utensilio para limpiar el polvo hecho con plumas de ave atadas a un mango: *Esteban, por favor, pasa el **plumero** encima de los libros para quitarles el polvo.* **2** Adorno de plumas.

plumífero, ra ***adj.*** Que tiene o lleva plumas: *Los mexicas desarrollaron el arte **plumífero** en los bellos penachos que usaban sus sacerdotes y gobernantes.*

plumilla ***f.*** Parte metálica de las plumas de dibujo o caligrafía que se humedece con la tinta: *Al inventarse el bolígrafo, las **plumillas** comenzaron a entrar en desuso.*

plumón ***m.*** **1** Pluma fina de las aves que se encuentra bajo el plumaje exterior. **2** Utensilio usado para rotular: *Haz el anuncio con **plumones** gruesos de colores atractivos para que llame la atención.*

plural ***adj.*** Que expresa pluralidad, diversidad: *El Congreso de ese país es **plural** pues tiene diputados de todos los partidos políticos.*

plural ***m.*** Accidente gramatical que se refiere a dos o más personas, animales o cosas: *La palabra* gusano *es singular; la palabra* gusanos *es **plural.***

pluralidad ***f.*** **1** Circunstancia de ser más de uno: *Para realizar el trabajo de investigación, los estudiantes deben analizar una **pluralidad** de temas.* **2** Multitud de cosas o de ideas: *En el mundo existe una gran **pluralidad** de idiomas.*

pluralismo ***m.*** Sistema en que se admite la pluralidad, la diversidad de opiniones, de tendencias, etc.

pluricelular ***adj.*** Que consta de muchas células: *Los mamíferos somos animales **pluricelulares.***

pluriempleo ***m.*** Ejercicio de varios empleos por una persona: *El **pluriempleo** es necesario cuando el sueldo que se gana en un solo trabajo no es suficiente para sobrevivir.*

pluripartidismo ***m.*** Sistema político en el que existen varios partidos: *El **pluripartidismo** es una de las características de los sistemas democráticos.*

plus ***m.*** Cualquier cantidad suplementaria, en especial la que se aplica al salario: *Con el **plus** que me dieron por trabajar los fines de semana, voy a iniciar una cuenta de ahorros.* SIN. **extra.**

pluscuamperfecto ***m.*** Tiempo del verbo que expresa una acción pasada que se ha producido antes que otra acción pasada: *En la frase "Cuando el niño llegó ya había comido",* había comido *es el **pluscuamperfecto** del verbo "comer".*

plusmarca ***f.*** Récord deportivo.

plusvalía ***f.*** o **plusvalor** ***m.*** Aumento del valor de un bien, por razones distintas del trabajo: *Las casas de esa zona adquirieron **plusvalía** debido a que tres nuevas estaciones del metro están cerca de allí.*

plutocracia ***f.*** Régimen político en el que gobiernan los ricos.

plutócrata ***m.*** y ***f.*** Persona que pertenece a la plutocracia.

plutónico, ca ***adj.*** Se dice de las rocas que han cristalizado lentamente a grandes profundidades de la Tierra, como el granito.

plutonio ***m.*** Elemento químico radiactivo, altamente tóxico, de símbolo Pu y número atómico 94: *El **plutonio** se ha usado en la tecnología nuclear.*

pluvial ***adj.*** Se refiere a lo que está relacionado con la lluvia.

pluviómetro ***m.*** Aparato para medir la cantidad de lluvia: *Con el **pluviómetro** se puede saber cuánta lluvia cae en un momento, día, mes o año sobre un lugar.*

pluviosidad ***f.*** Cantidad de lluvia caída en un lugar y tiempo determinados: *La **pluviosidad** en la selva tropical es abundante.*

población ***f.*** **1** Conjunto de los habitantes de un país o comunidad: *La **población** del mundo ha crecido de manera alarmante en los últimos cincuenta años.* **2** Conjunto de cosas de la misma especie o que son parecidas. **3** *loc. Chile.* ~ **callampa,** barrio marginal de casas pobres.

poblado ***m.*** Lugar habitado: *Espero que en el **poblado** más próximo haya algún lugar dónde comer, porque me muero de hambre.*

poblador, ra ***adj./m.*** y ***f.*** Habitante de un lugar: *Los **pobladores** de esa ciudad celebran cada aniversario de su fundación con un desfile y fiestas populares.*

poblamiento ***m.*** Proceso de asentamiento de población en un lugar: *La teoría más aceptada sobre el **poblamiento** de América es que algunos grupos humanos llegaron desde Asia por el estrecho de Bering.*

poblano, na ***adj./m.*** y ***f.*** Del estado mexicano de Puebla. *El mole **poblano** es un platillo famoso internacionalmente.*

poblar ***vb. irreg.*** {tr. y prnl.} **Modelo 5. 1** Ocupar la gente un lugar para vivir ahí: *El sitio que visitamos fue hace unos años casi un desierto, pero llegaron personas, lo **poblaron** y ahora es un próspero pueblo minero.* **2** Llenarse de una cosa: *En la época de lluvias los bosques **se pueblan** de diferentes clases de hongos.*

pobre ***adj.*** **1** De poca calidad: *El diseño del vestido es bueno pero la confección es **pobre,** por eso no luce.* **2** Que no tiene dinero, mendigo: *Un hombre **pobre** pedía limosna a los automovilistas que cruzaban esa calle.* **3** Infeliz, desdichado: *El **pobre** muchacho está muy triste porque su novia lo plantó.*

pobre ***m.*** y ***f.*** Persona que no tiene lo necesario para vivir: *Muchos **pobres** viven en los alrededores de las grandes ciudades.*

pobreza ***f.*** **1** Calidad o estado de pobre: *La **pobreza** es un gran problema mundial.* **2** Escasez, estrechez: *Como el padre perdió el trabajo, la familia pasa por un periodo de **pobreza.***

pocho, cha ***adj.*** **1** Marchito, pasado: *La fruta **pocha** se llena de unos pequeños insectos que se alimentan de cosas fermentadas.* **2** Pálido, descolorido.

pocho, cha ***m.*** y ***f.*** *Méx.* Persona de origen mexicano que vive en Estados Unidos de América y ha adoptado las costumbres estadounidenses.

pochote ***m.*** *C. Rica, Hond.* y *Méx.* Árbol silvestre muy espinoso, cuyo fruto encierra una especie de algodón con el que se rellenan almohadas.

pocilga ***f.*** **1** Lugar para mantener a los cerdos domesticados: *Atrás de la casa está la **pocilga.*** SIN. **chiquero, zahúrda. 2** *Fam.* Lugar sucio: *Hace mucho que no limpian ese cine, por eso parece una **pocilga.***

pocillo ***m.*** Jícara, vasija o taza pequeña que puede estar hecha de peltre, barro, porcelana.

pócima ***f.*** Bebida medicinal hecha de materias vegetales: *La curandera me dio una **pócima** preparada con varias hierbas que debo tomar durante quince días.*

poción ***f.*** Cualquier líquido considerado medicinal o mágico para beber: *Me dijo que conseguiría una **poción** para que ese muchacho se enamorara de ella.*

poco ***adv.*** **1** Con escasez: *Evaristo es un **poco** lento para correr y siempre llega al último en las competiciones.* **2** Con algunos verbos, indica corta duración: *Ana tardó **poco** en llegar hasta mi casa, apenas hizo quince minutos de camino.*

poco ***m.*** Cantidad escasa de algo: *¿Quieres flan?, queda un **poco**.*

poco, ca ***adj.*** Escaso en cantidad o calidad: *Sólo quiero ensalada porque tengo **poca** hambre.*

poda ***f.*** Acción de podar y tiempo en que se realiza: *La **poda** de esos árboles deberá efectuarse antes del invierno.*

podar ***vb.*** {tr.} Cortar las ramas inútiles de los árboles y las plantas: *Ya está muy crecido el césped, hay que **podarlo**.*

podenco, ca ***adj./m.*** y ***f.*** Tipo de perro que ladra poco y que resulta adecuado para cazar.

poder ***m.*** **1** Capacidad para hacer algo: *Elías tiene **poder** para convencerme de salir a jugar cuando me siento triste.* **2** Dominio o influencia: *Elena es quien tiene más **poder** en la empresa porque es la socia con más acciones.* **3** Gobierno de un Estado: *El **poder** de un país está representado por su presidente, o por un rey si se trata de una monarquía.* **4** Fuerza de una cosa para producir cierto efecto: *Los detergentes tienen **poder** limpiador y desengrasante.* **5** *loc.* **~ adquisitivo,** cantidad de cosas o servicios que se pueden comprar con cierta suma de dinero: *Con la crisis, el **poder adquisitivo** de la población ha disminuido mucho; ahora apenas alcanza para cubrir las necesidades básicas.* **6** *loc.* **~ ejecutivo,** el que se encarga de aplicar las leyes hechas por el poder legislativo. **7** *loc.* **~ judicial,** el encargado de impartir justicia con base en las leyes que elabora el poder legislativo. **8** *loc.* **~ legislativo,** el que discute, aprueba, elabora y reforma las leyes que se aplican en un país.

poder ***vb. irreg.*** {tr., intr. e impers.} **Modelo 28. 1** Tener la facultad de hacer una cosa. **2** Ser posible que suceda una cosa: ***Puedes** encontrar a mi hermano en esta calle porque estudia en una escuela del barrio.*

poderío ***m.*** **1** Poder, dominio: *El **poderío** de la antigua Roma se extendió a través de toda Europa.* **2** Conjunto de bienes, de los recursos económicos de un país, empresa o persona: *Japón es un país con gran **poderío** no sólo en Asia, sino también en todo el mundo.* **3** Fuerza, energía física: *Los leones son animales de gran **poderío**.*

poderoso, sa ***adj.*** **1** Activo, eficaz: *Te voy a dar una píldora **poderosa** que te quitará el dolor rápidamente.* **2** Que tiene mucho poder o riquezas: *Uno de los hombres más **poderosos** del mundo durante el siglo XVI fue el sultán del imperio otomano llamado Solimán el Magnífico.*

poderoso, sa ***m.*** y ***f.*** Persona que tiene mucho poder o riquezas.

podio o **podium** ***m.*** Plataforma sobre la que se coloca al vencedor de una prueba deportiva para hacerle homenaje: *Los atletas que ganaron los tres primeros lugares pasaron al **podio** a recibir sus medallas.*

podología ***f.*** Rama de la medicina que trata del estudio y las enfermedades de los pies.

podólogo, ga ***m.*** y ***f.*** Especialista en podología.

podredumbre ***f.*** Estado de aquello que está podrido: *A medida que se acerca uno al basurero se percibe el olor a **podredumbre**.*

podrido, da ***adj.*** Se dice de lo que resulta de pudrir o pudrirse: *Ya tira esas frutas porque están **podridas** y agusanadas.*

podrir ***vb. irreg.*** {tr. y prnl.} **Modelo 63.** ***Ver*** **pudrir.**

poema ***m.*** Texto oral o escrito, algunas veces compuesto en verso: *El escritor chileno Pablo Neruda escribió maravillosos **poemas** y llegó a recibir el premio Nobel de Literatura.*

poemario ***m.*** Libro que contiene una colección de poemas: *El primer **poemario** de la escritora chilena Gabriela Mistral se tituló* Desolación *y fue publicado en 1922.*

poesía ***f.*** Arte de evocar emociones e ideas mediante un uso especial del lenguaje, sujeto a unas reglas determinadas: *Para escribir **poesía** hay que cuidar el ritmo, la cadencia y la sonoridad de las palabras.*

poeta ***m.*** y ***f.*** Persona que compone poesía: *El escritor cubano José Martí fue un gran **poeta** de finales del siglo XIX, y además luchó por la independencia de su país.*

poética ***f.*** **1** Arte de componer poesía. **2** Tratado sobre las reglas de la poesía.

poético, ca ***adj.*** Relativo a la poesía o propio de ella: *Esta semana María está estudiando en su clase de literatura la obra **poética** del escritor nicaragüense Rubén Darío.*

poetisa ***f.*** Mujer que compone poesía: *Sor Juana Inés de la Cruz fue una famosa **poetisa** mexicana.*

pointer ***adj./m.*** **Palabra de origen inglés.** Raza de perros cazadores con orejas y cola largas.

poiquilotermo, ma ***adj./m.*** Se aplica a los animales que no tienen una temperatura corporal constante: *Los reptiles son **poiquilotermos**, sus cuerpos se calientan o se enfrían según el clima.*

póker ***m. Ver*** **póquer.**

polaco ***m.*** Lengua eslava hablada en Polonia.

polaco, ca ***adj./m.*** y ***f.*** Originario de Polonia, país de Europa.

polaina ***f.*** Especie de media que cubre la pierna hasta la rodilla: *Mi tío abuelo, que vivió a finales del siglo XIX, usaba **polainas**.*

polar ***adj.*** Relativo a uno de los polos: *El blanco pelaje de los osos **polares** les sirve para confundirse entre el paisaje nevado.*

polaridad ***f.*** Cualidad que permite distinguir entre sí cada uno de los polos de un imán o de un generador eléctrico.

polarización ***f.*** **1** En electricidad, fenómeno producido por la aparición de dos polos en una cosa. **2** Hecho de llevar algo a los extremos: *La **polarización** de los dos partidos políticos acerca de ese asunto ha impedido que lleguen a un acuerdo.*

polarizado, da ***adj.*** **1** Que está en el extremo de una posición o punto de vista: *Las discusiones en torno al aborto están **polarizadas** desde hace años porque algunas personas piden legalizarlo y otras mantenerlo prohibido.* **2** Se dice de los vidrios cubiertos por una capa que hace que por fuera se vean oscuros y desde adentro se pueda ver hacia afuera: *Las personas famosas que no quieren que las vean ponen vidrios **polarizados** a sus automóviles, pero en algunos países está prohibido.*

polarizar ***vb. irreg.*** {tr. y prnl.} **Modelo 16. 1** Concentrar la atención en una cosa: *La bella modelo **polarizó** la atención de todos los asistentes a la fiesta.* **2** Hacer que las posiciones se radicalicen, se hagan extremas.

polca ***f.*** Danza de origen polaco que se baila por parejas: *Un instrumento usado para tocar **polcas** es el acordeón.*

polea ***f.*** Rueda acanalada por la que pasa una cuerda y que sirve para elevar cuerpos: *Como el armario no cupo por las escaleras, lo alzaron al segundo piso con **poleas** y cuerdas.*

polémica ***f.*** Controversia, discusión: *El nuevo proyecto de ley ha desatado una* ***polémica*** *en los diarios con unas opiniones a favor y otras en contra.*

polemizar ***vb. irreg.*** {intr.} **Modelo 16.** Discutir sobre un asunto en particular: *Los científicos de inicios del siglo XXI* ***polemizan*** *sobre temas genéticos.*

polen ***m.*** Conjunto de granos microscópicos producidos por los estambres de las flores: *El* ***polen*** *de las flores sirve para su reproducción.*

poleo ***m.*** Planta aromática que se usa para preparar infusiones o bebidas calientes.

poliamida ***f.*** Compuesto químico usado en la industria textil.

poliandra ***adj.*** Se aplica a la mujer que tiene varios maridos simultáneamente.

poliandria ***f.*** Estado de una mujer casada de forma legítima con varios hombres: *La* ***poliandria*** *es a la mujer lo que la poligamia es al hombre.*

policía ***f.*** Fuerza pública encargada de mantener el orden y brindar seguridad a los ciudadanos: *Le robaron su cartera y fue a la oficina de la* ***policía*** *a denunciar el delito.* SIN. **cana.**

policía ***m.*** y ***f.*** Miembro de la fuerza pública encargada del orden y la seguridad de los ciudadanos: *Hace una semana un* ***policía*** *atrapó a un ladrón en esta calle.*

policiaco, ca o **policíaco, ca** ***adj.*** Relacionado con la policía: *Leo muchas novelas* ***policiacas*** *porque me gusta intentar resolver el misterio de los crímenes.* SIN. **policial.**

policial ***adj.*** Que tiene que ver con la policía: *Durante la noche hay vigilancia* ***policial*** *en las calles de mi barrio para prevenir delitos.* SIN. **policiaco.**

policlínica ***f.*** Clínica de diversas especialidades médicas.

policromía ***f.*** Cualidad de lo que es de muchos colores: *La* ***policromía*** *de la lámpara hace que se reflejen en las paredes luces de colores.*

policromo, ma o **polícromo, ma** ***adj.*** Que tiene o está hecho con varios colores.

polideportivo ***m.*** Instalación destinada al ejercicio de distintos deportes.

poliedro ***m.*** Sólido limitado por varios polígonos llamados caras: *El cubo es un* ***poliedro*** *de seis caras.*

poliéster ***m.*** Material sintético usado en la fabricación de fibras y tejidos.

polietileno ***m.*** Plástico derivado del etileno: *El* ***polietileno*** *se usa, entre otras cosas, para fabricar bolsas de empaque para mercancías.*

polifacético, ca ***adj.*** Que ofrece varias facetas o aspectos: *Es un artista* ***polifacético*** *que sabe bailar, cantar y actuar.*

polifonía ***f.*** Conjunto de sonidos simultáneos que forman un conjunto armónico: *Si escuchas con atención una sinfonía notarás la* ***polifonía,*** *o sea cómo hay varias melodías al mismo tiempo.*

polifónico, ca ***adj.*** Relacionado con la polifonía.

poligamia ***f.*** Forma de relación conyugal en la que se permite al varón tener varias esposas legítimas: *Entre los antiguos chinos estaba permitida la* ***poligamia.***

polígamo ***adj./m.*** Hombre que practica la poligamia: *Muchos jeques árabes son* ***polígamos,*** *pues su religión les permite tener varias esposas.*

políglota ***m.*** y ***f.*** Persona que habla varias lenguas.

polígloto, ta o **poligloto, ta** ***adj.*** Escrito en varias lenguas o que habla varias lenguas: *Mi amigo Iván es* ***políglota*** *porque habla húngaro, serbio, alemán, inglés, francés, italiano y español.*

polígono ***m.*** Porción de plano limitado por segmentos de recta: *El pentágono es un* ***polígono*** *de cinco lados.*

polilla ***f.*** Insecto nocturno cuyas larvas destruyen los tejidos y la madera: *Consuelo tuvo que fumigar su casa porque la* ***polilla*** *se estaba comiendo sus muebles de madera.*

polimerización ***f.*** Transformación de moléculas de poca masa molecular en otras moléculas gigantes.

polímero ***m.*** Compuesto químico que tiene un peso molecular elevado.

polimorfismo ***m.*** Presencia en una sola especie de individuos de formas muy diferentes: *El amplio grupo de los perros muestra* ***polimorfismo;*** *los hay chicos, grandes, peludos, sin pelo, de distintos colores, etc.*

polinesio, sia ***adj./m.*** y ***f.*** De la Polinesia, parte de Oceanía que comprende archipiélagos desde Nueva Zelanda hasta la Isla de Pascua, pasando por Hawai.

polinización ***f.*** Transporte del polen desde los estambres hasta el estigma de la flor: *La* ***polinización*** *es necesaria para que se efectúe la fecundación de las plantas que tienen flores.*

polinizar ***vb. irreg.*** {tr.} **Modelo 16.** Hacer posible la polinización: *Las abejas* ***polinizan*** *las flores al transportar el polen entre sus patas.*

polinomio ***m.*** Suma algebraica de monomios: $3x + 4y - 2z$ *es un ejemplo de* ***polinomio.***

poliomielitis ***f.*** Enfermedad producida por un virus que se fija en la médula espinal y provoca parálisis: *Juan sufrió de* ***poliomielitis*** *cuando era niño y desde entonces tiene que usar muletas.*

pólipo ***m.*** Tumor benigno: *Los médicos le encontraron* ***pólipos*** *en el intestino a Julián, pero le dijeron que no era nada grave.*

polisacáridos ***m. pl.*** Hidratos de carbono.

polisemia ***f.*** Propiedad de una palabra que tiene diferentes significados: *La palabra* cabeza *es un ejemplo de* ***polisemia*** *pues tiene 11 acepciones en este diccionario.*

polisémico, ca ***adj.*** Relativo a la polisemia.

polisílabo, ba ***adj./m.*** Se dice de la palabra compuesta por varias sílabas: *La palabra* hipersensibilidad *es* ***polisílaba.***

polisíndeton ***m.*** Figura retórica que consiste en repetir las conjunciones que unen los elementos de una enumeración: *"Comimos sopa de verduras y arroz y huevo y queso y guiso de pollo con hongos, y fruta", es una oración que tiene* ***polisíndeton.***

polisón ***m.*** Armazón para abultar la parte de atrás de la falda que se usó durante el siglo XIX: *El corsé y el* ***polisón*** *daban a la silueta femenina un aspecto de cintura pequeñísima y gran trasero.*

politécnico, ca ***adj.*** Que abarca diversas ciencias o artes: *Marco estudió biología en la escuela* ***politécnica*** *nacional y su hermano estudió ingeniería en el mismo plantel.*

politeísmo ***m.*** Religión que admite la existencia de muchos dioses: *Los antiguos griegos practicaban el* ***politeísmo*** *pues adoraban a Zeus, Atenea, Afrodita y otros dioses.*

politeísta ***adj./m.*** y ***f.*** Relativo al politeísmo, seguidor del politeísmo.

política ***f.*** Ciencia que trata del gobierno de un Estado.

político, ca ***adj.*** **1** Relativo a la política: *Los ministros, diputados y senadores son personajes* ***políticos.*** **2** Se dice del parentesco que lo es por afinidad y no por lazos de sangre: *La esposa de mi tío es mi tía* ***política.***

político, ca ***m.*** y ***f.*** Persona que se dedica a la política.

politizar ***vb. irreg.*** {tr. y prnl.} **Modelo 16.** Dar carácter político a una situación: *Algunos representantes de cierto* *partido político intentaron* ***politizar*** *la huelga de textileros, pero el líder sindical les dijo que era un asunto puramente laboral.*

politología ***f.*** Ciencia que estudia los fenómenos políticos.

politólogo, ga ***m.*** y ***f.*** Especialista en politología: *Varios* ***politólogos*** *participaron en una mesa redonda en la que se analizó el próximo panorama electoral.*

polivalente ***adj.*** **1** Que tiene varios usos o valores. **2** En química, se dice del elemento que tiene varias valencias: *El carbono es un ejemplo de elemento* ***polivalente,*** *porque puede combinarse con otros elementos de varias maneras.*

póliza ***f.*** **1** Documento que recoge las cláusulas de un contrato: *Mi papá compró una* ***póliza*** *para asegurar su automóvil.* **2** Sello con que se paga en algunos documentos el impuesto correspondiente a la realización de un trámite.

polizón ***m.*** Persona que se embarca sin tener permiso para hacerlo, a escondidas: *En una de las bodegas del barco encontraron un* ***polizón*** *escondido.*

polizonte ***m. Desp.*** Agente de policía.

polla ***f.*** **1** Gallina joven que todavía no está en edad de reproducirse. **2** ***Esp.*** Pene.

pollera ***f. Amér. Merid.*** Prenda de vestir, en especial femenina, que cae de la cintura hacia abajo. SIN. **falda.**

pollería ***f.*** Tienda donde se venden pollos y huevos: *Ve a la* ***pollería*** *de la esquina y compra una pechuga para guisarla con verduras.*

pollino, na ***m.*** y ***f.*** Asno joven y sin domar.

pollo ***m.*** **1** Cría de las aves: *Los* ***pollos*** *de las águilas se llaman aguiluchos.* **2** Gallo joven: *El hombre vendía* ***pollos*** *muertos que colgaba de las patas en su tienda.*

polluelo, la ***m.*** y ***f.*** Pollo que tiene pocos días de nacido: *Los* ***polluelos*** *de halcón chillaban para que su madre los alimentara, pues todavía no saben comer solos.*

polo ***m.*** **1** Cualquiera de los extremos del eje de rotación de una esfera, en especial de la Tierra: *Robert E. Peary fue el primer explorador en llegar, en 1909, hasta el* ***Polo*** *Norte de la Tierra.* **2** Cada uno de los extremos de un generador de electricidad: *Las pilas tienen dos* ***polos,*** *uno positivo y el otro negativo.*

polo ***m.*** **1** Juego que se practica a caballo y consiste en impulsar una pelota con la ayuda de un palo hasta la meta: *El* ***polo*** *se originó en la antigua Persia; era uno de los deportes favoritos en la India en el siglo* XIV*; y en el siglo* XIX *los soldados ingleses lo llevaron a su país, de donde se extendió a todo el mundo.* **2** Suéter o jersey abrochado por delante hasta la altura del pecho y con cuello como de camisa. **3** Helado alargado con un palo hincado en su base.

pololear ***vb.*** {tr.} **1** ***Amér. C.*** y ***Amér. Merid.*** Molestar, importunar: *Ya no estés* ***pololeando,*** *que debo terminar este trabajo.* **2** ***Chile.*** Coquetear, galantear: *Algunos muchachos van a las fiestas a comer, otros a bailar, otros* ***pololean*** *con quien pueden.*

pololo ***m.*** **1** ***Chile.*** Insecto que al volar produce un zumbido como el moscardón. **2** ***Chile.*** Individuo que sigue a una mujer con fines amorosos.

polonio ***m.*** Metal radiactivo de símbolo Po y número atómico 84.

poltrón, trona ***adj.*** Perezoso, holgazán, flojo: *Artemio es tan* ***poltrón*** *que si no hay quien le sirva la comida prefiere quedarse sin comer.*

poltrona ***f.*** Butaca cómoda y ancha: *A mi abuelo le gusta sentarse a leer el diario en una mullida* ***poltrona*** *junto a la ventana.*

polución ***f.*** **1** Derrame involuntario de semen: *Las* ***poluciones*** *durante el sueño son un hecho normal en los chicos adolescentes.* **2** Contaminación del ambiente: *La* ***polución*** *es un problema grave en ciudades grandes como México, Caracas y Santiago.*

polvareda ***f.*** Gran cantidad de polvo: *Cuando las vacas echaron a correr se levantó una gran* ***polvareda.***

polvera ***f.*** Pequeña caja, por lo general con espejo, en la que se guarda el polvo facial: *La mujer sacó la* ***polvera*** *para retocarse el maquillaje antes de que le tomaran las fotografías.*

polvo ***m.*** Tierra o materia en pequeñísimas partículas: *Carlos es alérgico al* ***polvo*** *porque le causa molestias en la nariz y garganta.*

pólvora ***f.*** Material explosivo que se utiliza para disparar proyectiles o para elaborar cohetes y juegos pirotécnicos: *La* ***pólvora*** *fue inventada por los antiguos chinos entre los años 1127 y 1279 d. C.*

polvoriento, ta ***adj.*** Cubierto de polvo: *Hacía mucho que no hojeaba ese libro y cuando lo abrí, estaba tan* ***polvoriento*** *que me hizo estornudar.*

polvorín ***m.*** **1** Lugar donde se almacenan explosivos. **2** Pólvora fina.

polvorón ***m.*** Dulce elaborado a base de harina con almendra o maní, manteca y azúcar: *Fui a la panadería y traje* ***polvorones*** *para comer de postre.*

polvoso, sa ***adj.*** Lleno de polvo: *Después de su viaje por el camino de tierra seca, el hombre llegó a la posada todo* ***polvoso.***

pomada ***f.*** Ungüento de uso medicinal y de aplicación externa: *Ponte* ***pomada*** *en el músculo y te aminorará el dolor causado por la luxación.*

pomelo ***m.*** **1** Árbol parecido al naranjo, cultivado en los países cálidos. **2** Fruto del árbol llamado pomelo, mayor que las naranjas y de sabor un poco amargo y ácido. SIN. **toronja.**

pomo ***m.*** **1** Perilla fija a los muebles, puertas, etc., de la que se tira para abrirlos: *Como se cayó el* ***pomo*** *de la puerta, ahora no la puedo abrir.* SIN. **picaporte. 2** Extremo por donde se toma la espada. **3** ***Argent.*** Recipiente de material flexible en el que se expenden cosméticos, fármacos o pinturas. **4** ***Méx. Fam.*** Botella que contiene alguna bebida alcohólica: *Julio César y sus amigos compraron un* ***pomo*** *de tequila para tomar durante la fiesta.*

pompa ***f.*** **1** Ampolla líquida llena de aire: *Un alambre en forma de aro y agua jabonosa sirven como una pequeña máquina para hacer* ***pompas*** *de jabón.* SIN. **burbuja. 2** Ostentación, grandeza: *A esa estrella de cine le gusta llevar a cabo los actos oficiales con gran* ***pompa*** *y lujo.* **3** ***Méx. Fam.*** Asentadera, nalga, trasero.

pompón ***m.*** Borla esférica o redondeada que se usa como adorno: *Mi gorra de invierno favorita tiene un gran* ***pompón*** *en la parte de la coronilla.*

pomposo, sa ***adj.*** **1** Hecho con pompa y lujo: *A mí me gustan las reuniones sencillas y modestas, en cambio a mi amiga Lilia le gustan las* ***pomposas*** *y solemnes.* **2** Estilo o lenguaje elaborado, formal y con algo de exageración.

pómulo ***m.*** Hueso saliente de cada una de las mejillas: *Giordano tiene los* ***pómulos*** *escondidos bajo sus grandes mejillas gordas.*

ponchada ***f. Amér. Merid.*** Cantidad importante de algo: *Ya tengo una* ***ponchada*** *de libros, necesito un nuevo mueble para guardarlos.*

ponchadura ***f. Colomb., Guat.*** y ***Méx.*** Picadura en un neumático, balón o cualquier otro objeto que se infle con aire o gas: *No pudieron seguir jugando porque el balón sufrió una* ***ponchadura*** *y se desinfló.*

ponchar ***vb.*** {tr. y prnl.} **Palabra de origen inglés. 1** ***Colomb., Guat.*** y ***Méx.*** Pincharse un neumático, balón o cualquier otro objeto que se infle con aire o gas: ***Se ponchó** un neumático del auto y nos llevó tanto tiempo cambiarlo que llegamos muy retrasados a la cita.* **2** En el béisbol, mandar a la banca el lanzador de un equipo al bateador del contrario.

ponche ***m.*** Bebida hecha con agua caliente, frutas, azúcar y a veces licor: *En las épocas invernales mi mamá prepara **ponche** de manzana.*

poncho ***m.*** Manta cuadrada de lana o tela gruesa, con una abertura para pasar la cabeza y usarla sobre el cuerpo para abrigarse.

ponderar ***vb.*** {tr.} **1** Pesar, determinar el peso de algo. **2** Alabar con fuerza a alguien o algo: *Sebastián **ponderó** durante la reunión la rapidez y habilidad de su secretaria para resolver los problemas de la oficina.* **3** Considerar con atención e imparcialidad un asunto: *Es importante **ponderar** lo bueno y lo malo de ese trabajo para decidir si debo o no aceptarlo.*

ponedora ***adj.*** Se dice del ave que pone muchos huevos: *Se murió la más **ponedora** de las gallinas de mi abuelo y desde entonces la producción de huevos en su granja ha bajado.*

ponencia ***f.*** Trabajo que se lee ante una asamblea o en una reunión académica: *Edith escribió con mucho cuidado las **ponencias** que va a leer en el Congreso de Arquitectura.*

ponente ***m.*** y ***f.*** Persona que presenta en una asamblea una propuesta o trabajo a discutir: *En el Congreso sobre Educación para Niños, cincuenta **ponentes** hablaron de sus propuestas para reformarla.*

poner ***vb. irreg.*** {tr. y prnl.} **Modelo 27. 1** Asignar a un objeto un lugar o un modo de estar en el espacio: ***Puse** la cama cerca de la ventana para que me refresque el viento que entra.* **2** Preparar algo para un fin determinado: *Hoy los niños **pusieron** los platos en la mesa para la cena.* **3** Dar un nombre: *¿Qué nombre van a **ponerle** al bebé?* **4** Representar una obra teatral o proyectar un filme: *Mañana **pondrán** en el cine un filme de terror que quiero ir a ver.* **5** Soltar el huevo las aves y otros animales ovíparos: *Hay que recoger los huevos en cuanto los **pongan** las gallinas para que no los pisen.* **6** Ocultarse el Sol bajo el horizonte: *En verano el sol **se pone** más tarde que en invierno.* **7** Vestir alguien una prenda determinada: ***Ponte** un abrigo porque hace mucho frío en la calle.* **8** ***loc.*** **~ en claro,** averiguar o explicar con claridad alguna cosa confusa: *Clementina le pidió a su novio que **pusiera en claro** sus intenciones porque después de diez años de noviazgo él seguía sin hablar de matrimonio.*

poni ***m.*** **Palabra de origen inglés.** Caballo de tamaño pequeño: *El enano tenía un **poni** del que subía y bajaba sin problemas porque le quedaba a la medida.*

poniente ***m.*** **1** Oeste, punto cardinal: *El Sol se pone por el **poniente,** como su nombre lo indica.* **2** Viento que sopla desde el oeste.

pontificado ***m.*** **1** Dignidad de pontífice: *Juan Pablo II accedió al **pontificado** en 1978.* **2** Tiempo que dura este cargo: *El **pontificado** de Pío XII duró de 1939 a 1958.*

pontificar ***vb. irreg.*** {intr.} **Modelo 17.** Expresarse de una manera presuntuosa, con autoridad y sin admitir ninguna crítica sobre lo que se dice: *Víctor es muy pesado porque siempre **pontifica** en vez de conversar.*

pontífice ***m.*** En la Iglesia católica, título dado a los obispos y en especial al Papa: *El sumo **pontífice** de la Iglesia católica es el Papa y vive en la Santa Sede.*

pontificio, cia ***adj.*** Relacionado con el pontífice: *Las habitaciones **pontificias** están en un área especial del palacio del Vaticano.*

ponzoña ***f.*** Sustancia que intoxica el organismo: *La **ponzoña** de la abeja me provocó una inflamación dolorosa en el brazo.*

ponzoñoso, sa ***adj.*** Que tiene ponzoña, venenoso: *Me mordió una araña **ponzoñosa** y me produjo fiebre y una erupción en la piel.*

pop ***adj.*** **Palabra de origen inglés, abreviatura de "popular". 1** Relativo a una forma musical moderna y rítmica que deriva de la música hecha por gente de raza negra y por los campesinos ingleses. **2** Relativo a un movimiento artístico de origen estadounidense caracterizado por la representación artística de objetos cotidianos: *El artista estadounidense Andy Warhol fue uno de los principales representantes del "**pop** art" durante la segunda mitad del siglo XX.*

popa ***f.*** Parte posterior de una embarcación: *Los turistas tomaban el sol en la cubierta de **popa** del transatlántico.* ANT. **proa.**

pope ***m.*** Título dado a los sacerdotes en las Iglesias católicas ortodoxas.

popote ***m. Méx.*** Tubo delgado para sorber líquidos. SIN. **pajilla.**

populacho ***m. Desp.*** Chusma, conjunto de gente vulgar y grosera.

popular ***adj.*** **1** Relativo al pueblo o propio de él: *La música **popular** se origina en las capas sociales bajas.* **2** Muy conocido o extendido en una colectividad: *Como ese cantante es muy **popular,** muchas personas quieren asistir a sus conciertos.*

popularidad ***f.*** Estimación y fama entre el pueblo: *El presidente mexicano Lázaro Cárdenas gozó de mucha **popularidad** en su país cuando gobernó en el periodo o sexenio de 1934 a 1940.*

populismo ***m.*** Política gubernamental que promete beneficiar a los sectores populares como una manera de acercarse los gobernantes al pueblo.

populoso, sa ***adj.*** Se dice del lugar muy poblado: *La zona más **populosa** de la ciudad fue la que sufrió más a causa de las inundaciones.*

popurrí o **potpurrí** ***m.*** **Palabra de origen francés. 1** Composición musical que consiste en una serie de fragmentos de obras diversas: *El domingo la banda tocó un **popurrí** de canciones populares de moda.* **2** Mezcolanza de cosas diversas: *Antonia hizo un **popurrí** con pétalos de diferentes flores y gotas de perfume y lo colocó en una canastita para aromatizar el baño de su casa.*

popusa ***f. Bol., Guat.*** y ***Salv.*** Tortilla de maíz con queso o trocitos de carne.

póquer ***m.*** **Palabra de origen inglés.** Juego de naipes, de origen estadounidense, en que cada jugador recibe cinco cartas y debe formar combinaciones.

por ***prep.*** **1** Forma el complemento agente de las oraciones pasivas: *La puerta fue abierta **por** el ladrón.* **2** Determina el paso a través de un lugar: *Cuando fuimos a Europa viajamos **por** varios países como España, Francia, Italia e Inglaterra.* **3** Indica fecha aproximada: ***Por** el día cinco de este mes tengo que pagar una deuda.* **4** Indica parte o lugar concreto: *Jazmín tomó la cacerola **por** las asas para no quemarse.* **5** Indica causa de algo: *Ese hombre está detenido en la oficina de la policía **por** el robo de un auto.* **6** Indica medio o modo de ejecutar una cosa: *No puedes estudiar todas las materias al mismo tiempo, debes hacerlo **por** etapas si realmente deseas aprender.* **7** Señala multiplicación de números: *Cinco **por** cinco es igual a veinticinco.* **8** ***loc.*** **~ qué,** por cuál causa o motivo: *¿**Por qué** no viniste a la escuela ayer?*

porcelana ***f.*** Tipo de cerámica fina, impermeable y cubierta con una capa de material parecido al vidrio: *La* ***porcelana*** *francesa de Sèvres es muy famosa y apreciada.*

porcentaje ***m.*** Proporción de una cantidad respecto a otra, evaluada sobre cien: *Si le prometiste a tu socio un* ***porcentaje*** *de diez por ciento de cincuenta pesos, significa que le darás cinco.*

porcentual ***adj.*** Relativo a la distribución calculada en tantos por ciento.

porche ***m.*** Entrada de un edificio o casa, cubierta con un techo: *Los abuelos estaban sentados conversando en el* ***porche*** *cuando llegamos a verlos.*

porcicultor, ra ***m.*** y ***f.*** Especialista en porcicultura: *Los* ***porcicultores*** *de la región organizarán una feria en la que exhibirán sus mejores cerdos.*

porcicultura ***f.*** Técnica de la cría de cerdos: *Entre otras cosas, la* ***porcicultura*** *se ocupa de mejorar las razas de cerdos.*

porcino, na ***adj.*** Relativo al cerdo: *En la industria alimentaria* ***porcina*** *se produce jamón, chuleta, chorizo, etc.*

porción ***f.*** Cantidad separada de otra mayor: *En casa de Sofía me dieron una* ***porción*** *grande de tarta porque saben que me gusta mucho.*

pordiosear ***vb.*** {intr.} Mendigar, pedir limosna: *A la entrada del banco* ***pordioseaba*** *una mujer harapienta.* Sin. **limosnear.**

pordiosero, ra ***adj./m.*** y ***f.*** Mendigo.

porfía ***f.*** Obstinación en conseguir algo a toda costa y a pesar de los obstáculos: *La* ***porfía*** *de Andrés rindió frutos y, aunque trabajó doble turno este año, también logró terminar la carrera.*

porfiado, da ***adj.*** Empecinado, insistente, terco: *Rosaura tenía un pretendiente tan* ***porfiado*** *que pronto logró conquistarla y casarse con ella.*

porfiar ***vb. irreg.*** {intr.} **Modelo 9. 1** Discutir con terquedad: *Me aburro cuando escucho* ***porfiar*** *a mis amigos sobre cuál jugador de fútbol es el mejor.* **2** Rogar con insistencia: ***Porfié*** *y* ***porfié*** *hasta que convencí a mis padres de que me permitieran ir a la playa.*

porífero, ra ***adj.*** Relativo a un tipo de animales acuáticos cuyas paredes corporales están perforadas por canales de circulación como las esponjas.

pormenor ***m.*** **1** Conjunto de pequeñas circunstancias: *Mañana no podré ir al cine contigo porque tengo que solucionar varios* ***pormenores*** *en mi casa.* **2** Cosa secundaria: *Después de comprar la comida y las bebidas para la fiesta, nos ocupamos de los* ***pormenores*** *como los adornos para la casa, el color de los vasos y los platos...*

pormenorizado, da ***adj.*** Detallado, con pormenores: *Para poder analizar el tema a fondo, el investigador necesita que se lo expongan de manera* ***pormenorizada.***

pormenorizar ***vb. irreg.*** {tr. y prnl.} **Modelo 16.** Relatar o describir algo con pormenores: *El explorador* ***pormenorizó*** *todos los detalles de su viaje, incluso qué comía y a qué horas cada día.*

pornografía ***f.*** Representación grosera de actos sexuales en fotografías, filmes, etc.

pornográfico, ca ***adj.*** Relacionado con la pornografía.

poro ***m.*** **1** Espacio que hay entre las partículas de los sólidos: *El barro crudo tiene muchos* ***poros,*** *por eso hay que barnizarlo antes de hornearlo.* **2** Orificio de la piel de los animales o de la superficie de los vegetales: *Cuando uno tiene mucho calor emite sudor a través de los* ***poros*** *para que la piel se refresque.* **3** Planta hortícola de hojas anchas y planas y bulbo comestible de sabor parecido al de la cebolla: *Mi madre usa el* ***poro*** *como condimento y para preparar sopas.* Sin. **puerro, porro.**

porongo ***m.*** **1** *Argent., Par.* y *Urug.* Calabaza. **2** *Bol., Chile, Pan., Par.* y *Urug.* Vasija para guardar la chicha u otro líquido. **3** *Perú.* Recipiente metálico para vender leche.

poroso, sa ***adj.*** Se dice de lo que tiene poros: *Esta madera es* ***porosa,*** *por eso absorbe tanta humedad.*

poroto ***m.*** **1** *Amér. Merid.* Planta leguminosa con frutos que crecen en forma de vaina y dentro de los cuales hay varias semillas comestibles con forma de riñón. Sin. **frijol, judía. 2** *Amér. Merid.* Semilla de la planta llamada poroto, es comestible y se come seca o verde. Sin. **frijol, judía.**

porque ***conj.*** Por causa o razón de algo: *Eduardo no vino* ***porque*** *estaba enfermo.*

porqué ***m.*** *Fam.* Causa, razón o motivo: *Es importante conocer el* ***porqué*** *de la conducta de las personas para poder comprenderlas.*

porquería ***f.*** **1** Suciedad, inmundicia: *Mi hermano vive en la* ***porquería*** *porque no limpia su habitación, no lava su ropa y no se baña.* **2** *Fam.* Cosa de poco valor: *Tengo que arreglar mi habitación porque tiene una gran cantidad de* ***porquerías*** *que debo desechar.*

porra ***f.*** **1** Palo más grueso por un extremo que por el otro: *El policía lleva una* ***porra*** *para intimidar a los delincuentes.* **2** *Argent.* Maraña de cerdas, tierra y abrojos que se forma en la cola y las crines de los caballos. **3** *Argent. Fam.* Pelo abundante y enmarañado: *Los cantantes del nuevo grupo de rock traen una* ***porra*** *que parecen leones.* **4** *Méx.* Frases fijas que se dicen con fuerza para animar a alguien: *La multitud en el estadio animaba al equipo nacional con* ***porras*** *muy alegres.* **5** *Méx.* Conjunto de seguidores de un equipo deportivo: *Los de la* ***porra*** *siempre van a los juegos vestidos con los colores de su equipo favorito.*

porrazo ***m.*** **1** Golpe dado con la porra: *El guardián le dio un* ***porrazo*** *al preso que intentaba fugarse.* **2** Golpe fuerte que se recibe al caer: *Un hombre que corría bajo la lluvia se resbaló con el piso húmedo y se dio un* ***porrazo*** *en la espalda.*

porro ***m.*** Bulbo comestible. Sin. **poro, puerro.**

porrón ***m.*** Vasija de vidrio para beber a chorro, con un pitón o tubo que sirve para moderar la salida del líquido.

portaaviones ***m. Ver*** **portaviones.**

portada ***f.*** **1** Adorno de la fachada de un edificio alrededor de la entrada principal. **2** Primera plana de un libro, diario o revista: *En esa revista usan* ***portadas*** *muy atractivas para que la gente la compre.*

portador, ra ***adj./m.*** y ***f.*** **1** Que trae o lleva algo de una parte a otra: *Ayer Nicolás fue* ***portador*** *de buenas noticias, nos avisó que el crédito que solicitamos fue aprobado.* **2** *loc.* **Al ~,** Cheque o documento comercial cuyo poseedor es considerado su dueño: *Don Toño me pagó con un cheque* ***al portador*** *para que pudiera cobrarlo rápido.*

portaequipaje o **portaequipajes** ***m.*** Soporte o compartimiento en autos, aviones, autobuses y otros vehículos, para guardar el equipaje: *La sobrecargo indicó a los pasajeros colocar sus maletas de mano en el* ***portaequipaje.***

portafolios ***m.*** Carpeta o maleta para llevar papeles, documentos, etc.: *El ayudante que acompañaba al ministro cargaba un pesado* ***portafolios*** *lleno de todo tipo de documentos.*

portal ***m.*** **1** Zaguán, entrada: *La muchacha espera a su novio todas las tardes parada en el* ***portal*** *del edificio donde vive.* **2** Arco que corona una entrada.

portalámparas ***m.*** Dispositivo que sostiene la bombilla o foco.

portallaves *m. Venez.* Utensilio de distintas formas que sirve para llevar las llaves. SIN. **llavero.**

portaminas *m.* Especie de lápiz cuya mina de grafito, o puntilla, va suelta y se puede cambiar.

portar *vb.* {tr. y prnl.} **1** Llevar o traer una cosa: *El atleta **portaba** en la mano la antorcha con la llama olímpica.* **2** Actuar de cierta manera: *Felipe **se porta** bien en la escuela y saca buenas notas en conducta.*

portarretrato o **portarretratos** *m.* Marco pequeño de diversos materiales que sirve para poner retratos en él: *Sobre una mesita en la sala de Rafaela hay varios **portarretratos** de metal con las fotografías de sus familiares.*

portátil *adj.* Fácil de ser llevado de una parte a otra: *El médico tiene una computadora **portátil** que lleva consigo cuando sale de viaje.*

portaviones o **portaaviones** *m.* Buque de guerra que transporta aviones: *Se necesita ser un piloto hábil para despegar y aterrizar en un **portaviones.***

portavoz *m.* y *f.* Persona autorizada para representar y difundir noticias en nombre de un grupo, partido, etc.: *El **portavoz** de la presidencia informó que la salud del presidente va mejorando.* SIN. **vocero.**

portazo *m.* Golpe fuerte dado por una puerta al cerrarse: *El vecino siempre entra y sale de su casa dando un molesto **portazo** que se oye en todo el edificio.*

porte *m.* **1** Acción de transportar: *Fue difícil el **porte** del armario porque era muy grande y las escaleras angostas.* SIN. **transporte. 2** Cantidad que se paga por un transporte: *El sobre no llegó a su destino porque el **porte** era insuficiente.* **3** Aspecto, presencia: *Verónica es una muchacha alta y guapa, con muy buen **porte.***

portear *vb.* {tr.} Transportar cosas a cambio de un pago.

portento *m.* Persona o cosa que tiene dotes extraordinarias: *Ese tenor llegará lejos porque tiene un **portento** de voz.*

portentoso, sa *adj.* Fuera de lo común: *Mario tiene una memoria **portentosa,** puede aprenderse poemas muy largos con sólo leerlos dos veces.* SIN. **extraordinario.**

porteño, ña *adj./m.* y *f.* **1** De Buenos Aires, capital de Argentina, país de América del Sur. **2** De Valparaíso, en Chile, país de América del Sur. **3** Originario de algún puerto.

portería *f.* **1** Parte de un edificio donde está el portero o cuidador: *Toca en la **portería** para que ahí entregues el paquete y no tengas que subir la escalera.* **2** En ciertos deportes, armazón por donde ha de entrar el balón: *El portero saltó para impedir que el balón entrara en la **portería.***

portero, ra *m.* y *f.* **1** Persona que custodia la puerta de una casa o edificio: *El **portero** se ocupa de la limpieza de las escaleras del edificio y de abrir y cerrar la puerta.* **2** En ciertos deportes, jugador que defiende su portería: *Los **porteros** deben tener reflejos rápidos y ser muy flexibles y ágiles.* SIN. **guardameta.**

portezuela *f.* Puerta de un automóvil: *Molesto por las pretensiones del abusivo taxista, el pasajero se apeó del auto y azotó la **portezuela.***

pórtico *m.* Espacio cubierto y con columnas que se encuentra a la entrada de las construcciones: *Al museo de arte se entra por un atractivo **pórtico** semicircular.*

portillo *m.* Puerta pequeña hecha en otra mayor: *Mi papá mandó hacer un **portillo** en la puerta de la cocina para que pasen los gatos aun cuando esa puerta esté cerrada.*

portón *m.* Puerta grande: *Para entrar a la casa primero se debe pasar por un gran **portón** de madera.*

portorriqueño, ña *adj./m.* y *f.* *Ver* **puertorriqueño.**

portuario, ria *adj.* Relativo a los puertos del mar.

portugués *m.* Lengua hablada en Portugal y en Brasil.

portugués, guesa *adj./m.* y *f.* Originario de Portugal, país de Europa.

porvenir *m.* **1** Hecho o tiempo futuro: *La difícil situación económica pone en riesgo el **porvenir** de todos los trabajadores de la empresa.* **2** Situación futura: *El **porvenir** de la familia mejorará cuando el padre logre conseguir un buen empleo.*

posada *f.* Establecimiento donde se hospedan y comen los viajeros: *La comida de la **posada** tenía un sabor casero muy rico.*

posaderas *f. pl.* Nalgas: *Mario trae adoloridas las **posaderas,** pues resbaló y se dio un sentón.*

posadero, ra *m.* y *f.* Persona que atiende una posada: *El **posadero** le pidió a la moza que pusiera otra manta en nuestras camas porque la noche iba a ser fría.*

posar *vb.* {intr.} Servir de modelo a un artista o fotógrafo: *En la clase de escultura hay una mujer que **posa** para que todos los alumnos practiquen haciendo figuras humanas.*

posar *vb.* {tr., intr. y prnl.} **1** Dejar sobre el piso o un mueble la carga que se trae: *El joven **posó** su equipaje en el suelo para sujetarse del tubo del autobús.* **2** Detenerse las aves en un sitio: *Después de volar un rato, el pájaro **se posó** en una rama para comerse un gusano que había atrapado.* **3** Depositarse en el fondo de algo lo que está suspendido: *El chocolate tiende a **posarse** en el fondo de la taza, por eso debe batirse o revolverse antes de beberlo.*

posdata *f.* Texto que se añade a una carta ya concluida y firmada: *En la **posdata** de su carta Martha envía saludos para todos.*

pose *f.* Postura, actitud: *El fotógrafo colocó a la niña en una **pose** simpática antes de tomar las fotografías.*

poseedor, ra *adj./m.* y *f.* Persona que es dueña: *Mi padre es el **poseedor** de la casa donde vivimos toda la familia.*

poseer *vb. irreg.* {tr.} **Modelo 32.** Tener en propiedad: *La familia Martínez **posee** una casa en la playa y la ocupa para descansar durante las vacaciones.*

poseído, da *adj.* **1** Dominado por cierto estado de ánimo. **2** Que supuestamente es presa de una fuerza demoniaca u oculta. SIN. **poseso.**

posesión *f.* **1** Hecho de poseer: *El campesino demostró que el terreno que ocupaba era una **posesión** legítima porque presentó documentos firmados y sellados por las autoridades.* **2** Cosa poseída: *El anciano rico dejó todas sus **posesiones** a una posada para niños pobres.*

posesionar *vb.* {tr. y prnl.} **1** Dar o adquirir posesión de algo: *Laura **se posesionó** de la casa de sus padres después de que éstos murieron y se leyó su testamento.* **2** Apoderarse de algo de manera indebida: *Alonso se puso a ver televisión y **se posesionó** de la cama, así que los demás tuvimos que sentarnos en el piso.*

posesivo, va *adj.* **1** Que indica posesión. **2** Que es dominante y absorbente: *Rogelio está casado con una mujer **posesiva** que no le permite salir solo ni tener amigos.* **3** Se dice del adjetivo o pronombre que expresa posesión: Mi *es el adjetivo **posesivo** que primero aprenden a usar los niños.*

poseso, sa *m.* y *f.* Persona que supuestamente es presa de una fuerza demoniaca u oculta. SIN. **poseído.**

posgrado o **postgrado** *m.* Curso que se realiza en una universidad luego de haber obtenido un título: *Alfredo se recibió de veterinario el año pasado y ahora hará un **posgrado** para especializarse en caballos.*

posguerra *f.* Periodo posterior a una guerra: *Las **posguerras** son épocas difíciles, de escasez y hambre para los lugares que fueron atacados.*

posibilidad ***f.*** **1** Algo que puede suceder: *Existe la* ***posibilidad*** *de que mi padre haga un viaje la próxima semana por asuntos de trabajo.* SIN. **probabilidad. 2** Recursos: *Las becas son para los estudiantes que no tienen* ***posibilidades*** *económicas para pagar la colegiatura.*

posibilitar ***vb.*** {tr.} Hacer que algo sea posible: *La beca* ***posibilitó*** *que Onofre pudiera terminar sus estudios.*

posible ***adj.*** Que puede ser o suceder, o que se puede hacer: *Es* ***posible*** *realizar este trabajo en dos horas porque no es muy complicado.*

posición ***f.*** **1** Situación, lugar: *El corredor chileno ocupó la segunda* ***posición*** *en la competencia de velocidad.* **2** Actitud, postura: *Me gusta acostarme a dormir en* ***posición*** *lateral y con las piernas dobladas.* **3** Categoría social: *Ese industrial ha trabajado toda su vida para llegar a ocupar una alta* ***posición*** *social.*

positivismo ***m.*** Sistema filosófico que no admite otra realidad aparte de los hechos que pueden captarse por los sentidos y la experiencia: *El* ***positivismo*** *floreció en Europa en la segunda mitad del siglo* XIX.

positivista ***adj./m.*** y ***f.*** Relativo al positivismo o partidario de esta filosofía.

positivo ***m.*** Copia fotográfica obtenida de un negativo.

positivo, va ***adj.*** **1** Que se basa en los hechos. **2** Se dice del polo en que hay falta de electrones: *Al colocar una pila en algún aparato se deben hacer coincidir los polos* ***positivos*** *con los polos negativos.* **3** Se dice de los números reales mayores de cero: *Cuatro (4) es un número* ***positivo*** *y menos cuatro (–4) es número negativo.* **4** Afirmativo: *El banco le dio una respuesta* ***positiva*** *a la solicitud de préstamo hipotecario que hizo Carlos.* **5** Se dice de la persona que siempre busca algo bueno en las cosas o situaciones.

positrón ***m.*** Partícula elemental con carga eléctrica igual que la del electrón pero positiva.

posmodernidad o **postmodernidad** ***f.*** En la cultura occidental, periodo que se inició en el último tercio del siglo XX; su característica es que durante él se pierden los valores del modernismo.

posmoderno, na o **postmoderno, na** ***adj./m.*** y ***f.*** **1** Relativo a la posmodernidad o al posmodernismo. **2** Partidario de estas tendencias.

poso ***m.*** Asiento de alguna sustancia que se halla mezclada con el líquido contenido en una vasija: *Antes de tomar un café turco hay que dejar que el* ***poso*** *del café se deposite en el fondo de la taza.*

posología ***f.*** Estudio de las dosis y de las vías de administración de los medicamentos.

posoperatorio, ria o **postoperatorio, ria** ***adj./m.*** **1** Suceso o fenómeno que ocurre en el periodo inmediatamente posterior a una intervención quirúrgica. **2** Cuidados especiales que deben tenerse con un paciente que acaba de ser sometido a una cirugía.

posponer ***vb. irreg.*** {tr.} **Modelo 27. 1** Poner una persona o cosa después de otra. **2** Retrasar, aplazar: *Emiliano tuvo que* ***posponer*** *su viaje por dos meses debido a la enfermedad repentina de su madre.*

pospretérito ***m.*** Tiempo verbal del modo indicativo que indica la posibilidad que algo pase en el futuro: *En la oración "Podría cambiarme de casa si tuviera dinero", el verbo poder está en* ***pospretérito.***

posta ***f.*** **1** Conjunto de caballerías que se situaban en los caminos para servir de relevo a las del correo, diligencias, etc., que ya estuvieran cansadas. **2** Bala de plomo, un poco más grande que la munición: *Los muchachos se fueron al basurero a cazar ratas con un rifle de* ***postas.***

postal ***adj.*** Relativo al correo: *Mi tío es empleado* ***postal*** *en una oficina llamada "El correo central".*

postal ***f.*** Tarjeta ilustrada con dibujos o fotografías que se envía por correo sin sobre: *Melania me envió una* ***postal*** *de un famoso museo que visitó durante su viaje a París.*

poste ***m.*** **1** Madero largo colocado de manera vertical: *Mi perro siempre hace pipí en un* ***poste*** *que está en la esquina de mi casa.* **2** Cada uno de los dos palos verticales de la portería de fútbol: *El portero debe pararse en el centro de la portería para poder llegar antes que el balón a cualquiera de los dos* ***postes.***

postema ***f.*** Absceso que supura: *Joaquín tiene una* ***postema*** *en la boca porque se le infectó una muela cariada.*

póster ***m.*** **Palabra de origen inglés.** Cartel o fotografía de formato grande y papel ligero, que se usa para anunciar algo o decorar paredes: *Mi hermana pone en su dormitorio* ***pósters*** *de sus cantantes preferidos.* SIN. **afiche.**

postergar ***vb. irreg.*** {tr.} **Modelo 17.** Hacer que una cosa sufra retraso: *Los exploradores* ***postergaron*** *el viaje a la isla a causa del huracán.*

posteridad ***f.*** Tiempo futuro y gente que vivirá entonces: *La fama del artista español Pablo Picasso ha pasado a la* ***posteridad*** *porque su gran talento tuvo oportunidad de expresarse.*

posterior ***adj.*** **1** Que sigue en el orden del tiempo: *Mi arribo fue* ***posterior*** *al tuyo; tú llegaste a las 4 y yo llegué a las 5.* **2** Que está detrás de algo: *En la parte* ***posterior*** *de la escuela se encuentra un patio para jugar y hacer deportes.* **3** Relativo a la consonante cuya articulación se produce en la parte posterior de la boca, como en la letra "g".

postigo ***m.*** Puerta pequeña abierta en otra mayor: *Cuando alguien toca a la puerta, Maruja abre el* ***postigo*** *para ver quién es antes de dejarlo entrar.*

postilla ***f.*** Costra que se forma en las llagas o granos al secarse.

postín ***m.*** **1** *Fam.* Presunción, vanidad: *Desde hace varios días Octavio se ha dado mucho* ***postín*** *porque ganó el concurso de oratoria.* **2** *loc. Fam.* **De ~,** de lujo: *Uriel no pudo ir a la fiesta de* ***postín*** *porque necesitaba un traje elegante y no tenía ninguno.*

postizo ***m.*** Añadido de pelo que suple una escasez: *El señor Vargas perdió parte del pelo por una enfermedad nerviosa, así que ahora utiliza un* ***postizo*** *para taparse la calva.*

postizo, za ***adj.*** Que suple una falta natural: *A causa del accidente, se rompieron sus dientes y por eso ahora usa dentadura* ***postiza.***

postor ***m.*** Persona que ofrece cantidades sucesivas de dinero en una subasta o remate público: *Le vendieron el jarrón al mejor* ***postor,*** *es decir, a quien ofreció más dinero por él.*

postración ***f.*** Estado en el que decae notablemente el estado de ánimo o la actividad física: *Los transtornos depresivos intensos se caracterizan por la* ***postración*** *de quien los padece.*

postrado, da ***adj.*** **1** Debilitado, adormecido, en especial por una enfermedad: *La tifoidea dejó a Jaime* ***postrado*** *en su cama durante una semana.* **2** Arrodillado: *El afligido hombre cayó* ***postrado*** *ante la cama cuando vio que su madre acababa de morir.*

postrar ***vb.*** {tr. y prnl.} **1** Debilitar en lo físico o moral: *La fiebre muy alta* ***postra*** *a los enfermos y por eso no pueden levantarse de la cama.* **2** Arrodillarse en señal de respeto, veneración o súplica: *El hijo arrepentido* ***se postró*** *ante su padre para suplicarle perdón por su grave falta.*

postre ***m.*** Fruta o dulce que se toma después de las comidas: *A Carlos lo que más le gusta de la comida es el* ***postre,*** *sobre todo cuando su mamá prepara galletas de chocolate.*

postrer ***adj.*** Apócope de postrero.

postrero, ra ***adj.*** Que es el último en una serie: *Ayer mi tulipán dio su flor* ***postrera*** *de este año y ya no volverá a florecer hasta la próxima primavera.*

postrimerías ***f. pl.*** Último periodo en la duración de algo: *En las* ***postrimerías*** *de su vida fue cuando más activo estuvo ese escultor.*

postulado ***m.*** **1** Principio admitido como cierto sin necesidad de demostración. **2** Idea o pensamiento que es defendido por alguna persona: *Los* ***postulados*** *del materialismo histórico fueron creados por el filósofo y economista alemán Carlos Marx.*

postular ***vb.*** {tr.} **1** Pedir en una colecta: *La Cruz Roja* ***postula*** *cada año para obtener fondos que ayuden a continuar brindando ayuda en caso de emergencia.* **2** Defender un principio o pensamiento: *Galileo* ***postuló*** *el movimiento de la Tierra alrededor del Sol.*

póstumo, ma ***adj.*** **1** Que nace después de la muerte del padre: *Óscar fue un hijo* ***póstumo,*** *pues cuando él nació su padre acababa de morir.* **2** Que aparece después de la muerte del autor: *Acaban de publicar un libro* ***póstumo*** *del escritor que murió el año pasado.*

postura ***f.*** **1** Manera de estar o colocarse: *Durante mi viaje en autobús dormí en una* ***postura*** *incómoda y ahora me duele el cuello.* **2** Actitud ante un asunto: *Es interesante saber cuál es la* ***postura*** *de los candidatos frente a problemas como la contaminación.*

potabilización ***f.*** Acción y efecto de hacer que se pueda beber agua u otro líquido sin que dañe a quien la bebe: *El agua que llega a la ciudad pasa antes por una planta de* ***potabilización*** *donde es purificada.*

potabilizar ***vb. irreg.*** {tr.} **Modelo 16.** Hacer que el agua u otro líquido se pueda beber sin dañar a quien la bebe: ***Potabilizar*** *el agua que corre por las tuberías es responsabilidad de los gobiernos.*

potable ***adj.*** Agua o cualquier líquido que se puede beber sin que haga daño a quien lo bebe: *El agua de los grifos no es* ***potable,*** *hay que desinfectarla o hervirla antes de beberla.*

potaje ***m.*** **Palabra de origen francés.** Guiso hecho con legumbres secas y otros ingredientes: *Con el frío se me antoja un* ***potaje*** *de habas caliente y nutritivo.*

potasa ***f.*** Nombre común del hidróxido de potasio y los carbonatos de potasio.

potasio ***m.*** Metal alcalino ligero, de símbolo químico K y número atómico 19, cuyos compuestos se usan como abono.

pote ***m.*** **1** Vasija cilíndrica con asa. SIN. **bote.** **2** Envase con tapa.

potencia ***f.*** **1** Capacidad para hacer algo o producir un efecto. **2** Fuerza, poder: *Un automóvil común no tiene* ***potencia*** *para correr a cuatrocientos kilómetros por hora.* **3** Resultado de multiplicar una cantidad por sí misma cierto número de veces: *Cuando se eleva el cinco a la tercera* ***potencia,*** *se multiplica cinco por cinco por cinco y el resultado es ciento veinticinco.* **4** ***loc.*** **En ~,** de manera virtual, que puede llegar a producirse o a ser producido.

potenciación ***f.*** **1** Acción y efecto de potenciar: *Para la* ***potenciación*** *de sus capacidades, las personas requieren los estímulos adecuados.* **2** En matemáticas, multiplicar un número por sí mismo determinado número de veces: *La* ***potenciación*** *se expresa en el exponente, y el resultado de la multiplicación es la potencia.*

potencial ***adj.*** **1** Que sólo existe en potencia: *Mi boda es un proyecto* ***potencial*** *porque todavía no sé si voy a decidir casarme con mi actual novio.* **2** Relativo a la potencia.

potencial ***adj./m.*** Forma verbal que indica posibilidad: *La frase "si tuviera dinero me compraría una bicicleta" está escrita en* ***potencial.***

potencial ***m.*** **1** Fuerza o poder disponibles: *Durante el periodo histórico llamado Guerra Fría, los países con mayor* ***potencial*** *militar eran Estados Unidos de América y la Unión Soviética.* **2** Cantidad de energía almacenada en un cuerpo y que puede liberarse.

potenciar ***vb.*** {tr.} Facilitar, fomentar: *Una de las tareas de los maestros consiste en* ***potenciar*** *las capacidades y cualidades de sus alumnos.*

potentado, da ***m.*** y ***f.*** Persona poderosa y muy rica: *Los* ***potentados*** *suelen poseer sus propios aviones que usan igual que las personas comunes utilizan su automóvil.*

potente ***adj.*** **1** Que tiene potencia: *El motor de esa motocicleta es muy* ***potente*** *pues alcanza velocidades de 300 km/h.* **2** Poderoso, fuerte: *Le inyectaron a Joel un* ***potente*** *antibiótico para atacar la infección de su garganta.*

potestad ***f.*** Poder o facultad que se tiene sobre personas o cosas: *Los padres tienen la* ***potestad*** *de cuidar y tomar decisiones por los hijos pequeños.*

potestativo, va ***adj.*** Voluntario, no obligatorio: *Usar una determinada marca de ropa es* ***potestativo,*** *pero el uso de ropa para salir a la calle es obligatorio.*

potingue ***m.*** **1** ***Fam.*** Medicamento de sabor desagradable. **2** ***Fam.*** Cosmético, en especial cremas y tratamientos: *Macaria se llena de* ***potingues*** *antes de irse a dormir porque dice que así se conserva más bella.*

poto ***m.*** **1** ***Argent., Bol., Chile*** y ***Perú. Fam.*** Nalgas, trasero. **2** ***Perú.*** Vasija hecha de calabaza seca que se usa para contener líquido.

potosí ***m.*** Riqueza extraordinaria: *Durante la Conquista, los españoles esperaban encontrar un* ***potosí*** *lleno de oro en cada población que dominaban.*

potosino, na ***adj./m.*** y ***f.*** **1** De San Luis Potosí, México. **2** Del Potosí, Bolivia.

potranco, ca ***m.*** y ***f.*** Caballo pequeño de menos de tres años de edad.

potrero ***m.*** **1** ***Amér.*** Terreno cercado destinado a criar ganado: *Los caballos y las vacas pastan en el* ***potrero.*** **2** ***Argent.*** y ***Urug.*** Terreno sin construir ubicado en la ciudad.

potro ***m.*** Aparato de gimnasia para efectuar saltos: *Los saltos en el* ***potro*** *son obligatorios en la gimnasia olímpica.*

potro, tra ***m.*** y ***f.*** Caballo o yegua jóvenes: *Ese* ***potro*** *negro todavía no está listo para ser montado porque falta entrenarlo y domesticarlo.*

poyo ***m.*** Banco hecho de piedra, ladrillos u otro material parecido, que suele construirse junto a la pared en las casas de campo.

poza ***f.*** **1** Hoyo en el que se estancó agua: *Las fuertes lluvias formaron varias* ***pozas*** *en la parte baja del valle.* **2** Parte más profunda de un río.

pozo ***m.*** Hoyo hecho en la tierra para sacar agua o petróleo o bajar a las minas: *El* ***pozo*** *se secó y tuvieron que perforar en otros lugares en busca de agua.*

pozole ***m.*** **1** ***Guat.*** Alimento que se les da a las aves de corral. **2** ***Méx.*** Guiso que consiste en un caldo hecho con granos de maíz, carne de cerdo o pollo, condimentado con ají o chile, y servido con cebolla, lechuga, rábano y orégano.

práctica ***f.*** **1** Acción de realizar un trabajo o una actividad: *Es muy fácil leer una receta de cocina, pero puede ser muy complicado ponerla en* ***práctica.*** **2** Destreza, habilidad: *El panadero hace los panes con rapidez porque tiene* *mucha **práctica.*** **3** Aplicación de los conocimientos adquiridos: *Al salir de la universidad se pone en **práctica** lo que se estudió en los libros.*

prácticamente ***adv.*** Casi, de hecho: *"Este trabajo está **prácticamente** terminado, ya sólo me falta media hoja para acabarlo", comentó contenta la mecanógrafa.*

practicante ***adj./m.*** y ***f.*** Que sigue las prácticas de su religión: *Los católicos **practicantes** van a misa los domingos, los días de fiestas religiosas y pagan su diezmo.*

practicante ***m.*** y ***f.*** Auxiliar médico que pone inyecciones y hace curas: *Como parte de su aprendizaje, los **practicantes** ayudan a los médicos en la sala de urgencias del hospital.*

practicar ***vb. irreg.*** {tr.} **Modelo 17. 1** Realizar una actividad: *Desde niño **ha practicado** la natación y ahora va a competir profesionalmente.* **2** Hacer algo con regularidad: *Si quieres llegar a tocar el piano de manera profesional, tienes que **practicar** todos los días.*

práctico ***m.*** Persona que dirige las entradas y salidas de los barcos en un puerto.

práctico, ca ***adj.*** Que produce utilidad material: *Es muy **práctico** saber hacer algunas reparaciones domésticas pues así se ahorra tiempo y dinero.*

pradera ***f.*** **1** Conjunto de prados. **2** Prado grande: *La casa está en medio de una gran **pradera,** al fondo de la cual se ven las montañas.*

prado ***m.*** **1** Terreno en el que se deja crecer la hierba para alimento del ganado: *Sacaré a las vacas al **prado** porque ya es hora de que se alimenten.* **2** Lugar con árboles y césped que sirve de paseo: *Cerca de mi casa hay un **prado** donde llevo a pasear a mi perro todas las tardes.*

pragmática ***f.*** En lingüística, estudio de las relaciones del lenguaje, quiénes lo usan y las condiciones en que se usan.

pragmático, ca ***adj.*** **1** Relativo a la acción y no a la teoría: *El ministro de educación realizará la parte **pragmática** de la ley educativa aprobada por los legisladores.* **2** Relativo a la pragmática y al pragmatismo.

pragmatismo ***m.*** **1** Doctrina filosófica propagada por el filósofo estadounidense William James (1842-1910), en la que el criterio para tomar algo como verdadero depende de su aplicación práctica. **2** Habilidad para adaptarse rápidamente a diferentes condiciones.

praseodimio ***m.*** Metal del grupo de las tierras raras, de símbolo Pr y número atómico 59.

praxis ***f.*** Práctica, en oposición a teoría: *Una parte importante de la **praxis** de la medicina es el diagnóstico de enfermedades.*

preámbulo ***m.*** Introducción que se hace antes de entrar al tema principal de un texto, en especial cuando se trata de un discurso: *El **preámbulo** resultó ser más largo que la ceremonia porque quien habló fue un hombre que habla mucho y muy lento.*

prebenda ***f.*** Privilegio o beneficio relacionado con el desempeño de un cargo o por méritos: *Los gerentes de esa empresa tienen ciertas **prebendas,** por ejemplo, les pagan la gasolina que consumen sus autos.*

preboste ***m.*** Persona que es cabeza o jefe de una comunidad.

precámbrico, ca ***adj./m.*** y ***f.*** Primera era geológica de la historia de la Tierra, que empezó hace 4600 millones de años y terminó hace 570 millones de años aproximadamente. En esta era aparecieron las primeras formas de vida.

precariedad ***f.*** Estado de precario, inseguridad: *La **precariedad** de la salud del paciente hace temer a los médicos que pueda morir esta noche.*

precario, ria ***adj.*** Inestable, inseguro o escaso: *Su situación laboral es **precaria** porque lo pueden despedir en cualquier momento.*

precaución ***f.*** Medida que se toma para evitar un peligro: *Antes de hacer un viaje en automóvil hay que tener la **precaución** de revisar los neumáticos, el aceite y los frenos.* Sin. **cuidado.**

precautorio, ria ***adj.*** Que previene o evita algo malo o desagradable: *"Como medida **precautoria,** en época de lluvias utiliza zapatos con suela antiderrapante", aconsejó mi tío el ortopedista.*

precaver ***vb.*** {tr. y prnl.} Tomar medidas para evitar un mal: *La radio anunció que debemos **precavernos** con alimentos porque se acerca un huracán y no podremos salir de las casas durante varios días.*

precavido, da ***adj.*** Cauteloso: *Benito es un niño **precavido** que voltea a ambos lados de la calle antes de cruzarla.*

precedente ***m.*** Acción anterior que justifica hechos posteriores: *En una acción sin **precedentes,** un juez ordenó que encarcelaran a un famoso cantante por pícaro.*

preceder ***vb.*** {tr. e intr.} **1** Ir delante en tiempo, orden o lugar: *Una larga enfermedad **precedió** a la muerte de ese poeta.* **2** Tener preferencia o superioridad sobre una persona o cosa: *El sueldo más alto es para el director, quien **precede** al subdirector.*

preceptiva ***f.*** Conjunto de normas o preceptos aplicables a una materia.

preceptivo, va ***adj.*** Que obliga a hacer algo: *En la mayor parte de los empleos es **preceptivo** que los empleados entren a determinada hora.*

precepto ***m.*** Orden de obligado cumplimiento: *Pagar los impuestos es un **precepto** que deben cumplir todos los ciudadanos.*

preceptor, ra ***m.*** y ***f.*** Persona encargada de la educación de los niños en una casa: *Antiguamente la gente rica no iba a la escuela porque tenía un **preceptor** en casa.*

preces ***f. pl.*** Conjunto de ruegos o súplicas.

preciado, da ***adj.*** Valioso, digno de estimación: *Aunque el reloj no costaba mucho dinero, era un objeto **preciado** para Gerardo porque se lo había regalado su hermana.*

preciarse ***vb.*** {prnl.} Presumir de algo: *Valentín **se preciaba** de ser el joven más guapo de su pueblo aunque no era el más listo.*

precinto ***m.*** Ligadura y sello que mantiene cerrado algo: *Cuando los envases que contienen alimentos tienen roto el **precinto,** no debemos comprarlos.*

precio ***m.*** **1** Valor atribuido a una cosa, expresado en dinero: *La muchacha presumida se compró el vestido pese a que el **precio** era demasiado alto.* **2** Costo: *El **precio** que pagó Efraín por hacer trampa en el examen fue alto, porque el maestro lo descubrió y lo reprobó.*

preciosidad ***f.*** **1** Cualidad de precioso: *Los cachorritos de foca me parecen una **preciosidad,** no entiendo cómo hay gente capaz de matarlos.* **2** Cosa preciosa: *Micaela compró una figurilla de porcelana antigua que es una **preciosidad.***

precioso, sa ***adj.*** **1** Que es muy valioso: *Cuando hay un accidente, el tiempo para atender a los heridos es **precioso.*** **2** Hermoso, bonito: *El paraje que visitamos el domingo es un lugar **precioso** donde vale la pena construir una casa.*

preciosura ***f.*** Preciosidad: *¡Qué **preciosura** de niña es Teresa! Tiene bonita cara y es inteligente y simpática.*

precipicio ***m.*** Abismo o declive alto y profundo en un terreno: *Ese restaurante en la montaña tiene un mirador que asoma a un **precipicio** muy impresionante.*

precipitación ***f.*** **1** Acción y efecto de precipitar o precipitarse, de obrar con prisa: *No hay que obrar con* ***precipitación,*** *es mejor reflexionar.* **2** Cantidad total de agua precipitada por la atmósfera: *El verano ha sido muy seco porque ha habido poca* ***precipitación*** *de lluvia.*

precipitado ***m.*** Se dice de la sustancia que se separa de su disolvente y se deposita en el fondo del recipiente que la contiene.

precipitado, da ***adj.*** Hecho con prisa: *Agustín tomó una decisión* ***precipitada*** *y después se arrepintió porque ahora se ha dado cuenta de que no quería estudiar esa carrera.*

precipitar ***vb.*** {tr. y prnl.} **1** Arrojar desde un lugar alto: *El automóvil derrapó en la curva y* ***se precipitó*** *al abismo.* **2** Hacer que una cosa ocurra antes de tiempo. **3** Actuar con prisa: *Antonia* ***se precipitó*** *a comprar el vestido de novia porque va a casarse mañana.*

precisar ***vb.*** {tr.} **1** Necesitar: *Construir una casa* ***precisa*** *del trabajo de mucha gente durante varios meses.* **2** Expresar algo con detalle y exactitud: *La maestra* ***precisó*** *que las preguntas del examen sólo abarcarían un tema y no todo el curso.*

precisión ***f.*** **1** Calidad de preciso, necesario. **2** Exactitud: *La* ***precisión*** *de los relojes para dar la hora ha aumentado con el paso de los años.*

preciso, sa ***adj.*** **1** Necesario: *Es* ***preciso*** *terminar este asunto antes de que acabe la semana pues ya no tenemos más tiempo.* **2** Exacto, justo: *Esperé al carpintero toda la tarde y llegó en el* ***preciso*** *momento en que yo salía de casa, por eso no pude atenderlo.* **3** Claro: *Las instrucciones de la receta fueron* ***precisas,*** *por eso mi postre quedó bien.*

precocidad ***f.*** Hecho de producirse algo antes de tiempo: *La* ***precocidad*** *de Israel para leer hace que parezca mayor de lo que es.*

precognición ***f.*** Conocimiento de algo antes de que ocurra: *Los antecedentes de que dispongo sobre ese caso me hacen llegar a la* ***precognición*** *de que si se resuelve, una de las dos partes saldrá perjudicada.*

precolombino, na ***adj.*** Relativo a la América anterior a la llegada de Cristóbal Colón: *El cacao, la papa y el jitomate son cultivos que se han venido realizando desde tiempos* ***precolombinos.*** SIN. **prehispánico.**

preconcebir ***vb. irreg.*** {tr.} **Modelo 47.** Pensar o proyectar una cosa de manera previa a su realización: *Después de que el director* ***preconcibió*** *el nuevo plan de trabajo, lo expuso a los gerentes para conocer sus opiniones.*

preconizar ***vb. irreg.*** {tr.} **Modelo 16.** Recomendar con intensidad algo de interés general: *La nueva campaña de higiene* ***preconiza*** *la importancia de lavarse las manos antes de comer y después de defecar.*

precoz ***adj.*** Que se produce, desarrolla o madura antes de tiempo: *El músico austriaco Mozart fue un niño* ***precoz*** *que a los cuatro años de edad ya tocaba el piano y el violín.*

precursor, ra ***adj.*** Que anuncia o empieza algo: *Las ideas del político y escritor cubano José Martí fueron* ***precursoras*** *a fines del siglo* XIX *del movimiento artístico llamado Modernismo.*

precursor, ra ***m.*** y ***f.*** Cosa o persona que se adelanta o inicia algo que se desarrollará después: *El artista italiano Leonardo da Vinci puede ser considerado un* ***precursor*** *de la aviación, ya que ideó e hizo planos de helicópteros y aeroplanos varios siglos antes de que se construyeran estas naves.*

predador, ra ***adj./m.*** y ***f.*** Depredador, animal que caza para alimentarse: *"Aunque sean domésticos, los gatos nunca pierden sus instintos* ***predadores;*** *si quieres tener uno, tendrás que cuidar mucho a tus periquitos", aconsejó la abuela.*

predecesor, ra ***m.*** y ***f.*** Persona que precede a otra en tiempo o lugar.

predecible ***adj.*** Que puede predecirse: *Las actividades de Genaro son* ***predecibles*** *debido a que es muy rutinario.*

predecir ***vb. irreg.*** {tr.} **Modelo 55.** Anunciar algo que ha de suceder en el futuro: *Las quirománticas afirman que pueden* ***predecir*** *el futuro de alguien interpretando las líneas de su mano.* SIN. **augurar.**

predestinación ***f.*** **1** Determinación fatal y definitiva de los acontecimientos futuros. **2** En teología, decreto de Dios acerca del fin último de la creatura humana, ya sea la salvación o la condena eternas.

predestinado, da ***adj.*** Que está marcado por su propio destino para acabar de una forma determinada: *Rubén estaba* ***predestinado*** *a morir joven porque desde niño tuvo una enfermedad incurable.*

predial ***adj.*** Relativo a los predios, a las propiedades: *Cuando se posee una casa, departamento o terreno, se debe pagar el impuesto* ***predial.***

prédica ***f. Desp.*** Discurso o sermón: *Juvenal ya me tiene harta con sus* ***prédicas,*** *a todo lo que hacemos le encuentra algún defecto y trata de adoctrinarnos para corregirlo.*

predicado ***m.*** Parte de la oración que dice algo del sujeto: *En la frase "La contaminación está muy alta", "está muy alta" es el* ***predicado*** *y el sujeto es "la contaminación".*

predicador, ra ***adj./m.*** Miembro de alguna religión o secta que se dedica a difundir verbalmente las enseñanzas de ésta: *En algunos países, los* ***predicadores*** *de diferentes sectas se han apoderado de muchos espacios en la radio y la televisión.*

predicamento ***m.*** **1** Prestigio, influencia de una persona sobre otras a causa del cariño que despierta. **2** Problema: *Fabiola está en un* ***predicamento*** *porque los dos muchachos que le gustan la invitaron a salir el mismo día y no sabe por cuál decidirse.*

predicar ***vb. irreg.*** {tr.} **Modelo 17.** **1** Publicar o manifestar algo: *La frase célebre más conocida del político mexicano Benito Juárez* ***predica*** *"el respeto al derecho ajeno es la paz".* **2** Anunciar o enseñar la palabra de Dios. **3** ***Fam.*** Reprender, regañar: *Mi maestra* ***predicó*** *acerca del respeto que debemos a los profesores.*

predicativo, va ***adj.*** Relativo al predicado.

predicción ***f.*** **1** Hecho de predecir, de anunciar un suceso futuro: *Todavía no es posible hacer una* ***predicción*** *de los terremotos.* **2** Conjunto de palabras con que se predice: *Muchas revistas femeninas tienen una página de* ***predicciones*** *de acuerdo con los signos del zodiaco.*

predilección ***f.*** Preferencia por una persona o cosa entre otras: *Yo siento* ***predilección*** *por el helado de nuez y Martín prefiere el helado de chocolate.*

predilecto, ta ***adj.*** Se dice de alguien o algo que se prefiere con amor o afecto especial: *Los perros son mi mascota* ***predilecta*** *porque siempre están dispuestos a recibir cariño.*

predio ***m.*** Finca, casa, terreno o cualquier posesión inmueble: *Cuando se posee un* ***predio*** *se deben tener unas escrituras oficiales que acrediten que uno es el dueño.*

predisponer ***vb. irreg.*** {tr. y prnl.} **Modelo 27.** **1** Disponer de manera anticipada a una persona para alguna cosa: *Hoy el entrenador habló con nosotros casi una hora porque quería* ***predisponernos*** *a lograr el triunfo en la com-*

petición del viernes. **2** Poner a alguien a favor o en contra de algo: *Ese muchacho me era simpático, pero mi hermana me **predispuso** contra él porque me dijo que era mentiroso.*

predisposición ***f.*** Tendencia: *Jesús tiene **predisposición** a enfermarse de las vías respiratorias porque fuma mucho.*

predispuesto, ta ***adj.*** Dispuesto de manera anticipada hacia algo: *Victoria estaba **predispuesta** a reprobar el examen, por eso aunque estudió mucho cometió errores graves que perjudicaron su calificación.*

predominante ***adj.*** Que prevalece, domina o ejerce la influencia mayor sobre algo: *La tendencia **predominante** en la moda para este invierno serán las prendas color azul marino y los accesorios rojos.*

predominar ***vb.*** {tr. e intr.} Notarse, destacar algo o alguien sobre otras cosas o personas: *En la cinematografía estadounidense **predominan** los filmes de aventuras.*

predominio ***m.*** Superioridad, influencia: *En esa familia el **predominio** del hermano mayor es evidente pues nadie toma una decisión sin consultarlo antes.*

preescolar ***adj.*** **1** Que precede a lo escolar. **2** *loc.* **Educación ~,** primer nivel educativo que precede a la escolarización obligatoria: *A los cuatro años de edad los niños suelen empezar a recibir la **educación preescolar**.*

prefabricado, da ***adj.*** Se dice de las piezas para la construcción elaboradas de manera industrial antes de usarse en la construcción: *Como utilizaron piezas **prefabricadas**, los albañiles se tardaron muy poco en armar la casa.*

prefabricar ***vb. irreg*** {tr.} **Modelo 17.** Fabricar las piezas de un edificio antes de usarlas en la construcción.

prefacio ***m.*** Introducción, lo que se dice o se escribe antes de entrar al tema principal de un libro: *En el **prefacio** del libro obtuve información acerca del autor y sobre el tema de la novela.* Sin. **prólogo.**

prefecto ***m.*** **1** Integrante de una comunidad religiosa. **2** Encargado de mantener la disciplina en una escuela.

preferencia ***f.*** Tendencia favorable hacia una persona o cosa: *Mucha gente en México tiene **preferencia** por comer alimentos picantes.*

preferir ***vb. irreg.*** {tr. y prnl.} **Modelo 50.** Gustar más una persona o cosa que otra: *Gracias por la invitación a cenar, pero **prefiero** quedarme en casa a leer.*

prefijo ***m.*** **1** Elemento antepuesto a una palabra, que modifica su sentido: *Las palabras* <u>anti</u>conceptivo *e* <u>in</u>maduro *llevan un **prefijo** que convierte su significado en lo contrario de la palabra original.* **2** Clave o señal telefónica que va antes que otra, necesaria para hacer llamadas de larga distancia: *El **prefijo** de México es 52.*

pregón ***m.*** Divulgación en voz alta de un hecho, aviso, etc.: *Cuando todavía no existían los diarios, la gente se enteraba de las noticias a través del **pregón** de hombres que las decían en las plazas.*

pregonar ***vb.*** {tr.} **1** Divulgar con un pregón: *La vendedora de pájaros **pregona** en el mercado las cualidades de sus aves.* **2** Difundir algo que debía permanecer oculto: *Habría que **pregonar** las virtudes de ese invento que ayuda a disminuir la contaminación en el agua.* **3** Alabar en público a alguien: *La orgullosa madre **ha pregonado** las excelentes notas de su hija.*

pregonero, ra ***m.*** y ***f.*** Persona encargada de decir pregones: *Cuando no había radio ni televisión, un **pregonero** anunciaba en la plaza pública de las poblaciones los hechos más importantes.*

pregunta ***f.*** Frase con que se pide información: *Hice la **pregunta** "¿quién me invita a comer?" y tres de mis compañeros se ofrecieron a hacerlo, así que fuimos los cuatro juntos.*

preguntar ***vb.*** {tr. y prnl.} Pedir información sobre algo que se desea saber o confirmar: *Me gustaría **preguntarle** a ese cineasta cuál es su filme favorito.*

preguntón, tona ***adj./m.*** y ***f.*** Que hace muchas preguntas: *Los niños alrededor de los cuatro años de edad son muy **preguntones** porque quieren saberlo todo.*

prehispánico, ca ***adj.*** Se dice de las culturas que se desarrollaron en América antes de la llegada de los españoles: *Dos culturas **prehispánicas** sobresalientes fueron la maya y la incaica.* Sin. **precolombino.**

prehistoria ***f.*** Historia de la humanidad desde la aparición del hombre sobre la Tierra hasta los primeros escritos.

prehistórico, ca ***adj.*** **1** Relacionado con la prehistoria: *En los tiempos **prehistóricos** las familias habitaban en cavernas.* **2** *Fam.* Muy antiguo: *La máquina de escribir que uso es **prehistórica** pues me la heredó mi abuela.*

prejuiciado, da ***adj.*** Con la opinión deformada por algún prejuicio: *Esa ley no sirve, los legisladores la acuñaron **prejuiciados** por la idea de que valen más las ganancias de las empresas que la preservación de la naturaleza.*

prejuicio ***m.*** Acción y efecto de hacer juicios antes de tiempo, antes de conocer o comprobar algo: *Raúl tiene el **prejuicio** de que ese niño es un tonto, ¿cómo puede saberlo si nunca ha hablado con él?*

prejuicioso, sa ***adj.*** Se dice de quien hace muchos juicios antes de tiempo, antes de comprobar algo: *Algunas personas **prejuiciosas** piensan que quienes no tienen dinero son inferiores.*

prejuzgar ***vb. irreg.*** {tr.} **Modelo 17.** Juzgar las cosas antes de conocerlas: *Quienes **prejuzgan** se cierran las puertas hacia muchos conocimientos.*

prelado ***m.*** Clérigo que ha recibido un cargo superior en la Iglesia católica.

preliminar ***adj.*** Que sirve de preámbulo o introducción a una cosa: *Tomé un curso **preliminar** de danza para asegurarme de que quiero comenzar a estudiarla de manera profesional.*

preliminar ***m.*** Cosa que antecede o se antepone a algo.

preludio ***m.*** Aquello que precede o anuncia algo: *Las nubes oscuras y el viento son **preludio** de una tormenta.*

prematrimonial ***adj.*** Que se realiza antes del matrimonio o que prepara para contraerlo: *Carmen y Jaime están acudiendo a unos cursos **prematrimoniales** donde enseñan a convivir en pareja.*

prematuro, ra ***adj.*** Que no está maduro u ocurre antes de tiempo: *El bebé de Juana fue **prematuro** porque nació a los siete meses de gestación en lugar de a los nueve meses.*

premeditación ***f.*** Reflexión previa a una acción: *Me inscribí en una escuela extranjera con **premeditación** y no en un arranque como piensa mi familia.*

premeditado, da ***adj.*** Lo que se ha reflexionado antes de hacerse: *La decisión de Ofelia de ser bailarina fue **premeditada** pues lo ha pensado desde que era niña.*

premeditar ***vb.*** {tr.} Reflexionar algo antes de hacerlo: *Antes de mudarse de la ciudad, Marcelino lo **premeditó** durante varios meses.*

premenstrual ***adj.*** Se dice del periodo que precede a la menstruación: *Algunas mujeres sufren incomodidades **premenstruales** una semana antes de menstruar.*

premiación ***f. Amér.*** Acto en donde se da algo como reconocimiento o recompensa: *La ceremonia de **premiación** será después de que haya terminado la competencia.*

premiar *vb.* {tr. e intr.} Dar algo a alguien como reconocimiento o recompensa: *En mi escuela **premian** con una medalla al niño que obtenga las mejores calificaciones.*

premio *m.* Aquello que se da como reconocimiento o recompensa: *El señor Ramírez ganó el **premio** en el concurso de diseño de muebles porque presentó un modelo de armario muy funcional y elegante.*

premisa *f.* Supuesto a partir del cual se deduce una cosa: *El resultado de ese razonamiento es falso porque la **premisa**, que es el punto de partida, también lo es.*

premolar *m.* Cada uno de los dientes situados entre los caninos y los molares.

premonición *f.* Sentimiento vago, instintivo, que hace que una persona sepa lo que va a suceder antes de que ocurra. SIN. **presentimiento.**

premura *f.* Prisa, urgencia: *Sandra se vistió con tanta **premura** que se puso la blusa al revés.*

prenatal *adj.* Relativo a lo que ocurre antes del nacimiento: *Las futuras madres deben tener cuidados **prenatales**, pues es importante que tanto ellas como su feto se conserven en buen estado de salud.*

prenda *f.* **1** Pieza de vestido o de calzado: *En el segundo piso de la tienda venden **prendas** de vestir y en el primero venden artículos para el hogar.* SIN. **ropa. 2** Aquello que se da como garantía o prueba de algo: *La dama dio al caballero su collar como **prenda** de su confianza en él.* **3** *pl.* Juego en que el jugador que va perdiendo entrega un objeto como castigo.

prendar *vb.* {tr. y prnl.} **1** Gustar mucho: *Desde que me lo regaló mi mamá, estoy **prendada** de una colección de libros que hablan de la vida de los animales.* **2** Enamorarse o entusiasmarse: *Romeo y Julieta **se prendaron** uno de la otra desde la primera vez que se vieron.*

prendedor *m.* Broche o alfiler, a menudo de adorno, que sirve para sujetar prendas de vestir: *Martina se puso un pañuelo en el cuello y lo abrochó con un **prendedor** de perlas.*

prender *vb.* {tr., intr. y prnl.} **1** Agarrar: *La leona **prendió** a la pequeña gacela y llevó a sus cachorros para que comieran.* **2** Poner preso: ***Prendieron** al ladrón cuando intentaba cruzar la frontera para huir del país.* **3** Enredarse dos cosas: *Las astas de los venados **se prendieron** durante la lucha de ambos animales por el dominio del territorio.* **4** Arraigar una planta: *La enredadera ya **prendió** y está creciendo rápido.* **5** Hacer arder o comenzar a arder: *La fogata **prendió** lentamente porque la madera estaba un poco húmeda.* **6** Conectar la luz o un aparato eléctrico: ***Prende** el televisor para que veamos el noticiero.*

prendido, da *adj.* **1** Sujeto, agarrado: *Las bailarinas llevaban flores **prendidas** en el cabello.* **2** Encendido, en funcionamiento: *Dejar los aparatos eléctricos **prendidos** cuando no se usan ocasiona gastos y daña el ambiente.* **3** *Méx.* Arreglado y acicalado: *El joven, muy **prendido**, se dirigió a casa de su novia.* **4** Entusiasmado, frenético: *La gente estaba **prendida** en el concierto de rock.*

prensa *f.* **1** Máquina para comprimir: *Los agricultores pasan las cañas de azúcar por una **prensa** para extraerles el jugo.* **2** Taller de imprenta o máquina para imprimir. **3** Conjunto de publicaciones periódicas: *La **prensa** de todo el mundo publicó en primera plana la noticia de la muerte accidental de la princesa.* **4** Periodismo. **5** *loc. Esp.* ~ **del corazón,** revistas dedicadas a los enredos sentimentales protagonizados por personas famosas.

prensar *vb.* {tr.} Apretar, comprimir: *Después de cosechar las uvas hay que **prensarlas** para sacarles el jugo y preparar el vino.*

prensil *adj.* Que sirve para asir o prender: *Las águilas tienen unas garras **prensiles** para acarrear a sus presas y sujetarse de las ramas.*

prensista *m.* y *f.* Persona que maneja una máquina de imprenta o que atiende una máquina rotativa: *Cada noche, muchos **prensistas** en el mundo trabajan para que al día siguiente podamos leer los diarios.*

prensor, ra *adj.* Que agarra: *Los picos de los loros son **prensores** y les sirven hasta para trepar.*

preñada *adj./f.* Embarazada: *La elefanta del zoológico por fin ha quedado **preñada** y parirá dentro de veintidós meses, que es el tiempo que dura la gestación de un elefantito.*

preñar *vb.* {tr.} Fecundar un macho a una hembra o un hombre a una mujer: *No quiero que mi gata se **preñe** de nuevo, por eso el veterinario la operó para que ya no pueda tener más cachorros.*

preñez *f.* Gravidez, estado de la mujer o hembra que gestan un hijo: *En los primeros meses de su **preñez**, las mujeres suelen sentir mareos y tener náuseas.*

preocupación *f.* Estado de intranquilidad, angustia o inquietud: *No tener dinero para pagar su deuda le causa una gran **preocupación**.*

preocupante *adj.* Que causa intranquilidad o inquietud: *Es **preocupante** que ese niño tenga tres años y todavía no diga ni una palabra.*

preocupar *vb.* {tr. y prnl.} Causar algo intranquilidad o inquietud: *Mi madre **se preocupa** cuando mis hermanos llegan tarde por la noche y no le avisan dónde están.*

preparación *f.* Acción y efecto de preparar, de poner o ponerse algo en condiciones para determinado fin: *Los futbolistas han recibido una excelente **preparación** física y están listos para el partido de mañana.*

preparado *m.* Medicamento: *El médico le recetó a Marisa un **preparado** vitamínico para fortalecer su organismo.*

preparado, da *adj.* Instruido: *Es una persona **preparada** que no tendrá problemas en conseguir trabajo pronto.*

preparar *vb.* {tr. y prnl.} **1** Poner algo en condiciones para cierto fin: *Desde la noche anterior Elena **preparó** todo lo necesario para su viaje del día siguiente.* **2** Entrenar: *El atleta **se está preparando** para participar en el maratón.* **3** Estar algo próximo a suceder: *Por los temblores y fumarolas parece que **se prepara** una erupción del volcán.*

preparativo *m.* Cosa dispuesta y preparada para determinado fin: *Al fin terminamos de organizar los **preparativos** para la fiesta que daremos mañana.*

preponderancia *f.* Predominio, superioridad: *El conocimiento de las rutas y las técnicas de navegación dio a los fenicios **preponderancia** en el comercio de su época.*

preponderante *adj./m.* y *f.* Que domina o tiene más fuerza que lo demás de su clase: *El cuidado de la naturaleza debería ser un asunto **preponderante** para los gobiernos y los ciudadanos de todo el mundo.*

preponderar *vb.* {intr.} Prevalecer, dominar o tener más fuerza. SIN. **sobresalir.**

preposición *f.* Partícula invariable que une palabras o frases: *La palabra* con *es una **preposición**.*

prepotencia *f.* Abuso de poder: *Con **prepotencia** el hombre influyente dejó su automóvil estacionado a mitad de la calle y produjo un congestionamiento vial.*

prepotente *adj./m.* y *f.* Que abusa de su poder: *Ese cantante es un **prepotente** porque ordena a sus guardaespaldas que golpeen a quienes intentan acercársele.*

prepucio *m.* Piel móvil que recubre el glande del pene de los animales machos y el hombre.

prerrogativa ***f.*** Ventaja o facultad de ciertos cargos: *El automóvil y el chofer están entre las **prerrogativas** que le da al señor Sáenz la empresa donde trabaja.*

presa ***f.*** **1** Cosa cogida o apresada: *Los roedores y reptiles pequeños son **presas** de las águilas.* **2** Pieza de pollo: *Mi mamá me sirvió dos **presas** de pollo asado.*

presa ***f.*** Muro que sirve para detener una corriente de agua o para acumular este líquido: *La **presa** de Asuán, cuyas aguas forman el lago Nasser, contiene una de las reservas de agua más importantes de Egipto.*

presagiar ***vb.*** {tr.} Anunciar, pronosticar: *El silencio de mi madre después de ver mi travesura **presagiaba** algún regaño.* SIN. **vaticinar.**

presagio ***m.*** Señal que anuncia algo: *Las nubes oscuras y los truenos son **presagio** de lluvia.*

presbicia ***f.*** Trastorno visual en el que los objetos cercanos se ven desafocados: *Marcos tiene **presbicia,** ve mejor de lejos que de cerca.*

presbiterianismo ***m.*** Rama del protestantismo fundada por Juan Calvino en el siglo XVI, en la que el gobierno de la Iglesia se confía en todos los niveles al presbiterio, que está formado por los laicos y los pastores.

presbiteriano, na ***adj.*** Relacionado o perteneciente al presbiterianismo.

presbiterio ***m.*** **1** Parte de los templos católicos donde está el altar mayor. **2** Asamblea de los presbíteros y laicos que dirigen la Iglesia presbiteriana.

presbítero ***m.*** Sacerdote o autoridad religiosa.

prescindible ***adj.*** Relativo a lo que puede dejarse a un lado: *En esa ciudad el abrigo es **prescindible** porque es un sitio cálido.* ANT. **imprescindible.**

prescindir ***vb.*** {intr.} **1** Dejar de utilizar o de tener algo. **2** Dejar de tener en cuenta a una persona: *Le informaron en su trabajo que **prescindían** de sus servicios, es decir, lo despidieron.* **3** No tomar en cuenta una cosa: *Durante la reunión, el director de la empresa **prescindió** de los temas secundarios y trató sólo lo importante.*

prescribir ***vb.*** {tr. e intr.} **1** Recomendar que se haga o tome algo, en especial un medicamento para combatir infecciones y enfermedades: *El veterinario le **prescribió** penicilina a mi perro para combatir la infección que tiene en una pata.* **2** Ordenar, mandar: *Las leyes **prescriben** pena de prisión para quien cometa algún delito grave.* **3** En derecho, extinguirse un derecho o responsabilidad: *Como esa canción es muy antigua y mucha gente la canta, **han prescrito** sus derechos de autor y ahora ya es del dominio popular.*

prescripción ***f.*** **1** Tratamiento ordenado por un médico. SIN. **receta. 2** En derecho, plazo que al terminar elimina la acción contra el criminal o el delincuente: *Ramiro quedará libre dentro de dos meses, que es la fecha de la **prescripción** de su condena.*

presea ***f.*** **1** Objeto precioso, joya. **2** Condecoración o premio en forma de medalla.

presencia ***f.*** **1** Hecho de estar una persona o cosa en un lugar: *El público del auditorio aclamaba la **presencia** del grupo musical en el escenario.* **2** Imagen que da una persona ante los demás: *En esa oficina solicitan una recepcionista con buena **presencia** y trato amable para atender al público.* **3** *loc.* **~ de ánimo,** serenidad: *Todos estaban tan nerviosos que no podían resolver correctamente el examen; sólo Margarita mostró **presencia de ánimo** y logró obtener la mejor nota.*

presenciar ***vb.*** {tr.} Estar presente o asistir a algo: *La ilusión del anciano es **presenciar** el nacimiento de su primer bisnieto y verlo llorar.*

presentable ***adj.*** Relativo a la persona o cosa que se encuentra en estado o condiciones de mostrarse o ser mostrado: *Como su aspecto no era **presentable** después de jugar fútbol, Luis se duchó antes de ir a casa de Juliana.*

presentar ***vb.*** {tr. y prnl.} **1** Poner algo ante alguien para que lo vea: ***Presentaron** a los sospechosos ante el testigo para que identificara al ladrón.* **2** Conducir un programa de radio o televisión: *Una famosa actriz **presenta** el programa de entrevistas en ese canal de televisión.* **3** Mostrar alguien una persona a otra para que la conozca: *Ernesto **me presentó** a su novia la semana pasada.* **4** Acudir, estar presente: *Para recoger el pasaporte es necesario **presentarse** en la oficina de gobierno respectiva con una identificación.*

presente ***adj.*** **1** Que está en un lugar determinado o en presencia de alguien: *Había sólo tres alumnos **presentes** en el salón cuando el maestro pasó lista de asistencia.* **2** Que ocurre en el momento en que se está hablando: *En el **presente** los adelantos tecnológicos son impresionantes.*

presente ***interj.*** Fórmula con que se contesta al pasar lista: *Como Rocío estaba platicando no contestó **"presente",** la maestra no se dio cuenta de que estaba en la clase y le puso falta.*

presente ***m.*** **1** El tiempo actual: *Hay que vivir el **presente** recordando el pasado y preparándose para el futuro.* **2** Tiempo verbal que indica que la acción expresada por el verbo se realiza en la actualidad: *Si digo* yo como, *estoy expresándome en **presente.*** **3** Regalo: *Sus amigos le llevaron muchos **presentes** a Rodolfo con motivo de su graduación.*

presentimiento ***m.*** Sentimiento vago o instintivo de que algo bueno o malo va a suceder: *No sé por qué, pero tengo el **presentimiento** de que hoy recibiré una agradable sorpresa.* SIN. **premonición.**

presentir ***vb. irreg.*** {tr.} **Modelo 50.** Tener la sensación de que va a ocurrir algo: *Los animales han estado inquietos, como si **presintieran** que algo malo va a suceder.* SIN. **sospechar.**

preservación ***f.*** Conservación, protección: *Los historiadores del arte están conscientes de la importancia de la **preservación** del patrimonio cultural nacional.*

preservar ***vb.*** {tr. y prnl.} Proteger o resguardar de un daño o peligro: *Mantener fríos los alimentos ayuda a **preservarlos** durante más tiempo.*

preservativo ***m.*** Funda de goma con que se cubre el pene durante las relaciones sexuales para prevenir el embarazo, infecciones y enfermedades como el sida. SIN. **condón.**

presidencia ***f.*** **1** Acción y efecto de presidir: *Mañana le tocará a mi papá la **presidencia** en la asamblea de vecinos.* **2** Cargo de presidente y tiempo que dura: *En algunos países como Argentina y Colombia la **presidencia** dura cuatro años y en otros como México y Filipinas, seis.* **3** Oficina que ocupa un presidente: *Javier está intrigado porque lo llamaron de la **presidencia** de la empresa y le dijeron que quieren hablar con él.*

presidencial ***adj.*** Relativo a la presidencia o al presidente: *A las once pasarán por la televisión el informe **presidencial** correspondiente a este año.*

presidencialismo ***m.*** Régimen político en que el presidente de la república es también jefe del gobierno: *Algunos países tienen un régimen de **presidencialismo** mientras que otros han optado por un régimen parlamentario en el que el Poder Legislativo decide y supervisa lo que hace el presidente.*

presidente, ta ***m.*** y ***f.*** **1** Superior de un consejo, junta u organización: *La junta de padres de familia eligió a su*

a b c d e f g h i j k l m n o p q r s t u v w x y z

*nuevo **presidente** para que los represente y dirija durante el mes próximo.* **2** Se escribe con "P" mayúscula cuando designa el cargo de la presidencia de un país, si no está acompañado del nombre de la persona, por ejemplo, el Presidente de la República.

presidiario, ria ***m.*** y ***f.*** Persona que está en presidio, en prisión: *En los filmes a veces presentan a los **presidiarios** con trajes de rayas y grilletes en los tobillos.*

presidio ***m.*** Cárcel: *Está en **presidio** desde hace seis meses por haber robado.* SIN. **prisión, chirona, cana.**

presidir ***vb.*** {tr.} Tener el cargo de presidente: *El director de la escuela **presidió** una junta en la que dio instrucciones a los maestros sobre los métodos de enseñanza que deben seguir.*

presilla ***f.*** Tira de tela cosida al borde de una prenda, que sirve para abrochar o como adorno.

presión ***f.*** **1** Acción de apretar u oprimir: *Con el exprimidor se ejerce **presión** sobre el limón y se obtiene el jugo.* **2** Fuerza o coacción que se ejerce sobre una persona para que haga algo que no quiere: *No despidieron a Evelia de su empleo, pero ejercieron **presión** hasta que la hicieron renunciar.* **3** Fuerza ejercida por un líquido: *El agua de las mangueras que usan los bomberos sale con mucha **presión** para que llegue lejos.*

presionar ***vb.*** {tr.} Ejercer una presión, empujar a alguien para que haga algo: *Amelia **presionó** a su hermana para que la acompañara a comprar ropa.*

preso, sa ***m.*** y ***f.*** Persona encarcelada: *En esa cárcel les permiten a las **presas** tener a sus hijos pequeños con ellas.* SIN. **recluso, cautivo, prisionero.**

prestación ***f.*** **1** Acción de prestar un servicio. **2** Servicio que el Estado, instituciones públicas o empresas privadas dan a sus empleados: *En la empresa donde trabaja Rodrigo hay buenas **prestaciones,** como ayuda para gastos médicos, vacaciones dos veces al año y becas para capacitación.*

prestado, da ***adj.*** Relativo a lo que se ha dejado a alguien por un tiempo: *"El tomo seis de la enciclopedia está **prestado,** por eso no lo encuentras en el anaquel", me indicó la bibliotecaria.*

prestamista ***m.*** y ***f.*** Persona que presta dinero y cobra interés por ello: *Jacinta me dijo que irá a ver al **prestamista** porque ninguno de sus amigos tenía dinero para prestarle.*

préstamo ***m.*** **1** Hecho de prestar: *Le hice un **préstamo** de dinero a mi amigo para que comprara el caramelo que quería.* **2** Cosa que se presta: *El disco no es mío, es un **préstamo** de mi novio, por eso no te lo puedo prestar.* **3** Elemento que una lengua toma de otra: *El español ha tomado muchos **préstamos** del inglés, como las palabras* show *y* stock*.*

prestancia ***f.*** **1** Calidad de lo que es superior a otras cosas de su misma clase. **2** Aspecto de distinción: *Ese bello vestido le da a Patricia tanta **prestancia** que la hace parecer una princesa.*

prestar ***vb.*** {tr. y prnl.} **1** Ceder algo por un tiempo para que después sea devuelto: *Arnoldo me **prestó** un libro y me dijo que se lo devolviera la semana próxima.* **2** Dar u ofrecer algo, en especial una ayuda, un servicio, etc.: *La secretaria **se prestó** para ir al aeropuerto a recoger a los hijos de su jefe.*

presteza ***f.*** Prontitud, rapidez: *La respuesta de la gente después del terremoto fue de gran **presteza,** solidaridad y colaboración.*

prestidigitación ***f.*** Arte de hacer trucos con las manos. SIN. **ilusionismo, magia.**

prestidigitador, ra ***m.*** y ***f.*** Persona que domina el arte de hacer trucos con las manos: *En la feria hay un **prestidigitador** que sorprende mucho a los niños con sus actos.* SIN. **mago.**

prestigiar ***vb.*** {tr.} Dar fama, acreditar: *La belleza y funcionalidad del edificio que construyó **prestigia** a ese arquitecto en su país y en el extranjero.*

prestigio ***m.*** Fama o influencia de que goza una persona o cosa: *Ese profesor goza de un gran **prestigio** por las conferencias que da en el extranjero.* SIN. **reputación.**

prestigioso, sa ***adj.*** Que tiene fama: *El reloj que vimos es de marca **prestigiosa,** por eso su precio es elevado.*

presto ***adv.*** Pronto, en seguida: *Preocupado por la salud de su madre, Daniel acudió **presto** al hospital.*

presto, ta ***adj.*** **1** Dispuesto para hacer algo: *En cuanto le ofrecieron un trabajo en el extranjero, Ricardo se mostró **presto** a partir.* **2** Rápido para hacer cosas, diligente: *Debemos encontrar una **presta** solución al problema del tubo roto porque el agua ya inundó toda la casa.*

presumido, da ***adj.*** Se dice de quien se muestra demasiado orgulloso de sí mismo y de sus cosas: *Jonás es un **presumido** que siempre se está admirando en el espejo.* SIN. **vanidoso.**

presumir ***vb.*** {tr. e intr.} **1** Creer que algo sucede o va a ocurrir porque se han observado señales de ello: *No estamos seguros, pero todos **presumimos** que mi hermana está embarazada por los cambios físicos que está sufriendo.* **2** Vanagloriarse de sí mismo: *Sin que nadie le preguntara, Felipe se puso a **presumirnos** de sus premios deportivos.* SIN. **ufanarse. 3** Cuidar el arreglo personal de manera excesiva.

presunción ***f.*** **1** Suposición fundada en indicios o señales: *Por los indicios que tiene, la policía parte de la **presunción** que el marido es el asesino de esa mujer.* SIN. **conjetura. 2** Acción de presumir: *Me molesta la **presunción** de Rafael porque cree que todo lo sabe y se la pasa hablando de sus grandes conocimientos.*

presunto, ta ***adj.*** Que se cree o supone: *Mañana se inicia el juicio del **presunto** culpable del robo.*

presuntuoso, sa ***adj./m.*** y ***f.*** Con muchas pretensiones: *Fue una fiesta **presuntuosa** en la que la familia trató de mostrar toda su riqueza a los invitados.*

presuponer ***vb. irreg.*** {tr.} **Modelo 27.** Dar por supuesta una cosa.

presuposición ***f.*** Acción y efecto de presuponer, de suponer una cosa.

presupuestar ***vb.*** {tr.} Hacer un presupuesto, calcular cuánto costará algo: *Una buena costumbre es **presupuestar** los gastos del mes, así evitamos malgastar el dinero.*

presupuesto ***m.*** **1** Hipótesis. **2** Estimación anticipada de los gastos e ingresos de un país, empresa, etc.: *El **presupuesto** para la educación debe ser uno de los más importantes para un país.* **3** Cálculo del costo previsto de una obra, reparación, etc.: *Irma pidió varios **presupuestos** de la reparación de los muebles para elegir el que más le conviniera.*

presurizar ***vb. irreg.*** {tr.} **Modelo 16.** Mantener constante la presión en un espacio cerrado: *En los submarinos, los batiscafos, los aviones y las naves espaciales, es necesario **presurizar** el ambiente.*

presuroso, sa ***adj.*** Rápido, ligero: *Salvador iba con paso **presuroso** porque apenas le quedaban unos minutos para llegar antes de que comenzara la función de cine.*

pretencioso, sa ***adj.*** Que quiere dar impresión de ser mejor que los demás. SIN. **presuntuoso, vanidoso.**

pretender ***vb.*** {tr.} **1** Tratar de conseguir algo: *Emilio **pretende** obtener calificaciones altas, por eso estudia y cumple con los trabajos escolares y pone atención a las clases.* **2** Cortejar a una mujer: *José **pretende** a Berenice desde que eran niños, pero ella nunca le ha hecho caso.*

pretendido, da ***adj.*** Imaginado, supuesto: *Carvallo siempre intentaba impresionar a los demás con sus **pretendidos** conocimientos, pero Mendoza lo desenmascaró y demostró que sólo se aprendía por un rato datos que sacaba de Internet.*

pretendiente ***m.*** Quien corteja a una mujer: *Como es guapa, simpática e inteligente, Liliana tiene muchos **pretendientes.***

pretensión ***f.*** **1** Intención, propósito: *Aprender a hablar francés antes de que termine este año es una **pretensión** personal.* **2** Derecho que alguien cree tener sobre algo. **3** Aspiración ambiciosa o vanidosa: *La **pretensión** de Rubén es ser jefe de la oficina, pero está equivocado porque todavía no tiene la capacidad suficiente.*

pretérito ***m.*** Tiempo verbal que presenta la acción como realizada en el pasado: *La palabra* comeré *es un verbo en tiempo futuro, la palabra* comí *es un verbo en tiempo **pretérito.***

pretérito, ta ***adj.*** Pasado: *En tiempos **pretéritos** la ciudad era chica y sin medios de transporte.*

pretexto ***m.*** Razón fingida que se usa para ocultarla verdadera: *Como León no quería ver a Iris, le puso como **pretexto** que tenía mucho trabajo.*

pretil ***m.*** Barrera que se pone a los lados de un puente. SIN. **barandal.**

pretina ***f.*** Tira de tela de las faldas y pantalones que ciñe la cintura: *"Como engordé, cuando me siento se me clava la **pretina** de mis pantalones", comentó Benito.*

prevalecer ***vb. irreg.*** {intr.} **Modelo 39.** Imponerse una persona o cosa entre otras: *En los desiertos **prevalece** el clima seco porque casi nunca llueve.*

prevaler ***vb. irreg.*** {tr., intr. y prnl.} **Modelo 34.** **1** Dominar o ganar una cosa sobre otras. **2** Servirse de algo: *El abogado **se prevalió** de la enfermedad del acusado para pedir que el juicio se pospusiera.*

prevención ***f.*** Medida tomada para evitar un daño o peligro: *Las **prevenciones** que se tomaron fueron insuficientes y mucha gente murió durante el último huracán.*

prevenido, da ***adj.*** **1** Preparado para algo: *Ya tenemos todo **prevenido** para recibir a nuestro huésped, ayer estuvimos arreglando la habitación que ocupará.* **2** Cuidadoso, previsor: *Tamara es una mujer **prevenida,** en su casa siempre encuentras botiquín de primeros auxilios y lo necesario para hacer reparaciones domésticas.*

prevenir ***vb. irreg.*** {tr. y prnl.} **Modelo 49.** **1** Preparar con anticipación las cosas: *Gonzalo necesita luz para realizar su trabajo, por eso se **ha prevenido** contra los apagones con varias lámparas de baterías.* **2** Tomar las medidas precisas para evitar un mal. **3** Advertir de algo: *¡Te **prevengo:** estudias o te quedas sin paseos!*

preventivo, va ***adj.*** Que evita que suceda algo malo, que previene: *La medicina **preventiva** ha sido uno de los pasos más importantes de la ciencia para conservar la salud del ser humano.*

prever ***vb. irreg.*** {tr.} **Modelo 31.** **1** Creer que algo va a ocurrir: ***Preveo** que los muchachos van a salir esta noche porque están arreglándose y vistiéndose con ropa moderna.* **2** Tomar las medidas necesarias para afrontar algo.

previo, via ***adj.*** Que precede o sirve de preparación a algo: *Los trabajos **previos** a la boda de mi hermana fueron agotadores.*

previsión ***f.*** Acción y efecto de prever, de tomar medidas para afrontar algo: *Tener copias de nuestros documentos personales es una **previsión** para poder reponerlos con facilidad en caso de perder los originales.*

previsor, ra ***adj.*** Que anticipa y previene las cosas: *Ser **previsores** nos evita muchas carreras, prisas e incomodidades de última hora.*

previsto, ta ***adj.*** Que se sabe por anticipado: *Que caiga un aguacero durante el festival está **previsto,** por eso cubrimos el patio de la escuela con toldos de lona.*

prez ***m.*** y ***f.*** Honor que proporciona una acción meritoria. SIN. **honra, consideración.**

prieto, ta ***adj.*** Apretado, tenso, ajustado: *El pantalón de la muchacha estaba tan **prieto** que casi no podía sentarse.*

prieto, ta ***adj./m.*** y ***f.*** **1** ***Amér.*** Se dice del color entre marrón y negro: *La mula **prieta** es la más fuerte de la recua.* **2** ***Méx. Fam. Desp.*** Persona de color de piel muy moreno, casi negro.

prima ***f.*** **1** Dinero que se da como estímulo o como recompensa. **2** Pago que da una persona o empresa a la compañía de seguros con quien han contratado un seguro.

prima ***f.*** Primera cuerda de algunos instrumentos.

primacía ***f.*** **1** Hecho de ser el primero. **2** Prioridad concedida a alguien o a algo: *Los ancianos y enfermos tienen **primacía** para abordar el tren y después suben los demás pasajeros.*

primaria ***f. Méx.*** Educación básica que consiste en los seis primeros grados que cursa un niño después de salir del nivel preescolar.

primario, ria ***adj.*** **1** Principal o primero: *El descanso es una actividad **primaria** para la salud.* **2** Primitivo, salvaje. **3** Paleozoico.

primate ***adj./m.*** Relativo a un orden de mamíferos trepadores, de uñas planas y cerebro muy desarrollado: *Entre los **primates** se encuentran los gorilas y los chimpancés.*

primavera ***f.*** Estación del año después del invierno y antes del verano: *En la **primavera** empiezan a florecer de nuevo las plantas y los árboles.*

primer ***adj.*** Apócope de *primero*, que se antepone al sustantivo: *El **primer** día de clases los niños están inquietos y nerviosos.*

primerizo, za ***adj./m.*** y ***f.*** Persona que apenas se inicia en un oficio o actividad: *Alan es **primerizo** como cocinero, por eso a veces todavía se equivoca al usar los ingredientes.*

primero ***adv.*** En primer lugar: ***Primero** termina de limpiar tu habitación y luego ya puedes jugar.*

primero, ra ***adj.*** Adjetivo ordinal que corresponde al número uno.

primero, ra ***m.*** y ***f.*** **1** Elemento que precede a todos los demás de una serie: *Como nos acomodan por estaturas, el **primero** de la fila es el niño más bajo de mi clase.* **2** Persona, animal o cosa que predomina en calidad o importancia: *Este mes Esteban fue el **primero** en la clase de inglés.*

primicia ***f.*** Noticia hecha pública por primera vez: *Los periodistas dieron la **primicia** de la boda de la princesa con el actor de cine.*

primigenio, nia ***adj.*** Primitivo, originario.

primitivo, va ***adj./m.*** y ***f.*** **1** Del primer periodo de la historia: *Los hombres **primitivos** usaban huesos y piedras como armas para cazar y defenderse.* **2** Poco desarrollado, rudimentario: *En muchos lugares todavía se usan herramientas **primitivas** para cultivar la tierra porque no pueden comprar máquinas modernas.* **3** Se dice de las sociedades humanas de civilización poco desarrollada: *En la actualidad existen algunos grupos étnicos **primitivos** que sobreviven de la caza y la pesca.* **4** Relativo a la palabra que

a b c d e f g h i j k l m n o p q r s t u v w x y z

no es derivada de otra en la misma lengua: *La palabra flor es **primitiva** y las palabras florería, florero y florista son sus derivadas.*

primo, ma ***adj.*** Primero.

primo, ma ***m.*** y ***f.*** Respecto a una persona, hijo de un tío suyo: *Enrique se divierte mucho con su **primo** Francisco, que es el hijo de su tía Berenice.*

primo. Número ~, ***loc.*** Número entero que sólo es divisible entre sí mismo y entre la unidad: *Uno, dos, tres y cinco son **números primos.***

primogénito, ta ***adj.*** Relativo al hijo que nace primero: *Antiguamente el padre heredaba todos sus bienes al hijo **primogénito.***

primogénito, ta ***m.*** y ***f.*** Primer hijo de una pareja: *El **primogénito** de la familia tomó el lugar del padre en la empresa cuando éste falleció.*

primor ***m.*** **1** Esmero con que se hace algo. **2** Cosa hecha con cuidado.

primordial ***adj.*** Que es necesario, básico, esencial: *Es **primordial** que compre ese libro para hacer el trabajo escolar porque en él están todos los datos que necesito.*

primoroso, sa ***adj.*** Que está hecho con primor, con esmero.

princesa ***f.*** **1** Título que se da a la hija de un rey. **2** Esposa de un príncipe: *La **princesa** Grace fue esposa del príncipe Rainiero de Mónaco, un pequeño principado de Europa.* **3** Soberana de un principado.

principado ***m.*** **1** Título o dignidad de príncipe. **2** Territorio sujeto a la autoridad de un príncipe.

principal ***adj.*** **1** De más importancia o valor: *El papel **principal** de la obra lo tiene el actor más famoso.* Sin. **central. 2** Relativo a la oración de la que depende una subordinada: *En la frase "El señor de azul, que tiene sombrero negro, es mi tío", la parte "El señor de azul es mi tío" es la oración **principal,** y la otra parte "que tiene sombrero negro" es la subordinada.* **3** Se dice del primer nivel o piso de una construcción, que está sobre la planta baja.

príncipe ***m.*** **1** Título que se da al hijo de un rey o una reina. **2** Título del soberano de un principado.

principeño, ña ***adj./m.*** y ***f.*** De Puerto Príncipe, capital de Haití, isla de las Antillas Mayores.

principesco, ca ***adj.*** Que es o parece propio de un príncipe: *Ese hombre rico compró una casa **principesca** con muchas habitaciones y grandes jardines.*

principiante, ta ***adj./m.*** y ***f.*** Que comienza a ejercer un arte u oficio: *Pedro es **principiante** en la música, apenas ayer comenzó sus clases de canto.*

principio ***m.*** **1** Primera parte de una cosa: *Llegué tarde al cine y me perdí el **principio** del filme.* Sin. **comienzo, inicio. 2** Concepto que sirve de base a un razonamiento. **3** Ley que regula un conjunto de fenómenos físicos. **4** ***pl.*** Norma moral que rige la conducta: *Lo expulsaron de la escuela porque no seguía los **principios** establecidos en la institución.* Sin. **precepto, regla. 5** ***pl.*** Conjunto de primeras nociones de una ciencia o arte.

pringar ***vb. irreg.*** {tr. y prnl.} **Modelo 17. 1** Mojar el pan en pringue u otra salsa. **2** Manchar con pringue.

pringoso, sa ***adj.*** Que está sucio de grasa o de algo pegajoso: *"Vuelve a lavar esos platos, quedaron **pringosos**", indicó mi madre.*

pringue ***m.*** y ***f.*** **1** Grasa producida por ciertos alimentos. **2** *Fam.* Suciedad, porquería.

prior, ra ***m.*** y ***f.*** Superior de algunas comunidades religiosas.

prioridad ***f.*** Anterioridad de una cosa respecto de otra: *De entre todos los problemas de la escuela, el director le dio **prioridad** a la pintura, ya que las paredes se ven viejas y despintadas.*

prioritario, ria ***adj.*** Que tiene prioridad: *Los condóminos acordaron que es **prioritario** impermeabilizar la azotea antes de que lleguen las lluvias, ya luego se pintará la fachada del edificio.*

prisa ***f.*** **1** Rapidez con que sucede algo: *El accidente ocurrió con tanta **prisa** que nadie pudo saber con seguridad qué pasó.* **2** Necesidad de apresurarse: *Tengo mucha **prisa** y no puedo hablar contigo ahora.*

prisión ***f.*** Establecimiento donde se encuentran las personas privadas de su libertad por estar acusadas de haber cometido algún delito: *Llevaron al delincuente a una **prisión** de alta seguridad por ser un hombre peligroso.* Sin. **cárcel, chirona, presidio, cana.**

prisionero, ra ***m.*** y ***f.*** Preso en poder de un enemigo. Sin. **cautivo.**

prisma ***m.*** Cuerpo formado por dos bases y varios lados paralelos.

prismático, ca ***adj.*** Que tiene forma de prisma.

prismáticos ***m. pl.*** Anteojos, instrumento óptico. Sin. **binoculares, gemelos.**

privacidad ***f.*** Cualidad de lo que se refiere a una persona de manera individual: *Los actores exigieron respeto a su **privacidad** porque ya estaban cansados de que sus problemas y asuntos personales fueran publicados.*

privado, da ***adj.*** **1** Que pertenece a un particular: *Don Jacobo tiene dos automóviles: uno **privado** que compró el año pasado, y otro que le da la compañía para la que trabaja.* **2** Personal, íntimo: *Eufemia no quiere contar nada de su vida **privada** porque es una persona reservada.*

privar ***vb.*** {tr., intr. y prnl.} **1** Dejar a alguien o a algo sin alguna cosa: ***Privaron** a Remigio del premio al mejor estudiante porque su conducta no era buena.* **2** Estar de moda una cosa: *Hay épocas en que **privan** los vestidos cortos y hay épocas en que la moda son los vestidos que llegan hasta el piso.* **3** Renunciar a algo: *Manuel **se privó** de comer hamburguesas porque está a dieta.*

privatizar ***vb. irreg.*** {tr.} **Modelo 16.** Convertir en privados bienes o empresas públicas.

privilegiar ***vb.*** {tr.} Conceder una ventaja a alguien o algo sobre lo demás: *El maestro **privilegió** a Sabina con un permiso para llegar tarde durante una semana porque obtuvo la calificación más alta de la clase.*

privilegio ***m.*** **1** Ventaja que se da a uno: *María me concedió el **privilegio** de bailar la primera pieza de la fiesta con ella.* **2** Documento en que consta la ventaja que se da a uno.

pro ***m.*** y ***f.*** Provecho, utilidad que ofrece alguna cosa o situación.

pro ***prep.*** En favor de: *Irma trabaja en una asociación **pro** ciegos donde los enseñan a valerse por sí mismos.*

proa ***f.*** Parte delantera de una nave: *La tripulación del barco puso **proa** hacia el occidente y se dispuso a emprender el viaje.*

probabilidad ***f.*** Calidad de lo que puede suceder: *Hay pocas **probabilidades** de que podamos salir de vacaciones porque mi hermana está enferma, mi madre está enojada y yo no tengo dinero.* Sin. **posibilidad.**

probable ***adj.*** **1** Que se puede probar: *El hecho de que hay líquidos con diferente densidad es **probable,** pues basta poner un poco de aceite a un vaso de agua para demostrarlo.* **2** Que puede suceder: *Según esas nubes oscuras, es **probable** que llueva pronto.*

probado, da ***adj.*** Acreditado por la experiencia: *La efectividad de la infusión de manzanilla para aliviar las irrita-*

*ciones de los ojos está **probada** y desde hace siglos se ha venido usando.*

probador ***m.*** Habitación para probarse las prendas de vestir: *Voy al **probador** para ver si me queda bien esta blusa.*

probar ***vb. irreg.*** {tr. e intr.} **Modelo 5. 1** Demostrar la verdad de cierta cosa: *Jimena me **probó** que había ganado el premio de canto mostrándome el diario en el que habían dado la noticia.* **2** Examinar las cualidades de una persona o cosa: ***Probarán** a las tres personas que solicitan el empleo para ver cuál está más capacitada.* **3** Tomar una porción de comida o bebida para apreciar su sabor: ***Probé** un postre chino que estaba muy sabroso a pesar de su feo aspecto.* SIN. **gustar. 4** Hacer el intento de realizar una cosa.

probeta ***f.*** Recipiente de cristal parecido a un tubo, que se usa en los laboratorios.

probidad ***f.*** Honestidad, integridad y solidez en los valores: *La **probidad** de Rentería lo hace el mejor candidato, yo votaré por él.*

problema ***m.*** **1** Cuestión en que debe averiguarse una respuesta o que provoca preocupación: *La maestra les dejó cuatro **problemas** matemáticos a sus alumnos.* **2** Hecho que impide o dificulta alguna cosa: *Jaime llegó tarde a su cita porque tuvo **problemas** con su automóvil.*

problemática ***f.*** Conjunto de problemas relativos a una ciencia, actividad o situación: *Todos los vecinos se reunieron para hablar sobre la **problemática** del edificio.*

problemático, ca ***adj.*** Que implica o causa problema. SIN. **difícil.**

probo, ba ***adj.*** Honrado, íntegro: *Designaron juez al licenciado Martínez porque es un hombre **probo** y justo.*

probóscide ***f.*** Nariz o boca prolongada de algunos animales: *Aunque son muy diferentes, las mariposas y los elefantes se parecen en que ambos tienen **probóscide**.* SIN. **trompa.**

proboscidio, dia ***adj./m.*** Relativo a un orden de mamíferos ungulados provistos de una trompa prensil, como el elefante.

procariota ***m.*** Organismo unicelular cuyo núcleo no está completamente separado del citoplasma: *Las bacterias son **procariotas**.*

procaz ***adj.*** Desvergonzado, grosero. *No me gusta platicar con Tulio porque habla de una manera **procaz**, diciendo una grosería cada dos palabras.*

procedencia ***f.*** Origen de donde procede alguien o algo: *Cuando se envía un paquete hay que indicar el país de **procedencia** y el de destino.*

procedente ***adj.*** Proveniente, que viene de un lugar determinado: *Acaba de aterrizar un avión **procedente** de Madrid.* SIN. **originario.**

proceder ***m.*** Manera de actuar: *Anastasia se ha portado muy grosera en los últimos días, creo que su **proceder** es incorrecto.*

proceder ***vb.*** {intr.} **1** Tener una cosa su origen en algo: *Te llegó una carta que **procede** de Finlandia, ¿a quién conoces allí?* SIN. **venir. 2** Comportarse, actuar: *Javier **procedió** con cautela cuando expuso su opinión porque sabía que el maestro estaba enojado.* **3** Ser oportuno o conforme a unas normas: *El juez dijo que **procedía** la demanda de la comunidad para impedir que se construyan edificios en un área verde.* **4** Iniciar un juicio contra alguien: *Las autoridades **han procedido** contra el hombre acusado de asesinato.*

procedimiento ***m.*** **1** Acción de proceder, de actuar de un modo particular. **2** Método: *El profesor nos indicó el **procedimiento** que había que seguir para realizar el experimento en el laboratorio.* **3** Actuación por trámites judiciales o administrativos.

prócer ***adj.*** Noble, majestuoso: *Hay quien presume de tener una familia **prócer**.*

prócer ***m.*** y ***f.*** Persona ilustre: *En ese cementerio están enterrados los **próceres** de la patria.*

procesado, da ***adj./m.*** y ***f.*** Persona que es tratada y declarada como presunto reo en un proceso criminal: *El **procesado** está en la cárcel desde hace dos meses.*

procesador ***m.*** **1** Circuito que funciona como unidad central en una computadora. **2** En computación, programa de un sistema operativo que ejecuta una función.

procesar ***vb.*** {tr.} **1** En Derecho, formar procesos: *La Corte **procesará** a los miembros de una banda de ladrones.* **2** Desarrollar un proceso de datos: *La computadora ya tiene los datos, ahora es cuestión de que los **procese** para que tengamos el resultado.*

procesión ***f.*** Ceremonia de carácter religioso que consiste en un desfile solemne que se acompaña de cantos y oraciones.

procesionaria ***f.*** Oruga que se alimenta de las hojas del pino, roble y encina, a los que causa grandes daños: *Las **procesionarias** se llaman así porque suelen avanzar formando filas.*

proceso ***m.*** **1** Desarrollo de las fases de un fenómeno: *El embarazo es un **proceso** de formación de un ser, que concluye con el nacimiento.* **2** Método, sistema. **3** En Derecho, conjunto de medidas que se toman para tratar una causa criminal: *Al terminar el **proceso** se sabrá si el acusado es culpable o inocente.* **4** Conjunto de operaciones a que se someten los datos.

proclama ***f.*** **1** Discurso político o militar. **2** Notificación pública: *Los medios de comunicación lanzaron una **proclama** sobre los resultados definitivos de las votaciones para presidente de la república.*

proclamar ***vb.*** {tr. y prnl.} **1** Mostrar algo de manera pública: *El famoso actor de cine **proclamó** que pronto se casará con una de sus sirvientas.* **2** Hacer saber de forma pública y solemne el comienzo de un reinado, régimen político, etc.: *A principios del siglo XIX se **proclamó** la independencia de casi todos los países de América Latina.* SIN. **promulgar. 3** Otorgar un título. SIN. **elegir, coronar.**

proclive ***adj.*** Propenso a una cosa negativa: *Daniela está preocupada porque dice que su hermano es **proclive** a la bebida.*

procrear ***vb.*** {tr.} Engendrar, crear un nuevo ser: *Teresa y Felipe **procrearon** dos hijos, Miguel y Adriana.*

procurador, ra ***m.*** y ***f.*** Persona que representa de manera legal a otra.

procurar ***vb.*** {tr. y prnl.} **1** Hacer esfuerzos o diligencias para conseguir algo: ***Procuraré** terminar hoy mi trabajo escolar para tener libre el resto del fin de semana.* **2** Proporcionar o facilitar a alguien una cosa: *Mi maestro **me procuró** los libros que debo consultar para hacer mi trabajo, porque no es fácil conseguirlos.*

prodigar ***vb. irreg.*** {tr. y prnl.} **Modelo 17. 1** Dar mucho de algo: *La reina del carnaval **prodigaba** besos desde su carro alegórico.* **2** Exhibirse: *El actor **se prodigó** ante toda la gente durante la fiesta por el estreno de su nuevo filme.*

prodigio ***m.*** **1** Suceso muy raro que resulta difícil explicar. **2** Mostrar algo de manera clara. **3** Persona o cosa asombrosa por sus cualidades poco comunes: *Maura es un **prodigio**, desde niña sabe tocar piezas muy difíciles en guitarra.*

prodigioso, sa ***adj.*** Fuera de lo común, extraordinario, maravilloso: *Wolfgang Amadeus Mozart tenía una **prodigiosa** habilidad para componer música.*

a b c d e f g h i j k l m n o p q r s t u v w x y z

pródigo, ga ***adj.*** **1** Persona que malgasta su dinero o sus bienes: *Saúl es tan* ***pródigo*** *que se acabó en un día el dinero que le dieron sus padres para toda la semana.* **2** Generoso, que produce mucho: *La tierra es* ***pródiga*** *en este campo, por eso se pueden cosechar frutos sanos y grandes.*

producción ***f.*** **1** Acción de producir: *Las industrias textiles se dedican a la* ***producción*** *de telas.* **2** Cosa producida: *La mayor parte de la* ***producción*** *de frutas y hortalizas se exporta a otros países.* **3** ***loc.*** **~en serie,** sistema industrial en el que, con el uso de máquinas, puede producirse gran cantidad de un artículo en poco tiempo y a bajo costo.

producir ***vb. irreg.*** {tr. y prnl.} **Modelo 57. 1** Hacer una cosa natural que otra salga de sí misma: *El árbol del naranjo* ***produce*** *naranjas.* **2** Elaborar algo en una industria: *La industria vitivinícola* ***produce*** *vinos.* **3** Causar: *Es frecuente que los medicamentos contra el resfrío* ***produzcan*** *sueño.* **4** Organizar la realización de un filme, programa, etc.: *Con motivo de la celebración del aniversario, van a* ***producir*** *una serie de programas sobre las guerras de independencia.* **5** Ocurrir: *Anoche* ***se produjo*** *un sismo de poca intensidad en mi ciudad y otras cercanas.*

productividad ***f.*** Capacidad para producir algo: *La* ***productividad*** *en el campo depende de los apoyos y recursos que tengan los agricultores.*

productivo, va ***adj.*** **1** Que tiene la virtud de producir: *El escritor estadounidense Stephen King era muy* ***productivo*** *pues no sólo escribió más de veinte novelas, sino que también hizo argumentos para cine y televisión.* **2** Que proporciona mucha utilidad: *El negocio de los juegos de vídeo es muy* ***productivo,*** *por eso el señor Tapia tiene tanto éxito en su local.*

producto ***m.*** **1** Cosa producida: *Entre los* ***productos*** *derivados de la leche están la crema, el queso y el yogur.* Sin. **obra. 2** Resultado de una multiplicación: *El* ***producto*** *de multiplicar diez por diez es cien.*

productor, ra ***adj./m.*** y ***f.*** **1** Que produce algo: *Las abejas son* ***productoras*** *de miel y cera.* **2** Persona que se dedica a producir o fabricar bienes: *Los* ***productores*** *de soya de la región buscan asociarse para ser ellos mismos quienes procesen lo que cultivan.*

proemio ***m.*** Introducción de un libro. Sin. **prefacio.**

proeza ***f.*** Hazaña, acción hecha por un héroe: *El caballero realizó una* ***proeza*** *al acabar con el dragón y rescatar a la princesa cautiva.*

profanar ***vb.*** {tr.} Tratar una cosa sagrada o digna de respeto sin la debida consideración: *Unos ladrones* ***profanaron*** *las tumbas de ese cementerio en busca de un tesoro.* Sin. **violar.**

profano, na ***adj.*** Que no forma parte de cosas sagradas, que no le corresponde a la religión. Ant. **sagrado.**

profano, na ***adj./m.*** y ***f.*** Que no conoce algún tema: *Marcos es todavía* ***profano*** *en el uso de la computadora, por eso se equivoca tanto.* Sin. **ignorante.**

profecía ***f.*** **1** Respuesta o mensaje que Dios da a través de un profeta: *Las profecías de Isaías en el Antiguo Testamento son esperanzadoras.* **2** Predicción de lo que va a suceder.

proferir ***vb. irreg.*** {tr.} **Modelo 50.** Emitir palabras o sonidos: *Martha estaba tan enojada con su novio que* ***profirió*** *insultos en su contra.* Sin. **pronunciar, decir.**

profesar ***vb.*** {tr. e intr.} **1** Entrar en una orden religiosa comprometiéndose a cumplir los votos o reglas. **2** Ser adepto a una doctrina. **3** Ejercer una profesión en especial la de abogados y médicos: *Mi hermano* ***profesa*** *la ingeniería en un laboratorio que hace medicamentos.*

profesión ***f.*** **1** Acción y efecto de profesar. **2** Oficio o empleo: *Sherlock Holmes, el detective de* ***profesión,*** *es el principal protagonista de las novelas policiacas escritas por Arthur Conan Doyle.*

profesional ***adj.*** **1** Que cobra por ejercer su profesión: *A Isela siempre le gustó bailar en las fiestas, luego estudió danza y ahora es una bailarina* ***profesional*** *que se presenta en los teatros.* **2** Que es responsable en su trabajo: *Noé es un hombre* ***profesional*** *que nunca falta.*

profesional ***m.*** y ***f.*** Persona que ejerce una profesión: *Los* ***profesionales*** *del diseño de modas se reunieron en París durante el mes de diciembre.*

profesor, ra ***m.*** y ***f.*** Persona que enseña una materia, ciencia o arte: *Por las tardes Beatriz va a casa de su* ***profesora*** *de piano para recibir clases.* Sin. **maestro.**

profesorado ***m.*** Conjunto de los profesores de una institución: *El* ***profesorado*** *de esa universidad está integrado por personas de mucho mérito académico.*

profeta, tisa ***m.*** y ***f.*** **1** En la Biblia, persona que habla en nombre de Dios e inspirado por Él para dar a conocer su mensaje y orientar éticamente al pueblo. **2** ***loc.*** **El ~,** Mahoma, para los musulmanes. **3** Persona que anuncia un acontecimiento futuro.

profiláctico, ca ***adj.*** Relativo a la acción que se realiza para prevenir la aparición y propagación de enfermedades o daños morales.

profilaxis ***f.*** Conjunto de medidas destinadas a impedir la aparición y la propagación de enfermedades: *La* ***profilaxis*** *para prevenir el cólera consiste en hervir el agua antes de beberla, lavarse las manos antes de comer y después de defecar, y lavar bien los vegetales que se comen crudos.*

prófugo, ga ***adj./m.*** y ***f.*** Persona que huye de la justicia: *El personaje principal de la novela es un* ***prófugo,*** *por eso viaja constantemente de un país a otro.* Sin. **fugitivo.**

profundidad ***f.*** **1** Cualidad de lo que es hondo, profundo. **2** Relación que hay entre la parte superficial y el fondo de cuerpos, recipientes y cuerpos geométricos: *Tengo que construir un cuerpo geométrico de 10 centímetros de largo, siete de ancho y dos de* ***profundidad.***

profundizar ***vb. irreg.*** {tr. e intr.} **Modelo 16. 1** Hacer más profundo: *Los piratas* ***profundizaron*** *el agujero en la tierra para que nadie encontrara el cofre del tesoro.* **2** Examinar o analizar algo a fondo: *Los estudios de maestría sirven para* ***profundizar*** *en el conocimiento de un tema específico.*

profundo, da ***adj.*** **1** Que tiene el fondo muy distante del borde: *No se escucha la caída de la piedra porque es un pozo muy* ***profundo.*** **2** Que penetra mucho: *El cuchillo me produjo una herida tan* ***profunda*** *en la pierna que tuve que ir al médico para que la cosiera.* **3** Intenso, muy grande: *Con* ***profunda*** *satisfacción el padre asistió a la graduación de su hijo.*

profusión ***f.*** Abundancia excesiva: *La mesa estaba servida con una* ***profusión*** *de guisos muy apetitosos.* Sin. **multitud.** Ant. **escasez.**

profuso, sa ***adj.*** Abundante, en gran cantidad: *La* ***profusa*** *obra del compositor alemán Juan Sebastián Bach está formada por casi 224 cantatas, 140 preludios corales y casi 50 fugas aparte de oratorios y conciertos.*

progenie ***f. Fam.*** Conjunto de hijos, descendencia: *La* ***progenie*** *de esa pareja de mastines asciende ya a 40 cachorros, la perra ha tenido cinco partos de ocho perritos cada uno.*

progenitor, ra ***m.*** y ***f.*** **1** Pariente en línea recta ascendente. Sin. **padre, antepasado. 2** Madre o padre de alguien.

progenitores ***m. pl.*** Padre y madre de una persona: *Mis **progenitores** se llaman Estela y Benjamín.*
progesterona ***f.*** Hormona producida por el ovario de las hembras y la mujer.
programa ***m.*** **1** Exposición de los proyectos de una persona, partido, etc.: *El candidato a la presidencia del grupo de vecinos expuso un **programa** de trabajo para arreglar el edificio.* **2** Emisión de televisión, radio, etc.: *No cambies de canal porque quiero ver ese **programa** de policías y ladrones.* SIN. **emisión.** **3** Conjunto de instrucciones que permite ejecutar una serie de operaciones.
programación ***f.*** Hecho de programar: *La **programación** de este cine es muy mala porque nunca dan un solo filme interesante.*
programador, ra ***adj./m.*** y ***f.*** **1** Que programa: *Fernando trabaja como **programador** en una estación de radio, él escoge la música que se va a transmitir.* **2** Especialista en armar programas de computación.
programar ***vb.*** {tr.} Establecer un programa o fijar las diversas partes de una determinada acción: *Los novios **programaron** su boda para el mes próximo.*
progresar ***vb.*** {intr.} Hacer progresos: *Después de reprobar el curso pasado, Eduardo **ha progresado** en la escuela porque ahora estudia un rato todas las tardes.*
progresión ***f.*** **1** Mejora o avance de una persona o cosa. **2** Serie de números ordenados de acuerdo a un orden constante: *2, 4, 6, 8, 10 y 12 están en la **progresión** de números pares.* **3** *loc.* ~ **aritmética,** aquella en que la diferencia entre un número y el anterior es una constante. **4** *loc.* ~ **geométrica,** aquella en que el cociente entre un número y el anterior es una constante.
progresismo ***m.*** Doctrina política y social que favorece el progreso y los avances científicos y tecnológicos, con el afán de producir bienestar para la población.
progresista ***adj./m.*** y ***f.*** De ideas avanzadas. SIN. **liberal.** ANT. **conservador.**
progresivo, va ***adj.*** Que progresa o avanza: *Esta serie de ejercicios tiene una dificultad **progresiva,** por eso cada vez se necesitan más fuerza y condición física para realizarlos.* SIN. **gradual.**
progreso ***m.*** **1** Acción de ir hacia delante. **2** Desarrollo favorable: *Néstor ha tenido **progresos** en su clase de música, ya empieza a tocar obras difíciles.*
prohibición ***f.*** Hecho de prohibir: *En la ciudad donde vivo se ha establecido la **prohibición** de fumar en los lugares cerrados, ¡qué bueno!*
prohibido, da ***adj.*** Relativo a lo que no está permitido: *Está **prohibido** avanzar sobre una calle cuando el semáforo marca luz roja.*
prohibir ***vb. irreg.*** {tr.} **Modelo 72.** Vedar o impedir el uso o realización de algo: *El reglamento de la empresa **prohíbe** a los empleados ocupar el tiempo de trabajo en asuntos personales.*
prohibitivo, va ***adj.*** Relativo al precio de las cosas que no están al alcance de alguien o de la mayoría de las personas: *La industria del automóvil establece precios **prohibitivos** para la mayoría de la gente en muchos países.*
prohombre ***m.*** Hombre ilustre entre los demás de su profesión o actividad: *Luis Pasteur fue un **prohombre** en la química y la biología.*
prójimo, ma ***m.*** y ***f.*** Una persona respecto a otra. SIN. **semejante.**
prolactina ***f.*** Hormona encargada de la secreción de leche materna en las hembras y la mujer.
prole ***f.*** Hijos, descendencia: *Maura salió de vacaciones con su esposo y su **prole** de tres hijos.*
proletariado ***m.*** Clase social formada por personas que venden su trabajo a cambio de un salario.
proletario, ria ***adj.*** Relativo al proletariado: *Hubo un desfile **proletario** el 1° de mayo para celebrar el Día del Trabajo.*
proletario, ria ***m.*** y ***f.*** Miembro del proletariado: *Para la doctrina de Carlos Marx, los **proletarios** y los burgueses forman las dos clases sociales opuestas.*
proliferación ***f.*** Multiplicación rápida de cosas: *Para evitar su **proliferación**, las epidemias deben ser combatidas rápidamente.*
proliferar ***vb.*** {intr.} Multiplicarse de manera rápida: *En época de lluvias **proliferan** los hongos en los bosques.*
prolífico, ca ***adj.*** **1** Capaz de reproducirse, sobre todo en gran cantidad: *Imelda y Enrique son una pareja muy **prolífica** que ha tenido ocho hijos.* **2** Muy productivo, en especial cuando se habla de un escritor.
prolijo, ja ***adj.*** **1** Demasiado largo y detallado: *Efraín dio una explicación tan **prolija** sobre su retraso que todo mundo sospechó que mentía.* **2** *R. de la P.* Limpio, cuidado.
prólogo ***m.*** Texto que se escribe al inicio de una obra y que habla sobre el autor y a veces sobre la misma obra, por lo general es escrito por otra persona que no es el autor: *En el **prólogo** el autor u otra persona explica por qué se escribió el libro y cuál es su tema principal.* SIN. **prefacio, introducción.**
prolongación ***f.*** Extensión, alargamiento: *Las autoridades hicieron una **prolongación** de la avenida principal para facilitar la circulación de automóviles.*
prolongado, da ***adj.*** **1** Alargado, que es más largo de lo normal. **2** Que dura mucho: *Después de una **prolongada** espera de seis meses, por fin han comenzado las vacaciones.*
prolongar ***vb. irreg.*** {tr. y prnl.} **Modelo 17.** Aumentar la longitud o duración de algo: *No pudimos **prolongar** las vacaciones porque mis papás debían volver al trabajo.*
promedio ***m.*** Cantidad o valor medio entre dos o más cantidades: *Hemos recorrido 320 kilómetros en 4 horas, lo que significa un **promedio** de 80 km por hora.*
promesa ***f.*** **1** Acción de prometer: *El joven hizo a su novia la **promesa** de casarse con ella cuando terminara de estudiar.* **2** Persona o cosa que promete o anuncia algo: *Este atleta es una **promesa** para su país en los próximos Juegos Olímpicos.*
prometer ***vb.*** {tr., intr. y prnl.} **1** Decir alguien que se obliga a hacer o dar algo: *Antonio me **prometió** que vendrá mañana para ayudarme con mi trabajo escolar.* **2** Dar señales una persona o cosa de que llegará a ser muy buena. **3** Darse palabra de matrimonio, asegurar dos personas que van a casarse. SIN. **comprometer.**
prometido, da ***m.*** y ***f.*** Persona a la que se promete matrimonio: *La **prometida** de mi hermano es una muchacha muy inteligente y guapa que se llama Beatriz.*
prometio ***m.*** Metal del grupo de las tierras raras, de símbolo químico Pm y número atómico 61.
prominencia ***f.*** Abultamiento, elevación: *Isidro se dio un golpe en la cabeza y unos segundos después ya tenía una **prominencia** al lado de la oreja.*
prominente ***adj.*** **1** Que sobresale más de lo normal. SIN. **saltón.** **2** Se dice de la persona que destaca entre los demás en una actividad.
promiscuo, cua ***adj.*** **1** Mezclado de manera confusa o indiferente. **2** Que tiene relaciones sexuales con varias personas.
promoción ***f.*** **1** Conjunto de personas que han obtenido al mismo tiempo un grado o título escolar: *Cada año, mi*

a b c d e f g h i j k l m n o p q r s t u v w x y z

*madre tiene una cena con los compañeros de su **promoción.*** SIN. **generación. 2** Ascenso en un empleo o cargo. **3** Acción que se realiza para dar a conocer un producto y aumentar sus ventas: *Una chica pasó por mi casa repartiendo como **promoción** unas bolsitas de un nuevo detergente.*

promocionar ***vb.*** {tr. y prnl.} **1** Dar impulso a una empresa, producto, etc., para que el público lo conozca. **2** Hacer que alguien mejore en su cargo o categoría: ***Promocionaron** a Julio en su trabajo y ahora ganará más dinero y tiene más responsabilidades.*

promontorio ***m.*** Elevación del terreno de poca altura: *En las afueras del pueblo hay un **promontorio** donde algunas tardes subimos para ver desde ahí el paisaje.*

promotor, ra ***m.*** y ***f.*** Persona que promueve: *Me visitó el **promotor** de esa editorial para ver si quería comprar una nueva colección de libros.*

promover ***vb. irreg.*** {tr.} **Modelo 29. 1** Iniciar o proponer cierta acción: *Los maestros **están promoviendo** un paseo por la playa para el próximo domingo.* **2** Producir, causar: *La aparición de un perro en medio de la ceremonia **promovió** el alboroto entre los muchachos.*

promulgación ***f.*** Acción y efecto de promulgar.

promulgar ***vb. irreg.*** {tr.} **Modelo 17.** Publicar algo de manera oficial, en especial una ley.

pronombre ***m.*** Parte de la oración que sustituye al nombre o lo determina: *Los **pronombres** personales son* yo, tú, él, ella, nosotros, ustedes *o* vosotros *y* ellos.

pronominal ***adj.*** **1** Relativo al pronombre. **2** Se dice del verbo que en todas sus personas se conjuga con pronombres reflexivos: *Los verbos* peinarse *y* bañarse *son **pronominales.***

pronosticar ***vb. irreg.*** {tr.} **Modelo 17.** Conocer o prever el futuro a partir de la observación de algunos indicios o señales: *El enfermo ya no está grave y los médicos **han pronosticado** que sanará pronto.*

pronóstico ***m.*** **1** Anuncio de una cosa futura que se hace basado en ciertos indicios: *El **pronóstico** del tiempo para hoy es que habrá lluvias ligeras y que la temperatura descenderá.* **2** Juicio médico sobre la evolución de una enfermedad.

prontitud ***f.*** Rapidez en hacer una cosa: *Enriqueta respondió con **prontitud** la pregunta del programa de radio y se ganó el disco que ofrecían.*

pronto ***adv.*** En seguida: *Debo vestirme **pronto** o llegaré tarde a la escuela.*

pronto ***m.*** *Fam.* Decisión o impulso repentino. SIN. **arrebato.**

pronto, ta ***adj.*** **1** Rápido, inmediato: *Toda la familia espera con gusto el **pronto** retorno de mi hermano después de su viaje.* **2** Dispuesto, preparado: *La secretaria de mi padre siempre está **pronta** para ayudarle en lo que él necesita.* **3** *loc.* **De ~,** de repente: *Hacía un sol intenso y **de pronto** el cielo se nubló y empezó a llover.* **4** *loc.* **Tan ~ como,** en el mismo momento: ***Tan pronto como** suene mi despertador llamaré a tu casa para despertarte y así nos aseguraremos de llegar a tiempo.*

pronunciado, da ***adj.*** Que se nota de inmediato: *Cyrano de Bergerac tenía la nariz muy **pronunciada,** es decir, muy grande y larga.*

pronunciamiento ***m.*** **1** Alzamiento militar. **2** Acto de pronunciar la sentencia.

pronunciar ***vb.*** {tr. y prnl.} **1** Emitir y articular sonidos para hablar: *Este niño **pronuncia** mal las palabras y no se entiende lo que dice porque apenas tiene dos años.* **2** Dictar una sentencia judicial: *El juez **pronunció** la sentencia contra el asesino y lo condenó a cadena perpetua.* **3** Declararse a favor o en contra de alguien o algo: *Muchos pueblos **se pronuncian** por la paz.*

propagación ***f.*** Hecho de extenderse una cosa o de hacerse más numerosa: *Para evitar la **propagación** de las enfermedades hay que vacunar a los niños.*

propaganda ***f.*** Publicidad para difundir un producto, espectáculo, etc., y convencer a la gente de sus cualidades: *La **propaganda** que realizan muchas empresas es exagerada y mentirosa, porque mienten acerca de las cualidades de lo que venden.*

propagar ***vb. irreg.*** {tr. y prnl.} **Modelo 17.** Extender, difundir o aumentar una cosa: *La epidemia de cólera **se propagó** entre la gente muy rápidamente a causa de la falta de higiene.*

propalar ***vb.*** {tr.} Divulgar algo que debía mantenerse oculto: *Ya no confío en César porque le dije un secreto y se dedicó a **propalarlo** por toda la escuela.*

propano ***m.*** Hidrocarburo gaseoso usado como combustible.

propasarse ***vb.*** {prnl.} **1** Excederse de lo razonable: ***Me propasé** comiendo y ahora me duele el estómago.* **2** Faltar al respeto: *Rubén **se propasó** con la vecina cuando le dijo ese piropo tan procaz.*

propelente ***adj./m.*** Producto químico que se utiliza para propulsar: *Los gases de los aerosoles y el combustible de los cohetes espaciales son **propelentes.***

propender ***vb.*** {intr.} Tener una persona o cosa inclinación o impulso hacia algo.

propensión ***f.*** Tendencia: *Algunas personas deben cuidar su manera de comer, porque tienen **propensión** a subir de peso.*

propenso, sa ***adj.*** Que tiene tendencia a algo: *Muchos de los grandes genios de la pintura mostraron su **propensión** al arte desde que eran muy jóvenes.*

propiciar ***vb.*** {tr.} Hacer favorables las condiciones para que se realice algo: *La música **propicia** mi concentración en el trabajo.*

propicio, cia ***adj.*** Adecuado, que se presta para hacer algo: *Es el momento **propicio** para ir de compras porque ya empezaron las ofertas en las tiendas.*

propiedad ***f.*** **1** Cosa que se posee, sobre todo una casa o terreno: *Mis tíos tienen una **propiedad** en el campo y a veces voy el fin de semana con ellos para respirar aire fresco.* **2** Cualidad característica: *El agua tiene la **propiedad** de hervir a una temperatura de cien grados centígrados.*

propietario, ria ***adj./m.*** y ***f.*** Persona que tiene derecho de propiedad sobre una cosa: *La maestra preguntó muy enojada quién era el **propietario** de esa revista de chistes groseros.*

propina ***f.*** Dinero dado a una persona como gratificación por prestar un servicio: *Los empleados que cargan el equipaje en los hoteles de algunas ciudades esperan una **propina** por su trabajo.* SIN. **ñapa.**

propinar ***vb.*** {tr.} Dar un golpe: *Graciela se sintió ofendida y le **propinó** una bofetada a Rodrigo.*

propio, pia ***adj.*** **1** Que es propiedad de una persona, que le pertenece: *Mi vecino tiene su **propia** computadora, así que no tiene que usar la de sus padres.* **2** Se dice de lo que es característico o especial de un grupo determinado: *El cabello rizado es **propio** de la familia de Beatriz.* SIN. **típico. 3** Apropiado, conveniente. **4** Se dice del nombre que designa a un ser y no puede aplicarse a otro: *Luis, Colombia y América son nombres **propios.***

proponer ***vb. irreg.*** {tr. y prnl.} **Modelo 27. 1** Exponer un proyecto para que sea aceptado: *El ingeniero **propondrá** la* *construcción de un dique para evitar los desbordamientos del río.* **2** Presentar a una persona para un empleo, premio, etc. **3** Tomar la decisión de lograr una cosa: *Giovanna **se propuso** terminar el trabajo escolar antes de que comenzara su programa preferido y lo consiguió.*

proporción ***f.*** **1** Disposición o correspondencia entre las cosas: *Esta mesa es demasiado grande y no guarda **proporción** con estas sillas tan pequeñas.* **2** Tamaño, medida: *Me quedé impresionado con las enormes **proporciones** del palacio que visitamos.*

proporcionado, da ***adj.*** Armonioso, equilibrado: *Las estatuas griegas son **proporcionadas** y bellas.*

proporcional ***adj.*** Relativo a la proporción, o a lo que la incluye en sí mismo: *El esfuerzo que realizó ese niño es **proporcional** a los resultados que obtuvo pues trabajó poco y consiguió notas bajas.*

proporcionar ***vb.*** {tr. y prnl.} **1** Hacer que algo tenga la debida proporción: *Tu muñeco de arcilla tiene la cabeza demasiado grande para el cuerpo pequeño, tienes que **proporcionarla** más.* **2** Poner a disposición de uno lo que necesita.

proposición ***f.*** Acción y efecto de proponer: *La **proposición** de Elena era que yo hiciera su trabajo escolar y ella me regalaría un caramelo, pero no acepté.* Sin. **propuesta, ofrecimiento.**

propósito ***m.*** **1** Aquello que uno se propone hacer: *Mi **propósito** de año nuevo es no pelear con mis hermanos.* **2** *loc.* **A ~,** de manera voluntaria o deliberada: *Perdóname por pisarte, no lo hice **a propósito.***

propuesta ***f.*** Proposición que se expone con un determinado fin: *Los profesores aceptaron la **propuesta** de los alumnos sobre organizar una fiesta para celebrar el fin de cursos.* Sin. **ofrecimiento.**

propugnar ***vb.*** {tr.} Defender una idea que se considera conveniente.

propulsar ***vb.*** {tr.} Impulsar hacia delante: *Los portaviones tienen catapultas que sirven para **propulsar** los aviones que van a despegar.*

propulsión ***f.*** Acción de impulsar hacia delante: *Los aviones funcionan a **propulsión** gracias a un mecanismo que los hace avanzar al expulsar el combustible a gran velocidad.*

propulsor ***m.*** Órgano del cuerpo, máquina o artefacto que produce un movimiento de propulsión: *Las hélices se utilizan como **propulsores** de vehículos como buques y helicópteros.*

propulsor, ra ***adj./m.*** y ***f.*** Que propulsa o impulsa: *El profesor pertenece a una sociedad **propulsora** del establecimiento de un museo de arqueología en esta población.*

prorrata ***f.*** Parte proporcional que toca a cada uno en un reparto.

prorratear ***vb.*** {tr.} Dividir de manera proporcional: *El costo del agua que llega al edificio se **prorratea** entre todos los vecinos.*

prorrateo ***m.*** Repartición proporcional de una obligación, o de una cantidad de dinero, entre varias personas: *Los avalúos de condominios se hacen por **prorrateo,** es decir, se define cuál parte del todo representa cada condominio.*

prórroga ***f.*** Aplazamiento: *René no pudo pagar a tiempo la deuda de su automóvil y le concedieron una **prórroga** de quince días.*

prorrogable ***adj.*** Que puede aplazarse: *Aunque aquí aparece señalado un plazo, éste es **prorrogable** por una semana más.*

prorrogar ***vb. irreg.*** {tr.} **Modelo 17.** Alargar la duración de algo: ***Prorrogaron** la fecha del examen y ya no tendrá lugar en enero sino en febrero.*

prorrumpir ***vb.*** {intr.} Emitir un grito, suspiro, etc.: *Una abeja picó a la niña y ella **prorrumpió** en llanto.*

prosa ***f.*** Forma natural del lenguaje, opuesta a la rima y al verso: *Cuando hablamos con las demás personas, lo hacemos en **prosa.***

prosaico, ca ***adj.*** Vulgar, sin gracia o interés.

proscenio ***m.*** Parte del escenario más cercana al público: *Desde el **proscenio** la compañía de ballet agradeció los aplausos del público.*

proscribir ***vb.*** {tr.} **1** Echar a una persona de su patria por motivos políticos: *En el siglo XIX, el filósofo Karl Marx **fue proscrito** en Alemania y vivió en Inglaterra.* **2** ***Fam.*** Prohibir: *Las autoridades **proscribieron** los paseos de los perros en ese parque porque sus amos no recogían el excremento de los animales.*

proscrito, ta ***adj.*** Prohibido.

proseguir ***vb. irreg.*** {tr. e intr.} **Modelo 56.** Continuar lo empezado: *La fiesta del pueblo comenzó ayer y **proseguirá** durante los próximos dos días.*

proselitismo ***m.*** Empeño en ganar seguidores para un movimiento social.

prosélito ***m.*** Persona a la que se convence de seguir una idea, movimiento social o doctrina.

prosista ***m.*** y ***f.*** Escritor de obras en prosa: *La obra del **prosista** peruano Ciro Alegría se considera representativa de la novela revolucionaria de su país.*

prosodema ***m.*** Mínima unidad prosódica de una lengua que tiene función distintiva.

prosodia ***f.*** Parte de la gramática que enseña la correcta pronunciación y acentuación.

prosódico, ca ***adj.*** Relativo a la prosodia: *Las reglas **prosódicas** contribuyen a que todos entendamos lo que decimos.*

prosopopeya ***f.*** Figura del lenguaje que consiste en atribuir cualidades de los seres animados a los seres inanimados y abstractos.

prospección ***f.*** **1** Exploración de los yacimientos minerales de un terreno. **2** Estudio de posibilidades futuras basado en indicios presentes.

prospectiva ***f.*** Ciencia que estudia las posibles condiciones científicas y sociales de la sociedad futura.

prospectivo, va ***adj.*** Relativo al futuro.

prospecto ***m.*** **1** Anuncio breve de una obra, espectáculo, etc. **2** Impreso informativo que acompaña a un medicamento, máquina, etc., para explicar cómo debe usarse: *Antes de tomar el medicamento, es importante leer el **prospecto.*** Sin. **instructivo, folleto.**

prosperar ***vb.*** {intr.} **1** Tener bienestar y éxito: *Mateo **ha prosperado** mucho gracias a su negocio y ahora vive tranquilo con su familia.* **2** Imponerse una opinión: *El plan de vacaciones en la playa **está prosperando** y creo que la visita a la montaña se pospondrá para el mes próximo.*

prosperidad ***f.*** **1** Bienestar material: *Se ve que los González gozan de **prosperidad** porque se acaban de comprar una casa en el campo.* **2** Buena suerte, éxito: *La **prosperidad** de esa cafetería se nota pues siempre está atiborrada de clientes.*

próspero, ra ***adj.*** Que mejora y se enriquece de manera progresiva.

próstata ***f.*** Glándula del cuerpo de los animales machos y del hombre, que rodea el cuello de la vejiga y la uretra.

a b c d e f g h i j k l m n o p q r s t u v w x y z

prosternarse ***vb.*** {prnl.} Arrodillarse en señal de respeto o adoración: *Cuando el vagabundo demostró que era su rey, los caballeros* ***se prosternaron*** *ante él.*

prostíbulo ***m.*** Casa de prostitución. SIN. **quilombo.**

prostitución ***f.*** Acto por el cual una persona tiene relaciones sexuales con otra a cambio de un pago.

prostituir ***vb. irreg.*** {tr. y prnl.} **Modelo 59.** Hacer que alguien caiga en la prostitución.

prostituta ***f.*** Mujer que ejerce la prostitución.

prosudo, da ***adj. Chile, Ecuad.*** y ***Perú.*** Se dice del orador solemne que no habla con naturalidad sino utilizando palabras rebuscadas y elegantes.

protactinio ***m.*** Metal radiactivo de símbolo químico Pa y número atómico 91.

protagónico, ca ***adj.*** Principal, más importante: *Después de hacer varias actuaciones pequeñas, le ofrecieron a Darío el papel* ***protagónico*** *en una obra de teatro.*

protagonismo ***m.*** **1** Condición de protagonista. **2** Afán de mostrarse como la persona más calificada y necesaria en algo: *Las personas a quienes les gusta el* ***protagonismo*** *tratan de mostrar de manera exagerada sus cualidades.*

protagonista ***m.*** y ***f.*** Personaje principal de una obra: *Alicia es la* ***protagonista*** *de la novela* Alicia en el país de las maravillas.

protección ***f.*** **1** Hecho de resguardar a alguien o algo de peligros o daños: *La perra da* ***protección*** *y alimento a sus cachorros mientras son pequeños.* **2** Hecho de favorecer, de apoyar: *La* ***protección*** *de su padrino le ha servido a Jorge para conseguir mejores empleos.*

proteccionismo ***m.*** Sistema económico que protege la producción nacional de un país.

protector, ra ***m.*** y ***f.*** **1** Alguien que apoya o favorece: *Andrés tuvo un* ***protector*** *misterioso, a quien nunca conoció, que le pagó todos sus estudios.* **2** Que protege: *Es importante usar crema* ***protectora*** *cuando se está expuesto al sol.*

protectorado ***m.*** **1** Situación de un Estado que está bajo la protección de otro: *Durante muchos años Hong Kong estuvo bajo el* ***protectorado*** *de la Gran Bretaña.* **2** Estado bajo la protección de otro.

proteger ***vb. irreg.*** {tr.} **Modelo 41. 1** Resguardar a alguien o algo de peligros o daños: *El paraguas nos* ***protege*** *de la lluvia.* **2** Favorecer, apoyar: *La emperatriz Catalina II de Rusia* ***protegió*** *las artes, recibió al filósofo Denis Diderot en su corte y mantuvo correspondencia con Voltaire.*

protegido, da ***m.*** y ***f.*** Favorito, ahijado.

proteico, ca ***adj.*** **1** Que cambia de forma, ideas o aspecto. **2** Relativo a las proteínas.

proteína ***f.*** Sustancia química que forma parte de la célula: *Las* ***proteínas*** *son importantes para la formación de los tejidos del organismo.*

prótesis ***f.*** **1** Adición artificial para sustituir un órgano del cuerpo: *Arturo usa* ***prótesis*** *para caminar porque perdió una pierna en un accidente de automóvil.* **2** Adición de una letra al principio de una palabra.

protestante ***m.*** y ***f.*** Persona que sigue las ideas del protestantismo.

protestantismo ***m.*** **1** Conjunto de las iglesias y comunidades cristianas surgidas del movimiento llamado Reforma iniciado por el religioso Martín Lutero en el siglo XVI. **2** Doctrina de las iglesias y comunidades cristianas surgidas de la Reforma luterana.

protestar ***vb.*** {tr. e intr.} **1** Mostrar con decisión un desacuerdo: ***¡Protesto!,*** *no estoy de acuerdo con que Araceli sea la representante del grupo.* **2** Quejarse: *Mi hermano siempre* ***protesta*** *cuando le toca lavar el baño, pero al final tiene que hacerlo.* **3** Jurar: *Elena* ***protestó*** *como médica durante una ceremonia en su honor.*

prótido ***m.*** Proteína.

protista ***m.*** Organismo unicelular que tiene el núcleo diferenciado: *Las amebas y los paramecios son ejemplos de* ***protistas.***

protocolo ***m.*** **1** Conjunto de reglas usadas en ciertas ceremonias: *El* ***protocolo*** *real japonés dice que la esposa del emperador tiene que caminar unos metros detrás de su marido.* **2** Serie de documentos que un notario autoriza y vigila.

protohistoria ***f.*** Periodo de la historia de la humanidad que sigue a la prehistoria.

protón ***m.*** Partícula elemental cargada de electricidad positiva.

protoplasma ***m.*** Sustancia que forma la parte viva de una célula.

prototipo ***m.*** **1** Primer ejemplar, modelo: *En la exposición aeronáutica presentaron el* ***prototipo*** *de un avión que puede despegar como helicóptero.* **2** Persona o cosa que tiene la mayor parte de las características de algo: *Mi primo Manuel es el* ***prototipo*** *de futbolista pues corre rápido, controla bien el balón y es ágil.*

protozoo ***m.*** Se dice de los seres microscópicos unicelulares de núcleo diferenciado, sin clorofila.

protuberancia ***f.*** Abultamiento: *Me salió un barro en la nariz, lo rasqué, se infectó y ahora es una gran* ***protuberancia.***

provecho ***m.*** **1** Beneficio, utilidad: *Con la venta del trigo el agricultor obtuvo* ***provecho,*** *así que ahora podrá hacer las reparaciones que tenía planeadas.* **2** Buen rendimiento.

provechoso, sa ***adj.*** Que es de provecho o utilidad: *Sería* ***provechoso*** *que te pusieras a estudiar en lugar de estar dando vueltas sin saber en qué ocuparte.*

proveedor, ra ***m.*** y ***f.*** Empresa o persona que suministra a otra productos o servicios que ésta requiere para producir: *Fidelio y Guillermina cultivan setas y son* ***proveedores*** *exclusivos de una cadena de supermercados.*

proveer ***vb. irreg.*** {tr. y prnl.} **Modelo 32.** Disponer o dar lo necesario para un fin: *El camión que* ***provee*** *de leche a las tiendas del barrio pasa todos los días para mantenerlas bien surtidas.*

provenir ***vb. irreg.*** {intr.} **Modelo 49.** Proceder, tener su origen: *El champán* ***proviene*** *de una región de Francia del mismo nombre.*

proverbial ***adj.*** Muy conocido o sabido de todos: *En la fiesta, Renata mostró su* ***proverbial*** *mal genio y empezó a pelearse con todo el mundo.*

proverbio ***m.*** Sentencia, refrán: *"Al mal tiempo buena cara" es un* ***proverbio*** *que nos recuerda no perder el ánimo en situaciones difíciles.*

providencia ***f.*** **1** Suprema sabiduría que se atribuye a Dios y por medio de la cual gobierna todas las cosas. **2** Se escribe con "P" mayúscula cuando designa a Dios como gobernante del mundo. **3** ***pl.*** Medida que se toma para remediar un daño.

providencial ***adj.*** Se aplica a lo que al ocurrir libra de un peligro o una desgracia segura: *La llegada del maestro fue* ***providencial*** *porque los dos muchachos estaban a punto de golpearse.*

provincia ***f.*** División administrativa de algunos países: *Nicolás nació en un pequeño pueblo de la* ***provincia*** *más norteña del país.*

provinciano, na ***adj.*** Relativo a una provincia: *Me gusta ir de vacaciones a ese pueblo, pues su ambiente* ***provinciano*** *me hace descansar del acelerado ritmo de la ciudad.*

provinciano, na ***m.*** y ***f.*** Habitante de una provincia: *Juanita es **provinciana**, por eso se pone tan nerviosa cuando necesita cruzar una avenida ancha en la ciudad.*

provisión ***f.*** **1** Acción y efecto de proveer, de dar lo necesario para un fin. **2** Conjunto de cosas necesarias o útiles para el mantenimiento de algo o alguien: *Los habitantes del pueblo en las montañas bajaron a la ciudad para comprar las **provisiones** necesarias para comer durante todo el invierno.* SIN. **reserva.**

provisional ***adj.*** No definitivo, temporal: *El albañil hizo un arreglo **provisional** en el techo de la casa y mañana regresará para hacer la reparación definitiva.*

provocación ***f.*** Hecho de provocar, de desafiar a alguien.

provocador, ra ***adj.*** Que provoca o tiene tendencia a provocar: *No hay que invitar a Rogelio a la fiesta porque es un **provocador** que siempre está buscando pelea.*

provocar ***vb. irreg.*** {tr.} **Modelo 17. 1** Desafiar a alguien para que haga una cosa. **2** Ocasionar, causar: *La falta de sueño le **provocó** a Tomás un fuerte dolor de cabeza.* **3** ***Colomb., Perú*** y ***Venez.*** Apetecer: *"¿Te **provoca** una limonada o un café?", me dijo Luisa.*

provocativo, va ***adj.*** Que despierta deseo sexual en alguien: *Los vestidos **provocativos** que usaba la actriz estadounidense Marilyn Monroe la volvieron famosa.*

proxeneta ***m.*** y ***f.*** Persona que vive de inducir a otras personas a la prostitución y explotarlas.

proximidad ***f.*** Circunstancia de estar algo cercano a otra cosa: *La **proximidad** entre mi casa y la escuela a la que asisto permite que me vaya a pie.*

próximo, ma ***adj.*** **1** Que está poco distante en un espacio o tiempo: *Los vecinos del barrio se han quejado, pues una empresa quiere construir una fábrica de productos químicos **próxima** a la escuela.* **2** Que está inmediatamente después que otro: *No se desespere, usted es el **próximo** de la fila.*

proyección ***f.*** Acción y efecto de proyectar: *Según el programa del cine, la **proyección** del filme de terror será a las nueve de la noche.*

proyectar ***vb.*** {tr. y prnl.} **1** Arrojar algo a distancia: *Esteban logra **proyectar** la pelota muy lejos en el campo de béisbol porque sus brazos son muy fuertes.* **2** Hacer planes o proyectos: *Mis tíos **han proyectado** arreglar la vieja casa del abuelo para usarla como casa de campo.* **3** Formar sobre una pantalla una imagen óptica: *En mi escuela **proyectaron** un filme sobre la vida de los animales marinos.* **4** En matemáticas, hacer una proyección. **5** Hacer visible una figura.

proyectil ***m.*** Cuerpo que es lanzado contra algo: *Castigaron al niño que arrojó a su compañero un lápiz como si fuera un **proyectil**.*

proyecto ***m.*** **1** Plan para realizar algo: *Enrique tiene el **proyecto** de ir a estudiar al extranjero cuando sea grande.* **2** Redacción provisional de un tratado, ley, texto, etc. **3** Conjunto de planos para construir algo: *El arquitecto entregó a mis padres el **proyecto** de la cabaña que quieren construir en el jardín de mi casa.*

proyector ***m.*** Dispositivo para proyectar imágenes sobre una pantalla: *En los cines suelen tener dos **proyectores** para no interrumpir la función durante el cambio de rollos.*

prudencia ***f.*** **1** Cautela, sensatez: *Mi padre conduce con **prudencia**, por eso nunca ha sufrido algún accidente grave.* **2** Moderación: *Leontina come y bebe con **prudencia** porque no quiere engordar.*

prudente ***adj.*** Se dice de la persona o actitud moderada, cuidadosa y sensata: *Debemos ser **prudentes** al cruzar la calle para evitar cualquier accidente.*

prueba ***f.*** **1** Hecho de demostrar algo: *La publicidad de muchos aparatos electrodomésticos dice que el cliente puede hacer una **prueba** durante unos días para ver si le gusta el producto.* **2** Cosa con que se demuestra algo: *La **prueba** de que el perro se comió las flores es que todavía tiene unos pétalos en el hocico.* **3** Competencia deportiva: *Mañana se realizará la **prueba** para reunir la selección de baloncesto.*

prurito ***m.*** **1** Picazón, comezón: *Comí tantos mariscos que me intoxiqué y ahora siento un **prurito** insoportable.* **2** Deseo persistente de hacer una cosa lo mejor posible: *A Pablo le lleva mucho tiempo terminar los trabajos porque tiene el **prurito** de la perfección.*

psico Prefijo que significa *alma*, *mente*.

psicoanálisis ***m.*** **1** Método y tratamiento de las enfermedades mentales basado en las teorías del psiquiatra austriaco de origen judío Sigmund Freud. **2** Estudio de las diversas conductas humanas, para descubrir los significados que se ocultan en el inconsciente.

psicoanalista ***m.*** y ***f.*** Especialista en tratar enfermedades mentales mediante el psicoanálisis.

psicoanalítico, ca ***adj.*** Relativo al psicoanálisis: *Una teoría **psicoanalítica** muy conocida es la que postula que el inconsciente de las personas se manifiesta en sus sueños.*

psicología ***f.*** Ciencia que estudia los procesos mentales como la percepción, la memoria, el pensamiento y los sentimientos: *La **psicología** utiliza pruebas de inteligencia y de personalidad para analizar la mente de las personas.*

psicólogo, ga ***m.*** y ***f.*** Especialista en psicología: *Hay diferentes tipos de **psicólogos**; por ejemplo, los que practican la psicología industrial analizan a los aspirantes a algún empleo para ver si tienen el perfil adecuado.*

psicosis ***f.*** Trastorno mental grave que hace perder contacto con la realidad a quien lo sufre.

psicosomático, ca ***adj.*** Se aplica a la enfermedad o trastorno que, aunque tiene un origen mental, se manifiesta con síntomas orgánicos: *Los cólicos que le dan a Elisa son **psicosomáticos**, los estudios médicos dicen que no tiene nada y, sin embargo, cada vez que está nerviosa se enferma.*

psicoterapeuta ***m.*** y ***f.*** Especialista en psicoterapia.

psicoterapia ***f.*** Conjunto de medios utilizados para el tratamiento y la cura de problemas psíquicos o mentales.

psicótico, ca ***m.*** y ***f.*** Enfermo mental: *Descubrieron que el vecino es **psicótico**, así que lo llevaron a un hospital especializado en enfermedades mentales.*

psique ***f.*** Conjunto de las funciones sensitivas, afectivas y mentales de un individuo.

psiquiatra o **psiquíatra** ***m.*** y ***f.*** Doctor especializado en el tratamiento de enfermedades mentales: *El **psiquiatra** le dijo a Elda que su problema no es serio; sin embargo, debe tomar medicamentos para evitar la depresión permanente.*

psiquiatría ***f.*** Parte de la medicina que estudia, previene y trata las enfermedades mentales y problemas emocionales y de conducta.

pteridófito, ta ***adj./m.*** y ***f.*** Relativo a un tipo de plantas sin flores que comprende los helechos y otras plantas similares.

ptialina ***f.*** Enzima que contiene la saliva: *La **ptialina** inicia la digestión de los almidones.*

púa ***f.*** **1** Cuerpo rígido, delgado y puntiagudo: *Los agricultores pusieron un alambre con **púas** para que no entren animales al huerto.* **2** Chapa triangular que se usa para tocar instrumentos de cuerda. SIN. **uña.**

púber ***adj./m.*** y ***f.*** Persona que ha llegado a la etapa de la pubertad: *Wilfredo ya es **púber,** le está cambiando la voz.*

pubertad ***f.*** Inicio de la adolescencia: *Durante la **pubertad** empiezan a manifestarse algunos cambios tanto físicos como de la conducta de los chicos.*

pubis ***m.*** **1** Parte inferior del vientre. **2** Parte media o anterior del coxis.

publicación ***f.*** **1** Hecho de publicar algo, de darlo a conocer públicamente. **2** Escrito impreso: *En esa librería se pueden conseguir muchas **publicaciones** como libros, diarios y revistas.*

publicar ***vb. irreg.*** {tr.} **Modelo 17. 1** Difundir una cosa, darla a conocer: *El gobierno tiene la obligación de **publicar** las leyes nuevas que aprueban los legisladores.* **2** Imprimir o editar una obra: *En los diarios **publican** las noticias que ocurrieron el día anterior a la publicación.*

publicidad ***f.*** Conjunto de medios usados para dar a conocer una cosa: *Se hace mucha **publicidad** de esta marca de televisores porque los dueños de la empresa quieren que el público conozca su producto.*

publicista ***m.*** y ***f.*** Profesional de la publicidad: *Raúl quiere ser **publicista** porque le gusta inventar frases y situaciones para vender los productos que ve en la televisión.*

público ***m.*** Conjunto de personas que asiste a un lugar, espectáculo, etc.: *El **público** que acude a los partidos de fútbol suele gritar y vestirse con el color de su equipo preferido.*

público, ca ***adj.*** **1** Relativo a la comunidad: *Los impuestos sirven para mejorar los servicios **públicos** como luz, alcantarillado y seguridad pública.* **2** Que puede ser usado o es conocido por todos: *Fue un hecho **público** y notorio la boda de los dos famosos actores de cine.*

puchero ***m.*** **1** *Amér. Merid., Esp.* y *Méx.* Guiso, cocido: *Los lunes mi mamá prepara **puchero** de pollo con verduras y arroz porque viene a comer mi abuelo y es su guiso preferido.* **2** *pl.* Gesto facial que ocurre antes que el llanto: *El bebé está haciendo **pucheros** porque ya empieza a sentir hambre.*

pucho ***m.*** **1** *Amér. Merid.* Colilla de cigarrillo. **2** *Amér. Merid.* Pequeña cantidad que sobra de alguna cosa.

puchusco, ca ***m.*** y ***f.*** ***Chile.*** Hijo menor de una familia. SIN. **benjamín.**

púdico, ca ***adj.*** Que tiene vergüenza o timidez, o que muestra recato en su comportamiento. ANT. **impúdico.**

pudiente ***adj./m.*** y ***f.*** Rico, poderoso: *Como Paula es una mujer **pudiente,** cambia de modelo de automóvil cada año.*

pudin o **pudín** ***m.*** **Palabra de origen inglés.** Postre hecho con bizcocho remojado en leche con azúcar y otros ingredientes como pasas y nueces. SIN. **budín.**

pudor ***m.*** Vergüenza, timidez o recato: *El **pudor** de la muchacha la hacía sonrojarse cuando algún hombre le hablaba.*

pudrir ***vb. irreg.*** {tr. y prnl.} **Modelo 63.** Corromper o echarse a perder una materia orgánica: *Estas frutas **se han podrido** y ya no pueden comerse.* SIN. **corromper, descomponer.**

pudú ***m. Argent.*** y ***Chile.*** Pequeño ciervo de los Andes.

pueblada ***f. Amér. Merid.*** Revuelta popular.

pueblo ***m.*** **1** Conjunto de habitantes de un lugar que forman una comunidad o tienen la misma nacionalidad: *Dicen que el baile rítmico es una característica del **pueblo** brasileño.* **2** Población pequeña: *Todos los habitantes de este **pueblo** se conocen entre sí.*

puelche ***adj./m.*** y ***f.*** Pueblo amerindio prácticamente extinto que habitó la zona de la pampa argentina.

puelche ***m. Chile.*** Viento que sopla de la cordillera de los Andes hacia el poniente.

puente ***m.*** **1** Estructura construida sobre ríos, fosos, etc., para cruzarlos: *Cruzamos el río a través de un **puente** de piedra muy antiguo y bonito.* **2** Parte del barco donde está el puesto de mando: *Desde lo alto del **puente** el oficial comunicaba a la tripulación las órdenes del capitán.* **3** *loc.* **~ levadizo,** el que se levanta mediante poleas, cuerdas o cadenas: *En los castillos medievales los **puentes levadizos** se utilizaban como protección, ya que los enemigos no podrían cruzar el foso cuando se levantaba el puente.*

puercada ***f. Amér. C.*** y ***Méx. Fam.*** Porquería, injusticia.

puerco, ca ***adj.*** Sucio, desaliñado: *Con esa camisa **puerca** parece como si Lorenzo se hubiera arrastrado por el barro.* SIN. **chancho, cochino.**

puerco, ca ***m.*** y ***f.*** **1** Cerdo: *Mucha gente come carne de **puerco,** pero en exceso es dañina.* SIN. **chancho. 2** *loc.* **~ espín,** roedor de patas cortas, uñas fuertes y con cuerpo redondo cubierto de púas.

puericultura ***f.*** Estudio de los cuidados que deben proporcionarse a los niños pequeños.

pueril ***adj.*** **1** Propio de un niño. **2** Insignificante, sin importancia.

puerro ***m.*** Planta de bulbo comestible: *El **puerro** se usa para preparar sopas y como condimento.* SIN. **poro, porro.**

puerta ***f.*** **1** Abertura de comunicación, cerrada por una o más hojas de madera o de otro material: *No encontré la llave de la **puerta** así que no pude entrar.* **2** En algunos deportes, portería. **3** *loc. pl.* **Cerrársele** a uno **todas las ~,** ser rechazado por aquellos a quienes se acude en demanda de ayuda: *Cuando Juan se quedó sin dinero **se le cerraron todas las puertas** y sus supuestos amigos ya no querían hablar con él.*

puerto ***m.*** **1** Abrigo natural o artificial para las embarcaciones: *El **puerto** de la Guaira está en Venezuela.* **2** Punto de paso entre montañas: *Debido a la gran cantidad de nieve que hay están cerrando todos los **puertos** de montaña y los vehículos no pueden circular.*

puertorriqueño, ña ***m.*** y ***f.*** Originario de Puerto Rico, isla del Caribe. SIN. **boricua.**

pues ***conj.*** **1** Expresa causa o consecuencia: *Rosa dijo que se dormiría temprano **pues** había decidido no ir a la fiesta.* **2** Introduce expresiones exclamativas: *¡**Pues** si no quieres ir conmigo, no me importa!*

puesta ***f.*** **1** Acción y efecto de poner o ponerse. **2** Acción de poner huevos las aves: *En cada **puesta** mi gallina da dos huevos.* **3** Acción de ocultarse un astro: *Vimos una **puesta** de sol espectacular desde la playa.* **4** *loc.* **~ en escena,** montaje de una obra de teatro: *La **puesta en escena** de Don Juan Tenorio estuvo mejor que la del año pasado, pues los actores eran más naturales y el vestuario más bonito.*

puestero, ra ***m.*** y ***f. Argent., Chile, Par.*** y ***Urug.*** Persona que tiene a su cargo un puesto de estancia o hacienda agrícola y ganadera.

puesto ***m.*** **1** Lugar que ocupa o debe ocupar una persona o cosa. **2** Cargo, empleo: *Recomendaron a Walter para un buen **puesto** con salario elevado.* **3** Pequeña tienda, por lo general ambulante: *Me gusta comprar helados en los **puestos** que están afuera de mi escuela.* **4** ***Argent., Chile*** y ***Urug.*** Cada una de las partes en que se divide una estancia o hacienda agrícola y ganadera. **5** *loc.* **~ que,** expresión que introduce una oración con sentido de causa: *No como carne de cerdo **puesto que** no me gusta y hace mucho daño.*

puesto, ta ***adj.*** Se dice de quien va bien vestido o arreglado: *El actor que condujo la ceremonia se veía muy **puesto** con un elegante traje negro.*

púgil ***m.*** Boxeador: *El **púgil** con el calzoncillo azul es el campeón que defiende esta noche su título.*

pugilato ***m.*** Deporte de la antigua Grecia en el cual dos hombres combatían usando los puños: *El **pugilato** es un antecesor del boxeo moderno.*

pugilismo ***m.*** Boxeo.

pugna ***f.*** Pelea, diferencia.

pugnar ***vb.*** {intr.} **1** Luchar, pelear, sobre todo sin armas materiales: *Las asociaciones ecologistas **pugnan** por que ya no se destruyan los bosques ni se contaminen los mares.* **2** Hacer esfuerzos para conseguir una cosa: *Ramiro está **pugnando** por juntar dinero para poder mudarse a otra ciudad.*

pujante ***adj.*** Que se desarrolla con gran impulso: *Desde que descubrieron yacimientos de cobre, la industria minera es **pujante** en esa población.*

pujanza ***f.*** Fuerza con que crece o se desarrolla algo.

pujar ***vb.*** {intr.} Hacer esfuerzos por proseguir una acción: *El hombre **pujaba** hasta ponerse rojo, pero no conseguía levantar ese pesado mueble.*

pujar ***vb.*** {tr.} Aumentar el precio de una cosa que se subasta: ***Pujó** y **pujó** en la subasta subiendo su oferta hasta que logró quedarse con la pintura que quería.*

pulcritud ***f.*** Limpieza: *Saúl es guapo, pero su **pulcritud** es su mejor cualidad.*

pulcro, cra ***adj.*** **1** Aseado: *Ernesto es una persona **pulcra** que se baña todos los días y se pone ropa limpia.* **2** Delicado en la conducta, el habla o esmerado al hacer algo.

pulga ***f.*** Insecto parásito sin alas, de color oscuro y patas aptas para dar grandes saltos: *El perro tenía **pulgas,** por eso se rascaba tanto.*

pulgada ***f.*** Unidad de longitud, equivalente a algo más de 25 mm: *En dos meses mi planta creció una **pulgada.***

pulgar ***m.*** El primer y más grueso dedo de la mano: *Los humanos podemos tocar cuatro dedos de la misma mano con el **pulgar** pero los monos no.*

pulgón ***m.*** Insecto cuyas hembras y larvas viven como parásitas en ciertas plantas.

pulguiento, ta ***adj. Méx.*** y ***R. de la P.*** Que tiene pulgas: *Mi gato se fue a la calle y regresó **pulguiento,** ahora tendré que darle un buen baño con jabón insecticida.*

pulido ***m.*** Acción y efecto de pulir, de sacar brillo a una superficie: *El mueble está un poco dañado, pero después de un **pulido** quedará como nuevo.*

pulido, da ***adj.*** Arreglado con mucho cuidado y esmero.

pulimento ***m.*** **1** Hecho de pulir algo. SIN. **pulido.** **2** Sustancia usada para sacarle brillo a una superficie.

pulir ***vb.*** {tr. y prnl.} **1** Suavizar, alisar o sacar brillo a una superficie: *El piso de la casa quedó brillante y liso después de que lo **pulieron** y barnizaron.* **2** Perfeccionar algo: *Ya escribí toda la información de mi trabajo, ahora falta **pulirlo** para que quede listo.* **3** Quitar la tosquedad a una persona: *Alfonso era un hombre un poco rústico, pero su esposa lo ha ido **puliendo** poco a poco desde que se casaron.*

pulla ***f.*** Dicho con que de manera indirecta se reprende o censura: *Me cansé de sus **pullas** así que le exigí que me dijera a la cara qué era lo que no le gustaba de mi trabajo.* SIN. **indirecta.**

pullman ***m.*** Vagón de lujo en un ferrocarril: *Aunque es más caro el boleto que el de primera clase, Gonzalo y Jeanette harán en **pullman** su viaje de luna de miel.*

pulmón ***m.*** Víscera doble situada en el tórax, que constituye el órgano principal del aparato respiratorio: *Al hacer ejercicio los **pulmones** trabajan muy rápido porque el cuerpo necesita más aire.*

pulmonía ***f.*** Inflamación del pulmón: *Teresa empezó con un resfrío, pero no se cuidó y ahora tiene **pulmonía.***

pulóver ***m.*** **Palabra de origen inglés.** ***Argent.*** y ***Urug.*** Jersey, suéter. SIN. **chompa, tricota.**

pulpa ***f.*** **1** Carne sin huesos. **2** Parte blanda e interior de las frutas: *Para hacer puré de frutas se usa la **pulpa** y se desecha la cáscara.*

pulpería ***f. Amér. C.*** y ***Amér. Merid.*** Tienda rural donde se vendían bebidas alcohólicas y artículos diversos.

púlpito ***m.*** Tribuna desde la que un profesor o predicador habla al público.

pulpo ***m.*** Molusco marino que tiene ocho tentáculos o brazos cubiertos de ventosas: *Como defensa, los **pulpos** arrojan chorros de tinta oscura cuando se sienten amenazados.*

pulque ***m. Méx.*** Bebida alcohólica obtenida del jugo del maguey fermentado, que suele mezclarse con jugos de frutas.

pulquería ***f. Méx.*** Local popular donde se vende y bebe pulque.

pulsación ***f.*** Golpecito que se siente en ciertas partes del cuerpo con cada latido del corazón. *Si pones tu mano en el hueco entre tus dos clavículas, puedes sentir tus **pulsaciones** muy claramente.*

púlsar ***m.*** Estrella que despide su energía de forma parecida a un latido breve y regular.

pulsar ***vb.*** {tr.} Tocar o presionar algo con la yema de los dedos: *El músico **pulsó** por un momento la guitarra para saber si estaba afinada.*

pulsera ***f.*** Aro que se lleva como adorno en la muñeca de la mano.

pulso ***m.*** **1** Latido de las arterias: *Cuando corro o hago ejercicio mi **pulso** se acelera.* **2** Firmeza en la mano para realizar un trabajo delicado: *Los cirujanos deben tener muy buen **pulso** para realizar las operaciones.*

pulular ***vb.*** {intr.} Abundar y moverse en un sitio personas, animales o cosas: *Los fines de semana, los adolescentes **pululan** en grupos por el centro de la ciudad.*

pulverizado, da ***adj.*** Hecho polvo: *El chocolate **pulverizado** se disuelve con facilidad en la leche caliente.*

pulverizar ***vb. irreg.*** {tr. y prnl.} **Modelo 16.** **1** Reducir a polvo: *Para hacer ese postre de chocolate, necesitas **pulverizar** el azúcar y esparcirla sobre el pan.* **2** Esparcir un líquido en gotas muy menudas: *Los atomizadores **pulverizan** el perfume y así podemos rociarlo en todo el cuerpo rápidamente.*

puma ***m.*** Mamífero carnívoro americano de cuerpo esbelto y musculoso, con la cabeza corta y ancha, pelo similar al del león, cola larga y pequeñas orejas redondas: *Los **pumas** pueden llegar a pesar 100 kg y a medir 2 m de longitud.*

puna ***f.*** **1** ***Amér. C.*** y ***Amér. Merid.*** Tierra alta próxima a una cordillera. SIN. **altiplano.** **2** ***Amér. C.*** y ***Amér. Merid.*** Páramo. **3** ***Amér. C.*** y ***Amér. Merid.*** Malestar que se siente en sitios altos.

punción ***f.*** Introducción en el organismo de un instrumento con punta para obtener muestras.

pundonor ***m.*** Dignidad personal, amor propio.

punible ***adj.*** Que merece castigo: *Haber destruido esa obra de arte constituye una acción **punible.***

púnico, ca ***adj./m.*** y ***f.*** Originario de Cartago, antigua ciudad del norte de África.

punk ***adj./m.*** y ***f.*** **Palabra de origen inglés.** Relativo a un movimiento cultural y musical que apareció en 1975 en Gran

Bretaña: *Los **punks** se burlan de la sociedad porque la consideran incapaz de brindar a la juventud alguna esperanza y se visten de forma estrambótica para provocar.*

punta ***f.*** **1** Extremo agudo de una cosa: *Danilo no se fijó y metió la **punta** de la manga de su camisa en la sopa.* **2** Porción delgada de tierra que penetra en el mar. **3** Clavo. **4** ***Amér. Merid.*** Gran cantidad de algo: *Tengo una **punta** de revistas de historietas porque me gusta coleccionarlas.* SIN. **montón. 5** ***Méx.*** Conjunto: *Los amigos de mi hermano son una **punta** de mentirosos que siempre quieren engañarme.* **6** ***pl.*** Puntilla, encaje.

puntada ***f.*** **1** Cada uno de los agujeros hechos al coser. **2** Porción de hilo que ocupa el espacio entre los agujeros hechos al coser: *Dale unas **puntadas** al dobladillo de tu vestido porque se desprendió y está colgando.* **3** ***Méx. Fam.*** Chiste, gracia: *Joaquín me hace reír todo el tiempo con las **puntadas** que se le ocurren.*

puntal ***m.*** Madero sólido que sirve para sostener un muro o techo: *Para detener la pared que estaba a punto de caerse, los albañiles pusieron unos **puntales** mientras la arreglaban.*

puntapié ***m.*** Golpe dado con la punta del pie: *Al jugar fútbol es fácil recibir o dar algún **puntapié**.*

puntear ***vb.*** {tr. e intr.} **1** Marcar o dibujar puntos en una superficie. **2** ***Argent., Chile*** y ***Urug.*** Remover la tierra con la punta de una pala. **3** Tocar un instrumento pulsando cada cuerda con un dedo. **4** ***Amér. Merid.*** y ***Méx.*** Marchar a la cabeza de un grupo de personas o animales.

puntera ***f.*** Parte del calzado que cubre la punta del pie: *Manuel tiene unos zapatos de dos colores con la **puntera** de color blanco y lo demás de color negro.*

puntería ***f.*** Destreza para dar en el blanco u objetivo: *Rolando tiene muy buena **puntería**, siempre que practicamos tiro al blanco él gana.*

puntero ***m.*** **1** Palo terminado en punta usado para señalar. **2** ***Amér. Merid.*** y ***Méx.*** En algunos deportes, el que juega en primera fila.

puntero, ra ***adj.*** **1** Que sobresale en alguna actividad: *Japón ha desarrollado una industria tecnológica **puntera** en el mundo.* **2** ***Amér. Merid.*** y ***Méx.*** Se dice de la persona o animal que va delante de un grupo.

puntiagudo, da ***adj.*** Que acaba en punta aguda: *Hay que tener cuidado al manejar objetos **puntiagudos** porque podríamos herirnos.*

puntilla ***f.*** **1** Encaje estrecho. **2** Puñal usado para rematar al toro: *El torero no logró matar al toro y sus ayudantes tuvieron que usar la **puntilla** para que muriera.*

puntilloso, sa ***adj.*** **1** Que tiene mucho amor propio. **2** Que se fija mucho en los pequeños detalles, de una manera obsesiva.

punto ***m.*** **1** Dibujo o relieve redondeado y muy pequeño: *En un esquema del Sistema Solar la Tierra aparece como un pequeño **punto**.* **2** Signo de puntuación (.) que indica una pausa en un texto: *Después de un **punto** la primera letra de la siguiente palabra se escribe con mayúscula.* **3** Cada una de las partes de un escrito o asunto: *En la reunión de profesores hablaron de tres **puntos** que fueron las cuotas, los uniformes y las excursiones.* **4** Unidad con que se valoran juegos, notas escolares, etc.: *El equipo de Alemania ganó al equipo de Francia por dos **puntos**.* **5** Puntada que se da al coser: *Todavía tendrás que darle tres **puntos** más para terminar tu costura.* **6** Tipo de tela tejida. **7** ***loc.*** **A ~ de,** expresa que un hecho está por suceder: *¡Espérame un momentito! Estoy **a punto de** resolver este problema.* **8** ***loc.*** **Estar en su ~ una cosa,** estar en su mejor momento o manera: *Esta fruta **está en su punto** así que hay que comerla ahora.* **9** ***loc.*** **~ de vista,** modo de juzgar algo: *Cada persona tiene su **punto de vista** y es importante respetar cada forma de pensar, aunque no estemos de acuerdo.*

puntuación ***f.*** **1** Acción y efecto de puntuar: *Ese periodista tiene mala **puntuación**, cuando escribe no sabe dónde poner los puntos y las comas.* **2** Conjunto de los signos gráficos que sirven para puntuar un escrito: *Me dijo mi maestra que debo corregirle la **puntuación** a mi cuento si quiero participar en el concurso.*

puntual ***adj.*** **1** Que llega a los sitios a tiempo o hace las cosas a su tiempo: *Como Rodrigo es una persona **puntual**, sufre al estar rodeado de gente que no llega a tiempo a sus citas.* **2** Exacto, con detalle: *Fernando nos contó de manera tan **puntual** el filme que parecía que lo estábamos viendo.* SIN. **concreto.**

puntualidad ***f.*** Cualidad de ser puntual: *La **puntualidad** es una forma de cortesía que demuestra que uno aprecia el tiempo de los demás igual que el de uno mismo.*

puntualización ***f.*** Precisión, hecho de especificar algo impreciso o general.

puntualizar ***vb. irreg.*** {tr.} **Modelo 16.** Especificar con exactitud algo: *El maestro comenzó hablando de todos los animales y luego **puntualizó** sobre los mamíferos y los reptiles.*

puntuar ***vb. irreg.*** {tr.} **Modelo 10.** Poner puntos, comas y otros signos ortográficos en la escritura: *Si quieres que se entienda tu texto debes **puntuarlo** de forma correcta.*

punzada ***f.*** **1** Dolor súbito y agudo: *De pronto Roberto sintió una fuerte **punzada** en el vientre y luego se supo que tenía apendicitis.* **2** ***loc. Méx. Fam.*** **Edad de la ~,** pubertad: *Adrián está en la **edad de la punzada** y no sabes cómo va a reaccionar ni cuándo va a enojarse.*

punzar ***vb. irreg.*** {tr.} **Modelo 16. 1** Herir con un objeto puntiagudo. **2** Causar dolor o aflicción: *Al chico le **punzó** mucho que su novia lo dejara por otro.*

punzón ***m.*** Instrumento alargado y puntiagudo para abrir orificios, grabar metales, etc.

puñado ***m.*** **1** Cantidad de algo que cabe en un puño: *La masa está aguada, hay que ponerle un **puñado** más de harina.* **2** Cantidad pequeña: *Tengo un **puñado** de verdaderos amigos y con ellos estoy muy contento.*

puñal ***m.*** Arma de acero parecida a un cuchillo pero con filo en ambos lados, de hoja corta y puntiaguda: *A la víctima le clavaron un **puñal** en la espalda.*

puñalada ***f.*** Herida causada con un puñal.

puñetazo ***m.*** Golpe dado con el puño: *El **puñetazo** que le dieron en la cara durante la pelea le rompió la nariz.* SIN. **piña.**

puño ***m.*** **1** Mano cerrada: *El disgusto que sentía se le notaba en los dos **puños** apretados y en el ceño fruncido.* **2** Parte de un objeto por donde se le agarra: *El **puño** del bastón de mi abuelo tiene forma de cabeza de tigre.* **3** Pieza de una prenda de vestir que rodea la muñeca: *Los **puños** de las camisas llevan botones para ajustarlos.*

pupa ***f.*** **1** Erupción en los labios: *Antonio se mordió el labio, se le infectó la herida y se le hizo una **pupa**.* **2** Cualquier lesión cutánea: *Tengo **pupa** en un pie porque mi zapato nuevo me molesta.*

pupila ***f.*** Parte negra y redonda del ojo: *La **pupila** se dilata cuando hay poca luz y se contrae cuando hay mucha.*

pupilo, la ***m.*** y ***f.*** Huérfano que se encuentra bajo la custodia de un tutor.

pupitre ***m.*** Mueble con tapa inclinada para escribir encima: *En mi escuela cada alumno tiene su propio **pupitre**.*

pupo ***m. Argent., Bol.*** y ***Chile.*** Ombligo: *Romina usa blusas cortas porque dice que le gusta enseñar el* ***pupo.***

puré ***m.*** Guiso que se hace con alimentos cocidos y triturados: *Los niños pequeños comen* ***purés*** *porque aún no tienen dientes.*

purépecha ***adj./m.*** y ***f.*** Pueblo amerindio localizado en el estado de Michoacán, al occidente de México. SIN. **tarasco.**

pureza ***f.*** Cualidad de puro, de no estar mezclado, sucio ni contaminado: *La* ***pureza*** *del aire en las ciudades modernas ha desaparecido.*

purga ***f.*** Purgante: *Tendré que tomar una* ***purga*** *pues ayer comí demasiado y siento un horrible malestar.*

purgante ***m.*** Sustancia que facilita la evacuación de excrementos: *A causa de su estreñimiento, el médico le recetó un* ***purgante*** *a Norma.*

purgar ***vb. irreg.*** {tr. y prnl.} **Modelo 17. 1** Administrar un purgante. **2** Purificar, limpiar: *El próximo domingo* ***purgarán*** *los depósitos de agua del edificio donde vivo.* **3** Pagar con un castigo o penitencia una falta o delito.

purgatorio ***m.*** **1** En el catolicismo, lugar donde las almas de los muertos purgan sus pecados: *Los católicos creen que las almas de la gente que ha cometido pecados leves van al* ***purgatorio.*** **2** ***Fam.*** Lugar donde se padecen penalidades.

purificación ***f.*** Proceso para quitar impurezas: *Antes de envasarse y venderse, la leche se somete a un proceso de* ***purificación.***

purificado, da ***adj.*** Que no tiene impurezas: *Es sano tomar agua* ***purificada*** *y hervida.*

purificar ***vb. irreg.*** {tr. y prnl.} **Modelo 17.** Quitar las impurezas: *Antes de comer la lechuga, hay que lavarla y* ***purificarla*** *con alguna sustancia desinfectante como el yodo.*

puritano, na ***adj./m.*** y ***f.*** **1** Miembro de una comunidad de presbiterianos contrarios a la Iglesia anglicana que fueron perseguidos por la Corona inglesa en el siglo XVI: *La mayoría de los* ***puritanos*** *emigraron de Inglaterra a lo que ahora es Estados Unidos de América.* **2** Persona que profesa una moral rigurosa: *Don Anselmo es un padre* ***puritano,*** *no deja que sus hijas vayan a fiestas aunque ya tienen más de dieciocho años.*

puro ***m.*** Rollo de hojas de tabaco, que se enciende por uno de sus extremos y se fuma: *Los* ***puros*** *más famosos son los cubanos, llamados habanos.* SIN. **cigarro.**

puro, ra ***adj.*** **1** Sin mezcla ni impurezas: *¿Cómo va a estar* ***puro*** *el aire aquí si hay una industria química cerca?* **2** Que significa solamente lo que se expresa.

púrpura ***adj.*** De color llamado púrpura.

púrpura ***f.*** Molusco que segrega un colorante rojo: *La* ***púrpura*** *es un tipo de caracol de mar.*

púrpura ***m.*** Color rojo que se parece al morado.

purpúreo, a ***adj.*** De color que tiende al púrpura: *Pablo trae una mancha* ***purpúrea*** *en el sitio donde se pegó al caer.*

purpurina ***f.*** Polvo finísimo de bronce o de metal blanco.

purulento, ta ***adj.*** Que tiene aspecto semejante a la pus, que está infectado: *José no se desinfectó la herida y ahora ésta tiene un aspecto* ***purulento*** *muy desagradable.*

pus ***m.*** y ***f.*** Líquido amarillento o verdoso de olor desagradable que se forma en los lugares infectados: *A Ramiro se le formó* ***pus*** *en una uña por cortársela mal.*

pusilánime ***adj.*** Se dice de quien carece de valor, de audacia o de ánimo para hacer algo: *El carácter* ***pusilánime*** *de mi maestro hace que le dé miedo hablar en público.*

pústula ***f.*** Vesícula que contiene pus: *La fuerte infección del diente cariado le produjo a Rubén* ***pústulas*** *en la boca.*

puta ***f. Vulg.*** y ***Desp.*** Prostituta.

putativo, va ***adj.*** Se aplica a la persona considerada como familiar consanguíneo aunque no lo sea: *Helena fue adoptada cuando era muy pequeña y sus padres* ***putativos*** *le han dado una magnífica educación.*

puteada ***f. Amér. Vulg.*** Insulto grosero.

putiza ***f. Méx. Vulg.*** Golpiza, paliza.

putrefacción ***f.*** Acción y efecto de pudrir o pudrirse, de echarse a perder una materia orgánica: *Cuando fuimos al campo vimos el cadáver de un conejo en estado de* ***putrefacción*** *que olía horrible y tenía muchos gusanos.* SIN. **descomposición.**

putrefacto, ta ***adj.*** Corrompido, en estado de descomposición, podrido: *Se descompusieron los refrigeradores de la pollería y tuvieron que tirar todo el pollo porque estaba* ***putrefacto,*** *apestaba a rayos.*

pútrido, da ***adj.*** Echado a perder: *La basura despedía un olor* ***pútrido,*** *ya que llevaba dos días de acumulada en el depósito.*

puya ***f.*** **1** Punta de la garrocha del picador con la que pica a las reses. **2** ***loc. Méx.*** **Meter ~,** incitar a la pelea.

puzle ***m.*** **Palabra de origen inglés.** Rompecabezas: *Cuando termine de armar este* ***puzzle*** *se verá la cara de mi personaje favorito de historietas.*

Q

q ***f.*** Decimoctava letra del abecedario español. Su nombre es ***cu.***

quanto o **cuanto** ***m.*** En física, cantidad mínima de energía que puede ser emitida, propagada o absorbida.

quasar ***m.*** **Palabra de origen inglés.** Astro en estado de actividad muy intenso que tiene la apariencia de una estrella y emite radiaciones muy potentes: *Los **quasares** son los objetos más lejanos del Universo que se han podido observar hasta ahora.*

qué ***adj.*** Adjetivo interrogativo que se utiliza para preguntar algo de manera directa o indirecta: *¿**Qué** vestido quieres usar esta noche?*

que ***conj.*** **1** Introduce oraciones subordinadas: *Quiero **que** vengas mañana a comer a mi casa.* **2** Se utiliza para hacer comparaciones: *Me gusta más el frío **que** el calor.* **3** Se utiliza para expresar una consecuencia: *Habla tan rápido **que** no se entiende lo que dice.*

qué ***pron.*** **1** Pronombre interrogativo que se utiliza para preguntar algo de manera directa o indirecta: *No sé **qué** dijo Andrés porque yo no contesté su llamada.* **2** Se utiliza para dar énfasis: *¡**Qué** bellas son las flores!* **3** *loc.* **¿~ tal?,** se utiliza como saludo: *¿**Qué tal?**, ¿cómo has estado?*

que ***pron.*** Pronombre relativo que sirve para reemplazar a un nombre o a otro pronombre que se ha mencionado con anterioridad: *"Éste es el perro **que** me mordió."*

quebrachal ***m. Amér. Merid.*** Lugar poblado por árboles llamados quebrachos.

quebracho ***m.*** Árbol americano muy alto, de madera dura usada en la construcción.

quebrada ***f.*** Abertura estrecha entre montañas: *Por esa **quebrada** pasaron los alpinistas.*

quebradero. *loc. Fam.* **~de cabeza,** problema o preocupación grande: *"Mi actual **quebradero de cabeza** es cómo le haré para pagar impuestos, si este año tuve más pérdidas que ganancias", comentó don Serafín.*

quebradizo, za ***adj.*** Fácil de quebrarse o romperse: *Tiene el pelo **quebradizo,** por eso debe cuidarlo y no exponerlo al sol por mucho tiempo.*

quebrado ***m.*** Número que expresa una o varias partes proporcionales de la unidad: *Tres cuartos (3/4) es un **quebrado.***

quebrado, da ***adj.*** **1** Desigual, tortuoso: *Nos cansamos mucho porque caminamos por un terreno **quebrado.*** ANT. **parejo.** **2** ***Méx.*** Relativo al cabello ondulado: *Mi hermana tiene el cabello **quebrado** y yo lo tengo liso.* ANT. **lacio.** **3** Que su economía ha fracasado: *Está **quebrado** porque no llevó bien el negocio y lo tuvo que vender para pagar sus deudas.* SIN. **bancarrota.**

quebrantado, da ***adj.*** Debilitado, en proceso de destrucción: *Tiene treinta años y ha fumado durante quince años, por eso tiene la salud muy **quebrantada.***

quebrantahuesos ***m.*** Ave rapaz diurna de gran tamaño, parecida al halcón, de plumaje gris oscuro y cabeza blanca.

quebrantar ***vb.*** {tr. y prnl.} **1** Romper o dañar algo sin llegar a deshacerlo: *La vieja fotografía de familia **se ha quebrantado** y dañado por el paso de los años.* **2** Violar una ley, palabra u obligación: *Al huir con el dinero, el mal empleado **quebrantó** la confianza que su jefe había depositado en él.* **3** ***Fam.*** Hacer perder o debilitar la fuerza o la resistencia: *Tantos problemas le **quebrantaron** el ánimo, por eso está deprimido.*

quebranto ***m.*** Daño o pérdida en la salud, en la profesión o en la economía: *Doña Rufina no había salido porque tuvo un **quebranto** de salud, pero ya se alivió.*

quebrar ***vb. irreg.*** {tr., intr. y prnl.} **Modelo 3.** **1** Romper con violencia: *El jarrón se cayó y **se quebró** en muchos pedazos.* **2** ***Méx. Fam.*** Matar, asesinar: *Los ladrones llevaron a su víctima a un campo solitario y allí la **quebraron.*** **3** Doblar o torcer: *Si sigue el viento tan fuerte **se quebrarán** las ramas de las plantas jóvenes.* **4** Suspender una actividad o negocio: *La tienda de Marcos **quebró** porque no tenía clientes.* **5** Entrecortarse la voz: *Por el llanto **se le quebró** la voz y ya no pudo seguir hablando.*

quebrazón ***f. Amér. C., Chile, Colomb.*** y ***Méx.*** Destrozo grande de objetos de vidrio o loza: *El perro entró corriendo a la cocina y ocasionó una **quebrazón** de vasos y platos.*

quechua ***m.*** Lengua precolombina que fue la dominante de América del Sur: *El **quechua** es hablado actualmente en Perú, Bolivia y algunas zonas de Colombia, Ecuador y Argentina.*

quechua o **quichua** ***adj./m.*** y ***f.*** Pueblo amerindio localizado en el norte y el centro de la región de los Andes, en Sudamérica: *Los **quechuas** fundaron la civilización incaica.*

queda ***f.*** Hora de la noche señalada para que los habitantes de las ciudades se retiren a sus casas: *Las autoridades establecen **queda** cuando hay peligro de guerra.*

quedada ***adj./f. Méx. Desp.*** Mujer que no se casó. SIN. **solterona.**

quedar ***vb.*** {intr. y prnl.} **1** Permanecer en cierto lugar o estado: ***Quédate** aquí, regresaré por ti dentro de diez minutos.* **2** Haber todavía existencia de cierta cosa: *Ve a ver si todavía **queda** algo de arroz en la alacena.* **3** Resultar en cierta situación o estado: *Mi disco **quedó** torcido desde que lo puse al sol.* **4** Acordar, convenir: *Todos los amigos **quedamos** en ir a la playa los próximos días libres.* **5** Apoderarse de algo: *Le presté un libro hace tiempo y **se quedó** con él.* **6** ***Argent., Chile, Méx.*** y ***Urug. Fam.*** Morirse, fallecer: ***Se quedó** a la mitad de la operación.* **7** ***Méx. Desp.*** Permanecer soltera una mujer: *En esa familia todas las hermanas se casaron menos la mayor, que **se quedó.***

quedo, da ***adj.*** Suave, silencioso: *La maestra nueva habla con una voz tan* ***queda*** *que casi nadie la escucha.*
quehacer ***m.*** Ocupación, negocio: *Muchos* ***quehaceres*** *ocupan mi tiempo y casi no tengo tiempo para divertirme.*
queja ***f.*** **1** Expresión de dolor o pena: *Mientras le curaban la pierna, emitía algunas* ***quejas*** *porque le molestaba la herida.* **2** Manifestación de desacuerdo: *Si piensa que el producto que compró no es de la calidad ofrecida, ponga su* ***queja*** *en la oficina correspondiente.*
quejarse ***vb.*** {prnl.} **1** Expresar el dolor o la pena que se siente: *Después de haberse caído, mi madre* ***se quejaba*** *de un dolor en la mano.* **2** Manifestar disgusto o inconformidad: *Cuando vi que el televisor nuevo no funcionaba, llamé a la tienda para* ***quejarme.***
quejido ***m.*** Exclamación lastimosa de pena o dolor: *Cuando le pisaron la pata accidentalmente la perra lanzó un* ***quejido.***
quejoso, sa ***adj.*** Que se queja mucho: *Es un hombre muy* ***quejoso*** *a quien nada le parece bien.*
quejumbre ***f.*** Queja continuada.
quejumbroso, sa ***adj.*** **1** Persona que se queja de todo, que todo critica: *Es desagradable viajar con él por que es muy* ***quejumbroso*** *y nada le parece bien.* **2** Que expresa queja: *El tono* ***quejumbroso*** *de la voz del herido nos hizo darnos cuenta de que el dolor que sentía era fuerte.*
quelícero ***m.*** Especie de uña que hay en la cabeza de los arácnidos: *Los* ***quelíceros*** *de algunas arañas sirven para inyectar el veneno.*
quelite ***m. Méx.*** Hierba silvestre, tierna y comestible.
quelonio ***m.*** Orden de reptiles de cuerpo protegido por un caparazón duro, como la tortuga.
queltehue ***m. Chile.*** Ave zancuda que se tiene en los jardines para que destruya los insectos nocivos.
queltro ***m. Chile.*** Suelo preparado para la siembra.
quema ***f.*** **1** Acción y efecto de quemar o quemarse. **2** Incendio, fuego. **3** ***Argent.*** Lugar donde se queman basuras o residuos.
quemada ***f.*** **1** Parte del monte quemado. **2** ***Argent., Méx.*** y ***Urug. Fam.*** Acción que pone en ridículo: *¡Qué* ***quemada*** *sufrió Laura cuando dijo que odiaba las verduras el día que la invitó a comer su amiga vegetariana!*
quemado, da ***adj.*** **1** ***Argent., Méx.*** y ***Urug.*** Que tiene la piel morena por haber tomado el sol. **2** ***Méx. Fam.*** Desacreditado.
quemadura ***f.*** Herida, señal o destrozo causado por el fuego o por algo que quema: *El aceite caliente que le cayó en la mano le produjo una* ***quemadura.***
quemante ***adj.*** Que quema o produce sensación de quemadura: *La picadura de algunas arañas produce una sensación* ***quemante;*** *eso avisa que son venenosas y hay que ir al médico.*
quemar ***vb.*** {tr., intr. y prnl.} **1** Consumir o destruir con fuego: *Poco antes de morir* ***quemó*** *todas sus fotografías y documentos personales.* **2** Estropearse por exceso de fuego: *Olvidé quitar la carne del fuego y* ***se quemó.*** **3** Causar lesión algo muy caliente: *Estaba tan caliente el café que* ***me quemé*** *la lengua al tratar de beberlo.* **4** Estar una cosa muy caliente: *El sol en la playa* ***quema*** *durante el verano.* **5** ***Méx. Fam.*** Hacer el ridículo.
quemarropa. A ~, ***loc.*** A poca distancia, muy cerca: *La víctima no tenía oportunidad de sobrevivir pues le dispararon* ***a quemarropa.***
quemazón ***f.*** **1** Calor excesivo. **2** Sensación de ardor o picor: *Se puso una pomada para aliviar la* ***quemazón*** *que le producían las mordidas de hormiga.*
quena ***f.*** Flauta de carrizo usada por los pueblos andinos.
quepis o **kepis** ***m.*** Gorro militar con visera: *Cuando vio pasar a una joven linda, el coqueto capitán alzó su* ***quepis*** *a manera de saludo.*
queratina ***f.*** Sustancia que interviene en la constitución de las uñas, pelo, plumas de aves, etc.: *La falta de* ***queratina*** *en las uñas provoca que se debiliten.*
queratitis ***f.*** Inflamación de la córnea.
querella ***f.*** **1** Oposición de maneras de pensar o de opinar: *En la obra* Romeo y Julieta, *las familias Montesco y Capuleto tenían una* ***querella*** *antigua y profunda.* Sin. **discordia, pleito. 2** Acusación presentada ante el juez o tribunal: *Le robaron su automóvil y presentó una* ***querella*** *contra quien resultara responsable.*
querellante ***m.*** y ***f.*** Persona que presenta una queja ante un juez u otra autoridad: *Los* ***querellantes*** *acusaron al director de esa escuela por pedir dinero de forma indebida a los alumnos.*
querellarse ***vb.*** {prnl.} Presentar queja o reclamación contra alguien en un juicio: *"Sus vecinos* ***se querellan*** *contra usted porque hace demasiado ruido", dijo el juez al acusado.*
querencia ***f.*** **1** Acción de amar o querer bien. **2** Tendencia de personas y animales a volver al lugar donde se criaron: *Vivió en el extranjero muchos años, pero su* ***querencia*** *le hizo volver a su pueblo.*
querendón, dona ***adj. Amér.*** Relativo a la persona muy cariñosa: *Es un niño* ***querendón*** *que siempre está besando y abrazando a su madre.*
querer ***m.*** Persona por la que se siente cariño: *La novia de su infancia fue su verdadero* ***querer*** *y no la ha olvidado.*
querer ***vb. irreg.*** {tr.} **Modelo 25. 1** Desear poseer o lograr algo: *Siempre* ***ha querido*** *tener una casa en la playa.* **2** Tener amor o cariño: *El niño* ***quiere*** *mucho a sus abuelos porque ha crecido con ellos.*
querido, da ***adj.*** Alguien o algo a lo que se le tiene afecto: *Mañana vendrá a comer mi* ***querida*** *tía Eneida.*
querido, da ***m.*** y ***f.*** Amante: *Además de la esposa, el hombre tiene una* ***querida*** *con quien también ha procreado hijos.*
quermés ***f. Ver*** **kermés.**
querosén ***m. Amér.*** Especie de nafta o gasolina. Sin. **queroseno.**
queroseno ***m.*** Hidrocarburo obtenido como producto intermedio entre la nafta o gasolina y el gasóleo. Sin. **querosén.**
querubín ***m.*** **1** En la tradición cristiana, ángel de segundo rango de la primera jerarquía. **2** ***Fam.*** Niño de gran belleza y buen comportamiento: *Robertito es un* ***querubín*** *a quien todos los adultos quieren abrazar y besar.*
quesadilla ***f.*** **1** ***Ecuad.*** y ***Hond.*** Pan de maíz relleno de queso y azúcar y frito en manteca. **2** ***Méx.*** Tortilla de maíz doblada, rellena de queso u otros guisos que se come frita o asada: *Las* ***quesadillas*** *son uno de los alimentos más populares en México.*
quesera ***f.*** Utensilio con una cubierta en forma de campana, por lo general de cristal o plástico, en el que se guarda y se sirve el queso.
quesero, ra ***adj.*** Relativo al queso: *La industria* ***quesera*** *ha tenido problemas económicos por el aumento en el precio del litro de leche en los últimos meses.*
quesero, ra ***m.*** y ***f.*** Persona que elabora quesos.
quesillo ***m. Méx.*** Tipo de queso cuya masa hace hebras y se funde con facilidad.
queso ***m.*** Alimento elaborado a partir de la leche cuajada.

quetro *m. Chile.* Pato grande que tiene alas sin plumas y no vuela.
quetzal *m.* **1** Ave de vistoso plumaje que combina los colores verde y rojo escarlata: *Los **quetzales** son originarios de los bosques del sur de México y de Centroamérica.* **2** Moneda de Guatemala.
quevedos *m. pl.* Gafas que se sujetan sólo en la nariz: *Ruth prefiere usar **quevedos,** pues necesita los lentes sólo para leer y así es más fácil quitárselos y ponérselos.*
quiaca *f. Chile.* Árbol que da flores blancas y pequeñas.
quiché *adj./m.* y *f.* Pueblo amerindio que habita en Guatemala: *Los **quichés** antiguos escribieron un libro sagrado llamado* Popol Vuh.
quicio *m.* **1** Parte de una puerta o ventana en que se asegura la parte que se mueve. **2** *loc.* **Sacar de ~,** desesperar a alguien: *El niño travieso **saca de quicio** a su pobre abuela que no sabe qué hacer con él.*
quid *m.* Punto más delicado o importante: *El **quid** del problema era que el niño no veía bien, por eso inventaba lo que el maestro escribía.*
quiebra *f.* **1** Rotura de algo. **2** Fracaso económico: *Ese hombre ha llevado a la **quiebra** su negocio a causa de su alcoholismo.*
quiebro *m.* **1** Movimiento que se hace doblando el cuerpo por la cintura: *Las bailarinas de ballet hacen **quiebros** difíciles y muy bellos.* **2** Trino o gorgorito hecho con la voz.
quién *pron.* **1** Pronombre interrogativo que introduce frases: *¿**Quién** llama a la puerta?* **2** Introduce frases exclamativas: *¿Rafael obtuvo mala nota en inglés? ¡**Quién** lo hubiera dicho, siempre había sido el mejor de su clase!*
quien *pron.* **1** Pronombre relativo que se refiere a personas: *"Ésta es la mujer de **quien** te hablé."* **2** Pronombre indefinido que equivale a *el que,* y carece de antecedente expreso: *Puedes casarte con **quien** tú quieras, lo importante es que te sientas feliz.*
quienesquiera *pron.* Plural de *quienquiera.*
quienquiera *pron.* Pronombre indefinido que señala a una persona indeterminada: ***Quienquiera** que haya sido el autor del robo debe recibir un buen castigo.*
quieto, ta *adj.* **1** Que no se mueve ni cambia de lugar: *El entrenador le enseña al perro a quedarse **quieto** cuando se lo ordena.* **2** Pacífico, tranquilo: *¿Por qué no damos un paseo en lancha? El mar está **quieto** y así no corremos riesgos.*
quietud *f.* **1** Falta de movimiento: *La **quietud** de los niños debe preocupar a sus padres, no así su vigor.* **2** Sosiego, reposo: *El contacto con la naturaleza me produce **quietud.***
quihubo *interj. Méx. Fam.* **1** Forma de saludo informal equivalente a "hola": *¡**Quihubo,** Fernando!, ¿cómo has estado?* **2** Llamada de atención: *¡**Quihubo, quihubo,** no empujen!*
quihúbole *interj. Méx. Fam.* Quihubo.
quijada *f.* Cada uno de los dos huesos del cráneo de los mamíferos en que están encajados los dientes y muelas: *Las vacas están moviendo las **quijadas** constantemente porque comen todo el día.*
quijongo *m.* Especie de tambor típico de Colombia: *El **quijongo** se hace ahuecando un tronco y recubriéndolo con piel en uno de sus extremos.*
quijote *m.* Hombre que interviene en asuntos que no le conciernen, en defensa de la justicia.
quijotesco, ca *adj.* Se dice de la acción propia de un quijote: *De manera **quijotesca,** Jeremías intervino en una disputa de comerciantes y todo lo que sacó fue una buena tunda.*
quilate *m.* **1** Unidad de peso para perlas y piedras preciosas, que equivale a 205 mg. **2** Cantidad de oro puro contenido en una aleación de este metal: *La cadena que se compró es de oro de 24 **quilates.***
quilificación *f.* Parte de la digestión durante la cual se forma el quilo: *La **quilificación** consiste en la absorción de sustancias, ya convertidas en líquido, a través del intestino delgado.*
quilla *f.* Pieza que va de proa a popa del barco y forma su base: *En las lanchas la **quilla** sirve para dirigir el rumbo.*
quillango *m.* **1** *Argent.* y *Chile.* Manta hecha con retazos de pieles, usada por algunos pueblos indígenas. **2** *Argent.* y *Chile.* Cobertor confeccionado con pieles.
quillay *m. Argent.* y *Chile.* Árbol espinoso de gran tamaño, flores color blanco con tonos amarillos y con una gruesa corteza, que en medios rurales se emplea como jabón para lavar.
quilmahue *m. Chile.* Pequeño mejillón comestible de color negro o marrón oscuro.
quilmay *m. Chile.* Planta trepadora de hermosas flores, por lo general blancas.
quilo *m.* **1** Líquido blanquecino, resultado de la digestión de los alimentos en el intestino delgado. **2** *Chile.* Arbusto de tallos trepadores y fruto dulce. **3** *Chile.* Fruto del arbusto llamado quilo.
quilo *m. Ver* **kilo.**
quilombo *m.* **1** *Argent.* y *Urug. Vulg.* Desorden, lío, pleito. **2** *Chile* y *R. de la P.* Casa de mujeres públicas. SIN. **prostíbulo, burdel.** **3** *Venez.* Cabaña campestre.
quilómetro *m. Ver* **kilómetro.**
quiltro *adj./m.* y *f. Chile. Fam.* Se dice de la persona despreciable y sin ninguna importancia.
quiltro *m. Chile.* Perro ordinario.
quimba *f.* **1** *Chile* y *Perú.* Manera de caminar con elegancia y contoneo. **2** *Colomb., Ecuad.* y *Venez.* Calzado rústico.
quimbayá *adj./m.* y *f.* De un pueblo amerindio actualmente extinto que ocupó el valle central del río Cauca, en Colombia.
quimbo *m. Cuba.* Cuchillo grande que se utiliza para desmontar, abrirse paso en bosques y selvas y para cortar leña. SIN. **machete.**
quimera *f.* **1** Monstruo fabuloso con cabeza de león, vientre de cabra y cola de dragón. **2** Creación de la mente, que se toma como algo real: *Desperdició su vida persiguiendo una **quimera** que lo alejaba de un proyecto real.*
quimérico, ca *adj.* **1** Imaginario, irreal: *En el programa aparecen unos seres **quiméricos** que ayudan al héroe a vencer al dragón de tres cabezas.* **2** Sin fundamento, imposible: *Es **quimérico** pensar que ese viejo mezquino te regale algo el día de tu cumpleaños.*
química *f.* Ciencia que estudia las propiedades, composición y transformación de los cuerpos: *Por los experimentos que realizaba, mi profesor de **química** a veces me parecía un mago.*
químico, ca *adj.* Relativo a la química: *Joaquín es biólogo y trabaja en un laboratorio que elabora medicamentos y otros productos **químicos.***
químico, ca *m.* y *f.* Especialista en química: *El **químico** me dijo que tendría listos los resultados de los análisis de sangre el lunes próximo.*
quimificación *f.* Parte de la digestión en la cual los alimentos ingeridos se transforman en quimo: *Durante la **quimificación,** los alimentos se transforman en una pasta agria dentro del estómago.*
quimioterapia *f.* Tratamiento de las enfermedades mediante sustancias químicas: *La **quimioterapia** se aplica en algunos casos de cáncer.*

quimo ***m.*** Líquido contenido en el estómago, que resulta de la digestión de los alimentos.
quimono ***m.*** Túnica japonesa muy amplia de una sola pieza, que se cruza por delante y se sujeta con un ancho cinturón: *Las japonesas modernas usan **quimonos** sólo en ocasiones especiales, ya que en la vida diaria se visten como los occidentales.*
quina ***f.*** Árbol con corteza amarga que tiene propiedades medicinales, sobre todo contra la fiebre.
quincalla ***f.*** Artículo de metal, de poco precio o escaso valor.
quince ***adj./m.*** y ***f.*** Número que resulta de sumar diez y cinco.
quinceavo, va ***adj.*** Relativo a cada una de las quince partes iguales en que se divide un todo: *Me tocó la **quinceava** parte de la sandía.*
quincena ***f.*** **1** Serie de quince días consecutivos: *El mes se divide en dos **quincenas.*** **2** Sueldo que se paga cada quince días: *Ayer recibí la **quincena** y ya no tengo dinero, porque he pagado todas las deudas que tenía.*
quincenal ***adj.*** Que se repite cada quince días: *Es una revista **quincenal,** por eso salen dos números por mes.*
quinceno, na ***adj.*** Que ocupa el lugar número quince en una sucesión, decimoquinto.
quincha ***f.*** **1** ***Amér. Merid.*** Tejido o trama de junco con que se afianza un techo o pared. **2** ***Argent., Chile*** y ***Perú.*** Pared hecha de cañas o juncos recubiertos de barro.
quinchar ***vb.*** {tr.} ***Amér. Merid.*** Cercar o cubrir con quinchas.
quinchihue ***m.*** Planta herbácea americana olorosa y de usos medicinales.
quincho ***m. Argent.*** y ***Urug.*** Cobertizo para comidas al aire libre: *Bajo el **quincho,** la familia saboreó un rico almuerzo.*
quinchoncho ***m.*** Arbusto de semillas comestibles, originario de la India y cultivado en América.
quincuagenario, ria ***adj./m.*** y ***f.*** Persona que ha llegado a los cincuenta años: *Mi papá se reunió con sus ex compañeros de la escuela, ahora ya todos son **quincuagenarios** y la mayoría tienen familia.*
quincuagésimo, ma ***adj.*** Adjetivo ordinal que corresponde en orden al número cincuenta: *Los abuelos ya tienen 50 años de casados y celebraron su **quincuagésimo** aniversario de matrimonio.*
quinde ***m. Colomb., Ecuad.*** y ***Perú.*** Colibrí.
quingombó ***m.*** Planta herbácea originaria de África y cultivada en América por sus frutos.
quiniela ***f.*** **1** Juego de apuestas sobre los resultados del fútbol. **2** ***Argent., Par., R. Dom.*** y ***Urug.*** Juego que consiste en apostar a las últimas cifras de los premios mayores de la lotería.
quinientos, tas ***adj.*** Cinco veces cien: *En 1992 se cumplieron **quinientos** años de la llegada de los españoles a América, pues fue en 1492.*
quinientos, tas ***m.*** y ***f.*** **1** Número que corresponde en orden al quinientos. **2** ***loc.*** **A las ~,** muy tarde: *Anoche se fue a una fiesta, llegó **a las quinientas** y sus papás estaban preocupados por él.*
quinina ***f.*** Sustancia sacada de la quina, empleada para bajar la fiebre.
quinoa o **quinua** ***f. Argent., Bol., Colomb., Chile*** y ***Perú.*** Nombre de diversas plantas anuales de hojas tiernas comestibles y flores pequeñas en racimos: *Las semillas de la **quinoa** se comen cocidas o se prepara harina con ellas.*
quinoto ***m.*** **1** ***Argent.*** y ***Urug.*** Arbusto de flores y pequeños frutos color anaranjado, que se usan para preparar dulces y licores. **2** ***Argent.*** Fruto del arbusto llamado quinoto.
quinqué ***m.*** Lámpara con un depósito de aceite o petróleo, que tiene un tubo de cristal para proteger la llama: *Heredé un **quinqué** que era propiedad de mi bisabuelo y que todavía uso cuando se interrumpe la luz.*
quinquenal ***adj.*** **1** Que sucede o se repite cada cinco años: *La empresa donde trabaja Ismael publica un álbum **quinquenal** donde habla de sus progresos y de sus empleados destacados.* **2** Que dura un quinquenio.
quinquenio ***m.*** Periodo de cinco años: *En algunos países, los periodos presidenciales duran un **quinquenio.***
quinqui ***m.*** y ***f. Esp.*** Miembro de un grupo social marginal.
quinta ***f.*** **1** ***Esp.*** Conjunto de hombres que cada año prestan el servicio militar. **2** Casa de recreo en el campo: *Se pasarán las vacaciones en una **quinta** que es propiedad de unos amigos porque quieren alejarse un poco de la ciudad.* **3** En música, intervalo de cinco notas: *Toqué la **quinta** de do, o sea un sol, y después la tercera, o sea un mi.*
quintal ***m.*** **1** Antigua unidad de peso. **2** ***loc.*** **~ métrico,** peso de 100 kg: *Compró un **quintal** de semillas para sus gallinas.*
quintanarroense ***adj./m.*** y ***f.*** Del estado mexicano de Quintana Roo.
quinteto ***m.*** **1** Estrofa de cinco versos. **2** En música, conjunto de cinco voces o cinco instrumentos: *Gerardo forma parte de un **quinteto** de piano y cuatro instrumentos de cuerdas; él toca el violín.*
quintillizo, za ***adj./m.*** y ***f.*** Cada uno de los cinco hermanos nacidos juntos en un parto quíntuple.
quinto ***m. Esp.*** Nombre tradicional del recluta del servicio militar. Sin. **recluta.**
quinto, ta ***adj.*** **1** Adjetivo ordinal que corresponde en orden al número cinco: *Noé obtuvo el **quinto** lugar en el concurso nacional de escuelas, o sea que sólo hay cuatro estudiantes mejores que él.* **2** Cada una de las cinco partes iguales en que se divide un todo: *Como en su casa eran cinco hijos, a cada uno le tocaba una **quinta** parte de todo.* **3** ***loc. Méx.*** **No tener un ~,** no tener dinero.
quintuplicar ***vb. irreg.*** {tr.} **Modelo 17.** Hacer cinco veces mayor: *Ese comerciante **quintuplicó** su negocio pues ahora no tiene una, sino cinco tiendas.*
quíntuplo, pla ***adj.*** Que contiene un número cinco veces exactamente: *El número veinticinco es **quíntuplo** de cinco.*
quinzavo, va ***adj. Ver*** **quinceavo.**
quiñazo ***m. Chile, Colomb., Ecuad., Pan.*** y ***Perú.*** Golpe o choque violento. Sin. **empujón, encontronazo.**
quiosco ***m.*** **1** Pabellón abierto que decora terrazas y jardines: *En esa plaza hay un **quiosco** donde los domingos una banda toca música.* **2** Pequeña construcción donde se venden diarios, flores, etc.: *Todos los domingos mi papá pasa a comprar su revista favorita en el **quiosco** de la esquina.*
quipe ***m. Perú.*** Bulto que se lleva en la espalda.
quipu ***m.*** **Palabra de origen quechua.** Conjunto de cuerdas con nudos que los habitantes del Perú precolombino utilizaban para contar o anotar cosas.
quiquiriquí ***m.*** **1** Palabra con la que se imita el canto del gallo: *En el festival, los niños vestidos de gallo no paraban de decir **"quiquiriquí".*** **2** ***Fam.*** Mechón de pelo sobre la frente. Sin. **tupé, fleco.**
quirófano ***m.*** Sala donde se hacen operaciones: *En el **quirófano** todo debe estar muy limpio y libre de microbios.*
quiromancia o **quiromancía** ***f.*** Sistema de adivinación basado en el estudio de las líneas de la mano: *La lectura del café y la **quiromancia** son dos de los métodos que existen para intentar adivinar el futuro.*

quiromántico, ca ***m.*** y ***f.*** Persona que se supone que adivina el futuro leyendo la palma de la mano: *En la feria había una tienda donde una **quiromántica** decía adivinar el futuro.*

quiromasaje ***m.*** Técnica de masaje que se realiza sólo con las manos: *El **quiromasaje** sirve, entre otras cosas, para relajar los músculos.*

quiromasajista ***m.*** y ***f.*** Especialista en quiromasaje: *"Acaban de inaugurar una escuela donde se podrá estudiar para **quiromasajista** y otras técnicas de masaje", comentó Rosalía.*

quiropráctica ***f.*** Terapia que consiste en la manipulación externa de las vértebras.

quiropráctico, ca ***m.*** y ***f.*** Persona especializada en quiropráctica: *Antes de ir con un **quiropráctico** hay que asegurarse de que estudió la técnica, pues no es cosa de juego el tipo de masajes que dan.*

quiróptero, ra ***adj.*** Relativo a un orden de mamíferos adaptados para el vuelo, como el murciélago.

quirque ***m.*** *Chile.* Lagarto pequeño de color pardo o con tonos verdes; come insectos. SIN. **lagartija.**

quirquincho ***m.*** *Amér. Merid.* Especie de armadillo, relativamente cubierto de cerdas sobre su caparazón: *Los **quirquinchos** son mamíferos que no tienen dientes.*

quirúrgico, ca ***adj.*** Relativo a la cirugía: *Quitar el apéndice es un procedimiento **quirúrgico** que se realiza en la sala de operaciones.*

quisca ***f.*** **1** *Chile.* Espina grande, en especial de los cactos. **2** *Chile.* Quisco.

quisco ***m.*** *Chile.* Cacto espinoso con aspecto de vela larga y gruesa.

quisicosa ***f.*** **1** *Fam.* Acertijo que debe adivinarse a partir de unos datos que se dan en forma indirecta, a veces en forma de verso. SIN. **adivinanza.** **2** *Fam.* Cosa extraña.

quisquilla ***f.*** Tipo de camarón de tamaño más pequeño que los normales.

quisquilloso, sa ***adj.*** Que le da mucha importancia a pequeñeces: *Es una mujer **quisquillosa** a quien le gusta que los platos siempre sean lavados con un jabón especial y secados con una tela blanca.*

quiste ***m.*** Formación patológica con contenido líquido, que se desarrolla en diferentes regiones del cuerpo: *Los médicos retiraron un **quiste** que tenía debajo de la piel, en la espalda.*

quitamanchas ***m.*** Sustancia que se utiliza para quitar manchas de la ropa o muebles: *Compró un **quitamanchas** para ver si por fin podía deshacerse de ese círculo de grasa que tiene su pantalón.*

quitar ***vb.*** {tr. y prnl.} **1** Separar o apartar una cosa de otra o de donde estaba: ***Quita** tu abrigo de ahí porque está muy cerca del fuego de la chimenea y puede quemarse.* **2** Desaparecer o hacer desaparecer algo: *Hace años había ahí un restaurante, pero ya lo **quitaron.*** **3** Privar de una cosa: *Mi mamá **me quitó** el televisor que había en mi habitación porque estaban bajando mis notas en la escuela.* **4** Impedir. **5** Apartarse de un lugar: *Como estaban regando el pasto, Jaime **se quitó** de la banca del jardín para no mojarse.*

quitasol ***m.*** Sombrilla de gran tamaño: *En la playa había **quitasoles** para quienes no quisieran nadar ni asolearse demasiado.*

quite ***m.*** **1** Movimiento con que se evita un golpe o ataque. **2** *loc. Fam. Méx.* **Entrar al ~,** ayudar para alguna actividad: *Le pedimos a Joaquín que **entrara al quite** para completar el equipo de fútbol, porque nuestro defensa estaba enfermo.*

quiteño, ña ***adj./m.*** y ***f.*** Originario de Quito, Ecuador.

quitilipi ***m.*** *Argent.* Ave rapaz nocturna, parecida a un búho.

quitina ***f.*** Sustancia orgánica que da dureza al caparazón de ciertos animales: *Los escarabajos, igual que otros insectos, tienen un caparazón duro gracias a la **quitina.***

quizá o **quizás** ***adv.*** Expresa posibilidad o duda: ***Quizá** no haya venido hoy porque desde ayer se sentía un poco enfermo.*

quórum ***m.*** Número de miembros que una asamblea debe reunir para que sea válida una votación o deliberación: *Los alumnos no pudieron escoger un representante porque no había **quórum.***

queísmo ***m.*** Sustitución incorrecta de la secuencia (preposición-conjunción) *de que*, por la conjunción *que*: *Si alguien dice "antes que regrese" en vez de "antes de que regrese", está cayendo en el **queísmo.***

qwerty ***m.*** Nombre del tipo de teclado para máquinas de escribir y computadoras más común, que proviene de la distribución de las primeras seis letras en la primera fila horizontal: *El teclado **qwerty** fue diseñado para permitir una escritura rápida y sin necesidad de ver las teclas.*

R

r ***f.*** Decimonovena letra del abecedario español. Su nombre es *erre*.

rabadilla ***f.*** **1** Punta o extremidad de la columna vertebral. **2** Parte saliente de las aves que se encuentra sobre el ano.

rabaniza ***f.*** Semilla del rábano: *El hortelano compró un kilo de **rabaniza** para sembrarla en su huerta.*

rábano ***m.*** Planta herbácea de raíz carnosa comestible.

rabel ***m.*** Instrumento medieval de cuerdas parecido al violín: *En la actualidad el **rabel** sólo se usa para interpretar música antigua.*

rabí ***m.*** Título dado a los doctores de la ley judía. ***Ver*** **rabino:** *El **rabí** más famoso fue Moisés ben Maimón, conocido también como Maimónides, en la España del siglo* XII.

rabia ***f.*** **1** Enfermedad transmitida por la mordedura de algunos animales, que provoca nerviosismo excesivo y parálisis: *El científico francés Luis Pasteur descubrió la vacuna para prevenir la **rabia**.* SIN. **hidrofobia. 2** Ira, enfado: *A Patricia le da mucha **rabia** que su hermano le jale el cabello, por eso él se lo jala cuando quiere hacerla enojar.*

rabiar ***vb.*** {intr.} **1** Encolerizarse, enojarse: *La mujer **estaba rabiando** cuando se dio cuenta de que la empleada doméstica había roto su antiguo jarrón.* **2** Padecer un intenso dolor: *Cuando Martín se rompió la pierna, lo llevaron al doctor **rabiando** y gritando porque decía que le dolía muchísimo.*

rabieta ***f. Fam.*** Enfado o llanto corto y violento, por lo general causado por motivos sin importancia: *Ese niño está maleducado pues hace **rabietas** constantemente.*

rabillo ***m.*** **1** Parte final del tallo de una planta. SIN. **pedúnculo. 2** Prolongación en forma de rabo de una cosa. **3** ***loc.*** **Mirar con el ~ del ojo,** mirar de forma disimulada: *Lalo alcanzó a **mirar con el rabillo del ojo** a Germán, pero se volvió para no saludarlo porque no quería hablar con él.*

rabino ***m.*** **1** Jefe religioso, guía espiritual y ministro de culto de una comunidad judía. **2** ***loc.*** **Gran ~,** jefe de un consejo o asamblea israelita.

rabioso, sa ***adj.*** **1** Que padece rabia: *Un perro **rabioso** mordió a Alejandro, por eso lo tuvieron que vacunar.* **2** ***Fam.*** Que está furioso: *Edmundo se puso **rabioso** al saber que su hermano había descompuesto su televisor.*

rabo ***m.*** **1** Cola de algunos animales: *A los perros de algunas razas como el bóxer y el doberman les cortan el **rabo** cuando son pequeños.* **2** Parte final del tallo de una planta. SIN. **pecíolo, pedúnculo.**

rabón, bona ***adj.*** **1** Relativo al animal sin rabo o de rabo corto. **2** ***Méx.*** Se dice de la prenda de vestir que queda corta: *Como Eduardo está creciendo, sus pantalones ya le quedan **rabones**.*

racha ***f.*** **1** Ráfaga de viento: *Una repentina **racha** hizo volar mi sombrero.* **2** Periodo corto de fortuna o desgracia: *El negocio de Noé pasó por una muy buena **racha** este año, por eso pudo comprarse un auto nuevo.*

racial ***adj.*** Relativo a la raza.

racimo ***m.*** Grupo de frutos que cuelgan de un mismo tallo: *Compré dos **racimos** de uvas para preparar una tarta.*

raciocinar ***vb.*** {intr.} Pensar para, a partir de unas ideas, obtener otras: *López **raciocinó** toda una semana, pero logró diseñar una excelente campaña de publicidad.*

raciocinio ***m.*** Capacidad de pensar: *Si los humanos usáramos nuestro **raciocinio** antes de actuar se evitarían muchas peleas y conflictos.*

ración ***f.*** Cantidad de comida que se da a cada individuo: *En el comedor de esa escuela nos permiten servirnos dos **raciones** de cada alimento.*

racional ***adj.*** **1** Relativo a la razón: *Tienes que intentar solucionar los problemas de una manera **racional** y sensata en vez de hacer locuras.* ANT. **irracional. 2** Dotado de razón: *Los seres humanos somos los únicos animales **racionales**.* **3** Se dice del número entero.

racionalismo ***m.*** Filosofía del conocimiento basada en la razón: *René Descartes inició el **racionalismo** moderno en el siglo* XVII.

racionalista ***m.*** y ***f.*** Seguidor del racionalismo.

racionalizar ***vb. irreg.*** {tr.} **Modelo 16. 1** Organizar las cosas de acuerdo a cálculos razonados: *"Para lograr equilibrio en tu vida debes **racionalizar** tus diferentes actividades", aconsejó el psicólogo.* **2** Hacer un proceso productivo más eficiente y menos costoso: *En la fábrica **racionalizaron** los gastos, ahora compran menos materia prima, pero la aprovechan mejor.*

racionamiento ***m.*** Restricción y división de algo como comida o agua: *Después de naufragar el barco, los sobrevivientes recurrieron al **racionamiento** del agua para que durara el mayor tiempo posible.*

racionar ***vb.*** {tr.} **1** Distribuir raciones. **2** Dar raciones a alguien. **3** Repartir algo de manera ordenada: *Como quieres adelgazar, debes **racionar** lo que comes.*

racismo ***m.*** Ideología basada en la creencia de la superioridad de un grupo racial respecto a los demás: *Llevados por su mortal **racismo**, los nazis exterminaron a más de seis millones de judíos durante la Segunda Guerra Mundial.*

racista ***adj./m.*** y ***f.*** Relativo a la persona que cree que una raza es superior a otra: *En Sudáfrica muchos blancos **racistas** han perseguido a los negros.*

rada ***f.*** Bahía que forma un puerto natural: *Los pescadores aprovecharon la forma de esa **rada** para hacer un embarcadero.*

a b c d e f g h i j k l m n o p q r s t u v w x y z

radar ***m.*** Dispositivo que detecta la presencia y la posición de objetos por medio de ondas: *En los aeropuertos hay* ***radares*** *para localizar a los aviones que llegan y salen.*
radarista ***m.*** y ***f.*** Técnico especialista en el funcionamiento y mantenimiento de radares.
radiación ***f.*** **1** Acción y efecto de emitir un cuerpo luz u otra energía: *Si uno se expone mucho tiempo a la* ***radiación*** *solar, la piel puede sufrir quemaduras y enfermedades como el cáncer.* **2** Exposición a los rayos de una bomba de cobalto, con el fin de curar enfermedades como el cáncer: *Los médicos le descubrieron a Isabel un tumor canceroso y la sometieron a un tratamiento de* ***radiación.***
radiactividad ***f.*** Emisión de radiaciones de energía provocada por la desintegración de un núcleo atómico: *Exponerse a grados altos de* ***radiactividad*** *es perjudicial, por eso algunos científicos usan trajes protectores especiales.*
radiactivo, va ***adj.*** Que emite radiaciones: *El material y los desechos* ***radiactivos*** *tienen que transportarse y almacenarse con cuidados especiales.*
radiado, da ***adj.*** Que tiene sus diversas partes colocadas a manera de radios, alrededor de un punto o eje: *Las ruedas de las carretas y de las bicicletas están* ***radiadas*** *porque así son más resistentes.*
radiador ***m.*** **1** Aparato de calefacción: *Este invierno hará mucho frío, así que compramos* ***radiadores*** *para calentar la casa.* **2** Dispositivo por el que circula el agua encargada de enfriar algunos motores: *Se descompuso el* ***radiador,*** *por eso se calentó mucho el motor del automóvil.*
radial ***adj.*** **1** En geometría, relativo al radio. **2** ***Argent., Chile, Colomb.*** y ***Urug.*** Relativo a la radiodifusión: *El programa radial del presidente lo escuchan muchas personas.* Sin. **radiofónico.**
radián ***m.*** En geometría, unidad de medida angular que corresponde a un arco de longitud igual a su radio.
radiante ***adj.*** **1** Que desprende rayos, que emite radiaciones. **2** Resplandeciente, brillante: *El sol suele estar* ***radiante*** *en el verano.* **3** Que manifiesta una gran alegría: *Carla se veía* ***radiante*** *el día de su boda.*
radiar ***vb.*** {tr. y prnl.} **1** Despedir radiaciones. **2** Difundir por radio: *La noticia de la muerte del famoso actor de cine* ***se radió*** *a todo el mundo y también se difundió por televisión.*
radical ***adj.*** **1** Relativo a la raíz. **2** Que afecta al origen mismo de una cosa o que se produce de manera completa: *El cáncer requiere un tratamiento* ***radical*** *y agresivo.* **3** Tajante, intransigente: *Por ser una persona* ***radical,*** *Fernando no permite que los demás le expresen su opinión.* Sin. **ultra.**
radical ***m.*** **1** Signo de la raíz cuadrada (√). **2** Parte de un compuesto molecular que puede existir en estado no combinado o que no sufre cambios en una reacción química.
radicando ***m.*** En matemáticas, número o expresión algebraica de la cual se extrae la raíz.
radicar ***vb. irreg.*** {intr. y prnl.} **Modelo 17. 1** Establecerse en algún lugar: *Arturo* ***radicará*** *en la costa donde consiguió un buen trabajo.* **2** Estribar, consistir: *El problema* ***radica*** *en que para ese puesto exigen conocimiento del francés y yo no cumplo ese requisito.*
radícula ***f.*** Parte de una plántula que, cuando ésta crezca, será su raíz: *Pusimos a germinar frijoles en un vaso con algodón y agua; primero creció hacia abajo la* ***radícula,*** *y luego apareció, hacia arriba, un tallito con dos hojas.*
radier ***m. Chile.*** Losa de hormigón o concreto sin armar que se usa en la construcción.
radio ***f.*** **1** Apócope de "radiodifusión": *Algunas personas escuchan la* ***radio*** *en su trabajo o en su casa durante muchas horas al día.* **2** Apócope de "radioemisora": *Esa* ***radio*** *está haciendo un concurso en el que puedes ganar un automóvil.*
radio ***m.*** **1** En una circunferencia, distancia entre uno de sus puntos y el centro. **2** Cada varilla que une la rueda con el eje: *Mandé a componer mi bicicleta porque se rompió un* ***radio*** *de la rueda.* **3** El más corto de los dos huesos del antebrazo: *Los dos huesos del antebrazo son el* ***radio*** *y el cúbito.* **4** Aparato por el que se escuchan música, noticias, programas, etc.: *A muchas personas les gusta trabajar escuchando la* ***radio.***
radio ***m.*** Metal radiactivo de símbolo Ra y número atómico 88: *Marie y Pierre Curie descubrieron el metal llamado* ***radio*** *y el fenómeno de la radiactividad.*
radioaficionado, da ***m.*** y ***f.*** Persona que por afición se dedica a transmitir y recibir mensajes por radio.
radioastronomía ***f.*** Estudio de los astros basándose en las ondas electromagnéticas que emiten.
radiocomunicación ***f.*** Comunicación por medio de ondas electromagnéticas.
radiodifusión ***f.*** Emisión de noticias, música, etc., por medio de ondas hertzianas con destino al público en general.
radiodifusora ***f. Argent.*** y ***Méx.*** Empresa que se dedica a transmitir emisiones de radio para el público: *Esa* ***radiodifusora*** *frecuentemente hace promociones en las que obsequia boletos para espectáculos.*
radioelectricidad ***f.*** Técnica que permite la transmisión de mensajes y sonidos por medio de ondas electromagnéticas.
radioemisora ***f.*** Estación que transmite programas de radio: *No he podido escuchar mi estación favorita de radio debido a una huelga de empleados en la* ***radioemisora.***
radioescucha ***m.*** y ***f.*** Persona que escucha las emisiones de radio: *"Deseamos un excelente día a todos nuestros* ***radioescuchas",*** *saludó el locutor.*
radiofonía ***f. Ver*** **radiotelefonía.**
radiofónico, ca ***adj.*** Relativo a la radiodifusión. Sin. **radial.**
radiografía ***f.*** Fotografía del interior de los cuerpos que se obtiene por medio de rayos X: *Cuando el doctor vio la* ***radiografía*** *de mi pierna, confirmó que el hueso se había fracturado.*
radiología ***f.*** Utilización de los rayos X para diagnosticar enfermedades y para su curación.
radiólogo, ga ***m.*** y ***f.*** Doctor especializado en la interpretación de placas de rayos X: *La* ***radióloga*** *explicó su interpretación de lo que veía en las radiografías que le tomaron al paciente.*
radionavegación ***f.*** Navegación basada en la utilización de radiofrecuencias para fijar el rumbo de barcos y aviones.
radionovela ***f.*** Novela que se transmite por radio en forma de episodios. Sin. **radioteatro.**
radioonda ***f.*** Onda electromagnética que se emplea para sistemas de comunicaciones: *Las estaciones radiofónicas tienen grandes antenas para captar las* ***radioondas*** *con claridad.*
radiorreceptor ***m.*** Aparato que recibe radiocomunicaciones: *La palabra* radio*, que usamos todos los días, es abreviatura de* ***radiorreceptor.***
radiotaxi ***m.*** Taxi que lleva un aparato de radio que permite al conductor enviar y recibir mensajes de una central: *Los* ***radiotaxis*** *llegan pronto cuando uno los llama por teléfono porque desde la central localizan al que se encuentre más cercano al cliente.*
radioteatro ***m.*** **1** Programa radiofónico en el que se transmiten obras de teatro: *En los inicios de la radio, los* ***radioteatros*** *se hacían en vivo y no grabados como ahora.*

2 *Argent.* y *Urug.* Obra dramática que se transmite por radio en forma de episodios. Sin. **radionovela.**

radiotelefonía ***f.*** Sistema de enlace telefónico por medio de ondas radioeléctricas.

radiotelegrafía ***f.*** Telegrafía sin hilos.

radioterapia ***f.*** Tratamiento de las enfermedades por medio de radiaciones: *El tumor canceroso de mi tío ha disminuido mucho gracias a la* ***radioterapia*** *que le están aplicando.*

radiotransmisión ***f.*** Emisión que se efectúa a través de radioondas: *Harán una* ***radiotransmisión*** *a control remoto desde el lugar donde mejor se verá el eclipse y podremos escuchar todos los detalles en nuestro aparato de radio.*

radiotransmisor ***m.*** Aparato transmisor que envía y recibe ondas radioeléctricas: *La empresa utiliza* ***radiotransmisores*** *para comunicarse con sus vendedores que están en la calle.*

radón ***m.*** Elemento gaseoso radiactivo, de símbolo Rn y número atómico 86.

raedera ***f.*** Instrumento que sirve para raer o raspar superficies: *En la peletería usan* ***raederas*** *para quitar los restos de carne y grasa de las pieles que se van a curtir.*

raer ***vb. irreg.*** {tr.} **Modelo 37.** Quitar algo que se encuentra adherido a una superficie usando un instrumento áspero o cortante. Sin. **raspar.**

ráfaga ***f.*** **1** Golpe de viento de poca duración: *Una* ***ráfaga*** *de viento le tiró el sombrero al abuelo sin que tuviera tiempo de reaccionar.* Sin. **racha. 2** Golpe de luz vivo e instantáneo: *Al mismo tiempo que se escucharon los truenos se vio la* ***ráfaga*** *de rayos que anunciaban la tormenta.* **3** Serie de disparos sucesivos que efectúa un arma automática: *Los disparos de las ametralladoras son en* ***ráfaga,*** *es decir, muchos seguidos en muy poco tiempo.*

rafia ***f.*** Palmera que da una fibra muy resistente y flexible: *Los sombreros de* ***rafia*** *duran mucho tiempo.*

raga ***m.*** **Palabra de origen sánscrito.** Tipo de melodía hindú que expresa estados espirituales: *Tengo un disco de* ***ragas*** *que es mi favorito porque cada vez que lo escucho, me lleno de alegría de vivir.*

raído, da ***adj.*** Relativo al vestido o tela muy gastado por el uso: *Aunque ya está* ***raído,*** *el pantalón azul sigue siendo mi preferido.*

raigambre ***f.*** **1** Conjunto de raíces. **2** Tradición o antecedentes que ligan a alguien a un sitio: *Su familia es de antigua* ***raigambre,*** *tiene una historia de trescientos años en este lugar.*

raigón ***m.*** Raíz de las muelas y los dientes: *A Federico se le cayó un diente, pero le quedó el* ***raigón*** *dentro de la encía y tuvo que ir al dentista para que se lo extrajera.*

raíl ***m.*** **Palabra de origen inglés.** Carril de las vías del ferrocarril. Sin. **riel.**

raíz ***f.*** **1** Órgano de los vegetales que fija la planta al suelo: *Esos árboles desarrollan unas grandes y fuertes* ***raíces*** *que terminan por levantar el piso a su alrededor.* **2** Origen o causa de algo: *Los médicos encontraron la* ***raíz*** *de la enfermedad de mi madre y así pudieron recetarle los medicamentos apropiados.* **3** Parte común a todas las palabras de una misma familia: *La* ***raíz*** *de las palabras amable y amar es am.* **4** *loc.* **~ cuadrada,** en matemáticas, número que ha de multiplicarse por sí mismo para obtener una cantidad determinada: *La* ***raíz cuadrada*** *de dieciséis es cuatro.*

raja ***f.*** **1** Abertura larga y fina: *La alcancía tiene una* ***raja*** *por la que meto las monedas que ahorro.* Sin. **rajada. 2** Porción más o menos delgada: *Los vegetales se cortan en* ***rajas*** *pequeñas para preparar la sopa juliana.* Sin. **tira.**

rajá ***m.*** **Palabra de origen sánscrito.** Soberano de los países con cultura hindú: *El* ***rajá*** *compró un elefante para regalarlo a su esposa por su cumpleaños.*

rajada ***f. Méx.*** Abertura larga y fina: *La lámpara quedó con una* ***rajada*** *después de caerse.* Sin. **raja.**

rajadiablo ***adj. Chile.*** Relativo a la persona aficionada a hacer picardías y travesuras: *Mis hermanos son unos* ***rajadiablos*** *que ataron latas de soda a mi gato.*

rajadura ***f.*** Hendidura, resquebrajadura, rotura, grieta: *Después del último sismo aparecieron unas* ***rajaduras*** *en la pared.*

rajar ***vb.*** {tr. y prnl.} **1** Agrietar, hender: *El golpe* ***rajó*** *este vaso; más vale no usarlo más.* **2** Partir o romper en rajas: *"****Rajemos*** *este melón para comérnoslo."* **3** ***Chile. Fam.*** Suspender a alguien en un examen. **4** ***Fam.*** Fanfarronear, presumir. **5** ***Méx. Fam.*** Acobardarse: *Primero dijo que sí iba a arrojarse con paracaídas, pero luego* ***se rajó.*** **6** ***Amér. C., Perú*** y ***P. Rico.*** Dar con generosidad.

rajatabla. A ~, ***loc.*** Con todo rigor, a como dé lugar.

ralea ***f.*** **1** Especie, clase: *A ese centro de baile acude gente de* ***ralea*** *peligrosa y agresiva, más vale no entrar.* **2** ***Fam.*** Raza, casta.

ralear ***vb.*** {intr.} Hacerse algo ralo, perder su espesor: *Esa toalla está* ***raleando,*** *tiene partes casi transparentes, es necesario comprar una nueva.*

ralentí ***m.*** **Palabra de origen francés.** Número de revoluciones por minuto del motor de un vehículo cuando trabaja a su menor capacidad.

ralentizar ***vb. irreg.*** {tr.} **Modelo 16.** Hacer más lento el movimiento de un motor.

rallado, da ***adj.*** **1** Desmenuzado, cortado en tiras pequeñas y finas: *Mi madre prepara ensalada de zanahoria* ***rallada*** *mezclada con nueces y pasas.* **2** ***Fam.*** Loco.

rallador ***m.*** Utensilio que sirve para rallar o desmenuzar queso, verduras, etc.: *Usé el* ***rallador*** *para rallar la cáscara de naranja que se necesita para el postre.*

ralladura ***f.*** Partículas que se obtienen al rallar algo: *A Fabio le gusta la pasta con salsa de tomate y mucha* ***ralladura*** *de queso parmesano.*

rallar ***vb.*** {tr.} Desmenuzar algo restregándolo: *Casi está lista la comida, sólo falta* ***rallar*** *el queso para incorporarlo a la pasta.*

rally ***m.*** **Palabra de origen inglés.** Competencia de automóviles que se realiza en carreteras públicas.

ralo, la ***adj.*** Muy separado y escaso: *Germán siempre tuvo el cabello* ***ralo*** *y ahora ya comienza a quedarse calvo.*

RAM ***adj.*** Abreviatura de ***R****andom* ***A****ccess* ***M****emory* (memoria de acceso directo), término de computación que se usa para designar lo relativo a la memoria cuyo contenido puede ser leído, borrado o modificado a voluntad: *Se necesita una computadora con mucha memoria* ***RAM*** *para que puedan funcionar los programas de diseño.*

rama ***f.*** **1** Parte que nace del tronco o del tallo de una planta: *Podaron el árbol cortándole todas las* ***ramas*** *medianas.* **2** Cada una de las divisiones de un arte o ciencia: *Algunas de las* ***ramas*** *de la medicina son la ginecología, la urología y la neurología.*

ramada ***f.*** **1** ***Amér. C.*** y ***Amér. Merid.*** Cobertizo hecho con ramas de árboles: *Como el sol quemaba, los pescadores comieron bajo una* ***ramada.*** **2** ***Chile.*** Puesto de feria construido con ramas.

ramadán ***m.*** Noveno mes del año musulmán, dedicado al ayuno: *Durante el* ***ramadán*** *los musulmanes no pueden tomar alimentos mientras el sol brilla.*

ramaje ***m.*** Conjunto de las ramas de un árbol: *El viento soplaba y hacía mecer el* ***ramaje*** *de los pinos.*

ramal ***m.*** **1** Cada uno de los cabos de que están formadas las cuerdas, sogas, etc. **2** Parte que arranca de la línea principal de algo: *Este camino pequeño es un **ramal** de la carretera que va a la ciudad.*

ramalazo ***m.*** **1** Golpe dado con un ramal. **2** Dolor repentino: *Saúl levantó sin cuidado una caja pesada y de pronto sintió un **ramalazo** en la espalda.* **3** Leve locura. **4** *Fam.* Golpe fuerte: *Darío se dio un **ramalazo** al caerse de la escalera.* **5** *Esp. Fam.* Apariencia afeminada.

rambla ***f.*** **1** Lecho natural de las aguas de lluvia. **2** Avenida, paseo: *En Barcelona hay una calle muy amplia, arbolada, con mucha actividad, llamada Las **Ramblas.***

ramera ***f.*** Prostituta.

ramificación ***f.*** Hecho de dividirse una cosa en ramas: *Las venas y las arterias que entran y salen del corazón tienen **ramificaciones** a lo largo de todo el cuerpo.*

ramificarse ***vb. irreg.*** {prnl.} **Modelo 17.** Dividirse en ramas: *Más adelante esa ancha calle **se ramifica** en tres calles más angostas.*

ramillete ***m.*** Ramo pequeño de flores o plantas: *Durante la boda de mi hermana regalaron **ramilletes** de claveles blancos a todos los invitados.*

ramo ***m.*** **1** Rama que nace de una principal. **2** Manojo de flores: *En la ceremonia de graduación le entregaron un **ramo** de rosas blancas a cada muchacha.* **3** Parte en que se divide una ciencia o actividad: *El derecho se divide en **ramos** como el comercial, fiscal e internacional.*

ramonear ***vb.*** {intr.} Comer los animales las hojas de las ramas de los árboles: *El largo cuello de las jirafas les permite **ramonear** las puntas de rama más altas y tiernas.*

ramoso, sa ***adj.*** Se aplica al vegetal que tiene muchas ramas: *"Hay que podar el árbol del jardín, ya está muy **ramoso** y tapa la luz de la ventana", dijo mi papá.*

rampa ***f.*** **1** Plano inclinado que une dos superficies y sirve sobre todo para subir o bajar cargas con menos esfuerzo o para facilitar el tránsito de personas minusválidas: *En muchas ciudades, los restaurantes y lugares públicos tienen **rampas** para las personas minusválidas.* **2** Terreno en pendiente, cuesta.

rampla ***f.*** **1** *Chile.* Carrito de mano utilizado para transportar mercancías o muebles. **2** *Chile.* Acoplado de un camión.

ramplón, plona ***adj.*** Vulgar, ordinario: *La comida en ese restaurante caro resultó ser **ramplona,** no fina y deliciosa como me habían dicho.*

rana ***f.*** Animal anfibio de piel lisa, ojos saltones y patas traseras adaptadas al salto: *En el lago hay muchas **ranas** que croan por la noche.*

ranchera ***f.*** Canción popular mexicana: *El músico mexicano José Alfredo Jiménez ha sido uno de los más importantes compositores de **rancheras.***

ranchería ***f.*** *Méx.* Población pequeña en el campo: *Los exploradores caminaron hasta la **ranchería** más cercana en busca de un poco de combustible para su automóvil que ya no funcionaba.*

ranchero, ra ***m.*** y ***f.*** Persona que habita, trabaja o posee y administra un rancho: *Ese **ranchero** tiene problemas con su vecino a causa de unas tierras por donde pasa un riachuelo.* Sin. **estanciero.**

rancho ***m.*** **1** Casa pobre construida con madera o paja, que se encuentra fuera de las ciudades. **2** *Antill.* y *Méx.* Lugar donde se crían caballos y otros cuadrúpedos: *En las vacaciones fui a un **rancho** donde tenían vacas y cerdos.* Sin. **estancia, hacienda.** **3** Comida diaria que se hace para muchas personas, en especial a los soldados y presos: *En los cuarteles hay soldados cocineros que se encargan de preparar el **rancho** para los demás soldados.*

rancio, cia ***adj.*** Se dice del vino y de algunos comestibles que con el tiempo adquieren sabor y olor más fuerte: *El pan está tan **rancio** y duro que ya no se puede comer.*

rango ***m.*** Clase, categoría: *Mauro ha alcanzado un alto **rango** en el ejército, ya es coronel.*

rangoso, sa ***adj.*** *Amér. C., Cuba* y *Chile.* Generoso.

ranura ***f.*** Canal estrecho que tienen algunos objetos: *Los cajones de ese mueble se deslizan a través de **ranuras.*** Sin. **rendija.**

ranurar ***vb.*** {tr.} Hacer ranuras en un objeto: *El carpintero **ranuró** algunas tablas y luego introdujo otras tablas menores en las ranuras; al rato tenía armado un pequeño librero.*

rap ***m.*** **Palabra de origen inglés.** Estilo musical que combina tendencias musicales populares con los lemas de los grafiti: *El **rap** surgió a mediados de la década de 1970 en los barrios pobres de Nueva York.*

rapado, da ***adj.*** Que tiene el pelo a ras de piel: *En esa escuela militarizada exigen que los niños lleven el pelo tan corto que casi van **rapados.***

rapar ***vb.*** {tr. y prnl.} **1** Afeitar: *Los monjes budistas se **rapan** la cabeza como símbolo de renuncia a las vanidades del mundo.* **2** Cortar mucho el pelo: *En esa prisión **rapan** a los presos cuando ingresan.*

rapaz ***adj.*** Inclinado al robo: *En las novelas del escritor inglés Charles Dickens aparecen personajes **rapaces** que roban en las calles.*

rapaz ***adj./f.*** Relativo a un orden de aves carnívoras de pico y garras curvados y fuertes: *Las aves **rapaces** pueden ser cazadoras diurnas como el águila, o nocturnas como el búho.*

rapé ***m.*** **Palabra de origen francés.** Tabaco en polvo que se aspira por la nariz: *El uso del **rapé** estuvo de moda en los siglos XVIII y XIX.*

rape ***m.*** Pez comestible que puede medir 2 m de largo, de cabeza enorme y cubierto de espinas: *El **rape** es común en las costas mediterráneas y atlánticas.*

rape. Al ~, ***loc.*** Se aplica al cabello cortado casi hasta la raíz: *Hace un año Narciso traía una larga melena, pero ahora se cortó el pelo **al rape.***

rapidez ***f.*** Velocidad acelerada: *Rafael limpió su habitación con mucha **rapidez** y luego se puso a jugar.*

rápido ***m.*** Parte de un río donde el agua corre con mucha fuerza: *Cuando se baja por un río en balsa hay que tener cuidado con los **rápidos,** porque la embarcación puede volcarse y uno caer al agua.*

rápido, da ***adj.*** Que ocurre, se hace o actúa en poco tiempo, muy de prisa: *Miriam tomó un medicamento de acción **rápida** porque ya no aguantaba el dolor de cabeza.*

rapiña ***f.*** **1** Robo o saqueo: *Además de la derrota militar, el pueblo conquistado tuvo que sufrir la **rapiña** de los soldados vencedores.* **2** *loc.* **Ave de ~,** ave rapaz: *Los halcones son **aves de rapiña** que se alimentan de carne.*

rapiñar ***vb.*** {tr.} *Fam.* Robar cosas de poca importancia: *Esa secretaria **rapiñaba** los materiales de la oficina donde trabajaba, pero su jefe la descubrió y fue despedida.*

raposa ***f.*** Zorra.

raposo ***m.*** Macho de la zorra: *En Inglaterra se organizan cacerías de **raposos** en las que se utilizan sabuesos.*

rappel ***m.*** **Palabra de origen inglés.** Técnica de alpinismo para descender paredes verticales con la ayuda de una cuerda: *Durante su graduación, los cadetes de bomberos descendieron a **rappel** por las paredes de su escuela y mostraron su destreza.*

rapsoda ***m.*** **1** En la antigua Grecia, persona que iba de pueblo en pueblo recitando poemas. **2** Poeta, persona que escribe poemas.

rapsodia ***f.*** **1** Fragmento de un poema que se suele recitar de una vez. **2** Pieza musical de forma libre en la que se juntan temas de caracteres diferentes y origen común, en general popular, en la que prevalece la improvisación: *La parte central del programa del concierto de esta noche es una de las **rapsodias** húngaras de Brahms.*

raptar ***vb.*** {tr.} Capturar y retener de manera ilegal a una persona, en especial para obtener un rescate: *Hace unos días **raptaron** a un importante empresario y los delincuentes pidieron mucho dinero por liberarlo.* Sin. **secuestrar.**

rapto ***m.*** Captura y retención ilegal de una persona en contra de su voluntad, casi siempre para obtener un rescate: *Hay bandas de maleantes dedicadas al **rapto** de personas ricas.*

raptor, ra ***adj./m.*** y ***f.*** Persona que realiza capturas y retenciones ilegales de personas en contra de su voluntad, casi siempre para obtener dinero: *Los **raptores** llamaron a los papás de la niña y exigieron mucho dinero a cambio de devolverles a su hija.*

raqueta ***f.*** Pala provista de una red, utilizada para jugar al tenis y a otros juegos de pelota: *La **raqueta** de tenis es más grande que la de pimpón.*

raquídeo, a ***adj.*** De la columna vertebral o raquis: *Dentro del conducto **raquídeo** se encuentra la médula espinal.*

raquis ***m.*** **1** Columna vertebral. **2** Eje de una espiga o racimo.

raquítico, ca ***adj. Fam.*** Débil, mezquino: *En esa tienda pagan sueldos **raquíticos** a los empleados, por eso los muchachos que trabajan ahí se van gustosos en cuanto consiguen otro empleo.*

raquítico, ca ***adj./m.*** y ***f.*** Que está enfermo de raquitismo: *Es triste saber que en muchos lugares del mundo hay niños **raquíticos** que no tienen nada de comer.*

raquitismo ***m.*** Enfermedad infantil caracterizada por deformaciones y debilidad en los huesos.

rarámuri ***adj./m.*** y ***f.*** Pueblo amerindio que habita en la sierra del estado de Chihuahua, México: *Los **rarámuri** son por tradición corredores de alta resistencia.* Sin. **tarahumara.**

rareza ***f.*** Cosa o acción rara, extraña: *El coleccionista consiguió una esmeralda que es una verdadera **rareza** por su color intenso y gran tamaño.*

raro, ra ***adj.*** **1** Escaso en su clase: *Miguel está contento porque consiguió para su colección una **rara** mariposa de una especie que sólo vive en Australia.* **2** Poco frecuente: *Algo debe de haberle pasado a Saúl porque es **raro** que llegue tarde sin avisar.* **3** Extraño, extravagante: *El vecino de la esquina es un hombre **raro** que se viste siempre de negro, no habla con nadie y usa sombreros muy grandes.*

ras ***m.*** **1** Igualdad en la superficie o altura de las cosas: *Beatriz alcanzó a cerrar la llave de la bañera cuando el agua llegaba al **ras**.* **2** *loc.* **A ~ de,** casi tocando: *El perro enterró su hueso **a ras de** tierra y al otro día rascó sólo un poco y pudo sacarlo.*

rasante ***adj.*** Que pasa rozando el suelo u otra superficie: *Las gaviotas hacen un vuelo **rasante** antes de sumergir la cabeza en el agua y sacar un pez.*

rasar ***vb.*** {tr. y prnl.} **1** Igualar una superficie con el rasero: *El tendero **rasó** el azúcar para poder cerrar el barril que la contenía.* **2** Pasar algo rozando ligeramente otra cosa. *La avioneta fumigadora pasó **rasando** el sembrado de trigo.*

rasca ***adj. Argent., Chile*** y ***Urug.*** Ordinario.

rasca ***f. Colomb., Chile*** y ***Venez.*** Borrachera, embriaguez: *En la fiesta, los muchachos agarraron tal **rasca** que se quedaron dormidos en el jardín.*

rascacielos ***m.*** Edificio en forma de torre y con gran número de pisos: *Los **rascacielos** de la ciudad de Nueva York son famosos en todo el mundo.*

rascador ***m.*** Utensilio para rascar o para raer: *Ramón compró un **rascador** en forma de manita, pues le da comezón en la espalda y no alcanza a rascarse solo.*

rascar ***vb. irreg.*** {tr. y prnl.} **Modelo 17. 1** Restregar algo con una cosa aguda o áspera. Sin. **raer. 2** Mitigar la comezón, frotando la piel con las uñas: *Los perros **se rascan** casi siempre con las patas traseras.*

rascuache ***adj.*** **1** ***Méx. Desp.*** y ***Fam.*** Lugar pobre, miserable: *Como su familia tiene muy poco dinero, viven en un barrio **rascuache**.* **2** ***Méx. Desp.*** y ***Fam.*** Cosa de baja calidad: *Lourdes se compró una mesa **rascuache** que duró poco tiempo porque estaba muy mal hecha.*

rasero ***m.*** **1** Palo con que se nivelan las medidas de productos como maíz, arroz, etc.: *La vendedora de arroz llenó el bote y con el **rasero** retiró el sobrante.* **2** Utensilio para rasar.

rasgado, da ***adj.*** **1** Relativo a los ojos que tienen muy prolongados los bordes exteriores de los párpados: *Nuestra nueva compañera tiene los ojos **rasgados** porque sus padres son japoneses.* **2** Relativo a las ventanas que son más anchas que altas.

rasgadura ***f.*** Acción de rasgar o rasgarse algo: *El vestido de Carolina se atoró en un clavo y se le hizo una **rasgadura**.* Sin. **rasgón.**

rasgar ***vb. irreg.*** {tr. y prnl.} **Modelo 17.** Romper o hacer desgarrar telas, papel, etc.: *Al cruzar una puerta, a Rosa se le atoró el vestido en un clavo, se jaló y **se rasgó** la tela.*

rasgo ***m.*** **1** Línea trazada al escribir: *Carmen usa unos **rasgos** muy grandes cuando escribe a su abuela porque ella ya no ve bien.* **2** Línea característica del rostro: *Los **rasgos** de su cara indican que tiene antepasados de algún país oriental.* **3** Aspecto de la personalidad: *Un **rasgo** que me gusta mucho del carácter de Ana es su generosidad.*

rasgón ***m.*** Rotura que se hace cuando se rasga alguna cosa: *Por pasar sin cuidado las hojas de mi libro, a una de ellas le hice un **rasgón**.* Sin. **rasgadura.**

rasguear ***vb.*** {tr.} Tañer un instrumento rozando sus cuerdas con las puntas de los dedos: *Mientras esperaba que saliera su novia, el joven **rasgueaba** su guitarra sentado en la acera.*

rasguñar ***vb.*** {intr.} Hacer heridas superficiales en la piel con las uñas o algún instrumento puntiagudo: *Cuando el gato saltó sobre Georgina, la **rasguñó** con sus afiladas garras.*

rasguño ***m.*** Corte o herida superficial hecha con las uñas o por un roce violento con una superficie áspera o cortante: *El jardinero tenía los brazos llenos de **rasguños** después de haber podado los rosales.*

rasmillarse ***vb.*** {prnl.} ***Chile.*** Arañarse la piel de manera ligera.

raso ***m.*** Tela de seda, lisa y brillante: *Varias mujeres usaron elegantes vestidos de **raso** durante la fiesta.*

raso, sa ***adj.*** **1** Llano, liso: *Este campo es **raso**, por lo que resulta fácil ver a lo lejos.* **2** Que va a poca altura del suelo. **3** *loc.* **Soldado ~,** el soldado que no tiene títulos o funciones que lo distingan.

raspa ***f.*** Fibra de la cáscara del grano de los cereales.

raspadilla ***f. Perú.*** Hielo rallado y endulzado con jarabe de frutas. Sin. **raspado.**

raspado ***m.*** **1** Acción y efecto de raspar: *La infección de la herida llegaba hasta el hueso y le tuvieron que hacer un **raspado** para quitarla.* **2** ***Méx.*** Hielo rallado al que se añade jarabe de frutas para comerlo como helado. Sin. **raspadilla.**

raspado, da ***adj. C. Rica.*** Desvergonzado.

raspadura ***f.*** **1** Acción de raspar: *Antes de pintar esa pared, el albañil hará una **raspadura** para quitar la pintura vieja.* **2** Partículas que salen al raspar algo: *A medida que lijaba la pieza de yeso, se iba formando un montoncito de **raspaduras**.* **3** Señal que queda cuando algo se raspa: *José pasó rozando un árbol con su auto y se le hizo una **raspadura** en la portezuela.*

raspar ***vb.*** {tr. e intr.} **1** Frotar o rascar una superficie: *Los albañiles **rasparon** la pintura antigua de la pared y después aplicaron la pintura nueva.* SIN. **raer. 2** ***Venez.*** Dar a un alumno una calificación menor a la que debe obtener para aprobar una materia. SIN. **reprobar.**

raspón ***m.*** Rayadura en una superficie o en la piel, lastimadura: *Efraín le dio un **raspón** al automóvil y ahora tiene que arreglarlo y pintarlo.*

rasposo, sa ***adj.*** **1** Áspero al tacto: *Las personas que no usan zapatos tienen las plantas de los pies **rasposas** porque les salen callos.* **2** ***Argent.*** y ***Urug.*** Se dice de la prenda de vestir raída y en mal estado, y también de la persona que lleva la ropa en mal estado.

rasposo, sa ***adj./m.*** y ***f. Argent.*** y ***Urug.*** Mezquino, tacaño: *El viejo **rasposo** prefirió perder los dientes que pagar un dentista.*

rasquetear ***vb.*** {tr. y prnl.} ***Amér. Merid.*** Cepillar el pelo a un caballo.

rasquiña ***f. Amér. C.*** y ***Méx.*** Picor, escozor: *Ese niño debe tener piojos, por eso la **rasquiña** de su cabeza no lo deja tranquilo.*

rastacuero ***m.*** y ***f.*** Persona que sabe aprovecharse de las circunstancias para vivir bien: *Su nuevo novio no es más que un **rastacuero**.*

rastra ***f.*** **1** Rastrillo para la tierra. **2** Cualquier cosa que va colgando o arrastrando. **3** ***Argent.*** y ***Urug.*** Adorno del cinturón ancho que ajusta el pantalón del gaucho, por lo general decorado con monedas o medallas.

rastrear ***vb.*** {tr.} **1** Buscar siguiendo el rastro: *Los guardias usaron perros sabuesos para que con el olfato **rastrearan** las huellas del preso que había huido.* **2** Averiguar, investigar: *La policía **está rastreando** el origen de las armas compradas de manera ilegal.*

rastrero, ra ***adj.*** **1** Que va arrastrándose: *Las serpientes son animales **rastreros**.* **2** Vil, despreciable: *El empleado **rastrero** está dispuesto a alabar todo lo que haga su jefe aunque esté equivocado.* **3** Relativo a los tallos que crecen extendidos sobre el suelo: *La planta de la sandía es **rastrera**, igual que la calabaza.*

rastrillada ***f. Argent.*** y ***Urug.*** Surco o huellas que dejan los grupos de animales sobre el césped o la tierra.

rastrillar ***vb.*** {tr.} **1** Pasar el rastrillo por la tierra para removerla. **2** Limpiar, barriendo con el rastrillo, las hojas sueltas en un prado o jardín: *En otoño los jardineros del parque **rastrillan** dos veces al día, pues caen muchas hojas de los árboles.*

rastrillo ***m.*** **1** Instrumento de la agricultura formado por un mango largo y una parte con púas o dientes: *Con el **rastrillo** reuní todas las hojas secas que han caído de los árboles.* **2** ***Méx.*** Instrumento con una navaja, que sirve para afeitarse. SIN. **rastro, maquinilla.**

rastro ***m.*** **1** Indicio, pista: *El ladrón huyó sin dejar **rastro** y hasta ahora la policía no ha podido dar con él.* **2** Instrumento con una navaja, que sirve para afeitarse. SIN. **rastrillo. 3** ***Esp.*** Mercado de cosas viejas.

rastrojar ***vb.*** {tr.} Arrancar el rastrojo de un campo luego de la cosecha: *Después de empacado el grano, los rancheros **rastrojarán** el campo y darán esos sobrantes a las vacas.*

rastrojo ***m.*** Conjunto de restos que quedan de los granos y cereales cosechados.

rasurada ***f. Méx.*** Afeitada: *Neftalí ya necesita una buena **rasurada**, se le ve la mitad de la cara negruzca por la barba crecida.*

rasurar ***vb.*** {tr. y prnl.} Afeitar, quitar los vellos: *En la peluquería le **rasuraron** la barba a mi papá con una navaja, como se hacía antes.*

rata ***adj./m.*** y ***f. Fam.*** Persona tacaña.

rata ***f.*** Mamífero roedor de cabeza pequeña, hocico puntiagudo y cola larga, muy nocivo y voraz: *Las **ratas** que viven en los alcantarillados y basureros son transmisoras de enfermedades.*

rata ***m. Fam.*** Ladrón, persona que roba cosas de poco valor. SIN. **ratero.**

ratear ***vb.*** {intr.} Robar cosas de poco valor: *En los alrededores del mercado hay una pandilla de muchachos que se dedica a **ratear** las verduras de los puestos.*

ratero, ra ***adj./m.*** y ***f.*** Persona que se dedica a robar cosas de poco valor: *El policía logró atrapar a un **ratero** en la estación de autobuses.* SIN. **rata.**

raticida ***m.*** Sustancia venenosa que sirve para matar ratas: *Si hay mascotas en la casa, el **raticida** debe ponerse con cuidado, en lugares donde no lo puedan alcanzar, pues podrían envenenarse.*

ratificación ***f.*** Confirmación: *El jefe de mi padre ya lo ascendió, ahora sólo esperan que el director de la empresa **ratifique** el nombramiento.*

ratificar ***vb. irreg.*** {tr. y prnl.} **Modelo 17.** Confirmar la validez o verdad de algo: *Era el supervisor de la empresa durante la administración pasada, y en la nueva lo acaban de **ratificar** en el mismo puesto.*

rato ***m.*** Espacio de tiempo, en especial cuando es corto: *Descansaré un **rato** y luego seguiré con mi trabajo.*

ratón ***m.*** **1** Mamífero roedor de pelaje gris, parecido a la rata pero más pequeño: *El **ratón** que había en la casa cayó en una trampa en la que pusimos un trocito de queso.* **2** En computación, dispositivo manual que mueve el cursor en la pantalla.

ratonera ***f.*** Trampa especial para atrapar ratones: *Don Evodio puso varias **ratoneras** en su tienda, pues algunos panes estaban roídos y quiere cazar al ratón.*

raudal ***m.*** **1** Caudal de agua que corre con fuerza: *Bajo el puente colgante se encuentra el **raudal** del gran río.* **2** Abundancia: *Antes de irse Martha al extranjero, sus familiares le desearon **raudales** de felicidad en la nueva vida que emprendía.*

raudo, da ***adj.*** Rápido, veloz: *En cuanto escuchó la voz de su amo, la perra corrió **rauda** hacia él.*

raulí ***m. Argent.*** y ***Chile.*** Árbol de gran altura con madera resistente que se utiliza en construcción.

ravioles o **ravioli** ***m.*** **Palabra de origen italiano.** Pasta alimenticia en forma de pequeñas empañadas rellenas de algún alimento: *Sandra nos invitó a comer a su casa y sirvió **ravioles** con crema y ensalada.*

raya ***f.*** **1** Señal larga y estrecha en un cuerpo o superficie: *En los filmes es común que representen a los presos vestidos con uniformes a **rayas**.* **2** Guión largo (—) que se usa para separar oraciones, indicar un diálogo, etc. **3** Límite: *Norberto se pasó de la **raya** al decirle esa grosería a la maestra, por eso su madre lo castigó.* **4** ***Méx.*** y ***Nicar.*** Salario del obrero, campesino o albañil: *Por lo general a los albañiles les pagan su **raya** los sábados.* **5** ***loc. Méx.*** **Tienda de ~,** tienda donde se obligaba a empleados o peones a comprar productos caros y a crédito, de modo que acumulaban grandes deudas impagables que los obligaban a seguir trabajando para el mismo patrón.

raya ***f.*** Pez marino de cuerpo aplanado y en forma de rombo.

rayado ***m.*** Acción de rayar: *Primero, el dibujante hizo el **rayado** para centrar su dibujo, y luego se puso a dibujar.*

rayado, da ***adj.*** Que tiene rayas: *La cebra tiene el pelaje **rayado** de colores negro o marrón con blanco.*

rayano, na ***adj.*** Que es casi algo: *La mala conducta de ese niño es **rayana** en lo incontrolable.*

rayar ***vb.*** {tr. e intr.} **1** Hacer rayas sobre una superficie: ***Rayé** una hoja blanca de papel antes de escribir para que las letras queden derechas.* **2** Dañar algo haciéndole rayas: *Al mover los muebles **se rayó** un poco el piso.* **3** Tachar lo escrito: *Norma no sabía qué escribir en la carta de amor y después de las primeras palabras, **rayaba** la hoja y comenzaba otra vez.* **4** Limitar, lindar: *Carlos compró dos terrenos pequeños que **rayan** y ahora tiene un terreno mayor.* **5** *Méx.* Pagar el salario al obrero o al campesino: *Los sábados **rayan** los obreros de la fábrica de zapatos.* **6** *Fam.* Hacer garabatos sin un sentido claro: *El niño pequeño se puso a **rayar** las hojas del cuaderno de su hermano.*

rayo ***m.*** **1** Chispa eléctrica entre dos nubes o entre una nube y la Tierra: *Los **rayos** y truenos anunciaban la tormenta eléctrica que se acercaba.* **2** Línea de luz procedente de un cuerpo luminoso: *Los **rayos** del sol se filtraban entre las ramas de los árboles.* **3** *loc. pl.* **~ X**, ondas electromagnéticas que atraviesan ciertos cuerpos: *Con los **rayos X** se pueden obtener fotografías de los huesos.*

rayón ***m.*** Fibra textil elaborada a base de celulosa: *Las prendas de **rayón** lucen mucho, el problema es que se arrugan con facilidad.*

rayuela ***f.*** Juego que consiste en tirar piedras o monedas a una raya pintada en el piso, en el que gana la moneda que se acerque más a la raya.

raza ***f.*** **1** En biología, grupo en que se subdividen algunas especies animales y vegetales: *Hay muchas **razas** de perros, desde los más pequeños como los chihuahueños hasta los enormes gran danés.* **2** *Méx. Fam.* Grupo formado por familiares o amigos: *El domingo pasado mi **raza** y yo nos fuimos al parque de diversiones.* **3** *Perú.* Descaro: *Alberto me dijo que no llegó a tiempo a nuestra cita porque tenía pereza, ¡qué **raza**!* **4** *loc. pl.* **~ humanas**, agrupación de seres humanos que presentan rasgos físicos comunes.

razia o **razzia** ***f.*** Exploración de un área buscando algo o a alguien: *La policía hizo una **razia** en ese barrio y atrapó a varios ladrones.*

razón ***f.*** **1** Facultad propia del hombre por la que puede pensar: *Los seres humanos poseemos **razón**, en eso nos distinguimos de los demás seres vivos.* Sin. **entendimiento, raciocinio. 2** Acierto en lo que se hace o dice: *Juan tiene **razón**, hay que salir más temprano para llegar a tiempo.* **3** Causa, motivo: *No entiendo la **razón** por la que mi amigo está enojado conmigo.* **4** Conjunto de palabras con que se expresa un pensamiento o argumento: *Benito dio **razones** suficientes para convencer a su madre de que debía dejarlo ir a la fiesta.* **5** Resultado de una división: *La **razón** entre 10 y 5 es 2.* **6** *loc.* **Dar la ~**, reconocer que uno ha dicho la verdad o ha actuado de manera adecuada: *El padre le **dio la razón** al hijo cuando se dio cuenta de que el paquete era demasiado pesado para una sola persona.* **7** *loc.* **Perder la ~**, volverse loco: *Esa señora **perdió la razón** porque tenía amibas y le llegaron al cerebro.*

razonable ***adj.*** Conforme a la razón: *Leopoldo me hizo una propuesta **razonable** para un negocio, dividiremos las ganancias en dos partes iguales.*

razonado, da ***adj.*** Que se basa en razones o en documentos: *El provedor nos presentó una factura bien **razonada**.*

razonamiento ***m.*** **1** Acción y efecto de razonar, de pensar: *Después de un **razonamiento** claro, el joven llegó a la conclusión de que debería estudiar medicina.* **2** Serie de conceptos encaminados a demostrar una cosa: *Con **razonamientos**, la madre convenció a su hijo de la importancia de mantener su habitación en orden.*

razonar ***vb.*** {tr. e intr.} **1** Pensar: *En esa escuela les piden a los niños no aprender las cosas de memoria sino **razonarlas**.* **2** Ofrecer razones en apoyo de algo.

re ***m.*** Segunda nota de la escala musical de *do*: *El **re** está entre el do y el mi.*

reacción ***f.*** **1** Acción que ocurre en contra de otra que la provocó: *La **reacción** del perro ante la agresión del hombre fue una mordida.* **2** Respuesta a un estímulo, en especial contra una enfermedad: *Los medicamentos deben ser probados antes de aplicarse en seres humanos para conocer la **reacción** que pueden producirles.* **3** Sistema de propulsión de aeronaves mediante gases a presión. **4** Fenómeno entre cuerpos químicos que al entrar en contacto entre sí dan lugar a nuevas sustancias: *Después de un tiempo, el cobre presenta una **reacción** con el oxígeno que lo hace cambiar de color, es decir, se oxida.*

reaccionar ***vb.*** {intr.} **1** Producirse una reacción por efecto de un estímulo: *El enfermo **está reaccionando** de manera favorable al tratamiento médico que se le ha administrado.* **2** Volver a recobrar actividad: *Ante la presencia de una araña, Rosario **reaccionó** dando un tremendo grito.*

reaccionario, ria ***adj./m.*** y ***f.*** **1** *Desp.* En política, pensamiento o acción contrario a cualquier reforma. **2** *Desp.* Que es contrario a los cambios o progresos.

reacio, cia ***adj.*** Que muestra oposición o resistencia a algo: *Esa niña es **reacia** a comer guisos que no conoce y, sin embargo, casi siempre los disfruta cuando por fin se anima a comerlos.* Sin. **terco**.

reactivación ***f.*** Acción y efecto de activar de nuevo una cosa: *Después de tres meses de inactividad, la empresa se prepara para la **reactivación** de su producción.*

reactivar ***vb.*** {tr. y prnl.} Activar de nuevo: *Después de las vacaciones de fin de año el ritmo de trabajo se **reactiva**.*

reactivo ***m.*** Sustancia que se emplea en química para conocer las propiedades de los cuerpos según las reacciones que produce.

reactor ***m.*** **1** Motor de reacción: *En esa planta acaban de instalar un **reactor** nuclear que producirá energía eléctrica para la ciudad.* **2** Avión con motor de reacción: *Los **reactores** no utilizan hélices para volar, sino turbinas.*

readaptar ***vb.*** {tr.} Adaptar otra vez, devolver a condiciones que se tenían con anterioridad y se perdieron: *Con su trabajo de rehabilitación, el deportista accidentado se **readaptará** y pronto podrá jugar fútbol otra vez.*

reafirmación ***f.*** Acción de volver a afirmar: *A los veinte años de casados, mis padres volvieron a hacer una ceremonia religiosa como **reafirmación** de sus votos matrimoniales.*

reafirmar ***vb.*** {tr. y prnl.} Afirmar de nuevo, ratificar: *En la ceremonia de fin de cursos el director **reafirmó** lo que había dicho en su primer discurso del año.*

reajustar ***vb.*** {tr.} **1** Volver a ajustar: *El automóvil no quedó bien, hay que llevarlo de nuevo al taller para que lo **reajusten** de la caja de velocidades.* **2** Aumentar o disminuir salarios, impuestos, etc.: *Cada año las autoridades **reajustan** los salarios de los trabajadores para que puedan seguir viviendo tranquilamente.*

reajuste *m.* Nuevo cambio realizado sobre una cosa: *Hicieron un **reajuste** en la empresa y despidieron a varios empleados.*
real *adj.* Perteneciente o relativo al rey: *Después de la fiesta, el monarca se retiró a sus habitaciones **reales** para descansar.*
real *adj.* **1** Que tiene existencia verdadera y efectiva: *Los caballos son animales **reales,** pero los unicornios son imaginarios.* ANT. **irreal. 2** *loc. pl.* **Números ~,** conjunto de números racionales e irracionales.
real *m.* Moneda de Brasil.
realce *m.* Importancia, lustre, grandeza: *Para que el festival escolar tuviera más **realce,** los maestros contrataron una banda militar.*
realidad *f.* **1** Existencia real y efectiva: *La **realidad** es distinta de los sueños.* **2** Mundo real: *Algunos enfermos mentales viven fuera de la **realidad.*** **3** Lo que ocurre en verdad, fuera de las apariencias: *Los Gómez dicen que son ricos, pero la **realidad** es que se han quedado en la ruina.*
realismo *m.* **1** Consideración de las cosas tal como son: *Daniel describió el accidente con tanto **realismo** que parecía que lo estábamos viendo.* **2** Tendencia literaria y artística que representa la naturaleza tal como es: *El **realismo** en la literatura francesa se desarrolló en la primera mitad del siglo XIX.*
realización *f.* **1** Acción y efecto de realizar o realizarse: *Algunas mujeres ven su **realización** en ser madres; otras, en llevar un exitosa carrera profesional.* **2** Obra hecha por alguien: *Ese cuadro es una **realización** que el pintor hizo a principios de su carrera.*
realizador, ra *m.* y *f.* Persona que produce o dirige películas o programas de radio y televisión: *El año próximo, ese conocido **realizador** hará una película con tema de viajes interplanetarios.*
realizar *vb. irreg.* {tr. y prnl.} **Modelo 16. 1** Hacer, llevar a cabo: *Los niños **realizaron** una excursión a la montaña de la que ahora hablan con mucho entusiasmo.* **2** Cumplir las propias aspiraciones: *Muchas personas dicen que cada quien tiene que buscar lo que más le guste y **realizarse** en esa actividad.*
realzar *vb. irreg.* {tr. y prnl.} **Modelo 16.** Hacer que algo o alguien parezca mayor, mejor o más importante: *La maquillista le enseñó a Daniela a **realzar** las cualidades de su cara y a cubrir sus defectos.*
reanimación *f.* Hecho de restablecer las fuerzas o el aliento: *En el curso de primeros auxilios les enseñan a los estudiantes las principales técnicas de **reanimación** a personas desmayadas.*
reanimar *vb.* {tr. y prnl.} Restablecer las fuerzas o el aliento: *Para **reanimar** a la señora desmayada, los paramédicos la hicieron oler unas sales especiales.*
reanudación *f.* Continuación de una cosa que se había dejado de hacer: *La **reanudación** de los cursos de inglés será la próxima semana, después de que hayan dado los resultados de los exámenes anteriores.*
reanudar *vb.* {tr. y prnl.} Continuar haciendo algo que se había dejado de hacer: *Después de las vacaciones de verano, los alumnos **reanudaron** su educación en la escuela.*
reaparecer *vb. irreg.* {tr.} **Modelo 39.** Volver a aparecer una persona o una cosa: *El manuscrito perdido **reapareció** en la biblioteca de un convento.*
reaparición *f.* Acción y resultado de reaparecer: *El público celebró la **reaparición** del veterano actor en una nueva puesta en escena.*
reapertura *f.* Acción de abrir de nuevo un establecimiento, una actividad, un expediente o cualquier cosa que hubiera sido cerrada con anterioridad: *Muchas celebridades acudieron a la **reapertura** del antiguo teatro.*
reata *f.* Cuerda que se usa para atar caballerías: *Los vaqueros y los charros utilizan sus **reatas** para lazar al ganado.*
reavivar *vb.* {tr. y prnl.} Excitar o avivar de nuevo: *El fuego de la hoguera está extinguiéndose, debemos **reavivarlo** con leña nueva.*
rebaba *f.* Sobrante irregular que sobresale de los bordes de un objeto: *Paquito no podía armar su juguete, pero su hermano mayor quitó las **rebabas** de las piezas y éstas embonaron a la perfección.*
rebaja *f.* Disminución, en especial del precio de una cosa: *Elena es muy hábil para regatear, consiguió una buena **rebaja** en la ropa que compró.* SIN. **descuento.**
rebajar *vb.* {tr. y prnl.} **1** Hacer más bajo el nivel o la altura de algo: ***Rebajaré** las patas de la mesa porque está muy alta y resulta incómoda.* **2** Bajar el precio o la cantidad de algo: *En enero los comerciantes suelen **rebajar** muchas mercancías sobrantes de la época navideña.* **3** Humillar: *Hortensia **se rebajó** cuando le suplicó a Efraín que no rompiera su relación con ella aunque ya no la amara.* **4** Reducir los grados de alcohol, de dulzor o de espesura de una bebida al añadirle agua: *Esta bebida está muy dulce, **voy a rebajarla** con un poco de agua mineral.*
rebajo o **rebaje** *m.* Disminución o corte que se hace en los bordes de algo: *La puerta no cerraba bien, pero el carpintero le hizo un **rebajo** y ahora ya embona perfecto en su quicio.*
rebalsar *vb.* {intr.} *Argent., Chile* y *Urug.* Rebosar, salir de los bordes: *Cierra el grifo antes de que el agua **rebalse** el recipiente.*
rebanada *f.* Porción delgada que se saca de una cosa: *Como merienda tomo una **rebanada** de pan con mermelada y un vaso de leche.* SIN. **tajada.**
rebanar *vb.* {tr.} Cortar en rebanadas: ***Rebanamos** el pan antes de llevarlo a la mesa para que a cada quien le sea fácil tomar la cantidad que quiera.*
rebañar *vb.* {tr.} Recoger todo lo que hay de algo sin dejar nada.
rebaño *m.* Conjunto de animales que viven juntos, en especial vacas u ovejas: *El pastor saca el **rebaño** de ovejas al campo, temprano por la mañana.*
rebasar *vb.* {tr.} Pasar o exceder de un límite o señal: *Un policía detuvo a Manuel por **rebasar** el límite de velocidad.*
rebase *m.* Acción y resultado de rebasar.
rebatinga *f. Méx.* Acción de recoger de manera arrebatada una cosa que se disputan varios: *En la barata de la tienda los clientes estaban a la **rebatinga** por los artículos a mitad de precio.* SIN. **rebatiña.**
rebatiña *f.* Acción de luchar con empeño por algo que varios se disputan: *Las hienas estaban en la **rebatiña** por la carne del animal muerto.* SIN. **rebatinga.**
rebatir *vb.* {tr.} Refutar, discutir: *Los biólogos **rebatieron** la efectividad del nuevo medicamento, pues resulta imposible adelgazar cinco kilos en un día como afirmaba el inventor.*
rebeca *f.* Cierto tipo de suéter, chompa o jersey abrochado por delante: *Las **rebecas** se llaman así porque son la prenda que usaba Rebeca, un personaje de un famoso filme de Alfred Hitchcock.*
rebeco *m.* Mamífero rumiante de cuernos negros y con una curva como de anzuelo en la punta. SIN. **gamuza.**
rebelarse *vb.* {prnl.} **1** Negarse a obedecer: *No es raro que en la adolescencia los jóvenes **se rebelen** contra la autoridad de sus padres y maestros.* **2** Oponer resistencia a determinadas costumbres.

rebelde ***adj./m.*** y ***f.*** **1** Persona que se opone o rebela a la autoridad, a una situación o a las costumbres establecidas. **2** Difícil de manejar, educar o trabajar: *Hugo tiene el pelo muy* ***rebelde*** *y a pesar de sus esfuerzos por alisarlo siempre lo trae parado.*
rebelión ***m.*** Acción, por lo general armada, de un grupo que se opone al gobierno establecido.
rebenque ***m. Amér. Merid.*** Látigo de jinete.
rebobinar ***vb.*** {tr.} Enrollar al revés una tira de película o cinta, de manera que quede como estaba antes de usarse: *Cuando se termina de usar un rollo fotográfico, se* ***rebobina*** *y luego se saca de la cámara.*
reborde ***m.*** Borde saliente: *La cicatriz en la pierna de Jimena tiene un* ***reborde*** *donde antes tenía la herida.*
reborujar ***vb.*** {tr.} ***Méx.*** Desordenar, desarreglar: *La casa estaba tranquila hasta que llegaron los niños y* ***reborujaron*** *todo.*
reborujo ***m. Méx.*** Desorden, desarreglo: *René dejó su cajón hecho un* ***reborujo*** *después de buscar una camiseta.*
rebosante ***adj.*** Lleno hasta el desbordamiento: *Mi vaso estaba* ***rebosante*** *de leche porque mi madre lo llenó hasta que se derramó sobre el mantel.*
rebosar ***vb.*** {tr., intr. y prnl.} **1** Salirse un líquido por los bordes de un recipiente: *No puso atención y el agua* ***rebosó*** *del vaso que se servía.* **2** Abundar con exceso: *El bebé* ***rebosa*** *alegría cuando está sano.*
rebotar ***vb.*** {tr. e intr.} **1** Botar de manera repetida un cuerpo al chocar con otro: *En el juego de tenis, la pelota* ***rebota*** *continuamente contra el piso.* SIN. **botar.** **2** ***Argent., Méx.*** y ***Urug.*** Rechazar el banco un cheque por falta de fondos: *Firmó un cheque sin fondos y lo* ***rebotaron*** *en el banco.*
rebote ***m.*** **1** Movimiento producido al rebotar un cuerpo elástico. **2** Cada uno de los botes que, después del primero, da el cuerpo que rebota. **3** ***loc.*** **De ~,** como segundo efecto: *Tus problemas en el trabajo me afectan de* ***rebote.***
rebozar ***vb. irreg.*** {tr. y prnl.} **Modelo 16. 1** Cubrir el rostro. **2** Pasar un alimento por huevo batido, harina, pan rallado, etc., y luego freírlo.
rebozo ***m.*** **1** Parte de una prenda de vestir con que se cubre la cara. **2** ***Amér. C.*** y ***Méx.*** Manto amplio que usan las mujeres para cubrir la espalda, brazos y en ocasiones la cabeza: *En muchos pueblos las mujeres todavía usan el* ***rebozo*** *para cubrirse, abrigarse y cargar a los bebés.*
rebujo ***m.*** Envoltorio hecho de manera descuidada: *El vagabundo carga toda su ropa en un* ***rebujo,*** *pues no tiene un lugar para guardarla.*
rebullir ***vb. irreg.*** {intr. y prnl.} **Modelo 69.** Empezar a moverse lo que estaba quieto: *El volcán estuvo en calma durante muchos años pero recientemente ha comenzado a* ***rebullir*** *en su interior.*
rebuscado, da ***adj.*** Relativo al lenguaje al que le falta naturalidad: *Los niños no entendieron nada de lo que dijo la directora porque usó un lenguaje muy* ***rebuscado*** *al hablarles.*
rebuscar ***vb. irreg.*** {tr. y prnl.} **Modelo 17. 1** Buscar algo con minuciosidad: *Mi hermano y yo* ***rebuscamos*** *en el armario hasta encontrar el arete que se le había perdido a mi mamá.* **2** ***Argent., Chile*** y ***Par. Fam.*** **Rebuscársela** o **rebuscárselas,** ingeniarse para evitar o arreglar las dificultades cotidianas.
rebusque ***m.*** **1** ***Argent., Par.*** y ***Urug. Fam.*** Acción y efecto de rebuscársela. **2** ***Argent., Par.*** y ***Urug. Fam.*** Solución ingeniosa con que se evitan o arreglan las dificultades cotidianas.
rebuznar ***vb.*** {intr.} Hacer sonidos el asno: *El campesino jalaba al asno, pero éste* ***rebuznaba*** *en señal de queja.*
rebuzno ***m.*** Voz del asno: *En el campo se oyen los* ***rebuznos*** *de los asnos y los mugidos de las vacas.*
recabar ***vb.*** {tr.} **1** Obtener con súplicas lo que se desea. **2** Conseguir, recopilar, reunir: *Samuel* ***está recabando*** *datos sobre los escarabajos para su trabajo de biología.*
recadero, ra ***m.*** y ***f.*** Persona que tiene por oficio llevar y entregar recados o paquetes: *El* ***recadero*** *me entregó el libro que me envió mi amigo.* SIN. **mensajero.**
recado ***m.*** **1** Mensaje que se da o envía a otro: *Cuando volví del viaje mi hermana me dio muchos* ***recados*** *que me habían dejado mis amigos.* **2** Encargo, compra, etc., que debe hacer una persona: *Como debía hacer varios* ***recados,*** *el mensajero salió temprano.* **3** ***Amér. C.*** y ***Amér. Merid.*** Silla de montar. **4** ***Nicar.*** Picadillo con que se rellenan las empanadas.
recaer ***vb. irreg.*** {intr.} **Modelo 37. 1** Caer nuevamente enfermo: *Sergio no había logrado sanar por completo de la diarrea, comió un guiso grasoso y* ***recayó*** *con fiebre.* **2** Volver a cometer errores anteriores o retomar algún vicio: *El joven ya había dejado de beber alcohol, pero la muerte de su madre fue un pretexto para* ***recaer*** *en el vicio.* **3** Ir a parar sobre alguien cierta cosa: *La responsabilidad de la organización de la fiesta* ***recaerá*** *sobre Margarita, porque es una niña cumplida y cuidadosa.*
recaída ***f.*** **1** Hecho de volver a enfermarse: *Óscar ya había sanando pero a causa del frío sufrió una* ***recaída.*** **2** Hecho de cometer errores ya cometidos antes o de retomar un vicio.
recalar ***vb.*** {tr., intr. y prnl.} **1** Empapar en líquido un cuerpo. **2** Llegar una embarcación a un puerto.
recalcar ***vb.*** {tr.} Decir algo acentuándolo con énfasis: *En el discurso de bienvenida, el director* ***recalcó*** *la importancia que se da en la escuela a las propuestas de los alumnos.*
recalcitrante ***adj.*** Que insiste en sus opiniones o errores: *Me molesta mucho la actitud* ***recalcitrante*** *de Raúl pues aunque le ponga enfrente pruebas de que está equivocado, él lo niega.* SIN. **reacio, terco.**
recalentado ***m. Méx.*** Sobras de un guiso que se comen al día siguiente: *Hoy comeremos* ***recalentado*** *del mole que se sirvió en la fiesta de ayer.*
recalentar ***vb. irreg.*** {tr. y prnl.} **Modelo 3. 1** Calentar algo de nuevo: *Mariana* ***recalentó*** *la sopa, pues por estar hablando por teléfono se le había enfriado.* **2** Calentar demasiado: *Uno de los temores de los científicos es que, debido a la acción del hombre, la Tierra* ***se recaliente*** *y haya problemas con el clima.*
recamar ***vb.*** {tr.} Hacer bordados realzados: *Las amigas de Tina están muy entusiasmadas* ***recamando*** *con perlas artificiales su vestido de novia.*
recámara ***f.*** **1** Habitación contigua a la principal. **2** Parte del arma de fuego donde se coloca el proyectil. **3** ***Amér. C., Colomb.*** y ***Méx.*** Alcoba, habitación, dormitorio: *Octavio subió a su* ***recámara*** *a descansar porque le duele la cabeza.* SIN. **cuarto.**
recamarera ***f. Méx.*** Sirvienta o empleada que se ocupa de la limpieza de las recámaras: *En el nuevo hotel están contratando* ***recamareras*** *y ayudantes de cocina.*
recambiar ***vb.*** {tr.} Sustituir una cosa por otra de la misma clase: *El técnico* ***recambió*** *los empaques de la tubería de la cocina para que ya no goteara.*
recambio ***m.*** Pieza que puede sustituir a otra igual en una máquina. SIN. **refacción, repuesto.**
recapacitar ***vb.*** {tr. e intr.} Pensar de forma detenida antes de hacer una cosa.
recapitulación ***f.*** Resumen de lo ya dicho, escrito, etc.: *Al final del congreso de profesores, el rector hizo una* ***recapitulación*** *de todo lo que habían discutido.*

recapitular ***vb.*** {tr.} Resumir de manera ordenada lo ya manifestado: *Al final del mes, la maestra* ***recapituló*** *sobre lo que nos había enseñado durante las cuatro semanas anteriores.*
recargar ***vb. irreg.*** {tr. y prnl.} **Modelo 17. 1** Aumentar la carga: *El campesino consideró que el asno resistía más y lo* ***recargó*** *de leños.* **2** Aumentar una cantidad que se debe pagar: *A Ernesto le* ***recargaron*** *con intereses el pago de su tarjeta de crédito porque no pagó antes de la fecha límite.* **3** Volver a cargar: *Hay que* ***recargar*** *la batería del teléfono porque ya no funciona.*
recargo ***m.*** **1** Malestar estomacal por comer demasiado: *Durante las fiestas de fin de año algunas personas sufren de* ***recargo*** *a causa de los abundantes guisos que se acostumbra comer en esos días.* **2** Cargo extra por multa, etc.: *Yolanda no cubrió a tiempo la cuenta telefónica y tuvo que pagar un* ***recargo*** *de 30 pesos.*
recatado, da ***adj.*** Que muestra recato, pudor: *Como estudió en escuela de monjas, Mariana es una mujer* ***recatada*** *y seria.*
recatar ***vb.*** {tr. y prnl.} Ocultar algo que no se desea que otros vean o noten: *Por más que Adolfo* ***recataba*** *sus miradas, varios se dieron cuenta de que está enamorado de Lucila.*
recato ***m.*** **1** Honestidad, pudor: *La joven bajó los ojos con* ***recato*** *cuando el muchacho le dijo que era muy guapa.* **2** Cautela, reserva: *El investigador temía que le robaran su idea, por eso hablaba con* ***recato*** *cuando le preguntaban sobre su nuevo proyecto.*
recauchaje ***m. Chile.*** Acción de volver a cubrir con caucho o hule un neumático desgastado.
recaudación ***f.*** Acción de cobrar o recibir dinero por alguna razón.
recaudar ***vb.*** {tr.} Reunir cierta cantidad de dinero: *Esa sociedad* ***ha recaudado*** *mucho dinero para los niños que no tienen padres.*
recaudería ***f. Méx.*** Tienda donde se venden frutas y verduras: *Necesito un poco de perejil y cilantro, iré a comprarlo a la* ***recaudería.***
recaudo ***m.*** **1** Recaudación. **2** ***loc.*** **A buen ~,** bien cuidado o guardado: *Pondré este dinero* ***a buen recaudo*** *para evitar cualquier pérdida o robo.*
recelar ***vb.*** {tr. y prnl.} Temer, desconfiar: *Margarita es una persona desconfiada que* ***recela*** *de quien le parezca sospechoso.*
recelo ***m.*** Desconfianza: *El niño miró a la maestra nueva con* ***recelo*** *y no quería quedarse en el salón con ella.*
recensión ***f.*** Reseña de un libro, crítica: *En el diario publicaron una* ***recensión*** *sobre la última novela de mi escritor favorito.*
recepción ***f.*** **1** Sitio donde se recibe a los clientes en hoteles, empresas, etc.: *El grupo de turistas se reunió en la* ***recepción*** *del hotel para después salir de paseo.* **2** Reunión, fiesta formal: *Después de la ceremonia de la boda hubo una* ***recepción*** *en un gran jardín.*
recepcionista ***m.*** y ***f.*** Persona encargada de recibir a los huéspedes de un hotel o a los clientes de una empresa: *En ese despacho solicitan una* ***recepcionista*** *que sepa usar la computadora y que tenga buen trato.*
receptáculo ***m.*** Cavidad que contiene algo: *El agua de la fuente caía en un* ***receptáculo*** *y de ahí se derramaba a otro recipiente mayor.*
receptivo, va ***adj.*** Que tiene aptitudes o voluntad para recibir: *"Deben estar* ***receptivos*** *para entender el contenido de esta clase de filosofía", advirtió el profesor.*
receptor ***m.*** Aparato que recibe una señal de telecomunicación: *Gabriela tiene un* ***receptor*** *con el que escucha estaciones de radio de todo el mundo.*
receptor, ra ***adj.*** Que recibe: *En el partido de fútbol americano de anoche, el* ***receptor*** *atrapó un largo pase enviado por otro jugador.*
recesar ***vb.*** {tr. e intr.} **1** ***Perú.*** Clausurar una cámara legislativa, una universidad, etc. **2** ***Bol., Cuba, Nicar.*** y ***Perú.*** Suspender una corporación sus actividades de manera temporal.
recesión ***f.*** Disminución de la actividad económica: *Cuando los países pasan por un periodo de* ***recesión*** *muchas personas pierden sus empleos.*
recesivo, va ***adj.*** **1** Que causa recesión. **2** Que tiende a la recesión: *Últimamente, los movimientos de la bolsa de valores hacen temer una etapa* ***recesiva*** *en la industria.*
receso ***m.*** **1** Separación, desvío. **2** ***Amér.*** Suspensión temporal de actividades en ciertas organizaciones, asambleas, etc., y tiempo que dura esta suspensión: *Como la reunión se había alargado más de la cuenta, todos acordaron que hubiera un* ***receso*** *de dos horas.*
receta ***f.*** **1** Escrito en el que el médico escribe los nombres de los medicamentos e instrucciones que recomienda a su paciente: *Rita fue a la farmacia con la* ***receta*** *que le dio su médico, pero no encontró uno de los medicamentos.* **2** Apunte que indica el nombre de los ingredientes de un guiso y el modo de prepararlo: *Como es principiante en la cocina, Alicia tiene que seguir las* ***recetas*** *con mucho cuidado.*
recetar ***vb.*** {tr.} Ordenar el médico que un paciente tome un medicamento o siga un tratamiento para curarlo de su enfermedad: *El médico le* ***recetó*** *tranquilidad y descanso a mi abuela para que se fortalezca su corazón ya débil.*
recetario ***m.*** **1** Talonario de recetas con el nombre y la dirección de un médico, en el que se escribe el nombre de los medicamentos que debe tomar un enfermo: *El médico escribió en el* ***recetario*** *lo que el enfermo debía comprar en la farmacia para curarse de su enfermedad.* **2** Colección de recetas de cocina: *Georgina guarda un cuaderno que fue el* ***recetario*** *de su abuela y luego de su madre.*
rechazar ***vb. irreg.*** {tr.} **Modelo 16.** No admitir lo que alguien solicita, propone u ofrece: *Pablo está muy triste porque lo* ***rechazaron*** *en la escuela donde quería estudiar.* Sin. **renunciar.** Ant. **aceptar.**
rechazo ***m.*** Acción mediante la cual no se acepta algo: *La propuesta de matrimonio del joven se topó con un* ***rechazo*** *definitivo porque la muchacha tenía novio.* Ant. **aceptación.**
rechifla ***f.*** Burla colectiva con la que se reciben las palabras o la actuación de alguien: *Cuando el niño propuso que las vacaciones escolares fueran más cortas, recibió la* ***rechifla*** *de todos sus compañeros.*
rechinar ***vb.*** {intr.} Producir cierto ruido el roce de algunos objetos, como un cuchillo en un plato: *Se nota que los zapatos de Marisa son nuevos porque* ***rechinan*** *cuando camina.* Sin. **chirriar.**
rechinido ***m.*** Ruido molesto que se produce al rozar algunos objetos: *El automovilista frenó de manera tan brusca que se escuchó el fuerte* ***rechinido*** *de los neumáticos sobre el suelo.*
rechistar ***vb.*** {intr.} Hacer ademán de hablar: *Muy enojado, el maestro anunció que el grupo se quedaría sin descanso por la mala conducta y nadie* ***rechistó*** *porque todos se habían portado mal.* Sin. **chistar.**
rechoncho, cha ***adj. Fam.*** Grueso y de poca altura: *De pequeño Gerardo era* ***rechoncho****, pero ahora que ha crecido es alto y delgado.* Sin. **retacón.**

rechupete. De ~, *loc. Fam.* Muy bueno, muy agradable: *La tía Alfonsina preparó unos camarones con ajo que quedaron* ***de rechupete****, no dejamos ni uno en el plato.*

recibido, da ***adj.*** Que ha terminado un ciclo de estudios: *En la casa de Ángela todos están* ***recibidos*** *de sus carreras universitarias.*

recibidor ***m.*** Habitación que da entrada a un piso o al salón principal de una casa.

recibir ***vb.*** {tr. y prnl.} **1** Tomar uno lo que le dan o envían: *Regina* ***recibió*** *flores de uno de sus admiradores el día de su cumpleaños.* **2** Padecer uno el daño que otro le hace o que le sucede por casualidad: *Si Rafael sigue diciendo groserías, tendrá que* ***recibir*** *un castigo.* **3** Salir al encuentro de alguien que llega: *Todos sus parientes* ***recibieron*** *en el aeropuerto al joven que regresaba del extranjero.* **4** Terminar un ciclo de estudios: *Los padres están contentos porque el viernes* ***se recibirá*** *su hija como doctora.*

recibo ***m.*** Documento en el que alguien declara haber recibido dinero u otra cosa: *Cada vez que mi padre cobra el salario, debe firmar un* ***recibo*** *que dice cuánto dinero le pagaron.*

reciclable ***adj.*** **1** Que pude ser reciclado: *El papel es un material* ***reciclable.*** **2** Reconvertible.

reciclado, da ***adj.*** Que se vuelve a utilizar: *Usar papel* ***reciclado*** *contribuye a evitar que los bosques sean talados.*

reciclaje ***m.*** Proceso mediante el cual se recicla un material. *Para aprovechar mejor los recursos de la Tierra, es buena idea participar en el* ***reciclaje*** *de vidrio, papel, etc.*

reciclar ***vb.*** {tr.} Someter una cosa a un proceso para que vuelva a ser utilizable: *Es importante separar la basura en desperdicios de papel, plástico y basura orgánica, porque así se* ***recicla*** *con más facilidad.*

recidivar ***vb.*** {tr.} Aparecer nuevamente una enfermedad que se consideraba curada: *Martha no se cuidó bien durante su convalecencia y* ***le recidivó*** *la bronquitis.*

recién ***adv.*** **1** Sucedido poco antes: *Este bebé es un* ***recién*** *nacido, por eso está tan pequeño y delgado.* **2** *R. de la P.* Se emplea con todos los tiempos verbales indicando que la acción expresada por el verbo se acaba de realizar: *Llegamos al cine y el filme* ***recién*** *había empezado.*

reciente ***adj.*** **1** Que ha sucedido poco antes: *En los meses* ***recientes*** *Adán ha crecido mucho, por eso la ropa le queda corta.* **2** Acabado de hacer: *"¿Has leído el número más* ***reciente*** *de la revista de automóviles? Está muy interesante."*

recinto ***m.*** Espacio cerrado dentro de ciertos límites: *Óscar entró a tiempo al* ***recinto*** *donde se llevaría a cabo el concierto de jazz.* Sin. **ámbito.**

recio ***adv.*** Con fuerza o violencia: *Toqué despacio, pero mi hermano estaba dormido y tuve que golpear* ***recio*** *la puerta para que despertara y me dejara entrar.*

recio, cia ***adj.*** Fuerte, robusto, vigoroso. Ant. **débil.**

recipiente ***m.*** Objeto que puede contener algo en su interior: *Los* ***recipientes*** *que contienen veneno deben marcarse con una calavera en la etiqueta, para indicar el peligro.*

recíproco, ca ***adj.*** **1** Igual en la correspondencia de uno a otro: *El amor* ***recíproco*** *hace parejas duraderas.* **2** Relativo al verbo pronominal que expresa la acción mutua de varios sujetos: *Si digo "mis amigos y yo nos queremos" estoy expresando una acción* ***recíproca.***

recitación ***f.*** Versos que se aprenden para decirlos en voz alta: *A Rosario le tocó decir una* ***recitación*** *a las madres durante el festival escolar.*

recital ***m.*** Concierto dado por un solo intérprete: *El músico famoso ofreció un* ***recital*** *con motivo de sus treinta años como intérprete de piano.*

recitar ***vb.*** {tr.} Decir textos, versos u otras cosas parecidas en voz alta y con una entonación especial: *A mi abuela la ponían a* ***recitar*** *poemas en su casa cada vez que había visitas.*

reclamación ***f.*** Acción y efecto de reclamar: *Cuando Jesús se dio cuenta de que el televisor nuevo no funcionaba, hizo una* ***reclamación*** *en la tienda donde había hecho su compra.*

reclamar ***vb.*** {tr. e intr.} **1** Exigir algo a lo que se tiene derecho: *El obrero* ***reclamó*** *la parte de su salario que no le habían pagado a tiempo.* **2** Protestar contra algo en forma oral o por escrito: *Mi padre* ***reclamará*** *al vecino por el daño que le hizo al jardín de nuestra casa con su automóvil.*

reclamo ***m.*** **1** Voz con que un ave llama a otra, sobre todo en época de apareamiento: *El* ***reclamo*** *de los pavos reales es muy escandaloso.* **2** Cosa que atrae la atención hacia otra, en especial para invitar a comprarla.

reclinar ***vb.*** {tr. y prnl.} Inclinar una cosa apoyándola en otra: *La niña* ***se reclinó*** *en el hombro de su madre y se durmió.*

reclinatorio ***m.*** Mueble especial para arrodillarse: *Los* ***reclinatorios*** *de esa capilla son de madera de pino y cuero azul.*

recluir ***vb. irreg.*** {tr. y prnl.} **Modelo 59.** Encerrar o encerrarse alguien en un lugar: *Rocío decidió volverse monja, por eso se* ***recluyó*** *en un convento.*

recluso, sa ***m.*** y ***f.*** Preso: *En esa prisión hubo una protesta de* ***reclusos*** *por las malas condiciones en que viven.*

recluta ***m.*** Joven alistado para el servicio militar: *Los nuevos* ***reclutas*** *recibirán su adiestramiento en el campo militar.* Sin. **quinto.**

reclutamiento ***m.*** Acción de alistar personas para alguna actividad: *"Mi amigo Pepe me avisó que están haciendo* ***reclutamiento*** *de personal en esa pizzería, vamos a ver si conseguimos trabajo", me invitó Juan Manuel.*

reclutar ***vb.*** {tr.} **1** Alistar para el servicio militar: *En tiempos de guerra, los gobiernos* ***reclutan*** *a los hombres jóvenes y sanos para el ejército.* **2** Reunir personas para algún fin: *Esa asociación* ***recluta*** *personas que quieran llevar comida a las víctimas del terremoto.*

recobrar ***vb.*** {tr. y prnl.} **1** Recuperar, volver a conseguir algo que se había perdido. *Después de una época de pobreza, la familia trabajó mucho para poder* ***recobrar*** *su fortuna.* **2** Restablecerse después de un daño, enfermedad, etc.: *No fue fácil, pero Cristóbal* ***se recobró*** *por completo después del accidente gracias a una terapia.*

recocer ***vb. irreg.*** {tr. y prnl.} **Modelo 30. 1** Volver a cocer: *"Habrá que* ***recocer*** *esas papas porque quedaron duras", indicó mi madre.* **2** Cocer de más: *El pollo* ***se recoció*** *y ahora se desbarata solo de tan blando que quedó.*

recochineo ***m.*** *Esp. Fam.* Guasa, broma.

recodo ***m.*** Ángulo o curva muy marcada en calles, ríos, etc.: *Algunas ramas y basura quedaron atoradas en el* ***recodo*** *del río.*

recogedor ***m.*** Utensilio en forma de pala doblada que sirve para recoger la basura que se ha barrido: *Prefiero los* ***recogedores*** *de plástico que los de metal, pues son más fáciles de limpiar.*

recoger ***vb. irreg.*** {tr. y prnl.} **Modelo 41. 1** Tomar o agarrar algo que se ha caído: ***Recogí*** *una moneda que encontré tirada en la calle.* **2** Reunir cosas que estaban separadas o dispersas: *Me gusta jugar con todos mis muñecos, pero me da flojera **recogerlos** cuando termino.* **3** Ir a buscar a alguien o algo al lugar donde está: *Todos los días mi madre **me recoge** cuando salgo de la escuela.* **4** Ordenar: *Iré a visitar a mi abuela después de **recoger** mi habitación.* **5** Retirarse alguien a su casa o habitación: *Como había dormido mal la noche anterior, Antonio decidió **recogerse** temprano.*

recogido, da ***adj.*** Se aplica a la persona que vive alejada del trato con la gente: *En los últimos diez años, esa escritora ha vivido **recogida** en una casa de campo; es así como ha producido sus mejores novelas.*

recogimiento ***m.*** **1** Acción y resultado de recoger o recogerse: *Finalizó su **recogimiento** en el centro de terapia cuando se sintió recuperado.* **2** Estado de concentración mental intensa.

recolección ***f.*** Acción de reunir, de recolectar: *En la prehistoria los hombres sobrevivían gracias a la caza y a la **recolección** de frutos.*

recolectar ***vb.*** {tr. y prnl.} **1** Recoger los frutos de la tierra, en especial la cosecha: *Las manzanas que **se recolectan** de los árboles se colocan en canastas.* **2** Reunir, juntar: *La Cruz Roja Internacional **recolecta** dinero una vez al año en todos los países donde tiene representación.*

recolector, ra ***adj.*** Que recolecta: *Los grupos humanos de la prehistoria eran cazadores y **recolectores** antes de descubrir la agricultura.*

recoleto, ta ***adj.*** **1** Se dice de la persona que lleva una vida retirada y austera. **2** Relativo a un sitio solitario y apartado donde hay tranquilidad.

recomendable ***adj.*** Que es digno de aprecio, que vale la pena, que merece ser recomendado: *"La lectura de ese libro es muy **recomendable,** en verdad te transporta por un viaje imaginario", comentó Yadira.*

recomendación ***f.*** **1** Indicación, consejo u orientación que una persona da a otra. **2** Palabras escritas o dichas que hablan en favor de una persona: *La secretaria traía varias cartas de **recomendación** de las empresas donde había trabajado antes.*

recomendar ***vb. irreg.*** {tr.} **Modelo 3.** **1** Aconsejar: *En el restaurante el camarero nos **recomendó** la sopa de tomate con mariscos, dijo que era el mejor guiso que tenían.* **2** Hablar en favor de una persona: *Todos en la empresa **recomendaron** a mi padre porque saben que es un hombre trabajador y responsable.*

recomenzar ***vb.*** {tr. y prnl.} Volver a comenzar una cosa: *Tuvieron que **recomenzar** el trabajo a causa de errores técnicos.*

recompensa ***f.*** Premio por una acción o servicio extraordinario: *La policía ofrece una gran **recompensa** a quien ayude a capturar a ese conocido delincuente.*

recompensar ***vb.*** {tr.} **1** Premiar una acción o servicio que está fuera de lo común: *Las autoridades **recompensarán** a los bomberos por el gran valor que demostraron durante el incendio de la semana pasada.* **2** Dar o hacer algo que compense un daño: *Como Daniel no pudo ir al paseo porque está enfermo, sus padres lo **recompensaron** con dulces.*

reconcentrar ***vb.*** {tr. y prnl.} **1** Concentrar algo: *Herviré ese consomé durante media hora para **reconcentrarlo.*** **2** Ensimismarse, abstraerse: *Como su hermana tenía muy alto el volumen de la tele, Javier se encerró en su cuarto y **se reconcentró** para estudiar.*

reconciliación ***f.*** Reunión en que dos o más personas se encuentran de nuevo después de haberse disgustado entre sí: *Mis padres estaban enojados, pero por fortuna ayer tuvieron una feliz **reconciliación** y fueron al teatro para celebrarla.*

reconciliar ***vb.*** {tr. y prnl.} Hacer que sean otra vez amigos dos o más personas, grupos, etc., que se habían disgustado: *Lilián y Andrés **se reconciliaron** después de dos meses en los que no se hablaron.*

reconcomerse ***vb.*** {prnl.} Estar muy a disgusto por celos, envidia o algo similar, y no manifestarlo: *Lourdes le festeja mucho sus logros a Teresa, pero en realidad **se reconcome** con cada nuevo triunfo de su amiga.*

recóndito, ta ***adj.*** Muy escondido y oculto: *La asustada gata se metió al lugar más **recóndito** de la casa, por eso no la encontrábamos.*

reconfortante ***adj.*** Que conforta, que alivia: *Es muy **reconfortante** para Hugo saber que no tendrá que pagar alquiler nunca más ahora que ya compró una casa.*

reconfortar ***vb.*** {tr.} Confortar, aliviar en lo físico o espiritual a alguien: *Los amigos de Cristina la **reconfortaron** por la reciente muerte de su padre.*

reconocer ***vb. irreg.*** {tr.} **Modelo 39.** **1** Distinguir a una persona de las demás por sus rasgos propios: *Eliseo tiene siete meses de edad y ya **reconoce** a sus papás y a sus hermanos.* **2** Examinar con cuidado: *El médico **reconoció** al paciente para saber qué enfermedad padecía.* **3** Admitir, aceptar: *Gloria tuvo que **reconocer** su amor por Octavio después de que todos la vimos suspirando por él.* **4** Mostrar gratitud por un beneficio recibido: *Antes de la jubilación del anciano maestro, el colegio le **reconocerá** sus largos años de entrega.*

reconocible ***adj.*** Se dice de lo que se detecta fácilmente por una característica especial: *Verónica es **reconocible** por su larga cabellera roja y sus ojos verdes.*

reconocimiento ***m.*** **1** Acción y efecto de reconocer. **2** Gratitud: *En **reconocimiento** a su larga carrera, en el hospital le obsequiaron una medalla al viejo médico.*

reconquista ***f.*** Hecho de tener de nuevo una cosa que había perdido.

reconquistar ***vb.*** {tr.} Recuperar algo que ya no se tenía: *Poco tiempo después de que las colonias españolas en América se independizaron, los españoles quisieron **reconquistarlas,** pero fallaron en su intento.*

reconstituir ***vb. irreg.*** {tr. y prnl.} **Modelo 59.** Constituir de nuevo, volver a su estado original: *Esa planta industrial **reconstituye** leche, ésta llega en polvo, la vuelven a hidratar y luego la envasan.*

reconstituyente ***adj./m.*** Medicamento o sustancia que devuelve su vitalidad al organismo: *Abel estaba agotado y el médico le recetó un tónico **reconstituyente** para que se reponga.*

reconstrucción ***f.*** Hecho de volver a construir algo que estaba dañado o destruido: *Después del huracán se inició el largo y caro proceso de **reconstrucción** de casas en la zona afectada.*

reconstruir ***vb. irreg.*** {tr.} **Modelo 59.** **1** Construir otra vez algo que se había destruido, en especial un edificio. **2** Armar otra vez las partes de una cosa que se había deshecho: *El médico tendrá que **reconstruir** mi hueso quebrado pues quedó partido en tres pedazos.* **3** Volver a componer el desarrollo de un hecho: *La policía **reconstruirá** el asesinato para comprender lo que pasó en el lugar del crimen.*

recontar ***vb. irreg.*** {tr.} **Modelo 5.** Contar algo otra vez, o varias veces, para asegurarse de su cantidad o valor: *Antes de comenzar a hacer su cortina de cuentas, Jairo **recontó** las de cada color para que a última hora no le falten.*

reconvenir ***vb. irreg.*** {tr.} **Modelo 49.** Reprender a alguien por sus actos o palabras: *La directora **reconvino** a la* *maestra por haber sido agresiva con sus alumnos.* SIN. **regañar.**

reconversión ***f.*** Transformación del sistema productivo de una parte de la economía que se encuentra en crisis para modernizarlo y hacerlo más productivo: *El plan de* ***reconversión*** *de la minería ha provocado protestas entre los trabajadores.*

recopilación ***f.*** Recolección, reunión: *Han publicado una* ***recopilación*** *de las canciones más famosas del músico que acaba de morir.*

recopilador, ra ***m.*** y ***f.*** Persona que realiza una recopilación: *Torres y Jiménez fueron los* ***recopiladores*** *de esa antología de poemas.*

recopilar ***vb.*** {tr.} Juntar, recoger diversas cosas: *José* ***recopila*** *las fotografías de su actriz de cine favorita para hacer un álbum con ellas.*

récord ***m.*** **Palabra de origen inglés. 1** Marca deportiva que supera las anteriores: *Durante los Juegos Olímpicos es común que los atletas establezcan nuevos* ***récords*** *mundiales.* **2** Cualquier cosa que supera una realización anterior.

recordar ***vb. irreg.*** {tr. e intr.} **Modelo 5.** Traer algo a la memoria: *Rosario acababa de salir de la casa cuando* ***recordó*** *que había dejado la sopa en el fuego y tuvo que regresar para apagarla.*

recordatorio ***m.*** Comunicado o aviso para recordar algo a alguien: *Pegado en la puerta del elevador, había un* ***recordatorio*** *acerca de que este viernes no habrá labores en la oficina.*

recorrer ***vb.*** {tr.} Atravesar un lugar en toda su extensión o longitud: *Durante su visita, el inspector* ***recorrió*** *todos los salones de la escuela.*

recorrido ***m.*** Trayecto por el que se ha viajado: *El fotógrafo hizo un largo* ***recorrido*** *por el Medio Oriente para tomar fotografías de los lugares más interesantes de cada país.* SIN. **ruta.**

recortable ***adj.*** Que se puede recortar: *Creo que ese texto es* ***recortable,*** *está demasiado largo, indicó el profesor a Héctor.*

recortable ***m.*** Parte de un libro diseñada especialmente para ser recortada: *El libro de lectura de mi hermanita trae un* ***recortable*** *con estampas para que los niños las peguen en cada lección.*

recortar ***vb.*** {tr.} **1** Cortar lo que sobra de una cosa: *Las cortinas están muy largas, hay que* ***recortar*** *un poco la tela.* **2** Cortar figuras de un papel, cartón, etc.: *Los niños* ***recortan*** *triángulos, círculos y cuadrados en su clase de geometría.* **3** Disminuir, reducir: *Ante la difícil situación económica, la familia tuvo que* ***recortar*** *los gastos que eran menos importantes.*

recorte ***m.*** Acción y efecto de recortar: *El señor Rodríguez perdió su empleo durante el último* ***recorte*** *de personal en la empresa donde trabajaba.*

recortes ***m. pl.*** Conjunto de trozos que sobran al recortar algo: *En esa dulcería venden baratos los* ***recortes*** *que quedan después de cortar las barras de chocolate.*

recoser ***vb.*** {tr.} **1** Coser algo de nuevo: *La modista* ***recosió*** *la pretina de la falda para que quedara bien reforzada.* **2** Reparar una prenda de vestir descosida: *Anoche* ***recosí*** *la manga de mi uniforme, pues se había desprendido en la parte de la axila.*

recostar ***vb. irreg.*** {tr. y prnl.} **Modelo 5.** Apoyar el cuerpo o una cosa sobre algo: *La* ***recostaron*** *en la cama después del mareo que sufrió.*

recoveco ***m.*** **1** Curva o vuelta en una calle, pasillo, etc. **2** Sitio escondido, rincón: *La sirvienta de mi abuelita no limpia con frecuencia en los* ***recovecos*** *de los muebles, sólo en las partes más visibles.*

recreación ***f.*** Diversión, manera de pasar el tiempo libre: *Rodrigo pasa sus horas de* ***recreación*** *haciendo ejercicio en un gimnasio.*

recrear ***vb.*** {tr. y prnl.} **1** Crear de nuevo: *Ese pintor* ***ha recreado*** *en su cuadro un paisaje de los Andes.* **2** Divertir, deleitar: *Felipe* ***se recrea*** *leyendo libros y revistas en sus horas libres.*

recreativo, va ***adj.*** Que sirve para entretener o divertir: *Las actividades* ***recreativas*** *son necesarias para descansar de las presiones del trabajo.*

recreo ***m.*** **1** Actividad que se realiza para divertirse y tiempo que se dedica a esta diversión. **2** Descanso en medio del horario de clases para que los alumnos coman algo y jueguen.

recriminación ***f.*** Reproche, censura: *El día que los novios pelearon ella le hizo a él todas las* ***recriminaciones*** *guardadas desde hacía meses.*

recriminar ***vb.*** {tr. y prnl.} Reprochar, censurar a alguien: *Cuando su madre llegó tarde a recogerlo, el niño le* ***recriminó*** *su tardanza porque estaba asustado.*

recrudecer ***vb. irreg.*** {intr. y prnl.} **Modelo 39.** Aumentar un mal: *"Si no te abrigas antes de salir, el resfrío* ***recrudecerá*** *y te sentirás peor", dijo mi abuelita.*

recrudecimiento ***m.*** Empeoramiento de algo desagradable o molesto: *Esta semana ha habido un* ***recrudecimiento*** *del frío que azota al país.*

recta ***f.*** Línea que no está torcida ni doblada: *Las* ***rectas*** *se trazan con una regla.*

rectal ***adj.*** Relativo al recto: *Los supositorios son medicamentos que se aplican por vía* ***rectal.***

rectangular ***adj.*** Que tiene forma de rectángulo: *Las páginas de este diccionario son* ***rectangulares*** *porque son más altas que anchas y sus cuatro esquinas forman ángulos rectos.*

rectángulo ***m.*** Paralelogramo de cuatro ángulos rectos y lados contiguos desiguales.

rectángulo, la ***adj.*** Que tiene uno o más ángulos rectos: *En clase se trazó un triángulo* ***rectángulo.***

rectificación ***f.*** Corrección: *El alumno tuvo tiempo de hacer algunas* ***rectificaciones*** *antes de entregar su examen al maestro.*

rectificar ***vb. irreg.*** {tr.} **Modelo 17. 1** Poner recto: *Después de un tiempo de uso, se deben* ***rectificar*** *las vías del tren para evitar accidentes.* **2** Corregir defectos o errores: *Dije "naiden" y mi maestro me hizo* ***rectificar,*** *ahora ya digo "nadie".*

rectilíneo, a ***adj.*** Que se compone de líneas rectas: *Un cuadrado es una figura* ***rectilínea*** *porque no tiene ninguna curva.*

rectitud ***f.*** Cualidad de recto, justo: *La* ***rectitud*** *debe ser una cualidad de los jueces.*

recto ***m.*** Parte donde termina el intestino: *Al final del* ***recto*** *está el ano.*

recto, ta ***adj.*** **1** Que no está quebrado, inclinado o torcido, ni hace ángulos o curvas: *Esa carretera es* ***recta,*** *mide 80 kilómetros en los que no hay una sola curva.* **2** Justo, honrado: *El abogado Huesca es conocido en todo el pueblo por ser un hombre* ***recto*** *y honesto.* **3** Relativo al ángulo de 90 grados.

rector ***m.*** Párroco o cura encargado de una parroquia.

rector, ra ***adj.*** Que rige, que gobierna: *La idea* ***rectora*** *de esa escuela es que los niños se sientan contentos y aprendan a razonar.*

rector, ra ***m.*** y ***f.*** Autoridad máxima de una comunidad, colegio o universidad: *El anterior* ***rector*** *de la universidad era un médico y el de ahora es un químico.*

rectorado ***m.*** **1** Cargo y oficina del rector: *"En el* ***rectorado*** *podrán recoger las copias de sus tesis", avisó la secretaria de la universidad a los estudiantes.* SIN. **rectoría. 2** Duración del cargo de rector: *El* ***rectorado*** *del maestro Hernández ha sido de los más largos, duró veinte años.*

rectoría ***f.*** Actividad del rector y oficina donde desempeña sus funciones: *El edificio de la* ***rectoría*** *de esa universidad está decorado con murales de mosaico.* SIN. **rectorado.**

recua ***f.*** Conjunto de animales de carga que sirve para transportar cosas: *El campesino lleva todas las mañanas su* ***recua*** *de burros para acarrear la leña.*

recuadro ***m.*** **1** En una pared, puerta o ventana, superficie limitada por una línea en forma de cuadrado o rectángulo. **2** En los diarios, revistas y libros, parte del texto que va enmarcada para hacerla destacar.

recubrimiento ***m.*** **1** Acción y efecto de recubrir: *Antes de las lluvias, los vecinos harán el* ***recubrimiento*** *de la azotea con un impermeabilizante.* **2** Material que recubre algo: *Esa mesa brilla mucho porque, en vez de barniz, le pusieron un* ***recubrimiento*** *de una resina especial.*

recubrir ***vb. irreg.*** {tr.} **Modelo 45.** Cubrir la superficie de algo con otra cosa o con algún material: *El papá de Ernesto* ***recubrió*** *el piso de su cuarto con alfombra, pues la habitación era fría.*

recuento ***m.*** Acción y efecto de contar el número de personas o cosas que forman un conjunto: *Al subir al autobús la maestra hizo un* ***recuento*** *de los niños que había y así se dio cuenta de que faltaba Adela.*

recuerdo ***m.*** **1** Hecho de recordar, de traer algo a la memoria: *Han pasado muchos años desde la muerte del abuelo y su* ***recuerdo*** *sigue vivo en el joven.* **2** Objeto que sirve para recordar a una persona, situación o lugar: *Mi abuelita guardaba sus* ***recuerdos*** *como fotografías, cartas y objetos personales en una caja pequeña.*

recular ***vb.*** {intr.} Caminar hacia atrás una persona o cosa: *Cuando el lobo vio el fuego,* ***reculó*** *con miedo.* SIN. **retroceder.** ANT. **avanzar.**

recuperable ***adj.*** Que se puede recuperar o volver a usar: *Las botellas de vidrio son de material* ***recuperable,*** *por eso no deben desecharse con el resto de la basura.*

recuperación ***f.*** **1** Hecho de volver a tener algo. **2** Hecho de sanar: *Por fortuna la* ***recuperación*** *de mi abuelo después del accidente ha sido rápida.* SIN. **restablecimiento.**

recuperar ***vb.*** {tr. y prnl.} **1** Tener otra vez algo que se había perdido: *Edna logró* ***recuperar*** *a su gato perdido después de una semana de buscarlo.* **2** Sanar de una enfermedad o de un accidente: *Los niños se enferman de manera rápida, pero* ***se recuperan*** *con igual velocidad.* SIN. **restablecer.**

recurrir ***vb.*** {intr.} Buscar ayuda con alguien o en algo: *Es importante tener amigos a quienes se pueda* ***recurrir*** *en caso de problemas.*

recurso ***m.*** Medio del que se echa mano para lograr algo: *El abogado utilizó como* ***recurso*** *a varios testigos para impedir que su cliente fuera a la cárcel.*

recursos ***m. pl.*** **1** Conjunto de bienes o medios materiales. **2** *loc.* **~ naturales,** elementos que produce la naturaleza y que el hombre aprovecha para su beneficio: *Es un país con muchos* ***recursos naturales*** *porque tiene minas, costas, selvas, extensas tierras cultivables, etc.* **3** *loc.* **~ naturales no renovables,** los que no se producen de manera continua e interminable: *Los* ***recursos naturales no renovables*** *como el petróleo se podrían acabar pronto si no se usan de manera responsable.* **4** *loc.* **~ naturales renovables,** los que se producen de manera continua, como los bosques.

recusar ***vb.*** {tr.} Rechazar: *Norma* ***recusó*** *la invitación a la fiesta porque está enferma.*

red ***f.*** **1** Conjunto de cuerdas o alambres tejidos en forma de malla: *Los pescadores sacaron del mar la* ***red*** *llena de pescados.* **2** Conjunto de vías de comunicación: *El país está comunicado por una* ***red*** *de carreteras a través de las que se puede viajar de una ciudad a otra.* **3** Trampa o engaño: *La mujer cayó en la* ***red*** *del vendedor y acabó comprando una bolsa llena de productos que no necesitaba.* **4** *loc.* **~ de teleproceso,** conjunto de elementos capaces de tratar información y que están conectados entre sí por líneas telefónicas. **5** *loc.* **~ local,** soporte de telecomunicaciones por computadora. **6** *loc.* **~ pública,** la que conecta varias computadoras entre sí, sin utilizar enlaces telefónicos.

redacción ***f.*** **1** Acción y efecto de redactar: *En clase de lengua española hacemos ejercicios de* ***redacción*** *escribiendo, por ejemplo, lo que hicimos en las vacaciones.* **2** Oficina donde se redacta: *Las noticias que reúnen los periodistas pasan por la* ***redacción*** *del diario antes de ser publicadas.* **3** Conjunto de redactores de una publicación periódica: *Tres personas forman la* ***redacción*** *de esa revista.*

redactar ***vb.*** {tr.} Escribir cartas, artículos, discursos, etc.: *Contrataron a Francisco para* ***redactar*** *los discursos que dirá el secretario de Educación.*

redactor, ra ***m.*** y ***f.*** Persona que trabaja en la redacción de un diario, revista, etc.: *Antes Jesús era* ***redactor*** *de un noticiero en la radio y ahora trabaja en la televisión.*

redada ***f.*** **1** Cantidad de pescado que se atrapa cada vez que se echa la red. **2** Acción de capturar de una sola vez a un conjunto de personas: *La policía llevó a cabo una* ***redada*** *en un conocido barrio de delincuentes y atrapó a diez miembros de una banda.*

redecilla ***f.*** **1** Tejido de malla con el que se hacen las redes: *La anciana se puso una* ***redecilla*** *en la cabeza después de peinar su larguísima cabellera.* **2** Cavidad del estómago de los rumiantes.

rededor ***m.*** **1** Contorno de algo: *Colocaron piedrecillas rojas y blancas en el* ***rededor*** *de ese prado y el jardín se ve muy alegre.* **2** *loc.* **Al ~,** en torno de algo, alrededor.

redención ***f.*** Acción y efecto de redimir o redimirse.

redil ***m.*** Lugar cercado para guardar el ganado: *Las reses destruyeron la valla del* ***redil*** *porque se asustaron a causa del disparo.*

redilas ***f. pl. Méx.*** Armazón de tablas, parecido a un corral, que se coloca en la plataforma de los camiones cargueros: *Vimos en la carretera un camión de* ***redilas*** *que transportaba jaulas llenas de gallinas y pavos.*

redimir ***vb.*** {tr. y prnl.} **1** Rescatar de la esclavitud o la opresión. **2** Poner fin a una situación penosa: *El honorable profesor se fue a ese pueblo lejano para* ***redimir*** *a sus habitantes de la ignorancia.* **3** Liberar o liberarse de una deuda o multa: *Después de muchos esfuerzos, el padre de familia* ***redimió*** *su casa de la hipoteca.*

redistribución ***f.*** Cambio en la distribución de algo, sobre todo de los recursos económicos: *Harán una* ***redistribución*** *del presupuesto, pues descubrieron que se gastaba mucho en cosas superfluas y poco en lo necesario.*

rédito ***m.*** Interés, renta que produce una inversión: *Cuando Fermín compró bonos de ahorro, los* ***réditos*** *eran bajos, pero dejó pasar varios meses y ahora son muy altos.*

redituar ***vb. irreg.*** {tr.} **Modelo 10.** Producir algo rédito o utilidad: *"La venta de alimentos preparados* ***reditúa,*** *siem-*

pre y cuando te dediques a ella de tiempo completo", comentó mi tío Ángel a mi padre.

redoblado, da ***adj.*** Más fuerte, más grueso o más resistente de lo normal: *El sargento ordenó: "¡Paso **redoblado!**" y los soldados marcharon marcando cada paso con fuerza.*

redoblar ***vb.*** {tr. y prnl.} Aumentar, intensificar algo: *Ante la magnitud de la catástrofe, las autoridades pidieron a los ciudadanos **redoblar** esfuerzos para rescatar a las víctimas del terremoto.*

redoble ***m.*** Toque vivo y sostenido en el tambor: *En el circo un **redoble** anuncia que el acróbata hará un ejercicio arriesgado.*

redoma ***f.*** Recipiente de laboratorio, ancho de base y estrecho de cuello.

redomado, da ***adj.*** **1** Muy cauteloso y astuto: *La policía aún no logra atrapar a un delincuente **redomado** que parece escurrirse cada vez que los detectives se acercan.* **2** Experto: *Pánfilo es un **redomado** futbolista: ¡de diez tiros que hace, ocho son goles!*

redonda ***f.*** **1** En música, figura que equivale a cuatro negras. **2** En tipografía, las letras que no muestran inclinación y que se usan con mayor frecuencia. *En el diccionario que estás leyendo ahora las definiciones están escritas en **redondas.***

redondeado, da ***adj.*** Se aplica a lo que tiene forma más o menos redonda: *Justina armó un collar donde combinó cuentas de vidrio **redondeadas** y alargadas.*

redondear ***vb.*** {tr. y prnl.} **1** Poner redondo: *La cocinera **redondeó** porciones de carne para preparar hamburguesas.* **2** Acercar un número a la decena más cercana: *En el estadio hay novecientas noventa y nueve personas pero, para **redondear** la cifra, digamos que hay mil personas.*

redondel ***m.*** **1** Ruedo de las plazas de toros. **2** ***Fam.*** Superficie en forma de círculo: *En el parque hay un **redondel** para patinar.*

redondilla ***f.*** En métrica, estrofa de cuatro versos octosílabos que riman el primero con el cuarto, y el segundo con el tercero.

redondo, da ***adj.*** **1** De forma esférica o circular: *"Preparamos galletas **redondas,** cuadradas y en forma de rombos, ¿de cuáles quieres?"* **2** ***Fam.*** Perfecto, sin fallas.

reducción ***f.*** Hecho de disminuir algo en su tamaño, extensión, intensidad o importancia: *Después de dos semanas de ejercicio y dieta con alimentos sanos, Liliana logró una **reducción** de un kilo en su peso.*

reducir ***vb. irreg.*** {tr. y prnl.} **Modelo 57.** **1** Hacer menor el tamaño, extensión, intensidad, etc.: *Los editores le pidieron al escritor que **redujera** un poco su cuento para que pudieran publicarlo.* **2** Dominar, someter: *El campeón de peso completo **redujo** rápidamente a su oponente.* **3** Ceñirse a algo: ***Me reduje** a viajar sin lujos cuando se me estaba acabando el dinero.* **4** En química, hacer que un elemento de un compuesto pierda oxígeno o gane electrones.

reducto ***m.*** Lugar que tiene buenas condiciones para ser defendido: *Al final de la batalla, el último **reducto** del ejército defensor era un convento abandonado.*

redundancia ***f.*** Repetición no necesaria de una palabra o concepto: *Una **redundancia** es "come comida".*

redundante ***adj.*** Repetitivo: *Jorge es un anciano que tiende a ser **redundante** porque se olvida rápidamente de lo que dice y tiene que repetir todo otra vez.*

redundar ***vb.*** {intr.} Resultar una cosa en beneficio o daño de alguno: *La directiva de la escuela espera que la compra de computadoras **redunde** en beneficio de los niños.*

reedición ***f.*** Nueva edición de alguna publicación: *En la **reedición** de esa enciclopedia hay datos muy actualizados sobre temas científicos, que no tiene la edición anterior.*

reeditar ***vb.*** {tr.} Hacer una edición nueva de alguna publicación: *Cuando **reediten** esa novela, incluirán en la nueva versión una biografía extensa del autor, según lo dieron a conocer en una nota periodística.*

reelección ***f.*** Hecho de elegir de nuevo: *En algunos países como México no está permitida la **reelección** de un presidente.*

reelegir ***vb. irreg.*** {tr.} **Modelo 60.** Volver a elegir: *Los amigos y colaboradores del director estaban muy contentos cuando lo **reeligieron** para otro periodo al frente de la escuela.*

reembolsar ***vb.*** {tr.} Devolver a alguien una cantidad de dinero que había desembolsado: *Como el suéter salió defectuoso y no quiso cambiarlo por otro, en la tienda **le reembolsaron** a Hernán lo que había pagado por él.*

reembolso ***m.*** Acción de devolver una cantidad a quien la había desembolsado: *Darío devolvió el aparato defectuoso a la tienda y le hicieron un **reembolso** del dinero que había pagado.*

reemplazar ***vb. irreg.*** {tr.} **Modelo 16.** Ocupar alguien o algo el lugar dejado por otro: *Como uno de los jugadores se lastimó, el entrenador lo **reemplazó** por otro.* SIN. **sustituir.**

reemprender ***vb.*** {tr.} Reanudar algo que se había interrumpido: *Después de un breve descanso, los exploradores **reemprendieron** su marcha hacia la montaña.*

reencarnación ***f.*** Encarnación de un alma en otro cuerpo: *Los hinduistas creen en la **reencarnación** y piensan que la vida continúa después de la muerte, aunque sea bajo otra forma.*

reencarnar ***vb.*** {intr. y prnl.} Encarnarse en otro cuerpo el alma de alguien que muere: *Si la reencarnación existiera, yo quisiera **reencarnar** en un pájaro, para poder volar.*

reencontrar ***vb. irreg.*** {tr. y prnl.} **Modelo 5.** Encontrar de nuevo a una persona o algo inmaterial: *Durante ese viaje, el compositor **reencontró** la inspiración que creía haber perdido.*

reencuentro ***m.*** Acción de reencontrarse: *El súbito **reencuentro** de los antiguos amantes fue tan emocionante que, cuando ambos se despidieron, tenían lágrimas en los ojos.*

reenviar ***vb.*** {tr.} Enviar una cosa que se ha recibido: *Se **reenvió** la mercancía por hallarse en mal estado.*

reenvío ***m.*** Acción y resultado de reenviar. *Hizo el **reenvío** de los documentos para cerrar el trato.*

reescribir ***vb.*** {tr.} Escribir de nuevo un texto para enriquecerlo o modificarlo: *Daniel **reescribió** esa carta, pues la primera vez que la hizo estaba muy enojado y cuando la leyó vio que era ofensiva.*

reescrito ***m.*** Vuelto a escribir.

reescritura ***f.*** Acción y efecto de reescribir: *Lo asesoraré en la **reescritura** de su primera novela.*

reestrenar ***vb.*** {tr.} Estrenar otra vez una película u obra de teatro tiempo después de su estreno: *Anunciaron que **reestrenarán** una obra musical que no se ponía desde 1960.*

reestreno ***m.*** Acto en el que una obra se reestrena: *El **reestreno** de esa película causó sensación, pues no se había vuelto a ver desde hacía veinte años.*

reexpedir ***vb. irreg.*** {tr.} **Modelo 47.** Mandar algo que se recibió a otro lugar o al lugar del que procede: *Llegó un paquete equivocado a la oficina, y el jefe dijo a la secretaria*

a b c d e f g h i j k l m n o p q r s t u v w x y z

*que lo **reexpidiera** a Correos para que desde allí lo enviaran a la dirección correcta.*

refacción ***f. Colomb.*** y ***Méx.*** Pieza de repuesto: *Iván tiene un automóvil antiguo y raro, por eso es difícil que consiga **refacciones.*** SIN. **repuesto, recambio.**

refaccionar ***vb.*** {intr. y prnl.} **1** Comprar las cosas necesarias: *Antes de partir al campo, los turistas pasaron a la tienda para **refaccionarse** de alimentos.* SIN. **abastecer. 2** *Guat.* Comer entremeses o aperitivos.

refaccionaria ***f. Méx.*** Tienda donde venden partes para aparatos mecánicos: *El técnico le dijo a Melisa que compraría en una **refaccionaria** del centro la pieza que le faltaba para arreglar su máquina de coser.*

refalosa ***f. Chile.*** Baile popular.

referencia ***f.*** **1** Mención que se hace a algo: *El nuevo jefe hizo una **referencia** elogiosa a quien fue director antes que él.* **2** En un libro, catálogo de una biblioteca u otra cosa parecida, nota que sirve para señalar otro sitio donde se puede obtener más información sobre lo que se está buscando. **3** Informe sobre las cualidades de alguien o algo: *El dueño de la tienda pidió **referencias** de mi hermano en los dos últimos lugares donde ha trabajado.*

referendo o **referéndum** ***m.*** Procedimiento por el que se somete al voto popular una ley o asunto: *Las decisiones que afectan a todo el país deberían someterse a un **referendo** para que los ciudadanos las conozcan y las aprueben.*

referí o **réferi** ***m.*** **Palabra de origen inglés.** *Amér.* Juez en una competencia o competición deportiva. SIN. **árbitro.**

referir ***vb. irreg.*** {tr. y prnl.} **Modelo 50. 1** Relatar, narrar: *Al volver de su viaje por Asia, Edmundo nos **refirió** todo lo que había visto y hecho.* **2** Indicar otro sitio donde el lector puede encontrar más información sobre lo que está buscando, en especial en un libro o catálogo de biblioteca. **3** Mencionar de manera abierta o implícita a alguien o algo: *Aunque el maestro no mencionó a Ricardo, todos supimos que **se refería** a él, porque nadie en el salón de clases tiene el cabello rojo y los ojos azules.* SIN. **aludir.**

refilar ***vb.*** {intr.} ***Chile.*** Pasar tocando algo de manera ligera.

refilón. De ~, ***loc.*** **1** De lado: *El gato pasó **de refilón** por mi pierna y llenó mi pantalón de sus pelos.* **2** De forma superficial: *En la tienda miré **de refilón** un libro acerca de los desiertos y pude apreciar que tiene muy buenas fotografías.*

refinación ***f.*** Proceso industrial para purificar una sustancia o un metal: *La **refinación** del petróleo es un proceso complejo del cual salen muchos subproductos.*

refinado, da ***adj.*** **1** Fino, elegante: *La decoración de la casa de Rodrigo es de un gusto **refinado** pues todas las cosas armonizan unas con otras.* **2** Puro, que no tiene impurezas: *Los minerales mezclados con metales se extraen de las minas, llegan a la industria metalúrgica y de ahí salen **refinados.***

refinamiento ***m.*** Elegancia, cuidado, esmero: *Los reyes por lo general viven con **refinamiento** porque siempre hay gente que se encarga de cuidar todo lo que les rodea.*

refinar ***vb.*** {tr.} Hacer más pura una cosa quitándole los defectos: *Para elaborar el gasóleo primero se debe **refinar** el petróleo.*

refinería ***f.*** Instalación industrial donde se refina un producto: *La **refinería** de petróleo está cerca de los pozos de donde lo extraen.*

reflectar ***vb.*** {intr.} *Ver* **reflejar.**

reflector ***m.*** Aparato que proyecta rayos luminosos: *El **reflector** iluminó a la cantante dejando el resto del teatro a oscuras.*

reflejar ***vb.*** {tr., intr. y prnl.} **1** Rechazar, rebotar en una superficie, en una determinada dirección, alguna onda o radiación como la luz, el calor, el sonido, etc. **2** *Fam.* Devolver una superficie brillante la imagen de un objeto: *Como el espejo estaba empañado, no **se reflejaba** con claridad mi cara.* **3** Manifestar, mostrar: *La expresión de Inés **refleja** su felicidad por el premio que ha ganado.*

reflejo ***m.*** **1** Luz reflejada: *El **reflejo** del sol en el agua es muy fuerte y hace que me lloren los ojos.* **2** Imagen reflejada: *Según la mitología, Narciso se enamoró de su imagen la primera vez que vio su **reflejo** en el agua.* **3** ***pl.*** Movimientos involuntarios que responden a un estímulo externo: *Los seres humanos tenemos muchos **reflejos,** por ejemplo, cerrar los ojos cuando se escucha de repente un ruido intenso.*

reflejo, ja ***adj.*** Relativo al acto, movimiento, etc., involuntario que responde a un estímulo externo: *Levantar la pierna cuando se recibe un golpe leve en la rodilla es un movimiento **reflejo.***

reflexión ***f.*** **1** Acción y efecto de reflejar: *Las imágenes que resultan de la **reflexión** de la luz en el agua se ven un poco distorsionadas.* **2** Acción y efecto de reflexionar: *Necesito algún tiempo de **reflexión** antes de decidir qué carrera voy a estudiar.*

reflexionar ***vb.*** {tr.} Pensar o considerar algo con cuidado: *Santiago no ha tenido tiempo de **reflexionar** en lo que significa ganarse la lotería, porque todavía está gritando de la emoción.*

reflexivo, va ***adj.*** **1** Que refleja. **2** Que habla o actúa con reflexión: *Es un hombre **reflexivo** que no dice nada que no haya pensado antes con calma.* **3** Relativo al pronombre personal átono que designa la misma persona o cosa que el sujeto: *En la frase "yo me siento", me es un pronombre **reflexivo.*** **4** Relativo al verbo cuya acción recae sobre el sujeto: Peinarse *es un verbo **reflexivo,** igual que* lavarse.

reflexología ***f.*** Estudio de los reflejos: *La **reflexología** indica que, en todo movimiento reflejo, hay que distinguir qué clase de estímulo lo provoca, dónde están los nervios estimulados y en qué estado se encuentran.*

reflexoterapia ***f.*** Método curativo que se basa en masajes en las zonas reflejas de las manos y los pies: *La **reflexoterapia** se basa en que, al estimular por ejemplo una parte del pie, ese estímulo corre por los nervios hacia alguna parte de la médula espinal.*

reflujo ***m.*** **1** Movimiento de descenso de la marea. **2** Trastorno de la digestión que consiste en que los jugos gástricos o la comida regresan por el esófago.

refocilarse ***vb.*** {prnl.} Disfrutar de algo que hace daño a otros: *La malvada reina **se refocilaba** al pensar que la princesa había mordido la manzana envenenada.*

reforestación ***f.*** Renovación de un bosque al plantar árboles pequeños criados en viveros, o por la siembra directa de semilla: *El gobierno municipal realizó una **reforestación** porque la montaña tenía pocos árboles después del incendio.*

reforestar ***vb.*** {tr.} Volver a plantar árboles en un lugar: *En muchos países **reforestan** las áreas taladas porque están conscientes de que el mundo no puede quedarse sin árboles.* SIN. **repoblar.**

reforma ***f.*** Acción que modifica algo para mejorarlo: *Nuestros vecinos han hecho **reformas** a su casa al agregar una habitación y pintar las paredes.*

reformar ***vb.*** {tr. y prnl.} **1** Modificar algo con el fin de que mejore: *Algunos profesores han sugerido **reformar** las leyes para actualizar los libros de texto.* **2** Enmendar, corregir la conducta: *En la escuela **reformaron** al niño rebelde a* *base de pláticas y convenciéndolo de que lo que hacía no era correcto.*

reformatorio ***m.*** Establecimiento para corregir a delincuentes menores de edad: *Como el ladrón apenas tenía doce años, el juez decidió enviarlo un año al* ***reformatorio.***

reformismo ***m.*** Doctrina orientada a la transformación gradual de las estructuras políticas y sociales.

reformista ***adj./m.*** y ***f.*** Relativo al reformismo o partidario de él: *Un grupo* ***reformista*** *del Congreso está empeñado en hacer cambios a varias leyes.*

reforzar ***vb. irreg.*** {tr. y prnl.} **Modelo 6. 1** Añadir nuevas fuerzas a algo: *El entrenador* ***reforzará*** *el equipo con tres jugadores nuevos.* **2** Dar más vigor o fuerza: *El pantalón se está rompiendo de la parte de las rodillas, necesito* ***reforzarlo*** *con más tela.* SIN. **fortalecer.**

refracción ***f.*** Cambio de dirección de una onda al pasar de un medio a otro: *Por el fenómeno de* ***refracción,*** *la parte del lápiz que está dentro del agua parece como si estuviera doblada.*

refractar ***vb.*** {tr. y prnl.} Producir refracción: *La luz* ***se refracta*** *al pasar por el agua.*

refractario, ria ***adj.*** **1** Opuesto a una idea, proyecto, etc. **2** Que resiste la acción del fuego o que transmite mal el calor: *Vacié la pasta para la tarta en un plato* ***refractario*** *y la metí a cocer al horno.*

refrán ***m.*** Dicho popular que contiene una enseñanza moral: *"Más vale tarde que nunca" es un* ***refrán*** *que señala que es mejor tardarse al hacer algo a nunca hacerlo.*

refregar ***vb. irreg.*** {tr.} **Modelo 18. 1** Frotar algo contra otra cosa de manera repetida: ***Refregamos*** *el sofá con una esponja llena de jabón hasta que quedó bien limpio.* **2** *Fam.* Recordar a otro insistentemente algo que lo molesta o humilla: *Óscar siempre está* ***refregando*** *a su mujer que ella no sabe cocinar; sin embargo, la señora en verdad guisa riquísimo.*

refrenar ***vb.*** {tr. y prnl.} Evitar que se muestre de manera violenta un impulso o una pasión: *Eduardo me dijo una broma tan chistosa en el cine que* ***me refrené*** *para no soltar una carcajada.* SIN. **contener, reprimir.**

refrendar ***vb.*** {tr.} **1** Confirmar algo que ya se había dicho: *Cada vez que hace el juramento a la bandera, el ciudadano* ***refrenda*** *la lealtad a su país.* **2** Volver a autorizar un documento: *Tengo que* ***refrendar*** *mi credencial del colegio porque ya está vencida.*

refrendo ***m.*** Hecho de confirmar la autorización de un documento: *Después de dos* ***refrendos*** *se debe solicitar un pasaporte nuevo.*

refrescar ***vb. irreg.*** {tr., intr. y prnl.} **Modelo 17. 1** Disminuir el calor de algo: *Micaela se duchó para* ***refrescarse*** *en cuanto llegó de la escuela.* **2** Descender la temperatura: *En algunos lugares* ***refresca*** *durante la noche aunque de día se sienta calor.* **3** Hacer que se recuerden cosas olvidadas: *Mis hermanas y yo hablábamos de nuestra niñez y ellas me* ***refrescaron*** *la memoria con aventuras que ya tenía olvidadas.* **4** Tomar el fresco: *Salí al jardín para* ***refrescarme*** *un poco porque en la habitación hace mucho calor.*

refresco ***m.*** **1** Bebida fría y sin alcohol que se toma para quitar la sed: *Después de jugar bebimos* ***refresco*** *de naranja para quitarnos la sed y refrescarnos.* **2** Alimento ligero que por lo general se toma en un descanso del trabajo. SIN. **refrigerio. 3** *Méx.* Bebida embotellada, no alcohólica y por lo general con gas, que se toma fría. SIN. **soda, gaseosa.**

refriega ***f.*** **1** Combate de poca importancia: *La verdadera batalla nunca ocurrió, los soldados sólo participaron en una* ***refriega*** *que duró algunas horas.* **2** Riña violenta: *En la* ***refriega*** *Evaristo perdió un zapato y se le rompió la camisa.*

refrigeración ***f.*** Conjunto de técnicas y aparatos para producir frío o eliminar el calor: *El sistema de* ***refrigeración*** *de esa tienda es excelente, por eso me gusta comprar allí la carne y el pescado.*

refrigerador ***m. Méx.*** Aparato que produce frío: *Hay alimentos, como la carne y el pescado, que deben guardarse en el* ***refrigerador*** *porque se descomponen rápidamente.* SIN. **nevera, heladera, frigorífico.**

refrigerante ***adj./m.*** Instalación, aparato o sustancia para enfriar: *El gas freón es uno de los* ***refrigerantes*** *más utilizados en los refrigeradores domésticos.*

refrigerar ***vb.*** {tr. y prnl.} Hacer que las cosas se enfríen: *Puse el agua a* ***refrigerar*** *para que esté fresca a la hora de la comida.*

refrigerio ***m.*** Comida ligera que se hace para reparar fuerzas: *A las doce del día los obreros de esa industria toman un* ***refrigerio*** *y luego regresan a trabajar.* SIN. **refresco.**

refringencia ***f.*** Capacidad de los cuerpos transparentes para refractar la luz: *El vidrio es un material que posee* ***refringencia,*** *por eso es muy usado en objetos decorativos.*

refringente ***adj.*** En física, se dice del cuerpo que refracta la luz: *Un prisma de cristal es el objeto* ***refringente*** *por excelencia.*

refrito, ta ***adj./m.*** **1** Comida vuelta a freír para recalentarla: *Hoy desayuné frijoles* ***refritos*** *revueltos con huevo.* **2** *Fam.* Canción o escrito hecho a partir de piezas sustraídas de otro: *"Esa novela es un* ***refrito*** *de otra que leí el año pasado, no me explico cómo los editores no se dan cuenta", comentó Ulises.*

refucilar ***vb.*** {intr.} ***Amér.*** Relampaguear: *"Está* ***refucilando,*** *camina más rápido, que no tarda en soltarse la lluvia", apresuró Matías a su hijo.*

refucilo ***m. Amér.*** Relámpago: *Los* ***refucilos*** *de anoche asustaron al niño y durmió con la cabeza bajo las sábanas.*

refuerzo ***m.*** **1** Cosa con que se hace más resistente o fuerte algo: *El carpintero puso un* ***refuerzo*** *a la mesa para que no se debilite.* **2** Ayuda o complemento que se da o recibe en alguna necesidad: *El médico me recetó vitaminas como* ***refuerzo*** *para mi recuperación.*

refugiado, da ***m.*** y ***f.*** Persona que se ve obligada a buscar asilo fuera de su país por razones políticas, sociales, etc.: *Cuando hay guerra en algún país, muchas personas se convierten en* ***refugiados*** *ya que tienen que huir de su patria para salvar sus vidas.*

refugiar ***vb.*** {tr.} Brindar protección o refugio: *La tormenta arreciaba y el panadero* ***refugió*** *en su establecimiento a unas personas para que no se empaparan.*

refugiarse ***vb.*** {prnl.} Protegerse, acogerse: *Durante el huracán, los habitantes* ***se refugiaron*** *en la escuela del pueblo porque es un edificio muy sólido.*

refugio ***m.*** **1** Lugar o construcción que sirve para resguardarse del mal tiempo: *Los turistas buscaron un* ***refugio*** *para protegerse de la nevada.* **2** Lugar para refugiarse de algún peligro, ataque, etc.: *El gobierno preparó un* ***refugio*** *para los damnificados por el terremoto.*

refulgente ***adj.*** Que brilla, que resplandece: *A lo lejos los exploradores vieron una hoguera* ***refulgente*** *que les indicó que pronto llegarían al campamento.*

refulgir ***vb. irreg.*** {intr.} **Modelo 61.** Resplandecer, brillar: *Por las tardes despejadas algunas estrellas empiezan a* ***refulgir*** *en el cielo.*

refunfuñar ***vb.*** {intr.} Emitir voces confusas en señal de enojo: *La señora que vende en la tienda no para de* ***refunfuñar***

cuando llegan todos los niños haciendo alboroto. SIN. **regañar.**

refunfuñón, ñona ***adj./m.*** y ***f. Fam.*** Que emite voces en señal de enojo y se queja de todo: *El taxista era un* ***refunfuñón*** *que regañó a mi madre cuando ella le dijo que no recordaba bien el domicilio a donde quería ir.*

refutación ***f.*** Presentación de una contradicción razonada a lo que otro dice: *El abogado presentará ante el juez una* ***refutación*** *de las acusaciones hechas en contra de su cliente.*

refutar ***vb.*** {tr.} Contradecir con argumentos lo que otro dice: *El maestro* ***refutó*** *con facilidad lo que con mucha seguridad había dicho el joven alumno.*

regadera ***f.*** **1** Utensilio portátil para regar: *Salió con la* ***regadera*** *a echar agua a las macetas del patio.* **2** ***Méx.*** Ducha, aparato que rocía el agua en forma de chorro o de lluvia para limpiar o refrescar el cuerpo.

regaderazo ***m. Méx.*** Ducha ligera y rápida: *Me doy un* ***regaderazo,*** *me visto, me peino y me voy.*

regadío ***adj./m.*** Relativo al terreno que se cultiva a base de riego: *En esa zona del país la agricultura es de* ***regadío*** *pues las lluvias son escasas.*

regalado, da ***adj.*** **1** Agradable, con muchas comodidades o placeres: *Víctor tiene una vida* ***regalada*** *desde que su padre le heredó su fortuna.* **2** ***Fam.*** Muy barato: *Compré unos discos* ***regalados,*** *¡por el precio de uno me llevé cinco!*

regalador, ra ***adj./m.*** y ***f.*** Persona que siente gusto al obsequiar cosas a los demás: *A Claudia no puedes decirle que una cosa suya te gusta porque es tan* ***regaladora*** *que te la da sin dudarlo.*

regalar ***vb.*** {tr. y prnl.} **1** Dar algo a alguien como muestra de afecto o agradecimiento: *Lourdes* ***regaló*** *sesenta rosas a su mamá el día de su cumpleaños, cada flor representaba cada año que la señora cumplía.* **2** Halagar, dar muestras de afecto o admiración. **3** Procurarse uno comodidad: *Paola* ***se regaló*** *con un calentador porque su casa es fría.*

regalía ***f.*** Cantidad fija que alguien paga al poseedor de un derecho para explotarlo: *Esta semana, la editorial pagará sus* ***regalías*** *del año a los autores cuyas obras ha publicado.*

regaliz ***m.*** Planta leguminosa de raíz comestible y medicinal con sabor parecido al del anís: *En Europa los niños comen caramelos de* ***regaliz,*** *que allá es un sabor muy popular.* SIN. **orozuz.**

regalo ***m.*** **1** Cosa que se obsequia: *Romina recibió muchos* ***regalos*** *el día de su cumpleaños.* **2** Comodidad o gusto que algo proporciona: *Meterme en la bañera con agua perfumada mientras escucho música es un* ***regalo*** *para mí.*

regalonear ***vb.*** {tr.} ***Argent.*** y ***Chile.*** Tratar con excesivo mimo. SIN. **consentir, mimar.**

regañadientes. A ~, ***loc.*** De manera forzada, de mala gana: *El primer día después de las vacaciones, mi hermano fue a la escuela* ***a regañadientes*** *porque ya se había acostumbrado a jugar todo el día.*

regañar ***vb.*** {tr. e intr.} **1** ***Fam.*** Reprender a una persona por haber hecho mal una cosa o por haber dejado de hacer algo: *La maestra* ***regañó*** *a los niños por las groserías que estaban haciendo.* SIN. **reconvenir. 2** Dar muestras de enfado. SIN. **refunfuñar.**

regaño ***m.*** Palabras con que se reprende a alguien que ha obrado mal: *Al volver a casa le esperaba un fuerte* ***regaño*** *por las bajas notas que llevaba.*

regañón, ñona ***adj./m.*** y ***f.*** Que regaña o reprende más de la cuenta.

regar ***vb. irreg.*** {tr.} **Modelo 18. 1** Echar agua sobre la tierra, las plantas, etc.: *Estas flores tienen que* ***ser regadas*** *cada dos o tres días.* **2** Atravesar un río una comarca o territorio: *Ese largo río* ***riega*** *del oeste al este, o sea casi todo el país.* **3** ***Méx. Fam.*** **Regarla,** hacer una tontería: *Juliana* ***la regó*** *cuando le dijo a Sonia que todos los banqueros son unos ladrones, pues el papá de Sonia es un banquero.*

regata ***f.*** Competencia entre varias embarcaciones: *Cada año, en ese puerto organizan una* ***regata*** *internacional de veleros.*

regate ***m.*** Movimiento rápido que se hace apartando el cuerpo de manera brusca para evitar un golpe.

regatear ***vb.*** {tr. e intr.} Negociar el comprador y el vendedor el precio de una mercancía: *Mi blusa costaba barata pero como* ***regateé*** *con el vendedor me salió todavía más barata.*

regateo ***m.*** Discusión entre comprador y vendedor sobre el precio de una mercancía: *Las tiendas de autoservicio están acabando con el* ***regateo,*** *pues en ellas venden a precios fijos.*

regazo ***m.*** Parte del cuerpo de una persona sentada, entre la cintura y la rodilla: *El gato se acomodó en el* ***regazo*** *de mi abuelita y ahí se durmió.*

regencia ***f.*** **1** Acción de regir, gobernar o dirigir. **2** Gobierno de un Estado monárquico durante la minoría de edad del rey: *Mientras el soberano fue niño, su madre ocupó la* ***regencia*** *del país.*

regeneración ***f.*** Acción en la que algo o alguien se regenera, se recrea, se rehace: *Esa clínica se especializa en la* ***regeneración*** *de jóvenes adictos a las drogas.*

regenerado, da ***adj.*** Que se regeneró: *Javier salió de la clínica de alcohólicos completamente* ***regenerado,*** *no ha vuelto a tomar.*

regenerar ***vb.*** {tr. y prnl.} **1** Volver a su estado original una cosa que se había dañado o estropeado: *Después de algunos meses* ***se regeneró*** *el tejido del brazo que se le había quemado en un accidente.* **2** Hacer que una persona abandone un vicio: *En todo el mundo hay instituciones dedicadas a* ***regenerar*** *personas alcohólicas y drogadictas.*

regentar o **regentear** ***vb.*** {tr.} Dirigir un negocio: *Sebastián* ***regentea*** *un café ubicado en el centro de la ciudad.*

regente ***adj./m.*** y ***f.*** **1** Que gobierna o rige: *Por ahora, la* ***regente*** *de ese país es la reina viuda, ya que el príncipe heredero aún no llega a la mayoría de edad.* **2** Persona que dirige un negocio sin ser su dueño: *Hablamos con el* ***regente*** *del restaurante y nos encargó cinco pasteles por semana.*

regicida ***adj./m.*** y ***f.*** Persona que mata a un monarca: *El* ***regicida*** *será juzgado según las leyes del país donde cometió su delito.*

regicidio ***m.*** Delito que consiste en el asesinato de un rey o una reina: *En las tragedias griegas aparecen varios* ***regicidios.***

regidor, ra ***adj./m.*** y ***f.*** **1** Que gobierna o rige. **2** Concejal, funcionario de un ayuntamiento: *Los* ***regidores*** *se reunirán para decidir acerca de la remodelación del parque central del pueblo.*

régimen ***m.*** **1** Conjunto de normas que rigen una cosa o una actividad: *Elena y Marco se casaron bajo* ***régimen*** *mancomunado, eso quiere decir que todo lo que alguno de ellos compre es para los dos.* **2** Forma de gobierno: *Varios países de Europa tienen un* ***régimen*** *monárquico y los habitantes son gobernados por un rey.* **3** Conjunto de medidas sobre alimentación que ha de seguir una persona por motivos de salud, para adelgazar, etc.: *Como el señor Ríos padece del corazón lleva un* ***régimen*** *alimenticio de poca sal y* *pocas grasas.* Sin. **dieta.** **4** Hecho de regir cierto complemento a un verbo, sustantivo, etc.

regimiento ***m.*** Unidad militar al mando de un coronel: *El coronel estaba listo para sorprender con su **regimiento** a los enemigos que iban a atacar la ciudad.*

regio, gia ***adj.*** **1** Relativo al rey: *Durante muchos siglos las prendas **regias** han sido hechas con telas color púrpura y adornos de piel de armiño.* **2** Lujoso, espléndido: *Las **regias** habitaciones de ese hotel de lujo tienen camas enormes y cuartos de baño elegantes.*

regio, gia ***adj./adv.*** ***Argent., Chile*** y ***Urug. Fam.*** Se dice de lo que es magnífico o está hecho de manera estupenda: *Fuimos a la playa el fin de semana y la pasamos **regio.***

regiomontano, na ***adj./m.*** y ***f.*** Del estado mexicano de Monterrey: *Los **regiomontanos** tienen fama de industriosos y trabajadores, pero también de tacaños.*

región ***f.*** **1** Parte de un territorio definido por unas características propias: *En Perú la **región** montañosa es muy distinta a la región de la costa.* **2** Cada una de las partes del cuerpo: *El médico dijo que Tomás tiene inflamación en la **región** abdominal, por eso tenía dolor de barriga.*

regional ***adj.*** Relacionado con la región: *Ese museo tiene una colección de trajes **regionales** del norte del país.*

regionalismo ***m.*** Palabra o expresión característica de una región: *Cuando en Sonora, México, dicen que alguien andaba "bichi", es un **regionalismo** por decir que estaba desnudo.*

regionalización ***f.*** División del mundo, o de un territorio grande, en regiones: *El gobernador procederá a la **regionalización** de las zonas agrícolas de su estado para poder atender mejor los problemas.*

regionalizar ***vb. irreg.*** {tr.} **Modelo 16.** Dividir un territorio en regiones para su estudio o gobierno: *Los ecologistas **regionalizaron** ese país para poder estudiarlo mejor, pues tiene áreas de selva, de bosque, de cultivos, de montaña y de playa.*

regir ***vb. irreg.*** {tr. e intr.} **Modelo 60.** **1** Gobernar: *Ese presidente **rigió** su país de una manera solidaria con la gente pobre.* **2** En lingüística, tener una palabra bajo su dependencia otra palabra de la oración: *El verbo volver **rige** las preposiciones "a" y "de".* **3** Estar vigente: *La pena de muerte no **rige** en muchos países del mundo desde hace varios años.*

registrado, da ***adj.*** Documento, marca comercial, diseño, modelo, etc., que se somete a registros legales para protegerlo de falsificaciones: *Los pantalones que lleva Armando son de una de las marcas **registradas** más antiguas de América, por eso muestra orgulloso la etiqueta en el bolsillo trasero.*

registrar ***vb.*** {tr. y prnl.} **1** Examinar con cuidado en busca de alguien o algo: ***Registrarán** a los pasajeros antes de abordar el avión para revisar que no porten armas.* **2** Grabar la imagen o el sonido: *Los ingenieros **registraron** el concierto para luego producir un disco.* **3** Inscribir en un libro, diario, lista, registro, etc.: *Al llegar a un hotel uno siempre tiene que **registrarse** en la administración.*

registro ***m.*** **1** Acción y efecto de registrar: *La policía llevó a cabo un **registro** en la casa del ladrón para buscar las joyas desaparecidas.* **2** Libro en que se anotan hechos y datos: *En la administración de ese restaurante llevan un **registro** semanal de sus clientes.* **3** Lugar u oficina en donde se registra. **4** ***loc.*** **~ civil,** libro y oficina donde se guardan los datos de los nacimientos, matrimonios y las defunciones de una comunidad: *Cuando nace un bebé hay que llevarlo al **registro civil** para que las autoridades sepan de su nacimiento.*

regla ***f.*** **1** Instrumento para trazar líneas o efectuar mediciones: *Su **regla** mide centímetros de un lado y pulgadas del otro.* **2** Aquello que debe cumplirse por estar así establecido: *Una de las **reglas** de mi escuela es que no se deben llevar juguetes.* **3** Menstruación: *Algunas mujeres sufren dolores durante la **regla,** otras no.* **4** Método para realizar una operación matemática.

reglamentación ***f.*** Conjunto de reglas.

reglamentar ***vb.*** {tr.} Diseñar e imponer reglas: *El área del Derecho Espacial es relativamente nueva y aún está por **reglamentarse** internacionalmente.* Sin. **reglar.**

reglamentario, ria ***adj.*** Ordenado o aprobado por algún reglamento: *El uso del cinturón de seguridad al conducir un automóvil ya es **reglamentario** en muchos países.*

reglamento ***m.*** Conjunto de normas para la aplicación de una ley o la realización de una actividad, deporte, etc.: *El **reglamento** de fútbol dice que sólo el portero puede tomar el balón con las manos.*

reglar ***vb.*** {intr.} **1** Trazar líneas con una regla. **2** Someter algo a reglas para su realización. Sin. **reglamentar.** **3** ***Fam.*** Pasar las mujeres y las hembras de los animales por el periodo de la menstruación: *La mayoría de las chicas empiezan a **reglar** a los once o doce años de edad.*

regocijarse ***vb.*** {prnl.} Alegrarse: *Los alumnos **se regocijaron** cuando se enteraron de que irán al museo infantil.*

regocijo ***m.*** Alegría, júbilo: *La cara de Camila reflejó gran **regocijo** cuando vio su regalo de cumpleaños.*

regodearse ***vb.*** {prnl.} **1** Deleitarse, complacerse: *Faustino **se regodea** ante la idea de llegar a ganar algún campeonato de natación.* **2** Alegrarse de manera perversa con un daño o mala situación que sufre otro.

regodeo ***m.*** Diversión, entretenimiento: *Fue tal el **regodeo** de los niños en el parque de diversiones, que llegaron agotados a la casa y se durmieron de inmediato.*

regordete, ta ***adj.*** ***Fam.*** Se aplica a la persona que es rolliza y corta de estatura: *"Ahora Felisa es una nena **regordeta,** pero cuando crezca, será una espigada mujer", dijo la mamá de la niña.*

regresar ***vb.*** {tr. e intr.} **1** Volver de nuevo al lugar de donde se había salido: *Después de muchos años de ausencia el médico **regresó** al pueblo donde nació.* **2** ***Amér.*** Devolver a su dueño algo que prestó o que había perdido: *David **regresó** el libro que Lorenzo le había prestado hace un mes.*

regresión ***f.*** Retroceso, hecho de volver hacia atrás: *Cuando nació su hermano, Salma, que ya tenía ocho años, volvió a chuparse el dedo en una clara **regresión** infantil.*

regresivo, va ***adj.*** Se dice de lo que implica retroceso o hace retroceder: *Hace ya décadas, todo el mundo estuvo pendiente de la cuenta **regresiva** previa al lanzamiento de la primera nave espacial a la Luna.*

regreso ***m.*** Vuelta, retorno: *Las despedidas por lo general son tristes y los **regresos,** felices.*

reguero ***m.*** **1** Chorro o arroyo pequeño. **2** ***Fam.*** Tiradero, desorden: *Podía verse dónde había estado el niño por el **reguero** de juguetes que dejaba a su paso.*

regulación ***f.*** Reglamentación: *Las **regulaciones** para importar y exportar productos alimenticios son muy estrictas.*

regulador ***m.*** Aparato para ajustar u ordenar el paso de energía o el funcionamiento de una máquina: *Los **reguladores** son necesarios para usar televisores y computadoras, pues evitan que se dañen con los cambios de voltaje.*

regular ***adj.*** **1** Sujeto y conforme a una regla: *La recolección de basura es un servicio **regular** en las ciudades.* **2** Sin cambios bruscos: *La mayoría de mis compañeros asiste a clases de manera **regular** pues casi nadie falta.* **3** Mediano: *El trabajo fue **regular**, ni muy bueno ni muy malo.* **4** Se aplica a las palabras formadas según la regla general de su clase: Comer *es un verbo **regular**,* estar *es un verbo irregular.* **5** Relacionado con la figura en que los ángulos, lados, etc., son iguales entre sí: *Un ejemplo de figura **regular** es un triángulo equilátero.*

regular ***vb.*** {tr.} **1** Poner en orden: *En la esquina hay un policía que **regula** la circulación de los vehículos.* **2** Ajustar algo, en especial el funcionamiento de una máquina: *Si no llevo mi reloj al técnico para que lo **regule**, va a seguir adelantándose.*

regularidad ***f.*** Calidad de regular: *Desde que comenzó a publicarse la revista, ha salido al mercado, con **regularidad**, un número cada semana.*

regurgitar ***vb.*** {tr.} Regresar una sustancia que ya estaba dentro del estómago a la boca: *Muchas aves alimentan a sus polluelos **regurgitando** la carne de sus presas para darla a las crías.*

regusto ***m.*** Sabor diferente al original que queda en la boca después de ingerir ciertos alimentos o bebidas: *Iván le puso demasiada salsa de soya a su comida y ahora tiene un **regusto** amargo en la boca.*

rehabilitación ***f.*** Hecho de volver algo a su estado anterior: *Después del accidente, el obrero tuvo que seguir una terapia de **rehabilitación** para volver a usar el brazo de manera normal.*

rehabilitar ***vb.*** {tr. y prnl.} **1** Restituir algo a su estado anterior: *Después de un tiempo de vida sedentaria, he comenzado a hacer ejercicio para **rehabilitar** mi cuerpo.* **2** Restaurar o remodelar edificios: *Las autoridades **rehabilitarán** esa casa en ruinas para que sea un centro cultural.*

rehacer ***vb. irreg.*** {tr. y prnl.} **Modelo 23.** Volver a hacer lo que se había hecho, deshecho o hecho mal: *La maestra de geometría pidió a los alumnos que **rehicieran** el cuadrado porque no les había quedado bien.*

rehén ***m.*** y ***f.*** Persona retenida para obligar a otra a cumplir ciertas condiciones: *Los delincuentes amenazaron con matar a los **rehenes** si las autoridades no liberaban a algunos de sus compañeros presos.*

rehilete o **reguilete** ***m.*** **1** *Méx.* Juguete para niños que consiste en una varilla en cuya punta hay una estrella de papel que gira movida por el viento: *Al correr la niña con el **rehilete** de colores, éste giraba a gran velocidad.* **2** ***Méx.*** Aparato mecánico que echa agua en círculos y se usa para regar el césped: *Paseando por el parque, de pronto se activó el **rehilete** y me mojé.*

rehogar ***vb. irreg.*** {tr.} **Modelo 17.** Cocinar a fuego lento en manteca o aceite: *Es mejor no **rehogar** los alimentos pues así se ingiere menos grasa.*

rehuir ***vb. irreg.*** {tr., intr. y prnl.} **Modelo 59.** Procurar no tener relación con alguien o algo: *Yo **rehúyo** a los perros porque les tengo miedo.*

rehusar ***vb. irreg.*** {tr. y prnl.} **Modelo 13.** No aceptar una cosa: *En cuanto llegó a la adolescencia, Gilberto **se rehusó** a que sus padres lo siguieran llamando "el chiquito".*

reimplantar ***vb.*** {tr.} **1** Implantar de nuevo: *Como la primera vez que se emplearon funcionaron bien, las autoridades de la ciudad **reimplantarán** los reglamentos viales de hace cinco años.* **2** Colocar de nuevo en su lugar una parte del cuerpo que se desprendió: *La atención al obrero accidentado fue rápida y gracias a ello los cirujanos pudieron **reimplantarle** el dedo que le había cortado la máquina.*

reina ***f.*** **1** Mujer que gobierna por derecho propio: *La **reina** Cristina de Suecia era una mujer muy culta.* **2** Esposa del rey: *El rey y la **reina** fueron coronados en la catedral de la ciudad.* **3** En ajedrez, segunda pieza en importancia después del rey.

reinado ***m.*** Ejercicio de las funciones de un rey o reina y tiempo que éste dura: *En Inglaterra el **reinado** de Victoria duró más de 50 años.*

reinar ***vb.*** {intr.} **1** Ejercer su poder un rey, reina o príncipe de Estado: *Su Majestad Juan Carlos **reina** en España desde que se reinstauró la monarquía en ese país.* **2** Predominar una o varias personas o cosas sobre otras: *En ese matrimonio **reina** la paz y el entendimiento después de que los esposos aclaran sus malentendidos.*

reincidencia ***f.*** Acción de reincidir, de volver a caer en un vicio, error o delito: *Cuando hay **reincidencia** en el robo, los jueces son más severos con los delincuentes.*

reincidente ***adj.*** Que vuelve a incurrir en alguna actividad negativa: *Como ese hombre era un alcohólico **reincidente**, sus familiares decidieron enviarlo a una clínica.*

reincidir ***vb.*** {intr.} Volver a incurrir en un vicio, error, falta o delito: *Las personas que intentan dejar de fumar dicen que es fácil **reincidir** porque se les antoja el olor de los cigarrillos de quienes fuman cerca.*

reincorporación ***f.*** Acción y efecto de reincorporar o reincorporarse: *Esteban está emocionado, pues luego de un año de inactividad, aceptaron su **reincorporación** al cuerpo de bomberos.*

reincorporar ***vb.*** {tr. y prnl.} **1** Unir nuevamente algo que se había separado de una cosa: *Silvia batió el yogur y así **reincorporó** el suero y la parte espesa de la leche.* **2** Incorporarse otra vez una persona a un empleo o actividad que había dejado temporalmente: *Lucila había dejado su grupo de artes plásticas durante seis meses, pero la próxima semana **se reincorporará**.*

reingresar ***vb.*** {intr.} **1** Ingresar de nuevo en una corporación o servicio: *María estuvo hospitalizada tres días después de su operación pero, como no se cuidó, al cabo de una semana tuvo que **reingresar** al hospital.* **2** Meter a una cuenta una cantidad de dinero que se había sacado: *Carmina sacó anteayer cinco mil pesos de su cuenta para comprar materiales, pero hoy le hicieron un pago y los **reingresó**.*

reinicializar ***vb. irreg.*** {tr.} **Modelo 16.** En informática, volver a iniciar un proceso.

reiniciar ***vb.*** {tr.} **1** Continuar haciendo una cosa que se ha detenido o interrumpido, o volver a empezarla: ***Reinició** su trabajo cuando se fueron las visitas.* **2** Reanudar, reemprender.

reinicio ***m.*** Acción de reiniciar: *Estuve presente en el **reinicio** de las grabaciones de la serie televisiva.*

reino ***m.*** **1** Territorio o estado sujeto al gobierno de un rey: *El rey Lear dividió su **reino** en dos partes para dos de sus hijas.* **2** Cada uno de los tres grandes grupos en que se consideran divididos los seres naturales: *Los humanos somos parte del **reino** animal, las plantas, del vegetal, y las rocas, del mineral.*

reinsertar ***vb.*** {tr. y prnl.} **1** Volver a poner, insertar de nuevo: *Alfonso había borrado un párrafo de su composición pero luego decidió **reinsertarlo** después de hacerle algunos cambios.* **2** Integrar de nuevo a la sociedad a alguien que vive marginado.

reinstaurar ***vb.*** {tr.} Instaurar de nuevo lo que había sido derrocado o eliminado: *Al caer la dictadura, se **reinstauró** la democracia.*

reintegración ***f.*** **1** Hecho de volver a incorporarse a una corporación o actividad. **2** Hecho de devolverle algo a alguien: *Leonardo logró que le* ***reintegraran*** *el dinero que había pagado por un aparato que no funcionó nunca.*

reintegrar ***vb.*** {tr. y prnl.} **1** Volver a incorporar o incorporarse a alguien a un trabajo, empleo, etc.: *Después de la rehabilitación* ***se reintegró*** *a su trabajo.* **2** Devolver por completo una cosa.

reintegro ***m.*** Premio de la lotería que consiste en la devolución de la misma cantidad que se pagó por un billete de un sorteo determinado.

reír ***vb. irreg.*** {intr. y prnl.} **Modelo 48. 1** Expresar alegría con gestos, sonidos y movimientos: *El conserje del edificio donde vivo es una persona muy triste y seria que no* ***ríe*** *casi nunca.* **2** Burlarse: *Cuando el niño se mojó con agua del charco sus amigos* ***se rieron*** *de él.*

reiteración ***f.*** Repetición: *El filme que vi ayer tenía muchas* ***reiteraciones*** *y eso lo volvió muy aburrido.*

reiterar ***vb.*** {tr. y prnl.} Repetir, volver a decir algo: *El director de la escuela* ***reiteró*** *la importancia de la puntualidad pues muchos niños siguen llegando tarde.* Sin. **redundar**.

reiterativo, va ***adj.*** Repetitivo, redundante: *Los niños piensan que las indicaciones de sus madres son* ***reiterativas,*** *pero ellas lo hacen para crear hábitos en sus hijos.*

reivindicación ***f.*** **1** Reclamación de aquello a lo que se tiene derecho. **2** Hecho de regresar la buena fama a quien la había perdido.

reivindicar ***vb. irreg.*** {tr.} **Modelo 17. 1** Reclamar alguien algo a lo que tiene derecho. **2** Darle nuevamente la fama o el buen nombre a alguien que lo había perdido: *Cuando descubrieron que Rodrigo no había sido el ladrón, lo* ***reivindicaron*** *anunciándolo a toda la escuela.*

reja ***f.*** Estructura formada por barras de hierro o madera que sirve para cerrar una abertura: *Para entrar a la casa hay que pasar por una gran* ***reja*** *negra.*

rejilla ***f.*** Red de madera, alambre, etc.: *Después de que Mauricio tocó la puerta, se abrió una pequeña* ***rejilla*** *y vio cómo una cara se asomó a preguntar "¿quién es?"*

rejón ***m.*** Asta de madera con una punta de hierro usada para herir al toro en la fiesta taurina: *Hay quienes piensan que los* ***rejones*** *son instrumentos para torturar a los toros.*

rejoneador, ra ***m.*** y ***f.*** Persona que rejonea o hiere al toro en la fiesta taurina: *Para ser* ***rejoneador*** *se debe ser buen jinete y no temerle a los toros.*

rejonear ***vb.*** {tr.} Herir un jinete al toro con el rejón o asta durante una corrida.

rejuvenecer ***vb. irreg.*** {tr., intr. y prnl.} **Modelo 39.** Dar la energía o apariencia de la juventud: *Desde que esa actriz se pintó el pelo y se operó la cara parece que* ***rejuveneció*** *varios años.*

rejuvenecimiento ***m.*** Acción de hacer que una persona parezca o se sienta más joven: *En esa clínica de belleza ofrecen técnicas de* ***rejuvenecimiento*** *desde simples mascarillas hasta operaciones contra las arrugas.*

relación ***f.*** **1** Situación que se da entre dos cosas, ideas, etc., cuando existe alguna circunstancia que las une: *Desde niños esos dos hombres fueron amigos y mantuvieron una muy buena* ***relación*** *hasta el final de sus vidas.* **2** Trato o comunicación: *Como parte de su trabajo, Paola mantiene* ***relaciones*** *con otras industrias.* **3** Lista: *Antonio miró en la* ***relación*** *de pasajeros y su nombre no aparecía registrado.* **4** Narración, explicación: *Al llegar la policía, los vecinos hicieron una* ***relación*** *del accidente que acababa de ocurrir.*

relacionado, da ***adj.*** Que tiene alguna cercanía o relación con algo: *La clase de química está* ***relacionada*** *con la de biología.* Sin. **vinculado.**

relacionar ***vb.*** {tr. y prnl.} **1** Poner en relación, vincular a personas o cosas unas con otras: *En la clase de geografía, el profesor* ***relacionó*** *el clima con la agricultura del país.* **2** Narrar, referir. **3** Establecer relaciones de amistad, sociales, etc.: *En cuanto César llegó a la nueva escuela empezó a* ***relacionarse*** *con los demás niños y niñas.*

relajación ***f.*** Estado en el que se está relajado, nada tenso o en estado de reposo: *Isela aprendió unos ejercicios de* ***relajación*** *que le han ayudado mucho a tranquilizarse cuando se siente tensa.*

relajamiento ***m.*** **1** Estado de relajación. **2** Disminución de la tensión en los músculos: *"Apenas comenzaba a sentir el* ***relajamiento*** *previo al sueño, sonó el teléfono y me hizo saltar", comentó Josefina.*

relajante ***adj./m.*** **1** Que quita la tensión: *Caminar por el bosque siempre es* ***relajante*** *y grato.* **2** Sustancia o medicamento que relaja: *"Esta pomada es un* ***relajante*** *muscular, por eso te la receto para el dolor de cuello", indicó el doctor.*

relajar ***vb.*** {tr. y prnl.} Poner flojo o menos tenso: *Para* ***relajarse*** *Raquel se tiende en un sofá a escuchar música.*

relajo ***m. Méx. Fam.*** Diversión ruidosa: *Cuando el maestro entró al salón los niños estaban en el* ***relajo****, pero se calmaron en cuanto lo vieron.*

relamer ***vb.*** {tr. y prnl.} **1** Lamer algo con insistencia: *El niño* ***relamía*** *su gran paleta de caramelo como si quisiera terminar con ella en pocos minutos.* **2** Lamerse los labios para saborear algo: *Quedó tan bueno el guiso que preparó mi amiga Consuelo, que no podía dejar de* ***relamerme****.*

relamido, da ***adj.*** Se dice de la persona que exagera su arreglo personal: *Javier llegó muy* ***relamido*** *a la cita con sus futuros suegros, pues quería quedar bien con ellos.*

relámpago ***m.*** Resplandor intenso y breve producido en las nubes por una descarga eléctrica: *Primero se ve el* ***relámpago*** *y después se escucha el trueno; esto ocurre porque la luz viaja más rápido que el sonido.*

relampaguear ***vb.*** {intr.} Aparecer relámpagos en el cielo: *Se aproxima una tormenta porque* ***está relampagueando*** *y las nubes están muy oscuras.*

relampagueo ***m.*** Serie de relámpagos: *Durante la tormenta, el continuo* ***relampagueo*** *hacía que en mi habitación se formaran unas sombras extrañas.*

relatar ***vb.*** {tr.} Contar, narrar: *En la entrevista que le hicieron por radio, el explorador* ***relató*** *las aventuras que corrió durante su viaje a Alaska.*

relatividad ***f.*** **1** Calidad por la que una cosa puede ser valorada de distintas maneras. **2** *loc.* **Teoría de la** , teoría formulada por el científico Albert Einstein sobre la imposibilidad de encontrar un sistema de referencia absoluto.

relativismo ***m.*** Doctrina que niega la existencia de verdades absolutas.

relativo ***adj./m.*** Partícula que introduce una proposición subordinada: *En la frase "el hombre del que te hablé", "que" es el pronombre* ***relativo.***

relativo, va ***adj.*** **1** Que hace referencia o que trata de algo: *Esteban me contó que leyó un libro* ***relativo*** *a los dinosaurios.* **2** Que no es absoluto: *Lo que dicen en este noticiero es* ***relativo*** *porque es la opinión de un grupo de periodistas, habría que ver lo que dicen otros noticieros y los diarios.*

relato ***m.*** **1** Hecho de relatar, de contar: *En su* ***relato,*** *el testigo dijo que había visto la cara de los ladrones del banco y los describió.* **2** Narración breve: *Como ejercicio de redacción, los niños escribieron un pequeño* ***relato*** *sobre sus vacaciones más recientes.*

relator, ra ***adj./m.*** y ***f.*** **1** Que relata: *"La* ***relatora*** *del cuento de esta noche será Imelda", indicó el presidente de nuestro club de aficionados a narraciones de terror.* **2** En un congreso o asamblea, persona encargada de hacer relación verbal de los asuntos tratados: *El* ***relator*** *hizo un resumen de los puntos que se trataron en la asamblea del sindicato.*

relatoría ***f.*** Cargo o función de relator: *"La* ***relatoría*** *de las juntas de la Corte estará este mes a cargo del magistrado Breña", anunció el presidente de la judicatura.*

relegar ***vb. irreg.*** {tr.} **Modelo 17.** Apartar, dejar a un lado: *Poco a poco el adolescente* ***ha relegado*** *los juguetes y ahora ocupa el tiempo en otras actividades.*

relevancia ***f.*** Condición o cualidad de relevante, de sobresaliente: *"La* ***relevancia*** *del tema que veremos hoy consiste en que es básico para que luego comprendan cómo se enlazan los elementos en la química orgánica", dijo la profesora.*

relevante ***adj.*** **1** Excelente: *La* ***relevante*** *actuación de esa actriz mereció un premio de la asociación de críticos.* **2** Importante, significativo: *El señor Domínguez tiene un puesto* ***relevante*** *en la empresa donde trabaja, es uno de los gerentes.*

relevar ***vb.*** {tr.} **1** Quitar a alguien un cargo y dárselo a otro: ***Relevaron*** *a Manuel de su puesto y él no sabe cuál fue la razón porque había trabajado tan bien como siempre.* **2** Sustituir a una persona con otra: *El segundo corredor* ***relevó*** *al primero en el quinto kilómetro del recorrido.*

relevo ***m.*** **1** Acción de relevar, de sustituir: *El* ***relevo*** *de los policías que vigilan el banco se lleva a cabo cada ocho horas.* **2** ***loc. pl.*** **Carrera de ~,** competencia en la que participan varios corredores: *Ramiro, Julián, Pedro y Tomás participaron en la* ***carrera de relevos*** *de 400 metros y cada uno corrió un tramo de 100 m.*

relieve ***m.*** **1** Cualquier parte que sobresale en una superficie plana: *En la entrada de la escuela hay figuras en* ***relieve*** *que representan a la patria.* **2** Renombre, prestigio: *Héctor ha escrito varios libros de* ***relieve*** *en el campo de la ciencia, por eso goza de gran reconocimiento.* **3** ***loc.*** **Poner de ~,** destacar: *La maestra* ***puso de relieve*** *la necesidad de leer al menos media hora cada día.*

religión ***f.*** **1** Conjunto de creencias y de dogmas que definen la relación del hombre con lo sagrado. **2** Conjunto de prácticas y ritos que son propios de cada una de las creencias llamadas religión. **3** Seguimiento de una doctrina religiosa. SIN. **fe.**

religioso, sa ***adj.*** Relativo a la religión y a quien la practica.

religioso, sa ***m.*** y ***f.*** Persona que ha entrado a una orden religiosa: *En el pueblo vecino hay un convento de* ***religiosos*** *que guardan silencio y caminan descalzos.*

relinchar ***vb.*** {intr.} Emitir su voz el caballo: *El caballo no dejaba de* ***relinchar*** *porque estaba asustado a causa del incendio.*

relincho ***m.*** Voz del caballo: *Desde lejos se escuchan los* ***relinchos*** *de los caballos que están detrás de la casa.*

reliquia ***f.*** **1** Vestigio de cosas pasadas: *Las pirámides de Tikal, en Guatemala, son* ***reliquias*** *de la civilización maya.* **2** Parte del cuerpo de un mártir, un personaje considerado santo o de un objeto histórico, que se conserva para su veneración.

rellano ***m.*** Espacio plano y más amplio que los escalones, situado entre dos tramos de escalera: *Antes de llegar al cuarto piso tuve que detenerme en el* ***rellano*** *para reponerme del cansancio.* SIN. **descanso.**

rellena ***f. Méx.*** Embutido compuesto de sangre de cerdo y arroz con cebollas, cocidos y condimentados. SIN. **moronga, morcilla.**

rellenar ***vb.*** {tr. y prnl.} Volver a llenar algo que había perdido parte de su contenido: *El oso de peluche de Nadia se descosió y se le salió parte del relleno, por eso su mamá lo* ***rellenó*** *y cosió otra vez.*

relleno ***m.*** **1** Cualquier material con que se llena algo: *La tela de la almohada se rasgó y se salió parte del* ***relleno.*** **2** Parte inútil, sobrante de algunas cosas, sobre todo en un discurso o un escrito: *El filme que vi ayer bien pudo haber durado diez minutos, el resto fue puro* ***relleno*** *para completar dos horas.*

relleno, na ***adj.*** Que ha sido llenado con algo: *El novio de Mirta le regaló chocolates* ***rellenos*** *de almendras.*

reloj ***m.*** Dispositivo o máquina que sirve para medir el tiempo: *Los primeros* ***relojes*** *que existieron fueron de sol y los modernos son electrónicos.*

relojería ***f.*** **1** Sitio donde se venden y arreglan relojes: *En esa* ***relojería*** *pueden cambiar la pila de tu reloj que ya no funciona.* **2** Oficio de arreglar relojes: *El señor Juárez se dedica a la* ***relojería,*** *le voy a llevar mi reloj para que lo repare.*

relojero, ra ***m.*** y ***f.*** Persona que elabora, compone y vende relojes: *Mi reloj adelanta, tengo que llevarlo al* ***relojero*** *para que lo ajuste.*

reluciente ***adj.*** Brillante, resplandeciente: *El automóvil quedó* ***reluciente*** *después de limpiarlo y encerarlo.* SIN. **relumbrante.**

relucir ***vb. irreg.*** {intr.} **Modelo 58.** Despedir o reflejar luz una cosa: *Los vidrios de mi casa están recién lavados y* ***relucen*** *al reflejar la luz del sol.*

reluctante ***adj.*** Que se resiste a algo. SIN. **reacio, reticente.**

relumbrante ***adj.*** Brillante, resplandeciente: *El uniforme blanco de los niños está* ***relumbrante*** *por las mañanas y por las tardes ya está un poco gris.* SIN. **reluciente.**

relumbrar ***vb.*** {intr.} Resplandecer, brillar: *Los ojos del gato* ***relumbran*** *en la oscuridad.*

remachar ***vb.*** {tr.} Machacar la punta o la cabeza de un clavo ya clavado: *Para asegurarse de que estuviera firme, el carpintero* ***remachó*** *los clavos de la mesa.*

remache ***m.*** Pieza metálica con cabeza aplanada que sirve para unir partes de algo de manera permanente: *Las suelas del zapato están clavadas con* ***remaches.***

remanencia ***f.*** En física, persistencia de la imanación en una pieza de acero que se ha sometido a un campo magnético.

remanente ***m.*** Parte que queda o se reserva de algo: *El tendero envió al chico a la bodega a buscar un* ***remanente*** *de aceite pues ya se había acabado el de la tienda.* SIN. **saldo.**

remangar ***vb. irreg.*** {tr. y prnl.} **Modelo 17.** Recoger hacia arriba las mangas o la ropa: *Matilde* ***se remangó*** *la blusa para poder lavar los platos sin mojarse la ropa.* SIN. **arremangar.**

remanso ***m.*** Lugar donde se detiene una corriente de agua: *Entre los rápidos del río hay zonas de* ***remanso*** *donde se puede nadar.*

remar ***vb.*** {intr.} Mover el remo o los remos para impulsar una embarcación: *El domingo iremos a* ***remar*** *al lago.*

remarcable ***adj.*** Notable, sobresaliente: *La inteligencia de Julio es* ***remarcable,*** *pues entiende en muy poco tiempo la teoría matemática más complicada.*

remarcar ***vb. irreg.*** {tr.} **Modelo 17.** Hacer notar algo de manera especial: *El maestro* ***remarcó*** *la importancia de acentuar correctamente las palabras.*

rematar ***vb.*** {tr.} **1** Acabar de matar: *Los ayudantes del torero* ***rematan*** *al toro cuando se termina la faena.* **2** Concluir, finalizar: *Los niños* ***remataron*** *el festival escolar con* *un baile muy alegre.* **3** Vender una tienda más barata cierta mercancía que no ha podido venderse de manera regular.

remate ***m.*** Fin, extremo o conclusión de algo: *Las columnas del edificio tienen hasta arriba un* ***remate*** *de flores con hojas talladas en mármol.*

rembolso ***m.*** *Ver* **reembolso.**

remedar ***vb.*** {tr.} **1** Hacer una cosa tratando de que sea igual a otra: *En algunos museos permiten a los estudiantes de pintura* ***remedar*** *las obras maestras.* **2** Imitar o copiar, en especial con burla: *Ana se puso a llorar porque su hermana* ***remedó*** *su fea manera de caminar.*

remediar ***vb.*** {tr.} **1** Reparar un daño: *La casa se incendió y ahora debemos* ***remediar*** *esa desgracia.* **2** Atender lo necesario para solucionar una urgencia o necesidad. **3** Evitar que ocurra algo desagradable: *Si el ciclista hubiera tenido más cuidado, ese accidente podría* ***haberse remediado.***

remedio ***m.*** **1** Medio que se toma para reparar o evitar un daño. **2** Medicamento o procedimiento para curar o aliviar una enfermedad: *Le recetaron a mi madre un* ***remedio*** *para la tos y otro para la fiebre.*

remedo ***m.*** Copia de no muy buena calidad que se hace de algo: *Estafaron a mi amiga, le vendieron por bueno un* ***remedo*** *mal hecho de un reloj de marca famosa.*

rememorar ***vb.*** {tr.} Recordar, traer a la memoria: *A mi abuelo le gusta* ***rememorar*** *los tiempos pasados.*

remendar ***vb. irreg.*** {tr.} **Modelo 3.** Reforzar lo viejo o roto con un remiendo: *Mi abuelita era muy hábil para* ***remendar*** *los pantalones que tenían hoyos.*

remera ***adj./f.*** Nombre que se da a cada una de las plumas grandes del ala de un ave: *Las* ***remeras*** *de las águilas y halcones les permiten planear a grandes alturas.*

remera ***f. Argent.*** y ***Urug.*** Camiseta de manga corta. Sin. **playera.**

remero, ra ***m.*** y ***f.*** Persona que rema en una embarcación: *Dimos un paseo en lancha por el lago y yo fui el* ***remero*** *en el trayecto de regreso.*

remesa ***f.*** **1** Hecho de enviar o remitir cartas o paquetes. **2** Aquello que se envía de una sola vez: *En esa tienda recibieron una* ***remesa*** *de leche en mal estado y tuvieron que devolverla.*

remezón ***m. Amér. C.*** y ***Amér. Merid.*** Sismo de poca intensidad.

remiendo ***m.*** Pedazo de tela que se cose a una prenda vieja o rota: *Berenice le puso un* ***remiendo*** *a los pantalones de su hijo porque ya estaban rotos en la parte de la rodilla.*

remilgado, da ***adj.*** Que muestra una delicadeza exagerada: *Evaristo es un* ***remilgado*** *que durante la excursión no se quiso sentar por no ensuciar su ropa.*

remilgo ***m.*** Gesto o acción que muestra delicadeza o manía exagerada: *Norma hace* ***remilgos*** *cuando mi madre prepara guisos con carne, revisa trozo por trozo y lo huele antes de comerlo.*

remilgoso, sa ***adj. Méx.*** Persona que muestra remilgos o delicadeza exagerada: *Verónica es muy* ***remilgosa,*** *no le gustó nada de la comida.*

reminiscencia ***f.*** Recuerdo vago e incompleto: *Entre mis* ***reminiscencias*** *de niña está aquella del viaje a un pueblo lejano para visitar a mis abuelos.*

remisible ***adj.*** Que se puede remitir: *En el servicio de mensajería dijeron que esa figura antigua es* ***remisible,*** *siempre y cuando se empaque muy bien para protegerla.*

remisión ***f.*** **1** Acción de remitir o remitirse: *"Por fortuna la fiebre* ***remitió*** *y ahora el enfermo va en vías de aliviarse", dijo el médico.* **2** Indicación hecha en un escrito para mandar al lector a otra parte del mismo: *Las* ***remisiones*** *generalmente se indican con la palabra "ver" o con un asterisco.*

remitente ***m.*** y ***f.*** Persona o empresa que envía una carta o un paquete: *Los empleados del correo no sabían adónde devolver la carta porque no llevaba escrito el nombre del* ***remitente.***

remitir ***vb.*** {tr., intr. y prnl.} **1** Hacer que algo llegue a determinado sitio o a una determinada persona: *Le* ***remitieron*** *a Luis una carta de la oficina del director.* Sin. **enviar. 2** Perder un fenómeno su intensidad, en especial la fiebre. **3** Enviar a otro sitio: *En la burocracia es común que lo* ***remitan*** *a uno a muchas oficinas diferentes para arreglar un asunto.* **4** Atenerse a lo dicho o a lo hecho: *Cuando digo que Julio y Rina son novios,* ***me remito*** *a las pruebas pues los vi dándose un beso y paseando tomados de la mano.*

remo ***m.*** Instrumento de madera alargado y terminado en forma de pala que sirve para impulsar una embarcación: *Los* ***remos*** *ayudan a que las lanchas avancen y vayan en la dirección deseada.*

remoción ***f.*** **1** Hecho de agitar algo o de moverlo del lugar donde estaba. **2** Retiro, despido: *Después de la* ***remoción*** *de la directora de la revista, la publicación bajó de calidad.*

remodelación ***f.*** Restauración de edificios y de obras de un lugar: *No me gustó la* ***remodelación*** *que hicieron del viejo cine Robles, le quitaron su estilo antiguo y elegante.*

remodelar ***vb.*** {tr.} Realizar restauraciones y reformas a algo que ya estaba hecho: *La costurera* ***remodeló*** *un vestido de mamá para modernizarlo.*

remojar ***vb.*** {tr. y prnl.} Empapar o cubrir con agua una cosa: *Están tan sucios los pantalones que habrá que dejarlos* ***remojando*** *en jabón todo un día para que queden limpios.*

remojo ***m.*** **1** Acción de poner en agua: *Hay que poner las semillas en* ***remojo*** *antes de cocerlas para que queden suaves.* **2** ***Méx. Fam.*** Festejo por el estreno de algo nuevo que se ha comprado: *Marcial invitó a sus amigos a su casa nueva para darles el* ***remojo.***

remojón ***m.*** Mojadura causada por un accidente como la lluvia o la caída en un sitio con agua: *Saúl cayó vestido a la fuente y se dio un buen* ***remojón.*** Sin. **chapuzón.**

remolacha ***f.*** Planta con raíz carnosa de la que se extrae azúcar: *Aparte de la caña, la* ***remolacha*** *es otra forma de obtener azúcar.*

remolcador ***m.*** Buque diseñado especialmente para funciones de remolque: *El* ***remolcador*** *llevó al pesquero hasta el puerto.*

remolcar ***vb. irreg.*** {tr.} **Modelo 17. 1** Llevar una embarcación a otra: *El guardacostas* ***remolcó*** *al pequeño pesquero descompuesto hasta la playa.* **2** Llevar por tierra un vehículo a otro: *La grúa tuvo que* ***remolcar*** *el automóvil de Pamela después de que se descompuso.*

remoler ***vb. irreg.*** {intr.} **Modelo 29. 1** ***Chile*** y ***Perú.*** Irse de fiesta, divertirse. **2** ***Guat.*** Fastidiar, incomodar, molestar.

remolino ***m.*** Movimiento giratorio y rápido del aire, el agua, etc.: *El* ***remolino*** *de viento trajo consigo polvo, hojas de árboles y basura.*

remolón, lona ***adj./m.*** y ***f.*** **1** Perezoso: *Jaime es* ***remolón*** *porque levantarlo para ir a la escuela resulta toda una hazaña.* **2** Persona que se hace del rogar: *Nidia quería ir al cine con Fernando, pero se hizo la* ***remolona*** *para que no descubriera que el muchacho le gustaba.*

remolque ***m.*** **1** Hecho de remolcar, de llevar un vehículo a otro tirando de él. **2** Cosa o vehículo que es remolcado.

remonta ***f.*** En términos militares, servicio encargado de la adquisición, cría, reproducción y el cuidado de los caballos:

*El servicio de **remonta** de esa unidad de caballería adquirió cuatro sementales para cruzarlos con las yeguas.*

remontar ***vb.*** {tr. y prnl.} **1** Superar una dificultad: *Aunque el momento es difícil, los médicos están seguros de que el paciente **remontará** la crisis de la enfermedad.* **2** Ir hacia arriba: *No fue fácil **remontar** esa montaña, pero después de varias horas lo conseguimos.* **3** Subir muy alto las aves o los aparatos que vuelan: *El águila **se remontó** hacia las alturas después de comer a su presa en el valle.*

rémora ***f.*** **1** Pez marino de hasta 40 cm de largo, que se adhiere a otros peces mayores para que éstos lo transporten. **2** Persona o situación que disminuye la velocidad o el avance de otro.

remorder ***vb. irreg.*** {tr.} **Modelo 29.** Sentir que se ha actuado mal: *Pedro empujó a su hermano para que se cayera, luego le **remordió** la conciencia y ofreció disculpas.*

remordimiento ***m.*** Sensación desagradable de inquietud o pesar que sufre quien ha obrado mal: *El **remordimiento** y la culpa llevaron al hombre que robó en el asilo de ancianos a confesar su delito.*

remotamente ***adv.*** Vagamente: *"Recuerdo **remotamente** que cuando yo era niño, los automóviles eran algo raro en esta ciudad", nos comentó el abuelo.*

remoto, ta ***adj.*** **1** Lejano, apartado: *La casa de mi amigo está en un **remoto** lugar del campo, el camino para llegar hasta ahí es largo y complicado.* Sin. **apartado, distante.** **2** Poco probable: *En el **remoto** caso de que me gane la lotería, me compraré una casa en la playa.*

remover ***vb. irreg.*** {tr.} **Modelo 29.** Mover una cosa agitándola o dándole vueltas: *Hay que **remover** el café para que se disuelva el azúcar que se le pone.*

removible ***adj.*** Que puede removerse: *La mesa tiene pequeñas ruedas **removibles.***

remozar ***vb. irreg.*** {tr.} **Modelo 16.** Dar aspecto más nuevo o moderno: *Federico **remozó** su casa para cambiar su estilo y además compró muebles nuevos.*

remplazar ***vb. irreg.*** {tr.} **Modelo 16.** *Ver* **reemplazar.**

remuneración ***f.*** Pago, recompensa: *En su nuevo trabajo, el señor López cobra una **remuneración** alta.*

remunerar ***vb.*** {tr.} Pagar, recompensar: *El jardinero preguntó con cuánto se le iba a **remunerar** por podar el árbol y el césped.*

renacentista ***adj./m.*** y ***f.*** Perteneciente a, o relacionado con, el movimiento cultural y artístico del renacimiento: *"La arquitectura **renacentista** de la ciudad de Florencia me fascina", dijo Patricia.*

renacer ***vb. irreg.*** {intr.} **Modelo 39.** Volver a nacer: *Muchas plantas **renacen** y florean en la primavera.*

renacimiento ***m.*** **1** Hecho de volver a nacer. **2** Movimiento cultural europeo de los siglos XV y XVI, inspirado en la antigüedad clásica de Grecia y Roma: *Leonardo da Vinci, Rafael Sanzio y Miguel Ángel Buonarroti son famosos artistas del **Renacimiento.***

renacuajo ***m.*** **1** Larva de la rana desde que sale del huevo hasta que desaparece su cola: *En el lago hay **renacuajos** que luego serán ranas.* **2** ***Desp.*** Persona pequeña o raquítica.

renal ***adj.*** Relativo al riñón: *Descubrieron que el dolor de la espalda de Joel se debía a cálculos o piedras **renales** y ahora está en tratamiento para eliminarlas.*

rencilla ***f.*** Enemistad o desacuerdo entre dos o más personas: *Romualdo y Esteban tienen **rencillas** porque los dos quieren ser el mejor estudiante del grupo.*

renco, ca ***adj.*** Se dice de la persona o animal que cojea a causa de una lesión o defecto en la cadera: *El perro de Jaime quedó **renco** después de que lo atropellaron.*

rencor ***m.*** Sentimiento tenaz de odio o antipatía de alguien hacia otro que lo ha perjudicado: *Es difícil dejar de sentir **rencor** hacia quien nos ha ofendido.*

rencoroso, sa ***adj.*** Que guarda odio o antipatía durante largo tiempo: *Aldo es un niño **rencoroso** que se sigue acordando tres meses después de una pequeña ofensa.*

rendición ***f.*** Acto por el cual un ejército o una tropa dejan de pelear con su enemigo y se entregan a él: *La **rendición** de Japón ante Estados Unidos durante la Segunda Guerra Mundial vino después de los bombardeos atómicos de Hiroshima y Nagasaki.*

rendido, da ***adj.*** **1** Sumiso, galante: *En cuanto Carlos conoció a Rocío, se convirtió en su **rendido** admirador.* **2** Muy cansado: *El primer día de clases Alberto regresó **rendido** a su casa y durmió toda la tarde.*

rendija ***f.*** Abertura estrecha y larga: *Los niños se asomaron al jardín de la casa abandonada por una **rendija** que hay en el muro.* Sin. **ranura, raja.**

rendimiento ***m.*** **1** Producto o utilidad que da una cosa o una persona: *El **rendimiento** de este trabajador es bueno.* **2** Sometimiento de una persona a otra. **3** Decaimiento de las fuerzas: *El **rendimiento** constante que se observa en el paciente preocupa a los médicos.*

rendir ***vb. irreg.*** {tr., intr. y prnl.} **Modelo 47. 1** Vencer al enemigo y obligarle a entregarse. **2** Cansar, fatigar: *Ese paseo por el bosque **ha rendido** a los niños así que van a dormirse temprano.* **3** Dar utilidad o provecho una cosa: *El buen alumno estudia y razona las clases, por eso **rinde** en las calificaciones.* **4** Estar obligado a entregar tropas, plazas o embarcaciones a los enemigos: *Los soldados no tuvieron otra opción que **rendirse** cuando se les terminaron las municiones.*

renegado, da ***adj./m.*** y ***f.*** Que ha abandonado por su voluntad su religión, sus creencias, su doctrina o un modo de vida: *Leí una novela en la que un aristócrata **renegado** decide dejar a su familia y se vuelve ermitaño.*

renegar ***vb. irreg.*** {tr. e intr.} **Modelo 18. 1** Negar con insistencia: *Juan niega y **reniega** que él haya roto el jarrón.* **2** Rechazar alguien su patria, raza, religión, creencias o modo de vida: *El famoso cantante **renegó** de su vida libertina y se fue al Tíbet para entregarse a la meditación.* **3** ***Fam.*** Refunfuñar: *Sus padres no dejaron salir de casa a Reynaldo y se quedó **renegando** y rascando el césped con el pie.*

renegociar ***vb.*** {tr.} Volver a negociar una cosa para introducir alguna modificación: *El club **renegociará** la ficha con el futbolista.*

renegón, gona ***adj./m.*** y ***f. Fam.*** Que reniega o refunfuña con frecuencia: *Alonso es un muchacho **renegón** que no está contento ni cuando recibe un premio.*

renegrido, da ***adj.*** **1** Ennegrecido por el humo o la mugre: *Las paredes de la chimenea están **renegridas** por el hollín que produce el fuego.* **2** Relativo a la piel muy oscura: *Estuve diez días en la playa y regresé **renegrido** porque pasé demasiado tiempo asoleándome.*

renglón ***m.*** Serie de palabras escritas en una sola línea recta: *Como la hoja no tenía rayas, los **renglones** de palabras que escribí quedaron chuecos.*

renio ***m.*** Metal blanco de símbolo químico Re y número atómico 75.

reno ***m.*** Mamífero rumiante parecido al ciervo, de astas muy ramosas y pelaje espeso, que vive en Siberia, Escandinavia, Groenlandia y Canadá: *Según la tradición en algunos países, el trineo de Santa Claus es tirado por ocho **renos.***

renombrado, da ***adj.*** Que es célebre, famoso: *Un **renombrado** diseñador de ropa elaboró el vestido de novia de la princesa.*

renombre ***m.*** Fama, celebridad: *James Dean fue un actor que gozó de **renombre** a nivel internacional.*

renovable ***adj.*** Que puede ser renovado: *Es un permiso **renovable** por un año.*

renovación ***f.*** Hecho de continuar algo que había sido interrumpido: *Después del fin de semana me parece difícil la **renovación** de mis actividades los lunes.* SIN. **reanudación.**

renovar ***vb. irreg.*** {tr. y prnl.} **Modelo 5. 1** Cambiar una cosa por otra nueva: *Como Alejandra engordó y subió dos tallas tuvo que **renovar** su ropa.* **2** Reanudar, dar nueva validez: *Mi padre va a **renovar** su tarjeta de crédito porque ya dejó de ser válida la que tenía.*

renquear ***vb.*** {intr.} Cojear, caminar con dificultad: *Marisela **renquea** porque se acaba de torcer el tobillo.*

renta ***f.*** **1** Beneficio anual que rinde una cosa: *La familia de Manolo tiene muchas propiedades e inversiones, por eso se mantienen de sus **rentas.*** **2** ***Chile*** y ***Méx.*** Lo que se paga por un arrendamiento: *El dueño de la casa viene a recoger la **renta** el primer día de cada mes.* SIN. **alquiler, inquilinaje, inquilinato.**

rentable ***adj.*** Que produce ganancias: *Le propusieron a Carlota un negocio **rentable** y dice que ganará tanto dinero que me invitará de vacaciones a Europa.*

rentar ***vb.*** {tr.} **1** Producir algo algún beneficio: *El dinero que tenía en el banco me **rentaba** muy pocas ganancias al año, por eso preferí ocuparlo para comprar una computadora.* **2** Pagar una cantidad por habitar u ocupar un lugar: *Como los Ramírez no podían comprar casa, **rentaron** un apartamento.*

renuencia ***f.*** Actitud de quien se rehúsa a hacer algo: *"La **renuencia** de Giovanna a acudir a esa fiesta se debe a que tuvo problemas con los anfitriones hace una semana", explicó su hermano.*

renuente ***adj.*** Que se niega a hacer algo: *Marcio está **renuente** a aceptar las condiciones que plantea ese contrato, pues dice que son desventajosas para él.*

renuevo ***m.*** Brote que echa un árbol o una planta después de haber sido podado o cortado.

renuncia ***f.*** **1** Hecho de dejar algo o apartarse de ello por voluntad propia. **2** Manifestación, escrita u oral, de que se abandonará un empleo: *Sofía presentó su **renuncia** al empleo que tenía en esta empresa cuando le ofrecieron otro mejor.*

renunciación ***f.*** Acción de renunciar a algo de forma sacrificada: *El padre tuvo que hacer un acto de **renunciación** hacia sus hijos cuando se enteró de que tenía una enfermedad contagiosa.*

renunciar ***vb.*** {tr. e intr.} **1** Apartarse de algo, dejarlo o abandonarlo por voluntad propia: *Cuando el jefe de Rosaura dejó la empresa, ella también **renunció** y se fue a trabajar con él a su nuevo negocio.* **2** No querer aceptar algo: *Antonio **renunciará** a su herencia porque no quiere saber nada de ese tío rico y deshonesto.* SIN. **rechazar.**

reñido, da ***adj.*** Discutido, peleado: *El primer premio del concurso fue muy **reñido** porque los dos finalistas eran muy buenos.*

reñir ***vb. irreg.*** {tr. e intr.} **Modelo 66. 1** Reprender, regañar: *La abuelita **riñó** a Óscar porque entró a la casa con los zapatos llenos de barro.* **2** Discutir, pelear: *Pablo **riñó** con su novia, por eso no la ha visto desde hace dos semanas.* **3** Enemistarse, deshacer la amistad que se tenía con otro.

reo, a ***m.*** y ***f.*** En un proceso penal, persona a la que se acusa o es culpable de un delito: *Los **reos** más peligrosos están sujetos a mayor vigilancia que los delincuentes normales.*

reojo. Mirar de ~, ***loc.*** Mirar con disimulo, sin volver la cabeza: *Cuando el inspector entró a la escuela **miró de reojo** a los alumnos que jugaban en el patio.*

reología ***f.*** Parte de la física que estudia cualidades de la materia como la viscosidad, la plasticidad y la elasticidad.

reómetro ***m.*** Instrumento que sirve para medir la velocidad de la corriente de un fluido.

reorganizar ***vb. irreg.*** {tr. y prnl.} **Modelo 16.** Organizar algo de nuevo, de manera diferente, para lograr mayor eficiencia: *Desde que la nueva encargada **reorganizó** la biblioteca, es mucho más fácil encontrar los libros que necesitamos.*

reóstato ***m.*** Instrumento que sirve para hacer variar la resistencia en un circuito eléctrico.

repantigarse o **repanchigarse** ***vb. irreg.*** {prnl.} **Modelo 17.** Extenderse o acomodarse en el asiento con comodidad: *La joven **se repantigó** en la silla, cruzó las piernas y encendió el televisor.*

reparación ***f.*** Hecho de arreglar, de componer algo roto o estropeado: *La **reparación** del televisor fue barata y rápida porque sólo se habían desconectado unos cables.*

reparador, ra ***adj.*** Que restablece las fuerzas: *Después de tres semanas de desvelo, al fin Emilio pudo dormir desde temprano anoche y su sueño fue **reparador,** despertó con mucha energía.*

reparar ***vb.*** {tr. e intr.} **1** Arreglar algo roto o estropeado: *Llevamos a **reparar** el radio porque ya no funcionaba.* **2** Darse cuenta de algo, fijarse: *Cuando la maestra llegó distraída al salón de clases, no **reparó** en que todos los niños estaban vestidos de flores para celebrar la primavera.* SIN. **advertir.**

reparo ***m.*** Objeción, traba: *La maestra puso **reparo** al proyecto de experimentos que le propuso el grupo de niños porque le pareció peligroso.*

repartición ***f.*** **1** Acción y efecto de repartir: *La **repartición** del dinero fue justa pues se dividió en partes iguales para cada niño.* **2** ***Amér. C.*** y ***Amér. Merid.*** Cada una de las dependencias de una organización administrativa: *Fui a la **repartición** de aguas para reportar una alcantarilla tapada.*

repartidor, ra ***m.*** y ***f.*** Persona que trabaja repartiendo mercancías, publicaciones, etc.: *El **repartidor** de diarios pasa muy temprano por la casa.*

repartir ***vb.*** {tr. y prnl.} Distribuir algo entre varios: *Mi madre **repartió** la comida entre toda la familia.*

reparto ***m.*** Acción de repartir algo: *"El **reparto** de las nuevas botas de trabajo será mañana a mediodía", indicó el capataz de la mina a los mineros.*

repasador ***m.*** ***Argent., Par.*** y ***Urug.*** Paño de cocina.

repasar ***vb.*** {tr.} **1** Volver a examinar, estudiar o mirar algo: *Antes de dormirse, Esteban **repasó** los temas de matemáticas para el examen del día siguiente.* SIN. **revisar. 2** Volver a pasar por un mismo lugar: *Andrés pasa y **repasa** por la calle donde vive la muchacha que le gusta.*

repaso ***m.*** Acción de examinar de nuevo: *Siempre es bueno darle un **repaso** a los cuadernos antes de guardarlos durante el fin de semana.*

repatriación ***f.*** Hecho de hacer que alguien que se había ido, vuelva a su patria: *La **repatriación** de refugiados es un proceso social y económico muy complejo.*

repatriado, da ***adj./m.*** y ***f.*** Exiliado o expatriado que regresa a su país de origen: *Mañana llegará en un barco parte de las familias **repatriadas** que regresan al país después del término de la guerra.*

repatriar ***vb. irreg.*** {tr., intr. y prnl.} **Modelo 9.** Hacer que uno regrese a su patria: *El gobierno **ha repatriado** a las personas que tuvieron que huir del país antes de la guerra.*

repecho ***m.*** Cuesta muy empinada pero corta.

repelar ***vb.*** {intr.} ***Méx.*** Rezongar, protestar por algo que no se está dispuesto a hacer o aceptar: *Tanto* ***repeló*** *la señora, que finalmente el gerente de la tienda aceptó devolverle el dinero en vez de cambiar la mercancía defectuosa por otros artículos.*

repelente ***adj.*** **1** Repugnante, asqueroso: *Al pasar cerca del alcantarillado se percibe un olor* ***repelente.*** **2** Insoportable: *La conducta de ese hombre es* ***repelente*** *pues siempre está hablando de las mujeres de manera vulgar y agresiva.*

repelente ***m.*** Sustancia que sirve para alejar insectos, etc.: *Como le pican mucho los moscos, Lidia se pone* ***repelente*** *para que no se le acerquen.*

repeler ***vb.*** {tr. y prnl.} **1** Rechazar, hacer que un atacante retroceda: *Los soldados lograron* ***repeler*** *el ataque enemigo.* **2** Causar repugnancia: *Las cucarachas* ***me repelen*** *tanto que no puedo ni verlas.*

repelón, lona ***adj. Méx.*** Que rezonga o que refunfuña: *Estela es una niña* ***repelona*** *que no se cansa de quejarse por todo.*

repelús o **repeluzno** ***m.*** Escalofrío producido por temor, asco, etc.: *La rata que pasó cerca de Estela le produjo tal* ***repelús*** *que se le puso la carne de gallina.*

repensar ***vb. irreg.*** {tr. e intr.} **Modelo 3.** Pensar algo nuevamente, con detenimiento: *Luego de* ***repensar*** *el asunto, Margarita decidió que, en lugar de danza, estudiará idiomas.*

repente ***m.*** **1** *Fam.* Movimiento súbito de personas o animales. **2** *loc.* **De ~,** de manera repentina o inesperada: ***De repente*** *el gato salió corriendo y después vi que seguía a un ratón.*

repentino, na ***adj.*** Inesperado, no previsto: *Tito gozaba de buena salud, pero sufrió de una muerte* ***repentina*** *que nadie imaginó.* SIN. **súbito.**

repercusión ***f.*** Consecuencia: *La baja del precio del petróleo tuvo muchas* ***repercusiones*** *negativas para ese país, pues la base de su economía es la venta de petróleo.*

repercutir ***vb.*** {intr.} **1** Producir eco un sonido: *El volumen del sonido en ese cine es tan alto que la música* ***repercute*** *en la cabeza y el estómago del público.* **2** Causar efecto una cosa en otra: *Fumar* ***repercute*** *negativamente en la salud.*

repertorio ***m.*** Lista de obras que tiene preparada un actor, compañía, etc.: *Esa compañía tiene un* ***repertorio*** *de quince obras ensayadas y las puede representar en cualquier momento.*

repetición ***f.*** Hecho de volver a decir o hacer algo que ya se hizo o dijo: *Después de varias* ***repeticiones,*** *el coro logró cantar sin errores.* SIN. **reiteración.**

repetidora ***f.*** Emisora de radio o televisión de poca potencia, que retransmite los programas originados en otra mayor: *Esa estación tiene cuatro* ***repetidoras*** *en el territorio nacional.*

repetir ***vb. irreg.*** {tr. y prnl.} **Modelo 47. 1** Volver a hacer o decir lo que se había hecho o dicho: *Tuve que* ***repetir*** *el ejercicio porque la primera vez lo hice mal.* SIN. **reproducir. 2** Subir a la boca gases de la digestión con el sabor de lo que se ha comido o bebido antes. SIN. **eructar.**

repetitivo, va ***adj.*** Que se produce una y otra vez de forma monótona: *La plática de Gerardo es* ***repetitiva*** *pues siempre te cuenta lo mismo.*

repicar ***vb. irreg.*** {tr.} **Modelo 17.** Tañer o sonar de manera repetida y rápida las campanas en señal de fiesta o para llamar la atención por alguna emergencia: *Las campanas* ***repicaron*** *mucho el día de la fiesta del santo patrono de la iglesia de mi pueblo.*

repique ***m.*** Sonido repetido y rápido de las campanas: *El* ***repique*** *de campanas anunció que hoy era día de fiesta en nuestro pueblo.*

repiquetear ***vb.*** {tr. e intr.} **1** Repicar las campanas o un instrumento musical con movimiento rápido. *La bailarina* ***repiqueteaba*** *sus castañuelas mientras daba giros.* **2** Golpear con los dedos sobre algo haciendo ruido: *El cliente* ***repiqueteó*** *con impaciencia sobre el mostrador del banco mientras la cajera bostezaba sin preocuparse.*

repisa ***f.*** Estante, anaquel, superficie plana que se fija de manera perpendicular a la pared y que se usa para sostener cosas: *En la* ***repisa*** *de la cocina están el café, el azúcar, el arroz y otros alimentos.*

replantear ***vb.*** {tr.} Plantear un asunto nuevamente: *Luego de analizar las ventajas y desventajas, el ejecutivo* ***replanteó*** *su estrategia de ventas ante su supervisor.*

replegar ***vb. irreg.*** {tr. y prnl.} **Modelo 18. 1** Plegar muchas veces: *Ningún papel del tamaño que sea puede* ***replegarse*** *más de ocho veces.* **2** Retirarse de manera ordenada las tropas: *Cerca del final de la batalla, las tropas comenzaron a* ***replegarse*** *hacia su base de operaciones.*

repleto, ta ***adj.*** Lleno hasta el límite, sin que quepa nada más: *El estadio estaba* ***repleto*** *el día del juego por el campeonato mundial.*

réplica ***f.*** **1** Respuesta, reacción: *Después del terremoto hubo varias* ***réplicas*** *de menor intensidad.* **2** Reproducción exacta de una obra de arte: *Como ejercicio muchos estudiantes de pintura hacen* ***réplicas*** *de cuadros famosos.*

replicar ***vb. irreg.*** {intr.} **Modelo 17. 1** Responder a una afirmación, propuesta o argumento: *El periodista recibió* ***réplicas*** *negativas de otros periodistas a su artículo publicado en el diario.* **2** Poner objeciones a lo que se dice o manda.

repliegue ***m.*** **1** Pliegue doble: *Los vestidos para mujeres embarazadas llevan un* ***repliegue*** *debajo del pecho que sirve para evitar que se apriete el vientre abultado.* **2** Acción de retiro de las tropas: *El* ***repliegue*** *de las tropas alentó al enemigo a atacar con más fiereza.*

repoblar ***vb. irreg.*** {tr. y prnl.} **Modelo 5. 1** Volver a poblar: *Cuando se agotó la mina, el pueblo quedó abandonado, pero ha comenzado a* ***repoblarse*** *ahora que abrieron una fábrica.* **2** Plantar árboles: *Si las autoridades no* ***hubieran repoblado*** *la montaña, ahora parecería un desierto.* SIN. **reforestar.**

repollo ***m.*** **1** Cabeza formada por las hojas de algunas plantas. **2** Variedad de col que tiene las hojas muy apretadas.

reponer ***vb. irreg.*** {tr. y prnl.} **Modelo 27. 1** Volver a poner algo que se había quitado: *Mi papá ya* ***repuso*** *el dinero que había sacado de su cuenta en el banco, así que la cantidad es la misma que antes.* **2** Recobrar la salud: *Aníbal tomó medicamentos y* ***se repuso*** *rápidamente del resfrío que padecía.* **3** Sustituir, cambiar: *Como el bolígrafo resultó defectuoso* ***se lo repusieron*** *en la tienda por otro nuevo.* **4** Contestar, replicar: *Cuando le pregunté a Dionisio dónde estaba el café, él* ***repuso*** *que no lo sabía.*

reportaje ***m.*** Trabajo periodístico, cinematográfico, etc., de carácter informativo: *Enviaron a varios periodistas al país donde hay guerra para que realicen* ***reportajes*** *sobre la situación.*

reportar ***vb.*** {tr. y prnl.} **1** Obtener alguna ventaja o beneficio: *El negocio que comenzó Rafael hace dos años empieza a* ***reportarle*** *dinero.* **2** Dar información: *El noticiero de la radio* ***reportó*** *que hay un incendio en la fábrica de jabones.* **3** Refrenar, contener o moderar un impulso o pasión.

reporte ***m. Méx.*** Informe: *El presidente pidió a las autoridades un* ***reporte*** *sobre el estado de la población después del paso del huracán.*

reportero, ra ***m.*** y ***f.*** Periodista que acude al sitio donde se genera una noticia: *Román empezó como* ***reportero*** *de asuntos sociales, pero ahora se ocupa de temas deportivos.*

reposado, da ***adj.*** **1** Calmado, tranquilo, lento: *Ese maestro tiene una manera tan* ***reposada*** *de hablar que da sueño al escucharlo.* **2** Relativo a los licores añejados: *A mi padre le gusta más el ron* ***reposado*** *porque dice que sabe menos fuerte.*

reposar ***vb.*** {intr. y prnl.} **1** Tomar un descanso, recostarse: *Adriana se retiró a su habitación a* ***reposar*** *un momento porque había trabajado muchas horas sin parar.* **2** Depositarse una sustancia en el fondo de un líquido: *Hay que dejar* ***reposar*** *el café turco antes de tomarlo para que se asiente el polvo de café.*

reposera ***f. Argent., Par.*** y ***Urug.*** Silla que se extiende.

reposición ***f.*** Acción y efecto de reponer algo o reponerse de una pérdida o enfermedad: *Úrsula debe ir a tramitar la* ***reposición*** *de su pasaporte, pues el que tiene ya se venció.*

reposo ***m.*** **1** Tranquilidad: *Después del infarto, el médico le recomendó a mi abuelo que mantuviera* ***reposo*** *y paz.* **2** Inmovilidad de un cuerpo: *Las lagartijas se pasan largos ratos en* ***reposo*** *tomando el sol.*

repostar ***vb.*** {tr. y prnl.} Reponer provisiones, combustible, etc.

repostería ***f.*** Oficio y técnica de hacer postres, tartas, dulces, etc.: *Conozco una panadería famosa por su* ***repostería*** *donde venden unas tartas deliciosas.*

repostero, ra ***m.*** y ***f.*** Persona que tiene por oficio hacer dulces, postres, tartas, etc.: *Lo que más le interesa a Enrique son los postres, por eso estudia para* ***repostero*** *y quiere trabajar en la cocina de un hotel famoso.*

reprender ***vb.*** {tr.} Amonestar o regañar a alguien desaprobando su conducta: *Mi madre me* ***reprendió*** *porque le dije una grosería a la maestra.*

reprensión ***f.*** Acción y efecto de reprender: *El empleado perdió unos documentos importantes, por eso recibió una dura* ***reprensión*** *de su jefe.*

represa ***f.*** Muro muy grueso y resistente para contener el curso de las aguas: *Las autoridades construyeron una* ***represa*** *para controlar el agua del río.*

represalia ***f.*** Daño que se causa a otro para vengar otro daño que causó el primero: *El juez envió a la cárcel a un mafioso, pero ahora que el delincuente salió libre, teme sus* ***represalias.***

represar ***vb.*** {tr. y prnl.} Detener el curso una corriente de agua o estancarse éste: *Los ingenieros* ***represarán*** *esa parte del río para llevar agua a varias poblaciones.*

representación ***f.*** **1** Acción y efecto de representar. **2** Persona o personas que representan a una colectividad: *La señora Chávez habló ante las autoridades en* ***representación*** *de todos los vecinos.* **3** Imagen que sustituye a la realidad: *No me gustó la* ***representación*** *del amanecer que el pintor hizo en su cuadro, pues los colores no se parecen a los reales.* **4** En el teatro, puesta en escena: *La obra tuvo mucho éxito, llegó a las quinientas* ***representaciones*** *en el mismo teatro.*

representar ***vb.*** {tr. y prnl.} **1** Ser imagen o símbolo de algo: *Vi un dibujo que* ***representa*** *el paisaje de la región de los Andes chilenos.* **2** Actuar oficialmente en nombre de otro: *Joel* ***representará*** *a la escuela en las competencias nacionales de natación.* **3** Interpretar una obra dramática: *La actriz principal dice que ese personaje del teatro antiguo es muy difícil de* ***representar,*** *porque cuando lo dramático se hace mal se vuelve ridículo.* **4** Hacer presente en la imaginación a alguien o algo: *Tengo tanta hambre que* ***me representé*** *en la mente la imagen de un suculento pollo frito con papas.*

representativo, va ***adj.*** Que representa o puede representar a otros de su tipo o actividad: *Los leones son animales* ***representativos*** *de los grandes felinos.*

represión ***f.*** Falta de libertad.

reprimenda ***f.*** Regaño severo: *Los niños que causaron el incendio en el laboratorio recibieron una fuerte* ***reprimenda*** *por parte de la directora.*

reprimir ***vb.*** {tr. y prnl.} Impedir que se manifieste un sentimiento o impulso: *Los psicólogos dicen que no hay que* ***reprimir*** *los sentimientos, sino dejarlos salir.* Sin. **refrenar.**

reprivatización ***f.*** Proceso y hecho de volver a la actividad privada a una industria que había sido absorbida por el Estado: *Con la* ***reprivatización*** *de los ingenios azucareros, el gobierno de ese país espera recuperar la producción.*

reprivatizar ***vb. irreg.*** {tr.} **Modelo 16.** Regresar a la actividad privada una industria que se había nacionalizado: *El presidente de ese país anunció que* ***reprivatizará*** *las centrales siderúrgicas que su antecesor había hecho pasar a poder del Estado.*

reprobación ***f.*** Rechazo, censura: *Los cuadros de ese pintor recibieron la* ***reprobación*** *de toda la crítica, y tenían razón porque son muy feos.*

reprobado, da ***adj.*** Que no fue aprobado, que no alcanzó la calificación suficiente en un examen: *Tendrá que repetir el tercer año, porque está* ***reprobado.***

reprobar ***vb. irreg.*** {tr.} **Modelo 5.** **1** Censurar o no aprobar, dar por malo. **2** ***Amér.*** No aprobar un curso o examen: *Si no estudias, vas a* ***reprobar*** *el examen.*

reprochar ***vb.*** {tr. y prnl.} Reconvenir, echar en cara a alguien sus acciones: *Marisa le* ***reprochó*** *a Rosa que no haya asistido a su boda a pesar de que son casi como hermanas.*

reproche ***m.*** Censura, crítica: *Mercedes merecía los* ***reproches*** *de su padre porque su conducta hacia él ha sido grosera.*

reproducción ***f.*** **1** Copia o imitación: *Los alumnos de pintura hicieron la* ***reproducción*** *de un cuadro famoso como examen final.* **2** Función por la cual los seres vivos se multiplican para perpetuar su especie: *En la clase de biología empezamos a estudiar el proceso de* ***reproducción*** *de las plantas.*

reproducir ***vb. irreg.*** {tr. y prnl.} **Modelo 57.** **1** Volver a producir: *El aparato graba y* ***reproduce*** *el sonido grabado.* **2** Volver a hacer o a decir lo que se había hecho o dicho antes. Sin. **repetir.** **3** Sacar copia de algo: *Las máquinas fotocopiadoras* ***reproducen*** *textos o dibujos.* **4** Procrear una especie: *Los pájaros* ***se reproducen*** *por medio de huevos.*

reproductor, ra ***adj.*** Relativo a la reproducción: *Los órganos* ***reproductores*** *de los humanos están situados del lado frontal del cuerpo, entre la cadera y los muslos.*

reproductor, ra ***m.*** Aparato que amplifica o reproduce ondas magnéticas o acústicas: *En su cumpleaños, Rita recibió como regalo un* ***reproductor*** *portátil de DVD's.*

reprografía ***f.*** Reproducción de documentos por medios mecánicos como la fotocopia, la fotografía, etc.

reptar ***vb.*** {intr.} Andar arrastrándose como lo hacen los reptiles y otros animales.

reptil ***adj./m.*** Animal vertebrado de sangre fría, ovíparo, con respiración pulmonar, que repta: *Las víboras, las lagartijas y los caimanes son **reptiles.***

república ***f.*** Forma de gobierno en la que el poder del jefe de Estado o presidente viene del voto de los ciudadanos: *Venezuela, Brasil y Colombia son **repúblicas.***

republicano, na ***adj.*** Relacionado con la república: *Ese país tiene un gobierno **republicano,** porque eligen a su presidente a través de los votos directos.*

republicano, na ***m.*** y ***f.*** Defensor de la república: *En esa época los **republicanos** luchaban fieramente contra los monarquistas.*

repudiar ***vb.*** {tr.} Rechazar algo, no aceptarlo: *Cuando asesinaron a ese presidente los gobiernos de todo el mundo **repudiaron** la violencia.*

repudio ***m.*** Rechazo, repulsión: *La matanza de los indígenas inocentes levantó el **repudio** de toda la sociedad.*

repuesto ***m.*** **1** Provisión de víveres u otros artículos guardados para usarlos en determinada ocasión. **2** Recambio, pieza de un mecanismo que sustituye a otra que se ha averiado o que se ha acabado: *Necesito un **repuesto** de mi bolígrafo porque ya se le terminó la tinta.* Sin. **recambio, refacción. 3** *loc.* **De ~,** cosa preparada para sustituir a la que ya se descompuso o dañó: *La rueda **de repuesto** nos salvó de quedarnos tirados a la mitad de la carretera.*

repuesto, ta ***adj.*** Que se ha recuperado de una enfermedad: *Después de un mes en el hospital mi tío volvió a su trabajo **repuesto** y con muchas ganas de trabajar.*

repugnancia ***f.*** Asco, aversión, rechazo que produce algo: *Julia siente **repugnancia** por las vísceras animales que se comen, como tripas, riñones, hígado, etc.*

repugnante ***adj.*** Que produce asco, repulsión: *Los perros a veces comen algunos alimentos que a los humanos pueden parecernos **repugnantes** como la carne descompuesta.*

repugnar ***vb.*** {prnl.} Repeler, sentir asco: *No entiendo cómo Fernando puede trabajar en una tienda donde venden pescado si dice que **le repugnan** los olores fuertes y desagradables.*

repujado ***m.*** Técnica con la que se labran a martillo chapas metálicas o cuero: *Los artesanos hacen billeteras y bolsos con **repujado** en cuero.*

repujar ***vb.*** {tr.} Labrar a martillo chapas metálicas o cuero: *Ismael **repujó** unas piezas de estaño para hacer la réplica de un icono.*

repulsa ***f.*** Condena enérgica: *Las intenciones de unos empresarios para abrir una discoteca merecieron la **repulsa** de todos los vecinos del barrio.*

repulsión ***f.*** **1** Acción y efecto de repeler, de producir rechazo: *La sangre le causa tal **repulsión** a Iris que se desmaya cuando la ve.* **2** Repugnancia: *Con **repulsión** la mujer sacó de su cocina el cadáver de una rata.*

repulsivo, va ***adj.*** Que produce repugnancia: *Isela olvidó unas ciruelas dentro de una bolsa y cuando las volvió a encontrar tenían un aspecto **repulsivo,** estaban podridas y llenas de moho.*

repuntar ***vb.*** {tr.} **1** ***Argent., Chile*** y ***Urug.*** Reunir el ganado que está disperso. **2** ***Argent., Chile, Colomb., Hond., Méx.*** y ***Urug.*** Recobrar intensidad un hecho o fenómeno que había disminuido. **3** ***Argent., Chile*** y ***Urug.*** Recuperar una posición favorable: *Al principio se retrasó, pero en la recta final el caballo al que le aposté **repuntó** y llegó en segundo lugar.*

repunte ***m.*** En economía, recuperación de una posición favorable: *El **repunte** en la bolsa de valores puso felices a muchos hombres de negocios.*

reputación ***f.*** Fama, crédito: *Esa tienda tiene mala **reputación** porque se dice que la ropa que venden es cara y de mala calidad.*

reputar ***vb.*** {tr.} Estimar, juzgar la calidad de alguien o algo.

requemar ***vb.*** {tr. y prnl.} **1** Volver a quemar una cosa: *El fuego **requemó** las mismas zonas del bosque que el año pasado se incendiaron.* **2** Quemar o tostar mucho una cosa: *Por dejar el pan en el horno, se **requemó.*** **3** Provocar un exceso de sol o de calor que una planta se seque: *Las altas temperaturas **requemaron** los rosales.* **4** Producir una cosa picor o ardor en la lengua o en el paladar: *El aguardiente le **requemó** la garganta.* **5** Sufrir una persona en su interior al callar o disimular una cosa.

requerimiento ***m.*** Solicitud de parte de la autoridad: *La oficina de impuestos envía **requerimientos** a quienes no han pagado sus contribuciones.*

requerir ***vb. irreg.*** {tr.} **Modelo 50. 1** Pedir la autoridad o una persona algo que debe cumplirse sin excusa. **2** Necesitar alguna cosa de algo: *El rosal es una planta que **requiere** mucha agua y sol.*

requesón ***m.*** **1** Parte sólida de la leche cuajada: *El **requesón** es un tipo de queso blanco muy suave que se usa para rellenar bollos y otros alimentos.* **2** Cuajada que se saca de la leche después de haber hecho el queso. Sin. **ricota.**

réquiem ***m.*** **1** En la Iglesia católica, oración para los muertos. **2** Música que se compone para la oración llamada réquiem: *Muchos músicos famosos han compuesto un **réquiem;** el de Mozart es uno de los más emotivos.*

requinto ***m.*** **1** Guitarra pequeña de sonido más agudo que la normal. **2** Clarinete pequeño, de sonido agudo, que se usa sobre todo en las bandas de música.

requisar ***vb.*** {tr.} Expropiar una autoridad competente ciertos bienes: *Las autoridades del puerto **requisaron** un cargamento de camarón contaminado que un pescador pretendía vender.*

requisito ***m.*** Condición necesaria para una cosa: *Para darle el empleo a Javier, el director de la empresa le exigió como **requisito** el título profesional.*

res ***f.*** Animal cuadrúpedo herbívoro y rumiante de las especies domésticas de ganado vacuno y lanar, o salvajes como antílopes, venados, etc.

resabio ***m.*** **1** Sabor desagradable: *No me gusta ese tipo de lechuga porque deja un **resabio** un poco amargo después de comerla.* **2** Vicio o mala costumbre: *La empleada doméstica de la señora Suárez tiene el **resabio** de guardar húmedas las toallas de cocina.*

resaca ***f.*** **1** Movimiento de retroceso de las olas: *Cuando hay **resaca** es peligroso nadar en el mar, porque las olas pueden regresar de repente y arrastrar al nadador.* **2** Malestar que se siente al día siguiente de haber bebido alcohol en exceso: *Cuando la gente toma alcohol no piensa en la **resaca** que sufrirá al día siguiente.* Sin. **cruda, goma.**

resaltado, da ***adj.*** Que resalta, que sobresale: *Los números que colocamos en la puerta de la casa están **resaltados** para que se vean desde lejos.*

resaltador ***m. Argent.*** Instrumento para escribir o dibujar con punta de fibra que hace trazos más gruesos que un bolígrafo y que sirve para señalar partes de un texto. Sin. **rotulador, marcador.**

resaltar ***vb.*** {intr.} Destacar o distinguirse una cosa entre otras: *Como es la única casa pintada de verde fuerte en la calle, **resalta** de las otras pintadas con colores claros.*

resalto ***m.*** Parte que sobresale de una superficie plana: *"En el piso del patio hay unos **resaltos** que quedaron cuando el albañil mezcló allí el cemento; hay que quitarlos* *pues alguien podría tropezar", indicó el director de la escuela al conserje.*

resarcimiento ***m.*** Acción y resultado de resarcir o compensar un daño o perjuicio: *El accidentado exige a la aseguradora el* ***resarcimiento*** *que le corresponde.*

resarcir ***vb. irreg.*** {tr. y prnl.} **Modelo 64.** Compensar, reparar un daño o perjuicio: *El seguro* ***resarció*** *la mayor parte del valor del automóvil robado.*

resbaladilla ***f. Méx.*** Tobogán pequeño para niños: *En ese parque hay* ***resbaladillas*** *de varios tamaños y también hay otros juegos para niños.* Sin. **resbalín.**

resbaladizo, za ***adj.*** **1** Que se resbala o escurre con facilidad: *La piel de los peces es* ***resbaladiza,*** *por eso es muy difícil sujetarlos.* **2** Relativo al lugar donde es fácil resbalar: *Hay que tener cuidado al caminar cuando llueve porque el agua vuelve* ***resbaladiza*** *la calle.*

resbalar ***vb.*** {intr. y prnl.} **1** Deslizarse o escurrirse algo: *Mi papá puso aceite en las ranuras de la puerta corrediza para que* ***resbale*** *bien al abrirla o cerrarla.* **2** Perder el equilibrio al andar sobre una superficie húmeda, lisa, helada, etc.: *No se fijó que el piso estaba mojado, por eso* ***se resbaló*** *y cayó.*

resbalín ***m. Chile.*** Tobogán pequeño para niños. Sin. **resbaladilla.**

resbalón ***m.*** Acción de deslizarse algo sobre una superficie de manera violenta: *Pisó una cáscara de mango y a causa del* ***resbalón*** *terminó sentado en el suelo y con dolor en el trasero.*

resbaloso, sa ***adj.*** Resbaladizo: *El piso quedó muy* ***resbaloso*** *después de que lo enceraron.*

rescatar ***vb.*** {tr. y prnl.} **1** Recuperar aquello que se encontraba en poder de otro: *La policía nunca logró* ***rescatar*** *las joyas que le robaron a mi tía.* **2** Librar de un daño, peligro, etc.: *Los salvavidas* ***rescataron*** *al bañista que no podía volver a la playa a causa del fuerte oleaje.*

rescate ***m.*** **1** Lo que se paga por liberar aquello que ha caído en poder de otro: *Para recuperar al empresario secuestrado, su familia pagó un* ***rescate*** *de muchos miles de dólares.* **2** Acción en la que se salva a alguien o algo: *Fue espectacular el* ***rescate*** *que hicieron los bomberos del niño que estaba en el árbol en medio de la inundación.*

rescindir ***vb.*** {tr.} Dejar sin efecto una obligación, un contrato, etc.: *Carlos cometió muchos errores en su trabajo y por eso su jefe* ***rescindió*** *su contrato, ahora está desempleado.*

rescisión ***f.*** Acción de dejar sin efecto un contrato: *La impuntualidad de esa diseñadora provocó que su cliente procediera a la* ***rescisión*** *del contrato que tenía con ella.*

rescoldo ***m.*** Resto de brasa que queda bajo las cenizas: *Cuando se apagó la fogata, echaron agua a los* ***rescoldos*** *para que no pudiera reavivarse el fuego.*

resecar ***vb. irreg.*** {tr., intr. y prnl.} **Modelo 17.** Secar algo demasiado: *La falta de lluvia ha comenzado a provocar que la tierra* ***se reseque*** *y algunos árboles del bosque están muriendo.*

reseco, ca ***adj.*** Demasiado seco: *Luego de trabajar con cal y cemento, las manos del albañil lucían* ***resecas*** *y agrietadas.*

resentido, da ***adj.*** **1** Que siente molestia o dolor como consecuencia de algún padecimiento pasado. **2** Debilitado: *Los árboles están* ***resentidos*** *por las heladas del invierno pasado.* **3** Molesto, rencoroso: *Francisco está* ***resentido*** *con Bettina porque ella no le llamó el día de su cumpleaños para felicitarlo.*

resentimiento ***m.*** Sentimiento de molestia o disgusto con algo de tristeza: *Mi tía Ana le guardó* ***resentimiento*** *varias semanas a su hermano Miguel y durante este tiempo no se hablaban.*

resentirse ***vb. irreg.*** {prnl.} **Modelo 50.** **1** Debilitarse: *Las paredes de mi casa* ***se resintieron*** *después del terremoto.* **2** Sentir dolor o molestia a causa de una enfermedad pasada: *Con la caída que sufrió* ***se resintió*** *la vieja fractura de su pierna.* **3** Sentir disgusto o pena por algo: *Leonor* ***ha resentido*** *la deslealtad de su novio, por eso va a terminar con él.*

reseña ***f.*** **1** Breve exposición crítica sobre una obra literaria, científica, etc.: *En la* ***reseña*** *del libro publicada en el diario del domingo dijeron que la nueva novela de mi autor favorito es muy buena.* **2** Relato breve.

reseñar ***vb.*** {tr.} **1** Describir a una persona o animal a partir de sus señas características. **2** Describir algo por escrito y de manera breve. **3** Hacer reseña de una obra literaria.

resero ***m. Argent.*** y ***Urug.*** Persona que cuida el ganado, en especial el vacuno. Sin. **vaquero.**

reserva ***f.*** **1** Hecho de pedir con anticipación un lugar en algún avión, tren, etc.: *Si quiere uno salir en las vacaciones de diciembre, hay que hacer las* ***reservas*** *varios meses antes.* Sin. **reservación.** **2** Conjunto de cosas que se tienen guardadas para cuando sean necesarias: *Si se acaba el cereal que hay en la mesa, tengo una* ***reserva*** *en la cocina.* Sin. **provisión.** **3** Prudencia, cautela: *Le tiene muchas* ***reservas*** *a lo que dice ese señor porque lo ha oído prometer cosas que no ha cumplido.* **4** Parte del ejército que no está en servicio activo: *Todos los hombres que han hecho el servicio militar forman parte de las* ***reservas*** *del ejército de su país.* **5** Parque nacional: *El gobierno decretó que esta zona del país es* ***reserva*** *nacional y ahora cuidan las plantas y los animales que ahí viven.* **6** Hecho de callar alguna cosa por discreción o prudencia: *El inspector de policía ha guardado* ***reserva*** *sobre el caso del asalto porque no quiere entorpecer las investigaciones.*

reservación ***f.*** Hecho de pedir con anticipación un lugar en algún espectáculo, restaurante, etc.: *Para poder entrar en ese famoso restaurante se necesita* ***reservación,*** *pues siempre está lleno.* Sin. **reserva.**

reservado ***m.*** Compartimento destinado a determinados usos o personas: *Ese restaurante tiene unos* ***reservados*** *donde algunas personas pueden comer sin ser vistas.*

reservado, da ***adj.*** **1** Cauteloso, callado: *Rosalía es una mujer muy* ***reservada*** *que no habla con nadie sobre su vida personal.* **2** Destinado de manera exclusiva a ciertas personas: *En el archivo* ***reservado*** *del ejército hay documentos que ningún civil puede ver.*

reservar ***vb.*** {tr.} **1** Hacer una reserva o reservación: ***Reservé*** *los billetes de entrada con anticipación para tener un buen lugar durante el concierto.* **2** Apartar o guardar una cosa para alguien o para otro momento: *Raúl no se come toda la barra de chocolate de una vez, le gusta* ***reservar*** *un trozo para más tarde.* **3** Destinar un lugar o cosa para una persona o uso determinados: *Los coordinadores del evento* ***reservaron*** *unas sillas al frente del auditorio para el presidente y su familia.*

resfriado ***m.*** Trastorno de las vías respiratorias que se caracteriza por fiebre, abundancia de fluido nasal y tos: *"Abrígate bien antes de salir porque el invierno es época de* ***resfriados****", dijo mi mamá.* Sin. **catarro, resfrío.**

resfriarse ***vb. irreg.*** {prnl.} **Modelo 9.** Enfermarse de resfrío, coger un catarro: *Pepe salió de noche sin abrigarse y* ***se resfrió.*** Sin. **acatarrarse.**

resfrío ***m.*** Inflamación de las vías respiratorias acompañada de fiebre, malestar en el cuerpo y flujo nasal: *Los ancianos* *sufren de **resfríos** fuertes y prolongados.* SIN. **catarro, resfriado.**

resguardar ***vb.*** {tr. y prnl.} Defender o proteger: *El techo de la casa nos **resguarda** del sol, la lluvia, el frío y el viento.*

resguardo ***m.*** **1** Protección, amparo: *Antes de morir, la anciana rica entregó las piezas prehispánicas de su colección para que quedaran al **resguardo** del museo nacional.* **2** Documento que acredita haber realizado una gestión, pago o entrega.

residencia ***f.*** **1** Acción y efecto de residir: *La **residencia** de Néstor en Estados Unidos de América es temporal pues regresará a su casa dentro de seis meses.* **2** Lugar en que se reside o habita: *Antonio y su familia fijaron su **residencia** en una ciudad de provincia.* **3** Casa donde residen y conviven personas afines. **4** ***Méx. Fam.*** Casa grande de personas con mucho dinero: *Mi amigo vive en una zona de **residencias** donde no hay edificios de departamentos sino solamente casas con enormes jardines.*

residencial ***adj. Méx.*** Relativo a residencias, a casas para habitar: *El pago por el servicio de teléfono **residencial** cuesta menos que el comercial.* SIN. **doméstico.**

residente ***adj./m.*** y ***f.*** Persona que reside o vive en un lugar: *Aunque Xóchitl es mexicana, es **residente** de Estados Unidos de América.*

residir ***vb.*** {intr.} Vivir de manera habitual en un lugar: *Paula **residió** ocho años en el extranjero y hace dos semanas volvió a su país.*

residual ***adj.*** Relacionado con el residuo: *Las aguas **residuales** de industrias químicas son dañinas para el agua y los peces.*

residuo ***m.*** Lo que resulta de la descomposición o destrucción de algo: *Estas cenizas son el **residuo** del guiso que olvidé en el fuego y se quemó.*

resignación ***f.*** Capacidad para soportar con paciencia situaciones negativas e irremediables: *Mariana enfrentó con **resignación** la pérdida de su fortuna pues no podía hacer nada para evitarla.*

resignarse ***vb.*** {prnl.} Conformarse ante un hecho que no puede remediarse, por lo general una desgracia: *Leoncio **se resignó** cuando sus padres le dijeron que no podía acompañarlos a una reunión de adultos y se puso a leer un cuento.*

resiliencia ***f.*** En mecánica, índice de resistencia de un material a los choques: *"La **resiliencia** de este nuevo tipo de plástico es mucho mayor que la del acero", aseguró el ingeniero al armador de autos.*

resina ***f.*** Sustancia orgánica vegetal de consistencia pastosa: *El ámbar es una **resina** de color amarillo que se endurece y se usa como adorno.*

resinífero, ra ***adj.*** Se dice del vegetal que produce resina: *El ámbar, que es una resina fósil, proviene de bosques de árboles **resiníferos**.*

resinoso, sa ***adj.*** **1** Que contiene resina: *La madera de los ocotes es muy **resinosa**.* **2** De consistencia o aspecto parecidos a los de la resina: *El barniz para muebles se resecó y ahora tiene un aspecto **resinoso**.*

resistencia ***f.*** **1** Acción y efecto de resistir o resistirse. **2** Capacidad para resistir: *Los corredores del maratón tienen una gran **resistencia** física, por eso aguantan las carreras largas.* **3** Causa que se opone a la acción de una fuerza. **4** Elemento que se intercala en un circuito eléctrico para dificultar el paso de la corriente o hacer que ésta se transforme en calor: *La cafetera tiene una **resistencia** eléctrica que calienta el agua.*

resistente ***adj.*** Que aguanta, que presenta resistencia: *Esos pantalones son buenos para los muchachos porque están hechos de una tela muy **resistente** que no se rompe con los juegos bruscos.*

resistir ***vb.*** {tr., intr. y prnl.} **1** Aguantar un cuerpo la acción de una fuerza que quiere moverlo o deformarlo: *El barco está viejo, pero **resistió** la tormenta sin hundirse.* **2** No destruirse una persona o cosa a pesar del tiempo u otros factores dañinos: *Mi pantalón vaquero está muy viejo, pero todavía **resiste** mis partidos de fútbol.* **3** Oponerse con fuerza: *Los soldados **resistieron** el ataque hasta donde pudieron, pero finalmente tuvieron que rendirse.* **4** Negarse a algo: *Aunque ese árbol parece muerto, **me resisto** a cortarlo, mejor esperaré hasta la próxima primavera para ver si retoña.*

resma ***f.*** Conjunto de 500 pliegos u hojas de papel.

resolana ***f. Amér.*** Luz y calor producidos por el reflejo del sol: *La **resolana** también broncea, así que no es raro que tengas la cara bronceada a pesar de que no te quitaste el sombrero.*

resollar ***vb. irreg.*** {intr.} **Modelo 5.** Respirar con fuerza y haciendo ruido: *Los caballos que participaron en la carrera **resollaban** y les salía vapor de la nariz.*

resolución ***f.*** **1** Cosa que se decide: *La **resolución** de Anabel es no comer chocolates durante un tiempo porque dice que no quiere engordar.* **2** Decisión de una autoridad: *El tribunal entregó al acusado la **resolución** que le notificaba que iría a la cárcel.*

resolver ***vb. irreg.*** {tr. y prnl.} **Modelo 29.** **1** Hallar la solución a algo: *Ese maestro es muy bueno para **resolver** con claridad las dudas de sus alumnos.* **2** Decidir: *Después de pensarlo mucho, **resolvió** pasar sus vacaciones en las montañas.*

resonancia ***f.*** **1** Prolongación de un sonido que va disminuyendo de manera gradual: *La caja de **resonancia** de los tambores es el hueco que tienen dentro.* **2** Gran divulgación que adquiere un hecho: *La noticia de la visita del Papa a los países orientales tuvo gran **resonancia** internacional.*

resonante ***adj.*** Que suena fuerte o retumba: *La voz de los tenores es tan **resonante** que a veces no necesitan micrófono para cantar.*

resonar ***vb. irreg.*** {intr.} **Modelo 5.** Producirse un sonido como consecuencia de otro, retumbar: *Emiliano toca la batería en su habitación y los golpes **resuenan** en toda la casa.*

resoplar ***vb.*** {intr.} Respirar de manera violenta, entrecortada y ruidosa: *El jefe se enojó tanto porque un obrero imprudente echó a perder la máquina, que **resoplaba** al hablar.*

resorte ***m.*** **1** Pieza elástica: *Ese colchón tiene fuertes **resortes** de metal en su interior.* SIN. **muelle.** **2** *Fam.* Medio del que uno se vale para lograr un fin.

resortera ***f. Méx.*** Juguete que consiste en una vara en forma de "Y" a la que se le pone una cinta elástica y sirve para disparar pequeños proyectiles: *Francisco tira piedras a las botellas viejas con su **resortera** para practicar su puntería.* SIN. **tirachinas**, **gomera**.

respaldar ***m.*** Respaldo, apoyo para la espalda: *El anciano tiene un **respaldar** en la cama para ver el televisor y tomar sus alimentos sin necesidad de levantarse.*

respaldar ***vb.*** {tr. y prnl.} Apoyar o proteger: *Sus padres **respaldaron** al joven cuando se quedó sin empleo.*

respaldo ***m.*** **1** Parte de un asiento en que se apoya la espalda: *Gregorio se sentó en una banca sin **respaldo** y la acercó a la pared para poder recargarse.* **2** Apoyo, amparo: *En su campaña por la presidencia, el candidato buscó el* ***respaldo*** *económico de muchos empresarios.*

respectivo, va ***adj.*** Correspondiente: *En el recorrido por el museo cada grupo de alumnos iba con su* ***respectivo*** *maestro.*

respecto ***m.*** Relación de una cosa con otra: *Ricardo todavía no ha pensado nada* ***respecto*** *a su futuro, creo que no le interesa seguir estudiando.*

respetable ***adj.*** **1** Que es digno de respeto: *Tomamos en cuenta una opinión tan* ***respetable*** *como la del abuelo y decidimos comprar el automóvil de la marca que él nos aconsejó.* **2** Que es más o menos grande o lejano: *Mi casa está a una distancia* ***respetable*** *de aquí, no pienses que llegaremos pronto.*

respetado, da ***adj.*** Admirado, apreciado: *Evaristo es un médico muy* ***respetado*** *en el campo de la neurología gracias a sus importantes investigaciones.*

respetar ***vb.*** {tr.} **1** Tratar con la debida consideración: *Es importante enseñar a los niños a* ***respetar*** *a las demás personas.* **2** Aceptar y obedecer algo establecido: *Luis siempre* ***respeta*** *las reglas de la escuela, por eso tiene buena nota en conducta.*

respeto ***m.*** **1** Acción o actitud de respetar. **2** Miedo, temor: *Alfonso no se acerca a los perros porque les tiene mucho* ***respeto*** *desde que uno lo mordió.*

respetuoso, sa ***adj.*** Que se porta con respeto: *Miguel Ángel es un hombre* ***respetuoso*** *de la naturaleza porque no desecha basura en la calle, no desperdicia el agua y prefiere usar bicicleta en vez del automóvil.*

respingada ***adj.*** Se dice de la nariz que tiene la punta un poco levantada: *A muchas actrices les gusta tener la nariz* ***respingada*** *y se hacen operar para darle esa forma.* Sin. **respingona.**

respingar ***vb. irreg.*** {intr. y prnl.} **Modelo 17. 1** Sacudirse un animal y gruñir: *El perro se despertó y* ***respingó*** *cuando le pisaron la cola.* **2** ***Fam.*** Levantarse el borde de una prenda de vestir por estar mal cortada o cosida: ***Respíngate*** *un poco el fondo porque se te asoma debajo del vestido.*

respingo ***m.*** **1** Sacudida violenta del cuerpo debida a una sorpresa, susto, etc.: *Cuando lo asustó su hermano, Teresa pegó un* ***respingo*** *tan grande que casi se cae de la silla.* **2** ***Chile*** y ***Méx.*** Arruga, pliegue.

respingona ***adj.*** Se dice de la nariz con la punta hacia arriba. Sin. **respingada.**

respiración ***f.*** Función vital de los seres vivos que consiste en absorber y expulsar aire: *Mi* ***respiración*** *es irregular porque tengo tapada la nariz a causa del resfrío.*

respiradero ***m.*** **1** Abertura o conducto por donde entra o sale el aire: *El gas se escurrió por el* ***respiradero*** *de la cocina.* **2** Abertura de las cañerías para dar salida al aire.

respirador ***m.*** Aparato para realizar la respiración asistida.

respirar ***vb.*** {tr. e intr.} Absorber y expulsar el aire los seres vivos: *El perro que atropellaron no se ha muerto, todavía* ***respira****, así que debemos llamar rápido al veterinario.*

respiratorio, ria ***adj.*** Que facilita la respiración o que se relaciona con ella: *Antes de iniciar la carrera, hicimos algunos ejercicios* ***respiratorios*** *en medio del bosque.*

respiro ***m.*** **1** Descanso en el trabajo: *En un* ***respiro*** *que tuvo se sentó y se tomó un café.* **2** ***Fam.*** Alivio: *Las palabras de mi amiga fueron un* ***respiro*** *en los momentos de tristeza.*

resplandecer ***vb. irreg.*** {intr.} **Modelo 39.** Despedir rayos de luz, ya sean propios o reflejados: *Las estrellas* ***resplandecen*** *en la noche oscura.* Sin. **brillar.**

resplandeciente ***adj.*** Que despide rayos de luz: *Cuando Alicia se levantó, el sol ya estaba* ***resplandeciente*** *en lo alto del cielo porque eran las once de la mañana.* Sin. **brillante.**

resplandor ***m.*** **1** Luz muy clara: *Cuando amanece se empieza a ver poco a poco el* ***resplandor*** *solar detrás del horizonte.* **2** Brillo muy intenso: *El* ***resplandor*** *del sol sobre la nieve hace que me lloren los ojos.*

responder ***vb.*** {tr. e intr.} **1** Expresar algo para satisfacer una duda, pregunta, etc.: *Pedro no pudo* ***responder*** *a la pregunta de la maestra porque no había estudiado.* Sin. **contestar. 2** Contestar uno a quien le llama o busca: *Llevo cinco minutos tocando a la puerta y nadie* ***responde,*** *tal vez la familia de Ana salió.* **3** Replicar, poner objeciones: *Esa niña es una maleducada que* ***responde*** *de forma grosera cada vez que alguien le pide algo.* **4** Reaccionar algo a una determinada acción: *El enfermo* ***respondió*** *muy bien a ese tratamiento, el doctor piensa que podrá salir del hospital mañana.*

respondón, dona ***adj./m.*** y ***f.*** Que replica mucho: *¡Qué muchacho tan* ***respondón,*** *no puede quedarse callado cuando se le regaña!*

responsabilidad ***f.*** Obligación, deber: *La maestra dijo que era* ***responsabilidad*** *de los niños entregar los trabajos que ella pidiera.*

responsabilizar ***vb. irreg.*** {tr. y prnl.} **Modelo 16.** Hacer o hacerse responsable de algo o alguien: *Cuando sus padres murieron, Rodrigo* ***se responsabilizó*** *de sus dos hermanos pequeños.*

responsable ***adj.*** Relativo a la persona que responde por sus acciones y cumple con sus compromisos: *Federico es un hombre* ***responsable*** *y trabajador que siempre ha mantenido la estabilidad económica y moral de su familia.*

responsable ***m.*** y ***f.*** **1** Persona que tiene autoridad, capacidad para tomar decisiones, dirigir alguna actividad, etc.: *El* ***responsable*** *del grupo mantuvo a los niños ocupados hasta que la maestra regresó de su reunión con los otros maestros.* **2** Culpable: *La vecina está buscando al* ***responsable*** *de la pedrada que rompió un vidrio de su casa.*

responso ***m.*** Oración que se hace por los muertos. *Ante la tumba, el sacerdote pronunció un* ***responso*** *por el alma del difunto.*

respuesta ***f.*** **1** Acción y efecto de responder: *Pepita no pudo dar la* ***respuesta*** *adecuada a la pregunta del maestro porque no había puesto atención a la clase.* **2** Reacción de un ser vivo a un estímulo: *La* ***respuesta*** *del perro ante un suculento trozo de carne es babear.*

resquebrajadura ***f.*** Fisura, grieta o hendidura: *A causa del terremoto se le hizo una* ***resquebrajadura*** *en forma de rayo a una pared de mi habitación.*

resquebrajamiento ***m.*** Hecho de hecerse grietas en una cosa: *Mi abuela dice que las buenas costumbres han sufrido un* ***resquebrajamiento*** *durante los últimos años.*

resquebrajarse ***vb.*** {prnl.} Producirse grietas en algo: *El jarrón de cerámica* ***se resquebrajó*** *con el golpe que Romualdo le dio cuando lo lavaba.*

resquemor ***m.*** Sentimiento no expresado que causa inquietud, pena, etc.: *Aunque siguen hablándose, Elena guarda* ***resquemor*** *hacia Lourdes por el chisme que inventó en su contra.*

resquicio ***m.*** Abertura entre el quicio y la puerta: *El cartero arroja las cartas por el* ***resquicio*** *bajo la puerta.*

resta ***f.*** Operación de restar: *La suma y la* ***resta*** *son las primeras operaciones matemáticas que aprenden los niños.* Sin. **sustracción.**

restablecer ***vb. irreg.*** {tr. y prnl.} **Modelo 39. 1** Volver a establecer, poner en marcha o en orden: *Han sido* ***restablecidos*** *los vuelos hacia la costa que se habían suspendido a causa de la lluvia.* **2** Recobrar la salud: *Deseo que* ***te restablezcas*** *pronto de tu enfermedad.*

restablecimiento ***m.*** **1** Lo que se vuelve a establecer: *Todos deseamos el pronto* ***restablecimiento*** *de la salud del tío Armando.* SIN. **restitución. 2** Curación, recuperación de la salud.

restallar ***vb.*** {intr.} Chasquear el látigo o un objeto parecido: *El domador* ***restalló*** *su látigo y los tigres fueron entrando uno por uno en su jaula.*

restante ***adj.*** Lo que resta o queda de algo: *Ada terminó de bordar el mantel y, con los hilos* ***restantes,*** *bordará dos pañuelos.*

restañar ***vb.*** {tr.} Detener la sangre que sale de una herida: *Con unos paños húmedos, la enfermera* ***restañó*** *la descalabradura de su paciente.*

restar ***vb.*** {tr. e intr.} **1** Quitar parte de alguna cosa: *La enfermedad* ***restó*** *fuerzas a la gran vitalidad de Jaime.* **2** Hallar la diferencia entre dos cantidades: *Si a diez le* ***restamos*** *tres, quedan siete.* **3** Quedar, faltar: ***Restan*** *seis meses de clases para que termine el año escolar.*

restauración ***f.*** **1** Acción y resultado de restaurar. **2** Restablecimiento en un país del régimen político que exista con anterioridad y que fue sustituido por otro: *El pueblo pide la* ***restauración*** *de la democracia.* **3** Período histórico que empieza con esta reposición: *La situación política durante la* ***restauración*** *se caracterizó por la tensión.* **4** Actividad o rama de la hostelería que comprende los restaurantes y otros establecimientos en los que se sirven comidas.

restaurador, ra ***adj./m.*** y ***f.*** Persona que restaura, en especial obras de arte: *El* ***restaurador*** *trabajó en el cuadro dañado por la humedad y al final quedó como si nunca le hubiera caído una gota de agua.*

restaurante o **restorán** ***m.*** Establecimiento comercial donde se preparan y sirven alimentos: *En el* ***restaurante*** *de doña Encarnación se come rico y barato, por eso siempre vamos todos los amigos.*

restaurar ***vb.*** {tr.} Devolver una cosa a su estado anterior.

restinga ***f.*** Banco de arena en el mar a poca profundidad.

restirador ***m. Méx.*** Mesa que puede cambiar de inclinación, usada por los dibujantes y los arquitectos: *Trabajó toda la noche sobre el* ***restirador*** *porque al día siguiente debía entregar un proyecto de arquitectura.*

restitución ***f.*** Acción de restituir, de devolver: *La nota de compra dice que si el cliente no está satisfecho con el producto tiene derecho a la* ***restitución*** *total de su dinero.* SIN. **restablecimiento.**

restituir ***vb. irreg.*** {tr.} **Modelo 59.** Volver a dar una cosa a quien la tenía antes, o volver algo a su estado anterior: *Esa crema promete* ***restituir*** *a las mujeres maduras la piel que tenían a los quince años.*

resto ***m.*** **1** Parte que queda de una cosa o de un todo: *Hoy comimos la mitad del postre y el* ***resto*** *quedará para mañana.* **2** Resultado de una resta. **3** ***pl.*** Conjunto de residuos o sobras de comida: *El dueño del restaurante da los* ***restos*** *de comida a los perros.*

restregar ***vb. irreg.*** {tr. y prnl.} **Modelo 18.** Frotar con fuerza una cosa sobre otra: *Cuando las camisas están muy sucias, hay que* ***restregar*** *los cuellos y puños para que queden limpias.* SIN. **tallar.**

restricción ***f.*** Acción y efecto de restringir: *En tiempos de sequía, las autoridades imponen* ***restricciones*** *en el uso del agua, sólo se puede usar para lo necesario.*

restringido, da ***adj.*** Que es limitado, pequeño o poco numeroso: *A mi boda sólo invitaré a un* ***restringido*** *grupo de amigos.*

restringir ***vb. irreg.*** {tr. y prnl.} **Modelo 61.** Reducir, limitar una cosa: *La entrada a la fiesta* ***se restringió*** *a las personas que llevaban invitación.*

resucitación ***f.*** En medicina, acto por el que se devuelve la energía física a una persona: *En el curso de primeros auxilios me enseñaron las técnicas de* ***resucitación*** *que se deben aplicar a las personas ahogadas.*

resucitar ***vb.*** {tr. e intr.} **1** Hacer que un muerto vuelva a la vida. **2** ***Fam.*** Reanimar, volver la energía física o anímica: *Este sabroso caldo caliente nos* ***resucitará*** *después de habernos empapado con la fría lluvia.* **3** ***Fam.*** Poner nuevamente en uso algo que ya había desaparecido o que no se usaba: *Mi hermana* ***resucitó*** *unos viejos vestidos de mi madre y ahora se ve muy moderna con ellos.*

resuello ***m.*** Hecho de resollar, de respirar con fuerza y haciendo ruido: *Estaba solo en mi casa y me asustó un ruido extraño hasta que descubrí que era el* ***resuello*** *de mi perro dormido.*

resuelto, ta ***adj.*** **1** Solucionado: *Ya no temas pues nuestro problema económico quedó* ***resuelto*** *gracias al nuevo empleo de tu padre.* **2** Que actúa con decisión, audaz: *Gonzalo es un hombre* ***resuelto*** *que decidió estudiar en el extranjero y no se detuvo hasta conseguir una beca.* SIN. **decidido.**

resultado ***m.*** Efecto o consecuencia de algo: *Hoy informaron cuál fue el* ***resultado*** *del sorteo mayor de la lotería.*

resultante ***adj.*** **1** Que resulta o procede de una cosa: *El beneficio* ***resultante*** *es de dos millones de pesos.* **2** Se aplica a la fuerza o vector que produce los mismos efectos que un conjunto de fuerzas o vectores.

resultar ***vb.*** {intr.} **1** Producirse una cosa como consecuencia o efecto de otra cosa: *La casa con tres dormitorios* ***resultó*** *pequeña para una familia de ocho hijos.* **2** Producir algo un efecto positivo o negativo: *Mi respuesta* ***resultó*** *la correcta y el maestro me felicitó.* **3** Ocurrir algo que no se esperaba o no se tenía previsto: *La señora que conocí ayer en la fiesta* ***resultó*** *ser una tía lejana.* **4** Tener una cosa un resultado; por lo general se usa en sentido positivo: *Si el negocio de mi papá* ***resulta,*** *podremos ir de viaje a Europa el próximo verano.*

resumen ***m.*** Exposición en pocas palabras de algo que es más largo: *En la clase de literatura nos pidieron hacer un* ***resumen*** *de dos páginas de alguna novela que nos guste.* SIN. **síntesis.**

resumidero ***m. Amér.*** Conducto por el que se desechan las aguas residuales o de lluvia.

resumir ***vb.*** {tr. y prnl.} Exponer algo extenso de forma más breve: *No me cuentes en detalle todo lo que pasó durante la fiesta, mejor* ***resúmelo*** *para no perder tiempo.*

resurgencia ***f.*** Reaparición en la superficie terrestre de un curso de agua subterráneo.

resurgimiento ***m.*** Hecho de volver a aparecer, surgir o animarse: *Durante el Renacimiento hubo en Europa un* ***resurgimiento*** *del interés por las antiguas culturas griega y romana.*

resurgir ***vb. irreg.*** {intr.} **Modelo 61.** Aparecer de nuevo: *Cuando ya todos se habían olvidado de ese actor, éste* ***resurgió*** *en un excelente filme que le devolvió la fama.*

resurrección ***f.*** Hecho de resucitar: *Según el Evangelio, la* ***resurrección*** *de Jesucristo tuvo lugar al tercer día después de su muerte.*

retablo ***m.*** En arquitectura, serie de figuras pintadas o talladas que representan una historia, en especial con motivos religiosos: *En el **retablo** de la iglesia está representada la vida de San Martín de Porres.*

retacar ***vb.*** {tr.} Apretar el contenido de un recipiente para que quepa más: *Juana tuvo que **retacar** la ropa en la bolsa para llevarla a la lavandería.*

retaco ***m.*** **1** Escopeta corta. **2** Persona baja y rechoncha.

retacón, cona ***adj. Amér.*** Se dice de la persona baja y robusta. SIN. **rechoncho.**

retaguardia ***f.*** Conjunto de tropas que van al final de una marcha: *Durante una batalla los soldados de la **retaguardia** atienden a los soldados heridos en el frente.*

retahíla ***f.*** Serie de cosas que se dicen o suceden con monotonía: *El vendedor soltó una **retahíla** acerca de las cualidades del producto que vendía.*

retal ***m.*** Pedazo sobrante de piel, tela, etc. SIN. **retazo.**

retama ***f.*** Arbusto de flores pequeñas y amarillas en racimos.

retar ***vb.*** {tr.} **1** Desafiar: *El conde **retó** al barón a un duelo cuando se dio cuenta de que lo había traicionado.* **2** ***Amér. Merid.*** Regañar: *La mamá de Laura la **retó** por haber dejado la ropa limpia en la lluvia.*

retardado, da ***adj.*** **1** Que ocurre tiempo después de la acción que lo provoca: *"Esta chapa es de apertura **retardada,** primero la tienes que programar y después de un rato se abrirá", explicó el cerrajero a su ayudante.* **2** Que llega tarde: *Francisco llegó **retardado** a clase y el maestro lo regresó a su casa.*

retardar ***vb.*** {tr. y prnl.} Hacer que algo se lleve a cabo más tarde de lo que se había planeado: *Decidió **retardar** su viaje hasta que su hija sanara de la enfermedad que padecía.* SIN. **retrasar, diferir.**

retardo ***m.*** Hecho de llegar tarde: *Después de cinco **retardos** al trabajo, le descuentan a uno el sueldo de un día.* SIN. **retraso.**

retazo ***m.*** Pedazo sobrante de una tela: *A la entrada de la tienda de telas siempre venden **retazos** baratos.* SIN. **retal.**

retén ***m.*** **1** Provisión de algo. **2** Tropa que refuerza un puesto militar. **3** ***Chile.*** Pequeño cuartel de carabineros. **4** ***Méx.*** Puesto militar o policial para controlar las carreteras: *Como esa zona es peligrosa, hay un **retén** militar cada cincuenta kilómetros.*

retención ***f.*** Lo que se conserva, lo que se retiene: *El gobierno realiza por medio de los impuestos la **retención** de una parte del sueldo de cada trabajador para ocuparlo en obras públicas.*

retener ***vb. irreg.*** {tr.} **Modelo 26.** **1** Hacer que alguien o algo permanezca donde estaba: *Tomás no llegó a tiempo porque lo **retuvo** una vecina haciéndole preguntas.* **2** Conservar, no devolver: *En la empresa **retienen** a los empleados parte del sueldo para pagar el impuesto personal.* **3** Guardar en la memoria: *El nuevo vecino me ha dicho su nombre tres veces, pero no **lo retengo** y cuando lo veo no sé cómo llamarlo.*

retentiva ***f.*** Memoria, facultad de recordar: *Mi amiga tiene buena **retentiva,** por eso a ella le toca recitar los poemas durante los festivales.*

reticencia ***f.*** Hecho de decir una cosa sólo en parte.

reticente ***adj.*** Que muestra reticencia, desconfianza hacia algo: *Pese a que Nora estaba **reticente** a ir a la fiesta, al final logramos convencerla de que nos acompañara.* SIN. **reacio.**

retícula o **retículo** ***m.*** y ***f.*** Tejido en forma de red.

reticular ***adj.*** Se aplica a lo que tiene forma de red: *"El tul es un textil **reticular,** si lo observas bien, parece una red muy fina", dijo la tía Berenice a su sobrinita que observaba cómo le cosía su disfraz de hada.*

retina ***f.*** Membrana interna del globo ocular, sensible a la luz: *Por el golpe que recibió, a Daniel se le desprendió la **retina** y tuvo que estar en reposo, boca arriba, durante varias semanas.*

retinol ***m.*** Uno de los nombres de la vitamina A: *Muchas cremas faciales contienen **retinol,** pues esta sustancia ayuda a la conservación de la piel.*

retintín ***m.*** **1** Tono irónico o malicioso con que se dice una cosa: *Me dijo, con cierto **retintín,** que llegaría puntual.* **2** Sonido que queda en los oídos después de escuchar sonar una campana u otro objeto similar.

retinto, ta ***adj.*** Se aplica al animal de color castaño oscuro: *El favorito para esta carrera es "Presagio", un caballo **retinto** que ha ganado varias veces.*

retirada ***f.*** Acción y efecto de retirarse un ejército o tropa de una posición que tenía en una guerra: *Como el general vio que su ejército llevaría las de perder ante las ventajas del enemigo, ordenó la **retirada.***

retirado, da ***adj.*** Se aplica a lo que está distante de un lugar: *El trabajo de Joel queda bastante **retirado** de su casa, diario tiene que perder tres horas transportándose para llegar.*

retirado, da ***m.*** y ***f.*** Jubilado, persona que ha dejado la actividad laboral o profesional: *Don Felipe es **retirado** de los ferrocarriles, trabajó como maquinista durante treinta años.*

retirar ***vb.*** {tr. y prnl.} **1** Quitar, apartar, llevar algo a otro lugar: *"Por favor, **retira** los platos de la mesa y llévalos a la cocina."* **2** Dejar de prestar servicio activo en una profesión: *Mi padre **se retirará** a los sesenta años y se dedicará a pintar los cuadros que tanto le gustan.* **3** Recogerse, irse: *"El licenciado ya no está en la oficina, **se retiró** a su domicilio porque está enfermo."* **4** Abandonar una competición, concurso, etc.: *La corredora tuvo que **retirarse** de la competencia porque se lastimó un tobillo.*

retiro ***m.*** **1** Acción de retirarse o de ser retirado: *Como ha pasado la situación de emergencia, ayer se inició el **retiro** de los socorristas de la zona dañada por el sismo.* **2** Situación de la persona retirada: *En esa empresa dejan que el empleado sea quien decida su **retiro,** es decir, cuándo quiere que sea y cómo quiere manejarlo.* **3** Lugar apartado y tranquilo: *Efrén pasó el fin de semana en un **retiro** en el bosque para escribir y meditar.*

reto ***m.*** **1** Hecho de retar o desafiar: *Juan **retó** a Pablo a un juego de ajedrez.* **2** ***Bol.*** y ***Chile.*** Insulto, injuria.

retobado, da ***adj. Amér.*** **1** Que tiene por costumbre replicar o responder a todo lo que se le dice: *La hija de mi amiga es una niña **retobada** y grosera.* **2** Que es indómito u obstinado. **3** Que está enojado o airado.

retobar ***vb.*** {tr.} ***Méx.*** Rezongar o responder de mala gana.

retocar ***vb.*** {tr. y prnl.} **1** Tocar de manera repetida. **2** Perfeccionar una cosa haciéndole las últimas correcciones: *La actriz **retocó** su peinado antes de salir al escenario.*

retoñar ***vb.*** {intr.} Sacar una planta retoños, nuevos brotes: *El jardinero podó el árbol en primavera para que las ramas **retoñen** en poco tiempo.*

retoño ***m.*** **1** Vástago, tallo o rama nueva que echa la planta: *Al comienzo de la primavera empiezan a salir los **retoños** de muchos árboles.* **2** ***Fam.*** Hijo de corta edad.

retoque ***m.*** Perfeccionamiento, pulimiento: *El postre de frutas ya está casi listo, le faltan los últimos **retoques,** como la crema batida y las cerezas de adorno.*

retorcer ***vb. irreg.*** {tr. y prnl.} **Modelo 30.** Torcer mucho una cosa dándole vueltas: *Como era tímido y le daba vergüenza, Anselmo **retorcía** su sombrero mientras hablaba con la joven.*

retorcido, da *adj.* Que tiene malas intenciones e intenta ocultarlas: *No confío en ese hombre porque ya me di cuenta de que tiene pensamientos **retorcidos** y podría hacerme daño.*

retorcijón *m.* **1** Movimiento brusco y violento, en especial de alguna parte del cuerpo: *Tengo un fuerte **retorcijón** en el estómago.* **2** Retortijón.

retorcimiento *m.* **1** Acción y resultado de retorcer o retorcerse. **2** Cualidad o actitud de la persona que se comporta ocultando sus sentimientos o intenciones.

retórica *f.* Arte que enseña a expresarse de manera correcta para deleitar, conmover o convencer.

retórico, ca *adj.* **1** Relativo a la retórica. **2** *loc.* **Figura ~,** forma de expresión acuñada para, usando de cierta forma el lenguaje, conseguir un efecto: *El orador usó varias **figuras retóricas** que consiguieron emocionar a quienes lo escuchaban.*

retornable *adj.* Que se regresa, que se devuelve: *Mi abuela tiene un envase de leche **retornable** que lleva a la lechería cada vez que compra.*

retornar *vb.* {tr., intr. y prnl.} **1** Devolver, restituir. **2** Volver al lugar o la situación en que se estuvo: *Las golondrinas se van de mi pueblo en otoño, pero **retornan** cada primavera.*

retorno *m.* **1** Vuelta en una carretera o avenida por la que uno se puede regresar: *Mi padre tomó un **retorno** para llegar a la casa que estaba en el otro lado de la avenida.* **2** Regreso: *El **retorno** de Felipe después de sus vacaciones nos puso muy felices a todos sus amigos.*

retorta *f.* Recipiente redondeado, de cuello largo, estrecho y curveado, que se usa en los laboratorios químicos para llevar a cabo procesos de destilación.

retortijón *m.* Dolor agudo en el abdomen: *El niño se aprieta la panza y se queja a causa de un **retortijón;** seguramente comió otra vez alguna cosa en la calle.*

retozar *vb. irreg.* {intr.} **Modelo 16.** Saltar de forma alegre: *Cuando llega mi hermano a su casa, su perro **retoza** por el gusto de volver a verlo.*

retozón, zona *adj.* Que retoza mucho: *La mascota de Laura es una gatita **retozona** y juguetona.*

retracción *f.* **1** Acción y resultado de retraer. **2** Reducción del volumen en ciertos tejidos orgánicos.

retractar *vb.* {tr. y prnl.} Volverse atrás de una cosa que se ha dicho: *El testigo había dicho que el acusado era el culpable, pero luego **se retractó** y dijo que era inocente.*

retráctil *adj.* Que puede retraerse o esconderse por sí mismo: *Las uñas de los gatos y otros felinos son **retráctiles.***

retraer *vb. irreg.* {tr. y prnl.} **Modelo 38. 1** Retirar, esconder, hacer hacia atrás o hacia dentro: *Las tortugas **retraen** la cabeza en su caparazón cuando tienen miedo.* **2** Apartarse del trato con la gente: *Después de la muerte de su madre, Gerardo **se retrajo** de toda vida social durante algunas semanas.*

retraído, da *adj.* Que gusta de la soledad: *Carlos es **retraído,** vive solo y tiene pocos amigos.*

retraimiento *m.* **1** Acción y efecto de retraer o retraerse: *El **retraimiento** es una forma de protección que tienen animales como los caracoles.* **2** Timidez, aislamiento: *Resulta difícil conseguir que Gabriel vaya a fiestas, su **retraimiento** lo hace alejarse de la gente.*

retransmisión *f.* Hecho de volver a transmitir: *Hernán no pudo ver en vivo el partido, por eso ve ahora la **retransmisión** por televisión.*

retransmitir *vb.* {tr.} **1** Volver a transmitir: *Todos los canales de televisión **han retransmitido** el mensaje del presidente varias veces en el día.* **2** Difundir emisiones de radio o televisión procedentes de otra emisora: *Muchas emisoras en lugares de provincia **retransmiten** programas de una emisora mayor a la que están asociadas.*

retrasado, da *adj.* **1** Que va atrás de los demás: *Este alumno va un poco **retrasado** porque estuvo enfermo y no vino a la escuela durante 15 días.* **2** *loc.* **~ mental,** que tiene deficiencias mentales: *Como el joven es **retrasado mental** debe ir a una escuela especial para niños como él.*

retrasar *vb.* {tr., intr. y prnl.} **1** Hacer que algo suceda, se realice, etc., más tarde de lo planeado: *El gobernador **retrasó** su regreso porque el mal tiempo impidió que su avión despegara.* **2** Llegar tarde: *Me **he retrasado** en llegar a la escuela porque el reloj despertador no sonó.*

retraso *m.* Hecho de suceder algo con retardo, después de la hora programada: *El tren llegó con **retraso** de una hora a la estación.*

retratar *vb.* {tr. y prnl.} Hacer retratos utilizando técnicas de fotografía, pintura, dibujo o escultura: *El día de su boda la **retrató** un fotógrafo profesional.*

retratista *m.* y *f.* Pintor que se dedica a hacer retratos: *Por el trabajo de los **retratistas,** ha sido posible que las personas de hoy conozcamos qué aspecto tenían algunos personajes que vivieron en épocas pasadas.*

retrato *m.* **1** Dibujo, fotografía, etc., que representa la figura de alguien o algo: *Encima de su escritorio, mi maestra tiene el **retrato** de sus hijos.* **2** Descripción de una persona o cosa: *Las autoridades han publicado un **retrato** hablado de la persona que asaltó el banco.*

retreta *f.* Toque militar para señalar la retirada o el momento en que la tropa debe regresar a su cuartel.

retrete *m.* **1** Cuarto de baño: *Fui al **retrete** del restaurante porque necesitaba orinar.* **2** Recipiente de loza con forma de asiento que sirve para defecar y orinar: *Eloy tiene la costumbre de llevarse una revista al baño y no se levanta del **retrete** hasta que termina de leerla.* Sin. **excusado, water, inodoro, taza.**

retribución *f.* Recompensa o pago por un servicio o trabajo: *Me parece justa la **retribución** que pidió el herrero por hacer la puerta de metal pues su trabajo fue muy bueno.*

retribuir *vb. irreg.* {tr.} **Modelo 59.** Recompensar o pagar por un servicio o trabajo: *Mi mamá **retribuyó** al joven con un disco por haberla ayudado a rescatar a nuestro perro.*

retro *adj.* Moda o estilo que recuerda otro del pasado, dentro del siglo xx: *La tendencia **retro** de esta temporada ha puesto de moda nuevamente los atuendos de la época del rock and roll.*

retroactividad *f.* Posibilidad de que una cosa tenga aplicación y efectividad sobre otras ya pasadas: *La **retroactividad** de la ley es un tema ineludible al estudiar derecho.*

retroactivo, va *adj.* Que obra o tiene fuerza sobre lo que ya ha pasado: *Las autoridades decidieron implantar una ley **retroactiva,** es decir, que se aplica a las faltas pasadas.*

retroalimentación *f.* Método en el cual se revisan constantemente los elementos de un proceso y sus resultados, a fin de mantenerlos eficientes: *Las juntas que se hacen cada mes son parte de la **retroalimentación** en la empresa donde trabaja Ricardo.*

retroceder *vb.* {intr.} Volver hacia atrás: *Los tanques enemigos hicieron **retroceder** a los soldados.* Sin. **recular.**

retroceso *m.* Acción y efecto de moverse hacia atrás: *En vez de mejorar, mi abuelo ha sufrido un **retroceso** en su enfermedad porque no ha querido comer.*

retrógrado, da ***adj.*** **1** *Desp.* En política, pensamiento o acción contrario a cualquier reforma. **2** *Desp.* Que se niega a cualquier cambio.

retrospección ***f.*** Hecho de mirar o reflexionar sobre el tiempo pasado: *Mi abuelita hizo una* ***retrospección*** *de su vida y todos escuchamos atentos lo que nos platicó sobre su infancia, juventud y su edad adulta.*

retrospectivo, va ***adj.*** Que se refiere al tiempo pasado: *Hoy se inaugura la exposición* ***retrospectiva*** *del famoso pintor que acaba de morir.*

retrotraer ***vb. irreg.*** {tr. y prnl.} **Modelo 38.** Retroceder con la memoria a un tiempo o época pasada: *Muchas personas* ***se retrotraen*** *cuando están tristes para recordar algún momento feliz de su niñez o juventud.*

retrovirus ***m.*** Tipo de virus que contiene una molécula de ácido ribonucleico: *El virus VIH que produce el sida es un* ***retrovirus.***

retrovisor ***m.*** Espejo de un vehículo que permite al conductor ver lo que hay detrás: *Cuando uno conduce, debe mirar el* ***retrovisor*** *con frecuencia.*

retrucar ***vb. irreg.*** {intr.} **Modelo 17.** *Argent., Chile, Perú* y *Urug. Fam.* Replicar con acierto y energía: *El entrevistado* ***retrucó*** *hábilmente a la pregunta maliciosa del periodista.*

retumbar ***vb.*** {intr.} Sonar una cosa de manera muy fuerte y repetida: *Cuando explotó el taller de telas,* ***retumbaron*** *los vidrios de muchas casas cercanas.*

reuma o **reúma** ***m.*** y ***f.*** Dolores ocasionados por el reumatismo: *Mi abuelo tiene* ***reuma*** *y casi no puede moverse porque le duelen mucho las articulaciones.*

reumático, ca ***adj.*** Relativo al reumatismo o que padece reumas: *A la pobre anciana* ***reumática*** *le cuesta sentarse y levantarse a causa de los dolores.*

reumatismo ***m.*** Enfermedad caracterizada por inflamación y dolores en las articulaciones: *Muchos ancianos padecen de* ***reumatismo,*** *por eso en invierno pasan mucho tiempo sentados al sol.*

reumatología ***f.*** Parte de la medicina que se ocupa de las enfermedades reumáticas y su atención: *En la* ***reumatología*** *se estudian, entre otras cosas, las articulaciones de los huesos y sus afecciones.*

reumatólogo, ga ***m.*** y ***f.*** Médico especialista en reumatología: *Pascuala fue al* ***reumatólogo,*** *pues le está comenzando a dar artritis en los dedos de la mano.*

reunificación ***f.*** Acción y resultado de unificar de nuevo: *La* ***reunificación*** *alemana dio un giro en el transcurso de la historia.*

reunificar ***vb.*** {tr. y prnl.} Volver a unificar: *Es necesario* ***reunificar*** *los distintos criterios.*

reunión ***f.*** **1** Acción y efecto de reunir o reunirse: *El director llamó para una* ***reunión*** *a todos los padres de los alumnos.* **2** Conjunto de personas reunidas: *Nos divertimos mucho anoche en la* ***reunión*** *en casa de Raquel.*

reunir ***vb. irreg.*** {tr. y prnl.} **Modelo 72. 1** Volver a unir: *La familia entera logró* ***reunirse*** *en las vacaciones después de muchos años de no hacerlo.* **2** Poner a personas o cosas en un lugar formando parte de un conjunto: *Desde pequeño* ***he reunido*** *todos los muñecos que me regalan y ahora ya tengo una gran colección.*

revalidación ***f.*** Acción y efecto de revalidar: *Juan tramitará la* ***revalidación*** *de su título antes de iniciar sus estudios de maestría.*

revalidar ***vb.*** {tr.} Dar validez nuevamente a algo, o confirmar esa validez: *Oralia no alcanzó a recibirse hace dos años, ahora* ***revalidará*** *sus estudios y terminará la tesis profesional.*

revaloración ***f.*** Acción de revalorar: *Hizo una* ***revaloración*** *del estado mental del paciente.*

revalorar o **revalorizar** ***vb.*** {tr.} **1** Devolver el valor a algo. **2** Aumentar a algo su valor.

revaluar ***vb. irreg.*** {tr. y prnl.} **Modelo 10.** Aumentar su valor la moneda de un país respecto de las extranjeras: *El yen* ***se revaluó*** *frente al dólar.*

revancha ***f.*** Venganza, desquite: *El boxeador derrotado pidió la* ***revancha,*** *pues quiere recuperar su corona de campeón.*

revelación ***f.*** **1** Hecho de descubrir lo que estaba oculto: *La* ***revelación*** *de que sus padres lo adoptaron fue una noticia difícil de aceptar para Octavio.* **2** Persona o cosa en la que la gente descubre de repente cualidades especiales. **3** En la religión, manifestación de un misterio o descubrimiento de una verdad llevada a cabo por Dios o por un hombre inspirado en Dios.

revelado ***m.*** Conjunto de operaciones para hacer visible la imagen impresa en una placa fotográfica: *Con las máquinas modernas el* ***revelado*** *de las películas lleva solamente una hora.*

revelador ***m.*** Sustancia líquida que sirve para revelar las impresiones fotográficas que se hacen sobre una superficie sensible: *Como el* ***revelador*** *es ácido, las fotos deben enjuagarse muy bien antes de secarlas.*

revelador, ra ***adj.*** Que descubre o da a conocer algo que estaba oculto: *"Las palabras de mi paciente fueron* ***reveladoras,*** *platicando con él me di cuenta de que padece una fuerte obsesión", dijo un psicólogo a otro.*

revelar ***vb.*** {tr.} **1** Descubrir lo que se mantenía secreto u oculto: *Al final de la novela el detective* ***revela*** *quién es el asesino del rico anciano.* **2** Efectuar un revelado: *Tengo que llevar a* ***revelar*** *varias películas de fotografías que tomamos en las vacaciones.*

revendedor, ra ***m.*** y ***f.*** Persona que se dedica a la reventa de boletos para espectáculos o de otros objetos: *Ese* ***revendedor*** *de libros los compra muy baratos, pero los vende caros.*

revenirse ***vb. irreg.*** {prnl.} **Modelo 49.** Ablandarse algo por la humedad o el calor: *La barra de chocolate* ***se revino*** *porque sin darme cuenta la puse muy cerca del horno.*

reventa ***f.*** Venta de algo que se compró con el objeto de obtener provecho de ello: *"La* ***reventa*** *de boletos para ese concierto fue un atraco, los boletos que en taquilla costaban cien pesos los dieron hasta en mil", comentó un aficionado.*

reventadero ***m.*** **1** *Chile.* Lugar donde las olas del mar se deshacen: *Los bañistas se sentaron cerca del* ***reventadero*** *y se mojaron por las olas que rompían ahí.* **2** *Méx.* Manantial del que brota el agua a borbollones.

reventado, da ***adj.*** **1** Se dice de lo que se rompe estallando, que explota. **2** Cansado: *Los viernes Fabián termina* ***reventado*** *por todo el trabajo de la semana.* **3** *Méx. Fam.* Que asiste a muchas fiestas, sobre todo nocturnas, y comete excesos en el baile y la bebida.

reventar ***vb. irreg.*** {tr., intr. y prnl.} **Modelo 3. 1** Abrirse una cosa de manera violenta por un impulso interior: *El globo* ***se reventó*** *cuando lo tocó el cigarrillo encendido.* **2** Deshacer o aplastar con violencia: *El accidentado murió instantáneamente porque al chocar* ***se le reventaron*** *el estómago y los pulmones.* **3** *Fam.* Fastidiar: ***Me revienta*** *que los perros de los vecinos se pongan a aullar por la noche.* **4** Cansar, fatigar: *Aunque* ***reviente*** *debo trabajar toda la tarde y noche para terminar mi trabajo escolar.*

reverberación ***f.*** Reflejo de luz o de sonido: *La* ***reverberación*** *de la luz sobre la arena produce espejismos.*

reverberar *vb.* {intr.} Reflejarse la luz de un cuerpo luminoso en otro: *La luz de la bombilla* ***reverbera*** *en los pequeños prismas de la lámpara.*
reverdecer *vb. irreg.* {intr. y tr.} **Modelo 39.** Recuperar su lozanía y color verde el campo o una planta: *El árbol que parecía seco* ***reverdeció*** *apenas comenzaron las lluvias.*
reverencia *f.* **1** Respeto o admiración hacia alguien: *Manuel siente* ***reverencia*** *por el maestro que le enseñó y lo llevó a ser concertista de piano.* **2** Inclinación del cuerpo en señal de respeto o cortesía: *El embajador japonés y el presidente de mi país se saludaron con una* ***reverencia*** *cuando se encontraron en el aeropuerto.*
reverendo, da *adj.* Se aplica como tratamiento de respeto a religiosos y religiosas: *El* ***reverendo*** *Miguel predica los domingos en el templo que está cerca del jardín botánico.*
reverente *adj.* Que muestra reverencia: *Con actitud* ***reverente,*** *el monje budista se acercó a su altar y encendió unas pajuelas de incienso.*
reversa *f. Chile, Colomb.* y *Méx.* Marcha hacia atrás de un vehículo: *Para salir de este lugar reducido tienes que meter* ***reversa*** *pues el auto no tiene espacio para dar vuelta.*
reversible *adj.* **1** Que puede volver al estado anterior: *Esa decisión es* ***reversible*** *ya que puedes aceptar el trabajo y si ves que no te conviene, renuncias y ya.* **2** Se dice de las prendas que pueden usarse por el derecho y también por el revés: *El abrigo que compré es* ***reversible,*** *por un lado tiene cuadros y por el otro, rayas.*
reverso *m.* Revés de una moneda o medalla: *En el* ***reverso*** *de las medallas que usan algunas personas está grabada la fecha de su nacimiento.*
revertir *vb. irreg.* {intr.} **Modelo 50. 1** Volver una cosa al estado que tuvo antes: *La nueva rutina del atleta* ***revirtió*** *su óptima condición física.* **2** Volver una cosa a la propiedad del dueño que tuvo antes.
revés *m.* **1** Lado opuesto al principal: *En el* ***revés*** *de mi cuaderno anoté la dirección y el teléfono del museo que queremos visitar.* **2** Golpe que se da con el dorso de la mano o con una raqueta: *Ese campeón de tenis tiene un poderoso golpe de* ***revés*** *que le ha ayudado a conquistar varios títulos.* **3** Desgracia, contratiempo: *Adolfo tenía planeado un viaje, pero se le presentaron unos* ***reveses*** *que se lo impidieron.* **4** *loc.* **Al ~,** de manera opuesta o contraria a la normal: *Por las prisas, Josefina se puso la blusa* ***al revés*** *sin darse cuenta.*
revestido, da *adj.* Con revestimiento: *Las paredes del salón están* ***revestidas*** *de madera.*
revestimiento *m.* Capa protectora o de adorno: *Cada dos años mi padre pone en el techo de la casa un* ***revestimiento*** *que impide las filtraciones de agua.*
revestir *vb. irreg.* {tr.} **Modelo 47.** Cubrir con una capa protectora o de adorno: *A Susana no le gustaron los muros pintados, por eso los* ***revistió*** *con papel floreado.*
revisada *f. Amér.* Revisión, acción de revisar: *Es importante darle una* ***revisada*** *al automóvil antes de salir a carretera.* Sin. **revisión.**
revisar *vb.* {tr.} Examinar una cosa con cuidado: *El maestro* ***revisa*** *diariamente los trabajos de sus alumnos.*
revisión *f.* **1** Hecho de revisar: *Antes de sacar a la venta los productos que usamos, éstos deben pasar por una* ***revisión*** *de calidad.* Sin. **inspección, revisada. 2** Reconocimiento médico: *Ya tengo que ir a mi* ***revisión*** *semestral con el dentista.*
revisor, ra *adj.* Persona o grupo de personas que examinan con cuidado una cosa: *Los expertos* ***revisores*** *de la editorial decidirán si el libro que escribió Samuel puede o no publicarse.*
revisor, ra *m.* y *f.* Persona que revisa, en especial en un transporte público como tren, autobús y otros.
revista *f.* **1** Publicación que se hace de manera periódica: *Hace dos años Carlos y Federico fundaron una* ***revista*** *de arte que publican cada semana.* **2** Espectáculo teatral en el que se representan escenas cómicas y musicales. **3** Inspección que realiza una autoridad militar para supervisar el estado de las tropas, las instalaciones y el equipo.
revitalizar *vb. irreg.* {tr.} **Modelo 16.** Dar algo nueva fuerza y energía a un ser vivo: *La nueva dieta y el ejercicio* ***revitalizaron*** *a Maritoña, antes pasaba las tardes viendo televisión y ahora tiene muchas actividades fuera de casa.*
revivir *vb.* {intr.} **1** Nacer otra vez: *La planta* ***revivió*** *cuando le echamos agua suficiente y un buen fertilizante.* **2** Volver en sí el que parecía muerto: *El socorrista* ***revivió*** *al hombre inconsciente poniéndole una mascarilla de oxígeno.* **3** Traer a la memoria: *Al contarnos su viaje por el mundo, mi tío* ***revivía*** *lo que le había sucedido durante todas sus aventuras.*
revocación *f.* **1** Acción y resultado de revocar: *La* ***revocación*** *de tu contrato puede implicar una demanda.* **2** Anulación, sustitución o enmienda de una orden o disposición de una autoridad por otra. **3** Acto jurídico con el que una persona deja sin efecto otro anterior realizado por ella misma.
revocar *vb. irreg.* {tr.} **Modelo 17.** Anular un mandato, una resolución, etc.: *Los diputados* ***revocaron*** *una ley que acababa de entrar en vigencia cuando se dieron cuenta de que era injusta.*
revocatorio, ria *adj.* Que revoca o invalida una norma o resolución anterior: *Es una orden* ***revocatoria.***
revolcar *vb. irreg.* {tr. y prnl.} **Modelo 19. 1** Derribar a alguien y maltratarlo: *Estaba distraída en la playa y de repente una ola* ***me revolcó*** *en la arena.* **2** Echarse sobre una cosa restregándose en ella: *Algunos luchadores* ***se revuelcan*** *sobre el barro como parte de su espectáculo.*
revolotear *vb.* {intr.} Volar o moverse algo en el aire dando vueltas: *Una abeja* ***revoloteó*** *sobre la flor antes de posarse sobre ella para extraer su néctar.*
revoltijo o **revoltillo** *m.* Conjunto de muchas cosas desordenadas: *No sé cómo Laura encuentra la ropa en ese* ***revoltijo*** *que tiene en su armario.*
revoltoso, sa *adj.* **1** Travieso, inquieto: *La maestra siempre castiga a Bernardo porque es el más* ***revoltoso*** *de sus alumnos.* **2** Rebelde, alborotador: *Los* ***revoltosos*** *que se aprovecharon durante el desfile para saquear tiendas fueron detenidos por la policía.*
revoltura *f. Méx.* Mezcla confusa, desorden: *El cuarto de Dimas es una* ***revoltura,*** *sacó todos sus juguetes, su ropa y sus libros, y no los ha vuelto a acomodar.*
revolución *f.* **1** Cambio violento en la estructura social o política de un Estado: *La* ***revolución*** *cubana derrocó al militar Fulgencio Batista y a su régimen.* **2** Cambio total y radical: *El uso de la energía eléctrica en vez de vapor fue una* ***revolución*** *en la historia de la industria y las máquinas.* **3** Giro que da una pieza sobre su eje: *Mi papá tiene una colección de discos de acetato de los que tocan a 33* ***revoluciones*** *por minuto.*
revolucionar *vb.* {tr.} **1** Alborotar, alterar el orden establecido. **2** Cambiar, mejorar: *El invento de las computadoras* ***revolucionó*** *el desarrollo de la tecnología durante el siglo xx.*
revolucionario, ria *adj.* Relativo a la revolución: *La lucha* ***revolucionaria*** *por la independencia de México duró once años, de 1810 a 1821.*

revolucionario, ria ***m.*** y ***f.*** Partidario de la revolución.

revolvedora ***f. Méx.*** Máquina en forma de recipiente giratorio que sirve para mezclar los materiales de construcción.

revólver ***m.*** Arma corta de fuego, con un cilindro giratorio en el que se colocan las balas.

revolver ***vb. irreg.*** {tr. y prnl.} **Modelo 29. 1** Mezclar varias cosas dándoles vueltas: ***Revolví*** *una cucharada de chocolate en polvo en el vaso de leche fría y me lo tomé como desayuno.* **2** Enredar lo ordenado: *La ropa estaba en orden sobre la cama, pero llegó el bebé y* ***revolvió*** *todo.* **3** Moverse de un lado para otro: *Eliseo es muy inquieto para dormir,* ***se revuelve*** *en la cama constantemente y despierta con las sábanas en el piso.* **4** Volverse turbio un líquido como consecuencia de remover algo que estaba en el fondo.

revoque ***m.*** Capa delgada de cemento u otros materiales que se aplica sobre las paredes de ladrillo: *Antes de pintar la fachada de la casa, los albañiles cambiarán el* ***revoque,*** *porque el que hay se está cayendo solo.*

revuelo ***m.*** **1** Agitación, turbación: *El famoso actor de cine ocasionó un* ***revuelo*** *entre las mujeres cuando entró al restaurante.* **2** Acción y efecto de revolotear: *¡El* ***revuelo*** *de los mosquitos sobre mi cabeza me tiene harta!*

revuelta ***f.*** Alteración del orden: *La policía tuvo que intervenir para apaciguar la* ***revuelta*** *que estalló en la cárcel.*

revuelto, ta ***adj.*** **1** Desordenado: *La habitación de Ricardo siempre está* ***revuelta*** *con los juguetes y la ropa tirados por todas partes.* **2** Intranquilo, agitado: *Las aguas* ***revueltas*** *del río traían mucha basura, ramas y barro.*

revulsivo, va ***adj./m.*** En medicina, se dice de la sustancia o medicamento que provoca una reacción brusca, como los purgantes y vomitivos.

rey ***m.*** **1** Monarca o príncipe que gobierna un reino: *El príncipe heredero llegará a ser* ***rey*** *de su país cuando su padre abdique o muera.* **2** Pieza principal del juego de ajedrez: *Cuando uno de los jugadores da jaque mate al* ***rey*** *se termina la partida de ajedrez.*

reyerta ***f.*** Contienda, riña: *Anoche atraparon a todos los delincuentes que participaron en la* ***reyerta*** *de la semana pasada.*

rezagarse ***vb. irreg.*** {prnl.} **Modelo 17.** Quedarse atrás: *Juan estuvo estudiando un año en Estados Unidos de América y aprendió muchas cosas, pero* ***se rezagó*** *en algunas materias de español.*

rezago ***m.*** Retraso: *Es imposible cubrir en unas horas el* ***rezago*** *de meses que se acumuló en el trabajo mientras estuve enfermo.*

rezar ***vb. irreg.*** {tr. e intr.} **Modelo 16. 1** Decir una oración: *Su mamá le enseñó a Benito a* ***rezar*** *todas las noches antes de dormir.* Sin. **orar. 2** *Fam.* Decir un escrito algo: *El refrán que me dijo mi padre ayer* ***reza*** *así: "Gallo que no canta, algo tiene en la garganta."*

rezo ***m.*** Oración: *Los* ***rezos*** *de algunos devotos budistas consisten en repetir la misma palabra miles de veces.*

rezongar ***vb. irreg.*** {intr.} **Modelo 17.** Gruñir, refunfuñar: *"Aunque* ***rezongues,*** *de todos modos tienes que comerte esta sopa de verduras", sentenció mi padre.*

rezumar ***vb.*** {intr. y prnl.} Salir un líquido a través de los poros del recipiente que lo contiene: *Como la olla de barro no estaba barnizada,* ***rezumaba*** *el agua que tenía dentro.*

ría ***f.*** Valle bajo en la desembocadura de un río, que está parcialmente invadido por el mar.

riachuelo ***m.*** Río pequeño que lleva poca cantidad de agua: *Este año han caído tan pocas lluvias que el* ***riachuelo*** *se secó.*

riada ***f.*** **1** Crecida repentina del caudal, es decir, de la cantidad de agua que lleva un río. **2** Inundación que provoca la crecida del río.

rial ***m.*** Moneda de Irán.

ribera ***f.*** **1** Orilla del mar o de un río: *Las mujeres del pueblo lavan la ropa en la* ***ribera*** *del río.* **2** Tierra cercana a un río: *Cuando el río se desbordó, el torrente arrastró las plantas que habían crecido en las* ***riberas.***

ribete ***m.*** **1** Cinta con que se adorna la orilla de una prenda de vestir, calzado, etc. **2** *loc.* **De ~,** además de, encima: *Se cayó cuando caminaba cargando la olla de la sopa y* ***de ribete,*** *se derramó la comida caliente encima del sofá.* **3** *Fam. pl.* Indicios, asomos de la cosa que se expresa: *Hugo tiene* ***ribetes*** *de artista, su sentido del color es admirable para un niño de su edad.*

ribetear ***vb.*** {tr.} Poner ribetes en una cosa: *En vez de hacer dobladillos,* ***ribeteó*** *los bajos con la misma tela.*

riboflavina ***f.*** Otro nombre para la vitamina B: *La* ***riboflavina*** *es hidrosoluble, o sea que se disuelve en agua.*

ribosoma ***m.*** Partícula interna de las células vivas que asegura la síntesis de las proteínas.

ricachón, chona ***adj./m.*** y ***f.*** *Fam.* y *Desp.* Muy rico: *Llegó una mujer* ***ricachona*** *al restaurante con su abrigo de pieles y sus joyas deslumbrantes dando órdenes como si todos fueran sus esclavos.*

ricino ***m.*** Planta con semillas de las que se extrae un aceite purgante: *Algunas personas acostumbran purgarse con aceite de* ***ricino*** *cuando sienten el estómago recargado.*

rico, ca ***adj.*** **1** Que posee grandes bienes o gran fortuna: *Después de muchos años de trabajar intensamente, el escritor se volvió un hombre* ***rico*** *gracias al éxito de su tercera novela.* **2** Abundante: *Ese país es* ***rico*** *en petróleo, por eso puede exportarlo a otros países.* **3** Sabroso: *Mi madre preparó una sopa de mariscos tan* ***rica,*** *que todos nos servimos otro plato.* **4** *Fam.* Gracioso, guapo.

rico, ca ***m.*** y ***f.*** Persona que tiene bienes abundantes o mucho dinero: *Esa escuela es tan cara que sólo la pueden pagar los* ***ricos.***

ricota ***f. Argent.*** y ***Urug.*** Requesón.

rictus ***m.*** Contracción de la boca que da al rostro una expresión de risa forzada, dolor, burla, etc.: *Angélica torció la boca en un cómico* ***rictus*** *cuando su mamá le ordenó apagar el televisor y ponerse a estudiar.*

ridiculez ***f.*** **1** Dicho o hecho ridículo: *Es una* ***ridiculez*** *que ese empresario rico diga que el precio del transporte público resulta muy caro para su bolsillo.* **2** Cosa demasiado pequeña o sin importancia: *Pablo ganó la competencia por una* ***ridiculez,*** *890 puntos contra los 888 de Roberto.*

ridiculizar ***vb. irreg.*** {tr.} **Modelo 16.** Poner a alguien en ridículo: *Ramiro* ***ridiculizó*** *a su novia delante de sus amigos cuando dijo que era una tonta que nunca entendía nada.*

ridículo ***m.*** Situación que provoca el desprecio, la burla o la risa de los demás: *Al decir que se conformaba con viajar a Francia o a París, Norma se puso en* ***ridículo*** *porque demostró que ella piensa que se trata de los nombres de dos países diferentes.*

ridículo, la ***adj.*** **1** Que por su aspecto o sus acciones provoca risa o burla: *Isabel se puso un* ***ridículo*** *sombrero con plumas que hizo que todos la voltearan a ver en la calle.* Sin. **cursi. 2** Insignificante, escaso: *El aumento de salario que les dieron a los empleados fue* ***ridículo,*** *pues sólo les servirá para pagar su transporte público.*

riego ***m.*** Acción y efecto de regar: *Como en esa región no llueve mucho hay que programar el* ***riego*** *para llevar agua a los campos.*

riel ***m.*** **1** Barra pequeña de metal: *La reja se abre y se cierra con un* ***riel*** *clavado al techo.* **2** Carril de tren. SIN. **raíl.** **3** Moneda de Camboya, país de Asia.

rienda ***f.*** **1** Cada una de las dos correas para conducir las caballerías: *Para manejar un caballo hay que dominarlo con las* ***riendas*** *y las piernas.* **2** *loc. Fam.* **A ~ suelta,** sin freno ni regla: *Los padres de esos niños no se ocupan mucho de ellos y ahí andan* ***a rienda suelta*** *haciendo lo que les da la gana.*

riendas ***f. pl.*** Dirección o gobierno de algo: *Cuando el padre murió, su hijo tomó las* ***riendas*** *de la familia.*

riesgo ***m.*** Peligro o inconveniente posible: *Si te cuelgas del árbol sin sujetarte bien corres el* ***riesgo*** *de caerte.*

riesgoso, sa ***adj. Amér.*** Arriesgado, peligroso: *El señor Hernández se metió en un negocio* ***riesgoso,*** *pero tuvo suerte y todo le salió bien.*

rifa ***f.*** Sorteo de una cosa por medio de billetes numerados: *Mi tía Lilia se ganó el televisor de la* ***rifa,*** *tuvo muy buena suerte.*

rifar ***vb.*** {tr.} Sortear mediante una rifa: *A fin de obtener dinero para el viaje, el ingeniero decidió* ***rifar*** *su automóvil entre todos sus conocidos.*

rifle ***m.*** Tipo de fusil con el interior del cañón rayado: *Los niños no deben jugar con* ***rifles*** *ni con ninguna otra arma.*

riflero ***m. Chile.*** Persona que hace negocios ocasionales, por lo general deshonestos o ilícitos.

rigidez ***f.*** Calidad de lo que no puede doblarse o torcerse.

rígido, da ***adj.*** **1** Que es muy difícil de doblarse o torcerse: *Esa barra de metal es muy* ***rígida,*** *así que deja de soñar que vas a doblarla como si fueras Supermán.* **2** Severo, que no perdona fácilmente: *El director es tan* ***rígido*** *que castiga de manera muy severa a quien desobedece las reglas del colegio.*

rigor ***m.*** **1** Severidad, dureza: *Tratar con* ***rigor*** *excesivo a los hijos puede dañarlos tanto como no atenderlos.* **2** Gran exactitud y precisión: *El libro de astronomía que leo fue escrito con un enorme* ***rigor*** *científico, pues todos los datos son ciertos y exactos.*

riguroso, sa ***adj.*** Que implica rigor: *El invierno en algunas zonas de Canadá es tan* ***riguroso*** *que a veces la gente no puede salir de sus casas durante varias semanas.*

rijoso, sa ***adj.*** Que está dispuesto a pelear: *Se acercaron uno al otro en actitud* ***rijosa.***

rima ***f.*** **1** Repetir los sonidos dos o más veces al final de las palabras. **2** Tipo de composición poética: *El escritor español Gustavo Adolfo Bécquer escribió un libro de poemas llamado* **Rimas**.

rimador, ra ***adj./m.*** y ***f.*** Se refiere a quien es mal poeta: *Julián cree que escribe poesía bellísima, pero en realidad es un* ***rimador*** *sin ningún futuro literario.*

rimar ***vb.*** {tr. e intr.} **1** Hacer que dos o más palabras o versos terminen con sonidos iguales o muy parecidos: *El niño* ***rimó*** *los versos de su poema terminándolos con* llave, ave, nave *y* clave. **2** Haber rima entre dos o más palabras: *La palabra* Pedro ***rima*** *con* cedro *porque tienen la misma terminación.* **3** Componer en verso.

rimbombante ***adj.*** Muy aparatoso y ostentoso: *El vestido de boda de esa actriz era demasiado* ***rimbombante,*** *a mí me gustan más sencillos.*

rímel ***m.*** Nombre comercial de una pasta cosmética que se aplica en las pestañas: *Eva no se maquilla mucho, sólo se pone* ***rímel*** *y un ligero toque de color en los labios.*

rin ***m.*** **Palabra de origen inglés.** ***Méx.*** Aro metálico de la rueda de un automóvil al cual se ajusta el neumático.

rincón ***m.*** **1** Ángulo que resulta del encuentro de dos superficies: *Una araña tejió su tela en un* ***rincón*** *de mi cuarto.* **2** Lugar alejado o retirado: *El científico se fue a escribir su libro a un* ***rincón*** *apartado del país donde nadie lo conocía.* **3** Espacio pequeño: *El mensajero tiene un* ***rincón*** *en la oficina donde acomoda los papeles que debe repartir.*

rinconera ***f.*** Mueble pequeño, de forma adecuada para colocarlo en un rincón: *En la* ***rinconera*** *de su habitación puso un florero y algunos libros.* SIN. **esquinera.**

rinde ***m. Argent.*** Provecho que da una cosa. SIN. **rendimiento.**

ring ***m.*** **Palabra de origen inglés.** Cuadrilátero, espacio de forma cuadrada limitado por cuerdas, donde se llevan a cabo los combates de boxeo o de lucha: *Cuando el campeón de boxeo subió al* ***ring,*** *el público lo ovacionó de pie.*

ringlera ***f.*** Hilera de cosas o de personas colocadas unas detrás de otras: *Mi abuela tiene en su cocina* ***ringleras*** *de ajos, de chorizos y de chiles secos.*

ringletear ***vb.*** {intr.} ***Chile.*** Corretear, callejear.

rinitis ***f.*** Inflamación de la mucosa nasal: *La* ***rinitis*** *suele dar a causa de alergias y por la contaminación ambiental.*

rinoceronte ***m.*** Mamífero de gran tamaño y piel gruesa, que tiene uno o dos cuernos sobre la nariz: *A los* ***rinocerontes*** *les gusta refrescarse a las orillas de los ríos.*

rinofaringe ***f.*** Parte de la faringe que está situada a continuación de las fosas nasales.

riña ***f.*** Hecho de reñir, de pelear: *Cuando las personas toman mucho alcohol no es difícil que se involucren en* ***riñas*** *absurdas.*

riñón ***m.*** **1** Órgano que segrega la orina formado por dos partes iguales: *Operaron a Raquel para extraerle una piedra que tenía en uno de los* ***riñones*** *y le causaba gran dolor.* **2** ***pl.*** Parte del cuerpo que corresponde a la pelvis.

río ***m.*** Curso de agua que desemboca en el mar: *Muchas ciudades europeas como París tienen un* ***río*** *en la parte céntrica y para cruzarlo se atraviesa por algunos hermosos puentes.*

riolita ***f.*** Roca volcánica compuesta principalmente de cuarzo: *El estuche de geología que le regalaron a mi hermano traía una especie de martillo y muestras de rocas de volcán, como* ***riolita*** *y obsidiana.*

rioplatense ***adj./m.*** y ***f.*** Del Río de la Plata: *La región* ***rioplatense*** *se extiende por Argentina y Uruguay.*

ripio ***m.*** **1** Palabra innecesaria que se emplea para completar un verso: *Los malos poetas usan* ***ripios*** *para crear versos sin esfuerzo.* **2** ***Argent., Chile*** y ***Perú.*** Piedra menuda que se usa para pavimentar.

riqueza ***f.*** **1** Cualidad de rico: *Muchos países de África tienen una gran* ***riqueza*** *mineral.* **2** Abundancia de bienes, fortuna: *Esa familia posee una gran* ***riqueza*** *que ha heredado de una generación anterior.*

risa ***f.*** **1** Acción de reír. **2** Sonido que produce la acción de reír: *Alma tiene una* ***risa*** *muy sonora que se escucha por toda la casa.*

risco ***m.*** Roca o peña grande, alta y con una pendiente: *Las cabras andan con facilidad entre los* ***riscos*** *debido a la particular forma de sus pezuñas.*

riscoso, sa ***adj.*** Relativo al lugar inclinado y lleno de rocas o peñas grandes: *No sé por qué Mateo quiere comprar ese terreno* ***riscoso*** *donde no se puede construir nada, ¿querrá criar cabras?*

risible ***adj.*** Que provoca risa: *Ayer pasamos una tarde divertida, pues filmamos los* ***risibles*** *juegos de nuestros gatos.*

risotada ***f.*** Carcajada ruidosa: *El chiste que contó Marcos provocó las* ***risotadas*** *de sus amigos.*

ristra ***f.*** **1** Trenza hecha con ajos o cebollas. **2** Serie de cosas no materiales que van o se suceden una tras otra: *Le ha* *sucedido una* ***ristra*** *de desgracias desde que empezaron sus vacaciones; primero se enfermó, luego le robaron su dinero y al final lo acusaron de ladrón.*

ristre ***m.*** **1** Hierro del peto de la armadura, en el que se afianzaba el cabo de la lanza para atacar. **2** ***loc.*** **En ~,** actitud de levantar una lanza para atacar: *El caballero, con una armadura plateada y con su lanza* ***en ristre,*** *picó al caballo para que avanzara hacia el enemigo.*

risueño, ña ***adj.*** **1** Que tiene la cara sonriente: *Elisa es una niña* ***risueña*** *que cae bien a mucha gente.* **2** Propenso a reír: *Da gusto pasear con Romualdo porque es muy* ***risueño*** *y simpático.*

rítmico, ca ***adj.*** Que tiene ritmo: *La música caribeña es muy* ***rítmica*** *y se puede bailar.*

ritmo ***m.*** **1** Orden armonioso de un conjunto de sonidos, un movimiento, una acción, etc. **2** Orden y tiempo en la sucesión de algo: *Victoria va detrás de Bertha porque no puede caminar a su* ***ritmo.*** **3** En el lenguaje, armonía entre los diferentes tipos de sílabas, en especial en un verso. **4** En música, proporción de los tiempos: *Los bailarines danzan al* ***ritmo*** *de la música.*

rito ***m.*** **1** Conjunto de ceremonias que se llevan a cabo en una religión. **2** Costumbre o hábito. **3** En algunas sociedades, acto o ceremonia mágica que se repite y está destinada a orientar una fuerza oculta hacia una acción determinada.

ritón ***m.*** En arqueología, vasija para beber en forma de cuerno o de cabeza de animal: *En el museo de arqueología vi un* ***ritón*** *del siglo v a. C. que tenía un adorno en forma de cabeza de cabra.*

ritual ***adj.*** Que se lleva a cabo según determinado rito: *Javier compró un disco de música* ***ritual*** *africana durante su viaje por Senegal.*

ritual ***m.*** **1** Conjunto de ritos de una religión. **2** Conjunto de comportamientos basados en una creencia.

rival ***m.*** y ***f.*** Quien compite con otro por una misma cosa: *Susana y José son* ***rivales*** *en el concurso de ajedrez que organiza la escuela.*

rivalidad ***f.*** Competencia por la misma cosa o persona: *La* ***rivalidad*** *tradicional entre esas dos universidades se demuestra en el juego anual de fútbol.*

rivalizar ***vb. irreg.*** {intr.} **Modelo 16.** Intentar igualar o sobrepasar a alguien: *Rafael* ***rivaliza*** *con Sergio por el amor de Ramona, pero ella no le hace caso a ninguno de los dos.*

riyal ***m.*** Moneda de Arabia Saudita, país de Asia.

rizar ***vb. irreg.*** {tr. y prnl.} **Modelo 16.** Formar o formarse mechones de pelo en forma de onda: *Para ir al baile, Virginia se* ***rizó*** *el cabello y se puso un adorno en la cabeza.*

rizo ***m.*** Mechón de pelo en forma de onda: *Dánae se hizo un peinado con muchos* ***rizos*** *alrededor de la cara y parece dama antigua.* Sin. **rulo.**

rizófago, ga ***adj.*** Se refiere al animal que se alimenta de raíces: *Las larvas de algunos insectos son* ***rizófagas,*** *por eso a veces las zanahorias y los nabos traen señales de que los estuvieron royendo.*

rizoide ***m.*** Filamento unicelular que en algunas algas y en los líquenes hace las veces de raíz.

rizoma ***m.*** Tallo horizontal y subterráneo de ciertas plantas: *Los lirios y otras plantas similares tienen* ***rizomas.***

roastbeef ***m.*** **Palabra de origen inglés.** ***Ver*** **rosbif.**

róbalo o **robalo** ***m.*** Especie de pez marino comestible de hasta 1 m de longitud, de piel color gris con aspecto metálico. Sin. **lubina.**

robar ***vb.*** {tr. y prnl.} Quitar a alguien algo que le pertenece: *A Roberto le impusieron una multa por haber intentado* ***robarse*** *un libro de la biblioteca.*

robín ***m.*** Capa de herrumbre que se forma en los metales: *Cuando digo que el martillo tiene* ***robín*** *quiero decir que está oxidado.* Sin. **orín.**

roble ***m.*** Árbol de gran tamaño y copa ancha, madera dura y fruto en bellota: *"¿Sabías que los* ***robles*** *llegan a vivir hasta mil años? Por eso se consideran símbolos de fortaleza", me explicó mi abuelo.*

robledal o **robledo** ***m.*** Lugar poblado por robles.

robo ***m.*** Hurto, delito cometido por alguien que toma con violencia lo que no le pertenece: *Durante la época navideña hay* ***robos*** *a las casas que se quedan solas mientras sus dueños salen de vacaciones.* Sin. **asalto.**

robot ***m.*** Máquina de aspecto humano o que es capaz de realizar algunas funciones humanas: *Leonor sueña con el día en que un* ***robot*** *haga toda la limpieza de su casa.*

robótica ***f.*** Conjunto de teorías y técnicas destinadas al diseño, la construcción y utilización de robots: *La* ***robótica*** *japonesa se distingue por hacer robots en miniatura.*

robustecer ***vb. irreg.*** {tr. y prnl.} **Modelo 39.** Hacer más fuerte o vigoroso: *El ejercicio es bueno porque* ***robustece;*** *por ejemplo, Ángel se convirtió de niño flaco en un joven fuerte y saludable gracias a la natación.*

robusto, ta ***adj.*** Fuerte, resistente, de gran vigor: *Como Manuel es un joven* ***robusto*** *nos ayudó a cargar los muebles más pesados.*

roca ***f.*** **1** Materia mineral que forma parte de la corteza terrestre. **2** Piedra dura y sólida: *Los albañiles no pudieron seguir cavando el pozo porque se toparon con una gran* ***roca*** *que tuvieron que dinamitar.*

roce ***m.*** **1** Acción de rozar o rozarse: *Aurora tiene la piel tan irritada por el sol que el mínimo* ***roce*** *con la ropa le duele.* **2** ***Fam.*** Trato frecuente: *Todos los vecinos del edificio tenemos* ***roce*** *unos con otros y a veces nos juntamos para comer o para una fiesta.*

rochar ***vb.*** {tr.} ***Chile.*** Sorprender a alguien en alguna cosa prohibida.

rochela ***f.*** ***Colomb.*** y ***Venez.*** Bullicio, tumulto, alboroto.

rociada ***f.*** Hecho de arrojar o caer cosas esparcidas: *Todas las mañanas mi madre da una* ***rociada*** *de agua a sus plantas para que no pierdan humedad.*

rociador ***m.*** Instrumento que sirve para rociar: *Mis plantas están bonitas porque además de mojar la tierra les echo agua con un* ***rociador*** *que humedece todas sus hojas.*

rociar ***vb. irreg.*** {tr.} **Modelo 9.** Esparcir un líquido en pequeñas gotas sobre una superficie: *Si se* ***rocía*** *la ropa con agua antes de plancharla, queda más lisa.*

rocín ***m.*** Caballo de mala raza y de poca alzada o estatura: *El caballo de Don Quijote, al que su dueño imaginaba como un fuerte corcel, era en realidad un* ***rocín.***

rocío ***m.*** Vapor que se condensa en la atmósfera en gotas muy menudas: *Muy temprano por la mañana es posible ver gotas de* ***rocío*** *en los pétalos de las flores.*

rock ***m.*** **Palabra de origen inglés.** **1** Estilo musical derivado del jazz y del blues. **2** Baile que se practica con la música llamada rock.

rococó ***adj./m.*** Estilo artístico europeo del siglo XVIII que se caracterizó por ser exagerado y amanerado en los adornos.

rocoso, sa ***adj.*** Abundante en rocas: *Esa playa tiene una parte* ***rocosa*** *que es bonita pero no muy cómoda, y otra llena de arena donde podemos tomar el sol.*

rodaballo ***m.*** Pez marino de cuerpo aplanado y asimétrico de carne muy apreciada.

rodada ***f.*** Señal que deja impresa la rueda en el suelo al pasar: *Las* ***rodadas*** *de las bicicletas en la tierra prueban que por aquí pasaron los niños.*

a b c d e f g h i j k l m n o p q r s t u v w x y z

rodado ***m.*** *Argent., Chile, Urug.* y *Par.* Cualquier vehículo de ruedas.

rodado, da ***adj.*** Relacionado con el tránsito de vehículos de ruedas.

rodaja ***f.*** Rebanada circular, rueda: *Edelmira le puso al pescado frito **rodajas** de limón como adorno.*

rodaje ***m.*** **1** Acción de filmar una película: *El **rodaje** del filme se iniciará cuando el director contrate a los actores.* **2** Acción de hacer funcionar un motor nuevo para ajustarlo.

rodamiento ***m.*** Pieza que permite que gire un determinado dispositivo.

rodar ***vb. irreg.*** {tr., intr. y prnl.} **Modelo 5. 1** Dar vueltas un cuerpo alrededor de su eje: *El niño hizo **rodar** el juguete cuando tiró de la cuerda que estaba enrollada.* SIN. **girar. 2** Moverse por medio de ruedas: *Las bicicletas se apoyan en dos neumáticos que **ruedan** cuando se mueven unos pedales.* **3** Caer dando vueltas: *Por subir sin precaución, Roberto se cayó de la escalera y **rodó** golpeándose en los escalones.* **4** Llevar a cabo el rodaje de un filme: *Paulina está muy contenta porque pronto **rodará** su primer filme en el que actuarán artistas famosos.*

rodear ***vb.*** {tr., intr. y prnl.} **1** Poner algo alrededor de una persona o cosa: *Para sujetar las flores, el vendedor las **rodeó** con un papel y luego con un trozo de cordel.* **2** Andar alrededor: *El gato **rodeaba** a sus dueños y maullaba mientras le preparaban la cena.* **3** Dar un rodeo: ***Rodearemos** para llegar al hotel pues el camino principal está en reparación.*

rodeo ***m.*** **1** Camino más largo o desvío de un camino recto: *Como no pudo pasar por esa calle inundada, Jesús tuvo que dar un **rodeo** para llegar a la escuela.* **2** Forma indirecta de hacer o decir algo: *Ana es tímida, hace muchos **rodeos** antes de pedir algo.* **3** *Argent., Chile* y *Urug.* Acción de contar o separar el ganado. **4** Fiesta de vaqueros donde se montan vaquillas, se hacen suertes con lazos, etc., similar a las fiestas mexicanas de charros. **5** *loc. pl.* **Andarse** (alguien) **con ~,** no decir algo de manera directa: *"No te **andes con rodeos** y dime lo que piensas de mi nuevo vestido", le exigí a mi esposo.*

rodete ***m.*** **1** Moño que se hace con trenzas de cabello recogidas en la parte alta de la cabeza: *La muchacha, para completar su traje regional, se hizo un **rodete** y luego lo adornó con flores de seda.* **2** Rosca de tela que se coloca sobre la cabeza para llevar bultos: *El hombre se puso un **rodete,** y encima de éste colocó una caja; luego se fue caminando muy derecho.*

rodilla ***f.*** Articulación del muslo con la pierna: *Cada vez que Martha dobla la pierna le truena la **rodilla,** porque una vez se cayó y le quedó lastimada.*

rodillazo ***m.*** Golpe dado con la rodilla o recibido en ella: *Cuando Francisco jugaba un partido de hockey, le dieron un **rodillazo** en el estómago que lo dejó sin aire.*

rodillera ***f.*** Venda elástica que protege las rodillas: *Alberto no puede jugar sin **rodillera** desde que se lastimó la rodilla izquierda en un accidente.*

rodillo ***m.*** Cilindro de madera u otro material para diversos usos: *Con el **rodillo** extendió la masa, que luego cortó para hacer galletas.* SIN. **uslero.**

rodio ***m.*** Metal parecido al cromo, de símbolo químico Rh y número atómico 45.

rododendro ***m.*** **1** Arbusto de montaña cultivado por sus flores que se usan como adorno. **2** Flor de la planta llamada rododendro.

roedor, ra ***adj.*** Que roe: *Los ratones, las ratas, los castores y conejos son animales **roedores.***

roedor, ra ***m.*** y ***f.*** Orden de mamíferos que poseen largos dientes incisivos para roer, como la rata: *Los **roedores** con frecuencia son perjudiciales para los cultivos.*

roer ***vb. irreg.*** {tr. y prnl.} **Modelo 44. 1** Cortar menuda y superficialmente con los dientes una cosa dura: *La perra **royó** y **royó** el cable del teléfono hasta que dejó los alambres pelados.* **2** Desgastar poco a poco: *Después de tantos años, las ventanas de metal **se royeron** por estar al aire libre.*

rogar ***vb. irreg.*** {tr.} **Modelo 19. 1** Pedir a alguien alguna cosa como gracia o favor. **2** Solicitar con súplicas: *A pesar de que Maribel les **rogó** a sus padres que la dejaran ir a la fiesta, no le dieron permiso.*

rogón, gona ***adj./m.*** y ***f.*** *Méx. Fam.* Persona que ruega mucho: *Héctor ya le dijo que no quiere ser su novio, pero la **rogona** de Josefina le llama todos los días.*

roído, da ***adj.*** Carcomido, gastado: *"Creo que en esta casa hay un ratón, mira cómo están **roídas** las páginas de este libro", señaló mi tía.*

rojizo, za ***adj.*** Que se parece al color rojo: *"Mira esa tierra **rojiza;** con ella hacen las vasijas que vimos en el mercado", dijo el guía.*

rojo ***m.*** Primer color del espectro solar: *Si al **rojo** le pones un poco de blanco, obtienes color rosado.*

rojo, ja ***adj.*** De color rojo: *La sangre es un líquido **rojo.***

rol ***m.*** **1** Lista, nómina. **2** Parte que se actúa: *Le dieron un **rol** pequeño en la obra de teatro porque era la primera vez que actuaba.* **3** Función: *"¿Qué **rol** desempeña tu padre en la empresa donde trabaja?", me preguntaron.*

rolar ***vb.*** {intr.} **1** Dar vueltas en círculos, sobre todo los barcos. **2** *Méx. Fam.* Andar sin rumbo fijo: *Estuve **rolando** unos meses por Estados Unidos de América y durante ese tiempo pude aprender inglés.*

rollizo ***m.*** Madero redondo sin corteza.

rollizo, za ***adj.*** Robusto y grueso: *El bebé de Guadalupe tiene piernas tan **rollizas** que se le marcan unos hoyitos en las rodillas.*

rollo ***m.*** **1** Cilindro de cualquier material: *Hay que poner otro **rollo** de papel sanitario en el baño porque ya se acabó el que había.* **2** Porción de cuerda, hilo, etc., acomodada dando vueltas alrededor de un eje central: *En esa industria de prendas de lana compran muchos **rollos** de estambre cada semana.* **3** Carrete de película: *En la bodega del cine hay muchos **rollos** que contienen filmes famosos.* **4** *Fam.* Persona o cosa pesada, aburrida: *A veces estudiar es un **rollo,** pero es importante hacerlo para aprender.* **5** *Fam.* Discurso: *Para intentar convencerla, Valentín le dijo a Estela un **rollo** que duró dos horas.*

ROM ***f.*** Abreviatura de ***R****ead* ***O****nly* ***M****emory* (memoria de sólo lectura) que designa en informática a la memoria cuya información no puede ser modificada una vez introducida en una computadora.

romana ***f.*** Balanza de dos brazos desiguales.

romance ***adj.*** Se dice de las lenguas derivadas del latín: *Entre las lenguas **romances** se encuentran el español, el italiano, el catalán y el rumano.*

romance ***m.*** **1** Idioma español. **2** Composición poética con rima asonante en los versos pares. **3** Aventura amorosa: *Dicen que de joven el señor Cardoso tuvo un **romance** con una mujer que ahora es actriz famosa.*

romancero ***m.*** Colección de romances.

románico, ca ***adj.*** **1** Relativo a las lenguas derivadas del latín: *El español, el francés, el italiano y el portugués son lenguas **románicas.*** **2** Relativo al arte que se desarrolló en Europa desde el siglo XI hasta el XIII: *Las iglesias **románicas** son pequeñas si se comparan con las iglesias góticas.*

romano, na ***adj.*** **1** De Roma o del imperio romano: *El imperio **Romano** llegó a dominar casi toda Europa.* **2** De la Iglesia católica.

romano, na ***adj./m.*** y ***f.*** Originario de Roma, Italia: *Las calles del centro de la ciudad **romana** son estrechas y sinuosas.*

romanticismo ***m.*** **1** Movimiento intelectual y artístico surgido en Europa a fines del siglo XVIII. **2** Calidad de romántico, sentimental: *Eva dice que hacen falta elementos de **romanticismo** para que una relación se mantenga, por ejemplo, que los novios manden flores.*

romántico, ca ***adj.*** **1** Relativo al romanticismo: *El escritor alemán Goethe es uno de los más famosos escritores **románticos** de la literatura.* **2** Sentimental: *Carmen anda muy **romántica** desde que un chico la visita todas las tardes.*

romántico, ca ***m.*** y ***f.*** Escritor, pintor, arquitecto, etc., que refleja el carácter del romanticismo.

romanza ***f.*** Canción de carácter sencillo y tierno.

rombo ***m.*** Cuadrilátero de lados iguales y con dos ángulos mayores que los otros dos.

romboide ***m.*** Paralelogramo cuyos lados, iguales dos a dos, no son perpendiculares.

romería ***f.*** **1** Marcha que se hace a un santuario por devoción. SIN. **peregrinación. 2** Fiesta popular que se lleva a cabo junto a una ermita o santuario: *El día de la fiesta del santo del pueblo se organizó una **romería** en la plaza principal.*

romeritos ***m. pl. Méx.*** Hierba de hojas delgadas, parecida al romero pero mucho más tierna, que se come guisada: *Los **romeritos** con mole y tortas de camarón son un platillo típico de la cuaresma.*

romero ***m.*** Arbusto de hojas aromáticas y flores con tonos lilas y blancos: *Las hojas del **romero** se emplean en la fabricación de perfumes.*

romero, ra ***m.*** y ***f.*** Peregrino que va en romería: *Desde la Edad Media en Santiago de Compostela, en España, pueden verse muchos **romeros** que van en peregrinación a ese lugar.*

romo, ma ***adj.*** Sin punta, no afilado: *Los niños pequeños aprenden a cortar papel usando tijeras con punta **roma** que no es peligrosa para ellos.* SIN. **mocho, obtuso.**

rompecabezas ***m.*** **1** Juego que consiste en componer determinada figura repartida en pedazos, en cada uno de los cuales hay una parte de la figura. *A Germán le gustan los **rompecabezas** muy complicados, ha armado algunos con más de mil piezas.* **2** ***Fam.*** Cualquier cosa que resulta difícil de entender o resolver: *La policía se enfrentó con un **rompecabezas** por ese crimen tan misterioso.*

rompehielos ***m.*** Buque acondicionado para navegar entre agua con hielo: *Las autoridades utilizaron un **rompehielos** para quitar el hielo que había en el canal y que impedía el paso libre a los barcos.*

rompeolas ***m.*** Construcción levantada a la entrada de un puerto para protegerlo contra la fuerza del mar.

romper ***vb.*** {tr., intr. y prnl.} **1** Hacer pedazos una cosa: *Con el choque **se rompió** el parabrisas del automóvil.* **2** Separar con violencia las partes de un todo: *Como le urgía ver el contenido de la carta, Irma **rompió** el sobre en lugar de cortarlo con cuidado por una esquina.* **3** Hacer en una cosa, sobre todo en una prenda de vestir, un agujero o una abertura: ***Había roto** las rodillas del pantalón, pero ya les puso unos pedazos de tela que cubren los hoyos.* **4** En el mar, deshacerse las olas en espuma: *Las olas **rompen** con fuerza en el muelle.* **5** Empezar aquello que se expresa: *Fernando estaba muy triste por la muerte de su perro y al recordarlo **rompió** en llanto.* **6** Interrumpir una amistad, relación, noviazgo, etc.: *Se iban a casar, pero **rompieron** una semana antes de la boda porque Susana le dijo a Daniel que no lo amaba.*

rompible ***adj.*** Que puede romperse: *Los vasos de vidrio son más **rompibles** que los vasos de plástico.* ANT. **irrompible.**

rompimiento ***m.*** Hecho de terminar alguna amistad o relación entre personas, países, etc.: *Ricardo está muy triste desde su **rompimiento** con Nora.*

rompope ***m. Amér. C.*** y ***Méx.*** Bebida alcohólica suave hecha con aguardiente, huevos, leche, azúcar y vainilla: *Los adultos brindaron por los novios con champaña y los niños con una copa de **rompope.***

ron ***m.*** Bebida alcohólica obtenida de la caña de azúcar: *Cuba es un importante productor de **ron** a nivel mundial.*

roncar ***vb. irreg.*** {intr.} **Modelo 17.** Hacer un sonido ronco al respirar mientras se duerme: *¡Mi papá **ronca** tan fuerte que a veces no deja dormir a mi mamá!*

roncear ***vb.*** {tr.} ***Argent.*** y ***Chile.*** Mover una cosa de un lado a otro ladeándola con las manos o por medio de palancas.

roncha ***f.*** Bulto pequeño que sale en la piel: *Betty no puede comer camarones porque le salen **ronchas** en las piernas y los brazos.*

ronco, ca ***adj.*** **1** Que padece ronquera o que tiene la voz grave y áspera: *El maestro no pudo dar la clase ayer porque estaba **ronco** y casi no podía hablar.* **2** Se dice de la voz o sonido áspero y bronco: *Cuando Carlos era niño tenía la voz aguda, pero al llegar a la adolescencia su voz se volvió **ronca** y grave.*

ronda ***f.*** **1** Grupo de muchachos que canta por las calles. SIN. **rondalla. 2** Paseo, calle o carretera que rodea una ciudad. **3** Cada serie de cosas que consume un grupo de personas: *En el restaurante, Daniel pagó la **ronda** de cafés y Paco pagó la **ronda** de galletas para todos.*

rondador ***m.*** Instrumento musical de Ecuador, similar a una flauta recta.

rondalla ***f.*** Grupo de muchachos que toca y canta por las calles. SIN. **ronda.**

rondar ***vb.*** {tr. e intr.} **1** Andar de noche vigilando o paseando: *El policía que **ronda** en mi barrio descubrió a un ladrón que estaba a punto de entrar en una casa.* **2** Pasear los muchachos por las calles donde viven las chicas a las que cortejan o enamoran. **3** Dar vueltas alrededor de una cosa: *La idea de mudarse a otro lugar **rondó** a Laura por mucho tiempo y finalmente se decidió y ya no vive aquí.*

rondín ***m.*** **1** ***Bol.*** y ***Chile.*** Individuo que ronda de noche para vigilar. **2** Ronda militar para vigilar: *El soldado terminó su **rondín** nocturno por el campamento sin novedad, es decir, tranquilamente.*

ronquera ***f.*** Padecimiento de la laringe que hace rasposo y grave el timbre de la voz: *Claudia tiene tal **ronquera** que no reconocí su voz cuando me llamó por teléfono.*

ronquido ***m.*** Ruido que se hace al roncar: *Al dormir Rodolfo produce horribles **ronquidos** que con frecuencia despiertan a sus hermanos.*

ronrón ***m.*** **1** ***Amér. C.*** Planta de propiedades medicinales. **2** ***Amér. C.*** Especie de escarabajo.

ronronear ***vb.*** {intr.} Emitir el gato cierto sonido ronco: *Cuando los gatos **ronronean,** parece que les funcionara un pequeño motor dentro.*

ronroneo ***m.*** Ruido que producen los gatos cuando están contentos: *Con el gato encima de mis piernas no sólo escuchaba su **ronroneo,** sino que sentía las vibraciones de su garganta.*

roña *f.* **1** Mugre en forma de capa que se pega sobre alguna superficie. **2** Enfermedad de la piel que produce comezón: *Se dieron cuenta de que tenía* ***roña*** *porque se rascaba mucho todo el cuerpo.*

roña *m.* y *f. Fam.* Persona a quien no le gusta gastar su dinero. SIN. **tacaño.**

roñoso, sa *adj.* **1** *Desp.* y *Fam.* Se dice de quien es sucio. **2** *Desp.* y *Fam.* Tacaño, avaro. **3** *Ecuad.* y *Méx.* Áspero, sin pulimento: *Antes de armar la mesa tienes que lijar las tablas pues están* ***roñosas*** *y raspan.*

ropa *f.* **1** Cualquier prenda de tela: *En el centro abrieron una nueva tienda donde sólo venden* ***ropa*** *para mascotas.* **2** Prenda de vestir: *Irma tiene debilidad por la* ***ropa*** *de seda.* **3** *loc.* ~ **blanca,** la de uso doméstico, como sábanas y toallas. **4** *loc.* ~ **interior,** conjunto de prendas que se llevan debajo del vestido o del traje exterior: *Preparó su equipaje pero olvidó guardar la* ***ropa interior,*** *ahora que está en otra ciudad tendrá que ir a comprar calzones y camisetas nuevas.*

ropaje *m.* **1** Vestido elegante usado en ocasiones y ceremonias solemnes: *En las fiestas del rey todos los invitados lucían* ***ropajes*** *de la mejor calidad.* **2** Conjunto de ropas: *Para la mudanza Estefanía guardó su* ***ropaje*** *en cajas de cartón porque las maletas fueron insuficientes.*

ropavejero, ra *m.* y *f.* Persona que tiene por oficio comprar y vender ropa, baratijas y otras cosas usadas.

ropero *adj./m.* **1** Armario o habitación en la que se guarda ropa: *A Felisa le gusta guardar pastillas de jabón en su* ***ropero*** *para que su ropa huela bien.* SIN. **armario. 2** *Méx.* y *R. de la P. Fam.* Persona muy corpulenta, grande y gruesa: *El novio de Renata es un* ***ropero*** *que mide 1.90 metros y pesa como 120 kilos.*

roquefort *m.* Tipo de queso de olor y sabor fuerte, debido al moho azul con que lo elaboran: *El queso* ***roquefort*** *se llama así por la región francesa donde lo produjeron primero.*

ros *m.* Gorro militar duro, más alto por delante que por detrás y con visera.

rosa *adj.* **1** De color rojo muy claro, parecido al de la rosa común: *Las rosas son de color* ***rosa,*** *pero también las hay color amarillo, blanco y rojo.* **2** *loc.* **Novela ~,** género literario en el que el amor triunfa a pesar de todas las adversidades.

rosa *f.* Flor del rosal: *Las* ***rosas*** *amarillas son más raras y costosas que las blancas.*

rosa *m. Méx.* Color que se obtiene de la combinación del rojo y el blanco.

rosáceo, a *adj.* De una familia de plantas cuyas flores tienen muchos estambres: *Los rosales, ciruelos, perales y cerezas son plantas* ***rosáceas.***

rosado, da *adj.* Relativo al color rosa: *Me dio un poco el sol y mis mejillas pálidas se pusieron* ***rosadas.***

rosal *m.* Arbusto espinoso cultivado por sus flores bellas y aromáticas: *En el jardín frente a su casa, Edith tiene dos* ***rosales,*** *uno da rosas blancas y el otro da rosas rojas.*

rosaleda o **rosalera** *f.* Sitio plantado de rosales: *En ese parque hay una* ***rosaleda*** *muy grande donde crecen rosas blancas, rojas, amarillas y rosadas.*

rosario *m.* **1** Rezo de la Iglesia católica: *Rezaron un* ***rosario*** *diariamente durante nueve días para pedir a Dios por el alma de su pariente muerto.* **2** Serie de cuentas usada para el rezo llamado rosario: *Victoria heredó de su abuela un* ***rosario*** *de fina madera.* **3** Serie o sucesión de cosas: *En cuanto llegó soltó un largo* ***rosario*** *de explicaciones por su tardanza.*

rosbif *m.* **Palabra de origen inglés.** Trozo de carne de buey o de vaca cocinado de modo que el interior queda algo crudo: *Las rebanadas de* ***rosbif*** *se ven rosadas en el centro y color marrón en los bordes.*

rosca *f.* **1** Máquina compuesta de tornillo y tuerca. **2** Cualquier cosa redonda que se cierra en forma de aro o círculo dejando en medio un espacio vacío. **3** Pan que tiene forma de rosca: *En algunos países el 6 de enero se come un delicioso pan dulce llamado* ***Rosca*** *de Reyes.* **4** *loc. Méx. Fam.* **Hacerse ~,** hacerse el disimulado, hacerse tonto: *En el momento que todos debíamos pagar la cuenta en el restaurante, Romualdo* ***se hizo rosca*** *y no pagó su comida.*

rosedal *m. Argent.* y *Urug.* Sitio plantado de rosales. SIN. **rosaleda.**

rosetón *m.* **1** Cualquier adorno parecido a una flor, de forma redonda. **2** En arquitectura, gran ventana circular cerrada por vidrieras: *Las catedrales góticas tienen grandes* ***rosetones*** *con vitrales, por donde entra la luz de colores.*

rosquilla *f.* Bollo o pan dulce en forma de rosca pequeña, con un hoyo en el centro: *En las series de televisión estadounidenses los policías siempre toman* ***rosquillas*** *con café.* SIN. **dona.**

rosticería *f. Chile, Méx.* y *Nicar.* Lugar público donde se asan y venden pollos.

rostro *m.* **1** Cara, semblante humano: *Desde joven Francisco ha tenido el* ***rostro*** *lleno de pecas.* **2** Pico del ave: *El* ***rostro*** *del albatros es largo y curvo en la punta.*

rotación *f.* Acción y efecto de rodar o girar, de moverse sobre el eje: *Por el movimiento de* ***rotación*** *de la Tierra tenemos noche y día.*

rotar *vb.* {intr.} Cambiar de lugar, rodar: *Es importante* ***rotar*** *los neumáticos de un automóvil poniendo los de atrás, adelante para que su desgaste sea parejo y así duren más.*

rotativa *adj./f.* Máquina que imprime un diario, cuyo movimiento rotatorio permite una gran velocidad de impresión.

rotativo, va *adj.* Que rota: *El trabajo de vendedor de dulces durante el descanso es* ***rotativo*** *pues todos los alumnos de la escuela deben hacerlo en algún momento.*

rotatorio, ria *adj.* Que se mueve en forma circular: *"El movimiento* ***rotatorio*** *de ese juego mecánico me mareó un poco, pero me divertí subiendo a él", dijo Dámaris.*

rotavirus *m.* Virus que causa diarrea grave, especialmente en niños pequeños.

rotisería *f. Argent., Chile* y *Urug.* Tienda donde se venden fiambres, carnes asadas, vinos, etc.

roto, ta *adj.* Quebrado, con una rajada o desgarrón: *Después de la caída, Mirta se dio cuenta de que tenía la blusa* ***rota*** *a causa del tirón.*

roto, ta *m.* y *f.* **1** Persona que lleva la ropa desgarrada. **2** *Chile.* Individuo de clase baja. **3** *Chile.* Maleducado.

rotonda *f.* **1** Edificio o sala de forma circular. **2** Plaza circular: *Los héroes de la patria están sepultados en la* ***Rotonda*** *de los Hombres y Mujeres Ilustres del cementerio.*

rotor *m.* **1** Parte giratoria de algunos mecanismos. **2** Hélice de un helicóptero: *Cuando los* ***rotores*** *del helicóptero comenzaron a girar, el aire que produjeron levantó mucho polvo.*

rotoso, sa *adj. Amér. Merid.* Se dice de quien lleva la ropa desgarrada. SIN. **harapiento.**

rotoso, sa *m.* y *f. Chile. Desp.* Persona de baja condición cultural o social.

rótula *f.* Hueso aplanado y móvil de la rodilla: *Amado tuvo un accidente en la bicicleta en el que se fracturó la* ***rótula,*** *por eso ahora trae un yeso que no le permite doblar la pierna.*

rotulador ***m.*** Instrumento para escribir o dibujar, con punta de material poroso que se impregna de tinta. SIN. **marcador, resaltador.**

rótulo ***m.*** Cartel que anuncia o indica algo: *La tienda de ropa tiene un gran* ***rótulo*** *que dice "La moda de Antonio" pintado con letras rojas.*

rotundo, da ***adj.*** Categórico, sin discusión: *El muchacho supo que la negativa de su padre para que fuera a la fiesta fue* ***rotunda****, por eso no insistió más.*

rotura ***f.*** Acción y efecto de romper o romperse: *La caída que sufrió Martín cuando estaba aprendiendo a esquiar le ocasionó varias* ***roturas*** *de huesos.*

roturar ***vb.*** {tr.} Arar por primera vez las tierras que nunca se han cultivado.

rouge ***m.*** **Palabra de origen francés. 1** Lápiz grasoso que usan las mujeres para pintarse los labios. **2** ***Chile.*** Maquillaje que se pone en las mejillas. SIN. **colorete.**

round ***m.*** **Palabra de origen inglés.** En el boxeo, cada uno de los episodios de tres minutos en que se divide una pelea: *Durante el encuentro de boxeo, el campeón del mundo venció al contrincante en el tercer* ***round.***

roya ***f.*** Enfermedad provocada por hongos que afecta sobre todo a los cereales: *Hay* ***roya*** *en este plantío pues los tallos y las hojas tienen manchas amarillas.*

rozadura ***f.*** **1** Herida superficial de la piel producida por el roce con alguna superficie áspera o puntiaguda: *Al cruzar Ulises la cerca de alambre se hizo algunas* ***rozaduras*** *en las piernas, por eso se le ven esas marcas como de arañazo de gato.* **2** ***Fam.*** Especie de quemadura producida en la piel de los bebés por contacto prolongado con la humedad del pañal.

rozagante ***adj.*** **1** Muy vistoso, que llama la atención: *Laura llegó* ***rozagante*** *a la boda; todos los invitados la veían sin cesar.* **2** Contento, satisfecho: *Andrea está* ***rozagante,*** *pues tuvo el promedio más alto de toda su generación.*

rozamiento ***m.*** **1** Disgusto ligero entre dos personas. **2** Resistencia que se opone a la rotación o al deslizamiento de un cuerpo sobre otro.

rozar ***vb. irreg.*** {tr., intr. y prnl.} **Modelo 16. 1** Tocar ligeramente una persona o cosa a otra: *Rumilo le dio un beso tan rápido a María que apenas alcanzó a* ***rozarle*** *la mejilla.* **2** Lastimarse la piel: *Los bebés* ***se rozan*** *con mucha facilidad porque su piel es muy delicada.*

rozón ***m.*** Roce ligero: *No fue un choque fuerte, el autobús sólo le dio un ligero* ***rozón*** *a la portezuela del automóvil de mi padre.*

ruana ***f. Colomb., Ecuad.*** y ***Venez.*** Especie de poncho: *Mi amigo me trajo una bella y caliente* ***ruana*** *desde Quito para que me abrigue cuando haga frío.*

ruano ***adj./m. Argent.*** y ***Urug.*** Se dice del caballo alazán con crin y cola de color más claro.

rubefacción ***f.*** Enrojecimiento de la piel: *La* ***rubefacción*** *puede deberse a que la piel está inflamada o irritada.*

rubéola o **rubeola** ***f.*** Enfermedad contagiosa producida por un virus, que provoca la aparición de manchitas rojas en la cara y el cuerpo: *Hubo una racha de* ***rubéola*** *en la escuela y todos los niños se enfermaron.*

rubí ***m.*** Piedra preciosa de color rojo vivo: *Los* ***rubíes*** *del collar de la sultana están considerados como los más caros del mundo.*

rubicundo, da ***adj.*** **1** Rubio con tonos rojos. **2** De aspecto saludable: *La orgullosa madre nos mostró un bebé* ***rubicundo*** *y hermoso.*

rubidio ***m.*** Metal parecido al potasio, aunque más pesado, de símbolo Rb y número atómico 37.

rubio, bia ***adj.*** Del color del oro: *Las* ***rubias*** *mieses se mecían al viento esperando ser cosechadas.*

rubio, bia ***m.*** y ***f.*** Persona que tiene el pelo de color dorado: *Alejandro llegó a la fiesta con una* ***rubia*** *de ojos azules muy alta que resultó ser sueca.*

rublo ***m.*** Unidad monetaria de Rusia, Estonia, Georgia y otros países.

rubor ***m.*** **1** Color que sube al rostro por vergüenza: *Cuando la gente le dice que está muy guapa, a Alejandra se le sube el* ***rubor*** *a la cara.* **2** Vergüenza. **3** ***Méx.*** Maquillaje que se pone en las mejillas para que se vean rosadas. SIN. **colorete, rouge.**

ruborizar ***vb. irreg.*** {tr. y prnl.} **Modelo 16.** Provocar que el rostro se ponga rojo por vergüenza: *Eva* ***se ruborizó*** *cuando el chico que le gusta la invitó a salir.*

rúbrica ***f.*** Especie de garabato siempre igual que al firmar acompaña el nombre de alguien.

rubricar ***vb. irreg.*** {tr.} **Modelo 17. 1** Poner uno su rúbrica, su firma: *El notario le pidió al señor que nos vendió la casa* ***rubricar*** *cada una de las páginas de las escrituras.* **2** Apoyar o confirmar algo que otro dijo.

rubro ***m.*** **1** ***Amér. C.*** y ***Amér. Merid.*** Título o rótulo: *Estaba buscando en un libro la receta de galletas de chocolate y la encontré en el* ***rubro*** *de "Postres".* **2** ***Amér. Merid.*** y ***Méx.*** Conjunto de artículos de consumo de un mismo tipo: *En el inventario que hicimos en la tienda pusimos los cosméticos en el* ***rubro*** *de perfumería.*

ruca ***f. Argent.*** y ***Chile.*** Cabaña indígena, choza.

rucio, cia ***adj./m.*** y ***f.*** Cuadrúpedo de color gris blanquecino o cenizo: *La mayoría de los burros son* ***rucios,*** *aunque también hay caballos y toros de ese color.*

ruco, ca ***adj./m.*** y ***f.*** **1** ***Amér. C.*** Viejo, inútil, en particular referido a las caballerías. **2** ***Méx. Fam. Desp.*** Relativo a la persona de edad, a los ancianos: *La* ***ruca*** *de la casa de la esquina no quiso devolverme mi balón, porque dijo que ya estaba cansada del ruido que hacíamos.*

ruda ***f.*** Planta herbácea de olor fuerte y dulzón y flores amarillas con tonos verdes que se utiliza en perfumería y medicina.

rudeza ***f.*** Calidad de rudo: *Joaquín regañó a su hijo con una* ***rudeza*** *que no era necesaria, pues hubiera bastado con que le explicara todo de manera tranquila.*

rudimentario, ria ***adj.*** Simple, poco desarrollado: *Los países latinoamericanos tienen una tecnología* ***rudimentaria*** *comparada con la de los países desarrollados.*

rudimentos ***m. pl.*** Conocimientos básicos de una profesión o ciencia: *"Aunque conozcas algunos* ***rudimentos*** *de la arquitectura, si quieres llegar a construir edificios debes prepararte muy bien", comentó el orientador a Vidal.*

rudo, da ***adj.*** **1** Tosco, áspero, duro: *Esta blusa es de tela* ***ruda,*** *prefiero comprar una de tela suave como el algodón.* **2** Grosero, descortés, sin educación ni delicadeza. **3** Violento, agresivo: *El luchador* ***rudo*** *arrojó a su rival sobre el público.*

rueca ***f.*** Utensilio con una rueda que sirve para hilar: *La Bella Durmiente se picó el dedo con el huso de una* ***rueca*** *y durmió durante cien años.*

rueda ***f.*** **1** Pieza circular que gira alrededor de un eje: *La invención de la* ***rueda*** *fue importantísima para el inicio del transporte.* **2** Círculo: *Las niñas formaron una* ***rueda,*** *se tomaron de las manos y empezaron a caminar de un lado al otro acompañándose con canciones.* **3** Rodaja de algunas frutas, carnes o pescados: *Comí una* ***rueda*** *de pescado acompañada con ensalada.*

ruedo ***m.*** **1** Espacio destinado a torear en las plazas de toros: *El primer toro de la tarde salió con gran energía al* ***ruedo,*** *sin saber lo que le esperaba.* **2** Borde de una cosa redonda: *Adornaré el **ruedo** de mi falda con unas flores bordadas.* **3** Círculo formado por personas.

ruego ***m.*** Súplica, petición que se hace con deseo de obtener algo: *¡Tantos **ruegos** a su padre para que no la castigara y al final Herminia no consiguió nada!*

rufián ***m.*** Hombre despreciable, malvado, que engaña y estafa: *Dicen que el dueño de esa tienda es un **rufián**, así que no conviene comprar nada allí.*

rugby ***m.*** **Palabra de origen inglés.** Deporte que se practica con un balón ovalado que se impulsa con manos y pies: *El **rugby** es un juego que tiene características del fútbol soccer y del fútbol americano.*

rugido ***m.*** **1** Ruido que emiten los felinos grandes: *El león estaba tranquilo, pero de vez en cuando lanzaba un **rugido** de advertencia para que nadie se le acercara.* **2** Sonido fuerte, parecido al rugir de una fiera, producido por el mar o el viento: *El **rugido** del viento anunció la tormenta.*

rugiente ***adj.*** Que ruge: *En el zoológico, un tigre **rugiente** y nervioso daba vueltas de un lado al otro de su jaula.*

rugir ***vb. irreg.*** {intr.} **Modelo 61. 1** Producir un sonido ronco y fuerte el león, el tigre y otros animales: *Cuando los leones **rugen** atemorizan a otros animales.* **2** Emitir gritos y voces una persona muy enojada: *Como se quemó el guiso que estaba preparando para la reunión, mi madre **rugía** de ira.*

rugoso, sa ***adj.*** Que tiene arrugas: *Cuando hace mucho frío mis manos se ponen **rugosas** porque se resecan.*

ruido ***m.*** Sonido irregular, confuso y no armonioso: *Los padres siempre opinan que a sus hijos les gusta el **ruido**, no la música.*

ruidoso, sa ***adj.*** Se dice de la persona o cosa que hace mucho ruido: *Los cachorros de mi perra son **ruidosos** y casi toda la noche se la pasan jugando y ladrando.*

ruin ***adj.*** **1** Vil, despreciable: *Robar es una acción **ruin** porque daña a otras personas.* **2** Avaro, tacaño: *Ese hombre rico nunca regala nada porque es una persona **ruin** que sólo piensa en guardar su dinero.*

ruina ***f.*** **1** Hecho de destruirse algo: *La vieja carretera se ha convertido en una **ruina** desde que construyeron la nueva.* **2** Pérdida de los bienes: *La familia se vio sumida en la **ruina** después de que el padre se quedó sin trabajo.* **3** *pl.* Conjunto de restos de una construcción destruida: *En Guatemala se encuentra Tikal, que son unas **ruinas** prehispánicas que pertenecieron a los mayas.* **4** *loc.* **En ruinas,** en muy mal estado: *La casa cercana al mercado ya está **en ruinas**, pues hace mucho tiempo que nadie vive en ella.*

ruindad ***f.*** Hecho ruin, despreciable: *En el programa de televisión que vi ayer los hijos cometen la **ruindad** de no ocuparse de su madre enferma, después de todos los esfuerzos que hizo por ellos.*

ruinoso, sa ***adj.*** Que está derruido, en ruinas: *En el barrio de Rafael hay una casa **ruinosa** y abandonada, los vecinos dicen que allí hay un fantasma, pero yo sólo he visto vagabundos que se meten a dormir allí.*

ruiseñor ***m.*** Ave de plumaje color pardo con tonos rojos y canto melodioso: *Según el cuento, el emperador chino sanó cuando volvió a escuchar el canto del **ruiseñor** natural, no del ruiseñor mecánico.*

rulemán ***m. Argent.*** y ***Urug.*** Pieza que funciona como cojinete: *Mi papá y yo hicimos un carrito de madera con **rulemanes** como ruedas.*

rulenco, ca ***adj. Chile.*** Flaco y débil, referido tanto a personas como a animales.

rulero ***m. Amér. Merid.*** Rulo, cilindro para rizar el pelo. SIN. **tubo.**

ruleta ***f.*** **1** Juego de azar en el que el ganador es designado por una bola que gira sobre una rueda con casillas numeradas. **2** *loc.* **~ rusa,** juego suicida en el que dos o más personas se disparan por turnos con un revólver que tiene sólo una bala, hasta que una de ellas muere.

ruletear ***vb.*** {intr.} ***Méx.*** y ***Venez. Fam.*** Conducir un taxi.

ruletero, ra ***m.*** y ***f.*** **1** ***Méx.*** y ***Venez. Fam.*** Taxi: *Evaristo tiene un **ruletero** que maneja todos los días para mantener a su familia.* **2** ***Méx.*** y ***Venez. Fam.*** Persona que conduce un taxi: *Los **ruleteros** deben conocer muchos nombres de calles y avenidas de la ciudad donde trabajan.* SIN. **taxista.**

rulo ***m.*** **1** Rizo de cabello: *De niña Marisol tenía la cabeza cubierta de **rulos**, pero su cabello se volvió liso cuando creció.* **2** Cilindro hueco para rizar el cabello: *Isabel se pone **rulos** después de lavarse el pelo porque le gusta tener rizos.* SIN. **tubo, rulero. 3** ***Chile.*** Tierra seca o sin riego.

rumano ***m.*** Lengua románica hablada en Rumania: *El **rumano** es un idioma de la misma familia lingüística que el español, el italiano y el francés.*

rumano, na ***adj./m.*** y ***f.*** Originario de Rumania, país de Europa Oriental: *Vlad Tepes, un sanguinario noble **rumano**, fue en quien se inspiró el personaje Drácula de la novela de Bram Stoker.*

rumba ***f.*** Baile popular cubano de origen africano y música de dicho baile.

rumbear ***vb.*** {intr.} **1** ***Amér.*** Orientarse, tomar un rumbo. **2** Bailar la rumba.

rumbero, ra ***m.*** y ***f.*** Persona que baila, canta o toca la rumba: *En los filmes mexicanos de la década de 1950 actuaban muchas **rumberas** que bailaban ritmos tropicales.*

rumbo ***m.*** Dirección que se sigue al andar o navegar: *Los Chávez salieron esta mañana a vacacionar **rumbo** al norte del país.*

rumboso, sa ***adj. Fam.*** Desprendido, generoso: *Como Fabiola es su única hija, don Polo le organizó una **rumbosa** fiesta de bodas.*

rumia ***f.*** Tipo de digestión de los rumiantes en que almacenan en la panza la hierba no masticada, la regurgitan o regresan a la boca para triturarla, y la llevan a las otras partes de sus estómagos, llamadas libro y cuajar.

rumiante ***adj./m.*** Mamífero herbívoro que tiene el estómago dividido en tres o cuatro cavidades, como el camello: *Las vacas y las cabras son **rumiantes** que están masticando todo el día.*

rumiar ***vb.*** {tr.} **1** Acción de masticar por segunda vez los alimentos los animales llamados rumiantes: *Los ciervos **rumian** la comida todo el día.* **2** ***Fam.*** Considerar o pensar algo de forma cuidadosa: *Ambrosio se quedó en su casa a **rumiar** qué decisión debía tomar respecto a cuál carrera seguir.*

rumor ***m.*** **1** Noticia no confirmada, ya sea o no verdadera: *Ha corrido el **rumor** de que el famoso tenor perdió su privilegiada voz.* SIN. **chisme. 2** Ruido sordo y continuado: *El **rumor** de las conversaciones entre el público se acabó en cuanto empezó el concierto.*

rumorar o **rumorear** ***vb.*** {intr. y prnl.} Difundir rumores u opiniones no confirmadas: ***Se rumora** que el presidente sufrió un infarto, pero la noticia no se ha dado a conocer de manera oficial.*

rumoroso, sa ***adj.*** Que hace un ruido suave: *Desde la ventana de la cabaña se escuchaba correr el río **rumoroso** que daba descanso al espíritu.*

runa ***f. Argent.*** y ***Bol.*** Papa pequeña que necesita mucho tiempo para cocerse.

runa ***f.*** Cada carácter de la escritura rúnica: *Se cree que las **runas** son una derivación modificada del alfabeto etrusco.*

rúnico, ca ***adj.*** Tipo de escritura que usaron los pueblos germánicos del norte de Europa: *La escritura **rúnica** se utilizó desde el siglo II hasta el XVII.*

runrún ***m.*** **1** *Fam.* Rumor, ruido confuso: *Mi mamá dice que le llegó el **runrún** de que el director de la escuela va a renunciar.* **2** ***Argent., Colomb., Chile*** y ***Perú.*** Juguete que se hace girar para que produzca un zumbido.

rupestre ***adj.*** Relativo a las rocas: *En las cuevas de Altamira, en España, hay unas pinturas **rupestres** muy antiguas y famosas.*

rupia ***f.*** Moneda de la India, Indonesia y otros países.

ruptura ***f.*** Acción y efecto de romper o romperse: *Afortunadamente la **ruptura** de las pláticas de paz entre esos dos países no duró mucho tiempo y ahora ya las reanudaron.*

rural ***adj.*** Relativo al campo: *La vida urbana (de las ciudades) es muy distinta a la **rural** (del campo).*

ruso ***m.*** Lengua hablada en Rusia: *El **ruso** se escribe con el alfabeto llamado cirílico.*

ruso, sa ***adj./m.*** y ***f.*** Originario de Rusia, país que se extiende por Europa Oriental y Asia del Norte.

rusticidad ***f.*** Carácter de lo rústico o tosco: *La **rusticidad** de los muebles da un aspecto muy acogedor a la casa.*

rústico, ca ***adj.*** **1** Relativo al campo: *Los campesinos que saludé viven en unas cabañas **rústicas** en la parte baja de la montaña.* **2** Tosco, persona que no tiene cultura o educación: *Ese hombre es un **rústico** que no está acostumbrado a tratar con la gente.* **3** No muy trabajado ni sofisticado: *David compró una cama **rústica** que no es elegante pero está cómoda.*

rústico, ca ***m.*** y ***f.*** Persona del campo: *Una vez al mes los **rústicos** vienen a mi pueblo para vender verduras, miel y quesos.*

ruta ***f.*** Camino establecido para un viaje, expedición, etc.: *El grupo de turistas tomó la **ruta** más larga hacia la montaña porque por ahí el paisaje se ve espectacular.*

rutenio ***m.*** Metal perteneciente al grupo del platino, de símbolo Ru y número atómico 44.

rutherfordio ***m.*** Elemento químico de símbolo Rf y número atómico 104.

rutilante ***adj.*** Que resplandece: *En la oscuridad de la noche, una **rutilante** estrella guiaba los pasos del caminante.*

rutilar ***vb.*** {intr.} Brillar mucho, resplandecer: ***Rutilar*** *es un verbo que se utiliza sobre todo cuando se escribe poesía.*

rutina ***f.*** Costumbre de hacer cosas siempre de la misma forma aunque pueda o deba cambiarse esta costumbre: *Su **rutina** de cada mañana es bañarse, vestirse, desayunar y salir a trabajar.*

rutinario, ria ***adj./m.*** y ***f.*** Que se hace por costumbre o por rutina: *"Me aburre la vida **rutinaria** que llevo, tengo ganas de algo diferente: un viaje, una mudanza, un cambio…", dije a mi amigo.*

S

s ***f.*** Vigésima letra del abecedario español. Su nombre es *ese*.

sábado ***m.*** Sexto día de la semana, empezando a contar a partir del lunes: *El **sábado** me voy a la playa y regreso el domingo en la noche para ir a la escuela el lunes.*

sabana ***f.*** Espacio natural extenso con pocos árboles y vegetación formada por hierbas y arbustos: *En la **sabana** africana viven cebras, leones, elefantes y otros animales.* SIN. **planicie, llano, llanura.**

sábana ***f.*** Pieza o lienzo de tela que se usa como ropa de cama: *Con la **sábana** de abajo se cubre el colchón, y con la de arriba se tapa la persona que va a dormir.*

sabandija ***f.*** **1** Animal pequeño que resulta asqueroso o molesto: *Durante las noches de verano algunas **sabandijas** entran a la habitación atraídas por la luz.* **2** ***Desp. Fam.*** Persona de malas costumbres con quien no se quiere convivir: *"No sé por qué sales con esa **sabandija** que te engaña con otra muchacha."*

sabañón ***m.*** Inflamación acompañada de picor que produce el frío en pies, manos y orejas.

sabat ***m.*** Según la ley de Moisés, día de descanso obligatorio y consagrado a Dios, que va de la noche del viernes a la noche del sábado de cada semana.

sabático, ca ***adj.*** **1** Relativo al sábado. **2** Relativo al sabat. **3** *loc.* **Año ~,** año de descanso que tienen los investigadores de las universidades cada seis años: *Durante el **año sabático**, los investigadores cobran su sueldo, pero no tienen la obligación de ir al lugar de trabajo, sino que laboran en el sitio que escojan o en su casa.*

sabatino, na ***adj.*** Del sábado: *Javier se inscribió a los cursos **sabatinos** de inglés.*

sabelotodo ***m.*** y ***f. Fam.*** Persona que cree tener siempre una respuesta para todo porque piensa que sabe mucho: *Rubén es un **sabelotodo** que no desaprovecha ocasión para presumir sus supuestos conocimientos.* SIN. **sabihondo.**

saber ***m.*** Sabiduría, conocimiento firme: *Es grande el **saber** de mi maestro pues ha estudiado toda su vida.* SIN. **sabiduría.**

saber ***vb. irreg.*** {tr. e intr.} **Modelo 36. 1** Tener conocimientos sobre alguna materia o sobre muchas en general: *Jacinto **sabe** hablar francés, inglés y alemán porque ha estudiado estos idiomas durante varios años y le gustan mucho.* SIN. **dominar, entender.** ANT. **ignorar. 2** Conocer una cosa, poder hacerla: *Elena no **sabe** cómo llegar a casa de su amiga porque siempre la ha llevado su mamá.* ANT. **ignorar, desconocer. 3** Tener noticias de alguien o algo: ***Supe** sobre los problemas en el Medio Oriente al leer el diario.* SIN. **informarse, enterarse, conocer.** ANT. **ignorar, desconocer. 4** Tener capacidad para hacer algo: *Ricardo no **sabía** andar en bicicleta, pero ya aprendió después de mucha práctica.* SIN. **dominar. 5** Tener algo determinado sabor: *Este helado **sabe** a chocolate.* **6** *loc.* **A ~,** es decir, por ejemplo: *Para aprobar el curso, el alumno tiene que responder a varios exámenes, **a saber:** matemáticas, física y química.*

sabido, da ***adj.*** Se dice de lo que ya se sabe: *Es **sabido** que las aves y los reptiles nacen de un huevo.*

sabiduría ***f.*** **1** Conocimiento profundo y sólido en ciencias, letras o artes: *La **sabiduría** no sólo se obtiene estudiando mucho, también viajando y visitando museos.* SIN. **erudición, cultura.** ANT. **ignorancia. 2** Prudencia, hecho de saber qué hacer en diferentes situaciones: *La **sabiduría** nace del trato con otras personas y de las experiencias bien aprovechadas.*

sabiendas. A ~, ***loc.*** De un modo cierto o consciente: *Braulio me regaló unas botas el día de mi cumpleaños **a sabiendas** de que me encanta tener muchos pares de zapatos.*

sabihondo, da o **sabiondo, da** ***adj./m.*** y ***f. Fam.*** Se aplica a la persona que presume de saber mucho pero que en realidad no sabe tanto. SIN. **sabelotodo.**

sabio, bia ***adj./m.*** y ***f.*** **1** Se dice del que es sensato o de la cosa hecha con sensatez: *Con sus palabras **sabias,** el jefe tranquilizó a la gente asustada por la erupción del volcán.* SIN. **prudente, cuerdo.** ANT. **necio. 2** Se aplica a quien posee un conocimiento profundo en ciencias, letras o artes: *La maestra Orozco es una mujer **sabia** de quien sus alumnos aprenden algo nuevo cada día.* SIN. **culto, instruido.** ANT. **ignorante.**

sablazo ***m.*** **1** Golpe dado con el sable y herida que este golpe produce: *El pirata recibió un **sablazo** profundo en la pierna y perdió mucha sangre.* **2** ***Fam.*** Hecho de obtener con maña dinero de otro: *Pedro sólo busca la oportunidad para darte un **sablazo,** hace seis meses me pidió dinero y todavía no me lo paga.*

sable ***m.*** Arma blanca un poco curva parecida a la espada pero con un solo filo.

sablear ***vb.*** {intr.} *Fam.* Pedir dinero a otro, ya sea prestado o regalado: *Mi abuelita ya se cansó de que yo la **sablee** y me dijo que si quiero dinero debo ayudarle con la limpieza de la casa.*

sablista ***adj./m.*** y ***f.*** Persona que pide dinero prestado sin intención de pagarlo: *"Cuidado con Arturo, es un **sablista,** en cuanto ve que alguien tiene dinero le pide y luego no paga", advirtió David.*

sabor ***m.*** Sensación que una cosa produce al meterla en la boca: *Percibimos el **sabor** de la comida y de la bebida con el sentido del gusto.* SIN. **gusto.**

saborear ***vb.*** {tr. y prnl.} Disfrutar del sabor de algo de manera lenta: *El niño **saborea** su postre en lugar de comérselo rápido porque le gusta disfrutarlo.* SIN. **gustar.**

sabotaje ***m.*** **Palabra de origen francés.** Ejecución defectuosa de un trabajo o destrucción de instalaciones o máquinas como procedimiento de lucha o de protesta: *La falta de transporte público se debe a un **sabotaje** organizado por los choferes como protesta por una injusticia cometida contra un compañero.* SIN. **daño, estrago.**

saboteador, ra ***adj./m.*** y ***f.*** **1** Que sabotea: *Con opiniones **saboteadoras** los opositores del proyecto lograron consenso.* **2** Boicoteador.

sabotear ***vb.*** {tr.} **Palabra de origen francés.** Impedir que un trabajo o una actividad se lleve a cabo de manera normal, maltratando la maquinaria o las instalaciones en las que se hace: *Los obreros dicen que **sabotearán** la producción si no obtienen el aumento de sueldo.* SIN. **dañar, averiarse, destruir.**

sabroso, sa ***adj.*** Se aplica a lo que resulta agradable al sentido del gusto: *La comida estaba tan **sabrosa** que le pedí un poco más a mi madre.* SIN. **delicioso.** ANT. **insípido.**

sabrosón, sona ***adj.*** ***Méx.*** **1** Con mucho sabor: *La dueña de casa preparó un guisado picante pero **sabrosón.*** **2** Con mucho ritmo, muy agradable: *La música tropical es muy **sabrosona.***

sabueso ***m.*** **1** Perro de olfato y oído muy finos: *Los **sabuesos** persiguieron al zorro durante la cacería.* **2** ***Fam.*** Persona que tiene gran habilidad para investigar crímenes y seguir las pistas para localizar delincuentes: *El **sabueso** seguía de cerca al ladrón y solo fue cuestión de horas para que lograra atraparlo.* SIN. **detective.**

sabueso, sa ***adj.*** Se dice de un tipo de perro que tiene olfato y oído muy finos: *Para encontrar a la persona que se perdió en el bosque, se necesitarán varios perros **sabuesos** que sigan su rastro.*

saburra ***f.*** Capa blanquecina y espesa que aparece sobre la lengua: *La **saburra** es una manifestación de que algo no anda bien en nuestro sistema digestivo.*

saburroso, sa ***adj.*** Cubierto de saburra: *Hugo tenía indigestión constante y lengua **saburrosa**, por lo que fue a ver al médico.*

saca ***f.*** Bolsa grande, más larga que ancha, hecha de tela fuerte y rústica: *La **saca** se usa para transportar la correspondencia.*

sacabocados ***m.*** Instrumento cuya punta hueca de contorno afilado sirve para hacer perforaciones: *Lalo adelgazó y, con un **sacabocados**, le hizo más agujeros a su cinturón.*

sacacorchos ***m.*** Instrumento formado por un mango y una punta con forma de espiral, que sirve para quitar los tapones de corcho que cierran las botellas: *Cuando fuimos a comer al campo no pudimos abrir la botella de vino porque olvidamos el **sacacorchos**, así que bebimos agua.*

sacapuntas ***m.*** Instrumento con una navaja en el que se introduce la punta del lápiz para afilarlo: *Hay **sacapuntas** pequeños que pueden llevarse a la escuela y hay **sacapuntas** de escritorio que tienen varias navajas.*

sacar ***vb. irreg.*** {tr.} **Modelo 17. 1** Hacer salir algo o a alguien fuera del lugar o situación en que estaba: ***Sacaré** los pantalones que ya no uso y los regalaré a los niños pobres.* SIN. **extraer.** ANT. **meter, devolver, poner. 2** En matemáticas, resolver un problema, operación, etc.: *Dorotea **sacó** la cuenta para saber cuánto había gastado en el mercado.* **3** Conseguir, obtener: *El aceite de oliva se **saca** de las aceitunas.* SIN. **obtener, extraer. 4** Dar a conocer algo que había estado oculto: *Teresa **sacó** sus cualidades de cantante durante la fiesta y nos deleitó con su hermosa voz.* SIN. **mostrar, descubrir, revelar. 5** *R. de la P.* Excluir algo de un todo: ***Sacando** los semitonos, la escala musical tiene siete notas:* do, re, mi, fa, sol, la *y* si. SIN. **exceptuar.** ANT. **incluir. 6** Inventar, crear: *Los diseñadores **han sacado** unos modelos de ropa muy bonitos para esta temporada.* **7** Poner en juego el balón durante un partido: *En el balonvolea, el equipo que **saca** es el que puede anotar puntos.* **8** Ganar en determinados juegos de azar: *Rosario **se sacó** la lotería.* SIN. **obtener. 9** Copiar algo: ***Saqué** este poema en cartulina y lo colgué en mi habitación porque es mi favorito.* SIN. **tomar, extraer. 10** Captar una imagen con una cámara fotográfica: *Los exploradores llevan su cámara para **sacar** unas fotografías del volcán.* SIN. **fotografiar. 11** Mencionar un tema en la conversación: *"No **saques** el tema de la comida podrida cuando estamos comiendo porque me produce asco."* SIN. **citar, nombrar. 12** *loc.* **~ adelante,** llevar a buen fin: *La viuda **sacó adelante** a sus hijos después de la muerte de su esposo.* **13** *loc.* **~ de quicio** o **de sus casillas,** hacer que alguien pierda el control de sí mismo.

sacárido ***m.*** Nombre genérico que se da a los azúcares y sus derivados.

sacarífero, ra ***adj.*** Que contiene azúcar o la produce: *El jugo de caña es **sacarífero**, por eso sabe tan dulce.*

sacarina ***f.*** Endulzante artificial que no tiene relación con el azúcar y carece de calorías e hidratos de carbono: *La **sacarina** fue descubierta en 1879 por los investigadores estadounidenses Fahlberg y Remsen.*

sacarosa ***f.*** Azúcar de caña o de remolacha: *La **sacarosa** está formada por una molécula de glucosa y una de fructosa.*

sacerdocio ***m.*** Dignidad y funciones de un sacerdote.

sacerdotal ***adj.*** Relacionado con el sacerdocio o con los sacerdotes: *La vestimenta **sacerdotal** de los curas católicos es diferente según la celebración.*

sacerdote ***m.*** Ministro de una religión.

sacerdotisa ***f.*** Mujer o joven consagrada al culto de una divinidad.

saché ***m.*** **Palabra de origen francés. 1** *Argent., Chile* y *Urug.* Envase de plástico o de papel que se usa para contener líquidos. **2** ***Méx.*** Bolsita rellena de pétalos u hojas aromáticas o perfumadas: *Mariana puso un **saché** entre su ropa limpia para que oliera a hierbas.*

saciable ***adj.*** Referido a lo que puede satisfacerse: *Nuestro hijo tiene necesidades **saciables**, pues en general hemos podido darle lo que nos pide.* ANT. **insaciable.**

saciar ***vb.*** {tr. y prnl.} **1** Satisfacer el hambre o la sed: *En cuanto el jinete **sació** su hambre montó en su caballo y continuó su viaje.* SIN. **llenar. 2** ***Fam.*** Satisfacer de manera plena las ambiciones o deseos: *Como Juana no pudo ir a la fiesta, **sació** sus ganas de bailar moviéndose al compás de un disco.* SIN. **cumplir.**

saciedad ***f.*** Condición de quien está satisfecho o harto: *Edgar comió tanto, que la **saciedad** le produjo sueño y durmió toda la tarde.*

saco ***m.*** **1** Bolsa grande hecha de tela, cuero u otro material, que se usa para transportar cosas: *Usaré este **saco** vacío para poner la ropa sucia y llevarla al patio.* SIN. **costal, fardo, talego. 2** Cualquier órgano con forma de bolsa: *El **saco** amniótico es la bolsa llena de agua que guarda al feto.* **3** Prenda de vestir que se pone sobre la camisa, cubre la espalda y los brazos, y por adelante se cierra con botones: *Los trabajadores del banco deben ir vestidos con **saco** y corbata.* SIN. **chaqueta. 4** *loc.* **No echar en ~ roto,** no olvidar algo, tenerlo en cuenta para poder obtener algún provecho: ***No eches en saco roto** los consejos de tu abuelo, trata* *de seguirlos pues son por tu bien.* **5** *loc.* ~ **de dormir,** bolsa de tejido impermeable que sirve para dormir cuando se está de viaje en el campo: *Llevé un **saco de dormir** para mis vacaciones en el campamento.*

sacralizar ***vb. irreg.*** {tr.} **Modelo 16.** Dar carácter sagrado a una cosa que no lo era: *Las autoridades religiosas **sacralizaron** las grutas de Lourdes, en Francia, desde las apariciones de la Virgen María ocurridas allí en 1858.*

sacramental ***adj.*** Relativo a los sacramentos de la Iglesia católica.

sacramento ***m.*** En el catolicismo, acto religioso destinado a santificar algún suceso en la vida de las personas: *En las iglesias católica y ortodoxa existen siete **sacramentos:** bautismo, confirmación, eucaristía, penitencia, extremaunción, orden sacerdotal y matrimonio.*

sacrificar ***vb. irreg.*** {tr. y prnl.} **Modelo 17. 1** Ofrecer a una divinidad una víctima en sacrificio: *Los antiguos romanos **sacrificaban** animales para honrar a sus dioses.* **2** Matar animales para consumirlos como alimento o porque se encuentran muy enfermos y no van a sanar: *Mauricio nunca imaginó que a causa de una enfermedad tendría que **sacrificar** a su hermoso caballo para que el animal no sufriera más.* **3** Dejar de hacer algo importante para hacer otra cosa: *Horacio **sacrificó** toda la tarde haciendo fila para realizar un trámite.* **4** Renunciar a algo por generosidad hacia otro: *Enrique quería seguir jugando, pero **se sacrificó** y dejó su lugar a un niño que no había jugado.*

sacrificio ***m.*** **1** Ofrenda hecha a una divinidad, en especial la inmolación de víctimas. **2** Hecho de matar un animal para consumirlo como alimento o porque se encuentra muy enfermo y no va a sanar: *El **sacrificio** de las reses que consume la población se realiza en un lugar especial.* Sin. **muerte. 3** Aquello que necesita mucho esfuerzo para realizarse: *Atravesar ese desierto a pie sería un gran **sacrificio** para una persona.* Sin. **padecimiento, sufrimiento. 4** Acto de generosidad en el que se renuncia a algo para beneficiar a otro. Sin. **abnegación, renuncia.**

sacrilegio ***m.*** Profanación de leyes, objetos, imágenes o personas que se consideran sagradas.

sacrílego, ga ***adj./m.*** y ***f.*** Persona que comete sacrilegio: *La policía atrapó al ladrón **sacrílego** que se había robado las joyas de una imagen del templo.*

sacristán ***m.*** En los templos católicos, empleado encargado de la conservación de una iglesia y de los objetos de culto: *El **sacristán** apaga las velas del altar y cierra las puertas de la iglesia por la noche.*

sacristía ***f.*** Lugar de los templos católicos donde se guardan los ornamentos y las ropas de los sacerdotes: *En la **sacristía** de la catedral de mi ciudad hay armarios de cedro tallado y varios cuadros de la época colonial.*

sacro ***m.*** Hueso situado en el extremo inferior de la columna vertebral: *El **sacro** es un hueso duro y casi triangular que se encuentra donde termina la espalda y empiezan las nalgas.*

sacro, cra ***adj.*** **1** *Ver* **sagrado. 2** Relativo al hueso situado en el extremo inferior de la columna vertebral: *El hueso **sacro** está formado por varias vértebras unidas.*

sacrosanto, ta ***adj.*** *Fam.* Que es objeto de un respeto casi religioso.

sacudida ***f.*** **1** Movimiento fuerte de alguna cosa de un lado a otro: *El terremoto provocó fuertes **sacudidas** en los edificios de la ciudad.* Sin. **estremecimiento. 2** *Fam.* Impresión fuerte que causa un daño en la salud o en un orden establecido: *Saber que tenía esa grave enfermedad fue una **sacudida** para Eliseo.*

sacudidor ***m.*** Instrumento con que se sacude el polvo de las casas: *Después de barrer el piso, utilizo un **sacudidor** para limpiar los muebles de mi casa.* Sin. **plumero.**

sacudir ***vb.*** {tr. y prnl.} **1** Agitar en el aire una cosa o golpearla con fuerza para limpiarla: *En mi casa todos los domingos **sacudimos** la ropa de cama para quitarle el polvo.* **2** Mover con fuerza algo hacia uno y otro lados. Sin. **agitar. 3** *Fam.* Golpear, pegar: *"Si no te portas bien, perro travieso, te voy a **sacudir** con el diario."* Sin. **golpear, pegar. 4** *Fam.* Causar una impresión fuerte. **5** Quitarse una cosa de encima con violencia: *Andrés **se sacudió** la araña que había subido a su brazo.*

sacudón ***m.*** *Amér.* Sacudida rápida y violenta.

sádico, ca ***adj./m.*** y ***f.*** Referido a la persona que disfruta haciendo sufrir a otras. Sin. **cruel.** Ant. **masoquista.**

sadismo ***m.*** Perversión sexual de quien siente placer al hacer sufrir a otros. Sin. **crueldad.** Ant. **masoquismo.**

saeta ***f.*** **1** Proyectil de forma alargada y punta de metal que se dispara con un arco: *La **saeta** que disparó el arquero zumbó veloz en el aire.* Sin. **flecha, dardo. 2** *Esp.* Manecilla de reloj: *Las **saetas** marcan las ocho en punto, eso quiere decir que ya debo regresar a mi casa.* Sin. **aguja, minutero, segundero.**

safari ***m.*** **1** Expedición que se hace para cazar animales de gran tamaño, sobre todo en África y Asia: *El **safari** estaba formado por tres cazadores, un guía y varios ayudantes.* **2** Parque donde se cuidan y exhiben distintas especies de animales salvajes en libertad: *Para visitar un **safari** hay que ir en automóvil y obedecer todas las indicaciones de seguridad.*

saga ***f.*** **1** Leyenda poética de los pueblos escandinavos: *Algunas **sagas** fueron redactadas en Islandia entre los siglos* XII *y* XIV. **2** Relato de la historia de dos o más generaciones de una familia: *La **saga** que leí narra lo que sucedió a los Robinson desde que el hombre llegó siendo joven al país hasta que, ya viejo, presenció el bautizo de su primer bisnieto.*

sagacidad ***f.*** Capacidad para descubrir un engaño o para prevenir algún suceso: *Gracias a su **sagacidad** se dio cuenta de que ese hombre era un ladrón que lo quería asaltar y se escapó a tiempo.* Sin. **lucidez.**

sagaz ***adj.*** Se aplica a quien es inteligente, prudente y listo: *Una persona **sagaz** es difícil de engañar.* Sin. **astuto.** Ant. **torpe.**

sagital ***adj.*** Que tiene figura de saeta.

sagitario ***adj./m.*** y ***f.*** Signo del zodiaco, comprendido entre el 22 o 23 de noviembre y el 21 de diciembre, su símbolo es un centauro apuntando con su arco y flecha.

sagrado, da ***adj.*** **1** Que tiene relación con lo divino: *El Corán es el libro **sagrado** para los seguidores de la religión islámica.* Sin. **sacro, santo.** Ant. **profano. 2** Se aplica a lo que merece respeto: *Para mí la amistad es algo **sagrado** y por eso cuido y enriquezco la relación con mis amigos.* Sin. **respetable, venerable.**

sagrario ***m.*** Parte interior de un templo, donde se depositan y guardan los objetos sagrados.

sahumador ***m.*** Objeto de metal o arcilla, con forma de vaso o copa, que se usa para quemar maderas y resinas aromáticas: *El **sahumador** encendido está muy caliente y despide humo con un agradable aroma.*

sahumar ***vb. irreg.*** {tr. y prnl.} **Modelo 13.** Bañar algo con humo aromático: *Antes de comenzar su ritual, el sacerdote indígena **sahumó** las ofrendas.*

sahumerio ***m.*** Materia aromática que se quema en un recipiente para perfumar algo con el humo que despide: *El* *incienso, la mirra y el copal son **sahumerios** que se utilizan en diferentes ceremonias.*

sainete ***m.*** Obra de teatro popular que presenta enredos que hacen reír: *Los actores del **sainete** que vi ayer en el teatro de la ciudad eran tres cómicos famosos.* Sin. **comedia.**

sajadura ***f.*** Incisión o corte hecho en la carne con fines curativos: *Le practicaron una **sajadura** en el brazo para sacar la espina y promover su curación.*

sajar ***vb.*** {tr.} Hacer cortes en la carne como medida curativa, en especial en un grano o tumor para limpiarlo: *Fue necesario **sajar** en las espinillas infectadas de su rostro.*

sajón, jona ***adj./m.*** y ***f.*** Relativo a lo que es de Sajonia, pueblo de origen alemán que invadió Gran Bretaña en el siglo v: *Los **sajones** habitaban las tierras cercanas a la desembocadura del río Elba.*

sake ***m.*** **Palabra de origen japonés.** Vino fuerte hecho a partir del arroz fermentado; es bebida típica de Japón: *El **sake** se toma caliente y se sirve en pequeños vasos de cerámica.*

sal ***f.*** Sustancia cristalina, blanca y de sabor característico que se disuelve en agua y se emplea como condimento para realzar el sabor de los alimentos: *El agua de mar tiene mucha **sal**, por eso no debe beberse.*

sala ***f.*** **1** Habitación principal de una casa que normalmente se usa para recibir visitas o convivir con la familia: *En la **sala** de mi casa hay sofás, una mesa pequeña y un mueble con adornos.* Sin. **estancia, salón. 2** Local de gran tamaño destinado al uso público o a un espectáculo: *Los maestros se reunieron en la **sala** de juntas de la escuela para hablar sobre el nuevo programa de estudios.*

salado, da ***adj.*** **1** Se aplica a lo que contiene sal o tiene mucha sal: *El jamón es **salado** y la sandía es dulce.* **2** *Amér. Fam.* Se dice de quien tiene mala suerte, poco afortunado, desgraciado: *Dorotea debe estar **salada** pues le han pasado muchas cosas desagradables últimamente.* **3** *Esp.* Se dice de la persona o cosa que hace reír: *Ese hombre cuenta unas historias muy **saladas** que hacen reír a todos.* Sin. **gracioso, agudo. 4** *Amér. Merid. Fam.* Se refiere a lo que tiene un precio demasiado alto. Sin. **caro.**

salamandra ***f.*** Animal parecido al lagarto, de piel lisa color negro con manchas amarillas, que vive en el agua y en la tierra: *La **salamandra** es un animal anfibio.*

salame ***m.*** y ***f.*** **1** *R. de la P.* Alimento hecho de carne muy salada metida en una tripa alargada y gruesa, que se corta en rebanadas redondas y delgadas y se come frío. Sin. **salami. 2** *Argent., Par.* y *Urug. Desp.* Persona tonta o ingenua.

salami ***m.*** Alimento hecho de carne muy salada metida en una tripa alargada y gruesa, que se corta en rebanadas redondas y delgadas y se come frío: *El **salami** es de color rojo oscuro con manchas blancas.*

salamín ***m.*** **1** *Argent., Par.* y *Urug.* Variedad de salami de tamaño más pequeño y molido más fino que el normal. **2** *Argent., Par.* y *Urug. Desp.* Persona tonta o ingenua.

salar ***vb.*** {tr.} **1** Preparar con sal carnes y pescados: *En Noruega **salan** el bacalao para secarlo y así evitar que se descomponga pronto.* **2** Sazonar con sal: ***Salé** la sopa antes de servirla porque cuando la cociné no había sal.*

salarial ***adj.*** Relativo al dinero que se gana por trabajar: *Las autoridades anunciaron que el aumento **salarial** para los obreros será de 10 por ciento.*

salario ***m.*** Paga que recibe una persona por su trabajo o sus servicios: *Los empleados cobran un **salario** determinado por cada semana de trabajo.* Sin. **sueldo.**

salchicha ***f.*** Alimento hecho de carne de cerdo molida con especias y metida en una tripa delgada.

salchichería ***f.*** Tienda donde se vende jamón, salami, salchichón, salchicha y otras carnes frías: *En la **salchichería** hay una máquina que corta el jamón en rebanadas muy delgadas.* Sin. **charcutería, salchichonería.**

salchichón ***m.*** Alimento hecho de jamón, tocino y pimienta molidos, metidos en una tripa alargada y muy gruesa y que se corta en rebanadas redondas y puede comerse frío o caliente.

salchichonería ***f. Méx.*** Tienda donde se vende jamón, salami, salchichón, salchicha y otras carnes frías. Sin. **charcutería, salchichería.**

salcochar ***vb.*** {tr.} Cocer un alimento sólo con agua y sal: *Antes de guisar el pollo en la salsa, Bertha lo **salcochó**.*

saldar ***vb.*** {tr.} Liquidar una deuda que se tiene: *"¡Al fin **saldé** los muebles de la sala, no más abonos!", exclamó feliz mi mamá.*

saldo ***m.*** **1** Diferencia entre lo que se suma y se resta en una cuenta: *Cuando una cuenta de banco tiene **saldo** a favor quiere decir que el dueño de la cuenta tiene dinero guardado en ese banco.* Sin. **remanente. 2** Mercancía que se vende a bajo precio porque es lo último que queda de una cantidad grande que ya se vendió: *Elena y Cristina compraron unos vestidos de **saldo** a precios muy rebajados.* Sin. **resto, liquidación.**

salero ***m.*** Frasco o recipiente para servir o guardar la sal: *En la mesa siempre hay un **salero** por si alguien quiere agregarle sal a su comida.*

saleroso, sa ***adj. Esp. Fam.*** Se dice de quien tiene simpatía al hablar y gracia al moverse: *En el carnaval de Río de Janeiro, en Brasil, se reúne mucha gente **salerosa** que baila espléndidamente.*

salicílico, ca ***adj.*** Relativo a un ácido que posee propiedades curativas, en especial para evitar infecciones e inflamaciones: *Ese ungüento contiene ácido **salicílico** y por eso sirve para desinflamar los músculos.*

salida ***f.*** **1** Acto de pasar de estar adentro a estar afuera: *La **salida** de los niños de la escuela es muy ruidosa y alegre.* Sin. **marcha, partida.** Ant. **entrada. 2** Acto de partir hacia otro lugar: *La hora de **salida** del tren que va a mi pueblo es a las doce con cuatro minutos.* Sin. **marcha, partida.** Ant. **llegada. 3** Lugar por donde se sale: *"Siga por este pasillo y en la puerta de la derecha encontrará la **salida**", me indicó la empleada del teatro.* **4** Solución: *Para encontrar una **salida** a mi problema de dinero debo conseguir otro empleo.* **5** Ocurrencia, dicho oportuno: *Ese chico es tan ocurrente que para todo tiene una **salida** ingeniosa.*

salido, da ***adj.*** Se dice de lo que sobresale: *Daniel usa la camisa **salida** por debajo del saco y eso le da un aspecto informal a su manera de vestir.*

saliente ***adj.*** Se refiere a la persona o cosa que sale: *El presidente **saliente** de la empresa dejará el mando al nuevo presidente la próxima semana.*

saliente ***f.*** Parte que sobresale de una cosa: *Las **salientes** que adornan los techos de ese edificio tienen forma de flor de lis.* Sin. **borde.**

salina ***f.*** Lugar donde se pone a evaporar el agua de mar para obtener sal: *En la **salina** están cargando un camión con sacos llenos de sal gruesa.*

salinidad ***f.*** Índice del contenido de sal que está disuelta en el agua: *Ese lago tiene un alto grado de **salinidad**, por eso casi no hay vegetación a su alrededor.*

salino, na ***adj.*** **1** Relativo a lo que tiene las características de la sal. **2** Se dice de lo que contiene sal: *En tierras **salinas** no se pueden sembrar hortalizas porque no crecen.*

salir ***vb. irreg.*** {intr. y prnl.} **Modelo 52. 1** Pasar de adentro hacia afuera: *Cuando **salgo** de casa siempre llevo un*

a b c d e f g h i j k l m n o p q r s t u v w x y z

abrigo. ANT. **entrar. 2** Partir de un lugar: *El vuelo del avión que **saldría** la mañana del sábado se retrasó para el domingo a causa del mal tiempo.* SIN. **marchar, ir.** ANT. **llegar, regresar, volver. 3** Mostrarse o manifestarse: *En invierno el sol **sale** más tarde que en verano.* SIN. **surgir, aparecer.** ANT. **ocultarse. 4** Tener algo su origen en otra cosa: *El vino **sale** de la uva.* **5** Empezar a crecer algo: *Con la lluvia **ha salido** más hierba en el campo.* SIN. **nacer, brotar. 6** Estar algo más alto o más afuera que lo demás. SIN. **sobresalir, destacar. 7** Desaparecer las manchas: *Las manchas de tinta no **salen** de la ropa, por eso debemos tener cuidado de no ensuciarnos al escribir.* SIN. **quitar. 8** Quedar libre de algo: *Rubén no sabe cómo **salir** del problema en que se metió.* SIN. **escapar. 9** Funcionar o resultar algo como se esperaba: *No me **ha salido** la cuenta, tendré que repetir la operación.* SIN. **resultar. 10** Costar algo una cantidad de dinero: *"¿En cuánto **sale** ese pantalón?"* SIN. **valer. 11** En ciertos juegos, ser el primero que juega: *En el ajedrez siempre **salen** las blancas.* SIN. **empezar, iniciar. 12** Resultar elegido por sorteo o votación o quedar en primer lugar en una competencia: *Ese caballo **salió** ganador en la carrera.* **13** Ir a parar, desembocar: *"¿Este camino **sale** a la carretera?"* SIN. **desembocar. 14** Divertirse fuera de casa: *Los sábados **salgo** con amigos.* **15** Mantener una relación sentimental con alguien: *Lorenzo dice que no **sale** con Susana, pero todos creemos que sí son novios.* **16** Aparecer a la venta un producto: *Esta revista **sale** una vez al mes.* **17** Parecerse a alguien: *El niño **salió** a su padre pues tiene la cara muy parecida a la de él.*

salitre ***m.*** **1** Nitrato de potasio. **2** Sustancia salina que brota en las paredes y tierras húmedas: *Esa pared tiene tanto **salitre,** que parece que estuviera recubierta de espuma seca.*

salitrera ***f.*** **1** Sitio donde abunda el salitre: *Alrededor de esa laguna hay una **salitrera.*** **2** ***Chile.*** Instalación industrial para la explotación del salitre.

salitroso, sa ***adj.*** Que tiene salitre: *"El muro está **salitroso,** hay que tirar ese yeso, impermeabilizar y poner un nuevo recubrimiento", indicó el albañil.*

saliva ***f.*** Líquido que se produce en la boca y que se mezcla con los alimentos al masticarlos: *Si alguien habla mucho se queda con poca **saliva** en la boca, por eso les dan vasos de agua a los conferencistas.* SIN. **baba.**

salivación ***f.*** Secreción de saliva: *La **salivación** se produce en la boca.*

salivadera ***f. Amér. Merid.*** Recipiente para escupir. SIN. **escupidera.**

salival o **salivar** ***adj.*** Relativo al líquido transparente llamado saliva que se produce en la boca: *Las glándulas **salivales** producen la saliva.*

salivar ***vb.*** {intr.} Producir saliva: *Cuando tengo hambre y pienso en comida empiezo a **salivar** mucho.*

salivazo ***m.*** Porción de saliva que se escupe de una sola vez: *La mamá sorprendió a los niños echando **salivazos** desde el balcón a la gente que pasaba por la calle y los castigó.*

salmo ***m.*** Cántico litúrgico de la religión de Israel, formado por una serie de versos que varían en la métrica: *Los **salmos** del rey David pueden recitarse o cantarse.*

salmodia ***f.*** Canto monótono: *Ayer pasamos por un templo y hasta la calle se escuchaba la **salmodia** de las personas que oraban en voz alta.*

salmón ***adj.*** Se refiere al color rosa anaranjado, como el de la carne del pez llamado salmón.

salmón ***m.*** Pez de mar parecido a la trucha, de piel grisácea y carne de color rosa anaranjado, que en la edad adulta nada contra la corriente de los ríos para poner sus huevos y reproducirse en agua dulce: *El **salmón** es un pez comestible muy estimado por su carne sabrosa y firme.*

salmonela ***f.*** Género de bacterias que producen infecciones intestinales: *José está enfermo de **salmonela** y por eso tiene que tomar antibióticos.*

salmonelosis ***f.*** Infección causada por salmonelas: *El pollo y el huevo en mal estado pueden provocar una **salmonelosis,** hay que fijarse bien al comprarlos.*

salmuera ***f.*** Agua preparada con sal que se usa para hacer conservas de alimentos: *Luis compró un frasco de pepinillos en **salmuera** y los puso en la alacena.*

salobre ***adj.*** Se aplica a lo que por su naturaleza tiene sabor de sal: *Algunos líquidos del cuerpo tienen sabor **salobre,** por ejemplo, las lágrimas y la sangre.*

salón ***m.*** **1** Habitación de una casa que normalmente se usa para recibir visitas o convivir con la familia: *La fiesta de cumpleaños de Irma se hizo en el **salón** porque es la habitación más grande de la casa.* SIN. **estancia, sala. 2** Local donde se celebran reuniones, juntas, actos, etc.: *La junta de directores de la empresa se realizó en un **salón** del hotel.* **3** Local destinado a una actividad específica: *Esas dos señoras primero fueron al **salón** de belleza a peinarse y más tarde tomaron una taza de té con tarta en el **salón** de té.* **4** Cada uno de los espacios cerrados de una escuela donde se lleva a cabo una clase: *En cada **salón** de clases hay un escritorio para el profesor y muchos asientos y mesas para los niños.* SIN. **aula.**

salpicadera ***f. Méx.*** Protección que cubre las ruedas de los automóviles y de las bicicletas para que al moverse no salpiquen la suciedad que hay en el camino.

salpicadero ***m. Esp.*** Parte de los automóviles situada frente al conductor, en que se hallan algunos mandos e indicadores: *El velocímetro y el cuentakilómetros están en el **salpicadero** del ómnibus.*

salpicadura ***f.*** Mancha que deja un líquido al caer sobre una superficie: *Por no usar mandil mientras cocinaba el pollo, mi blusa quedó con **salpicaduras** de aceite.*

salpicar ***vb.*** {tr. e intr.} **1** Dispersar en gotas un líquido: *El agua **salpica** en la fuente.* SIN. **rociar. 2** Esparcir una cosa: ***Salpiqué** algunos pétalos de rosa sobre la mesa como adorno.*

salpicón ***m.*** **1** Plato frío consistente en carne picada o deshebrada que se mezcla con verduras y se adereza con sal, aceite y vinagre: *"Me encanta el **salpicón** sobre tostadas de maíz", dijo Rita saboreándose.* **2** ***Ecuad.*** Refresco que se elabora con jugos de frutas mezclados.

salpimentar ***vb. irreg.*** {tr.} **Modelo 3.** Sazonar algo con sal y pimienta: *Heraclio **salpimentó** los trozos de pollo y luego los metió al horno.*

salpullido ***m.*** Granos pequeños y rojos que salen en la piel a causa de una intoxicación: *El **salpullido** es una reacción alérgica pasajera.*

salsa ***f.*** **1** Mezcla líquida o pastosa hecha de especias y algunos comestibles que se usa para acompañar ciertas comidas: *A Darío le gusta la carne con **salsa** de tomate.* **2** ***Méx.*** Mezcla picante con la que se condimentan algunas comidas: *En México muchos guisos se preparan con **salsa** de tomate verde o de jitomate.* **3** ***Fam.*** Aquello que hace que algo sea más agradable: *La presencia de Gonzalo fue la **salsa** de la fiesta porque es muy simpático y alegre.* **4** Género musical que resulta de la unión de varios tipos de ritmos que se tocan en los pueblos del Caribe: *Cuando el grupo empezó a tocar **salsa** todos se pusieron a bailar.*

salsera ***f.*** Recipiente en que se sirve la salsa: *Alicia puso la **salsera** en la mesa para que sus invitados se sirvieran salsa al gusto.*

saltado, da ***adj.*** *Amér. Merid.* Se refiere al alimento cocido o crudo que se fríe un poco para calentarlo.

saltador, ra ***adj.*** Se refiere a lo que salta o al que tiene facilidad para saltar: *Las ranas son animales **saltadores** igual que las pulgas.*

saltamontes ***m.*** Insecto de color pardo o verde, con dos pares de alas y las patas de atrás largas y grandes que usa para saltar.

saltar ***vb.*** {tr., intr. y prnl.} **1** Levantar los pies del suelo con impulso. SIN. **brincar. 2** Arrojarse desde cierta altura: *Los paracaidistas **saltaron** del avión que se encontraba en vuelo.* **3** Moverse una cosa a gran velocidad: *Cuando los herreros estaban soldando metales, **saltaban** muchas chispas.* **4** Salir un líquido hacia arriba con fuerza: *La champaña **saltó** cuando destaparon la botella.* SIN. **brotar. 5** Desprenderse una cosa de otra a la que estaba unida: *Con el roce del mueble, **ha saltado** la pintura de la puerta.* **6** Manifestar enfado de manera brusca: *Cuando Ignacio está de mal humor, **salta** por cualquier cosa.* SIN. **estallar. 7** Pasar de un brinco un espacio o distancia. SIN. **atravesar. 8** Omitir parte de algo: *La muchacha hojeaba distraídamente la revista **saltando** algunas páginas.* SIN. **olvidar. 9** Hacer que algo explote o se rompa: *Los bomberos **saltaron** la cerradura para entrar a la casa en llamas.* SIN. **estallar.**

saltarín, rina ***adj./m.*** y ***f.*** Se aplica a lo que salta o al que tiene habilidad para saltar: *Los canguros son animales **saltarines** que brincan en vez de caminar.*

salteador, ra ***m.*** y ***f.*** Ladrón que roba en los caminos: *Los **salteadores** llevaban el rostro cubierto con un pañuelo.* SIN. **asaltante, bandido.**

saltear ***vb.*** {tr.} **1** Salir a robar en los caminos: *Los ladrones que **saltearon** el tren fueron atrapados por la policía.* SIN. **robar, asaltar. 2** Hacer una cosa sin continuidad: *El mes pasado Víctor **salteaba** sus clases de guitarra porque tenía mucho que estudiar para los exámenes de la escuela.* **3** Freír un poco la comida en aceite para calentarla: *Ramona **salteó** las espinacas y las sirvió calientes para acompañar el pescado.*

salterio ***m.*** Instrumento musical de cuerda con caja plana en forma de trapecio: *El **salterio** se usa para tocar música antigua, ya que otros instrumentos lo han ido desplazando.*

saltimbanqui ***m.*** y ***f.*** *Fam.* Persona que realiza ejercicios de acrobacia: *Los **saltimbanquis** que trabajan en el circo hacen equilibrio en la cuerda floja, saltan y caminan sobre pelotas.*

salto ***m.*** **1** Hecho de levantar los pies del suelo con impulso para caer en otro lado o en el mismo lugar: *La pulga da unos **saltos** enormes comparados con su tamaño tan pequeño.* SIN. **brinco, rebote. 2** Acto de lanzarse alguien desde una parte alta: *No puedo bajar la escalera de un **salto** porque es peligroso.* **3** Espacio o distancia que se salta: *El **salto** del atleta fue de dos metros.* **4** Lugar que no se puede atravesar sin saltar. **5** Omisión de una parte de algo: *Di un **salto** en la lectura para enterarme del final del cuento.* **6** Caída del agua de un río desde una altura: *Cuando fuimos de expedición a la montaña vimos un **salto** de agua.* SIN. **cascada. 7** *loc.* **~ mortal,** brinco en el que se da vuelta de cabeza en el aire: *El clavadista dio un triple **salto mortal** antes de llegar al agua.*

saltón, tona ***adj.*** Se dice de lo que sobresale de lo demás: *Ese chico tiene los ojos tan **saltones** que parece una rana.* SIN. **prominente.**

salubre ***adj.*** Se dice de lo que es sano: *El agua que se bebe debe ser **salubre** para evitar infecciones en el estómago.* SIN. **saludable.** ANT. **insalubre.**

salubridad ***f.*** **1** Limpieza necesaria para mantener la salud: *La **salubridad** en los hospitales evita que los enfermos se contagien unos a otros.* SIN. **higiene. 2** Organismo del gobierno de un país que tiene la tarea de vigilar y propiciar la salud de la población: *El personal de **salubridad** está haciendo una campaña de vacunación contra la polio.*

salud ***f.*** **1** Estado de un ser vivo que no tiene ninguna enfermedad. **2** Condiciones físicas de un organismo en un determinado momento: *Le hicieron un chequeo a mi abuelo para revisar su **salud** y por fortuna salió bien.*

¡salud! ***interj.*** Se usa como saludo o como deseo de bienestar que se expresa a alguien: *Después de estornudar me dicen **"¡salud!"***

saludable ***adj.*** **1** Referido a lo que conserva, aumenta o restablece la salud: *El aire puro de las montañas es mucho más **saludable** que el aire de las ciudades.* SIN. **sano, benéfico, higiénico.** ANT. **nocivo, dañino, perjudicial. 2** Aplicado al que goza de buena salud: *Desde que Eva come más verduras y frutas tiene un aspecto más **saludable** pues su piel se ve fresca y sus ojos brillantes.* SIN. **sano, vigoroso, lozano.** ANT. **enfermo.**

saludar ***vb.*** {tr.} Dirigir palabras o gestos de cortesía a una persona al encontrarla: *Al ver llegar a su cliente, el abogado se acercó a **saludarlo,** le dio la mano y le preguntó cómo estaba.*

saludo ***m.*** Palabras corteses o gesto amable que se dirige a una persona al encontrarla: *"¿Qué tal?", "¿cómo estás?", "hola" y "buenos días" son **saludos.***

salutación ***f.*** **1** Saludo verbal: *"¡Salve!" era una **salutación** usual entre los antiguos romanos.* **2** Parte de una carta donde se saluda al destinatario.

salutífero ***adj.*** Salubre, saludable, que es bueno para la salud: *Estos aires frescos son muy **salutíferos** para los asmáticos.*

salva ***f.*** **1** Serie de disparos que se hace para rendir honores o saludos: *En la conmemoración de los soldados muertos por la patria se dispararon **salvas** con cañones.* **2** *loc.* **Bala de ~,** disparo que suena, pero que no lanza un proyectil: *En los filmes usan **balas de salva** para fingir los tiroteos.*

salvación ***f.*** Hecho de librar o librarse de un peligro o daño: *La **salvación** de los náufragos la realizó la tripulación del barco más cercano.* SIN. **rescate.**

salvado ***m.*** Cáscara desmenuzada del grano de los cereales: *El **salvado** es un alimento que contiene mucha fibra.*

salvador, ra ***adj./m.*** y ***f.*** Se aplica a la persona o cosa que ayuda a salir de un peligro o daño: *Cuando me desmayé, el perro fue mi **salvador** porque ladró tanto que llamó la atención de los vecinos.*

salvadoreño, ña ***adj./m.*** y ***f.*** Originario de El Salvador, país de Centroamérica y de su capital, San Salvador: *Los **salvadoreños** hablan español.*

salvaguarda ***f.*** **1** Acción de salvaguardar: *La misión fundamental de los ejércitos es la **salvaguarda** de sus respectivos países.* **2** En computación, procedimiento de guardar periódicamente la información que se está trabajando para evitar que se pierda.

salvaguardar ***vb.*** {tr.} Hacer algo para evitar que un bien o una persona sean dañados: *El policía vigila para **salvaguardar** el banco de los ladrones.*

salvajada ***f.*** Hecho o dicho cruel o que demuestra poca educación: *Cortar los bigotes al gato es una **salvajada** porque el animal los necesita para conservar el equilibrio.*

a b c d e f g h i j k l m n o p q r s t u v w x y z

salvaje ***adj.*** **1** Referido al terreno cuya vegetación crece de forma natural: *Los terrenos **salvajes** tienen un equilibrio ecológico natural.* SIN. **silvestre.** **2** Se aplica al animal que no está domesticado: *El puma es un animal **salvaje** que se encuentra en peligro de extinción.* ANT. **doméstico.** **3** Relativo a la persona que vive en estado primitivo, sin contacto con la civilización: *Los guaica son un pueblo **salvaje** de la selva del Amazonas que vive al sur de Venezuela, en la frontera con Brasil.* **4** ***Fam.*** Se dice de la persona cruel o que demuestra poca educación: *Ese hombre es un **salvaje:** le pega a su esposa e hijos cuando hacen algo que no le gusta.*

salvaje ***m.*** y ***f.*** **1** Persona que vive en estado primitivo, sin contacto con la civilización: *Los **salvajes** no cultivan la tierra sino que cazan, pescan y recolectan las frutas y raíces que encuentran.* **2** ***Fam.*** Persona cruel o que demuestra poca educación: *Un **salvaje** rompió un teléfono público sin pensar en que él mismo podría necesitarlo.*

salvajismo ***m.*** Manera de comportarse de una persona cruel o que demuestra poca educación.

salvamanteles ***m.*** Objeto de madera, loza u otro material que se coloca sobre la mesa para apoyar las ollas: *"Si no pones el **salvamanteles** la sartén caliente va a quemar el mantel", dijo mi madre.*

salvamento ***m.*** Conjunto de acciones destinadas a librar a alguien de un peligro o daño: *Se ocuparon dos helicópteros y varias ambulancias para realizar el **salvamento** de los accidentados en la carretera.* SIN. **rescate.**

salvapantallas ***m.*** Programa informático que evita que la pantalla permanezca con una misma imagen mucho tiempo: *Mi computadora tiene **salvapantallas** con fotos que yo tomé.*

salvar ***vb.*** {tr. y prnl.} **1** Librar de un daño, peligro o riesgo: *Marcela **salvó** a su hermanito que había caído a la piscina.* SIN. **rescatar.** **2** Evitar una dificultad: *¡Si pudiera hacer algo que **me salvara** del examen de matemáticas!* SIN. **librar.** **3** Tomar algo de un todo y dejar el resto aparte: *Lo único que **salva** el espectáculo es la excelente actuación de la protagonista, lo demás es un desastre.* **4** Vencer un obstáculo: *El héroe del filme **salvó** todas las dificultades que se interpusieron en su camino y llegó a su casa cansado pero gozando de buena salud.*

salvavidas ***m.*** **1** Objeto lleno de aire utilizado para flotar en el agua: *Cuando el pescador cayó al mar, sus compañeros le arrojaron un **salvavidas** para que no se hundiera.* **2** Persona que trabaja en las playas y piscinas cuidando a la gente y ayudando a quien esté en peligro de ahogarse: *Los **salvavidas** deben ser excelentes nadadores y tener conocimientos de primeros auxilios.*

salvedad ***f.*** Excusa al decir algo para evitar que pudiera ofender o perjudicar a otro. SIN. **excepción.**

salvia ***f.*** Planta aromática con flores de tonos azules: *La **salvia** es una hierba que se usa como condimento en algunas comidas, por ejemplo, en salsa para pastas.*

salvo ***prep.*** Menos: *Todos vinieron a la fiesta **salvo** Eduardo, que se quedó en su casa.* SIN. **menos, excepto.**

salvo, va ***adj.*** **1** Se aplica a quien se ha librado de un peligro sin lastimarse: *Afortunadamente todos los accidentados se encuentran sanos y **salvos.*** SIN. **ileso, intacto.** **2** ***loc.*** **A ~,** fuera de peligro: *Durante la fuerte tormenta nos pusimos **a salvo** bajo un techo.*

salvoconducto ***m.*** Documento expedido por una autoridad para que quien lo posea pueda transitar libremente por determinado territorio: *En épocas de guerra son necesarios los **salvoconductos** para que la gente pueda abandonar su país.* SIN. **pase, permiso.**

samario ***m.*** Metal del grupo de las tierras raras, de símbolo químico Sm, cuyo número atómico es 62.

samba ***f.*** Música y baile originarios de Brasil: *La **samba** es una danza de ritmo rápido que se acompaña con instrumentos de percusión.*

samoyedo ***adj./m.*** Perro de una raza de complexión fuerte, color blanco, orejas cortas, pelaje tupido y largo y cola enroscada: *Los **samoyedos** se utilizan para tirar de trineos.*

sampán ***m.*** Embarcación de fondo plano, con una cabina grande en el centro, que puede propulsarse a vela o a remo: *Los **sampanes** son embarcaciones típicas de Asia y muchas personas los usan como vivienda.*

samurái o **samuray** ***m.*** Miembro de una antigua clase de guerreros japoneses que se regía por un estricto código de honor: *Los **samuráis** eran hombres valientes y honorables que peleaban con una espada llamada katana.*

samuro ***m. Colomb.*** y ***Venez.*** Ave parecida al buitre, de gran tamaño, plumaje negro y cabeza pelada: *El **samuro** es un ave rapaz que come carroña y también puede cazar.*

san ***adj.*** Apócope de santo.

san bernardo ***adj./m.*** Raza de perros muy grandes, de pelo largo y suave: *Los **san bernardo,** desde hace mucho tiempo, son utilizados para ayudar a rescatar alpinistas.*

sanar ***vb.*** {tr. e intr.} **1** Recobrar la salud: *Paola **sanará** pronto pues su enfermedad no es grave.* SIN. **curarse, mejorar, reponerse.** **2** Ayudar a alguien a recobrar la salud: *Los medicamentos y los cuidados **sanaron** al enfermo.* SIN. **curar, restablecer.**

sanatorio ***m.*** Clínica destinada a la permanencia y cura de los enfermos que necesitan recibir un tratamiento médico: *Rafael fue operado de una rodilla y tuvo que pasar una semana en el **sanatorio**.* SIN. **clínica, hospital.**

sanción ***f.*** Castigo que se establece para quien no cumple una ley o reglamento: *El juez no mandará a la cárcel al automovilista por haber violado esa regla de tránsito, pero sí le impondrá una **sanción** económica.* SIN. **pena, multa, condena.**

sancionar ***vb.*** {tr.} **1** Aprobar una ley o autorizar una costumbre. **2** Aplicar un castigo al que no cumple con una ley o reglamento: *El director **sancionó** al alumno que se comportó muy mal.* SIN. **castigar, multar, condenar.**

sancochar ***vb.*** {tr.} **1** ***Argent.*** Preparar un guiso con sobrantes de comida. **2** ***Méx.*** Cocer de manera ligera un alimento antes de condimentarlo.

sancocho ***m. Amér.*** Tipo de cocido que lleva carne, yuca, plátano y otros ingredientes.

sandalia ***f.*** Zapato abierto formado por una suela que se asegura al pie con cintas o correas: *Como hacía calor me puse un vestido ligero y me calcé unas **sandalias** de cuero.* SIN. **huarache.**

sándalo ***m.*** Árbol de Asia, de madera olorosa: *Del **sándalo** se extrae un aceite de aroma muy agradable.*

sandez ***f.*** Tontería, necedad: *El conductor del programa de radio sólo decía **sandeces,** así que lo apagué y puse un disco.* SIN. **disparate.**

sandía ***f.*** **1** Planta que crece al ras del suelo y se cultiva por su fruto de pulpa roja y refrescante: *La **sandía** se cultiva en los países mediterráneos.* **2** Fruta grande y ovalada, sobre todo de cáscara verde e interior rojo y jugoso con muchas semillas pequeñas y negras, aunque también las hay de cáscara e interior de color amarillo: *En verano una rebanada de **sandía** fresca es lo mejor para quitarse el calor y la sed.*

sándwich ***m.*** **Palabra de origen inglés.** Alimento hecho con dos rebanadas de pan de caja que encierran un relleno de jamón y queso u otros ingredientes: *Cuando vamos de* *paseo al campo llevamos **sándwiches** para comer.* SIN. **emparedado.**

sanear ***vb.*** {tr.} **1** Dar a un lugar las condiciones de limpieza necesarias para mantener la salud de quienes lo ocupan: *Se han construido nuevas redes de alcantarillado para **sanear** las calles de la ciudad.* SIN. **limpiar.** ANT. **ensuciar.** **2** Reparar una cosa o remediar un problema: *Para superar la crisis es necesario que se **sanee** la economía nacional.* SIN. **arreglar, corregir.**

sangrado ***m.*** Hemorragia, emisión de sangre: *Roberto tenía **sangrado** de encías, fue al dentista y éste le dio un tratamiento.*

sangrante ***adj.*** Se aplica a lo que despide sangre: *Un hombre llegó al hospital con una gran herida **sangrante,** por eso tuvieron que atenderlo de urgencia.*

sangrar ***vb.*** {tr. e intr.} **1** Salir sangre del cuerpo: *Como la cortada que se hizo Sergio **sangraba** mucho, llamaron al médico.* **2** En trabajos de imprenta, comenzar a escribir la primera línea de un párrafo un poco más adentro que las otras: *"El tipógrafo no **sangró** esta línea, hay que pedir que corrija el error", pidió el editor.*

sangre ***f.*** **1** Líquido de color rojo que circula por las venas y arterias del cuerpo: *La **sangre** se compone de plasma, glóbulos rojos, glóbulos blancos y plaquetas.* **2** Líquido del organismo de los animales invertebrados: *La **sangre** de muchos insectos puede ser de color verde, marrón, amarillo o a veces transparente, según el medio en que vivan.* **3** Familia a la que se pertenece: *Uno de los rasgos característicos de mi **sangre** es un lunar rojo en la frente.* SIN. **linaje, raza.** **4** *loc.* **~ azul,** familia de la nobleza: *Durante mucho tiempo los reyes y sus familiares fueron considerados de **sangre azul** y por eso no podían casarse con personas que no fueran nobles.* **5** *loc.* **~ fría,** serenidad: *Durante el incendio del edificio la madre de un niño atrapado actuó con **sangre fría** y logró salvarlo.* SIN. **entereza.** ANT. **descontrol.**

sangría ***f.*** **1** Abertura que se hace en una vena para sacar sangre: *Antiguamente los médicos hacían **sangrías** a los enfermos como método de curación.* **2** Bebida refrescante compuesta de vino, azúcar, limón y otros ingredientes.

sangriento, ta ***adj.*** **1** Se dice de lo que echa sangre o está manchado de sangre: *Después del combate, las armas **sangrientas** quedaron tiradas junto a los cadáveres.* **2** Se aplica a los hechos en que se derrama sangre: *El encuentro de boxeo fue una pelea **sangrienta** y cruel en la que los dos rivales casi se mataban.*

sangrón, grona ***adj. Méx. Fam.*** Pesado, antipático: *Ese niño es un **sangrón,** por eso nadie se quiere juntar con él.*

sanguijuela ***f.*** Gusano que se alimenta chupando la sangre de otros organismos: *Las **sanguijuelas** viven en las lagunas y arroyos.*

sanguina ***f.*** Lápiz de color rojo óxido, que usan los artistas para dibujar.

sanguinario, ria ***adj.*** Se aplica al que goza derramando sangre ajena: *El tirano **sanguinario** mandó matar a miles de personas.* SIN. **cruel, perverso, inhumano.**

sanguíneo, a ***adj.*** Relativo a la sangre: *El médico ordenó un análisis **sanguíneo** para saber si su paciente tenía anemia.*

sanguinolento, ta ***adj.*** Se aplica a lo que es del color de la sangre, que está manchado o mezclado con ella: *La venda blanca quedó hecha un trapo **sanguinolento** después de limpiar la herida abierta.*

sanidad ***f.*** Conjunto de servicios que tiene un país o región para cuidar y mejorar la salud de sus habitantes: *Los trabajadores de **sanidad** no sólo son médicos y enfermeras, también hay administradores, constructores e investigadores, entre otros.*

sanitario ***m.*** **1** Cuarto de baño: *En el **sanitario** de la escuela hay retretes para defecar y lavabos para lavarse las manos.* SIN. **servicio.** **2** Recipiente de loza con forma de asiento que sirve para defecar y orinar: *Cada año se pierden millones de litros de agua por fugas en los **sanitarios,** es importante evitarlas.* SIN. **excusado, inodoro, retrete.**

sanitario, ria ***adj.*** **1** Perteneciente o relativo a los servicios que tiene un país o región para cuidar la salud de sus habitantes: *El gobierno tomó medidas **sanitarias** para evitar una epidemia después de las fuertes inundaciones.* **2** Se refiere a los aparatos de higiene instalados en el cuarto de baño: *El lavabo, el retrete y la bañera son aparatos **sanitarios** que deben mantenerse muy limpios.*

sano, na ***adj./m.*** y ***f.*** **1** Referido a quien goza de salud: *Felipe es un muchacho fuerte y **sano** que casi nunca se enferma.* SIN. **saludable, vigoroso, lozano.** **2** Se refiere a lo que es beneficioso para la salud: *Bañarse y practicar algún deporte son actividades **sanas.*** SIN. **saludable, benéfico.** ANT. **perjudicial, tóxico.** **3** Se dice de lo que está en buen estado: *Todos los árboles de este bosque están **sanos,** en cambio los del parque están llenos de plagas.* **4** *loc.* **~ y salvo,** sin daño: *A pesar de la fuerte tormenta todos llegamos **sanos y salvos** a casa.* **5** *loc.* **Cortar por lo ~,** terminar con algo que resulta molesto: *Como el señor Vargas no estaba contento en su trabajo, **cortó por lo sano** y renunció antes de tener algún problema.*

sánscrito, ta ***adj./m.*** Idioma antiguo y sagrado de los brahmanes o sacerdotes de la India: *El **sánscrito** es un idioma que ya nadie habla en el mundo.*

¡sanseacabó! ***interj. Fam.*** Expresión con que se da por acabada una discusión o un asunto: *"Si no te gusta el pantalón que te regalé, no lo uses y **¡sanseacabó!**"*

sansón ***m. Fam.*** Hombre con mucha fuerza física: *Rigoberto es un **sansón** que puede levantar 20 kilos con una sola mano.*

santarrita ***f. R. de la P.*** Planta trepadora de hojas ovaladas y flores de color morado, rojo, amarillo o blanco de tres pétalos, que se siembra para adornar los jardines. SIN. **buganvilla.**

santateresa ***f.*** Insecto de unos 5 cm de largo, de color verde, con patas anteriores prensoras. SIN. **mantis.**

santería ***f. Cuba.*** Práctica religiosa ritual derivada de antiguos cultos africanos.

santero, ra ***adj./m.*** y ***f. Cuba.*** Persona que practica la santería: *Los **santeros** se visten de blanco para sus rituales y usan collares con cuentas de muchos colores.*

santiaguino, na ***adj./m.*** y ***f.*** Originario de Santiago, capital de Chile, país de América del Sur.

santiamén. En un ~, *loc. Fam.* En un instante: ***En un santiamén** Regina guardó sus útiles de costura y salió para ir al cine con sus amigas.*

santidad ***f.*** **1** Cualidad de santo: *Francisco de Asís fue un hombre que por su **santidad** y bondad fue reconocido en muchos lugares.* SIN. **virtud.** **2** *loc.* **Su ~,** tratamiento honorífico dado al Papa de la Iglesia católica: ***Su Santidad** vive en el Vaticano, que es un Estado independiente de Italia.*

santificación ***f.*** Acción y resultado de santificar: *En el Vaticano iniciaron el proceso de **santificación** de personajes de la Edad Media.*

santificar ***vb. irreg.*** {tr.} **Modelo 17.** **1** Hacer santo a alguien. **2** Purificar, convertir en santa una cosa: *La Iglesia **ha santificado** la tierra de Belén porque ahí nació Jesús.*

santiguar ***vb. irreg.*** {tr. y prnl.} **Modelo 11.** Entre los católicos, hacer el signo de la cruz sobre uno mismo, sobre otra persona o sobre una cosa: *Para **santiguarse** Filemón se toca con la mano la frente, el pecho y los hombros formando una cruz.*

santo ***m.*** Día en que una persona celebra la festividad del santo de su mismo nombre: *El **santo** de Gabriela es en el mes de marzo.* SIN. **onomástico.**

santo, ta ***adj.*** **1** Se dice de Dios en cuanto a que se le considera absolutamente puro, perfecto. SIN. **divino**. ANT. **profano**. **2** En algunas religiones, se dice de quien ha llevado una vida ejemplar y de acuerdo a las normas de su religión o de la moral. **3** Que tiene carácter sagrado.

santo, ta ***m.*** y ***f.*** **1** Cristiano que ha sido santificado por su vida ejemplar y a quien se le rinde culto de manera pública. **2** Imagen de un santo: *El sacerdote del pueblo le encargó al escultor que hiciera un **santo** para ponerlo en la iglesia.* **3** Celebración que hace una persona el día que se festeja a un santo que tiene su mismo nombre. **4** *loc.* **¿A ~ de qué?,** ¿con qué motivo? **5** *loc.* **Írsele a alguien el ~ al cielo,** olvidar completamente algo que se tenía que hacer: *Disculpa, **se me fue el santo al cielo** y no traje el libro que debo devolverte.* **6** *loc.* **No ser ~ de la devoción de uno,** no caerle alguien bien a uno: *Ese político parece simpático pero **no es santo de mi devoción;** no votaré por él.* **7** *loc.* **~ y seña,** palabra secreta que sirve como contraseña para entrar a un lugar defendido por un guardia: *Cuando el hombre dijo el **santo y seña,** el vigilante lo dejó pasar.*

santón ***m.*** Anacoreta de una religión no cristiana: *Los **santones** de algunas sectas hinduistas andan desnudos, su único vestido es la ceniza con la que cubren su cuerpo.*

santoral ***m.*** **1** Libro en el que se narra la vida de los santos: *Leí la vida de Santa Teresa en el **santoral.*** **2** Lista de los santos que se conmemoran en cada día del año: *Consulté el **santoral** para saber qué día es mi santo.*

santuario ***m.*** **1** Parte de una iglesia, situada alrededor del altar, donde se realizan las ceremonias litúrgicas. **2** Edificio religioso, lugar santo en general. **3** Lugar protegido por su valor ecológico: *En esa montaña está el **santuario** de las mariposas que llegan allí para reproducirse.*

santurrón, rrona ***adj./m.*** y ***f.*** Persona que actúa con excesiva fidelidad a su religión: *Ése es un **santurrón** que pasa el día rezando y critica a los demás porque se divierten de vez en cuando.* SIN. **puritano.**

saña ***f.*** Insistencia cruel en causar un daño: *Jaime no rompió el jarrón por accidente, lo rompió con **saña** porque estaba enojado y quería desquitarse de su hermana.* SIN. **ira.** ANT. **cariño.**

sañudo, da ***adj.*** Que actúa con saña o tiene tendencia a ello: *En la antigüedad hubo **sañudos** caudillos militares que daban horrible muerte a los habitantes de las ciudades que conquistaban.*

sápido, da ***adj.*** Que tiene sabor: *Los guisos de Eloísa son muy **sápidos,** pues los sazona con especias.* ANT. **insípido, desabrido.**

sapiencia ***f.*** Conjunto de conocimientos, sabiduría: *Es grande la **sapiencia** de ese maestro, no sólo sabe mucho, sino que sabe cómo aplicarlo.*

sapo ***m.*** Animal que vive en el agua y en la tierra, de cuerpo grueso, ojos saltones y piel rugosa de color verde o pardo: *Los **sapos** son anfibios y se alimentan de insectos.*

saponificación ***f.*** Transformación de una grasa en jabón: *Una forma de **saponificación** es cuando se combina amoniaco con alguna grasa.*

saponificar ***vb.*** {tr.} Transformar una grasa en jabón: *Cuando **saponifican** en la fábrica de jabones cercana a mi casa, huele a rayos; pero luego, cuando sigue el proceso industrial, el olor es al perfume que agregan al jabón.*

saprófago, ga ***adj./m.*** Animal que se alimenta de materias orgánicas en descomposición: *Los carroñeros como hienas y buitres son **saprófagos,** pero también lo son muchos insectos que comen plantas podridas.*

saprofitismo ***m.*** Forma de vida de los vegetales y microorganismos saprofitos.

saprofito, ta ***adj./m.*** **1** Vegetal que extrae su alimento de sustancias orgánicas en descomposición. **2** Microorganismo no patógeno que se alimenta de materia orgánica muerta.

saque ***m.*** En algunos deportes, acción de sacar la pelota para iniciar el juego o para cambiar de turno entre jugadores o equipos: *En el balonvolea sólo puede anotar puntos el equipo que tiene el **saque.***

saqueador, ra ***m.*** y ***f.*** Persona que saquea: *Aprovechando los disturbios en la ciudad, hordas de **saqueadores** vaciaron las tiendas.*

saquear ***vb.*** {tr.} **1** Apoderarse los soldados de los objetos de valor que encuentran en una ciudad conquistada. **2** Robar en gran cantidad, apoderarse de todo lo que se encuentra en un lugar: *Los ladrones **saquearon** la casa y se llevaron hasta las cortinas.*

saqueo ***m.*** Hecho de apoderarse de todo lo que hay en un lugar: *Durante el **saqueo** a la ciudad vencida, el ejército enemigo se llevó armas, víveres y objetos de oro y plata que encontraron en las casas.* SIN. **robo.**

saraguato ***m.*** Mono de América Central que se caracteriza por sus gritos.

sarampión ***m.*** Enfermedad infecciosa propia de la infancia, que se caracteriza por fiebre alta y por la aparición de manchas rojas en la piel: *El niño no fue a la escuela porque tiene **sarampión** y debe quedarse en cama durante algunos días.*

sarao ***m. Esp.*** Reunión o fiesta de sociedad que se hace de noche, con baile y música.

sarape ***m. Guat.*** y ***Méx.*** Manta de lana o algodón con franjas de colores vivos, que puede o no tener una abertura al centro para pasar la cabeza.

sarazo, za ***adj.*** **1** ***Colomb., Cuba, Méx.*** y ***Venez.*** Fruto que comienza a madurar: *Los tomates están **sarazos,** ya van tomando color.* **2** ***Méx.*** Achispado, ligeramente ebrio.

sarcasmo ***m.*** Burla cruel que se hace con intención de ofender o humillar a alguien. SIN. **ironía, sátira.**

sarcástico, ca ***adj.*** **1** Se aplica a lo que se dice como burla cruel para ofender: *Pablo le dijo a Germán en un tono **sarcástico** que su gran inteligencia no le serviría para aprobar la materia.* SIN. **irónico. 2** Se refiere a la persona que tiende a hablar con sarcasmos.

sarcófago ***m.*** Especie de caja grande, por lo general decorada, en la que antiguamente se colocaba el cuerpo de las personas importantes para sepultarlo: *Los **sarcófagos** de los faraones egipcios estaban tallados con el retrato del muerto, se decoraban con pinturas de la historia de su vida y se escribía en ellos el monto de sus riquezas.* SIN. **ataúd, féretro.**

sarcoma ***m.*** Tumoración maligna del tejido conjuntivo: *El **sarcoma** de Kaposi es una de las manifestaciones de la etapa avanzada del sida.*

sardina ***f.*** Pequeño pez de mar de color azul con reflejos plateados, que vive cerca de la costa y es muy apreciado como alimento.

sardinero, ra ***adj.*** Perteneciente a las sardinas: *Ese marino trabaja en un barco **sardinero,** él y sus compañeros pescan las sardinas en el mar y vienen a venderlas al puerto.*

sardinero, ra ***m.*** y ***f.*** Persona que vende sardinas.

sardónico, ca ***adj.*** **1** Se aplica a la risa burlona: *Roberto se dio cuenta de que se había equivocado al recitar la lección cuando vio la sonrisa **sardónica** de un compañero.* **2** Relativo a la burla cruel: *Con un discurso en tono **sardónico,** el filósofo puso en ridículo a sus críticos.* SIN. **sarcástico, mordaz.**

sarga ***f.*** Tela tejida en forma de rayas diagonales: *La **sarga** es más resistente a las arrugas y fácil de cuidar que otras telas, por eso la usan mucho para pantalones y faldas.*

sargazo ***m.*** Tipo de alga grande, de color marrón, que tiene vesículas llenas de aire que la mantienen a flote: *Cerca de la península de Florida hay muchísimos **sargazos,** al grado de que a esa área la bautizaron como mar de los **Sargazos.***

sargento ***m.*** **1** Grado militar superior al de cabo e inferior al de alférez o subteniente: *El **sargento** cuida del orden y la disciplina de los soldados.* **2** ***Fam.*** Persona autoritaria a quien le gusta mandar a los demás usando malos modos: *La jefa de mi hermana es un **sargento** que le grita a todas las empleadas si algo no sale bien.*

sari ***m.*** Atuendo de mujer típico de India, que consiste en una sola pieza de tela que se va plegando sobre el cuerpo, sin coserla ni usar alfileres.

sarmiento ***m.*** Rama de la planta que da las uvas, larga, flexible y nudosa: *Para reproducir la vid se plantan **sarmientos** en tierra fértil.*

sarna ***f.*** Enfermedad muy contagiosa de la piel en la que salen pequeñas ampollas que producen mucha comezón: *Los perros pueden transmitir la **sarna** al ser humano.*

sarnoso, sa ***adj./m.*** y ***f.*** Relativo al que está enfermo de sarna: *Los **sarnosos** deben lavarse con un jabón medicinal y mantener la higiene para poder curarse.*

sarpullido ***m. Ver*** **salpullido.**

sarraceno, na ***adj.*** **1** De un pueblo que habitaba en el norte de Arabia. **2** Persona natural de este pueblo.

sarro ***m.*** **1** Depósito de materia sólida que dejan algunos líquidos en los recipientes que los contienen: *El agua que se guarda en vasijas de arcilla forma **sarro** de color blanco.* SIN. **sedimento. 2** Placa de color oscuro que se deposita sobre el esmalte de los dientes: *Cada seis meses Leopoldo va al dentista para que le quiten el **sarro** de su dentadura.*

sarta ***f.*** **1** Serie de cosas sujetas una tras otra en un hilo o cuerda: *El vendedor ambulante traía una **sarta** de relojes para mostrarlos a los clientes.* SIN. **cadena, rosario. 2** Serie de personas acomodadas en fila una detrás de otra: *Una **sarta** de muchachos venía bajando la montaña rumbo al río.* SIN. **fila. 3** Serie de cosas no materiales o de sucesos que se siguen unos a otros y están relacionados entre sí: *Al pobre hombre le ha sucedido una **sarta** de calamidades desde que perdió su empleo.* SIN. **sucesión, retahíla.**

sartén ***m.*** y ***f.*** **1** Utensilio de cocina hecho de metal, redondo y poco profundo con mango largo: *El **sartén** se usa para freír los alimentos.* **2** ***loc.*** **Salir de la olla para caer en la ~,** salir de una situación mala para caer en otra peor: *Quise solucionar el problema con mi amiga pero **salí de la olla para caer en la sartén** y ahora ya no quiere ni hablar conmigo.* **3** ***loc.*** **Tener la ~ por el mango,** tener el control de una situación.

sartorio ***adj./m.*** Relativo al músculo de la parte delantera del muslo: *El **sartorio** permite abrir y cerrar la pierna en los movimientos laterales.*

sastre, tra ***m.*** y ***f.*** Persona que tiene por oficio confeccionar y arreglar trajes: *Mi padre fue a visitar al **sastre** para pedirle que recortara el pantalón de un traje porque le quedaba largo.*

sastrería ***f.*** **1** Taller donde se confeccionan, remiendan y venden trajes: *En la **sastrería** hay varias máquinas de coser, cintas para medir, telas, tijeras, hilo y muchas agujas.* **2** Oficio que consiste en hacer y arreglar trajes: *Humberto quiere dedicarse a la **sastrería** porque le gusta mucho diseñar y coser ropa.*

satánico, ca ***adj.*** **1** Diabólico, demoníaco. **2** ***Fam.*** Se dice de lo que es muy perverso: *Esos asesinos tenían un plan **satánico** para hacerle daño a la población.*

satélite ***m.*** **1** Astro sin luz propia que gira alrededor de un planeta: *La Tierra tiene un solo **satélite** llamado Luna, en cambio Júpiter tiene dieciséis.* **2** ***loc.*** **~ artificial,** vehículo espacial que se lanza al espacio exterior para que dé vueltas alrededor de un planeta: *Los **satélites artificiales** fotografían y registran los cambios que sufre la Tierra, por ejemplo, el clima o la vegetación.*

satén o **satín** ***m.*** Tela de seda o algodón parecida al raso: *El **satén** es una tela brillosa que se usa para forrar abrigos y algunos vestidos.*

satinado, da ***adj.*** Se dice de lo que tiene superficie brillosa o sedosa: *Los muebles de doña Zoila tienen un brillo **satinado** porque ella los pule con cera y los lustra con una franela.*

satinar ***vb.*** {tr.} Dar brillo a una superficie: *Para **satinar** la madera, el carpintero usa un barniz brillante.*

sátira ***f.*** **1** Obra literaria que critica o ridiculiza a alguien o una situación: *En el teatro antiguo la **sátira** era una manera de criticar los errores del gobierno haciendo reír al público.* **2** Discurso dicho o escrito que se burla duramente de una situación o una persona: *Ese hombre ingenioso pasó toda la velada haciendo **sátiras** sobre el comportamiento de los cantantes famosos.* SIN. **ironía, sarcasmo.**

satírico, ca ***adj.*** Relativo a la sátira: *El* Decamerón *es una obra **satírica** que escribió el italiano Giovanni Boccaccio.* SIN. **sarcástico.**

satirizar ***vb. irreg.*** {tr. e intr.} **Modelo 16. 1** Hacer a una persona o situación objeto de burla o ridiculización: *Como su hermano está muy enojado con Claudia, **satiriza** todo lo que ella dice o hace.* SIN. **ridiculizar. 2** Escribir una obra literaria que censura o ridiculiza a alguien o algo: *Horacio fue un poeta latino que **satirizó** los vicios y defectos de la sociedad de su época.*

sátiro ***m.*** En la mitología griega, ser con medio cuerpo de hombre, orejas puntiagudas, dos cuernitos, rabo y patas de cabra: *Los **sátiros** eran unos semidioses que acompañaban al dios Baco.*

satisfacción ***f.*** **1** Sensación de contento o de placer: *Saber que mi madre va a sanar de su enfermedad nos llenó de **satisfacción** y felicidad.* SIN. **alegría.** ANT. **disgusto. 2** Compensación que se ofrece por haber cometido un daño: *El caballero demandó una **satisfacción** a su vecino porque éste había maltratado su jardín.* SIN. **disculpa.** ANT. **agravio.**

satisfacer ***vb. irreg.*** {tr. e intr.} **Modelo 23. 1** Complacer o aquietar un deseo o apetito: *Comiéndose un trozo de tarta, Elena **ha satisfecho** su deseo de probar algo dulce.* **2** Pagar una deuda o compensar un daño cometido: *Con el dinero de su primer sueldo, el joven **satisfizo** todas sus deudas.* SIN. **pagar.** ANT. **deber. 3** Dar solución a una necesidad o dificultad: *Esta casa ya no **satisface** nuestras necesidades de espacio pues la familia ha crecido.* SIN. **solucionar. 4** Hacer que otros estén contentos con uno: *Nicolás estudió medicina para **satisfacer** a sus padres, pero él hubiera preferido estudiar astronomía.* SIN. **gustar.** ANT. **disgustar.**

satisfactorio, ria ***adj.*** Se aplica a lo que cumple con los requisitos necesarios para agradar o estar bien: *Las respuestas* *que dio Rosa fueron **satisfactorias** y por eso aprobó el examen.* Sin. **aceptable.** Ant. **insuficiente.**

satisfecho, cha ***adj.*** **1** Referido a quien está contento o complacido: *Teresa está muy **satisfecha** porque sus hijos han aprendido mucho en la escuela.* Sin. **conforme. 2** Se aplica a quien ha calmado alguna necesidad o deseo: *Hoy he comido muy bien, por eso estoy **satisfecho** y ya no deseo comer otra cosa.* Sin. **lleno, harto, cumplido.**

sátrapa ***adj./m. Desp.*** Se aplica a quien abusa de la autoridad que tiene sobre sus subordinados: *Ese jefe es un **sátrapa,** pero los empleados ya se están poniendo de acuerdo para denunciarlo.*

sátrapa ***m.*** Nombre dado a los gobernadores de las provincias del antiguo imperio persa.

saturación ***f.*** En química, resultado de haber mojado un cuerpo hasta su máxima capacidad o de haber disuelto en un líquido la mayor cantidad posible de una sustancia: *La esponja ha absorbido tanta agua que se encuentra en estado de **saturación,** eso quiere decir que no podrá absorber una sola gota más.*

saturado, da ***adj.*** **1** En química, se dice de un líquido en el que se ha disuelto una sustancia a tal grado que ya no se puede disolver más: *Esta solución de agua ya está **saturada** de sal.* **2** *Fam.* Se aplica a lo que está lleno o tiene mucho de algo: *Eduardo está **saturado** de trabajo, por eso no tiene ni un rato libre para descansar.*

saturar ***vb.*** {tr. y prnl.} **1** Llenar algo por completo: *Los cargadores **han saturado** de muebles el camión de la mudanza y ya no le cabe ni un libro.* **2** En química, disolver en un líquido la mayor cantidad posible de una sustancia o mojar un cuerpo hasta su máxima capacidad: *El niño le puso tanta azúcar a su leche que la **saturó** y ésta comenzó a tener consistencia espesa.*

saturnismo ***m.*** Intoxicación crónica por sales de plomo: *El **saturnismo** es una enfermedad típica de los mineros.*

sauce ***m.*** **1** Árbol que crece junto a los ríos, de hojas más largas que anchas: *La madera del **sauce** es blanca y ligera.* **2** *loc.* **~ llorón,** árbol de hojas más largas que anchas y con ramas delgadas y largas que caen hacia el suelo: *El **sauce llorón** se siembra en los parques como adorno.*

saudí o **saudita** ***adj./m.*** y ***f.*** Del Estado asiático de Arabia Saudí.

sauna ***f.*** **1** Baño de calor seco que hace sudar al cuerpo: *Para tomar una **sauna** es necesario desnudarse y cubrirse con una toalla.* **2** Construcción de madera que tiene un mecanismo para generar calor seco, al que entran las personas para darse un baño de calor: *Es importante no entrar a la **sauna** por más de veinte minutos continuos, pues podría ser peligroso.*

saurio ***adj./m.*** Relativo a los animales reptiles con cuatro patas, cola larga y cuerpo escamoso: *La lagartija es un **saurio** que vive en los bosques y jardines, corre muy rápido y trepa los árboles.*

savia ***f.*** Líquido que circula por el interior de los vegetales y los nutre: *En primavera la **savia** de las plantas circula con mayor intensidad que en invierno.*

saxofón o **saxófono** ***m.*** Instrumento musical de viento, hecho de metal, con forma de *J*, que tiene una boquilla y varias llaves para producir el sonido.

saxofonista ***m.*** y ***f.*** Músico que toca el saxofón: *El conjunto de jazz necesita contratar un **saxofonista** que sepa improvisar.*

saya ***f.*** Prenda de vestir femenina que cubre la cadera y las piernas: *A mi hermana le gusta ponerse una **saya** roja con blusa blanca.* Sin. **falda, pollera.**

sayo ***m.*** **1** Prenda de vestir que cubre los brazos y el cuerpo, larga hasta debajo de las caderas y sin botones. Sin. **casaca. 2** *Fam.* Cualquier vestido amplio: *Las mujeres de ese pueblo lavan sus **sayos** en el río cercano.*

sazón ***f.*** **1** Punto de madurez de una fruta o de otra cosa: *El huerto de manzanas está en **sazón** por eso ya es hora de cosechar.* **2** Sabor que se da a las comidas: *Doña Dorotea guisa con buen **sazón,** por eso a sus hijos les encanta comer en su casa.* Sin. **gusto.**

sazonado, da ***adj.*** Se dice de lo que está bien condimentado: *No hay nada más rico que un guiso bien **sazonado.***

sazonar ***vb.*** {tr.} Poner condimentos a la comida para darle buen sabor: *Sergio **sazonó** la carne con sal y pimienta antes de ponerla a cocer.* Sin. **aderezar, condimentar.**

scanner ***m.*** **Palabra de origen inglés.** *Ver* **escáner.**

scrabble ***m.*** **Palabra de origen inglés.** Juego consistente en una serie de fichas con letras, con las cuales deben formarse palabras a partir de las que van conformando los contrincantes.

se ***pron.*** **1** Pronombre personal de tercera persona, forma reflexiva que funciona como complemento directo e indirecto y equivale a *él*, *ella*, *ellos* y *ellas*: *El niño **se** lava las manos con agua y jabón.* **2** Marca impersonalidad o indeterminación: *En la oficina de mi padre hay un anuncio que dice **"Se** ruega no fumar."* **3** Forma del objeto indirecto en combinación con el objeto directo: ***Se** lo di porque sabía que necesitaba el libro.*

sebáceo, a ***adj.*** Relativo a la grasa de los animales, en especial de las reses: *La sustancia blanca que se ve en la carne de vaca es el tejido **sebáceo** de este animal.*

sebo ***m.*** Grasa sólida que se saca de los animales, en especial de las reses: *Con **sebo** se hacen velas y jabón.*

seborrea o **seborragia** ***f.*** Enfermedad de la piel en que las glándulas que segregan la grasa que protege el pelo y la piel trabajan más de lo normal: *Joaquín se está quedando calvo pues tiene **seborrea** y con tanta grasa en la cabeza se le cae mucho el pelo.*

seboso, sa ***adj.*** **1** Que tiene sebo. **2** Que está untado de sebo o de otra cosa grasienta. **3** Que está sucio de grasa: *El horno de la casa está muy **seboso.***

seca ***f.*** Época en que no llueve: *Durante la **seca** la tierra no produce hierba.* Sin. **sequía, sequedad.**

secadero ***m.*** Lugar donde se pone algo a secar: *El patio abierto y asoleado de mi casa es el **secadero** de la ropa mojada.*

secado ***m.*** Hecho de que deje de estar mojado algo que lo estaba: *El **secado** de la ropa lavada se hace colgándola en un lugar ventilado.*

secador ***m.*** Nombre que se da a varios aparatos que sirven para secar el pelo, la ropa, las manos, etc.: *El **secador** de pelo de mi mamá parece una pistola que echa aire.*

secadora ***f.*** Máquina en la que se mete la ropa lavada para secarla: *En la lavandería hay lavadoras y **secadoras** que funcionan con aire caliente.*

secano ***m.*** Terreno para siembra que no se riega sino que produce con el agua de lluvia que recibe de manera natural: *En ese campo de **secano** han sembrado trigo.* Ant. **regadío.**

secante ***adj.*** **1** Se dice de lo que es tan absorbente que puede usarse para secar algo: *Fidelia usó una tela **secante** para recoger el agua que se había derramado sobre la mesa.* **2** En matemáticas, se refiere a la línea o superficie que corta a otra: *El profesor de matemáticas les pidió a los alumnos que trazaran una línea **secante** que cortara un círculo.*

secar ***vb. irreg.*** {tr. y prnl.} **Modelo 17. 1** Dejar o quedar sin líquido algo que estaba húmedo o mojado: *Después de* *bañarme uso una toalla para* ***secarme*** *y luego la cuelgo detrás de una silla.* Ant. **mojar. 2** Consumirse el jugo de un cuerpo: *Las flores* ***se secaron*** *porque no las regué durante dos semanas.* Sin. **deshidratar, marchitar. 3** Evaporarse el agua que había en un lugar: *Ese río* ***se seca*** *cuando no llueve.* Sin. **vaciar.** Ant. **inundar. 4** Endurecerse una sustancia: *Como no cerré bien la tapa del frasco,* ***se secó*** *el pegamento y ahora tendré que comprar otro.*

sección ***f.*** **1** Cada una de las partes o divisiones de un todo: *La bodega está dividida en* ***secciones*** *para conservar orden en los productos que en ella se guardan.* Sin. **división, departamento. 2** Hecho de dividir un todo o separar sus partes con un instrumento afilado: *Con un bisturí el veterinario llevó a cabo la* ***sección*** *del tumor del animal enfermo.* Sin. **corte.** Ant. **unión, costura.**

seccionar ***vb.*** {tr.} **1** Dividir un todo o separar sus partes con un instrumento afilado: *El gato* ***seccionó*** *la cola de la lagartija con sus filosas uñas.* Sin. **cortar. 2** Dividir un todo en partes o secciones: *Para que la empresa funcionara mejor, los patrones decidieron* ***seccionarla*** *en diferentes departamentos según las distintas actividades que tiene.*

secesión ***f.*** Acción de separarse de una nación parte de su pueblo o territorio: *Entre los años 1860 y 1865 la Guerra de* ***Secesión*** *en Estados Unidos de América enfrentó a los habitantes del norte contra los del sur.* Sin. **separación.** Ant. **unión.**

seco, ca ***adj.*** **1** Referido a lo que no tiene nada de líquido o humedad: *Guardé los platos y vasos porque ya estaban* ***secos.*** Ant. **húmedo. 2** Relativo a lo que le falta agua: *El niño no pudo jugar con su barco de juguete porque la fuente estaba* ***seca.*** Ant. **jugoso. 3** Se refiere a lo que no tiene grasa: *Las personas que tienen los labios* ***secos*** *necesitan usar una crema humectante.* **4** Se dice de las plantas sin vida: *En otoño las hojas* ***secas*** *de los árboles cubren el suelo.* **5** Se aplica al país o clima de escasa lluvia: *El desierto es un lugar* ***seco,*** *en cambio la selva es húmeda.* Sin. **árido.** Ant. **lluvioso. 6** ***Fam.*** Referido a una persona con muchos huesos y pocas musculatura y grasa. Sin. **flaco. 7** ***Fam.*** Aplicado a la persona poco cariñosa: *Aunque mi abuelo tiene un carácter* ***seco,*** *es un hombre noble y humanitario.* Sin. **áspero, duro.** Ant. **amable, cariñoso.**

secreción ***f.*** **1** Función de un cuerpo vivo por la cual una célula o tejido produce una sustancia necesaria para el organismo: *La* ***secreción*** *de saliva se realiza en la boca.* **2** Sustancia necesaria para el organismo producida por una célula o tejido: *El sudor es una* ***secreción*** *que producen las glándulas sudoríparas.*

secretar ***vb.*** {tr.} Producir las glándulas del cuerpo ciertas sustancias necesarias para el funcionamiento del organismo: *El hígado* ***secreta*** *la bilis.* Sin. **segregar, producir, fabricar.**

secretaría ***f.*** **1** Institución del gobierno que se encarga de una parte de la administración del Estado: *La* ***Secretaría*** *de Salud organiza y administra los hospitales y servicios médicos de todo el país.* Sin. **ministerio. 2** Oficina en la que se llevan a cabo labores de administración: *En la* ***secretaría*** *de la escuela se realizan las inscripciones de los alumnos.*

secretariado ***m.*** **1** Carrera secretarial: *Mirna estudiará* ***secretariado*** *y, con lo que gane trabajando de secretaria, pagará su carrera de bióloga.* **2** Cargo o empleo de secretario. **3** Cuerpo de secretarios de un organismo público o privado.

secretarial ***adj.*** Relativo a la profesión y actividad de los secretarios y secretarias.

secretario, ria ***m.*** y ***f.*** **1** Persona encargada de organizar las citas, llamadas telefónicas y asuntos administrativos de otra para quien trabaja: *No pude hablar con el jefe de la empresa, me atendió su* ***secretaria*** *y me dio cita para otro día.* **2** Persona que dirige una parte de la administración del Estado: *El* ***secretario*** *de Educación Pública dará un discurso a los maestros sobre las nuevas reglas educativas.* Sin. **ministro.**

secretear ***vb.*** {intr.} ***Fam.*** Hablar una persona a otra al oído o en voz muy baja: *En cuanto apareció Arnulfo, Deyanira comenzó a* ***secretear*** *con Lila, porque el muchacho le gusta.*

secreter ***m.*** **Palabra de origen francés.** Mueble parecido a un pequeño armario, con cajones y un tablero para escribir que por lo general puede ocultarse con una tapa.

secreto ***m.*** Lo que se tiene oculto: *Durante toda su vida la vieja dama guardó el* ***secreto*** *del apoyo que enviaba de forma anónima al joven artista.* Sin. **misterio, intimidad.**

secreto, ta ***adj.*** Referido a lo que sólo algunos conocen y no se comunica a los demás: *El científico tenía una fórmula* ***secreta*** *guardada en su caja fuerte.* Sin. **misterioso.**

secretor, ra ***adj.*** Que secreta algo: *La vesícula biliar es* ***secretora*** *de bilis.*

secta ***f.*** **1** Grupo de personas que profesa la misma doctrina filosófica, religiosa, etc. **2** Agrupación religiosa derivada de una religión dominante y que difiere en algunos puntos de lo que esa religión predica.

sectario, ria ***adj.*** **1** Se dice de quien rechaza o se niega a admitir las ideas que son diferentes a las que él profesa. **2** Relativo a las sectas religiosas.

sectario, ria ***m.*** y ***f.*** Seguidor de una doctrina religiosa, filosófica y en especial al miembro de una secta religiosa.

sectarismo ***m.*** Actitud reservada e intransigente propia del sectario: *A muchos desagrada el* ***sectarismo*** *de algunos políticos ante los problemas nacionales.*

sector ***m.*** **1** Parte delimitada de un todo: *Ayer un* ***sector*** *de la ciudad se quedó sin luz a causa de la lluvia.* Sin. **porción, fragmento.** Ant. **conjunto, totalidad. 2** Parte de una clase de cosas, de una comunidad o de una actividad que presenta caracteres peculiares. Sin. **esfera, campo. 3** En matemáticas, porción de círculo limitado por dos radios y el arco que los une: *Al marcar el* ***sector*** *de una circunferencia me di cuenta que se parecía a una porción de queso redondo.*

sectorización ***f.*** Acción y resultado de sectorizar: *Hizo una buena* ***sectorización*** *de las oficinas conforme a la jerarquía de los empleados.*

sectorizar ***vb.*** {tr.} Dividir algo en sectores: *Será necesario* ***sectorizar*** *las áreas de venta de nuestros productos en toda la ciudad.*

secuaz ***adj./m.*** y ***f.*** Aplicado a la persona que sigue el partido o doctrina de otro: *Jorge y sus* ***secuaces*** *estuvieron mojando a las niñas con una manguera.*

secuela ***f.*** Consecuencia negativa de algo que sucedió: *Las* ***secuelas*** *de la tormenta se pudieron ver al día siguiente pues todo estaba inundado y algunas casas se habían quedado sin techo.* Sin. **resultado, efecto.**

secuencia ***f.*** **1** Sucesión ordenada de cosas o acciones que guardan cierta relación entre sí: *El niño pronunció sin equivocarse la* ***secuencia*** *del uno al cien durante la clase de matemáticas.* **2** En cine y televisión, serie de acciones o imágenes que se desarrollan en un mismo lugar y durante un mismo tiempo narrativo: *Esta* ***secuencia*** *tiene seis escenas que se desarrollan en la cocina de una casa durante una tarde de verano.*

secuencial ***adj.*** Que se organiza o se produce en forma de secuencia: *La numeración de las butacas del teatro es **secuencial.***

secuestrador, ra ***m.*** y ***f.*** Persona que priva de la libertad a otra para esconderla en un lugar y exigir dinero u otra cosa por su rescate: *Los **secuestradores** encerraron a su víctima en un sótano.* SIN. **raptor.**

secuestrar ***vb.*** {tr.} Privar de la libertad a una persona o apoderarse de una nave para exigir dinero u otra cosa por su rescate: *Los delincuentes **secuestraron** un avión para pedir la libertad de sus compañeros presos a cambio de liberar a los pasajeros.* SIN. **raptar.**

secuestro ***m.*** Privación de la libertad a una persona o acción de apoderarse de una nave para exigir dinero u otra cosa por su rescate: *El **secuestro** es un delito grave que se paga con muchos años de prisión.* SIN. **rapto.**

secular ***adj.*** **1** Se dice de lo que dura cien años o sucede cada cien años: *Ese bosque está formado por árboles **seculares** y algunos de ellos tienen alrededor de 110 años.* **2** Se dice de lo que no es religioso.

secularización ***f.*** Acción y resultado de secularizar o secularizarse.

secularizar ***vb.*** {tr. y prnl.} **1** Convertir una cosa eclesiástica o religiosa en laica o civil: *Los bienes de la Iglesia se **secularizaron** con la república.* **2** Dar permiso a un religioso o a una religiosa para vivir fuera de clausura.

secundar ***vb.*** {tr.} Ayudar a alguien en sus propósitos: *Si te animas a montar la obra de teatro, yo **te secundaré** en todo, sólo dime qué hacer.* SIN. **apoyar, asistir, colaborar.**

secundaria ***f.*** Ciclo educativo que comienza al terminar la educación básica o primaria.

secundario ***adj.*** Relativo a la era geológica comprendida entre el último periodo de la era primaria y el primer periodo de la era terciaria.

secundario, ria ***adj.*** **1** Segundo en orden: *Los lujos son un asunto **secundario,** lo más importante es resolver problemas primarios como la alimentación y el vestido.* **2** No principal: *Esa actriz tiene un papel **secundario** en el filme, la estrella es una mujer muy famosa.*

secuoya o **secoya** ***f.*** Árbol conífero que llega a medir hasta 140 metros de alto y vivir dos mil años.

sed ***f.*** **1** Necesidad de beber: *Quiero agua pues tengo **sed** y siento la boca seca.* **2** ***Fam.*** Ansia por conseguir algo, deseo fuerte: *Ese deportista tiene **sed** de triunfo, por eso practica todos los días con mucho empeño.*

seda ***f.*** **1** Sustancia viscosa que, en forma de hilos, segregan las glándulas de algunos animales artrópodos: *La oruga y la araña producen **seda,** la oruga para envolverse en un capullo y la araña para tejer su tela.* **2** Hilo formado con la sustancia llamada seda: *El gusano de seda produce el hilo suave y brillante llamado **seda,** con el cual se tejen bellas y finas telas.* **3** Tejido fabricado con el hilo llamado seda: *La **seda** tiene un brillo y una suavidad que la han hecho uno de los materiales favoritos de la industria del vestido.*

sedal ***m.*** Hilo de la caña de pescar: *Al pescador se le rompió el **sedal** y el pez que había mordido el anzuelo logró huir.*

sedán ***m.*** Automóvil de carrocería cerrada, de cuatro plazas: *Quiero comprarme un **sedán** porque es más económico y gasta menos gasolina.*

sedante o **sedativo, va** ***adj./m.*** Relativo a lo que adormece o apacigua: *El médico le inyectó un **sedante** al paciente para que descansara después de la operación.*

sedar ***vb.*** {tr.} Hacer que alguien deje de estar nervioso o inquieto, en particular usando algún medicamento: *Para poder trasladar al elefante desde África hasta Europa lo **sedaron** con un tranquilizante.* SIN. **calmar, apaciguar, sosegar.**

sede ***f.*** **1** Lugar donde tiene su domicilio principal una empresa, organismo, etc.: *La Oficina Nacional de Derechos Humanos tiene su **sede** en la capital del país.* SIN. **residencia. 2** Lugar donde se realiza un evento importante: *En 1992 la **sede** de los Juegos Olímpicos fue Barcelona, en España.*

sedentario, ria ***adj.*** **1** Referido al oficio o modo de vida de poco movimiento: *Muchas personas llevan una vida **sedentaria** porque no les gusta hacer deporte ni viajar.* SIN. **quieto, inactivo. 2** Aplicado a quien permanece sentado mucho tiempo y prefiere no salir: *La mayoría de los ancianos son **sedentarios** porque les cuesta trabajo caminar.* SIN. **inmóvil. 3** Relativo a las comunidades que permanecen en un lugar fijo: *Los pueblos que viajaban todo el tiempo se volvieron **sedentarios** cuando comenzaron a cultivar la tierra.* ANT. **nómada.**

sedentarismo ***m.*** **1** Hecho de permanecer una comunidad en un lugar fijo. **2** Modo de vida de poco movimiento: *La vida moderna obliga al **sedentarismo,** la gente tiene que pasar muchas horas sentada trabajando.*

sedentarización ***f.*** Acción de sedentarizar o sedentarizarse: *La **sedentarización** del hombre propició el cultivo de cereales y leguminosas.*

sedente ***adj.*** Referido a quien está sentado: *La famosa escultura* El Pensador, *del artista francés Augusto Rodin, representa a un hombre **sedente** con la cabeza apoyada en una mano en señal de reflexión.*

sedicente ***adj.*** Se aplica a la persona que se atribuye a sí misma un título del que carece o una profesión que no practica: *El **sedicente** abogado al fin fue descubierto y ya no volverá a hacer de las suyas.*

sedición ***f.*** Rebelión violenta contra la autoridad: *Los actos de **sedición** son ilegales.* SIN. **levantamiento, motín.**

sedicioso, sa ***adj./m.*** y ***f.*** Aplicado a la persona que promueve o participa en una rebelión contra la autoridad: *Los **sediciosos** corrieron a esconderse porque la policía los perseguía.*

sediento, ta ***adj.*** Referido al que quiere o necesita tomar agua: *Los animales están **sedientos** porque este año ha llovido poco y los ríos están secos.*

sedimentar ***vb.*** {tr.} Depositar un líquido sedimento: *Como habían molido el café demasiado fino, **sedimentó** bastante en el fondo de las tazas.*

sedimentario, ria ***adj.*** **1** Relativo al sedimento. **2** ***loc.*** **Rocas ~,** aquellas que se forman en la superficie de la Tierra a partir de residuos que se depositan como sedimento.

sedimento ***m.*** Materia que, habiendo estado suspendida en un líquido, se posa en el fondo por su mayor peso o densidad: *En el fondo de mi taza de café hay **sedimentos** de azúcar porque no la revolví bien con la cuchara.* SIN. **depósito, residuo.**

sedoso, sa ***adj.*** Se aplica a lo que es suave al tacto, como la seda: *Da gusto acariciar la piel **sedosa** del bebé.* SIN. **suave.** ANT. **áspero.**

seducción ***f.*** Acción de seducir: *La hermosa actriz, con su poder de **seducción,** cautiva a jóvenes y ancianos por igual.*

seducir ***vb. irreg.*** {tr.} **Modelo 57. 1** Empujar a alguien de manera sutil hacia el mal: *Ese hombre **fue seducido** por alguien que alimentó su ambición de poder y lo impulsó a cometer robos.* SIN. **tentar, engañar. 2** Cautivar el ánimo, gustar mucho: *La muchacha **sedujo** al joven con su sonrisa coqueta y su bella cara.* SIN. **enamorar, fascinar.**

seductor, ra ***adj./m.*** y ***f.*** Se aplica a la persona que cautiva el ánimo de los demás: *Víctor tiene muchas amigas porque es un* ***seductor,*** *a todas les hace pensar que está enamorado de ellas.*
segador, ra ***m.*** y ***f.*** Persona que se dedica a cortar la hierba o los cereales maduros que se cultivan en el campo: *Los* ***segadores*** *usan como instrumentos de trabajo unas cuchillas curvas unidas a un palo largo llamadas guadañas.*
segadora ***f.*** Máquina que sirve para cortar la hierba o los cereales maduros: *La* ***segadora*** *se usa en el campo y parece un tractor con grandes cuchillos por delante.*
segar ***vb. irreg.*** {tr.} **Modelo 18.** Cortar los cereales maduros o la hierba: *Ese campesino* ***está segando*** *el trigo maduro con la hoz.* SIN. **cosechar.**
seglar ***adj./m.*** y ***f.*** Persona que no es religiosa ni eclesiástica, laico.
segmentar ***vb.*** {tr. y prnl.} Partir, dividir en segmentos: *Para armar el mueble, los carpinteros primero* ***segmentarán*** *las tablas.*
segmento ***m.*** **1** Pedazo cortado de una cosa: *Un* ***segmento*** *del cuello de la botella rota cayó dentro del vaso al momento de servir el vino.* SIN. **pedazo, trozo. 2** En matemáticas, porción de una línea recta comprendida entre dos puntos: *Esta recta de 10 cm de largo está dividida en 5* ***segmentos*** *de 2 cm cada uno.*
segregar ***vb. irreg.*** {tr.} **Modelo 17. 1** Separar una cosa de otra u otras: *Muchos barrios que antes estaban* ***segregados*** *de la ciudad ahora forman parte de ella.* **2** Producir las glándulas del cuerpo ciertas sustancias necesarias para el funcionamiento del organismo: *Las glándulas sudoríparas* ***segregan*** *el sudor.* SIN. **secretar, producir, excretar.**
seguidilla ***f.*** Composición poética formada de una estrofa que puede tener cuatro o siete versos.
seguido ***adv.*** Con frecuencia, a menudo: *Vamos* ***seguido*** *al campo porque nos gusta mucho estar en contacto con la naturaleza.*
seguido, da ***adj.*** **1** Continuo, sin interrupción: *Katia ha estornudado cinco veces* ***seguidas*** *a causa del polvo.* SIN. **continuo, consecutivo, sucesivo. 2** *loc.* **En seguida,** sin perder tiempo: *Ya es tarde, tenemos que salir* ***en seguida*** *si queremos llegar a tiempo al cine.*
seguidor, ra ***m.*** y ***f.*** Persona que asiste continuamente a cierto tipo de espectáculo porque le gusta mucho: *Los* ***seguidores*** *del equipo visitante llegaron en autobús al partido de fútbol.* SIN. **aficionado, fan.**
seguimiento ***m.*** Acción de seguir: *El abogado encargó al pasante el* ***seguimiento*** *de ese asunto, pues quiere que se resuelva bien y pronto.*
seguir ***vb. irreg.*** {tr., intr. y prnl.} **Modelo 56. 1** Ir después o detrás de alguien o algo: *El número dos* ***sigue*** *al uno, el número tres* ***sigue*** *al dos.* SIN. **suceder.** ANT. **preceder, anteceder. 2** Ir detrás de una persona o un animal para atraparlo: *El cazador* ***siguió*** *las huellas que dejó el tigre sobre la tierra mojada.* SIN. **perseguir, rastrear. 3** Continuar una actividad que ya se ha comenzado: *¿Quieres* ***seguir*** *jugando o prefieres ver la televisión?* SIN. **proseguir, reanudar.** ANT. **interrumpir, dejar, abandonar. 4** Tomar un camino o dirección: *Roberto se perdió durante la excursión porque* ***siguió*** *una ruta equivocada.* **5** Tener algo como modelo e imitarlo: *El joven* ***siguió*** *el ejemplo de su padre y se convirtió en abogado como él.* SIN. **imitar. 6** Ser partidario de alguien o algo: *Tú no te preocupes si los demás no están de acuerdo contigo, yo* ***te sigo*** *porque creo que tu idea es original e interesante.* SIN. **apoyar. 7** Actuar según determinados criterios, consejos, órdenes, sentimientos, etc.: *Noemí* ***siguió*** *el tratamiento que le recetó el médico y ahora ya está sana otra vez.* **8** Permanecer algo o alguien en un lugar, actitud o actividad: *Le pedí que se callara, pero* ***ha seguido*** *hablando aunque ya comenzó el concierto; eso es una falta de respeto.* **9** Obtenerse una información como consecuencia de una cosa: *De tus respuestas* ***se sigue*** *que has estudiado la lección.*
según ***adv.*** **1** De acuerdo con algo: *El lanzamiento de la nave espacial ocurrió* ***según*** *estaba previsto.* **2** Indica que algo depende de otra cosa que se expresa: *Compraré dos o tres dulces* ***según*** *el dinero que me den mis padres.*
según ***prep.*** **1** Expresa un punto de vista: ***Según*** *este investigador, los anillos de Saturno están formados por materia en estado gaseoso.* SIN. **conforme. 2** Indica que dos cosas están sucediendo al mismo tiempo: *Faustino iba sintiéndose cada vez más triste* ***según*** *su novia le decía las razones para terminar su relación.*
segundero ***m.*** Manecilla del reloj que señala los segundos: *El* ***segundero*** *da una vuelta al reloj cada minuto.*
segundo ***m.*** Cada una de las sesenta partes iguales en que se divide un minuto: *Un anuncio de televisión dura por lo general treinta* ***segundos,*** *es decir, medio minuto.*
segundo, da ***adj./m.*** y ***f.*** Relativo a lo que corresponde en orden al número dos: *Georgina vive en el* ***segundo*** *piso de este edificio, Ramiro vive en el primero y Remedios, en el tercero.*
segundón, dona ***m.*** y ***f.*** Persona que ocupa un puesto de categoría inferior a la categoría máxima.
seguridad ***f.*** **1** Confianza que se siente cuando no hay ningún peligro que temer. SIN. **tranquilidad, protección.** ANT. **inseguridad. 2** Certeza que se tiene acerca de algo: *Tengo la* ***seguridad*** *de que Antonio vendrá a la fiesta porque es una persona cumplida.* ANT. **duda. 3** Estado de lo que está protegido de algún peligro: *La función de la policía es dar* ***seguridad*** *a los ciudadanos.* **4** *loc.* **~ social,** conjunto de leyes y organismos que tienen por objeto proteger a los individuos y a las familias contra ciertos riesgos.
seguro ***m.*** **1** Contrato por el que se garantiza una compensación a una persona o cosa en caso de sufrir algún daño o perjuicio: *El automóvil tiene* ***seguro,*** *por eso si sufre algún accidente la aseguradora pagará los gastos.* **2** Dispositivo que impide el funcionamiento de una máquina, mecanismo, etc., para evitar accidentes: *La pistola tiene el* ***seguro*** *puesto para que no se dispare con facilidad.* **3** ***Méx.*** Alfiler de seguridad que se cierra quedando la punta protegida para que no lastime. SIN. **imperdible, traba.**
seguro, ra ***adj.*** **1** Relativo a lo que está libre de todo daño, peligro o riesgo: *Puse el colchón en el piso para que el bebé duerma* ***seguro*** *contra alguna caída.* **2** Aplicado a lo que no admite duda: *Mira qué grises están las nubes, es* ***seguro*** *que lloverá.* **3** Se dice de lo que es firme o estable: *Esta escalera es* ***segura,*** *por eso puedes subir por ella con toda confianza.*
seis ***adj./m.*** Número que resulta de sumar cuatro y dos.
seisavo, va ***adj./m.*** Cada una de las seis partes iguales en que se divide un todo.
seiscientos ***adj./m.*** Seis veces cien: *Este pueblo tiene* ***seiscientos*** *habitantes, hasta ayer eran 598 pero acaban de nacer unos mellizos.*
selección ***f.*** **1** Hecho de elegir a una persona o cosa entre otras: *El jurado hizo la* ***selección*** *de las tres mejores fotografías que enviaron los concursantes.* **2** Conjunto de personas o cosas elegidas: *Esta* ***selección*** *de quince cuentos infantiles es una maravilla.* **3** En deportes, equipo formado por jugadores elegidos entre muchos de los equipos nacionales y que representa a un país en un juego internacional: *Du-*

*rante el Campeonato Mundial de Fútbol participan las **selecciones** nacionales de varios países.*

seleccionado, da ***adj./m.*** y ***f.*** **1** Referido a la persona o cosa que ha sido elegida de entre muchas otras: *Los poemas **seleccionados** por los jueces se publicarán en una antología.* **2** En deportes, jugador que ha sido escogido para formar parte de un equipo nacional en una competencia internacional: *Los **seleccionados** partieron hoy hacia donde van a realizarse los Juegos Panamericanos porque la semana próxima iniciarán las competencias.*

seleccionar ***vb.*** {tr.} Escoger a una persona o cosa de entre otras muchas porque se le considera que es mejor que las demás: *Felisa **seleccionó** su vestido más nuevo para ir a la fiesta.* SIN. **escoger.**

selectividad ***f.*** **1** Acción que consiste en seleccionar: *Procedieron a la **selectividad** de los mejores productos.* **2** Cualidad de selectivo.

selectivo, va ***adj.*** Se aplica al que elige muy bien lo que quiere de entre muchas cosas o personas: *Yolanda es una chica muy **selectiva** a quien no le gusta salir con cualquier chico que conoce.*

selecto, ta ***adj.*** Referido a lo que está entre lo mejor de su especie: *El señor Chávez compró semillas **selectas** para sembrarlas en su huerto porque quiere cosechar frutas muy finas.* SIN. **excelente.** ANT. **común.**

selenio ***m.*** Elemento químico no metálico, de símbolo Se y número atómico 34: *El **selenio** es un elemento sólido parecido al azufre que se funde a los 217 °C.*

selenita ***m.*** y ***f.*** Supuesto habitante de la Luna: *Ni los **selenitas** ni los marcianos existen en realidad, pero en los libros de ciencia ficción muchas veces se habla de ellos.*

sellado, da ***adj.*** Acción y resultado de sellar: *El envío de los documentos se hizo en sobre **sellado** y con carácter confidencial.*

sellador ***m.*** Sustancia que cierra los poros de una superficie para que ésta reciba adecuadamente el barniz o la pintura: *Antes de aplicar la primera capa de pintura, hay que esperar a que seque el **sellador**.*

sellar ***vb.*** {tr.} **1** Imprimir un sello sobre una cosa: *El cajero **selló** el recibo de luz para indicar que ya estaba pagado.* **2** Cerrar algo muy bien: *Los campesinos **han sellado** el pozo seco porque hubo un accidente y no quieren que ocurra otra desgracia.*

sello ***m.*** **1** Utensilio que sirve para estampar lo que está grabado en dicho utensilio: *El **sello** se pone en la almohadilla de tinta y después se presiona contra un papel, así deja impresa la imagen o texto que tiene grabado.* **2** Imagen o letra que queda estampada con el utensilio llamado sello: *Fíjate cuál es la fecha del **sello** y sabrás cuándo pagaste la cuenta del teléfono.* **3** Trozo pequeño de papel que se usa como señal de pago de algún derecho: *Los **sellos** postales sirven para clasificar la correspondencia.* SIN. **timbre, estampilla.** **4** *Chile, Colomb.* y *Perú.* Reverso de las monedas.

selva ***f.*** Bosque extenso muy poblado de árboles y animales salvajes, que crece de manera natural en las zonas cálidas del planeta: *La **selva** es tan importante para la vida en la Tierra como los pulmones para los seres humanos.* SIN. **jungla.**

selvático, ca ***adj.*** Se dice de lo que pertenece a la selva: *Junto al río Amazonas, en los territorios de Brasil, Guyana, Colombia, Venezuela, Ecuador, Perú y Bolivia se extiende el territorio **selvático** más grande del planeta.* SIN. **silvestre.**

semáforo ***m.*** Aparato eléctrico que se coloca en las esquinas de las calles para regular la circulación por medio de señales luminosas de diferentes colores: *Cuando el **semáforo** está en rojo los automóviles deben detenerse y cuando está en verde, pueden avanzar.*

semana ***f.*** **1** Periodo de siete días consecutivos fijado por el calendario: *Los días de la **semana** son lunes, martes, miércoles, jueves, viernes, sábado y domingo.* **2** *loc.* **Entre ~,** los días de lunes a viernes: *A la escuela se va **entre semana**, los sábados y domingos se descansa.* **3** *loc.* **Fin de ~,** los días sábado y domingo: *Los **fines de semana** salimos de paseo.* **4** *loc.* **Semana Santa,** para los católicos, la última semana de la Cuaresma, que comienza el Domingo de Ramos y termina el Domingo de Resurrección y conmemora la muerte y resurrección de Jesucristo: *La **Semana Santa** a veces se celebra a finales de marzo y a veces a principios de abril.*

semanal ***adj.*** Se dice de lo que dura una semana o se repite cada semana: *Los miércoles por la noche vemos un programa **semanal** en la televisión.*

semanario ***m.*** Publicación que aparece cada semana: *Mi padre está leyendo el **semanario** que recibe todos los martes.*

semántica ***f.*** Ciencia que estudia el significado de las palabras: *La **semántica** es una parte de la gramática que estudia, entre otras cosas, los sinónimos y los antónimos.*

semántico, ca ***adj.*** Relativo al significado de las palabras: *Las obras de los dos filósofos que ahora consulto usan la misma palabra con significados distintos, esto plantea un problema **semántico** muy interesante.*

semblante ***m.*** Apariencia del rostro: *Gonzalo trae el **semblante** risueño porque la maestra lo felicitó por sus buenas calificaciones.* SIN. **cara, faz, aspecto.**

semblantear ***vb.*** {tr. e intr.} *Argent., Chile, Méx., Nicar., Par., Salv.* y *Urug.* Mirar a alguien a la cara para adivinar sus intenciones y pensamientos.

semblanza ***f.*** Breve historia que cuenta la vida y obra de alguien: *La maestra nos pidió que redactáramos una **semblanza** de Simón Bolívar.* SIN. **biografía.**

sembradío ***m.*** Campo cultivado: *Los **sembradíos** de alfalfa se han puesto tan verdes con las lluvias que da gusto mirarlos.* SIN. **cultivo, sembrado.**

sembrado ***m.*** Campo cultivado: *El agricultor está echando abono al **sembrado** para que el trigo crezca sano.* SIN. **cultivo, parcela, sembradío.**

sembrador, ra ***m.*** y ***f.*** Persona que siembra semillas en la tierra: *Los **sembradores** de arroz tienen que meter sus pies en el agua porque el arroz crece en lugares inundados.*

sembradora ***f.*** Máquina para sembrar: *Las **sembradoras** permiten sembrar grandes extensiones en una sola jornada.*

sembrar ***vb. irreg.*** {tr.} **Modelo 3.** Poner las semillas en la tierra preparada para que germinen: *Margarita **sembró** unas semillas de tomate en una maceta grande hace unos meses y hoy cosechó el primer tomate.*

semejante ***adj.*** **1** Se dice de las personas o cosas que se parecen entre sí: *Tengo un juguete **semejante** al tuyo y aunque es más pequeño y de otro color tiene la misma forma y funciona igual.* SIN. **parecido, similar.** ANT. **diferente, distinto.** **2** En matemáticas, se aplica a las figuras parecidas pero de diferente tamaño: *Este cuadrado pequeño es **semejante** a este más grande.*

semejante ***m.*** Cualquier persona con respecto a otra: *Si queremos ser respetados debemos hacer lo mismo hacia nuestros **semejantes**.* SIN. **prójimo.**

semejanza ***f.*** Calidad de semejante o parecido: *Es increíble la gran **semejanza** que existe entre Clotilde y su hermana,* *algunos piensan que son gemelas, pero Clotilde es mayor.* SIN. **analogía, parecido.**

semejar ***vb.*** {intr.} Parecer o parecerse una cosa a otra: *Esta planta artificial está muy bien hecha y* ***semeja*** *tanto a una natural que hasta la gente se acerca para querer apreciar su olor.*

semen ***m.*** Sustancia líquida segregada por los órganos sexuales masculinos: *Si se pone una muestra de* ***semen*** *en el microscopio, pueden verse unos como animalitos con cola que son los espermatozoides.* SIN. **esperma.**

semental ***m.*** Animal macho que se cría especialmente para la reproducción: *Los caballos y toros campeones se venden como* ***sementales*** *para que se apareen con las hembras y éstas tengan crías fuertes y sanas.*

sementera ***f.*** **1** Terreno sembrado de algo: *Desde lo alto del monte podían verse las* ***sementeras*** *en el campo cultivado.* **2** Lo que se sembró: *Ayer desyerbaron la* ***sementera*** *de trigo para evitar que la mala hierba mate a las plantitas del cereal.*

semestral ***adj.*** Se refiere a lo que dura seis meses o sucede cada seis meses: *Esta semana serán los exámenes* ***semestrales*** *y tenemos mucho que estudiar.*

semestre ***m.*** Periodo de seis meses: *Jorge estuvo en Europa alrededor de un* ***semestre*** *pues se fue en enero y regresó a finales de junio.*

semiárido, da ***adj.*** **1** Clima próximo al del desierto: *El clima* ***semiárido*** *también es llamado semidesértico.* **2** Zona cuyas características se aproximan a las de un desierto.

semicircular ***adj.*** Relativo al semicírculo o a lo que se parece a un semicírculo.

semicírculo ***m.*** Cada una de las dos mitades del círculo: *Cuando la Luna está en cuarto creciente parece un* ***semicírculo*** *brillante.*

semicorchea ***f.*** En música, nota que dura la mitad de una corchea: *Dos corcheas equivalen a una negra y cuatro* ***semicorcheas*** *también equivalen a una negra.*

semidiós ***m.*** Héroe de la mitología griega a quien los antiguos colocaban entre sus dioses aunque su origen era humano: *Según la mitología romana Hércules era un* ***semidiós*** *que tenía gran fuerza física.*

semidormido, da ***adj.*** Se dice del que no está del todo despierto ni del todo dormido: *El niño estaba* ***semidormido,*** *pero en cuanto oyó que los demás irían a tomar un helado, se despertó de inmediato.*

semifinal ***f.*** Uno de los dos últimos partidos de un campeonato: *Los jugadores o equipos que ganan la* ***semifinal*** *pasan a la final y pueden aspirar al primer premio.*

semifinalista ***adj./m.*** y ***f.*** Competidor que llega a participar en una prueba semifinal: *En la competencia de hoy participan doce* ***semifinalistas,*** *pero ocho serán eliminados para que queden cuatro finalistas.*

semifusa ***f.*** En música, nota que dura la mitad de una fusa: *Las* ***semifusas*** *son notas muy cortas y rápidas.*

semilla ***f.*** **1** Parte del fruto que da origen a una nueva planta: *Hay plantas cuyo fruto es la* ***semilla*** *misma, como el trigo.* SIN. **simiente, grano, hueso, carozo.** **2** *Fam.* Cosa que causa u origina algo: *Mi compañero de mesa es la* ***semilla*** *del desorden en la clase pues siempre inicia todas las travesuras que hacemos.* SIN. **origen.** ANT. **consecuencia.**

semillero ***m.*** **1** Lugar donde se siembran y crían plantas para trasplantarlas más tarde: *Mi abuelo fue al* ***semillero*** *de árboles frutales y compró un sobre con semillas para sembrar manzanos.* **2** *Fam.* Origen o punto donde se inicia una cosa: *La escuela infantil de fútbol es un* ***semillero*** *de campeones.*

seminal ***adj.*** **1** Relativo al semen: *A ese señor le acaban de practicar un examen* ***seminal,*** *para determinar si puede o no tener hijos.* **2** Relativo a la semilla: *Muchas plantas se reproducen por vía* ***seminal,*** *pero hay algunas que se reproducen mejor si se siembra un gajo o rama.*

seminario ***m.*** **1** Lugar donde estudian los hombres jóvenes que se preparan para ser sacerdotes: *Felipe acaba de ingresar al* ***seminario*** *porque decidió que quiere ser sacerdote.* **2** Serie de actividades organizadas para que un grupo de profesores y alumnos se reúnan a investigar un tema determinado: *Durante el* ***seminario*** *sobre ecología se habló del problema de la contaminación y se presentaron opciones posibles para solucionarlo.*

seminarista ***m.*** Alumno de un seminario: *Algunos* ***seminaristas*** *viven internos, con una disciplina similar a la que hay en los conventos.*

seminífero, ra ***adj.*** Que produce semen o que lo contiene: *Dentro de los testículos están los conductos* ***seminíferos.***

semiótica o **semiología** ***f.*** Ciencia que estudia las diferentes formas de lenguaje y comunicación, su estructura y funcionamiento.

semiplano ***m.*** En matemáticas, porción de un plano limitado por una recta: *Al trazar una línea dividiendo este rectángulo, hemos creado dos* ***semiplanos.***

semirrecta ***f.*** En matemáticas, cada una de las dos partes de una recta dividida en un punto: *Podemos convertir una línea en dos* ***semirrectas*** *con sólo marcar un pequeño punto.*

semita ***adj./m.*** y ***f.*** Se aplica a los árabes, hebreos, sirios y otros pueblos que habitaron Israel: *Los* ***semitas*** *son llamados así porque se considera que esos pueblos están formados por los hijos del personaje bíblico Sem.*

semita ***f. Méx.*** Pan redondo no muy dulce, que contiene anís y está espolvoreado de harina de maíz molida con azúcar y canela.

semítico, ca ***adj.*** Relativo a los pueblos semitas: *El profesor de historia está tomando un curso de especialización en cultura* ***semítica.***

semitono ***m.*** En música, mitad del intervalo de un tono: *Entre do y re hay un tono, y entre si y do hay un* ***semitono.***

semitransparente ***adj.*** Se aplica a lo que es casi transparente: *"Esta tela para cortinas es* ***semitransparente,*** *impide que la gente vea desde fuera, pero deja pasar la luz", explicó la vendedora.*

sémola ***f.*** Pasta de harina o fécula de trigo molida en granos muy finos: *La* ***sémola*** *se usa para hacer ravioles, macarrón, espagueti y otro tipo de pastas.*

sempiterno, na ***adj.*** Eterno, que tiene duración muy larga: *La cumbre de esa montaña está cubierta por nieves* ***sempiternas.***

senado ***m.*** **1** Grupo de personas elegidas en forma democrática que se reúne en asamblea para discutir y aprobar las leyes de un país: *El* ***senado*** *aprobó la nueva ley de educación que propuso el presidente de la nación.* **2** Local donde se reúnen los senadores: *El* ***senado*** *es un edificio grande y elegante que se encuentra en el centro de la ciudad.*

senador, ra ***m.*** y ***f.*** Miembro de un senado, que se ocupa junto con otros de aprobar o modificar las leyes de su país: *Los* ***senadores*** *y los diputados forman el organismo conocido como Poder Legislativo.*

senaduría ***f.*** Cargo de senador: *Varios candidatos de este partido obtuvieron la* ***senaduría*** *en las últimas votaciones.*

senatorial *adj.* Relativo al senado o a los senadores: *En el edificio **senatorial** están la sala de sesiones y las oficinas de los senadores.*

sencillez *f.* **1** Falta de complicación: *Me gusta leer las obras de ese autor porque escribe con **sencillez** y entiendo bien todo lo que dice.* SIN. **simpleza.** ANT. **complicación.** **2** Ausencia de adornos: *Julieta no usa collares, aretes, pulseras o pinturas y la **sencillez** con que se arregla realza su belleza natural.* **3** Actitud de una persona que no es presumida: *A pesar de que es un científico notable, la **sencillez** del profesor Anaya hace de él una persona de trato amable y llano.* SIN. **modestia, naturalidad.** ANT. **vanidad, soberbia.**

sencillo *m. Amér. C.* y *Amér. Merid.* Dinero en monedas de pequeña denominación. SIN. **suelto, cambio.**

sencillo, lla *adj.* **1** Referido a lo que se compone de una sola cosa, no de varias: *Viviana se compró un helado **sencillo,** de un solo sabor, porque los helados dobles le parecen demasiado grandes.* **2** Se aplica a lo que no tiene adornos o no es de lujo: *Para su habitación Hugo prefirió una decoración **sencilla,** sin adornos en las paredes ni muebles innecesarios.* **3** Se dice de lo que no presenta dificultad o complicación: *Sumar 1 + 1 es algo muy **sencillo** pues todos sabemos que el resultado es 2.* SIN. **fácil.** ANT. **difícil, complicado.** **4** Relativo a la persona de carácter natural y espontáneo. SIN. **humilde, modesto.** ANT. **vanidoso, orgulloso, soberbio.**

senda *f.* Camino angosto de tierra formado por el paso de personas o animales: *Siguiendo la **senda** que se interna en el bosque se llega a un hermoso río.* SIN. **sendero.**

sendero *m.* Camino angosto sin pavimentar. SIN. **senda.**

sendos, das *adj.* Se dice de aquellas cosas de las que hay una para cada cosa o persona: *Los cinco amigos obtuvieron **sendos** puestos en la tienda de sombreros y ahora todos trabajan ahí.*

senecto, ta *adj.* Se dice de la persona que está en la senectud: *En el asilo que visitamos hay personas **senectas** que requieren cuidados especiales.*

senectud *f.* Edad en que una persona ya es muy vieja: *Mi tatarabuelo está en la **senectud** y ya le cuesta mucho trabajo caminar.* SIN. **vejez.**

senegalés, lesa *adj./m.* y *f.* Relativo a lo que es de Senegal, país de África.

senil *adj.* Relativo a la última etapa de la vejez: *Los geriatras son los médicos que se ocupan de atender a las personas **seniles** o ancianas.* SIN. **anciano.** ANT. **joven.**

senilidad *f.* Etapa de la vejez en que se debilitan las facultades físicas e intelectuales: *Cuando algunas personas llegan a la **senilidad** es como si volvieran a ser bebés, no pueden valerse por sí mismas.*

sénior *adj./m.* y *f.* **1** Se aplica a la persona de más edad respecto a otra del mismo nombre y apellido: *"¿Busca usted a Ulises Martínez hijo o **sénior?"*** **2** Se refiere a la categoría deportiva que abarca a los deportistas de más edad: *Ese atleta corre en la categoría **sénior** porque tiene más de 21 años de edad.*

seno *m.* **1** Espacio hueco que existe en el interior de una cosa: *En el **seno** de esa montaña hay un manantial de agua fría y limpia.* **2** Parte del pecho de la mujer que produce leche cuando tiene un bebé: *Durante la pubertad se desarrollan los **senos** de las mujeres.* SIN. **pecho, mama.** **3** Espacio del cuerpo de la mujer o de la hembra de algunos animales en el que se desarrollan los hijos antes de nacer: *Antes de nacer los bebés se desarrollan en el **seno** materno.* SIN. **útero, matriz.** **4** *Fam.* Parte interior de algo: *Hay respeto y amor en el **seno** de mi familia.*

sensación *f.* **1** Impresión que las cosas producen en los sentidos: *Al tocar la pared de ladrillos, el niño tuvo la **sensación** de aspereza en la yema de sus dedos.* SIN. **percepción.** **2** Emoción que produce en el ánimo un suceso o una noticia: *Yolanda causó **sensación** entre sus compañeras cuando se pintó el cabello de rojo.* SIN. **asombro.** **3** Idea que se tiene a partir de un hecho: *Tengo la **sensación** de que va a llover por todas esas nubes que hay en el cielo.* SIN. **impresión, presentimiento.**

sensacional *adj.* Se aplica a lo que produce en el ánimo una emoción extraordinaria y buena: *La actuación de los trapecistas del circo fue **sensacional,** el público casi no se movió mientras duraba la presentación.*

sensacionalismo *m.* Tendencia de algunos medios de comunicación que informan cosas que escandalizan o asombra: *El **sensacionalismo** es un recurso para ganar público y dinero, aunque sea poco ético.*

sensacionalista *adj./m.* y *f.* Medio informativo orientado al sensacionalismo: *"En épocas de crisis económica y social surgen periódicos **sensacionalistas,** como si quisieran distraer a la gente de los verdaderos problemas", comentó Maru muy filosóficamente.*

sensatez *f.* Conocimiento de lo que está bien y de lo que está mal y prudencia que se tiene al hacer o decir las cosas. SIN. **prudencia, acierto, seriedad.** ANT. **imprudencia, desacierto, desatino.**

sensato, ta *adj.* Referido al que piensa, actúa y habla con prudencia de acuerdo a la situación en la que se encuentra: *Fuiste **sensato** al aceptar sus disculpas y no continuar el pleito.* SIN. **prudente.** ANT. **insensato.**

sensibilidad *f.* **1** Capacidad de experimentar impresiones físicas: *La **sensibilidad** de la piel nos permite percibir el frío y el calor.* **2** Capacidad de sentir algo vivamente: *Vicente tiene una gran **sensibilidad** para la música, creo que si practica será un buen violinista.* **3** Cualidad de una cosa que le permite recibir impresiones exteriores: *En un laboratorio químico se necesita una balanza de gran **sensibilidad** que mida sustancias con peso muy pequeño.*

sensibilización *f.* Hecho de lograr que alguien experimente una emoción, una impresión física o un sentimiento moral: *En mi pueblo hay una campaña de **sensibilización** de los pobladores para acabar con el maltrato a los animales.*

sensibilizado, da *adj.* **1** Acción y resultado de sensibilizar: *Los niños **sensibilizados** a la música clásica y las artes suelen ser más expresivos.* **2** Que ha sido sometido a sensibilización y reacciona de modo positivo. **3** Que tiene sensibilidad: *Para los positivos fotográficos se utiliza papel **sensibilizado.***

sensibilizador *m.* Producto químico con el que se obtienen sustancias sensibles a la luz.

sensibilizador, ra *adj.* Que sensibiliza o aumenta la sensibilidad: *El ganador del concurso presentó una obra de teatro con un mensaje **sensibilizador** para los padres de familia.*

sensibilizante *adj.* **1** Sensibilizador. **2** Que sensibiliza.

sensibilizar *vb. irreg.* {tr.} **Modelo 16.** **1** Hacer que algo pueda recibir una impresión externa: *En el laboratorio fotográfico **sensibilizan** los rollos con una sustancia que se quema al contacto con la luz.* **2** Hacer que alguien adquiera la capacidad de sentir: *El médico inyectó un medicamento que **sensibilizará** la pierna paralizada del paciente.*

sensible *adj.* **1** Se aplica al que tiene la capacidad de experimentar sensaciones físicas: *Las plantas y los animales somos seres **sensibles.*** ANT. **insensible.** **2** Referido a la persona que tiene la capacidad de sentir vivamente algo. SIN.

sentimental, emotivo. ANT. **insensible. 3** Aplicado a lo que puede recibir o captar una impresión externa: *Este rollo fotográfico es muy **sensible,** con él puedes tomar fotografías en el interior de una casa sin necesidad de que haya mucha luz.* **4** Se dice de lo que puede experimentarse por medio de los sentidos: *Los objetos pertenecen al mundo **sensible** y las hadas pertenecen al mundo de la fantasía.* SIN. **visible, palpable. 5** Referido a lo que resulta fácil de observar: *El médico notó una **sensible** mejoría en su paciente después de algunos días de reposo.*

sensiblería ***f.*** Exageración en la manera de sentir una emoción: *Esa novela tiene éxito porque provoca la **sensiblería** del público.*

sensiblero, ra ***adj.*** Aplicado a quien exagera en su manera de sentir una emoción: *Ricardo es un **sensiblero** que llora de manera escandalosa cuando su madre intenta corregirlo.*

sensitivo, va ***adj.*** **1** Relativo a los sentidos del cuerpo: *La facultad **sensitiva** del ser humano y de algunos animales se debe al desarrollo de su sistema nervioso.* SIN. **sensual. 2** Aplicado al que es capaz de sentir: *Todos los seres vivos somos **sensitivos** pues reaccionamos al calor, al frío, al cariño, al rechazo, etc.*

sensor ***m.*** Dispositivo que capta las variaciones de temperatura, sonido, luz, etc.: *Las puertas eléctricas de esa tienda funcionan con **sensores,** por eso se abren cuando se aproxima una persona.*

sensorial ***adj.*** Relativo a las sensaciones como fenómenos del cuerpo y de la mente: *Los oídos, los ojos y la piel son órganos **sensoriales.***

sensual ***adj.*** **1** Relativo a los sentidos del cuerpo: *Tocar las cosas con las manos es una forma **sensual** de percibir el mundo.* SIN. **sensitivo. 2** Relativo al deseo sexual. SIN. **erótico.**

sensualidad ***f.*** Carácter de aquello que despierta el placer de los sentidos: *La voz de esa cantante tiene una gran **sensualidad** y es un placer escucharla.*

sentador, ra ***adj. Argent.*** y ***Chile.*** Se aplica a la prenda de vestir que le sienta bien a una persona: *La blusa que trae Paty es muy **sentadora,** el color le da luminosidad a su rostro y suaviza sus facciones.* SIN. **favorecedor.**

sentar ***vb. irreg.*** {tr., intr. y prnl.} **Modelo 3. 1** Poner a alguien o ponerse uno en un sitio, apoyado sobre las nalgas: *La señora **sentó** al niño para darle de comer.* **2** Colocar algo de manera firme en el lugar donde debe estar: *Los albañiles **sentaron** las rocas que servirían de mampostería y después procedieron a la construcción de las paredes.* **3** Establecer algo de forma definitiva: *Para no discutir por cualquier detalle, hay que **sentar** las reglas del juego antes de empezar.* SIN. **establecer. 4** *Fam.* Caer bien o mal una cosa: *Si te duele el estómago, este medicamento te **sentará** bien.*

sentencia ***f.*** **1** Dicho breve que contiene un principio moral: *"No hay mal que por bien no venga" es una **sentencia.*** SIN. **refrán. 2** Decisión que toma un juez al terminar un proceso judicial: *La **sentencia** fue muy estricta y el delincuente deberá ir a la cárcel por veinte años.* SIN. **condena.**

sentenciar ***vb.*** {tr.} Decirle a alguien qué castigo debe cumplir por haber cometido un delito: *El jurado encontró culpable al acusado y el juez lo **sentenció** a diez años de trabajos forzados en prisión.* SIN. **condenar.** ANT. **absolver.**

sentencioso, sa ***adj.*** **1** Que contiene una sentencia o una doctrina: *El discurso que presentó fue excesivamente **sentencioso.*** **2** Solemne o que expresa una gravedad afectada: *Le dio consejos al sobrino en un tono **sentencioso.***

sentido ***m.*** **1** Cada una de las capacidades que tiene un organismo vivo para recibir información sobre el medio exterior a través de ciertos órganos: *Los seres humanos tenemos cinco **sentidos:** la vista, el oído, el olfato, el gusto y el tacto.* **2** Capacidad de darse cuenta de lo que sucede: *Isabel perdió el **sentido** a causa de su caída por la escalera y tuvieron que auxiliarla para que despertara.* SIN. **conocimiento, conciencia. 3** Capacidad para hacer o entender algo: *Nicolás tiene un gran **sentido** de la orientación pues nunca se pierde en las calles de la ciudad.* **4** Significado de las palabras: *No me gusta que me hablen con doble **sentido,** prefiero que me digan las cosas de manera clara.* **5** Razón de ser de algo: *Llueve mucho, no tiene **sentido** salir, mejor quedémonos y juguemos baraja.* SIN. **finalidad, objeto. 6** Lado de un cuerpo o dirección de una cosa: *Esta calle es de un solo **sentido,** por eso los vehículos circulan únicamente de sur a norte.*

sentido, da ***adj.*** Referido a lo que contiene sentimiento: *Nos gusta escuchar a este cantante porque tiene una manera **sentida** de interpretar las canciones.* SIN. **emotivo.**

sentimental ***adj.*** Relativo al sentimiento: *Un noviazgo es una relación **sentimental** porque los novios sienten amor y ternura mutuos.* SIN. **amoroso, romántico.**

sentimental ***adj./m.*** y ***f.*** Se aplica a quien pone antes sus sentimientos que lo razonable: *Gerardo es tan **sentimental** que no quiere cambiar los viejos muebles de su casa porque dice que están llenos de recuerdos.* SIN. **sensible.** ANT. **insensible.**

sentimentalismo ***m.*** Carácter sentimental de una cosa: *El profesor de biología le pidió a sus alumnos que dejaran el **sentimentalismo** a un lado e hicieran la disección del pollo.*

sentimentaloide ***adj.*** Que expresa o tiene emociones de modo exagerado o ridículo: *Esa novela me desagradó por ser demasiado **sentimentaloide.***

sentimiento ***m.*** **1** Sensación, impresión o estado de ánimo que es percibido o experimentado: *El amor, el odio, el miedo y la confianza son **sentimientos** humanos.* SIN. **emoción, sensación. 2** Parte del ser humano que recibe y genera afecto y emociones: *La joven no quiso herir los **sentimientos** de su amiga y recibió el regalo sin decirle que pronto partiría para no volver.* SIN. **afecto, pasión.**

sentir ***m.*** **1** Estado de ánimo: *Bernardo no comprende el **sentir** de su amada, por eso ella se encuentra confundida y melancólica.* SIN. **sentimiento, emoción, sensación. 2** Parte del ser humano que recibe y genera afecto: *El rencor afectó su **sentir** y desde aquel malentendido ya no le habla a su amigo.* SIN. **sentimiento, afecto.**

sentir ***vb. irreg.*** {tr. y prnl.} **Modelo 50. 1** Recibir una sensación con los sentidos: *Cuando el cuerpo **siente** calor, comienza a producir sudor para refrescarse.* **2** Experimentar determinada emoción: *En cuanto supo que su nieto vendría a visitarla, la abuela **sintió** gran alegría.* **3** Lamentar un suceso: ***Sentimos** mucho que no puedas acompañarnos al circo, estoy segura de que ibas a divertirte mucho.* **4** Tener la sospecha de que puede ocurrir algo: ***Siento** que va a hacer buen tiempo pues el viento está alejando las nubes oscuras.* SIN. **presentir, sospechar. 5** Hallarse en determinado estado: *No voy a ir a la fiesta porque todavía **me siento** un poco enferma.* **6** ***Chile*** y ***Méx.*** Creer que uno ha sido despreciado o malentendido, ofenderse por algo.

sentón ***m. Méx.*** Caída de nalgas y golpe que resulta de ésta: *Anabel se resbaló con una cáscara y se dio un **sentón,** por fortuna no se lastimó.*

seña ***f.*** **1** Detalle de una cosa que la distingue de otras: *En la fiesta, Hilario le puso una **seña** a su vaso para no* *confundirlo con los vasos de los demás invitados.* SIN. **marca, señal. 2** Gesto o ademán para comunicarse: *Rocío hizo una **seña** con el dedo para indicarle a Ignacio que guardara silencio.* SIN. **señal. 3** ***pl.*** Calle y número donde vive alguien: *Dame tus **señas,** así podré ir a visitarte.* SIN. **dirección, domicilio.**

señal *f.* 1 Aquello que indica la existencia de algo: *Catalina está sana pues no hay **señales** de enfermedad en los resultados de sus análisis médicos.* SIN. **síntoma, indicio. 2** Detalle de una cosa que la distingue de otras: *Ese árbol con las ramas quemadas es la **señal** para encontrar el camino de regreso.* SIN. **seña, marca, signo. 3** Gesto o ademán para comunicarse: *Te hice la **señal** de que vinieras, pero no me viste.* SIN. **seña, indicación. 4** Signo que se pone en una cosa para advertir, anunciar o indicar algo: *Las **señales** de tránsito previenen accidentes.* **5** Restos que quedan de una cosa y que permiten saber qué fue o qué sucedió: *Esta ceniza es la **señal** de que aquí hubo una hoguera.* SIN. **prueba. 6** Huella que queda en la piel después de una herida o de una enfermedad: *Este niño tiene una **señal** en su pierna desde que se cayó del árbol.* SIN. **cicatriz, marca.**

señalado, da *adj.* Extraordinario, notable: *Condonar esa cuantiosa deuda fue un **señalado** favor que el empresario le hizo a su antiguo cliente.*

señalador *m. Argent., Méx.* y ***Urug.*** Tira de papel, tela u otro material que se pone entre las páginas de un libro para marcar el lugar en que se suspendió la lectura: *Cuando compré esta novela, me regalaron un bonito **señalador** de cartulina color azul.*

señalamiento *m.* Acto de señalar: *El **señalamiento** de los culpables del robo se hará a través de un espejo oscuro para que los testigos no sean reconocidos.*

señalar *vb.* {tr.} **1** Ser señal o indicio de algo: *Las huellas sobre mis papeles **señalan** que el gato se subió a la mesa con las patas mojadas.* **2** Hacer o poner marcas para reconocer o recordar algo: *Antes de cerrar el libro, **señalé** la página que estaba leyendo con una cinta de tela.* SIN. **marcar. 3** Poner signos para advertir, anunciar o indicar algo: *Mi maestro **señala** las faltas de ortografía con un lápiz rojo.* **4** Llamar la atención sobre algo con un gesto o con palabras: *El niño **ha señalado** con el dedo cuál de todos los juguetes quiere que le compren.* SIN. **indicar, mostrar. 5** Determinar algo con una finalidad. SIN. **fijar, indicar.**

señalización *f.* 1 Conjunto de señales: *Las **señalizaciones** que se colocan en las carreteras ayudan a que las personas que viajan no sufran accidentes.* **2** Instalación de señales de tránsito en una carretera, en una vía de ferrocarril o en un aeropuerto: *La **señalización** de las calles de esta ciudad está hecha con un sistema muy moderno que ayuda a la mejor circulación de los vehículos.*

señalizar *vb. irreg.* {tr.} **Modelo 16.** Poner señales de tránsito en una calle, carretera, vía de ferrocarril o aeropuerto: *Las autoridades **señalizan** la calle pintando flechas y líneas amarillas o blancas para separar los carriles.*

señor, ra *m.* y ***f.* 1** Tratamiento de respeto que se da a los adultos: *El **señor** Amezcua, quien es mi vecino, ha comenzado una campaña contra la basura en mi barrio.* **2** Hombre: *Mira, mamá, ese amable **señor** me ayudó a cruzar la calle.* **3** Mujer: *La **señora** que vimos en la tienda es la directora de la escuela.* **4** Mujer casada: *El ministro llegó al aeropuerto acompañado de su **señora** y sus hijos.* SIN. **esposa. 5** Tratamiento que se da a la mujer casada y que se usa por lo general antes del apellido de su marido: *La **señora** Téllez vendrá a visitar a mi abuelita mañana.* **6** Propietario de unas tierras, en especial los antiguos dueños de un feudo en la Edad Media.

señorear *vb.* {tr.} Dominar o mandar en una cosa: *Don Gonzalo **señorea** la casa de campo mientras los dueños están en la ciudad.*

señoría *f.* Tratamiento que se da a personas que ocupan un puesto importante, como el de juez.

señorial *adj.* Se refiere a lo que es majestuoso: *En muchas ciudades hay casas **señoriales** con más de veinte habitaciones.* SIN. **elegante.** ANT. **vulgar.**

señorío *m.* 1 Dominio o mando sobre algo: *El anciano padre todavía tiene fuerzas para ejercer su **señorío** sobre la familia.* SIN. **autoridad. 2** Elegancia propia de un noble: *El comportamiento reservado y elegante del rey es una muestra del **señorío** que heredó de sus antepasados.* SIN. **dignidad, distinción.**

señorito, ta *m.* y ***f.* 1** Nombre que daban los criados al amo joven. **2** Tratamiento dado a la mujer soltera: *A mi hermana le dicen **señorita** porque es soltera y a mi madre le dicen señora porque está casada y tiene hijos.*

señorón, rona *adj./m.* y ***f.*** Persona muy rica e importante, o que aparenta serlo: *En tiempos pasados, los **señorones** solían pasear en sus carruajes sin toldo luciendo lujosas ropas y joyas.*

señuelo *m.* Cosa que se usa para atraer animales o personas: *La policía secreta utilizó un collar de piedras falsas como **señuelo** para que los asaltantes pensaran que allí estaban las joyas.* SIN. **cebo.**

sépalo *m.* Hoja pequeña que, formando conjunto con otras iguales situadas debajo de los pétalos, forman el cáliz de la flor: *Los **sépalos** de las rosas y crisantemos son alargados y se doblan hacia abajo cuando se abre la flor.*

separable *adj.* Referido a lo que está junto pero puede desunirse y ponerse aparte: *Los vagones del tren son **separables** entre sí.* ANT. **inseparable.**

separación *f.* 1 Hecho de poner distancia entre dos personas o cosas que estaban juntas: *Los amigos se dieron un fuerte abrazo al volver a encontrarse después de su **separación** que duró dos años.* **2** Espacio que existe entre dos cosas que no están juntas: *Entre la mesa y la puerta hay una **separación** de dos metros.* **3** Lo que hace que una cosa esté lejos o aislada de otra: *Puse una pared de madera como **separación** en medio de la habitación grande para hacer dos habitaciones pequeñas.* **4** Interrupción de la vida matrimonial manteniendo el vínculo legal: *Durante una **separación,** los esposos siguen casados pero ya no viven juntos.*

separado, da *adj.* 1 Referido a lo que está a cierta distancia de otra cosa. **2** Aplicado a la persona que ha suspendido la vida matrimonial: *Lucio y Verónica están **separados** y ahora él vive en otra casa.*

separador *m.* Objeto, aparato o utensilio que sirve para separar: *Con papel que le había sobrado, listones, pegamento y pintura, Joan hizo unos **separadores** para libros y los regaló a sus amigos.*

separador, ra *adj.* Que separa o sirve para separar: *Entre la sala y el comedor pusieron una cortina **separadora** para distribuir mejor el espacio disponible.*

separar *vb.* {tr. y prnl.} **1** Establecer distancia entre personas o cosas que están juntas: *Beatriz **separó** la yema de la clara del huevo para preparar el postre.* SIN. **alejar, apartar.** ANT. **juntar, unir. 2** Interrumpir la vida matrimonial: *Cristina va a **separarse** de su esposo porque descubrió que en realidad no lo quiere.*

separatismo *m.* Movimiento político que defiende la separación de un territorio del Estado al que pertenece:

*El **separatismo** de los países que formaban la Unión Soviética terminó dando origen a varias repúblicas independientes.*

separatista ***adj./m.*** y ***f.*** **1** Relativo al separatismo. **2** Partidario del separatismo: *Los **separatistas** hicieron una manifestación para defender su posición política.*

separo ***m. Méx.*** Lugar, en una delegación de policía, donde se aísla temporalmente a los presuntos delincuentes.

sepelio ***m.*** Entierro de una persona muerta: *El **sepelio** de mi abuela se realizó en el cementerio del pueblo.* SIN. **sepultura.**

sepia ***f.*** Animal marino parecido al calamar: *La **sepia** produce una materia colorante que se usa en pintura.*

sepia ***adj.*** Referido a lo que tiene un color entre marrón y amarillo: *Las fotografías muy viejas se ponen color **sepia** porque se oxida la plata que contienen.*

septenal ***adj.*** **1** Que dura siete años: *Este proyecto es **septenal,** o sea que dentro de siete años veremos los resultados.* **2** Que se repite cada siete años.

septentrión ***m.*** Norte, punto cardinal.

septentrional ***adj.*** Relativo al norte: *Noruega es un país situado en la parte **septentrional** de Europa.* ANT. **meridional.**

septicemia ***f.*** Enfermedad grave producida por la abundancia de bacterias patógenas en la sangre: *La **septicemia** puede originarse en una infección local descuidada.*

séptico, ca ***adj.*** Causado por microbios infecciosos o que los contiene: *En los lugares donde no hay drenaje, se hacen fosas **sépticas** en las que se acumulan los excrementos.*

septiembre o **setiembre** ***m.*** Noveno mes del año: ***Septiembre** tiene treinta días.*

séptimo, ma ***adj./m.*** y ***f.*** **1** Referido a lo que corresponde en orden al número siete: *Rebeca llegó en **séptimo** lugar en la carrera, así que no obtuvo ningún premio.* **2** Se aplica a cada una de las siete partes iguales en que se divide un todo: *La **séptima** parte de veintiuno es tres.* **3** Cada una de las siete partes en que ha sido dividido un todo: *Dividí el papel en siete pedazos, pinté dos **séptimos** de color azul y cinco **séptimos** de color rojo.* **4** ***loc.*** **~ arte,** el cine: *El **séptimo arte** tiene sólo cien años de existir, mientras que la arquitectura, por ejemplo, tiene miles de años.*

septuagenario, ria ***adj./m.*** y ***f.*** Referido a la persona, animal o cosa que tiene una edad comprendida entre los setenta y los ochenta años: *Una **septuagenaria** que conozco se casó por quinta vez en su vida y su esposo también tiene 71 años.* SIN. **setentón.**

septuagésimo, ma ***adj./m.*** y ***f.*** Referido a lo que corresponde en orden al número setenta: *Hoy celebran el **septuagésimo** aniversario del nacimiento de ese gran poeta.*

septuplicar ***vb. irreg.*** {tr. y prnl.} **Modelo 17.** Multiplicar algo siete veces.

séptuplo, pla ***adj./m.*** Cantidad que contiene a otro número siete veces exactas: *49 es **séptuplo** de 7.*

sepulcral ***adj.*** **1** Relativo al monumento que se construye para enterrar a una o varias personas muertas: *Los adornos **sepulcrales** casi siempre son velas, floreros y fotografías.* **2** Se dice de lo que resulta de una atmósfera y sentimiento similares a los que nos produce la muerte: *Al entrar al viejo y oscuro edificio en medio de un silencio **sepulcral,** al detective le temblaron las piernas.* SIN. **fúnebre, lúgubre.**

sepulcro ***m.*** Monumento que se construye sobre el sitio donde está enterrado uno o varios muertos: *En ese **sepulcro** descansan los restos de una familia que fue muy importante en la historia del país.* SIN. **tumba.**

sepultar ***vb.*** {tr.} **1** Poner en la sepultura un cadáver: *En los cementerios **sepultan** a los muertos.* SIN. **inhumar.** **2** ***Fam.*** Ocultar, sumir algo muy bien: *Las aguas desbordadas del río **sepultaron** los campos de cultivo.* SIN. **cubrir.**

sepultura ***f.*** **1** Acción y efecto de sepultar: *La **sepultura** del muchacho muerto en el accidente fue ayer por la mañana.* SIN. **sepelio, entierro.** **2** Hoyo hecho en la tierra para enterrar un cadáver: *El jardinero cavó una **sepultura** bajo el árbol para enterrar al perro muerto.* SIN. **tumba, fosa.**

sepulturero ***m.*** Hombre que trabaja enterrando a los muertos en los cementerios.

sequedad ***f.*** **1** Calidad de seco: *La **sequedad** del ambiente se debe a que no ha llovido en dos meses.* SIN. **seca, sequía.** ANT. **humedad.** **2** ***Fam.*** Trato poco amable hacia los demás. SIN. **aspereza.** ANT. **amabilidad.**

sequía ***f.*** Falta de lluvias durante un tiempo muy largo: *La **sequía** está afectando al ganado porque el río ya casi no tiene agua y las reses no pueden beber.* SIN. **sequedad, seca.**

séquito ***m.*** Grupo de gente que acompaña a una persona importante: *La actriz llegó acompañada por un **séquito** de hombres fuertes que la cuidan.* SIN. **comitiva, corte, cortejo.**

ser ***m.*** **1** Principio propio de las cosas que les da vida o existencia. SIN. **naturaleza, esencia.** **2** Lo que tiene vida: *En la Tierra vivimos millones de **seres** entre humanos, animales y plantas.* SIN. **ente, organismo.** **3** Persona: *Rosalía es un **ser** muy amable que siempre está al pendiente de los demás.* SIN. **criatura, individuo, sujeto.**

ser ***vb. irreg.*** {intr.} **Modelo 21.** **1** Verbo auxiliar que sirve para la conjugación de todos los verbos en la voz pasiva: *En la frase "El diamante **ha sido** robado" el verbo está conjugado en voz pasiva.* **2** Haber o existir: *Los fantasmas no **son** de este mundo.* **3** Suceder, ocurrir un hecho: *El cumpleaños de Marcos **fue** ayer y la fiesta **será** mañana.* **4** Pertenecer a uno: *Esta bicicleta **era** de mi hermana y ahora **es** mía.* **5** Servir para algo: *El lápiz **es** para escribir.* **6** Corresponder, tener relación una cosa con otra: *A pesar de su juventud, el comportamiento de Alberto **es** como el de una persona mayor.* **7** Formar parte de algo: *Cuando era pequeña **fui** alumna de la escuela de mi barrio y ahora **soy** alumna de la universidad.* **8** Tener una naturaleza o un modo de ser determinado: *Rosaura **es** una mujer honesta que no engaña a la gente.* **9** Provenir de un lugar: *La familia de Roberto **es** de Colombia pues todos nacieron ahí.* **10** Tener las propiedades, condiciones, etc., que se expresan con un sustantivo, adjetivo o participio: *El hombre **había sido** honesto hasta que se dejó llevar por las malas compañías y robó.* **11** Se utiliza para indicar tiempo: ***Eran** las dos de la mañana cuando oímos los gritos de la vecina.* **12** Valer algo una cantidad de dinero: *"¿Cuánto **es** por las manzanas y las papas?"* SIN. **costar.** **13** Tener como resultado: *Cuatro más cuatro **son** ocho.*

seráfico, ca ***adj.*** **1** Relativo a los serafines. **2** Sereno y bondadoso, plácido: *El aspecto **seráfico** de ese niño impide sospechar lo travieso que es.*

serafín ***m.*** **1** En la religión cristiana, espíritu que habita en el cielo. **2** Persona muy hermosa: *Mi hermana dice que su hijo es un **serafín,** yo le digo que todas las madres piensan eso de sus hijos.*

serbio ***m.*** Idioma que se habla en Serbia, país de Europa.

serbio, bia ***adj./m.*** y ***f.*** Originario de Serbia, país de Europa.

serenar ***vb.*** {tr., intr. y prnl.} **1** Poner o ponerse en calma: *Raquel acariciaba a su perro para **serenarlo** mientras el veterinario le curaba la pata.* SIN. **tranquilizar, sosegar,**

apaciguar. **2** Enfriar el agua exponiéndola al fresco de la noche: *En ese pueblo las mujeres acostumbran* ***serenar*** *el agua, por eso ves todas esas vasijas en los balcones.*

serenata ***f.*** Conjunto de composiciones musicales que se tocan en la calle por la noche y en honor a alguien: *Antes se acostumbraba llevar* ***serenata*** *a la novia para enamorarla.*

serenidad ***f.*** Calma, estado de la persona que no se altera. SIN. **tranquilidad, sosiego.** ANT. **intranquilidad, nerviosismo.**

sereno ***m.*** **1** Humedad de la atmósfera durante la noche: *Pepe llegó a la casa con la ropa húmeda porque había* ***sereno.*** **2** Vigilante de las calles que trabaja en el horario nocturno: *En América, durante la Colonia (siglos XVI al XIX), el* ***sereno*** *se ocupaba de prender y apagar el alumbrado público y de vigilar las calles por la noche.* SIN. **vigilante, velador.**

sereno, na ***adj.*** **1** Aplicado a quien es tranquilo o está en paz o quieto: *Después de la fiebre tan intensa, la niña por fin descansa* ***serena*** *en su cama.* **2** Se aplica al cielo sin nubes. SIN. **claro.**

seri ***adj./m.*** y ***f.*** Pueblo amerindio localizado en la costa del estado de Sonora y en la Isla Tiburón, México.

serial ***adj.*** Se dice de lo que ocurre en serie: *Los detectives concluyeron que esos crímenes son* ***seriales,*** *pues ya van tres con las mismas características.*

serial ***m.*** Serie de radio o de televisión que se transmite por episodios: *A partir de la próxima semana, en ese canal van a pasar un* ***serial*** *de diez capítulos sobre la vida del pintor Francisco de Goya.*

seriar ***vb.*** {tr.} Poner en orden un conjunto de cosas relacionadas entre sí: *La secretaria* ***serió*** *los billetes de la rifa numerándolos del uno al mil.*

sericicultor, ra o **sericultor, ra** ***m.*** y ***f.*** Persona que se dedica a la cría de gusanos de seda.

sericicultura o **sericultura** ***f.*** Técnica e industria de la cría de gusanos de seda y la producción de esta fibra: *La* ***sericicultura*** *pasó del Oriente a Europa y de allí a América.*

serie ***f.*** **1** Conjunto de cosas relacionadas que van una detrás de otra: *Leopoldo tomó una* ***serie*** *de lecciones para aprender a jugar ajedrez.* SIN. **sucesión.** **2** Programa de radio o televisión que se transmite por partes: *Hoy me perdí un capítulo de la* ***serie*** *de televisión en diez partes sobre la vida de Leonardo da Vinci.* **3** ***loc.*** **En ~,** se aplica a la forma de fabricar muchos objetos iguales entre sí: *Estos floreros de cerámica están hechos* ***en serie,*** *por eso son todos iguales.*

seriedad ***f.*** **1** Capacidad y voluntad que se tiene para cumplir con las responsabilidades: *La* ***seriedad*** *del joven inspiró confianza a su nuevo jefe.* **2** Actitud o comportamiento serios, falta de sentido del humor: *"¿Por qué no te has reído con los chistes, a qué se debe tanta* ***seriedad?",*** *pregunté.*

serigrafía ***f.*** Método de impresión que consiste en hacer pasar la tinta a través de una pantalla de seda, o de un tamiz o colador metálico fino sobre el que está dibujada una figura: *En el museo de estampas vimos unas hermosas* ***serigrafías*** *japonesas.*

serio, ria ***adj.*** **1** Se aplica a quien no se ríe: *Felipe es demasiado* ***serio*** *y cuando hacemos bromas sólo nos mira sin sonreír.* SIN. **adusto.** ANT. **alegre, sonriente.** **2** Se refiere a quien actúa con responsabilidad: *Eduardo es un estudiante* ***serio*** *que siempre obtiene buenas calificaciones.* SIN. **responsable.** ANT. **informal.** **3** Importante, grave, digno de consideración: *El médico ha dicho que Joel padece una enfermedad* ***seria*** *y que tendrán que operarlo.* SIN. **grave.** ANT. **insignificante.**

sermón ***m.*** **1** Discurso que se pronuncia durante una misa: *El* ***sermón*** *de esta mañana trató de la caridad.* **2** ***Fam.*** Lo que se dice a alguien para que obedezca o se comporte de forma correcta: *Mi padre nos dio un* ***sermón*** *por haber llegado tarde a casa.* SIN. **regaño.**

sermonear ***vb.*** {tr.} *Fam.* Decirle algo a alguien para que obedezca o se porte bien: *El director* ***sermoneó*** *a los alumnos que habían untado miel en la silla del maestro.* SIN. **reprender, amonestar, regañar.**

sermoneo ***m.*** Acción de sermonear o reprender verbalmente: *Recibimos un tremendo* ***sermoneo*** *por romper un vidrio mientras jugábamos fútbol.*

serología ***f.*** Estudio de las propiedades y aplicaciones de los sueros: *La* ***serología*** *es una rama de la inmunología.*

seropositivo, va ***adj./m.*** y ***f.*** Se aplica al análisis de sangre o al enfermo que presenta un diagnóstico positivo de enfermedad, en particular para el virus del sida: *Los* ***seropositivos*** *pueden vivir varios años en forma normal antes de enfermar de sida.*

serpentario ***m.*** Lugar acondicionado especialmente para la cría y exhibición serpientes: *Fuimos al* ***serpentario*** *del zoológico y vimos una boa enorme.*

serpenteante ***adj.*** Que serpentea: *Esa mujer tiene un movimiento* ***serpenteante*** *al bailar.*

serpentear o **serpear** ***vb.*** {intr.} **1** Moverse formando ondulaciones: *Las víboras* ***serpentean*** *mientras avanzan.* **2** Tener una trayectoria que va y viene de un lado a otro: *El camino* ***serpentea*** *rodeando la montaña.*

serpentina ***f.*** Tira de papel enrollada que se lanza en las fiestas: *El patio de la escuela quedó cubierto de* ***serpentinas*** *de colores que los niños arrojaron durante el festival.*

serpentino, na ***adj.*** **1** Relativo a las víboras o serpientes: *El veneno* ***serpentino*** *se usa para fabricar algunas vacunas y antídotos.* **2** Referido a lo que tiene una trayectoria que va y viene de un lado a otro: *El curso* ***serpentino*** *del río podía apreciarse desde el mirador en lo alto de la montaña.* SIN. **sinuoso, ondulado.**

serpiente ***f.*** Animal sin patas, de cuerpo alargado con piel escamosa, que se arrastra para ir de un lado a otro: *La* ***serpiente*** *es un reptil.* SIN. **víbora, culebra.**

serrado, da ***adj.*** Se dice de lo que tiene dientes pequeños y afilados como la sierra o el serrucho: *Para cortar el pan es mejor usar un cuchillo* ***serrado.***

serraduras ***f. pl.*** Fragmentos o partículas que se desprenden al cortar algo con una sierra: *El aprendiz del carpintero barre el taller varias veces al día, para mantenerlo limpio de* ***serraduras.*** SIN. **serrín.**

serranía ***f.*** Territorio formado por montañas y sierras: *En la* ***serranía*** *habitan animales como venados, ardillas, lobos y linces.*

serrano, na ***adj./m.*** y ***f.*** Relativo a lo que es de la sierra: *Don Zebedeo nació en un pueblo* ***serrano,*** *por eso es tan bueno para caminar largas distancias.*

serrar ***vb. irreg.*** {tr.} **Modelo 3.** Cortar algo usando una sierra: *Cuando* ***sierres*** *esa tabla ten mucho cuidado al usar la sierra, no vayas a cortarte con sus filosos dientes.*

serrín ***m.*** Conjunto de residuos de la madera que se desprenden al cortarla con una sierra: *Después de cortar los trozos de madera, el suelo quedó lleno de* ***serrín*** *porque habían cortado muchas tablas.* SIN. **serraduras, aserrín.**

serrote ***m. Méx.*** Herramienta que consta de un mango de madera y de una hoja de metal ancha y corta con dientes y que se usa para cortar madera. SIN. **serrucho.**

serruchar ***vb.*** {tr.} *Argent., Chile, Cuba, Méx., Perú, P. Rico* y *Urug.* Cortar algo usando un serrucho.

serrucho ***m.*** Herramienta que consta de un mango y de una hoja de metal con dientes, ancha y corta, que se usa para cortar madera: *Nuestro vecino utilizó un* ***serrucho*** *para cortar la rama del árbol.* SIN. **serrote.**

servicial ***adj.*** Aplicado al que sirve o ayuda con gusto a los demás: *Por fortuna nos atendió un empleado* ***servicial*** *y gracias a él conseguimos lo que necesitábamos.* SIN. **atento, solícito.** ANT. **descortés.**

servicio ***m.*** **1** Acción de servir: *El* ***servicio*** *en ese restaurante es excelente y la comida sabrosa.* **2** Uso que se hace de algo: *Tiré ese televisor viejo porque ya no daba ningún* ***servicio.*** SIN. **provecho, rendimiento. 3** Conjunto de personas que realizan el trabajo doméstico de un lugar: *El dueño de la casa hizo sonar una campana para llamar al* ***servicio*** *y pedirles que sirvieran la cena.* SIN. **servidumbre. 4** Estado de alguien que sirve en algo a lo que está obligado: *Los soldados están al* ***servicio*** *de la patria.* **5** Lugar de una casa o edificio al que se va cuando se quiere orinar o defecar: *En este restaurante los* ***servicios*** *están al fondo a la izquierda.* SIN. **retrete, sanitario. 6** Conjunto de personas organizadas para cubrir las necesidades de un grupo de gente: *El* ***servicio*** *de urgencias del hospital está abierto toda la noche.* **7** Cosa útil o necesaria que se ofrece a una comunidad: *Los* ***servicios*** *de agua y luz de la nueva población serán instalados la próxima semana.* **8** Favor o ayuda que se brinda a alguien: *Me harás un gran* ***servicio*** *cuidando al bebé mientras voy a la farmacia.* SIN. **asistencia, auxilio. 9** Conjunto de vasos, tazas, platos y otros objetos que forman un juego completo de utensilios para comer: *Un amigo nos trajo del Japón un hermoso* ***servicio*** *de té.* **10** *loc.* **~ militar,** periodo en que un ciudadano realiza prácticas y entrenamiento militar a fin de estar preparado para defender a su país en caso de necesidad: *En muchos países el* ***servicio militar*** *se hace a los dieciocho años.*

servidor, ra ***m.*** y ***f.*** **1** Persona que forma parte del servicio doméstico de una casa. **2** Denominación que se da a sí misma una persona para mostrar cortesía y buena disposición hacia otra: *Soy su seguro* ***servidor.*** **3** ***m.*** Computadora que controla una red informática.

servidumbre ***f.*** Conjunto de personas que realizan el trabajo doméstico de un lugar: *La* ***servidumbre*** *se ocupa de cocinar, planchar y limpiar la casa.* SIN. **servicio.**

servil ***adj.*** **1** Relativo a los sirvientes: *Ese joven tonto dice que barrer es un trabajo* ***servil*** *y por eso no quiere ayudar a su familia a limpiar la casa.* **2** Aplicado a quien muestra demasiado interés y apego hacia la persona que le da órdenes: *El caballero desconfiaba de los trabajadores* ***serviles*** *porque sabía que podían traicionarlo en cualquier momento.* SIN. **indigno, sumiso.**

servilismo ***m.*** Actitud del servil, sumisión indigna: *Hay personas que usan el* ***servilismo*** *para ascender en su empleo.*

servilleta ***f.*** Pieza de tela o de papel que se usa durante la comida para limpiarse la boca y las manos.

servilletero ***m.*** Objeto que se usa para poner las servilletas: *Los* ***servilleteros*** *para las servilletas de tela tienen forma de aro y se coloca una en cada uno.*

servir ***vb. irreg.*** {tr., intr. y prnl.} **Modelo 47. 1** Trabajar para alguien en tareas domésticas o como empleado: *Esa secretaria* ***ha servido*** *a la empresa durante diez años.* SIN. **trabajar, asistir. 2** Ser de utilidad para algo: *El mapa te* ***servirá*** *para no perderte cuando llegues a esa ciudad.* **3** Atender a los clientes en un comercio: *Mi padre contrató a una muchacha para que* ***sirva*** *en la tienda cuando él no puede.* SIN. **ayudar, auxiliar, asistir. 4** Poner en la mesa comida o bebida para alguien: *En la posada* ***sirvieron*** *una buena cena a los viajeros que llegaban de otra ciudad.* SIN. **presentar. 5** Utilizar una cosa o valerse de una persona para un fin: *Rodrigo* ***se sirvió*** *de un cuchillo para cortar el pan.*

sésamo ***m.*** Planta herbácea que llega a medir un metro de altura, con pequeñas semillas comestibles de color amarillo claro, de las que se obtiene aceite comestible. SIN. **ajonjolí.**

sesenta ***adj./m.*** **1** Referido a lo que corresponde en orden al número 60. **2** Número que resulta de sumar 59 y 1: *Seis veces diez es igual a* ***sesenta.***

sesentavo, va ***adj./m.*** Cada una de sesenta partes iguales en que se divide algo: *Un minuto es un* ***sesentavo*** *de hora.*

sesentón, tona ***adj.*** Persona que ha llegado a los sesenta años: *"Mi tía Rosalina tiene pretendiente, es un atractivo* ***sesentón*** *de cabello entrecano que se dedica al comercio", comentó Inés.* SIN. **sexagenario.**

sesera ***m. Fam.*** Parte de la cabeza en la que está el cerebro o sesos.

sesgar ***vb. irreg.*** {tr.} **Modelo 17.** Cortar en forma inclinada o torcida: *Un clavo* ***sesgó*** *la tela del vestido de Lidia cuando ella pasó caminando cerca de la pared.*

sesgo, ga ***adj.*** Referido a lo que está cortado o colocado en forma inclinada o torcida.

sesión ***f.*** **1** Tiempo durante el cual permanece reunido un grupo que habla o trabaja sobre un tema: *Los socios del club celebraron una* ***sesión*** *para hablar sobre la ampliación de las canchas de tenis.* SIN. **reunión, junta, asamblea. 2** Representación que se realiza ante un público: *Cada tarde hay dos* ***sesiones*** *de cine, una a las cuatro y otra a las siete.*

seso ***m.*** **1** Masa encefálica: *Los* ***sesos*** *son la masa de tejido nervioso que forma el cerebro de los animales.* SIN. **cerebro. 2** *Fam.* Sensatez, buen juicio: *Paola no quiere tener amistad con ese muchacho de poco* ***seso*** *que comete tantas imprudencias.*

sestear ***vb.*** {intr.} **1** Dormir la siesta: *No hagan ruido porque el abuelo* ***está sesteando*** *y podrían despertarlo.* **2** Recogerse el ganado a la sombra durante el calor: *Al mediodía las vacas* ***sestean*** *junto al árbol frondoso.*

sesudo, da ***adj.*** Se dice de la persona que es inteligente, juiciosa y reflexiva para actuar. SIN. **prudente.**

set ***m.*** **Palabra de origen inglés. 1** En algunos deportes como el tenis, el pimpón y el volibol, cada una de las partes en que se divide un partido: *En este juego de tenis jugaron cinco* ***sets.*** **2** En cine y televisión, escenario que se construye dentro de un estudio o local cerrado.

seta ***f.*** Hongo con forma de sombrero sostenido por un pie: *Algunas* ***setas*** *como los champiñones son comestibles, otras como la* Amanita virosa *son venenosas.*

setecientos, tas ***adj./m.*** **1** Se aplica a lo que corresponde en orden al número 700: *Alejandro fue el visitante número* ***setecientos*** *del museo.* **2** Número que resulta de sumar 699 y 1: *Siete veces cien es igual a* ***setecientos.***

setenta ***adj./m.*** **1** Referido a lo que corresponde en orden al número 70. **2** Número que resulta de sumar 69 y 1: *Siete veces diez es igual a* ***setenta.***

setentavo, va ***adj./m.*** Cada una de setenta partes iguales en que se divide algo: *Si de siete mil pesos que juntamos en el grupo me toca un* ***setentavo,*** *entonces recibiré cien pesos.*

setentón, tona ***adj.*** Persona que ha llegado a los setenta años: *Guille es una alegre* ***setentona*** *que gusta de* *hacer ejercicio e ir a bailar los fines de semana, por eso se mantiene sana y en buena forma.* SIN. **septuagenario.**

seto ***m.*** Especie de pared hecha con arbustos o plantas frondosas sembradas una junto a otra: *El **seto** que rodea el jardín impide que la gente entre y pise las flores.* SIN. **valla, cerca.**

setter ***adj./m.*** Raza de perros de caza de origen inglés; tienen orejas largas, hocico alargado y pelo largo y sedoso: *"De entre los **setter** prefiero el irlandés por su hermoso pelo rojizo", comentó Niobe.*

seudónimo ***m.*** Nombre falso que usa una persona para ocultar su identidad: *En el concurso de novela todos los autores deben participar usando un **seudónimo.*** SIN. **apodo, sobrenombre, alias.**

seudópodo ***m.*** Parte del protoplasma de una célula que se prolonga y le sirve para desplazarse o para prender a otros microorganismos: *Los leucocitos y las amebas tienen **seudópodos.***

severidad ***f.*** Exigencia y rigidez en el cumplimiento de las reglas: *Todos los alumnos temían a ese maestro por su gran **severidad,** pero cuando fueron adultos se dieron cuenta de lo útiles que fueron sus enseñanzas.* SIN. **rigor.**

severo, ra ***adj.*** **1** Referido a quien es exigente e inflexible en el cumplimiento de las reglas o de las obligaciones: *La directiva del club contrató a un entrenador más **severo** para poner en orden al equipo de fútbol.* SIN. **estricto, rígido, intransigente.** ANT. **benévolo, tolerante, amable.** **2** Aplicado a lo que no tiene adornos: *La vieja mansión estaba decorada con un gusto **severo,** carecía de adornos y sólo tenía algunos muebles oscuros.* SIN. **austero.**

seviche ***m.*** *Ver* **ceviche.**

sevillanas ***f. pl.*** Música y danza propios de Sevilla, en España: *Los músicos tocaron unas **sevillanas** para entretener a los turistas.*

sexagenario, ria ***adj./m.*** y ***f.*** Referido a la persona, animal o cosa que tiene una edad comprendida entre los sesenta y los setenta años: *Esta silla **sexagenaria** la compré en un bazar.* SIN. **sesentón.**

sexagésimo ***m.*** Cada una de las sesenta partes en que se divide un todo: *Un **sexagésimo** de 600 equivale a 10.*

sexagésimo, ma ***adj.*** Relativo a lo que corresponde en orden al número sesenta: *Después del invitado número 59 llegó el **sexagésimo.***

sexenal ***adj.*** Relativo a lo que dura seis años o sucede cada seis años: *En México las elecciones presidenciales son **sexenales,** ha habido en 1988, en 1994, en el 2000, en el 2006, y habrá en el 2012.*

sexenio ***m.*** Periodo que dura seis años: *Los ingenieros hidráulicos presentaron un proyecto de presa que tardó un **sexenio** en construirse, empezaron en el año 1990 y terminaron en 1996.*

sexismo ***m.*** Actitud de rechazo de los hombres hacia las personas de sexo femenino o de las mujeres hacia las personas de sexo masculino: *En los últimos años las mujeres se han organizado para luchar contra el **sexismo** y obtener igualdad de derechos en el trabajo.*

sexista ***adj./m.*** y ***f.*** Persona que discrimina a otras por razón de su sexo: *En pleno siglo XXI todavía hay empresas que aplican políticas **sexistas,** por ejemplo, no aceptan mujeres para ciertos puestos.*

sexo ***m.*** **1** Diferencia en la forma del cuerpo y en la constitución física de un ser vivo que distingue al macho de la hembra y al hombre de la mujer: *No pude averiguar de qué **sexo** es mi tortuga, sigo sin saber si es macho o hembra.* **2** Conjunto de individuos que son todos machos o todas hembras: *En esta peluquería se atienden personas de ambos **sexos,** es decir, hombres y mujeres.* **3** Conjunto de los órganos sexuales externos masculinos y femeninos: *Vimos un cuadro con la imagen de Adán y Eva en el que sus **sexos** aparecen cubiertos con una hoja de parra.*

sexología ***f.*** Estudio de la sexualidad y de los diferentes comportamientos relacionados con ella: *Ese libro sobre **sexología** explica cómo cambia el cuerpo de los niños y de las niñas cuando crecen y entran a la pubertad.*

sexólogo, ga ***m.*** y ***f.*** Persona que se especializa en el estudio de la sexualidad y de los diferentes comportamientos relacionados con ella: *Los **sexólogos** realizan estudios para comprender cómo los machos y las hembras se relacionan entre sí para reproducirse.*

sextante ***m.*** Instrumento para medir la altura de los astros desde una embarcación o una aeronave: *Un **sextante** funciona por ángulos de reflexión, tiene lentes y espejos.*

sexteto ***m.*** Composición musical para seis instrumentos o voces y conjunto integrado por ellos: *Mireya toca en un **sexteto** formado por un violonchelo, dos violines, dos flautas y un bajo.*

sexto ***m.*** Cada una de las seis partes iguales en que se divide un todo: *La mitad de ese costal de maíz es mucho, véndame sólo un **sexto** para alimentar a mis gallinas.*

sexto, ta ***adj.*** **1** Adjetivo ordinal que corresponde en orden al número seis: *Esteban es el **sexto** niño que se enferma de paperas este año en esta escuela, los primeros cinco niños ya se curaron.* **2** Se dice de cada una de las seis partes iguales en que se divide un todo: *Como éramos seis, cada uno comió la **sexta** parte de la pizza.*

sextuplicar ***vb. irreg.*** {tr. y prnl.} **Modelo 17.** Multiplicar algo seis veces.

séxtuplo, pla ***adj./m.*** Que contiene una cantidad seis veces: *36 es **séxtuplo** de 6.*

sexuado, da ***adj.*** Aplicado al ser vivo con órganos para reproducirse que son diferentes en el macho y en la hembra: *Los animales **sexuados** tienen que aparearse para poder reproducirse.* ANT. **asexuado.**

sexual ***adj.*** Relativo al sexo de los seres humanos, de los animales y de las plantas: *Los órganos **sexuales** de las plantas son las flores.* SIN. **genital.**

sexualidad ***f.*** **1** Conjunto de características en la forma del cuerpo y en la constitución física de un ser vivo que distinguen al macho de la hembra, al hombre de la mujer: *En la escuela nos dieron lecciones sobre **sexualidad** y nos explicaron cómo nacen los niños.* **2** Instinto que lleva a los seres sexuados a buscar reproducirse.

sexy ***adj.*** **Palabra de origen inglés.** *Fam.* Se dice de la persona que tiene mucho atractivo sexual. SIN. **sensual.**

shekel ***m.*** Unidad monetaria de Israel, país de Asia.

shock ***m.*** **Palabra de origen inglés.** En medicina, impresión violenta e imprevista que trastorna a una persona: *El paciente se encuentra en estado de **shock,** por eso no puede hablar ni reconoce a las personas.* SIN. **choque, conmoción.**

short ***m.*** **Palabra de origen inglés.** Pantalón corto que llega arriba de las rodillas: *Se puso un **short** y una camiseta para ir a la playa.*

show ***m.*** **Palabra de origen inglés.** Espectáculo en el que hay cantos, bailes y otras variedades: *El **show** del cómico hizo reír a todo el público.* SIN. **función.**

sí ***adv.*** **1** Responde de manera afirmativa a una pregunta: *Luego que le pedí permiso, mi mamá me contestó **"Sí,** puedes ir a jugar".* ANT. **no.** **2** Sirve para aumentar la fuerza de una afirmación: *Jorge **sí** que es divertido, siempre que hablo con él río como loca.*

si ***conj.*** **1** Expresa la condición necesaria para que se produzca algo: *Saldrás a jugar **si** antes ordenas tu habitación.*

2 Introduce oraciones interrogativas indirectas: *Los médicos todavía no saben **si** el enfermo sanará.* **3** Indica una afirmación: ***Si** me dijiste que te gusta el chocolate, ¿por qué ahora dices que lo odias?* **4** Después de *como*, indica comparación: *Ese muchacho camina como **si** estuviera pisando huevos, creo que le lastiman los zapatos.* **5** Se usa para aumentar la fuerza de una expresión: *¡**Si** seré distraída, pasé horas buscando el libro y estaba sobre la mesa!* **6** *loc.* **~ no,** de lo contrario: *Toma el medicamento porque **si no** seguirás enfermo.*

si ***m.*** Séptima nota de la escala musical de *do*: *En la escala ascendente, después de la sigue **si**.*

sí ***pron.*** Pronombre personal, forma reflexiva de la tercera persona que se usa para referirse a *él*, *ella*, *ellos* o *ellas*: *El niño corría arrastrando un camión de juguete tras de **sí**.*

siamés, mesa ***adj./m.*** y ***f.*** Se aplica al hermano gemelo que está unido al otro por alguna parte del cuerpo: *Esos niños **siameses** nacieron unidos por la cadera.*

sibarita ***adj./m.*** y ***f.*** Se dice de quien es muy aficionado a los placeres de la vida: *Los **sibaritas** odian el trabajo y el esfuerzo.*

sibila ***f.*** Mujer que, en la Antigüedad, transmitía los oráculos de las divinidades: *Las **sibilas** del templo de Apolo en Delfos fueron personajes importantes en la historia de la Grecia antigua.*

sibilante ***adj.*** Que produce un sonido similar al de un silbido: *La cobra **sibilante** se lanzó contra la mangosta, pero ésta la atrapó y la partió en dos de una tarascada.*

sic ***adv.*** Indica que una cita es textual aunque parezca incorrecta: *En su nota el periodista puso un **sic** entre paréntesis para marcar que el entrevistado era quien cometía el error de decir "subir para arriba".*

sicario ***m.*** Persona que cobra dinero por matar a alguien: *El jefe de la mafia ordenó a uno de sus **sicarios** matar a una persona que le estorba.*

sicología ***f.*** *Ver* **psicología.**

sicólogo, ga ***m.*** y ***f.*** *Ver* **psicólogo.**

sicosis ***f.*** *Ver* **psicosis.**

sicu ***m. Amér. Merid.*** Instrumento musical de viento formado por dos hileras de tubos de carrizo ordenados en forma decreciente para obtener las notas graves y las agudas.

sida ***m.*** Enfermedad de transmisión sexual o sanguínea que altera y destruye el sistema de defensa del organismo: *Los científicos están investigando para encontrar un remedio o vacuna contra el **sida** pues hasta ahora es incurable.*

sideral ***adj.*** Relativo a los astros: *En el espacio **sideral** están los planetas y las estrellas.* Sin. **cósmico, celeste, estelar.**

siderurgia ***f.*** Conjunto de técnicas y métodos para obtener el hierro y transformarlo: *La **siderurgia** permite la elaboración de herramientas, vigas, máquinas y motores.*

siderúrgico, ca ***adj.*** Relativo a la siderurgia: *Van a construir una nueva planta **siderúrgica** cerca de la mina de hierro, eso dará trabajo a muchas personas.*

sidra ***f.*** Bebida alcohólica que se obtiene de la fermentación del zumo o jugo de manzana: *La **sidra** natural es una bebida espumosa y de color amarillo traslúcido.*

siega ***f.*** **1** Acto de cortar las hierbas y los cereales cuando ya están maduros: *La **siega** del trigo se hace con un instrumento afilado y curvo llamado hoz.* **2** Tiempo de cortar los cereales cuando ya están maduros: *Durante la **siega** los agricultores cortan el trigo, la cebada y la alfalfa sembrados en los campos de cultivo.*

siembra ***f.*** **1** Acto de echar semillas en la tierra para que germinen: *La **siembra** del maíz se hace metiendo las semillas en la tierra a una distancia de casi un metro entre cada semilla.* **2** Tiempo en que algunas semillas deben sembrarse para que la planta crezca bien: *Según los métodos tradicionales de cultivo, a finales del otoño es la **siembra** del trigo.*

siempre ***adv.*** **1** En todo tiempo: *Jerónimo es paraguayo y **siempre** ha vivido en Asunción.* Ant. **nunca. 2** En cualquier momento: *El perro **siempre** está dispuesto a salir a pasear, con sólo oír abrirse la puerta llega moviendo la cola.* Ant. **nunca. 3** En cualquier caso: *Quizá no ganemos el partido, pero **siempre** podremos decir que lo intentamos.* **4** *loc.* **~ que,** con una condición: *"Iremos al cine **siempre que** les pidas permiso a tus padres."*

siempreviva ***f.*** Planta de hojas gruesas y flores de nueve pétalos: *Las hojas de la **siempreviva** tardan mucho en marchitarse.*

sien ***f.*** Parte lateral de la cabeza ubicada entre la frente y la mejilla: *La **sien** se encuentra al costado de la ceja.*

sierpe ***f.*** Animal sin patas y de cuerpo alargado, que se arrastra para ir de un lado a otro: *Las **sierpes** tienen la punta de la lengua partida en dos.* Sin. **serpiente, víbora, culebra.**

sierra ***f.*** **1** Herramienta formada por una hoja de acero con el borde dentado que sirve para cortar madera, metales y piedra. **2** Cordillera montañosa, sobre todo de picos que forman una fila: *México cuenta con dos grandes conjuntos de montañas: la **Sierra** Madre Oriental y la **Sierra** Madre Occidental.* Sin. **cordillera.**

siervo, va ***m.*** y ***f.*** **1** Persona que vivía en las tierras del señor para el que trabajaba: *Durante el feudalismo, los **siervos** eran vendidos junto con la tierra en la que vivían.* **2** Persona que pertenecía a otra y que debía obedecerle y trabajar para ella durante toda su vida: *El amo compró tres nuevos **siervos** al capitán de ese barco que llegó de un país lejano.* Sin. **esclavo.**

siesta ***f.*** Sueño corto que se hace después de la comida fuerte del día: *La abuelita está durmiendo su **siesta** acostumbrada de quince minutos después de comer.*

siete ***adj./m.*** **1** Se aplica a lo que corresponde en orden al número 7. **2** Número que resulta de sumar 6 y 1: *Son **siete** los días de la semana.*

sietemesino, na ***adj./m.*** y ***f.*** Referido al ser humano que ha nacido a los siete meses de embarazo, en lugar de a los nueve meses: *El niño **sietemesino** pesó sólo un kilo y medio y está un poco débil.*

sífilis ***f.*** Enfermedad infecciosa que se transmite por contacto sexual: *La **sífilis** se cura con penicilina.*

sifilítico, ca ***adj./m.*** y ***f.*** **1** Relativo a la sífilis: *El chancro es una manifestación **sifilítica.*** **2** Que padece sífilis: *Antes de que se descubrieran los antibióticos, muchos **sifilíticos** tuvieron horrible muerte.*

sifón ***m.*** **1** Tubo doblado que sirve para cambiar los líquidos de envase: *En la clase de física construimos un **sifón** para pasar agua de un recipiente lleno a otro vacío.* **2** Tubo doblado que se coloca en algunas cañerías para obstruir la salida de gases: *Vino un hombre a cambiar el **sifón** del lavabo porque estaba roto.* **3** Botella con agua gasificada que tiene un tubo doblado en la parte superior y una llave que se aprieta para que salga el líquido a presión: *El **sifón** contiene soda.*

sifonero ***m. Argent.*** Persona que va de casa en casa tomando los sifones vacíos y dejando a cambio sifones llenos de soda.

sigilo ***m.*** **1** Actitud que se toma al tratar una cosa o asunto para que nadie más lo sepa: *La policía llevó el caso del crimen con mucho **sigilo** para proteger a la familia de la* *víctima.* SIN. **discreción.** ANT. **franqueza. 2** Actitud que se toma para realizar un movimiento sin hacer ruido o sin hacerse notar: *El gato caminaba con **sigilo** para que el ratón no lo oyera acercarse.* SIN. **silencio, disimulo.** ANT. **ruido.**

sigiloso, sa ***adj.*** Que actúa con sigilo: *La **sigilosa** abogada recomendó a su cliente no comentar con nadie cómo iba el asunto que estaban tratando.*

sigla ***f.*** **1** Letra inicial de un nombre propio, que se usa como abreviatura: *Margarita Paredes firma con sus **siglas:** "M. P."* **2** Palabra que se forma con las letras iniciales de varias palabras que significan algo: *La palabra* sida *es una **sigla** que se formó con las iniciales de Síndrome de Inmuno Deficiencia Adquirida.*

siglo ***m.*** Periodo de cien años: *El **siglo** XIX comenzó el primero de enero de 1801 y terminó el 31 de diciembre de 1900.* SIN. **centuria.**

signar ***vb.*** {tr.} Escribir a mano el nombre de uno al pie de un documento o de un escrito: *Cuatro testigos **signaron** el testamento para que sea válido ante el juez.* SIN. **firmar.**

signatario, ria ***adj./m.*** y ***f.*** Persona que firma una carta o documento: *"Los **signatarios** de esa petición debemos ser todos los habitantes de este edificio", indicó la presidenta de condóminos.*

significación ***f.*** Sentido que tiene algo y que permite que sea entendido: *En esa obra de teatro el vestido blanco de la actriz tiene la **significación** de que ella es inocente.*

significado ***m.*** Idea, concepto o representación mental que expresa una palabra, un signo u otra cosa: *Estaba leyendo un libro y como no entendí el **significado** de algunas palabras consulté un diccionario.* SIN. **sentido, acepción.**

significar ***vb. irreg.*** {tr. e intr.} **Modelo 17. 1** Ser una cosa signo o representación de otra: *La luz roja del semáforo **significa** que no se debe avanzar.* SIN. **expresar. 2** Tener importancia: *Este anillo **significa** mucho para mí pues es un recuerdo de mis padres.* SIN. **representar, simbolizar, valer.**

significativo, va ***adj.*** **1** Relativo a lo que expresa algo. SIN. **expresivo. 2** Referido a lo que tiene un valor particular: *El color pálido en la cara del niño y su falta de apetito son hechos **significativos,** voy a llevarlo al médico porque podría estar enfermo.* SIN. **importante.** ANT. **insignificante.**

signo ***m.*** **1** Cosa que representa la idea de otra: *La risa es un **signo** de alegría.* SIN. **indicio, señal, gesto. 2** Letra o símbolo usado en la escritura: *La coma, el punto y coma y el punto son **signos** de puntuación que representan las pausas que se hacen al hablar.* **3** En matemáticas, símbolo que representa una operación: *El **signo** + se usa para sumar y el **signo** × para multiplicar.* **4** Cada una de las doce divisiones del zodiaco y la figura que la representa: *Aries es el primer **signo** del zodiaco.*

siguiente ***adj.*** Se aplica a lo que ocurre en orden después de otro: *El número **siguiente** al dos es el tres.* SIN. **posterior.** ANT. **anterior.**

sílaba ***f.*** Sonido o conjunto de sonidos que se pronuncian con una sola emisión de voz y que forman una palabra: *La palabra* mesa *tiene dos **sílabas:*** me *y* sa.

silabario ***m.*** Libro que se usa para enseñar a leer con palabras divididas en sílabas: *Mi abuela aprendió a leer con un **silabario** que todavía conserva.*

silabear ***vb.*** {intr.} Pronunciar por separado las sílabas de una palabra: *Para saber dónde tengo que cortar la palabra al final del renglón **silabeo** en voz baja, por ejemplo, man-za-na.*

silábico, ca ***adj.*** Relativo a las sílabas que forman una palabra: *La maestra nos dio una lista de palabras para que hiciéramos la división **silábica** de cada una.*

silba ***f.*** Acción de silbar para mostrar disgusto o desaprobación: *La **silba** que lanzó el público durante el concierto fue por las fallas en el sonido que no permitían oír al cantante.* SIN. **silbatina.**

silbador, ra ***adj.*** Se aplica a la persona, animal o cosa que silba: *Muchos pájaros son **silbadores,** otros gorjean.*

silbante ***adj.*** Se refiere a lo que produce un sonido agudo con el paso del aire: *Las copas **silbantes** de los árboles se movían con la caricia del viento.*

silbar ***vb.*** {tr. e intr.} **1** Producir sonidos agudos haciendo pasar el aire por la boca o las manos: *Para disimular que Rosa le gusta, Víctor **silbaba** una canción mirando para otro lado.* SIN. **chiflar. 2** Producir un elemento duro un sonido muy agudo al cortar el aire: *La flecha **silbó** en su trayectoria veloz hacia el blanco.* **3** ***Fam.*** Manifestar desaprobación con silbidos: *El público **silbó** la mala actuación del cantante.* SIN. **protestar.** ANT. **aprobar, aplaudir.**

silbatina ***f. Amér. Merid.*** Acción de silbar para mostrar disgusto o desaprobación. SIN. **silba.**

silbato ***m.*** Instrumento que produce un silbido al soplar por él: *El árbitro sopló su **silbato** para marcar una falta en el juego de fútbol.* SIN. **pito.**

silbido o **silbo** ***m.*** **1** Sonido agudo que hace el aire o se produce con la boca o las manos: *Erasto dio un fuerte **silbido** para llamar a sus amigos que estaban en el otro lado del parque.* SIN. **chiflido. 2** Voz aguda de algunos animales: *El mandarín se deleitaba oyendo el **silbido** del ruiseñor.*

silenciador ***m.*** Aparato que sirve para disminuir el ruido de un motor: *Esa motocicleta no tiene **silenciador,** por eso hace ruido tan fuerte.*

silenciar ***vb.*** {tr.} Estarse callado o hacer callar.

silencio ***m.*** **1** Ausencia de todo ruido: *De noche la casa permanece en **silencio** porque todos duermen.* SIN. **calma, paz, sosiego.** ANT. **ruido, alboroto, escándalo. 2** Hecho de estar callado: *En los hospitales debemos guardar **silencio** para no molestar a los enfermos.* SIN. **mutismo. 3** ***loc.*** **En ~,** sin hablar: *Hicimos todo el trabajo **en silencio** para concentrarnos mejor.*

silencioso, sa ***adj.*** **1** Se aplica a lo que no produce ruido: *El andar del gato es **silencioso.*** **2** Se refiere al que no habla: *Federico ha estado muy **silencioso** toda la tarde, creo que está preocupado por algo.* SIN. **mudo.**

silente ***adj.*** Se aplica a la persona, animal o cosa que permanece sin hacer ruido: *Durante la ceremonia los asistentes eran figuras **silentes** e inmóviles, parecían estatuas.*

sílex ***m.*** Piedra muy dura: *Los arqueólogos encontraron unos antiguos cuchillos de **sílex** junto con huesos humanos.* SIN. **pedernal.**

sílfide ***f.*** **1** Según la mitología, deidad femenina del aire: *Las **sílfides** eran bellas mujeres que tenían características humanas y también divinas.* **2** ***Fam.*** Mujer bella y delgada: *Muchas actrices de cine parecen **sílfides** por su esbeltez.*

silfo ***m.*** Genio del aire según las mitologías celta y germánica.

silicato ***m.*** Sal del ácido silícico: *La mayor parte de la corteza de la Tierra está formada por **silicatos** de diferentes clases.*

sílice ***f.*** Óxido no metálico de silicio: *El cuarzo cristalizado y la arena son dos de las formas en que la **sílice** se presenta en la naturaleza.*

silícico, ca ***adj.*** **1** Relativo a la sílice. **2** Se aplica al ácido de color blanco compuesto de silicio, oxígeno e hidrógeno.

silicio ***m.*** Elemento químico no metálico de símbolo Si y número atómico 14: *El **silicio** es muy importante como materia prima en la industria electrónica.*

silicona ***f.*** Compuesto químico formado por silicio y oxígeno: *La **silicona** es un material sintético que se usa entre otras cosas para hacer cosméticos y sellar acuarios.*

silla ***f.*** **1** Asiento para una sola persona con respaldo y patas: *Para comer nos sentamos en las **sillas** y apoyamos los platos en la mesa.* **2** Objeto hecho de cuero que se pone sobre el caballo para que el jinete se siente en él: *La **silla** del jinete es sujetada por debajo del cuerpo del caballo con una cinta de cuero.*

sillín ***m.*** Asiento de las bicicletas y motocicletas: *Valente forró el **sillín** de su moto con plástico rojo.*

sillón ***m.*** Asiento con respaldo, brazos y patas, más grande que la silla, por lo general suave y amplio: *Cuando lee, Diego se sienta en el **sillón** para estar más cómodo que en la silla.*

silo ***m.*** Cavidad subterránea hecha para almacenar cantidades grandes de cosas, en especial cereales: *El campesino llena con cereal el **silo** por su parte superior y lo vacía por la parte inferior.* SIN. **granero, depósito.**

silogismo ***m.*** Argumento que consta de tres proposiciones, la última de las cuales se obtiene a partir de las dos anteriores.

silueta ***f.*** **1** Figura o dibujo del contorno de algo, sin detalles interiores: *Entre la niebla pude distinguir la **silueta** del campanario de la iglesia.* SIN. **perfil, contorno.** **2** Línea del contorno del cuerpo humano: *La señora gorda está haciendo dieta porque quiere recuperar su **silueta** delgada.* SIN. **figura.**

silúrico ***adj./m.*** Tercer periodo de la era paleozoica, comprendido entre los periodos Ordovícico y Devónico.

silvestre ***adj.*** Relativo a lo que crece o se cría de forma natural, sin el cuidado del ser humano: *El tomillo es una planta **silvestre** que crece sin ser cultivada.* SIN. **natural, salvaje.**

silvicultor, ra ***m.*** y ***f.*** Persona que estudia cómo crecen las selvas y bosques para cuidarlos y explotarlos de manera racional: *El **silvicultor** le explicó a las autoridades qué especies de árboles convenía plantar para reforestar el bosque.*

silvicultura ***f.*** Estudio de los bosques y las selvas para su cultivo y explotación racional: *Los estudiantes de **silvicultura** investigan cuáles terrenos pueden destinarse al cultivo de plantas alimenticias y cuáles se mantienen con árboles.*

sima ***f.*** Grieta grande y profunda en un terreno. SIN. **abismo, profundidad.** ANT. **cima, altura.**

simbionte ***adj./m.*** Nombre que se da en biología a cada uno de los seres que se han asociado en una simbiosis: *Hay hongos microscópicos que son **simbiontes** con las raíces de ciertas especies de árboles: ellos se alimentan del árbol y a cambio producen sustancias que sirven de abono a éste.*

simbiosis ***f.*** Asociación de organismos de distinta especie en la que cada individuo saca provecho de la vida en común: *La **simbiosis** entre algunos pájaros y algunos animales grandes como los búfalos permite a los primeros tener alimento, y a los segundos estar limpios de parásitos y piojos.*

simbiótico, ca ***adj.*** Relativo a la asociación de organismos de distinta especie: *La convivencia **simbiótica** de los animales y las plantas que habitan los bosques permite la vida equilibrada de las especies.*

simbólico, ca ***adj.*** **1** Referido al objeto o figura que tiene un significado especial: *La paloma blanca es un animal **simbólico** que representa la paz.* **2** Se aplica a lo que tiene valor por su significado, no por su apariencia: *Como son personas pobres, le dieron a Roberto una cantidad **simbólica** de dinero en agradecimiento por su ayuda.*

simbolismo ***m.*** **1** Conjunto o sistema de símbolos, signos o imágenes con que se representan creencias, tendencias o ideas: *Estas imágenes poseen un innegable **simbolismo** religioso.* **2** Escuela literaria y artística del siglo XIX enfrentada al naturalismo y al parnasianismo y cuya característica general fue el uso de la expresión alusiva y simbólica en vez de la representativa o descriptiva.

simbolista ***adj.*** Relacionado con el simbolismo.

simbolista ***m.*** y ***f.*** Partidario del simbolismo.

simbolizar ***vb. irreg.*** {tr.} **Modelo 16.** Expresar una idea por medio de un objeto o de una figura: *En pintura y escultura, una mujer con los ojos vendados que sostiene una balanza **simboliza** a la justicia.* SIN. **representar.**

símbolo ***m.*** Letra o signo que representa una idea o concepto: *Un corazón atravesado por una flecha suele ser el **símbolo** del amor.* SIN. **emblema, imagen, representación.**

simetría ***f.*** Proporción que guardan entre sí las partes de un cuerpo que ha sido dividido por una línea central: *En términos generales, el lado derecho del cuerpo humano guarda una relación de **simetría** con el lado izquierdo.* SIN. **concordancia, equilibrio.** ANT. **asimetría.**

simétrico, ca ***adj.*** Relativo a lo que es igual de un lado y del otro de una línea central: *Las alas de las mariposas son **simétricas** en relación a su cuerpo.*

simiente ***f.*** Semilla de la que nacerá una nueva planta: *El granjero aparta las mejores **simientes** del trigo para sembrarlas otra vez.* SIN. **semilla, germen.**

simiesco, ca ***adj.*** Relativo al mono o a lo que tiene aspecto de mono: *El andar **simiesco** del actor cómico hacía reír mucho a los niños.*

símil ***m.*** Comparación entre dos cosas: *El maestro explicó las fases de la luna haciendo un **símil** con un balón y una lámpara.*

similar ***adj.*** Se dice de lo que se parece a algo: *"Estos dos medicamentos producen un efecto **similar,** cualquiera de los dos te aliviará el dolor", aseguró el médico.* SIN. **semejante.** ANT. **diferente, distinto.**

similitud ***f.*** Parecido que hay entre dos o más cosas: *La **similitud** entre las costumbres de estos dos pueblos lejanos ha llamado la atención de los antropólogos.* SIN. **semejanza, analogía.**

simio, mia ***m.*** y ***f.*** Animal de rostro desnudo y cuerpo peludo, con manos que le sirven para colgarse de las ramas de los árboles y que anda en dos o cuatro patas: *Los **simios,** como el orangután, el gorila o el chimpancé, son mamíferos con un cerebro muy desarrollado.*

simpatía ***f.*** **1** Modo de ser de una persona que la hace agradable para otras personas: *Tomás tiene tanta **simpatía** que muchos amigos lo visitan en su casa y siempre está acompañado de alguien.* SIN. **gracia.** ANT. **antipatía.** **2** Inclinación o afecto natural que se siente por una persona: *Verónica me inspira una gran **simpatía** desde que me di cuenta de que es una persona honesta y amable.* SIN. **afecto, cariño, afinidad.** ANT. **antipatía, repulsión.**

simpático ***adj./m.*** Se refiere a una de las dos partes del sistema nervioso vegetativo del ser humano; la otra parte es el parasimpático.

simpático, ca ***adj.*** Se dice de la persona o animal que es agradable e inspira simpatía: *¡Qué cachorros tan **simpáticos,** parecen de juguete!* SIN. **agradable, encantador.** ANT. **antipático, desagradable.**

simpatizante ***adj./m.*** y ***f.*** Se refiere a quien manifiesta su gusto o simpatía por algo o alguien: *Los **simpatizantes** de Abel aplaudieron mucho su interpretación del villano en la obra de teatro.* SIN. **partidario.**

a b c d e f g h i j k l m n o p q r s t u v w x y z

simpatizar ***vb. irreg.*** {intr.} **Modelo 16.** Sentir afecto natural hacia alguien o algo: *No conozco bien a Manuel, pero me* ***simpatiza;*** *creo que con el tiempo podremos ser amigos.* SIN. **congeniar.**

simple ***adj.*** **1** Se aplica a lo que no está compuesto de partes o combinado con otra cosa: *Los elementos químicos que aparecen en la tabla periódica son cuerpos* ***simples.*** SIN. **sencillo, elemental, puro.** ANT. **complejo, compuesto. 2** Se dice de lo que es poco complicado o no tiene adornos: *Quisiera unos muebles más* ***simples*** *y cómodos, pues éstos tan adornados no me gustan.* SIN. **sencillo, fácil.** ANT. **complejo, complicado. 3** Se aplica a quien no tiene malicia: *Héctor es tan* ***simple*** *que nunca se da cuenta de que le están jugando una broma.* SIN. **ingenuo, inocente.** ANT. **inteligente, listo, malicioso.**

simplemente ***adv.*** Con solamente lo que se expresa, nada más: *"No estoy enojada contigo,* ***simplemente*** *quiero que no vuelvas a hablarme nunca en la vida", le dijo Miriam a Genaro.*

simpleza ***f.*** **1** Cualidad de lo que no está compuesto de partes o no es complicado: *La* ***simpleza*** *del curso de costura me ha ayudado a aprender muy rápido.* SIN. **sencillez, simplicidad. 2** Tontería, bobería o cosa sin importancia.

simplicidad ***f.*** Calidad de simple o sencillo: *Era un problema de tal* ***simplicidad*** *que Ricardo lo resolvió en un minuto.* SIN. **sencillez, pureza, simpleza.**

simplificable ***adj.*** Se aplica a lo que puede volverse más sencillo: *"Estas ecuaciones matemáticas no son* ***simplificables*** *pues para resolverlas tienes que seguir todos los pasos", explicó el profesor.*

simplificación ***f.*** Hecho de volver algo más sencillo: *La* ***simplificación*** *del trámite nos permitió ahorrar tiempo y todo fue más rápido y fácil.*

simplificador, ra ***adj.*** Referido a lo que hace más sencillo algo: *Los aparatos de uso doméstico como la licuadora o la lavadora de ropa son* ***simplificadores*** *del trabajo de las amas de casa.*

simplificar ***vb. irreg.*** {tr.} **Modelo 17.** Hacer o volver algo más sencillo o más fácil: *La computadora* ***simplifica*** *los trabajos de investigación y de archivo de información.* SIN. **facilitar, allanar.** ANT. **complicar, dificultar.**

simplón, plona ***adj./m.*** y ***f.*** Bobo, tonto, ingenuo: *Un transeúnte* ***simplón*** *fue engañado por el prestidigitador callejero, y ni cuenta se dio de la trampa.*

simposio ***m.*** Reunión de investigadores o científicos para estudiar o discutir asuntos relacionados con un tema: *En el* ***simposio*** *participaron matemáticos y físicos que trabajan en investigaciones sobre viajes espaciales.* SIN. **congreso, asamblea, junta.**

simulación ***f.*** Acto de hacer aparecer como real algo que no lo es: *La mamá descubrió que el dolor de estómago de su hijo era una* ***simulación*** *porque no quería ir a la escuela.* SIN. **imitación, engaño.**

simulacro ***m.*** Representación de un hecho que no es real pero se hace como si lo fuera: *Para que estemos preparados en caso de sismo o incendio, las autoridades hicieron un* ***simulacro*** *de evacuación del edificio escolar.* SIN. **ensayo.**

simulado, da ***adj.*** Referido a lo que se presenta como real aunque no lo es: *Daniel me dijo que su cansancio era* ***simulado*** *para que su hermanito no lo molestara.*

simulador ***m.*** **1** Aparato que reproduce el funcionamiento de otro que se quiere estudiar: *Los astronautas están en el* ***simulador*** *espacial haciendo una práctica para saber cómo comportarse en el espacio.* **2** En informática, programa que representa el funcionamiento de una máquina, de un sistema o de un fenómeno antes de su construcción: *Los ingenieros calcularon si la estructura del puente resistiría huracanes ayudándose con el* ***simulador*** *de su computadora.*

simulador, ra ***adj./m.*** y ***f.*** Se aplica a la persona que hace pasar por cierto o real algo que no lo es: *Como Fabiola es una niña* ***simuladora*** *de enfermedades ya nadie le cree cuando algo le duele de verdad.*

simular ***vb.*** {tr.} Hacer aparecer algo falso como si fuera real o verdadero: *Pedro* ***simulaba*** *que estudiaba matemáticas, pero en realidad estaba leyendo un cuento.* SIN. **fingir, aparentar.**

simultaneidad ***f.*** Situación en la que dos o más hechos ocurren al mismo tiempo: *La* ***simultaneidad*** *con que los dos corredores llegaron a la meta provocó un empate.*

simultáneo, a ***adj.*** Se refiere a lo que ocurre o se realiza al mismo tiempo que otra cosa: *Para que una tabla gimnástica luzca, deben ser* ***simultáneos*** *los movimientos de todos los que toman parte en ella.* SIN. **sincrónico.**

simún ***m.*** Viento muy caliente y fuerte que sopla en el desierto: *Los camellos resisten el* ***simún,*** *pero los caballos, no.*

sin ***prep.*** **1** Sirve para indicar que algo falta o no está: *Yolanda salió* ***sin*** *sus llaves, por eso cuando regrese tocará el timbre para que le abramos.* **2** Indica que una acción no se realiza: *Federico pasó la noche* ***sin*** *dormir porque le dolía mucho el estómago.* **3** Además de, fuera de: *Este perfume cuesta cien pesos* ***sin*** *impuestos, pero con impuestos cuesta ciento veinte.*

sinagoga ***f.*** Edificio donde se lleva a cabo el culto de la religión judía.

sinalefa ***f.*** Pronunciación en una sola sílaba de la vocal final de una palabra y la vocal inicial de la siguiente: *En la frase "hacía alarde de su fuerza" hay una* ***sinalefa*** *entre las palabras* hacía *y* alarde.

sinapsis ***f.*** Región en la que dos neuronas hacen contacto: *En la* ***sinapsis*** *se transmiten impulsos de una neurona a otra.*

sincerarse ***vb.*** {prnl.} Decir la verdad acerca de algo, sobre todo en cuestiones personales: *Orlando* ***se sinceró*** *con su amigo y le explicó que no quería ir a la fiesta porque tenía diarrea.*

sinceridad ***f.*** Capacidad que tiene alguien para decir la verdad o para actuar con franqueza. SIN. **franqueza, veracidad, honestidad.** ANT. **hipocresía, falsedad.**

sincero, ra ***adj.*** Se aplica a quien se expresa como piensa o siente, sin mentir ni fingir. SIN. **franco, honesto, veraz.** ANT. **hipócrita, falso.**

síncopa ***f.*** **1** Supresión de un sonido o grupo de sonidos en el interior de una palabra: *La palabra* Navidad *es una* ***síncopa*** *de la palabra* natividad. **2** En música, nota que se toca en un tiempo débil y continúa en un tiempo fuerte: *Una línea curva que en el pentagrama une dos notas por arriba indica que allí se forma una* ***síncopa.***

sincopado, da ***adj.*** Se aplica a la nota musical que forma síncopa, o al ritmo que tiene este tipo de notas.

síncope ***m.*** Suspensión repentina de la actividad del corazón y de la respiración, con pérdida del conocimiento: *El hombre sufrió un* ***síncope*** *y fue trasladado al hospital de urgencia.*

sincretismo ***m.*** Fusión de sistemas de creencias y prácticas religiosas de diferentes culturas: *En la santería se da un* ***sincretismo*** *entre la religión yoruba de África y el culto católico.*

sincronía ***f.*** Circunstancia de coincidir o hacer que coincidan hechos en el tiempo.

sincrónico, ca ***adj.*** Se refiere a lo que ocurre al mismo tiempo: *Al final del libro de historia hay un cuadro* ***sincrónico*** *en el que puedes consultar qué sucedía en Europa mientras en América comenzaban las guerras de independencia.* SIN. **simultáneo.**

sincronización ***f.*** Hecho de coincidir en el tiempo: *La* ***sincronización*** *de los relojes se hizo antes de iniciar la carrera para que todos marcaran la misma hora.*

sincronizada ***f. Méx.*** Comida hecha con tortilla de harina de trigo rellena de queso y jamón.

sincronizar ***vb. irreg.*** {tr. y prnl.} **Modelo 16.** Hacer que dos o más cosas coincidan en el tiempo: *Si queremos hacer bien el trabajo debemos* ***sincronizar*** *nuestras acciones, de modo que yo termine de armar un juguete a tiempo para que tú comiences a pintarlo.*

sindical ***adj.*** Relativo a la organización de trabajadores: *Los obreros eligen a sus representantes* ***sindicales.***

sindicalismo ***m.*** Sistema de organización obrera por sindicatos: *El* ***sindicalismo*** *fue resultado de la lucha continua de los trabajadores pues los patrones no querían aceptar que se agruparan en organizaciones sindicales.*

sindicalista ***adj./m.*** y ***f.*** **1** Relativo al sindicato. **2** Militante de un sindicato: *Los* ***sindicalistas*** *de la industria eléctrica harán una marcha de protesta para exigir mejores condiciones de trabajo.*

sindicato ***m.*** Agrupación de trabajadores formada para defender los intereses profesionales comunes: *El* ***sindicato*** *consiguió que la empresa aumentara los salarios de los trabajadores.* SIN. **gremio, federación, liga.**

síndico ***m.*** Persona elegida por una asociación de trabajadores para cuidar de sus intereses: *El* ***síndico*** *se reunió con las autoridades y consiguió un aumento de salario para los trabajadores de su corporación.*

síndrome ***m.*** Conjunto de síntomas de una enfermedad: *El médico analizó el* ***síndrome*** *que presentaba el enfermo y diagnosticó que padecía leucemia.*

sinergia ***f.*** Combinación de varias acciones para lograr el mejor resultado posible: *En la* ***sinergia*** *se busca mayor eficacia y menos gasto de recursos para lograr un fin.*

sinérgico, ca ***adj.*** Relativo a la sinergia: *"Debemos ser* ***sinérgicos*** *si queremos que esta empresa progrese", dijo el jefe a sus subalternos.*

sinfín ***m.*** Abundancia de algo: *El niño le hizo un* ***sinfín*** *de preguntas a su papá pues no entendía el porqué de muchas cosas.* SIN. **infinidad, sinnúmero.**

sinfonía ***f.*** Composición instrumental para orquesta, de tres o cuatro movimientos bastante largos: *Hoy la orquesta tocó la novena* ***sinfonía*** *de Beethoven y cuando el coro comenzó a cantar, sentimos una gran emoción.*

sinfónico, ca ***adj.*** Relativo a la sinfonía.

singladura ***f.*** Distancia que recorre un barco en un día. *Para ir de Mazatlán a Hong Kong, se requieren varias* ***singladuras.***

singular ***adj.*** **1** Se aplica a lo que está o va solo: *El uso del cepillo de dientes es* ***singular*** *pues cada persona debe tener el suyo.* SIN. **único, particular.** ANT. **común. 2** Se dice de lo que es poco frecuente que exista o que suceda: *Ernesto encontró un libro de cuentos muy* ***singular*** *que está hecho a mano y con historias desconocidas.* SIN. **extraordinario, raro.** ANT. **común.**

singular ***m.*** Palabra cuyo número señala una sola persona o cosa: *El* ***singular*** *de la palabra* cosas *es* cosa. ANT. **plural.**

singularidad ***f.*** **1** Carácter de lo que se relaciona con una sola cosa o persona. **2** Carácter de lo que es poco frecuente que exista o que suceda: *Las* ***singularidades*** *que presenta cada eclipse ofrecen a los astrónomos mucho material de estudio.*

singularizar ***vb. irreg.*** {tr. y prnl.} **Modelo 16.** Distinguir o distinguirse de los demás: *El artista español Pablo Picasso se* ***singularizó*** *al crear un estilo propio de representar la realidad.* SIN. **sobresalir.**

sinhueso ***f. Fam.*** Órgano carnoso que está adentro de la boca y que sirve para degustar, deglutir y articular sonidos: *Ya no le des tanto trabajo a la* ***sinhueso*** *y guarda un poco de silencio, por favor.* SIN. **lengua.**

siniestra ***f.*** Mano que corresponde al lado del corazón: *Una persona zurda escribe con la* ***siniestra,*** *o sea, con la izquierda.*

siniestrado, da ***adj.*** Se aplica a lo que ha sufrido un siniestro: *Después del incendio, todo lo que había en el almacén* ***siniestrado*** *quedó reducido a cenizas.*

siniestralidad ***f.*** Índice o frecuencia de siniestros: *En el congreso de agentes de seguros se vio que la* ***siniestralidad*** *en accidentes automovilísticos es cada vez más alta, pues hay muchos conductores irresponsables.*

siniestro ***m.*** Destrucción grande o pérdidas materiales y humanas a causa de un accidente o fenómeno del clima: *Un incendio y una inundación son* ***siniestros.*** SIN. **catástrofe, desastre.**

siniestro, tra ***adj.*** **1** Relativo a lo que corresponde al lado del corazón: *El domador golpeó la tierra con el látigo que tenía en su mano diestra y con una silla en la* ***siniestra*** *trataba de someter al león.* SIN. **izquierdo.** ANT. **diestro, derecho. 2** Se aplica a lo que es malo, causa miedo o aterroriza: *El vampiro del filme de terror tenía una mirada* ***siniestra*** *que me dio miedo.* SIN. **perverso, espeluznante.**

sinnúmero ***m.*** Número incalculable o muy grande: *En este bosque hay un* ***sinnúmero*** *de árboles.* SIN. **multitud, sinfín.**

sino ***conj.*** **1** Contrapone a un concepto negativo y otro afirmativo: *Este regalo no lo traje yo* ***sino*** *Roberto.* **2** Indica una excepción: *Este secreto no lo sabe nadie,* ***sino*** *tú.* **3** Después de la forma no sólo, sirve para agregar algo a lo que ya se dijo: *Este niño no sólo es amable,* ***sino*** *también inteligente.*

sino ***m.*** Fatalidad o poder superior que decide los sucesos, la vida de una persona, etc.: *El* ***sino*** *de los ríos es bajar de la montaña y llegar al mar.* SIN. **destino, providencia, devenir.**

sinónimo ***m.*** Palabra que significa lo mismo que otra o algo muy parecido: *En un diccionario encontré la palabra* gracia *como* ***sinónimo*** *de* simpatía.

sinónimo, ma ***adj.*** Se dice de las palabras que tienen un significado igual o muy parecido: *Las palabras* hombre *y* varón *son* ***sinónimas.***

sinopsis ***f.*** Resumen esquemático de una materia o ciencia: *Como el tema es muy largo la maestra hizo una* ***sinopsis*** *para explicarle a sus alumnos las partes más importantes de la lección.* SIN. **síntesis.**

sinóptico, ca ***adj.*** Relativo a lo que permite entender a primera vista un conjunto de cosas: *Los alumnos hicieron un cuadro* ***sinóptico*** *de la Revolución Francesa, de un lado pusieron las fechas importantes y del otro, los hechos que correspondían a esas fechas.*

sinovia ***f.*** Líquido viscoso y transparente que sirve como lubricante a las articulaciones del cuerpo.

sinovial ***adj.*** Relativo a la sinovia: *Las membranas* ***sinoviales*** *secretan el líquido que mantiene lubricadas las articulaciones.*

sinrazón ***f.*** Acción injusta y fuera de lo debido: *No cometas una **sinrazón,** mejor cálmate y piensa bien dónde dejaste el dinero antes de acusar de robo a Manuel.*
sinsabor ***m. Fam.*** Hecho o sentimiento desagradable: *La señora se ha sentido triste a causa de tantos **sinsabores** que ha pasado.* SIN. **disgusto, pesar, desazón.**
sintáctico, ca ***adj.*** Relativo a la parte de la gramática que enseña a coordinar y unir las palabras para formar oraciones: *Federico hizo el análisis **sintáctico** de la oración al localizar el verbo, el sujeto y los complementos.*
sintagma ***m.*** En lingüística, unidad elemental con la que se construye una frase u oración.
sintaxis ***f.*** Parte de la gramática que estudia el orden de las palabras y cómo se relacionan entre sí en la estructura de la oración: *El maestro corrigió los errores de **sintaxis** que cometieron sus alumnos cuando escribieron oraciones.*
síntesis ***f.*** **1** Expresión breve de las ideas más importantes de una materia o ciencia: *Después de escuchar la explicación del maestro, hicimos una **síntesis** del tema con nuestras propias palabras.* SIN. **resumen, sinopsis, compendio.** ANT. **análisis. 2** En biología, proceso por el que se producen materias complejas a partir de moléculas simples: *La **síntesis** de elementos como el carbono y el hidrógeno es la base de la petroquímica.*
sintético, ca ***adj.*** **1** Relativo al resumen que toma las ideas más importantes de un tema: *Elías contó en un minuto y de manera muy **sintética** cómo sucedió el accidente.* **2** Se refiere a lo que se parece a un producto natural pero que se obtiene por un procedimiento industrial o químico: *Estas botas son de cuero **sintético,** es decir, no se obtuvieron de la piel de un animal, sino de un material artificial.* SIN. **artificial.** ANT. **natural.**
sintetizador ***m.*** Instrumento musical electrónico parecido al órgano, que sirve para imitar el sonido de muchos otros instrumentos musicales: *En el estudio de sonido tienen un **sintetizador** muy moderno que puede imitar el sonido de muchos instrumentos y hasta el de la voz humana.*
sintetizar ***vb. irreg.*** {tr.} **Modelo 16.** Reunir los asuntos más importantes de varios temas en un discurso claro y breve: *El profesor **sintetizó** la historia de las revoluciones en América Latina en una clase de media hora.* SIN. **resumir.** ANT. **analizar.**
sintoísmo ***m.*** Religión tradicional del Japón, anterior al budismo: *En el **sintoísmo** se rinde culto a los antepasados.*
sintoísta ***adj./m.*** y ***f.*** **1** Relativo al sintoísmo: *En algunas partes de Japón hay antiguos templos **sintoístas.*** **2** Persona que profesa el sintoísmo.
síntoma ***m.*** **1** Alteración en las funciones del organismo, que revela la existencia de una enfermedad: *Los **síntomas** del resfrío son la fiebre, el dolor del cuerpo y los mocos abundantes.* SIN. **indicio, señal, signo. 2** ***Fam.*** Lo que muestra que algo está sucediendo o va a suceder: *El que Felipe se arregle tanto para salir es **síntoma** de que le gusta alguna chica.* SIN. **indicio, evidencia.**
sintomático, ca ***adj.*** **1** Relativo a los síntomas que revelan la existencia de una enfermedad: *Esas ronchas rojas son **sintomáticas** del sarampión.* **2** ***Fam.*** Se aplica a lo que muestra que algo muy particular está sucediendo o va a suceder: *En cuanto su padre le puso un poco más de atención, la mejoría en las calificaciones de César fue **sintomática.***
sintomatología ***f.*** **1** Parte de la medicina que estudia los síntomas de las enfermedades. **2** Conjunto de los síntomas de una enfermedad: *Fiebre, debilidad, náusea, mal aliento y diarrea son parte de la **sintomatología** de una infección intestinal.*
sintonía ***f.*** Ajuste de la frecuencia de las distintas transmisiones radiofónicas o televisivas que permite que un aparato receptor capte una señal clara: *Mi radio está en **sintonía** con la señal de esa emisora que transmite música clásica, pero si quiero escuchar otra cosa, giro un botón y busco la **sintonía** de otra estación.*
sintonización ***f.*** Sistema de ajuste de un aparato radiofónico o televisivo para captar con claridad las señales de una emisora: *En las ciudades grandes y pobladas la **sintonización** de algunas señales de radio es difícil pues unas se enciman con las otras.*
sintonizador ***m.*** Botón que permite ajustar la manera en que un aparato de televisión o de radio recibe la señal de una emisora: *"Mueve un poco el **sintonizador** de la radio para aclarar el sonido", indicó mi padre.*
sintonizar ***vb. irreg.*** {tr.} **Modelo 16.** Hacer coincidir la frecuencia de un aparato de televisión o de radio con la de la estación emisora para recibir una señal clara: *Débora **sintonizó** el televisor en el canal adecuado para ver su programa preferido.*
sinuosidad ***f.*** Calidad de lo que se tuerce de un lado a otro: *La **sinuosidad** del camino obliga al conductor del automóvil a manejar despacio.* ANT. **rectitud.**
sinuoso, sa ***adj.*** Referido a lo que se tuerce de un lado a otro: *Por su caminar **sinuoso** se dieron cuenta de que estaba borracho.* SIN. **tortuoso.**
sinusitis ***f.*** Inflamación de la parte interna de los senos frontales del cráneo donde se produce el moco: *Ella está enferma de **sinusitis,** por eso le duelen la frente y los ojos.*
sinvergüenza ***adj./m.*** y ***f.*** **1** Se aplica a la persona que actúa en provecho propio sin importarle perjudicar a otros o se comporta con descaro: *Ese muchacho **sinvergüenza** no pide permiso para salir a la calle.* SIN. **bribón. 2** Persona que actúa solamente en provecho propio o se comporta con descaro: *Ese **sinvergüenza** se quedó con el libro que le presté y ahora dice que es suyo.* SIN. **improsulto.**
siquiatra ***m.*** y ***f. Ver*** **psiquiatra.**
siquiatría ***f. Ver*** **psiquiatría.**
síquico ***m. Ver*** **psíquico.**
siquiera ***adv.*** Por lo menos, tan sólo: *Me siento tan cansado que desearía tener **siquiera** un día más de descanso este mes.*
siquiera ***conj.*** Introduce una objeción a pesar de la cual puede ser u ocurrir una cosa: *Ven a la fiesta **siquiera** por un momento.* SIN. **aunque.**
sirena ***f.*** **1** Divinidad marina que tiene la mitad superior del cuerpo con forma de mujer y de la cintura para abajo con forma de ave o con cola de pez: *Según la mitología griega, las **sirenas** viven en el mar y hechizaban a los hombres con la belleza de su canto.* **2** Instrumento que produce un sonido fuerte usado en ambulancias, fábricas, etc., para avisar de diferentes situaciones, sobre todo de un peligro: *Una **sirena** suele anunciar el paso de los bomberos o de una ambulancia.* SIN. **alarma.**
sirenio, nia ***adj./m.*** y ***f.*** Mamífero herbívoro que vive en el mar o en un río: *Los manatíes son **sirenios** que viven en los ríos de América y África.*
siringa ***f.*** **1** Árbol sudamericano de gran tamaño, del que se extrae un jugo lechoso que produce un caucho o hule de excelente calidad. SIN. **caucho. 2** Instrumento musical de viento compuesto de varias flautas de carrizo ordenadas para producir los sonidos agudos y graves: *El pastor toca la **siringa** mientras las ovejas pastan.*
sirio, ria ***adj./m.*** y ***f.*** Originario de Siria, país de Asia: *El territorio **sirio** se encuentra limitado por Turquía, Iraq, Jordania, Israel y Líbano.*

siroco ***m.*** Viento fuerte, seco y cálido que sopla desde el Desierto del Sahara hacia el Mar Mediterráneo: *El **siroco** levanta la arena del desierto y entonces se vuelve difícil respirar.*

sirope ***m.*** Jarabe muy espeso que se usa para endulzar bebidas: *El **sirope** tiene mucho más contenido de azúcar que el almíbar.*

sirviente, ta ***m.*** y ***f.*** Persona que trabaja al servicio de otra, en especial en las tareas domésticas: *El mayordomo, el jardinero y el cocinero eran los principales **sirvientes** del palacio.* SIN. **criado, servidor.** ANT. **patrón.**

sisa ***f.*** Corte que se hace en una prenda de vestir para que ajuste al cuerpo, en especial donde se ponen las mangas: *La **sisa** de esa blusa está muy grande, por eso se ve la ropa interior a través de la amplia manga.*

sisal ***m.*** Fibra que se extrae de una variedad de agave originario de México y América Central con la que se elaboran cuerdas, sacos y otros objetos.

sisear ***vb.*** {tr. e intr.} Pronunciar el sonido de *s* y *ch*, para llamar a alguien o para expresar desaprobación.

sismicidad ***f.*** Frecuencia de la actividad sísmica: *En las zonas de alta **sismicidad** no deben construirse edificios altos.*

sísmico, ca ***adj.*** Relativo a los movimientos que sacuden la corteza terrestre: *En aquella región se produjo un movimiento **sísmico** que provocó daños en algunas casas.*

sismo ***m.*** Movimiento que hace temblar la superficie terrestre: *El **sismo** sacudió la ciudad durante un minuto y la gente se asustó mucho.* SIN. **terremoto, temblor.**

sismógrafo ***m.*** Aparato que registra la amplitud de los movimientos que hacen temblar la tierra: *El especialista observa si el **sismógrafo** marca algún movimiento, pues está haciendo un estudio sobre la actividad volcánica.*

sismología ***f.*** Ciencia que estudia los movimientos que hacen temblar la superficie terrestre: *La **sismología** es una parte de la geología.*

sismológico, ca ***adj.*** Relativo a la ciencia que estudia los movimientos que hacen temblar la superficie terrestre: *El sismógrafo es un instrumento **sismológico.***

sistema ***m.*** **1** Conjunto de pasos ordenados que deben seguirse para lograr algo: *Este maestro tiene un nuevo **sistema** para enseñar inglés y a todos nos está resultando más fácil aprender.* SIN. **método, procedimiento, técnica.** **2** Conjunto de órganos conectados entre sí para realizar una determinada función: *El cerebro forma parte del **sistema** nervioso del ser humano.* **3** Conjunto de elementos que cumplen juntos una función determinada: *El **Sistema** Solar está formado por ocho planetas, un sol y bastantes lunas.* **4** *loc.* ~ **operativo,** en informática, programa o conjunto de programas que efectúan los procesos básicos de una computadora y permiten la ejecución de otros programas.

sistemático, ca ***adj.*** Relativo a un sistema o que se ajusta a él: *La enseñanza de las matemáticas requiere un programa **sistemático** que vaya de lo más simple a lo más complejo.*

sistematización ***f.*** Hecho de unir distintos elementos para que formen un conjunto ordenado que cumpla una función: *La **sistematización** del archivo de la biblioteca hace más fácil localizar los libros.*

sistematizar ***vb.*** {tr.} Organizar distintos elementos, ideas o cosas para que formen un conjunto ordenado que cumpla una función: *El investigador **sistematizó** sus ideas para poder explicarlas en una conferencia.* SIN. **estructurar.**

sístole ***f.*** Movimiento de contracción del corazón y las arterias: *Uno de los latidos del corazón corresponde a la **sístole** y el otro a la diástole, y así sucesivamente.* ANT. **diástole.**

sitiado, da ***adj.*** Se refiere al lugar habitado que se encuentra rodeado por un ejército enemigo que impide la entrada o salida de personas y cosas: *La ciudad **sitiada** ya no tenía comida ni agua y tuvo que rendirse al enemigo.*

sitiador, ra ***adj./m.*** y ***f.*** Se aplica al que rodea un lugar habitado para impedir la entrada o salida de personas y cosas: *El ejército **sitiador** vigilaba día y noche los límites de la ciudad que tenían rodeada.*

sitial ***m.*** Asiento especial para las ceremonias: *En la boda del príncipe había lujosos **sitiales** para la familia real.*

sitiar ***vb.*** {tr.} Cercar un lugar habitado para impedir la entrada o salida de personas o cosas y obligar a sus habitantes a rendirse. SIN. **cercar, asediar, aislar.**

sitio ***m.*** **1** Porción de espacio que puede ser ocupada por algo o alguien: *Hazme un **sitio** en el sofá para que también pueda sentarme a ver televisión.* SIN. **lugar, hueco.** **2** Lugar que le corresponde a algo o a alguien: *Ese libro no estaba en su **sitio** pues lo encontré debajo de la cama.* SIN. **puesto, lugar.** **3** Porción de espacio que tiene o podría tener un uso determinado: *En un **sitio** del parque donde antes había césped construirán una fuente.* SIN. **punto, parte, zona.**

sitio ***m.*** Hecho de rodear tropas un lugar habitado para impedir la entrada o salida de personas y cosas. SIN. **asedio, cerco, bloqueo.** ANT. **liberación.**

sito, ta ***adj.*** Situado en alguna parte: *"En un restaurante **sito** en el kilómetro 58 de la carretera a mi pueblo venden miel de abeja de excelente calidad", comentó doña Cleofas.*

situación ***f.*** **1** Disposición geográfica de una cosa respecto al lugar que ocupa: *La torre de control del aeropuerto recibió el mensaje que informaba la **situación** exacta del avión.* SIN. **posición.** **2** Manera de estar o colocarse alguien: *El entrenador organizó la **situación** de los jugadores en el campo.* SIN. **colocación.** **3** Estado o condición de una persona o de una cosa: *Enrique goza de buena **situación** económica ahora que tiene un nuevo empleo.*

situar ***vb. irreg.*** {tr. y prnl.} **Modelo 10.** **1** Poner en determinado lugar o situación: *En la fila Ricardo **se sitúa** entre Ignacio y Pedro.* SIN. **colocar.** **2** Encontrar un lugar determinado: *Diego **situó** la capital del país en el mapa y la señaló con el dedo.* SIN. **localizar.** **3** Conseguirse una buena posición económica o social: *Federico logró **situarse** como escritor desde que publicaron su novela.*

siux o **sioux** ***adj./m.*** y ***f.*** Grupo de pueblos amerindios de América del Norte, originarios de las regiones de las Grandes Praderas, la costa atlántica de Estados Unidos y los alrededores de la parte baja del Río Mississippi.

siux o **sioux** ***m.*** Conjunto de lenguas y dialectos hablados por el grupo de pueblos amerindios del mismo nombre.

sketch ***m.*** **Palabra de origen inglés.** Escena breve, por lo general cómica, intercalada en una obra de teatro o cine o entre uno y otro número musical en el caso del teatro de revista: *El nuevo **sketch** del cómico hizo reír al público.*

slálom o **eslalon** ***m.*** **Palabra de origen inglés.** Prueba deportiva de esquí que se realiza en una pendiente nevada con obstáculos artificiales que la hacen muy sinuosa: *Los competidores del **slálom** bajan uno por uno y para determinar quién es el ganador, se les toma el tiempo que tardan en hacer el recorrido.*

slip ***m.*** **Palabra de origen inglés.** Calzoncillo corto y ajustado: *El **slip** es una prenda de vestir masculina que se usa debajo del pantalón.*

slogan ***m.*** **Palabra de origen inglés.** *Ver* **eslogan.**

a b c d e f g h i j k l m n o p q r s t u v w x y z

smog *m.* **Palabra de origen inglés.** *Ver* **esmog.**
smoking *m.* **Palabra de origen inglés.** *Ver* **esmoquin.**
snob *adj./m.* y *f.* **Palabra de origen inglés.** *Ver* **esnob.**
snorkel *m.* **Palabra de origen inglés.** Tubo del que, al nadar, se pone un extremo en la boca y el otro se mantiene por encima de la superficie del agua para poder respirar: *Con el* ***snorkel*** *no es necesario aguantar la respiración bajo el agua.*
so *prep.* Bajo, debajo de: ***So*** *pena de no salir de vacaciones, el joven rebelde aprobó sus exámenes.*
¡so! *interj.* Se usa para hacer que se detengan las caballerías: *El campesino le dijo a su mula: "¡So, so!" y la mula se detuvo.*
soasar *vb.* {tr.} Asar de modo ligero: *Emiliano* ***soasó*** *la carne en la parrilla y la comió de inmediato, pues le gusta casi cruda.*
sobaco *m.* Hueco que forma el brazo al unirse con el cuerpo: *"Lávate bien el* ***sobaco*** *para que no huela mal", ordenó mi madre.* SIN. **axila.**
sobado, da *adj.* Se refiere a lo que se encuentra en mal estado porque ha sido muy usado o tocado muchas veces: *El pasamanos de la escalera está gastado pues la madera que lo cubre está muy* ***sobada*** *y ya se empieza a romper.*
sobajar *vb.* {tr.} *Méx.* Rebajar el orgullo de alguien. SIN. **humillar, ofender.**
sobandero, ra *m.* y *f. Colomb.* Persona que se dedica a arreglar los huesos dislocados. SIN. **huesero.**
sobar *vb.* {tr.} **1** Tocar y oprimir una cosa de manera repetida: *No* ***sobes*** *tanto esa manzana o la vas a estropear.* SIN. **manosear. 2** *Argent.* y *Méx.* Dar masajes: *Como me dolía la espalda, le pedí a mi hermana que me* ***sobara.***
soberanía *f.* Estado político de un país que no está sometido al control de otra nación: *Ningún país debe decirle a otro país lo que debe hacer, ya que la* ***soberanía*** *de cada nación debe ser respetada.*
soberano, na *adj.* **1** Se dice de lo que es muy bueno o excelente: *Fue una fiesta* ***soberana*** *en la que había muchos invitados y la comida que ofrecieron fue de primera calidad.* SIN. **magnífico, superior, espléndido.** ANT. **pésimo. 2** Se refiere a lo que no está sometido al control de otro: *En el mundo hay muchas naciones libres y* ***soberanas.*** SIN. **independiente, autónomo.** ANT. **dependiente. 3** Aplicado al que ejerce la autoridad suprema en una nación. SIN. **gobernante.**
soberano, na *m.* y *f.* Rey, reina, príncipe o princesa gobernante de un país: *El rey es el* ***soberano*** *en una monarquía.* SIN. **monarca, majestad.** ANT. **vasallo, súbdito.**
soberbia *f.* Estimación excesiva de uno mismo en menosprecio hacia los demás: *La* ***soberbia*** *de Germán le impide reconocer que se ha equivocado.* SIN. **altanería, orgullo.** ANT. **modestia, humildad.**
soberbio, bia *adj.* Se aplica a lo que es muy bueno o estupendo: *El vestido que Raquel lució en la fiesta era* ***soberbio*** *pues no había otro más bello.* SIN. **magnífico, espléndido, admirable.**
soberbio, bia *adj./m.* y *f.* Se refiere a quien sólo ve sus propias cualidades y las hace más grandes de lo que son, al mismo tiempo que considera inferiores a los demás: *Los* ***soberbios*** *sólo escuchan los halagos y son sordos a las críticas.* SIN. **arrogante, orgulloso, sobrado.** ANT. **modesto.**
sobornar *vb.* {tr.} Dar dinero a alguien para que haga algo fuera de la ley: *Los ladrones* ***sobornaron*** *al vigilante para que les abriera la puerta de la casa que iban a robar.*
soborno *m.* **1** Hecho de dar dinero a alguien para que haga algo fuera de la ley: *El* ***soborno*** *es un delito que debe castigarse.* **2** Dinero que se da para conseguir que alguien haga algo fuera de la ley: *Ese hombre se hizo rico porque recibió un* ***soborno*** *muy grande por dejar escapar a un delincuente que estaba en la cárcel.* SIN. **mordida.**
sobra *f.* **1** Lo que está de más en una cosa: *Esta* ***sobra*** *de tela alcanzará para hacer una muñeca.* **2** *loc.* **De ~,** de más: *"Toma más hojas, yo tengo* ***de sobra."*** **3** *pl.* Parte que queda de una comida: *Recogí las* ***sobras*** *de la cena y se las di a los cerdos para que comieran.* SIN. **pucho.**
sobrado, da *adj.* **1** Abundante en cantidad o calidad mayor a lo necesario: *Nora no debería preocuparse demasiado, todos sabemos que tiene capacidad* ***sobrada*** *para realizar ese trabajo.* SIN. **abundante.** ANT. **escaso, insuficiente. 2** *Chile. Desp. Fam.* Se aplica a la persona que se cree más importante que todos los demás. SIN. **arrogante, soberbio, orgulloso.** ANT. **humilde, modesto.**
sobrante *adj./m.* Relativo a lo que está de más o queda de una cosa: *La pintura* ***sobrante*** *que encontró guardada en el sótano le alcanzó para pintar una silla.*
sobrar *vb.* {tr. e intr.} **1** Haber más de lo necesario de algo: *La mesa estaba puesta para seis personas y sólo llegaron cuatro, de modo que* ***sobraron*** *dos lugares.* SIN. **abundar, exceder.** ANT. **faltar. 2** Estar algo de más en una cosa o situación: *El director de la obra de teatro mandó quitar el mueble que* ***sobraba*** *en la decoración del escenario.* **3** Quedar algo de una cosa de la que hubo suficiente: *Éste es el dinero que* ***sobró*** *después de pagar la compra.* SIN. **restar.** ANT. **faltar. 4** *Argent.* Burlarse de alguien mostrando superioridad.
sobre *m.* **1** Bolsa plana de papel que se usa para meter una carta o documento que va a enviarse por correo. **2** Envoltura pequeña de papel: *Bertha colecciona los* ***sobres*** *de azúcar que dan en los hoteles y restaurantes.*
sobre *prep.* **1** Señala una posición superior a la de otra cosa: *Irma puso el florero* ***sobre*** *la mesa.* **2** Significa "acerca de": *El examen de historia será* ***sobre*** *la Primera Guerra Mundial.* **3** Indica que una cosa se sumó a otra: *Catalina cometió un error* ***sobre*** *otro, por eso la calificación del examen fue tan baja.* **4** Expresa superioridad: ***Sobre*** *todos los sabores de helado prefiero el de vainilla.* **5** Señala aproximación en una cantidad o número: *Llegaremos* ***sobre*** *las tres de la tarde al aeropuerto.* SIN. **hacia, alrededor.**
sobreactuar *vb.* {intr.} Realizar un actor una interpretación exagerada y carente de naturalidad.
sobrealimentación *f.* Hecho de comer o de dar de comer más de lo normal: *La* ***sobrealimentación*** *de los animales domésticos puede causarles enfermedades, pues no es sano comer en exceso.*
sobrealimentar *vb.* {tr. y prnl.} Dar de comer a alguien más de lo normal: *El médico dijo que para que ese niño desnutrido se recupere hay que* ***sobrealimentarlo*** *durante unas semanas.*
sobrecalentamiento *m.* Calentamiento intenso de un material o maquinaria: *El intenso tráfico provocó el* ***sobrecalentamiento*** *del motor de varios autos, sólo se veía salir vapor de sus cofres.*
sobrecalentar *vb.* {tr. y prnl.} Calentar demasiado: *Uno de los riesgos de la contaminación ambiental es que nuestro planeta* ***se sobrecaliente,*** *se derrita hielo de los polos y haya grandes inundaciones en las zonas costeras.*
sobrecama *f.* Pieza de tela que se pone en las camas como adorno para cubrir las sábanas y almohadas: *La* ***sobrecama*** *que hay en mi dormitorio es de tela floreada.* SIN. **colcha, cubrecama.**
sobrecarga *f.* Peso o carga más grande de lo normal: *El camión transportaba una* ***sobrecarga*** *de mercancía y por eso se volcó en una curva cerrada de la carretera.*

sobrecargar ***vb. irreg.*** {tr.} **Modelo 17.** Poner en algo más peso o carga de la que puede soportar: *Si **sobrecargas** la barca, se hundirá.* SIN. **recargar.** ANT. **aligerar.**
sobrecargo ***m.*** y ***f.*** Miembro de la tripulación de un avión o barco encargado de atender a los pasajeros o de cuidar el cargamento: *Las **sobrecargos** sirvieron a los pasajeros una taza de café poco después de que el avión despegó.*
sobrecogedor, ra ***adj.*** Se refiere a lo que causa una impresión fuerte o sorprende: *Vi un programa de televisión sobre la Segunda Guerra Mundial que me pareció **sobrecogedor.*** SIN. **conmovedor, estremecedor.** ANT. **indiferente.**
sobrecoger ***vb. irreg.*** {tr. y prnl.} **Modelo 41. 1** Tomar por sorpresa a alguien que está desprevenido: *El sonido de los cañones **sobrecogió** a los soldados que estaban escondidos.* SIN. **sorprender, asustar. 2** Sorprenderse o asustarse por algo: *El niño **se sobrecogía** cada vez que escuchaba los truenos de la tormenta.*
sobrecogimiento ***m.*** Emoción que se tiene al ser sorprendido o asustado por algo: *El hijo del guardabosques palidecía de **sobrecogimiento** cuando escuchaba aullar a los lobos hambrientos.*
sobredorar ***vb.*** {tr.} Recubrir un metal con una capa dorada: *El orfebre **sobredoró** algunas de las grecas del marco de plata que estaba confeccionando.*
sobredosis ***f.*** Dosis mayor de la necesaria que se toma de un medicamento o de una droga: *Una **sobredosis** de píldoras para dormir puede causar la muerte.*
sobreentender ***vb.*** {tr. y prnl.} *Ver* **sobrentender.**
sobreesdrújulo, la ***adj.*** *Ver* **sobresdrújulo.**
sobreestimar ***vb.*** {tr.} Considerar algo o a alguien por encima de su verdadero valor: *Los Márquez **sobreestimaban** su casa y querían venderla muy cara, pero el valuador les indicó que su valor real era inferior al que ellos creían.*
sobreexcitación ***f.*** Gran inquietud: *La **sobreexcitación** de esa gente se debe a la noticia del accidente sufrido por el avión en que viajaban sus familiares.* SIN. **angustia.** ANT. **calma, tranquilidad.**
sobreexcitar ***vb.*** {tr.} Causar algo mucha inquietud o angustia: *Beber mucho café **sobreexcita** el sistema nervioso.* SIN. **inquietar, agitar.** ANT. **calmar, tranquilizar.**
sobreexponer ***vb. irreg.*** {tr.} **Modelo 27.** Someter una placa fotográfica a un tiempo excesivo de exposición: *Tristán **sobreexpuso** la película y cuando revelaron las fotos, salieron con manchones blancos.*
sobreexposición ***f.*** Exposición a la luz, durante demasiado tiempo, de película o papel fotográfico.
sobregirado, da ***adj.*** Se dice del cheque o de la orden de pago que sobrepasa el límite de los fondos disponibles en una cuenta: *El banco no paga los cheques **sobregirados.***
sobregirar ***vb.*** {tr.} Sobrepasar el límite de los fondos de una cuenta bancaria al hacer un cheque o una orden de pago: *El banco le cobró una multa porque **sobregiró** un cheque.*
sobregiro ***m.*** Hecho de exceder un cheque o una orden de pago la cantidad de fondos de la que se dispone en una cuenta bancaria: *El **sobregiro** en que incurrió ese empresario le costó una multa del banco y muchas incomodidades con su proveedor.*
sobrehumano, na ***adj.*** Referido a lo que supera las fuerzas humanas. SIN. **agotador, agobiante.** ANT. **fácil.**
sobrellevar ***vb.*** {tr.} Soportar una dificultad con paciencia: *El jefe de Elisa tiene muy mal carácter, pero ella lo **sobrelleva** bien.* SIN. **aguantar, tolerar, resistir.**
sobremanera ***adv.*** Muy o mucho más de lo normal.
sobremesa ***f.*** Tiempo después de comer que se está todavía en la mesa, charlando: *Durante la **sobremesa** tomaron una taza de café y conversaron sobre asuntos sin importancia.*
sobrenatural ***adj.*** Se refiere a lo que no sigue las leyes de la naturaleza: *El protagonista del cuento tenía poderes **sobrenaturales** que le permitían revivir a los animales muertos.* SIN. **extraordinario.** ANT. **natural.**
sobrenombre ***m.*** Nombre usado para distinguir de manera especial a una persona que se llama de otra manera: *Piedrita era el **sobrenombre** con que sus hermanos lo llamaban de cariño, pero su verdadero nombre era Pedro Pablo.* SIN. **apodo, mote.**
sobrentender o **sobreentender** ***vb. irreg.*** {tr. y prnl.} **Modelo 24.** Entender una cosa que no está dicha pero que se deduce de otras: *Cuando hablas de "aquel que es dueño de mi corazón" **sobrentiendo** que se trata de tu novio.*
sobrepaga ***f.*** **1** Cantidad que se añade al sueldo: *Recibió una **sobrepaga** por las horas extra que laboró durante las noches.* **2** Aumento de paga.
sobrepasar ***vb.*** {tr.} Superar una cosa a otra en algún sentido: *El automóvil **sobrepasó** a la bicicleta en velocidad.* SIN. **aventajar, exceder.**
sobrepeso ***m.*** **1** Peso o carga más grande de lo normal: *Si tu equipaje tiene **sobrepeso** tendrás que pagar más dinero para poder subirlo al avión.* SIN. **sobrecarga. 2** Aumento de la grasa del cuerpo que hace que la persona tenga un peso superior al normal: *Rosario tiene problemas de **sobrepeso**, por eso ahora está haciendo dieta y ejercicios.* SIN. **obesidad, gordura.**
sobrepoblación ***f.*** Hecho de volverse excesiva una población humana o animal: *La **sobrepoblación** en las grandes ciudades es causa de múltiples problemas.* SIN. **superpoblación.**
sobreponerse ***vb. irreg.*** {prnl.} **Modelo 27.** No dejarse vencer por las desgracias o problemas: *Después del susto que nos dio el ladrón que entró a la casa, logramos **sobreponernos** y ahora estamos tranquilos.*
sobreproducción ***f.*** Conjunto de cosas que se producen o se fabrican por encima de la cantidad normal: *Este año ha habido una **sobreproducción** de café, por eso ha bajado el precio en el mercado.*
sobrepujar ***vb.*** {tr.} Superar una persona o cosa a otra: *Liliana **sobrepujó** a Lucía en calificaciones porque estudió más.*
sobresaliente ***adj.*** Se aplica a lo que se destaca entre los demás: *La bailarina realizó una danza **sobresaliente** y se ganó un fuerte aplauso de toda la gente en el teatro.* SIN. **superior, excelente.** ANT. **malo.**
sobresaliente ***m.*** En un examen, nota superior a "notable" y sólo superada por "excelente": *Hugo obtuvo **sobresaliente** en matemáticas y su mamá lo felicitó.*
sobresalir ***vb. irreg.*** {intr.} **Modelo 52. 1** Quedar algo por encima de los demás: *Los rascacielos **sobresalen** de entre los demás edificios de la ciudad.* SIN. **superar, resaltar. 2** Distinguirse de los demás por algo: *Entre todos los alumnos, Andrés **sobresale** por su inteligencia.* SIN. **destacar.**
sobresaltar ***vb.*** {tr. y prnl.} **1** Causar un susto a alguien sorprendiéndolo cuando está desprevenido: *El ruido **sobresaltó** al hombre que estaba dormido.* SIN. **asustar, estremecer.** ANT. **tranquilizar, apaciguar. 2** Asustarse por algo que sucede sin que uno lo espere: *Luciano **se sobresaltó** cuando escuchó los ladridos de su perro guardián.*
sobresalto ***m.*** Sorpresa o alteración que se siente a causa de un suceso inesperado: *Saber que gané un automóvil en*

*el concurso me produjo un **sobresalto** pues no lo esperaba.* SIN. **emoción, estremecimiento, susto.**

sobresaturación ***f.*** **1** Acción y efecto de sobresaturar: *Políticas equivocadas promovieron la **sobresaturación** de esa ciudad y ahora falta el agua y otros servicios.* **2** Estado de una solución sobresaturada.

sobresaturado, da ***adj.*** Se dice de lo que ha excedido su nivel de saturación.

sobresaturar ***vb.*** {tr.} Incorporar a una solución más concentrado del que contiene una solución saturada: *Enrique le puso diez cucharadas de azúcar a su taza de café, por lo que lo **sobresaturó** y parecía jarabe.*

sobrescribir ***vb.*** {tr.} Escribir o poner un letrero sobre una cosa.

sobrescrito ***m.*** Lo que se escribe en un sobre o en la parte exterior de un paquete indicando la dirección: *El cartero lee el **sobrescrito** para entregar la carta en la dirección correcta.*

sobresdrújulo, la o **sobreesdrújulo, la** ***adj./f.*** Se refiere a la palabra acentuada en la sílaba anterior a la antepenúltima: *La palabra* repítemelo *es **sobresdrújula**.*

sobreseer ***vb. irreg.*** {intr.} **Modelo 32. 1** Renunciar una persona a hacer una cosa. **2** Incumplir una obligación. **3** Dejar de tramitar una causa o un proceso: *El tribunal ha **sobreseído** el caso por falta de pruebas.*

sobreseimiento ***m.*** Acción y resultado de sobreseer.

sobrestimación ***f.*** Hecho de apreciar algo o a alguien más de lo que en realidad vale o merece: *La **sobrestimación** de las cualidades de su novio puede causarle desilusión cuando conozca sus defectos.*

sobrestimar ***vb.*** {tr.} Apreciar algo o a alguien por encima de su valor: *Roberto **sobrestimó** las posibilidades del negocio y no ha obtenido las ganancias que esperaba.*

sobresueldo ***m.*** **1** Gratificación. **2** Cantidad que se añade al sueldo usual o fijo: *Recibió un **sobresueldo** de la empresa por ser fin de año.*

sobretasa ***f.*** Tasa suplementaria.

sobretiro ***m.*** Separata o impresión por separado de un artículo o capítulo de una revista o un libro.

sobretodo ***m.*** Prenda de vestir parecida a un saco grande y largo que se pone sobre el traje o el vestido: *En invierno Raúl usa un **sobretodo** para cubrirse del frío.* SIN. **abrigo.**

sobrevenir ***vb. irreg.*** {intr.} **Modelo 49.** Suceder una cosa de manera repentina: *La nieve de la montaña se derritió con el calor y al bajar al valle **sobrevino** el desbordamiento del río.*

sobrevivencia ***f.*** *Ver* **supervivencia.**

sobreviviente ***adj./m.*** y ***f.*** Referido al que queda vivo después de un accidente o enfermedad grave: *Los niños **sobrevivientes** de la epidemia están todavía en el hospital.* SIN. **superviviente.**

sobrevivir ***vb.*** {intr.} **1** Vivir después de un suceso grave o después de la muerte de alguien: *Mi abuelo ya murió hace tres años y la abuela **sobrevive**.* SIN. **subsistir, continuar.** ANT. **morir. 2** Vivir con lo justo para cubrir las necesidades: ***Sobrevivieron** gracias a que tenían un poco de agua que les alcanzó para salir del desierto.*

sobrevolar ***vb. irreg.*** {tr.} **Modelo 5.** Volar sobre un lugar: *El helicóptero **sobrevolaba** el bosque en busca de los niños perdidos.*

sobrevuelo ***m.*** Acción de sobrevolar: *Realizaron un **sobrevuelo** en la zona afectada por las lluvias.*

sobriedad ***f.*** **1** Equilibrio que se mantiene al comer y al beber: *La **sobriedad** en la alimentación ayuda a mantener la salud.* SIN. **moderación, mesura.** ANT. **exceso. 2** Falta de adornos o de exageración: *La **sobriedad** del decorado de la casa daba un aspecto de limpieza y de orden.*

sobrino, na ***m.*** y ***f.*** Respecto a una persona, hijo o hija de un hermano o hermana, y también hijo o hija de un primo o prima: *Tengo dos nuevos **sobrinos** porque ayer mi hermana dio a luz gemelos.*

sobrio, bria ***adj.*** **1** Se aplica a quien mantiene la medida justa al comer y al beber: *Sabina lleva una dieta **sobria**, con pocas grasas, algunos cereales y muchas verduras y frutas.* SIN. **frugal. 2** Se dice de lo que no tiene adornos ni exageraciones: *Las casas **sobrias** se ven más amplias que las casas con muchos muebles y adornos.* **3** Se refiere a quien no está borracho: *Cuando Rafael sale con sus amigos y ellos beben alcohol, él se mantiene **sobrio** para poder conducir el automóvil de regreso a casa.* ANT. **ebrio, borracho, bebido.**

socarrón, rrona ***adj./m.*** y ***f.*** Se aplica al que se burla con palabras o gestos de aparente seriedad.

socarronería ***f.*** Burla que se hace con astucia o ingenio: *Todos están hartos de las **socarronerías** de Ana pues nunca se sabe cuándo habla en serio.* SIN. **astucia, sarcasmo, ironía.**

socavar ***vb.*** {tr.} Excavar por debajo de algo: *Ese grupo de trabajadores **socava** la calle a fin de instalar los tubos para el agua.*

socavón ***m.*** **1** Cueva excavada en la ladera de un monte: *Todavía quedan en la montaña los **socavones** de la mina abandonada.* SIN. **galería, mina. 2** Hoyo o hundimiento que se produce en el suelo: *Esa carretera está en mal estado pues tiene muchos **socavones**.* SIN. **bache, agujero, zanja.**

sociabilidad ***f.*** Lo que hace que alguien esté cómodo entre otras personas y pueda relacionarse con ellas sin dificultad: *La **sociabilidad** se adquiere manteniendo contacto con otras personas.*

sociable ***adj.*** Se aplica al que se siente bien entre los demás y puede relacionarse con ellos sin dificultad: *Pablo es un niño **sociable** que tiene muchos amigos y también convive con los adultos.*

social ***adj.*** Relativo al conjunto de personas que forman la sociedad: *La atención de los niños que viven en la calle es un problema **social** que se debe resolver entre todos.*

socialismo ***m.*** Conjunto de ideas políticas que dan más importancia a los intereses colectivos que a los particulares: *El **socialismo** propone que todas las personas tengan lo necesario para vivir bien, reduciendo la gran diferencia que hay entre ricos y pobres.*

socialista ***adj./m.*** y ***f.*** Referido a la persona que es partidaria del socialismo.

socialización ***f.*** Proceso por el cual pasan a ser propiedad colectiva las instituciones que pertenecían a la propiedad privada: *La **socialización** de los hospitales ha beneficiado a la población, pues ahora también la gente pobre puede ser atendida ahí.*

socializar ***vb. irreg.*** {tr.} **Modelo 16.** Transferir al Estado o a organizaciones colectivas las propiedades particulares: *Desde que **socializaron** ese parque que antes era sólo para miembros de un club, todos los vecinos pueden ir.*

sociedad ***f.*** **1** Reunión permanente de personas, pueblos o naciones que conviven bajo unas leyes comunes. SIN. **humanidad, colectividad. 2** Grupo organizado de seres: *Las hormigas viven en **sociedad** y cada una de ellas tiene una tarea que cumplir.* **3** Personas u organismos que se agrupan para realizar una tarea o para cumplir un fin: *Mi papá y sus amigos formaron una **sociedad** para construir y vender casas.* SIN. **asociación, agrupación, compañía.**

socio, cia ***m.*** y ***f.*** **1** Persona asociada con otra u otras para realizar un trabajo o cumplir algún fin: *Los* ***socios*** *de la empresa se reunieron para resolver los problemas.* **2** Miembro de un grupo organizado que tiene actividades comunes: *Los* ***socios*** *del club deportivo se reúnen cada viernes para jugar tenis.*

sociocultural ***adj.*** Se refiere al estado cultural de una sociedad o de un grupo social: *El atraso* ***sociocultural*** *está estrechamente relacionado con las condiciones de pobreza.*

socioeconómico, ca ***adj.*** Relativo a la sociedad desde el punto de vista de su economía: *Los problemas* ***socioeconómicos*** *de ese país son la falta de oportunidades de trabajo y el aumento de la importación de productos.*

sociología ***f.*** Ciencia que estudia las sociedades humanas.

sociólogo, ga ***m.*** y ***f.*** Persona que estudia las sociedades humanas, sus problemas y relaciones: *Una* ***socióloga*** *famosa opinó sobre la rebelión de trabajadores en aquella ciudad.*

socorrer ***vb.*** {tr.} Apoyar, ayudar a alguien que está en peligro o que tiene una necesidad: *Bernabé* ***socorrió*** *a un niño que se estaba ahogando en el río.* Sin. **auxiliar, asistir, salvar.** Ant. **abandonar.**

socorrido, da ***adj.*** **1** Aplicado a lo que tiene mucho de alguna cosa: *Esta ciudad es muy* ***socorrida*** *en verano por sus playas pues mucha gente de las ciudades va de vacaciones ahí.* **2** Se dice de lo que se usa o se dice mucho: *La pregunta "¿Cómo te va?" es muy* ***socorrida*** *para iniciar conversación con alguien que acabamos de conocer.*

socorrismo ***m.*** Conjunto de técnicas de primeros auxilios para la ayuda inmediata en un accidente: *Ana tomó un curso de* ***socorrismo*** *y aprendió cómo ayudar a alguien que tiene una herida abierta y sangrante.*

socorrista ***m.*** y ***f.*** Persona que se dedica a prestar ayuda a las personas que han sufrido accidentes: *El* ***socorrista*** *limpió las heridas de los accidentados.*

socorro ***m.*** Ayuda que se da a alguien que se encuentra en peligro o que tiene una necesidad: *Los bomberos prestaron* ***socorro*** *a las personas encerradas en el ascensor.* Sin. **auxilio.**

¡socorro! ***interj.*** Voz con que se pide ayuda en caso de necesidad o peligro: *"¡Socorro, siento que me ahogo!"* Sin. **auxilio.**

soda ***f.*** Agua efervescente que contiene una combinación de carbono y oxígeno: *La* ***soda*** *es una bebida gaseosa.* Sin. **gaseosa, refresco.**

sodio ***m.*** Elemento metálico de símbolo Na y número atómico 11: *El* ***sodio*** *es un metal blando y muy ligero de color plateado.*

soez ***adj.*** Se dice de lo que resulta grosero o de mal gusto: *Sus palabras* ***soeces*** *hicieron sonrojar de vergüenza a quienes lo escuchaban.* Sin. **vil, ordinario, insultante.** Ant. **cortés, educado.**

sofá ***m.*** Asiento largo con respaldo y brazos, para varias personas: *En este* ***sofá*** *pueden sentarse tres personas.*

sofisma ***m.*** Razonamiento que pretende hacer pasar lo falso por verdadero.

sofisticación ***f.*** **1** Hecho de falsificar o complicar algo para causar un engaño. **2** Hecho de ser muy rebuscado o refinado: *La* ***sofisticación*** *de esa ropa hace que la use sólo la gente rica.*

sofisticado, da ***adj.*** Se dice de lo que no tiene naturalidad: *Hicieron un plan tan* ***sofisticado*** *que al final todos se confundieron y nadie sabía qué hacer; yo prefiero las reuniones sencillas.* Ant. **natural, sencillo.**

sofisticar ***vb. irreg.*** {tr.} **Modelo 17. 1** Falsificar o complicar una cosa para que no se entienda y lleve al engaño. **2** Dar exceso de rebuscamiento o de refinamiento: *Esa actriz* ***sofisticó*** *tanto su imagen que ahora en vez de parecer una mujer parece un personaje de historieta.*

soflamar ***vb.*** {tr. y prnl.} Requemar algo a fuego directo: *Los excursionistas cazaron un conejo y, para comerlo, lo* ***soflamaron*** *en una hoguera.*

sofocación ***f.*** Acción y efecto de sofocar o sofocarse: *Los bomberos hicieron un gran esfuerzo, pero al fin lograron la* ***sofocación*** *del incendio.*

sofocante ***adj.*** Se aplica a lo que produce una sensación de ahogo: *Este verano ha hecho un calor* ***sofocante*** *que no nos permite estar dentro de casa sin aire acondicionado.*

sofocar ***vb. irreg.*** {tr. y prnl.} **Modelo 17. 1** Apagar o dominar algo. Sin. **extinguir, contener.** Ant. **avivar, encender. 2** Hacer perder o perderse el ritmo de respiración al grado de sentir ahogo: ***Me sofoqué*** *de tanto correr.* **3** Causar o sentir una emoción fuerte: *Tomás es muy tímido y* ***se sofoca*** *cuando habla en público.* Sin. **turbar, abochornar.**

sofoco ***m.*** **1** Pérdida del ritmo respiratorio que causa una sensación de ahogo: *La abuela sufrió* ***sofoco*** *porque caminó mucho esta tarde.* **2** Sensación de calor: *"¡Qué* ***sofoco,*** *en esta habitación se siente mucho calor, abran las ventanas, por favor!", rogó mi tío.*

sofocón ***m. Fam.*** Enojo muy grande, disgusto mayúsculo: *Fue todo un* ***sofocón*** *para los padres de Erasmo enterarse de que había reprobado el curso.*

sofreír ***vb. irreg.*** {tr.} **Modelo 48.** Freír un alimento de forma ligera: *Mamá* ***sofríe*** *espinacas con mantequilla y cebolla y las sirve con carne.*

sofrenar ***vb.*** {tr.} **1** Tirar el jinete bruscamente de las riendas para detener a su caballo: *Tomás* ***sofrenó*** *su caballo para que una señora pudiera cruzar la calle.* Sin. **sujetar, contener.** Ant. **soltar. 2** *Fam.* Controlar un sentimiento muy fuerte. Sin. **moderar.**

software ***m.*** **Palabra de origen inglés.** Conjunto de programas de una computadora: *El sistema operativo de una computadora forma parte del* ***software.***

soga ***f.*** Cuerda gruesa hecha con la fibra de una planta llamada esparto: *La balsa está sujeta al muelle con una* ***soga.*** Sin. **cabo, amarra.**

soja o **soya** ***f.*** Planta de flores violetas o blancas, parecida al poroto o frijol, de cuyas semillas se obtienen aceite, harina y otros productos alimenticios: *En ese restaurante japonés sirven salsa de* ***soja*** *para aderezar los guisos.*

sojuzgar ***vb. irreg.*** {tr.} **Modelo 17.** Dominar o mandar con violencia: *Un hombre autoritario* ***ha sojuzgado*** *a todos en ese pueblo y nadie se atreve a contradecirlo porque le temen.* Sin. **someter, subyugar.** Ant. **liberar.**

sol ***m.*** **1** Estrella luminosa, centro de un sistema planetario: *La Tierra gira alrededor del* ***Sol,*** *igual que los demás planetas de nuestro Sistema Solar.* **2** *Fam.* Luz y calor que llega a la Tierra desde el Sol: *Paula puso a secar la ropa al* ***sol.*** **3** *Fam.* Persona muy querida y amable. **4** *loc.* **De ~ a ~,** todo el día: *Los trabajos* ***de sol a sol*** *son muy cansados y no permiten que los trabajadores convivan con sus familias.*

sol ***m.*** Quinta nota de la escala musical de *do*: Do, re, mi, fa, **sol**, la, si..., *entonaba una y otra vez la cantante.*

solado ***m.*** **1** Acción de colocar un piso. **2** Revestimiento que cubre el suelo para formar un piso: *"El nuevo* ***solado*** *que colocarán en mi casa es de mármol", comentó doña Ruth a sus amigas.*

solador, ra ***m.*** y ***f.*** Persona cuyo oficio es la colocación de pisos: *El* ***solador*** *llamó para recordarnos que mañana* *viene y debemos dejar sin muebles la habitación donde trabajará.*

solamente ***adv.*** Nada más, únicamente: *Yo tengo siete hermanos y ella* ***solamente*** *dos.* SIN. **sólo.**

solana ***f.*** Lugar donde da el sol de lleno: *"No pongas la jarra de agua en la* ***solana*** *porque se va a calentar mucho."*

solapa ***f.*** **1** Parte de una prenda de vestir que está junto al cuello y va doblada hacia afuera. **2** Parte de la cubierta de un libro que se dobla hacia adentro: *En la* ***solapa*** *del libro aparece una fotografía del autor y un comentario sobre la novela.*

solapado, da ***adj.*** Se aplica a la persona astuta y cautelosa, que actúa como si ocultara algo: *Rita era una mujer de aspecto* ***solapado*** *que causaba mucha desconfianza a sus vecinos.*

solapar ***vb.*** {tr.} **1** Poner dos cosas de modo que una cubra parcialmente a la otra: *Patricio* ***solapó*** *las dos fotos de modo que pareciera que su amigo tenía cuerpo de caballo.* **2** Ocultar algo: *Elvira había estado* ***solapando*** *las travesuras de su amiga, pero la maestra la descubrió y las regañó a las dos.* SIN. **disimular.**

solar ***adj.*** Relativo al Sol y a la energía que proporciona: *Muchos procesos vitales de los animales y las plantas se realizan gracias a la luz* ***solar.***

solar ***m.*** Terreno en que está construido un edificio o en el que se va a construir: *Esos ladrillos que están apilados en el* ***solar*** *son para la construcción que pronto iniciará.*

solar ***vb. irreg.*** {tr.} **Modelo 5. 1** Revestir el suelo con ladrillos, losas u otro material: *Los albañiles* ***solarán*** *el piso de la casa la próxima semana.* **2** Ponerle suelas a los zapatos: *El zapatero* ***sueló*** *mis zapatos porque ya tenían un orificio en la suela.*

solárium o **solario** ***m.*** Lugar preparado para tomar el sol: *Los niños juegan en el* ***solárium*** *del hotel mientras los adultos conversan debajo de las sombrillas.*

solaz ***m.*** Descanso y recreo del cuerpo o del espíritu. SIN. **diversión, entretenimiento.** ANT. **aburrimiento.**

solazar ***vb. irreg.*** {tr. y prnl.} **Modelo 16.** Descansar y dar recreo al cuerpo o al espíritu: *El anciano* ***se solaza*** *mirando su colección de monedas de distintos países porque le recuerda sus viajes.*

solazo ***m. Fam.*** Luz y calor del sol muy fuertes: *El* ***solazo*** *que había en la playa me quemó la piel y ahora siento ardor.*

soldada ***f.*** Sueldo de un soldado o marinero: *Los marineros se fueron de fiesta al pueblo después de recibir su* ***soldada.***

soldadesca ***f.*** Conjunto de soldados: *Luego de los honores a la bandera, la* ***soldadesca*** *entró a su cuartel a paso redoblado.*

soldadesco, ca ***adj.*** Relativo a los soldados: *Aunque dejó el ejército hace años, todavía tiene actitudes* ***soldadescas*** *al caminar y hablar.*

soldado ***m.*** Persona que forma parte del ejército de un país: *Los* ***soldados*** *rasos se adiestran bajo las órdenes del sargento.* SIN. **militar.**

soldador ***m.*** **1** Instrumento que sirve para unir dos metales con soldadura. **2** Persona que se dedica a soldar.

soldadura ***f.*** **1** Acción y efecto de soldar: *Esta* ***soldadura*** *no está bien hecha pues las piezas ya se están separando.* **2** Mezcla de metales que se usa para soldar: *El fontanero usa* ***soldadura*** *de plomo y estaño para unir los tubos para el agua.*

soldar ***vb. irreg.*** {tr. y prnl.} **Modelo 5. 1** Unir de manera sólida entre sí dos cosas de metal usando una mezcla de metales y calor: *El herrero* ***soldó*** *la puerta de metal que se había desprendido.* SIN. **pegar. 2** Unirse: *Los huesos rotos* ***se sueldan*** *solos, lo único que necesitan es tiempo.*

soleado, da ***adj.*** Se aplica al clima sin nubes y con sol: *Como es una tarde* ***soleada,*** *saldremos a caminar.*

soledad ***f.*** **1** Carencia de compañía: *No me gusta la* ***soledad,*** *prefiero estar acompañado.* **2** Lugar solitario: *Ese hombre vive en la* ***soledad*** *del campo, a muchos kilómetros del pueblo más cercano.*

solemne ***adj.*** **1** Se aplica a lo que se celebra siguiendo ciertas reglas por ser muy importante o muy serio para un grupo o comunidad: *En un acto* ***solemne*** *el alcalde entregó las llaves de la ciudad al visitante distinguido.* SIN. **formal, ceremonioso. 2** Se usa para exagerar un hecho negativo: *Lo que acaba de decir es una* ***solemne*** *estupidez.* SIN. **enorme.**

solemnidad ***f.*** Calidad de solemne o formal: *La* ***solemnidad*** *con que el rey entró a palacio impresionó a los embajadores que, de inmediato, se inclinaron.* SIN. **formalidad, ceremonia.**

soler ***vb. irreg.*** {intr.} **Modelo 29. 1** Ocurrir algo con frecuencia: *En los países al norte del mundo* ***suele*** *nevar en invierno.* **2** Hacer algo con frecuencia o por costumbre: *Mi padre* ***suele*** *acudir los viernes a un café para charlar con sus amigos.* SIN. **acostumbrar.**

solera ***f.*** **1** Cualidad que da carácter especial a alguien o algo: *Mario pertenece a una familia de* ***solera*** *pues su bisabuelo fue uno de los fundadores de este pueblo.* SIN. **tradición. 2** *Argent., Chile* y *Urug.* Prenda de vestir femenina a modo de vestido ligero e informal que deja descubiertos los hombros y parte de la espalda. **3** *Chile.* Faja de piedra que forma el borde de las aceras. SIN. **cordón, bordillo, guarnición. 4** *Méx.* Ladrillo o losa que se usa para cubrir el suelo. SIN. **baldosa.**

soleta ***f. Méx.*** Galleta dulce de forma parecida a la suela de un zapato pero pequeña; es esponjosa y crujiente: *Las* ***soletas*** *pueden comerse solas o emplearse en la elaboración de algunos postres.*

solfear ***vb.*** {tr.} Cantar una pieza pronunciando el nombre de las notas: *Los estudiantes de canto* ***solfean*** *las piezas musicales para memorizarlas.*

solfeo ***m.*** Sistema de lectura de las notas musicales: *Voy a clase de* ***solfeo*** *para poder leer partituras.*

solicitante ***adj./m.*** y ***f.*** Se aplica a quien pide algo: *Los* ***solicitantes*** *de ingreso a la escuela deben llenar una hoja con sus datos y resolver un examen.*

solicitar ***vb.*** {tr.} Pedir algo siguiendo ciertas reglas o pasos necesarios: *El maestro* ***solicitó*** *a la directora de la escuela que le permitiera llevar a los alumnos al museo.*

solícito, ta ***adj.*** Se aplica al que muestra un gusto especial por servir o ser agradable: *El jefe de la empresa necesita una secretaria* ***solícita*** *que haga bien su trabajo y con rapidez.* SIN. **diligente.**

solicitud ***f.*** **1** Lo que hace que una persona sienta gusto por servir o ser agradable: *La madre cuida a su pequeño hijo con* ***solicitud.*** SIN. **cuidado, diligencia.** ANT. **indiferencia, descuido. 2** Hecho de pedir algo: *El jefe aprobó mi* ***solicitud*** *de permiso para ausentarme dos días del trabajo.* SIN. **petición. 3** Documento formal con que se pide algo a una instancia o autoridad: *Para ingresar a esta academia llené una* ***solicitud,*** *la firmé y la entregué.*

solidaridad ***f.*** Sentimiento que hace que los seres humanos se ayuden entre sí: *Cuando tuvo un problema grave, sus compañeros mostraron una gran* ***solidaridad*** *con él y lo ayudaron en todo momento.*

solidario, ria ***adj.*** Se aplica a la persona que ayuda o apoya a los demás: *La gente* ***solidaria*** *ofreció alimento y* *ayuda económica a quienes se quedaron sin casa a causa del terremoto.*

solidarizar ***vb. irreg.*** {tr. y prnl.} **Modelo 16.** Unir a los demás o unirse a otros para ayudarse mutuamente.

solidez ***f.*** Cualidad de las cosas que son resistentes, duras o que mantienen su firmeza: *Los ingenieros comprobaron la* ***solidez*** *de la construcción antes de dar por terminada la obra.* Sin. **resistencia.** Ant. **fragilidad.**

solidificación ***f.*** Paso del estado líquido al estado sólido: *El frío produce la* ***solidificación*** *del agua, que se convierte en hielo.*

solidificar ***vb. irreg.*** {tr. y prnl.} **Modelo 17. 1** Hacer que un líquido o fluido pase a estado sólido: *El frío* ***solidificó*** *la crema y ahora tenemos un rico postre.* Sin. **endurecer.** Ant. **licuar, derretir. 2** Pasar un líquido o fluido al estado sólido: *Este pegamento* ***se solidifica*** *al contacto con el aire.*

sólido ***m.*** Cuerpo con forma propia que no es líquido ni gaseoso: *Un* ***sólido*** *es más denso que un líquido porque sus moléculas están más apretadas entre sí.*

sólido, da ***adj.*** **1** Se aplica a lo que es firme, macizo y fuerte: *Esta mesa antigua, de madera de caoba, es un mueble* ***sólido*** *que durará todavía muchos años más.* Sin. **robusto, duro. 2** Relativo al cuerpo con forma propia que opone resistencia a ser dividido: *El fierro es un metal* ***sólido*** *que al calentarse a altas temperaturas se funde y se vuelve líquido.*

soliloquio ***m.*** Discurso de una persona consigo misma: *El* ***soliloquio*** *del anciano se trataba de las nuevas plantas que sembraría en su jardín, pero no había nadie que lo escuchara.* Sin. **monólogo.**

solipsismo ***m.*** **1** Doctrina idealista según la cual el sujeto no puede afirmar ninguna existencia excepto la suya propia como percepción o representación de su conciencia. **2** Estado mental de la persona que se encierra en sí misma y rehúye toda influencia exterior.

solipsista ***adj./m.*** y ***f.*** **1** Del solipsismo filosófico. **2** Se aplica a la persona que padece solipsismo.

solista ***m.*** y ***f.*** Músico o cantante que toca o canta una pieza musical solo, sin acompañamiento.

solitaria ***f.*** Gusano largo y plano que vive en el intestino de algunos animales y puede contagiarse al ser humano: *Mi primo comía mucho y estaba flaco porque tenía* ***solitaria:*** *¡ese gusano aprovechaba toda la comida!* Sin. **tenia.**

solitario ***m.*** Juego de baraja que puede jugar una sola persona: *"Ya me cansé de jugar* ***solitario,*** *mejor le hablaré a mi amigo para jugar con él", pensé.*

solitario, ria ***adj./m.*** y ***f.*** **1** Se aplica al que está solo, sin compañía: *En toda la llanura un árbol grande y* ***solitario*** *daba su sombra generosa.* Sin. **solo. 2** Se refiere al lugar donde no hay gente o que no está habitado: *Después del ruido nocturno, el bar permanece* ***solitario*** *y silencioso por la mañana.* Sin. **desierto. 3** Se dice del que ama la soledad: *En esa casita en la montaña, lejos de todos, vive un hombre* ***solitario*** *que se dedica a hacer esculturas.* Sin. **ermitaño, anacoreta.**

soliviantar ***vb.*** {tr. y prnl.} **1** Hacer que alguien se rebele contra la autoridad: *El caudillo* ***soliviantó*** *a los campesinos para que iniciaran la revolución.* Sin. **incitar, sublevar, alborotar. 2** Alterar el ánimo de una persona. Ant. **calmar, tranquilizar.**

sollozar ***vb. irreg.*** {intr.} **Modelo 16.** Llorar mucho y con la respiración agitada: *"Ya no* ***solloces*** *pequeño, pronto vendrá tu mamá", lo consoló el policía.* Sin. **llorar.**

sollozo ***m.*** Llanto fuerte que agita la respiración: *No entiendo lo que dice porque sus* ***sollozos*** *no la dejan hablar, se le corta la respiración y vuelve a llorar.*

sólo ***adv.*** Solamente, nada más: ***Sólo*** *faltan dos días para que empiecen las vacaciones.*

solo ***m.*** Composición musical que canta o toca una sola persona: *En este concierto hay un* ***solo*** *de violín.*

solo, la ***adj.*** **1** Relativo a lo que es único en su especie y no hay otro igual: *En el florero hay una* ***sola*** *rosa.* Sin. **único, singular. 2** Se refiere a quien está sin compañía: *Rodrigo quiere estar* ***solo*** *para poder estudiar sin distraerse.* Sin. **solitario. 3** Se aplica a algo a lo que no se le agrega nada: *A Carlos le gusta el pan* ***solo,*** *sin queso, mermelada u otra cosa parecida.*

solomillo ***m.*** Carne que hay entre las costillas y el lomo de algunos animales: *La señora compró un* ***solomillo*** *de vaca para preparar el guiso.*

solsticio ***m.*** Tiempo en que el Sol está más lejos del ecuador terrestre: *Hay dos* ***solsticios*** *al año: el de verano y el de invierno.*

soltar ***vb. irreg.*** {tr. y prnl.} **Modelo 5. 1** Quitar lo que sujeta algo: ***Soltó*** *la cinta que recogía las cortinas y la habitación quedó oscura.* **2** Dar salida o dejar en libertad: *Todavía no se sabe si* ***soltarán*** *al sospechoso de robo.* **3** Dejar de sostener: *El jinete* ***soltó*** *las riendas del caballo y se cayó.* **4** Expresar algo de manera repentina: *Después de oír el chiste, Daniel* ***soltó*** *una carcajada.* **5** Decir: *No te cuento más secretos porque los* ***sueltas*** *por ahí.* Sin. **contar, divulgar. 6** Dejar salir una cosa su contenido: *El café* ***suelta*** *un aroma delicioso.* **7** Volverse desenvuelta una persona: *Raquel* ***se ha soltado*** *con sus nuevos compañeros y ya no es tímida como antes.* **8** Empezar a hacer algo que antes no se hacía. ***Me solté*** *a patinar y después de unas leves caídas ahora lo hago muy bien.* **9** Empezar a suceder algo de forma repentina: *El día estaba soleado, pero llegaron muchas nubes y* ***se soltó*** *la lluvia.*

soltería ***f.*** Estado del que no se ha casado: *Dice que no se quiere casar, que prefiere la* ***soltería,*** *porque así se siente más libre.*

soltero, ra ***adj./m.*** y ***f.*** Referido a quien no ha contraído matrimonio: *Mi hermana es* ***soltera,*** *pero ya tiene novio y se van a casar pronto.*

solterón, rona ***adj./m.*** y ***f. Fam.*** Se aplica a quien ya es viejo y todavía no se ha casado.

soltura ***f.*** Agilidad o desenvoltura con que se hace una cosa. *La ágil bailarina se movía con* ***soltura*** *en el escenario.* Sin. **habilidad.** Ant. **torpeza.**

soluble ***adj.*** **1** Se aplica a lo que se deshace en el agua o en otros líquidos hasta mezclarse por completo: *El azúcar es una sustancia* ***soluble.*** Ant. **insoluble. 2** Se dice de lo que se puede resolver: *Si un problema es* ***soluble*** *no hay de qué preocuparse.* Ant. **insoluble.**

solución ***f.*** **1** Hecho de disolver, y cosa que resulta de esta acción: *La* ***solución*** *de un poco de café y azúcar en una taza de leche es una bebida sabrosa.* **2** Hecho de solucionar y lo que resulta de esta acción. Sin. **remedio, explicación. 3** En matemáticas, resultado que se obtiene después de realizar una operación: *Ya encontré la* ***solución*** *de esta suma, es 354.*

solucionar ***vb.*** {tr.} Aclarar un asunto o hallar la respuesta a un problema: *Gonzalo* ***solucionó*** *por el momento el problema de la gotera poniendo una olla debajo para que el agua cayera allí.* Sin. **resolver, remediar.**

soluto ***m.*** En química, sustancia que se halla en disolución: *En un vaso de agua endulzada con azúcar, ésta es el* ***soluto*** *y el agua el solvente.*

solvencia ***f.*** **1** Hecho de pagar una deuda: *La* ***solvencia*** *de la deuda debe hacerse antes de que termine el mes.*

2 Capacidad de pagar lo que se debe: *El banco no le prestó dinero a Mario porque consideró que no tiene* ***solvencia.***

solventar ***vb.*** {tr.} **1** Dar solución a una dificultad: *El problema es complicado, pero Mauricio es capaz de* ***solventarlo*** *porque es inteligente e ingenioso.* SIN. **resolver, solucionar. 2** Pagar una deuda: *Yo no voy a* ***solventar*** *tus gastos, si quieres ir de vacaciones conmigo tendrás que llevar dinero para ti.*

solvente ***adj.*** Se aplica a quien está libre de deudas o puede pagarlas: *Ese cliente tiene crédito en esta tienda porque es una persona* ***solvente*** *que tiene con qué pagar sus deudas.*

solvente ***m.*** Sustancia líquida que sirve para deshacer o disolver otros materiales: *Existen muchos* ***solventes*** *que se mezclan con pintura hecha a base de aceite.* SIN. **disolvente.**

soma ***m.*** Conjunto de células no reproductoras que forman el cuerpo de los seres vivos: *Los cromosomas y ribosomas forman parte del* ***soma.***

somalí ***adj./m.*** y ***f.*** Originario de Somalia, país de África.

somalí ***m.*** Idioma que se habla en Somalia.

somático, ca ***adj.*** Relativo al cuerpo de un ser vivo.

somatización ***f.*** Proceso por el cual una alteración psíquica se transforma en otra de tipo orgánico.

somatizar ***vb.*** {tr.} Convertir un trastorno psíquico en un síntoma orgánico y funcional.

sombra ***f.*** **1** Falta de luz: *La casa se veía en* ***sombras*** *porque todas las cortinas estaban cerradas.* **2** Imagen oscura que proyecta un cuerpo del lado opuesto al que le llega la luz: *Si te colocas delante de la luz, tu* ***sombra*** *me cubre.* **3** Nombre de algunos colores oscuros usados en pintura: *Éste es un retrato pintado a base de* ***sombras,*** *por eso tiene un color parecido a la tierra o a la madera.* **4** ***loc. pl.*** **~ chinescas** o **teatro de ~,** espectáculo teatral en que los personajes son siluetas negras fuertemente iluminadas por detrás, y que aparecen en una pantalla translúcida: *En el* ***teatro de sombras*** *sólo se ven las siluetas de las figuras que se mueven detrás de la pantalla.* **5** ***loc.*** **A la ~,** en la cárcel: *Hacía tiempo que no veía a Pedro y luego supe que estaba* ***a la sombra*** *por haber cometido un delito.* SIN. **preso.**

sombrear ***vb.*** {tr. e intr.} **1** Dar o producir sombra: *Es muy agradable caminar bajo los árboles que* ***sombrean*** *el camino.* **2** Poner tonos oscuros a un dibujo para que dé la impresión de tener volumen: *El pintor* ***sombreaba*** *su dibujo utilizando un lápiz negro.* **3** Empezar a crecer el bigote o la barba: *Sergio tiene catorce años y ya le* ***sombrea*** *el bigote.*

sombrerera ***f.*** Caja con forma de cilindro que sirve para guardar sombreros: *En cada* ***sombrerera*** *cabe un solo sombrero.*

sombrerería ***f.*** **1** Oficio de hacer sombreros: *La* ***sombrerería*** *fue durante mucho tiempo parte importante de la moda, pero en tiempos recientes los sombreros para ciudad han caído en desuso.* **2** Tienda donde se venden sombreros.

sombrerero, ra ***m.*** y ***f.*** Persona que se dedica a confeccionar o vender sombreros: *En el mercado hay un* ***sombrerero*** *que se especializa en vender sombreros tejidos con fibras naturales.*

sombrerillo ***m.*** Parte redonda y amplia que algunos hongos tienen en la parte de arriba: *Los champiñones son unos hongos blancos que tienen* ***sombrerillo*** *carnoso.*

sombrero ***m.*** **1** Prenda de vestir que sirve para cubrir la cabeza, formada por una copa y un ala: *Hay* ***sombreros*** *de muchos tipos y formas, algunos son para mujer, otros para hombres, unos elegantes, otros ridículos.* **2** ***loc.*** **~ de copa,** sombrero que originalmente usaban los hombres, formado por una copa alta en forma de cilindro: *El* ***sombrero de copa,*** *que tiene plana la parte de arriba, es el que usan los magos para hacer trucos.*

sombrilla ***f.*** Objeto parecido al paraguas utilizado para protegerse del sol: *En la playa hay* ***sombrillas*** *para que la gente descanse y se proteja del sol.*

sombrío, a ***adj.*** **1** Se dice del lugar en que casi siempre hay sombra: *Es una casa bonita pero* ***sombría*** *donde pocas ventanas reciben la luz del sol.* SIN. **oscuro.** ANT. **claro, luminoso. 2** Se aplica a lo que resulta triste o tétrico: *Cuando Hugo recuerda al amigo que lo traicionó, su rostro se ve* ***sombrío.*** ANT. **alegre.**

somero, ra ***adj.*** Se refiere a lo que está o pasa por encima de las cosas: *Hice una lectura* ***somera*** *de ese documento para enterarme de su contenido, más tarde lo analizaré a fondo.* SIN. **superficial.** ANT. **profundo.**

someter ***vb.*** {tr. y prnl.} **1** Poner a otro o ponerse alguien bajo la autoridad de una persona: *Aunque los soldados enemigos habían tomado la ciudad, sus habitantes no* ***se sometieron,*** *sino que resistieron hasta recuperar su libertad.* SIN. **dominar.** ANT. **liberar. 2** Mostrar o exponer algo a la consideración de otros: *Felipe* ***sometió*** *su trabajo a la opinión de su maestro antes de mandarlo al concurso.* SIN. **consultar.**

somier ***m.*** **Palabra de origen francés.** Armazón de la cama sobre el que se coloca el colchón: *El* ***somier*** *es un soporte de metal hecho con resortes que le dan flexibilidad.*

somnífero, ra ***adj./m.*** Se aplica a lo que produce sueño: *Ha estado muy nervioso y no puede dormir, por eso su médico le recetó un* ***somnífero.***

somnolencia ***f.*** Ganas de dormir, adormecimiento: *La* ***somnolencia*** *es un estado intermedio entre estar despierto y estar dormido.* SIN. **sopor, letargo.** ANT. **vigilia.**

somnoliento, ta ***adj.*** Invadido por la somnolencia, con ganas de dormir: *Edna llamó a Lucas a las siete de la mañana y él le contestó* ***somnoliento,*** *pues la noche anterior se había desvelado.*

son ***m.*** **1** Sonido agradable: *Laura bailaba al* ***son*** *de la música.* **2** Composición musical de origen afroantillano, que se canta y se baila: *El* ***son*** *es una música que invita a bailar.* **3** ***loc.*** **Sin ton ni ~,** sin motivo o razón: *"Estás cortando ese papel* ***sin ton ni son,*** *mejor dibuja una figura y luego recórtala, podrías hacer algo bonito", dijo la maestra.*

sonado, da ***adj.*** Se aplica a lo que tiene fama o a aquello de lo que se habla mucho, que tiene resonancia entre la gente: *Honorato de Balzac fue un autor muy* ***sonado*** *en su época.* SIN. **famoso.**

sonaja ***f.*** **1** Par de chapas de metal unidas por un alambre que suenan al agitarlas. **2** Juguete con mango que sostiene una esfera o cilindro cerrado y en su interior hay cascabeles. SIN. **sonajero.**

sonajero ***m.*** Juguete con un mango que sostiene una esfera o cilindro cerrado en cuyo interior hay cascabeles: *El* ***sonajero*** *hace un ruido que distrae al bebé cuando está llorando.* SIN. **sonaja.**

sonambulismo ***m.*** Movimientos automáticos que se producen durante el sueño y que pueden llegar al extremo de que la persona camine dormida: *Esa mujer padece* ***sonambulismo,*** *a veces se levanta durante la noche y hace cosas sin darse cuenta.*

sonámbulo, la ***adj./m.*** y ***f.*** Aplicado a la persona que camina y hace cosas mientras está dormida y que al despertarse no lo recuerda: *Dicen que no hay que despertar a los* ***sonámbulos*** *para no asustarlos.*

sonante ***adj.*** Se aplica a lo que produce algún sonido: *"Quiero que me pagues con dinero* ***sonante****, o sea con monedas, porque no acepto cheques", exigí.*

sonar ***vb. irreg.*** {tr., intr. y prnl.} **Modelo 5. 1** Producir algo un sonido. **2** Hacer que algo produzca un sonido: *Mi madre* ***suena*** *la campana para llamarnos a comer.* **3** Tener un recuerdo poco claro: *Me* ***suena*** *el nombre de este libro, pero no recuerdo quién es el autor.* **4** Soplar hacia afuera el aire por la nariz para limpiarse los mocos: *Toma un pañuelo y* ***suénate*** *para que no escurran los mocos.*

sonata ***f.*** Composición musical para instrumentos formada por tres o cuatro partes diferentes: *El músico austriaco Mozart compuso* ***sonatas*** *muy hermosas.*

sonatina ***f.*** Composición musical para instrumentos, más corta que la sonata.

sonda ***f.*** **1** Instrumento usado para la exploración de zonas inaccesibles: *Hay muchas clases de* ***sondas****, una de ellas se usa para conocer la profundidad del mar.* **2** Instrumento alargado y fino que se usa en medicina para introducirlo en el cuerpo: *Como el enfermo se encuentra inconsciente, lo alimentan por medio de una* ***sonda****.*

sondar o **sondear** ***vb.*** {tr.} **1** Examinar con una sonda zonas inaccesibles: *Lanzaron una nave al espacio para* ***sondear*** *el terreno de Marte.* Sin. **explorar, reconocer. 2** Introducir la sonda en una parte del cuerpo: *La enfermera* ***sondó*** *al paciente para que éste pudiera orinar.* **3** Averiguar algo con discreción: *Como no me dice lo que le pasa,* ***sondearé*** *un poco a ver si logro enterarme de algo.* Sin. **tantear, indagar, preguntar.**

sondeo ***m.*** **1** Hecho de examinar con una sonda zonas inaccesibles: *Antes de construir el camino, será necesario hacer un* ***sondeo*** *del terreno.* Sin. **exploración, reconocimiento. 2** Introducción de una sonda en una parte del cuerpo: *El médico practicó un* ***sondeo*** *al paciente con un instrumento que tiene una cámara que transmite las imágenes del interior del cuerpo a una pantalla.* **3** Serie de preguntas que se hacen para obtener información sobre algo: *Se ha hecho un* ***sondeo*** *entre los habitantes de la ciudad para saber quién es el candidato con mayor oportunidad de ganar las elecciones.* Sin. **encuesta, investigación.**

soneto ***m.*** Composición poética de catorce versos, que se distribuyen en dos grupos de cuatro versos y dos grupos de tres versos: *El* ***soneto*** *se considera una de las formas más perfectas de la poesía en español.*

sónico, ca ***adj.*** **1** Relativo a la velocidad del sonido. **2** Que tiene la misma velocidad que el sonido.

sonidista ***m.*** y ***f. Méx.*** Persona que trabaja grabando sonidos: *El* ***sonidista*** *graba las voces, los ruidos y la música de un filme.*

sonido ***m.*** **1** Sensación que se puede percibir por el oído: *Oigo el* ***sonido*** *de una campana lejana.* **2** Toda emisión de ruido, voz, música, etc.: *En el bosque se escucha el* ***sonido*** *de las aves y del viento que pasa entre las hojas de los árboles.* **3** Pronunciación de cada letra: *El* ***sonido*** *de la letra* c *es suave cuando está antes de la* e *y la* i*, y es fuerte cuando está antes de la* a*, la* o *y la* u*.*

sonoridad ***f.*** Lo que hace que algunos cuerpos produzcan un sonido: *La* ***sonoridad*** *de la guitarra se debe a la forma de su caja de madera.*

sonorización ***f.*** **1** Hecho de ponerle sonido a algo que no lo tenía: *La* ***sonorización*** *del filme se hará en un estudio de grabación.* **2** Instalación de aparatos que amplifican el sonido: *El técnico y sus ayudantes trabajaron toda la tarde en la* ***sonorización*** *del estadio en el que tocará el grupo de rock.*

sonorizar ***vb. irreg.*** {tr.} **Modelo 16. 1** Hacer que algo tenga sonido: *La persona que* ***sonoriza*** *esta obra de teatro se encarga de hacer los ruidos que imitan el viento, la tormenta y el galope de los caballos.* **2** Instalar en un lugar aparatos y equipos que amplifican el sonido: *El hombre que* ***sonorizó*** *el concierto de ese cantante debe ser un experto, porque la música se oyó muy bien.*

sonoro, ra ***adj.*** **1** Se aplica a lo que suena o puede sonar: *La flauta es un instrumento* ***sonoro****.* Ant. **silencioso. 2** Relativo al sonido: *En los edificios vacíos se producen interesantes efectos* ***sonoros*** *a causa del eco.*

sonreír ***vb. irreg.*** {intr. y prnl.} **Modelo 48. 1** Reírse levemente, sin emitir sonido: *Sergio* ***sonrió*** *cuando vio a Berta porque ella le resulta simpática.* **2** Ser algo favorable para alguien.

sonriente ***adj.*** Se aplica al que sonríe o tiene un gesto alegre.

sonrisa ***f.*** Gesto que consiste en curvar los labios hacia arriba suavemente, en señal de alegría o de simpatía: *Los animales no pueden hacer una* ***sonrisa****, sólo los humanos tenemos ese placer.*

sonrojar ***vb.*** {tr. y prnl.} **1** Hacer que a alguien se le ponga la cara roja de vergüenza: *Mi abuela* ***se sonroja*** *cuando alguien habla de sexo.* Sin. **ruborizar, enrojecer. 2** Ponérsele a uno la cara roja de vergüenza: *Raúl* ***se sonrojó*** *cuando vio pasar a la muchacha de la que está enamorado.*

sonrosado, da ***adj.*** Aplicado a lo que es de color rosado, en especial el rostro de las personas. Sin. **colorado, saludable, sano.**

sonsacador, ra ***adj./m.*** y ***f.*** Se aplica a quien consigue algo con maña y disimulo: *Yo sé que eres un* ***sonsacador*** *y quieres que te diga el secreto que me contaron, pero no te lo diré.*

sonsacar ***vb. irreg.*** {tr.} **Modelo 17.** Lograr algo con maña y disimulo: *Fue muy inteligente y le* ***sonsacó*** *toda la verdad con engaños.*

sonsonete ***m.*** Sonido repetido y monótono: *El vecino ha puesto tantas veces esa canción que ahora recuerdo el* ***sonsonete*** *aunque no quiera.*

soñador, ra ***adj.*** Se aplica a quien sólo piensa en fantasías: *Paulina fue una niña* ***soñadora*** *que imaginaba historias fantásticas para entretenerse cuando no tenía con quién jugar.* Sin. **imaginativo.**

soñar ***vb. irreg.*** {tr. e intr.} **Modelo 5. 1** Representarse en la imaginación cosas mientras se está dormido: *Anoche* ***soñé*** *que volaba.* **2** Imaginar como verdad cosas que no lo son: *Ella* ***sueña*** *que una nave extraterrestre aterrizará en su jardín algún día.* Sin. **divagar. 3** Desear mucho alguna cosa: *Desde niño Elías siempre* ***soñó*** *con ser un cantante profesional y ahora lo ha logrado.* Sin. **anhelar, ansiar.**

soñoliento, ta ***adj.*** Se refiere a quien tiene muchas ganas de dormir: *Hoy Víctor está* ***soñoliento*** *porque anoche se quedó estudiando hasta muy tarde.*

sopa ***f.*** **1** Alimento que se prepara con agua y verduras, pasta o arroz: *La* ***sopa*** *se toma con cuchara porque es más líquida que sólida.* **2** *loc.* **Darle a alguien una ~ de su propio chocolate,** vengarse de una persona usando sus mismas armas: *Como él siempre se burla de nosotras frente a los chicos que nos gustan, esta vez* ***le dimos una sopa de su propio chocolate*** *y lo hicimos quedar como un bobo frente a su novia.* **3** *loc.* **Hasta en la ~,** en todas partes y a todas horas: *Margarita ya ve a Sergio* ***hasta en la sopa****, el pobre chico está enamorado y la busca siempre.* **4** *loc.* **Hecho una ~,** muy mojado: *Teresa está* ***hecha una sopa*** *porque caminó bajo la lluvia durante media hora.*

sopapear ***vb.*** {tr.} Dar golpes sobre la cara con la mano abierta: *Cayó desmayada y su madre la* ***sopapeó*** *despacio para que despertara.* SIN. **abofetear, cachetear.**

sopapo ***m.*** Golpe dado entre la barbilla y la nariz con la mano abierta. SIN. **bofetada, cachetada.**

sope ***m. Méx.*** Tortilla de maíz gruesa cubierta con algún guiso, crema, salsa picante y queso.

sopear ***vb.*** {tr.} Mojar el pan en la leche o en otro líquido: *Felipe* ***sopea*** *su galleta en el café con leche.*

sopera ***f.*** Recipiente grande y profundo con tapa, en el que se lleva la sopa a la mesa antes de servirla a cada persona: *El cocinero vació el contenido de la olla en la* ***sopera*** *de porcelana.*

sopero, ra ***adj.*** **1** Se dice del plato individual que se usa para servir la sopa: *La señora puso un cucharón de sopa en el plato* ***sopero*** *y se lo acercó a su hijo.* **2** Cuchara que se usa para comer sopa.

sopesar ***vb.*** {tr.} **1** Levantar una cosa para conocer su peso: *El cargador* ***sopesó*** *el costal de naranjas y el de maíz para saber cuál de los dos era el más ligero.* **2** Considerar las ventajas e inconvenientes de una cosa: ***He sopesado*** *bien las cosas y pienso que todavía no debemos salir de viaje.*

sopetón ***m.*** **1** Golpe fuerte dado con la mano: *El hombre era muy rudo y para saludar a su amigo le dio un* ***sopetón*** *en la espalda.* **2** *loc.* **De ~,** de repente: *Estaban solos en casa cuando* ***de sopetón*** *llegaron varios amigos a visitarlos.*

soplado ***adj./m.*** Se refiere a la técnica y al objeto de vidrio que se sopla al momento de elaborarse: *Este jarrón es de vidrio* ***soplado*** *y parece un globo azul.*

soplamocos ***m.*** Golpe dado en la nariz.

soplar ***vb.*** {tr., intr. y prnl.} **1** Hacer salir con fuerza el aire por la boca: ***Sopló*** *la vela para apagarla.* **2** Moverse el viento: *Las nubes se mueven porque el viento* ***sopla.*** **3** *Fam.* Pasar información sin que nadie se dé cuenta: *Cuando el maestro se distrajo, el niño le* ***sopló*** *la respuesta a su compañero.* **4** *Fam.* Aguantar algo de principio a fin: *Era un programa de televisión horrendo, pero* ***se lo sopló*** *porque no tenía otra cosa que hacer.*

soplete ***m.*** Instrumento que produce una llama y que sirve para fundir y unir metales: *Para soldar algún objeto de metal se necesita un* ***soplete.***

soplido ***m.*** Acto de sacar aire con fuerza por la boca: *Apagó todas las velas de un* ***soplido*** *fuerte.* SIN. **soplo.**

soplo ***m.*** **1** Hecho de sacar aire por la boca con fuerza: *Con cada* ***soplo*** *el globo se inflaba más.* **2** Movimiento del aire: *Un* ***soplo*** *de viento levantó los papeles que estaban sobre la mesa.* **3** Lapso muy breve: *Tardó un* ***soplo*** *en vestirse porque tenía mucha prisa.* SIN. **instante, momento.** **4** Información que se da a las autoridades sin que nadie sepa: *Alguien dio el* ***soplo*** *a la policía y atraparon a los ladrones.* SIN. **delación, aviso.**

soplón, plona ***adj./m.*** y ***f.*** Se aplica a la persona que pasa información en secreto: *No seas* ***soplón,*** *no le digas a la maestra que mi mamá me ayudó a resolver el ejercicio.* SIN. **delator, chismoso, chivato.**

soponcio ***m. Fam.*** Pérdida de la conciencia a causa de un susto o de una impresión fuerte: *A mi tía le va a dar un* ***soponcio*** *cuando se entere de que su hija va a repetir el grado escolar.* SIN. **desmayo, patatús, telele.**

sopor ***m.*** Estado físico en el que se siente mucho sueño y pesadez: *Estaba tan cansado que se hundió en un* ***sopor*** *y durmió por más de diez horas.* SIN. **somnolencia, letargo.**

soporífero ***m.*** Sustancia que provoca sueño: *Los* ***soporíferos*** *no deben ingerirse sin receta médica.*

soporífero, ra ***adj.*** **1** Se dice de lo que provoca sueño: *El investigador del filme puso una sustancia* ***soporífera*** *en la copa de su enemigo para poder escapar.* **2** Se aplica a lo que resulta aburrido: *¡Uf!, este programa es* ***soporífero,*** *voy a apagar el televisor y me pondré a leer.*

soportable ***adj.*** Se refiere a lo que se puede sostener sin que se caiga o a lo que se puede aguantar con paciencia: *No me molesta que mi vecino ensaye con su grupo de música porque lo hace a un volumen* ***soportable.*** ANT. **insoportable.**

soportar ***vb.*** {tr.} **1** Sostener una carga o peso: *Cuatro columnas de acero* ***soportan*** *el techo de la casa.* SIN. **aguantar.** **2** Aguantar algo con paciencia: *Orlando* ***soporta*** *que el dentista lo cure sin aplicarle anestesia.*

soporte ***m.*** Lo que sirve para apoyar o sostener algo: *El* ***soporte*** *de la silla son las patas.* SIN. **base.**

soprano ***m.*** La voz más aguda que puede emitir un ser humano, propia de mujer o de niño.

soquete ***m. Argent., Chile, Par.*** y ***Urug.*** Prenda de vestir que cubre el pie hasta el tobillo. SIN. **calcetín.**

sor ***f.*** Tratamiento que se da a algunas religiosas o monjas: ***Sor*** *Ángela es una monja muy amable.* SIN. **hermana, monja.**

sorber ***vb.*** {tr.} **1** Beber algo aspirándolo poco a poco: *Al* ***sorber*** *la sopa caliente hace ruido con la boca.* **2** Meter el aire hacia los pulmones por la nariz. **3** Absorber algo un líquido: *La tierra seca* ***sorbe*** *el agua de la lluvia.* SIN. **absorber.**

sorbete ***m.*** **1** Bebida helada de consistencia pastosa, hecha con frutas. **2** ***Amér. C.*** y ***Amér. Merid.*** Tubo pequeño que se usa para tomar líquidos sorbiendo por él. SIN. **popote, pajilla.**

sorbo ***m.*** **1** Acción de sorber: *Tomó su té a* ***sorbos*** *porque estaba muy caliente.* **2** Cantidad de líquido que se toma de una sola vez: *Tenía tanta sed que bebió medio vaso de agua de un* ***sorbo.*** **3** Cantidad muy pequeña de líquido que se toma: *En la fiesta, Álvaro bebió sólo un* ***sorbo*** *de vino para brindar por la novia.*

sordera ***f.*** Pérdida o disminución considerable del sentido del oído: *Usa un aparato atrás de la oreja para poder oír porque padece* ***sordera.***

sordidez ***f.*** Calidad de sórdido: *La* ***sordidez*** *de la vida de ese delincuente impresionó incluso al juez encargado de su caso.*

sórdido, da ***adj.*** **1** Se refiere a lo que es sucio, pobre y miserable. SIN. **repugnante, ruin.** **2** Se dice de la persona que acumula riquezas sin compartirlas con los demás: *Es un viejo* ***sórdido*** *que perdió a todos sus amigos por su mal carácter y su egoísmo.*

sordina ***f.*** Pieza colocada en un instrumento musical para disminuir su sonoridad: *El trompetista usa* ***sordina*** *cuando quiere dar un timbre diferente al instrumento.*

sordo, da ***adj./m.*** y ***f.*** **1** Se refiere al sonido apagado o seco. **2** Se aplica a la persona que no oye o que oye mal.

sordomudo, da ***adj./m.*** y ***f.*** Se refiere a quien no oye desde que nació y por eso no puede hablar: *Los* ***sordomudos*** *se expresan con un lenguaje de señas.*

sorgo ***m.*** Planta originaria de la India, se cultiva por sus semillas que se ocupan para preparar pan y alimento para aves; la planta sirve para alimentar vacas y otros animales: *El* ***sorgo*** *está maduro, ya es tiempo de cosecharlo.*

sorna ***f.*** Burla o disimulo con que se hace o se dice algo: *Lo miró con* ***sorna*** *porque no creía ni una palabra de lo que le estaba diciendo.*

soroche ***m. Amér. Merid.*** Dificultad para respirar que se siente en ciertos lugares elevados.

sorprendente ***adj.*** Se refiere a lo que causa admiración o sorpresa: *Es* ***sorprendente*** *lo que ha crecido este niño en sólo un par de meses.* SIN. **asombroso, extraordinario.**
sorprender ***vb.*** {tr. y prnl.} **1** Causar algo impresión o extrañeza: ***Me sorprende*** *que hayas llegado tarde, tú siempre llegas temprano a la escuela.* **2** Encontrar o tomar desprevenido a alguien: *La lluvia* ***nos sorprendió*** *cuando caminábamos por el parque y tuvimos que correr a la casa.* **3** Descubrir lo que alguien oculta o hace de forma escondida: *Lo* ***sorprendí*** *metiendo el dedo en la crema del postre.* SIN. **atrapar, pillar.**
sorpresa ***f.*** **1** Impresión que causa algo que sucede sin ser esperado: *Fue toda una* ***sorpresa*** *encontrar a Gerardo en la ciudad, porque pensábamos que estaba de viaje.* **2** Cosa que se recibe sin ser esperada: *La* ***sorpresa*** *fue que mis abuelos me trajeron un regalo sólo porque tuvieron ganas de darme algo.*
sorpresivo, va ***adj. Amér.*** Se dice de lo que no se espera que suceda y que de pronto ocurre. SIN. **imprevisto, repentino.**
sortear ***vb.*** {tr.} **1** Someter algo a la decisión de la suerte: *En el programa de televisión* ***sortearon*** *tres bicicletas y a Sergio le tocó una.* SIN. **rifar. 2** Evitar un obstáculo, un compromiso o una dificultad: *Los esquiadores que participaban en la competencia descendieron* ***sorteando*** *los obstáculos que había en la pista.* SIN. **esquivar, eludir.**
sorteo ***m.*** Procedimiento por el que se decide a quién se le va a dar algo usando la suerte: *Cecilia compró un billete con el número veinte para participar en el* ***sorteo*** *de un automóvil.* SIN. **rifa, lotería.**
sortija ***f.*** Tira de metal cerrada en forma de círculo que se pone en los dedos de la mano: *Durante la ceremonia de la boda, los novios se pusieron sus* ***sortijas*** *de oro en el dedo.* SIN. **anillo, aro.**
sortilegio ***m.*** Acción realizada por arte de magia o superstición: *El héroe del cuento deshizo el* ***sortilegio*** *con que el brujo mantenía encantada a la doncella.* SIN. **maleficio, hechizo.**
S.O.S. ***m.*** Señal que, por convenio internacional, se usa para pedir socorro: *El barco transmitió un* ***S.O.S.*** *por radio porque se hallaba en situación de emergencia.*
sosa ***f.*** Hidróxido de sodio: *La* ***sosa*** *es un granulado blanco que se mezcla con agua caliente y se echa al alcantarillado para limpiarlo.*
sosegado, da ***adj.*** Se refiere a lo que se encuentra en calma: *Después de la tormenta, el bosque tiene un ambiente* ***sosegado,*** *los animales y los árboles están durmiendo tranquilos.* SIN. **tranquilo, apacible.** ANT. **intranquilo, inquieto.**
sosegar ***vb. irreg.*** {tr. y prnl.} **Modelo 18.** Hacer que algo o alguien esté en calma. SIN. **tranquilizar, apaciguar.**
sosiego ***m.*** Estado en que las cosas o las personas están quietas y silenciosas: *Gustavo se ha ido de la ciudad al campo a buscar un poco de* ***sosiego.*** SIN. **quietud, reposo, serenidad.**
soslayar ***vb.*** {tr.} Evitar una dificultad: *El hombre* ***soslayó*** *a sus enemigos pasando junto a ellos sin provocarlos.*
soslayo. De ~, ***loc.*** De costado, de manera oblicua: *La joven miró* ***de soslayo*** *a Ricardo porque no quería demostrarle que ella también lo quería.*
soso, sa ***adj./m.*** y ***f.*** **1** Se refiere a lo que le falta sal o sabor: *Este caldo de pollo está* ***soso,*** *le pondré un poco de sal y alguna hierba.* SIN. **insípido, desabrido. 2** Aplicado a lo que no tiene gracia: *Ese hombre tiene una conversación tan* ***sosa*** *que todos se aburren cuando habla.*
sospecha ***f.*** Suposición de un asunto o cosa a partir de ciertas apariencias: *Tengo la* ***sospecha*** *de que me está mintiendo porque se puso nervioso cuando me dijo que él no había roto el jarrón.* SIN. **presentimiento.** ANT. **certeza.**
sospechar ***vb.*** {tr. e intr.} **1** Suponer algo a partir de ciertas apariencias o conjeturas: *No* ***sospechaban*** *que vendrían a buscarlos, y cuando los vieron llegar, se alegraron.* SIN. **imaginar. 2** Pensar que alguien ha hecho algo a partir de ciertas señales o apariencias.
sospechoso, sa ***adj./m.*** y ***f.*** **1** Se aplica a lo que da motivos para pensar que algo va mal: *El motor del automóvil está haciendo un ruido* ***sospechoso,*** *llamaré al técnico para que revise si funciona bien.* **2** Referido a la persona de la que se cree que ha hecho algo a partir de ciertas señales o apariencias: *Por sus actitudes* ***sospechosas*** *la gente empezó a desconfiar de Andrés.*
sostén ***m.*** **1** Persona o cosa que sujeta, apoya o mantiene algo: *La columna es el* ***sostén*** *del techo.* **2** Prenda interior femenina que se usa para sujetar y cubrir el pecho: *Cuando a mi hermana le creció el busto, empezó a usar* ***sostén.*** SIN. **corpiño, brasier, sujetador.**
sostener ***vb. irreg.*** {tr. y prnl.} **Modelo 26. 1** Sujetar a alguien o algo para impedir que caiga: *Al cruzar el río, su mamá lo* ***sostuvo*** *de la mano.* **2** Defender con firmeza una posición o idea: *Yo pienso que el perro se comió mi juguete, pero mi madre* ***sostiene*** *que yo lo olvidé en algún lugar.* SIN. **afirmar. 3** Mantener en lo económico: *La pobre anciana no tiene a nadie que la* ***sostenga,*** *por eso debe seguir trabajando.* SIN. **ayudar, proteger.**
sostenido ***m.*** Signo que indica que una nota musical es un semitono más alta que la de su sonido natural: *En música, el* ***sostenido*** *se indica con el signo #.*
sostenido, da ***adj.*** **1** Se refiere a la nota musical con entonación que es un semitono más alta que la de su sonido natural: *El* re ***sostenido*** *es un poco más agudo que el* re *natural.* **2** Se dice de lo que dura mucho: *Rafael puede correr durante una hora a velocidad* ***sostenida*** *porque tiene buena condición física.*
sota ***f.*** Décima carta de cada palo de la baraja española: *La* ***sota*** *tiene la figura de un paje.*
sotana ***f.*** Vestidura larga hasta los pies, con botones que cierran por delante, que usan algunos sacerdotes católicos: *El cura lleva puesta su* ***sotana*** *cuando celebra las misas.*
sótano ***m.*** Piso o habitación de un edificio situada bajo el nivel de la calle: *En el* ***sótano*** *de mi casa guardamos los objetos viejos que ya no usamos.*
sotavento ***m.*** Costado del barco opuesto al lado al que le da el viento: *Si quieres tirar ese recipiente de agua al mar, hazlo a* ***sotavento*** *para que el viento no la empuje y te mojes la ropa.* ANT. **barlovento.**
soterrar ***vb.*** {tr.} **1** Meter debajo de la tierra: *Osvaldo cavó un hoyo para* ***soterrar*** *el trozo de madera que sostendrá la canasta de baloncesto.* SIN. **enterrar. 2** Esconder una cosa: *La anciana* ***soterró*** *sus recuerdos para que nadie se enterara de su pasado.*
soto ***m.*** Lugar lleno de árboles a orillas de un río: *Cuando fuimos a comer al campo, mis padres descansaron en el* ***soto,*** *mientras nosotros nadábamos en el río.*
sotobosque ***m.*** Conjunto de la vegetación que crece bajo los árboles de un bosque: *En el* ***sotobosque*** *pueden encontrarse helechos, enredaderas, y muchas hierbas que necesitan poco sol para crecer.*
soufflé ***m.*** **Palabra de origen francés.** Guiso de origen francés que se prepara con clara de huevo batida y verduras y se cuece en el horno.

a b c d e f g h i j k l m n o p q r s t u v w x y z

soviet ***m.*** En la antigua Unión Soviética, consejo formado por delegados de los obreros, campesinos y soldados: *Los primeros **soviets** se formaron durante la revolución de 1905 e hicieron posible la revolución socialista de 1917.*

soviético, ca ***adj./m.*** y ***f.*** Originario de la antigua Unión Soviética: *Los **soviéticos** podían ser de origen ruso, lituano, ucraniano o de cualquiera de los países que formaban parte de la Unión de Repúblicas Soviéticas Socialistas.*

soya ***f.*** *Ver* **soja.**

spaghetti ***m.*** *Ver* **espagueti.**

sparring ***m.*** **Palabra de origen inglés.** Persona que trabaja peleando con los boxeadores en el entrenamiento para el combate: *El **sparring** usa protección para no salir lastimado del ring.*

sport ***adj.*** **Palabra de origen inglés.** Se dice de la prenda de vestir cómoda y sencilla de tipo deportivo: *Julio se viste con ropa **sport** cuando no va a trabajar a la oficina.*

spot ***m.*** **Palabra de origen inglés.** Espacio publicitario de televisión o de radio: *El **spot** que anuncia la marca de jabón en televisión dura quince segundos.*

spray ***m.*** **Palabra de origen inglés.** Envase para líquidos que en su parte superior tiene un botón para permitir la salida del líquido mezclado con un gas a presión: *El líquido sale del **spray** en forma de nube de gotas pequeñísimas.*

sprint ***m.*** **Palabra de origen inglés.** Esfuerzo para la aceleración del ritmo de carrera, que hace un corredor cuando está cerca de llegar a la meta: *Eduardo iba en segundo lugar de la carrera, pero hizo un **sprint** y quedó primero.*

squash ***m.*** **Palabra de origen inglés.** Deporte que se juega entre dos o cuatro personas con raquetas y una pelota que bota contra la pared: *El **squash** es un juego que se practica en un espacio cerrado.*

staff ***m.*** **Palabra de origen inglés. 1** Conjunto de los dirigentes de una empresa. **2** Conjunto del personal técnico que interviene en una filmación o en un programa de televisión.

stand ***m.*** **Palabra de origen inglés.** Cada uno de los espacios reservados para que los participantes en una exposición o feria muestren sus productos: *En el **stand** de libros infantiles encontré el cuento que quería leer y le pedí a mi madre que me lo comprara.*

status ***m.*** *Ver* **estatus.**

stick ***m.*** **Palabra de origen inglés.** Palo que usan los jugadores de hockey para impulsar la pelota: *El **stick** tiene una curva en la parte de abajo que sirve para golpear la pelota.*

stock ***m.*** **Palabra de origen inglés.** Cantidad que hay en existencia de un producto o material que se va a vender: *En ese comercio tienen un gran **stock** de productos de limpieza.*

¡stop! ***interj.*** **Palabra de origen inglés.** Palabra que se usa para dar la orden de detenerse por completo: *En este ejercicio, cuando el maestro grita **"stop"**, todos deben quedarse quietos en la posición en que estaban.* Sin. **alto.**

stop ***m.*** **Palabra de origen inglés.** Señal roja de tráfico que indica que el vehículo debe detenerse y ceder el paso: *El accidente se produjo porque uno de los conductores no respetó el **stop**.* Sin. **parada, alto.**

striptease ***m.*** **Palabra de origen inglés.** Espectáculo para adultos durante el cual una persona se desnuda.

su ***adj.*** Apócope del adjetivo posesivo *suyo* de la tercera persona singular y plural: ***Su** vestido es de color amarillo y el mío es negro.*

suave ***adj.*** **1** Se aplica a lo que es liso y blando al tacto: *El terciopelo es una tela **suave**.* Ant. **áspero. 2** Referido a lo que resulta agradable: *La luz de la vela es más **suave** que la luz eléctrica.* Sin. **tenue, dulce.** Ant. **fuerte, intenso. 3** Se dice de lo que no opone resistencia: *Mueve tu mano de manera **suave** para que tu compañero de baile pueda guiarte.*

suavidad ***f.*** **1** Calidad de aquello que al tocarse resulta liso y blando: *La **suavidad** de la seda contrasta con la aspereza de la lana.* **2** Característica que hace que algo resulte agradable: *La **suavidad** de esta pieza musical invita a relajarse y descansar.*

suavizante ***adj.*** Se refiere a lo que hace que algo pierda su aspereza.

suavizante ***m.*** Producto que se usa para remojar la ropa después de lavarla con jabón, para que ésta quede blanda al tacto y más fácil de planchar: *Este **suavizante** para ropa huele a hierbas frescas.*

suavizar ***vb. irreg.*** {tr. y prnl.} **Modelo 16. 1** Hacer liso algo áspero: *Con un papel de lija, Federico **suavizó** la superficie de la madera.* **2** Hacer blando algo duro: ***He suavizado** este trozo de cuero frotándolo contra un palo.*

subacuático, ca ***adj.*** Que ocurre o se realiza debajo del agua: *La fotografía **subacuática** es una actividad apasionante, pero el equipo que se requiere es caro.*

subalimentación ***f.*** Situación en que los alimentos que se ingieren son insuficientes en cantidad o calidad: *La **subalimentación** provoca serios trastornos del crecimiento en los niños.*

subalterno, na ***adj./m.*** y ***f.*** Se aplica a la persona que en su trabajo o actividad depende de otra y debe obedecerla: *Como el jefe saldría de viaje, dio órdenes al **subalterno** para que se encargara del negocio.*

subarrendar ***vb. irreg.*** {tr.} **Modelo 3. 1** Pagar una cantidad de dinero por usar una cosa que a su vez alguien renta o arrienda. **2** Cobrar una cantidad de dinero por permitir el uso de una cosa que uno mismo alquila: *Como este departamento es muy grande para mí solo, pienso **subarrendar** una o dos habitaciones.*

subasta ***f.*** Forma de venta pública en que se adjudica una cosa a quien ofrece más dinero por ella: *En la **subasta** se pregunta "¿quién da más?", y si nadie ofrece un precio más alto que el de la última propuesta, se cierra la venta del objeto.* Sin. **remate.**

subastador, ra ***m.*** y ***f.*** Persona o institución que se dedica a subastar: *Una afamada casa **subastadora** ofrecerá en venta próximamente varios cuadros de pintores renacentistas que pertenecían a una colección privada.*

subastar ***vb.*** {tr.} Vender algo a quien más dinero ofrezca: *Ayer **subastaron** la hermosa mansión de una familia rica que no pudo pagar sus deudas a tiempo.* Sin. **rematar.**

subcampeón, peona ***adj./m.*** y ***f.*** Se aplica al deportista o al equipo que obtiene el segundo lugar en una competencia: *El **subcampeón** olímpico gana la medalla de plata.*

subclase ***f.*** Categoría de clasificación de animales o plantas ubicada entre la clase y el orden.

subconjunto ***m.*** En matemáticas, conjunto que tiene la característica de que todos sus elementos pertenecen a otro conjunto mayor: *El conjunto de los números pares es un **subconjunto** de los números naturales.*

subconsciencia ***f.*** Estado de la conciencia en que la persona no se da cuenta de ciertas percepciones y estímulos que recibe: *Los instintos y los comportamientos mecánicos pertenecen al mundo de la **subconsciencia** del ser humano.*

subconsciente ***adj./m.*** Conjunto de contenidos de la mente que no están presentes en la conciencia de la persona: *El psicoanálisis explora el **subconsciente** humano usando técnicas de relajación y de asociación de ideas.*

subcultura ***f.*** Parte de una cultura que tiene características propias como el lenguaje, la moda o las normas sociales, que la distinguen de la totalidad, y que suele originarse en grupos minoritarios.

subcutáneo, a ***adj.*** Se refiere a lo que está, se introduce o se desarrolla debajo de la piel: *Esta inyección es de aplicación **subcutánea**.*

subdesarrollado, da ***adj.*** Se aplica a los países o zonas del mundo que no tienen muchos recursos económicos ni grandes industrias: *Los países **subdesarrollados** deben comprar muchos productos porque no tienen dinero para producirlos por sí mismos.* SIN. **pobre.** ANT. **rico.**

subdesarrollo ***m.*** **1** Falta de desarrollo o crecimiento: *El **subdesarrollo** de algunos niños se debe a la falta de alimentación, por eso no crecen bien.* **2** Situación de atraso y pobreza en que viven algunas zonas del mundo.

subdirección ***f.*** Cargo del subdirector y oficina en que despacha: *"La **subdirección** está en el cubículo a la derecha de la dirección", indicó la recepcionista al visitante.*

subdirector, ra ***m.*** y ***f.*** Persona que sustituye y ayuda a quien dirige una empresa, una escuela o alguna organización: *Cuando el director de la escuela no está, el **subdirector** tiene la máxima autoridad.*

súbdito, ta ***adj.*** Se aplica a la persona que está sujeta a la autoridad de un superior y debe obedecerle. SIN. **vasallo.**

súbdito, ta ***m.*** y ***f.*** **1** Persona sujeta a la autoridad de un superior a quien debe obedecer: *En los países que tienen monarquía, los **súbditos** del rey reciben las órdenes del monarca y las llevan a cabo.* **2** Ciudadano de un país: *Los **súbditos** de la Corona británica son los ingleses.* SIN. **habitante, natural.**

subdividir ***vb.*** {tr. y prnl.} Partir o separar en partes nuevamente lo que ya está partido o separado: *Como no alcanzó el pan para todos, Apolonio **subdividió** su pedazo para darle un poco a su hermano.*

subdivisión ***f.*** **1** Hecho de volver a partir o separar en partes algo que ya estaba dividido: *Los dos piratas dividieron el botín y luego, cada uno de ellos hizo la **subdivisión** de su parte entre sus compañeros.* **2** Cosa que se usa para subdividir algo: *El albañil puso una **subdivisión** en la habitación grande a fin de hacer dos dormitorios para Luis y Javier.*

subempleado, da ***adj.*** Se aplica a la persona que tiene poco trabajo o que, debido a la falta de oportunidades de empleo, ocupa un puesto inferior al que le correspondería: *Esteban estudió en la universidad, pero está **subempleado** como mensajero en una oficina.*

subempleo ***m.*** Falta o escasez de trabajo para la población que está en edad de trabajar: *Algunos países tienen problemas de **subempleo** y mucha gente se ve obligada a hacer trabajos que no les dan lo suficiente para vivir.*

subespecie ***f.*** Grupo resultado de la división de una especie.

subestación ***f.*** Conjunto de la instalación y los aparatos destinados a la alimentación de una red de distribución de energía eléctrica.

subestimar ***vb.*** {tr. y prnl.} Estimar a alguien o algo en menos de lo que vale: *El boxeador **subestimó** a su contrario y perdió la pelea porque en realidad el otro era mejor.* SIN. **menospreciar.**

subibaja o **sube y baja** ***m.*** Barra larga de metal o madera que está apoyada en el centro sobre un soporte y que se mueve de arriba hacia abajo cuando dos personas se sientan cada una en un extremo: *Dos niños se subieron al **subibaja** y el que estaba más pesado hacía que el otro quedara siempre en lo alto.*

subida ***f.*** **1** Hecho de subir: *La **subida** de los nueve pisos por la escalera le provocó cansancio.* SIN. **ascenso.** ANT. **descenso, bajada.** **2** Camino o terreno que se va elevando desde un lugar hacia otro más alto: *Después de esta bajada viene una **subida** muy difícil y luego estaremos en la cumbre de la montaña.* SIN. **cuesta, pendiente.**

subido, da ***adj.*** Se refiere a lo que es muy fuerte o muy elevado: *Este vestido es de un rojo **subido;** yo prefiero un tono más pálido, menos llamativo.*

subíndice ***m.*** Número o letra de tamaño pequeño situado en la parte inferior derecha de un signo matemático o de una palabra: *El **subíndice** sirve para indicar diferencias entre palabras o signos que aparentemente son iguales.*

subir ***vb.*** {tr., intr. y prnl.} **1** Ir desde un lugar a otro más alto: *El gato **subió** al árbol para protegerse del perro que lo perseguía.* SIN. **ascender, escalar.** ANT. **bajar, descender.** **2** Crecer la altura, el volumen o el precio de algo: ***Subió** el precio del litro de leche y por eso el dinero que llevaba no le alcanzó.* SIN. **incrementar.** ANT. **bajar.** **3** Recorrer un espacio hacia arriba: ***Subí** por ese camino hasta llegar a una cabaña muy bonita.* SIN. **trepar, ascender, remontar.** ANT. **bajar, descender.** **4** Hacer más alto. SIN. **erguir, levantar.** **5** Poner algo en un lugar más alto: ***Sube** las cortinas para que entre la luz.* **6** Entrar a un vehículo o ponerse encima: *Paola **se ha subido** a esa lancha, pero yo no **me subiré** porque me da miedo.* SIN. **ascender.** ANT. **bajar, descender.** **7** Cabalgar sobre un animal: *El niño **se subió** al caballo y se fue a pasear.* SIN. **montar.** ANT. **bajar, descender.** **8** *Fam.* Colocar o colocarse en una mejor posición o empleo: *En cuanto Mario se graduó de la carrera, su jefe lo **subió** de categoría en el trabajo.* SIN. **progresar, promover.** ANT. **empeorar.**

súbito, ta ***adj.*** Se dice de lo que sucede de pronto y sin haberlo esperado: *Todo el día se sintió templado el clima, pero al anochecer hubo un **súbito** descenso de la temperatura y comenzó a hacer frío.* SIN. **repentino, inesperado.**

subjefe, fa ***m.*** y ***f.*** Persona que sustituye y ayuda a quien manda en una organización o grupo: *Como el jefe se encontraba ocupado, los atendió la **subjefa**.*

subjetividad ***f.*** Lo que hace que alguien sólo tenga en cuenta los hechos desde un punto de vista personal: *Un buen juez debe evitar la **subjetividad** para actuar de manera justa.* ANT. **objetividad.**

subjetivismo ***m.*** **1** Actitud subjetiva: *Asumir un **subjetivismo** extremo impide buscar el bien común.* **2** Doctrina o actitud filosófica según la cual la realidad se ofrece al sujeto como producto de su propio pensamiento, del cual emana el único criterio de verdad.

subjetivista ***adj.*** Del subjetivismo.

subjetivista ***m.*** y ***f.*** Partidario del subjetivismo.

subjetivización ***f.*** Hecho de interpretar las cosas de manera afectiva y de transformar los fenómenos en personales y subjetivos.

subjetivizar ***vb.*** {tr. y prnl.} **1** Dar carácter subjetivo a algo. **2** Tomar algo carácter subjetivo.

subjetivo, va ***adj.*** Relativo a la propia forma de pensar o sentir: *Su narración de los hechos fue bastante **subjetiva**, nunca tuvo en cuenta lo que pensaban o sentían los demás.* SIN. **individual, parcial.** ANT. **objetivo, imparcial.**

subjuntivo, va ***adj./m.*** Se aplica al modo del verbo que sirve para formar oraciones que expresan duda, deseo o posibilidad: *En la oración "deseo que seas feliz", "seas" es el presente de **subjuntivo** del verbo "ser".*

sublevación ***f.*** Hecho de resistirse a obedecer a la autoridad: *Los marinos son muy rebeldes y el capitán teme una **sublevación**.* SIN. **insurrección, alzamiento.**

sublevar ***vb.*** {tr. y prnl.} **1** Hacer que una persona se resista a obedecer a una autoridad: *El hombre **sublevó** a sus* *compañeros y juntos se enfrentaron a la autoridad para pedir justicia.* **2** Resistirse a obedecer a una autoridad: *Los soldados **se sublevaron** porque el jefe de regimiento los trataba mal.* **3** Causar indignación o enfado: ***Me sublevó** la manera grosera en que me habló esa niña, voy a decirle a su madre que la corrija.* SIN. **enfurecer, irritar.**

sublimación ***f.*** En química, proceso de pasar un cuerpo del estado sólido al gaseoso, sin pasar por el estado líquido.

sublimación ***f. Fam.*** Acción de elevar el concepto que se tiene de algo hasta lo divino o lo máximo: *La **sublimación** de su amor le ha hecho olvidar que debe alimentarse, trabajar y convivir con los demás.*

sublimar ***vb.*** {tr. y prnl.} **1** Hacer que un cuerpo sólido pase de forma directa al estado gaseoso, sin hacerse líquido. **2** Elevar el concepto que se tiene de algo hasta lo divino o lo máximo: *Enrique **ha sublimado** las teorías de su filósofo favorito y ahora no quiere escuchar otras opiniones.* SIN. **engrandecer, exaltar.**

sublime ***adj.*** Se aplica a los conceptos o a las personas que se consideran excelentes o admirables: *Lee este libro, encontrarás pensamientos **sublimes.*** SIN. **elevado, grandioso.** ANT. **vulgar, común.**

subliminal ***adj.*** Se dice de ciertas percepciones o estímulos que recibimos sin darnos cuenta: *En ese programa explicaban cómo algunos anuncios tienen imágenes **subliminales** para que la gente se sienta inclinada a comprar el producto.*

submarino ***m.*** Barco capacitado para navegar bajo el agua.

submarino, na ***adj.*** Relativo a lo que está, se desarrolla o se realiza bajo la superficie del mar: *Me gustaría ser buzo para contemplar la vida **submarina.***

submúltiplo, pla ***adj./m.*** Relativo a la cantidad o al número que está contenido en otro un número exacto de veces: *3 es **submúltiplo** de 9.*

subnormal ***adj./m.*** y ***f.*** Se dice de las personas con edad mental que no alcanza la que les corresponde según su edad física: *Las personas **subnormales** tienen sentimientos al igual que la gente sana.* SIN. **anormal.**

suboficial ***m.*** Militar que tiene un grado inferior al de oficial y superior al de sargento.

suborden ***m.*** Cada una de las subdivisiones de un orden bajo el cual se clasifican las plantas y los animales.

subordinación ***f.*** Dependencia de alguien hacia una autoridad a la que debe obediencia: *La **subordinación** de los soldados a su jefe es una obligación militar.* ANT. **insubordinación.**

subordinada ***f.*** Oración que depende de otra para completar su significado: *En la oración "La obra de teatro que te recomiendo trata sobre un viaje espacial", la oración "que te recomiendo" es una **subordinada.***

subordinado, da ***adj.*** **1** Se refiere a quien depende de una persona a la que debe obediencia. SIN. **subalterno, ayudante, dependiente.** ANT. **superior, jefe.** **2** Relativo a la oración que depende de otra para completar su significado: *La oración **subordinada** tiene un significado incompleto en sí misma.*

subordinado, da ***m.*** y ***f.*** Persona que está bajo la autoridad de alguien a quien debe obedecer: *Los **subordinados** deben cumplir las órdenes del jefe.*

subordinar ***vb.*** {tr. y prnl.} **1** Hacer que una persona dependa de otra y la obedezca: *Cuando el nuevo director de la empresa asumió su cargo, tuvo que **subordinar** al personal que no cumplía debidamente con su trabajo.* SIN. **someter, sujetar.** **2** Depender uno de una persona a quien se obedece: *Mauricio era un muchacho rebelde que tuvo que **subordinarse** y cumplir con las órdenes del sargento cuando entró a una escuela militar.*

subproducto ***m.*** Producto secundario que se obtiene durante el proceso de elaboración o extracción de uno principal: *La petroquímica es una de las industrias de las que salen más **subproductos,** pues del petróleo se obtienen desde combustibles y lubricantes hasta cosméticos.*

subrayado, da ***adj./m.*** Se refiere a la palabra escrita que tiene una línea por debajo y a la letra que en un impreso va en cursiva: *Debo buscar en el diccionario el significado de todas estas palabras* **subrayadas.**

subrayar ***vb.*** {tr.} **1** Trazar una línea por debajo de una palabra escrita: ***Subrayé** con un lápiz verde todos los verbos que aparecen en este texto.* SIN. **marcar, señalar.** **2** Decir o expresar algo insistiendo en su importancia: *Mi madre por fin me dio el permiso, pero **subrayó** que no le gustaba la idea de que saliera de la ciudad.* SIN. **recalcar, destacar.** ANT. **disimular.**

subrepticio, cia ***adj.*** Se dice de lo que está oculto o de lo que se hace a escondidas: *Los dos amigos hicieron un trato **subrepticio** porque no querían que los demás se enteraran.*

subrogar ***vb.*** {tr. y prnl.} Poner a una persona o una cosa en lugar de otra, en una relación jurídica: *Se **subrogó** en el contrato de su hermano.*

subsanar ***vb.*** {tr.} Reparar un daño o corregir un error: *Don Alfonso les devolverá el balón en cuanto sepa quién **subsanará** la rotura del cristal de su ventana.* SIN. **remediar, arreglar, enmendar.**

subscribir o **suscribir** ***vb.*** {tr. y prnl.} **1** Firmar al pie de un escrito: ***Subscribió** la carta de solicitud, la dobló y la metió en un sobre.* **2** Pagar por adelantado la compra de una publicación periódica. ***Me subscribí** a la revista que siempre compro, porque así me costará más barata y la recibiré en mi casa.*

subscripción o **suscripción** ***f.*** **1** Hecho de firmar al pie de un escrito: *La **subscripción** de este documento por todos los ciudadanos ayudará a que el gobierno considere seriamente lo que entre todos estamos solicitando.* **2** Pago por adelantado de la compra de una publicación periódica: *Joaquín quiere una **subscripción** por un año a la revista de medicina.*

subscriptor, ra o **suscritor, ra** ***m.*** y ***f.*** Persona que paga por adelantado la compra de una publicación periódica: *Los **subscriptores** reciben en su domicilio la revista o diario que han comprado.*

subsecretaría ***f.*** **1** Cargo del subsecretario y oficina donde despacha. **2** Conjunto de funciones y servicios de una subsecretaría.

subsecretario, ria ***m.*** y ***f.*** Persona que sustituye y ayuda al secretario: *El secretario se encuentra en una gira con el presidente pero, si usted gusta, puede recibirlo el **subsecretario.***

subsecuente ***adj.*** Se aplica a lo que sigue inmediatamente después de algo: *El maestro leyó el primer párrafo del libro y pidió a un alumno que leyera el párrafo **subsecuente.*** SIN. **siguiente.**

subsidiar ***vb.*** {tr.} Ayudar en lo económico a completar los ingresos de un organismo o de un individuo de manera oficial: *El gobierno **subsidiará** los gastos del nuevo hospital hasta que éste pueda sostenerse de manera independiente.*

subsidiario, ria ***adj.*** **1** Que se da como subsidio o socorro: *El gobierno da un apoyo **subsidiario** a la leche y otros productos alimenticios.* **2** Que sirve para reforzar lo principal, o le sirve de complemento. **3** Se aplica a la acción o responsabilidad que sustituye o suple a otra principal en caso de que falle ésta: *Tienes la responsabilidad **subsidiaria** del proyecto.*

subsidio ***m.*** Ayuda económica de carácter oficial que sirve para completar los ingresos de un organismo o de un individuo: *Para que los alimentos básicos no suban de precio, el gobierno ha concedido un **subsidio** a los distribuidores de leche y huevo.* SIN. **subvención, asistencia, apoyo.**

subsiguiente ***adj.*** Referido a lo que sigue inmediatamente después de algo: *Este capítulo del libro trata de los números positivos; el capítulo **subsiguiente** trata de los números negativos.* SIN. **subsecuente, siguiente.**

subsistencia ***f.*** Permanencia de una cosa o de la vida humana: *Con ese trabajo gana lo suficiente para la **subsistencia** de su familia.*

subsistir ***vb.*** {intr.} **1** Durar, conservarse: *La ciudad ha cambiado mucho, pero algunas construcciones viejas **subsisten** todavía entre los altos edificios nuevos.* SIN. **perdurar.** ANT. **perecer. 2** Vivir: *Los peces no **subsisten** fuera del agua.* SIN. **sobrevivir.** ANT. **perecer, morir.**

substancia o **sustancia** ***f.*** **1** Materia que forma los cuerpos, ya sean gaseosos, líquidos o sólidos: *El vinagre es una **substancia** líquida y agria.* **2** Esencia de las cosas. **3** Valor o importancia de una cosa: *Ese discurso no tiene **substancia**, sólo repite frases vacías que no dicen realmente nada.* **4** Jugo o caldo que se obtiene de algunos alimentos: *Prepara la sopa con un trozo de carne para que tenga más **substancia**.*

substancial o **sustancial** ***adj.*** **1** Relativo a la materia y a la esencia que forma las cosas. **2** Referido a lo que es importante o fundamental. SIN. **esencial, básico.**

substancioso, sa o **sustancioso, sa** ***adj.*** **1** Se dice de lo que tiene substancia o materia: *Un vaso de leche es un alimento más **substancioso** que una limonada.* SIN. **nutritivo. 2** Aplicado a lo que es esencial o importante: *Hugo renunció a su trabajo y aceptó otro con un sueldo más **substancioso**.* SIN. **valioso, interesante.** ANT. **insignificante.**

substitución o **sustitución** ***f.*** Cambio en el que alguien o algo se pone en lugar de otro: *El carpintero realizó la **substitución** de la puerta dañada por una puerta nueva.* SIN. **reemplazo.**

substituible o **sustituible** ***adj.*** Se aplica a lo que puede cambiarse por otra cosa: *Si se termina la vela, no te preocupes, es **substituible**.*

substituir o **sustituir** ***vb. irreg.*** {tr.} **Modelo 59.** Poner a alguien o algo en lugar de otro: *Alguien **ha substituido** un cuadro original por uno falso, ¡llamen a la policía!* SIN. **reemplazar.**

substitutivo o **sustitutivo** ***adj./m.*** Se refiere a lo que sirve para reemplazar una cosa.

substituto, ta o **sustituto, ta** ***m.*** y ***f.*** Persona que reemplaza a otra en un empleo: *El profesor se fue de vacaciones y ahora nos está dando clases un **substituto**.* SIN. **reemplazante.**

substracción o **sustracción** ***f.*** **1** Hecho de quitar o separar algo de un todo. SIN. **separación.** ANT. **incorporación. 2** Hecho de tomar algo que no es de uno sin que nadie lo note: *La **substracción** del dinero que se encontraba en la joyería fue una noticia muy desagradable para el dueño.* SIN. **robo, hurto, despojo.** ANT. **devolución. 3** En matemáticas, operación que consiste en quitar una cantidad de otra: *La maestra anotó una serie de **substracciones** para resolver.* SIN. **resta.** ANT. **suma.**

substraendo o **sustraendo** ***m.*** En matemáticas, cantidad que hay que quitar o restar de otra: *En la operación 6 – 4 = 2, el número 4 es el **substraendo**.*

substraer o **sustraer** ***vb. irreg.*** {tr.} **Modelo 38. 1** Tomar algo que no es de uno sin que nadie se dé cuenta: *Quiero devolverte el lápiz que **substraje** de tu escritorio mientras estabas ocupado. Estoy muy avergonzado de haberlo hecho.* SIN. **robar, hurtar, despojar. 2** Quitar o separar algo que formaba parte de un todo: *El médico **substrajo** la bala del brazo del policía herido.* **3** En matemáticas, realizar la operación que consiste en quitar una cantidad de otra. SIN. **restar.** ANT. **sumar.**

substrato o **sustrato** ***m.*** Parte del suelo situada debajo del terreno superficial.

subsuelo ***m.*** Terreno que está debajo de la capa de tierra de la superficie: *En el pueblo hicieron un pozo para obtener agua del **subsuelo**.*

subte ***m. Argent.*** Apócope de subterráneo, tren que circula por debajo de las calles de la ciudad. SIN. **metro.**

subterfugio ***m.*** Excusa o pretexto que se da cuando no se quiere hacer o cumplir algo: *El joven sospechó de los **subterfugios** de su novia y comprendió que ella no quería casarse con él.* SIN. **evasiva, pretexto.**

subterráneo ***m.*** **1** Lugar situado bajo la superficie de la tierra: *Durante los bombardeos, los ciudadanos se refugiaban en **subterráneos**.* **2** ***Argent.*** Tren que circula por debajo de las calles de la ciudad. SIN. **metro, subte.**

subterráneo, a ***adj.*** Relativo a lo que está debajo de la tierra: *El castillo tenía un camino **subterráneo** que comunicaba con el exterior de manera secreta.*

subtitulado, da ***adj.*** Se aplica al programa o filme en otro idioma, en que la traducción aparece escrita en la parte de abajo de la pantalla: *Este filme no está **subtitulado**, y como es en francés no entiendo lo que dicen los personajes.*

subtitular ***vb.*** {tr.} **1** Agregar un título secundario a una obra escrita o a una de sus partes: *Para que tu cuento quede más claro, debes **subtitular** las partes en las que está dividido.* **2** Poner subtítulos que traducen lo que se dice en un filme o programa hablados en otro idioma.

subtítulo ***m.*** **1** Título secundario que se agrega a una obra escrita o a una de sus partes: *El nuevo libro de Angélica se llama* Un Hombre Fuerte, *y lleva el subtítulo de: "La verdadera historia de Elvis Presley".* **2** Texto escrito que aparece en la parte inferior de la pantalla y que traduce los diálogos de filmes y programas hablados en otro idioma: *Tienes que leer más rápido si quieres entender lo que está escrito en los **subtítulos**.*

suburbano, na ***adj.*** Relativo al terreno o la zona que está muy cerca de la ciudad, sin formar parte de ésta: *Elvira tomó un transporte **suburbano** para ir a visitar a su abuelita que vive en las afueras de la ciudad.*

suburbio ***m.*** Barrio situado en los alrededores de una ciudad: *Eduardo vive en un **suburbio** de la ciudad y le toma dos horas llegar al centro.* SIN. **afueras.**

subutilización ***f.*** Hecho de no aprovechar o utilizar en su totalidad algo: *Muchas veces, la **subutilización** de recursos se traduce en desperdicios y pérdidas económicas para las empresas.*

subvención ***f.*** Ayuda económica de carácter oficial que se da a un organismo o un individuo que realiza obras de interés público: *La empresa que construye casas para la gente pobre recibe una **subvención** del gobierno.* SIN. **subsidio, asistencia, apoyo.**

subvencionar ***vb.*** {tr.} Ayudar en lo económico a un organismo o individuo que realiza obras de interés público: *Una empresa **subvencionará** la filmación de este programa sobre la historia.* SIN. **subsidiar, apoyar.**

subversión ***f.*** Hecho de alterar el orden social: *Los inconformes detenidos fueron acusados de **subversión**.*

subversivo, va ***adj.*** Relativo a lo que intenta alterar el orden social.

subvertir ***vb. irreg.*** {tr.} **Modelo 50.** Alterar el orden establecido: *Las revoluciones* ***subvierten*** *las formas de gobierno antiguas para dar lugar a un cambio en la sociedad.* Sin. **trastornar, revolver.**

subyacente ***adj.*** Que existe debajo de otra cosa: *"**Subyacente** a esta moderna avenida hay un río que hace tiempo fue entubado", explicó el ingeniero a sus colegas.*

subyacer ***vb. irreg.*** {intr.} **Modelo 43.** Existir algo debajo de una cosa o como trasfondo: *Aunque el tema de la novela es triste, la idea que* ***subyace*** *a lo largo de todo el libro es de una gran esperanza.*

subyugar ***vb.*** {tr. y prnl.} Obligar a alguien a obedecer a una autoridad: *Por medio de la guerra ese país intentó* ***subyugar*** *a la nación vecina.* Sin. **someter, dominar, oprimir.**

succión ***f.*** Hecho de chupar: *Los bebés se alimentan por medio de la* ***succión*** *de la leche materna.*

succionar ***vb.*** {tr.} **1** Apretar con fuerza los labios contra una cosa para sacarle la sustancia: *El cachorro nació muy débil y no puede* ***succionar*** *la teta de su madre.* Sin. **chupar, sorber. 2** Obtener el líquido de un cuerpo haciendo presión: *Esta máquina* ***succiona*** *el petróleo que está bajo la tierra.*

sucedáneo, a ***adj.*** Relativo a la sustancia que puede reemplazar a otra: *La sacarina es una sustancia* ***sucedánea*** *del azúcar porque también endulza.*

suceder ***vb.*** {tr., intr. y prnl.} **1** Producirse un hecho, ocurrir algo. Sin. **acontecer, pasar, acaecer. 2** Ir algo después de otra cosa, en orden: *El verano* ***sucede*** *a la primavera.* Sin. **seguir. 3** Ocupar alguien el trabajo o el lugar de otra persona: *Todos los empleados dieron la bienvenida al director que* ***sucedería*** *al anterior.* Sin. **reemplazar. 4** Heredar a alguien: *Los hijos* ***suceden*** *a los padres.* **5** Seguirse una cosa a otra: *Los días* ***se suceden*** *uno tras otro sin detenerse.*

sucedido ***m.*** Cosa que ha pasado, suceso, hecho: *Ayer nos enteramos por la radio de un terrible* ***sucedido*** *que terminó convirtiéndose en leyenda.*

sucesión ***f.*** **1** Serie de hechos que ocurren uno después de otro y que están relacionados entre sí: *Durante la semana en que Rafael estuvo hospitalizado, recibió una* ***sucesión*** *de visitas.* Sin. **cadena, sarta. 2** Serie de cosas que van una después de otra, siguiendo un orden: *La escala musical es una* ***sucesión*** *de siete notas.* **3** Conjunto de bienes materiales que pasan a ser propiedad de los hijos cuando los padres mueren: *El abogado llamó a la familia del difunto para la* ***sucesión.*** Sin. **herencia.**

sucesivo, va ***adj.*** **1** Se refiere a lo que sucede o sigue a otra cosa: *Enrique escribió tres cartas* ***sucesivas*** *a su novia y no recibió contestación de ella.* Sin. **seguido. 2** ***loc.*** **En lo ~,** de ahora en adelante.

suceso ***m.*** Hecho que sucede u ocurre, en especial si tiene algún interés: *Los diarios publican todos los días muchos* ***sucesos*** *del país y del mundo.* Sin. **hecho, acontecimiento.**

sucesor, ra ***adj./m.*** y ***f.*** Se aplica a la persona que sigue o sucede a otra en un trabajo o herencia: *El dueño de la fábrica ha muerto y los* ***sucesores*** *piensan venderla.* Sin. **heredero.**

sucesorio, ria ***adj.*** Relativo a una herencia o sucesión: *En el juicio* ***sucesorio*** *se definirá a quién corresponden las propiedades que el difunto dejó como herencia.*

suciedad ***f.*** Falta de limpieza: *Para quitar la* ***suciedad*** *del piso hay que lavarlo con agua y jabón.* Sin. **porquería.** Ant. **limpieza.**

sucinto, ta ***adj.*** Se refiere a lo que se dice en pocas palabras: *Mi padre me explicó de manera* ***sucinta,*** *en tres minutos, cómo es que nacen los niños.* Sin. **breve, conciso.** Ant. **extenso, largo.**

sucio, cia ***adj.*** **1** Se aplica a lo que tiene manchas o no está limpio: *Tu camisa está* ***sucia*** *de chocolate.* Sin. **chorreado.** Ant. **limpio. 2** Se dice de lo que se ensucia de manera fácil: *Los colores oscuros no son tan* ***sucios*** *como los claros.* **3** Se aplica a quien no cuida de su aseo personal: *No seas* ***sucio,*** *deja de arrojar basura en la calle.* Sin. **cochino, puerco, chancho.** Ant. **limpio, aseado. 4** Referido a lo que está fuera de la ley: *Ese jugador es muy* ***sucio,*** *cuando el árbitro no lo ve patea a los jugadores contrarios.* Sin. **tramposo.**

sucre ***m.*** Antigua unidad monetaria de Ecuador, país de América del Sur.

suculento, ta ***adj.*** Se aplica al alimento o comida abundante y de buen sabor: *Mi abuelita me preparó un* ***suculento*** *plato de carne con verduras que me gustó mucho.* Sin. **sabroso, nutritivo, sustancioso.**

sucumbir ***vb.*** {intr.} **1** No resistir: *Jacinta* ***sucumbió*** *a la tentación de comerse un helado.* Sin. **ceder. 2** Morir, dejar de existir: *Dos personas* ***sucumbieron*** *en el accidente.* Sin. **perecer, fallecer.** Ant. **sobrevivir.**

sucursal ***f.*** Establecimiento o industria que depende de otro principal: *Esta oficina bancaria es una* ***sucursal;*** *la oficina central se encuentra en la capital del país.* Sin. **filial, dependencia.**

sudación ***f.*** Producción de sudor en el cuerpo: *Algunos desodorantes tienen componentes químicos que controlan y perfuman la* ***sudación.*** Sin. **transpiración.**

sudadera ***f. Méx.*** Prenda de vestir deportiva hecha de algodón, que cubre el pecho, la espalda y los brazos.

sudafricano, na ***adj./m.*** y ***f.*** Originario de África del Sur o también, de la República de Sudáfrica: *Angola, Zambia y Botswana son países* ***sudafricanos.***

sudamericano, na o **suramericano, na** ***adj./m.*** y ***f.*** Originario de América del Sur: *Bolivia es un país* ***sudamericano.***

sudanés, nesa ***adj./m.*** y ***f.*** Originario de Sudán, país de África: *Los* ***sudaneses*** *se independizaron de Inglaterra en 1956.*

sudar ***vb.*** {tr. e intr.} **1** Expulsar el cuerpo un líquido llamado sudor a través de los poros de la piel: *El calor y el ejercicio físico hacen* ***sudar.*** Sin. **transpirar, exudar. 2** ***Fam.*** Trabajar con esfuerzo: *Si quieres conseguir el aumento de sueldo, tendrás que* ***sudar*** *bastante.*

sudario ***m.*** Lienzo en que se envuelve a un difunto. Sin. **mortaja.**

sudcoreano, na ***adj./m.*** y ***f.*** De Corea del Sur.

sudestada ***f. Argent.*** y ***Urug.*** Viento fuerte acompañado de lluvia que viene del sureste.

sudeste o **sureste** ***m.*** Punto del horizonte situado entre el sur y el este.

sudoeste o **suroeste** ***m.*** Punto del horizonte situado entre el sur y el oeste: *Las ventanas de esa habitación dan al* ***sudoeste,*** *por donde se pone el sol, por eso reciben luz en la tarde.*

sudor ***m.*** Líquido transparente y salado que sale por los poros de la piel: *Usó un pañuelo para secarse el* ***sudor*** *de la frente.*

sudoración ***f.*** Secreción de sudor, especialmente si es abundante: *Usa un fuerte antitranspirante para evitar el mal olor de la excesiva* ***sudoración*** *que tiene.*

sudorífico, ca ***adj.*** Que hace sudar: *Muchas personas toman* ***sudoríficos*** *baños de vapor, para así arrojar toxinas a través de la piel.*

sudoríparo, ra ***adj.*** Se refiere a lo que produce o segrega sudor: *El cuerpo humano tiene glándulas* ***sudoríparas.***
sudoroso, sa ***adj.*** Se refiere al que está cubierto de sudor: *Corrió mucho y llegó a su casa* ***sudoroso*** *y cansado.*
sueco ***m.*** Idioma hablado en Suecia.
sueco, ca ***adj./m.*** y ***f.*** Originario de Suecia, país de Europa: *Estocolmo es una ciudad* ***sueca*** *y allí se celebra la entrega de los premios Nobel.*
suegro, gra ***m.*** y ***f.*** Respecto a una persona casada, padre y madre de su esposo o esposa: *Mis abuelos maternos son los* ***suegros*** *de mi papá.*
suela ***f.*** Parte del zapato que toca el suelo: *Las* ***suelas*** *de sus zapatos están gastadas de tanto caminar.*
sueldo ***m.*** Cantidad fija de dinero que se recibe por un trabajo: *El último día de cada mes Joaquín cobra su* ***sueldo.*** SIN. **salario, paga.**
suelo ***m.*** **1** Superficie por la que se camina: *Pilar está botando el balón en el* ***suelo.*** **2** Superficie de la tierra: *Éste es un* ***suelo*** *apropiado para sembrar maíz.* SIN. **terreno. 3** Piso, hormigón o concreto: *Esa casa tiene* ***suelo*** *de ladrillo.*
suelto ***m.*** Dinero en moneda de metal, de baja denominación: *Pagó con un billete porque no tenía* ***suelto.*** SIN. **cambio, monedas.**
suelto, ta ***adj.*** **1** Aplicado a lo que no está unido a otra cosa: *Este libro tiene tres páginas* ***sueltas,*** *voy a pegarlas con las demás.* SIN. **separado. 2** Referido al que está libro, no sujeto: *Me gusta tener el cabello* ***suelto*** *y no atado en una trenza.* SIN. **desatado. 3** Se refiere al dinero en moneda de metal, de baja denominación: *El abuelo me dio unas monedas* ***sueltas*** *para comprar chocolates.* SIN. **cambio, sencillo.**
sueño ***m.*** **1** Acto de dormir: *Los adultos hablaban en voz baja para no turbar el* ***sueño*** *de los niños.* **2** Hecho de imaginar cosas o sucesos mientras se duerme: *Anoche tuve un* ***sueño*** *en el que viajaba en un globo.* **3** Ganas de dormir: *El niño llora porque tiene* ***sueño,*** *su madre lo va a llevar a la cama.* **4** Fantasía, cosa que no se puede realizar: *Su* ***sueño*** *era ser astronauta, pero cuando creció estudió medicina y se casó.* SIN. **ilusión, deseo, ambición.**
suero ***m.*** Líquido hecho con agua, sales y otras sustancias que se inyecta en la sangre como medicina o se bebe como alimento: *Cuando estuvo en el hospital le pusieron* ***suero*** *mientras no podía comer.*
suerte ***f.*** **1** Fuerza que hace que las cosas sucedan de una manera determinada: *La* ***suerte*** *ha sido cruel con ese señor, su esposa acaba de morir y sólo tenía 25 años.* SIN. **destino, sino. 2** Casualidad a la que se fía la resolución de una cosa: *Como no podían decidir a quién de los dos le tocaba barrer la casa, lo dejaron a la* ***suerte*** *y echaron una moneda al aire.* SIN. **azar. 3** Fuerza que hace que algo resulte favorable o contrario para alguien: *No compro billetes de lotería porque tengo mala* ***suerte*** *y nunca gano nada.* SIN. **estrella, fortuna, ventura. 4** Género o clase de cosas: *En esa tienda venden toda* ***suerte*** *de vestidos.* SIN. **especie. 5** *loc.* **Por ~,** casualidad favorable: ***Por suerte*** *te encuentro, tenía deseos de verte.*
suertudo, da ***adj.*** *Fam.* Se aplica a la persona que tiene muy buena suerte.
suéter ***m.*** **Palabra de origen inglés.** Prenda de vestir tejida, por lo general de lana, que cubre el pecho, la espalda y los brazos: *Se puso un* ***suéter*** *porque hace frío.* SIN. **jersey, pulóver, chompa, tricota.**
suficiencia ***f.*** **1** Aptitud o habilidad que se tiene para hacer algo. **2** Creencia que tiene uno de ser mejor que los demás. SIN. **presunción, engreimiento.**
suficiente ***adj.*** **1** Relativo a lo que no es ni mucho ni poco: *Hay leche* ***suficiente*** *para que todos los niños tomen un vaso.* SIN. **bastante.** ANT. **insuficiente. 2** Se refiere a lo que sirve para una cosa. SIN. **apto, idóneo, aceptable.**
suficiente ***m.*** Calificación de aprobado: *Raquel aprobó la materia porque obtuvo* ***suficiente*** *en el examen.*
sufijo ***m.*** Elemento que se coloca al final de ciertas palabras para modificar su sentido o función: *Los* ***sufijos*** –ito e –ita *sirven para expresar que algo es pequeño, como en las palabras* zapatito *y* casita.
sufragar ***vb. irreg.*** {tr. e intr.} **Modelo 17. 1** Hacerse cargo de los gastos que ocasiona algo: *El suegro de Fernando* ***sufragó*** *los gastos de la boda.* SIN. **costear. 2** *Amér.* Elegir a un candidato por medio del voto. SIN. **votar.**
sufragio ***m.*** **1** Sistema para elegir un candidato por medio del voto: *En muchos países, el* ***sufragio*** *es el sistema usado para elegir al presidente.* SIN. **votación. 2** Opinión que se expresa para elegir a alguien por mayoría: *Cuando termina la votación, las personas autorizadas cuentan los* ***sufragios*** *para saber quién ganó las elecciones.* SIN. **voto.**
sufrido, da ***adj.*** Se aplica a la persona que soporta con paciencia algo: *La hija mayor era la más* ***sufrida,*** *quizá por eso tomó la responsabilidad de criar a sus hermanas pequeñas cuando sus padres murieron.*
sufrimiento ***m.*** Sensación de tristeza o de dolor: *La muerte de mi perro me causó* ***sufrimiento.***
sufrir ***vb.*** {tr. e intr.} **1** Sentir dolor o tristeza a causa de algo: *El veterinario le inyectó un tranquilizante a la perra para que no* ***sufriera*** *mientras la operaba.* SIN. **padecer. 2** Soportar algo doloroso o difícil: *Tú no tienes por qué* ***sufrir*** *su mal humor, él tiene que aprender a respetarte.* SIN. **soportar, aguantar, tolerar.**
sugerencia ***f.*** Idea que se da a alguien: *Leer un cuento cada noche... ¡Qué buena* ***sugerencia!*** SIN. **propuesta, consejo.**
sugerente ***adj.*** Se refiere a lo que provoca o inspira una idea: *Esta música es muy* ***sugerente,*** *me hace sentir mucha alegría.*
sugerir ***vb. irreg.*** {tr.} **Modelo 50.** Provocar en alguien una idea. SIN. **proponer, aconsejar.**
sugestión ***f.*** **1** Sugerencia. **2** Proceso de la mente que consiste en pensar o actuar bajo la influencia de otra persona.
sugestionable ***adj.*** Se dice de la persona que es fácil de sugestionar: *Wilfredo se puso a hablar de pulgas y Amanda, que es muy* ***sugestionable,*** *comenzó a rascarse los brazos y las piernas.*
sugestionar ***vb.*** {tr.} Influir en la voluntad de alguien dominando sus ideas: *Algunos psicólogos* ***sugestionan*** *a sus pacientes por medio de la hipnosis para curarlos.*
sugestivo, va ***adj.*** Se dice de lo que resulta muy atractivo o prometedor: *Hacer el viaje en grupo era una idea* ***sugestiva,*** *pero por desgracia no pudimos realizarlo.* SIN. **seductor, fascinante.**
suicida ***adj./m.*** y ***f.*** Se aplica a las acciones que pueden ocasionar la muerte de la persona que las lleva a cabo: *Cruzar caminando un desierto tan grande es un acto* ***suicida.***
suicidarse ***vb.*** {prnl.} Quitarse la vida de manera voluntaria: *Algunas personas* ***se suicidan*** *porque piensan que ya no vale la pena vivir.*
suicidio ***m.*** Acción de quitarse de manera voluntaria la vida: *Entre la antigua nobleza del Japón, el* ***suicidio*** *era una manera de mantener el honor.*
suite ***f.*** **Palabra de origen francés.** Alojamiento de lujo en un hotel, que tiene varias habitaciones con un área de comunicación entre ellas: *Una* ***suite*** *se parece a un apartamento, pero más lujosa.*

suite ***f.*** **Palabra de origen francés.** En música, selección de fragmentos sinfónicos extraídos de una obra mayor para tocarlos en un concierto: *La parte central del programa fue la* ***suite*** *del Cascanueces, de Tchaikowsky.*

suizo, za ***adj./m.*** y ***f.*** Originario de Suiza, país de Europa: *Los* ***suizos*** *no participaron en la Segunda Guerra Mundial, se mantuvieron neutrales.*

sujetador ***m. Esp.*** Prenda de vestir femenina que sujeta el pecho y se usa debajo de la ropa. SIN. **brasier, sostén, corpiño, ajustadores.**

sujetar ***vb.*** {tr. y prnl.} **1** Agarrar algo o a alguien con fuerza: ***Sujeta*** *bien la bolsa de huevos, no se vayan a caer.* **2** Mantener algo seguro para que no se mueva: *El hombre* ***sujetó*** *al perro con una cuerda para que no se fuera a la calle.* **3** Agarrarse de algo o de alguien con fuerza: *Cuando crucemos el río* ***sujétate*** *de mí para que no te lleve la corriente del agua.* **4** Comprometerse a cumplir con algo: *Todos los ciudadanos deben* ***sujetarse*** *a la ley.*

sujeto ***m.*** **1** Persona, sin especificar quién: *Es importante no hablar con cualquier* ***sujeto*** *que se nos acerque en la calle.* SIN. **individuo, tipo. 2** Palabra o conjunto de palabras sobre las que el predicado enuncia algo y función que realizan en la oración: *En la oración "Todos esos jóvenes tocan piano", "todos esos jóvenes" es el* ***sujeto.***

sujeto, ta ***adj.*** **1** Referido a lo que está puesto de tal manera que no se mueve o no se cae: *La tabla está* ***sujeta*** *con clavos.* **2** Se dice de lo que depende de otra cosa o puede recibir el efecto de algo: *El plan del viaje está* ***sujeto*** *a cualquier idea nueva.*

sulfato ***m.*** Sal del ácido sulfúrico.

sulfhídrico ***adj.*** Se aplica al ácido formado por hidrógeno y azufre: *El ácido* ***sulfhídrico*** *es muy corrosivo, muy tóxico y huele a huevo podrido.*

sulfurar ***vb.*** {tr. y prnl.} *Fam.* Hacer enojar a alguien o enojarse uno: *Si alguien se burla de ti, no* ***te sulfures,*** *mejor ignora la broma.* SIN. **irritar, encolerizar.**

sulfúrico ***adj.*** Se aplica al ácido oxigenado derivado del azufre: *El ácido* ***sulfúrico*** *es muy corrosivo y se usa para elaborar otros ácidos, colorantes y explosivos.*

sulfuro ***m.*** Combinación del azufre con algún otro elemento.

sulfuroso, sa ***adj.*** Que contiene azufre o es como el azufre: *Los vapores* ***sulfurosos*** *que arrojó el volcán obligaron a que la gente de las poblaciones cercanas fuera evacuada.*

sultán, tana ***m.*** y ***f.*** En algunos países musulmanes, príncipe o gobernador: *El antiguo imperio turco estaba gobernado por un* ***sultán.***

sultana ***f.*** Mujer del sultán.

suma ***f.*** **1** Operación aritmética que consiste en reunir varias cantidades en una sola: *La maestra dictó varias* ***sumas*** *a los alumnos para que las resolvieran.* SIN. **adición.** ANT. **resta. 2** Resultado de la operación llamada suma: *Seis es la* ***suma*** *de cuatro y dos.* SIN. **total, resultado. 3** Cantidad de dinero: *Para iniciar su negocio tuvo que invertir una* ***suma*** *elevada.* **4** *loc.* **En ~,** en resumen o como conclusión.

sumadora ***f.*** Máquina que sirve para realizar sumas: *El contador Chávez tiene una* ***sumadora*** *mecánica; las cifras se escriben con un teclado y para irlas sumando se baja una palanca.*

sumando ***m.*** Nombre que se da a cada una de las cantidades que se suman: *En la operación 3 + 5 = 8, los números 3 y 5 son los* ***sumandos.***

sumar ***vb.*** {tr. y prnl.} **1** Reunir varias cantidades en una sola por medio de una operación aritmética: *Para saber cuánto dinero había gastado,* ***sumé*** *los precios de los productos que compré.* **2** Juntar o reunir algo: *El famoso escritor tiene una biblioteca que* ***suma*** *cerca de cinco mil libros.* **3** Participar en algo: *Los hermanos de varios compañeros del grupo* ***se sumaron*** *a nuestro viaje.* SIN. **agregarse, adherirse.**

sumario ***m.*** Texto corto que reúne sólo los asuntos más importantes relacionados con un tema: *Hice un* ***sumario*** *de biología con el que estudié para el examen.* SIN. **resumen, compendio.**

sumario, ria ***adj.*** Se dice de lo que es resumido o breve: *Tengo una versión* ***sumaria*** *de esta novela, que me va a servir para recordar las partes más importantes.*

sumergible ***adj.*** **1** Que puede ser sumergido en el agua sin que sufra deterioro alguno: *Mi nuevo reloj es* ***sumergible.*** **2** Se aplica a la nave capaz de navegar bajo el agua: *Los submarinos son barcos* ***sumergibles.***

sumergir ***vb. irreg.*** {tr. y prnl.} **Modelo 61. 1** Poner algo dentro de un líquido hasta que esté totalmente cubierto por dicho líquido: *Rosalía* ***sumergió*** *la ropa en el agua, le puso jabón y la dejó un rato antes de lavarla.* **2** Meterse en el agua: *Los buceadores* ***se sumergieron*** *en el mar para buscar los restos del barco hundido.* ANT. **emerger.**

sumersión ***f.*** Hecho de meter algo o meterse debajo del agua o de un líquido.

sumidero ***m.*** Canal que sirve de desagüe: *En las calles hay* ***sumideros*** *por los que se va el agua de lluvia.* SIN. **cloaca, alcantarilla.**

suministrar ***vb.*** {tr.} Proporcionar a alguien lo necesario: *Esos trabajadores están colocando las tuberías para* ***suministrar*** *agua al barrio nuevo.* SIN. **proveer, abastecer, surtir.**

suministro ***m.*** Hecho de dar a alguien lo necesario: *Los empleados de la compañía de luz cortarán el* ***suministro*** *de energía eléctrica porque van a reparar los cables.* SIN. **abastecimiento.**

sumir ***vb.*** {tr. y prnl.} **1** Poner algo dentro de un líquido hasta que esté totalmente cubierto por dicho líquido: *Ulises* ***sumió*** *las verduras en el agua y las puso a hervir.* **2** Meterse en el agua: *El delfín dio un brinco y volvió a* ***sumirse*** *en el mar.* ANT. **emerger. 3** *Méx.* Abollar alguna cosa: *Con el golpe, se* ***sumió*** *la cacerola.*

sumisión ***f.*** **1** Hecho de poner a alguien bajo la autoridad de otro: *La* ***sumisión*** *del enemigo se logró después de una cruel batalla.* **2** Hecho de cumplir lo que otro manda: *En el ejército, los soldados deben mostrar* ***sumisión*** *hacia los oficiales.* SIN. **obediencia.** ANT. **rebeldía.**

sumiso, sa ***adj.*** Obediente, fácil de dirigir o manejar por otros: *"Rufo" es un perro* ***sumiso*** *que obedece a su amo.* SIN. **dócil.** ANT. **rebelde.**

sumo ***m.*** **Palabra de origen japonés.** Lucha tradicional del Japón que combina fuerza, resistencia y agilidad: *Los luchadores de* ***sumo*** *llevan una dieta especial para hacerse corpulentos.*

sumo, ma ***adj.*** **1** Se aplica a lo que es muy grande o muy superior: *Si vas a mover cosas de vidrio, hazlo con* ***sumo*** *cuidado para que no se rompan.* **2** *loc.* **A lo ~,** si acaso, al límite que puede llegar algo o alguien.

suntuario, ria ***adj.*** Relativo al lujo o abundancia de riqueza: *Los bienes* ***suntuarios,*** *como las joyas, pagan más impuestos que los bienes de primera necesidad, como una cama.*

suntuosidad ***f.*** Lujo muy grande: *La* ***suntuosidad*** *de los salones de esa casona que hoy es museo habla de la riqueza que acumularon sus primeros dueños.*

suntuoso, sa ***adj.*** Se refiere a lo que es muy lujoso: *Esa familia de aristócratas vivía en un palacio* ***suntuoso.*** SIN. **ostentoso, rico.** ANT. **pobre.**

supeditar ***vb.*** {tr. y prnl.} Hacer que algo dependa de otra cosa o de una condición: *Helena quiere comprar muebles, pero* ***ha supeditado*** *ese deseo a la obtención de buenos ingresos durante los próximos tres meses.*

súper ***adj.*** **Palabra de origen inglés.** Se dice de lo que es muy bueno o superior: *No te pierdas ese filme de ciencia ficción, está* ***súper.*** SIN. **magnífico.**

súper ***m.*** **Palabra de origen inglés.** ***Méx.*** Apócope de supermercado, tienda grande en la que se venden artículos para el hogar, alimentos, ropa, etc.: *Juliana está escribiendo una lista de artículos que necesita comprar en el* ***súper.***

superable ***adj.*** Se aplica a lo que se puede hacer mejor o a aquello cuyas dificultades se pueden vencer: *Estos obstáculos son* ***superables,*** *los caballos podrán saltarlos sin riesgo de lastimarse.* ANT. **insuperable.**

superabundancia ***f.*** Gran abundancia de algo: *La* ***superabundancia*** *de lirio acuático en esa laguna obligó a meter máquinas especiales para retirar la enorme cantidad de plantas.*

superación ***f.*** Hecho de mejorar algo o de vencer las dificultades que algo presenta: *La* ***superación*** *de la prueba le permitió pasar al ejercicio siguiente.*

superado, da ***adj.*** Vencido: *Presume de dificultades* ***superadas.***

superar ***vb.*** {tr. y prnl.} **1** Ser algo o alguien de más calidad o categoría que otra persona o cosa: *Esta tela de seda natural* ***supera*** *en calidad a ésta, que es de fibra artificial.* SIN. **aventajar, ganar. 2** Vencer dificultades: *El hombre* ***superó*** *sus problemas después de mucho esfuerzo.* **3** Hacer una cosa mejor que otras veces: *Si quiero ganar una beca, tengo que* ***superarme,*** *estudiaré más para obtener mejores calificaciones.*

superávit ***m.*** Diferencia favorable entre los ingresos y los gastos: *La empresa ganó cinco mil pesos y gastó tres mil, así que tuvo un* ***superávit*** *de dos mil pesos.* SIN. **ganancia.**

superchería ***f.*** Dicho o acción alejado de la verdad que se dice o se hace para engañar a alguien: *Decir que los monstruos se comen a los niños son* ***supercherías.*** SIN. **engaño.**

superdotado, da ***adj./m.*** y ***f.*** Se aplica al que tiene cualidades que exceden a las normales: *Ésa es una escuela para* ***superdotados*** *a la que asisten los estudiantes que son mucho más inteligentes que los normales.*

superficial ***adj.*** **1** Relativo a la superficie: *Las plantas crecen en la parte más* ***superficial*** *de la Tierra.* **2** Aplicado a lo que es poco profundo: *"No te preocupes, es una herida* ***superficial*** *y sanará muy pronto."* SIN. **exterior, externo.** ANT. **profundo. 3** ***Fam.*** Se dice de la persona que se fija en el aspecto externo de las cosas y de los demás, sin tener en cuenta lo más profundo: *Rosa es una chica muy* ***superficial*** *que sólo piensa en ropa, joyas, maquillajes, fiestas.* SIN. **frívolo, trivial.** ANT. **profundo.**

superficie ***f.*** **1** Parte externa que limita un cuerpo: *El barco navega por la* ***superficie*** *del mar.* ANT. **fondo. 2** Extensión de tierra: *En esta* ***superficie*** *hemos sembrado semillas de manzana.* **3** Espacio geométrico plano: *Una* ***superficie*** *se expresa en dos dimensiones, largo y ancho.* SIN. **área.**

superfluo, flua ***adj.*** Se refiere a lo que no es necesario: *Sergio no tiene mucho dinero así que no compra cosas* ***superfluas,*** *sino lo que realmente necesita.*

superíndice ***m.*** Letra o número pequeño situado en la parte superior derecha de una palabra o de un símbolo matemático.

superior ***adj.*** **1** Se refiere a lo que está situado encima de otra cosa: *La parte* ***superior*** *de un árbol es la copa, formada por ramas y hojas.* ANT. **inferior. 2** Aplicado a lo que es de más calidad o categoría: *Roberto se cree* ***superior*** *a los demás, pero en realidad es como todos nosotros.* **3** Relativo a quien tiene personas bajo su mando: *El director de la escuela ocupa un puesto* ***superior*** *al de los maestros.*

superior ***m.*** Persona que tiene a otros bajo su mando: *Para solucionar esta queja, el empleado debe consultar con el* ***superior.***

superior, ra ***adj./m.*** y ***f.*** Aplicado a quien dirige una comunidad religiosa: *La monja consultó con la* ***superiora*** *antes de tomar una decisión.*

superioridad ***f.*** Estado o condición de lo que tiene más calidad o cantidad: *Ellos están en* ***superioridad*** *numérica porque son siete y nosotros, sólo tres.* ANT. **inferioridad.**

superlativo, va ***adj./m.*** Relativo a lo que es muy grande o excelente en su línea: *En la frase "Julieta es simpatiquísima", "simpatiquísima" es el* ***superlativo*** *de "simpática".*

supermercado ***m.*** Establecimiento comercial de grandes dimensiones: *En el* ***supermercado*** *puedes comprar artículos para el hogar, alimentos, ropa y muchas otras cosas.*

supernumerario, ria ***adj.*** Que excede el número delimitado para una cantidad dentro de una categoría: *La cantidad de integrantes del club de ajedrez ya estaba completa, pero como Sergio juega muy bien, lo admitieron como socio* ***supernumerario.***

superpoblación ***f.*** *Ver* **sobrepoblación.**

superponer ***vb. irreg.*** {tr. y prnl.} **Modelo 27.** Poner una cosa sobre otra: *El bibliotecario* ***superpuso*** *los libros que estaban en su escritorio para hacer espacio.*

superposición ***f.*** Hecho de poner una cosa sobre otra: *La* ***superposición*** *de cubos en equilibrio es un juego de destreza para bebés y niños pequeños.*

superproducción ***f.*** Filme o película que costó mucho dinero filmar: *Las compañías estadounidenses filman muchas* ***superproducciones*** *iguales entre sí.*

supersónico, ca ***adj.*** Relativo a la velocidad superior a la del sonido: *Actualmente existen muchos aviones* ***supersónicos.***

superstición ***f.*** Creencia en lo sobrenatural que no está basada en la razón o en la religión: *La* ***superstición*** *hace que la gente crea en cosas falsas y tenga miedo de lo que no existe en realidad.*

supersticioso, sa ***adj.*** Se aplica a quien cree en lo sobrenatural sin formarse un juicio racional o religioso: *Los* ***supersticiosos*** *no pasan por debajo de una escalera porque dicen que trae mala suerte.*

supervisar ***vb.*** {tr.} Examinar que algo se está haciendo como es debido: *El arquitecto* ***supervisa*** *la construcción de la casa para asegurarse de que todo está bien.* SIN. **revisar.**

supervisión ***f.*** Examen que se hace de un trabajo para comprobar que está bien realizado: *La* ***supervisión*** *del funcionamiento de las máquinas la hacen los ingenieros que trabajan en la industria.*

supervisor, ra ***adj./m.*** y ***f.*** Referido a la persona que trabaja revisando que todo esté bien hecho: *La* ***supervisora*** *revisó los nombres de todos los alumnos para comprobar que no hubiera ningún error.*

supervivencia ***f.*** Hecho de mantenerse con vida: *Los animales huyen del peligro gracias a su instinto de* ***supervivencia.*** SIN. **sobrevivencia.**

superviviente ***adj./m.*** y ***f.*** Referido al que sobrevive a algo, por lo general a un accidente o enfermedad grave: *Esos* *tres viajeros son los **supervivientes** del choque del autobús.* SIN. **sobreviviente.**

supino, na ***adj.*** **1** Se refiere a la posición en que el cuerpo está acostado sobre la espalda: *La posición **supina** es lo que suele llamarse "estar boca arriba".* **2** Necio, tonto.

suplantar ***vb.*** {tr.} Ocupar de manera ilegal el lugar de otro: *El aventurero **suplantó** al príncipe para engañar al embajador.*

suplementario, ria ***adj.*** Se dice de lo que sirve para completar la falta de algo: *Como no le alcanza el sueldo consiguió un trabajo **suplementario** que realiza en sus ratos libres.* SIN. **accesorio.**

suplemento ***m.*** **1** Aquello que completa, suple o amplía otra cosa. SIN. **accesorio. 2** Cuaderno u hoja adicional de un diario o revista: *Los domingos, este diario publica un **suplemento** cultural.*

suplencia ***f.*** Hecho de reemplazar a alguien en su trabajo: *La maestra realiza una **suplencia** porque el maestro titular está enfermo.*

suplente ***adj.*** **1** Se aplica a la persona que realiza de forma temporal el trabajo de alguien: *La estrella del equipo se lesionó y en su lugar entró un jugador **suplente.*** **2** Persona que realiza de manera temporal el trabajo de alguien: *Los **suplentes** esperan en la banca mientras el equipo juega.*

supletorio, ria ***adj.*** **1** Que sirve para suplir o complementar. **2** Que suple lo que falta.

súplica ***f.*** Pedido que se hace de modo humilde e insistente: *Las **súplicas** de la madre no detuvieron al hijo que quería ser marinero y se fue en un barco.* SIN. **ruego.**

suplicante ***adj.*** Relativo al pedido que se hace de modo humilde e insistente: *La joven esclava, con voz **suplicante,** pidió permiso a su severo amo para contraer matrimonio con el joven que amaba.*

suplicar ***vb. irreg.*** {tr.} **Modelo 17.** Pedir algo de modo humilde e insistente: *Te **suplico** que me perdones, no quise lastimarte.* SIN. **rogar, implorar.**

suplicio ***m.*** Dolor físico o moral intenso y prolongado: *Tener que quedarse en casa a estudiar cuando todos están jugando es un verdadero **suplicio.*** SIN. **martirio, tortura.** ANT. **placer, gozo.**

suplir ***vb.*** {tr.} **1** Completar la falta de algo: *Marta **suple** su poca fuerza con habilidad.* SIN. **remediar. 2** Hacer el trabajo que por lo general hace otro: *Rodrigo no quiere faltar a su trabajo porque sabe que no hay nadie que pueda **suplirlo.*** SIN. **reemplazar.**

suponer ***vb. irreg.*** {tr.} **Modelo 27. 1** Creer que algo es cierto o que tiene muchas probabilidades de suceder: *Si no han llegado aún, **supongo** que ya vendrán en camino.* SIN. **creer. 2** Tener como consecuencia: *Reprobar este examen **supondría** la pérdida de mi beca de estudios.* SIN. **implicar. 3** Tener algo importancia o valor determinado para alguien: *Su familia **supone** mucho para él.* SIN. **representar, significar.**

suposición ***f.*** Opinión de que algo es de una manera. SIN. **conjetura, sospecha.**

supositorio ***m.*** Medicamento sólido que se introduce por el ano: *El médico le recetó unos **supositorios** para curar la fiebre.*

suprarrenal ***adj.*** Se refiere a cada una de las dos glándulas situadas encima de los riñones: *Las glándulas **suprarrenales** producen hormonas llamadas corticoides.*

supremacía ***f.*** Grado más alto de superioridad: *La **supremacía** de uno de los ajedrecistas sobre el otro fue notable, ganó el juego en pocos minutos.* SIN. **predominio, hegemonía.**

supremo, ma ***adj.*** Relativo al grado máximo de algo. SIN. **máximo.** ANT. **inferior.**

supresión ***f.*** **1** Acción y efecto de suprimir. **2** Lo que se suprime: *"Esas marcas indican **supresiones,** es decir, que los párrafos así marcados deben salir", indicó el corrector al tipógrafo.*

suprimir ***vb.*** {tr.} Hacer que desaparezca algo: ***Suprime** algunos adjetivos y tu poema será más impactante.* SIN. **quitar, eliminar, substraer.**

supuesto, ta ***adj./m.*** Se refiere a lo que se considera cierto aunque no sea verdadero o a lo que todavía no se ha comprobado que es verdad: *Para elaborar una teoría, los científicos deben comprobar que sus **supuestos** son verdaderos.* SIN. **hipótesis.**

supuración ***f.*** Producción de pus en una herida: *Está tomando fuertes antibióticos para detener la **supuración.***

supurar ***vb.*** {intr.} Salir pus de una herida: *Como no se lavó después de que se lastimó, ahora su herida **supura.***

sur ***adj.*** Se aplica a lo que se encuentra en el punto cardinal opuesto al norte.

sur ***m.*** Punto cardinal opuesto al norte: *Argentina está al **sur** del continente americano.*

surcar ***vb. irreg.*** {tr.} **Modelo 17. 1** Volar por el espacio o navegar por el mar: *He soñado muchas veces que **surcaba** el cielo en una nave espacial.* **2** Hacer surcos en la tierra: *El campesino **surca** la tierra con el arado y los campos quedan como si un gigante les hubiera pasado un peine.* SIN. **arar.**

surco ***m.*** **1** Marca que deja en la tierra el arado: *Desde arriba, los **surcos** se ven como líneas paralelas trazadas sobre la tierra.* SIN. **zanja. 2** Señal que deja una cosa al pasar sobre otra. SIN. **huella.**

sureño, ña ***adj.*** **1** Que es del sur de algún lugar: *La comida **sureña** de mi país es más sazonada que la del norte.* **2** Relativo al sur: *"Los lagos **sureños** tienen agua color turquesa", indicó el guía de turistas.* SIN. **meridional.**

surgir ***vb. irreg.*** {intr.} **Modelo 61. 1** Nacer o brotar algo: *El agua **surge** de los manantiales.* SIN. **salir. 2** Presentarse algo: *No pudo ir a la fiesta porque **surgió** un problema que lo detuvo en su casa.*

surinamés, mesa ***adj./m.*** y ***f.*** Originario de Surinam, en América del Sur.

surrealismo ***m.*** Movimiento literario y artístico que se inició en Europa a principios del siglo XX y que intentaba expresar el pensamiento puro sin valerse de la lógica, la moral o la estética: *Algunos representantes del **surrealismo** son André Bréton y Paul Éluard en literatura, y Salvador Dalí y René Magritte en pintura.*

surrealista ***adj./m.*** y ***f.*** Relativo al movimiento literario y artístico que intenta expresar el pensamiento puro, sin valerse de la lógica, la moral o la estética, así como a los partidarios de este movimiento: *En esta obra **surrealista** del pintor español Salvador Dalí, los relojes están pintados como si se estuvieran derritiendo.*

surtido ***m.*** Conjunto de cosas variadas: *En esa tienda hay un gran **surtido** de ropa, puedes encontrar desde prendas infantiles hasta vestidos para damas y trajes para caballeros.* SIN. **diversidad, variedad.**

surtido, da ***adj.*** Se dice del conjunto de cosas de una misma clase que tiene variedad: *En esta caja hay chocolates **surtidos:** unos tienen pasas, otros están rellenos de miel, otros de café.*

surtidor ***m.*** **1** Chorro de agua: *El **surtidor** de la fuente se eleva tres metros.* **2** Aparato que distribuye nafta o gasolina: *El conductor estacionó su automóvil junto al **surtidor** para tomar combustible.*

surtir ***vb.*** {tr., intr. y prnl.} **1** Proporcionar lo necesario: *El mercado central* ***surte*** *de alimentos a todo el pueblo.* SIN. **proveer, suministrar, proporcionar. 2** Brotar un líquido.

surubí ***m.*** Pez de agua dulce, muy común en los ríos de las zonas templadas de América Meridional: *El* ***surubí*** *es un pez comestible de piel plateada con manchas negras que abunda en el río Paraná.*

susceptibilidad ***f.*** Cualidad de susceptible.

susceptible ***adj.*** **1** Referido a lo que es capaz de recibir una modificación o una impresión: *Este cuento que has escrito es* ***susceptible*** *de mejorarse si le haces algunos cambios.* **2** Se dice de la persona que se ofende con facilidad: *No seas tan* ***susceptible****, te dije tonta en broma, no llores.*

suscitar ***vb.*** {tr.} Provocar o causar algo: *El terremoto* ***suscitó*** *una gran cantidad de problemas de vivienda en la ciudad.*

sushi ***m.*** **Palabra de origen japonés.** Plato tradicional de la comida japonesa que consiste en rodajas de hojas de alga enrolladas con arroz, pescado crudo y alguna verdura en su interior: *El* ***sushi*** *se come frío y se hace con diferentes clases de pescado o marisco; se sazona con salsa de soya en la que cada pieza se remoja a la hora de comerlo.*

susodicho, cha ***adj./m.*** y ***f.*** Mencionado con anterioridad, citado: *"El* ***susodicho*** *asunto, es decir, de lo que ya hablamos, deberá resolverse antes de un mes", explicó el abogado a su cliente.*

suspender ***vb.*** {tr.} **1** Sostener algo en alto de modo que quede sujeto por un punto y lo demás quede en el aire: *El electricista* ***suspendió*** *la lámpara del techo con un cable.* SIN. **colgar. 2** Detener de manera temporal una cosa: ***Suspendieron*** *el espectáculo al aire libre a causa de la lluvia.* SIN. **interrumpir.**

suspensión ***f.*** **1** Interrupción temporal de una cosa: *La* ***suspensión*** *del viaje se debe a que mi padre está enfermo.* **2** Acto de sostener algo en alto de modo que quede colgado: *La* ***suspensión*** *del cable para construir el puente fue un trabajo difícil.* **3** Mezcla formada por un sólido molido en pequeñas partículas y un líquido: *Este medicamento es una* ***suspensión*** *que se toma con cuchara.*

suspensivo, va ***adj.*** **1** Que suspende, que detiene de manera temporal. **2** ***loc.*** **Puntos ~,** signo ortográfico (...) que indica una pausa en la lectura más o menos larga, o que algo queda en suspenso.

suspenso, sa ***adj.*** Se refiere a la expectación impaciente y ansiosa que se siente al seguir el desarrollo de un suceso del que no se sabe el final: *Vimos un filme de* ***suspenso*** *que nos hizo sentir muy nerviosos.* SIN. **misterio.**

suspensores ***m. pl. Chile, Perú*** y ***P. Rico.*** Par de tirantes que sujetan los pantalones.

suspensorio ***m.*** Prenda interior masculina de material elástico que sirve para sostener y proteger los testículos: *Los deportistas suelen usar* ***suspensorio*** *para no lastimarse cuando realizan sus prácticas.*

suspicacia ***f.*** Desconfianza, sospecha: *"La amabilidad excesiva que muestra contigo tu nuevo subalterno debe despertar tu* ***suspicacia****, ten mucho cuidado con él", dijo un gerente a su colega.*

suspicaz ***adj.*** Se aplica a quien tiende a desconfiar o sospechar: *De joven era un chico confiado, pero a medida que se ha hecho viejo se ha vuelto* ***suspicaz.***

suspirar ***vb.*** {tr.} Respirar de manera profunda y larga soltando el aire con un sonido que muestra emoción: *Felipe debe estar enamorado porque siempre que ve a Paola,* ***suspira.***

suspiro ***m.*** Respiración profunda y larga que se hace soltando el aire con un sonido que muestra emoción: *Un* ***suspiro*** *expresa pena, deseo o descanso.*

sustancia ***f. Ver*** **substancia.**

sustantivo ***m.*** Palabra que sirve para nombrar animales, cosas, hechos y personas: *Las palabras* perro, lápiz *y* Gregorio *son* ***sustantivos.*** SIN. **nombre.**

sustentación ***f.*** **1** Acción y resultado de sustentar o sostener una cosa. **2** Fuerza que mantiene en el aire un avión o cualquier otra aeronave.

sustentante ***adj.*** Que sustenta.

sustentante ***m.*** y ***f.*** Cada una de las partes en que se apoya o sustenta algo.

sustentar ***vb.*** {tr. y prnl.} **1** Mantener o sostener una opinión: *El filósofo* ***sustentó*** *su discurso con argumentos muy interesantes.* **2** Alimentar o alimentarse: *La leona caza para* ***sustentar*** *al león, a los cachorros y a sí misma.* SIN. **nutrir.**

sustento ***m.*** Alimento y conjunto de cosas necesarias para vivir: *El padre trabaja para conseguir el* ***sustento*** *de los hijos.*

sustituto, ta ***m.*** y ***f.*** Persona o cosa que sustituye a otra: *El profesor* ***sustituto*** *se adaptó con rapidez al grupo.*

susto ***m.*** Impresión repentina causada en el ánimo por temor, sorpresa, etc.: *Cuando el bebé cayó al agua nos dimos un gran* ***susto****, pero afortunadamente lo rescatamos a tiempo.*

sustracción ***f. Ver*** **substracción.**

sustraendo ***m. Ver*** **substraendo.**

sustraer ***vb.*** {tr. y prnl.} ***Ver*** **substraer.**

sustrato ***m. Ver*** **substrato.**

susurrar ***vb.*** {intr.} Hablar en voz muy baja: *Ellos* ***susurraban*** *para no despertar a los que dormían.* SIN. **cuchichear, murmurar.** ANT. **vociferar.**

susurro ***m.*** Voz muy baja o ruido muy suave: *Me pareció oír un* ***susurro****, debe ser el viento.* SIN. **murmullo.**

sutil ***adj.*** **1** Se dice de lo que es fino o delicado: *Con una* ***sutil*** *sonrisa le demostró la alegría de volverlo a ver.* SIN. **tenue. 2** Se dice de lo que resulta ingenioso: *Ese cómico tiene un humor* ***sutil*** *que hace reír.* SIN. **agudo, perspicaz.**

sutileza ***f.*** **1** Calidad de sutil. **2** Palabras o concepto agudo y penetrante, pero poco profundo y falso: *Me contestó con una* ***sutileza*** *irónica.* **3** Habilidad o agudeza para hacer o decir las cosas: *Con gran* ***sutileza*** *consiguió lo que quería en la negociación.*

sutura ***f.*** Costura con que se cierra una herida de operación: *En una semana le quitarán los puntos de la* ***sutura*** *que tiene por la operación del apéndice.*

suturar ***vb.*** {tr.} Coser una herida en el cuerpo: *El cirujano pidió a la enfermera la aguja y el hilo para* ***suturar*** *la herida de mi pierna.*

suyo, ya ***adj./pron.*** **1** Adjetivo y pronombre posesivos que señalan que una cosa pertenece a la tercera persona del singular o del plural: *Ellos dicen que el perro es* ***suyo****, pero yo sé que pertenece a otra persona.* **2** Señala que una cosa pertenece a la segunda persona del singular y del plural del pronombre *usted: Oiga, señor, ¿es* ***suyo*** *este automóvil?*

T

t ***f.*** Vigésima primera letra del abecedario español. Su nombre es *te*.

tabacal ***m.*** Porción de terreno plantada de tabaco: *Esa fábrica de puros tiene sus propios **tabacales,** así controla la calidad de su materia prima.*

tabacalero, ra ***adj.*** Se refiere al cultivo, industrialización y venta del tabaco: *La industria **tabacalera** obtiene enormes ganancias cada año, pues hay muchos fumadores.* Sɪɴ. **tabaquero.**

tabaco ***m.*** **1** Arbusto originario de América, con grandes hojas que se emplean para fabricar cigarros, cigarrillos, etc.: *En algunos usos, como en lociones contra las reumas, el **tabaco** tiene propiedades medicinales, pero en forma de cigarrillo es nocivo para la salud.* **2** Hoja de la planta del tabaco: *Con las hojas de **tabaco** picadas se elaboran los cigarrillos.* **3** Cigarro o cigarrillo: *Mi tío fue a la tienda a comprar una caja de **tabacos.***

tábano ***m.*** Tipo de mosca que se alimenta de la sangre que chupa: *Es común encontrar **tábanos** pegados a la piel de las vacas.*

tabaquera ***f.*** Petaquita de bolsillo o bolsa para guardar tabaco: *Gelasio fuma pipa, por eso siempre trae una **tabaquera** de cuero en la bolsa del pantalón.*

tabaquería ***f.*** **1** *Cuba* y *Méx.* Taller donde se elaboran los cigarros o puros: *El personaje Carmen, de la ópera del mismo nombre, trabajaba en una **tabaquería.*** **2** Tienda o espacio de una tienda donde se venden cigarrillos, cigarros o puros y tabaco: *En esa tienda grande la sección de **tabaquería** está detrás de la sección de ropa.*

tabaquero, ra ***adj.*** Tabacalero.

tabaquismo ***m.*** Enfermedad de quienes son adictos al tabaco: *El **tabaquismo** propicia varias enfermedades graves como el cáncer.*

tabarra ***f.*** ***Esp. Fam.*** Molestia, pesadez: *"¡Hala, que sólo habéis venido a dar la **tabarra!"**, regañó doña Pilar a los amigos de su hijo que se carcajeaban en la sala.*

taberna ***f.*** Establecimiento público de ambiente popular donde se sirven bebidas alcohólicas y algunas veces alimentos: *Los amigos de mi padre quedaron de verse en una **taberna** para brindar por el cumpleaños de mi tío Paco.* Sɪɴ. **estanquillo.**

tabernero, ra ***m.*** y ***f.*** Persona que atiende en una taberna: *¡**Tabernera,** traiga otra jarra de vino, por favor!*

tabique ***m.*** **1** Pared delgada. **2** ***Méx.*** Ladrillo de caras rectangulares. **3** Cosa plana que separa dos espacios: *El deportista se cayó, se le fracturó el **tabique** nasal y lo tuvieron que operar para arreglárselo.*

tabla ***f.*** **1** Trozo de madera plano y de poco grosor: *Como el huracán estaba a punto de llegar al pueblo, cubrieron las ventanas con **tablas** de madera para que el aire no rompiera los vidrios.* **2** Pliegue que se hace como adorno a la tela de los vestidos y las faldas o polleras. **3** Lista de cosas dispuestas en un determinado orden: *Durante la educación básica se aprenden de memoria las **tablas** de multiplicar.*

tablado ***m.*** Suelo hecho de tablas construido en alto: *El profesor se dirigió a los alumnos desde un **tablado** construido para la ceremonia.* Sɪɴ. **tarima.**

tablajería ***f.*** **1** Establecimiento donde se vende carne: *En la **tablajería** de don Ismael venden carne de res, de cerdo y de carnero.* Sɪɴ. **carnicería.** **2** Oficio del tablajero.

tablajero, ra ***m.*** y ***f.*** Persona que se dedica a la venta de carne: *Los **tablajeros** del mercado usan batas blancas y mandiles de plástico.* Sɪɴ. **carnicero.**

tablas ***pl.*** **1** En los juegos de ajedrez y damas, situación en que nadie puede ganar la partida: *En la serie de cuatro juegos entre el campeón y la computadora, dos juegos ganó el jugador, uno la computadora y en otro quedaron **tablas.*** Sɪɴ. **empate.** **2** Escenario de un teatro. **3** *loc.* **Tener ~,** tener soltura al hablar o actuar en público: *Es un orador con muchas **tablas** y experiencia, por eso no se pone nervioso en público.*

tableado ***m.*** Acción y efecto de tablear: *La costurera dedicó buena parte de la tarde al **tableado** de esa blusa, porque su cliente la quiere adornada con tablas muy finas.*

tableado, da ***adj.*** Que está plegado con tablas: *La falda de mi uniforme es **tableada;** se ve muy elegante, pero cuesta trabajo plancharla.*

tablear ***vb.*** {tr.} **1** Hacer tablas cortando un madero: *Los operarios metieron un gran cilindro de madera a la máquina para **tablearlo,** salió más de una veintena de tablas gruesas.* **2** Plegar una tela en tablas: *Rosenda dijo que **tableará** la falda de lana que va a confeccionarse este fin de semana.*

tablero ***m.*** **1** Plancha de madera: *Los piratas acababan con sus enemigos obligándolos a caminar, atados de las manos, por un **tablero** de madera cuya única salida era el mar.* **2** Plancha que sujeta la canasta de baloncesto: *La pelota no entró a la canasta porque pegó en el **tablero** y luego cayó al piso.* **3** Superficie cuadrada para jugar al ajedrez o a las damas. **4** Conjunto de indicadores que permiten pilotar, por ejemplo, un avión o un barco: *El piloto verificó en el **tablero** que todo estuviera en orden antes de despegar.*

tableta ***f.*** **1** Píldora: *Este medicamento puede tomarse en **tabletas** o inyecciones; yo prefiero las primeras.* Sɪɴ. **pastilla.** **2** Barra de chocolate que tiene el tamaño de una porción individual.

tabletear ***vb.*** {intr.} **1** Hacer ruido entrechocando tablas o trozos de madera: *Uno de los músicos **tableteaba** alegre-*

mente para acompañar la danza. **2** Hacer algo un ruido parecido al de tablas que se entrechocan: *En la película de guerra, las ametralladoras **tableteaban** con mucho realismo.*

tableteo ***m.*** Acción y efecto de tabletear: *"Ese **tableteo** en el motor indica que tiene alguna falla", dijo el mecánico.*

tablilla ***f.*** Tabla pequeña para exponer una lista o un anuncio.

tablón ***m.*** **1** Tabla grande y gruesa: *El carpintero cortaba un **tablón** para hacer una puerta.* **2** ***Colomb., R. Dom.*** y ***Venez.*** Faja de tierra preparada para la siembra.

tabú ***m.*** Aquello que no se puede hacer, mencionar o tratar debido a ciertas reglas sociales, prejuicios, etc.: *Para algunas personas hablar sobre el sexo es un **tabú**, es decir, un tema prohibido.*

tabulación ***f.*** **1** Hecho de expresar valores por medio de tablas. **2** Posición donde puede situarse el cursor de un monitor de computadora.

tabulador ***m.*** Dispositivo de la máquina de escribir y de las computadoras que fija los márgenes en el lugar deseado.

tabular ***vb.*** {tr. e intr.} **1** Expresar valores, magnitudes, conceptos, etc., por medio de tablas. **2** Accionar el tabulador de una máquina de escribir o de una computadora.

taburete ***m.*** Asiento individual sin brazos ni respaldo: *Me senté en el **taburete** de la sala porque ya no había lugar en los sofás.*

tacana ***adj.*** De un grupo de pueblos amerindios establecidos principalmente en Bolivia, Perú y la amazonia brasileña.

tacañería ***f.*** Mezquindad, falta de generosidad: *En el* Cuento de Navidad, *del escritor inglés Charles Dickens, el personaje llamado Scrooge muestra una **tacañería** terrible.*

tacaño, ña ***adj.*** Mezquino, avaro: *El dueño de ese taller es un hombre **tacaño** que nunca presta dinero a sus amigos aunque lo necesiten mucho.* Sin. **amarrado, codo.**

tacha ***f.*** **1** Falta o defecto: *Los niños tuvieron un comportamiento sin **tacha** durante la visita al museo, se portaron muy bien.* **2** Tachuela grande.

tachadura ***f.*** **1** Acción y efecto de tachar. **2** Marca dejada al tachar: *La tarea de Gustavo estaba llena de **tachaduras** y borrones, por eso le bajaron la calificación.*

tachar ***vb.*** {tr.} **1** Borrar o cruzar algo en un escrito: *Mi maestra **tacha** con rojo las faltas de ortografía que encuentra en los trabajos que le entregamos.* **2** Atribuir a alguien o algo una falta o defecto: *Cuando el genio de la física Albert Einstein era niño e iba a la escuela, sus maestros lo **tachaban** de tonto.*

tache ***m. Méx.*** Tachadura, marca en forma de X que se pone en un escrito para eliminar algo, o para indicar una mala calificación: *Pedro estaba llorando porque la maestra le puso **tache** en su tarea, pero luego reconoció que la había hecho mal y con descuido.*

tacho ***m.*** **1** ***Amér. Merid.*** Recipiente que sirve para calentar agua y para otros usos en la cocina. **2** ***Amér. Merid.*** Recipiente para depositar la basura. Sin. **caneca.** **3** ***Argent. Fam.*** Taxi. **4** ***Argent.*** y ***Chile.*** Cualquier recipiente de latón, plástico, etc.

tachón ***m.*** Tachadura que se nota mucho en un escrito: *"En una sola página tienes tres **tachones**, mejor pásala en limpio", dijo una secretaria a otra.*

tachón ***m.*** Tachuela grande de cabeza dorada: *El tapicero tomó un puño de **tachones** y comenzó a clavarlos alrededor de la tela con que tapizó las sillas.*

tachonar ***vb.*** {tr.} Adornar una cosa con tachones: *Alfredo **tachonó** una vieja caja de madera y le quedó muy bien, ahora parece un cofre del tesoro.*

tachuela ***f.*** Clavo corto y de cabeza ancha: *Fijé la fotografía en la pared con **tachuelas** de cabeza transparente para que no se notaran.*

tácito, ta ***adj.*** **1** Silencioso. **2** Que no se expresa de manera clara y abierta.

taciturno, na ***adj.*** **1** Callado, silencioso: *Marco volvió muy **taciturno** de la visita que hizo a su madre, lo cual indica que la señora sigue enferma.* **2** Triste, melancólico: *Después de la muerte de su mejor amigo, ha estado **taciturna** y llorosa.*

taco ***m.*** **1** Pedazo de madera que se usa para rellenar un orificio, fijar algo, etc.: *He tapado el agujero en la pared con un **taco** de madera.* Sin. **tarugo.** **2** Palo del billar. **3** ***Amér. Merid.*** y ***P. Rico.*** Pieza de la suela de los zapatos que corresponde al talón: *Laura usa zapatos con **tacos** muy altos porque le gusta parecer más alta.* Sin. **tacón.** **4** ***Esp. Fam.*** Mala palabra, grosería: *Javier es un grosero que no puede hablar sin soltar un **taco** cada dos palabras.* Sin. **grosería, lisura.** **5** ***Méx.*** Tortilla de maíz a la que se le pone una porción de cualquier guiso y se enrolla para comerla.

tacómetro ***m.*** Instrumento que mide la cantidad de revoluciones por minuto que desarrolla una máquina en movimiento: *Los autobuses de pasajeros tienen **tacómetro** en el tablero, así el chofer se da cuenta si está acelerando de más.*

tacón ***m.*** Pieza de la suela del calzado correspondiente al talón: *Marcela usa unos **tacones** tan altos que le cuesta trabajo caminar.* Sin. **taco.**

taconear ***vb.*** {intr.} **1** Caminar sonando los tacones: *Todos saben cuando llega Maribel porque entra **taconeando** muy fuerte sobre el piso.* **2** Zapatear mientras se baila.

taconeo ***m.*** Ruido que se hace con los tacones al caminar o bailar: *En la música flamenca, los **taconeos** suelen acompañar al canto y la música de guitarra.*

táctica ***f.*** Método que se sigue para conseguir un objetivo: *El entrenador de la selección tiene que cambiar de **táctica** para mejorar el desempeño del equipo.*

táctil ***adj.*** Relativo al tacto: *Las sensaciones **táctiles** se reciben sobre todo a través de las terminaciones nerviosas en las yemas de los dedos.*

tacto ***m.*** **1** Sentido corporal con el que se percibe la forma, aspereza, etc., de los objetos: *Los ciegos desarrollan más el sentido del **tacto** y así aprenden a leer para suplir su falta de visión.* **2** Habilidad para tratar con alguien, llevar un asunto, etc.

tacuara ***f. Argent., Par.*** y ***Urug.*** Especie de bambú de cañas muy resistentes.

tacurú ***m.*** **1** ***Argent.*** y ***Par.*** Hormiga pequeña. **2** ***Argent., Par.*** y ***Urug.*** Nido resistente y muy alto que hacen las hormigas o las termitas con sus excrementos mezclados con tierra y saliva como material de construcción.

taekwondo ***m.*** Deporte coreano de combate en el que se golpea con las manos y los pies.

tafeta ***f.*** Tela delgada y ligera de poliéster, de consistencia parecida a la de la seda: *El peso promedio de la **tafeta** es de 90 gramos por metro lineal y se utiliza mucho para confeccionar los forros de sacos, faldas y otras prendas.*

tafetán ***m.*** Tela tupida de seda: *El **tafetán** es una de las telas favoritas para hacer ropa elegante.*

tafilete ***m.*** Cuero de cabra curtido y teñido: *El **tafilete** se utiliza para encuadernar libros y hacer carteras.*

tagalo ***m.*** Lengua nacional de Filipinas: *En las Islas Filipinas se habla **tagalo** y también español e inglés.*

tahona ***f.*** Establecimiento donde se elabora y vende pan. Sin. **panadería.**

tahonero, ra ***m.*** y ***f.*** Persona cuyo oficio es elaborar y vender pan: *El* ***tahonero*** *estaba feliz porque este año vendió muchas roscas de Reyes y ganó buen dinero.* SIN. **panadero.**

tahúr ***m.*** y ***f.*** Persona que se dedica al juego de apuestas como oficio: *Su papá era un* ***tahúr*** *que ganaba o perdía dinero jugando póquer, veintiuno y muchos otros juegos de naipes.*

tai chi chuan ***m.*** **Palabra de origen chino.** Tipo de gimnasia china de ritmo lento, en el que los movimientos del cuerpo se encadenan unos a otros con fluidez.

taiga ***f.*** **Palabra de origen ruso.** Formación vegetal constituida por bosques de coníferas y abedules: *La* ***taiga*** *es propia de las regiones frías con veranos cortos.*

tailandés, desa ***adj./m.*** y ***f.*** Originario de Tailandia, país del Sureste Asiático.

taimado, da ***adj.*** Astuto: *Se dice que es difícil cazar zorros porque son animales* ***taimados.***

taimarse ***vb.*** {prnl.} Obstinarse, aferrarse.

taíno o **taino, na** ***adj.*** De un pueblo amerindio que durante la época de la llegada de Colón a América habitaba en La Española, Puerto Rico, el este de Cuba y parte de Jamaica.

taita ***m.*** ***Argent., Chile, C. Rica*** y ***Ecuad. Fam.*** Padre, abuelo o cualquier otro hombre de edad que merece respeto: *El* ***taita*** *de Dionisio nos invitó a ir al zoológico, nos llevará en su auto.*

taiwanés, nesa ***adj./m.*** y ***f.*** Originario de Taiwán, isla de Asia Oriental.

tajada ***f.*** Porción cortada de una cosa: *Córtame una* ***tajada*** *de sandía, por favor.* SIN. **rebanada.**

tajadura ***f.*** Acción y efecto de tajar, corte: *Con* ***tajaduras*** *precisas, el cocinero partió el conejo en seis partes.*

tajalápiz ***m.*** Herramienta para afilar la punta del lápiz.

tajamar ***m.*** **1** Tablón de forma curva que corta el agua cuando navega la embarcación. **2** ***Argent.*** y ***Perú.*** Zanja en la ribera de los ríos para hacer menos grave el efecto de las crecidas. **3** ***Argent., Chile, Ecuad.*** y ***Perú.*** Muralla que protege la entrada de un puerto.

tajante ***adj.*** **1** Se aplica a la cosa que corta. **2** Que no admite discusión: *"¡A sus salones niños!", fue la orden de la directora, seca y* ***tajante.*** **3** Sin término medio.

tajar ***vb.*** {tr.} Cortar con un instrumento afilado: *Arturo usó una navaja para* ***tajar*** *la punta del lápiz.*

tajo ***m.*** **1** Corte hecho con un instrumento afilado: *De un* ***tajo,*** *la guillotina cortaba las cabezas de los condenados durante la Revolución francesa.* **2** Corte profundo y vertical del terreno.

tal ***adj.*** **1** Igual, semejante: *Nunca he visto* ***tal*** *cosa como un elefante de color rosa.* **2** Tan grande: *El deseo de Manuel por conquistar a Rosa es* ***tal*** *que le lleva serenata todas las noches.* **3** No especificado: *"Lo vino a buscar un* ***tal*** *señor Cardoso", anunció la secretaria.*

tal ***adv.*** Así, de esta manera: *Hice la tarea escolar* ***tal*** *como me dijo la maestra que la hiciera.*

tala ***f.*** **1** Acción y efecto de cortar los árboles por el pie o tronco: *No hay que permitir la* ***tala*** *inmoderada de los bosques porque todos necesitamos de los árboles para vivir.* **2** ***Chile.*** Acción de comer los animales la hierba que no puede ser cortada con la hoz.

talabartería ***f.*** Lugar donde se hacen o venden productos de piel: *Mi tío fue a la* ***talabartería*** *del pueblo y encargó que le hicieran una silla de piel para montar a caballo.*

talabartero, ra ***m.*** y ***f.*** Persona que produce o vende productos de piel como cinturones, cinchos, bolsos, botas, billeteras, etc.: *Mi tío Octavio conoce a un* ***talabartero*** *que hace botas de piel a la medida de los pies de sus clientes.*

talacha ***f.*** **1** ***Méx. Fam.*** Tarea pequeña, en especial la relacionada con el cuidado de algo: *No es complicado lo que me queda por hacer en la cocina, pero sí es* ***talacha*** *aburrida.* **2** ***Méx. Fam.*** Reparación, en especial la de automóviles. **3** ***loc.*** **Hacer ~,** hacer pequeños trabajos, sobre todo en reparaciones o cuidado de las cosas.

talador ***m.*** Operario cuyo oficio es talar los árboles en un bosque en explotación: *Los* ***taladores*** *modernos utilizan sierras mecánicas.*

talador, ra ***adj.*** Se dice de quien tala los árboles: *Algunas empresas* ***taladoras,*** *con tal de ganar mucho dinero, han destruido valiosos bosques tropicales.*

taladrar ***vb.*** {tr.} **1** Agujerear, en especial con un taladro: *Los hombres empezarán a* ***taladrar*** *la calle para hacer los arreglos en la tubería del agua.* **2** ***Fam.*** Herir los oídos un sonido agudo: *Mis abuelos dicen que la música de los jóvenes les* ***taladra*** *los oídos.*

taladro ***m.*** Instrumento que sirve para hacer agujeros: *Usaremos un* ***taladro*** *para poner los clavos en los que colgaremos mis cuadros.*

tálamo ***m.*** **1** Lecho o cama matrimonial. **2** Parte del encéfalo situada en la base del cerebro: *Encima del* ***tálamo*** *hay una glándula que se llama hipotálamo.*

talante ***m.*** **1** Humor, estado de ánimo: *El día del concierto, Corina estaba de muy mal* ***talante*** *porque le dolía la cabeza.* **2** Gana, agrado, gusto.

talar ***adj.*** Se aplica a la vestidura que llega hasta los talones: *Los hábitos* ***talares*** *son característicos de muchas comunidades religiosas.*

talar ***vb.*** {tr.} Cortar los árboles desde el pie dejando sólo una pequeña parte de tronco casi al ras de la tierra.

talco ***m.*** Silicato de magnesio, blando y suave al tacto: *Mi madre pone* ***talco*** *a Robertito para que no se roce cuando se orina en el pañal.*

talego ***m.*** Bolsa o saco largo y estrecho de tela tosca: *El viajero llevaba sus monedas en un* ***talego*** *atado a la cintura.*

talento ***m.*** **1** Capacidad intelectual: *Es una niña con un gran* ***talento*** *para las ciencias, siempre ha obtenido las mejores notas en biología, física y química.* **2** Don para alguna actividad artística: *Catalina tiene un* ***talento*** *extraordinario para la música y desde los cuatro años ya tocaba el piano.*

talentoso, sa ***adj.*** **1** Que tiene una gran capacidad intelectual. **2** Que tiene una gran facilidad para alguna actividad.

talero ***m.*** ***Argent., Chile*** y ***Urug.*** Látigo para azotar a los caballos formado por un mango corto y una tira ancha de cuero.

talio ***m.*** Metal que puede extenderse en láminas, de símbolo químico Tl y número atómico 81, usado en sistemas de comunicación.

talión ***m.*** Castigo en el que alguien sufre el mismo daño que ha causado: *La ley del* ***talión*** *dice "ojo por ojo y diente por diente", pero el político hindú Gandhi afirmó que si se aplicara esta ley todo el mundo acabaría ciego.*

talismán ***m.*** Objeto al que se atribuye un poder protector sobrenatural: *La bruja le dio al héroe del cuento un* ***talismán*** *que lo protegería de la gente que quisiera perjudicarlo.* SIN. **amuleto.**

talla ***f.*** **1** Hecho de dar forma a los objetos al desgastarlos con instrumentos rasposos y cortantes. **2** Escultura: *En un pequeño taller artesanal compró una* ***talla*** *de madera rústica que representa a una mujer con un niño.* **3** Estatura: *Artemisa es de* ***talla*** *mayor que la mayoría de sus com-*

pañeras, por eso parece de más edad. **4** Importancia: *En ese filme actúan personajes de la **talla** del famoso Laurence Olivier.* **5** Medida de una prenda de vestir: *Catalina hizo dieta y ejercicio, así que pronto logró bajar dos **tallas**.*

tallado ***m.*** Acción y efecto de tallar: *El **tallado** de piedras preciosas es un oficio delicado que requiere precisión.*

tallador, ra ***m.*** y ***f.*** **1** Persona que talla: *Un ebanista es un **tallador** que diseña figuras con diversos tipos de madera.* **2** ***Argent., Chile, Guat., Mex., Perú*** y ***Urug.*** Persona que da las cartas o lleva las apuestas en una mesa de juego.

tallar ***vb.*** {tr. y prnl.} **1** Dar forma a un material al desgastarlo con un instrumento rasposo y cortante: *A Ricardo le gusta **tallar** pequeñas esculturas de madera con un trozo de metal.* **2** Medir la estatura. **3** ***Méx.*** Restregar, frotar: *Por más que Cenicienta **tallaba** el piso con la escobilla, seguía viéndose sucio y manchado.*

tallarín ***m.*** Pasta de harina de trigo en forma de listón delgado: *Hay un platillo que lleva **tallarines** verdes y blancos, se llama "paja y heno".*

talle ***m.*** **1** Cintura de una persona: *En el siglo XIX estuvieron de moda los **talles** esbeltos, por eso las mujeres usaban apretadas fajas.* **2** Disposición del cuerpo humano.

taller ***m.*** **1** Sitio donde se realizan trabajos manuales o artísticos: *Desde que Arturo entró a trabajar en una empresa editorial asiste a un **taller** de lectura y redacción.* **2** Sitio donde se reparan aparatos, máquinas, etc.: *Llevé mi auto al **taller** porque se averió.*

tallo ***m.*** Órgano de las plantas que sirve de soporte a hojas, flores y frutos: *Las rosas traían unos **tallos** muy largos que tuve que recortar cuando las puse en el florero.*

talludo, da ***adj.*** **1** Con el tallo grande o con muchos tallos: *Esa mata ya está muy **talluda;** para que crezca mejor hay que podarla.* **2** Referido a una persona, que ya no es pequeña o joven: *"Ya estás bastante **talludo** como para seguir comportándote así", dijo la madre al hijo haragán.*

talmud ***m.*** De la raíz hebrea *lamad*, que significa estudio, colección de libros del judaísmo que reúne comentarios sobre la ley de Moisés, a partir de las enseñanzas de las grandes escuelas rabínicas: *En el **talmud** dice: "Si yo no por mí, ¿quién por mí? Y si no ahora, ¿entonces cuándo?"*

talo ***m.*** Cuerpo de algunas plantas en el que no se diferencian raíz, tallo y hojas.

talofito, ta ***adj.*** Relativo a las plantas con cuerpo constituido por un talo, como las algas.

talón ***m.*** **1** Cheque. **2** Parte de un documento que complementa a la otra parte y sirve para comprobar algo: *Le dieron a mi madre un **talón** que demostraba que había comprado un billete del sorteo.*

talón ***m.*** **1** Parte posterior del pie humano: *Mariana se compró unos zapatos cubiertos del frente, pero que dejan el **talón** desnudo para sus vacaciones en la playa.* **2** ***loc.*** **~ de Aquiles,** punto débil: *Ariadna obtiene diez de calificación en todas las materias menos en química que es su **talón de Aquiles.***

talonario ***m.*** **1** Libro de cheques: *A mi padre se le terminaron los cheques, por eso pidió un nuevo **talonario** al banco.* **2** Libro de recibos que tiene talones para comprobar y controlar los documentos que se entregan, como los de honorarios.

talonera ***f.*** Refuerzo en el talón de las tobilleras o calcetines: *"Ahora están de moda unas calcetas deportivas que traen la **talonera** y la punta de diferente color", comentó Mimí.*

talud ***m.*** Inclinación de un terreno o de un muro: *Al llegar junto al río, el terreno formaba un **talud** por el que era divertido deslizarse para caer al agua.*

tamal ***m. Amér.*** Harina de maíz mezclada con manteca y rellena de carne de cerdo, pollo o alguna fruta, que se envuelve en una hoja de maíz o banano y se cuece al vapor: *Los **tamales** pueden ser de sabor dulce o salado.*

tamalero, ra ***m.*** y ***f.*** Persona cuyo oficio es preparar y vender tamales: *En la esquina de la fábrica se pone diario una **tamalera** que vende tamales rellenos de pollo; ahí desayunan muchos obreros antes de iniciar su jornada.*

tamaño ***m.*** Conjunto de las medidas físicas de alguien o algo: *Encontré una araña de un **tamaño** enorme y comencé a gritar llamando a mi madre.*

tamaño, ña ***adj.*** Semejante, tal: *No te creo **tamaña** mentira, yo sé que no tienes quince años sino once.*

tamarindo ***m.*** **1** Árbol que da frutos en legumbre, con vaina dura y quebradiza, pulpa agridulce y semillas redondas. **2** Fruto comestible del árbol llamado tamarindo: *Comí unos dulces de **tamarindo** cubiertos de azúcar que estaban deliciosos, pero me provocaron un poco de diarrea.*

tamaulipeco, ca ***adj./m.*** y ***f.*** Del estado mexicano de Tamaulipas: *La típica chamarra **tamaulipeca** es de gamuza, con tiras colgantes que adornan la parte del pecho, espalda y mangas.*

tambache ***m. Méx. Fam.*** Bulto grande o montón de cosas que se cargan: *"Con este **tambache** de cobijas, apenas si pude subir las escaleras", dijo Irma cuando regresó de la lavandería.*

tambaleante ***adj.*** Que se tambalea: *"Ese librero **tambaleante** es un peligro, emparéjenle las patas", dijo el tío Pancho cuando fue de visita a la casa.*

tambalearse ***vb.*** {prnl.} Moverse de un lado a otro: *Durante el terremoto los edificios **se tambalearon** peligrosamente.*

tambaleo ***m.*** Acción y efecto de tambalearse: *El camino era tan malo, que el constante **tambaleo** mareó a varios pasajeros del autobús.*

tambero, ra ***adj. Amér. Merid.*** Relativo al tambo.

tambero, ra ***m.*** y ***f. Amér. Merid.*** Persona que tiene un tambo o se encarga de él.

también ***adv.*** Afirma la relación de una cosa con otra: *Rosario quiere ir al cine y Alicia **también,** en cambio yo prefiero ir al teatro.*

tambo ***m.*** **1** ***Argent.*** y ***Urug.*** Establecimiento ganadero destinado a ordeñar vacas y vender su leche. SIN. **establo, vaquería.** **2** ***Perú.*** Posada, casa donde se hospedan viajeros. **3** ***Méx.*** Recipiente cilíndrico de gran capacidad para basura, agua, etc.: *Cuando pasa el camión a recoger la basura, se ven los **tambos** llenos alineados en la calle.*

tambor ***m.*** Instrumento musical de percusión formado por una caja cilíndrica hueca y con las bases cubiertas por un trozo de cuero.

tamboril ***m.*** Tambor pequeño que se toca colgándolo del brazo y golpeándolo con una baqueta.

tamborilear ***vb.*** {intr.} **1** Tocar un tambor o tamboril. **2** Golpear rítmica y suavemente una superficie: *Mientras esperaba que se abriera el sitio de Internet, Josué **tamborileaba** con los dedos sobre su escritorio.*

tamborileo ***m.*** Golpeteo repetido y rítmico: *Como no llevaban instrumentos musicales, los muchachos acompañaron sus canciones con **tamborileos** sobre sus piernas.*

tamborilero, ra ***m.*** y ***f.*** Músico que toca el tambor o el tamboril: *El grupo de **tamborileros** fue la parte más destacada del desfile; al oírlos, a todo el mundo le dieron ganas de bailar.*

tamborito ***m.*** Baile nacional de Panamá, de origen africano.

tamiz ***m.*** Especie de colador con orificios muy pequeños.

tamizar ***vb. irreg.*** {tr.} **Modelo 16. 1** Colar algo pasándolo por el tamiz: *La cocinera **tamizó** el puré de zanahoria para que quedara una pasta muy fina.* **2** Depurar algo seleccionando sus mejores partes.

tamo ***m.*** Pelusa con polvo que se acumula debajo de los muebles: *Cuando cambiamos de lugar el sofá, debajo había mucho **tamo**, una mezcla de pelos del perro con polvo.*

tampoco ***adv.*** Sirve para negar una cosa después de haberse negado otra: *Ayer mi amiga no vino a la escuela ni hoy **tampoco**, tal vez esté enferma.*

tampón ***m.*** **1** Almohadilla que se usa para manchar de tinta o humedecer sellos, estampillas, etc.: *En la oficina de correos tienen un **tampón** para humedecer las estampillas.* **2** Artículo higiénico femenino en forma de cilindro pequeño, usado por las mujeres durante la menstruación.

tan ***adv.*** **1** Apócope de *tanto*, que aumenta el significado de un adjetivo o un adverbio: *Es un automóvil **tan** caro que sólo la gente rica puede comprarlo.* **2** Denota idea de equivalencia o igualdad: *El acero es **tan** duro como el hierro.*

tanate ***m.*** **1** *Amér. C.* y *Méx.* Cesto cilíndrico de palma o tule tejidos: *En mi casa usan un **tanate** hecho con bejuco para poner el pan.* **2** *Amér. C.* Lío, envoltorio. **3** *pl. Amér. C.* Conjunto de trastos, de objetos viejos.

tanatología ***f.*** Ciencia que estudia la muerte, sus causas y fenómenos que la acompañan.

tanatólogo, ga ***m.*** y ***f.*** Especialista en tanatología.

tanatorio ***m.*** Edificio destinado a servicios funerarios, velatorio.

tanda ***f.*** **1** Turno, partida: *Anabel participa en una **tanda** de dinero en la que cada semana pone una suma y después de tres meses le tocará a ella recibir el total de lo que ahorrará.* **2** Serie de cosas que se dan seguidas: *En ese teatro popular se pueden ver dos **tandas** de espectáculos por poco dinero.*

tándem ***m.*** Bicicleta para dos o más personas: *Mis abuelitos tenían un **tándem** para salir a pasear al parque.*

tanga ***f.*** **1** Parte inferior de tamaño mínimo, de una malla o traje de baño. **2** Prenda interior muy pequeña que sólo cubre los genitales.

tangencial ***adj.*** Que toca lo fundamental pero de una manera breve: *La clase del maestro de lengua española es **tangencial**, ya que cinco minutos habla de lengua y durante una hora nos platica su vida personal.*

tangente ***adj.*** Que está en contacto con otra cosa.

tangente ***f.*** **1** Línea que toca en un solo punto una curva o superficie pero sin cortarla. **2** *loc. Fam.* **Salirse por la ~,** no responder de manera directa, evadirse: *El cantante se sintió incómodo y **se salió por la tangente** cuando el reportero le preguntó sobre su divorcio.*

tangerina ***f.*** Variedad de mandarina.

tangible ***adj.*** Que se puede tocar: *Los libros son cosas **tangibles**, las palabras son cosas abstractas.* ANT. **intangible.**

tango ***m.*** **1** Baile argentino de ritmo lento y muy marcado: *Carlos Gardel ha sido el cantante de **tangos** más famoso de la historia.* **2** *loc. Méx. Fam.* **Hacer un ~,** hacer una rabieta con gritos y actitudes exageradas: *Cuando le dijeron que no podía ir a la fiesta, **hizo un tango** porque tenía muchos deseos de ir.*

tangram ***m.*** Juego de rompecabezas formado por piezas en forma de cuadrados, rectángulos y triángulos: *Aunque un **tangram** tiene pocas piezas, pueden hacerse muchísimas figuras con ellas.*

tanguear ***vb.*** {intr.} *Argent.* y *Urug.* Cantar y tocar tangos: *Los amigos de la peña pasaron la tarde **tangueando** y bebiendo mate.*

tanino ***m.*** Sustancia astringente que se usa para curtir pieles y fabricar tinta: *El **tanino** se encuentra en la corteza de árboles como el roble y el castaño.*

tano ***adj./m.*** y ***f.*** De un grupo de pueblos amerindios establecidos en Nuevo México, Estados Unidos de América.

tanque ***m.*** **1** Vehículo terrestre muy resistente de uso militar: *Los **tanques** se comenzaron a usar de manera regular durante la Segunda Guerra Mundial.* **2** Depósito de agua u otro líquido preparado para su transporte: *El camión lleva varios **tanques** llenos de agua para ese pueblo donde no llega el agua entubada.* SIN. **tambo.**

tántalo ***m.*** Metal muy duro de símbolo Ta y número atómico 73.

tantear ***vb.*** {tr.} **1** Calcular de manera aproximada. **2** Pensar, considerar: *No he decidido aún porque quiero **tantear** mejor la situación.*

tanteo. Al ~, *loc.* Al cálculo, de manera aproximada: *Mi hermano me dijo **al tanteo** cuántas monedas había en mi bolsa y le faltó poco para acertar.*

tanto ***adv.*** Hasta tal punto: *No griten **tanto** que después les va a doler la garganta.*

tanto ***m.*** **1** Unidad de cuenta en muchos juegos o deportes: *El equipo visitante acaba de anotar un **tanto** a su favor.* SIN. **punto. 2** *loc.* **~ por ciento,** porcentaje.

tanto, ta ***adj.*** **1** En correlación con *como*, introduce una comparación de igualdad: *Mauricio come **tanto** como su papá porque está en pleno crecimiento.* **2** Expresa una cantidad o número indeterminado: *Le pregunté cuánto costaba y me dijo que **tanto**, no recuerdo la cantidad exacta.*

tanto, ta ***pron.*** Equivale a *eso*: *Por más que Milton se esfuerce en igualar al gran futbolista* Pelé *no podría llegar a **tanto** a sus quince años de edad.*

tanzano, na ***adj./m.*** y ***f.*** De Tanzania, país de África: *El bantú es la lengua que hablan los **tanzanos**.*

tañedor, ra ***m.*** y ***f.*** Músico que tañe un instrumento de cuerda o percusión: *Un amigo de mi papá es **tañedor** de mandolina y balalaica, a veces viene a casa y nos deleita con sus interpretaciones.*

tañer ***vb. irreg.*** {tr.} **Modelo 42.** Tocar un instrumento de percusión o de cuerda: *El cantante bohemio se puso a **tañer** la guitarra para acompañar su triste canción.*

tañido ***m.*** Sonido que emite un instrumento de percusión o de cuerda: *A lo lejos se escuchaba el **tañido** de las campanas que anunciaban el inicio de la fiesta del pueblo.*

tao ***m.*** **Palabra de origen chino.** Concepción del orden del universo según la filosofía china antigua: *La palabra **tao** significa "camino" en chino.*

taoísmo ***m.*** Antiguo sistema filosófico y religioso de China, que rinde culto a la naturaleza y a los antepasados: *El **taoísmo** surgió de las doctrinas del filósofo chino Laozi, también llamado Lao Tsé.*

taoísta ***adj./m.*** y ***f.*** **1** Relativo al taoísmo: *La doctrina taoísta está contenida en el* Tao Te King, *o* Libro del Camino y la Virtud, *obra que se atribuye a Laozi.* **2** Persona que profesa el taoísmo.

tapa ***f.*** **1** Pieza que cierra la abertura de un recipiente: *No olvides ponerle una **tapa** al guiso para que no se le acerquen las moscas.* **2** Cubierta de un libro: *El libro es tan viejo y la **tapa** está tan dañada que ya no se puede leer el título.* **3** *Esp.* Pequeña cantidad de comida que se sirve como aperitivo: *Como **tapas** hay jamón, setas y calamares.* SIN. **botana.**

tapaboca ***m.*** *Cuba, Méx.* y *Urug.* Trozo rectangular de tela que se sostiene en la orejas, para cubrir nariz y boca: *Una prenda distintiva de los cirujanos es el **tapaboca**.*

tapacubos ***m.*** Tapa de la cara exterior de la rueda de un vehículo: *Compró unos **tapacubos** de metal brillante para su nuevo automóvil deportivo.* SIN. **tapón.**

tapadera ***f.*** Pieza que sirve para cubrir de manera ajustada la boca de un recipiente: *La **tapadera** de la olla tiene un asa hecha de un material que no se calienta.*

tapado ***m.*** **1** *Amér. Merid.* Abrigo o capa de señora o de niño. **2** *Argent., Bol.* y *Perú.* Tesoro enterrado.

tapado, da ***adj./m.*** y ***f.*** *Argent., Méx.* y *Urug.* Relativo al candidato político cuyo nombre se mantiene en secreto hasta el momento propicio.

tapanco ***m.*** *Méx.* Piso de madera que se pone sobre vigas o columnas en habitaciones con gran altura, para dividirlas a lo alto en dos espacios: *En el **tapanco** del pequeño departamento hay una cama y en la parte de abajo los demás muebles.*

tapar ***vb.*** {tr. y prnl.} **1** Cubrir o cerrar lo que está descubierto o abierto: ***Tapa** el recipiente para que el pan no se endurezca.* **2** Encubrir, ocultar: *El empresario **tapó** el escándalo de su principal colaborador para que nadie se enterara.* **3** Abrigar o cubrir con ropas: *Hoy el niño **se tapó** con el abrigo porque hace más frío que ayer.*

taparrabos ***m.*** Pieza de tela, piel, etc., con que los miembros de ciertos pueblos se tapan los órganos genitales: *En la ciudad se vería raro alguien que sólo usara un **taparrabos,** pero entre algunas tribus de indios es lo normal.* SIN. **guayuco.**

tape ***adj./m.*** y ***f.*** *Argent. Desp.* y *Urug. Fam.* Persona que parece indígena.

tapete ***m.*** **1** Cubierta pequeña o mediana hecha con tela o algún tejido, que no se fija al piso: *A la entrada de su casa tiene un pequeño **tapete** para limpiarse los zapatos.* **2** Tela que se pone sobre la mesa: *Encima de la mesa de madera hay un **tapete** y sobre el **tapete,** un florero.*

tapia ***f.*** **1** Pared que sirve como valla o cerca: *Al fondo del patio hay una **tapia** que divide mi casa de la casa de los vecinos.* **2** *loc.* **Sordo como una ~,** completamente sordo: *Mi tía María Luisa estaba **sorda como una tapia** pues no oía ni los ruidos más fuertes.*

tapiar ***vb.*** {tr. e intr.} Cerrar un espacio con una pared: *Antiguamente esas dos casas tenían una conexión, pero por alguna razón **tapiaron** después la puerta que las comunicaba.*

tapicería ***f.*** Oficio e industria de fabricar tapices o de tapizar: *En el taller de **tapicería** forran con tela sillas, sofás, etc.*

tapicero, ra ***m.*** y ***f.*** Artesano que se dedica a la tapicería: *Le encargué al **tapicero** que cambiara la tela de la silla porque se había roto.*

tapioca ***f.*** Sustancia harinosa comestible obtenida de la mandioca: *Mi tía Lilia hacía un dulce de **tapioca** con cerezas, leche y azúcar.*

tapir ***m.*** Mamífero de cabeza grande, trompa pequeña y orejas redondas, propio de Asia y de América: *El **tapir** parece primo de los cerdos y de los jabalíes.*

tapisca ***f.*** *Amér. C.* y *Méx.* Recolección del maíz.

tapiz ***m.*** Paño tejido con lana, lino, etc., usado para decorar: *Además de adornar las paredes, los **tapices** sirven para reducir el frío de las habitaciones.*

tapizado ***m.*** **1** Acción y efecto de tapizar: *El **tapizado** del sofá saldrá un poco caro, pero más barato que comprar un mueble nuevo.* **2** Material con que se tapiza: ***Tapizados** de brocado de seda cubrían las paredes de la alcoba real.*

tapizado, da ***adj.*** **1** Recubierto con tapiz: *Aquel sillón **tapizado** en color azul es el favorito de Herminio.* **2** Cubierto por algo, como si fuera un tapiz: *Un cielo **tapizado** de estrellas es algo muy difícil de ver en las ciudades modernas, pues lo impide la contaminación ambiental.*

tapizar ***vb. irreg.*** {tr.} **Modelo 16.** Cubrir las paredes o muebles con tapices o telas: *Como parte de la remodelación de la casa, van a **tapizar** el sofá con tela azul.*

tapón ***m.*** **1** Pieza que tapa la boca de botellas y otros recipientes: *Se perdió el **tapón** de la botella de la bebida gaseosa y ahora parece agua dulce porque se le escapó todo el gas.* **2** Acumulación de cera en el oído: *Para que mi tío pudiera oír mejor, el médico le extrajo un **tapón** de cera del oído.* **3** *Méx.* Tapa de la cara exterior de la rueda de un vehículo. SIN. **tapacubos.**

taponar ***vb.*** {tr. y prnl.} Cerrar un orificio con un tapón: ***Taponamos** la tubería rota con plástico para que no se escape el agua y mañana llamaremos al fontanero.*

tapujo ***m.*** *Fam.* Disimulo, engaño.

taquería ***f.*** *Méx.* Restaurante o casa de comidas donde se preparan y venden tacos: *En esa **taquería** venden tacos de carne y vísceras de res.*

taquete ***m.*** *Méx.* Trozo pequeño y cilíndrico de madera, o dispositivo expandible de plástico o metal, para fijar los tornillos en las paredes: *"Esta repisa es pesada, habrá que colgarla con **taquetes** para que no se caiga", aconsejó el carpintero.*

taquicardia ***f.*** Ritmo cardiaco acelerado: *Debido a la **taquicardia** que ha sufrido recientemente, mi padre decidió ir a que lo revisara un cardiólogo.*

taquigrafía ***f.*** Sistema de escritura rápida y abreviada, a base de signos especiales: *Las secretarias aprenden **taquigrafía,** mecanografía, organización de archivos y últimamente computación.*

taquigrafiar ***vb. irreg.*** {tr.} **Modelo 9.** Escribir algo con taquigrafía: *El asistente **taquigrafió** la carta que le dictó su jefe, luego la traducirá y la capturará en la computadora.*

taquígrafo, fa ***m.*** y ***f.*** Persona especializada en taquigrafía: *Un **taquígrafo** rápido puede escribir a la misma velocidad a la que uno habla.*

taquilla ***f.*** **1** Ventana pequeña donde se venden billetes para transporte o entradas para un espectáculo: *Había una larga fila en la **taquilla** para entrar al concierto de rock.* SIN. **boletería. 2** Armario pequeño en que se guardan objetos personales o papeles. **3** *Amér. C.* Taberna. **4** *Chile, C. Rica* y *Ecuad.* Clavo pequeño.

taquillazo ***m.*** *Méx.* Éxito monetario en la venta de boletos para algún espectáculo: *Esta obra teatral ha sido un **taquillazo,** por eso la presentarán durante dos meses más.*

taquillero, ra ***adj.*** Se dice del artista o del espectáculo que tiene mucho éxito con el público y por eso se venden muchos billetes de entrada para sus presentaciones: *A esa obra de teatro le ha ido muy bien porque la primera actriz es muy **taquillera.***

taquillero, ra ***m.*** y ***f.*** Empleado que se encarga de vender billetes o entradas en una taquilla.

taquimecanografía ***f.*** Técnica que permite dominar la taquigrafía y la mecanografía: *La **taquimecanografía** es una parte importante de la formación de una secretaria.*

taquimecanógrafo, fa ***m.*** y ***f.*** Persona cuyo oficio es taquigrafiar y mecanografiar: *La mayor parte de los escribanos públicos son **taquimecanógrafos.***

taquímetro ***m.*** Instrumento usado para medir distancias y ángulos: *Los ingenieros usan **taquímetros** para calcular las distancias.*

tara ***f.*** **1** Peso de un envase o recipiente sin incluir el de su contenido, o de un vehículo sin incluir la carga: *Para que el* *peso neto sea exacto, ese fabricante de mermelada primero saca la **tara** del frasco y luego lo llena con el producto.* **2** Defecto físico o psíquico grave: *Hay una **tara** en esa familia pues todos tienen una pierna más corta que la otra.* **3** *Chile* y *Perú.* Arbusto de cuya madera se extrae un tinte. **4** *Colomb.* Serpiente venenosa. **5** *Venez.* Langosta de tierra de mayor tamaño que la común.

tarabilla ***f.*** Serie de palabras que se dicen tan rápido que no se entienden: *Hugo tenía tanta prisa que soltó una **tarabilla** por teléfono; no le entendí nada de lo que dijo.*

taracea ***f.*** Técnica de incrustar trocitos de concha, hueso, de otra madera o nácar sobre un objeto hecho de madera: *La **taracea** es un trabajo que requiere mucha paciencia.*

taraceado, da ***adj.*** Se dice del objeto trabajado con taracea: *Fuimos a una exposición de arte árabe y vimos hermosos muebles, cajas y arcones **taraceados.***

taracear ***vb.*** {tr.} Adornar un objeto con taracea: *El artesano **taraceó** unas cajitas con trozos de concha nácar y apenas las puso en el aparador, las compró un turista.*

tarado, da ***adj./m.*** y ***f.*** **1** Que sufre de un defecto mental o físico grave. **2** *Desp. Fam.* Tonto, lento de entendimiento.

tarahumara ***adj./m.*** y ***f.*** De un pueblo amerindio que habita en Chihuahua, México: *Los **tarahumaras** tienen fama de ser buenos corredores de largas distancias.* SIN. **rarámuri.**

tarambana ***m.*** y ***f.*** *Fam.* Persona de conducta alocada y poco juiciosa: *Por andar de **tarambana,** Pablo se metió en un lío y por poco lo detiene la policía.*

tarantín ***m.*** **1** *Amér. C., Cuba* y *P. Rico.* Cachivache, trasto. **2** *Venez.* Tienda muy pobre.

tarántula ***f.*** Araña de tórax y patas vellosos cuya picadura es peligrosa: *En Brasil se encuentran las **tarántulas** más grandes, peludas e impresionantes del mundo, algunas llegan a medir hasta 25 cm.*

tarar ***vb.*** {tr.} Determinar la tara de una carga o producto envasado: *El tendero **taró** los botes de avena y vio que el cereal pesa 500 gramos y el envase 42 gramos.*

tararear ***vb.*** {tr.} Cantar en voz baja repitiendo sílabas como *ta* y *ra* en vez de las palabras de la canción: *A Miguel le gusta **tararear** las canciones que escucha en su radio mientras hace la comida.*

tararira ***f.*** *Argent.* y *Urug.* Pez que vive en los grandes ríos de América del Sur, de carne muy apreciada por su sabor.

tarasca ***f.*** *Chile* y *C. Rica.* Boca grande.

tarascada ***f.*** Mordida: *En cuanto el león vio la carne que le acercaban, lanzó una gran **tarascada.***

tarasco ***adj./m.*** y ***f.*** Nombre que los conquistadores españoles dieron al pueblo purépecha del estado de Michoacán, México.

tarascón ***m.*** *Argent., Bol., Chile, Ecuad.* y *Perú.* Mordedura: *En medio de la pelea, Ricardo le dio un **tarascón** a Alfredo.*

tardado, da ***adj.*** *Méx. Fam.* Lento: *Es una cocinera buena pero muy **tardada** a quien le lleva dos horas preparar la sopa.* SIN. **tardón.**

tardanza ***f.*** Hecho de retrasarse o tardarse: *Me preocupa la **tardanza** de Estela pues siempre es puntual.*

tardar ***vb.*** {intr. y prnl.} **1** Invertir un tiempo determinado en hacer una cosa: *¿Cuánto vas a **tardar** en terminar de comer?* **2** Emplear más tiempo del previsto en hacer algo: *Verónica **se está tardando** mucho en arreglarse y ya va a empezar la función, debemos apresurarla.*

tarde ***adv.*** **1** A una hora avanzada del día o la noche: *Se quedaron trabajando en la oficina hasta muy **tarde** y llegaron a sus casas en la madrugada.* **2** Después del momento previsto: *Eres una persona informal porque siempre llegas una hora **tarde** a tus citas.*

tarde ***f.*** Tiempo desde el mediodía hasta el anochecer: *Quedamos de vernos por la **tarde** para ir al cine.*

tardío, a ***adj.*** **1** Relativo a los frutos que tardan más que otros de su misma clase en madurar: *Se dice que el vino de las uvas **tardías** es particularmente dulce.* **2** Que ocurre o se realiza después del tiempo debido: *Tres meses después de morir el escritor, le hicieron un reconocimiento **tardío** por su gran obra.*

tardo, da ***adj.*** Lento o tardado en sus acciones o su modo de hablar: *Con paso **tardo,** el anciano se dirigió a la parada del autobús.*

tardón ***adj.*** Lento. SIN. **tardado.**

tarea ***f.*** **1** Trabajo que ha de hacerse en un tiempo limitado. **2** *Méx.* Trabajo escolar que los estudiantes realizan en casa.

tareco ***m.*** *Cuba, Ecuad.* y *Venez.* Cachivache, trasto.

tarifa ***f.*** Lista de precios o impuestos: *El gobierno municipal es el encargado de fijar la **tarifa** que se paga por el agua.*

tarifar ***vb.*** {tr.} Establecer una tarifa, o aplicarla: *Las autoridades anunciaron que **tarifarán** el ingreso a los museos, pues cada uno cobra lo que quiere.*

tarifario, ria ***adj.*** Relativo a las tarifas: *El aumento **tarifario** en los transportes urbanos afectará a muchos trabajadores.*

tarima ***f.*** Plataforma de madera, a poca altura del suelo: *Como la fiesta sería en el jardín, colocaron sobre el césped una **tarima** para que la gente bailara.* SIN. **tablado.**

tarja ***f.*** *Méx.* Pila del fregadero de cocina: *Las **tarjas** son más o menos hondas para que en ellas quepan las ollas y platos que se van a lavar.*

tarjar ***vb.*** {tr.} *Chile.* Tachar parte de un escrito.

tarjeta ***f.*** **1** Hoja pequeña de cartulina en la que se escriben los datos de una persona: *Al llegar al despacho del licenciado, el hombre le mostró su **tarjeta** a la secretaria para que lo anunciara.* **2** Pequeña hoja de papel en la que se anota cualquier cosa: *Para realizar su investigación llenó cientos de **tarjetas** con datos que consiguió en la biblioteca.*

tarjetero ***m.*** Caja donde se guardan tarjetas: *Mi hermano me regaló un **tarjetero** de madera con divisiones en orden alfabético.*

tarot ***m.*** **Palabra de origen francés.** Baraja que tiene 78 cartas, las cuales son más largas que los naipes normales: *El **tarot,** como otras barajas, es para jugar, pero algunas personas pretenden adivinar a través de las combinaciones de sus figuras.*

tarotista ***m.*** y ***f.*** Cartomanciano que se especializa en leer el tarot: *En la feria había un pabellón donde estaba una **tarotista** que también veía la suerte en una bola de cristal.*

tarro ***m.*** Recipiente cilíndrico, por lo general más alto que ancho: *Los **tarros** se usan para envasar mermeladas, conservas y cremas para el cuerpo entre otras cosas.*

tarso ***m.*** Región posterior del pie: *Andaba descalzo, pisó unas ramas secas y se hizo cortadas en el **tarso.***

tarta ***f.*** Torta o pastel grande y relleno de frutas, crema, etc.: *La **tarta** que dieron en la fiesta de cumpleaños de Berenice era muy dulce y cremosa.*

tartajear ***vb.*** {intr.} *Fam.* Hablar pronunciando mal las palabras.

tartaleta ***f.*** Pastelillo de masa o de pasta hojaldrada, que tiene en el centro una cazoleta para rellenarlo de jalea u otra cosa: *Eréndira llegó a la reunión con una charola llena de **tartaletas** de fresa, higo y piña que ella misma preparó.*

tartamudear ***vb.*** {intr.} Hablar con pronunciación entrecortada y repitiendo varias veces las sílabas o sonidos: *Cuando niño, ese actor era tan nervioso y tímido que* ***tartamudeaba*** *todo el tiempo.*

tartamudez ***f.*** Trastorno que se caracteriza por bloqueos al hablar, que hacen que las personas repitan las palabras o se atoren al pronunciar ciertas letras: *La* ***tartamudez*** *suele acentuarse cuando las personas que la padecen están nerviosas.*

tartamudo, da ***adj./m.*** y ***f.*** Persona que habla con sonidos entrecortados, repitiendo las sílabas o las palabras.

tartana ***f.*** **1** Carruaje de dos ruedas tirado por caballos, con asientos laterales y toldo. **2** Embarcación pequeña de vela.

tártaro, ra ***adj./m.*** y ***f.*** De un conjunto de pueblos de origen mongol y turco.

tartera ***f.*** Recipiente para llevar comida: *Mi papá se lleva su almuerzo al trabajo en una* ***tartera.***

tarugo ***m.*** **1** Pedazo grueso y corto de madera o pan. SIN. **taco. 2** *Méx. Desp. Fam.* Tonto.

tasa ***f.*** **1** Hecho de tasar o medir. **2** Precio que se fija de manera oficial.

tasación ***f.*** Acción de tasar: *"Me parece que la* ***tasación*** *de las joyas que empeñaste fue abusiva, valen mucho más", le dijo una amiga a mi tía.*

tasador, ra ***adj./m.*** y ***f.*** Que tasa: *La* ***tasadora*** *de antigüedades estableció el precio de las ánforas griegas en varios miles de dólares.*

tasajear ***vb.*** {tr.} **1** Cortar carne en tiras y ponerla a secar para hacer tasajo. **2** *Cuba* y *Méx.* Herir o cortar con cuchillo repetidas veces: *La nota roja dice que un hombre* ***tasajeó*** *a otro que le quiso robar.* **3** *Méx.* y *Salv.* Criticar con dureza: *Los críticos* ***tasajearon*** *la obra del escultor.*

tasajo ***m.*** Carne que se pone a secar untada con sal como conservador. SIN. **cecina, charqui.**

tasar ***vb.*** {tr.} **1** Fijar la autoridad competente el precio o cantidad de algo. **2** Valorar, evaluar: *Antes de vender las joyas, las llevaron a* ***tasar*** *para conocer su precio.* SIN. **valuar. 3** Poner límite a algo para evitar excesos.

tasca ***f.*** **1** Taberna, lugar donde se venden alimentos y bebidas alcohólicas: *Después del trabajo se fueron a una* ***tasca*** *para tomar unas copas de vino.* **2** *Perú.* En el mar, conjunto de corrientes encontradas y oleaje fuerte que dificultan un desembarco.

tata ***f.*** *Fam.* Mujer que cuida niños. SIN. **nana, niñera.**

tata ***m.*** *Amér.* Padre, papá y a veces, abuelo.

tatarabuelo, la ***m.*** y ***f.*** Respecto a una persona, el padre o la madre de su bisabuelo o su bisabuela: *El* ***tatarabuelo*** *de Nora llegó desde Italia a Argentina el siglo pasado y ahí ha nacido toda su familia.*

tataranieto, ta ***m.*** y ***f.*** Respecto a una persona, hijo o hija de su bisnieto o de su bisnieta.

tatemar ***vb.*** {tr.} *Méx.* Requemar, dorar en exceso alguna cosa: *Por estar hablando por teléfono con su novio, Adelina dejó* ***tatemar*** *el pollo que guisaba.*

tatetí ***m.*** *Argent.* y *Urug.* Juego de mesa, tres en raya: *El* ***tatetí*** *es conocido como "juego del gato" y para jugarlo sólo se necesita lápiz y papel.*

tatú ***m.*** *Argent., Bol., Chile, Par.* y *Urug.* Especie de armadillo de gran tamaño.

tatuaje ***m.*** Palabra o dibujo grabado en la piel del cuerpo: *El hombre lleva en el pecho un gran* ***tatuaje*** *en forma de corazón atravesado por una flecha.*

tatuar ***vb. irreg.*** {tr. y prnl.} **Modelo 10.** Hacer un tatuaje: *Las personas de algunas tribus* ***se tatúan*** *el cuerpo por cuestiones rituales, pero muchos jóvenes que viven en las grandes ciudades lo hacen sólo por seguir una moda.*

taumaturgia ***f.*** Facultad del taumaturgo.

taumaturgo, ga ***m.*** y ***f.*** **1** Persona que hace o pretende hacer milagros. **2** *Fam.* Mago, hechicero.

taurino, na ***adj.*** Relativo a los toros o a las corridas de toros: *A mucha gente la fiesta* ***taurina*** *le parece un espectáculo cruel en el que se atormenta a los toros.*

tauro ***adj./m.*** y ***f.*** Segundo signo del zodiaco, comprendido entre el 20 de abril y el 21 de mayo, su signo es un toro.

tauromaquia ***f.*** Técnica y arte de torear: *La* ***tauromaquia*** *existe desde la antigua Grecia.*

tautología ***f.*** Repetición inútil de un mismo pensamiento: *Decir que un abridor abre es una* ***tautología.***

taxi ***m.*** Automóvil público con chofer: *Cuando llueve en esta ciudad es imposible conseguir un* ***taxi,*** *¡todos están ocupados!*

taxidermia ***f.*** Arte de disecar animales muertos y arreglarlos en posiciones parecidas a las que tenían cuando estaban vivos.

taxidermista ***m.*** y ***f.*** Persona que diseca animales muertos.

taxímetro ***m.*** Contador que, en los taxis, indica el precio que se debe pagar por la distancia recorrida: *Es ilegal que los taxis no tengan el* ***taxímetro*** *funcionando correctamente.*

taxista ***m.*** y ***f.*** Chofer de taxi. SIN. **ruletero.**

taxón ***m.*** Unidad básica de clasificación de las especies biológicas.

taxonomía ***f.*** Ciencia que se ocupa de la clasificación de las especies animales y vegetales, ordenándolos de acuerdo a sus características.

taxonomista ***m.*** y ***f.*** Especialista en taxonomía: *Cuando se descubrió el ornitorrinco, los* ***taxonomistas*** *no sabían qué hacer para clasificarlo, pues siendo mamífero pone huevos y tiene pico como de pato.*

taza ***f.*** **1** Vasija con asa que sirve para beber de ella. **2** Cantidad de cualquier cosa que cabe en una taza: *Mi padre toma una* ***taza*** *de café todas las mañanas.* **3** Mueble del baño que sirve para orinar y defecar: *La* ***taza*** *se tapó y se empezó a derramar el agua con orina por los lados.* SIN. **excusado, inodoro, water, retrete.**

tazón ***m.*** Recipiente de forma semiesférica y sin asa: *A Estrella le gusta tomar su avena en un* ***tazón*** *de cerámica decorado con rayas azules.*

té ***m.*** **1** Planta que se cultiva por sus hojas aromáticas y un poco estimulantes: *En la India se produce mucho* ***té*** *para consumo interno y para exportación.* **2** Hojas de la planta del té, secadas, enrolladas y tostadas. **3** Bebida o infusión que se hace con hojas de té: *Los chinos, indios e ingleses toman mucho* ***té.***

te ***pron.*** Pronombre personal masculino y femenino de la segunda persona del singular, que funciona como complemento directo e indirecto: *"¿****Te*** *quieres quedar a tomar un café conmigo?"*

tea ***f.*** Astilla muy resinosa que, encendida, sirve para alumbrar: *Al entrar a la oscura cueva, Indiana Jones llevaba una* ***tea*** *para ver el camino.*

teatral ***adj.*** **1** Relativo al teatro: *Ese periodista escribe cada sábado una crítica* ***teatral*** *en un diario.* **2** Exagerado: *Le dio las gracias con gestos* ***teatrales*** *que parecían fingidos.*

teatralidad ***f.*** Calidad de teatral: *La* ***teatralidad*** *con que se queja el abuelo de sus callos sería digna de un escenario.*

teatralización ***f.*** Acción de dar a un tema determinado las características necesarias para que pueda representarse como pieza teatral: *El dramaturgo declaró que actualmente* *trabaja en la **teatralización** de algo ocurrido cuando era niño.*

teatralizar ***vb. irreg.*** {tr.} **Modelo 16. 1** Dar a algo forma teatral: ***Teatralizarán*** *la vida de aquel gran marino; ahora buscan un actor que lo represente.* **2** Exagerar las actitudes o expresiones: *Marcos **teatralizó** tanto sobre su aburrimiento, que su padre al fin accedió a comprarle el videojuego.*

teatro ***m.*** **1** Edificio donde se representan obras dramáticas. **2** Género literario cuyas obras están pensadas para ser representadas: *Lope de Vega fue uno de los grandes autores del **teatro** español.*

tebeo ***m. Esp.*** Revista infantil con historietas: *De niño le encantaba leer **tebeos** y los compraba cada semana.* Sin. **historietas, cómics.**

techado ***m.*** Techo, cubierta de un recinto o habitación: *La cochera de casa tiene **techado** de lámina y cuando llueve se oye mucho ruido.*

techar ***vb.*** {tr.} Poner techo: *Ya construyeron las paredes de la casa nueva, sólo falta **techarla.***

techo ***m.*** **1** Parte interior de la cubierta de una habitación, edificio, etc.: *En las zonas cálidas las casas tienen **techos** muy altos para que el ambiente se mantenga fresco.* **2** Tejado, cubierta de una construcción: *A través del **techo** de lámina se escuchan a veces los pasos de los gatos.* Sin. **techumbre.**

techumbre ***f.*** Cubierta de un edificio. Sin. **techo.**

tecla ***f.*** Pieza que, pulsada con los dedos, hace sonar un instrumento musical o funcionar un mecanismo: *El piano estaba tan viejo que varias **teclas** no sonaban.*

tecladista ***m.*** y ***f.*** Músico que toca un instrumento de teclado: *Buscan un buen **tecladista** para el nuevo conjunto de rock.*

teclado ***m.*** **1** Grupo ordenado de teclas de un instrumento o aparato: *La maestra de piano le sugirió a Felipe que consiguiera un **teclado** para practicar en casa.* **2** Dispositivo formado por teclas que se utiliza para introducir datos y dar órdenes a una computadora.

teclear ***vb.*** {tr.} Oprimir las teclas.

tecnecio ***m.*** Elemento químico que se obtiene de manera artificial, de símbolo Tc y número atómico 43.

técnica ***f.*** **1** Conjunto de métodos de una ciencia, arte, etc.: *La fotografía tiene una parte inicial de **técnica** que hay que estudiar antes de empezar a tomar fotos.* **2** Conjunto de las aplicaciones prácticas de las ciencias. **3** Sistema para conseguir algo: *Fabiola tiene una **técnica** interesante para preparar un desayuno rápido y sabroso.*

tecnicismo ***m.*** **1** Cualidad de técnico. **2** Palabra propia de una técnica: *Le pedí al mecánico que no me hablara con **tecnicismos** y que me explicara con palabras sencillas el problema del motor del automóvil.*

técnico, ca ***adj.*** **1** Relativo a la aplicación de las ciencias y de las artes. **2** Relativo a los términos propios del lenguaje de un arte, una ciencia, etc.: *Es un manual **técnico** que sólo entienden los especialistas en agricultura.*

técnico, ca ***m.*** y ***f.*** Persona que posee los conocimientos de una técnica: *En la oficina se necesita un **técnico** en computación.*

tecnificado, da ***adj.*** Que ha sido sujeto a innovaciones tecnológicas: *Los sistemas de riego **tecnificados** permiten que los cultivos rindan más.*

tecnificar ***vb. irreg.*** {tr.} **Modelo 17.** Introducir innovaciones tecnológicas en algún sistema productivo: *La revolución industrial **tecnificó** muchas ramas de la producción que antes eran artesanales.*

tecnocracia ***f.*** Gobierno de los técnicos o especialistas.

tecnócrata ***adj./m.*** y ***f.*** **1** Especialista o técnico en administración o economía que ejerce algún cargo público. **2** Partidario de la tecnocracia.

tecnología ***f.*** Estudio de los medios, de las técnicas y de los procesos empleados en las diferentes ramas de la industria: *Muchos países de América Latina carecen de una **tecnología** propia y por eso dependen de la extranjera.*

tecnológico, ca ***adj.*** Relativo a la tecnología: *Los adelantos **tecnológicos** de la segunda mitad del siglo* XX *fueron superiores a los de los siglos* XVIII *y* XIX *juntos.*

tecolote ***m. Amér. C.*** y ***Méx.*** Búho.

tecomate ***m.*** **1** ***Guat.*** y ***Méx.*** Planta de aplicaciones medicinales, de fruto comestible y corteza utilizada para hacer vasijas. **2** ***Méx.*** Vasija de forma similar a la jícara, por lo general hecha con el fruto del tecomate.

tectónica ***f.*** Parte de la geología que estudia las deformaciones de la corteza terrestre y los movimientos que han originado estas deformaciones: *Los sismólogos, quienes estudian los terremotos, deben conocer necesariamente la **tectónica.***

tectónico, ca ***adj.*** Relativo a la corteza terrestre: *Cuando las capas **tectónicas** se acomodan, se producen sismos.*

tedio ***m.*** Aburrimiento, fastidio: *Durante las vacaciones algunos niños caen en el **tedio** y pasan el tiempo pensando en regresar a clases.*

tedioso, sa ***adj.*** Que resulta aburrido, cansado: *Hacer ejercicios de caligrafía es una actividad **tediosa** pero necesaria para adquirir destreza al escribir a mano.*

tegucigalpense ***adj./m.*** y ***f.*** Originario de Tegucigalpa, capital de Honduras, país de América Central.

tegumento ***m.*** Tejido que recubre algunas partes de un ser vivo.

tehuelche ***adj./m.*** y ***f.*** Pueblo amerindio prácticamente extinto que, junto con los ona, habitó en la parte meridional de América del Sur, desde la cordillera chilena hasta Tierra del Fuego.

teína ***f.*** Sustancia estimulante que se encuentra en el té: *La **teína** tiene efectos parecidos a los de la cafeína.*

teísmo ***m.*** Doctrina que afirma la existencia personal y única de un Dios creador y conservador del mundo.

teísta ***m.*** y ***f.*** Seguidor del teísmo.

teja ***f.*** Pieza de barro cocido o de cerámica, con forma de canal, usada para cubrir los techos: *En ese pueblo la mayor parte de los techos se hacen de **teja** roja.*

tejado ***m.*** Superficie que recubre la parte superior de las casas y que suele estar recubierta por tejas.

tejamanil ***m. Cuba, Méx.*** y ***P. Rico.*** Tabla delgada que se coloca como teja en los techos de las casas.

tejedor, ra ***m.*** y ***f.*** **1** Persona que tiene por oficio tejer. **2** ***Chile Fam.*** Intrigante, enredador.

tejedora ***f.*** Máquina que sirve para tejer punto: *Mi tía Luisa compró una **tejedora** y ahora se dedica a elaborar suéteres y bufandas.*

tejemaneje ***m.*** **1** ***Fam.*** Actividad y destreza para realizar algo: *El jefe se puso a enseñarle el **tejemaneje** de la tienda al nuevo empleado.* **2** ***Fam.*** Intriga y manejos poco honestos para conseguir algo.

tejer ***vb.*** {tr. y prnl.} **1** Formar prendas de vestir en el telar: *Los rebozos mexicanos **se tejen** en un telar llamado "de cintura".* **2** Entrelazar hilos para formar alfombras, esteras, prendas de punto, etc.: *Mi tía Gracia **tejía** muy bonito y era capaz de hacer una bufanda en un rato.*

tejido ***m.*** **1** Prenda textil obtenida por entrecruzamiento ordenado de hilos: *Todavía se conservan **tejidos** que fueron hechos hace miles de años en la época de los antiguos egipcios.* **2** Grupo organizado de células con la misma estructura y función: *El **tejido** del estómago es distinto del de los huesos.* **3** *loc.* ~ **conjuntivo,** en anatomía, tejido que sirve como sostén o protección.

tejocote ***m. Méx.*** Planta de fruto amarillo comestible y sabor agridulce.

tejón ***m.*** Mamífero carnívoro que también come algunos frutos, mide unos 70 cm de largo y 20 kg de peso, es de color gris y patas cortas: *El **tejón** es común en los bosques, donde excava madrigueras.*

tela ***f.*** **1** Tejido fabricado en un telar: *Hoy en día las **telas** se hacen en máquinas especiales a gran velocidad.* **2** Lienzo pintado: *El pintor llevó las **telas** a enmarcar para la exposición.* **3** *loc.* ~ **de araña,** tejido que forman las arañas: *Se ve que desde hace mucho no sacuden las esquinas de la casa, pues están cubiertas de **telas de araña**.* Sin. **telaraña.**

telar ***m.*** **1** Máquina que se utiliza para tejer: *En ese taller de ropa tienen cuatro **telares** que ponen a trabajar durante todo el día.* **2** Parte superior del escenario de un teatro, de donde bajan telones y bambalinas.

telaraña ***f.*** Tela que forma la araña con el hilo que segrega: *Al entrar a la vieja casa abandonada se encontró con **telarañas** que se le pegaban a la cara.*

telecomunicación ***f.*** Transmisión a distancia de mensajes hablados, sonidos, imágenes o señales convencionales: *Gracias a un sistema de **telecomunicación** es posible recibir canales de televisión de otro continente.*

teledirigir ***vb. irreg.*** {tr.} **Modelo 61.** Conducir o mandar a distancia.

telefacsímil ***m.*** Telefax, fax.

telefax ***m.*** **1** Servicio de copia a distancia que emplea copiadoras y los circuitos de la red telefónica. **2** Documento enviado o recibido con el instrumento llamado telefax. Sin. **fax.**

teleférico ***m.*** Medio de transporte formado por uno o varios cables que cargan cabinas suspendidas en un carril.

telefilme o **telefilm** ***m.*** Filme realizado especialmente para la televisión.

telefonazo ***m. Fam.*** Llamada telefónica.

telefonear ***vb.*** {intr.} Llamar por teléfono: *Ayer **telefoneó** el primo Alfonso y dijo que vendrá a visitarnos el domingo.*

telefonía ***f.*** **1** Conjunto de técnicas de telecomunicación a través del teléfono: *Como las líneas normales fallaban, cambié a **telefonía** de banda ancha, ahora hago llamadas utilizando mi computadora.* **2** Servicio de comunicaciones telefónicas: *La **telefonía** celular constituyó toda una revolución tecnológica y social.*

telefónico, ca ***adj.*** Perteneciente o relativo a la telefonía o al teléfono.

telefonista ***m.*** y ***f.*** Persona encargada de atender y establecer comunicaciones telefónicas.

teléfono ***m.*** **1** Instalación y aparato conectado a un circuito eléctrico que permite hablar de un lugar a otro a dos personas situadas en lugares lejanos entre sí: *Alejandro Graham Bell y Antonio Meucci inventaron el **teléfono** prácticamente al mismo tiempo.* **2** *loc.* ~ **celular,** aquel que transmite y recibe la señal telefónica por medio de microondas: *Hoy en día se puede localizar a una persona donde se encuentre si tiene un **teléfono celular**.* **3** *loc.* ~ **inalámbrico,** aquel que carece de alambres y por medio de ondas electromagnéticas envía la señal a la red telefónica: *Con un **teléfono inalámbrico** se puede telefonear desde cualquier lugar de la casa.*

telegrafía ***f.*** Sistema de telecomunicación para enviar mensajes escritos mediante la utilización de un código de señales: *La **telegrafía** fue el primer medio rápido para transmitir mensajes, ahora ya ha sido reemplazada por otros sistemas más modernos.*

telegráfico, ca ***adj.*** **1** Relativo al telégrafo o a la telegrafía. **2** Breve: *Mi novio me mandó una carta de amor tan **telegráfica** que sólo decía: "Te quiero mucho, Gerardo".*

telegrafista ***m.*** y ***f.*** Empleado que se ocupa de enviar y recibir mensajes a través del telégrafo: *Cuando era joven, el abuelo de Tomás fue **telegrafista** en su pueblo natal.*

telégrafo ***m.*** Conjunto de aparatos que permiten transmitir mensajes escritos con rapidez y a distancia: *El* Titanic *envió muchos mensajes a través del **telégrafo** solicitando ayuda urgentemente.*

telegrama ***m.*** Mensaje transmitido por telégrafo: *A mi hermano le llegaron varios **telegramas** de felicitación por su cumpleaños.*

telele ***m. Fam.*** Desmayo ostentoso: *Cuando la mujer se enteró de que su hijo se había casado durante las vacaciones le dio un **telele**.* Sin. **soponcio, patatús.**

telemática ***f.*** Conjunto de técnicas y servicios basados en redes que asocian la telecomunicación y la ciencia de la computación.

telemetría ***f.*** Medición de las distancias de manera remota: *La **telemetría** utiliza procedimientos ópticos, acústicos, radioeléctricos o de reflexión de rayo láser.*

telémetro ***m.*** Aparato que permite medir la distancia a la que se encuentra un objeto lejano.

telenque ***adj. Chile.*** Que es débil y enfermizo. Sin. **enclenque.**

teleobjetivo ***m.*** Lente fotográfico para captar objetos lejanos.

teleósteo ***adj.*** Relativo a un orden de peces de esqueleto óseo y escamas lisas.

telepatía ***f.*** Transmisión de pensamientos sin necesidad de hablar, que se realiza de una persona a otra a veces a gran distancia: *Parece que nos comunicamos por **telepatía** pues pensaba en ti cuando me llamaste.*

telera ***f.*** **1** *Cuba.* Galleta delgada y de forma rectangular. **2** *Méx.* Pan blanco, de forma ovalada y con hendiduras a lo largo: *Comí una rica **telera** rellena de jamón y queso.*

telescopio ***m.*** Aparato óptico astronómico que permite la observación de cuerpos muy lejanos: *Algunos astrónomos aficionados han hecho importantes descubrimientos con **telescopios** no muy potentes.*

telespectador, ra ***m.*** y ***f.*** Persona que ve un programa de televisión: *Esa serie tuvo muchos **telespectadores**, por eso la van a repetir.*

teletipo ***m.*** Aparato telegráfico que permite la impresión a distancia de un escrito: *El día que empezó la guerra, los **teletipos** de todos los diarios funcionaron todo el tiempo recibiendo información sobre el asunto.*

teletrabajo ***m.*** Modalidad de trabajo a distancia, en la que el trabajador hace su labor desde su casa: *El **teletrabajo** se ha ido generalizando gracias al uso de las redes de Internet y otros medios de comunicación.*

televidente ***m.*** y ***f.*** Persona que ve la televisión: *La nueva serie policiaca ha captado millones de **televidentes** en todo el mundo.*

televisado, da ***adj.*** Transmitido a través de la televisión: *La moderna tecnología permite que muchos acontecimientos sean **televisados** en vivo, es decir, en el mismo momento en que ocurren.*

televisar ***vb.*** {tr.} Transmitir por televisión: *Ayer **televisaron** las competencias de natación en vivo, o sea, desde el mismo lugar y al mismo tiempo en que se llevaban a cabo.*

televisión ***f.*** **1** Transmisión a distancia de imágenes y sonidos. **2** Aparato que recibe a distancia sonidos e imágenes en movimiento: *"Prende la* ***televisión*** *para ver las noticias", pidió mi madre.* SIN. **televisor.**

televisivo, va ***adj.*** Relativo a la televisión: *El programa* ***televisivo*** *favorito de Ariel trata de un detective que resuelve casos muy complicados.*

televisor ***m.*** Aparato que recibe a distancia sonidos e imágenes en movimiento: *Muchas personas gustan de comer frente al* ***televisor*** *mientras ven algún programa.* SIN. **televisión.**

télex ***m.*** Servicio telegráfico por medio de teletipos.

telón ***m.*** Lienzo o cortina grande del escenario de un teatro: *Ese teatro tenía un gran* ***telón*** *de terciopelo rojo, con flecos dorados en las puntas.*

telúrico, ca ***adj.*** Relativo a la Tierra: *En muchos lugares del planeta hay movimientos* ***telúricos*** *o sismos.*

telurio o **teluro** ***m.*** Cuerpo simple no metálico de color blanco azulado, en forma de lámina, frágil, de símbolo químico Te y número atómico 52.

tema ***m.*** **1** Asunto o materia de que trata una obra de arte, un escrito, etc.: *El* ***tema*** *de esa serie de televisión es la Guerra Civil Española.* **2** Idea musical formada por una melodía: *En el primer movimiento de esa sinfonía se plantea el* ***tema,*** *luego se desarrolla en el segundo movimiento y al final se retoma.*

temario ***m.*** Conjunto de temas que se proponen para ser estudiados o discutidos: *"El* ***temario*** *de biología para este trimestre incluye temas de ecología y de reproducción animal", anunció el profesor.*

temática ***f.*** Tema de una obra, ciencia, autor, etc.: *La* ***temática*** *de las obras del escritor colombiano Gabriel García Márquez gira en torno a la soledad.*

temático, ca ***adj.*** Relativo al tema: *En la clase de literatura nos dejaron localizar el contenido* ***temático*** *de un cuento que leímos.*

temazcal ***m.*** En México y América Central, construcción de piedra y argamasa en la que se toman baños de vapor: *En los* ***temazcales*** *se echa agua a las piedras calientes para producir vapor.*

temblar ***vb. irreg.*** {intr.} **Modelo 3. 1** Moverse con sacudidas cortas y rápidas: *El pobre animal que rescataron* ***estaba temblando*** *de miedo y de frío.* **2** ***Méx.*** Ocurrir un movimiento sísmico: *Cuando* ***tembló,*** *mi tía Luisa gritaba y todos tratamos de calmarla.*

temblequear ***vb.*** {intr.} ***Fam.*** Temblar, estremecerse: *Mi perro es un cobarde,* ***tiemblequea*** *cada vez que ve a otro animal más grande.*

temblequeo ***m.*** Acción de temblequear: *"El* ***temblequeo*** *de tus manos me indica que mientes, de otra forma no estarías tan nervioso", dijo la chica a su novio.*

temblón, blona ***adj.*** Que tiembla con facilidad: *"Me gustan los perros chihuahueños, pero me choca que sean* ***temblones*** *cuando se ponen nerviosos", dijo Susana.*

temblor ***m.*** **1** Agitación involuntaria y repetida del cuerpo: *El enfermo tenía una fiebre tan alta que su cuerpo se sacudía con* ***temblores.*** **2** Sismo: *En 1985, en la Ciudad de México se sintió un fuerte* ***temblor*** *que causó muchos daños.* SIN. **terremoto.**

tembloroso, sa ***adj.*** Que tiembla: *Patiné durante tres horas y me quedaron* ***temblorosas*** *las piernas, ¡las tengo muy cansadas!*

temer ***vb.*** {tr., intr. y prnl.} **1** Sentir temor o miedo: *A pesar de la diferencia de tamaños, muchos adultos le* ***temen*** *a las arañas.* **2** Recelar de alguien o algo, sospechar: *Con esas nubes tan oscuras* ***me temo*** *que va a llover.*

temerario, ria ***adj.*** **1** Atrevido: *Es un niño* ***temerario*** *y audaz que a veces se arriesga más de la cuenta.* **2** Que se hace sin fundamento: *Pilar lanzó un juicio* ***temerario*** *al acusar a Leticia de haber robado su anillo cuando en realidad lo había olvidado en el baño.*

temeridad ***f.*** Cualidad y comportamiento del que es temerario: *Con* ***temeridad,*** *los exploradores se internaron en esa caverna a la que nadie había entrado antes.*

temeroso, sa ***adj.*** Que siente temor o miedo por algo o acostumbra sentirlo: *La niña se ocultó* ***temerosa*** *de que se burlaran de ella por el diente que se le había caído.*

temible ***adj.*** Capaz de causar temor o digno de ser temido: *El oso es una fiera* ***temible*** *con la que no quisiera toparme.*

temido, da ***adj.*** Que causa temor: *Llegó el verano, y con él los* ***temidos*** *huracanes.*

temor ***m.*** **1** Miedo. **2** Recelo, desconfianza hacia alguien o algo: *Sentimos* ***temor*** *de que la lluvia se convierta en tormenta y destruya casas.*

témpano ***m.*** Plancha flotante de hielo: *En la región antártica hay muchos* ***témpanos*** *que flotan en el mar.*

temperado, da ***adj.*** **1** Templado, moderado: *El clima cálido de la región es* ***temperado*** *por la brisa marina.* **2** En música, se refiere a la escala musical ajustada a los doce sonidos.

temperamental ***adj.*** Que tiene constantes cambios de humor o de carácter: *Es una mujer* ***temperamental*** *que de pronto está de buen humor y al otro momento se enoja.* SIN. **caprichoso.**

temperamento ***m.*** **1** Manera de ser, carácter: *Desde niño tuvo un* ***temperamento*** *dominante y fuerte.* **2** Vitalidad, vivacidad.

temperancia ***f.*** Templanza, moderación: *La* ***temperancia*** *tiene como recompensa la conservación de la salud.*

temperar ***vb.*** {tr. y prnl.} **1** Templar, moderar. **2** En música, reducir la escala musical a los doce sonidos de la escala.

temperatura ***f.*** **1** Sensación de calor o frío. **2** Clima: *La* ***temperatura*** *es suave a pesar de que estamos en plena época de invierno.* **3** Grado de calor de un cuerpo: *Lo primero que hizo el médico fue medirle la* ***temperatura*** *al enfermo.*

tempestad ***f.*** **1** Tormenta: *Los truenos y relámpagos avisaron la llegada de la* ***tempestad.*** **2** Agitación violenta del agua del mar: *Los guardacostas avisaron a las embarcaciones que se acercaba una* ***tempestad.***

tempestuoso, sa ***adj.*** **1** Relativo al clima que amenaza una tempestad: *Es mejor no salir a la mar cuando el clima es* ***tempestuoso.*** **2** Tenso, agitado, violento: *Se sentía un ambiente* ***tempestuoso*** *en esa reunión, así que me retiré del lugar antes de que estallara la pelea.*

templado, da ***adj.*** **1** Que actúa con moderación, sin irse a los extremos: *Los militares de altos mandos deben ser personas* ***templadas*** *y sensatas.* **2** Que no está ni frío ni caliente: *Me gusta lavarme los dientes con agua* ***templada*** *porque así no me duelen.* **3** ***Fam.*** Valiente, sereno: *El jefe de la expedición debe tener un carácter* ***templado*** *para enfrentar y solucionar los problemas.*

templanza ***f.*** Moderación en los apetitos e impulsos: *"Deberías tener más* ***templanza",*** *dijo Martín a Jorge luego de que lo vio devorar una docena de panes.*

templar ***vb.*** {tr. y prnl.} **1** Moderar la fuerza o violencia de algo. **2** Afinar un instrumento: *Después de* ***templar*** *la guitarra, el trovador cantó unas canciones.* **3** Calentar de forma ligera: ***Templaré*** *un poco la leche para no tomarla tan fría.* SIN. **entibiar.**

temple ***m.*** **1** Carácter o estado de ánimo de alguien: *En los momentos de adversidad y crisis se conoce el verdadero **temple** de las personas.* **2** Serenidad para afrontar dificultades: *Con gran **temple,** Pablo logró liberar a su perra del ataque de un perro bravo.* **3** Tratamiento térmico al que se someten ciertos materiales para mejorar sus propiedades físicas.

templete ***m.*** **1** Construcción pequeña en forma de templo: *Se casaron en un **templete** que instalaron en el jardín.* **2** Quiosco. **3** Plataforma: *Para el espectáculo popular montaron un **templete** en la plaza principal.*

templo ***m.*** Edificio destinado al culto de una divinidad.

temporada ***f.*** Espacio indeterminado de tiempo: *El verano se considera **temporada** importante de vacaciones en Europa porque es cuando van más turistas.*

temporal ***adj.*** **1** Que dura sólo cierto tiempo: *Le pidió a su hijo que se consiguiera un trabajo **temporal** para ocuparse durante las vacaciones de verano.* **2** Relativo a las sienes o partes laterales de la cabeza: *A mi padre ya empezaron a salirle canas en la zona **temporal.***

temporal ***m.*** **1** El hueso del cráneo situado en la sien: *El golpe en la cabeza fue lateral y fracturó el **temporal.*** **2** Tempestad de tierra, aire o mar: *Después del **temporal** regresaron la calma y el buen tiempo.*

temporalidad ***f.*** Cualidad de lo temporal: *En muchos cementerios se hacen contratos a **temporalidad,** es decir, los restos pueden permanecer inhumados sólo durante cierto tiempo.*

temporalizar ***vb. irreg.*** {tr.} **Modelo 16.** Establecer los tiempos de realización de un plan o programa: *El profesor **temporalizó** el programa de estudios de la materia para saber cuántas horas debe dedicar a cada tema.*

temporario, ria ***adj.*** Temporal, que dura sólo un tiempo: *Algunas actividades, como las cosechas, son sostenidas por trabajadores **temporarios.***

tempranero, ra ***adj.*** Que hace las cosas antes del tiempo debido o que se levanta temprano: *Lucía siempre ha sido **tempranera,** desde que tenía seis años se levanta todos los días a las cinco de la mañana.*

temprano ***adv.*** **1** En las primeras horas del día o de la noche. **2** Muy pronto: *El niño empezó a caminar **temprano,** sólo tenía once meses cuando dio sus primeros pasos.*

temprano, na ***adj.*** Que es el primero en aparecer: *El vino más ácido es el que se hace con la uva **temprana.***

tenacidad ***f.*** Firmeza y perseverancia: *Rodolfo estudió con **tenacidad** y logró aprobar el curso con excelentes calificaciones y mención honorífica.*

tenaz ***adj.*** **1** Difícil de quitar, separar o romper: *Una lluvia **tenaz** les impidió proseguir el paseo por el campo.* **2** Firme, inflexible, terco: *Los entrenadores de perros tienen que ser personas **tenaces** para que los animales aprendan a obedecer las órdenes.*

tenaza ***f.*** **1** Instrumento compuesto de dos piezas cruzadas y articuladas, que se pueden cerrar para sujetar objetos: *En algunos laboratorios usan **tenazas** para tomar frascos con sustancias peligrosas.* **2** Órgano parecido a una pinza que poseen algunos crustáceos como la langosta: *Miguel metió el dedo a un hoyo en la arena y un pequeño cangrejo se lo pellizcó con una de sus **tenazas.***

tenca ***f.*** **1** Pez de agua dulce, con cuerpo alargado de color verde, que vive en los fondos de barro o lodo. **2** ***Argent.*** y ***Chile.*** Ave similar a la alondra. **3** ***Chile.*** Mentira.

tendajón ***m. Méx.*** Tienda pequeña.

tendal ***m.*** **1** Lugar soleado donde se coloca el café y otros granos para secarlos. **2** ***Argent., Chile*** y ***Urug.*** Cantidad de cosas o seres que por causa violenta han quedado tendidas. **3** ***Chile.*** Tienda ambulante. **4** ***Ecuad.*** Especie de mesa con superficie enrejada que se usa en las estancias o haciendas para tender al sol el cacao.

tendedero ***m.*** Lugar donde se tiende la ropa lavada para que se seque: *En algunos lugares en vez de **tendederos** la gente usa máquinas secadoras de ropa.*

tendencia ***f.*** **1** Fuerza por la que un cuerpo se mueve hacia otro: *Los metales tienen **tendencia** de acercarse a los imanes.* **2** Inclinación del hombre hacia ciertos fines: *Germán tiene **tendencia** a enojarse con facilidad.*

tendencioso, sa ***adj.*** Que presenta algo de manera parcial o subjetiva: *Como José Luis representa a esa empresa, su opinión sobre sus productos no es objetiva sino **tendenciosa,** pues lo que quiere es que uno le compre.*

tender ***vb. irreg.*** {tr., intr. y prnl.} **Modelo 24.** **1** Colgar la ropa mojada para que se seque: *La ropa que **tendió** por la mañana se secó rápido porque había sol y viento.* **2** Colocar a alguien o ponerse extendido a lo largo sobre una superficie: ***Se tendió** en la arena para contemplar la puesta de sol sobre el mar.* **3** Estar alguien inclinado hacia algún fin: *Germán es un niño de buen corazón que **tiende** a las buenas acciones.*

tenderete ***m.*** **1** Puesto de venta callejero: *Por esa calle no se puede caminar a causa de tantos **tenderetes.*** **2** Juego de naipes.

tendero, ra ***m.*** y ***f.*** Dueño o dependiente de una tienda: *Don Venancio el **tendero** siempre atiende a sus clientes con gusto y rapidez.*

tendido ***m.*** **1** Acción y efecto de tender un cable: *En esa colonia nueva ya han empezado a poner el **tendido** de cables de luz y teléfono.* **2** Lugar de las plazas de toros donde hay asientos al descubierto: *Los lugares de **tendido** son más baratos que los de sombra.*

tendido, da ***adj.*** **1** Que crece de forma paralela al suelo. **2** *loc.* **A galope ~,** el galope muy veloz del caballo o de otro animal: *El caballo se espantó con una serpiente y salió **a galope tendido.*** **3** *loc.* **Hablar largo y ~,** hablar mucho: *Como hacía dos años que no nos veíamos, **hablamos largo y tendido** de lo que habíamos hecho durante ese tiempo.*

tendiente ***adj.*** Que tiende a un fin determinado: *Las nuevas medidas son **tendientes** a disminuir la contaminación que provocan las industrias.*

tendón ***m.*** Conjunto de tejidos que unen los músculos a los huesos: *Se cayó, se dobló el tobillo y se rasgó un **tendón.***

tenebroso, sa ***adj.*** **1** Cubierto de sombras: *La falta de luna hacía **tenebrosa** la noche.* SIN. **oscuro.** **2** Cargado de misterio: *Para averiguar si había fantasmas, los jóvenes decidieron pasar la noche en la **tenebrosa** casa abandonada.*

tenedor ***m.*** Instrumento de mesa que sirve para pinchar alimentos sólidos: *En los banquetes muy elegantes se ponen varios **tenedores** y cuchillos que sirven para comer distintos alimentos.*

tenedor, ra ***m.*** y ***f.*** Persona que tiene o posee algo: *El contador de la empresa es el **tenedor** de los libros de cuentas.*

teneduría ***f.*** Oficio, cargo y oficina del tenedor de libros: *Mientras fue pasante, Pérez trabajó de auxiliar en la **teneduría** del contador Ochoa.*

tener ***vb. irreg.*** {tr. y prnl.} **Modelo 26.** **1** Poseer algo: *Además de la casa en la ciudad, ese hombre rico **tiene** un departamento en Nueva York.* **2** Asir, sujetar. **3** Contener, guardar: *Esta lata **tiene** azúcar y esta otra, sal, no te vayas a confundir.* **4** Expresa una relación de cercanía física, intelectual, etc., entre el sujeto y el complemento: *El niño **tuvo** miedo por los truenos y relámpagos.* **5** Estimar, considerar: *Su jefe lo **ha tenido** siempre por un gran empleado y en realidad es la secretaria quien ha hecho todo el trabajo.* **6** Con *que* y un infinitivo, expresa obligación: ***Tienes que venir** a mi fiesta de cumpleaños, no puedes faltar.*

tenería ***f.*** **1** Oficio de curtir pieles: *Algunas de las sustancias que se usan en **tenería** producen olores desagradables.* **2** Establecimiento donde ser curten pieles:

tenia ***f.*** Gusano plano, parásito del intestino delgado de los mamíferos: *Las **tenias** causan mareos, diarreas y malestar general.* SIN. **solitaria.**

tenida ***f.*** *Chile.* Traje.

teniente ***m.*** y ***f.*** Grado militar inferior al de capitán.

tenis ***m.*** **Palabra de origen inglés. 1** Deporte que se practica entre dos o cuatro jugadores provistos de raquetas y una pelota: *En Wimbledon, Inglaterra, hay un campeonato anual de **tenis** sobre césped.* **2** *Méx.* Zapato de lona u otro material, especial para hacer deporte: *La moda entre los niños es no usar zapatos, sino **tenis**.* SIN. **zapatilla. 3** *loc.* **~ de mesa,** pimpón.

tenista ***m.*** y ***f.*** Jugador de tenis: *Es común que los **tenistas** se vistan de blanco.*

tenor ***m.*** Voz más aguda entre las masculinas: *El cantante mexicano Ramón Vargas es uno de los **tenores** más famosos de habla hispana.*

tenorio ***m.*** Hombre que se dedica a conquistar mujeres: *Josefina terminó con su novio porque descubrió que es un **tenorio** y no toma ninguna relación en serio.*

tensar ***vb.*** {tr.} Hacer que algo se ponga tenso, estirar: *Si quieres que suene bien, tienes que **tensar** y afinar las cuerdas de la guitarra.*

tensión ***f.*** **1** Estado emocional de la persona que siente temor, angustia, etc.: *En las ciudades grandes mucha gente sufre de **tensión** por la vida agitada y llena de peligros.* **2** Estado de un cuerpo sometido a la acción de dos fuerzas contrarias: *Si se estira demasiado una liga, la **tensión** puede llegar a romperla.* **3** Diferencia de potencial eléctrico. **4** *loc.* **~ arterial,** presión de la sangre sobre las arterias: *Después de los cuarenta años de edad es prudente medirse la **tensión arterial** de manera regular.*

tenso, sa ***adj.*** Que se halla en tensión: *La cuerda del arco estaba tan **tensa** que se rompió cuando quise ponerle una flecha.*

tensor, ra ***adj.*** **1** Que tensa o sirve para tensar. **2** Se aplica al músculo que estira o tensa una parte del cuerpo.

tentación ***f.*** Impulso que induce a hacer algo: *A Darío le cuesta mucho trabajo resistir la **tentación** de comerse un buen chocolate.*

tentáculo ***m.*** Apéndice móvil de algunos animales como los pulpos, los calamares y las sepias, que les sirve para agarrarse o como órgano sensorial.

tentador, ra ***adj.*** Muy apetecible, que produce tentación: *Justo cuando inició su dieta, Georgina recibió como obsequio una **tentadora** caja de chocolates rellenos de cereza.*

tentar ***vb. irreg.*** {tr. y prnl.} **Modelo 3. 1** Tocar una cosa para reconocerla o examinarla por medio del tacto: *La mujer ciega **tentó** la cara del joven para imaginarse sus facciones.* **2** Inducir a la tentación: *¡No me **tientes** con ese postre pues estoy a dieta!*

tentativa ***f.*** Acción de intentar, experimentar o tantear algo: *En su segunda **tentativa** de salto, el atleta logró superar su propio récord.*

tentativo, va ***adj.*** Que sirve para calcular algo de manera aproximada o probarlo: *El entrenador aplicará un programa **tentativo** en busca de mejorar el rendimiento de los jugadores.*

tentempié ***m.*** *Fam.* Alimento ligero que se toma entre comidas para calmar el hambre por un rato: *Cómete un **tentempié** porque todavía falta una hora para que la comida esté lista.*

tenue ***adj.*** **1** Delgado, fino, de poco grosor. **2** Delicado, débil, sutil: *Iba vestida muy elegante, con joyas discretas y un perfume **tenue** que acariciaba al olfato.*

teñido ***m.*** Acción y efecto de teñir o teñirse: *Para que el **teñido** de una tela quede bien, ésta debe removerse constantemente dentro de la tina con tinte.*

teñir ***vb. irreg.*** {tr. y prnl.} **Modelo 66.** Dar a algo un color diferente del que tenía mediante un tinte: ***Tiñó** de verde el vestido amarillo que ya había perdido color con el uso y le quedó como nuevo.*

teocali o **teocalli** ***m.*** Templo del México prehispánico: *En lo alto de las pirámides como las de Teotihuacan solía haber **teocalis** dedicados a diferentes dioses.*

teocracia ***f.*** Régimen político en el que se considera que el poder proviene directamente de Dios y es ejercido por las personas con autoridad religiosa.

teodolito ***m.*** Instrumento que sirve para medir ángulos horizontales y verticales: *Los **teodolitos** se usan en topografía.*

teofanía ***f.*** Manifestación de la divinidad al ser humano: *Una **teofanía** es, por ejemplo, la aparición de una deidad o ser divino a una persona.*

teología ***f.*** **1** Estudio de la divinidad y, de forma más general, de la religión. **2** Doctrina religiosa de una escuela o un autor.

teológico, ca ***adj.*** Relativo a la teología.

teólogo, ga ***m.*** y ***f.*** Especialista en teología.

teorema ***m.*** Proposición científica que puede demostrarse.

teoría ***f.*** **1** Conocimiento de las reglas de una ciencia, independiente de toda aplicación: *En la clase de química primero se estudia la **teoría** y luego se practica.* **2** Conjunto de teoremas sometidos a la verificación experimental y encaminados a una demostración científica: *En matemáticas estudiamos la **teoría** de conjuntos.*

teórico, ca ***adj.*** Relativo a la teoría o que tiene conocimientos de algo sin practicarlo: *Juan José tiene amplios conocimientos **teóricos** sobre música, pero nunca ha aprendido a tocar ningún instrumento.*

teorizar ***vb. irreg.*** {intr.} **Modelo 16.** Formular una teoría sobre algo: *En siglos pasados, varios científicos **teorizaron** sobre la posibilidad de hacer viajes al espacio; hoy esas teorías se hicieron realidad.*

tepache ***m.*** *Méx.* Bebida refrescante hecha a base de cáscaras de piña y otras frutas puestas a fermentar con azúcar morena o piloncillo: *El **tepache** sabe mejor si se bebe muy frío.*

tepalcate ***m.*** *Méx. Fam.* Trasto de barro, sobre todo si está maltratado.

tepehuano ***adj./m.*** y ***f.*** Pueblo amerindio que vive en los estados mexicanos de Chihuahua, Durango y Nayarit.

tepetate ***m.*** *Méx.* Piedra amarillenta, porosa, que cortada en bloques se usa en construcción.

tepezcuintle ***m.*** *C. Rica* y *Méx.* Roedor de tamaño similar al de un conejo, con piel color amarillo rojizo y orejas pequeñas. *La carne de **tepezcuintle** es comestible, pero lo han cazado demasiado y ahora es una especie en riesgo de extinción.*

teporocho, cha ***adj./m.*** y ***f.*** *Méx.* Alcohólico indigente que vaga por las calles.

tequiar ***vb.*** {tr.} *Amér. C.* Dañar, perjudicar.

tequila ***m.*** Bebida alcohólica mexicana que se obtiene por la destilación de los jugos de una especie de agave, llamado maguey tequilero: *El **tequila** es una de las bebidas más famosas en el mundo.*

terapeuta ***m.*** y ***f.*** Persona que se especializa en la aplicación de una terapia: *Para volver a caminar después del accidente, necesitó contratar los servicios de un **terapeuta** que le ayudó a rehabilitarse.* SIN. **terapista.**

terapéutica ***f.*** Parte de la medicina que se ocupa del tratamiento de las enfermedades.

terapéutico, ca ***adj.*** Relativo a la terapia o la terapéutica, ciencias que estudian el tratamiento de las enfermedades: *Le dijeron que pintar es **terapéutico** para las enfermedades nerviosas.*

terapia ***f.*** Tratamiento o curación de una enfermedad: *El médico le recomendó que vaya a descansar a la playa como **terapia** para su enfermedad.*

terapista ***m.*** y ***f.*** Persona que se especializa en la aplicación de una terapia: *Margarita es **terapista** de niños con problemas para caminar.* SIN. **terapeuta.**

terbio ***m.*** Metal del grupo de las tierras raras, de símbolo Tb y número atómico 65.

tercer ***adj.*** **1** Apócope de *tercero: Germán vive en el **tercer** piso de un edificio.* **2** *loc.* ~ **mundo,** conjunto de países con subdesarrollo económico y social: *América Latina forma parte del **tercer mundo.***

tercero, ra ***adj./m.*** y ***f.*** Que corresponde en orden al número tres: *En la fila Rogelio es el **tercero** pues va luego de Luis, que es el segundo, y antes de Rafael, que es el cuarto.*

terceto ***m.*** **1** Estrofa de tres versos de once sílabas o endecasílabos. **2** En música, conjunto de tres voces o tres instrumentos: *Tres cantantes, la soprano, la contralto y el tenor, cantaron un lindo **terceto** de una ópera.*

tercia ***f.*** **1** Cada parte de tres iguales en que se divide un todo. **2** Grupo de tres personas. **3** En el póker, jugada con tres de cuatro figuras: *Tiene **tercia** de ases, él gana.*

terciado, da ***adj.*** Cruzado o atravesado: *Ese tapete de paja fue hecho con tejido **terciado.***

terciar ***vb.*** {intr. y prnl.} **1** Intervenir para solucionar una pelea o contienda: *Como Armando y Enrique no lograban resolver su problema, la maestra tuvo que **terciar.*** **2** Presentarse la ocasión de hacer algo.

terciario, ria ***adj.*** **1** Que ocupa el tercer lugar en un orden. **2** Que corresponde a la era cenozoica.

tercio ***m.*** Cada una de las tres partes iguales en que se divide un todo: *Como éramos tres, nos tocó a cada uno un **tercio** del queso.*

terciopelo ***m.*** Tela de superficie velluda.

terco, ca ***adj.*** Necio, obstinado: *Es una perra muy **terca,** no entiende que no debe subirse al sofá.*

tereque ***m.*** ***Ecuad., Nicar., P. Rico*** y ***Venez.*** Trasto, cacharro.

tergiversar ***vb.*** {tr.} Alterar o deformar los hechos: *El periodista **está tergiversando** lo que pasó para que parezca una noticia escandalosa.*

termales. Aguas ~, *loc.* Aguas de manantiales calientes, utilizadas para el tratamiento de algunas enfermedades: *Muchos ancianos toman baños de **aguas termales** para disminuir sus dolores musculares.*

termas ***f. pl.*** Baños públicos de los antiguos romanos: *En Bath, una ciudad al sur de Inglaterra, quedan ruinas de unas **termas** romanas.*

termes ***m.*** Insecto que se alimenta de madera. SIN. **termita.**

térmico, ca ***adj.*** Relativo al calor y a la temperatura: *Dicen que ese abrigo está relleno de un material **térmico** que es ligero y ayuda a conservar el calor.*

terminación ***f.*** **1** Acción y efecto de terminar, de acabar: *En algunos países, poco antes de que entre el verano se llega a la **terminación** del año escolar.* **2** Conclusión, extremo. **3** Final de una palabra, sufijo: *Los adverbios de modo tienen la **terminación** mente, como claramente.*

terminal ***adj.*** Que pone término o fin a algo: *Está en una etapa **terminal** de la enfermedad, pronto morirá.*

terminal ***f.*** Se dice del lugar de donde salen y donde llegan los autobuses, ferrocarriles, etc., de una línea de transporte público: *Después de llegar a la **terminal** del autobús tengo que tomar un taxi para ir a casa de Ana.* SIN. **estación.**

terminal ***m.*** y ***f.*** Dispositivo que permite la entrada de datos en la computadora: *Para conectarse a Internet, mi computadora llama a la **terminal** en la universidad.*

terminante ***adj.*** Que no admite ser discutido o modificado: *Dio la orden **terminante** de que no se le molestara mientras estaba en su casa.* SIN. **categórico, contundente, rotundo.**

terminar ***vb.*** {tr., intr. y prnl.} **1** Acabar una cosa: *En cuanto **termines** el trabajo escolar nos vamos al cine.* **2** Tener fin una cosa: *En Inglaterra, cuando **termina** la última función de cine, tocan el himno nacional.*

término ***m.*** **1** Extremo, límite, fin: *El viaje llegó a feliz **término** y volvimos a casa.* **2** Vocablo, palabra: *No entiendo lo que dice pues usa **términos** muy complicados para mí.* **3** Cada una de las cantidades que componen una suma, una expresión algebraica, etc.

terminología ***f.*** Conjunto de palabras o vocablos propios de una materia: *Una de las primeras cosas que se aprenden en una disciplina nueva es la **terminología**, es decir, las palabras que se usan y cómo se usan.*

termita o **termite** ***f.*** Insecto que come madera o papel y vive en colonias parecidas a los hormigueros: *Los libros de mi bisabuelo muestran marcas de **termitas.*** SIN. **termes.**

termitero ***m.*** Nido con una parte superficial y galerías subterráneas, construido por los termes: *En los países tropicales, los **termiteros** pueden llegar a ser muy grandes.*

termo ***m.*** Botella que conserva la temperatura de lo que contiene: *En las mañanas llena el **termo** con café caliente y lo bebe durante el día.*

termodinámica ***f.*** Parte de la física que estudia la acción mecánica del calor.

termoeléctrica ***f.*** Industria donde se produce electricidad a partir de calor: *Las **termoeléctricas** hacen que haya luz eléctrica en las grandes ciudades.*

termoelectricidad ***f.*** Energía eléctrica producida por el calor.

termómetro ***m.*** Instrumento que sirve para medir la temperatura: *"Pon el **termómetro** al niño pues parece que tiene fiebre", urgió mi madre.*

termosfera ***f.*** Capa de la atmósfera que se encuentra por encima de los 80 km de altura.

termostato ***m.*** Dispositivo para mantener constante la temperatura: *Los congeladores tienen un **termostato** para mantener el frío.*

terna ***f.*** Conjunto de tres personas entre las que se elige una: *Los dueños de la empresa eligieron al director después de entrevistar a una **terna** de aspirantes.*

ternario, ria ***adj.*** Que está integrado por tres elementos: *Muchos compuestos de la química orgánica son **ternarios,** pues los forman carbono, hidrógeno y oxígeno.*

ternejo, ja ***adj.*** ***Ecuad.*** y ***Perú.*** Que es fuerte, vigoroso y valiente.

ternero, ra ***m.*** y ***f.*** Cría de la vaca cuando todavía tiene dientes de leche: *En el campo vimos a una vaca con un* ***ternero*** *pequeño que la seguía.*

ternura ***f.*** Actitud cariñosa y amable: *Con gran* ***ternura*** *y cuidado, la madre levantó al bebé de la cuna para alimentarlo.*

tero ***m. Argent.*** y ***Urug.*** Ave zancuda de alrededor de 30 cm de largo, de plumaje color blanco mezclado con negro y pardo.

terquear ***vb.*** {intr.} Mostrar terquedad: *"Deja de estar* ***terqueando*** *y tira esos pantalones viejos, pareces mendigo", dijo su padre a Misael.*

terquedad ***f.*** Actitud terca o calidad de terco: *La* ***terquedad*** *de Esteban provocó que viviera equivocado durante muchos años, pero al fin se dio cuenta de las cosas.* SIN. **obstinación.**

terracería ***f.*** **1** ***Méx.*** Tierra que se acumula en caminos en construcción: *Es una carretera rural que hay que recorrer de día, porque es de* ***terracería*** *y no tiene señales para orientarse.* **2** ***loc. Méx.*** **camino de ~,** el que no está asfaltado.

terracota ***f.*** Arcilla cocida en el horno y objeto hecho con este material: *Puso en la cocina un simpático sol hecho de* ***terracota.***

terrado ***m.*** Cubierta plana de un edificio. SIN. **terraza.**

terraplén ***m.*** Desnivel del terreno con cierta pendiente.

terráqueo, a ***adj.*** Relativo a la Tierra: *Viendo un globo* ***terráqueo*** *se da uno idea de la cantidad de agua que cubre el planeta.*

terrario o **terrárium** ***m.*** Instalación para la cría y el cuidado de reptiles, anfibios, etc.: *En el zoológico hay una sección de insectos con un* ***terrario*** *donde crían hormigas.*

terrateniente ***m.*** y ***f.*** Propietario de tierras o fincas en el campo: *Su abuelo era* ***terrateniente,*** *pero su padre vendió las tierras heredadas para irse a vivir a la ciudad.*

terraza ***f.*** **1** Cubierta de un edificio. SIN. **terrado. 2** Balcón grande: *El hotel tiene una* ***terraza*** *en cada habitación desde donde se puede ver el mar.*

terrazo ***m.*** Piso con aspecto de granito, mosaico o mármol.

terregal ***m.*** **1** ***Méx.*** Tierra suelta: *Como en esa zona de la ciudad no hay pavimento, las calles son* ***terregales.*** **2** ***Méx.*** Polvareda: *Con el viento se levantó un* ***terregal*** *que nos obligaba a cubrirnos los ojos.*

terremoto ***m.*** Movimiento de tierra: *Nicaragua y México han sufrido fuertes* ***terremotos*** *en su historia.* SIN. **sismo, temblor.**

terrenal ***adj.*** Relativo a la tierra. SIN. **terreno.**

terreno ***m.*** **1** Espacio de tierra destinado a un uso específico: *Mi padre compró un* ***terreno*** *donde será construida una casa.* **2** Campo o esfera de acción: *Fernando es biólogo y su* ***terreno*** *es la biología celular.*

terreno, na ***adj.*** **1** Relativo a la Tierra o al que vive en ella. SIN. **terrestre. 2** Relativo a la tierra. SIN. **terrenal.**

térreo, a ***adj.*** De tierra o parecido a ella.

terrera ***adj. P. Rico.*** Relativo a la casa de un solo piso.

terrestre ***adj.*** **1** Relativo a la Tierra: *La órbita* ***terrestre*** *alrededor del Sol tiene forma ovalada.* ANT. **aéreo. 2** Que vive en la tierra: *La jirafa es un animal* ***terrestre*** *y el delfín es acuático.* SIN. **terreno.**

terrestre ***m.*** y ***f.*** Habitante de la Tierra: *En ese filme que vimos los* ***terrestres*** *se encontraban de manera amistosa con los marcianos y otros seres del espacio.* SIN. **terrícola.**

terrible ***adj.*** **1** Que inspira o puede inspirar terror: *Los japoneses que vivieron en Nagasaki durante la Segunda Guerra Mundial saben lo* ***terrible*** *que es una bomba atómica.* **2** Demasiado fuerte: *Hacía un viento* ***terrible*** *así que preferimos no salir a pasear.* **3** Que casi no puede soportarse: *Es un niño* ***terrible*** *que siempre se porta mal y molesta continuamente a los demás.*

terrícola ***m.*** y ***f.*** Persona que vive en la Tierra: *En el filme que vimos, ¡las* ***terrícolas*** *estaban feas y las extraterrestres guapísimas!* SIN. **terrestre.**

terrier ***adj./m.*** Raza de perros de tamaño pequeño o mediano, aptos para cazar en madrigueras: *Hay diferentes clases de* ***terrier;*** *todos tienen el hocico puntiagudo, aunque a veces se les vea cuadrado debido al corte de pelo.*

terrífico, ca ***adj.*** Que aterroriza: *Juana estaba asustada y enojada, pues le pareció* ***terrífico*** *que Heliodoro le metiera una araña muerta en su mochila.* SIN. **terrorífico.**

territorial ***adj.*** Que se mueve o vive en un territorio determinado: *Los lobos son animales* ***territoriales*** *que marcan el área donde viven.*

territorio ***m.*** Porción de tierra delimitada: *Los ingleses que llegaron a lo que hoy es Estados Unidos de América fueron apoderándose del* ***territorio*** *de los indios americanos.*

terrón ***m.*** Trozo o porción de tierra, azúcar, etc.: *Me gusta tomar té con dos* ***terrones*** *de azúcar.*

terror ***m.*** Miedo muy grande e intenso: *María no sólo le tiene miedo a volar en avión, le tiene verdadero* ***terror*** *a las alturas.* SIN. **horror.**

terrorífico, ca ***adj.*** Se dice de lo que produce terror: *"El monstruo que sale en esa película es en verdad* ***terrorífico,*** *hace una semana que lo sueño en mis pesadillas", dijo Lidia.* SIN. **terrífico.**

terrorismo ***m.*** Conjunto de actos de violencia que pretenden crear inseguridad o derribar al gobierno establecido: *Los actos de* ***terrorismo*** *sólo siembran muerte y destrucción que afectan a personas inocentes.*

terrorista ***adj./m.*** y ***f.*** Relativo a la persona o agrupación que se dedica a hacer actos de violencia para derribar al gobierno establecido: *La policía detuvo a dos* ***terroristas*** *que pusieron una bomba en una zona turística.*

terroso, sa ***adj.*** Que parece tierra o que tiene tierra: *Como no ha llovido, las hojas de los árboles lucen* ***terrosas*** *y las plantas, marchitas.*

terruño ***m.*** Población natal de alguien: *Leonor pasará unos meses en su pueblo, pues dice que ya extraña mucho su* ***terruño*** *y además quiere visitar a sus parientes.*

terso, sa ***adj.*** **1** Limpio, brillante. **2** Liso, sin arrugas: *Como tiene cinco años, la piel de Laura es* ***tersa.***

tersura ***f.*** **1** Lozanía, frescura: *Mi abuelo no ha perdido la* ***tersura*** *de su piel aunque ya tiene sesenta años.* **2** Calidad de liso y suave: *Prefiero esta tela por su* ***tersura*** *pues la otra es muy áspera al tacto.*

tertulia ***f.*** Reunión de personas que se juntan para conversar: *Habrá una* ***tertulia*** *en casa del autor después de la presentación de su nuevo libro.*

tesina ***f.*** Tesis breve que en ocasiones es necesaria para obtener un grado universitario: *Para recibir el título de licenciado en letras Juan presentó una* ***tesina*** *y un examen oral.*

tesis ***f.*** **1** Proposición que se mantiene con argumentos: *Si una hipótesis se demuestra, se convierte en una* ***tesis.*** **2** Trabajo de investigación que se presenta para obtener el grado de licenciado, maestro o doctor universitario: *Después de que Mario defendió su* ***tesis*** *frente a un jurado de maestros universitarios, la publicó en forma de libro.*

tesitura ***f.*** **1** Actitud o disposición del ánimo: *La* ***tesitura*** *que dominó en la reunión de padres de familia fue de cordialidad.* **2** Extensión o alcance de una voz o instrumento.

tesón ***m.*** Constancia, perseverancia: *Con decisión y* ***tesón*** *Carmen ha cumplido las metas que se ha propuesto.*

tesonero, ra ***adj.*** Tenaz, constante: *Aurora es una mujer* ***tesonera*** *que siempre ha logrado lo que ha deseado gracias a sus deseos de salir adelante.*

tesorería ***f.*** **1** Cargo, oficio y oficina del tesorero. **2** Parte del capital de una empresa que está disponible para hacer pagos o compras: *"Tenemos en* ***tesorería*** *dinero suficiente para comprar al contado las nuevas computadoras", dijo el gerente al dueño de la fábrica.* **3** Finanzas de un Estado o ciudad: *La* ***tesorería*** *anunció que hará descuentos a quienes paguen sus impuestos atrasados este mes.*

tesorero, ra ***m.*** y ***f.*** Persona que guarda el dinero de un grupo de personas: *El* ***tesorero*** *de la asociación entregó las cuentas de lo que habían ganado y lo que habían gastado durante el mes.*

tesoro ***m.*** **1** Cantidad reunida y guardada de dinero, joyas u objetos preciosos. **2** ***Fam.*** Persona o cosa digna de estimación: *El pequeño Braulio es el* ***tesoro*** *de su madre.*

test ***m.*** **Palabra de origen inglés.** Prueba para valorar alguna cosa: *Para ser contratado en la empresa debes presentar unos* ***tests*** *psicológicos y de inteligencia.*

testa ***f.*** Cabeza del hombre y de los animales: *El caballo que me gusta montar tiene una mancha blanca en la* ***testa****, junto al ojo.*

testador, ra ***m.*** y ***f.*** Persona que hace un testamento: *El* ***testador*** *ha dispuesto que sus bienes se repartan entre sus herederos a partes iguales, señaló el notario.*

testamentario, ria ***adj.*** Relativo al testamento: *"Las disposiciones* ***testamentarias*** *del señor Jiménez son muy claras, él quiere donar su fortuna a una institución de beneficencia", comentó su apoderado.*

testamento ***m.*** **1** Documento en el que una persona explica lo que hay que hacer con sus bienes cuando muera: *Se dará a conocer el* ***testamento*** *del muerto una semana después del entierro.* **2** Documento en que consta la declaración llamada testamento.

testar ***vb.*** {intr.} Hacer testamento: *Si uno tiene propiedades, es mejor* ***testar*** *para evitar discordias y problemas legales entre los familiares.*

testarudez ***f.*** **1** Calidad de testarudo: *La* ***testarudez*** *de ese hombre hace imposible convencerlo de algo que no sea lo que él piensa.* **2** Comportamiento del testarudo: *Rita estaba harta de las* ***testarudeces*** *de su marido, pero lo soportaba con paciencia.* Sin. **obstinación, terquedad.**

testarudo, da ***adj./m.*** y ***f.*** Terco, obstinado, necio: *Es difícil hacer cambiar de opinión a Mario pues es muy* ***testarudo.***

testículo ***m.*** Glándula genital masculina que segrega la testosterona u hormona masculina y produce los espermatozoides.

testificación ***f.*** Acto de declarar alguien como testigo: *En su* ***testificación,*** *la testigo aseguró que vio al acusado entrar por una ventana a la casa del acusador.*

testificador, ra ***adj./m.*** y ***f.*** **1** Que testifica, testigo: *La actitud medrosa del* ***testificador*** *hizo dudar al juez de la veracidad de su testimonio.* **2** Experto que certifica la calidad de productos o la viabilidad de procesos. **3** Aparato que se utiliza en geología para realizar sondeos.

testificante ***adj.*** Que testifica o puede usarse para testificar: *El pergamino hallado es un documento* ***testificante*** *de las reglamentaciones urbanas de principios del medioevo.*

testificar ***vb. irreg.*** {tr.} **Modelo 17. 1** Declarar como testigo: *Yo puedo* ***testificar*** *que la señora estaba en mi casa en el momento en que se cometió ese crimen en la calle.* **2** Probar algo con testigos: *Con las declaraciones de tres testigos y varios documentos, el fiscal* ***testificó*** *la culpabilidad del hombre que se decía inocente del fraude.*

testigo ***m.*** Objeto que un corredor entrega a otro en ciertas pruebas de atletismo.

testigo ***m.*** y ***f.*** **1** Persona que declara en un juicio o da testimonio de algo: *En Estados Unidos de América se les pide a los* ***testigos*** *jurar sobre una Biblia que dirán la verdad.* **2** Persona que presencia una cosa: *Yo fui* ***testigo*** *de la boda de Corina y Antonio, estuve ahí y firmé para comprobar el hecho.*

testimonial ***adj.*** Que sirve para dar fe y testimonio verdadero de los hechos: *La novela histórica mexicana es rica en relatos* ***testimoniales.***

testimoniar ***vb.*** {tr.} Testificar, dar testimonio de algo, atestiguar: *A Rufino le llegó un citatorio para que* ***testimonie*** *sobre el caso de los autos desaparecidos.*

testimonio ***m.*** Explicación de un testigo: *El* ***testimonio*** *de la mujer permitió comprobar la inocencia del acusado.*

testosterona ***f.*** Hormona masculina producida por los testículos.

testuz ***m.*** y ***f.*** En algunos animales, frente, y en otros, nuca.

teta ***f.*** **1** Mama. Sin. **chiche, seno. 2** Pezón de la mama.

tétano o **tétanos** ***m.*** Enfermedad infecciosa que produce contracciones convulsivas de los músculos: *Raquel se cortó con un clavo oxidado y tuvieron que ponerle una vacuna contra el* ***tétano.***

tetera ***f.*** **1** Vasija para hacer y servir té: *Rosalía tiene una* ***tetera*** *china de porcelana con asa de mimbre.* **2** ***Amér. C.*** y ***P. Rico.*** Tetilla de la botella que se usa para dar de beber a los niños pequeños. Sin. **tetilla.**

tetero ***m.*** ***Colomb.*** Utensilio que se usa para dar de beber a los niños pequeños. Sin. **biberón, mamadera.**

tetilla ***f.*** **1** Teta de los mamíferos machos. **2** Tetilla de la botella que se usa para dar de beber a los niños pequeños. Sin. **tetera.**

tetraedro ***m.*** Sólido de cuatro caras.

tetrágono ***m.*** Polígono de cuatro lados.

tetraplejía ***f.*** Parálisis de los cuatro miembros del cuerpo: *Como tiene* ***tetraplejía*** *no puede mover los brazos ni las piernas.*

tetrasílabo, ba ***adj./m.*** y ***f.*** Se aplica a las palabras que tienen cuatro sílabas: *La palabra terrícola es* ***tetrasílaba.***

tétrico, ca ***adj.*** Lúgubre, oscuro, triste: *La casa vieja y abandonada es* ***tétrica****, ¿quién querría vivir ahí?*

teutón, tona ***adj./m.*** y ***f.*** **1** De un antiguo pueblo germánico que habitó cerca de la desembocadura del río Elba. **2** ***Fam.*** Originario de Alemania, país de Europa.

textil ***adj.*** Relativo a los tejidos y al arte de tejer: *Las artesanías* ***textiles*** *de Guatemala son apreciadas en todo el mundo.*

texto ***m.*** Grupo de palabras que componen un escrito: *Como parte del trabajo escolar de civismo nos pidieron que entregáramos un* ***texto*** *corto sobre los derechos humanos.*

textual ***adv.*** **1** Al pie de la letra, literal: *La ley hay que entenderla en un sentido* ***textual,*** *en cambio un cuento se puede entender en sentido figurado.* **2** Relacionado con el texto: *El profesor hizo un análisis* ***textual*** *del poema durante la clase de literatura.*

textura ***f.*** **1** Disposición de los hilos en un tejido: *Como está hecho con hilos gruesos y delgados la* ***textura*** *del tapete es irregular.* **2** Sensación que produce al tacto una materia: *La seda tiene una* ***textura*** *suave y fría.*

tez ***f.*** Piel, cutis: *Como hay mucha humedad en los Países Bajos, las holandesas tienen la* ***tez*** *suave y tersa.*

tezontle ***m. Méx.*** Piedra volcánica de color rojizo usada en la construcción: *En el centro de la Ciudad de México varios edificios están construidos con* ***tezontle.***

ti ***pron.*** Pronombre personal de la segunda persona singular, que funciona como complemento con preposición: *A mí me regalaron un libro por mi cumpleaños, ¿y a* ***ti?***

tiamina ***f.*** Uno de los nombres de la vitamina B.

tianguis ***m. Méx.*** Mercado, principalmente el que se instala de manera periódica en la calle: *Los jueves llega un* ***tianguis*** *al barrio donde vivo, en él compramos alimentos, ropa y otras cosas.*

tiara ***f.*** **1** Corona alta que utiliza el Papa. **2** Especie de diadema que usan algunas mujeres de la nobleza: *El día de su coronación, la reina lució una* ***tiara*** *de diamantes.*

tibetano, na ***adj./m.*** y ***f.*** Del Tíbet, región asiática.

tibia ***f.*** Hueso anterior de la pierna, entre la rodilla y el pie: *Jugando fútbol Héctor recibió una patada en la espinilla que le lastimó la* ***tibia.***

tibio, bia ***adj.*** Templado, ni frío ni caliente: *A Emilio le gusta tomar la sopa* ***tibia;*** *en cambio, yo la prefiero caliente.*

tiburón ***m.*** Pez de mar de diversos tamaños, cuerpo esbelto, con la boca provista de varias hileras de dientes y muy voraz: *Los* ***tiburones*** *se sienten atraídos por la sangre.* SIN. **escualo.**

tic ***m.*** Contracción brusca e involuntaria de ciertos músculos: *Lucía tiene el* ***tic*** *de parpadear de manera rápida y frecuente.*

ticket ***m.*** **Palabra de origen inglés.** ***Ver*** **tique.**

tictac o **tic-tac** ***m.*** Voz que imita el sonido del reloj: *En la casa silenciosa se oía claramente el* ***tictac*** *del viejo reloj.*

tiempo ***m.*** **1** Momento o etapa de la vida de una persona o de una acción: *Diana considera que la niñez fue el* ***tiempo*** *más feliz de su vida.* **2** Estado de la atmósfera: *Si el* ***tiempo*** *está agradable mañana, iremos a la playa.* SIN. **clima. 3** En lingüística, accidente del verbo que expresa el momento en que se realiza la acción: Yo como *está expresado en* ***tiempo*** *presente;* yo comí *está expresado en* ***tiempo*** *pasado.*

tienda ***f.*** **1** Establecimiento comercial: *La pescadería es la* ***tienda*** *donde se vende todo tipo de pescados y mariscos.* **2** *loc.* **~ de campaña.** Especie de casa desmontable que se arma al aire libre: *Algunos pueblos del desierto, que pasan su vida viajando, viven y duermen en* ***tiendas de campaña.*** SIN. **carpa.**

tiento ***m.*** **1** Acción y efecto de tocar o palpar algo: *Por medio del* ***tiento*** *los médicos pueden percibir síntomas importantes del vientre, del estómago y los intestinos.* **2** Tacto, prudencia o cuidado al obrar: *Dile lo que piensas, pero con* ***tiento*** *y amabilidad para no herirlo.* **3** ***Argent., Chile*** y ***Urug.*** Tira delgada de cuero sin curtir.

tierno, na ***adj.*** **1** Blando, fácil de romper: *Como el tallo de la planta estaba* ***tierno,*** *se quebró con la lluvia.* **2** Afectuoso, cariñoso: *Juan lanzó una* ***tierna*** *mirada a su novia después de darle un beso.*

tierra ***f.*** **1** Parte sólida del planeta Tierra: *La mayor parte del planeta está cubierta de agua, el resto es* ***tierra.*** **2** Materia inorgánica de que se compone el suelo natural: *No han sembrado nada en el jardín, todavía se ve* ***tierra.*** **3** Terreno cultivable: *Para sus abuelos, cultivar la* ***tierra*** *era lo más importante.*

tierra ***f.*** Tercer planeta del Sistema Solar, el único habitado por el hombre, se escribe con "T" mayúscula cuando se refiere al planeta en el que vivimos: *En el Sistema Solar la* ***Tierra*** *parece ser el único planeta con vida.*

tieso, sa ***adj.*** **1** Erguido, firme: *Los soldados marchaban muy* ***tiesos*** *y serios durante el desfile.* **2** Poco flexible: *La rebanada de pan estaba* ***tiesa*** *y seca, así que el niño la remojó en la leche para poder comerla.* **3** ***Desp. Fam.*** Engreído, orgulloso: *Graciela es una mujer muy* ***tiesa*** *y formal que se comporta de manera agresiva con los demás.*

tiesto ***m.*** Recipiente en el que se siembran plantas: *El* ***tiesto*** *con las rosas estaba mal puesto en la ventana, por eso se cayó y se rompió.* SIN. **maceta.**

tiesura ***f.*** Falta de flexibilidad, condición de tieso: *Rafael estuvo sentado frente a la computadora demasiado tiempo, de pronto sonó el teléfono y la* ***tiesura*** *de sus piernas le impedía caminar aprisa para ir a contestar.*

tifoideo, a ***adj.*** Relativo al tifus, enfermedad intestinal: *Por fortuna ya es posible combatir la fiebre* ***tifoidea*** *con antibióticos.*

tifón ***m.*** Ciclón propio del mar de China: *Muchas casas se derrumbaron a causa del* ***tifón*** *que llegó a Pekín.*

tifus ***m.*** Enfermedad intestinal contagiosa que produce fiebre.

tigre, gresa ***m.*** y ***f.*** Mamífero carnicero de gran tamaño y piel rayada: *En ese zoológico tienen un raro* ***tigre*** *blanco.*

tigrillo ***m. Amér. C., Colomb., Ecuad., Perú*** y ***Venez.*** Mamífero carnicero de tamaño pequeño, parecido al gato montés.

tijera ***f.*** Instrumento con dos brazos u hojas móviles usado para cortar: *La maestra pidió a los niños que llevaran* ***tijeras*** *con las puntas romas o redondeadas.*

tijereta ***f.*** **1** Insecto de cuerpo alargado y abdomen terminado en pinzas. **2** Ave migratoria de América meridional, con una cola parecida a los brazos u hojas de la tijera.

tijeretazo ***m.*** Cada uno de los golpes de las tijeras que hacen cortes: *Con unos cuantos* ***tijeretazos,*** *la hábil costurera cortó los moldes para el vestido que cosería.*

tijeretear ***vb.*** {tr.} Cortar algo a tijeretazos: *Para hacer el disfraz de vagabundo que Iliana requería para el bailable, su mamá* ***tijereteó*** *un traje viejo de su hermano.*

tila ***f.*** **1** Flor del tilo. **2** Infusión calmante que se hace con las flores del tilo: *Para dormir con tranquilidad, la tía Eneida se toma una taza de té de* ***tila*** *antes de ir a la cama.* SIN. **tilo.**

tildar ***vb.*** {tr.} **1** Aplicar a alguien una falta o defecto: *Galileo Galilei fue* ***tildado*** *de loco cuando dijo que la Tierra gira alrededor del Sol.* **2** Poner tildes y acentos: *"No te olvides de* ***tildar*** *las eñes, o serán enes."*

tilde ***m.*** y ***f.*** Acento gráfico, como el palito de la *ñ* y los acentos en las vocales, como en *á*: *Algunas máquinas de escribir de Estados Unidos de América no tienen* ***tildes,*** *así que en vez de escribir* niño ágil *escriben* nino agil.

tiliche ***m. Amér. C.*** y ***Méx.*** Baratija, cachivache: *Esa caja está llena de* ***tiliches*** *viejos e inservibles, voy a llevarla al sótano.*

tilico, ca ***adj.*** **1** ***Bol.*** Débil, cobarde. **2** ***Bol.*** y ***Méx.*** Flaco, enclenque.

tilingo, ga ***adj. Argent.*** y ***Urug.*** Que dice tonterías y se comporta de manera fingida, como si estuviera actuando.

tilma ***f. Méx.*** Manta hecha de tela de algodón que llevaban los hombres del campo, a modo de capa, anudada sobre el hombro: *La leyenda dice que la Virgen de Guadalupe quedó impresa en la* ***tilma*** *del indio Juan Diego.*

tilo ***m.*** Árbol que se cultiva para adornar parques y avenidas, sus flores blanquecinas, olorosas y medicinales se utilizan como calmante de los nervios.

timador, ra ***m.*** y ***f.*** Persona que tima, engaña, estafa.

timar ***vb.*** {tr.} Cometer estafa o engaño: *El hombre que me vendió el televisor me* ***ha timado,*** *dijo que era nuevo pero se ve muy mal.*

timbal ***m.*** Tambor hecho con una caja metálica semiesférica: *Los soldados hicieron sonar los **timbales** cuando entró el emperador a la plaza.*

timbón, bona ***adj. Amér. C.*** y ***Méx.*** Se aplica a las personas de barriga grande: *En sólo un año Anastasio se puso **timbón**, pues se dedicó a comer alimentos chatarra.*

timbrar ***vb.*** {tr.} **1** Pegar un timbre en un documento, o sellarlo: ***Timbra** tu carta, o no podrás mandarla por correo ordinario.* **2** Hacer sonar un timbre: *Aunque el vendedor **timbró** insistentemente, nadie le abrió en esa casa.*

timbrazo ***m.*** Sonido que produce el toque fuerte de un timbre: *El **timbrazo** sobresaltó tanto al ama de casa, que dejó caer el frasco de conserva que tenía en las manos.*

timbre ***m.*** **1** Aparato que sirve para llamar: *Laura usó una campana como **timbre** para llamar al cocinero y pedirle que sirviera la comida.* **2** Sonido de una voz: *Además de tener buen volumen Sofía tiene un **timbre** muy agradable de voz.* **3** Sello postal: *Los **timbres** casi siempre se colocan en el extremo superior derecho de los sobres.* Sin. **estampilla.**

timidez ***f.*** Cualidad de tímido, inseguro: *A causa de su **timidez** Regina no hacía nuevos amigos.*

tímido, da ***adj.*** Falto de seguridad en sí mismo: *Entró a la clase un niño nuevo que es muy **tímido** y no habla con nadie.*

timo ***m.*** Engaño, estafa: *Que hagan pagar esa cantidad tan grande por ese ramo de flores es un **timo**.*

timo ***m.*** Glándula que se ubica delante de la tráquea y que sólo está desarrollada en los niños y animales jóvenes: *La glándula **timo** es importante para el funcionamiento del sistema inmunitario del organismo.*

timón ***m.*** **1** Pieza que sirve para conducir la nave: *El capitán le ordenó al marinero girar el **timón** a babor para evitar un golpe contra las rocas.* **2** ***Colomb.*** Volante de un automóvil.

timonear ***vb.*** {intr.} Manejar el timón: *El marino **timoneó** hábilmente en medio de la tormenta y pudo llegar a puerto sin novedad.*

timonel ***m.*** Marinero que maneja el timón: *El capitán ordenó al **timonel** virar diez grados en dirección oeste.*

timorato, ta ***adj.*** **1** Tímido: *Servando no podría ser buen orador pues tiene una personalidad **timorata**.* **2** Mojigato, de moralidad exagerada: *La tía Renata es una **timorata** que se espanta por todo, no importa lo que digas, ella se persigna escandalizada.*

tímpano ***m.*** **1** Membrana del oído: *Un ruido demasiado fuerte es capaz de romperle el **tímpano** a cualquiera.* **2** Instrumento musical de percusión formado por tiras de vidrio.

tina ***f.*** **1** Vasija grande de madera, plástico u otro material: *El tío Francisco, que trabaja en una tintorería, usa **tinas** para teñir la ropa.* **2** Bañera: *A mi prima Tere le encanta tomar baños calientes en la **tina** cuando se siente cansada.* Sin. **bañadera, bañera.**

tinaco ***m. Amér. C.*** y ***Méx.*** Depósito de agua situado sobre el techo de la casa: *Hay que lavar los **tinacos** al menos una vez por año para evitar que se acumule el sarro.*

tinaja ***f.*** Vasija grande de boca ancha hecha de barro cocido.

tincar ***vb.*** {tr. e intr.} **1** ***Argent., Bol.*** y ***Chile.*** Dar un golpe a algo para lanzarlo con fuerza. **2** ***Chile.*** Tener un presentimiento, intuir algo.

tinción ***f.*** Acción de teñir: *En el laboratorio de biología hicimos la **tinción**, con pigmento azul, de membranas de cebolla para poder ver las células que las forman.*

tinga ***f. Méx.*** Guiso a base de carne deshebrada de res, pollo o cerdo con cebolla y chile chipotle: *La **tinga** suele comerse sobre tostadas de maíz.*

tinglado ***m.*** **1** Cobertizo. **2** Tablado puesto a bastante altura: *Montaron un gran **tinglado** en la plaza para el concierto de rock.*

tiniebla ***f.*** Oscuridad o insuficiencia de luz en algún lugar: *Muchos científicos piensan que los dinosaurios murieron después de que cayó un gran meteorito en la Tierra que la sumió en **tinieblas** por el polvo que levantó.*

tino ***m.*** **1** Destreza al disparar: *José tiene muy buen **tino** porque desde pequeño ha practicado el tiro al blanco.* **2** Juicio, cordura, acierto: *Efraín decidió, con gran **tino**, estudiar medicina; ha resultado ser un excelente médico.*

tinta ***f.*** **1** Líquido de color que sirve para escribir, imprimir, etc.: *Le gusta la **tinta** color esmeralda, pero le es difícil conseguirla porque no la venden en todas partes.* **2** Sustancia con que se tiñe. **3** Líquido oscuro que despiden los calamares, pulpos, etc., como protección.

tinte ***m.*** **1** Hecho de teñir o pintar: *Mi madre me ayudó a aplicar un **tinte** en mi cabello y ahora lo tengo rojizo.* **2** Sustancia con que se tiñe: *Nayeli se puso un **tinte** color rubio y ahora parece actriz de cine.* Sin. **tintura.**

tinterillo ***m. Amér. Desp.*** Abogado poco hábil, picapleitos: *El **tinterillo** ése sólo sirvió para sacarle dinero a los familiares del detenido y complicar el caso.*

tintero ***m.*** Recipiente en que se pone la tinta de escribir: *En su escritorio mi abuelo tiene como adorno un antiguo **tintero** de vidrio muy pesado, que era de su padre.*

tintinear ***vb.*** {intr.} Sonar las campanas pequeñas o los objetos de cristal cuando golpean unos contra otros: *Los cristales del candelabro **tintinean** cuando se tocan entre sí.*

tintineo ***m.*** Sonido que producen las campanas pequeñas o los objetos de cristal cuando pegan unos contra otros: *La niña tenía una linda pulsera de campanitas que producían un **tintineo** cuando ella movía la mano.*

tinto ***m. Colomb.*** Infusión de café.

tinto, ta ***adj.*** **1** Que está teñido: *El hombre salió del automóvil accidentado con la camisa **tinta** en sangre.* **2** Se dice del vino de color oscuro: *Mucha gente acostumbra tomar vino **tinto** cuando come carne roja y vino blanco con la carne blanca como el pescado.*

tintorera ***f.*** Variedad de tiburón de cuerpo esbelto y color azul grisáceo: *Las **tintoreras** llegan a medir entre 3 y 4 metros de largo y viven en mares cálidos y templados.*

tintorería ***f.*** Establecimiento donde se tiñen telas y se lavan prendas de vestir que necesitan un cuidado especial: *Llevé el abrigo de lana a la **tintorería** para que lo laven y lo planchen.*

tintorero, ra ***m.*** y ***f.*** Persona que es dueña o trabaja en una tintorería: *Mi mamá conoce un **tintorero** que recoge y entrega la ropa a domicilio.*

tintura ***f.*** Sustancia para cambiar de color telas, pelo, etc.: *Se tiene que dejar la tela dentro de la **tintura** durante una hora para que haga efecto y el vestido blanco se tiña de verde.* Sin. **tinte.**

tiña ***f.*** **1** Enfermedad contagiosa de la piel del cráneo: *Hubo una epidemia de **tiña** en la escuela y todos los niños se rascaban constantemente.* **2** Tacañería, falta de generosidad.

tío, a ***m.*** y ***f.*** Respecto a una persona, hermano o hermana de su padre o madre: *Nuestro **tío** Miguel nos mima todo el tiempo porque le gustan mucho los niños.*

tiovivo ***m.*** Artefacto de feria en el que giran figuras de madera: *La feria tenía un **tiovivo** con caballitos y jirafas de madera que giraban al ritmo de la música.* Sin. **carrusel, colesita.**

tipa ***f.*** **1** Árbol leguminoso sudamericano de madera dura y amarillenta, usada en ebanistería: *Las **tipas** llegan a medir 20 m de altura.* **2** ***Argent.*** y ***Urug.*** Cesto de varillas o de mimbre sin tapa.

tipazo, za ***m.*** y ***f.*** **1** Persona alta y apuesta. **2** ***Méx. Fam.*** Persona muy agradable y simpática.

tipejo, ja ***m.*** y ***f. Desp.*** Persona despreciable, ruin o ridícula.

tipicidad ***f.*** **1** Calidad de típico: *La **tipicidad** de las manchas en el pelaje de ese gato lo hace un excelente ejemplar de su raza.* **2** En Derecho, conducta que se ajusta a lo que una ley o reglamento ha tipificado como delito.

típico, ca ***adj.*** Que caracteriza a algo o alguien: *La samba es una música **típica** de Brasil.*

tipificar ***vb. irreg.*** {tr.} **Modelo 17.** Adaptar algo a un tipo o norma común.

tiple ***f.*** Cantante y bailarina de un coro, en el teatro musical: *Esa artista entró al teatro como **tiple** hace diez años y ahora ya es la cantante principal.*

tiple ***m.*** Voz más aguda entre las humanas.

tipo ***m.*** **1** Modelo: *Este **tipo** de automóvil es demasiado grande y utiliza mucho combustible, será mejor comprar un **tipo** pequeño y ahorrador.* **2** Conjunto de las características que distinguen entre una raza y otra: *Esa muchacha debe ser oriental por el **tipo** de rasgos de su cara y su color de piel.* **3** Silueta del cuerpo de una persona: *Silvia luce la ropa porque su **tipo** alto y delgado le ayuda.* **4** ***Fam.*** Persona, individuo: *Me da miedo pasar por esa calle porque hay un **tipo** sospechoso en la esquina.* **5** ***loc.*** **~ de cambio,** valor de las monedas de diferentes países.

tipografía ***f.*** Procedimiento de impresión con formas en relieve: *Antes la **tipografía** de los libros se hacía letra por letra en moldes de metal, en cambio ahora se forma en computadoras.*

tipógrafo, fa ***m.*** y ***f.*** En la imprenta, persona encargada de formar los textos con los tipos.

tipología ***f.*** **1** Estudio y clasificación de tipos. **2** Estudio de los caracteres del hombre, comunes a las diferentes razas.

tipómetro ***m.*** Regla que tiene graduación en puntos tipográficos: *Los **tipómetros** son instrumentos que se usan en las imprentas.*

tipoy ***m.*** Especie de túnica larga y sin mangas que visten las indias y campesinas guaraníes, en Sudamérica.

tique o **tiquete** ***m.*** **Palabra de origen inglés.** Vale, cédula o recibo que acredita ciertos derechos: *Después de pagar la cantidad que me pidió, la taquillera me entregó los **tiques** para la obra de teatro.* Sin. **boleto.**

tira ***m.*** y ***f. Chile*** y ***Méx. Fam.*** Agente de policía: *El ladrón gritó "¡ahí viene la **tira**!" y salió corriendo junto con sus compañeros.*

tira ***f.*** Pedazo largo y estrecho de una materia: *La costurera cortó una **tira** de tela para hacer el cinto.* Sin. **raja.**

tirabuzón ***m.*** **1** Utensilio de metal formado por un mango y una punta en espiral que sirve para destapar botellas con corcho: *Con los **tirabuzones** antiguos se tenía que hacer mucha fuerza para sacar el corcho de una botella; ahora los hay de manejo más sencillo.* **2** Rizo de pelo largo en espiral.

tirachinas ***m.*** Juguete en forma de "Y" con mango y dos gomas elásticas para disparar piedras. Sin. **resortera.**

tirada ***f.*** **1** Distancia o espacio más o menos largo entre dos lugares. **2** Número de ejemplares de una edición: *Hicieron una **tirada** pequeña de su libro porque todavía nadie conoce al joven escritor.*

tiradero ***m. Méx.*** Aglomeración de cosas desordenadas: *Después de la fiesta, la casa quedó hecha un **tiradero** y tardamos todo un día en limpiarla.*

tirado, da ***adj.*** **1** ***Fam.*** Muy barato. **2** ***Fam.*** Sencillo, fácil. **3** ***Fam.*** Desordenado: *Nadia tiene su habitación muy **tirada** y su mamá le dijo que si no la arreglaba, no salía.*

tirador ***m.*** **1** Asa o jaladera, sobre todo la de los muebles. **2** ***Argent., Chile*** y ***Urug.*** Cinturón de cuero curtido propio de la vestimenta del gaucho. **3** ***Argent.*** y ***Urug.*** Tirante para sujetar el pantalón.

tirador, ra ***m.*** y ***f.*** Persona que arroja, lanza o dispara: *Durante la ceremonia había **tiradores** escondidos en lo alto de varios edificios para proteger al presidente.*

tiraje ***m.*** **1** Acción y efecto de tirar una obra literaria: *Todas las noches hacen un **tiraje** muy grande de ese diario porque los editores saben que se vende mucho.* **2** ***Amér.*** Tiro de la chimenea por donde sale el humo del fuego.

tiralíneas ***m.*** Instrumento de dibujo para trazar líneas.

tiranía ***f.*** **1** Gobierno en el que no se respetan las leyes porque sólo se obedecen las órdenes del gobernante. *La mayor parte de las **tiranías** han terminado en revoluciones que derrocan a los tiranos.* **2** Abuso excesivo de autoridad.

tiránico, ca ***adj.*** Relativo al tirano; que se comporta como un tirano.

tiranizar ***vb. irreg.*** {tr.} **Modelo 16.** Gobernar o dirigir algo con tiranía, abusando de la propia autoridad para oprimir a los demás.

tirano, na ***m.*** y ***f.*** Gobernante que no respeta las leyes porque toma las decisiones según su propio criterio: *Calígula fue un **tirano** que terminó asesinado.*

tirante ***adj.*** **1** Tenso, estirado: *Hay que poner **tirante** la cuerda del tendedero para que resista el peso de la ropa húmeda.* **2** Tenso, difícil: *En el trabajo las relaciones con el jefe están muy **tirantes** desde que despidieron a tres empleados.*

tirante ***m.*** Cada una de las dos tiras elásticas que sostienen desde los hombros una prenda de vestir como el pantalón: *Mi abuelo no usa cinturón, él prefiere los **tirantes** de vivos colores.* Sin. **suspensores.**

tirantez ***f.*** Calidad de tirante o estado de lo que está tenso: *Eduardo hizo demasiado ejercicio y ahora no aguanta la **tirantez** en los muslos.*

tirar ***vb.*** {tr., intr. y prnl.} **1** Arrojar en una dirección determinada: *Si **tiras** la pelota, la perra irá a recogerla.* **2** Derribar una cosa: *El gato pasó corriendo sobre la mesa, **tiró** la lámpara y la rompió.* **3** Desechar algo: *Cuando Erasmo se mudó aprovechó para **tirar** muchos papeles y objetos que ya no utilizaba.* **4** Imprimir un libro, diario, etc.: *Todas las noches, las editoriales **tiran** el diario que venderán a la mañana siguiente.* **5** Disparar la carga de un arma de fuego. **6** Hacer fuerza para traer hacia sí: ***Tira** de la cuerda para hacer que el caballo se detenga.* Sin. **jalar, halar.** **7** Abalanzarse: *Cuando se rompió la piñata, los niños **se tiraron** para apoderarse de los regalos que llevaba dentro.*

tiritar ***vb.*** {intr.} Temblar de frío o por efecto de la fiebre: *Cuando Lupita comenzó a **tiritar** su madre se dio cuenta de que su hija tenía alta la temperatura.*

tiro ***m.*** **1** Disparo de un arma de fuego: *Una noche un **tiro** perdido rompió el vidrio de la ventana de la cocina.* **2** Corriente de aire en un conducto: *El **tiro** de la chimenea está sucio de hollín, por eso se ve todo negro.* **3** Conjunto de caballerías que tiran de un carruaje: *El **tiro** de la diligencia era de seis caballos.*

tiroideo, a ***adj.*** Relativo a la glándula tiroides: *Los trastornos **tiroideos** pueden provocar que la gente suba o baje de peso en exceso.*

tiroides ***m.*** Glándula endocrina que regula el metabolismo: *Los médicos descubrieron que la **tiroides** no le funciona bien a Martín, por eso engorda con facilidad.*

tirón ***m.*** Acción y efecto de tirar de manera brusca de algo: *Tuve que dar un **tirón** a mi perro para que no cruzara la calle cuando se acercaban los automóviles.*

tirotear ***vb.*** {tr. y prnl.} Disparar de forma repetida contra alguien: *Con saña, el maleante **tiroteó** a su víctima, disparándole seis veces.*

tiroteo ***m.*** Intercambio de tiros: *Durante el asalto hubo un **tiroteo** entre policías y ladrones.*

tirria ***f. Fam.*** Antipatía sin justificación hacia alguien: *Es absurdo que sientas **tirria** por Genoveva pues no la conoces.*

tisana ***f.*** Infusión de plantas medicinales que se bebe caliente: *Dora se preparó una **tisana** de flores de azahar y la bebió para calmar sus nervios y poder dormir.*

tísico, ca ***m.*** y ***f.*** Enfermo de tuberculosis: *En un grado avanzado de la enfermedad los **tísicos** tosen y arrojan sangre.*

tisis ***f.*** Nombre clásico de la tuberculosis: *Margarita Gautier, el personaje de la novela de Alejandro Dumas* La Dama de las Camelias*, murió de **tisis**.*

tisú ***m.*** **Palabra de origen francés. 1** Tela de seda entretejida con hilos de oro y plata: *El rey de ese poema llevaba un gran manto de **tisú** muy elegante.* **2** Pañuelo de papel suave: *Siempre lleva una caja de **tisúes** en el automóvil.*

titán ***m.*** Persona excepcional en algún aspecto: *El empresario Rockefeller es considerado como un **titán** de los negocios en Estados Unidos de América.*

titánico, ca ***adj.*** Enorme, desmesurado: *Los trabajadores hicieron un esfuerzo **titánico** para poder terminar a tiempo el nuevo puente; se laboró durante dos meses sin descanso, en turnos de día y de noche.*

titanio ***m.*** Metal blanco y duro de símbolo Ti y número atómico 22.

títere ***m.*** Figurilla que es movida con las manos por medio de hilos: *Las funciones de **títeres** son una manera de que los niños conozcan el teatro.* Sin. **marioneta.**

tití ***m.*** Pequeño mono arborícola de América del Sur: *El cuerpo de un **tití** mide cerca de 20 centímetros, y su cola, de pelaje tupido, mide tanto o más que eso.*

titilante ***adj.*** Que titila: *La luz **titilante** en los tubos de neón es señal de que pronto van a fundirse.*

titilar ***vb.*** {intr.} Brillar con destellos intermitentes un objeto luminoso: *La noche era fría y sin nubes, la luna brillaba y las estrellas **titilaban** en el cielo.*

titiritero, ra ***m.*** y ***f.*** Persona que maneja títeres: *Ese **titiritero** no sólo sabe mover los títeres, también los elabora.*

titubeante ***adj.*** Que duda, que es o está indeciso: *Los movimientos del bebé son **titubeantes** porque apenas comenzó a caminar hace unos días.*

titubear ***vb.*** {intr.} **1** Oscilar, no decidirse por una opción: *No sabe todavía qué quiere estudiar, **titubea** entre historia y paleontología.* **2** Hablar sin seguridad: *El empleado **titubeó**, pues ignoraba la respuesta a las preguntas de su jefe.*

titubeo ***m.*** Acción y efecto de titubear: *Los **titubeos** entre ir al cine o al teatro retrasaron la decisión de la familia Sánchez y cuando al fin llegaron al cine, ya no había boletos.*

titulado, da ***adj./m.*** y ***f.*** Que tiene un título académico o nobiliario: *Para ese trabajo se necesita a un ingeniero **titulado** y no a un estudiante de ingeniería.*

titular ***m.*** Encabezado de una noticia en un diario: *El nombramiento del nuevo premio Nobel de Literatura ocupó los **titulares** de los diarios de todo el mundo.*

titular ***m.*** y ***f.*** Persona que ocupa un cargo con su título correspondiente: *La carta para mi padre venía firmada por la **titular** del departamento de salud.*

titular ***vb.*** {tr. y prnl.} **1** Poner título o nombre a algo: *Ese editor es muy bueno para **titular** libros, los nombres que les pone siempre son ingeniosos y divertidos.* **2** Obtener un título académico: *El día que sus hijos **se titularon,** los padres de Miguel y Ramón se sintieron muy contentos.*

título ***m.*** **1** Nombre o frase más o menos explicativa del contenido de un texto, libro, etc.: *El **título** del libro que nos pidieron en la escuela es* Geografía física y humana. **2** Testimonio dado para demostrar que se está capacitado para ejercer un empleo, dignidad o profesión: *En la pared de la oficina de Aníbal está colgado su **título** de abogado.* **3** Documento que prueba la posesión de algo como una casa o un automóvil: *Para comprobar que era el dueño de la casa, mi padre mostró en el banco su **título** de propiedad.* Sin. **escritura.**

tiza ***f.*** Barra de arcilla blanca usada para escribir en las pizarras o pizarrones: *El maestro se sacudió la **tiza** de las manos después de que escribió las operaciones matemáticas.* Sin. **gis.**

tiznar ***vb.*** {tr. y prnl.} Manchar o mancharse algo con tizne: *Los quemadores de la estufa están descompuestos y cada vez que guisamos se **tiznan** las ollas.*

tizne ***m.*** y ***f.*** Hollín, humo que se pega a los objetos: *El área cercana a la chimenea de la fábrica está llena de **tizne**.*

tizón ***m.*** Palo a medio quemar que arde produciendo mucho humo. Sin. **chamizo.**

tlaconete ***m. Méx.*** Babosa, molusco gasterópodo.

tlacuache ***m. Méx.*** Zarigüeya, mamífero marsupial: *Algunas clases de **tlacuaches** están en peligro de extinción debido al avance de la mancha urbana.*

tlacuilo ***m. Méx.*** Entre los nahuas, individuo que se dedicaba a dibujar los signos de la escritura náhuatl.

tlapalería ***f. Méx.*** Establecimiento comercial donde se venden pinturas, artículos de ferretería, albañilería y material eléctrico: *Necesito que vayas a la **tlapalería** a comprar unos clavos y tuercas.* Sin. **ferretería.**

tlapalero, ra ***adj./m.*** y ***f. Méx.*** Dueño o encargado de una tlapalería: *El **tlapalero** empacó los clavos y los tornillos que compramos en cucuruchos de papel.*

tlaxcalteca ***adj./m.*** y ***f.*** **1** Pueblo amerindio del grupo nahua, actualmente extinguido: *Los **tlaxcaltecas** se aliaron a Hernán Cortés en la guerra de conquista.* **2** Del estado mexicano de Tlaxcala.

toalla ***f.*** Pieza de tejido suave y esponjoso que sirve para secar: *En ese hotel lujoso ponen en el baño **toallas** de cinco tamaños distintos.*

toallero ***m.*** Barra o aro donde se cuelgan las toallas: *Como la casa es de estilo rústico, los **toalleros** son de madera.*

toar ***vb.*** {tr.} Remolcar un barco.

tobiano, na ***adj. Argent., Chile*** y ***Urug.*** Relativo al caballo con pelaje que presenta manchas blancas en la parte superior del cuerpo.

tobillera ***f.*** **1** Venda elástica con que se sujeta o protege el tobillo: *Desde que sufrió una torcedura, Ernesto debe usar una **tobillera** elástica.* **2** ***Méx.*** Prenda de vestir corta que cubre el pie y llega al tobillo: *Cuando era adolescente me gustaba usar las **tobilleras** lo más cortas posible.*

tobillo ***m.*** Parte ósea en la que la pierna se junta con el pie: *Cuando mi hermano se tropezó no llegó a caerse, pero se lastimó el **tobillo** y ahora no puede caminar a causa de la inflamación.*

tobogán ***m.*** **1** Aparato inclinado por el que bajan los niños deslizándose: *En esa piscina tienen un **tobogán** por el que* *me encanta deslizarme antes de caer en el agua.* Sin. **resbaladilla. 2** Especie de trineo bajo.

tocadiscos ***m.*** Aparato que reproduce los sonidos grabados en un disco: *Primero apareció el fonógrafo, luego el **tocadiscos** y ahora el aparato para discos compactos.*

tocado ***m.*** Prenda que cubre o adorna la cabeza: *El día de su boda la joven llevaba un bello **tocado** de flores naturales que sujetaban su blanco velo.*

tocado, da ***adj. Fam.*** Se dice de quien está un poco perturbado de sus facultades mentales.

tocador ***m.*** Mueble con espejo ante el cual se arreglan las personas: *Los muebles de la habitación de mi abuelita incluyen un **tocador**, dos mesas de noche, una cama y dos sillas.* Sin. **coqueta.**

tocador, ra ***adj.*** Que toca un instrumento musical.

tocar ***vb. irreg.*** {tr., intr. y prnl.} **Modelo 17. 1** Entrar en contacto una parte del cuerpo con otra cosa: *La primera vez que **toqué** una rosa se me clavó una espina.* **2** Hacer sonar un timbre, una campana o un instrumento musical: *Pídele a Maura que **toque** el piano, lo hace muy bien.* **3** Estar una cosa en contacto con otra: *Las casas de esa calle **se tocan** una con otra.* **4** Estar en relación con algo: *En lo que **toca** a la contaminación, el problema es mundial.* **5** Corresponder, ser la obligación de alguien: *A ti **te toca** decidir si vamos al cine o al teatro.*

tocata ***f.*** Forma de composición musical, por lo general para instrumentos de teclado como el piano o el órgano: *Muchas personas conocen la obra llamada **"Tocata** y fuga en* re *menor", del músico alemán Juan Sebastián Bach.*

tocayo, ya ***m.*** y ***f.*** Persona con el mismo nombre que otra: *La maestra es mi **tocaya** pues las dos nos llamamos Rosa.*

tocho ***m.*** Lingote rústico y tosco.

tocinería ***f.*** Establecimiento donde se elabora y vende tocino y otros productos derivados del cerdo: *Irene fue a la **tocinería** y compró jamón, tocino y manteca para toda la semana.*

tocinero, ra ***m.*** y ***f.*** Dueño o empleado de una tocinería: *Hoy por la mañana los **tocineros** destazaron cuatro cerdos para procesar su carne.*

tocineta ***f. Colomb.*** y ***P. Rico.*** Carne grasa del cerdo, en especial la salada. Sin. **panceta, tocino.**

tocino ***m.*** Carne grasa del cerdo, en especial la salada: *La sopa de verduras sabe bien con un poco de **tocino** frito.* Sin. **panceta, tocineta.**

toco ***adj. Perú.*** Hundido: *Fabiola tiene diarrea desde hace tres días, está pálida y con los ojos **tocos.***

toco ***m. Perú.*** Nicho rectangular muy usado en la arquitectura del pueblo incaico.

tocología ***f.*** Ciencia que se ocupa del aparato reproductor femenino. Sin. **obstetricia.**

tocón ***m.*** Resto del tronco de un árbol que queda pegado a la raíz cuando lo talan: *El jardinero pensaba que ese **tocón** estaba muerto e iba a sacarlo, pero notó que tenía pequeños brotes y lo dejó en la tierra para que viva.*

todavía ***adv.*** **1** Expresa la duración de una acción o un estado hasta un momento determinado: ***Todavía** está lloviendo, por eso no podemos salir a jugar.* **2** No obstante, sin embargo: *Te estoy ayudando y **todavía** te quejas.* **3** Con *más, menos, mejor*, etc., expresa un grado mayor: *Eva es bonita pero su hermana es **todavía** más bella.*

todo ***m.*** Cosa íntegra, lo que está completo.

todo, da ***adj.*** **1** Lo considerado en el conjunto de sus partes: *Santiago se comió **toda** la tarta, no dejó ni una migaja y después de un rato le dolía el estómago.* **2** Cada uno: *Javier juega tenis **todos** los martes.*

todo. Del ~, ***loc.*** Por completo: *Se curó mi herida **del todo** y ahora sólo queda la cicatriz.*

todopoderoso ***m.*** Se escribe con "T" mayúscula cuando se refiere a Dios y su poder infinito: *Rezó al **Todopoderoso** para que lo ayudara a salir de sus problemas.* Sin. **Dios.**

todopoderoso, sa ***adj.*** Que todo lo puede: *El autor es una persona **todopoderosa** cuando escribe un texto literario, porque toma todas las decisiones en lugar de sus personajes.*

todoterreno ***adj./m.*** **1** Deporte de aventura que consiste en atravesar terrenos accidentados con auto, bicicleta o motocicleta. **2** Vehículo diseñado para transitar por terrenos muy irregulares: *Los **todoterreno** tienen suspensiones muy resistentes y ruedas que les permiten desplazarse sobre arena, lodo, zonas rocosas, pasto húmedo y nieve.*

tofu ***m.*** **Palabra de origen japonés.** Queso suave y ligero que se hace con leche de soya: *El **tofu** puede prepararse de muchas maneras: en sopas, guisos y hasta postres.*

toga ***f.*** Traje hasta los tobillos usado por los magistrados y abogados, así como en algunas graduaciones: *En ese país los magistrados usan **toga** y peluca cuando trabajan en un juicio.*

togado, da ***adj./m.*** y ***f.*** **1** Ataviado con una toga: *Todos los estudiantes **togados** esperaban que comenzara su ceremonia de graduación.* **2** Magistrado que imparte justicia: *El defensor dirigió una carta de apelación al **togado.***

tojolabal ***adj./m.*** y ***f.*** De un pueblo amerindio de México y Guatemala.

toldería ***f.*** Campamento de algunos pueblos amerindios de Argentina, Bolivia y Chile, formado por toldos, casas hechas de pieles y ramas.

toldillo ***m. Colomb.*** Mosquitero: *Mariela puso un **toldillo** sobre la cuna de su hijo para evitar que lo piquen los moscos.*

toldo ***m.*** **1** Cubierta que se extiende para dar sombra: *Para cubrirse un poco del sol, mi padre puso un **toldo** en el patio mientras arreglaba su automóvil.* **2** ***Argent., Chile*** y ***Urug.*** Tienda de algunos pueblos amerindios hecha con pieles y ramas.

tolerable ***adj.*** Que se puede tolerar: *"Hace mucho calor pero es **tolerable**, mejor no prendas el aire acondicionado", indicó su jefe a Brunilda.*

tolerancia ***f.*** Respeto a la libertad de pensar o actuar de los demás: *La **tolerancia** entre los pueblos y las personas es muy importante para mantener la armonía y la paz.* Ant. **intolerancia.**

tolerante ***adj.*** Persona que ejerce la tolerancia: *Para ser maestro de niños pequeños hay que ser **tolerante** hacia su necesidad excesiva de atención.* Ant. **intolerante.**

tolerar ***vb.*** {tr.} **1** Soportar, aguantar: *No sé cómo puedes **tolerar** a esa mujer soberbia que busca cualquier oportunidad para humillarte delante de los demás.* **2** Permitir, consentir: *La maestra dijo que no iba a **tolerar** que los estudiantes intentaran hacer trampa en el examen.*

tolete ***adj./m.*** y ***f. Cuba.*** Persona torpe, lenta de entendimiento.

tolete ***m. Amér. C., Colomb., Cuba*** y ***Venez.*** Garrote corto.

tololoche ***m. Méx.*** Contrabajo: *Jaime toca el **tololoche** en un trío que canta por las calles.*

tolteca ***adj./m.*** y ***f.*** Pueblo amerindio prehispánico que habitó parte de los estados mexicanos de Hidalgo, Puebla y México, entre los siglos viii y x: *Los atlantes de Tula son un ejemplo de la cultura **tolteca.***

tolueno ***m.*** Hidrocarburo líquido semejante al benceno, empleado en la preparación de colorantes y medicamentos: *El*

tolueno *también se usa en la construcción de ciertos termómetros.*

tolvanera ***f.*** Remolino de aire y polvo: *En tiempo seco, son frecuentes las* ***tolvaneras*** *en el campo.*

toma ***f.*** **1** Porción de una cosa tomada de una sola vez: *El año próximo le tocará al niño otra* ***toma*** *de la vacuna como refuerzo para la que ahora le inyectaron.* **2** Conquista, ocupación: *Muchos moros y cristianos murieron en la* ***toma*** *de Granada, en España.* **3** Acción y efecto de filmar: *En una sola* ***toma*** *del filme se llevaron dos días porque era muy complicada.* **4** ***Colomb.*** Cauce, canal.

tomacorriente ***m. Argent., Perú*** y ***Urug.*** Enchufe de corriente eléctrica.

tomador, ra ***m.*** y ***f. Amér.*** Aficionado a la bebida: *Rafael no ha podido conservar ningún trabajo porque es* ***tomador*** *y a veces llega borracho a la oficina.*

tomadura ***f.*** **1** Porción de alguna cosa que se toma. **2** ***loc.*** **~ de pelo,** engaño, broma pesada: *Ese charlatán se ha hecho rico a base de* ***tomaduras de pelo*** *porque, según él, tiene poderes sobrenaturales.*

tomar ***vb.*** {tr., intr. y prnl.} **1** Agarrar, asir, coger: ***Toma*** *esta taza y colócala en su lugar, allá en la cocina.* **2** Aceptar, admitir algo: *El muchacho* ***tomó*** *la propina que mi padre le dio.* **3** Comer, beber: *La invitaron a* ***tomar*** *un café con tarta.* **4** Beber alcohol: *Nadie quiere invitar a una fiesta a Germán porque* ***toma*** *mucho y siempre acaba borracho y peleándose con todos.* **5** Utilizar un medio de transporte público: *Si* ***tomas*** *un taxi, llegarás antes que si vas en ómnibus.* **6** Conquistar, ocupar: *Los nazis* ***tomaron*** *varios países europeos durante la Segunda Guerra Mundial.* **7** Filmar, fotografiar: *Los fotógrafos* ***toman*** *mucho a las modelos durante los festivales de modas.* **8** Seguir una dirección determinada: ***Tomen*** *la primera calle a la derecha y luego sigan hasta la fuente, ahí está la tienda que buscan.* **9** ***loc.*** **~ a bien** o **a mal,** interpretar algo en buen o en mal sentido: *No le* ***tomo a mal*** *que sea tan sincera conmigo porque sé que lo hace por el cariño que siente hacia mí.* **10** ***loc.*** **~ por,** creer algo equivocado: *Manuel* ***tomó por*** *su amigo Juan a un joven que encontró en la calle y le preguntó cosas que no entendía.*

tomatal ***m.*** Sitio donde se han plantado tomateras: *Gregorio regresó del* ***tomatal*** *con dos grandes canastos llenos de tomates maduros.*

tomate ***m.*** **1** Planta herbácea originaria de América que se cultiva por su fruto, el tomate. Sin. **jitomate.** **2** Fruto rojo de la tomatera, comestible y carnoso: *Prepararé una ensalada de* ***tomate****, queso de cabra y aceite de oliva, ¿quieres un poco?* Sin. **jitomate.**

tomatera ***f.*** Planta herbácea cuyo fruto es el tomate: *Rodrigo aventó un tomate podrido al jardín y poco después ahí creció una* ***tomatera*** *porque las semillas germinaron.*

tomavistas ***m. Esp.*** Cámara de filmar para uso doméstico.

tómbola ***f.*** Rifa pública de objetos, y local donde se celebra esta rifa: *Mi tía Carmen tenía mucha suerte y con frecuencia ganaba el primer premio en las* ***tómbolas.***

tomillo ***m.*** Arbusto de flores blancas o rosadas usado en perfumería, cocina y farmacología.

tomo ***m.*** División de una obra que corresponde a un volumen o libro: *Para la biblioteca de la escuela compraron una enciclopedia de animales en veinte* ***tomos.***

tomografía ***f.*** Exploración del cuerpo por medios radiológicos: *Las modernas* ***tomografías*** *por computadora permiten ver claramente lo que ocurre en el interior del organismo.*

ton ***m.*** **1** Apócope de *tono.* **2** ***loc.*** **Sin ~ ni son,** sin sentido: *René se puso a bailar como loco* ***sin ton ni son*** *y no le atinó al ritmo nunca.*

tonada ***f.*** **1** Composición poética para ser cantada: *Esa canción tiene una* ***tonada*** *muy pegajosa, por eso es tan popular.* **2** ***Amér.*** Entonación, pronunciación al hablar: *Por su* ***tonada*** *se nota que el muchacho que acabo de conocer es uruguayo.*

tonadilla ***f.*** Tonada o canción ligera.

tonalidad ***f.*** **1** Conjunto de sonidos que sirve de base en una composición musical: *Esa canción está en una* ***tonalidad*** *muy común: sol mayor.* **2** Sistema de colores y tonos: *Ese cuadro tiene* ***tonalidades*** *de azules y verdes.*

tonel ***m.*** Recipiente grande, abombado y de base circular: *En grandes* ***toneles*** *de roble añejan el vino para producir un licor llamado brandy.* Sin. **barril, cuba.**

tonelada ***f.*** **1** Unidad de masa que vale mil kilos. **2** ***Fam.*** Peso muy grande: *"Ayúdame con esta caja que pesa una* ***tonelada*** *y se me va a caer", le pedí a mi hermano.*

tonelaje ***m.*** **1** Peso de algo expresado en toneladas: *El* ***tonelaje*** *de lo descargado ayer en el muelle ascendió a 1 300 toneladas.* **2** Capacidad de carga de un buque u otro vehículo de transporte: *"Este camión tiene un* ***tonelaje*** *de veinte toneladas, creo que le puede servir bien para transportar sus productos", dijo el vendedor al agricultor.*

tonelería ***f.*** **1** Técnica y oficio de hacer toneles: *Con el uso generalizado de recipientes de plástico, son cada vez menos las personas que se dedican a la* ***tonelería.*** **2** Taller donde se hacen toneles y tienda donde se venden.

tonelero, ra ***m.*** y ***f.*** Persona que fabrica o vende toneles: *El* ***tonelero*** *está feliz, pues una cadena de tiendas le encargó doscientos toneles.*

tóner ***m.*** **Palabra de origen inglés.** Tinta en polvo: *El* ***tóner*** *se utiliza para impresiones de computadora y fotocopiadora.*

tongo ***m. Esp.*** Trampa realizada en competiciones deportivas, que consiste en que uno de los contendientes se deja ganar a cambio de un pago.

tónica ***f.*** Bebida gaseosa refrescante de sabor ligeramente amargo.

tónica ***f.*** Tendencia general: *La* ***tónica*** *de la reunión fue de amabilidad y cordialidad.*

tonicidad ***f.*** Consistencia de un tejido orgánico, sobre todo de los músculos: *Fabiola nunca hace ejercicio, por eso sus músculos han perdido* ***tonicidad,*** *se sienten muy blandos.*

tónico ***m.*** **1** Loción para la piel del rostro o para el cuero cabelludo: *Los fabricantes de ese* ***tónico*** *afirman que ayuda a que crezca rápidamente el cabello.* **2** Medicamento fortalecedor: *Cuando éramos niños a mi hermano y a mí nos daban* ***tónicos*** *con vitaminas para que creciéramos fuertes y sanos.*

tónico, ca ***adj.*** **1** Que recibe el tono o acento: *La palabra* tonelada *tiene el acento* ***tónico*** *en la segunda sílaba, contando de derecha a izquierda.* Ant. **átono.** **2** Que tiene un efecto estimulante: *Para abrirle el apetito, el médico le recetó un jarabe* ***tónico*** *al niño.*

tonificante ***adj.*** Que da vigor, que tonifica: *La sopa de pescado es* ***tonificante*** *y sabrosa.*

tonificar ***vb. irreg.*** {tr.} **Modelo 17.** Dar fuerza y vigor al organismo: *Para* ***tonificarse*** *no basta tomar vitaminas, también hay que llevar una dieta balanceada, dormir bien y hacer ejercicio.*

tonina ***f.*** Tipo de atún robusto, que alcanza hasta un metro de largo: *Aunque hay* ***toninas*** *en diferentes mares, abundan más en el Mediterráneo.*

tono ***m.*** **1** Intensidad de un sonido o color. **2** Modo particular de hablar y de expresarse: *Cuando mi maestro habla, usa un* ***tono*** *de autoridad que a todos los alumnos nos inspira respeto.*

tontería ***f.*** Dicho o hecho falto de inteligencia: *Esperanza irrita a todos en las reuniones porque se pasa el tiempo diciendo* ***tonterías.***

tonto, ta ***adj.*** Se aplica a la cosa o frase falta de sentido o finalidad: *Se rompió la pierna de la manera más* ***tonta*** *al levantarse de la cama.*

tonto, ta ***adj./m.*** y ***f.*** **1** Se dice de la persona de poca inteligencia o entendimiento. **2** ***loc.*** **Hacerse el ~,** fingir que no se entienden las cosas: *Gerardo* ***se hacía el tonto*** *cuando dijo que no hablaba inglés, pues lo sabe pero no quería ayudarnos con la traducción.*

topacio ***m.*** Piedra fina, amarilla y transparente.

topar ***vb.*** {tr., intr. y prnl.} **1** Chocar una cosa contra otra. **2** ***Amér.*** Echar a pelear los gallos para probarlos. **3** Encontrar, hallar algo o a alguien de forma casual: *Saliendo del edificio donde vivo* ***me topé*** *con un amigo que hace varios años no veía.*

tope ***m.*** **1** Límite, extremo a que se puede llegar: *Hay que ponerle un* ***tope*** *a las travesuras de mi perro con un buen castigo.* **2** Pieza que sirve para detener el movimiento de un mecanismo. **3** ***Méx.*** Especie de boya en las calles para que los automóviles disminuyan la velocidad: *Si no se ven los* ***topes,*** *puede uno pasarlos rápido y dañar los neumáticos y la suspensión del automóvil.* **4** ***Fam.*** Golpe dado con la cabeza: *Jugando baloncesto, dos niños brincaron al mismo tiempo y se dieron un* ***tope*** *que provocó que sangraran las cabezas de ambos.*

topetazo ***m.*** Tope fuerte: *Isaías estaba distraído desyerbando el sembrado y de pronto un chivo le dio un* ***topetazo*** *por detrás que lo mandó de bruces al suelo.*

tópico ***m.*** **1** Asunto muy repetido o conocido. **2** ***Amér.*** Tema de conversación: *Últimamente el único* ***tópico*** *de conversación de Rosalía es su próximo viaje a Europa.* Sin. **tema.**

tópico, ca ***adj.*** **1** Relativo a lo que casi toda la gente sabe o conoce: *El locutor de radio hizo un comentario* ***tópico*** *y cree que descubrió algo extraordinario.* **2** Medicamento de uso externo: *El medicamento que le recetaron a Susana es de uso* ***tópico*** *pues debe untarlo en su pierna.*

topo ***m.*** **1** Mamífero insectívoro que excava galerías en el suelo, donde caza insectos y larvas: *Los* ***topos*** *tienen patas fuertes y grandes para cavar túneles.* **2** Lunar de una tela: *Maura trae un vestido blanco con* ***topos*** *negros.* **3** Carácter de imprenta, empleado por lo general como adorno. **4** ***Argent., Chile*** y ***Perú.*** Alfiler grande que remata en forma de cuchara con grabados regionales.

topografía ***f.*** Representación en un plano del relieve de un terreno con los detalles naturales y artificiales que tiene, como ríos, barrancas, montañas, etc.

topógrafo, fa ***m.*** y ***f.*** Persona dedicada a la representación del relieve de un terreno en un plano.

toponimia ***f.*** **1** Estudio del origen de los nombres de lugares. **2** Conjunto de los nombres usados en un lugar o en una época: *La* ***toponimia*** *de los estados de Tlaxcala, Guerrero y Puebla, en México, tiene muchas palabras de la lengua náhuatl.*

toponímico, ca ***adj.*** Relativo a los topónimos o a la toponimia: *Ese lingüista está haciendo un estudio* ***toponímico*** *de todos los pueblos que tienen por primer nombre San Miguel.*

topónimo ***m.*** Nombre propio de lugar: *El* ***topónimo*** *de París en la época de los romanos era* Lutecia.

toque ***m.*** **1** Acción de tocar. **2** Hecho de aplicar en la piel alguna sustancia cosmética o médica: *Para desinfectar mi herida, mi madre me dio unos* ***toques*** *con un algodón empapado en agua oxigenada.* **3** Golpe suave: *El campeón de tenis le dio un* ***toque*** *ligero a la pelota y así logró ganar el punto.* **4** ***Méx.*** Calambre que produce en el cuerpo el contacto con una corriente eléctrica: *Tomó la plancha con las manos húmedas y sintió un* ***toque.***

toquetear ***vb.*** {tr.} Manosear, tocar de manera repetida: *"Si no vas a comprar la fruta, no la* ***toquetees*** *porque se daña", indicó el vendedor a la niña.*

toquilla ***f.*** Pañuelo de lana que usan las mujeres alrededor de los hombros y los bebés para cargarlos. Sin. **chal.**

torá ***f.*** Se escribe con "T" mayúscula y designa a la ley de los judíos, formada por cinco libros bíblicos: *Génesis, Éxodo, Levítico, Números y Deuteronomio.*

torácico, ca ***adj.*** Relativo al tórax: *El médico dijo que necesitaba un análisis* ***torácico*** *de Maruja para examinarle los pulmones.*

toral ***adj.*** Se dice de lo que tiene más importancia o más peso que otras cosas: *"Creo que el asunto del transporte es* ***toral,*** *ya luego veremos lo del arreglo de jardines", dijo el alcalde a los concejales.*

tórax ***m.*** **1** Pecho: *Como Jaime hace mucho ejercicio, tiene el* ***tórax*** *muy fuerte y duro.* **2** Segunda parte del cuerpo de los insectos.

torbellino ***m.*** Remolino formado por una masa de viento o polvo que se eleva girando sobre sí misma: *El viento levantó un* ***torbellino*** *de polvo y basura.*

torcaz ***adj.*** Variedad de paloma de cuello verdoso y blanquecino: *Las palomas* ***torcaces*** *son un poco más ruidosas que las demás.*

torcedora ***f.*** Máquina para torcer hilos de acero y formar cables.

torcedura ***f.*** Lastimadura de las partes blandas que rodean las articulaciones del cuerpo: *Es frecuente que los atletas sufran* ***torceduras*** *en los tobillos.*

torcer ***vb. irreg.*** {tr. y prnl.} **Modelo 30. 1** Inclinar una cosa o doblarla: *El electricista* ***torció*** *el alambre con unas pinzas.* **2** Retorcer: *Para que no se suelten los hilos,* ***tuerce*** *la cuerda.* **3** Desviar algo de su posición o dirección: *La planta del jardín* ***se torció*** *hacia la ventana para recibir más luz y sol.* **4** Dificultarse o frustrarse algo: *El negocio iba bien, pero lo* ***torció*** *la muerte de uno de los empresarios.*

torcido, da ***adj.*** **1** Que no es o no está recto: *Mi gata tiene* ***torcida*** *la cola desde que se la machucó en la puerta.* **2** ***Desp. Fam.*** Persona que no obra con rectitud. **3** ***Amér.*** Desafortunado: *Mateo tiene la suerte* ***torcida*** *con sus novias pues las relaciones que entabla no duran más de una semana.*

tordillo, lla ***adj./m.*** y ***f.*** Caballo con el pelaje de colores negro y blanco mezclados: *Al verla de lejos pensé que esa yegua era gris, pero ahora, de cerca, me doy cuenta de que es* ***tordilla.***

tordo ***m.*** **1** Pájaro pequeño de plumaje negro, pico amarillo y patas rojizas: *Al atardecer vi una mancha negra en el cielo cuando pasó una bandada de* ***tordos*** *que regresaban a sus nidos.* **2** ***Chile*** y ***R. de la P.*** Pájaro de cuerpo negro y brillante.

tordo, da ***adj.*** Relativo a los caballos que tienen el color del pelo mezclado negro con blanco: *El caballo* ***tordo*** *destacaba entre ese grupo de caballos negros.*

torear ***vb.*** {tr. e intr.} **1** Lidiar un torero al toro en una plaza y después matarlo: *Después de la faena llevaron en hombros al torero por la excelente manera en que había* ***toreado*** *a la res.* **2** ***Argent., Chile, Guat., Hond., Méx., Nicar.*** y

Urug. Provocar, dirigir a alguien de manera insistente palabras que pueden molestarle. **3** *Chile.* Azuzar, provocar. **4** *Argent.* y *Par.* Ladrar un perro y amenazar con morder. **5** *Méx. Fam.* Salir con bien de una situación difícil: *El muchacho **toreó** bien las complicadas preguntas de su maestro y aprobó el examen.*

toreo ***m.*** **1** Arte y técnica de lidiar reses bravas: *El **toreo** es faena de campo, pero también espectáculo de masas.* **2** Acción de torear.

torera ***f.*** Chaqueta corta y ajustada al cuerpo: *El bailarín de flamenco traía una **torera** corta, de color negro, muy elegante.*

torero, ra ***m.*** y ***f.*** Persona que lidia toros: *Manolete ha sido uno de los **toreros** más conocidos de la historia.*

toril ***m.*** En las plazas de toros, lugar donde están las reses.

torio ***m.*** Metal blanco y cristalino, de símbolo Th y número atómico 90.

torito ***m.*** **1** *Argent.* y *Perú.* Nombre de diversas especies de insectos coleópteros que van del color castaño al negro y cuyo macho tiene un cuerno curvo en la frente. **2** *Cuba.* Pez con dos espinas como cuernos. **3** *Ecuad.* y *Nicar.* Especie de orquídea.

tormenta ***f.*** **1** Perturbación de la atmósfera, con descargas eléctricas, aire y lluvia: *Nos empapamos porque nos sorprendió la **tormenta** y no llevábamos paraguas.* Sin. **tempestad. 2** Manifestación violenta del estado de ánimo: *El abandono por parte de su novio sumió a Rosaura en una **tormenta** de sentimientos de tristeza y dolor.*

tormento ***m.*** **1** Dolor físico: *La pobre anciana sufre de terribles **tormentos** en sus brazos y piernas a causa de la artritis.* Sin. **tortura. 2** Aflicción, congoja: *Otelo, el personaje de la tragedia del escritor inglés William Shakespeare, sufría por el **tormento** de los celos.*

tormentoso, sa ***adj.*** **1** Que ocasiona o que se relaciona con la tormenta: *El servicio meteorológico aconsejó precaución a los barcos por el tiempo **tormentoso** que se aproximaba.* **2** Complicado, conflictivo: *Finalmente Diana logró poner fin a una relación **tormentosa** que la hacía sufrir.*

tornado ***m.*** Huracán: *El fuerte **tornado** arrancó árboles e incluso algunos techos de casas.*

tornar ***vb.*** {tr., intr. y prnl.} **1** Regresar: *Ese famoso artista siempre ha querido **tornar** al pueblo donde nació.* **2** Devolver. **3** Cambiar, volverse de otra forma: *Desde que envejeció, mi abuelita se **ha tornado** más olvidadiza y enojona.*

tornasol ***m.*** **1** Reflejo en algunas telas que las hace cambiar de color según la luz que reciben. **2** Planta de grandes flores amarillas y abundantes semillas comestibles de las que se obtiene aceite: *Los **tornasoles** van girando porque buscan el calor del sol.* Sin. **girasol.**

tornasolado, da ***adj.*** Que cambia de color con el reflejo de la luz: *Para la fiesta elegante, mi madre se puso un traje **tornasolado** que a veces se veía de color rosa y otras veces, azul.*

torneado, da ***adj.*** **1** Se aplica al producto hecho en un torno: *Las patas de ese mueble son **torneadas**, por eso tienen formas redondas.* **2** Se dice de alguna parte del cuerpo con curvas suaves y armoniosas: *Judith siempre usa pantalones, hoy se puso falda y descubrimos que tiene piernas bien **torneadas.***

tornear ***vb.*** {tr.} Labrar o dar forma a una cosa con el torno: *Poco a poco el alfarero empezó a **tornear** la arcilla hasta convertirla en una bonita vasija.*

torneo ***m.*** Competencia deportiva: *Después de ser campeón nacional, mi equipo favorito de baloncesto participará en su primer **torneo** internacional.*

tornería ***f.*** **1** Taller donde se hacen y tienda donde se venden objetos hechos con el torno: *Como no encontró la refacción que necesitaba, el mecánico fue a la **tornería** para que se la hicieran.* **2** Oficio de tornero.

tornero, ra ***m.*** y ***f.*** Persona que trabaja con el torno: *El **tornero** lubricó el eje del torno para que girara bien.*

tornillería ***f.*** **1** Conjunto de tornillos y tuercas: *En casa tenemos una cajita con compartimientos especial para la **tornillería**, así siempre encontramos el tornillo que se necesite.* **2** Fábrica de tornillos.

tornillo ***m.*** **1** Pieza cilíndrica de metal parecida a un clavo, pero con rosca o espiral: *La puerta está suelta, hay que apretar los **tornillos.*** **2** *loc. Fam.* **Faltar un ~,** estar mal de la cabeza, loco.

torniquete ***m.*** Instrumento quirúrgico que sirve para impedir el sangrado de una herida: *Antes de llevarlo al hospital, le aplicaron un **torniquete** en el brazo para que ya no le saliera sangre de la mano.*

torno ***m.*** **1** Máquina que hace girar un objeto para labrarlo o tallarlo: *Los ceramistas usan un **torno** para dar forma a las vasijas y otros objetos de arcilla.* **2** *loc.* **En ~ a,** alrededor: *La Tierra gira **en torno al** Sol.*

toro ***m.*** **1** Macho adulto del ganado vacuno, provisto de dos cuernos: *Los **toros** son una especie de maridos de las vacas.* **2** *Fam.* Hombre muy fuerte y robusto: *Óscar es un **toro** que pesa cien kilos de puro músculo y mide un metro con noventa centímetros.* **3** *loc.* **Tomar el ~ por los cuernos** o **por las astas,** enfrentar algo con valor: *Patricia decidió **tomar el toro por los cuernos** y se fue a estudiar sola al extranjero.* **4** *pl.* Corrida de toros: *Mi tía va a los **toros** los domingos por la tarde.*

toronja ***f.*** Fruto cítrico del árbol llamado toronjo o pomelo, de sabor ácido ligeramente amargo y tamaño mayor que el de las naranjas: *Desayuné la mitad de una **toronja** con azúcar y un plato de cereal con fibra porque estoy a dieta.* Sin. **pomelo.**

toronjil ***m.*** Planta herbácea de olor fuerte, tiene usos medicinales: *Al **toronjil** también se le conoce con los nombres de cidronela y melisa.*

toronjo ***m.*** Árbol de la toronja: *Los **toronjos** dan flores parecidas a los azahares, y de allí salen las toronjas.*

torpe ***adj.*** Falto de agilidad y destreza: *Como el bebé es todavía un poco **torpe** se cae con frecuencia.*

torpedero ***m.*** Embarcación que carga y lanza torpedos, que son proyectiles submarinos explosivos.

torpedo ***m.*** **1** Pez marino parecido a la raya y que produce descargas eléctricas. **2** Proyectil explosivo submarino: *El **torpedo** causó mucho daño al submarino enemigo, pero no logró derrotarlo.*

torpeza ***f.*** **1** Cualidad de quien es torpe. **2** Expresión o hecho tonto, fuera de lugar: *Con una **torpeza** increíble se burló de los tartamudos, ¡olvidando de que uno de sus amigos es tartamudo!*

torrar ***vb.*** {tr.} Tostar al fuego.

torre ***f.*** **1** Cuerpo de un edificio más alto que ancho, que sobresale del resto de la construcción: *La fachada de la iglesia tiene dos **torres** simétricas, una en cada lado.* **2** En el ajedrez, pieza con forma de torre: *La **torre** puede moverse el número de cuadros que quiera, pero siempre en sentido vertical u horizontal, no diagonal.*

torrefacción ***f.*** Proceso de tostado del café: *Una buena **torrefacción** es básica para que el café tenga buen aroma y sabor.*

torrefactar ***vb.*** {tr.} Tostar el café agregándole un poco de azúcar: *Cuando **torrefactan** el grano en el expendio de café cercano a mi casa, toda la calle huele sabroso.*

torrefacto ***m.*** Se aplica al café que se ha tostado con un poco de azúcar: *El café **torrefacto** hace la infusión de color más oscuro que el que se tuesta solo.*

torreja ***f.*** Rebanada de pan frita, empapada en leche y rociada con azúcar. SIN. **torrija.**

torrencial ***adj.*** Impetuoso, caudaloso, con las características de un torrente: *El aguacero de la semana pasada fue **torrencial,** cayó tanta agua que las calles parecían arroyos.*

torrente ***m.*** **1** Curso impetuoso de agua: *El **torrente** del río era tan fuerte que arrastraba troncos de árboles.* **2** *Fam.* Abundancia: *Te deseo para este año nuevo un **torrente** de dicha y felicidad.*

torrentoso, sa ***adj.*** *Amér.* Se dice de los ríos y arroyos de corriente impetuosa.

torreón ***m.*** Torre fortificada para la defensa de una plaza: *En lo alto del **torreón** del castillo vencido ondea ahora la bandera de los vencedores.*

tórrido, da ***adj.*** Muy caliente: *En las zonas **tórridas** las personas tienen la piel tostada por el sol.*

torrija ***f.*** **1** Rebanada de pan frita, empapada en leche y azúcar. SIN. **torreja. 2** *Chile.* Rodaja de limón o naranja que se pone en las bebidas.

torsión ***f.*** Hecho de torcer o torcerse: *Con una **torsión** de su delgado cuerpo, la bailarina pareció hacerse nudo y con otra, se deshizo.*

torso ***m.*** Tronco o parte central del cuerpo humano: *De esa antigua estatua sólo se conserva el **torso** pues ya no tiene brazos, piernas, ni cabeza.*

torta ***f.*** **1** Masa de harina que se cuece a fuego lento. **2** *Fam.* Bofetada: *La mujer se molestó tanto que le dio una **torta** al hombre que le decía palabras ofensivas.* **3** *Argent., Chile* y *Urug.* Postre hecho con pan relleno de crema o frutas y decorado: *De postre comimos una **torta** de chocolate.* SIN. **pastel. 4** *Méx.* Pieza de pan blanco rellena de huevo, jamón, queso u otros ingredientes.

tortazo ***m.*** *Fam.* Bofetada, golpe en la cara: *De improviso, un tipo se acercó al conferencista y le propinó un buen **tortazo** frente a todo el público.*

tortícolis ***f.*** Dolor de los músculos del cuello: *Dormí torcido y me levanté con una fuerte **tortícolis.***

tortilla ***f.*** **1** Guiso hecho con huevos batidos y fritos: *La **tortilla** española clásica se prepara con huevos, papas y cebolla.* **2** *Amér. C., Antill.* y *Méx.* Pieza delgada y circular de masa de maíz cocida: *En México la **tortilla** es una de las bases más importantes en la alimentación de la gente.* **3** *Argent.* y *Chile.* Panecillo en forma de disco chato, por lo común salado, hecho con harina de trigo o maíz y cocido.

tortillería ***f.*** *Amér. C., Antill.* y *Méx.* Establecimiento donde se hacen y venden tortillas: *Fui a la **tortillería** y compré un kilo de tortillas para hacer tacos.*

tórtola ***f.*** Ave parecida a la paloma pero más pequeña y de plumaje gris rojizo: *En el balcón vi a unas **tórtolas** que parecían besarse porque unían continuamente sus picos.*

tortuga ***f.*** Reptil de cuerpo corto y caparazón óseo que se mueve de manera muy lenta: *En la fábula que leí la **tortuga** lenta ganó la carrera a la veloz liebre gracias a su constancia.*

tortuguismo ***m.*** *Argent., C. Rica, Méx.* y *Nicar.* Actitud burocrática que retrasa y complica la solución de trámites y asuntos: *El **tortuguismo** suele ir ligado con la corrupción y la ineptitud.*

tortuoso, sa ***adj.*** **1** Con muchas curvas: *El camino para llegar al pueblo minero es **tortuoso,** por eso siento que me estoy mareando.* SIN. **sinuoso. 2** Con complicaciones y problemas: *Ese cantante tuvo una juventud **tortuosa** pues se quedó huérfano desde niño y vivió en muchos lugares.*

tortura ***f.*** Sufrimiento físico o moral que se provoca a alguien. SIN. **tormento.**

torturado, da ***adj.*** Que sufre tortura o padece un gran dolor moral: *Edgar Alan Poe describió lo que piensa un **torturado** en su cuento "El pozo y el péndulo".*

torturador, ra ***adj./m.*** y ***f.*** Que tortura: *Enjuiciarán a esos policías **torturadores,** pues las pruebas que ofrecieron sus víctimas son irrefutables.*

torturante ***adj.*** Que causa gran sufrimiento, que atormenta: *La migraña se caracteriza por un **torturante** dolor de cabeza y náuseas.*

torturar ***vb.*** {tr. y prnl.} Atormentar a alguien, someterlo a sufrimiento físico o moral: *"Ya deja de sufrir por esa idea, **te estás torturando** tú solo", dijo Jairo a su amigo Gerardo.*

torzal ***m.*** **1** Cordón elaborado con varias hebras de hilo o seda trenzadas entre sí. **2** Cadena metálica hecha con otras delgadas que se entrelazan entre sí: *Norma lucía un **torzal** de oro al cuello y aretes de perlas.*

tos ***f.*** **1** Expulsión violenta y ruidosa del aire de los pulmones: *Primero me dio gripe y ahora tengo una fuerte **tos** que me ha obligado a quedarme en casa.* **2** *loc.* **~ ferina,** enfermedad contagiosa común entre los niños, que se distingue por los ataques violentos de tos: *Julia está enferma de **tos ferina** y no podemos visitarla porque también podríamos enfermarnos nosotros.*

tosco, ca ***adj.*** **1** Cosa hecha con poca habilidad y con material barato: *La tela que cubre las sillas es **tosca** porque resiste más.* **2** Rústico, carente de cultura: *El joven se había criado en un medio **tosco,** pero era muy inteligente y pronto aprendió los modales de la ciudad.*

tosedera ***f.*** *Colomb., Ecuad., Guat., Méx.* y *Nicar.* Tos persistente: *Anoche la **tosedera** no dejó dormir a María.*

toser ***vb.*** {intr.} Expulsar el aire de los pulmones de manera ruidosa y violenta: *"Ese camión iba arrojando tanto humo que me hizo **toser,** también me lloraron los ojos", nos platicó Elías.*

tostada ***f.*** **1** Rebanada de pan tostado: *Me gusta cenar **tostadas** con mantequilla y mermelada de frambuesa.* **2** *Méx.* Tortilla de maíz frita en aceite a la que se le pone encima carne, pollo, palta o aguacate, crema, porotos o frijoles, lechuga, queso, etc.

tostado, da ***adj.*** Que tiene color oscuro: *Fernando se pasó diez días en la playa y regresó con la piel **tostada.***

tostador, ra ***m.*** o ***f.*** Aparato que sirve para tostar: *De la **tostadora** salieron dos rebanadas de pan dorado y crujiente, les puse mantequilla y miel y me las comí.*

tostar ***vb. irreg.*** {tr. y prnl.} **Modelo 5. 1** Exponer algo al fuego hasta que se dora: *En invierno **se tuestan** las castañas al fuego.* **2** *Chile.* Golpear, azotar.

tostón ***m.*** Trozo de pan frito.

total ***adj.*** Completo: *El concierto tuvo un éxito **total** pues al final el público no se cansaba de aplaudir y gritar "¡Bravo!".*

total ***adv.*** En conclusión: *"**Total,** ¿quieres salir a cenar conmigo o no?", le preguntó el novio.*

total ***m.*** **1** Resultado de una suma: *El **total** de sumar 10 más 10 es 20.* **2** Totalidad: *El **total** de los niños de mi grupo está enfermo de gripe.*

totalidad ***f.*** Todo, el total, el conjunto de todos los componentes de algo: *La **totalidad** de los estudiantes de ese grupo logró entrar a la universidad.*

totalitario, ria ***adj.*** Lo que se refiere a la totalidad, en especial al régimen político que concentra todo el poder en el

Estado: *La antigua Unión Soviética tenía un régimen económico **totalitario.***

totalitarismo ***m.*** Sistema político de régimen totalitario: *En el **totalitarismo** hay un solo partido político, los poderes Legislativo, Ejecutivo y Judicial se fusionan y suele haber represión.*

totalizar ***vb. irreg.*** {tr.} **Modelo 16.** Definir el total de alguna cosa: *"La cantidad de cuentas que necesitaremos para hacer esta cortina **totaliza** 2 500", dijo la maestra de artes manuales.*

tótem ***m.*** Animal o planta considerado como antepasado mítico o pariente lejano de los individuos que pertenecen a un determinado grupo humano, sobre todo un clan: *Los indios iroqueses de Canadá esculpieron **tótems** y otras figuras en madera.*

totemismo ***m.*** Creencias y prácticas de las sociedades que rinden culto a los tótems: *El **totemismo** impide matar a los animales que sean el tótem de una tribu.*

totonaca o **totonaco** ***adj./m.*** y ***f.*** Pueblo prehispánico de México que se desarrolló en la región central del estado de Veracruz: *Las estatuillas de niños sentados y las figuras de caritas sonrientes son típicas de los **totonacas.***

totopo ***m. Méx.*** Trozo en forma de cuña de tortilla de maíz, que se tuesta o fríe para que esté crujiente: *Los **totopos** se comen como botana o para acompañar platillos.*

totora ***f. Amér. Merid.*** Especie de junco que crece a orillas de los lagos y junto al mar.

totuma ***f.*** **1** ***Amér. C.*** y ***Antill.*** Fruto del totumo. **2** ***Amér. C.*** y ***Antill.*** Vasija hecha con el fruto llamado totumo.

totumo ***m. Amér. C.*** y ***Amér. Merid.*** Planta cuyo fruto es una calabaza.

tour ***m.*** **Palabra de origen francés.** Excursión turística: *En la agencia de viajes donde trabaja Isolda, este mes están en oferta los **tours** a zonas montañosas.*

toxicidad ***f.*** Calidad de tóxico: *La **toxicidad** de algunos hongos silvestres es tal, que pueden matar una persona en pocos minutos.*

tóxico, ca ***adj.*** Venenoso: *El juguete estaba pintado con una sustancia **tóxica** que le hizo daño al niño cuando lo chupó.*

toxicología ***f.*** Estudio científico de las cualidades tóxicas de las sustancias. *Una aplicación de la **toxicología,** por ejemplo, es la elaboración de insecticidas.*

toxicólogo, ga ***m.*** y ***f.*** Especialista en toxicología.

toxicomanía ***f.*** Adicción a ingerir sustancias tóxicas: *La **toxicomanía,** si no se atiende a tiempo, puede llegar a causar la muerte.*

toxicómano, na ***m.*** y ***f.*** Persona que es adicta a alguna sustancia tóxica: *Algunos cantantes de rock han sido **toxicómanos** y han muerto por ello.*

toxina ***f.*** Sustancia tóxica que producen los seres vivos: *Muchas **toxinas** del cuerpo se eliminan a través de la orina y el sudor.*

toxoplasmosis ***f.*** Enfermedad causada por el protozoo *Toxoplasma gondii,* que parasita las células: *La **toxoplasmosis,** distribuida en todo el mundo, puede afectar a casi todos los mamíferos y es particularmente peligrosa para mujeres embarazadas.*

tozudez ***f.*** Terquedad, aferramiento a una opinión o actitud: *Muchas veces, la **tozudez** de algunas personas las incapacita para lograr cambios en su vida.*

tozudo, da ***adj.*** Que sostiene fijamente una actitud u opinión: *No creo que puedas convencer a Daniel porque es una persona **tozuda.*** Sin. **terco, necio.**

traba ***f.*** **1** Cosa que sujeta a otras, asegurándolas: *Los zapatos de la niña tienen dos **trabas** paralelas.* **2** ***Argent.*** Imperdible. Sin. **seguro. 3** ***Argent.*** Objeto que sirve para sujetar la ropa que se tiende. Sin. **pinza. 4** Lo que dificulta o es obstáculo para alguien o algo.

trabajador, ra ***adj.*** Relativo a quien trabaja mucho y disfruta al hacerlo: *Lalo es un muchacho **trabajador** que cuando no está estudiando le ayuda a sus padres en la huerta.*

trabajador, ra ***m.*** y ***f.*** Empleado, persona asalariada: *Los **trabajadores** de esta industria están recibiendo un curso de capacitación.*

trabajar ***vb.*** {intr.} **1** Realizar un esfuerzo en una actividad física o mental: *Como Jacobo se quedó huérfano, tuvo que empezar a **trabajar** desde niño.* **2** Tener una ocupación, oficio o profesión: *—¿En qué **trabaja** el papá de Enrique? —Es piloto.*

trabajo ***m.*** **1** Ocupación pagada que permite ganarse la vida: *Mi prima Cristina se tardó seis meses en volver a encontrar **trabajo** después de que se fue de la empresa.* **2** Obra resultante de una actividad física o intelectual: *Ya entregamos el **trabajo** de historia, lo hicimos sobre el imperio romano.*

trabajoso, sa ***adj.*** **1** Que da o cuesta mucho trabajo: *El guiso de hojas de parra rellenas es **trabajoso** de preparar, pero sabe muy rico.* **2** ***Colomb.*** Que es poco complaciente y muy exigente.

trabalenguas ***m.*** Palabra o frase muy difícil de pronunciar: *A los niños pequeños les cuesta trabajo decir los **trabalenguas** como "Pablito clavó un clavito" o "Tres tristes tigres tragaban trigo en un trigal".*

trabar ***vb.*** {tr. y prnl.} **1** Juntar dos cosas para reforzarlas: *Hay que **trabar** los nudos que sujetan la carga del camión para que no se caiga durante el viaje.* **2** Comenzar algo: ***Trabó** relación con una secretaria de su empresa y parece que se está enamorando de ella.* **3** Entorpecérsele a uno la lengua al hablar: *A causa de su nerviosismo **se** le **trabó** la lengua durante el discurso y dijo una palabra en vez de otra.*

trabazón ***f.*** Enlace o conexión de dos o más cosas entre sí, que les brinda coherencia y resistencia: *La **trabazón** de las estructuras metálicas que soportan los edificios modernos es básica para su construcción.*

trabe ***f.*** Viga horizontal que sostiene parte de una estructura: *El arquitecto ha puesto mucha atención en las conexiones entre **trabes** y columnas para que el edificio sea resistente.*

trabilla ***f.*** Pequeña tira de tela por la que se pasa una correa: *Después de tanto uso la **trabilla** de mi pantalón se descosió cuando me apreté el cinto.*

trabuco ***m.*** Arma de fuego más corta que la escopeta y de boca ancha.

traca ***f.*** Serie de petardos o cohetes que estallan de forma sucesiva.

trácala ***f. Méx.*** y ***P. Rico. Fam.*** Trampa, engaño: *La **trácala** que le hicieron a Servando consistió en hacerle pagar como nuevo un disco usado.*

tracalero, ra ***adj./m.*** y ***f. Méx.*** y ***P. Rico.*** Tramposo, deshonesto, embaucador: *Esa diseñadora **tracalera** se salió con la suya durante algún tiempo, pero sus clientes se dieron cuenta de que los engañaba y hace meses que nadie le da trabajo.*

tracción ***f.*** **1** Acción de tirar o arrastrar algo para moverlo: *El arado se movía gracias a la **tracción** de dos bueyes que tiraban de él.* **2** Acción de poner tirante una cuerda, cable, etcétera.

tractor ***m.*** Máquina que se utiliza en trabajos agrícolas: *Desde que Raymundo compró un **tractor,** los trabajos en el campo han sido más fáciles y rápidos.*

tractor, ra ***adj.*** Que produce tracción.
tradición ***f.*** Transmisión de creencias, costumbres, etc., de unas generaciones a otras: *Los pueblos indígenas tienen* ***tradiciones*** *que se remontan a mucho antes de la llegada de los españoles a lo que hoy es América.*
tradicional ***adj.*** Apegado a la tradición: *El día de su boda mi amiga Citlali estaba vestida con la ropa* ***tradicional*** *de su grupo indígena.*
tradicionalismo ***m.*** Manera de pensar que tiene en gran estima las tradiciones: *El* ***tradicionalismo*** *de algunas comunidades ha impedido que pierdan su identidad cultural.*
traducción ***f.*** Resultado de expresar algo en un idioma distinto del original: *En clase hicimos la* ***traducción*** *del inglés al español de un pequeño cuento.*
traducible ***adj.*** Que puede ser traducido con facilidad: *"Esa carta es* ***traducible*** *porque utiliza un inglés comercial", comentó la secretaria.* ANT. **intraducible.**
traducir ***vb. irreg.*** {tr.} **Modelo 57.** Pasar un texto de un idioma a otro: *El escritor argentino Julio Cortázar* ***traducía*** *textos para mantenerse y así poder crear su propia obra.*
traductor, ra ***m.*** y ***f.*** Persona que pasa un texto de una lengua a otra.
traer ***vb. irreg.*** {tr.} **Modelo 38. 1** Llevar algo desde un lugar a otro más cercano al que está hablando: *Tengo frío, por favor,* ***tráeme*** *una manta.* **2** Causar, provocar: *El divorcio de sus padres le* ***trajo*** *a Martín muchas consecuencias para su vida posterior.* **3** Llevar puesto: *Mi padre* ***trae*** *una corbata que yo le regalé.*
tráfago ***m.*** Ajetreo, movimiento, actividad grande: *El* ***tráfago*** *cotidiano en las ciudades modernas estresa a muchas personas.*
traficante ***m.*** y ***f.*** Persona que vende y compra diversas mercancías o sustancias ilegales: *La policía logró atrapar a los* ***traficantes*** *de aparatos electrónicos.*
traficar ***vb. irreg.*** {intr.} **Modelo 17.** Comerciar, en especial con mercancías ilegales: *Se enriqueció rápido porque se dedicó a* ***traficar*** *con armas, pero ahora ya se encuentra en la cárcel.*
tráfico ***m.*** **1** Circulación de vehículos por calles y carreteras: *Esa carretera está en mal estado por el intenso* ***tráfico*** *de camiones que la atraviesa.* **2** Transporte de personas, mercancías, etc.
tragaluz ***m.*** Ventana situada en el techo o en la parte alta de la pared de una habitación: *Mi habitación está bien iluminada gracias a un* ***tragaluz*** *que mi padre puso.* SIN. **claraboya.**
tragamonedas ***f. Argent., Hond., Méx.*** y ***Urug.*** Máquina de juegos que funciona introduciéndole monedas. SIN. **tragaperras.**
tragaperras ***m.*** y ***f. Esp.*** Máquina de juego que funciona con monedas. SIN. **tragamonedas.**
tragar ***vb. irreg.*** {tr. y prnl.} **Modelo 17. 1** Hacer que algo pase de la boca al estómago: *En vez de tirar la goma de mascar la* ***tragó,*** *por eso ahora le duele el estómago.* **2** Creer con ingenuidad: *¿Crees que el papá de Raúl* ***se tragará*** *esa historia y no lo castigará por llegar tarde?* **3** Tener que aguantar algo: *Isabel tuvo que* ***tragarse*** *los insultos porque no quería provocar una pelea.*
tragedia ***f.*** **1** Obra dramática de asunto serio y final desdichado: *La obra* Romeo y Julieta, *del escritor inglés William Shakespeare, es una* ***tragedia*** *porque los enamorados sufren y al final mueren.* **2** Suceso desgraciado de la vida: *La* ***tragedia*** *de la muerte de su padre marcó la vida de Andrés para siempre.*
trágico, ca ***adj.*** Relativo a la tragedia: *Prefiero las obras cómicas a las* ***trágicas*** *pues con aquéllas me divierto.*
tragicomedia ***f.*** **1** Obra dramática que mezcla los elementos de la comedia y de la tragedia. **2** Género de obras dramáticas llamadas tragicomedias.
tragicómico, ca ***adj.*** Se refiere a la tragicomedia: *"Hay en cartelera una buena película* ***tragicómica,*** *según la crítica trae buenos chistes y también situaciones dramáticas, vamos a verla", me invitó Hernán.*
trago ***m.*** Cantidad de líquido que se bebe de una sola vez: *Le dio un buen* ***trago*** *al agua fresca porque hacía calor y tenía sed.* SIN. **sorbo.**
tragón, gona ***adj./m.*** y ***f. Fam.*** Que come con voracidad y en gran cantidad: *"Mateo es un* ***tragón,*** *se comió toda la charola de queso que tenía para los invitados", se quejó Karina.*
traición ***f.*** Violación de la lealtad y fidelidad debidas a alguien o algo.
traicionar ***vb.*** {tr.} **1** Violar la lealtad y fidelidad debidas a alguien o algo: *Carlitos* ***traicionó*** *la confianza de Juliana cuando le contó a René lo que ella le había dicho como su gran secreto.* **2** Ser algo o alguien causa de que se fracase en un intento: *Los nervios* ***traicionaron*** *a Félix y no pudo responder el examen a pesar de que había estudiado mucho.*
traicionero, ra ***adj.*** Se dice de persona, animal o cosa en la que no se puede tener confianza: *No te fíes de esta calma, porque el mar es* ***traicionero*** *y podrías correr peligro.* SIN. **traidor.**
traidor, ra ***adj.*** Que traiciona. SIN. **traicionero.**
tráiler ***m.*** **Palabra de origen inglés. 1** Remolque de un camión: *El chofer del* ***tráiler*** *daba las vueltas con mucha precaución por el gran tamaño del vehículo.* **2** ***Esp.*** y ***Méx.*** Avance de un filme. SIN. **cortos.**
traílla ***f.*** Correa para amarrar a los perros: *Gina le compró a su perrita Pelusa una* ***traílla*** *muy coqueta de color fucsia y un collar que le hace juego.*
trainera ***f.*** Barco usado para la pesca de sardinas con red.
traje ***m.*** **1** Vestido exterior completo de alguien: *Para su examen profesional, Ricardo se puso un* ***traje*** *nuevo con corbata.* SIN. **vestido. 2** Forma de vestir la gente de un determinado país o de una época. **3** *loc.* **~ de baño,** prenda que se utiliza para bañarse en piscinas, playas, etc. SIN. **malla.**
trajín ***m.*** Actividades numerosas e intensas: *Mi novio y yo no nos hemos visto por el* ***trajín*** *de todos los días.*
trajinar ***vb.*** {tr. e intr.} **1** Llevar mercancías de un lugar a otro. **2** Desarrollar una actividad intensa: *La secretaria de ese doctor* ***trajina*** *de un lado para otro todo el día.*
trajinera ***f. Méx.*** Especie de lancha impulsada por una vara larga: *En los canales de Xochimilco, en el Distrito Federal en México, las mujeres venden flores que transportan en las* ***trajineras.***
trama ***f.*** **1** Conjunto de hilos horizontales que al cruzarse con otros verticales forman una tela: *La* ***trama*** *del vestido es de cuatro colores.* **2** Disposición interna de las partes de un asunto. **3** Argumento de una obra: *La* ***trama*** *de ese filme es tan complicada que cuesta trabajo entender lo que pasa.* SIN. **guión. 4** Enredo, confabulación: *Nunca se descubrirá completamente la* ***trama*** *que hubo detrás del asesinato del presidente estadounidense John* ***f.*** *Kennedy.*
tramado ***m.*** En artes gráficas, retícula a base de puntos o líneas que se utiliza para dar variedad de tono a las imágenes: *El* ***tramado*** *resulta muy útil para elaborar imágenes con medios tonos, pues suaviza la transición de un tono a otro.*

tramar ***vb.*** {tr.} **1** Cruzar los hilos de la trama, o sea los horizontales con los verticales o urdimbre, para tejer una tela. **2** Preparar algo de manera oculta: *Algo **traman** los niños pues están demasiado silenciosos.*

tramitar ***vb.*** {tr.} Dar los pasos necesarios para resolver un asunto: *Ya tengo los papeles necesarios para **tramitar** mi pasaporte.*

trámite ***m.*** Conjunto de pasos o acciones que hay que realizar para la resolución de un asunto: *Desde que entró ese nuevo director los **trámites** se han multiplicado y todo es más lento y complicado.*

tramo ***m.*** Parte de una línea o de una superficie más larga que ancha: *Durante un **tramo** de carretera avanzamos menos porque había trabajos de composturas.*

tramontana ***f.*** Viento del norte, frío y seco.

tramoya ***f.*** Maquinaria teatral con la que se realizan los cambios de decorado y los efectos especiales: *La **tramoya** para esa ópera era muy complicada y costosa pues había muchos cambios de escenas.*

tramoyista ***m.*** y ***f.*** Persona que se ocupa de la tramoya en los teatros: *La escenografía para esta obra es muy sencilla, por eso un solo **tramoyista** puede manejarla.*

trampa ***f.*** **1** Puerta abierta en el suelo que comunica con una habitación inferior. **2** Instrumento usado para cazar animales: *Al pobre oso se le rompió la pata con la **trampa** que le pusieron los cazadores.* **3** Plan para engañar a alguien: *En el filme que vi los estafadores le tendieron una **trampa** a la rica viuda para que comprara una empresa que no existía en la realidad.* **4** Truco malicioso en el juego o la competencia con el fin de obtener provecho. *No me gusta jugar naipes con Mariana porque siempre quiere hacerme **trampa**.*

trampantojo ***m.*** Técnica pictórica que utiliza la luz y perspectiva para crear la ilusión de escenas u objetos en tercera dimensión: *Los **trampantojos** son muy utilizados en los decorados teatrales.*

trampear ***vb.*** {intr.} *Fam.* Pasar la vida contrayendo unas deudas para pagar otras, o en medio de dificultades: *Ahí vamos los que antes éramos de clase media, **trampeando** en medio de esta crisis económica.*

trampero, ra ***m.*** y ***f.*** **1** Cazador que utiliza trampas: *El **trampero** colocó cepos en los alrededores del bosque para atrapar al lobo.* **2** ***f. Amér.*** Trampa para cazar pájaros: *Las **tramperas** son jaulas de madera o bambú, con una puerta que acciona rápidamente.*

trampilla ***f.*** Pequeña puerta en el suelo de una habitación que comunica con la parte interior: *En la cocina de la casa de mi tía hay una **trampilla** que da a la escalera para bajar al sótano.*

trampolín ***m.*** Tabla flexible que sirve a los nadadores y a los gimnastas para impulsarse en un salto: *En los Juegos Olímpicos hay pruebas de clavados en el **trampolín** y en la plataforma.*

tramposo, sa ***adj.*** Que hace trampas o tretas: *Paulo es un **tramposo** que siempre gana el juego de manera ilegal.*

tranca ***f.*** Palo con que se aseguran puertas y ventanas: *Todas las noches mi padre pone la **tranca** a la puerta de entrada a la casa.*

trancazo ***m.*** **1** Golpe dado con una tranca: *El pastor hizo huir a **trancazos** al coyote que pretendía comerse a un cordero.* **2** ***Fam.*** Catarro, gripe, resfrío. **3** ***Cuba.*** Trago largo de licor. **4** ***Méx. Fam.*** Golpe muy fuerte: *Elías entró al edificio cuando Samuel salía y la puerta le dio un **trancazo** en la cara.*

trance ***m.*** Momento crítico, decisivo y difícil: *Después de la quiebra de su negocio, el empresario pasó por un **trance** económico muy difícil.*

tranco ***m.*** Paso largo o salto que se da abriendo las piernas: *Irineo iba caminando a grandes **trancos**, pues quería llegar al banco antes de que lo cerraran.*

tranquera ***f. Amér. Merid.*** Puerta rústica de un alambrado, hecha con maderos.

tranquilidad ***f.*** Calidad de lo que es o está tranquilo: *"Me encanta la **tranquilidad** de las montañas, es un descanso al ruido de la ciudad", dijo el señor Martínez cuando conversaba con mi papá.*

tranquilizante ***adj.*** Que calma, que tranquiliza: *La voz de esa mujer es grave, serena y **tranquilizante**.*

tranquilizante ***adj.*** y ***m.*** Sustancia química que tranquiliza, que calma: *Como sufría de angustia, el psiquiatra le recetó un **tranquilizante** que debe tomar por la noche.*

tranquilizar ***vb. irreg.*** {tr. y prnl.} **Modelo 16.** Poner o ponerse tranquilo, calmado, sosegado: *Esa maestra tiene una gran capacidad para **tranquilizar** a los inquietos alumnos de segundo grado.*

tranquilo, la ***adj.*** **1** Que está en calma: *El mar está **tranquilo**, podemos salir a navegar.* **2** Que no está nervioso: *No entiendo, mi prima se casará dentro de una hora y está tan **tranquila** como si se fuera al cine.*

transa ***adj./m.*** y ***f. Méx. Fam.*** Persona que engaña o tima: *Ese comerciante es un **transa** que te cobra un kilo de verduras y en realidad te da 800 gramos.*

transa ***f. Méx. Fam.*** Engaño, en especial el que se hace para despojar a alguien de sus bienes.

transacción ***f.*** Negocio, trato: *Esa compañía realiza muchas **transacciones** todos los días.*

transar ***vb.*** {tr., intr. y prnl.} **1** Ceder, tolerar cierta cosa o situación. **2** ***Méx. Fam.*** Despojar a uno de algo mediante trampas: *El carpintero **transó** a José cuando le pidió dinero adelantado y luego desapareció dejando el trabajo incompleto.*

transatlántico ***m.*** Barco de grandes dimensiones destinado al transporte de pasajeros en largas travesías: *El* Titanic *fue un **transatlántico** de gran tamaño y lujo, construido a principios de siglo.*

transbordar ***vb.*** {tr. e intr.} Trasladar cosas o trasladarse personas de un vehículo a otro: *Tomás debe viajar en tren y luego **transbordar** a un autobús para llegar a la empresa donde trabaja.*

transbordo ***m.*** Acción de transbordar. *"Hago el **transbordo** en la estación que tiene un icono en forma de lagarto con tres franjas de colores como fondo", indicó el vigilante del metro.*

transcribir ***vb.*** {tr.} **1** Copiar un escrito: *El manuscrito antiguo casi no se podía leer, por eso tuvieron que **transcribirlo**.* **2** Escribir lo que se oye: *El periodista **transcribió** una cinta en la que estaba grabada la conversación que sostuvo con el deportista.*

transcripción ***f.*** Texto en el que se ha escrito lo que se habló, leyó o, en música, lo que se tocó: *Hay una **transcripción** de todo lo que dijeron los testigos y abogados durante el juicio.*

transcurrir ***vb.*** {intr.} Pasar, correr el tiempo: *Para los niños el tiempo **transcurre** lentamente, en cambio para los adultos todo es rápido.*

transcurso ***m.*** Tiempo durante el que transcurre o sucede una acción: *"En el **transcurso** de la mañana hemos recibido veinticinco pedidos", dijo feliz la secretaria.*

transeúnte ***adj./m.*** y ***f.*** **1** Persona que transita por un lugar: *Los **transeúntes** deben cruzar la calle por una zona* *especial para que no corran peligro de ser atropellados.* **2** Persona que está de paso por un lugar.

transexual ***adj./m.*** y ***f.*** Relativo a la persona que adquiere los caracteres sexuales del sexo opuesto por medio de cirugía y tratamientos médicos.

transferencia ***f.*** Acción de pasar algo de un lugar a otro: *El empleado del banco se ocupará de hacer una **transferencia** del dinero de un banco extranjero a uno nacional.*

transferir ***vb. irreg.*** {tr.} **Modelo 50. 1** Pasar a alguien o algo de un lugar a otro: *El jefe de mi hermano lo **transfirió** a otra ciudad, por eso se va a mudar la semana próxima.* **2** Ceder a otro el derecho sobre una cosa.

transfiguración ***f.*** Cambio de aspecto o de figura: *Cuando el espía del filme salió de la cirugía plástica, había sufrido una verdadera **transfiguración** y resultaba difícil reconocerlo.*

transfigurar ***vb.*** {tr. y prnl.} Cambiar o hacer cambiar de figura o aspecto a una persona o cosa.

transformación ***f.*** **1** Cambio, modificación notable que sufre un ser vivo: *Cuando pasó de la niñez a la adolescencia sufrió una **transformación** profunda en lo físico y lo emocional.* **2** Alteración de una sustancia o material en la que adquiere características diferentes de las que tenía originalmente: *La **transformación** del hierro en acero ha sido una de las bases de la industria moderna.*

transformador ***m.*** Aparato que transforma la corriente eléctrica de un voltaje a otro.

transformar ***vb.*** {tr. y prnl.} **1** Cambiar o hacer cambiar de forma: *Las orugas **se transforman** en mariposas.* **2** Convertir una cosa en otra mediante un proceso: *Por la acción del calor el agua **se transforma** de un estado líquido a un estado gaseoso.*

tránsfuga ***m.*** y ***f.*** Persona que pasa de un partido político a otro: *Eduardo es un **tránsfuga** que cambió del partido de derecha al partido de izquierda.*

transfundir ***vb.*** {tr.} Hacer pasar un líquido de un recipiente a otro: *Antes de servir el vino en copas, a mi mamá le gusta **transfundirlo** para que se oxigene.*

transfusión ***f.*** **1** Acción y efecto de transfundir, de hacer pasar un líquido de un recipiente a otro. **2** *loc.* **~ de sangre,** introducción de sangre de un individuo al cuerpo de otro: *Después del accidente, le pusieron varias **transfusiones de sangre** para reponer la que había perdido.*

transgénico, ca ***adj.*** Relativo a los organismos que han sido creados por ingeniería genética, al mezclar ADN de otros organismos en sus genes: *Algunos científicos piensan que los alimentos **transgénicos** serán el futuro alimenticio de la humanidad.*

transgredir ***vb.*** {tr.} Violar o quebrantar una ley o norma: *Al robar se **transgreden** las leyes.*

transgresión ***f.*** Violación o quebranto de una ley o una norma: *Las **transgresiones** a las leyes de tránsito son castigadas con multas o con cárcel, según sean leves o graves.*

transgresor, ra ***m.*** y ***f.*** Persona que transgrede, viola o quebranta una ley o una norma: *La policía logró atrapar al **transgresor** que se había metido en una propiedad privada sin permiso.*

transición ***f.*** Acción y efecto de pasar de un estado a otro: *La **transición** de niño a adolescente se nota por los cambios físicos y mentales del individuo.*

transido, da ***adj.*** Afectado por un dolor, físico o moral, muy intenso: *Un fuerte cólico tenía **transido** a Ruperto.*

transigencia ***f.*** Aceptación de opiniones diferentes de la propia: *La **transigencia** es necesaria para llegar a acuerdos con otras personas.* Ant. **intransigencia.**

transigente ***adj.*** Referido al que acepta las opiniones de otro o que cede a los deseos de otra persona. Ant. **intransigente.**

transigir ***vb. irreg.*** {intr.} **Modelo 61.** Ceder a los deseos u opiniones de otro: *Después de una larga discusión, el profesor **transigió** a la petición del grupo y aceptó que los niños salieran al patio cinco minutos antes.*

transistor ***m.*** Dispositivo electrónico que sirve para rectificar y ampliar los impulsos eléctricos: *Desde que se inventaron los **transistores,** pudieron construirse radios muy pequeños.*

transitable ***adj.*** Se refiere al lugar que puede ser transitado: *La nueva carretera es muy **transitable,** no tiene un solo bache y además todas las señales son claras y visibles.* Ant. **intransitable.**

transitar ***vb.*** {intr.} Ir por una vía pública: *El autobús **transitaba** de norte a sur cuando chocó contra un automóvil que venía en sentido contrario.*

transitivo, va ***adj.*** Relativo al verbo que puede llevar objeto directo: *El verbo regalar es **transitivo.***

tránsito ***m.*** Movimiento de gente y vehículos por calles, carreteras, etc.: *En el centro de la ciudad siempre hay mucho **tránsito,** si quieres llegar a tiempo a la función, tienes que salir con una hora de anticipación.*

transitorio, ria ***adj.*** Que dura poco tiempo o no es definitivo: *La estancia del escritor en ese país es **transitoria** pues tarde o temprano volverá a su patria.*

translocación ***f.*** Aberración de los cromosomas en la cual parte de alguno de ellos se transfiere a otro que no le corresponde: *La **traslocación** origina trastornos como abortos espontáneos y ciertos tipos de leucemia.*

transmigración ***f.*** Paso del alma de un cuerpo a otro: *Algunas religiones como la hinduista creen en la **transmigración** de las almas.*

transmigrar ***vb.*** {intr.} **1** Emigrar, salir del lugar natal para vivir en otro. **2** Según ciertas creencias, pasar un alma de un cuerpo a otro.

transmisible ***adj.*** Que puede transmitirse: *La gripe es una enfermedad **transmisible,** por eso hay que tener precauciones para evitar contagios.*

transmisión ***m.*** Acción y efecto de transmitir, comunicar un mensaje: *De pronto la **transmisión** del partido de fútbol por televisión se interrumpió a causa de la lluvia.*

transmisor ***m.*** Aparato telegráfico o radiofónico que sirve para transmitir señales: *Durante la guerra era importante destruir los **transmisores** de señales de los enemigos.*

transmitir ***vb.*** {tr.} **1** Comunicar, hacer llegar a alguien un mensaje, un sentimiento, etc.: *Edith fue la encargada de **transmitirle** al director la felicitación de los maestros.* **2** Comunicar por radio, telégrafo, etc.: ***Han estado transmitiendo** anuncios por la radio para advertir sobre la tormenta que se aproxima.* **3** Contagiar una enfermedad: *El bacilo del cólera **se transmite** a través del agua y de alimentos no purificados.*

transmutación ***f.*** Transformación de una cosa en otra.

transmutar ***vb.*** {tr. y prnl.} Convertir una cosa en otra: *Durante la Edad Media algunos sabios pretendían **transmutar** diversas sustancias en oro.*

transnacional ***adj.*** Empresa que tiene actividades en varios países: *En la segunda mitad del siglo xx, las **transnacionales** comenzaron a extenderse por todo el mundo.* Sin. **multinacional.**

transparencia ***f.*** Carácter de transparente, de traslúcido: *La tela de las cortinas tiene una **transparencia** adecuada porque deja pasar la luz, pero no se ve lo que pasa dentro de la casa.*

transparentar ***vb.*** {tr., intr. y prnl.} **1** Dejar un cuerpo que a través de sí mismo se vea una cosa: *El agua clara **transparenta** el fondo del arroyo.* **2** Ser transparente una cosa: *Mi blusa **se transparenta** porque es blanca y de tela muy delgada.* **3** Notarse o descubrirse algo que no se dice abiertamente: *Aunque Evaristo no quiso decirnos qué calificación obtuvo, **se transparentaba** la alegría en su rostro.*

transparente ***adj.*** Relativo al cuerpo a través del cual pueden verse de forma clara los objetos: *El vidrio de la ventana es **transparente** pues desde afuera se ve hacia adentro de la casa y viceversa.*

transpiración ***f.*** Sudor: *Hacía tanto calor que la **transpiración** empezó a humedecernos la ropa.*

transpirar ***vb.*** {intr.} **1** Expulsar a través de la piel un líquido orgánico: *Los desodorantes ayudan a las personas que **transpiran** a no oler mal.* SIN. **sudar, exudar. 2** Expulsar las plantas vapor de agua.

transportación ***f.*** Acción de llevar personas o cosas de un lugar a otro: *Como en ese país hay muchos ríos, gran parte de la **transportación** se hace por vía fluvial, es decir, a través de los ríos.*

transportador ***m.*** Semicírculo graduado que sirve para medir y trazar ángulos: *Para la clase de geometría me pidieron una regla, un compás y un **transportador.***

transportador, ra ***adj./m.*** y ***f.*** Se refiere al barco o nave que lleva carga o personas: *En muchos aeropuertos el equipaje de los pasajeros se carga y descarga de los aviones usando bandas **transportadoras.***

transportar ***vb.*** {tr. y prnl.} **1** Llevar personas o cosas de un lugar a otro: *Ante la amenaza de erupción del volcán, habrá que **transportar** a muchas personas fuera de la zona de peligro.* **2** Encantarse, cautivarse: *La música clásica le gusta tanto a mi hermana que parece **transportarse** a otro mundo cuando la escucha.*

transporte ***m.*** **1** Hecho de transportar, de llevar de un lado a otro. **2** Medio o vehículo usado para transportar personas o cosas: *Los barcos, aviones, trenes, automóviles y bicicletas son medios de **transporte.***

transportista ***m.*** y ***f.*** Persona cuyo oficio es transportar mercancías: *La unión de **transportistas** de la región solicitó al banco un crédito para comprar nuevos camiones.*

transposición ***f.*** Trasposición.

transuránico ***adj./m.*** Elemento químico de número atómico superior a 92, que es el del uranio: *Los elementos **transuránicos** se caracterizan por su inestabilidad y no existen en estado libre.*

transvasar ***vb.*** {tr.} Trasvasar.

transvase o **trasvase** ***m.*** Acción y efecto de transvasar: *"Haz con cuidado el **transvase** del vino a la jarra para que no caigan los sedimentos", indicó la mujer a su marido.*

transversal ***adj.*** Que atraviesa una cosa de un lado a otro de manera perpendicular.

tranvía ***m.*** Vehículo para el transporte urbano de personas, que se mueve por electricidad a través de raíles o rieles.

tranviario, ria ***adj.*** Relacionado con los tranvías: *El transporte **tranviario** no contamina porque no usa combustible, sino electricidad.*

trapacería ***f.*** Engaño, manejo deshonesto, fraude: *Por fin pudieron demostrar las **trapacerías** de ese funcionario deshonesto, ahora irá a la cárcel.*

trapeador ***m. Chile*** y ***Méx.*** Tela o utensilio para limpiar el suelo.

trapear ***vb.*** {tr.} ***Amér.*** Fregar el suelo con un trapo o un utensilio especial: *Ya lavé los trastos, nada más me falta **trapear** y la limpieza de la casa estará terminada.*

trapecio ***m.*** **1** Palo horizontal colgado del techo o de una estructura por dos cuerdas: *El trapecista dio tres vueltas en el aire y después se aferró del **trapecio** nuevamente.* **2** Músculo situado en la parte posterior del cuello. **3** Cuadrilátero que sólo tiene dos lados paralelos.

trapecista ***m.*** y ***f.*** Artista de circo que actúa en el trapecio: *Algunos **trapecistas** realizan sus piruetas en el aire sin red que los proteja de alguna caída.*

trapezoide ***m.*** Cuadrilátero irregular que no tiene ningún lado paralelo a otro.

trapiche ***m.*** **1** Molino para prensar frutas y extraer su zumo o jugo. **2** ***Argent.*** y ***Chile.*** Molino para reducir a polvo los minerales. **3** ***Méx.*** Ingenio azucarero.

trapichear ***vb.*** {intr.} ***Fam.*** Buscar medios para lograr algo.

trapisonda ***f.*** Riña o discusión con griterío: *Ayer se armó una **trapisonda** en la cafetería, y todo porque los partidarios de dos equipos rivales comenzaron a discutir de fútbol.*

trapo ***m.*** **1** Trozo de tela vieja o inútil: *Esa bolsa está llena de **trapos** que podemos usar para limpiar los muebles.* **2** Paño usado para limpiar. **3** ***pl. loc.*** **Sacar los ~ al sol,** recordarle a alguien las cosas que ha hecho mal antes: *Estaba tan enojada que empezó a **sacarle los trapos al sol** a su esposo en pleno restaurante.* **4** ***pl. Fam.*** Conjunto de prendas de vestir: *¡Bettina dice que sólo tiene algunos **trapos,** pero necesita una habitación entera para guardarlos!*

tráquea ***f.*** Conducto que comunica la laringe con los bronquios.

traqueotomía ***f.*** Abertura que se hace en la tráquea para evitar la asfixia: *Cuando era niña tuvieron que hacerle una **traqueotomía,** por eso Laura tiene esa cicatriz en el cuello.*

traquetear ***vb.*** {intr.} Moverse una cosa de manera repetida y haciendo ruido: *El auto **traqueteaba** cuando se metió por ese camino empedrado.*

traqueteo ***m.*** Movimiento repetido y ruidoso: *"El **traqueteo** de esa lavadora se parece a cierto tipo de música moderna", dijo Sofía.*

traro ***m. Argent.*** y ***Chile.*** Carancho, ave rapaz.

tras ***prep.*** **1** Después de, a continuación: ***Tras** darles la bienvenida a los alumnos, el director de la escuela les mostró dónde estaban los salones de clase.* **2** Detrás de: ***Tras** los niños más pequeños venían en la fila los más grandes.* **3** En busca de: *El joven cantante va **tras** la fama.*

trascendencia ***f.*** Consecuencia de magnitud grave o importante que tiene un hecho o suceso: *El presidente hizo un anuncio de gran **trascendencia** para el país: va a renunciar a su cargo.*

trascendental ***adj.*** Muy importante, interesante o valioso: *El cuidado de los recursos naturales de la Tierra es **trascendental** para la vida de todos.*

trascendente ***adj.*** Que tiene consecuencias importantes: *Los resultados en el examen que presentó son **trascendentes** para su ingreso en la universidad, por eso Benjamín está nervioso.*

trascender ***vb. irreg.*** {intr.} **Modelo 24. 1** Empezar a conocerse lo que estaba oculto: *A través de la radio **trascendió** la noticia de que esa estrella de cine había sufrido un ataque cardiaco.* **2** Extenderse las consecuencias de algo: *Lo llevaron al hospital cuando se dieron cuenta de que lo que parecía una simple caída **había trascendido** y ahora tenía una hemorragia grave.*

trasegar ***vb. irreg.*** {tr.} **Modelo 18. 1** Desordenar cosas: *A esos niños les encanta **trasegar** los cajones de la cómo-*

da de sus papás. **2** Cambiar de vasija un líquido: ***Trasegó** el vino para que se oxigenara y para lucir su linda licorera.*

trasero ***m. Fam.*** Nalgas. SIN. **glúteo.**

trasero, ra ***adj.*** Situado detrás: *Los niños van más seguros en el asiento **trasero** del automóvil.*

trashumancia ***f.*** Migración del ganado para buscar nuevos pastos.

trashumante ***adj.*** Que cambia de lugar, que migra: *Ernesto forma parte de un grupo de actores **trashumantes** que viaja por todo el país.*

trashumar ***vb.*** {intr.} Andar de un lado a otro: *Los cirqueros **trashumaban** de un pueblo a otro, buscando dónde les dieran permiso de instalar el circo.*

trasiego ***m.*** Acción de pasar un líquido de un recipiente a otro: *La anfitriona **trasegó** el café de la olla a una elegante cafetera de porcelana para servirlo a sus invitados.*

traslación ***f.*** **1** Hecho de trasladar, de cambiar de lugar. **2** Movimiento de la Tierra cuando gira alrededor del Sol: *A causa del movimiento de **traslación,** ocurren las estaciones del año.*

trasladar ***vb.*** {tr. y prnl.} **1** Hacer pasar a alguien de un puesto a otro de la misma categoría: *Pidió que lo **trasladaran** a una sucursal en una ciudad más pequeña porque su salud le impedía seguir en una ciudad tan grande.* **2** Cambiar de lugar o de tiempo: *En ese cuento el héroe **se trasladaba** rápidamente de un país a otro volando en una alfombra mágica.*

traslado ***m.*** Acción de cambiar algo de lugar o de tiempo: *"El **traslado** de nuestras oficinas a su nueva ubicación se realizará durante el fin de semana, hay que avisar a los clientes", indicó el jefe.*

traslúcido, da ***adj.*** Que deja pasar la luz, pero no permite ver lo que hay detrás: *El vidrio de la ventana es **traslúcido,** por eso la habitación es clara pero nadie puede verte desde afuera.*

traslucir ***vb. irreg.*** {tr. y prnl.} **Modelo 58. 1** Dejar pasar la luz un cuerpo sin que se distinga lo que hay detrás. **2** Permitir una cosa que se conozca algo a través de ella: *La cara de Marcos **trasluce** la tristeza que siente por la muerte de su perro.*

trasluz. Al ~, ***loc.*** Relativo a la forma de mirar una cosa, poniéndola entre la luz y el ojo: *Llegó un sobre para Pablo y quiero saber de quién es, pero por más que lo pongo **al trasluz,** no alcanzo a leer quién firma la carta que está dentro.*

trasmano. A ~, ***loc.*** Fuera del alcance habitual, de manera incómoda o en un sitio poco frecuentado: *Ese poblado se encuentra **a trasmano** de las rutas principales, por eso es poco frecuentado por el turismo.*

trasminante ***adj. Chile.*** Se dice del frío o viento penetrante e intenso.

trasnochado, da ***adj.*** **1** Que se desvela o se acuesta muy tarde: *¡Cómo no va a levantarse a mediodía si es un **trasnochado** que se va a la cama a las cuatro de la mañana!* **2** Absurdo, sin sentido: *Me salió con una explicación **trasnochada** para justificarse, por supuesto que no le creí nada.*

trasnochar ***vb.*** {intr.} Pasar la noche sin dormir o acostarse muy tarde: *Efraín detesta **trasnochar,** él prefiere acostarse temprano para sentirse con energía por la mañana.*

traspapelar ***vb.*** {tr. y prnl.} Perder o perderse un papel entre otros: *Es una persona muy desorganizada que con frecuencia **traspapela** documentos importantes.*

traspasar ***vb.*** {tr.} **1** Atravesar, pasar de una parte a otra: *La lanza de su enemigo **traspasó** al caballero quien, herido en el pecho, cayó del caballo.* **2** Pasar más allá de un límite. **3** Ceder el alquiler de un local: *Mi padre va a **traspasar** la tienda porque vamos a mudarnos a otra ciudad.*

traspaso ***m.*** Cesión de una propiedad o un alquiler a otro mediante un pago: *"Ofrecen en **traspaso** un local de venta de ropa, vamos a verlo", animó Rosa a Silvia.*

traspatio ***m. Amér.*** Patio interior de la casa, situado tras el patio principal.

traspié ***m.*** **1** Resbalón o tropezón: *Al bajar la escalera dio un **traspié** y casi se cae.* **2** Error o indiscreción.

trasplantar ***vb.*** {tr.} **1** Trasladar plantas de un terreno a otro: ***Trasplantó** los rosales de un recipiente al patio trasero y se pusieron muy bonitos, ahora florecen más que antes.* **2** Realizar un trasplante: *Un médico sudafricano fue de los primeros en **trasplantar** un corazón humano.*

trasplante ***m.*** **1** Hecho de trasplantar. **2** Sustitución de un órgano enfermo o dañado por otro sano: *José está en lista de espera en el hospital para un **trasplante** de riñón porque uno de los suyos ya no funciona.*

trasponer ***vb. irreg.*** {tr. y prnl.} **Modelo 27. 1** Poner a alguien o algo en un lugar diferente. **2** Atravesar, pasar de un lugar a otro.

trasposición ***f.*** **1** Acción y efecto de trasponer: *Los anagramas se elaboran con la **trasposición** de las letras de una palabra o frase.* **2** En matemáticas, permutación que intercambia dos elementos de un generador y fija los restantes.

traspunte ***m.*** y ***f.*** Persona que, en una representación teatral, avisa a los actores cuando les toca salir a escena: *El **traspunte** se equivocó y, en lugar de la dama joven, salió a escena la actriz de carácter, lo cual provocó una ridícula situación.*

trasquilar ***vb.*** {tr.} **1** Cortar el pelo o la lana de un animal: *En verano es tiempo de **trasquilar** las ovejas para comercializar su lana.* SIN. **esquilar. 2** Cortar mal el cabello de una persona: *Juana me **trasquiló,** mira cómo todas las puntas de mi cabello están disparejas.*

trastabillar ***vb.*** {intr.} Perder el equilibrio, sin caer, a causa de un tropiezo: *El corredor pisó mal y **trastabilló** unos segundos, pero luego reanudó la carrera.*

trastada ***f. Fam.*** Mala pasada: *René le hizo una **trastada** a Rocío cuando la invitó a una fiesta y luego apareció acompañado de otra amiga.*

traste ***m.*** **1** Cada uno de los salientes colocados a lo largo del mástil de una guitarra u otro instrumento de cuerda. **2** Utensilio de cocina: *Necesito un **traste** hondo para este guisado.* SIN. **trasto.**

traste ***m. Vulg.*** Trasero, nalgas.

trastear ***vb.*** {tr. e intr.} **1** Poner los trastes a la guitarra o a otro instrumento musical. **2** Pisar las cuerdas de los instrumentos musicales de trastes. **3** Mover trastos de un lado a otro. **4** Hacer travesuras.

trastero ***m.*** **1** Habitación donde se guardan trastos, muebles, etc. **2** Mueble del comedor o de la cocina donde se guardan trastos: *La vajilla de uso diario está en el **trastero** de la cocina.*

trastienda ***f.*** Habitación situada detrás de una tienda: *El tendero fue a la **trastienda** a ver si le quedaba harina para vender.*

trasto ***m.*** **1** Utensilio viejo o inútil: *Tiene el sótano de la casa lleno de **trastos** viejos e inútiles, pero no se decide a tirarlos.* **2** Utensilio de cocina. SIN. **traste. 3** ***pl.*** Conjunto de utensilios propios de alguna actividad.

trastocar ***vb. irreg.*** {tr. y prnl.} **Modelo 17. 1** Desordenar las cosas: *Cuando la empleada limpia el escritorio de mi padre **trastoca** todos sus papeles y después ya no encuentra nada.* **2** Enloquecer. SIN. **trastornar.**

trastornado, da ***adj.*** Perturbado, alterado: *Quedó **trastornado** después de la noticia de la muerte de su padre.*

trastornar ***vb.*** {tr. y prnl.} **1** Perjudicar, causar un daño. **2** Inquietar, quitar la tranquilidad: *Mis primos se quedaron en casa durante un mes, lo cual **trastornó** por completo nuestra tranquilidad familiar.* **3** Perturbar las facultades mentales: *El médico cree que el accidente que Alberto sufrió de niño lo **trastornó** y por eso no puede hablar.* SIN. **trastocar.**

trastorno ***m.*** **1** Acción y efecto de trastornar o trastornarse. **2** Alteración leve de la salud: *Juventino empezó a sentir unos **trastornos** estomacales, así que decidió ir al médico.*

trasvasar ***vb.*** {tr.} Pasar un líquido de un recipiente a otro: *Algunas personas recomiendan **trasvasar** el vino un rato antes de tomarlo para que se oxigene.*

trata ***f.*** Compra y venta de seres humanos: *En el siglo XIX muchos comerciantes inhumanos se hicieron ricos con la **trata** de personas africanas que vendían como esclavos.*

tratable ***adj.*** **1** Que se puede tratar: *"Creo que el tema es **tratable** incluso frente a niños, pues está desarrollado de manera fácil de entender", dijo el profesor a su colega.* **2** *Fam.* Amable, cordial, de buen trato: *"Pese a su fama, mi escritora favorita es muy **tratable**, el otro día la conocí en el supermercado", comentó Efrén muy contento.*

tratadista ***m.*** y ***f.*** Autor de tratados sobre alguna materia: *"Si quieres buena información para tu tesis, te recomiendo la obra de este **tratadista**, él se metió a fondo en el tema", dijo el asesor extendiendo un libro al estudiante.*

tratado ***m.*** **1** Acuerdo entre naciones y documento en el que consta este acuerdo: *Brasil, Paraguay y Argentina tienen firmado un **tratado** para explotar la energía eléctrica de la hidroeléctrica de Itaipú.* **2** Obra sobre determinada materia: *Sobre la anatomía se han escrito muchos voluminosos **tratados**.*

tratamiento ***m.*** **1** Acción y efecto de tratar o tratarse: *Las aguas sucias deben recibir un **tratamiento** de purificación para poder utilizarlas nuevamente.* **2** Título de cortesía: *A los reyes se les da el **tratamiento** de "Su Majestad".* **3** Método para curar una enfermedad: *El **tratamiento** que seguirá mi madre para curarse de las piernas consiste en hacer ciertos ejercicios durante media hora diaria.*

tratante ***m.*** y ***f.*** Persona que comercia con cosas comprando y vendiendo: *Nicanor nos comentó que el **tratante** de telas para el cual trabaja está buscando encajes de color rojo y negro, pues una fábrica se los solicitó.*

tratar ***vb.*** {tr., intr. y prnl.} **1** Comportarse con alguien de una determinada manera: *Da gusto ver la dulzura con que Adela **trata** a su abuelo.* **2** Dirigirse a una persona de una forma determinada: *"No me **trates** de usted, puedes hablarme con más familiaridad", pidió la maestra.* **3** Someter a cuidados médicos: *Las heridas infectadas deben **tratarse** con antibióticos.* **4** Discutir sobre un asunto: *Los profesores **trataron** con el director el tema de los salarios.* **5** Relacionarse con alguien: *Elia y Alfonso se conocen muy bien porque **se han tratado** desde niños.* **6** Hablar o escribir sobre cierto asunto: *La novela **trata** sobre las relaciones entre los padres y los hijos.* **7** Intentar o pretender algo: *El vendedor **trató** de engañarme pero no lo logró, yo descubrí que estaba mintiéndome.*

tratativas ***f. pl. Argent., Chile, Perú*** y ***Urug.*** Etapa preliminar de una negociación.

trato ***m.*** **1** Relación, amistad: *El tenor que escuchamos fue amigo mío y tuvimos **trato** continuo durante varios años de nuestra infancia.* **2** Manera de dirigirse a una persona: *Georgina tiene un **trato** grosero y poco amable hacia sus compañeros de trabajo.* **3** Acuerdo entre dos personas o partes: *Esa compañía tiene un **trato** con el restaurante vecino: sus empleados van a comer ahí y les hacen descuentos.*

trauma ***m.*** **1** Herida que provoca un objeto en cualquier parte del cuerpo de manera accidental. **2** Trastorno emocional: *El choque en el que murieron dos de sus compañeros le ocasionó un fuerte **trauma** a Mario del que todavía no se recupera.*

traumar ***vb.*** {tr. y prnl.} ***Ver*** **traumatizar.**

traumático, ca ***adj.*** Que ocasiona un trauma: *De niño sufrió una experiencia **traumática** que todavía le produce pesadillas algunas noches.*

traumatismo ***m.*** Herida provocada por un golpe, accidente, etc.: *Desde que Cristina sufrió el **traumatismo** en la cabeza, sufre mareos y dolores.*

traumatizante ***adj.*** Se dice de lo que provoca un trauma: *"Presenciar el incendio en la tienda de enfrente fue una experiencia **traumatizante** para varios niños, por eso se les brindará apoyo psicológico", explicó la directora de la escuela.*

traumatizar ***vb. irreg.*** {tr. y prnl.} **Modelo 16.** Provocar un trauma.

traumatología ***f.*** Parte de la medicina que estudia las heridas y lesiones: *Al hospital de **traumatología** de esa caótica ciudad llegan muchos accidentados cada día.*

traumatólogo, ga ***m.*** y ***f.*** Médico especialista en traumatología: *Un excelente **traumatólogo** operó el codo fracturado del tenista y, luego de unos meses de rehabilitación, podrá volver a competir.*

través ***m.*** **1** Inclinación o torcimiento. **2** ***loc.*** **A ~ de,** por medio de: *El vidrio está tan sucio que ya no se puede ver **a través de** él.*

travesaño ***m.*** Pieza que atraviesa algo de una parte a otra: *Pusimos un tronco de árbol como **travesaño** para poder cruzar el río y continuar nuestro camino.*

travesía ***f.*** **1** Vía que atraviesa una cosa de un lado a otro de forma perpendicular. **2** Viaje por mar o aire: *Mis padres hicieron una larga **travesía** en barco a través del mar Caribe.* SIN. **crucero. 3** *Argent.* Región vasta y desértica. **4** ***Chile.*** Viento oeste que sopla desde el mar.

travesti ***m.*** y ***f.*** Persona que utiliza vestiduras del sexo contrario.

travesura ***f.*** Acción realizada por niños, con afán de divertirse y sin malicia, con la que causan algún trastorno: *Una de las **travesuras** de José fue darle de comer chile a un gato.*

traviesa ***f.*** **1** Cada una de las piezas sobre las que se asientan los rieles del ferrocarril. **2** ***loc.*** **A campo ~,** a través del campo: *Para hacer más corto el recorrido, el conductor de la camioneta salió de la carretera y avanzó **a campo traviesa**.*

travieso, sa ***adj.*** Inquieto o revoltoso: *Rodrigo es un niño tan **travieso** que ayer se le ocurrió soltar al canario que estaba dentro de una jaula.*

trayecto ***m.*** **1** Espacio que se recorre de un punto a otro: *Durante el **trayecto** de la casa a la playa podremos detenernos a comer algo.* **2** Acción de recorrer dicho espacio.

trayectoria ***f.*** **1** Línea descrita en el espacio por un punto en movimiento: *La **trayectoria** del cometa Halley describe una parábola, que es como una curva alargada.* **2** Conducta u orientación del comportamiento: *Ese maestro ha tenido una **trayectoria** honesta durante todos sus años de trabajo en la escuela.*

traza ***f.*** **1** Diseño, plano o proyecto de una obra de construcción: *Apenas han hecho la **traza** de la casa, todavía falta mucho para que esté terminada.* **2** Aspecto, apariencia:

*A juzgar por su ropa, Álvaro no tiene **traza** de ser un hombre rico.* **3** Habilidad para hacer algo.

trazar ***vb. irreg.*** {tr.} **Modelo 16. 1** Hacer trazos, líneas sobre una superficie. **2** Representar a grandes líneas: *Carlos es un buen dibujante que con unas cuantas líneas **traza** un retrato muy parecido a la realidad.* **3** Disponer los medios oportunos para conseguir algo.

trazo ***m.*** **1** Línea dibujada sobre una superficie. **2** En la escritura, cada una de las partes en que se considera dividida una letra: *¿En cuántos **trazos** hiciste la letra a?*

trebejo ***m.*** **1** Utensilio, cosa que se usa para hacer algo: *El escultor tenía sus **trebejos** regados por todo su estudio.* **2** *Fam.* Cosa inservible y estorbosa: *"Debemos arreglar el cuarto de los **trebejos,** ya no se puede ni entrar en él", dijo mi padre.*

trébol ***m.*** Planta de hojas agrupadas de tres en tres: *Se dice que es de buena suerte encontrarse un **trébol** de cuatro hojas.*

trece ***adj./m.*** Número que resulta de sumar diez y tres: *Para algunas personas el **trece** es un número de mala suerte; para otras, de buena suerte.*

treceavo, va ***adj.*** Cada una de las trece partes iguales en que se divide un todo.

trecho ***m.*** Espacio de lugar o de tiempo: *Aunque los jóvenes ya habían caminado un rato, faltaba todavía un **trecho** para llegar al pueblo.*

tregua ***f.*** **1** Interrupción temporal de hostilidades: *Durante esa guerra las partes en conflicto acordaron una **tregua** para las fiestas navideñas.* **2** Descanso temporal en una actividad: *Después de tres juegos de tenis, Pablo pidió una **tregua** para reponerse.*

treinta ***adj.*** **1** Tres veces diez: *Mario se siente un anciano y eso que apenas va a cumplir **treinta** años.* **2** Que corresponde en orden al número treinta. SIN. **trigésimo.**

treinta ***m.*** Número que resulta de sumar 29 y 1: *Invitaron a veinte personas y llegaron **treinta,** ahora no tienen comida para ofrecer a las otras diez personas.*

treintavo, va ***adj./m.*** y ***f.*** Cada una de las treinta partes iguales en que se divide un todo.

treintena ***f.*** Conjunto de treinta cosas iguales: *Marisol ya tiene una **treintena** de libros de cuentos, al paso que va pronto tendrá toda una colección.*

trematodo ***adj./m.*** Tipo de gusano plano de cuerpo corto, ancho y sin anillos: *Los **trematodos,** como la duela del hígado, viven parásitos en el organismo de los animales.*

tremebundo, da ***adj.*** Que causa terror: *Un **tremebundo** incendio en el bosque amenazaba con llegar al sur de la ciudad.*

tremendismo ***m.*** Corriente artística y literaria caracterizada por la exageración de aspectos crudos de la realidad: *El **tremendismo** suele abordar situaciones violentas o sórdidas con un lenguaje duro.*

tremendista ***adj.*** **1** Perteneciente o relativo al tremendismo. **2** Que gusta de divulgar noticias alarmantes: *Es una tristeza que mucha gente prefiera leer publicaciones **tremendistas** que buenos libros.*

tremendo, da ***adj.*** **1** Digno de ser temido: *Con esos **tremendos** colmillos es fácil suponer que el oso es un animal que come carne.* **2** Muy grande: *Una **tremenda** explosión en la tienda despertó a los vecinos.*

trementina ***f.*** Resina que se extrae del abeto y otros árboles: *La **trementina** se usa entre otras cosas para elaborar barnices para muebles.*

tremolar ***vb.*** {tr.} Llevar en alto banderas, estandartes, etc.: *Bajo el balcón presidencial desfilaron los bomberos mientras **tremolaban** sus banderas.*

tremolina ***f. Fam.*** Ruido confuso de voces producido por una riña o discusión: *Por las ventanas de la casa de Antonio se escuchaba una **tremolina,** luego supimos que sus hermanos y él discutían a gritos sobre música.*

trémulo, la ***adj.*** **1** Que tiembla: *Estaba tan emocionado que hablaba con la voz **trémula.*** **2** Que tiene un movimiento parecido al temblor.

tren ***m.*** **1** Conjunto de una locomotora y de los vagones arrastrados por ella: *Mi papá le regaló un **tren** eléctrico a mi hermano y ahora ya es su juguete preferido.* **2** Conjunto de aparatos para realizar una operación.

trenza ***f.*** Conjunto de tres mechones de pelo que se entrecruzan: *María Isabel se hace dos **trenzas** a los lados, que remata con cintas de colores.*

trenzar ***vb. irreg.*** {tr.} **Modelo 16.** Torcer y entrelazar cabello, hilo u otra cosa para hacer trenzas: *Las tres amigas pasaron la tarde **trenzando** sus cabellos y al día siguiente se presentaron a la escuela con peinados tipo africano, de muchas trencitas muy delgadas.*

trepador, ra ***adj.*** **1** Que trepa, que sube: *Las hiedras son plantas **trepadoras.*** **2** Relativo a los animales que tienen el dedo externo hacia atrás para trepar con facilidad por los árboles: *Los papagayos son animales **trepadores.***

trepanación ***f.*** Operación que consiste en perforar el cráneo: *Hay evidencias de que los antiguos egipcios realizaban **trepanaciones** con fines médicos.*

trepanar ***vb.*** {tr.} Perforar el cráneo.

trepar ***vb.*** {tr. e intr.} **1** Subir a un lugar ayudándose de los pies y las manos: *La pirámide era tan inclinada que más que subir sus escaleras había que **treparlas.*** **2** Crecer las plantas agarrándose a los árboles u otros objetos: *La hiedra es una planta que **trepa** por las paredes.*

trepidar ***vb.*** {intr.} Temblar o sacudirse algo con fuerza: *La tierra **trepidó** y, casi de inmediato, el volcán comenzó a vomitar chorros de lava.*

tres ***adj./m.*** **1** Número que resulta de sumar dos y uno: *Andrés pidió un helado de **tres** sabores: chocolate, vainilla y manzana.* **2** Tercero: *Basualdo es el niño **tres** de la lista; antes de él aparecen Aburto y Álvarez.*

trescientos, tas ***adj./m.*** Número que va entre el doscientos noventa y nueve y el trescientos uno.

tresillo ***m.*** **1** Conjunto de un sofá y dos butacas. **2** En música, grupo de tres notas de igual valor que se ejecutan en el tiempo correspondiente a dos de ellas.

treta ***f.*** Engaño, trampa: *Con una **treta,** Ana logró engañar a su jefe para que la dejara salir temprano del trabajo.*

tríada ***f.*** **1** Conjunto de tres unidades: *Por fin conseguí el libro que me faltaba para completar la **tríada** de esas novelas de aventuras.* **2** Grupo de tres divinidades de un mismo culto: *Brahma, Siva y Visnú son la **tríada** principal del hinduismo.*

triangulación ***f.*** Acción de triangular: *Para que los datos sean más exactos, los arqueólogos harán la **triangulación** del sitio del hallazgo.*

triangular ***adj.*** **1** Con forma de triángulo. **2** Con base en forma de triángulo: *En clase de geometría armamos un prisma **triangular,** sus bases son triángulos y sus lados, rectángulos.*

triangular ***vb.*** {tr.} División de una región o superficie en una red de triángulos, a fin de medir una línea geodésica o elaborar un mapa.

triángulo ***m.*** **1** Polígono de tres lados: *Las paredes de las pirámides tienen forma de **triángulo.*** **2** Instrumento musical de percusión que consiste en tres lados hechos con varas metálicas: *El **triángulo** suena como una campana de metal.*

triásico, ca ***adj./m.*** Primer periodo de la era mesozoica, en el que evolucionaron los reptiles que después originaron a los dinosaurios y a los reptiles voladores, además de los antepasados de mamíferos.
triatlón ***m.*** Prueba deportiva que combina natación, ciclismo y una carrera atlética.
tribal ***adj.*** Relativo a las tribus: *En la televisión vi una ceremonia **tribal** de un pueblo africano, en la que los guerreros bailaban y pedían favores a sus dioses.*
tribalismo ***m.*** Organización social de tipo tribal: *El **tribalismo** se basa en los vínculos que los seres humanos tienen con los valores del grupo al que pertenecen.*
tribu ***f.*** Agrupación política, social y económica propia de los pueblos primitivos, dirigida por un jefe: *A la llegada de los europeos, los indios de Norteamérica estaban organizados en **tribus**.*
tribulación ***f.*** **1** Disgusto, pena: *Después de caerse delante del público, a la bailarina se le notaba la **tribulación** en la cara.* **2** Dificultad: *La infancia de esa cantante estuvo llena de **tribulaciones**, pero finalmente se volvió famosa.*
tribuna ***f.*** **1** Plataforma elevada desde donde se habla al público: *El diputado subió a la **tribuna** para dirigir un discurso a los funcionarios de gobierno.* **2** En los campos deportivos, lugar mejor localizado para ver todos los movimientos de los deportistas.
tribunal ***m.*** **1** Órgano del gobierno formado por uno o varios magistrados que juzgan de manera conjunta. **2** Conjunto de magistrados que componen el órgano del gobierno llamado tribunal. **3** Conjunto de personas reunidas para juzgar en un concurso, examen u oposición: *El **tribunal** le dio el primer lugar a la niña que recitó un poema de Pablo Neruda.*
tributar ***vb.*** {tr.} **1** Pagar un impuesto o tributo. **2** Dar muestras de admiración o gratitud: *El día que se jubiló, todos los profesores de la escuela **tributaron** un homenaje al anciano maestro.*
tributario, ria ***adj.*** Relacionado con los impuestos: *El sistema **tributario** del país debe ser revisado para evitar abusos y desvíos de dinero.*
tributo ***m.*** **1** Impuesto u otra obligación fiscal: *En la época prehispánica los mexicas del centro de México imponían **tributos** a los pueblos vecinos, quienes debían darles cacao y otras mercancías.* **2** Carga que se impone a alguien por el disfrute de algo.
tricentenario, ria ***adj./m.*** y ***f.*** **1** Que ha durado trescientos años: *Ese gran árbol del parque es **tricentenario**, lo sembraron hace tres siglos.* **2** Aniversario número trescientos de algún suceso.
tricentésimo, ma ***adj./m.*** y ***f.*** **1** Número ordinal correspondiente al número trescientos. **2** Cada una de trescientas partes iguales en que se divide un todo.
tríceps ***m.*** Se dice de los músculos con tres tendones.
triciclo ***m.*** Vehículo de tres ruedas: *Los niños pequeños andan en **triciclos** y los mayores aprenden a usar bicicletas.*
tricocéfalo ***m.*** Gusano nematodo que vive como parásito en el intestino de los seres humanos y algunos animales: *Un **tricocéfalo** mide entre 3 y 5 centímetros.*
tricolor ***adj.*** Que tiene tres colores: *La mayor parte de las banderas del mundo son **tricolores**.*
tricornio ***m.*** Sombrero de tres puntas, usado en ocasiones por la Guardia Civil Española.
tricota ***f. Argent., Chile*** y ***Urug.*** Prenda tejida que sirve para cubrir la parte superior del cuerpo. Sin. **chompa, jersey, suéter, pulóver.**
tricotar ***vb.*** {tr. e intr.} **Palabra de origen francés.** Hacer prendas de vestir de punto, tejidas: *Cada vez menos niñas aprenden a **tricotar**, ahora la ropa tejida se compra ya hecha.*
tridente ***m.*** Arma que consiste en un asta rematada por tres puntas: *El **tridente** es el atributo principal del dios Neptuno, divinidad de los océanos entre los romanos.*
tridimensional ***adj.*** Que tiene tres dimensiones: *Los cuadros son bidimensionales y las esculturas son **tridimensionales** porque tienen altura, anchura y profundidad.*
triedro ***adj.*** Relativo al ángulo formado por tres planos que concurren en un punto.
trienal ***adj.*** Que ocurre cada tres años o dura tres años: *El cambio de dirigentes en el sindicato al que pertenece Fabián es **trienal**.*
trienio ***m.*** **1** Periodo de tres años: *El profesor Martínez será presidente de la mesa directiva por un **trienio**, del año 2000 al 2003.* **2** Incremento económico de un sueldo, correspondiente a cada tres años de servicio activo.
trifulca ***f. Fam.*** Pelea, riña: *A la puerta del concierto de rock se armó una **trifulca** entre los guardias y un grupo de personas que querían entrar sin pagar.*
trigal ***m.*** Terreno en el que se ha sembrado trigo: *El color dorado del **trigal** indicaba que el grano ya estaba maduro.*
trigésimo, ma ***adj./m.*** y ***f.*** Adjetivo ordinal que corresponde en orden al número treinta: *Para un adolescente, alguien que llega a su **trigésimo** aniversario es un adulto grande.*
trigo ***m.*** **1** Planta que proporciona un grano del que se obtiene harina: *El **trigo** ha sido fundamental para la alimentación de muchas culturas, pues con su fruto se hace el pan.* **2** Grano de la planta llamada trigo.
trigonometría ***f.*** Estudio de las relaciones que se establecen entre los lados y los ángulos de un rectángulo.
trigueño, ña ***adj./m.*** y ***f.*** Que tiene el cabello de color dorado oscuro: *Ofelia es **trigueña**, pero se tiñó el cabello de rojo para estar a la moda.*
trilingüe ***adj.*** **1** Que está escrito en tres lenguas: *Editaron una guía **trilingüe** del museo, está en inglés, francés y español.* **2** Que habla tres idiomas.
trilita ***f.*** Dinamita, trinitrotolueno (TNT): *La **trilita** es una sustancia explosiva.*
trilla ***f.*** Acción de trillar y época en que se trilla: *Los peones comenzaron a trabajar temprano para terminar la **trilla** y poder empacar el grano.*
trillado, da ***adj.*** Muy conocido o sabido: *Ese cómico debería renovar sus bromas pues siempre cuenta chistes **trillados** que ya todos conocemos.*
trilladora ***f.*** Máquina para desprender y separar la paja del grano.
trillar ***vb.*** {tr.} Triturar la mies y separar el grano de la paja: *Después de cosechar el trigo hay que **trillarlo**.*
trillizo, za ***adj./m.*** y ***f.*** Cada uno de los tres hermanos nacidos en un mismo parto: *El primero de los **trillizos** es el más fuerte, los otros dos son más pequeños y débiles.*
trillo ***m.*** **1** Instrumento para trillar. **2** ***Amér. C.*** y ***Antill.*** Senda que por lo general se forma a causa del continuo tránsito de peatones. Sin. **sendero, vereda.**
trilobites ***m.*** Cierta clase de artrópodos marinos fósiles de la era primaria, con cuerpo dividido en tres partes.
trilogía ***f.*** Conjunto de tres obras de un autor, que forman una unidad: *El músico escribió una **trilogía** de canciones que se llaman* Fe, Esperanza *y* Caridad.
trimestral ***adj.*** Que ocurre cada tres meses o dura tres meses: *"El curso de alfarería es **trimestral**; si no me inscribo ahora, tendré que esperar otros tres meses para tomarlo", comentó Ernestino.*

a b c d e f g h i j k l m n o p q r s t u v w x y z

trimestre *m.* Periodo de tres meses: *Esa revista sale cada **trimestre,** así que publican cuatro números al año.*

trimotor *m.* Avión con tres motores: *El **trimotor** clásico tiene una hélice en la nariz y una en cada ala.*

trinar *vb.* {intr.} **1** Cantar las aves: *Como Ruth vive frente a un parque, por las mañanas escucha **trinar** muchos pájaros.* **2** *Fam.* Estar muy enfadado: *Cuando se enteró de que su hija había reprobado el curso, don José **trinaba** de coraje.*

trinca *f.* **1** Conjunto de tres cosas de una misma clase. **2** Cabo de cuerda que sujeta una cosa.

trinchador *m.* Mueble del comedor donde se puede partir la comida antes de servirla. SIN. **trinche.**

trinchar *vb.* {tr.} Partir en trozos la comida antes de servirla: *Beatriz **trinchó** la carne en la cocina y luego la llevó al comedor para servirla en cada plato.*

trinche *m.* **1** *Chile* y *Ecuad.* Mueble en el que se trincha. SIN. **trinchador. 2** *Colomb., Ecuad.* y *Méx.* Tenedor.

trinchera *f.* **1** Zanja defensiva que permite disparar resguardándose del enemigo: *La Primera Guerra Mundial fue una guerra de **trincheras.*** **2** Gabardina, impermeable: *Ese famoso actor usó en muchos filmes policiacos una **trinchera** color beige con el cuello levantado.*

trineo *m.* Vehículo que se desliza sobre la nieve y el hielo: *A muchos niños les gusta bajar las colinas nevadas sobre un **trineo.***

trinidad *f.* Se escribe con "T" mayúscula y en el cristianismo designa la imagen de Dios en tres personas distintas con una sola e indivisible naturaleza: *La **Trinidad** está formada por el Padre, el Hijo y el Espíritu Santo.*

trinitaria *f. Colomb., P. Rico* y *Venez.* Planta trepadora de flores moradas o rojas.

trinitrotolueno *m.* Compuesto que constituye un potente explosivo (TNT). SIN. **trilita.**

trino *m.* Gorjeo o canto de los pájaros: *Vivo cerca de un parque y todas las mañanas escucho los **trinos** de los pájaros que viven en los árboles.*

trinomio *adj./m.* En matemáticas, polinomio compuesto por tres términos.

trinquete *m.* **1** *Méx.* Maniobra sucia que se hace para obtener algo: *El contador de la empresa hizo un **trinquete** con el dinero de los impuestos, pero lo descubrieron y ya está en la cárcel.* SIN. **fraude. 2** En navegación, palo de proa. **3** Palo mayor de una embarcación y vela que se sujeta a él: *La vela que se sujeta al **trinquete** se llama trinquetera.*

trío *m.* **1** Grupo de tres personas o cosas: *Julio, Jaime y Juana eran un **trío** de amigos muy cercanos.* **2** En música, conjunto de tres voces o tres instrumentos: *Un **trío** para música de cámara puede componerse de un violín, una flauta y un piano.*

tripa *f.* **1** Intestino: *En algunos países se preparan guisos con **tripas** de res en distintas salsas.* SIN. **chinchulín. 2** Parte abultada de ciertos objetos. **3** *Colomb.* y *Venez.* Tubo circular de caucho o hule que se introduce en los neumáticos y se llena de aire. SIN. **cámara, llanta.**

tripartito, ta *adj.* Dividido en tres partes, órdenes o clases: *Después de su independencia ese país estuvo gobernado por una junta **tripartita** formada por un militar, un sacerdote y un civil.*

triple *adj.* Que contiene un número tres veces exactamente: *Samuel ganó la lotería tres veces, por eso es un **triple** ganador.*

triplicar *vb. irreg.* {tr. y prnl.} **Modelo 17.** Multiplicar por tres o hacer algo tres veces mayor: *Con la levadura que le pusimos, la masa para pan **triplicó** su tamaño en una hora.*

trípode *m.* Armazón de tres pies, para sostener ciertos instrumentos.

tríptico *m.* **1** Pintura o grabado que se compone de tres más pequeños: *Algunos **trípticos** están pintados en tres hojas de madera unidas y por lo general el cuadro del centro es más grande que los otros dos.* **2** Tratado o libro que consta de tres partes.

triptongo *m.* Grupo de tres vocales que forman una sola sílaba.

tripulación *f.* Grupo de personas al servicio de un barco o una aeronave: *La **tripulación** de los aviones está compuesta por los pilotos y los sobrecargos.*

tripulante *m.* y *f.* Persona que forma parte de una tripulación: *Los **tripulantes** del buque pasaron revista temprano y luego se dedicaron a sus faenas.*

tripular *vb.* {tr.} **1** Conducir o prestar servicio en una embarcación o aeronave: *El hombre que **tripula** un avión tiene una gran responsabilidad.* **2** Dotar de tripulación.

tripulina *f. Chile.* Confusión, barullo.

triquina *f.* Gusano parásito del intestino de ciertos mamíferos, como el hombre y el cerdo.

triquinosis *f.* Enfermedad producida por la infestación de triquina: *La **triquinosis** se contrae por comer carne de cerdo mal cocida y contaminada.*

triquinoso, sa *adj.* Que padece triquinosis o que está infestado por triquinas: *"Esa carne está **triquinosa,** mira la gran cantidad de bolitas blancas que tiene; no la compres", advirtió Isabel a María.*

triquiñuela *f. Fam.* Treta, engaño: *Mediante una **triquiñuela,** el vago logró que el pobre anciano le entregara su dinero. ¡Eso fue un robo!* SIN. **artimaña, ardid.**

tris *m.* **1** Leve sonido que hace una cosa delicada al quebrarse: *El **tris** de la rama al romperse alertó al cuervo, que salió volando antes de que cayera.* **2** *loc. Fam.* **En un ~,** en una porción muy pequeña de tiempo o lugar: *Después de telefonearme, mi novio llegó **en un tris** porque estaba muy cerca de mi casa.*

trisílabo, ba *adj./m.* Palabra que tiene tres sílabas: *Las palabras* mercado *y* zapato *son **trisílabas.***

triste *adj.* **1** Se dice de la persona que está afligida, con pena: *Estaba muy **triste** porque su novia lo había dejado por otro muchacho.* **2** Que ocasiona aflicción o pena: *Recibió la **triste** noticia de la muerte de un amigo cercano.* **3** Insignificante, insuficiente: *La medalla que le dieron fue un **triste** consuelo por no haber ganado el primer premio.*

triste *m. Amér.* Composición popular de tema amoroso que se canta al son de la guitarra.

tristeza *f.* Aflicción, lo opuesto a la felicidad: *Cuando se mudó de escuela sintió una gran **tristeza** por dejar a sus amigos.*

tritón *m.* **1** Animal anfibio parecido a la salamandra, que mide entre 10 y 20 cm y tiene la cola aplastada de forma lateral como si fuera un listón: *Los **tritones** viven en charcas y estanques.* **2** Ser de la mitología griega, con cuerpo de hombre barbado y cola de pez: *Los **tritones** son el complemento masculino de las sirenas.*

trituración *f.* Operación de reducir un material a trozos pequeños: *Vimos un documental acerca del reciclaje del plástico, primero viene la **trituración** de los objetos de este material y luego lo reciclan.*

triturador, ra *adj./m.* y *f.* **1** Que reduce una materia sólida a trozos pequeños: *Las piezas **trituradoras** de nuestra boca son las muelas.* **2** Máquina que sirve para despedazar: *En el fregadero de trastos hay una máquina **trituradora** para la basura de la comida.*

triturar ***vb.*** {tr.} Reducir una materia sólida a trozos pequeños: *En el procesador de alimentos **trituramos** cubos de hielo para preparar bebidas refrescantes.*
triunfador, ra ***adj./m.*** y ***f.*** Persona que triunfa, que gana: *Renato es un **triunfador** que siempre ha logrado lo que se propone.*
triunfal ***adj.*** Relativo al triunfo: *Cuando regresaban victoriosos de la guerra, los generales de la antigua Roma entraban a su ciudad en un desfile **triunfal.***
triunfalismo ***m.*** Actitud de quien muestra excesiva confianza en sus ideas y acciones: *El **triunfalismo** de ese candidato, en lugar de conquistar a los electores, los hizo dudar de sus palabras.*
triunfalista ***adj.*** Que manifiesta triunfalismo: *El discurso de ese candidato me pareció **triunfalista,** nadie puede lograr que la sociedad cambie en unos cuantos meses.*
triunfante ***adj.*** Que logra la victoria, que triunfa: *El deportista **triunfante** en esa competencia se inclinó humildemente para que le colocaran su medalla de oro.*
triunfar ***vb.*** {intr.} Quedar victorioso, tener éxito: *En la Segunda Guerra Mundial los países aliados **triunfaron** venciendo a los países del Eje.*
triunfo ***m.*** **1** Acción y efecto de triunfar: *Después del partido, los ganadores se fueron a festejar su **triunfo** a un restaurante.* **2** Éxito en cualquier asunto: *Conseguir el contrato para explotar la mina fue el mayor **triunfo** de nuestra compañía.*
triunvirato ***m.*** Gobierno formado por tres personas.
trivial ***adj.*** Que carece de toda importancia o interés: *Rocío es una persona que sólo se ocupa de cosas **triviales** como la moda y la dieta.*
trivialidad ***f.*** Condición de lo que tiene poca importancia o interés: *Amadeo y sus amigos pasaron la tarde bebiendo café y hablando de **trivialidades,** pero todos estaban contentos de poder convivir.*
trivializar ***vb. irreg.*** {tr. y prnl.} **Modelo 16.** Restar importancia o interés: *Javier **trivializa** su problema diciendo que no es grave, pero todos sabemos que tiene muchas deudas y no puede pagarlas.*
triza ***f.*** **1** Trozo pequeño de algo. **2** *loc.* **Hacer trizas,** despedazar: *Se me cayó un vaso y se **hizo trizas,** ahora voy a recoger con cuidado los trocitos de vidrio.*
trocar ***vb. irreg.*** {tr. y prnl.} **Modelo 19. 1** Cambiar una cosa por otra. **2** Variar una cosa en otra distinta: *Cuando vio al cachorro que le regaló su madre, la niña **trocó** el llanto en alegre sonrisa.*
trocear ***vb.*** {tr.} Dividir algo en trozos.
trocha ***f.*** **1** Camino abierto en la maleza. **2** Senda por donde se acorta el camino. Sin. **atajo. 3** ***Argent.*** y ***Chile.*** Ancho de la vía ferroviaria.
trofeo ***m.*** **1** Objeto que se tiene como recuerdo de un éxito o una victoria: *Algunas tribus de indios pieles rojas guardaban las cabelleras de sus víctimas como **trofeos** de guerra.* **2** Premio que se entrega en una competencia: *Como fue un excelente atleta, tiene una pared de su casa cubierta con los **trofeos** que ganó.*
troglodita ***adj./m.*** y ***f.*** **1** Que habita en cavernas: *Los **trogloditas** se vestían y alimentaban con los animales que cazaban.* **2** ***Fam.*** Que es brusco, salvaje y grosero: *¡Pareces **troglodita** comiendo la ensalada con las manos!* Sin. **cavernícola.**
troje ***f.*** Granero de tabique para almacenar cereales o frutos: *Después de guardar en costales el maíz, los peones de la granja lo guardaron en la **troje.***
trola ***f. Fam. Esp.*** Mentira, engaño.
trolebús ***m.*** Autobús que se mueve mediante un mecanismo eléctrico: *Los **trolebuses** ayudan a mejorar la calidad del ambiente porque no contaminan.*
tromba ***f.*** Lluvia abundante y repentina: *La **tromba** que cayó anoche ocasionó inundaciones en varias calles de la ciudad.*
trombo ***m.*** Coágulo sanguíneo que se forma en una vena o vaso del cuerpo.
trombocito ***m.*** Elemento de la sangre que participa en la coagulación. Sin. **plaqueta.**
trombón ***m.*** Instrumento musical de viento, de la familia de los metales, semejante a una trompeta pero con una parte que se mueve o corre.
trombosis ***f.*** Formación de un trombo o coágulo en el interior de un vaso sanguíneo: *Hospitalizaron a mi abuelita porque sufrió una **trombosis** en la pierna.*
trompa ***f.*** **1** Instrumento musical de viento compuesto de un tubo cónico enrollado sobre sí mismo. Sin. **corno francés. 2** Juguete de madera de forma cónica al que se le enrolla una cuerda para lanzarlo. Sin. **trompo, peonza. 3** Prolongación de la nariz de algunos animales: *Los elefantes tienen una larga **trompa** que les sirve para tomar objetos.* **4** Aparato chupador de algunos insectos: *Las mariposas tienen una **trompa** a través de la cual toman el néctar de las flores.* **5** *loc.* **~ de Eustaquio,** conducto que comunica la faringe con el oído medio: *Una fuerte infección en la **trompa de Eustaquio** lo dejó casi sordo.* **6** *loc.* **~ de Falopio**, cada uno de los conductos que permite el paso del óvulo desde el ovario al útero: *Cuando se cortan las **trompas de Falopio** de una mujer ya no puede tener hijos.*
trompada ***f.*** Puñetazo, golpe fuerte. Sin. **trompazo.**
trompazo ***m.*** Golpe fuerte y violento: *El boxeador derribó a su oponente con un **trompazo** en la quijada.* Sin. **trompada.**
trompear ***vb.*** {tr. y prnl.} Dar trompazos o puñetazos: *Miguel Ángel y Jorge **se trompeaban** cuando eran chicos porque los dos querían ser el jefe de la banda de amigos.*
trompeta ***f.*** Instrumento musical de viento formado por un tubo de metal, que va ensanchándose desde la boquilla: *Louis Armstrong fue un excelente intérprete de la **trompeta** en el jazz.*
trompetilla ***f.*** **1** Instrumento en forma de trompeta empleado por los sordos para oír mejor. **2** ***Méx.*** Gesto de burla que consiste en hacer ruido al sacar con fuerza el aire de la boca colocando la lengua entre los labios: *Cuando la niña pedante dijo que ella vivía para aprender y no para jugar, sus compañeros le lanzaron **trompetillas.***
trompetista ***m.*** y ***f.*** Músico o intérprete que toca la trompeta: *La **trompetista** tocó tan bien que el público le aplaudió durante cinco minutos.*
trompicar ***vb. irreg.*** {intr.} **Modelo 17.** Tropezar una y otra vez: *La primera vez que usó zapatos de tacón alto, Elena **trompicaba** y caminaba muy raro.*
trompicón ***m.*** Tropezón: *Por voltear a ver a unas muchachas, el joven no vio el borde de la acera, dio un **trompicón** y cayó en cuatro patas.*
trompo ***m.*** Juguete de madera de forma cónica al que se le enrolla una cuerda para lanzarlo y gira sobre una extremidad en punta. Sin. **peonza, trompa.**
trompudo, da ***adj.*** **1** ***Amér.*** Se dice de la persona de labios prominentes. **2** ***Méx. Fam.*** De mal humor, enojado: *Óscar anda **trompudo** porque no le dieron permiso de ir al cine.*
tronar ***vb. irreg.*** {impers. e intr.} **Modelo 5. 1** Producirse o sonar truenos: *Parece que hay una tormenta eléctrica*

porque se ven los relámpagos y se escuchan ***tronar*** *las nubes.* **2** ***Méx. Fam.*** No aprobar un curso un estudiante: *Valentina* ***tronó*** *física, ahora tendrá que repetir el curso.* **3** ***Méx. Fam.*** Romper relaciones una pareja: *–¿Y tu novio, no vendrá a la fiesta? –No, ya* ***tronamos.***

tronchar ***vb.*** {tr. y prnl.} **1** Partir el tronco, tallo o ramas de una planta: *El perro pasó corriendo y* ***tronchó*** *los tallos de las flores en el jardín.* **2** ***Fam.*** Reírse mucho sin poder contenerse.

troncho ***m.*** Tallo de las hortalizas.

tronco ***m.*** **1** Tallo principal de los árboles o plantas: *Se tronchó el* ***tronco*** *del árbol debido al fuerte viento.* **2** Parte central del cuerpo, sin la cabeza ni las extremidades.

tronera ***f.*** **1** Ventana pequeña y angosta. **2** Cada uno de los agujeros de la mesa de billar: *En el juego de billar la bola blanca no debe caer nunca en una* ***tronera.***

trono ***m.*** Asiento para ser usado por un rey o reina: *El rey se sienta en el* ***trono*** *durante las ceremonias reales.*

tropa ***f.*** **1** Conjunto de soldados, cabos y sargentos: *La* ***tropa*** *sale a hacer ejercicio todos los días, temprano por la mañana.* **2** Multitud, grupo grande de personas. **3** ***Amér. Merid.*** Ganado. **4** ***pl.*** Conjunto de cuerpos que componen un ejército, división, etc.

tropel ***m.*** **1** Muchedumbre que se mueve con desorden y gran ruido: *El último día de clases los niños salieron de la escuela en* ***tropel.*** **2** Conjunto revuelto y desordenado de cosas: *Abrió los cajones de su ropa y salió un* ***tropel*** *de todo tipo de objetos.*

tropelía ***f.*** Atropello, acto violento o ilegal: *Esos hombres tomaron alcohol de más y empezaron a hacer* ***tropelías;*** *aventaron los vasos, rompieron mesas y golpearon a otros clientes, por eso los detuvo la policía.*

tropero ***m. Argent.*** y ***Urug.*** Encargado de guiar ganado: *Los* ***troperos*** *se coordinaron muy bien y las vacas atravesaron el río rápidamente y sin percances.*

tropezar ***vb. irreg.*** {intr. y prnl.} **Modelo 4. 1** Topar con algún obstáculo al caminar: *Los bebés* ***se tropiezan*** *con frecuencia porque no tienen seguridad en sus movimientos.* **2** ***Fam.*** Encontrar de manera casual una persona a otra: *Nunca pensé que* ***me tropezaría*** *con mi maestra en el teatro.*

tropezón ***m.*** **1** Acción y efecto de tropezar: *Elisa sufrió una rasgadura en el músculo como consecuencia de un* ***tropezón*** *en la calle.* Sin. **tropiezo. 2** ***Fam.*** Trozo pequeño de carne que se mezcla con la sopa o las legumbres.

tropical ***adj.*** Relativo al trópico: *"El lugar donde vas de vacaciones es una ciudad de clima* ***tropical,*** *así que debes llevar ropa ligera", aconsejó mi madre.*

trópico ***m.*** **1** Cada uno de los dos círculos menores en los que se considera dividida la Tierra, que son paralelos al ecuador: *Los* ***trópicos*** *son el de Cáncer y el de Capricornio.* **2** Región situada entre los dos círculos menores llamados trópicos.

tropiezo ***m.*** **1** Acción y efecto de tropezar: *Iba leyendo mientras caminaba, no vio el escalón, sufrió un* ***tropiezo*** *y se cayó.* Sin. **tropezón. 2** Contratiempo: *Si no hay ningún* ***tropiezo,*** *el festival se llevará a cabo el día 10, como está planeado.*

tropilla ***f. Argent., Chile*** y ***Urug.*** Conjunto de caballos de un mismo dueño.

tropismo ***m.*** Orientación del crecimiento de plantas y microorganismos en respuesta a determinados estímulos externos: *Uno de los* ***tropismos*** *se llama fototropismo y consiste en que las plantas se mueven siguiendo la luz.*

tropo ***m.*** Figura retórica que consiste en emplear las palabras en sentido distinto al habitual, como la metáfora: *"Te lo he dicho un millón de veces" es un* ***tropo*** *que se llama hipérbole o exageración, porque en realidad han sido muchas, pero no un millón.*

troposfera ***f.*** Primera capa de la atmósfera, en contacto con la superficie de la Tierra.

troquel ***m.*** Molde para acuñar monedas, medallas, etc.: *El diseñador hizo un* ***troquel*** *a partir del cual se reproducirán muchas joyas iguales.*

troquelar ***vb.*** {tr.} Modelar algo con el troquel: *En el taller del platero* ***troquelaron*** *cien medallas de planta con el escudo de una escuela que las dará de premio a los estudiantes más aplicados.*

trotamundos ***m.*** y ***f. Fam.*** Persona aficionada a viajar: *Durante su juventud Daniel fue un* ***trotamundos,*** *ahora me gusta mucho escucharlo cuando habla de sus aventuras por África, Oriente, Europa, etc.*

trotar ***vb.*** {intr.} Andar al trote un animal cuadrúpedo: *Orión, el perro de Miriam, siempre* ***trota*** *tras ella por las mañanas que sale a correr para ejercitarse.*

trote ***m.*** **1** Modo de andar calmado con ligeros saltos, característico de los caballos y otros cuadrúpedos: *Cuando Elsa monta a caballo prefiere andar al* ***trote*** *que al galope porque le da miedo correr.* **2** ***Fam.*** Ocupación muy intensa.

troupe ***f.*** **Palabra de origen francés.** Grupo de artistas ambulantes de circo o de teatro: *Esta temporada, viene con el circo una* ***troupe*** *de saltadores cubanos que asombran con su destreza.*

trova ***f.*** **1** Verso o poesía. **2** Canción amorosa compuesta o cantada por los trovadores.

trovador ***m.*** Poeta medieval de la región francesa de Provenza: *Aunque se parecen a primera vista, la diferencia entre* ***trovadores*** *y juglares es que los primeros eran más cultos y componían poesía, y los juglares sólo la interpretaban y cantaban.*

trovar ***vb.*** {intr.} Componer versos o trovas e interpretarlos.

troyano, na ***adj./m.*** y ***f.*** Originario de Troya, antigua ciudad de Asia Menor.

trozo ***m.*** Parte o porción de una cosa separada del todo: *Guardaré un* ***trozo*** *de carne para dárselo a mi perro porque ya tiene hambre.*

trucar ***vb. irreg.*** {tr.} **Modelo 17. 1** Arreglar las cartas para hacer trampas en los juegos de naipes, o hacer trucos en el juego de billar: *Melesio* ***trucaba*** *los dados para que siempre salieran los números que él quería, era un tramposo.* **2** Alterar o falsificar una cosa, como documentos: *En el filme de espías había un hábil delincuente que se dedicaba a* ***trucar*** *pasaportes.*

trucha ***f.*** **1** Pez de agua dulce, con dos aletas dorsales, de carne muy apreciada: *En ese restaurante tienen un recipiente grande de agua donde hay* ***truchas*** *vivas que uno puede escoger para comérselas.* **2** ***loc. Méx. Fam.*** **Ponerse ~,** mantenerse alerta, ser astuto: *"Pagas con este billete, pero* ***ponte trucha*** *con el cambio para que no te den menos", advirtió mi padre.*

trucha ***f. Amér. C.*** Pequeña tienda, por lo general portátil, de mercería.

truco ***m.*** **1** Engaño o trampa para lograr un fin: *Germán utilizó el viejo* ***truco*** *del dolor de estómago para faltar a la escuela.* **2** Procedimiento para producir un efecto que no es real, pero que se ve como verdadero: *Vimos un mago que hacía* ***trucos*** *espectaculares, como aparecer de repente un elefante.* **3** ***Argent.*** y ***Urug.*** Juego de naipes.

truculencia ***f.*** Condición de lo truculento: *"La* ***truculencia*** *de la película de terror que vi ayer es exagerada, así que, en lugar de asustar, resulta grotesca", nos comentó Emanuel.*

truculento, ta ***adj.*** Se dice de lo que asusta porque es horrible, espantoso, cruel: *En la novela que estoy leyendo aparece un* ***truculento*** *personaje que hace daño a su familia.*

trueno ***m.*** **1** Ruido fuerte que se oye segundos después de que aparece un rayo en el cielo: *Primero se ve el resplandor, así que ya sabes que debes taparte los oídos si no quieres escuchar el* ***trueno.*** **2** Explosión: *Un súbito* ***trueno*** *del depósito de gas fue el inicio del incendio en la bodega.*

trueque ***m.*** Acción y efecto de cambiar unas cosas por otras: *Antes de que se inventara el dinero las personas hacían* ***trueques****, por ejemplo, una lanza por un trozo de carne.* SIN. **cambio.**

trufa ***f.*** **1** Hongo comestible muy apreciado, de color negruzco y forma redonda, que crece bajo tierra. **2** Golosina de chocolate con forma parecida al hongo llamado trufa.

truhán, hana ***m.*** y ***f.*** Granuja, delincuente que comete robos y estafas: *Ese barrio es muy peligroso pues está lleno de* ***truhanes*** *que pueden asaltarte.*

trumao ***m. Chile.*** Tierra arenisca muy fina procedente de rocas volcánicas.

truncado, da ***adj.*** Poliedro al que se le sustituye una arista por una cara plana: *A las pirámides* ***truncadas*** *les falta la punta.*

truncar ***vb. irreg.*** {tr.} **Modelo 17.** Cortar una parte de una cosa o dejarla incompleta: *Mi amiga* ***truncó*** *sus estudios por la muerte de su padre pues tuvo que ponerse a trabajar.*

trunco, ca ***adj.*** Que le falta una parte o está incompleto: *¿Cómo voy a saber lo que quiso decirme si esta carta llegó* ***trunca****? ¡Le falta la última página!*

trusa ***f. Méx.*** y ***Perú.*** Prenda interior que usan los hombres debajo de los pantalones: *Ernesto traía puesta una* ***trusa*** *de corazoncitos rojos.* SIN. **calzoncillos.**

tsetse ***f.*** Mosca africana que transmite la enfermedad del sueño.

tsunami ***m.*** **Palabra de origen japonés.** Ola gigantesca producida por un movimiento sísmico: *Un* ***tsunami*** *es un fenómeno muy destructivo, pues la fuerza del agua arrasa con todo, incluso edificios.*

tu ***adj.*** Apócope del adjetivo posesivo *tuyo*, cuando va antepuesto al nombre: *¿Cuál es* ***tu*** *nombre?, el mío es Juana.*

tú ***pron.*** Pronombre personal masculino y femenino que indica la segunda persona del singular y funciona como sujeto: *Jerónimo dice que la maestra no vendrá;* ***¿tú*** *qué crees?*

tuba ***f.*** Instrumento musical de viento, generalmente hecho de cobre.

tubérculo ***m.*** **1** Porción engrosada de un tallo subterráneo, como la papa: *La zanahoria es un* ***tubérculo.*** **2** Pequeño tumor que se forma en el interior de los tejidos provocado por alguna enfermedad.

tuberculosis ***f.*** Enfermedad infecciosa caracterizada por la formación de tubérculos o tumorcitos, por lo general en los pulmones: *La* ***tuberculosis*** *es producida por el bacilo de Koch.*

tuberculoso, sa ***adj./m.*** y ***f.*** Se dice de quien padece tuberculosis: *Supimos que el héroe del filme era* ***tuberculoso*** *porque le daban accesos de tos y llenaba de sangre su pañuelo.*

tubería ***f.*** **1** Conducto formado por tubos o cañerías: *Se rompió la* ***tubería*** *del baño y salía tanta agua que parecía fuente.* **2** Conjunto de tubos: *La* ***tubería*** *del gas está picada, por eso hay una fuga, hay que repararla de inmediato.*

tubo ***m.*** **1** Pieza cilíndrica, hueca y alargada: *Hizo un* ***tubo*** *con el cartón y se dedicó a mirar a través de él como si fuera un telescopio.* **2** Recipiente alargado de forma cilíndrica: *En el baño encontrarás un* ***tubo*** *con la crema que necesitas.*

tubular ***adj.*** En forma de tubo: *Los macarrones y los canelones son pastas alimenticias de forma* ***tubular.***

tucán ***m.*** Ave trepadora originaria de América, con plumaje colorido y pico muy grande: *Los* ***tucanes*** *pertenecen a una especie que está protegida por estar en peligro de extinción.*

tuco ***m.*** **1** ***Amér. C., Ecuad.*** y ***P. Rico.*** Parte que queda después de que se ha cortado un brazo o una pierna. SIN. **muñón.** **2** ***Argent., Chile*** y ***Urug.*** Salsa de tomate cocida con cebolla, orégano, perejil, ají o chile y otros ingredientes. **3** ***Perú.*** Especie de búho.

tuco, ca ***adj. Bol., Ecuad.*** y ***P. Rico.*** Falto de un brazo. SIN. **manco.**

tucumá ***m.*** Palmera de la que se obtiene una fibra textil, de su fruto se extrae aceite: *Los* ***tucumás*** *crecen en la cuenca de los ríos Orinoco y Amazonas.*

tucutuco ***m. Amér. Merid.*** Mamífero roedor de unos 20 cm de largo, similar al topo, que vive en túneles subterráneos: *Los* ***tucutucos*** *viven en América del Sur, desde Brasil hasta Cabo de Hornos.*

tuerca ***f.*** Pieza metálica con un orificio en el centro con un surco en espiral en el que se ajusta la rosca de un tornillo: *Fijó el mueble con* ***tuercas*** *y tornillos porque dijo que así quedaría más firme.*

tuerto, ta ***adj./m.*** y ***f.*** Que le falta un ojo: *A los piratas suelen pintarlos como* ***tuertos*** *y con un parche en un ojo.*

tueste ***m.*** Acción y efecto de tostar: *El* ***tueste*** *de los panes para la cena llenó la casa de un apetitoso aroma.*

tuétano ***m.*** Médula que está dentro de los huesos.

tufo ***m.*** Olor desagradable: *La basura que se ha acumulado durante varios días desprende un* ***tufo*** *ácido y fuerte.*

tugurio ***m.*** Vivienda o habitación pequeña y miserable: *Algunos pintores que después de su muerte fueron famosos vivieron en* ***tugurios*** *porque no tenían dinero para pagar otra cosa.*

tul ***m.*** Tejido o tela formado por una malla: *El vestido de la bailarina de ballet está hecho con varias capas de* ***tul*** *blanco.*

tule ***m. Méx.*** Planta de tallos largos y rectos que crece a la orilla de los ríos y lagos.

tulio ***m.*** Metal del grupo de las tierras raras, de símbolo Tm o Tu y número atómico 69.

tulipa ***f.*** Pantalla de algunas lámparas que tiene forma de tulipán: *"Hay que quitar esas* ***tulipas*** *para lavarlas, ya tienen mucho polvo", indicó la señora Pérez a su esposo mientras hacían limpieza en su casa.*

tulipán ***m.*** **1** Planta con bulbos, que tiene flores grandes en forma de copa. **2** Flor de la planta llamada tulipán: *Los* ***tulipanes*** *son típicos de Holanda, al igual que los molinos de viento y los zapatos de madera.*

tullido, da ***adj.*** Que ha perdido el movimiento del cuerpo o de algún miembro: *Un automóvil atropelló a mi perro, por eso quedó* ***tullido*** *de una pata.*

tulpa ***f. Colomb., Ecuad.*** y ***Perú.*** Cada una de las piedras que forman el fogón de las cocinas campesinas.

tumba ***f.*** Hoyo hecho en la tierra para depositar cadáveres. SIN. **sepulcro, sepultura.**

tumbado ***m. Colomb.*** y ***Ecuad.*** Techo interior plano y liso.

tumbado, da ***adj.*** Tirado, echado: *La perra estaba* ***tumbada*** *a la entrada de la casa, vigilando.*

tumbar ***vb.*** {tr. y prnl.} **1** Hacer caer a alguien o algo: *Mi perro es un animal tan fuerte que le brincó encima a un niño y lo* ***tumbó.*** **2** ***Fam.*** Tenderse, recostarse: *Llegó* *tan cansado después de la escuela que* ***se tumbó*** *en un sofá.*

tumbo ***m.*** Vaivén o movimiento violento: *El paquete se cayó por las escaleras dando* ***tumbos.***

tumbona ***f.*** Silla extensible y articulada para estar recostado: *Alrededor de la piscina había unas cómodas* ***tumbonas*** *de colores brillantes.* Sin. **perezosa.**

tumefacción ***f.*** Inflamación de alguna parte del cuerpo: *Los golpes fuertes casi siempre producen* ***tumefacciones*** *y dolor.*

tumefacto, ta ***adj.*** Inflamado: *Después de la pelea, el boxeador tenía el rostro* ***tumefacto*** *por los golpes.*

tumescencia ***f.*** Hinchazón temporal de un órgano, debido a causas fisiológicas: *A Jeremías le dio una alergia y la* ***tumescencia*** *de su labio inferior lo hacía verse muy extraño.*

tumor ***m.*** Aumento del volumen de los tejidos o de un órgano, debido a un aumento anormal de células: *Los médicos analizaron el* ***tumor*** *que le extrajeron a mi papá y afortunadamente no era canceroso.*

túmulo ***m.*** **1** Sepultura en forma de loma pequeña: *Cuando visitan la tumba del tío, le ponen flores sobre el* ***túmulo.*** **2** Armazón sobre el que se coloca el ataúd para celebrar las ceremonias religiosas de un muerto: *Los* ***túmulos*** *tienen ruedas para poder mover los ataúdes sin cargarlos.*

tumulto ***m.*** **1** Alboroto de una multitud. **2** Agitación ruidosa: *En el estadio no podía oír lo que me decía Agustín por el* ***tumulto*** *que provocó entre la gente ese gol.*

tumultuoso, sa ***adj.*** Que presenta gran agitación y alboroto: *El concierto de rock fue* ***tumultuoso,*** *pues el público enloqueció con la música.*

tuna ***f.*** Estudiantina, grupo de estudiantes que cantan y tocan instrumentos musicales.

tuna ***f.*** Fruto de la chumbera o nopal.

tunante, ta ***adj./m.*** y ***f.*** Que engaña, que es ladino y abusivo: *No le abras la puerta a cualquiera, podría ser algún* ***tunante.*** Sin. **granuja, pícaro.**

tunco, ca ***adj. Guat., Hond.*** y ***Méx.*** Persona que ha perdido un brazo o una mano, manco.

tunda ***f. Fam.*** Serie de golpes, paliza.

tundir ***vb.*** {tr.} *Fam.* Golpear, dar azotes: *"¡Si no se calman los voy a* ***tundir!****", gritó la mamá, desesperada por la lata que daban sus hijos.*

tundra ***f.*** Formación vegetal propia de climas fríos, en la que sólo hay unos pocos árboles enanos y el suelo se cubre de musgo y liquen: *En Rusia hay una gran extensión cubierta por* ***tundra.***

tunecino, na ***adj./m.*** y ***f.*** Originario de Túnez, país de África.

túnel ***m.*** Pasaje subterráneo abierto de manera artificial: *Los presos se escaparon por un* ***túnel*** *que habían cavado desde hacía meses.*

tungsteno ***m.*** Tipo de metal pesado, de color gris muy oscuro, denso y difícil de fundir, de símbolo químico Tu y número atómico 74: *El* ***tungsteno*** *se usa para fabricar los filamentos de las bombillas eléctricas.* Sin. **volframio.**

túnica ***f.*** Vestido más o menos holgado y largo: *Se puso una* ***túnica*** *de algodón antes de ir a la playa porque sabía que así no sentiría demasiado calor.*

tuno, na ***adj./m.*** y ***f.*** Estudiante que forma parte de una estudiantina: *Los* ***tunos*** *adornan sus capas con listones de colores.*

tuntún. Al ~, ***loc. Fam.*** Sin reflexión, sin conocimiento del asunto: *Como resolvió el examen* ***al tuntún,*** *la calificación de Pablo es muy baja.*

tupé ***m.*** Mechón de cabello que cae sobre la frente. Sin. **fleco.**

tupido, da ***adj.*** **1** Denso, apretado: *Algunos bosques son tan* ***tupidos*** *que las ramas de los árboles no dejan pasar los rayos del sol.* **2** ***Argent., Chile, Méx.*** y ***Urug.*** Abundante, copioso: *La lluvia era tan* ***tupida*** *que no podíamos cruzar la calle.*

tupí-guaraní ***adj./m.*** y ***f.*** Grupo de pueblos amerindios de América del Sur que abarca Brasil, Paraguay, la cuenca del río Amazonas y la costa atlántica de esa parte del continente americano.

tupí-guaraní ***m.*** Conjunto de lenguas amerindias de América del Sur, habladas por los pueblos del mismo nombre.

tupir ***vb.*** {tr. y prnl.} Hacer o hacerse algo más tupido: *En la época de lluvias* ***se tupe*** *la vegetación en el campo.*

turba ***f.*** Carbón fósil que se forma por la descomposición de residuos vegetales.

turba ***f.*** Grupo de gente sin control: *La* ***turba*** *que quería entrar al estadio por la fuerza logró derribar las puertas.*

turbación ***f.*** Estado de alteración o nerviosismo: *Cuando le preguntaron si tenía novio, la* ***turbación*** *hizo que se le pusieran rojas las mejillas.*

turbador, ra ***adj.*** Que altera, intranquiliza o aturde: *"Desde que estoy leyendo una* ***turbadora*** *novela que habla de sucesos violentos y misteriosos, no puedo dormir bien", comentó Valeria.*

turbante ***m.*** Adorno de tela que se enrolla a la cabeza y se usa sobre todo en algunos países asiáticos: *El genio apareció vestido con* ***turbante,*** *chaleco y pantalones anchos cuando Aladino frotó la lámpara.*

turbar ***vb.*** {tr. y prnl.} **1** Alterar el orden o estado natural de algo: *Los niños estaban jugando hasta que llegó Santiago con un perro a* ***turbar*** *la tranquilidad.* **2** Aturdir a alguien de modo que no acierte a reaccionar: *El piloto* ***se turbó*** *tanto después del accidente que parecía no darse cuenta de lo que había pasado.*

turbera ***f.*** Yacimiento de turba: *Cerca de los pantanos hay una* ***turbera*** *donde hace unos años encontraron restos de mamut.*

turbina ***f.*** Máquina compuesta por una rueda móvil sobre la que se aplica la energía del agua, del vapor, del gas, etc.: *Las* ***turbinas*** *de los jets son muy potentes.*

turbio, bia ***adj.*** **1** Sucio o revuelto: *Hay que limpiar ese depósito porque el agua se ve* ***turbia.*** **2** ***Fam.*** Confuso, no legal: *Ese hombre se ha hecho millonario con negocios algo* ***turbios,*** *parece que vendía productos extranjeros sin pagar los permisos para vender en el país.*

turbulencia ***f.*** Movimiento brusco, agitación del aire o del agua: *Las numerosas y constantes* ***turbulencias*** *mecían al avión como si estuviera en un tobogán.*

turbulento, ta ***adj.*** Alborotado, agitado: *"Las aguas* ***turbulentas*** *de esa parte del río son peligrosas, sólo un experto podría navegarlas", indicó el pescador.*

turco ***m.*** Lengua hablada en Turquía: *El* ***turco*** *se escribe con caracteres similares a los árabes.*

turco, ca ***adj./m.*** y ***f.*** Originario de Turquía, país de Asia.

turgencia ***f.*** Estado de los tejidos u órganos que están hinchados: *Con los cambios de la adolescencia, los senos de las muchachas adquieren* ***turgencia*** *y redondez.*

turgente ***adj.*** Que está hinchado o abultado, refiriéndose a una parte del cuerpo humano.

turismo ***m.*** **1** Práctica de viajar por placer: *Mucha gente jubilada hace* ***turismo*** *por todo el mundo.* **2** Automóvil particular.

turista ***m.*** y ***f.*** Persona que recorre diferentes lugares por placer: *Los* ***turistas*** *son inconfundibles por sus cámaras al* *cuello y sus libros de guía en los que se enteran de los atractivos del lugar que visitan.*

turístico, ca ***adj.*** Perteneciente o relativo al turismo: *En las grandes urbes hay autobuses de dos pisos que realizan recorridos **turísticos.***

turmalina ***f.*** Piedra cristalina de diversos colores que se usa en joyería: *Hay **turmalinas** blancas, negras, verdes, marrones y unas muy raras que se llaman "sandía", la mitad es roja y la mitad verde.*

turnar ***vb.*** {tr., intr. y prnl.} **1** Establecer un orden en combinación con otras personas para la realización de algo: *Durante la enfermedad de la abuelita los nietos **se turnaron** para cuidarla.* **2** ***Méx.*** Pasar un expediente o asunto de un funcionario a otro: *El empleado **turnó** la solicitud al departamento de ventas, porque él trabajaba en el de mercadotecnia.*

turno ***m.*** **1** Orden por el que se suceden unas a otras las personas para realizar alguna actividad: *Después de esperar quince minutos, al fin es mi **turno** para que me atiendan en el banco.* **2** Momento en el que corresponde actuar a cada uno: *Mis papás me ayudaron a terminar mis estudios y ahora es mi **turno** de ayudarlos.*

turquesa ***f.*** Piedra preciosa opaca de color azul verdoso, muy apreciada para la industria joyera.

turquí ***adj.*** De color azul añil: *Algunos opinan que el **turquí** es el tono de azul más oscuro posible.*

turron ***m.*** Masa hecha de almendras, piñones, avellanas o nueces tostados, molidos y mezclados con miel o azúcar: ***Los turrones** se consumen de manera más frecuente durante las fiestas navideñas.*

tusa ***f.*** **1** ***Argent.*** y ***Chile.*** Crin recortada del caballo. **2** ***Argent.*** y ***Chile.*** Acción de tusar, de cortar las crines a los caballos. **3** ***Bol., Colomb.*** y ***Venez.*** Mazorca de maíz desgranada. **4** ***Chile.*** Conjunto de filamentos o pelos de la mazorca del maíz. **5** ***Colomb.*** Marca de viruela. **6** ***Cuba.*** Cigarrillo que se prepara utilizando hojas de maíz. **7** ***Cuba.*** Mazorca de maíz.

tusar ***vb.*** {tr.} **1** ***Amér.*** Cortar mal el pelo, el vellón o la lana: *Mi hermano fue al peluquero y lo **tusaron,** el pobre quedó como si un burro le hubiera cortado el pelo a mordidas.* SIN. **trasquilar. 2** ***Argent.*** y ***Chile.*** Cortar las crines al caballo.

tute ***m.*** Juego de naipes con baraja española: *En el **tute** gana quien reúna los cuatro reyes o los cuatro caballos de la baraja.*

tutear ***vb.*** {tr. y prnl.} Dirigirse a alguien de *tú* y no de *usted*: *Algunos hijos no **tutean** a sus padres, sino que les hablan de* usted.

tutela ***f.*** **1** Autoridad y cargo de tutor: *Como los padres del niño murieron, las autoridades encargaron su **tutela** al tío más cercano.* **2** Amparo, protección: *Desde que el nuevo empleado entró a trabajar aquí ha estado bajo la **tutela** del coordinador.*

tutelar ***adj.*** Que ampara, protege o guía: *En esa institución **tutelar** ayudan a los delincuentes que son menores de edad a reintegrarse a la sociedad.*

tutelar ***vb.*** {tr.} Guiar y proteger a alguien: *La profesora **tuteló** a un grupo de estudiantes hasta que terminaron su tesis.*

tutor, ra ***m.*** y ***f.*** **1** Persona que representa a un menor de edad en los actos civiles: *Las calificaciones escolares debe firmarlas el padre, la madre o el **tutor** del alumno.* **2** Profesor encargado de orientar a los alumnos: *Esteban obtuvo notas tan bajas en matemáticas que sus padres contrataron un **tutor** para que le diera clases especiales.*

tutú ***m.*** Falda muy corta y voluminosa de tul que usan las bailarinas de ballet: *Para bailar el papel de un hada en* La Bella Durmiente, *la bailarina mandó hacer un **tutú** color azul claro.*

tutuma ***f.*** ***Chile.*** Bulto que sobresale en el cuerpo de una persona o en su vestimenta.

tuyo, ya ***adj./pron.*** Adjetivo y pronombre posesivos que indican que algo pertenece a la segunda persona del singular: *Éste es mi pedazo de tarta, ¿cuál es el **tuyo?***

tuza ***f.*** ***Méx.*** Pequeño roedor parecido al topo que también construye túneles por abajo de la tierra.

tzeltal ***adj./m.*** y ***f.*** De un pueblo amerindio que habita en la frontera de México y Guatemala.

tzotzil o **chamula** ***adj./m.*** y ***f.*** De un pueblo amerindio que habita en Chiapas, México.

U

u ***conj.*** Se emplea en vez de "o" ante palabras que empiezan con "o" o con "ho": *No puedes comprar los dos chocolates, tienes que escoger uno* ***u*** *otro.*

u ***f.*** Vigésima segunda letra del abecedario español y quinta de sus vocales.

uapití ***m.*** Ciervo de gran tamaño que vive en Alaska y Siberia.

ubérrimo, ma ***adj.*** Que es muy abundante en frutos: *Las* ***ubérrimas*** *tierras de esa región producen miles de toneladas de uvas al año.*

ubí ***m.*** Especie de bejuco originario del Caribe, usado para hacer canastas.

ubicación ***f.*** Lugar donde se encuentra algo o alguien: *El chofer del taxi le pidió a mi papá la* ***ubicación*** *del lugar donde debía llevarlo.*

ubicado, da ***adj.*** **1** Situado en algún lugar: *El museo está* ***ubicado*** *cerca del centro de la ciudad.* **2** ***Argent.*** y ***Méx.*** Centrado, sensato. *Pese a su juventud Renata es muy* ***ubicada,*** *demuestra madurez en su comportamiento.* **3** ***Cuba, Nicar.*** y ***Urug.*** Propio, que se comporta de acuerdo a la situación.

ubicar ***vb. irreg.*** {tr., intr. y prnl.} **Modelo 17. 1** Estar o encontrarse en un lugar o espacio: *Dime dónde* ***se ubica*** *la casa en la que será la fiesta del viernes.* **2** ***Amér.*** Situar o instalar algo en determinado espacio o lugar.

ubicuidad ***f.*** Cualidad de poder estar en todos los lugares al mismo tiempo.

ubicuo, cua ***adj.*** Que está en todos los sitios a la vez, se refiere en especial a Dios.

ubre ***f.*** Glándula mamaria: *La leche de las vacas se produce en las* ***ubres.***

ucase ***m.*** Edicto que emitían los zares de la antigua Rusia: *Los* ***ucases*** *se acostumbraron entre los siglos* XVIII *y* XIX.

ucraniano ***m.*** Lengua eslava hablada en Ucrania.

ucraniano, na ***adj./m.*** y ***f.*** Originario de Ucrania, Estado de Europa Oriental: *Los* ***ucranianos*** *eran miembros de la Unión Soviética pero ya no, porque ésta dejó de existir en 1989.*

¡uf! ***interj.*** Expresa cansancio, fastidio, sofocación, repugnancia: *¡Uf! ¡Qué calor hace hoy!*

ufanarse ***vb.*** {prnl.} Alabarse a sí mismo, jactarse: *Ramón es un odioso que todo el tiempo* ***se ufana*** *de lo rico, guapo e inteligente que es.* SIN. **presumir.**

ufano, na ***adj.*** **1** Se dice de la persona soberbia, presumida. **2** Satisfecho, alegre: *Javier se sentía* ***ufano*** *el día que obtuvo el primer lugar de su clase.*

ufología ***f.*** Estudio de los ovnis y fenómenos con ellos relacionados: *La palabra* ***ufología*** *se deriva de las siglas en inglés UFO, que corresponden a* unknown flying object, *objeto volador no identificado.*

ugandés, desa ***adj./m.*** y ***f.*** Originario de Uganda, país de África.

ujier ***m.*** **1** Portero de un palacio o edificio de tribunales. **2** Empleado de un organismo público que se encarga de dar seguimiento a determinados trámites.

¡újule! ***interj. Méx. Fam.*** Expresión que indica sorpresa, delicadeza exagerada o queja: *¡Újule!, ¡el precio del litro de leche subió al doble de la semana pasada a hoy!*

ukelele ***m.*** Instrumento musical de cuerdas parecido a la guitarra pero más pequeño: *El* ***ukelele*** *es originario de Indonesia.*

úlcera ***f.*** Herida que no cicatriza, por lo general acompañada de secreción de pus: *Como no se cuidó la gastritis, le salió una* ***úlcera*** *en el estómago.*

ulceración ***f.*** **1** Formación de una úlcera: *"La mancha que se ve en la radiografía de su estómago es de una* ***ulceración",*** *explicó el médico a su paciente.* **2** Úlcera superficial: *Con el frío, a algunas personas se les resecan tanto los labios que les salen pequeñas* ***ulceraciones.***

ulcerar ***vb.*** {tr. y prnl.} Causar o formar úlcera: *El mazo* ***ulceró*** *las manos del albañil novato, pues aún no se acostumbra a usarlo.*

ulceroso, sa ***adj.*** **1** Relativo a la úlcera: *"Ese dolor de estómago se debe a un proceso* ***ulceroso,*** *tendrá que seguir dieta especial y estricto tratamiento", dijo la doctora a Crispín.* **2** Persona que padece una úlcera.

ulema ***m.*** Jurista y teólogo que es doctor de la ley musulmana.

uliginoso, sa ***adj.*** Se aplica a los lugares húmedos y a las plantas que crecen en este tipo de lugares.

ulmo ***m.*** **1** ***Chile.*** Árbol grande de flores blancas cuya corteza se emplea para curtir. **2** ***Chile.*** Madera del árbol llamado ulmo.

ulterior ***adj.*** Que se dice, sucede o se hace después de otra cosa: *Por suerte después de la noticia del accidente llegó otra* ***ulterior*** *que desmintió la primera.*

ultimar ***vb.*** {tr.} **1** Terminar algo, finalizar una obra: *Los novios* ***ultimaron*** *los preparativos para la boda justo a tiempo, ahora deben organizarse para la ceremonia.* **2** ***Amér.*** Matar, asesinar: *Encontraron un cadáver al borde de la carretera y la policía informó que el hombre* ***fue ultimado*** *de un disparo.*

ultimátum ***m.*** Último plazo o condición que debe cumplirse para no tener consecuencias negativas: *El director le dio un* ***ultimátum*** *a Fernando, o mejoraba sus notas o se iba de la escuela.*

último, ma ***adj.*** **1** Que está después que todos los demás en el espacio o en el tiempo: *En la fila se forman por tamaños, de menor a mayor y el* ***último*** *es el niño más alto de* *todos.* **2** Se refiere a la cosa que es más nueva o reciente en el tiempo: *En el **último** número de esa revista hay un reportaje sobre mi escritor favorito.* **3** Que ya no queda otra posibilidad: *El padre le advirtió a su hijo que debía ser la **última** vez que le mostraba calificaciones tan bajas.*

ultra ***adj.*** Relativo a las ideas o pensamientos que llevan al extremo sus opiniones. SIN. **radical.**

ultra ***m.*** y ***f.*** Persona que tiene ideas o pensamientos radicales.

ultracorrección ***f.*** Vicio lingüístico que consiste en deformar las palabras pretendiendo ser correcto en su uso: *Una **ultracorrección** frecuente es que la gente diga o escriba "bacalado" en vez de "bacalao".*

ultracorrecto, ta ***adj.*** Que ha sufrido ultracorrección: *Es **ultracorrecto** pronunciar la v como si fuera labiodental, ya que ese tipo de fonema no existe en el idioma español.*

ultraísmo ***m.*** Movimiento poético contrario al modernismo surgido en España en 1918 y que también se dio en Latinoamérica: *En su juventud, Borges fue uno de los escritores ligados al **ultraísmo.***

ultraísta ***adj.*** Perteneciente o relativo al ultraísmo.

ultrajador, ra ***adj./m.*** y ***f.*** Que ofende o humilla.

ultrajante ***adj.*** Que constituye un ultraje: *"Me parece **ultrajante** que, luego de diez años de buen desempeño en esta empresa, ahora me desplazan por un recomendado; buscaré otro empleo para renunciar", dijo Ramiro.*

ultrajar ***vb.*** {tr.} **1** Agredir, ofender de manera grave. **2** Humillar: *El novio **ultrajó** a Marina al tratarla como si nunca la hubiera querido.*

ultraje ***m.*** Ofensa o humillación grave: *Violar los derechos de los niños es un **ultraje** para su dignidad.*

ultraligero ***m.*** Pequeño avión de estructura simplificada y pequeño motor: *Los **ultraligeros** pesan menos de 170 kilos y pueden ser para uno o dos tripulantes.*

ultraligero, ra ***adj.*** Muy ligero: *Estos zapatos son **ultraligeros,** ni siquiera se da uno cuenta de que los trae puestos.*

ultramar ***m.*** País o territorio situado al otro lado del mar: *Para los habitantes de América, las cosas que llegan de Europa son productos de **ultramar.***

ultramarinos ***m. pl.*** Víveres traídos del otro lado del mar que se venden en tiendas de comestibles: *Compré esta botella de vino francés en la tienda de **ultramarinos** de la esquina.*

ultranza. A ~, ***loc.*** Firme, sin detenerse ante las dificultades: *Manuel es ecologista **a ultranza,** siempre reprende a quienes ve tirando basura en las calles.*

ultrarrojo, ja ***adj.*** Radiación que se utiliza en calefacción, fotografía aérea, etc. SIN. **infrarrojo.**

ultrasónico, ca ***adj.*** Relativo al ultrasonido: *Los aparatos **ultrasónicos** pueden usarse para detectar movimientos exteriores o en el interior del cuerpo humano y, en otras modalidades, para repeler insectos.*

ultrasonido ***m.*** Onda sonora no audible para el oído humano, que se usa, entre otras cosas, para hacer estudios médicos: *Le hicieron un **ultrasonido** a la mujer embarazada para verificar el estado de su bebé.*

ultratumba ***f.*** Aquello que se cree que está más allá de la tumba y de la muerte: *Los espiritistas afirman que pueden comunicarse con voces de **ultratumba.***

ultravioleta ***adj.*** Relativo a las radiaciones situadas en el espectro más allá del violeta: *Debido a los hoyos en la capa de ozono de la atmósfera, los rayos **ultravioleta** están causando daños a los seres vivos.*

ululación ***f.*** Sonido parecido a un aullido: *Una **ululación** de sirenas anunciaba los bombardeos sobre ciudades en la Segunda Guerra Mundial.*

ululante ***adj.*** Que ulula: *Cuenta la leyenda que en las últimas noches del mes, un espectro **ululante** recorre las calles sembrando el pavor.*

ulular ***vb.*** {intr.} **1** Dar aullidos o alaridos. **2** ***Fam.*** Sonar el viento: *Ese filme de terror empieza con una imagen del viento **ululando** sobre un castillo a mitad de la noche.*

umbela ***f.*** Forma parecida a un paraguas en que se agrupan las flores de ciertas plantas.

umbelífero, ra ***adj.*** Relativo a una familia de plantas con flores dispuestas en umbelas, como la zanahoria y otras muy usadas en la alimentación y la medicina.

umbilical ***adj.*** **1** Relativo al ombligo: *Mi sobrino tenía una leve infección **umbilical** y mi hermana le lavó y le puso desinfectante.* **2** *Ver* **cordón umbilical.**

umbral ***m.*** **1** Pieza inferior de una puerta. **2** Comienzo, principio en cualquier actividad o proceso: *Mi abuelo ya está en el **umbral** de la vejez pues ha cumplido 70 años.*

umbrío, a ***adj.*** Se dice del lugar donde da poco el sol: *La selva es **umbría** a causa de la especie de techo que forman las ramas de los frondosos árboles.*

umbroso, sa ***adj.*** Se aplica a lo que produce sombra: *Sentarse bajo las ramas **umbrosas** del tupido tamarindo fue un alivio para el agobiado caminante.*

un ***adj.*** Número cardinal apócope de *uno: Fui a la tienda y compré **un** dulce y dos galletas.*

un, una ***art.*** Sirve para indicar una persona o cosa de un modo indeterminado: *Había **una** vez, hace mucho tiempo, **un** niño que se llamaba Juan.*

unánime ***adj.*** Que tiene o expresa un mismo parecer o sentimiento: *Le dieron el premio a Roberto por decisión **unánime** del jurado, es decir, todos opinaron que él se lo merecía.*

unanimidad ***f.*** Hecho de que un grupo de personas coincida en una decisión, sin oposición: *Pasó el examen por **unanimidad,** todos los profesores estuvieron de acuerdo en aprobarlo.*

unción ***f.*** **1** Acción y efecto de ungir. **2** Ceremonia católica en la que se administran los santos óleos o aceites santificados a los moribundos: *El sacerdote le administró la **unción** a la tía Julia justo a tiempo porque a las pocas horas murió.* SIN. **extremaunción.**

uncir ***vb. irreg.*** {tr.} **Modelo 64.** Sujetar al yugo a los bueyes u otros animales de trabajo: *El leñador **unció** sus dos mulas para que tiraran de las angarillas donde llevaba leña para vender en el pueblo.*

undécimo, ma ***adj.*** Que corresponde en orden al número once: *Tiene el número **undécimo** en la lista del salón, que va por orden alfabético.*

ungir ***vb. irreg.*** {tr. y prnl.} **Modelo 61.** **1** Untar. **2** Hacer la señal de la cruz con aceite santificado sobre una persona: *En las ceremonias religiosas para ordenar sacerdotes, los **ungen** con los santos óleos.*

ungüento ***m.*** Sustancia que sirve para untar, en especial con fines curativos: *Para el dolor muscular le recetaron un **ungüento** con el que debe darse masajes.*

unguiculado, da ***adj./m.*** y ***f.*** Relativo a los animales con dedos que terminan en uñas.

ungulado, da ***adj.*** Relativo a los mamíferos con dedos que terminan en cascos o pezuñas: *Los burros y los caballos son animales **ungulados.***

unicelular ***adj.*** Relativo al organismo formado por una sola célula.

único, ca ***adj.*** **1** Solo y sin otro de su especie: *Ese artesano hace joyas* ***únicas,*** *cada una es diferente y no se repite.* **2** Fuera de lo común y corriente: *Gerardo tiene una inteligencia* ***única,*** *lo que René aprendió en seis meses él pudo aprenderlo en tres.* SIN. **excepcional.**

unicornio ***m.*** Animal fabuloso con cuerpo de caballo y un cuerno en la frente: *La leyenda dice que el* ***unicornio*** *sólo podía ser atrapado por una joven pura e ingenua.*

unidad ***f.*** **1** Cada una de las cosas que forman un conjunto: *Mi novio me regaló una caja de chocolates que contenía diez* ***unidades*** *deliciosas.* **2** Magnitud tomada como término de comparación para medir otra de la misma especie: *El kilogramo es una* ***unidad*** *de peso.* **3** Propiedad de lo que constituye un todo que no se divide: *La* ***unidad*** *entre todos los vecinos ayudó a que las autoridades tomaran en cuenta sus peticiones.*

unido, da ***adj.*** Se aplica a las personas que conviven con armonía y se entienden bien entre ellas: *Los miembros de ese equipo son muy* ***unidos,*** *por eso siempre obtienen el éxito.*

unifamiliar ***adj.*** Que corresponde a una sola familia: *Las chozas de este pueblo africano son* ***unifamiliares,*** *sólo las habitan personas que son parientes entre sí.*

unificador, ra ***adj.*** Que unifica: *Se espera que los esfuerzos* ***unificadores*** *del líder terminen con las discordias en ese sindicato.*

unificante ***adj.*** Unificador: *El español ha sido una lengua* ***unificante*** *para diversas culturas en América Latina.*

unificar ***vb. irreg.*** {tr. y prnl.} **Modelo 17. 1** Reunir varias cosas o personas para crear un todo sin divisiones: *En el siglo* XIX *varios reinos europeos* ***se unificaron*** *para formar lo que hoy es Italia.* **2** Eliminar las diferencias entre determinadas cosas: *Las autoridades* ***unificarán*** *los programas de estudio en todo el país para que todos los niños estudien las mismas materias.*

uniformado, da ***adj./m.*** y ***f.*** **1** Igualado con otras cosas: *Estas mediciones se harán a partir de parámetros* ***uniformados*** *para evitar errores.* **2** ***Argent., Méx.*** y ***Venez.*** Agente de seguridad pública, policía: *Los* ***uniformados*** *vigilarán las entradas a la ciudad para evitar el paso de contrabando.*

uniformador, ra ***adj.*** Que uniforma: *El carácter* ***uniformador*** *de la globalización es discutible, ya que despoja a las culturas de sus características propias.*

uniformar ***vb.*** {tr.} **1** Igualar varias cosas entre sí. **2** Poner uniforme a alguien: *La dirección del colegio decidió que los alumnos deberán* ***uniformarse*** *a partir del próximo año escolar.*

uniforme ***adj.*** Se dice de dos o más cosas que tienen la misma forma: *Durante el desfile los soldados marcharon de manera* ***uniforme.***

uniforme ***m.*** Vestido distintivo e igual de un cuerpo militar, colegio, etc.: *En esa escuela tienen un* ***uniforme*** *para todos los días y otro más elegante para las fechas especiales.*

uniformidad ***f.*** Hecho de tener la misma forma: *Mi letra tiene* ***uniformidad*** *gracias a que hago ejercicios de caligrafía.*

uniformizar ***vb. irreg.*** {tr.} **Modelo 16.** Hacer que un conjunto de personas o cosas muestre un aspecto uniforme: *El abogado Casillas* ***uniformizó*** *sus libros, hizo encuadernar todos en el mismo color.*

unigénito, ta ***adj.*** Relativo al hijo único: *Los hijos* ***unigénitos*** *no tienen hermanos ni hermanas.*

unilateral ***adj.*** Relativo a un solo aspecto de un asunto: *Luis había decidido de manera* ***unilateral*** *vender la casa, pero no pudo hacerlo porque su esposa no lo apoyó.*

unión ***f.*** **1** Acción y efecto de unir. **2** Alianza, asociación: *La* ***unión*** *entre los países europeos ha sido importante no sólo para Europa, sino para el resto del mundo.* **3** Relación entre dos personas, en especial en el matrimonio.

uníparo, ra ***adj.*** **1** Que produce un solo cuerpo, flor, etc. **2** Persona o animal que sólo tiene un hijo o cría en cada parto o camada: *Los humanos normalmente somos* ***uníparos,*** *aunque algunas veces nacen gemelos y en muy raras ocasiones nacen tres o más niños en un mismo parto.*

unipersonal ***adj.*** **1** Que pertenece a una persona o es para una sola persona: *La presidencia de un país es un cargo* ***unipersonal.*** **2** Relativo a los verbos que sólo se conjugan en la tercera persona del singular, también llamados impersonales o defectivos: *"Llover" y "nevar" son ejemplos de verbos* ***unipersonales.***

unir ***vb.*** {tr. y prnl.} Hacer que dos o más personas o cosas queden juntas o formando una unidad: *El puente* ***unió*** *las dos orillas de tierra que estaban separadas por el río.*

unisex ***adj.*** Que puede ser utilizado de igual manera por un hombre o por una mujer: *Hace algunos años los jóvenes usaban ropa* ***unisex,*** *así que se compraban los mismos artículos hombres y mujeres.*

unísono, na ***adj./m.*** **1** Que tiene el mismo tono que otra cosa. **2** ***loc.*** **Al ~,** al mismo tiempo: *Los cadetes respondieron* ***al unísono*** *que sí juraban defender la bandera.*

unitario, ria ***adj.*** **1** Que tiende a la unidad o que la conserva. **2** Contrario al federalismo.

universal ***adj.*** **1** Relativo al Universo o al espacio celeste: *El científico Isaac Newton descubrió la ley de la gravitación* ***universal.*** **2** Que se extiende a todos los casos posibles: *El escritor español Miguel de Cervantes Saavedra ha sido uno de los grandes novelistas de la literatura* ***universal.*** **3** Que se refiere o es común a todo el mundo, todas las épocas o todos los hombres: *Los derechos humanos deben ser* ***universales.***

universalidad ***f.*** Carácter de universal: *Una característica de los derechos humanos es su* ***universalidad,*** *es decir, valen para todos los habitantes del planeta.*

universalismo ***m.*** Ideología política o religiosa que persigue unificar todos los poderes e instituciones mundiales bajo una sola cabeza: *Tanto la Iglesia católica como el Islam se identifican por su* ***universalismo.***

universalizar ***vb. irreg.*** {tr.} **Modelo 16.** Generalizar, hacer universal: *Deberían* ***universalizarse*** *las leyes sobre la reducción de armamento que tienen muchos países.*

universidad ***f.*** Institución y edificio donde se imparte la enseñanza superior o universitaria: *Raúl quiere estudiar en la* ***universidad*** *para llegar a ser ingeniero en electrónica.*

universitario, ria ***adj.*** Relacionado con la universidad: *Los directores de las facultades forman parte del congreso* ***universitario.***

universitario, ria ***m.*** y ***f.*** **1** Persona que asiste a una universidad: *Mi hermano es* ***universitario*** *y yo estoy todavía en educación básica.* **2** Persona que asistió a una universidad: *Los* ***universitarios*** *de la generación 1960-1964 se reunieron ayer en un restaurante para comer y recordar viejos tiempos.*

universo ***m.*** **1** A veces se escribe con "U" mayúscula cuando se refiere al conjunto de todo lo que existe en lo material: *Hasta donde se sabe, en el* ***Universo*** *somos los únicos seres racionales.* **2** Conjunto de todo lo que existe en lo inmaterial: *Voy a estudiar matemáticas porque me gusta mucho el* ***universo*** *de los números.*

unívoco, ca ***adj.*** Que sólo tiene un significado: *La palabra "investigador" es* ***unívoca*** *porque no tiene más de un significado.*

uno ***m.*** Indica el primero de los números naturales: *Como Camila apenas empieza a contar dice* ***"uno,*** *dos, tes, cuato".*
uno, una ***adj.*** **1** Primero: *El primer día de clases la maestra nos dijo: "Por favor, abran su libro de ciencias naturales en la página* ***uno."*** **2** Único, sin ningún otro: *Sólo tengo* ***uno,*** *por eso te prestaré el libro cuando termine de leerlo.*
uno, una ***pron.*** **1** Pronombre indefinido singular, de género masculino o femenino, que indica una persona indeterminada: *Llamó* ***uno*** *preguntando por ti, pero no dijo quién era.* **2** En relación con *otro*, indica contraposición: ***Uno*** *de tus pretendientes estudia y otro trabaja, ¿a cuál prefieres?*
untar ***vb.*** {tr.} **1** Cubrir con materia grasa una superficie: *Camelia* ***untó*** *queso y miel a una rebanada de pan y se la comió como desayuno.* **2** *Fam.* Sobornar, corromper a una autoridad con dinero y regalos: *Intentó* ***untar*** *a un policía para que no lo multara por conducir a exceso de velocidad, pero no lo consiguió.*
unto ***m.*** **1** Materia que se emplea para untar, en especial si es comida o medicamento. **2** ***Chile.*** Betún para limpiar el calzado.
untuosidad ***f.*** Calidad de untuoso: *La* ***untuosidad*** *con que me trata esa persona me hace sospechar que lleva alguna mala intención oculta.*
untuoso, sa ***adj.*** **1** Que es pegajoso y se desliza, como el jabón o la grasa. **2** Persona o actitudes de una persona que son demasiado suaves y empalagosos: *Como le había dicho que no, empezó a rogarme con voz* ***untuosa*** *creyendo que así me convencería.*
uña ***f.*** **1** Lámina curva que recubre la parte superior de la punta de los dedos de ciertos animales y el hombre: *Hace una semana me cayó un bulto pesado en la punta de un dedo del pie y hoy se me cayó la* ***uña*** *lastimada.* **2** Casco de los animales que no tienen dedos separados. Sin. **pezuña. 3** Parte de una hoja que sobresale del canal de un libro para poder abrirlo por una página determinada: *A este diccionario se le cayó la* ***uña*** *que indicaba el inicio de la letra "C" y ahora cuesta más trabajo encontrar dónde comienza esa letra.* **4** *loc. pl. Fam.* **Enseñar** o **mostrar las ~,** amenazar o dejar ver que se tiene carácter agresivo: *Juana es muy tranquila pero* ***enseña las uñas*** *cuando alguien se atreve a molestar a alguno de sus familiares.*
uñero ***m.*** **1** Inflamación de la raíz de la uña. **2** Herida que produce una uña cuando crece introduciéndose en la carne: *Los* ***uñeros*** *aparecen cuando uno no se corta bien las uñas y éstas crecen metiéndose en la carne.*
¡upa! ***interj.*** Se utiliza para animar o estimular a hacer un esfuerzo: *La niña le decía* ***"¡upa!, ¡upa!",*** *al caballo pero el animal no se movía porque estaba muy cansado.*
¡upe! ***interj.*** *C. Rica.* Se utiliza para llamar a los habitantes de una casa cuando se entra en ella.
uranio ***m.*** Metal radiactivo duro y muy denso, de símbolo químico U y número atómico 92: *El* ***uranio*** *se usa para producir energía nuclear.*
urato ***m.*** Sal del ácido úrico: *El exceso de* ***urato*** *en el organismo puede producir gota o cálculos en los riñones.*
urbanidad ***f.*** Comportamiento que demuestra buena educación: *Leí un manual de* ***urbanidad*** *que indica cómo comportarse de manera correcta en los lugares públicos.*
urbanismo ***m.*** Grupo de conocimientos y acciones que se ocupa de la construcción y el desarrollo de las ciudades y de sus espacios.
urbanista ***m.*** y ***f.*** Especialista en urbanización: *"Pese a que muchos* ***urbanistas*** *han advertido que esta ciudad ya está sobresaturada, algunos irresponsables siguen autorizando que se construyan edificios de departamentos", dijo el ecólogo durante una entrevista.*
urbanístico, ca ***adj.*** Relativo al urbanismo: *Esa ciudad es hermosa y funcional porque su crecimiento fue planeado con criterios* ***urbanísticos*** *racionales y humanistas.*
urbanización ***f.*** Hecho de acondicionar terrenos para construir zonas habitacionales.
urbanizar ***vb. irreg.*** {tr.} **Modelo 16.** Acondicionar un terreno para crear una ciudad o agrandar la que ya existe: *En las afueras de la ciudad quieren* ***urbanizar*** *una zona que está en las faldas de un monte.*
urbano, na ***adj.*** Relativo a la ciudad: *Soy una persona* ***urbana*** *que siempre ha vivido en la ciudad y me parece que la vida en los pueblos es demasiado lenta.*
urbe ***f.*** Ciudad de gran tamaño e importancia: *Durante el siglo pasado, Londres era una de las grandes* ***urbes*** *europeas.*
urdimbre ***f.*** Conjunto de hilos paralelos en sentido vertical por los que se pasa la trama, o hilos horizontales, en las telas.
urdir ***vb.*** {tr.} **1** Preparar los hilos de la urdimbre. **2** Preparar un chisme o intriga contra alguien: *La conflictiva empleada estaba* ***urdiendo*** *un nuevo chisme contra sus compañeros, pero por fortuna nadie le creyó.*
urdu ***m.*** Lengua hablada en Pakistán, país de Asia.
urea ***f.*** Sustancia que se halla en la orina: *Los médicos sospechan que los riñones no le funcionan muy bien porque apareció mucha* ***urea*** *en sus análisis de orina.*
uremia ***f.*** Aumento de la cantidad de urea en la sangre: *La* ***uremia*** *se origina en el mal funcionamiento de los riñones e indica que la salud peligra.*
urémico, ca ***adj.*** Que presenta uremia: *Los pacientes con insuficiencia renal crónica pueden presentar enfermedades cardiacas de origen* ***urémico.***
uréter ***m.*** Cada uno de los dos conductos que transportan la orina desde los riñones hasta la vejiga.
uretra ***f.*** Conducto por donde sale la orina: *Por la* ***uretra*** *de los hombres no sólo pasa la orina sino también el esperma.*
uretritis ***f.*** Inflamación de la uretra: *La* ***uretritis*** *es dolorosa y suele ser síntoma de infecciones de las vías urinarias.*
urgencia ***f.*** **1** Emergencia: *Los médicos siempre deben estar preparados para atender las llamadas de* ***urgencia.*** **2** Prisa: *Se fue de repente porque dijo que tenía* ***urgencia*** *de ir al banco y ya se acercaba la hora de cierre.* **3** *pl.* Zona de los hospitales donde se atienden casos de gravedad: *La ambulancia llevó al atropellado a* ***urgencias*** *y minutos después los médicos decidieron operarlo.*
urgente ***adj.*** Que urge o se realiza con más rapidez de lo común: *Estando en la playa le llegó un mensaje* ***urgente*** *de un familiar y por eso tuvo que interrumpir sus vacaciones.*
urgir ***vb. irreg.*** {intr.} **Modelo 61.** Exigir algo una rápida ejecución o remedio: *Me* ***urge*** *ir al baño.*
úrico, ca ***adj.*** Relativo a la orina o al ácido incoloro y poco soluble que se halla en la orina.
urinal ***m.*** Urinario.
urinario ***m.*** Local para orinar, en especial en lugares públicos: *Los* ***urinarios*** *públicos suelen tener un olor penetrante y desagradable.*
urinario, ria ***adj.*** Relativo a la orina: *El médico le dijo que tenía una infección en las vías* ***urinarias*** *y le recetó antibiótico.*
urna ***f.*** **1** Vasija usada para guardar las cenizas de los muertos: *Después de la cremación del cadáver en un horno, entregaron a la viuda las cenizas de su marido dentro de una* ***urna*** *metálica.* **2** Caja de cristal para guardar objetos.

3 Para elecciones, caja de algún material transparente usada para depositar los votos: *Al final de la votación la gente responsable del conteo vació las **urnas** para contar los votos.*

uro ***m.*** Especie de buey salvaje, extinto en la actualidad.

urogallo ***m.*** Ave de la familia de las gallinas que vive sobre todo en los bosques de Europa: *Los **urogallos** emiten un sonido que parece el mugido de un toro cuando llaman a su pareja.*

urogenital ***adj.*** De las vías genitales y urinarias, genitourinario.

urología ***f.*** Estudio de las enfermedades de las vías urinarias: *Renata estudiará la especialidad de **urología** después de terminar la carrera de medicina.*

urólogo, ga ***m.*** y ***f.*** Médico especializado en el tratamiento de enfermedades de las vías urinarias: *Como tenía una infección en los riñones, le recomendaron que visitara a un **urólogo.***

urpila ***f. Argent., Bol.*** y ***Ecuad.*** Especie de paloma pequeña.

urraca ***f.*** **1** Nombre dado a varios tipos de aves de la familia de los cuervos, de plumaje color negro y blanco, pico y patas negruzcos y cola larga. **2** ***Amér.*** Ave de dorso pardo y vientre blancuzco, que suele vivir en parques y jardines.

urticante ***adj.*** Que produce irritación y picor ardoroso en la piel: *Algunas orugas están cubiertas de pelillos **urticantes,** ésa es su defensa contra los depredadores.*

urticaria ***f.*** Erupción cutánea, por lo general en forma de ronchas rojizas, que produce gran picazón y aparece como reacción alérgica: *Andrea no puede comer carne de cerdo porque le produce **urticaria.***

uruguayo, ya ***adj./m.*** y ***f.*** Originario de Uruguay, país de América del Sur.

urutaú ***m. Argent., Par.*** y ***Urug.*** Ave nocturna de plumaje pardo oscuro, muy similar a la lechuza.

usado, da ***adj.*** Desgastado por el uso: *Durante los fines de semana me gusta ponerme mi ropa más **usada** para sentirme cómoda.*

usanza ***f.*** Uso, moda, costumbre: *Mis amigos organizaron una fiesta donde había que disfrazarse a la **usanza** del siglo XVII, con vestidos largos, abanicos y pelucas.*

usar ***vb.*** {tr., intr. y prnl.} **1** Hacer que sirva una cosa para algún fin: ***Usa** las escaleras para subir porque el ascensor está descompuesto.* **2** Consumir: *El automóvil **usa** mucho aceite porque tiene una falla en el motor.* **3** Llevarse, estar de moda: *El sombrero es una prenda que actualmente se **usa** poco.*

usina ***f.*** **Palabra de origen francés.** ***Argent., Bol., Chile, Colomb., Nicar., Par.*** y ***Urug.*** Instalación industrial, en especial la destinada a producir gas, energía eléctrica, etc. SIN. **fábrica.**

uslero ***m. Chile.*** Palo cilíndrico de madera utilizado en la cocina para extender la masa: *El panadero extendió la masa con el **uslero** y luego cortó trozos pequeños con forma de estrellas.* SIN. **rodillo.**

uso ***m.*** **1** Acción y efecto de usar: *A causa del **uso** las suelas de mis zapatos ya están desgastadas.* **2** Capacidad para usar algo: *La gran quemadura que tiene le impide el **uso** de la mano derecha.* **3** Modo de usar algo: *Lee el instructivo para que sepamos si ese aparato tiene otro **uso** además de abrir latas.* **4** Costumbre propia de un país: *El **uso** en México es que los días 2 de noviembre se prepare una ofrenda a los muertos.*

usted ***pron.*** Pronombre personal masculino y femenino de la segunda persona, que se emplea como tratamiento de respeto y se usa con el verbo y formas pronominales en 3ª persona: *Por favor, pase, está **usted** en su casa.*

usual ***adj.*** De uso frecuente, común o fácil: *Es **usual** que los adolescentes tengan problemas con sus padres y con sus maestros.*

usuario, ria ***m.*** y ***f.*** Persona que usa una cosa de manera habitual: *Los **usuarios** de los teléfonos celulares se quejaron por el aumento a las tarifas.*

usufructo ***m.*** **1** Derecho de uso que tiene una persona sobre el bien de otra, percibiendo los beneficios: *La casa es de su hermano, pero ella tiene el **usufructo** de la propiedad, por eso le pagan el alquiler a ella.* **2** Utilidad o provecho que se obtiene de alguna cosa.

usufructuar ***vb. irreg.*** {tr.} **Modelo 10.** Disfrutar de un bien en usufructo: *Las obras de la carretera impedirá que los agricultores **usufructen** sus tierras durante un año, por lo que exigirán una indemnización.*

usufructuario, ria ***adj./m.*** y ***f.*** Persona que posee algo y disfruta de los beneficios que ello produce: *"El **usufructuario** de esos trigales es el señor Enríquez; todos los demás que ven ahí son peones", explicó un vecino a los agrónomos.*

usura ***f.*** Infracción cometida al prestar dinero cobrando un alto interés: *La **usura** es ilegal, pero algunas personas la practican aprovechándose de la necesidad de los demás.*

usurero, ra ***m.*** y ***f.*** Persona que presta dinero cobrando un alto interés: *Como le urgía dinero, tuvo que recurrir a un **usurero** que le prestó poco dinero por su joya y le cobrará altos intereses para devolvérsela.*

usurpación ***f.*** Apropiación injusta de una cosa.

usurpador, ra ***m.*** y ***f.*** Persona que se apodera de manera injusta de lo que pertenece a otro: *La historia medieval europea narra muchos casos de **usurpadores** que ocuparon tronos sin que les correspondiera.*

usurpar ***vb.*** {tr.} Apoderarse de manera injusta de lo que pertenece a otro: *Algunos personajes de la antigüedad llegaron a asesinar a sus familiares en el poder para **usurpar** el trono.*

usuta ***f. Argent., Bol.*** y ***Perú.*** Sandalia de cuero o fibra vegetal usada por los campesinos.

utensilio ***m.*** Objeto usado para trabajos, labores u oficios: *Entre los **utensilios** que emplea el cocinero están las sartenes, las cucharas y las cacerolas.*

uterino, na ***adj.*** Relativo al útero: *La doctora quiso hacer un análisis porque pensaba que Delia podía tener un problema **uterino** que le impedía embarazarse.*

útero ***m.*** Órgano de la gestación en la mujer y en las hembras de los mamíferos: *Los bebés y los cachorros se forman y crecen dentro del **útero** de sus madres.* SIN. **matriz.**

útil ***adj.*** Que produce provecho o sirve para algo.

útil ***m.*** Utensilio, herramienta: *El martillo, el serrucho y la sierra son **útiles** que emplea el carpintero en su trabajo.*

utilería ***f.*** Conjunto de objetos y decorados que se utilizan para las escenografías en teatro y cine: *La **utilería** es fundamental para dar el ambiente adecuado a las producciones que tratan de épocas antiguas.*

utilidad ***f.*** **1** Calidad de útil: *"No veo la **utilidad** de hablar sobre el aborto si está claro que nunca estaremos de acuerdo", señaló Jimena.* **2** Provecho que se obtiene de una cosa: *La computadora ha sido de gran **utilidad** para controlar los inventarios de la tienda.*

utilitario, ria ***adj.*** Que antepone la utilidad a todo lo demás: *Pánfilo es un **utilitario** sin sentimientos a quien lo único que le importa son las cosas materiales.*

utilitarismo ***m.*** Modo de pensar que tiene a la utilidad como fundamento de cualquier acción: *El **utilitarismo** de Genaro ha hecho que no tenga ninguna amistad, pues* *tarde o temprano la gente se da cuenta de que nada más la quiere utilizar.*

utilitarista ***adj./m.*** y ***f.*** Persona que practica el utilitarismo o simpatiza con ese modo de pensar.

utilización ***f.*** Uso, empleo: *Por más que leí el manual de* ***utilización****, no sé cómo funciona este aparato.*

utilizar ***vb. irreg.*** {tr. y prnl.} **Modelo 16.** Valerse de alguien o algo de forma útil: *Para preparar el postre* ***utilicé*** *huevos, leche, harina, azúcar, manzanas, una cacerola, un cuchillo y una cuchara.*

utillaje ***m.*** **Palabra de origen francés.** Conjunto de útiles necesarios para una actividad: *Finalmente logró comprar todo el* ***utillaje*** *para establecer su taller de carpintería.*

utopía ***f.*** Sistema o proyecto que no se puede realizar.

utópico, ca ***adj.*** Algo que no puede realizarse.

uva ***f.*** Fruto comestible de la vid, más o menos redondo y jugoso, que nace en grupos formando racimos: *El último día del año se acostumbra comer doce* ***uvas*** *al dar las doce de la noche.*

uve ***f.*** Nombre de la letra v: *El profesor pidió que escribiéramos cinco palabras con* ***uve****, y Jorge escribió en su cuaderno: vaca, vacaciones, nuevo, uva y evitar.*

uveral ***m. Amér. C.*** y ***Antill.*** Lugar donde abundan unos árboles llamados uveros.

uvero ***m. Amér. C.*** y ***Antill.*** Árbol cuyo fruto es la uva de playa.

úvula ***f.*** Pequeña masa carnosa situada al final del paladar e inicio de la garganta. SIN. **campanilla.**

uxoricida ***adj./m.*** Que comete uxoricidio: *"No es cierto que esa mujer se haya suicidado; su marido es un* ***uxoricida****", dijo el investigador a sus colegas de la policía.*

uxoricidio ***m.*** Delito que comete el hombre que mata a su mujer.

¡uy! ***interj.*** Expresa dolor, sorpresa o agrado: ***¡Uy!*** *¡qué guapa te ves hoy!*

uzbeko ***m.*** Lengua turca que se habla en Uzbekistán.

uzbeko, ka ***adj./m.*** y ***f.*** De un pueblo turco de religión musulmana que habita en Uzbekistán y Afganistán.

V

v ***f.*** Vigésima tercera letra del abecedario español. Su nombre es *ve*.

V ***f.*** Cifra que en números romanos equivale a 5.

vaca ***f.*** Hembra adulta del toro: *De la **vaca** se obtienen muchos productos como leche, carne y cuero.*

vacación ***f.*** Suspensión temporal del trabajo o de los estudios por descanso y tiempo que dura esta suspensión: *Esteban irá a la playa durante las **vacaciones** de verano.*

vacacional ***adj.*** Relativo a las vacaciones: *En la próxima temporada **vacacional** iremos a las montañas.*

vacacionar ***vb.*** {intr.} Salir de vacaciones: ***Vacacionará** en las montañas porque quiere descansar y sabe que en las playas habrá mucha gente.*

vacacionista ***m.*** y ***f.*** ***Cuba, Hond., Méx., Salv.*** y ***Venez.*** Persona que visita lugares en vacaciones: *Este año, las playas estuvieron atiborradas de **vacacionistas.***

vacante ***adj.*** Relativo al empleo, cargo o plaza que está desocupado: *Hay un puesto **vacante** de secretaria en la empresa donde trabajo. ¿Te interesa trabajar ahí?*

vacante ***f.*** Puesto disponible para ocuparse: *Fue a preguntar a una oficina si había **vacantes** y le dijeron que volviera la siguiente semana para una entrevista.*

vaciado ***m.*** Acto de vaciar determinado material en un molde para reproducir algún objeto, como una escultura, joya, etc.

vaciado, da ***adj. Méx. Fam.*** Simpático, divertido, chistoso: *En la reunión había un muchacho **vaciado** que nos hizo reír toda la tarde con sus bromas.*

vaciar ***vb. irreg.*** {tr., intr. y prnl.} **Modelo 9. 1** Dejar algo vacío, quitar el contenido de un recipiente: *Cuando **se vacíe** la olla de sopa, iré por más a la cocina.* **2** Desaguar en alguna parte los ríos o corrientes: *El gran río Amazonas **se vacía** en el océano Atlántico.*

vaciedad ***f.*** Sandez, dicho necio, tontería: *La actriz respondió una serie de **vaciedades** durante la entrevista que le hicieron.*

vacilación ***f.*** Duda, titubeo, indecisión: *Durante un examen es fácil saber quién no ha estudiado porque muestra **vacilación.***

vacilada ***f. Méx. Fam.*** Broma o dicho poco serio: *Lo que te contó Nereida es una **vacilada,** ¿cómo crees que regando con leche tu planta va a dar flores gigantes?, dijo Rita a Josué.*

vacilante ***adj.*** Se dice de la persona que no toma una decisión: *No sé si me van a dejar ir o no, pues mis padres tuvieron una actitud **vacilante** cuando les pedí permiso.*

vacilar ***vb.*** {intr.} **1** Moverse una cosa por falta de estabilidad: *Las lámparas de la calle **vacilaban** por el fuerte viento que las hacía inclinarse de un lado a otro.* Sin. **oscilar.** **2** Dudar, estar indeciso: *Gerardo **vacila** entre estudiar física o química, ambas carreras le gustan mucho.* **3** ***Amér. C.*** y ***Méx.*** Divertirse, estar de juerga, hablar en broma: *Los viernes sale con sus amigos a **vacilar** a alguna fiesta.*

vacile ***m. Fam.*** Broma que se hace para engañar, burla.

vacilón ***m. Amér. C.*** y ***Méx.*** Juerga, fiesta, diversión: *René y Sergio se fueron de **vacilón** y llegaron hasta la madrugada.*

vacío ***m.*** **1** Espacio en el que no hay atmósfera: *Los astronautas flotaban en el **vacío,** atados con una larga cuerda que los unía a su nave.* **2** Espacio libre: *Tengo mucha hambre, siento un **vacío** en el estómago.* **3** Abismo, precipicio: *Perdió el equilibrio y cayó al **vacío,** ése fue el fin del malo del programa de televisión.*

vacío, a ***adj.*** **1** Falto de contenido: *La botella de leche está **vacía,** voy a la tienda a comprar otra.* **2** Desocupado, que está sin gente o con muy pocas personas: *Cuando llegaron a la sala de cine, todavía estaba **vacía** porque era muy temprano.*

vacuidad ***f.*** Condición de lo que está vacío o carece de contenido: *Hay personas que se la pasan en fiestas porque no saben con qué llenar la **vacuidad** de sus vidas.*

vacuna ***f.*** Virus u otra sustancia biológica que se da a un individuo o animal para volverlo resistente a una enfermedad: *Las **vacunas** son importantes para evitar enfermedades contagiosas.*

vacunación ***f.*** Acción de administrar sustancias para evitar enfermedades: *Al niño le dieron en el hospital su **vacunación** gratuita contra la poliomielitis.*

vacunar ***vb.*** {tr., intr. y prnl.} Administrar una sustancia para evitar enfermedades: *Durante la época de clima cálido es importante **vacunarse** contra el cólera.*

vacuno, na ***adj.*** Relacionado con las reses. Sin. **bovino.**

vacuo, cua ***adj.*** Vacío, falto de contenido: *El cantante hizo comentarios **vacuos** cuando le preguntaron sobre su divorcio porque no quería hablar de ese tema.*

vacuola ***f.*** Cavidad del citoplasma de las células que encierra diversas sustancias en un líquido.

vadear ***vb.*** {tr.} Atravesar un río u otra corriente de agua por un sitio de fondo firme y poco profundo: *Para llegar a la otra orilla **vadearon** el río por un camino que sólo tenía medio metro de profundidad.*

vado ***m.*** **1** Parte de un río que tiene fondo firme y es poco profundo: *El río era muy ancho y profundo, pero pudimos cruzarlo por un **vado.*** **2** En la vía pública, espacio en la acera destinado al acceso de vehículos a locales situados frente al mismo.

vagabundear ***vb.*** {intr.} Viajar de un lado a otro sin destino fijado de antemano: *Tiene varios años de **vagabundear***

por el mundo, la última carta que recibí de ella venía de África. SIN. **vagar.**

vagabundeo ***m.*** Acción y efecto de vagabundear: *En uno de sus* ***vagabundeos****, el gato cayó al lodo y regresó a la casa hecho un asco.*

vagabundo, da ***adj.*** Que anda sin una dirección determinada: *Recogí un perro* ***vagabundo*** *en la calle y ahora es mi mascota.*

vagabundo, da ***m.*** y ***f.*** Persona que no tiene trabajo ni lugar dónde vivir: *Debajo de ese puente para automóviles viven varios* ***vagabundos.*** SIN. **indigente.**

vagancia ***f.*** Estado de quienes no tienen oficio ni ocupación. SIN. **ocio.**

vagar ***m.*** **1** Tiempo libre. **2** Tranquilidad, lentitud, calma.

vagar ***vb. irreg.*** {intr.} **Modelo 17. 1** Ir sin destino ni rumbo fijo: ***Estuve vagando*** *por ese barrio y por casualidad encontré un museo muy interesante.* SIN. **vagabundear. 2** Estar sin hacer nada: *Como ya terminé mi tarea escolar, voy a* ***vagar*** *un rato antes de cenar.*

vagina ***f.*** Órgano de la mujer formado por un conducto que va desde la vulva hasta el útero: *Cuando nacen los bebés salen del útero y pasan por la* ***vagina*** *hasta llegar al exterior.*

vaginal ***adj.*** Relacionado con la vagina: *Las infecciones* ***vaginales*** *pueden evitarse si se mantienen algunas normas de higiene.*

vago, ga ***adj.*** **1** Que anda de una parte a otra sin dirección fija: *No he podido localizar a Mauricio, es tan* ***vago*** *que su madre nunca sabe dónde encontrarlo.* **2** Falto de precisión: *No pude llegar porque me dio unas indicaciones muy* ***vagas*** *de la dirección de su casa.* SIN. **impreciso.**

vago, ga ***m.*** y ***f.*** **1** Poco trabajador: *Los* ***vagos*** *siempre buscan pretextos para no tomar los trabajos que les ofrecen.* **2** Persona que no tiene trabajo.

vagón ***m.*** Carro de un tren o ferrocarril: *El último de los* ***vagones*** *del ferrocarril se llama cabús.*

vaguada ***f.*** Parte más honda de un valle por donde van las aguas: *Desde lo alto de la montaña la* ***vaguada*** *parecía un hilo de plata que brillaba por los reflejos de la luz del Sol.*

vaguear ***vb.*** {intr.} Permanecer ocioso, no querer trabajar: *"Ramiro lleva meses* ***vagueando;*** *dice que no hay trabajo, pero nadie de la familia lo ha visto salir a buscarlo", comentó su hermano.*

vaguedad ***f.*** Hecho de ser impreciso, vago: *Me contestó con tanta* ***vaguedad*** *que me dejó con la impresión de que ocultaba algo.*

vaharada ***f.*** **1** Acto de echar aliento o vaho por la boca: *Como por el frío no podían salir, los niños se entretuvieron echando* ***vaharadas*** *sobre los vidrios de las ventanas para opacarlos y pintar monigotes con los dedos.* **2** Golpe súbito de un olor que llega con el viento: *La pestilente* ***vaharada*** *que llegó al campamento hizo sospechar a los excursionistas que cerca debía haber algún animal muerto.*

vahído ***m.*** Desvanecimiento, desmayo, pérdida momentánea del conocimiento: *El médico dijo que el* ***vahído*** *que sufrió Araceli se debió a que no había comido en muchas horas.*

vaho ***m.*** **1** Vapor que despiden los cuerpos: *El agua hirviendo despide mucho* ***vaho.*** **2** Aliento: *Eché* ***vaho*** *en la ventana y se empañó el vidrio por algunos segundos.*

vaina ***f.*** **1** Funda de algunas armas: *El guerrero sacó un gran sable de su* ***vaina*** *y se dispuso a luchar contra el enemigo.* **2** ***Amér.*** Contrariedad, molestia: *Esto es una* ***vaina,*** *me pidieron que fuera a trabajar el domingo.* **3** Envoltura en la que están las semillas de ciertas leguminosas, como la arveja o chícharo: *Para preparar las arvejas, deben sacarse de sus* ***vainas*** *y ponerse a cocer en agua con un poco de sal.*

vainilla ***f.*** **1** Planta trepadora que se cultiva por su fruto: *La* ***vainilla*** *se cultiva en las zonas tropicales de América, África y Asia.* **2** Fruto de la planta llamada vainilla, usado como condimento y aromatizante: *A Elena le gusta el helado de chocolate y a Martha le gusta el de* ***vainilla.***

vaivén ***m.*** Movimiento alternativo de un cuerpo en una y otra dirección: *Durante el trayecto a la ciudad mi tía se durmió arrullada con el* ***vaivén*** *del tren.*

vajilla ***f.*** Conjunto de platos y tazas usados en el servicio de la mesa: *Sólo usa la* ***vajilla*** *inglesa que le heredó su abuela cuando ofrece comidas elegantes.*

vale ***m.*** **1** Papel que se canjea por ciertos artículos: *Como parte del salario de mi padre le dan* ***vales*** *para que compre productos para su casa.* **2** Nota firmada que se da en una entrega para certificarla y hacerla válida: *Joaquín firmó un* ***vale*** *por el dinero que le debe a Manuel.*

valedor, ra ***m.*** y ***f.*** **1** Persona que favorece o protege a otra. **2** ***Méx.*** Compañero, camarada: *"Efraín es mi* ***valedor,*** *juntos hemos hechos muchos trabajos", comentó un herrero a otro.*

valedura ***f. Cuba.*** En un juego, regalo que hace el ganador a quien pierde o a quien mira.

valencia ***f.*** Número que representa la capacidad de unión de un elemento químico para combinarse con otros.

valenciana ***f. Méx.*** Dobladillo del pantalón que va hacia fuera: *"Hubo una época en que se usaban mucho los pantalones con* ***valenciana,*** *ahora los jóvenes los traen con el dobladillo deshilachado", comentó el sastre.*

valentía ***f.*** **1** Calidad de valiente: *Se necesita mucha* ***valentía*** *para trabajar con leones en el circo.* **2** Hecho heroico: *La* ***valentía*** *del bombero lo llevó a entrar en la casa en llamas y a salvar al nieto de la anciana.*

valentón, tona ***adj./m.*** y ***f. Desp.*** Persona que fanfarronea presumiendo de ser muy valiente: *En la película que vimos ayer sale un cazador* ***valentón*** *que, a la hora de la verdad, sale huyendo apenas escucha rugir a una fiera.*

valer ***m.*** Valor, valía.

valer ***vb. irreg.*** {tr. e intr.} **Modelo 31. 1** Tener las cosas un precio determinado: *¿Cuánto* ***vale*** *un kilo de peras?* **2** Equivaler: *En matemáticas, dos cuartos* ***valen*** *lo mismo que un medio.* **3** Ser válido, estar permitido: *No* ***valió*** *la salida de los corredores porque uno de ellos arrancó antes.* **4** Ser útil: *Esos billetes de cien dólares no* ***valen*** *porque son de juguete.* **5** Tener ciertas cualidades: *El filme* ***vale*** *mucho por el vestuario y la actuación de los actores principales, te recomiendo que lo veas.* **6** Servirse de algo o de alguien, utilizar: *Desde que se rompió la pierna, mi amigo* ***se vale*** *de muletas para caminar.* SIN. **servir.**

valeriana ***f.*** Planta de flores rosas o blancas que crece en lugares húmedos y tiene usos medicinales.

valeroso, sa ***adj.*** Se dice de la persona que muestra valor. SIN. **valiente.**

valía ***f.*** Valor, cualidad de la persona o cosa que vale: *Reconocieron la* ***valía*** *de ese deportista otorgándole una medalla.*

validación ***f.*** Acción de hacer algo válido: *Juventino comenzó aquí su carrera y terminó los estudios en otro país, ahora debe ir a hacer los trámites de* ***validación*** *de su título extranjero.*

validar ***vb.*** {tr.} Hacer válida alguna cosa: *Las autoridades* ***validaron*** *la rifa de un automóvil que organizó un canal de televisión.*

a b c d e f g h i j k l m n o p q r s t u v w x y z

valido ***m.*** Persona que gozaba de la amistad de un rey o reina y ejercía gran influencia en el gobierno.

válido, da ***adj.*** Que tiene valor o fuerza legal: *Mi pasaporte es **válido** para viajar por todo el mundo.*

valiente ***adj.*** Que tiene valor, ánimo: *Enrique enfrentó la enfermedad de su esposa de una manera **valiente** pues siempre la ayudó y cuidó para que sanara.*

valiente ***m.*** y ***f.*** Persona con valor y ánimo: *Elí es un **valiente,** pues arriesgó su vida por salvar a la niña de un secuestrador.*

valija ***f.*** **1** Utensilio para transportar objetos personales durante un viaje: *Como se iba de viaje por mucho tiempo, llevaba dos **valijas** llenas.* **2** Saco de cuero donde se lleva el correo: *Llegó el cartero con la **valija** llena y entre todas las cartas estaba una para mí.*

valioso, sa ***adj.*** Que vale mucho o que tiene mucho valor: *Le dio un **valioso** anillo de brillantes para formalizar su compromiso de matrimonio.*

valla ***f.*** **1** Cerca hecha de madera u otros materiales que pone límite a un lugar: *Pusieron una **valla** provisional para impedir que la gente se acercara a la estrella del filme.* **2** Cartelera publicitaria.

valladar ***m.*** **1** Cerca o valla. **2** Impedimento, dificultad: *Pese a múltiples **valladares,** el escritor fue tenaz y logró publicar su novela que ahora es un éxito de librería.*

vallar ***vb.*** {tr.} Cercar o delimitar con vallas: ***Vallaron** el terreno para que no escaparan las vacas.*

valle ***m.*** Llanura de terreno entre montañas: *Desde las alturas veíamos correr el río a través del **valle** que se formaba entre las dos montañas.*

valor ***m.*** **1** Cualidad de una persona o cosa por la que merece ser apreciada: *Julieta tiene muchos **valores,** entre ellos la honestidad y la humildad.* **2** Importancia: *Las palabras de aliento de mi maestra fueron de gran **valor** para mí.* **3** Cualidad de quien afronta sin miedo los peligros: *Luis se lanzó con gran **valor** a la piscina para salvar al niño.* **4** Precio de una cosa: *El **valor** de este diamante es muy alto.* **5** Duración de una nota musical. **6** ***pl.*** Conjunto de títulos o acciones bancarias: *Andrés no posee dinero en efectivo pues todo lo tiene invertido en **valores.***

valoración ***f.*** Evaluación, atribución de un valor: *Para ingresar a esa escuela, antes se debe hacer una **valoración** de conocimientos y otra psicológica.*

valorar ***vb.*** {tr.} **1** Fijar el precio de una cosa: ***Han valorado** la casa en ochocientos mil pesos.* **2** Apreciar el valor de alguien o algo: *La crítica **valoró** la obra de ese nuevo pintor.*

valorativo, va ***adj.*** Que valora: *El nutriólogo elaboró un examen **valorativo** de las consecuencias de la falta de hierro en los niños.*

valquiria ***f.*** Cada una de ciertas divinidades de la mitología escandinava: *Las **valquirias** elegían a los héroes que debían morir en una batalla.*

vals ***m.*** Baile y música de origen austriaco, de ritmo vivo y rápido: *Uno de los compositores más famosos de **valses** fue Johann Strauss.*

valsear ***vb.*** {intr.} Bailar el vals: *Las parejas **valsean** por todo el salón de baile.*

valuación ***f.*** Valoración, evaluación: *Para que lo asciendan en el trabajo tiene que pasar por un estricto proceso de **valuación** a fin de que sus jefes sepan si merece o no el ascenso.*

valuador, ra ***m.*** y ***f.*** Persona que evalúa joyas, propiedades, etc.: *Eduardo espera al **valuador** que le dirá el valor comercial del edificio que quiere comprar.*

valuar ***vb. irreg.*** {tr.} **Modelo 10.** Valorar, evaluar: *María no sabe el precio de unas joyas que desea vender, por eso las mandó **valuar** antes.* SIN. **tasar.**

valva ***f.*** Cada parte del caparazón de un molusco: *Las ostras tienen dos **valvas** que se abren y se cierran.*

válvula ***f.*** **1** Especie de tapa usada para regular el paso de un fluido o un gas. **2** Repliegue de algunos vasos para impedir el retroceso de sangre en sentido opuesto al de la corriente: *La **válvula** mitral en el corazón regula la corriente de sangre.*

vampiresa ***f.*** **Palabra de origen inglés.** Mujer frívola y sin sentimientos que enamora a los hombres para dañarlos y luego abandonarlos, en especial la que actúa en filmes de terror: *Esa **vampiresa** quiere ser novia de Renato, espero que él se dé cuenta de que la mujer lo va a dejar como a los demás después de quitarle todo su dinero.*

vampirizar ***vb.*** {tr.} **1** Chupar la sangre como lo hacen los vampiros. **2** ***Fam.*** Aprovecharse de alguien hasta debilitarlo de manera física o mental.

vampiro ***m.*** **1** Murciélago insectívoro que chupa la sangre de las personas y animales dormidos: *Vi en el televisor cómo un **vampiro** chupaba la sangre de la pata de un burro.* **2** Cadáver que, según la superstición, sale de su tumba para chupar la sangre de los seres humanos: *Entre los **vampiros,** el conde Drácula es el más conocido.*

vanadio ***m.*** Metal blanco de símbolo químico V y número atómico 23, usado para aumentar la resistencia del acero.

vanagloria ***f.*** Presunción o jactancia de una cualidad que uno tiene o se atribuye: *Germán es un vanidoso, todo lo que dice y hace es para su propia **vanagloria.***

vanagloriarse ***vb.*** {prnl.} Jactarse, presumir, alabarse o mostrarse muy orgulloso de algo: *Al volver de la competencia internacional, el atleta **se vanaglorió** de todas las medallas que ganó.*

vandálico, ca ***adj.*** Se refiere al vandalismo o a los vándalos: *"Es absurdo el comportamiento **vandálico** de dañar casetas telefónicas; ¿qué tal si los propios vándalos tuvieran una emergencia y no pudieran hacer una llamada que los salvara?", reflexionó Felisa.*

vandalismo ***m.*** Inclinación a destruir todo: *Al final de la fiesta los jóvenes rebeldes dejaron un rastro de **vandalismo:** sillas rotas, vidrios de botellas por todos lados, mesas puestas de cabeza...*

vándalo, la ***m.*** y ***f.*** **1** De un pueblo bárbaro procedente de Escandinavia: *Los **vándalos** invadieron España en el siglo v.* **2** Bárbaro, de espíritu destructivo: *El incendio del bosque fue provocado por un grupo de **vándalos** que desean destruir la naturaleza.* SIN. **gamberro.**

vanguardia ***f.*** **1** Parte de un ejército que va delante del cuerpo principal: *Las tropas que marchaban a la **vanguardia** iban apoyadas por tanques.* **2** Aquello que se anticipa a su propio tiempo: *Ese diario defiende ideas de **vanguardia** que no son conocidas ni apoyadas por mucha gente.*

vanguardismo ***m.*** Posición adelantada a su tiempo.

vanguardista ***adj./m.*** y ***f.*** Que abre nuevos caminos en el arte, la ciencia, etc.: *El escritor francés Paul Eluard perteneció a un movimiento **vanguardista** de principios del siglo xx llamado surrealismo.*

vanidad ***f.*** **1** Calidad de vano: *Es una **vanidad** que te preocupes por tu aspecto físico cuando te esperan cosas más importantes, como ganar dinero para mantener a tu familia.* **2** Orgullo inspirado en un alto concepto de los propios méritos: *La **vanidad** le impide aceptar las críticas de los demás.*

vanidoso, sa ***adj.*** Que se cree más inteligente y guapo que los demás: *Es un hombre **vanidoso,** siempre se está viendo en el espejo.* SIN. **presuntuoso.**

vano ***m.*** Hueco de una pared. SIN. **nicho.**

vano, na ***adj.*** **1** Falto de realidad, sustancia o entidad: *Joel hace proyectos **vanos** que nunca llegan a realizarse.* **2** Sin fundamento, sin razón. **3** Presuntuoso, frívolo: *Es un hombre **vano** que sólo habla de sí mismo y de sus supuestos logros.* **4** ***loc.*** **En ~,** de manera inútil, de manera ineficaz: ***En vano*** *intentó convencer a su padre de que la dejara ir al día de campo, el "no" fue definitivo.*

vapor ***m.*** **1** Gas en que se transforma un líquido o un sólido al absorber calor: *El **vapor** del agua caliente en la ducha empañó los cristales de los vidrios del baño.* **2** Embarcación que se mueve gracias al gas llamado vapor: *Para ir de la ciudad de Venecia a la estación de tren se toma un **vapor.***

vaporización ***f.*** Hecho de aspirar el vapor que despide el agua hirviendo mezclada con algún medicamento, con fines curativos: *El médico me recomendó hacer **vaporizaciones** para curar la enfermedad respiratoria.*

vaporizador ***m.*** Aparato que expulsa algún líquido en gotas muy pequeñas: *Ese perfumero tiene un **vaporizador** con el que rocío el perfume en toda mi blusa.*

vaporizar ***vb. irreg.*** {tr. y prnl.} **Modelo 16. 1** Convertir un líquido en vapor: *Cuando llueve y hace calor al mismo tiempo, el agua **se vaporiza.*** **2** Dispersar en gotas muy pequeñas: ***Vaporizó*** *el desodorante ambiental en la casa para eliminar el olor de grasa que había quedado después de freír carne.*

vaporoso, sa ***adj.*** Ligero y muy fino o transparente: *Se puso un vestido de tela **vaporosa** para mantenerse fresca a pesar del calor.*

vapulear ***vb.*** {tr.} **1** Golpear, azotar de manera repetida y violenta: *El león **vapulea** a su presa hasta que muere, luego se la come.* **2** Reprender de manera dura. **3** Humillar: *En el partido, el equipo de casa **vapuleó** al visitante con un espeluznante siete a cero.*

vaquería ***f.*** Lugar donde hay vacas o donde se vende su leche. SIN. **establo, tambo.**

vaquero, ra ***adj.*** Propio de los pastores de ganado bovino: *La jornada **vaquera** comienza muy temprano por la mañana.*

vaquero, ra ***m.*** y ***f.*** Pastor de ganado vacuno: *El **vaquero** vestía unos anchos pantalones de cuero y traía una soga para atrapar al toro.* SIN. **resero.**

vaqueros ***adj./m. pl.*** Relativo al pantalón de tela de algodón o mezclilla, muy resistente: *Rosaura dijo que iba a una reunión informal, por eso se puso unos **vaqueros** y se fue a encontrarse con sus amigos.* SIN. **jeans.**

vaqueta ***f.*** Piel curtida de ternera: *La **vaqueta** es suave y flexible, por eso la usan para hacer zapatos.*

vaquetón, tona ***m.*** y ***f. Méx. Fam.*** Persona floja, vaga o dejada: *Es un **vaquetón** que tiene 28 años y su familia todavía lo mantiene porque él no estudia, no trabaja ni ayuda a su madre con los quehaceres de la casa.*

vaquilla ***f.*** **1** Res joven que es toreada por aficionados en festejos populares. **2** ***Chile*** y ***Nicar.*** Ternera entre el año y medio y los dos años.

vaquillona ***f. Argent., Chile, Nicar., Perú*** y ***Urug.*** Ternera de dos a tres años.

váquiro ***m. Colomb.*** y ***Venez.*** Mamífero de América similar al jabalí, de pelo espeso. SIN. **pecarí.**

vara ***f.*** **1** Rama delgada, larga y sin hojas: *Como podaron el árbol, el jardín está cubierto de **varas** y hojas secas.* **2** Palo largo: *Mi bisabuelo me dijo que cuando él iba a la escuela, el maestro guardaba una **vara** para castigar a los alumnos que se portaran mal.*

varadero ***m.*** Lugar donde se ponen en seco las embarcaciones: *En el **varadero** pintan y arreglan las lanchas y los barcos.*

varado, da ***adj.*** Relativo a las embarcaciones que se quedan detenidas por bancos de arena o entre piedras: *El barco pesquero quedó **varado** entre las rocas y los hombres están luchando por sacarlo de ahí.*

varano ***m.*** Lagarto carnívoro de lengua bífida y cuerpo robusto que puede medir hasta tres metros de largo: *Los **varanos** viven en Australia, Asia y África.*

varapalo ***m.*** **1** Golpe dado con una vara o palo. **2** Disgusto grande.

varar ***vb.*** {tr., intr. y prnl.} **1** Sacar del mar a la playa una embarcación: ***Vararon*** *ese barco porque tienen que hacerle composturas.* **2** Atorarse o encallar una embarcación: *Si no regresan antes de que la marea baje, la lancha **se vará** en el banco de arena.* **3** Detenerse, inmovilizarse, atascarse: *Obtenía muy buenas notas, pero de pronto **se varó** y empezó a reprobar exámenes.*

varear ***vb.*** {tr.} **1** Golpear las ramas de ciertos árboles con una vara o palo para recolectar el fruto. **2** ***Argent., Chile*** y ***Urug.*** Entrenar un caballo de competencia.

variabilidad ***f.*** Inestabilidad, hecho de ser inconstante, de cambiar con frecuencia: *En Escocia la **variabilidad** del clima es alta; en un momento hace viento, de pronto llueve, luego hace frío.*

variable ***adj.*** Que varía o es capaz de variar: *Tiene un carácter muy **variable**, por eso puede llorar de tristeza y dos minutos después reír como si ya no se acordara de su pena.*

variable ***f.*** Término indefinido que puede tomar distintos valores: *Para hacer tu investigación sobre la economía del país tienes que tomar en cuenta **variables** como el clima, la población y la salud.*

variación ***f.*** Hecho de variar o cambiar: *Si no hay **variación** en los planes, nos iremos de vacaciones en agosto.* SIN. **alteración.**

variado, da ***adj.*** Que se compone de diferentes elementos y por ello tiene variedad: *Ayer compramos dos kilos de cuentas **variadas** para hacer collares; en la bolsa hay de madera, de plástico, cuadradas, esféricas, opacas, trasparentes…*

variante ***f.*** **1** Cada una de las diferentes formas en que se presenta algo: *Esa canción tiene **variantes,** según se cante en una región o en otra.* **2** Variedad o diferencia: *Preparó una **variante** del famoso postre de chocolate de su tía Gracia.* **3** Desviación de un camino.

variar ***vb. irreg.*** {tr. e intr.} **Modelo 9. 1** Hacer que una cosa sea diferente a como era antes: *Para **variar,** por qué no llegas tú a mi casa, siempre soy yo quien va a buscarte.* **2** Dar variedad. **3** Cambiar, ser diferente: *El agua **varía** según el estado en el que se encuentre: sólido, líquido o gaseoso.*

varice o **várice** ***f.*** Dilatación permanente de las venas, sobre todo de las piernas: *El doctor le recomendó usar unas medias ajustables para controlar las **várices.***

varicela ***f.*** Enfermedad infecciosa que produce fiebre y erupciones en la piel: *Cuando a José le dio **varicela,** se la contagió a sus hermanos y amigos.*

varicoso, sa ***adj./m.*** y ***f.*** Relativo a las várices: *"Permanecer de pie o sentado demasiado tiempo propicia que las venas de las piernas se hagan **varicosas;** por eso es importante le ejercicio", indicó el médico.*

variedad ***f.*** **1** Calidad de vario, de distinto: *La **variedad** de tipos de sangre hace necesario un análisis antes de hacer una transfusión.* **2** Cada una de las distintas clases de algo: *En ese mercado hay una **variedad** amplia de tipos de lechuga.* **3** ***pl.*** Espectáculo compuesto por diversos números: *Ese programa de **variedades** presenta cantantes, bailarines, entrevistas y reportajes.*

varilla ***f.*** Barra larga y delgada: *Unas **varillas** metálicas mantienen abierto y extendido el paraguas.*

vario, ria ***adj.*** **1** Diverso, diferente, variado: *Se compró **varias** camisas de distintos colores: azul, amarillo, negro, etc.* **2** ***pl.*** Relativo a una cantidad indeterminada: *—¿Hace cuánto que no la ves? —**Varios** meses.*

variopinto, ta ***adj.*** Que contiene, mezclados, muchos elementos diferentes entre sí: *Las mercancías de esa tienda son **variopintas**, venden desde alfileres hasta bicicletas.*

varón ***m.*** **1** Persona del sexo masculino: *Gerardo estudia en una escuela religiosa, nada más para **varones**.* **2** Hombre de autoridad.

varonil ***adj.*** Propio del hombre: *Roberto tiene una agradable voz grave y **varonil**.*

varsoviano, na ***adj./m.*** y ***f.*** Originario de Varsovia, capital de Polonia, en Europa.

vasallaje ***m.*** **1** Estado de la persona que está sometida a un señor. **2** *Fam.* Sumisión humillante, obediencia excesiva: *Esa señora vive en una situación de **vasallaje**, su esposo no la deja hacer nada sin su autorización.*

vasallo, lla ***m.*** y ***f.*** **1** Persona que está sujeta a un señor por un feudo: *En la Edad Media, los señores feudales tenían **vasallos** que trabajaban para ellos a cambio de protección.* **2** Súbdito de un soberano: *El rey entró en el gran salón y sus **vasallos** se inclinaron para saludarlo.*

vasar ***m.*** Estante de un mueble de cocina o repisa que sirve para poner los vasos y la vajilla: *"Mi papá, durante el fin de semana, construyó un lindo **vasar**, lo pintó de azul y lo puso en la cocina; mi mamá está muy feliz", nos contó Paola.*

vascular ***adj.*** Relativo a los vasos sanguíneos de animales: *El sistema **vascular** es el que regula la circulación de la sangre por el organismo.*

vasectomía ***f.*** Operación quirúrgica para evitar que el varón tenga hijos: *Algunos hombres deciden hacerse la **vasectomía** cuando ya tienen el número de hijos que querían.*

vaselina ***f.*** Sustancia lubricante extraída del petróleo: *Le gusta ponerse **vaselina** en el pelo y le queda muy brillante.*

vasija ***f.*** Recipiente para contener líquidos o alimentos: *Ese artesano hace y vende **vasijas** artesanales de barro.*

vaso ***m.*** **1** Recipiente cóncavo y cilíndrico que sirve para beber. **2** Conducto por donde circula un líquido orgánico: *Los **vasos** sanguíneos de los ancianos no son tan flexibles como los de los jóvenes.* **3** *loc. Fam.* **Ahogarse en un ~ de agua,** preocuparse mucho por algo que no tiene importancia: *"No **te ahogues en un vaso de agua**, tu problema tiene una solución fácil y rápida", me indicó el médico.* **4** *loc. pl.* **~ comunicantes,** vasos unidos por conductos que permiten el paso de un líquido de unos a otros.

vasoconstricción ***f.*** Estrechamiento de los vasos sanguíneos: *La **vasoconstricción** ocasiona que el flujo de sangre sea menor o más lento.*

vasoconstrictor ***adj./m.*** Que contrae o sirve para contraer los vasos sanguíneos: *El exceso de tabaco y cafeína puede provocar efectos **vasoconstrictores**.*

vasodilatación ***f.*** Ensanchamiento de los vasos sanguíneos: *Cuando hacemos ejercicio, la **vasodilatación** aumenta el flujo sanguíneo, garantizando que el cuerpo tenga el oxígeno necesario.*

vasodilatador ***adj./m.*** Que ensancha o sirve para ensanchar los vasos sanguíneos: *Las personas que padecen asma suelen necesitar medicamentos **vasodilatadores**.*

vástago ***m.*** **1** Rama tierna de una planta: *En la primavera, el rosal empieza a dar **vástagos**.* **2** Hijo o descendiente: *Liliana llegó a la fiesta con sus tres **vástagos**, todos se parecen a ella.*

vasto, ta ***adj.*** Muy grande o extenso: *Desde lo alto de la montaña se aprecia el **vasto** valle.*

vate ***m.*** Poeta: *"El **vate** escribió este libro de poemas casi al final de su vida", explicó el librero a sus clientes.*

váter ***m.*** **Palabra de origen inglés.** *Ver* **water.**

vaticano, na ***adj.*** De Ciudad del Vaticano, dentro de Roma, en Italia: *Eliseo me envió una postal con un atardecer **vaticano** que compró afuera del palacio donde vive el Papa.*

vaticinar ***vb.*** {tr.} Adivinar, predecir: *Es fácil **vaticinar** que a Jorge le irá mal en el examen, no ha estudiado nada.*

vaticinio ***m.*** Predicción, profecía: *Muchas personas creen en los **vaticinios** de los adivinadores.*

vatio ***m.*** Unidad de potencia eléctrica: *Esa bombilla tiene una potencia de 40 **vatios**.* Sin. **watt.**

vecinal ***adj.*** Relativo a los vecinos o al vecindario: *"En la próxima asamblea **vecinal** se tratarán asuntos como el alumbrado público y la reforestación de la colonia", nos avisó nuestro vecino.*

vecindad ***f.*** **1** Calidad de vecino, de cercano: *La **vecindad** de esas casas permite que compartan el jardín.* **2** Conjunto de personas que viven en un mismo edificio o barrio: *La falta de agua afecta a toda la **vecindad**.* **3** ***Méx.*** Conjunto de viviendas populares con patio común: *Muchas viejas **vecindades** del centro de la ciudad se dañaron durante el último sismo.*

vecindario ***m.*** Conjunto de los vecinos de una población o de un barrio: *Los habitantes del **vecindario** se organizaron para cuidarse de los ladrones.*

vecino, na ***adj.*** Cercano: *La población **vecina** hacia el norte está a una hora de distancia.*

vecino, na ***m.*** y ***f.*** **1** Persona que vive en la misma casa o barrio: *Mi familia tiene una relación respetuosa y distante con los **vecinos**.* **2** Persona que tiene casa en una población: *Desde hace muchos años es **vecino** de esta ciudad.*

vector ***m.*** Segmento de recta en el que se distingue un origen y un extremo: *En la clase de física se estudian los **vectores**.*

vectorial ***adj.*** Relativo a los vectores: *Definir una magnitud **vectorial** requiere que haya un valor numérico, una dirección y un sentido del vector.*

veda ***f.*** **1** Hecho de vedar, de prohibir. **2** Tiempo en que está prohibido cazar o pescar: *Si se respeta la **veda** de pesca de algunas especies marinas, se las protege de una pronta extinción.*

vedado, da ***adj.*** Se dice del lugar o área a la que, por disposición legal, se prohíbe el acceso: *"Esa parte del bosque está **vedada** a los paseantes, pues debe recuperar el equilibrio ecológico que la actividad humana le había hecho perder", explicó el guardabosques.*

vedar ***vb.*** {tr.} **1** Prohibir: *Normalmente, en las tiendas **se veda** la entrada con alimentos.* **2** Impedir: *Las autoridades quieren **vedar** la entrada de mascotas al parque cuando no traigan correa.*

vedette ***f.*** **Palabra de origen francés.** Artista principal de un espectáculo de variedades: *La **vedette** salió a hacer su* *número ataviada con un vestido de lentejuelas y un penacho de plumas de avestruz.*

vega ***f.*** Tierra baja fértil: *En las* ***vegas*** *del valle se producen las mejores legumbres.*

vegetación ***f.*** Conjunto de plantas de un área determinada: *En los bosques y las selvas hay muchas plantas, mucha* ***vegetación.***

vegetal ***adj.*** Relativo a las plantas: *En la clase de biología estamos estudiando las especies del mundo* ***vegetal,*** *o sea, los distintos tipos de plantas.*

vegetal ***m.*** Ser orgánico que crece y vive, pero no cambia de lugar por impulso voluntario: *Los* ***vegetales*** *necesitan agua, luz y tierra para desarrollarse.*

vegetar ***vb.*** {intr. y prnl.} **1** Crecer las plantas. **2** Vivir alguien sin interés moral o intelectual: *Desde que se jubiló, el anciano está en su casa* ***vegetando,*** *sin hacer nada.*

vegetarianismo ***m.*** Sistema alimenticio basado en el consumo casi exclusivo de vegetales: *Algunas personas siguen el* ***vegetarianismo*** *por gusto y otras por prescripción médica.*

vegetariano, na ***adj.*** Relativo a las verduras, a los vegetales: *El doctor le recetó un régimen* ***vegetariano*** *para limpiarse de las toxinas animales que le estaban haciendo mucho daño.*

vegetariano, na ***m.*** y ***f.*** Persona que se alimenta de forma exclusiva de alimentos de origen vegetal: *Mi hermana es* ***vegetariana*** *porque dice que matar a los animales es una crueldad.*

vegetativo, va ***adj.*** Que realiza funciones vitales, excepto las reproductoras.

vehemencia ***f.*** Impulso o ímpetu intenso: *Javier tiene una gran* ***vehemencia,*** *por eso se emociona tanto cuando habla de música, que es su interés principal en la vida.* Sin. **pasión.**

vehemente ***adj.*** Que obra con ímpetu o de manera impulsiva: *El abogado hizo una defensa* ***vehemente*** *y fiel de su cliente, hasta que lo declararon inocente.*

vehicular ***adj.*** Relacionado con los vehículos: *En ese taller se ocupan del mantenimiento* ***vehicular*** *de las patrullas de policía.*

vehículo ***m.*** **1** Medio de transporte terrestre, aéreo o acuático: *El avión, el tren y el automóvil son* ***vehículos*** *modernos; las carretas se usaron más en siglos pasados.* **2** Aquello que sirve de transmisor o conductor de algo: *La bruja dice que ella es el* ***vehículo*** *a través del cual se manifiestan los espíritus.*

veinte ***adj.*** **1** Dos veces diez. **2** Vigésimo.

veinte ***m.*** Número que resulta de sumar diecinueve y uno.

veinteavo, va o **veintavo, va** ***adj./m.*** Cada una de veinte partes iguales en que se divide un todo: *La* ***veinteava*** *parte de cien es cinco.*

veintena ***f.*** Veinte de algo: *A la fiesta asistió una* ***veintena*** *de niños con sus mamás.*

vejación ***f.*** Humillación, maltrato: *En Estados Unidos de América, la raza negra ha sido objeto de muchas* ***vejaciones*** *por parte de los blancos.*

vejar ***vb.*** {tr.} Maltratar o molestar humillando: *El jefe* ***vejó*** *a la secretaria cuando le dijo que era una tonta.*

vejatorio, ria ***adj.*** Que humilla: *Cansado del trato* ***vejatorio*** *a que lo sometía su patrón, el trabajador fue a denunciarlo ante las autoridades laborales.*

vejestorio ***m. Desp.*** Persona muy vieja: *Mi abuela se refiere a sus amigas como "las muchachas", pero en realidad todas son unos* ***vejestorios.***

vejez ***f.*** **1** Calidad de viejo: *Mi bisabuelo murió de* ***vejez,*** *tenía noventa y ocho años.* **2** Último periodo de la vida humana: *Ahora se refieren a la* ***vejez*** *como la tercera edad; la primera es la infancia y la segunda es la edad adulta.* Sin. **senectud.**

vejiga ***f.*** Receptáculo abdominal en el que se acumula la orina: *Como tomó muchos líquidos y no había orinado, sentía la* ***vejiga*** *inflamada.*

vela ***f.*** **1** Cilindro de cera con pabilo que puede encenderse e iluminar un lugar. **2** Lona fuerte que sirve para impulsar una embarcación por la acción del viento: *Las* ***velas*** *se rasgaron por la fuerza de la tormenta y el barco se movía tanto que parecía que iba a hundirse.* **3** ***loc.*** **En ~,** quedarse despierto por la noche: *Se pasaron la noche en* ***vela*** *estudiando para el examen del día siguiente.*

velación ***f.*** Acción de pasar la noche acompañando a un muerto: *Se pasaron la noche en la* ***velación*** *del difunto.*

velada ***f.*** Reunión nocturna: *Pasamos una* ***velada*** *muy divertida en casa de Clicerio, sólo que hoy me desperté tarde porque me acosté en la madrugada.*

velado, da ***adj.*** **1** Cubierto con un velo: *Las novicias que profesarán como monjas entraron* ***veladas*** *a la iglesia como si fueran novias.* **2** Indirecto: *Me hizo una insinuación* ***velada*** *de que quería invitarse a comer a mi casa.* **3** Fotografía borrada: *No pudo mostrarnos las fotografías de su viaje porque salieron* ***veladas.***

velador ***m.*** **1** ***Amér. Merid.*** Mesa de noche: *Puso en el* ***velador*** *una lámpara que le permite leer cuando ya está acostada.* Sin. **buró, mesa de luz.** **2** ***Argent.*** Lámpara que suele colocarse en la mesilla de noche.

velador, ra ***m.*** y ***f.*** ***Méx.*** Vigilante nocturno de un edificio: *El* ***velador*** *de esas oficinas trabaja desde las diez de la noche hasta las seis de la mañana.* Sin. **celador.**

veladora ***f.*** **1** ***Urug.*** Lámpara que suele colocarse en la mesilla de noche. **2** ***Méx.*** Vela gruesa y corta que se prende ante un santo por devoción: *En la iglesia encendió una* ***veladora*** *por el alma de su tío recién fallecido.*

velamen o **velaje** ***m.*** Conjunto de las velas de una embarcación: *Como no había viento, el capitán ordenó bajar el* ***velamen*** *del barco.*

velar ***adj.*** **1** Relativo al velo del paladar: *Con el golpe se hizo una herida en la región* ***velar,*** *por eso no puede hablar bien.* **2** Relativo al sonido cuyo punto de articulación es el velo del paladar, como el que representan *u* y *k*.

velar ***vb.*** {tr. e intr.} **1** Asistir de noche a un enfermo o pasar la noche con un difunto: *En algunos lugares se acostumbra* ***velar*** *al difunto toda la noche.* **2** Permanecer despierto por la noche: *Se quedó* ***velando*** *anoche porque tenía un examen difícil hoy.*

velar ***vb.*** {tr. e intr.} **1** Cubrir con un velo: *La lámpara tiene una bombilla demasiado intensa, habría que* ***velarla*** *un poco.* **2** Borrarse una imagen fotográfica: *Abrió la cámara con el rollo puesto y* ***se velaron*** *varias fotos.*

velatorio ***m.*** Acto y lugar donde se vela a un difunto: *Cuando alguien muere, una agencia funeraria recoge el cuerpo y lo lleva a un* ***velatorio,*** *de donde sale hacia el cementerio.*

veleidad ***f.*** Naturaleza inconstante y caprichosa.

veleidoso, sa ***adj.*** Se aplica a la persona que varía de opinión fácilmente, y a los actos que esto resultan: *La* ***veleidosa*** *mujer ha ido cuatro veces a la tienda a cambiar el modelo y color de zapatos que compró; el gerente le dijo que a la próxima ya no le harán ningún cambio.*

velero ***m.*** Buque de vela: *En el siglo XVII se navegaba en grandes* ***veleros*** *que hoy han desaparecido, pues los sustituyeron los buques de motor.*

veleta ***f.*** **1** Pieza giratoria que indica la dirección del viento: *Sobre el edificio hay una* ***veleta*** *en forma de flecha que*

a b c d e f g h i j k l m n o p q r s t u v w x y z

señala hacia dónde sopla el viento. **2** Persona inconstante: *Ayer dijo que lo odiaba, hoy, que lo ama; es una* ***veleta.***

veliz o **velís** ***m. Méx.*** Maleta de mano de cuero o de metal: *Cargó sus* ***velices*** *y se fue de la casa.*

vello ***m.*** **1** Pelo corto y suave que cubre algunas partes del cuerpo humano: *Juan tiene tanto* ***vello,*** *que para las cinco de la tarde ya le creció la barba a pesar de que se afeita por la mañana.* **2** Pelusa de algunas frutas y plantas, como el durazno o melocotón.

vellón ***m.*** **1** Conjunto de la lana que sale de una oveja al esquilarla. **2** Piel curtida de oveja a la que se ha dejado su lana: *Un blanco* ***vellón*** *cubre el respaldo del sillón de la biblioteca; en invierno, don Miguel se lo echa sobre las piernas para leer calientito.*

vellosidad ***f.*** Presencia de vello: *Algunas plantas, como las ortigas, están cubiertas por* ***vellosidades*** *urticantes.*

velloso, sa ***adj.*** Cubierto de vello: *"Las hojas de ese tipo de begonia tienen los bordes* ***vellosos,*** *lo cual le da aspecto de ser una planta agresiva, pero no pican, tócalos", dijo el jardinero al niño.*

velludo, da ***adj.*** Se dice de la persona o la parte del cuerpo que tiene mucho vello: *En el balneario vimos a un señor que tenía la espalda* ***velluda,*** *de lejos hasta se le veía renegrida de tanto vello.*

velo ***m.*** **1** Tejido muy fino y transparente: *Para la ceremonia de boda, algunas novias se ponen un* ***velo*** *que les cubre la cara.* **2** ***loc.*** **~ del paladar,** especie de cortina muscular que separa la boca de la faringe.

velocidad ***f.*** **1** Magnitud física que representa el espacio recorrido en una unidad de tiempo: *En clase de física resuelven problemas en los que calculan la* ***velocidad*** *de un automóvil, si se conocen la distancia y el tiempo recorridos.* **2** Ligereza o prontitud en el movimiento: *Caminó a gran* ***velocidad*** *porque le urgía ir al baño.* **3** Cada una de las combinaciones de engranaje de un motor de automóvil: *Los automóviles automáticos son más fáciles de manejar que los que tienen* ***velocidades.***

velocímetro ***m.*** Indicador de velocidad de los vehículos de motor: *El* ***velocímetro*** *del autobús de pasajeros marcaba que se habían sobrepasado los 120 kilómetros por hora, y sonó una alarma para recordarle al chofer que bajara la velocidad.*

velocípedo ***m.*** Vehículo con dos o tres ruedas que constituyó el origen de la bicicleta.

velocista ***adj./m.*** y ***f.*** Atleta que se especializa en carreras de velocidad: *Nuevamente, el* ***velocista*** *Urrieta rompió el récord en la carrera de los 100 metros planos.*

velódromo ***m.*** Pista para determinadas carreras de bicicleta: *La competencia ciclista de velocidad se llevó a cabo en el* ***velódromo.***

velorio ***m.*** **1** Sesión nocturna en la que se vela a un difunto: *Anoche estuve en el* ***velorio*** *del papá de una amiga, ella está muy triste.* **2** Acto y lugar donde se vela a un difunto.

veloz ***adj.*** Que se mueve o puede moverse con rapidez: *Pese a ser más* ***veloz*** *que la tortuga, la liebre de la fábula perdió la carrera por haberse confiado.*

vena ***f.*** **1** Vaso que conduce la sangre o la linfa al corazón. **2** Filón de roca o de una masa mineral encajado en una roca de distinta naturaleza: *En la mina acaban de descubrir una importante* ***vena*** *de oro.* **3** Nervio de la hoja de las plantas: *Por las* ***venas*** *de las hojas fluye la savia, que es como la sangre de las plantas.*

venablo ***m.*** Lanza corta o dardo: *A diferencia de las flechas, que se lanzaban con arco, los* ***venablos*** *se arrojaban a mano.*

venado ***m.*** Rumiante de hasta 150 m de altura que vive en manadas en los bosques de Europa, Asia y América: *En el zoológico había dos* ***venados*** *adultos con su cría.* Sin. **ciervo, gamo.**

venal ***adj.*** **1** Destinado a la venta, vendible: *Los objetos* ***venales*** *que exhiben en el aparador de la sala de remates llaman la atención de los transeúntes.* **2** Se dice de quien se deja sobornar o corromper: *Los funcionarios* ***venales*** *son un cáncer de la sociedad, pues impiden el orden y la aplicación de la justicia.*

venalidad ***f.*** Calidad de venal: *"Habrá que ponderar la* ***venalidad*** *de estas telas antes de hacerle pedido al proveedor", indicó el gerente.*

vencedor, ra ***m.*** y ***f.*** Persona que vence o gana: *El* ***vencedor*** *de la carrera de cien metros planos fue un corredor de Canadá.*

vencejo ***m.*** Ave parecida a la golondrina, pero de alas más estrechas y cola más corta: *El* ***vencejo*** *caza insectos durante su rápido vuelo.*

vencer ***vb. irreg.*** {tr., intr. y prnl.} **Modelo 40. 1** Derrotar al enemigo: *El ejército del país* ***vencerá*** *a las fuerzas extranjeras que quieren apoderarse de la ciudad.* **2** Resultar el primero en una competencia: *El chino* ***venció*** *a los otros clavadistas y ganó la medalla de oro.* **3** Producir su efecto en uno aquello a lo que es difícil resistir: *Como llevaba varios días durmiendo mal, anoche finalmente la* ***venció*** *el sueño a las seis de la tarde.* **4** Dominar las pasiones: *Evaristo logró* ***vencer*** *su timidez y habló en público.* **5** Terminar un plazo: *Antes de que* ***se venciera*** *el plazo, logró terminar el cuento para el concurso.*

vencible ***adj.*** Que puede derrotarse: *No te preocupes, ese jugador es* ***vencible,*** *así que tienes posibilidades de ganar.* Ant. **invencible.**

vencido, da ***adj.*** Que ha sido derrotado: *El boxeador estaba tan golpeado que su entrenador decidió darlo por* ***vencido*** *para que no tuviera que seguir peleando.*

vencimiento ***m.*** Cumplimiento de un plazo: *Tiene que pagar el alquiler al* ***vencimiento*** *del mes.*

venda ***f.*** Tira de tela o gasa que sirve para cubrir heridas: *Su mamá le lavó y curó la rodilla golpeada y después se la cubrió con una* ***venda.***

vendaje ***m.*** Conjunto de vendas: *Las antiguas momias egipcias eran envueltas con un complicado* ***vendaje.***

vendar ***vb.*** {tr.} Poner una venda: ***Vendé*** *mi pierna porque me la lastimé cuando jugaba fútbol.*

vendaval ***m.*** Viento fuerte: *Las hojas de las palmeras casi llegaban al suelo, azotadas por el* ***vendaval.***

vendedor, ra ***m.*** y ***f.*** Persona que vende o tiene por oficio vender: *El* ***vendedor*** *me convenció de que esa aspiradora era una gran compra. ¡Ahora me doy cuenta de que en realidad no me hace falta!*

vender ***vb.*** {tr. y prnl.} **1** Ceder a otro algo a un determinado precio. **2** Dejarse sobornar o corromper: *Ese juez* ***se vendió*** *a los narcotraficantes.*

vendido, da ***adj.*** **1** Lo que ha pasado a manos de otro propietario, después de un pago monetario: *Me gustó un cuadro de la exposición, pero ya estaba* ***vendido.*** **2** Corrupto: *Ese mal equipo ganó porque el árbitro estaba* ***vendido.***

vendimia ***f.*** Recolección de la uva y tiempo en que se efectúa: *Durante la* ***vendimia,*** *mucha gente llega a trabajar en los campos sembrados de vides.*

vendimiador, ra ***adj./m.*** y ***f.*** Persona que trabajan en la vendimia: *En muchos lugares, al terminar la vendimia los* ***vendimiadores*** *y la gente de la población hacen una fiesta.*

veneno ***m.*** Sustancia que, introducida en el cuerpo, ocasiona la muerte o graves trastornos: *Está probado que la nicotina es **veneno** para los pulmones.*

venenoso, sa ***adj.*** Que tiene una sustancia que causa la muerte o graves trastornos: *Los frascos con sustancias **venenosas** están marcados con una calavera.*

venerable ***adj.*** Digno de veneración, de respeto.

veneración ***f.*** Devoción, adoración: *Quedó muy triste después de la muerte de su madre adoptiva, porque sentía **veneración** por ella.*

venerador, ra ***adj./m.*** y ***f.*** Que venera: *Algunos atribuyen las pinturas rupestres a chamanes **veneradores** de ciertos animales, otros a cazadores que deseaban atraer suerte.*

venerar ***vb.*** {tr.} **1** Sentir y mostrar respeto y devoción por alguien. **2** Dar culto a Dios, a los santos y a las cosas sagradas: *En varias iglesias de América Latina **se veneran** imágenes del arcángel Miguel, quien simboliza la defensa de la fe cristiana.*

venéreo, a ***adj.*** **1** Relativo al placer o al acto sexual. **2** Relativo a las enfermedades infecciosas contraídas por vía sexual: *La sífilis es una enfermedad **venérea** para la que no había cura en el siglo* XIX.

venero ***m.*** **1** Manantial: *De las entrañas de ese monte brota un **venero** de agua clarísima.* **2** Fuente de conocimientos: *Los sitios de Internet son **veneros** de datos, pero hay que tener criterio para seleccionar la información.*

venezolano, na ***adj./m.*** y ***f.*** Originario de Venezuela, país de América del Sur: *El ron **venezolano** tiene fama de ser bueno y sabroso.*

vengador, ra ***adj.*** Que ejerce venganza: *Muchos héroes de la mitología, las historietas y el cine son **vengadores** más que justicieros.*

venganza ***f.*** Hecho de dar respuesta a un agravio o daño: *El deseo de **venganza** envenena el alma de las personas que lo sienten.*

vengar ***vb. irreg.*** {tr. y prnl.} **Modelo 17.** Dar respuesta a un agravio o daño.

vengativo, va ***adj.*** Que se venga: *Es mejor no tener problemas con ese señor, porque es muy **vengativo.***

venia ***f.*** Permiso, licencia: *"Con su **venia,** saldré a descubrir nuevas tierras para el reino", dijo el caballero a la soberana.*

venial ***adj.*** Que de manera leve es contrario a la ley o precepto: *Lo que hiciste es una falta **venial** que no afectará a nadie, pero es mejor que no lo hagas otra vez.*

venialidad ***f.*** Calidad de venial: *Injusticia es que, pese a la **venialidad** de sus faltas, los ciudadanos honestos sean encarcelados.*

venidero, ra ***adj.*** Que está por venir o suceder, futuro: *"En los años **venideros** creceré y me convertiré en modelo profesional", dijo la niña de 14 años.*

venir ***vb. irreg.*** {intr. y prnl.} **Modelo 49. 1** Moverse, trasladarse de allá para acá: *Si le digo **"ven"** a mi perra, obedece y viene a sentarse a mis pies.* **2** Estar próximo en el tiempo: *El año que **viene** vamos a hacer un viaje a Alaska.* **3** Tener su origen: *El cabello rizado de Julio le **viene** de familia.* SIN. **proceder. 4** Llegar al sitio donde está quien habla: ***Vinieron** a visitarnos al campo mis primos de la ciudad.* **5** Seguir inmediatamente una cosa de otra: *Después del capítulo uno del libro **vendrá** el capítulo dos y luego, el tres.* **6** Suceder, ocurrir: *Después de que abandonó la escuela le **vinieron** grandes dificultades como trabajos donde la trataban mal y le pagaban poco, deudas que no podía pagar, etcétera.* **7** Ajustarse, acomodarse bien o mal: *Ese pantalón te **viene** muy bien, no dudes en comprarlo.* **8** Estar, hallarse, encontrarse: *¿Ya viste la fotografía de Amalia que **viene** en el diario?*

venoso, sa ***adj.*** Relativo a las venas. *La sangre **venosa** tiene bajo contenido de oxígeno y alto de bióxido de carbono.*

venta ***f.*** **1** Hecho de vender: *Después de mucho negociar, el vendedor logró la **venta** del edificio.* **2** Cantidad de cosas que se venden: *En diciembre hay buenas **ventas** de juguetes.* **3** Posada: *El autobús se detuvo en una **venta** donde los viajeros pudieron comer y descansar un poco.*

ventaja ***f.*** **1** Hecho de ir o estar delante de otro en una actividad: *Con respecto a los demás aspirantes a ese trabajo, él tiene la **ventaja** de saber inglés y alemán.* **2** Provecho, utilidad: *Vendió la bicicleta que había comprado hace seis meses con una **ventaja** de 10 por ciento: le costó 1 000 pesos y la vendió en 1 100.*

ventajear ***vb.*** {tr.} ***Argent., Colomb., Guat.*** y ***Urug.*** Obtener ventaja de alguien mediante procedimientos no correctos.

ventajismo ***m. Amér.*** Actitud del ventajista: *Es una desgracia que el **ventajismo** de algunos dirigentes supere a los objetivos de servicio a quienes representan.*

ventajista ***adj./m.*** y ***f.*** Persona que busca, por medios no siempre lícitos, obtener ventaja de las circunstancias: *"Josué es un **ventajista,** me cambió unos libros a los que le faltaban páginas por mi colección de discos", se quejó Irina.*

ventajoso, sa ***adj.*** Que representa un beneficio, una ventaja: *Le propusieron una compra muy **ventajosa,** dos pantalones por el precio de uno.*

ventana ***f.*** **1** Abertura hecha en la pared, para dar luz y ventilación: *Como se levanta tarde, cubrió las **ventanas** con gruesas cortinas que no dejan entrar la luz.* **2** Hoja con que se cierra la abertura en la pared llamada ventana: *Después de levantarme, siempre abro las **ventanas** para airear la habitación.*

ventanal ***m.*** Ventana grande, desde el techo hasta el piso: *En su oficina del piso veinte, desde sus grandes **ventanales** tiene una buena vista de la ciudad.*

ventanear ***vb.*** {intr.} ***Fam.*** Pasarse el tiempo asomado a la ventana: *"El problema de vivir en las ciudades es que, por donde te asomes, siempre hay alguien que **ventanea** para ver qué hacen los vecinos", se quejó Maribel.*

ventanilla ***f.*** **1** Abertura pequeña en la caja de un banco u otra oficina, por medio de la cual público y empleados se comunican e intercambian dinero y documentos. **2** Pequeña ventana de cristal que tienen los automóviles y otros vehículos: *"No bajes el vidrio, mejor abre la **ventanilla,** porque si no, se meterá la lluvia", indicó su papá a Héctor.*

ventarrón ***m.*** Viento que sopla muy fuerte: *El **ventarrón** hizo volar la ropa de los tendederos, de nada sirvieron las pinzas que la sujetaban.*

ventear ***vb.*** {tr.} Olfatear el aire los animales: *Las gacelas **ventearon** y, al percibir el olor de un león, salieron del lugar saltando a gran velocidad.*

ventila ***f. Méx.*** **1** Ventanilla de un automóvil. **2** Ventana pequeña abierta en otra para permitir el paso de la ventilación: *Entre mi hermano y yo pusimos tela de alambre en la **ventila** de nuestro cuarto para que no entren los moscos.*

ventilación ***f.*** Aire en circulación: *Siento que me ahogo en este cuarto porque no tiene **ventilación.***

ventilador ***m.*** Aparato que tiene un eje con aspas, que sirve para ventilar o hacer circular el aire: *En esa región cálida se usan los **ventiladores** pegados al techo.*

ventilar ***vb.*** {tr. y prnl.} **1** Exponer al viento: *Colgué la ropa en el patio para que **se ventile.*** **2** Renovar el aire de un lugar: *Por las mañanas es bueno **ventilar** las habitaciones* *para que se vayan los olores nocturnos.* **3** *Fam.* Hacer que la gente conozca un asunto privado: *Nina* ***ventila*** *sus problemas matrimoniales, por eso todos los vecinos saben lo que ocurre en su vida privada.*

ventisca ***f.*** Borrasca o tempestad de viento y nieve: *Durante la última* ***ventisca*** *en esa zona canadiense, se cayeron varios postes de luz y de teléfono.*

ventisquero ***m.*** **1** Parte del monte más expuesto a las ventiscas. **2** Masa de nieve o hielo que hay en ese lugar.

ventolina ***f.*** Viento variable y leve que sopla en el mar antes de la calma: *La* ***ventolina*** *hacía ondear suavemente las banderas del buque.*

ventosa ***f.*** **1** Objeto cóncavo de caucho o hule que, al ser apretado contra una superficie, queda adherido a ella: *El gancho del que se cuelga el trapo de la cocina se pega a la pared con una* ***ventosa.*** **2** Órgano de fijación y succión de algunos animales, como el pulpo: *En lugar de comerlo, el niño contaba las* ***ventosas*** *del pulpo que tenía en el plato.*

ventosear ***vb.*** {intr.} Expulsar gases intestinales por el ano.

ventosidad ***f.*** Gas intestinal expulsado por el ano: *Ya puedes acostar al bebé, no eructó, pero ya expulsó* ***ventosidades.*** SIN. **flato, pedo.**

ventoso, sa ***adj.*** Clima o lugar en el que sopla mucho viento: *La calle donde vivo es muy larga y corre de norte a sur, así que se hace una especie de canal para el aire y casi siempre está* ***ventosa.***

ventral ***adj.*** Relativo al vientre: *El dolor* ***ventral*** *que tenía Yadira se debió a una colitis, pero ya está bien.*

ventrículo ***m.*** Cada una de las dos cavidades del corazón que recibe sangre de las aurículas: *El corazón tiene dos aurículas y dos* ***ventrículos.***

ventrílocuo, cua ***m.*** y ***f.*** Persona que puede hablar sin mover los labios y los músculos faciales, de manera que parezca que es otra persona o muñeco el que habla: *Es un* ***ventrílocuo*** *tan bueno, que puede hacer que su muñeco hable mientras él toma agua.*

ventriloquía ***f.*** Arte y oficio de hablar sin mover los labios ni los músculos faciales. *Las personas que practican* ***ventriloquía*** *presentan un espectáculo que suele verse en cabarets y teatros de variedades.*

ventrudo, da ***adj.*** Que tiene el vientre muy abultado: *Ya deberías dejar de comer pan y grasas, mira cómo te has vuelto* ***ventrudo.*** SIN. **panzón.**

ventura ***f.*** **1** Felicidad: *Los invitados desearon todo tipo de* ***venturas*** *a los recién casados.* **2** Suerte: *Su padre le deseó a Julián buena* ***ventura*** *en los estudios que comenzaba.* **3** Casualidad: *Si por* ***ventura*** *llegas a ver a Laura en la escuela, salúdala de mi parte.*

venturina ***f.*** Tipo de cuarzo que tiene dentro partículas de mica, lo que le da un brillo particular: *La* ***venturina*** *se utiliza en joyería y para hacer objetos de adorno, a la gente le gusta porque parece que dentro tiene diamantina.*

venturoso, sa ***adj.*** Dichoso, afortunado, que causa felicidad: *Nunca olvidará aquel* ***venturoso*** *día en que su hijo se recuperó de la horrible enfermedad que lo atacaba.*

ver ***m.*** **1** Sentido de la vista: *Para algunas personas,* ***ver*** *es más importante que oír.* **2** Aspecto, apariencia: *Es una joven de buen* ***ver,*** *bien vestida y arreglada.*

ver ***vb. irreg.*** {tr. y prnl.} **Modelo 31. 1** Percibir mediante el sentido de la vista: *Mi abuelo está anciano y no* ***ve*** *bien de lejos.* **2** Observar, examinar: *En clase de biología* ***vimos*** *unas bacterias a través del microscopio.* **3** Comprender, entender, darse cuenta de algo: *Genaro no quiere* ***ver*** *que su esposa lo engaña con otro hombre.* **4** Considerar, juzgar. **5** Visitar a otra persona: *Quiero* ***ver*** *a mi tía Angélica, hace mucho que no sé de ella.* **6** Hallarse en determinada situación: *Sin quererlo, de pronto* ***se vio*** *envuelto en una situación difícil en el trabajo.* **7** Someterse a control por parte de un técnico o especialista: *Es importante que lo* ***vea*** *el médico, porque no es normal que todos los días sienta dolor de cabeza y mareos.*

vera ***f.*** **1** Orilla de un mar, río, etc. **2** *loc.* **A la ~,** a la orilla: *Joaquín descansó a* ***la vera*** *del camino después de haber recorrido 10 kilómetros.*

veracidad ***f.*** Calidad de veraz: *La* ***veracidad*** *de ese periodista ha hecho que sea uno de los más leídos en el mundo.*

veraneante ***adj./m.*** y ***f.*** Que veranea: *Los* ***veraneantes*** *atestaron la piscina del hotel y en tres días no pudimos nadar ni una sola vez.*

veranear ***vb.*** {intr.} Pasar el verano de vacaciones: *Nos vamos a* ***veranear*** *a Río de Janeiro, donde tenemos familia.*

veraneo. De ~, ***loc.*** De vacaciones, de paseo: *La familia rica se fue* ***de veraneo*** *al Medio Oriente.*

veraniego, ga ***adj.*** Relacionado con el verano: *Se fue a comprar ropa* ***veraniega*** *para sus vacaciones en la playa.*

verano ***m.*** Estación del año entre la primavera y el otoño: *En* ***verano*** *hace mucho calor, por eso la gente busca pasar las vacaciones en las playas.* SIN. **estío.**

veras. De ~, ***loc.*** Verdad en aquello que se dice o hace: *¿****De veras*** *vamos a ir al cine hoy por la tarde?*

veraz ***adj.*** Que dice la verdad: *La información que dio ese diario respecto a la visita del Papa fue* ***veraz;*** *en cambio, los de la radio inventaron todo.*

verbal ***adj.*** **1** Relativo a la palabra: *Pedro tiene una expresión* ***verbal*** *muy buena porque le gusta mucho leer.* **2** Relativo al verbo: *En clase de lengua española estudiamos modos* ***verbales*** *como el indicativo y el imperativo.* **3** Que se hace de palabra y no por escrito: *Me dijo de manera* ***verbal*** *que el libro estaba aprobado, falta que me lo diga por escrito.*

verbalizar ***vb. irreg.*** {tr.} **Modelo 16.** Expresar con palabras: *"A veces cuesta trabajo* ***verbalizar*** *lo que sentimos, pero hay que procurar hacerlo para evitar malos entendidos", dijo la profesora.*

verbalmente ***adv.*** Dicho con palabras habladas: *El jefe dio* ***verbalmente*** *la orden de que debemos organizar todos los archivos.*

verbena ***f.*** Fiesta popular nocturna: *El día del triunfo del candidato, se organizó una* ***verbena*** *popular en la plaza que duró hasta altas horas de la madrugada.*

verbena ***f.*** Planta de propiedades medicinales que puede crecer como hierba o como arbusto.

verbigracia ***adv.*** Por ejemplo: *No le gusta comer verduras,* ***verbigracia*** *las espinacas.*

verbo ***m.*** **1** Palabra: *Ese sacerdote dice que desea dar a conocer el* ***verbo*** *divino.* **2** Categoría lingüística que expresa dentro de la oración la acción o estado del sujeto: *Correr es un* ***verbo*** *escrito en modo infinitivo.*

verborrea ***f.*** *Fam.* Tendencia a utilizar más palabras de las necesarias: *Laura abusa de la* ***verborrea*** *cuando habla porque dice que quiere ser política cuando crezca.*

verdad ***f.*** **1** Principio aceptado como cierto: *Una* ***verdad*** *es que la Tierra es redonda.* **2** Conformidad entre lo que se dice y lo que se piensa: *Es* ***verdad*** *que Miguel salió de casa ayer, yo lo vi en el cine.* **3** Existencia real de una cosa: *La historia que representan en ese filme es* ***verdad,*** *realmente sucedió.*

verdadero, ra ***adj.*** **1** Que es o contiene verdad: *La razón que dio por haber llegado tarde es* ***verdadera,*** *en la calle ocurrió un accidente y los automóviles estuvieron* *detenidos durante una hora.* **2** Real, verídico: *Esa novela se basa en una historia* ***verdadera.*** **3** Sincero, veraz: *Siente* ***verdadero*** *amor por su perro, no sabes cómo sufrió cuando estuvo perdido y qué felicidad le dio cuando el animal regresó.*

verde ***adj.*** **1** De color verde: *Compré una blusa* ***verde*** *chillante y ya me arrepentí, porque voy a parecer un loro.* **2** Relativo a la fruta que no está madura: *No te comas esa manzana, todavía está* ***verde.***

verde ***m.*** **1** Color que resulta de combinar el amarillo y el azul: *El color predominante de las plantas es el* ***verde.*** **2** *pl.* Movimientos ecologistas y sus miembros: *Los* ***verdes*** *se preocupan mucho por la limpieza y conservación del medio ambiente.*

verdear ***vb.*** {intr. y prnl.} Empezar a brotar plantas en los campos o cubrirse los árboles de tallos y hojas: *En primavera, el paisaje* ***verdea*** *y después las flores empiezan a aparecer.*

verderón ***m.*** Ave cantora de plumaje verde olivo, de 15 cm de longitud: *Los* ***verderones*** *son comunes en los jardines y bosques de Europa.*

verdín ***m.*** Moho que se encuentra en el agua dulce, en las paredes, en los lugares húmedos y en la corteza de los frutos cuando se pudren.

verdolaga ***f.*** Planta de hojas carnosas comestibles y flores amarillentas o rojas: *Las* ***verdolagas*** *son comestibles y se pueden preparar en guisos con carne.*

verdor ***m.*** Color verde vivo de las plantas: *¡Mira todo ese* ***verdor!*** *¿No es un bosque maravilloso?*

verdoso, sa ***adj.*** De color que se acerca al verde o que tiene algo de verde: *Tiene los ojos claros, más bien* ***verdosos,*** *y la tez un poco morena.*

verdugo ***m.*** **1** Tallo verde o brote de un árbol. **2** Funcionario de justicia que ejecuta las penas de muerte: *Durante la Revolución francesa, el* ***verdugo*** *era el encargado de accionar la guillotina; ahora es un médico que pone la inyección mortal a los condenados.*

verdugón ***m.*** Roncha o señal que dejan en el cuerpo los azotes: *En el filme, la heroína, una esclava negra, es castigada con latigazos y después se le ven los* ***verdugones*** *marcados en la espalda.*

verdulera ***f. Fam.*** Mujer ordinaria: *Dice groserías como si fuera una* ***verdulera.***

verdulería ***f.*** Tienda o puesto donde se venden verduras, hortalizas, frutas, etc.

verdulero, ra ***m.*** y ***f.*** Persona que vende verduras: *Después de pasar con el* ***verdulero,*** *quiero ir con la frutera a comprar peras.*

verdura ***f.*** Vegetales de color verde: *En la parte de atrás de la casa, mi madre cultiva* ***verduras*** *como lechugas, tomates, espinacas y cebollas.*

verduzco, ca o **verdusco, ca** ***adj.*** De color entre verde y negro: *Había un olor extraño en la cocina y descubrimos que era una naranja echada a perder, estaba cubierta de un moho* ***verduzco.***

vereda ***f.*** **1** Camino angosto: *Por esa* ***vereda*** *puedes llegar al río.* Sin. **senda, sendero.** **2** *Amér. Merid.* y *Cuba.* Lugar reservado para el tránsito de peatones. Sin. **acera.**

veredicto ***m.*** Fallo pronunciado por un jurado: *En la sala de la Corte, todos esperaban el* ***veredicto*** *del jurado y cuando se supo, saltaban de gusto porque declararon inocente a Romualdo.*

verga ***f.*** **1** Palo colocado en un mástil para asegurar la vela. **2** *Vulg.* Pene del hombre.

vergel ***m.*** Huerto con flores y árboles frutales: *Vive en medio de un* ***vergel*** *entre naranjos, limoneros y otras plantas.*

vergonzoso, sa ***adj.*** **1** Que causa vergüenza: *La maestra le dijo a Pedro que engañar a la gente es* ***vergonzoso.*** **2** Propenso a sentir vergüenza: *Maura es* ***vergonzosa,*** *por eso no usa vestidos cortos.* Sin. **penoso.**

vergüenza ***f.*** **1** Sentimiento ocasionado por alguna falta cometida o por el temor a la humillación: *Como estaba de visita, le dio mucha* ***vergüenza*** *que se le cayera el guiso en el mantel.* **2** Timidez: *A Federico le da mucha* ***vergüenza*** *hablar en público.* Sin. **pena.** **3** *Fam. pl.* Órganos genitales: *Una ola le arrancó la tanga, por lo que salió del mar tapándose las* ***vergüenzas*** *con las manos.*

vericueto ***m.*** **1** Lugar o paraje alto e inclinado. **2** Complicaciones, obstáculos: *Para llegar a ocupar ese puesto, tuvo que pasar por muchos* ***vericuetos*** *y dificultades.*

verídico, ca ***adj.*** **1** Que dice o incluye verdad: *El testigo juró que lo que iba a declarar era* ***verídico.*** **2** Auténtico, real: *Vi un reportaje* ***verídico*** *sobre una avalancha de nieve que sepultó un pueblo en la montaña.*

verificable ***adj.*** Que puede verificarse: *La autenticidad de este vino es* ***verificable,*** *observa el marbete y los sellos de la aduana.*

verificación ***f.*** Acción de verificar: *En la embajada sometieron los documentos a* ***verificación,*** *para asegurarse de que eran auténticos.*

verificador, ra ***adj./m.*** y ***f.*** Persona encargada de verificar el funcionamiento de algo: *Ayer, unos* ***verificadores*** *visitaron el restaurante de don Moisés para revisar que todo estuviera de acuerdo a las normas de higiene.*

verificar ***vb. irreg.*** {tr.} **Modelo 17.** **1** Probar que es verdadero algo de lo que se dudaba: *El policía dijo que* ***verificaría*** *las acusaciones en contra de esa persona antes de llevarla a la cárcel.* **2** Comprobar la verdad de algo que ya se sabía: *Hay que* ***verificar*** *esas sumas antes de entregarlas a la maestra, para evitar cualquier error.*

verija ***f. Amér. C.*** y ***Amér. Merid.*** Lugar entre las costillas y el hueso de la cadera. Sin. **ijada.**

verismo ***m.*** Escuela literaria y musical de la Italia de fines del siglo XIX y principios del XX, basada en el derecho a representar la realidad sin idealización alguna: *El compositor Pietro Mascagni, autor de "Cavalleria Rusticana", es uno de los representantes del* ***verismo*** *musical.*

verista ***adj./m.*** y ***f.*** Perteneciente o relativo al verismo: *La literatura* ***verista*** *italiana otorgó importancia a la poesía escrita en dialectos regionales.*

verja ***f.*** Enrejado que se emplea como puerta, ventana o cerca: *La* ***verja*** *de entrada a la casa está pintada de color marrón.*

vermicular ***adj.*** Parecido a los gusanos: *Aunque un ciempiés tiene forma* ***vermicular*** *no es gusano, sino artrópodo.*

vermífugo o **vermicida** ***adj./m.*** Medicamento o sustancia para combatir los gusanos intestinales: *Ana está tomando unas gotas* ***vermífugas*** *que le dio el doctor para que arroje las lombrices.*

vermú o **vermut** ***m.*** Licor compuesto de vino blanco, ajenjo y otras sustancias.

vernacular ***adj.*** **1** Lengua nativa o característica de un país o región, habla local. **2** Lenguaje de uso cotidiano en determinado grupo humano.

vernáculo, la ***adj.*** Se dice de lo que es originario del país de que se trata: *No tendrá problemas durante su viaje, porque habla la lengua* ***vernácula*** *del país al que va.*

verosímil ***adj.*** Que parece verdadero o puede ser creíble: *Contó la historia de una manera tan* ***verosímil,*** *que todos pensamos que era real; después nos confesó que la había inventado.* Ant. **inverosímil.**

verosimilitud ***f.*** Calidad de lo que es verdadero, creíble: *La* ***verosimilitud*** *es una cualidad apreciada en la literatura.*

verraco ***m.*** Cerdo que se utiliza para que preñe o embarace a las cerdas.

verruga ***f.*** Abultamiento rugoso que sale en la piel: *Tenía una* ***verruga*** *cerca del ojo y fue al médico para que se la quitara.*

verrugoso, sa ***adj.*** Que tiene verrugas o excrecencias parecidas a ellas: *En el parque vi una planta con hojas* ***verrugosas;*** *pensé que tenía alguna plaga, pero el jardinero me explicó que así es esa especie.*

versado, da ***adj.*** Conocedor a fondo de alguna materia: *Maruja es una persona* ***versada*** *en la lengua griega, le gusta mucho y la ha estudiado durante diez años.*

versal ***adj./f.*** Nombre que se da en imprenta a las letras mayúsculas: *"En ese escrito, los títulos van en* ***versales*** *y los subtítulos en minúsculas negras", explicó un tipógrafo a la capturista.*

versalita ***adj./f.*** En imprenta, letra mayúscula de la misma altura que una minúscula: *Por lo general, se escriben en* ***versalitas*** *los números romanos que identifican los siglos.*

versar ***vb.*** {intr.} Tener como asunto o tema la materia que se expresa: *El curso que dará el profesor de literatura* ***versará*** *sobre la novela latinoamericana.*

versátil ***adj.*** **1** Que cambia con facilidad de gustos, opiniones o sentimientos. SIN. **voluble. 2** *Méx.* Artista que domina varias artes como la danza, el canto, la actuación, etc.: *El artista español Pablo Picasso fue* ***versátil,*** *dominaba la pintura, la escultura y la cerámica.*

versatilidad ***f.*** Capacidad de presentar distintos aspectos: *Ese funcionario posee gran* ***versatilidad,*** *es administrador, político y jefe.*

versículo ***m.*** **1** Cada una de las divisiones breves de un capítulo de la Biblia y de otros libros sagrados. **2** Cada uno de los versos de un poema sin rima ni metro fijo y determinado.

versificación ***f.*** Arte de hacer versos: *Dominar la* ***versificación*** *no es igual a ser poeta.*

versificador, ra ***adj./m.*** y ***f.*** Persona que compone versos: *Ni todos los* ***versificadores*** *son poetas, ni todos los poetas hacen buenos versos.*

versificar ***vb. irreg.*** {tr. e intr.} **Modelo 17. 1** Poner en verso un escrito que estaba en prosa: *Como ejercicio literario, les pidieron* ***versificar*** *el cuento que estaba en prosa.* **2** Componer versos.

versión ***f.*** **1** Traducción de un texto: *Le pidieron hacer una* ***versión*** *al castellano de una novela de éxito en Inglaterra.* **2** Interpretación particular de un hecho: *El fiscal le pidió al testigo su* ***versión*** *de los hechos.* **3** Adaptación de una obra musical, teatral, etc.: *Acaban de hacer en teatro una* ***versión*** *musical de un viejo filme.*

verso ***m.*** Conjunto de palabras combinadas según ciertas reglas, y sujetas a un ritmo: *La obra teatral* Don Juan Tenorio, *del escritor José Zorrilla, está escrita en* ***verso.***

versus ***prep.*** Por oposición a, frente a.

vértebra ***f.*** Cada uno de los huesos de la columna vertebral: *Mi abuela tiene un problema entre dos* ***vértebras*** *de la región de la cintura, por eso no puede caminar.*

vertebrado, da ***adj.*** Relativo al animal provisto de columna vertebral: *Los humanos somos animales* ***vertebrados.***

vertebral ***adj.*** **1** Relativo a las vértebras: *El médico me dijo que el dolor que siento en la espalda se debe a un problema* ***vertebral.*** **2** *loc.* **Columna ~,** conjunto óseo formado por una serie de vértebras articuladas entre sí.

vertebrar ***vb.*** {tr.} Articular una cosa con otra, por lo general en un todo: *En lugar de* ***vertebrar*** *con lógica su redacción, presentó un texto que no tenía ni pies ni cabeza.*

vertedero ***m.*** **1** Desagüe: *Esa fábrica tiene* ***vertederos*** *capaces de desalojar una gran cantidad de agua, líquido que se usa mucho para sus procesos industriales.* **2** *Esp.* Basurero, lugar donde se acumula basura: *A ese* ***vertedero*** *llegan cada día cientos de camiones para dejar los desperdicios.*

verter ***vb. irreg.*** {tr., intr. y prnl.} **Modelo 24. 1** Vaciar un líquido fuera del recipiente que lo contiene: *El galán* ***vertió*** *vino en la copa de su amada y se la dio a beber.* **2** Desembocar una corriente de agua en otra, o en el mar: *El gran río Amazonas* ***vierte*** *sus aguas en el océano Atlántico.*

vertical ***adj.*** Lo que sigue una línea perpendicular al horizonte: *En el triángulo rectángulo, uno de sus lados es* ***vertical*** *con respecto al otro, y el tercer lado es diagonal.*

vertical ***f.*** Perpendicular al horizonte o al plano horizontal: *El pobre hombre perdió la* ***vertical*** *y cayó al suelo.*

verticalidad ***f.*** Calidad de vertical: *Un muro tiene perfecta* ***verticalidad*** *cuando hace un ángulo recto con el suelo.*

vértice ***m.*** Punto en que concurren los dos lados de un ángulo o las aristas de tres o más planos de un poliedro: *Los dos lados de un ángulo se unen en un punto que se llama* ***vértice.***

verticilo ***m.*** Conjunto de hojas, flores o ramas dispuestas en un mismo plano alrededor del tallo.

vertiente ***f.*** Modo de presentarse una cosa entre varias posibles: *El problema del transporte en la ciudad tiene al menos dos* ***vertientes,*** *la de los usuarios y la de los transportistas.*

vertiente ***m.*** y ***f.*** Pendiente o declive por donde corre el agua: *Los turistas se detuvieron a beber agua en una* ***vertiente*** *y después continuaron su camino.*

vertiginoso, sa ***adj.*** **1** Relativo al vértigo o a lo que lo causa: *Las alturas me provocan una desagradable sensación* ***vertiginosa.*** **2** Rápido, veloz: *Al tirarse con paracaídas de un avión, se siente que la caída es* ***vertiginosa.***

vértigo ***m.*** Sensación de falta de equilibrio en el espacio: *Cuando se asomó desde el piso 20 del edificio sintió* ***vértigo*** *y mareo.*

vesical ***adj.*** Relativo a la vejiga: *Jaime está bajo tratamiento de antibióticos, pues le dio una infección* ***vesical.***

vesícula ***f.*** **1** Ampolla pequeña de la epidermis: *Le salió una* ***vesícula*** *donde se quemó con aceite hirviendo.* SIN. **ampolla. 2** Órgano en forma de saco que contiene líquido.

vespertino, na ***adj.*** Relativo a la tarde: *Como no alcanzó lugar en el turno matutino en la universidad, tomó el* ***vespertino:*** *va a clases de las 3 a las 8 p.m.*

vestal ***adj./f.*** Doncella de la antigua Roma que se consagraba al servicio de la diosa Vesta: *Las* ***vestales*** *vivían en el templo y estaban sujetas a un riguroso código de conducta.*

vestibular ***adj.*** Perteneciente o relativo al vestíbulo del oído: *El sistema* ***vestibular*** *ayuda a controlar el equilibrio y los movimientos del ojo.*

vestíbulo ***m.*** **1** Lugar dentro de un edificio que se encuentra cercano a la puerta de entrada: *La puerta del hotel lujoso se abre hacia un gran* ***vestíbulo,*** *rodeado de columnas de mármol.* **2** Cavidad central del oído interno de los vertebrados.

vestido ***m.*** **1** Conjunto de piezas que sirven para cubrir el cuerpo: *Esa familia lleva todos sus* ***vestidos*** *en varias maletas.* SIN. **ropa, vestuario. 2** Traje femenino de una sola pieza: *A Emma no le gustan los pantalones, siempre usa* ***vestido.***

vestidor *m.* Lugar para vestirse: *Dentro de la habitación hay un* ***vestidor*** *donde guardo toda mi ropa.* SIN. **vestuario.**

vestidura *f.* **1** Vestido, ropaje: *El atractivo emir lucía una* ***vestidura*** *bordada con hilo de oro y plata.* **2** *pl.* Tipo de vestido ritual que se ponen los sacerdotes de algunas religiones para oficiar ceremonias de culto. **3** *Méx.* Tapiz con que se recubren los asientos de los autos y autobuses. *"El modelo de lujo de este auto tiene* ***vestiduras*** *de piel", dijo el vendedor.*

vestigio *m.* **1** Señal o memoria que queda de algo: *Desapareció de su casa y de su trabajo sin dejar* ***vestigios.*** **2** Indicio, seña por donde se sigue una averiguación: *El único* ***vestigio*** *del criminal es un trozo de tela roja.*

vestimenta *f.* Vestido, ropa: *La moda de la* ***vestimenta*** *cambia según la época, la ropa que usamos ahora es muy diferente de la que usaban hace algunos años.*

vestir *vb. irreg.* {tr., intr. y prnl.} **Modelo 47. 1** Cubrir el cuerpo con un vestido: *Como todavía es muy pequeña, su mamá la* ***viste*** *porque ella no puede hacerlo sola.* **2** Cubrir, adornar: ***Vistió*** *la mesa con un mantel de dibujos navideños.* **3** Llevar tal o cual vestido: ***Se viste*** *con la ropa más cara que encuentra en las tiendas.*

vestuario *m.* **1** Conjunto de vestidos: *Los actores de la obra de teatro guardan el* ***vestuario*** *en varios cajones grandes.* **2** Lugar para cambiarse de ropa. SIN. **vestidor**.

veta *f.* **1** Franja que se distingue en ciertas maderas y piedras: *La madera tiene* ***vetas*** *que se ven bien en el diseño de la mesa.* **2** Filón de metal: *Joel está muy contento porque encontró una* ***veta*** *de plata en su mina.*

vetar *vb.* {tr.} Poner veto o prohibición: *Cada uno de los miembros del Consejo de Seguridad de la Organización de las Naciones Unidas tiene derecho a* ***vetar*** *las decisiones de los demás.*

veteado, da *adj.* Que tiene vetas: *"En mi cuarto instalaron un nuevo clóset de un material* ***veteado*** *y brillante que imita la madera recién barnizada", presumió Liliana a sus compañeras.*

vetear *vb.* {tr.} Pintar algo con vetas: *El pintor* ***veteó*** *las columnas del vestíbulo del hotel para imitar el mármol.*

veterano, na *adj./m.* y *f.* Que es experimentado en una cosa: *Lleva muchas temporadas como mariscal de campo, es un* ***veterano*** *del futbol americano.*

veterinario, ria *adj.* Relacionado con la cura de animales: *Puso una clínica* ***veterinaria*** *especializada en perros y gatos.*

veterinario, ria *m.* y *f.* Médico especializado en curar animales: *Mi hermano es un* ***veterinario*** *que se ocupa de animales acuáticos.*

vetiver *m.* **1** Raíz aromática que se usa en perfumería. **2** Perfume elaborado con extracto de esta raíz: *Fernando usa una loción de* ***vetiver*** *que huele delicioso.*

veto *m.* **1** Derecho para vedar o prohibir una cosa: *Si el presidente no está de acuerdo con una ley propuesta por los diputados, tiene derecho de* ***veto.*** **2** Prohibición.

vetusto, ta *adj.* Muy viejo o antiguo: *Tiene en su casa una* ***vetusta*** *mesa que perteneció a un rey en el siglo* XVIII.

vez *f.* **1** Cada realización de un suceso en momentos distintos: *Repitan diez* ***veces:*** *"No se dice «él forza», se dice «él fuerza»".* **2** Tiempo en que se ejecuta una acción: *Vi el mar por primera* ***vez*** *cuando cumplí quince años.* **3** *loc.* **A la ~,** de manera simultánea: *Veía el filme sin parpadear,* ***a la vez*** *que comía rosetas de maíz.* **4** *loc.* **Tal ~,** de manera posible: ***Tal vez*** *salga de vacaciones, aún no lo sé con seguridad.*

vía crucis *m.* En el catolicismo, camino señalado con catorce paradas que representan los pasos que dio Jesús hacia el Calvario: *En muchos lugares, los católicos cada Semana Santa representan el* ***vía crucis.***

vía *f.* **1** Camino, recorrido que conduce de un punto a otro: *Por esa* ***vía*** *llegas al parque.* **2** Riel del ferrocarril: *La* ***vía*** *del tren es de fierro.* **3** Medio de transporte o comunicación: *Como ese país tiene muchos ríos, la* ***vía*** *fluvial es de las más utilizadas.* **4** Sistema para realizar una cosa: *La única* ***vía*** *para conseguir ese dinero es pedir un préstamo.*

viabilidad *f.* Posibilidad de llevarse a cabo, de realizarse: *El plan de ir a la playa es bueno, habría que ver cuál es su* ***viabilidad*** *en la práctica.*

viable *adj.* **1** Que tiene probabilidades de llevarse a cabo: *Con la cantidad de dinero que tengo es* ***viable*** *salir de vacaciones a otra ciudad, pero no es posible salir a otro país.* **2** Capaz de vivir: *Si nacen a los seis meses de gestación, los fetos ya son* ***viables.***

viaducto *m.* Puente con arcos sobre una hondonada: *El tren atravesó el río por un* ***viaducto.***

viajante *adj./m.* y *f.* **1** Que viaja: *La terminal de autobuses estaba llena de* ***viajantes,*** *pues son vacaciones.* **2** Agente comercial viajero: *El* ***viajante*** *de la perfumería visitará el norte del país para abrir nuevos mercados.*

viajar *vb.* {intr.} Desplazarse de un lugar a otro: *Como no le gusta* ***viajar*** *en avión, usa el tren o el barco.*

viaje *m.* **1** Acción y efecto de viajar: *Por razones de trabajo, hace un* ***viaje*** *a Europa cada año.* **2** Recorrido que se hace andando y volviendo de un lugar a otro: *Compró un billete de avión para un* ***viaje*** *a España y otro de regreso.*

viajero, ra *adj./m.* y *f.* Persona que viaja: *Don Gustavo trabaja como agente* ***viajero*** *de productos farmacéuticos.*

vial *adj.* Relativo a la vía.

vial *m.* Frasco que contiene un medicamento inyectable.

vialidad *f.* Lo relacionado con las vías públicas: *El encargado de la organización de la* ***vialidad*** *de esa ciudad es el Departamento de Tránsito.*

vianda *f.* Alimento que sirve de sustento al hombre: *Al llegar del viaje, en casa los aguardaban unas ricas* ***viandas.***

viandante *m.* y *f.* Caminante, persona que anda a pie por una calle o camino: *Cuando hay fiesta en la población principal, esa carretera se llena de* ***viandantes*** *que descienden desde los pueblos de las montañas.*

viandero *m.* Recipiente donde se lleva comida: *Todos los días le lleva la comida a su papá en un* ***viandero*** *a su lugar de trabajo.*

viaraza *f. Argent., Colomb., Guat.* y *Urug.* Acción irreflexiva y repentina.

viático *m.* Dinero o provisiones que se entregan para un viaje. Se usa más en plural: *El gerente de la revista entregó a los reporteros los* ***viáticos*** *correspondientes, pues irán a hacer un reportaje fuera de la ciudad.*

víbora *f.* **1** Serpiente venenosa con cabeza triangular. **2** Serpiente, culebra: *Raquel siente un temor irracional hacia las* ***víboras.***

vibración *f.* Movimiento que conmociona, que cimbra: *Al despegar de la Tierra los cohetes que van al espacio, los astronautas sienten una fuerte* ***vibración.***

vibrador *m. Méx.* Pequeños obstáculos en las calles, que obligan a los automóviles a disminuir la velocidad.

vibráfono *m.* Instrumento musical formado por placas metálicas sujetas a un soporte, las cuales vibran al ser tocadas por una baqueta: *La diferencia entre* ***vibráfono*** *y xilófono es que las placas del primero son de metal y las del segundo, de madera.*

vibrante ***adj.*** **1** Que vibra. **2** Emotivo y enérgico a un tiempo, que conmueve: *Con **vibrantes** palabras, el caudillo incitó a sus tropas a luchar por la libertad.*

vibrar ***vb.*** {intr.} **1** Moverse un cuerpo a uno y otro lado de sus puntos de equilibrio: *La explosión en la fábrica hizo que **vibraran** los vidrios de las casas cercanas.* **2** Conmoverse: *El público **vibró** con el concierto de rock de ese famoso grupo.*

vicario ***m.*** Sacerdote que ejerce su ministerio en una parroquia bajo la autoridad de un párroco: *El párroco envió al **vicario** a celebrar misa en el pueblo lejano.*

vicario, ria ***m.*** y ***f.*** Persona que sustituye o representa a otra en determinados asuntos: *Los sacerdotes se consideran, de alguna manera, como los **vicarios** de Dios en la Tierra.*

vicealmirante ***m.*** Oficial de la armada con grado inferior al de almirante y superior al de contraalmirante.

vicepresidencia ***f.*** Puesto que corresponde a la persona inmediata inferior a la presidencia: *Después de tener la **vicepresidencia,** muchos funcionarios aspiran a la presidencia.*

vicepresidente, ta ***m.*** y ***f.*** Persona que suple al presidente: *En Estados Unidos de América, el **vicepresidente** asume la jefatura del país en caso de muerte del presidente.*

viceversa ***adv.*** Invirtiendo el orden de los términos: *Compró un billete de avión para hacer un viaje Madrid-Londres y **viceversa,** o sea, Londres-Madrid.*

vichar ***vb.*** {tr.} ***Argent.*** y ***Urug. Fam.*** Observar con disimulo, en especial para obtener información secreta. Sin. **espiar, pispiar.**

viciado, da ***adj.*** Pervertido, corrompido: *Como no hay ventilación y está lleno de gente, el aire dentro de ese salón se siente **viciado.***

viciar ***vb.*** {tr. y prnl.} **1** Alterar, falsear. **2** Hacer que alguien tome malos hábitos. **3** Aficionarse con exceso a algo: *Luis **se vició** con los juegos de vídeo y no quiere estudiar.*

vicio ***m.*** **1** Afición excesiva por algo: *Su excesivo gusto por los chocolates llega al **vicio.*** **2** Costumbre censurable: *Ismael cayó víctima del **vicio** de la televisión.*

vicioso, sa ***adj.*** **1** Que tiene una afición excesiva por algo: *Es importante ayudar a las personas **viciosas** de las drogas para que dejen de hacerse daño.* **2** *loc.* **Círculo ~,** situación de la que no se puede salir: *El paciente está encerrado en un **círculo vicioso;** si no le dan penicilina no cederá la infección, pero es alérgico a la penicilina.*

vicioso, sa ***m.*** y ***f.*** Persona que tiene algún vicio: *Evaristo es un **vicioso** de la ópera, tiene una gigantesca colección de discos.*

vicisitud ***f.*** Accidente o suceso que por lo general trae cambios bruscos y repentinos.

víctima ***f.*** Persona que sufre las consecuencias de una acción: *La inundación de la ciudad produjo cien **víctimas.***

victimar ***vb.*** {tr.} Matar, asesinar, quitar la vida a alguien: *El mafioso **victimó** a tres de sus principales enemigos.*

victimario, ria ***m.*** y ***f.*** Persona que convierte a otra en su víctima: *"Las evidencias señalan que el **victimario** del occiso usó veneno para eliminarlo", dijo el médico forense al detective.*

victoria ***f.*** Triunfo que se consigue sobre el contrario: *La **victoria** del partido fue para el equipo local.*

victorioso, sa ***adj.*** Triunfador: *En una guerra nuclear nadie saldría **victorioso,** todos perderíamos.*

vicuña ***f.*** **1** Mamífero originario de los Andes, de color leonado, apreciado por su fina lana: *Las **vicuñas** son parientes de las llamas.* **2** Lana del animal llamado vicuña: *Le regalaron un abrigo de **vicuña,** comprado en Bolivia.* **3** Tejido fabricado con lana del animal llamado vicuña: *Los bolivianos afirman que la **vicuña** es más caliente que la lana de oveja.*

vid ***f.*** Planta cultivada por su fruto, la uva: *De la **vid** se come la uva y, en algunas culturas, las hojas.*

vida ***f.*** **1** Conjunto de las propiedades características de los seres humanos, animales y plantas, que se transmiten a la descendencia: *La madre y el padre dieron **vida** a un pequeño niño que acaba de nacer.* **2** Espacio de tiempo entre el nacimiento y la muerte: *Toda su **vida** la pasó en un pequeño pueblo, nunca viajó a otro lugar.* **3** Duración de las cosas: *Se calcula que la **vida** de ese tipo de sartén es de cinco años.* **4** Modo de vivir: *Como tiene mucho dinero, lleva una **vida** cómoda y sin preocupaciones.* **5** Energía, vigor: *El paisaje que pintó ese artista tiene mucha **vida,** parece que los árboles se mueven con el viento.* **6** Biografía: *La maestra nos contó la **vida** de uno de los héroes del país.* **7** Persona o ser humano: *Los médicos se sienten muy satisfechos cuando logran salvar una **vida.***

vidalita ***f. Argent.*** y ***Urug.*** Canción popular de carácter melancólico.

videncia ***f.*** Capacidad de ver, de adivinar el futuro: *Se necesita una verdadera capacidad de **videncia** para saber qué sucederá en el mundo dentro de cien años, pero dudo que alguien la tenga.*

vidente ***m.*** y ***f.*** Persona que es capaz de adivinar cosas ocultas: *Elba consulta a esa adivina porque piensa que es una verdadera **vidente,** dice que siempre le han pasado las cosas que le ha predicho.*

vídeo o **video** ***m.*** **Palabra de origen inglés.** **1** Técnica de grabación y reproducción de imágenes y sonidos a través de una cámara, un televisor y un aparato que registra y reproduce el sonido y las imágenes en una cinta. **2** Cinta grabada con la técnica llamada vídeo: *Me prestaron un **vídeo** con un filme japonés de un director muy famoso.* **3** Aparato que graba o reproduce sobre una cinta grabada con la técnica llamada vídeo: *Se descompuso mi **vídeo** y no he podido ver la grabación de mi boda.*

videocámara ***f.*** Cámara para filmar en soportes magnéticos: *Las **videocámaras** son muy utilizadas para grabar acontecimientos familiares y películas de corto metraje.*

videoclip ***m.*** Película de cortometraje basada en el tema de una canción y que dura lo mismo que ésta.

videoclub ***m.*** Comercio dedicado a la venta o alquiler de filmes de vídeo: *Hay que hacerse socio de ese **videoclub** para poder rentar los filmes de estreno.*

videodisco ***m.*** Disco en el que se graban imágenes y sonidos para su posterior reproducción en un televisor.

videojuego ***m.*** Aparato que permite reproducir en una pantalla diversos juegos contenidos en un disquete o casete, y juego contenido en dicho aparato: *Algunos niños y adolescentes son fanáticos de todo tipo de **videojuegos.***

videoteca ***f.*** **1** Colección de vídeos: *En esa biblioteca tienen una buena sección de **videoteca.*** **2** Mueble o lugar donde se guardan los vídeos.

vidriado ***m.*** Técnica de barnizar o esmaltar objetos para darles apariencia de vidrio: *Los habitantes de esa población se dedican desde hace siglos al **vidriado** de cerámica.*

vidriado, da ***adj.*** Se aplica al objeto cuya superficie tiene esmalte o barniz que lo hacen verse con apariencia de vidrio: *Los recipientes de barro **vidriado** son impermeables y los de barro al natural, porosos.*

vidriera ***f.*** **1** Especie de marcos con vidrios con que se cierran puertas y ventanas: *Ese mueble antiguo tiene dos grandes **vidrieras,** puedes ver los libros que hay sin ne-*

cesidad de abrir las puertas. **2** Escaparate de una tienda. SIN. **aparador, vitrina.**

vidriería ***f.*** Tienda donde se venden vidrios y objetos del mismo material: *Tengo que ir a la **vidriería** a comprar un vidrio que se rompió.*

vidrio ***m.*** Cuerpo sólido, mineral, por lo general transparente y frágil, que resulta de la solidificación de ciertas sustancias: *Jugando béisbol, unos chicos rompieron el **vidrio** de la ventana del vecino.* SIN. **cristal.**

vidrioso, sa ***adj.*** **1** Que tiene el aspecto del vidrio: *Aunque se vea **vidrioso,** en realidad el vaso es de plástico.* **2** Relativo a la mirada o los ojos que parecen no mirar a ningún punto: *Estaba tan borracho que tenía la mirada **vidriosa.***

vieira ***f.*** **1** Molusco comestible que puede nadar en el mar cerrando sus valvas de manera brusca. **2** Caparazón del molusco llamado vieira.

vieja ***f. Méx. Fam.*** Mujer: *Joel fue a la fiesta con su **vieja** y sus hijos.*

viejo, ja ***adj.*** **1** Antiguo: *Hay una tienda de muebles **viejos,** donde a veces se encuentra uno verdaderas joyas.* SIN. **ancestral. 2** Deslucido, estropeado: *Ya quiero deshacerme de ese abrigo porque está muy **viejo.*** **3** De mucha edad: *Ese hombre es el más **viejo** del pueblo, tiene 98 años.*

viejo, ja ***m.*** y ***f.*** **1** Persona de mucha edad: *Un **viejo** se me acercó en la librería y me pidió que lo acompañara a cruzar la calle porque él no podía hacerlo solo.* SIN. **anciano.** ANT. **joven. 2** *Amér.* Apelativo cariñoso que se aplica a los padres y también entre cónyuges y amigos: *Mis **viejos** se quedaron en el pueblo; nosotros, los hijos, vivimos en la ciudad.*

vienés, nesa ***adj./m.*** y ***f.*** Originario de Viena, capital de Austria, país de Europa.

viento ***m.*** **1** Aire que se desplaza: *El **viento** sopla frío en esta mañana de invierno.* SIN. **chiflón. 2** Cuerda con que se sujeta algo. **3** Rumbo de una embarcación. **4** *loc.* **Instrumentos de ~,** instrumentos musicales que se tocan soplando en ellos: *La trompeta y la flauta son instrumentos **de viento.***

vientre ***m.*** Cavidad del cuerpo de los vertebrados que contiene principalmente el estómago y los intestinos: *El fuerte dolor en el **vientre** resultó ser apendicitis.* SIN. **panza.**

viernes ***m.*** Contando desde el lunes, quinto día de la semana: *Se pone contento los **viernes,** porque ya viene el fin de semana.*

vietnamita ***adj./m.*** y ***f.*** Originario de Vietnam, país del Sureste Asiático: *Los **vietnamitas** sufrieron mucho durante la guerra con Estados Unidos.*

vietnamita ***m.*** Lengua hablada en Vietnam.

viga ***f.*** **1** Pieza horizontal de una construcción, destinada a soportar una carga: *Esa casa de tipo colonial tiene unas bellas **vigas** de madera.* **2** Prensa para exprimir la aceituna.

vigencia ***f.*** Calidad de lo que está en vigor y puede aplicarse: *El abogado investigó si esa ley todavía está en **vigencia** o ya fue cancelada.*

vigente ***adj.*** Que está en vigor y observancia: *Para viajar fuera del país hay que hacerlo con un pasaporte **vigente,** porque si ya se venció no es posible salir del país ni entrar a un país extranjero.*

vigesimal ***adj.*** Sistema numérico que tiene al número veinte como base: *El calendario de los antiguos mayas era **vigesimal,** tenía 18 meses de 20 días cada uno.*

vigésimo, ma ***adj./m.*** y ***f.*** Que corresponde en orden al número veinte: *Se casó muy joven, al cumplir su **vigésimo** aniversario.*

vigía ***f.*** Parte alta de una torre, desde la cual se vigila. SIN. **atalaya.**

vigía ***m.*** y ***f.*** Persona que vigila desde un puesto alto o atalaya: *Rodrigo de Triana, el **vigía** en la carabela de Cristóbal Colón, fue quien primero divisó tierra.*

vigilante ***m.*** y ***f.*** Persona que vigila, que cuida algún lugar: *Contrataron tres **vigilantes** para cuidar la bodega por las noches.*

vigilar ***vb.*** {tr. e intr.} Estar atento, cuidar con solicitud: *El trabajo del capataz en la hacienda es **vigilar** que los peones hagan su labor correctamente.*

vigilia ***f.*** **1** Acción de estar despierto o en vela: *La familia pasó la noche en **vigilia,** cuidando al enfermo.* **2** Falta de sueño o dificultad en dormirse: *Cuando vi que eran las dos de la mañana y yo seguía en **vigilia,** me levanté a preparar una bebida de plantas relajantes.* SIN. **insomnio. 3** Víspera, en especial la de una festividad religiosa.

vigor ***m.*** **1** Fuerza o capacidad con la que se lleva a cabo algo: *El hombre que fue atacado por los ladrones se defendió con **vigor.*** **2** Validez legal de las leyes: *Esa ley ya está aprobada, pero entrará en **vigor** hasta el próximo año.* **3** Vitalidad, energía: *¡Qué **vigor** de los niños, no han parado de jugar y correr todo el día y todavía no se cansan!*

vigorífico, ca ***adj.*** Que promueve la vitalidad y la energía: *Le recomendaron un tónico **vigorífico** que puede ayudarlo a sentirse menos débil.*

vigorizante ***adj./m.*** Sustancia o producto que da vigor: *El caldo de pollo con verduras es **vigorizante,** por eso lo recomiendan para los convalecientes.*

vigoroso, sa ***adj.*** Que tiene vitalidad y energía: *Como siempre ha hecho trabajo físico, sigue siendo un hombre **vigoroso** aunque está viejo.*

viguería ***f.*** Conjunto de las vigas de una construcción: *"La **viguería** de los salones de la casa grande de esta vieja hacienda data del siglo XVI", dijo el guía a los turistas.*

VIH ***m.*** Siglas de **V**irus de **I**nmunodeficiencia **H**umana, nombre del virus causante del sida.

vikingo, ga ***adj./m.*** y ***f.*** De un antiguo pueblo de navegantes y guerreros escandinavos: *Los **vikingos** creían que si morían en batalla, se irían al* walhalla *o cielo de los guerreros.*

vil ***adj.*** Digno de desprecio: *Golpear a esa anciana para robarle su bolso es una acción **vil** que merece un castigo.*

vilano ***m.*** Limbo del cáliz de una flor, que sirve para transportar las semillas con ayuda del viento.

vileza ***f.*** Ruindad, acción infame: *Fue una **vileza** echarle la culpa del robo a su compañero, cuando el era el ladrón.*

vilipendiar ***vb.*** {tr.} Despreciar, insultar o tratar con desdén: *El jefe lo **vilipendió** delante de los demás empleados, le dijo que nunca había conocido a alguien tan tonto e incapaz.*

vilipendio ***m.*** Deshonra, humillación, ofensa grave: *Algunos racistas no tienen otra ideología que el **vilipendio** de quienes son diferentes a ellos.*

vilipendioso, sa ***adj.*** Que implica vilipendio: *Ninguna autoridad debería dar trato **vilipendioso** a los ciudadanos.*

villa ***f.*** **1** Casa aislada de las demás, con jardín o huerta: *En esa parte de la ciudad las **villas** están construidas en grandes terrenos.* **2** Denominación dada a ciertas poblaciones: *Pasaremos el fin de semana en una **villa** minera que está ubicada a cuatro horas de la capital.* **3** *loc. Argent.* **~ miseria,** barrio marginal de casas pobres.

villancico ***m.*** Canción de tema religioso, que se canta en Navidad: *Durante los últimos días de diciembre, el coro de la iglesia canta* ***villancicos*** *en las calles.*

villanía ***f.*** Bajeza, ruindad, infamia: *¡Qué* ***villanía!,*** *metió a su madre a un asilo y no ha ido a verla en cuatro años.*

villano, na ***m.*** y ***f.*** **1** Vecino de una villa o aldea, que no es noble o hidalgo. **2** Persona ruin, infame: *El* ***villano*** *de ese filme mudo vestía de negro, tenía bigote y barba y mirada de malvado.*

villorrio ***m. Desp.*** Población pequeña que no tiene servicios ni comodidades: *Después de dos días extraviados, los exploradores llegaron a un* ***villorrio*** *miserable, pero ver gente y poder dormir bajo techo los hizo sentirse como si estuvieran en la ciudad más lujosa del mundo.*

vilo. En ~, ***loc.*** Sin apoyo, suspendido en el aire: *Un tipo escandalizaba en el centro nocturno y dos guardias de seguridad lo tomaron* ***en vilo*** *y lo sacaron a la calle.*

vinagre ***m.*** Líquido agrio, resultante de la fermentación del vino o de la caña: *El* ***vinagre*** *se usa como condimento de ensaladas y guisos.*

vinagrera ***f.*** **1** Vasija destinada a contener vinagre: *Los Pérez comen muchas ensaladas, por eso siempre ponen la* ***vinagrera*** *en la mesa.* **2** ***pl.*** Utensilio compuesto de una vasija para el aceite y otra para el vinagre: *En ese restaurante ponen* ***vinagreras*** *sobre cada mesa.*

vinagreta ***f.*** Aderezo para la ensalada.

vinatería ***f.*** Lugar donde se venden o producen vinos: *Como Joel es un buen cliente de la* ***vinatería,*** *el dueño le avisa cuando llegan buenos vinos.*

vinatero, ra ***adj.*** Relacionado con los vinos: *Como a los europeos les gusta mucho tomar vino, el comercio* ***vinatero*** *es intenso e importante en Europa.*

vinatero, ra ***m.*** y ***f.*** Persona que vende vinos: *Mi padre conoce un* ***vinatero*** *que le vende vinos de toda Europa.*

vincha ***f. Amér. Merid.*** Cinta o pañuelo que se ciñe a la cabeza para sujetar el pelo.

vinculación ***f.*** Relación.

vinculado, da ***adj.*** Relacionado: *La biología está* ***vinculada*** *con la química.*

vincular ***vb.*** {tr. y prnl.} Unir con vínculos una cosa con otra: *La primera parte de ese texto está completamente separada de la segunda, habría que* ***vincularlas*** *de alguna manera.*

vínculo ***m.*** **1** Unión o atadura que une una persona o cosa con otra: *En la ceremonia religiosa, el sacerdote destacó que los* ***vínculos*** *matrimoniales eran permanentes para la ley de Dios.* **2** En informática, marca que permite ir directamente de una información a otra.

vindicación ***f.*** Acción y efecto de vindicar o vindicarse: *Luego de su* ***vindicación,*** *el ex prisionero demandará por daño moral a quien lo calumnió.*

vindicar ***vb. irreg.*** {tr. y prnl.} **Modelo 17. 1** Tomar venganza. **2** Defender o rehabilitar a quien ha sido acusado de manera injusta.

vinícola ***adj.*** Se refiere a la industria de elaboración del vino: *La tradición* ***vinícola*** *de países como Francia y Alemania es muy antigua.*

vinicultor, ra ***m.*** y ***f.*** Especialista en vinicultura, que se dedica a ella: *Los* ***vinicultores*** *de California importaron cepas de vides europeas para mejorar sus vinos.*

vinicultura ***f.*** Técnica para la elaboración y crianza de vinos.

vinificación ***f.*** Conjunto de operaciones para transformar la uva en vino: *La* ***vinificación*** *comienza con la recepción de las uvas en el lagar y termina con la introducción del vino en barricas.*

vinílico, ca ***adj.*** Compuesto químico, y material elaborado con él, que contiene vinilo: *Las losetas* ***vinílicas*** *para pisos son resistentes y fáciles de limpiar.*

vinilo ***m.*** **1** Radical químico derivado del etileno. **2** Material plástico que contiene este radical: *El* ***vinilo*** *se utiliza para fabricar discos fonográficos, juguetes, prendas de vestir, envases y hasta materiales de construcción.*

vino ***m.*** Bebida alcohólica que se obtiene del zumo o jugo fermentado de las uvas: *Cuando Manolo era niño, su abuelo le dejaba tomar un vaso de* ***vino*** *rebajado con agua y un poco de azúcar.*

vinoso, sa ***adj.*** De la consistencia, color o sabor del vino: *"Años atrás, en vez de píldoras de vitaminas nos daban un tónico* ***vinoso",*** *platicaba la madre a sus hijos.*

viña ***f.*** Terreno plantado de vides: *Ante sus ojos se extendía la magnífica* ***viña*** *donde había trabajado durante tantos años y que producía uvas de la mejor calidad.* SIN. **viñedo.**

viñatero, ra ***m.*** y ***f. Argent., Chile*** y ***Urug.*** Persona que se dedica al cultivo de la vid.

viñedo ***m.*** Terreno plantado de vides: *Los* ***viñedos*** *de esa familia producen un magnífico vino.* SIN. **viña.**

viñeta ***f.*** Cada uno de los recuadros de una serie en la que se hace una historieta de un cómic o tebeo con dibujos y texto: *En la primera* ***viñeta*** *se ve a un hombre que va caminando y que se acerca a una cáscara de mango tirada en el piso; en la segunda se ve cómo la pisa sin darse cuenta, y en la tercera está en el suelo después de haberse resbalado.*

viola ***f.*** Instrumento musical de cuerda y arco, parecido al violín: *Los tonos de la* ***viola*** *son más graves que los del violín y más agudos que los del violonchelo.*

violáceo, a ***adj.*** **1** De color violeta: *Después del golpe, el ojo se le empezó a poner de tonos* ***violáceos.*** **2** Relativo a una familia de plantas como la violeta.

violación ***f.*** **1** Hecho de actuar contra una regla o ley: *Ese conductor cometió una* ***violación*** *al reglamento de tránsito al ir a exceso de velocidad.* **2** Delito que consiste en que una persona obliga a otra, usando violencia, a tener una relación sexual.

violador ***m.*** Hombre que comete una violación sexual.

violador, ra ***m.*** y ***f.*** Persona que actúa contra alguna regla o ley: *El nuevo jefe de la policía prometió castigar severamente a todos los* ***violadores*** *de las leyes y del orden público.*

violar ***vb.*** {tr.} **1** Infringir una ley o precepto: *Al contarle el secreto a Juan, Pedro* ***violó*** *su promesa de guardar silencio.* **2** Cometer violación sexual.

violatorio, ria ***adj. Amér.*** Que viola alguna ley o precepto: *El dictador impuso una serie de medidas* ***violatorias*** *de los derechos humanos.*

violencia ***f.*** **1** Ímpetu o gran fuerza de alguien o algo: *La* ***violencia*** *del huracán derrumbó varias casas.* **2** Manera de actuar agresiva y brutal con el propósito de cambiar algo por la fuerza o de destruirlo: *La* ***violencia*** *no es la manera de resolver los conflictos porque destruye lo bueno de las personas.*

violentador, ra ***adj./m.*** y ***f.*** **1** Que usa la violencia y la fuerza para obligar a que alguien ceda. **2** Transgresor de alguna ley. **3** Violador sexual.

violentamente ***adv.*** Con violencia: *Manifestantes y policías se enfrentaron* ***violentamente,*** *hay más de cien heridos.*

violentar ***vb.*** {tr., intr. y prnl.} **1** Hacer que algo ceda mediante la fuerza y la violencia: *Los ladrones* ***violentaron*** *la cerradura para entrar a esa casa.* **2** Obligar a alguien a que haga algo en contra de su voluntad. **3** *Méx. Fam.* Enojarse mucho: *Se **violenta** de una manera irracional cuando alguien lo critica.*

violento, ta ***adj.*** **1** Que se hace o sucede con brusquedad: *Salió de la habitación de manera **violenta**, azotando la puerta.* **2** Persona, carácter o acción que tiende a dañar haciendo uso de la fuerza: *El papá de Beto es un hombre **violento** que lo golpea por cualquier razón.*

violeta ***f.*** **1** Planta apreciada por sus flores. **2** Flor de la planta llamada violeta.

violeta ***m.*** Color que resulta de la combinación del azul y el rojo: *El **violeta** es como un morado claro.*

violín ***m.*** Instrumento musical de cuerdas que se frotan con un arco: *Paganini no sólo compuso música para **violín**, sino que también la interpretaba.*

violinista ***m.*** y ***f.*** Músico que toca el violín: *Cuando terminó el concierto, el **violinista** agradeció los aplausos del público con una inclinación.*

violista ***m.*** y ***f.*** Músico que toca la viola.

violón ***m.*** Instrumento musical de cuerda que se toca con arco y que es el más grave de esta familia: *El **violón** es el más grande de los instrumentos de cuerdas.* SIN. **contrabajo, bajo.**

violoncelo o **violoncello** ***m.*** *Ver* **violonchelo.**

violonchelista o **violoncelista** ***m.*** y ***f.*** Músico que toca el violonchelo: *Los **violonchelistas** tocan sentados, con el violonchelo entre las piernas.*

violonchelo ***m.*** Instrumento musical de cuerda y arco, más pequeño que el contrabajo y más grande que el violín y la viola: *El catalán Pablo Casals ha sido uno de los ejecutantes de **violonchelo** más conocidos.*

viperino, na ***adj.*** Que tiene características de la víbora: *Cuando se dice que alguien tiene lengua **viperina**, es para expresar que de su boca sale puro veneno, que es chismoso, intrigante o calumniador.*

vira vira ***f.*** *Argent., Chile, Perú* y *Venez.* Planta cubierta de una pelusa blanca, que se emplea en infusión o té para curar la tos.

viral ***adj.*** Relativo a los virus: *La gripe, la hepatitis y el sida son enfermedades **virales**, es decir, causadas por virus.* SIN. **vírico.**

virar ***vb.*** {tr. e intr.} Girar un barco cambiando de dirección: *Al ver el iceberg el Titanic intentó **virar**, pero ya era demasiado tarde.*

viraró ***m.*** *Argent.* y *Urug.* Árbol de la familia de las leguminosas, de hojas brillosas, que llega a medir veinte metros de altura.

virgen ***adj.*** **1** Que se conserva en su estado original: *Por el bien de la naturaleza, es necesario preservar la selva **virgen**.* **2** Genuino, sin sustancias extrañas: *El aceite de oliva **virgen** se hace con la primera presión de las aceitunas.*

virgen ***f.*** Para los cristianos, María, madre de Jesús: *Para los católicos, la **virgen** María no sólo es la madre de Jesús, sino de todos los cristianos.*

virgen ***m.*** y ***f.*** Persona que no ha tenido unión sexual.

virginal ***adj.*** **1** Relacionado con la virgen. **2** Puro, intacto: *Esa jovencita tiene una cara **virginal** e inocente.*

virginidad ***f.*** Estado o cualidad de virgen: *El vestido blanco que usan las novias el día de su boda simboliza su pureza y su **virginidad**.*

virgo ***adj./m.*** y ***f.*** Uno de los doce signos del zodiaco, comprendido del 23 de agosto al 22 de septiembre, su signo es una virgen.

virgo ***m.*** Membrana genital que está intacta en las vírgenes y se rompe cuando dejan de serlo. SIN. **himen.**

virgulilla ***f.*** Raya o trazo usado en la escritura, como la cedilla, el apóstrofo, etc.

vírico, ca ***adj.*** Relativo a los virus: *Como tenía una infección **vírica**, no le recetaron antibióticos porque no le sirven.* SIN. **viral.**

viril ***adj.*** Propio de hombre: *La voz de Ignacio es **viril**, grave y sonora.*

virilidad ***f.*** **1** Cualidad de viril. **2** Potencia sexual masculina: *Es un gran mito que la vasectomía disminuya la **virilidad**.* **3** Madurez sexual del hombre: *En algunas culturas, cuando los jóvenes alcanzan la **virilidad** se hacen ceremonias especiales.*

virología ***f.*** Parte de la biología y de la medicina que estudia los virus.

virreinal ***adj.*** Relacionado con el periodo histórico en el que había virreyes, durante las colonias españolas en América: *La arquitectura **virreinal** de la Nueva España produjo magníficos edificios.*

virreinato ***m.*** **1** Cargo de virrey. **2** Territorio gobernado por un virrey: *El **virreinato** de la Nueva España fue de los más importantes en el tiempo en que los españoles tenían colonias en América.*

virrey ***m.*** Hombre que con este título gobierna en nombre del rey: *En las colonias americanas, el rey de España estaba representado por los **virreyes**.*

virtual ***adj.*** **1** Que es en potencia pero no en la realidad: *A escasos minutos de que termine el partido, el ganador **virtual** es el equipo local.* **2** *loc.* **Realidad ~,** simulación de algo real por medio de imágenes y sonidos de video.

virtud ***f.*** **1** Disposición constante a hacer el bien: *La mayor parte de las religiones promueve la **virtud** y reprueba la maldad.* **2** Facultad de producir un efecto: *Ese maestro tiene la **virtud** de despertar la curiosidad y el interés de sus alumnos.* **3** Castidad, pureza: *Para preservar la **virtud** de la joven, la metieron interna en una escuela de monjas.* **4** *loc.* **En ~ de,** debido a: ***En virtud de** que obtuvo las notas más altas, ganó el primer lugar de su grupo.*

virtuosismo ***m.*** Habilidad excepcional en un arte o ejercicio: *En el concierto de ayer, el solista mostró un verdadero **virtuosismo** al tocar su violín.*

virtuoso, sa ***adj./m.*** y ***f.*** **1** Que tiene disposición a hacer el bien: *Los monjes de ese monasterio son hombres **virtuosos** que ayudan a la gente necesitada.* **2** Artista que sobresale en la técnica de su arte: *Ese pianista ya es un **virtuoso** a sus trece años.*

viruela ***f.*** Enfermedad viral muy contagiosa, que se manifiesta con la aparición de marcas rojas: *Muchos indios americanos murieron por la **viruela** que trajeron los españoles, porque esa enfermedad no existía aquí.*

virulento, ta ***adj.*** **1** Violento, mordaz: *El diputado de oposición pronunció la semana pasada un discurso **virulento**, criticando fuertemente al gobierno.* **2** Ocasionado por un virus: *El sida es una enfermedad de origen **virulento**.* **3** Infectado, que tiene pus: *El doctor tiene que curar esta herida **virulenta** para evitar que la infección se complique.*

virus ***m.*** **1** Microorganismo no celular que sólo puede desarrollarse en el interior de una célula viva: *La mayor parte de las gripes y los resfríos son producidos por **virus**.* **2** Programa que se introduce en la memoria de una computadora y produce daños en dicha memoria: *Un **virus** nuevo destruyó toda la información del disco duro de su computadora.*

viruta ***f.*** **1** Lámina fina desprendida de la madera, el metal, etc.: *El piso de la carpintería está cubierto de **virutas** y trocitos de madera.* **2** *C. Rica. Fam.* Mentira, embuste.

visa ***f. Amér.*** Autorización para entrar a un país extranjero: *Antes, para viajar a España se necesitaba una **visa;** ahora, no.* SIN. **visado.**

visado ***m.*** **1** Acción y efecto de visar: *Para obtener el **visado** de ese país hay que llenar una forma, pagar una cuota y esperar el trámite.* **2** Sello o certificación que se pone en un documento al visarlo: *Como a Enrique no le dieron el **visado,** no ha podido viajar al extranjero.* SIN. **visa.**

visaje ***m.*** Gesto, mueca: *El pequeño Gervasio se puso a llorar porque otro niño le hizo **visajes** y le enseñó la lengua.*

visar ***vb.*** {tr.} Examinar un documento la autoridad competente, poniéndole la certificación necesaria para que tenga validez: *Se pasó toda la mañana en el consulado de ese país, pero al fin **visaron** su pasaporte y ahora podrá pasar un año allá.*

víscera ***f.*** Órgano contenido en una cavidad del cuerpo: *El corazón y el estómago son **vísceras** de los humanos y de los animales.*

visceral ***adj.*** **1** Relativo a las vísceras. **2** Profundo, inconsciente: *Roberto siente un miedo **visceral** a cualquier clase de insecto.*

viscosidad ***f.*** Cualidad de lo que es pegajoso y pastoso: *El pegamento que usó para armar la silla le dejó una sensación de **viscosidad** en los dedos.*

viscoso, sa ***adj.*** De consistencia pastosa y pegajosa: *Después de comer galletas saladas, la saliva se siente **viscosa.***

visera ***f.*** Ala pequeña de las gorras, para protegerse del sol: *El jugador se pone una **visera** para que no lo deslumbre el sol mientras juega tenis.*

visibilidad ***f.*** Calidad de lo que puede verse: *La **visibilidad** para que aterricen los aviones no es buena, así que sobrevolarán la ciudad hasta que se quite la neblina.*

visible ***adj.*** **1** Que se puede ver: *Después del choque, tenía daños **visibles** en los brazos y las piernas.* **2** Que no ofrece dudas: *Es **visible** que Anabel dejó de ser una niña y es ya una mujer.*

visigodo, da ***adj./m.*** y ***f.*** Relativo a una de las dos ramas del pueblo germánico de los godos, que fundó un reino en España.

visillo ***m.*** Cortina de tela fina y transparente: *Mi madre colocó un fino **visillo** blanco en la ventana de la sala, que deja pasar la luz.*

visión ***f.*** **1** Percepción por el órgano de la vista: *Fue perdiendo la **visión** desde que era niño hasta quedar ciego.* **2** Cosa que se ve o aparece. SIN. **espejismo. 3** Hecho de ver o de representarse algo: *Martin Luther King tenía la **visión** de un país en el que negros y blancos pudieran convivir en paz e igualdad.*

visionario, ria ***adj.*** Que puede ver hacia el futuro: *El escritor Julio Verne era un **visionario** que anticipó muchos adelantos de la ciencia en sus novelas.*

visionudo, da ***adj. Méx. Fam.*** Persona que tiene comportamiento extravagante para llamar la atención: *"Me parece que Ramón es un **visionudo,** ni siquiera sabe de dónde surgieron los punks, pero siempre anda vestido como uno de ellos", comentó Fabián.*

visir ***m.*** Ministro principal de los soberanos musulmanes: *En la película de Aladino, el **visir** es malvado e intenta dominar al sultán.*

visita ***f.*** **1** Acción de ir a ver a alguien al lugar donde se encuentra: *Cuando vamos al pueblo, hacemos muchas **visitas** a todos los familiares y amigos que viven ahí.* **2** Persona que va a ver a alguien: *Anoche las **visitas** de mi hermano se quedaron hasta muy tarde y no pude dormir.*

visitación ***f.*** **1** Nombre dado por la Iglesia católica al episodio del Evangelio en que la virgen María visitó a su prima Isabel. **2** Obra pictórica que representa dicho episodio: *La **visitación** fue plasmada, entre otros, por pintores como Rafael Sanzio, Pontorno y El Greco.*

visitador, ra ***adj./m.*** y ***f.*** Persona encargada de hacer visitas, ya sea para inspección o para promover productos: *El **visitador** del laboratorio obsequió al dentista muestras y objetos promocionales de la nueva resina dental.*

visitadora ***f. Hond., P. Rico, R. Dom.*** y ***Venez.*** Inyección de un líquido en el recto, a través del ano, con fines médicos. SIN. **lavativa, enema.**

visitante ***adj./m.*** y ***f.*** Que realiza una visita: *Los **visitantes** de las ruinas quedaron impresionados por su majestuosidad.*

visitar ***vb.*** {tr.} **1** Ir a ver a alguien al lugar donde se encuentra: *Vinieron a **visitarnos** nuestros parientes que radican en España.* **2** Ir a un lugar para conocerlo: *En ese viaje **visitaron** tres ciudades importantes de Francia.* **3** Ir el médico a casa del enfermo para atenderlo: *Como Julia no puede salir de su casa porque se siente enferma, vendrá un médico a **visitarla.***

vislumbrar ***vb.*** {tr.} **1** Ver algo de manera imprecisa debido a la distancia o a la falta de luz: *Por la niebla, apenas logramos **vislumbrar** el barco que se acercaba.* **2** Presentir, tener indicio de algo.

vislumbre ***m.*** Indicio, señal: *Las nuevas investigaciones han dado un **vislumbre** de esperanza para encontrar la cura a esa enfermedad.*

viso ***m.*** Aspecto, apariencia: *Ese juicio tiene **visos** de no resolverse pronto.*

visón ***m.*** Mamífero carnívoro de piel muy apreciada, que vive en Europa, Asia y América: *¿Cuántos pobres **visones** se necesitan matar para hacer un abrigo?*

visor ***m.*** **1** Dispositivo montado en una cámara fotográfica o cinematográfica, que sirve para delimitar la imagen: *Sara miró por el **visor** de la cámara y tomó la fotografía.* **2** Anteojos que se usan para ver debajo del agua: *Aunque iba a nadar en una piscina y no en el mar, el niño se puso aletas y **visor** para buscar monedas en el fondo.*

víspera ***f.*** **1** Día anterior a otro determinado: *La **víspera** del día en que salí de viaje no pude dormir por la emoción y los nervios.* **2** ***pl.*** Tiempo anterior a un suceso: *Recuerdo muy bien cuando murió la tía Adelina, porque eran las **vísperas** del año nuevo.*

vista ***f.*** **1** Sentido corporal localizado en los ojos, mediante el cual es posible percibir la luz, los objetos, etc.: *La **vista,** el oído, el gusto, el tacto y el olfato son los cinco sentidos.* **2** Mirada: *Iba distraído y con la **vista** baja, por eso no me vio.* **3** Aspecto, apariencia: *El automóvil que compró Adela tiene buena **vista,** pero el motor está muy dañado.* **4** Habilidad para percibir las cosas: *Ese doctor tiene buena **vista** para diagnosticar enfermedades.*

vistazo ***m.*** Ojeada, mirada rápida y superficial: *El director echó un rápido **vistazo** a los alumnos que estaban formados en el patio, y entró a su oficina.*

visto, ta ***adj.*** **1** Llevado ya antes por mucha gente, anticuado: *Ese tipo de vestido está muy **visto,** mejor cómprate uno más moderno.* **2** Cuando se usa con las palabras *bien* o *mal*, significa considerado: *Está mal **visto** que los hombres usen trajes de color claro para asistir a una cena elegante.*

vistosidad ***f.*** Calidad de lo que es vistoso: *La **vistosidad** de las plumas de los pavorreales ha hecho que siempre sean de las favoritas para adornos lujosos.*

vistoso, sa ***adj.*** Que atrae la atención: *Los jugadores de ese equipo llevaban trajes muy* ***vistosos,*** *de color rojo y amarillo.*

visual ***adj.*** Relativo a la vista: *José Manuel tiene buena memoria* ***visual;*** *se acuerda de las caras, aunque no de los nombres de las personas que conoce.*

visual ***f.*** Línea recta imaginaria que va desde el ojo del espectador al objeto observado.

visualización ***f.*** Acción y efecto de visualizar: *La* ***visualización*** *creativa es una técnica mental que consiste en imaginar lo que deseamos como si ya estuviera sucediendo.*

visualizar ***vb. irreg.*** {tr.} **Modelo 16. 1** Hacer visible lo que no se puede ver a simple vista. **2** Formar en la mente la imagen de un concepto abstracto. SIN. **imaginar.**

vital ***adj.*** **1** Relativo a la vida: *Es común referirse al agua como "el* ***vital*** *líquido".* **2** Muy importante: *Es* ***vital*** *que apruebes los exámenes, de otra manera no podrás cursar el siguiente grado escolar.* **3** Dotado de grandes ganas de vivir, de desarrollarse o de actuar: *A pesar de que es una anciana, la señora Genoveva es una persona muy* ***vital*** *que siempre está haciendo algo.*

vitalicio, cia ***adj.*** Que dura desde que se obtiene hasta el fin de la vida: *La designación del Papa, en el mundo católico, es* ***vitalicia.***

vitalidad ***f.*** **1** Circunstancia de ser muy importante una cosa. **2** Gran energía para hacer cosas: *Ese funcionario siempre ha desplegado una gran* ***vitalidad*** *en su trabajo y en su vida, haciendo múltiples actividades.*

vitalizar ***vb. irreg.*** {tr.} **Modelo 16.** Infundir fuerza o vigor: *Pepe está haciendo ejercicios especiales para* ***vitalizar*** *sus piernas, pues quiere ser campeón de ciclismo el próximo año.*

vitamina ***f.*** Sustancia orgánica indispensable para el desarrollo y buen funcionamiento del organismo: *Muchas personas toman dosis altas de* ***vitamina*** *C cuando se sienten afectadas por algún resfrío o catarro.*

vitaminado, da ***adj.*** Que contiene o se le han agregado vitaminas: *Muchos niños desayunan con polvo* ***vitaminado*** *sabor chocolate mezclado con leche.*

vitaminar ***vb.*** {tr.} Administrar vitaminas: *Después de la anemia que sufrió, el doctor sugirió* ***vitaminarlo*** *además de indicarle una buena alimentación.*

vitamínico, ca ***adj.*** Relacionado con las vitaminas: *Como no come muy bien, le recetaron un complemento* ***vitamínico*** *una vez al día.*

vitelo ***m.*** Citoplasma o parte fundamental de las células de los animales.

vitícola ***adj.*** Perteneciente o relativo a la viticultura: *"Los agrónomos afirman que estas tierras tienen gran potencial* ***vitícola,*** *así que sembraremos vides", dijo el agricultor.*

viticultor, ra ***m.*** y ***f.*** Persona que se dedica a la viticultura: *Los* ***viticultores*** *de Alemania, desde hace siglos, siembran sus viñedos en las márgenes del río Rin.*

viticultura ***f.*** Cultivo de la vid: *Italia, Francia y España son algunos países europeos donde hay mucha* ***viticultura*** *y una importante industria productora de vino.*

vitola ***f.*** **1** Marca con que se distinguen, según su tamaño, los cigarros puros. **2** Faja o banda que llevan como distintivo de fábrica los cigarros puros.

vitorear ***vb.*** {tr.} Aplaudir o aclamar: *El público* ***vitoreó*** *al corredor del maratón cuando entró al estadio en primer lugar.*

vitral ***m.*** Especie de cuadro hecho con trozos de vidrio de colores y metal, que puede servir también como ventana: *Los* ***vitrales*** *de esa capilla son famosos por su belleza y antigüedad.*

vítreo, a ***adj.*** De vidrio, parecido a él o con sus propiedades: *Como perdió el ojo, le pusieron uno hecho con un material* ***vítreo.***

vitrificación ***f.*** **1** Acción y efecto de vitrificar: *Las altas temperaturas de la lava producen* ***vitrificación*** *en los minerales.* **2** Técnica para la preservación de embriones utilizados en fertilización asistida: *La* ***vitrificación*** *consiste en el congelamiento ultrarrápido de los embriones, con lo que éstos se conservan mejor.*

vitrificar ***vb. irreg.*** {tr. y prnl.} **Modelo 17. 1** Hacer que algo adquiera consistencia o aspecto de vidrio: *"Con este barniz y metiéndola al horno del taller,* ***vitrificaré*** *la pieza de cerámica que acabo de pintar", explicó el artesano a su hijo.* **2** Convertirse en vidrio, por fusión y reacciones de temperatura, algún material: *Al hacer contacto repentino con agua o aire, parte de la lava volcánica que arroja una erupción* ***se vitrifica.***

vitrina ***f.*** Escaparate o mueble con puertas y paredes de cristal para exponer objetos o artículos de comercio: *Esa tienda cambia sus* ***vitrinas*** *cada estación del año.*

vitriolo ***m.*** Ácido sulfúrico concentrado: *Los antiguos alquimistas preparaban grandes cantidades de* ***vitriolo*** *para sus experimentos.*

vitualla ***f.*** Conjunto de víveres: *Se llevaron* ***vituallas*** *suficientes para comer durante una semana en el campo.*

vituperación ***f.*** Crítica, censura: *Ese funcionario fue objeto de la* ***vituperación*** *general cuando se descubrió que había robado dinero de los fondos públicos.*

vituperar ***vb.*** {tr.} Criticar, censurar o reprender duramente a alguien: *Sus amigos lo* ***vituperaron*** *por fallar a la promesa de guardar el secreto de la banda.*

vituperio ***m.*** Dicho o acción que insulta o deshonra: *Un viejo dicho reza que "Alabanza en boca propia es* ***vituperio".***

viudez ***f.*** Estado de la persona a la que se le ha muerto su cónyuge o pareja y no ha vuelto a casarse: *La* ***viudez*** *de Amelia duró un año, pero ya pronto se casará otra vez.*

viudita ***f. Argent.*** y ***Urug.*** Ave de plumaje blanco que tiene el extremo de la cola y los bordes de las alas de color negro.

viudo, da ***adj./m.*** y ***f.*** Relativo a la persona a quien se le ha muerto su cónyuge, mientras que no vuelve a casarse: *Roberto se casó con una mujer* ***viuda*** *que tiene dos hijos de su anterior matrimonio.*

¡viva! ***interj.*** Expresa alegría y aplauso: *"¡Viva!", gritaron los invitados cuando los novios salieron de la iglesia.*

vivac o **vivaque** ***m.*** **1** Campamento provisional que instalan los viajeros para dormir. **2** Voz que dan los soldados, por la noche, para identificarse: *Los soldados de guardia tenían orden de disparar si alguien no les respondía al* ***vivac*** *con el que todos se reconocían.*

vivacidad ***f.*** **1** Cualidad de vivaz: *La* ***vivacidad*** *de esos chiquillos hace que jueguen y corran todo el día sin cansarse.* **2** Intensidad, esplendor: *Las telas confeccionadas en la India poseen gran* ***vivacidad*** *de colores.*

vivales ***m. Fam.*** Persona que vive a costa de los demás o que se aprovecha de los demás: *Es un* ***vivales,*** *siempre se las arregla para no pagar sus cuentas en los restaurantes y espectáculos a los que vamos juntos.*

vivar ***vb.*** {tr.} ***Amér. C.*** y ***Amér. Merid.*** Vitorear, aclamar con vivas.

vivaracho, cha ***adj. Fam.*** Que es joven y de carácter alegre y travieso: *La nueva empleada de la tienda es* ***vivaracha*** *y amable.*

a b c d e f g h i j k l m n o p q r s t u v w x y z

vivaz ***adj.*** **1** Eficaz, vigoroso. **2** Perspicaz, agudo, que muestra vivacidad. **3** Relativo a las plantas que viven varios años, pero cuyos órganos aéreos mueren cada dos años.

vivencia ***f.*** Hecho o experiencia propios de cada persona: *Ese niño ha tenido **vivencias** muy difíciles que lo han hecho madurar pronto.*

víveres ***m. pl.*** Conjunto de alimentos o provisiones: *Ya hicieron la lista de **víveres** que comprarán para la excursión del próximo fin de semana: frutas, verduras, carnes frías, quesos y botellas de agua.*

vivero ***m.*** **1** Terreno donde se crían plantas: *Queremos ir al **vivero** a comprar plantas para la casa.* **2** Lugar donde se crían peces, moluscos, etc.

viveza ***f.*** **1** Rapidez, agilidad: *El anciano subió al estrado a recibir el premio, con una **viveza** digna de un joven de veinte años.* **2** Intensidad: *La orquesta tocó esa marcha con mucha **viveza** y buen ritmo.* **3** Agudeza de ingenio: *A la crítica que le hicieron, el artista respondió con **viveza** y humor.*

vívido, da ***adj.*** Referido a literatura o a relatos, tan intenso que parece estarse viviendo en ese momento: *"Vimos una película donde se hace una recreación tan **vívida** de una tormenta que causó un naufragio, que todavía estoy impresionada", dijo Rosaura.*

vividor, ra ***adj./m.*** y ***f.*** Que vive a expensas de los demás: *Esa mujer se casó con un **vividor** que se mantiene del dinero de su familia y nunca ha trabajado.*

vivienda ***f.*** Refugio natural, o construido por el hombre, en el que éste habita de modo temporal o permanente: *El gobierno construyó **viviendas** para personas de bajos recursos económicos.*

vivificante ***adj.*** Que da fuerza y vigor: *Esa limonada dulce y helada fue **vivificante** después de haber estado toda la mañana bajo el rayo del sol.*

vivificar ***vb. irreg.*** {tr.} **Modelo 17. 1** Dar vida. **2** Dar fuerza y vigor: *Se dice que una temporada en esos baños termales **vivifica** y revitaliza el cuerpo.*

vivíparo, ra ***adj.*** Relativo al animal cuyas crías se desarrollan en el interior de la hembra durante el periodo fetal: *Nosotros somos **vivíparos,** las gallinas son ovíparas.*

vivíparo, ra ***m.*** y ***f.*** Animal, como el humano, cuyas hembras llevan a las crías dentro del útero: ***Vivíparos** como perros y gatos pueden tener hasta ocho crías en una sola camada o parto.*

vivir ***vb.*** {intr.} **1** Tener vida: *El perro está malherido a causa del accidente, pero aún **vive.*** **2** Mantenerse, obtener de algo los medios de subsistencia: *Desde muy joven **vive** de su propio trabajo.* **3** Habitar: *Eugenia **vivirá** en una casa pequeña, en las afueras de la ciudad.*

vivisección ***f.*** Disección practicada en un animal vivo.

vivo ***m.*** Borde, canto u orilla de algo.

vivo, va ***adj.*** **1** Que tiene vida: *Cuando vio al monstruo moverse, el doctor Frankenstein gritó: "¡Está **vivo!**"* **2** Que tiene vivacidad. **3** Que se manifiesta con fuerza: *Quiere pintar su casa de un color **vivo,** como el rojo.*

vivo, va ***adj./m.*** y ***f.*** Astuto, listo: *Ese perro es muy **vivo,** ya aprendió a abrir y cerrar la puerta.*

vizcacha ***f.*** Roedor de unos 80 centímetros de longitud que vive en América del Sur, de pelaje grisáceo con el vientre blanco, y la cara blanca y negra.

vizcachera ***f.*** Madriguera de la vizcacha.

vizconde, desa ***m.*** y ***f.*** Título nobiliario inmediatamente inferior al de conde.

vocablo ***m.*** Palabra: *El origen del **vocablo** "suéter" es inglés.*

vocabulario ***m.*** **1** Conjunto de palabras ordenadas alfabética o sintácticamente, que hace referencia a una lengua, ciencia, etc.: *Ese filósofo utiliza un **vocabulario** tan técnico, que sólo le entienden otros filósofos.* **2** Diccionario. SIN. **glosario.**

vocación ***f.*** **1** Inclinación de una persona hacia un arte o profesión: *Aún no ha definido su **vocación** profesional, pero tiene tiempo para elegir.* **2** Llamada al sacerdocio o a la vida religiosa: *Siguió su **vocación** religiosa y hoy es obispo.*

vocacional ***adj.*** Relacionado con la vocación: *A los muchachos que van a ingresar a la universidad les dan orientación **vocacional** para ayudarlos a elegir carrera u ocupación.*

vocal ***adj.*** Relativo a la voz: *No pudo cantar porque tenía las cuerdas **vocales** inflamadas.*

vocal ***f.*** **1** Sonido del lenguaje producido por las vibraciones de las cuerdas vocales. **2** Letra que representa el sonido de una vocal, como *a, e, i, o* y *u,* en español.

vocal ***m.*** y ***f.*** Persona que en una junta o asociación tiene derecho a opinar y a veces a votar: *Fue elegida **vocal** para formar parte de la comisión que elabora los planes de estudio.*

vocálico, ca ***adj.*** Perteneciente o relativo a las vocales: *Cinco fonemas **vocálicos** tiene el idioma español:* a, e, i, o, u; *otros tienen más.*

vocalista ***m.*** y ***f.*** Cantante de un conjunto musical: *En ese grupo los músicos no son muy buenos, pero el **vocalista** canta muy bien.*

vocalización ***f.*** Ejercicios con la voz, ejecutados por los cantantes: *Antes de la función de ópera, los cantantes hacen **vocalizaciones** para preparar su voz.*

vocalizar ***vb. irreg.*** {intr.} **Modelo 16.** Hacer ejercicios los cantantes con la voz: *En clase de canto, lo primero que se hace es **vocalizar.***

vocativo ***m.*** Caso de la declinación usado para invocar, mandar, llamar o suplicar: *Si digo "Juana, ven", la palabra "Juana" está en **vocativo.***

voceador, ra ***m.*** y ***f. Méx.*** Vendedor callejero de diarios: *Los **voceadores** recogen los diarios en las editoriales muy temprano por la mañana.* SIN. **diariero.**

vocear ***vb.*** {tr. e intr.} **1** Anunciar algo en voz alta: *A medida que el director **voceaba** los nombres de los graduados, éstos se acercaban al profesor que les entregaba su diploma.* **2** Dar voces o gritos: *La maestra **voceó** a sus alumnos, que jugaban en el patio, para que volvieran al salón.*

vocerío ***m.*** Conjunto de voces confusas que se escuchan a un tiempo: *No me gusta ir al centro de la ciudad porque el **vocerío** de los vendedores ambulantes me aturde, dijo Leonor.*

vocero, ra ***m.*** y ***f.*** Persona que habla en nombre de otro u otros: *El **vocero** de la presidencia declaró que el presidente haría un viaje de trabajo al día siguiente.* SIN. **portavoz.**

vociferación ***f.*** Acción y efecto de vociferar: *Con tamborazos y **vociferaciones,** los manifestantes exigían dialogar con el funcionario, pero éste nunca apareció.*

vociferador, ra ***adj./m.*** y ***f.*** Que vocifera: *Una **vociferadora** mujer reclamaba al carnicero que las chuletas que le vendió ya estaban descompuestas.*

vociferante ***adj.*** Que vocifera: *La multitud **vociferante** exigía justicia y respeto a los derechos.*

vociferar ***vb.*** {intr.} Hablar a grandes voces o dando gritos: *Los vecinos se pelean algunas noches y se les escucha **vociferar.***

vocinglero, ra ***adj./m.*** y ***f.*** Que grita o habla muy alto: *En la reunión había una mujer **vocinglera,** su voz se escuchaba en todo el restaurante.*

vodevil ***m.*** **Palabra de origen francés.** Comedia ligera y divertida: *Fueron al teatro a ver un **vodevil** y salieron de muy buen humor de tanto que rieron.*

vodka ***m.*** y ***f.*** Aguardiente de centeno, maíz o cebada: *Los rusos, finlandeses y suecos elaboran y toman **vodka.***

voladizo ***m.*** Parte que sobresale del muro de un edificio: *Se resguardó de la lluvia debajo del **voladizo.***

volado ***m. Méx. Fam.*** Hecho de lanzar una moneda al aire e intentar adivinar si va a caer en cara o cruz: *Andrea le llevaba ganados cinco **volados** a Fernando.*

volado, da ***adj.*** Que parece volar: *La escalera de la casa de mi tío es **volada,** no tiene barandales.*

volador, ra ***adj.*** Que vuela: *Los peces **voladores** salen del agua, avanzan un momento en el aire y vuelven a sumergirse.*

voladura ***f.*** Acción y efecto de destruir o hacer saltar algo por un impulso violento: *"Se necesitarán varias toneladas de explosivos para la **voladura** de esa montaña y poder abrir el túnel", dijo el ingeniero.*

volandas. En ~, ***loc.*** Por el aire o levantado del suelo: *Cuando empezaron los balazos, los guardaespaldas se llevaron **en volandas** al primer ministro.*

volante ***m.*** **1** Rueda de mano que sirve para accionar y guiar el mecanismo de dirección de un automóvil: *El automovilista giró un poco el **volante** para dar vuelta a la derecha.* **2** Hoja de papel en que se manda un aviso: *Un chico reparte en las calles **volantes** que anuncian la llegada del circo al pueblo.* **3** Adorno de tela en una prenda de vestir: *Para el festival en el que Liliana será la bailarina principal, su madre le hizo un amplio vestido de **volantes.***

volantín ***m.*** **1** Cordel con varios anzuelos, que se usa para pescar. **2** Juego mecánico para niños, consistente en un poste central del que salen trapecios para colgarse, girando: *Los niños muy pequeños no alcanzan el **volantín** y además sería un juego peligroso para ellos.*

volar ***vb. irreg.*** {tr., intr. y prnl.} **Modelo 5. 1** Ir, moverse o mantenerse en el aire: *El artista italiano Leonardo da Vinci diseñó unas alas para **volar,** pero no logró elevarse.* **2** Transcurrir rápidamente el tiempo: *Como estuvimos tan contentos, el tiempo **voló.*** **3** ***Méx. Fam.*** Sustraer, robar: *¡Me **volaron** mi billetera!*

volatería ***f.*** **1** Conjunto de aves de diversas especies. **2** Caza de aves que se hace con otras aves enseñadas para ello.

volátil ***adj.*** **1** Voluble, versátil: *Un día dice una cosa, otro día dice otra; es una persona de opiniones **volátiles.*** **2** Relacionado con la sustancia que tiene la propiedad de volverse vapor: *Los gases **volátiles** se dispersan rápidamente en el aire.* **3** Que vuela o puede volar: *Es un juguete **volátil** que funciona con un control remoto.*

volatilidad ***f.*** Calidad de lo que se vuelve gaseoso: *Por su alta **volatilidad** hay que tener ese gas tapado, para que no se escape.*

volatilizar ***vb. irreg.*** {tr. y prnl.} **Modelo 16. 1** Transformar un cuerpo sólido o líquido en gaseoso. **2** ***Fam.*** Desaparecer rápidamente una cosa: *El mago pareció **volatilizarse** debajo de las mantas.*

volcadura ***f.*** Acción y efecto de volcar o volcarse: *La **volcadura** del tráiler fue aún más aparatosa porque su carga se esparció en un buen tramo de la carretera.*

volcán ***m.*** **1** Abertura en la corteza terrestre, por la que salen a la superficie materias a alta temperatura: *Ese **volcán** hizo erupción el siglo pasado y últimamente ha estado arrojando humo y cenizas.* **2** ***Colomb.*** Deslizamiento de tierra. **3** ***P. Rico.*** Conjunto de cosas amontonadas.

volcar ***vb. irreg.*** {tr. y prnl.} **Modelo 19. 1** Inclinar o invertir un recipiente de manera que se caiga o vierta su contenido: *El camión de basura **volcó** su carga sobre el depósito municipal.* **2** Caer de costado un vehículo: *Al chocar contra el autobús, el pequeño automóvil **se volcó.*** **3** ***Fam.*** Poner el máximo interés en alguien o algo: ***Volcó** toda su atención y energía en aprobar el examen de admisión a la universidad.*

volea ***f.*** En algunos deportes, acción de golpear el balón antes de que bote.

voleibol ***m.*** **Palabra de origen inglés.** Deporte que se disputa entre dos equipos, lanzando un balón que se golpea con la mano por encima de una red: *Los brasileños son buenos en **voleibol** de playa, que se juega sobre la arena.* Sin. **balonvolea.**

voleo ***m.*** Golpe dado en el aire a algo antes de que caiga: *El tenista le dio de **voleo** a la pelota, pegándole con la mano derecha.*

volframio ***m.*** Metal de color gris, muy duro, denso y difícil de fundir, de símbolo químico W o Tu y número atómico 74. Sin. **tungsteno.**

volitivo, va ***adj.*** Relativo a la voluntad: *Estudiar danza fue para Hilda un acto **volitivo,** nadie la obligó.*

volován ***m.*** **Palabra de origen francés.** Pan de pasta de hojaldre en forma de canastita, que se rellena con diferentes carnes y verduras picadas: *"En el bautizo de mi hermanito sirvieron **volovanes** de ensalada rusa, picadillo y atún con mayonesa", comentó Florinda a sus compañeros de la escuela.*

voltaico, ca ***adj.*** Relativo a la electricidad de las pilas.

voltaje ***m.*** Tensión eléctrica: *El **voltaje** usado en Europa es distinto del que se usa en América.*

voltear ***vb.*** {tr. y prnl.} **1** Dar vueltas a una persona o cosa hasta colocarla al revés de como estaba: ***Voltea** el vaso bocabajo para que no le caiga polvo.* **2** ***Amér. Merid.*** y ***Méx.*** Derribar con violencia, derramar: *Luciano no se fijó y **se volteó** la jarra con el agua de frutas encima.* **3** ***Amér.*** Volver, cambiar la posición o dirección de algo: *Pensé que era mi prima, pero cuando **volteó** vi que era otra niña.*

volteo ***m.*** **1** Acción de voltear. **2** ***Méx. loc.*** **Camión de ~,** camión que puede vaciar su carga cambiando el ángulo de la caja: ***El camión de volteo** levantó su caja y dejó caer la arena para la construcción.*

voltereta ***f.*** Vuelta dada en el aire: *El gato dio una **voltereta** y cayó en sus cuatro patas.*

voltímetro ***m.*** Aparato que sirve para medir una diferencia de potencial en voltios.

voltio ***m.*** Unidad de potencial eléctrico en el sistema internacional.

volubilidad ***f.*** Hecho de cambiar frecuentemente de actitud o manera de pensar: *Es muy difícil tratar con él por su **volubilidad,** un día me habla de manera amable y el otro ni me saluda.* Sin. **variabilidad, inconstancia.**

voluble ***adj.*** **1** Que cambia con frecuencia de actitud: *Es una persona inmadura y **voluble,** sin opiniones firmes.* Sin. **versátil.** **2** Relacionado con el tallo y la planta que crecen en espiral.

volumen ***m.*** **1** Espacio y medida del espacio ocupado por un cuerpo: *Después de darnos las características y medidas, la maestra nos pidió calcular el **volumen** de un cubo.* **2** Cuerpo material de un libro: *Como esa novela es muy larga se publicó en tres **volúmenes.*** **3** Intensidad de los sonidos o de la voz: *Está muy alto el **volumen** del aparato de sonido, por favor, bájale un poco.*

voluminoso, sa ***adj.*** Que tiene un gran volumen o tamaño: *Esa mujer es tan* ***voluminosa,*** *que tiene que entrar de lado por la puerta.*

voluntad ***f.*** **1** Capacidad de determinarse a hacer o no hacer algo: *Con la fuerza de* ***voluntad*** *que posee, estoy seguro que dejará de fumar cuando se lo proponga.* **2** Energía con la que se ejerce la facultad llamada voluntad: *Como tiene la* ***voluntad*** *de tener éxito con su negocio, trabaja mucho.* **3** Deseo, aquello que se quiere: *Hizo los ejercicios por su propia* ***voluntad,*** *nadie lo obligó.*

voluntario, ria ***adj.*** Que nace de la propia voluntad o decisión: *Los lunes mi dentista hace trabajo* ***voluntario*** *con gente que no tiene dinero.*

voluntario, ria ***m.*** y ***f.*** Persona que se presta voluntariamente a hacer algo: *Después del terremoto, muchos* ***voluntarios*** *se ofrecieron a remover escombros y ayudar a las víctimas.*

voluntarioso, sa ***adj.*** Caprichoso, necio, obstinado, que se sale siempre con la suya: *Es un niño* ***voluntarioso*** *e insoportable que controla a sus padres.*

voluptuosidad ***f.*** Deleite en el placer sexual o de otro tipo.

voluptuoso, sa ***adj.*** Que inspira o expresa placer: *Algunos anuncios de la televisión usan a modelos* ***voluptuosas*** *y muy atractivas para poder vender sus productos.*

voluta ***f.*** **1** Adorno en forma de espiral que se pone en la parte superior de algunas columnas. **2** Algo con forma de anillo: *Al expulsar el humo del cigarrillo formó una* ***voluta*** *en el aire.*

volver ***vb. irreg.*** {tr., intr. y prnl.} **Modelo 29. 1** Dar la vuelta, cambiar de sentido o dirección: *Ya iba a media cuadra de su casa, cuando* ***se volvió*** *porque se le había olvidado la lista de las compras.* **2** Cambiar o hacer que alguien o algo cambie de estado: *Antes era muy simpática, pero algo le pasó y* ***se ha vuelto*** *una pesada.* **3** Regresar al lugar del que se salió: *Después de vivir en el extranjero durante cinco años,* ***volvió*** *a su país natal.* **4** Repetirse un suceso, situación, etc.: *Llovió ayer y hoy* ***volvieron*** *las nubes y otra tormenta.*

vomitada ***f.*** Vómito: *Como estaba enfermo, la ropa del bebé olía a* ***vomitada.***

vomitado, da ***adj.*** Manchado por vómito: *Después del viaje por una carretera con muchas curvas, el automóvil quedó todo* ***vomitado*** *por los niños.*

vomitar ***vb.*** {tr.} **1** Arrojar por la boca lo contenido en el estómago: *En el parque de diversiones, Raúl* ***vomitó*** *después de comer muchísima comida y dulces.* Sin. **deponer. 2** Arrojar o lanzar una cosa algo de sí misma de manera violenta: *El volcán* ***vomitó*** *lava y la gente se alejó a toda velocidad de las cercanías.*

vomitivo ***m.*** Sustancia que se administra para provocar vómito: *La ipecacuana es un poderoso* ***vomitivo.***

vomitivo, va ***adj.*** **1** Que produce vómito: *Le dieron una pócima* ***vomitiva*** *para que se le compusiera rápidamente el estómago.* **2** Repulsivo: *El filme que acabamos de ver no sólo es malo, es* ***vomitivo.***

vómito ***m.*** Contenido del estómago que se arroja por la boca: *La intoxicación con mariscos le produjo* ***vómito*** *y diarrea.* Sin. **guácara.**

voracidad ***f.*** Hambre ávida e intensa: *Cuando regresan los muchachos de jugar fútbol, su* ***voracidad*** *es muy grande y arrasan con todo lo que hay en la cocina.*

vorágine ***f.*** **1** Remolino fuerte de las aguas. **2** Pasión desenfrenada: *En esa telenovela decían que la villana era presa de una* ***vorágine*** *de celos y odios.*

voraz ***adj.*** **1** Que come mucho y con avidez: *Como está creciendo y hace mucho ejercicio, tiene un apetito* ***voraz.*** **2** Que consume con rapidez: *Un incendio* ***voraz*** *casi acaba con el bosque ayer.*

vórtice ***m.*** **1** Torbellino hueco que se origina en un fluido en movimiento: *Un remolino de agua forma un* ***vórtice*** *que jala las cosas hacia el fondo del río o del mar.* **2** Ojo o centro de un ciclón o huracán.

vos ***pron.*** **1** Pronombre personal masculino y femenino de segunda persona, antigua forma de tratamiento en lugar de *usted.* **2** ***Amér.*** Tú.

voseo ***m.*** Empleo hispanoamericano de *vos* por *tú*: *En Guatemala, El Salvador, Uruguay y Argentina se usa el* ***voseo.***

vosotros, tras ***pron.*** Pronombre personal de segunda persona del plural, que funciona como sujeto o como complemento con preposición: *Yo no quiero ir, pero id* ***vosotras,*** *dicen en España.*

votación ***f.*** Acto en el que se vota: *La* ***votación*** *fue secreta, nadie sabe quién votó por quién.*

votante ***adj./m.*** y ***f.*** **1** Persona que vota en unas elecciones: *Como los tres candidatos de los diferentes partidos eran muy buenos, había largas filas de* ***votantes*** *el día de la elección.* **2** Persona que tiene derecho de votar: *"Todos los que tengan más de un año trabajando aquí pueden ser* ***votantes*** *en la asamblea", dijo el dirigente sindical.* Sin. **elector.**

votar ***vb.*** {tr. e intr.} Dar uno su voto o decir su dictamen: *En ese país, los jóvenes empiezan a* ***votar*** *cuando cumplen dieciocho años.* Sin. **sufragar.**

votivo, va ***adj.*** Se dice de la ofrenda o acto religioso que se ofrece por sacrificio o para solicitar algo: *En la capilla de ese santo siempre hay cientos de veladoras* ***votivas,*** *pues la gente dice que es muy milagroso.*

voto ***m.*** **1** Opinión de cada persona en una elección: *Cada ciudadano tiene el derecho y la obligación de emitir su* ***voto*** *en las elecciones de su país.* **2** Derecho a votar: *Como es invitado y no miembro de esa comisión, no tiene derecho a* ***voto.*** **3** Promesa religiosa: *Cuando Abel fue ordenado sacerdote hizo* ***votos*** *de castidad, pobreza y obediencia.*

voz ***f.*** **1** Sonido emitido por el hombre y los animales: *Como está en plena adolescencia, le está cambiando la* ***voz*** *de niño a joven.* **2** Manera de expresarse una colectividad: *Ese diario se ha convertido en la* ***voz*** *de un amplio sector de la población.* **3** Grito: *Llamó* ***a voces*** *a su hijo, que estaba jugando en la calle y no la escuchaba.* **4** Derecho a opinar: *Las mujeres han hecho escuchar su* ***voz*** *en el mundo desde hace tiempo.* **5** Palabra, vocablo: *"Jitomate" es una* ***voz*** *de origen náhuatl.* **6** Forma que adopta el verbo según la acción sea realizada o sufrida por el sujeto: *La frase "yo como tarta" está en* ***voz*** *activa; "la tarta es comida por mí" está en* ***voz*** *pasiva.*

vozarrón ***m.*** Voz gruesa y sonora: *Camilo decidió aprovechar su* ***vozarrón*** *y va a estudiar un curso de oratoria.*

vudú ***m.*** Culto muy difundido entre los negros de las Antillas y de los estados del sur de Estados Unidos de América.

vuelapluma. A ~, ***loc.*** Escrito con rapidez y sin pensar demasiado: *El reportero apuntó* ***a vuelapluma*** *algunos detalles del suceso, ya luego redactará su crónica con calma.*

vuelco ***m. Fam.*** Alteración, trastorno: *Cuando vio que estaban a punto de chocar, le dio un* ***vuelco*** *el corazón.*

vuelo ***m.*** **1** Hecho de volar: *El* ***vuelo*** *de la cometa no duró mucho tiempo, porque el aire dejó de soplar.* **2** Desplazamiento en el aire de diversos animales, por medio de alas: *Las golondrinas remontan el* ***vuelo*** *al sur cuando se* *acerca el invierno.* **3** Espacio que de una vez se recorre volando: *El **vuelo** en avión entre las dos ciudades se lleva a cabo en dos horas.* **4** Amplitud de un vestido: *Las polleras o faldas de muchos trajes típicos de América Latina, como las de Perú, tienen mucho **vuelo** debido a su corte circular.*

vuelta ***f.*** **1** Movimiento circular completo de un cuerpo alrededor de un punto o sobre sí mismo: *El paso de baile es así: dos pasos adelante, uno para atrás y luego das una **vuelta** a la derecha.* **2** Paseo: *Está linda la tarde, vayamos a dar una **vuelta** por el centro.* **3** Regreso, retorno: *No comas nada antes de salir, a la **vuelta** preparamos algo.* **4** Repetición: *No sigas dándole **vueltas** al asunto, ya dile a tus padres que vas a casarte.* **5** Dinero sobrante que se devuelve al pagar algo. SIN. **vuelto, cambio.**

vuelto ***m. Amér.*** Cambio, dinero sobrante de un pago: *Fíjate bien en el **vuelto** que te den en la tienda.* SIN. **vuelta.**

vuestro, tra ***adj.*** Adjetivo posesivo que indica posesión de o pertenencia a la 2ª persona.

vuestro, tra ***pron.*** Pronombre posesivo que indica pertenencia de la 2ª persona: *Éste es mi carruaje, ¿y el **vuestro** dónde está?*

vulcanismo ***m.*** Conjunto de las manifestaciones volcánicas de una región: *Colima es un estado mexicano con alto **vulcanismo**, su volcán es el más activo del país.*

vulcanización ***f.*** Operación que consiste en mejorar el caucho o hule, tratándolo con azufre.

vulcanizadora ***f. Méx.*** Negocio en el que se arreglan los neumáticos de automóvil: *Se dañó el neumático del automóvil y mi padre lo llevó a arreglar a una **vulcanizadora**.* SIN. **gomería.**

vulcanizar ***vb. irreg.*** {tr.} **Modelo 16.** Hacer el caucho o hule más impermeable y duradero, al combinarlo con azufre.

vulcanología ***f.*** Estudio de los volcanes y de los fenómenos volcánicos: *La **vulcanología** tiene mucho que aprender de los volcanes aún activos que existen en el mundo.*

vulcanólogo, ga ***m.*** y ***f.*** Especialista en vulcanología: *Un equipo de **vulcanólogos** vigilan ese volcán, porque recientemente ha dado muestras de actividad.*

vulgar ***adj.*** **1** Relativo al vulgo o pueblo. **2** Común o general, por oposición a científico o técnico: *Una superstición **vulgar** es la que dice que pasar por debajo de una escalera trae mala suerte.* **3** Impropio de personas cultas y educadas: *Tiene unos modales **vulgares**, como escupir en el piso y mascar con la boca abierta.*

vulgaridad ***f.*** Falta de elegancia: *¡Qué **vulgaridad**! Llevó zapatos de deportes a una reunión elegante.*

vulgarismo ***m.*** Palabra o frase propia de la lengua popular.

vulgarización ***f.*** Acción y efecto de vulgarizar: *En muchos países, la televisión comercial es un importante factor de la **vulgarización** del habla y las costumbres.*

vulgarizar ***vb. irreg.*** {tr. y prnl.} **Modelo 16.** **1** Hacer algo poco refinado, vulgar: *"Lástima que esa actricilla de televisión **vulgarizó** este peinado que me gusta, ahora lo trae cualquiera", dijo Lila.* **2** Divulgar, hacer del conocimiento o del acceso general aspectos relacionados con una ciencia o arte: *Ese museo **ha vulgarizado** temas de biología y física que mucha gente no podía entender, es una buena labor la que hace.*

vulgo ***m.*** Capa inferior de la población: *El **vulgo** lee poco; en cambio, escucha más la radio y ve mucho la televisión.*

vulnerabilidad ***f.*** Debilidad, fragilidad: *La **vulnerabilidad** de Aquiles se localizaba en el talón.*

vulnerable ***adj.*** Que puede dañarse con facilidad: *Los bebes son seres **vulnerables** que necesitan cuidados y protección.* ANT. **invulnerable.**

vulneración ***f.*** Acción y efecto de vulnerar: *Muchas veces las **vulneraciones** de los derechos de las personas por parte de empleados del gobierno quedan impunes, ya que la gente teme denunciarlos.*

vulnerar ***vb.*** {tr.} **1** Causar daño a alguien, lastimarlo. **2** Quebrantar una ley.

vulva ***f.*** Parte externa del aparato genital de las mujeres y de las hembras de los mamíferos, que constituye la entrada de la vagina.

vulvar ***adj.*** Relativo a la vulva: *La zona **vulvar** de las perras y otras hembras de animales se hincha cuando están en su etapa de celo.*

a b c d e f g h i j k l m n o p q r s t u v w x y z

W

w ***f.*** Vigésima cuarta letra del abecedario español, llamada ***uve doble***, ***doble u*** o ***doble ve***.

wagneriano, na ***adj.*** Relativo a la obra del compositor alemán Richard Wagner: *"La temporada de ópera de este año está dedicada a las óperas* ***wagnerianas,*** *van a presentar las cuatro de 'El Anillo del Nibelungo' y otras dos que no me acuerdo", dijo entusiasmada Lorena.*

walaby ***m.*** Pequeño marsupial australiano parecido al canguro: *Los* ***walaby*** *parecen canguritos de cola delgada y su piel está decorada en algunas partes con franjas de color más claro o más oscuro.*

water ***m.*** **Palabra de origen inglés.** Lugar y recipiente en el que se defeca y se orina: *"¿Dónde queda el* ***water?",*** *preguntó con una voz en la que se notaba que ya no aguantaba las ganas de hacer pis.* SIN. **retrete, inodoro.**

waterpolo ***m.*** **Palabra de origen inglés.** Deporte acuático en el que juegan dos equipos y que consiste en introducir un balón en la portería contraria: *Para jugar* ***waterpolo*** *hay que saber nadar bien, ser fuerte y resistente.*

watt ***m.*** **Palabra de origen inglés.** Nombre del vatio en la Nomenclatura Internacional: *A mi tía María Luisa no le gustaba la luz intensa, por eso utilizaba bombillas de pocos* ***watts.*** SIN. **vatio.**

web ***f.*** **Palabra de origen inglés. 1** Red informática formada por un gran sistema de documentos de hipertexto enlazados y accesibles a través de Internet: *La palabra* ***web*** *es la forma abreviada de World Wide Web o Red Global Mundial y permite navegar a los usuarios por páginas y sitios que contienen gran cantidad de información.* **2** ***loc.*** **Página ~,** documento escrito en lenguaje HTML, específico para Internet, al que se accede por un enlace de hipertexto: *En esa* ***página web*** *podemos leer los artículos más recientes del escritor que te gusta.* **3** ***loc.*** **Sitio ~,** dirección de Internet formada por un grupo de archivos o páginas web ligados entre sí por enlaces de hipertexto: *Voy a acceder al* ***sitio web*** *del colegio para ver las fotos de la semana pasada.*

weber ***m.*** Unidad de medida de flujo magnético en el Sistema Internacional, nombrada así en honor del físico alemán Wilhelm Eduard Weber, quien en 1846 formuló la ley de las fuerzas que ejercen las partículas electrizadas en movimiento.

whisky ***m.*** **Palabra de origen inglés.** Licor obtenido de la fermentación de cereales: *Se considera que el* ***whisky*** *escocés es de los mejores del mundo.*

wolframio ***m. Ver*** **volframio.**

won ***m.*** Moneda de Corea del Norte y Corea del Sur, países asiáticos.

X

x ***f.*** **1** Vigésima quinta letra del abecedario español. Su nombre es ***equis***. **2** En matemáticas, signo de la incógnita: *El maestro de matemáticas nos pidió que encontráramos el valor que tenía "x" en la fórmula.* **3** Denominación que se da a los filmes pornográficos y a las salas donde los proyectan: *Mi mamá me dijo que no podía ver ese filme **x** porque todavía soy pequeño.* **4** ***loc.*** **~ o y,** uno u otro, sin importar cuál: *Voy a comer **x o y** guiso, lo que me importa es comer algo porque tengo hambre.*

X ***f.*** Cifra que en números romanos equivale a 10.

xantofila ***f.*** Pigmento amarillo de la clorofila: *Sin la **xantofila,** las plantas que tienen clorofila se verían azules en vez de verdes.*

xenofilia ***f.*** Admiración excesiva por la cultura y las costumbres extranjeras: *La **xenofilia** de algunas personas les impide ver las cosas buenas que hay en sus propios países.*

xenófilo, la ***adj.*** Que admira excesivamente lo extranjero: *Ricardo es tan **xenófilo** que sólo va al cine a ver películas extranjeras.*

xenofobia ***f.*** Odio o desprecio hacia los extranjeros: *En tiempos de guerras internacionales, los pueblos desarrollan un alto nivel de **xenofobia.***

xenófobo, ba ***adj.*** Que odia o desprecia a los extranjeros: *La actitud **xenófoba** provoca conflictos terribles.*

xenón ***m.*** Gas inerte, incoloro e inodoro, de símbolo Xe y número atómico 54: *El **xenón** se encuentra en el aire en cantidades muy pequeñas.*

xerocopia ***f.*** Copia obtenida por un tipo de impresión con el que se hacen fotocopias: *Saqué una **xerocopia** de mi pasaporte, pues la necesitaba para un trámite.*

xerófilo, la ***adj.*** Se dice de las plantas que viven en medios secos: *Los cactos son **xerófilas** que pueden almacenar gran cantidad de agua en sus tallos.*

xeroftalmia ***f.*** Enfermedad de los ojos en la cual disminuye la transparencia de la córnea: *La **xeroftalmia** se origina por falta de vitamina A.*

xerografía ***f.*** Procedimiento de impresión seca por medios electrostáticos: *Muchas fotocopiadoras funcionan por **xerografía,** es decir, la tinta en polvo se adhiere al papel por electricidad.*

xilófago, ga ***adj./m.*** y ***f.*** Se aplica a los insectos que roen la madera: *Las termitas son **xilófagas** y pueden causar mucho daño a las casas y los muebles de madera porque se los comen.*

xilófono ***m.*** Instrumento musical de percusión compuesto de láminas de madera o metal.

xilografía ***f.*** Impresión o grabado que se realiza con la ayuda de una plancha de madera grabada.

xoconostle ***m. Méx.*** Tuna pequeña de sabor muy ácido: *Los **xoconostles** son ingrediente de muchos guisos mexicanos; también se comen en dulce y tienen usos medicinales.*

xocoyote ***m. Méx.*** Benjamín, último de los hijos de una familia: *La mamá juega mucho con el **xocoyote** de cinco años, porque su otro hijo ya tiene veinticinco años y está a punto de casarse.*

xoxalero, ra ***m.*** y ***f. Méx.*** Hechicero, brujo: *La palabra **xoxalero** se deriva del náhuatl "xoxalli", que significa "tumor".*

xtabentún ***m. Méx.*** Licor preparado con las flores de la enredadera llamada xtabentún: *El **xtabentún** es un licor típico del estado de Yucatán, su sabor es dulce y anisado.*

Y

y ***conj.*** Une palabras, sintagmas u oraciones con la misma función: *Compró peras* ***y*** *manzanas para mezclarlas con yogur* ***y*** *cereal.*

y ***f.*** Vigésima sexta letra del abecedario español. Su nombre es ***ye*** o ***i griega***.

ya ***adv.*** **1** Expresa el tiempo pasado: *Como preparación para el examen, el maestro nos dio un repaso de los temas que* ***ya*** *habíamos estudiado antes.* **2** Indica el tiempo presente pero con relación al pasado: *Hace algunos años era rico pero ahora* ***ya*** *es pobre.* **3** En tiempo u ocasión futura: *"Ahora no puedo conversar mucho contigo pero* ***ya*** *tendremos tiempo de hacerlo."*

ya ***conj.*** Indica que cada una de varias alternativas conduce a la misma consecuencia: ***Ya*** *con gozo,* ***ya*** *con dolor, el poeta siempre escribe versos.*

yabuna ***f. Cuba.*** Hierba muy abundante en las sabanas que da sus frutos en espiga.

yacaré ***m. Argent., Bol., Par.*** y ***Urug.*** Reptil parecido al cocodrilo pero de menor tamaño: *Los* ***yacarés*** *se alimentan sobre todo de peces.*

yacente ***adj.*** Que está acostado: *En siglos pasados, se acostumbraba poner sobre las tumbas lujosas estatuas* ***yacentes*** *de los difuntos.*

yacer ***vb. irreg.*** {intr.} **Modelo 43. 1** Estar acostado o tendido: *Cuando llegué a su casa de campo, él* ***yacía*** *en una cómoda hamaca leyendo una novela de suspenso.* **2** Estar enterrado: *Bajo este sepulcro* ***yacen*** *los restos de mis antepasados.*

yacija ***f.*** Camastro, lecho muy pobre: *En el calabozo, el prisionero tenía por todo mobiliario una* ***yacija*** *con colchón relleno de paja.*

yacimiento ***m.*** Acumulación natural de minerales, rocas o fósiles: *Unos paleontólogos acaban de descubrir cerca de aquí un gran* ***yacimiento*** *de restos de dinosaurios.*

yacusi o **jacuzzi** ***m.*** Bañera de hidromasaje: *Pasé un fin de semana muy relajada en la casa de mis tíos, comiendo sano, haciendo yoga y bañándome en su* ***yacusi.***

yagua ***f.*** **1** ***Venez.*** Palma de la que se obtienen fibras textiles. **2** ***Cuba*** y ***P. Rico.*** Tejido fibroso que envuelve la parte más tierna de las palmas llamadas reales.

yagual ***m. Amér. C.*** y ***Méx.*** Especie de anillo que se hace con tela u otro material y se coloca sobre la cabeza para cargar cosas: *La mujer indígena se puso su* ***yagual*** *y en él colocó una vasija llena de agua.* Sin. **chipa.**

yaguané ***adj. Argent., Par.*** y ***Urug.*** Referido al ganado vacuno o caballar que tiene el pescuezo y los costillares de distinto color al del resto del cuerpo.

yaguané ***m. Argent., Par.*** y ***Urug.*** Mamífero de pelaje negro con blanco, originario de América que arroja un líquido apestoso cuando se siente perseguido. Sin. **mofeta, zorrillo.**

yaguar o **jaguar** ***m.*** Mamífero carnívoro americano, parecido al leopardo, que mide alrededor de 150 m de longitud.

yaguareté ***m. Argent., Par.*** y ***Urug.*** Jaguar.

yaguarundi o **jaguarundí** ***m.*** Felino de color café rojizo o negro opaco, con las patas cortas y las orejas redondeadas, que habita en sabanas, selvas y bosques del continente americano, desde el sur de Estados Unidos hasta Argentina: *Los* ***yaguarundis*** *viven de la caza de pequeños mamíferos, aves y reptiles, así como de los peces que quedan atrapados en las orillas de los ríos.*

yaguasa ***f. Cuba, Hond.*** y ***P. Rico.*** Ave acuática similar al pato salvaje.

yak o **yac** ***m.*** Animal asiático de gran tamaño, de largo pelaje, que se utiliza como animal de carga y para montura: *Los* ***yaks*** *parecen toros peludos y se utilizan en el Tíbet como animales de trabajo y para alimentarse con su leche.*

yanqui ***adj./m.*** y ***f.*** **Palabra de origen inglés.** ***Fam.*** Originario de Estados Unidos de América: *A las playas de este país vienen sobre todo turistas* ***yanquis.***

yantar ***vb.*** {tr.} Comer, sobre todo al mediodía. Se usa más en literatura: *El dueño del castillo* ***yantó*** *con sus invitados el jabalí que había cazado el día anterior.*

yapa ***f. Amér. C.*** y ***Amér. Merid.*** Propina, añadidura.

yaqui ***adj./m.*** y ***f.*** Pueblo amerindio que vive en el estado mexicano de Sonora.

yarará ***f. Amér. Merid.*** Serpiente venenosa, de 150 m de longitud, de color pardo claro con dibujos más oscuros, cuya mordedura puede ser mortal: *El hombre fue mordido por una* ***yarará*** *y su estado es de extrema gravedad.*

yaraví ***m. Bol.*** y ***Perú.*** Canto melancólico de origen incaico.

yarda ***f.*** **Palabra de origen inglés.** Medida inglesa de longitud equivalente a 914 centímetros.

yareta ***f. Amér. Merid.*** Planta que crece en los páramos de los Andes: *La* ***yareta*** *es una planta pequeña.*

yataí o **yatay** ***m. Argent., Par.*** y ***Urug.*** Planta de cuyos frutos se obtiene aguardiente y sus yemas terminales son utilizadas como alimento para el ganado.

yate ***m.*** Embarcación de vela o motor que se usa para pasear: *Es dueño de un gran* ***yate*** *en el que le gusta realizar viajes de placer por los distintos mares del mundo.*

yayo, ya ***m.*** y ***f. Fam.*** Abuelo: ***Yayo,*** *léeme un cuento, dijo la niña, y el anciano sacó un viejo libro con hermosas ilustraciones para compartirlo con su nieta.*

yedra ***f.*** Planta trepadora que vive adherida a las paredes o a los árboles: *Reconocerás fácilmente mi casa porque la fachada está cubierta de* ***yedras.*** Sin. **hiedra.**

yegua ***adj. Amér. C.*** y ***P. Rico.*** Estúpido, tonto.

yegua ***f.*** **1** Hembra del caballo: *La* ***yegua*** *acaba de parir un lindo potrillo.* **2** ***Amér. C.*** Colilla de cigarrillo.

yeguada ***f.*** **1** Conjunto de ganado caballar: *"La* ***yeguada*** *está pastando en un prado cercano, por eso no la ves en su corral", dijo el ranchero al niño de ciudad que visitaba su rancho.* **2** ***Amér. C.*** y ***P. Rico.*** Disparate, tontería: *"Ese conferencista quiso presumir de conocedor del tema y dijo puras* ***yeguadas****", comentó uno de los asistentes al seminario.*

yeguarizo, za ***adj. Argent.*** y ***Urug.*** Caballar, relativo al caballo.

yeísmo ***m.*** Pronunciación de la *ll* como *y*.

yelmo ***m.*** Parte de la armadura que se usaba para cubrirse la cabeza y la cara: *Los soldados medievales usaban* ***yelmos*** *para evitar que los hirieran en el rostro durante los enfrentamientos de armas.*

yema ***f.*** **1** Parte central, casi siempre de color amarillo, del huevo de los animales: *La* ***yema*** *de huevo tiene una alta concentración de colesterol.* **2** Dulce de azúcar y yema de huevo. **3** Parte del dedo opuesta a la uña: *En la* ***yema*** *de los dedos existen unas marcas llamadas huellas dactilares, que son distintas para cada persona.* **4** Brote que aparece en el tallo de las plantas.

yen ***m.*** Moneda de Japón, país de Asia Oriental, que está formado por un conjunto de islas.

yerba ***f.*** **1** Planta pequeña de tallo tierno: *Pusimos el mantel sobre la* ***yerba*** *y nos dispusimos a comer en medio del campo.* **2** ***R. de la P.*** Producto industrializado, elaborado a partir de la planta yerba mate, que se consume como bebida caliente: *Mi amigo argentino bebió* ***yerba*** *y yo, café.* **3** ***loc. Argent., Par.*** y ***Urug.*** ~ **mate,** planta americana de hojas lampiñas y aserradas, fruta roja y flores blancas, con sus hojas se prepara una infusión. **4** ***Méx. Fam.*** Marihuana.

yerbabuena ***f. Ver*** **hierbabuena.**

yerbatero, ra ***adj.*** **1** ***R. de la P.*** Relativo a la yerba mate o a sus usos industriales. **2** ***Chile, Colomb., Ecuad., Méx., P. Rico*** y ***Venez.*** Relativo al médico o curandero que cura con hierbas. Sin. **hierbero.**

yerbatero, ra ***m.*** y ***f.*** **1** ***Chile, Colomb., Ecuad., Méx., P. Rico*** y ***Venez.*** Vendedor de hierbas para alimentar al ganado. **2** ***R. de la P.*** Persona que se dedica al cultivo, industrialización o venta de la yerba mate.

yerbera ***f.*** **1** ***Argent., Par.*** y ***Urug.*** Recipiente en el que se guarda la yerba mate. **2** ***Argent., Par.*** y ***Urug.*** Conjunto de dos recipientes para la yerba y el azúcar con que se prepara el mate.

yerbero, ra ***m.*** y ***f. Méx.*** Curandero. Sin. **hierbero.**

yermo, ma ***adj./m.*** Despoblado, inhabitado: *A lo largo de la carretera vimos un paisaje* ***yermo*** *hasta que llegamos al siguiente pueblo.*

yerno ***m.*** Respecto de una persona, marido de su hija.

yerra ***f. R. de la P.*** Hecho de marcar con hierro el ganado.

yerro ***m.*** Falta o equivocación: *Hay que reconocer y corregir los* ***yerros*** *personales.*

yérsey ***m. Amér.*** Jersey.

yerto, ta ***adj.*** Tieso, rígido: *Ahí estaba el cadáver de la víctima,* ***yerto*** *y frío.*

yesca ***f.*** Material muy seco en el que prende cualquier chispa: *Muchos exploradores cargan* ***yesca*** *como parte de su equipo para poder encender fogatas.*

yesería ***f.*** **1** Lugar donde se fabrica y vende yeso. **2** Conjunto de elementos artísticos de yeso que decoran una pared o techo: *La casona del siglo* XIX *que convirtieron en museo tiene salones decorados con* ***yesería*** *estilo francés pintada de dorado.*

yesero, ra ***adj./m.*** **1** Relativo al yeso: *La industria* ***yesera*** *está en auge, pues una de las políticas de este gobernante es construir mucha vivienda.* **2** ***Méx.*** Trabajador de la construcción especializado en hacer recubrimientos y decoraciones con yeso: *"Mañana vendrá el* ***yesero*** *para renovar el revoque de esa pared, así que muevan los muebles", indicó mi padre.*

yeso ***m.*** Sulfato de calcio que se emplea en escultura, construcción, etc.: *Después de colocar las placas de hormigón, las paredes y el techo se cubren con* ***yeso.***

yesquero ***m.*** **1** Fabricante o vendedor de yesca: *El* ***yesquero*** *nos explicó que para hacer yesca usa madera carcomida por el ataque de hongos.* **2** ***Argent.*** y ***Urug.*** Encendedor: *María utilizó el* ***yesquero*** *de Manuel para encender el cigarrillo.*

yeta ***f. Argent.*** y ***Urug.*** Desgracia, mala suerte: *Bruno dice que pasar bajo una escalera es* ***yeta,*** *pero yo creo que más bien es una falta de precaución.*

yeyuno ***m.*** Parte del intestino delgado que se encuentra a continuación del duodeno.

yidish ***m.*** **Palabra de origen alemán.** Idioma que hablaban las comunidades judías del centro de Europa: *El* ***yidish*** *toma el alfabeto hebreo para su escritura aunque la mayor parte de su sintaxis y léxico es del alemán.*

yo ***m.*** Lo que constituye la personalidad, la individualidad.

yo ***pron.*** Pronombre personal de primera persona del singular, masculino y femenino que funciona como sujeto: ***Yo*** *quisiera ser bailarina algún día.*

yod ***f.*** En lingüística, sonido *i* semiconsonante o semivocal, según el sonido al que está agrupado. *En los diptongos ie, como en "tiene", la* ***yod*** *es semiconsonante, en cambio, en los diptongos ei, como en "peine", es semivocal.*

yodado, da ***adj.*** Que tiene yodo: *La sal* ***yodada*** *ayuda a prevenir desórdenes como la escasez en el rendimiento intelectual y productivo.*

yodo o **iodo** ***m.*** Cuerpo simple no metálico de color gris negruzco, de símbolo químico I y número atómico 53, que se usa como desinfectante.

yodoformo ***m.*** Compuesto químico amarillento y de olor fuerte, constituido por un átomo de carbono, otro de hidrógeno y tres de yodo, que se emplea en medicina como antiséptico: *"Deberías ponerte* ***yodoformo*** *en esa herida para que no se infecte", me dijo mi madre.*

yodurado, da ***adj.*** Que contiene yoduro o está cubierto por él: *La fotografía antigua usaba planchas de metal* ***yoduradas*** *para fijar en ellas las imágenes.*

yodurar ***vb.*** {tr.} En química, convertir en yoduro o añadirlo a una sustancia: *"La carencia de yodo es la causa principal de lesiones cerebrales y retraso mental en el mundo,* ***yodurar*** *la sal es un método efectivo y económico para combatir esa insuficiencia", dijo la conferenciante.*

yoduro ***m.*** Producto que resulta de la unión de yodo con otro elemento: *Los* ***yoduros*** *de sodio y potasio se usan para tratar las tiroides.*

yoga ***m.*** Disciplina espiritual y corporal hindú destinada a alcanzar la perfección del espíritu a través de técnicas de concentración mental: *Julián practica* ***yoga*** *y además es vegetariano.*

yogui ***m.*** Persona que practica yoga: *Los* ***yoguis*** *avanzados son capaces de hacer posturas que parecerían casi imposibles, ya que su cuerpo adquiere gran flexibilidad.*

yogur ***m.*** Producto lácteo preparado con leche fermentada: *Todas las mañanas Rocío desayuna* ***yogur*** *con frutas y miel.*

a b c d e f g h i j k l m n o p q r s t u v w x y z

yogurtera ***f.*** Aparato electrodoméstico para hacer yogur: *Me regalaron una **yogurtera** con la que preparo yogures de frutas para desayunar.*

yola ***f.*** Embarcación estrecha y ligera que se puede hacer avanzar con remos o velas.

yoruba ***adj./m.*** y ***f.*** Pueblo de África occidental que fundó importantes reinos como Benín en el siglo xv: *La santería cubana está basada en la religión **yoruba.***

yoyo ***m.*** Juguete que consiste en un disco con un canal, al que se hace subir y bajar a lo largo de un hilo atado a su eje.

yuan ***m.*** Moneda de China, país de Asia Oriental.

yuca ***f.*** Planta americana que se cultiva por sus raíces, las cuales sirven para elaborar una harina alimenticia.

yucateco, ca ***adj./m.*** y ***f.*** Del estado mexicano de Yucatán.

yudo ***m. Ver* judo.**

yugo ***m.*** Instrumento de madera que se fija a la cabeza de los animales de tiro: *Los bueyes van unidos por un **yugo** que los mantiene juntos para realizar el trabajo del campo.*

yugoslavo, va ***adj./m.*** y ***f.*** Originario de Yugoslavia, país de Europa.

yugular ***adj.*** Relativo al cuello: *Ese perro guardián está entrenado para atacar la región **yugular** de los intrusos.*

yugular ***f.*** Una de las grandes venas del cuello que lleva sangre del cerebro al corazón: *Si se corta la **yugular** a una persona, se puede desangrar rápidamente y morir.*

yugular ***vb.*** {tr.} Cortar la garganta o el cuello. SIN. **degollar.**

yuma ***adj./m.*** y ***f.*** Pueblo amerindio de América del Norte que se localiza desde California y Arizona, en Estados Unidos de América, hasta una parte del norte de México: *Algunas tribus **yuma** se han extinguido; entre las más conocidas están los cochimí, los mohare y los diegueño.*

yunque ***m.*** **1** Bloque de hierro sobre el que se forjan los metales: *El herrero golpea el metal caliente sobre el **yunque.*** **2** Segundo huesecillo del oído medio.

yunta ***f.*** Par de bueyes o mulas que sirven en la labor del campo: *El campesino va detrás de la **yunta** preparando el campo para sembrarlo.*

yuppy ***m.*** y ***f.*** **Palabra de origen inglés.** Joven con algún cargo ejecutivo en el sector financiero y que tiene altos ingresos: *"Los **yuppies** me parecen esclavos de la moda, de las tarjetas de crédito y de las apariencias", opinó Sofía.*

yurumí ***m. Amér. Merid.*** Tipo de oso hormiguero.

yute ***m.*** **1** Planta herbácea y fibrosa de flores amarillas y fruto en cápsula que se cultiva en regiones tropicales: *La producción de **yute** procede en su mayoría de la India y Bangladesh.* **2** Material textil que se obtiene de la corteza interior de esta planta: *El **yute** se emplea para hacer cuerdas y tejidos para sacos.* **3** Tela realizada con este material: *El **yute** se usa menos que las fibras sintéticas aunque es una tela muy resistente y que no causa daños ecológicos.*

yuxtaponer ***vb.*** {tr. y prnl.} Colocar una cosa junto a otra o colocar dos cosas juntas.

yuxtaposición ***f.*** **1** Unión de palabras u oraciones sin utilizar preposiciones ni conjunciones. **2** Colocación de una cosa junto a otra de modo que se unan.

yuyal ***m. Amér. Merid.*** Lugar donde abundan los yuyos: *Ahí cerca de las piedras que circundan el llano, en tiempo de lluvias se hace un **yuyal,** las piedras quedan cubiertas por las hierbas.*

yuyero, ra ***adj.*** **1** ***Argent.*** y ***Urug.*** Aficionado a las hierbas medicinales. **2** ***Argent.*** y ***Urug.*** Se dice del curandero que utiliza hierbas medicinales.

yuyo ***m.*** **1** ***Amér. Merid.*** Hierba. **2** ***Perú.*** Conjunto de hierbas tiernas comestibles.

Z

z ***f.*** Vigésima séptima letra del abecedario español. Su nombre es *zeta*.
zabordar ***vb.*** {intr.} Poner un barco en tierra.
zacahuil ***m. Méx.*** Tamal de considerable tamaño, relleno de grandes trozos de carne de cerdo o de guajolote, envuelto en hojas de plátano y cocido en un horno de leña: *Los **zacahuiles** proceden de la Huasteca y de la sierra hidalguense y pueden llegar a medir hasta cinco metros.*
zacapela ***f.*** Disputa con escándalo y griterío: *Después del partido hubo una **zacapela** que dejó a tres niños heridos.*
zacatal ***m. Amér. C.*** y ***Méx.*** Lugar donde abunda el zacate, pastizal: *Los vaqueros llevaron al ganado al **zacatal** para que coma pasto fresco.*
zacate ***m.*** **1** ***Amér. C.*** y ***Méx.*** Hierba, pasto, alimento para el ganado. **2** ***Méx.*** Estropajo, trozo de algún material como plástico o fibra que se usa para lavar el cuerpo u otra superficie: *Cuando se duchan, algunas personas usan **zacate** en lugar de esponja.*
zacatón ***m. Amér. C.*** y ***Méx.*** Tipo de hierba alta que se utiliza para pasto y para fabricar escobas y cepillos: *El **zacatón** se desarrolla en regiones semidesérticas y desérticas.*
zafado, da ***adj./m.*** y ***f.*** **1** ***Argent.*** Atrevido, descarado. **2** ***Méx.*** Loco, chiflado: *Está **zafado**, quiere cursar una carrera que dura cinco años en sólo uno.*
zafadura ***f. Amér.*** Dislocación o luxación: *Con el frío, la **zafadura** que trae Quintín en el tobillo le duele más.*
zafarrancho ***m.*** **1** Disposición de una parte de la embarcación para determinado trabajo. **2** ***Fam.*** Riña o pelea: *Durante el **zafarrancho** que hubo en la calle, varios hombres resultaron golpeados.*
zafarse ***vb.*** {prnl.} **1** Escaparse, esconderse: *El héroe **se zafó** de las cuerdas con que lo habían amarrado y elaboró un plan para acabar con su enemigo.* **2** Excusarse de hacer algo: *Quiere **zafarse** de ir a esa fiesta familiar porque prefiere salir con sus amigos.* **3** ***Amér.*** Dislocarse un hueso.
zafiedad ***f.*** Modo de ser de los zafios: *"Si no fuera por su **zafiedad**, Arturo sería un buen candidato para ser mi novio", dijo Aurora a su amiga Silvana.*
zafio, fia ***adj.*** Tosco, inculto o grosero en los modales: *Berenice es buena chica pero un poco **zafia** porque nunca ha ido a la escuela.*
zafiro ***m.*** Piedra preciosa de color azul.
zafra ***f.*** Cosecha de la caña de azúcar: *La **zafra** de este año será la mitad de la que hubo el pasado porque las heladas dañaron la caña.*
zafra ***f.*** Vasija grande de metal, con tapa, para almacenar aceite.
zaga ***f.*** **1** Parte de atrás de una cosa. **2** Jugadores que forman la defensa de un equipo deportivo. **3** ***loc.*** **Ir a la ~,** estar retrasado: *Como ese maestro no se ha actualizado, va a la **zaga** de los más jóvenes que tienen conocimientos nuevos.*
zagal, la ***m.*** y ***f.*** **1** Muchacho o muchacha adolescentes: *"Cuando era un **zagal** me escapaba del pueblo para ir a la ciudad", me contó mi abuelo.* **2** Pastor o pastora jóvenes que está a las órdenes de otro mayor: *El **zagal** vigila el rebaño mientras el pastor no está.*
zaguán ***m.*** **1** Habitación cubierta, inmediata a la entrada de un edificio o una casa: *Esa casa tiene un **zaguán** en el que pusieron muchas plantas.* **2** ***Méx.*** Puerta grande para entrar al patio o garaje de una casa.
zaguero, ra ***m.*** y ***f.*** Jugador que tiene la defensiva en un equipo: *Como no es bueno para meter goles, el entrenador puso al nuevo jugador de **zaguero**, donde hace una excelente defensa.*
zaherir ***vb. irreg.*** {tr.} **Modelo 50.** Reprender con humillación o malos tratos.
zahiriente ***adj.*** Que zahiere, maltrata o humilla: *La maestra castigó a Pedro por los comentarios **zahirientes** que dirigió a sus compañeritas.*
zahón ***m.*** Prenda que llevan los cazadores y la gente de campo para cubrir su traje.
zahúrda ***f.*** **1** Cobertizo para guardar cerdos. Sin. **pocilga, chiquero.** **2** Vivienda sucia y miserable: *Mi madre me dijo que mi habitación es una **zahúrda** y que debía limpiarla y recoger toda la ropa.*
zaino, na ***adj.*** **1** Traidor, falso. **2** Relacionado con la caballería de pelaje color castaño oscuro: *Le prestaron una yegua **zaina** para cruzarla con el caballo negro.* **3** Relacionado con la res vacuna de color negro.
zalamear ***vb.*** {tr.} Demostrar cariño o admiración de forma exagerada: *Daniel no para de **zalamear** a esa chica para conseguir una cita con ella.*
zalamería ***f.*** Halago, demostración exagerada de cariño: *"Ni creas que con tus **zalamerías** me convencerás de llevarte al cine, ya dije que no salimos hasta que no mejores tus calificaciones", dijo su mamá a David.*
zalamero, ra ***adj./m.*** y ***f.*** Persona que tiene demostraciones exageradas y falsas de cariño o admiración.
zamacueca ***f. Ver*** **cueca.**
zamarra ***f.*** Chaleco hecho de piel con lana o pelo.
zamarro ***m.*** **1** Chaleco hecho de piel con lana o pelo. **2** ***pl. Colomb., Ecuad.*** y ***Venez.*** Especie de calzón hecho de cuero o paño que llevan los cazadores y la gente del campo para proteger el traje cuando montan a caballo.
zamba ***f. Amér. Merid.*** Danza popular que se baila en pareja suelta y con revuelo de pañuelos.

zambo, ba ***adj./m.*** y ***f.*** **1** Que tiene torcidas las piernas hacia afuera y las rodillas juntas. **2** ***Amér.*** Se dice del hijo de negro e india o viceversa.

zambomba ***f.*** Instrumento musical popular que produce un sonido fuerte y áspero.

¡zambomba! ***interj.*** Expresión de sorpresa: *¡Zambomba, no me había dado cuenta de que era tan tarde!* SIN. **irecórcholis!**

zambullida ***f.*** Inmersión de golpe en el agua: *Después de la **zambullida**, Marcela comenzó a nadar con gran energía.*

zambullir ***vb. irreg.*** {tr. y prnl.} **Modelo 69.** Meter de golpe algo debajo del agua: *Como el agua estaba fría, prefirió **zambullirse** en vez de entrar poco a poco.*

zambutir ***vb.*** {tr.} ***Méx.*** Introducir algo, forzándolo, en un lugar estrecho: *Ernestina **zambutió** demasiada ropa en ese cajón, ahora se atoró por dentro y no puede abrirlo.*

zampabollos ***m.*** y ***f. Fam.*** Persona glotona.

zampar ***vb.*** {tr., intr. y prnl.} **1** Meter de manera brusca una cosa en un líquido o en un sitio. **2** Comer de prisa y con exageración: *Tenía tanta hambre que **se zampó** tres panes casi sin masticarlos.*

zampoña ***f.*** Instrumento musical rústico a modo de flauta o gaita.

zamuro ***m. Colomb.*** y ***Venez.*** Especie de buitre del tamaño de una gallina, negro, con las patas rojizas y cabeza y cuello rojoazulados. SIN. **zopilote, gallinazo.**

zanahoria ***f.*** **1** Planta herbácea cultivada por su raíz comestible. **2** Raíz de la planta de la zanahoria, de color anaranjado: *Las **zanahorias** son buenas para la vista, ¿cuándo has visto un conejo con anteojos?*

zanate ***m. C. Rica, Guat., Hond., Méx.*** y ***Nicar.*** Pájaro de plumaje negro que se alimenta de semillas: *El campesino puso un espantapájaros para evitar que los **zanates** se comieran su cosecha.*

zanca ***f. Fam.*** Pierna de una persona o de un animal que es larga y delgada: *Si no tuvieran esas **zancas** y ese cuello, las jirafas no podrían alcanzar las hojas tiernas de las ramas altas.*

zancada ***f.*** Paso de gran tamaño: *Como tiene las piernas tan largas, en tres **zancadas** salió de la habitación.*

zancadilla ***f.*** Acción de cruzar uno su pierna por entre las de otro para hacerle perder el equilibrio y caer: *El futbolista le metió una **zancadilla** a su adversario y le lastimó la pierna.*

zancadillear ***vb.*** {tr.} Hacer una zancadilla a alguien: *El karateca **zancadilleó** a su adversario para hacerlo caer.*

zanco ***m.*** Cada uno de los dos palos altos con soportes donde se ponen los pies, sobre los que se anda en algunos juegos: *En el circo algunos payasos caminaban en altos **zancos** que cubrían con larguísimos pantalones.*

zancón, cona ***adj. Colomb., Guat., Méx.*** y ***Venez.*** Se refiere a la ropa demasiado corta para la persona que la usa: *Al papá de Martha no le gustó el vestido de su hija, le pareció demasiado **zancón**.*

zancudo ***m. Amér.*** Mosquito.

zancudo, da ***adj.*** Relativo a las aves de largas patas: *Los flamencos y las garzas son aves **zancudas**.*

zanganear ***vb.*** {intr.} ***Fam.*** No hacer nada en vez de trabajar: *"Deja de **zanganear** y ponte a estudiar", me regañó mi padre.*

zángano ***m.*** Abeja macho: *Los **zánganos** fecundan a la abeja reina, después de lo cual mueren.*

zángano, na ***m.*** y ***f. Fam.*** Persona holgazana que vive del trabajo de otras: *La pobre mujer no sabía que el hombre con el que se casó es un **zángano** que no hace nada.*

zangolotear ***vb.*** {tr., intr. y prnl.} ***Fam.*** Mover algo o a alguien de manera violenta, sacudirlo: *Por más que Irina **zangoloteaba** a Raúl éste no despertaba, así que optó por descobijarlo y jalarle los pies.*

zangoloteo ***m. Fam.*** Movimiento o sacudida continua y violenta: *La protagonista quedó tan aturdida que no respondía ni con los **zangoloteos** que le dio su esposo.*

zanguangada ***f.*** Acción o dicho propio de un zanguango: *Mario hizo una **zanguangada** al salir a pasear con su perro en medio de la tormenta, ahora está enfermo y con fiebre en la cama.*

zanguango, ga ***m.*** y ***f. Amér. Merid.*** Persona que se comporta de manera estúpida y torpe.

zanja ***f.*** **1** Excavación larga y estrecha que se hace en la tierra: *Como era de noche, no vio la **zanja** y cayó en ella.* **2** ***Amér. C.*** y ***Amér. Merid.*** Surco que abre en la tierra la corriente de un arroyo.

zanjar ***vb.*** {tr.} **1** Abrir zanjas: *Los trabajadores **zanjaron** el terreno donde luego se colocarán los cables telefónicos.* **2** Resolver un asunto o problema: *Edith **zanjó** el problema porque encontró una solución que convenía a todos.*

zanjón ***m. Chile.*** Precipicio, despeñadero.

zapa ***f.*** **1** Especie de pala que usan los zapadores. **2** Excavación de una galería subterránea o de una zanja al descubierto.

zapa ***f.*** Piel curtida de tiburón o raya que se usa para hacer estuches y encuadernar libros: *Una de las principales novelas del escritor francés Honorato de Balzac es* La piel de **zapa**, *que se publicó por primera vez en 1831.*

zapador ***m.*** Soldado que se ocupa de abrir trincheras o lugares que sirven para protegerse del enemigo mientras se está en batalla: *Durante la Primera Guerra Mundial, los **zapadores** avanzaban para preparar las trincheras de la infantería.*

zapallito ***m. Argent.*** Calabacín, calabacita: *Me gustan los macarrones con **zapatillos** y crema que prepara mi tía.*

zapallo ***m.*** **1** ***Amér. Merid.*** Planta herbácea, trepadora o rastrera, de tallo largo y hueco. SIN. **calabacera.** **2** ***Amér. Merid.*** Fruto de la planta del zapallo. SIN. **calabaza.**

zapapico ***m.*** Herramienta para cavar con mango de madera y cabeza con un extremo de corte y otro puntiagudo: *Después de varios golpes de **zapapico,** el pavimento se rompió y los trabajadores empezaron a retirar la tierra con palas.*

zapar ***vb.*** {tr.} Excavar: *Durante su jornada de hoy, los peones **zaparon** la mitad de la zanja en la cual se colocarán los nuevos tubos de drenaje.*

zapata ***f.*** **1** Calzado que llega a media pierna. **2** Pieza del mecanismo que sirve para frenar en algunos vehículos.

zapateado ***m.*** Golpes dados con los pies en el suelo como parte de una danza o por una rabieta: *Una parte importante del baile andaluz es el **zapateado.***

zapatear ***vb.*** {tr.} Dar golpes en el suelo con los pies calzados.

zapateo ***m. Ver*** **zapateado.**

zapatera ***f.*** Mueble para guardar zapatos: *"Guarda en la **zapatera** los zapatos que dejaste tirados", me pidió mi madre.*

zapatería ***f.*** **1** Industria donde se hacen zapatos: *Esa **zapatería** produce zapatos de tela, piel y plástico.* **2** Tienda donde se venden zapatos: *Fue a la **zapatería** a comprar unas pantuflas y salió con unos zapatos muy elegantes y sin dinero.*

zapatero, ra ***m.*** y ***f.*** Persona que tiene por oficio hacer, componer o vender zapatos: *Le llevé los zapatos al **zapatero** para que les ponga suelas nuevas.*

zapateta ***f.*** **1** Golpe que se da con la mano en el pie o en el zapato saltando en señal de alegría: *Mi hermano se puso tan contento cuando metió el gol final que hizo una bonita* ***zapateta.*** **2** Brinco o cabriola que se hace chocando un pie con otro: *Los payasos del circo hacían* ***zapatetas*** *muy cómicas.* **3** ***pl.*** En algunos bailes, golpes que se dan con el pie en el suelo: *La maestra de baile nos dijo que debíamos acompasar las* ***zapatetas.***

zapatilla ***f.*** **1** Zapato cómodo para estar en casa: *Su perro está entrenado para llevarle las* ***zapatillas*** *en cuanto llega a su casa.* SIN. **pantufla. 2** Calzado deportivo. SIN. **tenis. 3** Zapatos especiales para bailar ballet.

zapatismo ***m. Méx.*** Movimiento militar y campesino de la época de la Revolución mexicana, que seguía las ideas de Emiliano Zapata.

zapatista ***adj./m.*** y ***f.*** Seguidor del zapatismo.

zapato ***m.*** Calzado que cubre el pie hasta el tobillo: *Ese vecino se hartó de escuchar maullar al gato y le aventó un* ***zapato.***

zapatudo, da ***adj.*** Que tiene zapatos muy grandes o fuertes: *Cuando María se pone esos pantalones tan ajustados con los zapatos de cuero la llamamos* ***zapatuda.***

¡zape! ***interj. Fam.*** Expresión que se usa para ahuyentar a los gatos: *Mi hija es tan pacífica que no es capaz ni de decirle* ***¡zape!*** *al gato cuando la está molestando.*

zape ***m. Méx.*** Golpe que se da con la mano abierta en la parte posterior de la cabeza: *Mi hermano me dio un* ***zape*** *porque lo acusé de robar los caramelos.*

zapotal ***m.*** Terreno donde hay gran cantidad de zapotes: *"Cuando era un niño me gustaba estar solo en el* ***zapotal*** *leyendo libros de aventuras", dijo el poeta.*

zapotazo ***m. Hond.*** y ***Méx.*** Golpe: *"Durante la carrera miré hacia atrás para medir la distancia que me separaba del segundo corredor y me di un tremendo* ***zapotazo*** *con un árbol", nos contó Marcelo.*

zapote ***m.*** Árbol americano con fruto esférico y blando que es comestible y de sabor muy dulce, con una pulpa suave: *Mi tía Lilia prepara dulce de* ***zapote*** *con jugo de naranja.*

zapoteca o **zapoteco** ***adj./m.*** y ***f.*** Pueblo amerindio que habita en el estado de Oaxaca, parte de Veracruz, Chiapas y Guerrero, México: *En la época prehispánica, la cultura* ***zapoteca*** *tuvo su centro más importante en Monte Albán.*

zapotero ***m.*** Árbol del zapote: *Algunas variedades de* ***zapotero*** *tienen abundante látex en sus troncos.*

zapping ***m.*** **Palabra de origen inglés.** Acción de cambiar continuamente, con el control remoto, los canales del televisor: *Rosita estaba tan aburrida que en toda la tarde no vio un solo programa completo, pues se dedicó al* ***zapping.***

zar ***m.*** Título que hasta el siglo XIX se daba al emperador de Rusia y a los soberanos de Bulgaria y Serbia: *Nicolás fue el último* ***zar*** *de todas las Rusias.*

zarandajas ***f. pl. Esp.*** y ***Méx.*** Cualquier cosa de la que no vale la pena ocuparse: *"Deja esas* ***zarandajas*** *y mejor ponte a hacer algo de provecho", dijo su mamá a la niña que llevaba tres horas jugando con estampitas.*

zarandear ***vb.*** {tr. y prnl.} **1** Mover a alguien o algo de un lado a otro con rapidez y energía: *La tormenta hizo que el gran barco* ***se zarandeara*** *como si fuera de papel.* SIN. **hamaquear. 2** ***Chile, Méx., Perú, P. Rico*** y ***Venez.*** Caminar moviendo mucho los hombros y las caderas: *Mira cómo camina esa mujer,* ***se zarandea*** *como barco en alta mar.* SIN. **contonearse.**

zarandeo ***m.*** Movimiento enérgico y rápido: *Los* ***zarandeos*** *de los viajes en avión me ponen nervioso.*

zarcillo ***m.*** **1** Pendiente o arete en forma de aro. SIN. **arracada. 2** Hoja o brote en forma de hilo que se enrosca alrededor de un soporte.

zarco, ca ***adj.*** Se aplica a los ojos o al agua de color azul claro: *La novia de Felipe tiene el pelo muy rubio y los ojos* ***zarcos.***

zarigüeya ***f.*** Mamífero marsupial parecido a la rata: *Las* ***zarigüeyas*** *tienen una cola prensil y cargan a sus crías sobre su lomo.*

zarina ***f.*** Emperatriz de Rusia: *Alexandra fue la última* ***zarina*** *de Rusia.*

zarpa ***f.*** Mano con dedos y uñas afiladas de ciertos animales: *A algunos felinos de circos, como leones y tigres, les retiran las* ***zarpas*** *y les liman los colmillos.* SIN. **garra.**

zarpar ***vb.*** {tr. e intr.} **1** Levar anclas: *El barco* ***zarpó*** *en cuanto la marea y los vientos lo permitieron.* **2** Irse un barco de un lugar: *El novio se quedó en el muelle hasta que el barco en el que iba su amada* ***zarpó*** *y se perdió en el horizonte.*

zarpazo ***m.*** Araño producido con una zarpa: *La leona se enojó con su entrenador y le tiró un* ***zarpazo.***

zarrapastroso, sa ***adj./m.*** y ***f. Fam.*** Se dice de las personas que visten con ropa sucia y descuidada: *Es natural que los niños que viven en la calle, sin familia, anden* ***zarrapastrosos.***

zarza ***f.*** Planta espinosa que da como fruto la zarzamora.

zarzal ***m.*** Lugar donde hay zarzas: *Ten cuidado con las espinas del* ***zarzal*** *cuando recojas las zarzamoras.*

zarzamora ***f.*** Fruto de la zarza, de color morado: *Con* ***zarzamoras*** *se pueden hacer mermeladas y postres muy ricos.*

zarzaparrilla ***f.*** Arbusto de tallo espinoso, del que se obtiene la bebida refrescante del mismo nombre: *Tomé un litro de* ***zarzaparrilla*** *porque tenía mucha sed.*

zarzuela ***f.*** **1** Obra dramática española en la que alternan los fragmentos hablados y los cantados: *"Luisa Fernanda" es una* ***zarzuela*** *que le gustaba mucho a mi abuelo.* **2** Guiso hecho con varias clases de pescado y mariscos, condimentado con una salsa de tomate.

¡zas! ***interj.*** Se usa para indicar un golpe o algo que sucede de forma brusca: *Estábamos muy contentos dibujando y* ***¡zas!,*** *que se va la luz.*

zedilla ***f. Ver*** **cedilla.**

zėjel ***m.*** Composición poética antigua de los árabes españoles.

zempasúchil ***m. Méx. Ver*** **cempasúchil.**

zen ***m.*** **Palabra de origen japonés.** Sistema filosófico budista basado en la sencillez y la meditación: *El budismo* ***zen*** *se originó en China y fue introducido a Japón a fines del siglo XII.*

zenit ***m. Ver*** **cenit.**

zepelín ***m.*** Globo dirigible de estructura metálica: *A principios del siglo XX, los vuelos de los* ***zepelines*** *eran grandes acontecimientos.*

zeta ***f.*** **1** Nombre de la letra "z". **2** ***loc.*** **X, y o z,** uno u otro, lo que no se conoce.

zigoto ***m.*** Célula resultante de la fecundación: *La palabra* ***zigoto*** *también se escribe con c; de todos modos, es la célula formada por dos diferentes, como el espermatozoide y el óvulo, de la cual nacerá un nuevo ser vivo.*

zigurat ***m.*** Pirámide escalonada en cuya cumbre hay un templo: *Los* ***zigurats*** *son característicos de la arquitectura de la antigua Mesopotamia.*

zigzag ***m.*** Línea hecha por segmentos que forman alternativamente ángulos entrantes y salientes: *Esa parte montañosa de la carretera parece estar dibujada en* ***zigzag.***

a b c d e f g h i j k l m n o p q r s t u v w x y z

zigzaguear ***vb.*** {intr.} **1** Moverse en zigzag: *"Para bajar de un cerro es mejor ir **zigzagueando,** pues si lo hacen de frente toman demasiada velocidad y pueden caer", explicó su padre a los niños.* **2** Estar algo en forma de zigzag: *Ese camino **zigzaguea,** pues lo abrieron a través de las rocas y era imposible hacerlo recto.*

zinc ***m. Ver*** **cinc.**

zíngaro, ra ***adj./m.*** y ***f.*** Gitano: *Los **zíngaros** son la minoría étnica más grande de Europa.*

zíper ***m.*** **Palabra de origen inglés.** ***Méx.*** Cremallera, cierre: *Niño, traes el **zíper** del pantalón abierto.*

zipizape ***m. Fam.*** Riña, discusión: *En el noticiero informaron de un **zipizape** que se dio entre policías y ladrones, en el cual resultaron heridas cuatro personas.*

zloty ***m.*** Moneda de Polonia, país de Europa.

zócalo ***m.*** **1** Cuerpo inferior de un edificio, que sirve para elevar los basamentos o cimientos a un mismo nivel. **2** Banda que se coloca en la pared a ras de suelo: *El piso de esta habitación tendrá un **zócalo** de color negro.* **3** ***Méx.*** Plaza central de una ciudad: *El festival se llevó a cabo en el **zócalo** de la capital.*

zoco ***m.*** En los países árabes, mercado.

zodiacal ***adj.*** Relacionado con el zodiaco: *¿Cuál es tu signo **zodiacal**? El mío es Sagitario.*

zodiaco o **zodíaco** ***m.*** Zona de la esfera celeste en la que se desplazan los principales planetas del Sistema Solar, y que está dividida en doce partes llamadas signos del zodiaco.

zombi ***m.*** Según el vudú, cadáver desenterrado y revivido.

zompantli ***m.*** Figura arquitectónica de los templos aztecas donde se colocaban en fila los cráneos de los sacrificados: *Los **zompantlis** son altares de calaveras constituidos por muros cubiertos de cráneos reales o esculpidos, como el que se puede ver en el Templo Mayor de la Ciudad de México.*

zompopo ***m. Amér. C.*** Hormiga de cabeza grande que se alimenta de hojas.

zona ***f.*** **1** Extensión o superficie con límites determinados: *A unos kilómetros de aquí hay una **zona** militar donde sólo pueden entrar soldados.* **2** Parte de una cosa: *La **zona** baja de la espalda me duele cuando me agacho.* **3** Cada una de las divisiones de la Tierra determinadas por los trópicos y los círculos polares: *La mayoría de la gente vivimos en la **zona** tropical del planeta.*

zonación ***f.*** En biogeografía, distribución de animales y vegetales en zonas según factores climáticos: *La **zonación** vertical es muy típica de las costas rocosas porque los organismos se distribuyen en bandas horizontales según su tolerancia al declive ambiental.*

zoncera ***f.*** **1** ***Amér.*** Comportamiento tonto: *A algunos niños les da por hacer **zonceras** con las que parecen divertirse mucho.* **2** ***Argent.*** Dicho, hecho u objeto de poco o ningún valor.

zonda ***m. Argent.*** Viento cálido y seco proveniente del oeste, que sopla en el área de la cordillera y alcanza particular intensidad en la región argentina de Cuyo.

zonificación ***f.*** División de un territorio o área en zonas: *Los médicos de las brigadas de salud hicieron una **zonificación** de esa región, pues en diferentes partes hay distintos tipos de enfermedades.*

zonzo, za ***adj./m.*** y ***f.*** Tonto: *Más que ser **zonzo,** lo que le pasa a Daniel es que no pone atención.*

zoo ***m.*** **Palabra de origen inglés.** Abreviatura de *parque zoológico*: *El domingo fuimos al **zoo** y nos divertimos mucho viendo jugar a los monos.* SIN. **zoológico.**

zoófago, ga ***adj.*** Que se alimenta de materias animales: *Los humanos somos **zoófagos** porque comemos reses, conejos y otros animales.*

zoofobia ***f.*** Temor patológico a los animales: *La **zoofobia** de Cristina llega al colmo, ayer se puso a gritar porque le dio miedo un cachorrito.*

zoología ***f.*** Rama de las ciencias naturales que estudia los animales: *Los estudiantes de veterinaria tienen que estudiar **zoología,** entre otras disciplinas.*

zoológico ***m.*** Establecimiento especial donde viven animales salvajes, que pueden ser visitados por el público. SIN. **parque zoológico, zoo.**

zoológico, ca ***adj.*** **1** Relativo a la zoología. **2** ***loc.*** **Parque ~,** establecimiento acondicionado para que vivan en él animales salvajes a fin de exponerlos al público: *Queremos ir al **parque zoológico** a ver un par de cachorros de león recién nacidos.*

zoólogo, ga ***m.*** y ***f.*** Especialista en zoología: *Los **zoólogos** estudian la forma, clasificación, las costumbres, migraciones y los hábitos reproductivos de los animales.*

zoom ***m.*** **Palabra de origen inglés.** Objetivo de una cámara fotográfica, de cine o de televisión, que puede moverse para hacer acercamientos o alejamientos.

zoomorfo, fa ***adj.*** Con forma de animal: *Casi todas las culturas prehispánicas de América hicieron vasijas **zoomorfas,** algunas tienen forma de perro, otras de loro, de jaguar y de mono.*

zootecnia ***f.*** Ciencia que estudia la cría y el mejoramiento de los animales domésticos.

zopenco, ca ***adj./m.*** y ***f. Fam.*** Muy torpe, tonto, bruto.

zopilote ***m. C. Rica, Guat., Hond., Méx.*** y ***Nicar.*** Ave de color negro parecida al buitre pero de menor tamaño. SIN. **gallinazo, zamuro.**

zoque ***adj./m.*** y ***f.*** Pueblo amerindio que habita en los estados mexicanos de Chiapas y Tabasco.

zoquete ***adj./m.*** y ***f. Fam.*** Torpe, tardo para entender: *Al muy **zoquete** le dije que quería que pintara la mesa de color verde y la pintó de azul.*

zoquete ***m.*** Trozo de madera que sobra del extremo de un madero cuando éste ha sido cortado.

zorra ***f.*** **1** Hembra del zorro: *La **zorra** caminaba por el campo seguida por sus dos cachorros.* **2** ***Desp. Vulg.*** Ramera, prostituta.

zorrillo o **zorrino** ***m.*** **1** ***Amér.*** Mamífero carnívoro que se defiende de sus enemigos lanzando un líquido fétido por vía anal: *El olor del **zorrillo** es tan penetrante que puede percibirse a 50 metros de distancia.* SIN. **mofeta, yaguané.** **2** ***Méx. Fam.*** Tonto: *No seas **zorrillo,** no te quedes en casa y ven con nosotros a la fiesta.*

zorro ***m.*** Mamífero carnívoro de cola tupida y hocico puntiagudo: *En Inglaterra, jinetes a caballo y perros sabuesos solían cazar **zorros** como deporte.*

zorruno, na ***adj.*** Del zorro o relacionado con este animal: *Ulises fue un héroe muy hábil y **zorruno** que logró salir de varios peligros gracias a su ingenio.*

zorzal ***m.*** Ave de formas esbeltas, color grisáceo o marrón y canto melodioso.

zozobra ***f.*** Angustia, temor, inquietud: *Cuando su marido sale de viaje, su mujer se llena de **zozobra** porque piensa que quizá le ocurra algo malo.*

zozobrar ***vb.*** {intr.} **1** Naufragar una embarcación: *El barco **zozobró** y los sobrevivientes fueron rescatados en un bote salvavidas.* **2** Fracasar un proyecto: *El negocio prometía ser bueno, pero todo parece indicar que **zozobrará.***

zueco ***m.*** **1** Zapato de madera de una sola pieza: *Los campesinos suecos y del norte de Francia usaban **zuecos***

hace muchos años. **2** Zapato de cuero con suela de madera o de corcho.

zumbador, ra ***adj./m.*** **1** Que zumba: *"Este insecto* ***zumbador*** *es muy molesto aunque no pica", me explicó el guía del parque natural.* **2** ***Méx.*** Colibrí: *El* ***zumbador*** *es un animal sagrado que se encuentra en muchas islas del Caribe.* **3** Dispositivo electrónico que emite un zumbido: *Instalamos una alarma con* ***zumbador*** *que se activa cuando detecta humo.*

zumbadora ***f. Hond.*** y ***Salv.*** Serpiente de color negro en el dorso y blanco en el vientre, muy agresiva aunque no venenosa para el hombre, que emite un zumbido con la cola: *En la reserva pudimos ver una* ***zumbadora*** *de un metro de largo.*

zumbante ***adj.*** Que zumba: *En la colmena que visitamos con la escuela había un sonido* ***zumbante*** *que se escuchaba desde lejos.*

zumbar ***vb.*** {intr.} Producir un sonido continuado: *Como ya no es nuevo, el motor de la lavadora* ***zumba*** *cuando la prendo.*

zumbido ***m.*** Acción y efecto de zumbar: *El* ***zumbido*** *de los mosquitos no me dejó dormir anoche.*

zumbón, bona ***adj. Fam.*** Burlón: *¿Vas a una fiesta?, dijo* ***zumbona*** *Elisa cuando vio a su hermano sucio y mal vestido porque había estado arreglando la azotea.*

zumo ***m.*** Líquido que se extrae exprimiendo frutas: *La tarta de frutas se prepara con el* ***zumo*** *de dos naranjas y de dos manzanas.* SIN. **jugo.**

zurcido ***m.*** Cosido, remiendo.

zurcir ***vb. irreg.*** {tr.} **Modelo 64.** Coser la rotura o desgaste de una tela: *Por las noches, junto al fuego, la madre* ***zurce*** *los calcetines de sus hijos.*

zurdazo ***m.*** Golpe dado con la mano o con el pie izquierdos: *Vimos el partido final del campeonato femenino de fútbol en el que Irene metió gol de un* ***zurdazo.***

zurdo, da ***m.*** y ***f.*** Persona que usa la mano o el pie izquierdos para hacer lo que, en general, se hace con la derecha o el derecho: *Hace años, los* ***zurdos*** *eran obligados a aprender a escribir con la mano derecha.*

zurear ***vb.*** {intr.} Emitir la paloma sus arrullos: *"En la cornisa del edificio donde vivo hay nidos de palomas y las aves* ***zurean*** *toda la mañana", dijo Alejandro.*

zurra ***f.*** **1** Acción de zurrar o curtir las pieles. **2** ***Fam.*** Paliza, tunda: *Un niño abusivo y mayor le dio a Jaime una* ***zurra*** *al salir de la escuela.*

zurrar ***vb.*** {tr.} **1** Golpear a una persona o animal: *Carlos le dio una* ***zurra*** *al perro callejero que había mordido a su hijo.* **2** Curtir las pieles. **3** ***Méx. Fam.*** Defecar: *El gato se* ***zurró*** *en una maceta y mi mamá le pegó con la escoba.*

zurriago ***m.*** Látigo que se emplea para golpear.

zurrón ***m.*** Bolsa para llevar o guardar la caza o las provisiones: *Los marineros usan* ***zurrones*** *para guardar sus pertenencias.* SIN. **morral.**

zutano, na ***m.*** y ***f.*** Una persona cualquiera, en correlación con *fulano* o *mengano*.

MODELOS DE CONJUGACIÓN VERBAL

En la siguiente sección se ofrecen 72 modelos de conjugación: tres de ellos corresponden a los verbos regulares ejemplificados con **amar** (modelo 1), **comer** (modelo 20) y **vivir** (modelo 45), y los 69 restantes pertenecen a los irregulares.

Dentro del diccionario los verbos están señalados con la marca ***vb.*** y corresponden a uno de los tres modelos regulares; la marca ***vb. irreg.*** indica que el verbo es irregular y a continuación remite al número de modelo que le corresponde, por ejemplo:

calificar *vb. irreg.* {tr.} **Modelo 17.**

Se presenta la conjugación de cada verbo modelo con un número que lo identifica y en todos los tiempos de los modos indicativo, subjuntivo e imperativo.

1 AMAR

INDICATIVO	SUBJUNTIVO
Presente: amo - amas - ama - amamos - amáis - aman **Pretérito:** amé - amaste - amó - amamos - amasteis - amaron **Futuro:** amaré - amarás - amará - amaremos - amaréis - amarán **Copretérito:** amaba - amabas - amaba - amábamos - amabais - amaban **Pospretérito:** amaría - amarías - amaría - amaríamos - amaríais - amarían **Antepresente:** he amado - has amado - ha amado - hemos amado - habéis amado - han amado **Antepretérito:** hube amado - hubiste amado - hubo amado - hubimos amado - hubisteis amado - hubieron amado **Antefuturo:** habré amado - habrás amado - habrá amado - habremos amado - habréis amado - habrán amado **Antecopretérito:** había amado - habías amado - había amado - habíamos amado - habíais amado - habían amado **Antepospretérito:** habría amado - habrías amado - habría amado - habríamos amado - habríais amado - habrían amado	**Presente:** ame - ames - ame - amemos - améis - amen **Pretérito:** amara o amase - amaras o amases - amara o amase - amáramos o amásemos - amarais o amaseis - amaran o amasen **Futuro:** amare - amares - amare - amáremos - amareis - amaren **Antepresente:** haya amado - hayas amado - haya amado - hayamos amado - hayáis amado - hayan amado **Antepretérito:** hubiera o hubiese amado - hubieras o hubieses amado - hubiera o hubiese amado - hubiéramos o hubiésemos amado - hubierais o hubieseis amado - hubieran o hubiesen amado **Antefuturo:** hubiere amado - hubieres amado - hubiere amado - hubiéremos amado - hubiereis amado - hubieren amado

IMPERATIVO
ama (tú) - ame (usted) - amad (vosotros-as) - amen (ustedes)

2 ESTAR

INDICATIVO	SUBJUNTIVO
Presente: estoy - estás - está - estamos - estáis - están **Pretérito:** estuve - estuviste - estuvo - estuvimos - estuvisteis - estuvieron **Futuro:** estaré - estarás - estará - estaremos - estaréis - estarán **Copretérito:** estaba - estabas - estaba - estábamos - estabais - estaban **Pospretérito:** estaría - estarías - estaría - estaríamos - estaríais - estarían **Antepresente:** he estado - has estado - ha estado - hemos estado - hubimos estado - han estado **Antepretérito:** hube estado - hubiste estado - hubo estado - habéis estado - hubisteis estado - hubieron estado **Antefuturo:** habré estado - habrás estado - habrá estado - habremos estado - habréis estado - habrán estado **Antecopretérito:** había estado - habías estado - había estado - habíamos estado - habíais estado - habían estado **Antepospretérito:** habría estado - habrías estado - habría estado - habríamos estado - habríais estado - habrían estado	**Presente:** esté - estés - esté - estemos - estéis - estén **Pretérito:** estuviera o estuviese - estuvieras o estuvieses - estuviera o estuviese - estuviéramos o estuviésemos - estuvierais o estuvieseis - estuvieran o estuviesen **Futuro:** estuviere - estuvieres - estuviere - estuviéremos - estuviereis - estuvieren **Antepresente:** haya estado - hayas estado - haya estado - hayamos estado - hayáis estado - hayan estado **Antepretérito:** hubiera o hubiese estado - hubieras o hubieses estado - hubiera o hubiese estado - hubiéramos o hubiésemos estado - hubierais o hubieseis estado - hubieran o hubiesen estado **Antefuturo:** hubiere estado - hubieres estado - hubiere estado - hubiéremos estado - hubiereis estado - hubieren estado

IMPERATIVO
está (tú) - esté (usted) - estad (vosotros-as) - estén (ustedes)

3 PENSAR

INDICATIVO	SUBJUNTIVO
Presente: pienso - piensas - piensa - pensamos - pensáis - piensan **Pretérito:** pensé - pensaste - pensó - pensamos - pensasteis - pensaron **Futuro:** pensaré - pensarás - pensará - pensaremos - pensaréis - pensarán **Copretérito:** pensaba - pensabas - pensaba - pensábamos - pensabais - pensaban **Pospretérito:** pensaría - pensarías - pensaría - pensaríamos - pensaríais - pensarían **Antepresente:** he pensado - has pensado - ha pensado - hemos pensado - habéis pensado - han pensado **Antepretérito:** hube pensado - hubiste pensado - hubo pensado - hubimos pensado - hubisteis pensado - hubieron pensado **Antefuturo:** habré pensado - habrás pensado - habrá pensado - habremos pensado - habréis pensado - habrán pensado **Antecopretérito:** había pensado - habías pensado - había pensado - habíamos pensado - habíais pensado - habían pensado **Antepospretérito:** habría pensado - habrías pensado - habría pensado - habríamos pensado - habríais pensado - habrían pensado	**Presente:** piense - pienses - piense - pensemos - penséis - piensen **Pretérito:** pensara o pensase - pensaras o pensases - pensara o pensase - pensáramos o pensásemos - pensarais o pensaseis - pensaran o pensasen **Futuro:** pensare - pensares - pensare - pensáremos - pensareis - pensaren **Antepresente:** haya pensado hayas pensado - haya pensado - hayamos pensado - hayáis pensado - hayan pensado **Antepretérito:** hubiera o hubiese pensado - hubieras o hubieses pensado - hubiera o hubiese pensado - hubiéramos o hubiésemos pensado - hubierais o hubieseis pensado - hubieran o hubiesen pensado **Antefuturo:** hubiere pensado - hubieres pensado - hubiere pensado - hubiéremos pensado - hubiereis pensado - hubieren pensado

IMPERATIVO
piensa (tú) - piense (usted) - pensad (vosotros-as) - piensen (ustedes)

4 COMENZAR

INDICATIVO	SUBJUNTIVO
Presente: comienzo - comienzas - comienza - comenzamos - comenzáis - comienzan **Pretérito:** comencé - comenzaste - comenzó - comenzamos - comenzasteis - comenzaron **Futuro:** comenzaré - comenzarás - comenzará - comenzaremos - comenzaréis - comenzarán **Copretérito:** comenzaba - comenzabas - comenzaba - comenzábamos - comenzabais - comenzaban **Pospretérito:** comenzaría - comenzarías - comenzaría - comenzaríamos - comenzaríais - comenzarían **Antepresente:** he comenzado - has comenzado - ha comenzado - hemos comenzado - habéis comenzado - han comenzado **Antepretérito:** hube comenzado - hubiste comenzado - hubo comenzado - hubimos comenzado - hubisteis comenzado - hubieron comenzado **Antefuturo:** habré comenzado - habrás comenzado - habrá comenzado - habremos comenzado - habréis comenzado - habrán comenzado **Antecopretérito:** había comenzado - habías comenzado - había comenzado - habíamos comenzado - habíais comenzado - habían comenzado **Antepospretérito:** habría comenzado - habrías comenzado - habría comenzado - habríamos comenzado - habríais comenzado - habrían comenzado	**Presente:** comience - comiences - comience - comencemos - comencéis - comiencen **Pretérito:** comenzara o comenzase - comenzaras o comenzases - comenzara o comenzase - comenzáramos o comenzásemos - comenzarais o comenzaseis - comenzaran o comenzasen **Futuro:** comenzare - comenzares - comenzare - comenzáremos - comenzareis - comenzaren **Antepresente:** haya comenzado - hayas comenzado - haya comenzado - hayamos comenzado - hayáis comenzado - hayan comenzado **Antepretérito:** hubiera o hubiese comenzado - hubieras o hubieses comenzado - hubiera o hubiese comenzado - hubiéramos o hubiésemos comenzado - hubierais o hubieseis comenzado - hubieran o hubiesen comenzado **Antefuturo:** hubiere comenzado - hubieres comenzado - hubiere comenzado - hubiéremos comenzado - hubiereis comenzado - hubieren comenzado

IMPERATIVO
comienza (tú) - comience (usted) - comenzad (vosotros-as) - comiencen (ustedes)

5 SOÑAR

INDICATIVO	SUBJUNTIVO
Presente: sueño - sueñas - sueña - soñamos - soñáis - sueñan **Pretérito:** soñé - soñaste - soñó - soñamos - soñasteis - soñaron **Futuro:** soñaré - soñarás - soñará - soñaremos - soñaréis - soñarán **Copretérito:** soñaba - soñabas - soñaba - soñábamos - soñabais - soñaban **Pospretérito:** soñaría - soñarías - soñaría - soñaríamos - soñaríais - soñarían **Antepresente:** he soñado - has soñado - ha soñado - hemos soñado - habéis soñado - han soñado **Antepretérito:** hube soñado - hubiste soñado - hubo soñado - hubimos soñado - hubisteis soñado - hubieron soñado **Antefuturo:** habré soñado - habrás soñado - habrá soñado - habremos soñado - habréis soñado - habrán soñado **Antecopretérito:** había soñado - habías soñado - había soñado - habíamos soñado - habíais soñado - habían soñado **Antepospretérito:** habría soñado - habrías soñado - habría soñado - habríamos soñado - habríais soñado - habrían soñado	**Presente:** sueñe - sueñes - sueñe - soñemos - soñéis - sueñen **Pretérito:** soñara o soñase - soñaras o soñases - soñara o soñase - soñáramos o soñásemos - soñarais o soñaseis - soñaran o soñasen **Futuro:** soñare - soñares - soñare - soñáremos - soñareis - soñaren **Antepresente:** haya soñado - hayas soñado - haya soñado - hayamos soñado - hayáis soñado - hayan soñado **Antepretérito:** hubiera o hubiese soñado - hubieras o hubieses soñado - hubiera o hubiese soñado - hubiéramos o hubiésemos soñado - hubierais o hubieseis soñado - hubieran o hubiesen soñado **Antefuturo:** hubiere soñado - hubieres soñado - hubiere soñado - hubiéremos soñado - hubiereis soñado - hubieren soñado

IMPERATIVO
sueña (tú) - sueñe (usted) - soñad (vosotros-as) - sueñen (ustedes)

6 FORZAR

INDICATIVO	SUBJUNTIVO
Presente: fuerzo - fuerzas - fuerza - forzamos - forzáis - fuerzan **Pretérito:** forcé - forzaste - forzó - forzamos - forzasteis - forzaron **Futuro:** forzaré - forzarás - forzará - forzaremos - forzaréis - forzarán **Copretérito:** forzaba - forzabas - forzaba - forzábamos - forzabais - forzaban **Pospretérito:** forzaría - forzarías - forzaría - forzaríamos - forzaríais - forzarían **Antepresente:** he forzado - has forzado - ha forzado - hemos forzado - habéis forzado - han forzado **Antepretérito:** hube forzado - hubiste forzado - hubo forzado - hubimos forzado - hubisteis forzado - hubieron forzado **Antefuturo:** habré forzado - habrás forzado - habrá forzado - habremos forzado - habréis forzado - habrán forzado **Antecopretérito:** había forzado - habías forzado - había forzado - habíamos forzado - habíais forzado - habían forzado **Antepospretérito:** habría forzado - habrías forzado - habría forzado - habríamos forzado - habríais forzado - habrían forzado	**Presente:** fuerce - fuerces - fuerce - forcemos - forcéis - fuercen **Pretérito:** forzara o forzase - forzaras o forzases - forzara o forzase - forzáramos o forzásemos - forzarais o forzaseis - forzaran o forzasen **Futuro:** forzare - forzares - forzare - forzáremos - forzareis - forzaren **Antepresente:** haya forzado - hayas forzado - haya forzado - hayamos forzado - hayáis forzado - hayan forzado **Antepretérito:** hubiera o hubiese forzado - hubieras o hubieses forzado - hubiera o hubiese forzado - hubiéramos o hubiésemos forzado - hubierais o hubieseis forzado - hubieran o hubiesen forzado **Antefuturo:** hubiere forzado - hubieres forzado - hubiere forzado - hubiéremos forzado - hubiereis forzado - hubieren forzado

IMPERATIVO
fuerza (tú) - fuerce (usted) - forzad (vosotros-as) - fuercen (ustedes)

7 JUGAR

INDICATIVO	SUBJUNTIVO
Presente: juego - juegas - juega - jugamos - jugáis - juegan **Pretérito:** jugué - jugaste - jugó - jugamos - jugasteis - jugaron **Futuro:** jugaré - jugarás - jugará - jugaremos - jugaréis - jugarán **Copretérito:** jugaba - jugabas - jugaba - jugábamos - jugabais - jugaban **Pospretérito:** jugaría - jugarías - jugaría - jugaríamos - jugaríais - jugarían **Antepresente:** he jugado - has jugado - ha jugado - hemos jugado - habéis jugado - han jugado **Antepretérito:** hube jugado - hubiste jugado - hubo jugado - hubimos jugado - hubisteis jugado - hubieron jugado **Antefuturo:** habré jugado - habrás jugado - habrá jugado - habremos jugado - habréis jugado - habrán jugado **Antecopretérito:** había jugado - habías jugado - había jugado - habíamos jugado - habíais jugado - habían jugado **Antepospretérito:** habría jugado - habrías jugado - habría jugado - habríamos jugado - habríais jugado - habrían jugado	**Presente:** juegue - juegues - juegue - juguemos - juguéis - jueguen **Pretérito:** jugara o jugase - jugaras o jugases - jugara o jugase - jugáramos o jugásemos - jugarais o jugaseis - jugaran o jugasen **Futuro:** jugare - jugares - jugare - jugáremos - jugareis - jugaren **Antepresente:** haya jugado - hayas jugado - haya jugado - hayamos jugado - hayáis jugado - hayan jugado **Antepretérito:** hubiera o hubiese jugado - hubieras o hubieses jugado - hubiera o hubiese jugado - hubiéramos o hubiésemos jugado - hubierais o hubieseis jugado - hubieran o hubiesen jugado **Antefuturo:** hubiere jugado - hubieres jugado - hubiere jugado - hubiéremos jugado - hubiereis jugado - hubieren jugado
IMPERATIVO	
juega (tú) - juegue (usted) - jugad (vosotros-as) - jueguen (ustedes)	

8 DAR

INDICATIVO	SUBJUNTIVO
Presente: doy - das - da - damos - dais - dan **Pretérito:** di - diste - dio - dimos - disteis - dieron **Futuro:** daré - darás - dará - daremos - daréis - darán **Copretérito:** daba - dabas - daba - dábamos - dabais - daban **Pospretérito:** daría - darías - daría - daríamos - daríais - darían **Antepresente:** he dado - has dado - ha dado - hemos dado - habéis dado - han dado **Antepretérito:** hube dado - hubiste dado - hubo dado - hubimos dado - hubisteis dado - hubieron dado **Antefuturo:** habré dado - habrás dado - habrá dado - habremos dado - habréis dado - habrán dado **Antecopretérito:** había dado - habías dado - había dado - habíamos dado - habíais dado - habían dado **Antepospretérito:** habría dado - habrías dado - habría dado - habríamos dado - habríais dado - habrían dado	**Presente:** dé - des - dé - demos - deis - den **Pretérito:** diera o diese - dieras o dieses - diera o diese - diéramos o diésemos - dierais o dieseis - dieran o diesen **Futuro:** diere - dieres - diere - diéremos - diereis - dieren **Antepresente:** haya dado - hayas dado - haya dado - hayamos dado - hayáis dado - hayan dado **Antepretérito:** hubiera o hubiese dado - hubieras o hubieses dado - hubiera o hubiese dado - hubiéramos o hubiésemos dado - hubierais o hubieseis dado - hubieran o hubiesen dado **Antefuturo:** hubiere dado - hubieres dado - hubiere dado - hubiéremos dado - hubiereis dado - hubieren dado
IMPERATIVO	
da (tú) - dé (usted) - dad (vosotros-as) - den (ustedes)	

9 ENVIAR

INDICATIVO	SUBJUNTIVO
Presente: envío - envías - envía - enviamos - enviáis - envían **Pretérito:** envié - enviaste - envió - enviamos - enviasteis - enviaron **Futuro:** enviaré - enviarás - enviará - enviaremos - enviaréis - enviarán **Copretérito:** enviaba - enviabas - enviaba - enviábamos - enviabais - enviaban **Pospretérito:** enviaría - enviarías - enviaría - enviaríamos - enviaríais - enviarían **Antepresente:** he enviado - has enviado - ha enviado - hemos enviado - habéis enviado - han enviado **Antepretérito:** hube enviado - hubiste enviado - hubo enviado - hubimos enviado - hubisteis enviado - hubieron enviado **Antefuturo:** habré enviado - habrás enviado - habrá enviado - habremos enviado - habréis enviado - habrán enviado **Antecopretérito:** había enviado - habías enviado - había enviado - habíamos enviado - habíais enviado - habían enviado **Antepospretérito:** habría enviado - habrías enviado - habría enviado - habríamos enviado - habríais enviado - habrían enviado	**Presente:** envíe - envíes - envíe - enviemos - enviéis - envíen **Pretérito:** enviara o enviase - enviaras o enviases - enviara o enviase - enviáramos o enviásemos - enviarais o enviaseis - enviaran o enviasen **Futuro:** enviare - enviares - enviare - enviáremos - enviareis - enviaren **Antepresente:** haya enviado - hayas enviado - haya enviado - hayamos enviado - hayáis enviado - hayan enviado **Antepretérito:** hubiera o hubiese enviado - hubieras o hubieses enviado - hubiera o hubiese enviado - hubiéramos o hubiésemos enviado - hubierais o hubieseis enviado - hubieran o hubiesen enviado **Antefuturo:** hubiere enviado - hubieres enviado - hubiere enviado - hubiéremos enviado - hubiereis enviado - hubieren enviado

IMPERATIVO
envía (tú) - envíe (usted) - enviad (vosotros-as) - envíen (ustedes)

10 ACTUAR

INDICATIVO	SUBJUNTIVO
Presente: actúo - actúas - actúa - actuamos - actuáis - actúan **Pretérito:** actué - actuaste - actuó - actuamos - actuasteis - actuaron **Futuro:** actuaré - actuarás - actuará - actuaremos - actuaréis - actuarán **Copretérito:** actuaba - actuabas - actuaba - actuábamos - actuabais - actuaban **Pospretérito:** actuaría - actuarías - actuaría - actuaríamos - actuaríais - actuarían **Antepresente:** he actuado - has actuado - ha actuado - hemos actuado - habéis actuado - han actuado **Antepretérito:** hube actuado - hubiste actuado - hubo actuado - hubimos actuado - hubisteis actuado - hubieron actuado **Antefuturo:** habré actuado - habrás actuado - habrá actuado - habremos actuado - habréis actuado - habrán actuado **Antecopretérito:** había actuado - habías actuado - había actuado - habíamos actuado - habíais actuado - habían actuado **Antepospretérito:** habría actuado - habrías actuado - habría actuado - habríamos actuado - habríais actuado - habrían actuado	**Presente:** actúe - actúes - actúe - actuemos - actuéis - actúen **Pretérito:** actuara o actuase - actuaras o actuases - actuara o actuase - actuáramos o actuásemos - actuarais o actuaseis - actuaran o actuasen **Futuro:** actuare - actuares - actuare - actuáremos - actuareis - actuaren **Antepresente:** haya actuado - hayas actuado - haya actuado - hayamos actuado - hayáis actuado - hayan actuado **Antepretérito:** hubiera o hubiese actuado - hubieras o hubieses actuado - hubiera o hubiese actuado - hubiéramos o hubiésemos actuado - hubierais o hubieseis actuado - hubieran o hubiesen actuado **Antefuturo:** hubiere actuado - hubieres actuado - hubiere actuado - hubiéremos actuado - hubiereis actuado - hubieren actuado

IMPERATIVO
actúa (tú) - actúe (usted) - actuad (vosotros-as) - actúen (ustedes)

11 AVERIGUAR

INDICATIVO	SUBJUNTIVO
Presente: averiguo - averiguas - averigua - averiguamos - averiguáis - averiguan **Pretérito:** averigüé - averiguaste - averiguó - averiguamos - averiguasteis - averiguaron **Futuro:** averiguaré - averiguarás - averiguará - averiguaremos - averiguaréis - averiguarán **Copretérito:** averiguaba - averiguabas - averiguaba - averiguábamos - averiguabais - averiguaban **Pospretérito:** averiguaría - averiguarías - averiguaría - averiguaríamos - averiguaríais - averiguarían **Antepresente:** he averiguado - has averiguado - ha averiguado - hemos averiguado - habéis averiguado - han averiguado **Antepretérito:** hube averiguado - hubiste averiguado - hubo averiguado - hubimos averiguado - hubisteis averiguado - hubieron averiguado **Antefuturo:** habré averiguado - habrás averiguado - habrá averiguado - habremos averiguado - habréis averiguado - habrán averiguado **Antecopretérito:** había averiguado - habías averiguado - había averiguado - habíamos averiguado - habíais averiguado - habían averiguado **Antepospretérito:** habría averiguado - habrías averiguado - habría averiguado - habríamos averiguado - habríais averiguado - habrían averiguado	**Presente:** averigüe - averigües - averigüe - averigüemos - averigüéis - averigüen **Pretérito:** averiguara o averiguase - averiguaras o averiguases - averiguara o averiguase - averiguáramos o averiguásemos - averiguarais o averiguaseis - averiguaran o averiguasen **Futuro:** averiguare - averiguares - averiguare - averiguáremos - averiguareis - averiguaren **Antepresente:** haya averiguado - hayas averiguado - haya averiguado - hayamos averiguado - hayáis averiguado - hayan averiguado **Antepretérito:** hubiera o hubiese averiguado - hubieras o hubieses averiguado - hubiera o hubiese averiguado - hubiéramos o hubiésemos averiguado - hubierais o hubieseis averiguado - hubieran o hubiesen averiguado **Antefuturo:** hubiere averiguado - hubieres averiguado - hubiere averiguado - hubiéremos averiguado - hubiereis averiguado - hubieren averiguado
IMPERATIVO	
averigua (tú) - averigüe (usted) - averiguad (vosotros-as) - averigüen (ustedes)	

12 ANDAR

INDICATIVO	SUBJUNTIVO
Presente: ando - andas - anda - andamos - andáis - andan **Pretérito:** anduve - anduviste - anduvo - anduvimos - anduvisteis - anduvieron **Futuro:** andaré - andarás - andará - andaremos - andaréis - andarán **Copretérito:** andaba - andabas - andaba - andábamos - andabais - andaban **Pospretérito:** andaría - andarías - andaría - andaríamos - andaríais - andarían **Antepresente:** he andado - has andado - ha andado - hemos andado - habéis andado - han andado **Antepretérito:** hube andado - hubiste andado - hubo andado - hubimos andado - hubisteis andado - hubieron andado **Antefuturo:** habré andado - habrás andado - habrá andado - habremos andado - habréis andado - habrán andado **Antecopretérito:** había andado - habías andado - había andado - habíamos andado - habíais andado - habían andado **Antepospretérito:** habría andado - habrías andado - habría andado - habríamos andado - habríais andado - habrían andado	**Presente:** ande - andes - ande - andemos - andéis - anden **Pretérito:** anduviera o anduviese - anduvieras o anduvieses - anduviera o anduviese - anduviéramos o anduviésemos - anduvierais o anduvieseis - anduvieran o anduviesen **Futuro:** anduviere - anduvieres - anduviere - anduviéremos - anduviereis - anduvieren **Antepresente:** haya andado - hayas andado - haya andado - hayamos andado - hayáis andado - hayan andado **Antepretérito:** hubiera o hubiese andado - hubieras o hubieses andado - hubiera o hubiese andado - hubiéramos o hubiésemos andado - hubierais o hubieseis andado - hubieran o hubiesen andado **Antefuturo:** hubiere andado - hubieres andado - hubiere andado - hubiéremos andado - hubiereis andado - hubieren andado
IMPERATIVO	
anda (tú) - ande (usted) - andad (vosotros-as) - anden (ustedes)	

13 AULLAR

INDICATIVO	SUBJUNTIVO
Presente: aúllo - aúllas - aúlla - aullamos - aulláis - aúllan **Pretérito:** aullé - aullaste - aulló - aullamos - aullasteis - aullaron **Futuro:** aullaré - aullarás - aullará - aullaremos - aullaréis - aullarán **Copretérito:** aullaba - aullabas - aullaba - aullábamos - aullabais - aullaban **Pospretérito:** aullaría - aullarías - aullaría - aullaríamos - aullaríais - aullarían **Antepresente:** he aullado - has aullado - ha aullado - hemos aullado - habéis aullado - han aullado **Antepretérito:** hube aullado - hubiste aullado - hubo aullado - hubimos aullado - hubisteis aullado - hubieron aullado **Antefuturo:** habré aullado - habrás aullado - habrá aullado - habremos aullado - habréis aullado - habrán aullado **Antecopretérito:** había aullado - habías aullado - había aullado - habíamos aullado - habíais aullado - habían aullado **Antepospretérito:** habría aullado - habrías aullado - habría aullado - habríamos aullado - habríais aullado - habrían aullado	**Presente:** aúlle - aúlles - aúlle - aullemos - aulléis - aúllen **Pretérito:** aullara o aullase - aullaras o aullases - aullara o aullase - aulláramos o aullásemos - aullarais o aullaseis - aullaran o aullasen **Futuro:** aullare - aullares - aullare - aulláremos - aullareis - aullaren **Antepresente:** haya aullado - hayas aullado - haya aullado - hayamos aullado - hayáis aullado - hayan aullado **Antepretérito:** hubiera o hubiese aullado - hubieras o hubieses aullado - hubiera o hubiese aullado - hubiéramos o hubiésemos aullado - hubierais o hubieseis aullado - hubieran o hubiesen aullado **Antefuturo:** hubiere aullado - hubieres aullado - hubiere aullado - hubiéremos aullado - hubiereis aullado - hubieren aullado

IMPERATIVO
aúlla (tú) - aúlle (usted) - aullad (vosotros-as) - aúllen (ustedes)

14 ERRAR

INDICATIVO	SUBJUNTIVO
Presente: yerro - yerras - yerra - erramos - erráis - yerran **Pretérito:** erré - erraste - erró - erramos - errasteis - erraron **Futuro:** erraré - errarás - errará - erraremos - erraréis - errarán **Copretérito:** erraba - errabas - erraba - errábamos - errabais - erraban **Pospretérito:** erraría - errarías - erraría - erraríamos - erraríais - errarían **Antepresente:** he errado - has errado - ha errado - hemos errado - habéis errado - han errado **Antepretérito:** hube errado - hubiste errado - hubo errado - hubimos errado - hubisteis errado - hubieron errado **Antefuturo:** habré errado - habrás errado - habrá errado - habremos errado - habréis errado - habrán errado **Antecopretérito:** había errado - habías errado - había errado - habíamos errado - habíais errado - habían errado **Antepospretérito:** habría errado - habrías errado - habría errado - habríamos errado - habríais errado - habrían errado	**Presente:** yerre - yerres - yerre - erremos - erréis - yerren **Pretérito:** errara o errase - erraras o errases - errara o errase - erráramos o errásemos - errarais o erraseis - erraran o errasen **Futuro:** errare - errares - errare - erráremos - errareis - erraren **Antepresente:** haya errado - hayas errado - haya errado - hayamos errado - hayáis errado - hayan errado **Antepretérito:** hubiera o hubiese errado - hubieras o hubieses errado - hubiera o hubiese errado - hubiéramos o hubiésemos errado - hubierais o hubieseis errado - hubieran o hubiesen errado **Antefuturo:** hubiere errado - hubieres errado - hubiere errado - hubiéremos errado - hubiereis errado - hubieren errado

IMPERATIVO
yerra (tú) - yerre (usted) - errad (vosotros-as) - yerren (ustedes)

15 ENRAIZAR

INDICATIVO	SUBJUNTIVO
Presente: enraízo - enraízas - enraíza - enraizamos - enraizáis - enraízan **Pretérito:** enraicé - enraizaste - enraizó - enraizamos - enraizasteis - enraizaron **Futuro:** enraizaré - enraizarás - enraizará - enraizaremos - enraizaréis - enraizarán **Copretérito:** enraizaba - enraizabas - enraizaba - enraizábamos - enraizabais - enraizaban **Pospretérito:** enraizaría - enraizarías - enraizaría - enraizaríamos - enraizaríais - enraizarían **Antepresente:** he enraizado - has enraizado - ha enraizado - hemos enraizado - habéis enraizado - han enraizado **Antepretérito:** hube enraizado - hubiste enraizado - hubo enraizado - hubimos enraizado - hubisteis enraizado - hubieron enraizado **Antefuturo:** habré enraizado - habrás enraizado - habrá enraizado - habremos enraizado - habréis enraizado - habrán enraizado **Antecopretérito:** había enraizado - habías enraizado - había enraizado - habíamos enraizado - habíais enraizado - habían enraizado **Antepospretérito:** habría enraizado - habrías enraizado - habría enraizado - habríamos enraizado - habríais enraizado - habrían enraizado	**Presente:** enraíce - enraíces - enraíce - enraicemos - enraicéis - enraícen **Pretérito:** enraizara o enraizase - enraizaras o enraizases - enraizara o enraizase - enraizáramos o enraizásemos - enraizarais o enraizaseis - enraizaran o enraizasen **Futuro:** enraizare - enraizares - enraizare - enraizáremos - enraizareis - enraizaren **Antepresente:** haya enraizado - hayas enraizado - haya enraizado - hayamos enraizado - hayáis enraizado - hayan enraizado **Antepretérito:** hubiera o hubiese enraizado - hubieras o hubieses enraizado - hubiera o hubiese enraizado - hubiéramos o hubiésemos enraizado - hubierais o hubieseis enraizado - hubieran o hubiesen enraizado **Antefuturo:** hubiere enraizado - hubieres enraizado - hubiere enraizado - hubiéremos enraizado - hubiereis enraizado - hubieren enraizado
IMPERATIVO	
enraíza (tú) - enraíce (usted) - enraizad (vosotros-as) - enraícen (ustedes)	

16 CAZAR

INDICATIVO	SUBJUNTIVO
Presente: cazo - cazas - caza - cazamos - cazáis - cazan **Pretérito:** cacé - cazaste - cazó - cazamos - cazasteis - cazaron **Futuro:** cazaré - cazarás - cazará - cazaremos - cazaréis - cazarán **Copretérito:** cazaba - cazabas - cazaba - cazábamos - cazabais - cazaban **Pospretérito:** cazaría - cazarías - cazaría - cazaríamos - cazaríais - cazarían **Antepresente:** he cazado - has cazado - ha cazado - hemos cazado - habéis cazado - han cazado **Antepretérito:** hube cazado - hubiste cazado - hubo cazado - hubimos cazado - hubisteis cazado - hubieron cazado **Antefuturo:** habré cazado - habrás cazado - habrá cazado - habremos cazado - habréis cazado - habrán cazado **Antecopretérito:** había cazado - habías cazado - había cazado - habíamos cazado - habíais cazado - habían cazado **Antepospretérito:** habría cazado - habrías cazado - habría cazado - habríamos cazado - habríais cazado - habrían cazado	**Presente:** cace - caces - cace - cacemos - cacéis - cacen **Pretérito:** cazara o cazase - cazaras o cazases - cazara o cazase - cazáramos o cazásemos - cazarais o cazaseis - cazaran o cazasen **Futuro:** cazare - cazares - cazare - cazáremos - cazareis - cazaren **Antepresente:** haya cazado - hayas cazado - haya cazado - hayamos cazado - hayáis cazado - hayan cazado **Antepretérito:** hubiera o hubiese cazado - hubieras o hubieses cazado - hubiera o hubiese cazado - hubiéramos o hubiésemos cazado - hubierais o hubieseis cazado - hubieran o hubiesen cazado **Antefuturo:** hubiere cazado - hubieres cazado - hubiere cazado - hubiéremos cazado - hubiereis cazado - hubieren cazado
IMPERATIVO	
caza (tú) - cace (usted) - cazad (vosotros-as) - cacen (ustedes)	

17 EDUCAR

INDICATIVO	SUBJUNTIVO
Presente: educo - educas - educa - educamos - educáis - educan **Pretérito:** eduqué - educaste - educó - educamos - educasteis - educaron **Futuro:** educaré - educarás - educará - educaremos - educaréis - educarán **Copretérito:** educaba - educabas - educaba - educábamos - educabais - educaban **Pospretérito:** educaría - educarías - educaría - educaríamos - educaríais - educarían **Antepresente:** he educado - has educado - ha educado - hemos educado - habéis educado - han educado **Antepretérito:** hube educado - hubiste educado - hubo educado - hubimos educado - hubisteis educado - hubieron educado **Antefuturo:** habré educado - habrás educado - habrá educado - habremos educado - habréis educado - habrán educado **Antecopretérito:** había educado - habías educado - había educado - habíamos educado - habíais educado - habían educado **Antepospretérito:** habría educado - habrías educado - habría educado - habríamos educado - habríais educado - habrían educado	**Presente:** eduque - eduques - eduque - eduquemos - eduquéis - eduquen **Pretérito:** educara o educase - educaras o educases - educara o educase - educáramos o educásemos - educarais o educaseis - educaran o educasen **Futuro:** educare - educares - educare - educáremos - educareis - educaren **Antepresente:** haya educado - hayas educado - haya educado - hayamos educado - hayáis educado - hayan educado **Antepretérito:** hubiera o hubiese educado - hubieras o hubieses educado - hubiera o hubiese educado - hubiéramos o hubiésemos educado - hubierais o hubieseis educado - hubieran o hubiesen educado **Antefuturo:** hubiere educado - hubieres educado - hubiere educado - hubiéremos educado - hubiereis educado - hubieren educado

IMPERATIVO
educa (tú) - eduque (usted) - educad (vosotros-as) - eduquen (ustedes)

18 CEGAR

INDICATIVO	SUBJUNTIVO
Presente: ciego - ciegas - ciega - cegamos - cegáis - ciegan **Pretérito:** cegué - cegaste - cegó - cegamos - cegasteis - cegaron **Futuro:** cegaré - cegarás - cegará - cegaremos - cegaréis - cegarán **Copretérito:** cegaba - cegabas - cegaba - cegábamos - cegabais - cegaban **Pospretérito:** cegaría - cegarías - cegaría - cegaríamos - cegaríais - cegarían **Antepresente:** he cegado - has cegado - ha cegado - hemos cegado - habéis cegado - han cegado **Antepretérito:** hube cegado - hubiste cegado - hubo cegado - hubimos cegado - hubisteis cegado - hubieron cegado **Antefuturo:** habré cegado - habrás cegado - habrá cegado - habremos cegado - habréis cegado - habrán cegado **Antecopretérito:** había cegado - habías cegado - había cegado - habíamos cegado - habíais cegado - habían cegado **Antepospretérito:** habría cegado - habrías cegado - habría cegado - habríamos cegado - habríais cegado - habrían cegado	**Presente:** ciegue - ciegues - ciegue - ceguemos - ceguéis - cieguen **Pretérito:** cegara o cegase - cegaras o cegases - cegara o cegase - cegáramos o cegásemos - cegarais o cegaseis - cegaran o cegasen **Futuro:** cegare - cegares - cegare - cegáremos - cegareis - cegaren **Antepresente:** haya cegado - hayas cegado - haya cegado - hayamos cegado - hayáis cegado - hayan cegado **Antepretérito:** hubiera o hubiese cegado - hubieras o hubieses cegado - hubiera o hubiese cegado - hubiéramos o hubiésemos cegado - hubierais o hubieseis cegado - hubieran o hubiesen cegado **Antefuturo:** hubiere cegado - hubieres cegado - hubiere cegado - hubiéremos cegado - hubiereis cegado - hubieren cegado

IMPERATIVO
ciega (tú) - ciegue (usted) - cegad (vosotros-as) - cieguen (ustedes)

19 COLGAR

INDICATIVO	SUBJUNTIVO
Presente: cuelgo - cuelgas - cuelga - colgamos - colgáis - cuelgan **Pretérito:** colgué - colgaste - colgó - colgamos - colgasteis colgaron **Futuro:** colgaré - colgarás - colgará - colgaremos - colgaréis - colgarán **Copretérito:** colgaba - colgabas - colgaba - colgábamos - colgabais - colgaban **Pospretérito:** colgaría - colgarías - colgaría - colgaríamos - colgaríais - colgarían **Antepresente:** he colgado - has colgado - ha colgado - hemos colgado - habéis colgado - han colgado **Antepretérito:** hube colgado - hubiste colgado - hubo colgado - hubimos colgado - hubisteis colgado - hubieron colgado **Antefuturo:** habré colgado - habrás colgado - habrá colgado - habremos colgado - habréis colgado - habrán colgado **Antecopretérito:** había colgado - habías colgado - había colgado - habíamos colgado - habíais colgado - habían colgado **Antepospretérito:** habría colgado - habrías colgado - habría colgado - habríamos colgado - habríais colgado - habrían colgado	**Presente:** cuelgue - cuelgues - cuelgue - colguemos - colguéis - cuelguen **Pretérito:** colgara o colgase - colgaras o colgases - colgara o colgase - colgáramos o colgásemos - colgarais o colgaseis - colgaran o colgasen **Futuro:** colgare - colgares - colgare - colgáremos - colgareis - colgaren **Antepresente:** haya colgado - hayas colgado - haya colgado - hayamos colgado - hayáis colgado - hayan colgado **Antepretérito:** hubiera o hubiese colgado - hubieras o hubieses colgado - hubiera o hubiese colgado - hubiéramos o hubiésemos colgado - hubierais o hubieseis colgado - hubieran o hubiesen colgado **Antefuturo:** hubiere colgado - hubieres colgado - hubiere colgado - hubiéremos colgado - hubiereis colgado - hubieren colgado
IMPERATIVO	
cuelga (tú) - cuelgue (usted) - colgad (vosotros-as) - cuelguen (ustedes)	

20 COMER

INDICATIVO	SUBJUNTIVO
Presente: como - comes - come - comemos - coméis - comen **Pretérito:** comí - comiste - comió - comimos - comisteis - comieron **Futuro:** comeré - comerás - comerá - comeremos - comeréis - comerán **Copretérito:** comía - comías - comía - comíamos - comíais - comían **Pospretérito:** comería - comerías - comería - comeríamos - comeríais - comerían **Antepresente:** he comido - has comido - ha comido - hemos comido - habéis comido - han comido **Antepretérito:** hube comido - hubiste comido - hubo comido - hubimos comido - hubisteis comido - hubieron comido **Antefuturo:** habré comido - habrás comido - habrá comido - habremos comido - habréis comido - habrán comido **Antecopretérito:** había comido - habías comido - había comido - habíamos comido - habíais comido - habían comido **Antepospretérito:** habría comido - habrías comido - habría comido - habríamos comido - habríais comido - habrían comido	**Presente:** coma - comas - coma - comamos - comáis - coman **Pretérito:** comiera o comiese - comieras o comieses - comiera o comiese - comiéramos o comiésemos - comierais o comieseis - comieran o comiesen **Futuro:** comiere - comieres - comiere - comiéremos - comiereis - comieren **Antepresente:** haya comido - hayas comido - haya comido - hayamos comido - hayáis comido - hayan comido **Antepretérito:** hubiera o hubiese comido - hubieras o hubieses comido - hubiera o hubiese comido - hubiéramos o hubiésemos comido - hubierais o hubieseis comido - hubieran o hubiesen comido **Antefuturo:** hubiere comido - hubieres comido - hubiere comido - hubiéremos comido - hubiereis comido - comido - hubieren comido
IMPERATIVO	
come (tú) - coma (usted) - comed (vosotros-as) - coman (ustedes)	

21 SER

INDICATIVO	SUBJUNTIVO
Presente: soy - eres - es - somos - sois - son **Pretérito:** fui - fuiste - fue - fuimos - fuisteis - fueron **Futuro:** seré - serás - será - seremos - seréis - serán **Copretérito:** era - eras - era - éramos - erais - eran **Pospretérito:** sería - serías - sería - seríamos - seríais - serían **Antepresente:** he sido - has sido - ha sido - hemos sido - habéis sido - han sido **Antepretérito:** hube sido - hubiste sido - hubo sido - hubimos sido - hubisteis sido - hubieron sido **Antefuturo:** habré sido - habrás sido - habrá sido - habremos sido - habréis sido - habrán sido **Antecopretérito:** había sido - habías sido - había sido - habíamos sido - habíais sido - habían sido **Antepospretérito:** habría sido - habrías sido - habría sido - habríamos sido - habríais sido - habrían sido	**Presente:** sea - seas - sea - seamos - seáis - sean **Pretérito:** fuera o fuese - fueras o fueses - fuera o fuese - fuéramos o fuésemos - fueran o fuesen - fuerais o fueseis **Futuro:** fuere - fueres - fuere - fuéremos - fuereis - fueren **Antepresente:** haya sido - hayas sido - haya sido - hayamos sido - hayáis sido - hayan sido **Antepretérito:** hubiera o hubiese sido - hubieras o hubieses sido - hubiera o hubiese sido - hubiéramos o hubiésemos sido - hubierais o hubieseis sido - hubieran o hubiesen sido **Antefuturo:** hubiere sido - hubieres sido - hubiere sido - hubiéremos sido - hubiereis sido - hubieren sido

IMPERATIVO
sé (tú) - sea (usted) - sed (vosotros-as) - sean (ustedes)

22 HABER

INDICATIVO	SUBJUNTIVO
Presente: he - has - ha (hay) - hemos - habéis - han **Pretérito:** hube - hubiste - hubo - hubimos - hubisteis - hubieron **Futuro:** habré - habrás - habrá - habremos - habréis - habrán **Copretérito:** había - habías - había - habíamos - habíais - habían **Pospretérito:** habría - habrías - habría - habríamos - habríais - habrían **Antepresente:** [...] - ha habido - [...] **Antepretérito:** [...] - hubo habido - [...] **Antefuturo:** [...] - habrá habido - [...] **Antecopretérito:** [...] - había habido - [...] **Antepospretérito:** [...] - habría habido - [...]	**Presente:** haya - hayas - haya - hayamos - hayáis - hayan **Pretérito:** hubiera o hubiese - hubieras o hubieses - hubiera o hubiese - hubiéramos o hubiésemos - hubierais o hubieseis - hubieran o hubiesen **Futuro:** hubiere - hubieres - hubiere - hubiéremos - hubiereis - hubieren **Antepresente:** [...] - haya habido - [...] **Antepretérito:** [...] - hubiera o hubiese habido - [...] **Antefuturo:** [...] - hubiere habido - [...]

IMPERATIVO
[...] (tú) - [...] (usted) - [...] (vosotros-as) - [...] (ustedes)

23 HACER

INDICATIVO	SUBJUNTIVO
Presente: hago - haces - hace - hacemos - hacéis - hacen **Pretérito:** hice - hiciste - hizo - hicimos - hicisteis - hicieron **Futuro:** haré - harás - hará - haremos - haréis - harán **Copretérito:** hacía - hacías - hacía - hacíamos - hacíais - hacían **Pospretérito:** haría - harías - haría - haríamos - haríais - harían **Antepresente:** he hecho - has hecho - ha hecho - hemos hecho - habéis hecho - han hecho **Antepretérito:** hube hecho - hubiste hecho - hubo hecho - hubimos hecho - hubisteis hecho - hubieron hecho **Antefuturo:** habré hecho - habrás hecho - habrá hecho - habremos hecho - habréis hecho - habrán hecho **Antecopretérito:** había hecho - habías hecho - había hecho - habíamos hecho - habíais hecho - habían hecho **Antepospretérito:** habría hecho - habrías hecho - habría hecho - habríamos hecho - habríais hecho - habrían hecho	**Presente:** haga - hagas - haga - hagamos - hagáis - hagan **Pretérito:** hiciera o hiciese - hicieras o hicieses - hiciera o hiciese - hiciéramos o hiciésemos - hicierais o hicieseis - hicieran o hiciesen **Futuro:** hiciere - hicieres - hiciere - hiciéremos - hiciereis - hicieren **Antepresente:** haya hecho - hayas hecho - haya hecho - hayamos hecho - hayáis hecho - hayan hecho **Antepretérito:** hubiera o hubiese hecho - hubieras o hubieses hecho - hubiera o hubiese hecho - hubiéramos o hubiésemos hecho - hubierais o hubieseis hecho - hubieran o hubiesen hecho **Antefuturo:** hubiere hecho - hubieres hecho - hubiere hecho - hubiéremos hecho - hubiereis hecho - hubieren hecho

IMPERATIVO
haz (tú) - haga (usted) - haced (vosotros-as) - hagan (ustedes)

24 PERDER

INDICATIVO	SUBJUNTIVO
Presente: pierdo - pierdes - pierde - perdemos - perdéis - pierden **Pretérito:** perdí - perdiste - perdió - perdimos - perdisteis - perdieron **Futuro:** perderé - perderás - perderá - perderemos - perderéis - perderán **Copretérito:** perdía - perdías - perdía - perdíamos - perdíais - perdían **Pospretérito:** perdería - perderías - perdería - perderíamos - perderíais - perderían **Antepresente:** he perdido - has perdido - ha perdido - hemos perdido - habéis perdido - han perdido **Antepretérito:** hube perdido - hubiste perdido - hubo perdido - hubimos perdido - hubisteis perdido - hubieron perdido **Antefuturo:** habré perdido - habrás perdido - habrá perdido - habremos perdido - habréis perdido - habrán perdido **Antecopretérito:** había perdido - habías perdido - había perdido - habíamos perdido - habíais perdido - habían perdido **Antepospretérito:** habría perdido - habrías perdido - habría perdido - habríamos perdido - habríais perdido - habrían perdido	**Presente:** pierda - pierdas - pierda - perdamos - perdáis - pierdan **Pretérito:** perdiera o perdiese - perdieras o perdieses - perdiera o perdiese - perdiéramos o perdiésemos - perdierais o perdieseis - perdieran o perdiesen **Futuro:** perdiere - perdieres - perdiere - perdiéremos - perdiereis - perdieren **Antepresente:** haya perdido - hayas perdido - haya perdido - hayamos perdido - hayáis perdido - hayan perdido **Antepretérito:** hubiera o hubiese perdido - hubieras o hubieses perdido - hubiera o hubiese perdido - hubiéramos o hubiésemos perdido - hubierais o hubieseis perdido - hubieran o hubiesen perdido **Antefuturo:** hubiere perdido - hubieres perdido - hubiere perdido - hubiéremos perdido - hubiereis perdido - hubieren perdido

IMPERATIVO
pierde (tú) - pierda (usted) - perded (vosotros-as) - pierdan (ustedes)

25 QUERER

INDICATIVO	SUBJUNTIVO
Presente: quiero - quieres - quiere - queremos - queréis - quieren **Pretérito:** quise - quisiste - quiso - quisimos - quisisteis - quisieron **Futuro:** querré - querrás - querrá - querremos - querréis - querrán **Copretérito:** quería - querías - quería - queríamos - queríais - querían **Pospretérito:** querría - querrías - querría - querríamos - querríais - querrían **Antepresente:** he querido - has querido - ha querido - hemos querido - habéis querido - han querido **Antepretérito:** hube querido - hubiste querido - hubo querido - hubimos querido - hubisteis querido - hubieron querido **Antefuturo:** habré querido - habrás querido - habrá querido - habremos querido - habréis querido - habrán querido **Antecopretérito:** había querido - habías querido - había querido - habíamos querido - habíais querido - habían querido **Antepospretérito:** habría querido - habrías querido - habría querido - habríamos querido - habríais querido - habrían querido	**Presente:** quiera - quieras - quiera - queramos - queráis - quieran **Pretérito:** quisiera o quisiese - quisieras o quisieses - quisiera o quisiese - quisiéramos o quisiésemos - quisierais o quisieseis - quisieran o quisiesen **Futuro:** quisiere - quisieres - quisiere - quisiéremos - quisiereis - quisieren **Antepresente:** haya querido - hayas querido - haya querido - hayamos querido - hayáis querido - hayan querido **Antepretérito:** hubiera o hubiese querido - hubieras o hubieses querido - hubiera o hubiese querido - hubiéramos o hubiésemos querido - hubierais o hubieseis querido - hubieran o hubiesen querido **Antefuturo:** hubiere querido - hubieres querido - hubiere querido - hubiéremos querido - hubiereis querido - hubieren querido

IMPERATIVO
quiere (tú) - quiera (usted) - quered (vosotros-as) - quieran (ustedes)

26 TENER

INDICATIVO	SUBJUNTIVO
Presente: tengo - tienes - tiene - tenemos - tenéis - tienen **Pretérito:** tuve - tuviste - tuvo - tuvimos - tuvisteis - tuvieron **Futuro:** tendré - tendrás - tendrá - tendremos - tendréis - tendrán **Copretérito:** tenía - tenías - tenía - teníamos - teníais - tenían - **Pospretérito:** tendría - tendrías - tendría - tendríamos - tendríais - tendrían **Antepresente:** he tenido - has tenido - ha tenido - hemos tenido - habéis tenido - han tenido **Antepretérito:** hube tenido - hubiste tenido - hubo tenido - hubimos tenido - hubisteis tenido - hubieron tenido **Antefuturo:** habré tenido - habrás tenido - habrá tenido - habremos tenido - habréis tenido - habrán tenido **Antecopretérito:** había tenido - habías tenido - había tenido - habíamos tenido - habíais tenido - habían tenido **Antepospretérito:** habría tenido - habrías tenido - habría tenido - habríamos tenido - habríais tenido - habrían tenido	**Presente:** tenga - tengas - tenga - tengamos - tengáis - tengan **Pretérito:** tuviera o tuviese - tuvieras o tuvieses - tuviera o tuviese - tuviéramos o tuviésemos - tuvierais o tuvieseis - tuvieran o tuviesen **Futuro:** tuviere - tuvieres - tuviere - tuviéremos - tuviereis - tuvieren **Antepresente:** haya tenido - hayas tenido - haya tenido - hayamos tenido - hayáis tenido - hayan tenido **Antepretérito:** hubiera o hubiese tenido - hubieras o hubieses tenido - hubiera o hubiese tenido - hubiéramos o hubiésemos tenido - hubierais o hubieseis tenido - hubieran o hubiesen tenido **Antefuturo:** hubiere tenido - hubieres tenido - hubiere tenido - hubiéremos tenido - hubiereis tenido - hubieren tenido

IMPERATIVO
ten (tú) - tenga (usted) - tened (vosotros-as) - tengan (ustedes)

27 PONER

INDICATIVO	SUBJUNTIVO
Presente: pongo - pones - pone - ponemos - ponéis - ponen **Pretérito:** puse - pusiste - puso - pusimos - pusisteis - pusieron **Futuro:** pondré - pondrás - pondrá - pondremos - pondréis - pondrán **Copretérito:** ponía - ponías - ponía - poníamos - poníais - ponían **Pospretérito:** pondría - pondrías - pondría - pondríamos - pondríais - pondrían **Antepresente:** he puesto - has puesto - ha puesto - hemos puesto - habéis puesto - han puesto **Antepretérito:** hube puesto - hubiste puesto - hubo puesto - hubimos puesto - hubisteis puesto - hubieron puesto **Antefuturo:** habré puesto - habrás puesto - habrá puesto - habremos puesto - habréis puesto - habrán puesto **Antecopretérito:** había puesto - habías puesto - había puesto - habíamos puesto - habíais puesto - habían puesto **Antepospretérito:** habría puesto - habrías puesto - habría puesto - habríamos puesto - habríais puesto - habrían puesto	**Presente:** ponga - pongas - ponga - pongamos - pongáis - pongan **Pretérito:** pusiera o pusiese - pusieras o pusieses - pusiera o pusiese - pusiéramos o pusiésemos - pusierais o pusieseis - pusieran o pusiesen **Futuro:** pusiere - pusieres - pusiere - pusiéremos - pusiereis - pusieren **Antepresente:** haya puesto - hayas puesto - haya puesto - hayamos puesto - hayáis puesto - hayan puesto **Antepretérito:** hubiera o hubiese puesto - hubieras o hubieses puesto - hubiera o hubiese puesto - hubiéramos o hubiésemos puesto - hubierais o hubieseis puesto - hubieran o hubiesen puesto **Antefuturo:** hubiere puesto - hubieres puesto - hubiere puesto - hubiéremos puesto - hubiereis puesto - hubieren puesto

IMPERATIVO
pon (tú) - ponga (usted) - poned (vosotros-as) - pongan (ustedes)

28 PODER

INDICATIVO	SUBJUNTIVO
Presente: puedo - puedes - puede - podemos - podéis - pueden **Pretérito:** pude - pudiste - pudo - pudimos - pudisteis pudieron **Futuro:** podré - podrás - podrá - podremos - podréis - podrán **Copretérito:** podía - podías - podía - podíamos - podíais - podían **Pospretérito:** podría - podrías - podría - podríamos - podríais - podrían **Antepresente:** he podido - has podido - ha podido - hemos podido - habéis podido - han podido **Antepretérito:** hube podido - hubiste podido - hubo podido - hubimos podido - hubisteis podido - hubieron podido **Antefuturo:** habré podido - habrás podido - habrá podido - habremos podido - habréis podido - habrán podido **Antecopretérito:** había podido - habías podido - había podido - habíamos podido - habíais podido - habían podido **Antepospretérito:** habría podido - habrías podido - habría podido - habríamos podido - habríais podido - habrían podido	**Presente:** pueda - puedas - pueda - podamos - podáis - puedan **Pretérito:** pudiera o pudiese - pudieras o pudieses - pudiera o pudiese - pudiéramos o pudiésemos - pudierais o pudieseis - pudieran o pudiesen **Futuro:** pudiere - pudieres - pudiere - pudiéremos - pudiereis - pudieren **Antepresente:** haya podido - hayas podido - haya podido - hayamos podido - hayáis podido - hayan podido **Antepretérito:** hubiera o hubiese podido - hubieras o hubieses podido - hubiera o hubiese podido - hubiéramos o hubiésemos podido - hubierais o hubieseis podido - hubieran o hubiesen podido **Antefuturo:** hubiere podido - hubieres podido - hubiere podido - hubiéremos podido - hubiereis podido - hubieren podido

IMPERATIVO
puede (tú) - pueda (usted) - poded (vosotros-as) - puedan (ustedes)

29 VOLVER

INDICATIVO	SUBJUNTIVO
Presente: vuelvo - vuelves - vuelve - volvemos - volvéis - vuelven **Pretérito:** volví - volviste - volvió - volvimos - volvisteis - volvieron **Futuro:** volveré - volverás - volverá - volveremos - volveréis - volverán **Copretérito:** volvía - volvías - volvía - volvíamos - volvíais - volvían **Pospretérito:** volvería - volverías - volvería - volveríamos - volveríais - volverían **Antepresente:** he vuelto - has vuelto - ha vuelto - hemos vuelto - habéis vuelto - han vuelto **Antepretérito:** hube vuelto - hubiste vuelto - hubo vuelto - hubimos vuelto - hubisteis vuelto - hubieron vuelto **Antefuturo:** habré vuelto - habrás vuelto - habrá vuelto - habremos vuelto - habréis vuelto - habrán vuelto **Antecopretérito:** había vuelto - habías vuelto - había vuelto - habíamos vuelto - habíais vuelto - habían vuelto **Antepospretérito:** habría vuelto - habrías vuelto - habría vuelto - habríamos vuelto - habríais vuelto - habrían vuelto	**Presente:** vuelva - vuelvas - vuelva - volvamos - volváis - vuelvan **Pretérito:** volviera o volviese - volvieras o volvieses - volviera o volviese - volviéramos o volviésemos - volvierais o volvieseis - volvieran o volviesen **Futuro:** volviere - volvieres - volviere - volviéremos - volviereis - volvieren **Antepresente:** haya vuelto - hayas vuelto - haya vuelto - hayamos vuelto - hayáis vuelto - hayan vuelto **Antepretérito:** hubiera o hubiese vuelto - hubieras o hubieses vuelto - hubiera o hubiese vuelto - hubiéramos o hubiésemos vuelto - hubierais o hubieseis vuelto - hubieran o hubiesen vuelto **Antefuturo:** hubiere vuelto - hubieres vuelto - hubiere vuelto - hubiéremos vuelto - hubiereis vuelto - hubieren vuelto

IMPERATIVO
vuelve (tú) - vuelva (usted) - volved (vosotros-as) - vuelvan (ustedes)

30 COCER

INDICATIVO	SUBJUNTIVO
Presente: cuezo - cueces - cuece - cocemos - cocéis - cuecen **Pretérito:** cocí - cociste - coció - cocimos - cocisteis - cocieron **Futuro:** coceré - cocerás - cocerá - coceremos - coceréis - cocerán **Copretérito:** cocía - cocías - cocía - cocíamos - cocíais - cocían **Pospretérito:** cocería - cocerías - cocería - coceríamos - coceríais - cocerían **Antepresente:** he cocido - has cocido - ha cocido - hemos cocido - habéis cocido - han cocido **Antepretérito:** hube cocido - hubiste cocido - hubo cocido - hubimos cocido - hubisteis cocido - hubieron cocido **Antefuturo:** habré cocido - habrás cocido - habrá cocido - habremos cocido - habréis cocido - habrán cocido **Antecopretérito:** había cocido - habías cocido - había cocido - habíamos cocido - habíais cocido - habían cocido **Antepospretérito:** habría cocido - habrías cocido - habría cocido - habríamos cocido - habríais cocido - habrían cocido	**Presente:** cueza - cuezas - cueza - cozamos - cozáis - cuezan **Pretérito:** cociera o cociese - cocieras o cocieses - cociera o cociese - cociéramos o cociésemos - cocierais o cocieseis - cocieran o cociesen **Futuro:** cociere - cocieres - cociere - cociéremos - cociereis - cocieren **Antepresente:** haya cocido - hayas cocido - haya cocido - hayamos cocido - hayáis cocido - hayan cocido **Antepretérito:** hubiera o hubiese cocido - hubieras o hubieses cocido - hubiera o hubiese cocido - hubiéramos o hubiésemos cocido - hubierais o hubieseis cocido - hubieran o hubiesen cocido **Antefuturo:** hubiere cocido - hubieres cocido - hubiere cocido - hubiéremos cocido - hubiereis cocido - hubieren cocido

IMPERATIVO
cuece (tú) - cueza (usted) - coced (vosotros-as) - cuezan (ustedes)

31 VER

INDICATIVO	SUBJUNTIVO
Presente: veo - ves - ve - vemos - veis - ven **Pretérito:** vi - viste - vio - vimos - visteis - vieron **Futuro:** veré - verás - verá - veremos - veréis - verán **Copretérito:** veía - veías - veía - veíamos - veíais - veían **Pospretérito:** vería - verías - vería - veríamos - veríais - verían **Antepresente:** he visto - has visto - ha visto - hemos visto - habéis visto - han visto **Antepretérito:** hube visto - hubiste visto - hubo visto - hubimos visto - hubisteis visto - hubieron visto **Antefuturo:** habré visto - habrás visto - habrá visto - habremos visto - habréis visto - habrán visto **Antecopretérito:** había visto - habías visto - había visto - habíamos visto - habíais visto - habían visto **Antepospretérito:** habría visto - habrías visto - habría visto - habríamos visto - habríais visto - habrían visto	**Presente:** vea - veas - vea - veamos - veáis - vean **Pretérito:** viera o viese - vieras o vieses - viera o viese - viéramos o viésemos - vierais o vieseis - vieran o viesen **Futuro:** viere - vieres - viere - viéremos - viereis - vieren **Antepresente:** haya visto - hayas visto - haya visto - hayamos visto - hayáis visto - hayan visto **Antepretérito:** hubiera o hubiese visto - hubieras o hubieses visto - hubiera o hubiese visto - hubiéramos o hubiésemos visto - hubierais o hubieseis visto - hubieran o hubiesen visto **Antefuturo:** hubiere visto - hubieres visto - hubiere visto - hubiéremos visto - hubiereis visto - hubieren visto

IMPERATIVO
ve (tú) - vea (usted) - ved (vosotros-as) - vean (ustedes)

32 LEER

INDICATIVO	SUBJUNTIVO
Presente: leo - lees - lee - leemos - leéis - leen **Pretérito:** leí - leíste - leyó - leímos - leísteis - leyeron **Futuro:** leeré - leerás - leerá - leeremos - leeréis - leerán **Copretérito:** leía - leías - leía - leíamos - leíais - leían **Pospretérito:** leería - leerías - leería - leeríamos - leeríais - leerían **Antepresente:** he leído - has leído - ha leído - hemos leído - habéis leído - han leído **Antepretérito:** hube leído - hubiste leído - hubo leído - hubimos leído - hubisteis leído - hubieron leído **Antefuturo:** habré leído - habrás leído - habrá leído - habremos leído - habréis leído - habrán leído **Antecopretérito:** había leído - habías leído - había leído - habíamos leído - habíais leído - habían leído **Antepospretérito:** habría leído - habrías leído - habría leído - habríamos leído - habríais leído - habrían leído	**Presente:** lea - leas - lea - leamos - leáis - lean **Pretérito:** leyera o leyese - leyeras o leyeses - leyera o leyese - leyéramos o leyésemos - leyerais o leyeseis - leyeran o leyesen **Futuro:** leyere - leyeres - leyere - leyéremos - leyereis - leyeren **Antepresente:** haya leído - hayas leído - haya leído - hayamos leído - hayáis leído - hayan leído **Antepretérito:** hubiera o hubiese leído - hubieras o hubieses leído - hubiera o hubiese leído - hubiéramos o hubiésemos leído - hubierais o hubieseis leído - hubieran o hubiesen leído **Antefuturo:** hubiere leído - hubieres leído - hubiere leído - hubiéremos leído - hubiereis leído - hubieren leído

IMPERATIVO
lee (tú) - lea (usted) - leed (vosotros-as) - lean (ustedes)

33 OLER

INDICATIVO

Presente: huelo - hueles - huele - olemos - oléis - huelen
Pretérito: olí - oliste - olió - olimos - olisteis - olieron
Futuro: oleré - olerás - olerá - oleremos - oleréis - olerán
Copretérito: olía - olías - olía - olíamos - olíais - olían
Pospretérito: olería - olerías - olería - oleríamos - oleríais - olerían
Antepresente: he olido - has olido - ha olido - hemos olido - habéis olido - han olido
Antepretérito: hube olido - hubiste olido - hubo olido - hubimos olido - hubisteis olido - hubieron olido
Antefuturo: habré olido - habrás olido - habrá olido - habremos olido - habréis olido - habrán olido
Antecopretérito: había olido - habías olido - había olido - habíamos olido - habíais olido - habían olido
Antepospretérito: habría olido - habrías olido - habría olido - habríamos olido - habríais olido - habrían olido

SUBJUNTIVO

Presente: huela - huelas - huela - olamos - oláis - huelan
Pretérito: oliera u oliese - olieras u olieses - oliera u oliese - oliéramos u oliésemos - olierais u olieseis - olieran u oliesen
Futuro: oliere - olieres - oliere - oliéremos - oliereis - olieren
Antepresente: haya olido - hayas olido - haya olido - hayamos olido - hayáis olido - hayan olido
Antepretérito: hubiera o hubiese olido - hubieras o hubieses olido - hubiera o hubiese olido - hubiéramos o hubiésemos olido - hubierais o hubieseis olido - hubieran o hubiesen olido
Antefuturo: hubiere olido - hubieres olido - hubiere olido - hubiéremos olido - hubiereis olido - hubieren olido

IMPERATIVO

huele (tú) - huela (usted) - oled (vosotros-as) - huelan (ustedes)

34 VALER

INDICATIVO

Presente: valgo - vales - vale - valemos - valéis - valen
Pretérito: valí - valiste - valió - valimos - valisteis - valieron
Futuro: valdré - valdrás - valdrá - valdremos - valdréis - valdrán
Copretérito: valía - valías - valía - valíamos - valíais - valían
Pospretérito: valdría - valdrías - valdría - valdríamos - valdríais - valdrían
Antepresente: he valido - has valido - ha valido - hemos valido - habéis valido - han valido
Antepretérito: hube valido - hubiste valido - hubo valido - hubimos valido - hubisteis valido - hubieron valido
Antefuturo: habré valido - habrás valido - habrá valido - habremos valido - habréis valido - habrán valido
Antecopretérito: había valido - habías valido - había valido - habíamos valido - habíais valido - habían valido
Antepospretérito: habría valido - habrías valido - habría valido - habríamos valido - habríais valido - habrían valido

SUBJUNTIVO

Presente: valga - valgas - valga - valgamos - valgáis - valgan
Pretérito: valiera o valiese - valieras o valieses - valiera o valiese - valiéramos o valiésemos - valierais o valieseis - valieran o valiesen
Futuro: valiere - valieres - valiere - valiéremos - valiereis - valieren
Antepresente: haya valido - hayas valido - haya valido - hayamos valido - hayáis valido - hayan valido
Antepretérito: hubiera o hubiese valido - hubieras o hubieses valido - hubiera o hubiese valido - hubiéramos o hubiésemos valido - hubierais o hubieseis valido - hubieran o hubiesen valido
Antefuturo: hubiere valido - hubieres valido - hubiere valido - hubiéremos valido - hubiereis valido - hubieren valido

IMPERATIVO

vale (tú) - valga (usted) - valed (vosotros-as) - valgan (ustedes)

35 CABER

INDICATIVO	SUBJUNTIVO
Presente: quepo - cabes - cabe - cabemos - cabéis - caben **Pretérito:** cupe - cupiste - cupo - cupimos - cupisteis - cupieron **Futuro:** cabré - cabrás - cabrá - cabremos - cabréis - cabrán **Copretérito:** cabía - cabías - cabía - cabíamos - cabíais - cabían **Pospretérito:** cabría - cabrías - cabría - cabríamos - cabríais - cabrían **Antepresente:** he cabido - has cabido - ha cabido - hemos cabido - habéis cabido - han cabido **Antepretérito:** hube cabido - hubiste cabido - hubo cabido - hubimos cabido - hubisteis cabido - hubieron cabido **Antefuturo:** habré cabido - habrás cabido - habrá cabido - habremos cabido - habréis cabido - habrán cabido **Antecopretérito:** había cabido - habías cabido - había cabido - habíamos cabido - habíais cabido - habían cabido **Antepospretérito:** habría cabido - habrías cabido - habría cabido - habríamos cabido - habríais cabido - habrían cabido	**Presente:** quepa - quepas - quepa - quepamos - quepáis - quepan **Pretérito:** cupiera o cupiese - cupieras o cupieses - cupiera o cupiese - cupiéramos o cupiésemos - cupierais o cupieseis - cupieran o cupiesen **Futuro:** cupiere - cupieres - cupiere - cupiéremos - cupiereis - cupieren **Antepresente:** haya cabido - hayas cabido - haya cabido - hayamos cabido - hayáis cabido - hayan cabido **Antepretérito:** hubiera o hubiese cabido - hubieras o hubieses cabido - hubiera o hubiese cabido - hubiéramos o hubiésemos cabido - hubierais o hubieseis cabido - hubieran o hubiesen cabido **Antefuturo:** hubiere cabido - hubieres cabido - hubiere cabido - hubiéremos cabido - hubiereis cabido - hubieren cabido

IMPERATIVO
cabe (tú) - quepa (usted) - cabed (vosotros-as) - quepan (ustedes)

36 SABER

INDICATIVO	SUBJUNTIVO
Presente: sé - sabes - sabe - sabemos - sabéis - saben **Pretérito:** supe - supiste - supo - supimos - supisteis - supieron **Futuro:** sabré - sabrás - sabrá - sabremos - sabréis - sabrán **Copretérito:** sabía - sabías - sabía - sabíamos - sabíais - sabían **Pospretérito:** sabría - sabrías - sabría - sabríamos - sabríais - sabrían **Antepresente:** he sabido - has sabido - ha sabido - hemos sabido - habéis sabido - han sabido **Antepretérito:** hube sabido - hubiste sabido - hubo sabido - hubimos sabido - hubisteis sabido - hubieron sabido **Antefuturo:** habré sabido - habrás sabido - habrá sabido - habremos sabido - habréis sabido - habrán sabido **Antecopretérito:** había sabido - habías sabido - había sabido - habíamos sabido - habíais sabido - habían sabido **Antepospretérito:** habría sabido - habrías sabido - habría sabido - habríamos sabido - habríais sabido - habrían sabido	**Presente:** sepa - sepas - sepa - sepamos - sepáis - sepan **Pretérito:** supiera o supiese - supieras o supieses - supiera o supiese - supiéramos o supiésemos - supierais o supieseis - supieran o supiesen **Futuro:** supiere - supieres - supiere - supiéremos - supiereis - supieren **Antepresente:** haya sabido - hayas sabido - haya sabido - hayamos sabido - hayáis sabido - hayan sabido **Antepretérito:** hubiera o hubiese sabido - hubieras o hubieses sabido - hubiera o hubiese sabido - hubiéramos o hubiésemos sabido - hubierais o hubieseis sabido - hubieran o hubiesen sabido **Antefuturo:** hubiere sabido - hubieres sabido - hubiere sabido - hubiéremos sabido - hubiereis sabido - hubieren sabido

IMPERATIVO
sabe (tú) - sepa (usted) - sabed (vosotros-as) - sepan (ustedes)

37 CAER

INDICATIVO	SUBJUNTIVO
Presente: caigo - caes - cae - caemos - caéis - caen **Pretérito:** caí - caíste - cayó - caímos - caísteis - cayeron **Futuro:** caeré - caerás - caerá - caeremos - caeréis - caerán **Copretérito:** caía - caías - caía - caíamos - caíais - caían **Pospretérito:** caería - caerías - caería - caeríamos - caeríais - caerían **Antepresente:** he caído - has caído - ha caído - hemos caído - habéis caído - han caído **Antepretérito:** hube caído - hubiste caído - hubo caído - hubimos caído - hubisteis caído - hubieron caído **Antefuturo:** habré caído - habrás caído - habrá caído - habremos caído - habréis caído - habrán caído **Antecopretérito:** había caído - habías caído - había caído - habíamos caído - habíais caído - habían caído **Antepospretérito:** habría caído - habrías caído - habría caído - habríamos caído - habríais caído - habrían caído	**Presente:** caiga - caigas - caiga - caigamos - caigáis - caigan **Pretérito:** cayera o cayese - cayeras o cayeses - cayera o cayese - cayéramos o cayésemos - cayerais o cayeseis - cayeran o cayesen **Futuro:** cayere - cayeres - cayere - cayéremos - cayereis - cayeren **Antepresente:** haya caído - hayas caído - haya caído - hayamos caído - hayáis caído - hayan caído **Antepretérito:** hubiera o hubiese caído - hubieras o hubieses caído - hubiera o hubiese caído - hubiéramos o hubiésemos caído - hubierais o hubieseis caído - hubieran o hubiesen caído **Antefuturo:** hubiere caído - hubieres caído - hubiere caído - hubiéremos caído - hubiereis caído - hubieren caído

IMPERATIVO
cae (tú) - caiga (usted) - caed (vosotros-as) - caigan (ustedes)

38 TRAER

INDICATIVO	SUBJUNTIVO
Presente: traigo - traes - trae - traemos - traéis - traen **Pretérito:** traje - trajiste - trajo - trajimos - trajisteis - trajeron **Futuro:** traeré - traerás - traerá - traeremos - traeréis - traerán **Copretérito:** traía - traías - traía - traíamos - traíais - traían **Pospretérito:** traería - traerías - traería - traeríamos - traeríais - traerían **Antepresente:** he traído - has traído - ha traído - hemos traído - habéis traído - han traído **Antepretérito:** hube traído - hubiste traído - hubo traído - hubimos traído - hubisteis traído - hubieron traído **Antefuturo:** habré traído - habrás traído - habrá traído - habremos traído - habréis traído - habrán traído **Antecopretérito:** había traído - habías traído - había traído - habíamos traído - habíais traído - habían traído **Antepospretérito:** habría traído - habrías traído - habría traído - habríamos traído - habríais traído - habrían traído	**Presente:** traiga - traigas - traiga - traigamos - traigáis - traigan **Pretérito:** trajera o trajese - trajeras o trajeses - trajera o trajese - trajéramos o trajésemos - trajerais o trajeseis - trajeran o trajesen **Futuro:** trajere - trajeres - trajere - trajéremos - trajereis - trajeren **Antepresente:** haya traído - hayas traído - haya traído - hayamos traído - hayáis traído - hayan traído **Antepretérito:** hubiera o hubiese traído - hubieras o hubieses traído - hubiera o hubiese traído - hubiéramos o hubiésemos traído - hubierais o hubieseis traído - hubieran o hubiesen traído **Antefuturo:** hubiere traído - hubieres traído - hubiere traído - hubiéremos traído - hubiereis traído - hubieren traído

IMPERATIVO
trae (tú) - traiga (usted) - traed (vosotros-as) - traigan (ustedes)

39 CRECER

INDICATIVO	SUBJUNTIVO
Presente: crezco - creces - crece - crecemos - crecéis - crecen **Pretérito:** crecí - creciste - creció - crecimos - crecisteis - crecieron **Futuro:** creceré - crecerás - crecerá - creceremos - creceréis - crecerán **Copretérito:** crecía - crecías - crecía - crecíamos - crecíais - crecían **Pospretérito:** crecería - crecerías - crecería - creceríamos - creceríais - crecerían **Antepresente:** he crecido - has crecido - ha crecido - hemos crecido - habéis crecido - han crecido **Antepretérito:** hube crecido - hubiste crecido - hubo crecido - hubimos crecido - hubisteis crecido - hubieron crecido **Antefuturo:** habré crecido - habrás crecido - habrá crecido - habremos crecido - habréis crecido - habrán crecido **Antecopretérito:** había crecido - habías crecido - había crecido - habíamos crecido - habíais crecido - habían crecido **Antepospretérito:** habría crecido - habrías crecido - habría crecido - habríamos crecido - habríais crecido - habrían crecido	**Presente:** crezca - crezcas - crezca - crezcamos - crezcáis - crezcan **Pretérito:** creciera o creciese - crecieras o crecieses - creciera o creciese - creciéramos o creciésemos - crecierais o crecieseis - crecieran o creciesen **Futuro:** creciere - crecieres - creciere - creciéremos - creciereis - crecieren **Antepresente:** haya crecido - hayas crecido - haya crecido - hayamos crecido - hayáis crecido - hayan crecido **Antepretérito:** hubiera o hubiese crecido - hubieras o hubieses crecido - hubiera o hubiese crecido - hubiéramos o hubiésemos crecido - hubierais o hubieseis crecido - hubieran o hubiesen crecido **Antefuturo:** hubiere crecido - hubieres crecido - hubiere crecido - hubiéremos crecido - hubiereis crecido - hubieren crecido

IMPERATIVO
crece (tú) - crezca (usted) - creced (vosotros-as) - crezcan (ustedes)

40 VENCER

INDICATIVO	SUBJUNTIVO
Presente: venzo - vences - vence - vencemos - vencéis - vencen **Pretérito:** vencí - venciste - venció - vencimos - vencisteis - vencieron **Futuro:** venceré - vencerás - vencerá - venceremos - venceréis - vencerán **Copretérito:** vencía - vencías - vencía - vencíamos - vencíais - vencían **Pospretérito:** vencería - vencerías - vencería - venceríamos - venceríais - vencerían **Antepresente:** he vencido - has vencido - ha vencido - hemos vencido - habéis vencido - han vencido **Antepretérito:** hube vencido - hubiste vencido - hubo vencido - hubimos vencido - hubisteis vencido - hubieron vencido **Antefuturo:** habré vencido - habrás vencido - habrá vencido - habremos vencido - habréis vencido - habrán vencido **Antecopretérito:** había vencido - habías vencido - había vencido - habíamos vencido - habíais vencido - habían vencido **Antepospretérito:** habría vencido - habrías vencido - habría vencido - habríamos vencido - habríais vencido - habrían vencido	**Presente:** venza - venzas - venza - venzamos - venzáis - venzan **Pretérito:** venciera o venciese - vencieras o vencieses - venciera o venciese - venciéramos o venciésemos - vencierais o vencieseis - vencieran o venciesen **Futuro:** venciere - vencieres - venciere - venciéremos - venciereis - vencieren **Antepresente:** haya vencido - hayas vencido - haya vencido - hayamos vencido - hayáis vencido - hayan vencido **Antepretérito:** hubiera o hubiese vencido - hubieras o hubieses vencido - hubiera o hubiese vencido - hubiéramos o hubiésemos vencido - hubierais o hubieseis vencido - hubieran o hubiesen vencido **Antefuturo:** hubiere vencido - hubieres vencido - hubiere vencido - hubiéremos vencido - hubiereis vencido - hubieren vencido

IMPERATIVO
vence (tú) - venza (usted) - venced (vosotros-as) - venzan (ustedes)

41 COGER

INDICATIVO	SUBJUNTIVO
Presente: cojo - coges - coge - cogemos - cogéis - cogen **Pretérito:** cogí - cogiste - cogió - cogimos - cogisteis - cogieron **Futuro:** cogeré - cogerás - cogerá - cogeremos - cogeréis - cogerán **Copretérito:** cogía - cogías - cogía - cogíamos - cogíais - cogían **Pospretérito:** cogería - cogerías - cogería - cogeríamos - cogeríais - cogerían **Antepresente:** he cogido - has cogido - ha cogido - hemos cogido - habéis cogido - han cogido **Antepretérito:** hube cogido - hubiste cogido - hubo cogido - hubimos cogido - hubisteis cogido - hubieron cogido **Antefuturo:** habré cogido - habrás cogido - habrá cogido - habremos cogido - habréis cogido - habrán cogido **Antecopretérito:** había cogido - habías cogido - había cogido - habíamos cogido - habíais cogido - habían cogido **Antepospretérito:** habría cogido - habrías cogido - habría cogido - habríamos cogido - habríais cogido - habrían cogido	**Presente:** cojas - cojas - coja - cojamos - cojáis - cojan **Pretérito:** cogiera o cogiese - cogieras o cogieses - cogiera o cogiese - cogiéramos o cogiésemos - cogierais o cogieseis - cogieran o cogiesen **Futuro:** cogiere - cogieres - cogiere - cogiéremos - cogiereis - cogieren **Antepresente:** haya cogido - hayas cogido - haya cogido - hayamos cogido - hayáis cogido - hayan cogido **Antepretérito:** hubiera o hubiese cogido - hubieras o hubieses cogido - hubiera o hubiese cogido - hubiéramos o hubiésemos cogido - hubierais o hubieseis cogido - hubieran o hubiesen cogido **Antefuturo:** hubiere cogido - hubieres cogido - hubiere cogido - hubiéremos cogido - hubiereis cogido - hubieren cogido

IMPERATIVO
coge (tú) - coja (usted) - coged (vosotros-as) - cojan (ustedes)

42 TAÑER

INDICATIVO	SUBJUNTIVO
Presente: taño - tañes - tañe - tañemos - tañéis - tañen **Pretérito:** tañí - tañiste - tañó - tañimos - tañisteis - tañeron **Futuro:** tañeré - tañerás - tañerá - tañeremos - tañeréis - tañerán **Copretérito:** tañía - tañías - tañía - tañíamos - tañíais - tañían **Pospretérito:** tañería - tañerías - tañería - tañeríamos - tañeríais - tañerían **Antepresente:** he tañido - has tañido - ha tañido - hemos tañido - habéis tañido - han tañido **Antepretérito:** hube tañido - hubiste tañido - hubo tañido - hubimos tañido - hubisteis tañido - hubieron tañido **Antefuturo:** habré tañido - habrás tañido - habrá tañido - habremos tañido - habréis tañido - habrán tañido **Antecopretérito:** había tañido - habías tañido - había tañido - habíamos tañido - habíais tañido - habían tañido **Antepospretérito:** habría tañido - habrías tañido - habría tañido - habríamos tañido - habríais tañido - habrían tañido	**Presente:** taña - tañas - taña - tañamos - tañáis - tañan **Pretérito:** tañera o tañese - tañeras o tañeses - tañera o tañese - tañéramos o tañésemos - tañerais o tañeseis - tañeran o tañesen **Futuro:** tañere - tañeres - tañere - tañéremos - tañereis - tañeren **Antepresente:** haya tañido - hayas tañido - haya tañido - hayamos tañido - hayáis tañido - hayan tañido **Antepretérito:** hubiera o hubiese tañido - hubieras o hubieses tañido - hubiera o hubiese tañido - hubiéramos o hubiésemos tañido - hubierais o hubieseis tañido - hubieran o hubiesen tañido **Antefuturo:** hubiere tañido - hubieres tañido - hubiere tañido - hubiéremos tañido - hubiereis tañido - hubieren tañido

IMPERATIVO
tañe (tú) - taña (usted) - tañed (vosotros-as) - tañan (ustedes)

43 YACER

INDICATIVO	SUBJUNTIVO
Presente: yazco o yazgo - yaces - yace - yacemos - yacéis - yacen **Pretérito:** yací - yaciste - yació - yacimos - yacisteis - yacieron **Futuro:** yaceré - yacerás - yacerá - yaceremos - yaceréis - yacerán **Copretérito:** yacía - yacías - yacía - yacíamos - yacíais - yacían **Pospretérito:** yacería - yacerías - yacería - yaceríamos - yaceríais - yacerían **Antepresente:** he yacido - has yacido - ha yacido - hemos yacido - habéis yacido - han yacido **Antepretérito:** hube yacido - hubiste yacido - hubo yacido - hubimos yacido - hubisteis yacido - hubieron yacido **Antefuturo:** habré yacido - habrás yacido - habrá yacido - habremos yacido - habréis yacido - habrán yacido **Antecopretérito:** había yacido - habías yacido - había yacido - habíamos yacido - habíais yacido - habían yacido **Antepospretérito:** habría yacido - habrías yacido - habría yacido - habríamos yacido - habríais yacido - habrían yacido	**Presente:** yazca o yazga - yazcas o yazgas - yazca o yazga - yazcamos o yazgamos - yazcáis o yazgáis - yazcan o yazgan **Pretérito:** yaciera o yaciese - yacieras o yacieses - yaciera o yaciese - yaciéramos o yaciésemos - yacierais o yacieseis - yacieran o yaciesen **Futuro:** yaciere - yacieres - yaciere - yaciéremos - yaciereis - yacieren **Antepresente:** haya yacido - hayas yacido - haya yacido - hayamos yacido - hayáis yacido - hayan yacido **Antepretérito:** hubiera o hubiese yacido - hubieras o hubieses yacido - hubiera o hubiese yacido - hubiéramos o hubiésemos yacido - hubierais o hubieseis yacido - hubieran o hubiesen yacido **Antefuturo:** hubiere yacido - hubieres yacido - hubiere yacido - hubiéremos yacido - hubiereis yacido -hubieren yacido

IMPERATIVO
yace o yaz (tú) - yazca o yazga (usted) - yaced (vosotros-as) - yazcan o yazgan (ustedes)

44 ROER

INDICATIVO	SUBJUNTIVO
Presente: roo o roigo - roes - roe - roemos - roéis - roe **Pretérito:** roí - roíste - royó - roímos - roísteis - royeron **Futuro:** roeré - roerás - roerá - roeremos - roeréis - roerán **Copretérito:** roía - roías - roía - roíamos - roíais - roían **Pospretérito:** roería - roerías - roería - roeríamos - roeríais - roerían **Antepresente:** he roído - has roído - ha roído - hemos roído - habéis roído - han roído **Antepretérito:** hube roído - hubiste roído - hubo roído - hubimos roído - hubisteis roído - hubieron roído **Antefuturo:** habré roído - habrás roído - habrá roído - habremos roído - habréis roído - habrán roído **Antecopretérito:** había roído - habías roído - había roído - habíamos roído - habíais roído - habían roído **Antepospretérito:** habría roído - habrías roído - habría roído - habríamos roído - habríais roído - habrían roído	**Presente:** roa o roiga - roas o roigas - roa o roiga - roamos o roigamos - roáis o roigáis - roan o roigan **Pretérito:** royera o royese - royeras o royeses - royera o royese - royéramos o royésemos - royerais o royeseis royeran o royesen **Futuro:** royere - royeres - royere - royéremos - royereis - royeren **Antepresente:** haya roído - hayas roído - haya roído - hayamos roído - hayáis roído - hayan roído **Antepretérito:** hubiera o hubiese roído - hubieras o hubieses roído - hubiera o hubiese roído - hubiéramos o hubiésemos roído - hubierais o hubieseis roído - hubieran o hubiesen roído **Antefuturo:** hubiere roído - hubieres roído - hubiere roído - hubiéremos roído - hubiereis roído - hubieren roído

IMPERATIVO
roe (tú) - roa o roiga (usted) - roed (vosotros-as) - roan o roigan (ustedes)

45 VIVIR

INDICATIVO

Presente: vivo - vives - vive - vivimos - vivís - viven
Pretérito: viví - viviste - vivió - vivimos - vivisteis - vivieron
Futuro: viviré - vivirás - vivirá - viviremos - viviréis - vivirán
Copretérito: vivía - vivías - vivía - vivíamos - vivíais - vivían
Pospretérito: viviría - vivirías - viviría - viviríamos - viviríais - vivirían
Antepresente: he vivido - has vivido - ha vivido - hemos vivido - habéis vivido - han vivido
Antepretérito: hube vivido - hubiste vivido - hubo vivido - hubimos vivido - hubisteis vivido - hubieron vivido
Antefuturo: habré vivido - habrás vivido - habrá vivido - habremos vivido - habréis vivido - habrán vivido
Antecopretérito: había vivido - habías vivido - había vivido - habíamos vivido - habíais vivido - habían vivido
Antepospretérito: habría vivido - habrías vivido - habría vivido - habríamos vivido - habríais vivido - habrían vivido

SUBJUNTIVO

Presente: viva - vivas - viva - vivamos - viváis - vivan
Pretérito: viviera o viviese - vivieras o vivieses - viviera o viviese - viviéramos o viviésemos - vivierais o vivieseis - vivieran o viviesen
Futuro: viviere - vivieres - viviere - viviéremos - viviereis - vivieren
Antepresente: haya vivido - hayas vivido - haya vivido - hayamos vivido - hayáis vivido - hayan vivido
Antepretérito: hubiera o hubiese vivido - hubieras o hubieses vivido - hubiera o hubiese vivido - hubiéramos o hubiésemos vivido - hubierais o hubieseis vivido - hubieran o hubiesen vivido
Antefuturo: hubiere vivido - hubieres vivido - hubiere vivido - hubiéremos vivido - hubiereis vivido - hubieren vivido

IMPERATIVO

vive (tú) - viva (usted) - vivid (vosotros-as) - vivan (ustedes)

46 IR

INDICATIVO

Presente: voy - vas - va - vamos - vais - van
Pretérito: fui - fuiste - fue - fuimos - fuisteis - fueron
Futuro: iré - irás - irá - iremos - iréis - irán
Copretérito: iba - ibas - iba - íbamos - ibais - iban
Pospretérito: iría - irías - iría - iríamos - iríais - irían
Antepresente: he ido - has ido - ha ido - hemos ido - habéis ido - han ido
Antepretérito: hube ido - hubiste ido - hubo ido - hubimos ido - hubisteis ido - hubieron ido
Antefuturo: habré ido - habrás ido - habrá ido - habremos ido - habréis ido - habrán ido
Antecopretérito: había ido - habías ido - había ido - habíamos ido - habíais ido - habían ido
Antepospretérito: habría ido - habrías ido - habría ido - habríamos ido - habríais ido - habrían ido

SUBJUNTIVO

Presente: vaya - vayas - vaya - vayamos - vayáis - vayan
Pretérito: fuera o fuese - fueras o fueses - fuera o fuese - fuéramos o fuésemos - fuerais o fueseis - fueran o fuesen
Futuro: fuere - fueres - fuere - fuéremos - fuereis - fueren
Antepresente: haya ido - hayas ido - haya ido - hayamos ido - hayáis ido - hayan ido
Antepretérito: hubiera o hubiese ido - hubieras o hubieses ido - hubiera o hubiese ido - hubiéramos o hubiésemos ido - hubierais o hubieseis ido - hubieran o hubiesen ido
Antefuturo: hubiere ido - hubieres ido - hubiere ido - hubiéremos ido - hubiereis ido - hubieren ido

IMPERATIVO

ve (tú) - vaya (usted) - id (vosotros-as) - vayan (ustedes)

47 PEDIR

INDICATIVO	SUBJUNTIVO
Presente: pido - pides - pide - pedimos - pedís - piden **Pretérito:** pedí - pediste - pidió - pedimos - pedisteis - pidieron **Futuro:** pediré - pedirás - pedirá - pediremos - pediréis - pedirán **Copretérito:** pedía - pedías - pedía - pedíamos - pedíais - pedían **Pospretérito:** pediría - pedirías - pediría - pediríamos - pediríais - pedirían **Antepresente:** he pedido - has pedido - ha pedido - hemos pedido - habéis pedido - han pedido **Antepretérito:** hube pedido - hubiste pedido - hubo pedido - hubimos pedido - hubisteis pedido - hubieron pedido **Antefuturo:** habré pedido - habrás pedido - habrá pedido - habremos pedido - habréis pedido - habrán pedido **Antecopretérito:** había pedido - habías pedido - había pedido - habíamos pedido - habíais pedido - habían pedido **Antepospretérito:** habría pedido - habrías pedido - habría pedido - habríamos pedido - habríais pedido - habrían pedido	**Presente:** pida - pidas - pida - pidamos - pidáis - pidan **Pretérito:** pidiera o pidiese - pidieras o pidieses - pidiera o pidiese - pidiéramos o pidiésemos - pidierais o pidieseis - pidieran o pidiesen **Futuro:** pidiere - pidieres - pidiere - pidiéremos - pidiereis - pidieren **Antepresente:** haya pedido - hayas pedido - haya pedido - hayamos pedido - hayáis pedido - hayan pedido **Antepretérito:** hubiera o hubiese pedido - hubieras o hubieses pedido - hubiera o hubiese pedido - hubiéramos o hubiésemos pedido - hubierais o hubieseis pedido - hubieran o hubiesen pedido **Antefuturo:** hubiere pedido - hubieres pedido - hubiere pedido - hubiéremos pedido - hubiereis pedido - hubieren pedido
IMPERATIVO	
pide (tú) - pida (usted) - pedid (vosotros-as) - pidan (ustedes)	

48 REÍR

INDICATIVO	SUBJUNTIVO
Presente: río - ríes - ríe - reímos - reís - ríen **Pretérito:** reí - reíste - rió - reímos - reísteis - rieron **Futuro:** reiré - reirás - reirá - reiremos - reiréis - reirán **Copretérito:** reía - reías - reía - reíamos - reíais - reían **Pospretérito:** reiría - reirías - reiría - reiríamos - reiríais - reirían **Antepresente:** he reído - has reído - ha reído - hemos reído - habéis reído - han reído **Antepretérito:** hube reído - hubiste reído - hubo reído - hubimos reído - hubisteis reído - hubieron reído **Antefuturo:** habré reído - habrás reído - habrá reído - habremos reído - habréis reído - habrán reído **Antecopretérito:** había reído - habías reído - había reído - habíamos reído - habíais reído - habían reído **Antepospretérito:** habría reído - habrías reído - habría reído - habríamos reído - habríais reído - habrían reído	**Presente:** ría - rías - ría - riamos - riáis - rían **Pretérito:** riera o riese - rieras o rieses - riera o riese - riéramos o riésemos - rierais o rieseis - rieran o riesen **Futuro:** riere - rieres - riere - riéremos - riereis - rieren **Antepresente:** haya reído - hayas reído - haya reído - hayamos reído - hayáis reído - hayan reído **Antepretérito:** hubiera o hubiese reído - hubieras o hubieses reído - hubiera o hubiese reído - hubiéramos o hubiésemos reído - hubierais o hubieseis reído - hubieran o hubiesen reído **Antefuturo:** hubiere reído - hubieres reído - hubiere reído - hubiéremos reído - hubiereis reído - hubieren reído
IMPERATIVO	
ríe (tú) - ría (usted) - reíd (vosotros-as) - rían (ustedes)	

49 VENIR

INDICATIVO

Presente: vengo - vienes - viene - venimos - venís - vienen
Pretérito: vine - viniste - vino - vinimos - vinisteis - vinieron
Futuro: vendré - vendrás - vendrá - vendréis - vendremos - vendrán
Copretérito: venía - venías - venía - veníamos - veníais - venían
Pospretérito: vendría - vendrías - vendría - vendríamos - vendríais - vendrían
Antepresente: he venido - has venido - ha venido - hemos venido - habéis venido - han venido
Antepretérito: hube venido - hubiste venido - hubo venido - hubimos venido - hubisteis venido - hubieron venido
Antefuturo: habré venido - habrás venido - habrá venido - habremos venido - habréis venido - habrán venido
Antecopretérito: había venido - habías venido - había venido - habíamos venido - habíais venido - habían venido
Antepospretérito: habría venido - habrías venido - habría venido - habríamos venido - habríais venido - habrían venido

SUBJUNTIVO

Presente: venga - vengas - venga - vengamos - vengáis - vengan
Pretérito: viniera o viniese - vinieras o vinieses - viniera o viniese - viniéramos o viniésemos - vinierais o vinieseis - vinieran o viniesen
Futuro: viniere - vinieres - viniere - viniéremos - viniereis - vinieren
Antepresente: haya venido - hayas venido - haya venido - hayamos venido - hayáis venido - hayan venido
Antepretérito: hubiera o hubiese venido - hubieras o hubieses venido - hubiera o hubiese venido - hubiéramos o hubiésemos venido - hubierais o hubieseis venido - hubieran o hubiesen venido
Antefuturo: hubiere venido - hubieres venido - hubiere venido - hubiéremos venido - hubiereis venido - hubieren venido

IMPERATIVO

ven (tú) - venga (usted) - venid (vosotros-as) - vengan (ustedes)

50 SENTIR

INDICATIVO

Presente: siento - sientes - siente - sentimos - sentís - sienten
Pretérito: sentí - sentiste - sintió - sentimos - sentisteis - sintieron
Futuro: sentiré - sentirás - sentirá - sentiremos - sentiréis - sentirán
Copretérito: sentía - sentías - sentía - sentíamos - sentíais - sentían
Pospretérito: sentiría - sentirías - sentiría - sentiríamos - sentiríais - sentirían
Antepresente: he sentido - has sentido - ha sentido - hemos sentido - habéis sentido - han sentido
Antepretérito: hube sentido - hubiste sentido - hubo sentido - hubimos sentido - hubisteis sentido - hubieron sentido
Antefuturo: habré sentido - habrás sentido - habrá sentido - habremos sentido - habréis sentido - habrán sentido
Antecopretérito: había sentido - habías sentido - había sentido - habíamos sentido - habíais sentido - habían sentido
Antepospretérito: habría sentido - habrías sentido - habría sentido - habríamos sentido - habríais sentido - habrían sentido

SUBJUNTIVO

Presente: sienta - sientas - sienta - sintamos - sintáis - sientan
Pretérito: sintiera o sintiese - sintieras o sintieses - sintiera o sintiese - sintiéramos o sintiésemos - sintierais o sintieseis - sintieran o sintiesen
Futuro: sintiere - sintieres - sintiere - sintiéremos - sintiereis - sintieren
Antepresente: haya sentido - hayas sentido - haya sentido - hayamos sentido - hayáis sentido - hayan sentido
Antepretérito: hubiera o hubiese sentido - hubieras o hubieses sentido - hubiera o hubiese sentido - hubiéramos o hubiésemos sentido - hubierais o hubieseis sentido - hubieran o hubiesen sentido
Antefuturo: hubiere sentido - hubieres sentido - hubiere sentido - hubiéremos sentido - hubiereis sentido - hubieren sentido

IMPERATIVO

siente (tú) - sienta (usted) - sentid (vosotros-as) - sientan (ustedes)

51 MORIR

INDICATIVO	SUBJUNTIVO
Presente: muero - mueres - muere - morimos - morís - mueren **Pretérito:** morí - moriste - murió - morimos - moristeis - murieron **Futuro:** moriré - morirás - morirá - moriremos - moriréis - morirán **Copretérito:** moría - morías - moría - moríamos - moríais - morían **Pospretérito:** moriría - morirías - moriría - moriríamos - moriríais - morirían **Antepresente:** he muerto - has muerto - ha muerto - hemos muerto - habéis muerto - han muerto **Antepretérito:** hube muerto - hubiste muerto - hubo muerto - hubimos muerto - hubisteis muerto - hubieron muerto **Antefuturo:** habré muerto - habrás muerto - habrá muerto - habremos muerto - habréis muerto - habrán muerto **Antecopretérito:** había muerto - habías muerto - había muerto - habíamos muerto - habíais muerto - habían muerto **Antepospretérito:** habría muerto - habrías muerto - habría muerto - habríamos muerto - habríais muerto - habrían muerto	**Presente:** muera - mueras - muera - muramos - muráis - mueran **Pretérito:** muriera o muriese - murieras o murieses - muriera o muriese - muriéramos o muriésemos - murierais o muriesen - murieran o muriesen **Futuro:** muriere - murieres - muriere - muriéremos - muriereis - murieren **Antepresente:** haya muerto - hayas muerto - haya muerto - hayamos muerto - hayáis muerto - hayan muerto **Antepretérito:** hubiera o hubiese muerto - hubieras o hubieses muerto - hubiera o hubiese muerto - hubiéramos o hubiésemos muerto - hubierais o hubieseis muerto - hubieran o hubiesen muerto **Antefuturo:** hubiere muerto - hubieres muerto - hubiere muerto - hubiéremos muerto - hubiereis muerto - hubieren muerto

IMPERATIVO
muere (tú) - muera (usted) - morid (vosotros-as) - mueran (ustedes)

52 SALIR

INDICATIVO	SUBJUNTIVO
Presente: salgo - sales - sale - salimos - salís - salen **Pretérito:** salí - saliste - salió salimos - salisteis - salieron **Futuro:** saldré - saldrás - saldrá - saldremos - saldréis - saldrán **Copretérito:** salía - salías - salía - salíamos - salíais - salían **Pospretérito:** saldría - saldrías - saldría - saldríamos - saldríais - saldrían **Antepresente:** he salido - has salido - ha salido - hemos salido - habéis salido - han salido **Antepretérito:** hube salido - hubiste salido - hubo salido - hubimos salido - hubisteis salido - hubieron salido **Antefuturo:** habré salido - habrás salido - habrá salido - habremos salido - habréis salido - habrán salido **Antecopretérito:** había salido - habías salido - habíamos salido - habíais salido - habían salido **Antepospretérito:** habría salido - habrías salido - había salido - habría salido - habríamos salido - habríais salido - habrían salido	**Presente:** salga - salgas - salga - salgamos - salgáis - salgan **Pretérito:** saliera o saliese - salieras o salieses - saliera o saliese - saliéramos o saliésemos - salierais o salieseis - salieran o saliesen **Futuro:** saliere - salieres - saliere - saliéremos - saliereis - salieren **Antepresente:** haya salido - hayas salido - haya salido - hayamos salido - hayáis salido - hayan salido **Antepretérito:** hubiera o hubiese salido - hubieras o hubieses salido - hubiera o hubiese salido - hubiéramos o hubiésemos salido - hubierais o hubieseis salido - hubieran o hubiesen salido **Antefuturo:** hubiere salido - hubieres salido - hubiere salido - hubiéremos salido - hubiereis salido - hubieren salido

IMPERATIVO
sal (tú) - salga (usted) - salid (vosotros-as) - salgan (ustedes)

53 OÍR

INDICATIVO

Presente: oigo - oyes - oye - oímos - oís - oyen
Pretérito: oí - oíste - oyó - oímos - oísteis - oyeron
Futuro: oiré - oirás - oirá - oiremos - oiréis - oirán
Copretérito: oía - oías - oía - oíamos - oíais - oían
Pospretérito: oiría - oirías - oiría - oiríamos - oiríais - oirían
Antepresente: he oído - has oído - ha oído - hemos oído - habéis oído - han oído
Antepretérito: hube oído - hubiste oído - hubo oído - hubimos oído - hubisteis oído - hubieron oído
Antefuturo: habré oído - habrás oído - habrá oído - habremos oído - habréis oído - habrán oído
Antecopretérito: había oído - habías oído - había oído - habíamos oído - habíais oído - habían oído
Antepospretérito: habría oído - habrías oído - habría oído - habríamos oído - habríais oído - habrían oído

SUBJUNTIVO

Presente: oiga - oigas - oiga - oigamos - oigáis - oigan
Pretérito: oyera u oyese - oyeras u oyeses - oyera u oyese - oyéramos u oyésemos - oyerais u oyeseis - oyeran u oyesen
Futuro: oyere - oyeres - oyere - oyéremos - oyereis - oyeren
Antepresente: haya oído - hayas oído - haya oído - hayamos oído - hayáis oído - hayan oído
Antepretérito: hubiera o hubiese oído - hubieras o hubieses oído - hubiera o hubiese oído - hubiéramos o hubiésemos oído - hubierais o hubieseis oído - hubieran o hubiesen oído
Antefuturo: hubiere oído - hubieres oído - hubiere oído - hubiéremos oído - hubiereis oído - hubieren oído

IMPERATIVO

oye (tú) - oiga (usted) - oíd (vosotros-as) - oigan (ustedes)

54 DECIR

INDICATIVO

Presente: digo - dices - dice - decimos - decís - dicen
Pretérito: dije - dijiste - dijo - dijimos - dijisteis - dijeron
Futuro: diré - dirás - dirá - diremos - diréis - dirán
Copretérito: decía - decías - decía - decíamos - decíais - decían
Pospretérito: diría - dirías - diría - diríamos - diríais - dirían
Antepresente: he dicho - has dicho - ha dicho - hemos dicho - habéis dicho - han dicho
Antepretérito: hube dicho - hubiste dicho - hubo dicho - hubimos dicho - hubisteis dicho - hubieron dicho
Antefuturo: habré dicho - habrás dicho - habrá dicho - habremos dicho - habréis dicho - habrán dicho
Antecopretérito: había dicho - habías dicho - había dicho - habíamos dicho - habíais dicho - habían dicho
Antepospretérito: habría dicho - habrías dicho - habría dicho - habríamos dicho - habríais dicho - habrían dicho

SUBJUNTIVO

Presente: diga - digas - diga - digamos - digáis - digan
Pretérito: dijera o dijese - dijeras o dijeses - dijera o dijese - dijéramos o dijésemos - dijerais o dijeseis - dijeran o dijesen
Futuro: dijere - dijeres - dijere - dijéremos - dijereis - dijeren
Antepresente: haya dicho - hayas dicho - haya dicho - hayamos dicho - hayáis dicho - hayan dicho
Antepretérito: hubiera o hubiese dicho - hubieras o hubieses dicho - hubiera o hubiese dicho - hubiéramos o hubiésemos dicho - hubierais o hubieseis dicho - hubieran o hubiesen dicho
Antefuturo: hubiere dicho - hubieres dicho - hubiere dicho - hubiéremos dicho - hubiereis dicho - hubieren dicho

IMPERATIVO

di (tú) - diga (usted) - decid (vosotros-as) - digan (ustedes)

55 BENDECIR

INDICATIVO	SUBJUNTIVO
Presente: bendigo - bendices - bendice - bendecimos - bendecís - bendicen **Pretérito:** bendije - bendijiste - bendijo - bendijimos - bendijisteis - bendijeron **Futuro:** bendeciré - bendecirás - bendecirá - bendeciremos - bendeciréis - bendecirán **Copretérito:** bendecía - bendecías - bendecía - bendecíamos - bendecíais - bendecían **Pospretérito:** bendeciría - bendecirías - bendeciría - bendeciríamos - bendeciríais - bendecirían **Antepresente:** he bendecido - has bendecido - ha bendecido - hemos bendecido - habéis bendecido - han bendecido **Antepretérito:** hube bendecido - hubiste bendecido - hubo bendecido - hubimos bendecido - hubisteis bendecido - hubieron bendecido **Antefuturo:** habré bendecido - habrás bendecido - habrá bendecido - habremos bendecido - habréis bendecido - habrán bendecido **Antecopretérito:** había bendecido - habías bendecido - había bendecido - habíamos bendecido - habíais bendecido - habían bendecido **Antepospretérito:** habría bendecido - habrías bendecido - habría bendecido - habríamos bendecido - habríais bendecido - habrían bendecido	**Presente:** bendiga - bendigas - bendiga - bendigamos - bendigáis - bendigan **Pretérito:** bendijera o bendijese - bendijeras o bendijeses - bendijera o bendijese - bendijéramos o bendijésemos - bendijerais o bendijeseis - bendijeran o bendijesen **Futuro:** bendijere - bendijeres - bendijere - bendijéremos - bendijereis - bendijeren **Antepresente:** haya bendecido - hayas bendecido - haya bendecido - hayamos bendecido - hayáis bendecido - hayan bendecido **Antepretérito:** hubiera o hubiese bendecido - hubieras o hubieses bendecido - hubiera o hubiese bendecido - hubiéramos o hubiésemos bendecido - hubierais o hubieseis bendecido - hubieran o hubiesen bendecido **Antefuturo:** hubiere bendecido - hubieres bendecido - hubiere bendecido - hubiéremos bendecido - hubiereis bendecido - hubieren bendecido
IMPERATIVO	
bendice (tú) - bendiga (usted) - bendecid (vosotros-as) - bendigan (ustedes)	

56 SEGUIR

INDICATIVO	SUBJUNTIVO
Presente: sigo - sigues - sigue - seguimos - seguís - siguen **Pretérito:** seguí - seguiste - siguió - seguimos - seguisteis - siguieron **Futuro:** seguiré - seguirás - seguirá - seguiremos - seguiréis - seguirán **Copretérito:** seguía - seguías - seguía - seguíamos - seguíais - seguían **Pospretérito:** seguiría - seguirías - seguiría - seguiríamos - seguiríais - seguirían **Antepresente:** he seguido - has seguido - ha seguido - hemos seguido - habéis seguido - han seguido **Antepretérito:** hube seguido - hubiste seguido - hubo seguido - hubimos seguido - hubisteis seguido - hubieron seguido **Antefuturo:** habré seguido - habrás seguido - habrá seguido - habremos seguido - habréis seguido - habrán seguido **Antecopretérito:** había seguido - habías seguido - había seguido - habíamos seguido - habíais seguido - habían seguido **Antepospretérito:** habría seguido - habrías seguido - habría seguido - habríamos seguido - habríais seguido - habrían seguido	**Presente:** siga - sigas - siga - sigamos - sigáis - sigan **Pretérito:** siguiera o siguiese - siguieras o siguieses - siguiera o siguiese - siguiéramos o siguiésemos - siguierais o siguieseis - siguieran o siguiesen **Futuro:** siguiere - siguieres - siguiere - siguiéremos - siguiereis - siguieren **Antepresente:** haya seguido - hayas seguido - haya seguido - hayamos seguido - hayáis seguido - hayan seguido **Antepretérito:** hubiera o hubiese seguido - hubieras o hubieses seguido - hubiera o hubiese seguido - hubiéramos o hubiésemos seguido - hubierais o hubieseis seguido - hubieran o hubiesen seguido **Antefuturo:** hubiere seguido - hubieres seguido - hubiere seguido - hubiéremos seguido - hubiereis seguido - hubieren seguido
IMPERATIVO	
sigue (tú) - siga (usted) - seguid (vosotros-as) - sigan (ustedes)	

57 PRODUCIR

INDICATIVO	SUBJUNTIVO
Presente: produzco - produces - produce - producimos - producís - producen **Pretérito:** produje - produjiste - produjo - produjimos - produjisteis - produjeron **Futuro:** produciré - producirás - producirá - produciremos - produciréis - producirán **Copretérito:** producía - producías - producía - producíamos - producíais - producían **Pospretérito:** produciría - producirías - produciría - produciríamos - produciríais - producirían **Antepresente:** he producido - has producido - ha producido - hemos producido - habéis producido - han producido **Antepretérito:** hube producido - hubiste producido - hubo producido - hubimos producido - hubisteis producido - hubieron producido **Antefuturo:** habré producido - habrás producido - habrá producido - habremos producido - habréis producido - habrán producido **Antecopretérito:** había producido - habías producido - había producido - habíamos producido - habíais producido - habían producido **Antepospretérito:** habría producido - habrías producido - habría producido - habríamos producido - habríais producido - habrían producido	**Presente:** produzca - produzcas - produzca - produzcamos - produzcáis - produzcan **Pretérito:** produjera o produjese - produjeras o produjeses - produjera o produjese - produjéramos o produjésemos - produjerais o produjeseis - produjeran o produjesen **Futuro:** produjere - produjeres - produjere - produjéremos - produjereis - produjeren **Antepresente:** haya producido - hayas producido - haya producido - hayamos producido - hayáis producido - hayan producido **Antepretérito:** hubiera o hubiese producido - hubieras o hubieses producido - hubiera o hubiese producido - hubiéramos o hubiésemos producido - hubierais o hubieseis producido - hubieran o hubiesen producido **Antefuturo:** hubiere producido - hubieres producido - hubiere producido - hubiéremos producido - hubiereis producido - hubieren producido

IMPERATIVO
produce (tú) - produzca (usted) - producid (vosotros-as) - produzcan (ustedes)

58 LUCIR

INDICATIVO	SUBJUNTIVO
Presente: luzco - luces - luce - lucimos - lucís - lucen **Pretérito:** lucí - luciste - lució - lucimos - lucisteis - lucieron **Futuro:** luciré - lucirás - lucirá - luciremos - luciréis - lucirán **Copretérito:** lucía - lucías - lucía - lucíamos - lucíais - lucían **Pospretérito:** luciría - lucirías - luciría - luciríamos - luciríais - lucirían **Antepresente:** he lucido - has lucido - ha lucido - hemos lucido - habéis lucido - han lucido **Antepretérito:** hube lucido - hubiste lucido - hubo lucido - hubimos lucido - hubisteis lucido - hubieron lucido **Antefuturo:** habré lucido - habrás lucido - habrá lucido - habremos lucido - habréis lucido - habrán lucido **Antecopretérito:** había lucido - habías lucido - había lucido - habíamos lucido - habíais lucido - habían lucido **Antepospretérito:** habría lucido - habrías lucido - habría lucido - habríamos lucido - habríais lucido - habrían lucido	**Presente:** luzca - luzcas - luzca - luzcamos - luzcáis - luzcan **Pretérito:** luciera o luciese - lucieras o lucieses - luciera o luciese - luciéramos o luciésemos - lucierais o lucieseis - lucieran o luciesen **Futuro:** luciere - lucieres - luciere - luciéremos - luciereis - lucieren **Antepresente:** haya lucido - hayas lucido - haya lucido - hayamos lucido - hayáis lucido - hayan lucido - **Antepretérito:** hubiera o hubiese lucido - hubieras o hubieses lucido - hubiera o hubiese lucido - hubiéramos o hubiésemos lucido - hubierais o hubieseis lucido - hubieran o hubiesen lucido **Antefuturo:** hubiere lucido - hubieres lucido - hubiere lucido - hubiéremos lucido - hubiereis lucido - hubieren lucido

IMPERATIVO
luce (tú) - luzca (usted) - lucid (vosotros-as) - luzcan (ustedes)

59 CONCLUIR

INDICATIVO	SUBJUNTIVO
Presente: concluyo - concluyes - concluye - concluimos - concluís - concluyen **Pretérito:** concluí - concluiste - concluyó - concluimos - concluisteis - concluyeron **Futuro:** concluiré - concluirás - concluirá - concluiremos - concluiréis - concluirán **Copretérito:** concluía - concluías - concluía - concluíamos - concluíais - concluían **Pospretérito:** concluiría - concluirías - concluiría - concluiríamos - concluiríais - concluirían **Antepresente:** he concluido - has concluido - ha concluido - hemos concluido - habéis concluido - han concluido **Antepretérito:** hube concluido - hubiste concluido - hubo concluido - hubimos concluido - hubisteis concluido - hubieron concluido **Antefuturo:** habré concluido - habrás concluido - habrá concluido - habremos concluido - habréis concluido - habrán concluido **Antecopretérito:** había concluido - habías concluido - había concluido - habíamos concluido - habíais concluido - habían concluido **Antepospretérito:** habría concluido - habrías concluido - habría concluido - habríamos concluido - habríais concluido - habrían concluido	**Presente:** concluya - concluyas - concluya - concluyamos - concluyáis - concluyan **Pretérito:** concluyera o concluyese - concluyeras o concluyeses - concluyera o concluyese - concluyéramos o concluyésemos - concluyerais o concluyeseis - concluyeran o concluyesen **Futuro:** concluyere - concluyeres - concluyere - concluyéremos - concluyereis - concluyeren **Antepresente:** haya concluido - hayas concluido - haya concluido - hayamos concluido - hayáis concluido - hayan concluido **Antepretérito:** hubiera o hubiese concluido - hubieras o hubieses concluido - hubiera o hubiese concluido - hubiéramos o hubiésemos concluido - hubierais o hubieseis concluido - hubieran o hubiesen concluido **Antefuturo:** hubiere concluido - hubieres concluido - hubiere concluido - hubiéremos concluido - hubiereis concluido - hubieren concluido

IMPERATIVO
concluye (tú) - concluya (usted) - concluid (vosotros-as) - concluyan (ustedes)

60 ELEGIR

INDICATIVO	SUBJUNTIVO
Presente: elijo - eliges - elige - elegimos - elegís - eligen **Pretérito:** elegí - elegiste - eligió - elegimos - elegisteis - eligieron **Futuro:** elegiré - elegirás - elegirá - elegiremos - elegiréis - elegirán **Copretérito:** elegía - elegías - elegía - elegíamos - elegíais - elegían **Pospretérito:** elegiría - elegirías - elegiría - elegiríamos - elegiríais - elegirían **Antepresente:** he elegido - has elegido - ha elegido - hemos elegido - habéis elegido - han elegido **Antepretérito:** hube elegido - hubiste elegido - hubo elegido - hubimos elegido - hubisteis elegido - hubieron elegido **Antefuturo:** habré elegido - habrás elegido - habrá elegido - habremos elegido - habréis elegido - habrán elegido **Antecopretérito:** había elegido - habías elegido - había elegido - habíamos elegido - habíais elegido - habían elegido **Antepospretérito:** habría elegido - habrías elegido - habría elegido - habríamos elegido - habríais elegido - habrían elegido	**Presente:** elija - elijas - elija - elijamos - elijáis - elijan **Pretérito:** eligiera o eligiese - eligieras o eligieses - eligiera o eligiese - eligiéramos o eligiésemos - eligierais o eligieseis - eligieran o eligiesen **Futuro:** eligiere - eligieres - eligiere - eligiéremos - eligiereis - eligieren **Antepresente:** haya elegido - hayas elegido - haya elegido - hayamos elegido - hayáis elegido - hayan elegido **Antepretérito:** hubiera o hubiese elegido - hubieras o hubieses elegido - hubiera o hubiese elegido - hubiéramos o hubiésemos - hubierais o hubieseis elegido - hubieran o hubiesen elegido **Antefuturo:** hubiere elegido - hubieres elegido - hubiere elegido - hubiéremos elegido - hubiereis elegido - hubieren elegido

IMPERATIVO
elige (tú) - elija (usted) - elegid (vosotros-as) - elijan (ustedes)

61 DIRIGIR

INDICATIVO	SUBJUNTIVO
Presente: dirijo - diriges - dirige - dirigimos - dirigís - dirigen **Pretérito:** dirigí - dirigiste - dirigió - dirigimos - dirigisteis - dirigieron **Futuro:** dirigiré - dirigirás - dirigirá - dirigiremos - dirigiréis - dirigirán **Copretérito:** dirigía - dirigías - dirigía - dirigíamos - dirigíais - dirigían **Pospretérito:** dirigiría - dirigirías - dirigiría - dirigiríamos - dirigiríais - dirigirían **Antepresente:** he dirigido - has dirigido - ha dirigido - hemos dirigido - habéis dirigido - han dirigido **Antepretérito:** hube dirigido - hubiste dirigido - hubo dirigido - hubimos dirigido - hubisteis dirigido - hubieron dirigido **Antefuturo:** habré dirigido - habrás dirigido - habrá dirigido - habremos dirigido - habréis dirigido - habrán dirigido **Antecopretérito:** había dirigido - habías dirigido - había dirigido - habíamos dirigido - habíais dirigido - habían dirigido **Antepospretérito:** habría dirigido - habrías dirigido - habría dirigido - habríamos dirigido - habríais dirigido - habrían dirigido	**Presente:** dirija - dirijas - dirija - dirijamos - dirijáis - dirijan **Pretérito:** dirigiera o dirigiese - dirigieras o dirigieses - dirigiera o dirigiese - dirigiéramos o dirigiésemos - dirigierais o dirigieseis - dirigieran o dirigiesen **Futuro:** dirigiere - dirigieres - dirigiere - dirigiéremos - dirigiereis - dirigieren **Antepresente:** haya dirigido - hayas dirigido - haya dirigido - hayamos dirigido - hayáis dirigido - hayan dirigido **Antepretérito:** hubiera o hubiese dirigido - hubieras o hubieses dirigido - hubiera o hubiese dirigido - hubiéramos o hubiésemos dirigido - hubierais o hubieseis dirigido - hubieran o hubiesen dirigido **Antefuturo:** hubiere dirigido - hubieres dirigido - hubiere dirigido - hubiéremos dirigido - hubiereis dirigido - hubieren dirigido

IMPERATIVO
dirige (tú) - dirija (usted) - dirigid (vosotros-as) - dirijan (ustedes)

62 ADQUIRIR

INDICATIVO	SUBJUNTIVO
Presente: adquiero - adquieres - adquiere - adquirimos - adquirís - adquieren **Pretérito:** adquirí - adquiriste - adquirió - adquirimos - adquiristeis - adquirieron **Futuro:** adquiriré - adquirirás - adquirirá - adquiriremos - adquiriréis - adquirirán **Copretérito:** adquiría - adquirías - adquiría - adquiríamos - adquiríais - adquirían **Pospretérito:** adquiriría - adquirirías - adquiriría - adquiriríamos - adquiriríais - adquirirían **Antepresente:** he adquirido - has adquirido - ha adquirido - hemos adquirido - habéis adquirido - han adquirido **Antepretérito:** hube adquirido - hubiste adquirido - hubo adquirido - hubimos adquirido - hubisteis adquirido - hubieron adquirido **Antefuturo:** habré adquirido - habrás adquirido - habrá adquirido - habremos adquirido - habréis adquirido - habrán adquirido **Antecopretérito:** había adquirido - habías adquirido - había adquirido - habíamos adquirido - habíais adquirido - habían adquirido **Antepospretérito:** habría adquirido - habrías adquirido - habría adquirido - habríamos adquirido - habríais adquirido - habrían adquirido	**Presente:** adquiera - adquieras - adquiera - adquiramos - adquiráis - adquieran **Pretérito:** adquiriera o adquiriese - adquirieras o adquirieses - adquiriera o adquiriese - adquiriéramos o adquiriésemos - adquirierais o adquirieseis - adquirieran o adquiriesen **Futuro:** adquiriere - adquirieres - adquiriere - adquiriéremos - adquiriereis - adquirieren **Antepresente:** haya adquirido - hayas adquirido - haya adquirido - hayamos adquirido - hayáis adquirido - hayan adquirido **Antepretérito:** hubiera o hubiese adquirido - hubieras o hubieses adquirido - hubiera o hubiese adquirido - hubiéramos o hubiésemos adquirido - hubierais o hubieseis adquirido - hubieran o hubiesen adquirido **Antefuturo:** hubiere adquirido - hubieres adquirido - hubiere adquirido - hubiéremos adquirido - hubiereis adquirido - hubieren adquirido

IMPERATIVO
adquiere (tú) - adquiera (usted) - adquirid (vosotros-as) - adquieran (ustedes)

63 PUDRIR O PODRIR

INDICATIVO	SUBJUNTIVO
Presente: pudro - pudres - pudre - pudrimos - pudrís - pudren **Pretérito:** pudrí - pudriste - pudrió - pudrimos - pudristeis - pudrieron **Futuro:** pudriré - pudrirás - pudrirá - pudriremos - pudriréis - pudrirán **Copretérito:** pudría - pudrías - pudría - pudríamos - pudríais - pudrían **Pospretérito:** pudriría - pudrirías - pudriría - pudriríamos pudriríais - pudrirían **Antepresente:** he podrido - has podrido - ha podrido - hemos podrido - habéis podrido - han podrido **Antepretérito:** hube podrido - hubiste podrido - hubo podrido - hubimos podrido - hubisteis podrido - hubieron podrido **Antefuturo:** habré podrido - habrás podrido - habrá podrido - habremos podrido - habréis podrido - habrán podrido **Antecopretérito:** había podrido - habías podrido - había podrido - habíamos podrido - habíais podrido - habían podrido **Antepospretérito:** habría podrido - habrías podrido - habría podrido - habríamos podrido - habríais podrido - habrían podrido	**Presente:** pudra - pudras - pudra - pudramos - pudráis - pudran **Pretérito:** pudriera o pudriese - pudrieras o pudrieses - pudriera o pudriese - pudriéramos o pudriésemos - pudrierais o pudrieseis - pudrieran o pudriesen **Futuro:** pudriere - pudrieres - pudriere - pudriéremos - pudriereis - pudrieren **Antepresente:** haya podrido - hayas podrido - haya podrido - hayamos podrido - hayáis podrido - hayan podrido **Antepretérito:** hubiera o hubiese podrido - hubieras o hubieses podrido - hubiera o hubiese podrido - hubiéramos o hubiésemos podrido - hubierais o hubieseis podrido - hubieran o hubiesen podrido **Antefuturo:** hubiere podrido - hubieres podrido - hubiere podrido - hubiéremos podrido - hubiereis podrido - hubieren podrido
IMPERATIVO	
pudre (tú) - pudra (usted) - pudrid (vosotros-as) - pudran (ustedes)	

64 ZURCIR

INDICATIVO	SUBJUNTIVO
Presente: zurzo - zurces - zurce - zurcimos - zurcís - zurcen **Pretérito:** zurcí - zurciste - zurció - zurcimos - zurcisteis - zurcieron **Futuro:** zurciré - zurcirás - zurcirá - zurciremos - zurciréis - zurcirán **Copretérito:** zurcía - zurcías - zurcía - zurcíamos - zurcíais - zurcían **Pospretérito:** zurciría - zurcirías - zurciría - zurciríamos - zurciríais - zurcirían **Antepresente:** he zurcido - has zurcido - ha zurcido - hemos zurcido - habéis zurcido - han zurcido **Antepretérito:** hube zurcido - hubiste zurcido - hubo zurcido - hubimos zurcido - hubisteis zurcido - hubieron zurcido **Antefuturo:** habré zurcido - habrás zurcido - habrá zurcido - habremos zurcido - habréis zurcido - habrán zurcido **Antecopretérito:** había zurcido - habías zurcido - había zurcido - habíamos zurcido - habíais zurcido - habían zurcido **Antepospretérito:** habría zurcido - habrías zurcido - habría zurcido - habríamos zurcido - habríais zurcido - habrían zurcido	**Presente:** zurza - zurzas - zurza - zurzamos - zurzáis - zurzan **Pretérito:** zurciera o zurciese - zurcieras o zurcieses - zurciera o zurciese - zurciéramos o zurciésemos - zurcierais o zurcieseis - zurcieran o zurciesen **Futuro:** zurciere - zurcieres - zurciere - zurciéremos - zurciereis - zurcieren **Antepresente:** haya zurcido - hayas zurcido - haya zurcido - hayamos zurcido - hayáis zurcido - hayan zurcido **Antepretérito:** hubiera o hubiese zurcido - hubieras o hubieses zurcido - hubiera o hubiese zurcido - hubiéramos o hubiésemos zurcido - hubierais o hubieseis zurcido - hubieran o hubiesen zurcido **Antefuturo:** hubiere zurcido - hubieres zurcido - hubiere zurcido - hubiéremos zurcido - hubiereis zurcido - hubieren zurcido
IMPERATIVO	
zurce (tú) - zurza (usted) - zurcid (vosotros-as) - zurzan (ustedes)	

65 DELINQUIR

INDICATIVO

Presente: delinco - delinques - delinque - delinquimos - delinquís - delinquen
Pretérito: delinquí - delinquiste - delinquió - delinquimos - delinquisteis - delinquieron
Futuro: delinquiré - delinquirás - delinquirá - delinquiremos - delinquiréis - delinquirán
Copretérito: delinquía - delinquías - delinquía - delinquíamos - delinquíais - delinquían
Pospretérito: delinquiría - delinquirías - delinquiría - delinquiríamos - delinquiríais - delinquirían
Antepresente: he delinquido - has delinquido - ha delinquido - hemos delinquido - habéis delinquido - han delinquido
Antepretérito: hube delinquido - hubiste delinquido - hubo delinquido - hubimos delinquido - hubisteis delinquido - hubieron delinquido
Antefuturo: habré delinquido - habrás delinquido - habrá delinquido - habremos delinquido - habréis delinquido - habrán delinquido
Antecopretérito: había delinquido - habías delinquido - había delinquido - habíamos delinquido - habíais delinquido - habían delinquido
Antepospretérito: habría delinquido - habrías delinquido - habría delinquido - habríamos delinquido - habríais delinquido - habrían delinquido

SUBJUNTIVO

Presente: delinca - delincas - delinca - delincamos - delincáis - delincan
Pretérito: delinquiera o delinquiese - delinquieras o delinquieses - delinquiera o delinquiese - delinquiéramos o delinquiésemos - delinquierais o delinquieseis - delinquieran o delinquiesen
Futuro: delinquiere - delinquieres - delinquiere - delinquiéremos - delinquiereis - delinquieren
Antepresente: haya delinquido - hayas delinquido - haya delinquido - hayamos delinquido - hayáis delinquido - hayan delinquido
Antepretérito: hubiera o hubiese delinquido - hubieras o hubieses delinquido - hubiera o hubiese delinquido - hubiéramos o hubiésemos delinquido - hubierais o hubieseis delinquido - hubieran o hubiesen delinquido
Antefuturo: hubiere delinquido - hubieres delinquido - hubiere delinquido - hubiéremos delinquido - hubiereis delinquido - hubieren delinquido

IMPERATIVO

delinque (tú) - delinca (usted) - delinquid (vosotros-as) - delincan (ustedes)

66 CEÑIR

INDICATIVO

Presente: ciño - ciñes - ciñe - ceñimos - ceñís - ciñen
Pretérito: ceñí - ceñiste - ciñó - ceñimos - ceñisteis - ciñeron
Futuro: ceñiré - ceñirás - ceñirá - ceñiremos - ceñiréis - ceñirán
Copretérito: ceñía - ceñías - ceñía - ceñíamos - ceñíais - ceñían
Pospretérito: ceñiría - ceñirías - ceñiría - ceñiríamos - ceñiríais - ceñirían
Antepresente: he ceñido - has ceñido - ha ceñido - hemos ceñido - habéis ceñido - han ceñido
Antepretérito: hube ceñido - hubiste ceñido - hubo ceñido - hubimos ceñido - hubisteis ceñido - hubieron ceñido
Antefuturo: habré ceñido - habrás ceñido - habrá ceñido - habremos ceñido - habréis ceñido - habrán ceñido
Antecopretérito: había ceñido - habías ceñido - había ceñido - habíamos ceñido - habíais ceñido - habían ceñido
Antepospretérito: habría ceñido - habrías ceñido - habría ceñido - habríamos ceñido - habríais ceñido - habrían ceñido

SUBJUNTIVO

Presente: ciña - ciñas - ciña - ciñamos - ciñáis - ciñan
Pretérito: ciñera o ciñese - ciñeras o ciñeses - ciñera o ciñese - ciñéramos o ciñésemos - ciñerais o ciñeseis - ciñeran o ciñesen
Futuro: ciñere - ciñeres - ciñere - ciñéremos - ciñereis - ciñeren
Antepresente: haya ceñido - hayas ceñido - haya ceñido - hayamos ceñido - hayáis ceñido - hayan ceñido
Antepretérito: hubiera o hubiese ceñido - hubieras o hubieses ceñido - hubiera o hubiese ceñido - hubiéramos o hubiésemos ceñido - hubierais o hubieseis ceñido - hubieran o hubiesen ceñido
Antefuturo: hubiere ceñido - hubieres ceñido - hubiere ceñido - hubiéremos ceñido - hubiereis ceñido - hubieren ceñido

IMPERATIVO

ciñe (tú) - ciña (usted) - ceñid (vosotros-as) - ciñan (ustedes)

67 CERNIR

INDICATIVO	SUBJUNTIVO
Presente: cierno - ciernes - cierne - cernimos - cernís - ciernen **Pretérito:** cerní - cerniste - cernió - cernimos - cernisteis - cernieron **Futuro:** cerniré - cernirás - cernirá - cerniréis - cerniremos - cernirán **Copretérito:** cernía - cernías - cernía - cerníamos - cerníais - cernían **Pospretérito:** cerniría - cernirías - cerniría - cerniríamos - cerniríais - cernirían **Antepresente:** he cernido - has cernido - ha cernido - hemos cernido - habéis cernido - han cernido **Antepretérito:** hube cernido - hubiste cernido - hubo cernido - hubimos cernido - hubisteis cernido - hubieron cernido **Antefuturo:** habré cernido - habrás cernido - habrá cernido - habremos cernido - habréis cernido - habrán cernido **Antecopretérito:** había cernido - habías cernido - había cernido - habíamos cernido - habíais cernido - habían cernido **Antepospretérito:** habría cernido - habrías cernido - habría cernido - habríamos cernido - habríais cernido - habrían cernido	**Presente:** cierna - ciernas - cierna - cernamos - cernáis - ciernan **Pretérito:** cerniera o cerniese - cernieras o cernieses - cerniera o cerniese - cerniéramos o cerniésemos - cernierais o cernieseis - cernieran o cerniesen **Futuro:** cerniere - cernieres - cerniere - cerniéremos - cerniereis - cernieren **Antepresente:** haya cernido - hayas cernido - haya cernido - hayamos cernido - hayáis cernido - hayan cernido **Antepretérito:** hubiera o hubiese cernido - hubieras o hubieses cernido - hubiera o hubiese cernido - hubiéramos o hubiésemos cernido - hubierais o hubieseis cernido - hubieran o hubiesen cernido **Antefuturo:** hubiere cernido - hubieres cernido - hubiere cernido - hubiéremos cernido - hubiereis cernido - hubieren cernido

IMPERATIVO
cierne (tú) - cierna (usted) - cernid (vosotros-as) - ciernan (ustedes)

68 ERGUIR

INDICATIVO	SUBJUNTIVO
Presente: irgo o yergo - irgues o yergues - irgue o yergue - erguimos - erguís - irguen o yerguen **Pretérito:** erguí - erguiste - irguió - erguimos - erguisteis - irguieron **Futuro:** erguiré - erguirás - erguirá - erguiremos - erguiréis - erguirán **Copretérito:** erguía - erguías - erguía - erguíamos - erguíais - erguían **Pospretérito:** erguiría - erguirías - erguiría - erguiríamos - erguiríais - erguirían **Antepresente:** he erguido - has erguido - ha erguido - hemos erguido - habéis erguido - han erguido **Antepretérito:** hube erguido - hubiste erguido - hubo erguido - hubimos erguido - hubisteis erguido - hubieron erguido **Antefuturo:** habré erguido - habrás erguido - habrá erguido - habremos erguido - habréis erguido - habrán erguido **Antecopretérito:** había erguido - habías erguido - había erguido - habíamos erguido - habíais erguido - habían erguido **Antepospretérito:** habría erguido - habrías erguido - habría erguido - habríamos erguido - habríais erguido - habrían erguido	**Presente:** irga o yerga - irgas o yergas - irga o yerga - irgamos o yergamos - irgáis o yergáis - irgan o yergan **Pretérito:** irguiera o irguiese - irguieras o irguieses - irguiera o irguiese - irguiéramos o irguiésemos - irguierais o irguieseis - irguieran o irguiesen **Futuro:** irguiere - irguieres - irguiere - irguiéremos - irguiereis - irguieren **Antepresente:** haya erguido - hayas erguido - haya erguido - hayamos erguido - hayáis erguido - hayan erguido **Antepretérito:** hubiera o hubiese erguido - hubieras o hubieses erguido - hubiera o hubiese erguido - hubiéramos o hubiésemos erguido - hubierais o hubieseis erguido - hubieran o hubiesen erguido **Antefuturo:** hubiere erguido - hubieres erguido - hubiere erguido - hubiéremos erguido - hubiereis erguido - hubieren erguido

IMPERATIVO
irgue o yergue (tú) - irga o yerga (usted) - erguid (vosotros-as) - irgan o yergan (ustedes)

69 PLAÑIR

INDICATIVO

Presente: plaño - plañes - plañe - plañimos - plañís - plañen
Pretérito: plañí - plañiste - plañó - plañimos - plañisteis - plañeron
Futuro: plañiré - plañirás - plañirá - plañiremos - plañiréis - plañirán
Copretérito: plañía - plañías - plañía - plañíamos - plañíais - plañían
Pospretérito: plañiría - plañirías - plañiría - plañiríamos - plañiríais - plañirían
Antepresente: he plañido - has plañido - ha plañido - hemos plañido - habéis plañido - han plañido
Antepretérito: hube plañido - hubiste plañido - hubo plañido - hubimos plañido - hubisteis plañido - hubieron plañido
Antefuturo: habré plañido - habrás plañido - habrá plañido - habremos plañido - habréis plañido - habrán plañido
Antecopretérito: había plañido - habías plañido - había plañido - habíamos plañido - habíais plañido - habían plañido
Antepospretérito: habría plañido - habrías plañido - habría plañido - habríamos plañido - habríais plañido - habrían plañido

SUBJUNTIVO

Presente: plaña - plañas - plaña - plañamos - plañáis - plañan
Pretérito: plañera o plañese - plañeras o plañeses - plañera o plañese - plañéramos o plañésemos - plañerais o plañeseis - plañeran o plañesen
Futuro: plañere - plañeres - plañere - plañéremos - plañereis - plañeren
Antepresente: haya plañido - hayas plañido - haya plañido - hayamos plañido - hayáis plañido - hayan plañido
Antepretérito: hubiera o hubiese plañido - hubieras o hubieses plañido - hubiera o hubiese plañido - hubiéramos o hubiésemos plañido - hubierais o hubieseis plañido - hubieran o hubiesen plañido
Antefuturo: hubiere plañido - hubieres plañido - hubiere plañido - hubiéremos plañido - hubiereis plañido - hubieren plañido

IMPERATIVO

plañe (tú) - plaña (usted) - plañid (vosotros-as) - plañan (ustedes)

70 ASIR

INDICATIVO

Presente: asgo - ases - ase - asimos - asís - asen
Pretérito: así - asiste - asió - asimos - asisteis - asieron
Futuro: asiré - asirás - asirá - asiremos - asiréis - asirán
Copretérito: asía - asías - asía - asíamos - asíais - asían
Pospretérito: asiría - asirías - asiría - asiríamos - asiríais - asirían
Antepresente: he asido - has asido - ha asido - hemos asido - habéis asido - han asido
Antepretérito: hube asido - hubiste asido - hubo asido - hubimos asido - hubisteis asido - hubieron asido
Antefuturo: habré asido - habrás asido - habrá asido - habremos asido - habréis asido - habrán asido
Antecopretérito: había asido - habías asido - había asido - habíamos asido - habíais asido - habían asido
Antepospretérito: habría asido - habrías asido - habría asido - habríamos asido - habríais asido - habrían asido

SUBJUNTIVO

Presente: asga - asgas - asga - asgamos - asgáis - asgan
Pretérito: asiera o asiese - asieras o asieses - asiera o asiese - asiéramos o asiésemos - asierais o asieseis - asieran o asiesen
Futuro: asiere - asieres - asiere - asiéremos - asiereis - asieren
Antepresente: haya asido - hayas asido - haya asido - hayamos asido - hayáis asido - hayan asido
Antepretérito: hubiera o hubiese asido - hubieras o hubieses asido - hubiera o hubiese asido - hubiéramos o hubiésemos asido - hubierais o hubieseis asido - hubieran o hubiesen asido
Antefuturo: hubiere asido - hubieres asido - hubiere asido - hubiéremos asido - hubiereis asido - hubieren asido

IMPERATIVO

ase (tú) - asga (usted) - asid (vosotros-as) - asgan (ustedes)

71 ABOLIR

INDICATIVO	SUBJUNTIVO
Presente: [...] - abolimos - abolís - [...] **Pretérito:** abolí - aboliste - abolió - abolimos - abolisteis - abolieron **Futuro:** aboliré - abolirás - abolirá - aboliremos - aboliréis - abolirán **Copretérito:** abolía - abolías - abolía - abolíamos - abolíais - abolían **Pospretérito:** aboliría - abolirías - aboliría - aboliríamos - aboliríais - abolirían **Antepresente:** he abolido - has abolido - ha abolido - hemos abolido - habéis abolido - han abolido **Antepretérito:** hube abolido - hubiste abolido - hubo abolido - hubimos abolido - hubisteis abolido - hubieron abolido **Antefuturo:** habré abolido - habrás abolido - habrá abolido - habremos abolido - habréis abolido - habrán abolido **Antecopretérito:** había abolido - habías abolido - había abolido - habíamos abolido - habíais abolido - habían abolido **Antepospretérito:** habría abolido - habrías abolido - habría abolido - habríamos abolido - habríais abolido - habrían abolido	**Presente:** [...] **Pretérito:** aboliera o aboliese - abolieras o abolieses - aboliera o aboliese - aboliéramos o aboliésemos - abolierais o abolieseis - abolieran o aboliesen **Futuro:** aboliere - abolieres - aboliere - aboliéremos - aboliereis - abolieren **Antepresente:** haya abolido - hayas abolido - haya abolido - hayamos abolido - hayáis abolido - hayan abolido **Antepreté** rito: hubiera o hubiese abolido - hubieras o hubieses abolido - hubiera o hubiese abolido - hubiéramos o hubiésemos abolido - hubierais o hubieseis abolido - hubieran o hubiesen abolido **Antefuturo:** hubiere abolido - hubieres abolido - hubiere abolido - hubiéremos abolido - hubiereis abolido - hubieren abolido

IMPERATIVO
[...] (tú) - [...] (usted) - abolid (vosotros-as) - [...] (ustedes)

72 REUNIR

INDICATIVO	SUBJUNTIVO
Presente: reúno - reúnes - reúne - reunimos - reunís - reúnen **Pretérito:** reuní - reuniste - reunió - reunimos - reunisteis - reunieron **Futuro:** reuniré - reunirás - reunirá - reuniremos - reuniréis - reunirán **Copretérito:** reunía - reunías - reunía - reuníamos - reuníais - reunían **Pospretérito:** reuniría - reunirías - reuniría - reuniríamos - reuniríais - reunirían **Antepresente:** he reunido - has reunido - ha reunido - hemos reunido - habéis reunido - han reunido **Antepretérito:** hube reunido - hubiste reunido - hubo reunido - hubimos reunido - hubisteis reunido - hubieron reunido **Antefuturo:** habré reunido - habrás reunido - habrá reunido - habremos reunido - habréis reunido - habrán reunido **Antecopretérito:** había reunido - habías reunido - había reunido - habíamos reunido - habíais reunido - habían reunido **Antepospretérito:** habría reunido - habrías reunido - habría reunido - habríamos reunido - habríais reunido - habrían reunido	**Presente:** reúna - reúnas - reúna - reunamos - reunáis - reúnan **Pretérito:** reuniera o reuniese - reunieras o reunieses - reuniera o reuniese - reuniéramos o reuniésemos - reunierais o reunieseis - reunieran o reuniesen **Futuro:** reuniere - reunieres - reuniere - reuniéremos - reuniereis - reunieren **Antepresente:** haya reunido - hayas reunido - haya reunido - hayamos reunido - hayáis reunido - hayan reunido **Antepretérito:** hubiera o hubiese reunido - hubieras o hubieses reunido - hubiera o hubiese reunido - hubiéramos o hubiésemos reunido - hubierais o hubieseis reunido - hubieran o hubiesen reunido **Antefuturo:** hubiere reunido - hubieres reunido - hubiere reunido - hubiéremos reunido - hubiereis reunido - hubieren reunido

IMPERATIVO
reúne (tú) - reúna (usted) - reunid (vosotros-as) - reúnan (ustedes)

ALGUNOS PREFIJOS Y SUFIJOS

aero- Elemento de origen griego, llegado a través del latín, que al comienzo de palabra entra en la formación de numerosos vocablos españoles con el significado de 'aire': *aerobio, aeróbico.*

-algia Partícula de origen griego que, colocada al final de palabra, entra en la formación de términos propios de la medicina con el significado de 'dolor': *dermalgia, mialgia, neuralgia.*

anarco- Prefijo de origen griego que participa en la formación de algunas voces propias de la política con el significado de 'falta de gobierno', 'desorden': *anarquía, anárquico, anarquismo, anarquizar.*

anfi- Elemento compositivo de origen griego que, colocado al comienzo de palabra, entra en la formación de algunos cultismos españoles con el significado de 'alrededor': *anfiteatro;* 'a uno y otro lado': *anfipróstilo;* 'doble': *anfibio.*

angio- Prefijo de origen griego que interviene en la formación de numerosos términos médicos con el significado de 'de los vasos sanguíneos o linfáticos': *angiografía, angiologia, angioma.*

ante- Forma de origen latino que al comienzo de palabra aparece en numerosas voces españolas para expresar anterioridad en el tiempo o en el espacio: *anteayer, antebrazo, antecapilla, antediluviano.* Toma la forma **ant-** en *antaño.*

archi- Partícula de origen griego que, colocado al comienzo de palabra, entra en la formación de algunos sustantivos con el significado de 'preeminencia' o 'superioridad': *archiduque, archidiácono.* Con adjetivos se emplea en lenguaje familiar y significa 'muy': *archinotable.* Toma también las formas **arce-:** *arcediano;* **arci-:** *arcipreste;* **arqui-:** *arquitecto;* **arz-:** *arzobispo.*

audio- Elemento compositivo de origen latino que, colocado al comienzo, entra en la formación de palabras con el significado de 'sonido' o 'audición': *audífono, audiometría, audiovisual.*

auto- Elemento de origen griego que al comienzo de palabra interviene en la formación de numerosos vocablos españoles con el significado de 'propio' o 'por uno mismo': *autobiografía, autocracia, autocrítica, automóvil, automotor, autosugestión.* Con el significado de 'automóvil' interviene en la formación de muchos compuestos relacionados con él: *autobús, autódromo, autopista, autotransporte.*

bi- Prefijo de origen latino que entra en la formación de numerosas palabras con el significado de 'dos': *bifocal,* o 'dos veces': *bimensual.* También toma las formas **bis-** o **biz:** *bisnieto, bizcocho.*

biblio- Elemento de origen griego que al comienzo de palabra forma parte de numerosos cultismos españoles con el significado de 'libro': *bibliografía, bibliófilo, biblioteca.*

bio- o **-bio** Partícula de origen griego que, colocado al inicio o final de palabra, entra en la formación de numerosos cultismos con el significado de 'vida': *biografía, biológico, bioquímica, anaerobio, microbio.*

-cefalia Elemento compositivo de origen griego que, colocado al final de palabra, aparece en términos médicos españoles con el significado de 'estado o cualidad de la cabeza': *dolicocefalia, hidrocefalia, mesocefalia.*

centi- Prefijo de origen latino queinterviene en la formación de vocablos propios del sistema métrico decimal con el significado de 'centésima parte': *centilitro, centímetro, o de 'cien': centígrado, centimano.*

-cida Elemento compositivo de origen latino que al final de numerosos vocablos participa con el significado de 'matador' o 'exterminador': *callicida, herbicida, homicida, insecticida.*

-cola Sufijo de origen latino que, colocado al final de palabra, entra en la formación de algunos cultismos españoles con el significado de 'que cultiva o cría' y 'que habita en': *arborícola, avícola, cavernícola, frutícola, terrícola.*

contra- Elemento de origen latino que, colocado al comienzo de palabra entra en la formación de numerosas voces españolas con el significado de 'oposición' o 'contrariedad': *contraponer, contraindicación;* 'refuerzo': *contraventana;* 'segundo lugar': *contralmirante.*

-cracia Partícula de origen griego que, colocado al final de palabra, interviene en la formación de numerosos cultismos españoles con el significado de 'dominio' o 'poder': *aristocracia, democracia, fisiocracia, teocracia.*

cromo- o **-cromo, ma** Elemento compositivo de origen griego que, al comienzo o final de palabra, forma parte de algunos cultismos con el significado de 'color': *monocromo, policromo.* A veces toma las formas **cromato-** y **cromat-:** *cromatismo, cromatografía.*

cuadri- Prefijo de origen latino que forma parte de numerosos cultismos con el significado de 'cuatro': *cuadrifolio, cuadrilátero.* Toma también las formas **cuatri-:** *cuatrimotor, cuatrillizo,* y **cuadru-:** *cuadrúpedo, cuadruplicar.*

dactilo- Elemento de origen griego que, colocado al comienzo, participa en la formación de algunas palabras españolas con el significado de 'dedo': *dactilografía, dactilopintura.*

deca- Partícula de origen griego que, colocado al comienzo de palabra, aparece en la formación de algunos cultismos españoles, sistemáticamente en la nomenclatura del sistema métrico decimal, con el significado de 'diez': *decaedro, decagramo, decalitro, decámetro, decálogo.*

deci- Prefijo de origen latino que interviene en la formación de vocablos propios del sistema métrico decimal con el significado de 'décima parte': *decigramo, decilitro, decímetro.*

deut- Elemento de origen griego que al comienzo de palabra forma parte de unos pocos cultismos españoles, sobre todo palabras científicas, con el significado de 'segundo': *deutóxido.* Toma también las formas **deutero-** y **deuter-:** *deuteragonista, deuteronomio.*

di- Partícula de origen griego que, en posición inicial, interviene en la formación de numerosos cultismos españoles con el significado de 'dos': *dicotiledón, dimorfo, díptero, disílabo.*

-dromo Sufijo de origen griego que, al final de palabra, participa en la formación de algunos vocablos españoles con el sentido de 'carrera': *hipódromo, velódromo, autódromo.*

eco- **1** Elemento de origen griego, llegado a través del latín, que al comienzo de palabra entra en la formación de algunas voces científicas o técnicas con el significado de 'sonido u onda reflejado': *ecografía, ecolocación, ecolalia.* **2** Prefijo de origen griego que aparece en diversos términos con el significado de 'casa', 'morada' o 'ámbito vital': *ecología, ecosistema.*

electro- Partícula de origen griego, llegada a través del latín que, colocada al comienzo de palabra, entra en la formación de numerosas voces con el significado de 'electricidad' o 'eléctrico': *electrodinámica, electrodoméstico, electroforesis, electromecánico.*

endeca- Prefijo de origen griego que interviene en la formación de algunos cultismos españoles con el significado de 'once': *endecasílabo.*

endo- Elemento de origen griego que, colocado al comienzo de palabra, entra en la formación de varios cultismos, particularmente médicos, con el significado de 'dentro', 'en el interior de': *endocrinología, endógeno, endovenoso.*

enea- Partícula de origen griego que, al comienzo de palabra, participa en la formación de cultismos españoles con el significado de 'nueve': *eneasílabo.*

equi- Elemento de origen latino que, colocado al comienzo de palabra, forma parte de un número considerable de cultismos españoles con el significado de 'igual': *equidistante, equilátero, equivalencia.*

estereo- Prefijo de origen griego que entra en la formación de cultismos españoles con el significado de 'sólido': *estereografía, estereoscopio.*

etno- Partícula de origen griego que, colocado al comienzo de palabra, interviene en la formación de cultismos españoles con el significado de 'pueblo o raza': *etnocentrismo, etnografía.*

euro- Elemento compositivo de cuño reciente en las lenguas romances que, participa en la formación de algunos vocablos españoles con el significado de 'europeo' o 'perteneciente o relativo a la Comunidad Europea': *eurodiputado, eurodólar.*

-fagia Sufijo de origen griego que, colocado al final de palabra, entra en la formación de algunos cultismos para indicar la acción de comer o devorar: *aerofagia, antropofagia, disfagia.*

fago- o **-fago, ga** Elemento compositivo de origen griego que, colocado al comienzo o final de palabra, entra en la formación de cultismos españoles con el significado de 'que come': *fagocito, antropófago, ictiófago, necrófago.*

-fero, ra Sufijo de origen latino que forma parte de diversos cultismos españoles con el significado de 'que lleva, que contiene o que produce': *lucífero, mamífero, sanguífero, semáforo.*

-ficar Elemento compositivo de origen latino que, colocado al final de palabra, entra en la formación de numerosos verbos españoles que significan hacer, convertir en, producir: *codificar, panificar, petrificar, sacrificar.*

-fico, ca Elemento compositivo de origen latino que, colocado al final de palabra, interviene en la formación de algunos cultismos españoles con el significado de 'que hace, produce o convierte en': *benéfico, lapidífico.*

-filia Partícula de origen griego que, colocada al final de palabra, entra en la formación de numerosos términos españoles con el significado de 'afición, gusto por': *anglofilia, bibliofilia, colombofilia.*

fisio- Prefijo de origen griego que entra en la formación de cultismos con el significado de 'naturaleza': *fisiografía, fisiología, fisioterapia.*

fito- o **-fito, ta** Elemento compositivo de origen latino que, colocado al comienzo o al final de palabra, forma parte de numerosos cultismos con el significado de 'planta o vegetal': *fitografía, fitopatología, fitoplancton, briófito, micrófito, saprófito.*

-fobia Sufijo de origen griego que interviene en la formación de numerosos cultismos, en particular médicos, con el significado de 'temor patológico': *claustrofobia, fotofobia, xenofobia.*

-fobo, ba Elemento de origen griego que, colocado al final de palabra, participa en la formación de numerosos cultismos con el significado de 'que siente temor patológico o aversión': *claustrófobo, fotófobo, hidrófobo, xenófobo.*

fono- o **-fono, na** Partícula de origen griego que, colocada al comienzo o al final de palabra, aparece en numerosos tecnicismos con el significado de 'voz, sonido': *fonología, fonometría, fonoteca, audífono, micrófono, teléfono.*

-forme Sufijo de origen latino que entra en la formación de algunos cultismos españoles con el significado de 'en forma de': *arboriforme, cruciforme, falciforme.*

-foro, ra Elemento de origen griego que aparece al final de algunos cultismos españoles con el significado de 'portador', 'que lleva': *cromóforo, melanóforo, semáforo.*

foto- Prefijo de origen griego que forma parte de numerosas voces científicas o técnicas con el significado de 'luz': *fotobiología, fotograbado, fototropismo,* o de 'fotografía': *fotocomposición, fotogénico, fotógrafo.*

-fugo, ga Elemento de origen latino que al final de palabra interviene en la formación de cultismos con el significado de 'que ahuyenta', 'que evita' o 'que huye de' lo expresado por la base: *centrífugo, febrífugo, ignífugo, lucífugo.*

-genia Sufijo de origen griego que aparece en algunos cultismos españoles con el significado de 'origen' o 'proceso de formación': *filogenia, primigenia.*

-geno, na Elemento compositivo de origen griego que al final de palabra particpa en la formación de cultismos con el significado de 'que produce, genera o provoca': *cancerígeno, electrógeno, exógeno, tusígeno.*

geo- o **-geo** Elemento compositivo de origen griego que, colocado al comienzo de palabra, forma parte de numerosas voces científicas y técnicas con el significado de 'la tierra': *geografía, geología, geomancia.* En menor medida se halla en final de palabra: *apogeo, hipogeo.*

giga- Partícula de origen latino que, colocada al comienzo de palabra, participa en la formación de algunos tecnicismos con el significado de 'de mil millones (109)'.

-gono Sufijo de origen griego que interviene en la formación de voces, en especial de las propias de la geometría, con el significado de 'ángulo'. Suele anteponerse otro elemento que indica número o cantidad: *pentágono, polígono, octógono.*

-grafía Elemento de origen griego que al final de palabra forma parte de numerosas voces con los significados de 'escritura' y de 'descripción': *biografía, caligrafía, geografía, lexicografía, taquigrafía.*

-grafo, fa Sufijo de origen griego que entra en la formación de numerosos cultismos españoles con el significado de 'que escribe' o 'que describe': *biógrafo, bolígrafo, geógrafo, mimeógrafo, sismógrafo.*

hebdo- Partícula de origen griego que, colocada al comienzo de palabra, forma parte de algunos cultismos con el significado de 'siete': *hebdomadario.*

hecto- Elemento de origen griego que, al comienzo de palabra, entra aparece en vocablos propios del sistema métrico decimal con el significado de 'cien': *hectogramo, hectolitro, hectómetro.*

helio-, heli- Prefijo de origen griego que entra en la formación de algunos cultismos españoles con el significado de 'sol': *heliograbado, heliofísica.*

hemato- Partícula de origen griego que, colocado al comienzo de palabra, interviene en la formación de numerosos vocablos propios de la medicina con el significado de 'sangre': *hematocrito, hematólogo.* Puede también adoptar las formas **hemo-, hema-** o **hemat-**: *hemofilia, hematermo.*

hemi- Elemento de origen griego que, colocado al comienzo de palabra, participa en la formación de algunos cultismos españoles con el significado de 'medio', 'mitad': *hemiciclo, hemistiquio.*

hepta- Prefijo de origen griego que forma parte de algunos cultismos con el significado de 'siete': *heptágono, heptasílabo.*

hetero- Elemento compositivo de origen griego que, al comienzo de palabra, entra en la formación de algunos cultismos con el significado de 'otro', 'desigual', 'diferente': *heterogéneo, heterosexual.*

hexa- Partícula de origen griego que, colocada al comienzo de palabra, forma parte de algunos cultismos con el significado de 'seis': *hexágono, hexasílabo, hexámetro.*

-hídrico Sufijo de origen griego que fue adoptado en la nomenclatura química para designar los ácidos que no contienen oxígeno, como el *clorhídrico* o el *sulfhídrico.*

hidro- Elemento de origen griego que, colocado al comienzo de palabra, entra en la formación de numerosos vocablos españoles con el significado de 'agua': *hidroavión, hidrocarburo, hidrofobia.*

higro- Prefijo de origen griego que interviene en la formación de algunos cultismos españoles con el significado de 'humedad': *higrómetro.*

hiper- Elemento compositivo de origen griego que, al comienzo de palabra, interviene en la formación de numerosas voces con el significado de 'superioridad o exceso': *hipertensión, hipermercado, hipersensible.*

hipo- Partícula de origen griego que, colocada al comienzo de palabra, participa en la formación de algunos cultismos con el significado de 'debajo de': *hipodérmica* o 'escasez de': *hipotensión, hipoglucemia.*

holo- Elemento de origen griego que, colocado al comienzo de palabra, forma parte de algunos cultismos españoles con el significado de 'todo': *holocausto, holografía, holosérico.*

homeo- Prefijo de origen griego que entra en la formación de algunos cultismos españoles con el significado de 'semejante': *homeopatía, homeóstasis.*

homo- Elemento de origen griego que, al comienzo de palabra, interviene en la formación de algunos cultismos españoles con el significado de 'igual': *homófono, homogéneo.*

infra- Partícula de origen latino que, colocada al comienzo de palabra, forma parte de diversos vocablos españoles con el significado de 'inferior' o 'debajo': *infraestructura, infrahumano, infrarrojo.*

iso- Elemento compositivo de origen griego que, colocado al comienzo de palabra, entra en la formación de numerosas voces científicas y técnicas con el significado de 'igual': *isobara, isoglosa, isomorfo, isósceles, isotérmico.*

kilo- Prefijo de origen griego que aparece en la formación de vocablos propios del sistema métrico decimal con el significado de 'mil': *kilómetro, kilovatio, kilolitro.*

-landia Sufijo proveniente del inglés que, al final de palabra, forma parte de unos pocos vocablos españoles con el significado de 'país', 'sitio de', 'lugar de'.

-latría Elemento compositivo de origen griego que, colocado al final de palabra, entra en la formación de algunos cultismos españoles con el significado de 'adoración': *egolatría, iconolatría.*

leuco- Prefijo que interviene en algunas voces, por lo común de biología, con el significado de 'blanco' o 'de color claro': *Leucocito, leucoma, leucocoria.*

-lisis Sufijo de origen griego que aparece en diversos cultismos españoles con el significado de 'disolución', 'descomposición': *análisis, catálisis, diálisis, hemólisis, electrólisis.*

-logía Elemento de origen griego que al final de palabra interviene en la formación de numerosos cultismos con el significado de 'tratado', 'estudio', 'ciencia': *biología, ginecología, lexicología, mineralogía, simbología.*

macro- Prefijo de origen griego que entra en la formación de algunas voces científicas con el significado de 'grande': *macrobiótica, macrocefalia, macrocosmos.*

magneto- Partícula de origen latino que al comienzo de palabra participa en la formación de numerosas voces científicas y técnicas con el significado de 'magnetismo': *magnetocaloría, magnetómetro, magnetoscopio.*

mancia o **mancía** Elemento de origen griego que, colocado al final de palabra, aparece en la formación de diversos cultismos con el significado de 'adivinación' o 'práctica de predecir': *quiromancia, cartomancia.*

-mano, na Sufijo de origen griego que entra en la formación de cultismos españoles con el significado de 'apasionado': *bibliómano, musicómano.* En el campo de la medicina ha especializado su sentido en 'afición patológica': *cleptómano, cocainómano.*

mega- Elemento de origen griego que, colocado al comienzo de palabra, participa en la formación de algunos cultismos con el significado de 'grande': *megafonía, megalópolis, megalómano,* y de 'un millón': *megaciclo, megatonelada.*

meta- Perfijo de origen griego que entra en la formación de voces científicas y técnicas con el significado de 'junto a', 'después de', 'entre' o 'con': *metabolismo, metafísico, metáfora, metalenguaje, metatórax.*

-metría Sufijo de origen griego que aparece en la formación de numerosos cultismos con el significado de 'medida' o 'medición': *geometría, hidrometría, simetría, sociometría.*

-metro Elemento compositivo de origen griego que, colocado al final de palabra, entra en la formación de numerosos cultismos españoles con el significado de 'unidad de medida':

centímetro, kilómetro, milímetro, o 'aparato para medir': *telémetro, termómetro, velocímetro.*

micro- Partícula de origen griego que, al comienzo de palabra, aparece en numerosas voces científicas y técnicas con el significado de 'pequeño': *microbio, microcefalia, microcirugía, microeconomía.* Por extensión se ha formado *micrófono.*

mili- Prefijo de origen latino que forma parte de palabras propias del sistema métrico decimal con el significado de 'la milésima parte de una unidad (10–3)': *milibar, mililitro, milímetro.*

mini- Elemento compositivo de origen latino que, colocado al comienzo de palabra, entra en la formación de numerosas voces con el significado de 'pequeño', 'breve' o 'corto': *minifalda, minifundio, minirrecorrido.*

miria- Partícula de origen griego que, al comienzo de palabra, forma parte de algunos cultismos con el significado de 'innumerables' o 'muy numerosos': *miríada, miriápodo.*

mono- Prefijo de origen griego que entra en la formación de numerosos cultismos españoles con el significado de 'único' o 'uno solo': *monografía, monolingüe, monólogo, monopolizar.*

morfo- o **-morfo, fa** Elemento compositivo de origen griego que, colocado al comienzo o final de palabra, entra en la formación de diversos cultismos con el significado de 'forma': *morfología, amorfo, antropomorfo, zoomorfo.*

moto- Prefijo de origen latino que se usa en la formación de voces con el significado de 'que actúa a motor': *motocicleta, motonave, motosierra.*

multi- Elemento compositivo de origen latino que, colocado al comienzo de palabra, interviene en la formación de numerosas voces con el significado de 'mucho': *multifacético, multifilamento, multinacional.*

narco- Partícula de origen griego que interviene en la formación de diversas palabras con el sentido de 'modorra, embotamiento de la sensibilidad': *narcosis, narcótico, narcotina.* Por extensión, interviene luego en la formación de neologismos con el significado de 'narcótico, droga': *narcodelincuencia, narcodemocracia, narcodictadura, narcodólar, narcoguerrilla.*

necro- Elemento de origen griego que, colocado al comienzo de palabra, entra en la formación de algunos cultismos con el significado de 'muerto': *necrofagia, necrofilia, necrología.*

neo- Prefijo de origen latino que forma parte de numerosos cultismos con el significado de 'reciente', 'nuevo': *neoclásico, neófito, neolítico, neonatología, neoplasia.*

-oide Sufijo de origen griego que aparece en numerosos cultismos con el significado de 'parecido a', 'en forma de': *androide, asteroide.* Toma también las formas **-oideo:** *lipoideo, ovoideo,* **-oides:** *cuboide, deltoides* y **-oidal:** *romboidal.*

oligo- Elemento compositivo de origen griego que, colocado al comienzo de palabra, entra en la formación de numerosos cultismos con el significado de 'poco', 'insuficiente': *oligofrénico, oligopolio, oligotrófico.*

orto- Partícula de origen griego que, al comienzo de palabra, entra en la formación de numerosas voces españolas con el significado de 'recto' o 'correcto': *ortodoncia, ortofonía, ortografía, ortopedia.*

paleo- Elemento de origen griego que, colocado al comienzo de palabra, interviene en la formación de diversos cultismos con el significado de 'antiguo' o 'primitivo': *paleocristiano, paleografía, paleolítico, paleólogo.*

pan- Prefijo de origen griego que aparece en la formación de numerosos cultismos españoles con el significado de 'totalidad': *pandemónium, panorama, panteísmo, pantógrafo.*

-paro, ra Sufijo de origen latino que interviene en la formación de cultismos, particularmente del campo de la biología, con el significado de 'reproducción': *multípara, ovíparo, vivíparo.*

-patía Partícula de origen griego que, colocada al final de palabra, entra en la formación de numerosos cultismos españoles con el significado de 'sentimiento': *empatía, antipatía,* y también con el de 'afección o dolencia': *artropatía, cardiopatía, osteopatía.*

penta- Elemento de origen griego que, colocado al comienzo de palabra, interviene en la formación de algunas voces con el significado de 'cinco': *pentadáctilo, pentágono, pentasílabo.*

pico- Elemento compositivo que antepuesto a nombre de unidad expresa la billonésima (10–12) parte de esta: *picofaradio, picogramo.*

piro- Prefijo de origen griego que se emplea en la formación de diversos cultismos con el significado de 'fuego': *piroelectricidad, pirógeno, pirograbado, piróscafo.*

-plastia Sufijo de origen griego que, al final de palabra, forma parte de unos pocos cultismos españoles con el significado de 'reconstrucción', 'modelado': *autoplastia, rinoplastia, galvanoplastia.*

pluri- Partícula de origen latino que, al comienzo de palabra, interviene en la formación de diversos cultismos españoles con el significado de 'varios': *pluricelular, plurilingüe, plurivalente.*

podo- o **-podo, da** Elemento compositivo de origen griego que, colocado a comienzo o al final de palabra, entra en la formación de numerosas voces españolas con el significado de 'pie': *podólogo, podómetro, podología, anfípodo, cefalópodo, octópodo.*

poli- Elemento compositivo de origen griego que, colocado al comienzo de palabra, entra en la formación de numerosos cultismos con el significado de 'pluralidad', 'abundancia': *poliarquía, polideportivo, polimorfo, politraumatismo.*

proto- Prefijo de origen griego que participa en la formación de algunos cultismos con el significado de 'primero': *protohistoria, protoplasma;* 'reciente': *protoplaneta;* 'superioridad': *protomédico.*

psico- Partícula de origen griego que, colocada al comienzo de palabra, aparece en la formación de numerosas voces, muchas de ellas propias de la psicología y psiquiatría, con el significado de 'alma', 'mente': *psicoanálisis, psicofármaco, psicosomática.*

ptero- o **-ptero, ra** Elemento compositivo de origen griego que, colocado al comienzo o al final de palabra, entra en la formación de algunos cultismos con el significado de 'ala': *hemíptero, neuróptero, pterodáctilo.*

quiro- Prefijo de origen griego que se emplea en la formación de pocos cultismos españoles con el significado de 'mano': *quirófano, quiromancia, quiróptero.*

radio- Elemento de cuño reciente en las lenguas romances que, colocado al comienzo de palabra, entra en la formación de voces científicas con el significado de 'radiación' o 'radiactividad': *radiografía, radioscopia.*

re- Partícula de origen latino que, empleada al comienzo de palabra, se usa en la formación de numerosas voces españolas con los siguientes significados:

a) 'Repetición' o 'volver a': *rehacer, recomponer.*
b) 'Movimiento hacia atrás': *refluir.*
c) 'Intensificación' o 'encarecimiento': *recargar, relindo.*
d) 'Oposición' o 'resistencia': *rechazar.*
e) 'Negación': *reprobar.*

retro- Elemento de origen latino que, al comienzo de palabra, aparece en la formación de algunos cultismos españoles con el significado de 'llevar hacia atrás': *retroactivo, retroactividad, retrogradar.*

rino- Prefijo de origen griego que forma parte de algunos cultismos con el significado de 'nariz': *rinólogo, rinología, rinoceronte.*

-rragia Sufijo de origen griego que se emplea en la formación de algunos cultismos españoles con el significado de 'fluir', 'brotar': *verborragia, hemorragia.*

-rrea Elemento compositivo de origen griego que, colocado al final de palabra, interviene en la formación de algunos cultismos españoles con el significado de 'flujo': *seborrea, verborrea.*

sarco- Elemento de origen griego que, colocado al comienzo de palabra, entra en la formación de algunos cultismos españoles con el significado de 'carne': *sarcocarpio, sarcófago, sarcolema, sarcoma.*

-scopia Elemento compositivo de origen griego que, colocado al final de la palabra, entra en la formación de algunos términos médicos españoles con el significado de 'examen, vista, exploración': *laparoscopia, radioscopia.*

semi- Prefijo de origen latino que aparece en la formación de numerosas voces con el significado de 'medio': *semibreve, semicírculo, semidormido.*

servo- Partícula de origen latino que, al comienzo de palabra, participa en la formación de algunas voces técnicas con el significado de 'sistema auxiliar', 'mecanismo': *servofreno, servomotor.*

sesqui- Elemento compositivo de origen latino que, colocado al comienzo de palabra, se usa en la formación de algunos cultismos con los que se señala una unidad y media: *sesquiláterο, sesquicentenario, sesquipedal.*

seudo- Prefijo de origen griego que, colocado al comienzo de palabra, entra en la formación de algunos cultismos con el significado de 'falso', 'que cumple la función de': *seudología, seudónimo, seudópodo.*

-sfera Sufijo de origen griego que interviene en la formación de cultismos españoles con el significado de 'capa de la Tierra o zona estelar': *barisfera, biosfera, cromosfera, atmosfera o atmósfera, ionosfera, pirosfera, estratosfera, litosfera.*

sobre- Elemento de origen latino que, colocado al comienzo de palabra, aparece en la formación de numerosas voces con el significado de 'superposición', como en *sobrearco,* pero es más común con el de 'en exceso', 'de cantidad o calidad superior a lo deseable': *sobreabundancia, sobrealimentar, sobrecargar.*

socio- Partícula de origen latino que, al comienzo de palabra, forma parte de numerosas voces con el significado de 'social', 'sociedad': *sociolingüística, socióloga, sociometria.*

-stático, ca Sufijo de origen griego que, colocado al final de palabra, entra en la formación de adjetivos técnicos con los significados de 'relacionado con el equilibrio en': *aerostática, hidrostático,* o 'que detiene': *bacteriostático, hemostático,* lo designado por el primer elemento.

super- Elemento compositivo de origen latino que, colocado al comienzo de palabra, entra en la formación de numerosas voces con el significado de 'encima de': *superestructura,* y 'muy', 'mucho': *superabundante, superdotado, superficiente.*

supra- Prefijo de origen latino que interviene en la formación de diversos vocablos españoles con el significado de 'superior' o 'sobre': *suprasensible, suprarrenal, supranacional.*

-teca Elemento de origen griego que, colocado al final de palabra, entra en la formación de algunos cultismos españoles con el significado de 'lugar donde se guarda': *biblioteca, filmoteca, hemeroteca.*

-teco, ca Sufijo de origen náhuatl que se aplica a nombres propios de lugar para formar los gentilicios correspondientes: *guatemalteco, mazateco, yucateco, zacateco.*

tele- Partícula de origen griego que, al comienzo de palabra, se emplea en la formación de numerosas voces con el significado de 'a distancia': *telecomunicación, teledirigido, televisión.* Por especialización de sentido significa también 'televisión': *teleespectador, teleaudiencia, teleplatea.*

termo- o **-termo, ma** Elemento compositivo de origen griego que, al comienzo o final de palabra, participa en la formación de diversos cultismos españoles con el significado de 'calor': *termodinámica, termología, termométrica, hemotermo, isotermo.*

tetra- Prefijo de origen griego que aparece en la formación de cultismos españoles con el significado de 'cuatro': *tetrabronquial, tetraedro, tetralogía.*

-tomía Sufijo de origen griego que interviene en la formación de numerosas voces científicas, particularmente médicas, con el significado de 'incisión o corte': *laringotomía, neurotomía, traqueotomía.*

-tomo, ma Elemento compositivo de origen griego que, colocado al final de palabra, entra en la formación de algunos cultismos españoles con el significado de 'que corta' o 'que se corta o divide': *átomo, dicótomo, neurótomo.*

trans- Prefijo de origen latino que aparece en la formación de numerosos cultismos españoles con el significado de 'a través de', 'del otro lado': *transandino, transatlántico, trascendental, trasbordador.*

tri- Elemento compositivo de origen latino que, colocado al comienzo de palabra, entra en la formación de diversos cultismos españoles con el significado de 'tres': *tríada, triángulo, trisílabo.*

turbo- Partícula de origen latino que, al comienzo de palabra, se usa en la formación de voces técnicas con el significado de 'turbina': *turboalternador, turbohélice, turbopropulsión.*

ultra- Elemento de origen latino que, colocado al comienzo de palabra, forma parte de numerosas voces españolas con los significados de: 'al otro lado de': *ultramar, ultratumba;* y de 'muy', 'en exceso': *ultrarrápido, ultramicroscopio, ultraligero.*

-valente Sufijo de origen latino, que pospuesto a otro de valor numeral, señala la valencia de un elemento o radical, esto es el número de enlaces con que puede combinarse: *monovalente, bivalente, trivalente.*

vice- Elemento compositivo de origen latino que, colocado al comienzo de palabra, se emplea en la formación de algunos vocablos españoles con el significado de 'cargo inmediatamente inferior': *vicedirector, viceministro, vicepresidente.*

-voro, ra Partícula de origen griego que, colocada al final de palabra, interviene en la formación de numerosos cultismos españoles con el significado de 'que devora', 'que come': *carnívoro, herbívoro, omnívoro.*

xero- Prefijo de origen griego que aparece en diversos cultismos españoles con el significado de 'seco': *xerófilo, xeroftalmia, xerografía.*

xilo- Partícula de origen griego que, al comienzo de palabra, entra en la formación de cultismos españoles con el significado de 'madera': *xilografía, xiloprotector, xilórgano.*

zoo- o **-zoo** Elemento compositivo de origen griego que, colocado al comienzo y al final de palabra, se usa en la formación de numerosos cultismos españoles con el significado de 'animal': *zoófito, zoología, zoológico, espermatozoo.*

SOBRE ACENTOS

1. Acento de intensidad, acento prosódico o acento

Se llama así a la mayor intensidad con la que se pronuncia una sílaba dentro de una palabra. El acento está unido, también, a una elevación en el tono de voz o a una mayor duración en la emisión de la sílaba a la que se denomina **sílaba tónica.** Las sílabas sobre las que no recae el acento se denominan **sílabas átonas.**

El acento es muy importante porque, según la sílaba en la que recae, diferencia palabras de similar forma gráfica y diverso significado, por ejemplo: *hábito* (costumbre), *habito* (pres. de indic., 1ª del sing. del verbo *habitar*), *habitó* (pretérito de indicativo, 3ª del singular del verbo *habitar*).

2. Palabras tónicas y palabras átonas

No todas las palabras del español se pronuncian con acento, por lo tanto pueden ser clasificadas en dos grandes grupos: **tónicas** (poseen acento) y **átonas** (sin acento). La mayoría de las palabras son tónicas excepto un pequeño grupo: los artículos determinantes (*la – las – el – los – lo*), las formas pronominales (*me – te – se – la – lo – le – las – los – les*), los pronombres posesivos apocopados (*mi – tu – su*) y algunas preposiciones monosilábicas (*de – a*).

3. Clasificación de palabras según el acento

Existen cuatro grupos:

a) agudas u oxítonas

Son las palabras polisílabas con la última sílaba tónica: *pared, puré, sacar, trombón*

b) graves, llanas o paroxítonas

Son las palabras polisílabas con la penúltima vocal acentuada. *ámbar, cuaderno, mármol, examen.*

La mayoría de las palabras en español son llanas.

c) esdrújulas o proparoxítonas

Son las palabras polisílabas que se acentúan en la antepenúltima sílaba: *máquina, exámenes, cantábamos, rápido.*

d) sobresdrújulas o superparoxítonas

Son las palabras polisílabas que por composición o por tener dos o más enclíticos, llevan acento en sílaba anterior a la antepe núltima. Por ejemplo, los casos de verbos imperativos seguidos por pronombres enclíticos: *escríbeselo, llévatelo, alcánzaselo.*

4. Acentuación gráfica o tildación: reglas generales

Para señalar la sílaba tónica, en algunos casos se emplea una señal gráfica (´) llamada **tilde** o **acento gráfico,** que se coloca según reglas establecidas por la Real Academia Española.

a) agudas que terminan en vocal o en consonante *n* o *s*: *sentí, encontré, sofá, tomó, solución.*

No llevan tilde las agudas que terminan en cualquier otra letra: *reptil, pared, cantor, reloj.* Tampoco llevan tilde las palabras agudas terminadas en *s* cuando esta se encuentra precedida por otra consonante: *robots.*

b) graves acabadas en consonante que no sea *n* o *s*: *útil, césped, mártir, lápiz.*

Por lo tanto, una palabra grave terminada en vocal o en las consonantes *n* o *s* no lleva tilde: *mano, resumen, mesas, ala.* Sin embargo, cuando una palabra terminada en *s* es precedida de consonante (como *bíceps* y *fórceps*) lleva acento escrito.

c) esdrújulas y sobresdrújulas.

Estas palabras llevan siempre tilde, no importa en qué letra terminen: *política, sábado, miércoles, sácaselo.*

d) monosílabos.

Por regla general, salvo las excepciones de la **tilde diacrítica,** estos vocablos no llevan tilde.

5. Diptongo y triptongo

Dos vocales juntas (una abierta *–a, e, o–* y una cerrada *–i, u–*, una cerrada y una abierta o dos cerradas) forman **diptongo.** Tres vocales juntas (una abierta entre dos cerradas) forman **triptongo.**

a) Las palabras con diptongos o triptongos llevan tilde de acuerdo con las reglas generales, por ejemplo: *canción, después, huésped, archipiélago.*

La tilde se coloca sobre la vocal abierta. Si son dos vocales cerradas, se coloca en la segunda: *cuídense.*

b) **grupo ui .**

Este grupo vocálico, como ocurre con los infinitivos de la 3ª conjugación acabados en *-uir* (*destruir, instruir,* incluir) y en los participios correspondientes (*destruido, instruido, incluido*) no se escribe con tilde, aunque se pronuncie en dos sílabas, por ser voces graves. En cambio sigue las reglas generales de acentuación si el vocablo es agudo (*benjuí*), o esdrújulo (*jesuítico, casuística*).

c) **verbos en -cuar y -guar.**

Los verbos terminados en *-guar* o en *-cuar* como *averiguar* o *adecuar,* por lo regular forman diptongo (/a-be-**ri**-guo/, /a-**de**-kuo/).

d) **grupo de u o de i seguidos por vocal fuerte.**

Aunque generalmente se pronuncian sin formar diptongo, palabras como *monstruoso* (/monstru-**o**-so/), *fastuoso* (/fas-tu-**o**-so/), *aliado* (/a-li**a**-do/), *altruismo* (al-tru-**is**-mo/), se escriben sin tilde. Tampoco la llevan las formas verbales que se hallan en el mismo caso, como: *riera* (/ri-**e**ra/) o *riamos* (/ri-**a**-mos/).

6. Hiato

Se llama hiato a la secuencia de vocales que se pronuncian en sílabas distintas: *poeta* (/po-**e**ta/), *maestra* (/ma-**es**-tra/). Para el correcto uso de la tilde, se deben considerar dos tipos distintos de hiato:

a) El formado por dos vocales abiertas iguales (*Saavedra*) o distintas (*mareo*). Las palabras que contienen este tipo de hiato siguen las reglas genera les, por ejemplo: *aureola, león, zoólogo.*

b) El formado por una vocal abierta átona más una vocal cerrada tónica (*país*) o al revés (*grúa*). Las palabras que presentan este tipo de hiatos no responden a las reglas generales. *Raúl* y *reír* son palabras agudas, terminadas en consonante que no es *n* ni *s; tía, cantarían, podrías* son palabras graves que terminan en vocal, en *n* y en *s.* En estos casos el tilde cumple la función de señalar el hiato e indicar la pronunciación de la palabra.

7. Casos especiales de tildación

Se denominan de esta manera los casos que no corresponden a las reglas generales. Los más frecuentes corresponden a los siguientes empleos:

Tilde diacrítico

Del griego *diakritikós* cuyo significado es 'que distingue'. Se da el nombre de tilde diacrítico a aquel que tiene como finalidad diferenciar dos palabras de igual forma pero de significados y funciones gramaticales diferentes.

El acento escrito, en algunos casos, no influye en la pronunciación.

– *sólo / solo*

Esta palabra puede funcionar como adjetivo:

Juan vive solo.

También puede utilizarse como adverbio, en lugar de 'solamente'.

Comen solo pan.

En caso de duda respecto de su función gramatical, lleva tilde cuando cumple la función de adverbio.

Luis trabaja solo en su oficina.

(Es decir, trabaja sin compañía).

Luis trabaja sólo en su oficina.

(Es decir, en el único lugar que trabaja es en la oficina).

– *aún / aun*

La tilde diacrítica se utiliza en este caso para diferenciar dos grupos de significaciones:

- Cuando significa 'todavía' se escribe con tilde.

Aún no se recibió.

- Se escribe sin tilde cuando significa 'también', 'incluso' o 'siquiera':

Aun a mi madre le pareció bien.
Lo criticaron todos, aun sus amigos más queridos.
Ni aun cenizas quedaron.

Lo mismo ocurre cuando forma parte de la locución conjuntiva **aun cuando.**

No obedecería aun cuando lo castigara.

Otros casos de tilde diacrítica son:

– **él,** 'pronombre personal' – **el** 'artículo'.

Él pide el pan de cada día.

– **sí** 'adverbio de afirmación y pronombre personal' – **si** 'conjunción'.

Sí, lo quiere para sí, s no perjudica a nadie.

– **dé** 'verbo dar' – **de** 'preposición'.

Dé su casa de fin de semana para los que no tienen vivienda.

– **sé** 'verbos ser y saber' – **se** 'pronombre personal'.

Yo sé que Juan se dijo a sí mismo: Sé un buen amigo.

– **tú** 'pronombre personal' – **tu** 'pronombre posesivo'.

Tú eres tu propio enemigo.

– **qué, quién, cuál** cuando funcionan como pronombres interrogativos o exclamativos, para diferenciarlos de los pronombres relativos **que, quien, cual.**

¿Quién vino y qué quiere?
¿Cuál es su nombre?
La casa que compré a quien no debía trajo problemas, por lo cual nunca fue habitada.

Las formas con tilde también aparecen en oraciones interrogativas o exclamativas indirectas.

Me preguntó quién era, para qué lo quería y cuál de sus nombres era el verdadero.

– **mí** 'pronombre personal' – **mi** 'pronombre posesivo'.

Mi amor es todo para mí.

– **más** 'adverbio de cantidad – conjunción copulativa' y **mas** 'conjunción adversativa'.

Quiero mucho más, mas no me alcanza tu propuesta de un millón de dólares más otro millón.

– **té** 'sustantivo' – **te** 'pronombre personal'.

¿Te sirvo otra taza de té?

Tilde en monosílabos

Por regla general, ya que el acento solo puede recaer en la única sílaba, las palabras monosílabas no llevan tilde, excepto en los casos en que esta es necesaria para diferenciar significados y funciones gramaticales (tilde diacrítica).

Tilde y pronombres demostrativos (éste, ése y aquél, con sus femeninos y plurales)

En este caso la elección de colocar la tilde se relaciona con la posible ambigüedad del significado dentro de un contexto particular.

Tradicionalmente fue de uso preceptivo el acentuar ortográficamente los pronombres demostrativos para diferenciarlos de los adjetivos.

Aquellos (adjetivo) *libros son míos.*

Aquéllos (pronombre) *son los tuyos.*

Puesto que en este caso no hay riesgo de ambigüedad, de acuerdo con las normas académicas de 1956 y de 1999, no existe la obligación de escribirlas con tilde. En el ejemplo siguiente, en cambio, la posibilidad de error en la interpretación hace obligatoria la tilde: *"Afirma que esta mañana se casará"* no significa lo mismo que *"Afirma que ésta mañana se casará"*. La presencia o ausencia de la tilde guía la interpretación, dado que, en el primer caso, *esta* funciona como adjetivo del sustantivo *mañana* y, en el segundo caso, *ésta* funciona como sustantivo sujeto del verbo *casará.* Las formas de género neutro de los pronombres demostrativos (**esto, eso, aquello**) siempre se escriben sin tilde, porque siempre son pronombres y nunca hay ambigüedad.

Tilde y pronombres interrogativos y exclamativos

Los pronombres interrogativos y exclamativos aparecen en oraciones interrogativas y exclamativas directas (escritas entre los signos correspondientes) o indirectas (escritas sin signos).

Me preguntó cuánto tiempo había pasado.

No sabemos dónde se escondió.

Todos comentan cuánta bondad ha tenido.

Estos pronombres (*qué, quién, cuál, cuándo, cuánto, cómo, dónde, adónde*) se pronuncian enfáticamente, son palabras tónicas y llevan tilde a diferencia de sus homógrafos, los pronombres relativos *que, quien, cual, cuando, cuanto, como, donde* que no llevan acento escrito.

Acento y tilde en palabras compuestas

Las palabras compuestas, desde el punto de vista fónico, tienen una doble acentuación. En lo concerniente a la tildación, por lo regular, se consideran como una sola palabra y, por lo tanto, siguen las reglas generales y particulares, con independencia de cómo se tilden o no sus formantes por separado: *cien + pies = ciempiés; décimo + séptimo = decimoséptimo; río + platense = rioplatense.* La regla puede expresarse de otra manera: Cuando se unen dos palabras para formar una compuesta, mantiene la tilde solamente la última, en caso de tenerlo. Cuando el segundo de los elementos es un monosílabo, el resultado será una palabra aguda que seguirá las reglas generales (el caso de *ciempiés*).

Tilde y adverbios terminados en -mente

Estos adverbios responden a una regla especial: mantienen la tilde del adjetivo que forma la primera parte de la palabra: *cómoda + mente = cómodamente; sagaz + mente = sagazmente.*

Tilde y palabras compuestas con guión

En esta situación se encuentran los casos de dos o más adjetivos unidos con guión. Cada una de las partes conserva su identidad gráfica como unidad independiente y, por lo tanto, conserva su tilde, en el caso de poseerlo previamente: *teórico-crítico, hispano-belga, franco-alemán.*

Tilde y verbos unidos a pronombres enclíticos

De acuerdo con la última reforma ortográfica de las academias (1999), los verbos unidos a pronombres enclíticos llevan tilde según las reglas generales: *borrose* no lleva tilde porque es palabra grave terminada en vocal. En cambio *escapándose, devolviómelo, cayéndosenos* la llevan porque son palabras esdrújulas o sobresdrújulas.

Tilde y palabras de otros idiomas

Las palabras de origen latino, se tildan de acuerdo a las reglas genera les: *ítem, memorándum, alma máter.* Esta regla solamente se aplica a las voces y locuciones que son de empleo general. Si se trata de palabras que provienen de otras lenguas que por carecer de una adaptación a la nuestra se escriben entre comillas o en letra cursiva, no se utiliza tilde, menos que existiera en el idioma al que pertenecen: *catering.* Si se trata de palabras ya incorporadas a nuestra lengua o adaptadas a su pronunciación y escritura, llevan tilde de acuerdo con las reglas generales: *fútbol, béisbol.*

Tilde y mayúsculas

Las mayúsculas llevan tilde según las reglas generales. *Álvarez, OCÉANO ÍNDICO.*

REGLAS GENERALES PARA LA PARTICIÓN DE PALABRAS

Cuando debe dividirse una palabra al llegar a fin de renglón corresponde emplear las siguientes reglas de separación de palabras indicadas por la *Real Academia Española* en su *Diccionario Escolar* (Espasa. Madrid.1997) y en su *Ortografía* (Espasa. Madrid. 1999).

Aunque el criterio dominante es el fonológico, es decir el que corresponde al reconocimiento silábico, este no es exclusivo. En efecto, la práctica de la escritura debe atenerse a la relación gráfica de las letras antes que a su efectiva pronunciación. Tampoco esta última, tal como se halla formulada en esas obras, se ajusta siempre a la pronunciación americana. Así, se considerara aquí que *-tl-* constituye grupo consonántico, conforme con el uso generalizado.

También debe recordarse que junto al criterio fonológico existe tradicionalmente el morfológico, es decir el que se atiene a la formación de palabras. Por último se deben tener en cuenta razones de claridad visual, como lo es, por ejemplo, la que no permite la colocación de una letra aislada. También es necesario considerar que aparece por primera vez un criterio meramente gráfico que, aunque resulte difícil de aceptar a primera vista, seguramente contribuirá a evitar las numerosas vacilaciones originadas en la percepción del sonido y en los hábitos de escritura.

Estas son, pues, las pautas que rigen para la división de una palabra cuando ella no puede ser incorporada en su forma completa, por razones de espacio y debe dividirse por medio del guión que se coloca al final de la línea:

1. Los grupos consonánticos *pr, pl, bl, br, fr, fl, tr, dr, cr, cl, gr*, y *gl* no deben dividirse.

El uso americano incluye como grupo *tl,* no pronunciado como tal en España, por lo que la corrección acerca del criterio a seguir depende de la norma nacional: *pro-blema; pla-za; blan-co; bru-ma; fras-co; flo-ta; tra-je; drama; cri-men; clo-ro; gra-mo; glán-du-la* se separan de igual modo en todo el mundo hispanohablante. En cambio *a-tle-ta* es la forma correcta en América, mientras que *at-le-ta,* lo es en España.

2. Fuera de los casos anteriores, dos consonantes seguidas no podrán ser incluidas en la misma sílaba, debiendo agruparse la primera con la vocal precedente y la segunda con la vocal que le sigue: *ac-ción; pol-vo.*

3. Dos o más vocales seguidas nunca deben dividirse, tanto si forman diptongo o triptongo: *a-gua; Pa-ra-guay,* como si constituyen un hiato: *tea-tro; frío.*

4. Tampoco debe partirse una palabra de modo que quede una vocal aislada a final o a principio de renglón: *a-ho-ra.*

5. Cuando una voz esté compuesta o derivada de dos palabras que por sí solas tienen uso en la lengua, o formada por una palabra y un prefijo, puede dividirse dicho compuesto (5.a): sea siguiendo la regla general de división de sílabas; (5.b): sea separando sus componentes: *fran-co-in-glés* o *franco-inglés; des-ar-mar* o *de-sar-mar.*

6. En las palabras que contengan una *h* precedida de otra consonante, la *h* se considera como principio de sílaba: *in-hu-ma-no.*

7. En las palabras que contengan una *h* entre dos vocales que no forman diptongo, la *h* se considera principio de sílaba: *al-mo-ha-da.*

8. En las palabras que contengan una *h* entre dos vocales que forman diptongo, el conjunto es indivisible: *sahu-me-rio.*

9. En las voces compuestas por una preposición española o latina, como *con-, in-, ob-, per-,* seguida de una *s* y de otra consonante, la s quedará unida a la sílaba de la preposición: *cons-ta-tar; ins-truir; obs-tá-cu-lo; pers-pi-ca-cia.*

10. No se admite la partición de los dígrafos *ch, ll,* y *rr,* ya que corresponden a un único sonido: *char-la; llu-via; a-rroz.*

11. Aunque la *x* pueda, en algunas colocaciones, representar un sonido doble (*ks* o *gs*), se la considerará como una consonante simple y la palabra que la contenga deberá partirse conforme con lo establecido en 2.

12. Cuando en una palabra se suceden tres consonantes seguidas, éstas se reparten en sílabas respetando la inseparabilidad de los grupos consonánticos mencionados en 1 y teniendo en cuenta que *st, ls, rs,* y *ds,* normalmente no forman grupo sino marcan frontera silábica.

13. Cuando son cuatro las consonantes seguidas que deben segmentarse, las dos primeras forman parte de la primera sílaba y las restantes de la segunda.

14. Las siglas y acrónimos no deben dividirse, salvo que hayan sido lexicalizados y constituyan, por lo tanto una voz común.

SOBRE PARTICIPIOS

Verbos regulares con participio irregular

abrir	abierto
adscribir	adscrito o adscripto
cubrir	cubierto
describir	descrito o descripto
descubrir	descubierto
encubrir	encubierto
entreabrir	entreabierto
escribir	escrito
prescribir	prescrito o prescripto
proscribir	proscrito o proscripto
reabrir	reabierto
recubrir	recubierto
rescribirr	escrito o rescripto
romper	roto
subscribir	subscrito o subscripto
suscribir	suscrito o suscripto
transcribir	transcrito o transcripto
trascribir	trascrito o trascripto

Verbos irregulares con participio irregular

absolver	absuelto
decir	dicho
disolver	disuelto
hacer	hecho
licuefacer	licuefacto
morir	muerto
poner	puesto
pudrir	podrido
rarefacer	rarefacto
resolver	resuelto
satisfacer	satisfecho
ver	visto
volver	vuelto

Verbos con dos participios*

absorber	absorbido / absorto
abstraer	abstraído / abstracto
afligir	afligido / aflicto
ahitar	ahitado/ ahíto
atender	atendido / atento
bendecir	bendecido / bendito
bienquerer	bienquerido / bienquisto
circuncidar	circuncidado / circunciso
compeler	compelido / compulso
comprimir	comprimido / compreso
consumir	consumido / consunto
concluir	concluido / concluso
confundir	confundido / confuso
consumir	consumido / consunto
convencer	convencido / convicto
convertir	convertido / converso
corregir	corregido / correcto
corromper	corrompido / corrupto
despertar	despertado / despierto
desproveer	desproveído / desprovisto
difundir	difundido / difuso
dividir	dividido / diviso
elegir	elegido / electo
enjugar	enjugado / enjuto
excluir	excluido / excluso
eximir	eximido / exento
expeler	expelido / expulso
expresar	expresado / expreso
extender	extendido / extenso
extinguir	extinguido / extinto
fijar	fijado / fijo
freír	freído / frito
hartar	hartado / harto
incluir	incluido / incluso
incurrir	incurrido / incurso
infundir	infundido / infuso
injertar	injertado / injerto
insertar	insertado / inserto
invertir	invertido / inverso
juntar	juntado / junto
maldecir	maldecido / maldito
manifestar	manifestado / manifiesto
manumitir	manumitido / manumiso
nacer	nacido / nato
oprimir	oprimido / opreso
poseer	poseído / poseso
prender	prendido / preso
presumir	presumido / presunto
pretender	pretendido / pretenso
propender	propendido / propenso
recluir	recluido / recluso
reelegir	reelegido / reelecto
refreír	refreído / refrito
reteñir	reteñido / retinto
retorcer	retorcido / retuerto
salpresar	salpresado / salpreso
salvar	salvado / salvo
sepultar	sepultado / sepulto
sofreír	sofreído / sofrito
soltar	soltado / suelto
substituir	substituido / substituto
sujetar	sujetado / sujeto
suspender	suspendido / suspenso
sustituir	sustituido / sustituto
teñir	teñido / tinto
torcer	torcido / tuerto

* Para la formación de los tiempos compuestos se utilizan en general los participios irregulares, con las excepciones de *frito, impreso* y *provisto.* Los irregulares se emplean en función adjetiva.

COMPENDIO DE SINTAXIS

ELEMENTOS BÁSICOS

La sintaxis es la parte de la gramática que estudia la manera como se combinan y ordenan las palabras para formar oraciones; analiza las funciones que aquéllas desempeñan, así como los fenómenos de concordancia que pueden presentar entre sí. La unidad mínima de estudio de la sintaxis es la oración.

Dentro de la oración, las palabras adquieren un significado preciso y cumplen una función sintáctica determinada:

Se lastimó la muñeca izquierda mientras jugaba a la pelota.

La muñeca que le regalé a mi hija cierra los ojos.

Aisladamente, la palabra *muñeca* tiene varias acepciones, pero en cada oración sólo toma una de ellas; además, esta misma palabra cumple una función distinta, en la primera oración es objeto directo y en la segunda, es sujeto.

Oración

Oración es la unidad que expresa un sentido completo y está constituida por sujeto y predicado. El sujeto es de quien se habla en la oración y muchas veces es el agente de la acción del verbo. El predicado es lo que se dice sobre el sujeto:

Los astronautas llegarán a la tierra el próximo martes.

Los avestruces corren a gran velocidad.

El progreso técnico ha creado peligros ecológicos.

El sujeto y el predicado de las oraciones anteriores son:

Sujeto	Predicado
Los astronautas	llegarán a la tierra el próximo martes
Los avestruces	corren a gran velocidad
El progreso técnico	ha creado peligros ecológicos

Las oraciones que están constituidas por sujeto y predicado se llaman bimembres. La oración también recibe el nombre de enunciado.

Existen expresiones que equivalen a una oración, pero en las cuales no es posible distinguir el sujeto y el predicado; es el caso de las interjecciones, los saludos, las despedidas y las oraciones formadas por verbos meteorológicos. A este tipo de oraciones se les llama unimembres, porque constituyen una unidad indivisible:

¡Madre mía!

¡Hola!

¡Adiós!

¡Fuego!

Anocheció pronto.

Llueve intensamente.

Frase

Existen expresiones que no siempre llegan a constituir una oración porque les falta la presencia de un verbo, de ahí que no posean un sentido completo; estas construcciones se llaman frases:

Una mañana de septiembre.

La bicicleta verde de mi padre.

Con mucha simpatía.

Por si acaso.

De vez en cuando.

Sintagma

Sintagma es una unidad conformada por una palabra que es la más importante y que funciona como núcleo; éste puede ir acompañado de complementos o modificadores y juntos forman un bloque. Es posible distinguir el núcleo en los sintagmas porque éste es imprescindible y las palabras que lo acompañan pueden omitirse. Existen diferentes tipos de sintagmas, dependiendo de la categoría gramatical del núcleo:

a) Sintagma nominal. Tiene como núcleo un nombre o sustantivo; también puede ser un pronombre o una palabra sustantivada:

El nido de las palomas.

La saludable comida vegetariana de mis amigos.

La maestra.

Ella misma.

Lo bueno.

El núcleo de los sintagmas nominales puede tener artículos y adjetivos funcionando como sus complementos o modificadores directos; estos elementos siempre concuerdan en género y número con el núcleo:

Ríos *anchos* y *profundos.*

La tierra *estéril.*

Un barco *fantasmal.*

También es posible encontrar otro tipo de complementos nominales que modifican indirectamente al núcleo sustantivo; se trata de sintagmas prepositivos o preposicionales:

Un punto *de apoyo.*

El color *de la cerveza.*

La bufanda peruana *de colores llamativos.*

Una mujer *con vestido verde.*

b) Sintagma adjetivo. Tiene como núcleo un adjetivo, el cual puede ir acompañado de un adverbio o sintagma adverbial que funciona como su complemento o modificador:

Bastante solidario.

Sospechosamente amable.

Muy enojado.

Demasiado mal redactado.

El núcleo adjetivo también puede tener como complemento o modificador indirecto, un sintagma prepositivo:

Fácil *de convencer.*

Apto *para las ventas.*

Digno *de confianza.*

c) Sintagma adverbial. Su núcleo es un adverbio que puede ser modificado por otro adverbio:

Muy cerca.

Bastante pronto.

Tan ingratamente.

d) Sintagma prepositivo o preposicional. Está constituido por una preposición, que es el núcleo, y un sintagma nominal que recibe el nombre de término, el cual funciona como complemento de la preposición:

Por *su culpa.*

Con *singular alegría.*

En *la orilla del río.*

Dado que el término es un sintagma nominal, dentro de él es posible encontrar un núcleo sustantivo con modificadores directos e indirectos:

De gran trascendencia.

Núcleo del sintagma prepositivo: *de*

Término: *gran trascendencia*

Núcleo del término: *trascendencia*

Modificador directo del núcleo del término: *gran*

Con un ramito de yerbabuena.

Núcleo del sintagma prepositivo: *con*

Término: *un ramito de yerbabuena*

Núcleo del término: *ramito*

Modificador directo del núcleo del término: *un*

Modificador indirecto del núcleo del término: *de yerbabuena*

e) Sintagma verbal. Tiene como núcleo un verbo y por ello, siempre constituye el predicado de una oración; sus complementos son el objeto directo, el indirecto, los circunstanciales, el predicativo y el agente:

Rompió *la taza.*

Dedicó *su vida a esa causa.*

Cantamos *toda la noche.*

Es *sorprendente.*

Fue vista *por todos los vecinos.*

ORACIONES SIMPLES Y COMPUESTAS

Las oraciones pueden ser simples o compuestas; las primeras son las que tienen un solo verbo, ya sea simple o perifrástico:

El acusado quiere un jurado imparcial.

La marea estaba muy alta.

Anoche todos durmieron inquietos y preocupados.

El unicornio sólo ha existido en la imaginación.

Voy a viajar a Singapur.

Las oraciones compuestas son las que tienen dos o más verbos, simples o perifrásticos, es decir, están formadas por dos o más oraciones:

Cuando oímos los ruidos, se nos cortó la respiración.

Te había dicho que me enojaría mucho si lo hacías.

Si pierdes esa esperanza será necesario que vuelvas a comenzar.

Los mosquitos nos molestaron por la noche y desaparecieron al amanecer.

El debate se realizó ayer pero nosotras no lo escuchamos.

CLASIFICACIÓN DE LAS ORACIONES

Las oraciones pueden clasificarse de acuerdo con dos criterios básicos:

a) Desde el punto de vista de la actitud del hablante, son: enunciativas, interrogativas, exclamativas, imperativas, desiderativas, dubitativas.

b) De acuerdo con el tipo de verbo que tengan, son: copulativas, transitivas, intransitivas, reflexivas, recíprocas, pasivas, impersonales.

A) Oraciones desde el punto de vista de la actitud del hablante

Oraciones enunciativas

Se llaman también declarativas o aseverativas porque el hablante sólo enuncia un juicio, una idea, una opinión; estas oraciones informan de algo que está sucediendo, que sucedió en el pasado o que está por ocurrir. Pueden ser afirmativas o negativas:

Mañana olvidaremos todas estas ofensas.

Está fatigado de mirar el mismo paisaje.

No quería que te fijaras en detalles.

No has dicho nada grave.

Oraciones interrogativas

Expresan una pregunta sobre algo que el hablante desconoce. En la comunicación oral una pregunta se reconoce por la entonación, pero en la lengua escrita es necesario representarla gráficamente por los signos de interrogación, abierto al principio y cerrado al final:

¿Cómo puede irritarte algo tan simple?

¿Quién se quedará con las cosas que amas?

¿Volvió a contar la misma mentira?

¿Recibiste mi mensaje?

Existen, además, oraciones de este tipo que no se escriben entre signos de interrogación; se llaman oraciones interrogativas indirectas y se reconocen por la presencia de un adverbio o pronombre interrogativo que va acentuado:

No sabía cómo empezar.

Me pregunto quiénes estarán satisfechos con esa decisión.

Ignoramos dónde está escondido el tesoro.

Oraciones exclamativas

Expresan la emoción del hablante, que puede ser de sorpresa, de dolor, de miedo, de alegría, de ira. Se reconocen en el lenguaje oral por la entonación y, en la escritura, por la presencia de los signos de admiración, al principio y al final de la oración:

¡Qué hermosa mañana!

¡Ah, tú siempre improvisando!

¡Ay!

¡Bravo!

¡Cuánto he esperado este momento!

Oraciones imperativas

También reciben el nombre de exhortativas o de mandato; expresan una petición, una orden, un ruego o una súplica:

No fumes en este lugar.

Te pido por segunda vez que me pongas atención.

Sal inmediatamente de aquí.

No me abandones en estos momentos difíciles.

Oraciones desiderativas

Con estas oraciones, el hablante expresa el deseo de que ocurra algo, sin pedirlo directamente a alguien. En general, se construyen con el verbo en modo subjuntivo:

Ojalá sople el viento.

Que tengas un feliz cumpleaños.

Quisiera tu suerte y tu dinero.

Oraciones dubitativas

Expresan la duda que tiene el hablante de que ocurra algo; con estas oraciones no se afirma ningún hecho, sólo se marca la vacilación y, en algunos casos, la posibilidad de que suceda o haya sucedido:

Habrán sido las ocho cuando supe que no volvería.

Acaso llueva mañana.

Quizá Laura comience a recuperarse.

B) Oraciones según el tipo de verbo

Las distintas clases semánticas a las que los verbos pueden pertenecer determinan el tipo de oración. Esta clasificación de verbos, según su significado, está desarrollada en el apartado de Morfología.

Oraciones copulativas

Son las que se construyen con verbos copulativos:

La fiesta fue divertida.

Los animales del zoológico están asustados.

Oraciones transitivas

Son las que tienen un verbo transitivo:

Rosina bebe agua de frutas.

Ismael mató un insecto.

Oraciones intransitivas

Se construyen con verbos intransitivos:

María estornudó tres veces.

Tatiana nada muy bien.

Oraciones reflexivas

Son oraciones que tienen un verbo reflexivo:

Él se admira a sí mismo.

Ayer te bañaste en el río.

Oraciones recíprocas

Se construyen con un verbo recíproco:

Felipe y Vicente se gritaron injurias.

Madre e hija se besaron cariñosamente.

Oraciones pasivas

Son las oraciones que tienen el verbo en voz pasiva, ya sea en forma perifrástica o refleja:

Una dieta baja en grasas ha sido recomendada por los nutriólogos.

Se registraron movimientos sísmicos.

Oraciones impersonales

Estas oraciones tienen un verbo impersonal:

Se lucha por la democracia.

La semana pasada granizó.

ELEMENTOS DE LA ORACIÓN

EL SUJETO

El sujeto es la palabra o frase que se refiere a una idea, un concepto, una persona, un animal o una cosa, de los cuales se dice algo; es de quien se habla en la oración; el sujeto, generalmente, realiza la acción del verbo. Se puede identificar con las preguntas *¿quién o qué realiza la acción?* o *¿de qué o de quién se habla?*:

La silueta de la muchacha se reflejó en el espejo.

Las hormigas trabajan afanosamente.

El viento y la lluvia golpeaban las ventanas.

Otra manera de reconocer los sujetos es que siempre concuerdan en número (singular o plural) con el verbo:

Los gatos *prefieren* la carne cruda. (Plural)

El pintor de acuarelas *regaló* todos sus cuadros. (Singular)

Me *duelen* las piernas. (Plural)

Los árboles de mi tierra *tienen* un extraño color amarillo. (Plural)

Le *preocupaba* la guerra. (Singular)

El sujeto puede encontrarse al principio, en medio o al final de la oración:

Las primas de Silvestre piensan viajar disfrazadas.

Mañana **nosotros** prepararemos una cena al estilo italiano.

Comenzarán a trabajar **todos los amigos de Leopoldo.**

El sujeto puede estar constituido por:

a) Un pronombre o un sustantivo con o sin modificadores; es decir, por un sintagma nominal:

Tú atenderás las llamadas.

En ese momento **todos** levantaron la mano.

Ellas controlaban la situación.

Nos llegaron **rumores.**

Orfeo se enamoró de Eurídice.

El viaje de los astronautas terminó bien.

La historia del mundo registra muchas guerras.

Los árabes invadieron España en el siglo VIII.

La fiebre y el hambre lo hacían delirar.

b) Una oración:

El que llegue primero enfrentará esa dificultad.

Atenuar el dolor es el objetivo de todos.

Quien pide compasión no merece ser oído.

Me indigna **que exista todavía la pena de muerte.**

En ocasiones el sujeto puede omitirse; en estos casos se dice que es morfológico y se reconoce por la desinencia del verbo; también se le conoce como sujeto tácito. Por ejemplo:

Olvid*amos* el asador en el bosque.	(Sujeto: nosotros)
Fing*irás* cortesía durante toda tu vida.	(Sujeto: tú)
Se cans*ó* muy pronto de sus impertinencias.	(Sujeto: él o ella)
Cort*é* unas naranjas agrias.	(Sujeto: yo)

Núcleo y modificadores del sujeto

Todo sujeto explícito que sea sintagma nominal tiene un núcleo que es la palabra más importante; puede estar acompañado de modificadores:

La misteriosa caja de música encantó a la familia.

La palabra más importante es el sustantivo *caja;* concuerda en número con el verbo y es la palabra imprescindible; si se suprime, la oración pierde sentido: *la misteriosa de música encantó a la familia.*

El núcleo del sujeto siempre es un sustantivo, un pronombre o una palabra sustantivada:

Me gustan **los *postres* de frutas.**	(Núcleo: sustantivo)
Los *autos* de carreras enloquecen a los jóvenes.	(Núcleo: sustantivo)
Ellas pensaron en ti.	(Núcleo: pronombre)
En esta casa trabajamos ***nosotros.***	(Núcleo: pronombre)
Llegaron **los *indeseables.***	(Núcleo: adjetivo sustantivado)
El *porqué* de esa actitud nos preocupaba.	(Núcleo: conjunción sustantivada)

Es posible que en el sujeto aparezcan dos o más núcleos:

El *escritor* y el *crítico* literario se reunieron en una cafetería.

Continuaron firmes **la *oscuridad,* el *silencio* y la *llovizna.***

Tú* y *yo padeceremos las consecuencias.

El núcleo del sujeto puede estar acompañado por modificadores directos e indirectos:

a) **Modificadores directos.** Acompañan al nombre para agregar algo a su significado o para precisarlo; deben concordar con él en género y número. Esta función la desempeñan el artículo y el adjetivo:

***Los* espejos** reflejan la imagen.

***Un leve* temblor** lo delataba.

Una ligera* brisa *marítima refrescaba el ambiente.

Sus* pasos *cansados resonaban en medio del silencio.

Sus* palabras *precisas* y *oportunas llegaron a todos.

***Tres* desconocidos** anunciaron el trágico accidente.

Es posible encontrar sintagmas adjetivos formados por un adjetivo y un adverbio, el cual, a su vez, puede tener como modificador otro adverbio. En estos casos, todo el sintagma adjetivo cumple la función de modificador directo:

Una avenida *muy amplia* atravesaba la ciudad.

Dos hombres *terriblemente crueles* se burlaban de los animales en el zoológico.

El sobre lo trajo **un mensajero *bien vestido*.**

Una explicación *bastante mal fundamentada* provocó desagrado.

Una alimentación *muy bien balanceada* evita enfermedades.

b) **Modificadores indirectos.** Son sintagmas prepositivos o preposicionales que modifican al núcleo del sujeto. Se introducen mediante una preposición; también se llaman complementos adnominales:

La casa *de mi niñez* ya no existe.

El estudio *de los astros* empezó hace mucho tiempo.

Una mujer *con larga melena* tocó a mi puerta.

El libro *sin pastas* tiene ilustraciones extrañas.

Los modificadores indirectos están constituidos por una preposición y un sintagma nominal que funciona como complemento de la preposición y que recibe el nombre de término; la estructura de este último puede ser simple:

Los dulces *de México* son exquisitos.

El aullido *de los lobos hambrientos* nos despertó.

Su estructura es compleja si dentro tiene otro modificador indirecto:

Los vidrios de las grandes ventanas *del edificio* se estremecieron por el impacto.

El cielo con nubes *de color gris* parecía amenazante.

Existe otro tipo de complemento de los nombres que se llama aposición; es un sintagma nominal que se caracteriza por escribirse entre comas y por ser intercambiable con el núcleo del sujeto:

Jorge, *mi hermano,* practica varios deportes.

Los dos estudiantes de mi curso, *Rolando y José,* trajeron un instrumento extraño.

Simón Bolívar, *el Libertador,* nació en Caracas.

Esos indígenas, *los tarahumaras,* recorren a pie grandes distancias.

EL PREDICADO

El predicado es la parte de la oración que expresa la acción que realiza el sujeto o los diferentes estados en los que éste puede encontrarse; es decir, es todo lo que se dice del sujeto. Está formado por un verbo y sus complementos:

Los asistentes del médico guardaron silencio durante la operación.

Por la mañana circuló la noticia sobre el secuestro.

Los fuegos artificiales estallarán a la hora exacta.

En el vado del río crecen cipreses.

El verbo puede aparecer sin complementos y constituir, por sí solo, un predicado:

Unos desconocidos cantaban.

Cociné.

El predicado puede estar al principio o al final de la oración; también puede encontrarse dividido, porque el sujeto se ha colocado en medio:

Apareció en la mirada del científico un destello de malicia.

Un destello de malicia apareció en la mirada del científico.

Apareció un destello de malicia en la mirada del científico.

A) Núcleo del predicado

El núcleo del predicado siempre es un verbo, simple o perifrástico; es la palabra más importante y concuerda en número y persona con el núcleo del sujeto:

La familia de mis primos no asistió al funeral.

Sara nunca ha visto un eclipse.

El lunes yo voy a preparar una comida tailandesa.

Maribel y Elvira contaron la historia detalladamente.

Ahora tú tendrás que aclarar las dudas.

La concordancia del núcleo del predicado con el del sujeto permite reconocer a éste en las oraciones, sobre todo, en aquéllas en las que el sujeto no es agente de la acción verbal:

Te enferma *la miseria.*

A Sonia le repugnaban *los reptiles.*

Se dañaron *las tuberías.*

El rey fue derrocado por el pueblo.

En los ejemplos anteriores, los sujetos son *la miseria, los reptiles, las tuberías* y *el rey,* puesto que de ellos se habla en las oraciones y concuerdan con los verbos, aunque ninguno sea agente de la acción.

B) Predicado verbal y predicado nominal

El predicado verbal es aquél que tiene como núcleo un verbo con significado pleno; es decir, por sí mismo puede predicar o dar información. Casi todos los verbos son de este tipo:

quemar	mirar	sospechar	salir
hervir	pensar	volver	arreglar
trabajar	reír	sacar	explicar
escribir	vivir	decidir	calzar
pagar	dormir	protestar	regar
intentar	cruzar	votar	ocultar

El predicado nominal se construye con verbos copulativos, los cuales se caracterizan por no tener un significado pleno; se acompañan de un adjetivo o un sustantivo que es el que aporta la información del predicado. En estas oraciones el verbo sólo cumple la función de enlazar el sujeto con el predicado, de ahí que reciba el nombre de copulativo. Los verbos copulativos más comunes son *ser* y *estar:*

Él es *el doctor.*

Algunos detalles son *caóticos.*

Su rostro estaba *triste.*

Los lujos fueron *su ruina.*

Es frecuente encontrar verbos plenos funcionando como copulativos; en ese caso necesitan apoyarse en un adjetivo, el cual modifica al sujeto y, generalmente, concuerda en género y número con él:

Eva permaneció *quieta.*

Julio caminaba *distraído.*

Todas las empleadas llegaron *preocupadas.*

Los colegas se mostraron *encantados.*

C) Complementos del núcleo del predicado

La estructura del predicado está conformada por el verbo que funciona como núcleo y por los complementos de éste.

Los complementos del verbo son: objeto o complemento directo, objeto o complemento indirecto, complemento circunstancial, predicativo o atributo y complemento agente.

Objeto o complemento directo

El complemento directo se refiere a la persona, animal o cosa que recibe directamente la acción del verbo; se conoce también como paciente, dado que es el que resulta afectado o modificado por la acción del verbo. Se presenta con verbos transitivos:

Mi hermano *construyó* un helicóptero de madera.

El enfermo *abandonó* su rutina alimentaria.

Todos *asumieron* su destino trágico con entereza.

Roberto *arrojó* los papeles en el cesto de la basura.

Armida nunca *leía* el periódico.

El complemento directo puede estar formado por:

a) Un pronombre: *me, te, se, lo, la, los, las, nos, os, todo, algo,* etc.

Me asaltaron anoche.

Te trajeron a la fuerza.

Mi sobrino se cubre con una manta.

La noticia los dejó satisfechos.

Nos han olvidado.

Os arrojaron al abismo.

El economista negó todo.

b) Un sintagma nominal, constituido por un sustantivo con o sin modificadores:

Esa canción transmitía alegría.

Una sombra cubre mis ojos.

Ella extendió sus largos y blancos brazos.

El mago se subió el cuello de la camisa.

c) Un sintagma preposicional introducido por la preposición *a;* esta forma sólo se usa cuando el objeto se refiere a personas o seres personificados o singularizados:

Visité a mi prima.

Buscaban a los estudiantes.

Encontramos al perro.

d) Una oración:

Pidió que todos escribieran una carta.

Marcos pensaba que tenía mucho dinero.

Hizo lo que pudo.

Existen tres procedimientos para reconocer el complemento directo:

a) Con la pregunta *¿qué es lo...?:*

Todos denunciaron el crimen.

¿Qué es lo denunciado? El crimen

Él oía los acordes de la música.

¿Que es lo oído? Los acordes de la música

Javier adoptó un niño.

¿Qué es lo adoptado? Un niño

b) Mediante la sustitución del complemento directo por los pronombres: *lo, la, los, las:*

El médico atendió a su paciente.
– El médico lo atendió.

El perro se comió la pierna de pollo.
– El perro se la comió.

El abuelo añoraba los viejos tiempos.
– El abuelo los añoraba.

Vio las agitadas olas del mar.
– Las vio.

Estos pronombres se refieren al objeto directo y por ello deben concordar con él en género y número. Cuando se colocan antes del verbo se llaman proclíticos; cuando se posponen y se adjuntan se llaman enclíticos:

Los compadecieron por su mala suerte.

Necesita dinero para comprarla.

Por la tarde voy a verlas en la biblioteca.

Piénsalo.

Cuando el objeto directo se antepone a los demás elementos oracionales, se repite mediante un pronombre, nunca en otros casos:

A mis estudiantes no los he convencido de mi teoría.
Las tareas de reconstrucción las atiende un arquitecto.

c) Mediante el cambio de la oración a voz pasiva, en la que el complemento directo pasa a ser sujeto:

Voz activa	Voz pasiva
Luis recogió la basura.	La basura fue recogida por Luis.
La base naval solicita un buzo.	Un buzo es solicitado por la base naval.
Marisa examinó la grieta.	La grieta fue examinada por Marisa.

Objeto o complemento indirecto

El complemento indirecto es la persona, animal o cosa que recibe indirectamente la acción del verbo; es el beneficiado o perjudicado por la acción. Siempre se une al verbo mediante la preposición *a* y, en algunas ocasiones, acepta la preposición *para.* Es muy frecuente que un pronombre repita el complemento indirecto en una oración. Por ejemplo:

Armando les dio una sorpresa a sus socios.

No le cuentes todo a Raquel.

A Lidia le demostraron una gratitud exagerada.

Nos explicaron el problema.

Te deseamos buena suerte.

El abogado trajo malas noticias a los prisioneros.

Tejió una bufanda para mi abuelo.

El complemento indirecto está constituido por:

a) Un sintagma prepositivo:

Carmela le pidió las copias a Rocío.
La feria proporcionó beneficios para todos nosotros.

b) Un pronombre: *me, nos, te, os, se, le, les.*

Rafael me entregó los billetes.
Te gusta la carne de cerdo.
Se lavó las manos.
Os dedicamos esta canción.
Le ofreció una taza de chocolate.
Nos dieron una esperanza.

El pronombre de complemento indirecto se antepone al verbo, aunque en algunos casos se presenta como enclítico:

Les impusieron uniformes.

Te lo prometieron ayer.

Escríbele una nota.

Quieren comunicarnos algo.

Voy a recomendarte una novela.

c) Una oración:

Exigió silencio a quienes estaban cerca.

Paco presentó su libro a los que no creían en él.

Existen dos procedimientos para reconocer el complemento indirecto:

a) Mediante la pregunta *¿a quién o para quién...?*

Entregó la carta a su dueño.

¿A quién la entregó? A su dueño

Aplicó el examen a todos.

¿A quién lo aplicó? A todos

Compré un regalo para ti.

¿Para quién lo compré? Para ti

b) Mediante la sustitución por los pronombres *le* o *les:*

Pidió a los extranjeros una identificación.
– Les pidió una identificación.

Prometieron ayuda al campesino.
– Le prometieron ayuda.

Felipe no prestó atención a los festejos.
– Felipe no les prestó atención.

Sólo es posible la sustitución por estos pronombres cuando el complemento indirecto corresponde a la tercera persona.

En ocasiones aparecen dos complementos indirectos en una oración:

Compré a Olivia unos dulces para mis hijos.

A mi hermana le preparé un flan para sus invitados.

Complemento circunstancial

Expresa la manera, el tiempo, el lugar y demás circunstancias en las que se realiza la acción del verbo:

Víctor vive cerca.

En la madrugada la señora entró a la habitación.

Joaquina miró fijamente a Ignacio con una expresión de desaliento.

El próximo lunes empezarán las festividades.

El complemento circunstancial puede estar formado por:

a) Un adverbio, un sintagma adverbial o una locución adverbial:

El Sol nunca girará alrededor de la Tierra.

Quizá se produzca hoy lo esperado.

Llovió muy fuertemente.

Ayer se encontraba estupendamente bien.

Pescó al vuelo la respuesta inverosímil.

Hizo la maleta a la ligera.

b) Un sintagma prepositivo o preposicional:

Se comporta de una forma extraña.

Habla con mucha seguridad.

Llegarán a otro planeta.

Se hospedaron en un hotel tenebroso.

Brindo por ella.

c) Un sintagma nominal:

Se paseaba todos los fines de semana.

Algunas veces llegan las ballenas.

Esta tarde comenzará un diluvio.

La próxima semana podrás conocer las nuevas instalaciones.

d) Una oración:

Los deportistas utilizaban el parque para realizar sus ejercicios matutinos.

Antes de que se descubriera América, los europeos no conocían las papas.

Cuando despertó, la película ya había terminado.

Vivo donde nacieron mis padres.

Las múltiples circunstancias en las que se realiza la acción del verbo pueden ser de:

a) Modo. Se refieren a la manera como se realiza la acción; responden a la pregunta *¿cómo?*

Lo estudiaremos con detenimiento.

Abrió la puerta cautelosamente.

Lo hizo como le enseñaron.

b) Tiempo. Expresan el momento en el cual se lleva a cabo la acción; responden a la pregunta *¿cuándo?*

Llegará en el momento menos esperado.

Mañana aparecerá su nombre en los periódicos.

El mes entrante sostendré un debate.

Mientras aterrizaba el avión casi todos los viajeros dormían.

c) Lugar. Indican el sitio, espacio o lugar donde se realiza la acción; responden a la pregunta *¿dónde?*

Dora se sentó junto a la estufa.

Ahí venía él.

Paseó la mirada por donde estaban unos mendigos.

d) Cantidad. En general, sólo se emplean adverbios que indican medida, puesto que denotan cantidad. Responden a la pregunta *¿cuánto?*

Comió bastante.

A veces escribía mucho.

Pidió más.

Los adjetivos numerales no se emplean para formar complementos circunstanciales de cantidad; en expresiones como *compré cinco sillas,* el adjetivo *cinco* se refiere al sustantivo *sillas* y, junto con él, forma el objeto directo.

e) Instrumento. Aluden al objeto con el cual se realiza la acción; responden a la pregunta *¿con qué?*

Golpeó la mesa con el vaso.

Recortó las imágenes con unas pequeñas tijeras.

Amaestró al halcón con un método desconocido.

f) Compañía. Señalan con quién o con quiénes se realiza la acción:

Isabel se fue al puerto con sus dos perros.

Alfonsina quería ir a los llanos con nosotros.

Bailó conmigo.

g) Tema. Se presentan con verbos que aluden a las acciones de *leer, hablar, escribir, conversar, pensar;* expresan el asunto, argumento o tema sobre el que tratan dichos verbos; responden a la pregunta *¿sobre qué?*

No se cansaba de hablar sobre la eternidad.

La conferencia giró en torno a la medicina homeopática.

Conversaron sobre aparecidos durante toda la noche.

h) Causa. Manifiestan las razones o los motivos por los que se realiza la acción; responden a la pregunta *¿por qué?*

No fue a la guerra por miedo.

Adelgazó debido a la mala alimentación.

No vendió sus cuadros porque estaban muy mal hechos.

i) Finalidad. Expresan el objetivo o propósito que se persigue con el cumplimiento de la acción verbal. Responden a la pregunta *¿para qué?*

El caballo empezó a saltar por el establo para encontrar una salida.

Se ocultó en el almacén con el fin de esquivar a sus acreedores.

Da limosna para tranquilizar su conciencia.

j) Duda. Expresan incertidumbre.

Quizá encuentre un sentido distinto a esas acciones.

Tal vez podamos recuperar el terreno perdido.

¿Acaso es falsa tu humildad?

Complemento predicativo o atributo

Es el complemento que predica o informa sobre cualidades, atributos o peculiaridades del sujeto. Aparece en las oraciones con predicado nominal, es decir, con los verbos copulativos *ser* y *estar;* también puede presentarse con verbos de significado pleno:

Roberta era mi amiga.

El agua estaba turbia.

Este animal es la fiera más hambrienta del zoológico.

Los gritos se percibían desesperados.

Una de ellas se mostró bastante indiferente.

Las praderas se encontraban devastadas.

El predicativo se caracteriza porque siempre se refiere al sujeto y, en muchas ocasiones, concuerda con él en género y número.

Puede estar formado por:

a) Un sintagma nominal:

El arquitecto era un hombre de avanzada edad.

Remedios es un ser ajeno a la realidad.

b) Un sintagma adjetivo:

Angelina estaba muy avergonzada.

Una mano se alzó tímida.

c) Un pronombre:

Tú nunca serás eso.

El problema es aquél.

Lo somos.

d) Una oración:

El novelista es el que sabe.

La abeja reina es la que nunca trabaja.

Guadalupe es quien no quiere la herencia.

Morir es ausentarse definitivamente.

Es posible encontrar predicativos que se refieren al complemento directo; siempre concuerdan en género y número con él:

El juez declaró culpable *al acusado.*

Encontré hoy más dichosas *a las bailarinas.*

Veo *a Jorge* incapaz de trabajar.

Los complementos directos en las oraciones anteriores son *al acusado, a las bailarinas, a Jorge;* los predicativos son *culpable, más dichosas, incapaz de trabajar,* los cuales no deben confundirse con complementos circunstanciales de modo, puesto que éstos nunca pueden estar desempeñados por un adjetivo o sintagma adjetivo.

Complemento agente

Este complemento aparece solamente en las oraciones en voz pasiva y designa al agente de la acción verbal; a pesar de referirse a quien realiza la acción, no es el sujeto. Se introduce por la preposición *por:*

La historia de la humanidad ha sido escrita por unos cuantos.

Su trayecto fue interrumpido por una fuerte lluvia.

La segunda estrofa será leída por Manuel.

Sus obras han sido olvidadas por todos ustedes.

El jardín fue cuidado por quienes no salieron de viaje.

La preposición *de* se empleaba antiguamente para introducir el complemento agente: *ese sirviente es favorecido del rey.*

D) Elementos de afirmación y de negación

Los adverbios de afirmación y negación, *sí* y *no,* no siempre funcionan como complementos o modificadores del verbo. Pueden tener distintos usos y valores:

a) Suelen equivaler a una oración, en casos como:

¿Piensas trabajar hoy en la tarde? *–Sí.*

¿Hiciste las correcciones al trabajo? *–No.*

Las respuestas *sí* y *no* se consideran oraciones con el verbo omitido, pues equivalen a decir *sí pienso trabajar* y *no hice las correcciones,* respectivamente.

b) Funcionan como elementos enfáticos, es decir, refuerzan lo señalado por el verbo; la negación suele emplearse combinada con otro elemento negativo:

Carlos sí conoce a mis amigos.

Yo no sé nada.

c) El adverbio *no* sirve para negar distintos elementos oracionales:

Augusto *no* comió.
– (Niega el verbo)

Augusto *no* comió uvas.
– (Niega el objeto directo)

Augusto *no* comió uvas hoy.
– (Niega el complemento circunstancial)

LA ORACIÓN COMPUESTA

Las oraciones simples son las que tienen un solo verbo, simple o perifrástico, con su correspondiente sujeto; cuando en un enunciado aparece más de un verbo, se trata de una oración compuesta.

La oración compuesta, también conocida como período, es la expresión que está formada por dos o más oraciones, entre las cuales se establece una relación:

Me alejé cuando se apagaba el crepúsculo.

La luna iluminaba la calle y los sonidos adquirían resonancia.

Nadie me negará que he tenido éxito con la novela que publiqué.

Dentro de la oración compuesta siempre es posible distinguir una oración principal; en los ejemplos anteriores, *me alejé, la luna iluminaba la calle* y *nadie me negará* son las oraciones principales, pues son unidades con independencia sintáctica y sin conjunciones o adverbios que las introduzcan y las vinculen con otros elementos.

La oración compuesta puede llegar a constituir una cláusula o un párrafo si todas las oraciones que componen este último, están relacionadas entre sí; una simple enumeración de oraciones no necesariamente equivale a una oración compuesta:

La tarde había caído sobre el poblado; algunos campesinos caminaban solitarios por las calles. A lo lejos se dibujaba en el cielo un relámpago repentino.

En el ejemplo anterior, las oraciones están separadas por signos de puntuación y no hay palabras que establezcan ningún tipo de enlace entre ellas; se trata de tres oraciones simples, independientes, que forman un párrafo, pero no una oración compuesta. En cambio, el siguiente enunciado sí constituye una oración compuesta porque las tres oraciones están enlazadas:

Te dije que no caminaras por esos barrios que no conoces.

La primera oración es la principal, *te dije;* la segunda es su objeto o complemento directo, *que no caminaras por esos barrios;* y la tercera, *que no conoces,* equivale a un adjetivo del sustantivo *barrios.*

La relación entre las oraciones puede establecerse mediante tres formas: coordinación, subordinación y yuxtaposición.

Oraciones coordinadas

Las oraciones coordinadas se encuentran unidas mediante una conjunción o locución conjuntiva coordinante; cada una de las oraciones coordinadas tiene sentido completo, es decir, no depende una de otra. Las oraciones coordinadas pueden expresar diversas relaciones entre sí, pero ninguna de ellas llega a convertirse en complemento de la otra.

Con base en el significado que aporta el nexo o conjunción que relaciona las oraciones coordinadas, éstas se clasifican en copulativas, adversativas, disyuntivas y distributivas.

A) Copulativas

Son oraciones que se enlazan mediante una conjunción copulativa que indica suma o adición:

Mi madre es maestra *y* mi padre trabaja como oficinista.

No he solicitado aumento de sueldo *ni* lo haré en todo este mes.

La economía de nuestros países está en quiebra *y* las devaluaciones de la moneda nos amenazan continuamente.

Las oraciones coordinadas pueden tener el mismo sujeto o éste puede ser diferente:

Los adolescentes *indagan, buscan* y *preguntan.*

Pedro *lee* novelas de terror y Alicia *escucha* música norteña.

Las conjunciones copulativas más usuales son: *y, e, ni.* Sólo se emplea *e* cuando la palabra que le sigue inicia con *i-* o *hi-*. Es común repetir la conjunción *ni* o combinarla con el adverbio *no:*

Gilberto *toca* la guitarra y *canta* canciones románticas.

Luis *trabaja* por las tardes e Irene lo *hace* por las mañanas.

Esa obra de teatro ni *es* comedia ni *es* drama ni *es* nada.

Sergio no *come* ni *duerme.*

La conjunción *que* puede ser copulativa cuando equivale a *y:*

Come que *come.*

Debes trabajar que no *divertirte* tanto.

En ocasiones la conjunción *y* tiene valor adversativo, es decir, puede equivaler a *pero;* aun en estos casos, las oraciones se siguen considerando copulativas:

Me *habló* muy claro y no le *entendí.*

Mi auto se *descompuso* y no lo *he arreglado.*

B) Adversativas

Son oraciones que expresan una contrariedad superable o insuperable. Las conjunciones adversativas más usuales son: *pero, mas, sino, sino que, no obstante, sin embargo, con todo, antes, antes bien:*

Ese camino al mar *es* muy bonito pero *es* muy peligroso.

Lo *invité* a mi casa pero no *aceptó.*

Debería descubrirse una vacuna para esa enfermedad mas, desgraciadamente, aún no se *ha conseguido.*

No *gastó* el dinero en reparaciones de su casa sino que lo *derrochó* todo en una fiesta.

Siempre *he creído* en la buena fortuna, sin embargo ahora *he llegado a tener* serias dudas.

A Aurelio no le *gustaba externar* sus opiniones en público, antes bien *prefería permanecer* en silencio.

La conjunción *aunque* puede ser adversativa cuando equivale a *pero:*

Estas motocicletas *son* muy veloces aunque *cuestan* demasiado.

Teresa *es* una buena persona aunque no lo *parece.*

C) Disyuntivas

Se caracterizan por que una oración excluye a la otra, es decir, una de las oraciones presenta una alternativa o dilema.

Las conjunciones más comunes son *o, u;* esta última sólo se usa cuando la palabra que le sigue empieza con *o-* u *ho-:*

Dinos la verdad o ya no te *volveremos a creer* nada.

Compra ese libro ahora o te *arrepentirás* después.

Teníamos que explicar el incidente u *ocultar* muy bien las evidencias.

D) Distributivas

Las oraciones distributivas expresan dos o más acciones alternativas. No existen conjunciones específicas para enlazar este tipo de oraciones; se acude a ciertas palabras que funcionan como nexos o conjunciones para establecer la correlación; las más comunes son: *ora...ora, éste...aquél, unos...otros, ya... ya, bien...bien, sea...sea:*

Ora reían, ora lloraban.

Éste *construye* cosas, aquél las *destruye.*

Unos *cantaban,* otros *bailaban.*

Cada oración coordinada puede analizarse como cualquier oración simple, es decir, tiene sujeto, predicado y sus complementos correspondientes; por ejemplo:

Pedro reconoció sus errores en público pero no modificó su actitud.

Son dos oraciones coordinadas adversativas, unidas por la conjunción *pero.* La primera tiene como sujeto a *Pedro,* su verbo es *reconoció,* su objeto directo es *sus errores* y su complemento circunstancial es *en público.* La segunda oración tiene sujeto morfológico, su verbo es *modificó,* su complemento u objeto directo es *su actitud* y el adverbio *no* es un elemento que indica negación.

Oraciones subordinadas

Las oraciones subordinadas están integradas dentro de otra oración, donde desempeñan una función específica; son parte de una oración principal y por ello no tienen independencia sintáctica ni semántica:

El arquitecto *prohibió* que demolieran el edificio.

En el período anterior, el verbo de la oración principal es *prohibió;* su complemento directo es una oración subordinada: *que demolieran el edificio.* En forma aislada, esta oración no tiene sentido completo por sí misma, debido a que es complemento del verbo principal; es decir, es dependiente o subordinada.

Las oraciones subordinadas siempre tienen un verbo, conjugado o no conjugado, su propio sujeto, el cual puede ser el mismo que el de la oración principal, y sus complementos; a menudo están introducidas por una palabra de enlace, llamada nexo subordinante, que puede ser un pronombre relativo, una conjunción o frase conjuntiva, una preposición o frase prepositiva, un adverbio o frase adverbial:

La que conteste primero todas las preguntas...

Quien mencione esa clave secreta...

Si obtienes la beca...

...porque no sabe conducir un auto

...para obtener alguna ganancia

Sin decir una palabra...

Cuando llegamos a la sierra...

...como vivió en su infancia

Es frecuente encontrar oraciones subordinadas sin ningún elemento que las introduzca:

Lo *vi* haciendo ejercicio.

Se *sentía* atrapado en un laberinto.

Comer frutas y verduras *es* recomendable.

Las funciones que pueden desempeñar dentro de una oración principal son múltiples:

Es difícil hablar en público.	(Sujeto)
José Luis *supo* que lo iban a denunciar.	(Complemento directo)
Entregó su vida a quien lo amó.	(Complemento indirecto)
Ese individuo *es* el que habló mal de ti.	(Complemento predicativo)
La certeza de ganar el premio lo obsesionaba.	(Término de preposición)
La caricatura que me hiciste *es* muy cruel.	(Modificador de un sustantivo)
Encendemos el horno cuando hacemos pan en casa.	(Complemento circunstancial)

En términos generales, puede decirse que las oraciones subordinadas cumplen las mismas funciones que las desempeñadas por los sustantivos, los adjetivos y los adverbios; de acuerdo con esto, se clasifican en:

Oraciones sustantivas

Oraciones adjetivas

Oraciones adverbiales

A) Oraciones subordinadas sustantivas

Las oraciones de este tipo pueden encontrarse desempeñando todas las funciones que realiza un sustantivo dentro de una oración. Esto significa que en lugar de un sustantivo o sintagma nominal, siempre es posible encontrar una oración subordinada sustantiva.

Las oraciones subordinadas sustantivas pueden desempeñar las funciones de sujeto, complemento directo e indirecto, término de una preposición y complemento predicativo.

Oraciones sustantivas con función de sujeto

Estas oraciones desempeñan la función de sujeto de la oración principal:

Pintar con las manos *es* divertido.

Quien se acercó primero al estrado *era* un impostor.

El que ambiciona demasiado *puede sufrir* grandes decepciones.

Es indispensable que realicemos ese trámite.

No *es* admisible que renunciemos a nuestra vocación.

En lugar de las oraciones subordinadas anteriores, es posible colocar un sustantivo, un sintagma nominal o un pronombre, funcionando como sujeto:

Eso es divertido.

Aquel hombre era un impostor.

La gente puede sufrir grandes decepciones.

Es indispensable ese trámite.

No es admisible nuestra renuncia.

Las oraciones subordinadas sustantivas con función de sujeto pueden construirse con un infinitivo y sus propios complementos:

Convencer a mis padres me *resultó* muy difícil.

Ir a la Luna o a Marte *debe ser* algo increíble.

Actualmente *es* indispensable saber emplear una computadora.

Las oraciones subordinadas sustantivas, frecuentemente, son introducidas por un pronombre relativo:

Quien encuentra sentido a esas incoherencias *es* Roberto.

Los que revolucionan la ciencia no siempre *disfrutan* de sus beneficios.

Lo que te dije ayer *es* falso.

La conjunción *que* puede introducir una oración con función de sujeto:

Es interesante que nadie se haya enterado aún de esa noticia.

Que hicieran esos ejercicios le *preocupaba* muchísimo al maestro de música.

Me *gusta* que hayas tomado una decisión firme.

Oraciones sustantivas con función de complemento u objeto directo

Estas oraciones se llaman también completivas. Suelen estar introducidas por un pronombre relativo o por la conjunción complementante *que:*

Siempre *he tenido* lo que he necesitado.

En el avión *identificó* a los que me estaban vigilando.

Ramón *piensa* que ya es demasiado tarde para él.

Les pedimos que trajeran alguna pista.

En algunas ocasiones aceptan la conjunción *si,* algún pronombre, adverbio o frase interrogativa: *quién, qué, dónde, cuándo, cómo, por qué.* Esto sucede en el caso de las oraciones interrogativas indirectas con función de complemento directo. Este tipo de oraciones puede mantener u omitir la conjunción subordinante *que:*

El herido *preguntaba* que quién lo había lastimado.

Adalberto *gritó* que por qué lo perseguían.

Esteban no *sabe* si debe confiar en sus dos nuevos compañeros.

No me *dijo* dónde se realizaría la asamblea.

Nunca *sabrás* cuándo firmé el convenio.

Todos se *preguntaban* cómo lo habría hecho.

No *sé* por qué se habrá comportado de esa manera.

Como en todos los objetos directos animados, también los que están expresados mediante una oración subordinada, pueden tener al principio la preposición *a:*

Sólo *quería* a las que consideraba como hijas.

Rechazó a quienes lo criticaron.

Oraciones sustantivas con función de complemento u objeto indirecto

Las oraciones subordinadas sustantivas que funcionan como complemento indirecto están introducidas por un pronombre relativo y por las dos preposiciones que suelen acompañar este complemento: *a* y *para.* Ejemplos:

Regaló un boleto para Acapulco al que obtuvo el primer lugar en el certamen.

La compañía *dio* un aumento de sueldo a los que tenían estudios especializados.

Prepararé una sorpresa para quien gane este partido de ajedrez.

Pagaremos la multa a quien esté autorizado por la ley.

Les *expliqué* mi posición a los que me lo solicitaron.

Oraciones sustantivas con función de término o complemento de una preposición

Los modificadores indirectos o sintagmas preposicionales son complementos de los nombres y están formados por una preposición y un término: *casa de madera.* El término de una preposición es desempeñado, generalmente, por un sustantivo; debido a esto es posible encontrar en su lugar, una oración subordinada sustantiva que depende de un nombre, ya sea sustantivo o adjetivo. Son pocos los nombres que aceptan este tipo de complementos oracionales.

Estas oraciones suelen estar introducidas por la conjunción *que* precedida de una preposición:

El *hecho* de que no cumpliera con el contrato cambiaba las cosas.

Tu *idea* de encender aquí una fogata es maravillosa.

Nos paraliza el *miedo* de que se pierdan las cosechas.

Mi primo es muy *fácil* de convencer.

Están *satisfechos* de que esas personas hayan reaccionado positivamente.

Julián es muy *capaz* de inventar pretextos para todo.

Las oraciones subordinadas sustantivas con función de término o complemento de una preposición también pueden encontrarse con los llamados verbos prepositivos: *acordarse de, constar de, gustar de, preocuparse por, pensar en, ocuparse de.* Estos complementos, semánticamente, son muy parecidos a los objetos directos:

Nunca se *acordaba de* poner el reloj despertador.

Los políticos no siempre *piensan en* mejorar las condiciones de vida de sus comunidades.

En esa época Rafael se *preocupaba por* comenzar muy temprano su faena.

Este tipo de oraciones también suele emplearse como término de la preposición *por* en el complemento agente, dentro de una oración en voz pasiva:

La operación *fue filmada* por quienes contaban con equipo.

Fueron retirados todos los objetos robados por los que habían realizado la labor de rescate.

Las invitaciones *fueron repartidas* por quienes estaban interesadas en presentar un espectáculo distinto.

Oraciones sustantivas con función de complemento predicativo

La función de predicativo o atributo también puede ser desempeñada por una oración subordinada sustantiva. Estas oraciones siempre se presentan con los verbos copulativos *ser* y *estar*. Muchas veces carecen de alguna palabra de enlace que las introduzca y, cuando la tienen, suele ser un pronombre relativo:

Mi maestro de historia *fue* quien me prometió un mapa de Oceanía.

Su mascota *es* la que duerme en ese sillón.

No perdonar un agravio es estar un poco fuera del mundo.

Morir es olvidar.

B) Oraciones subordinadas adjetivas

Estas oraciones, también conocidas como relativas, siempre se refieren a un sustantivo o palabra sustantivada. Equivalen a un adjetivo y funcionan como modificadores directos de un nombre:

El *pino* que derribamos ayer era gigantesco.

En la constructora despidieron al *ingeniero,* el cual había diseñado el auditorio de la ciudad.

Ayer asamos la *carne* que nos trajeron de Sonora.

El *gato* que me regalaron se murió.

En lugar de las oraciones subordinadas anteriores, es posible colocar un adjetivo: *derribado, diseñador, traída, regalado.*

El sustantivo al que modifican estas oraciones puede encontrarse en el sujeto, en el complemento directo o indirecto, en el predicativo, etc.

Las oraciones adjetivas, generalmente, están introducidas por un pronombre relativo el cual tiene como antecedente el sustantivo al que modifica; concuerda con él en género y número. Los pronombres relativos más usuales son *que, quien, quienes, el que, la que, los que, las que, cuyo, cuya, cuyos, cuyas;* el único pronombre invariable es *que.* En ocasiones pueden ir precedidos de una preposición:

Nunca olvidamos los *errores* que cometen los demás.

Acabamos de ver la *obra* que nos recomendaron.

Esos *ciclistas,* los cuales se inscribieron en la competencia, son extranjeros.

Aquéllos que mienten cotidianamente se exponen a ser descubiertos en cualquier momento.

La *carta* a la que te refieres está guardada en una caja de seguridad.

El *maestro* por quien votamos todos para presidente es un anarquista.

El *barco* en que viajaban llegó al puerto en medio de grandes peligros.

Las *casas,* cuyas ventanas sean lo suficientemente grandes, se cotizarán a mejor precio.

Los *árboles,* bajo cuya sombra descansamos ayer, son desconocidos en mi pueblo.

También suelen usarse como nexos los adverbios *donde, como, cuanto,* en los casos en que tienen como antecedente un nombre:

El *país* a donde te vas a estudiar tiene un clima muy extremoso.

La *manera* como actuaron los vecinos fue muy criticada.

Todo cuanto hacía era sospechoso.

Estos nexos son adverbios e introducen oraciones adverbiales cuando no se refieren a un sustantivo: *trabajo donde siempre he querido, vivimos como podemos.*

Las subordinadas adjetivas pueden carecer de nexo cuando tienen un verbo en participio, siempre que este último funcione como verbo, es decir que tenga complementos verbales; si no los tiene, se le puede considerar como un simple adjetivo:

El pan horneado estaba riquísimo.

El pan *horneado en tu casa* estaba riquísimo.

En la primera oración, el participio *horneado* es adjetivo y funciona como modificador directo del sustantivo *pan,* dentro del sujeto. En la segunda, el participio *horneado* forma una oración subordinada adjetiva, junto con su complemento circunstancial de lugar *en tu casa.* A continuación se presentan otros ejemplos de este tipo de oraciones subordinadas adjetivas:

El cielo ennegrecido por las nubes me daba miedo.

El vestido bordado con tanto esmero por Elisa fue destrozado en la lavandería.

Los árboles dañados en sus raíces no volvieron a florecer.

Existen dos clases de oraciones subordinadas adjetivas: las explicativas o incidentales y las determinativas o especificativas.

Oraciones adjetivas explicativas

Tienen carácter calificativo, es decir, expresan una cualidad, defecto o particularidad del sustantivo al que modifican; por ello se escriben entre comas y son prescindibles:

Mi *suegra,* que es muy diligente, hizo todos los preparativos para la ceremonia.

Raimundo, quien frecuenta poco las fiestas, no asistió a la reunión de bienvenida en la universidad.

Daniel, quien suele ser indiferente, no me reconoció ayer en la cafetería.

Oraciones adjetivas determinativas o especificativas

Determinan el sustantivo al que se refieren; se diferencian de las anteriores en que no se escriben entre comas, ni hay pausa al pronunciarlas, además de que no son prescindibles:

Los *hombres* que recibieron tratamiento psiquiátrico mostraron un cambio en su conducta.

El budismo es una *religión* que tiene muchos adeptos.

¿Qué utilidad le encuentras a ese *trabajo* que te dieron?

C) Oraciones subordinadas adverbiales

Las oraciones subordinadas adverbiales cumplen las funciones propias de los adverbios, por ello se llaman también circunstanciales. Expresan los múltiples tipos de condiciones o circunstancias en las que se realiza la acción del verbo principal. Como palabras de enlace emplean diversos tipos de nexos: conjunciones, locuciones conjuntivas, adverbios, locuciones adverbiales, preposiciones, así como combinaciones entre ellos:

Todos *estaban* muy familiarizados con el poema *porque* eran profesores de literatura.

Si te quedas, me *marcho.*

Las cosas no *son como* tú has dicho.

¿Qué explicaciones *darás cuando* se descubra el fraude?

Las oraciones adverbiales se clasifican de acuerdo con el tipo de circunstancia que expresan:

Locativas	Causales
Temporales	Finales
Modales	Condicionales
Comparativas	Concesivas
Consecutivas	

Oraciones adverbiales locativas

Expresan el lugar donde se realiza la acción del verbo principal; equivalen a un complemento circunstancial de lugar. Generalmente van introducidas por el adverbio *donde,* al cual se le puede agregar una preposición:

Te *espero* donde ya sabes.

Ellos *comían* donde era posible.

Caminó por donde le fueron indicando.

Vive donde nadie conoce la miseria.

Llegó hasta donde se lo permitieron las circunstancias.

Oraciones adverbiales temporales

Sitúan en el tiempo la acción del verbo principal; equivalen a un complemento circunstancial de tiempo. Las palabras que más frecuentemente se emplean como nexos o enlaces son: *cuando, mientras, mientras que, en cuanto, antes de que, después de que, desde que, apenas, tan pronto como, luego que:*

Cuando nos hartemos de tanta mentira, quizá ya *sea* demasiado tarde.

Empecé a hacer muy bien las cosas después de que me comunicaron mi inminente despido.

No *expreses* ninguna opinión, mientras estés trabajando en esa oficina.

En cuanto apareció el anuncio en el pizarrón electrónico mis amigos *comenzaron a gritar* de gusto y emoción.

Antes de que comiencen las lluvias *tenemos que preparar* la tierra.

Se *volvió* muy descuidado desde que aumentó de peso.

Apenas amaneció, don Pablo *fue a revisar* las caballerizas.

Es frecuente el empleo de oraciones con formas no personales del verbo, infinitivos, participios o gerundios, en la construcción de oraciones subordinadas temporales:

Partiremos al salir el sol.

Dichas aquellas amenazadoras palabras, salió del recinto.

Caminando ayer por la Avenida de las Américas me *encontré* con ella.

Oraciones adverbiales modales

Indican la manera como se desarrolla la acción del verbo principal; desempeñan la misma función que los adverbios de modo. Los nexos más frecuentes para introducir estas subordinadas son: *como, como si, igual que, según, sin, sin que, conforme:*

Andrés se *explicó* como convenía a sus intereses.

Paula *baila* como le enseñaron en la academia.

Las bibliotecas siempre *requieren* de una constante actualización, como dijo mi maestro.

Lloraba como si lo fueran a matar.

El ingeniero *diseñó* el edificio como si éste fuera a ser un museo.

Llenó el formato según le habían explicado.

Nos *pagarán* según lo que trabajemos.

Se *fue* de la casa sin que se dieran cuenta.

Rebeca *camina* sin fijarse en nada.

El abogado *actuó* conforme lo señala la ley.

Las oraciones subordinadas modales pueden carecer de nexo o palabra de enlace cuando su verbo es un gerundio:

Julio *salió* dando un portazo.

Esa gente se *pasa* la vida inventando fantasías.

Ayer *estudié* pensando en viajes y aventuras.

Riéndose a carcajadas nos *contó* lo sucedido.

A menudo estas oraciones pueden omitir el verbo; esto sucede cuando el verbo subordinado es el mismo que el de la oración principal:

Jerónimo *habló* como (habla) un orador.

Te *comportas* como (se comporta) un niño pequeño.

Un cielo sin estrellas *es* como (es) un mar sin olas.

En ocasiones, al adverbio comparativo *como* se le puede agregar la preposición *para,* con lo cual se añade un matiz de finalidad, sin que por ello se pierda el significado modal:

Aceptó el ofrecimiento de empleo en Alaska, como para consolarse de sus fracasos.

Su educación no *es* como para comportarse de esa forma.

Oraciones adverbiales comparativas

Estas oraciones subordinadas adverbiales comparan la cantidad o cualidad entre dos o más cosas; siempre implican la idea de cantidad o intensidad: *trabaja tanto como..., es tan alto como...* Tienen la característica de establecer una correlación debido a su propia naturaleza comparativa.

Es muy común suprimir el verbo de la oración subordinada, pues es el mismo que el de la oración principal: *es tan inteligente como tú* (eres).

La comparación puede establecerse en términos de igualdad o desigualdad; para el primer tipo comúnmente se emplean los nexos correlativos *tan...como, tanto...como, tal... como.* La comparación de desigualdad, puede presentarse como de superioridad o de inferioridad, y se emplean los nexos *más... que, mejor...que, mayor...que, menos...que, peor...que..., menor...que:*

Mis abuelos *fueron* tan generosos como sólo ellos sabían serlo.

Fernando *trabajó* tanto como se lo permitieron sus fuerzas.

La arena de las playas del Caribe *es* tan fina como el talco.

Hay que ser más precavidos que audaces.

Este postre *es* mejor que cualquier pastel.

Los animales enjaulados *son* menos felices que los libres.

Mi ración *es* menor que la tuya.

Oraciones adverbiales consecutivas

En estas oraciones se enuncia la conclusión o continuación lógica de lo que se ha dicho en la oración principal.

Los nexos más usuales para introducir este tipo de oraciones son *conque, así es que, por consiguiente, por lo tanto, luego:*

Armando *suele fantasear* mucho conque no le creas sus historias.

No *hicimos* las reservaciones a tiempo, así es que no iremos a la representación.

A ustedes les *encanta* la natación, por consiguiente inscríbanse en un club más adecuado.

La propuesta de la empresa le *provocó* desconfianza, por lo tanto, a última hora no firmó el contrato de compra-venta.

Las oraciones subordinadas consecutivas también pueden expresar la consecuencia, el efecto o el resultado de lo que se ha dicho en la oración principal. Este tipo de oraciones emplea como nexo la conjunción *que*, el cual es correlativo con alguna palabra incluida en la oración principal: *tanto...que, tan...que, tal...que.*

Llovió tanto que se inundó.

Habló de tal manera que convenció a todo el mundo.

Remigio es tan distraído que no se percató de nada.

Le gustó tanto la película que fue a verla tres veces.

Se sentía tan angustiado que se enfermó.

Oraciones adverbiales causales

Expresan la causa de lo señalado en la oración principal. Equivalen al complemento circunstancial de causa.

Los nexos que se emplean con mayor frecuencia son *porque, pues, puesto que, dado que, por, ya que, a causa de que, dado que, en vista de que:*

No *juegues* conmigo porque yo siempre gano.

No le *presten* mucha atención a ese hombre, pues sólo está haciendo proselitismo en favor de su partido.

Debes ver este nuevo documental puesto que estás interesado en el estudio de los insectos.

Por no saber nada de la ciudad de Calcuta *recibió* una reprimenda terrible en el examen oral.

Prefirió quedarse en casa ya que anunciaron una fuerte tormenta.

Oraciones adverbiales finales

Las oraciones subordinadas finales indican la finalidad o el propósito que se busca al realizar la acción del verbo principal.

Se caracterizan porque su verbo, cuando está conjugado, siempre está en subjuntivo. Los nexos más usuales para introducirlas son: *para, para que, a fin de que, con el fin de que:*

Fue a Canadá para participar en el congreso sobre teoría literaria.

Mi último descubrimiento me *animó* para continuar con la investigación.

Lo *presionaron* en la empresa para que renunciara a su cargo.

Con el fin de que no niegue lo sucedido, los miembros del jurado buscarán nuevos testigos del accidente.

Oraciones adverbiales condicionales

En estas oraciones se enuncia la condición o requisito que debe cumplirse para que sea posible la realización del verbo principal.

Los nexos más comunes son: *si, siempre que, en caso de que, como:*

Si no tiene dinero no *podrá pagar* la multa.

Te *hubieras divertido* mucho si hubieras escuchado su charla.

Firmaremos el convenio siempre que se especifiquen las responsabilidades de cada participante.

Te castigaré duramente, como no regreses antes de medianoche.

Es común añadir la preposición *por* a la conjunción condicional *si;* con ello se introduce un matiz causal a la oración subordinada, aunque ésta sigue considerándose condicional:

Te lo *digo* por si no lo sabes.

Les dejaremos aquí las llaves del auto por si se animan a venir con nosotras.

Oraciones adverbiales concesivas

Las oraciones subordinadas concesivas manifiestan una dificultad u objeción para que se realice la acción del verbo principal; esta dificultad o inconveniente, sin embargo, no impide el cumplimiento de la acción verbal.

Las oraciones concesivas tienen implícita la idea de causalidad y eso las diferencia de las coordinadas adversativas; en el período, *aunque hace frío iremos al paseo,* la oración concesiva *aunque hace frío* manifiesta la causa por la cual no se podría realizar la acción del verbo principal *iremos.* Esto no sucede con las coordinadas adversativas, pues éstas no tienen una idea de causalidad: *Julieta es muy inteligente pero su hermano es un tonto. Mi perro es de raza pura aunque se ve muy feo.*

Las palabras que comúnmente se emplean como enlaces de estas oraciones son *aunque, por más que, aun cuando, a pesar de que, si bien, así:*

Aunque se lo juré varias veces, no me lo *creyó.*

Alejandro *será* nuestro jefe, aunque no nos guste.

No quiso *aceptar* la dirección de la revista por más que le rogamos.

No *terminó* su tesis aun cuando le dieron una beca por tres años.

A pesar de que tenía poco dinero *realizó* un viaje a Centroamérica.

Así me lo pidas de mil maneras no *volveré a confiar* en ti.

ORACIONES YUXTAPUESTAS

Las oraciones yuxtapuestas son aquéllas que carecen de nexos o palabras de enlace; se encuentran unidas por medio de signos de puntuación:

Ven conmigo, te *enseñaré* la biblioteca.

Todos *estábamos* impacientes; sólo *esperábamos* el final.

No me *gusta* el té, *prefiero* el café.

Estas oraciones no tienen nexos que las introduzcan o las enlacen, pero puede existir una relación específica entre ellas. Esta relación, que es de naturaleza semántica, equivale a la que establece un nexo coordinante o uno subordinante; a pesar de ello, se consideran oraciones yuxtapuestas, debido a la ausencia de un elemento coordinador o subordinador. Por ejemplo:

La *conoció* hace un año; no la *ha vuelto a ver.*

El mapamundi *estaba* en el centro del estudio, se *veía* espectacular.

Arcelia *cerró* la ventana, *llovía* demasiado.

Patricia y Rolando siempre *tenían* la misma conversación, se *veían* aburridos.

ESTRUCTURA DE LA ORACIÓN COMPUESTA

Todas las oraciones coordinadas, subordinadas y yuxtapuestas pueden analizarse como cualquier oración simple, es decir, todas ellas tienen sujeto, predicado y sus complementos correspondientes; por ejemplo:

Armandina dijo que ella deseaba leer toda la obra de José Saramago.

La oración subordinada sustantiva anterior es complemento directo del verbo principal *dijo;* pero tiene su propia estructura interna, pues su sujeto es *ella,* su verbo es *deseaba leer,* su complemento directo es *toda la obra de José Saramago.*

Es posible encontrar, dentro de una oración subordinada, otra u otras oraciones subordinadas:

Las dos hermanas elaboraron un plan perfecto para que la discusión *que tenían sus hermanos* no terminara como pleito.

En el período anterior, el verbo principal es *elaboraron,* el cual tiene una oración subordinada adverbial final como su complemento: *para que la discusión que tenían sus hermanos no terminara como pleito.* Dentro de esta oración adverbial, que tiene como nexo subordinante *para que,* el sujeto es *la discusión que tenían sus hermanos,* su verbo es *terminara,* y su complemento circunstancial modal es *como pleito.* Dentro del sintagma nominal *la discusión que tenían sus hermanos* aparece una oración subordinada adjetiva *que tenían sus hermanos,* la cual modifica al sustantivo *discusión.* En la oración adjetiva, el sujeto es *sus hermanos,* el verbo es *tenían* y su complemento directo es el pronombre relativo *que.* Esto mismo puede representarse en un esquema o diagrama como el siguiente:

Cuando un pronombre o un adverbio es el nexo que introduce la oración subordinada, éste desempeña una función sintáctica específica dentro de la oración, además de ser nexo subordinante; cuando el nexo es una conjunción, preposición o locución, éste sólo desempeña la función de nexo o palabra subordinante, porque tanto las preposiciones como las conjunciones no son palabras con significado léxico pleno, son partículas subordinadoras. Debido a que las oraciones adjetivas comúnmente están introducidas por un nexo que es un pronombre relativo, éste cumple, además de la función de enlace, la función de ser sujeto, objeto directo, indirecto o complemento circunstancial, dentro de la oración subordinada:

Conseguí el *libro* que habla sobre los mitos de Occidente.	Sujeto
Las *personas* que vieron el encuentro son pocas.	Sujeto
¿Cuál respuesta darías a ese *problema* que te plantearon?	Objeto directo
La *historia* que me contaron era totalmente falsa.	Objeto directo
El *profesor* a quien entregué mi tesis es alemán.	Objeto indirecto
Vendí el *auto* al que le había puesto aire acondicionado.	Objeto indirecto
Recordé aquel *verso* con el que conquistaste a José.	C. Circunstancial
Éste es el *sitio* donde se firmó la Constitución.	C. Circunstancial

En el caso de las oraciones sustantivas sucede lo mismo cuando éstas tienen un pronombre relativo como palabra de enlace; esta última cumple una función sintáctica específica dentro de la oración subordinada, además de ser nexo subordinante:

Quienes llegaron temprano hablaron a su favor.
Sujeto

Compró *lo que* tanto había deseado.
Objeto directo

Les dije la verdad *a quienes* estaban presentes.
Sujeto

Los adverbios que introducen oraciones subordinadas también tienen dos funciones: ser nexos subordinantes y ser complementos circunstanciales dentro de la oración subordinada:

Cuando terminó su tarea se sintió libre y feliz.
C. Circunstancial temporal

Siempre ha trabajado *donde* le pagan bien.
C. Circunstancial locativo

Estructura del Sol

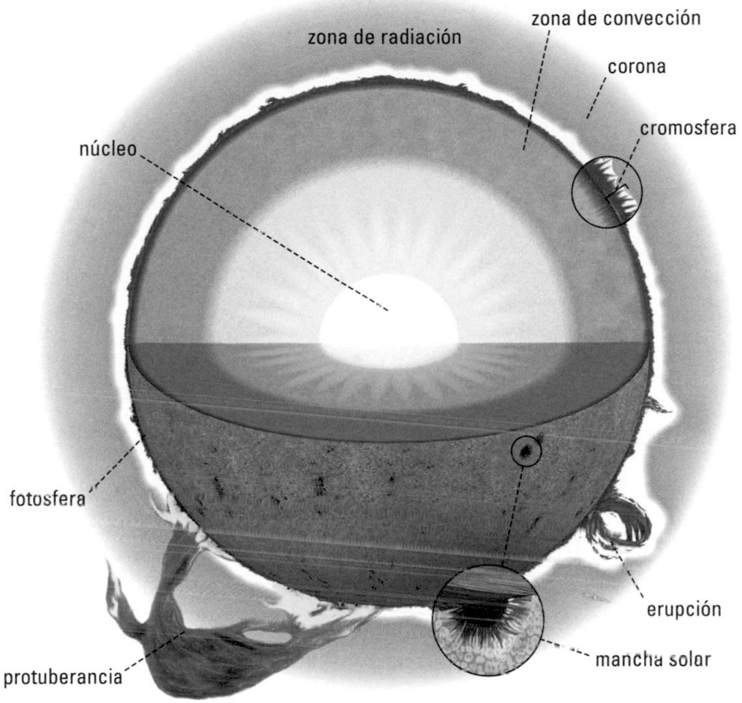

Eclipse solar

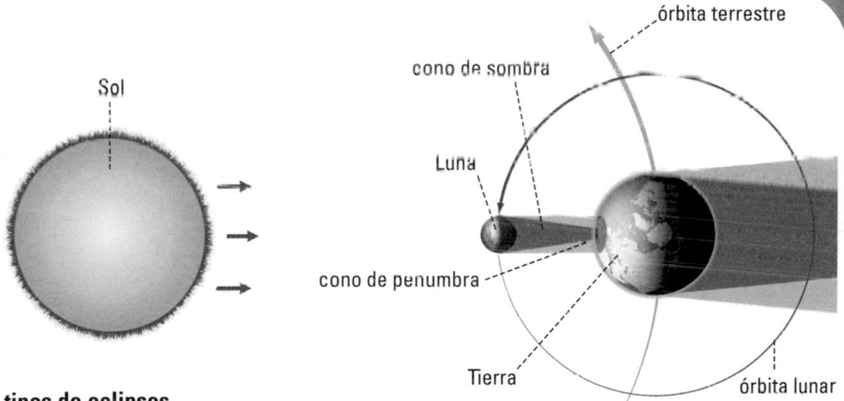

tipos de eclipses

eclipse anular

eclipse parcial

eclipse total

Superficie lunar

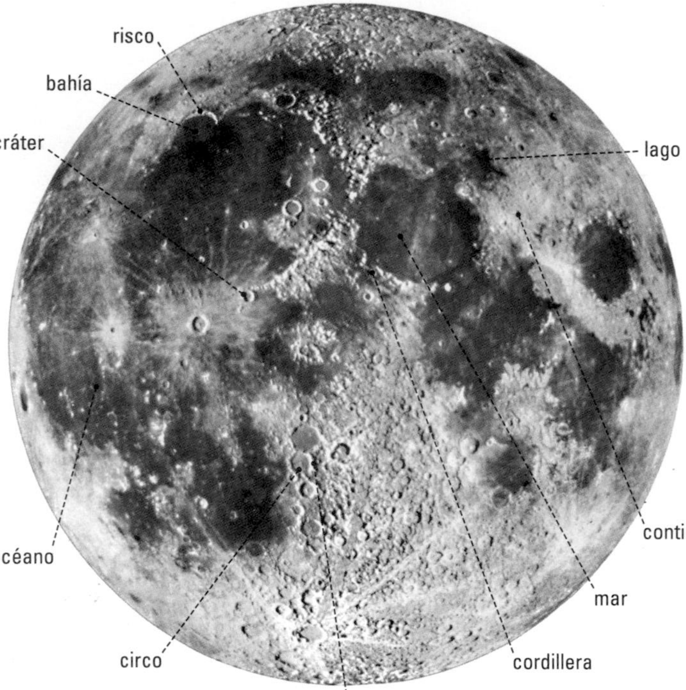

Eclipse lunar

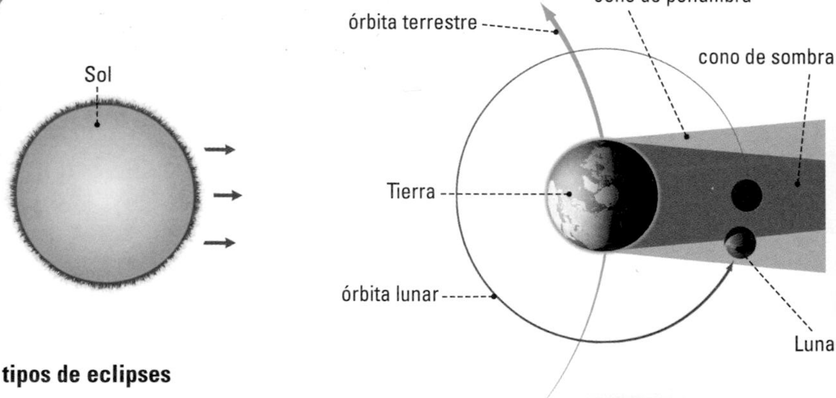

tipos de eclipses

eclipse parcial

eclipse total

Estructura de la Tierra

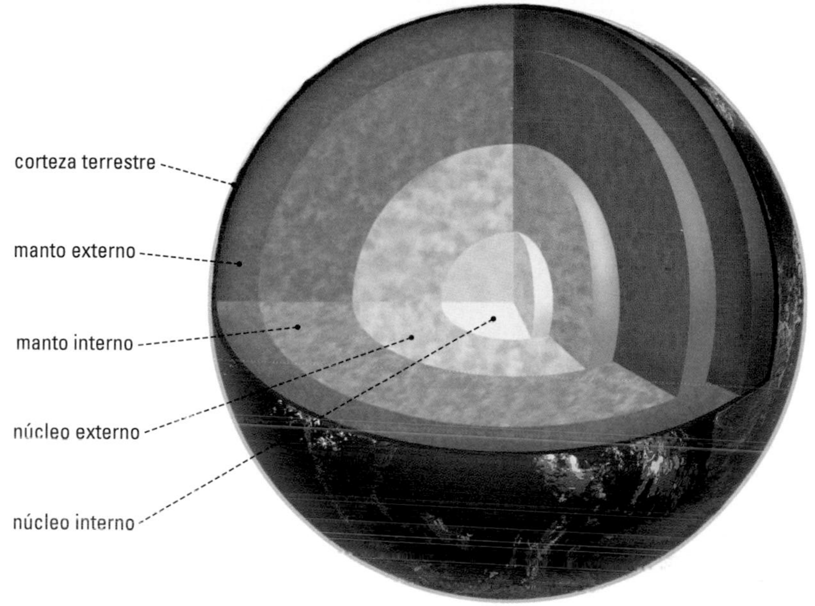

Corte de la corteza terrestre

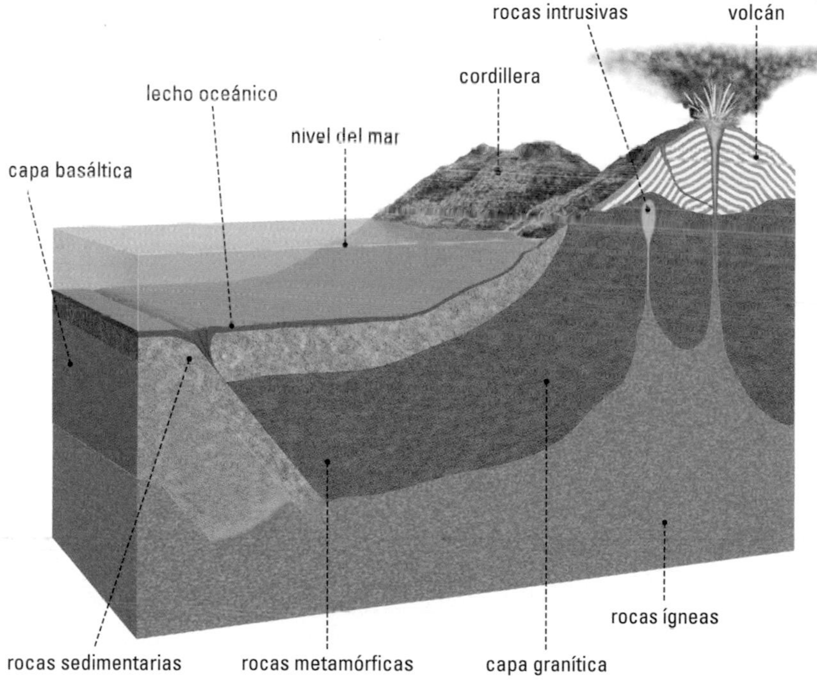

Terremoto

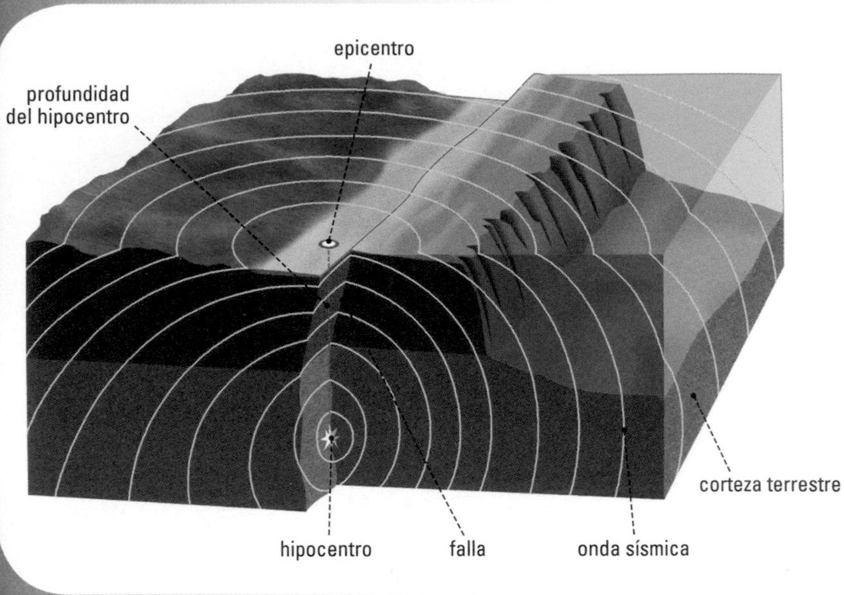
epicentro
profundidad del hipocentro
corteza terrestre
hipocentro
falla
onda sísmica

Sismógrafos

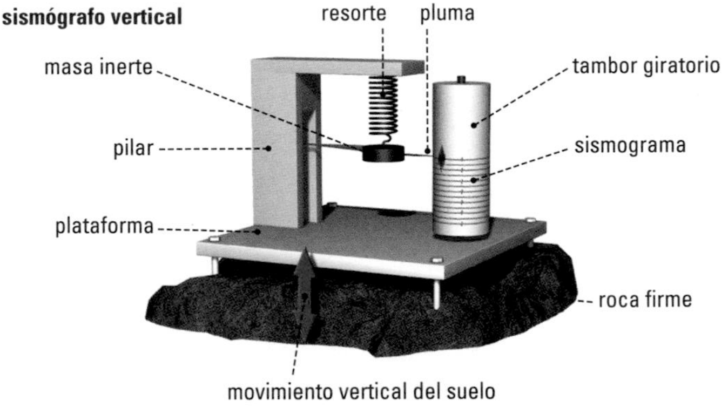
sismógrafo vertical
resorte
pluma
masa inerte
tambor giratorio
pilar
sismograma
plataforma
roca firme
movimiento vertical del suelo

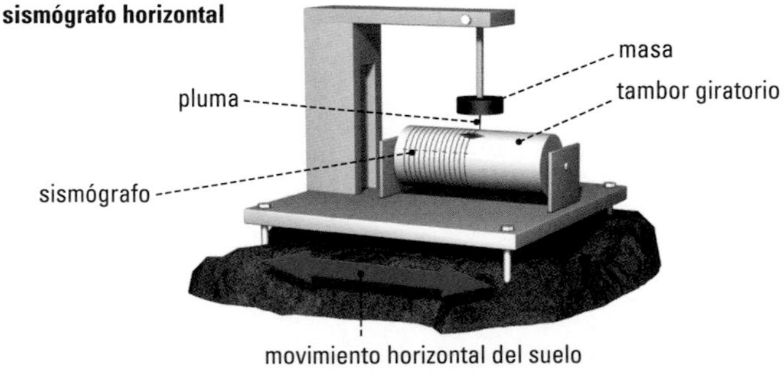
sismógrafo horizontal
masa
tambor giratorio
pluma
sismógrafo
movimiento horizontal del suelo

Estructura de un volcán

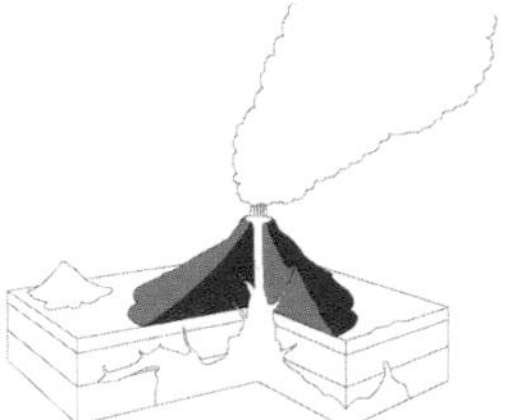

cono

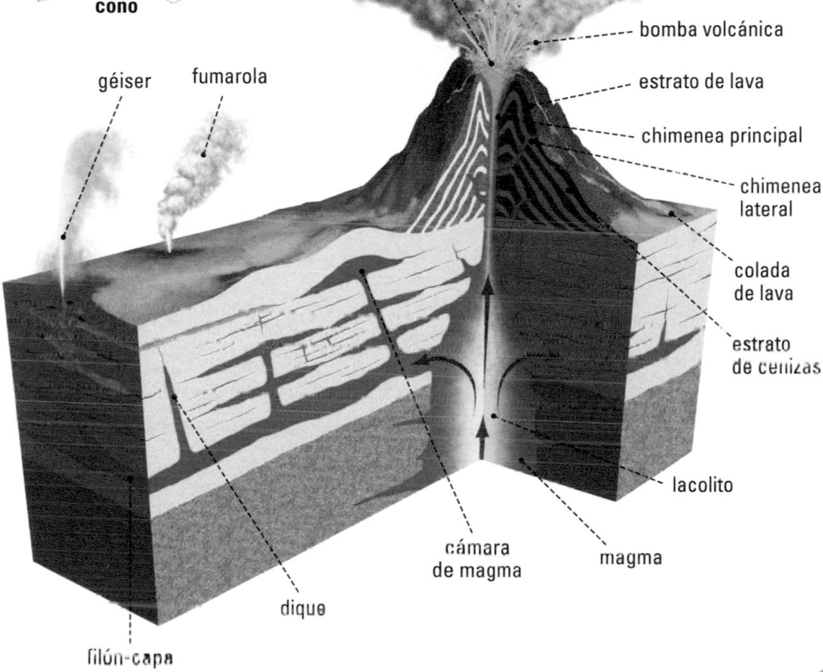

Tipos de volcanes

volcán explosivo

volcán efusivo

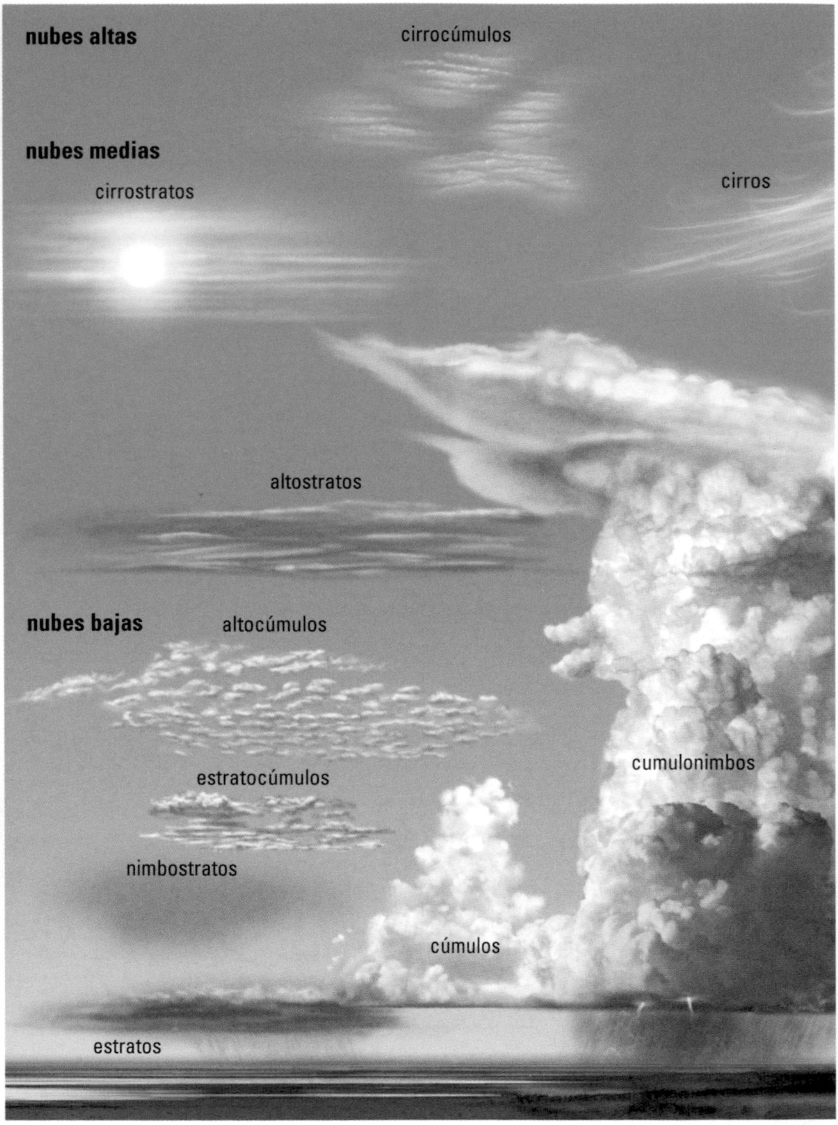

nubes de desarrollo vertical

Corte de la atmósfera terrestre

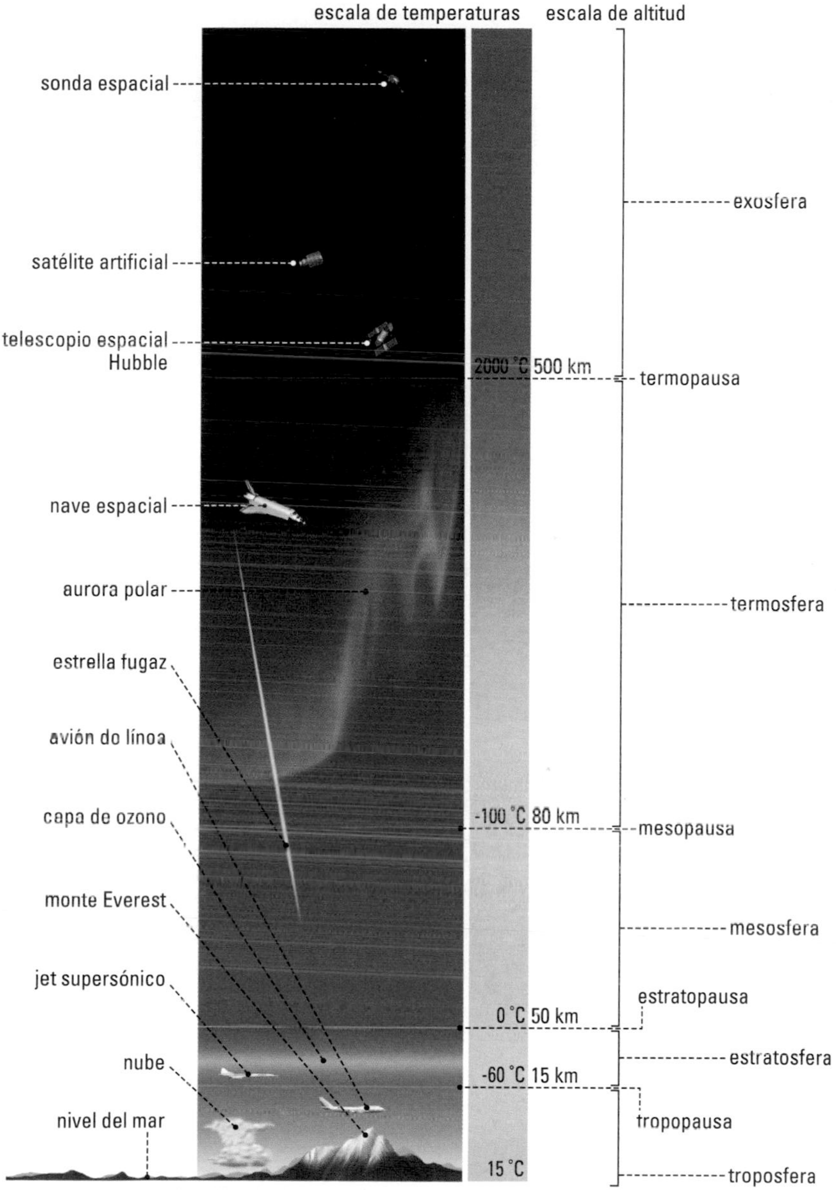
escala de temperaturas
escala de altitud
sonda espacial
satélite artificial
telescopio espacial Hubble
nave espacial
aurora polar
estrella fugaz
avión de línea
capa de ozono
monte Everest
jet supersónico
nube
nivel del mar
2000 °C 500 km
-100 °C 80 km
0 °C 50 km
-60 °C 15 km
15 °C
exosfera
termopausa
termosfera
mesopausa
mesosfera
estratopausa
estratosfera
tropopausa
troposfera

Contaminación del suelo

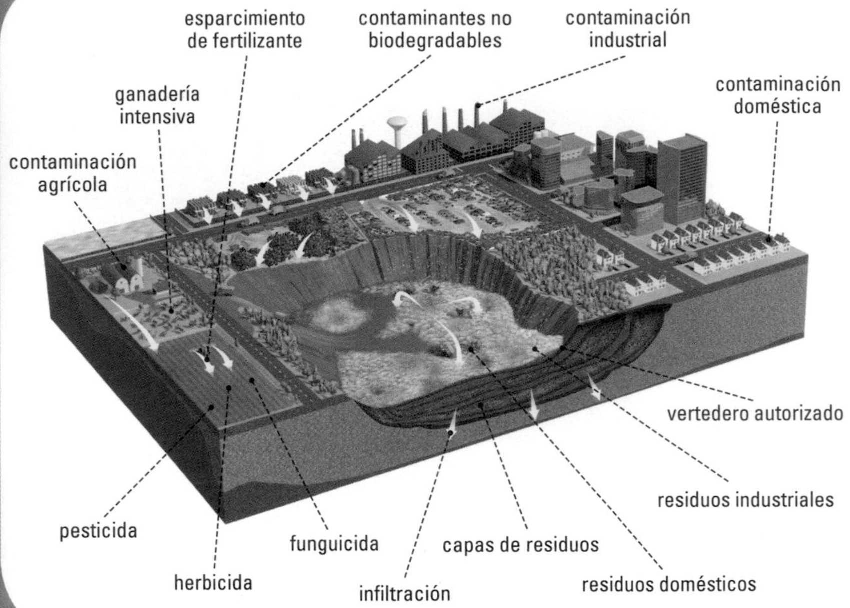

esparcimiento de fertilizante
contaminantes no biodegradables
contaminación industrial
ganadería intensiva
contaminación doméstica
contaminación agrícola
vertedero autorizado
residuos industriales
pesticida
funguicida
capas de residuos
herbicida
infiltración
residuos domésticos

Contaminación del aire

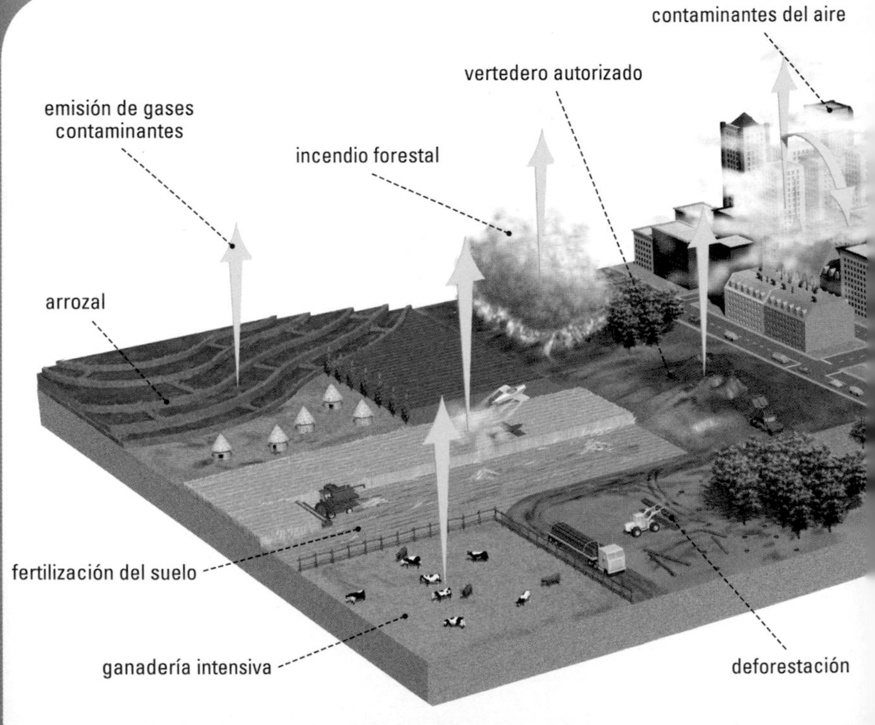

contaminantes del aire
vertedero autorizado
emisión de gases contaminantes
incendio forestal
arrozal
fertilización del suelo
ganadería intensiva
deforestación

Contaminación del agua

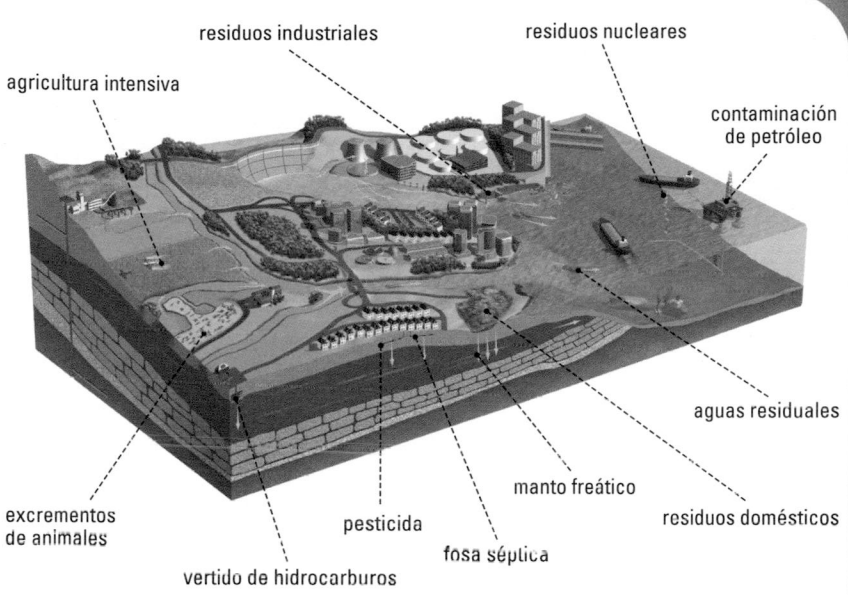

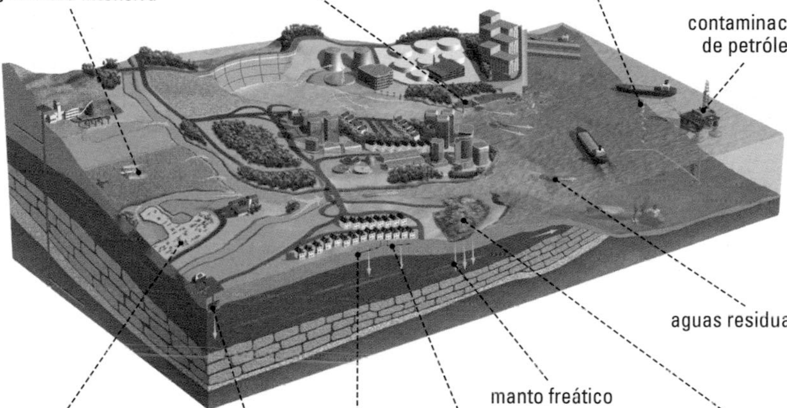
residuos industriales
residuos nucleares
agricultura intensiva
contaminación de petróleo
aguas residuales
manto freático
residuos domésticos
excrementos de animales
pesticida
fosa séptica
vertido de hidrocarburos

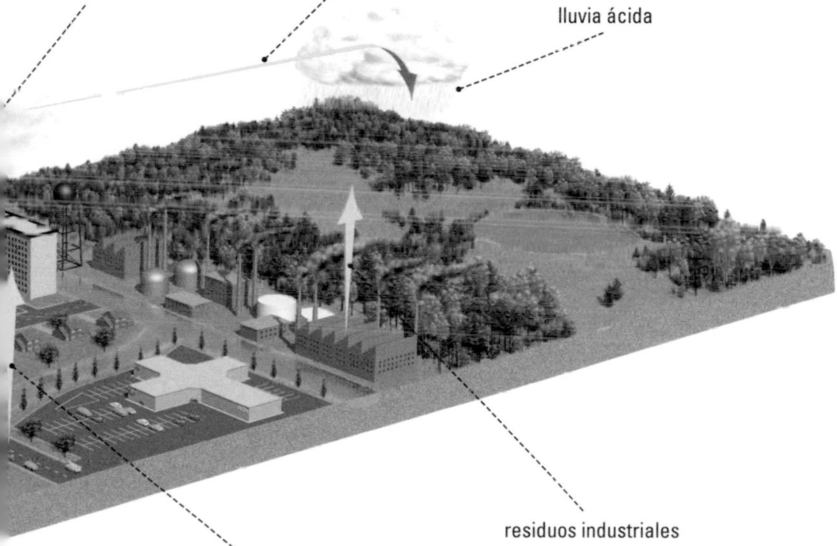
viento
esmog/niebla tóxica
lluvia ácida
residuos industriales
contaminación de automóviles

EFECTO INVERNADERO NATURAL

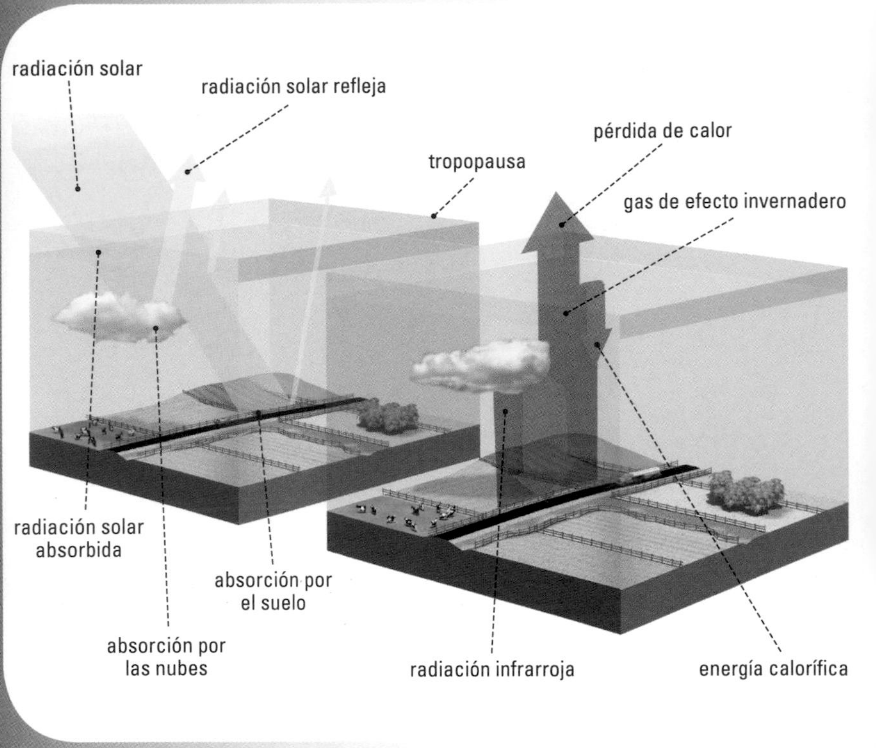

AUMENTO DEL EFECTO INVERNADERO

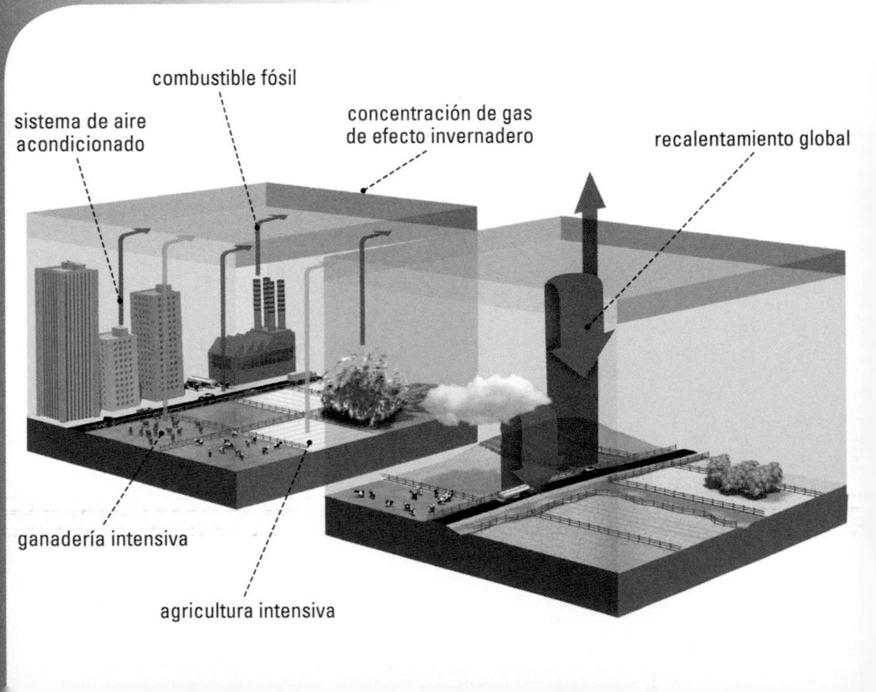

Anatomía de un hongo

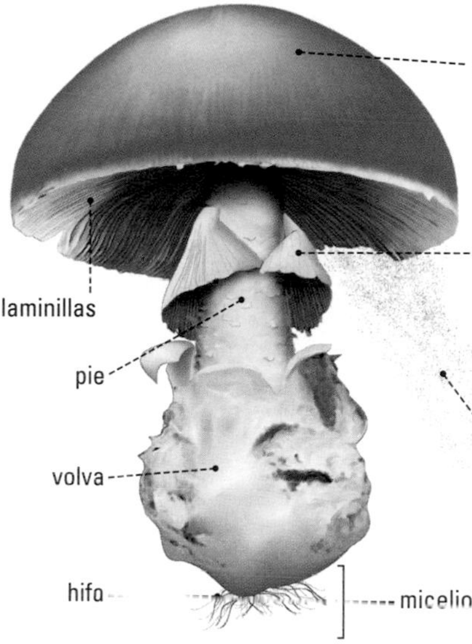

hongo mortal

amanita virosa

hongo venenoso

falsa oronja

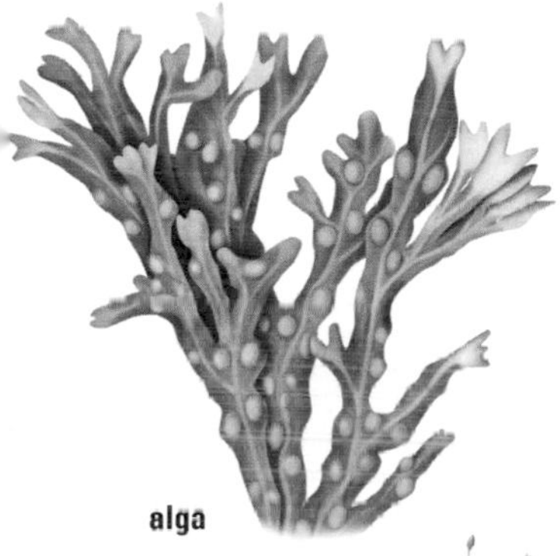

alga

Anatomía de un helecho

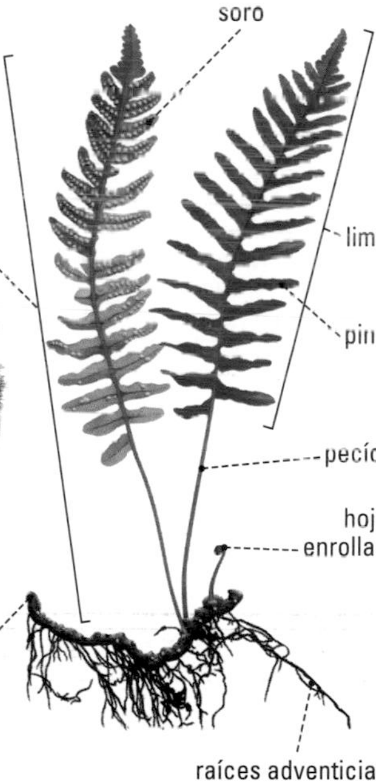

musgo

liquen

Anatomía de una planta

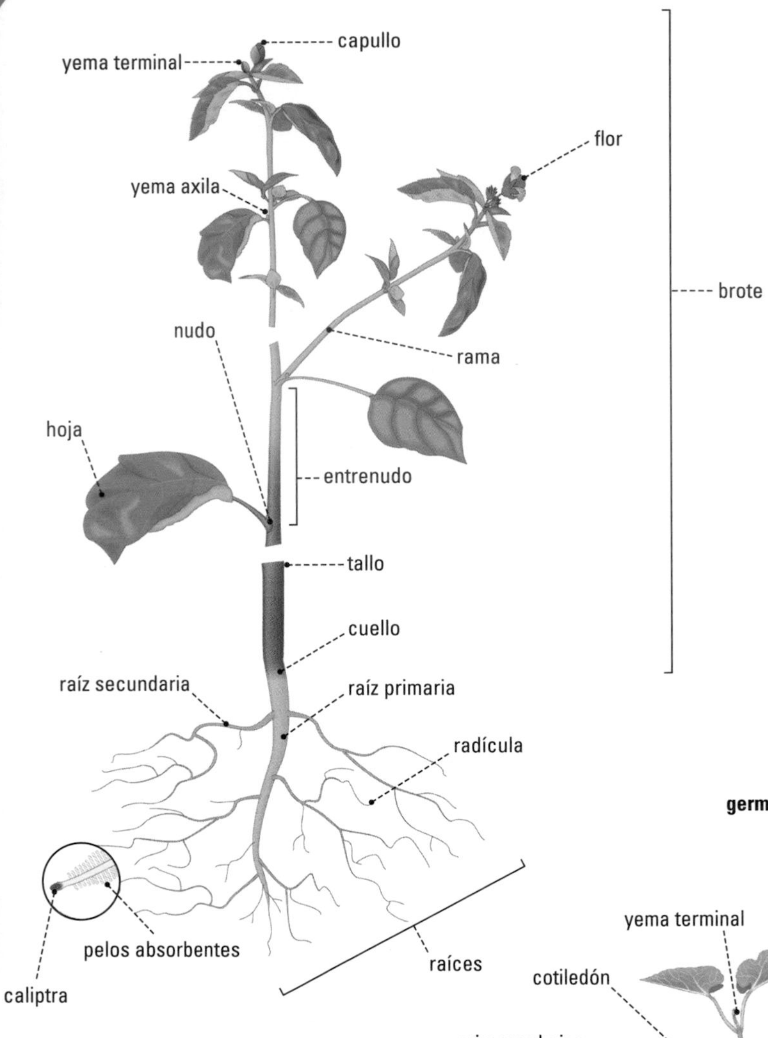

germinación

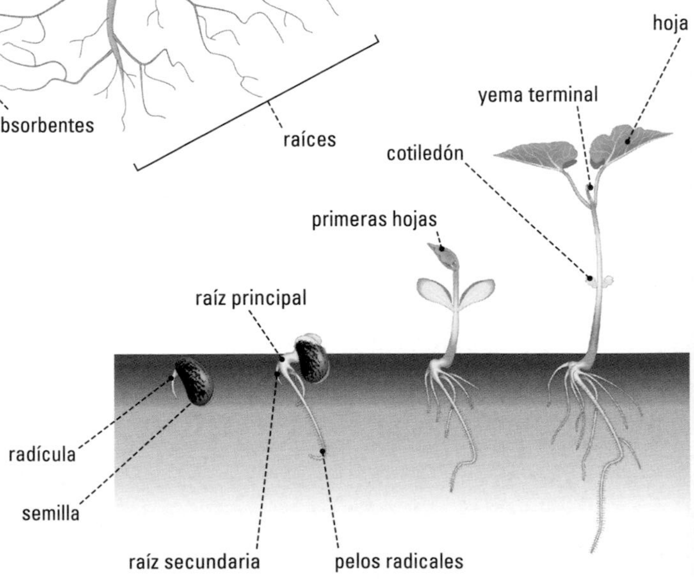

Anatomía de una flor

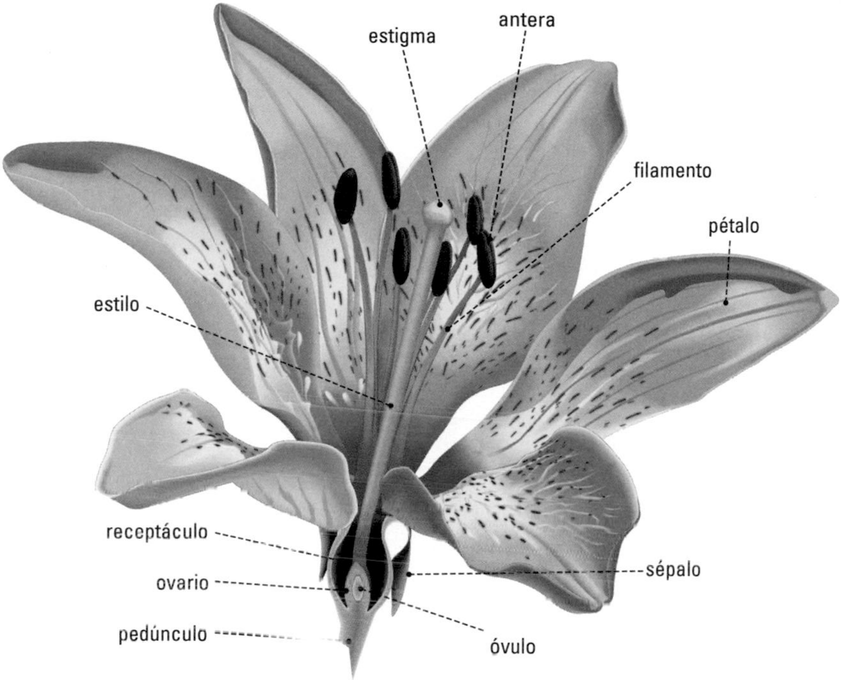

corola

cáliz

pistilo

estambre

Ejemplos de flores

orquídea

azucena

Anatomía de un árbol

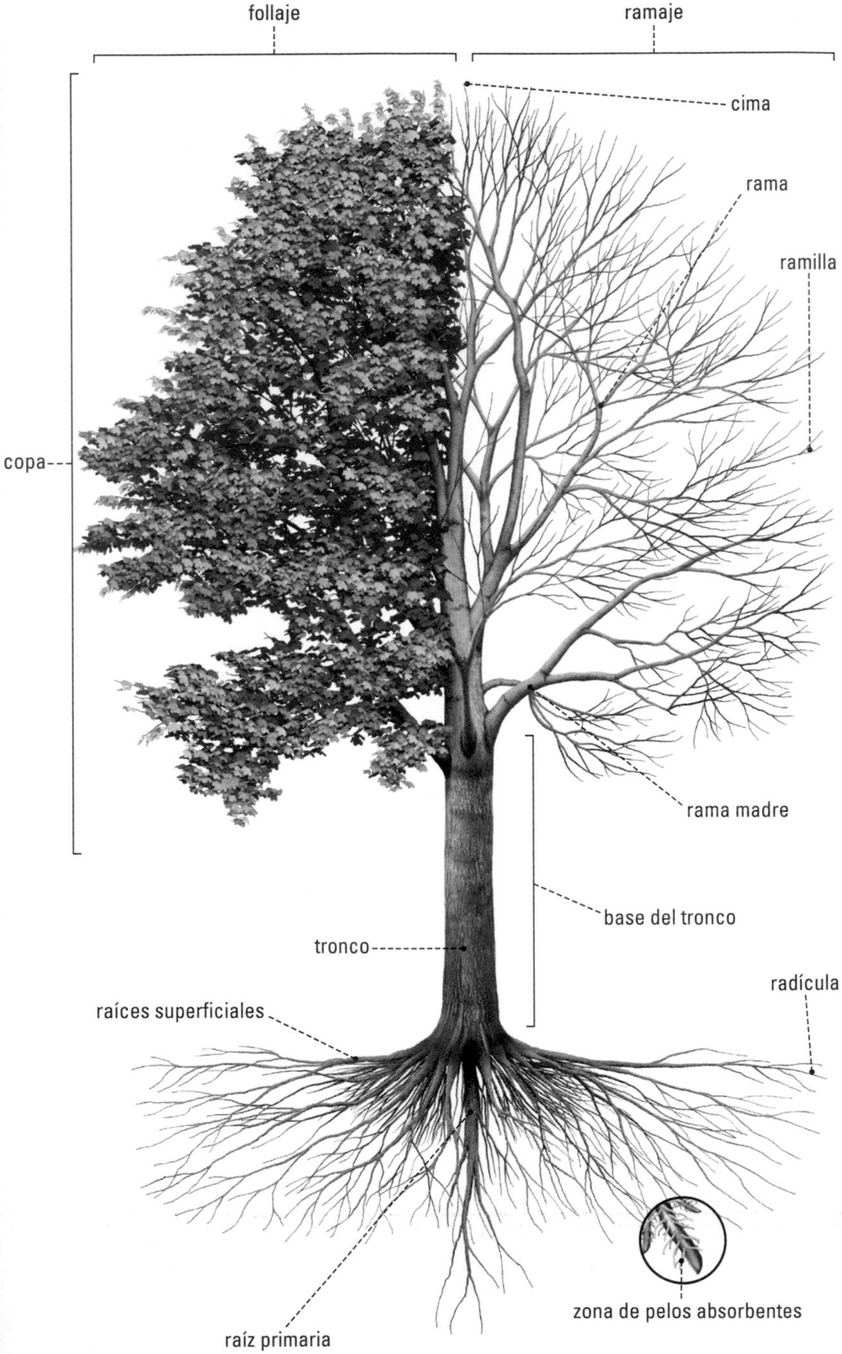

Moluscos

morfología de un caracol

morfología de un pulpo

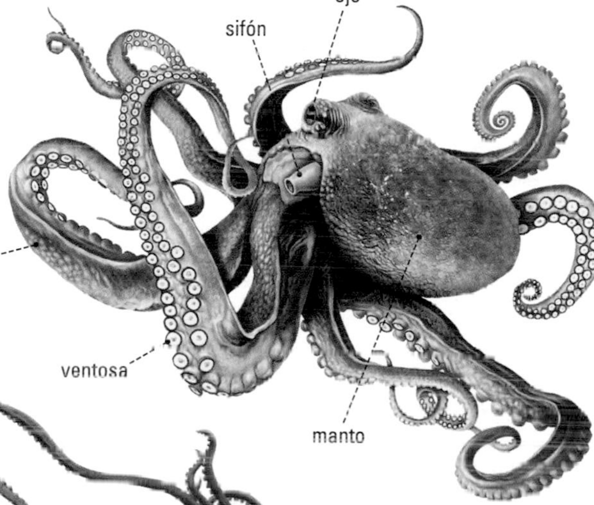

calamar

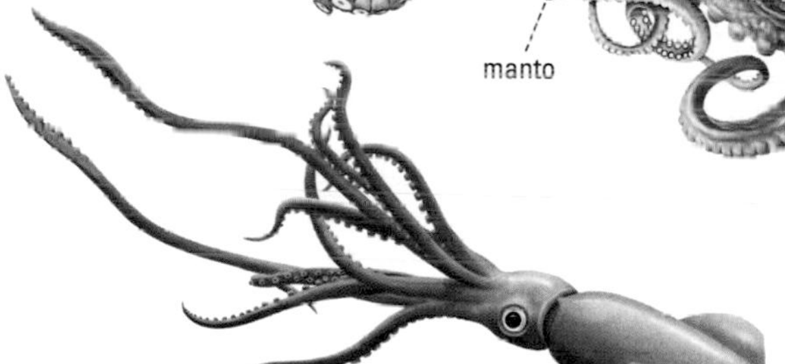

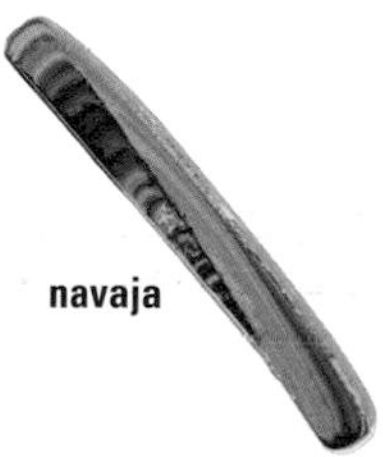

navaja

ostra

mejillón

buccino

ARTRÓPODOS

morfología de un bogavante

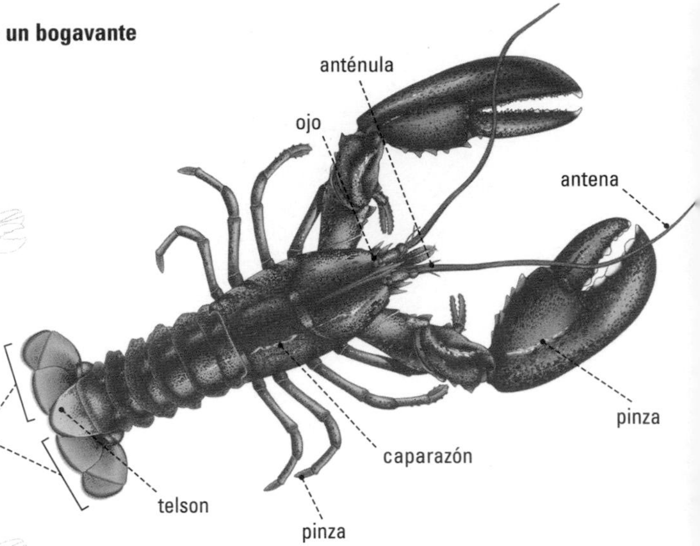

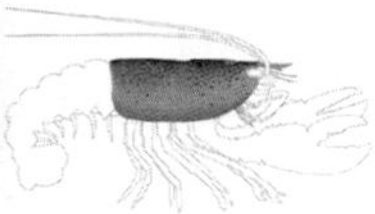

cefalotórax

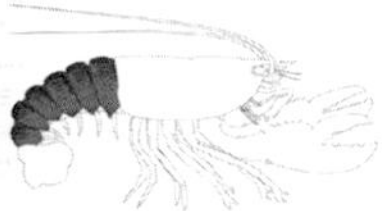

abdomen

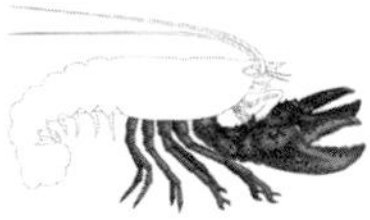

apéndices

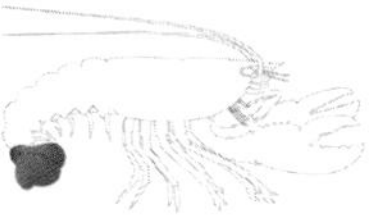

cola

morfología de una araña

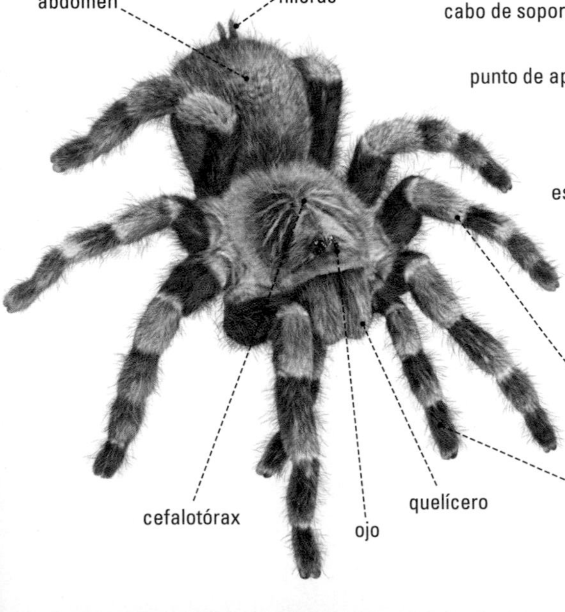

tela de araña

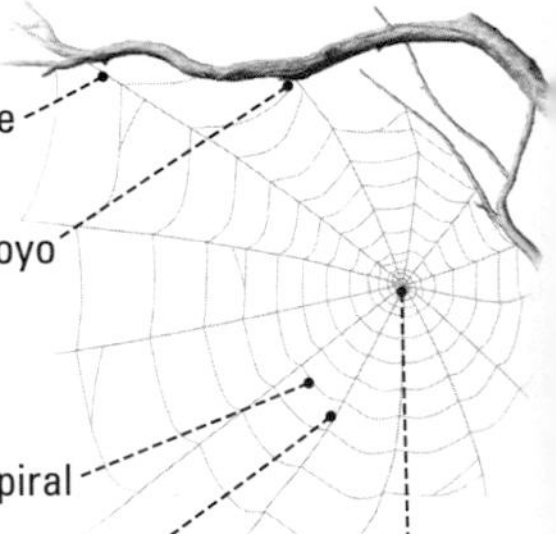

morfología de una mariposa

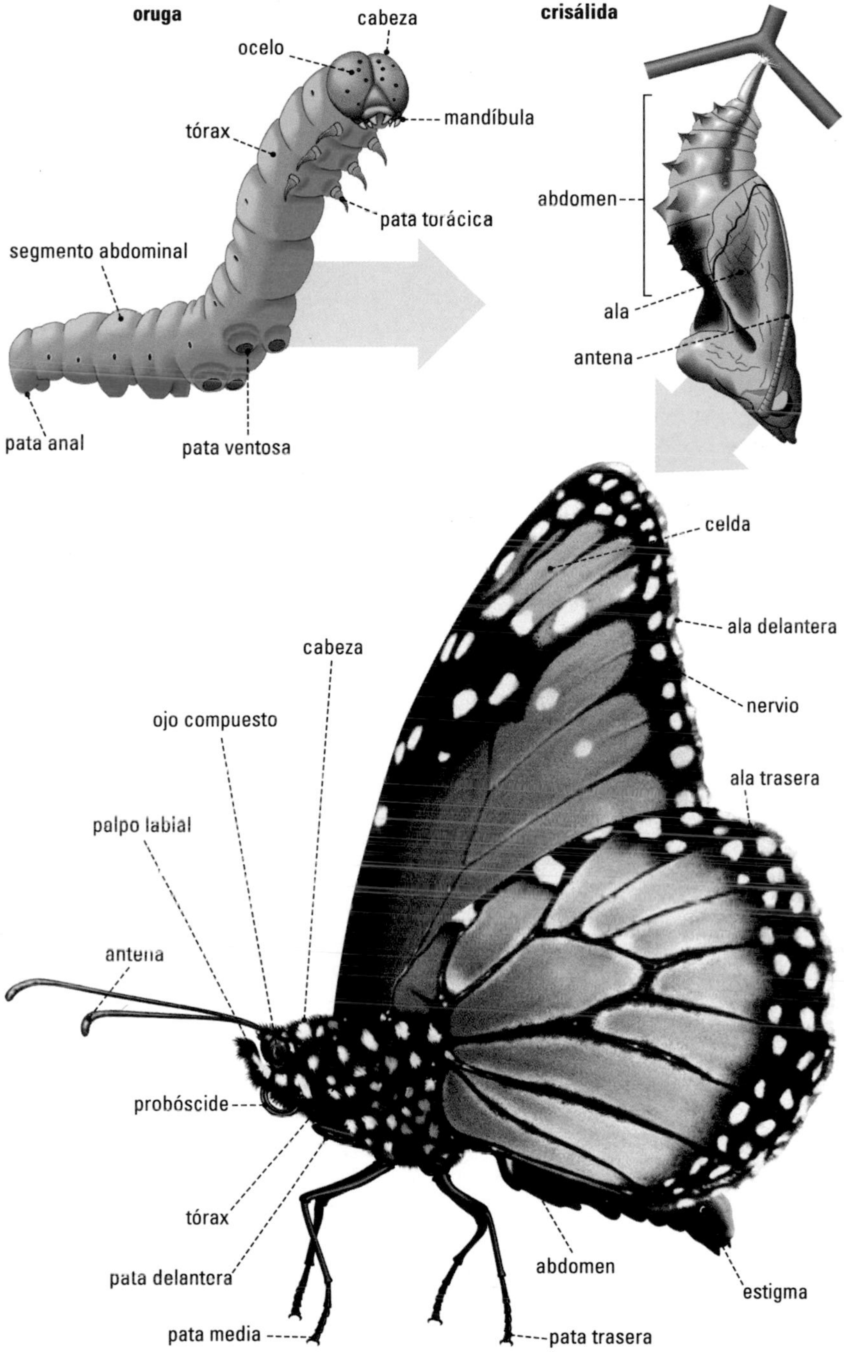
oruga
cabeza
ocelo
tórax
mandíbula
pata torácica
segmento abdominal
pata anal
pata ventosa
crisálida
abdomen
ala
antena
celda
ala delantera
nervio
ala trasera
cabeza
ojo compuesto
palpo labial
antena
probóscide
tórax
pata delantera
pata media
abdomen
estigma
pata trasera

morfología de un tiburón

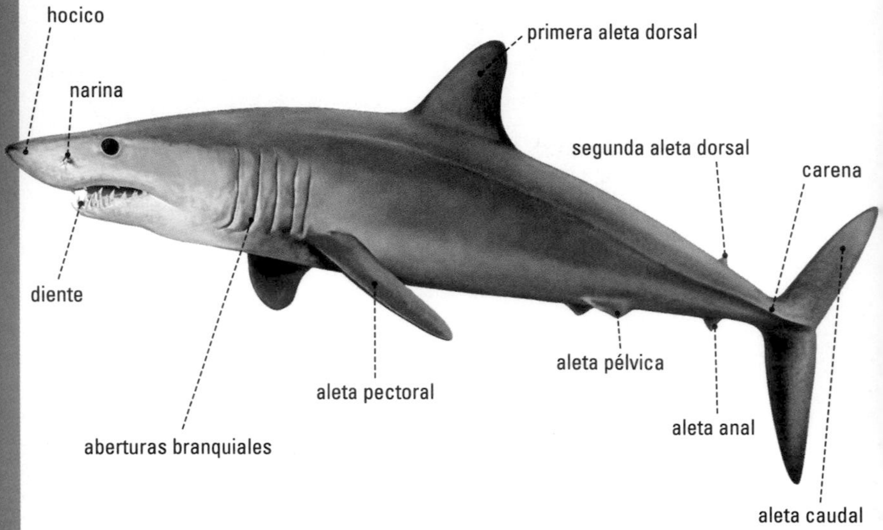

morfología de una perca

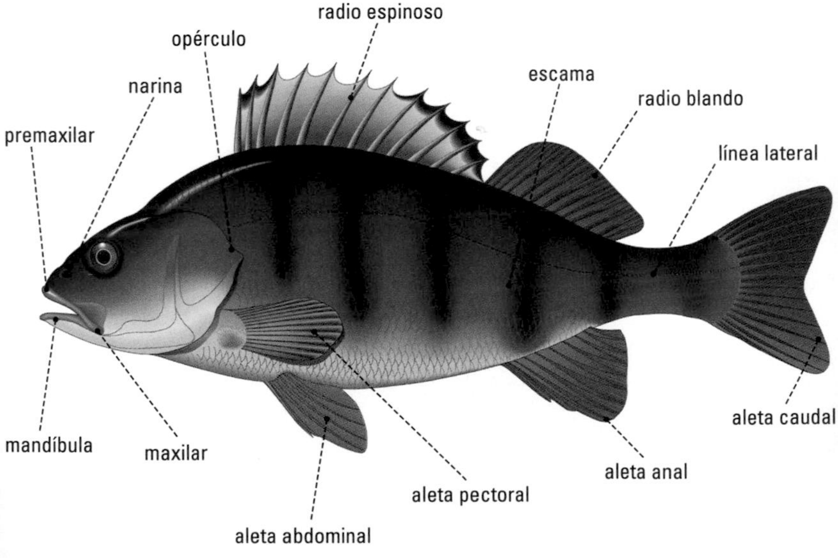

morfología de una tortuga

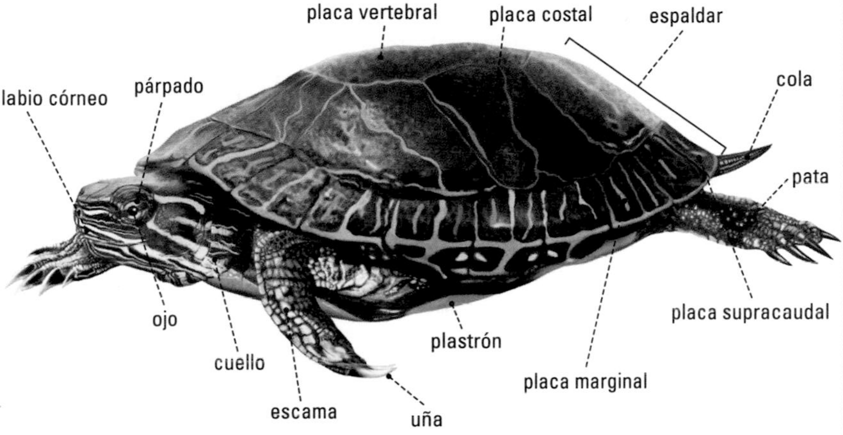

morfología de una serpiente venenosa (cabeza)

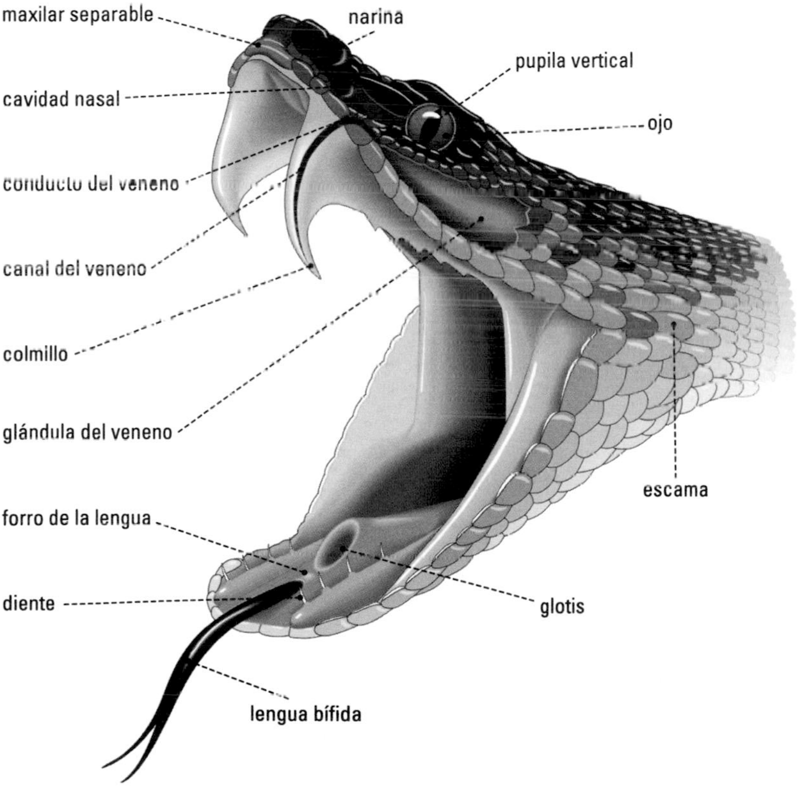

morfología de un pájaro

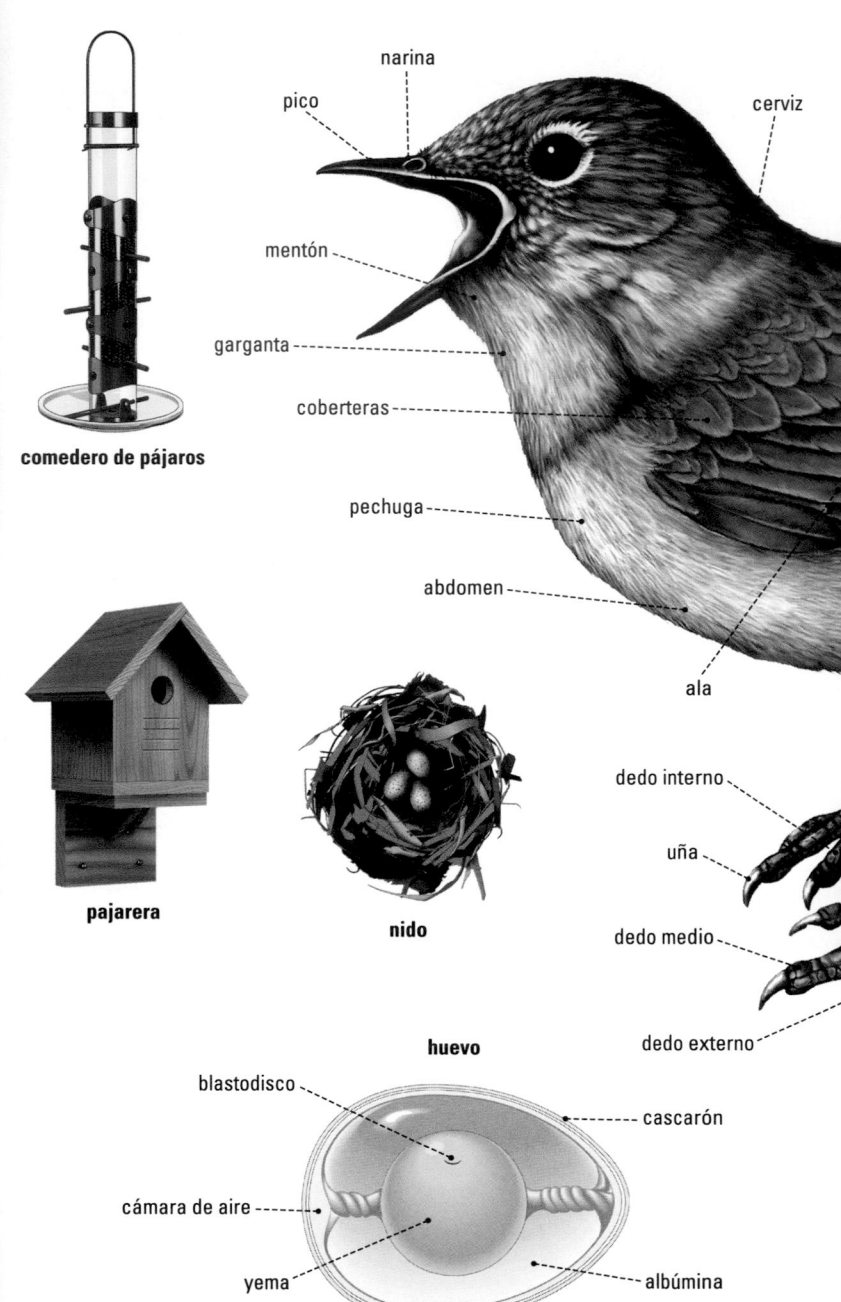

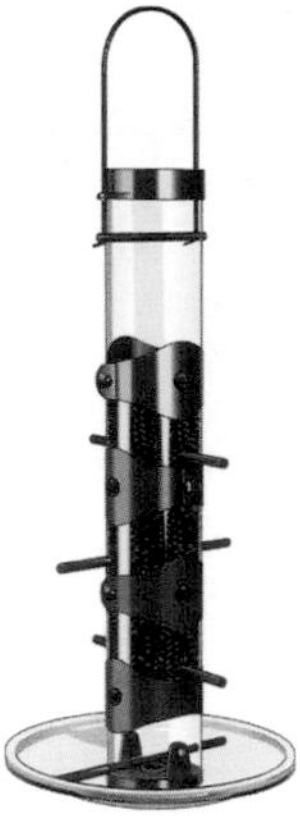

comedero de pájaros

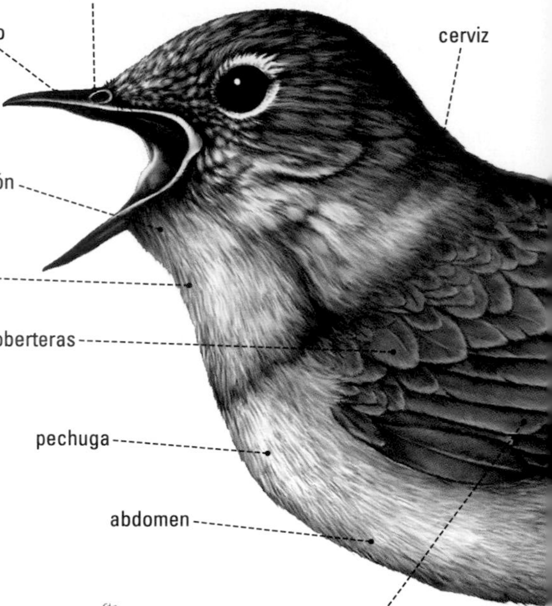

pajarera

nido

huevo

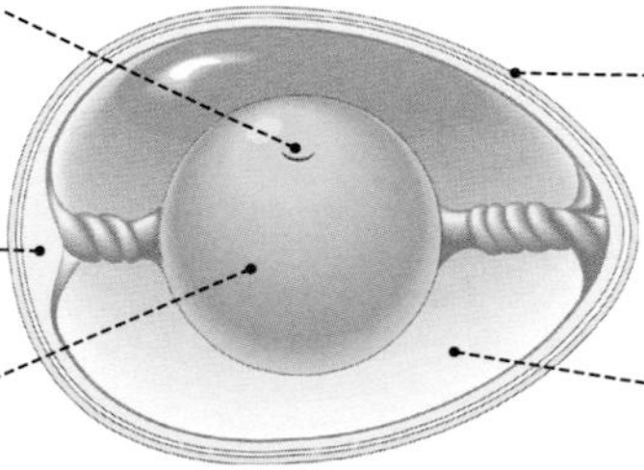

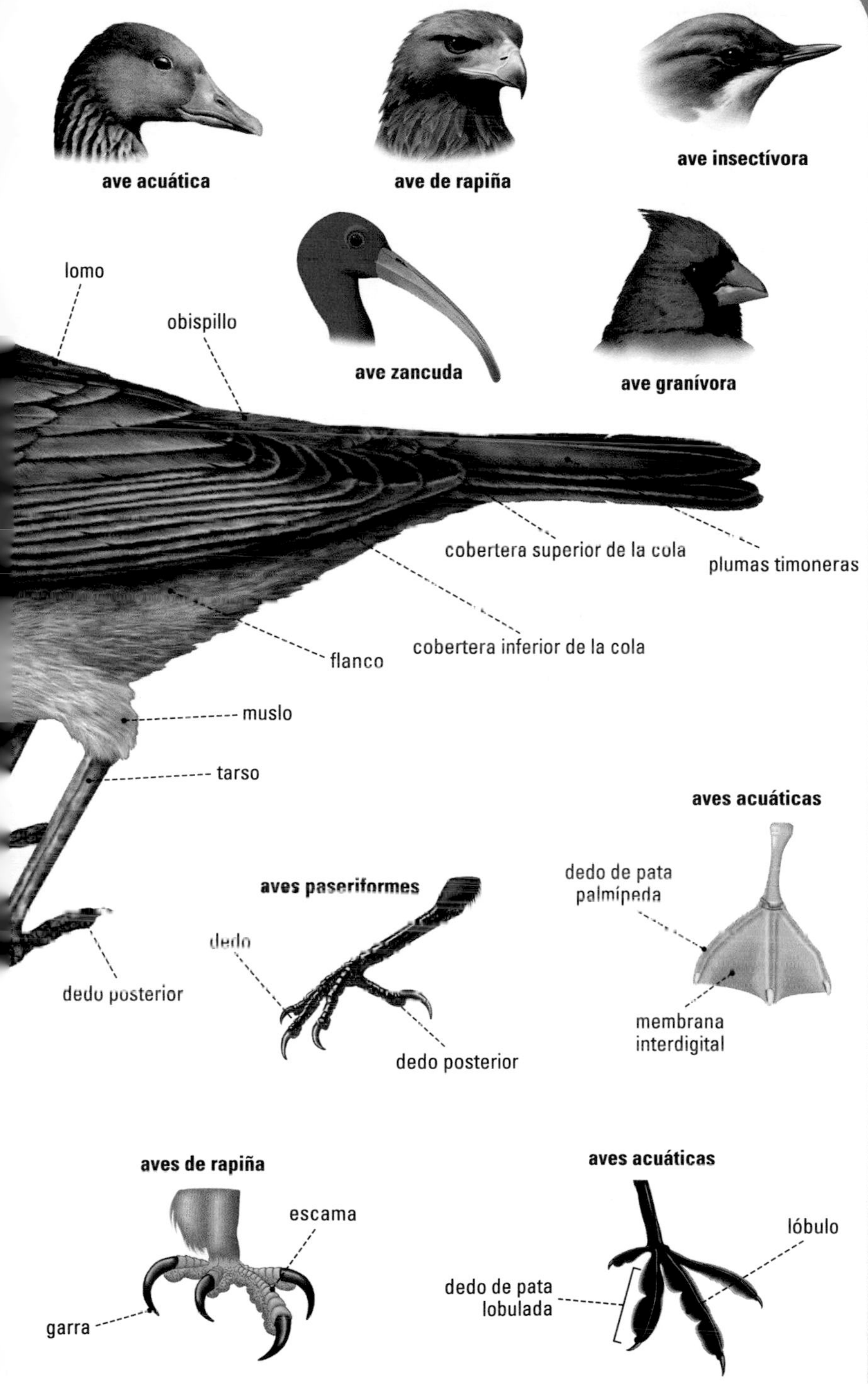

ave acuática
ave de rapiña
ave insectívora
ave zancuda
ave granívora
lomo
obispillo
cobertera superior de la cola
plumas timoneras
flanco
cobertera inferior de la cola
muslo
tarso
dedo posterior
aves paseriformes
dedo
dedo posterior
aves acuáticas
dedo de pata palmípeda
membrana interdigital
aves de rapiña
escama
garra
aves acuáticas
lóbulo
dedo de pata lobulada

morfología de una rata

morfología de un murciélago

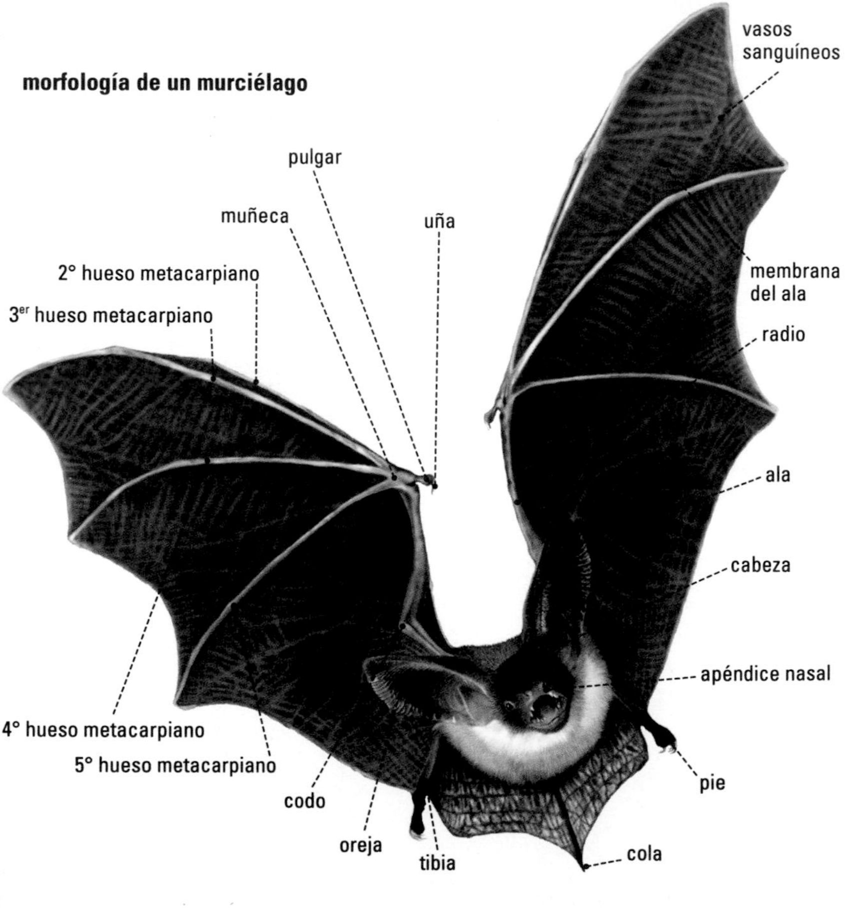

morfología de un delfín

morfología de un gorila

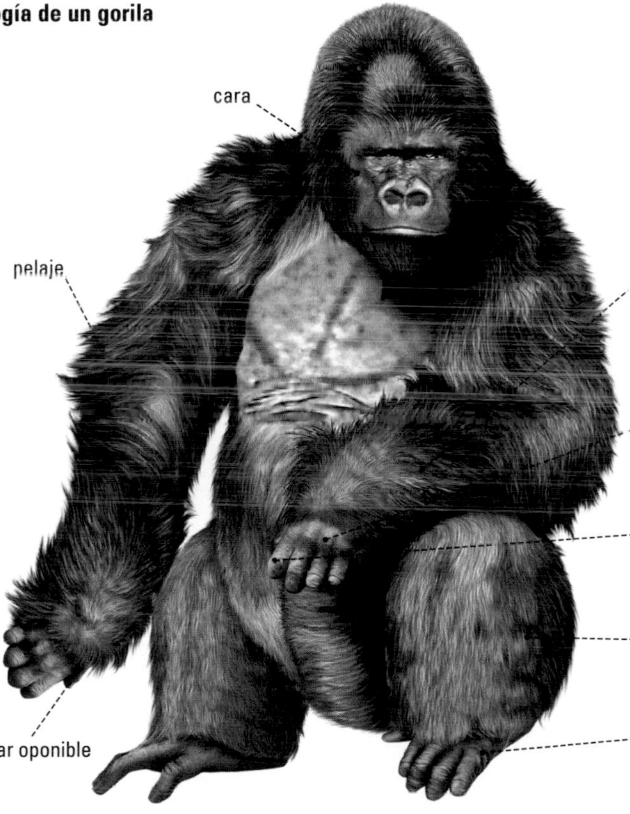

CUERPO HUMANO (VISTA ANTERIOR)

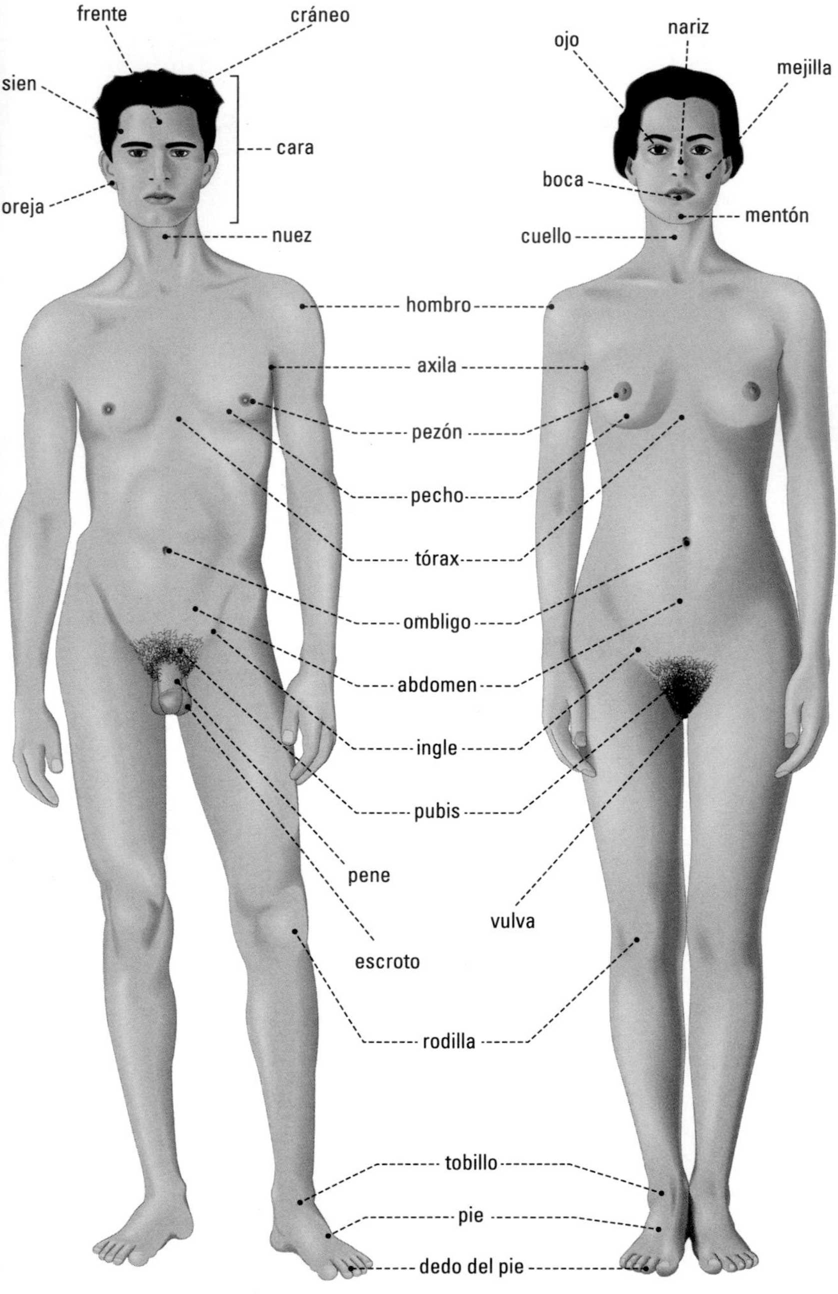

CUERPO HUMANO (VISTA POSTERIOR)

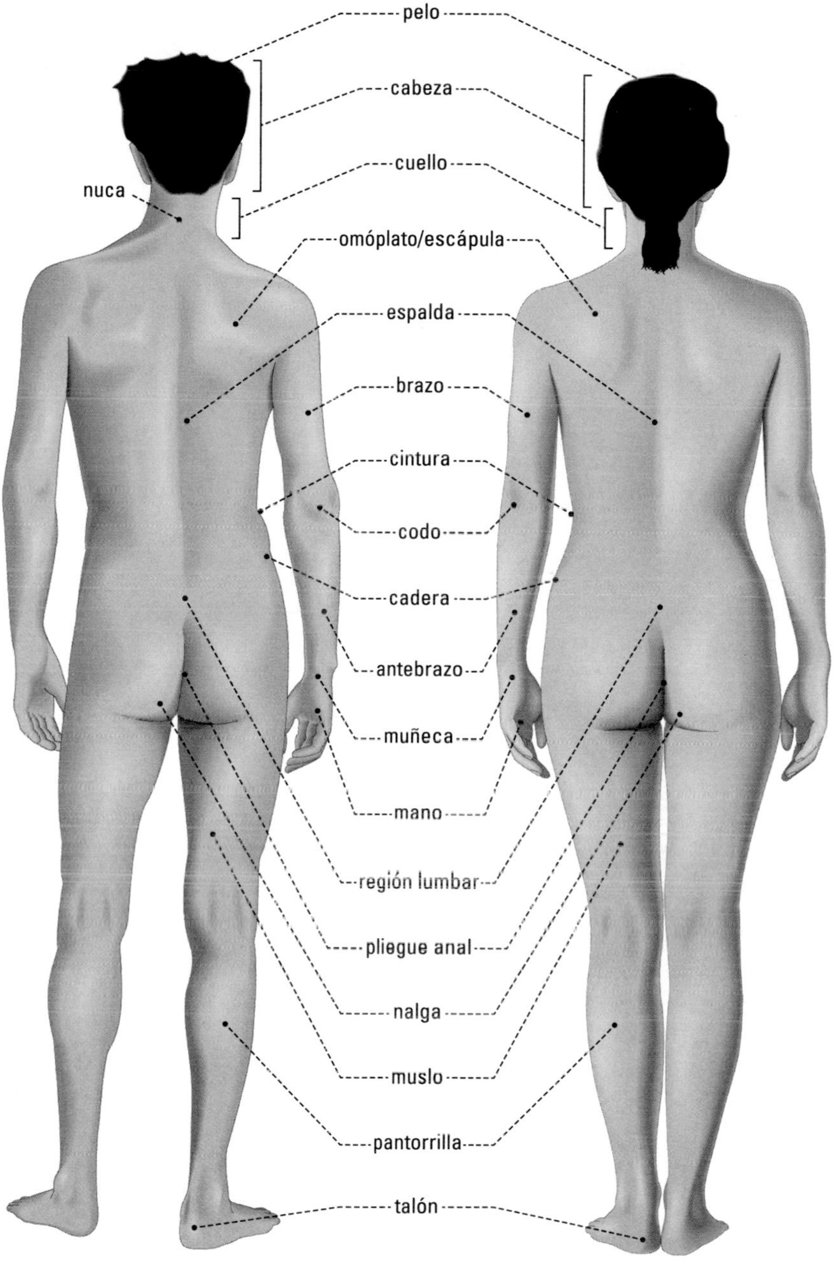

músculos principales

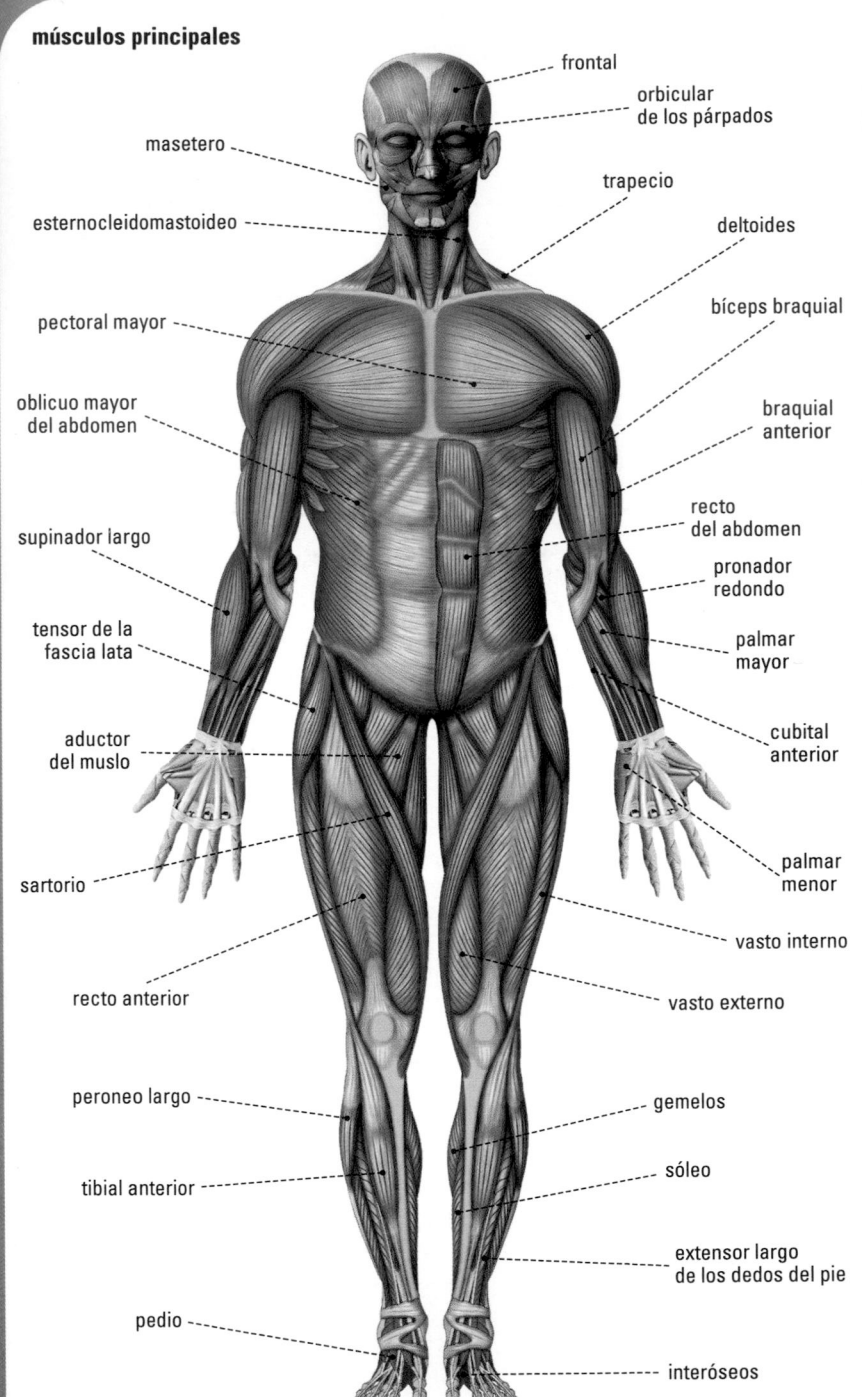

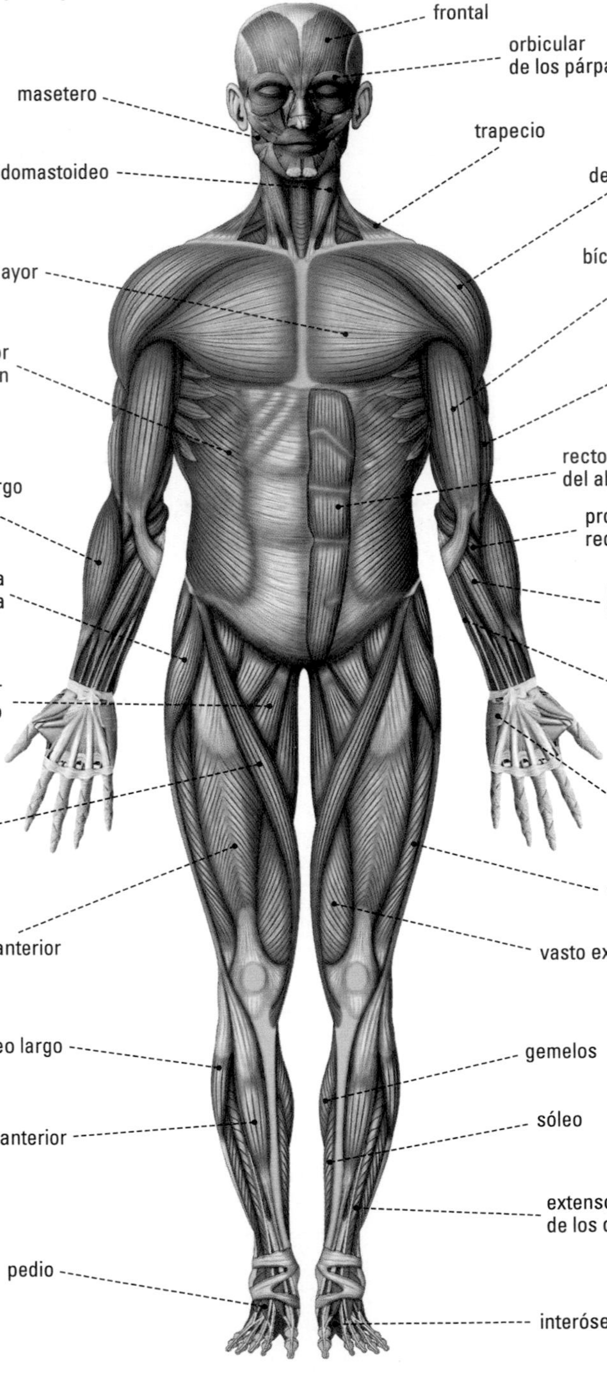
frontal
orbicular de los párpados
masetero
trapecio
esternocleidomastoideo
deltoides
pectoral mayor
bíceps braquial
oblicuo mayor del abdomen
braquial anterior
recto del abdomen
supinador largo
pronador redondo
tensor de la fascia lata
palmar mayor
cubital anterior
aductor del muslo
palmar menor
sartorio
vasto interno
recto anterior
vasto externo
peroneo largo
gemelos
tibial anterior
sóleo
extensor largo de los dedos del pie
pedio
interóseos

Esqueleto

huesos principales

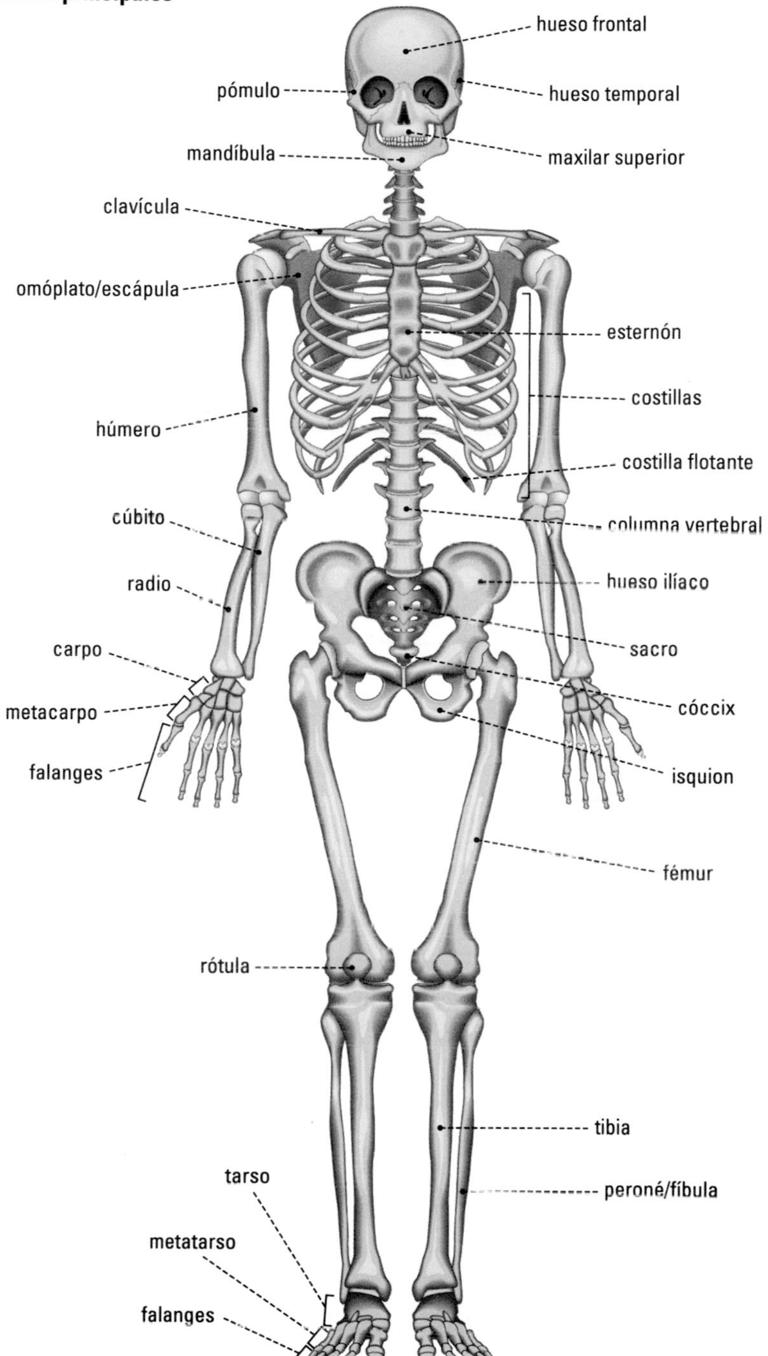
hueso frontal
pómulo
hueso temporal
mandíbula
maxilar superior
clavícula
omóplato/escápula
esternón
costillas
húmero
costilla flotante
cúbito
columna vertebral
radio
hueso ilíaco
sacro
carpo
metacarpo
cóccix
falanges
isquion
fémur
rótula
tibia
tarso
peroné/fíbula
metatarso
falanges

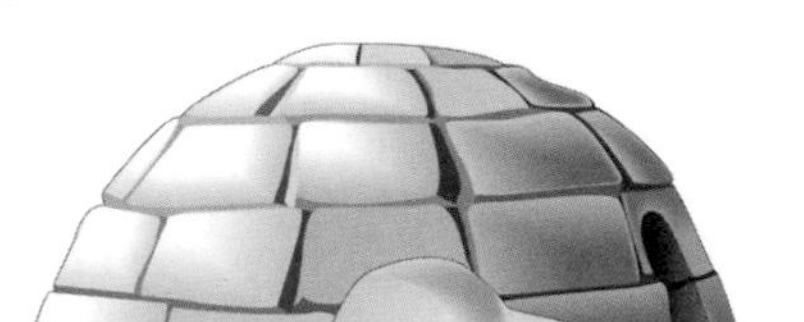

iglú

choza

yurta

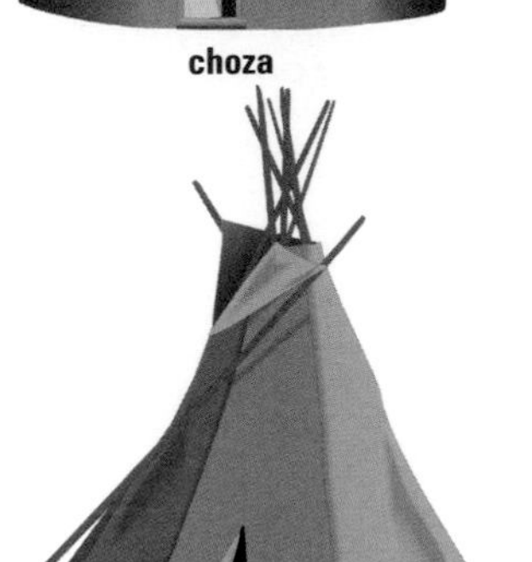

tipi

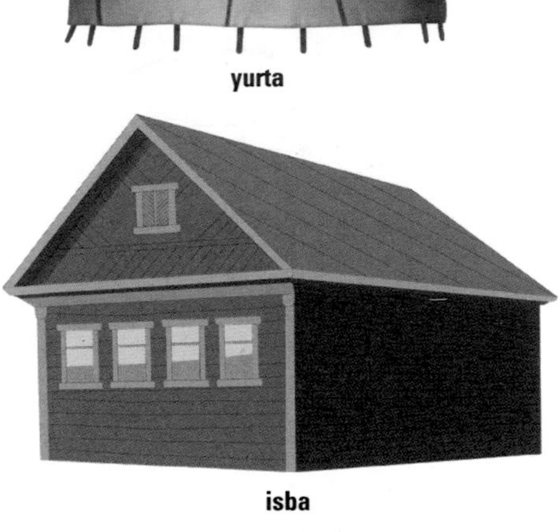

isba

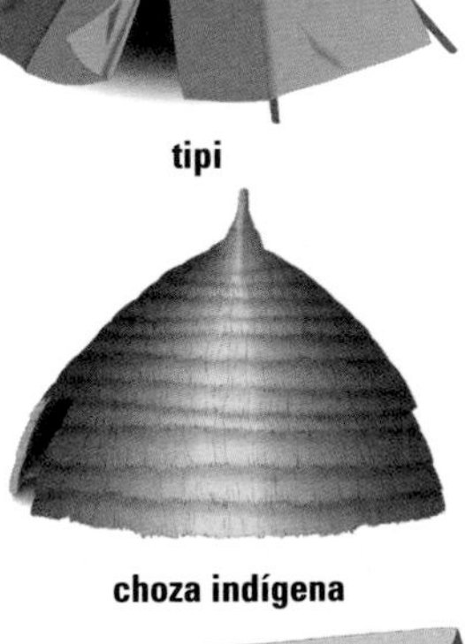

choza indígena

wigwam

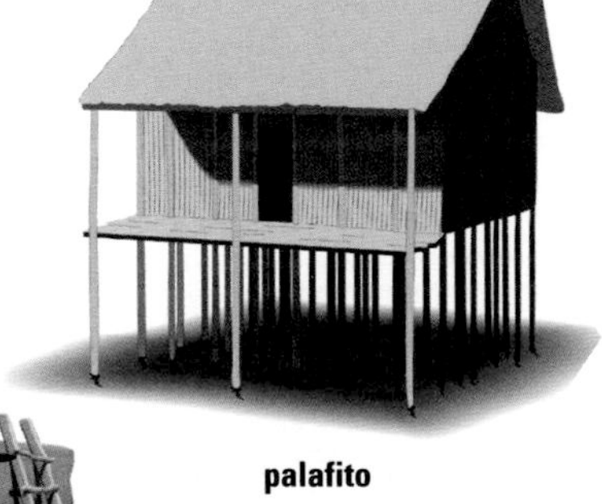

palafito

casa de adobes

URBANA

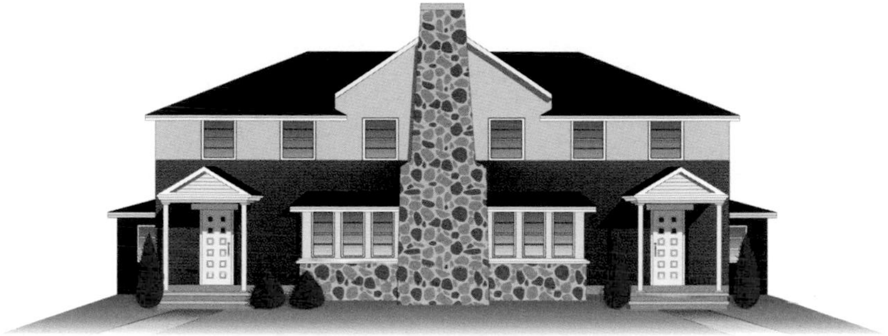

casas pareadas

casa de una planta

casa de dos plantas

casas adosadas

bloque de apartamentos

viviendas plurifamiliares

INTERNET

URL localizador universal de recursos

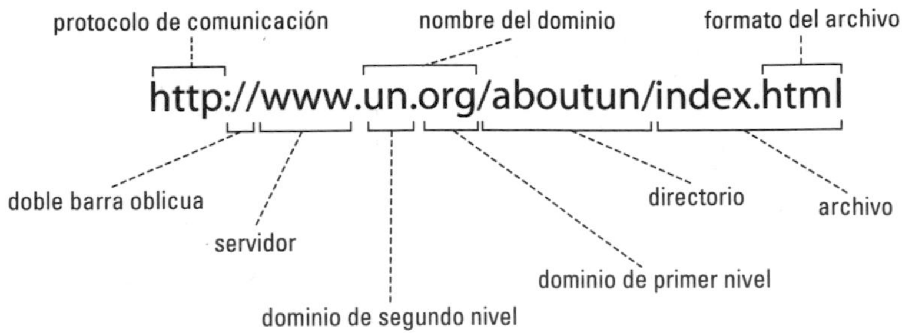

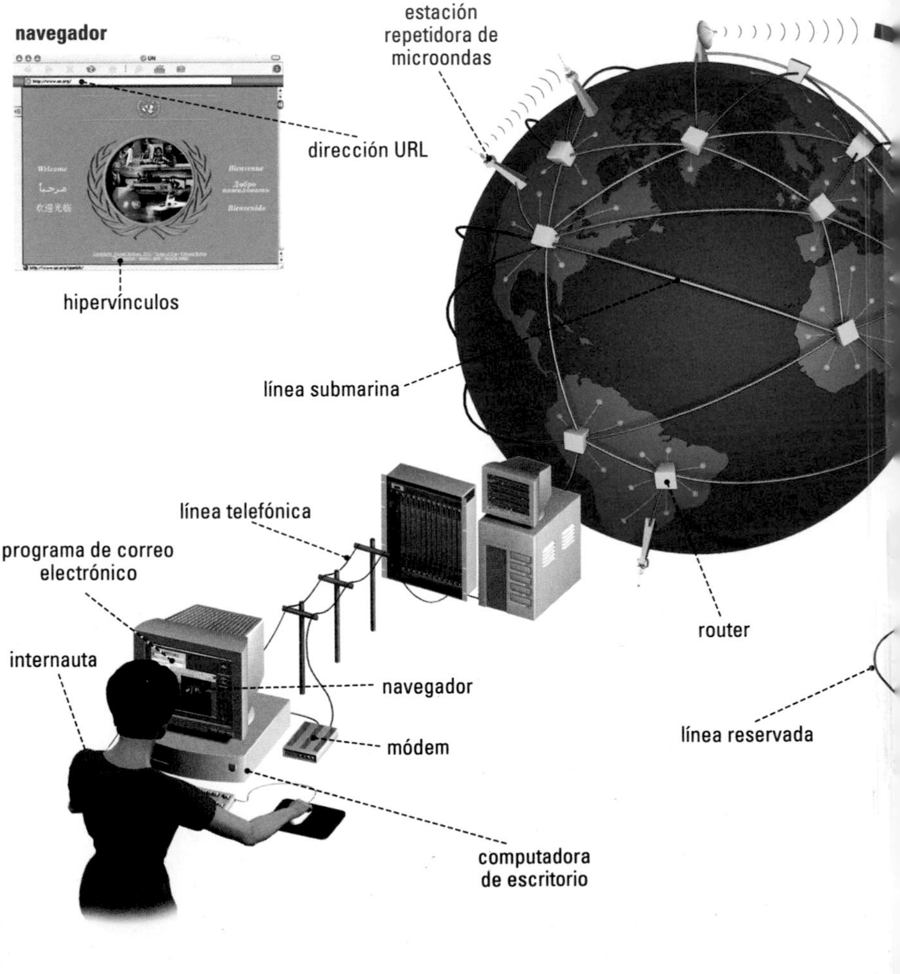

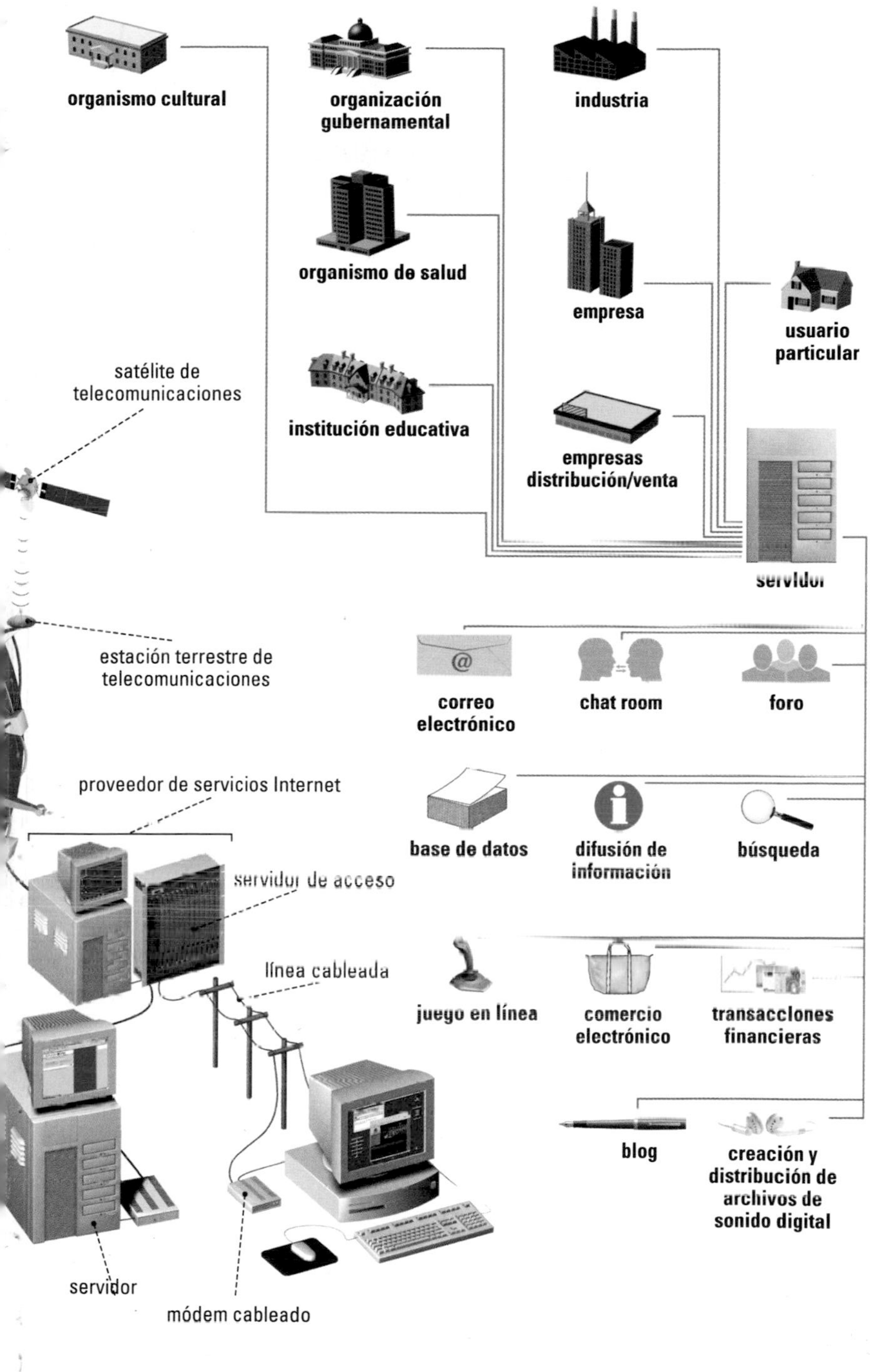
organismo cultural
organización gubernamental
industria
organismo de salud
empresa
usuario particular
satélite de telecomunicaciones
institución educativa
empresas distribución/venta
servidor
estación terrestre de telecomunicaciones
correo electrónico
chat room
foro
proveedor de servicios Internet
base de datos
difusión de información
búsqueda
servidor de acceso
línea cableada
juego en línea
comercio electrónico
transacciones financieras
blog
creación y distribución de archivos de sonido digital
servidor
módem cableado

Círculo de los colores

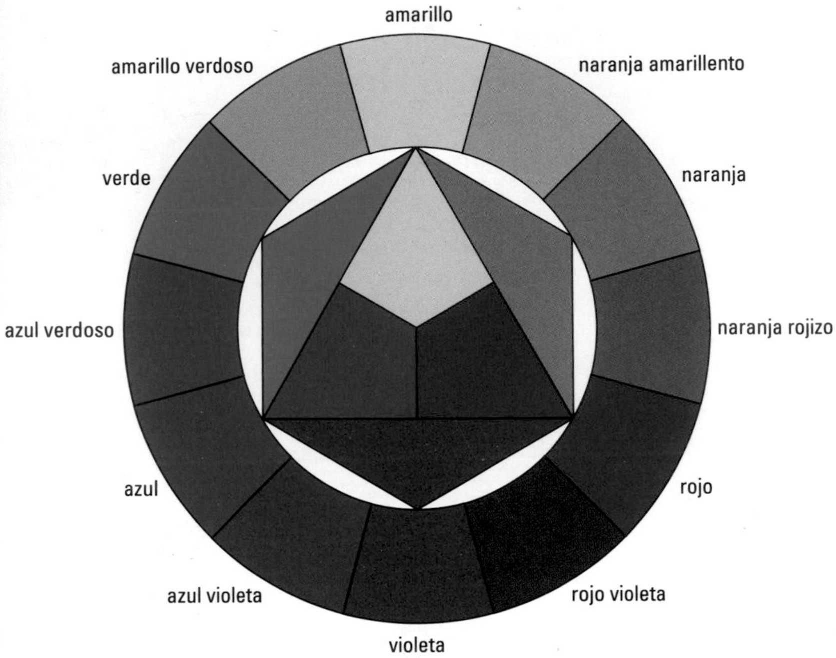

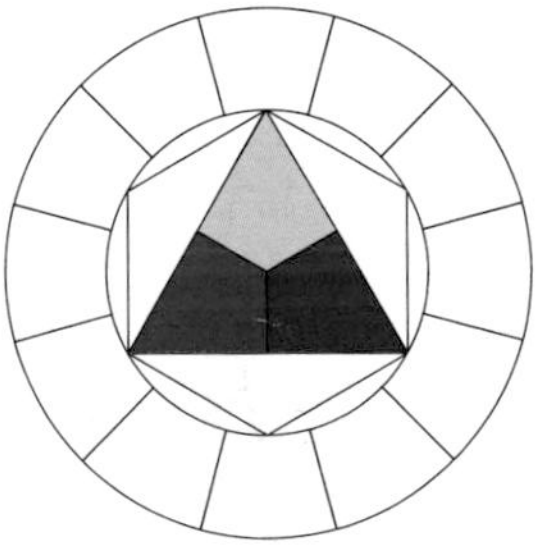

colores primarios

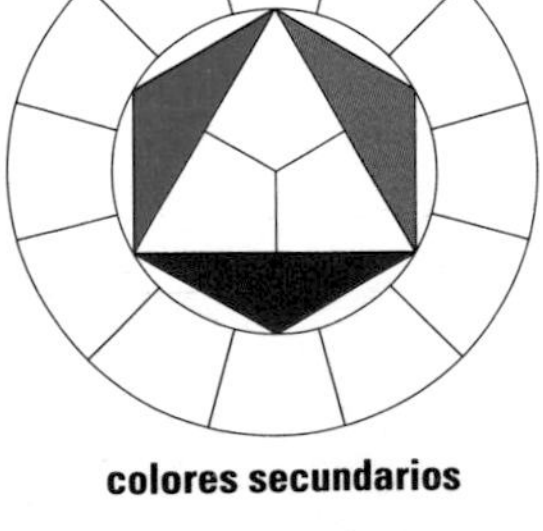

colores secundarios

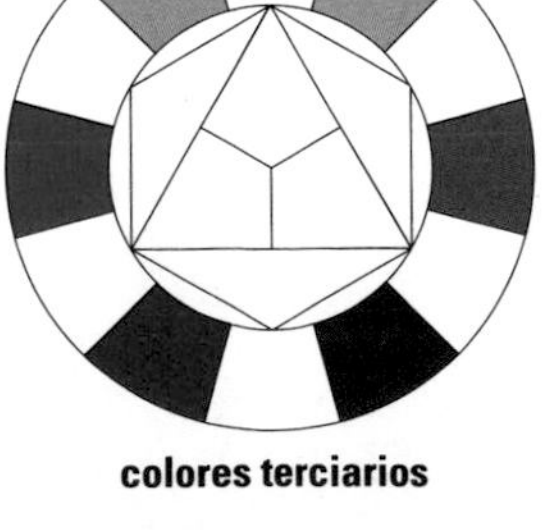

colores terciarios